제13판

민 법 학

[선택형 문제해설]

김 형 배
고 영 남

신 조 사

제13판 머리말

「민법학」이 3년 만에 개정 출간되었다. 이번 개정판에서는 지난 제12판까지의 「민법학」의 전통을 이으면서도 그 내용을 크게 바꾸었으며 전체의 분량도 대폭 줄였다. 「민법학」 시즌 2로 이해하면 적절할 것이다. 그 특징으로서 첫째, 최근 2000년대 사법시험의 수준이나 출제경향과 비교하여 그 출제형식이 진부하거나 출제수준이 낮은 기출문제들을 대부분 삭제하였으며, 가독성을 위하여 전체 문제와 해설들을 꼼꼼하게 검토하면서 지문이나 해설에서 중복된 내용들을 합치거나 없애고, 문제와 지문의 서술이 보다 명확하게 드러나도록 기존의 문장들을 대폭 고쳤다. 하지만 학습의 가치가 높은 지문이 하나라도 있을 경우 유사문제나 변형문제의 방식으로 학습할 수 있도록 재배치하였다. 둘째, 해당 분야나 쟁점별로 기본문제→단순선택형문제→조합형문제→사례형문제의 순서로 문제들을 배열함으로써 학습의 체계성과 효율성을 제고할 수 있도록 하였다. 셋째, 사례문제에서는 사실관계와 법적 쟁점을 뚜렷하게 구분하고 지문을 명확히 분리함으로써 사례풀이문제를 연습할 수 있도록 해설을 체계화하는 데 역점을 두었다. 아울러 최근 기출문제의 서술양식에 어울리게 이번 제13판에서도 모든 문제와 해설의 서술을 한글 표기를 원칙으로 하였다.

이번 개정은 「민법학」이 사법시험 및 변호사시험 등의 준비를 위한 최적의 수험서로서의 성격을 보다 명확하게 하고 수험생들의 학습부담을 덜기 위하여 분량을 대폭 줄이는 데 힘썼다. 이런 목표를 위하여 기존 문제들 가운데 이미 제11판에서는 200여개를, 제12판에서는 60개를 그리고 이번 개정에서는 300개의 문제를 삭제하고 300여 개의 문제와 해설을 수정하였다. 반면에 제52회 사법시험(2010년), 제53회 사법시험(2011년), 제54회 사법시험(2012년), 제55회 사법시험(2013년), 제1회 변호사시험(2012년), 제2회 변호사시험(2013년)의 기출문제 및 변호사시험모의시험 가운데 중요하다고 판단되는 120여 문제를 비롯하여 모두 130여 문제를 채택·반영하였다. 결국 기존 제12판에 비해 400쪽 가까이 줄어들긴 했지만 학습을 위한 수험서로서의 적합성과 신뢰도는 보다 강화되도록 하였다. 무엇보다도 최근

사법시험을 비롯한 각종 시험출제의 토대가 판례에 크게 의존하는 만큼 2013년 5월까지의 대법원 중요 판례들과 최근 헌법재판소의 주요 결정을 두루 참고하였다. 그리고 2013.7.1. 시행되는 성년후견제도 등과 관련 개정법률들의 내용을 문제로 만들거나 지문으로 반영하였다.

저자들이 「민법학」의 개정방향을 놓고 고민할 때, 이호행 석사(고려대학교 대학원 박사수료)가 새로운 체계와 서술을 위하여 기존 문제와 해설들을 취사선택하는 데 큰 도움을 주었고, 결국 3년 만에 새로운 「민법학」이 탄생할 수 있게 되었다. 이 자리를 빌어 이호행 석사에게 감사를 표하며, 훌륭한 박사학위논문을 저술하여 학문적 성과를 내기 바란다. 또한 「민법학」의 제작을 위해 한결같은 지원과 아이디어를 주시는 신조사의 李明載 사장님에게 감사한다. 그리고, 복잡한 원고를 완벽하게 편집해주신 宋逸根 주간님, 늘 성의와 열정을 쏟는 이종은 부장에게도 감사의 뜻을 두루 전한다.

끝으로 「민법학」에 대한 독자와 수험생들의 애착과 유익한 지적들이 이 책의 발전적 개선에 크게 공헌하고 있음을 늘 감사하게 생각하고 있다.

2013년 5월 31일

仁壽峰이 보이는 연구실에서

공저자를 대표하여

金 亨 培

Hyung-Bae Kim

머 리 말

司法試驗을 비롯한 國家試驗에 합격하기 위해서는 短答式 1차시험을 성공적으로 치루어야 한다. 그러나 이 시험을 효과적으로 성취하기 위해서 단편적인 지식만을 암기하는 식으로는 소기의 목적을 달성할 수 없다. 또한 1차시험의 준비과정과 학습성과가 2차시험에 직접 연결될 수 있도록 함으로써, 1·2차시험의 준비가 유기적이고 체계적으로 이루어질 수 있도록 하는 것이 바람직하다. 따라서 이 책은 특히 이러한 연관성을 고려하여 다음과 같은 점에 유의하며 구성·집필하였다.

첫째, 「문제」의 구성과 이에 대한 해설을 함에 있어서 민법의 전체적인 내용을 파악할 수 있도록 최대한 배려하였다. 다시 말하면 그 문제와 관련된 쟁점의 내용을 학습하고 이에 대한 학설과 판례의 태도를 이해함으로써 민법의 전반적인 내용과 체계를 파악할 수 있도록 하였다.

둘째, 試驗出題率이 높은 주요 쟁점과 논제를 빠짐없이 「問題」化하여 민법의 기초적인 이해와 응용능력이 향상되도록 하였다.

셋째, 「문제」를 해설함에 있어서는 해당문제에서 묻고 있는 쟁점에 대하여 학설의 상황을 通說, 多數說, 有力說 또는 少數說로 분류하여 그 내용을 비교적 자세하고 평이하게 소개하였으며, 중요 판례의 태도에 관해서도 함께 언급하였다. 특히 중요한 논제에 대해서는 전체적인 일관성유지를 위하여 저자 자신의 견해를 제시하였다.

넷째, 민법의 해당 編別에 따라 기초적으로 이해하여야 할 내용으로 구성된 「기본문제」를 맨 앞에 배치하고, 그 다음으로 이미 각종시험에 출제된 문제들 중에서 정선된 것만을 고른 「기출문제」에 대해서도 상세한 해설을 붙였으며, 마지막으로 새로운 문제에 대응할 수 있도록 「예상문제」를 배치하였다. 「기본문제」와 「예상문제」는 최근의 새로운 출제경향에 따라 주로 사례중심으로 또는 민법의 종합적인 이해에 도움이 되도록 구성하였다.

다섯째, 유사한 유형의 문제를 중복출제함으로써 입게 되는 수험생들의 학습의 시간적 낭비를 최소화하고, 민법 전분야에 관한 중요문제를 골고루 출제함으로써 민법학에 대한 균형 있는 지식을 습득하도록 도모하였다.

여섯째, 쟁점의 개요를 일목요연하게 파악할 수 있도록 필요한 경우에는 圖表를 활용하였다.

著者는 민법 전체에서 차지하는 채권법의 비중을 중요시하면서 채권관계가 주로 법률행위인 계약을 기초로 이루어진다는 점을 고려하여 채권각론의 전형계약에 관한 문제에 대해서는 민법총칙과 채권총론이 서로 유기적으로 연관될 수 있도록 배려하였다. 특히 민법총칙에서는「基本槪念」과 중요한「法律規定」및「制度」를 체계적으로 정확하게 이해할 수 있도록 하였으며, 다른 각칙분야와의 관련성에 유의하면서 설명하였다. 물권법은 채권법에서와 같이 법률행위를 통하여 법률관계의 종류와 내용이 결정되는 법분야가 아니라 법률의 규정에 의하여 물권의 종류와 내용이 미리 정해져 있으므로 그 내용을 당사자가 임의로 형성·변경할 수 없다는 特殊性(물권법정주의)에 유의하면서 물권법의「法律規定」은 정확하게 이해해야 하며, 중요한 조항은 암기하는 것이 필요하다. 따라서 물권법의 문제들은 이러한 특수성을 이해하면서 학습할 수 있도록 하였다. 가족법의 경우에는 그 고유성을 살려서 가족법의 체계와 내용을 단시일 내에 파악할 수 있도록 가족법의 복잡한 내용을 명료하고 평이하게「問題」化하고 이에 대한 해설을 붙였다.

短答式問題의 학습에 대한 능률을 높이기 위해서는 이 책에서 다루고 있는「기본문제」,「기출문제」및「예상문제」를 수험생 각자의 능력과 수준에 따라 적절히 요령 있게 활용하는 것이 매우 중요하다. 이 책의 문제풀이에 있어서 보다 자세한 이해를 위해서는 著者의「民法要點講義」시리즈(I-Ⅱ)를 함께 참고하는 것이 도움이 될 것이다.

이 책이 완성되기까지는 여러분들과의 토의를 거쳤을 뿐 아니라, 문제작성 및 해설에 관한 의견교환을 되풀이하였다. 특히 초고작성·문제의 선정·교정 등의 작업에 있어서는 언제나처럼 高榮男(고려대 박사과정) 강사, 曺承鉉(고려대 박사과정) 강사, 金熙聲(고려대 박사과정) 강사, 朴志淳(고려대 박사과정) 강사 및 金上中(고려대 박사과정) 군이 성실하게 그리고 만족스럽게 함께 수고해주었다. 이 자리를 빌어 이들 여러분에게 謝意와 激勵를 전하며, 앞으로 이분들이 학문적으로 크게 발전하기를 빈다. 그리고 이 책의 제작에 있어서 섬세한 부분에 이르기까지 꾸준히 애를 써주신 李明載 社長님에게 감사의 뜻을 드린다.

1995년 10월 9일

고려대학교 법과대학 연구실에서
金 亨 培
Hyung-Bae Kim

주요 참고문헌 및 범례

1. 주요 참고문헌과 그 인용약어

1) 민법총칙

高翔龍, 民法總則, 全訂版, 1999 ··· 고상룡
郭潤直, 民法總則, 第 7 版, 2002 ··· 곽윤직
金基善, 韓國民法總則, 1985 ··· 김기선
金相容, 民法總則, 全訂版增補, 2004 ··· 김상용
金容漢, 民法總則論, 再全訂版, 1992 ··· 김용한
金疇洙, 民法總則, 第 5 版, 2001 ··· 김주수
金曾漢, 新稿 民法總則, 1983 ··· 김증한
金曾漢 · 金學東, 民法總則, 第 9 版, 1996 ··· 김증한 · 김학동
白泰昇, 民法總則, 2000 ··· 백태승
李英俊, 民法總則[韓國民法論 I], 2005 ··· 이영준
李銀榮, 民法總則, 第 3 版, 2004 ··· 이은영
黃迪仁, 現代民法論 I, 1986 ··· 황적인
郭潤直 編輯代表, 民法注解 I, 1992 ··· 필자, 민법주해 〔I〕
郭潤直 編輯代表, 民法注解 II, 1992 ··· 필자, 민법주해 〔II〕
郭潤直 編輯代表, 民法注解 III, 1992 ··· 필자, 민법주해 〔III〕

2) 물 권 법

高翔龍, 物權法, 2001 ··· 고상룡
郭潤直, 物權法, 第 7 版, 2002 ··· 곽윤직
金基善, 韓國物權法, 1972 ··· 김기선
金相容, 物權法, 全訂版增補, 2003 ··· 김상용
金容漢, 物權法論, 1993 ··· 김용한
金曾漢 · 物權法講義, 1991 ··· 김증한, 강의
金曾漢 · 金學東, 物權法, 第 9 版, 1998 ··· 김증한 · 김학동
尹喆洪, 物權法講義, 1998 ··· 윤철홍
李英俊, 韓國民法論, 物權編(新訂 2 版), 2004 ··· 이영준
李銀榮, 物權法, 改訂新版, 2002 ··· 이은영
張庚鶴, 物權法, 1990 ··· 장경학

黃迪仁, 代表執筆, 註釋民法 物權法, 1994 ………………………… 황적인
黃迪仁, 現代民法論Ⅱ, 1987 ……………………………………………… 황적인
郭潤直 編輯代表, 民法注解Ⅳ, 1993 ……………………… 필자, 민법주해〔Ⅳ〕
郭潤直 編輯代表, 民法注解Ⅴ, 1993 ……………………… 필자, 민법주해〔Ⅴ〕
郭潤直 編輯代表, 民法注解Ⅵ, 1993 ……………………… 필자, 민법주해〔Ⅵ〕
郭潤直 編輯代表, 民法注解Ⅶ, 1993 ……………………… 필자, 민법주해〔Ⅶ〕

3) 채권총론

郭潤直, 債權總論, 第 6 版, 2003 …………………………………………… 곽윤직
金基善, 韓國債權法總論, 1987 ……………………………………………… 김기선
金相容, 債權總論, 改訂版增補, 2003 ……………………………………… 김상용
金容漢, 債權法總論, 1990 …………………………………………………… 김용한
金疇洙, 債權總論, 第 3 版, 1999 …………………………………………… 김주수
金曾漢, 債權總論, 1988 ……………………………………………………… 김증한
金曾漢 · 金學東, 債權總論, 第 6 版, 1998 ……………………… 김증한 · 김학동
金亨培, 債權總論, 第 2 版, 1998 …………………………………………… 김형배
李銀榮, 債權總論, 改訂版, 2000 …………………………………………… 이은영
李太載, 債權總論, 1987 ……………………………………………………… 이태재
林正平, 債權總論, 1989 ……………………………………………………… 임정평
黃迪仁, 現代民法論Ⅲ, 1987 ………………………………………………… 황적인
玄勝鍾, 債權總論, 1982 ……………………………………………………… 현승종
郭潤直 編輯代表, 民法注解Ⅷ, 1995 ……………………… 필자, 민법주해〔Ⅷ〕
郭潤直 編輯代表, 民法注解Ⅸ, 1995 ……………………… 필자, 민법주해〔Ⅸ〕
郭潤直 編輯代表, 民法注解Ⅹ, 1995 ……………………… 필자, 민법주해〔Ⅹ〕
郭潤直 編輯代表, 民法注解Ⅺ, 1995 ……………………… 필자, 민법주해〔Ⅺ〕

4) 채권각론

郭潤直, 債權各論, 第 6 版, 2003 …………………………………………… 곽윤직
金基善, 韓國債權法各論, 第三全訂版,1988 ……………………………… 김기선
金相容, 債權各論, 改訂版, 2003 …………………………………………… 김상용
金疇洙, 債權各論, 第 2 版, 1997 …………………………………………… 김주수
金曾漢, 債權各論, 1988 ……………………………………………………… 김증한
金亨培, 債權各論(契約法), 新訂版, 2001 ………………………………… 김형배
金亨培, 事務管理 · 不當利得, 2003 ……………………………………… 김형배Ⅱ
李銀榮, 債權各論, 第 4 版, 2004 …………………………………………… 이은영
李太載, 債權各論新講, 改訂版, 1985 ……………………………………… 이태재
金曾漢, 編輯代表, 註釋債權各則 [Ⅰ] · [Ⅱ] · [Ⅲ] · [Ⅳ], 韓國司法行政學會

……………………… 필자, 주석채권각칙 〔Ⅰ〕·〔Ⅱ〕·〔Ⅲ〕·〔Ⅳ〕
郭潤直 編輯代表, 民法注解Ⅻ, 1997 ……………… 필자, 민법주해 〔ⅩⅡ〕
郭潤直 編輯代表, 民法注解ⅩⅢ, 1997 ……………… 필자, 민법주해 〔ⅩⅢ〕
郭潤直 編輯代表, 民法注解ⅩⅣ, 1997 ……………… 필자, 민법주해 〔ⅩⅣ〕
郭潤直 編輯代表, 民法注解ⅩⅤ, 1997 ……………… 필자, 민법주해 〔ⅩⅤ〕
郭潤直 編輯代表, 民法注解ⅩⅥ, 1997 ……………… 필자, 민법주해 〔ⅩⅥ〕
郭潤直 編輯代表, 民法注解ⅩⅦ, 2005 ……………… 필자, 민법주해 〔ⅩⅦ〕
郭潤直 編輯代表, 民法注解ⅩⅧ, 2005 ……………… 필자, 민법주해 〔ⅩⅧ〕
郭潤直 編輯代表, 民法注解ⅩⅨ, 2005 ……………… 필자, 민법주해 〔ⅩⅨ〕

5) 친족 · 상속

郭潤直, 相續法, 改訂版, 2004 ……………………………… 곽윤직
金容漢, 新親族相續法, 新版, 2002 ……………………………… 김용한
金疇洙 · 金相瑢, 親族 · 相續法, 第 9 版, 2008 ……………… 김주수
朴秉濠, 家族法(韓國放送通信大學), 1992 ……………………… 박병호
李庚熙, 家族法, 四訂版, 2004 ……………………………… 이경희
李根植 · 韓琫熙, 親族 · 相續法, 1982 ……………………… 이 · 한
李熙鳳, 家族法上의 諸問題, 1978 ……………………………… 이희봉
鄭光鉉, 新親族 · 相續法要論, 1995 ……………………………… 정광현

6) 기　　타

金亨培, 民法學講義(理論 · 判例 · 事例), 제 9 판, 2010 ……… 민법학강의
金亨培, 民法學硏究, 1989 ……………… 김형배, 「논문제목」, 민법학연구
金亨培, 民法演習, 新版, 2007 ……………………… 김형배, 민법연습
李銀榮, 民法Ⅰ(民法總則 · 物權法), 第 3 版, 2003 ………… 이은영, 민법Ⅰ
李銀榮, 民法Ⅱ(債權總論 · 債權各論 · 親族相續法), 第 3 版, 2003
…………………………………………………… 이은영, 민법Ⅱ
宋德洙, 民法講義(上), 2004 ……………………… 송덕수, 민법강의(上)
宋德洙, 民法講義(下), 2007 ……………………… 송덕수, 민법강의(下)
법고을DVD, 법원도서관, 2008
法院行政處, 大法院判決集
法院行政處, 法院公報
大法院判決要旨集, 民事 · 商事編Ⅰ

2. 凡　例

1) 判　例

大法院 1987년 1월 20일 宣告 86다카251 判決
⇒ 대판 1987. 1. 20, 86다카251
大法院全員合議體 1988년 12월 13일 宣告 87다카2803 判決
⇒ 대판〔전원합의체〕 1988. 12. 13, 87다카2803

2) 法令略語의 例

가등기담보 등에 관한 법률 ⇒ 가담법
가사소송법 ⇒ 가소법
가족관계등록에 관한 법률 ⇒ 가족관계등록법
국가유공자예우 등에 관한 법률 ⇒ 국가유공자예우법
근로기준법 ⇒ 근기법
노동조합 및 노동관계조정법 ⇒ 노조및조정법
대부업의 등록 및 금융이용자보호에 관한 법률 ⇒ 대부업법
독점규제 및 공정거래에 관한 법률 ⇒ 독점규제법
민사소송법 ⇒ 민소법
민사조정법 ⇒ 민조법
민사집행법 ⇒ 민집법
방문판매 등에 관한 법률 ⇒ 방문판매법
부동산등기법 ⇒ 부등법
부동산등기특별조치법 ⇒ 부특법
부동산실권리자명의등기에 관한 법률 ⇒ 실명법
비송사건절차법 ⇒ 비송법
산업재해보상보험법 ⇒ 산재법
상가건물임대차보호법 ⇒ 상가임대차법
소액사건심판법 ⇒ 소액법
약관의 규제에 관한 법률 ⇒ 약관법
자동차손해배상보장법 ⇒ 자배법
주택임대차보호법 ⇒ 주임보법
채무자 회생 및 파산에 관한 법률 ⇒ 채무자회생파산법
할부거래에 관한 법률 ⇒ 할부거래법

차 례

제 1 편 민법의 적용과 기본원리

제 2 편 민법총칙

제 3 편 물 권 법

제 4 편 채권총론

제 5 편 채권각론

제 6 편 친족 · 상속

제 1 편

민법의 적용과 기본원리

제 1 장 민법과 민법학

1. 다음은 불법행위책임의 성립과 관련하여 공법과 사법에 대한 판례의 인식을 알 수 있는 판결이유 가운데 일부를 발췌한 것이다. 밑줄 친 부분 가운데 틀린 부분을 모두 고르면?

> 건물의 신축으로 인하여 ⓐ그 이웃 토지상의 거주자가 직사광선이 차단되는 불이익을 받은 경우에 그 신축행위가 정당한 권리행사로서의 범위를 벗어나 사법상 위법한 가해행위로 평가되기 위해서는 그 일조방해의 정도가 ⓑ사회통념상 일반적으로 인용하는 수인한도를 넘어야 한다. ⓒ건축법 등 관계법령에 일조방해에 관한 직접적인 단속법규가 없더라도 그 관계법령에 적합한지 여부가 사법상 위법성을 판단함에 있어서 중요한 판단자료가 된다. ⓓ이러한 공법적 규제에 의하여 확보하고자 하는 일조는 원래 사법상 보호되는 일조권을 공법적인 면에서도 가능한 한 보증하려는 것으로서 특별한 사정이 없는 한 일조권 보호를 위한 최소한도의 기준으로 봄이 상당하다. ⓔ구체적인 경우에 있어서는 어떠한 건물 신축이 건축 당시의 공법적 규제에 형식적으로 적합한 이상, 현실적인 일조방해의 정도가 현저하게 커 사회통념상 수인한도를 넘더라도 위법행위로 평가될 수는 없다. 사회통념상 수인한도를 넘었는지 여부는 피해의 정도, 피해이익의 성질 및 그에 대한 사회적 평가, 가해 건물의 용도, 지역성, 토지이용의 선후관계, 가해 방지 및 피해 회피의 가능성, 공법적 규제의 위반 여부, 교섭 경과 등 모든 사정을 ⓕ종합적으로 고려하여 판단하여야 한다.

① ⓐ　　② ⓑ　　③ ⓒ
④ ⓐ, ⓒ　　⑤ ⓐ, ⓓ　　⑥ ⓒ, ⓔ
⑦ ⓒ, ⓕ　　⑧ ⓒ, ⓔ, ⓕ

해설

대판 2000.5.16. 98다56997의 판결이유 가운데 핵심부분이다. 사법에 해당하는 불법행위책임을 구성하는지를 검토하는 데 있어서 공법의 위반 여부가 어떠한 관련성을 가지는지를 규명하고 있다. ⓒ 건축법 등 관계법령에 일조방해에 관한 직접적인 단속법규가 있다면 그 법규에 적합한지 여부가 사법상 위법성을 판단함에 있어서 중요한 판단자료가 된다. ⓔ 구체적인 경우에 있어서는 어떠한 건물 신축이 건축 당시의 공법적 규제에 형식적으로 적합하다고 하더라도 현실적인 일조방해의 정도가 현저하게 커 사회통념상 수인한도

를 넘은 경우에는 위법행위로 평가될 수 있다. <답 ⑥>

2. A로부터 상가건물을 임차한 B는 자신에게 등기관련서류가 있다는 점을 이용하여 이 건물을 자신 앞으로 이전등기를 한 후, 다시 이 사정을 전혀 모르는 C에게 매도하여 이전등기를 경료해주었다. A와 C는 각각 위 건물의 소유권을 주장한다. 이에 대해 우리 민법은 A의 소유권을 인정한다. 이렇게 판단하게 된 민법의 원리와 가장 가까운 내용은? (내용설명 가운데 학설의 대립이 있는 부분은 통설에 따름)

① A에 대해 1억 원의 매매대금채권을 가지고 있던 B가 8천만 원을 받고 이를 C에게 양도하고 이에 대해 A에게 통지하였는데, B는 자신의 양도의사가 사기에 의한 것임을 주장하여 적법하게 위 채권양도를 취소하였다. 한편 채권이 적법하게 양도된 것으로 알고 있던 A는 C에게 대금채무를 이행하였다. 민법은 A의 변제를 유효하다고 판단한다.

② A로부터 토지를 1억 원에 구입한 가장양수인 B는 이 사정을 전혀 모르는 C에게 이 토지를 1억 3천만원에 매도하여 이전등기를 경료해주었다. 민법에 따르면 A는 C에 대해 소유권을 주장할 수 없다고 한다.

③ A는 B로부터 1억 원을 대차하면서 자신의 주택에 대해 담보목적으로 B에게 가등기를 경료해주었는데, 변제기가 지난 후에도 A의 금전반환이 늦어지자 B는 위 주택에 대해 가등기에 기한 본등기를 경료하였다. 자기 앞으로 본등기를 마친 B는 위 주택을 적절한 가격에 C에게 양도하고 이전등기를 경료해주었다. 한편 B가 청산금을 A에게 지급하기 전에 A는 1억 원의 원금과 그 이자 그리고 지연배상금을 B에게 지급하면서 이전등기의 말소를 구하였다. 민법은 이에 대해 C의 소유권을 인정하였다.

④ A는 자신이 평소 다니는 노인정에서 여러 친구들에게 자신의 토지에 대한 처분을 아들인 B에게 맡겼다고 언급하였다. 노인정에서 A의 말을 들은 C는 B에게 그 사정을 말하고, 평소 A의 등기서류보관장소를 알고 있던 B는 C에게 위 토지를 양도하고 이전등기를 경료해주었다. 민법은 C의 소유권취득을 인정하였다.

⑤ A로부터 1억 원에 그의 토지를 매수하기로 한 B가 토지의 소유명의를 자신에게 옮겼으나, 자신의 반대채무를 이행하지 못해 A로부터 계약을 해제한다는 내용증명우편을 수령하게 되었다. 그러나 이 사정을 잘 아는 C는 현재 등기명의가 B에게 있음을 이용하여 시세보다 싼 가격에 위 토지를 매수하여 등기를 마쳤다.

해설 ……………………………………

민법은 당사자의 의사 혹은 법률에 따라 형성된 진정한 법률관계의 효력을 존중하지만(=정적 안정의 보호), 이에 못지않게 거래질서에 참여하고 있는 당사자들의 신뢰를 보호하는 경우가 많다(=동적 안전의 보호). 설문의 사례는 부동산의 선의취득에 관한 내용으로서 우리 민법과 학설·판례는 그 효력을 인정하지 않는다(부동산등기의 공신력 부인). ①은 동적 안전을 보호하는 경우. 따라서 채권의 준점유자인 C에 대한 A의 변제는 유효하다(제470조). ②도 마찬가지이다. 가장양도인 A는 선의의 제3자 C에 대해 자신의 소유권을 주장할 수 없다(제108조 2항). ③도 그러한 경우이다. 즉, 가등기담보권을 설정한 채무자 A는 청산금채권을 변제받을 때까지 그 채무액 등을 채권자 B에게 지급하고 이미 경료된 소유권이전등기의 말소를 구할 수 있으나, 이미 선의의 제3자인 C가 소유권을 취득한 때에는 그렇지 않다(가담법 제11조 단서 참조). ④도 같은 법리이다. 거래상대방 C는 표현대리의 법리에 따라 소유권을 취득할 수 있다(제125조). ⑤ 판례와 통설에 따르면 해제로 인한 원상회복은 해제의 의사표시 전에 등장한 제3자의 권리(제548조 1항 단서) 및 해제 후 등기의 말소 전에 등장한 선의의 제3자의 권리(제548조 1항 단서의 확대적용)를 해할 수 없다. 따라서 해제의 의사표시 후 등기의 말소 전에 등장한 제3자이지만 B의 소유권이 A의 해제로 말미암아 원상회복되어야 하는 것을 알고 있는 C로서는 위 규정의 확대적용으로부터 보호될 수 없다. 즉, 토지의 소유권은 A에게 원상회복되어야 한다. <답 ⑤>

제 2 장 민법의 적용

1. 다음 중 관습법에 관한 설명으로 잘못된 것을 모두 고른 것은?

> ㉠ 관습법이 민법을 개폐하는 경우도 있다.
> ㉡ 관습법이 성립되기 위해서는 법적 내용에 관하여 민사관행이 존재하고 있고, 관행존재의 시간적 · 공간적 계속성이 인정되어야 한다.
> ㉢ 관습법은 법령과 같은 효력을 가지나 그 존부가 불분명하므로 당사자가 그 주장 · 입증을 하여야 법원이 이를 근거로 판단할 수 있다.
> ㉣ 국가의 입법기능이 발전함에 따라 관습법의 존재범위와 역할은 축소되고 있다.
> ㉤ 가정의례준칙에 위반한 관습법이라 할지라도 그 효력이 인정된다.

① ㉠, ㉢　　② ㉠, ㉣　　③ ㉡, ㉣
④ ㉢, ㉣　　⑤ ㉢, ㉤　　⑥ ㉣, ㉤

해설 ··

㉠ 옳음. 예컨대 관습법상 물권인 동산양도담보에 의해 민법 제332조(설정자에 의한 대리점유의 금지)와 제339조(유질계약의 금지)의 규정은 폐지된 것과 마찬가지가 된다. ㉡ 옳음. ㉢ 틀림. 관습법은 법원으로서 법령과 같은 효력을 갖는 관습으로서 법령에 저촉되지 않는 한 법칙으로서 효력이 있는 것이며 당사자의 주장 · 입증을 기다림 없이 법원이 직권으로 이를 확정해야 한다. ㉣ 옳음. 하나의 예로 '명의신탁'과 '부동산 실권리자 명의등기에 관한 법률'을 들 수 있다. 국가권력의 입법으로 말미암아 기존의 관습법 영역이 축소된 것이다. ㉤ 틀림. 가정의례준칙 제13조의 규정과 배치되는 관습법의 효력을 인정하는 것은 제정법에 대한 관습법의 보충적 · 열후적 성격에 비추어 민법 제1조의 취지에 반하는 것이다(대판 1983.6.14. 80다3231 참고). <답 ⑤>

2. 관습법에 관한 다음 설명 중 옳지 않은 것만으로 짝지어진 것은? (다툼이 있는 경우에는 판례에 의함) <사시 2009년 : 배점 2>

> ㉠ 사회의 관행으로 생성된 사회생활규범이 관습법으로 되기 위해서는 그것이 사회의 법적 확신과 인식에 의하여 법적 규범으로 승인 · 강행되기에 이르러야 한다.
> ㉡ 법원의 판결에 의하여 관습법의 존재 및 그 구체적 내용이 인정되면 그 관행은 법원의 판결이 있는 때로부터 관습법으로서의 지

위를 가지게 된다.
ⓒ 관습법은 法源으로서 법령과 같은 효력을 갖는 관습이므로 법령에 저촉되지 않는 한 법칙으로서의 효력이 있다.
ⓔ 성문법과 관습법의 효력상의 우열에 관하여 변경적 효력설을 취하는 경우, 기존의 성문법과 다른 관습법이 성립한 경우에 양자 사이의 효력의 우열은 "특별법은 일반법에 우선한다."는 원칙에 따라 결정된다.
ⓜ 법원은 관습법이 다른 법령에 의하여 변경·폐지되거나 그와 모순·저촉되는 새로운 내용의 관습법이 확인되기 전까지는 이에 기속되어 이를 적용하여야 한다.
ⓑ 기존의 관습법이 사회를 지배하는 기본적 이념이나 사회질서의 변화로 인하여 그 관습법을 적용하여야 할 시점에 있어서의 전체 법질서에 부합하지 않게 되었다면, 그 관습법은 법적 규범으로서의 효력이 부정된다.

① ㉠, ㉤ ② ㉡, ㉣ ③ ㉢, ㉥
④ ㉣, ㉥ ⑤ ㉢, ㉤

해설

㉠ 옳음. 대판 1983.6.14. 80다3231 참고. ㉡ 틀림. 관습법은 법원의 판결에 의해서 비로소 그 존재가 확인되지만, 성립 시기는 그 관습이 법문화공동체 구성원 다수의 법적 확신을 가지는 때로 소급한다(통설). 이는 법원이 관습법을 제정하는 것이 아니라, 단지 당사자의 분쟁과 관련하여 사회에 관습법이 존재한다는 규범적 판단을 함으로써 법을 인식할 뿐이기 때문이다. ㉢ 옳음. 대판 1983.6.14. 80다3231 참고. ㉣ 틀림. 변경적 효력설(혹은 대등적 효력설)은 민법 제1조에도 불구하고 관습법에 성문법과 대등한 지위를 인정하고 관습법에 성문법을 개폐하는 효력이 있다고 한다. 변경적 효력설에 의하면 성문법과 관습법의 관계는 '신법이 구법에 우선한다.'는 법적용원칙에 따라 결정된다고 한다(곽윤직, 19면 이하). ㉤ 틀림. 대판[전] 2003.7.24. 2001다48781의 반대의견이었다. ㉥ 옳음. 사회의 거듭된 관행으로 생성된 어떤 사회생활규범이 법적 규범으로 승인되기 위해서는 그 사회생활규범은 헌법을 최상위규범으로 하는 전체 법질서에 반하지 아니하는 것으로서 정당성과 합리성이 있어야 하고 그렇지 않은 사회생활규범은 비록 그것이 사회의 거듭된 관행으로 생성된 것이라고 할지라도 이를 법적 규범으로 삼아 관습법으로서의 효력을 인정할 수 없다(대판[전] 2003.7.24. 2001다48781 참고). <답 ②>

3. 다음은 대한민국 헌법상 평등권에 관한 민법담론이다. 판례에 의할 때 틀린 설명을 모두 고르면?

㉠ 사적 단체를 포함하여 사회공동체 내에서 개인이 성별에 따른 불합리한 차별을 받지 아니하고 자신의 희망과 소양에 따라 다양한 사회적·경제적 활동을 영위하는 것은 그 인격권 실현의 본질적

부분에 해당하지만 평등권이라는 기본권의 침해가 불법행위가 되기 위해서는 사인 간의 평등권 보호에 관한 별개의 입법 없이 민법 제750조의 일반규정을 통하여 사법상 보호되는 인격적 법익침해의 형태로 구체화되어 논하여질 수 없다.

㉡ 공동선조의 후손 중 일부에 의하여 인위적인 조직행위를 거쳐 성립되어 사적 임의단체라는 점에서 자연발생적인 종족집단인 고유한 의미의 종중과 그 성질을 달리하더라도 그 종중 유사단체가 그 목적이나 기능이 고유한 의미의 종중과 별다른 차이가 없는 경우, 그러한 종중 유사단체의 회칙이나 규약에서 공동선조의 후손 중 남성만으로 그 구성원을 한정하고 있다면 특별한 사정이 없는 한 이는 그 회칙이나 규약이 양성평등 원칙을 정한 헌법 제11조 및 민법 제103조를 위반하여 무효라고 볼 수는 있다.

㉢ 공동선조와 성과 본을 같이 하는 후손은 성별의 구별 없이 성년이 되면 당연히 종중의 구성원이 된다고 판시한 전원합의체 판결 선고일인 2005.7.21. 이후에 대표자를 선임하기 위하여 개최되는 종중총회의 소집권을 가지는 연고항존자를 확정함에 있어서는 여성을 포함한 전체 종원 중 항렬이 가장 높고 나이가 가장 많은 사람이 연고항존자가 된다.

㉣ 공동선조와 성과 본을 같이하는 후손은 남녀의 구별 없이 성년이 되면 당연히 그 구성원(종원)이 되는 것이므로 종중재산을 분배함에 있어 단순히 남녀 성별의 구분에 따라 그 분배 비율, 방법, 내용에 차이를 두는 것은 우리의 전체 법질서에 부합하지 아니한 것으로 정당성과 합리성이 없어 무효이다.

① ㉠ ② ㉡ ③ ㉢
④ ㉠, ㉡ ⑤ ㉡, ㉢, ㉣ ⑥ ㉠, ㉡, ㉢

해설

㉠ 틀림. 평등권이라는 기본권의 침해도 민법 제750조의 일반규정을 통하여 사법상 보호되는 인격적 법익침해의 형태로 구체화되어 논하여질 수 있고, 그 위법성 인정을 위하여 반드시 사인 간의 평등권 보호에 관한 별개의 입법이 있어야만 하는 것은 아니다. (따라서) 서울기독교청년회(서울YMCA)가 남성 회원에게는 별다른 심사 없이 총회의결권 등을 가지는 총회원 자격을 부여하면서도 여성 회원의 경우에는 지속적인 요구에도 불구하고 원천적으로 총회원 자격심사에서 배제하여 온 것은, 우리 사회의 건전한 상식과 법감정에 비추어 용인될 수 있는 한계를 벗어나 사회질서에 위반되는 것으로서 여성 회원들의 인격적 법익을 침해하여 불법행위를 구성한다(대판 2011.1.27. 2009다19864). ㉡ 틀림. 그러한 경우에는 사적자치의 원칙 내지 결사의 자유에 따라 그 구성원의 자격이나 가입조건을 자유롭게 정할 수 있음이 원칙이다. 따라서 그런 사정만으로 그 회칙이나 규약이 양성평등 원칙을 정한 대한민국 헌법 제11조 및 민법 제103조를 위반하여 무효라고 볼 수는 없다(대판 2011.2.24. 2009다17783). ㉢ 옳음. (물론) 이러한 연고항존자는 족보 등의 자료

에 의하여 형식적 · 객관적으로 정하여지는 것이지만 이에 따라 정하여지는 연고항존자의 생사가 불명한 경우나 연락이 되지 아니한 경우도 있으므로 사회통념상 가능하다고 인정되는 방법으로 생사 여부나 연락처를 파악하여 연락이 가능한 범위 내에서 종중총회의 소집권을 행사할 연고항존자를 특정하면 충분하다(대판 2010.12.9. 2009다26596). ㉣ 옳음. 개인의 존엄과 양성의 평등을 기초로 한 가족생활을 보장하고, 가족 내의 실질적인 권리와 의무에 있어서 남녀의 차별을 두지 아니하며, 정치 · 경제 · 사회 · 문화 등 모든 영역에서 여성에 대한 차별을 철폐하고 남녀평등을 실현할 것을 요구하는 우리의 전체 법질서에 부합하지 아니한다(대판 2010.9.30. 2007다74775). (마찬가지로) 대법원 2005.7.21. 선고 2002다1178 전원합의체 판결이 선고된 후에는 공동 선조의 자손인 성년 여자도 종중원이라고 할 것이므로, 위 판결 선고 후에 개최된 종중 총회 당시 남자 종중원들에게만 소집통지를 하고 여자 종중원들에게 소집통지를 하지 않은 경우 그 종중 총회에서의 결의는 무효이다(대판 2010.7.22. 2009다92739). <정답 ④>

제 3 장 법률관계와 권리

1. 호의관계(好意關係)에 관한 설명 중 틀린 것만을 고른 것은?

> ㉠ 이웃집 부모가 외출할 때에 서로 상대방의 아이를 보아주기로 약속하여 이를 실천하던 중 부주의로 아이가 다쳤다면, 이는 호의관계를 넘어선 법률문제가 될 수 있다.
> ㉡ 호의관계와 법률관계를 구별할 기준으로 당사자의 법적 구속의사를 들 수 있다.
> ㉢ 판례에 의하면, 토지매도인인 지방자치단체가 매수인에게 자금융통의 편의를 제공하는 금융기관에 대하여 '매수인이 토지대금을 완납하고 매수인 명의로 소유권이전등기를 경료함과 동시에 위 금융기관에 대하여 선순위의 근저당을 설정하도록 조치할 것을 확약한다.'는 취지의 각서에 의하여 조치를 취할 의무는 이른바 호의관계에서 부담하는 단순한 협조의무에 그치지 않는다.
> ㉣ 호의관계에 수반하여 손해가 발생한 경우, 호의를 제공하였다는 사실만 가지고 바로 이를 배상액 경감사유로 삼을 수 있다.

① ㉠　② ㉠, ㉡　③ ㉠, ㉢
④ ㉡　⑤ ㉡, ㉢　⑥ ㉢
⑦ ㉢, ㉣　⑧ ㉣

해설

㉠ 독일판례(BGH NJW 1968, 1874)의 태도이기도 하다. ㉡ 호의관계인지 법률관계인지 여부의 판단은 법률행위의 해석문제이고, 이는 당사자의 법적 구속의사의 존부에 따라 결정된다. ㉢ 위 각서에서 약정한 조치 속에는 매수인에게 토지에 관한 소유권이전등기 소요서류를 교부하기에 앞서 위 금융기관에 이를 사전에 통지하고 나아가 위 금융기관이 매수인과의 사이에 선순위의 근저당권을 설정하기 위한 준비를 마쳤는지의 여부를 확인하는 조치가 당연히 포함되어 있는 것으로 해석함이 상당하다. 따라서 지방자치단체가 위와 같은 조치를 취할 의무는 위임계약상의 수임인 또는 그와 유사한 지위에서 부담하게 되는 법적 의무라고 할 수 있다(대판 1995.3.17. 93다46544 참고). ㉣ 차량의 운행자가 아무런 대가를 받지 아니하고 동승자의 편의와 이익을 위하여 동승을 허락하고 동승자도 그 자신의 편의와 이익을 위하여 그 제공을 받은 경우 그 운행 목적, 동승자와 운행자의 인적 관계, 그가 차에 동승한 경위, 특히 동승을 요구한 목적과 적극성 등 여러 사정에 비추어 가해자에게 일반 교통사고와 동일한 책임을 지우는 것이 신의칙이나 형평의 원칙으로 보아 매우 불합리하다고 인정될 때에는 그 배상액을 경감할 수 있으나, 사고 차량에 단순히

호의로 동승하였다는 사실만 가지고 바로 이를 배상액 경감사유로 삼을 수 있는 것은 아니다(대판 1996.3.22. 95다24302). <답 ⑧>

2. 다음 중 인용될 수 없는 권리의 행사를 모두 고르면?

ⓐ B에 대하여 1억 원의 금전채권을 가지고 있는 A는 채무자 B가 증여자로서 수익자 C와 체결한 부동산증여계약을 취소시키기 위하여 B를 피고로 하는 위 증여계약의 취소소송 및 증여목적물의 반환소송을 제기하였다.

ⓑ A의 혼례가 있는 예식장으로 12시까지 화환을 배달하기로 한 B는 자신의 배달용 차량의 장애로 말미암아 화환배달을 포기하고 말았다. A는 위 계약을 해제하고 손해배상을 청구한다는 내용의 문서를 팩시밀리를 통하여 B에게 송부하였다.

ⓒ A는 자신의 친권자인 부모 몰래 B로부터 중고컴퓨터 1대 및 프린터기 1대를 100만 원에 구입하는 계약을 체결한 후, A의 부모가 대금 중 70만 원을 지급하였다. 한편 A는 위 매매가 법정대리인의 동의 없이 이루어진 계약인 점을 지적하며 계약을 취소한다는 내용의 전화를 하였다.

ⓓ 달러($)의 가치를 동일하게 이해하는 A가 중고자동차 10대를 뉴질랜드달러로 5만 달러에 B에게 매도하는 계약을 체결한 후, 계약내용의 중요부분에 착오가 있음을 A와 B가 모두 인정하던 중 A가 사망하였다. 이에 A의 단독상속인 C는 A와 B 사이의 중고자동차매매계약을 취소한다는 내용의 우편을 B에게 송부하였다.

ⓔ 성년인 A는 15세인 B를 양자로 삼기로 하고 합의를 하였지만, 부모의 동의가 없음을 이유로 B의 부모가 위 입양을 취소한다는 내용증명우편을 A에게 송부하였다.

① ⓐ, ⓒ ② ⓐ, ⓔ ③ ⓒ, ⓔ
④ ⓑ, ⓒ, ⓔ ⑤ ⓑ, ⓒ, ⓓ ⑥ ⓐ, ⓒ, ⓔ
⑦ ⓑ, ⓓ, ⓔ ⑧ ⓒ, ⓓ, ⓔ

해설

ⓐ B와 C 사이의 부동산증여계약에 대한 채권자취소권을 행사하기 위해서는 소를 통해 청구해야만 가능할 뿐만 아니라, 취소소송의 상대방은 채무자인 B가 아니라 수익자 C가 되어야 한다. ⓑ 절대적 정기행위에 있어서 이행지체를 이유로 계약을 해제하기 위해서는 별도의 최고가 필요 없다. 또한 계약에 대한 법정해제권의 행사방법에는 제한이 없다. 따라서 A의 해제와 손해배상청구는 유효하다. ⓒ A 및 그의 법정대리인이 B와의 매매계약을 취소할 수 있지만(제5조 1항), A의 부모가 A의 채무를 일부 이행함으로써 특별한 사정(즉, 이의의 유보)이 없는 한 위 매매계약은 법률상 추인된 것으로 평가되므로(제145조 참조) 취소권자의 취소는 인용될 수 없다. ⓓ 착오에 의한 A의 의사표시가 계약의 중요부분

에 해당되므로 당사자인 A뿐만 아니라 그의 포괄승계인 C도 위 계약을 취소할 수 있으며(제109조 1항, 제140조), 취소권을 행사하는 방법에는 제한이 없다. ⓔ 입양합의가 제871조(양자가 될 자가 성년에 달하지 못한 경우에는 부모 등의 동의를 얻어야 한다)의 규정에 위반되었으므로, B 또는 B의 부모가 위 입양을 취소할 수 있다(제886조 후단). 다만, 입양에 대한 취소는 가정법원에 청구하여야 한다(제884조 참조). <답 ⑥>

3. 다음 중 주물과 종물의 관계가 없는 것을 모두 고른 것은?

㉠ 백화점 건물과 그 지하층에 설치된 전화교환설비 ㉡ 주택과 침대 ㉢ 주택과 그 별채로 된 광 ㉣ 책상과 서랍 ㉤ 안채와 사랑채 ㉥ 농장과 부속농기구창고

① ㉠, ㉡　② ㉠, ㉢　③ ㉠, ㉣
④ ㉠, ㉥　⑤ ㉡, ㉢　⑥ ㉡, ㉣
⑦ ㉢, ㉤　⑧ ㉣, ㉥

해설

㉠ 백화점 건물의 지하 2층 기계실에 설치되어 있는 전화교환설비가 건물의 원소유자가 설치한 부속시설이며, 위 건물은 당초부터 그러한 시설을 수용하는 구조로 건축되었고, 위 시설들은 볼트와 전선 등으로 위 건물에 고정되어 각 층, 각 방실까지 이어지는 전선 등에 연결되어 있을 뿐이어서 과다한 비용을 들이지 않고도 분리할 수 있고, 분리하더라도 독립한 동산으로서 가치를 지니며, 그 자리에 다른 것으로 대체할 수 있는 것이라면, 위 전화교환설비는 독립한 물건이기는 하나, 그 용도, 설치된 위치와 그 위치에 해당하는 건물의 용도, 건물의 형태, 목적, 용도에 대한 관계를 종합하여 볼 때, 위 건물에 연결되거나 부착하는 방법으로 설치되어 위 건물인 10층 백화점의 효용과 기능을 다하기에 필요불가결한 시설들로서, 위 건물의 상용에 제공된 종물이라 할 것이다(대판 1993.8.13. 92다43142). ㉡ 식품 · 침구 · 난로 등은 '사람'의 상용에 공하는 것이므로 주택의 종물이 아니다. ㉢㉤㉥ '광', '사랑채', '부속농기구창고'와 같은 부동산도 종물이 될 수 있다(대판 1991.5.14. 91다2779 참고). ㉣ 종물이 되기 위해서는 '독립한 물건'이어야 하는데, 서랍은 책상이라는 동산의 구성부분으로서 독립된 물건이 아니다. <답 ⑥>

4. 다음은 물건에 관한 기술이다. 틀린 것은? (다툼이 있는 경우에는 판례에 의함)

① 명인방법을 갖춘 미분리의 과실은 독립한 부동산으로 볼 수 있다.

② 주물을 질물로 인도받은 자는 질권설정자가 현재 점유하고 있는 종물에 대해서도 질권을 행사할 수 있다.

③ 아무런 권원 없이 타인의 토지에서 제작 · 경작한 경우에는 명인방법을 갖추지 않았다 하더라도 그 농작물의 소유권은 경작자에게 있다.

④ 종물은 '주물의 사용에 공한다.'는 의미는 사회통념상 계속하여 주물의

효용을 완성시키는 작용을 한다고 인정되는 종류의 물건이고 또 특정의 주물에 부속된다고 인정될 만한 장소적 관계에 있어야 한다.

⑤ 짓고 있는 건물이 독립한 부동산이 되는 시기에 관해서 일정한 표준이 없고 사회통념에 따라 결정하는바, 적어도 기둥과 지붕, 그리고 주벽만이라도 갖추어야 한다.

⑥ 특별한 사정이 없는 한 집합건물의 건축자로부터 수분양자 및 매수인 명의로 순차 경료된 각 소유권이전등기의 전제가 된 전유부분의 처분에는 그에 대응하는 대지사용권도 수반되어 함께 이전되었다고 보아야 한다.

해설 ……………………………………

① 옳음. 미분리의 과실은 명인방법을 갖춤으로써 독립한 물건으로 거래의 객체가 되며, 그 성질은 아직 토지의 정착물이므로 부동산이라고 하는 견해가 다수설과 판례이다(대판 1977.4.12. 76도2887). ② 틀림. 질권의 설정은 질물의 인도가 있어야 효력이 발생하므로 주물과 종물이 모두 인도되어야 종물에 질권의 효력이 발생한다. ③ 옳음. 대판 1963.2.21. 62다913. ④ 옳음. 대판 1988.2.23. 87다카600. ⑤ 옳음. 대판 1977.4.26. 76다1677. ⑥ 옳음. 집합건물법 제20조 제1항. 또한 대판 2011.2.10. 2010다11668 참고.

<답 ②>

5. 다음은 물건에 관한 기술이다. 틀린 것을 모두 고른 것은? (다툼이 있는 경우에는 판례에 의함)

> ㉠ 생선을 보관하기 위해 횟집에 거의 붙여 지은 수족관건물은 횟집건물의 종물이다.
> ㉡ 시설부지에 정착된 레일은 사회통념상 유체물로서 그 분리가 가능하기 때문에 단일물에 해당한다.
> ㉢ '종물은 주물의 처분에 따른다.'는 제100조 2항의 규정은 강행규정이므로 어선의 의제품이 선체의 종물인 이상 특히 당사자가 선체와 기관만을 공제계약의 목적물로 하고 의제품은 그 계약목적물로 삼지 않기로 합의한 것은 강행규정 위반으로 무효이다.
> ㉣ '저당권의 효력은 저당부동산에 부합된 물건과 종물에 미친다.'는 제358조 본문의 규정은 저당부동산에 관한 종된 권리에까지 유추적용될 수 없기 때문에 건물에 대한 저당권의 효력은 그 건물의 효력을 목적으로 하는 지상권에는 미치지 않는다.

① ㉠ ② ㉠, ㉡ ③ ㉠, ㉢
④ ㉠, ㉣ ⑤ ㉠, ㉡, ㉢ ⑥ ㉠, ㉡, ㉣
⑦ ㉠, ㉢, ㉣ ⑧ ㉡, ㉢, ㉣

해설 ……………………………………

㉠ 옳음. 대판 1993.2.12. 92도3234. ㉡ 틀림. 시설부지에 정착된 레일은 사회통념상 그

부지에 계속적으로 고착되어 있는 상태에서 사용된 시설의 일부에 해당하는 물건이라고 봄이 상당하다(대결 1972.7.27. 72마741). ㉢ 틀림. 제100조 2항은 임의규정이므로 합의에 의하여 규정과 달리 정할 수 있다. ㉣ 틀림. 유추적용되므로 지상권에까지 미친다(대판 1992.7.14. 92다527). <답 ⑧>

6. 권리의 객체에 관한 기술 중 옳지 않은 것만 고른 것은? (다툼이 있는 경우에는 판례에 의함) <사시 2009년 유사 : 배점 2>

> ㉠ 바닷물에 개먹어 무너져 그 원상복구에 과다한 비용을 요하는 등 원상복구가 사회통념상 불가능한 상태에 이르게 된 포락지는 토지소유권의 객체로 되지 못한다.
> ㉡ 신축건물이 경매절차에서 매각대금 납부 당시에 이미 지하 1층부터 지하 3층까지 기둥, 주벽 및 천장 슬라브 공사가 완료된 상태였고 지하 1층의 점포가 일반에 분양된 사정이라면, 비록 토지가 경매절차에서 매각될 당시에 신축건물의 지하층 부분이 골조공사만 이루어진 채 벽이나 지붕 등이 설치된 바 없더라도, 지하층 부분만으로도 구분소유권의 대상이 될 수 있는 구조이므로 신축건물은 경매절차에서 매각 당시 미완성 상태이기는 하지만 독립된 건물의 요건을 갖춘 것으로 봄이 상당하다.
> ㉢ 공장 울 안에 공장건물과 인접하여 설치된 저유조가 그 설치된 장소에서 손쉽게 이동시킬 수 있는 구조물이 아니고 그 토지에 견고하게 부착시켜 그 상태로 계속 사용할 목적으로 축조된 것이며 거기에 저장하려고 하는 원유, 혼합유 등을 풍우 등 자연력으로부터 보호하기 위하여 둥그런 철근콘크리트 및 철판 벽면과 삿갓 모양의 지붕을 갖추고 있는 경우, 그 저유조는 유류창고로서의 기능을 가진 독립된 건물로 보아야 한다.
> ㉣ 어떤 물건이 주물의 소유자나 이용자의 상용에 공여되고 있더라도 주물 그 자체의 효용과 직접 관계가 없는 물건이라면 종물이라고 할 수 없다.
> ㉤ 건물을 축조하면서 건물의 사용에 필요한 부대시설인 정화조를 그 건물의 대지에 인접하여 있는 다른 필지의 지하에 설치한 경우, 위 정화조는 위 건물의 상용에 공하기 위하여 건물에 부속시킨 시설물로서 위 건물에 대한 종물로 보아야 한다.

① ㉠, ㉢, ㉤ ② ㉡, ㉣, ㉤ ③ ㉢, ㉤
④ ㉣, ㉤ ⑤ ㉤

해설

원칙적으로 유체물 및 전기 기타 관리할 수 있는 자연력이 물권의 객체가 되며, 이는 현존하는 물건이어야 하고, 특정되어야 한다. 또한 하나의 독립된 물건이야 한다(일물일권

주의). ㉠ 옳음. 대판 2000.12.8. 99다11687 참고. ㉡ 옳음. 대판 2003.5.30. 2002다21592,21608 참고. ㉢ 옳음. 대판 1990.7.27. 90다카6160 참고. ㉣ 옳음. 일시적 용도에 쓰이는 물건이나 주물의 효용과 직접 관계가 없이 사람의 사용에 공하는 물건[예: 가옥에 대하여 TV나 책상 등]은 종물이 아니다(제100조 1항). ㉤ 틀림. 정화조는 건축시행령 제47조, 오수, 분뇨 및 축산폐수의 처리에 관한 법률 제2조 제5호에 따라 수세식 화장실에서 배출하는 오수의 정화처리를 위하여 필수적으로 설치되어야 하고, 정화조가 건물의 대지가 아닌 인접한 다른 필지의 지하에 설치되어 있기는 하지만 위 건물 화장실의 오수처리를 위하여 건물 옆 지하에 바로 부속하여 설치되어 있음을 알 수 있어 정화조는 독립된 물건으로서 종물이라기보다는 위 3층 건물의 구성부분으로 보아야 할 것이다(대판 1993.12.10. 93다42399 참고). <답 ⑤>

제 4 장 신의성실의 원칙

1. 실효의 원칙에 관한 다음 설명 가운데 틀린 것을 모두 고르면?

ⓐ 실효의 원칙을 검토할 때에는 권리자 측과 상대방 측 쌍방의 사정 및 객관적으로 존재한 사정 등을 모두 고려하여 사회통념에 따라 합리적으로 판단하여야 하므로 종전 토지 소유자가 자신의 권리를 행사하지 않았다는 사정은 그 토지의 소유권을 적법하게 취득한 새로운 권리자에게 실효의 원칙을 적용하는 데 고려된다.
ⓑ 실효의 원칙이 적용되었다면 권리자가 그 권리를 행사하는 것이 법질서 전체를 지배하는 신의성실의 원칙에 위반되어 허용되지 아니한다는 것을 의미한다.
ⓒ 실효의 원칙은 항소권에 대해서도 적용된다.
ⓓ 사용자와 근로자 사이의 고용관계(근로자의 지위)의 존부를 둘러싼 노동분쟁과 관련해서는 실효의 원칙이 다른 법률관계에서보다 신중하게 적용되어야 한다.
ⓔ 토지소유자가 그 점유자에 대하여 부당이득반환청구권을 장기간 적극적으로 행사하지 아니하였다는 사정만으로는 부당이득반환청구권이 실효의 원칙에 따라 소멸하였다고 볼 수 없다.

① ⓐ　　② ⓓ　　③ ⓒ, ⓓ
④ ⓐ, ⓓ　　⑤ ⓑ, ⓓ, ⓔ　　⑥ ⓐ, ⓑ, ⓓ

해설 ……………………………………

ⓐ 틀림. 대판 1995.8.25. 94다27069 참고. 왜냐하면 실효의 원칙은 권리자의 불행사라는 외관에 대한 상대방의 기대 내지 신뢰를 보호하기 위한 법리이므로 현재 토지소유자가 아닌 그 이전 소유자의 외관을 이유로 실효의 원칙을 적용할 수는 없기 때문이다. ⓑⓒ 옳음. 소송상 권리에도 적용된다(대판 1996.7.30. 94다51840 참고). ⓓ 틀림. 경제적 정세에 대처하여 최선의 설비와 조직으로 기업활동을 전개하여야 하는 사용자의 입장에서는 물론, 임금수입에 의하여 자신과 가족의 생계를 유지하고 있는 근로자의 입장에서도 노동분쟁은 신속히 해결되는 것이 바람직하므로 실효의 원칙이 더욱 적극적으로 적용되어야 할 필요가 있다(대판 1992.1.21. 91다30118 참고). 예컨대 근로자들이 면직된 후 바로 퇴직금을 청구하여 수령하였으며 그로부터 9년이 지난 후 "1980년 해직공무원의 보상 등에 관한 특별조치법" 소정의 보상금까지 수령하였다면 면직일로부터 10년이 다 되었으므로 사용자로서도 위 면직처분이 유효한 것으로 믿고 이를 전제로 그 사이에 새로운 인사체제를 구축하여 조직을 관리·경영하여 오고 있는 마당에 새삼스럽게 면직처분무효확인의 소

를 제기함은 신의성실의 원칙에 반하거나 실효의 원칙에 따라 그 권리의 행사가 허용되지 않는다'고 보았다(대판 1992.12.11. 92다23285 등 참고). ⓔ 대판 2002.1.8. 2001다60019 참고. <답 ④>

2. 다음은 신의성실의 원칙에 관한 판례의 태도이다. 잘못된 설명을 모두 고르면?

ⓐ 유효하게 성립된 보증계약에 따른 책임을 신의성실의 원칙과 같은 일반원칙에 의하여 제한하는 것은 자칫 잘못하면 사적자치의 원칙이나 법적 안정성에 대한 중대한 위협이 될 수 있으므로 신중을 기하여 극히 예외적으로 인정하여야 한다.
ⓑ 부동산거래에서 신의칙에 의해 인정되는 고지의무의 대상은 직접적인 법령의 규정에 한정될 뿐, 널리 계약상, 관습상 또는 조리상의 일반원칙에 의해서는 인정될 수 없다.
ⓒ 상속포기를 하지 아니하였더라면 혼동으로 소멸하였을 개별적인 권리가 상속포기로 인하여 소멸하지 않게 되었더라도 그 상속포기가 신의칙에 반하여 무효라고 할 수 없다.
ⓓ 채권자보호의 필요성이 크고 같은 조건의 다른 채권자가 채무의 변제를 수령하는 등의 사정이 있어 채무이행의 거절을 인정함이 현저히 불공평하게 되더라도 채무자가 소멸시효의 완성을 주장하는 것이 신의성실의 원칙에 반하지 않는다.
ⓔ 확정판결에 의한 권리라고 하더라도 신의에 좇아 성실히 행사되어야 하고 그 판결에 기한 집행이 권리남용이 되는 경우에는 허용되지 않는 것이므로 집행채무자는 청구이의의 소에 의하여 그 집행의 배제를 구할 수 있다.
ⓕ 강행법규에 위반한 자가 스스로 그 약정의 무효를 주장하는 것은 신의칙에 반하지 않는다.

① ⓐ ② ⓑ ③ ⓑ, ⓒ
④ ⓐ, ⓒ ⑤ ⓑ, ⓓ ⑥ ⓐ, ⓑ, ⓓ
⑦ ⓑ, ⓓ, ⓔ ⑧ ⓐ, ⓑ, ⓔ, ⓕ

해설 ……………………………………

ⓐ 대판 2007.1.25. 2006다25257 참고. ⓑ 고지의무의 대상은 널리 계약상, 관습상 또는 조리상의 일반원칙에 의해서도 인정될 수 있다(대판 2007.6.1. 2005다5812, 5829, 5836). ⓒ 상속포기를 하지 아니하였더라면 혼동으로 소멸하였을 개별적인 권리가 상속포기로 인하여 소멸하지 않게 되었더라도 그 상속포기가 신의칙에 반하여 무효라고 할 수 없다고 한 사례(대판 2005.1.14. 2003다38573, 38580). ⓓ 신의성실의 원칙에 반하여 권리남용으로서 허용될 수 없다(대판 2007.3.15. 2006다12701 참고). ⓔ 확정판결의 내용이 실체적 권리관계에 배치되는 경우 그 판결에 의하여 집행할 수 있는 것으로 확정된 권리의 성질과 그 내용, 판결의 성립 경위 및 판결 성립 후 집행에 이르기까지의 사정, 그 집행이 당사자에게 미치는 영향 등 제반 사정을 종합하여 볼 때, 그 확정판결에 기한 집행이 현

저히 부당하고 상대방으로 하여금 그 집행을 수인하도록 하는 것이 정의에 반함이 명백하여 사회생활상 용인할 수 없다고 인정되는 경우에는 그 집행은 권리남용으로서 허용되지 않으며(대판 1997.9.12. 96다4862 등), 민사집행법 제44조에서 청구에 관한 이의의 소를 규정한 것은 부당한 강제집행이 행하여지지 않도록 하려는 데 있으므로, 판결에 의하여 확정된 청구가 그 판결의 변론종결 후에 변경·소멸된 경우뿐만 아니라 판결을 집행하는 자체가 불법한 경우에는 그 불법은 당해 판결에 의하여 강제집행에 착수함으로써 외부에 나타나 비로소 이의의 원인이 된다고 보아야 하기 때문에 이 경우에도 이의의 소를 허용함이 상당하다(대판 2002.10.25. 2002다48559 등). ⓕ 강행법규를 위반한 자가 스스로 그 약정의 무효를 주장하는 것이 신의칙에 위배되는 권리의 행사라는 이유로 그 주장을 배척한다면, 이는 오히려 강행법규에 의하여 배제하려는 결과를 실현시키는 셈이 되어 입법취지를 완전히 몰각하게 되므로 달리 특별한 사정이 없는 한 위와 같은 주장은 신의칙에 반하는 것이라고 할 수 없고, 한편 신의성실의 원칙에 위배된다는 이유로 그 권리의 행사를 부정하기 위해서는 상대방에게 신의를 공여하였다거나 객관적으로 보아 상대방이 신의를 가짐이 정당한 상태에 있어야 하며, 이러한 상대방의 신의에 반하여 권리를 행사하는 것이 정의관념에 비추어 용인될 수 없는 정도의 상태에 이르러야 한다(대판 2011.3.10. 2007다17482). <답 ⑤>

3. 다음은 신의칙에 대한 판례의 태도이다. 옳은 설명을 모두 고르면?

㉠ 소멸시효가 완성되어 채무자가 이를 주장하는 것은 법률의 규정에 근거를 두기 때문에 결코 신의성실의 원칙에 반할 수 없다.

㉡ 임차인의 원상회복의무와 임대인의 보증금반환의무는 동시이행되어야 하므로 임차인이 불이행한 원상회복의무가 사소한 부분이라면 잔존임차보증금의 전액에 대하여 임대인이 반환을 거부하는 것은 신의칙상 부당하다.

㉢ 수급인이 담보책임이 없음을 약정한 경우에도 알고 고지하지 아니한 사실에 대하여는 그 책임을 면하지 못한다고 규정한 민법 제672조는 담보책임의 기간을 단축하는 약정에는 유추적용할 수 없다.

㉣ 근저당권자가 근저당권 설정에 앞서 임차인의 주민등록상 주소가 등기부상 표시와 다르다는 사정을 알았거나 알 수 있었다면 임대차의 대항력을 부정하는 근저당권자의 주장은 신의칙에 위배된다.

㉤ 회사에 이익이 된다면 그 임직원이 대주주 겸 대표이사의 지시에 따라 위법한 분식회계 등에 고의·과실로 가담하는 행위를 함으로써 회사에 손해를 입힌 경우, 회사가 그 임직원에 대하여 손해배상청구를 하더라도 신의칙에 반하지 않는다.

㉥ 금융기관이 일반 고객과 전문적인 지식과 분석능력이 요구되는 선물환거래를 할 때, 상대방이 그 거래의 구조와 위험성을 정확하게 평가할 수 있도록 거래에 내재된 위험요소 및 잠재적 손실에 영향을 미치는 중요인자 등 거래상의 주요 정보를 적합한 방법으로

설명할 신의칙상의 의무가 인정되므로 계약자가 그 내용을 충분히 잘 알고 있는 경우에도 그러한 사항에 대하여서까지 금융기관의 설명의무가 인정된다.

① ㉠, ㉡ ② ㉠, ㉢ ③ ㉠, ㉤
④ ㉡, ㉢ ⑤ ㉡, ㉣ ⑥ ㉡, ㉤
⑦ ㉢, ㉣ ⑧ ㉣, ㉥

해설

㉠ 신의칙에 반할 수 있다(대판 2009.6.25. 2009다16186, 6193 등). 즉, (i) 채무자가 시효완성 전에 채권자의 권리행사나 시효중단을 불가능 또는 현저히 곤란하게 하거나 그러한 조치가 불필요하다고 믿게 하는 행동을 한 경우, (ii) 객관적으로 채권자가 권리를 행사할 수 없는 장애사유가 있었던 경우, (iii) 일단 시효완성 후에 채무자가 시효를 원용하지 아니할 것 같은 태도를 보여 권리자로 하여금 그와 같이 신뢰하게 한 경우, (iv) 채권자보호의 필요성이 크고, 같은 조건의 다른 채권자가 채무의 변제를 수령하는 등의 사정이 있어 채무이행의 거절을 인정함이 현저히 부당하거나 불공평하게 되는 등의 특별한 사정이 있는 경우에 한하여 채무자가 소멸시효의 완성을 주장하는 것이 신의성실의 원칙에 반하여 권리남용으로서 허용될 수 없다. ㉡ 부당하다(대판 1999.11.12. 99다34697). 즉, 동시이행의 항변권은 근본적으로 공평의 관념에 따라 인정되는 것인데, 사소한 임차인의 원상회복의무불이행으로 인한 손해배상액 부분을 넘어서서 거액의 잔존 임대차보증금 전액에 대한 반환을 임대인이 거부할 수 있다고 하는 것은 오히려 공평의 관념에 반하는 것이 되어 부당하고, 그와 같은 임대인의 동시이행의 항변은 신의칙에 반하는 것이 되어 허용할 수 없다. ㉢ 신의칙을 근거로 유추적용될 수 있다고 한다(대판 1999.9.21. 99다19032). ㉣ 근저당권자가 임차인의 주민등록상 주소가 등기부상 표시와 다르다는 이유로 임대차의 대항력을 부정하는 주장이 신의칙에 비추어 용납될 수 없는 경우에는 예외적으로 그 주장을 배척할 수 있으나, 이는 주택임대차보호법에 의하여 인정되는 법률관계를 신의칙과 같은 일반원칙에 의하여 제한하는 것이어서 법적 안정성을 해할 수 있으므로 그 적용에 신중을 기하여야 한다. 그러므로 근저당권자가 근저당권 설정에 앞서 임차인의 주민등록상 주소가 등기부상 표시와 다르다는 사정을 알았거나 알 수 있었다는 사정만으로는 임대차의 대항력을 부정하는 근저당권자의 주장이 신의칙에 위배된다고 할 수 없다(대판 2008.2.14. 2007다33224). ㉤ 위와 같은 위법한 분식회계로 인하여 회사의 신용등급이 상향 평가되어 회사가 영업활동이나 금융거래의 과정에서 유형·무형의 경제적 이익을 얻은 사정이 있다고 하여 달리 볼 것은 아니다(대판 2007.11.30. 2006다19603). ㉥ 계약자나 그 대리인이 그 내용을 충분히 잘 알고 있는 경우에는 그러한 사항에 대하여서까지 금융기관에게 설명의무가 인정된다고 할 수는 없다(대판 2010.11.11. 2010다55699).

<답 ⑥>

4. 신의칙에 관한 설명 중 옳은 것을 모두 고른 것은? (다툼이 있는 경우에는 판례에 의함) <사시 2010년 변형: 배점 2>

㉠ 계약 성립 후 현저한 사정의 변경이 발생하였고, 그러한 사정의 변경이 해제권을 취득하는 당사자에게 책임 없는 사유로 생긴 것

으로서, 계약 내용대로의 구속을 인정한다면 신의칙에 현저히 반하는 결과가 생기는 경우에 사정의 변경으로 인한 계약해제가 인정되는데, 여기의 사정에는 상대방에게 알려진 일방당사자의 주관적 사정도 포함된다.
㉡ 적법한 위임사무처리에 관하여 약정된 보수액이 부당하게 과다하여 신의칙에 반하는 경우, 그러한 약정 전부가 무효이고 적정보수를 초과하는 부분만 무효로 되는 것은 아니다.
㉢ 甲이 자신의 토지에 불법으로 건물을 소유하고 있는 乙을 상대로 건물철거를 청구하는 것이 권리남용에 해당하더라도, 甲은 특별한 사정이 없는 한 乙에 대하여 임료 상당의 부당이득반환을 청구할 수 있다.
㉣ 회사의 이사로 재직하면서 회사의 확정채무를 보증한 자는 이사직을 사임한 후에 사정변경을 이유로 그 보증계약을 해지할 수 있다.
㉤ 상속인 중의 1인이 피상속인의 생존 시에 상속을 포기하기로 피상속인과 약정하였으나 상속개시 후에 법정절차에 따라 상속포기를 하지 아니하였다면, 상속개시 후에 자신의 상속권을 주장하는 것은 정당한 권리행사로 볼 수 있다.

① ㉡ ② ㉠, ㉣ ③ ㉡, ㉢
④ ㉢, ㉤ ⑤ ㉡, ㉢, ㉤

해설

㉠ 틀림. 여기에서 말하는 사정이라 함은 계약의 기초가 되었던 객관적인 사정으로서, 일방당사자의 주관적 또는 개인적인 사정을 의미하는 것은 아니다(대판 2007.3.29. 2004다31302). 개인적인 기대가 좌절된 경우도 마찬가지인데, 「상가의 활성화 및 상권의 형성이 당초의 기대에 미치지 못하였다는 사정만으로 당초의 계약내용에 당사자가 구속되는 것이 신의칙상 현저히 부당하게 되었다고 볼 수도 없다」(대판 2009.8.20. 2008다94769). ㉡ 틀림. 변호사의 소송위임사무처리에 대한 보수의 액에 관하여 의뢰인과 사이에 약정이 있는 경우에 위임사무를 완료한 변호사는 특별한 사정이 없는 한 약정된 보수액을 전부 청구할 수 있는 것이 원칙이기는 하지만, 의뢰인과의 평소부터의 관계 · 사건 수임의 경위 · 착수금의 액 · 사건 처리의 경과와 난이도 · 노력의 정도 · 소송물가액 · 의뢰인이 승소로 인하여 얻게 된 구체적 이익과 소속 변호사회의 보수규정 등 기타 변론에 나타난 제반 사정에 비추어, 약정된 보수액이 부당하게 과다하여 신의성실의 원칙이나 형평의 원칙에 반한다고 볼 만한 특별한 사정이 있는 경우에는, 예외적으로 위와 같은 제반 사정을 고려하여 상당하다고 인정되는 범위 내의 보수액만을 청구할 수 있다고 보아야 할 것이다(대판 1992.3.31, 91다29804). ㉢ 옳음. 乙의 점유가 '점유할 권원'에 의거한 점유에 해당하지 않기 때문에, 甲은 乙에게 임료상당액에 대해 부당이득으로 그 반환을 구할 수 있다(제741조). ㉣ 틀림. 보증인이 재직 중에 있을 때 생긴 채무만으로 제한할 수 있는 경우는 포괄근보증이나 한정근보증과 같이 채무액이 불확정적이고 계속적인 거래로 인한 채무에 대하여 보증한 경우에 한하고, 회사에 재직하게 된 관계로 보증할 당시 그 채무가 특정되어 있는 확정채무에 대하여는 보증을 한 후 그 직책을 사임하였다 하더라도 그 책임이 제

한되는 것이 아니고 사정변경을 이유로 해지할 수도 없다(대판 1999.9.3. 99다23055 등).
ⓜ 옳음. 대판 1998.7.24. 98다9021 참고. <답 ④>

5. 다음 중 판례에 의할 때 옳은 것(○)과 옳지 않은 것(×)을 바르게 표시한 것은?

> ㉠ 신의성실의 원칙에 위배된다는 이유로 그 권리행사를 부정하기 위해서는 상대방에게 신의를 공여하였다거나, 객관적으로 보아 상대방이 신의를 가짐이 정당한 상태에 이르러야 하고 이와 같은 상대방의 신의에 반하여 권리를 행사하는 것이 정의관념에 비추어 용인될 수 없는 정도의 상태에 이르러야 한다.
> ㉡ 송전선이 토지 위를 통과하고 있다는 사정을 알고서 토지를 취득하였다는 이유만으로 그 취득자가 그 소유토지에 대한 소유권의 행사가 제한된 상태를 용인하였다고 할 수 없으므로 그 취득자의 송전선 철거 청구 등 권리행사는 신의성실의 원칙에 반하지 않는다.
> ㉢ 한국전력공사가 정당한 권원에 의하여 토지를 수용하고 그 지상에 변전소를 건설하였으나 토지소유자에게 그 수용에 따른 손실보상금을 공탁하는 데 착오로 부적법한 공탁이 되어 수용재결이 실효됨으로써 결과적으로 그 토지에 대한 점유권원을 상실하게 되었다면 토지소유자는 언제나 정당하게 그 변전소의 철거와 토지의 인도를 청구할 수 있다.
> ㉣ 소유권이전등기가 경료된 부동산에 관하여 중복하여 소유권보존등기를 마친 자의 점유취득시효가 완성된 경우라면, 후행 보존등기의 말소를 구하는 것은 신의칙에 반하거나 권리남용에 해당한다.
> ㉤ 채무자가 동생 소유의 아파트에 관하여 근저당권을 설정하고 대출을 받으면서 채권자에게 자신은 임차인이 아니고 위 아파트에 관하여 일체의 권리를 주장하지 않겠다는 내용의 확인서를 작성하여 준 경우, 그 후 대항력을 갖춘 임차인임을 내세워 이를 낙찰받은 채권자의 인도명령을 다투는 것은 금반언 및 신의칙에 위배되어 허용되지 않는다.

① ㉠(○), ㉡(○), ㉢(○), ㉣(○), ㉤(○)
② ㉠(○), ㉡(○), ㉢(×), ㉣(×), ㉤(○)
③ ㉠(○), ㉡(×), ㉢(○), ㉣(○), ㉤(×)
④ ㉠(○), ㉡(×), ㉢(×), ㉣(○), ㉤(○)
⑤ ㉠(×), ㉡(○), ㉢(○), ㉣(○), ㉤(×)
⑥ ㉠(×), ㉡(○), ㉢(×), ㉣(×), ㉤(○)
⑦ ㉠(×), ㉡(×), ㉢(○) ㉣(×), ㉤(×)
⑧ ㉠(×), ㉡(×), ㉢(×), ㉣(×), ㉤(×)

해설

㉠ 옳음. 대판 2011.2.10. 2009다68941의 태도이다. 즉, 민법상의 신의성실의 원칙은 법률관계의 당사자는 상대방의 이익을 배려하여 형평에 어긋나거나 신뢰를 저버리는 내용 또는 방법으로 권리를 행사하거나 의무를 이행하여서는 아니 된다는 추상적 규범을 말하는 것이다. (따라서) 3조 2교대 근무제에 따라 근로자들 중 일부는 3조 2교대 근무를 하고, 나머지 근로자들은 토요일 격주 전일근무를 하여 오던 기업체에서 3조 3교대 근무제로 변경하려고 하였으나, 3조 2교대 근무자들이 3조 3교대 근무에 따른 출퇴근시간 등의 어려움을 이유로 3조 3교대 근무제를 반대함으로써 3조 2교대 근무가 유지된 경우, 이에 의하여 기업체에게 시간외 근로수당을 청구하지 않으리라는 신의를 공여하였다거나 객관적으로 보아 기업체가 그러한 신의를 가짐이 정당한 상태에 이르렀다고 할 수 없고, 가사 기업체가 3조 2교대 근무형태를 유지하는 것이 3조 3교대 근무형태로 변경하는 것보다 더 많은 비용이 소요된다고 하더라도 근로기준법 제46조의 규정이나 3조 2교대 근무를 계속하게 된 경위 등에 비추어 볼 때 근로자들이 시간외 근로수당을 청구하는 것이 정의관념에 반한다고 할 수도 없다는 이유로, 근로자들의 시간외 근로수당 청구가 신의성실의 원칙에 위배되지 않는다. ㉡ 옳음. 대판 1995.8.25. 94다27069 참고. 하지만 어느 권리행사가 권리남용이 되는가의 여부는 개별적이고 구체적인 사안에 따라 판단되어야 한다. 따라서 송전선로철거소송에 이르게 된 과성, 계쟁 토지가 51㎡에 불과한 점, 위 송전선을 철거하여 이설하기 위하여는 막대한 비용과 손실이 예상되는 반면 송전선이 철거되지 않더라도 토지를 이용함에 별다른 지장이 없는 점 등이 인정된다면, 농로 위로 지나가는 송전선의 철거를 구하는 청구는 권리남용에 해당한다(대판 2003.11.27. 2003다40422 참고). ㉢ 틀림. 토지소유자가 그 변전소의 철거와 토지의 인도를 청구하는 것은 토지소유자에게는 별다른 이익이 없는 반면, 한국전력공사에게는 그 피해가 극심하여 이러한 권리행사는 주관적으로는 그 목적이 오직 상대방에게 고통을 주고 손해를 입히려는 데 있고, 객관적으로는 사회질서에 위반된 것이라면 권리남용에 해당한다(대판 1999.9.7. 99다27613). ㉣ 틀림. 동일 부동산에 관하여 이미 소유권이전등기가 경료되어 있음에도 그후 중복하여 소유권보존등기를 경료한 자가 그 부동산을 20년간 소유의 의사로 평온·공연하게 점유하여 점유취득시효가 완성되었더라도, 선등기인 소유권이전등기의 토대가 된 소유권보존등기가 원인무효라고 볼 아무런 주장 · 입증이 없는 이상, 뒤에 경료된 소유권보존등기는 실체적 권리관계에 부합하는지의 여부에 관계없이 무효이므로, 뒤에 된 소유권보존등기의 말소를 구하는 것이 신의칙위반이나 권리남용에 해당한다고 할 수 없다(대판 2008.2.14. 2007다63690). ㉤ 옳음. 대판 1997.6.27. 97다12211 참고. <답 ②>

6. '주택임대차보호법의 입법목적과 제도의 취지 등을 고려할 때, 채권자가 채무자 소유의 주택에 관하여 채무자와 임대차계약을 체결하고 전입신고를 마친 다음 그곳에 거주하였다고 하더라도 실제 임대차계약의 주된 목적이 주택을 사용 · 수익하려는 데 있지 않고, 실제적으로는 소액임차인으로 보호받아 선순위담보권자에 우선하여 채권을 회수하려는 데에 주된 목적이 있었다면 그러한 임차인을 주택임대차보호법상의 소액임차인으로 보호할 수 없다.' 이 판결이유에서 제시한 근거를 그 논거로서 제시한 판례를 아래에서 찾으면?

① 장기간에 걸쳐 그 권리를 행사하지 아니하던 권리자가 이제 와서 새삼스럽게 그 권리를 행사하는 것을 금지하기 위해서는 의무자인 상대방이 더 이상 권리자가 그 권리를 행사하지 아니할 것으로 믿을 만한 정당한

사유가 있어야 한다.

② 약정임대차기간이 만료되었음을 이유로 주택임차인이 우선변제권을 주장한 경우에 낙찰자가 임대차보증금을 인수하지 않을 것이라는 전제하에 낙찰이 실시되어 낙찰허가결정이 확정되었다면, 그 후에 임차인이 행사한 대항력은 임차인의 선행행위를 신뢰한 낙찰자에게 예측하지 못한 손해를 입게 하는 것이어서 허용될 수 없다.

③ 회사의 이사라는 지위에 있었기 때문에 부득이 회사와 은행 사이의 계속적 거래로 인한 회사의 불확정적 채무에 연대보증인이 된 자가 그 후 회사로부터 퇴직하여 이사의 지위를 상실하게 된 때에는 사회통념상 계속 보증인의 지위를 유지케 하는 것이 부당하므로 그 보증계약을 일방적으로 해지할 수 있다.

④ 쌍무계약에서 일방의 채무에 관해 그 이행의 제공을 엄격하게 요구하면 오히려 불성실한 상대 당사자에게 구실을 주는 것이 될 수도 있으므로 일방 당사자가 하여야 할 제공의 정도는 그 시기와 구체적인 상황에 따라 합리적으로 정하면 되므로 매수인이 계약의 이행에 비협조적인 태도를 취하면서 잔대금의 지급을 미루는 등 소유권이전등기서류를 수령할 준비를 않는 경우에는 매도인으로서도 그에 상응한 이행의 준비를 하면 족하다.

⑤ 명의수탁자와 제3자 사이의 인낙조서에 의해 명의신탁된 토지의 소유권이 제3자에게 이전되었으나 인낙조서의 성립이 명의수탁자의 불법행위에 기한 것이고 제3자가 불법행위에 적극 가담하였다면 제3자는 토지의 소유자임을 전제로 명의신탁자에게 토지의 점유·사용으로 인한 부당이득의 반환을 청구할 수 없다.

해설 ……………………………………

소액보증금의 우선변제권은 주택임대차보호법의 입법목적 및 취지에 의해 제한을 받기 때문에 '주거생활의 안정'을 보장함을 목적으로 하는 위 법률의 한계를 넘어서는 안 된다. 따라서 위 소액보증금의 우선변제권을 행사함으로써 선순위담보권자에 우선하여 자신의 채권을 확보하려는 소액임차인의 의도는 주택임대차보호법이 실현하고자 하는 사회적 목적에 반하므로 이러한 우선변제권의 주장은 권리남용에 해당한다고 볼 수 있다(대판 2001.10.9. 2001다41339 등 참고). 그러나 임대차계약당사자가 기존 채권을 임대차보증금으로 전환하여 임대차를 체결했다는 사정만으로는 임차인의 대항력을 부정하는 근거가 되지 않는다고 하는 판결이 있다(대판 2002.1.8. 2001다47535 참고). ① 신의칙의 파생원리로서 '실효의 원칙'을 제시하였다. 예컨대 토지소유자가 그 점유자에 대하여 부당이득반환청구권을 장기간 적극적으로 행사하지 아니하였다는 사정만으로는 부당이득반환청구권이 이른바 실효의 원칙에 따라 소멸하였다고 볼 수 없다(대판 2002.1.8. 2001다60019 참고). ② 토지의 상공에 송전선이 설치되어 있는 사정을 알면서 그 토지를 취득하였다고 하여 그 취득자가 그 소유토지에 대한 소유권의 행사가 제한되는 것을 용인하기로 하였다고 볼 수 없으므로 다른 사정이 없는 한 그 취득자의 송전선철거청구 등 권리행사는 신의칙에 반하지 않는다고 판시한 케이스에서도(대판 2002. 5.31. 2002다17494 참고) '금반언의 법리'가 검토되었다. ③ '사정변경의 원칙'을 제시하였다(대판 2000.3.10. 99다61750 참고). ④ '신의칙'을 그 근거로 제시하였다. 즉, 매도인이 법무사사무소에 소유권이전등기에 필요한 대부분의 서류를 작성하여 주었고 미비한 일부 서류들은 잔금지급시에 교부하기로 하였으며 이들 서류는 매도인이 언제라도 발급받아 교부할 수 있다면 매도인으로서는 비록 일부 미비한 서류가 있다 하더라도 소유권이전등기의무에 대한 충분한 이행의 제공을 마쳤다고 보아야 할 것이고, 잔대금지급기일에 이를 지급하지 않고 계약의 효력을 다투는 등 계약의 이행에 비협조적이고 매도인의 소유권이전등기서류를 수령할 준비를 하지 않고 있던 매수인은 이 점을 이유로 잔대금지급을 거절할 수 없다(대판 2001.12.11. 2001다36511). ⑤ '권리남용금지의 원칙'을 제시하였다(대판 2001.5.8. 2000다43284, 43291, 43307 참고).

<답 ⑤>

7. 다음은 권리남용금지의 원칙에 관한 설명이다. 판례에 의할 때 옳은 것(○)과 옳지 않은 것(×)을 바르게 표시한 것은?

㉠ 권리의 남용에 해당하려면 객관적 요건 외에도 주관적으로 그 권리행사의 목적이 오직 상대방에게 고통을 주고 손해를 입히려는 데 있을 뿐 행사하는 사람에게 아무런 이익이 없는 경우이어야 하지만, 이와 같은 경우에 해당하지 않더라도 그 권리의 행사에 의하여 권리행사자가 얻는 이익보다 상대방이 잃을 손해가 현저히 크다면 이를 권리남용이라 할 수 있다.

㉡ 채무자가 시효완성 전에 채권자의 권리행사나 시효중단을 불가능 또는 현저히 곤란하게 하거나 그러한 조치가 불필요하다고 믿게 하는 행동을 하였더라도 채무자가 소멸시효의 완성을 주장하는 것은 법률이 정한 사항이므로 신의성실의 원칙에 반하는 권리남용에 해당하지 않는다.

㉢ 송금의뢰인이 착오송금임을 이유로 수취은행에 직접 송금액의 반환을 요청하고 수취인도 송금의뢰인의 착오송금에 의하여 수취인의 계좌에 금원이 입금된 사실을 인정하고 수취은행에 그 반환을 승낙하고 있더라도, 예금거래기본약관에 따라 송금의뢰인이 수취인의 예금계좌에 자금이체를 하여 예금원장에 입금의 기록이 된 때에는 특별한 사정이 없는 한 송금의뢰인과 수취인 사이에 자금이체의 원인인 법률관계가 존재하는지 여부에 관계없이 수취인과 수취은행 사이에는 위 입금액 상당의 예금계약이 성립하기 때문에 송금의뢰인에 대한 관계에서 신의칙에 반하거나 상계에 관한 권리를 남용하는 것은 아니다.

㉣ 원고 甲이 부동산에 관한 공매절차에서 피고 乙이 유치권을 신고한 사실을 알면서 그 부동산을 매수하였고, 甲의 직원으로 하여금 폭

> 력을 행사하는 방법으로 乙의 점유를 강제로 빼앗았으며, 乙이 甲을 상대로 제기한 점유회수의 소에서 피고승소판결이 선고되어 확정되었음에도 甲은 그 점유를 乙에게 반환하지 아니하고 비록 고의적으로 제3자에게 점유를 이전하면서 乙에 대하여 유치권부존재확인을 청구하더라도 권리남용에 해당하지는 않는다.

① ㉠(○), ㉡(○), ㉢(○), ㉣(○)
② ㉠(○), ㉡(○), ㉢(×), ㉣(×)
③ ㉠(○), ㉡(×), ㉢(○), ㉣(○)
④ ㉠(○), ㉡(×), ㉢(×), ㉣(×)
⑤ ㉠(×), ㉡(○), ㉢(○), ㉣(×)
⑥ ㉠(×), ㉡(×), ㉢(×), ㉣(×)

해설

㉠ 틀림. 비록 그 권리의 행사에 의하여 권리행사자가 얻는 이익보다 상대방이 잃을 손해가 현저히 크다고 하여도 그러한 사정만으로는 이를 권리남용이라 할 수 없다. (예를 들어) 경매에 의하여 토지를 경락받은 원고가 피고에 대하여 그 지상 건물의 철거 및 토지의 인도를 구하는 사안에서, 건물의 철거로 인한 원고의 이익보다 피고의 손해가 현저히 크고 건물이 철거됨으로써 수분양자나 하도급업자 등의 피해로 사회경제적 손실이 예견되기는 하나, 피고가 건물에 대한 권리를 인수할 당시 그 철거가능성을 알았다고 보이는 점, 토지에 대한 투자가치가 있어 원고에게 아무런 이득이 없다고 보기 어려운 점, 원고의 의도가 오로지 피고에게 손해를 입히려는 것이라고 보기 어려운 점 등에 비추어 원고의 청구를 권리남용이라고 판단할 수 없다(대판 2010.2.25. 2009다58173). ㉡ 틀림. 채무자가 시효완성 전에 채권자의 권리행사나 시효중단을 불가능 또는 현저히 곤란하게 하거나 그러한 조치가 불필요하다고 믿게 하는 행동을 하였거나, 객관적으로 채권자가 권리를 행사할 수 없는 장애사유가 있었거나, 일단 시효완성 후에 채무자가 시효를 원용하지 아니할 것 같은 태도를 보여 채권자로 하여금 그와 같이 신뢰하게 하였거나, 또는 채권자를 보호할 필요성이 크고 같은 조건의 그 채권자들 중 일부가 이미 채무의 변제를 수령하는 등 채무이행의 거절을 인정함이 현저히 부당하거나 불공평하게 되는 등의 특별한 사정이 있는 경우에는 채무자가 소멸시효의 완성을 주장하는 것이 신의성실의 원칙에 반하여 권리남용으로서 허용될 수 없다. (예를 들어) 피고가 미지급 임금채권을 피보전권리로 하여 원고 등이 발령받은 가압류결정에 관한 집행해제신청 후에 원고 등과 사이에 2회에 걸쳐 원고 등에게 부담하는 미지급 임금채무 등을 승인함과 아울러 그 당시 약정한 변제기에 이를 지급하기로 하는 내용의 채무변제계약 공정증서를 작성하고, 그와 같은 공정증서 작성 후에 원고에게 미지급 상여금 등 중 일부를 지급까지 하는 등으로 임금채무를 자진하여 변제할 것과 같은 태도를 보인 경우 위 임금채무에 관하여 소멸시효의 항변을 받아들이는 것은 권리남용으로 허용될 수 없다(대판 2010.6.10. 2010다8266). 또한 6·25 전쟁 당시 벌어진 국민보도연맹 울산지부 연맹 사건의 유족들이 과거사정리위원회의 진실규명을 통하여 국가를 상대로 손해배상(위자료)을 청구한 사안에서 과거사정리위원회의 이 사건에 대한 진실규명결정이 있었던 2007.11.27.까지는 객관적으로 채권자들이 권리를 행사할 수 없었으므로 채무자가 소멸시효의 완성을 주장하여 그 채무이행을 거절하는 것은 현저히 부당하여 신의성실의 원칙에 반하는 것으로서 허용될 수 없다(대판 2011.6.30. 2009

다72599). ㉢ 틀림. 수취은행이 수취인에 대한 대출채권 등을 자동채권으로 하여 수취인의 계좌에 입금된 금원 상당의 예금채권과 상계하는 것은 신의칙 위반이나 권리남용에 해당한다는 등의 특별한 사정이 없는 한 유효함이 원칙이다. 하지만 (위 사례의 경우) 수취은행이 선의인 상태에서 수취인의 예금채권을 담보로 대출을 하여 그 자동채권을 취득한 것이라거나 그 예금채권이 이미 제3자에 의하여 압류되었다는 등의 특별한 사정이 없는 한, 공공성을 지닌 자금이체시스템의 운영자가 그 이용자인 송금의뢰인의 실수를 기화로 그의 희생하에 당초 기대하지 않았던 채권회수의 이익을 취하는 행위로서 상계제도의 목적이나 기능을 일탈하고 법적으로 보호받을 만한 가치가 없으므로, 송금의뢰인에 대한 관계에서 신의칙에 반하거나 상계에 관한 권리를 남용하는 것이다(대판 2010.5.27. 2007다66088). ㉣ 틀림. 원고가 피고를 상대로 적극적으로 유치권부존재확인을 구하는 것은 자신의 불법행위로 인한 권리침해의 결과를 수용할 것을 요구하고, 나아가 법원으로부터는 위와 같은 불법적 권리침해의 결과를 승인받으려는 것으로서, 명백히 정의 관념에 반하여 사회생활상 도저히 용인될 수 없는 것으로 권리남용에 해당하여 허용되지 않는다(대판 2010.4.15. 2009다96953). <답 ⑥>

8. 신의성실의 원칙에 관한 설명 중 옳은 것을 모두 고른 것은? (다툼이 있는 경우에는 판례에 의함) <사시 2013년: 배점 3>

ㄱ. 강행법규에 위반하여 무효인 수익보장약정이 투자신탁회사가 먼저 고객에게 제의하여 체결된 경우, 투자신탁회사 스스로 그 약정의 무효를 주장하는 것은 신의칙에 위반된다.

ㄴ. 아파트 분양자는 아파트단지 인근에 공동묘지가 조성되어 있다거나 쓰레기 매립장이 건설예정인 사실을 분양계약자에게 고지할 신의칙상 의무가 있고, 그 고지를 하지 않은 경우 부작위에 의한 기망행위가 된다.

ㄷ. 사립학교 경영자가 사립학교법 규정에 위반한 매도나 담보제공이 무효라는 사실을 알고서 매도나 담보제공을 한 후 스스로 그 무효를 주장하는 것은 원칙적으로 신의성실의 원칙에 위반된다.

ㄹ. 근저당권자가 담보물에 대한 담보가치를 조사할 당시 대항요건을 갖춘 임차인이 그 임대차 사실을 부인하고 임차보증금에 대한 권리주장을 않겠다는 내용의 확인서를 작성해 준 경우, 그 후 건물에 대한 경매절차에서 이를 번복하여 대항력 있는 임대차의 존재를 주장하면서 임차보증금의 배당요구를 하는 것은 금반언 및 신의칙에 위반된다.

ㅁ. 甲은 출생 이후 30년 이상 살아오면서도 乙을 상대로 자신이 乙의 친자임을 주장하지 않았고 丙의 친자로 입적된 데 대하여 아무런 이의를 하지 않았으며, 乙의 친족들도 甲이 더 이상 그러한 주장을 하지 않으리라는 기대 또는 신뢰를 갖고 장기간에 걸쳐 사회생활 및 법률관계를 형성해 왔다면, 乙의 사망 이후 비로소 제기한 甲의 인지청구는 실효의 법리에 따라 허용될 수 없다.

① ㄱ ② ㄴ, ㄷ ③ ㄴ, ㄹ ④ ㄴ, ㄹ, ㅁ ⑤ ㄷ, ㅁ

해설

ㄱ. 틀림. 위 주장이 신의칙에 위반되는 권리의 행사라는 이유로 그 주장을 배척한다면, 이는 오히려 강행법규에 의하여 배제하려는 결과를 실현시키는 셈이 되어 입법취지를 완전히 몰각하게 되므로, 달리 특별한 사정이 없는 한 위와 같은 주장이 신의성실의 원칙에 반하는 것이라고 할 수 없다(대판 1999.3.23. 99다4405). ㄴ. 옳음. 위 고지의무 위반은 부작위에 의한 기망행위에 해당하므로 원고들로서는 기망을 이유로 분양계약을 취소하고 분양대금의 반환을 구할 수도 있고 분양계약의 취소를 원하지 않을 경우 그로 인한 손해배상만을 청구할 수도 있다(대판 2006.10.12. 2004다48515. 동일한 취지의 판례로 대판 2007.6.1. 2005다5812, 5829, 5836 참고). ㄷ. 틀림. (위 ㄱ. 과 같은 취지로) 매도나 담보제공을 금한 관련 법규정의 입법 취지에 비추어 강행규정 위배로 인한 무효주장을 신의성실 원칙에 반하거나 권리남용이라고 볼 것은 아니다(대판 2000.6.9. 99다70860). ㄹ. 옳음. 대판 1997.6.27. 97다12211. ㅁ. 틀림. 인지청구권은 본인의 일신전속적인 신분관계상의 권리로서 포기할 수도 없으며 포기하였더라도 그 효력이 발생할 수 없는 것이고, 이와 같이 인지청구권의 포기가 허용되지 않는 이상 거기에 실효의 법리가 적용될 여지도 없다. 따라서 인지청구권의 행사가 상속재산에 대한 이해관계에서 비롯되었다 하더라도 정당한 신분관계를 확정하기 위해서라면 신의칙에 반하는 것이라 하여 막을 수 없다(대판 2001.11.27. 2001므1353).

<답 ③>

제 2 편

민법총칙

제 1 장 권리변동과 법률행위

1. 'A는 B의 신제품 PC의 매매계약청약서를 그의 저녁초대장으로 잘못 알고 서명하였다. 매매계약이 체결된 것으로 판단한 B는 신제품 PC를 택배로 A의 집으로 배달하였다.' 이 사례에 대한 설명으로서 옳은 것은?

① B의 판단에 따르면, A의 서명은 매매계약의 승낙에 해당하므로 그 매매계약은 A가 서명한 청약서가 다시 B에게 도달한 때 비로소 성립한다.

② 표시의사를 의사표시의 필요요소로 이해하는 견해에 의할 경우, A의 서명은 승낙이므로 매매계약은 유효하게 체결되었다.

③ 표시의사를 의사표시의 필요요소로 이해하는 견해에 의할 경우, 매매계약이 유효하게 성립하기 위해서 필요한 A의 표시의사가 존재하지 않으므로 위 계약은 무효이다.

④ 표시의사를 의사표시의 필요요소로 이해하는 견해에 의할 경우, 매매계약이 유효하게 성립하기 위해서 필요한 A의 표시의사가 존재하지 않으므로 위 계약은 성립하지 않는다.

⑤ 의사표시에 있어서 표시의사는 필요 없는 요소라고 이해하는 견해에 의할 경우, 위 매매계약의 효력은 확정적으로 인정된다. 따라서 A는 PC에 대한 대금을 지급하여야 한다.

해설 ……………………………………

표시의사를 의사표시의 요소로 인정할 것인가의 여부와 각각의 견해에 따라 위 사례를 어떻게 해결할 것인가가 논점이다. ①⑤ 표시의사를 의사표시의 요소로 인정하지 않는 견해에 따르면(곽윤직, 281면; 이은영, 453면 등), 표시의사란 '효과의사와 표시행위를 연결하는 매개개념'이며 '자기의 행위가 일정한 법적 의미를 갖는 표시라는 의식'이라고도 한다. 이 견해에 따르면 표시주의의 견지에서 효과의사와 그 표시행위가 있으면 표시의사가 없더라도 의사표시는 성립하는 것으로 이해한다. 따라서 B의 판단을 고려한다면 A의 서명은 승낙의 의사표시(표시상의 효과의사와 표시행위인 서명이 존재하므로 의사표시가 완성된다)를 의미하므로 위 매매계약은 A의 서명을 담은 승낙서를 발송한 때 유효하게 성립한다(제531조 참조). 다만, A는 승낙을 하는 데 있어서 착오에 빠진 것을 이유로 취소권을 얻을 가능성이 있다(제109조 1항). 즉, A에게 착오에 의한 의사표시를 이유로 취소권이 발생하면 A로서는 취소권을 포기하고 대금을 지급할 수도 있고, 취소권을 원용하여 계약을 소급적으로 해소시킬 수 있다(제141조 본문). ②③④ 표시의사를 의사표시의 필요요소로 이해하는 견해에 의하면(이영준, 108면; 김상용, 336면), 표시의사를 의사표시의 요소로 인정하는 것이 '논리적'이며 표시의사는 표시상의 착오와 내용의 착오를 구별하는 기준이 된다고 한다. 이 견해에 의하면 A의 서명은 매매계약을 체결하는 A의 승낙이라는 관점에서 파악할 때 분명 표시의사를 결한 경우이다. 따라서 A의 의사표시가 성립하지 않았으므로 위 매매계약은 체결될 수 없는, 즉 유효 여부를 검토할 수 없는 '법률행위의 불성립'에 해당한다. <답 ④>

2. 다음 각 사례에서 B의 최고에 대해 유예기간 내내 A가 침묵하였다. 그 법률관계가 유효로 확정되는 경우를 고르면?

> ⓐ A의 딸이 B로부터 노트북PC를 구매하는 계약을 체결하였는데, 그 당시에 그녀는 미성년자이었기 때문에 B가 계약의 취소 여부를 A에게 최고하였다.
> ⓑ A의 친구가 아무런 권한 없이 A의 이름으로 그 소유의 토지를 B에게 매각하는 계약을 체결하였고, 그 행위의 추인 여부를 B가 A에게 최고하였다.
> ⓒ A에 대한 C의 금전채무를 C와 합의하여 인수한 B가 채무인수에 관한 채권자의 승낙 여부를 A에게 최고하였다.
> ⓓ 제3자 A를 위한 매매계약을 체결한 매도인 B가 수익 여부를 최고하였다.
> ⓔ 매매의 예약완결권을 가진 B에게 상대방인 A가 그 완결권행사 여부를 최고하였다.
> ⓕ 매도인 B의 이행지체를 이유로 생긴 A의 해제권에 대해 그 행사 여부를 B가 최고하였다.

① ⓐ와 ⓓ ② ⓑ와 ⓕ ③ ⓒ와 ⓓ
④ ⓐ와 ⓕ ⑤ ⓒ와 ⓔ ⑥ ⓒ와 ⓕ

해설

아래 해설 참고. <답 ④>

〈기존의 불확정적 법률관계가 확정되는 경우〉
(i) 미성년자와 거래한 상대방의 최고(제15조): 법률행위의 추인으로 간주(=취소권의 소멸).
(ii) 해제권자의 상대방에 의한 최고(제552조): 해제권이 소멸하는 것으로 간주.

〈기존의 불확정적 법률관계가 해소되는 경우〉
(i) 무권대리인의 상대방이 본인에 대하여 추인 여부를 최고하는 경우(제131조): 본인과 상대방 사이에는 어떠한 법률관계도 형성되지 않는다. 즉, 무권대리행위는 확정적으로 무효가 된다.
(ii) 채무인수에 대한 채권자의 승낙 여부를 묻는 최고(제455조): 채무인수의 거절.
(iii) 수익자에 대하여 낙약자가 수익의사표시 여부를 묻는 최고(제540조): 수익의 거절.
(iv) 유상계약(매매 등)의 예약완결권자에 대한 상대방의 완결권행사 여부를 묻는 최고(제564조 2항 · 3항): 예약효력이 상실된다.

3. 다음 중 틀린 설명을 모두 고르면?

> ㉠ 재판에 있어서 사실인 관습의 존재에 대해서는 관습법과 달리 법원이 직권으로 이를 판단해서는 안 된다.
> ㉡ 당사자가 거래관행과 다른 내용의 의사표시를 한 경우에는 그 표시한 바가 기준이 된다.
> ㉢ 사실인 관습은 강행규정에 반하는 경우에는 당사자의 의사가 명확하지 않은 때에도 표준이 될 수 없다.
> ㉣ 상관습인 사실에 관해서는 이를 이익으로 원용하는 자에게 주장 및 입증책임이 있다고 한 판결이 있다.
> ㉤ 사실인 관습의 존부와 그 내용은 증인의 증언에 의하여 인정할 수는 없다.

① ㉠, ㉡　② ㉠, ㉢　③ ㉠, ㉣
④ ㉠, ㉤　⑤ ㉡, ㉢　⑥ ㉡, ㉤
⑦ ㉢, ㉣　⑧ ㉣, ㉤

해설

㉠ 틀림. 관습은 그 존부 자체도 명확하지 않을 뿐만 아니라 그 관습이 사회의 법적 확신이나 법적 인식에 의하여 법적 규범으로까지 승인되었는지의 여부를 가리기는 더욱 어려운 일이므로 법원이 이를 알 수 없는 경우 결국은 당사자가 이를 주장·입증할 필요가 있다(대판 1983.6.14. 80다3231). (다만) 사실인 관습은 경험칙에 속하고, 경험칙은 일종의 법칙이므로 어떠한 경험칙의 유무를 판단함에 있어서는 당사자의 주장이나 입증에 구애됨이 없이 법관 스스로 직권에 의하여 이를 판단할 수 있다(대판 1976.7.13. 76다983). ㉡ 옳음. 사실인 관습이 법률행위를 해석하는 데 기준이 되기 위해서는 당연히 당사자의 의사표시가 명확하지 않거나 존재하지 않아야 한다. ㉢ 옳음. 사실인 관습은 선량한 풍속 기타 사회질서에 반하지 않는 한, 해석의 기준이 된다(제106조). ㉣ 옳음. 대판 1959.9.25. 4292민상102. ㉤ 틀림. 사실인 관습은 증인의 증언에 의해서도 인정될 수 있다(대판 1964.9.22. 64다515). <답 ④>

4. 다음의 견해들은 민법 제1조(법원)와 제106조(사실인 관습)의 관계에 관한 설명이다. 가장 이질적인 설명을 하고 있는 견해는?

① 사적자치가 인정되는 범주 내에서는 사실인 관습이나 관습법이 모두 임의법규에 우선해서 해석의 기준이 되므로 이 한도에서는 관습법이나 사실인 관습을 구별할 실익이 없다.
② 관습법을 강행법규적 성질을 가지는 것과 임의법규적 성질을 가지는 것으로 나누고, 전자를 관습법이라 하고 후자를 사실인 관습으로 이해한다.
③ 민법 제106조는 민법 제1조의 특별규정으로 이해할 수 있다.
④ 강행법규, 임의법규 및 관습법은 법률적용의 문제이고, 사실인 관습은 법률행위해석의 기준에 관한 문제이다.

⑤ 사실인 관습도 사적자치원칙에 의하여 실질적으로 법원성을 갖는다.

해설

다수설(①, ②, ③, ⑤)은 민법 제1조와 제106조가 상호모순된다고 한다. 즉 제1조에 따르면 법적용의 순서는 '강행규정→임의규정→관습법'의 순인 데 반하여, 제106조에 따르면 '강행규정→사실인 관습→임의규정→관습법'의 순서가 된다. 위의 견해들은 이러한 양 규정의 모순을 해결하기 위한 다수설의 설명이다(①은 곽윤직, 322면과 장경학, 430면의 설명, ②는 김증한, 222면 및 이은영, 436면의 설명, ③은 김용한, 275면의 설명, ⑤는 김주수, 301면의 설명). 반면에 ④의 견해는 위의 견해들을 부정한다. 따라서 제1조의 관습법과 제106조의 관습은 그 성질 · 효력 · 적용범위가 전혀 다르므로 이를 구별해야 하고, 이를 구별하여도 양 규정 사이에서는 전혀 모순이 없다고 한다(이영준, 293면; 김기선, 246면; 방순원, 185면; 이영섭, 282면; 김상용, 441면). <답 ④>

5. 다음은 법률행위의 해석에 관한 설명이다. 잘못이 있는 것은?

① 판례는 매우 부당한 내용을 지닌 계약조항이 존재하는 경우에 이를 '예문'이라고 하여 당사자의 이해관계를 조정하려는 예문해석을 하기도 한다.

② 법률행위의 해석이 사실문제라고 한다면 자기에게 유리한 해석을 주장하는 당사자가 그 해석의 내용과 근거를 주장 · 입증해야 한다.

③ 법률행위의 해석이 법률문제라고 한다면 상고심은 사실심과 다른 해석을 할 수 있다.

④ 처분문서의 기재내용이 부동문자로 인쇄되어 있다면 문제조항은 인쇄된 예문에 지나지 아니하여 그 기재를 합의의 내용이라고 볼 수 없는 경우도 있으므로, 처분문서라 하여 곧바로 당사자의 합의의 내용이라고 단정할 수는 없다.

⑤ 당사자 사이에 계약의 해석을 둘러싸고 이견이 있어 처분문서에 나타난 당사자의 의사해석이 문제되는 경우에는 처분문서에 나타난 표시대로 효력이 발생한다.

⑥ 당사자의 합의에 의하여 지명된 감정인의 감정의견에 따라 보상금을 지급하기로 약정한 경우, 당사자의 약정 취지에 반하는 감정이 이루어졌다든가 감정의견이 명백히 신빙성이 없다고 판단되는 등 특별한 사정이 있다면 당사자가 감정 결과에 따라야 하는 것은 아니다.

해설

① 대판 1984.6.12. 83다카2159. ② 반면에 법률문제라고 한다면 법원이 당사자의 주장을 기다리지 않고 직권으로 확정하여야 한다. ③ 사실문제라고 한다면 상고심은 사실심이 내린 해석에 구속된다. ④ 따라서 구체적인 사안에 따라 당사자의 의사를 고려하여 그 계약내용의 의미를 파악하고 그것이 예문에 불과한 것인지의 여부를 판단하여야 한다(대판 1992.2.11. 91다21594). 그러나 문제가 된 조항이 처분문서인 계약서의 가장 중요한 내용에 속할 경우에는 예문이라 할 수 없다는 판례도 있다(대판 1970.9.22. 70다1611 등). ⑤ 당사자 사이에 계약의 해석을 둘러싸고 이견이 있어 처분문서에 나타난 당사자의 의사해

석이 문제되는 경우에는 문언의 내용, 그와 같은 약정이 이루어진 동기와 경위, 약정에 의하여 달성하려는 목적, 당사자의 진정한 의사 등을 종합적으로 고찰하여 논리와 경험칙에 따라 합리적으로 해석하여야 한다(대판 2011.5.26. 2007다83991 등). ⑥ 대판 2011.11.24. 2011다9426. <답 ⑤>

6. 법률행위의 해석에 관한 판례의 태도 가운데 옳은 것은? 〈변리사 2009년 변형〉

① 규범적 해석의 목적은 원칙적으로 표의자의 내심적 효과의사를 확정하는 것이다.

② 약관의 내용을 해석하는 경우에 개개 계약체결자의 의사나 구체적인 사정을 고려할 필요가 있다.

③ 계약사항에 대하여 이의가 생긴 경우에는 일방 당사자의 해석에 따른다는 계약서상의 조항은 법원의 법률행위 해석권을 구속할 수 없다.

④ 처분문서의 기재 내용과 다른 특별한 명시적·묵시적 약정이 있는 사실이 인정되더라도 법원은 처분문서의 기재 내용의 일부를 달리 인정할 수 없다.

⑤ 부동문자로 인쇄된 매매계약서의 계약조항이 매수인에게만 모든 책임을 지우도록 되어 있는 경우, 그 계약조항의 내용은 일률적으로 예문이라고 단정되어 구속력이 부정된다.

⑥ 甲이 허무인 乙명의의 자동차운전면허증과 인장을 위조한 후 이를 이용하여 증권회사인 丙주식회사에 乙명의의 계좌 개설을 신청하였고, 丙회사는 위 자동차운전면허증으로 실명확인 절차를 진행하여 乙명의로 증권위탁계좌를 개설한 경우, 사후에 丙회사가 乙이 허무인이고 실질적 계좌 개설자가 甲임을 확인하였다면, 丙회사의 계좌개설계약의 상대방에 관한 의사는 甲이었다고 할 수 있다.

⑦ 금융실명제 아래에서는 원칙적으로 예금명의자를 예금계약상의 채권자로 보아야 하지만, 특별한 사정으로 예금의 출연자와 금융기관 사이에 예금명의인이 아닌 출연자에게 예금반환채권을 귀속시키기로 하는 약정이 있는 경우에는 그 출연자를 예금주로 하는 금융거래계약이 성립한다.

해설

① 틀림. 규범적 해석이란 표시행위의 객관적·규범적 의미를 탐구하는 것이므로, 표시상의 효과의사를 확정하는 것이다. 일부 학설(이영준 등)이 원용하는 판례에 따르면, 법률행위의 해석은 당사자가 그 표시행위에 부여한 객관적 의미를 명백하게 확정하는 것으로서, 서면에 사용된 문구에 구애받는 것은 아니지만 어디까지나 당사자의 내심적 의사의 여하에 관계없이 그 서면의 기재 내용에 의하여 당사자가 그 표시행위에 부여한 객관적 의미를 합리적으로 해석하여야 한다(대판 2006.9.8. 2006다24131 참고). ② 틀림. 보통거래약관의 내용은 개개 계약체결자의 의사나 구체적인 사정을 고려함이 없이 평균적 고객의 이해가능성을 기준으로 하되 보험단체 전체의 이해관계를 고려하여 객관적·획일적으로 해

석하여야 하고, 고객 보호의 측면에서 약관내용이 명백하지 못하거나 의심스러운 때에는 약관작성자에게 불리하게 제한해석하여야 한다(대판 1996.6.25. 96다12009). ③ 옳음(대판 1974.9.24. 74다1057 참고). ④ 틀림. 처분문서의 진정성립이 인정되는 이상 법원은 반증이 없는 한 그 문서의 기재 내용에 따른 의사표시의 존재 및 내용을 인정하여야 하고, 합리적인 이유설시도 없이 이를 배척하여서는 아니 되나, 처분문서라 할지라도 그 기재 내용과 다른 명시적·묵시적 약정이 있는 사실이 인정될 경우에는 그 기재 내용과 다른 사실을 인정할 수 있고, 작성자의 법률행위를 해석함에 있어서도 경험법칙과 논리법칙에 어긋나지 않는 범위 내에서 자유로운 심증으로 판단할 수 있다(대판 2006.4.13. 2005다34643). ⑤ 틀림. 부동문자로 인쇄된 매매계약서의 계약조항이 매도인은 어떠한 경우에도 책임을 지지 않고 매수인에게만 모든 책임을 지우도록 되어 있다고 하여 그 계약조항의 내용을 일률적으로 예문이라고 단정할 수는 없고 구체적인 사안에 따라 계약당사자의 의사를 고려하여 그 계약 내용의 의미를 파악하고 이것이 예문에 지나지 않는 것인지 여부를 판단하여야 한다(대판 1989.8.8. 89다카5628). ⑥ 틀림. 지문과 같은 사안에서, 丙회사로서는 甲이 乙인 줄 알고 계약을 체결하기에 이르렀다고 할 것이어서 甲과 丙 회사 사이에 행위자인 甲을 위 계좌 개설계약의 당사자로 하기로 하는 의사의 일치가 있었다고 볼 수 없고, 비록 乙에 대한 실명확인 절차가 허무인에 대한 것으로서 적법하지 않다고 하더라도 乙이 허무인임을 알지 못한 丙회사로서는 명의자인 乙을 계약당사자로 인식하여 계좌 개설계약을 체결한 것이라고 봄이 타당하고 이러한 계약체결 당시 丙회사의 계약당사자에 대한 인식은 사후에 乙이 허무인임이 확인되었다고 하여 달라지지 않으므로, 丙회사의 계좌 개설계약의 상대방에 관한 의사가 위와 같은 이상 甲을 계약당사자로 한 계좌 개설계약이 체결되었다고 할 수 없고, 다만 계약당사자인 乙이 허무인인 이상 丙회사와 乙 사이에서도 유효한 계좌 개설계약이 성립하였다고 볼 수 없으므로 위 계좌에 입고된 주식은 이해관계인들 사이에서 부당이득반환 등의 법리에 따라 청산될 수 있을 뿐이라고 한 사례(대판 2012.10.11. 2011다12842). ⑦ 틀림. 금융실명거래 및 비밀보장에 관한 법률에 따라 실명확인 절차를 거쳐 예금계약을 체결하고 그 실명확인 사실이 예금계약서 등에 명확히 기재되어 있는 경우에는, 일반적으로 그 예금계약서에 예금주로 기재된 예금명의자나 그를 대리한 행위자 및 금융기관의 의사는 예금명의자를 예금계약의 당사자로 보려는 것이라고 해석하는 것이 경험법칙에 합당하고, 예금계약의 당사자에 관한 법률관계를 명확히 할 수 있어 합리적이다. 그리고 이와 같은 예금계약 당사자의 해석에 관한 법리는, 예금명의자 본인이 금융기관에 출석하여 예금계약을 체결한 경우나 예금명의자의 위임에 의하여 자금 출연자 등의 제3자(이하 '출연자 등'이라 한다)가 대리인으로서 예금계약을 체결한 경우 모두 마찬가지로 적용된다고 보아야 한다. 따라서 본인인 예금명의자의 의사에 따라 예금명의자의 실명확인 절차가 이루어지고 예금명의자를 예금주로 하여 예금계약서를 작성하였음에도 불구하고, 예금명의자가 아닌 출연자 등을 예금계약의 당사자라고 볼 수 있으려면, 금융기관과 출연자 등과 사이에서 실명확인 절차를 거쳐 서면으로 이루어진 예금명의자와의 예금계약을 부정하여 예금명의자의 예금반환청구권을 배제하고 출연자 등과 예금계약을 체결하여 출연자 등에게 예금반환청구권을 귀속시키겠다는 명확한 의사의 합치가 있는 극히 예외적인 경우로 제한되어야 한다. 그리고 이러한 의사의 합치는 금융실명거래 및 비밀보장에 관한 법률에 따라 실명확인 절차를 거쳐 작성된 예금계약서 등의 증명력을 번복하기에 충분할 정도의 명확한 증명력을 가진 구체적이고 객관적인 증거에 의하여 매우 엄격하게 인정하여야 한다(대판[전] 2009.3.19, 2008다45828).

<답 ③>

제 2 장 법률행위의 당사자

제 1 절 자 연 인

1. 태아의 권리능력에 관한 다음 설명 중 맞는 것을 모두 고르면?

<변리사 2000년, 노무사 2003년 변형>

> ㉠ 타인의 불법행위로 모체와 같이 사망한 태아에게는 손해배상청구권이 인정될 수 없다.
> ㉡ 해제조건설에 따르면 태아에게도 이론상 법정대리인의 존재를 인정할 수 있다.
> ㉢ 사인증여의 경우에도 권리능력이 인정된다는 것이 통설과 판례의 견해이다.
> ㉣ 정지조건설에 따르면 태아가 정상적으로 출산될 확률이 사산의 확률에 비하여 월등히 높다.
> ㉤ 직계존속의 생명침해에 대해 태아는 위자료를 청구할 수 있다.
> ㉥ 해제조건설에 따르면 타인에게 불측의 손해를 미치지 아니한다고 하는 장점이 있다.

① ㉠, ㉡, ㉢ ② ㉠, ㉢, ㉣ ③ ㉡, ㉢, ㉤
④ ㉠, ㉡, ㉤ ⑤ ㉢, ㉣, ㉤, ㉥ ⑥ ㉠, ㉣, ㉤, ㉥

해설 ··

㉠ 옳음. 태아가 사산된 경우에는 정지조건설로 이해하든 아니면 해제조건설로 이해하든 태아의 권리능력을 인정할 수 없다. ㉡ 옳음. ㉢ 틀림. 판례는 사인증여시 태아의 권리능력을 부정하나, 학설의 다수는 이를 긍정한다. ㉣ 틀림. 해제조건설의 설명이다. ㉤ 옳음. 제762조. ㉥ 틀림. 정지조건설의 설명이다. <답 ④>

2. 다음 중 A에게 권리능력이 인정되지 않는 경우를 모두 고르면? (다툼이 있는 경우에는 판례에 의함)

> ⓐ 태아 A가 그의 모를 통하여 제3자와의 사인증여(死因贈與)에 합의한 경우
> ⓑ 베트남 출신 외국인근로자 A가 B주식회사와 근로계약을 체결한

경우
ⓒ 서울에 주소를 갖고 있는 A가 실종선고를 받았으나, 최근 부산에서 B와 그의 자동차를 구입하는 계약을 체결하는 경우
ⓓ 현재 18세인 A가 친권자의 동의 없이 B로부터 그의 컴퓨터 1대를 50만원에 구입하는 계약을 체결한 경우
ⓔ 종중 A의 대표자인 甲이 종중을 위해 토지를 구입하는 계약을 체결한 경우
ⓕ 재활용폐지를 수집하는 영업을 하기로 한 甲, 乙, 丙 및 丁이 약정하고, B로부터 폐지 100kg을 A라는 영업소 명의로 구입하는 계약을 체결한 경우
ⓖ 중동지역의 무력긴장을 해소하기 위해 결성된 재단법인 A의 이사 甲이 국제심포지엄을 개최할 장소를 B로부터 임대하기로 하는 계약을 체결한 경우

① ⓐ ② ⓑ ③ ⓐ, ⓒ
④ ⓐ, ⓕ ⑤ ⓑ, ⓕ ⑥ ⓓ, ⓕ, ⓖ

해설 ……………………………………………

ⓐ 우리 민법은 태아의 권리능력을 일정한 경우에 한하여 법률로써 인정하고 있으며, 특히 태아에 대한 유증은 유효하지만(제1064조) 사인증여계약을 체결할 능력은 인정될 수 없다(판례 및 소수설). 즉, 사인증여는 양 당사자가 체결하는 계약이고 유증은 유언자의 단독행위이므로, 그러한 성질의 차이로 인하여 유증에 관한 규정이 예외 없이 사인증여에 그대로 적용될 수는 없다. ⓑ 외국인의 권리능력은 원칙적으로 아무런 제한 없이 인정된다. 다만, 일정한 경우 법률에 의해 그 능력이 부인되거나 제한되는데 대체로 조광권, 항공기 등의 소유권, 토지소유권(종전의 허가제가 신고제로 변경되었지만, 여전히 상호주의에 의하여 제한된다. 외국인토지법 제3조, 제4조 1항 참조), 특허권 등 무체재산권의 취득 등이 그렇다. 반면에 근로계약의 체결에 따른 임금채권 등을 취득하기 위한 권리능력은 인정된다. ⓒ 실종선고제도는 사인의 권리능력을 박탈하는 제도가 아니다. 따라서 A가 부산에서 체결한 자동차구입계약은 유효하다. ⓓ 미성년자는 법률행위를 통해 권리를 취득할 수 있는 자격, 즉 권리능력은 인정되지만 그 행위를 함에 있어 법정대리인의 동의가 없는 경우에는 취소할 수 있을 뿐이다. 물론 그에게 그 행위를 함에 있어서 의사능력이 결여된 경우에는 확정적으로 무효가 된다. ⓔ 종중은 비법인사단이지만 사단법인의 규정이 유추적용될 수 있으므로 그 대표자의 행위를 통하여 법률행위를 하는 경우에 그 정관이 정한 목적의 범위 내에서 권리능력을 갖는다(통설). ⓕ A는 민법상 조합에 해당하므로 아무리 업무집행조합원이 법률행위를 하더라도 A에게 권리능력이 인정되지는 않는다. 조합의 대외적 법률행위는 조합원 전원의 이름으로 하여야 한다. ⓖ 재단법인은 비영리법인으로서 권리능력이 인정된다. <답 ④>

3. 사망과 관련된 다음 설명 중 옳은 것을 모두 고르면? <변호사모의 2011년 유사>

㉠ 판례에 의하면 사람은 특별한 사정이 없는 한 현재 생존하고 있는

것으로 추정된다 할 것이고, 오히려 그가 사망하였다는 사실은 상대방이 이를 적극적으로 입증하여야 한다.

㉡ 乙이 부동산을 甲에게 증여하기로 한 후 甲·乙이 모두 사망한 경우, 乙의 상속인은 甲의 상속인에 대하여 위 증여를 원인으로 한 소유권이전등기의무는 있지만, 甲의 사망으로 개시된 상속을 원인으로 한 이전등기의무는 없다.

㉢ 수난, 전란, 화재 기타 사변에 편승하여 타인의 불법행위로 사망한 경우, 법원은 현행법상 인정사망, 위난실종선고 또는 보통실종선고제도에 의해서만 사망사실을 인정하여야 한다.

㉣ 장기 등 이식에 관한 법률에 의해 뇌사가 법적 사망개념으로 인정되고 있다.

㉤ 민법은 동시사망의 추정을 2인 이상이 상이한 위난에 의하여 사망하고, 그 사망의 선후를 알 수 없는 경우에도 적용한다고 규정하고 있다.

① ㉠ ② ㉠, ㉡ ③ ㉢, ㉤
④ ㉣, ㉤ ⑤ ㉠, ㉡, ㉢ ⑥ ㉢, ㉣, ㉤

해설

㉠ 옳음. 채권자대위소송에 있어 피대위자가 1938년에 함경북도로 전적한 후 호적·주민등록 등 생존을 입증할 증거가 없다 하더라도 그가 허무인이 아닌 실존 인물임이 명백하고, 또한 오늘날에 있어서 사람이 95세까지 생존한다는 것이 매우 희귀한 예에 속한다고도 할 수 없는 것이어서, 특별한 사정이 없는 한 현재 생존하고 있는 것으로 추정된다 할 것이고, 오히려 그가 사망하였다는 점은 상대방이 이를 적극적으로 입증하여야 한다(대판 1995.7.28. 94다42679). ㉡ 옳음. 증여를 원인으로 하는 乙의 소유권이전등기의무는 그의 상속인에게 상속되므로 甲의 상속인에 대하여 동 의무를 부담한다. ㉢ 틀림. 갑판원이 시속 30노트 정도의 강풍이 불고 파도가 5-6미터 가량 높이 일고 있는 등 기상조건이 아주 험한 북태평양의 해상에서 어로작업 중 갑판 위로 덮친 파도에 휩쓸려 찬 바다에 추락하여 행방불명이 되었다면 비록 시신이 확인되지 않았다 하더라도 그 사람은 그 무렵 사망한 것으로 확정함이 우리의 경험칙과 논리칙에 비추어 당연하다. 특히 수난, 전란, 화재 기타 사변에 편승하여 타인의 불법행위로 사망한 경우에 있어서는 확정적인 증거의 포착이 손쉽지 않음을 예상하여 법은 인정사망, 위난실종선고 등의 제도와 그밖에도 보통실종선고제도도 마련해 놓고 있으나 그렇다고 하여 위와 같은 자료나 제도에 의함이 없는 사망사실의 인정을 수소법원이 절대로 할 수 없다는 법리는 없다(대판 1989.1.31. 87다카29549). ㉣ 틀림. 장기 등 이식에 관한 법률은 장기 등의 이식에 필요한 법적 요건으로서 뇌사를 인정하는 데 불과한 것이지 뇌사를 자연인의 사망과 동일하게 간주하는 법적 근거를 갖고 있지는 않다. ㉤ 틀림. '2인 이상이 동일한 위난으로…'(제30조). 다만 상이한 위난으로 사망한 경우에는 학설상 제30조의 유추적용 여부가 검토되고 있다. <답 ②>

4. 미성년자의 법률행위에 관한 설명 중 옳지 않은 것은? (다툼이 있는 경우에는 판례에 의함) <사시 2013년 변형: 배점 2>

① 미성년자가 금융기관과 금전소비대차계약을 체결하면서 자기 명의의 부동산에 저당권을 설정하는 경우, 법정대리인의 동의를 얻어야 한다.

② 미성년자가 자신의 월 소득범위에서 신용카드로 신용구매계약을 체결한 경우, 그에 대해 법정대리인의 명시적 동의가 없었다면 미성년자는 이를 취소할 수 있다.

③ 만 17세인 甲이 아버지가 甲의 명의로 등기해 둔 부동산을 발견하고 단독으로 乙과 매매계약을 체결한 경우, 乙은 甲의 친권자에게 그 계약의 추인 여부를 1월 이상의 기간을 정하여 최고할 수 있고, 甲의 친권자가 그 기간 내에 확답을 발하지 아니한 때에는 추인한 것으로 본다.

④ 휴대폰대리점 개설에 대해 친권자로부터 허락을 얻은 미성년자는 대리점의 영업에 관하여는 성년자와 동일한 행위능력이 있다.

⑤ 미성년자인 甲이 여행경비를 마련하기 위하여 친권자의 동의 없이 가족이 사용하는 컴퓨터를 乙에게 100만 원에 팔기로 하고 계약금 10만 원을 수령한 경우, 甲은 미성년 상태에서도 친권자의 동의 없이 그 계약을 유효하게 취소할 수 있다.

해설

① 옳음. 제5조 참조. ② 틀림. 미성년자가 법률행위를 함에 있어서 요구되는 법정대리인의 동의는 언제나 명시적이어야 하는 것은 아니고 묵시적으로도 가능한 것이며, 미성년자의 행위가 위와 같이 법정대리인의 묵시적 동의가 인정되거나 처분허락이 있는 재산의 처분 등에 해당하는 경우라면, 미성년자로서는 더 이상 제한능력자임을 이유로 그 법률행위를 취소할 수 없다(대판 2007.11.16. 2005다71659, 71666, 71673). ③ 옳음. 제15조 1항 참조. ④ 옳음. 영업허락의 경우에 제한능력자는 완전한 행위능력을 가진 것으로 인정되어 법정대리인의 대리권이 소멸되며, 나아가 소송능력도 갖는다(제8조 1항). ⑤ 옳음. 취소는 단독으로 할 수 있다(제140조 참조). 그러나 추인은 취소의 원인이 종료한 후에만 가능하다(제144조 참조). 판례도 같은 취지인데, '법정대리인의 동의 없이 신용구매계약을 체결한 미성년자가 사후에 법정대리인의 동의 없음을 사유로 들어 이를 취소하는 것이 신의칙에 위배된 것이라고 할 수 없다'(위 2005다71659 판결 참고). 〈답 ②〉

5. 18세인 甲은 그의 아버지 乙과 단 둘이 살고 있다. 오토바이를 과속으로 운전하던 甲은 횡단보도를 건너던 丙을 치었다. 甲은 丙의 치료비를 마련하기 위하여 자기의 명의로 등록된 오토바이를 100만 원에 丁에게 매각하였으나, 그 대금을 丙에게 지급하지 않고 유흥비로 소비하였다. 그런데 丁은 그 오토바이를 다시 戊에게 팔았다. 위 법률관계에 관한 틀린 설명을 모두 고르면? (다툼이 있는 경우에는 판례에 의함) <변리사 2006년 변형>

㉠ 甲이 미성년자라는 사실을 丁이 몰랐다면, 乙은 甲과 丁 사이의

매매계약을 취소할 수 없다.
㉡ 甲이 스스로 선택에 의하여 위 매매계약을 취소 또는 추인할 수 있다.
㉢ 甲이 자신과 丁 사이의 오토바이 매매계약을 취소한 경우 이익이 현존하지 않은 것으로 추정되므로 특별한 사정이 없는 한 매매대금 100만 원의 반환의무가 없다.
㉣ 乙이 甲과 丁 사이의 오토바이 매매계약을 취소한 경우, 戊가 선의로 오토바이를 매수한 때에도 그는 甲 또는 乙에게 오토바이를 반환하여야 한다.
㉤ 법정추인제도에도 불구하고 甲은 매매대금을 수령한 후 이를 소비하였더라도 위 매매계약을 취소할 수 있다.

① ㉠, ㉡, ㉢ ② ㉠, ㉡, ㉣ ③ ㉠, ㉡, ㉤
④ ㉠, ㉢ ⑤ ㉠, ㉤ ⑥ ㉡, ㉢
⑦ ㉡, ㉢, ㉣ ⑧ ㉡, ㉢, ㉤

해설

㉠ 제한능력제도는 강행법규이므로 민법 제109조 내지 제110조의 경우와 달리 제한능력자 여부에 대한 거래상대방의 선의 또는 악의와 관계없이 그 취소를 주장할 수 있다. ㉡ 미성년자가 취소의 의사표시를 단독으로 할 수 있는 것과는 달리, 추인을 하는 경우에는 다른 의사표시와 마찬가지로 법정대리인의 동의가 있어야 한다. ㉢ 특별한 사정이 없는 한 매매대금과 같은 금전의 경우에는 이익이 현존하는 것으로 추정된다(대판 1996.12.10. 96다32881). ㉣ 등록으로 공시되는 동산은 부동산과 동일하게 취급되므로 선의취득규정(제249조 이하)이 적용되지 않는다. ㉤ 매매대금의 수령은 법정추인사유 가운데 '전부 또는 일부의 이행'에 해당되지만, 그 사유는 취소원인이 종료한 후에 발생하여야 한다(제145조 본문). <답 ①>

6. 제한능력자의 상대방을 보호하기 위한 제도에 관한 설명 중 틀린 것을 모두 고르면?

㉠ 최고와 철회의 상대방은 최고를 수령할 능력이 있고, 취소나 추인을 할 수 있는 자에 한한다.
㉡ 제한능력자 쪽의 추인이 있기 이전에 상대방은 단독행위를 거절하여 무효로 할 수 있다.
㉢ 피성년후견인이 피한정후견인이라고 말하면서 법정대리인의 동의서를 제시하여 계약을 체결한 때에는 취소권을 상실한다.
㉣ 제한능력자의 단독행위에 대한 거절의 의사표시는 제한능력자에게도 할 수 있다.
㉤ 제한능력자의 단독행위에 대한 거절은 상대방이 제한능력자임을

알았을 때에도 할 수 있다.

① ㉠, ㉡ ② ㉠, ㉢ ③ ㉡, ㉢
④ ㉡, ㉣ ⑤ ㉡, ㉤ ⑥ ㉢, ㉣
⑦ ㉢, ㉤ ⑧ ㉣, ㉤

해설

㉠ 최고의 상대방은 최고를 수령할 능력이 있고 취소나 추인의 의사표시라는 법률행위를 형성할 수 있는 자에 한하기 때문에 제한능력자가 능력자로 된 후에는 최고의 상대방이 될 수 있으나, 그 전에는 법정대리인만이 최고의 상대방이 된다(제15조 2항). 다만, 철회 혹은 거절의 '의사표시'는 법정대리인뿐만 아니라 제한능력자에게도 할 수 있다(제16조 3항). 즉, 의사표시의 수령능력을 요구하는 제112조의 예외로 이해된다. ㉡ 제16조 2항. ㉢ 자신을 피한정후견인이라고 칭하면서 법정대리인의 동의서를 제출하든 그렇지 않든 그 방법에 제한을 두고 있지는 않으므로 피성년후견인이 법정대리인의 동의가 있는 것으로 믿게 하더라도 미성년자 혹은 피한정후견인의 경우와는 달리 그 취소권이 상실되지 않는다(제17조 2항 참조). 한편, 제17조 1항에 해당되므로 그 취소권이 상실된다는 이견이 있다(곽윤직, 151면). ㉣ 철회·거절의 의사표시는 제한능력자 본인에게도 할 수 있다(제16조 3항, 즉, 제112조의 예외가 된다). 능력을 회복한 제한능력자에 대한 최고의 효과로서 타당하다. ㉤ 거절권은 상대방의 선의·악의를 불문하고 인정된다. <답 ②>

7. 미성년자에 관한 설명 중 옳은 것을 모두 고르면? (다툼이 있는 경우에는 판례에 의함) <사시 2006년 변형, 변리사 2007년 변형, 사시 2012년 유사>

㉠ 미성년자가 타인에게 부동산을 증여하는 내용의 증여계약을 구두로 체결한 후, 증여의 의사가 서면으로 표시되지 아니하였음을 이유로 위 증여계약을 해제함에 있어서, 법정대리인의 동의를 요하지 않는다.

㉡ 미성년자 甲이 乙신용카드회사와 사이에 신용카드이용계약을 체결하여 신용카드를 발급받은 후, 乙회사와 가맹점계약을 체결한 丙으로부터 A컴퓨터를 매수하고 대금 100만 원을 위 신용카드로 결제하였다. 乙회사가 丙에게 신용카드사용대금을 지급한 후, 甲은 제한능력자임을 이유로 위 신용카드이용계약을 취소하였으나, 丙과의 매매계약은 취소하지 않았다. 이 경우 甲이 乙회사에 부당이득으로 반환하여야 하는 것은 甲의 丙에 대한 매매대금채무를 면한 금전상 이익이 아니라, 甲과 丙 사이의 매매계약으로 취득한 A컴퓨터이다.

㉢ 미성년자 甲이 법정대리인의 허락을 얻어 컴퓨터판매업을 하던 중 법정대리인이 위 영업의 허락을 취소하였음에도, 甲이 위 영업을 계속하면서 그 정을 모르는 乙에게 컴퓨터를 매도하는 내용의 매매계약을 체결하였다면 甲은 위 매매계약을 취소할 수 없다.

㉣ 미성년자와 매매계약을 체결한 성년자 甲은 미성년자의 법정대리인인 친권자에 대하여 1월 이상의 기간을 정하여 그 취소할 수 있는 행위의 추인 여부의 확답을 최고할 수 있고, 친권자가 그 기간 내에 확답을 발하지 아니한 때에는 그 행위를 추인한 것으로 본다.
㉤ 18세인 甲이 컴퓨터대리점에 들러 컴퓨터를 매수하면서 대리점 주인에게 자신은 대학 3학년으로 21세라고 하였다 하더라도, 그 다음날 자신이 미성년자라는 이유로 위 매매계약을 취소할 수 있다.

① ㉠, ㉡ ② ㉡, ㉤ ③ ㉠, ㉡
④ ㉠, ㉡, ㉢ ⑤ ㉠, ㉢, ㉣, ㉤ ⑥ ㉠, ㉡, ㉢, ㉣, ㉤

해설

㉠ 미성년자는 단순히 의무를 면하는 법률행위에 관해서는 단독으로 의사표시를 할 수 있다(제5조 1항 단서). ㉡ 乙이 丙에게 신용카드이용대금을 지급함으로써 甲은 丙에 대한 자신의 매매대금지급채무를 법률상 원인 없이 면제받는 이익을 얻었고 이러한 이익은 금전상의 이득으로서 특별한 사정이 없는 한 현존하는 것으로 추정되므로 甲은 이를 상환할 책임이 있다(대판 2005.4.15. 2003다60297 등 참조). ㉢ 제8조 2항 단서 참조. ㉣ 제15조 2항 참조. ㉤ 취소권이 배제되는 사술행위가 되기 위해서는 '무능력자(제한능력자)가 상대방으로 하여금 그 능력자임을 믿게 하기 위하여 적극적으로 사기수단을 쓴 것을 말하고 단순히 자기가 능력자라 칭한 것만으로는 여기에 해당하지 않는다(대판 1971.12.14. 71다2045 등 및 학설의 태도). 또한 미성년자와 계약을 체결한 상대방이 미성년자의 취소권을 배제하기 위하여 미성년자가 사술을 썼다고 주장하는 때에는 그 주장자인 상대방 측에 그에 대한 입증책임이 있다(앞 판결 참조). <답 ⑤>

8. A(16세)는 B(25세)로부터 그의 중고 PC 1대를 100만 원에 구입하는 계약을 체결하고, 먼저 30만 원을 지급하였다(5월 1일). 목적물소유권이전시기와 잔금지급시기는 5월 7일이며, A의 5월치 용돈은 5만 원이다. 이와 관련한 다음 설명 중 옳은 것만 고르면?

ⓐ A가 B와의 매매계약을 체결하는 데 있어서 그의 법정대리인의 동의가 없었다면 이는 취소권의 발생원인이므로 매도인 B는 위 계약을 취소할 수 있다.
ⓑ A가 B와의 매매계약을 체결하는 데 있어서 그의 법정대리인의 동의가 없어서 그에게 취소권이 발생하더라도 이미 A는 자신의 채무를 일부 이행하였으므로 취소권을 행사할 수 없다.
ⓒ A가 B와의 매매계약을 체결하는 데 있어 그의 법정대리인의 동의가 없었다면 매도인 B는 5월 4일 A와 그의 법정대리인에게 취소권을 행사할 것인지 여부를 물을 수 있다.
ⓓ A가 법정대리인의 동의 없이 B와 위 계약을 체결하였다면, A는 취소권을 행사할 수 있는데 취소권의 행사는 상대방 있는 의사표시이

므로 반드시 그의 법정대리인의 동의를 얻고 취소하여야 한다.
ⓔ B와 위 매매계약을 체결할 때 A가 자신의 이름이 아닌, 그의 아버지의 이름으로 계약을 체결하였다면 A의 아버지는 A가 제한능력자라는 이유로 위 매매를 취소할 수 있다.
ⓕ A가 그의 법정대리인의 동의 없이 B와 위 매매행위를 하였더라도 위 매매계약은 유효이다.

① ⓑ ② ⓒ ③ ⓕ
④ ⓒ, ⓓ ⑤ ⓑ, ⓒ ⑥ ⓒ, ⓕ

해설

ⓐ 계약을 취소하기 위해서는 자신에게 취소권이 발생해야 하는데, 매도인 B에게는 취소권이 발생할 여지가 전혀 없다. 취소권을 행사할 수 있는 단계와, 그 취소권의 행사로 인하여 발생하는 법률효과(즉, 부당이득관계)의 단계는 구별되어야 한다. 즉, 취소권은 제한능력자 측에서 행사할 수 있지만(제5조 2항, 제140조), 취소로 인한 부당이득반환관계는 제한능력자 측과 그 상대방에게 모두 해당된다(제741조, 제748조, 제141조 단서). ⓑ 취소권의 행사를 봉쇄하는 법정추인사유(제145조)가 인정되기 위해서는 취소할 수 있는 법률행위가 '추인'이라는 의사표시에 의해 그 효력이 확정적으로 유효로 되는 경우와 같은 규범적 전제가 있어야 한다. 따라서 제한능력자 측의 일부이행으로 인하여 취소권이 봉쇄되기 위해서는 취소권 발생원인이 소멸하고 추인이라는 '의사표시'를 단독으로 할 수 있는 상태가 되어야 한다. 따라서 A의 법정대리인이 30만 원을 지급한 경우라면 법정추인사유에 해당되지만, 여전히 제한능력의 상태에 있는 A의 일부이행행위는 유효한 법정추인사유가 될 수 없다. ⓒ 취소권을 행사할 것인지를 묻는 B의 최고권은 취소할 수 있는 법률행위에 대한 추인 여부를 묻는 것이므로 추인이라는 '의사표시'를 단독으로 할 수 있는 법정대리인에게 행사되어야 한다(제15조 2항 참조). 물론 A가 성년이 된 후, 즉 A가 행위능력을 갖춘 후에는 그에게 최고하여도 문제는 없다(제15조 1항 참조. 그러나 위 사례에서 이행기한은 1개월이어서 현실적 문제가 될 수 없다). ⓓ 취소권의 행사 역시 상대방 있는 단독행위로서 의사표시를 통해서만 성립하기 때문에 행위능력이 요구될 수 있지만 그 행사에 법정대리인의 동의는 요구되지 않는다. 따라서 취소가능한 '취소의 의사표시'로 평가되지 않는다. ⓔ A의 아버지가 위 매매를 하는 데 있어서 임의대리권을 A에게 수여하지 않았다고 본다면 위 매매는 무권대리가 되고, A의 아버지로서는 위 무권대리를 추인하든지 아니면 추인거절하면 된다. 따라서 무권대리행위에 대한 추인 여부에 따라 위 매매가 확정적으로 유효가 되든지 무효가 될 터이므로 취소권이 발생할 여지는 존재하지 않는다. 반면에 A에게 임의대리권을 수여한 경우에 있어서도 대리행위의 하자는 대리인을 기준으로 판단하며, 특히 대리인의 행위능력을 요구하지 않으므로 A의 제한능력을 이유로 본인(A의 아버지)에게 취소권이 발생할 수는 없다(제117조). ⓕ A 및 그의 법정대리인에게 취소권이 발생하였지만 이를 행사하지 않은 상태에서는 위 매매계약의 효력에 어떠한 영향을 줄 수는 없다. 즉, 취소할 수 있는 법률행위이긴 하지만 유효한 법률행위이므로 매도인과 매수인은 각자의 채권에 기해 상대방에게 이행을 청구할 수 있다. <답 ③>

9. 대학 신입생 甲(만 18세)은 부모의 동의 없이 乙로부터 중고노트북PC를 100만 원에 구입하는 계약을 체결하고 그 물건을 인도받았다. 그리고 甲과 마찬가지로 대학 신입생이지만 나이가 많은 丙(만 21세)은 甲의 부탁으로 甲과 乙의 매매계약에 의한 대금채무를 연대보증하였다. 이와 관련한 다음 설명 중 틀린 것은? (다툼이 있는 경우에는 다수설에 의함) <변리사 2003년 변형>

① 乙이 丙에게 매매대금을 청구할 경우, 丙은 甲의 부모가 추인할 때까지 대금의 지급을 거절할 수 있다.

② 乙은 甲의 부모에게 1개월 이상의 기간을 정하여 甲과의 매매계약에 대한 추인 여부의 확답을 최고할 수 있고, 그 기간 내에 甲의 부모가 확답을 발하지 않으면 추인한 것으로 본다.

③ 乙의 청구에 응하여 丙이 매매대금을 지급하였다면 법정추인에 의하여 甲의 부모는 위 계약을 취소하지 못한다.

④ 乙이 甲과 매매계약을 체결할 당시에 甲이 미성년자임을 알았을 때에는 乙은 위 매매계약을 철회할 수 없다.

⑤ 丙이 甲과 乙간의 매매계약이 취소될 수 있다는 사실을 명백하게 알면서 甲의 채무를 보증한 경우에는 甲의 부모가 그 계약을 취소하더라도 丙은 채무를 면할 수 없다.

해설 ··

① 丙은 연대보증인으로서 乙의 청구에 의해 그 대금채무를 이행하여야 하지만, 매수인 측의 취소권이 소멸하지 않는 한 연대보증인 丙은 채권자에 대하여 채무이행을 거절할 수 있다(제435조). ② 제15조 1항 및 2항 참조. ③ 연대보증인의 변제행위는 매수인 측에게 법정추인사유가 되지 않는다. 甲 또는 그의 법정대리인이 채무를 이행할 경우에 법정추인 사유가 발생한다(제145조). ④ 제16조 1항 단서 참조. ⑤ 주채무가 소멸하면 보증채무도 그 부종성 때문에 당연히 소멸하지만, 주채무에 소멸원인이 있음을 알면서 보증계약을 체결한 경우에는 주채무와 동일한 목적을 지닌 독립채무를 부담한 것으로 본다(제436조).

<답 ③>

10. 다음 중 제한능력자 A의 행위가 확정적으로 유효로 되는 경우가 아닌 것을 모두 고르면?

ⓐ 미성년자 A가 중고 PC 1대를 수증(受贈)하는 계약을 B와 체결하였다.
ⓑ 미성년자 A가 상속의 한정승인을 단독으로 하였다.
ⓒ 미성년자 A가 시중시가로 100만 원에 상당하는 중고 PC 1대를 B로부터 60만 원에 구입하는 계약을 단독으로 체결하였다.
ⓓ B가 소유하던 미술품을 미성년자 A가 무상으로 10개월 동안 보관해주기로 3개월 전에 체결하고 보관 중이었는데, 오늘 그 계약을 해제하는 합의를 단독으로 하였다.

ⓔ 피성년후견인 A가 법정대리인인 후견인의 동의를 얻어 자신의 유일 부동산을 시가를 훨씬 넘는 가격으로 B에게 매도하는 계약을 체결하였다.
ⓕ 피성년후견인 A는 자신의 아버지를 위하여 그의 유권대리인으로서 B에게 아버지 소유의 부동산을 매도하는 계약을 체결하였다.
ⓖ 정신박약자 A는 자신의 주택을 B에게 매도하는 계약을 단독으로 체결하였다.
ⓗ 미성년자 A에게 거리에서 영업하는 포장마차운영을 허락해주었던 그의 법정대리인인 후견인이 어젯밤에 그 허락을 철회하였다. 그럼에도 불구하고 A는 위 사정을 전혀 모르는 B로부터 주류(酒類)를 10만 원 상당 구입하는 매매계약을 체결하였다.

① ⓐ, ⓓ ② ⓑ, ⓒ
③ ⓑ, ⓒ, ⓔ ④ ⓑ, ⓓ, ⓕ
⑤ ⓓ, ⓔ, ⓗ ⑥ ⓒ, ⓔ, ⓗ

해설

ⓐ 증여계약은 편무·무상계약으로서 수증자는 재산권이전채권만 가지므로 미성년자를 해할 우려가 존재하지 않는다(제5조 1항). ⓑ 상속은 포괄승계 원인이므로 권리를 취득할 뿐만 아니라 피상속인의 의무도 부담하여야 하므로 법정대리인의 동의가 필요하다. ⓒ 경제적으로 A에게 유리하더라도 매매는 쌍무·유상계약이어서 반대급부를 이행해야 하는 채무를 부담하므로 법정대리인의 동의가 필요하다. ⓓ 무능력자가 의무만을 부담하게 되는 계약을 해소하는 계약을 체결하는 데 필요한 행위는 단독으로 할 수 있다. ⓔ 일용품의 구입 등 일상생활에 필요하고 그 대가가 과도하지 않은 법률행위를 제외하면 피성년후견인의 행위에 대해서는 취소할 수 있으며, 따라서 그의 법정대리인에게는 동의권이 인정되지 않으므로 위 부동산매매계약이 비록 A에게 경제적으로 이익이 되더라도 취소할 수 있다. ⓕ 대리인에게는 행위능력이 요구되지 않으므로 A가 부동산을 매매하는 대리행위가 자신의 대리권한에 속한 이상 확정적 유효이다. ⓖ 정신박약자의 의사능력이 부인되지 않는 한 그의 행위는 확정적으로 유효하다. 또한 A가 피성년후견인 또는 피한정후견인 등이 되기 위해서는 적법절차에 의해 성년후견 등의 개시를 심판받아야 한다(제9조, 제12조 참조). ⓗ 후견인에 의한 영업의 철회는 제8조 2항의 취소에 해당하지만 그 사정을 모르는 제3자와의 계약에는 영향을 주지 않는다(제8조 2항 단서). <답 ③>

11. 1991. 2. 1. 생인 甲은 2009. 11. 11. 법정대리인의 동의 없이 乙 신용카드회사와 카드가입계약을 체결하였다. 甲은 2009. 11. 25. 현금서비스로 5만 원을 받았고, 그 다음 날 그 신용카드로 丙이 운영하는 가게에서 컴퓨터 부품을 10만 원에 구입하였으며, 이에 乙 회사는 丙에게 그 대금을 지급하였다. 이 사례에 관한 설명 중 옳은 것을 모두 고른 것은? (다툼이 있는 경우에는 판례에 의함) <사시 2010년 변형: 배점 2>

㉠ 甲이 신용카드가입계약을 취소하더라도 乙 회사는 이미 지급한 대

금의 반환을 丙에게 청구할 수 없다.
㉡ 甲이 신용카드가입계약을 취소한 경우 甲은 乙 회사에 위 컴퓨터 부품을 부당이득으로 반환하여야 한다.
㉢ 甲이 현금서비스를 받은 5만 원은 현존하는 것으로 추정되므로 신용카드가입계약이 취소된 경우, 甲은 乙 회사에 5만 원에 이자를 붙여 반환하고 손해가 있으면 이를 배상하여야 한다.
㉣ 신용카드가입계약 당시 나이를 묻는 乙 회사 직원의 물음에 甲이 나이를 성년으로 위조한 주민등록증을 미리 준비하여 제시한 경우, 甲은 신용카드가입계약을 취소하지 못한다.

① ㉠, ㉢ ② ㉠, ㉣ ③ ㉡, ㉢
④ ㉡, ㉣ ⑤ ㉢, ㉣

해설

신용카드 이용계약이 취소됨에도 불구하고 신용카드회원과 해당 가맹점 사이에 체결된 개별적인 매매계약은 특별한 사정이 없는 한 신용카드 이용계약취소와 무관하게 유효하게 존속한다 할 것이고, 신용카드발행인이 가맹점들에 대하여 그 신용카드사용대금을 지급한 것은 신용카드 이용계약과는 별개로 신용카드발행인과 가맹점 사이에 체결된 가맹점 계약에 따른 것으로서 유효하다(대판 2005. 4.15. 2003다60297). ㉠ 甲과 丙 사이에 체결된 매매계약이 다른 이유로써 취소되지 않는 한, 乙은 丙을 상대로 부당이득으로 그 카드대금의 반환을 구할 수 없다. ㉡ 위 판례에 의할 때, 신용카드발행인이 가맹점에 대한 신용카드이용대금을 지급하면서 신용카드회원으로서는 자신이 부담하는 매매대금 지급채무를 법률상 원인 없이 면제받는 이익을 얻었기 때문에 乙은 甲에게 가액반환인 금전의 반환만을 구할 수 있다. ㉢ 제한능력자 甲으로서는 선의·악의에 관계없이 현존이익의 범위에서만 반환하면 된다(제141조 단서). 따라서 이자나 손해 등에 대해서는 그 반환의무를 부담하지 않는다. 위 판례도 같은 태도를 취하였다. ㉣ 제17조 1항. <답 ②>

12. 부재자의 재산관리에 관한 설명 중 옳은 것을 모두 고른 것은? (다툼이 있는 경우에는 판례에 의함) <사시 2011년: 배점 3점>

ㄱ. 부재자가 재산의 관리 및 처분의 권한을 母에게 위임하였다면, 母가 이후 부재자의 실종 후 법원에 신청하여 위 부재자의 재산관리인으로 선임된 경우라 할지라도, 母가 부재자 재산에 대하여 보존행위 혹은 관리행위 이외의 처분행위를 할 때에 별도로 법원의 허가를 받을 필요가 없다.
ㄴ. 부재자의 母가 대리권 없이 부재자 소유의 부동산을 매도한 경우(표현대리는 불성립한다고 가정함), 그 후에 선임된 부재자 재산관리인이 법원의 허가 없이 母의 매도행위를 추인하더라도 추인의 효력이 발생하지 않는다.
ㄷ. 부재자 소유 부동산에 대한 부재자 재산관리인의 매매계약이 법

원의 허가를 받지 않은 권한초과행위로 인정되어서 무효를 이유로 소유권이전등기청구가 기각되어 확정되었다면, 그 판결 확정 후에 위 권한초과행위에 대하여 법원의 허가를 받았더라도 다시 위 매매계약에 기한 소유권이전등기청구의 소를 제기할 수 없다.

ㄹ. 부재자가 재산관리인을 선임하면서 처분권까지 부여하였더라도, 이후 부재자의 생사가 분명하지 않게 되었다면 위 부재자 재산관리인의 처분행위는 법원의 허가를 받아야 한다.

ㅁ. 부재자 재산관리인이 법원의 허가를 받고 선임결정이 취소되기 전에 한 처분행위는 그것이 부재자에 대한 실종기간 만료 후에 이루어졌더라도 유효하며, 그 효과는 부재자의 상속인에게 미친다.

① ㄱ, ㄷ ② ㄴ, ㅁ ③ ㄷ, ㄹ
④ ㄴ, ㄹ ⑤ ㄱ, ㅁ

해설

㉠ 틀림. 부재자 본인이 선임된 관리인에게 처분권한을 위임하였다고 하더라도 처분행위에 있어서는 법원의 허가를 받아야 한다(대판 1977.3.22. 76다1437). ㉡ 옳음. 재산관리인의 권한을 넘는 처분행위의 경우에는 법원의 허가를 요한다(대판 1982.12.14. 80다1872, 1873에서는 법원의 허가를 전제로 기왕의 처분도 추인할 수 있다고 본다). ㉢ 틀림. 패소판결의 확정 후에 위 권한초과행위에 대하여 법원의 허가를 받게 되면 다시 위 매매계약에 기한 소유권이전등기청구의 소를 제기할 수 있다(대판 2002.1.11. 2001다41971). ㉣ 틀림. 부재자가 스스로 위임한 재산관리인이 있는 경우 그 재산관리인의 권한은 그 위임의 내용에 따라 결정되므로 그 재산관리인이 그 재산을 처분함에 있어 법원의 허가를 요하지 않는다(대판 1973.7.24. 72다2136). ㉤ 옳음. 대판 1975.6.10. 73다2023. <답 ②>

13. 甲이 아프가니스탄으로 선교활동을 떠난 후 연락이 두절되자, 이해관계인 乙의 청구로 법원은 재산관리인 丙을 선임하였다. 甲에게는 유일한 재산으로 10억 상당의 토지가 있다. 다음 설명 중 옳은 것을 모두 고르면? (다툼이 있는 경우에는 판례에 의함) <사시 2007년 · 변리사 2007년 변형>

㉠ 만일 丙이 법원의 허가를 얻어 위 토지를 상당한 가격에 戊에게 매도하였는데 매도 당시 甲이 귀국한 상태였다면, 丙과 戊의 매매계약은 무효이다.

㉡ 丙이 법원의 허가를 얻어 처분행위를 한 후 그 허가결정이 취소되었다면 그 처분행위는 무효이다.

㉢ 丙이 甲에게 부과된 세금을 납부하기 위하여 돈을 A로부터 차용하면서 그 돈을 임대보증금으로 하여 A에게 위 토지를 임대하는 것은 법원의 허가 없이 할 수 있다.

㉣ 丙이 甲 소유 부동산에 대해 법원으로부터 매각처분허가를 얻은 후, 甲과는 아무런 관련이 없는 丁의 B은행에 대한 채무의 담보

로 위 부동산에 대해 B은행 앞으로 저당권을 설정해주었다면, B 은행은 위 부동산에 대해 저당권을 유효하게 취득한다.

ⓜ 甲에 대해 법원으로부터 실종선고가 내려졌다면, 법원으로부터 이미 매각처분허가를 받은 丙으로부터 실종기간이 만료된 후 위 토지를 취득한 자에 대해 甲의 상속인은 그 반환을 청구할 수 있다.

ⓑ 丙이 법원의 허가를 받지 않고 甲의 부동산을 임의로 매각한 후 법원이 이에 대하여 허가하였다면, 甲의 부동산에 대한 매각행위는 유효한 것으로 된다.

ⓢ 부재자 甲의 사망이 확인된 경우에는 丙의 권한은 당연히 소멸한다.

① ㉠ ② ㉠, ㉡ ③ ㉡, ㉢
④ ㉢, ㉣ ⑤ ㉡, ㉥ ⑥ ㉢, ㉥
⑦ ㉡, ㉥, ㉦ ⑧ ㉢, ㉤, ㉥

해설

㉠ 부재자의 재산을 타인이 관리할 필요성이 사라졌다고 하더라도 가정법원의 취소가 없는 한, 재산관리인 丙이 처분행위에는 영향을 주지 않는다. ㉡ (또한) 가정법원의 취소에는 소급효가 인정되지 않으므로 취소 전의 행위에도 영향을 주지 않는다(대판 1991.11.26. 91다11810 참고). ㉦ (마찬가지로) 부재자의 사망을 확인하더라도 재산관리인 선임결정이 취소되지 않는 한 丙은 자신의 권한을 계속하여 행사할 수 있다(대판 1991.11.26. 91다11810 참고). ㉤ (마찬가지로) 선임결정이 취소되지 않은 한, 甲의 실종기간이 만료한 후에 이루어진 처분행위도 유효하다(대판 1981.7.28. 80다2668 참고). ㉢ 법원의 허가결정이 없더라도 丙은 甲의 재산에 대한 관리행위를 자유롭게 할 수 있다(제118조 참조). ㉣ 대결 1976.12.21. 75마551 참고. 丙은 선량한 관리자의 주의로써 직무를 수행하여야 하므로(제681조 참조), 법원의 허가를 얻은 처분행위는 부재자를 위한 행위이어야 한다. <답 ⑥>

14. 다음은 실종선고제도에 관한 설명이다. 옳은 것만 고르면?

ⓐ 실종선고를 받은 A는 사망한 것으로 간주되므로 종래의 법률관계에 관한 권리능력은 소멸한다.

ⓑ 실종선고를 받은 A는 생환 후 기존의 주소지에서 타인과 부동산 거래를 할 수 있다.

ⓒ A와 B를 포함하여 100명이 탑승한 여객기가 추락하여 모든 승객과 승무원이 사망한 것으로 추정되었다면, 같은 주소지에서 생활하던 승객 A가 실종선고를 받은 경우에는 아직 실종선고를 받지 않은 승객 B에 대해서도 '동시사망의 추정규정'에 의거하여 사망한 것으로 간주된다.

ⓓ 실종선고를 받은 A가 다행히 살아서 귀환하더라도 이를 취소하기 위해서는 실종선고를 청구한 자의 취소청구가 있어야 한다.

> ⓔ A가 실종선고를 받은 경우에 A를 피상속인으로 하는 상속은 실종선고시에 개시된다.
> ⓕ 실종선고를 받은 A가 청구인 B가 주장하는 시점에 사망하였다 하더라도 그 당시 자식 없이 생존해 있던 A의 배우자가 단독상속인이라면, A의 조카로서 후순위 상속인에 불과한 B는 실종선고취소를 청구할 이해관계인이 될 수 없다.

① ⓐ, ⓒ, ⓕ ② ⓑ, ⓓ, ⓔ ③ ⓐ, ⓑ, ⓕ
④ ⓑ, ⓒ, ⓔ ⑤ ⓐ, ⓑ, ⓒ, ⓓ, ⓕ ⑥ ⓐ, ⓑ, ⓒ, ⓓ, ⓔ

해설

ⓐⓑ 실종선고제도는 부재자의 재산관리상태가 장기화되는 것을 방지하고 부재자의 재산관계와 가족관계를 일거에 정리하여 상속인과 배우자를 보호하려는 법 정책이므로, 실종선고에 따라 사망한 것으로 간주되더라도 그의 권리능력이 박탈될 수는 없다. 권리능력은 자연인이 살아 있는 한 인정되기 때문이다(제3조). 다만, 실종선고는 실종자의 기존의 주소를 중심으로 하는 법률관계를 종료시키는 제도이므로 그 범위 내에서 권리능력이 상실된다. 따라서 귀환 후 동일한 주소지에서 형성된 새로운 법률관계는 유효하다. ⓒ B에게 실종선고가 결정되지 않는 한 B는 생존하고 있는 것으로 추정된다. 한편 민법 제30조는 B가 A와 동일한 위난으로 인하여 사망한 경우에 한하여 그 사망시점에 관해 동일성을 추구하는 규정이다. 따라서 아직 사망으로 간주되지 않은 B에게 A와 동일시점에 사망한 것으로 간주할 수는 없다. ⓓ 본인이 살아서 귀환하였다면 실종선고에 대한 취소를 직접 청구할 수 있다(제29조 1항 참조). ⓔ 실종선고의 법률효과, 즉 사망의제시기는 실종기간만료시점이므로 이때부터 상속이 개시된다(제28조). ⓕ 대결 2008.8.28. 2008스20 참고.

<답 ③>

15. **1997년 8월 6일 한라산에 추락한 여객기에 탑승했던 승객 및 승무원은 A를 포함하여 254명 모두 행방불명되었다. 한편 A의 유일재산인 상가건물의 저당권자 B가 가정법원에 A에 대한 실종선고를 1998년 9월 30일에 신청하였다. 이 사례에 대한 다음 설명 중 옳은 것을 모두 고르면?**

> ⓐ 실종선고청구에 대한 제1심 종국재판은 심판으로써 한다.
> ⓑ A의 실종선고요건을 검토한 가정법원은 충분한 심리를 하였다고 판단될 경우 공시최고를 하지 않아도 좋다.
> ⓒ A가 실종선고를 받는다면, 그는 탑승객 254명이 사망한 것으로 추정되는 1997년 8월 6일에 사망한 것으로 간주된다.
> ⓓ 이미 가정법원에 의해 선임된 부재자재산관리인 甲은 실종선고를 받은 A의 유일재산인 상가건물을 가정법원의 허가를 얻어 1998년 12월 1일 乙에게 상당한 가격으로 매도하였다면 실종선고의 소급적 효력에 의해 乙은 결국 부동산소유권을 취득할 수 없다.
> ⓔ 실종선고를 받은 A가 몇 년 후 생환한 경우 실종선고를 취소하지

않는다면 어떠한 종류의 법률행위도 할 수 없다.

① ⓐ ② ⓑ ③ ⓒ
④ ⓐ, ⓑ ⑤ ⓒ, ⓔ ⑥ ⓐ, ⓒ, ⓔ

해설

ⓐ 가소법 제39조 참조. 그 심판서에는 부재자가 사망한 것으로 간주되는 일자를 명기하여야 한다(가소규 제56조). ⓑ 실종선고를 내리기 전에 반드시 공시최고를 하여야 하며(가소규 제53조), 그 기간은 6개월 이상이다. 가정법원은 공시최고기간 중에도 부재자의 생사가 분명한지 여부, 실종기간의 경과 등에 대해 충분히 심리하여야 한다. ⓒ A의 사망의제시기는 특별실종기간(항공기추락시부터 1년)이 끝나는 시점이다(제28조). 따라서 A의 사망의제시기는 1998년 8월 6일의 만료시이다. ⓓ A에 대한 부재자재산관리인으로 선임된 甲은 관리행위를 넘는 행위를 하는 데 있어서 가정법원의 허가를 얻고, 그리고 그의 권한이 처분명령취소에 의해 종료되지 않는 한 실종선고의 효력발생으로 인하여 영향을 받지 않는다(대판 1981.7.28. 80다2668 참고). 따라서 A가 실종선고됨으로써 사망으로 의제되는 시기가 비록 1998년 8월 6일이고 1998년 12월 1일에 위 부동산이 처분되었지만 甲의 처분행위는 권한 내의 행사이므로 乙은 소유권을 취득할 수 있다. ⓔ 실종선고가 취소되지 않더라도 A는 다른 주소지에서 혹은 기존의 주소지에서 행위를 하더라도 별개의 행위를 한다면 여전히 권리능력자이다. <답 ①>

16. 다음 중 옳은 것(○)과 옳지 않은 것(×)을 바르게 표시한 것은? (다툼이 있는 경우에는 판례에 의함)

㉠ 실종선고를 직접원인으로 하여 재산을 취득한 자가 악의일 경우에는 그가 받은 이익에 이자를 붙여 반환하는 데 그치고 손해배상 책임은 없다.
㉡ 실종자에 대하여 이미 실종선고가 되어 확정되었는데도, 이를 취소하지 않고 그 이후 타인의 청구에 의하여 새로이 확정된 실종선고를 기초로 상속관계를 판단하는 것은 잘못이다.
㉢ 실종선고로 인하여 실종기간 만료시를 기준으로 하여 상속이 개시된 이후 실종선고가 취소되어야 할 사유가 생겼다면, 실종기간이 만료하여 사망한 때로 간주되는 시점과 달리 사망시점을 정할 수 있다.
㉣ 실종선고에 의하여 재산을 취득한 자는 실종선고가 취소된 경우에 그 취소 전의 점유에 의하여 그 재산을 시효취득할 수 없다.

① ㉠(○), ㉡(○), ㉢(○), ㉣(○) ② ㉠(○), ㉡(○), ㉢(×), ㉣(×)
③ ㉠(○), ㉡(×), ㉢(○), ㉣(○) ④ ㉠(○), ㉡(×), ㉢(○), ㉣(×)
⑤ ㉠(×), ㉡(○), ㉢(○), ㉣(○) ⑥ ㉠(×), ㉡(○), ㉢(×), ㉣(×)
⑦ ㉠(×), ㉡(×), ㉢(○), ㉣(×) ⑧ ㉠(×), ㉡(×), ㉢(×), ㉣(○)

✍ **해설** ……………………………………

㉠ 악의인 경우에는 받은 이익에 이자를 붙여 반환하고, 손해가 있으면 그 손해에 대해서도 배상책임이 있다(제29조 2항). ㉡ 피상속인 M에 대하여는 원고 A의 청구에 의하여 1950년 7월 30일 이후 5년간 생사불명을 원인으로 이미 1988년 11월 26일 실종선고가 되어 확정되었음을 알 수 있으므로, 원심이 그 이후 피고 B의 청구에 의하여 1992년 12월 28일 새로이 확정된 실종신고를 기초로 상속관계를 판단한 것을 잘못이다. 그럼에도 불구하고 위 최초의 실종선고 당시 시행중이던 민법부칙(1977. 12. 31) 6항 및 민법부칙 제25조 2항에 의하면 실종기간이 1977년 12월 31일 이전에 만료된 때에는 실종선고가 그 이후에 되었더라도 위 개정 전의 민법이 적용되는 것이고, 그 실종기간이 민법 시행 전의 구법 시행기간 중에 만료하는 때에도 그 실종이 민법시행일 이후에 선고된 때에는 그 상속순위, 상속분 기타 상속에 관하여는 민법의 규정을 적용하여야 하는바, 이에 의하면 위 K를 피상속인으로 하는 재산상속은 1977년 12월 31일 개정 전의 민법이 적용되어야 하는 것이므로, 원심이 위 개정 전의 민법에 따라 재산상속인들의 상속분을 계산한 조치는 결과적으로 옳다(대판 1995.12.22. 95다12736 참고). ㉢ 실종선고가 취소되지 않는 한 임의로 실종기간이 만료하여 사망한 때로 간주되는 시점과 다른 사망시점을 정하여 이미 개시된 상속을 부정하고 이와 다른 상속관계를 인정할 수 없다(대판 1994.9.27. 94다21542 참고). ㉣ 시효제도는 계속된 사실상태를 존중하는 제도이기 때문에 시효취득의 요건을 구비한 경우에는 실종선고가 취소되더라도 영향을 받지 않는다. <답 ⑥>

17. 다음은 그 시행일이 2013년 7월 1일인 개정민법의 제한능력제도에 대한 설명이다. 옳은 것으로만 짝지어진 것은?

> ㉠ 성년연령이 19세로 되었다.
> ㉡ 금치산 · 한정치산제도가 폐지되고, 성년후견 · 한정후견제도 등이 도입되었다.
> ㉢ 피성년후견인의 재산상 법률행위는 원칙적으로 취소할 수 있다.
> ㉣ 피한정후견인의 재산상 법률행위는 원칙적으로 취소할 수 없다.
> ㉤ 피특정후견인의 재산상 법률행위는 원칙적으로 취소할 수 없다.

① ㉠,㉡,㉢,㉣,㉤ ② ㉠,㉡,㉢,㉣ ③ ㉠,㉡,㉢
④ ㉠,㉡,㉣,㉤ ⑤ ㉠,㉡,㉤

✍ **해설** ……………………………………

㉠ 옳음. 제4조 참조. ㉡ 옳음. 제9조 및 제12조 참조. ㉢ 옳음. 제10조 1항 참조. 다만, 가정법원이 취소할 수 없는 피성년후견인의 법률행위의 범위를 정한 경우(제10조 2항 및 3항 참조), 일용품의 구입 등 일상생활에 필요하고 그 대가가 과도하지 아니한 법률행위(제10조 4항 참조)에 대해서는 취소할 수 없다. ㉣ 옳음. 민법 제13조 1항 참조. 피한정후견인의 행위능력은 '가정법원이 한정후견인의 동의를 요하는 법률행위의 범위를 정한 경우'에 한하여 행위능력이 제한된다. 즉, 피한정후견인의 행위능력은 가정법원이 정한 일정한 범위에 한해 제한되고, 일반적으로 제한되는 것이 아니다. 따라서 피한정후견인의 법률행위는 원칙적으로 취소할 수 없다. ㉤ 옳음. 가정법원이 특정후견의 심판을 하더라도 피특정후견인의 행위능력이 제한되지는 않는다고 봄이 옳다. 가정법원이 특정후견의 심판을 하는 경우, 특정후견의 기간 또는 사무의 범위를 정하도록 되어 있고(제14조의2 3

항 참조), 이 범위에서 특정후견인은 가정법원의 심판에 의하여 '대리권'을 가질 뿐(제959조의11 1항 참조), 동의권이나 취소권을 갖지는 못한다. 즉, 피특정후견인이 민법 제14조의2에 의해 특정후견인에게 대리권이 주어진 범위의 법률행위를 단독으로 하더라도 이 법률행위는 원칙적으로 유효하다. <답 ①>

18. **다음은 2013년 7월 1일부터 시행하는 개정민법의 제한능력제도에 대한 설명이다. 틀린 것은?**

① 가정법원은 질병, 장애, 노령, 그 밖의 사유로 인한 정신적 제약으로 사무를 처리할 능력이 지속적으로 결여된 사람에 대하여 본인, 배우자, 4촌 이내의 친족, 미성년후견인, 미성년후견감독인, 한정후견인, 한정후견감독인, 특정후견인, 특정후견감독인, 검사 또는 지방자치단체의 장의 청구에 의하여 성년후견개시의 심판을 한다.

② 가정법원은 질병, 장애, 노령, 그 밖의 사유로 인한 정신적 제약으로 사무를 처리할 능력이 부족한 사람에 대하여 본인, 배우자, 4촌 이내의 친족, 미성년후견인, 미성년후견감독인, 성년후견인, 성년후견감독인, 특정후견인, 특정후견감독인, 검사 또는 지방자치단체의 장의 청구에 의하여 한정후견개시의 심판을 한다.

③ 가정법원은 질병, 장애, 노령, 그 밖의 사유로 인한 정신적 제약으로 일시적 후견 또는 특정한 사무에 관한 후견이 필요한 사람에 대하여 본인, 배우자, 4촌 이내의 친족, 미성년후견인, 미성년후견감독인, 검사 또는 지방자치단체의 장의 청구에 의하여 특정후견의 심판을 한다.

④ 가정법원은 성년후견개시의 심판을 할 때 본인의 의사를 고려하여야 한다.

⑤ 특정후견은 본인의 의사에 반하여 할 수 없다.

해설

① 옳음. 제9조 1항 참조. ② 옳음. 제12조 1항 참조. ③ 틀림. 제14조의2 1항 참조. 일시적 '후원' 또는 특정한 사무에 관한 '후원'이다. ④ 옳음. 제9조 2항 참조. ⑤ 옳음. 제14조의2 2항 참조. <답 ③>

19. **다음은 2013년 7월 1일부터 시행하는 개정민법의 제한능력제도에 대한 설명이다. 틀린 것으로만 짝지어진 것은?**

㉠ 미성년자가 법률행위를 하는 데 요구되는 법정대리인의 동의에 대한 증명책임은 상대방에게 있다.

㉡ 미성년자가 법정대리인으로부터 허락을 얻은 특정한 영업에 관하여는 성년자와 동일한 행위능력이 있는데, 이 경우 후견인이 동의함에는 후견감독인이 있으면 그의 동의가 있어야 한다.

㉢ 미성년자는 일용품의 구입 등 일상생활에 필요하고 그 대가가 과도

하지 아니한 법률행위는 단독으로 할 수 있고, 이에 대해서는 법정 대리인이 취소할 수 없다.
㉣ 피성년후견인의 재산상 법률행위는 언제나 취소할 수 있다.
㉤ 성년후견개시의 심판은 "질병, 장애, 노령, 육체적 불구, 그 밖의 사유로 인한 정신적 제약으로 사무를 처리할 능력이 지속적으로 결여된 사람"에게 한다고 규정되어 있다.

① ㉠, ㉡, ㉢, ㉣, ㉤ ② ㉠, ㉡, ㉣, ㉤ ③ ㉡, ㉣, ㉤
④ ㉢, ㉣, ㉤ ⑤ ㉡, ㉢, ㉣

해설

㉠ 옳음. 대판 1970.2.24. 69다1568 참고. ㉡ 옳음. 제950조 1항 1호 참조. 다만, 후견감독인은 임의기관이므로 후견감독인이 없으면, 후견인이 단독으로 동의할 수 있다. ㉢ 틀림. '일용품의 구입 등 일상생활에 필요하고 그 대가가 과도하지 아니한 법률행위'는 피성년후견인과 피한정후견인의 경우에는 취소할 수 없는 행위로 규정되어 있지만(제10조 4항 및 제13조 4항 참조), 미성년자에게는 이것이 규정되어 있지 않다. 다만, 이와 같은 행위는 제6조의 처분이 허락된 재산의 처분에 해당될 수 있지만, 여기에 해당하기 위해서는 미성년자의 법정대리인의 허락이 필요하다. ㉣ 틀림. 원칙적으로 피성년후견인의 재산상 법률행위는 취소할 수 있지만(제10조 1항 참조), 가정법원이 취소할 수 없는 피성년후견인의 법률행위의 범위를 정한 경우(제10조 2항 및 3항 참조), 일용품의 구입 등 일상생활에 필요하고 그 대가가 과도하지 아니한 법률행위(제10조 4항 참조)에 대해서는 취소할 수 없다. ㉤ 틀림. 성년후견개시 심판의 사유에 '육체적 불구'가 해석상 포함될 수는 있지만, 명문으로 규정되어 있지는 않다(제9조 1항 참조). <답 ④>

20. 다음은 2013년 7월 1일부터 시행하는 개정민법에 대한 설명이다. 틀린 것만 고르면?

㉠ 미성년자의 법정대리인에는 친권자, 지정후견인, 법정후견인, 선임후견인이 있다.
㉡ 가정법원이 성년후견개시의 심판, 한정후견개시의 심판, 특정후견개시의 심판을 할 때에는 직권으로 성년후견인, 한정후견인, 특정후견인을 선임하여야 한다.
㉢ 피성년후견인의 법정대리인에게는 동의권, 대리권, 취소권이 주어진다.
㉣ 피한정후견인의 법정대리인에게는 언제나 동의권, 대리권, 취소권이 주어진다.
㉤ 피특정후견인의 법정대리인에게는 동의권, 대리권, 취소권이 주어진다.

① ㉠, ㉡, ㉢, ㉣, ㉤ ② ㉡, ㉢, ㉣, ㉤ ③ ㉠, ㉡, ㉢, ㉤
④ ㉠, ㉡, ㉢, ㉣ ⑤ ㉠, ㉢, ㉣, ㉤

해설

㉠ 틀림. 법정후견인제도는 폐지되었다. 이는 성년후견에서도 마찬가지이다(제931조 및

제936조 참조). ㉡ 틀림. 성년후견과 한정후견의 경우에는 후견인의 선임이 가정법원의 의무이지만(제929조 및 제936조 1항, 제959조의2 및 제959조의3 1항 참조), 특정후견의 경우에는 가정법원의 재량사항이다(제959조의8 및 제959조의9 1항 참조). ㉢ 틀림. 종래의 금치산자의 법정대리인에서와 마찬가지로, 성년후견인에게 동의권은 인정되지 않는다(제10조 1항 참조). ㉣ 틀림. 한정후견인의 권한은 가정법원이 정한 범위에서 동의권, 대리권, 취소권이 인정되므로(제13조 1항 참조), 언제나 동의권, 대리권, 취소권이 인정되는 것이 아니다. ㉤ 틀림. 특정후견인에게는 대리권만 인정되고(제959조의11 1항 참조), 그 대리권도 가정법원이 정한 '기간과 범위' 내에서만 인정된다. <답 ①>

제 2 절 법 인

1. 다음은 비영리사단법인과 관련한 설명이다. 옳은 것을 모두 고르면?

<변호사 2012년 유사>

㉠ 사단법인은 정관의 작성에 의하여 설립되므로 그 설립행위는 1인에 의하여 이루어질 수도 있다. 반면 조합(민법상의 조합)은 조합계약의 체결에 의하여 성립되므로 그 행위에는 적어도 2인이 필요하다.

㉡ 사단법인의 사원은 사단법인이 그 채무를 완제할 수 없는 경우에도 각 개인이 그 책임을 지지 않는다. 이에 반하여 조합의 조합원은 조합채무에 대하여 개인재산을 가지고 책임을 부담하지만, 조합원 전원이 조합재산에 공동책임을 부담하지는 않는다.

㉢ 사단법인의 이사는 사단법인의 사무를 집행하고 이를 대표하는 기관이므로 적어도 1인은 두어야 한다. 마찬가지로 조합의 업무집행조합원도 조합의 업무를 집행하고 이를 대표하는 기관이므로 적어도 1인은 두어야 한다.

㉣ 사단법인의 사원은 출자를 하고 있으므로 사단법인의 사무의 집행에 의하여 이익이 생긴 경우에는 그 이익을 배당받을 수 있다. 마찬가지로 조합의 조합원도 출자를 하고 있으므로 조합의 업무의 집행에 의하여 이익이 생긴 경우에는 그 이익을 배당받을 수 있다.

㉤ 사단법인은 일정한 목적을 달성하기 위하여 설립된 법인이므로 그 목적의 성공 또는 그 불능으로 해산된다. 마찬가지로 조합도 일정한 목적을 달성하기 위하여 성립된 것이므로 그 사업의 성공 또는 그 불능으로 해산된다.

㉥ 법인격은 없으나 사단성이 인정되는 비법인사단과 조합의 구별기준과 관련하여, 비법인사단은 구성원들의 개인성과는 별개로 권리·의무의 주체가 될 수 있는 독자적 존재로서의 단체적 특성을 가지는 반면, 조합은 조합원 상호간의 출자로 공동사업을 경영할

> 것을 약정함으로써 성립되므로 구성원들의 개인성이 강하게 나타나는 인적 결합체이다.

① ㉠ ② ㉠, ㉡ ③ ㉡, ㉣
④ ㉢, ㉤ ⑤ ㉤, ㉥ ⑥ ㉣, ㉤, ㉥

해설

㉠ 사단법인은 2인 이상의 설립자가 정관을 작성하여 이를 기명 · 날인함으로써 설립된다(제40조 참조). 사단의 성질상 설립자인 발기인은 반드시 2인 이상(복수)이어야 한다. 조합은 2인 이상이 조합계약을 체결함으로써 성립된다(제703조). ㉡ 사단법인은 독립된 권리 · 의무의 주체이므로 사단법인이 그 채무를 완제하지 못하였다고 하여 사원이 개인적으로 그 책임을 부담하지는 않는다(유한책임). 조합채무는 조합원 전원에게 합유적으로 귀속되므로(준합유적 채무), 이에 대하여 조합재산(책임재산)이 책임을 지는 것은 당연하다. 그러나 조합은 법인격을 가지고 있지 않으므로 독립된 주체가 될 수 없기 때문에 조합채무는 조합재산의 범위 내로 한정 될 수 없다. 조합채무는 각 조합원의 채무에 해당하게 되므로, 궁극적으로는 조합재산과 함께 각 조합원도 그 책임을 져야 한다(이견 없음. 김형배, 채권각론, 767면 참고). 이 두 책임은 병존적으로 존재한다는 것이 학설의 태도이다(무한책임). 따라서 조합채무에 관하여 각 조합원은 그의 개인재산을 가지고 책임을 부담하고, 다른 한편으로는 조합원 전원이 조합재산을 가지고 공동으로 책임진다고 해석되고 있다(곽윤직, 185면). ㉢ 사단법인의 이사의 수에는 제한이 없으며(제57조, 제58조 2항), 정관에서 임의로 그 수를 정할 수 있다(제40조, 제43조 참조). 그러나 이사는 대외적으로 법인을 대표하고 대내적으로 법인의 업무를 집행하는 상설필요기관이므로 언제나 설치되어야 한다. 그러나 조합에 있어서 업무집행조합원은 다른 조합원을 위하여 대외적으로 그 업무집행에 필요한 법률행위를 행할 대리권이 있다고 추정될 뿐(제709조) 조합을 대표하는 기관이 아니며, 또한 적어도 1인을 두어야 한다는 규정도 없다. 조합의 경우에는 그 성질상 각 조합원이 업무집행에 참여할 권리(업무집행권)를 갖는다고 보아야 한다. 따라서 모든 조합원이 업무를 집행할 수 있다(제706조 2항). 다만 조합계약으로 업무집행자를 정할 수 있으며(제706조 1항), 적어도 1인의 대표기관에 의하여 업무가 집행되어야 한다는 관념은 조합관계에는 타당하지 않다. ㉣ 사단법인의 사원은 출자 또는 회비를 냄으로써 사단법인에 귀속될 뿐이고, 이익배당청구권과 같은 자익권(自益權)은 가지지 않는다. 그러나 위 지문의 후문은 옳다(제703조, 제711조 참조). ㉤ 사단법인의 해산사유에 관한 제77조 1항에 따라 위 지문의 전문은 옳다. 조합의 경우에는 이에 관한 명문의 규정이 없으나, 학설(이견 없음)과 판례(대판 1998.12.8. 91다31472 등 참고)는 이를 인정하고 있다(구민법 제682조는 이에 관하여 직접 규정하고 있었다). ㉥ 비법인사단과 조합을 구별함에 있어서는 일반적으로 그 단체성의 강약을 기준으로 판단하는 것이 옳다(대판 1999.4.23. 99다4504 참고). <답 ⑤>

2. 다음 설명 중 틀린 것은? (다툼이 있는 경우에는 판례에 의함)
<사시 2008년: 배점 3, 변호사모의 2010년 유사>

① 신의성실의 원칙 또는 법인격 남용을 이유로 법인의 법인격이 부인되는 경우, 그것은 당해 특정사안에 한하는 것이지 법인의 법인격 자체를 전면적으로 부인하는 것은 아니다.

② Y섬을 중심으로 어업권을 가지고 있는, 80명으로 구성된 X어촌계는 어업권을 잘 활용하여 8억 원을 저축하였다. X어촌계의 계원인 甲은 자녀들의 교육을 위하여 Y섬을 떠나 서울로 이사왔다. 그 후 X어촌계는 저축금 8억 원의 분배결의를 함에 있어 분배대상에서 甲을 제외하였는데, 甲은 위 8억 원이 자신이 X어촌계의 계원일 당시 저축된 것이라며 자신의 몫에 대한 청구권을 행사하였다. 甲의 청구는 정당하다.

③ 법인의 정관에 법인을 대표하는 이사인 회장과 대표권 없는 일반이사를 명백히 분리함으로써 법인의 대표권이 회장에게 전속되도록 정하고 회장을 총회에서 투표로 직접 선출하도록 규정된 경우, 사임한 회장은 일반이사가 있더라도 후임회장이 선임될 때까지 대표자의 직무를 계속 수행할 수 있으나, 사임한 회장의 직무수행권은 법인이 정상적인 활동을 중단하게 되는 처지를 피하기 위하여 보충적으로 인정된다.

④ "종원 중 부정한 행위로 종중에 대하여 피해를 끼치거나 명예를 오손하게 한 종원은 이사회의 의결을 거쳐 벌칙을 가하고 총회에 보고한다."라고 규정하고 있는 종중규약에 따라 65세인 종원에 대하여 각종 회의에의 참석권 · 발언권 · 의결권 · 피선거권 · 선거권 등 일체의 종원의 자격을 20년간 정지하는 처분을 한 경우, 이 처분은 무효이다.

⑤ 권리능력 없는 사단 X의 정관에는 대표자가 대외적인 거래를 하려면 반드시 사원총회를 거치도록 규정되어 있는데, X의 대표자 甲이 사원총회를 거치지 않은 채 X를 대표하여 이러한 사정을 알고 있는 乙과 매매계약을 체결하였다면 그 계약은 무효이다.

⑥ 비법인사단의 재산에 대하여 제3자의 침해가 있는 경우에, 그 사단의 대표자는 사원총회의 결의를 거쳤다하더라도 소송의 당사자가 될 수 없다.

해설

① 법인제도는 궁극적으로 단체의 재산에 관한 법률관계를 간편하게 처리하기 위한 제도이므로 법인의 법인격이 이 목적에 위배되거나 악용되면 그 범위 내에서 법인격은 부정된다. 판례도 특정사안에 한하여 신의성실의 원칙 또는 법인격 남용을 이유로 법인의 법인격을 부인하고 있다(대판 2008. 8.21. 2006다24438 등 참고). ② 비법인사단인 어촌계의 구성원은 총유재산에 대하여 특정된 지분을 가지고 있는 것이 아니라 사단의 구성원이라는 지위에서 총유재산의 관리 및 처분에 참여하고 있는 것에 불과하고, 그 신분을 상실하면 총유재산에 대하여 아무런 권리를 주장할 수 없는 것이다(대판 1995.8.22. 94다31020 등). ③ 대판 2003.3.14. 2001다7599 참고. ④ 대판 2006.10.26. 2004다47024 참고. 총회의 권한으로서 사원의 권리를 박탈 또는 제한할 수 있는가가 문제되는데(사원의 고유권), 사원의 고유권은 개인에 대한 단체의 불가침영역(독일민법 제35조 참조)으로서 그 사원의 동의 없이는 정관의 규정 또는 총회의 의결로써 제한 혹은 박탈할 수 없다. ⑤ 따라서 비법인사단의 대표자가 정관에서 사원총회의 결의를 거쳐야 하도록 규정한 대외적 거래행위에 관하여 이를 거치지 아니한 경우라도, 이와 같은 사원총회 결의사항은 비법인사

단의 내부적 의사결정에 불과하다 할 것이므로, 그 거래 상대방이 그와 같은 대표권 제한 사실을 알았거나 알 수 있었을 경우가 아니라면 그 거래행위는 유효하다. 이 경우 거래의 상대방이 대표권 제한 사실을 알았거나 알 수 있었음은 이를 주장하는 비법인사단 측이 주장·입증하여야 한다(대판 2003.7.22. 2002다64780 등 참고). ⑥ 총유재산에 관한 소송은 법인 아닌 사단이 그 명의로 사원총회의 결의를 거쳐 하거나 또는 그 구성원 전원이 당사자가 되어 필수적 공동소송의 형태로 할 수 있을 뿐, 그 사단의 구성원은 설령 그가 사단의 대표자라거나 사원총회의 결의를 거쳤다 하더라도 그 소송의 당사자가 될 수 없고, 이러한 법리는 총유재산의 보존행위로서 소를 제기하는 경우에도 마찬가지라 할 것이다(대판[전] 2005.9.15. 2004다44971). (따라서) 비법인사단이 사원총회의 결의 없이 제기한 소송은 소제기에 관한 특별수권을 결하여 부적법하다(대판 2011.7.28. 2010다97044).

<답 ②>

3. 종중에 대한 판례의 태도와 부합하지 않는 설명을 모두 고르면?

> ㉠ 종중이 성립된 후에 정관 등 종중규약을 작성하면서 일부 종원의 자격을 임의로 제한하거나 확장한 종중규약은 유효하다.
> ㉡ 종중이 당사자인 사건에서 그 종중의 대표자에게 적법한 대표권이 있는지의 여부는 소송요건에 관한 것이므로 법원의 직권조사사항이 된다.
> ㉢ 종중이 대표자를 선임함에 있어서는 종중규약이나 관례에 따르고 규약이나 종중관례가 없으면 일반관습에 의하되 종장 또는 문장이 그 종원 중 통지 가능한 성년 이상의 남자를 소집하여 출석자의 과반수결의로 선출하는 것이 우리나라의 일반관습이다.
> ㉣ 종중 대표자라고 주장하는 자가 종중을 상대로 하지 않고 종중원 개인을 상대로 하여 대표자 지위의 적극적 확인을 구하는 소송은 부적법하다.
> ㉤ 소집절차에 하자가 있어 그 효력을 인정할 수 없는 종중총회의 결의라도 후에 적법하게 소집된 종중총회에서 이를 추인하면 처음부터 유효로 된다.

① ㉠　　② ㉡　　③ ㉠, ㉢
④ ㉠, ㉣　　⑤ ㉡, ㉢　　⑥ ㉡, ㉣, ㉤

해설

㉠ 고유한 의미의 종중이란 공동선조의 분묘 수호와 제사 및 종중원 상호간의 친목 등을 목적으로 하는 자연 발생적인 관습상의 종족집단체로서 특별한 조직행위를 필요로 하는 것이 아니다. 특히 일부 종중원을 임의로 그 종중원에서 배제할 수 없는 것이므로, 종중총회의 결의나 규약에서 일부 종중원의 자격을 임의로 제한하였다면 그 총회의 결의나 규약은 종중의 본질에 반하여 무효이고, 공동 선조의 후손 중 특정 지역 거주자나 특정 범위 내의 자들만으로 구성된 종중이란 있을 수 없으므로, 만일 공동선조의 후손 중 특정 지역 거주자나 자파 소속 종중원만으로 조직체를 구성하여 활동하고 있다면 이는 본래의 의미의 종중으로는 볼 수 없고, 종중 유사의 권리능력 없는 사단이 될 수 있을 뿐이다(대

판 2002.4.12. 2000다16800 참고). ㉡ 관습상 총회의 소집권이 있는 종중의 연고항존자가 종중규약의 제정이나 대표자의 선임에 관한 총회가 개최된 바 없다고 다투고 있는 이상, 원심으로서는 마땅히 종중에 대하여 석명권을 행사한다든지 직권으로 증거조사를 하는 등의 방법으로 종중의 대표자에게 적법한 대표권이 있는지의 여부를 심리하여 보아야 한다(대판 1996.3.12. 94다56999 등 참고). 마찬가지로 종중이나 종중 유사단체가 당사자능력을 가지는지 여부에 관한 사항은 법원의 직권조사사항이므로, 그 당사자능력 판단의 전제가 되는 사실에 관하여는 법원이 당사자의 주장에 구속될 필요 없이 직권으로 조사하여야 한다. 따라서 그 사실에 기하여 당사자능력의 유무를 판단함에 있어서는, 당사자가 내세우는 종중이나 단체의 목적, 조직, 구성원 등 단체를 사회적 실체로서 규정짓는 요소를 갖춘 실체가 실재하는지의 여부를 가려서, 그와 같은 의미의 단체가 실재한다면 그로써 소송상 당사자능력이 있는 것으로 볼 것이고, 그렇지 아니하다면 소를 각하하여야 한다(대판 2010.4.29. 2010다1166). ㉢ (특히) 평소에 종장이나 문장이 선임되어 있지 아니하고 그 선임에 관한 종중규약이나 관례가 없으면 생존하는 종중원 중 항렬이 가장 높고 나이가 많은 연고항존자가 종장 또는 문장이 되는 것이 우리나라의 일반관습이다(대판 1999.4.13. 98다50722 등 참고). ㉣ 종중원 개인을 상대로 하여 대표자 지위의 적극적 확인을 구하는 소송을 인용하는 판결이 선고되더라도 그 판결의 효력은 당해 종중에는 미친다고 할 수 없기 때문에 대표자의 지위를 둘러싼 당사자들 사이의 분쟁을 근본적으로 해결하는 가장 유효적절한 방법이 될 수 없고 따라서 확인의 이익이 없어 부적법하다(대판 1998.11.27. 97다4104 등 참고). ㉤ 대판 1996.6.14. 96다2729 등 참고. 또한 ⓐ 적법한 대표자 자격이 없는 비법인 사단의 대표자가 한 소송행위는 후에 대표자 자격을 적법하게 취득한 대표자가 그 소송행위를 추인하면 행위시에 소급하여 효력을 갖게 되고, 이러한 추인은 상고심에서도 할 수 있다. ⓑ 종중의 대표 자격이 있는 연고항존자가 직접 종회를 소집하지 아니하였다 하더라도 그가 다른 종중원의 종회 소집에 동의하여 그 종중원으로 하여금 소집케 하였다면 그와 같은 종회 소집을 권한 없는 자의 소집이라고 할 수 없다. ⓒ 소집통지를 받지 아니한 종원이 다른 방법에 의하여 이를 알게 된 경우에는 그 종원이 종중 총회에 참석하지 않았다고 하더라도 그 종중 총회의 결의를 무효라고 할 수 없다(대판 2010.12.9. 2010다77583). <답 ①>

4. 판례에 의할 때 옳은 것(○)과 옳지 않은 것(×)을 바르게 표시한 것은?

<변호사 2012년 유사>

㉠ 교회가 아직 실체를 갖추지 못하여 법인 아닌 사단으로 성립하기 전에 설립의 주체인 개인이 취득한 권리의무는 그것이 앞으로 성립할 교회를 위한 것이라 하더라도 바로 법인 아닌 사단인 교회에 귀속될 수는 없고, 또한 설립중의 회사의 개념과 법적 성격에 비추어, 법인 아닌 사단인 교회가 성립하기 전의 단계에서 설립중의 회사의 법리를 유추적용할 수는 없다.

㉡ 우리 민법은 사단법인에 있어서 구성원의 탈퇴나 해산뿐만 아니라 사단법인의 구성원들이 2개의 법인으로 나뉘어 각각 독립한 법인으로 존속하면서 종전 사단법인에게 귀속되었던 재산을 소유하는 방식의 사단법인의 분열을 인정하며, 이 법리는 법인 아닌

사단에 대하여도 동일하게 적용된다.

㉢ 일부 교인들이 교회를 탈퇴하여 그 교회 교인으로서의 지위를 상실하게 되면 탈퇴가 개별적인 것이든 집단적인 것이든 이와 더불어 종전 교회의 총유재산의 관리처분에 관한 의결에 참가할 수 있는 지위나 그 재산에 대한 사용·수익권을 상실하고, 종전 교회는 잔존 교인들을 구성원으로 하여 실체의 동일성을 유지하면서 존속하며 종전 교회의 재산은 그 교회에 소속된 잔존 교인들의 총유로 귀속됨이 원칙이다.

㉣ 소속 교단에서의 탈퇴 내지 소속 교단의 변경 결의요건을 갖추어 소속 교단을 탈퇴하거나 다른 교단으로 변경한 경우에 종전 교회의 실체는 이와 같이 교단을 탈퇴한 교회로서 존속하고 종전 교회재산은 위 탈퇴한 교회 소속 교인들의 총유로 귀속된다.

① ㉠(○), ㉡(○), ㉢(○), ㉣(○) ② ㉠(○), ㉡(○), ㉢(○), ㉣(×)
③ ㉠(○), ㉡(○), ㉢(×), ㉣(×) ④ ㉠(○), ㉡(×), ㉢(○), ㉣(○)
⑤ ㉠(×), ㉡(○), ㉢(○), ㉣(×) ⑥ ㉠(×), ㉡(×), ㉢(○), ㉣(○)
⑦ ㉠(×), ㉡(×), ㉢(○), ㉣(○) ⑧ ㉠(×), ㉡(×), ㉢(○), ㉣(×)

해설

㉠ 교회가 그 실체를 갖추어 법인 아닌 사단으로 성립한 경우에 교회의 대표자가 교회를 위하여 취득한 권리의무는 교회에 귀속되나, 위 지문과 같은 경우에는 그러하지 않다(대판 2008.2.28. 2007다37394,37400 참고). ㉡ 법인 아닌 사단의 구성원들의 집단적 탈퇴로써 사단이 2개로 분열되고 분열되기 전 사단의 재산이 분열된 각 사단들의 구성원들에게 각각 총유적으로 귀속되는 결과를 초래하는 형태의 법인 아닌 사단의 분열은 허용되지 않는다(대판[전] 2006.4.20. 2004다37775. 반대의견 있음). ㉢ 교단에 소속되어 있던 지교회의 교인들의 일부가 소속 교단을 탈퇴하기로 결의한 다음 종전 교회를 나가 별도의 교회를 설립하여 별도의 대표자를 선정하고 나아가 다른 교단에 가입한 경우, 그 교회는 종전 교회에서 집단적으로 이탈한 교인들에 의하여 새로이 법인 아닌 사단의 요건을 갖추어 설립된 신설 교회라 할 것이어서, 그 교회 소속 교인들은 더 이상 종전 교회의 재산에 대한 권리를 보유할 수 없게 된다(위 판결 참고). ㉣ 소속 교단에서의 탈퇴 내지 소속 교단의 변경은 사단법인 정관변경에 준하여 의결권을 가진 교인 2/3 이상의 찬성에 의한 결의를 필요로 한다(위 판결 참고). <답 ④>

5. 판례의 태도를 따를 때, 다음 중 잘못된 것만 고른 것은? <변호사 2012년 유사>

㉠ 비법인사단의 대표자가 자신의 직무에 해당하지 않은 법률행위를 한 이상 그 행위가 대표자의 직무에 해당하지 않음을 그로 인해 피해를 본 제3자가 비록 중과실로 알지 못하더라도 제3자는 그 비법인사단에 대해 불법행위책임을 물을 수 있다.

㉡ 임기가 만료된 재건축주택조합 조합장의 직무를 대행할 다른 기관

이 존재하지 않아 후임대표자가 선임될 때까지 구 조합장에게 직무를 수행할 수 있는 업무수행권이 인정되는 경우, 그 비법인사단의 사원이나 이해관계인은 구 조합장의 직무수행금지를 구하는 청구를 할 수 있다.

㉢ 교회가 건물을 다른 교회에 매도하고 더 이상 종교활동을 하지 않아 해산하였다고 하더라도 교인들이 교회 재산의 귀속관계에 대하여 다투고 있는 이상 교회는 청산 목적의 범위 내에서 권리·의무의 주체가 된다.

㉣ 공동선조를 달리하는 후손들 중 특정 지역 거주자들을 중심으로 모임을 만들어 공동으로 시제를 지내다가 총회를 거쳐 명칭을 확정하고 조직을 구성하는 등 활동을 하여 온 단체는 종중에 유사한 비법인사단이라 볼 수 없다.

㉤ 총유물인 종중 토지 매각대금의 분배는 정관 기타 규약에 달리 정함이 없는 한 종중총회의 결의에 의하여만 처분할 수 있고, 이러한 분배결의가 없으면 종원이 종중에 대하여 직접 분배청구를 할 수 없다.

① ㉠, ㉡ ② ㉠, ㉢ ③ ㉠, ㉣
④ ㉡ ⑤ ㉡, ㉢ ⑥ ㉡, ㉣
⑦ ㉢, ㉤ ⑧ ㉢, ㉣, ㉤

해설

㉠ 비법인사단의 대표자의 행위가 대표자 개인의 사리를 도모하기 위한 것이었거나 혹은 법령의 규정에 위배된 것이었다 하더라도 외관상, 객관적으로 직무에 관한 행위라고 인정할 수 있는 것이라면 민법 제35조 1항의 직무에 관한 행위에 해당한다. 다만, 그 경우에도 대표자의 행위가 직무에 관한 행위에 해당하지 아니함을 피해자 자신이 알았거나 또는 중대한 과실로 인하여 알지 못한 경우에는 비법인사단에게 손해배상책임을 물을 수 없다(대판 2008.1.18. 2005다34711). ㉡ 임기가 만료된 대표자의 사무처리에 대하여 유추적용되는 민법 제691조는 종전 대표자가 임기 만료 후에 수행한 업무를 사후에 개별적·구체적으로 가려 예외적으로 그 효력을 인정케 하는 근거가 될 수 있을 뿐이므로 민법 제691조만을 근거로 하여 위 이해관계인 등의 직무수행금지청구를 배척할 수는 없다(대판 2003.7.8. 2002다74817). ㉢ 대판 2007.11.16. 2006다41297 등 참고. ㉣ 이는 고유한 의미의 종중은 아니지만 종중에 유사한 비법인사단이라고 본다(대판 2008.10.9. 2008다45378). ㉤ 따라서 종중 토지 매각대금의 분배에 관한 종중총회의 결의가 무효인 경우, 종원은 그 결의의 무효확인 등을 소구하여 승소판결을 받은 후 새로운 종중총회에서 공정한 내용으로 다시 결의하도록 함으로써 그 권리를 구제받을 수 있을 뿐이고 새로운 종중총회의 결의도 거치지 아니한 채 종전 총회결의가 무효라는 사정만으로 곧바로 종중을 상대로 하여 스스로 공정하다고 주장하는 분배금의 지급을 구할 수는 없다(대판 2010.9.9. 2007다42310,42327). <답 ③>

6. 비법인사단 A재건축조합(이하 'A조합'이라고 한다) 회장 甲은 2002. 12. 4. 조합원총회의 결의를 거치지 않고서 S건설회사와 재건축아파트 설계용역계약을 체결하였다. 그후 甲은 회장직을 사임하였음에도 후임 회장이 선출되지 않은 상황에서 (부회장 乙도 사임하였고, 후임 부회장도 선출되지 않았다) A조합이 자금부족 상태에 봉착하자, 조합원총회의 결의 없이 A조합 소유 X토지를 C회사에게 양도하는 매매계약을 다른 이사들과 협의하여 체결하고 그 대금을 지급받아 A조합의 수입으로 계상하였다. 그 밖에 2003년부터 2006년까지 X토지에 대한 재산세 등의 세금이 그 공부상 명의자인 A조합에 부과되자 A조합의 후임 회장 丙은, C회사가 X토지의 실질적인 소유자라는 이유로 C회사로부터 세금 상당액을 지급받아 세무관서에 납부하였다. 한편 A조합의 정관에는 조합 재산의 관리 및 처분에 관한 규정이 없으며, 제17조는 '사업시행자, 시공회사, 설계자의 선정 및 약정에 관한 사항, 기타 규약 또는 조합설립인가 조건에서 총회결의를 요하는 사항' 등을 총회결의 사항으로 하고 있고, 제20조는 조합의 대표권은 회장에게만 있되 회장의 유고시 부회장이 직무를 대행하며, 회장은 조합원총회에서 조합원들의 투표로 선출하도록 규정하고 있다. 위 사례에 관한 설명으로 틀린 것을 모두 고르면? (다툼이 있는 경우에는 판례에 의함) <사시 2007년 유사>

> ㉠ 설계용역계약은 총유물의 관리 및 처분행위에 해당하여 A조합의 조합원총회 결의를 거쳐야 한다.
>
> ㉡ A조합이 설계용역계약의 효력을 부인하려면, S건설회사가 그 계약체결 당시에 조합원총회의 결의가 필요하다는 것을 알았거나 알 수 있었다는 점을 A조합이 주장 · 입증하여야 한다.
>
> ㉢ X토지를 매도할 당시 甲은 대표자로서의 직무를 계속 수행할 수 있었으며, 임기 중인 다른 이사들과 협의하여 체결하였으므로 X토지의 매매계약은 유효하다.
>
> ㉣ X토지의 매매계약이 무효인 경우, A조합은 이에 대해 묵시적으로 추인한 사실이 인정되어 C회사는 X토지의 소유권이전등기를 청구할 수 있다.
>
> ㉤ 甲이 X토지를 매도함에 있어 조합원총회의 결의를 거치지 않았을지라도 민법 제126조의 표현대리에 관한 규정이 유추적용되어 X토지의 매매계약이 유효하게 되는 경우가 있다.

① ㉠, ㉡, ㉢　② ㉠, ㉣, ㉤　③ ㉢, ㉤
④ ㉢, ㉣, ㉤　⑤ ㉡, ㉣　⑥ ㉠, ㉢, ㉣, ㉤
⑦ ㉢, ㉣　⑧ ㉠, ㉡, ㉢, ㉣

해설 ··

㉠ 설계용역계약은 단순한 채무부담행위에 불과하여 총유물 그 자체에 대한 관리 및 처분행위라고 볼 수 없다(대판 2003.7.22. 2002다64780 참고). ㉡ 비법인사단의 경우에는 대표자의 대표권 제한에 관하여 등기할 방법이 없으므로 민법 제60조의 규정을 준용할 수

없다. 따라서 비법인사단의 대표자가 정관에서 사원총회의 결의를 거치도록 규정한 대외적 거래행위에 관하여 이를 거치지 아니한 경우라도, 이와 같은 사원총회 결의사항은 비법인사단의 내부적 의사결정에 불과하므로 그 거래상대방이 그와 같은 대표권 제한 사실을 알았거나 알 수 있었을 경우가 아니라면 그 거래행위는 유효하다. 물론 거래상대방이 대표권 제한 사실을 알았거나 알 수 있었음은 이를 주장하는 비법인사단측이 입증하여야 한다(위 판결 참고). ㉢ 권리능력 없는 사단의 임기만료된 대표자가 업무를 수행하는 데 유추적용되는 민법 제691조는 종전 대표자가 임기만료 후에 수행한 업무를 사후에 개별적·구체적으로 가려 예외적으로 그 효력을 인정케 하는 근거가 될 수 있을 뿐, 그로 하여금 장래를 향하여 대표자로서의 업무수행권을 포괄적으로 행사하게 하는 근거가 될 수는 없다(대판 2003.7.8. 2002다74817 참고). ㉣ 무효인 법률행위를 추인하기 위해서는 새로운 법률행위를 위한 요식요건, 즉 위 사례에서는 사원총회의 의결요건을 충족하여야 한다(통설). 왜냐하면 총유물의 관리 및 처분에 관하여 A 조합의 정관이나 규약에 정함이 없는 이상 조합원총회의 결의를 통하여 재산을 처분하여야 하기 때문이다(대판 2001.5.29. 2000다10246 참고). ㉤ 대표자의 대리행위를 제126조의 표현대리행위로 보기 위해서는 무엇보다도 대표자에게 기본대리권이 존재하여야 하는데, 위 사례에서는 이를 인정할 수 없다. 판례도 같은 취지이다. 즉, 조합총회의 결의를 거쳐야 하는 조합원 총유물의 처분에 관하여는 그 대표자가 조합원총회의 결의를 거치지 아니하고는 이를 대리하여 결정할 권한이 없으므로, 총유물인 건물에 대한 대표자의 처분행위에 관하여는 민법 제126조의 표현대리에 관한 규정이 준용될 여지가 없다(대판 2003.7.11. 2001다73626 참고).

<답 ⑥>

7. X부동산의 소유자 甲은 乙 비법인사단의 대표 丙과 X를 3억 원에 매도하기로 하는 계약을 체결하고 계약금 3,000만 원을 받았다. 공익사업을 수행해 오던 乙의 명성과 권위를 믿고 매매대금을 완불받지 않은 상태에서 甲은 丙에게 소유권이전등기에 필요한 서류 일체를 교부하였다. 丙은 乙 명의로 X의 소유권이전등기를 경료하는 것과 동시에 丁으로부터 乙 명의로 3억 원을 차용하고 그 담보로 X에 대해 저당권을 설정해 주었다. 丙은 위 차용금 3억 원을 개인 사업자금으로 유용하였다. 乙의 정관에는 부동산 매매와 부동산의 담보제공의 경우에는 이사회의 결의가 있어야 한다고 규정되어 있다. 그러나 丙은 이사회의 결의 없이 위 모든 거래를 수행하였다. 이 사례에 관한 설명으로 옳은 것을 모두 고른 것은? (다툼이 있는 경우에는 판례에 의함)

<사시 2009년: 배점 4>

㉠ 丙의 대표권 제한의 사실을 甲이 알았거나 알 수 있었음을 乙이 증명하면 甲과 乙 사이의 매매계약은 무효가 된다.
㉡ 丁이 丙의 차용금 유용 의사를 알았거나 알 수 있었을 경우에는, 乙과 丁 사이의 금전소비대차계약은 무효로 되며 丁은 저당권을 취득하지 못한다.
㉢ 丁이 乙에게 X부동산의 소유권이 귀속되었다고 과실없이 믿었다면, 丙의 대표권제한을 甲이 알았는지 여부와 무관하게 丁은 저당권을 취득한다.

㉣ 乙이 丙의 대표권 제한의 사실을 甲이 알 수 있었음을 증명한 경우, 甲은 乙에게 매매대금 상당의 손해배상을 청구할 수 있지만, 배상액은 甲의 과실만큼 상계된다.
㉤ 丁이 저당권을 취득하지 못하더라도, 丙의 대표권 제한의 사실 또는 대표권의 남용에 관하여 丁이 알았거나 알 수 있었음을 乙이 증명하지 못하는 한 乙은 丁에게 금전소비대차상의 원리금을 지급하여야 한다.

① ㉠, ㉡, ㉢, ㉣, ㉤　② ㉠, ㉡, ㉢, ㉣　③ ㉠, ㉡, ㉣, ㉤
④ ㉡, ㉢, ㉣, ㉤　⑤ ㉠, ㉡, ㉣　⑥ ㉠, ㉡, ㉤

해설

㉠ 옳음. 비법인사단의 대표자가 대표권 제한에 관한 정관 등의 규정에 위반하여 대외적 거래를 한 경우, 거래상대방이 그와 같은 대표권 제한 및 그 위반 사실을 알았거나 과실로 인하여 이를 알지 못한 때에는 그 거래행위가 무효로 된다고 봄이 상당하며, 이 경우 그 거래상대방이 대표권 제한 및 그 위반 사실을 알았거나 알지 못한 데에 과실이 있다는 사정은 그 거래의 무효를 주장하는 측이 이를 주장·입증하여야 한다(대판[전] 2007.4.19. 2004다60072, 60089). ㉡ 옳음. 대표이사의 대표권한 범위를 벗어난 행위라 하더라도 그것이 회사의 권리능력의 범위 내에 속한 행위이기만 하면 대표이사가 대표권의 범위 내에서 한 행위는 설사 대표이사가 회사의 영리목적과 관계없이 자기 또는 제3자의 이익을 도모할 목적으로 그 권한을 남용한 것이라 할지라도 일단 회사의 행위로서 유효하고, 다만 그 행위의 상대방이 대표이사의 진의를 알았거나 알 수 있었을 때에는 법인에 대하여 무효가 되는 것이다(대판 2004.3.26. 2003다34045). 또한 금전소비대차가 무효라면 담보물권의 피담보채권에의 성립상의 부종성으로 말미암아 丁은 저당권을 취득할 수 없다. ㉢ 틀림. 비법인사단의 대표가 이사회의 결의를 거쳐야 하는 총유물인 부동산의 처분에 관하여는 이사회 결의를 거치지 아니하고는 이를 대리하여 결정할 권한이 없다 할 것이어서 대표가 행한 총유물에 대한 처분행위에 관하여는 민법 제126조의 표현대리에 관한 규정이 준용될 여지가 없다 할 것이다(대판 2003.7.11. 2001다73626). 甲이 丙의 대표권제한을 알았다면 甲과 乙 사이의 매매계약은 무효이며, 乙명의의 소유권이전등기는 원인무효이므로 丁은 저당권을 취득할 수 없다. ㉣ 틀림. 甲이 丙의 대표권 제한 및 그 위반 사실을 알았거나 알지 못한 데에 과실이 있다는 사정을 乙이 증명한 경우, 그 거래행위가 무효로 된다고 봄이 상당하며(대판[전] 2007.4.19. 2004다60072, 60089), 이 때 甲이 중대한 과실로 인하여 위와 같은 사실을 알지 못한 경우에는 법인에게 손해배상책임을 물을 수 없다고 할 것이다(대판 2004.3.26. 2003다34045). 중대한 과실이 아닌 경과실이 있는 경우에도 거래행위가 무효이므로 매매대금상당의 손해는 없기 때문에 손해배상청구는 있을 수 없다. 다만, 甲에게 손해가 발생하였다 하더라도 손해배상의 범위를 산정함에 있어서 甲의 과실을 참작하여 산정된 손해액에서 과실만큼 상계된다. ㉤ 옳음. 대판[전] 2007.4.19. 2004다60072, 60089 참고. <답 ⑥>

8. 甲은 자기 소유의 X토지를 A재단법인의 설립을 위해 출연하였고, 주무관청으로부터 설립허가를 얻어 설립등기를 마친 A법인의 대표이사 乙은 시설을 보수한다는 명목 아래 A법인 명의로 丙으로부터 1억 원을 차용하고, 이 돈

을 시설보수 대신 자신의 아들 丁의 사업자금으로 사용하였다. 그 후 丁이 사업에 실패하여, 乙은 丙으로부터 차용한 1억 원을 변제하지 못하였다. 이 사례에 관한 설명 중 틀린 것은? (다툼이 있는 경우에는 판례에 의함)

<사시 2013년: 배점 2>

① A법인의 손해배상책임이 乙의 고의의 불법행위에 기하여 발생한 경우, 丙의 과실이 있더라도 손해 산정에 있어 과실상계의 법리를 적용할 수 없다.

② 甲과 A법인 사이에서 甲이 출연한 X토지의 소유권은 이전등기 없이도 법인이 성립하는 시점, 즉 설립등기를 마친 때에 A법인에게 귀속되지만, A법인이 이로써 제3자에게 대항하기 위해서는 이전등기가 필요하다.

③ A법인은 乙의 직무에 관한 행위에 대해서만 불법행위책임을 지는데, 직무관련성은 행위의 외형을 기준으로 객관적으로 판단하여야 하므로, 乙이 丙으로부터 1억 원을 차용한 것이 자신의 개인적 이익을 도모할 목적으로 한 부당한 대표행위에 해당하더라도 직무에 관한 행위로 본다.

④ 乙의 위 행위가 직무에 해당하지 아니함을 丙이 알고 있었던 경우뿐만 아니라, 중대한 과실로 인하여 알지 못한 경우에도 A법인에게 손해배상책임을 물을 수 없다.

⑤ 만일 甲이 유언으로 A법인을 설립하는 경우, 제3자에 대한 관계에서 X토지가 A법인에게 귀속되기 위해서는 법인의 설립 외에 소유권이전등기를 필요로 하므로, A법인이 이전등기를 마치지 않았다면 甲의 상속인으로부터 X토지를 매수하여 이전등기를 마친 선의의 제3자에게 대항할 수 없다.

해설

① 틀림. 법인에 대한 손해배상책임 원인이 대표기관의 고의적인 불법행위라고 하더라도, 피해자에게 그 불법행위 내지 손해발생에 과실이 있다면 법원은 과실상계의 법리에 좇아 손해배상의 책임 및 그 금액을 정함에 있어 이를 참작하여야 한다(대판 1987.12.8. 86다카1170). ② 옳음. 제48조 1항 참조. 단, 제3자와의 관계가 문제될 때에는 법인의 소유명의로 이전등기가 필요하다(대판[전] 1979.12.11. 78다481, 482 참고). ③ 옳음. 대판 2004.2.27. 2003다15280 참고. ④ 옳음. 여기서 중대한 과실이라 함은 거래의 상대방이 조금만 주의를 기울였더라면 대표자의 행위가 그 직무권한 내에서 적법하게 행하여진 것이 아니라는 사정을 알 수 있었음에도 만연히 이를 직무권한 내의 행위라고 믿음으로써 일반인에게 요구되는 주의의무에 현저히 위반하는 것으로 거의 고의에 가까운 정도의 주의를 결여하고, 공평의 관점에서 상대방을 구태여 보호할 필요가 없다고 봄이 상당하다고 인정되는 상태를 말한다(대판 2004.3.26. 2003다34045). ⑤ 옳음. 제3자에 대한 관계에서 출연재산이 부동산인 경우는 그 법인에의 귀속에는 법인의 설립 외에 등기를 필요로 한다(대판 1993.9.14. 93다8054).

<답 ①>

9. 법인에 대한 다음 설명 중 틀린 것을 모두 고르면?

㉠ 사단법인의 정관의 의미가 불분명할 때에는 사단법인의 성질상 사원총회의 결의방식으로 정관을 해석할 수 있으며, 그 해석은 다른 사원에게도 구속력이 있다는 견해가 판례의 태도이다. ㉡ 사단법인의 사원의 지위는 양도 또는 상속할 수 없다고 규정한 민법 제56조의 규정은 강행규정이 아니므로, 사원의 지위는 정관의 규정에 의하여 양도 또는 상속될 수 있다는 입장이 판례의 태도이다. ㉢ 재단법인의 설립행위도 착오를 이유로 취소할 수 있다는 견해가 판례의 태도이다. ㉣ 재단법인의 설립자가 생전처분으로 재산출연의 의사를 표시한 경우에 그 효력에 관하여는 증여에 관한 규정이 준용된다. ㉤ 민법상 재단법인의 설립자가 목적을 정하지 않고 사망한 때에는 이해관계인 또는 검사의 청구에 의하여 법원이 이를 정한다.

① ㉠, ㉡ ② ㉠, ㉢ ③ ㉠, ㉣
④ ㉠, ㉤ ⑤ ㉡, ㉢ ⑥ ㉡, ㉤
⑦ ㉢, ㉣ ⑧ ㉣, ㉤

해설

㉠ 정관에 대한 해석은 객관적인 기준에 따라 그 규범적인 의미 내용을 확정하는 법규해석의 방법으로 해석되어야 하는 것이지, 작성자의 주관이나 해석 당시의 사원의 다수결에 의한 방법으로 자의적으로 해석될 수는 없다. 왜냐하면 사단법인의 정관은 이를 작성한 사원뿐만 아니라 그 후에 가입한 사원이나 사단법인의 기관 등도 구속하는 점에 비추어 보면 그 법적 성질은 계약이 아니라 자치법규로 보는 것이 타당하기 때문이다. 따라서 어느 시점의 사단법인의 사원들이 정관의 규범적인 의미 내용과 다른 해석을 사원총회의 결의라는 방법으로 표명하였다 하더라도 그 결의에 의한 해석은 그 사단법인의 구성원인 사원들이나 법원을 구속하는 효력이 없다(대판 2000.11.24. 99다12437). ㉡ 대판 1997.9.26. 95다6205 참고(따라서 비법인사단에서도 사원의 지위는 규약이나 관행에 의해 양도 또는 상속될 수 있다고 한다). ㉢ 서면에 의한 출연이더라도 민법총칙규정에 따라 출연자가 착오에 기한 의사표시라는 이유로 출연의 의사표시를 취소할 수 있고, 상대방 없는 단독행위인 재단법인에 대한 출연행위라고 하여 달리 볼 것은 아니다. 더욱이 재단법인의 출연자가 착오를 원인으로 취소를 한 경우에는 출연자는 재단법인의 성립 여부나 출연된 재산의 기본재산인 여부와 관계없이 그 의사표시를 취소할 수 있다(대판 1999.7.9. 98다9045 참고). ㉣ 제47조 1항 참조. ㉤ 재단법인의 설립에 필요한 정관에는 반드시 설립자가 그 목적을 정해야 한다(제40조, 제44조 참조). <답 ④>

10. 甲은 1990년 3월 10일 자신의 토지를 출연하여 A장학재단법인을 설립하기로 하였다. 그후 甲이 1992년 4월 8일에 사망하였고, A재단법인은 동년 7월 1일에 설립등기를 마쳤다. 그런데 그 후 甲의 상속인 乙이 위 토지에 대한 상속등기를 먼저 마치고, 이를 다시 동년 10월 12일자로 丙에게 팔고 이전등기까지 완료하였다. 다음은 이 사례에 관한 교수와 학생 2명의 토론내용이다.

틀린 대답을 모두 고르면?

Q 교수: 재단법인도 물건의 소유권을 취득할 수 있습니까?
ⓐ 학생 甲: 설립요건이 충족되면 재단법인의 권리능력이 인정되기 때문에, 재단법인도 물건에 대한 소유권을 취득할 수 있고 따라서 그 물건이 부동산인 경우에는 재단법인의 명의로써 이전등기를 할 수도 있습니다.
ⓑ 학생 乙: 만약 그 물건이 동산인 경우에는 등기가 공시방법으로 적절하지 않기 때문에 재단법인이 설립되더라도 동산의 소유권을 취득할 수는 없습니다.
Q 교수: 위 설문에서, A장학재단법인이 출연된 토지의 소유권에 대한 이전을 요구할 수 있는 법적 근거는 무엇입니까?
ⓒ 학생 甲: 생전처분으로 위 토지소유권이 출연되었으므로 우리 민법은 이에 대해 증여규정을 준용하고 있습니다.
ⓓ 학생 乙: 재단법인설립행위의 법적 성질은 '상대방 없는 단독행위'이므로 위 토지소유권이 이전될 수 있는 법적 근거는 유증입니다.
Q 교수: A장학재단법인은 설립등기가 된 때에 위 토지의 소유권을 취득한다고 보아야겠군요. 현재 판례의 태도는 어떻습니까?
ⓔ 학생 甲: 민법 제48조 1항에서 그렇게 규정하고 있습니다. 따라서 굳이 A 앞으로 이전등기가 경료되지 않더라도 소유권을 취득하는데 문제가 없다는 견해가 현재 판례의 태도입니다. 따라서 丙의 소유권은 인정될 수 없습니다.
ⓕ 학생 乙: 출연자와 A재단 사이에서는 A의 소유권이 인정될 수 있지만, A재단법인 앞으로 이전등기가 경료되지 않는 한 丙의 소유권이 보호된다는 견해가 현재 판례의 태도입니다.
Q 교수: 그렇다면 학설의 태도는 어떤가요?
ⓖ 학생 甲: A장학재단법의 설립시에 당연히 위 토지의 소유권이 이전된다는 견해에 의하더라도 제3자 丙의 소유권은 인정된다고 합니다.
ⓗ 학생 乙: 부동산의 물권변동에는 반드시 등기가 경료되어야 한다는 견해에 의하면 위 토지의 소유권은 아직 A법인에게 이전등기되지 않았으므로 丙이 정당한 소유권자가 된다고 합니다.

① ⓐ, ⓒ, ⓕ, ⓗ ② ⓑ, ⓓ, ⓕ, ⓗ ③ ⓐ, ⓒ, ⓔ, ⓖ
④ ⓑ, ⓓ, ⓔ, ⓖ ⑤ ⓐ, ⓒ, ⓔ, ⓗ ⑥ ⓑ, ⓓ, ⓕ, ⓖ

해설

ⓐⓑ 설립요건이 충족되어 재단법인의 권리능력이 인정되면 그 재단법인이 부동산 혹은 동산의 소유권을 취득하는 데 공시방법 때문에 문제될 것은 없다. ⓒⓓ A장학재단법인에

대한 출연은 생전처분이므로 재산권처분의 근거를 증여에서 찾을 수 있지만, 정관작성 및 재산출연을 포함하는 설립행위의 법적 성질은 '상대방 없는 단독행위'이다. 따라서 위 토지소유권의 이전근거를 유증에서 찾을 수는 없다. ⓔⓕ 출연된 재산권이 재단법인으로 이전되는 시기에 관한 판례의 태도를 묻고 있는데, 판례는 종래에 ⓔ의 태도에서 ⓕ의 태도로 변경되었다. ⓖ는 학설 가운데 제48조적용설의 내용이므로 丙의 소유권이 보호되지 않는다고 해야 한다. ⓗ는 적용부정설의 내용이므로 타당하다. <답 ④>

11. 법인의 불법행위능력(민법 제35조)에 관한 설명 중 틀린 것은? (통설에 의함)

① 여기서 말하는 대표자는 임시이사나 청산인도 포함된다.

② 甲 주택조합의 대표자가 乙에게 대표자의 모든 권한을 포괄적으로 위임하여 乙이 그 조합의 사무를 집행하던 중 불법행위로 타인에게 손해를 발생시킨 경우, 乙이 甲 주택조합을 실질적으로 운영하면서 법인을 사실상 대표하여 법인의 사무를 집행하였다면, 민법 제35조에서 정한 '대표자'에 해당한다.

③ 법인이 불법행위책임을 지기 위해서는 이사의 행위가 일반불법행위의 성립요건을 충족하여야 한다.

④ 판례는 행위의 외형상 대표기관의 직무행위라고 인정될 수 있다면, 비록 그것이 법령에 위반된 것이라도 직무관련성을 인정한다.

⑤ 법인은 사용자로서 불법행위책임을 지는 데 지나지 않으므로 그 선임·감독에 과실이 없음을 입증하면 그 책임을 면한다.

해설

① 임시이사(제63조)·특별대리인(제64조)·청산인(제82조)이 대표기관이다. ② '법인의 대표자'에는 그 명칭이나 직위 여하, 또는 대표자로 등기되었는지 여부를 불문하고 당해 법인을 실질적으로 운영하면서 법인을 사실상 대표하여 법인의 사무를 집행하는 사람을 포함한다고 해석함이 상당하다. 구체적인 사안에서 이러한 사람에 해당하는지는 법인과의 관계에서 그 지위와 역할, 법인의 사무 집행 절차와 방법, 대내적·대외적 명칭을 비롯하여 법인 내부자와 거래 상대방에게 법인의 대표 행위로 인식되는지 여부, 공부상 대표자와의 관계 및 공부상 대표자가 법인의 사무를 집행하는지 여부 등 제반 사정을 종합적으로 고려하여 판단하여야 한다. 그리고 이러한 법리는 주택조합과 같은 비법인사단에도 마찬가지로 적용된다(대판 2011.4.28. 2008다15438). ③ 일반불법행위의 성립요건 가운데 대표기관의 책임능력 여부에 대해서는 견해의 대립이 있다(책임능력필요설: 곽윤직, 211면. 책임능력불요설: 이영준, 835면). ④ 대판 1969.8.26. 68다2320 등 참고. ⑤ 법인의 불법행위책임은 기관의 사용자로서 지는 책임(제756조)이 아니라 법인 자신의 책임이다. 따라서 그 선임·감독에 과실이 없음을 입증하여도 면책(제756조 1항 단서)되지 않는다. <답 ⑤>

12. 법인의 이사에 관한 설명 중 틀린 것을 모두 고른 것은?

㉠ 이사는 업무집행에 있어서 선량한 관리자의 주의의무를 부담한다.

ⓛ 이사의 대표권에 대한 제한은 이를 정관에 기재하여야 효력이 생기며, 또한 이를 등기하여야 제3자에게 대항할 수 있다.
ⓒ 사단법인에는 반드시 이사를 두어야 하나 재단법인에서는 임의기관이다.
ⓔ 법원의 직무집행정지 가처분결정에 의해 회사를 대표할 권한이 정지된 대표이사가 그 정지기간 중에 체결한 계약은 절대적으로 무효이고, 그 후 가처분신청의 취하에 의하여 보전집행이 취소되었다 하더라도 무효인 계약이 유효하게 되지는 않는다.
ⓜ 이사회의 적법한 결의를 거쳐 선임된 이사가 정관에서 정한 자격을 흠결한 것으로 사후에 밝혀졌다 하더라도 이를 이유로 이사선임결의가 무효로 되거나 이미 선임된 이사가 그 지위를 당연히 상실되는 것은 아니다.
ⓑ 정관에 특별한 규정이 없으면 이사는 언제든지 사임할 수 있고, 사임의 효력이 발생하기 전에는 그 사임의사를 자유롭게 철회할 수 있다.
ⓢ 법인의 대표자가 대표권을 행사할 수 없는 흠이 있어 수소법원에 의하여 특별대리인이 선임된 후 소송절차 진행 중 그 흠이 보완된 경우, 특별대리인에 대한 해임결정이 있기 전이라면 그 대표자는 법인을 위하여 소송행위를 할 수 없다.

① ㉠, ㉡ ② ㉠, ㉢ ③ ㉡, ㉣ ④ ㉡, ㉤
⑤ ㉢, ㉦ ⑥ ㉢, ㉥ ⑦ ㉤, ㉦

해설

㉠ 제61조. ㉡ 제41조 및 제60조. ㉢ 이사는 모든 법인의 필요기관이다(제57조). 법인은 자연인이 아니기 때문에 자연인처럼 행위할 수 있는 대표기관이 필요하기 때문이다. ㉣ 대판 2008.5.29. 2008다4537. ㉤ 법인의 정관에 이사가 갖추어야 할 자격을 규정하고 있을 뿐 그 자격이 흠결된 경우의 효과 내지 취급에 관하여 아무런 규정도 두고 있지 아니하다면, 이사회의 적법한 결의를 거쳐 선임된 이사가 정관에서 정한 자격을 흠결한 것으로 사후에 밝혀진다고 하더라도, 이를 이유로 그 이사를 해임함은 별론으로 하고, 그러한 사정만으로는 그 이사선임결의가 무효로 되거나 이미 선임된 이사가 그 지위를 당연히 상실하게 되는 것이라고 할 수 없다(대판 2007.12.28. 2007다31502). ㉥ 법인과 이사의 법률관계는 신뢰를 기초로 한 위임 유사의 관계이므로, 이사는 민법 제689조 1항이 규정한 바에 따라 언제든지 사임할 수 있고, 법인의 이사를 사임하는 행위는 상대방 있는 단독행위이므로 그 의사표시가 상대방에게 도달함과 동시에 그 효력을 발생하고, 그 의사표시가 효력을 발생한 후에는 마음대로 이를 철회할 수 없음이 원칙이다. 그러나 법인이 정관에서 이사의 사임절차나 사임의 의사표시의 효력발생시기 등에 관하여 특별한 규정을 둔 경우에는 그에 따라야 하는바, 위와 같은 경우에는 이사의 사임의 의사표시가 법인의 대표자에게 도달하였다고 하더라도 그와 같은 사정만으로 곧바로 사임의 효력이 발생하는 것은 아니고 정관에서 정한 바에 따라 사임의 효력이 발생하는 것이므로, 이사가 사임의 의사표시를 하였더라도 정관에 따라 사임의 효력이 발생하기 전에는 그 사임의사를 자유

롭게 철회할 수 있다(대판 2008.9.25. 2007다17109). ⓢ 특별대리인에 대한 수소법원의 해임결정이 있기 전이라 하더라도 그 대표자는 법인을 위하여 유효하게 소송행위를 할 수 있다(대판 2011.1.27. 2008다85758). <답 ⑤>

13. 법인의 대표기관에 관한 다음 설명 중 옳지 않은 것만을 고르면?

ⓐ 후임 이사가 유효히 선임되었는데도 그 선임의 효력을 둘러싼 다툼이 있다면, 그 다툼이 해결되기 전까지는 후임 이사에게는 직무수행권한이 없고 임기가 만료된 구 이사만이 직무수행권한을 가진다.
ⓑ 가처분재판에 의하여 직무대행자가 선임된 상태에서 피대행자의 후임자가 적법하게 소집된 총회의 결의에 따라 새로 선출된 경우, 총회에서 선임된 후임자는 그 선임결의가 적법한 경우에 한하여 대표권을 갖는다.
ⓒ 임시이사의 선임을 신청할 수 있는 '이해관계인'이라 함은 임시이사가 선임되는 것에 관하여 법률상의 이해관계가 있는 자로서 그 법인의 다른 이사, 사원을 말하고, 그 법인의 채권자는 포함되지 않는다.
ⓓ 가처분결정에 의하여 선임된 직무대행자는 가처분결정에 다른 정함이 있는 경우 외에는 학교법인을 종전과 같이 그대로 유지하면서 관리하는 한도 내의 학교법인의 통상업무에 속하는 사무만을 행할 수 있다.
ⓔ 민법상의 임시이사는 정식이사를 선임할 권한이 있다.

① ⓐ, ⓑ, ⓒ ② ⓐ, ⓑ, ⓔ
③ ⓐ, ⓒ, ⓓ ④ ⓐ, ⓒ, ⓔ
⑤ ⓑ, ⓒ, ⓔ ⑥ ⓑ, ⓓ, ⓔ

해설

ⓐ 틀림. 후임 이사가 유효히 선임되었는데도 그 선임의 효력을 둘러싼 다툼이 있다고 하여 그 다툼이 해결되기 전까지는 후임 이사에게는 직무수행권한이 없고 임기가 만료된 구 이사만이 직무수행권한을 가진다고 할 수는 없다(대판 2006.4.27. 2005도8875). ⓑ 틀림. 가처분재판에 의하여 법인 등 대표자의 직무대행자가 선임된 상태에서 피대행자의 후임자가 적법하게 소집된 총회의 결의에 따라 새로 선출되었다 해도 그 직무대행자의 권한은 위 총회의 결의에 의하여 당연히 소멸하는 것은 아니므로 사정변경 등을 이유로 가처분결정이 취소되지 않는 한 직무대행자만이 적법하게 위 법인 등을 대표할 수 있고, 총회에서 선임된 후임자는 그 선임결의의 적법 여부에 관계없이 대표권을 가지지 못한다(대판 2010.2.11. 2009다70395). ⓒ 틀림. 임시이사의 선임을 신청할 수 있는 '이해관계인'이라 함은 임시이사가 선임되는 것에 관하여 법률상의 이해관계가 있는 자로서 그 법인의 다른 이사, 사원 및 채권자 등을 포함한다(대결[전] 2009.11.19. 2008마699). ⓓ 옳음. 민사집행법 제300조 제2항의 임시의 지위를 정하는 가처분은 권리관계에 다툼이 있는 경우에 권리자가 당하는 위험을 제거하거나 방지하기 위한 잠정적이고 임시적인 조치로서 그 분

쟁의 종국적인 판단을 받을 때까지 잠정적으로 법적 평화를 유지하기 위한 비상수단에 불과한 것으로, 가처분결정에 의하여 학교법인의 이사의 직무를 대행하는 자를 선임한 경우에 그 직무대행자는 단지 피대행자의 직무를 대행할 수 있는 임시의 지위에 놓여 있음에 불과하므로, 가처분결정에 다른 정함이 있는 경우 외에는 학교법인을 종전과 같이 그대로 유지하면서 관리하는 한도 내의 학교법인의 통상업무에 속하는 사무만을 행할 수 있다(대판 2006.1.26. 2003다36225). ㉤ 옳음. 한편 대법원은, 사립학교법상 임시이사의 경우도 동일한 권한을 갖는다고 본 판결(대판 1970.10.30. 70누116)을 변경한 대판[전] 2007.5.17. 2006다19054 이후 사립학교법상 임시이사의 권한은 민법상 임시이사의 그것과 다르게 일반적인 학교법인의 운영에 한정된다고 보았다. 즉, 학교법인의 기본권과 구 사립학교법(2005.12.29. 법률 제7802호로 개정되기 전의 것, 이하 '구 사립학교법'이라 한다)의 입법목적, 그리고 구 사립학교법 제25조가 민법 제63조에 대한 특칙으로서 임시이사의 선임사유, 임무, 재임기간 그리고 정식이사로의 선임제한 등에 관한 별도의 규정을 두고 있는 점 등에 비추어 보면, 구 사립학교법 제25조에 의하여 교육부장관이 선임한 임시이사는 이사의 결원으로 인하여 학교법인의 목적을 달성할 수 없거나 손해가 생길 염려가 있는 경우에 임시로 운영을 담당하는 위기관리자로서, 민법상의 임시이사와는 달리 일반적인 학교법인의 운영에 관한 행위에 한하여 정식이사와 동일한 권한을 가지는 것으로 제한적으로 해석하여야 하고, 따라서 정식이사를 선임할 권한은 없다(대판 2011.9.8. 2009다67115).

<답 ①>

14. 사단법인의 정관변경에 관한 설명이다. 틀린 것을 모두 고르면?

㉠ 정관을 변경한다는 것은 법인의 동일성을 바꾼다는 말이다.
㉡ 사원총회의 결의가 반드시 필요하다.
㉢ 정관변경사항이 등기사항이면 등기하여야 비로소 정관변경의 효력이 발생한다.
㉣ 법인의 목적도 변경할 수 있다.
㉤ 사단법인의 본질에 반하는 정관변경은 무효이다.

① ㉠　② ㉠, ㉢　③ ㉡, ㉣
④ ㉡, ㉤　⑤ ㉢, ㉣　⑥ ㉢, ㉤

해설

㉠ 동일성의 유지를 전제로 조직을 변경하는 것이다. ㉡ 사단법인에 있어서 정관변경은 사원총회의 전권사항이다(제42조). ㉢ 제3자에게 대항할 수 있는 대항요건이다(제54조). ㉣ 비영리목적을 영리목적으로 바꾸지 않는 한 가능하다. ㉤ 대판 1978.9.26. 78다1435 참고.

<답 ②>

15. 재단법인의 정관변경에 관한 설명이다. 틀린 것을 모두 고르면?

<변호사모의 2011년 유사>

㉠ 재단법인은 원칙적으로 정관변경이 불가능하나 일정한 예외가 있다.
㉡ 재단법인의 설립자가 정관에 그 변경방법을 규정할 수 있다.

㉢ 사무소의 소재지 등은 필요하다면 변경할 수 있다.
㉣ 재단법인의 성격상 재단법인의 목적을 변경할 수는 없다.
㉤ 재단법인의 정관변경은 사단법인과 달리 주무관청의 허가가 필요 없다.

① ㉠ ② ㉢ ③ ㉣
④ ㉡, ㉤ ⑤ ㉢, ㉣ ⑥ ㉣, ㉤

해설

㉠㉡㉢㉣ 정관에 의한 변경, 사무소 등의 변경, 목적 등의 변경, 기본재산의 처분 및 증가에 따른 변경 등의 예외가 있다(예로써 재단법인의 기본재산에 대하여 집합건물법상의 매도청구가 있는 경우에는 그 기본재산에 대한 매매계약의 성립뿐만 아니라 기본재산의 변경을 내용으로 하는 재단법인의 정관의 변경까지 강제되는 것으로 봄이 상당하다고 한다. 대판 2008.7.10. 2008다12453 참고). ㉤ 주무관청의 허가가 반드시 필요하고(제45조 3항), 등기사항이면 등기하여야 제3자에게 대항할 수 있다(제54조 1항, 제49조 2항).
<답 ⑥>

16. 법인의 청산에 관한 설명 중 틀린 것은?

① 법인이 소멸되기 위해서는 청산절차가 필요하다.
② 법인의 정관에 청산절차를 배제할 경우에 정관에 따른다.
③ 청산법인은 청산의 목적범위 내에서만 권리 · 의무를 갖는다.
④ 법인이 파산으로 해산하는 경우는 채무자 회생 및 파산에 관한 법률이 정하는 절차에 따른다.
⑤ 감사는 청산법인의 기관이 될 수 있다.

해설

①② 청산절차에 관한 규정은 강행규정이므로(통설, 판례) 이에 반하는 정관규정은 무효이다. ③ 청산법인의 목적범위 외의 행위는 무효이다(대판 1980.4.8. 79다2036 참고). ④ 파산을 원인으로 해산하는 경우에 등기를 법원이 직권으로 등기소에 촉탁하고(채무자회생파산법 제314조 1항), 법원은 직권으로 주무관청에 통지한다(채무자회생파산법 제23조). 또한 기타 원인으로 해산하는 경우는 민법이 정하는 절차에 따른다. ⑤ 청산법인의 기관으로 청산인, 감사(및 총회)가 있을 수 있다.
<답 ②>

제 3 장 법률행위의 목적

1. 다음 약정 중 강행규정에 위반되어 그 효력이 인정되지 않는 것을 모두 고르면? (다툼이 있는 경우에는 판례에 의함) <사시 2007년 변형>

> ㉠ 건물의 임차인이 비용을 지출하여 개조한 부분에 대한 원상회복의무를 면하는 대신 그 개조비용의 상환청구권을 포기하기로 하는 임대인과 임차인 사이의 약정
> ㉡ 채권자의 과실로 채무자가 제공한 담보물의 가치가 감소되더라도 보증인의 면책 주장을 배제하는 채권자와 보증인 사이의 약정
> ㉢ 식목을 목적으로 하는 토지임대차의 임차인이 차임의 감액을 청구할 수 없다는 약정
> ㉣ 사단법인의 사원의 지위를 양도하거나 상속할 수 있다는 약정
> ㉤ 증권회사 직원이 정당한 사유 없이 고객에게 증권거래와 관련하여 발생하는 손실을 보전하여 주기로 하는 고객과의 약정
> ㉥ 공인중개사 자격을 갖추지 못한 자가 부동산매매계약을 중개하면서 중개의뢰인과 체결한 중개수수료 지급약정

① ㉠, ㉡, ㉢, ㉣, ㉤ ② ㉠, ㉢, ㉤ ③ ㉡, ㉢
④ ㉢, ㉤, ㉥ ⑤ ㉡, ㉣, ㉥ ⑥ ㉢, ㉣, ㉤
⑦ ㉠, ㉤, ㉥ ⑧ ㉠, ㉢, ㉣, ㉤

해설

㉠ 제652조 및 제626조 참조. ㉡ 채권자를 당연히 대위할 보증인의 권리가 침해 되므로 제485조에 따라 그 상실 또는 감소로 인하여 상환받을 수 없는 한도에서 면책을 주장할 수 있지만, 이는 강행규정이 아니다(대판 1987.4.14. 86다카529 등 참고) ㉢ 차임감액청구권에 관하여 임차인에게 불리한 약정은 그 효력이 없다(제652조 및 제628조 참조). ㉣ 제56조는 강행규정이라고 할 수 없다고 한다(대판 1997.9.26. 95다6205 등 참고). ㉤ 증권회사 직원이 과거 자신의 잘못으로 고객의 계좌에 발생한 손해를 보전하여 주기 위한 방법으로 고객에게 향후 증권거래계좌 용에서 일정한 최소한의 수익을 보장할 것을 약정한 것은 공정한 증권거래질서의 확보를 위하여 금지하고 있는 부당권유행위에 대항하여 무효이다(대판 2003.1.24. 2001다2129). ㉥ 위 지급약정의 효력은 부동산중개업법의 입법목적에 비추어 해석되어야 하는데, 공인중개사 자격이 없어 중개사무소 개설등록을 하지 아니한 채 부동산중개업을 한 자에게 형사적 제재를 가하는 것만으로는 부족하고 그가 체결한 중개수수료 지급약정에 의한 경제적 이익이 귀속되는 것을 방지하여야 할 필요가 있다. 따라서 중개사무소 개설등록에 관한 규정들은 공인중개사 자격이 없는 자가 중개사무

소 개설등록을 하지 아니한 채 부동산중개업을 하면서 체결한 중개수수료 지급약정의 효력을 제한하는 이른바 강행법규에 해당한다(대판 2010.12.23. 2008다75119). <답 ④>

2. 다음은 법률행위의 효력에 관한 설명이다. 판례에 의할 때 옳은 것(○)과 옳지 않은 것(×)을 바르게 표시한 것은?

㉠ 강행법규인 관련 법률에 의하면 지구별 수산업협동조합은 사업수행을 위하여 국가 · 공공단체 · 중앙회 및 다른 금융기관으로부터만 자금을 차입할 수 있고 다른 기관이나 개인으로부터는 차입할 수 없도록 되어 있더라도 제3자의 채무에 대한 지급보증은 차입에 속하지 않으므로 강행법규에 위반되지 않는다.

㉡ 강행법규인 관련 법률에 의하면 지방자치단체가 계약을 체결하고자 할 때에는 계약의 목적, 계약금액, 이행기간, 계약보증금, 위험부담, 지체상금 기타 필요한 사항을 명백히 기재한 계약서를 작성하여야 한다고 규정하지만, 지방자치단체가 사경제의 주체로서 사인과 사법상의 계약을 체결할 경우에는 해당 규정이 요구하는 필요사항에 대해서 합의가 있는 이상 비록 계약서를 작성하지 않더라도 무효로 되지는 않는다.

㉢ 강행법규인 관련 법률에 의하면, 국가 또는 지방자치단체 및 그 소속기관과 공무원은 기부금품의 모집을 할 수 없고, 비록 자발적으로 기탁하는 금품이라도 원칙적으로 이를 접수할 수 없으므로 지방자치단체 甲이 乙에게 골프장업 사업계획승인을 해 주면서 乙로부터 기부금을 지급받기로 한 증여계약은 민법 제103조에 의하여 무효로 된다.

㉣ 강행법규인 관련 법률에 의하면 영리를 목적으로 윤락을 알선하는 행위를 하는 자 또는 이에 협력하는 자가 영업상 관계있는 윤락행위를 하는 자에 대하여 가지는 채권은 그 계약의 형식에 관계없이 무효이므로 유흥업소에서 여종업원으로 근무하던 甲이 유흥업소를 관리하는 소위 '마담'을 위하여 한 연대보증은 甲이 유흥업소에 고용되어 윤락행위를 하게 되는 경제적 기반이 형성되는데 조력하였다고 평가되는 한 무효에 해당한다.

㉤ 의료인의 자격이 없는 일반인이 필요한 자금을 투자하여 시설을 갖추고 유자격 의료인을 고용하여 그 명의로 의료기관 개설신고를 하고, 의료기관의 운영 및 손익 등이 그 일반인에게 귀속되도록 하는 내용의 약정은 강행법규인 의료법 제33조 제2항에 위배되어 무효이지만, 무효인 약정에 기하여 급부의 이행을 청구하거나 이행을 구하는 급부의 내용을 새로운 약정의 형식을 통해 정리하거나 일부를 가감하는 것은 불가피하게 허용된다.

① ㉠(○), ㉡(○), ㉢(○), ㉣(○), ㉤(×)
② ㉠(○), ㉡(○), ㉢(×), ㉣(×), ㉤(○)
③ ㉠(×), ㉡(×), ㉢(○), ㉣(○), ㉤(×)
④ ㉠(○), ㉡(×), ㉢(×), ㉣(×), ㉤(○)
⑤ ㉠(×), ㉡(○), ㉢(○), ㉣(×), ㉤(×)
⑥ ㉠(×), ㉡(×), ㉢(○), ㉣(×), ㉤(○)

해설 ....

㉠ 틀림. 제3자의 채무에 대하여 지급보증을 하거나 지급의무를 부담하는 행위는 차입에 속하는 채무부담행위로서 강행법규에 위반되어 무효이고, 이는 채무부담행위가 상법상 지배인으로서 그 영업에 관한 재판상 또는 재판외의 일체의 권한을 행사할 수 있는 조합 상무에 의하여 이루어졌다고 하여도 마찬가지이다(대판 2010.4.29. 2009다96731). ㉡ 틀림. 지방자치단체와 사인 사이에 사법상의 계약 또는 예약이 체결되었다 하더라도 위 법령상의 요건과 절차를 거치지 아니한 계약 또는 예약은 그 효력이 없다(대판 2009.12.24. 2009다51288). ㉢ 옳음. 공무원이 인·허가 등 수익적 행정처분을 하면서 상대방에게 그 처분과 관련하여 이른바 부관으로서 부담을 붙일 수 있다 하더라도, 그러한 부담은 법치주의와 사유재산 존중, 조세법률주의 등 헌법의 기본원리에 비추어 비례의 원칙이나 부당결부의 원칙에 위반되지 않아야만 적법한 것인바, 행정처분과 부관 사이에 실제적 관련성이 있다고 볼 수 없는 경우 공무원이 위와 같은 공법상의 제한을 회피할 목적으로 행정처분의 상대방과 사이에 사법상 계약을 체결하는 형식을 취하였다면 이는 법치행정의 원리에 반하는 것으로서 위법하다고 보지 않을 수 없다. 지방자치단체인 원고가 피고에게 골프장업 사업계획승인을 해 주면서 피고로부터 기부금을 지급받기로 한 이 사건 증여계약은 공무수행과 결부된 금전적 대가에 관한 것으로서 그 조건이나 동기가 사회질서에 반하는 것이므로 민법 제103조에 의하여 무효이다(대판 2009.12.10. 2007다63966). ㉣ 옳음. (관련 법률이) 우리 사회에서 영업적 윤락행위의 알선 등이 빈번하게 그 알선자 측에서 제공하는 금전적 편익을 대가 또는 미끼로 하여 행하여지는 실태를 고려하여 그러한 관계에서 발생하는 채권의 효력을 그 법적 형식 여하에 관계없이 일률적으로 부인함으로써 그러한 윤락영업에의 유인(誘因)을 배제하려는 취지이므로 윤락행위를 알선 등 하는 자뿐만 아니라 그에 '협력하는 자'가 가지는 채권까지도 이를 무효로 정하고 있다는 점은 윤락행위가 가지는 중대하고 현저한 반인격성, 그리고 그 반인격성을 핵심으로 한 반사회성도 아울러 유념할 때 윤락행위의 금압에 관한 법의 의지가 심중한 바 있음을 쉽사리 알게 한다. 따라서 위 연대보증은 민법 제103조에서 정하는 반사회질서의 법률행위에 해당한다(대판 2009.9.10. 2009다37251). ㉤ 무효인 약정이 유효함을 전제로 한 이상 그 급부의 이행 청구가 허용되지 않음은 마찬가지이며, 다만 그 무효인 약정으로 인하여 상호 실질적으로 취득하게 된 이득을 부당이득으로 반환하게 되는 문제만 남게 된다(대판 2011.1.13. 2010다67890). <답 ③>

3. 판례에 의할 때 사회질서에 반하는 법률행위로서 무효라고 볼 수 있는 행위를 모두 고르면? <법원 2008년 변형, 사시 2012년 유사>

㉠ 금전 소비대차계약 당사자 사이의 경제력 차이로 인하여 그 이율이 당시의 경제적·사회적 여건에 비추어 사회통념상 허용되는

한도를 초과하여 현저하게 고율로 정하여진 경우 그와 같이 허용할 수 있는 한도를 초과하는 부분의 이자약정
㉡ 수사기관에서 참고인이 허위의 진술을 하는 대가로 그의 처에게 일정한 급부를 하기로 하는 약정
㉢ 양도소득세의 일부를 회피할 목적으로 매매계약서에 실제로 거래한 가액을 매매대금으로 기재하지 아니하고 그보다 낮은 금액을 매매대금으로 기재한 경우 그 매매계약
㉣ 당사자의 일방이 그의 독점적 지위 내지 우월한 지위를 악용하여 자기는 부당한 이득을 얻고 상대방에게는 과도한 반대급부 또는 기타의 부당한 부담을 과하는 법률행위
㉤ 채무자에 대한 의무의 강제에 의하여 얻어지는 채권자의 이익에 비하여 약정된 위약벌이 과도하게 무거운 경우 그 위약벌 약정의 일부 또는 전부

① ㉠, ㉡ ② ㉠, ㉢ ③ ㉠, ㉡, ㉢
④ ㉠, ㉡, ㉣ ⑤ ㉡, ㉢, ㉣, ㉤ ⑥ ㉠, ㉡, ㉣, ㉤

해설

㉠ 무효. 대주가 그의 우월한 지위를 이용하여 부당한 이득을 얻고 차주에게는 과도한 반대급부 또는 기타의 부당한 부담을 지우는 것이므로 선량한 풍속 기타 사회질서에 위반한 사항을 내용으로 하는 법률행위로서 무효이다(대판[전] 2007.2.15. 2004다50426). ㉡ 무효. 수사기관에서 참고인으로 진술하면서 허위의 진술을 하는 경우에 그 허위진술행위가 범죄행위를 구성하지 않는다고 하여도 이러한 행위 자체는 국가사회의 일반적인 도덕관념이나 국가사회의 공공질서 이익에 반하는 행위라고 볼 것이니, 그 급부의 상당성 여부를 판단할 필요 없이 허위진술의 대가로 작성된 각서에 기한 급부의 약정은 민법 제103조 소정의 반사회적 질서행위로 무효이다(대판 2001.4.24. 2000다71999). ㉢ 유효. 공법상 제재와는 별개로 매매계약 자체의 효력이 부정될 수는 없다(대판 2007.6.14. 2007다3285 참고). ㉣ 무효. 법률행위 목적의 불법의 한 경우로서 당사자의 일방이 그의 독점적 지위 내지 우월한 지위를 악용하여 자기는 부당한 이득을 얻고 상대방에게는 과도한 반대급부 또는 기타의 부당한 부담을 과하는 법률행위는 반사회적인 것으로서 무효이다(대판 1996.4.26. 94다34432). ㉤ 무효. 위약벌의 약정은 그 의무의 강제에 의하여 얻어지는 채권자의 이익에 비하여 약정된 벌이 과도하게 무거울 때에는 그 일부 또는 전부가 공서양속에 반하여 무효로 된다(대판 2002.4.23. 2000다56976 등 참고). <답 ⑥>

4. 반사회적 법률행위에 관한 설명 중 옳은 것을 모두 고른 것은? (다툼이 있는 경우에는 판례에 의함) <사시 2011년: 배점 2>

ㄱ. 부동산매매계약을 체결하면서 매도인의 양도소득세를 면탈하기 위하여 소유권이전등기를 일정 기간 이후에 하기로 특약을 맺은 경우, 그 특약은 반사회적 행위에 해당되어 무효이다.
ㄴ. 농성기간 중 발생한 근로자의 불법행위에 대하여 근로자들에게

민·형사상의 책임이나 신분상 불이익 처분 등 일체의 책임을 묻지 않기로 한 노사 간의 합의는 반사회적 법률행위로 볼 수 없다.

ㄷ. 공동상속인(甲과 乙) 중 甲이 丙에게 상속부동산을 매도한 후 소유권이전등기를 경료하기 전에, 그 매매사실을 알고 있는 乙이 甲을 교사하여 그 부동산을 乙의 소유로 하는 상속재산 협의분할을 하여 그 명의로 소유권이전등기를 한 경우, 丙은 甲을 대위하여 상속부동산 전부에 대해 소유권이전등기말소를 청구할 수 있다.

ㄹ. 甲이 반사회적 행위에 의하여 조성된 비자금을 소극적으로 은닉하기 위하여 이를 乙에게 소비임치한 경우, 乙은 甲의 소비임치계약에 의한 반환청구를 거부할 수 없다.

ㅁ. 甲이 피상속인의 부동산매도 사실을 모르는 상속인을 기망하여 이를 이중으로 양도받은 후, 이를 제3자에게 다시 매도하고 소유권이전등기를 경료하여 준 경우, 제3자가 甲의 매매계약이 유효하다고 믿었다면 그는 소유권을 유효하게 취득한다.

ㅂ. 타인의 소송에서 사실을 증언하는 증인이 그 증언을 조건으로 그 소송의 일방 당사자 등으로부터 통상적으로 용인될 수 있는 수준(예컨대 증인에게 일당 및 여비가 지급되기는 하지만 증인이 증언을 위하여 법원에 출석함으로써 입게 되는 손해에는 미치지 못하는 경우 그러한 손해를 전보하여 주는 정도)을 넘어서는 대가를 제공받기로 하는 약정은 반사회적 법률행위에 해당하여 무효이지만, 이는 증언거부권이 있는 증인이 그 증언거부권을 포기하고 증언을 하는 경우에는 적용할 수 없다.

① ㄱ, ㄴ, ㄷ ② ㄱ, ㄹ ③ ㄷ, ㄹ
④ ㄴ, ㄷ, ㅁ ⑤ ㄷ, ㄹ, ㅁ ⑥ ㄱ, ㄷ, ㅂ
⑦ ㄴ, ㄹ ⑧ ㄷ, ㅁ, ㅂ

해설

ㄱ. 틀림. 그와 같은 목적은 위 특약의 연유나 동기에 불과한 것이다(대판 1991.5.14. 91다6627). ㄴ. 옳음. 민법 제104조 소정의 요건을 충족하는 경우에 불공정한 법률행위로서 무효라고 봄은 별문제로 하고 민법 제103조 소정의 반사회질서행위라고 보기는 어려우며, 또 위 면책합의는 회사의 근로자들에 대한 민·형사상 책임 추궁이나 고용계약상의 불이익처분을 하지 않겠다는 취지이지 회사에게 권한이 없는 법률상 책임의 면제를 약속한 취지는 아니어서 선량한 풍속 기타 사회질서에 위반한 내용이라고 볼 수 없다(대판 1992.7.28. 92다14786). ㄷ. 틀림. 공동상속인의 지분에 한정하여 이중매매한 부분만 무효이다(대판 1996.4.26. 95다54426, 54433). ㄹ. 옳음. 사회질서에 반하는 법률행위로 볼 수 없으므로 불법원인급여에 해당하지 않는다(대판 2001.4.10. 2000다49343). ㅁ. 틀림. 매수인 甲의 적극적인 기망행위에 의하여 이루어진 상속인과 사이의 토지에 관한 양도계약은 반사회적 법률행위로서 무효이므로(대판 1994.11.18. 94다37349), 등기의 공신력이 인정되지 않는 국내의 입법태도에 의할 때 甲이 당해 부동산의 소유권을 유효하게 취득한

것으로 제3자가 믿었더라도 소유권을 유효하게 취득할 수는 없다(대판 1996.10.25. 96다29151). ㅂ. 옳음. 대판 2010.7.29. 2009다56283. <답 ⑦>

5. 甲은 자기 소유의 부동산을 乙에게 대금 1억 원에 팔기로 하는 매매계약을 체결하였다. 그 후 甲은 위 부동산을 丙에게 대금 1억 2,000만 원에 팔기로 하는 매매계약을 체결한 후 丙 앞으로 소유권이전등기를 경료하여 주었다. 이에 관한 설명 중 옳은 것을 모두 고르면? (다툼이 있는 경우에는 판례에 의함) <사시 2005년 변형, 변호사 2012년 유사>

> ⓐ 丙 앞으로 소유권이전등기가 경료됨에 따라 甲의 乙에 대한 소유권이전의무는 이행불능으로 되고, 그 경우 乙은 甲에 대하여 丙 앞으로 소유권이전등기가 경료된 때가 아니라 현재의 위 부동산 시가에 따라 손해배상을 청구할 수 있다.
> ⓑ 甲과 丙 사이의 매매계약이 사회질서에 반하여 무효로 되는 경우, 乙은 직접 丙을 상대로 진정명의회복을 원인으로 하여 자신 명의의 소유권이전등기를 청구할 수 있다.
> ⓒ 甲과 丙 사이의 매매계약이 사회질서에 반하여 무효로 되는 경우, 乙은 직접 丙에게 손해배상을 청구할 수 있다.
> ⓓ 甲과 丙 사이의 매매계약이 사회질서에 반하여 무효로 되는 경우, 乙이 甲을 대위하여 丙에게 소유권이전등기의 말소를 청구할 수는 없다.
> ⓔ 甲과 丙 사이의 매매계약이 사회질서에 반하여 무효로 되는 경우, 丙으로부터 당해 부동산을 다시 취득한 丁이 소유권을 유효하게 취득한 것으로 믿었다면, 丁은 甲과 丙 사이의 매매계약이 유효하다고 주장할 수 있다.
> ⓕ 乙이 甲에 대한 소유권이전등기청구권의 보전을 위하여 甲과 丙사이의 매매계약에 대하여 채권자취소권을 행사하는 것은 허용된다.

① ⓐ ② ⓑ ③ ⓒ
④ ⓐ, ⓒ ⑤ ⓐ, ⓔ ⑥ ⓒ, ⓔ, ⓕ

해설

ⓐ 이행불능에 의한 손해배상을 청구할 때 손해배상액의 산정은 이행불능이 될 당시 목적물의 시가 상당액이고 그 후 목적물의 가격이 등귀할 경우에는 특별손해의 요건이 충족되어야 한다는 것이 판례와 학설의 입장이다(대판 1996.6.14. 94다61359 등). ⓑⓒ 두 번째 매매관계가 무효라고 하더라도 제1매수인 乙에게 소유권이 인정되지는 않기 때문에 그가 제2매수인 丙을 상대로 직접 자신 명의의 소유권이전등기를 청구할 수는 없다. 다만 이러한 행위로 인하여 손해를 입었다면 불법행위에 기한 손해배상을 청구할 수 있다. 판례에 의하면, 제3자가 채무자와 적극 공모하는 등의 특별한 사정이 있으면 제3자에 의한 채권침해가 불법행위를 구성할 수 있다고 한다(대판 2001.5.8. 99다38699 참고). ⓓ 제1매수인은 매도인을 대위하여 제2매수인 앞으로 경료된 등기의 말소를 구할 수 있다는 것이

판례(대판 1980.5.27. 80다565 참고. 제1매수인이 수증자에 대해서도 가능하다는 판례로서 대판 1983.4.26. 83다카57 참고) 및 일부 학설의 태도이나(이영준, 228면), 이론적으로는 피대위권리가 존재하지 않는다는 문제가 있다. ⓔ 민법 제103조에 의한 법률행위의 무효는 절대적 무효에 해당하므로 비록 丁이 선의이었더라도 소유권의 취득을 주장할 수 없다. ⓕ 특정채권의 보전을 위해서는 채권자취소권을 행사할 수 없다(통설 및 판례: 대판 1999.4.27. 98다56690). <답 ③>

6. 반사회질서의 법률행위(민법 제103조)에 관한 설명 중 옳은 것을 모두 고른 것은? (다툼이 있는 경우에는 판례에 의함) <사시 2013년 변형: 배점 2>

ㄱ. 「부동산 실권리자명의 등기에 관한 법률」에 의하여 무효인 명의신탁약정에 기하여 타인 명의로 등기를 마친 것만으로 그것이 선량한 풍속 기타 사회질서에 위반되어 불법원인급여에 해당된다고 볼 수 없다.
ㄴ. 지방자치단체가 골프장사업계획승인과 관련하여 사업자로부터 기부금을 받기로 하는 증여계약은 공무수행과 결부된 금전적 대가이지만, 그 조건이나 동기가 사회질서에 반한다고 할 수 없으므로 무효라고 할 수 없다.
ㄷ. 양도소득세의 일부를 회피할 목적으로 매매계약서에 실제로 거래한 가액보다 낮은 금액을 매매대금으로 기재한 경우, 그 매매계약은 반사회적 법률행위로서 무효이다.
ㄹ. 백화점 수수료 위탁판매 매장계약에서 임차인이 매출신고를 누락하는 경우 판매수수료의 100배에 해당하고 매출신고 누락분의 10배에 해당하는 벌칙금을 임대인에게 배상하기로 한 위약벌의 약정은 반사회질서행위가 아니다.
ㅁ. 보험계약자가 다수의 보험계약을 통하여 보험금을 부정취득할 목적으로 보험계약을 체결한 경우, 이러한 보험계약은 선량한 풍속 기타 사회질서에 위반하여 무효이다.

① ㄱ, ㄴ, ㄹ ② ㄱ, ㄷ, ㄹ ③ ㄱ, ㄹ ④ ㄱ, ㄹ, ㅁ
⑤ ㄱ, ㅁ ⑥ ㄴ, ㄹ, ㅁ ⑦ ㄴ, ㅁ

해설 ……………………………………

ㄱ. 옳음. 위 법률이 규정하는 명의신탁약정은 그 자체로 선량한 풍속 기타 사회질서에 위반하는 경우에 해당한다고 단정할 수 없을 뿐만 아니라, 위 법률은 원칙적으로 명의신탁약정과 그 등기에 기한 물권변동만을 무효로 하고 명의신탁자가 다른 법률관계에 기하여 등기회복 등의 권리행사를 하는 것까지 금지하지는 않는 대신, 명의신탁자에 대하여 행정적 제재나 형벌을 부과함으로써 사적자치 및 재산권보장의 본질을 침해하지 않도록 규정하고 있으므로, 위 법률이 비록 부동산등기제도를 악용한 투기·탈세·탈법행위 등 반사회적 행위를 방지하는 것 등을 목적으로 제정되었다고 하더라도, 무효인 명의신탁약정에 기하여 타인 명의의 등기가 마쳐졌다는 이유만으로 그것이 당연히 불법원인급여에

해당한다고 볼 수 없다(대판 2003.11.27. 2003다41722). ㄴ. 틀림. 공무수행과 결부된 금전적 대가로서 그 조건이나 동기가 사회질서에 반하므로 민법 제103조에 의해 무효라고 보았다(대판 2009.12.10. 2007다63966). ㄷ. 틀림. 그런 대가의 약정은 국민의 사법참여 행위가 대가와 결부됨으로써 사법작용의 불가매수성 내지 대가무관성이 본질적으로 침해되는 경우로서 반사회적 법률행위에 해당하여 무효라고 할 것이다(대판 2010.7.29. 2009다56283). ㄹ. 옳음. 백화점 수수료위탁판매매장계약에서 임차인이 매출신고를 누락하는 경우 판매수수료의 100배에 해당하고 매출신고누락분의 10배에 해당하는 벌칙금을 임대인에게 배상하기로 한 위약벌의 약정이 공서양속에 반하지 않는다(대판 1993.3.23. 92다46905). ㅁ. 옳음. 위의 경우 보험계약을 악용하여 부정한 이득을 얻고자 하는 사행심을 조장함으로써 사회적 상당성을 일탈하게 될 뿐만 아니라, 또한 합리적인 위험의 분산이라는 보험제도의 목적을 해치고 위험발생의 우발성을 파괴하며 다수의 선량한 보험가입자들의 희생을 초래하여 보험제도의 근간을 해치게 되므로, 이와 같은 보험계약은 민법 제103조 소정의 선량한 풍속 기타 사회질서에 반하여 무효이다(대판 2005.7.28. 2005다23858). <답 ④>

7. 우리 민법 제104조는 현저하게 불공정한 법률행위를 무효로 보고 있다. 다음은 이와 관련한 판례의 태도를 제시한 것인데, 옳은 설명을 고르면?

① 불공정한 법률행위가 성립하기 위한 요건인 궁박 · 경솔 · 무경험은 모두 구비되어야 하는 것이 아니고 그 가운데 일부만 갖추어져도 충분하나, 여기에서 '궁박'이라 함은 '급박한 곤궁'을 의미하는 것으로서 경제적 원인에 기인한 것에 한정된다.

② 상대방에게 폭리행위의 악의가 비록 없더라도 피해당사자가 현저하게 궁박의 상태에 있었다면 불공정행위로서 무효가 될 수 있다.

③ 일반적으로 부정행위에 대한 고발은 비록 그것이 부정한 이익을 목적으로 하는 것이더라도 정당한 권리행사가 되므로 이에 기초한 법률행위는 유효하다.

④ 증여에는 불공정계약의 효력에 관한 민법 제104조가 적용될 수 없다.

⑤ 비록 불공정한 법률행위로서 무효가 된 경우이더라도 추인에 의하여 그 무효인 법률행위는 유효로 될 수 있다.

해설

① 틀림. 궁박은 "급박한 곤궁"을 의미하는 것으로서 경제적 원인에 기인할 수도 있고, 정신적 또는 심리적 원인에 기인할 수도 있으며, 당사자가 궁박의 상태에 있었는지 여부는 그의 신분과 재산상태 및 그가 처한 상황의 절박성의 정도 등 제반 상황을 종합하여 구체적으로 판단하여야 한다(대판 1999.5.28. 98다58825). ② 틀림. 피해당사자가 궁박, 경솔 또는 무경험의 상태에 있었더라도 그 상대방에게 위와 같은 피해 당사자 측의 사정을 알면서 이를 이용하려는 의사, 즉 폭리행위의 악의가 없었다면 불공정법률행위는 성립하지 않는다(대판 1997.7.25. 97다15371). ③ 틀림. 일반적으로 부정행위에 대한 고소 · 고발은 그것이 부정한 이익을 목적으로 하는 것이 아닌 때에는 정당한 권리행사가 되어 위법하다고 할 수 없다. 따라서 예를 들어, 간통으로 고소하지 않기로 하는 등의 대가로 금 1억 7천만원의 합의금을 받게 되었더라도 상간자의 배우자가 부정한 이익을 목적으로

위법한 강박행위를 한 것으로 볼 수는 없다(대판 1997.3.25. 96다47951). ④ 옳음. 기부행위와 같이 아무런 대가관계 없이 당사자 일방이 상대방에게 일방적인 급부를 하는 법률행위는 그 공정성 여부를 논의할 수 있는 성질의 법률행위가 아니다(대판 1997.3.11. 96다49650). ⑤ 틀림. 불공정한 법률행위로서 무효인 경우에는 추인에 의하여 그 무효인 법률행위가 유효로 될 수 없다(대판 1994.6.24. 94다10900). <답 ④>

8. 다음은 사회질서에 반하거나 불공정한 법률행위에 관한 설명인데, 판례의 태도와 일치하지 않는 것을 모두 고르면? <변호사 2012년 유사>

ⓐ 경매 등 법률행위에 의하지 않은 재산권의 이전에도 불공정한 법률행위가 인정된다.
ⓑ 부정행위를 용서받는 대가로 손해를 배상함과 아울러 가정에 충실하겠다는 서약의 취지에서 처에게 부동산을 양도하되, 부부관계가 유지되는 동안에는 처가 임의로 처분할 수 없다는 제한을 붙인 약정은 반사회질서행위가 아니다.
ⓒ 회사의 비용으로 해외에 파견되어 연수를 받고 귀국한 근로자는 귀국일로부터 일정기간 소속 회사에 근무하여야 하며 일정기간 근무하지 않으면 해외파견 소요경비를 배상하여야 한다는 사규나 약정은 반사회적 법률행위로서 무효라고 할 수 없다.
ⓓ 행정기관에 진정서를 제출하여 상대방을 궁지에 빠뜨린 다음 이를 취하하는 조건으로 거액의 급부를 제공받기로 약정한 경우, 민법 제103조의 반사회질서법률행위에 해당한다.
ⓔ 전통사찰의 주지직을 거액의 금품을 대가로 양도하기로 하는 약정이 있음을 알고도 이를 묵인 혹은 방조한 상태에서 한 종교법인의 주지임명행위는 민법 제103조의 반사회질서 법률행위에 해당하지 않는다.
ⓕ 甲이 아파트분양권을 乙에게 양도하여 乙이 실질적인 소유자로서 권리를 행사하고 있음을 알고 있는 丙이 甲과 재판상 화해를 통하여 그 아파트에 관한 대물변제예약을 하고, 이에 기하여 소유권이전등기를 한 경우 반사회질서 법률행위로서 무효이다.
ⓖ 대가관계가 없는 일방적 급부행위에 대해서도 민법 제104조가 적용될 수 있다.
ⓗ 하나의 의사표시를 구성요소로 하는 단독행위에서도 불공정성의 문제가 발생한다.
ⓘ 매매계약 등 쌍무계약이 불공정한 법률행위에 해당하여 무효인 경우, 그로 인하여 불이익을 입는 당사자로 하여금 그 불공정성을 이유로 제소하지 못하도록 하는 합의도 특별한 사정이 없는 한 무효이다.

① ⓐ, ⓖ ② ⓔ, ⓖ ③ ⓑ, ⓔ, ⓖ
④ ⓐ, ⓔ, ⓖ ⑤ ⓐ, ⓑ, ⓖ ⑥ ⓐ, ⓖ, ⓗ, ⓘ

해설

ⓐ 적법한 절차에 의하여 이루어진 경매에 있어서 경락가격이 경매부동산의 시가에 비하여 저렴하다는 사유는 경락허가결정에 대한 적법한 불복이유가 되지 않는다. 따라서 경매에서는 불공정한 법률행위 또는 채무자에게 불리한 약정에 관한 것으로서 효력이 없다는 민법 제104조 및 제608조는 적용될 여지가 없다(대결 1980.3.21. 80마77 참고). ⓑ 대판 1992.10.27. 92므204,211. ⓒ 해외파견된 근로자가 귀국일로부터 일정기간 소속회사에 근무하여야 한다는 사규나 약정은 민법 제103조 또는 제104조에 위반된다고 할 수 없고, 일정기간 근무하지 않으면 해외 파견 소요경비를 배상한다는 사규나 약정은 근로계약기간이 아니라 경비반환채무의 면제기간을 정한 것이므로 근로기준법 제21조에 위배하는 것도 아니다(대판 1982.6.22. 82다카90). 다만, 임금반환을 약정한 경우 그 부분은 기업체가 근로자에게 근로의 대상으로 지급한 임금을 채무불이행을 이유로 반환하기로 하는 약정으로서 실질적으로는 위약금 또는 손해배상을 예정하는 계약이므로 근로기준법 제27조에 위반되어 무효이고, 또한 직원의 해외파견근무의 주된 실질이 연수나 교육훈련이 아니라 기업체의 업무상 명령에 따른 근로장소의 변경에 불과한 경우, 이러한 해외근무기간 동안 임금 이외에 지급 또는 지출한 금품은 장기간 해외근무라는 특수한 근로에 대한 대가이거나 또는 업무수행에 있어서의 필요불가결하게 지출할 것이 예정되어 있는 경비에 해당하여 재직기간 의무근무 위반을 이유로 이를 반환하기로 하는 약정 또한 마찬가지로 무효라고 보아야 할 것이다(대판 2004.4.28. 2001다53875). ⓓ 대판 2000.2.11. 99다56833 참고. ⓔ 거액의 금품을 대가로 주지직을 양도·양수하는 약정 자체는 그 내용이 선량한 풍속 기타 사회질서에 반하는 행위로서 무효이다. 그러나 이러한 약정이 있음을 알고 이를 묵인하거나 혹은 방조한 상태에서 주지로 임명하였다고 하더라도 그 임명행위 자체가 선량한 풍속 기타 사회질서에 반한다고 할 수는 없고, 법률적으로 이를 강제하거나, 법률행위에 반사회질서적인 조건이나 금전적 대가가 결부됨으로써 반사회질서적 성질을 띠게 되는 경우 또는 표시되거나 상대방에게 알려진 법률행위의 동기가 반사회질서적인 경우에도 해당한다고 보기도 어렵다(대판 2001.2.9. 99다38613 참고). ⓕ 위 대물변제예약은 丙이 甲의 배임행위에 적극 가담하여 이루어진 반사회질서 법률행위로서 무효이다(대판 1999.10.8. 98다38760 참고). ⓖ 증여계약과 같이 아무런 대가관계 없이 당사자 일방이 상대방에게 일방적인 급부를 하는 법률행위는 그 공정성 여부를 논의할 수 있는 성질의 법률행위가 아니다(대판 2000.2.11. 99다56833 참고). ⓗ 계 관계로 고소당하여 삼청교육대까지 다녀온 여자가 다시 고소를 당하여 삼청교육대에 갈지 모른다는 정신적 압박을 받는 상태에서 금 1,300만 원 이상의 채권이 있었음에도 일부만을 변제받고 금 1,000만 원 이상의 채권을 포기하는 약정을 맺은 것은 불공정한 법률행위에 해당한다(대판 1992.4.14. 91다23660 등). ⓘ 대판 2010.7.15. 2009다50308 참고. <답 ①>

9. 판례의 태도에 관한 다음 설명 중 틀린 것을 모두 고르면?

<사시 2012년 유사>

ⓐ 사찰이 그 존립에 필요불가결한 재산인 임야를 증여하는 행위일지라도 비영리단체의 기부행위이므로 민법 제103조에 해당하지 않는다.

ⓑ 민법 제104조의 무효를 주장하는 자가 궁박 · 경솔 · 무경험에 의한 법률행위의 주관적 · 객관적 요건을 주장 · 입증해야 한다.
ⓒ 매매가 민법 제104조의 불공정한 법률행위인가를 판단함에는 대리인에 의하여 법률행위를 한 경우에, 원칙적으로 본인의 궁박 · 경솔 · 무경험에 대하여 그 대리인을 기준으로 하여 판단해야 한다.
ⓓ 피해 당사자가 궁박 · 경솔 또는 무경험의 상태에 있었다고 하더라도 그 상대방 당사자에게 피해 당사자의 사정을 알면서 이를 이용하려는 의사, 즉 폭리행위의 악의가 없었다면 불공정한 법률행위는 성립하지 않는다.
ⓔ 법률행위의 성립과정에서 강박이라는 불법적 방법이 사용된데 불과한 때에는 강박에 의한 의사표시의 하자나 의사의 흠결을 이유로 효력을 논할 수 있을지언정, 반사회질서의 법률행위로서 무효라고 할 수는 없다.
ⓕ 급부와 반대급부가 현저히 균형을 잃었다 하여 궁박 · 경솔 · 무경험이 추정되지는 않는다.
ⓖ 투기의 목적으로 주택개량사업구역 내의 주택에 거주하는 세입자가 주택개량재개발조합으로부터 장차 신축될 아파트의 방 1칸을 분양받을 수 있는 피분양권(이른바 세입자입주권)을 세입자들로부터 15매나 매수한 경우에도, 그것만으로는 그 피분양권 매매계약이 반사회질서의 법률행위로서 무효로 된다고 할 수 없다.

① ⓐ, ⓑ ② ⓐ, ⓒ ③ ⓐ, ⓓ
④ ⓐ, ⓕ ⑤ ⓑ, ⓒ ⑥ ⓑ, ⓔ, ⓖ
⑦ ⓒ, ⓓ ⑧ ⓓ, ⓔ, ⓖ

해설

ⓐ 해당한다(대판 1970.3.31. 69다2293). ⓑ 대판 1975.10.7. 75다867. ⓒ 본인의 경솔과 무경험에 대해서는 대리인을 기준으로 판단하고, 본인의 궁박에 관해서는 본인의 입장에서 판단한다(대판 1972.4.25. 71다2255). ⓓ 대판 1988.9.13. 86다카563. ⓔ 민법 제103조에 의하여 무효로 되는 반사회질서 행위는 법률행위의 목적인 권리의무의 내용이 선량한 풍속 기타 사회질서에 위반되는 경우뿐 아니라, 그 내용 자체는 반사회질서적인 것이 아니라고 하여도 법률적으로 이를 강제하거나 그 법률행위에 반사회질서적인 조건 또는 금전적 대가가 결부됨으로써 반사회질서적 성격을 띠는 경우 및 표시되거나 상대방에게 알려진 법률행위의 동기가 반사회질서적인 경우를 포함하지만, 단지 법률행위의 성립 과정에서 불법적 방법이 사용된 데 불과한 때에는, 그 불법이 의사표시의 형성에 영향을 미친 경우에는 의사표시의 하자를 이유로 그 효력을 논의할 수는 있을지언정 반사회질서의 법률행위로서 무효라고 할 수는 없다(대판 1996.4.26. 94다34432). ⓕ 급부와 반대급부가 현저히 균형을 잃었다 하여 궁박 · 경솔 · 무경험이 추정되지는 않는다(대판 1969.12.30. 69다1873). ⓖ 대판 1991.5.28. 90다19770 참고. <답 ②>

10. 채무를 임의로 이행한 후 그 원인행위가 무효로 되면 일반적으로 그 급부에 대해서는 민법 제741조에 의하여 부당이득반환청구권이 발생한다. 그러나 법률행위가 제103조에 반하여 무효인 경우에 그 급부는 불법원인급여가 되므로 제746조에 의하여 부당이득반환청구권이 배제되는 결과를 낳을 수 있다. 다음은 제103조와 제746조의 상관관계에 관한 학설과 판례의 견해이다. 다음 중 명백히 타당하지 않은 것은?

① 제103조와 제746조를 표리일체의 관계로 이해하는 견해에 따르면 제103조는 법률행위의 내용의 실현을 사전에 저지하는 제도임에 반하여, 제746조는 급부한 후에 급부자의 반환청구를 거부하는 제도이다. 따라서 양 규정의 취지와 법적 보호의 거부범위는 서로 같다고 한다.

② 제746조와 제103조의 적용범위가 일치하지 않는다고 하는 견해에 따르면 제746조의 불법의 의미는 소권의 거부를 할 만한 가치가 있는 것, 즉 인격의 비난을 받아야만 하는 악에 한정되어야 하기 때문에 제746조의 불법의 범위가 더 좁다고 하는 견해가 있다.

③ 제746조의 불법원인을 탄력성 있게 정하여 제103조에 해당하는 불법이라도 제746조의 불법에 해당하지 않는 경우에는 미이행분의 적극적인 이행청구는 인정되지 않지만 기이행분의 부당이득반환청구는 인정된다는 견해도 있다.

④ 제746조의 현대적 의미는 누구도 권리행사를 위하여 자신의 반양속적 행위를 원용할 수 없다는 원칙에서 찾아야 하기 때문에 제746조는 움직일 수 없는 원칙이 아니라 많은 예외를 전제로 한다는 견해가 있다.

⑤ '급부자의 부당이득에 의한 반환청구를 인정하지 않지만 급부자가 소유권에 기한 물권적 청구권을 행사하여 그 급부물의 반환청구를 인정'하고 있는 것처럼 제746조와 제103조의 적용범위가 서로 일치하지 않는다는 것이 우리 판례의 일관된 태도이다.

⑥ 재건축 공사의 수주에 도움을 받기 위하여 무이자로 9억 원을 대여한 경우, 대여금이 법률의 금지에 위반하는 경우라 할지라도 그것이 선량한 풍속 기타 사회질서에 위반하지 않는다면 민법 제746조 소정의 불법원인급여에 해당한다고 볼 수 없다.

✍ **해설** ....

① 곽윤직, 309면. ② 고상룡, 355면. ③ 장경학, 453면. ④ 이영준, 234면 이하. ⑤는 변경 전 판례(대판 1977.6.28. 77다728)의 견해이다. 대법원은 그 후 제746조는 제103조와 표리를 이루어 사회적 타당성이 없는 행위를 한 사람을 보호할 수 없다는 법의 이념을 실현하려고 하는 것이라고 하여 위 ①과 같은 견해를 취하고 있다(대판[전] 1979.11.13. 79다483 참고). ⑥ 원고는 피고 회사에게 9억 원을 반환받을 의사 없이 무상으로 교부한 것이 아니라 반환받을 의사로 대여한 것이고, 다만 무이자로 대여함으로써 피고 회사에게 이자 상당의 금융이익을 제공한 것이어서, 위 9억 원에 대한 금융이익 상당액만을 뇌물로

볼 수 있을 뿐, 9억 원 전액을 뇌물이나 부정한 청탁과 관련한 재물로 볼 수 없으므로, 대여금 9억 원의 지급을 선량한 풍속 기타 사회질서에 위반되는 민법 제746조 소정의 불법원인급여에 해당한다고 볼 수 없다(대판 2011.1.13. 2010다77477). (마찬가지로) 어업권의 임대차를 내용으로 하는 임대차계약이 구 수산업법 제33조에 위반되어 무효라고 하더라도 그것이 부당이득의 반환이 배제되는 '불법의 원인'에 해당하는 것으로 볼 수는 없다(대판 2010.12.9. 2010다57626, 57633). <답 ⑤>

11. 김 씨는 어젯밤 도박으로 강 군에게 진 2억 원의 빚을 1억 원으로 조정한 채무를 변제하기 위해서는 자신이 소유하는 토지(시가: 2억 원)를 매도할 수 밖에 없다고 생각하여, 그 토지의 매매계약을 체결하는 데 필요한 위임장을 도박채무의 채권자인 18세의 강 군에게 수여하였다. 의외의 금전을 얻게 되어 기뻐하는 자신의 부모와 동행한 강 군은 위임장을 제시하여 위 토지를 제3자 박 여사에게 양도하는 계약을 체결하였다. 박 여사가 변제기에 이르러 김 씨에게 토지의 명도 및 소유권이전등기를 청구하였다. 이와 관련한 다음 설명 중 가장 옳은 것은? (학설의 대립이 있으면 판례의 태도를 존중함)

① 대리행위인 토지매매계약이 확정적 유효로 되기 위해서는 반드시 강 씨가 토지매매를 체결할 때 김 씨의 이름으로 계약을 체결하고 그 대리행위는 대리권의 범위에 포함되어야 한다.

② 김 씨의 도박행위는 지나친 사행행위이므로 무효이지만, 그 도박에서 진 2억 원을 조정하여 1억 원에 갚기로 한 김 씨의 행위는 사적자치의 원칙상 유효하다.

③ 토지처분의 대리행위를 수권하는 김 씨의 행위에는 강 군의 승낙이 필요하기 때문에 법정대리인의 동의를 얻지 않았던 강 군으로서는 자신이 제한능력자임을 이유로 토지처분의 수권행위를 취소할 수 있다.

④ 도박채무를 갚기로 한 김 씨의 행위는 강 군에게 토지처분의 대리권을 준 수권행위에 대하여 원인행위가 되므로 박 여사와 체결한 강 군의 토지매매는 무권대리행위가 된다.

⑤ 매매대금을 수령한 김 씨가 직접 강 군에게 도박채무의 변제를 위해 1억 원의 금원을 제공하였다면 이는 불법원인에 의한 급여가 된다.

해설

① 확정적 유효가 되기 위해서는 무엇보다도 대리인 강 군의 행위가 유권대리행위로 평가되어야 한다. 하지만 강 군의 행위가 애초부터 유권대리행위가 아니더라도 표현대리의 요건에 충족하는 경우에도 그 효력은 확정적 유효로 된다. 뿐만 아니라 강 군의 행위가 무권대리행위로 평가되더라도 김 씨의 추인이 있으면 확정적 유효가 된다. ② 도박하기로 하는 계약 역시 그 사행성이 지나치면 반사회질서의 행위로서 그 효력이 인정되지 않으며, 그 도박에서 진 빚을 갚기로 하거나 도박자금을 꿔주는 계약 역시 무효이다(판례). ③ 임의대리권을 발생시키는 원인으로서 수권행위는 그 성질상 본인(위에서는 김 씨)의 단독행위이므로 김 씨의 단독행위 자체에 의사표시의 요건이 흠결되지 않는 한, 수권행위의 효력은 문제되지 않는다. 따라서 강 군은 수권행위에 대하여 제한능력자임을 이유로

취소할 수 없다. 더욱이 단독행위의 수령자인 강 군이 미성년자로서 그 수령능력이 없는 사람에 해당하지만(제112조 참조), 강 군 및 그의 법정대리인이 수권행위의 도달을 부정하지 않으므로 문제되지 않는다. ④ 도박채무부담행위가 토지처분의 수권행위에 대하여 원인행위로 되는가? 즉, 도박채무의 부담행위가 기초적 내부관계에 해당하는지의 여부가 문제된다. 법률행위의 대리와 관련하여 그 기초적 내부관계라 함은 대리인이 대리행위를 해야 하는 '의무'를 정당화하는 논거를 말한다. 그러나 설문의 도박채무부담행위는 본인(=김 씨)과 대리인 강 군 사이의 기초적 내부관계의 법적 근거가 될 수 없으므로 수권행위는 도박채무부담행위의 효력 여부에 의해 영향을 받지 않는다(김 씨의 재산권을 처분하는 위임관계가 기초적 내부관계를 구성할 것이다). 따라서 강 군에 의한 토지매매는 유효하므로, 박 여사는 김 씨에게 토지의 명도 등을 청구할 수 있다(대판 1995.7.14. 94다40147 참고). ⑤ 도박채무가 지나친 사행행위로서 그 효력이 부정된 법적 기초는 변제약정의 이행행위에도 영향을 미치므로 토지처분의 대금으로써 도박채무의 변제제공을 수령하는 행위는 김 씨의 위 행위는 불법원인에 의한 급부행위에 해당되어, 그 반환을 청구할 수 없다(제746조). <답 ⑤>

제 4 장 법률행위의 요소 —의사표시의 일치

제 1 절 의사와 표시의 일치

1. 다음은 의사표시의 효력발생시기에 관한 설명이다. 타당한 것은?

① 매매의 당사자가 '도달주의' 원칙을 배제하여 서로 의사표시를 발한 때에 그 의사표시가 효력을 발생했다고 약정한다면, 이는 선량한 풍속 기타 사회질서에 반하는 약정이다.

② 도달이 의사표시의 성립요건이라면 의사표시의 무효를 주장하는 자가 부도달의 주장 · 입증책임을 부담한다.

③ 우리 민법은 의사표시의 효력발생시기의 원칙으로서 도달주의를 규정하고 있는데, 상법에서만 그 예외를 인정하고 민법에서는 그 예외를 인정하고 있지 않다.

④ 민법상 도달주의원칙은 특별한 규정이나 행위의 성질에 반하지 않는 한 상대방 있는 공법행위에도 적용된다.

⑤ 통설의 입장과는 달리 우리나라 판례에 의하면, 상대방의 요지할 수 있는 상태를 도달을 위한 요건으로서 인정하고 있지 않다.

해설

① 제111조는 임의규정이므로, 당사자는 약정에 의하여 도달주의의 적용을 배제할 수 있다. ② 성립요건이라면 의사표시의 유효를 주장하는 자가 도달의 주장 · 입증책임을 부담한다. ③ 상법뿐만 아니라 민법에서도 많은 예외를 두고 있다. ④ 타당하다. 따라서 상대방 있는 행정처분은 그 처분의 의사표시가 상대방에게 도달한 때에 그 효력을 발생한다(대판 1969.9.23. 69다1217). ⑤ 판례도 통설과 같은 입장이다. 예컨대 채권양도통지에서 도달의 의미에 관한 판례에서, 도달이란 사회통념상 채무자가 통지내용을 알 수 있는 객관적인 상태에 놓여 있는 것(대판 1983.8.23. 82다카439)이라 한다. <답 ④>

2. 다음 중 '도달주의의 원칙'이 적용되지 않는 경우를 모두 고르면?

ⓐ 甲의 청약에 대하여 조건을 붙인 乙의 승낙
ⓑ 해제의 상대방이 해제권자에게 해제 여부를 최고하였는데 해제권

이 소멸하게 되는 경우
ⓒ 제한능력자의 상대방이 한 추인 여부의 최고에 대한 법정대리인의 취소
ⓓ 무권대리인의 상대방이 한 추인 여부의 최고에 대하여 추인거절한 것으로 평가되는 경우
ⓔ '제3자를 위한 매매계약'의 경우 제3자에 대한 채무자의 이익향수 여부의 최고에 있어서 제3자가 한 확답

① ⓐ ② ⓑ ③ ⓒ
④ ⓓ ⑤ ⓐ, ⓓ ⑥ ⓒ, ⓓ
⑦ ⓑ, ⓓ ⑧ ⓓ, ⓔ

해설

최고의 법률효과에 관한 질문인지 아니면 '의사표시'에 관한 질문인지를 정확히 검토해야 할 문제이다. ⓐ 청약에 대해 조건을 붙이거나 변경을 가한 승낙은 청약의 거절과 동시에 새로운 청약으로 평가되므로(제534조), 그러한 승낙은 역시 '의사표시'로서 청약자에게 도달되어야 한다. ⓑ 상대방의 최고에 대하여 해제권자가 보낸 확답을 상대방이 '받지' 않으면 해제권은 소멸한 것으로 평가된다(제552조 2항). ⓒ 상대방의 최고에 대하여 법정대리인이 확답을 발하지 않은 경우에는 추인한 것으로 평가되지만(제15조 2항), 법정대리인이 취소를 한 때에는 역시 '의사표시'이므로 상대방에게 도달되어야 한다. ⓓ 상대방의 최고에 대하여 본인이 추인 여부에 대한 확답을 발하지 않은 경우 추인을 거절한 것으로 평가된다(제131조 후단). ⓔ 제3자가 보낸 확답을 채무자가 '받지' 못한 경우에는 계약의 이익을 받는 것을 거절한 것으로 평가한다(제540조 후단). <답 ④>

3. 다음 중 의사표시가 상대방에게 도달되어야 그 효력이 인정되는 경우가 아닌 것을 모두 고르면?

ⓐ 미성년자에게 PC를 판매한 자가 취소할 수 있는 행위의 추인 여부의 최고를 할 경우 이에 관한 친권자의 추인
ⓑ 사원총회의 소집의 통지
ⓒ 무권대리인의 상대방의 추인 여부의 최고에 대한 본인의 추인
ⓓ 채무인수시에 제3자나 채무자에 의한 승낙 여부의 최고에 대한 채권자의 승낙
ⓔ 격지자 사이에 이루어진 계약에서 승낙
ⓕ 상대방에 대한 상계의 의사표시
ⓖ 채무자에게 채무를 면제한다는 채권자의 의사표시

① ⓐ, ⓔ ② ⓐ, ⓕ ③ ⓑ, ⓔ
④ ⓐ, ⓕ, ⓖ ⑤ ⓑ, ⓕ, ⓖ

✍ **해설** ……………………………………………

ⓐ 법정대리인의 의사표시로서 추인은 무능력자의 상대방에게 도달되어야 효력이 있다. ⓑ 발신주의의 예이다(제71조). ⓒ 본인의 추인이 상대방에게 도달되든가 아니면 무권대리인에게 도달된 경우에는 상대방이 그 사실을 알아야 본인은 추인으로써 상대방에게 대항할 수 있다(제132조). ⓓ 채권자의 승낙은 처분행위로서 채무자에게 도달되어야 한다(제455조 2항 및 제111조 1항 참조). ⓔ 계약은 승낙을 발송한 때 성립한다(제531조). ⓕⓖ 상계나 면제의 의사표시는 각각 상대방에게 도달되어야 효력이 있다. <답 ③>

제 2 절 의사와 표시의 불일치

1. 다음은 비진의표시에 관한 판례의 태도이다. 틀린 부분이 있는 것을 모두 고르면? <사시 2004년 변형, 사시 2012년 유사>

ⓐ 귀속재산의 처분행위는 행정처분이 명백하고 귀속재산처리법에 의한 매수인의 매수신청 또는 임차인의 임차신청 및 그 포기의 의사표시는 공법상 행위이므로 비진의표시에 관한 민법규정이 적용되지 않는다.

ⓑ 비록 재산을 강제로 빼앗긴다는 것이 표의자의 본심으로 잠재되어 있었다 하여도, 표의자가 강박에 의하여서나마 증여를 하기로 하고 그에 따른 증여의 의사표시를 한 이상 증여의 내심의 효과의사가 결여된 것이라고 할 수는 없다.

ⓒ 물의를 일으킨 사립대학교의 교수가 사직원이 수리되지 않을 것이라고 믿고 사태수습을 위하여 형식상 이사장 앞으로 사직원을 제출하였다면 위 교수의 사직원 제출행위는 진의 아닌 의사표시로 판단되더라도 이사회에서 그러한 사실을 알았거나 알 수 있었을 경우가 아니라면 교수의 의사표시에 따라 효력을 발생하는 것이다.

ⓓ 미성년자의 법정대리인인 친권자의 대리행위가 미성년자 본인의 이익에 반하여 친권자 또는 제3자의 이익을 위한 배임적인 것임을 상대방이 알았거나 알 수 있었을 경우, 그 행위의 법률효과는 자(子)에게 미치지 않는다.

ⓔ 근로자가 회사의 경영방침에 따라 사직원을 제출하고 회사가 이를 받아들여 퇴직처리를 하였다가 즉시 재입사하는 형식을 취함으로써 근로자가 그 퇴직 전후에 걸쳐 실질적인 근로관계의 단절이 없이 계속 근로하였다면, 그 사직원제출은 근로자가 퇴직을 할 의사없이 퇴직의사를 표시한 것으로서 비진의의사표시에 해당하기 때문에 사직원 제출과 퇴직처리에 따른 퇴직의 효과는 유효하다.

ⓕ 상대방이 표시의사가 진의 아님을 알았거나 알 수 있었는가의 여

부는 표의자와 상대방 사이에 있었던 의사표시 형성과정과 그 내용 및 그로 인하여 나타나는 효과 등을 객관적인 사정에 따라 합리적으로 판단하여야 한다.

① ⓐ	② ⓑ	③ ⓒ
④ ⓔ	⑤ ⓐ, ⓔ	⑥ ⓔ, ⓕ
⑦ ⓒ, ⓔ	⑧ ⓒ, ⓕ	

해설

ⓐ 대판 1954.2.2. 4286행상11. 마찬가지로 공무원이 사직의 의사표시를 하여 의원면직이 이루어진 이상 그 사직의 의사표시는 그 법률관계의 특수성에 비추어 외부적·객관적으로 표시된 바를 존중하여야 할 것이므로 사직원제출자의 내역의 의사가 사직할 뜻이 아니었더라도 진의 아닌 의사표시에 관한 민법 제107조를 적용할 수 없다(대판 1997.12.12. 97누13962 참고). ⓑ 비진의의사표시에 있어서의 진의란 특정한 내용의 의사표시를 하고자 하는 표의자의 생각을 말하는 것이지 표의자가 진정으로 마음속에서 바라는 사항을 뜻하는 것은 아니다(대판 2002.12.27. 2000다47361 등 참고). ⓒ 대판 1980.10.14. 79다2168 참고. ⓓ 진의 아닌 의사표시가 대리인에 의하여 이루어지고 대리인의 진의가 본인의 이익이나 의사에 반하여 자기 또는 제3자의 이익을 위한 배임적인 것임을 상대방이 알았거나 알 수 있었을 경우에는 민법 제107조 제1항 단서의 유추해석상 대리인의 행위에 대하여 본인은 아무런 책임을 지지 않는다고 보아야 하고, 상대방이 대리인의 표시의사가 진의 아님을 알았거나 알 수 있었는지는 표의자인 대리인과 상대방 사이에 있었던 의사표시 형성 과정과 내용 및 그로 인하여 나타나는 효과 등을 객관적인 사정에 따라 합리적으로 판단하여야 한다. 그리고 미성년자의 법정대리인인 친권자의 법률행위에서도 마찬가지라 할 것이므로, 법정대리인인 친권자의 대리행위가 객관적으로 볼 때 미성년자 본인에게는 경제적인 손실만을 초래하는 반면, 친권자나 제3자에게는 경제적인 이익을 가져오는 행위이고 그 행위의 상대방이 이러한 사실을 알았거나 알 수 있었을 때에는 민법 제107조 제1항 단서의 규정을 유추 적용하여 행위의 효과가 자(子)에게는 미치지 않는다고 해석함이 타당하다(대판 2011.12.22. 2011다64669). ⓔ 비진의의사표시에 해당한다. 그러나 재입사를 전제로 사직원을 제출케 한 회사 또한 그와 같은 진의 아님을 알고 있었다고 봄이 타당하기 때문에 위의 퇴직의 효과는 발생하지 않는다(대판 1988.5.10. 87다카2578 등). ⓕ 대판 2006.3.24. 2005다48253 등 참고. <답 ④>

2. A는 신용불량자라는 이유 때문에 은행으로부터 금전대출을 받을 수 없던 친구 B를 위해 그에게 자신의 명의를 빌려주고 K은행으로부터 1억 원을 대출받게 해주었다. 대출금반환채무의 변제기에 이르러 K가 A에게 반환청구를 하자, A는 B가 실질적인 채무자라고 주장하면서 K의 청구를 거절하였다. 이 사례에 대해 김 변호사와 강 변호사가 아래와 같은 요지의 답변서를 제출하였다. 틀린 곳을 고르면?

[김 변호사의 답변서]
B가 A의 대리인으로 나서서 A의 이름으로 소비대차를 체결하였다고 판단할 수 있다. ① B의 명의대여행위를 임의대리권의 수권으로 이해

하는 학설에 의하면 A와 K 사이에는 유권대리행위가 성립하므로 K의 반환청구는 인용되어야 한다. 마찬가지로 ② 명의대여에 의한 소비대차를 '대리권수여표시에 의한 표현대리행위'라고 하는 학설에 의하더라도 K는 표현대리행위임을 주장하여 대여금반환을 청구할 수 있다.

[강 변호사의 답변서]
B가 단지 사자(使者)로 활동하였으므로 A가 소비대차를 체결한 당사자라고도 판단할 수 있다. ③ 이럴 경우에 A의 의사표시가 비진의표시에 해당하는지가 검토되어야 한다. 위 사례에서 A의 의사표시는 특별한 사정이 없는 한 대출에 따른 경제적 효과는 B에게 귀속시킬지라도 법률효과(즉, 대여금반환채무의 부담)는 자신에게 귀속시킴으로써 대여금채무의 채무자로서 책임을 지겠다는 것으로 보아야 하므로 A의 행위는 ④ 비진의표시에 해당한다. 또한 A의 의사표시가 비진의표시에 해당하더라도 대여금은 A명의로 신청할 뿐이고 B가 실질적으로 그 대여금을 사용할 것이라는 점을 K가 알았거나 알 수 있었다고 볼 수는 없기 때문에 ⑤ K의 대여금반환청구는 인용된다.

해설

김 변호사의 답변서는 B를 A의 대리인으로 평가하였다. 따라서 의사표시의 일치 여부를 대리인을 기준으로 판단하게 되므로(제116조) 비진의표시에 해당하는지의 여부가 문제될 수 없게 된다. 반면에 강 변호사의 답변서는 A의 의사표시를 직접 대상으로 하기 때문에 그의 의사표시가 비진의표시에 해당하는지를 검토하여야 한다. 핵심은 비진의표시에서 진의의 의미를 이해하는 것이다. 확립된 판례에 따르면, 비진의표시에서 진의란 특정한 내용의 의사표시를 하고자 하는(할 수밖에 없는: 저자 주) 표의자의 생각을 말하는 것이지 표의자가 진정으로 마음 속에서 바라는 사항을 뜻하는 것이 아니므로 표의자가 의사표시의 내용을 진정으로 마음 속에서 바라지는 않았더라도 당시의 상황에서는 그것을 최선이라고 판단하여 의사표시를 하였다면 이는 내심이 결여된 비진의표시가 아니라고 하였다(대판 2000.4.25. 99다34475 등 참고). <답 ④>

3. 교사 甲은 학교법인이 경영하는 고등학교의 교원으로 근무하던 중 지병으로 교직의 수행이 어려워져 2009.12. 초에 사직원을 작성하여 제출하였다(이 사례에서 甲의 사직의 의사표시는 근로계약관계 합의해지의 청약으로 보기로 함). 그 후 甲은 지병이 완치됨에 따라 학교 측에 2010.2.23. 다시 근무하겠다는 의사를 밝혔으나, 2010.3.2. 학교 측은 이미 제출된 사직원을 근거로 甲을 면직시키기로 하는 이사회의 결의를 거쳐 면직처분하였다. 이 사례에 관한 설명으로 옳지 않은 것을 모두 고른 것은? (다툼이 있는 경우에는 판례에 의하고, 특별법의 적용은 고려하지 않음) <사시 2011년: 배점 2>

ㄱ. 학교법인의 승낙의 효력은 이사회 결의 시에 발생한다.

ㄴ. 甲의 사직청약의 철회가 학교 측에게 불측의 손해를 주는 등 신의칙에 반한다고 인정되는 특별한 사정이 있더라도, 학교 측에서 승낙의 의사표시를 하기 전에 철회한 것이므로 甲의 철회는 유효하다.
ㄷ. 위 'ㄴ.'에서와 같은 신의칙에 반한다고 인정될 만한 특별한 사정이 없는 경우, 학교 측이 甲의 사직청약 철회 이후에 종전의 사직원에 기하여 그를 면직처분한 것은 무효이다.
ㄹ. 만약 2010.2.20. 이사회에서 甲을 면직시키기로 결의하고 그에 기해 당일 면직처분을 한 경우, 그 면직처분은 유효하다.

① ㄱ, ㄴ ② ㄱ, ㄷ ③ ㄱ, ㄹ
④ ㄴ, ㄹ ⑤ ㄱ, ㄷ, ㄹ

해설

㉠㉡ 틀림. 근로계약관계의 해지청약에 대한 사용자의 승낙의사가 형성되어 그 승낙의 의사표시가 근로자에게 도달하기 이전에는 그 의사표시를 철회할 수 있고, 다만 근로자의 사직 의사표시 철회가 사용자에게 예측할 수 없는 손해를 주는 등 신의칙에 반한다고 인정되는 특별한 사정이 있는 경우에 한하여 그 철회가 허용되지 않는다(대판 2000.9.5. 99두8657). ㉢ 옳음(위 판결 및 대판 1992.4.10. 91다43138 참고). ㉣ 옳음. <답 ①>

4. 상대방과 통정한 허위의 의사표시에 관한 설명 중 옳지 않은 것은? (다툼이 있는 경우에는 판례에 의함) <사시 2013년: 배점 3>

① 파산관재인은 파산채권자 전체의 공동의 이익을 위하여 그 직무를 행하여야 하는 지위에 있으므로 파산자와는 독립하여 그 재산에 관하여 이해관계를 가지는 제3자에 해당하고, 그 선의·악의는 전체 파산채권자를 기준으로 하여야 하므로 그들 중 일부만 선의라면 파산관재인은 선의의 제3자에 해당하지 않는다.
② 제3자도 허위표시의 무효를 주장할 수 있으므로, 허위의 근저당권에 기하여 배당이 된 경우, 배당채권자는 허위표시에 의한 무효를 주장하여 배당이의의 소를 제기할 수 있다.
③ 가장매매의 매수인으로부터 목적부동산을 매수하여 소유권이전등기를 마치거나 그 부동산에 저당권설정등기를 한 자, 가장소비대차에 기한 채권을 양수하거나 그 채권을 압류한 자는 민법 제108조 제2항의 제3자에 해당한다.
④ 甲이 그 소유의 부동산에 대한 강제집행을 면할 목적으로, 乙과 허위로 매매계약을 체결하고 乙 명의로 소유권이전등기를 한 것은 통정허위표시에 해당하여 무효이나, 불법원인급여에는 해당하지 않으므로 甲은 乙에게 부동산의 반환을 청구할 수 있다.

⑤ 자기 명의로 대출받을 수 없는 자를 위해 제3자가 대출금채무자로서 명의를 빌려 주는 과정에서, 채무자와 채권자 간에 제3자를 형식상의 채무자로 내세우고 채권자도 이를 양해하여, 제3자에 대하여 책임을 묻지 않을 의도 아래 제3자 명의로 체결한 대출약정은 통정허위표시에 해당하여 무효이다.

해설

① 틀림. 파산관재인 개인의 선의·악의를 기준으로 할 수는 없고 총파산채권자를 기준으로 하여 파산채권자 모두가 악의로 되지 않는 한 파산관재인은 선의의 제3자라고 할 수 밖에 없다(대판 2006.11.10. 2004다10299). ② 옳음. 배당채권자는 채권자취소의 소로써 통정허위표시를 취소하지 않았다 하더라도 그 무효를 주장하여 그에 기한 채권의 존부, 범위, 순위에 관한 배당이의의 소를 제기할 수 있다(대판 2001.5.8. 2000다9611). ③ 옳음. 대판 2004.5.28. 2003다70041 참고. ④ 옳음. 대판 1994.4.15. 93다61307. 따라서 무효인 허위표시의 상대방이 이를 처분하여 선의의 제3자에게 소유권을 취득하게 하여 허위표시한 자에게 손해를 끼친 경우에 그 상대방은 제3자에게 처분하고 취득한 매매대금 등을 부당이득으로 반환할 의무가 있다. ⑤ 옳음. 대판 2001.5.29. 2001다11765 참고.

<답 ①>

5. 통정허위표시에 관한 다음 설명 중 옳은 것은?

① 과세 당국 등의 추적을 피하기 위하여 일정한 인적 관계에 있는 사람이 그 소유의 금전을 자신의 예금계좌로 송금한다는 사실을 알면서 그에게 자신의 예금계좌로 송금할 것을 승낙 또는 양해하였다거나 그러한 목적으로 자신의 예금계좌를 사실상 지배하도록 용인한 경우, 다른 특별한 사정이 없는 한 객관적으로 송금인과 계좌명의인 사이에 그 송금액을 계좌명의인에게 위와 같이 무상공여한다는 의사의 합치가 있었다고 추단되지 않는다.

② 甲이 乙의 임차보증금반환채권을 담보하기 위하여 통정허위표시로 乙에게 전세권설정등기를 마친 후 丙이 이러한 사정을 알면서도 乙에 대한 자신의 채권을 담보하기 위하여 위 전세권에 대하여 근저당권설정등기를 마쳤는데, 그 후 丁이 丙의 전세권근저당권부 채권을 가압류하였다가 이를 본압류로 이전하는 압류명령을 받은 경우, 丁은 제108조 제2항의 제3자로 보호되지 않는다.

③ 통정허위표시가 채권자의 강제집행을 면탈할 목적으로 행하여진 경우에는 불법원인급여에 해당되어 부당이득반환청구권을 행사할 수 없다.

④ 乙이 甲으로부터 부동산에 관한 담보권설정의 대리권만 수여받고도 그 부동산에 관하여 자기 앞으로 소유권이전등기를 하고 이어서 丙에게 그 소유권이전등기를 경료한 경우, 丙은 선의인 한 제108조 제2항의 유추적용에 의해 제3자로 보호된다.

⑤ 甲과 乙이 가장소비대차계약을 체결한 후 丙이 이에 대해 보증을 하였는데, 丙이 甲과 乙의 소비대차계약이 허위표시로 무효임을 중과실로 모른 채 보증채무를 이행하였다면 丙은 제108조 제2항의 제3자로 보호될 수 없다.

해설

① 대판 2012.7.26. 2012다30861. ② 틀림. 丙의 전세권근저당권부 채권은 통정허위표시에 의하여 외형상 형성된 전세권을 목적물로 하는 전세권근저당권의 피담보채권이고, 丁은 이러한 丙의 전세권근저당권부 채권을 가압류하고 압류명령을 얻음으로써 그 채권에 관한 담보권인 전세권근저당권의 목적물에 해당하는 전세권에 대하여 새로이 법률상 이해관계를 가지게 되었으므로, 丁이 통정허위표시에 관하여 선의라면 비록 丙이 악의라 하더라도 허위표시자는 그에 대하여 전세권이 통정허위표시에 의한 것이라는 이유로 대항할 수 없다(대판 2013.2.15. 2012다49292). ③ 틀림. 강제집행을 면할 목적으로 부동산의 소유자명의를 신탁하는 것이 위와 같은 불법원인급여에 해당한다고 볼 수는 없다(대판 1994.4.15. 93다61307). ④ 틀림. 乙이 甲으로부터 부동산에 관한 담보권설정의 대리권만 수여받고도 그 부동산에 관하여 자기 앞으로 소유권이전등기를 하고 이어서 丙에게 그 소유권이전등기를 경료한 경우, 丙은 乙을 甲의 대리인으로 믿고서 위 등기의 원인행위를 한 것도 아니고, 甲도 乙 명의의 소유권이전등기가 경료된 데 대하여 이를 통정·용인하였거나 이를 알면서 방치하였다고 볼 수 없다면 이에 민법 제126조나 제108조 제2항을 유추할 수는 없다(대판 1991.12.27, 91다3208). ⑤ 틀림. 민법 제108조 제2항에 규정된 통정허위표시에 있어서의 제3자는 그 선의 여부가 문제이지 이에 관한 과실 유무를 따질 것이 아니다. (다만) 보증인이 채권자에 대하여 보증채무를 부담하지 아니함을 주장할 수 있었는데도 그 주장을 하지 아니한 채 보증채무의 전부를 이행하였다면, 그 주장을 할 수 있는 범위 내에서는 신의칙상 그 보증채무의 이행으로 인한 구상금채권에 대한 연대보증인들에 대하여도 그 구상금을 청구할 수 없다(대판 2006.3.10, 2002다1321). <답 ①>

6. 허위표시의 무효를 선의의 제3자에게 대항하지 못하게 한 취지는 허위표시를 기초로 하여 별개의 법률원인에 의해 고유한 법률상 이익을 갖는 법률관계에 들어간 자를 보호하기 위한 것이므로, 제3자의 범위는 권리관계에 기초하여 형식적으로만, 파악할 것이 아니라 허위표시행위를 기초로 하여 새로운 법률상 이해관계를 맺었는지의 여부에 따라 실질적으로 파악하여야 한다. 다음 중 밑줄 친 자에 해당하지 않는 경우를 옳게 묶은 것은? (견해가 다를 경우 판례에 따름)

ⓐ 허위의 주채무를 내용으로 하는 보증채무를 이행한 보증인
ⓑ 가장매매의 매수인이 취득한 목적부동산에 대해 저당권을 설정한 자
ⓒ 가장저당권설정행위에 의해 취득한 저당권을 실행함으로써 목적부동산을 경락받은 자
ⓓ 가장매매에 의한 손해배상청구권의 양수인
ⓔ 채권의 가장양도에서 채무자

ⓕ 가장양수인의 일반채권자
ⓖ 통정허위표시에 의한 채권을 가압류한 자
ⓗ 대출채무자와의 사이에서 통정허위표시를 한 금융기관의 계약지위를 이전받은 금융기관
ⓘ 금융기관과 대출채무자 사이에서 통정허위표시에 의해 발생한 부실채권 등 자산을 양도받은 한국자산관리공사
ⓙ 전세권설정계약이 통정허위표시에 해당하여 무효인 경우 그 전세권부채권을 가압류한 자

① ⓐ, ⓒ, ⓓ, ⓕ ② ⓐ, ⓔ, ⓕ, ⓘ ③ ⓑ, ⓒ, ⓕ, ⓖ
④ ⓑ, ⓓ, ⓕ, ⓘ ⑤ ⓒ, ⓓ, ⓕ, ⓙ ⑥ ⓓ, ⓔ, ⓕ, ⓗ
⑦ ⓓ, ⓔ, ⓕ, ⓖ ⑧ ⓔ, ⓕ, ⓖ, ⓙ

해설

ⓐ 보증인의 구상권취득에는 보증의 부종성으로 인하여 주채무가 유효하게 존재하여야 하므로 보증인은 주채무자의 채권자에 대한 채무부담행위라는 허위표시에 기초한 구상권취득에 있어서 새로운 법률상 이해관계를 갖는다(대판 2000.7.6. 99다51258). ⓒ 통설과 판례에 의하면, 통정허위표시의 무효를 가지고 대항할 수 없는 제3자란 허위표시의 당사자 및 포괄승계인 이외의 자로서 허위표시에 의하여 형성된 외형상의 법률관계(즉, 가장저당권의 설정)를 토대로 새로운 이해관계(즉, 경락에 의한 소유권취득)를 갖게 된 자를 의미한다. 즉, 채권자와 채무자가 통모하여 허위의 의사표시로써 저당권설정행위를 하고 채권자가 그 저당권을 실행하여 경매절차가 적법히 진행된 결과 제3자가 경락으로 소유권을 취득하여 그 이전등기를 마쳤다면, 선의의 제3자에게는 그 허위표시를 주장하여 대항할 수 없다(대판 1957.3.23. 4289민상580). ⓓⓕ 제3자에 해당되지 않는다(통설). ⓔ 제3자에 해당되지 않는다(대판 1983.1.18. 82다594 참고). ⓖ 제3자에 해당된다(대판 2004.5.28. 2003다70041 참고). ⓗ 구 상호신용금고법(2000. 1. 28, 법률 제6203호로 개정되기 전의 것) 소정의 계약이전은 금융거래에서 발생한 계약상의 지위가 이전되는 사법상의 법률효과를 가져오는 것이므로, 계약이전을 받은 금융기관은 계약이전을 요구받은 금융기관과 대출채무자 사이의 통정허위표시에 따라 형성된 법률관계를 기초로 하여 새로운 법률상 이해관계를 가지게 된 제3자에 해당하지 않는다(대판 2004.115. 2002다31537 참고). ⓘ 한국자산관리공사가 금융기관의 출자에 의하여 설립되었다고 하더라도 부실자산을 양도한 금융기관과는 독립하여 고유의 업무를 수행하는 별개의 법인이고, 금융기관으로부터 인수한 채권 등 그 자산에 대하여도 별도의 이해관계를 가진다고 할 것이므로, 한국자산관리공사가 부실채권 등 자산을 양도한 금융기관과 실질적으로 동일한 지위에 있다고 할 수는 없고, 또 한국자산관리공사가 부실채권 등 금융기관의 부실자산을 인수함에 있어 금융기관과 협의하여 인수가격 등 인수조건을 정하고 이를 유상으로 인수함과 아울러 담보물권까지 이전받는 점에 비추어 보면, 한국자산관리공사는 금융기관과 대출명의인 사이의 통정한 허위표시에 따라 외형상 형성된 법률관계를 토대로 실질적으로 새로운 법률상 이해관계를 가지게 된 민법 제108조 2항의 제3자에 해당된다고 할 것이다(대판 2004.1.15. 2002다31537). ⓙ 실제로는 전세권설정계약을 체결하지 아니하였으면서도 임대차계약에 기한 임차보증금반환채권을 담보할 목적 또는 금융기관으로부터 자금을 융통할 목적으로 임차인과 임대인 사이의 합의에 따라 임차인 명의로 전세권설정등기를 경료한 경우 임대

인이 보증금을 반환한 후 피고가 전세권부채권을 가압류하였는데, 가압류등기를 마칠 당시 이 사건 전세권설정등기가 말소되지 아니한 상태였고 전세권명의자가 부동산 일부를 여전히 점유·사용하고 있었던 이상 피고는 통정허위표시를 기초로 하여 새로이 법률상 이해관계를 가진 선의의 제3자 해당한다(대판 2010.3.25. 2009다35743). 따라서 보호되는 제3자에 해당되지 않는 경우는 ⓓ, ⓔ, ⓕ, ⓗ이다. <답 ⑥>

7. 통정허위표시에 관한 기술 중 옳은 것을 모두 고른 것은? (다툼이 있는 경우에는 판례에 의함) <사시 2002년, 2008년 유사; 변호사 2012년 유사>

> ㉠ 종중이 탈법 목적 없이 그 보유 부동산을 타인에게 명의신탁하면서 명의수탁자가 이를 임의로 처분할 것에 대비하여 종중 명의로 소유권이전등기청구권 보전을 위한 가등기를 경료한 경우, 그와 같은 가등기를 하기로 하는 합의는 통정허위표시로서 무효이다.
> ㉡ 채무자의 법률행위가 가장행위라도 채권자취소권의 대상이 되고, 채권자취소권의 대상으로 된 채무자의 법률행위라도 통정허위표시의 요건을 갖춘 경우에는 무효이다.
> ㉢ 보증인이 주채무자의 기망행위에 의하여 주채무가 있는 것으로 믿고 채권자와 보증계약을 체결한 후 그에 따라 보증채무자로서 그 채무까지 이행한 경우, 그 보증인은 주채무자의 채권자에 대한 채무부담행위라는 허위표시에 기초하여 구상권 취득에 관한 법률상 이해관계를 가지게 되었으므로 민법 제108조 2항 소정의 제3자에 해당한다.
> ㉣ 선의의 제3자에게는 허위표시의 무효를 주장할 수 없는데, 이때 제3자는 무과실이어야 한다.
> ㉤ X 토지에 관하여 甲과 乙사이의 통정허위표시에 기하여 乙명의의 가등기가 마쳐지고 甲으로부터 丙에게로의 소유권이전등기가 마쳐진 후 위 가등기에 기한 본등기가 마쳐짐에 따라 丙명의의 등기가 말소된 경우, 乙로부터 X에 관한 소유권이전등기를 마친 丁이 위 허위표시에 관하여 알지 못했더라도 丙은 丁을 상대로 소유권이전등기의 말소를 청구할 수 있다.

① ㉠, ㉡, ㉢ ② ㉡, ㉢, ㉣ ③ ㉠, ㉢, ㉣
④ ㉠, ㉡, ㉣ ⑤ ㉡, ㉣ ⑥ ㉡, ㉢
⑦ ㉢, ㉣ ⑧ ㉡, ㉤

해설

㉠ 명의신탁 부동산을 명의수탁자가 임의로 처분할 경우에 대비하여 명의신탁자가 명의수탁자와 합의하여 자신의 명의로, 혹은 명의신탁자 이외의 다른 사람 명의로 소유권이전등기청구권 보전을 위한 가등기를 경료한 것이라면 비록 그 가등기의 등기원인을 매매예약으로 하고 있으며 명의신탁자와 명의수탁사 사이에 그와 같은 매매예약이 체결된 바 없다

하더라도 그와 같은 가등기를 하기로 하는 명의신탁자와 명의수탁자의 합의가 통정허위표시로서 무효라고 할 수 없다(대판 1997.9.30. 95다39526). ㉡ 채무자의 법률행위가 통정허위표시인 경우에도 채권자취소권의 대상이 되고(대판 1984.7.24. 84다카68 참고), 채권자취소권의 대상으로 된 채무자의 법률행위라도 통정허위표시의 요건을 갖춘 경우에는 무효이다(대판 1998.2.27. 97다50985). ㉢ 대판 2000.7.6. 99다51258(보증인의 중과실을 이유로 신의칙에 의거하여 구상금을 청구할 수 없다고 본 판례로서 대판 2006.3.10. 2002다1321 참고). ㉣ 민법 제108조 제2항의 제3자는 선의이면 족하고 무과실은 요건이 아니다(대판 2004.5.28. 2003다70041). ㉤ 가장양수인 乙으로부터의 양수인 丁 명의의 소유권이전등기는 유효하다(대판 1996.4.26. 94다12074). <답 ⑥>

8. B에 대해 2억 원의 금전채무를 부담하고 있던 A는 부동산을 이용해 자산을 증대시킬 생각에, C로부터 1억 원을 대차한 후 그 자금으로 D 소유 주택을 매수하는 한편 C에 대한 금전반환채무를 담보하기 위하여 곧 구입하게 될 주택에 대물변제예약에 의한 가등기를 해주기로 하였다. 그러나 D로부터 주택을 구입한 A는 B의 강제집행을 면할 목적으로 E와 공모하여 그의 명의로 이전등기해두었고, 이 사정을 잘 아는 C의 가등기담보권도 E 명의의 소유주택에 설정하였다. 이 사례에 대한 설명 중 옳은 것은?

① A로부터 E에게 이전된 소유명의는 허위표시로서 무효이므로 주택의 소유권은 다시 D에게 복귀한다.

② E에게로 소유명의를 변경하는 행위가 허위표시로서 무효이지만, C의 가등기담보권은 유효하게 설정되었다.

③ E의 소유명의가 허위표시로서 무효이고, 따라서 C에 대한 가등기담보권의 설정도 무효이므로 A는 E에 대해 이전등기 및 담보가등기의 말소를 청구할 수 있다.

④ A가 D로부터 위 주택을 구입한 주택에 대해 C의 가등기담보권을 설정한 행위는 금전채권자 B에게 사해행위가 되므로 B는 이를 채권자취소권의 목적으로 할 수 있다.

⑤ C가 E 소유명의의 주택에 대해 담보가등기를 마쳤지만 이는 허위표시를 기초로 발생한 법률관계이므로 B는 A를 대위하여 악의의 가등기담보권자 C에게 그 무효를 주장할 수 있다.

해설

① 강제집행을 면할 목적으로 상대방 E와 통모하여 그 소유명의를 옮긴 A의 행위는 허위표시로서 무효이지만, 그렇다고 해서 최초의 매도인 D에게 소유권이 회복되지는 않는다. 즉, 소유권은 A에게 회복되어야 한다. ②③⑤ 형식적으로는(등기부) 가장양수인인 E와 가등기담보권설정약정에 기해 C 명의의 담보가등기가 경료되었더라도 이는 E와 C 사이에 실질적인 새로운 법률상의 원인에 의하여 이루어진 것은 아니어서 C는 통정허위표시에 있어서의 제3자라고 볼 수는 없다. 오히려 C의 가등기담보권취득은 주택의 매수자(실질적 소유자)인 A의 당초의 매매대금 차용에 따른 담보제공약정에 의거 그 이행으로서 이루어진 것이므로 C가 E 명의의 소유권이전등기가 진실에 합치되지 않음을 알았는지 여부와

관계없이 C 명의의 담보가등기는 실체관계에 부합된다. 따라서 A가 그 금전반환채무를 이행하지 않고서는 가등기의 말소를 구할 수 없으므로 A의 채권자로 그를 대위하는 B도 C 명의의 가등기가 A와 E 사이의 통정허위표시에 터잡아 이루어진 것이라는 이유만으로는 그 말소를 구할 수는 없다(대판 1982.5.25. 80다1403). ④ 위 사례에서 A와 C간의 담보계약 당시에 위 주택은 B의 공동담보인 적극재산이 아니었다는 점, 그리고 A가 위 주택을 기존재산에 의해 취득한 것이 아니고 C로부터 빌린 자금으로 매수하고, 그 빌린 돈의 담보로 제공하기로 하는 약정하에 소유권취득과 동시에 담보가등기를 마친 것이므로 위 매수대금 채권의 담보계약에 의하여 A의 당시 재산상태에 어떠한 영향을 미쳤거나 재산적 감소가 있었다고 볼 수는 없다. 따라서 가등기담보권설정행위는 채권자취소의 대상이 되는 사해행위라 할 수 없다(위 80다1403 판결 참고). <답 ②>

9. 甲이 乙에게 통정허위표시로 자신의 부동산에 대하여 소유권이전등기청구권을 위한 가등기를 해 두었다. 그 뒤에 甲이 다시 丙에게 부동산을 양도하고 소유권이전등기를 마쳤다. 그런데 乙이 가등기에 기한 본등기를 하여 丙의 등기가 직권말소 되고 나서, 乙은 다시 丁(선의)에게 부동산을 양도하고 소유권이전등기를 경료하였다. 다음 법률관계 중 옳지 않은 것은?(다툼이 있으면 판례에 의함) <변호사모의 2010년 변형>

① 甲이나 乙은 丁에게 등기의 무효를 주장할 수 없다.
② 丙은 甲의 승계인으로서 丁에 대하여 등기의 무효를 주장할 수 없다.
③ 丙은 가등기된 사실을 알고 그 부동산을 취득한 경우라도 甲에 대하여 계약을 해제하고 손해배상을 청구할 수 있다.
④ 丙은 甲에 대한 소유권이전등기청구권의 권리보전을 위해 乙이나 丁에 대하여 채권자취소권을 행사할 수 있다.
⑤ 丁이 악의라면 丁의 등기는 무효가 된다. 따라서 丙의 등기가 乙의 가등기 때문에 말소된 경우라도 丙의 등기는 직권으로 회복된다.

해설

①② 옳음. 제108조 2항. ③ 옳음. 丙으로서는 채무불이행책임을 물을 수밖에 없는데 그 특칙인 매도인의 담보책임, 즉 민법 제576조의 규정을 유추적용할 수 있다고 본다. 따라서 매수인 丙은 자신의 선의 혹은 악의에 관계없이 계약해제권 및 손해배상청구권을 행사할 수 있다. ④ 틀림. 채권자취소권을 특정물에 대한 소유권이전등기청구권을 보전하기 위하여 행사하는 것은 허용되지 않는다(대판 1999.4.27. 98다56690). ⑤ 옳음. 丙의 등기는 말소하지 아니할 것을 말소한 결과가 되므로 등기공무원은 직권으로 그 말소등기의 회복등기를 하여야 하는 것이고, 따라서 그 회복등기를 소구할 이익이 없다(대판 1995.5.26. 95다6878). <답 ④>

10. 채무초과 상태인 甲은 유일한 재산인 X토지에 관하여 채권자 乙이 강제집행할 것을 우려하여 丙과 허위로 매매계약을 체결하고, 丙명의로 소유권이전등기를 마쳤다. 그 후 丙은 이러한 사정을 모르는 丁에게 X를 매도하고 그에 관한 소유권이전등기를 마쳤다. 한편 丙의 채권자인 戊는 丙이 丁에게 X에 관한 소유권이전등기를 마치기 전에 X에 관하여 근저당권 설정등기를

마쳤다. 다음 설명 중 옳지 않은 것은? (다툼이 있는 경우에는 판례에 의함)
<변호사 2012년>

① 甲과 丙 사이의 매매계약은 甲이 계약체결 당시 채무초과 상태가 아니었더라도 무효이다.

② 甲과 丙 사이의 매매계약이 강제집행을 면탈할 목적으로 체결된 것이라도 선량한 풍속 기타 사회질서에 위반한 법률행위로 볼 수 없으므로, 甲은 丙에게 부당이득의 반환을 청구할 수 있다.

③ 甲과 丙 사이의 매매계약이 무효인 경우, 甲은 丁이 선의라면 그 무효로 丁에게 대항할 수 없고, 丁의 선의는 추정되므로 甲은 丁의 악의를 증명하여야 한다.

④ 甲과 丙 사이의 매매계약이 무효인 경우, 甲은 戊가 선의인지 여부와 관계없이 그 무효로 戊에게 대항할 수 있다.

⑤ 甲과 丙 사이의 매매계약이 무효인 경우, 채권자 乙은 위 매매계약이 사해행위임을 이유로 채권자취소권을 행사할 수 있다.

해설 ··

① 옳음. 甲이 계약체결 당시 채무초과이었는지 여부는 甲과 丙 사이의 매매계약이 통정허위표시에 해당하여 무효라는 점과 관련이 없다(제108조 제1항). ② 옳음. 불법원인급여를 규정한 민법 제746조 소정의 불법의 원인이라 함은 재산을 급여한 원인이 선량한 풍속 기타 사회질서에 위반하는 경우를 가리키는 것으로서, 강제집행을 면할 목적으로 부동산의 소유자명의를 신탁하는 것이 불법원인급여에 해당한다고 볼 수는 없다(대판 1994.4.15. 93다61307). ③ 옳음. 대판 1970.9.29. 70다466. ④ 틀림. 戊 역시 가장매수인 丙으로부터 저당권 취득이라는 실질적으로 새로운 법률상의 이해관계를 맺은 사람으로서 제108조 2항의 제3자에 해당하며, 선의로 추정된다. 따라서 甲은 戊에게 丙과의 매매계약이 통정허위표시로써 무효임을 주장할 수 없다(제108조 2항). ⑤ 옳음. 통설과 판례는 통정허위표시도 채권자취소권의 대상이 될 수 있다고 한다(대판 1998.2.27. 97다50985).

<답 ④>

11. 매도인 甲과 매수인 乙은 지번 969-39에 있는 A토지를 같이 둘러보고 그 토지를 매매의 목적물로 하는 매매계약에 합의를 하였으나, 그 목적물의 지번에 관하여 착각을 일으켜 지번이 969-36으로 되어 있는 甲소유의 B토지를 매매의 목적물로 표시한 매매계약서를 작성하고 말았다. 그 후 乙 앞으로 B토지에 대하여 소유권이전 등기가 경료되었고, 乙은 이를 다시 丙에게 처분하고 소유권이전등기까지 마쳤다. 다음 설명 중 타당한 것은? (다툼이 있으면 판례에 의함) <변리사 2002년, 감평사 2004년>

① 甲은 B토지에 관한 매매계약을 착오를 이유로 취소할 수 있고, 이 경우 丙은 민법 제109조 2항에 의하여 선의인 한 유효하게 소유권을 취득한다.

② 매매계약은 A토지에 관하여 성립한다.

③ B토지에 관하여 유효하게 매매계약이 성립하였으므로, 현재 B토지의 소유권은 丙에게 있다고 보아야 한다.

④ 甲과 乙 사이에 어느 토지를 목적으로 유효한 계약이 체결되었는지와 상관없이 丙은 선의인 한, 공신의 원칙에 기하여 유효하게 B토지의 소유권을 취득한다.

⑤ 매매계약은 A토지에 관하여 성립하고, 甲은 오표시무해의 원칙에 기하여 이를 취소할 수 있다.

해설 ………………………………………

위 설문의 보다 정확한 사실관계에 관해서는 대판 1993.10.26. 93다2629, 2636 참고. ② ⑤ 계약이 성립하기 위해서는 청약과 승낙이라는 양 의사표시의 객관적 의미가 일치하여야 한다. 따라서 법이론적으로 양 당사자는 각각 자신의 내심적 효과의사와 표시행위의 객관적 의미가 일치하지 않음을 이유로 취소할 수 있지만(제109조 1항), 표시의 객관적 의미에 대한 당사자들의 주관적 이해가 모두 일치하므로 그렇게 이해한 대로 의사표시의 효력을 인정할 필요가 있다. 이를 '오표시무해의 법리'(falsa demonstratio)라고 한다(이를 공통의 착오표기라고 정의하는 견해로서 이은영, 491면 참고). 따라서 위 매매계약은 A토지를 목적물로 하여 성립된다. ① B토지의 매매는 성립하지 않은 것으로 이해되므로, 취소 여부가 문제되지 않는다(다만, 통정이 없다는 점을 제외하면 허위표시와 유사하므로 제108조를 유추적용할 수 있다는 견해로서 이은영, 491면 참고). ③ A토지의 매매가 성립되었으므로 B토지에 대한 丙의 소유권은 인정될 수 없다. B토지의 소유자는 여전히 甲이다(다만, B토지에 대한 매매는 무효이지만, 이를 모르는 丙의 소유권은 제108조 2항의 유추적용에 의해 보호되어야 한다는 견해로서 이은영, 492면 참고). ④ 우리 민법에는 등기의 공신력을 인정하는 명문규정이 없기 때문에, 乙명의의 무효등기를 신뢰하여 소유권을 이전받은 丙의 지위는 보호될 수 없다. <답 ②>

12. 착오에 의한 의사표시에 관한 설명 중 옳지 않은 것은? (다툼이 있는 경우에는 판례에 의함) <사시 2008년 변형>

① 동기의 착오가 법률행위의 내용의 중요부분의 착오에 해당함을 이유로 표의자가 법률행위를 취소하려면 그 동기를 당해 의사표시의 내용으로 삼을 것을 상대방에게 표시하고 의사표시의 해석상 법률행위의 내용으로 되어 있다고 인정되며 당사자들 사이에 별도로 그 동기를 의사표시의 내용으로 삼기로 하는 합의가 이루어질 것이 필요하고, 그 법률행위의 내용의 착오는 보통 일반인이 표의자의 입장에 섰더라면 그와 같은 의사표시를 하지 아니하였으리라고 여겨질 정도로 그 착오가 중요한 부분에 관한 것이어야 한다.

② 부동산이 양도된 경우, 양도인에 대하여 부과될 양도소득세 등의 세액에 관한 착오가 미필적인 장래의 불확실한 사실에 관한 것이라도 민법 제109조 소정의 착오에서 제외되는 것은 아니다.

③ 甲은 국유지인 X대지 위에 Y건물을 신축하여 국가에 기부채납하는 대신

X대지 및 Y건물에 대한 사용수익권을 받기로 약정하였다. 사용수익허가의 조건은 건물의 감정평가액 8억 원을 기부채납금액으로 하고 대지 및 건물의 연간사용료를 2억 원으로 하여 사용료 합계가 기부채납액에 달하는 기간 동안의 사용료를 면제하는 것이었다. 그 과정에서 甲과 국가는 기부채납이 부가가치세 부과대상인 줄을 모르고 계약조건을 결정하였다. 후에 甲에게 기부채납에 대하여 1억 원의 부가가치세가 부과되었다. 판례는 이러한 경우에 당사자가 부가가치세에 관한 착오가 없었더라면 약정하였을 것으로 보이는 내용으로 당사자의 의사를 보충하여 계약을 해석할 수 있다는 입장이다.

④ 주채무자의 차용금반환채무를 보증할 의사로 공정증서에 연대보증인으로 서명 · 날인하였으나 그 공정증서가 주채무자의 기존의 구상금채무 등에 관한 준소비대차계약의 공정증서이었던 경우, 연대보증인에게 주채무자가 채권자에게 부담하는 차용금반환채무를 연대보증할 의사가 있었더라도, 그 피담보채무를 달리하므로 연대보증계약의 내용의 중요부분에 착오가 있는 때에 해당한다.

⑤ 혼인이나 입양의 경우에는 당사자의 의사가 절대적 의의를 가지므로 착오에 의한 의사표시는 아무런 효력이 없다.

해설 ··

① 별도로 의사표시의 내용으로 삼기로 하는 합의까지 이루어질 필요는 없다(대판 1998.2.10. 97다44737). ② 대판 1994.6.10. 93다24810 참고. ③ 계약당사자 쌍방이 계약의 전제나 기초가 되는 사항에 관하여 같은 내용으로 착오가 있고 이로 인하여 그에 관한 구체적 약정을 하지 아니하였다면, 당사자가 그러한 착오가 없을 때에 약정하였을 것으로 보이는 내용으로 당사자의 의사를 보충하여 계약을 해석할 수 있는바, 여기서 보충되는 당사자의 의사는 당사자의 실제 의사 또는 주관적 의사가 아니라 계약의 목적, 거래관행, 적용법규, 신의칙 등에 비추어 객관적으로 추인되는 정당한 이익조정 의사를 말한다(대판 2006.11.23. 2005다13288). ④ 착오가 법률행위 내용의 중요 부분에 있다고 하기 위하여는 표의자에 의하여 추구된 목적을 고려하여 합리적으로 판단하여 볼 때 표시와 의사의 불일치가 객관적으로 현저하여야 하고, 만일 그 착오로 인하여 표의자가 무슨 경제적인 불이익을 입은 것이 아니라면 이를 법률행위 내용의 중요 부분의 착오라고 할 수 없다(대판 1999.2.23. 98다47924). (따라서) 위 지문과 같은 경우, 소비대차계약과 준소비대차계약의 법률효과는 동일하므로 공정증서가 연대보증인의 의사와 다른 법률효과를 발생시키는 내용의 서면이라고 할 수 없어 표시와 의사의 불일치가 객관적으로 현저한 경우에 해당하지 않을 뿐만 아니라, 연대보증인은 주채무자가 채권자에게 부담하는 차용금반환채무를 연대보증할 의사가 있었던 이상 착오로 인하여 경제적인 불이익을 입었거나 장차 불이익을 당할 염려도 없으므로 위와 같은 착오는 연대보증계약의 중요 부분의 착오가 아니라고 할 것이다(대판 2006.12.7. 2006다41157). ⑤ 비진의의사표시, 통정허위표시, 착오로 인한 의사표시 규정(제107조-제109조)은 친족 · 상속법에 적용되지 않는다. 친족 · 상속법상 법률행위의 성질상 당사자의 진정한 의사가 없는 신분관계의 창설은 허용될 수 없기 때문이다.

<답 ④>

13. 착오에 대한 설명 중 옳은 것을 모두 고르면? (다툼이 있는 경우 판례에 의함) <변리사 2004년 변형>

> ㉠ 공(空)리스에 있어서 리스물건의 존재 여부에 관한 보증인의 착오는 법률행위의 중요부분의 착오이다.
> ㉡ 착오로 인하여 표의자가 경제적 불이익을 입지 아니하였다면 법률행위 내용의 중요 부분의 착오라고 볼 수 없다.
> ㉢ 경계선을 침범했다는 상대방의 강력한 주장에 따라 착오로 보상금을 지급한 경우에 진정한 경계선의 착오는 동기의 착오이나 그 착오가 상대방으로부터 연유한 것으로서 법률행위의 중요 부분의 착오임을 인정하여 보상금 지급 약정을 취소할 수 있다.
> ㉣ 고려청자로 알고 매수한 도자기가 진품이 아닌 것으로 밝혀진 경우에 매수인이 도자기를 매수하면서 자신의 골동품 식별 능력과 매매를 소개한 자를 과신한 나머지 고려청자가 진품이라고 믿고 소장자를 만나 그 출처를 물어 보지 아니하고 전문적 감정인의 감정을 거치지 아니한 채 그 도자기를 고가로 매수하고 만일 고려청자가 아닐 경우를 대비하여 필요한 조치를 강구하지 아니한 잘못이 있는 경우, 매수인이 매매계약 체결시 요구되는 통상의 주의의무를 현저하게 결여하였다고 보아 착오를 이유로 매매계약을 취소할 수 없다.
> ㉤ 공장을 경영하는 자가 공장이 협소하여 새로운 공장을 설립할 목적으로 토지를 매수함에 있어 토지상 공장건축가능성 여부를 알아보지 아니한 경우 착오를 이유로 매매계약을 취소할 수 없다.

① ㉠　② ㉡　③ ㉠, ㉡
④ ㉡, ㉢　⑤ ㉢, ㉤　⑥ ㉡, ㉢, ㉤

해설

㉠ 금융리스(finance lease)는 실질에 있어 리스이용자에게 리스물건을 취득하는 데 소요되는 자금에 관한 금융의 편의를 제공하는 것을 내용으로 하는 물적 금융이고, 공(空)리스도 리스물건의 대금상당액을 융자받아 이에 이자 상당액을 추가한 금액을 리스료라는 이름으로 반환하는 점에 있어 정상적인 리스와 차이가 없으며, 다만 담보역할을 할 것으로 기대되는 리스물건의 존재 여부에 차이가 있을 뿐이다. 따라서 리스물건의 인도가 없는 점에 보증인의 착오가 있는 경우에도 리스이용자가 리스회사로부터 금융의 이익을 얻어 이를 리스료로 할부변제하는 것을 보증하는 의사가 보증인에게 있었던 이상, 보증인의 위와 같은 착오는 원칙적으로 법률행위의 중요부분의 착오가 아니고 동기의 착오에 불과하다(대판 2001.2.23. 2000다48135 참고). ㉡ 옳다. ㉢ 판례에 따르면 동기를 계약내용으로 하는 의사를 표시하지 아니 한 이상 동기의 착오를 이유로 계약을 취소할 수 없다고 한다(대판 1960.4.21. 4292민상416 등 참고). 그러나 '동기가 상대방의 부정한 방법에 의하여 유발된 경우'(대판 1987.7.21. 85다카2339 참고) 또는 '동기가 상대방으로부터 제공

된 경우'(대판 1978.7.11. 78다719)에는 동기가 표시되지 않았다고 하더라도 동기의 착오에 의한 의사표시는 취소될 수 있다고 한다(특히 위 지문의 경계선 침범 주장에 대한 판결로 대판 1997. 8.26. 97다6063 참고). ㉣ 그와 같은 사정만으로는 매수인이 매매계약을 체결할 때 요구되는 통상의 주의의무를 현저하게 결여하였다고 보기는 어렵다는 이유로 착오를 이유로 매매계약을 취소할 수 있다(대판 1997.8.22. 96다26657 참고). ㉤ 위 매수인으로서는 먼저 위 토지상에 그가 설립하고자 하는 공장을 건축할 수 있는지의 여부를 관할관청에 알아보아야 할 주의의무가 있고, 또 이와 같이 알아보았다면 위 토지상에 그가 의도한 공장의 건축이 불가능함을 쉽게 알 수 있었다고 보이므로 그가 이러한 주의의무를 다하지 아니한 채 매매계약을 체결한 것에는 중대한 과실이 있다(대판 1993.6.29. 92다38881 참고).

<답 ⑥>

14. 다음 중 판례가 '착오로 인한 취소'를 인정하지 않은 사례만 고르면?

ⓐ 매매목적물 1,800평을 경작이 가능한 농지로 알고 매수하였으나 실제로는 그 중 1,355평이 하천부지인 경우
ⓑ 답(畓) 1,389평을 전부 경작할 수 있는 농지인 줄 알고 매수하였는데, 그 중 약 600평이 하천을 이루고 있는 경우
ⓒ 국가에 매수된 농지인 사실을 알지 못하고 매매계약을 체결한 경우
ⓓ 자신의 제자 A와 B에 대해 신원보증을 약속한 바 있었던 보증인이 형식상 채무자의 동일성에 대하여 착오를 일으켜 A를 B로 잘못 알고 보증계약을 체결한 경우
ⓔ 운전수의 형사책임을 유리하게 하기 위한 요청으로 치료기간 및 치료비 등을 잘못 알고 합의서를 작성한 경우
ⓕ 합의금을 수령하는 데 따른 보통문서라고 오인하고 이미 부동문자로 인쇄된 각서에 날인하는 경우
ⓖ 위자료만을 포기하는 것으로 오인하였다는 경우
ⓗ 영구후유증이 발생할 것을 예측하지 못하였다는 경우

① ⓐ ② ⓒ ③ ⓓ
④ ⓔ ⑤ ⓑ, ⓓ ⑥ ⓓ, ⓔ

해설

ⓐ 대판 1974.4.23. 74다54, ⓑ 대판 1968.3.26. 67다2160, ⓒ 대판 1966.9.20. 66다1289는 토지의 현황·경계에 관한 착오로서 판례가 '매매계약의 중요부분의 착오'로 인정한 사례이다. 그러나 ⓓ 법률행위의 중요부분에 관한 착오가 아니라고 판시하였다(대판 1986.8.19. 86다카448). 즉, 일반적으로 근저당권설정계약 또는 보증계약을 맺음에 있어서 채무자가 누구인가에 관한 착오는 일응 의사표시의 중요부분에 관한 착오라고 보지 못할 바 아니나, 근저당권설정자 또는 보증인이 그 계약서에 나타난 채무자가 마음속으로 채무자라고 본 사람의 이름을 빌린 것에 불과하여 계약 당시에 위 두 사람이 같은 사람이 아닌 것을 알았더라도 그 계약을 맺을 것이라고 보여지는 등 특별한 사정이 있는 경우에는 형식상 사람의 동일성에 관한 착오가 있는 것처럼 보이더라도 이를 가지고 법률행위의

중요부분에 관한 착오라고는 볼 수 없다. 한편 '근저당권설정계약상 채무자의 동일성에 관한 물상보증인의 착오'는 중요부분의 착오라고 한 판결도 있다(대판 1995.12.22. 95다37087 참고). ⓔ 대판 1971.4.30. 71다399, ⓕ 대판 1967.6.27. 67다793, ⓖ 대판 1966.10.18. 66다1573, ⓗ 대판 1978. 9.12. 78다1155 등 상해의 정도 · 결과 및 치료기간을 잘못 알고 한 합의는 판례에 의하면 착오에 의한 취소가 가능하다고 한다. <답 ③>

15. 다음은 '착오에 빠진 의사표시'에 관련한 설명이다. 옳은 것을 모두 고르면?
(다툼이 있으면 판례에 의함) <변리사 2002년, 법원 2001년 · 2002년 변형>

ⓐ 외형상 의사와 표시가 일치하지 않더라도 법률행위의 해석방법으로서 자연적 해석을 통하여 그 표시가 무엇을 의미하는지에 관하여 당사자 간에 공통의 의사가 인정되는 때에는 착오는 성립하지 않는다.
ⓑ 판례는 공무원의 법령오해에 기인한 잘못된 공문에 따라 법률상 증여의무가 없는 토지를 토지소유자가 국가에 증여한 경우에 착오를 이유로 증여계약을 취소할 수 있다고 본다.
ⓒ '숨은(또는 무의식적) 불합의'의 경우에도 착오를 이유로 계약을 취소할 수 있다.
ⓓ 매매에 따른 양도소득세를 매수인이 부담하기로 하고 그 세액을 매수인이 계산하여 이를 따로 지급하였는데 후에 양도소득세가 더 부과된 경우처럼, 당사자 쌍방이 동일한 착오에 빠져 있는 때에도 매도인은 착오를 이유로 매매계약을 취소할 수 있다는 것이 판례의 견해이다.
ⓔ 채무자란이 백지로 된 근저당권설정계약서를 제시받으면서 당연히 甲이 채무자일 것으로 예상하고 근저당권설정자로 서명날인 하였는데 채무자가 乙로 기재되어 근저당권설정등기가 경료되었다면 법률행위의 내용의 중요부분에 관한 착오에 해당하지 않는다고 하는 것이 판례의 태도이다.

① ⓐ ② ⓐ, ⓑ ③ ⓐ, ⓒ
④ ⓐ, ⓓ ⑤ ⓐ, ⓑ, ⓓ ⑥ ⓐ, ⓓ, ⓔ

해설

ⓐ 착오에 의해 잘못 표시된 내용(falsa demonstratio)은 일방에게는 표시상의 착오가 될 수 있지만 쌍방이 동일하게 이해되는 내용에 관해 그렇게 착오로 잘못 표시한 경우에는 법률행위의 해석을 통해 그들이 실제로 의욕한 대로 그 내용이 형성된다고 이해할 수 있다. 이러한 해석을 '자연적 해석'이라고 한다(특히 이영준, 254면 이하 참고). 대법원도 토지의 동일성에 관해 양 당사자가 합의를 보았으나 착오로 그 표시를 잘못하여 이전등기까지 마친 사례에서 이를 착오를 이유로 한 취소의 문제가 아니라 법률행위해석의 문제로 이해하였나(대판 1993.10.26. 93다2629, 2636). ⓑ 시(市)로부터 공원휴게소 설치시행허가를 받는 데 담당공무원이 법규오해로 인하여 잘못 회시한 공문에 따라 동기의 착오를

일으켜 법률상 기부채납의무가 없는 휴게소부지의 16배나 되는 토지 전부와 휴게소건물을 시에 증여하였다면, 이는 휴게소부지와 그 지상시설물에 관한 부분을 제외한 나머지 토지에 관해서는 법률행위의 중요부분에 관한 착오에 빠졌다고 볼 수 있다(대판 1990.7.10. 90다카7460 참고). ⓒ '숨은 불합의'로 인해 그 계약은 성립하지 않았으므로 그 효력을 따질 수 없다. ⓓ 부동산의 양도가 있은 경우에 그에 대하여 부과될 양도소득세 등의 세액에 관한 착오가 미필적인 장래의 불확실한 사실에 관한 것이라도 민법 제109조 소정의 착오에서 제외되는 것은 아니다. 따라서 매도인이 납부하여야 할 양도소득세 등의 세액에 대해서는 매수인이 부담하기로 한 금액뿐이므로 매도인의 부담은 없을 것이라는 착오를 매도인의 대리인이 일으키지 않았더라면 매수인과 매매계약을 체결하지 않았거나 아니면 적어도 동일한 내용으로 계약을 체결하지는 않았을 것임이 명백하고, 나아가 매도인이 그와 같이 착오를 일으키게 된 계기를 제공한 원인이 매수인측에 있을 뿐만 아니라 매수인도 매도인이 납부하여야 할 세액에 관하여 매도인과 동일한 착오에 빠져 있었다면, 매도인의 위와 같은 착오는 매매계약의 내용의 중요부분에 관한 것에 해당한다. 그러나 매도인이 부담하여야 할 세금의 액수가 예상액을 초과한다는 사실을 알았더라면 매수인이 초과세액까지도 부담하기로 약정하였으리라는 특별한 사정이 인정될 수 있을 때에는 매도인으로서는 매수인에게 초과세액 상당의 청구를 할 수 있다고 해석함이 당사자의 진정한 의사에 합치할 것이므로 매도인에게 위와 같은 세액에 관한 착오가 있었다는 이유만으로 매매계약을 취소하는 것은 허용되지 않는다(대판 1994.6.10. 93다24810 참고). ⓔ 대판 1995.12.22. 95다37087의 태도이다. 그러나 두 사람이 같은 사람이 아닌 것을 알았더라도 법률행위를 하였을 것이라고 볼 수 있는 특별한 사정이 있는 경우에는 형식상 사람의 동일성에 관한 착오가 있더라도 중요부분에 대한 착오라고 할 수 없다(대판 1986.8.19. 86다카448 참고). <답 ⑤>

16. 다음은 사기(詐欺)나 강박(强迫)에 의한 의사표시에 관한 설명이다. 틀린 것을 모두 고르면?

㉠ 생명보험계약을 체결하면서 질병에 관한 질문에 허위로 대답하는 것은 작위(作爲)에 의한 기망행위에 해당한다.
㉡ 민법 제110조는 피기망자와 피강박자의 재산을 보호하려는 데 그 입법목적이 있다.
㉢ 중고차매매계약에서 사고차인 사실을 숨기는 것은 기망행위에 해당한다.
㉣ 수의계약에 의하여 매수할 자격이 없음에도 불구하고 마치 있는 것처럼 허위신고를 하는 것은 기망행위라고 할 수 있다.
㉤ 강박행위에 의한 위해(危害)는 객관적으로 실현될 수 있는 것이라야 한다.
㉥ 착오는 기망행위로 인하여 생겨야 한다. 이미 착오에 빠져 있는 자가 기망행위에 의하여 더욱 그 착오의 정도가 커진 경우에는 사기가 되지 않는다.

① ㉠, ㉡, ㉢　　② ㉠, ㉢, ㉥　　③ ㉠, ㉣, ㉤

④ ㉡, ㉢, ㉣ ⑤ ㉡, ㉤, ㉥ ⑥ ㉢, ㉣, ㉤
⑦ ㉢, ㉤ ⑧ ㉣, ㉤

해설

기망행위란 표의자(피기망자)로 하여금 사실과 다른 그릇된 관념을 가지게 하거나 이를 강화 또는 유지하려는 모든 행위를 말한다. 따라서 ㉠과 ㉣(대판 1969.3.18. 68다699)은 작위에 의한 기망행위이며, ㉢은 부작위에 의한 기망행위라고 할 수 있다. 그리고 ㉡ 민법 제110조는 사기를 당한 자와 강박을 받은 자의 의사결정의 자유를 보호하는 데 그 목적이 있다(통설, 판례: 대판 1974.2.26. 73다1143). ㉤ 고지된 해악이 반드시 객관적으로 실현될 수 있어야 하는 것은 아니다. 강박행위는 피강박자에게 '주관적으로' 공포심을 야기하면 된다. ㉥ 기망행위와 착오 사이에는 인과관계가 필요하다. 한편, 기망행위란 새로운 착오를 야기하는 것뿐만 아니라 기존의 착오를 강화·유지하게 하는 모든 행위이다. <답 ⑤>

17. 사기 또는 강박에 의한 의사표시에 관한 설명 중 틀린 것을 모두 고른 것은? (다툼이 있는 경우에는 판례에 의함) <사시 2007년 유사>

> ㉠ 토지거래허가를 받지 않아 유동적 무효 상태에 있는 거래계약에 관해서는 사기 또는 강박에 의한 계약의 취소를 주장할 수 없다.
> ㉡ 매수인이 매도인의 기망에 의하여 타인의 물건을 매도인의 것으로 잘못 알고 매수의 의사표시를 하였는데 만일 타인의 물건인 줄 알았다면 매수하지 아니하였을 사정이 있는 경우, 매수인은 자신의 의사표시를 취소할 수 있다.
> ㉢ 제3자의 기망행위에 의하여 신원보증서류에 서명날인한다는 착각에 빠진 상태로 연대보증의 서면에 서명날인한 경우(서명의 착오), 상대방이 제3자의 기망행위를 알 수 있었다면 제3자에 의한 사기를 이유로 취소할 수 있다.
> ㉣ 상대방의 피용자이거나 상대방이 사용자책임을 져야 할 관계에 있는 자는 제3자의 사기에 의한 의사표시에 있어서의 제3자에 해당하지 않는다.

① ㉠, ㉢ ② ㉢ ③ ㉠, ㉣
④ ㉢, ㉣ ⑤ ㉠, ㉡, ㉣ ⑥ ㉠, ㉢, ㉣
⑦ ㉣ ⑧ ㉡, ㉢

해설

㉠ 취소권을 행사하여 위 계약을 확정적으로 무효로 할 수 있다(대판 1997.11.14. 97다36118 등 참고). ㉡ 민법 제569조가 타인의 권리의 매매를 유효로 규정한 것은 선의의 매수인의 신뢰이익을 보호하기 위한 것이므로 매수인이 매도인의 기망에 의하여 타인의 물건을 매도인의 것으로 알고 매수한다는 의사표시를 하였다면, 만일 타인의 물건인줄 알았더라면 매수하지 아니하였을 사정이 있는 경우에는 매수인은 민법 제110조에 의하여 매수의 의사표시를 취소할 수 있다(대판 1973.10.23. 73다268). ㉢ 사기에 의한 의사표시란 타인의 기망행위로 말미암아 착오에 빠지게 된 결과 어떠한 의사표시를 하게 되는 경우로

서 의사와 표시의 불일치가 있을 수 없고, 단지 의사의 형성과정 즉 의사표시의 동기에 착오가 있는 것에 불과하다. 이 점에서 고유한 의미의 착오에 의한 의사표시와 구분된다. 구체적으로 신원보증서류에 서명날인한다는 착각에 빠진 상태로 연대보증의 서면에 서명날인한 경우(강학상 기명날인의 착오 또는 서명의 착오)는 즉 어떤 사람이 자신의 의사와 다른 법률효과를 발생시키는 내용의 서면에 그것을 읽지 않거나 올바르게 이해하지 못한 채 기명날인을 하는 이른바 표시상의 착오에 해당한다. 따라서 비록 위와 같은 착오가 제3자의 기망행위에 의하여 일어난 것이라 하더라도 사기에 의한 의사표시에 관한 법리(특히 민법 제110조 2항)를 적용할 것이 아니라, 착오에 의한 의사표시에 관한 법리만을 적용하여야 한다(대판 2005.5.27. 2004다43824). ㉣ 제3자에 해당한다(대판 1998.1.23. 96다41496 참고). <답 ⑥>

18. 甲은 乙에게 사기를 당하여 2010년 5월 1일 시가 3억 원 상당의 토지를 乙에게 2억 원에 매도하고 같은 해 5월 5일에 등기를 이전해주었다. 한편 乙은 2010년 5월 31일 丙으로부터 3억 원을 차용하면서 위 토지 위에 丙을 위하여 저당권을 설정하였다가 2010년 12월 11일 대물변제로 丙에게 이전등기를 경료하였다. 그 후, 甲은 乙에게 속은 것을 알고 2011년 5월 1일 위 매매를 취소하였다. 이 사례에 관한 설명으로서 틀린 것은?

① 甲의 취소권행사로 인하여 매매계약은 처음부터 무효인 것으로 되었다.
② 甲과 乙의 관계에서 물권행위의 독자성을 긍정하고 그 무인성을 부인한다면, 丙은 무권리자로부터 소유권을 취득한 것으로 된다.
③ 丙은 제110조 제3항이 말하는 제3자에 해당한다.
④ 제3자의 선의는 추정되지 않으므로 甲의 취소에 대항하기 위해서는 丙이 스스로 자신의 선의를 입증해야 한다.
⑤ 丙이 1976년 12월 11일까지 선의라고 한다면 甲은 매매계약의 취소로서 丙에게 대항할 수 없으므로 丙은 저당권과 소유권을 유효하게 취득한다.

해설

① 제141조 본문. ② 甲의 취소로 인하여 매매계약이 무효로 된다. 그리고 유인론에 따르면 소유권이전행위도 원인이 없으므로 乙은 처음부터 소유권을 취득하지 못한 것으로 된다. 무인론에 의하면 매매계약은 무효가 되더라도 소유권이전행위는 유효하나, 법률상 원인 없이 취득하였기 때문에 이를 부당이득으로써 반환해야 한다. ③ 丙은 乙이 甲으로부터 기망하여 취득한 부동산에 대하여 새롭게 법률관계를 형성한 자이므로 제3자에 해당한다. ④ 제3자의 선의는 추정되므로(대판 1970.11.24. 70다2155), 취소를 주장하는 자가 丙의 악의를 입증하여야 한다. ⑤ 제110조 3항. <답 ④>

19. 다음 사례들에 대한 설명으로서 틀린 것은?

〈사례 1〉 A는 자신이 소유하는 주택을 B에게 1억 원에 매도하고 즉시 이전등기를 마쳤으나, 며칠 후 B의 기망행위를 이유로 계약을 취소하였다. 한편 B의 기망행위를 전혀 모르는 C는 A의 취소 전에 위 주택을 B로부터 구입하고 이전등기를 마쳤다.
〈사례 2〉 A는 자신이 소유하는 주택을 B에게 1억 원에 매도하고 이전등기를 마쳤으나, B가 이행기에 대금지급을 하지 못하자 A는 B의 채무불이행을 이유로 계약을 해제하였다. 한편 C는 A의 해제 전에 위 주택을 B로부터 구입하고 이전등기를 마쳤다.

① 〈사례 1〉에서 C는 선의의 제3자이므로 A는 계약의 취소를 C에 대하여 주장할 수 없다.
② 〈사례 1〉에서 C의 선의는 추정되므로 A가 계약의 취소를 C에게 주장하기 위해서는 C의 악의를 A가 입증하여야 한다.
③ 〈사례 2〉에서 C의 주택소유권은 A의 해제에 의해 원상회복되지 않는다.
④ 〈사례 1〉에서 계약이 취소된 사실을 이미 알고 있는 C가 계약의 취소 후에 B의 등기명의가 말소되지 않은 상태에서 B로부터 주택을 구입하였더라도, 판례에 의하면 명의신탁의 법리를 유추하여 A는 계약의 취소를 C에게 주장할 수 없다.
⑤ 〈사례 2〉에서 계약이 해제된 사실을 전혀 모르는 C가 계약의 해제 후에 B의 등기명의가 말소되지 않은 상태에서 B로부터 주택을 구입하였더라도, 판례에 의하면 C의 주택소유권은 보호된다.

해설

① 제110조 3항. ② 법률행위의 '효력' 요건에 대한 입증책임의 소재문제이므로 그 법률행위의 효력을 부인하려는 측에서 주장하여 입증하여야 한다. 판례도 같은 취지이다. 즉, 제3자는 특별한 사정이 없는 한 선의로 추정되므로 표의자가 취소의 효과를 주장하려면 제3자의 악의를 입증할 필요가 있다(대판 1970.11.24. 70다2155). ③ 제548조 1항 단서 참조. ④ 취소권행사 이후에 등장한 제3자에 대해서도 표의자는 취소를 주장할 수 없다는 판례의 법리가 있다. 그 법리의 '내용' 자체에 있어서 주의할 요건은 취소사유 및 취소권 행사에 대해 선의이어야 한다는 점이다. 즉, 사기에 의한 법률행위의 의사표시를 취소하면 취소를 주장하는 자와 양립되지 아니하는 법률관계를 가졌던 것이 취소 이전에 있었던가 이후에 있었던가는 가릴 필요 없이 사기 및 그 취소사실을 몰랐던 모든 제3자에게 대항하지 못한다(대판 1975.12.23. 75다533). 이러한 판례의 태도를 지지하는 학설로서 이영준, 415면 및 김상용, 512면 참고. 따라서 위 보기에서 취소사실을 알고 있는 악의의 C에 대해서는 A가 계약의 취소를 주장할 수 있으므로 주택소유권은 A에게 당연히 복귀되든지(물권행위의 무인성을 부인하는 경우) 혹은 부당이득반환의 대상이 된다(그 무인성을 인정하는 경우). ⑤ 해제와 관련해서도 판례는 취소의 경우와 같은 태도를 취한다. 즉, 계약당사자의 일방이 계약을 해제하였을 때에는 계약은 소급하여 소멸하여 계약당사자는 각 원상회복의무를 지게 되지만, 이 경우 계약해제로 인한 원상회복등기 등이 이루어지기 이전에 계약의 해제를 주장하는 자와 양립되지 아니하는 법률관계를 가지게 되었고 계약해제사실을 몰랐던 제3자에 대하여는 계약해제를 주장할 수 없다(대판 1985.4.9. 84다카130). 따라서 C는 계약해제에 따른 원상회복으로부터 보호된다. <답 ④>

20. 사기 또는 강박에 의한 의사표시에 관한 설명 중 옳은 것을 모두 고른 것은? (다툼이 있는 경우에는 판례에 의함) <사시 2010년 변형: 배점 3>

> ㉠ 교환계약의 일방 당사자가 자신이 소유하는 목적물의 시가를 묵비하여 상대방에게 고지하지 아니하거나 허위로 시가보다 높은 가액을 시가라고 고지한 경우, 특별한 사정이 없는 한, 이는 상대방의 의사결정에 불법적인 간섭을 한 기망행위에 해당하지 않는다.
> ㉡ 사기로 인한 의사표시를 취소하여 표의자의 부당이득반환청구권과 불법행위로 인한 손해배상청구권이 경합한 경우, 표의자는 이를 선택하여 행사할 수 있지만, 중첩적으로 행사할 수는 없다.
> ㉢ 사기나 강박으로 인하여 상속을 포기하였더라도 상속개시 있음을 안 날로부터 3월이 경과한 후에는 이를 취소하지 못한다.
> ㉣ 제3자의 사기에 의한 의사표시에 있어서 상대방의 피용자는 대리권의 유무와 상관없이 상대방과 동일시할 수 있어 제3자에 해당하지 않는다.
> ㉤ 화해계약이 사기로 인하여 이루어진 경우, 화해당사자의 자격 또는 화해의 목적인 분쟁에 관하여 착오를 일으킨 경우에 한하여 취소할 수 있다.

① ㉠, ㉡ ② ㉡, ㉢ ③ ㉢, ㉤
④ ㉠, ㉡, ㉢ ⑤ ㉠, ㉡, ㉣ ⑥ ㉠, ㉣, ㉤
⑦ ㉡, ㉢, ㉤ ⑧ ㉢, ㉣, ㉤

해설

㉠ 당사자 일방이 알고 있는 정보를 상대방에게 사실대로 고지하여야 할 신의칙상의 주의의무가 인정된다고 볼 만한 특별한 사정이 없는 한, 어느 일방이 교환 목적물의 시가나 그 가액 결정의 기초가 되는 사항에 관하여 상대방에게 설명 내지 고지를 할 주의의무를 부담한다고 할 수 없기 때문이다(대판 2002.9.4, 2000다54406). ㉡ 채권자는 어느 것이라도 선택하여 행사할 수 있지만 중첩적으로 행사할 수는 없다(대판 1993.4.27. 92다56087). ㉢ 상속의 승인이나 포기는 상속개시를 안 날로부터 3월 내에서도 취소할 수 없지만(제1024조 1항), 사기나 강박으로 상속을 승인하거나 포기한 경우에는 제1019조 1항을 적용하지 않고 총칙편에 의하여 취소된다. 그럼에도 불구하고 그 취소권은 추인할 수 있는 날로부터 3월 또는 승인 또는 포기한 날로부터 1년 내에 행사하지 않으면 시효로 소멸된다(제1024조 2항). ㉣ 제110조 2항에서, 단순히 상대방의 피용자이거나 상대방이 사용자책임을 져야 할 관계에 있는 피용자에 불과한 자는 상대방과 동일시할 수는 없으므로 여기에서 말하는 제3자에 해당하지만, 그 의사표시에 관한 상대방의 대리인이 되는 등 그 의사표시와 관련하여 상대방과 법률상 동일시할 수 있는 자는 제3자에 해당하지 않는다. 따라서 甲상호신용금고의 기획실 과장 乙로부터 기망을 받은 丙이 甲에 대한 누군가의 대출금채무를 담보하기 위하여 그 소유부동산에 대해 甲에게 근저당권을 설정해준 경우에 乙은 제110조 2항상 제3자에 해당하나(대판 1998.1.23. 96다41496), 甲은행의 부분적인 포괄대리권을 가진 출장소장 乙로부터 기망을 받은 丙이 甲에게 금전소비대차 및 연대보증약정을 체결해준 경우에 乙은 제3자에 해당하지 않는다(대판 1999.2.23. 98다

60828,60835). ⓜ 민법 제733조의 규정에 의하면, 화해계약은 화해당사자의 자격 또는 화해의 목적인 분쟁 이외의 사항에 착오가 있는 경우를 제외하고는 착오를 이유로 취소하지 못하지만, 화해계약이 사기로 인하여 이루어진 경우에는 화해의 목적인 분쟁에 관한 사항에 착오가 있는 때에도 민법 제110조에 따라 이를 취소할 수 있다(대판 2008.9.11. 2008다15278). <답 ①>

21. 의사표시에 관한 설명 중 옳은 것은? (다툼이 있는 경우에는 판례에 의함)

<사시 2011년: 배점 2>

① 甲은, 은행으로부터 대출을 받을 수 없는 신용불량자 乙을 위하여 자신의 명의를 빌려주고, 그 경위를 모르는 丙은행으로부터 1,000만 원을 대출 받게 해주었다. 변제기에 이르자 丙이 甲에게 반환청구를 한 경우, 甲은 乙이 실질적인 채무자라고 주장하면서 丙의 청구를 거절할 수 있다.

② 甲이 채권자 乙의 강제집행을 피할 목적으로, 자신의 부동산에 대해 丙과 허위로 매매계약을 체결하고 丙 앞으로 소유권이전등기를 넘겨주었다. 그 후 丙이 이러한 사정을 모르는 丁에게 그 부동산을 매도하고 丁 명의로 소유권이전등기를 마쳤다. 이 경우 甲은 丙에게 부당이득반환청구를 할 수 없다.

③ 동기의 착오가 법률행위의 내용의 중요부분의 착오에 해당함을 이유로 표의자가 법률행위를 취소하려면 당사자들 사이에 별도로 그 동기를 의사표시의 내용으로 삼기로 하는 합의까지 이루어져야 한다.

④ 영업양도계약이 양수인의 사기를 원인으로 취소되는 경우에 양수인의 기망이 불법행위를 구성하는 때에는 양도인은 취소의 효과로 생기는 부당이득반환청구권과 불법행위로 인한 손해배상청구권 중 선택하여 행사할 수 있다.

⑤ 은행의 출장소장이 고객으로부터 어음할인을 부탁받자, 그 어음이 부도날 경우를 대비하여 담보 목적으로 받아두는 것이라고 속이고 고객의 명의로 금전대출약정을 체결한 후 그 대출금을 자신이 인출하여 사용한 경우, 고객은 은행이 그 사기사실을 알았거나 알 수 있었을 경우에 한하여 사기를 이유로 그 대출약정을 취소할 수 있다.

해설

① 틀림. 제3자의 의사는 특별한 사정이 없는 한 대출에 따른 경제적인 효과는 채무자에게 귀속시킬지라도 법률상의 효과는 자신에게 귀속시킴으로써 대출금채무에 대한 주채무자로서의 책임을 지겠다는 것으로 보아야 할 것이다(대판 1997.7.25. 97다8403). ② 틀림. 강제집행을 면할 목적으로 부동산에 허위의 근저당권설정등기를 경료하는 행위는 민법 제103조의 선량한 풍속 기타 사회질서에 위반한 사항을 내용으로 하는 법률행위로 볼 수 없다(대판 2004.5.28. 2003다70041). 따라서 민법 제108조 2항을 적용하면 되므로 선의의 丁에게는 대항할 수 없지만, 丙에게는 그로인한 부당이득의 반환을 청구할 수 있다. ③ 틀림. 대판 1998.2.10. 97다44737 참고. ④ 옳음. 경합하여 병존하는 것이므로 채권

자는 어느 것이라도 선택하여 행사할 수 있지만 중첩적으로 행사할 수는 없다(대판 1993.4.27. 92다56087). ⑤ 틀림. 출장소장의 행위는 은행 또는 은행과 동일시할 수 있는 자의 사기일 뿐 제3자의 사기로 볼 수 없으므로 은행이 그 사기사실을 알았거나 알 수 있었을 경우에 한하여 위 약정을 취소할 수 있는 것은 아니다(대판 1999.2.23. 98다60828,60835).

<답 ④>

제 5 장 법률행위의 대리

제 1 절 대리일반론

1. 다음 설명 중 옳은 것은?

① 乙의 채무불이행을 이유로 그와의 매매계약을 해제한다는 甲의 문서를 丙이 전달하다가 분실한 경우, 甲의 해제는 표현대리의 법리에 의해 해결하게 된다.

② 자신이 소유하는 토지를 5억 원에 매각하려는 노모 A의 청약을 받아 그의 아들 B가 4억 원이라고 대서(代書)하여 매수인 C와 계약을 체결한 경우, 추후에 이 사실을 안 A는 착오에 의한 의사표시를 이유로 계약을 취소할 수 있다.

③ 자신이 소유하는 토지를 5억 원 이상의 가격으로 매각해 달라는 내용의 부탁을 노모 A로부터 받은 그의 아들 B가 C에게 위 토지를 A의 이름으로 4억 원에 매도하는 계약을 체결한 경우, 추후에 이 사실을 안 A는 착오에 의한 의사표시를 이유로 매매계약을 취소할 수 있다.

④ 자신이 소유하는 토지를 5억 원 이상의 가격으로 매각해 달라는 내용의 부탁을 노모 A로부터 받은 그의 아들 B가 관련등기서류를 이용해 위 토지의 소유명의를 A 몰래 자신에게 옮긴 후, B가 시가가 7억 원을 넘는 C의 고급주택과 위 토지를 교환하는 계약을 체결한 경우, 추후에 이 사실을 안 A는 비록 고급주택의 시가가 7억 원을 넘더라도 위 교환계약의 무효를 주장할 수 있다.

⑤ 위탁매도인 B는 A의 토지를 그의 계산으로 C에게 매도하는 계약을 체결한 경우, A는 대리의 규정을 유추하여 B의 착오에 의한 의사표시를 이유로 위 매매를 취소할 수 있다.

해설

① 丙은 甲을 위한 ('전달기관'으로서의) 사자(使者)이므로 그가 위 문서를 분실함으로써 甲의 해제의사표시는 아직 상대방 乙에게 도달하지 않았을 뿐이다(제111조 1항 참조). ② 아들 B는 노모 A의 대리인이 아니라 의사표시를 하기 위한 '표시기관'(으로서의 사자)에 지나지 않기 때문에 '표시상의 착오'를 이유로 매매를 취소할 수 있다(제109조 1항). ③ A의 부탁은 임의대리권에 대한 수권행위로 이해되고 B는 A의 대리인으로서 대리행위를 한 것이므로('A의 이름으로') 대리행위에 있어서 어떠한 하자가 있더라도 이를 이유로 취소할

수는 없다(제116조 1항 참조). ④ B는 교환계약을 체결하는 데 있어서 자신의 이름으로 행위하였으므로 교환의 당사자는 B와 C이다. 또한 B로의 소유권이전등기는 무효이므로 A는 B에 대해 소유물반환을 청구할 수 있지만, 교환계약에 대해서는 의무부담행위에 불과하므로 처분권한 없는 B의 행위일지라도 별도의 무효사유가 없는 한 유효이다. ⑤ 위탁매도인 B는 결코 위탁인 A의 대리인으로 행위하는 것이 아니라, A의 계산으로 할 뿐 B의 이름으로 매매계약을 체결하므로(상법 제101조 참조) A가 대리의 규정(제116조 1항)을 유추하여 B의 행위를 취소할 수는 없다. 즉, 위탁매도인은 자신의 이름으로 매매행위를 하므로 위탁자를 위한 매매로 인하여 상대방에 대하여 직접 권리를 취득하고 의무를 부담한다(상법 제102조 참조). <답 ②>

제 2 절 유권대리

1. 다음은 대리권의 범위에 관한 판례의 태도이다. 옳지 않은 것은?

① 부동산의 소유자로부터 매매계약을 체결할 대리권을 수여받은 대리인은 특별한 사정이 없는 한 그 매매계약에서 약정한 바에 따라 중도금이나 잔금을 수령할 권한도 가진다고 보아야 한다.

② 대여금의 영수권한을 위임받은 대리인은 본인의 특별수권이 없는 한 그 대여금 채무의 일부를 면제할 수 없는 것이 원칙이다.

③ 소송상의 화해나 청구의 포기에 관한 특별수권이 있는 경우에는, 당해 소송물인 권리의 처분이나 포기에 대한 권한도 수여되어 있다고 보아야 한다.

④ 예금계약의 체결을 위임받은 자가 가지는 대리권에 당연히 그 예금을 담보로 대출을 받거나 이를 처분할 수 있는 대리권이 포함되어 있는 것은 아니다.

⑤ 계약체결의 대리권을 부여받은 대리인은 원칙적으로 그 대리권에 기하여 체결된 계약의 해제나 합의해제를 할 수 있는 대리권이 있음은 물론이고 상대방의 해제의 의사표시를 수령할 수 있는 대리권도 있다.

해설

① 또한 매매계약의 체결과 이행에 관하여 포괄적으로 대리권을 수여받은 대리인은 특별한 다른 사정이 없는 한 상대방에 대하여 약정된 매매대금지급기일을 연기하여 줄 권한도 가진다고 보아야 할 것이다(대판 1992.4.14. 91다43107). ② 대여금의 영수권한만을 위임받은 대리인이 그 대여금 채무의 일부를 면제하기 위하여는 본인의 특별수권이 필요하다(대판 1981.6.23. 80다3221). ③ 대판 1994.3.8. 93다52105. ④ 대판 2002.6.14. 2000다38992. ⑤ 어떠한 계약의 체결에 관한 대리권을 수여받은 대리인이 수권된 법률행위를 하게 되면 그것으로 대리권의 원인된 법률관계는 원칙적으로 목적을 달성하여 종료하는 것이고, 법률행위에 의하여 수여된 대리권은 그 원인된 법률관계의 종료에 의하여 소멸하는 것이므로, 그 계약을 대리하여 체결하였던 대리인이 체결된 계약의 해제 등 일체의 처분권과 상대방의 의사를 수령할 권한까지 가지고 있다고 볼 수는 없다(대판 2008.6.12. 2008다11276). <답 ⑤>

2. 다음은 '자기계약 · 쌍방대리의 금지'에 관한 판례의 태도이다. 내용이 잘못된 것은?

① 특정한 법률행위에 관하여 본인의 승낙이 있으면 당사자 쌍방을 대리할 수 있다.
② 부동산입찰절차에서 동일물건에 관하여 이해관계가 다른 2인 이상의 대리인이 된 경우에는 그 대리인이 한 입찰은 무효이다.
③ 사채알선업자는 어느 일방만의 대리인이 아니고, 채권자 쪽을 대할 때에는 채무자 측의 대리인 역할을 하게 되는 것이고, 반대로 돌아서서 채무자 쪽을 대할 때에는 채권자 측의 대리인으로서 역할을 하게 된다.
④ 원고의 소송대리인이 원고승계참가인의 소송행위를 대리하였더라도 쌍방대리금지의 원칙에 반하지 않는다.
⑤ 민법은 채무의 이행(변제)에 있어서는 쌍방대리를 허용하므로(제124조 단서), 변제의 일종인 대물변제에 있어서도 쌍방대리가 원칙적으로 허용된다.

해설

① 대판 1969.6.24. 69다571. ② 하지만 동일인이 공동입찰자의 대리인이 되는 경우가 아니라 2개 이상의 다른 물건에 관하여 대리하여 입찰한 경우에는 그 대리행위는 허용된다고 한다(대결 2004.2.13. 2003마44 참고). ③ 대판 1979.10.30. 79다425. ④ 대판 1991.1.29. 90다9520,9537 참고. ⑤ 대물변제나 경개는 새로운 이해관계의 변동을 수반하므로 채무의 이행에 해당하더라도 쌍방대리가 허용되지 않는다(통설). <답 ⑤>

3. 공동대리에 관한 다음 설명 중 가장 타당한 것은?

① 동일사항에 대하여 대리권을 가진 자가 수인인 경우에는 본인의 이익보호라는 관점에서 당연히 공동대리이다.
② 통설은 공동대리가 되는 경우에 그에 위반해서 행해진 대리행위는 무권대리로서 취급한다.
③ 대리인이 수인일 때는 모두 공동으로 대리권을 행사하여야 한다.
④ 공동대리의 제약이 있는 이상 수동대리에 대해서도 대리인 전원의 공동을 필요로 하게 된다.
⑤ 공동대리의 기능으로서는 복수대리인의 상호규제와 합의에 의해 대리권의 남용과 경솔한 행사로부터 본인을 보호하는 데 있다. 더욱이 대리인을 다수 둠으로써 대리인을 통하여 행하는 사무처리의 효율을 높이고자 하는 의미가 있다는 점도 중요한 기능의 하나이다.

해설

① 그와 같은 이유만으로 '당연히' 공동대리라고 인정할 수는 없다. 즉 어느 대리인도 단독으로 유효한 대리행위를 할 수 있는 경우도 있다. 그리고 대리인이 여럿 있는 경우에 이를 당연히 공동대리로 보아야 하는 것이 아니라 원칙적으로는 단독대리로 보아야 한다

는 것이 통설이다. ② 곽윤직, 378면; 고상룡, 508면; 김주수, 398면. 반면에 소수설은 공동대리인이 단독으로 행위한다고 표시한 경우로서, 특히 수권이 없는 경우에는 무권대리가 되며, 다만 제126조의 요건을 갖춘 때에는 권한을 넘는 표현대리가 된다고 한다(이영준, 497면; 이은영, 618면). ③ 대리인이 수인일 때는 각자 대리의 원칙이 적용된다. 그러나 법률 또는 수권행위에 다른 정함이 있는 경우에는 공동대리인은 공동으로 본인을 대리한다. ④ 공동대리의 제약이 있더라도 수동대리에 대해서는 대리인 전원의 공동을 요하지 않는다. 즉 어떤 대리인도 단독으로 수동대리를 할 수 있다고 해석된다(이영준, 498면; 이은영, 618면 등. 반면에 의사표시를 공동으로 수령해야 된다는 견해로서 곽윤직, 377면 참고). ⑤ 전단은 타당하다. 그러나 후단의 경우, 공동대리의 취지에 비추면 대리인을 통해서 하는 사무처리의 효율을 희생하더라도 대리권의 남용 등을 방지하고, 본인의 이익을 보호하기 위하여 공동대리제도가 활용된다는 점에서 타당하지 않다. <답 ②>

4. 다음은 대리권의 발생과 그 소멸에 관련한 설명이다. 잘못된 것은?

① 대리인의 의사표시가 착오에 빠졌는지는 대리인을 기준으로 판단하여야 하므로, 복대리인의 의사표시가 제3자의 강박행위에 의해 이루어졌는지도 복대리인을 기준으로 판단하여야 한다.

② B에게 토지매도에 대한 대리권한을 수여하는 A의 행위가 제3자의 강박행위에 의하여 이루어졌는가 하는 것은 당연히 대리인 B를 기준으로 판단하여야 한다.

③ B에게 토지매도에 대한 대리권한을 수여한 A의 행위가 제3자의 강박행위를 이유로 취소되었다면 B의 대리권은 소멸한다.

④ 수임인 B에게 토지매도에 대한 특별한 대리권한을 수여한 위임인 A가 위임계약을 해지하였다면 B의 대리권한은 소멸하고, 따라서 위임의 해지 후에 성립된 B의 대리행위는 무권대리가 된다.

⑤ 수임인 B에게 토지매도에 대한 특별한 대리권한을 수여한 위임인 A의 법정대리인 K가 A의 한정치산을 이유로 위임계약을 취소하였다면 B의 대리권한은 소급적으로 소멸하고, 따라서 위임계약이 취소되기 전에 이미 성립된 B의 대리행위는 무권대리가 된다.

해설 ……………………………………

① 복대리인도 본인의 대리인이므로 복대리행위를 하는 데 있어서 하자 여부에 대한 판단은 복대리인을 기준으로 판단한다(제116조 1항 참조). ② 수권행위는 대리행위와 별개의 원인에 의해 성립한 행위이므로, 이를 단독행위로 보든 아니면 계약으로 이해하든 그 하자의 존재 여부는 본인을 기준으로 판단하든가 아니면 본인 및 대리인을 기준으로 판단하여야 한다. 즉, 제116조를 적용할 문제가 아니다. ③ 수권행위가 취소되어 소급적으로 무효가 되었으므로(제141조 본문) B의 대리권도 소멸한다. 다만, 대리권이 소급적으로 소멸하는지 아니면 장래에 향하여 소멸하는지에 따라서 수권행위의 취소 전에 성립한 대리행위의 효력이 영향을 받는다(아래 ⑤의 해설 참고). ④ 위임관계의 해지는 장래효를 가지므로 당연히 B의 대리권은 장래에 향하여 소멸한다. 따라서 위임의 해지 후에 성립된 B의 대리행위는 무권대리행위이다. ⑤ 위임계약이 취소되었으므로 위임관계는 소급적으로

무효가 되고(제141조 본문) 따라서 B의 대리권도 소멸한다(제128조 전단 참조). 다만, B의 대리권이 위 지문의 내용대로 소급적으로 소멸한다면 위임의 취소 전에 성립한 대리행위는 무권대리가 될 수 있다(이에 대해 제125조의 표현대리규정을 적용할 것인지 아니면 제129조의 표현대리규정을 적용할 것인지의 문제도 남는다. 후자의 견해로서 이은영, 594면 참고. 특히 이영준, 521면도 같은 결론을 취하지만 표현대리를 유권대리로 이해하므로 제129조를 유추적용한다). 물론 위 지문의 내용과 달리 B의 대리권이 장래에 향하여 소멸한다면 위임의 취소 전에 성립한 대리행위는 유권대리행위가 될 것이다(이러한 태도로서 곽윤직, 385면 참고). <답 ②>

5. 甲은 컴퓨터 전문가인 미성년의 고등학생 乙에게 컴퓨터 1대를 200만 원의 범위 내에서 구입해 달라고 부탁하였다. 乙의 법정대리인 丙은 이러한 사실을 알고 甲에게 전화를 걸어 위 위임계약을 취소한다고 통지하였다. 미성년자 乙이 丁과 甲의 이름으로 컴퓨터를 200만 원에 매수하는 계약을 체결하였을 때, 이에 관한 다음 설명 중 옳은 것을 모두 고른 것은? <사시 2009년: 배점 2>

ㄱ 甲이 乙에게 컴퓨터 구입을 부탁한 위임계약은 소급적으로 무효가 된다.
ㄴ 甲이 乙에게 대리권을 수여하게 된 위임계약이 실효되면 수권행위도 실효된다는 견해(다음부터는 유인설이라 한다)에 의하면, 乙의 대리권은 소멸한다.
ㄷ 甲이 乙에게 대리권을 수여하게 된 위임계약이 실효되더라도 수권행위는 장래를 향하여 실효된다는 견해(다음부터는 무인설이라 한다)에 의하면, 丙이 甲에 대하여 위임계약을 취소하기 전에 甲과 丁 사이의 매매계약이 체결된 경우 丙은 乙의 무능력을 이유로 이를 취소할 수 있다.
ㄹ 유인설을 따르면서도 위임계약이 취소되더라도 대리행위가 이미 행해진 경우에는 그 대리행위는 소급하여 무권대리로 되지 않는다는 견해에 의하면, 丙이 甲에 대하여 위임계약을 취소하기 전에 甲과 丁 사이의 매매계약이 체결된 경우 丁은 컴퓨터를 甲에게 인도하고 매매대금 200만 원을 청구할 수 있다.
ㅁ 丙이 甲과 乙 사이의 위임계약을 취소한 후 甲과 丁 사이의 매매계약이 체결된 경우 유인설·무인설 어느 학설에 의하든, 乙은 丁에게 민법 제135조가 정하는 무권대리인의 책임을 지게 된다.

① ㄱ, ㄴ, ㄷ, ㄹ, ㅁ ② ㄱ, ㄴ, ㄷ, ㄹ ③ ㄴ, ㄹ, ㅁ
④ ㄴ, ㄷ, ㅁ ⑤ ㄱ, ㄴ, ㄹ

해설

ㄱ 옳음. 취소할 수 있는 법률행위를 법정대리인이 취소하는 경우, 취소한 법률행위는 처음부터 무효인 것으로 본다(제140조, 제141조 참고). ㄴ 옳음. 유인설에 따르면 기초적 법률관계가 무효, 취소, 해제(해지)되면 수권행위도 영향을 받아 그 효력이 상실되므로 위

임계약이 실효되면 대리권도 소멸한다. ㉢ 틀림. 무인설은 기초적 법률관계가 무효, 취소, 해제(해지)되더라도 수권행위는 영향을 받지 않고 그대로 유효하다고 한다. 이에 따르면 수권행위는 위임계약과 별개의 행위이므로 위임계약이 취소되었다고 하더라도 대리행위는 유효하고 대리인은 행위능력자임을 요하지 않으므로(제117조) 丙은 乙의 제한능력을 이유로 이를 취소할 수 없다. ㉣ 옳음. 유인설에 의하면 위의 대리행위는 무권대리가 되어야 할 것이나, 이와 같은 해석은 거래의 안전을 해치므로 대리권은 장래에 향하여 소멸한다고 해석하는 견해로 이미 행하여진 대리행위는 유효하다고 한다(김상용, 594면; 김기선, 296면). ㉤ 틀림. 법률행위에 의하여 수여된 대리권은 그 원인된 법률관계에 의해 소멸하므로(제128조) 위임계약의 취소로 임의대리권도 소멸한다. 따라서 그 후 체결된 매매계약은 제129조의 표현대리가 성립하지 않는 한 무권대리가 된다. 그러나 乙은 제한능력자이므로 무권대리인의 책임을 지지 않는다(제135조 2항 후단). <답 ⑤>

6. 甲의 대리인 乙이 丙으로부터 丙이 소유하고 있는 건물을 매수한 경우에 관한 다음 설명 중 옳지 않은 것은?

① 乙이 丙의 사기에 의하여 매매계약을 체결한 경우에 甲은 이를 취소할 수 있다.

② 계약성립 당시에 乙이 그 건물에 하자가 있음을 안 경우에는 甲은 丙에게 하자담보책임을 물을 수 없다.

③ 甲의 지시에 의하여 乙이 그 건물을 매수한 경우 甲이 그 건물에 하자가 있는 것을 알았다면, 설사 乙이 이를 알지 못해도 하자담보책임을 물을 수 없다.

④ 乙이 미성년자일지라도 甲은 이 매매계약을 취소할 수 없다.

⑤ 乙이 수임인으로서 미성년자이고 법정대리인의 동의가 없는 것을 이유로 乙이 甲과의 위임계약을 매매계약 후에 취소했다면 매매의 효과는 甲에 미치지 않는다.

해설

①② 제116조 1항. ③ 제116조 2항. ④ 제117조. ⑤ 제117조는 본인(대리인)과 상대방의 관계를 규율하는 것이고 '본인과 대리인의 관계'를 규율하는 것이 아니다. 결국 본인과 대리인 사이의 내부적 기초관계나 수권행위는 행위무능력제도의 일반법리에 따라 규율된다. 그런데 수권행위는 내부적 법률관계에 의존하므로 대리인의 무능력으로 인하여 기초적 법률관계가 취소되고 수권행위도 무효가 되면, 당연히 대리행위도 소급하여 무권대리가 되는가? 그 근거를 설명하는 데 견해가 나뉜다. 즉 대리권이 장래에 향하여 소멸한다고 이해하여 매매의 효력에는 영향이 없거나(다수설: 곽윤직, 385면) 혹은 대리권이 소급적으로 소멸한다고 보아 표현대리(제129조의 유추적용)에 의해서(소수설: 이영준, 521면; 이은영, 594면 참고) 매매의 효과는 甲에 미친다고 볼 것이다. <답 ⑤>

7. 법률행위의 대리에 관한 다음 설명 중 잘못된 것만 고르면?

㉠ 사자(死者)는 원칙상 행위능력자를 대리인으로 하여도 부동산소유권을 취득할 수 없다.

ⓛ 현명하지 않은 대리행위의 효과는 대리인 자신을 위하여 한 것으로 간주되므로, 대리인은 착오를 주장하지 못한다.
ⓒ 甲이 乙로부터 乙 소유의 부동산을 매매할 일체의 권한을 위임받았다면, 甲의 명의로 이를 매각하더라도 대금을 수령하여 乙에 대하여 가지고 있는 손해배상채권에 충당한 경우에는 甲은 乙을 위하여 대리행위를 했다고 볼 것이다.
ⓔ 매매위임장을 제시하고 매매계약을 체결하는 자는 소유자를 대리하여 매매행위를 하는 것이라고 보아야 하고 매매계약서에 대리관계의 표시 없이 그 자신의 이름을 기재하였다고 해서 그것만으로 그 자신이 매도인으로서 타인물건을 매매한 것이라고 볼 수는 없다.
ⓜ 양수인에 의하여 행하여진 채권양도의 통지를 대리권의 '묵시적' 수여에 의하거나 현명원칙의 예외를 정하는 민법 제115조 단서의 적용이라는 이중의 우회로를 통하여 인정할 수 없다.
ⓑ 법정대리인 甲이 미성년자 乙, 丙을 대리하여 乙, 丙 소유의 토지를 丁에게 매각한 사안에서, 乙, 丙의 이익을 무시하고 오로지 甲과 제3자의 이익을 위하여서만 행하여지고 丁으로서는 매매계약 당시 甲이 임의로 乙, 丙의 이익이나 의사에 반하여 토지를 매각하려 한다는 배임적인 사정을 알고 있었거나 알 수 있었다고 볼 경우, 乙, 丙에게 매매계약의 효력이 미치지 않는다.

① ㉠, ⓜ ② ㉠, ⓛ ③ ㉠, ⓛ, ⓒ
④ ⓛ, ⓑ ⑤ ⓛ, ⓔ ⑥ ⓒ
⑦ ⓒ, ⓔ ⑧ ⓔ, ⓑ

해설

㉠ 본인은 의사능력 및 행위능력을 가져야 할 이유는 없으나, 법률행위의 효과는 그에게 발생하므로 권리능력이 있어야 한다. 사자의 권리능력은 인정될 수 없다(제3조 참조). ⓛ 제115조 본문 참조. ⓒ 권한을 위임받았더라도 甲의 명의로 행위를 했으면 이는 甲이 자신을 위하여 행위를 한 것이다(대판 1964.4.28. 63다840). ⓔ 대판 1982.5.25. 81다1349 참고. ⓜ 채권양도의 통지가 양수인이 양도인을 대리하여 행할 수 있음은 일찍부터 인정되어 온 바이지만, 대리통지에 관하여 그 대리권이 적법하게 수여되었는지, 그리고 그 대리행위에서 현명(顯名)의 요구가 준수되었는지 등을 판단함에 있어서는 위와 같이 양도인이 한 채권양도의 통지만이 대항요건으로서의 효력을 가지게 한 뜻이 훼손되지 아니하도록 채무자의 입장에서 양도인의 적법한 수권에 기하여 그러한 대리통지가 행하여졌음을 제반 사정에 비추어 커다란 노력 없이 확인할 수 있는지를 무겁게 고려하여야 할 것이다. 따라서 채권양도의 통지가 양도인 또는 양수인 중 누구에 의하여서든 행하여지기만 하면 대항요건으로서 유효하게 되는 것은 채권양도의 통지를 양도인이 하도록 한 법의 취지를 무의미하게 할 우려가 있다(대판 2011.2.24. 2010다96911). ⓑ 민법 제107조 제1항 단서를 유추적용함으로써 대리권남용이론을 구성한다(대판 2011.12.22. 2011다64669). <답 ⑥>

8. 대리행위의 효과에 관한 다음 설명 중 타당한 것만 고르면?

> ㉠ 우리 민법은 민사상의 대리뿐만 아니라 상행위상의 대리에 있어서도 대리행위를 함에 있어서 대리인이 그 행위가 본인을 위한 것임을 표시하여야 본인에게 효과가 귀속한다.
> ㉡ 현명한다는 것은 법률행위의 타인성을 표시하는 것이므로 반드시 본인의 이름을 밝혀야 한다. 즉 대리인의 행위가 단순히 타인을 위한 것임을 표시하는 데 족하지 않고, 반드시 서면에 의할 필요는 없으나 적어도 구체적으로 본인이 누구인지 밝힐 수 있어야 한다.
> ㉢ 대리인이 본인을 위한 것임을 표시하지 않고 의사표시를 한 경우에는 그 의사표시는 무효가 된다.
> ㉣ 통설은 대리인이 자신의 이름을 표시하지 않은 채 마치 본인인 것처럼 외관을 형성하여 행위를 하는 경우에는 대리인에게 대리의사가 있는 것으로 인정되는 한 유효한 대리행위가 된다고 한다.
> ㉤ 조합대리에 있어서 본인에 해당하는 모든 조합원을 위한 것임을 표시할 때, 반드시 조합원 전원의 성명을 제시할 필요는 없다.

① ㉠, ㉡ ② ㉠, ㉣ ③ ㉡, ㉢
④ ㉢, ㉤ ⑤ ㉣, ㉤

해설

㉠ 독일민법의 태도이다. 그러나 우리 민법은 민사상의 대리에만 현명주의를 요구할 뿐 상행위에 있어서는 이를 요구하지 않는다(상법 제48조). ㉡ 현명을 통해서 반드시 본인의 이름을 밝혀야 하는 것은 아니다. 즉 장래 확정될 본인, 불특정의 본인도 현명할 수 있다. 이에 대해서는 이견이 없다. ㉢ 그 의사표시는 대리인 자신을 위한 것으로 간주된다(제115조 본문). ㉣ 타당하다. ㉤㉤ 민법 제114조 제1항은 "대리인이 그 권한 내에서 본인을 위한 것임을 표시한 의사표시는 직접 본인에게 대하여 효력이 생긴다."라고 규정하고 있으므로, 원칙적으로 대리행위는 본인을 위한 것임을 표시하여야 직접 본인에 대하여 효력이 생기는 것이고, 한편 민법상 조합의 경우 법인격이 없어 조합 자체가 본인이 될 수 없으므로, 이른바 조합대리에 있어서는 본인에 해당하는 모든 조합원을 위한 것임을 표시하여야 하나, 반드시 조합원 전원의 성명을 제시할 필요는 없고, 상대방이 알 수 있을 정도로 조합을 표시하는 것으로 충분하다(대판 2009.1.30. 2008다79340: 甲이 금전을 출자하면 乙이 골재 현장에서 골재를 생산하여 그 이익금을 50:50으로 나누어 분배하기로 하는 내용의 동업계약에서, 乙은 민법상 조합의 업무집행조합원에 해당한다고 볼 수 있고, 乙이 위 골재 현장의 터파기 및 부지 평탄작업에 투입될 중장비 등에 사용할 목적으로 유류를 공급받는 행위는 골재생산업을 영위하는 상인인 甲과 乙을 조합원으로 한 조합이 그 영업을 위하여 하는 행위로서 상법 제47조 제1항에서 정한 보조적 상행위에 해당한다고 볼 여지가 충분하므로, 乙이 위 골재 현장에 필요한 유류를 공급받으면서 그 상대방에게 조합을 위한 것임을 표시하지 아니하였다 하더라도 상법 제48조에 따라 그 유류공급계약의 효력은 본인인 조합원 전원에게 미친다고 한 사례). 특히 상법 제48조는 '상행위의 대리인이 본인을 위한 것임을 표시하지 아니하여도 그 행위는 본인에 대하여 효력이 있다. 그러나 상대방이 본인을 위한 것임을 알지 못한 때에는 대리인에 대하여도 이행의 청구를

할 수 있다.'고 규정하고 있으므로, 조합대리에 있어서도 그 법률행위가 조합에게 상행위가 되는 경우에는 조합을 위한 것임을 표시하지 않았다고 하더라도 그 법률행위의 효력은 본인인 조합원 전원에게 미친다고 보아야 할 것이다(대판 2009.10.29. 2009다46750). <답 ⑤>

9. 본인 甲, 甲이 선임한 대리인 乙 및 복대리인 丙의 법률관계에 관한 다음 설명 중 옳은 것은?

① 임의대리인 乙이 甲의 지명에 따라 丙을 선임한 경우에는 乙은 甲의 동의가 없다면 丙을 해임할 수 없다.

② 임의대리인 乙이 甲의 허락을 얻어 丙을 선임한 경우에는 乙은 丙의 선임에 대하여 책임을 부담하지 않는다.

③ 丙이 복대리의 권한을 넘어서 행위를 했지만 그것이 임의대리인 乙의 대리권의 범위를 넘지 않았다면, 丙의 행위는 무권대리가 되지 않는다.

④ 대리의 목적인 법률행위의 성질상 임의대리인 乙에 의한 처리가 필요하지 아니한 경우에는 甲이 복대리 금지의 의사를 명시하지 아니하는 한, 복대리인의 선임에 관하여 묵시적인 승낙이 있는 것으로 볼 수 있다.

⑤ 임의대리인 乙이 甲의 허락을 얻어 丙을 선임한 경우, 乙이 사망하더라도 丙의 대리권은 소멸하지 않는다.

⑥ 법정대리인 乙이 선임한 복대리인 丙의 행위로 인하여 본인 甲에게 손해가 발생하였다면, 乙은 선임 및 감독상의 과실이 있는 경우에 한하여 甲에게 손해배상책임을 부담한다.

해설

제121조 2항의 책임은 해임권을 전제로 한다. ② 선임 및 감독상의 책임을 부담한다(제121조 1항). ③ 복대리인은 그 권한 내에서 본인을 대리하므로(제123조 1항) 丙의 행위는 무권대리 행위이다. ④ 대판 1996.1.26. 94다30690 참고. ⑤ 복대리권은 대리권을 전재로 존재하므로 대리권이 소멸하면 복대리권도 소멸한다. ⑥ 법정대리인은 복대리인 선임의 자유가 있는 반면, 복대리인의 행위에 대하여 법정의 무과실책임을 진다. 다만 부득이한 사유로 복대리인을 선임한 경우에는 선임·감독상의 과실에 대해서만 책임을 진다(제122조). <답 ④>

10. 乙은 甲의 임의대리인으로서 A와 거래를 하고 있던 중 甲은 乙의 평소 행실에 문제가 있음을 알고 곧 乙의 대리권을 박탈하였다. 그럼에도 乙은 그 이후 丙을 복대리인으로 선임하여 丙으로 하여금 A와 거래를 계속하도록 하였다. 그 과정에서 丙은 A의 물건을 시가의 3배를 더 주고 매수하기로 계약을 하였고, 이에 A는 그 대금의 지급을 甲에게 청구하였다. 甲, 乙, 丙, A의 법률관계에 대한 설명으로 옳은 것만 고른 것은? (다툼이 있는 경우에는 판례에 의함)

㉠ 乙의 복대리인 선임행위는 자신의 대리권 소멸 후의 행위이므로

甲과의 관계에서는 아무런 법적 효과가 발생할 여지가 없다.
㉡ 따라서 A가 乙의 대리권 상실에 대해 선의이며 이에 대하여 과실이 없는 경우에도 甲에게 丙과의 계약에 따른 대금지급을 청구할 수는 없다.
㉢ 丙은 비록 乙의 대리권이 소멸한 후에 선임된 복대리인이나 이러한 복대리인의 법률행위에 대하여도 표현대리의 규정이 적용될 수 있다.
㉣ 甲이 乙의 대리권을 소멸시키기 전이라면 乙은 甲의 승낙 없이도 언제든지 복대리인을 선임할 수 있다.

① ㉠ ② ㉠, ㉡ ③ ㉠, ㉡, ㉢
④ ㉡ ⑤ ㉡, ㉣ ⑥ ㉢
⑦ ㉢, ㉣ ⑧ ㉣

해설

㉠㉡㉢ 표현대리법리는 거래안전을 위하여 어떠한 외관적 사실을 야기한 데 원인을 준 자는 그 외관적 사실을 믿음에 정당한 사유가 있다고 인정되는 자에 대하여는 책임이 있다는 일반적인 권리외관 이론에 그 기초를 두고 있는 것인 점에 비추어 볼 때, 대리인이 대리권소멸 후 직접 상대방과 사이에 대리행위를 하는 경우는 물론 대리인이 대리권소멸 후 복대리인을 선임하여 복대리인으로 하여금 상대방과 사이에 대리행위를 하도록 한 경우에도, 상대방이 대리권소멸사실을 알지 못하여 복대리인에게 적법한 대리권이 있는 것으로 믿었고 그와 같이 믿은 데 과실이 없다면 민법 제129조에 의한 표현대리가 성립할 수 있다(대판 1998.5.29. 97다55317). ㉣ 임의대리인의 복임행위는 제한된다(제120조). <답 ⑥>

제 3 절 무권대리

1. 무권대리인의 상대방의 최고 · 철회권에 관한 다음 설명 중 틀린 것은?

① 철회권을 행사하기 전에 반드시 최고권을 먼저 행사할 필요는 없다.
② 상대방의 선의 · 악의에 관계없이 최고권을 갖는다.
③ 상대방의 선의 · 악의에 관계없이 본인의 추인이 있을 때까지 철회권을 갖는다.
④ 철회는 무권대리인에 대해서뿐만 아니라 본인에 대하여 할 수도 있다.
⑤ 상대방이 철회권을 행사할 경우에는 본인은 무권대리행위를 추인할 수 없으며, 상대방도 무권대리인에게 책임을 물을 수 없다.

해설

①② 무권대리의 상대방은 상당한 기간을 정하여 본인에게 추인 여부의 확답을 최고할 수 있으며, 본인이 그 기간 내에 확답을 발하지 않으면 추인을 거절한 것으로 본다(제131조). 특히 최고권은 선의 · 악의 여부에 관계없이 인정된다. ③④⑤ 최고권의 행사 외에도 상대

방은 본인의 추인 여부가 결정되기까지의 불확정한 법률행위의 효력을 확정적으로 무효로 할 수 있다(제134조). 상대방의 보호를 위한 제도이다. 철회는 본인이나 무권대리인에 대해 할 수 있으며, 최고와는 달리 선의의 상대방에게만 인정된다. 상대방의 선의·악의 여부는 철회의 효과를 다투는 본인이 상대방의 악의를 증명하여야 한다(통설). <답 ③>

2. 추인권자가 무권대리행위를 추인하면 처음부터 소급하여 대리권이 있었던 것과 같은 효과가 발생한다. 다음 보기 중 무권대리행위를 추인한 것으로 판단할 수 있는 경우를 모두 고르면? (판례에 의해 판단함)

> ⓐ 본인이 무권대리행위의 사실을 알고 있으면서 이의를 제기하지 않았거나 상당기간 방치한 경우
> ⓑ 매매계약을 체결한 무권대리인으로부터 매매대금의 일부를 본인이 수령한 경우
> ⓒ 아버지가 아들과 공동상속한 부동산을 아들의 대리권 없이 매도하고 사망하였는데, 아들이 매수인에게 매매대금의 상당액을 지급하기로 약정하는 경우
> ⓓ 처가 타인으로부터 금원을 차용하면서 승낙 없이 남편 소유 부동산에 근저당권을 설정한 것을 알게 된 남편이, 처의 채무변제에 갈음하여 아파트와 토지를 처의 채권자에게 이전하고 그 토지의 시가에 따라 사후에 정산하기로 합의하였으나 나중에 그 합의가 결렬되어 이행되지 않은 경우

① ⓐ　② ⓐ, ⓑ　③ ⓐ, ⓑ, ⓒ
④ ⓑ　⑤ ⓑ, ⓒ　⑥ ⓑ, ⓓ
⑦ ⓒ, ⓓ　⑧ ⓓ

해설

ⓐ 대판 2001.3.23. 2001다4880 등 참고. 그러나 본인의 장남이 서류를 위조하여 매도한 부동산을 본인이 매수인에게 명도하였다면 10년간 이의를 제기하지 않았더라도 무권대리행위가 추인되었다고 평가하는 데 문제는 없다(대판 1984.4.14. 81다151 참고). ⓑ 대판 1963.4.11. 63다64 참고. ⓒ 그러한 약정만으로는 망부의 무권대리행위를 추인하였다고 볼 수 없다(대판 1991.7.9. 91다261 참고). ⓓ 대판 1995.12.22. 94다45098 참고. <답 ⑥>

3. 단독행위의 무권대리의 효과에 관한 다음 기술 중 타당하지 않은 것은?

<변리사 2001년·2006년 유사>

① 상대방 없는 단독행위에 있어서 무권대리는 능동대리 및 수동대리를 불문하고 언제나 무효이다.
② 통설은 ①의 경우에도 본인의 추인이 있으면 유효한 것으로 본다.
③ 상대방 있는 단독행위에 있어서 무권대리는 원칙적으로 무효이다.
④ 무권대리인이 본인을 위해서 계약을 해제한 경우, 해제의 의사표시 당시

에 상대방이 그에 동의하거나 대리권을 다투지 아니한 때에는 계약과 동일한 무권대리의 효과가 발생한다.

⑤ ③의 경우 수동대리에 있어서는 무권대리인의 동의를 얻어 행위를 한 경우에만 계약과 동일한 효과가 발생한다.

해설

①② 상대방 없는 단독행위(예: 유언, 재단법인 설립행위, 소유권포기, 상속포기 등)에 관해서는 특정의 상대방이 존재하지 않으므로 상대방보호의 필요성이 없으며, 따라서 만약 본인의 추인권을 인정한다면 본인은 그 행사·불행사에 관해서 무제한으로 무권대리인의 행위의 효과를 좌우하게 되므로 본인의 이익에 편중된 결과를 낳게 된다. 따라서 이 경우의 무권대리는 본인의 추인이 있더라도 언제나 무효가 된다는 것이 통설이다. ③④⑤ 반면에 상대방이 있는 단독행위에 관해서는 상대방이 대리권의 존재를 신뢰한 경우에 한하여 이를 보호할 필요가 있다. 이에 관해 우리 민법은 계약과 구별하여 단독행위의 무권대리는 원칙적으로 무효라고 보지만 그 예외를 넓게 인정함으로써 그 신뢰를 보호하고 있다(제136조 참조). ⑤는 그 예외의 내용이다. <답 ②>

4. 상대방에 대한 무권대리인의 책임내용에 관한 다음 설명 중 틀린 것은?

① 타인의 대리인으로 계약을 한 자가 그 대리권을 증명하지 못하고 또 본인의 추인을 얻지 못하더라도 상대방이 대리권 없음을 알 수 있었을 때에는 상대방에 대한 계약의 이행 또는 손해배상의 책임을 지지 않는다.

② 무권대리인이 상대방에 대하여 부담하는 책임은 무과실책임이다.

③ 위 ①의 권리에 대하여 상대방은 무권대리인에 대하여 선택채권을 가지며, 따라서 상대방은 무권대리인에 대하여 선택의 의사표시를 하여야 하고 대리인의 동의가 없으면 선택의 의사표시는 철회할 수 없다.

④ 무권대리인은 상대방의 선택의 의사표시에 따라 급부를 이행한 후에는 반대급부를 상대방에게 청구할 수 있으며, 쌍무계약인 경우에는 동시이행의 항변권을 갖는다.

⑤ 상대방이 손해배상청구를 선택한 경우 그 손해배상의 범위는 무권대리인에게 유효한 대리권이 있음을 믿음으로써 생긴 신뢰이익의 배상이다.

해설

①②③④ 무권대리인은 상대방의 선택에 따라 이행의무 또는 손해배상의무를 부담하는데(제135조 1항), 이 책임은 무과실책임이며, 상대방의 채권은 선택채권이다. ⑤ 손해배상의 범위는 이행이익에 미친다는 것이 통설이다. 그러나 그 근거에 대해서는 견해가 나뉜다. 다수설(곽윤직, 409면; 고상룡, 562면; 김용한, 363면)은 제135조가 이행 또는 손해배상을 택일하도록 규정하고 있으므로 손해배상을 이행에 갈음하는 것이라고 설명하는 반면에 유력설(이영준, 598면)은 우리 민법이 이행이익의 배상을 명하는 입법을 계수하였으며, 대리인의 주장대로 대리권이 있었다면 상대방이 받았을 상태로 만들어야 하므로 무권대리인은 언제나 이행이익을 배상하여야 한다고 설명한다. <답 ⑤>

5. 협의의 무권대리에 관한 다음 설명 중 틀린 것을 모두 고른 것은?

<변호사모의 2010년 유사>

㉠ 계약체결 사실을 뒤늦게 알게 된 본인 乙이 즉시 무권대리인 甲에게 계약을 추인하였음에도 불구하고 이러한 사정을 모르는 상대방 丙이 甲에게 계약의 철회를 통보하였다면, 甲이 丙에게 乙의 계약추인 사실을 통보하였더라도 丙은 乙에 대하여 계약의 이행청구를 거절할 수 있다.

㉡ 판례에 의하면 본인이 무권대리행위의 사실을 알고 있으면서 이의를 제기하지 않은 것만으로는 추인이 되지 않는다.

㉢ 추인의 소급효는 제3자의 권리를 해하지 못한다.

㉣ 판례에 의하면 타인의 권리를 자기의 이름으로 혹은 자기의 권리로 처분한 경우에는 본인의 추인이 있다고 하더라도 소급효의 법리가 유추될 수 없다.

㉤ 甲이 乙의 대리인이라 주장하는 丙과 매매계약을 체결한 사안에서, 乙에게 매매계약의 이행을 구하는 경우에 丙에게 대리권이 있음에 대한 증명책임은 甲에게 있다.

① ㉠ ② ㉠, ㉡ ③ ㉠, ㉡, ㉢
④ ㉡ ⑤ ㉡, ㉣ ⑥ ㉢
⑦ ㉢, ㉣ ⑧ ㉣, ㉤

해설

㉠ 추인의 의사표시는 무권대리인은 물론 상대방 및 그 무권대리행위로 인한 권리 또는 법률관계의 승계인에게도 할 수 있지만, 추인의 상대방이 무권대리인인 경우에는 상대방이 그 추인의 의사표시를 안 때까지 본인으로서는 상대방에 대해 추인의 효력을 주장할 수 없다(제132조 단서). ㉡ 대판 1967.12.18. 67다2294, 2295 참고. ㉢ 제3자의 권리를 해하지 않는 한 다른 의사표시가 없다면 법률행위시에 소급하여 효력이 생긴다(제133조). ㉣ 추인에 의해 당해 무권대리행위가 계약시에 소급하여 효력이 발생한다는 법리(제133조)는 무권리자의 처분에도 유추된다(대판 1988.10.11. 87다카2238 참고). 민법개정안(2004.6)에서는 무권리자의 처분행위에 대해 권리자가 추인하면 그 처분행위는 소급하여 효력이 생긴다고 한다(개정안 제139조의2). ㉤ 인감도장 및 인감증명서는 대리권을 인정할 수 있는 하나의 자료에 지나지 아니하고 이에 의하여 당연히 피고에게 원고를 대리하여 양도담보부 금전소비대차계약을 체결하거나 위 계약에 대한 공정증서 작성을 촉탁할 대리권이 인정되는 것은 아니며, 대리권이 있다는 점에 대한 입증책임은 그 효과를 주장하는 피고에게 있다(대판 2008.9.25. 2008다42195). <답 ⑧>

6. 대리에 관한 설명 중 옳지 않은 것은? (다툼이 있는 경우에는 판례에 의함)

<사시 2012년 변형: 배점 2점>

① 계약상 채무의 불이행을 이유로 계약이 상대방 당사자에 의하여 유효하게 해제된 경우, 해제로 인한 원상회복의무는 대리인이 아니라 계약의

당사자인 본인이 부담한다.

② 본인이 무권대리행위로 처하게 된 법적 지위를 충분히 이해하고 그럼에도 진의에 기하여 그 무권대리행위의 결과가 자기에게 귀속된다는 것을 승인한 것으로 볼 만한 사정이 있는 경우에는, 무권대리행위를 묵시적으로 추인한 것으로 볼 수 있다.

③ 무권대리행위의 추인은 반드시 무권대리행위의 직접적인 상대방에게만 하여야 하는 것이 아니라 무권대리인에게도 할 수 있고, 그 무권대리행위로 인한 권리 또는 법률관계의 승계인에 대하여도 할 수 있다.

④ 상대방은 본인이 무권대리인에게 무권대리행위를 추인한 사실을 알기 전까지는 무권대리인과 체결한 계약을 철회할 수도 있고, 추인이 있었음을 주장할 수도 있다.

⑤ 타인의 대리인으로 계약을 한 자가 그 대리권을 증명하지 못하고 또 본인의 추인을 얻지 못한 때에 상대방이 가지는 무권대리인에 대한 계약이행 또는 손해배상청구권의 소멸시효는, 무권대리인이 대리권을 증명하지 못하거나 본인의 추인을 얻지 못함을 그 상대방이 안 때부터 진행한다.

해설

① 옳음. 대리인이 그 권한에 기하여 계약상 급부를 수령한 경우에, 그 법률효과는 계약자체에서와 마찬가지로 직접 본인에게 귀속되고 대리인에게 돌아가지 아니한다. 따라서 계약상 채무의 불이행을 이유로 계약이 상대방 당사자에 의하여 유효하게 해제되었다면, 해제로 인한 원상회복의무는 대리인이 아니라 계약의 당사자인 본인이 부담한다. 이는 본인이 대리인으로부터 그 수령한 급부를 현실적으로 인도받지 못하였다거나 해제의 원인이 된 계약상 채무의 불이행에 관하여 대리인에게 책임 있는 사유가 있다고 하여도 다른 특별한 사정이 없는 한 마찬가지라고 할 것이다(대판 2011.8.18. 2011다30871). ② 옳음. 대판 2009.9.24. 2009다37831 참조. ③ 옳음. 대판 1981.4.14. 80다2314 참고. ④ 옳음. 대판 1981.4.14. 80다2314 참고. ⑤ 틀림. 상대방이 가지는 계약이행 또는 손해배상청구권의 소멸시효는 그 선택권을 행사할 수 있는 때로부터 진행한다 할 것이고, 또 선택권을 행사할 수 있는 때라고 함은 대리권의 증명 또는 본인의 추인을 얻지 못한 때라고 할 것이다(대판 1965.8.24. 64다1156). <정답 ⑤>

7. 甲의 미성년인 아들 乙은 甲의 대리인이라 사칭하며 이전등기에 필요한 서류들을 훔치거나 위조하여 甲 소유의 X부동산을 丙에게 매도하였다. 乙의 행위가 표현대리에 해당한다고 볼 사정은 없다고 가정할 때, 다음 설명 중 옳지 않은 것은? (다툼이 있는 경우에는 판례에 의함) <변리사 2009년>

① 甲이 丙에게 매매대금의 지급을 요청하여 수령한 경우에는, 甲이 乙과 丙 사이의 매매계약을 추인한 것으로 볼 수 있다.

② 甲이 乙과 丙 사이의 매매계약을 추인한다는 의사표시를 乙에게 하였으나 丙이 이를 알지 못한 경우, 丙은 매수의 의사표시를 철회할 수 있다.

③ 丙이 매매계약 당시 乙에게 대리권이 없음을 안 경우, 丙은 매수의 의사표시를 철회할 수 없다.
④ 甲이 추인을 거절한 경우에도, 乙은 丙에 대하여 계약의 이행 또는 불법행위 책임을 지지 않는다.
⑤ 만일 乙이 서류를 위조하여 甲의 대리인으로서가 아니라 자기 자신의 권리로서 X부동산을 처분한 경우, 乙의 이러한 행위를 甲이 추인하기 위해서는 반드시 상대방에 대하여 추인의 의사표시를 하여야 한다.

해설

① 옳음. 본인이 매매계약을 체결한 무권대리인으로부터 매매대금의 전부 또는 일부를 받았다면 특단의 사유가 없는 한 무권대리인의 매매계약을 추인하였다고 봄이 타당하다(대판 1963.4.11. 63다64 참고). ② 옳음. 추인은 무권대리인에 대해서도 할 수 있고(대판 1981.4.14. 80다2314), 무권대리인에 대하여 추인할 때에는 상대방이 추인의 사실을 알 때까지 상대방에 대하여 추인의 효력을 주장할 수 없다(제132조 단서). 그러므로 상대방은 그때까지 자신의 의사표시를 철회할 수 있다(제134조). ③ 옳음. 제134조 단서 참조. ④ 옳음. 제135조 2항 참조. ⑤ 틀림. 무권리자가 타인의 권리를 자기의 이름으로 또는 자기의 권리로 처분한 경우에, 권리자는 후일 이를 추인함으로써 그 처분행위를 인정할 수 있고, 특별한 사정이 없는 한 이로써 권리자 본인에게 위 처분행위의 효력이 발생함은 사적자치의 원칙에 비추어 당연하고, 이 경우 추인은 명시적으로뿐만 아니라 묵시적인 방법으로도 가능하며 그 의사표시는 무권대리인이나 그 상대방 어느 쪽에 하여도 무방하다(대판 2001.11.9. 2001다44291). <답 ⑤>

8. 무권대리 등에 관한 설명 중 옳은 것은? (다툼이 있는 경우에는 판례에 의함)

<사시 2010년 변형: 배점 2>

① 甲으로부터 아파트에 관한 임대 등 일체의 관리권한을 위임받은 乙이 자신을 甲으로 가장하여 그 아파트를 丙에게 임대한 후, 다시 甲으로 가장하여 丙에게 그 아파트를 매도하기로 약정한 경우, 권한을 넘은 표현대리를 유추할 수 있다.
② 피한정후견인 甲의 후견인 乙이 甲의 동의를 얻지 않고 甲의 부동산을 丙에게 처분한 경우, 丙이 피한정후견인 甲의 동의가 있다고 믿은 데에 정당한 사유가 있는 때에도 乙의 대리행위는 원칙적으로 甲에게 그 효력이 미치지 않는다.
③ 甲의 대리인 乙이 그 대리권한의 범위를 넘어 甲을 대리하여 丙과 계약한 경우, 丙이 甲에게 유권대리 행위임을 주장하면서 계약이행을 구하면 법원은 직권으로 표현대리의 성립 여부도 판단해야 한다.
④ 변호사에게 판결에서 인용된 금액의 수령을 위하여 위임장을 작성해 준 경우, 소송비용상환청구권의 포기권한도 수여한 것으로 보아야 한다.
⑤ 본인이 무권대리행위를 추인할 경우 그 무권대리인의 의사표시의 일부에

대하여 추인하거나 그 내용을 변경하여 추인하여도 그 추인은 원칙적으로 유효하다.

해설 ……………………………………

① 대판 1993.2.23. 92다52436 참고. ② 한정후견인은 피한정후견인의 행위를 목적으로 하는 채무를 부담하는 법률행위를 대리할 때에는 피한정후견인의 동의를 얻어야 한다(제920조 단서 및 제959조의6). 또한 민법 제126조 소정의 권한을 넘는 표현대리 규정은 거래의 안전을 도모하여 거래상대방의 이익을 보호하려는 데에 그 취지가 있으므로 법정대리에도 적용된다(대판 1997.6.27. 97다3828 참고). ③ 당사자가 변론에서 주장한 주요사실만이 심판의 대상이 되는 것으로서 여기서 주요 사실이라 함은 법률효과를 발생시키는 실체법상의 구성요건 해당 사실을 말한다. (따라서) 유권대리에 관한 주장 속에 무권대리에 속하는 표현대리의 주장이 포함되어 있다고 볼 수 없다(대판[전] 1983.12.13. 83다카1489). ④ 그렇게 볼 수 없다(대결 2007.4.26. 2007마250). ⑤ 단독행위로서의 추인은 의사표시의 전부에 대하여 행하여져야 하고, 그 일부에 대하여 추인을 하거나 그 내용을 변경하여 추인을 하였을 경우에는 상대방의 동의를 얻지 못하는 한 무효이다(대판 1982.1.26. 81다카549). <답 ①>

9. '대리권수여의 표시에 의한 표현대리'에 관한 설명 중 틀린 것은?

① 본인이 제3자에 대하여 타인에게 대리권을 수여한다는 표시를 하여야 한다.

② 신문광고를 통해서도 표시할 수 있다.

③ 타인에 대하여 어느 사업에 관한 자기사업을 자기 이름으로 대행할 것을 허용한 사람은 그 사업을 대행한 사람이 그 사업에 관해서 한 법률행위에 관해서는 제3자에 대하여 그 책임이 있다.

④ 표시의 철회는 상대방에게 알려야 한다.

⑤ 상대방의 선의 · 무과실의 주장 · 입증책임은 상대방에게 있다.

해설 ……………………………………

① 제125조 본문. ② 불특정한 제3자에게도 할 수 있다(가령, 신문광고). ③ 대판 1964.4.7. 63다638 참고. 명의대여에 대한 제125조 및 제126조의 적용 여부에 관하여 통설과 판례는 상법 제24조가 규정되지 않는 영역에서 이를 긍정한다. 그러나 소수설에 따르면, 명의대여는 대리권수여의 '표시'에 해당되는 것이 아니고 전형적인 '묵시적 수권행위'에 해당한다고 한다(이영준, 547면). ④ 통설. ⑤ 본인에게 있다(통설). 표현대리의 유형별로 '선의 · 무과실'과 '정당한 이유'의 입증책임을 구분하면 다음과 같다. <답 ⑤>

<table>
<tr><th>분 류</th><th>제125조 표현대리</th><th>제126조 표현대리</th><th>제129조 표현대리</th></tr>
<tr><td>다 수 설</td><td rowspan="2">본인이 부담한다
(=통설)</td><td>본인에게 있다</td><td>본인에게 있다</td></tr>
<tr><td>소 수 설</td><td>상대방에게 있다
(김상용, 이영준, 고상룡, 이은영 및 판례)</td><td>1설: 선의→상대방, 과실→본인
(이영준, 이은영 등)
2설: 모두 상대방에게 있다(이영섭)</td></tr>
</table>

10. '대리권소멸 후의 표현대리'에 관한 다음 설명 중 타당하지 않은 것은?

① 과거에 대리권이 존재하였으나 대리행위 당시에는 대리권이 없는 경우로서 과거의 대리권은 반드시 계속적 · 포괄적일 필요는 없다.

② 제129조에서 보호되는 제3자란 대리행위의 상대방만을 지칭하는 것이 아니라 상대방과 거래한 제3자도 포함한다는 것이 통설이다.

③ 다수설은 제129조의 표현대리에 있어서는 본인에게 책임이 있기 때문에 본인이 상대방의 악의 또는 과실을 입증하여야 한다고 한다.

④ 복대리인 선임행위가 대리인 자신의 대리권 소멸 후의 행위이더라도 본인과의 관계에서 제129조의 표현대리가 성립할 수 있다.

⑤ 법정대리에 대해서도 제129조가 적용된다는 것이 통설 · 판례이다.

해설

① 김용한, 380면. ② 통설에 따르면 제3자란 대리행위의 상대방만을 지칭하는 것이고 그 상대방과 거래한 제3자를 의미하는 것은 아니라고 한다. ③ 곽윤직, 402면; 김주수, 451면; 김용한, 381면 등. ④ 대리인이 대리권 소멸 후 직접 상대방과 사이에 대리행위를 하는 경우는 물론 대리인이 대리권 소멸 후 복대리인을 선임하여 복대리인으로 하여금 상대방과 사이에 대리행위를 하도록 한 경우에도, 상대방이 대리권 소멸 사실을 알지 못하여 복대리인에게 적법한 대리권이 있는 것으로 믿었고 그와 같이 믿은 데 과실이 없다면 민법 제129조에 의한 표현대리가 성립할 수 있다(대판 1998.5.29. 97다55317). ⑤ 타당한 설명이다.
<답 ②>

11. 다음은 '권한을 넘은 표현대리'에 관한 설명이다. 틀린 것은?

① 주택법에 의하여 설립된 주택조합의 대표자가 조합원 총회의 결의를 거치지 아니하고, 조합원의 총유에 속하는 건물을 처분한 행위에 관하여는 민법 제126조의 표현대리에 관한 규정이 준용되지 않는다.

② 표현대리행위와 기본대리권은 동종 내지는 유사한 것이어야 하므로, 기본대리권이 등기신청행위임에도 표현대리인이 대물변제를 한 경우와 같이 전혀 별개의 행위를 한 경우에는 제126조의 표현대리가 성립할 수 없다.

③ 기본적인 대리권이 없는 자에 대하여는 대리권한의 유월 또는 소멸 후의 표현대리관계가 성립할 수 없다.

④ 표현대리인과 상대방 사이에 대리행위가 없는 때에는 제126조에 따른 표현대리는 적용될 수 없다.

⑤ 기본대리권이 공법상의 권리이고 표현대리행위가 사법상의 행위일지라도 제126조의 표현대리는 적용될 수 있다.

해설

① 주택법(구 주택건설촉진법)에 의하여 설립된 재건축조합은 민법상 비법인사단에 해당하므로 재건축조합이 주체가 되어 신축 완공한 상가건물은 조합원 전원의 총유에 속한다. 따라서 총유물의 관리 및 처분에 관하여 재건축조합의 정관이나 규약에 의하거나, 규약이

없으면 조합원 총회의 결의에 의하여야 하므로 재건축조합의 대표자가 조합원총회의 결의 없이 한 조합재산의 처분행위가 무효이다(대판 2001.5.29. 2000다10246 참고). ② 대판 1978.3.28. 78다282, 283 참고. 표현대리행위와 기본대리권이 동종 내지는 유사한 것을 요하지 않는다. 따라서 전혀 별개의 행위를 한 경우에도 제126조의 표현대리는 성립한다(통설, 판례). ③ 대판 1984.10.10. 84다카780. ④ 대리인이 본인으로부터 위임받은 바와는 달리 이전등기의 관계서류를 위조 내지 변조하여 본인으로부터 직접 자기 앞으로 이전한 후 제3자를 통하여 담보권을 설정하였다고 한다면 특별한 사정이 없는 한 담보권설정계약의 당사자는 대리인과 제3자로서 그 대리인은 본인의 대리인으로서 그러한 계약을 하였다고 볼 수 없다(대판 1972.5.23. 71다2365). ⑤ 통설과 판례(대판 1978.3.28. 78다282, 283(기본대리권이 등기신청인 경우): 대판 1965.3.30. 65다44(구청에 대한 영업허가신청인 경우))의 태도이다. <답 ②>

12. 다음은 '권한을 넘은 표현대리'와 관련하여 기본대리권에 대하여 설명한 판결이다. 잘못이 있는 것은?

① 자기명의의 영업허가를 구청에서 내어달라고 부탁한 후 거기에 사용하라고 자기의 인감도장을 건네준 경우, 이 인감도장을 이용하여 본인 소유의 부동산에 관한 이전등기에 필요한 모든 서류를 위조하여 소유권이전등기를 한 행위에 관한 기본대리권이다.

② 본인이 신원보증에 쓰라고 인감을 교부한 행위는 그 인감을 이용하여 본인 소유 부동산의 소유권이전등기를 경료한 행위에 관한 기본대리권이다.

③ 지역개발관계서류를 작성하기 위하여 인장을 임치한 행위는 이 인장을 사용하여 양곡교환신청서를 작성하여 양곡을 수령한 행위의 기본대리권이다.

④ 금융기관의 직원이 고객관리차원에서 장기간 동안 고객의 예금을 파출수납의 방법으로 입금 및 인출하여 온 경우, 그 역할은 고객의 예금 입·출금에 대한 기본대리권이 된다.

⑤ 자(子)가 부(父)에게 그의 재산관리에 관한 포괄적 위임을 한 행위는 부가 자신의 제3자에 대한 채무지급을 위하여 발행하는 어음에 자를 공동발행인으로 기명날인하는 행위에 대한 기본대리권이 아니다.

해설 ··

① 대판 1965.3.30. 65다44. ② 대판 1968.11.5. 68다1501. ③ 대판 1969.7.22. 69다548. ④ 금융기관의 직원이 고객관리차원에서 장기간 동안 고객의 예금을 파출수납의 방법으로 입금 및 인출하여 오던 중, 고객으로부터 예금인출 요구를 받지 않았음에도 불구하고 인출을 요구받아 파출업무를 수행하는 것처럼 가장하여 금융기관의 영업부 직원에게 구두로 출금을 요구하여 돈을 받은 후 고객 몰래 인장을 찍어 둔 인출청구서에 고객의 서명을 위조하여 위 영업부 직원에게 교부하는 방법으로 여러 차례에 걸쳐 금원을 인출한 경우, 파출수납의 방법에 의한 예금 입·출금은 금융기관 직원 자신의 직무를 수행하는 것에 불과하고, 고객이 직원에게 예금 입·출금과 관련한 대리권을 수여하였다거나 그 수여의 의사를 표시한 것으로 볼 수는 없다고 하여 표현대리의 법리를 인정하지 않은 사례

(대판 2001.2.9. 99다48801). ⑤ 대판 1971.2.3. 70다2916. <답 ④>

13. 다음은 '권한을 넘은 표현대리'에 관한 설명이다. 틀린 것은? (통설에 의함)

① 판례는 부동산에 관한 등기신청의 경우에도 표현대리의 성립을 위한 기본대리권의 적격성을 부정하지 않는다.

② 제126조의 '상대방'은 표현대리행위의 직접 상대방만을 말한다.

③ 판례에 의하면, 표현대리에 있어서 표현대리인이 대리권을 갖고 있다고 믿은 데 대하여 상대방의 과실이 있는지 여부는 계약성립 당시의 제반 사정을 객관적으로 판단하여 결정하여야 하고 표현대리인의 주관적 사정을 고려하여서는 안 된다고 한다.

④ 표현대리인에게 대리권이 있다고 믿을 만한 상대방의 '정당한 이유'는 상대방이 주장 · 입증해야 한다는 데 이견이 없다.

⑤ 판례에 의하면, 상대방과의 대리행위를 할 때에 '정당한 이유'를 판단한다.

해설

① 대판 1978.3.28. 78다282, 283. ② 통설, 판례(대판 1986.9.9. 84다카2310). ③ 대판 1989.4.11. 88다카13219. ④ 본인이 주장 · 입증해야 한다는 것이 다수설의 태도이고, 보기의 경우는 판례(대판 1968.6.18. 68다694) 및 소수설의 태도이다(이영준, 이은영, 김상용, 고상룡). ⑤ 정당한 이유의 존부는 자칭 대리인의 대리행위가 행하여질 때에 존재하는 제반사정을 객관적으로 관찰하여 판단하여야 하는 것이지 당해 법률행위가 이루어지고 난 훨씬 뒤의 사정을 고려하여 그 존부를 결정해야 하는 것은 아니다(대판 1987.7.7. 86다카2475). 통설도 같은 태도이다. 다만 그 시기를 더 늦게 보는 소수설도 있다(=사실심변론종결시설). 이에 따르면, 사실심의 변론종결시, 즉 정당한 이유의 유무를 판단할 때까지 존재하는 제반자료 및 사정을 종합하여 판단해야 한다. 그리하여 대리권의 존재가 '명백'하다고 할 수밖에 없는 경우가 정당한 이유가 있는 것에 해당한다(이영준, 559면; 김상용, 632면; 이은영, 641면). <답 ④>

14. 다음은 '권한을 넘은 표현대리'에 있어서 상대방의 '정당한 이유'를 설명한 판결이다. 잘못이 있는 것은?

① 건물의 보존등기를 위임받은 자가 그 등기신청서에 날인된 인영과 같은 인장을 소지하고 저당권설정계약을 한 경우에는 상대방에게 정당한 이유가 인정된다.

② 대리인이 인감 · 인감증명서 기타 본인이 그 부동산을 담보로 제공할 것을 승낙하였다고 볼 서류를 제시한 경우에는 정당한 이유가 인정된다.

③ 전체 재산을 관리하는 재산관리인이 본인의 인장과 권리증을 도용하여 근저당설정 및 소유권이전행위를 한 경우는 정당한 이유로서 인정될 수 없다.

④ 대한어머니중앙연합회의 부회장 겸 사무총장으로서 대표자인 회장을 대

리하여 일상 업무를 처리하면서 회장의 인장을 사용하여온 자가 물품대금채무에 대한 담보조로 연합회장 명의로 약속어음에 배서한 경우는 정당한 이유로 인정된다.

⑤ 소유권이전등기절차를 의뢰받은 형이 그 절차이행을 위하여 보관하던 동생의 인장으로 자신의 채무담보를 위해 동생 명의의 약속어음을 발행한 경우는 정당한 이유로 인정된다.

해설 ·······································

판례에서 '정당한 이유'를 인정한 사례는 대체로 다음과 같이 분류된다. 즉 인장 및 관계서류를 소지한 경우(①②)와 본인과 대리인 사이에 일정한 관계가 존재하는 경우(③④⑤)에 '정당한 이유'가 인정된다. 먼저 ①(대판 1957.4.4. 4290민상21) 실인을 소지한 경우 및 실인이 찍혀 있는 증서 · 인감증명 · 위임장 등을 소지한 경우에는 일반적으로 무언가의 권한대행의 수단으로서 이들을 보관하고 있는 것으로 보인다. 또한 ②(대판 1978.1.17. 77다2157) 거래에 필요한 서류들을 소지하고 있는 자는 대리권을 수여받고 있다는 일반적인 신뢰성을 전제로 정당한 이유로서 인정되고 있다. 그리고 ③(정당한 이유로 인정된다. 대판 1966.12.23. 66다1755) 재산관리권을 가진 관리자의 거래행위에 관해서도 인정되는데, 특히 관리권의 내용과 성질을 따져야 할 것이다. 또한 ④(대판 1989.3.28. 87다2152, 2153) 동종의 거래가 반복되거나 본인으로부터 수여받은 직책에 사회적 신뢰성이 있는 경우에는 적극적으로 정당한 이유를 인정한다. 마찬가지로 ⑤(대판 1971.12.28. 71다2303) 본인과 대리인이 친자 · 형제자매 · 부부 등 특수한 관계에 있는 경우에는 상호신뢰에 기하여 대리인으로 선임하는 경우가 많다고 볼 것이다. 그러나 오히려 이를 악용하여 본인의 실인이나 처분서류 등을 손쉽게 얻을 수 있으므로 정당한 이유를 쉽게 인정할 수는 없다.

<답 ③>

15. 다음은 '권한을 넘은 표현대리'에 있어서 상대방의 '정당한 이유'를 설명한 판결이다. 잘못이 있는 것은?

① 소지 중인 타인의 인감을 사용하여 그 타인을 연대보증인으로 내세워 대출을 신청한 자에 대하여, 은행이 채무자로 하여금 직접 기명날인케 하는 절차를 규정한 은행규정에 따르지 아니하였음은 물론 전혀 대리권 유무에 관한 조사를 하지 않은 경우에는 정당한 이유가 인정되지 않는다.

② 남편 몰래 인장 · 아파트분양계약서 및 유효기간이 지난 인감증명서를 소지한 처가 금원차용이나 부동산매도행위를 한 경우에는 정당한 이유가 없다고 본다.

③ 예금취급소장이 거액의 개인수표를 지급보증한 경우에는 정당한 이유가 인정되지 않는다.

④ 여관의 상업사용인이 주인의 승낙 없이 어음행위를 한 경우에는 정당한 이유가 있다고 본다.

⑤ 형 소유의 토지 및 건물과 여기에 시설된 부(父) 소유의 양조장을 관리해오던 동생이 이를 처분하였으나 그 관리운영중에 처분권한이 포함되지

아니한 경우에는 정당한 이유가 없다.

✍ **해설**

이 문제는 판례가 '정당한 이유'를 부정한 사례들이다. 마찬가지로 몇 개의 부류로 나눌 수 있다. 먼저 ①(대판 1976.7.13. 76다1155) 일정한 전문업무에 관하여 조사의무를 갖는 자(예컨대, 금융기관)에게는 이를 부과함으로써 정당한 이유가 인정되는 영역을 크게 제한하고 있다. 또한 ②(대판 1981. 8.25. 80다3204) 아무리 부부 사이라고 하지만 부동산의 처분행위처럼 본인에게 중요한 법률행위일 경우에는 정당한 이유의 인정을 제한하고 있다. 그리고 ③(대판 1980.8.12. 80다901) 대리행위가 대리인 자신만의 이익을 위하거나 고액채무의 부담행위같이 비정상적인 거래인 경우에는 특별한 사정이 없는 한 정당한 이유는 부정되고 있다. ④(여관의 영업과 어음행위와는 관련성이 희박하여 정당한 이유가 없다고 본다. 대판 1960.2.8. 4293민상22) 원칙적으로 기본대리권과 표현대리행위는 동종의 것 및 유사한 것임을 반드시 요하지 않으나(통설, 판례), 그 관련성이 아주 희박한 경우에는 정당한 이유를 부정하고 있다. 한편 ⑤(대판 1965.8.24. 65다981) 단순한 재산관리에 머무르는 자가 처분행위 등을 한 경우에는 정당한 이유가 없다고 본다. 구체적으로는 관리권의 내용과 성질을 따져야 할 것이다. <답 ④>

16. 다음 중 표현대리가 성립하지 않는 경우는?

① A가 B로부터의 위임장을 지참하였기 때문에, C는 A를 B의 대리인이라고 믿고 거래를 하였으나, 사실은 어떤 사정으로 인하여 A에게 아직 대리권이 수여되지 않은 경우

② 대리권소멸 후에 그 소멸한 대리권의 범위를 벗어나는 행위를 한 경우

③ A가 C에게 B가 자신의 법정대리인이 되었음을 통지하였으나, 사실은 B가 법정대리인이 되지 않은 상태에서 B가 A의 대리인으로 C와 부동산 매매계약을 체결한 경우

④ 子인 A가 성년자가 된 후 친권자인 B가 A를 대리하여 A의 재산을 처분한 경우

⑤ A가 B에게 대리권을 수여한다는 뜻을 신문광고를 통하여 표시하였으나, 사실은 아직 대리권을 수여하지 아니한 상태에서 B가 대리행위를 한 경우

✍ **해설**

① 제125조의 표현대리가 성립하는 예. ② 제126조의 표현대리가 성립하는 경우. 물론 이 경우에는 제129조를 경유하여 제126조가 적용된다는 견해도 있고, 제129조의 적용례라는 견해도 있다. ③ 통설·판례는 제125조가 본인이 제3자에 대하여 자기의 의사로 타인에게 대리권을 수여했다는 표시를 하는 것을 예정한 규정이기 때문에 본인의 의사와는 관계없이 인정되는 법정대리에는 적용될 여지가 없으며, 임의대리에 한하여 적용된다고 한다. 반면에 제125조를 적용하자는 견해도 유력하다(김용한, 375면; 김상용, 626면. 이영준, 549면; 이은영, 636면은 제한적을 적용하자는 견해이다). ④ 법정대리에는 제129조가 적용된다는 것이 통설과 판례의 견해이다. ⑤ 제125조의 표현대리의 예. <답 ③>

17. 표현대리에 관한 다음 판례의 태도 중 틀린 것만 고르면?

> ㉠ 권한을 넘은 표현대리의 규정은 본인으로부터 일정한 대리권을 수여받은 자가 스스로를 본인이라고 칭하고 월권행위를 한 경우에 유추적용될 수 있다.
> ㉡ 권한을 넘은 표현대리의 규정은 부부의 일방이 정당한 대리권 없이 타방을 대리하여 그 재산권을 처분한다든지 금전을 차용하는 경우와 같이 일상가사대리권의 범위를 넘어 법률행위를 한 때에도 적용될 수 있다.
> ㉢ 아파트를 분양하는 甲회사가 중개인 乙에게 오피스텔의 분양 중개를 부탁한 데 지나지 않으며, 제3자인 乙의 상대방이 지급한 매매대금에 대한 영수증이 甲회사의 이름으로 발행되지 않고 중개인 乙의 명의로 발행된 경우에는 제125조의 표현대리는 성립하지 않는다.
> ㉣ 담보권설정의 대리권을 수여받은 자가 자기의 명의로 소유권이전등기를 하고 이어서 제3자 앞으로 소유권이전등기를 경료한 경우에도 민법 제126조의 표현대리가 인정된다.
> ㉤ 임대차계약 체결을 위한 대리권을 甲으로부터 수여받은 乙이 甲인 것처럼 행세하여 甲의 이름으로 丙과 임대차계약을 체결하였는데, 丙은 乙을 甲이라고 생각하였다면 표현대리가 성립할 수 있다.

① ㉠, ㉡　② ㉠, ㉢　③ ㉠, ㉣
④ ㉡, ㉢　⑤ ㉡, ㉣　⑥ ㉡, ㉤
⑦ ㉢, ㉤　⑧ ㉣, ㉤

해설

㉠ 대리행위임을 표시하지 않고 자기가 마치 본인인 것처럼 본인 명의로 직접 법률행위를 한 경우, 제126조의 표현대리의 성립 여부가 문제된다. 판례는 이를 두 경우로 나누어 판단한다. 즉, 본인으로부터 아파트에 관한 임대 등 일체의 관리권한(대리권)을 위임받아 본인으로 가장하여 아파트를 임대한 바 있는 대리인이 다시 자신을 본인으로 가장하여 임차인에게 아파트를 매도하는 법률행위를 한 경우(㉠)에는 권한을 넘은 표현대리의 법리를 유추적용하여 본인에 대하여 그 행위의 효력이 미친다고 한다(대판 1993.2.23. 92다52436). 그러나 처가 제3자를 남편으로 가장시켜 관련서류를 위조하여 남편 소유의 부동산을 담보로 금원을 대출받은 경우(제3자에게는 어떠한 대리권도 없다)에는 남편에 대한 제126조의 표현대리책임을 부정하였다(대판 2002.6.28. 2001다49814). ㉡ 대판 1995.12.22. 94다45098 등. ㉢ 본인이 중개인에게 오피스텔의 분양 중개를 부탁한 것을 가지고 오피스텔 분양에 관련된 어떤 대리권을 수여한 것이라고 볼 수 없으며, 오피스텔을 분양받으려는 상대방으로서는 본인에게 중개인의 대리권 유무를 확인하여 보았더라면 그가 단순한 중개인에 불과하고 오피스텔의 매매대금을 수령할 대리권이 없다는 것을 쉽게 알 수 있었을 것임에도 이를 게을리한 과실이 있으므로 민법 제125조의 표현대리는 성립할 수 없다(대판 1997.3.25. 96다51272). ㉣ 소외인이 원고로부터 원고를 대리하여 타로부터

금원을 차용하고 본건 부동산에 관한 담보권설정의 대리권을 수여받고 권리증, 인감증명서 등을 교부받았음에도, 자기 앞으로 소유권을 이전하여 자신의 이름으로 피고에게 담보권을 설정하여 주고 금원을 차용하여 이를 유용한 경우에는 피고가 소외인에게 금원을 대여하고 그 부동산에 담보권을 설정한 것은 소외인을 진실한 소유자로 믿고 한 것이지 동 소외인을 원고의 대리인이라고 믿고 한 것이 아니고, 소외인이 그 명의로 소유권이전등기함에 있어 원고가 이를 통정 용인하였거나 이를 알고도 방치(허위의 소유권이전등기라는 외관형성에 관여)하였다고 할 수 없으므로 민법 제126조, 제108조를 유추하여서 피고 명의의 위 담보권을 유효하다고 할 수 없다(대판 1981.12.22. 80다1475). ㉤ "갑"이 임대차계약을 체결함에 있어서 임차인 명의를 원고 명의로 하기는 하였으나 "갑"의 이름이 원고인 것 같이 행세하여 계약을 체결함으로써, 피고는 "갑"과 원고가 동일인인 것으로 알고 계약을 맺게 되었다면, 설사 "갑"이 원고를 위하여 하는 의사로서 위 계약을 체결하였다 하더라도 위 계약의 효력은 원고에게 미치지 않는다(대판 1974.6.11. 74다165). <답 ⑧>

18. 표현대리에 관한 다음 설명 중 틀린 것을 모두 고르면?

ⓐ 제125조 소정의 대리권 수여의 표시에 의한 표현대리에 있어서 대리권 수여의 표시는 위임장 등 서면에 의하여야 하고, 한편 백지위임장을 교부하는 것은 일반적으로 그 소지자에게 대리권을 준 뜻을 표시한 것이 된다.
ⓑ 제125조의 경우에는 본인이 상대방의 악의·유과실을 입증할 책임이 있는 것이 아니라, 상대방이 자신의 선의·무과실에 대한 입증책임을 진다.
ⓒ 판례 중에는 제129조 소정의 대리권 소멸 후의 표현대리로 인정되는 경우에 그 표현대리의 권한을 넘는 대리행위가 있을 때에는 제126조 소정의 권한을 넘은 표현대리가 성립될 수 있다는 것이 있다.
ⓓ 판례에 의하면, 어음행위의 위조에 관하여도 제126조의 표현대리가 인정되려면 그 상대방에게 위조자가 어음행위를 할 권한이 있다고 믿은 데에 정당한 사유가 있어야 하는 것이지만, 어음행위가 일반의 거래관념에 비추어 특히 이례적으로 이루어진 경우에는 달리 특별한 사정이 없는 한 그 상대방이 위조자의 권한 유무와 본인의 의사를 조사·확인하지 아니하였을 때에는 그 상대방이 위조자에게 어음행위를 할 권한이 있다고 믿었더라도 거기에 정당한 사유가 있다고 보기 어렵다.
ⓔ 제129조의 표현대리에 있어서 존재하였던 대리권이 소멸한 것이나 대리인이 권한 내의 대리행위를 하였을 것 등에 대해서는 그 법률효과를 주장하는 자, 즉 상대방이 주장·입증하여야 한다.

① ⓐ　② ⓐ, ⓔ　③ ⓓ, ⓔ
④ ⓒ, ⓓ　⑤ ⓐ, ⓕ　⑥ ⓐ, ⓑ

✍ **해설**

ⓐ '대리권수여'의 의사표시는 위임장에 의하는 것이 보통이지만, 서면에 의하지 않는 구두라도 무방하다. 또한 특정한 제3자에게 하든지 불특정한 제3자에 하든지(예: 신문광고) 차이가 없으며, 본인이 직접하지 않고 대리인을 통해서 할 수도 있다. 그리고 대리권수여의 표시는 명시적 또는 묵시적으로 할 수 있다(통설, 판례). ⓑ 본인에게 있다. ⓒ 대판 1979.3.27. 79다234. ⓓ 대판 1999.1.29. 98다27470 참고. 따라서 어음배서의 위조에 관하여도 민법상의 표현대리의 원칙이 유추적용되는 이상 권한 없는 자의 대리 또는 대행에 의하여 이루어진 배서에 관하여 그 배서명의인에게 어음법상의 책임을 묻기 위해서는 표현대리가 인정되기 위한 요건이 모두 갖추어져야 하고, 그러한 요건이 갖추어지지 아니한 경우에 어음소지인이 배서의 외관을 신뢰하였다고 하더라도 그러한 외관의 신뢰만으로 배서명의인에 대하여 어음법상의 책임을 물을 수는 없다(위 판결). ⓔ 제129조의 표현대리는 '법정책임'이므로 그 요건에 대한 입증은 그 법률효과를 주장하는 거래상대방이 부담해야 한다. 다만 상대방의 선의 및 무과실과 관련해서는 본인이 그 악의 또는 과실의 존재를 입증해야 한다(이견: 이영준, 567면; 이은영, 645면 등). <답 ⑥>

19. 표현대리에 관한 설명 중 옳은 것을 모두 고른 것은? (다툼이 있는 경우에는 판례에 의함) <사시 2012년: 배점 3>

ㄱ. 증권회사의 직원이 아니면서도 증권회사로부터 고객의 유치, 투자상담 및 권유, 위탁매매약정실적의 제고 등의 업무를 위임받아 사실상 투자상담사의 역할을 하는 자가 유가증권 매매의 위탁 권유 등과 관련하여 증권회사를 대리하여 예탁금을 수령하거나 위탁매매계약을 체결한 경우에는, 「권한을 넘은 표현대리」가 성립한다.

ㄴ. 과거에 가졌던 대리권이 소멸되어 「대리권 소멸 후의 표현대리」로 인정되는 경우, 그 표현대리의 권한을 넘는 대리행위가 있을 때에는 「권한을 넘은 표현대리」가 성립할 수 있다.

ㄷ. 표현대리행위가 성립하는 경우, 본인은 표현대리행위에 기하여 전적인 책임을 져야 하는 것이고, 상대방에게 과실이 있다고 하더라도 과실상계의 법리를 유추적용하여 본인의 책임을 감경할 수 없다.

ㄹ. 비법인사단인 교회의 대표자가 교인총회의 결의를 거치지 아니하고 총유물인 교회 재산을 처분한 경우에는 「권한을 넘은 표현대리」에 관한 규정이 준용되어 유효가 될 수 있다.

ㅁ. 대리인이 대리권 소멸 후에 복대리인을 선임하여 그 복대리인으로 하여금 상대방과 사이에 대리행위를 하도록 한 경우에도, 상대방이 대리권 소멸 사실을 알지 못하여 복대리인에게 적법한 대리권이 있는 것으로 믿었고 그와 같이 믿은 데 과실이 없다면, 「대리권 소멸 후의 표현대리」가 성립할 수 있다.

① ㄱ, ㄴ ② ㄴ, ㄷ, ㅁ ③ ㄱ, ㄴ, ㄷ

④ ㄴ, ㄷ, ㄹ, ㅁ ⑤ ㄱ, ㄴ, ㄷ, ㅁ ⑥ ㄹ, ㅁ

해설

ㄱ. 틀림. 민법 제126조의 표현대리가 성립하기 위해서는 무권대리인에게 법률행위에 관한 기본대리권이 있어야 하는데, 증권회사로부터 위임받은 고객의 유치, 투자 상담 및 권유, 위탁매매약정실적의 제고 등의 업무는 사실행위에 불과하므로 이를 기본대리권으로 하여서는 권한초과의 표현대리가 성립할 수 없다(대판 1992.5.26. 91다32190). ㄴ. 옳음. 대판 1970.2.10. 69다2149 등 참고. ㄷ. 옳음. 대판 1996.7.12. 95다49554 참고. ㄹ. 틀림. 비법인사단인 교회의 대표자는 총유물인 교회 재산의 처분에 관하여 교인총회의 결의를 거치지 아니하고는 이를 대표하여 행할 권한이 없다(대판 2009.2.12. 2006다23312). 교인총회의 결의를 거쳐야 기본대리권이 인정될 수 있기 때문이다. ㅁ. 옳음. 대리인이 대리권 소멸 후 직접 상대방과 사이에 대리행위를 하는 경우는 물론 대리인이 대리권 소멸 후 복대리인을 선임하여 복대리인으로 하여금 상대방과 사이에 대리행위를 하도록 한 경우에도 민법 제129조에 의한 표현대리가 성립할 수 있다(대판 1998.5.29. 97다55317).

<답 ②>

20. 무권대리와 표현대리에 관한 설명 중 옳은 것(○)과 옳지 않은 것(×)을 바르게 표시한 것은? (다툼이 있는 경우에는 판례에 의함) <사시 2011년: 배점 3>

ㄱ. 일방 당사자가 대리인을 통하여 계약을 체결하는 경우, 대리인을 통하여 본인과의 사이에 계약을 체결하려는 계약 상대방의 의사만 인정되면, 대리권의 존부와 관계없이 본인과 상대방이 계약의 당사자가 된다.

ㄴ. 민법 제125조의 대리권수여의 표시에 의한 표현대리는, 어떤 자가 본인을 대리하여 제3자와 법률행위를 함에 있어 그 자와 본인 사이의 유효한 법률관계를 기초로 본인이 그 자에게 대리권을 수여하였다는 표시를 한 경우에 한하여 성립한다.

ㄷ. 복대리인 선임권 없는 대리인이 선임한 복대리인이 대리인의 권한 밖의 법률행위를 한 경우, 상대방이 그 행위자를 대리권을 가진 대리인으로 믿었고 또한 그렇게 믿은 데 정당한 이유가 있는 때에는 그 법률행위는 본인에게 효력이 발생한다.

ㄹ. 표현대리는 무권대리행위의 효과를 본인에게 미치게 하는 제도로서, 표현대리가 성립하면 무권대리의 성질이 유권대리로 전환되므로, 유권대리에 관한 주장 속에는 표현대리의 주장이 포함되어 있다.

ㅁ. 무권대리인 甲이 본인 乙의 부동산을 무권대리임을 모르는 丙에게 임의로 매도한 후 소유권이전등기를 마친 경우, 甲이 乙을 상속하였음을 이유로 甲 스스로 위 부동산 매매계약이 무권대리행위임을 주장하여 이미 경료된 소유권이전등기의 말소를 청구하는 것은 신의칙에 반한다.

① ㄱ(○), ㄴ(×), ㄷ(○), ㄹ(×), ㅁ(○)
② ㄱ(×), ㄴ(×), ㄷ(×), ㄹ(○), ㅁ(○)
③ ㄱ(○), ㄴ(○), ㄷ(○), ㄹ(○), ㅁ(×)
④ ㄱ(○), ㄴ(×), ㄷ(○), ㄹ(×), ㅁ(×)
⑤ ㄱ(×), ㄴ(×), ㄷ(○), ㄹ(×), ㅁ(○)
⑥ ㄱ(○), ㄴ(○), ㄷ(×), ㄹ(○), ㅁ(○)
⑦ ㄱ(×), ㄴ(○), ㄷ(○), ㄹ(×), ㅁ(×)
⑧ ㄱ(×), ㄴ(○), ㄷ(×), ㄹ(○), ㅁ(×)

해설 ···

㉠ 옳음. 대판 2003.12.12. 2003다44059 참고. ㉡ 틀림. 대리권 수여의 표시에 의한 표현대리는 본인과 대리행위를 한 자 사이의 기본적인 법률관계의 성질이나 그 효력의 유무와는 직접적인 관계가 없이 어떤 자가 본인을 대리하여 제3자와 법률행위를 함에 있어 본인이 그 자에게 대리권을 수여하였다는 표시를 제3자에게 한 경우에는 성립될 수가 있다. 물론 그 표시는 반드시 대리권 또는 대리인이라는 말을 사용하여야 하는 것이 아니라 사회통념상 대리권을 추단할 수 있는 직함이나 명칭 등의 사용을 승낙 또는 묵인한 경우에도 대리권 수여의 표시가 있은 것으로 볼 수 있다(대판 1998.6.12. 97다53762). ㉢ 옳음. 대리행위의 주체가 되는 대리인이 별도로 있고 그들에게 본인으로부터 기본대리권이 수여된 이상, 민법 제126조를 적용함에 있어서 기본대리권의 흠결 문제는 생기지 않는다(대판 1998.3.27. 97다48982). ㉣ 틀림. 표현대리가 성립된다고 하여 무권대리의 성질이 유권대리로 전환되는 것은 아니므로, 양자의 구성요건 해당사실 즉 주요사실은 다르다고 볼 수밖에 없으니 유권대리에 관한 주장 속에 무권대리에 속하는 표현대리의 주장이 포함되어 있다고 볼 수 없다(대판[전] 1983.12.13. 83다카1489). ㉤ 옳음. 갑은 을의 무권대리인으로서 민법 제135조 제1항의 규정에 의하여 매수인인 병에게 부동산에 대한 소유권이전등기를 이행할 의무가 있으므로 그러한 지위에 있는 갑이 을로부터 부동산을 상속받아 그 소유자가 되어 소유권이전등기이행의무를 이행하는 것이 가능하게 된 시점에서 자신이 소유자라고 하여 금반언의 원칙이나 신의성실의 원칙에 반하는 행위를 할 수 없다(대판 1994.9.27. 94다20617). <답 ①>

21. 대리에 관한 설명 중 옳지 않은 것은? (다툼이 있는 경우에는 판례에 의함)
<사시 2013년 변형: 배점 2>

① 채권의 양수인도 양도인으로부터 채권양도통지 권한을 위임받아 대리인으로서 그 통지를 할 수 있다.

② 丙의 대리인 A가 甲이 그 소유 부동산을 乙에게 매도한 사실을 알면서도 甲의 배임행위에 적극 가담하여 丙을 대리하여 이중으로 매수한 경우, 丙이 그러한 사정을 몰랐더라도 甲과 丙의 매매계약은 사회질서에 반하여 무효이다.

③ 甲의 부동산을 매도할 대리권을 수여받은 乙이 마치 甲인 것처럼 행세하여 甲의 부동산을 丙에게 매도한 경우, 丙은 甲에게 소유권이전등기를 청구할 수 있다.

④ 법정대리권을 기본대리권으로 해서도 권한을 넘은 표현대리가 성립할 수 있다.

⑤ 甲의 아들 乙은 자신의 취직에 필요하다고 거짓말을 하여 甲으로부터 甲

의 인감증명서를 교부받고, 甲의 인장과 위임장을 위조한 뒤 이 서류들을 丙에게 제시하면서 甲의 대리인인 것처럼 가장하여 甲의 부동산을 丙에게 매도한 경우, 표현대리가 성립한다.

해설

① 옳음. '하지만, 민법 제114조 제1항의 규정에 따라 양도인 본인과 대리인을 표시하여야 하는 것이므로 양수인이 서면으로 채권양도통지를 함에 있어 대리관계의 현명을 하지 아니한 채 양수인 명의로 된 채권양도통지서를 채무자에게 발송하여 도달되었다 하더라도 이는 효력이 없다'(대판 2004.2.13. 2003다43490). ② 옳음. 대리행위의 하자 유무는 대리인을 표준으로 판단하여야 하므로, 설사 본인이 미리 그러한 사정을 몰랐거나 반사회성을 야기한 것이 아니라고 할지라도 그로 인하여 매매계약이 가지는 사회질서에 반한다는 장애사유가 부정되는 것은 아니다(대판 1998.2.27. 97다45532). ③ 옳음. 대리인은 대리인임을 표시하여 의사표시를 하여야 하는 것이 아니고 본인명의로도 할 수 있다(대판 1963.5.9. 63다67). ④ 옳음. 대판 1997.6.27. 97다3828 참고. ⑤ 틀림. 기본대리권, 즉 乙은 甲으로부터 어떠한 대리권도 수여받은 것이 없으므로 여기에는 제126조의 표현대리를 적용할 수 없다(대판 1974.5.14. 73다148). <답 ⑤>

제 6 장 조건과 기한이 붙은 법률행위

1. 조건부 법률행위의 효력 중 틀린 설명은? (다툼이 있는 경우에는 판례에 의함)

① 조건이 법률행위 당시 이미 성취된 경우, 그 조건이 정지조건이면 그 법률행위는 조건이 없는 행위이다.

② 조건이 법률행위 당시 이미 불성취로 된 경우, 그 조건이 해제조건이면 조건 없는 행위로 본다.

③ 조건이 법률행위 당시 이미 불성취로 된 경우, 그 조건이 정지조건이면 무효이다.

④ 환매권행사에 조건을 붙이면 무효이다.

⑤ 부관이 붙은 법률행위에 있어서 부관에 표시된 사실이 발생하지 아니하면 채무를 이행하지 아니하여도 된다고 보는 것이 상당한 경우에는 이를 불확정기한으로 보아야 한다.

해설

① 제151조 2항. ② 제151조 3항. ③ 제151조 3항. ④ 조건부 법률행위는 그 효과의 발생과 소멸이 장래에 대하여 불확정적이므로, 법률관계가 '확정적'이어야 하는 법률행위에는 조건을 붙일 수 없다. 먼저 (i) 단독행위에는 원칙적으로 조건을 붙일 수 없다. 따라서 상계(제493조), 취소(제491조), 해제 · 해지(제543조), 철회(제134조), 선택채권의 선택(제382조), 환매(제590조) 및 주식청약(상법 제302조) 등에 대해서는 조건을 붙일 수 없다. 그러나 상대방의 지위 및 이익을 해하지 않는 경우에는 예외가 허용된다(통설). (ii) 다음에 혼인, 이혼, 입양, 인지, 상속의 포기 등 신분행위에도 원칙적으로 조건을 붙일 수 없다. 다만 상대방에게 불이익을 초래하지 않거나 공서양속에 반하지 않는 경우에는 허용된다. 특히 민법은 유언에는 조건을 붙일 수 있도록 하였다(제1073조 2항). (iii) 그리고 어음 및 수표행위에 대해서도 조건을 붙일 수 없다. 즉 어음과 수표행위의 효력이 확정적으로 발생하기 위해서는 객관적 획일성이 요구되므로 조건을 붙일 수 없다(통설). 다만 어음보증에 조건을 붙이는 것은 어음거래의 안정성을 해치지 않으므로 허용된다(대판 1986.9.9. 84다카2310). (iv) 한편 조건을 허용하는 것이 법률의 목적에 명백히 반하는 경우에도 조건을 붙일 수 없다. 따라서 조건과 친하지 않은 법률행위에 조건을 붙인 경우에 그 법률행위는 '전부' 무효가 된다. 다만 어음법과 수표법상의 배서에 붙인 조건은 기재하지 아니한 것으로 보기 때문에(어음법 제12조 1항, 제77조 1항 1호; 수표법 제15조 1항) 조건 없는 어음 및 수표행위로서 효력을 갖는다. ⑤ 부관이 붙은 법률행위에서 부관에 표시된 사실이 발생하지 아니하면 채무를 이행하지 아니하여도 된다고 보는 것이 상당한 경우에는 조건으로 보아야 하고, 표시된 사실이 발생한 때에는 물론이고 반대로 발생하지 아니하는 것이 확정된 때에도 그 채무를 이행하여야 한다고 보는 것이 상당한 경우에는 표시된 사

실의 발생 여부가 확정되는 것을 불확정기한으로 정한 것으로 보아야 한다. (따라서) 이미 부담하고 있는 채무의 변제에 관하여 일정한 사실이 부관으로 붙여진 경우에는 특별한 사정이 없는 한 그것은 변제기를 유예한 것으로서 그 사실이 발생한 때 또는 발생하지 아니하는 것으로 확정된 때에 기한이 도래한다(대판 2003.8.19. 2003다24215). <답 ⑤>

2. 조건에 관한 다음 설명 중 틀린 것을 모두 고르면?

ⓐ 조건은 법률행위의 성립 또는 소멸을 장래 불확실한 사실의 성부에 의존케 하는 부관이다. ⓑ 해제조건이 법률행위 당시에 이미 성취되어 있는 때에는 그 법률행위는 무효로 한다. ⓒ 법률이 그 내용을 정하고 있거나 효력발생시기를 정하고 있는 것도 조건이나 기한으로 볼 수 있다. ⓓ 신분행위일지라도 상대방에게 불이익을 초래하지 않거나 공서양속에 반하지 않는 경우에는 조건을 붙일 수 있다. ⓔ 학설은 정지조건부 법률행위는 그 조건이 단지 채무자의 의사에만 달려 있을지라도 유효하다고 보는 데에 일치한다.

① ⓐ ② ⓒ ③ ⓐ, ⓑ
④ ⓒ, ⓔ ⑤ ⓑ, ⓔ ⑥ ⓐ, ⓒ, ⓔ

해설

ⓐ 조건과 기한은 모두 법률행위의 성립이 아니라 법률행위의 효력, 즉 그 발생 및 소멸에 관한 부관이다. ⓑ 제151조 2항. 반면에 정지조건이었으면 '조건 없는' 법률행위로 된다. ⓒ 조건이나 기한은 당사자들이 자유롭게 정한 법률행위의 내용이어야 하므로 법률이 이미 정해놓은 법정조건은 그 성질상 조건이나 기한이라고 할 수 없다(통설). ⓓ 옳음. 또한 유언에는 조건을 붙일 수 있다(제1073조 2항). ⓔ 조건의 성취가 당사자의 의사에 관계될 때에는 이를 '수의조건'이라고 한다. 이는 다시 순수수의조건과 단순수의조건으로 나뉜다. 순수수의조건이란 법률행위의 효력을 당사자 일방의 임의의사에만 의존하게 하는 조건을 말한다. 그런데 이의 유효성에 관하여 견해가 갈린다. 무효설에 따르면, 순수수의조건에는 당사자가 법적 구속력을 발생시키려는 의사가 없으므로 언제나 무효라고 한다(곽윤직, 432면; 김현태, 419면). 반면에 제한적 무효설에 의하면, 채무자순수수의조건이 정지조건이면 무효이나 해제조건이면 유효하며, 또한 채권자순수수의조건은 언제나 유효라고 한다(김기선, 343면; 김용한, 423면; 고상룡, 636면; 장경학, 663면). 한편 유효설에 따르면, 순수수의조건은 사적자치원칙상 민법의 전체질서에 합치되는 제도이고 또한 독특한 사회적 기능을 담당하므로 언제나 유효하다고 한다(이영준, 667면; 이은영, 724면).
<답 ⑥>

3. 교수의 질문에 대한 학생의 대답으로 틀린 것은? (다툼이 있는 경우에는 판례에 의함) <감평사 2003년 변형>

① 교수: 甲이 미취업자 乙에게 자신의 회사에서 3년간 근무하는 것을 조건

으로 A부동산을 증여하겠다고 약속하였다면?

학생: 乙은 3년 동안의 근무가 종료하기 전이라도 그 권리를 처분, 상속 또는 담보로 제공할 수 있습니다.

② 교수: ①의 사례에서 乙은 자신의 권리를 어떻게 보존할 수 있습니까?

학생: 乙은 자신의 권리를 가등기할 수 있으며, 조건부 권리의 침해에 대해 불법행위에 의한 손해배상청구권을 갖습니다.

③ 교수: ①의 사례에서 만약 甲이 특별한 이유 없이 乙을 해고한 경우는?

학생: 乙은 3년 간의 근로를 마치기 전이라도 조건의 성취를 주장하여 A부동산의 이전을 청구할 수 있습니다.

④ 교수: A가 B와 이혼하면서 B가 자녀를 양육하는 것을 조건으로 A가 양육비를 지급하기로 약정한 경우는?

학생: B는 조건이 성취되지 않은 장래의 양육비는 청구할 수 없습니다.

⑤ 교수: 丙이 아내 丁과 부부관계의 종료를 해제조건으로 부동산 증여계약을 체결한 경우는?

학생: 부동산에 대한 조건부 증여계약은 조건이 위법하므로 조건 없는 증여계약이 성립되어 완전한 소유권이 丁에게 이전됩니다.

해설

① 정지조건부 증여계약에 의한 조건부 권리, 즉 乙의 부동산소유권이전채권에 대해서도 일반규정에 의해 처분, 상속, 보존 및 담보로 할 수 있다(제149조). ② 부동산에 관한 권리를 보존하기 위해서는 가등기를 할 수 있다(부등법 제3조 후단). ③ 조건이 성취될 경우에 불이익을 받을 자가 신의칙에 반하는 방법으로 조건의 성취를 방해하면 그 조건은 성취하는 것으로 주장할 수 있다(제150조). ④ 양육비지급약정의 효력이 B에 의한 자녀양육이라는 미래의 불확정적 사실에 의존하기 때문에 정지조건부 계약이라고 볼 수 있다. 따라서 B가 자녀를 양육한다는 정지조건이 성취되지 않는 한, B는 미래의 양육비에 대한 지급을 청구할 수 없다(제147조 1항). ⑤ 불법조건이 붙은 법률행위는 정지조건이든 해제조건이든 이를 포함하는 계약 전체가 무효로 된다(대판 1966.6.21. 66다530 참고). <답 ⑤>

4. 법률행위의 부관에 관한 설명 중 옳지 않은 것은? (다툼이 있는 경우에는 판례에 의함) <사시 2013년 변형: 배점 2>

① 조건은 조건의사와 표시를 요건으로 하는 법률행위의 부관으로서, 조건의사가 있더라도 조건이 외부에 표시되지 않으면 법률행위의 동기에 지나지 않는다.

② 부관이 붙은 법률행위에서, 부관에 표시된 사실이 발생하지 않으면 채무를 이행하지 않아도 된다고 보는 것이 상당한 경우에는 조건으로 보아야 하고, 표시된 사실이 발생한 때에는 물론 발생하지 않는 것으로 확정된 때에도 그 채무를 이행하여야 한다고 보는 것이 상당한 경우에는 불확정기한으로 보아야 한다.

③ '기한이익 상실의 특약'은 일반적으로 채권자를 위한 약정이므로, 특별한 사정이 없으면 '형성권적 기한이익 상실의 특약'보다는 일정한 사유의 발생으로 당연히 채무자가 기한의 이익을 상실하고 이행기가 도래하는 '정지조건부 기한이익 상실 특약'으로 추정하는 것이 타당하다.

④ 이미 발생한 채무의 변제에 관하여 특정 사실이 부관으로 붙여진 경우, 특별한 사정이 없으면 이는 변제기의 유예이고, 그 사실이 발생한 때 또는 발생하지 않는 것으로 확정된 때에 기한이 도래한 것으로 본다.

⑤ 이행기가 도래하지 않았거나 조건 미성취의 청구권에서 채무자가 채무의 존재를 다투기 때문에 이행기가 도래하거나 조건이 성취되었을 때에 임의의 이행을 기대할 수 없는 경우, 장래이행을 청구하는 소를 제기할 수 있다.

해설

① 옳음. 조건은 법률행위의 효력의 발생 또는 소멸을 장래의 불확실한 사실의 성부에 의존케 하는 법률행위의 부관으로서 당해 법률행위를 구성하는 의사표시의 일체적인 내용을 이루는 것이다(대판 2003.5.13. 2003다10797). ② 옳음. 대판 2003.8.19. 2003다24215 참고. ③ 틀림. 기한이익 상실의 특약은 그 내용에 의하여 일정한 사유가 발생하면 채권자의 청구 등을 요함이 없이 당연히 기한의 이익이 상실되어 이행기가 도래하는 것으로 하는 '정지조건부 기한이익 상실의 특약'과 일정한 사유가 발생한 후 채권자의 통지나 청구 등 채권자의 의사행위를 기다려 비로소 이행기가 도래하는 것으로 하는 '형성권적 기한이익 상실의 특약'의 두 가지로 대별할 수 있고, 기한이익 상실의 특약이 위의 양자 중 어느 것에 해당하느냐는 당사자의 의사해석의 문제이지만 일반적으로 기한이익 상실의 특약이 채권자를 위하여 둔 것인 점에 비추어 명백히 정지조건부 기한이익 상실의 특약이라고 볼 만한 특별한 사정이 없는 이상 형성권적 기한이익 상실의 특약으로 추정하는 것이 타당하다(대판 2002.9.4. 2002다28340). ④ 옳음. 대판 2003.8.19. 2003다24215 참고. ⑤ 옳음. 장래의 이행을 청구하는 소는 미리 청구할 필요가 있는 경우에 한하여 제기할 수 있는바, 여기서 미리 청구할 필요가 있는 경우에 해당한다(대판 2004.1.15. 2002다3891).

<답 ③>

5. 다음은 '기한의 이익'에 관한 설명이다. 틀린 것은?

① 기한의 이익이란 시기 또는 종기가 아직 도래하지 않음으로써 당사자가 받게 되는 이익을 말한다.

② 약정이 없는 한 기한의 이익은 채무자를 위하여 존재한다고 추정된다.

③ 기한이익상실의 특약은 특별한 사정이 없으면 정지조건부 기한이익상실의 특약으로 추정한다.

④ 무상임치인은 언제든지 임치물의 반환을 청구할 수 있다.

⑤ 형성권적 기한이익상실 특약을 하였을 경우, 채무는 그 특약에 정한 사유가 발생한 때에 이행기가 도래한다.

✍ 해설

① 누가 기한의 이익을 받을 것인가는 특약, 법률행위의 종류 혹은 구체적인 사정 등에 따라 정해진다. ② 따라서 기한의 이익이 유독 채권자를 위하여 존재한다든가 혹은 쌍방을 위하여 존재한다는 것을 주장하는 자가 이를 입증하여야 한다(통설). ③ 기한이익상실의 특약은 일정한 사유가 발생하면 채권자의 청구 등을 요함이 없이 당연히 기한이익이 상실되어 이행기가 도래하는 것으로 하는「정지조건부 기한이익상실의 특약」과 일정한 사유가 발생한 후 채권자의 통지나 청구 등 채권자의 의사행위를 기다려 비로소 이행기가 도래하는 것으로 하는「형성권적 기한이익상실의 특약」의 두 가지로 대별할 수 있다. 기한이익상실의 특약이 어느 것에 해당하느냐는 당사자의 의사해석의 문제이지만 일반적으로 기한이익상실의 특약이 채권자를 위하여 둔 것인 점에 비추어 명백히 정지조건부 기한이익상실의 특약이라고 볼 만한 특별한 사정이 없는 이상 형성권적 기한이익상실의 특약으로 추정하는 것이 타당하다. (따라서) 형성권적 기한이익상실의 특약이 있는 경우에는 그 특약은 채권자의 이익을 위한 것으로서 기한이익의 상실사유가 발생하였다고 하더라도 채권자가 나머지 전액을 일시에 청구할 것인가 또는 종래대로 할부변제를 청구할 것인가를 자유로이 선택할 수 있다(대판 2002.9.4. 2002다28340). ④ 기한의 이익이 당사자의 일방에게만 존재하기 때문이다. ⑤ 형성권적 기한이익 상실의 특약은 일정한 사유가 발생한 후 채권자의 통지나 청구 등 채권자의 의사행위를 기다려 비로소 이행기가 도래한다(대판 2002.9.4. 2002다28340 참고). <답 ⑤>

6. 기한에 관한 설명이다. 옳은 것은? (다툼이 있는 경우에는 판례에 의함)

① 정지조건부 기한이익상실의 특약을 하였을 경우에는 그 특약에 정한 기한의 이익 상실사유가 발생함과 동시에 기한의 이익을 상실케 하는 채권자의 의사표시가 없더라도 이행기 도래의 효과가 발생하고, 채무자는 특별한 사정이 없는 한 그 때부터 이행지체의 상태에 놓이게 된다.

② 기한이익의 포기는 상대방 없는 단독행위이다.

③ 기한의 이익은 상대방의 이익을 해치지 않는 한 포기할 수 있으므로 그 포기의 효과는 소급효를 갖는다.

④ 기한의 이익이 상대방을 위해서도 존재하는 경우에 이를 포기할 수 있다.

⑤ 채권자가 이행지체에 빠진 채무자로부터 변제기보다 후의 일자를 만기로 하는 어음을 교부받은 경우, 특별한 사정이 없으면 채무지급을 유예하는 의사가 추정된다.

✍ 해설

① 채권자의 별도의 의사표시가 없더라도 바로 이행기가 도래한 것과 같은 효과를 발생케 하는 이른바 정지조건부 기한이익 상실의 특약을 하였을 경우에는, 그 특약에 정한 기한의 이익 상실사유가 발생함과 동시에 기한의 이익을 상실케 하는 채권자의 의사표시가 없더라도 이행기 도래의 효과가 발생하고, 채무자는 특별한 사정이 없는 한 그 때부터 이행지체의 상태에 놓이게 된다(대판 1999.7.9. 99다15184). ② 기한이익의 '포기'는 '상대방 있는 단독행위'이다. 즉 상대방에 대하여 일방적 의사표시를 함으로써 기한이 도래한 것과 동일한 효과를 갖게 한다. ③ 상대방의 이익을 침해하지 않는 한 자신의 이익을 포기하는 것은 가능하지만, 그 포기의 효과가 소급할 수는 없다. 따라서 기한의 이익의 포기

는 장래를 향해서만 효과가 발생한다. ④ 쌍방적 기한이익, 즉 기한의 이익이 상대방을 위해서도 존재하는 경우에는 상대방의 손해를 배상하고 포기할 수 있다(통설). ⑤ 채권자가 기존 채무의 지급을 위하여 그 채무의 이행기가 도래하기 전에 미리 그 채무의 변제기보다 후의 일자가 만기로 된 어음의 교부를 받은 때에는 묵시적으로 기존 채무의 지급을 유예하는 의사가 있었다고 볼 경우가 있을 수 있고 이 때 기존 채무의 변제기는 어음에 기재된 만기일로 변경된다고 볼 것이나, 특별한 사정이 없는 한 채무자가 기존 채무의 이행기에 채무를 변제하지 아니하여 채무불이행 상태에 빠진 다음에 기존 채무의 지급을 위하여 어음이 발행된 경우까지 그와 동일하게 볼 수는 없다(대판 2000.7.28. 2000다16367).

<답 ④>

7. 조건 및 기한에 관한 다음 설명 중 옳지 않은 것을 모두 고른 것은? (다툼이 있는 경우에는 판례에 의함) <사시 2012년 변형: 배점 3>

> ㉠ 주택건설을 위한 원·피고의 토지매매계약에 앞서 양자 간의 협의에 의하여, 건축허가를 받을 때 매매계약이 성립하고 건축허가 신청이 불허될 때에는 이를 무효로 한다는 약정 아래 이루어진 원·피고의 토지매매계약은 해제조건부계약이다.
> ㉡ 농지를 매수한 자는 농지취득자격증명의 취득을 정지조건으로 하여 농지의 소유권을 취득한다.
> ㉢ 제작물공급계약의 당사자들이 보수의 지급시기에 관하여 "수급인이 공급한 목적물을 도급인이 검사하여 합격하면, 도급인은 수급인에게 그 보수를 지급한다."는 내용의 조건을 붙였다면 이는 순수수의조건에 해당한다.
> ㉣ 甲이 건물철거 및 대지인도를 약정한 것이 장차 경계측량을 하여 甲의 건물이 乙의 토지를 침범한 사실이 확인된다는 장래의 사실을 조건으로 한 것이라면, 위 조건이 기성조건이어서 무조건의 철거의무를 승인한 것이라고 할 수 없다.
> ㉤ 甲과 乙 사이에, 乙은 甲이 제공하는 도면을 토대로 목적물을 제작하여 공급하는 제작물공급계약을 체결하면서, 보수의 지급시기에 관하여 "乙이 공급한 목적물을 甲이 검사하여 합격하면, 甲은 乙에게 그 보수를 지급한다."는 내용의 약정을 체결한 경우, 이러한 보수지급 약정은 순수수의조건이 아니다.
> ㉥ 조건의 성취로 인하여 불이익을 받을 당사자가 신의성실에 반하여 조건의 성취를 방해한 경우, 조건이 성취된 것으로 의제되는 시점은 이러한 신의성실에 반하는 행위가 있었던 때이다.
> ㉦ 부관이 붙은 법률행위에서, 부관에 표시된 사실이 발생하지 않으면 채무를 이행하지 않아도 된다고 보는 것이 상당한 경우에는 조건으로 보아야 하고, 표시된 사실이 발생한 때에는 물론 발생하지 않는 것으로 확정된 때에도 그 채무를 이행하여야 한다고 보

는 것이 상당한 경우에는 불확정기한으로 보아야 한다.

① ㉠, ㉡, ㉥, ㉦ ② ㉡, ㉣, ㉤, ㉦ ③ ㉡, ㉢, ㉤, ㉥
④ ㉢, ㉣, ㉤, ㉦ ⑤ ㉠, ㉡, ㉢ ⑥ ㉡, ㉤, ㉥
⑦ ㉡, ㉢, ㉥ ⑧ ㉤, ㉥, ㉦

해설

㉠ 옳음. 대판 1983.8.23. 83다카552 참고. ㉡ 틀림. 농지법 제8조 제1항 소정의 농지취득자격증명은 농지를 취득하는 자가 그 소유권에 관한 등기를 신청할 때에 첨부하여야 할 서류로서, 농지를 취득하는 자에게 농지취득의 자격이 있다는 것을 증명하는 것일 뿐 농지취득의 원인이 되는 법률행위의 효력을 발생시키는 요건은 아니라고 할 것이므로, 농지에 관한 소유권이전등기청구소송에서 비록 원고가 사실심 변론종결시까지 농지취득자격증명을 발급받지 못하였다고 하더라도 피고는 자신의 소유권이전등기의무가 이행불능임을 내세워 원고의 청구를 거부할 수 없다(대판 2006.1.27. 2005다59871). ㉢ 틀림. 대판 2006.10.13. 2004다21862 참고. ㉣ 옳음. 대판 1993.11.9. 93다25790 참고. ㉤ 옳음. 제제작물공급계약의 당사자들이 보수의 지급시기에 관하여 "수급인이 공급한 목적물을 도급인이 검사하여 합격하면, 도급인은 수급인에게 그 보수를 지급한다"는 내용으로 한 약정은 도급인의 수급인에 대한 보수지급의무와 동시이행관계에 있는 수급인의 목적물 인도의무를 확인한 것에 불과하므로, 법률행위의 효력 발생을 장래의 불확실한 사실의 성부에 의존하게 하는 법률행위의 부관인 조건에 해당하지 아니할 뿐만 아니라, 조건에 해당한다 하더라도 검사에의 합격 여부는 도급인의 일방적인 의사에만 의존하지 않고 그 목적물이 계약내용대로 제작된 것인지 여부에 따라 객관적으로 결정되므로 순수수의조건에 해당하지 않는다(대판 2006.10.13. 2004다21862). ㉥ 틀림. 대판 1998.12.22. 98다42356 참고. ㉦ 옳음. 대판 2003.8.19. 2003다24215 참고. <답 ⑦>

8. 다음 설명 중 옳은 것만으로 묶은 것은? (다툼이 있는 경우에는 판례에 의함)
<법원 2008년 변형>

㉠ 기간의 초일이 공휴일이라 하더라도 기간은 초일부터 기산하고, 기간의 말일이 토요일 또는 공휴일에 해당하는 때에는 기간은 그 익일로 만료한다.
㉡ 2013년 1월 31일 오후 3시에 친구로부터 500만 원을 무상으로 빌리면서 1개월 후에 갚기로 한 경우, 3월 1일은 공휴일이므로 2013년 3월 2일 오후 12시까지 반환하면 된다.
㉢ 1990년 8월 20일 오전 10시에 출생한 자는 2009년 8월 21일 오전 0시에 민법상 성년으로 된다.
㉣ 2007년 8월 1일 선박 중에 있다가 그 선박침몰 사고로 생사불명인 자에 대해 2008년 8월 31일 실종선고가 내려졌다면, 그 사람은 2008년 8월 1일 24시에 사망한 것으로 본다.
㉤ 무권리자 甲으로부터 부동산을 매수하여 1998. 8. 10. 소유권이전등기를 경료받고, 2000. 3. 20. 오전 11시경 점유를 이전받은 乙은

> 2008. 8.10.이 만료하면 그 부동산의 등기부 시효취득에 필요한 10년의 기간이 경과한다.

① ㉠, ㉡, ㉤ ② ㉠, ㉡, ㉣ ③ ㉠, ㉢, ㉣
④ ㉠, ㉣ ⑤ ㉡, ㉢, ㉤

해설

㉠ 옳음. 대판 1982.2.23. 81누204 및 제161조 참고. ㉡ 틀림. 기산일은 2월 1일 0시이고, 기간의 말일은 2월 28일(윤달은 2월 29일) 오후 12시이다(제157조 참조). ㉢ 틀림. 기간을 일, 주, 월 또는 년으로 정한 때에는 기간의 초일(初日)은 산입하지 아니하지만(제157조 본문), 연령계산에는 출생일을 산입한다(제158조). 만 19세로 성년이 되므로(제4조), 2009년 8월 20일 오전 0시에 민법상 성년으로 된다. ㉣ 옳음. 실종선고를 받은 자는 제27조의 실종기간이 만료한 때에 사망한 것으로 보며(제28조), 특별실종의 실종기간은 1년이며, 실종기간은 선박이 침몰한 때부터 기산한다(제27조 2항). 2007년 8월 1일 선박 중에 있다가 그 선박침몰 사고로 생사불명인 자에 대해 2008년 8월 31일 실종선고가 내려졌다면 초일불산입의 원칙(제157조 본문)상 2007년 8월 2일부터 기산하여 그로부터 1년이 만료하는 2008년 8월 1일 24시에 사망한 것으로 본다. ㉤ 틀림. 등기부취득시효에 관하여 민법 제245조 2항은 "부동산의 소유자로 등기한 자가 10년간 소유의 의사로 평온, 공연하게 선의이며 과실없이 그 부동산을 점유한 때에는 소유권을 취득한다."고 규정하고 있는데 그 뜻은 부동산의 소유자로 등기된 기간과 점유 기간이 때를 같이 하여 다같이 10년임을 요한다는 취지로 풀이해야 할 것이다(대판[전] 1989.12.26. 87다카2176). 따라서 2010년 3월 20일 24시에 시효취득에 필요한 10년의 기간이 완성된다. <답 ④>

제 7 장 법률행위의 효력

1. 무효인 법률행위에 대하여 잘못 설명한 것은? (다툼이 있는 경우에는 판례에 의함) <사시 2006년 유사>

① 당사자 사이에서만 소급하여 유효한 법률행위를 할 수 있다.

② 단독행위에 대하여 무효행위의 전환을 인정하지 않는 것이 다수설이다.

③ 자신의 혼인 외 출생자를 혼인 중의 출생자로 신고하여 자신의 가족관계등록부에 등재하였더라도 인지의 효력이 발생하지 않는다.

④ 무효인 법률행위는 추인을 해도 유효로 되지 않는다.

⑤ 법률행위의 일부가 개별 법령의 강행적 효력규정에 위반되어 무효가 되는 경우, 나머지 부분의 효력은 당해 효력규정 및 그 입법취지를 고려하여 판단하여야 한다.

⑥ 사용자가 근로자의 임금 지급에 갈음하여 사용자가 제3자에 대하여 가지는 채권을 근로자에게 양도하기로 하는 약정에 대해서도 무효행위의 전환의 법리(민법 제138조)가 적용될 수 있다.

해설

① 무효행위를 추인한 때에는 달리 소급효를 인정하는 법률규정이 없는 한 새로운 법률행위를 한 것으로 보아야 한다(대판 2011.6.24. 2009다35033). 그러나 당사자의 약정에 따라서 소급효를 가진 추인은 가능하다(통설, 판례: 대판 1949.3.22. 4281민상361). ② 단독행위에 관해서도 무효행위의 전환은 인정되는가? 부정설(=다수설)에 따르면, 단독행위의 성질상 전환을 인정할 수 없다고 한다(곽윤직, 419면; 장경학, 632면). 반면에 긍정설(=소수설)에 따르면, 민법 자체가 무효행위의 전환을 인정하고 있다고 한다. 즉 비밀증서에 의한 유언이 그 방식을 결여할 경우에는 자필증서의 방식을 갖춘 경우에 한하여 '자필증서에 의한 유언'으로서 인정되고(제1071조), 또한 '연착한 승낙'(제530조), '변경을 가한 승낙'(제534조)은 새로운 청약으로 본다(이영준, 636면). ③ 인지신고로서 효력이 있다고 보았다(대판 1971.11.15. 71다1983 참고). ④ 제139조 본문. ⑤ 제137조는 임의규정으로서 의사자치의 원칙이 지배하는 영역에서 적용된다. 따라서 법률행위의 일부가 강행법규인 효력규정에 위반되어 무효가 되는 경우 그 부분의 무효가 나머지 부분의 유효·무효에 영향을 미치는가의 여부를 판단하는 데 개별 법령이 일부무효의 효력에 관한 규정을 두고 있으면 그에 따라야 하고, 그러한 규정이 없으면 원칙적으로 제137조가 적용된다. 그러나 당해 효력규정 및 그 효력규정을 둔 법의 입법취지를 고려하여 볼 때 나머지 부분을 무효로 한다면 당해 효력규정 및 그 법의 취지에 명백히 반하는 결과가 초래되는 경우에는 나머지 부분까지 무효가 된다고 할 수는 없다(대판 2008. 9. 11. 2008다32501 등 참고). ⑥ 甲이 乙주식회사와 퇴사 당시 지급받지 못한 임금 및 퇴직금의 지급에 갈음하

여 乙회사의 제3자에 대한 채권을 양도받기로 합의한 다음 양도받은 채권 일부를 추심하여 미수령 임금 및 퇴직금 일부에 충당하였는데, 그 후 다시 乙회사를 상대로 미수령 임금 및 퇴직금 중 아직 변제받지 못한 부분의 지급을 구한 사안에서, 위 채권양도 합의가 전부 무효라면 당연히, 그리고 무효행위 전환의 법리에 따라 임금 및 퇴직금의 지급을 위한 것으로 보는 경우에는 그 법리에 따라, 甲은 원래의 미수령 임금 및 퇴직금 중 아직 변제받지 못한 부분의 지급을 乙 회사에 청구할 수 있다고 보아야 한다(대판 2012.3.29. 2011다101308). <답 ③>

2. 무효인 신분행위의 추인에 관한 설명 중 판례의 태도와 다른 것은?

<사시 2001년>

① 위조서류에 의한 혼인신고가 된 후 피위조자가 위조자와 몇 차례의 육체관계를 맺은 것만으로는 무효인 혼인에 대한 추인으로 볼 수 없다.

② 입양의 의사로 생후 3개월 된 기아를 출생신고하였고 당시 부모나 후견인 등의 대락(代諾) 등 성립요건이 갖추어지지 않은 경우라도 양자가 15세가 된 후 그 사실을 알면서도 양친이 사망할 때까지 아무런 이의를 제기하지 않았다면 묵시적으로 입양을 추인한 것으로 보아야 한다.

③ 무효행위의 추인에 관한 민법 제139조는 신분행위에 그대로 적용될 수 없다.

④ 무효인 신고행위에 상응하는 신분관계가 실질적으로 형성되어 있지 않고 그럴 가망도 없다면 그에 대한 추인의 의사표시만으로 그 신고행위의 효력이 인정될 수 없다.

⑤ 협의이혼을 한 후 배우자 일방이 일방적으로 다시 혼인신고를 하였다면, 상대방이 그 사실을 알면서 혼인생활을 계속하였더라도 무효인 혼인을 추인하였다고 볼 수 없다.

해설

① 대판 1993.9.14. 93므430 참고. ② 대판 1997.7.11. 96므1151 참고. ③ 신분행위의 경우에는 무효행위 추인에 대한 소급효를 인정할 필요성이 있기 때문에 제139조 본문을 적용하지 않는다. 비록 신분행위가 무효이더라도 그후 그 내용에 맞는 신분관계가 실질적으로 형성되어 양 당사자가 이의 없이 그 신분관계를 계속하여 왔다면 그 신고가 부적법하다는 이유로 이미 형성되어 있는 신분관계의 효력을 부인하는 것은 당사자의 의사에 반하고 그 이익을 해칠 뿐 아니라 그 실질적 신분관계의 외형과 호적의 기재를 믿은 제3자의 이익도 침해할 우려가 있기 때문이다. ⑤ 따라서 무효인 혼인을 추인하였다고 볼 수 있다(대판 1995.11.21. 95므731 참고). ④ 대판 1991.12.27. 91므30 참고. <답 ⑤>

3. 무효행위의 추인에 관한 다음 설명 중 옳은 것을 모두 고르면? (다툼이 있는 경우에는 판례에 의함)

ㄱ. 취득시효가 완성된 사실을 알고 있는 부동산 소유자가 그 부동산을 제3자에게 처분하였고 제3자가 이 처분행위에 적극 가담한 경우, 제3자 명의로 경료된 등기는 무효로서 추인에 의하여 유효로 되지

않는다.
ㄴ. 허위표시에 기초하여 무효인 가등기를 유효한 등기로 전용하기로 한 약정은 그때부터 유효하고, 이로써 그 가등기가 소급하여 유효한 등기로 전환될 수 없다.
ㄷ. 법률행위가 성립되지 않는 경우에는 무효행위의 추인에 관한 법리는 적용될 수 없으나, 무효인 법률행위에 따른 법률효과를 침해하는 채무불이행 또는 위법행위로 인한 손해배상청구는 가능하다.
ㄹ. 강행법규에 위반한 법률행위는 추인하더라도 당해 법규가 존속하는 한 새로운 행위로서의 효력은 생기지 않는다.

① ㄱ ② ㄴ ③ ㄱ, ㄴ
④ ㄱ, ㄴ, ㄹ ⑤ ㄴ, ㄷ, ㄹ

해설

ㄱ. 사회질서에 반하여 무효라고 보았다(대판 2002.3.15. 2001다77352, 77369 참고). ㄹ. 추인시에 법률행위의 유효요건이 존재하여야 한다. 따라서 법률행위의 목적이 적법성(ㄹ)이나 사회적 타당성(ㄱ)에 위반할 때에는 추인하여도 여전히 그 법률행위는 무효이다. ㄴ. 무효인 법률행위는 당사자가 무효임을 알고 추인할 경우 새로운 법률행위를 한 것으로 간주할 뿐이고 소급효가 없는 것이므로 무효인 가등기를 유효한 등기로 전용키로 한 약정은 그때부터 유효하고 이로써 위 가등기가 소급하여 유효한 등기로 전환될 수 없다(대판 1992.5.12. 91다26546). ㄷ. 무효인 법률행위는 그 법률행위가 성립한 당초부터 당연히 효력이 발생하지 않는 것이므로, 무효인 법률행위에 따른 법률효과를 침해하는 것처럼 보이는 위법행위나 채무불이행이 있다고 하여도 법률효과의 침해에 따른 손해는 없는 것이므로 그 손해배상을 청구할 수는 없다(대판 2003.3.28. 2002다72125). <답 ④>

4. 다음은 토지거래허가구역 내에서 토지거래에 대한 설명이다. 옳은 것만을 고르면? <변호사모의 2011년 유사>

㉠ 유동적 무효상태의 계약은 관할관청에 의한 불허가처분이 있을 때만 확정적 무효로 된다.
㉡ 토지의 이용목적이 거래계약의 내용으로 되었음에도, 매도인의 과실로 그 계약내용과 다른 이용목적이 기재된 토지거래허가신청서가 제출되어 불허가처분된 경우, 거래계약은 확정적 무효로 된다.
㉢ 甲과 乙이 매매계약에 대한 허가를 받지 않을 목적으로 가장증여계약을 체결하고 증여를 원인으로 乙에게 소유권이전등기를 한 경우, 매매계약은 유동적 무효이다.
㉣ 매수인이 매매계약을 체결한 후 정당한 사유 없이 토지거래허가신청을 하지 않고 매도인에게 대금지급을 불이행하자, 매도인이 매수인에게 채무불이행을 이유로 매매계약을 해제한 경우, 매매계약

은 확정적 무효로 된다.
ⓜ 매매계약의 허가를 받기 위해 허가를 받을 수 있는 제3자의 명의를 도용한 경우, 매매계약은 확정적 무효로 된다.

① ㉠ ② ㉠, ㉡ ③ ㉠, ㉡, ㉢
④ ㉡ ⑤ ㉡, ㉣ ⑥ ㉢
⑦ ㉢, ㉣ ⑧ ㉣, ㉤

해설

㉠ 틀림. 지문의 경우뿐만 아니라 당사자 쌍방이 허가신청협력의무의 이행거절의사를 명백히 표시한 경우에도 허가 전 거래계약관계의 유동적 무효상태가 더 이상 지속한다고 볼 수 없고 그 계약관계는 확정적 무효로 된다(대판 2007.11.30. 2007다30393 등 참고). ㉡ 틀림. 국토이용관리법상(현행 국토의 계획 및 이용에 관한 법률) 토지거래허가제도의 입법취지가 투기를 목적으로 하는 토지 등의 거래계약 자체를 규제하기 위하여 규제지역 내에서의 개인 간 토지거래에 관할관청이 직접 개입하여 그 거래내용이 위 법의 투기거래방지 목적에 저촉되는지 여부를 검토한 후 허가를 하게 함으로써 이러한 허가 없이는 당사자를 구속하는 계약의 효력이 발생하는 것을 금지하려는 데에 있고, 같은 법 제21조의4의 규정은 매수인이 가지는 "토지의 이용목적"을 그 허가 여부의 절대적 기준으로 삼고 있으므로, 만일 토지의 이용목적이 당사자의 명시적인 합의에 의하거나 또는 의사표시의 해석상 명백하여 그 거래계약의 내용이 된 경우 당사자는 마땅히 관할관청으로 하여금 그 이용목적을 허가 여부에 관한 심사기준으로 삼을 수 있도록 이를 허가신청서에 기재하여 제출하여야 함에도 불구하고 매수인의 귀책사유 등으로 그 이용목적을 계약내용과 달리 기재한 허가신청서가 제출되는 바람에 관할관청으로부터 불허가처분을 받았다면, 비록 외관상으로는 당해 거래계약이 불허가된 것처럼 보일지라도 그 불허가처분은 당초 허가대상이 되어야 할 거래계약의 진정한 내용에 대한 것이 아니므로 특단의 사정이 없는 한 그로 인하여 당해 거래계약이 확정적으로 무효가 되는 것이 아니라 허가를 받기 이전의 단계와 마찬가지로 여전히 유동적 무효의 상태로 남아 있다고 볼 것이다(대판 1997.12.26. 97다41318, 41325 참고). ㉢ 틀림. 매수인들이 국토이용관리법상의 규제지역에 속하는 임야를 매수하였음에도 관할관청으로부터 토지거래허가를 받은 바 없이 위 임야에 관하여 증여를 원인으로 소유권이전등기를 경료하였다면, 적어도 매수인들이 토지거래허가를 받지 아니하고 이를 잠탈하기 위하여 증여를 원인으로 소유권이전등기를 하기로 한 때로부터는 매매계약은 확정적으로 무효로 되었고, 이에 터잡은 매수인들 명의의 소유권이전등기 역시 원인이 없게 되어 무효라고 보아야 한다(대판 1993.12.24. 93다44319,44326). ㉣ 옳음. 쌍방이 허가신청을 하지 않을 의사를 명백히 하였다면, 매매계약은 확정적으로 무효가 되었다고 볼 수 있다(대판 1993.7.27. 91다33766 참고). ㉤ 옳음. 국토의 계획 및 이용에 관한 법률상 토지거래계약 허가구역 내의 토지에 관한 매매계약을 체결하면서 허가요건을 갖추지 못한 매수인이 허가요건을 갖춘 사람의 명의를 도용하여 매매계약서에 그를 매수인으로 기재한 것은 매매계약을 체결하면서 처음부터 토지거래허가를 잠탈한 경우에 해당하므로 위 매매계약은 처음 체결된 때부터 확정적으로 무효이다(대판 2010.6.10. 2009다96328). <답 ⑧>

5. **국토의 계획 및 이용에 관한 법률상의 거래계약허가구역 내의 토지에 관하여 토지거래허가를 받기 전에 체결한 매매계약은 유동적 무효라고 보는 것**

이 판례의 태도이다. 다음 설명 중 판례의 태도와 다른 것을 모두 고르면?

> ⓐ 토지거래허가를 전제로 하는 매매계약의 경우, 허가가 있기 전에 매도인이 소유권이전을 위한 등기서류의 이행제공을 하였다고 하더라도, 매수인이 이행지체에 빠지는 것은 아니다.
> ⓑ 토지거래허가구역 안의 A토지를 허가대상이 아닌 B토지와 교환하는 내용의 계약을 체결한 당사자는, 상대방의 귀책사유로 B토지에 관한 소유권이전등기의무가 이행불능이 된 경우, 위 계약에 관하여 관할관청의 거래허가를 받기 전이라도 B토지에 관한 소유권이전등기의무의 이행불능을 이유로 위 계약을 해제하고 그로 인한 손해배상을 청구할 수 없다.
> ⓒ 양 당사자는 매매계약을 효력 있는 것으로 완성하여야 할 협력의무를 부담하지만, 이러한 협력의무에 대해서는 그 이행을 소구할 수 없다.
> ⓓ 관할관청의 불허가처분이 있거나 당사자 쌍방이 허가신청을 하지 않기로 의사표시를 명백히 한 경우에는 확정적 무효로 된다.
> ⓔ 허가신청협력의무를 이행하지 아니하면 일정액의 손해를 배상하기로 하는 당사자 사이의 약정은 유효하다.

① ⓐ ② ⓐ, ⓑ ③ ⓐ, ⓒ
④ ⓑ ⑤ ⓑ, ⓒ ⑥ ⓒ
⑦ ⓒ, ⓓ ⑧ ⓒ, ⓔ

해설

ⓐ 토지거래허가를 전제로 하는 매매계약의 경우 허가가 있기 전에는 매수인에게 그 계약내용에 따른 대금의 지급의무가 없는 것이므로, 설사 그전에 매도인이 소유권이전등기 소요서류의 이행제공을 하였다 하더라도 매수인이 이행지체에 빠지는 것이 아니고, 허가가 난 다음 그 이행제공을 하면서 대금지급을 최고하고 매수인이 이에 응하지 아니한 경우에 비로소 이행지체에 빠져 매도인이 계약을 해제할 수 있는 것이다(대판 1992.7.28. 91다33612). ⓑ 토지거래허가구역 내에 있는 토지를 허가대상이 아닌 다른 부동산과 교환하기로 하는 내용의 교환계약이 국토이용관리법상의 토지거래허가를 받아야 하는 거래계약이어서, 당해 계약에 관하여 관할 관청의 토지거래허가를 받지 않은 이상 허가를 받기까지는 유동적 무효의 상태에 있으므로, 당해 계약이 유효한 계약임을 전제로 하여, 매수인의 교환대상 건물에 관한 소유권이전등기의무가 이행불능이 되었고 그와 같은 채무불이행이 매수인의 귀책사유에 기한 것이라는 이유로 계약이 매도인에 의하여 적법하게 해제되었음을 근거로, 매수인은 매도인에게 이행불능으로 인한 손해배상책임이 있다고 한 원심판결을 파기한 사안(대판 1997.7.25. 97다4357,4364). ⓒⓓ 유동적 무효 상태에 있는 계약을 체결한 당사자일지라도 쌍방이 그 계약이 효력이 있는 것으로 완성될 수 있도록 서로 협력할 의무가 있고(대판 2000.4. 7. 99다68812 등), 따라서 어느 일방이 허가신청협력의무의 이행거절의사를 분명히 하였다 하더라도 그 상대방은 소로써 허가신청 절차에 협력해 줄 것을 청구할 수 있으며 다만 당사자 쌍방이 허가신청을 하지 아니하기로 의사표시를

명백히 한 경우에는 유동적 무효 상태의 계약은 확정적으로 무효가 된다(대판 1995.12. 12. 95다28236 참고). ⓔ 토지거래허가구역 내의 토지에 대하여 관할관청의 허가를 받기 전 유동적 무효상태에 있는 계약을 체결한 당사자는 쌍방이 그 계약이 효력이 있는 것으로 완성될 수 있도록 서로 협력할 의무가 있는 것이므로, 이러한 매매계약을 체결할 당시 당사자 사이에 일방이 토지거래허가를 받기 위한 협력 자체를 이행하지 않거나 허가신청에 이르기 전에 매매계약을 철회하는 경우 상대방에게 일정한 손해액을 배상하기로 하는 약정을 유효하게 할 수 있다(대판 2008.7.10. 2008다15377 등). <답 ⑥>

6. 토지거래허가구역으로 묶여 있는 토지를 소유하던 강씨는 이를 시가에 매수하겠다는 최씨에게 1억 원에 매도하는 계약을 체결하였다. 중도금까지 지급한 최씨는 강씨의 비협조로 말미암아 관할관청으로부터 토지거래허가를 얻지 못하다가, 올해 초 관련법령에 의해 위 토지의 토지거래허가구역지정이 해제되었다. 한편 잔금까지 지급한 최씨가 개인적 사정으로 말미암아 소유권이전등기를 경료하지 못한 사이 최근에 다시 위 토지가 거래허가구역으로 지정되었다. 이와 관련한 다음 설명 가운데 옳은 것은?

① 위 토지거래계약이 처음부터 토지거래허가를 배제하는 내용을 가진 법률행위라고 하더라도 올해 초에 토지거래허가구역지정으로부터 해제되었기 때문에 그때부터 강씨와 최씨의 위 토지거래는 장래를 향하여 확정적으로 유효이다.

② 위 토지거래계약이 처음부터 토지거래허가를 배제하는 내용을 가진 법률행위라고 하더라도 올해 초에 토지거래허가구역지정으로부터 해제되었기 때문에 강씨와 최씨의 위 토지거래는 최초의 계약체결일로 소급하여 확정적으로 유효이다.

③ '국토의 계획 및 이용에 관한 법률'의 관련규정은 강행규정이므로 만약 최씨가 관할관청으로부터 거래허가를 받을 것을 전제로 계약을 체결하였다고 주장하더라도 법원은 이에 구속되지 않고, 토지거래허가를 배제하려는 계약이라는 사실을 전제로 위 계약의 효력을 판단할 수 있다.

④ 올해 초에 토지거래허가구역지정이 해제되었으므로 나중에 다시 위 토지가 거래허가구역으로 묶이더라도 위 토지거래계약의 효력상태는 확정적 유효에 해당한다.

⑤ 위 토지거래계약은 재차 토지거래허가구역으로 지정되었으므로 최씨가 종국적으로 토지의 이전등기를 경료하지 않은 이상, 다시 위 토지거래계약은 유동적 무효의 상태로 복귀한다.

해설

①② 규제지역 내의 토지에 대하여 관할행정청의 허가를 받기 전에 체결한 매매계약은 처음부터 그 허가를 배제하거나 잠탈하는 내용의 계약일 경우에는 확정적으로 무효로서 나중이라도 유효하게 될 여지가 없다(대판[전] 1991.12.24. 90다12243 등 참고). 즉, 그 계약은 체결된 때부터 확정적으로 무효라고 할 것이고, 이러한 허가의 배제 · 잠탈행위에는

토지거래허가가 필요한 계약을 허가가 필요하지 않은 것에 해당하도록 계약서를 허위로 작성하는 행위뿐만 아니라 정상적으로는 토지거래허가를 받을 수 없는 계약을 허가를 받을 수 있도록 계약서를 허위로 작성하는 행위도 포함된다(대판 2010.6.10. 2009다96328). 따라서 소급효든지 장래효든지 더 이상 유효를 논할 수 없다. ③ 처음부터 그 허가를 배제하거나 잠탈하려던 경우와 허가받을 것을 전제로 한 경우 사이에는 그 매매계약의 효력에 큰 차이가 존재한다. 따라서 당사자가 자신이 체결한 계약이 어느 경우에 해당하는지에 대한 주장사실은 법률상의 요건사실인 주요사실에 해당한다고 할 것이므로, 법원은 이에 대한 당사자의 주장사실에 구속되어 그와 다른 사실을 인정하거나 이를 기초로 판단할 수는 없다(대판 2000. 4.7. 99다68812 참고). ④⑤ 거래계약허가구역으로 지정된 토지에 관하여 건설교통부장관이 허가구역지정을 해제하거나, 또는 허가구역지정기간이 만료되었음에도 허가구역재지정을 하지 아니한 취지는 당해 구역 안에서의 개별적인 토지거래에 관하여 더 이상 허가를 받지 않도록 하더라도 투기적 토지거래의 성행과 이로 인한 지가의 급격한 상승의 방지라는 토지거래허가제도가 달성하려고 하는 공공의 이익에 아무런 지장이 없게 되었고 허가의 필요성도 소멸되었으므로, 허가구역 안의 토지에 대한 거래계약에 대하여 허가를 받은 것과 마찬가지로 취급함으로써 사적자치에 대한 공법적인 규제를 해제하여 거래당사자들이 당해 토지거래계약으로 달성하고자 한 사적자치를 실현할 수 있도록 함에 있다고 할 것이므로, 허가구역 지정기간 중에 허가구역 안의 토지에 대하여 토지거래허가를 받지 아니하고 토지거래계약을 체결한 후 허가구역 지정해제 등이 된 때에는 그 토지거래계약이 허가구역지정이 해제되기 전에 확정적으로 무효로 된 경우를 제외하고는, 더 이상 관할행정청으로부터 토지거래허가를 받을 필요가 없이 확정적으로 유효로 되어 거래당사자는 그 계약에 기하여 바로 토지의 소유권 등 권리의 이전 또는 설정에 관한 이행청구를 할 수 있고, 상대방도 반대급부의 청구를 할 수 있다고 보아야 할 것이지, 여전히 그 계약이 유동적 무효상태에 있다고 볼 것은 아니다(대판[전] 1999.6.17. 98다40459). 토지거래허가구역의 지정이 해제됨과 동시에 위 토지거래계약은 확정적 유효로 그 효력의 상태가 귀결되었기 때문에 허가구역의 재지정을 이유로써 다시 그 효력의 상태를 논할 수는 없다. 판례도 같은 취지이다(대판 2002.5.14. 2002다12635 참고).

<답 ④>

7. 「국토의 계획 및 이용에 관한 법률」상 토지거래허가 대상인 토지의 거래에 관한 설명 중 옳은 것은? (다툼이 있는 경우에는 판례에 의함) <사시 2011년: 배점 2>

① 토지거래허가를 받지 않은 매매계약에서 계약금만을 받은 매도인은 당사자 일방이 이행에 착수하기 전이라도 계약금의 배액을 상환하고 계약을 해제할 수 없다.

② 토지거래허가를 받지 않은 매매계약상의 매수인이 매도인에 대해 토지거래허가 신청절차에 협력할 의무의 이행을 청구하는 경우, 매도인은 매매대금지급 의무이행의 제공이 있을 때까지 그 협력의무의 이행을 거절할 수 있다.

③ 토지거래허가를 받지 않은 매매계약상의 매수인의 지위에 관하여 매도인과 매수인 및 제3자 사이에 제3자가 매수인의 지위를 이전받는다는 취지의 합의를 한 경우, 매도인과 매수인 사이의 매매계약에 대한 관할 관청의 허가가 없는 이상 제3자가 매도인에 대하여 직접 토지거래허가 신

청절차 협력의무의 이행을 청구할 수 없다.

④ 토지거래허가 전의 매매계약의 매수인이 매도인에 대한 토지거래허가 신청절차 협력청구권을 피보전권리로 하여 매매목적 토지의 처분을 금하는 가처분을 신청할 수 없다.

⑤ 토지거래 허가구역 내의 토지와 그 지상 건물을 일괄하여 매매한 경우, 매수인은 특별한 사정이 없는 한 토지에 대한 매매허가가 있기 전에 건물만의 소유권이전등기를 청구할 수 있다.

해설

① 틀림. 대판 1997.6.27. 97다9369 참고. ② 틀림. 대판 1993.8.27. 93다15366 참고. ③ 옳음. 유동적 무효상태에 있는 매매계약상의 매수인의 지위에 관하여 매도인과 매수인 및 제3자 사이에 제3자가 그와 같은 매수인의 지위를 매수인으로부터 이전받는다는 취지의 합의는 매도인과 매수인 사이의 매매계약에 대한 관할 관청의 허가가 있어야 비로소 효력이 발생한다고 보아야 하고, 그 허가가 없는 이상 그 3 당사자 사이의 합의만으로 유동적 무효상태의 매매계약의 매수인 지위가 매수인으로부터 제3자에게 이전하고 제3자가 매도인에 대하여 직접 토지거래허가 신청절차 협력의무의 이행을 구할 수 있다고 할 수는 없다(대판 1996.7.26. 96다7762). ④ 틀림. 대판 1998.12.22. 98다44376 참고. ⑤ 틀림. 하지만 토지에 관한 당국의 거래허가가 없으면 건물만이라도 매매하였을 것이라고 볼 수 있는 특별한 사정이 인정되는 경우에 한해서는 토지에 대한 매매거래허가가 있기 전에 건물만의 소유권이전등기를 명할 수 있다고 보아야 할 것이다(대판 1992.10.13. 92다16836 참고). <답 ③>

8. 甲은 2012.5.1. 乙로부터 「국토의 계획 및 이용에 관한 법률」상의 토지거래허가구역 내에 위치한 乙 소유의 X토지를 대금 5억 원에 매수하면서, 계약금 5,000만 원은 甲의 乙에 대한 대여금채권과 상계하고, 중도금 2억 5,000만 원은 2012.10.15. 乙의 통장에 입금하는 방법으로 지급하며, 잔금은 2012.12.1. 소유권이전등기서류와 상환으로 지급하되, 토지거래허가신청은 계약체결 후 즉시 하기로 하였다. 이에 관한 설명 중 옳지 않은 것은? (다툼이 있는 경우에는 판례에 의함) <사시 2013년 변형: 배점 3>

① 甲과 乙이 2012.9.30.까지 토지거래허가를 받기로 하고, 그때까지 허가를 받지 못하면 계약해제절차를 밟지 않더라도 매매계약을 무효로 한다는 특약을 한 경우, 그 약정기간이 경과하기만 하면 계약은 확정적으로 무효가 된다.

② X 토지에 대한 허가구역의 지정이 2012.6.30.자로 해제된 경우, X토지에 대하여 아직 토지거래허가를 받지 않았더라도 甲과 乙이 체결한 위 매매계약은 확정적으로 유효가 된다.

③ 토지거래허가를 받기 전에 乙의 채권자가 신청한 경매절차에서 X토지가 제3자에게 매각되어 적법하게 소유권이전등기가 마쳐진 경우, 매매계약은 확정적으로 무효가 되었으므로 甲은 乙에게 부당이득을 이유로 계

약금의 반환을 청구할 수 있다.

④ 2012.9.30. 토지거래허가를 받은 후에도 乙은 민법의 해약금에 관한 규정에 따라 계약을 해제할 수 있다.

⑤ 甲과 乙이 乙의 채권자 丙을 수익자로 하는 추가약정을 하고, 그에 따라 甲이 수익의 의사표시를 한 丙에게 중도금을 지급한 후 乙이 토지거래허가신청을 하는 데 전혀 협력하지 않음으로써 매매계약이 확정적으로 무효가 된 경우, 특별한 사정이 없는 한 甲은 부당이득을 이유로 중도금의 반환을 丙에게 청구할 수는 없다.

해설 ··

① 옳음. 대판 2009.4.23. 2008다50615 참고. ② 옳음. 대판[전] 1999.6.17. 98다40459 참고. ③ 틀림. 위 매매계약은 확정적으로 무효가 되어 매매대금지급에 관련된 약정도 모두 무효이고, 매매계약과 관련하여 현실적으로 매매대금을 지급하지 않은 매수인은 매도인을 상대로 부당이득반환을 구할 수 없고, 다만 매매계약 체결 전 존재하는 채권채무관계가 있다면 기존 채권채무관계는 유효하게 존속한다(대판 2011.6.24. 2011다11009). ④ 옳음. 허가절차협력의무는 그 매매계약의 효력으로서 발생하는 매도인의 재산권이전의무나 매수인의 대금지급의무와는 달리 신의칙상의 의무에 해당하는 것이어서 당사자 쌍방이 위 협력의무에 기초해 토지거래허가신청을 하고 이에 따라 관할관청으로부터 그 허가를 받았다 하더라도, 아직 그 단계에서는 당사자 쌍방 모두 매매계약의 효력으로서 발생하는 의무를 이행하였거나 이행에 착수하였다고 할 수 없다(대판 2009.4.23. 2008다62427). ⑤ 옳음. 그 계약관계의 청산은 요약자인 甲과 낙약자인 乙 사이에 이루어져야 하므로 특별한 사정이 없는 한 乙은 丙에게 매매대금 상당액의 부당이득반환을 구할 수 없다(대판 2010.8.19. 2010다31860, 31877). <답 ③>

9. 무효에 관한 설명 중 옳은 것(○)과 옳지 않은 것(×)을 바르게 표시한 것은?
(다툼이 있는 경우에는 판례에 의함) <사시 2011년: 배점 3>

ㄱ. 법률행위의 일부가 강행법규의 위반으로 무효인 경우, 그 법규가 일부무효의 효력을 규정하는 경우에는 그에 의하고, 그 규정이 없으면 원칙적으로 일부무효에 관한 민법 제137조의 규정이 적용될 것이나, 당해 효력규정과 그 규정을 둔 법의 입법 취지를 고려하여 나머지 부분의 효력을 결정하여야 한다.

ㄴ. 복수의 당사자가 중간생략등기의 합의를 한 경우, 그 합의는 전체로서 일체성을 가지며, 그중 한 당사자의 의사표시가 무효일 경우 나머지 당사자 사이의 합의의 유효성은 민법의 일부무효의 법리에 의하여 결정한다.

ㄷ. 매매대금의 과다로 말미암아 매매계약이 민법 제104조가 정하는 불공정한 법률행위로서 무효가 된 경우라도 무효행위의 전환에 관한 민법 제138조가 적용될 수 있다.

ㄹ. 「부동산 실권리자명의 등기에 관한 법률」의 위반으로 무효인 명의신탁등기는 조세포탈, 강제집행의 면탈 또는 법령상의 제한의 회피를 목적으로 하지 않은 경우, 그 후 명의신탁자가 수탁자와 혼인하면 그때부터 유효가 된다.

ㅁ. 무효행위의 추인은 무효행위를 뒤에 유효하게 하는 의사표시로, 무효행위를 치유하는 것이 아니라 그 의사표시에 의하여 그 무효행위를 새로운 행위로 하여 그때부터 유효하게 하는 것이므로 원칙적으로 소급효가 없다.

① ㄱ(○), ㄴ(○), ㄷ(×), ㄹ(○), ㅁ(×)
② ㄱ(○), ㄴ(○), ㄷ(○), ㄹ(○), ㅁ(○)
③ ㄱ(○), ㄴ(×), ㄷ(○), ㄹ(○), ㅁ(×)
④ ㄱ(×), ㄴ(×), ㄷ(○), ㄹ(○), ㅁ(○)
⑤ ㄱ(○), ㄴ(○), ㄷ(×), ㄹ(×), ㅁ(×)
⑥ ㄱ(×), ㄴ(○), ㄷ(×), ㄹ(×), ㅁ(○)
⑦ ㄱ(○), ㄴ(×), ㄷ(○), ㄹ(×), ㅁ(×)
⑧ ㄱ(×), ㄴ(×), ㄷ(○), ㄹ(×), ㅁ(○)

해설

모두 옳다. ㉠ 대판 2004.6.11. 2003다1601 참고. ㉡ 대판 1996.2.27. 95다38875 참고. ㉢ (따라서) 당사자 쌍방이 위와 같은 무효를 알았더라면 대금을 다른 액으로 정하여 매매계약에 합의하였을 것이라고 예외적으로 인정되는 경우에는, 그 대금액을 내용으로 하는 매매계약이 유효하게 성립한다(대판 2010.7.15. 2009다50308). ㉣ 조세포탈, 강제집행의 면탈 또는 법령상 제한의 회피를 목적으로 하지 아니하는 한 위 법률 제8조 제2호의 특례를 적용하여 그 명의신탁등기는 당사자가 혼인한 때로부터 유효하게 된다고 보아야 한다(대판 2002.10.25. 2002다23840). ㉤ 대판 1983.9.27. 83므22 참고. <답 ②>

10. 다음 설명 중 가장 틀린 것은? <사시 2002년 변형>

① 하나의 법률행위라 하더라도 가분성이 있거나 그 목적물의 일부가 특정될 수 있다면 그 나머지 부분이라도 이를 유지하려는 당사자의 가정적 의사가 인정되는 경우 그 일부만의 취소도 가능하고 그 일부의 취소는 법률행위의 일부에 관하여 효력이 생긴다.

② 비록 매매계약 당시에 취소사유가 있었다 하더라도 매도인이 매매계약을 적법하게 해제한 후에는 매수인으로서는 상대방이 행한 계약해제의 효과로서 발생하는 손해배상책임을 지는 것과 같은 불이익을 면하기 위하여 착오를 이유로 매매계약을 취소할 수 없다.

③ 미성년자는 친권자의 동의 없이 한 매매계약에 대해 친권자의 동의를 얻

어 추인할 수 있다.

④ 추인권자가 여러 개의 취소원인 중 하나만을 알고 추인한 경우에는 그 취소사유에 관한 취소권만 소멸하고, 나머지 알지 못한 취소원인에 기한 취소권은 소멸하지 않는다.

⑤ 민법 제146조 전단에서 취소권의 제척기간의 기산점으로 삼고 있는 '추인할 수 있는 날'이란 취소의 원인이 종료되어 취소권행사에 관한 장애가 없어져서 취소권자가 취소의 대상인 법률행위를 추인할 수도 있고 취소할 수도 있는 상태가 된 때로 보아야 한다.

해설

① 대판 1998.2.10. 97다44737 등 참고. 학설도 일부취소의 여부를 일부무효의 법리에 준하여 판단할 수 있다고 한다(이영준, 646면; 김상용, 684면 등 참고). ② 매도인이 매수인의 중도금 지급채무불이행을 이유로 매매계약을 적법하게 해제한 후라도 매수인으로서는 상대방이 한 계약해제의 효과로서 발생하는 손해배상책임을 지거나 매매계약에 따른 계약금의 반환을 받을 수 없는 불이익을 면하기 위하여 착오를 이유로 한 취소권을 행사하여 위 매매계약 전체를 무효로 돌리게 할 수 있다(대판 1991.8.27. 91다11308). ③ 법률행위의 취소권자는 동시에 추인권자가 되지만(제143조), 추인의 의사표시를 하기 위해서는 반드시 '취소원인이 종료한 후'이어야 한다(제144조 1항). 따라서 취소원인이 종료되기 전에 이루어진 추인의 효력은 인정되지 않는다. 다만, 미성년자와 피한정후견인은 법정대리인의 동의를 얻어 단독으로 법률행위를 할 수 있으므로 비록 행위능력을 얻기 전이라도 법정대리인의 동의를 전제로 유효한 추인을 할 수 있다(통설: 곽윤직, 426면; 이영준, 648면 등. 미성년자 등은 법정대리인의 추인을 전달하는 사자(使者)의 역할을 할 뿐이지 취소원인이 종료하기 전에는 결코 단독으로 추인을 할 수 없다는 반대견해로서 이은영, 711면 참고). ④ 추인의 의사표시를 하기 위해서는 취소할 수 있는 행위임을 알고서 추인해야 한다(대판 1997.5.30. 97다2986 참고). 따라서 알지 못한 취소원인에 기한 취소권은 소멸하지 않는다(특히 이영준, 648면 참고). 그러나 추인의 의사표시에 의해 당해 법률행위의 효력은 이미'확정적 유효'가 되었으므로 나머지 취소권은 행사할 수 없다고 보아야 한다. 이러한 해석태도가 법률행위의 불확정적 상태를 조속하게 확정적 상태로 이끌려는 취소 및 추인제도에 맞기 때문이다(사견). ⑤ 대판 2008.9.11. 2008다27301, 27318 참고.

<답 ②>

11. 다음은 취소권이 행사됨으로써 발생하는 효과에 관해서 설명한 것이다. 틀린 설명을 모두 나열하면?

ⓐ 취소할 수 있는 법률행위임에도 불구하고 이를 추인한 후에는 취소할 수 없다.

ⓑ 혼인계약이 취소된 경우에는 예외적으로 소급효가 인정되지 않는다.

ⓒ 채권행위에 따른 채무의 이행으로써 목적물에 대한 처분행위가 이루어진 경우 취소사유가 채권행위와 처분행위에 모두 존재하여 이를 모두 취소하였다면, 이른바 물권행위의 무인성을 주장하는 견해에 따르면 취소권자는 상대방에 대하여 부당이득청구권만을 가

질 뿐이다.
ⓓ 제한능력자는 취소된 법률행위에 의하여 받은 이익이 현존하는 한도 내에서 상환할 책임이 있으나, 선의의 제한능력자도 금전으로 그 이익을 받은 경우에 그 이익이 현존하지 않음을 입증하지 못하는 한 이익의 전부를 상환하여야 한다.
ⓔ 무효행위에 추인을 할 경우에는 새로운 행위를 한 것으로 보는 것과 마찬가지로 취소할 수 있는 법률행위를 추인한 경우에도 새로운 행위를 한 것으로 본다.
ⓕ 추인할 수 있는 자는 취소권자에 한정되기 때문에, 미성년자도 자신이 이미 체결한 매매계약을 정당하게 추인할 수 있다.

① ⓒ　② ⓒ, ⓓ　③ ⓔ, ⓕ
④ ⓒ, ⓔ, ⓕ　⑤ ⓓ, ⓔ, ⓕ　⑥ ⓒ, ⓓ, ⓔ, ⓕ

해설

ⓐ 추인이 있으면 취소 가능했던 법률행위는 그 자체가 확정적으로 유효한 행위로 되므로 이를 다시 취소할 수 있는 법적 근거는 존재하지 않게 된다(제143조 1항). ⓑ 근로계약과 같은 계속적 채권관계 혹은 혼인이나 입양에 대한 취소에는 소급효가 인정되지 않는다. ⓒ 처분행위에도 취소사유가 있고 이를 이유로 취소하였다면 '물권행위의 무인성론'이 논의될 여지가 전혀 없이 당연히 처분되었던 물건에 대한 소유권은 원권리자에게 복귀하므로 그는 소유권에 기한 소유물반환청구권을 행사할 수 있다(제213조 본문). ⓓ 취소로 인하여 이미 이행된 급부는 부당이득법리에 따라 반환된다. 따라서 선의의 반환자(즉, 취소사유가 있음을 모르고 법률행위를 한 자)와 악의의 반환자는 그 반환범위가 다르다. 다만 반환의무자가 제한능력자인 경우에는 이익이 현존하는 한도에서 반환하면 그만이다. 그러나 부당이득이 금전인 경우에는 늘 현존하는 것으로 추정된다(대판 1996.12.10. 96다32881). ⓔ 법률행위가 무효인 상태와 법률행위를 취소할 수 있는 경우에 대한 정확한 비교를 묻는 문제이다. 법률행위가 무효이더라도 이는 분명 법률행위의 적극적 요건인 성립요건은 이미 충족하고 있으므로 비록 지금은 법률행위가 존재하나 그 효력이 없을 뿐이지만, 이후에 다른 유효한 행위로 전환될 여지도 존재하고 혹은 추인의 의사표시에 의하여 새로운 법률행위가 되기도 한다. 하지만 취소할 수 있는 법률행위는 엄밀히 말하여 현재 유효인 상태이다. 다만 취소사유에 의하여 일방에게 취소권이 주어져서 법률관계가 불안정한 상태에 이르게 된 것이므로 이에 추인하면 취소권의 포기로 이해되며 동시에 불안정하던 법률관계가 확정적으로 유효로 굳어진다. ⓕ 물론 추인권자는 취소권자에 한정된다. 하지만 그러한 추인권자가 추인하기 위한 요건은 별개로 필요한 것이다. 따라서 취소원인이 종료한 후가 아니면 추인할 수 없는 것이다. <답 ④>

12. 법률행위의 취소에 관한 설명 중 옳지 않은 것은? (다툼이 있는 경우에는 판례에 의함) <사시 2010년: 배점 2>

① 법률행위의 취소를 전제로 한 이행거절에는 취소의 의사표시가 포함된 것으로 볼 수 있다.
② 착오로 인한 의사표시의 취소에 있어서 중대한 과실은 표의자의 직업,

행위의 종류, 목적 등에 비추어 보통 요구되는 주의를 현저히 결여하는 것을 의미한다.

③ 교환계약의 당사자 일방이 자기 소유의 목적물의 시가에 관하여 침묵한 것은 특별한 사정이 없는 한 기망행위로 볼 수 없다.

④ 동기의 착오가 법률행위의 내용의 중요 부분의 착오에 해당함을 이유로 표의자가 법률행위를 취소하려면 당사자들 사이에 별도로 그 동기를 의사표시의 내용으로 삼기로 하는 합의가 필요하다.

⑤ 착오로 인하여 표의자가 경제적인 불이익을 입지 않았다면 특별한 사정이 없는 한 이를 법률행위 내용의 중요 부분의 착오라고 할 수 없다.

해설 ....

① 취소의 의사표시는 묵시적으로도 가능하다. 따라서 취소의 의사가 상대방에 의하여 인식될 수 있다면 어떠한 방법에 의하더라도 무방하다고 할 것이고, 법률행위의 취소를 당연한 전제로 한 소송상의 이행청구나 이를 전제로 한 이행거절 가운데는 취소의 의사표시가 포함되어 있다(대판 1993.9.14. 93다13162). ② 대판 2000.5.12. 2000다12259 참고. ③ 일반적으로 교환계약을 체결하려는 당사자에게 … 자신이 알고 있는 정보를 상대방에게 사실대로 고지하여야 할 신의칙상의 주의의무가 인정된다고 볼 만한 특별한 사정이 없는 한, 자기가 소유하는 목적물의 시가를 묵비하여 상대방에게 고지하지 아니하거나 혹은 허위로 시가보다 높은 가액을 시가라고 고지하였다 하더라도 이는 상대방의 의사결정에 불법적인 간섭을 한 것이라고 볼 수 없다(대판 2002.9.4. 2000다54406). ④ 그 동기를 의사표시의 내용으로 삼기로 하는 합의까지 이루어질 필요는 없다(대판 1987.12.26. 88다카31507). ⑤ 대판 1999.2.23. 98다47924 참고. <답 ④>

13. 대학에 입학한 미성년자 甲은 법정대리인인 아버지 乙의 허락을 받지는 않았지만 乙이 기꺼이 입학 축하선물로 그 대금을 대신 납부해 줄 것이라고 믿고 전자제품대리점을 운영하는 丙으로부터 몇 개월 후 출시되는 외제 오디오 1대를 주문하는 매매계약을 체결하였다. 다음 설명 중 틀린 것은? (각 지문은 독립적이며, 학설이 대립되는 경우 판례에 따름) <감평사 2004년 변형>

① 丙이 몇 개월 후 오디오를 가져오자 甲은 자신의 방에 이를 설치하게 하였는데 그때가 마침 甲이 성년이 되는 날의 익일(翌日)인 경우 甲은 丙과의 매매계약을 취소할 수 없다.

② 丙이 약속한 날에 오디오를 인도해주지 않자, 미성년자인 甲은 아버지 乙의 동의를 얻어 丙에게 이행을 청구한 경우에는 매매계약을 취소할 수 없다.

③ 성년이 된 지 며칠 되지 않은 甲은 乙의 허락 없이 오디오를 구입한 것을 후회하고 있었다. 그러던 중 甲의 동아리 선배인 丁에게 오디오를 매도한 경우, 甲은 丙과의 매매계약을 취소할 수 없다.

④ 甲과 丙과의 매매계약시 오디오 가격을 200만 원으로 합의하였으나, 계약

서상에 20만 원으로 표기한 경우에 丙은 매매계약을 취소할 수 없다.

⑤ 甲과 丙과의 매매계약시 계약금으로 10만 원을 주면서, 丙이 甲에게 연대보증인을 요구하자 동행한 외삼촌 丁이 잔금의 지급을 연대보증한 경우 연대보증인은 매매계약을 취소할 수 있다.

해설 ……………………………………

제한능력자가 체결한 동산매매계약에 관한 질문들이다. 설문상으로는 미성년자 본인 및 아버지 乙은 위 매매를 취소할 수 있다(제140조). ① 취소원인이 종료하면 위 행위를 추인할 수 있으므로 甲의 급부수령행위는 법정추인에 해당한다(제145조 1호). ② 미성년자는 성년이 되기 전에도 법정대리인의 동의를 얻어 유효한 추인을 할 수 있다(제5조). 따라서 乙의 동의를 얻은 미성년자 甲이 채권자로서 급부의 이행을 청구하는 행위는 법정추인사유에 해당한다(제145조 2호). ③ 미성년이라는 취소원인이 종료하였기 때문에 甲의 양도행위는 법정추인사유에 해당한다(제145조 5호). ④ 매도인 丙이 표시상의 착오에 빠져 의사표시를 하는 바람에 매매대금을 20만 원으로 하는 매매계약이 체결되었다. 법률행위의 중요부분에 대하여 착오를 하였음에도 불구하고 매도인 丙은 그의 직업을 고려할 때 판매자에게 요구되는 주의를 지나치게 결여하였기 때문에(중과실) 위 매매계약을 취소할 수 없다(제109조 1항 단서). ⑤ 취소원인이 있는 채무를 보장하는 사람은 보증계약 당시에 그 원인 있음을 안 경우에는 주채무가 취소되더라도 주채무와 동일한 목적의 독립채무를 부담한 것으로 본다(제436조). 이 규정과 관련하여 적극설(이은영, 채권총론, 549면)과 소극설의 대립이 있지만, 민법 제436조는 보증채무의 부종성에 반하므로 보증인의 적극적인 채무부담의사가 명백하거나 추단할 수 있을 경우에만 제한적으로 적용되어야 한다는 유력설(곽윤직, 채권총론, 249면 및 김형배, 채권총론, 501면)에 의하더라도 외삼촌 丁은 甲의 매매행위에 동행하여 연대보증을 하였으므로 위 매매의 취소에도 불구하고 독립된 채무의 부담을 명백히 표시하였다고 평가할 수 있다. <답 ⑤>

제 8 장 소멸시효

1. 권리행사기간에 관한 설명 중 틀린 것은? (다툼이 있는 경우에는 판례에 의함) <사시 2002년 변형>

① 어떤 권리의 소멸시효기간이 얼마나 되는지에 관한 주장은 단순한 법률상의 주장에 불과하므로 변론주의의 적용대상이 되지 않고 법원이 직권으로 판단할 수 있다.

② 과세처분의 취소 또는 무효확인의 소는 조세환급을 구하는 부당이득반환청구의 소멸시효 중단사유인 재판상 청구에 해당한다.

③ 면책적 채무인수가 있는 경우 인수채무의 소멸시효기간은 채무인수일로부터 새로이 진행된다.

④ 소장부본의 송달에 의해 환매권 등 형성권을 재판상 행사하는 경우에는 그 소장부본이 그 형성권의 제척기간 내에 상대방에게 송달되어야 한다.

⑤ 환매권 등 형성권의 행사 결과 발생하는 소유권이전등기청구권은 그 형성권의 제척기간 내에 행사되어야 한다.

⑥ 채권양도의 통지는 양도인이 채권이 양도되었다는 사실을 채무자에게 알리는 것에 그치는 행위이므로, 그것만으로 제척기간 준수에 필요한 권리의 '재판외 행사'에 해당한다고 할 수 없다.

해설 ……………………………………

① 대판 2013.2.15. 2012다68217. ② 위법한 행정처분의 취소·변경을 구하는 행정소송은 일반적으로 사권(私權)을 행사하는 것으로 볼 수 없으므로 사권에 대한 시효중단사유가 되지 못하는 것이나, 다만 오납한 조세에 대한 부당이득반환청구권을 실현하기 위한 수단이 되는 과세처분의 취소 또는 무효확인을 구하는 소는 그 소송물이 객관적인 조세채무의 존부확인으로서 실질적으로 민사소송인 채무부존재확인의 소와 유사할 뿐 아니라, 과세처분의 유효 여부는 그 과세처분으로 납부한 조세에 대한 환급청구권의 존부와 표리관계에 있어 실질적으로 동일당사자인 조세부과권자와 납세의무자 사이의 양면적 법률관계라고 볼 수 있으므로, 위와 같은 경우에는 과세처분의 취소 또는 무효확인청구의 소가 비록 행정소송이라고 할지라도 조세환급을 구하는 부당이득반환청구권의 소멸시효중단사유인 재판상 청구에 해당한다고 볼 수 있다(위 전원합의체 판결의 다수의견). 마찬가지로, 甲 주식회사의 근로자 乙이 부당해고기간 중 지급받지 못한 임금의 지급을 구한 경우, 乙이 부당노동행위 구제신청을 한 후 이에 관한 행정소송에 보조참가하여 甲 회사의 주장을 적극 다투면서 자신의 권리를 주장한 이상, 乙의 부당해고기간 동안 임금지급청구권의 소멸시효는 행정소송과 관련한 재판상 청구로서 중단된다(대판 2012.2.9. 2011다20034). ③

면책적 채무인수에 의해 전채무자의 채무는 그 동일성을 유지하면서 인수인에게 이전하므로 소멸시효기간은 계속 진행된다. (그러나) 면책적 채무인수에 의해 인수된 채무의 소멸시효기간은 채무인수와 동시에 이루어진 소멸시효 중단사유, 즉 채무승인에 따라 채무인수일로부터 새로이 진행된다(대판 1999.7.9. 99다12376 참고). ④ 대판 1999.4.9. 98다46945 참고. ⑤ 대판 1992.10.13. 92다4666 참고. 이러한 판례의 태도는 취소권의 행사기간과 부당이득반환청구권의 소멸시효기간 사이에도 그대로 적용된다. ⑥ 대판[전] 2012.3.22. 2010다28840. <답 ⑤>

2. 소멸시효와 제척기간에 관한 설명 중 틀린 것은? <감평사 2003년>

① 소멸시효기간은 법률행위에 의하여 이를 단축 또는 경감할 수 있지만, 제척기간은 당사자 사이의 약정으로 단축하거나 연장할 수 없다.

② 소멸시효가 완성하면 그 기산일에 소급하여 권리소멸의 효과가 생기지만, 제척기간의 경우 기간이 경과한 때로부터 장래에 향하여 권리가 소멸한다.

③ 소멸시효는 권리자의 청구 또는 채무자의 승인이 있으면 중단되고 그 때까지 경과된 시효기간은 산입되지 않는 반면, 제척기간에서는 권리자의 권리주장이 있으면 그 효과가 발생하여 이를 기초로 다시 기간이 갱신된다든지 하는 문제가 발생하지 않는다.

④ 소멸시효의 이익을 포기할 수 있으나, 제척기간에는 포기가 인정되지 않는다.

⑤ 소멸시효의 완성에 의한 권리의 소멸은 법원의 직권조사사항이나, 제척기간의 경과로 인한 권리의 소멸은 변론주의의 원칙상 이를 주장하는 자가 원용한 때에 비로소 고려된다.

해설

①⑤ 제척기간은 법률이 규정하는 권리의 존속기간 내지 행사기간이라고 이해되므로 소멸시효와는 달리 제척기간의 단축 등을 약정할 수 없다(통설). 만약 당사자의 자유로운 약정을 보장한다면 취소권을 가진 무능력자 등은 행위무능력을 이유로 자신의 법률행위를 취소하는 데 제한을 받는 결과가 되기 때문이다. 따라서 소멸시효완성에 대해서는 변론주의가 적용되어야 하지만, 제척기간 여부 및 그 기간의 경과로 인한 권리소멸 여부는 법원의 직권조사사항이다. ② 소멸시효완성의 효과는 결국 소멸시효기간의 기산일에 당해 권리를 행사할 수 있음에도 불구하고 행사하지 않은 데 있기 때문에 소급효가 인정된다(제167조). 즉, 시효완성시에 인정되는 권리의 소멸이라는 시효완성의 법률효과가 기산일에도 여전히 규범적으로 인정할 수 있기 때문이다. ③ 제척기간은 권리의 존속기간이기 때문에 중단의 문제가 생길 여지가 없다. ④ 제척기간의 만료로써 당해 권리는 당연히 소멸하여 버리기 때문에 그 이익에 대한 포기는 문제되지 않는다. <답 ⑤>

3. 제척기간에 관한 설명 중 판례의 입장에 부합하는 것은? <사시 2004년 변형>

① 민법 제667조 내지 제671조에서 정한 수급인의 하자담보책임에 관한 기

간의 법적 성격은 소멸시효기간이다.

② 한정후견인이 피한정후견인 본인의 동의 없이 피한정후견인의 부동산을 임의로 처분한 경우, 피한정후견인이 스스로 법률행위를 취소함에 있어서는 그 사실을 안 날로부터 3년 내에 그 취소권을 행사하여야 한다.

③ 사해행위취소의 소는 '법률행위 있은 날'로부터 5년 내에 제기하여야 하는데, '법률행위 있은 날'이란 사해행위에 해당하는 법률행위가 실제로 이루어진 날을 의미하므로, 채무자 소유의 부동산에 관하여 수익자의 명의로 소유권이전청구권의 보전을 위한 가등기가 경료되었다가 그 가등기에 기한 소유권이전의 본등기가 경료된 경우에는 특별한 사정이 없는 한 본등기가 경료된 날로부터 사해행위 취소의 소의 제척기간이 진행된다.

④ 매매의 목적이 된 권리의 일부가 타인에게 속한 경우, 매도인의 담보책임에 기한 매수인의 대금감액청구권은 매수인이 악의인 경우에는 사실을 안 날로부터 1년 내에 행사하여야 한다.

⑤ 임대 후 분양전환된 집합건물의 경우, 하자담보책임의 제척기간은 임대에 의하여 집합건물을 분양전환 시점이 아닌 인도받은 시점부터 진행된다.

해설

① 그 성격은 제척기간이다(대판 2012.5.9. 2010두13234 참고). ② 취소권은 민법 제146조에 의하여 추인할 수 있는 날로부터 3년 내에, 법률행위를 한 날로부터 10년 내에 행사하여야 하지만, 여기에서 "추인할 수 있는 날"이라 함은 취소의 원인이 종료한 후를 의미한다. 따라서 피한정후견인이 스스로 법률행위를 취소함에 있어서는 한정후견종료가 심판되어 피한정후견인이 능력자로 복귀한 날로부터 3년 내에 그 취소권을 행사하여야 한다(한정치산자의 경우에 관한 대판 1997.6.27. 97다3828 등 참고). ③ 가등기의 등기원인인 법률행위와 본등기의 등기원인인 법률행위가 명백히 다르지 않는 한, 본등기의 기초가 된 가등기의 등기원인인 법률행위를 제쳐놓고 본등기의 등기원인인 법률행위만이 취소의 대상이 되는 사해행위라고 볼 수는 없다. 따라서 가등기의 등기원인인 법률행위가 있은 날이 언제인지와 관계없이 본등기가 경료된 날로부터 사해행위 취소의 소의 제척기간이 진행된다고 볼 수 없다(대판 1996.11.8. 96다26329). ④ 매도인의 담보책임에 기한 매수인의 대금감액청구권은 매수인이 선의인 경우에는 사실을 안 날로부터, 악의인 경우에는 계약한 날로부터 1년 이내에 행사하여야 한다(대판 1997.6.13. 96다15596 등). ⑤ 민법 제667조 내지 제671조의 각 규정 내용에 비추어 '인도'는 인도의 원인관계를 불문하고 '건축 후 최초 인도'를 의미한다고 해석함이 타당하다고 한다(대판 2012.5.10. 2011다66610 등).

<답 ⑤>

4. 제척기간에 관한 설명 중 옳지 않은 것은? (다툼이 있는 경우에는 판례에 의함)

<사시 2010년: 배점 2>

① 채무자 甲 소유의 부동산을 乙이 매수하여 소유권이전등기를 경료받은 것이 사해행위인 경우, 취소채권자가 제척기간 내에 乙을 상대로 사해행위의 취소를 구하는 소를 제기하여 승소확정판결을 받았다면, 원상회복

으로 乙에 대하여 소유권이전등기말소를 청구하는 것은 제척기간의 경과 후에도 할 수 있다.

② 미성년자의 법률행위 취소권의 행사기간은 제척기간이지만 출소기간은 아니며, 점유보호청구권의 행사기간은 출소기간이다.

③ 참칭상속인 甲이 자신 명의로 소유권이전등기를 마치고 乙에게 지상권설정등기를 마쳐준 경우, 진정상속인 丙이 제척기간 경과 전에 甲에 대한 상속회복청구소송을 제기하여 승소판결을 받았다면, 그 제척기간 경과 후에도 乙을 상대로 상속회복청구소송을 제기하여 상속재산에 관한 지상권설정등기의 말소를 구할 수 있다.

④ 민법 제840조 제6호의 '기타 혼인을 계속하기 어려운 중대한 사유'가 발생한 날로부터 2년을 경과하여도 이혼청구 당시 그 사유가 계속 존재하는 경우에는 이혼을 청구할 수 있다.

⑤ 매매예약의 완결권은 형성권이므로 당사자 사이에 그 행사기간을 약정한 때에는 그 기간 내에 행사하여야 하고, 그러한 약정이 없는 때에는 그 예약이 성립한 때로부터 10년의 제척기간에 걸린다.

해설 ……………………………………………

① 대판 2001.9.4. 2001다14108 참고. ② 취소권(대판 1993.7.27. 92다52795)이나 담보청구권(대판 1985.11.12. 84다카2344)의 권리행사기간은 재판상 또는 재판외의 권리행사기간이고 재판상 청구를 위한 출소기간은 아니다. 하지만 민법 제204조 제3항과 제205조 제2항에 의하면 점유를 침탈당하거나 방해를 받은 자의 침탈자 또는 방해자에 대한 청구권은 그 점유를 침탈당한 날 또는 점유의 방해행위가 종료된 날로부터 1년 내에 행사하여야 하는 것으로 규정되어 있는데, 여기에서 제척기간의 대상이 되는 권리는 형성권이 아니라 통상의 청구권인 점과, 점유의 침탈 또는 방해의 상태가 일정한 기간을 지나게 되면 그대로 사회의 평온한 상태가 되고 이를 복구하는 것이 오히려 평화질서의 교란으로 볼 수 있게 되므로 일정한 기간을 지난 후에는 원상회복을 허용하지 않는 것이 점유제도의 이상에 맞고 여기에 점유의 회수 또는 방해제거 등 청구권에 단기의 제척기간을 두는 이유가 있는 점 등에 비추어 볼 때, 위의 제척기간은 재판외에서 권리행사하는 것으로 족한 기간이 아니라 반드시 그 기간 내에 소를 제기하여야 하는 이른바 출소기간으로 해석함이 상당하다(대판 2002.4. 26. 2001다8097, 8103). ③ 진정상속인이 참칭상속인의 최초 침해행위가 있은 날로부터 10년의 제척기간이 경과하기 전에 참칭상속인에 대한 상속회복청구 소송에서 승소의 확정판결을 받았다고 하더라도 위 제척기간이 경과한 후에는 제3자를 상대로 상속회복청구 소송을 제기하여 상속재산에 관한 등기의 말소 등을 구할 수 없다(대판 2006.9.8. 2006다26694). ④ 원고가 피고의 불륜행위를 유서하였을 뿐만 아니라 피고의 불륜행위나 각종 범죄행위가 있었던 때로부터 2년이 훨씬 경과한 때 비로소 이혼청구의 소를 제기하였다고 하여도 원고의 이혼청구소송은 피고가 혼인 이후 원고에게 폭력을 행사하고 계속적으로 수차에 걸쳐 각종 범죄행위를 저질러 4년 6월의 징역형을 선고받고 원심변론 종결시까지도 복역 중에 있음으로 인하여 정상적인 혼인관계를 유지할 수 없음을 이유로 한 것인데 이러한 경우에는 민법 제840조 제6호 소정의 '기타 혼인을 계속할 수 없는 중대한 사유'가 현재까지도 계속 존재하는 것으로 보아야 할 것이고 이와 같은 경우에는 이혼청구권의 제척기간에 관한 민법 제842조가 적용되지 않는다(대판

2001.2.23. 2000므1561). ⑤ 대판 2003.1.10. 2000다26425 등 참고. <답 ③>

5. 다음 중 설명이 잘못된 것은?

① 甲에게 개인용 컴퓨터를 판매한 '용산컴퓨터상사'의 주인이 갖는 판매대금채권의 소멸시효기간은 3년이다.

② 파산절차에 의하여 확정된 甲의 대금채권은 10년이다.

③ 甲은 乙로부터 경운기 1대를 2년간 빌리기로 하고 그 사용료로 1년 이내에 금50만원을 지급하기로 약속하였다. 이때에 乙이 갖는 경운기사용료금 50만원 채권의 소멸시효기간은 10년이다.

④ 건물에 관한 소유권이전등기청구권에 있어서 그 목적물인 건물이 완공되지 아니하여 이를 행사할 수 없었다는 사유는 법률상의 장애사유에 해당한다.

⑤ 甲주식회사의 대표이사 乙이 이사회결의 등 적법한 절차를 거치지 않은 채 丙의 甲회사에 대한 채무를 면제해 주어 甲회사에 손해가 발생하였는데, 채무면제행위 당시 甲회사 감사 丁이 그 자리에 함께 있었음에도 乙의 행위에 대하여 유지(留止)할 것을 청구하거나 이사회 또는 주주총회에 보고하는 등 필요한 조치를 전혀 취하지 않은 경우, 丁이 乙의 불법행위를 안 때부터 甲회사의 乙에 대한 손해배상청구권의 소멸시효가 진행된다.

⑥ 원고가 경찰관들을 폭행죄로 고소하였으나 오히려 무고죄로 기소되어 제1심에서 징역형의 실형을 선고받았다가 상고심에서 최종적으로 무죄로 확정된 경우, 원고의 손해배상청구는 무고죄에 대한 무죄판결이 확정된 때로부터 소멸시효가 진행된다.

⑦ 도급인에게 수급인으로 하여금 공사를 이행할 수 있도록 협력하여야 할 의무는 공사도급계약에 따른 부수적 내지는 종된 채무로서 민법 제163조 제3호에 정한 '공사에 관한 채무'에 해당하므로 주된 채무인 공사대금채무가 시효로 소멸하였다는 피고의 주장에는 종된 채무인 위 공사협력의무의 시효소멸 주장도 들어 있는 것으로 볼 수 있다.

해설

① 제163조 6호. ② 제165조 2항. ③ 제163조 1호 소정의 사용료 기타 1년 이내의 기간으로 정한 채권이란 1년 이내의 정기에 지급되는 채권을 말하고 변제기간이 1년 이내의 채권을 말하는 것은 아니다(대판 1965.2.16. 64다1731). 따라서 乙의 채권은 3년이 아니라 10년의 소멸시효기간을 갖는다(제162조 1항). ④ 대판 2007.8.23. 2007다28024,28031. ⑤ 불법행위로 인한 손해배상청구권의 단기소멸시효 기산점은 '손해 및 가해자를 안 날'부터 진행되며, 법인의 경우에 손해 및 가해자를 안 날은 통상 대표자가 이를 안 날을 뜻한다. 그렇지만 법인 대표자가 법인에 대하여 불법행위를 한 경우에는, 법인과 대표자의 이익은 상반되므로 법인 대표자가 그로 인한 손해배상청구권을 행사하리라고 기대하기 어려

울 뿐만 아니라 일반적으로 대표권도 부인된다고 할 것이어서, 법인 대표자가 손해 및 가해자를 아는 것만으로는 부족하다. 따라서 위 경우에는 적어도 법인의 이익을 정당하게 보전할 권한을 가진 다른 대표자, 임원 또는 사원이나 직원 등이 손해배상청구권을 행사할 수 있을 정도로 이를 안 때에 비로소 단기소멸시효가 진행하고, 만약 임원 등이 법인 대표자와 공동불법행위를 한 경우에는 그 임원 등을 배제하고 단기소멸시효 기산점을 판단하여야 한다(대판 2012.7.12. 2012다20475). ⑥ 민법 제766조 제1항 소정의 손해를 안다는 것은 단순히 손해 발생의 사실을 아는 것만으로는 부족하고 가해행위가 불법행위로서 이를 원인으로 하여 손해배상을 소구할 수 있다는 것까지 아는 것을 의미한다(대판 2010.12.9. 2010다71592). 마찬가지로 손해 및 가해자를 안 날에 더하여 권리를 행사할 수 있는 때가 도래하여야 비로소 시효가 진행한다고 보아야 하는 경우도 있다. 예를 들어, 공무원의 직무수행 중 불법행위에 의하여 납북된 것을 원인으로 하는 국가배상청구권 행사의 경우, 남북교류의 현실과 거주·이전 및 통신의 자유가 제한된 북한 사회의 비민주성이나 폐쇄성 등을 고려하여 볼 때, 다른 특별한 사정이 없는 한 북한에 납북된 사람이 국가를 상대로 대한민국 법원에 소장을 제출하는 등으로 권리를 행사하는 것은 객관적으로도 불가능하므로, 납북상태가 지속되는 동안은 소멸시효가 진행하지 않는다(대판 2012.4.13. 2009다33754). ⑦ 대판 2010.11.25. 2010다56685. <답 ⑤>

6. 소멸시효에 관한 다음 설명 중 옳지 않은 것만을 고른 것은?

> ㉠ 확정기한부 채권의 소멸시효는 그 기한이 도래한 때로부터 진행한다.
> ㉡ 불확정기한부 채권의 소멸시효는 채무자가 기한의 도래를 안 때로부터 진행한다.
> ㉢ 부동산소유권이전채무의 이행불능으로 인한 손해배상청구권의 소멸시효는 소유권이전채무가 이행불능이 된 때로부터 진행한다.
> ㉣ 유치권자가 유치물의 점유를 계속해서 하고 있더라도, 그 피담보채권에 대한 소멸시효는 진행한다.
> ㉤ 상법 제731조 제1항을 위반하여 무효인 보험계약에 따라 납부한 보험료에 대한 반환청구권은 특별한 사정이 없는 한 각 보험료를 납부한 때부터 진행한다.
> ㉥ 감염의 잠복기가 길거나, 감염 당시에는 장차 병이 어느 단계까지 진행될 것인지 예측하기 어려운 경우, 불법행위에 기한 손해배상채권에 있어서 민법 제766조 제2항에 의한 소멸시효의 기산점이 되는 '불법행위를 한 날'이란 현실적으로 손해의 결과가 발생한 날이 아닌 일률적으로 감염일을 말한다.

① ㉠ ② ㉠, ㉢, ㉣ ③ ㉡, ㉥
④ ㉡, ㉢, ㉣ ⑤ ㉡, ㉣, ㉤ ⑥ ㉢, ㉥
⑦ ㉢, ㉣ ⑧ ㉣, ㉤

해설

㉠ 소멸시효는 권리를 법률상 행사할 수 있는 때로부터 진행한다(제166조 1항). 따라서

확정기한부 채권의 경우에 소멸시효의 기산점은 기한이 도래한 때이다. ⓛ 불확정기한부 채권에 있어서도 소멸시효의 기산점은 권리를 행사할 수 있는 때이므로, 그 기한이 객관적으로 도래한 때가 기산점이다. ⓒ 대판 2005.9.15. 2005다29474 등. ⓜ 유치권을 행사해도 채권에 대해서 시효중단의 효력은 없다(제326조). ⓜ 납부한 보험료에 대한 반환청구권은 특별한 사정이 없는 한, 그 보험료를 납부한 때에 발생하여 행사할 수 있기 때문이다(대판 2011.3.24. 2010다92612). ⓑ 불법행위를 한 날이란 가해행위가 있었던 날이 아니라 현실적으로 손해의 결과가 발생한 날을 의미하므로 손해가 현실화된 시점을 일률적으로 감염일로 보게 되면, 피해자는 감염일 당시에는 장래의 손해 발생 여부가 불확실하여 청구하지 못하고 장래 손해가 발생한 시점에서는 소멸시효가 완성되어 청구하지 못하게 되는 부당한 결과가 초래될 수 있다(대판 2011.9.29. 2008다16776). <답 ③>

7. 소멸시효의 기산점에 관한 설명으로 옳은 것을 모두 고르면? <사시 2001년 변형>

ⓐ 부작위채권은 그 위반행위가 있는 때로부터 소멸시효가 진행된다.
ⓑ 반환시기의 약정이 없는 소비임치계약상의 반환청구권은 계약성립 이후 상당한 기간이 경과한 때로부터 소멸시효가 진행된다.
ⓒ 반환시기의 약정이 없는 소비대차계약상의 반환청구권은 계약성립 시부터 소멸시효가 진행된다.
ⓓ 매수인의 대상청구권은 매매목적물에 대한 매도인의 소유권이전등기의무가 이행불능되었을 때로부터 소멸시효가 진행하는 것이 원칙이다.
ⓔ 공사 시행 중 발생한 홍수피해의 복구공사비청구채권은 공사도급계약에 부수되는 채권이므로 그 소멸시효는 도급공사가 모두 완료된 다음날부터 진행한다.

① ⓐ, ⓑ ② ⓑ, ⓓ ③ ⓐ, ⓒ
④ ⓒ, ⓓ, ⓔ ⑤ ⓐ, ⓒ, ⓓ ⑥ ⓐ, ⓓ, ⓔ

해설

소멸시효의 기간은 그 권리를 행사할 수 있을 때부터 기산한다(따라서 채무를 이행하여야 할 때부터 부담하는 '이행지체책임'과는 구별된다). 즉 권리를 행사할 수 있음에도 불구하고 행사하지 않은 때부터 기산한다. ⓐ 제166조 2항 참조. ⓑ 임치인은 언제든지 임치물의 반환을 청구할 수 있으므로(제702조 단서 참조) 소비임치계약이 성립한 때부터 소멸시효의 기간이 기산된다. ⓒ 소비대차계약상의 반환채권이라고 하더라도 기한을 정하지 않은 권리이므로 소비대주는 언제든지 반환을 청구할 수 있다. 따라서 권리의 성립시부터 소멸시효가 진행한다(한편, 기간을 정하지 않은 임대차에서 임차인의 보증금반환청구권은 당사자의 해지통고 후 일정한 기간이 지난 뒤에야 그 소멸시효가 진행한다는 점에 유의할 것). 다만, 소비차주에게 지체책임을 물리기 위해서는 최고에서 정한 상당한 기한이 지난 후에야 가능하다(제603조 2항 본문). ⓓ 국유화가 된 사유의 특수성과 법규의 미비 등으로 그 보상금의 지급을 구할 수 있는 방법이나 절차가 없다가 상당한 기간이 지난 뒤에야 보상금청구의 방법과 절차가 마련된 경우라면, 대상청구권자로서는 그 보상금청구의 방법이 마련되기 전에는 대상청구권을 행사하는 것이 불가능하다. 따라서 이러한 경우에는 보상금을 청구할 수 있는 방법이 마련된 시점부터 대상청구권에 대한 소멸시효가 진행한다고 볼 수 있다(대판 2002.2.8. 99다23901). ⓔ 복구공사가 완료된 때로부터 복구공사비청구채권을 행사할 수 있으므로 소멸시효 또한 그 때부터 진행한다(대판 2009.11.12. 2008다41451).
<답 ⑤>

8. 소멸시효에 관한 설명이다. 판례의 견해와 일치하는 것을 고르면?
<사시 2012년 유사>

① 지연이자채권의 소멸시효기간은 3년이다.
② 상행위인 계약의 해제로 인한 원상회복청구권에는 상사소멸시효가 적용되지 않는다.
③ 상행위에 기한 이사의 제3자에 대한 손해배상책임의 소멸시효기간은 일반 불법행위책임의 단기소멸시효를 규정한 민법 제766조 1항이 적용되는 것이 아니라, 민법 제162조 1항이 적용되어 10년이다.
④ 상인이 그의 영업을 위하여 근로자와 체결하는 근로계약은 보조적 상행위에 해당하므로, 근로자의 근로계약상의 주의의무 위반으로 인한 손해배상청구권도 특별한 사정이 없는 한 5년의 상사 소멸시효기간이 적용된다고 봄이 타당하다.
⑤ 사채의 상환청구권과 그 이자에 대한 지연손해금은 사채의 상환청구권과 마찬가지로 10년간 행사하지 아니하면 소멸시효가 완성한다.

해설

① 10년의 소멸시효기간에 걸린다(제162조 2항). 변제기까지는 (구)이자제한법의 제한범위 내의 약정이자를 지급하여야 하지만 위 변제기 이후에 지급하는 지연이자는 금전채무의 이행을 지체함으로 인한 손해배상금이지 이자가 아니다. 또한 제163조 제1호가 정하는 1년 이내의 기간으로 정한 채권도 아니므로 3년의 단기소멸시효에 걸리지 않는다(대판 1993.9.10. 93다20139 등 참고). ② 따라서 은행이 그 영업행위로서 한 대출금에 대한 변제기 이후의 지연손해금은 3년의 단기소멸시효대상인 이자채권이나 불법행위로 인한 손해배상채권에 관한 제766조 제1항 소정의 단기소멸시효의 대상이 아니고, 상행위로 인한 채권에 관하여 적용될 5년 간의 소멸시효를 규정한 상법 제64조가 적용되어야 한다(대판 1991.12.10. 91다17092 등 참고). 마찬가지로 상행위인 계약의 해제로 인한 원상회복청구권도 상법 제64조의 상사시효의 대상이 된다(대판 1993.9.14. 93다21569 참고). 물론 피고가 가해차량이 가입한 책임보험의 보험자로부터 사고로 인한 보험금을 수령하였음에도 불구하고 자동차손해배상 보장사업을 위탁받은 원고 회사로부터 또다시 피해보상금을 수령한 것을 원인으로 한 원고 회사의 피고에 대한 부당이득반환청구권에 관하여는 상법 제64조가 적용되지 아니하고, 그 소멸시효기간은 민법 제162조 제1항에 따라 10년이다(대판 2010.10.14. 2010다32276). 마찬가지로, 임대인 甲 주식회사와 임차인 乙 주식회사 사이에 체결된 건물임대차계약이 종료되었는데도 乙 회사가 임차건물을 무단으로 점유·사용하자 甲 회사가 乙 회사를 상대로 부당이득반환을 구한 경우, 乙 회사는 甲 회사에 대하여 임차건물의 점유·사용으로 인한 차임 상당의 부당이득금을 반환할 의무가 있는데, 주식회사인 甲 회사, 乙 회사 사이에 체결된 임대차계약은 상행위에 해당하지만 계약기간 만료를 원인으로 한 부당이득반환채권은 법률행위가 아닌 법률규정에 의하여 발생하는 것

이고, 발생 경위나 원인 등에 비추어 상거래 관계에서와 같이 정형적으로나 신속하게 해결할 필요성이 있는 것도 아니므로 특별한 사정이 없는 한 10년의 민사소멸시효가 적용된다(대판 2012.5.10. 2012다4633). ③ 상법 제401조에 기한 이사의 제3자에 대한 손해배상책임이 제3자를 보호하기 위하여 상법이 인정하는 특수한 책임이라는 점을 감안할 때 일반 불법행위책임의 단기소멸시효를 규정한 민법 제766조 1항은 적용될 여지가 없고, 일반 채권으로서 민법 제162조 1항에 따라 그 소멸시효기간은 10년이다(대판 2008.2.14. 2006다82601). ④ 상법 제64조의 상사시효제도는 대량, 정형, 신속이라는 상거래 관계 특유의 성질에 기인한 제도임을 고려하면, 상인이 그의 영업을 위하여 근로자와 체결하는 근로계약은 보조적 상행위에 해당한다고 하더라도, 근로자의 근로계약상의 주의의무 위반으로 인한 손해배상청구권은 상거래 관계에 있어서와 같이 정형적으로나 신속하게 해결할 필요가 있다고 볼 것은 아니므로, 특별한 사정이 없는 한 5년의 상사 소멸시효기간이 아니라 10년의 민사 소멸시효기간이 적용된다고 봄이 타당하다(대판 2005.11.10. 2004다22742). ⑤ 금전채무에 대한 변제기 이후 지연손해금의 소멸시효기간은 원본채권의 그것과 같다. 한편, 상법 제487조 제1항에 "사채의 상환청구권은 10년간 행사하지 아니하면 소멸시효가 완성한다.", 같은 조 제3항에 "사채의 이자와 전조 제2항의 청구권은 5년간 행사하지 아니하면 소멸시효가 완성한다."고 규정하고 있고, 이미 발생한 이자에 관하여 채무자가 이행을 지체한 경우에는 그 이자에 대한 지연손해금을 청구할 수 있으므로, 사채의 상환청구권에 대한 지연손해금은 사채의 상환청구권과 마찬가지로 10년간 행사하지 아니하면 소멸시효가 완성하고, 사채의 이자에 대한 지연손해금은 사채의 이자와 마찬가지로 5년간 행사하지 아니하면 소멸시효가 완성한다(대판 2010.9.9. 2010다28031).

<답 ③>

9. 소멸시효에 관한 설명 중 옳은 것(○)과 옳지 않은 것(×)을 바르게 표시한 것은? (다툼이 있는 경우에는 판례에 의함) <사시 2013년 변형: 배점 3>

ㄱ. 연대보증인이 있는 상사채권에 관하여 채권자의 주채무자에 대한 청구를 인용하는 판결이 확정된 경우, 보증채무의 성격상 연대보증채무의 소멸시효기간도 10년으로 연장된다.

ㄴ. 소멸시효는 권리를 행사할 수 없는 동안은 진행하지 않는데, 여기서 '권리를 행사할 수 없는 때'라 함은 그 권리행사에 법률상의 장애사유가 있는 것을 말하고, 사실상 그 권리의 존재나 권리행사 가능성을 알지 못하였거나 알지 못함에 있어 과실유무 등은 시효진행에 영향을 미치지 않는다.

ㄷ. 미성년자 등 제한능력자에게 법정대리인이 없어서 권리를 행사하지 못하는 것은 시효의 정지사유에 불과할 뿐, 시효기간의 개시에 대한 법률상 장애라고 할 수 없다.

ㄹ. 계속적 거래관계로 발생한 채권이라 하더라도 변제기에 관한 특약이 없는 한, 그 시효기간은 개별적인 채권이 발생한 때로부터 개별적으로 진행하며 계속적 거래관계가 종료한 때부터 진행하는 것이 아니다.

ㅁ. 부동산을 매수하고 등기를 하지 않았으나 인도받아 점유하고 있는

경우, 그 등기청구권은 시효로 소멸하지 않는다.

① ㄱ(○), ㄴ(×), ㄷ(○), ㄹ(×), ㅁ(×)
② ㄱ(○), ㄴ(○), ㄷ(×), ㄹ(○), ㅁ(×)
③ ㄱ(○), ㄴ(×), ㄷ(×), ㄹ(×), ㅁ(×)
④ ㄱ(×), ㄴ(○), ㄷ(○), ㄹ(○), ㅁ(○)
⑤ ㄱ(×), ㄴ(×), ㄷ(○), ㄹ(×), ㅁ(○)
⑥ ㄱ(×), ㄴ(○), ㄷ(×), ㄹ(○), ㅁ(○)

해설

ㄱ. 틀림. 보증채무가 주채무에 부종한다 할지라도 보증채무는 주채무와는 별개의 독립된 채무의 성질이 있고 민법 제440조가 "주채무자에 대한 시효의 중단은 보증인에 대하여 그 효력이 있다."라고 규정하고 있으나, 이는 보증채무의 부종성에 기한 것이라기보다는 채권자보호 내지 채권담보의 확보를 위한 특별규정으로서 이 규정은 주채무자에 대한 시효중단의 사유가 발생 하였을 때는 그 보증인에 대한 별도의 중단조치가 이루어지지 아니하여도 동시에 시효중단의 효력이 생기도록 한 것에 불과하고 중단된 이후의 시효기간까지가 당연히 보증인에게도 그 효력을 미치는 것은 아니다. 한편, 민법 제165조가 판결에 의하여 확정된 채권, 판결과 동일한 효력이 있는 것에 의하여 확정된 채권은 단기의 소멸시효에 해당한 것이라도 그 소멸시효는 10년으로 한다고 규정하는 것은 당해 판결 등의 당사자 사이에 한하여 발생하는 효력에 관한 것이고, 채권자와 주채무자 사이의 판결 등에 의해 채권이 확정되어 그 소멸시효가 10년으로 되었다 할지라도, 위 당사자 이외의 채권자와 연대보증인사이에 있어서는 위 확정판결 등은 그 시효기간에 대하여는 아무런 영향도 없고, 채권자의 연대보증인의 연대보증채권의 소멸시효기간은 여전히 종전의 소멸시효기간에 따른다(대판 1986.11.25. 86다카1569). ㄴ. 옳음. 대판[전] 1984.12.26. 84누572. ㄷ. 옳음. 제179조 참조. ㄹ. 옳음. 대판 1978.3.28. 77다2463 참고. ㅁ. 옳음. 대판[전] 1976.11.6. 76다148 등. <답 ④>

10. 소멸시효에 관한 다음 설명 중 옳은 것만을 고르면? (다툼이 있는 경우에는 판례에 의함)

ㄱ. 소송물인 소유권이전등기청구권이 발생한 기본적 법률관계에 해당하는 매매계약을 기초로 하여 건축주명의변경을 구하는 소는 소유권이전등기청구권의 소멸시효를 중단시키는 재판상 청구에 포함되지 않는다.
ㄴ. 매수인의 하자담보책임에 기한 손해배상청구권은 그 권리의 성질상 민법 제582조의 권리행사기간과는 상관없이 그 권리를 행사할 수 있는 때인 매매계약의 체결시부터 민법 제162조 제1항에 따라 10년의 소멸시효가 진행한다고 보아야 한다.
ㄷ. 주채무가 민사채무이고 보증채무는 상행위로 인한 것일 때에 보증채무는 주채무에 따라 10년의 소멸시효에 걸린다.
ㄹ. 「부동산 실권리자명의 등기에 관한 법률」 시행 전에 이루어진 명의

신탁 부동산에 관하여 유예기간 내에 실명화 조치를 취하지 않아 명의신탁자가 명의수탁자에 대하여 부당이득반환으로 그 부동산에 관한 소유권이전등기청구권을 행사하는 경우, 그 등기청구권은 명의신탁자가 명의신탁 부동산을 계속 점유·사용하여 왔더라도 소멸시효가 진행한다.

ㅁ. 학생에 대한 대학의 편입학허가, 졸업인정, 대학원입학, 석사학위수여 등이 그 자격요건을 규정한 법령에 위반되어 무효인 경우, 이와 같은 당연무효행위에 대한 취소권도 시효로 인하여 소멸한다.

① ㄱ, ㄴ, ㄷ ② ㄴ, ㄹ, ㅁ ③ ㄴ, ㄹ
④ ㄷ, ㄹ, ㅁ ⑤ ㄷ, ㅁ ⑥ ㄴ, ㄷ, ㅁ

해설

ㄱ. 틀림. 매매계약에 기한 소유권이전등기청구권의 소멸시효기간 만료 전에 매매계약을 원인으로 건축주명의변경을 구하는 소를 제기한 사안에서, 매매계약에 기한 소유권이전등기청구권의 시효중단 사유인 재판상 청구는 권리자가 소송이라는 형식을 통하여 권리를 주장하면 족하고 반드시 그 권리가 소송물이 되어 기판력이 발생할 것을 요하지 않으므로 소유권이전등기청구권이 발생한 기본적 법률관계에 해당하는 매매계약을 기초로 하여 건축주명의변경을 구하는 소도 소멸시효를 중단시키는 재판상 청구에 포함된다(대판 2011.7.14. 2011다19737). ㄴ. 옳음. 하자담보에 기한 매수인의 손해배상청구권은 권리의 내용·성질 및 취지에 비추어 제162조 제1항의 채권 소멸시효의 규정이 적용된다(대판 2011.10.13. 2011다10266). ㄷ. 틀림. 보증채무가 주채무에 부종한다 할지라도 원래 보증채무는 주채무와는 별개의 독립된 채무이므로 보증채무와 주채무의 소멸시효기간은 그 채무의 성질에 따라 각별로 정해진다고 할 것이다(대판 2010.9.9. 2010다28031 참고). ㄹ. 옳음. 무효로 된 명의신탁 약정에 기하여 처음부터 명의신탁자가 그 부동산의 점유 및 사용 등 권리를 행사하고 있다 하여 위 부당이득반환청구권 자체의 실질적 행사가 있다고 볼 수 없다(대판 2009.7.9. 2009다23313). ㅁ. 틀림. 학생에 대한 학교의 편입학허가, 대학교졸업인정, 대학원입학, 공학석사학위 수여 등이 그 자격요건을 규정한 교육법 제111조, 제112조, 제115조에 위반되어 무효라면 이와 같은 당연무효의 행위를 학교법인이 취소하는 것은 그 편입학허가 등의 행위가 처음부터 무효이었음을 당사자에게 통지하여 확인시켜주는 것에 지나지 않으므로 여기에 신의칙 내지 신뢰의 원칙을 적용할 수 없고 그러한 뜻의 취소권은 시효로 인하여 소멸하지도 않으며 그와 같은 자격요건에 관한 흠은 학교법인이나 학생 또는 일반인들에 의하여 치유되거나 정당한 것으로 추인될 수 있는 성질의 것도 아니다(대판 1989.4.11. 87다카131). <답 ③>

11. 다음은 소멸시효의 중단사유에 관한 설명이다. 틀린 것은?(다툼이 있으면 판례에 의함)

① 피해자의 보험자에 대한 손해배상청구에 의하여 피보험자의 보험자에 대한 보험금청구권의 소멸시효가 중단되지 않는다.

② 시효중단사유는 중단으로 이익을 받은 당사자의 주장·입증이 있는 때에

고려하는 것으로서 이에 관한 주장이 없는 경우에는 이에 대한 판단을 할 필요가 없다.

③ '확인의 소'를 제기할 경우에도 소멸시효의 중단사유로서 인정된다.

④ 기존채권의 지급확보의 방법으로 수표가 수수되었을 경우에는 수표금채권과 기존채권은 표리관계에 있으므로 수표금채권의 소송상청구는 기존채권의 소멸시효를 중단시킨다.

⑤ 국가배상심의회에 손해배상을 신청한 것은 국가에 대하여 손해배상채무이행을 최고한 것에 해당하지 않는다.

해설

① 상법 제724조 2항에 의하여 피해자가 보험자에게 갖는 직접청구권과 피보험자의 보험자에 대한 보험금청구권은 별개의 청구권이기 때문이다(대판 2006.4.13. 2005다77305, 77312 참고). ②는 시효중단사유의 입증책임 및 변론주의와의 관계에 대한 판례이다(대판 1978.4.11. 76다2476). ③ 통설, 판례(대판 1978.4.11. 77다2509). ④ 대판 1961.11.9. 4293민상748. 반면에 기존채권의 청구를 수표금청구로 변경하였더라도 전자의 소송제기로 후자의 청구권에 대한 소멸시효중단의 효과가 발생하지 않는다(대판 1967.4.25. 67다75). ⑤ 국가에 대하여 손해배상채무이행을 최고한 것에 해당한다(대판 1975.7.8. 74다178). <답 ⑤>

12. 다음 중 소멸시효의 중단사유가 아닌 것을 모두 고르면?

ⓐ 피의자인 채무자가 검사가 작성하는 피의자신문조서에서 채무를 승인하는 취지의 진술을 하는 것
ⓑ 강제집행절차에 있어서 배당을 요구하는 것
ⓒ 처분권한이 없는 자의 승인
ⓓ 지급명령의 신청
ⓔ 소송계속 중 분쟁해결의 방편으로 제안한 토지매수제의
ⓕ 당연무효의 가압류
ⓖ 타인의 경매신청에 의하여 개시된 임의경매절차에서 근저당권자가 한 채권신고

① ⓐ, ⓓ ② ⓐ, ⓑ ③ ⓑ, ⓒ
④ ⓑ, ⓔ ⑤ ⓐ, ⓔ, ⓖ ⑥ ⓒ, ⓔ, ⓕ

해설

ⓐ 승인은 시효완성으로 권리를 잃게 될 자에게 해야 한다(대판 1999.3.12. 98다18124 참고). ⓑ '강제집행절차에서의 배당청구'(민소법 제552조, 제605조)도 '파산절차의 참가'와 동일하므로 역시 시효중단의 효과가 발생한다(통설). ⓒ 제177조. ⓓ 지급명령의 신청시에 시효중단의 효력이 발생하고 다만 지급명령이 채무자에게 송달되지 않으면 중단의 효력이 발생하지 않는다(통설). 한편 제172조는 1990년의 민사소송법 개정으로 말미암아 개정의 필요가 생겼다. 즉 현행 민사소송법에 따르면 지급명령에 있어서 가집행신청제도를

폐지하고 채무자가 지급명령을 송달받은 날로부터 2주일 내에 이의신청을 하지 않으면 지급명령이 바로 확정된다(제470조). 따라서 지급명령이 확정되더라도 집행력만이 인정되고 '기판력'은 인정되지 않는다. 그러므로 제172조의 규정은 시효중단의 '소멸'이라는 면에서는 사문화된 셈이다(곽윤직, 469면). 그 결과 제172조는 '지급명령의 신청은 그 신청이 각하된 때에는 시효중단의 효력이 없다.'로 개정될 필요가 있다고 하는 견해(윤진수, 민법주해(Ⅲ), 515면)가 있다. 판례도 같은 취지이다. 즉, 민법 제170조 제1항에 규정하고 있는 재판상의 청구란 종국판결을 받기 위한 소의 제기에 한정되지 않고, 권리자가 이행의 소를 대신하여 재판기관의 공권적인 법률판단을 구하는 지급명령신청도 포함된다고 보는 것이 타당하다. 그리고 제170조의 재판상 청구에 지급명령신청이 포함되는 것으로 보는 이상 특별한 사정이 없는 한, 지급명령 신청이 각하된 경우라도 6개월 이내 다시 소를 제기한 경우라면 제170조 제2항에 의하여 시효는 당초 지급명령 신청이 있었던 때에 중단되었다고 보아야 한다(대판 2011.11.10. 2011다54686). ⓔ 소송계속 중 분쟁해결의 방편으로 토지를 매수하겠다고 제안하는 것만으로는 확정적으로 소유권을 승인하였다고 볼 수 없다(대판 1981.7.14. 81다64,65). ⓕ 사망한 사람을 피신청인으로 한 가압류신청은 부적법하고 그 신청에 따른 가압류결정이 내려졌다고 하여도 그 결정은 당연무효로서 그 효력이 상속인에게 미치지 않기 때문에 이러한 당연무효의 가압류는 민법 제168조 2호에 정한 소멸시효의 중단사유에 해당하지 않는다(대판 2006.8.24. 2004다26287,26294). ⓖ 그 채권신고는 민법 제168조 제2호의 압류에 준하는 것으로서 신고된 채권에 관하여 소멸시효를 중단하는 효력이 생긴다. (다만) 이 채권신고에 별도로 소멸시효 중단 사유인 최고의 효력은 인정되지 않고, 경매신청이 취하된 후 6월내에 위와 같은 채권신고를 한 채권자가 소제기 등의 재판상의 청구를 하였다고 하더라도 민법 제170조 제2항에 의하여 소멸시효 중단의 효력이 유지된다고 할 수 없다(대판 2010.9.9. 2010다28031). <답 ⑥>

13. 다음 중 소멸시효의 중단사유와 거리가 먼 것을 모두 고르면? (다툼이 있는 경우에는 판례에 의함)

ⓐ 소송촉진 등에 관한 법률에 따른 배상명령의 신청
ⓑ 행정처분의 취소를 구하는 소의 제기
ⓒ 목적물이전청구권의 확인을 구하는 소
ⓓ 반소
ⓔ 피청구인이 응소하여 적극적으로 자기 권리를 주장하여 받아들여진 경우
ⓕ 금전채무의 이행을 위한 소를 제기하기 1년 전의 최고
ⓖ 파산신청
ⓗ 민사조정법에 따른 조정신청

① ⓐ, ⓗ　② ⓑ, ⓕ　③ ⓐ, ⓑ, ⓓ
④ ⓑ, ⓒ, ⓓ　⑤ ⓑ, ⓒ, ⓕ　⑥ ⓑ, ⓕ

해설

ⓐ 재판상 청구는 원래 민사소송의 절차에 의하여 주장되는 것에 한한다(판례). 그러나 배상명령의 신청은 민사소송상의 소제기와 동일한 효력을 발생시키므로(소송촉진 등에 관한 특례법 제26조 8항) 시효중단사유가 된다(이시윤, 신민사소송법(2002), 254면). ⓑ 사

법상 권리를 구하는 민사소송의 절차가 아니므로 중단사유가 될 수 없다(통설, 판례). ⓒ 소의 종류를 묻지 않는다. ⓓ 본소와 마찬가지이다(통설). ⓔ 통설 및 판례의 태도이다(대판[전] 1993.12.21. 92다47861). 한편 위와 같은 응소행위로 인한 시효중단의 효력은 피고가 현실적으로 권리를 행사하여 응소한 때에 발생하지만, 권리자인 피고가 응소하여 권리를 주장하였으나 소가 각하되거나 취하되는 등의 사유로 본안에서 권리주장에 관한 판단 없이 소송이 종료된 경우에는 민법 제170조 제2항을 유추적용하여 그때부터 6월 이내에 재판상의 청구 등 다른 시효중단조치를 취한 경우에 한하여 응소 시에 소급하여 시효중단의 효력이 있다고 보아야 한다(대판 2012.1.12. 2011다78606). ⓕ 최고는 6개월 안에 재판상 청구 등을 하지 않으면 시효중단의 효력이 없다(제174조 참조). ⓖ '파산선고신청'은 '파산절차참가'보다 더 강력한 권리실행방법이기 때문에 채권자가 파산선고를 신청한 경우(채무자회생파산법 제294조)에도 시효중단의 효과는 인정된다(통설). ⓗ 재판상 화해와 같은 효력을 갖는다(민조법 제29조). <답 ②>

14. 다음은 소멸시효의 중단에 관한 설명이다. 틀린 것은?

① 채권자가 물상보증인이 제공한 부동산에 대하여 그 피담보채권의 실행으로서 경매를 신청하여 법원이 경매개시결정을 하고 채무자에게 그 결정을 송달한 경우 채무자는 그 피담보채권에 대한 소멸시효중단의 효과를 받는다.

② 채무자에 대한 금전채권의 소멸시효가 완성되었다면 채권자대위소송의 피고인 제3채무자도 소멸시효의 완성을 원용할 수 있다.

③ 시효중단사유인 승인을 미성년자가 단독으로 한 경우에 제한능력을 이유로 이를 취소할 수 있다.

④ 소멸시효 중단사유로서의 채무의 승인에 있어서 그 표시의 방법에는 아무런 형식을 요구하지 않지만, 묵시적인 승인의 표시에 의할 때에는 그 표시를 대하는 상대방으로 하여금 채무자가 그 채무를 인식하고 있음을 그 표시를 통해 추단하게 할 수 있는 방법으로 행해져야 한다.

⑤ 망인을 피고로 표시하여 소장을 제출한 사안에서 망인의 상속인으로의 당사자표시정정이 허용된 경우, 당초 소장을 제출한 때에 소멸시효중단의 효력이 생긴다.

⑥ 금전채권의 보전을 위하여 채무자의 금전채권에 대하여 가압류가 행하여진 경우, 그 후 채권자의 신청에 의하여 그 집행이 취소되었다면 다른 특별한 사정이 없는 한 가압류에 의한 소멸시효 중단의 효과는 소급적으로 소멸된다.

해설

① 시효중단의 효력은 제176조에 의해 채무자에게 미친다(대판 1990.6.26. 89다카32606 참고). ② 채권자대위권행사를 통해 채권자의 청구를 받은 제3채무자는 채무자가 채권자에 대하여 가지는 항변으로 대항할 수 없으므로 채권의 소멸시효가 완성된 경우 이를 원용할 수 있는 자는 원칙적으로 시효이익을 직접 받는 자뿐이고 채권자대위소송의 제3채

무자는 이를 행사할 수 없다(대판 2004.2.12. 2001다10151 참고). ③ 승인을 함에는 상대방의 권리에 관한 처분의 능력이나 권한 있음을 요하지 않는다(제177조). 이는 승인을 하는 자가 승인의 대상인 상대방의 권리를 가졌다고 가정하고 그가 이를 처분할 수 있는 능력이나 권한이 없더라도 승인은 할 수 있다는 의미이다(통설). 이를 반대해석하면 승인자는 최소한 그 권리를 '관리'할 능력이나 권한은 있어야 한다(통설). 따라서 피성년후견인은 승인할 수 없고, 미성년자가 법정대리인의 동의 없이 한 승인은 이를 취소할 수 있다(이견 없음). ④ 소멸시효 중단사유로서의 채무의 승인은 시효이익을 받을 당사자인 채무자가 소멸시효의 완성으로 권리를 상실하게 될 자에 대하여 그 권리가 존재함을 인식하고 있다는 뜻을 표시함으로써 성립하며, 그 표시의 방법은 아무런 형식을 요구하지 아니하고, 또 그 표시가 반드시 명시적일 것을 요하지 않고 묵시적인 방법으로도 가능한 것이기는 하지만, 그 묵시적인 승인의 표시는 적어도 채무자가 그 채무의 존재 및 액수에 대하여 인식하고 있음을 전제로 하여 그 표시를 대하는 상대방으로 하여금 채무자가 그 채무를 인식하고 있음을 그 표시를 통해 추단하게 할 수 있는 방법으로 행해져야 한다(대판 2007.11.29. 2005다64552). ⑤ 대판 2011.3.10. 2010다99040. ⑥ 위와 같은 집행취소의 경우 그 취소의 효력이 단지 장래에 대하여만 발생한다는 것에 의하여 달라지지 아니한다(대판 2010.10.14. 2010다53273). <답 ②>

15. 소멸시효에 관한 설명 중 옳지 않은 것을 모두 고른 것은? (다툼이 있는 경우에는 판례에 의함) <사시 2008년: 배점 3>

㉠ 당선자와 일정한 계약을 체결할 의무를 지는 우수현상광고의 광고자가 그 의무를 위반하여 계약의 종국적인 체결에 이르지 못함으로써 상대방이 채무불이행을 원인으로 손해배상을 청구하는 경우, 그 손해배상청구권의 소멸시효기간은 계약이 체결되었다면 취득하게 될 이행청구권에 적용되는 소멸시효기간에 따르고, 그 소멸시효는 채무불이행시부터 진행한다.

㉡ 청구권자가 권리의 발생 여부를 객관적으로 알기 어려운 상황에 있고 청구권자가 과실 없이 이를 알지 못한 경우에도, 청구권이 성립한 때부터 바로 소멸시효가 진행한다.

㉢ 근저당권설정등기청구의 소에서 그 피담보채권이 될 채권의 존부에 관한 실질적 심리가 이루어져 그 존부가 확인된 경우, 위 소의 제기는 그 피담보채권의 재판상 청구에 준하는 것으로서 피담보채권에 대한 소멸시효 중단의 효력을 생기게 한다.

㉣ 채무이행을 최고받은 채무자가 그 이행의무의 존부 등에 대하여 조사를 해 볼 필요가 있다는 이유로 채권자에 대하여 그 이행의 유예를 구한 경우에도 6월의 기간은 채권자가 최고를 한 시점부터 기산된다.

㉤ 권리자인 피고가 응소하여 권리를 주장하였으나 그 소가 각하되거나 취하되는 등의 사유로 본안에서 그 권리주장에 관한 판단 없이 소송이 종료된 경우에는 그때부터 6월 이내에 재판상의 청구

등 다른 시효중단조치를 취하여도 시효중단의 효력이 생기지 않는다.

① ㉠, ㉡, ㉣　　② ㉡, ㉢, ㉣　　③ ㉢, ㉣, ㉤
④ ㉡, ㉣　　⑤ ㉠, ㉣, ㉤　　⑥ ㉡, ㉣, ㉤
⑦ ㉡　　⑧ ㉢, ㉤

해설

㉠ 대판 2005.1.14. 2002다57119 참고. ㉡ 소멸시효의 진행은 당해 청구권이 성립한 때로부터 발생하고 원칙적으로 권리의 존재나 발생을 알지 못하였다고 하더라도 소멸시효의 진행에 장애가 되지 않는다고 할 것이지만, 법인의 이사회결의가 부존재함에 따라 발생하는 제3자의 부당이득반환청구권처럼 법인이나 회사의 내부적인 법률관계가 개입되어 있어 청구권자가 권리의 발생 여부를 객관적으로 알기 어려운 상황에 있고 청구권자가 과실 없이 이를 알지 못한 경우에도 청구권이 성립한 때부터 바로 소멸시효가 진행한다고 보는 것은 정의와 형평에 맞지 않을 뿐만 아니라 소멸시효제도의 존재이유에도 부합한다고 볼 수 없으므로, 이러한 경우에는 이사회결의부존재확인판결의 확정과 같이 객관적으로 청구권의 발생을 알 수 있게 된 때로부터 소멸시효가 진행된다(대판 2003.2.11. 99다66427, 73371 등). ㉢ 판례에 의하면, 피담보채권이 될 금전채권의 실현을 목적으로 하는 근저당권설정등기청구의 소에는 그 피담보채권이 될 채권의 존재에 관한 주장이 당연히 포함되어 있다. 따라서 원고와 피고 사이에서 이미 피담보채권이 될 채권으로 주장되고 심리된 채권에 관하여는 근저당권설정등기청구의 소제기에 의하여 피담보채권이 될 채권에 관한 권리의 행사가 있은 것으로 볼 수 있으므로, 근저당권설정등기청구의 소제기는 그 피담보채권의 재판상 청구에 준하는 것으로서 피담보채권에 대한 소멸시효중단의 효력이 생긴다(대판 2004.2.13. 2002다7213). ㉣ 6월의 기간은 채권자가 채무자로부터 회답을 받은 때로부터 기산된다(대판 2006.6.16. 2005다25632 등 참고). ㉤ 민법 제170조 제2항을 유추적용하여 그때부터 6월 이내에 재판상의 청구 등 다른 시효중단조치를 취하면 응소시에 소급하여 시효중단의 효력이 있다(대판 2010.8.26. 2008다42416,42423). <답 ⑥>

16. 소멸시효에 관한 설명 중 옳은 것을 두 개 고르면? (다툼이 있는 경우에는 판례에 의함) <사시 2002년 변형>

① 소멸시효가 완성된 경우 그 채무자에 대한 다른 일반채권자는 자기의 채권을 보전하기 위하여 필요한 한도 내에서 채무자를 대위하여 소멸시효의 완성을 주장할 수 있을 뿐 채권자의 지위에서 독자적으로 소멸시효의 완성을 주장할 수 없다.

② 담보가등기를 경료한 토지를 인도받아 점유할 경우 담보가등기의 피담보채권의 소멸시효가 중단되는 것은 아니듯이, 담보가등기에 기한 소유권이전등기청구권의 소멸시효가 완성되기 전에 그 대상 토지를 인도받아 점유하더라도 소유권이전등기청구권의 소멸시효 역시 중단되지 않는다.

③ 청구부분이 특정될 수 있는 채권의 일부임을 명시하여 재판상 청구하는 경우 그 일부청구와 동시에 채권 전부에 대하여 소멸시효 중단의 효력

이 생긴다.

④ 부동산실명법의 시행으로 무효가 된 계약명의신탁(매도인이 선의임)에서 명의신탁자가 당해 부동산의 회복을 위해 명의수탁자에 대해 소유권이전등기청구권을 갖는 경우, 명의수탁자가 그 부동산의 관련 세금의 부담과 같은 재산적 지출을 명의신탁자에게 적극적으로 요청하는 등의 행위를 하였더라도, 명의신탁자의 위 부동산에 관한 소유권이전등기청구권의 소멸시효는 중단되지 않는다.

⑤ 이행 최고를 한 다음 6월 내에 거듭 최고를 하고 그 때부터 6월 내에 재판상 청구를 하면 시효중단의 효력은 최초의 최고시에 소급하여 발생한다.

⑥ 채권자가 동일한 목적을 달성하기 위하여 복수의 채권을 갖고 있는 경우, 그 중 어느 하나의 청구를 하더라도 특별한 사정이 없는 한 그 다른 채권에 대한 소멸시효 중단의 효력은 없다.

해설 ……………………………………

① 소멸시효가 완성된 경우 이를 주장할 수 있는 사람은 시효로 인하여 채무가 소멸되는 결과 직접적인 이익을 받는 사람에 한정되기 때문이다(대판 2012.5.10. 2011다109500). ② 담보가등기를 경료한 토지를 인도받아 점유할 경우 담보가등기의 피담보채권의 소멸시효가 중단되는 것은 아니지만, 담보가등기에 기한 소유권이전등기청구권의 소멸시효가 완성되기 전에 그 대상 토지를 인도받아 점유함으로써 소유권이전등기청구권의 소멸시효는 중단된다. 다만 위 담보가등기의 피담보채권이 시효로 소멸한다면 위 담보가등기 및 그에 기한 소유권이전등기는 결국 말소되어야 할 운명의 것이다(대판 2007.3.15. 2006다12701). (또한) 채무자가 채권자에게 담보가등기를 경료하고 부동산을 인도하여 준 다음 피담보채권에 대한 이자 또는 지연손해금의 지급에 갈음하여 채권자로 하여금 부동산을 사용수익할 수 있도록 한 경우라면, 채권자가 부동산을 사용수익하는 동안에는 채무자가 계속하여 이자 또는 지연손해금을 채권자에게 변제하고 있는 것으로 볼 수 있으므로 피담보채권의 소멸시효가 중단된다(대판 2009.11.12. 2009다51028). ③ 청구의 취지가 채권액 전부에 관하여 판결을 구하는 것으로 해석되지 않는 한, 청구된 부분에 한정하여 중단의 효력이 생길 뿐이다. ④ 지문과 같은 사안에서, 수탁자 乙이 위 부동산이 신탁자 甲과의 관계에서 자신의 소유가 아니라 甲의 소유임을 스스로 인정하는 것을 전제로 하여서만 취하였을 행태로서 관련 세금의 부담과 같은 재산적 지출을 甲에게 적극적으로 요청하는 등 甲의 대내적 소유권을 인정한 데에는 甲에 대하여 소유권등기를 이전·회복하여 줄 의무를 부담함을 알고 있다는 뜻이 묵시적으로 포함되어 표현되었다고 봄이 타당하므로, 그 후 乙이 甲의 반환요구를 거부하기 시작한 때까지는 위 부동산에 관한 소유권이전등기의무를 승인하였다고 할 것이어서 그 무렵까지 甲의 위 부동산에 관한 소유권이전등기청구권의 소멸시효는 중단되었다(대판 2012.10.25. 2012다45566). ⑤ 재판상 청구를 한 시점을 기준으로 하여 6개월 이내에 한 최고시로 소급하여 중단의 효력이 생긴다(대판 1987.12.22. 87다카2337 참고). ⑥ 대판 2011.2.10. 2010다81285. <답 ①, ⑥>

17. A는 B에 대해 대여금채권을 가지고 있고, B는 C에 대해 퇴직금채권을 가지고 있는데, A는 B에 대해 승소판결을 받은 후 B의 C에 대한 퇴직금채권에 대해 압류하였고, 그 결정문이 모두에게 송달되었다. 한편 그로부터 6개월이

경과하기 전에 추심의 소를 제기하였다. 이 경우 소멸시효의 중단에 관한 다음 설명 중 가장 적절한 것은? (학설이 대립되는 경우 판례에 따름)

<사시 2006년 유사>

① A의 B에 대한 채권은 소송상 청구에 의해 시효가 중단되었고, B의 C에 대한 채권은 압류에 의해 종국적으로 시효중단되었다.

② B의 C에 대한 채권은 압류에 의해 종국적으로 시효가 중단되었으나, A의 B에 대한 채권은 시효중단되지 않았다.

③ A의 B, B의 C에 대한 각 채권은 모두 압류에 의해 종국적으로 시효가 중단되었다.

④ A의 B에 대한 채권은 압류에 의해 시효가 중단되었으나, B의 C에 대한 채권에 대하여는 최고로서의 효력이 있다.

⑤ B의 C에 대한 채권은 압류에 의해 시효가 중단되었으나, A의 B에 대한 채권에 대하여는 확정판결 후 시효가 진행중이다.

해설

①⑤ 소의 제기로 인하여 그 소멸시효의 진행이 중단되었던 B에 대한 A의 대여금채권은 확정판결로써 소멸시효기간이 새롭게 진행하였다가, C에 대한 B의 채권을 압류하기 위하여 그 집행을 신청할 때 다시 소멸시효가 중단되었다(제168조 2호). ②③④ 한편 C에 대한 B의 채권을 압류하더라도 이는 B에 대한 A의 채권에 관하여 시효중단사유가 될 수 있어도 그 자체만으로써 C에 대한 B의 채권에 관해서는 시효중단사유가 되지 않는다. 다만 압류명령결정이 제3채무자에게 송달되었고, 6개월이 지나기 전에 추심의 소를 제기하였다면 시효중단사유인 최고로서의 효력이 인정된다. 민법 제174조가 규정하고 있는 최고는 특별한 형식이 요구되지 않을 뿐만 아니라 채무자에 대하여 채무이행을 구한다는 채권자의 의사통지(준법률행위)로서 행위 당시 당사자가 시효중단의 효과를 발생시킨다는 점을 알거나 의욕하지 않았더라도 이로써 권리행사의 주장을 하는 취지임이 명백하다면 최고에 해당하기 때문이다(대판 2003.5.13. 2003다16238 참고). <답 ④>

18. 다음 중 옳은 설명은? <사시 2008년 변형: 배점 2>

① 재판상의 청구는 소송의 각하, 취하의 경우에는 시효중단의 효력이 없으나, 기각의 경우에는 실질적인 판단이 이루어졌으므로 시효중단의 효력이 있다.

② 시효중단은 당사자 및 그 승계인에 있어서만 효력이 있다. 여기서 당사자라 함은 중단행위에 관여한 당사자 및 시효의 대상인 권리 또는 청구권의 당사자를 의미하며, 승계인이라 함은 시효중단에 관여한 당사자로부터 중단의 효과를 받는 권리를 그 중단효과 발생 이후에 승계한 자를 뜻한다.

③ 민법 제440조는 민법 제169조의 예외 규정으로서 이는 채권자 보호 내지 채권담보의 확보를 위하여 주채무자에 대한 시효중단의 사유가 발생

하였을 때는 그 보증인에 대한 별도의 중단조치가 이루어지지 아니하여도 동시에 시효중단의 효력이 생기도록 한 것이고, 그 시효중단사유가 압류, 가압류 및 가처분이라고 하더라도 이를 보증인에게 통지하여야 비로소 시효중단의 효력이 발생하는 것은 아니다

④ 건설공사에 관한 도급계약이 상행위에 해당하는 경우, 그 도급계약에 기한 수급인의 하자담보책임은 상법 제64조 본문에 의하여 원칙적으로 5년의 제척기간에 걸리는 것으로 보아야 한다.

⑤ 공동불법행위자 중 1인이 피해자에게 손해 전부에 대하여 배상할 때에 이미 다른 공동불법행위자의 손해배상채무가 시효로 소멸하였다면, 공동면책될 채무가 존재하지 아니하므로, 그 1인의 다른 공동불법행위자에 대한 구상권은 인정되지 아니한다.

⑥ 채권자가 확정판결에 기한 채권의 실현을 위하여 채무자에 대하여 민사집행법상 재산명시신청을 하고 그 결정이 채무자에게 송달되었다면 거기에 소멸시효 중단사유인 '재판상 청구'로서의 효력이 인정된다.

해설 ··

① 재판상 청구는 기각의 경우에도 시효중단의 효력이 없다(제170조 1항). ② 여기서 당사자라 함은 중단행위에 관여한 당사자를 가리키고 시효의 대상인 권리 또는 청구권의 당사자는 아니다. 또한 승계인이라 함은 시효중단에 관여한 당사자로부터 중단의 효과를 받는 권리를 그 중단효과 발생 이후에 승계한 자를 뜻하고, 포괄승계인은 물론 특정승계인도 포함된다(대판 1997.4.25. 96다46484 등). ③ 대판 2005.10.27. 2005다35554,35561. ④ 건설공사에 관한 도급계약이 상행위에 해당하는 경우 그 도급계약에 기한 수급인의 하자담보책임은 상법 제64조 본문에 의하여 원칙적으로 5년의 소멸시효에 걸리는 것으로 보아야 한다(대판 2011.12.8. 2009다25111). ⑤ 피해자에게 손해배상을 한 공동불법행위자의 다른 공동불법행위자에 대한 구상권은 피해자의 다른 공동불법행위자에 대한 손해배상채권과는 그 발생 원인과 법적 성질을 달리하는 별개의 독립한 권리이므로, 공동불법행위자가 다른 공동불법행위자에 대한 구상권을 취득한 이후에 피해자의 그 다른 공동불법행위자에 대한 손해배상채권이 시효로 소멸되었다고 하여 그러한 사정만으로 이미 취득한 구상권이 소멸된다고 할 수 없다(대판 1996.3.26. 96다3791). ⑥ 소멸시효 중단사유인 최고로서의 효력만이 인정되므로, 재산명시결정에 의한 소멸시효 중단의 효력은 그로부터 6월내에 다시 소를 제기하거나 압류 또는 가압류, 가처분을 하는 등 민법 제174조에 규정된 절차를 속행하지 아니하는 한, 상실된다(대판 2012.1.12. 2011다78606). <답 ③>

19. 소멸시효의 중단사유에 관한 다음 설명 중 틀린 것은?

① 유체동산에 대한 가압류 집행절차에 착수하지 않은 경우에는 시효중단 효력이 없고, 마찬가지로 집행절차를 개시하였으나 가압류할 동산이 없기 때문에 집행불능이 된 경우에도 시효중단의 효력이 없다.

② 일반적으로 회사의 경리과장, 총무과장 또는 출장소장은 다른 특별한 사정이 없는 한 회사가 부담하고 있는 채무에 관하여 소멸시효의 중단사

유가 되는 승인을 할 수 없다.

③ 어음시효중단사유로서의 승인이 되기 위하여 반드시 기존 어음에 개서하거나 새로운 어음을 발행 · 교부할 필요는 없다.

④ 동일당사자 사이에 동종급부를 내용으로 하는 수개의 채권관계에 있어서 그 중 일부채무에 대한 지연이자의 변제는 잔부채무의 전부에 대한 승인이 된다.

⑤ 채권자가 연대보증인 겸 물상보증인 소유의 담보부동산에 대하여 임의경매의 신청을 하여 경매개시결정에 따른 압류의 효력이 생겼다면 채권자는 그 압류의 사실을 통지하지 아니하더라도 연대보증인 겸 물상보증인에 대하여 시효의 중단을 주장할 수 있다.

해설 ··

① 압류로 인한 소멸시효 중단의 효력발생시기에 대해서 집행행위시설(소수설. 방순원, 334면; 김기선(1981), 388면)과 집행신청시설(통설. 곽윤직, 471면; 이영준, 728면; 고상룡, 696면; 김기선(1985), 394면 등)이 대립한다. 판례는 집행신청시설을 취한다. 예컨대, 유체동산에 대한 가압류 집행절차에 착수하지 않은 경우에는 시효중단 효력이 없고, 집행절차를 개시하였으나 가압류할 동산이 없기 때문에 집행불능이 된 경우에는 집행절차가 종료된 때로부터 시효가 새로이 진행된다(대판 2011.5.13. 2011다10044). ② 대판 1965.12.28. 65다2133. 즉 소멸시효의 중단사유로서의 '승인'을 할 수 있는 자는 시효이익을 받을 자 및 그의 대리인에 한정된다(통설). 따라서 국가의 채무에 대하여 한 소멸시효의 중단사유인 승인은 이를 할 권한 있는 자가 적법한 절차에 의하여 하는 것이 아니면 효력이 없다(대판 1970.3.10. 69다401). ③ 승인의 방법에는 아무런 형식이 요구되지 않는다(대판 1990.11.27. 90다카21541 참고). ④ 시효완성 전에 채무의 일부를 변제한 경우에는, 그 수액에 관하여 다툼이 없는 한 채무승인으로서의 효력이 있어 시효중단의 효과가 발생한다(대판 1996.1.23. 95다39854 참고). 마찬가지로 동일당사자간의 계속적인 금전거래로 인하여 수개의 금전채무가 있는 경우에 채무의 일부 변제는 채무의 일부로서 변제한 이상 그 채무전부에 관하여 시효중단의 효력을 발생하는 것으로 보아야 하고 동일당사자간에 계속적인 거래관계로 인하여 수개의 금전채무가 있는 경우에 채무자가 전 채무액을 변제하기에 부족한 금액을 채무의 일부로 변제한 때에는 특별한 사정이 없는 한 기존의 수개의 채무전부에 대한 승인이 된다(대판 1980.5.13. 78다1790). 학설도 같다. 즉 채무의 일부변제는 묵시적 승인의 예로서 다른 사정이 없는 한 전체에 대한 승인으로 볼 수 있다고 한다(통설).

이를 정리하면 다음과 같다.

구 분	일부의 청구	일부의 최고 (조세고지처분)	일부의 가압류	일부의 승인 (일부변제)
판 례	일부의 시효중단(전부의 시효중단 가능성 긍정)	일부의 시효중단	일부의 시효중단	전부변제로 봄

⑤ 채권자가 연대보증인 겸 물상보증인 소유의 담보부동산에 대하여 임의경매의 신청을 하여 경매개시결정에 따른 압류의 효력이 생겼다면 채권자는 그 압류의 사실을 통지하지 아니하더라도 연대보증인 겸 물상보증인에 대하여 시효의 중단을 주장할 수 있다(대판

1994.1.11. 93다21477). <답 ①>

20. 시효중단에 관한 설명 중 틀린 것은? <사시 2006년 변형, 사시 2012년 유사>

㉠ 물상보증인이 제기한 저당권설정등기의 말소등기절차이행청구소송에서 채권자 겸 저당권자가 한 응소행위는 피담보채권에 관한 소멸시효의 중단사유가 되지 않는다.
㉡ 압류, 가압류 및 가처분은 시효의 이익을 받을 자에 대하여 하지 아니한 때에는, 이를 그에게 통지한 후가 아니면 시효중단의 효력이 없다.
㉢ 채권자 甲에게 1번 저당권을 설정해준 채무자가 동일 부동산 위에 다른 채권자 乙에게 2번 저당권을 설정하면, 이는 채권자 甲에 대한 채무의 승인이 된다.
㉣ 판례에 의하면 채권자가 채무자를 고소하여 형사소송이 개시되어도 이를 가지고 소멸시효의 중단사유인 재판상의 청구로 볼 수 없다.
㉤ 근저당권설정등기청구의 소제기는 그 피담보채권이 될 채권에 대한 소멸시효를 중단하는 사유로 인정된다.

① ㉠, ㉡ ② ㉠, ㉢ ③ ㉠, ㉣
④ ㉡, ㉢ ⑤ ㉡ ⑥ ㉢

해설

㉠ 타인의 채무를 담보하기 위하여 자기의 물건에 담보권을 설정한 물상보증인은 채권자에 대하여 물적 유한책임을 지는 사람으로서 그 피담보채권의 소멸에 의하여 직접 이익을 받는 관계에 있으므로 소멸시효의 완성을 주장할 수 있지만, 채권자에 대하여는 아무런 채무도 부담하지 않으므로 물상보증인이 그 피담보채무의 부존재 또는 소멸을 이유로 제기한 저당권설정등기의 말소등기절차이행청구소송에서 비록 채권자 겸 저당권자가 청구기각의 판결을 구하고 피담보채권의 존재를 주장하였더라도 이로써 직접 채무자에 대하여 재판상 청구를 한 것으로 볼 수는 없다. 따라서 피담보채권의 소멸시효에 관한 민법 제168조 제1호 소정의 "청구"에 해당하지 않는다(대판 2004.1.16. 2003다30890). 채무자에 대하여 채권자가 제기한 응소에서 피고인 채권자가 채권의 소멸시효에 대하여 그 중단을 주장하는 경우(대판[전] 1993.12.21. 92다47861 등 참고)와는 다름에 주의하여야 한다. ㉡ 제176조 참조. 결국 이는 제169조의 예외조항이 된다(대판 1997.8.29. 97다12990 등). ㉢ 시효중단사유로서의 채무승인이 될 수 없다(제168조 3호 참조). 채권시효중단사유로서의 승인은 시효이익을 받을 당사자인 채무자가 그 시효의 완성으로 권리를 상실하게 될 자 또는 그 대리인에 대하여 그 권리가 존재함을 인식하고 있다는 뜻을 표시함으로써 성립한다고 할 것이며, 승인으로 인한 시효중단의 효력은 그 승인의 통지가 상대방에게 도달하는 때에 발생하기 때문이다(대판 1995.9.29. 95다30178). ㉣ 옳다(통설). 다만, 소송촉진 등에 관한 특별법 제26조 8항에 따른 '배상명령의 신청'은 민사소송상의 소제기와 동일한 효력이 있으므로 시효중단사유가 된다. ㉤ 채권자의 근저당권설정등기청구권 행사는 그

피담보채권이 될 금전채권의 실현을 목적으로 하는 것으로서 근저당권설정등기청구의 소에는 그 피담보채권이 될 채권의 존재에 관한 주장이 당연히 포함되어 있다. 또한 피담보채권이 될 채권으로 주장되고 심리된 채권에 관하여는 근저당권설정등기청구의 소제기에 의하여 피담보채권이 될 채권에 관한 권리의 행사가 있은 것으로 볼 수 있으므로, 근저당권설정등기청구의 소제기는 그 피담보채권의 재판상의 청구에 준하는 것으로서 피담보채권에 대한 소멸시효 중단의 효력을 생기게 한다(대판 2004.2.13. 2002다7213). <답 ⑥>

21. A는 B에게 1억 원을 대차해주고 그 담보로서 약속어음을 교부받았다. 다음은 이 사례와 관련하여 소멸시효에 대한 판례의 설명이다. 옳은 것은?

① 1억 원의 금전채권과 이의 지급을 확보하기 위한 방법으로 약속어음이 수수되었더라도 원인채권과 어음채권은 별개이므로 채권자는 반드시 원인채권을 먼저 행사하여야 한다.

② A가 변제기에 이르러 B에게 1억 원의 금원반환을 청구하였다면 어음채권 자체를 행사한 것으로 볼 수 있기 때문에 어음채권의 소멸시효를 중단시키는 효과가 생긴다.

③ B의 대여금반환채무는 1회의 변제로서 그 원리금채무가 소멸되므로 3년의 단기소멸시효에 걸린다.

④ A가 어음채권에 기하여 지급청구를 하였다면 이는 원인채권의 소멸시효를 중단시키는 효과가 생긴다.

⑤ A가 B에 대한 약속어음채권을 피보전권리로 하여 B가 C에 대하여 갖는 사원지분권을 가압류하였다고 해서 원인채권의 소멸시효를 중단시킬 수 없다.

해설

① 원인채권과 어음채권은 별개로서 채권자는 그 선택에 따라 권리를 행사할 수 있다(대판 1999.6.11. 99다16378). ② 원인채권에 기하여 청구를 한 것만으로는 어음채권 그 자체를 행사한 것으로 볼 수 없기 때문에 어음채권의 소멸시효를 중단시키지 못한다(대판 1999.6.11. 99다16378). ③ 1년보다 짧은 기간을 정하여 정기(定期)에 지급하기로 한 금전채무의 소멸시효기간은 3년이나(제163조 1호), 1회의 변제로써 소멸하는 소비대차의 원리금채권은 상행위가 아닌 한 10년의 소멸시효에 걸린다(대판 1977.1.25. 76다2224 참고). ④⑤ 소멸시효의 중단효과가 발생한다. 즉, 원인채권의 지급을 확보하기 위한 방법으로 수수된 어음은 경제적으로 동일한 급부를 위하여 원인채권의 지급수단으로 수수된 것이다. 따라서 그 어음채권의 행사는 원인채권을 실현하기 위한 것일 뿐만 아니라, 원인채권의 소멸시효는 어음금청구소송에 있어서 채무자의 인적항변사유에 해당하기 때문에 채권자가 어음채권의 소멸시효를 중단하여 두어도 채무자의 인적항변에 따라 그 권리를 실현할 수 없게 되는 불합리한 결과가 발생하게 되므로, 채권자가 원인채권에 기하여 청구를 한 것이 아니라 어음채권에 기하여 청구를 하는 반대의 경우에는 원인채권의 소멸시효를 중단시키는 효력이 있다고 봄이 상당하고, 이러한 법리는 채권자가 어음채권을 피보전권리로 하여 채무자의 재산을 가압류함으로써 그 권리를 행사한 경우에도 마찬가지로 적용된다(대판 1999.6.11. 99다16378). <답 ④>

22. 박씨가 1991년 초에 의료법인 M이 운영하는 병원에서 척추수술을 받은 후 하반신 완전마비의 후유증을 얻게 되었으며 그로부터 1998년 초에 퇴원하기까지 만 7년 동안 위 병원에서 입원치료를 받아왔는데, 이와 관련하여 M이 치료비지급을 청구하였다. 한편 박씨는 M을 상대로 의료과오를 원인으로 한 손해배상청구소송을 1993년 초에 제기하여 그 소송이 1999년 초에 이르러서야 종결되었다. 이 사례에 관한 다음 설명 중 옳은 것은?

① 치료비에 대한 M의 권리는 박씨의 손해배상청구소송으로 인해 소멸시효의 진행이 중단되었다.

② 치료비에 대한 M의 권리는 박씨의 손해배상청구소송의 영향으로 그 소멸시효기간이 10년으로 의제된다.

③ 치료비에 대한 M의 권리는 박씨가 제기한 손해배상청구소송이 종결된 후부터 그 소멸시효가 진행된다.

④ 치료비에 대한 M의 권리는 그 이행을 청구한 날로부터 역산하여 3년이 지난 4년 동안 발생한 치료비는 시효로 소멸한다.

⑤ 치료비에 대한 M의 권리는 박씨가 위 병원에서 퇴원한 뒤 그 익일부터 소멸시효가 진행된다.

해설

① M의 채권은 박씨의 채무승인으로 볼 수 있는 행위가 아닌 한, 다른 청구원인에 근거한 상대방의 소제기행위로 인해 그 소멸시효의 진행에 영향을 받지 않는다. ②④⑤ M의 채권은 '의사의 치료에 관한 채권'(제163조 2호)으로서 그 시효기간은 3년이며, 특약이 없는 한 그 개개의 진료가 종료될 때마다 각각의 당해 진료에 필요한 비용의 이행기가 도래하여 그에 대한 소멸시효가 진행된다고 해석함이 상당하다. 따라서 박씨가 장기간 입원치료를 받더라도 다른 특약이 없는 한 M이 입원치료중에 환자에 대하여 치료비를 청구함에 아무런 장애가 없으므로 퇴원시부터 소멸시효가 진행된다고 볼 수는 없다(대판 2001.11.9. 2001다52568 참고). ③ 소멸시효는 그 권리를 행사할 수 있는 때로부터, 즉 권리를 행사하는 데 법률상 장애가 없으면 그 시효가 진행된다(제166조 1항). 위 판례에 의하면 '의료과오를 원인으로 하는 손해배상소송이 계류중이었다는 것은 치료비용의 청구와 관련해서 법률상 장애가 될 수 없다'고 하였다. 그러나 치료비청구를 위 손해배상청구소송에서 패소하는 경우에 한다는 약정을 미리 하였다면 이는 그 성질상 정지조건부 채권에 해당하므로 치료비채권의 이행을 청구하는 데에 있어서 명백하게 법률상 장애가 될 것이다. 따라서 그 정지조건의 성취시, 즉 손해배상청구의 인용이 확정된 때가 치료비채권의 소멸시효 기산점이 된다. <답 ④>

23. 성형외과 의사 甲은 乙에게 성형수술을 해주는 대가로 1,000만 원을 받기로 하고 성형수술을 성공적으로 완료하였으나, 乙이 약속한 날짜에 의료비를 지급하지 않자 甲은 乙을 상대로 1,000만 원의 지급을 청구하는 소를 제기하였다. 다음 설명 중 옳지 않은 것은? (다툼이 있는 경우에는 판례에 의함)

<변리사 2009년 변형, 사시 2012년 유사>

① 甲의 고소로 乙이 검찰청에서 작성한 피의자신문조서에서 채무의 일부를

승인하는 의사를 표시한 경우에는 소멸시효가 중단된다.

② 乙에 대한 甲의 의료비채권은 甲의 청구가 인용된 재판이 확정된 때로부터 10년의 소멸시효에 걸린다.

③ 甲의 의료비채권은 소를 제기한 때부터 시효중단의 효력이 생긴다.

④ 甲이 乙에게 소제기 5개월 전에 채무 전액의 이행을 최고하였다면 시효중단의 효력은 최고시에 발생한다.

⑤ 甲이 의료비채권을 보전하기 위하여 소제기 1개월 전에 乙 소유의 주택을 가압류하였다면, 시효중단의 효력은 가압류의 집행보전의 효력이 존속하는 동안 계속된다.

해설

① 틀림. 소멸시효 중단사유로서 승인은 시효이익을 받을 당사자인 채무자가 소멸시효의 완성으로 권리를 상실하게 될 자 또는 그 대리인에 대하여 그 권리가 존재함을 인식하고 있다는 뜻을 표시함으로써 성립하는 것인바, 검사 작성의 피의자신문조서는 검사가 피의자를 신문하여 그 진술을 기재한 조서로서 그 작성형식은 원칙적으로 검사의 신문에 대하여 피의자가 응답하는 형태를 취하여 피의자의 진술은 어디까지나 검사를 상대로 이루어지는 것이어서 그 진술기재 가운데 채무의 일부를 승인하는 의사가 표시되어 있다고 하더라도, 그 기재 부분만으로 곧바로 소멸시효 중단사유로서 승인의 의사표시가 있은 것으로는 볼 수 없다(대판 1999.3.12. 98다18124). ② 옳음. 의사의 치료비채권은 제163조 2호에 의해 3년의 시효에 걸리나, 판결에 의해 확정된 경우에는 그 기간이 10년이 된다(제165조 1항 참조). ③ 옳음. 민사소송법 제265조 및 민법 제248조 참조. ④ 옳음. 최고를 여러 번 거듭하다가 재판상청구 등을 한 경우에 시효중단의 효력은 항상 최초의 최고 시에 발생하는 것이 아니라 재판상청구 등을 한 시점을 기준으로 하여 이로부터 소급하여 6월 이내에 한 최고 시에 발생한다(대판 1983.7.13. 83다카437). ⑤ 옳음. 민법 제168조에서 가압류를 시효중단사유로 정하고 있는 것은 가압류에 의하여 채권자가 권리를 행사하였다고 할 수 있기 때문인데 가압류에 의한 집행보전의 효력이 존속하는 동안은 가압류채권자에 의한 권리행사가 계속되고 있다고 보아야 할 것이므로 가압류에 의한 시효중단의 효력은 가압류의 집행보전의 효력이 존속하는 동안은 계속된다(대판 2000.4.25. 2000다11102). <답 ①>

24. 다음은 소멸시효의 중단에 관한 설명이다. 판례에 의할 때 옳은 것(○)과 옳지 않은 것(×)을 바르게 표시한 것은?

㉠ 비법인사단이 총회의 결의에 따라 총유물에 관한 매매계약을 체결한 경우 비법인사단의 대표자는 그 매매계약에 따라 발생한 채무에 관하여 소멸시효 중단의 효력이 있는 승인을 하는 데 별도로 총회의 결의를 거쳐야 한다.

㉡ 채권자 甲이 채무자 乙을 대위하여 丙을 상대로 부동산에 관하여 부당이득반환을 원인으로 한 소유권이전등기절차 이행을 구하는 소를 제기하였다가 피보전권리가 인정되지 않는다는 이유로 소각

하판결을 선고받아 확정되었고, 그로부터 3개월 남짓 경과한 후에 다른 채권자 丁이 乙을 대위하여 丙을 상대로 같은 내용의 소를 제기하였다가 丙과 사이에 피보전권리가 존재하지 않는다는 취지의 조정이 성립되었는데, 또 다른 채권자인 戊가 조정 성립일로부터 10여 일이 경과한 후에 乙을 대위하여 丙을 상대로 같은 내용의 소를 다시 제기한 경우, 채무자 乙의 丙에 대한 위 부동산에 관한 부당이득반환을 원인으로 한 소유권이전등기청구권의 소멸시효는 甲, 丁, 戊의 순차적인 채권자대위소송에 따라 최초의 재판상 청구인 甲의 채권자대위소송 제기로 중단되었다.

㉢ 원고가 채권자대위소송 중 채무자로부터 피대위채권 자체를 양도받아 채권자대위권에 기한 청구에서 양수금청구로 소를 교환적으로 변경하더라도 종전 채권자대위소송에 의한 소멸시효 중단의 효과는 양수금청구에 미치지 않는다.

㉣ 가압류 결정 이전에 이미 피보전권리인 어음채권의 시효가 완성되어 소멸하였다 하더라도 그 가압류 결정에 의하여 원인채권의 소멸시효를 중단시키는 효력을 인정할 수 있다.

㉤ 채권양도의 대항요건을 갖추지 못한 상태에서 양수인이 채무자를 상대로 재판상 청구를 하더라도 소멸시효는 중단된다.

① ㉠(○), ㉡(○), ㉢(○), ㉣(○), ㉤(×)
② ㉠(×), ㉡(○), ㉢(×), ㉣(×), ㉤(○)
③ ㉠(○), ㉡(×), ㉢(○), ㉣(○), ㉤(×)
④ ㉠(○), ㉡(×), ㉢(×), ㉣(×), ㉤(○)
⑤ ㉠(×), ㉡(○), ㉢(○), ㉣(○), ㉤(×)

해설

㉠ 틀림. 비법인사단의 사원총회가 그 총유물에 관한 매매계약의 체결을 승인하는 결의를 하였다면 통상 그러한 결의에는 그 매매계약의 체결에 따라 발생하는 채무의 부담과 이행을 승인하는 결의까지 포함되었다고 봄이 상당하므로 비법인사단의 대표자가 그 채무에 대하여 소멸시효 중단의 효력이 있는 승인을 하거나 그 채무를 이행할 경우에는 특별한 사정이 없는 한 별도로 그에 대한 사원총회의 결의를 거칠 필요는 없다고 보아야 한다. 특히 비법인사단이 총유물에 관한 매매계약을 체결하는 행위는 총유물 그 자체의 처분이 따르는 채무부담행위로서 총유물의 처분행위에 해당하나, 그 매매계약에 의하여 부담하고 있는 채무의 존재를 인식하고 있다는 뜻을 표시하는 데 불과한 소멸시효 중단사유로서의 승인은 총유물 그 자체의 관리·처분이 따르는 행위가 아니어서 총유물의 관리·처분행위라고 볼 수 없다(대판 2009.11.26. 2009다64383). ㉡ 옳음. 대판 2011.10.13. 2010다80930. ㉢ 틀림. 채권자대위소송의 소송물은 채무자의 제3채무자인 피고에 대한 계약금반환청구권인데 이 양수금청구는 원고가 계약금반환청구권 자체를 양수하였다는 것이어서 양 청구는 동일한 소송물에 관한 권리의무의 특정승계가 있을 뿐 그 소송물은 동일한 점, 시효중단의 효력은 특정승계인에게도 미치는 점(민법 제169조), 계속 중인 소송에 소송목

적인 권리 또는 의무의 전부나 일부를 승계한 특정승계인이 소송참가하거나 소송인수한 경우에는 소송이 법원에 처음 계속된 때에 소급하여 시효중단의 효력이 생기는 점(민사소송법 제80조, 제82조 3항), 원고는 계약금반환청구권을 채권자대위권에 기해 행사하다 다시 이를 양수받아 직접 행사한 것이어서 계약금반환청구권과 관련하여 원고를 '권리 위에 잠자는 자'로 볼 수 없는 점 등에 비추어 볼 때, 당초의 채권자대위소송으로 인한 시효중단의 효력은 양수금청구에도 그대로 미친다(대판 2010.6.24. 2010다17284). ㉣ 틀림. 이미 시효로 소멸한 어음채권을 피보전권리로 하여 가압류 결정을 받는다고 하더라도 이를 어음채권 내지는 원인채권을 실현하기 위한 적법한 권리행사로 볼 수 없을 뿐 아니라, 더 이상 원인채권에 관한 시효 중단 여부가 어음채권의 권리 실현에 영향을 주지 못하여 어떠한 불합리한 결과가 발생하지 아니한다는 점을 함께 참작하여 보면, 가압류 결정 이전에 이미 피보전권리인 어음채권의 시효가 완성되어 소멸한 경우에는 그 가압류 결정에 의하여 그 원인채권의 소멸시효를 중단시키는 효력을 인정할 수 없다(대판 2007.9.20. 2006다68902). ㉤ 옳음. 대판 2005.11.10. 2005다41818 참고. (한편) 채권양도 후 대항요건이 구비되기 전의 양도인은 채무자에 대한 관계에서는 여전히 채권자의 지위에 있으므로 채무자를 상대로 시효중단의 효력이 있는 재판상의 청구를 할 수 있고, 이 경우 양도인이 제기한 소송 중에 채무자가 채권양도의 효력을 인정하는 등의 사정으로 인하여 양도인의 청구가 기각됨으로써 민법 제170조 제1항에 의하여 시효중단의 효과가 소멸된다고 하더라도, 양도인의 청구가 당초부터 무권리자에 의한 청구로 되는 것은 아니므로, 양수인이 그로부터 6월 내에 채무자를 상대로 재판상의 청구 등을 하였다면, 민법 제169조 및 제170조 제2항에 의하여 양도인의 최초의 재판상 청구로 인하여 시효가 중단된다(대판 2009.2.12. 2008두20109). <답 ②>

25. 소멸시효의 중단에 관한 설명 중 옳은 것을 모두 고른 것은? (다툼이 있는 경우에는 판례에 의함) <사시 2011년: 배점 3>

ㄱ. 甲과 乙이 丙에 대해 부진정연대채무를 부담하고 있는 경우, 丙의 甲에 대한 이행의 청구는 乙의 채무에 대해 시효중단의 효력이 발생하지 않는다.

ㄴ. 금전의 급부를 목적으로 하는 국가의 채권에 대하여 적법한 납입의 고지가 있으면 그 채권의 발생원인이 공법상의 것이든 사법상의 것이든 관계없이 시효중단의 효력이 발생한다.

ㄷ. 한 개의 채권 중 일부에 관하여만 판결을 구한다는 취지를 명백히 하여 소송을 제기한 경우에는 소제기에 의한 소멸시효중단의 효력이 그 일부에 관하여만 발생하지만, 그 취지로 보아 채권 전부에 관하여 판결을 구하는 것으로 해석된다면 그 청구액을 소송물인 채권의 전부로 보아야 하고, 이러한 경우에는 그 채권의 동일성의 범위 내에서 그 전부에 관하여 시효중단의 효력이 발생한다.

ㄹ. 교직원의 학교법인을 상대로 한 의원면직처분 무효확인청구의 소도 교직원의 학교법인에 대한 급여청구의 한 실현수단이 될 수 있어 소멸시효의 중단사유인 재판상 청구에 해당한다.

ㅁ. 형사소송에서 「소송촉진 등에 관한 특례법」에서 정한 배상명령을

> 신청한 경우를 제외하고는, 피해자가 가해자를 상대로 고소하거나 그 고소에 기하여 형사재판이 개시되어도 이를 소멸시효의 중단사유인 재판상의 청구로 볼 수 없다.

① ㄱ, ㄴ, ㄷ ② ㄴ, ㄷ, ㄹ ③ ㄴ, ㄷ, ㅁ
④ ㄷ, ㄹ, ㅁ ⑤ ㄱ, ㄴ, ㄷ, ㄹ, ㅁ ⑥ ㄱ, ㄴ, ㄷ, ㅁ
⑦ ㄱ, ㄴ, ㄹ ⑧ ㄴ, ㄷ, ㄹ, ㅁ

해설

모두 옳다. ㉠ 부진정연대채무에서는 채무자 1인에 대한 이행청구는 상대효를 가질 뿐이지만(대판 2011.4.14. 2010다91886 등). 연대채무의 경우에는 절대효를 갖는다(대판 1997.9.12. 95다42027 참고). ㉡ 대판[전] 1977.2.8. 76다1720 참고. ㉢ 대판 1992.4.10. 91다43695 참고. ㉣ 대판 1994.5.10. 93다21606 참고. ㉤ 시효중단사유로서 청구에 해당하지 않는다(대판 1999.3.12. 98다18124 참고). <답 ⑤>

26. 소멸시효에 관한 설명으로 틀린 것은? (다툼이 있는 경우에는 판례에 의함)

① 채무자가 채권자로부터 소멸시효가 완성된 연대보증채무의 이행청구를 받고 그 채무액의 일부를 지급하고 사건을 종결하자는 내용의 합의안을 제의하였다가 거절당한 경우, 채무자가 합의안을 제의한 사실만으로 채권자에게 채무의 승인을 한 것이라고 볼 수 없다.

② 사해행위취소소송의 상대방이 된 사해행위의 수익자는, 채권자의 피보전채권의 소멸에 의하여 직접 이익을 받는 자에 해당한다.

③ 손해배상채무를 부담하는 국가가 소멸시효의 완성을 주장하는 경우, 국가에게는 국민을 보호할 의무가 있으므로 이런 주장 자체가 신의성실의 원칙에 반하여 권리남용에 해당한다.

④ 공탁금출급청구권의 종국적인 채무자로서 소멸시효를 원용할 수 있는 자는 국가이다.

⑤ 채권담보의 목적으로 매매예약의 형식을 빌어 소유권이전청구권 보전을 위한 가등기가 경료된 부동산을 채무자로부터 양수하여 소유권이전등기를 마친 제3자는, 가사 채무자가 이미 그 가등기에 기한 본등기를 경료하여 시효이익을 포기한 것으로 볼 수 있다고 하더라도, 여전히 독자적으로 소멸시효를 원용할 수 있다.

해설

① 옳음. 대판 2008.7.24. 2008다25299 참고. ② 소멸시효를 원용할 수 있는 사람은 권리의 소멸에 의하여 직접 이익을 받는 자에 한정되는바, 사해행위취소소송의 상대방이 된 사해행위의 수익자는, 사해행위가 취소되면 사해행위에 의하여 얻은 이익을 상실하고 사해행위취소권을 행사하는 채권자의 채권이 소멸하면 그와 같은 이익의 상실을 면하는 지위에 있으므로, 그 채권의 소멸에 의하여 직접 이익을 받는 자에 해당하는 것으로 보아야

한다(대판 2007.11.29. 2007다54849). ③ 국가가 소멸시효의 완성을 주장했다는 자체만으로 권리남용이 되지는 않으며, 채무이행의 거절을 인정함이 현저히 부당하거나 불공평하게 되는 등의 특별한 사정이 있어야 한다(대판 2011.10.27. 2011다54709). 한편 그런 특별한 사정이 있으므로 국가가 소멸시효완성을 원용하는 경우 권리남용이 된다는 사례로서, 신병훈련을 마치고 부대에 배치된 군인이 선임병들로부터 온갖 구타와 가혹행위 및 끊임없는 욕설과 폭언에 시달리다가 전입한 지 채 열흘도 지나지 않은 1991.2.3. 부대 철조망 인근 소나무에 목을 매어 자살을 하였는데, 유족들이 망인이 사망한 날로부터 5년의 소멸시효 기간이 훨씬 경과한 2009.12.10.에야 국가를 상대로 손해배상을 구하는 소를 제기하자 국가가 소멸시효 완성의 항변을 한 사안에서, 비록 군 당국이 유족들의 국가배상청구권 행사를 직접적으로 방해하는 행위를 한 적은 없다고 하더라도, 유족들은 위 자살사고가 선임병들의 심한 폭행·가혹행위 및 이에 대하여 적절한 조치를 취하지 않은 부대관계자들의 관리·감독 소홀 등의 불법행위로 인하여 발생한 것이라는 점을 군의문사진상규명위원회의 2009.3.16.자 진상규명결정이 내려짐으로써 비로소 알았거나 알 수 있었다고 할 것이므로, 2009.3.16. 전까지의 기간 동안에는 유족들이 국가를 상대로 손해배상청구를 할 수 없는 객관적 장애가 있었다고 보아야 한다(대판 2011.10.13. 2011다36091. 같은 취지의 판결로서 대판 2011.9.8. 2009다66969). ④ 공탁금출급청구권은 피공탁자가 공탁소에 대하여 공탁금의 지급, 인도를 구하는 청구권으로서 위 청구권이 시효로 소멸한 경우 공탁자에게 공탁금회수청구권이 인정되지 않는 한 그 공탁금은 국고에 귀속하게 되는 것이어서(공탁사무처리규칙 제55조 참조) 공탁금출급청구권의 종국적인 채무자로서 소멸시효를 원용할 수 있는 자는 국가이다(대판 2007.3.30. 2005다11312). ⑤ 소멸시효를 원용할 수 있는 사람은 권리의 소멸에 의하여 직접 이익을 받는 사람에 한정되는바, 채권담보의 목적으로 매매예약의 형식을 빌어 소유권이전청구권 보전을 위한 가등기가 경료된 부동산을 양수하여 소유권이전등기를 마친 제3자는 당해 가등기담보권의 피담보채권의 소멸에 의하여 직접 이익을 받는 자이므로, 그 가등기담보권에 의하여 담보된 채권의 채무자가 아니더라도 그 피담보채권에 관한 소멸시효를 원용할 수 있고, 이와 같은 직접수익자의 소멸시효 원용권은 채무자의 소멸시효 원용권에 기초한 것이 아닌 독자적인 것으로서 채무자를 대위하여서만 시효이익을 원용할 수 있는 것은 아니며, 가사 채무자가 이미 그 가등기에 기한 본등기를 경료하여 시효이익을 포기한 것으로 볼 수 있다고 하더라도 그 시효이익의 포기는 상대적 효과가 있음에 지나지 아니하므로, 채무자 이외의 이해관계자에 해당하는 담보 부동산의 양수인으로서는 여전히 독자적으로 소멸시효를 원용할 수 있다(대판 1995.7.11. 95다12446). <답 ③>

27. 甲은 乙로부터 1년 후에 반환한다고 약속하고 금전을 빌렸다. 이 경우, 乙의 채권의 소멸시효와 관련하여 乙의 청구가 인용될 수 있는 것은? (어느 경우이든 乙의 채권의 소멸시효기간은 10년이고, 기술한 사정 이외에 소멸시효의 성부에 영향을 미치는 사정은 없음) <변리사 2003년 변형>

① 차금한 때로부터 12년 후 甲은 乙에 대하여 지급연기를 요구하였다. 乙은 이 요구를 거절하고, 甲에 대하여 대여금의 반환을 청구하였다.

② 차금을 한 때로부터 10년 후에 乙이 甲에 대하여 대금반환소송을 제기하였다. 그러나 그 소가 각하되었고, 다시 2년이 경과한 시점에서 乙은 甲에 대하여 대여금의 반환을 청구하였다.

③ 甲과 乙은 대금채권은 차금한 때로부터 16년이 경과하지 아니하면 소멸

시효에 걸리지 아니한다고 하는 특약을 맺었다. 차금한 때로부터 12년이 경과한 시점에서 乙은 甲에 대하여 대여금의 반환을 청구하였다.

④ 丙이 甲의 채무를 보증하는 보증인이 되었다. 甲의 채무의 소멸시효가 완성되었으나, 甲이 시효이익을 포기한 후에 乙은 丙에 대하여 보증채무의 이행을 청구하였다.

⑤ 차금한 때로부터 9년 후에 乙은 대여금반환채권 중 일부에 관하여만 판결을 구한다는 취지를 명백히 하고 일부청구를 하여 그 청구가 인용되었다. 그 후 3년이 경과한 시점에서 乙은 대여금의 잔액에 대한 반환을 甲에게 청구하였다.

해설

甲은 금전소비차주로서 대여금반환채무를 부담하고 있으며 그 채무의 변제기는 1년 후이다. ① 대여금반환채권의 소멸시효가 완성되었지만 甲은 자신에게 주어진 시효완성의 이익을 포기하였기 때문에 甲에 대한 乙의 청구는 인용된다. ② 소가 부적법함을 이유로 각하되거나 취하된 경우 또는 기각된 경우에는 시효중단의 효력이 일단 부정된다. 하지만 6개월 이내에 재판상 청구, 파산절차에의 참가, 압류 또는 가압류 등을 한 때에는 최초의 재판상 청구를 한 때에 소멸시효가 중단된 것으로 본다(제170조 2항). 따라서 소가 각하된 지 2년이나 지난 후에 한 乙의 대여금반환청구는 인용될 수 없다. ③ 당사자의 약정에 의해 소멸시효제도를 배제하거나 그 요건을 가중할 수 없다(제184조 2항). 따라서 소멸시효기간을 16년으로 연장하는 당사자 사이의 합의는 무효이므로 乙의 청구는 인용될 수 없다. ④ 시효이익의 포기는 상대적이므로(통설) 주채무자 甲에 의한 시효이익의 포기는 보증인 丙에 대해서 인정되지 않는다. 따라서 주채무가 시효로 소멸한 이상 그 부종성 때문에 보증채무도 당연히 소멸하였다고 평가되기 때문에 丙에게 그 보증채무를 이행하라는 乙의 청구는 인용될 수 없다. ⑤ 채권 가운데 일부에 대해서만 청구한다는 취지를 명백히 한 경우이므로 재판상 청구에 의한 소멸시효중단의 효력은 청구금액에 한정된다. 따라서 당시에 청구하지 않았던 대여금의 잔액에 관한 채권은 시효로 소멸하였으므로 乙의 반환청구는 인용될 수 없다. <답 ①>

28. 다음은 시효이익의 포기에 관한 설명이다. 판례와 일치하지 않는 것은?

① 소멸시효완성 이후에 있은 과세처분에 기하여 세액을 납부하였다면 소멸시효의 이익을 포기한 것으로 볼 수 있다.

② 채무자가 소멸시효가 완성된 이후에 여러 차례에 걸쳐 원고의 제소기간 연장요청에 동의한 바가 있다 하더라도 소멸시효이익을 포기하는 의사표시까지 함축하고 있는 것은 아니다.

③ 철도청 공무원이 사고로 신체장애를 입은 경우에 국가가 급여 및 공무원연금법에 의한 치료급여를 지급하였고 건설교통부장관이 건설교통부공제조합에서 치료비를 지급하겠다고 회보한 것만으로는 국가배상법상의 손해배상청구권의 소멸시효이익을 포기한 것이라고 볼 수 없다.

④ 국가의 대지를 귀속농지라고 하여 농지분배하였다가 그 농지분배처분이

당연무효라는 판결이 선고되어 국가가 수분배자에게 부담하게 된 손해배상청구권의 소멸시효가 완성된 경우에 국가가 그 사실을 모르고 수분배자에게 징발보상금을 지급하였더라도 소멸시효의 이익을 포기한 것은 아니다.

⑤ 채권의 소멸시효가 완성된 후에 채무자가 그 기한의 유예를 요청하였다면 소멸시효의 이익을 포기한 것으로 볼 수 있다.

해설

① 시효이익의 포기라고 할 수 없다(대판 1988.1.19. 87다카70). ② 대판 1987.6.23. 86다카2107. ③ 대판 1968.1.31. 67다2652. ④ 대판 1977.3.8. 76다2341,2342. ⑤ 대판 1965.12.28. 65다2133. <답 ①>

29. 다음은 소멸시효의 효과에 관한 설명이다. 틀린 것은?

① 소멸시효의 완성으로 인하여 채무를 면하게 되는 자는 기산일 이후의 이자를 지급할 필요가 없다.

② 소멸시효 완성의 효과는 소멸시효가 완성된 원금 부분으로부터 그 완성 전에 발생한 이자 또는 지연손해금에는 미치나, 변제로 소멸한 원금 부분으로부터 그 변제 전에 발생한 이자 또는 지연손해금에는 미치지 않는다.

③ 시효완성 후에 채무를 승인한 경우에는 시효완성의 사실을 알고 그 이익을 포기한 것이라고 추정할 수 있다.

④ 수표법상의 소구권이 시효에 의하여 소멸된 후에 수표채무를 승인하였다면 소멸시효의 이익을 포기한 것이다.

⑤ 해상운송인의 책임에 관하여 당사자가 제소기간을 약정하고 그 기간연장에 합의하였다면 제소기간의 약정과 그 기간연장에 관한 상관습법이 확립되었다고 인정되지 않더라도 그러한 약정과 합의는 위 소멸시효에 관한 상법이나 민법의 규정의 적용을 배제한다.

해설

① 통설(제183조 참조). ② 이자 또는 지연손해금은 주된 채권인 원본의 존재를 전제로 그에 대응하여 일정한 비율로 발생하는 종된 권리인데, 하나의 금전채권의 원금 중 일부가 변제된 후 나머지 원금에 대하여 소멸시효가 완성된 경우, 가분채권인 금전채권의 성질상 변제로 소멸한 원금 부분과 소멸시효 완성으로 소멸한 원금 부분을 구분하는 것이 가능하고, 이 경우 원금에 종속된 권리인 이자 또는 지연손해금 역시 변제로 소멸한 원금 부분에서 발생한 것과 시효완성으로 소멸된 원금 부분에서 발생한 것으로 구분하는 것이 가능하기 때문이다(대판 2008.3.14, 2006다2940). ③ 대판 1967.2.7. 66다2173. ④ 대판 1965.11.30. 65다1996. 즉, 시효이익의 포기에는 특별한 방식이 요구되지 않으므로 '명시적 포기' 뿐만 아니라 '묵시적 포기'도 가능하다(통설). ⑤ 당사자의 약정과 합의가 있더라도 이를 허용하는 상관습법이 존재하지 않는다면 민법 등의 적용을 배제할 수 없다(대판 1987.6.23. 86다카2107). 즉 법률행위에 의하여 소멸시효를 배제, 연장 또는 가중

하는 것은 허용되지 않는다(제184조 2항 전단). <답 ⑤>

30. 다음은 소멸시효의 중단과 소멸시효완성에 관한 설명이다. 틀린 것은?

① 주채무가 소멸시효 완성으로 소멸된 경우에는 연대보증채무도 그 채무 자체의 시효중단에 불구하고 부종성에 따라 당연히 소멸한다.

② 보증보험의 피보험자인 甲 주식회사의 보험금청구권이 시효로 소멸하였는지 여부가 문제된 경우, 甲 회사가 보험계약의 주채무자인 乙을 상대로 손해배상청구소송을 제기하면 丙 보증보험회사에 대한 보험금청구권의 소멸시효 진행도 중단된다.

③ 경매절차에서 채무자인 甲 주식회사가 소멸시효가 완성된 근저당권부 채권을 가진 乙이 배당받는 데 대하여 이의를 제기하지 않았지만 甲회사의 다른 채권자인 丙이 甲 회사를 대위하여 이의를 제기한 경우, 이의를 제기한 부분을 제외한 나머지 채권에 대하여는 甲회사가 시효이익을 포기한 것이다.

④ 甲이 乙을 상대로 소멸시효가 완성된 대여금채권을 재판상으로 청구하였고 이에 대해 乙이 소송에서 甲에 대한 매매대금채권으로 상계의 항변을 하였으나, 이것이 받아들여지지 않자 그 후 대여금채권의 소멸을 주장하는 소멸시효항변을 한 경우, 乙이 상계의 항변을 할 당시에 수동채권인 대여금채권에 대한 채무를 승인하였다는 점에서 대여금채권의 시효이익을 포기하려는 효과의사가 있었다고 할 수 있다.

⑤ 소멸시효 이익의 포기사유로서의 채무의 승인은 그 표시의 방법에 아무런 제한이 없어 묵시적인 방법으로도 가능하지만, 적어도 채무자가 채권자에 대하여 부담하는 채무의 존재에 대한 인식의 의사를 표시하여야 한다.

해설

① 옳음. 대판 2012.1.12. 2011다78606. ② 옳음. 보증보험이란 형식적으로는 보험계약자인 채무자의 채무불이행을 보험사고로 하는 보험계약이나 실질적으로는 보증의 성격을 가지고 보증계약과 같은 효과를 목적으로 하는 것이므로, 보증보험계약의 성질에 반하지 않는 한 민법의 보증에 관한 규정이 준용된다. 따라서 보증보험계약에도 주채무자에 대한 시효중단의 효과에 관한 민법 제440조가 준용된다고 보아야 한다(대판 2011.11.10. 2011다62090). ③ 옳음. 따라서 그 부분 배당액과 관련하여 乙이 부당이득을 취득한 것은 아니다(대판 2012.5.10. 2011다109500). ④ 틀림. 소멸시효 중단사유로서의 채무승인은 시효이익을 받는 당사자인 채무자가 소멸시효의 완성으로 채권을 상실하게 될 자에 대하여 상대방의 권리 또는 자신의 채무가 있음을 알고 있다는 뜻을 표시함으로써 성립하는 이른바 관념의 통지로 여기에 어떠한 효과의사가 필요하지 않다. 이에 반하여 시효완성 후 시효이익의 포기가 인정되려면 시효이익을 받는 채무자가 시효의 완성으로 인한 법적인 이익을 받지 않겠다는 효과의사가 필요하기 때문에 시효완성 후 소멸시효 중단사유에 해당하는 채무의 승인이 있었다 하더라도 그것만으로는 곧바로 소멸시효 이익의 포기라는 의사표시가 있었다고 단정할 수 없다(대판 2013.2.28. 2011다21556). ⑤ 옳음. 대판 2008.

7.24. 2008다25299. <답 ④>

31. 甲의 乙에 대한 500만 원의 채권은 소멸시효가 완성되었다. 그 후 乙이 甲에게 500만 원을 지급하여 채무를 변제한 경우에 관한 설명 중 옳지 않은 것을 모두 고른 것은? <사시 2009년: 배점 2>

> ㉠ 절대적 소멸설과 상대적 소멸설 어느 학설에 의하든 乙은 甲에게 500만원의 반환청구를 할 수 없다.
> ㉡ 乙이 시효가 완성된 사실을 모르고 변제한 경우, 절대적 소멸설에 의하면 甲에게 그 반환을 청구할 수 있다.
> ㉢ 乙이 시효가 완성된 사실을 알고 변제한 경우, 절대적 소멸설에 의하면 비채변제가 되어 甲에게 그 반환을 청구할 수 있다.
> ㉣ 乙이 시효가 완성된 사실을 모르고 변제한 경우, 상대적 소멸설에 의하면 비채변제가 되어 甲에게 그 반환을 청구할 수 있다.
> ㉤ 乙이 시효가 완성된 사실을 알고 변제한 경우, 상대적 소멸설에 의하면 유효한 변제가 되어 甲에게 그 반환을 청구할 수 없다.

① ㉠, ㉡ ② ㉠, ㉤ ③ ㉡, ㉢
④ ㉡, ㉢, ㉣ ⑤ ㉢, ㉣, ㉤

해설

절대적 소멸설에 의하면, 소멸시효완성 후의 변제는 채무없는 변제가 되는 것이어서 이론상 부당이득이 되므로 반환되어야 할 것이다(제741조). 그러나 채무자가 시효완성을 알면서 변제한 경우에는 제742조를 적용함으로써, 그리고 시효완성을 모르고 변제한 경우에는 제744조를 적용하여 채무자의 부당이득반환청구를 인정하지 않는다. 상대적 소멸설에 의하면 채권이 소멸시효에 걸렸다고 하더라도 시효의 이익을 받는 자가 시효완성을 알았거나 알지 못하였거나 이를 원용하지 않고서 임의변제한 이상, 채무자의 변제행위에 의한 채권자의 급부수령은 적법하며 더 이상 부당이득이 되지 않는다. 결과적으로 어느 학설에 의하더라도 시효완성 후의 변제에 의하여 수령한 급부는 부당이득이 되지 않는다. <답 ④>

제 3 편

물 권 법

제 1 장 서 론

1. 민법 제185조의 해석에 관하여 다음 설명 중 틀린 것은?

① 민법 제185조에서 '법률'이라고 하는 것은 형식적 의미의 법률만을 가리키고 명령이나 규칙은 포함하지 않는다.

② 관습법의 효력에 관하여 보충적 효력설에 의하면 성문법에 특별히 규정을 두고 있지 않은 종류나 내용의 물권만이 관습법상 성립이 인정된다고 한다.

③ 관습법의 효력에 관하여 대등적 효력설에 의하면 법률에 규정이 있는 물권과 같은 종류의 것이라 하더라도 그 내용을 달리하는 물권도 관습법에 의하여 인정될 수 있고, 양자는 병존하여 당사자는 선택의 자유를 갖게 된다.

④ 관습법의 효력에 관하여 변경적 효력설에 의하면 제185조가 규정의 형식으로는 성문법상의 물권과 관습법상의 물권을 대등적 · 병렬적으로 규정하고 있지만, 실제 적용에 있어서는 관습법상의 물권이 성문법상의 그것을 변경하는 것으로 된다.

⑤ 민법 제185조에서 '물권은 임의로 창설하지 못한다.'는 의미는 물권의 종류를 새로 설정할 수 없다는 것이지 결코 당사자가 임의로 그와 다른 내용을 부여하는 것도 허용하지 않는다는 것은 아니다.

해설

① 민법 기타 성문의 법률이 이에 포함된다. ② 곽윤직, 16면; 김상용, 34면. ③ 물권법은 강행법규 위주로 구성되어 있기 때문이라고 한다(김증한, 강의, 22면; 이영준, 17면). ④ 변경적 효력설은 물권법정주의를 크게 약화시키는 결과를 가져오므로 이에 대한 보완책으로서 관습법에 의하여 물권을 인정하더라도 그 인정요건을 엄격히 하여 물권법정주의를 유지하고자 한다(김용한, 36면). ⑤ 민법 제185조는 법률이나 관습법이 인정하지 않는 물권의 종류를 새로이 설정하는 것은 물론, 그 내용이나 효력까지도 당사자가 임의로 변경하지 못한다는 뜻이다(종류강제와 내용강제를 모두 포함한다). <답 ⑤>

2. 물권의 객체에 관한 다음 설명 중 틀린 것은?

① 수목은 토지의 정착물로서 독립성이 없으나, 그 집단은 관습법상의 공시방법을 갖추면 물권의 객체가 될 수도 있다.

② 1동의 건물의 일부는 독립하여 소유권의 객체가 될 수 있다.

③ '입목에 관한 법률'에 의하여 등기된 수목의 집단은 독립된 부동산으로서 토지와 독립하여 양도할 수 있을 뿐 저당권의 목적으로는 될 수 없다.
④ 1필의 토지를 2필 이상의 토지로 분할하여 등기하려면 지적공부 소관청의 관여가 필요하고 등기공무원이 자의로 구 지번을 표시하고 등기할 수는 없다.
⑤ 일반적으로 토석은 토석 그 자체의 굴취 · 채취를 목적으로 하는 경우를 제외하고는 토지와 분리하여 별도로 권리 또는 거래의 객체로 되지 못한다.

해설

①의 경우에 이용되는 공시방법이 이른바 명인방법이다. ② 민법 제215조와 집합건물법에 의해 1동의 건물의 일부에 대해서도 구분소유가 인정된다. ③ 입목에 관한 법률에 의하여 등기된 수목의 집단, 즉 입목은 지반인 토지와는 독립한 부동산으로 다루어지며(동법 제3조 1항), 그것만을 양도할 수 있고 또한 저당권의 목적으로 할 수 있다(동법 제3조 3항). ④ 대판 1984.3.27. 83다카1135,1136. 먼저 지적공부 소관청이 지적측량을 하고 이에 따라 필지마다 지번 · 지목 · 경계 · 좌표 · 면적을 정하고 이를 지적공부에 등록하여야 한다(대판 1990.12.7. 90다카25208). ⑤ 대판 1989.6.27. 88다카2586. 여기서 토석은 토지의 본체적 구성부분으로서 판례에서는 '토지의 기본적 구성요소'라고 표현한다. <답 ③>

3. 물건에 관한 설명 중 옳은 것은? (다툼이 있는 경우에는 판례에 의함)

<사시 2005년>

① 하나의 기업에 속하는 토지 · 공장 등의 부동산, 그리고 각종의 기계나 부품 · 생산품 등은 일괄하여 하나의 매매계약에 의하여 매각할 수 있으며, 이때 가장 중요한 재산인 토지에 관하여 이전등기를 하면 그 외의 재산에 관하여는 개별적으로 등기나 인도를 하지 않더라도 매수인에게 소유권이 이전된다.
② 구분건물의 대지사용권은 전유부분과 종속적 일체불가분성이 인정되므로, 전유부분 및 공용부분과의 분리처분이 가능한 규약 등이 없는 때에는 전유부분에 대한 경매개시결정과 압류의 효력이 대지사용권에도 미친다.
③ 종물은 주물의 처분에 수반된다는 민법 제100조 제2항은 임의규정이므로 당사자는 주물을 처분할 때에 특약으로 종물을 제외할 수는 있지만, 주물과의 관계 때문에 종물만을 별도로 처분할 수는 없다.
④ 토지의 개수 · 면적 등 현황은 그에 관하여 등기부에 기재된 내용과 지적공부상의 내용이 상이한 경우 등기부에 따른다.
⑤ 분필절차 없이 토지의 특정 일부분에 대하여 저당권이나 전세권을 설정할 수 없지만, 지역권이나 지상권은 설정할 수 있다.

✍ 해설 ……………………………………

① 한 기업에 속하는 토지 · 공장 등 물건의 집단은 일괄하여 저당권의 객체가 될 수 있으나 매매계약에 의하여 일괄적으로 양도계약을 한 토지만을 이전하였다고 하여 다른 재산에 관하여 당연히 소유권이 이전하는 것은 아니다. 이는 각각의 특별법(예를 들어 공장저당법 등)에서 규율하고 있다. ② 대판 2006.9.22. 2004다58611. ③ 종물만을 별도로 처분할 수 있다(대판 2012.1.26. 2009다76546). ④ 부동산의 물적 상황 내지 동일성에 관한 사항에 관하여 등기부와 대장이 불일치할 경우 그 부동산의 소유권의 등기명의인은 변경등기를 해야만 당해 부동산에 대하여 다른 등기를 신청할 수 있다(부등법 제56조). ⑤ 용익물권은 공시방법을 갖추면 분필절차를 밟지 않더라도 토지 일부에 이를 설정할 수 있다(부등법 제136조, 제137조, 제139조 2항 참조). <답 ②>

4. 일물일권주의에 관한 설명 중 옳은 것(○)과 틀린 것(×)을 바르게 조합한 것은? (다툼이 있는 경우에는 판례에 의함)

> 가. 토지의 분할을 명함이 없이 1필지의 토지의 일부에 관하여 소유권이전등기절차의 이행을 명한 판결은 집행불능의 판결이다.
> 나. 구분소유의 목적이 되는 하나의 부동산에 대한 등기부상 표시 중 전유부분의 면적 표시가 잘못된 경우, 이는 경정등기의 방법으로 바로잡아야 하는 것이고 그 잘못 표시된 면적만큼의 소유권보존등기의 말소를 구하는 소는 법률상 허용되지 않는다.
> 다. 분필절차를 밟기 전에는 1필의 토지의 일부 위에 용익물권을 설정할 수 없다.
> 라. 지적법상 분필절차를 거치지 아니하였더라도 이미 등기부에 분필의 등기가 실행된 경우에는 이로써 분필의 효력이 발생한다.
> 마. 지중의 일정한 미채굴의 광물은 법률상 토지의 구성부분이 되지 않고 토지소유권의 내용으로도 되지 않는다.
> 바. 한 필지로 된 토지의 일부에 대해서는 시효취득이 불가능하다.

① 가(○), 나(×), 다(×), 라(×), 마(○), 바(×)
② 가(×), 나(○), 다(×), 라(○), 마(×), 바(○)
③ 가(○), 나(×), 다(○), 라(×), 마(○), 바(×)
④ 가(×), 나(×), 다(○), 라(○), 마(×), 바(×)
⑤ 가(○), 나(○), 다(×), 라(×), 마(×), 바(○)
⑥ 가(×), 나(○), 다(○), 라(○), 마(×), 바(×)
⑦ 가(×), 나(○), 다(×), 라(×), 마(○), 바(×)
⑧ 가(○), 나(×), 다(○), 라(○), 마(×), 바(○)

✍ 해설 ……………………………………

가. 등기권자는 그 판결에 따로 토지의 분할을 명하는 주문기재가 없더라도 그 판결에 기하여 등기의무자를 대위하여 그 특정된 일부에 대한 분필등기절차를 마친 후 소유권이전

등기를 할 수 있으므로, 토지의 분할을 명함이 없이 1필지의 토지의 일부에 관하여 소유권이전등기절차의 이행을 명한 판결을 집행불능의 판결이라고 할 수 없다(대판 1987.10.13. 87다카1093). 나. 일물일권주의의 원칙상, 물건의 일부분, 구성부분에는 물권이 성립할 수 없는 것이어서 구분 또는 분할의 절차를 거치지 아니한 채 하나의 부동산 중 일부분만에 관하여 따로 소유권보존등기를 경료하거나, 하나의 부동산에 관하여 경료된 소유권보존등기 중 일부분에 관한 등기만을 따로 말소하는 것은 허용되지 아니한다(대판 2000.10.27. 2000다39582). 다. 일정한 등기방법에 의하여 1필의 토지의 일부를 공시할 수 있으므로(부등법 제136조, 제137조, 제139조) 분필절차를 밟지 않더라도 1필의 토지의 일부 위에 용익물권을 설정할 수 있다. 라. 토지의 개수는 지적법에 의한 지적공부상의 토지의 필수를 표준으로 하여 결정되는 것으로 1필지의 토지를 수필의 토지로 분할하여 등기하려면 먼저 위와 같이 지적법이 정하는 바에 따라 분할의 절차를 밟아 지적공부에 각 필지마다 등록이 되어야 하고 지적법상의 분할절차를 거치지 아니하는 한 1개의 토지로서 등기의 목적이 될 수 없는 것이며 설사 등기부에만 분필의 등기가 실행되었다 하여도 이로써 분필의 효과가 발생할 수는 없는 것이므로 결국 이러한 분필등기는 1부동산1부등기용지의 원칙에 반하는 등기로서 무효라 할 것이다(대판 1990.12.7. 90다카25208). 마. 미채굴의 광물은 국가에 채굴취득권이 유보되어 있으므로 토지소유권의 객체가 되지 않는다(광업법 제2조). 바. 시효로 취득되는 부분이 다른 부분과 구분되어 시효취득자의 점유에 속한다는 것을 인식하기에 족한 객관적 징표가 계속하여 존재하는 경우 시효취득이 가능하다(대판 1989.4.25. 88다카9494). <답 ⑦>

5. 다음은 물권법정주의와 일물일권주의에 관한 설명이다. 틀린 것을 모두 고르면?

㉠ 물권의 종류뿐 아니라 그 내용도 법률이나 관습법으로써 정하여지고 이는 원칙적으로 강제성을 갖기 때문에 그에 위반한 법률행위는 무효가 된다.
㉡ 물권법정주의에서 종류강제와 내용강제에 위배된 법률행위는 모두 전부무효이다.
㉢ 관습법상의 법정지상권에는 타인의 토지 위에 분묘를 설치한 경우 일정한 요건하에서 인정되는 분묘기지권, 저당물의 경매로 인하여 토지와 그 지상건물이 다른 소유자에 속한 경우에 토지소유자가 건물소유자에 대하여 갖는 지상권, 온천에 관하여 인정되는 온천권 등이 있다.
㉣ 민법의 규정상 부동산은 질권의 객체가 될 수 없고, 동산은 저당권의 객체가 될 수 없는 것이 원칙이다.
㉤ 토지의 지상 또는 지하의 일부만을 대상으로 하는 구분지상권은 인정되지 않는다.
㉥ 집합물 위에 하나의 물권이 성립할 수 없음이 원칙이나, 양도담보와 같이 예외적으로 물권이 성립할 수도 있다.

① ㉠, ㉡, ㉢ ② ㉡, ㉢, ㉣ ③ ㉣, ㉤, ㉥
④ ㉤, ㉡, ㉢ ⑤ ㉥, ㉢, ㉤

해설

㉠ 옳음. ㉡ 내용강제에 위배된 법률행위는 일부무효의 법리가 적용되어 일부만이 무효가 된다(이영준, 20면). 즉, 무효로 되는 부분이 없었다 하더라도 당사자가 그 물권행위를 하였을 것으로 인정되는 경우에 한하여 잔여부분은 유효로 되는 것이다(제137조). ㉢ 관습법상의 법정지상권은 동일인에게 속하였던 토지와 건물 중 어느 하나가 매매 기타의 원인으로 각각 소유자를 달리하게 된 때에, 그 건물을 철거한다는 특약이 없으면 건물소유자가 당연히 취득하게 되는 지상권을 말한다. 지문에서 설명한 지상권은 민법 제366조에서 인정된 법정지상권을 말한다. 온천권은 관습법상의 물권이 아니다(대판 1970.5.26. 69다1239). ㉣ 옳음. ㉤ 토지의 지하 또는 지상의 공간이라고 하더라도 구분지상권의 목적으로 할 수 있다(제289조의2). ㉥ 예를 들어 양어장 내의 뱀장어 등 전부(집합물)를 대상으로 한 당사자간의 양도담보계약은 그 담보목적물이 특정되었다 할 것이므로 유효하게 성립한다(대판 1990.12.26. 88다카20224). <답 ④>

6. 물권에 관한 설명 중 옳은 것을 모두 고른 것은? (다툼이 있는 경우에는 판례에 의함) <사시 2013년: 배점 3>

> ㄱ. 1필의 토지나 1동의 건물을 구분하여 각 구분한 부분을 소유권의 객체로 할 수 있고, 이에 관하여는 민법 제215조와 「집합건물의 소유 및 관리에 관한 법률」이 공통으로 적용된다.
> ㄴ. 甲이 乙로부터 1필의 토지 중 특정 부분을 매수한 후 乙에게 그 부분의 소유권이전등기절차 이행을 구하는 소를 제기한 경우, 乙은 위 매매계약이 일물일권주의에 반하여 무효라고 주장할 수 있다.
> ㄷ. 위 ㄴ의 경우, 甲이 乙의 협조를 얻어 매수한 특정 부분에 상응하는 지분에 대한 공유의 소유권이전등기를 마친 때에는, 甲은 위 특정 부분에 대한 점유의 이전을 거부하는 乙에게 민법 제213조에 의해 인도를 청구할 수 있다.
> ㄹ. 공작물을 소유할 목적으로 지하 또는 지상의 공간을 상하 범위를 정해 지상권 또는 전세권의 목적으로 등기할 수 있고, 이로써 그 부분에 대하여 지상권 또는 전세권이 성립한다.
> ㅁ. 甲이 양돈업자인 乙에게 돈을 빌려주고, 그 담보로 乙이 사육 중인 돈사 A, B 내의 돼지 전부를 점유개정의 방법으로 양도받은 경우, 甲이 위 사실을 돈사 내외에 게시하는 등으로 제3자가 알아볼 수 있게 하지 않았더라도, 유효하게 양도담보권을 취득하고 이는 일물일권주의에 반하지 않는다.

① ㄱ, ㄴ ② ㄱ, ㄷ, ㄹ ③ ㄴ, ㄹ ④ ㄷ, ㅁ ⑤ ㄹ, ㅁ

해설

ㄱ. 틀림. 민법 제215조와 집합건물의 소유 및 관리에 관한 법률은 '건물'을 대상으로 한다. 그리고 '건물'의 구분소유와 관련하여 집합건물법이 민법의 특별법으로 기능한다. ㄴ. 틀림. 1필지의 토지의 특정된 일부에 대하여 소유권이전등기절차의 이행을 명하는 판결을

받은 등기권자는 그 판결에 따로 토지의 분할을 명하는 주문기재가 없더라도 그 판결에 기하여 등기의무자를 대위하여 그 특정된 일부에 대한 분필등기절차를 마친 후 소유권이전등기를 할 수 있다(대판 1994.9.27. 94다25032). ㄷ. 옳음. 1필지의 토지 중 일부를 특정하여 매수하고 다만 그 소유권이전등기는 그 필지 전체에 관하여 공유지분권이전등기를 한 경우에는 그 특정부분 이외의 부분에 관한 등기는 상호 명의신탁을 하고 있는 것으로서, 그 지분권자는 내부관계에 있어서는 특정부분에 한하여 소유권을 취득하고 이를 배타적으로 사용, 수익할 수 있고, 다른 구분소유자의 방해행위에 대하여는 소유권에 터잡아 그 배제를 구할 수 있다(대판 1994.2.8. 93다42986). ㄹ. 틀림. 공작물을 소유할 목적으로 지하 또는 지상의 공간에 대해 구분지상권이 성립할 수 있으나(제289조의2 참조), 전세권이 성립할 수는 없다. 전세권은 부동산 자체를 사용하는 권리이기 때문이다(제303조 참조). ㅁ. 옳음. 대판 2004.11.12. 2004다22858 참고. <답 ④>

7. 물권의 효력에 관한 설명으로 틀린 것은?

① 물권은 물건을 배타적으로 지배하는 것을 내용으로 하는 권리이기 때문에 동일물 위에 성질 · 범위가 같은 물권이 동시에 성립하지 못한다.
② 물권적 청구권만을 독립하여 양도할 수 없다.
③ 물권적 청구권과 비용부담에 관하여 물권적 청구권은 상대방에 대한 적극적 행위청구권이므로 상대방이 항상 비용을 부담하여야 한다는 것이 판례의 태도이나, 물권적 청구권의 채권적 성질에 비추어 채권법의 변제비용에 관한 규정을 유추적용하여야 한다는 견해도 있다.
④ 물권적 청구권이 예외적으로 채권에도 인정되는 경우가 있다.
⑤ 물권의 침해가 고의 · 과실에 의한 경우에는 물권적 청구권과 불법행위로 인한 청구권이 동시에 발생하여 병존할 수 있다.

해설

① 종류가 다른 물권은 동일물 위에 동시에 성립할 수 있다. 또한 저당권의 경우에는 비록 동일물권이라 하더라도 동일부동산 위에 복수로 존재할 수 있다. ② 물권적 청구권은 물권에 의존하는 권리로서 언제나 그 기초가 되는 물권과 그 운명을 같이하며, 물권의 이전 · 소멸이 있으면 그에 따라 이전 · 소멸한다(대판 1986.12.23. 86다카1751). ③ 통설 · 판례는 원칙적으로 물권적 청구권이 적극적 행위청구권이므로 상대방이 비용을 부담하여야 한다(김기선, 182면; 장경학, 135면; 대판 1967.2.27. 66다2228 등)고 보나, 소수 견해에 따르면 물권적 청구권의 채권적 성질에 비추어 채권의 변제비용에 관한 규정을 유추적용하여야 한다고 본다(이영준, 46면). ④ 대항력을 갖춘 부동산임차권에는 방해배제청구가 인정된다. <답 ①>

8. 다음 중 틀린 것을 모두 고른 것은?

㉠ A가 건축공사로 토지를 채굴하여 인근 B의 건물이 붕괴될 우려가 있는 경우, B는 A에 대하여 지반공사를 철저하게 할 것을 청구하거나 공사를 하지 말 것을 청구할 수 있다.

ㄴ 甲지(地) 임차권자인 A에 대하여 甲지 소유권자인 B는 그 토지의 반환청구권을 행사할 수 있다.
ㄷ 甲가(家)의 굴뚝에서 나오는 연기로 인하여 쾌적한 생활환경의 침해를 받고 있는 A는 언제나 방해제거청구권을 행사할 수 있다.
ㄹ A의 소유지상에 B가 함부로 자재를 쌓아 놓은 경우에 A는 B에게 자재의 철거를 청구할 수 있는 방해제거청구권이 있다.
ㅁ A가 B의 토지에 권한 없이 건물을 건축하는 경우 B는 A에 대하여 그 건물의 철거 및 토지의 인도를 청구할 수 있다.

① ㄱ, ㄴ ② ㄱ, ㄷ ③ ㄱ, ㄹ
④ ㄴ, ㄷ ⑤ ㄴ, ㄹ ⑥ ㄴ, ㅁ
⑦ ㄷ, ㄹ ⑧ ㄹ, ㅁ

해설

ㄱㄴㄹㅁ 옳음. ㄷ은 생활방해의 금지에 관한 문제인데 침해가 수인한도 내의 것이면 타인의 토지이용을 침해한다 하여도 이웃 거주자는 이를 인용해야 하므로 물권적 청구권의 행사가 부인된다(제217조 2항). <답 ④>

9. 다음은 물권적 청구권에 관한 판례들이다. 옳은 것(○)과 옳지 않은 것(×)을 바르게 표시한 것은? (판례의 태도가 나뉘면 최근의 판례에 따름)

ㄱ 토지인도청구소송 계속 중에 분쟁 대상이 된 토지를 다른 사람에게 증여한 경우에 증여자는 불법점유자에 대하여 그 토지의 인도의무의 이행을 위하여 그 소를 유지할 이익이 있다.
ㄴ 불법원인에 기하여 급여를 한 사람은 그 원인행위가 법률상 무효라 하여 상대방에게 부당이득반환청구를 할 수는 없는 것이지만 급여한 물건의 소유권은 여전히 자기에게 있기 때문에 소유권에 기한 반환청구를 배제할 이유는 없는 것이다.
ㄷ 채권담보의 목적으로 이루어지는 부동산 양도담보의 경우에 있어서 피담보채무가 변제된 이후라 하더라도 양도담보권설정자가 행사하는 등기청구권은 시효로 소멸한다고 보는 것이 등기제도의 취지에 비추어 볼 때 합리적이다.
ㄹ 매매계약이 합의해제된 경우 합의해제에 따른 매도인의 원상회복청구권은 시효의 완성으로 소멸한다.
ㅁ 등기부상 진실한 소유자의 소유권에 방해가 되는 부실등기가 존재하는 경우, 그 등기명의인이 허무인 또는 실체가 없는 단체이더라도 소유권에 기한 방해배제로서 등기행위자를 표상하는 허무인 또는 실체가 없는 단체 명의 등기의 말소를 구할 수 있다.

① ㉠(○), ㉡(○), ㉢(○), ㉣(○), ㉤(○)
② ㉠(○), ㉡(○), ㉢(×), ㉣(×), ㉤(×)
③ ㉠(○), ㉡(×), ㉢(○), ㉣(○), ㉤(×)
④ ㉠(○), ㉡(×), ㉢(×), ㉣(○), ㉤(○)
⑤ ㉠(×), ㉡(○), ㉢(○), ㉣(○), ㉤(×)
⑥ ㉠(×), ㉡(○), ㉢(×), ㉣(×), ㉤(○)
⑦ ㉠(×), ㉡(×), ㉢(○), ㉣(×), ㉤(×)
⑧ ㉠(×), ㉡(×), ㉢(×), ㉣(×), ㉤(○)

해설

㉠ 양도인인 前 소유자가 그 목적물을 양수인에게 인도할 의무가 있고 그 의무이행이 매매대금 잔액의 지급과 동시이행관계에 있다거나 그 소유권의 양도가 소송계속 중에 있었다 하여 다를 리 없고, 일단 소유권을 상실한 전 소유자는 제3자인 불법점유자에 대하여 물권적 청구권에 의한 방해배제를 청구할 수 없다(대판[전] 1969.5.27. 68다725). 따라서 증여자는 물권적 청구권에 기하여 불법점유자에게 물권적 방해배제청구권을 행사할 소의 이익이 없는 것이다. ㉡ 소유권에 기한 반환청구도 할 수 없고, 따라서 급여한 물건의 소유권은 급여를 받은 상대방에게 귀속된다(대판[전] 1979.11.13. 79다483). ㉢ 채권담보의 목적으로 이루어지는 부동산 양도담보의 경우에 있어서 피담보채무가 변제된 이후에 양도담보권설정자가 행사하는 등기청구권은 양도담보권 설정자의 실질적 소유권에 기한 물권적 청구권이므로 따로 시효소멸되지 아니한다고 보는 것이 판례의 태도이다(대판 1979.2.13. 78다2412). ㉣ 매매계약이 합의해제된 경우에도 매수인에게 이전되었던 소유권은 당연히 매도인에게 복귀하는 것이므로 합의해제에 따른 매도인의 원상회복청구권은 소유권에 기한 물권적 청구권이라고 할 것이고 이는 소멸시효의 대상이 되지 아니한다(대판 1982.7.27. 80다2968). ㉤ (이 경우) 소유자는 그와 같은 허무인 또는 실체가 없는 단체 명의로 실제 등기행위를 한 사람에 대하여 소유권에 기한 방해배제로서 등기행위자를 표상하는 허무인 또는 실체가 없는 단체 명의 등기의 말소를 구할 수 있다. 또한, 소유자는 이와 같은 말소청구권을 보전하기 위하여 실제 등기행위를 한 사람을 상대로 처분금지가처분을 할 수도 있다(대결 2008.7.11. 2008마615). <답 ⑧>

10. 물권적 청구권에 관한 설명 중 옳은 것을 모두 고른 것은? (다툼이 있는 경우에는 판례에 의함) <사시 2011년 변형: 배점 3>

ㄱ. 물권적 청구권은 물권의 완전한 실현을 확보하기 위한 것으로서, 담보물권인 저당권에도 방해배제청구권이 인정된다.
ㄴ. 점유권에 기한 점유물 반환청구권은 그 행사기간에 제한이 있으나, 소유권에 기한 소유물 반환청구권은 그 행사기간에 제한이 없다.
ㄷ. 민법은 질권에 관하여 물권적 청구권에 관한 명문의 규정을 두고 있지 않은바, 질권자가 질물을 잃어버리거나 타인의 사기에 의하여 질물을 타인에게 인도하여 준 경우, 질권자는 현재 질물을 점

유하는 자에게 1년 내에 점유권에 기한 점유보호청구권을 행사하여 질물의 반환을 청구할 수 있다.
ㄹ. 직접점유자가 점유를 침탈당한 경우, 간접점유자는 그 물건을 직접점유자에게 반환하도록 청구할 수 있으나, 직접점유자가 그 물건의 반환을 받을 수 없거나 이를 원하지 아니하더라도 간접점유자 자신에게 반환하도록 청구할 수 없다.
ㅁ. 점유를 침탈당한 경우, 그 목적물을 선의의 제3자가 침탈자로부터 특별승계한 때에는 점유자는 그 특별승계인에게 점유권에 기하여 점유물 반환청구권을 행사할 수 없다.
ㅂ. 소유권에 기한 물권적 방해배제청구로서 소유권등기의 말소를 구하는 소송계속 중 그 소송물에 대하여 화해권고결정이 확정된 경우, 화해권고결정의 창설적 효력으로 인하여 그 청구권의 법적 성질이 채권적 청구권으로 바뀐다.

① ㄱ, ㄴ, ㄷ, ㄹ ② ㄱ, ㄹ, ㅁ
③ ㄷ, ㄹ, ㅁ ④ ㄱ, ㄴ
⑤ ㄱ, ㄴ, ㅁ ⑥ ㄱ, ㄴ, ㄹ, ㅂ
⑦ ㄴ, ㄹ, ㅁ, ㅂ ⑧ ㄴ, ㄷ, ㄹ, ㅁ

해설

ㄱ. 옳음. 대판 1996.3.22. 95다55184 참고. ㄴ. 옳음. 민법 제213조 및 제204조 참조. ㄷ. 틀림. 질권자가 질물을 잃어버리거나 타인의 사기에 의하여 질물을 타인에게 인도해 준 것은 점유침탈이 아니다(대판 1992.2.28. 91다17443 참고). ㄹ. 틀림. 민법 제207조 제2항 참조. ㅁ. 옳음. 민법 제204조 참조. ㅂ. 틀림. 그 소송물에 대하여 화해권고결정이 확정되면 상대방은 여전히 물권적인 방해배제의무를 지는 것이고, 화해권고결정에 창설적 효력이 있다고 하여 그 청구권의 법적 성질이 채권적 청구권으로 바뀌지 아니한다(대판 2012.5.10. 2010다2558). <답 ⑤>

11. 물권적 청구권에 관한 설명 중 옳지 않은 것을 모두 고른 것은? (다툼이 있는 경우에는 판례에 의함) <사시 2013년: 배점 4>

ㄱ. 甲의 토지 위에 乙이 무단으로 건물을 신축하고 그 건물의 소유권보존등기를 마친 다음, 건물을 丙에게 매도하고 점유를 이전하였으나 그 이전등기를 하지 않은 경우, 甲은 乙과 丙 누구에게나 위 건물의 철거를 청구할 수 있다.
ㄴ. 甲이 乙로부터 상가건물을 임차하여 화장실 개수공사를 하고 음식점을 운영하던 중, 丙이 위 건물을 양수하여 소유권이전등기를 마친 후 甲에게 인도를 청구하는 경우, 甲은 상가건물임대차보호법을 적용받지 못하는 때에도 점유자의 상환청구권(민법 제203조 제2항)에 기하

여 丙에게 유익비의 상환을 청구할 수 있다.
ㄷ. 친구 사이인 甲과 乙이 2010.5. 조합관계 없이 丙으로부터 토지를 공동으로 매수하고 그 소유권이전등기만은 甲, 乙, 丙의 합의로 乙의 단독 명의로 마친 경우, 제3자인 丁이 위 토지를 무단점유하더라도 甲은 丁에게 물권적 청구권을 행사할 수 없고, 乙에 대한 장래의 명의신탁해지에 기한 소유권이전등기청구권을 피보전권리로 삼아 乙의 丁에 대한 물권적 청구권을 대위행사할 수 있을 뿐이다.
ㄹ. 대리모 계약을 하고 자기 소유 부동산을 대리모에게 양도한 자는 그 계약이 반사회질서에 해당됨을 이유로 대리모에게 부당이득의 반환을 구할 수 없고, 소유권에 기한 반환청구권도 행사할 수 없다.
ㅁ. 甲이 그 소유 건물에 관하여 乙에게 통정허위표시에 의하여 소유권 이전청구권 보전을 위한 가등기를 마쳐 준 후 丙이 위 건물을 임차하고 임차권등기까지 마쳤는데, 그 뒤 乙이 위 가등기에 기하여 소유권 이전의 본등기를 마친 결과 丙의 임차권등기가 말소되었고, 丙의 임차기간이 종료하였으나 그 임차보증금을 반환받지 못하고 있는 경우, 임차 후 통정허위표시를 알게 된 丙은 그 임차권에 의하여 乙에게 乙 명의 소유권이전등기의 말소를 청구할 수 있다.

① ㄱ, ㄴ ② ㄱ, ㄹ, ㅁ ③ ㄴ, ㄷ
④ ㄴ, ㄹ, ㅁ ⑤ ㄷ, ㅁ

해설

ㄱ. 옳음. 건물철거는 그 소유권의 종국적 처분에 해당하는 사실행위이므로 원칙으로는 그 소유자에게만 그 철거처분권이 있으나, 미등기건물을 그 소유권의 원시취득자로부터 양도받아 점유 중에 있는 자는 비록 소유권취득등기를 하지 못하였다고 하더라도 그 권리의 범위 내에서는 점유 중인 건물을 법률상 또는 사실상 처분할 수 있는 지위에 있으므로, 그 건물의 존재로 불법점유를 당하고 있는 토지소유자는 위와 같은 건물점유자에게 그 철거를 구할 수 있다(대판 1989.2.14. 87다카3073). ㄴ. 틀림. 점유자가 유익비를 지출할 당시 계약관계 등 적법한 점유의 권원을 가진 경우에 그 지출비용의 상환에 관하여는 그 계약관계를 규율하는 법조항이나 법리 등이 적용되는 것이어서, 점유자는 그 계약관계 등의 상대방에 대하여 해당 법조항이나 법리에 따른 비용상환청구권을 행사할 수 있을 뿐 계약관계 등의 상대방이 아닌 점유회복 당시의 소유자에 대하여 민법 제203조 제2항에 따른 지출비용의 상환을 구할 수는 없다(대판 2003.7.25. 2001다64752). ㄷ. 틀림. 지문의 사실관계에 비추어볼 때, 甲과 乙은 공유관계로 매수한 경우에 해당하고(대판 2009.12.24. 2009다75635,75642: '수인이 부동산을 공동으로 매수한 경우, 매수인들 사이의 법률관계는 공유관계로서 단순한 공동매수인에 불과하여 매도인은 매수인 수인에게 그 지분에 대한 소유권이전등기 의무를 부담하는 경우도 있을 수 있고, 그 수인을 조합원으로 하는 동업체에서 매수한 것으로서 매도인이 소유권 전부의 이전의무를 그 동업체에 대하여 부담하는 경우도 있을 수 있다'), 이는 甲이 자신의 지분을 乙에게 명의신탁한 것으로서 중간생략형 명의신탁에 해당한다. 즉, 부동산실명법 제4조 1항에 의해 명의신탁은 무효라는 점에서 甲은 乙에 대해 명의신탁해지에 따른 소유권이전등기청구권을 갖지 못한다(대

판 1999.1.26. 98다1027 참고). 따라서 피보전채권이 인정되지 않으므로, 乙의 물권적 청구권을 대위하여 행사할 수도 없다. 한편 甲·乙과 丙의 매매계약은 부동산실명법 제4조 2항에 의해 유효하므로, 甲은 丙에 대한 소유권이전등기청구권을 가진다. ㄹ. 옳음. 따라서 급여한 물건의 소유권은 급여를 받은 상대방에게 귀속된다(대판[전] 1979.11.13. 79다483). ㅁ. 옳음. 임차인 丙은 乙의 가등기가 통정허위표로서 무효라는 주장을 할 수 있지만 丙이 乙의 소유권이전등기에 대한 말소를 청구하려면 물권적 청구권을 가져야 한다. 임차권자는 임대차기간이 종료한 후에도 임차보증금을 반환받기까지는 임대인이나 그 승계인에 대하여 임차권등기의 말소를 거부할 수 있다고 할 것이고, 따라서 임차권등기가 원인 없이 말소된 때에는 그 방해를 배제하기 위한 청구를 할 수 있다(대판 2002.2.26. 99다67079 참고). <답 ③>

제 2 장 물권의 변동

제 1 절 총 설

1. C가 소유권을 취득한다는 내용의 다음 사례들을 그 소유권취득원인이 원시취득인 것과 승계취득인 것의 순서로 분류하고자 한다. 다음 중 옳게 분류한 것은? (통설에 의함)

㉠ 甲건물을 소유하고 있는 A에게는 사망한 처 B와의 사이에 아들 C가 있다. C는 A가 사망하여 甲건물의 소유권을 취득하였다.
㉡ 甲토지와 乙토지를 소유하고 있는 A는 甲토지를 매각하기 위하여 B에게 대리권을 수여하였다. B는 A의 대리인으로서 乙토지에 대해서 매매계약을 체결하였다. C는 B에게 대리권이 있다고 믿은 데 선의·무과실이었으므로 乙토지에 대한 소유권을 취득하였다.
㉢ C는 자신을 甲토지의 소유자로 등기하여 甲토지를 10년간 소유의 의사로 평온·공연하게 선의·무과실로 점유하여 그 소유권을 취득하였다.
㉣ A는 자기 소유의 甲그림을 B에게 보관해 달라고 부탁하였다. B는 甲그림에 대해서 A의 승낙 없이 무단으로 C와 매매계약을 체결하고 이를 C에게 인도하였다. C는 B가 소유자라고 믿은 데에 선의·무과실이었으므로 甲그림의 소유권을 취득하였다.
㉤ A는 B 소유의 甲토지에 대해서 B의 승낙 없이 무단으로 C와 매매계약을 체결하였다. 그후 A가 甲토지에 대해서 B와 매매계약을 체결하여 C는 甲토지에 대한 소유권을 취득하였다.

① ㉠, ㉤ — ㉡, ㉢, ㉣　　② ㉠, ㉡, ㉤ — ㉢, ㉣
③ ㉠, ㉢, ㉣ — ㉡, ㉤　　④ ㉠, ㉡ — ㉢, ㉣, ㉤
⑤ ㉠, ㉢ — ㉡, ㉣, ㉤

해설

원시취득이란 어떤 물권이 타인의 물권에 기하지 않고 특정인에게 새로이 발생하는 것을 말한다. 반면 승계취득이란 어떤 물권이 타인의 물권에 기하여 특정인에게 포괄적으로 발생하는 것으로, 매매·상속 등에 의하여 전주(前主)가 가지고 있는 물권이 그대로 승계되는 이전적 승계와 전주의 물권이 그대로 존속되면서 그 물권의 내용의 일부를 승계하는 설정적 승계로 나뉜다. ㉠ 위 사례의 경우 C는 상속에 의해 피상속인의 재산에 관한 포괄적 권리의무를 승계하므로(제1005조), 甲건물에 대한 소유권취득은 승계취득이다. ㉡ C의 소유권취득원인은 승계취득이다. 위 사례는 (권한을 넘은) 표현대리(제126조)로, C는 B가 한 법률행위의 효력을 A에게 주장할 수 있다. 따라서 (권한을 넘은) 표현대리의 성립에 의해 소유권을 취득하는 경우, 이는 승계취득이 된다. ㉢ C의 소유권취득원인은 원시취득이다. 위 사례는 등기부취득시효에 의한 권리의 취득인데(제245조 2항), 이를 승계취득으로 이해하는 견해도 있으나(이영준, 487면; 이은영, 393면), 다수설(곽윤직, 265면; 김증한 · 김학동, 160면; 김상용, 291면; 김용한 280면 등)과 판례(대판 1973.8.31. 73다387,388 등)는 원시취득으로 이해한다. ㉣ C의 소유권취득원인은 원시취득이다. 위 사례는 선의취득(제249조)에 관한 것으로, 이를 승계취득으로 이해하는 견해(이영준, 262면)도 있으나, 통설은 원시취득으로 이해하고 있다(곽윤직, 178면; 김상용, 236면; 김용한 290면 등). 양도인이 무권리자임에도 불구하고 권리취득이 인정된다는 점, 또는 법률의 규정에 의한 취득이라는 점을 그 근거로 한다. 따라서 종전 소유자(진정한 권리자)에게 존재했던 제한은 선의취득과 더불어 소멸한다. ㉤ C의 소유권취득원인은 승계취득이다. 매도인은 매수인에 대하여 매매의 목적이 된 권리를 이전하여야 한다(제568조 1항). 매매의 목적이 된 권리가 타인에게 속한 경우에도 그 매매는 계약당사자간에 있어서는 유효하므로(대판 1993.8.24. 93다24445 등) 매도인은 그 권리를 취득하여 매수인에게 이전하여야 한다. 따라서 위 사례와 같이 타인의 권리에 대한 매매(제569조)에 있어서 매수인이 소유권을 취득하는 경우는 승계취득이다. <답 ②>

2. 물권변동에 관한 설명 중 옳은 것을 모두 고른 것은? (다툼이 있는 경우에는 판례에 의함) <사시 2010년: 배점 3>

> ㉠ 부동산에 부합한 물건이 사실상 분리 · 복구가 불가능하여 거래상 독립한 권리의 객체성을 상실하고 그 부동산과 일체를 이루는 구성부분이 되었더라도 타인이 권원에 의하여 부속시켰다면 부동산 소유자가 그 물건의 소유권을 취득하지 못한다.
> ㉡ 채무자가 직접점유하는 물건을 채권자가 간접점유하는 경우에도 채권자는 그 물건에 대하여 유치권을 행사할 수 있다.
> ㉢ 승역지 소유자가 개설한 통로를 요역지 소유자가 20년 이상 계속 통행한 경우에는 그후 승역지 소유권이 양도되었더라도 그 양수인에 대해 지역권설정등기를 청구할 수 있다.
> ㉣ 건축업자가 타인의 대지를 매수하여 대금을 지급하지 아니한 채 그 위에 자기의 노력과 재료를 들여 건물을 건축하였으나 매매대금채무의 담보를 위하여 대지소유자 명의로 건축허가를 받은 경우, 건축업자는 그 건물에 대한 소유권을 원시취득하지 않는다.
> ㉤ 민법상 조합을 구성하고 있는 수인이 건축자금을 공동으로 부담하여 건물을 신축하면서 절차의 편의상 조합 명의로 그 건축허가와 준공검사를 받았다고 하더라도 특별한 사정이 없는 한 그 건물의 소유권은 조합원들이 원시취득한다.

ⓑ 전세권이 법정갱신된 경우라도 그 등기가 없으면 전세권설정자나 전세목적물을 취득한 제3자에게 대항하지 못한다.

① ㉡ ② ㉤ ③ ㉠, ㉣
④ ㉢, ㉤ ⑤ ㉣, ㉥ ⑥ ㉠, ㉡, ㉢
⑦ ㉡, ㉢, ㉥ ⑧ ㉣, ㉤, ㉥

해설

㉠ 부동산에 부합된 물건이 사실상 분리복구가 불가능하여 거래상 독립한 권리의 객체성을 상실하고 그 부동산과 일체를 이루는 부동산의 구성부분이 된 경우에는 타인이 권원에 의하여 이를 부합시켰더라도 그 물건의 소유권은 부동산의 소유자에게 귀속된다(대판 2008.5.8. 2007다36933,36940). ㉡ 유치권은 목적물을 유치함으로써 채무자의 변제를 간접적으로 강제하는 것을 본체적 효력으로 하는 권리인 점 등에 비추어 그 직접점유자가 채무자인 경우에는 유치권의 요건으로서의 점유에 해당하지 않는다(대판 2008.4.11. 2007다27236). ㉢ 민법 제294조는 '지역권은 계속되고 표현된 것에 한하여 제245조의 규정을 준용한다.'고 규정하고 있으므로 점유로 인한 지역권취득기간의 만료로 통행지역권을 취득하기 위해서는 요역지의 소유자가 타인의 소유인 승역지 위에 통로를 개설하였을 것을 요건으로 한다(대판 1993.5.11. 91다46861). ㉣ 채무담보를 위하여 채무자가 자기의 비용과 노력으로 신축하는 건물의 건축허가 명의를 채권자 명의로 하였다면 이는 완성될 건물을 양도담보로 제공하기로 하는 담보권설정의 합의로서, 완성된 건물에 관하여 자신 명의로 소유권보존등기를 마친 채권자는 채무자가 변제기를 도과하여 피담보채무의 이행지체에 빠졌을 때에는 담보권의 실행으로서 채무자에 대하여 그 건물의 명도를 구할 수 있다(대판 2001.1.5. 2000다47682). ㉤ 대판 1995.1.24. 94다47797 참고. ㉥ 전세권의 법정갱신은 법률의 규정에 의한 부동산에 관한 물권변동이므로 전세권갱신에 관한 등기를 필요로 하지 않는다(대판 1989.7.11. 88다카21029). <답 ②>

제 2 절 물권행위(물권변동을 일으키는 법률행위)

1. A는 자기의 부동산을 B에게 매도하고 B는 이를 다시 C에게 매도하였다(등기는 A→B→C로 순차적으로 행하여졌다). 그런데 A와 B 사이의 매매계약은 처음부터 확정적으로 무효였다. 다음 설명 중 틀린 것은?

① 물권행위의 무인성을 긍정하는 경우에, A, B 사이의 물권행위 자체에 별도의 무효사유가 존재하지 않는 한 B는 목적부동산의 소유권을 취득한 것으로 본다.

② 물권행위의 무인성을 부정하는 경우에, A, B 사이의 매매계약이 강행법규 위반으로 무효가 되면 A, B 사이의 물권행위도 무효가 되며, 이를 믿고 거래한 C도 목적부동산의 소유권을 취득할 수 없다.

③ 물권행위의 무인성을 부정하는 경우에, A, B 사이의 매매계약이 의사표시의 흠결로 무효가 되면 A가 소유권에 기한 반환청구권을 행사할 수

있지만, C가 선의이면 A는 C에게 소유권에 기한 반환청구권을 행사할 수 없다.

④ 물권행위의 무인성을 부정하는 경우에 A와 B의 매매계약이 사회질서 위반으로 무효가 되더라도 A가 소유권에 기한 반환청구권을 행사할 수 있고, 그 결과 C는 선의여도 그 부동산소유권을 취득할 수 없다고 보는 것이 판례의 견해이다.

⑤ 부동산의 소유권이 C명의로 등기되어 있고 C가 등기시로부터 10년 동안 계속하여 그 부동산을 점유하면 소유권을 취득한다.

해설 ....

물권행위의 무인성을 부정하는 경우 채권행위가 무효이면 물권행위도 무효가 되고, 따라서 소유권은 이전하지 않은 것이 되어 A는 소유권에 기한 반환청구권을 가지게 된다(제213조). 그런데 채권행위가 '불법'으로 무효가 되더라도 A가 이러한 물권적 청구권을 행사할 수 있는가 하는 것이 문제이다. 물권행위의 무인성을 부정하는 우리 판례는 이 경우에 소유권에 기한 반환청구권을 배척하고 있다(대판[전] 1979.11.13. 79다483). 다시 말하면 물권행위의 유인성의 입장에 서 있는 우리 판례에 따르면 제746조는 소유권에 기한 반환청구권에도 적용된다고 해석하고 있다. 이렇게 해석한다면 그 반사적 효과로서 B는 목적부동산의 소유권을 취득하게 되므로 C도 그 부동산소유권을 취득할 수 있다. 따라서 ④가 틀린다.

<답 ④>

제 3 절 부동산물권의 변동

1. 등기에 관한 다음 설명 중 판례의 태도와 다른 것은?

① 불법말소된 말소등기는 실체관계에 부합하지 않는 것이어서 무효이므로 말소된 물권은 소멸치 않고 말소된 등기의 회복등기가 행하여지면 그 회복등기는 말소된 종전의 등기와 동일한 순위의 효력을 가진다고 한다.

② 불법말소에 따른 회복등기소송의 상대방은 현재의 소유명의인이 되어야 한다.

③ 말소된 등기의 회복을 신청하는 경우에 등기상 이해관계가 있는 제3자가 있는 때에는 제3자의 승낙서 또는 이에 대항할 수 있는 재판의 등본을 첨부하여야 한다.

④ 등기의무자인 사자(死者)명의의 신청으로 행하여진 등기가 사자의 공동상속인들의 의사에 좇아 이루어진 것이고 또한 현재의 실체적 권리관계에 합치한다면 그러한 등기도 유효하다.

⑤ 등기신청을 한 대리인이 대리권을 가지고 있지 않는 경우, 그 신청이 본인의 의사에 부합하거나 또는 표현대리가 인정되거나 실체관계가 본인의 의사에 의해서 유효하게 성립하고 등기가 이에 부합하는 때에는 그

등기는 유효하다.

해설 ··

① 대판 1968.8.30. 68다1187. 그리고 판례는 그 논거를 물권의 등기는 물권의 효력발생요건일 뿐 효력존속요건은 아니라는 데서 찾는다(대판 1982.9.14. 81다카923). ② 판례에 따르면 불법말소에 따른 회복등기소송의 상대방은 현재의 소유명의인이 아니라 말소 당시의 소유명의인이다(예를 들어 불법말소 이후 등기명의인: 대판 1969.3.18. 69다1617 참고). ③ 말소된 등기의 회복을 신청하는 경우에 등기상 이해관계가 있는 제3자(불법말소 이후 전전매수인, 가등기권리자, 후순위저당권자 등)가 있는 때에는 제3자의 승낙서 또는 이에 대항할 수 있는 재판의 등본을 첨부하여야 한다(부등법 제75조: 따라서 회복등기청구소송에서 승소하더라도 바로 회복등기를 할 수 있는 것이 아니라 후순위근저당권자와 같은 제3자가 이를 다투어 승낙의 의사표시를 거부하는 경우에는 별도로 승낙을 구하는 소송을 제기하여 승소판결을 받아야 한다. 대판 2001.8.24. 2000다12785). ④ 대판 1964.11.24. 64다685. ⑤ 대판 1971.8.31. 71다1163. <답 ②>

2. 다음은 등기에 관한 설명이다. 판례의 태도와 같은 것은?

① 물권변동의 태양 및 과정의 기재가 실체와 일치할 개연성이 적으므로 등기의 추정력은 등기부에 기재된 등기원인에 미치지 않는다.

② 실질관계와의 동일성 내지 유사성이 인정되지 않는 등기에 대한 경정등기는 어떠한 경우에도 무효이다.

③ 멸실된 건물의 보존등기를 멸실한 후에 신축한 건물의 보존등기로 유용하는 것은 인정되지 않는다.

④ 법률행위가 무효로 된 경우 말소등기를 해야 함에도 이전등기를 한 경우, 이는 항상 무효이다.

⑤ 등기를 신뢰하고 거래한 경우에는 과실이 없는 것으로 추정되며 등기를 조사하지 아니한 경우에도 그가 선의인 한 과실이 없는 것으로 추정된다.

해설 ··

① 판례는 일관하게 등기원인에도 추정력이 미치는 것으로 보고 있다(대판 1982.6.22. 81다791). ② 동일성이 결여된 경정등기는 원칙적으로 무효이지만, 이해관계인에게 손해가 미칠 염려가 없거나 경정을 허용하는 것이 권리보호의 실효가 있다면 그러한 경우에는 경정등기를 할 수 있다(대판[전] 1975.4.22. 74다2188). ③ 대판 1979.10.26. 75다2211. 멸실건물의 소유권보존등기의 유용은 건물 자체에 관한 표제부에 대한 등기의 유용이므로 사항란의 등기의 유용인 무효등기유용과는 다르게 해석해야 하며, 건물이 신축된 때에는 양수인이 미등기건물로 알고 다시 보존등기를 할 우려가 있으므로 이러한 등기의 유용은 허용되지 않는다. ④ 원칙적으로 말소등기를 해야 한다. 하지만 이전등기를 하였다고 해서 이를 무효라고 할 필요는 없다(대판 1970.7.24. 70다1005). ⑤ 선의라도 등기를 조사하지 아니한 경우에는 과실이 있는 것으로 추정된다(대판 1964.10.20. 64다445). <답 ③>

3. 다음은 등기의 신청에 관한 설명이다. 틀린 것은?

① 매매로 인한 소유권이전등기는 일반적으로 등기권리자와 등기의무자가

공동으로 신청하는 것이 원칙이다.

② 등기신청에 있어서 등기권리자와 등기의무자라 함은 실체법상의 등기권리자 · 등기의무자 중에서 등기부상 등기권리자 · 등기의무자로 나타나는 자로서 절차법상의 개념이다.

③ 등기의 진정이 보장되거나 또는 등기의무자가 없는 경우에는, 등기권리자는 단독으로 등기신청을 할 수 있다.

④ 등기의 신청은 대리인에 의하여 할 수 있으나, 채권자는 자기의 이름으로 채무자가 가지는 등기신청권을 대위할 수 없다.

⑤ 등기신청에 필요한 서면은 부동산등기법 제40조와 제52조에 규정되어 있는바, 신청서 그리고 등기원인을 증명하는 서면 · 등기필증 등이다.

⑥ 기존 등기명의인의 표시에 착오가 있음에도 경정등기를 하지 않으면 곧바로 상속을 원인으로 한 이전등기를 신청할 수 없다.

해설 ···

① 부등법 제28조. 이러한 공동신청주의는 등기에 의하여 불이익을 받게 될 자를 등기신청에 참가시킴으로써, 등기의 진정을 보장하기 위해 채용된 것이다. ② 옳음. 절차법상의 등기권리자 · 등기의무자는 대체로 실체법상의 등기청구권자 및 그 상대방과 일치하지만 언제나 일치하는 것은 아니다. ④ 등기의 신청은 대리인에 의하여 할 수 있다(부등법 제28조). 한편 채권자는 자기의 이름으로 채무자가 가지는 등기신청권을 대위할 수 있다(제404조; 부등법 제52조). ⑥ 기존 등기에 관하여 등기명의인의 성명이나 주소 등 표시에 착오 또는 유류가 있는 경우에는 원칙적으로 등기명의인 표시의 경정등기를 하여 등기부의 표시를 경정한 다음 새로운 등기를 하여야 하는 것이므로, 기존 등기명의인의 표시에 착오가 있음에도 불구하고 등기명의인 표시의 경정등기를 하지 아니하고 곧바로 상속을 원인으로 한 이전등기를 신청하는 경우에는 등기부상의 피상속인의 표시와 첨부된 상속을 증명하는 서면상의 피상속인의 표시가 상이하므로 부동산등기법 제55조 6호의 각하사유에 해당한다(대결 2008.8.28. 2008마943). <답 ④>

4. 다음 설명 중 틀린 것은?

① A가 그의 부동산을 B에게 매각할 때에는 능력자였으나, 그 후 한정치산 선고를 받아 등기를 신청할 때에 한정치산자로 되었다 하더라도 그 물권적 합의는 효력을 유지한다.

② 한정치산자가 등기권리자로서 등기를 신청하는 경우에는 그 등기에 의하여 권리만을 얻게 되므로 법정대리인의 동의 없이 등기를 신청할 수 있으나, 등기의무자로서 등기를 신청하는 경우에는 법정대리인의 동의를 얻어서 하거나 법정대리인이 하여야 한다.

③ 물권적 합의와 등기 중간에 당사자가 사망한 경우 물권적 합의의 효력에는 영향이 없으며, 부동산등기법은 이 경우 상속인에 의한 등기를 인정하고 있다.

④ A, B가 공동상속한 부동산을 C에게 매각하였는데, C에게로 이전등기를 신청하기 전에 그 부동산이 A의 단독소유로 되고 등기까지 하였다 하더라도, 물권적 합의는 그대로 효력을 가지므로 다시 물권적 합의를 할 필요는 없다.

⑤ 등기가 먼저 행해지고 이어서 물권적 합의가 행하여지는 경우는 물권적 합의가 효력을 발생하는 때 물권변동이 일어난다.

해설

물권적 합의와 등기의 시간적 불합치에서 생기는 문제이다. ① 제111조 2항. ② 등기신청행위가 공법행위라 하여도, 그 목적은 오로지 사법상의 재산적 권리의 변동이라는 효과의 발생에 있으므로, 사법상의 행위에 준하여 민법 제5조 이하의 규정이 준용된다. 따라서 ②는 타당하다. ③ 제111조 2항 참조. ④ 물권적 합의와 등기 중간에 권리귀속에 변동이 생기거나 처분할 권리를 상실한 경우인데, 처분자는 물권적 합의시뿐 아니라 등기가 있을 때에도 처분할 권리를 가지고 있어야 하므로, 취득자는 새 권리자와 다시 물권적 합의를 하고 등기신청을 하여야 한다. 따라서 위의 경우 C는 A와 다시 물권적 합의를 하고 등기신청을 하여야 한다. ⑤ 물권적 합의가 먼저 행하여지고 이어서 그에 대응하는 등기가 행하여지는 경우가 대부분이나, 때로는 먼저 등기가 행하여지고 이어서 물권적 합의가 행하여질 수도 있다. 이때에는 선행하는 등기는 그에 부합하는 물권적 합의가 있지 않으므로 우선은 효력이 없으나, 후에 그에 대응하는 물권적 합의가 있게 됨으로써 그 등기는 유효한 것으로 되고, 등기된 대로 물권이 변동된다. <답 ④>

5. A는 자기 소유의 X부동산에 관하여 채권자 B에게 1번 저당권을 설정하여 주었다. 그 후 채무가 완제되었으나 저당권설정등기가 말소되지 않고 있던 중, A가 다시 C에게 같은 금액의 채무를 부담하게 되자, A, B, C는 위 저당권설정등기를 유용하기로 합의하였다. 이에 관한 설명 중 옳지 않은 것은? (다툼이 있는 경우에는 판례에 의함) <사시 2003년>

① C에게 저당권이전의 부기등기가 경료되면 저당권은 C에게 이전된다.

② C에게 저당권이전의 부기등기가 경료되기 전에 이 부동산의 소유권이 D에게 이전된 경우, C는 D에게 저당권의 유효를 주장할 수 없다.

③ A가 B에게 피담보채무의 소멸을 이유로 저당권설정등기의 말소를 청구하는 경우, C에게 저당권이전의 부기등기가 경료되기 전이라도 B는 유용의 합의를 근거로 이를 배척할 수 있다.

④ E에게 2번 저당권이 설정된 후 B로부터 C에게 저당권이전의 부기등기가 경료된 경우, C의 저당권이 E의 저당권에 우선한다.

⑤ A로부터 X부동산을 매수하고 아직 소유권이전등기를 하지 않은 F가 A를 대위하여 B에게 저당권설정등기의 말소를 청구하는 경우, C에게 저당권이전의 부기등기가 경료되기 전이라도 B는 유용의 합의를 근거로 이를 배척할 수 있다.

✍ **해설** ··

학설 · 판례(대판 1986.12.9. 86다카716 등)는 무효등기 또는 무효인 저당등기의 유용은 그 유용합의 이전에 등기상의 이해관계를 가진 제3자가 없는 경우에 한하여 유효하다고 보는 데 일치한다(제한적 유효설). 주의할 것은 무효등기의 유용은 사항란 등기의 유용에 한해서 인정된다는 점이다. 멸실된 건물의 보존등기를 멸실 후에 신축한 건물의 보존등기로 유용하는 표제부등기의 유용은 인정되지 않는다(대판 1976.10.26. 75다2211 참고).

<답 ④>

6. 부동산을 점유하고 있으나 자기명의로 등기를 갖추지 않은 부동산취득자의 법적 지위에 관한 다음 설명 중 타당하지 않은 것은?

① 민법 제186조의 형식주의에서는 물권적 합의가 있더라도 부동산물권변동의 등기를 갖추지 않으면 물권변동의 효력이 없다.

② 등기를 갖추지 않은 부동산취득자는 점유자로서 점유보호청구권을 행사할 수 있다.

③ 양도인은 부동산을 점유하고 있지는 않으나 취득자가 등기를 갖출 때까지는 법률상 소유자이다.

④ 목적부동산을 점유하고 있지 않은 소유자에 대한 강제집행이 있는 경우에 등기를 갖추지 않은 부동산취득자는 제3자이의의 소를 제기하지 못한다.

⑤ 양도인은 자기가 등기부상의 소유자임을 이유로 소유권에 기한 목적물반환청구권을 행사하는 경우에 목적부동산을 점유하고 있는 취득자는 그 부동산을 반환하여야 한다.

✍ **해설** ··

①③④ 민법 제186조의 형식주의에서는 물권적 합의가 있더라도 등기가 없으면 부동산물권변동은 일어나지 않으므로, 등기명의인인 양도인이 법률상 소유자이다. 양도인에 대한 강제집행시 취득자는 제3자이의의 소(민집법 제48조)를 제기하지 못한다(대판 1966.3.22. 66다226). ② 다만 매수인은 목적부동산을 인도받아 사용 · 수익하고 있는 것이므로 그 부동산의 점유자로서 점유보호청구권을 행사할 수 있다. ⑤ 매도인은 매수인에게 소유권뿐 아니라 매매목적물의 점유를 이전할 의무를 지고 있고(제563조), 이에 기하여 매수인은 부동산을 인도받아 사용 · 수익하고 있는 것이므로 목적부동산을 '점유할 권리'를 가진다. 따라서 매도인이 등기부상 소유명의를 가지고 있어 소유자임을 내세워 이에 기하여 그 부동산의 반환을 청구하면 매수인은 바로 제213조 단서에 기하여 그 부동산을 '점유할 권리'를 가지고 반환을 거부할 수 있다.

<답 ⑤>

7. 甲이 자신의 소유인 A토지를 乙에게 매도하고 인도하였으며, 乙이 위 토지를 丙에게 순차 매도하고 인도한 경우의 법률관계에 관한 설명 중 옳은 것은?
(다툼이 있는 경우에는 판례에 의함) <사시 2006년 변형, 변호사 2012년 유사>

① 위 사례에서 아직 A토지에 관한 소유권이전등기가 乙이나 丙에게 경료

되지 않았다면, 甲은 자신과 아무런 계약관계가 없는 丙에 대하여 소유권에 기하여 A토지의 반환을 청구할 수 있다.

② 甲, 乙, 丙 전원이 중간생략등기의 합의를 한 후에 甲과 乙 사이에 매매대금을 인상하기로 약정한 경우, 그 후 丙이 甲에 대하여 소유권이전등기의 이행을 청구하였다면, 甲은 乙이 인상된 매매대금을 지급하지 않았음을 이유로 丙 명의로의 소유권이전등기의무의 이행을 거절할 수 있다.

③ 甲, 乙, 丙 전원이 중간생략등기의 합의를 하였다면 乙의 甲에 대한 소유권이전등기청구권은 소멸하므로, 丙은 乙의 甲에 대한 소유권이전등기청구권을 대위행사할 수 없다.

④ 甲, 乙, 丙 3자간의 중간생략등기의 합의가 없음에도 丙 앞으로 등기가 경료된 경우, 甲은 중간생략등기에 관한 합의가 없었음을 이유로 그 등기의 말소를 청구할 수 있다.

⑤ A토지가 토지거래허가구역 내의 토지인 경우, 甲, 乙, 丙 전원이 중간생략등기의 합의를 하고 甲, 丙을 매매당사자로 하는 토지거래허가를 받아 丙명의의 소유권이전등기를 경료하였다면 그 등기는 유효하다.

⑥ 乙이 甲에 대한 A토지의 소유권이전등기청구권을 丙에게 양도한 후 甲에게 채권양도의 통지를 하였다면, 丙은 乙을 대위하지 않고 甲을 상대로 직접 소유권이전등기를 청구할 수 있다.

해설

① 등기이전 없이 부동산을 인도한 경우 매수인의 점유·사용권이 인정된다. 매도인은 매수인으로부터 다시 위 토지를 매수한 자에 대해 토지소유권에 기한 물권적 청구권을 행사할 수 없다(대판 1998.6.26. 97다42823). ② 최초 매도인(甲)은 인상된 매매대금이 지급되지 않았음을 이유로(동시이행의 항변) 최종 매수인(丙) 명의로의 소유권이전등기의무의 이행을 거절할 수 있다(대판 2005.4.29. 2003다66431). ③ 甲, 乙, 丙간에 중간생략등기의 합의가 있다 할지라도 본래의 소유권이전등기의무가 소멸하는 것은 아니므로 丙은 乙을 대위하여 甲에게 乙 명의로의 소유권이전등기절차 이행을 구할 수 있다(대판 1998.3.13. 97다6919). ④ 대판 1980.2.12. 79다2104. ⑤ 甲과 乙 간 및 乙과 丙 간에 토지거래허가를 받아야 적법하다. 즉 甲, 丙을 매매당사자로 하는 토지거래허가를 받아 丙 앞으로 경료된 소유권이전등기는 적법한 토지거래허가 없이 경료된 것이어서 무효이다(대판 1997.3.14. 96다22464). ⑥ 최종양수인이 중간자로부터 소유권이전등기청구권을 양도받았다 하더라도 최초양도인이 그 양도에 대해 동의하지 않고 있다면 최종양수인은 최초양도인에 대해 채권양도를 원인으로 하여 소유권이전등기절차 이행을 청구할 수 없다(대판 1995.8.22. 95다15575). 즉, 부동산매매로 인한 소유권이전등기청구권의 양도는 채무자의 동의나 승낙 없이 양도인의 채무자에 대한 통지만으로는 채무자에 대한 대항력이 생기지 않는다(대판 2001.10.9. 2000다51216). <답 ②>

8. 부동산등기에 관한 다음 설명 중 옳은 것을 모두 고른 것은? (다툼이 있으면

판례에 의함)

㉠ 등기부의 사항란에 기재된 근저당권설정등기의 접수일자의 변경을 구하는 이행청구의 소는 부적법하다. ㉡ 소유권이전등기의 멸실회복등기에 있어서 전 등기의 접수연월일, 접수번호 및 원인일자가 각 공란으로 되어 있다면, 설혹 멸실회복등기의 실시요강에 따라 등기공무원이 토지대장등본 등 전 등기의 권리를 증명할 공문서가 첨부된 등기신청서에 의한 것이라고 할지라도 그 추정력은 배제된다. ㉢ 소유권보존등기 및 이에 기하여 경료된 경정등기가 원인무효인 경우, 주등기와 그에 기한 부기등기에 대해 각각 말소를 구해야 한다. ㉣ 등기가 현재의 진실한 권리상태를 공시하지만 그에 이른 과정 및 태양을 그대로 반영하지 아니하면 무효이다. ㉤ 등기의 말소를 신청하는 경우에 그 말소에 대하여 등기상 이해관계 있는 제3자가 있는 때에는 신청서에 그 승낙서 또는 이에 대항할 수 있는 재판의 등본을 첨부하여야 하는바, 여기서 그 제3자가 승낙의무를 부담하는지 여부는 그 제3자가 말소등기권리자에 대한 관계에서 그 승낙을 하여야 할 실체법상의 의무가 있는지 여부에 의하여 결정된다.

① ㉠, ㉡ ② ㉠, ㉢ ③ ㉠, ㉣
④ ㉠, ㉤ ⑤ ㉡, ㉢ ⑥ ㉡, ㉤
⑦ ㉢, ㉤ ⑧ ㉣, ㉤

해설 ··

㉠ 사항란의 변경등기는 권리변경의 등기와 등기명의인의 표시의 변경등기에 한정되므로 근저당권의 접수일자 변경을 구하는 이행의 소는 부적법하다. ㉡ 특별한 사정이 없는 한 추정력이 인정된다(대판[전] 1996.10.17. 96다12511 등). ㉢ 주등기가 말소되면 부기등기는 별도로 말소를 구하지 않더라도 직권으로 말소되어야 하므로 부기등기의 말소청구는 소의 이익이 없다(대판 2001.4.13. 2001다4903). ㉣ 등기는 현재의 권리관계에 부합되는 한 그 내용·경위 등이 사실과 다르더라도 그 효력에 아무런 영향이 없다(대판 1962.8.30. 62다300). ㉤ 대판 2007.4.27. 2005다43753. <답 ④>

9. 이중보존등기에 관한 설명이다. 다음 중 틀린 것을 모두 고른 것은?

㉠ 후등기가 무효로 되면 이에 기초해 경료된 다른 등기, 예컨대 근저당권설정등기도 무효이기 때문에 이에 기하여 경락을 받았더라도 소유권은 취득하지 못한다. ㉡ 표시란에 있어서 먼저 된 등기가 실제와 현격한 차이가 있다면, 그 후 실체관계와 부합하도록 경정등기를 하였다 하더라도 그 경

정등기는 무효이다.
㉢ 1부동산 1등기용지의 원칙으로부터 나오는 후등기무효의 원칙에 의하여 언제나 먼저 행하여진 등기가 유효하다.
㉣ 이중보존등기의 소유권등기명의인이 동일인인 경우에는 먼저 행하여진 등기가 무효이고 뒤에 행하여진 등기가 유효이다.
㉤ 이중보존등기의 소유권등기명의인이 동일인이 아닌 경우에는 먼저 된 소유권보존등기가 원인무효라는 아무런 자료가 없다면 뒤에 된 소유권보존등기는 따져 볼 필요 없이 무효가 된다.
㉥ 이중보존등기가 존재하는 경우에는 어느 쪽이 유효한가는 오로지 두 등기의 실체적 권리관계를 따져서 결정하여야 한다.

① ㉠, ㉡, ㉢ ② ㉠, ㉡, ㉣ ③ ㉠, ㉢, ㉣
④ ㉡, ㉢, ㉣ ⑤ ㉡, ㉣, ㉤ ⑥ ㉡, ㉣, ㉥
⑦ ㉢, ㉣, ㉤ ⑧ ㉢, ㉣, ㉥

해설

㉠ 후등기가 무효이므로 물권변동이 생기지 않았다. 따라서 이에 기초한 근저당권의 설정은 무효이므로 이에 터잡아 임의경매경락허가결정을 원인으로 경료된 소유권이전등기도 무효이다(대판 1974.11.26. 74다1230 참고). ㉡ 표시란의 이중등기에 있어서는 등기의 선후에 관계없이 부동산의 실제상황과 일치하는 보존등기만이 유효하다(대판 1989.1.31. 87다카2358 참고). ㉢㉣㉤㉥은 아래 표 참고. <답 ⑧>

〈이중보존등기의 효력〉

표시란의 이중등기	동일부동산에 관한 두 개의 보존등기가 있는 경우에 그 중 하나가 그 부동산의 표시에 있어서 실물과 현격한 차이가 있어 도저히 그 부동산의 등기라고 볼 수 없는 경우에는 부동산의 실제상황과 일치하는 보존등기만이 효력을 가진다(대판 1968.11.19. 66다1473)	
사항란의 이중등기	등기명의인이 동일인인 경우	먼저 한 등기가 유효하고 후에 한 등기는 효력이 없다. 그리하여 뒤에 행하여진 보존등기를 기점으로 하여 제3자 명의의 등기가 경료된 경우에도 모두 무효이다(대판 1981.10.24. 80다3265)
	등기명의인이 동일인이 아닌 경우	등기의 선후만을 따져서 결정할 것이 아니라 실체관계를 살펴서 진정한 소유자에 바탕을 둔 보존등기는 유효하다(대판[전] 1978.12.26. 77다2427: 실체법설의 입장)는 것이 종래의 판례의 태도였다. 그러나 1990년 11월 27일 대법원 전원합의체판결에 의하여 동일부동산에 등기명의인을 달리하는 이중의 소유권보존등기가 존재하는 경우에, 먼저 이루어진 소유권보존등기가 원인무효가 되지 않는 한 뒤에 이루어진 소유권보존등기는 그 부동산의 매수인에 의하여 이루어진 경우라도 무효라고 판시하였다. 즉 판례에 의하면 먼저 된 소유권보존등기가 원인무효라는 아무런 자료가 없다면 뒤에 된 소유권보존등기는 실체관계에 부합하는지의 여부를 따져 볼 필요 없이 무효라는 것이다(대판[전] 1990.11.27. 87다카2961, 87다453: 절충설의 입장)

10. 등기에 관한 다음 설명 중 판례의 태도와 다른 것은 몇 개인가? (판례의 태도가 나뉘면 다수의견과 최근의 판례에 따름)

> ㉠ 동일부동산에 관하여 표제부의 표시란에 이중으로 보존등기가 있는 경우, 등기의 선후에 관계없이 부동산의 실제상황과 일치하는 보존등기만이 효력을 가진다.
> ㉡ 등기명의인을 달리한 중복등기시 선차등기가 무효가 아닌 한 후차 보존등기는 무효라고 한 판례는, 동일한 사례에 대하여 실체적 진실관계에 따라 판단한 판례를 완전히 폐기한 것이다.
> ㉢ 동일부동산에 등기명의인을 달리하여 중복된 소유권보존등기가 경료된 경우에는 먼저 이루어진 소유권보존등기가 원인무효가 되지 않는 한, 뒤에 된 소유권보존등기는 비록 그 부동산의 매수인에 의하여 이루어진 경우라 하더라도 무효이다.
> ㉣ 동일 부동산에 관하여 중복된 소유권보존등기에 터잡아 등기명의인을 달리하는 각 소유권이전등기가 경료된 경우에 등기의 효력은 소유권이전등기의 선후에 의하여 판단할 것이 아니고 각 소유권이전등기의 바탕이 된 소유권보존등기의 선후를 기준으로 판단하여야 하며, 그 이전등기가 멸실회복으로 인한 이전등기라 하여 달리 볼 것은 아니다.
> ㉤ 동일 부동산에 관하여 하나의 소유권보존등기가 경료된 후 이를 바탕으로 순차로 소유권이전등기가 경료되었다가 그 등기부가 멸실된 후 등기명의인을 달리하는 소유권이전등기의 각 회복등기가 중복하여 이루어진 경우에는 중복등기의 문제로서 멸실 전 먼저 된 소유권이전등기가 잘못 회복등재된 것이라 하더라도 그 회복등기 때문에 나중에 된 소유권이전등기의 회복등기는 무효이다.

① 1개 ② 2개 ③ 3개
④ 4개 ⑤ 5개

해설

㉠ 옳음. 대판 1968.11.19. 66다1473 참고. ㉡ 틀림. 대판[전] 1990.11.27. 87다카2961, 87다453 판례가 대판[전] 1978.12.26. 77다카2427을 완전히 폐기한 것은 아니다. ㉢ 대판[전] 1990.11.27. 87다카2961, 87다453. ㉣ 옳음. 대판[전] 2001.2.15. 99다66915. ㉤ 틀림. 동일 부동산에 관하여 하나의 소유권보존등기가 경료된 후 이를 바탕으로 순차로 소유권이전등기가 경료되었다가 그 등기부가 멸실된 후 등기명의인을 달리하는 소유권이전등기의 각 회복등기가 중복하여 이루어진 경우에는 중복등기의 문제는 생겨나지 않고 멸실 전 먼저 된 소유권이전등기가 잘못 회복등재된 것이므로 그 회복등기 때문에 나중에 된 소유권이전등기의 회복등기가 무효로 되는 것은 아니다(대판[전] 2001.2.15. 99다66915).

<답 ②>

11. 등기에 관한 다음 설명 중 판례의 태도와 다른 것을 모두 고르면?

> ㉠ 동일 부동산에 관하여 등기명의인을 달리하여 멸실회복된 각 소유권이전등기가 있고, 그 바탕이 된 각 소유권보존등기가 동일등기인지 중복등기인지, 중복등기라면 각 소유권보존등기가 언제 이루어졌는지가 밝혀지지 아니한 경우, 멸실 후 회복된 소유권이전등기의 각 회복등기일자의 선후로는 회복등기의 우열을 가릴 수 없다.
>
> ㉡ 증여자 甲이 수증자 乙에게 부동산을 증여하면서 증여세 등을 면하기 위하여 등기원인을 매매로 기재하게 하여 소유권이전등기를 한 경우 乙의 그 등기는 유효하다.
>
> ㉢ 등기신청이 적법하다 하더라도 등기명의인의 사망 후에 경료된 등기는 무효이다.
>
> ㉣ 부동산의 공동상속인 중의 1인이 불법으로 단독명의의 소유권이전등기를 경료한 경우 그 등기는 그의 상속분에 관하여도 효력이 없다.
>
> ㉤ 유효하게 등기된 건물이 증·개축된 경우 당초 건물과의 동일성이 인정된다면 증·개축된 현재의 건물에 대하여 다시 경료된 보존등기는 무효이다.

① ㉠, ㉡, ㉢　　② ㉠, ㉡, ㉣　　③ ㉠, ㉢, ㉣
④ ㉡, ㉢, ㉣　　⑤ ㉡, ㉣, ㉤　　⑥ ㉡, ㉣, ㉥
⑦ ㉢, ㉣, ㉤　　⑧ ㉢, ㉣, ㉥

해설

㉠ 지문의 내용은 그 대상이 멸실된 회복등기에 관한 것으로(따라서 이는 기존의 소유권보존등기가 중복된 경우와는 다르므로 원래의 중복등기문제는 아니라고 할 수 있다), 변경되기 전의 판례의 태도이다. 최근의 판례는 이러한 경우에 회복등기일자의 선후를 기준으로 우열을 가려야 한다고 하고 있다(대판[전] 2001.2.15. 99다66915). ㉡ 대판 1980.7.22. 80다791. ㉢ 등기신청을 등기공무원이 접수한 후 등기를 완료하기 전에 본인이나 그 대리인이 사망한 경우 등과 같이 그 등기의 신청이 적법한 이상 등기가 경료될 당시 등기명의인이 사망하였다는 이유만으로는 그 등기를 무효라고 할 수 없다(대판 1989.10.27. 88다카29986). ㉣ 일부무효의 법리에 따라 참칭한 부분에 관한 상속등기는 일부무효가 되고 이에 대한 진정상속인의 등기말소소송은 상속회복청구의 성질을 갖는다(대판[전] 1991.12.24. 90다5740). ㉤ 대판 1966.10.25. 66다1503. <답 ③>

12. 등기에 관한 설명 중 옳은 것(○)과 옳지 않은 것(×)을 바르게 표시한 것은?
(다툼이 있는 경우에는 판례에 의함) <사시 2010년: 배점 3>

> ㉠ 토지대장 또는 임야대장상 소유권이전등록을 받은 자는 원칙적으로 그 대장상 최초의 소유명의자 앞으로 보존등기를 한 다음 이전

등기를 하지 않고 바로 자기 앞으로 소유권보존등기를 신청할 수 있다.
㉡ 등기부 취득시효가 완성된 후 그 부동산에 관한 시효취득자 명의의 등기가 불법말소되거나 적법한 원인 없이 다른 사람 앞으로 소유권이전등기가 경료된 경우, 시효취득자는 등기부 취득시효의 완성에 의하여 취득한 소유권을 상실한다.
㉢ 공장건물 소유를 목적으로 토지를 임차한 자가 그 지상에 신축한 건물을 등기한 경우 그 임차권은 제3자에 대하여 효력이 있으며, 그 후 그 건물이 멸실하더라도 그 효력은 존속한다.
㉣ 피상속인인 등기명의인의 표시에 착오가 있는 경우 그 경정등기를 하지 않고 곧바로 상속을 원인으로 한 이전등기를 신청할 수 있다.
㉤ 등기명의인의 표시변경에 관한 부기등기가 등기명의인의 동일성을 해치는 방법으로 이루어져 부동산의 등기부상의 표시가 실제 소유관계를 표상하지 않는 경우, 진실한 소유자는 표시상의 명의자를 상대로 표시변경등기의 말소를 청구할 수 있다.

① ㉠(×), ㉡(○), ㉢(○), ㉣(○), ㉤(×)
② ㉠(○), ㉡(×), ㉢(○), ㉣(×), ㉤(×)
③ ㉠(×), ㉡(○), ㉢(×), ㉣(○), ㉤(○)
④ ㉠(×), ㉡(×), ㉢(×), ㉣(×), ㉤(○)
⑤ ㉠(○), ㉡(×), ㉢(○), ㉣(○), ㉤(×)
⑥ ㉠(○), ㉡(×), ㉢(×), ㉣(×), ㉤(○)

해설

㉠ 미등기건물을 등기할 때에는 소유권을 원시취득한 자 앞으로 소유권보존등기를 한 다음 이를 양수한 자 앞으로 이전등기를 함이 원칙이다(대판 1995.12.26. 94다44675). ㉡ 등기부취득시효에서 소유권을 취득하는 자는 10년간 반드시 그의 명의로 등기되어 있어야 하는 것은 아니고 앞 사람의 등기까지 아울러 그 기간 동안 부동산의 소유자로 등기되어 있으면 된다고 할 것이고, 등기는 물권의 효력발생요건이고 효력존속요건이 아니다(대판 2001.1.16. 98다20110). ㉢ 대항력을 상실한다(제622조). ㉣ 성명이나 주소 등 기존 등기명의인의 표시에 착오가 있음에도 불구하고 등기명의인 표시의 경정등기를 하지 아니하고 곧바로 상속을 원인으로 한 이전등기를 신청하는 경우에는 등기부상의 피상속인의 표시와 첨부된 상속을 증명하는 서면상의 피상속인의 표시가 상이하므로 부동산등기법 제55조 제6호의 각하 사유에 해당한다(대결 2008.8.28. 2008마943). ㉤ 부동산등기법 제55조 제2호가 정한 '사건이 등기할 것이 아닌 때'란 등기신청이 그 취지 자체로 보아 법률상 허용할 수 없음이 명백한 경우를 말하므로(대결 2012.2.9. 2011마1892) 등기명의인과 동일성이 없는 자의 신청에 따라 허위 또는 무효인 서류를 근거로 등기명의인 표시변경등기가 이루어졌다는 사유는 위 법조 제8호 소정의 '신청서에 필요한 서면을 첨부하지 아니한 때'에 해당할 뿐 위 제2호에 해당하지 아니한다. 따라서 원래의 등기명의인은 새로운 등기명의인을 상대로 그 변경등기의 말소를 구할 수밖에 없다(대결 1993.11.29. 93마1645).

<답 ④>

13. 다음은 등기에 관한 설명이다. 판례에 의할 때 옳은 설명(○)과 옳지 않은 설명(×)을 바르게 표시한 것은?

> ㉠ 근저당권설정계약 당시 근저당권설정자와 근저당권자 사이에 그 근저당권에 의하여 담보되는 피담보채무와 그 채무자 등을 지정함에 관한 의사가 합치된 경우에는 비록 이로써 지정된 실제 채무자와 근저당권설정계약서상이나 등기부상의 채무자가 다르다고 하더라도 그 근저당권설정계약에 기해 경료된 근저당권설정등기는 유효하다.
> ㉡ 토지대장상 소유권이전등록을 받았다 하더라도 자기 앞으로 바로 보존등기를 신청할 수는 없고, 토지대장상 최초의 소유명의인 앞으로 보존등기를 한 다음 이전등기를 하여야 한다.
> ㉢ 말소된 등기의 회복등기절차의 이행을 구하는 소에서는 회복등기의무자에게만 피고적격이 있는데, 가등기가 이루어진 부동산에 관하여 제3취득자 앞으로 소유권이전등기가 마쳐진 후 그 가등기가 말소된 경우 그와 같이 말소된 가등기의 회복등기절차에서 회복등기의무자는 가등기 당시의 명의자이다.
> ㉣ 소유권이전청구권을 보전하는 가등기 이후에 국세의 체납으로 인한 압류등기가 마쳐지고 위 가등기에 기한 본등기가 이루어지는 경우 국세의 법정기일이 가등기일보다 앞선다는 점에 관한 소명자료가 아닌 국세납부기한에 관한 소명자료만 제출하여도 국세의 압류등기는 다른 중간등기와는 달리 직권말소할 수 없다.

① ㉠(×), ㉡(○), ㉢(○), ㉣(○) ② ㉠(○), ㉡(×), ㉢(○), ㉣(×)
③ ㉠(×), ㉡(○), ㉢(×), ㉣(○) ④ ㉠(×), ㉡(×), ㉢(×), ㉣(×)
⑤ ㉠(○), ㉡(×), ㉢(○), ㉣(○) ⑥ ㉠(○), ㉡(○), ㉢(×), ㉣(×)

해설

㉠ 옳음. 그 근저당권의 피담보채무는 근저당권설정계약서나 등기부상 등재된 채무자의 채무가 아닌 실제 채무자의 그것으로 보아야 한다(대판 2010.6.24. 2010다17840). ㉡ 옳음. 토지대장상 소유권이전등록을 받았다 하더라도 물권변동에 관한 형식주의를 취하고 있는 현행 민법상 소유권을 취득했다고 할 수 없다(대판 2009.10.15. 2009다48633). ㉢ 틀림. 말소된 가등기의 회복등기절차에서 회복등기의무자는 가등기가 말소될 당시의 소유자인 제3취득자이므로, 그 가등기의 회복등기청구는 회복등기의무자인 제3취득자를 상대로 하여야 한다(대판 2009.10.15. 2006다43903). ㉣ 틀림. 가등기에 기한 본등기 사이에 마쳐진 가처분등기와 강제경매개시결정등기는 그 가등기가 담보가등기인지 여부와 관계없이 직권말소되어야 하지만 당해세가 아닌 국세의 경우 그 법정기일과 가등기일 사이의 선후에 따라 국세 등의 압류등기의 직권말소 여부가 결정되어야 한다. (따라서) 담보가등기인지 여부 및 국세 또는 지방세의 체납으로 인한 압류등기가 가등기에 우선하는지 여부에 관하여 이해관계인 사이에 실질적으로 다툼이 있으면 가등기에 기한 본등기권자의 주장 여하에 불구하고 국세 또는 지방세 압류등기를 직권말소할 수 없지만, 이와 같은 소명자

료가 제출되지 아니한 경우에는 등기관은 가등기 후에 마쳐진 다른 중간등기들과 마찬가지로 국세 또는 지방세 압류등기를 직권말소하여야 한다(대결[전] 2010.3.18. 2006마571. 이는 당해세가 아닌 국세에 관하여 법정기일 대신 납부기한이 나타나 있는 소명자료만 제출되어 있음에도 국세의 법정기일과 가등기일의 선후를 심리하지 아니한 채 국세압류등기를 직권말소할 수 없다고 한 원심을 파기한 사안인데, 이로써 가등기와 본등기 사이에 경료된 국세압류등기는 비록 그 등기가 위 가등기일로부터 1년 후에 납부기한이 도래한 국세의 체납처분에 기한 것이더라도 담보권이 실행될 때까지 여전히 그 효력을 유지하는 것이고 등기공무원으로서는 그 국세압류등기를 직권말소할 수 없다는 대결 1989.11.2. 89마640은 변경됨). <답 ⑥>

14. 다음 설명 중 옳은 것은?

① 제187조는 법문에 물권의 취득이라고 규정하고 있으므로 물권의 취득에 한하여 적용된다.

② 등기된 해제조건이 성취되거나 종기가 도래하면 말소등기를 해야만 그 물권행위는 효력을 잃는다.

③ 건물을 신축하여 소유권을 취득한 경우에는 등기가 있어야 소유권을 주장할 수 있다.

④ 제187조 법문의 법률이란 본래의 의미에 있어서의 법률을 말하므로 관습법은 포함되지 않는다.

⑤ 특정유증을 받은 자는 특정유증을 기초로 진정한 등기명의의 회복을 원인으로 한 소유권이전등기를 구할 수 없다.

해설

① 법률규정에 의하여 당연히 물권이 소멸하는 경우에도 등기는 필요하지 않다고 하여야 하므로 동조는 취득 및 소멸을 포함하여 널리 물권의 변동에 관하여 규정한 것으로 본다. ② 조건부 또는 기한부 법률행위의 경우 등기된 해제조건이 성취되거나 종기가 도래하면 말소등기를 하지 않더라도 물권행위는 효력을 잃는다(대판 1992.5.22. 92다5584). 반면, 정지조건부 또는 시기부 법률행위는 가등기만이 가능하므로, 정지조건의 성취 또는 기한의 도래가 있어야 비로소 본등기할 수 있다(부등법 제3조 참조). ③ 신축건물의 소유권취득은 등기 없이도 그 소유권을 누구에게나 주장할 수 있다(대판 1965.4.6. 65다113). ④ 제185조가 관습법에 의하여서도 물권이 성립할 수 있다고 규정하는 것과 조화를 이루기 위해서 제187조의 법률에는 관습법도 포함되는 것으로 새겨야 한다. ⑤ 특정유증의 경우에는 포괄유증과는 달리 유증을 받은 자가 유증의 이행을 청구할 수 있는 채권만을 취득할 뿐이므로 진정한 등기명의의 회복을 원인으로 한 소유권이전등기를 구할 수 없다(대판 2003.5.27. 2000다73445). <답 ⑤>

15. 등기를 하지 않아도 물권의 득실변경(得失變更)의 효력이 생기는 것(○)과 그렇지 않은 것(×)을 올바르게 조합한 것은?

가. 취득시효에 의한 소유권의 취득

나. 분배농지의 상환완료에 의한 소유권의 취득
다. 용익물권의 존속기간 만료로 인한 소멸
라. 저당권의 설정
마. 법정대위에 의한 저당권의 소멸

① 가(×), 나(×), 다(○), 라(×), 마(○)
② 가(×), 나(○), 다(×), 라(×), 마(○)
③ 가(○), 나(○), 다(×), 라(×), 마(○)
④ 가(×), 나(○), 다(○), 라(×), 마(×)
⑤ 가(×), 나(○), 다(○), 라(×), 마(○)
⑥ 가(×), 나(×), 다(×), 라(○), 마(○)
⑦ 가(×), 나(○), 다(×), 라(○), 마(○)
⑧ 가(○), 나(○), 다(○), 라(×), 마(○)

해설

<답 ⑤>

〈등기 없이 효력이 생기는 물권변동〉

구 분	내 용
법률행위로 인하지 않는 취득	(i) 상속, 공용징수, 판결, 경매(제187조) (ii) 법정지상권(제305조, 제366조; 가담법 제10조) (iii) 관습법상의 법정지상권(대판 1966.9.20. 66다1434) (iv) 법정저당권(제649조) (v) 분배농지의 상환완료에 의한 소유권취득 (vi) 포괄승계
사실행위로 인한 원시취득	건물의 신축(대판 1965.4.6. 65다113 등)
법률행위로 인하지 않는 소멸	(i) 목적물의 멸실 (ii) 혼동(제191조) (iii) 소멸시효의 완성(견해의 대립이 있음) (iv) 용익물권의 존속기간만료로 인한 소멸 (v) 피담보채권의 소멸에 의한 저당권의 소멸 (vi) 법정대위에 의한 저당권의 소멸(제368조, 제482조)
기타에 의한 변동	법률행위의 무효·취소로 인한 물권의 복귀(견해의 대립이 있음)

16. 다음 보기 중 부동산이 A의 소유라고 할 수 있는 것을 모두 고르면? (다툼이 있으면 판례에 의함) <변리사 2002년>

㉠ A 소유의 부동산에 B가 문서를 위조하여 불법으로 소유권이전등

기를 경료하자, A는 B를 상대로 소유권이전등기의 말소등기절차의 이행을 구하는 소송을 제기하여 승소판결을 받고 판결이 확정되었으나, 말소등기를 경료하지 않고 있다.
㉡ B 소유의 부동산이 경매되어 A가 경락을 받고 경락대금을 납부하였으나, 아직 등기이전을 하지 못하고 있다.
㉢ B 소유의 토지에 대해 B의 사망 후 상속인이 나타나지 않아 국가에서 무주부동산으로 처리한 후 국유재산법에 의해 국유재산으로 지정하였으나, 그 후 상속인이 A임이 밝혀졌다.
㉣ B 소유의 부동산을 매수한 A가 B를 상대로 매매를 원인으로 한 소유권이전등기청구소송을 제기하여 승소판결을 받고 판결이 확정되었으나, 아직 등기를 하지 않고 있다.
㉤ A는 그 소유의 부동산을 B에게 매도하고 소유권이전등기를 경료하였다. 그런데 A는 강박을 이유로 매매계약을 취소하였는데, 취소 전에 이미 B는 이 부동산을 C에게 담보로 제공하여 C명의의 저당권이 설정되었고, C는 선의이다.

① ㉠, ㉡, ㉢, ㉤ ② ㉠, ㉡, ㉢, ㉣, ㉤ ③ ㉠, ㉡, ㉤
④ ㉡, ㉢ ⑤ ㉢, ㉣

해설

㉠㉡㉢은 모두 제187조에 해당. 따라서 등기가 없더라도 소유권자는 A이다. ㉣ 형성판결이 아니므로 등기를 요한다. ㉤ 판례에 따르면 원인행위가 취소된 경우 물권변동은 처음부터 없었던 것이 되므로 말소등기 없이도 물권은 당연히 복귀하게 된다(대판 1977.5.24. 75다1394). <답 ①>

17. 부동산 물권변동에 관한 설명 중 옳지 않은 것을 모두 고른 것은? (다툼이 있는 경우에는 판례에 의함) <사시 2012년: 배점 4점>

ㄱ. 甲이 乙로부터 부동산을 매수하고 甲 명의로 소유권이전등기를 경료하였는데 甲의 채권자 丙의 신청으로 위 부동산에 관한 강제경매절차가 개시되자, 그 경매절차에서 매수인이 매각대금을 완납하기 전에 甲과 乙이 위 매매계약을 합의해제한 경우, 그 부동산의 소유권은 등기에 관계없이 당연히 乙에게 복귀한다.
ㄴ. 甲이 생전처분으로 부동산을 출연하여 재단법인을 설립한 경우, 甲과 법인과의 관계에 있어서는 출연재산의 소유권 변동에 법인의 성립 이외에 등기를 필요로 하는 것은 아니나, 제3자에 대한 관계에 있어서는 법인의 성립 이외에 등기를 필요로 한다.
ㄷ. 건축업자 甲이 乙 소유의 토지를 매수하여 그 대금을 지급하지 아니한 채 그 위에 자기의 노력과 재료를 들여 건물을 건축하면

서, 미지급 토지대금을 담보하기 위하여 건축허가 명의를 乙로 하고 완성된 건물에 관하여 乙 명의로 소유권보존등기를 마친 경우에도, 완성된 건물 소유권의 원시취득자는 甲이다.

ㄹ. 甲은 대지를 매수하였으나 아직 그에 관한 소유권이전등기를 경료하지 아니한 채 그 지상에 건물을 신축하여 그 소유권보존등기를 경료하고 건물에 대해서만 乙을 권리자로 한 근저당권을 설정하여 주었다. 그 후 甲은 자신 명의로 대지에 관한 소유권이전등기를 마친 다음 위 대지를 丙에게 매도하고 그 소유권이전등기를 마쳐주었는데, 丁이 乙의 근저당권실행으로 인한 경매절차에서 위 건물을 매수하여 그 대금을 완납하였다면, 丁은 특별한 사정이 없는 한, 위 건물의 소유를 위하여 위 대지에 관한 관습상의 법정지상권을 등기 없이도 취득한다.

ㅁ. 甲과 乙 사이에 甲 소유의 부동산에 관하여 乙에게 소유권을 이전한다는 내용의 재판상 화해가 성립하여 그와 같은 내용의 화해조서가 작성된 경우, 乙은 자신 명의로 소유권이전등기를 경료하지 않아도 그 부동산의 소유권을 취득한다.

ㅂ. 甲이 乙, 丙과 1필의 토지를 공유하다가 乙, 丙을 상대로 공유물분할의 소를 제기하여 1필의 토지를 세 부분으로 현물분할한다는 내용의 판결이 선고되고 그 판결이 확정된 경우, 甲은 등기를 경료하지 않아도 분할받은 토지 부분에 관하여 소유권을 취득한다.

① ㄱ, ㄴ, ㄷ ② ㄹ, ㅁ ③ ㄷ, ㄹ
④ ㄹ, ㅂ ⑤ ㄷ, ㅁ ⑥ ㅁ

해설

ㄱ. 옳음. 부동산 소유자는 경매절차 진행중에도 경락인이 경락대금을 완납하여 목적부동산의 소유권을 취득하기 전까지는 목적부동산을 취득한 원인이 되는 계약을 그 거래상대방과 사이에 합의해제할 수 있는 것이고, 그 합의해제로 인하여 그 부동산의 소유권은 등기에 관계없이 당연히 그 거래상대방에게 복귀한다(대판 1995.1.12. 94누1234). ㄴ. 옳음. 민법 제48조의 규정은 출연자와 법인과의 관계를 상대적으로 결정하는 기준에 불과하다(대판[전] 1979.12.11. 78다481,482). ㄷ. 옳음. 부동산등기법 제131조의 규정에 의하여 특별한 사정이 없는 한 건축허가명의인 앞으로 소유권보존등기를 할 수밖에 없는 점에 비추어 볼 때, 그 목적이 대지대금 채무를 담보하기 위한 경우가 일반적이라 할 것이고, 이 경우 완성된 건물의 소유권은 일단 이를 건축한 채무자가 원시적으로 취득한 후 채권자 명의로 소유권보존등기를 마침으로써 담보 목적의 범위 내에서 위 채권자에게 그 소유권이 이전된다고 보아야 한다(대판 2002.4.26. 2000다16350). ㄹ. 옳음. 甲이 丙에게 대지를 처분할 시점에는 토지와 건물이 동일인 소유였으므로, 甲은 건물의 소유를 위한 '관습상 법정지상권'을 취득하였고(대판 1995.7.28. 95다9075), 丁은 관습상 법정지상권이 설정된 건물을 경매에 의하여 취득하였으므로 제187조에 의해 건물의 소유권과 종된 권리인 관습상의 법정지상권을 등기 없이 취득한다. ㅁ. 틀림. 민법 제187조에서의 판결이라 함은 판결 자체에 의하여 부동산물권취득의 형성적 효력이 발생하는 경우를 말하는 것이

고, 당사자 사이에 이루어진 어떠한 법률행위를 원인으로 이미 형성된 부동산소유권이전등기절차의 이행을 명하는 것과 같은 내용의 판결 또는 소유권이전의 약정을 내용으로 하는 화해조서는 이에 포함되지 않는다(대판 1965.8.17. 64다1721 참고). ㅂ. 옳음. 공유물분할소송은 형성판결의 예에 해당한다(제269조 1항). <답 ⑥>

18. 다음 등기청구권 중 그 법적 성질이 물권적 청구권인 경우는? (다툼이 있는 경우에는 판례에 의함) <사시 2002년>

① 甲이 乙명의로 근저당권을 설정한 자기 소유의 부동산을 丙에게 매도하고 소유권이전등기를 한 다음, 甲이 피담보채권의 소멸을 이유로 乙에게 근저당권설정등기의 말소를 청구하는 경우

② 부동산을 매수하고 인도받은 자가 매도인에 대해 소유권이전등기를 청구하는 경우

③ 부동산 점유취득시효가 완성된 후 점유자가 등기명의자에 대해 소유권이전등기를 청구하는 경우

④ 甲이 乙에게 부동산을 매도하고 소유권이전등기를 하였다가 매매계약이 합의해제 된 후 甲이 乙에게 소유권이전등기의 말소를 청구하는 경우

⑤ 민법 시행(1960.1.1) 전에 부동산을 매수한 자가 민법 시행 후 6년이 지나 매도인에게 소유권이전등기를 청구하는 경우

해설

① 양도인은 이미 소유자가 아니기 때문에 채권적 청구권으로서의 말소등기청구권을 갖는다(대판 1994.1.25. 93다16338). ② 판례는 채권적 청구권으로 파악하고 있다(대판 1962.5.10. 61민상1232 등). ③ 판례는 취득시효의 경우의 등기청구권을 채권적 청구권으로 보고 있다(대판 1970.9.29. 70다1875 등). ④ 원인행위가 취소·해제된 경우에 행하여지는 말소등기는 당연히 복귀된 물권으로부터 생기는 물권적 청구권이다(대판 1977.5.24. 75다1294 등). ⑤ 현행 민법은 구민법과는 달리 등기를 부동산물권변동의 요건으로 하고 있다. 따라서 현행 민법 시행 전에 있었던 법률행위에 의한 부동산의 물권변동은 민법 부칙 제10조에서 정한 6년이라는 기간 내에 등기를 하지 아니하면 그 효력을 상실하는 것으로 하였다. 따라서 등기를 하지 않은 매수인은 채권적 성질을 갖는 소유권이전등기청구권만을 갖는다(대판 1992.3.10. 91다24311 참고). <답 ④>

19. 다음은 등기청구권의 발생원인 및 그 성질과 관련된 법률관계이다. 이 중 판례의 태도와 맞지 않는 설명은?

① 매매계약에 기한 소유권의 이전등기청구권은 채권적 청구권이기 때문에 원칙적으로 시효로 소멸하나 매수인이 부동산을 인도받아 사용·수익하고 있는 동안은 시효로 소멸하지 않는다.

② 이미 자기 앞으로 소유권을 표상하는 등기가 되어 있었거나 법률에 의하여 소유권을 취득한 자가 진정한 등기명의를 회복하기 위한 방법으로 현재의 등기명의인을 상대로 그 등기의 말소를 구하는 외에 소유권이전

등기절차의 이행을 구하는 것도 허용된다.

③ 증여가 원인무효임을 주장하면서 소유권이전등기말소청구를 제기하였으나 패소한 경우, 소송물을 달리하여 다시 진정명의회복을 원인으로 한 소유권이전등기를 구하는 것은 허용되지 않는다.

④ 계약의 취소로 인한 말소등기청구권이나 법정지상권 또는 법정저당권에 기한 등기청구권은 물권적 청구권이다.

⑤ 시효취득에 기한 등기청구권은 점유를 유지하는 한 시효로 소멸하지 않지만 일시적이라고 하더라도 점유를 상실하였다면 바로 시효로 소멸한다.

⑥ 시효취득자로부터 부동산을 매수한 자는 소유명의자에 대한 시효취득자의 소유권이전등기청구권을 대위청구할 수 있을 뿐이다.

해설

① 대판[전] 1976.11.6. 76다148. ② 대판[전] 1990.11.27. 89다카12398. ③ 과거 판례는 소유권이전등기말소 청구소송에서 패소확정판결을 받은 당사자도 그 확정판결의 기판력이 진정명의회복을 원인으로 한 소유권이전등기청구소송에는 미치지 아니하므로 다시 진정명의회복을 위한 소유권이전등기청구소송을 제기할 수 있다고 하였다(대판[전] 1990.11.27. 89다카12398 등). 그러나 최근 이러한 태도를 변경하여, 소송물의 형식이 이전등기이든 말소등기이든지 간에 어느 것이나 진정한 소유자의 등기명의를 회복하기 위한 소유권에 기한 방해배제청구권으로서 그 법적 근거와 성질이 동일하므로 기판력이 후소에도 미친다고 하고 있으므로(대판[전] 2001.2.15. 99다66915), 진정명의회복을 위한 소유권이전등기청구는 불가능하다. 참고로 종래 대법원은 민사소송에 있어서의 소송물을 청구원인(청구취지)에 의하여 특정되는 실체법상의 권리 또는 법률관계라고 파악하고, 그에 의하여 소송의 동일성 여부가 식별된다는 소위 구 소송물이론(대판[전] 1983.3.22. 82다카1533 등 참고)을 전개하여 왔는데, 위와 같은 판례는 그러한 구 소송물이론과는 방향을 달리하고 있는 것이다. ④ 예컨대 A 소유의 부동산에 관하여 무권리자 B가 위조문서를 사용하여 B 명의로 소유권이전등기를 한 경우 A에게는 실체적 권리관계에 일치하지 않는 B명의의 등기를 말소하기 위하여 등기청구권이 인정되어야 하고, 이때의 등기청구권은 물권의 효력으로서 발생하는 일종의 물권적 청구권이라고 한다(대판 1964.11.24. 64다851,852). ⑤⑥ 판례는 취득시효에 기한 등기청구권을 채권적 청구권으로 보고 있는데(대판 1970.9.29. 70다1875 등) 다만, 점유가 계속되는 한 시효취득으로 인한 등기청구권은 시효로 소멸하지는 않고 그 후 점유를 상실하였다고 하더라도 이를 시효이익의 포기로 볼 수 있는 경우가 아닌 한 바로 소멸하지 않는다(대판 1989.4.25. 88다카3618). 이 판례는 취득시효완성 후의 점유이전(중단)과 시효주장의 관계에 대한 최초의 대법원의 판결이다. 따라서 시효취득자는 시효 완성 후 점유를 상실한 때부터 10년이 지나기 전에는 승계 등으로 점유를 상실하였다고 하더라도 소유명의자에 대하여 소유권이전등기청구권을 행사할 수 있다(대판[전] 1995.3.28. 93다47745. 시효취득자로부터 부동산을 매수한 자는 소유명의자에 대한 시효취득자의 소유권이전등기청구권을 대위청구할 수 있을 뿐이다). <답 ④>

20. 등기청구권에 관한 설명으로 옳지 않은 것은? (다툼이 있는 경우에는 판례에 의함) <사시 2007년: 배점 2>

① 근저당권설정 후 부동산소유권이 제3자에게 이전된 경우, 근저당권설정자

인 종전 소유자도 근저당권설정계약의 당사자로서 근저당권자에게 피담보채무의 소멸을 이유로 근저당권설정등기의 말소를 청구할 수 있다.

② 부동산의 매수인 甲이 그 부동산을 인도받아 사용·수익하다가 타인에게 양도하고 그 점유를 승계하여 준 경우, 甲의 소유권이전등기청구권의 소멸시효는 진행되지 않는다.

③ 근저당권설정약정에 따른 근저당권설정등기청구권은 그 피담보채권이 되는 대여금채권과는 별개의 청구권으로서 시효기간 또한 독자적으로 진행된다.

④ 부동산의 최초매도인, 중간자, 최종매수인 사이에 최초매도인으로부터 최종매수인에게 소유권이전등기를 해주기로 하는 3자간 합의(중간생략등기의 합의)가 있으면, 최초매도인에 대한 중간자의 소유권이전등기청구권은 소멸한다.

⑤ 소유권이전등기청구권에 대한 압류가 있는 경우, 압류채권자는 제3채무자나 채무자로부터 이전등기를 경료한 제3자에 대하여 그가 취득한 등기의 말소를 청구할 수 없다.

해설 ·····································

① 근저당권설정자인 종전의 소유자도 계약상 권리에 터잡아 피담보채무의 소멸을 이유로 근저당권설정등기의 말소를 청구할 수 있다. 즉, 목적물의 소유권을 상실하였다는 이유만으로 그러한 권리를 행사할 수 없다고 볼 것은 아니다(대판 1994.1.25. 93다16338). ② 옳다. 이러한 경우에도 매수인이 그 부동산을 스스로 계속 사용·수익만 하고 있는 경우와 특별히 다를 바 없으므로, 위 두 어느 경우에나 이전등기청구권의 소멸시효는 진행되지 않는다고 보아야 한다(대판 1999.3.18. 98다32175). ③ 저당권설정등기청구권은 피담보채권과 별개의 소멸시효에 걸린다. 그리고 근저당권설정등기청구의 소의 제기는 그 피담보채권의 재판상의 청구에 준하는 것으로서 피담보채권에 대한 소멸시효 중단의 효력을 갖는다(대판 2004.2.13. 2002다7213). ④ 중간생략등기의 합의가 있었다 하여 중간매수인의 소유권이전등기청구권이 소멸된다거나 첫 매도인의 그 매수인에 대한 소유권이전등기의무가 소멸되는 것은 아니다(대판 1991.12.13. 91다18316). ⑤ 소유권이전등기청구권의 압류는 청구권의 목적물인 부동산 자체의 처분을 금지하는 대물적 효력은 없다. 따라서 제3채무자나 채무자로부터 이전등기를 경료한 제3자에 대하여 그 말소를 청구할 수 없는 것이다(대판 2002.10.25. 2002다39371). 제3자에게 이전등기를 경료하여 준 결과 채권자에게 손해를 입힌 때에는 불법행위에 기한 배상책임만이 문제되는 것이다. <답 ④>

21. 甲 소유의 X토지에 관하여 2010.4.9. 같은 날짜 매매를 원인으로 하여 乙 명의로 소유권이전등기가 경료되었고, 甲은 2010.4.30. 사망하였다. 甲의 배우자이자 단독상속인 丙은 간병인에 불과한 乙이 토지를 매수할 능력이 없었으므로 乙 명의의 위 등기는 무효라고 생각하고, 乙 명의의 인감도장 등을 위조한 후 2011.5.6. 위 토지에 관하여 같은 날짜 매매를 원인으로 하여 친구인 丁 명의로 소유권이전등기를 경료하였다. 이 사실을 알게 된 乙은 자신이 甲을 간병하면서 불륜관계를 맺게 되었고 불륜관계 유지의 대가로 X토지를

증여받은 것이라고 주장하면서, 丁을 상대로 丁 명의의 소유권이전등기의 말소를 구하는 소를 제기하였다. 이 사례에 관한 설명 중 옳지 않은 것은? (다툼이 있으면 판례에 의함) <사시 2012년: 배점 3점>

① 乙은 등기부상 丁의 전소유자라 할지라도 매매 등 적법한 원인이 없거나 적법한 절차에 의하지 아니하고 丁 명의의 소유권이전등기가 마쳐졌다는 사실을 주장, 입증해야 한다.

② 등기부상 乙의 소유권취득 원인이 실질적 원인인 증여가 아닌 매매라고 기재되어 있어도, 乙 명의의 소유권이전등기는 그 추정력이 복멸되지 아니한다.

③ 만약 甲이 사망한 후에 그 명의로 신청되어 乙 명의의 소유권이전등기가 경료되었다면, 특별한 사정이 없는 한, 乙 명의의 등기는 원인무효의 등기라고 볼 수 있다.

④ X토지에 관하여 乙 앞으로 이전된 소유권이전등기의 원인인 법률행위가 사회질서에 반하여 무효이므로, 乙은 X토지의 소유권을 취득할 수 없고, 따라서 丁 명의의 소유권이전등기의 말소도 구할 수 없다.

⑤ 丁이 乙의 대리인 A로부터 적법하게 매수하였다고 주장하면서 A가 乙의 적법한 대리인이라는 점을 뒷받침할 증거를 제출하지 못하였어도 乙이 대리권 흠결의 점을 입증할 책임이 있다.

해설 ··

① 옳음. 부동산소유권이전등기가 마쳐져 있는 경우 그 등기명의자는 제3자에 대하여서뿐만 아니라, 그 전 소유자에 대하여서도 적법한 등기원인에 의하여 소유권을 취득한 것으로 추정된다(대판 2000.3.10. 99다65462 참고). ② 옳음. 등기원인 행위의 태양이나 과정을 다소 다르게 주장한다고 하여 이러한 주장만 가지고 그 등기의 추정력이 깨어진다고 할 수는 없으므로, 이러한 경우에도 이를 다투는 측에서 등기명의자의 소유권이전등기가 전 등기명의인의 의사에 반하여 이루어진 것으로서 무효라는 주장·입증을 하여야 한다(대판 2000.3.10. 99다65462). ③ 옳음. 대판 2008.4.10. 2007다82028 참고. ④ 틀림. 내연의 처와의 불륜관계를 지속하는 대가로서 부동산에 관한 소유권이전등기를 경료해 주기로 약정한 경우 위 부동산 증여계약은 선량한 풍속과 사회질서에 반하는 것으로 무효(대판 1986.9.9. 86도1382)이지만, 이미 급부가 실현된 이상 이는 불법원인급여에 해당하므로 그 부당이득의 반환을 인용할 수 없을 뿐만 아니라 이러한 취지는 반환청구의 원인을 소유권에 둔다고 해서 달라지지 않는다(대판[전] 1979.11.13. 79다483 참고). ⑤ 옳음. 전 등기명의인의 직접적인 처분행위에 의한 것이 아니라 제3자가 그 처분행위에 개입된 경우 현 등기명의인이 그 제3자가 전 등기명의인의 대리인이라고 주장하더라도 현 등기명의인의 등기가 적법하게 이루어진 것으로 추정되므로 그 등기가 원인무효임을 이유로 말소를 청구하는 전 등기명의인으로서는 그 반대사실 즉, 그 제3자에게 전 등기명의인을 대리할 권한이 없었다든지, 또는 그 제3자가 전 등기명의인의 등기서류를 위조하였다는 등의 무효사실에 대한 입증책임을 진다(대판 1993.10.12. 93다18914). <답 ④>

22. 등기의 추정력에 관한 설명 중 옳지 않은 것은? (다툼이 있는 경우에는 판례

에 의함) <사시 2007년: 배점 2, 변호사 2012년 유사>

① 소유권이전청구권의 보전을 위한 가등기가 있다고 하여 소유권이전등기를 청구할 어떤 법률관계가 있다고 추정되는 것은 아니다.

② 소유권이전등기 명의자는 제3자에 대하여서뿐만 아니라 그 전(前) 소유자에 대하여도 적법한 등기원인에 의하여 소유권을 취득한 것으로 추정된다.

③ 확정판결에 의하여 소유권이전등기가 말소되었으나 그 후 그 판결이 취소되었다면, 말소된 등기의 등기명의자는 여전히 적법한 소유자로 추정된다.

④ 등기명의자가 등기부상 기재된 등기원인에 의하지 아니하고 다른 원인으로 부동산을 적법하게 취득하였다고 주장하는 경우, 등기원인 행위의 태양이나 과정을 다소 다르게 주장한다고 하여 그 등기의 추정력이 깨어진다고 할 수는 없다.

⑤ 어느 부동산에 관하여 등기가 경료되어 있는 경우에는 특별한 사정이 없는 한 그 원인과 절차에서 적법하게 경료된 것으로 추정되지만, 등기명의자에게 불이익한 경우에는 추정력이 인정되지 않는다.

해설

① 대판 1979.5.22. 79다239 참고. 소유권이전을 위한 가등기는 단지 본등기의 순위를 보전하는 효력이 있을 뿐이다. ② 대판 1977.6.7. 76다3010 등 참고. ③ 말소판결이 취소되었다면 말소된 등기의 등기명의자는 여전히 적법한 소유자로 추정된다(대판 1999.9.17. 98다63018). 이 경우 그 등기의 효력을 다투는 쪽에서 그 무효사유를 주장·입증하여야 한다. ④ 대판 2000.3.10. 99다65462 등 참고. 이러한 경우에도 이를 다투는 측에서 등기명의자의 소유권이전등기가 전 등기명의인의 의사에 반하여 이루어진 것으로서 무효라는 것을 주장·입증을 하여야 한다. ⑤ 등기의 추정력은 등기명의인의 이익을 위해서뿐만 아니라 조세·공과 등의 부담과 관련된 불이익에 대해서도 미친다. <답 ⑤>

23. 등기의 추정력 등에 관한 설명 중 옳지 않은 것을 모두 고른 것은? (다툼이 있는 경우에는 판례에 의함) <사시 2009년 유사>

㉠ 이해상반행위에 해당하더라도 일단 미성년자로부터 친권자에게 이전등기를 마친 이상, 그 등기에 관하여 필요한 절차를 적법하게 거친 것으로 추정된다.

㉡ 구 「부동산소유권이전등기 등에 관한 특별조치법」에 의한 소유권보존등기가 마쳐진 토지에 관하여 사정받은 사람이 따로 있음이 밝혀진 경우에는 그 등기의 추정력은 깨어지므로, 그 등기명의자는 위 특별조치법에 따라 경료된 소유권보존등기가 실체적 권리관계에 부합한다는 점을 증명하여야 한다.

ⓒ 구 '부동산소유권이전등기 등에 관한 특별조치법'에 의하여 소유권이전등기를 경료한 甲이 스스로 임야를 매수한 것이 아니라 그 임야는 원래 甲의 피상속인 丙의 소유로서 丙이 乙에게 명의신탁하였던 것인데, 甲이 그 명의신탁을 해지하면서 편의상 자신이 乙로부터 그 임야를 매수한 것처럼 보증서를 작성하여 위 특별조치법에 의하여 소유권이전등기를 경료하게 된 것이라고 주장하고 있다면, 이는 보증서의 실체적 기재내용이 허위임을 자인한 경우에 해당하여 그 소유권이전등기의 추정력은 깨어진다.

ⓓ 선행 소유권보존등기로부터 경료된 원고 명의의 소유권이전등기가 원인무효의 등기인 이상 특단의 사정이 없는 한 원고로서는 피고 명의의 후행 소유권보존등기에 대하여 그 말소를 청구할 권원이 없으므로, 아무리 위 후행 보존등기가 중복등기에 해당하여 무효라고 하여도 원고의 말소등기청구를 받아들여 그 말소를 명할 수는 없다.

ⓔ 구 「부동산소유권이전등기 등에 관한 특별조치법」(법률 제3094호, 실효)에 의하여 소유권이전등기를 경료한 甲이 스스로 임야를 매수한 것이 아니라 그 임야는 원래 甲의 피상속인 丙의 소유로서 丙이 乙에게 명의신탁하였던 것인데, 甲이 그 명의신탁을 해지하면서 편의상 자신이 乙로부터 그 임야를 매수한 것처럼 보증서를 작성하여 위 특별조치법에 의하여 소유권이전등기를 경료하게 된 것이라고 주장하고 있다면, 이는 보증서의 실체적 기재내용이 허위임을 자인한 경우에 해당하여 그 소유권이전등기의 추정력은 깨어진다.

① ⓐ, ⓑ, ⓓ ② ⓐ, ⓓ ③ ⓑ, ⓒ, ⓔ
④ ⓑ, ⓓ ⑤ ⓐ, ⓔ ⑥ ⓑ, ⓔ
⑦ ⓒ, ⓓ ⑧ ⓓ, ⓔ

해설

ⓐ 옳음. 전 등기명의인이 미성년자이고 당해 부동산을 친권자에게 증여하는 행위가 이해상반행위라 하더라도 일단 친권자에게 이전등기가 경료된 이상, 특별한 사정이 없는 한, 그 이전등기에 관하여 필요한 절차를 적법하게 거친 것으로 추정된다(대판 2002.2.5. 2001다72029). ⓑ 틀림. 구 부동산소유권이전등기에관한특별조치법(1977.12.31, 법률 제3094호. 실효)에 의하여 마친 등기는 실체적 권리관계에 부합하는 등기로 추정되고, 위 특별조치법 소정의 보증서나 확인서가 허위 또는 위조된 것이라거나 그 밖의 사유로 적법하게 등기된 것이 아니라는 입증이 없는 한 그 소유권보존등기나 이전등기의 추정력은 깨어지지 않는 것이며, 여기서 허위의 보증서나 확인서라 함은 권리변동의 원인에 관한 실체적 기재 내용이 진실에 부합하지 않는 보증서나 확인서를 뜻하는 것인바, 위 특별조치법이 부동산의 사실상의 양수인에 대하여 그 권리 변동 과정과 일치하지 않는 등기를 허용하는 것임에 비추어 보증서나 확인서상의 매도인 명의나 매수일자의 기재가 실제와 달리 되어 있거나 보증서에 구체적 권리 변동 사유의 기재가 생략되고 현재의 권리 상태에

대해서만 기재되어 있다 하더라도 그것만으로는 바로 그 등기의 적법추정력이 깨어진다고 할 수 없고, 다만 그 밖의 자료에 의하여 그 실체적 기재 내용이 진실이 아님을 의심할 만큼 증명이 된 때에는 그 등기의 추정력은 깨어진다고 보아야 한다(대판 2000.10.27. 2000다33775). ㉢ 틀림. 구 부동산소유권이전등기등에관한특별조치법에 의하여 경료된 등기의 명의인 측이 그 등기는 명의신탁을 목적으로 경료된 것이라고 주장하였어도, 이는 보증서나 확인서가 허위라는 상대방의 주장을 적극적으로 부인하는 것으로 볼 것이지 그 보증서나 확인서가 허위임을 자백한 것으로 볼 것은 아니므로, 그 등기의 추정력이 번복되지 아니한다(대판 2000.9.5. 2000다27268 등). ㉣ 옳음. 대판 2007.5.10. 2007다3612 참고. ㉤ 틀림. 구 부동산 소유권이전등기 등에 관한 특별조치법(1992.11.30. 법률 제4502호, 실효)에 따라 등기를 마친 자가 보증서나 확인서에 기재된 취득원인이 사실과 다름을 인정하더라도 그 주장 자체에서 특별조치법에 따른 등기를 마칠 수 없음이 명백하거나 그 주장하는 내용이 구체성이 전혀 없다든지 그 자체로서 허구임이 명백한 경우 등 특별한 사정이 없는 한 위의 사유만으로 특별조치법에 따라 마쳐진 등기의 추정력이 깨어진다고 볼 수는 없다(대판 2006.2.23. 2004다29835). <답 ③>

24. 다음은 등기의 효력에 관한 판례의 태도이다. 틀린 것은 모두 몇 개인가?
(판례의 태도가 나뉘면 다수의견과 최근의 판례에 따름) <변호사 2012년 유사>

> ㈎ 구 「임야소유권이전등기 등에 관한 특별조치법」(실효)에 의하여 소유권이전등기를 마친 자가 보증서나 확인서의 실체적 기재내용이 허위임을 자인한 경우에는 그 소유권이전등기의 추정력은 깨어진다.
> ㈏ 가등기를 한 자가 아직 본등기를 하기 전에 그 가등기명의자를 등기의무자로 하여 다시 그 부동산에 관한 권리이전의 등기를 할 수는 없다.
> ㈐ 가등기에 기한 본등기를 금하는 가처분을 접수하여 등기부에 기입하였더라도 그 기재사항은 아무런 효력을 발생할 수 없다.
> ㈑ 건물의 보존등기를 마친 명의자가 그 건물을 신축한 것이 아니라면 그 등기의 권리추정력은 깨어진다.
> ㈒ 허무인으로부터 등기를 이어받은 소유권이전등기에서 그 등기명의자에 대한 소유권추정은 깨어진다.

① 1개 ② 2개 ③ 3개
④ 4개 ⑤ 5개

해설

㈎ 옳음. 구 임야소유권이전등기등에관한특별조치법(1969.5.21. 법률 제2111호, 실효)에 의한 등기는 같은 법 소정의 적법한 절차에 의하여 마쳐진 것으로서 실체관계에 부합하는 등기로 추정되므로 그 등기의 말소를 소구하는 자에게 그 추정 번복에 대한 주장·입증책임이 있지만, 상대방이 등기의 기초가 된 보증서나 확인서가 위조되거나 또는 그 실체적 기재 내용이 허위임을 자인하거나 실체적 기재 내용이 진실이 아님을 의심할 만큼 증명이 된 때에는 등기의 추정력은 번복된 것으로 보아야 하고, 보증서 등의 허위의 입증 정도가

법관이 확신할 정도가 되어야만 하는 것은 아니다(대판 1997.3.11. 96다49902). ㈏ 틀림. 가등기에 기한 가등기의 효력 문제이다. 가등기를 한 자가 아직 본등기를 하기 전에 그 가등기명의자를 등기의무자로 하여 다시 그 부동산에 관한 권리이전의 등기를 할 수는 없다(대결 1972.6.2. 72마399)는 것이 종래의 판례의 태도였다. 그러나 최근에는 그 태도를 바꾸어 이를 긍정하고 있다(대판[전] 1998.11.19. 98다24105). ㈐ 옳음. 가등기에 기한 본등기를 금하는 가처분의 효력문제이다. 가등기에 터잡은 본등기를 하는 것은 그 가등기에 의하여 순위보전된 권리의 취득이지 가등기상의 권리 자체의 처분이라고 볼 수는 없다. 그러므로 본등기를 금하는 가처분은 권리 자체의 처분의 제한에 해당되지 아니하여 부동산등기법 제2조 소정의 등기할 사항이라 할 수 없고, 이를 접수하여 등기사항이 아닌 것을 등기부에 기입하였더라도 그 기재사항은 아무런 효력을 발생할 수 없다(대결 1978.10.14. 78마282). ㈑ 옳음. 보존등기는 등기신청자 단독의 신청에 의하여 행하여지므로 이전등기에 비하여 진실성을 보장하기 어렵다. 따라서 보존등기명의자가 원시취득자가 아닌 경우 그 추정력은 부정된다. 기타 전소유자가 매도사실을 부정하는 경우, 보존등기명의자 이외의 자가 사정받은 사실이 인정되는 경우, 건물보존등기명의자 이외의 자가 그 건물을 신축한 사실이 인정되는 경우 등에도 추정력은 깨어진다(대판 1991.10.11. 91다20159 참고). ㈒ 옳음. 허무인('허무인'이라 함은 실존하지 아니한 가공인이거나 실존인이었지만 등기신청행위 당시 이미 사망한 자를 의미하고, 종중이나 사찰 또는 단체 등 법인 아닌 사단·재단에 있어서는 그 종중 등의 실체가 인정되지 아니한 경우를 포함한다: 허무인 명의등기의 말소에 관한 예규 제1조 참조)으로부터 등기를 이어받은 소유권이전등기는 원인무효라 할 것이어서 그 등기명의자에 대한 소유권추정은 깨어진다(대판 1985.11.12. 84다카2494).

<답 ①>

25. 가등기에 관련된 설명으로 잘못된 것은?

① 가등기에 기하여 본등기를 청구하려면 권리자는 현재의 등기명의인을 상대로 하여야 하고 가등기의 내용은 장차 행하여질 본등기의 내용과 일치하지 않아도 상관없다.

② 가등기에 기해 본등기를 행한 경우 물권변동은 본등기를 한 때에 일어난다.

③ 보전할 청구권이 있더라도 본등기를 할 수 없는 경우이면 가등기도 할 수 없다.

④ 등기의 효력으로 인정되는 추정력을 가등기에는 인정하지 않는 것이 판례의 태도이다.

⑤ 담보권의 실행에 따른 경매로 인하여 담보가등기는 순서와 관계없이 모두 소멸되지만 순위보전을 위한 가등기의 경우 최선순위인 경우에는 말소되지 않는다.

해설

① 현재의 등기명의인이 아니라 가등기의무자인 매도인에게 본등기청구를 해야 한다(대결[전] 1962.12.24. 4294민재항675 참고). 또한 가등기의 내용은 장차 행하여질 본등기의 내용과 일치하여야 한다. ② 본등기를 하게 되면 본등기의 순위는 가등기의 순위에 따른다(부등법 제6조 2항). 즉, 본등기 전의 가등기는 그 성질상 본등기의 순위보전의 효력만이 있어, 후일 본등기가 경료된 때에는 본등기의 순위가 가등기한 때로 소급하는 것뿐이

지, 본등기에 의한 물권변동의 효력이 가등기한 때로 소급하여 발생하는 것은 아니다(대판 1992.9.25. 92다21258). 다만, 가등기 후에 이루어진 다른 등기가 있을 경우, 후에 가등기에 기한 본등기가 이루어지면 본등기의 순위가 가등기한 때로 소급함으로써 다른 등기가 본등기보다 후순위로 되거나 실효되는 것이다(대판 1982.6.22. 81다1298,1299). ③ 가등기의 내용은 장차 행하여질 본등기보다 내용과 일치하여야 하므로, 본등기를 할 수 없는 경우이면 당연히 가등기도 할 수 없다. ④ 대판 1963.4.18. 63다114. ⑤ 다만, 그 가등기 이전에 선순위의 담보권 또는 가압류가 있어 그것이 말소되면 순위보전을 위한 가등기도 말소된다(대결 2003.10.6. 2003마1438). <답 ①>

26. 가등기에 관한 다음 설명 중 옳은 것은?

① 본등기 전에도 가등기에 어떤 실체법상 효력을 인정하는 것이 판례의 태도이다.

② 甲에 의한 저당권설정의 가등기가 있은 후에 乙에 의한 저당권설정의 본등기가 되었고 그 후 甲에 의한 저당권설정의 본등기가 있었다면, 甲의 저당권은 1순위가 되고 乙의 저당권은 2순위가 된다.

③ 취득시효의 기간이 진행 중에 체결된 소유권이전등기청구권가등기에 의하여 보전된 매매예약상의 매수인의 지위는 시효취득점유자가 시효완성에 의한 등기를 마치지 아니하였더라도 시효기간의 완성으로 당연히 소멸된다.

④ 가등기권리자는 가등기의무자의 등기가 말소의 대상인 경우에 그 말소에 관하여 이해관계를 가진 자라 할 수 없다.

⑤ 가등기상의 권리이전등기를 가등기에 대한 부기등기형식으로 경료할 수 없다고 보는 것이 최근의 판례 태도이다.

해설 ··

① 본등기가 없는 동안은 가등기만으로 아무런 실체법상의 효력이 없다는 것이 통설과 판례(대판 1966.5.24. 66다485)의 태도이다. ② 가등기의 순위보전적 효력. ③ 취득시효에 의한 소유권취득의 반사적 효과로서 그 부동산에 관하여 취득시효의 기간이 진행 중에 체결되어 소유권이전등기청구권가등기에 의하여 보전된 매매예약상의 매수인의 지위는 소멸된다고 할 것이지만, 시효기간이 완성되었다고 하더라도 점유자 앞으로 등기를 마치지 아니한 이상 전 소유권에 붙어 있는 위와 같은 부담은 소멸되지 아니한다(대판 2004.9.24. 2004다31463). ④ 이해관계를 가진 자이다(부등법 제171조). ⑤ 가등기는 원래 순위를 확보하는 데에 그 목적이 있으나, 순위보전의 대상이 되는 물권변동의 청구권은 그 성질상 양도될 수 있는 재산권일 뿐만 아니라 가등기로 인하여 그 권리가 공시되어 결과적으로 공시방법까지 마련된 셈이므로, 이를 양도한 경우에는 양도인과 양수인의 공동신청으로 그 가등기상의 권리의 이전등기를 가등기에 대한 부기등기의 형식으로 경료할 수 있다고 보아야 할 것이다. 이와 달리 가등기를 한 자가 아직 본등기를 하기 전에 그 가등기 명의자를 등기의무자로 하여 다시 그 부동산에 관한 등기이전의 부기등기를 할 수 없다는 취지로 판시한 대법원 1972.6.2.자 72마399 결정의 견해는 이를 변경하기로 한다(대판[전] 1998.11.19. 98다24105). <답 ②>

27. 甲소유의 부동산에 乙 명의로 소유권이전등기청구권 보전을 위한 가등기가 경료된 후 甲에서 丙명의의 매매를 원인으로 한 소유권이전등기가 경료되고, 당일 甲이 丙에게 점유를 이전하였다. 이 경우에 대한 설명 중 옳은 것(○)과 옳지 않은 것(×)을 바르게 표시한 것은? (다툼이 있는 경우에는 판례에 의함)

> ㉠ 乙의 가등기가 불법말소된 후 당해 부동산이 선의의 丙 앞으로 이전된 경우, 乙이 甲을 상대로 그 말소등기회복을 청구하면 丙은 회복등기 절차에 대하여 승낙할 의무를 부담하지 않는다.
> ㉡ 丙 명의의 소유권이전등기가 원인무효라면 가등기권리자인 乙이 직접 그 말소를 구할 수 있다.
> ㉢ 乙이 가등기에 의하여 보전하는 甲에 대한 등기청구권은 소멸시효에 걸리지 않는다.
> ㉣ 甲과 乙이 매매계약을 합의해제하면서 이미 지급한 매매대금을 반환하여야 그 가등기를 말소한다고 한 약정에는 그 가등기를 담보가등기로 유용한다는 내용도 포함되어 있다.

① ㉠(○), ㉡(○), ㉢(○), ㉣(○) ② ㉠(○), ㉡(○), ㉢(×), ㉣(×)
③ ㉠(○), ㉡(×), ㉢(○), ㉣(○) ④ ㉠(○), ㉡(×), ㉢(×), ㉣(○)
⑤ ㉠(×), ㉡(○), ㉢(○), ㉣(○) ⑥ ㉠(×), ㉡(○) ㉢(×), ㉣(×)
⑦ ㉠(×), ㉡(×), ㉢(○), ㉣(×) ⑧ ㉠(×), ㉡(×), ㉢(×), ㉣(×)

해설

㉠ 가등기가 가등기권리자의 의사에 의하지 아니하고 말소되어 그 말소등기가 원인무효인 경우에는 등기상 이해관계 있는 제3자는 그의 선의, 악의를 묻지 아니하고 가등기권리자의 회복등기절차에 필요한 승낙을 할 의무가 있으므로, 가등기가 부적법하게 말소된 후 가처분등기, 근저당권설정등기, 소유권이전등기를 마친 제3자는 가등기의 회복등기절차에서 등기상 이해관계 있는 제3자로서 승낙의무가 있다(대판 1997.9.30. 95다39526). ㉡ 본등기 전의 가등기권리자는 소유권자로서의 권리를 행사할 수 없다(대판 1966.5.24. 66다485). 따라서 丙의 등기가 원인무효라면 소유권자인 甲이 말소등기를 청구하여야 한다. ㉢ 가등기에 의해 보전되는 본등기청구권은 채권적 성질을 갖는다. 따라서 소멸시효의 대상이다(대판 1991.3.12. 90다카27570 참고). ㉣ 가등기가 담보가등기인지의 여부는 그 등기부상 표시나 등기시에 주고받은 서류의 종류에 의하여 형식적으로 결정될 것이 아니고 거래의 실질과 당사자의 의사해석에 따라 결정될 문제이다(대판 1992.2.11. 91다36932). 단순히 합의해제 후 매매대금반환조건부 가등기를 담보가등기로 해석할 수는 없는 것이다. 이 판례 이후 대법원예규에서 부동산소유권이전의 청구권보전을 위한 가등기가 된 후에 제3자의 소유권이전의 본등기가 된 경우에 가등기권리자로부터 본등기신청이 있을 때에는 등기공무원은 이를 부동산등기법 제175조 1항과 동법 제55조 2호에 의하여 직권말소할 것으로 하였으며 이후의 판례태도도 위 대법원판례를 답습한 것이다. <답 ⑧>

28. 소유권이전청구권을 보전하기 위한 가등기에 관한 설명 중 옳지 않은 것은? (다툼이 있는 경우에는 판례에 의함) <사시 2005년>

① 종중 甲이 그 소유의 X 토지를 종중원 乙에게 명의신탁하고 장래의 소

유권이전청구권을 보전하기 위하여 자신의 명의로 가등기를 경료한 경우, 그 후 甲이 가등기에 기한 본등기 절차에 의하지 아니하고 乙로부터 별도의 소유권이전등기를 경료받았더라도 혼동의 법리에 의하여 甲의 가등기에 기한 본등기 청구권이 소멸하는 것은 아니다.

② 甲은 乙 소유의 X 건물을 매수하는 계약을 체결하고, 우선 계약금과 중도금을 지급하고 가등기를 한 후 잔금은 차후에 지급하기로 하고 건물을 인도받아 사용하고 있었으나, 乙이 가등기를 불법 말소한 후 丙에게 소유권이전등기를 하였다. 丙이 甲을 상대로 건물인도청구소송을 제기한 경우, 甲이 가등기말소의 무효를 주장하며 항변하는 것만으로는 丙의 청구를 거절할 수 없다.

③ X 토지에 대하여 甲의 가등기 후에 乙의 소유권이전등기가 있는 경우, 甲이 가등기에 기하여 소유권이전의 본등기를 한 때에는 등기관은 乙의 소유권이전등기를 직권으로 말소한다.

④ 甲이 乙 소유의 X 토지에 대하여 소유권이전청구권을 보전하기 위한 가등기를 해 두었으나 그 후 乙이 丙에게 다시 매도하여 X 토지는 현재 丙 소유로 등기되어 있다. 이 경우 가등기에 기한 본등기 요건을 갖춘 甲의 본등기 청구는 현재의 등기명의자인 丙을 그 상대방으로 하여야 한다.

⑤ 甲이 乙 소유의 X 토지를 매수하는 계약을 체결한 후 가등기 한 상태에서 X 토지에 대한 자기의 권리를 다시 丙에게 양도하고자 할 경우, 가등기상의 권리의 이전등기를 가등기에 대한 부기등기의 형식으로 하여야 한다.

해설 ....

① 가등기에 기한 본등기청구권은 채권이므로 이와 별도로 소유권을 이전받은 경우 채권과 물권 사이에서는 혼동이 인정되지 않는다(대판 1995.12.26. 95다29888). ② 불법말소된 가등기는 회복할 수 있다. 그러나 가등기에 기한 본등기이전청구권은 채권적 성질을 갖고 있고 더구나 가등기는 실체법적 효력이 없으므로 丙의 청구를 거절할 수 없다. ③④ 대결[전] 1962.12.24. 4294민재항675. ⑤ 대판[전] 1998.11.19. 98다24105. <답 ④>

29. A토지에 관하여 甲 명의로 소유권보존등기가 되어 있고, 乙 앞으로 甲과의 매매계약에 따른 소유권이전등기청구권 보전을 위하여 가등기가 설정되어 있었다. 이에 관한 설명 중 옳은 것을 모두 고른 것은? (다툼이 있는 경우에는 판례에 의함) <사시 2010년: 배점 3>

㉠ 乙이 가등기에 기한 본등기를 하면 乙은 가등기시에 소급하여 소유권을 취득한다.

ⓛ 乙이 가등기를 한 후, 甲이 자기의 채권자인 丁을 위하여 설정한 저당권은 유효하며, 乙이 가등기에 기한 본등기를 하면 乙은 丁을 위한 물상보증인의 지위에 있게 된다.
ⓒ 乙 명의의 가등기가 되어 있으므로, 등기의 추정력에 의하여 甲과 乙 사이의 매매계약의 존재가 추정되어 그 매매의 부존재를 주장하는 사람이 증명책임을 부담한다.
ⓡ 乙은 甲의 동의나 승낙을 얻어 그의 소유권이전등기청구권을 戊에게 양도할 수 있고, 乙과 戊는 공동신청으로 그 가등기상의 권리의 이전등기를 가등기에 대한 부기등기의 형식으로 경료할 수 있다.
ⓜ 甲은 위 가등기가 있더라도 소유자로서 처분권능을 잃지 않아 A 토지를 丙에게 매도할 수 있으며, 丙이 소유권이전등기를 하면 소유권을 취득하므로, 그 이후 乙이 본등기를 하려면 丙에게 등기청구권을 행사하여야 한다.

① ⓒ ② ⓡ ③ ⓖ, ⓒ
④ ⓛ, ⓡ ⑤ ⓖ, ⓛ, ⓡ ⑥ ⓛ, ⓒ, ⓜ

해설

ⓖ 가등기는 그 성질상 본등기 순위보전의 효력만이 있으므로, 후일 본등기가 경료된 때에는 본등기의 순위가 가등기한 때로 소급함으로써 가등기 후 본등기 전에 이루어진 중간처분이 본등기보다 후순위로 되어 실효될 뿐이고 본등기에 의한 물권변동의 효력이 가등기한 때로 소급하여 발생하는 것은 아니다(대판 1982.6.22. 81다1298,1299). ⓛⓜ 부동산에 관하여 소유권이전청구권의 보전을 위한 가등기가 마쳐진 이후에 제3자의 명의로 소유권이전등기가 된 경우 그 후 그 가등기에 기한 소유권이전의 본등기가 마쳐진 때에는 등기공무원이 가등기이후에 된 제3자명의의 소유권이전등기를 직권으로 말소할 수 있다. (특히) 가등기권리자는 본등기를 경료하지 아니하고는 가등기 이후의 본등기의 말소를 청구할 수 없다. 위의 경우에 가등기권리자는 가등기의무자인 전소유자를 상대로 본등기청구권을 행사할 것이지 제3자를 상대로 할 것이 아니다(대결[전] 1962.12.24. 4294민재항675). ⓒ 소유권이전청구권을 보전하기 위한 가등기가 있다 하여, 소유권이전등기를 청구할 어떤 법률관계가 있다고 추정되지 아니한다(대판 1979.5.22. 79다239). ⓡ 부동산의 매매로 인한 소유권이전등기청구권은 물권의 이전을 목적으로 하는 매매의 효과로서 매도인이 부담하는 재산권이전의무의 한 내용을 이루는 것이고 매도인이 물권행위의 성립요건을 갖추도록 의무를 부담하는 경우에 발생하는 채권적 청구권으로 그 이행과정에 신뢰관계가 따르므로 매매로 인한 소유권이전등기청구권은 특별한 사정이 없는 이상 그 권리의 성질상 양도가 제한되고 그 양도에 채무자의 승낙이나 동의를 요한다(대판 2001.10.9. 2000다51216). 또한 가등기는 원래 순위를 확보하는 데 그 목적이 있으나 순위보전의 대상이 되는 물권변동의 청구권은 그 성질상 양도될 수 있는 재산권일 뿐만 아니라 가등기로 인하여 그 권리가 공시되어 결과적으로 공시방법까지 마련된 셈이므로 이를 양도한 경우에는 양도인과 양수인의 공동신청으로 그 가등기상의 권리의 이전등기를 가등기에 대한 부기등기의 형식으로 경료할 수 있다(대판[전] 1998.11.19. 98다24105). <답 ②>

제 4 절 동산물권의 취득

1. 동산물권의 변동에 관한 설명 중 틀린 것은?

① 점유개정에 의한 이중양도담보가 이루어진 경우 나중에 점유개정의 방법으로 양도담보계약을 채결한 채권자는 양도담보권을 취득할 수 없다.
② 동산에 관한 물권 중 실제에 있어서 민법 제188조 1항의 적용을 받는 것은 소유권뿐이다.
③ 동산물권변동의 공시방법으로서의 인도는 현실의 인도에 한하지 않고 당사자의 의사표시만에 의하여 이루어지는 관념적 인도도 인정된다.
④ 이중의 점유개정이 이루어진 경우, 양수인들 사이에 있어서는 먼저 현실의 인도를 받아 점유개정을 한 자가 소유권을 취득한다.
⑤ 부동산의 종물인 동산이 소유권의 목적으로 된 때에도 인도를 하여야 물권변동의 효력이 생긴다.

해설

① 양도담보설정계약을 체결한 담보권설정자가 점유개정에 의하여 채무자가 이를 계속 점유하기로 한 경우 대내적 관계에서 채무자는 의연히 소유권을 보유하나 대외적인 관계에 있어서 채무자는 동산의 소유권을 이미 채권자에게 양도한 무권리자가 되는 것이어서 다시 다른 채권자와의 사이에 양도담보 설정계약을 체결하고 점유개정의 방법으로 인도를 하더라도 선의취득이 인정되지 않는 한 나중에 설정계약을 체결한 채권자는 양도담보권을 취득할 수 없는데, 현실의 인도가 아닌 점유개정으로는 선의취득이 인정되지 아니하므로, 결국 뒤의 채권자는 양도담보권을 취득할 수 없다(대판 2004.10.28. 2003다30463). ② 동산에 관한 물권 중 실제에 있어서 이 원칙의 적용을 받는 것은 소유권뿐이며, 그 외의 점유권·유치권·질권에 있어서는 각각 특별규정의 적용을 받는다(제192조, 제320조, 제328조, 제330조, 제332조 등). 간이인도(제188조 2항). ④ 대판 1989.10.24. 88다카26802. ⑤ 부동산등기에 의하여 공시되는 동산, 즉 부동산의 종물인 동산이 소유권 또는 저당권의 목적으로 된 때(제358조, 제100조)에는 따로 인도를 필요로 하지 않고 등기에 의해 물권변동의 효력이 생긴다. <답 ⑤>

2. 동산의 선의취득에 관한 다음의 설명 중 옳은 것(○)과 틀린 것(×)을 바르게 배열한 것은?

(가) 선의취득은 점유의 취득이 평온·공연하고 선의·무과실일 것을 요한다. 이것은 점유의 개시 시뿐만 아니라 그 이후에도 구비하고 있지 않으면 안 된다. 따라서 그 이후에 악의로 된 경우는 선의취득이 인정되지 않는다.
(나) 선의취득은 거래에 의한 동산취득의 경우에 한해 인정되고, 경매에 의한 경우도 적용이 있는가에 대한 다툼이 있지만 판례는 경매의 경우에는 적용이 없는 것으로 하고 있다.

㈐ 공장저당권의 효력이 미치는 공장설비동산이 제3취득자에게 인도된 경우에는 선의취득의 목적이 된다.
㈑ 선의취득은 특정승계취득의 경우에만 인정되고, 도품 및 유실물에 관한 특례의 적용을 받는 것은 동산에 한정되는 것은 아니다.
㈒ 양도가 금지되는 물건은 선의취득의 대상이 될 수 없고, 금전에 관해서는 선의취득에 관한 제249조의 적용이 배제된다.

① ㈎(○), ㈏(×), ㈐(×), ㈑(×), ㈒(×)
② ㈎(×), ㈏(×), ㈐(×), ㈑(○), ㈒(○)
③ ㈎(○), ㈏(○), ㈐(×), ㈑(○), ㈒(×)
④ ㈎(×), ㈏(○), ㈐(○), ㈑(×), ㈒(×)
⑤ ㈎(×), ㈏(○), ㈐(○), ㈑(×), ㈒(○)
⑥ ㈎(○), ㈏(×), ㈐(×), ㈑(○), ㈒(○)
⑦ ㈎(×), ㈏(×), ㈐(○), ㈑(×), ㈒(×)
⑧ ㈎(×), ㈏(×), ㈐(○), ㈑(×), ㈒(○)

해설 ……………………………………

㈎ 점유개시 시에 존재하면 족하다. ㈏ 통설과 판례(대판 1998.6.12. 98다6800)에 의하면 경매(공경매)에 의해서도 선의취득이 인정된다고 한다. ㈐ 공장저당법 제9조 2항. ㈑, ㈒ 선의취득은 동산의 소유권과 질권에 관한 개별적인 처분행위로 인한 거래안전을 보호하기 위한 제도이다. <답 ⑧>

3. 선의취득에 관한 설명 중 옳지 않은 것을 모두 고른 것은? (다툼이 있는 경우에는 판례에 의함)

㉠ 선의취득에 관한 민법 제249조는 저당권의 취득에 대해서도 준용될 수 있다.
㉡ 도품 · 유실물에 관한 특례규정인 민법 제251조는 선의취득자에게 그가 지급한 대가의 변상을 받을 때까지 그 물건의 반환청구를 거부할 수 있는 항변권만을 인정한 것이다.
㉢ 동산의 선의취득은 양도인이 무권리자라는 점을 제외하고는 유효한 거래행위여야 성립한다.
㉣ 민법 제249조가 규정하는 선의 · 무과실의 기준시점은 물권행위가 완성되는 때이므로, 물권적 합의가 동산의 인도보다 먼저 행하여지면 인도된 때를 기준으로 하여야 한다.
㉤ 동산 소유권유보부매매의 매수인이 제3자에게 그 동산을 보관시킨 후, 그 제3자에 대한 반환청구권을 양수인에게 양도하고 지명채권양도의 대항요건을 갖추었다면, 동산의 선의취득에 필요한 점

유의 취득요건을 충족한다.

① ㉠, ㉡ ② ㉠, ㉢ ③ ㉠, ㉣
④ ㉠, ㉤ ⑤ ㉡, ㉢ ⑥ ㉡, ㉣
⑦ ㉢, ㉣ ⑧ ㉣, ㉤

해설

㉠ 저당권은 동산이 아니라는 점, 그리고 점유가 없다는 점에서 선의취득의 대상이 될 수 없다. 따라서 선의취득에 의한 물권의 취득은 소유권과 질권에 한한다. ㉡ 통설과 판례에 따르면 민법 제251조는 취득자에게 대가변상의 청구권을 준 것이라고 한다. ㉢ 선의취득 제도가 거래안전보호에 있으므로 거래행위가 완전·유효할 것을 전제로 하는 것이다. ㉣ 판례의 태도이다(대판 1991.3.22. 91다70). ㉤ 대판 1999.1.26. 97다48906. 이러한 사례의 경우 양도인이 그 동산을 제3자에게 인도하여 제3자가 점유하고 있는 경우로서, 소유자가 점유하고 있는 점유개정과는 차이가 있다. <답 ①>

4. 해외 장기출장으로 인해 A는 자신이 소유하고 있는 고가의 시계를 금은방을 하고 있는 친구 B에게 보관을 부탁하였고, B는 종업원 C에게 타인에게 매각하는 일이 발생하지 않도록 지시하였으나, C는 B가 잠시 가게를 비운 사이에 D에게 팔아버렸다. 아래는 이 경우의 법률관계에 대한 설명이다. 적절치 않은 것을 모두 고른다면?

㈎ B의 의사에 반하여 점유를 떠난 것이므로 민법 제250조의 도품에 해당한다고 보는 것이 판례의 태도이다.
㈏ B의 의사에 기하지 않고 점유를 떠난 물건은 유실물에 해당한다.
㈐ B는 점유주로서 간접점유자이고 C는 직접점유자이다.
㈑ B의 매각금지가 있었으므로 C의 행위는 대리권도 없고 표현대리도 문제되지 않는다.
㈒ C의 대리권 유무와 관계없이 B에게 처분권이 없으면 D의 선의취득이 문제된다.
㈓ 점유이탈 의사의 유무는 B에 관하여 결정한다.

① ㈎, ㈏, ㈐ ② ㈏, ㈐, ㈑ ③ ㈐, ㈑, ㈒
④ ㈑, ㈒, ㈓ ⑤ ㈒, ㈓, ㈎

해설

㈎㈏ 점유주와 점유보조자 사이에서 점유는 점유주에게 있으므로, 사안의 경우 이론상으로는 점유주 B의 의사에 반하여 점유가 이탈되었다는 점에서 점유보조자가 물건을 훔친 것, 즉 도품에 해당한다고 할 수 있다. 그러나 점원과 같은 점유보조자가 임의로 처분하면 형법상 절도죄에 해당하지만, 민사법과 형사법을 동일시할 필요는 없으므로, 그 목적물이 민법 제250조의 도품에 해당하는 것은 아니라고 보아야 한다(대판 1991.3.22. 91다70 참고). 즉, 점유위탁물횡령에 해당하므로 제250조의 적용이 없다. ㈐ 임치계약에 의해 B가 점유를 인수하였으므로, B만이 직접점유자이고, C는 점유보조자에 불과하다(제195

조). ㈑ 점유보조자 C는 B로부터 어떠한 수권도 받은 적이 없으므로, 대리의 문제는 발생하지 않는다. 즉, 무권대리나 표현대리는 문제될 여지가 없다. ㈒ C의 대리권 유무와는 상관없이 A와 B의 임치계약상 B에게는 처분권이 없으므로 D는 선의취득할 수 있다. ㈓ B만이 직접점유자이고, C는 점유보조자이므로 점유이탈 의사의 유무는 B를 중심으로 판단한다. <답 ①>

제 5 절 명인방법(지상물)에 의한 물권변동

1. 입목(立木)에 관한 법률에 의한 물권변동에 대한 설명 중 틀린 것은?

① 입목의 소유자는 입목을 토지와 분리하여 양도하거나 이를 저당권의 목적으로 할 수 있다.

② 소유권보존등기를 받을 수 있는 수목의 집단은 입목등기원부에 등록된 것에 한한다.

③ 입목에 관하여 인정되는 물권은 소유권 및 저당권에 한하며, 토지소유권 또는 저당권의 처분의 효력은 입목에 대하여도 미친다.

④ 입목의 경매 기타 사유로 인하여 토지와 그 입목이 각각 다른 소유자에게 속하게 되는 경우에 토지소유자는 입목소유자에 대하여 지상권을 설정한 것으로 본다.

⑤ 판례는 지상입목의 소유권을 양도하는 경우와 관련하여 그 부합토지와 함께 양도하는 것이 아니라면 입목에 관한 법률에 의하여 등기하거나 명인방법을 갖추어야 한다고 판시하고 있다.

해설

① 입목법 제3조 2항. ② 입목법 제8조 1항. ③ 입목에 관하여 인정되는 물권은 소유권 및 저당권에 한하며, 토지소유권 또는 저당권의 처분의 효력은 입목에 미치지 아니한다(입목법 제3조 3항). ④ 입목법 제6조. 따라서 이러한 지상권에 대하여는 법정지상권의 법리가 준용된다. ⑤ 대판 1990.2.13. 89다카2302. <답 ③>

제 6 절 물권의 소멸

1. 물권의 소멸에 관한 다음 설명 중 틀린 것은?

① 건물이 붕괴되어 소멸하게 된 경우 그 건물에 대한 부동산소유권은 붕괴되고 남은 목재에 대한 동산소유권으로 존속하고, 그 건물 위의 저당권 역시 그 목재에 미친다.

② 목적물의 멸실에 의하여 물권이 소멸하면 그 후 동일한 물건이 재생되었다 하더라도 소멸되었던 물권은 다시 발생하지 않는다.

③ 유치권과 점유권도 20년의 소멸시효에 걸린다.
④ 소유권이나 점유권 등과 같은 물권의 포기는 상대방 없는 단독행위이다.
⑤ 근저당권자가 소유권을 취득하면 그 근저당권은 혼동에 의하여 소멸하지 만 후에 소유권취득이 무효가 되면 소멸한 근저당권은 당연히 부활한다.

해설

① 물권은 원칙적으로 목적물의 물질적 변형물에 미친다. 예컨대, 건물이 붕괴되어 소멸하게 된 경우 그 건물에 대한 부동산소유권은 그 붕괴목재에 대한 동산소유권으로 존속하고, 그 건물 위에 저당권이 설정된 경우에는 저당권은 여전히 그 붕괴목재에 미친다. ② 판례에 의하면 포락한 토지가 다시 성토화되었다 하더라도 포락한 토지에 대한 종전의 소유권은 영구히 소멸되고 그 성토화된 토지에 대한 소유권을 다시 취득하지 못한다고 판시하고 있다(대판 1983.12.27. 83다카1561). ③ 점유권은 점유란 사실만에 의해서 성립되고, 점유가 계속되는 한 점유권도 존속하며, 점유를 상실하는 경우에는 점유권도 소멸하므로 소멸시효가 적용될 여지가 없다. 유치권도 그것이 존속하기 위해서는 점유의 계속이 필요하고 점유를 상실하는 경우에는 유치권은 소멸하기 때문에 소멸시효가 적용될 여지가 없다. 소멸시효의 대상이 되는 물권은 지상권 · 지역권 · 전세권뿐이다. ④ 반면에 제한물권의 포기는 그 포기에 의하여 직접 이익을 받는 자에 대하여 하여야 하는 상대방 있는 단독행위라는 다수설과 상대방 없는 단독행위라는 소수설로 나누어진다. ⑤ 대판 1971.8.31. 71다1386.
<답 ③>

2. 권리의 소멸에 관한 설명으로 옳지 않은 것은? (다툼이 있는 경우에는 판례에 의함)
<사시 2007년: 배점 2>

① 부동산에 대한 소유권과 임차권이 동일인에게 귀속되면 임차권은 혼동에 의하여 소멸하는 것이 원칙이지만, 그 임차권이 대항요건을 갖춘 후에 저당권이 설정된 때에는 임차권은 소멸하지 않는다.
② 저당권의 목적물인 전세권이 소멸하면 저당권도 당연히 소멸하는 것이므로 그 전세권을 목적으로 한 저당권자는 전세권의 목적물인 부동산의 소유자에게 더 이상 저당권을 주장할 수 없다.
③ 포락(浦落)으로 사권이 소멸한 경우, 그 사권의 소멸을 주장하는 자가 포락 사실을 입증하여야 하며, 포락한 토지가 추후 성토된다 하더라도 소멸한 사권이 부활하지는 않는다.
④ 유치물의 점유가 제3자에 의하여 침탈된 경우, 유치권자가 점유물반환청구권을 행사하여 점유를 회수하면 유치권은 소멸하지 않았던 것으로 된다.
⑤ 토지를 매수하여 매수인 명의로 소유권이전청구권 보전을 위한 가등기를 경료하고 그 토지에 타인이 건물 등을 축조하여 점유 · 사용하는 것을 방지하기 위하여 지상권을 설정한 경우, 그 가등기에 기한 본등기청구권이 시효의 완성으로 소멸하여도 그 가등기와 함께 경료된 위 지상권은 소멸하지 않는다.

✍ **해설** ……………………………………

① 옳음. 제191조 1항 단서 준용. 임차권은 소멸하지 않는다(대판 2001.5.15. 2000다12693). ② 옳음. 대판 1999.9.17. 98다31301 등 참고. ③ 옳음. 대판 2000.12.8. 99다11687 등 참고. ④ 옳음. 유치권은 점유의 상실로 인하여 소멸하나(제328조), 점유를 회수한 때에는 유치권도 소멸하지 않았던 것이 된다(제192조 2항 단서). ⑤ 틀림. 가등기에 기한 본등기 청구권이 시효의 완성으로 소멸하였다면 그 가등기와 함께 경료된 위 지상권 또한 그 목적을 잃어 소멸되었다고 봄이 상당하다(대판 1991.3.12. 90다카27570). <답 ⑤>

3. 혼동으로 인한 물권의 소멸과 관련한 설명 중 틀린 것은?

① 甲이 乙의 토지상에 지상권을 가지고 丙이 그 지상권 위에 저당권을 가진 경우에는 甲이 乙의 토지를 매수해도 지상권은 소멸하지 않는다.

② A가 甲·乙로부터 금전차용시 그 담보조로 A소유의 부동산에 관하여 지상권설정등기를 경료한 후 다시 위 甲·乙을 포함한 6인으로부터 금전을 차용하면서 양도담보를 내용으로 하는 제소전 화해조서의 집행에 의하여 동일부동산에 관하여 甲·乙을 포함한 6인 공동명의의 소유권이전등기가 경료되었다면 A와 甲·乙 사이에 있어서는 甲·乙 명의의 지상권지분은 혼동으로 소멸한다.

③ 甲이 乙의 토지에 저당권을 가지고 있었는데, 乙로부터 그 소유권을 양도받은 경우 甲의 저당권은 소멸한다.

④ 저당권설정자인 甲이 저당권자 乙의 피담보채권을 양수한 경우에 저당권은 소멸하게 된다.

⑤ 전세권자가 자기의 전세권설정자로부터 그 부동산을 매수하여 소유권이전등기를 마친 후에 그 설정자가 허위의 등기서류에 의해 소유권이전등기를 경료하였음이 판명되었다면 소유권과 전세권의 혼동은 일어나지 않는다.

✍ **해설** ……………………………………

① 제191조 1항 단서의 예이다. ② 지상권자가 양도담보권자가 된 경우의 혼동 문제이다. A가 甲·乙로부터 금전차용시 그 담보조로 A 소유의 부동산에 관하여 지상권설정등기를 경료한 후 다시 위 甲·乙을 포함한 6인으로부터 금전을 차용하면서 양도담보를 내용으로 하는 제소전화해조서의 집행에 의하여 동일부동산에 관하여 甲·乙을 포함한 6인 공동명의의 소유권이전등기가 경료되었다고 하더라도 A와 甲·乙 사이에 있어서는 그 소유권은 당연히 A에게 남아 있는 것이므로 甲·乙 명의의 지상권지분이 혼동으로 소멸하는 것은 아니다(대판 1980.12.23. 80다2176). ④ 저당권설정자인 甲이 저당권자 乙의 피담보채권을 양수한 경우에 채권자와 채무자가 동일인이 되어 그 피담보채무는 소멸하게 되고, 따라서 저당권도 소멸하게 된다. ⑤ 전세권자가 자기의 전세권설정자로부터 그 부동산을 매수하여 소유권이전등기를 마친 후에 그 설정자가 허위의 등기서류에 의해 소유권이전등기를 경료하였음이 판명된 경우에는 그 설정자는 부동산소유자가 아니므로, 그로부터 전세권의 설정을 받은 자도 전세권을 취득하지 못하게 된다. 따라서 소유권과 전세권의 혼동은 일어나지 않는다(이은영, 170면 참고). <답 ②>

4. 혼동으로 인한 권리의 소멸에 관한 다음 설명 중 틀린 것은?

① 자동차손해배상책임보험에 가입한 자동차의 운행자인 甲이 위 자동차에 乙을 채우고 운전하고 가던 중 교통사고를 일으켜 甲 자신은 사망하고 乙은 상해를 입었는데, 乙이 甲을 단독상속한 경우에 있어서의 자동차손해배상보장법 제3조에 의한 乙의 甲에 대한 손해배상청구권은 혼동으로 인하여 소멸되지 않는다.

② B의 토지 위에 A가 선순위저당권, C가 후순위저당권을 가지고 있는 경우, A가 토지소유권을 취득한다면 A의 저당권은 소멸한다.

③ A가 B 소유의 토지 위에 지상권을 가지고 그 지상권이 C의 저당권의 목적인 때, A가 토지소유권을 취득하더라도 본인의 지상권은 소멸하지 않는다.

④ B의 지상권 위에 A가 저당권을 가지고 있고, 같은 지상권 위에 C도 저당권을 가지고 있는 경우에 A가 지상권을 취득하더라도 저당권은 소멸하지 않는다.

⑤ A의 지상권에 대하여 B가 저당권을 가지고 있고, B의 저당권부채권에 다시 C가 질권을 가지고 있는 경우에 B가 지상권을 취득하여도 B의 저당권은 소멸하지 않는다.

⑥ 甲은 아버지 乙로부터 사업자금을 차용한 후 甲 소유의 부동산에 1순위 근저당권을 설정하여 주었고, 다시 丙으로부터 자금을 차용하고 위 부동산에 2순위 근저당권을 설정하여 주었다. 그런데 甲이 乙, 丙에게 위 차용금을 변제하지 못한 채 사망하고 乙이 甲을 단독 상속하게 된 경우, 乙의 위 1순위 근저당권은 소멸한다.

해설 ………………………………………

① 책임보험의 보험자가 혼동이라는 우연한 사정에 의하여 자신의 책임을 면할 합리적인 이유가 없다는 점 등을 고려할 때 가해자가 피해자의 상속인이 되는 등 특별한 경우를 제외하고는 피해자의 보험자에 대한 직접청구권의 전제가 되는 자동차손해배상보장법 제3조에 의한 피해자의 운행자에 대한 손해배상청구권은 상속에 의한 혼동에 의하여 소멸되지 않는다(대판 1995.7.14. 94다36698 등 참고). ②③ 제한물권이 제3자의 권리의 목적이 된 때, 즉 본인 또는 제3자의 이익을 위해 제한물권이 존속해야 할 필요가 있는 경우에는 혼동에 의한 소멸은 인정되지 않는다(제191조 1항 단서). ④⑤ 제한물권과 그 제한물권을 목적으로 하는 권리가 동일인에게 귀속되는 경우에는 그 다른 권리는 원칙적으로 소멸하지만(제191조 2항), 역시 혼동한 권리가 제3자의 권리의 목적인 때(⑤)와 제한물권이 제3자의 권리의 목적인 때(④)에는 소멸하지 않는다. ⑥ 외견상 본인의 이익을 위해 혼동의 예외가 인정되어 乙의 1순위 근저당권이 소멸하지 않는 것으로 보이지만(제191조 단서 및 대판 1998.7.10. 98다18643 참고), 乙이 甲을 단독 상속한 경우 민법 제507조에 의해 채권과 채무가 동일인에게 상속되어 혼동이 일어나게 되고, 그 결과 부종성에 의해 1순위 근저당권도 소멸하게 된다. 즉, 지문의 경우 민법 제191조에 의해 혼동이 일어나는 것이 아니다. <답 ②>

5. 다음은 물권의 소멸에 관한 설명 중 바르게 설명한 것(○)과 그렇지 않은 것(×)을 바르게 조합한 것은? (다툼이 있는 경우에는 판례에 따름)

가. 목적물이 멸실하면 모든 물권은 절대적으로 소멸한다.
나. 지상권이 저당권의 목적인 때에는 그 지상권의 포기는 저당권자의 동의를 얻어야 한다.
다. 매매계약에 따른 소유권이전등기청구권 보전을 위하여 가등기가 경료된 경우, 가등기권자가 가등기에 기한 본등기절차에 의하지 아니하고 가등기설정자로부터 별도의 소유권이전등기를 경료받았다면 가등기권자의 본등기청구권은 혼동으로 소멸한다.
라. 지역권자가 승역지의 소유권을 취득한 경우 지역권은 소멸한다.

① 가(○), 나(×), 다(○), 라(×) ② 가(×), 나(○), 다(×), 라(○)
③ 가(×), 나(○), 다(○), 라(×) ④ 가(○), 나(○), 다(×), 라(×)
⑤ 가(○), 나(×), 다(×), 라(○) ⑥ 가(×), 나(×), 다(○), 라(○)
⑦ 가(×), 나(×), 다(×), 라(○) ⑧ 가(○), 나(○), 다(○), 라(×)

해설

가. 질권이나 저당권과 같은 담보물권은 목적물이 멸실하더라도 가치적 변형물(예: 보험금이나 손해배상청구권) 위에 대위(물상대위)할 수 있는 한도에서 그 효력이 유지된다. 나. 제371조 2항. 다. 이러한 경우 그 가등기권자가 가등기설정자에게 가지는 가등기에 기한 본등기청구권은 채권으로서 가등기권자가 가등기설정자를 상속하거나 그의 가등기에 기한 본등기절차 이행의 의무를 인수하지 아니하는 이상, 가등기권자가 가등기에 기한 본등기절차에 의하지 아니하고 가등기설정자로부터 별도의 소유권이전등기를 경료받았다고 하여 혼동의 법리에 의하여 가등기권자의 가등기에 기한 본등기청구권이 소멸하지는 않는다(대판 1995.12.26. 95다29888). 라. 제191조 1항. <답 ②>

제 3 장 기본물권

제 1 절 점 유 권

1. 현행민법의 점유제도는 로마법계의 possessio와 게르만법계의 Gewere의 이론적·제도적 결합의 산물이라고 하는데, 다음 중 틀린 설명은?

① possessio는 권리와의 관련을 완전히 떠나 물건에 대한 사실적 지배측면만을 포착해서 법이론을 구성한 것이다.

② possessio의 제도는 점유소권(점유보호청구권)을 중심으로 한다.

③ Gewere는 추상적 권리(본권)와 그 외형적 표현인 사실적 지배(점유)를 구별하지 않고 양자를 일체로 파악하여 사실상의 지배가 있으면 본권이 있다고 인정한다.

④ 본권과 점유권에 관한 소를 엄격히 분리한 것은 Gewere에서 계수되었다.

⑤ 점유자의 과실취득권의 제도는 일반적으로 possessio의 작용이다.

해설

<답 ④>

구 분	possessio	Gewere
연 원	로마법	게르만법
의 의	물건에 대한 사실적 지배를 그 권리와 무관하게 그 지배 사실만을 포착하여 이해함	물건에 대한 사실적 지배를 권리의 표현형식으로 보고 권리와의 관련하여 관찰함
내 용	(i) 본권과 점유가 완전히 분화되어 있고 possessio에는 본권에 기한 소권과 별도로 독립하여 인정되는 점유소권이 인정됨 (ii) 본권과 점유, 본권의 소와 점유의 소의 분리에 의하여 물건을 지배할 수 있는 본권이 사실적 지배상태로부터 분리되어 고도로 관념화되어 있음	(i) 추상적 권리(본권)와 그 외형적 표현인 사실적 지배(점유)를 구별하지 않고 양자를 일체로 파악하여 사실상의 지배가 있으면 본권이 있다고 인정함 (ii) Gewere에는 방어적 효력, 공격적 효력, 이전적 효력과 같은 세 가지 효력이 인정됨
영 향	(i) 점유보호청구권(제204조 이하)은 점유소권(possessio actio)을 계수한 것임 (ii) 점유자의 과실취득권(제201조)	(i) 점유의 추정력(제200조) (ii) 점유자의 자력구제(제209조) (iii) 선의취득(제249조 이하) (iv) 점유가 동산물권변동의 효력요건

	(iii) 점유자의 비용상환청구권(제203조) (iv) 본권의 소와 점유의 소를 구별(제208조)	인 것(제188조) (v) 점유보조자 · 간접점유제도(제194조 이하)

2. 점유에 관한 설명 중 판례의 입장과 다른 것을 고르면?

<사시 2001년 변형>

① 타주점유자가 그 명의로 소유권이전등기를 경료한 것만으로 소유의 의사를 표시하여 자주점유로 전환되었다고 볼 수 없다.

② 점유의 분리 · 병합은 상속의 경우에 적용되지 않는다.

③ 점유자가 취득시효기간 경과 후 매수의사를 표시한 것은 특별한 사정이 없는 한 취득시효이익의 포기로 볼 수 있다.

④ 점유계속의 추정은 동일인이 전후 양 시점에 점유한 것이 증명된 때에만 적용되는 것이 아니고 전후 양 시점의 점유자가 다른 경우에도 점유의 승계가 입증된다면 점유계속은 추정된다.

⑤ 자주점유의 요건인 소유의 의사는 객관적으로 점유권원의 성질에 의하여 그 존부가 결정된다.

해설

① 대판 1989.4.11. 88다카95. ② 점유의 분리 · 병합이 포괄승계, 특히 상속의 경우에도 적용되는가에 관하여, 다수설은 긍정하지만 소수설과 판례(대판 1972.6.27. 72다535,536)는 상속에 의한 점유는 피상속인의 점유의 성질과 하자를 떠난 새로운 점유를 주장할 수 없다고 하여, 적용될 수 없다고 한다. 상속은 점유변경의 새 권원이 될 수 없으므로 상속인은 민법 제193조에 의하여 피상속인의 점유의 하자를 승계한 점유를 보유한다. 따라서 자신의 점유만을 주장한다는 것은 아무 의미가 없으며, 새로운 권원에 의해서만 하자 없는 점유를 취득하게 될 것이다. 소수설 · 판례의 견해에 찬동한다. ③ 이러한 경우 점유자가 위 부동산이 그 소유자의 소유임을 승인하여 타주점유로 전환되었다거나 시효의 이익을 포기하였다고는 보기 어렵다(대판 1992.9.1. 92다26543). 일반적으로 점유자는 취득시효가 완성된 후에도 소유권자와의 분쟁을 간편히 해결하기 위하여 매수를 시도하는 사례가 많으므로 매수를 제의한 사실만으로 시효이익을 포기하였다고 보기는 어려울 것이다. 한편, 판례(대판 1996.1.26. 95다28052)는 점유자가 담당공무원의 조사에 응하여 국유토지를 점유 중임을 인정하고 매수의사를 명백히 표시하였으며, 그 이후 국유재산매수신청서를 제출하고 구청장의 변상금 부과처분에 대하여 감액 등만을 주장할 뿐 그 처분 자체를 다투지 아니하고 점유 토지의 매수의사를 적극 표시하고 있는 점 등의 객관적 사정에 비추어, 특별한 사정이 없는 한 그 점유자의 자주점유의 추정은 깨어졌다고 보았다. ④ 대판 1996.9.20. 96다24279. ⑤ 대판 1998.3.13. 97다50169. <답 ③>

3. 점유에 관한 설명 중 판례의 입장과 다른 것은? <사시 2003년 변형>

① 소유의 의사로 점유를 개시한 자가 나중에 그 목적물이 자신의 소유가 아님을 알게 된 사정만으로 그 점유가 타주점유로 전환되는 것은 아니다.

② 약정에 따라 인도의무를 진 직접점유자가 그 후 간접점유자가 된 경우라도, 그를 상대로 위 약정에 기한 인도청구를 할 수 있다.
③ 점유보조자는 독립한 점유주체가 아니므로 그에 대한 인도청구는 원칙적으로 허용되지 않는다.
④ 직접점유자가 임의로 점유를 타인에게 양도한 경우에는 그 점유이전이 간접점유자의 의사에 반한다 하더라도 간접점유자의 점유가 침탈된 경우에 해당하지 않는다.
⑤ 甲이 유치권을 행사 중인 乙소유의 Y건물의 일부에 대해 乙이 丙에게 임대차하여 丙이 Y건물을 직접점유하고 있는 상황에서, 제3자 丁이 점유를 침탈하여 丙이 점유 중이던 Y건물을 점유한 경우, 甲의 丁에 대한 점유회수청구의 소는 인용될 수 있다.

해설

① 예를 들어, 토지의 점유자가 소유자를 상대로 소유권이전등기말소청구의 소를 제기하였다가 패소하고 그 판결이 확정된 경우라고 하더라도, 자주점유의 추정이 번복되어 타주점유로 전환되는 것은 아니다(대판 1999.9.17. 98다63018). ② 예를 들어 임대인(소유자)은 임대차계약의 만료로 임차인이자 간접점유자인 전대인을 상대로 목적물반환을 청구할 수 있다. 즉, 불법점유인 경우에는 직접점유자에게만 피고적격이 인정되지만(인도 청구할 수 있지만), 불법점유가 아닌 경우에는 간접점유자에게도 피고적격을 인정한다(대판 1995.6.30. 95다12927 등). ③ 대판 1976.9.28. 76다1588. ④ 대판 1993.3.9. 92다5300. ⑤ 틀림. 점유회수의 소의 점유에는 직접점유뿐만 아니라 간접점유도 포함되나, 간접점유를 인정하기 위해서는 점유매개관계가 필요하다. 이러한 점유매개관계는 직접점유자가 자신의 점유를 간접점유자의 반환청구권을 승인하면서 행사하는 경우에 인정된다(대판 2012.2.23. 2011다61424,61431). <답 ⑤>

4. 자주점유인지 여부는 일차적으로 권원의 객관적 성질에 의하여 판단된다. 권원의 성질이 분명하지 않다 하더라도 점유자의 점유는 일단 자주점유로 추정되고 따라서 그 입증책임도 자주점유를 부정하는 자에게 있다. 그런데 이러한 추정력이 모든 경우에 인정되는 것은 아니고 때로는 그러한 추정력이 깨지는 경우가 많다. 다음 설명 중 권원의 성질에 대한 해석상 타주점유인 경우 또는 자주점유의 추정이 깨지는 경우는 모두 몇 개인가? (이견이 있으면 판례나 다수의견에 따름)

㉠ 실제로 매매계약은 있었으나 그 매매계약이 무효인 경우 그 매수인의 점유
㉡ 토지를 매수하였으나 그것이 타인의 토지를 매매한 것이어서 그에 의하여 곧바로 소유권을 취득할 수 없거나 등기를 수반하지 않는 점유임이 밝혀진 경우
㉢ 귀속농지를 포함한 귀속재산의 점유

> ㉣ 점유자가 점유개시 당시에 소유권취득의 원인이 될 수 있는 법률행위나 기타 법률요건이 없이 그와 같은 법률요건이 없다는 사실을 잘 알면서 타인소유의 부동산을 무단점유한 것이 입증된 경우
> ㉤ 지상 건물과 함께 그 대지를 매수 취득하여 점유를 개시함에 있어서 매수인이 인접 토지와의 경계선을 정확하게 확인하여 보지 아니하여 착오로 인접 토지의 일부를 그가 매수 취득한 대지에 속하는 것으로 믿고 위 인접 토지의 일부를 현실적으로 인도받아 점유하여 온 경우

① 1개 ② 2개 ③ 3개
④ 4개 ⑤ 5개

해설

㉠ 실제로 매매계약이 있었던 이상 그 계약이 무효라 하더라도 매수인은 원칙적으로 자주점유자이다(대판 1994.12.27. 94다25513). 다만, 실제로 매매계약이 존재하지 않았는데 이를 오신하였다 하여 자주점유로 되지는 않는다(대판 1981.3.24. 80다1525). ㉡ 대판[전] 2000.3.16. 97다37661에서 다수의견은 이를 확인하고 있다. 따라서 매도인에게 처분권한이 없음을 매수인이 알고 있는 등에 대한 입증이 없다면 자주점유로 본다. ㉢ 귀속농지를 포함한 귀속재산의 점유자는 국가에 대한 보관자의 지위에 있게 되므로 권원의 성질상 타주점유이다(대판 1996.11.29. 95다54204 등). 즉, 시효취득을 주장하는 점유자가 사인(私人)에게는 처분권한이 없는 귀속재산이라는 사실을 알면서 이를 매수하여 점유를 개시한 경우에도 소유권 취득 원인이 될 수 있는 법률행위 기타 법률요건이 없이 그와 같은 법률요건이 없다는 사실을 잘 알면서 타인 소유 부동산을 무단점유한 것이 증명된 경우에는 자주점유의 추정이 번복된다(대판 2012.4.26. 2012다2187). ㉣ 점유자가 스스로 매매 등과 같은 자주점유의 권원을 주장하였으나 이것이 인정되지 않는 경우에도 자주점유를 추정할 것인가? 이 문제에 대하여 판례는 입장의 변화를 보여왔다. 1983년 전원합의체 판결에서는 '점유자가 스스로 그 점유권원의 성질에 의하여 자주점유를 입증할 책임이 없고 점유자의 점유가 소유의 의사 없는 타주점유임을 주장하는 상대방에게 타주점유에 대한 입증책임이 있다. 따라서 점유자가 스스로 매매 또는 증여와 같은 자주점유의 권원을 주장하였으나 이것이 인정되지 않는 경우에도 원래 이와 같은 자주점유의 권원에 관한 입증책임이 점유자에게 있지 아니한 이상 그 점유권원이 인정되지 않는다는 사유만으로 자주점유의 추정이 번복되거나 또는 점유권원의 성질상 타주점유라고 볼 수는 없다'고 판시하였다(대판[전] 1983.7.12. 82다708,709). 그러나 1997년 전원합의체 판결로서 종전의 입장을 변경하여 '점유자가 점유개시 당시에 소유권취득의 원인이 될 수 있는 법률행위 기타 법률요건이 없이 그와 같은 법률요건이 없다는 사실을 잘 알면서 타인소유의 부동산을 무단점유한 것이 입증된 경우에 특별한 사정이 없는 한 점유자는 타인의 소유권을 배척하고 점유할 의사를 갖고 있지 않다고 보아야 할 것이므로 이로써 소유의 의사가 있는 점유라는 추정은 깨졌다'고 판시하였다(대판[전] 1997.8.21. 95다28625). 하지만 최근에는 무단점유의 사실보다는 타인의 소유권을 배척하고 점유할 의사를 갖고 있는지를 중시하거나(예컨대 대판 2011.1.13. 2010다66699 사건에서, 수분양자들이 모두 구분소유의 대상인 건물에 관해서만 소유권이전등기를 마쳤을 뿐 대지의 지분에 관하여는 소유권이전등기를 넘겨받지 않은 경우-분양된 1976년 당시에는 집합건물법이 제정되기 전이어서 건물과 대지별 소유권이전등기의 절차가 별도로 필요하였음-, 대지를 점유하게 된 수분양자들이 아파

트 분양 당시 건물과 함께 대지까지도 분양이 되었다고 인정할 아무 자료를 제출하지 못하고 있다면 그 수분양자들은 점유 개시 당시에 소유권취득의 원인이 될 수 있는 법률행위 기타 법률요건이 없이 그와 같은 법률요건이 없다는 사실을 잘 알면서 타인 소유의 부동산을 무단점유한 것이라고 볼 여지가 많다고 판시했지만, 목적물을 거액의 채무를 위한 담보로 제공해도 이의를 제기하지 않는 등 점유자가 진정한 소유자라면 통상 취하지 아니할 태도를 나타내거나 소유자라면 당연히 취했을 것으로 보이는 행동을 취하지 아니한 경우 등 외형적 · 객관적으로 보아 점유자가 타인의 소유권을 배척하고 점유할 의사를 갖고 있지 아니하였던 경우에 해당한다고 볼 만한 사정이 증명되었다며 이를 이유로 자주점유의 추정이 번복되었다고 보았다), 무단점유 여부에 관하여 엄격한 입증을 요구한다(대판 2010.1.28. 2009다81517 사건에서 공시송달절차에 위반하는 등 그 공시송달이 부적법하여 이에 기한 소유권 취득이 무효라고 하더라도, 그러한 사정만으로 바로 국가가 점유 개시 당시에 타인 소유의 부동산을 무단점유한 것으로 인정되어 자주점유의 추정이 번복되지는 않는다.: 대판 2011.1.27. 2010다59967,59974도 같은 취지). ㉤ 자주점유로 판단하고 있다(대판 1999.6.25. 99다5866). <답 ②>

5. 점유에 관한 다음 설명 중 옳은 것을 모두 고르면? (다툼이 있는 경우에는 판례에 의함)

> ㉠ 점유자의 승계인이 자기의 점유만을 주장하는 경우, 전 점유자의 점유가 타주점유라 하더라도 현 점유자의 점유는 자주점유로 추정된다.
> ㉡ 어떤 사람이 본권에 관한 뚜렷한 근거를 내세우지 못한 채 다툼의 대상인 임야에 그의 선조의 분묘가 설치되어 있다거나 직접 또는 제3자를 통하여 임야 일부에 과수를 식재하고 땔감을 채취하는 등으로 이를 이용하여 왔다면 그가 해당 임야 전부에 대하여 점유하고 있다고 볼 수 있다.
> ㉢ 국가가 적법한 재산취득절차를 밟거나 토지 소유자들의 사용승낙을 받는 등 토지를 점유할 수 있는 일정한 권원 없이 사유토지를 도로부지에 편입시킨 경우, 타주점유이다.
> ㉣ 토지점유자가 점유기간 동안 부동산소유권이전등기 등에 관한 특별조치법의 시행에 따라 등기의 기회가 있었음에도 불구하고 이를 등한시하였고 오히려 토지소유자가 같은 법에 의하여 소유권보존등기를 마친 후에도 별다른 이의를 제기하지 않는 경우, 타주점유이다.
> ㉤ 공유자 1인이 다른 공유자의 지분을 포함한 공유토지 전부를 점유하는 경우, 타주점유이다.

① ㉠, ㉡, ㉢, ㉣, ㉤　② ㉠, ㉡, ㉣, ㉤　③ ㉠, ㉡, ㉢, ㉤
④ ㉠, ㉢, ㉣, ㉤　⑤ ㉡, ㉢, ㉣, ㉤

✍ **해설** ……………………………………

㉠ 옳음. 대판 2008.7.10. 2006다82540 참고. ㉡ 틀림. 물건에 대한 점유란 사회관념상 어떤 사람의 사실적 지배에 있다고 보이는 객관적 관계를 말하는 것으로서 이 때 말하는 사실적 지배는 반드시 물건을 물리적, 현실적으로 지배하는지 여부만이 아니라(대판 2012.1.27. 2011다74949에서는 "반드시 물건을 물리적·현실적으로 지배할 필요는 없다." 고 한다), 물건과 사람 사이의 시간적·공간적 관계, 그 배경이 되는 본권관계, 타인에 의한 지배가 주장되거나 인정될 가능성 등을 종합하여 사회관념에 따라 합목적적으로 판단하여야 하므로 (위 지문의 경우) 해당 임야 전부에 대하여 사실적 지배를 행사하고 있다고 볼 수는 없다(대판 2011.5.13. 2010다106719). ㉢ 옳음. 자주점유의 추정이 깨진다(대판 1997.9.12. 96다26299 등의 태도). ㉣ 옳음. 자주점유의 추정이 깨진다(대판 2000.3.24. 99다56765). ⓞ 옳음. 공유자 1인이 공유토지 전부를 점유하는 경우 다른 공유자의 지분비율의 범위 내에서는 타주점유이다(대판 1995.1.12. 92다19884). <답 ④>

6. 점유에 관한 설명 중 옳은 것(○)과 옳지 않은 것(×)을 바르게 표시한 것은?
(다툼이 있는 경우에는 판례에 의함) <사시 2008년: 배점 3>

㉠ 점유물인 토지의 소유권을 둘러싸고 당사자 사이에 불법점유 여부에 관한 다툼이 계속되다가 토지인도소송까지 제기되었다 하더라도 그 사실만으로 곧 그 점유의 평온·공연성이 상실된다고 할 수는 없다.
㉡ 타주점유자의 특정승계인이 자기의 점유만을 주장하는 경우, 그는 자기의 점유가 자주점유라는 점을 입증할 책임이 있다.
㉢ 乙이 甲으로부터 임차한 시계를 제3자 丙이 훔쳐간 경우, 甲은 丙을 상대로 乙에게 그 시계를 반환할 것을 청구할 수 있다.
㉣ 점유자를 상대로 한 점유자 명의의 소유권이전등기말소청구소송에서 점유자가 패소하고 그 판결이 확정된 경우, 그 소가 제기된 때부터 그 점유자의 점유는 타주점유로 간주된다.
㉤ 甲은 노트북을 절취하여 점유하다가 이를 고가에 팔아주겠다는 乙에게 속아 노트북을 乙에게 인도한 경우, 甲은 乙을 상대로 점유회수청구권을 행사할 수 있다.

① ㉠(×), ㉡(○), ㉢(○), ㉣(○), ㉤(×)
② ㉠(○), ㉡(×), ㉢(×), ㉣(×), ㉤(○)
③ ㉠(○), ㉡(○), ㉢(×), ㉣(×), ㉤(×)
④ ㉠(○), ㉡(×), ㉢(○), ㉣(×), ㉤(×)
⑤ ㉠(○), ㉡(×), ㉢(○), ㉣(×), ㉤(○)
⑥ ㉠(○), ㉡(○), ㉢(○), ㉣(○), ㉤(×)
⑦ ㉠(×), ㉡(○), ㉢(×), ㉣(○), ㉤(○)
⑧ ㉠(×), ㉡(○), ㉢(○), ㉣(×), ㉤(×)

해설

㉠ 그 점유가 불법이라고 주장하는 자로부터 이의를 받은 사실이 있거나 점유물의 소유권을 둘러싸고 당사자 사이에 법률상의 분쟁이 있었다고 하더라도 그러한 사실만으로 곧 그 점유의 평온 · 공연성이 상실된다고는 할 수 없다(대판[전] 1982.9.28. 81사9). ㉡ 점유의 승계가 있는 경우 전 점유자의 점유가 타주점유라 하여도 점유자의 승계인이 자기의 점유만을 주장하는 경우에는 현 점유자의 점유는 자주점유로 추정된다(대판 2002.2.26. 99다72743). 따라서 승계인 스스로 자주점유임을 입증할 필요가 없고, 그 상대방이 타주점유임을 입증하여야 한다. ㉢ 옳음. 제207조 2항 참조. ㉣ 진정소유자가 자신의 소유권을 주장하며 점유자 명의의 소유권이전등기는 원인무효의 등기라 하여 점유자를 상대로 토지에 관한 점유자 명의의 소유권이전등기의 말소등기청구소송을 제기하여 그 소송사건이 점유자의 패소로 확정되었다면, 그 점유자는 민법 제197조 2항의 규정에 의하여 그 소송의 제기시부터는 토지에 대한 악의의 점유자로 간주되고, 또 이러한 경우 토지 점유자가 소유권이전등기 말소등기청구소송의 직접 당사자가 되어 소송을 수행하였고 결국 그 소송을 통해 대지의 정당한 소유자를 알게 되었으며, 나아가 패소판결의 확정으로 점유자로서는 토지에 관한 점유자 명의의 소유권이전등기에 관하여 정당한 소유자에 대하여 말소등기의무를 부담하게 되었음이 확정되었으므로, 단순한 악의점유의 상태와는 달리 객관적으로 그와 같은 의무를 부담하고 있는 점유자로 변한 것이어서 점유자의 토지에 대한 점유는 패소판결 확정 후부터는 타주점유로 전환되었다고 보아야 할 것이다(대판 2000.12.8. 2000다14934 등 참고). ㉤ 점유자가 점유의 침탈을 당한 때에는 그 물건의 반환 및 손해의 배상을 청구할 수 있는데(제204조), 여기서 침탈이라 함은 점유자가 그의 의사에 기하지 않고서 사실적 지배를 빼앗기는 것을 말한다. 따라서 사기로 인해서 물건을 인도하거나(대판 1992.2.28. 91다17443), 빨랫줄에 널어놓은 빨래가 바람에 날려 이웃집에 넘어가거나 또는 유실물을 습득한 경우에는 점유물반환청구를 행사할 수 없다. 점유의 의사에 반하느냐의 여부는 직접점유자를 기준으로 한다. 따라서 甲은 乙의 사기로 인해 乙에게 노트북을 인도하였으므로 점유회수청구권을 행사할 수 없다. <답 ④>

7. 간접점유 및 점유보조에 관한 설명 중 옳은 것은? (다툼이 있는 경우에는 판례에 의함) <사시 2010년: 배점 2>

① 간접점유자는 직접점유자에 대한 목적물반환청구권을 양도하는 방법으로는 간접점유권을 양도할 수 없다.

② 처가 부(夫)와 함께 타인의 주택을 아무런 권원 없이 계속 점유 · 사용하면서 소유자의 인도 요구를 거부하고 있다면 처는 소유자에 대한 관계에서 점유보조자에 불과하다.

③ 매수인이 인도받은 소유권유보부 매매의 목적물을 타인에게 임치하였는데 그 타인의 채권자가 그 목적물을 압류한 경우, 매수인은 특별한 사정이 없는 한 그 강제집행을 용인하여야 할 의무가 있다.

④ 주택임차인이 임대인의 승낙을 받아 임차주택을 전대하고 그 전차인이 주택을 인도받아 자신의 주민등록을 마친 경우, 임차인은 간접점유자로서 주택임대차보호법상의 대항력을 취득한다.

⑤ 토지에 대한 취득시효완성으로 인한 소유권이전등기청구권은 그 토지에

대한 점유가 계속되는 한 시효로 소멸하지 아니하나, 여기서 말하는 점유에는 간접점유는 포함되지 않는다.

해설

① 점유권의 양도에는 제190조(목적물반환청구권의 양도)의 규정을 준용하므로(제196조 2항), 간접점유권도 목적물반환청구권의 양도에 의해 양도할 수 있다. ② 처는 소유자에 대한 관계에서 단순한 점유보조자에 불과한 것이 아니라 공동점유자로서 이를 불법점유하고 있다(대판 1998.6.26. 98다16456). ③ 매수인은 그 강제집행을 용인하여야 할 별도의 사유가 있지 아니한 한 소유권유보매수인 또는 정당한 권원 있는 간접점유자의 지위에서 민사집행법 제48조 제1항에 정한 '목적물의 인도를 막을 수 있는 권리'를 갖는다(대판 2009.4.9. 2009다1894). ④ 대판 2001.1.19. 2000다55645 참고. ⑤ 직접점유뿐만 아니라 간접점유도 포함한다고 해석하여야 한다(대판 1995.2.10. 94다28468). <답 ④>

8. 1960년 이전에는 원래 A명의로 된 땅이었다. 그런데 甲이 1960년부터 6년간 악의로 점유하였고, 그 후 乙이 1970년까지 4년간 악의로 점유하였으며, 이후 丙이 1980년까지 10년간 선의로 점유하고 있다. 다음 중 옳은 설명을 모두 나열하면?

(가) 丙은 甲 · 乙이 악의로 점유한 10년과 자신이 점유하고 있는 10년을 합산한 20년간의 점유를 주장할 수 있다.
(나) 丙은 자신이 선의로 점유한 10년과 乙이 악의로 점유한 4년 합계 14년간의 점유를 주장할 수 있다.
(다) 丙은 자신의 선의의 10년간의 점유만을 주장할 수 있다.
(라) 丙이 甲과 乙의 점유를 승계하는 경우에는 악의의 점유로서만 승계한다.
(마) 丙은 乙이 점유하고 있던 기간 중 1969년부터의 점유한 2년 합계 12년간의 점유를 주장할 수 있다.

① (가), (나)
② (가), (나), (다)
③ (가), (나), (다), (라)
④ (가), (나), (다), (마)
⑤ (가), (나), (다), (라), (마)

해설

위의 설문은 점유권승계의 효과에 대한 것으로서, 민법 제199조에서는 점유의 승계가 있는 경우 승계인은 자기의 점유만을 주장하거나 자기의 점유와 전 점유자의 점유를 아울러 주장할 수 있다고 하며(제199조 1항), 다만 전 점유자의 점유를 아울러 주장하는 경우에는 그 하자도 승계된다고 규정하고 있다(제199조 2항). 그러나 이와 같은 경우에도 그 점유의 시기로서 자기의 특정된 점유개시일이나 전 점유자의 특정된 점유개시일을 임의로 선택할 수 있는 것이지, 점유기간 중의 임의 시점을 선택할 수 있는 것은 아니다(대판 1982.1.26. 81다826 등). 그러므로 (마)만이 틀린다. 다만, (마)의 경우 취득시효기간 중 계속하여 등기명의자가 동일한 경우에는 임의의 시점을 기산점으로 삼을 수 있다(역산설: 대판 1998.5.12. 97다34037). <답 ③>

9. 점유권에 관한 다음 설명 중 틀린 것은?

① 선의점유자는 과실을 취득하는데 취득할 때 선의이면 되고 소비하고 남은 과실을 반환하여야 하는가에 관하여 학설이 대립한다.

② 점유자의 비용상환청구권에 있어서 점유자의 비용지출 후에 소유자가 교체된 경우에는 현재의 소유자가 전소유자의 반환범위에 속하는 것을 포함하여 함께 책임을 진다.

③ 악의의 자라도 점유물에 비용을 지출한 경우에는 회복자에게 반환청구를 할 수 있다.

④ 유효한 도급계약에 기하여 수급인이 도급인으로부터 제3자 소유 물건의 점유를 이전받아 이를 수리한 결과 그 물건의 가치가 증가했더라도 수급인에게 그 제3자에 대한 비용상환청구권이 인정되는 것은 아니다.

⑤ 점유물을 침탈당한 자가 손해배상을 청구함에 있어서, 그 손해배상은 불법행위에 대한 요건을 갖추지 않은 경우에도 인정된다.

해설

① 선의점유자가 취득할 수 있는 것은 수취한 과실의 전부라는 견해와 그 중에서 소비한 것에 한하여야 한다는 견해의 대립이 있다. ② 대판 1966.6.15. 65다598 등. ③ 제203조 1항 참조. ④ 도급인이 그 물건을 간접점유하면서 자신의 계산으로 비용지출과정을 관리한 것이므로 도급인만이 비용상환청구권을 행사할 수 있다(대판 2002.8.23. 99다66564, 66571). ⑤ 손해배상은 불법행위로 인한 손해배상을 말하는 것으로서 불법행위의 요건(특히 점유권에 대한 침해가 침해자의 과책 있는 행위이어야 함)을 갖춘 경우에 인정된다(대판 1997.12.2. 77다550 참고). <답 ⑤>

10. 점유권에 관한 설명 중 옳지 않은 것은? (다툼이 있는 경우에는 판례에 의함) <사시 2006년>

① 점유는 상속에 의하여 상속인에게 이전되고, 이러한 경우에 상속인이 피상속인의 점유의 성질과 하자를 그대로 승계한다.

② 점유보조자에게는 점유자를 위한 점유보호청구권은 인정되지 않지만, 자력구제권은 인정된다.

③ 타인 소유의 물건을 자신에게 소유권이 있다고 믿고 점유하는 자가 점유물을 소유자에게 반환할 때, 점유자는 그 동안 과실을 취득한 경우에도 소유자에게 유익비상환을 청구할 수 있다.

④ 전(前) 점유자의 점유가 타주점유라 하더라도 점유자의 특정승계인은 자기의 점유만을 주장할 수 있으며, 이 경우 승계인의 점유는 자주점유로 추정된다.

⑤ 점유자가 회복자에게 유익비상환을 청구한 것에 대하여 법원이 유익비상환기간을 6개월 유예한 경우, 점유자는 유예기간 동안 점유물에 관하여

유치권을 행사할 수 있다.

✍ **해설** ··

① 점유권은 상속인에게 이전하고(제193조), 상속인은 전 점유자의 그 하자도 승계한다(제199조 2항). 판례는 상속을 원인으로 한 경우 상속인은 자기만의 점유를 주장할 수 없다고 한다(대판 1997.12.12. 97다40100). ② 점유보조자는 점유권을 갖지 못하고, 점유주가 점유권을 가진다. 자력구제의 성질상 예외적으로 점유보조자도 점유주를 위해 자력구제권을 행사할 수 있다는 것이 통설이다. ③ 선의의 점유자는 점유물의 과실을 취득한다(제201조 1항). 과실을 취득한 경우에는 통상의 필요비를 청구하지 못하지만(제203조 1항 단서), 유익비의 상환은 청구할 수 있다. ④ 점유자의 (특별)승계인은 자기의 점유만을 주장하거나 자기의 점유와 전 점유자의 점유를 아울러 주장할 수 있고, 그는 소유의 의사로 선의, 평온 및 공연하게 점유한 것으로 추정 한다(제197조 1항). ⑤ 법률규정(제203조 3항, 제310조 2항, 제626조 2항)에 따라 법원이 유익비의 상환기간을 허여한 경우 채권자는 유치권을 상실하게 된다. 다시 말해서 변제기의 도래는 유치권의 성립요건이며 존속요건이다. <답 ⑤>

11. 점유자와 회복자 사이의 법률관계에 관한 다음 설명 중 옳지 않은 것은? (다툼이 있는 경우에는 판례에 의함)

① 선의의 점유자는 비록 법률상 원인 없이 타인의 토지를 점유 · 사용함으로 말미암아 타인에게 손해를 입혔다 할지라도 그 과실취득으로 인한 이득을 그 타인에게 반환할 의무는 없다.

② 선의의 점유자에게는 과실취득권이 인정되지만 그에게 과실이 있는 경우에는 불법행위로 인한 손해배상책임이 있다.

③ 악의의 점유자는 과실수취권이 인정되지 않는바, 그 반환범위는 민법 제748조 2항의 특칙인 제201조 2항에 따라 수취한 과실만을 반환하면 족하고 여기에 이자를 붙여 반환하거나, 위 이자의 이행지체로 인한 지연손해금을 지급할 필요가 없다.

④ 점유자가 점유물을 반환할 때에는 회복자에 대하여 점유물을 보존하기 위하여 지출한 금액 기타 필요비의 상환을 청구할 수 있으나, 점유자가 과실을 취득한 경우에는 통상의 필요비는 청구하지 못한다.

⑤ 점유자가 점유물을 보존하거나 개량하기 위하여 지출한 필요비나 유익비에 관한 상환청구권은 점유자가 회복자에게서 점유물 반환을 청구받은 때에 비로소 이를 행사할 수 있는 상태가 되고 이행기가 도래한다.

✍ **해설** ··

① 대판 1995.5.12. 95다573,580 등. ② 대판 1966.7.19. 66다994. ③ 그 동안 학설은 점유자와 회복자의 관계에 관한 민법 제201조 내지 203조를 부당이득반환범위에 관한 특칙이라고 하여 이를 우선적용하는 견해를 취하였으나, 판례는 '악의의 점유자'에 대해서 이를 부정하고 일반 부당이득반환법리를 적용함으로써 의미 있는 판결을 내렸다(대판 2003.11.14. 2001다61869). ④ 제203조. ⑤ 대판 2011.12.13. 2009다5162. <답 ③>

12. 점유자의 권리 또는 의무에 관한 설명 중 옳지 않은 것은? (다툼이 있는 경우에는 판례에 의함) <사시 2009년 : 배점 2>

① 민법 제201조 1항은 "선의의 점유자는 점유물의 과실을 취득한다."라고 규정하고 있는데, 여기서 선의의 점유자라 함은 과실수취권을 포함하는 권원이 있다고 오신한 점유자를 말하고, 다만 그와 같은 오신을 함에는 오신을 할 만한 정당한 근거가 있어야 한다.

② 점유자가 유익비를 지출할 당시 계약관계 등 적법한 점유의 권원을 가진 경우에 그 지출비용의 상환에 관하여는 그 계약관계를 규율하는 법조항이나 법리 등이 적용되는 것이어서, 점유자는 그 계약관계 등의 상대방에 대하여 해당 법조항이나 법리에 따른 비용상환청구권을 행사할 수 있을 뿐 계약관계 등의 상대방이 아닌 점유회복 당시의 소유자에 대하여 민법 제203조 2항에 따른 지출비용의 상환을 구할 수는 없다.

③ 악의의 점유자가 수취한 과실을 반환하도록 규정한 민법 제201조 2항의 규정은 민법 제748조 2항의 특칙으로서 악의의 수익자는 그 점유로 인한 이익을 반환하면 족하고, 그 이외에 그 이익에 대한 법정이자를 반환하여야 할 의무는 없다.

④ 부동산 매매계약이 취소된 경우 당해 부동산을 인도받은 선의의 매수인에게 민법 제201조가 적용되어 과실취득권이 인정되는 이상 선의의 매도인에게도 민법 제587조의 유추적용에 의하여 대금의 운용이익 또는 법정이자의 반환을 부정하여야 한다.

⑤ 민법 제204조 1항에 따른 점유자의 점유회수청구권은 점유를 침탈한 자의 특별승계인에 대하여는 행사할 수 없으나, 특별승계인이 악의인 때에는 예외적으로 이를 행사할 수 있다.

해설 ....

① 옳음. 점유자가 과실을 취득할 수 있는 권리를 가지고 있다고 오신한 데 대하여 과실이 있더라도 민법 제201조 1항의 적용을 받는다고 하는 것이 통설이다(곽윤직, 215면; 김용한, 202면; 이영준, 347면). 그러나 판례는 오신할 만한 정당한 근거가 있어야 한다고 한다(대판 1992.12.24. 92다22114 등 참고). ② 옳음. 민법 제203조 2항에 의한 점유자의 회복자에 대한 유익비상환청구권은 점유자가 계약관계 등 적법하게 점유할 권리를 가지지 않아 소유자의 소유물반환청구에 응하여야 할 의무가 있는 경우에 성립되는 것으로서, 점유자가 유익비를 지출할 당시 계약관계 등 적법한 점유의 권원을 가진 경우에 그 지출비용의 상환에 관하여는 그 계약관계를 규율하는 법조항이나 법리 등이 적용되는 것이어서, 점유자는 그 계약관계 등의 상대방에 대하여 해당 법조항이나 법리에 따른 비용상환청구권을 행사할 수 있을 뿐 계약관계 등의 상대방이 아닌 점유회복 당시의 소유자에 대하여 민법 제203조 2항에 따른 지출비용의 상환을 구할 수는 없다(대판 2003.7.25. 2001다64752 등). ③ 틀림. 타인 소유물을 권원 없이 점유함으로써 얻은 사용이익을 반환하는 경우, 악의 점유자에 관하여는 민법 제201조 2항에 따라 과실수취권이 인정되지 않으므로 악의 수익자가 반환하여야 할 범위는 민법 제748조 2항에 따라 정하여지는 결과 그는

받은 이익에 이자를 붙여 반환하여야 하며, 위 이자의 이행지체로 인한 지연손해금도 지급하여야 한다(대판 2003.11.14. 2001다61869). ④ 옳음. 쌍무계약이 취소된 경우 선의의 매수인에게 민법 제201조가 적용되어 과실취득권이 인정되는 이상 선의의 매도인에게도 민법 제587조의 유추적용에 의하여 대금의 운용이익 내지 법정이자의 반환을 부정함이 형평에 맞다(대판 1993.5.14. 92다45025). ⑤ 옳음. 점유자가 점유의 침탈을 당한 때에는 그 물건의 반환 및 손해의 배상을 청구할 수 있지만 침탈자의 특별승계인에 대하여는 이를 행사하지 못한다. 그러나 승계인이 악의인 때에는 그러하지 아니하다(제204조 1항, 2항).

<답 ③>

13. 다음과 같은 두 가지 사실관계(㉠, ㉡)에 관한 법적 설명 중 (가), (나), (다), (라) 옳은 것을 바르게 나열하고 있는 것은? (다툼이 있는 경우에는 판례에 의함)

㉠ A는 소유권에 기하여 B를 상대로 부동산의 불법점유를 이유로 목적물 및 점유기간 동안의 과실 또는 사용이익에 대하여 반환청구를 하였다.
㉡ A는 B로부터 건물을 임차하여 설비투자를 한 다음 영업장으로 사용하고 있었는데 그 후 위 건물을 낙찰 받은 C가 부동산인도명령의 집행에 의하여 A로부터 건물을 인도받았다.

(가) ㉠에서 A가 B를 상대로 반환청구의 소를 제기한 한 후 변론종결 전에 그 소유권이 제3자에게 이전되어 A의 청구가 기각되었다면 B의 점유가 악의의 점유임을 인정할 증거가 없기 때문에 B는 선의의 점유로 추정되어 과실을 취득할 수 있다.
(나) ㉡에서 A는 C에 대하여 지출비용의 상환을 구할 수 있다.
(다) ㉠에서 A의 소 제기 당시 부당이득 주장이 이유 있는 것으로 판단된다면 B는 그 소의 제기일부터 악의로 의제되어 부당이득을 반환하여야 한다.
(라) ㉡에서 A는 임대인인 B에 대하여 임대차계약상의 유익비상환청구를 할 수 있을 뿐이다.

① (가) ② (나), (다) ③ (다), (라)
④ (가), (라) ⑤ (나)

해설

㉠과 관련해서 판례는 소유권자가 점유자를 상대로 부동산의 불법점유를 이유로 한 부동산반환청구 및 점유기간 동안의 부당이득반환청구를 한 경우, 부당이득반환청구에 민법 제201조 1항, 제197조 1항을 적용함에 있어서는 소유권에 기한 부동산반환청구가 변론종결 전에 소유권이 상실되었음을 이유로 배척된다고 하더라도, 법원으로서는 소유권 상실 이전 기간의 부당이득반환청구와 관련하여 소유권자의 소유권의 존부와 점유자의 점유 권원의 유무 등을 가려서 그 청구의 당부를 판단하고, 소유권자의 부당이득 주장이 이유 있는 것으로 판단된다면 민법 제201조 1항, 제197조 1항에도 불구하고 적어도 그 소 제기일부터는 점유자의 점유를 악의로 의제하여 피고에 대하여 부당이득의 반환을 명하여야 한

다고 한다(대판 2001.11.22. 2001다6213). ㉡과 관련하여 판례는 점유자가 유익비를 지출할 당시 계약관계 등 적법한 점유의 권원을 가진 경우에 그 지출비용의 상환에 관하여는 그 계약관계를 규율하는 법조항이나 법리 등이 적용되는 것이어서, 점유자는 그 계약관계 등의 상대방에 대하여 해당 법조항이나 법리에 따른 비용상환청구권을 행사할 수 있을 뿐 계약관계 등의 상대방이 아닌 점유회복 당시의 소유자에 대하여 민법 제203조 2항에 따른 지출비용의 상환을 구할 수는 없다고 한다(대판 2003.7.25. 2001다64752). <답 ③>

14. 乙은 甲의 소유인 미등기의 과수원과 가옥 및 창고를 관리하여 오던 중 丙에게 이를 자기의 것이라고 속이고 2000년 4월 1일에 매각하였다. 乙의 소유로 믿은 丙은 2000년, 2001년, 2002년 가을에 사과를 수확하였다. 2001년 늦가을 丙은 노후되어 훼손된 가옥의 일부를 30만원을 들여 수리하였고, 재래식 부엌을 신식으로 개조하였다. 그런데 2002년 1월 어느 날 丙이 창고에서 작업을 하던 중 실수로 창고의 일부가 불타버렸다. 뒤늦게 이러한 사실을 안 甲은 2002년 4월 1일 丙을 상대로 소유권에 기한 반환청구소송을 제기하였고, 2003년 4월 1일에 승소판결을 받았다. 이 사례에 관한 설명 중 옳은 것은?

<사시 2004년>

① 甲은 丙에게 민법 제202조에 의하여 창고의 소실로 인한 모든 손해의 배상을 청구할 수 있다.
② 丙은 그가 수확한 모든 사과를 수취할 권리가 있다.
③ 부엌 개조로 인한 가옥 가액의 증가가 현존하는 경우, 丙의 선택에 따라 그 지출금액이나 증가액을 甲이 지불해야 한다.
④ 위 ③의 경우에 만약 丙이 악의라면 그 비용의 상환을 청구할 수 없다.
⑤ 丙은 2001년 늦가을 가옥을 수리한 비용에 대하여 甲에게 그 상환을 청구할 수 없다.

해설

① 매수인 丙은 자주점유자로서 선의이므로 현존이익만 반환하면 된다(제202조). ② 본권에 관한 소가 제기되어 점유자가 패소하면 그 소가 제기된 때부터 악의의 점유자가 되므로(제197조 2항), 2002년 가을에 수확한 과실에 대해서 병은 수취할 권리가 없다. ③ 회복자 甲의 선택에 따른다(제203조 2항). ④ 선의와 악의에 상관없이 비용상환청구권이 인정된다(제203조). ⑤ 일반적인 수리비는 통상비용인데 점유자가 과실을 취득한 경우 그 통상비용은 상환을 청구할 수 없다(제203조 1항). <답 ⑤>

15. A는 B의 자동차수리공장에 그의 자동차수리를 의뢰하였다. 수리가 끝난 후 그의 자동차는 공장 안에 보관되어 있었는데, 마침 C도 그의 자동차를 검사하기 위하여 B의 공장에 가져왔다. 마침 C는 역에서 수하물을 찾아와야 할 사정이 있었으나 그의 자동차의 검사가 완료되지 않았으므로 B의 기능공 D에게 공장 안에 있는 다른 자동차를 쓸 수 없겠느냐고 하였다. D는 양주 1병을 받기로 하고 A의 자동차 key를 건네주었다. C는 A의 자동차를 운전하여 역으로 가다가 그의 부주의로 화물트럭과 충돌하여 자동차의 범퍼를 파손시

켰다. C는 위 사실을 감춘 채 파손된 자동차를 가지고 와서 D에게 약속한 양주 1병을 주었다. A가 그의 자동차를 가져가기 위하여 B의 공장에 왔을 때 자신의 자동차의 범퍼가 파손되었음을 발견하였다. A가 C와 D에게 청구할 수 있는 행위 중 틀린 것은?

① C는 그의 부주의로 자동차의 범퍼를 파손시켰으므로 회복자인 A에 대해서 그 손해를 배상하여야 한다.
② A는 C에게 자동차를 다시 수리하는 기간 동안 이를 사용할 수 없게 됨으로 인하여 발생한 손해에 대해 불법행위에 기한 손해배상청구를 할 수 있다.
③ A와 D 사이에는 점유자와 회복자의 관계가 성립하므로 D는 제202조에 기하여 범퍼에 대한 손해를 배상하여야 한다.
④ A는 D에 대하여 750조에 기하여 손해배상을 청구할 수 있다.
⑤ D가 취득한 양주는 부당이득에 해당되어 A는 이에 대한 반환청구를 행사할 수 있다.

해설 ....

A는 자동차의 소유자이자 간접점유자(제194조)이므로 불법점유자 C에 대하여 점유자와 회복자의 관계에 있다. A는 회복자로서 C의 선의·악의를 기준으로 하여 점유자의 책임을 물을 수 있다(제202조). 또한 A는 C의 권원 없는 불법점유로 야기된 자동차의 파손에 대하여 불법행위책임을 물을 수 있다. 그리고 A와 D 사이에는 D가 점유자로서의 지위를 갖는가에 따라 점유자·회복자관계의 문제(제202조)가 검토되어야 한다. ① A와 B 사이에 체결된 도급계약이라는 점유매개관계에 의하여 B는 자동차에 대한 점유권을 갖게 되지만 B에게는 제3자에게 점유를 이전할 권한은 인정되지 않는다. 따라서 C는 자동차가 파손되는 시점에 점유권을 갖지 않는다. 그렇다면 점유보조자인 D 또한 점유이전권한이 없으므로 C의 점유는 권원 없는 불법점유가 된다. 민법 제202조는 점유취득시에 점유자가 악의일 때에는 손해의 전부를 배상해야 한다고 규정하고 있다. 이 경우에 선의·악의라 함은 점유물에 대하여 점유할 권한을 갖고 있는가에 대한 인식이 문제된다. 그런데 사례의 경우 C는 그 자동차가 B의 공장에 맡겨진 어느 고객의 자동차라는 것을 알 수 있었기 때문에, 자동차에 대한 소유자(A)와 점유자(B)와의 관계를 알 수 있었고, 따라서 C의 악의가 인정된다. 악의의 점유자는 자주점유 또는 타주점유를 불문하고 손해의 전부를 배상하여야 한다. 그러므로 C는 그의 부주의로 자동차의 범퍼를 파손시켰기 때문에 회복자인 A에 대해서 그 손해를 배상하여야 한다(제202조). ② 자동차 수리기간 동안 이를 사용하지 못함으로써 발생한 손해(후속손해 중 통상손해)와 관련하여 소수설은 민법 제202조는 이른바 후속손해의 배상을 인정하고 있지 않으므로 민법 제202조에 의한 손해배상청구권과 병행하여 불법행위에 의한 손해배상청구권을 행사할 수 없다고 한다(이영준, 354면). 그러나 다수설(김용한, 204면; 장경학, 330면)이나 판례(대판 1961.6.29. 4293민상704 등)의 태도에 따르면, 점유물 자체에 대한 손해와 함께 후속손해가 발생한 경우에 회복자 A는 불법행위에 기한 손해배상청구권을 선택할 수밖에 없다. ③ D는 B의 종업원으로서 점유보조자에 지나지 않으므로(제195조) 제192조와 제196조는 적용될 여지가 없으며 A와 D 사이에는 점유자와 회복자의 관계가 성립할 수 없다. ④ D가 점유보조자로서 C에게 자동차의 이용을 허용하는 행위는 A에 대하여 불법행위를 구성한다. ⑤ 물건의 사용에 따른 이익은 일종의 과실(제101조)이고, 물건의 양도로부터 나오는 반대급부도 간접적

인 과실에 해당한다. 자동차의 이용을 대가로 C가 D에게 제공한 양주도 과실에 해당한다. D가 취득한 양주는 부당이득에 해당되어 A는 이에 대한 반환청구권(제741조)을 행사할 수 있다. D는 점유자가 아니므로 A와 D 사이에 소유자·점유자관계가 인정될 수 없으나, D가 C에게 자동차를 사용케 하면서 양주를 받은 것은 악의의 점유자가 과실을 수취한 것과 유사하다고 판단되므로 제201조 2항을 유추적용할 수 있을 것이다. 제201조 2항의 유추적용은 제741조의 적용에 우선한다고 생각된다. <답 ③>

16. 甲은 조세포탈, 강제집행의 면탈 또는 법령상 제한의 회피 목적 없이, 자신이 소유하고 있던 10층 건물을 편의상 배우자 乙 명의로 해둘 목적으로 乙에게 소유권이전등기를 해주었고, 乙은 위 건물을 이용하여 자신의 명의로 임대업을 하고 있다. 그런데 乙의 피용자로서 위 건물 경비 및 차임징수 업무를 보조하는 丙은 위조한 乙의 위임장을 제시하며 자신이 乙의 대리인이라고 말하고, 丁에게 위 건물의 X 부분을 임대기간 2007.10.1. - 2011.9.30.로 하여 임대하였다(표현대리는 성립하지 않는다고 가정함). 丁은 2007.10.1. 丙으로부터 X 부분을 인도받아 2011.2.19. 현재까지 점유· 사용하고 있다. 丙은 乙에게 허위로 보고하면서 丁이 매월 지급하는 임차료를 착복하였다. 丙의 무권대리행위와 착복사실을 알게 된 乙은 2010.5.1. 그 사실을 丁에게 알리고 丁에게 X 부분의 반환을 요구하였으나 丁은 이에 응하지 아니하고 있다. 甲, 乙, 丙, 丁 사이의 법률관계에 관한 설명 중 옳지 않은 것은? (다툼이 있는 경우에는 판례에 의함) <사시 2011년: 배점 3>

① 乙은 대외적 관계에서 건물의 소유자이므로 특별한 사정이 없는 한 소유권에 기하여 丁에게 X 부분의 반환을 청구할 수 있다.

② 丁이 2007.10.1.부터 2011.2.19.까지 법률상 원인 없이 乙의 건물을 점유·사용하고 이로 인하여 乙에게 손해를 입혔더라도, 丁이 자신에게 임차권이 있다고 믿은 데에 정당한 사유가 있다면, 丁은 위 기간 중 그 점유·사용에 따른 이득의 일부는 적법하게 취득할 수 있다.

③ 乙이 2010.5.2.부터 2011.2.19.까지 X 부분에 관하여 발생한 손해의 배상을 丁에게 불법행위책임에 기하여 청구할 경우, 丁은 그 배상의무가 없다.

④ 乙은 丙에게 손해배상을 청구할 수 있을 뿐만 아니라 丙과의 고용계약을 해지할 수 있다.

⑤ 丙의 무권대리행위로 인해 손해를 입은 경우에는 丁은 丙에 대하여는 불법행위책임을 물을 수 있고, 이때 乙에 대하여도 사용자책임을 물을 수 있다면 乙과 丙은 丁에게 부진정연대채무를 진다.

해설

① 옳음. 부동산실명법 제8조 및 민법 제213조. ② 옳음. 제201조 1항. ③ 틀림. 乙이 丙의 무권대리행위와 착복사실을 2010.5.1. 丁에게 알렸으므로 그 다음날부터는 악의의 점유자가 되므로 과실수취권이 없게 되어 배상의무를 지게 된다(제201조 2항). ④ 옳음. 제

661조 참조. ⑤ 옳음. 대판 2000.3.14. 99다67376 참고. <답 ③>

17. 점유자의 점유보호청구권과 관련한 판례의 태도 중 틀린 것은?

① 부동산의 점유침탈의 경우 점유자가 침탈사실을 알고 모르고는 상관없이 침탈을 당한 후 상당기간이 흘렀다면 자력탈환권을 행사할 수 없다.

② 사기의 의사표시에 의해 건물을 명도해 준 것이라면 건물의 점유를 침탈 당한 것이 아니므로 피해자는 점유회수의 소권을 가지지 않는다.

③ 직접점유자가 임의로 점유를 타인에게 양도한 경우에 그 점유이전이 간접점유의 의사에 어긋나면 간접점유자의 점유가 침탈된 경우에 해당된다.

④ 선박의 점유자가 타인이 자기에게 소유권이 있음을 이유로 점유를 침탈하려 한다면 그 점유자는 방해의 예방을 청구할 수 있다.

⑤ 위법한 강제집행에 의해 목적물의 인도를 받은 채권자는 공권력을 빌려서 채무자의 점유를 침탈하였다고 새길 수 있다.

해설

① 제209조 2항에 규정된 점유자의 자력탈환권을 점유가 침탈되었을 때 시간적으로 좁게 제한된 범위 내에서 자력으로 점유를 회복할 수 있다는 것으로서, 위 규정에서 말하는 '즉시'란 '객관적으로 가능한 한 신속히' 또는 '사회관념상 가해자를 배제하여 점유를 회복하는 데 필요하다고 인정되는 범위 안에서 되도록 속히' 라는 뜻으로 해석할 것이므로 위 지문과 같이 상당한 시간이 흘렀다면 자력탈환권을 행사할 수 없다(대판 1993.3.26. 91다14116). ② 대판 1992.2.25. 91다17443. ③ 간접점유자도 그 점유권에 기해 점유물반환청구권을 갖는데, 간접점유자의 반환청구권이 발생하기 위해서는 직접점유자가 점유를 침탈당했을 것을 요건으로 한다. 직접점유의 침탈 없는 간접점유만의 침탈은 인정되지 않는다. 직접점유의 침탈이란 직접점유자의 의사에 어긋나서 점유를 박탈당한 것을 가리킨다. 따라서 직접점유자가 임의로 점유를 타인에게 양도한 경우에는 점유이전이 간접점유자의 의사에 반한다 하더라도 간접점유자의 점유가 침탈된 경우에 해당하지 않는다(대판 1993.3.9. 92다5300). ④ 대판 1970.5.12. 70다327. ⑤ 대판 1963.2.21. 62다919. <답 ③>

제 2 절 소 유 권

1. 건물의 구분소유에 관한 설명으로 옳지 않은 것은? (다툼이 있는 경우에는 판례에 의함) <사시 2008년 변형>

① 집합건물의 건축자로부터 전유부분과 대지부분을 매수하여 소유권 취득의 실질적 요건은 갖추었으나, 전유부분에 대한 소유권이전등기만 경료받고 대지지분에 대하여는 소유권이전등기를 받지 못한 매수인은, 매매계약의 효력으로서 전유부분의 보유를 위하여 건물의 대지를 점유·사용할 권리가 있고, 이러한 점유사용권은 단순한 점유권과는 차원을 달리하는 본권이다.

② 환지절차의 지연 등 특별한 사정으로 인하여 집합건물의 전유부분에 대하여만 소유권이전등기를 받은 매수인은, 대지지분에 대한 소유권이전등기를 받기 전이라도 대지사용권을 전유부분과 분리하여 처분할 수 없다.

③ 관리단은 구분소유관계가 성립하는 건물이 있는 경우 당연히 그 구분소유자 전원을 구성원으로 하여 성립되는 단체이므로, 집합건물에 입주가 이루어져서 공동관리의 필요가 생긴 때에는 그 당시의 미분양된 전유부분의 구분소유자도 그 구성원이 된다.

④ 법률상 1개의 부동산으로 등기된 기존건물이 증축되었고 그 증축부분이 기존건물의 구성부분이 아닌 별개의 건물인 경우, 이를 구분건물로 하기 위해서는 구분건물로서 등기하여야 하고 증축으로 인한 건물표시변경등기를 하여서는 아니 된다.

⑤ 집합건물인 상가건물의 지하주차장이 건물신축 시 건축법규에 따른 부속주차장으로 설치되었으나, 분양계약상의 특약에 의하여 그 건물을 분양받은 구분소유자들의 동의 아래 공용부분에서 제외되어 따로 분양되었고, 구조상으로나 이용상으로 독립성을 갖춘 경우에는 구분소유의 대상이 될 수 있다.

⑥ 구분소유권의 성립시점은 원칙적으로 건물 전체가 완성되어 당해 건물에 관한 건축물대장에 구분건물로 등록된 시점이고, 다만 예외적으로 건축물대장에 등록되기 전에 등기관이 집행법원의 등기촉탁에 의하여 미등기건물에 관하여 소유권 처분제한의 등기를 하면서 구분건물의 표시에 관한 등기를 하는 경우에는 등기된 시점이다.

해설 ....

① 대판[전] 2000.11.16. 98다45652 등 참고. ② 집합건물의 소유 및 관리에 관한 법률의 규정내용과 입법취지를 종합하여 볼 때, 대지의 분·합필 및 환지절차의 지연, 각 세대당 지분비율 결정의 지연 등의 사정이 없었다면 당연히 전유부분의 등기와 동시에 대지지분의 등기가 이루어졌을 것으로 예상되는 경우, 전유부분에 대하여만 소유권이전등기를 경료받았으나 매수인의 지위에서 대지에 대하여 가지는 점유·사용권에 터잡아 대지를 점유하고 있는 수분양자는 대지지분에 대한 소유권이전등기를 받기 전에 대지에 대하여 가지는 점유·사용권인 대지사용권을 전유부분과 분리 처분하지 못한다(대판[전] 2000.11.16. 98다45652). ③ 건물에 대한 구분소유관계가 성립하면 그 건물 및 대지와 부속시설의 관리를 위하여 구분소유자 전원으로 관리단을 구성하도록 되어 있다(집합건물법 제23조 1항. 한편 '관리단은 건물의 관리 및 사용에 관한 공동이익을 위하여 필요한 구분소유자의 권리와 의무를 선량한 관리자의 주의로 행사하거나 이행하여야 한다'는 제23조의2가 신설되어 2013.6.19. 시행된다). 관리단은 특별한 조직행위가 없더라도 구분소유관계가 존재하면 당연히 성립된다(대판 2005.11.10. 2003다45496 등 참고). 따라서 집합건물의 분양이 개시되고 입주가 이루어져서 공동관리의 필요가 생긴 때에는 그 당시의 미분양된 전유부분의 구분소유자를 포함한 구분소유자 전원을 구성원으로 하는 관리단이 설립된다

(대판 2002.12.2. 2002다45284). 그러나 상가의 구분소유자 일부만이 주주가 되어 설립한 주식회사는 그 상가를 관리하였다고 하더라도 건물의 관리단으로 볼 수 없다(대판 2002.10.11. 2002다43851). ④ 대판 1999.7.27. 98다32540 참고. ⑤ 대판 1995.12.26. 94다44675 참고. ⑥ 1동의 건물에 대하여 구분소유가 성립하기 위해서는 객관적·물리적인 측면에서 1동의 건물이 존재하고, 구분된 건물부분이 구조상·이용상 독립성을 갖추어야 할 뿐 아니라, 1동의 건물 중 물리적으로 구획된 건물부분을 각각 구분소유권의 객체로 하려는 구분행위가 있어야 한다. 여기서 구분행위는 건물의 물리적 형질에 변경을 가함이 없이 법률관념상 건물의 특정 부분을 구분하여 별개의 소유권의 객체로 하려는 일종의 법률행위로서, 그 시기나 방식에 특별한 제한이 있는 것은 아니고 처분권자의 구분의사가 객관적으로 외부에 표시되면 인정된다. 따라서 구분건물이 물리적으로 완성되기 전에도 건축허가신청이나 분양계약 등을 통하여 장래 신축되는 건물을 구분건물로 하겠다는 구분의사가 객관적으로 표시되면 구분행위의 존재를 인정할 수 있고, 이후 1동의 건물 및 그 구분행위에 상응하는 구분건물이 객관적·물리적으로 완성되면 아직 그 건물이 집합건축물대장에 등록되거나 구분건물로서 등기부에 등기되지 않았더라도 그 시점에서 구분소유가 성립한다(대판[전] 2013.1.17. 2010다71578). 지문은 대법관 4인의 반대의견이다.

<답 ⑥>

2. 집합건물의 법률관계에 관한 다음 설명 중 옳은 것은? (다툼이 있으면 판례에 의함)

① 구분소유자의 의사가 불분명하더라도 1동의 건물 중 구분된 각 부분이 구조상·이용상 독립성을 가지고 있는 경우에는 그 1동 전체를 1개의 건물로 등기하는 것은 허용되지 않고, 그 각 부분을 1개의 구분건물로 등기하여야 한다.

② 공용부분에 대한 지분은 각자가 가지는 전유부분의 면적의 비율에 의하나, 지분권자가 공유물의 분할을 약정한 경우에는 공용부분의 분할을 청구할 수 있다.

③ 구분소유자의 구분소유권과 대지사용권은 일체성을 가지므로 대지사용권은 건물이 소재하는 토지의 소유권에 한정된다.

④ 재건축 결의의 내용을 변경함에 있어서는 그것이 구성원인 조합원의 이해관계에 미치는 영향에 비추어 조합원 전원의 합의가 아니라 조합원 5분의 4 이상의 결의가 있으면 충분하다.

⑤ 공동주택관리규약에서 입주자대표회의가 공동주택의 구분소유자를 대리하여 공용부분 등의 구분소유권에 기초한 방해배제청구 등의 권리를 행사할 수 있다고 규정하고 있다면 공용부분 등의 불법 점유자에 대한 방해배제청구나 부당이득반반환 등의 권리를 재판상 행사할 수 있다.

⑥ 집합건물의 부지가 된 토지가 여러 필지인 경우에 그 전부가 일체로서 집합건물을 위한 대지사용권의 목적이 되었더라도 구분소유자 중 일부가 위 부지 중 일부 필지에 대하여만 대지권으로서의 공유등기를 가지고 다른 필지에 대하여는 그것이 없는 이상, 부지 전부를 구분소유를 위

한 용도에 따라 사용할 수는 없다.

해설

① 건물의 구분소유권에 따른 등기 여부는 우선 소유자의 의사가 있어야 하고, 물리적으로 구분건물이 구조상·이용상 독립성을 갖추어야 한다. 따라서 지문은 소유자의 구분의사가 드러나 있지 않으므로 틀린 지문이다(대판 1999.7.27. 98다35020: 증축부분의 구조상·이용상 독립성이 있음에도 소유자가 건물표시변경등기를 한 사안). ② 공용부분의 분할 청구는 허용되지 않는다(제268조). ③ 대지소유권 이외에도 대지사용권에는 지상권 등 용익권도 포함된다(대판 2001.2.9. 2000다62179). ④ 재건축결의의 내용을 변경하는 결의에 있어서 의결정족수 및 서면결의의 가부에 관한 지문이다. 재건축 결의에 따라 설립된 재건축조합은 민법상의 비법인사단에 해당하므로(대판 2001.5.29. 2000다10246 등 참고) 그 구성원의 의사의 합의는 총회의 결의에 의할 수밖에 없다고 할 것이나, 다만 위 의제된 합의 내용인 재건축 결의의 내용을 변경함에 있어서는 그것이 구성원인 조합원의 이해관계에 미치는 영향에 비추어 재건축결의시의 의결정족수를 규정한 집합건물법 제47조 2항을 유추적용하여 조합원 5분의 4 이상의 결의가 필요하다고 할 것이다. 이와 달리 집합건물의 소유 및 관리에 관한 법률(집합건물법이라 한다) 제49조에 의하여 재건축에 관한 합의가 이루어진 경우 그 의제된 합의의 내용인 재건축결의의 내용을 변경함에 있어서는 조합원 전원의 합의가 필요하다고 한 대법원 1998.6.26. 선고 98다15996 판결은 이 판결의 견해와 저촉되는 한도에서 변경하기로 한다(대판[전] 2005.4.21. 2003다4969: 반대의견 없음). ⑤ 집합건물에 있어서 공용부분이나 구분소유자의 공유에 속하는 건물의 대지 또는 부속시설을 제3자가 불법으로 점유하는 경우에 그 제3자에 대하여 방해배제와 부당이득의 반환 또는 손해배상을 청구하는 법률관계는 구분소유자에게 단체적으로 귀속되는 법률관계가 아니고 공용부분 등의 공유지분권에 기초한 것이어서 그와 같은 소송은 1차적으로 구분소유자가 각각 또는 전원의 이름으로 할 수 있고, 나아가 집합건물에 관하여 구분소유관계가 성립하면 동시에 법률상 당연하게 구분소유자의 전원으로 건물 및 그 대지와 부속시설의 관리에 관한 사항의 시행을 목적으로 하는 단체인 관리단이 구성되고, 관리단집회의 결의에서 관리인이 선임되면 관리인이 사업집행에 관련하여 관리단을 대표하여 그와 같은 재판상 또는 재판외의 행위를 할 수 있다. 따라서 입주자대표회의는 공동주택의 관리에 관한 사항을 결정하여 시행하는 등의 관리권한만을 가질 뿐으로 구분소유자에게 고유하게 귀속하는 공용부분 등의 불법 점유자에 대한 방해배제청구 등의 권리를 재판상 행사할 수 없다(대판 2003.6.24. 2003다17774). (마찬가지로) 집합건물법상 하자담보추급권으로 인정되는 손해배상청구권은 특별한 사정이 없는 한 구분소유자에게 귀속되는 것으로 입주자대표회의에는 권리가 없고, 주택법령에 의하여 입주자대표회의가 가지는 권리는 사업주체에 대하여 하자보수의 이행을 청구할 수 있는 권리일 뿐이고 그에 갈음한 손해배상을 청구할 권리는 인정되지 않는다. 또한 입주자대표회의가 주택법령에 근거하여 건설공제조합에 대하여 가지는 보증금청구권은 사업주체의 하자보수의무를 주채무로 한 보증채무의 성격을 가지는 것일 뿐 집합건물법에 의한 구분소유자들의 손해배상청구권과는 무관한 것이다. 다시 말해 집합건물법에 의한 구분소유자들의 손해배상청구권과 주택법령에 의한 입주자대표회의의 하자보수이행청구권 및 보증금지급청구권은 인정 근거와 권리관계의 당사자 및 책임내용 등이 서로 다른 별개의 책임이다. 또한 입주자대표회의에 대한 건설공제조합의 보증금지급채무는 사업주체의 하자보수이행의무에 대한 보증채무일 뿐이고 입주자대표회의에 대한 사업주체의 손해배상채무가 주채무인 것은 아니므로, 입주자대표회의가 사업주체에 대하여 주장하는 손해배상청구권과 건설공제조합에 대하여 주장하는 보증금지급청구권 사이에도 법률상의 직접적인 연계관계는 없다(대판 2012.9.13. 2009다23160). ⑥ 각 구분소유자는 별도의 규약이 존재하는 등의 특별한 사정이 없

는 한 그 부지에 대한 공유지분의 비율에 관계없이 부지 전부를 구분소유를 위하여 용도에 따라 사용할 수 있는 적법한 권원을 가진다. 이는 부지가 된 토지가 여러 필지인 경우에 그 전부가 일체로서 집합건물을 위한 대지사용권의 목적이 되었다면 구분소유자 중 일부가 위 부지 중 일부 필지에 대하여만 대지권으로서의 공유등기를 가지고 다른 필지에 대하여는 그것이 없다고 하더라도 마찬가지다(대판 2011.6.9. 2008다73755). <답 ④>

3. 집합건물의 법률관계에 관한 설명이다. 옳은 것(○)과 옳지 않은 것(×)을 바르게 표시한 것은? (다툼이 있는 경우에는 판례에 의함)

> ㉠ 관리단은 구분소유관계가 존재하더라도 구분소유자들의 총회를 통하여 구성하지 않으면 성립하지 않는다.
> ㉡ 미분양된 전유부분의 구분소유자도 그 관리단의 구성원이 될 수 있다.
> ㉢ 상가의 구분소유자 일부만이 주주가 되어 설립한 주식회사는 그 상가를 관리하였다고 하더라도 건물의 관리단으로 볼 수 없다.
> ㉣ 구분소유자가 집합건물의 규약에서 정한 업종준수의무를 위반할 경우, 단전·단수 등 제재조치를 할 수 있다.
> ㉤ 집합건물법 제41조 제1항 본문에서 정한 구분소유자의 서면 결의의 수를 계산할 경우, 한 사람이 집합건물 내에 수 개의 구분건물을 소유한 경우에는 이를 1인의 구분소유자로 보아야 한다.

① ㉠(○), ㉡(○), ㉢(○), ㉣(○), ㉤(○)
② ㉠(○), ㉡(○), ㉢(×), ㉣(×), ㉤(○)
③ ㉠(○), ㉡(×), ㉢(○), ㉣(○), ㉤(×)
④ ㉠(○), ㉡(×), ㉢(×), ㉣(○), ㉤(○)
⑤ ㉠(×), ㉡(○), ㉢(○), ㉣(○), ㉤(×)
⑥ ㉠(×), ㉡(○), ㉢(×), ㉣(×), ㉤(×)

해설 ……………………………………

㉠ 관리단은 특별한 조직행위가 없더라도 구분소유관계가 존재하면 당연히 성립된다(대판 1995.3.10. 94다49687,49694 등). ㉡㉢ 미분양된 전유부분의 구분소유자도 그 관리단의 구성원이 될 수 있지만(대판 2002.12.27. 2002다45284), 상가의 구분소유자 일부만이 주주가 되어 설립한 주식회사는 그 상가를 관리하였다고 하더라도 건물의 관리단으로 볼 수 없다(대판 2002.10.11. 2002다43851). ㉣ 대판 2004.5.13. 2004다2243. ㉤ 대판 2011.10.13. 2009다65546. <답 ②>

4. 甲은 이웃에 위치한 乙의 병원 영안실에서 나오는 악취와 소음을 견딜 수 없어 담장을 높이고 방음장치를 하는 등의 차단시설의 설치가 필요하게 되었다. 이에 관한 설명 중 틀린 것은? <사시 2000년>

① 甲은 소유자로서 차단시설의 설치와 더불어 손해배상의 담보를 요구할

수 있다.

② 甲은 상린관계에 기한 생활방해금지조치로서 차단시설의 설치를 요구할 수 있다.

③ 甲은 점유권에 기한 방해예방청구권을 행사하여 차단시설의 설치를 요구할 수 있다.

④ 甲은 불법행위를 이유로 차단시설의 설치를 요구할 수 없다.

⑤ 甲이 임차인이라면 소유자인 임대인의 소유권에 기한 방해예방청구권을 대위행사하여 차단시설의 설치를 요구할 수 있다.

해설 ………………………………………

① 甲은 소유자로서 자신의 소유물이 방해될 염려가 있는 경우에 그 행위를 한 자에 대하여 그 예방 '또는' 손해배상의 담보를 청구할 수 있다(제214조 후단). ② 乙은 생활방해방지에 필요한 조치를 취할 의무를 부담한다(제217조). 판례도 수인한도를 넘는 경우에 위 조치의무를 인정하고 있다. 예를 들어, 피고가 운영하는 병원이 그 부지의 도시계획상 용도에 적합한 공익시설이고 이를 운영함에 있어서 응급실과 영안실의 설치가 필수적이라고 하더라도, 원고들이 거주하는 빌라의 전면이 위 병원의 부지 쪽을 향하여 건축된 다음 상당한 기간이 지난 후에 위 병원이 건축된 점, 위 빌라 부지와 병원 부지 사이의 경계로부터 위 병원의 3층 산부인과 입원실의 빌라 쪽 창문까지의 직선거리는 차면시설의무가 있는 법정 거리인 2미터에 미치지 못하는 점, 피고로서는 위 병원의 운영에 지장을 초래하지 않는 범위 내에서 원고들의 생활방해를 방지하거나 감소시키기 위한 조치를 할 수 있었을 것으로 보이는 점 등에 비추어, 피고가 위와 같은 조치를 하지 아니함으로써 발생한 생활방해는 원고들에게 사회통념상 요구되는 수인의 한도를 넘은 것이라고 봄이 상당하다(대판 1997.10.28. 95다15599). ③ 제206조 1항. ④ 출제 당시에는 금전배상이 원칙이라는 점에서(제763조 및 제394조) 옳은 지문이었으나, 현재 판례의 태도에 비추어 틀린 지문이 될 수 있다(대판 2011.10.13. 2010다63720: 특정인의 통행 자유를 침해하였다면 민법상 불법행위에 해당하며, 침해를 받은 자로서는 그 방해의 배제나 장래에 생길 방해를 예방하기 위하여 통행방해 행위의 금지를 소구할 수 있다고 보아야 한다). ⑤ 제404조 및 대판 1962.1.25. 4294민상607 참고. <답 ①>

5. 일조권의 침해에 관한 설명 중 옳지 않은 것은? (다툼이 있는 경우에는 판례에 의함) <사시 2013년 변형: 배점 2>

① 어떠한 건물 신축이 그 건축 당시의 건축법 등 관계 법령의 일조방해에 관한 직접적인 단속법규에 적합하더라도, 현실적인 일조방해의 정도가 현저하게 커 사회통념상 수인한도를 넘은 경우에는 위법행위로 평가될 수 있다.

② 일조권 침해에 있어 객관적인 생활이익으로서 일조이익을 향유하는 '토지의 소유자 등'에, 임차인 등의 거주자는 포함되나 가해건물로 인하여 일조방해를 받고 있는 인근 초등학교의 학생들은 이에 포함되지 않는다.

③ 일조방해와 같은 생활이익에 대한 침해가 위법한지를 판단함에 있어 특별한 사정이 없다면, 수인한도를 초과하지 않는 생활이익에 대한 침해를 다른 생활이익 침해로 인한 수인한도 초과 여부의 판단이나 손해배상액 산정의 직접적인 근거 사유로 삼을 수는 없다.

④ 위법한 일조방해로 인한 재산상의 손해는 특별한 사정이 없는 한 가해건물이 완성될 때 가해건물 철거의무를 이행하지 않음으로써 일회적으로 발생한다고 볼 수 있으나, 정신적 손해는 가해건물이 존속하는 동안 날마다 계속 발생하므로, 그 위자료 청구권의 소멸시효는 특별한 사정이 없는 한 가해건물이 피해 부동산의 일조를 방해하는 상태로 존속하면 날마다 개별적으로 진행한다.

⑤ 동시에 또는 거의 같은 시기에 건축된 가해 건물들이 피해 건물에 대하여 전체적으로 수인한도를 초과하는 일조권 침해의 결과를 야기한 경우, 각 가해건물들이 함께 피해건물의 소유자 등이 종래 향유하던 일조를 침해하게 된다는 점을 예견할 수 있었다면, 특별한 사정이 없는 한, 각 가해건물의 건축자 등은 일조권 침해로 피해건물의 소유자 등이 입은 손해 전부에 대하여 공동불법행위자로서의 책임을 부담한다.

해설 ……………………………………

① 옳음. 대판 2002.12.10. 2000다72213 참고. ② 옳음. 초등학교 학생들은 공공시설인 학교시설을 방학기간이나 휴일을 제외한 개학기간 중, 그것도 학교에 머무르는 시간 동안 일시적으로 이용하는 지위에 있을 뿐이고, 학교를 점유하면서 지속적으로 거주하고 있다고 할 수 없어서 생활이익으로서의 일조권을 법적으로 보호받을 수 있는 지위에 있지 않다(대판 2008.12.24. 2008다41499). ③ 옳음. 일조방해, 사생활 침해, 조망 침해, 시야 차단으로 인한 압박감, 소음, 분진, 진동 등과 같은 생활이익에 대한 침해가 사회통념상의 수인한도를 초과하여 위법한지를 판단하고 그에 따른 재산상 손해를 산정함에 있어서는, 원칙적으로 개별적인 생활이익별로 침해의 정도를 고려하여 수인한도 초과 여부를 판단한 후 수인한도를 초과하는 생활이익들에 기초하여 손해배상액을 산정하여야 한다(대판 2007.6.28. 2004다54282). ④ 틀림. 일반적으로 위법한 건축행위에 의하여 건물 등이 준공되거나 외부골조공사가 완료되면 그 건축행위에 따른 일영의 증가는 더 이상 발생하지 않게 되고 해당 토지의 소유자는 그 시점에 이러한 일조방해행위로 인하여 현재 또는 장래에 발생 가능한 재산상 손해나 정신적 손해 등을 예견할 수 있다고 할 것이므로, 이러한 손해배상청구권에 관한 민법 제766조 제1항 소정의 소멸시효는 원칙적으로 그 때부터 진행한다. 다만, 위와 같은 일조방해로 인하여 건물 등의 소유자 내지 실질적 처분권자가 피해자에 대하여 건물 등의 전부 또는 일부에 대한 철거의무를 부담하는 경우가 있다면, 이러한 철거의무를 계속적으로 이행하지 않는 부작위는 새로운 불법행위가 되고 그 손해는 날마다 새로운 불법행위에 기하여 발생하는 것이므로 피해자가 그 각 손해를 안 때로부터 각별로 소멸시효가 진행한다(대판[전] 2008.4.17. 2006다35865). 위 지문은 소수의 견이다. ⑤ 옳음. 대판 2006.1.26. 2005다47014,47021,47038 참고. <답 ④>

6. 다음은 주위토지통행권과 관련된 설명이다. 옳지 않은 것은? (다툼이 있는

경우에는 통설과 판례에 따름)

① 동일인 소유의 토지의 일부가 양도되어 공로에 통하지 못하는 토지가 생긴 경우에 포위된 토지를 위한 주위토지통행권은 일부 양도 전의 양도인 소유의 종전 토지에 대하여만 생기고 다른 사람 소유의 토지에 대하여는 인정되지 아니한다.

② 통행 또는 통로개설로 인하여 통행지소유자에게 손해를 주었을 때에는 통행권자는 그 손해를 보상하여야 하는데, 그 손해를 보상하지 아니하면 통행권은 소멸한다.

③ 주위토지의 현황이나 구체적 이용상황에 변동이 생긴 경우, 기존의 확정판결 등이 인정한 통행장소와 다른 곳을 통행로로 삼아 다시 통행권확인 등의 소를 제기하더라도 위 확정판결 등의 기판력에 저촉된다고는 할 수 없다.

④ 토지의 분할 또는 일부양도로 공로에의 출입이 막힌 경우에는, 다른 분할자의 토지나 양도 당사자의 토지를 통행할 수 있으며, 이때에는 보상의무를 지지 않는다.

⑤ 무상의 주위토지통행권이 발생하는 토지의 일부 양도라 함은 1필의 토지의 일부가 양도된 경우뿐만 아니라 한 덩어리로 되어 있던 동일인 소유의 수필의 토지 중 일부가 양도된 경우도 포함된다.

해설 ……………………………………

①⑤ 일단의 토지를 형성하고 있던 동일인 소유의 수필의 토지 중 일부가 양도된 경우, 일부 양도 전의 양도인 소유의 종전 토지에 대하여 무상의 주위토지통행권이 인정되는 이상 제3자 소유의 토지에 대하여는 민법 제219조에 따른 주위토지통행권을 주장할 수 없다(대판 2005.3.10. 2004다65589,65596). ② 보상의 지급은 법률상 통행권 성립의 요건이 아니므로 통행권자가 손해를 보상하지 않더라도 통행권은 소멸되지 않고 채무불이행의 책임만이 발생할 뿐이다(통설). ③ 주위토지통행권은 통행을 위한 지역권과는 달리 통행로가 항상 특정한 장소로 고정되어 있는 것은 아니고, 주위토지의 현황이나 사용방법이 달라졌을 때에는 주위토지 통행권자는 주위토지 소유자를 위하여 보다 손해가 적은 다른 장소로 옮겨 통행할 수밖에 없는 경우도 있으므로, 일단 확정판결이나 화해조서 등에 의하여 특정의 구체적 구역이 위 요건에 맞는 통행로로 인정되었더라도 그 이후 그 전제가 되는 포위된 토지나 주위토지 등의 현황이나 구체적 이용상황에 변동이 생긴 경우에는 민법 제219조의 입법 취지나 신의성실의 원칙 등에 비추어 구체적 상황에 맞게 통행로를 변경할 수 있다(대판 2004.5.13. 2004다10268 등). ④ 제220조. <답 ②>

7. A는 1필의 토지를 2개로 분필하고 도로에 접한 甲지를 B에게, 도로에 접하지 않은 乙지를 C에게 동시에 분양하였다. 그 후 甲지는 B로부터 D에게로, 乙지는 C로부터 E에게로 각각 전매되었다. 乙지에 건물을 신축하려는 E는 D에게 건축에 필요한 통로의 개설을 위하여 공로에의 무상의 통행권을 요구하는 한편 전기 · 전화의 인입선(引入線) 접속에 편리한 F가 소유하는 인지(隣

地)인 丙지의 상공을 이용하려 하고 있다. 다음의 설명 중 틀린 것은? (다툼이 있는 경우에는 판례에 의함)

① 토지의 상린관계의 원칙상 乙지의 소유자 E는 甲지의 소유자 D에게 무상의 주위토지통행권을 갖게 됨은 당연하다.

② D가 甲지에 무상통행권의 부담이 있음을 알고 이를 구입한 경우에 E는 D에 대하여 무상의 주위토지통행권을 갖게 된다.

③ 어느 경우든 E가 D의 토지에 개설할 수 있는 도로의 폭은 건축에 필요한 최소한의 범위를 초과할 수 없다.

④ E는 자기의 건물에 전기·전화 등을 끌어오기 위하여 F소유의 丙지를 통과하여 전선·전화선을 신설할 수 있다.

⑤ B, C 사이(특정승계인) 상호간에는 무상통행권을 인정하지 않는 것이 판례의 태도이다.

해설

①⑤ 판례는 해당 토지가 특정승계인에게 양도되면 무상통행권의 부담은 소멸하고 제219조의 일반원칙에 의한다고 한다(대판 1990.8.28. 90다카1091 등). 그러므로 E는 특별한 사정이 없는 한 유상의 주위토지통행권을 갖게 될 뿐이다. 그러므로 ①이 틀린 것이다. 그리고 토지가 분필되어 동시에 모두 양도된 경우에도 그 양수인 사이에는 무상통행권이 인정되는가가 문제된다. 이러한 의문이 제기되는 이유는 민법 제220조 2항에 의하면 무상통행권이 공유토지의 직접분할자 상호간에, 또는 일부양도의 당사자, 즉 본래 토지소유자와 일부양수인 사이에서만 인정되는 것으로 해석될 소지가 있기 때문이다. 판례는 특정승계인 상호간에는 무상통행권을 인정하지 않는다는 태도를 취한다(대판 1991.7.23. 90다12670 등 참고). 다만, ②의 경우 무상의 토지통행권을 갖는다(대판 1998.3.10. 97다47118). ③ 제219조 1항 참조. ④ 제218조 참조. <답 ①>

8. 물에 관한 상린관계(相隣關係)의 다음 설명 중 틀린 것을 두 개 고르면?

① 흐르는 물이 저지에서 막힌 때에는 고지의 소유자는 자비로 소통에 필요한 공사를 할 수 있다.

② 토지소유자는 과다한 비용과 노력을 요하지 아니하고는 가용에 필요한 물을 얻기 곤란한 때에는 이웃 토지소유자에게 무상으로 여수의 급여를 청구할 수 있다.

③ 토지소유자가 저수, 배수 또는 인수하기 위하여 공작물을 설치한 경우에 공작물의 파손 또는 폐색으로 타인의 토지에 손해를 가하거나 가할 염려가 있는 때에는 타인은 그 공작물의 보수, 폐색의 소통 또는 예방에 필요한 청구를 할 수 있다.

④ 고지소유자는 침수지를 건조하거나 가용·농공업용의 여수를 소통하기 위하여 공로·공류·하수도에 도달하기까지 저지에 물을 통과하게 할 수 있다.

⑤ 토지소유자는 그 소유지의 물을 소통하기 위하여 이웃 토지에 시설된 공작물을 사용할 수 있는데, 공작물의 시설자는 이웃 토지 소유자에 국한되지 않고 이에 대한 정당한 권리를 갖는 자를 의미한다.

⑥ 낮은 곳의 토지 소유자는 높은 곳으로부터 자연히 흘러오는 우수의 흐름을 막기 위해 지반고를 높이거나 제방을 쌓을 수 있다.

⑦ 민법 제229조 2항이 양안(兩岸)의 토지가 수류지(水流地) 소유자의 소유인 때에는 소유자는 수로와 수류의 폭을 변경할 수 있다고 규정하는데, 수류지 소유자가 수로와 수류의 폭을 임의로 변경하여 범람을 일으킨 경우 위 규정에 의하여 면책된다.

⑧ 인접한 타인의 토지를 통과하지 않고도 시설을 하고 물을 소통할 수 있는 경우에는 스스로 그와 같은 시설을 하는 것이 타인의 토지 등을 이용하는 것보다 비용이 더 든다는 등의 사정이 있다는 이유만으로 이웃 토지 소유자에게 그 토지의 사용 또는 그가 설치·보유한 시설의 공동사용을 수인하라고 요구할 수 있는 권리는 인정될 수 없다.

해설

① 제222조. ② 이웃 토지소유자에게 보상을 하고 여수의 급여를 청구할 수 있다(제228조). ③ 제223조. ④ 제226조 1항. ⑤ 대판 2003.4.11. 2000다11645. ⑥ 제221조 1항 소정의 '자연히 흘러오는 물'이라 함은 인공에 의하여 지상에 떨어지거나 지상으로 분출되는 물이 아닌 우수도 여기에 포함되고, 낮은 곳의 토지 소유자가 자신의 토지에 성토하여 지반고를 높이거나 제방을 쌓았기 때문에 종전에 높은 곳으로부터 자연히 흘러오는 우수의 흐름을 막게 되었다면, 이는 제221조 제1항 소정의 승수의무를 위반한 것이다(대판 2008.7.24. 2007다50663). ⑦ 틀림. 제229조 제2항 규정은 대안(對岸)의 수류지 소유자 관계에서 수류이용권(水流利用權)을 규정한 것으로서, 이는 위와 같은 경우 수류지 소유자는 수로와 수류의 폭을 변경하여 물을 가용 또는 농·공업용 등에 이용할 권리가 있다는 것을 의미함에 그치고, 더 나아가 수로와 수류의 폭을 임의로 변경하여 범람을 일으킴으로써 인지(隣地) 소유자에게 손해를 발생시킨 경우에도 면책된다는 취지를 규정한 것이라고 볼 수는 없다(대판 2012.4.13. 2010다9320). ⑧ 위와 같은 경우에는 주위토지통행권에 관한 민법 제219조나 유수용공작물(流水用工作物)의 사용권에 관한 민법 제227조 또는 타인의 토지 또는 배수설비의 사용에 관하여 규정한 하수도법 제29조 등 상린관계에 관한 규정의 유추적용에 의하여 타인의 토지나 타인이 시설한 전선 등에 대한 사용권을 갖게 된다고 볼 여지는 없다(대판 2012.12.27. 2010다103086). <답 ②, ⑦>

9. 甲은 A 토지를 소유하고 있다. 그런데 乙이 A 토지에 연접해 있는 자기 소유의 B 토지에 건물을 지으면서 B 토지를 굴착하는 작업을 하고 있다. 또한 乙은 공터인 A 토지에 건축자재를 쌓아 놓았다. 위 사례에서 발생하는 법률관계를 설명한 것 중 옳지 않은 것은? (다툼이 있는 경우에는 판례에 의함)

<사시 2011년 변형: 배점 2>

① 甲이 A 토지를 丙에게 매도하고 소유권이전등기를 마쳐준 이상, 아직 인도하지 않은 경우라도 甲은 乙에게 소유권에 기한 방해배제청구권을 행

사할 수 없다.

② 乙이 충분한 예방공사를 하지 아니한 채 B 토지를 굴착함으로써 A 토지가 침하한 경우, B 토지의 굴착공사가 종료하고 더 이상의 침하 가능성이 없는 때에는 토지의 침하를 이유로 甲은 乙에게 방해예방청구권을 행사할 수 없다.

③ 乙이 무단으로 건축자재를 쌓아 놓았다면 甲은 A 토지 위에 쌓아둔 자재를 제거할 것을 청구할 수 있음은 물론 손해배상도 청구할 수 있다.

④ 乙은 인지사용청구권에 기하여 A 토지에 건축자재를 쌓아 놓을 수 있도록 해달라고 甲에게 청구할 수 있으나, 甲은 乙에게 그로 인한 손해보상을 청구할 수 없다.

⑤ 다른 관습이 없으면, 乙이 A 토지와 B 토지의 경계에 담을 설치하고자 하는 경우, 甲과 공동비용으로 통상의 담을 설치할 수 있으나 그 측량비용은 토지의 면적에 비례하여 부담한다.

해설

① 옳음. 본권이 아닌 점유보호청구권을 행사할 수 있다(제205조). ② 옳음. ③ 옳음. 소유권에 기한 방해배제청구권에 있어서 방해라 함은 현재에도 지속되고 있는 침해를 의미하고, 법익 침해가 과거에 일어나서 이미 종결된 경우에 해당하는 손해의 개념과는 다르다. 따라서 방해결과의 제거를 내용으로 하는 것은 손해배상의 영역에 해당한다(대판 2003.3.28. 2003다5917). ④ 틀림. 제216조 참조. ⑤ 제237조 참조. <답 ④>

10. 다음 설명 중 옳지 않은 것은? (다툼이 있는 경우에는 판례에 의함) <사시 2004년 변형>

① 신축건물의 물권변동에 관한 등기를 멸실건물의 등기부에 등재하여도 그 등기는 무효이고, 설령 신축건물의 소유자가 멸실건물의 등기를 신축건물의 등기로 전용할 의사로써 멸실건물의 등기부상 표시를 신축건물의 내용으로 표시변경등기를 하였더라도 그 등기가 무효임에는 변함이 없다.

② 신축건물의 매도인이 매수인에 대하여 매도건물에 하자가 있을 때에는 책임지고 그에 대한 보수를 해주기로 약정한 경우, 특별한 사정이 없는 한 매도인은 계약 당시 또는 매수인이 인도받은 후에 용이하게 발견할 수 있는 하자뿐만 아니라 건물의 본체 부분의 구조상의 하자로부터 확산된 하자에 대하여도 책임을 져야 한다.

③ 甲은 자신이 수급하여 보수공사한 건물에 관한 강제경매절차에서 공사대금채권에 기하여 건물을 점유하고 유치권을 주장하다가, 乙이 건물을 매수하자 乙로부터 건물을 다시 매수하여 자신 명의로 소유권이전등기를 경료하였다. 그 후 甲이 丙에게 근저당권설정등기를 경료하여 준 경우, 甲의 유치권은 혼동으로 소멸한다.

④ 채무의 담보를 위하여 채무자가 자기 비용과 노력으로 신축하는 건물의 건축허가명의를 채권자 명의로 하기로 한 경우, 완성된 건물의 소유권은 채권자가 원시적으로 취득한다.

⑤ 건축공사가 중단되었던 미완성 건물을 인도받아 나머지 공사를 마치고 완공한 경우, 그 건물이 공사가 중단된 시점에서 이미 최소한의 기둥과 지붕 그리고 주벽이 이루어져 있었다면 원래의 건축주가 그 건물의 소유권을 원시취득한다.

해설 ....

① 대판 1980.11.11. 80다441 등. ② 대판 1993.11.23. 92다38980. ③ 甲은 2001.10.29. 乙로부터 이 사건 건물을 매수하여 같은 해 12.7. 이전등기를 경료한 다음, 같은 날 丙 앞으로 근저당권설정등기를 경료한 사실을 알 수 있는바, 그렇다면 甲이 위와 같이 이 사건 건물의 소유권을 취득하기 전에 이 사건 건물에 관하여 유치권을 가지고 있었다고 하더라도 이는 그 유치권이 혼동으로 소멸하지 아니하는 경우에 해당하지 아니한다(대판 2008.5.8. 2007다36933,36940). ④ 자기 비용과 노력으로 건물을 신축한 자는 그 건축허가가 타인의 명의로 된 여부에 상관없이 그 소유권을 원시취득한다(건축허가서는 실체적 권리의 득실변경의 공시방법이 아니며 추정력도 없다. 대판 2002.4.26. 2000다16350 참고). ⑤ 대판 2002.4.26. 2000다16350. <답 ④>

11. 다음은 부동산소유권의 취득시효에 대한 판례의 태도를 설명한 것이다. 다음 중 판례의 태도와 다른 것은? <변호사 2012년 유사>

① 상속에 의하여 점유권을 취득한 경우에 상속인은 새로운 권원에 의하여 자기고유의 점유를 개시하지 않는 한 피상속인의 점유를 떠나 자기만의 점유를 주장할 수 없다.

② 구분소유적 공유관계에서 어느 특정된 부분만을 소유·점유하고 있는 공유자가 매매 등과 같이 종전의 공유지분권과는 별도의 자주점유가 가능한 권원에 의하여 다른 공유자가 소유·점유하는 특정된 부분을 취득하여 점유를 개시하였다고 주장하는 경우, 그 취득 권원이 인정되지 않는다면 점유권원의 성질상 타주점유라고 할 수 있다.

③ 매매계약이 타인의 토지매매에 해당하여 곧바로 소유권을 취득할 수 없다는 사실 및 그것이 등기를 수반하지 아니한 점유임이 밝혀졌다고 하여 이 사실만 가지고 바로 점유권원의 성질상 소유의 의사가 결여된 타주점유라고 할 수 없다

④ 시효기간만료 후에 이해관계 있는 제3자가 없는 경우에는 시효이익을 주장하는 자가 시효기산점을 임의로 선택할 수 있다.

⑤ 취득시효완성 당시의 소유자가 취득시효 대상 부동산을 제3자에게 처분하여 점유자로 하여금 소유권을 취득하지 못하게 한 경우에는 소유자가 취득시효완성 사실을 알고 있는 경우에만 불법행위가 성립한다.

⑥ 乙소유의 X토지를 25년 동안 점유해오던 甲이 乙을 상대로 취득시효 완성을 원인으로 한 소유권이전등기청구권을 행사한 경우, 만약 甲의 점유개시 후 10년이 지났을 때 X의 소유자에 변동이 있었다면 점유개시 시점에 관하여 법원은 당사자의 주장에 구속되지 않고 소송자료에 의하여 진정한 점유의 시기(始期)를 인정하여야 한다.

해설

① 대판 1992.9.22. 92다22602. ② 공유부동산의 경우에 공유자 중의 1인이 공유지분권에 기초하여 부동산 전부를 점유하고 있다고 하여도 다른 특별한 사정이 없는 한 권원의 성질상 다른 공유자의 지분비율의 범위 내에서는 타주점유라고 할 것이다. 그렇지만 이와 달리 구분소유적 공유관계에서 어느 특정된 부분만을 소유·점유하고 있는 공유자가 매매 등과 같이 종전의 공유지분권과는 별도의 자주점유가 가능한 권원에 의하여 다른 공유자가 소유·점유하는 특정된 부분을 취득하여 점유를 개시하였다고 주장하는 경우에는 타인 소유의 부동산을 매수·점유하였다고 주장하는 경우와 달리 볼 필요가 없으므로, 취득권원이 인정되지 않는다고 하더라도 그 사유만으로 자주점유의 추정이 번복된다거나 점유권원의 성질상 타주점유라고 할 수 없고, 상대방에게 타주점유에 대하여 증명할 책임이 있다(대판 2013.3.28. 2012다68750). ③ 토지의 매수인이 매매계약에 의하여 목적 토지의 점유를 취득한 경우 설사 그것이 타인의 토지의 매매에 해당하여 곧바로 소유권을 취득할 수 없다고 하더라도 그것만으로 자주점유의 추정이 번복되는 것이라고 볼 수 없고, 민법 제197조 1항이 정한 소유의 의사는 사실상 소유할 의사가 있는 것으로 충분한 것이지 반드시 등기를 수반하여야 하는 것은 아니므로 등기를 수반하지 아니한 점유임이 밝혀졌다고 하여 이 사실만 가지고 바로 점유권원의 성질상 소유의 의사가 결여된 타주점유라고 할 수 없다(대판[전] 2000.3.16. 97다37661: 다수의견). 이에 대한 반대의견은 다음과 같다. 부동산점유의 권원이 등기를 수반하지 아니한 매매 등 소유권이전 목적의 법률행위로 밝혀졌다면, 그 점유에 대하여는 민법 제197조 1항이 규정하는 자주점유의 추정은 더 이상 유지될 여지가 없어지고, 나아가 부동산물권변동에 관하여 의사주의가 아닌 형식주의를 취하고 있음이 명백한 현행민법 아래에서 그러한 점유는 권원의 성질상 타주점유로 보아 이로 인한 소유권의 취득시효를 부정하여야 할 것이다. ④ 대판 1982.1.26. 81다826 등. ⑤ 대판 1989.4.11. 88다카8217 등. ⑥ 취득시효의 기산점은 법률효과의 판단에 관하여 직접 필요한 주요사실이 아니고 간접사실에 불과하므로 법원으로서는 이에 관한 당사자의 주장에 구속되지 아니하고 소송자료에 의하여 점유의 시기를 인정할 수 있다(대판 1998.5.12. 97다34037).

<답 ②>

12. 부동산 점유취득시효에 관한 설명 중 옳지 않은 것은? (다툼이 있는 경우에는 판례에 의함) <변호사 2012년 유사>

① 시효기간 중 계속해서 등기명의인이 동일한 경우, 시효완성을 주장하는 자는 시효의 기산점을 임의로 선택할 수 있다.

② 취득시효의 완성자가 제3자에게 점유를 빼앗긴 경우, 시효완성을 원인으로 한 소유권이전등기청구권은 소멸시효가 진행한다.

③ 부동산을 취득시효기간 만료 당시의 점유자로부터 양수하여 점유를 승계한 현 점유자는 전 점유자의 취득시효 완성의 효과를 주장하여 직접 자

기에게 소유권이전등기를 청구할 권원은 없다.

④ 甲의 점유취득시효 완성 후 명의자 乙이 제3자 丙에게 목적부동산을 양도하였더라도 이전등기 시점을 기준으로 하여 새로운 취득시효의 완성을 주장할 수 있지만, 그 기간 중에는 소유자의 변동이 없어야 한다.

⑤ 취득시효 완성을 원인으로 하는 등기청구권의 이행불능에 대하여 대상청구권을 행사하기 위해서는 그 이행불능 전에 등기명의자에 대하여 점유로 인한 취득시효 완성을 이유로 그 권리를 주장하였거나 취득시효기간 만료를 원인으로 한 등기청구권을 행사하였어야 한다.

해설

① 옳음. 취득시효기간 중 계속해서 등기명의자가 동일한 경우에는 그 기산점을 어디에 두든지 간에 취득시효의 완성을 주장할 수 있는 시점에서 보아 그 기간이 경과한 사실만 확정되면 충분하므로, 전 점유자의 점유를 승계하여 자신의 점유기간을 통산하여 20년이 경과한 경우에 있어서도 전 점유자가 점유를 개시한 이후의 임의의 시점을 그 기산점으로 삼을 수 있다(대판 1998.5.12. 97다8496,8502). ② 옳음. 토지에 대한 취득시효 완성으로 인한 소유권이전등기청구권은 그 토지에 대한 점유가 계속되는 한 시효로 소멸하지 아니하고, 그 후 점유를 상실하였다고 하더라도 이를 시효이익의 포기로 볼 수 있는 경우가 아닌 한 이미 취득한 소유권이전등기청구권은 바로 소멸되는 것은 아니나, 취득시효가 완성된 점유자가 점유를 상실한 경우 취득시효 완성으로 인한 소유권이전등기청구권의 소멸시효는 이와 별개의 문제로서, 그 점유자가 점유를 상실한 때로부터 10년간 등기청구권을 행사하지 아니하면 소멸시효가 완성한다(대판 1995.12.5. 95다24241 등 참고). ③ 옳음. 대판[전] 1995.3.28. 93다47745 참고. ④ 틀림. 부동산에 대한 점유취득시효가 완성된 후 취득시효완성을 원인으로 한 소유권이전등기를 하지 않고 있는 사이에 그 부동산에 관하여 제3자 명의의 소유권이전등기가 경료된 경우라 하더라도 당초의 점유자가 계속 점유하고 있고 소유자가 변동된 시점을 기산점으로 삼아도 다시 취득시효의 점유기간이 경과한 경우에는 점유자로서는 제3자 앞으로의 소유권 변동시를 새로운 점유취득시효의 기산점으로 삼아 2차의 취득시효의 완성을 주장할 수 있다(대판[전] 2009.7.16. 2007다15172,15189). ⑤ 옳음. 민법상 이행불능의 효과로서 채권자의 전보배상청구권과 계약해제권 외에 별도로 대상청구권을 규정하고 있지는 않으나 해석상 대상청구권을 부정할 이유는 없는 것이지만, 점유로 인한 부동산 소유권 취득기간 만료를 원인으로 한 등기청구권이 이행불능으로 되었다고 하여 대상청구권을 행사하기 위하여는, 그 이행불능 전에 등기명의자에 대하여 점유로 인한 부동산 소유권 취득기간이 만료되었음을 이유로 그 권리를 주장하였거나 그 취득기간 만료를 원인으로 한 등기청구권을 행사하였어야 하고, 그 이행불능 전에 그와 같은 권리의 주장이나 행사에 이르지 않았다면 대상청구권을 행사할 수 없다고 봄이 공평의 관념에 부합한다(대판 1996.12.10. 94다43825). <답 ④>

13. 다음 설명 중 틀린 것은? (다툼이 있는 경우에는 판례에 의함)

① 건물 공유자 중 일부만이 건물을 점유하고 있는 경우라도 그 건물의 부지는 건물 소유를 위하여 공유명의자 전원이 공동으로 이를 점유하고 있는 것으로 본다.

② 점유취득시효 완성 당시 미등기토지에 관하여 소유권을 가지고 있던 자

가 취득시효 완성 후에 그 명의로 소유권보존등기를 마친 경우라고 하더라도 시효취득자는 등기명의인에게 취득시효 완성을 주장할 수 있다.

③ 부동산을 타인에게 매도하여 그 인도의무를 지고 있는 매도인의 점유는 자주점유이다.

④ 시효취득으로 인한 등기는 현재의 등기명의인으로부터 시효취득자에게로의 취득시효를 등기원인으로 한 소유권이전등기이다.

⑤ 점유로 취득한 토지에 토지소유자가 기존의 담장을 허물고 새로운 담장을 쌓은 경우 시효취득자는 소유권에 기한 방해배제는 할 수 없지만 점유권에 기하여 담장 등의 철거를 청구할 수 있다.

해설 ……………………………………

① 건물 공유자 중 일부만이 건물을 점유하고 있는 경우라도 그 건물의 부지는 건물 소유를 위하여 공유명의자 전원이 공동으로 이를 점유하고 있는 것으로 보며, 건물부지를 공동점유로 시효취득하는 경우라면 취득시효 완성을 원인으로 한 소유권이전등기청구권은 건물의 공유지분비율과 같은 비율로 건물 공유자들에게 귀속된다(대판 2003.11.13. 2002다57935). ② 이는 소유권의 변경에 관한 등기가 아니므로 그러한 자를 그 취득시효 완성 후의 새로운 이해관계인으로 볼 수 없고, 또 그 미등기 토지에 대하여 소유자의 상속인 명의로 소유권보존등기를 마친 경우라고 하더라도 시효취득에 영향을 미치는 소유자의 변경에 해당하지 않기 때문이다(대판 2007.6.14. 2006다84423 등). ③ 부동산을 타인에게 매도하여 그 인도의무를 지고 있는 매도인의 점유는 특별한 사정이 없는 한 타주점유로 변경된다(대판 1996.6.28. 94다50595). ④ 판례도 취득시효완성으로 토지의 소유권을 취득하기 위하여는 그로 인하여 소유권을 상실하게 되는 시효완성 당시의 소유자를 상대로 소유권이전등기청구를 하는 방법에 의한다고 한다(대판 1997.4.25. 96다53420 등). ⑤ 시효취득자가 점유취득시효의 완성을 원인으로 하여 소유권이전등기를 청구하면서 그와 동시에 시효완성 후 토지소유자가 설치한 담장의 철거를 청구한 경우, 담장철거청구의 권원은 점유권에 기한 방해배제청구권이다(대판 2005.3.25. 2004다23899,23905). <답 ③>

14. 취득시효와 관련한 설명으로 옳지 않은 것은? (다툼이 있는 경우에는 판례에 의함) <변호사모의 2011년 유사>

① 상속인 중의 한 사람이 소유자인 피상속인으로부터 증여를 받아 소유권이전등기를 마친 경우, 특별한 사정이 없는 한 점유취득시효완성자는 그 상속인을 상대로 취득시효를 주장할 수 있다.

② 명의신탁된 부동산에 대하여 점유취득시효가 완성된 후 시효취득자가 그 소유권이전등기를 경료하기 전에 명의신탁이 해지되어 그 등기명의가 명의수탁자로부터 명의신탁자에게로 이전된 경우에는, 명의신탁자의 등기 취득이 등기의무자의 배임행위에 적극 가담한 반사회적 행위에 근거한 등기라는 등의 사유가 없으면, 그 명의신탁자는 취득시효 완성 후에 소유권을 취득한 자에 해당하여 그에 대하여 취득시효를 주장할 수 없다.

③ 구 토지조사령(1912.8.13. 제령 제2호)에 따라 토지조사부가 작성되었으나

그 토지조사부의 소유자란 부분이 훼손되어 사정명의인이 누구인지 확인할 수 없게 되었지만 누구에겐가 사정된 것은 분명하고 시효취득자가 사정명의인 또는 그 상속인을 찾을 수 없어 취득시효완성을 원인으로 하는 소유권이전등기에 의하여 소유권을 취득하는 것이 사실상 불가능하게 된 경우, 시효취득자는 취득시효완성 당시 진정한 소유자는 아니지만 소유권보존등기명의를 가지고 있는 자에 대하여 직접 취득시효완성을 원인으로 하는 소유권이전등기를 청구할 수 있다.

④ 파산선고 전에 부동산에 대한 점유취득시효가 완성되었으나 파산선고시까지 이를 원인으로 한 소유권이전등기를 마치지 아니한 자는 파산관재인이 선임된 이상, 파산관재인을 상대로 파산선고 전의 점유취득시효 완성을 원인으로 한 소유권이전등기절차의 이행을 청구할 수 없다.

⑤ 부동산의 등기부취득시효는 선의·무과실이 요구되는바, 등기명의인이 아닌 제3자를 소유자로 믿은 경우, 부동산을 매수하는 자가 매도인에게 그 부동산을 처분할 권한이 있는지의 여부를 조사하지 않은 경우, 본인의 대리인으로서 처분권한을 위임받았다고 칭하는 자로부터 부동산을 매수하는 자가 직접 본인에 대하여 대리권의 유무를 확인하지 아니한 경우 등은 과실 있는 점유가 되어 시효로 부동산을 취득할 수 없다.

해설 ……………………………………

① 상속인 중의 한 사람이 소유자인 피상속인으로부터 증여를 받아 소유권이전등기를 마친 경우, 그 증여가 실질적인 상속재산의 협의분할과 동일시할 수 있는 등의 특별한 사정이 없는 한 등기명의인은 점유자에 대한 관계에서 종전 소유자와 같은 지위에 있는 자로 볼 수는 없고 취득시효 완성 후의 새로운 이해관계인으로 보아야 한다(대판 1998.4.10. 97다56495). ② 대판 2001.10.26. 2000다8861. ③ 대판 2005.5.26. 2002다43417. ④ 파산선고 전에 부동산에 대한 점유취득시효가 완성되었으나 파산선고시까지 이를 원인으로 한 소유권이전등기를 마치지 아니한 자는, 그 부동산의 소유자에 대한 파산선고와 동시에 파산채권자 전체의 공동의 이익을 위하여 파산재단에 속하는 그 부동산에 관하여 이해관계를 갖는 제3자의 지위에 있는 파산관재인이 선임된 이상, 파산관재인을 상대로 파산선고 전의 점유취득시효 완성을 원인으로 한 소유권이전등기절차의 이행을 청구할 수 없다. 또한, 그 부동산의 관리처분권을 상실한 파산자가 파산선고를 전후하여 그 부동산의 법률상 소유자로 남아 있음을 이유로 점유취득시효의 기산점을 임의로 선택하여 파산선고 후에 점유취득시효가 완성된 것으로 주장하여 파산관재인에게 소유권이전등기절차의 이행을 청구할 수도 없다(대판 2008.2.1. 2006다32187). ⑤ 대판 1992.11.13. 92다30245. <답 ①>

15. 취득시효에 관한 설명 중 옳지 않은 것은? (다툼이 있는 경우에는 판례에 의함)
<사시 2009년: 배점 2, 변호사 2012년 유사>

① 취득시효기간의 완성만으로는 소유권 취득의 효력이 바로 생기는 것이 아니라, 이를 원인으로 하여 소유권 취득을 위한 등기청구권이 발생할 뿐이므로, 미등기 부동산의 경우라고 하여 취득시효기간의 완성만으로

등기 없이도 점유자가 소유권을 취득한다고 볼 수 없다.

② 점유취득시효 완성을 원인으로 한 소유권이전등기청구는 시효완성 당시의 등기부상 소유자를 상대로 하여야 하므로, 비록 시효 완성 당시의 등기부상 소유자의 소유권이전등기가 원인무효인 경우에도 원칙적으로 그 등기명의인 또는 포괄승계인이 취득시효 완성을 원인으로 한 소유권이전등기청구의 상대방이 된다.

③ 甲이 특정 부동산을 소유의 의사로 점유하고 있던 중 그 부동산을 乙에게 매도하였다면, 매도 이후에는 甲이 그 부동산을 乙에게 인도하지 아니한 채 점유하고 있다 하더라도 甲의 점유는 특별한 사정이 없는 한 타주점유로 변경된다.

④ 점유자가 취득시효기간의 만료로 일단 소유권이전등기청구권을 취득한 이상, 그 후 점유를 상실하였다고 하더라도 이를 시효이익의 포기로 볼 수 있는 경우가 아닌 한 이미 취득한 소유권이전등기청구권이 바로 소멸되는 것은 아니나, 그 점유자가 점유를 상실한 때로부터 10년간 등기청구권을 행사하지 아니하면 소멸시효가 완성된다.

⑤ 甲이 미등기 토지를 점유하여 점유취득시효가 완성되었으나, 甲의 점유개시 당시로부터 계속하여 위 토지의 소유권을 가지고 있던 乙이 甲의 점유취득시효 완성 이후에 乙의 명의로 위 토지에 관하여 소유권보존등기를 마쳤다고 하더라도, 甲은 乙에게 취득시효 완성을 주장할 수 있다.

해설

① 옳음. 대판 2006.9.28. 2006다22074,22081 참고. ② 틀림. 점유취득시효완성을 원인으로 한 소유권이전등기청구는 시효완성 당시의 소유자를 상대로 하여야 하므로 시효완성 당시의 소유권보존등기 또는 이전등기가 무효라면 원칙적으로 그 등기명의인은 시효취득을 원인으로 한 소유권이전등기청구의 상대방이 될 수 없고, 이 경우 시효취득자는 소유자를 대위하여 위 무효등기의 말소를 구하고 다시 위 소유자를 상대로 취득시효완성을 이유로 한 소유권이전등기를 구하여야 한다(대판 2005.5.26. 2002다43417 참고). ③ 옳음. 대판 2007.3.30. 2007다1555 참고. ④ 옳음. 대판 1996.3.8. 95다34866,34873 참고. ⑤ 옳음. 대판 2007.6.14. 2006다84423 참고. <답 ②>

16. 甲은 1954.3.경 미등기인 A 토지를 乙의 소유로 알고 이를 乙로부터 매수하고, 즉시 이를 인도받아 2011.2. 현재까지 A 토지를 포도밭으로 사용하고 있다. 그런데 乙의 단독상속인인 丙이 상속을 취득원인으로 하여 1979.5.1. 「부동산소유권 이전등기 등에 관한 특별조치법」에 의해 A 토지에 대한 소유권보존등기를 경료하였다. 다음 설명 중 옳은 것(○)과 옳지 않은 것(×)을 바르게 표시한 것은? (다툼이 있는 경우에는 판례에 의함)<사시 2011년: 배점 3>

ㄱ. 甲이 乙과의 매매계약에 기하여 갖는 소유권이전등기청구권은 소

> 멸시효가 완성하였다.
> ㄴ. 甲이 乙과의 매매계약사실을 입증하지 못한 경우, 甲은 丙에게 A 토지의 인도를 거부할 권원이 없다.
> ㄷ. 甲은 취득시효의 기산점을 임의로 선택할 수 있다.
> ㄹ. 1954. 3.경에 A 토지의 소유권을 가지고 있었던 사람이 乙이 아닌 丁이었음이 밝혀졌다면 甲의 자주점유의 추정은 번복된다.

① ㄱ(×), ㄴ(○), ㄷ(○), ㄹ(×)　② ㄱ(×), ㄴ(×), ㄷ(○), ㄹ(○)
③ ㄱ(○), ㄴ(○), ㄷ(×), ㄹ(×)　④ ㄱ(×), ㄴ(×), ㄷ(○), ㄹ(×)
⑤ ㄱ(○), ㄴ(○), ㄷ(×), ㄹ(○)　⑥ ㄱ(○), ㄴ(×), ㄷ(○), ㄹ(×)

해설

㉠ 틀림. 부동산 매수인이 그 목적물을 인도받아서 이를 사용수익하고 있는 경우에는 그 매수인을 권리 위에 잠자는 것으로 볼 수도 없다(대판[전] 1976.11.6. 76다148). ㉡ 틀림. 점유로 인한 소유권취득시효 완성 당시 미등기로 남아 있던 토지에 관하여 소유권을 가지고 있던 자가 취득시효 완성 후에 그 명의로 소유권보존등기를 마쳤다 하더라도 이는 소유권의 변경에 관한 등기가 아니므로 그러한 자를 그 취득시효 완성 후의 새로운 이해관계인으로 볼 수 없고, 또 그 미등기 토지에 대하여 소유자의 상속인 명의로 소유권보존등기를 마친 것도 시효취득에 영향을 미치는 소유자의 변경에 해당하지 않으므로, 이러한 경우에는 그 등기명의인에게 취득시효 완성을 주장할 수 있다(대판 2007.6.14. 2006다84423 등). ㉢ 옳음. 대판 1998.4.14. 97다44089. ㉣ 틀림. 민법 제197조 제1항이 규정하고 있는 점유자에게 추정되는 소유의 의사는 사실상 소유할 의사가 있는 것으로 충분한 것이지 반드시 등기를 수반하여야 하는 것은 아니므로 등기를 수반하지 아니한 점유임이 밝혀졌다고 하여 이 사실만 가지고 바로 점유권원의 성질상 소유의 의사가 결여된 타주점유라고 할 수 없다(대판[전] 2000.3.16. 97다37661). <답 ④>

17. 乙은 甲명의로 등기되어 있는 A토지를 1965.5.1.부터 점유하여 2006년 5월 현재에 이르고 있는데, 乙이 그 점유를 개시하게 된 원인은 밝혀지지 아니하였다. 다음 설명 중 옳은 것을 모두 고른 것은? (다툼이 있는 경우에는 판례에 의함)

<사시 2008년: 배점 4>

> ㉠ 乙의 취득시효 완성 주장을 염려한 甲이 2005.3.1. 동생 丙에게 명의를 신탁하여 A토지에 관하여 소유권이전등기를 하여 준 경우, 乙은 甲을 대위하여 丙을 상대로 丙명의 등기의 말소를 청구하고, 甲을 상대로 자기(乙)에게 이전등기할 것을 청구할 수 있다.
> ㉡ 甲이 제3자 丙에게 A토지를 매도하여 1985.7.1. 소유권이전등기를 하여 준 경우, 丙은 시효기간만료 후에 이전등기를 받은 자이므로, 乙은 丙을 상대로 취득시효 완성으로 인한 소유권이전등기청구를 할 수 없다.
> ㉢ 甲이 제3자 丙에게 A토지를 매도하고 1990.7.1. 소유권이전등기

를 하여 주었는데, A토지가 丁에게 매도되었다가 2005년 3월경 甲에게 다시 매도되어 현재 甲명의로 등기되어 있으면, 乙은 甲에게 취득시효완성으로 인한 소유권이전등기청구를 할 수 있다.

㉣ A토지와 인접한 곳에 거주하고 있는 甲이, 乙로부터 시효취득을 원인으로 한 소유권이전등기를 구하는 소장부본을 받은 다음 A토지를 戊에게 매도하여 소유권이전등기를 넘겨 줌으로써 乙에 대한 취득시효 완성을 원인으로 한 소유권이전등기의무가 이행불능에 빠진 경우, 甲은 이로 인하여 乙이 입은 손해를 배상할 책임이 있다.

㉤ 乙이 취득시효 완성으로 인한 소유권이전등기를 마치지 아니하여 아직 소유권을 취득하지 못하였다면, 甲은 A토지를 점유하고 있는 乙에 대하여 그 점유로 인한 부당이득반환청구를 할 수 있다.

① ㉠, ㉣ ② ㉡, ㉢ ③ ㉡, ㉤
④ ㉢, ㉤ ⑤ ㉠, ㉡, ㉢, ㉣ ⑥ ㉠, ㉢, ㉣
⑦ ㉠, ㉢, ㉤ ⑧ ㉡, ㉣, ㉤

해설

㉠ 부동산에 관한 점유취득시효 기간이 경과하였다고 하더라도 그 점유자가 자신의 명의로 등기하지 아니하고 있는 사이에 먼저 제3자 명의로 소유권이전등기가 경료되어 버리면, 특별한 사정이 없는 한, 그 제3자에 대하여는 시효취득을 주장할 수 없으나, 그 제3자가 취득시효 기간 만료 당시의 등기명의인으로부터 신탁 또는 명의신탁받은 경우라면 종전 등기명의인으로서는 언제든지 이를 해지하고 소유권이전등기를 청구할 수 있고, 점유시효취득자로서는 종전 등기명의인을 대위하여 이러한 권리를 행사할 수 있으므로, 그러한 제3자가 소유자로서의 권리를 행사하는 경우 점유자로서는 취득시효 완성을 이유로 이를 저지할 수 있다(대판 1995.9.5. 95다24586). ㉡ 취득시효가 완성된 후에 제3취득자가 소유권이전등기를 마친 경우라 하더라도 기존의 점유자가 계속 점유하고 있고, 또한 소유자가 변동된 시점을 새로운 기산점으로 삼아도 다시 취득시효의 점유기간이 완성되는 경우에는 취득시효를 주장하는 점유자로서는 소유권변동시를 새로운 취득시효의 기산점으로 삼아 취득시효의 완성을 주장할 수 있다(대판[전] 1994.3.22. 93다46460: 이 판결은 대법원의 기존의 태도를 변경한 것이 아니라 소유자가 변동된 시점을 새로운 기산점으로 삼아 취득시효가 완성되는 경우, 취득시효를 인정하지 않았던 기존의 판례(대판 1982.1.26. 81다826)를 폐기하고 다른 태도를 취한 판결이다). ㉢ 대판 1999.2.12. 98다40688 등 참고. ㉣ 대판 1999.9.3. 99다20926 참고. ㉤ 부동산에 대한 취득시효가 완성되면 점유자는 소유명의자에 대하여 취득시효완성을 원인으로 한 소유권이전등기절차의 이행을 청구할 수 있고 소유명의자는 이에 응할 의무가 있으므로 점유자가 그 명의로 소유권이전등기를 경료하지 아니하여 아직 소유권을 취득하지 못하였다고 하더라도 소유명의자는 점유자에 대하여 점유로 인한 부당이득반환청구를 할 수 없다(대판 1993.5.25. 92다51280).

<답 ⑥>

18. **다음 부동산의 취득시효에 관한 설명이다. 판례의 태도에 따를 때 옳은 설**

명을 모두 고르시오.

> ㈎ 점유개시시점의 점유자와 20년 경과시점의 점유자가 다른 사람인 경우에는 점유계속의 추정은 인정되지 않는다.
> ㈏ 점유가 순차로 여러 사람에게 승계된 경우에 그 직전 점유자의 점유만을 병합주장하거나 그 모든 전(前) 점유자의 점유를 병합주장하는 것은 그 주장하는 사람의 임의선택에 속하고, 다만 이 경우에 그 점유시기를 점유기간 중의 임의의 시점을 선택할 수 없다.
> ㈐ 시효기간만료 전에 제3자가 등기명의를 넘겨받은 경우에는 점유자는 시효기간완성 후에 그 제3자를 상대로 취득시효를 원인으로 소유권이전등기를 청구할 수 있다.
> ㈑ 취득시효완성을 원인으로 한 소유권이전등기청구의 경우에 취득시효가 완성되었는지 여부는 사실심변론종결일을 기준으로 해야 한다.
> ㈒ 매매가 아닌 증여의 경우 증여 대상 토지의 실제 면적이 공부상 면적을 상당히 초과하였다고 하더라도 그 초과 부분에 대한 점유는 자주점유라고 보아야 한다.

① ㈎, ㈏, ㈐ ② ㈎, ㈐, ㈑
③ ㈏, ㈐, ㈑ ④ ㈐, ㈑, ㈒
⑤ ㈎, ㈏, ㈒

해설

㈎ 민법 제198조의 점유계속추정은 동일인이 전후 양 시점에 점유한 적이 증명된 때에만 적용되는 것이 아니라, 전후 양 시점의 점유자가 다른 경우에도 점유의 승계가 입증되는 한 점유계속은 추정된다(대판 1996.9.20. 96다24279). ㈏ 대판 1982.1.26. 81다826. ㈐ 대판 1977.8.23. 77다785 등. ㈑ 대판 1995.2.28. 94다36049. ㈒ 매매 대상 토지의 면적이 공부상 면적을 상당히 초과하는 경우에는 계약 당사자들이 이러한 사실을 알고 있었다고 보는 것이 상당하므로 그 점유는 권원의 성질상 타주점유이며, 매매가 아닌 증여라고 하여 이를 달리 볼 것은 아니다(대판 2004.5.14. 2003다61054). <답 ③>

19. 취득시효에 관한 설명 중 옳은 것을 모두 고른 것은? (다툼이 있는 경우에는 판례에 의함) <사시 2013년: 배점 2>

> ㄱ. 건물의 공유자 중 일부만이 당해 건물을 점유하고 있다면, 그 건물 부지 전체에 대한 점유취득시효 완성에 따른 소유권이전등기청구권은 당해 건물을 현실적으로 점유하는 자에게 귀속된다.
> ㄴ. 부동산 점유자의 취득시효가 완성한 후 원 소유자가 그 부동산을 처분하였다면, 그가 시효완성 사실을 알지 못하였더라도 점유자에게 채무불이행책임을 진다.

ㄷ. 甲과 乙이 구분소유적으로 공유하고 있는 토지 중 甲 소유의 토지 부분에 관한 丙의 점유취득시효가 완성한 경우, 甲은 물론 乙도 丙에게 그에 따른 지분소유권이전등기 의무를 진다.
ㄹ. 위 ㄷ의 경우, 丙의 취득시효 완성 후에 乙이 그 소유 부분을 丁에게 양도하고 그 지분이전등기를 마쳐주었다면, 丙은 그 점유취득시효의 기산점을 임의로 선택할 수 없다.
ㅁ. 취득시효가 완성한 후 점유자가 그 사실을 모르고 소유자에게 그 점유물을 매도해 줄 것을 요청하였으나 대금에 관한 견해 차이로 매매에 실패한 경우, 점유자는 시효이익을 포기하였다고 볼 수 있다.

① ㄱ, ㄴ ② ㄴ, ㄷ ③ ㄷ, ㄹ
④ ㄷ, ㄹ, ㅁ ⑤ ㄹ, ㅁ

해설

ㄱ. 틀림. 건물 공유자 중 일부만이 당해 건물을 점유하고 있는 경우라도 그 건물의 부지는 건물 소유를 위하여 공유명의자 전원이 공동으로 이를 점유하고 있는 것으로 볼 것이며, 또한 건물 공유자들이 건물부지의 공동점유로 인하여 건물부지에 대한 소유권을 시효로 취득하는 경우에도 그 취득시효 완성을 원인으로 한 소유권이전등기청구권은 당해 건물의 공유지분비율과 같은 비율로 건물 공유자들에게 귀속된다(대판 2003.11.13. 2002다57935). ㄴ. 틀림. 부동산 점유자에게 시효취득으로 인한 소유권이전등기청구권이 있다고 하더라도 이로 인하여 부동산 소유자와 시효취득자 사이에 계약상의 채권·채무관계가 성립하는 것은 아니므로 그 부동산을 처분한 소유자에게 채무불이행책임을 물을 수 없다(대판 1995.7.11. 94다4509). ㄷ. 옳음. ㄹ. 옳음. 일단 대외적인 관계에서는 점유취득시효가 완성된 특정 구분소유 부분 중 다른 공유자 명의의 지분에 관하여는 소유 명의자가 변동된 경우에 해당하므로, 점유자는 취득시효의 기산점을 임의로 선택하여 주장할 수 없다(대판 2006.10.12. 2006다44753). ㅁ. 틀림. 그런 사실만으로 시효이익을 포기하였다고 볼 수 없다(대판 1991.2.22. 90다12977). <답 ③>

20. 부동산의 점유취득시효에서 시효완성 후 그 등기 전의 법률관계에 관련된 설명 중 옳은 것(○)과 옳지 않은 것(×)을 바르게 표시한 것은? (다툼이 있는 경우에는 판례에 의함) <변호사모의 2010년, 2011년 유사, 변호사 2012년 유사>

㉠ 소유명의자는 시효가 완성된 점유자에게 등기를 해 줄 의무가 있으므로, 그 점유자에게 불법점유임을 이유로 건물의 철거 또는 대지의 인도를 청구할 수 없고, 점유로 인한 부당이득의 반환청구도 할 수 없다.
㉡ 유효한 명의신탁계약이 시효완성 후 해지되어 그 등기명의가 명의수탁자로부터 명의신탁자에게로 이전된 경우, 특별한 사정이 없는 한 그 명의신탁자는 취득시효 완성 후에 소유권을 취득한 자에 해당되지 아니하므로, 점유자는 그 자에 대하여 시효취득을 주장할 수 있다.

㉢ 시효완성 후 원래의 소유자의 위탁에 의하여 소유권이전등기를 마친 신탁법상의 수탁자는 그 점유자가 시효취득을 주장할 수 없는 새로운 이해관계인인 제3자에 해당한다. ㉣ 시효가 완성된 사실을 안 소유명의자가 그 부동산을 제3자에게 처분하여 시효완성을 원인으로 한 소유권이전등기의무가 이행불능에 빠진 경우, 그 소유명의자는 점유자에게 불법행위책임을 진다. ㉤ 원소유자가 취득시효의 완성 이후 그 등기가 있기 전에 제3자에게 근저당권을 설정하는 등 그 토지에 대한 소유자로서의 권리를 행사하였다 하여 시효취득자에 대한 관계에서 불법행위가 성립하는 것이 아님은 물론 근저당권을 취득한 제3자에 대하여 취득시효의 완성 및 그 권리취득의 소급효를 들어 대항할 수도 없다.

① ㉠(○), ㉡(○), ㉢(○), ㉣(○), ㉤(○)
② ㉠(○), ㉡(○), ㉢(×), ㉣(○), ㉤(×)
③ ㉠(○), ㉡(×), ㉢(○), ㉣(○), ㉤(○)
④ ㉠(○), ㉡(×), ㉢(×), ㉣(○), ㉤(×)
⑤ ㉠(×), ㉡(○), ㉢(○), ㉣(○), ㉤(○)
⑥ ㉠(×), ㉡(○), ㉢(×), ㉣(×), ㉤(×)
⑦ ㉠(×), ㉡(×), ㉢(○), ㉣(×), ㉤(○)
⑧ ㉠(×), ㉡(×), ㉢(×), ㉣(×), ㉤(×)

해설

㉠ 시효취득자의 점유는 적법한 점유이고, 법률상 원인이 있는 것이므로 부당이득의 대상의 되지 않는다. ㉡ 예를 들어 종중명의신탁의 경우 명의수탁자가 보존등기를 하고 있지 않고 있다가 제3자의 취득시효가 완성된 후 바로 종중명의로 소유권보존등기를 경료하였다면 이 종중은 시효완성 후 소유권을 취득한 자에 해당하여 종중에게는 취득시효를 주장할 수 없다(대판 2001.10.26. 2000다8861). ㉢ 신탁법상의 수탁자는 대내적으로나 대외적으로 소유권자에 해당하므로 점유자는 신탁법상 수탁자에게 취득시효를 주장할 수 없다(대판 2011.2.10. 2010다84246 등). ㉣ 대판 1999.9.3. 99다20926. ㉤ 점유자가 원소유자에 대하여 점유로 인한 취득시효기간이 만료되었음을 원인으로 소유권이전등기청구를 하는 등 그 권리행사를 하거나 원소유자가 취득시효완성 사실을 알고 점유자의 권리취득을 방해하려고 하는 등의 특별한 사정이 없는 한 원소유자는 점유자 명의로 소유권이전등기가 마쳐지기까지는 소유자로서 그 토지에 관한 적법한 권리를 행사할 수 있다. (따라서) 원소유자가 취득시효의 완성 이후 그 등기가 있기 전에 그 토지를 제3자에게 처분하거나 제한물권의 설정, 토지의 현상 변경 등 소유자로서의 권리를 행사하였다 하여 시효취득자에 대한 관계에서 불법행위가 성립하는 것이 아님은 물론 위 처분행위를 통하여 그 토지의 소유권이나 제한물권 등을 취득한 제3자에 대하여 취득시효의 완성 및 그 권리취득의 소급효를 들어 대항할 수도 없다 할 것이니, 이 경우 시효취득자로서는 원소유자의 적법한 권리행사로 인한 현상의 변경이나 제한물권의 설정 등이 이루어진 그 토지의 사실상 혹은 법률상 현상 그대로의 상태에서 등기에 의하여 그 소유권을 취득하게 된다. 따라서 시효취득자가 원소유자에 의하여 그 토지에 설정된 근저당권의 피담보채무를 변제하는

것은 시효취득자가 용인하여야 할 그 토지상의 부담을 제거하여 완전한 소유권을 확보하기 위한 것으로서 그 자신의 이익을 위한 행위라 할 것이니, 위 변제액 상당에 대하여 원소유자에게 대위변제를 이유로 구상권을 행사하거나 부당이득을 이유로 그 반환청구권을 행사할 수는 없다(대판 2006.5.12. 2005다75910). <답 ③>

21. 甲은 1965년 11월 18일 어느 지역의 15번지를 매수하여 같은 해 11월 26일 그의 명의로 소유권이전등기를 마치고 이를 소유하여 오던 중 1971년 8월 12일 경 그 토지 위에 건축되어 있던 구 주택을 철거하고 새로이 주택을 신축하였다. 그러면서 甲은 자신의 토지와 인접해 있는 국가 소유의 잡종지인 그 지역 16번지 중 3분의 2 정도에 해당하는 부분(편의상 X 부분이라고 한다)을 국가가 설치해 놓은 철조망을 제거한 뒤 그 둘레에 담장을 설치하고 그 안에 창고와 차고를 만드는 외에 나머지 부분을 마당으로 사용하는 방법으로 점유하였다. 그 후 乙은 1991년 3월 18일 甲으로부터 15번지와 그 지상의 주택을 매수하여 등기를 마쳤고, X 부분도 甲과 똑같이 현재까지(1998년 3월 16일까지) 계속 점유 사용하여 오고 있다. 그리고 위 16번지는 1950년대 이래 지금까지 계속하여 국가 명의로 등기되어 있다. 이 사안의 법률관계에 대한 설명 중 틀린 것은?

① 乙은 그 자신의 점유만으로 X의 소유권을 시효취득할 수 없다.
② 일반적으로 토지의 일부에 대한 시효취득은 인정된다.
③ 국유재산 중 일반재산은 시효취득의 대상이 될 수 있다.
④ 甲이 X 부분을 점유한 것은 이른바 악의의 무단점유에 해당한다.
⑤ 乙은 X 부분의 소유권을 시효취득한다.

해설

① 사안의 경우 乙은 국가 소유에 속하는 X 부분을 1991년부터 점유하여왔으므로 그 자신의 점유만으로 X의 소유권을 시효취득할 수 없으나, 甲의 점유가 乙에 승계될 수 있어서 乙이 甲의 점유까지 자신의 점유로 주장할 수 있다면 점유취득시효에 의한 시효취득이 고려될 수 있다. ②③ 토지의 일부에 관하여는 학설 판례가 모두 시효취득을 인정하고 있다. 그러나 국유의 토지는 원칙적으로 시효취득의 대상이 되지 않는다(법률 제3881호의 구 국유재산법 제5조 2항). 그런데 1991년 5월 13일 헌법재판소가 위의 국유재산법 제5조 2항에 대하여 일부위헌결정을 선고하여(헌재 1991.5.13, 89헌가97), 국유재산이라도 행정재산·보존재산을 제외한 일반재산만은 시효취득의 대상이 될 수 있게 되었다. 그리하여 동 조항은 현재 '행정재산은 민법 제245조의 규정에 불구하고 시효취득의 대상이 되지 아니한다.'(제7조 2항)라고 개정되어 있다. 따라서 시효취득의 대상이 될 수 없는 자연공물이란 자연의 상태 그대로 공공용에 제공될 수 있는 실체를 갖추고 있는 것을 말하므로, 원래 자연상태에서는 전·답에 불과하였던 토지 위에 수리조합이 저수지를 설치한 경우라면 이는 자연공물이라고 할 수 없을 뿐만 아니라 국가가 직접 공공목적에 제공한 것도 아니어서 비록 일반 공중의 공동이용에 제공된 것이라 하더라도 국유재산법상의 행정재산에 해당하지 아니하므로 시효취득의 대상이 된다(대판 2010.11.25. 2010다37042). ④⑤ 점유취득시효에 의하면 부동산의 소유권을 취득하려면 점유자가 소유의 의사로 평온·공연하게 점유하여야 한다. 즉 자주점유, 평온·공연한 점유가 필요하다. 특히 본 사안에서는 악의의 무단점유를 자주점유로 볼 수 있는가가 문제된다. 현재의 판례(대판[全] 1997.8.21. 95다28625)에 의하면 악의의 무단점유임이 입증된 경우에는 자주점유의 추정이 깨어

지고, 따라서 자주점유 사실을 따로 입증하지 못하면 자주점유가 인정되지 못하게 된다. 그러므로 본 사안에서 甲이 X 부분이 타인 소유임을 알면서 무단으로 점유하였으므로 악의의 무단점유에 해당하고, 乙 또한 이를 알고 있었던 것으로 보이므로 甲·乙의 점유는 모두 악의의 무단점유에 해당한다. 따라서 乙은 따로 자주점유를 하고 있었음을 증명하지 못하는 한 시효취득을 할 수 없게 된다. 결국 乙은 점유취득시효에 의하면 X부분의 소유권을 취득하지 못한다. <답 ⑤>

22. 甲은 1985.5.경 A토지(300㎡)와 그 지상 주택을 소유자로부터 매수하여 자신의 명의로 등기하였다. 그런데 그 주택은 A토지에 인접한 乙 소유의 B토지(200㎡) 중 X 부분(15㎡)을 침범하여 건축되어 있었는바, 甲은 그 침범사실을 모르고 그 주택에서 거주하다가 1995.3.5. 사망하였다. 甲의 유일한 상속인 丙이 위 주택과 A토지를 상속하고 X 부분 토지에 대한 점유도 승계하였다. X 부분 토지의 시효취득에 관한 설명 중 옳은 것은? (각 지문은 독립적이고, 다툼이 있는 경우에는 판례에 의함) <변호사시험 2013>

① 丙이 2006.10.경 乙을 상대로 X 부분 토지에 관하여 취득시효완성을 주장하면서 소유권이전등기청구를 하지 아니한 채로 소유권확인청구소송을 제기한 경우, 丙은 승소할 수 있다.

② 상속 당시 丙이 소유의 의사로 선의이며 과실 없이 점유를 개시했다면 2005.3.5.이 경과함으로써 등기부취득시효가 완성된다.

③ 丙이 2004.3.경 乙을 상대로 취득시효완성을 원인으로 한 소유권이전등기청구소송을 제기하였다가 乙이 응소하여 적극적으로 丙의 주장을 다투자, 2004.10.경 소를 취하한 후 다시 2007.3.경 동일한 취지의 소송을 제기한 경우, 丙은 승소할 수 없다.

④ 2007.2.경 B 토지에 관하여 乙의 아들 丁의 명의로 소유권이전등기가 경료되었다. 丁의 등기가 통정허위표시로 인한 등기인 경우, 丙은 丁을 상대로 점유취득시효완성을 원인으로 한 소유권이전등기청구소송을 제기한다면 승소할 수 있다.

⑤ 乙은 2007.2.경 戊에게 B 토지를 매도하고 소유권이전등기를 경료하여 주었다. 乙이 2007.10.경 사망한 후 乙의 유일한 상속인 丁이 戊로부터 B 토지를 다시 매수하고 소유권이전등기를 경료한 경우, 丙이 丁을 상대로 점유취득시효완성을 원인으로 한 소유권이전등기청구소송을 제기한다면 특별한 사정이 없는 한 丙은 승소할 수 없다.

해설 ....

① 틀림. 점유취득시효를 완성하더라도 등기를 갖추기 전에는 소유자가 아니므로(제245조 1항), 소유권확인소송을 제기하더라도 승소할 수 없다. ② 틀림. 취득시효의 대상이 되는 부분은 X 부분(15㎡)이고, 이는 점유와 등기가 불일치하므로 점유취득시효의 문제이지 등기부취득시효의 문제가 아니다. 따라서 점유취득시효의 요건이 충족되어야 하는바, 상속인은 피상속인의 점유를 승계하므로(제193조 및 제199조 참조. 또한 대판 2004.9.24.

2004다27273 참고) 소유의 의사는 충족되고, 평온·공연도 인정된다고 보인다. 그러나 점유의 개시시점이 1985.5.경이므로 2005.3.5.에는 20년의 요건이 충족되지 않고 있다. ③ 틀림. 민법 제247조 제2항에 의하여 취득시효에 준용되는 같은 법 제168조 제1호, 제170조 제1항에서 시효중단사유의 하나로 규정하고 있는 재판상의 청구라 함은, 통상적으로는 권리자가 원고로서 시효를 주장하는 자를 피고로 하여 소송물인 권리를 소의 형식으로 주장하는 경우를 가리키지만, 시효의 이익을 받는 자가 원고가 되어 소를 제기한 데 대하여 피고로서 응소하여 그 소송에서 적극적으로 권리를 주장하고 그것이 받아들여진 경우도 마찬가지로 이에 포함되므로(대판 1997.11.11. 96다28196 참고), 일단 乙의 응소로 취득시효의 진행은 중단되지만, 丙이 소를 취하한 이상 乙은 제170조에 따라 6월 내에 재판상 청구 등의 후속조치를 취해야 중단의 효과가 지속된다. 따라서 지문의 경우, 乙이 재판상 청구 등의 후속조치를 취하지 않은 이상 2005.5.경 丙의 점유취득시효가 완성되므로, 丙이 제기한 2007.3.경의 소유권이전등기청구소송에서 丙이 승소한다. ④ 틀림. 취득시효가 완성된 후 점유자가 그 등기를 하기 전에 제3자가 소유권이전등기를 경료한 경우에는 점유자는 그 제3자에 대하여는 시효취득을 주장할 수 없는 것이 원칙이기는 하지만, 이는 어디까지나 그 제3자 명의의 등기가 적법 유효함을 전제로 하는 것으로서 위 제3자 명의의 등기가 원인무효인 경우에는 점유자는 취득시효 완성 당시의 소유자를 대위하여 위 제3자 앞으로 경료된 원인무효인 등기의 말소를 구함과 아울러 위 소유자에게 취득시효 완성을 원인으로 한 소유권이전등기를 구할 수 있다(대판 2002.3.15. 2001다77352,77369). 지문의 경우, 丁의 등기는 乙과의 통정허위표시에 기초한 등기이므로 무효이고(제108조 1항 참조), 이 무효는 누구나 주장할 수 있으므로(대판 2000.7.6. 99다51258 참고) 2007.2. 현재 B토지의 소유자는 乙이다. 따라서 丙은 丁이 아니라 乙을 상대로 소유권이전등기청구소송을 제기하여야 한다. ⑤ 옳음. 부동산에 대한 점유취득시효가 완성된 후 이를 등기하지 않고 있는 사이에 그 부동산에 관하여 제3자 명의의 소유권이전등기가 경료되어 점유자가 그 제3자에게 시효취득으로 대항할 수 없게 된 경우에도 점유자가 취득시효 당시의 소유자에 대한 시효취득으로 인한 소유권이전등기청구권을 상실하게 되는 것이 아니라 단지 그 소유자의 점유자에 대한 소유권이전등기의무가 이행불능으로 된 것에 불과하므로, 그 후 어떠한 사유로 취득시효 완성 당시의 소유자에게로 소유권이 회복되면 그 소유자에게 시효취득의 효과를 주장할 수 있으나, 취득시효 완성 후에 원 소유자가 일시 상실하였던 소유권을 회복한 것이 아니라 그 상속인이 소유권이전등기를 마쳤을 뿐인 경우에는 그 상속인의 등기가 실질적으로 상속재산의 협의분할과 동일시할 수 있는 등의 특별한 사정이 없는 한 그 상속인은 점유자에 대한 관계에서 종전 소유자와 같은 지위에 있는 자로 볼 수 없고, 취득시효 완성 후의 새로운 이해관계인으로 보아야 하므로 그에 대하여는 취득시효 완성으로 대항할 수 없다(대판 1999.2.12. 98다40688).

<답 ⑤>

23. 다음 설명 중 옳지 않은 것으로만 묶여진 것은? (다툼이 있는 경우에는 판례에 의함)

<변리사 2001년 변형>

㉠ 정당한 권원 없이 타인의 토지에 경작하여 다 자란 농작물은 언제나 경작자의 소유이다.
㉡ 부동산에 부합되는 물건은 동산에 한한다.
㉢ 건물의 임차인이 건물소유자의 승낙을 얻어 증축한 부분이 경제적으로 독립성을 가지더라도 그 부분의 소유권은 건물소유자의 소

> 유권에 속한다고 보아야 한다.
> ㉣ 일정 토지 위에 있는 자연석을 깎아 불상을 만들었다면 그 토지로부터 독립된 객체로 된다.
> ㉤ 민법상의 부합에 관한 규정은 임의규정이다.
> ㉥ 甲이 토지소유자 乙에게서 토지를 임차한 후 주유소 영업을 위하여 지하에 유류저장조를 설치한 경우, 甲이 임차권에 기초하여 유류저장조를 매설한 것이므로 유류저장조는 민법 제256조 단서에 의하여 설치자인 甲의 소유에 속한다.

① ㉣, ㉤　　② ㉠, ㉢　　③ ㉡, ㉢
④ ㉢, ㉣　　⑤ ㉡, ㉤, ㉥

해설

㉠ 다수설은 부동산에의 부합을 인정하므로, 제256조 본문에 의해 원칙적으로 토지소유자의 소유에 속한다고 한다(곽윤직, 350면; 장경학, 483면). 그러나 판례(대판 1970.11.30. 68다1995)와 소수설은 부합의 법리를 그대로 인정하면 유휴농지의 소유자 내지 부재지주만을 보호하는 결과가 되어 부당하고(김상용, 404면), 경자유전의 원칙에 반하며(이영준, 508면), 농작물은 경작지로부터 분리될 수 없으므로 농작물과 경작지 사이에는 부합의 원리가 적용되지 않는다고 한다(김기선, 242면). 따라서 판례와 소수설에 의할 경우에만 맞는 지문이 된다. ㉡ 다수설은 동산에 한정하나(김상용, 402면; 김용한 304면; 이영준, 504면; 장경학, 480면), 소수설(김기선, 242-243면; 김현태, 164-165면)과 판례(대판 1991.4.12. 90다11967)는 부동산도 포함한다. 따라서 판례와 소수설에 의할 경우에만 틀린 지문이 된다. ㉢ 임차인이 임차한 건물에 그 권원에 의하여 증축을 한 경우에 증축된 부분이 부합으로 인하여 기존 건물의 구성부분이 된 때에는 증축된 부분에 별개의 소유권이 성립할 수 없으나, 증축된 부분이 구조상으로나 이용상으로 기존 건물과 구분되는 독립성이 있는 때에는 구분소유권이 성립하여 증축된 부분은 독립한 소유권의 객체가 된다(대판 1999.7.27. 99다14518). ㉣ 임야에 있는 자연석을 조각하여 제작한 석불이라도 그 임야의 일부분을 구성하는 것이라고는 할 수 없고 임야와 독립된 소유권의 대상이 된다(대판 1970.9.22. 70다1494). ㉤ 옳은 지문이다. ㉥ 대판 2012.1.26. 2009다76546. <답 ③>

24. 다음은 부합(附合)에 관한 설명이다. 틀린 것을 모두 고르시오. (다툼이 있는 경우에는 판례에 의함)

> ㈎ 부합이라 함은 훼손하지 아니하면 분리할 수 없거나 분리에 과다한 비용을 요하는 경우는 물론 분리하게 되면 경제적 가치를 심히 감소시키는 경우도 포함된다.
> ㈏ 부합하는 물건의 가격이 부동산의 가격을 초과하는 경우에도, 물건소유자는 부동산소유권을 취득하지 못한다.
> ㈐ 부합한 동산의 주종을 구별할 수 없는 때에는, 각 동산의 소유자는 부합 당시의 가액의 비율로 합성물을 공유한다.
> ㈑ 가공으로 인한 가액의 증가가 원재료의 가액보다 현저히 다액인

때에는, 가공자의 소유로 한다.
㈑ 근로관계에 기하여 생산된 생산물의 소유권귀속에 관하여는 가공에 관한 민법규정이 적용된다.

① ㈑, ㈒ ② ㈒ ③ ㈎, ㈏
④ ㈎, ㈑ ⑤ ㈑

해설

㈎㈏㈐㈑가 옳다. ㈎ 다수설과 판례(대판 1962.1.31. 4294민상445). ㈏ 대판 1957.2.8. 4289민상117,118. ㈐ 제257조 후문. ㈑ 제259조 1항 단서. ㈒ 근로관계에 기하여 생산된 생산물의 소유권귀속에 관하여는 가공에 관한 민법규정이 적용이 배제된다. 처음부터 사용자를 위하여 일정한 생산계획에 따라 창조적 노동력을 제공할 것을 계약의 내용으로 하는 근로계약관계에 있어서는 제259조가 적용되지 않는다. <답 ②>

25. 첨부에 관한 설명 중 옳은 것을 모두 고른 것은? (다툼이 있는 경우에는 판례에 의함)
<사시 2013년 변형: 배점 2>

ㄱ. 아직 독립한 건물로서의 요건을 갖추지 못한 단계에서 건축공사가 중지된 후 제3자가 잔여 공사를 진행하여 그 소유권을 원시취득한 경우, 신축 중인 건물에 관한 권리를 상실한 자는 원시취득자에게 부당이득반환을 청구할 수 있다.
ㄴ. 乙이 건물 소유를 목적으로 甲 소유의 토지를 임차한 후 건물을 축조하였는데, 본래 지하 1층과 지상 5층 건물로 설계된 건물 가운데 지하 1층과 지상 1층 콘크리트 골조 및 기둥, 천장공사가 완료되고 내부의 벽체가 완성된 상태에서 甲의 채권자 丙의 강제경매신청으로 법원이 토지와 건축 중인 건물을 일괄매각한 경우, 위 건축 중인 건물은 토지에 부합되지 않았지만 매수인(경락인)은 그 소유권을 취득한다.
ㄷ. 가공으로 인하여 동산의 소유권이 소멸한 때에는 그 동산을 목적으로 한 다른 권리도 소멸하고, 그 동산을 목적으로 한 다른 권리자는 부당이득에 관한 규정에 의하여 동산의 소유권 귀속자에게 보상을 청구할 수 있다.
ㄹ. 타인이 권원에 의해 부동산에 물건을 부속시킨 때라도, 이를 분리할 경우 경제적 가치가 있는 때에 한하여 그 물건은 그 타인 소유가 되고, 분리하여도 경제적 가치가 없는 경우 그 물건은 부동산 소유자의 소유가 된다.
ㅁ. 타인의 농지를 권원 없이 경작하더라도 그 농작물은 경작자의 소유에 귀속되는데, 두 사람이 서로 자기에게 경작권이 있다며 동일한 농지를 공동으로 권원 없이 경작한 경우, 먼저 명인방법을 갖춘 사람이 그 농작물의 소유권을 취득한다.

① ㄱ, ㄴ, ㄷ ② ㄱ, ㄷ, ㄹ ③ ㄱ, ㄹ
④ ㄴ, ㄹ ⑤ ㄴ, ㄹ, ㅁ

해설

ㄱ. 옳음. 민법 제261조, 제257조, 제259조를 준용하여 건물의 원시취득자에 대하여 부당이득 관련 규정에 기하여 그 소유권의 상실에 관한 보상을 청구할 수 있다(대판 2010.2.25. 2009다83933). ㄴ. 틀림. 위 사안의 신축 건물은 경락 당시 미완성 상태이기는 하지만 독립된 건물로서의 요건을 갖추었다고 볼 수 있으므로(대판 2003.5.30. 2002다21592,21608). (이 경우) 저당권은 법률에 특별한 규정이 있거나 설정행위에 다른 약정이 있는 경우를 제외하고 그 저당 부동산에 부합된 물건과 종물 이외에까지 그 효력이 미치는 것이 아니므로, 토지에 대한 경매절차에서 그 지상 건물을 토지의 부합물 내지 종물로 보아 경매법원에서 저당 토지와 함께 경매를 진행하고 경락허가를 하였다고 하여 그 건물의 소유권에 변동이 초래될 수 없다(대판 1997.9.26. 97다10314). ㄷ. 옳음. 제259조 참조. ㄹ. 옳음. 부합물에 관한 소유권귀속의 예외를 규정한 민법 제256조 단서의 규정은 타인이 그 권원에 의하여 부속시킨 물건이라 할지라도 그 부속된 물건이 분리하여 경제적 가치가 있는 경우에 한하여 부속시킨 타인의 권리에 영향이 없다는 취지이지, 분리하여도 경제적 가치가 없는 경우에는 원래의 부동산소유자의 소유에 귀속되는 것이고 경제적 가치의 판단은 부속시킨 물건에 대한 일반 사회통념상의 경제적 효용의 독립성 유무를 그 기준으로 하여야 한다(대판 1975.4.8. 74다1743). ㅁ. 틀림. 동일한 농지를 서로 경작함으로써 결국 동일한 농지를 공동경작을 한 경우에는 그 입도에 대한 소유권은 위의 공동경작자의 공유에 속한다고 할 것이다(대판 1967.7.11. 67다893). <답 ②>

26. 다음은 부동산소유권에 관한 설명이다. 판례에 의할 때 옳은 설명을 모두 고르면?

㉠ 만조수위선을 기준으로 토지와 바다를 구분하여야 하는데, 공유수면관리법상 '간석지'는 만조수위선 이하를 말하는 것이어서 바다에 속하지만 토지가 '간석지'로 된 경우에는 포락의 법리가 그대로 적용되지 않는다.

㉡ 행정재산에 속하는 공유재산에 대한 취득시효가 완성되기 위해서는 그 공유재산이 취득시효기간 동안 계속하여 시효취득의 대상이 될 수 있는 일반재산이어야 하고, 이러한 점에 대한 증명책임은 시효취득을 주장하는 자에게 있다.

㉢ 매도인에게 소유권이 유보된 자재가 그 사실을 모르는 제3자(=도급인)와 매수인(=수급인)과 사이에 이루어진 도급계약의 이행에 의하여 부합된 경우, 매도인이 건축주인 제3자에게 그에 관한 보상청구를 할 수 있다.

㉣ 지상 3층 규모의 철골구조물로 된 주차시설이 구분소유권의 객체가 될 수 있는지가 문제된 경우, 철제 에이치 빔으로 기둥을 세우고 바닥에 철판을 깔아 차량이 주차할 수 있는 공간을 페인트로 선을 그어 구획하여 놓았으며 각 층 전면의 절반가량의 높이에

> 철판을 잇대어 가려 놓았을 뿐 벽이라고 볼만한 것이 없다면 위 주차시설은 독립한 부동산인 건물로서의 요건을 갖추지 못하여 구분소유의 객체가 될 수 없다.

① ㉠ ② ㉠, ㉡ ③ ㉠, ㉢
④ ㉡, ㉣ ⑤ ㉢, ㉣ ⑥ ㉠, ㉡, ㉣
⑦ ㉡, ㉢, ㉣ ⑧ ㉠, ㉡, ㉢, ㉣

해설 ……………………………………………

㉠ 틀림. 토지소유권의 상실 원인이 되는 포락이라 함은 토지가 바닷물에 개먹어 무너져 바다에 떨어져 그 원상복구가 불가능한 경우를 말하므로 위 경우처럼 토지가 간석지로 된 경우에도 포락의 법리가 그대로 적용된다. (물론) 공유수면관리법 제8조 제1항 제4호가 대통령령으로 정하는 포락지 외에 '개인의 소유권이 인정되는 간석지'를 토지로 조성하는 행위에 대하여 점용 또는 사용 허가를 받도록 규정하고 있으나, 이 조항은 기본적으로 공유수면의 점용 또는 사용의 허가에 관한 사항을 정한 규정으로서 '개인의 소유권이 인정되는 간석지'도 그 문언 그대로 간석지 중에서 개인의 소유권이 인정될 수 있는 경우를 의미한다고 해석될 뿐, 그 규정만을 가지고 간석지가 항상 개인의 소유권이 성립될 수 있는 민법상의 토지에 해당한다고 해석할 수는 없다(대판 2009.8.20. 2007다64303). ㉡ 옳음. 대판 2009.12.10. 2006다19177. ㉢ 틀림. 위 경우에 민법 제261조의 보상청구를 거부할 법률상 원인이 있다고 할 수 없지만, 제3자가 도급계약에 의하여 제공된 자재의 소유권이 유보된 사실에 관하여 과실 없이 알지 못한 경우라면 선의취득의 경우와 마찬가지로 제3자가 그 자재의 귀속으로 인한 이익을 보유할 수 있는 법률상 원인이 있다고 봄이 상당하므로 매도인으로서는 그에 관한 보상청구를 할 수 없다(대판 2009.9.24. 2009다15602). ㉣ 옳음. 대판 2011.6.30. 2009다30724. <답 ④>

27. X토지를 점유하고 있는 乙에 대하여 甲이 반환청구를 하는 경우, 다음 중 옳지 않은 것은? (각 지문은 독립적이며, 다툼이 있는 경우에는 판례에 의함)

<변리사 2005년>

① 甲이 아직 등기를 갖추지 않은 미등기매수인이라면 스스로 반환청구를 할 수 없고, 전주(前主)(매도인)의 반환청구권을 대위행사하여야 한다.
② 乙이 공동점유자 중 1인이라면 乙만을 상대로 한 반환청구는 허용되지 않는다.
③ 乙이 甲으로부터 위 토지를 임차하여 점유 · 사용하고 있다가 임대차계약이 종료하였지만 임차보증금의 반환과 동시이행을 주장하면서 위 토지의 반환을 거절하고 있다면, 甲의 반환청구는 인용될 수 없다.
④ 乙이 임차인으로서 위 토지에 유익비를 지출한 경우에 임대인 甲에 대하여 민법 제203조 2항(점유자의 상환청구권)에 따른 비용상환을 청구할 수는 없다.
⑤ 甲의 청구가 인용되는 경우에 반환에 따른 비용은 원칙적으로 乙이 부담

한다.

✍ 해설 ………………………………………

① 미등기 매수인은 소유권을 취득하지는 못하므로 소유권에 기한 반환 내지 방해배제청구권을 직접 행사할 수 없다. 그러나 자신의 등기청구권을 보존하기 위하여 채권자대위권을 행사할 수 있다. ② 점유는 물건을 사실상 지배하는 객관적 관계이며, 공동점유는 수인이 하나의 물건을 공동으로 사실상 지배하는 관계이므로, 공동점유자 각자는 그 점유물의 일부분만을 반환할 수는 없고, 그 점유물 전부에 대하여 반환하여야 함은 물론이나 그 점유물의 인도를 청구하는 경우에 그 공동점유자 각자에게 대하여 그 점유물의 인도를 청구하면 족하고, 반드시 그 공동점유자 전원을 상대로 할 것은 아니다(대판 1966.3.15. 65다2455). ③ 임대차종료시 임차보증금과 임차목적물의 반환 사이에는 동시이행관계(대판[전] 1977.9.28. 77다1241,1242)에 있으므로 甲이 이행의 제공을 하지 아니하는 한 乙은 이행을 거절할 수 있다. ④ 임차인은 제626조 2항에 따라 임대인의 선택에 따라 지출비용 또는 그 증가액 중의 하나를 선택하여 청구할 수 있을 뿐이다. ⑤ 물권적 청구권과 행사와 그 비용부담에 관해 견해가 나뉘는데 판례는 청구 상대방이 비용을 부담한다는 행위청구권설의 태도이다(대판 1983.5.10. 81다187) <답 ②>

28. 소유권에 기한 물권적 청구권의 효과에 관한 설명 중 틀린 것을 모두 고른 것은?

㉠ 소유물반환청구권의 내용은 소유물의 반환, 즉 점유의 이전을 하는 것이다. ㉡ 소유물반환청구권에서 소유자가 간접점유를 하고 있는 경우에도 소유자 자신에게 반환할 것을 청구할 수 있다. ㉢ 소유물방해제거청구권은 방해의 효과를 제거할 것을 청구할 수 있고 장래에 방해행위를 하지 아니할 것도 아울러 청구할 수 있다. ㉣ 소유물방해예방청구권에서 방해의 예방청구라 함은 방해의 원인을 제거해서 방해를 미연에 방지하는 모든 적절한 조치를 말한다. ㉤ 소유자는 소유물을 방해할 염려가 있는 행위를 하는 자에 대하여 그 예방 및 손해배상의 담보를 청구할 수 있다.

① ㉠, ㉡ ② ㉠, ㉢ ③ ㉠, ㉤
④ ㉡, ㉣ ⑤ ㉡, ㉤ ⑥ ㉢, ㉣
⑦ ㉢, ㉤ ⑧ ㉣, ㉤

✍ 해설 ………………………………………

㉡ 권원 있는 직접점유자에게 반환하도록 청구할 수 있을 뿐이다. ㉤ 손해배상의 담보청구는 장래 손해가 발생할 경우에 대비하여 예정배상금을 미리 제공하도록 하는 것이다. 소유자는 방해의 예방청구나 손해배상의 담보청구 중 하나만을 선택하여 청구할 수 있다. <답 ⑤>

29. 甲 소유로 사정(査定)받은 미등기 토지에 관해 乙이 관계서류를 위조하여 자

기 명의로 소유권보존등기를 한 후, 乙을 소유자로 믿은 丙에게 매도하고 소유권이전등기를 해주었다. 그 후 丙은 위 토지 위에 건물을 신축하였다. 이에 관한 설명 중 옳은 것을 모두 고른 것은? (다툼이 있는 경우에는 판례에 의함) <사시 2007년: 배점 3>

> ㉠ 토지에 관해 甲은 소유물방해배제청구권의 행사로써 乙을 상대로 보존등기의 말소를 청구할 수 있다.
> ㉡ 만약 甲과 乙 사이의 소송에서 乙명의의 소유권보존등기가 관계서류의 위조에 의하여 마쳐진 사실이 밝혀지지 아니한 경우, 乙은 등기의 추정력에 의하여 진정한 소유자로 추정된다.
> ㉢ 甲은 소유물방해배제청구권의 행사로써 丙을 상대로 토지소유권이전등기를 청구할 수 있다.
> ㉣ 丙이 건물 소유를 위해 甲으로부터 지상권을 설정 받은 경우, 그 후 丁이 건물을 권원 없이 점유하고 있다면 甲은 丁을 상대로 건물의 인도를 청구할 수 있다.

① ㉠, ㉡ ② ㉡, ㉢ ③ ㉢
④ ㉠, ㉣ ⑤ ㉣ ⑥ ㉠, ㉢
⑦ ㉡ ⑧ ㉠, ㉡, ㉢

해설

㉠ 옳음. ㉡ 틀림. 소유권보존등기 명의인 이외의 자가 당해 토지를 사정받은 것으로 밝혀지면 소유권보존등기의 추정력은 깨지고, 등기명의인이 그 구체적인 승계취득 사실을 주장·입증하지 못하는 한 그 등기는 원인무효이다. 소유권보존등기는 소유권이 진실하게 보존되어 있다는 사실에 관하여서만 추정력이 있고 소유권보존 이외의 권리변동이 진실하다는 점에 관하여서는 추정력이 없다. 보존등기에 대한 추정력이 깨지면 보존등기 명의인의 주장과 입증에 따라 그 등기에 대하여 실체적 권리관계에 부합하는지 여부를 가려야 한다(대판 1996.6.28. 96다16247). ㉢ 옳음. 진정한 등기명의의 회복을 위한 소유권이전등기청구는 이미 자기 앞으로 소유권을 표상하는 등기가 되어 있었거나 법률에 의하여 소유권을 취득한 자가 진정한 등기명의를 회복하기 위한 방법으로 현재의 등기명의인을 상대로 그 등기의 말소를 구하는 것에 갈음하여 허용된다(대판[전] 2001.9.20. 99다37894). ㉣ 틀림. 건물의 소유자는 丙이고, 丙이 지상권을 설정받았으므로 건물에 대한 점유권도 丙이 갖고 있다. 따라서 丁이 권원 없이 건물을 점유하고 있는 경우, 丙만이 丁을 상대로 건물의 인도를 청구할 수 있다. <답 ⑥>

30. **乙은 甲 소유의 X토지를 무단으로 점유하여 사용·수익하면서, Y건물을 신축하였다. 이러한 사실관계에 기초해서 甲의 보호방안을 설명하였다. 옳지 않은 것을 두 개 고르면?** (다툼이 있는 경우에는 판례에 의함)

① 甲은 乙을 상대로 건물철거 및 토지인도 청구와 더불어, 토지소유권 침해에 따른 부당이득의 반환을 청구할 수 있다.

② 甲은 乙을 상대로 건물에서의 퇴거를 청구할 수 있다.

③ 甲이 X토지에 대한 독점적이고 배타적인 사용·수익권을 포기한 것으로 볼 수 있는 경우, 乙을 상대로 건물철거 및 토지인도만을 구할 수 있을 뿐, 부당이득의 반환을 청구할 수 없다.

④ 乙이 X토지를 丙에게 임대차하였고 丙이 X토지를 점유하고 있는 경우, 甲은 乙을 상대로 토지인도를 청구할 수 있다.

⑤ 乙이 Y건물을 丁에게 임대차하였고 丁이 Y건물에 거주하고 있는 경우, 甲은 丁을 상대로 건물에서의 퇴거를 청구할 수 있다. 그리고 이는 丁이 대항력 있는 임차인이더라도 마찬가지이다.

⑥ 乙이 Y건물을 丁에게 임대차하였고 丁이 Y건물에 거주하고 있는 경우, 甲은 丁을 상대로 건물철거 및 토지인도 청구뿐만 아니라 부당이득의 반환도 청구할 수 없다.

⑦ 乙이 Y건물을 戊에게 매도하였고 戊가 미등기인 상태로 Y건물을 점유하고 있는 경우, 甲은 戊를 상대로 건물철거 및 토지인도를 청구할 수 있다.

⑧ 乙이 Y건물을 戊에게 매도하였고 戊가 미등기인 상태로 Y건물을 점유하고 있는 경우, 甲은 乙을 상대로 부당이득의 반환을 청구할 수 있다.

해설

① 옳음. 乙은 현재의 방해상태지배자이기 때문이다. 또한 타인 소유의 토지 위에 권한 없이 건물을 소유하고 있는 자는 그 자체로써 특별한 사정이 없는 한 법률상 원인 없이 타인의 재산으로 인하여 토지의 차임에 상당하는 이익을 얻고 이로 인하여 타인에게 동액 상당의 손해를 주고 있다고 보아야 한다(대판 1998.5.8. 98다2389). ② 틀림. 건물의 소유자가 그 건물의 소유를 통하여 타인 소유의 토지를 점유하고 있다고 하더라도 그 토지 소유자로서는 그 건물의 철거와 그 대지 부분의 인도를 청구할 수 있을 뿐, 자기 소유의 건물을 점유하고 있는 자에 대하여 그 건물에서 퇴거할 것을 청구할 수는 없다(대판 1999.7.9. 98다57457,57464). ③ 옳음. 종전부터 자연발생적으로 또는 도로예정지로 편입되어 사실상 일반공중의 통행로로 사용되어 온 토지의 소유자가 그 독점적이고 배타적인 사용·수익권을 포기한 것으로 볼 경우에도, 일반공중의 통행을 방해하지 않는 범위 내에서는 토지소유자로서 그 토지를 처분하거나 사용·수익할 권능을 상실하지 않는다고 할 것이므로, 그 토지를 불법점유하고 있는 제3자에 대하여 물권적 청구권을 행사하여 토지의 반환 내지 방해의 제거, 예방을 청구할 수 있다고 할 것이나, 특별한 사정이 없는 한 토지소유자는 그 이후에도 토지를 독점적, 배타적으로 사용·수익할 수는 없고, 따라서 제3자가 그 토지를 불법점유하였다 하더라도 이로 인하여 토지소유자에게 어떠한 손실이 생긴다고 할 수 없어 그 점유로 인한 부당이득의 반환을 청구할 수는 없다(대판 2001.4.13. 2001다8493). ④ 틀림. 불법점유를 이유로 하여 그 명도 또는 인도를 청구하려면 현실적으로 그 목적물을 점유하고 있는 자를 상대로 하여야 하고 불법점유자라 하여도 그 물건을 다른 사람에게 인도하여 현실적으로 점유를 하고 있지 않은 이상, 그 자를 상대로 한 인도 또는 명도청구는 부당하다(대판 1999.7.9. 98다9045). 다만, 학설은 이 경우 간접점유자인 乙에 대한 인도청구를 인정함에 견해가 일치한다. ⑤ 옳음. 건물이 그 존립을 위한 토지사용권을 갖추지 못하여 토지의 소유자가 건물의 소유자에 대하여 당해

건물의 철거 및 그 대지의 인도를 청구할 수 있는 경우에라도 건물소유자가 아닌 사람이 건물을 점유하고 있다면 토지소유자는 그 건물 점유를 제거하지 아니하는 한 위의 건물 철거 등을 실행할 수 없다. 따라서 그때 토지소유권은 위와 같은 점유에 의하여 그 원만한 실현을 방해당하고 있다고 할 것이므로, 토지소유자는 자신의 소유권에 기한 방해배제로서 건물점유자에 대하여 건물로부터의 퇴출을 청구할 수 있다. 그리고 이는 건물점유자가 건물소유자로부터의 임차인으로서 그 건물임차권이 이른바 대항력을 가진다고 해서 달라지지 아니한다. 건물임차권의 대항력은 기본적으로 건물에 관한 것이고 토지를 목적으로 하는 것이 아니므로 이로써 토지소유권을 제약할 수 없고, 토지에 있는 건물에 대하여 대항력 있는 임차권이 존재한다고 하여도 이를 토지소유자에 대하여 대항할 수 있는 토지사용권이라고 할 수는 없다. 바꾸어 말하면, 건물에 관한 임차권이 대항력을 갖춘 후에 그 대지의 소유권을 취득한 사람은 민법 제622조 제1항이나 주택임대차보호법 제3조 제1항 등에서 그 임차권의 대항을 받는 것으로 정하여진 '제3자'에 해당한다고 할 수 없다(대판 2010.8.19. 2010다43801). ⑥ 옳음. 건물철거는 그 소유권의 종국적 처분에 해당하는 사실행위이어서 원칙적으로 그 (법률상) 소유자에게만 그 철거처분권이 있으므로(대판 1989.2.14. 87다카3073), 철거처분권이 없는 임차인 丁은 그 상대방이 될 수 없다. 또한 건물소유자가 부지 부분에 관한 소유권을 상실하였다 하여도 건물소유자는 의연 토지소유자와 관계에서는 토지 위에 있는 건물의 소유자인 관계로 건물 부지의 불법점유자라 할 것이고, 따라서 건물 부지 부분에 관한 차임 상당의 부당이득 전부에 관한 반환의무를 부담하게 되며, 건물을 점유하고 있는 건물임차인이 토지소유자에게 부지점유자로서 부당이득반환의무를 진다고 볼 수 없다. 그러므로 건물소유자는 이러한 채무의 부담한도 내에서 건물임차인의 건물 불법점유에 상응하는 부지 부분의 사용·수익에 따른 임료 상당의 손실이 생긴 것이고, 건물에 관한 임대차계약 종료 이후 이를 계속 점유·사용하는 건물임차인은 건물소유자에 대한 관계에서 건물 부지의 사용·수익으로 인한 이득이 포함된 건물임료 상당의 부당이득을 하였다고 보아야 한다(대판 2012.5.10. 2012다4633). ⑦ 옳음. 미등기건물을 그 소유권의 원시취득자로부터 양도받아 점유 중에 있는 자는 비록 소유권취득등기를 하지 못하였다고 하더라도 그 권리의 범위 내에서는 점유 중인 건물을 법률상 또는 사실상 처분할 수 있는 지위에 있으므로 그 건물의 존재로 불법점유를 당하고 있는 토지소유자는 위와 같은 건물점유자에게 그 철거를 구할 수 있다(대판 1989.2.14. 87다카3073). 만약, 지문에서 건물철거만을 청구한다면 법률상 소유자인 乙도 상대방이 될 수 있다. ⑧ 옳음. 타인 소유의 토지 위에 권한 없이 건물을 소유하는 자는 그 자체로써 건물 부지가 된 토지를 점유하고 있는 것이므로, 특별한 사정이 없는 한 법률상 원인 없이 타인의 재산으로 인하여 토지의 차임에 상당하는 이익을 얻고 이로 인하여 타인에게 동액 상당의 손해를 주고 있다고 할 것이고, 이는 건물 소유자가 미등기건물의 원시취득자로서 그 건물에 관하여 사실상의 처분권을 보유하게 된 양수인이 따로 존재하는 경우에도 다르지 아니하다(대판 2011.7.14. 2009다76522,76539). <답 ②, ④>

31. 공유자들 사이에 관리방법에 관한 협의가 없는 상황에 대한 법률관계의 설명 중 판례의 태도와 다른 것은? <사시 2012년 유사, 변호사 2012년 유사>

① 과반수 이상의 지분을 가진 공유자는 공유물의 특정 부분을 배타적으로 사용·수익할 수 있다.

② 과반수 이상의 지분을 가진 공유자로부터 다시 그 특정 부분의 사용·수익을 허락받아 점유한 제3자에 대하여 소수 지분의 공유자는 점유배제

를 구할 수 없다.

③ 과반수 이상의 지분을 가진 공유자는 공유물의 특정 부분을 배타적으로 사용·수익할 수 있지만, 그 특정 부분의 사용·수익을 전혀 하지 못하여 손해를 입고 있는 소수지분권자에 대하여 그 지분에 상응하는 임료 상당의 부당이득을 반환할 의무가 있다.

④ 과반수 이상의 지분을 가진 공유자로부터 다시 그 특정 부분의 사용·수익을 허락받아 점유한 제3자에 대하여 소수 지분의 공유자는 그 점유자가 사용·수익하는 건물의 철거나 퇴거 등 점유배제를 구할 수 없지만, 지분에 상응하는 임료 상당의 부당이득을 청구할 수 있다.

⑤ 토지의 공유자는 각자의 지분 비율에 따라 토지 전체를 사용·수익할 수 있지만, 공유자 중의 일부가 그 전부를 배타적으로 점유·사용하고 있다면, 다른 공유자들 중 지분은 있으나 사용·수익은 전혀 하지 않고 있는 자에 대하여는 그 자의 지분에 상응하는 부당이득을 하고 있다고 보아야 한다.

해설 ……………………………………

①②③④ 과반수 지분의 공유자는 다른 공유자와 미리 공유물의 관리방법에 관한 협의를 하지 않더라도 공유물의 특정 부분을 배타적으로 사용·수익하기로 결정할 수 있으므로, 소수 지분의 공유자는 과반수 이상의 지분을 가진 공유자나 그로부터 점유사용 허락을 받은 제3자에 대하여 건물의 철거나 퇴거 등 점유배제를 구할 수 없다. 그러나 과반수 이상 지분을 가진 공유자는 그 특정부분을 전혀 사용하지 못하여 손해를 입고 있는 소수 지분 공유자에 대하여 임료상당의 부당이득을 반환해야 한다. 다만 과반수 이상 지분을 가진 공유자로부터 점유사용 허락을 받은 제3자는 공유물관리권에 터잡은 적법한 점유를 하고 있기 때문에 소수 지분 공유자에 대하여 부당이득반환의무가 없다(대판 2002.5.14. 2002다9738). ⑤ 대판 2002.10.11. 2000다17803 등. <답 ④>

32. A, B, C가 1/3지분씩 甲토지를 공유하고 있다. 다음 설명 중 옳지 않은 것은?

① 제3자가 甲토지에 무단으로 자재를 두는 장소로 사용하고 있는 경우, A는 단독으로 그 제3자에 대하여 甲토지 전부의 명도를 청구할 수 있다.

② 甲토지가 산림인 경우에 A와 B가 합의하면, 개발을 위해서 甲토지상의 수목 전부를 벌채할 수 있다.

③ A, B 및 C가 공동으로 甲토지를 제3자에게 임대하고 있는 경우, 제3자가 그 임대료의 지불을 태만히 하고 있어 임대차계약을 해제하기 위해서는 A와 B만으로도 할 수 있다.

④ A는 공유물에 경료된 원인무효의 등기에 관하여 B와 C에게 해당 지분별로 진정명의회복을 원인으로 한 소유권이전등기를 이행할 것을 청구할 수 있다.

⑤ A가 B와 C와의 협의 없이 자신의 지분 범위를 초과하여 공유물의 전부 또는 일부를 배타적으로 점유하고 있는 경우, B는 공유물의 보존행위로서 공유물의 인도나 명도를 청구할 수 있다.

해설

① 공유물에 관하여 제3자가 침해를 가하고 있는 경우, 각 공유자는 그의 지 분권에 기하여 공유물 전부에 대한 방해배제청구를 할 수 있다. 인도 또는 반환청구에 있어서도 단독으로 청구할 수 있다(부동산의 공유자의 1인은 당해 부동산에 관하여 제3자 명의로 원인무효의 소유권이전등기가 경료되어 있는 경우 공유물에 관한 보존행위로서 제3자에 대하여 그 등기 전부의 말소를 구할 수 있다: 대판 2006.8.24. 2006다32200). ② 공유자는 다른 공유자의 동의 없이 공유물을 처분하거나 변경하지 못한다(제264조). 여기서 처분이라 함은 법률상 및 사실상의 처분을 포함하며, 변경이라고 함은 사실상의 물리적인 변경을 의미한다. ③ 판례에 따르면 「위토경작계약의 해지는 관리행위라고 할 수 있을 것이므로 특단의 사정이 없는 한 민법 제265조 본문에 의하여 공유자의 과반수의 결의가 필요하다」(대판 1964.9.22. 64다288)고 한다. 이때의 계약해제는 소유권의 귀속을 달리하는 공유물의 처분·변경에 해당하는 것이 아니라, 단순한 현상유지에 지나지 않기 때문이다. ④ 부동산의 공유자 중 한 사람은 공유물에 대한 보존행위로서 그 공유물에 관한 원인무효의 등기 전부의 말소를 구할 수 있고, 진정명의회복을 원인으로 한 소유권이전등기청구권과 무효등기의 말소청구권은 어느 것이나 진정한 소유자의 등기명의를 회복하기 위한 것으로서 실질적으로 그 목적이 동일하고 두 청구권 모두 소유권에 기한 방해배제청구권으로서 그 법적 근거와 성질이 동일하므로, 공유자 중 한 사람은 공유물에 경료된 원인무효의 등기에 관하여 각 공유자에게 해당 지분별로 진정명의회복을 원인으로 한 소유권이전등기를 이행할 것을 단독으로 청구할 수 있다(대판 2005.9.29. 2003다40651). ⑤ 지분을 소유하고 있는 공유자나 그 지분에 관한 소유권이전등기청구권을 가지고 있는 자라고 할지라도 다른 공유자와의 협의 없이는 공유물을 배타적으로 점유하여 사용·수익할 수 없는 것이므로, 다른 공유권자는 자신이 소유하고 있는 지분이 과반수에 미달되더라도 공유물을 점유하고 있는 자에 대하여 공유물의 보존행위로서 공유물의 인도나 명도를 청구할 수 있다(대판[전] 1994.3.22. 93다9392,9408). <답 ②>

33. 甲, 乙, 丙이 각각 3/5, 1/5, 1/5의 지분으로 나대지(裸垈地) X를 공유하고 있다. 다음 설명 중 옳지 않은 것은? (다툼이 있는 경우에는 판례에 의함)

<변리사 2009년 변형, 변호사모의 2011년 유사, 변호사 2012년 유사>

① 甲은 다른 공유자의 동의 없이 X토지의 3/5에 해당하는 특정부분 위에 건물을 신축할 수 있다.

② 乙이 다른 공유자와의 협의 없이 X토지의 1/5에 해당하는 특정부분을 주차장으로서 배타적으로 사용하는 경우, 丙은 단독으로 그 반환을 청구할 수 있다.

③ 戊의 명의로 X토지 전부에 대해 원인무효의 소유권이전등기가 이루어진 경우 丙은 그 등기 전부의 말소를 청구할 수 있다.

④ 甲이 그 공유지분을 포기하거나 상속인(및 특별연고자) 없이 사망한 경우에는 甲의 지분은 乙과 丙에게 각각 그 지분의 비율대로 귀속된다.

⑤ 丁이 X토지 전부를 불법점유하고 있는 경우, 乙은 단독으로 X토지 전부의 반환을 청구할 수 있다.

⑥ 만약 甲, 乙, 丙이 위치와 면적을 특정하여 X를 구분소유하기로 약정한 후 乙이 X의 특정부분을 배타적으로 점유·사용하다가 그 부분이 독립한 필지로 분할되면서 그에 관해 단독명의로 소유권이전등기를 마쳤다면, 그 등기는 실체관계에 부합하는 것으로서 유효하고 乙은 위 분할된 부분에 대한 단독소유권을 적법하게 취득한다.

해설 ……………………………………

① 틀림. 공유자 사이에 공유물을 사용·수익할 구체적인 방법을 정하는 것은 공유물의 관리에 관한 사항으로서 공유자의 지분의 과반수로써 결정하여야 할 것이고, 과반수의 지분을 가진 공유자는 공유물의 관리에 관한 사항을 단독으로 결정할 수 있으나, 그 사용·수익의 내용이 공유물의 기존의 모습에 본질적 변화를 일으켜 '관리' 아닌 '처분'이나 '변경'의 정도에 이르는 것이어서는 안 될 것이다. 예컨대 다수지분권자라 하여 나대지에 새로이 건물을 건축한다든지 하는 것은 '관리'의 범위를 넘는 것이 될 것이다(대판 2001.11.27. 2000다33638,33645 참고). ② 옳음. 지분을 소유하고 있는 공유자나 그 지분에 관한 소유권이전등기청구권을 가지고 있는 자라고 할지라도 다른 공유자와의 협의 없이는 공유물을 배타적으로 점유하여 사용 수익할 수 없는 것이므로, 다른 공유권자는 자신이 소유하고 있는 지분이 과반수에 미달되더라도 공유물을 점유하고 있는 자에 대하여 공유물의 보존행위로서 공유물의 인도나 명도를 청구할 수 있다고 봄이 판례이나(대판[전] 1994.3.22. 93다9392,9408 참고), 다수설은 그 1인도 지분 범위 내에서 공유물 전부에 대한 사용·수익의 권한이 있으므로 공유자의 지분권에 기한 물권적 청구나 손해배상 혹은 부당이득반환청구를 인정하여야 한다고 한다. ③ 옳음. 부동산의 공유자의 1인은 당해 부동산에 관하여 제3자 명의로 원인무효의 소유권이전등기가 경료되어 있는 경우 공유물에 관한 보존행위로서 제3자에 대하여 그 등기 전부의 말소를 구할 수 있다(대판 1993.5.11. 92다52870 참고). ④ 옳음. 지분은 하나의 독립된 소유권과 같은 것이므로 탄력성이 있다. 즉, 공유자가 그 지분을 포기하거나 상속인 없이 사망한 경우에는 그 지분은 다른 공유자에게 각 지분의 비율로 귀속한다(제267조). ⑤ 옳음. 토지의 공유자는 단독으로 그 토지의 불법점유자에 대하여 명도를 구할 수 있다(대판 1969.3.4. 69다21 참고). ⑥ 옳음. 따라서 위 소유권이전등기는 실체관계에 부합하는 것으로서 유효하고 그 구분공유자는 당해 토지에 대한 단독소유권을 적법하게 취득하게 되어, 결국 당해 구분공유자에 관한 한, 이제 구분소유적 공유관계는 해소된다(대판 2009.12.24. 2008다71858).

<답 ①>

34. X토지에 관하여 甲, 乙, 丙이 각각 지분비율 1/2, 1/4, 1/4로 공유하고 있다. 다음 설명 중 옳은 것은? (다툼이 있는 경우에는 판례에 의함) <사시 2005년>

① 만약 甲, 乙, 丙 사이의 등기부상 지분비율 1/2, 1/4, 1/4과는 달리 실제 지분비율이 甲 3/5, 乙 1/5, 丙 1/5 이라면 甲이 X토지를 乙, 丙과 협의 없이 丁에게 임대하더라도 이는 공유물의 관리방법으로 적법한 것이다.

② 乙이 상속인 없이 사망한 경우에 X토지에 대한 乙의 지분은 상속법에

따라 특별연고자에게 귀속하고, 특별연고자가 없는 경우에는 국고에 귀속한다.

③ 점유자 A가 X토지 전체에 관하여 시효취득하였으나 아직 그 소유권이전등기를 경료하기 전에, 시효기간 완성 당시 공유자인 甲, 乙, 丙 중 丙으로부터 그 지분 1/4을 취득한 제3자 丁은 공유물의 보존행위로서 A에 대하여 그 점유의 배제를 청구할 수 있다.

④ 甲, 乙, 丙이 공유하는 지상건물을 丁에게 임대한 후 임대차가 종료되어 甲, 乙, 丙이 丁에게 지는 보증금반환채무는 급부(금전채무)가 가분성이 있으므로 특별한 사정이 없는 한 분할채무에 해당한다.

⑤ 丙이 X토지를 甲, 乙과의 협의 없이 배타적으로 점유·사용하였다면 甲, 乙에 대하여 부당이득을 구성하며, 丙에 대한 부당이득반환청구권의 행사는 공유물의 보존행위에 해당하므로, 甲은 丙에게 X토지의 점유·사용으로 인한 부당이득 전부의 반환을 청구할 수 있다.

해설

① 공유물의 관리는 공유자의 과반수로써 결정하는데, 甲이 과반수를 초과하므로 적법한 임대행위가 된다. ② 공유자가 그 지분을 포기하거나 상속인 없이 사망한 때에는 그 지분은 다른 공유자에게 각 지분의 비율로 귀속한다(제267조). ③ 토지 전체에 관하여 점유취득 시효가 완성되었으나 아직 그 소유권이전등기를 경료하기 전의 점유자에 대하여 그 시효기간 완성 당시의 일부 공유자들로부터 그 지분의 과반수에 미치지 못하는 지분을 취득한 제3자는 그 점유자의 점유 배제를 청구할 수 없다(대판 1995.9.5. 95다24586). ④ 건물의 공유자가 공동으로 건물을 임대하고 보증금을 수령한 경우, 특별한 사정이 없는 한 그 임대는 각자 공유지분을 임대한 것이 아니고 임대목적물을 다수의 당사자로서 공동으로 임대한 것이고 그 보증금 반환채무는 성질상 불가분채무에 해당된다고 보아야 할 것이다(대판 1998.12.8. 98다43137). ⑤ 지분침해만큼의 손해배상이나 부당이득반환청구를 인정하는 것이 타당하다(대판 1994.3.22. 93다9392,9408 참고). 주의할 것은 과반수 이상 지분권자로부터 다시 그 부분의 사용이나 수익을 허락받은 제3자에게는 부당이득반환청구조차 허용되지 않는다는 점이다(대판 2002.5.14. 2002다9738). <답 ①>

35. 공유에 관한 다음 설명 중 틀린 것을 2개 고르면? <변호사모의 2011년 유사>

① 공유자들 사이에 그 공유물을 분할하기로 약정하고 그 때부터 각자의 소유로 분할된 부분을 특정하여 각자 점유·사용하여 온 경우에도 구분소유적 공유관계가 성립할 수 있지만, 공유자들 사이에서 특정부분을 각각의 공유자들에게 배타적으로 귀속시키려는 의사의 합치가 이루어지지 아니한 경우에는 공유관계가 성립할 수 없다.

② 공유물에 관하여 제3자가 침해를 가하고 있는 경우에 각 공유자는 제3자에 대하여 반환청구권 내지 방해배제청구권을 전원이 공동으로 행사하여야 한다.

③ 공유목적물의 변경 · 처분을 위해서는 공유자 전원의 동의가 있어야 한다.

④ 부동산의 공동매수인들이 전매차익을 얻으려는 '공동의 목적 달성'을 위해 상호 협력한 것에 불과하고 이를 넘어 '공동사업을 경영할 목적'이 있었다고 인정되지 않는 경우 이는 공유관계에 불과할 뿐 민법상 조합은 아니다.

⑤ 공유자간의 공유물에 대한 사용 · 수익에 관한 특약은 공유자의 특정승계인에 대하여도 승계되고, 특약 후에 공유자에 변경이 있고 특약을 변경할 만한 사정이 있는 경우에는 공유자의 지분의 과반수의 결정으로 기존 특약을 변경할 수 있다.

⑥ 공유물의 사용 · 수익 · 관리에 관한 특약은 공유자의 특정승계인에 대하여도 당연히 승계되므로, 甲과 乙을 포함한 종전 공유자들이 기간을 정하지 않은 채 무상으로 공유자 중 일부인 甲과 乙에게 이 공유토지 전체를 사용하도록 한 특약은 공유자 중 1인의 특정승계인인 丙에게 당연히 승계된다.

해설 ……………………………………

① 옳음. 구분소유적 공유관계는 어떤 토지에 관하여 그 위치와 면적을 특정하여 여러 사람이 구분소유하기로 하는 약정이 있어야만 적법하게 성립할 수 있고, 공유자들 사이에 그 공유물을 분할하기로 약정하고 그 때부터 각자의 소유로 분할된 부분을 특정하여 각자 점유 · 사용하여 온 경우에도 구분소유적 공유관계가 성립할 수 있지만, 공유자들 사이에서 특정부분을 각각의 공유자들에게 배타적으로 귀속시키려는 의사의 합치가 이루어지지 아니한 경우에는 이러한 관계가 성립할 여지가 없다(대판 2009.3.26. 2008다44313). ② 틀림. 공유물에 관하여 제3자가 침해를 가하고 있는 경우 각 공유자는 지분권에기한 물권적 청구권으로서 제3자에 대하여 반환청구권 내지 방해배제청구권을 단독으로 행사할 수 있다. 문제는 공유자 1인이 자신의 지분권에 기하여 공유물 전부에 대해 방해배제 또는 자기에게 물건 전체의 인도를 청구할 수 있는가인데 판례는 보존행위에 속하므로 단독으로 청구할 수 있다(대판 1962.4.12. 4294민상1242 등). 다른 공유자가 지분을 침해하는 경우와 관련해서 반드시 알아두어야 할 판례는 대판[전] 1994.3.22. 93다9392,9408이다. ③ 옳음. 제264조. ④ 옳음. 대판 2007.6.14. 2005다5140. ⑤ 옳음. 공유물의 사용 · 수익 · 관리에 관한 특약은 공유자의 특정승계인에게 승계된다. 그리고 공유물의 관리에 관한 사항은 공유자의 지분의 과반수로써 결정한다(제265조). 위와 같은 특약 후에 공유자에 변경이 있고 특약을 변경할 만한 사정이 있는 경우에는 공유자의 지분의 과반수의 결정으로 기존 특약을 변경할 수 있다(대판 2005.5.12. 2005다1827). ⑥ 틀림. 공유물에 관한 특약이 지분권자로서의 사용수익권을 사실상 포기하는 등으로 공유지분권의 본질적 부분을 침해한다고 볼 수 있는 경우에는 특정승계인이 그러한 사실을 알고도 공유지분권을 취득하였다는 등의 특별한 사정이 없는 한 특정승계인에게 당연히 승계되는 것으로 볼 수는 없다(대판 2009.12.10. 2009다54294). <답 ②, ⑥>

36. 甲과 乙은 1/2씩 대금을 출연하여 丙으로부터 A 토지를 매수하고, 각자의 지분을 1/2씩으로 하여 A 토지에 대한 공유의 소유권이전등기를 마쳤다. 다

음 설명 중 옳은 것은? (다툼이 있는 경우에는 판례에 의함) <사시 2011년: 배점 2>

① 甲이 乙의 동의 없이 A 토지를 丁에게 매도하고, 乙의 등기필증 등을 소지하고 있음을 이용하여 A 토지 전부의 소유권이전등기를 해준 경우, 乙은 甲의 공유지분에 대하여도 丁에게 소유권이전등기의 말소를 구할 수 있다.

② 甲이 乙의 동의 없이 A토지를 丁에게 임대하여 임대차보증금을 수령한 경우, 乙은 甲에게 임대차보증금 자체의 1/2을 부당이득으로서 반환청구할 수 있다.

③ 丁이 무단으로 A토지를 점유하는 경우, 甲이 丁에게 A토지의 반환을 청구하기 위해서는 甲의 지분권 외에 乙의 지분권도 함께 주장하여야 할 필요가 없다.

④ 丁이 무단으로 A토지를 점유하여 사용·수익한 경우, 甲과 乙은 丁에 대하여 불법행위로 인한 손해배상 내지 부당이득반환을 청구할 수 있는데, 이들 권리는 불가분채권에 속한다.

⑤ 甲의 지분에 丁의 저당권이 설정된 후 甲과 乙이 협의에 의해 A토지를 X·Y토지로 분할하여 X토지는 甲, Y토지는 乙 소유로 한 경우, 丁의 저당권은 원칙적으로 X토지에만 존속하게 된다.

해설 ··

① 틀림. 공유자 중 1인이나 그 대리인으로부터 공유재산을 매수한 자는 다른 공유자의 지분에 대한 매매가 적법한 것으로 인정되지 아니하더라도 공유재산 중 당해 매도인의 공유지분비율에 해당하는 부분에 대하여는 계약이 유효함을 주장할 수 있다(대판 1991.5.28. 91다3055). ② 틀림. 수익 중 자신의 지분을 초과하는 부분에 대하여는 법률상 원인 없이 취득한 부당이득이 되어 이를 반환할 의무가 있고 또한 위 무단임대행위는 다른 공유지분권자의 사용, 수익을 침해한 불법행위가 성립되어 그 손해를 배상할 의무가 있지만 그 손해배상의 경우 반환 또는 배상해야 할 범위는 부동산의 임대차로 인한 차임 상당액이므로 타공유자는 그 임대보증금 자체에 대한 지분비율 상당액의 반환 또는 배상을 구할 수는 없다(대판 1991.9.24. 91다23639). ③ 옳음. 대판 2005.9.29. 2003다40651 참고. ④ 틀림. 불가분채권 여부에 관하여 학설과 판례의 입장이 갈린다. 학설은 공유물이 불가분이므로 불가분채권(제409조)을 유추하여 불가분채권처럼 각 공유자는 단독으로 모든 공유자를 위하여 반환청구 등을 할 수 있다고 하나(곽윤직 등), 판례는 보존행위에 해당한다는 이유로써 단독으로 청구할 수 있다고 한다(대판 1993.5.11. 92다52870). ⑤ 틀림. 특단의 합의가 없는 한 공유물분할이 된 뒤에도 종전의 지분비율대로 공유물 전부의 위에 그대로 존속하고 근저당권설정자인 갑 앞으로 분할된 부분에 당연히 집중되는 것은 아니다(대판 1989.8.8. 88다카24868). <답 ③>

37. 공유의 지분권과 관련된 판례의 태도를 잘못 설명한 것은?

㈎ 공유지분권은 공유물 전부에 효력이 미치므로 다른 지분권자가 공

유지분권을 다투거나 침해하였다면 보존행위로서 지분권의 확인 및 방해배제를 청구할 수 있다.
(나) 토지의 공유지분권자 중의 1인은 그 토지에 관한 보존행위로서 위 토지에 원인 없이 경료된 이전등기 또는 가등기의 명의자에 대하여 단독으로 그 각 등기의 말소등기의 이행을 청구할 수 있다.
(다) 공유부동산에 대하여 공유자 1인이 자기의 단독 명의로 소유권회복등기를 한 것은 불법이므로 그 등기를 전부 말소등기해야 한다.
(라) 공유지분이 과반수에 미달하는 공유자도 공유물의 보존행위로서 다른 공유자와의 협의 없이 공유물을 배타적으로 점유, 사용하고 있는 공유자에 대하여 공유물의 인도나 명도를 구할 수 있다.
(마) 공유지분 일부에 대하여도 시효취득이 가능한바, 공유자의 한 사람이 공유물의 보존행위로서 제소를 하였다면 그 제소로 인한 시효중단의 효력은 재판상의 청구를 한 그 공유자뿐만 아니라 공유자 전원에게 발생한다.
(바) 과반수 지분의 공유자는 다른 공유자와 미리 공유물의 관리방법에 관한 협의를 하지 않더라도 공유물의 특정 부분을 배타적으로 사용·수익하기로 결정할 수 있으므로 소수 지분의 공유자는 그 점유자가 사용·수익하는 건물의 철거나 퇴거 등 점유배제를 구할 수 없다.

① (가), (다) ② (나), (라) ③ (다), (마)
④ (라), (바) ⑤ (마), (바)

해설

(가) 대판 1970.3.24. 70다133. (나) 대판 1971.7.21. 71다1265. (다) 공유부동산에 대하여 공유자 1인이 자기의 단독명의로 소유권회복등기를 한 것은 불법하다 하더라도 그 사람 지분에 관한 한은 실체관계에 부합하는 등기이므로 그 부분까지의 말소등기를 명함은 잘못이고 이에 배치되는 종전 판례는 이 판결로써 변경한다(대판[전] 1965.4.22. 64다268). (라) 대판[전] 1994.3.22. 93다9392,9408. (마) 공유지분 일부에 대하여도 시효취득이 가능한바(대판 1975.6.24. 74다1877), 공유자의 한 사람이 공유물의 보존행위로서 제소한 경우라도, 동 제소로 인한 시효중단의 효력은 재판상의 청구를 한 그 공유자에 한하여 발생하고, 다른 공유자에게는 미치지 아니한다(대판 1979.6.26. 79다639). (바) 대판 2002.5.14. 2002다9738. <답 ③>

38. 상속재산분할과 공유물분할을 비교한 설명 중 옳지 않은 것은? (다툼이 있는 경우에는 판례에 의함) <사시 2005년>

① 상속재산과 공유물에 대해서는 모두 일정기간 동안 그 분할을 금지할 수 있다.
② 상속재산의 분할과 공유물의 분할이 있는 경우, 그 분할의 효과는 소급

하고, 다만 제3자의 권리를 해하지는 못한다.

③ 재판상 분할에 의할 경우, 상속재산분할은 사전에 조정을 거쳐야 하지만, 공유물분할은 그러할 필요가 없다.

④ 상속재산분할이나 공유물분할의 경우 공유자들은 협의분할의 방법으로서 현물분할, 환가분할, 가격배상의 방법을 이용할 수 있다.

⑤ 상속재산분할협의와 공유물분할협의는 모두 채권자취소권행사의 대상이 될 수 있다.

해설

① 제268조 1항 단서. 제1012조 후단. ② 공유물의 분할은 지분의 교환·매매의 실질을 가지므로 분할의 효과가가 소급하지 아니한다. 이에 비하여 공동상속재산의 분할은 소급효가 인정된다(제1015조, 제997조). ③ 가소법 제50조. ④ 제269조 및 제1013조 참조. ⑤ 상속재산의 분할협의는 그 성질상 재산권을 목적으로 하는 법률행위이므로 사해행위취소권 행사의 대상이 될 수 있다(대판 2001.2.9. 2000다51797). 부부 사이의 공유물에 대하여 이혼에 따른 분할이 과도할 경우 사해행위가 인정된다(대판 2001.5.8. 2000다58804).

<답 ②>

39. 다음 중 옳지 않은 설명을 모두 고르면? (다툼이 있는 경우에는 판례에 의함)

<변리사 2002년 변형>

㉠ 종중재산이 여러 사람에게 명의신탁된 경우 그 수탁인들 상호간에는 형식상 공유관계가 성립한다.

㉡ 공유자 간의 공유물에 대한 사용·수익·관리에 관한 특약은 공유자의 특정승계인에 대하여도 당연히 승계된다고 할 것이나, 공유자 중 1인이 자신의 지분 중 일부를 다른 공유자에게 양도하기로 하는 공유자 간의 지분의 처분에 관한 약정까지 공유자의 특정승계인에게 승계되는 것은 아니다.

㉢ 공유자가 공유물의 관리에 관하여 제3자와 계약을 체결한 경우에 그 계약에 기하여 제3자가 지출한 관리비용의 상환의무를 누가 어떠한 내용으로 부담하는가는 일차적으로 당해 계약의 해석으로 정하여진다. 공유자들이 공유물의 관리비용을 각 지분의 비율로 부담한다는 내용의 민법 제266조 제1항은 공유자들 사이의 내부적인 부담관계에 관한 규정일 뿐이다.

㉣ 공유물의 이용에 관한 사항은 각 공유자의 지분의 과반수로써 결정하나 개량에 관한 사항은 공유자 전원의 동의가 있어야 한다.

㉤ 공유물분할에 관한 협의가 이루진 이후더라도 공유자의 한 사람이 다른 공유자들의 지분을 양수하는 방법의 공유물분할은 할 수 있다.

㉥ 상가건물임대차보호법이 적용되는 상가건물의 공유자인 임대인이

같은 법 제10조 제4항에 의하여 임차인에게 갱신 거절의 통지를 하는 행위는 공유물의 관리행위에 해당하고, 따라서 공유자의 지분의 과반수로써 결정하여야 한다.

① ㉠, ㉡ ② ㉠, ㉢ ③ ㉠, ㉣
④ ㉡, ㉢ ⑤ ㉡, ㉣ ⑥ ㉡, ㉥
⑦ ㉢, ㉣ ⑧ ㉣, ㉤

해설

㉠ 종중재산이 여러 사람에게 명의신탁된 경우 그 수탁인들 상호간에는 형식상 공유관계가 성립한다(대판 1992.9.8. 92다18184). ㉡ 대판 2007.11.29. 2007다64167. ㉢ 대판 2009.11.12. 2009다54034,54041. ㉣ 제265조의 본문. 개량은 변경의 정도까지는 이르지 않는 것으로 이에 관한 사항은 각 공유자의 지분의 과반수로써 결정한다. ㉤ 다른 공유자들의 지분을 양수하는 방법은 가격배상의 방법으로서 협의에 의한 분할의 한 방법이다. 따라서 현물분할이나 대금분할의 합의를 한 다음에는 불가능하다. ㉥ 공유자가 공유물을 타인에게 임대하는 행위 및 그 임대차계약을 해지하는 행위는 공유물의 관리행위에 해당하므로 민법 제265조 본문에 의하여 공유자의 지분의 과반수로써 결정하여야 한다(대판 2010.9.9. 2010다37905). <답 ⑧>

40. 공유에 관한 설명 중 옳은 것(○)과 옳지 않은 것(×)을 바르게 표시한 것은?
(다툼이 있는 경우에는 판례에 의함) <사시 2006년 유사, 변호사모의 2011년 유사>

㉠ 공유물을 분할하기 위하여는 공유자 전원이 분할절차에 참여하여야 하므로, 그 분할절차에서 공유자의 일부가 제외된 공유물 분할은 효력이 없다.
㉡ 법원이 甲과 乙의 공유인 공유물을 분할함에 있어서, 제반 사정을 고려하여 공유물을 甲 1인의 단독소유로 하고 甲으로 하여금 乙에 대하여 그 지분의 적정하고도 합리적인 가액을 배상시키는 방법에 의한 분할을 할 수도 있다.
㉢ 공유자는 5년을 넘지 않는 기간 내에 공유물을 분할하지 않을 것을 약정할 수 있고, 이 불분할약정은 갱신이 가능하며, 그 기간은 갱신일로부터 5년을 넘지 못한다.
㉣ 甲과 乙이 A토지의 특정부분을 각 증여받았으나 편의상 A토지 전체에 관하여 甲과 乙의 공유로 소유권이전등기를 마쳐 甲과 乙 사이에 소위 상호명의신탁관계가 성립한 경우, 甲은 乙에 대하여 공유물의 분할을 청구할 수 있다.
㉤ 구분소유적 공유관계가 해소되는 경우에 각 공유지분권자는 완전한 지분소유권이전등기의무를 지므로, 그 공유지분에 근저당권설정등기가 경료되어 있는 경우에는 지분소유권이전등기의무와 함께 근저당권설정등기의 말소의무도 부담한다.

① ㉠(×), ㉡(○), ㉢(○), ㉣(○), ㉤(×)
② ㉠(○), ㉡(×), ㉢(×), ㉣(×), ㉤(○)
③ ㉠(○), ㉡(○), ㉢(×), ㉣(×), ㉤(×)
④ ㉠(○), ㉡(○), ㉢(○), ㉣(×), ㉤(○)
⑤ ㉠(○), ㉡(×), ㉢(○), ㉣(×), ㉤(○)
⑥ ㉠(○), ㉡(○), ㉢(○), ㉣(○), ㉤(×)
⑦ ㉠(×), ㉡(○), ㉢(×), ㉣(○), ㉤(○)
⑧ ㉠(×), ㉡(○), ㉢(○), ㉣(×), ㉤(×)

해설

㉠ 옳음. 공유대지를 공유자 중 1인의 협의 없이 분할한 경우 그 공유물분할은 법률상 효력이 없다(대판 1968.6.25. 68다647). ㉡ 옳음. 법원은 공유물분할을 청구하는 자가 구하는 방법에 구애받지 아니하고 자유로운 재량에 따라 공유관계나 그 객체인 물건의 제반 상황에 따라 공유자의 지분 비율에 따른 합리적인 분할을 하면 된다(대판 2004.10.14. 2004다30583). ㉢ 옳음. 제268조 1항, 2항 참조. ㉣ 틀림. 특정부분에 대한 명의신탁해지를 원인으로 한 지분이전등기절차의 이행만을 구하면 되고 공유물분할청구를 할 수는 없다(대판 1989.9.12. 88다카10517 등 참고). ㉤ 옳음. 구분소유적 공유관계가 해소되는 경우 공유지분권자 상호간의 지분이전등기의무는 그 이행상 견련관계에 있다고 봄이 공평의 관념 및 신의칙에 부합하고, 또한 각 공유지분권자는 특별한 사정이 없는 한 제한이나 부담이 없는 완전한 지분소유권이전등기의무를 지므로, 그 구분소유권 공유관계를 표상하는 공유지분에 근저당권설정등기 또는 압류, 가압류등기가 경료되어 있는 경우에는 그 공유지분권자로서는 그러한 각 등기도 말소하여 완전한 지분소유권이전등기를 해 주어야 하고, 따라서 구분소유적 공유관계가 해소되는 경우 쌍방의 지분소유권이전등기의무와 아울러 그러한 근저당권설정등기 등의 말소의무 또한 동시이행의 관계에 있다. 그리고 구분소유적 공유관계에서 어느 일방이 그 명의신탁을 해지하고 지분소유권이전등기를 구함에 대하여 상대방이 자기에 대한 지분소유권이전등기 절차의 이행이 동시에 이행되어야 한다고 항변하는 경우, 그 동시이행의 항변에는 특별한 사정이 없는 한 명의신탁 해지의 의사표시가 포함되어 있다고 보아야 한다(대판 2008.6.26. 2004다23992). <답 ④>

41. 다음은 공동소유에 대한 판례의 태도이다. 틀린 것은?

① 부동산의 공동매수인들이 전매차익을 얻으려는 '공동의 목적 달성'을 위하여 상호 협력한 것에 불과하고 이를 넘어 '공동사업을 경영할 목적'이 있었다고 인정되지 않는 경우, 이들 사이의 법률관계는 공유관계에 불과할 뿐 민법상 조합관계에 있다고 볼 수 없다.

② 공유물분할청구의 소를 제기하여 그 판결의 확정이 있기 전에는 공유물은 아직 분할되지 않고 따라서 공유물의 급부를 청구할 권리는 발생하지 않는다.

③ 합유물에 관한 소송은 고유필요적 공동소송으로서 합유자 중 일부에 대한 소의 취하는 허용되지 않는다.

④ 부동산 합유자 중 일부가 사망한 경우 사망한 합유자의 상속인은 합유자로서의 지위를 승계하지 못한다.

⑤ 하나의 교회가 2개로 분열된 경우, 종전 교회의 재산은 2개 교회의 공유로 된다.

해설 ···

① 공동매수의 목적이 전매차익의 획득에 있을 경우 그것이 공동사업을 위하여 동업체에서 매수한 것이 되려면, 적어도 공동매수인들 사이에서 매수한 토지를 공유가 아닌 동업체의 재산으로 귀속시키고 공동매수인 전원의 의사에 기하여 전원의 계산으로 처분한 후 이익을 분배하기로 하는 명시적 또는 묵시적 의사의 합치가 있어야만 하고, 이와 달리 공동매수 후 매수인별로 토지에 관하여 공유에 기한 지분권을 가지고 각자 자유롭게 지분권을 처분하여 대가를 취득할 수 있도록 한 것이라면 이를 동업체에서 매수한 것으로 볼 수는 없다(대판 2012.8.30. 2010다39918). ② 대판 1996.12.23. 95다48308. ③④ 합유로 소유권이전등기가 된 부동산에 관하여 명의신탁해지를 원인으로 한 소유권이전 등기절차의 이행을 구하는 소송은 합유물에 관한 소송으로서 고유필요적 소송에 해당하여 합유자 전원을 피고로 하여야 할 뿐 아니라 합유자 전원에 대하여 합일적으로 확정되어야 하므로, 합유자 중 일부의 청구인낙이나 합유자 중 일부에 대한 소의 취하는 허용되지 않는다. 부동산의 합유자 중 일부가 사망한 경우 합유자 사이에 특별한 약정이 없는 한 사망한 합유자의 상속인은 합유자로서의 지위를 승계하지 못하므로, 해당 부동산은 잔존합유자가 2인 이상일 경우에는 잔존합유자의 합유로 귀속되고 잔존합유자가 1인인 경우에는 잔존합유자의 단독소유로 귀속된다(대판 1996.12.10. 96다23238). ⑤ 교회의 분열을 인정한 '변경되기 전 판례'의 소수의견이다(대판[전] 1993.1.19. 91다1226 참고). 교회의 분열을 인정하지 않는 현재의 판례에 의할 때(대판[전] 2006.4.20. 2004다37775), 종전 교회와 동일성을 유지하는 어느 한 교회의 교인들의 총유에 속한다고 보아야 한다(대결 2007.6.29. 2007마224 참고). <답 ⑤>

42. 공동소유의 법률관계에 관한 설명 중 옳은 것은? (다툼이 있는 경우에는 판례에 의함) <사시 2009년 : 배점 2>

① 어떤 토지를 공유자 甲, 乙이 각 1/2 지분씩 공유하고 있는 경우, 乙이 甲과의 협의 없이 배타적으로 위 토지 위에 건물을 신축하여 사용하고 있다 하더라도 甲은 乙을 상대로 차임 상당의 부당이득 반환을 구할 수는 있으나 건물의 철거를 구할 수는 없다.

② 건물 공유자 중 일부만이 당해 건물을 현실적으로 점유하고 있는 경우에는 공유명의자 전원이 공동으로 건물 소유를 위하여 그 건물 부지를 점유하고 있는 것으로 볼 수 없다.

③ 1필지의 토지 중 일부를 특정하여 매수하고 다만 그 소유권이전등기는 그 필지 전체에 관하여 공유지분 이전등기를 한 경우 그 특정부분 이외의 부분에 관한 등기는 상호 명의신탁을 하고 있는 것이나, 제3자의 방해행위가 있는 경우에는 자신이 구분소유하는 특정부분뿐 아니라 전체 토지에 관하여 공유물의 보존행위로서 그 배제를 구할 수 있다.

④ 어떤 부동산에 관하여 제3자 명의로 원인무효의 소유권이전등기가 경료되어 있는 경우, 그 공유자 중의 한 사람이 공유물의 보존행위로서 그 공유물 중 자신의 지분에 관하여서만 소유권이전등기의 말소청구를 하더라도 그로 인한 시효중단의 효력은 공유자들을 위하여 전체 공유물에 관하여 발생한다.

⑤ 매수인들이 상호 출자하여 공동사업을 경영할 것을 목적으로 하는 조합이 조합재산으로서 부동산의 소유권을 취득하였다면 당연히 그 조합체의 합유물이 되고, 다만 그 조합체가 합유등기를 하지 않고 그 대신 조합원 1인의 명의로 소유권이전등기를 하였다 하더라도 이는 조합원들 상호간의 합의에 따른 것으로 유효하고, 「부동산 실권리자명의 등기에 관한 법률」에 위반되는 명의신탁등기로 볼 수는 없다.

해설 ···

① 틀림. 토지를 공유자 甲과 乙이 각 1/2 지분씩 균분하여 공유하고 있는 경우 1/2 지분권자로서 乙은 다른 1/2 지분권자 甲과의 협의 없이는 이를 배타적으로 독점사용할 수 없고, 甲은 공유물보존행위로서 그 배타적 사용의 배제, 즉 그 지상 건물의 철거와 토지의 인도 등 점유배제를 구할 권리가 있다(대판 2003.11.13. 2002다57935 참고). ② 틀림. 건물 공유자 중 일부만이 당해 건물을 점유하고 있는 경우라도 그 건물의 부지는 건물 소유를 위하여 공유명의자 전원이 공동으로 이를 점유하고 있는 것으로 볼 것이다(위 2002다57935 참고). ③ 옳음. 대판 1994.2.8. 93다42986 참고. ④ 틀림. 부동산 공유자 중의 한 사람은 당해 부동산에 관하여 제3자 명의로 원인무효의 소유권이전등기가 경료되어 있는 경우, 공유물에 관한 보존행위로서 그 제3자에 대하여 그 등기 전부의 말소를 구할 수 있으나, 공유자의 한 사람이 공유물의 보존행위로서 그 공유물의 일부 지분에 관하여서만 재판상 청구를 하였으면 그로 인한 시효중단의 효력은 그 공유자와 그 청구한 소송물에 한하여 발생한다(대판 1999.8.20. 99다15146 참고). ⑤ 틀림. 동업 목적의 조합체가 부동산을 조합재산으로 취득하였으나 합유등기가 아닌 조합원들 명의로 공유등기를 하였다면 그 공유등기는 조합체가 조합원들에게 각 지분에 관하여 명의신탁한 것에 불과하고, 부동산실권리자명의등기에관한법률 제4조 2항 본문이 적용되어 명의수탁자인 조합원들 명의의 소유권이전등기는 무효이다(대판 2002.6.14. 2000다30622). <답 ③>

43. 공동소유에 관한 설명으로 옳지 않은 것은? (다툼이 있는 경우에는 판례에 의함) <사시 2008년 변형: 배점 3, 사시 2012년 유사, 변호사 2012년 유사>

① 甲이 등기서류를 위조하여 A종중 소유의 토지에 관하여 甲 명의로 소유권이전등기를 해 버린 경우, 위 종중의 대표자 乙은 비록 종중재산의 보존을 위한 소 제기에 관하여 종중총회의 결의를 거쳤다고 하더라도 乙 개인 명의로는 위 소유권이전등기의 말소를 구하는 소를 제기할 수 없다.

② 형제가 종산을 구입하여 부모 묘소를 쓰기로 합의하고 그 중 자력이 있는 3형제가 돈을 모아 임야를 매수하여 맏형 명의로 소유권이전등기를 마치고 부모 등의 묘소를 설치한 경우, 위 임야는 부를 중시조로 하는

종중의 종산으로 보존하기 위하여 매수한 것으로서 매수대금을 부담하지 않은 형제를 포함한 7형제의 총유이다.

③ 부동산의 2/5 지분 소유권자가 다른 공유자의 동의 없이 그 부동산을 타인에게 임대하여 임대차보증금을 수령하였다면, 이와 같은 임대행위는 다른 공유지분권자의 사용·수익을 침해한 것으로 불법행위가 성립된다.

④ A토지에 대한 과반수의 공유지분권을 가진 甲이, 공유물의 관리행위로서 공사업자 乙과 A토지의 이용가치를 높이기 위한 굴착정지공사계약을 체결하면서 그 공사비를 甲이 부담하기로 한 경우, 乙은 A토지의 다른 공유자에 대하여 그 공사비를 청구할 수 없다.

⑤ 甲 종중이 대종중인 乙 종중에게, 甲 종중 소유 토지 위에 乙 종중의 재실 및 사당을 신축하여 토지를 무상으로 사용하도록 승낙한 경우, 甲 종중의 토지에 관한 무상사용 승낙행위는 원칙적으로 종중재산에 관한 처분행위이다.

⑥ 분할청구자 지분의 일부에 대하여만 공유물 분할을 명하고 일부 지분에 대하여는 이를 분할하지 아니하거나, 공유물의 지분비율만을 조정하는 등의 방법으로 공유관계를 유지하도록 하는 것은 허용되지 않는다.

해설

① 법인 아닌 사단이 그 명의로 사원총회의 결의를 거쳐서 하거나 또는 그 구성원 전원이 당사자가 되어 필수적 공동소송의 형태로 할 수 있을 뿐 그 사단의 구성원은 설령 그가 사단의 대표자라거나 사원총회의 결의를 거쳤다 하더라도 보존행위를 할 수 없다(대판[전] 2005.9.15. 2004다44971). ② 대판 1992.10.27. 91다11209 참고. ③ 대판 1991.9.24. 91다23639 참고. 이에 따라 반환 또는 배상해야 할 범위는 위 부동산의 임대차로 인한 차임 상당액이라 할 것으로서 타공유자는 그 임대보증금 자체에 대한 지분비율 상당액의 반환 또는 배상을 구할 수는 없다(동 판례 참고). ④ 공유토지의 과반수지분권자는 다른 공유자와 협의없이 단독으로 관리행위를 할 수가 있으며 그로 인한 관리비용은 공유자의 지분비율에 따라 부담할 의무가 있으나, 위와 같은 관리비용의 부담의무는 공유자의 내부관계에 있어서 부담을 정하는 것일 뿐, 제3자와의 관계는 당해 법률관계에 따라 결정된다고 할 것이고, 따라서 과반수지분권자가 관리행위가 되는 정지공사를 시행함에 있어 시공회사에 대하여 공사비용은 자신이 정산하기로 약정하였다면 그 공사비를 직접 부담해야 할 사람은 과반수지분권자만이라 할 것이고, 다만 그가 그 공사비를 지출하였다면 다른 공유자에게 그의 지분비율에 따른 공사비만을 상환청구할 수 있을 뿐이다(대판 1991.4.12. 90다20220). ⑤ 총유물의 처분이라 함은 '총유물을 양도하거나 그 위에 물권을 설정하는 등의 행위'를 말하므로, 그에 이르지 않은 단순히 '총유물의 사용권을 타인에게 부여하거나 임대하는 행위'는 원칙적으로 총유물의 처분이 아닌 관리행위에 해당한다고 보아야 한다. 한편 민법 제619조에 의하면 처분의 능력 또는 권한 없는 사람도 석조, 석회조, 연와조 및 그와 유사한 건축물을 목적으로 한 토지의 임대차의 경우에는 10년, 그 밖의 토지의 임대차의 경우에는 5년의 범위 안에서 다른 사람에게 토지를 임대할 수 있으므로, 종중이 종중총회의 결의에 의하지 않고 타인에게 기한을 정하지 않은 채 건축물을 목적으로 하는 토지의 사용권을 부여하였다고 하더라도 이를 곧 처분행위로 단정하여 전체가 무

효라고 볼 것이 아니라 관리권한에 기하여 사용권의 부여가 가능한 범위 내에서는 관리행위로서 유효할 여지가 있다고 봄이 타당하다(대판 2012.10.25. 2010다56586). ⑥ 공유물분할청구의 소는 형성의 소로서 법원은 공유물분할을 청구하는 원고가 구하는 방법에 구애받지 않고 재량에 따라 합리적 방법으로 분할을 명할 수 있으므로 여러 사람이 공유하는 물건을 현물분할하는 경우에는 분할청구자의 지분 한도 안에서 현물분할을 하고 분할을 원하지 않는 나머지 공유자는 공유로 남게 하는 방법도 허용되지만, 그렇다고 하더라도 공유물분할을 청구한 공유자의 지분한도 안에서는 공유물을 현물 또는 경매 · 분할함으로써 공유관계를 해소하고 단독소유권을 인정하여야 한다(대판 2011.3.10. 2010다92506).

<답 ⑤>

44. 공동소유에 관한 설명 중 옳은 것을 모두 고른 것은? (다툼이 있는 경우에는 판례에 의함) <사시 2010년: 배점 2, 사시 2012년 유사, 변호사 2012년 유사>

㉠ 토지의 2/3 지분을 가진 공유자가 다른 공유자와 협의 없이 그 토지 전부를 제3자에게 임대하여 경작하도록 한 경우, 다른 공유자는 임차인에 대해 토지의 인도를 청구하지 못한다.

㉡ 토지의 1/2 지분권자 甲이 다른 1/2 지분권자 乙과 협의 없이 그 토지에 건물을 축조하여 배타적으로 점유하고 있더라도, 乙은 甲에 대해 그 건물 전부의 철거를 청구하지 못한다.

㉢ 면적이 900m^2인 토지를 甲, 乙, 丙이 균등한 지분으로 공유하고 있는데, 甲이 그 중 특정부분 300m^2를 다른 공유자와 협의 없이 점유하여 배타적으로 사용하고 있는 경우, 乙과 丙은 甲에게 그 점유 부분에 관하여 자기 지분에 상응하는 부당이득의 반환을 청구할 수 있다.

㉣ 甲과 乙이 공유하는 토지를 丙이 불법점유하고 있는 경우, 甲은 자신의 지분뿐만 아니라 乙의 지분에 관하여도 단독으로 丙에게 손해배상을 청구할 수 있다.

㉤ 토지 공유자 甲, 乙, 丙 중 1인인 甲이 공유토지 전부에 관하여 무단으로 자기 앞으로 소유권이전등기를 경료한 경우, 乙은 甲에 대하여 그 등기 전부의 말소를 청구할 수 있다.

㉥ 甲, 乙, 丙 3인이 전원주택 택지분양사업을 동업하기로 하고 A로부터 조합체로서 토지를 매수하였는데, 그 소유권이전등기를 경료하기 전에 甲이 사망하였고, 丁이 甲의 유일한 상속인이다. 이 경우 乙과 丙은 원칙적으로 丁과 공동으로 A를 상대로 소유권이전등기절차의 이행을 구하여야 한다.

㉦ 甲과 乙이 X토지의 특정 부분을 소유하나 등기부상으로는 1/2지분씩 공유하는 것으로 등기를 마쳤는데 甲의 특정 구분소유 부분에 관하여 2012.1.5. 丙의 점유취득시효가 완성되었다. 乙이

> 2012.2.14. 자신의 특정 구분소유 부분을 丁에게 양도하고 그에 따라 丁 명의로 토지 전체의 공유지분에 관한 지분이전등기가 경료되었다 하더라도, 丙은 원칙적으로 甲과 丁을 상대로 甲의 특정 구분소유 부분에 관하여 2012.1.5.자 취득시효 완성을 원인으로 한 소유권이전등기절차의 이행을 구할 수 있다.

① ㉠, ㉡ ② ㉠, ㉢ ③ ㉡, ㉣, ㉤, ㉥
④ ㉢, ㉣, ㉤, ㉦ ⑤ ㉠, ㉡, ㉢, ㉣ ⑥ ㉡, ㉢, ㉣, ㉤, ㉦

해설 ……………………………………

㉠ 공유자가 공유물을 타인에게 임대하는 것과 같은 행위는 공유물의 관리행위라 할 것이고 공유자의 한사람이 불법점거자에게 대하여 명도나 인도를 청구하는 것은 공유물의 보존행위라 할 것이며 공유물의 관리행위는 공유자의 지분의 과반수로써 결정함이 민법 제265조의 규정에 의하여 분명하다(대판 1962.4.4. 62다1 등). ㉡ 물건을 공유자 양인이 각 1/2 지분씩 균분하여 공유하고 있는 경우 1/2 지분권자로서는 다른 1/2 지분권자와의 협의 없이는 이를 배타적으로 독점 사용할 수 없고, 나머지 지분권자는 공유물보존행위로서 그 배타적 사용의 배제, 즉 그 지상 건물의 철거와 토지의 인도 등 점유배제를 구할 권리가 있다(대판 2003.11.13. 2002다57935). ㉢ 토지공유자는 각자의 지분 비율에 따라 토지 전체를 사용·수익할 수 있지만, 그 구체적인 사용·수익 방법에 관하여 공유자들 사이에 지분 과반수의 합의가 없는 이상, 1인이 특정 부분을 배타적으로 점유·사용할 수 없는 것이므로, 공유자 중의 일부가 특정 부분을 배타적으로 점유·사용하고 있다면, 그들은 비록 그 특정 부분의 면적이 자신들의 지분 비율에 상당하는 면적 범위 내라고 할지라도, 다른 공유자들 중 지분은 있으나 사용·수익은 전혀 하지 않고 있는 자에 대하여는 그 자의 지분에 상응하는 부당이득을 하고 있다고 보아야 할 것인바, 이는 모든 공유자는 공유물 전부를 지분의 비율로 사용·수익할 권리가 있기 때문이다(대판 2001.12.11. 2000다13948). ㉣ 공유물에 끼친 불법행위를 이유로 하는 손해배상청구권은 특별한 사유가 없는 한 각 공유자가 지분에 대응하는 비율의 한도 내에서만 이를 행사할 수 있다(대판 1970.4.14. 70다171). ㉤ 공유자 중 1인이 다른 공유자의 동의 없이 그 공유 토지의 특정 부분을 매도하여 타인 명의로 소유권이전등기가 마쳐졌다면, 그 매도 부분 토지에 관한 소유권이전등기는 처분공유자의 공유지분 범위 내에서는 실체관계에 부합하는 유효한 등기라고 보아야 한다(대판 1994.12.2. 93다1596). ㉥ 틀림. 조합에 있어서 조합원의 1인이 사망한 때에는 민법 제717조에 의하여 그 조합관계로부터 당연히 탈퇴하고 특히 조합계약에서 사망한 조합원의 지위를 그 상속인이 승계하기로 약정한 바 없다면 사망한 조합원의 지위는 상속인에게 승계되지 아니한다(대판 1987.6.23. 86다카2951). 따라서 丁은 조합원이 아니므로, 乙과 丙이 함께 소유권이전등기를 하면 족하다. ㉦ 틀림. 대외적인 관계에서는 점유취득시효가 완성된 특정 구분소유 부분 중 다른 공유자 명의의 지분에 관하여는 소유 명의자가 변동된 경우에 해당하므로 점유자는 취득시효의 기산점을 임의로 선택하여 주장할 수 없다(대판 2006.10.12. 2006다44753). <답 ②>

45. 다음 설명 중 판례의 태도와 다른 것은? <변호사 2012년 유사>

① 종중의 토지를 명의신탁 받은 후 수탁자의 명의로 사정을 받고서 그 사정 명의인이 소유권보존등기를 하지 아니하고 있다가, 제3자의 취득시효

가 완성된 후에 명의신탁이 해지되어 종중 명의로 바로 소유권보존등기를 경료하였다면, 시효취득자는 종중에 대하여는 취득시효를 주장할 수 없다.

② 명의신탁이 유효한 경우, 명의신탁자는 명의수탁자에 대하여 신탁해지를 하고 신탁관계의 종료 그것만을 이유로 하여 소유 명의의 이전등기절차의 이행을 청구할 수 있음은 물론, 신탁해지를 원인으로 하고 소유권에 기해서도 그와 같은 청구를 할 수 있고, 이 경우 양 청구는 청구원인을 달리하는 별개의 소송이라 할 것이다.

③ 명의신탁에 의하여 부동산의 소유자로 등기된 자는 그 사실만으로 당연히 부동산을 점유한다고 볼 수 있고, 점유가 인정된 이상 그 점유는 권원의 성질상 자주점유이다.

④ 구분소유적 공유관계에 있는 구분소유자들 중 한 구분소유자가 공매를 통하여 다른 구분소유자의 공유지분을 취득한 경우, 상호명의신탁자의 지위를 그대로 승계한다.

⑤ 명의신탁사실이 인정된다고 할지라도 신탁자는 제3자에 대하여 진정한 등기명의의 회복을 원인으로 한 소유권이전등기청구를 할 수 있는 진정한 소유자의 지위에 있다고 볼 수 없다.

⑥ 명의신탁자와 계약명의신탁 약정을 맺고 토지를 매수하여 자신 앞으로 소유권이전등기를 경료한 명의수탁자가 그 토지를 지방자치단체에 매도하여 수령하게 된 보상금 중 일부를 제3자에게 지급한 경우, 제3자가 명의신탁자와의 관계에서 부당이득 한 것이라 볼 수 없다.

해설

① 대판 2001.10.26. 2000다8861. ② 대판[전] 1980.12.9. 79다634 등. ③ 명의신탁에 의하여 부동산의 소유자로 등기된 자는 그 사실만으로 당연히 부동산을 점유하는 것으로 볼 수 없음은 물론이고 설사 그의 점유가 인정된다고 하더라도 그 점유권원의 성질상 자주점유라 할 수 없다(대판 2002.4.26. 2001다8097). ④ 서로 특정부분을 구분소유하면서 상호명의신탁관계로 공유등기를 경료한 경우에 각 구분소유자들 상호간의 지분이전은 특별한 사정이 없는 한 명의수탁자의 지위를 승계하는 것이라고 보아야 하고, 그 지분이전이 공매를 통하여 이루어지는 경우에도 달리 볼 것은 아니다(대판 2011.5.13. 2009다2125). ⑤ 대판[전] 1979.9.25. 77다1079. ⑥ 대판 2005.1.28. 2002다66922 등 참고.

<답 ③>

46. 명의신탁에 관한 설명 중 옳은 것(○)과 옳지 않은 것(×)을 바르게 표시한 것은? (다툼이 있는 경우에는 판례에 의함) <사시 2013년: 배점 2>

ㄱ. 甲이 乙, 丙의 동의를 얻어 2010.5.1. 乙 소유 주택을 丙 명의로 임차하고 점유의 취득과 주민등록은 甲의 명의로 하였는데, 이 사실

을 잘 아는 丙의 채권자 丁이 임차보증금반환채권을 압류한 경우, 丁은 「부동산 실권리자명의 등기에 관한 법률」을 원용하여 甲, 乙에게 대항할 수 있다.
ㄴ. 甲이 乙로부터 2010.1.8. 토지를 매수하면서 乙, 丙과의 합의 하에 그 소유권이전등기를 친구 丙 앞으로 곧바로 마친 경우, 甲과 乙의 매매계약은 유효하고, 甲은 丙의 등기에 불구하고 乙에게 매매에 기한 소유권이전등기청구를 할 수 있다.
ㄷ. 위 ㄴ의 경우, 乙은 丙에게 어느 때든 丙 명의 등기의 말소를 청구할 수 있다.
ㄹ. 위 ㄴ의 경우, 丙이 그 토지 상에 건물을 지은 후 토지에 대한 등기가 甲에게 이전되면 丙은 위 건물의 소유를 위한 관습상의 법정지상권을 취득한다.
ㅁ. 甲이 친구 乙과 2003.10.1. 명의신탁약정을 하고 부동산의 소유권이전등기를 甲으로부터 乙에게 이전한 경우, 甲은 乙에게 소유권에 기한 방해배제청구권을 가지고, 이에 따라 위 부동산의 소유권이전등기를 청구할 수 있다.

① ㄱ(×), ㄴ(○), ㄷ(○), ㄹ(×), ㅁ(○)
② ㄱ(○), ㄴ(○), ㄷ(×), ㄹ(○), ㅁ(○)
③ ㄱ(○), ㄴ(×), ㄷ(○), ㄹ(×), ㅁ(×)
④ ㄱ(×), ㄴ(×), ㄷ(○), ㄹ(○), ㅁ(×)
⑤ ㄱ(×), ㄴ(○), ㄷ(×), ㄹ(×), ㅁ(×)

해설

ㄱ. 틀림. 부동산실명법은 부동산 '물권'의 변동을 목적으로 하는 경우에 적용되기 때문에(동법 제2조 1호 참조), 위 지문과 같이 임차권을 목적으로 하는 경우에는 부동산실명법은 적용되지 않는다. ㄴ. ㄷ. 옳음. 부동산실명법은 매도인과 명의신탁자 사이의 매매계약의 효력을 부정하는 규정을 두고 있지 아니하여 유예기간 경과 후로도 매도인과 명의신탁자 사이의 매매계약은 여전히 유효하므로, 명의신탁자는 매도인에 대하여 매매계약에 기한 소유권이전등기를 청구할 수 있고, 그 소유권이전등기청구권을 보전하기 위하여 매도인을 대위하여 명의수탁자에게 무효인 그 명의 등기의 말소를 구할 수도 있다(대판 2002.3.15. 2001다61654). ㄹ. 틀림. 위 명의수탁자는 신탁자와의 대내적 관계에 있어서 그 토지가 자기소유에 속하는 것이었다고 주장할 수 없고 따라서 위 건물은 어디까지나 명의신탁자 소유의 토지 위에 지은 것이라 할 것이므로 그 후 소유명의가 신탁자명의로 회복될 당시 위 수탁자가 신탁자들에 대하여 지상건물의 소유를 위한 관습상의 지상권을 취득하였다고 주장할 수 없다(대판 1986.5.27. 86다카62). ㅁ. 옳음. 원칙적으로 일반 명의신탁의 명의신탁자는 명의수탁자를 상대로 원인무효를 이유로 그 등기의 말소를 구하여야 하는 것이기는 하나, 자기 명의로 소유권을 표상하는 등기가 되어 있었거나 법률에 의하여 소유권을 취득한 진정한 소유자는 그 등기명의를 회복하기 위한 방법으로 그 소유권에 기하여 현재의 원인무효인 등기명의인을 상대로 진정한 등기명의의 회복을 원인으로 한 소유권이전등기절차의 이행을 구할 수도 있으므로, 명의신탁 대상 부동산에 관하여 자

기 명의로 소유권이전등기를 경료한 적이 있었던 명의신탁자로서는 명의수탁자를 상대로 진정명의회복을 원인으로 한 이전등기를 구할 수도 있다(대판 2002.9.6. 2002다35157).

<답 ①>

47. 명의신탁에 관한 다음 설명 중 옳은 것을 모두 고른 것은? (다툼이 있는 경우에는 판례에 의함) <사시 2009년: 배점 3>

㉠ 「부동산 실권리자명의 등기에 관한 법률」(이하 '부동산실명법'이라 함) 시행 후에 신탁자와 수탁자가 명의신탁 약정을 맺고 신탁자가 매매계약의 당사자가 되어 매도인과 매매계약을 체결하되 등기를 매도인에게서 수탁자 앞으로 직접 이전하는 '3자간 등기명의신탁'이 있는 경우, 신탁자는 위 매매계약에 기한 매도인에 대한 소유권이전등기청구권을 보전하기 위하여 매도인을 대위하여 명의수탁자에게 무효인 명의수탁자 명의의 등기의 말소를 구할 수 있다.

㉡ 부동산실명법 시행 이전에 명의신탁자와 명의수탁자가 이른바 계약명의신탁약정을 맺고 명의수탁자가 당사자로 되어 명의신탁약정이 있다는 사실을 알지 못한 소유자와 부동산에 관한 매매계약을 체결한 후 그 매매계약에 따라 당해 부동산에 관한 소유권이전등기를 수탁자 명의로 마친 경우에는, 부동산실명법 제11조에서 정한 유예기간이 경과하기까지 명의신탁자가 그 명의로 당해 부동산을 등기이전하는 데 법률상 장애가 있었더라도 명의수탁자는 명의신탁자에게 당해 부동산 자체를 부당이득으로 반환하여야 한다.

㉢ 양자간 등기명의신탁의 경우 수탁자 명의의 소유권이전등기는 원인무효이므로, 신탁자는 소유권에 기한 방해배제로서 수탁자에 대하여 소유권이전등기의 말소 또는 진정명의 회복을 위한 소유권이전등기를 구할 수 있다.

㉣ 명의신탁등기가 부동산실명법에 따라 무효가 된 이상 그 후 신탁자와 수탁자가 혼인하여 그 등기명의자가 배우자로 되었다 하더라도 이미 무효로 된 등기가 부동산실명법 제8조 제2호의 특례규정에 의하여 유효하게 되는 것은 아니다.

㉤ 명의신탁약정과 등기의 무효로써 대항하지 못하는 '제3자'라 함은 수탁자가 물권자임을 기초로 그와의 사이에 새로운 이해관계를 맺은 자를 말하는데, 이러한 제3자는 수탁자로부터 소유권이나 저당권 등 물권을 취득한 자를 의미하고 대항력 있는 주택임차인이나 가압류 채권자는 이에 포함되지 아니한다.

㉥ 3자간 등기명의신탁에서 부동산실명법에서 정한 유예기간이 경과한 후 명의수탁자가 신탁부동산을 임의로 처분하거나 강제수용이나 공공용지 협의취득 등을 원인으로 제3취득자 명의로 이전등기

가 마쳐진 경우, 명의수탁자는 명의신탁자에게 신탁부동산의 처분대금이나 보상금으로 취득한 이익을 부당이득으로 반환할 의무를 진다.

① ㉠, ㉢, ㉥ ② ㉡, ㉢, ㉥ ③ ㉠, ㉡, ㉢
④ ㉠, ㉢, ㉣ ⑤ ㉠, ㉢, ㉤ ⑥ ㉡, ㉢, ㉣
⑦ ㉢, ㉣, ㉤ ⑧ ㉠, ㉢, ㉣, ㉤, ㉥

해설

㉠ 옳음. 대판 2002.3.15. 2001다61654 참고. ㉡ 틀림. 명의신탁자는 당해 부동산의 소유권을 취득할 수 없었으므로, 위 명의신탁약정의 무효로 인하여 명의신탁자가 입은 손해는 당해 부동산 자체가 아니라 명의수탁자에게 제공한 매수자금이고, 따라서 명의수탁자는 당해 부동산 자체가 아니라 명의신탁자로부터 제공받은 매수자금을 부당이득하였다고 할 것이다(대판 2009.3.26. 2008다34828 등 참고). ㉢ 옳음. 대판 2002.9.6. 2002다35157 참고. ㉣ 틀림. 명의신탁등기가 무효가 되었다고 할지라도 그 후 신탁자와 수탁자가 혼인하여 그 등기의 명의자가 배우자로 된 경우에는 조세포탈, 강제집행의 면탈 또는 법령상 제한의 회피를 목적으로 하지 아니하는 한 이 경우에도 부동산실명법 제8조 제2호의 특례를 적용하여 그 명의신탁등기는 당사자가 혼인한 때로부터 유효하게 된다고 보아야 한다(대판 2002.10.25. 2002다23840 참고). ㉤ 틀림. 명의신탁약정은 무효로 한다(실명법 제4조 1항). 그리고 이 약정에 따라 행하여진 등기에 의한 물권변동도 무효가 된다. 다만 이러한 무효는 제3자에게 대항하지 못한다(동법 제4조 2항). 여기서 말하는 제3자란 명의수탁자가 물권자임을 기초로 그와의 사이에 새로운 이해관계를 맺은 사람을 말한다(대판 2004.8.30. 2002다48771 참고). 따라서 수탁자명의의 등기를 믿고 등기를 경료한 대항력 있는 주택임차인이나 등기를 토대로 이해관계를 가지게 된 가압류채권자는 '제3자'에 포함된다. ㉥ 옳음. 특별한 사정이 없는 한 제3취득자는 유효하게 소유권을 취득하게 되므로(같은 법 제4조 제3항), 그로 인하여 매도인의 명의신탁자에 대한 소유권이전등기의무는 이행불능으로 되고 그 결과 명의신탁자는 신탁부동산의 소유권을 이전받을 권리를 상실하는 손해를 입게 되는 반면, 명의수탁자는 신탁부동산의 처분대금이나 보상금을 취득하는 이익을 얻게 되므로, 명의수탁자는 명의신탁자에게 그 이익을 부당이득으로 반환할 의무가 있다(대판 2011.9.8. 2009다49193,49209). <답 ①>

48. 甲은 2006.10.5. 친구 乙과 함께 丙소유의 X부동산을 매수하기로 하고 매매대금의 2분의 1인 1억 5,000만 원을 乙에게 제공하였다. 이에 乙은 2006.10.30. 자신의 명의로 丙과 X에 관하여 매매계약을 체결하고 2007.1.4. 자신의 명의로 X의 소유권이전등기를 마쳤는데, 丙은 甲과 乙사이의 명의신탁약정을 알지 못하였다. 다음 설명 중 옳은 것은? (다툼이 있는 경우에는 판례에 의함)

<변호사 2012년>

① X에 관한 乙의 소유권이전등기는 전부 무효이다.
② 甲은 乙에 대하여 부당이득으로서 X의 2분의 1 지분에 대한 소유권이전등기청구권을 갖는다.
③ 丙으로부터 X를 인도받아 점유하고 있는 甲은 乙에 대한 부당이득반환

청구권에 기하여 X를 유치할 수 있다.

④ 乙이 X를 丁에게 매도하고 그 대금을 乙이 지정한 戊에게 지급하도록 한 경우, 甲은 戊에 대하여 부당이득반환을 청구할 수 있다.

⑤ 乙이 채무초과 상태에서 甲이 지정하는 甲의 일반채권자에게 X를 양도하는 것은 乙의 다른 채권자에 대한 관계에서 사해행위에 해당할 수 있다.

해설

① 丙이 선의에 해당하는 '계약명의신탁'이므로 명의수탁자 乙은 명의신탁자 甲의 지분에 대하여도 유효하게 소유권을 취득한다(부동산실명법 제4조 제2항 단서). 따라서 X에 관한 乙의 소유권이전등기는 전부 유효이다. ② 계약명의신탁약정이 부동산실명법 시행 후인 경우에는 명의신탁자는 애초부터 당해 부동산의 소유권을 취득할 수 없었으므로 위 명의신탁약정의 무효로 인하여 명의신탁자가 입은 손해는 당해 부동산 자체가 아니라 명의수탁자에게 제공한 매수자금이라 할 것이고, 따라서 명의수탁자는 당해 부동산 자체가 아니라 명의신탁자로부터 제공받은 매수자금을 부당이득하였다(대판 2005.1.28. 2002다66922). 따라서 甲은 乙에 대하여 X부동산의 2분의 1지분이 아닌 매매대금의 2분의 1에 대하여 부당이득반환청구권을 갖는다. ③ 명의신탁자의 이러한 부당이득반환청구권은 부동산 자체로부터 발생한 채권이 아닐 뿐만 아니라 소유권 등에 기한 부동산의 반환청구권과 동일한 법률관계나 사실관계로부터 발생한 채권이라고 보기도 어려우므로, 결국 민법 제320조 제1항에서 정한 유치권 성립요건으로서의 목적물과 채권 사이의 견련관계를 인정할 수 없다(대판 2009.3.26. 2008다34828). ④ 명의신탁자는 그 제3자에게 부당이득반환청구를 할 수 없다(대판 2008.9.11. 2007다24817 참고). ⑤ 명의수탁자가 취득한 부동산은 채무자인 명의수탁자의 일반채권자들의 공동담보에 제공되는 책임재산이 되고 명의신탁자는 명의수탁자에 대한 관계에서 금전채권자 중 한 명에 지나지 않으므로, 명의수탁자의 재산이 채무의 전부를 변제하기에 부족한 경우 명의수탁자가 위 부동산을 명의신탁자 또는 그가 지정하는 자에게 양도하는 행위는 특별한 사정이 없는 한 다른 채권자의 이익을 해하는 것으로서 다른 채권자들에 대한 관계에서 사해행위가 된다(대판 2008.9.25. 2007다74874).

<답 ⑤>

49. 다음 사례에 관한 학생들의 의견(㉠~㉣) 중 옳지 않은 것을 모두 고른 것은?
(다툼이 있는 경우에는 판례에 의함) <사시 2008년: 배점 3>

〈사례〉 乙은 丙 소유의 A토지를 매수하되 친구인 丁의 명의로 매수하기로 하고, 이에 따라 丁은 2003.5.18. 丙과 사이에 A토지에 관하여 그 명의로 매매계약을 체결한 후 소유권이전등기를 마쳤다.

한편 甲은 1995.2.1. 乙에게 변제기를 정하지 않고 1억 원을 빌려주었는데 한 푼도 변제받지 못하고 있다가, 2007년 5월경 A토지가 사실상 乙이 매수한 것임을 알고서 A토지 외에는 아무런 재산이 없는 乙을 대위하여 丙, 丁을 상대로 소를 제기하기로 마음먹었다.
甲이 법학도들에게 문의하였더니 다음과 같이 의견을 발표하였다.

㉠ 甲의 乙에 대한 대여금채권은 이미 시효로 소멸하였으므로, 甲이 乙을 대위한 소송에서 丙이나 丁은 이를 원용할 수 있다. ㉡ 乙이 사실상 A토지의 매수인임을 丙이 몰랐다면, 丁 명의의 소유권이전등기는 유효하므로 丁에게 소유권이전등기의 말소등기절차의 이행을 구할 권리가 없다. ㉢ 乙이 사실상 A토지의 매수인임을 丙이 알았다면, 乙은 丁에게 부당이득반환으로서 소유권이전등기절차의 이행을 구할 권리가 있다. ㉣ A토지에 관한 등기가 명의신탁으로 무효인 사실이 밝혀진 후에 乙이 매매계약의 매수인으로 되는 것에 대하여 丙이 동의하였다면, 乙은 丙에 대하여 별도의 양도약정을 원인으로 소유권이전등기청구를 할 수 있다.

① ㉠　② ㉡　③ ㉢
④ ㉣　⑤ ㉠, ㉡　⑥ ㉠, ㉢
⑦ ㉡, ㉣　⑧ ㉢, ㉣

해설

㉠ 소멸시효가 완정된 경우 이를 주장할 수 있는 사람은 시효로 인하여 채무 가 소멸됨으로써 직접적인 이익을 받는 사람에 한정된다. 채권자대위권행사를 통해 채권자의 청구를 받은 제3채무자는 채무자가 채권자에 대하여 가지는 항변으로 대항할 수 없으므로 채권의 소멸시효가 완성된 경우 이를 원용할 수 있는 자는 원칙적으로는 시효이익을 직접 받는 자뿐이고, 채권자대위소송의 제3채무자는 이를 행사할 수 없다(대판 2004.2.12. 2001다10151). ㉡ 위 사례는 계약명의신탁으로, 수탁자가 매매계약의 당사자로서 매매계약을 체결하고 이전등기를 마친 경우를 말한다. 이때, 매도인이 명의신탁약정 사실을 모르고 있는 경우(선의)에는 부동산실명법에 의하여 예외적으로 그 수탁자의 등기명의는 유효한 것으로 처리된다(동법 제4조 2항 단서. 대판 2000.3.24. 98도4347 참고). 따라서 丙은 丁에게 소유권이전등기의 말소등기절차의 이행을 구할 수 없다. ㉢ 이 경우 신탁약정이 무효가 되고 그에 따라 매매계약도 무효가 되므로(즉, 물권변동이 무효이므로 등기도 무효이고 소유권은 그대로 매도인이 보유한다. 부동산실명법 제4조 2항 참조), 수탁자는 매도인에 대해 매매대금반환청구를 할 수 있고, 신탁자는 수탁자를 대위해 매도인에게 대금반환을 청구할 수 있다(직접 청구할 수 있다는 이견 있음). 그러나 수탁자의 등기가 무효이므로, 신탁자가 수탁자에게 직접 소유권이전등기를 청구할 수는 없다. ㉣ 대판 2003.9.5. 2001다32120 참고. <답 ⑥>

50. 甲은 丙 소유 부동산을 자신의 명의로 취득하면 발생하게 될 세금문제 등을 우려하여 친구 乙에게 대신 매수하여 줄 것을 부탁하면서 乙과 명의신탁약정을 맺었다. 乙은 甲의 부탁대로 甲이 건네준 자금으로 명의신탁 사실에 관해 알지 못하는 丙과의 사이에 자신을 매수인 명의로 하여 매매계약을 체결하고 1971년 5월 1일 자기 명의로 부동산 소유권이전등기를 경료하였다. 甲은 1971년 5월 1일 乙로부터 부동산을 인도받은 이래 현재까지 점유하고 있다. 이에 관한 설명 중 옳은 것을 모두 고른 것은? (다툼이 있는 경우에는

판례에 의함) <사시 2004년 변형>

㉠ 甲은 丙을 대위하여 乙을 상대로 소유권이전등기의 말소를 청구할 수 있다. ㉡ 甲은 乙을 상대로 명의신탁약정의 해지를 이유로 소유권이전등기를 청구할 수 있다. ㉢ 甲은 乙을 상대로 점유취득시효 완성을 이유로 소유권이전등기를 청구할 수 있다. ㉣ 甲은 乙을 상대로 부당이득을 이유로 소유권이전등기를 청구할 수 있다. ㉤ 만약 乙이 2004년 2월 1일 단순히 명의신탁 사실을 알고 있는 丁에게 위 부동산을 양도하여 소유권이전등기를 경료하였다면, 甲은 乙을 대위하여 丁을 상대로 소유권이전등기의 말소를 청구할 수 있다.

① ㉠, ㉢ ② ㉠, ㉤ ③ ㉡, ㉣
④ ㉢, ㉣ ⑤ ㉣, ㉤

해설

위 사례는 명의수탁자가 매매계약의 당사자로서 매매계약을 체결하고 이전등기를 마친 경우로서 위임형(계약형) 명의신탁이다. 한편 명의신탁약정이 3자간 등기명의신탁인지 아니면 계약명의신탁인지의 구별은 계약당사자가 누구인가를 확정하는 문제로 귀결되는바, 계약명의자가 명의수탁자로 되어 있다 하더라도 계약당사자를 명의신탁자로 볼 수 있다면 이는 3자간 등기명의신탁이 된다. 따라서 계약명의자인 명의수탁자가 아니라 명의신탁자에게 계약에 따른 법률효과를 직접 귀속시킬 의도로 계약을 체결한 사정이 인정된다면 명의신탁자가 계약당사자라고 할 것이므로, 이 경우의 명의신탁관계는 3자간 등기명의신탁으로 보아야 한다(대판 2010.10.28. 2010다52799). ㉠ 3자간 명의신탁의 유형이라면 甲이 丙을 대위하여 乙명의의 등기말소를 청구할 수 있으나(대판 2002.11.22. 2002다11496 등), 매도인이 선의인 계약명의신탁에서는 신탁자와 매도인 사이에는 아무런 법률관계가 없으므로 피보전채권을 인정할 수 없기 때문에 허용될 수 없다(대판 2003.9.5. 2001다32120 참고). ㉡㉣ 매도인이 명의신탁약정을 알고 있었다면 그 물권변동은 무효가 되겠지만 여기서는 매도인이 선의이므로 매도인으로부터 명의수탁자 앞으로의 물권변동 자체는 유효하고 따라서 乙명의의 등기는 유효하다. 그리고 甲과 乙 사이의 명의신탁약정은 유예기간이 지났으므로 무효이다. 결국 甲은 명의신탁약정을 전제로 한 해지를 할 수 없고 나아가 해지의 효과를 주장하여 소유권이전등기를 구할 수 없다. 대법원 판례는 이러한 경우 명의신탁자에게 부당이득에 기한 소유권이전등기청구를 인정한다. 즉 부동산실명법의 시행 전에 명의수탁자가 명의신탁 약정에 따라 부동산에 관한 소유명의를 취득한 경우, 위 법률의 시행 후 같은 법 제11조 소정의 유예기간이 경과하기 전까지는 명의신탁자는 언제라도 명의신탁 약정을 해지하고 당해 부동산에 관한 소유권을 취득할 수 있었던 것인데 실명화 등의 조치 없이 위 유예기간이 경과함으로써 같은 법 제12조 제1항, 제4조에 의해 명의신탁 약정은 무효로 되는 한편, 명의수탁자가 당해 부동산에 관한 완전한 소유권을 취득하게 되어 결국 명의수탁자는 당해 부동산 자체를 부당이득하게 되고, 같은 법 제3조 및 제4조가 명의신탁자에게 소유권이 귀속되는 것을 막는 취지의 규정은 아니므로 명의수탁자는 명의신탁자에게 자신이 취득한 당해 부동산을 부당이득으로 반환할 의무가 있다(대판 2008.11.27. 2008다62687 등)고 하였다. 물론 그 계약명의신탁약정이 부동산실명법 시행 후인 경우에는, 명의신탁자는 애초부터 당해 부동산의 소유권을 취득할 수 없었으므로 계약명의신탁약정의 무효로 인하여 명의신탁자가 입은 손해는 당해 부동산 자체가 아니라 명의수탁자에게 제공한 매수자금이고, 따라서 명의수탁자는 당해 부동산 자체가 아니라 명의신탁자로부터 제공받은 매수자금 상당액을 부당이득하였다고 할 것이다(대판 2010.10.14. 2007다90432 등). ㉢ 甲이 제245조 1항의 점유취득시효요건을 갖추었으므로 타당하다. ㉤ 부동산실명법(제4조 3항) 참고. 제3자는 선의·악의 구별 없이 보호된다.

<답 ④>

51. 다음은 명의신탁과 관련한 판례 경향을 요약한 것이다. 잘못 설명한 것끼리 짝지어진 것은? (이견이 있으면 최근의 판례 및 다수의견에 따름)

㉠ 차용금 채무를 담보하기 위하여 편의상 명의수탁자를 채무자로 등재하고 신탁 부동산에 근저당권을 설정한 경우 근저당권이 담보하는 채무는 명의신탁자의 제3자에 대한 채무로 보아야 한다.

㉡ 부동산경매에서 실질적인 매수인이 매수대금을 자신이 부담하면서 타인명의로 매각허가결정을 받기로 약정하고 그에 따라 매각허가가 이루어진 경우 목적 부동산의 소유권은 대내적으로나 대외적으로 그 명의인이 취득한다고 할 것이므로 이들 사이에 명의신탁관계가 존재한다고 할 수 없다.

㉢ 명의신탁의 결과 토지대장 등에 수탁자가 소유자로 등재되었을 뿐 아직 수탁자 명의로 소유권등기를 취득하지 아니한 경우, 명의신탁이 해지되었다면 신탁자는 수탁자에 대하여 그 부동산의 소유권이전등기를 청구할 수 있다.

㉣ 여러 필지의 토지의 각 일부 지분을 명의신탁받은 명의수탁자가 명의신탁자의 의사와 관계없이 임의로 다른 공유자들과의 공유물분할협의에 따라 특정 토지를 단독으로 소유하고 나머지 토지에 대한 지분을 다른 공유자에게 이전하였다면 명의신탁자와 명의수탁자 사이의 명의신탁관계는 위 특정 토지 전부에 그대로 존속한다.

㉤ 기존 양도담보권자가 서면제출의무나 신고의무를 이행하지 않았다고 하여 진정한 양도담보임이 명백한 경우까지 포함하여 일률적으로 고율의 과징금을 부과하도록 한 해당 실명법 규정들은 과잉금지원칙이나 평등의 원칙에 반한다고 보는 것이 헌법재판소의 태도이다.

㉥ 매도인이 위임형 명의신탁 사실을 알고 있어서 그 매매계약이 무효가 되었다고 하더라도 그 후에 매도인이 신탁자에게 양도의사를 표시하였다면 명의신탁자는 매도인에 대하여 소유권이전등기를 청구할 수 있다.

① ㉠, ㉡ ② ㉡, ㉢ ③ ㉢, ㉣
④ ㉣, ㉤ ⑤ ㉤, ㉥

해설

㉠ 대결 1999.7.22. 99마2870 참고. ㉡ 부동산경매절차에서 부동산을 매수하려는 사람이 매수대금을 자신이 부담하면서 다른 사람의 명의로 매각허가결정을 받기로 그 다른 사람과 약정함에 따라 매각허가가 이루어진 경우 그 경매절차에서 매수인의 지위에 서게 되는 사람은 어디까지나 그 명의인이므로 경매 목적 부동산의 소유권은 매수대금을 실질적으로 부담한 사람이 누구인가와 상관없이 그 명의인이 취득한다고 할 것이고, 이 경우 매수대금을 부담한 사람과 이름을 빌려 준 사람 사이에는 명의신탁관계가 성립한다(대판 2008.11.27. 2008다62687 등 참고). 따라서 명의신탁약정은 무효이므로 실질적인 매수인은 소유권이전등기청구권을 행사할 수 없다(대판 2005.4.29. 2005다664). ㉢ 부동산소유권의 명의신탁의 결과로 토지대장이나 건축물관리대장에 소유자로 등재되었을 뿐 아직 수탁자 명의로 소유권에 관한 등기를 취득하지 아니한 경우에는 토지대장이나 건축물관리대장의 기재가 소유권의 변동을 공시하는 것이 아니기 때문에 명의신탁이 해지되면 그 효과로 명의신탁 관계가 종료되어 수탁자는 바로 그 외부관계에 있어서의 소유권도 상실하는 것이므로, 신탁자가 수탁자에 대하여 명의신탁된 부동산의 소유권이전등기를 구할 수 없다(대판 1999.6.25. 97다52882). ㉣ 대판[전] 1999.6.17. 98다58443 참고. ㉤ 헌재 2001.5.31. 99헌가18 등 참고. ㉥ 대판 2003.9.5. 2001다32120. <답 ②>

52. 다음은 명의신탁과 관련한 판례 경향을 요약한 것이다. 옳지 않은 것을 모두 고르면? (이견이 있으면 최근의 판례 및 다수의견에 따름)

㉠ 甲과 乙이 양자간 명의신탁을 한 후 乙이 목적 부동산을 제3자에게 유효하게 처분하였더라도, 이후 乙이 우연히 소유권을 다시 취득하게 되었다면 甲은 乙을 상대로 물권적 청구권을 행사하여 소유권을 회복할 수 있다.

㉡ 매도인이 선의인 계약명의신탁에서 수탁자 명의의 등기가 유효한 이상, 부동산실명법 제3조 제1항, 제5조 제1항 · 제3항, 제6조 제1항 등 관련 법령의 규정내용과 체계에 비추어 신탁자에게 과징금을 부과할 수 없다.

㉢ 부동산실명법 제8조 제2호에 따라 부부간 명의신탁이 일단 유효한 것으로 인정되었더라도 그 후 배우자 일방의 사망으로 부부관계가 해소되었다면, 그 명의신탁약정은 사망한 배우자의 다른 상속인과의 관계에서 여전히 유효하게 존속한다고 할 수 없다.

㉣ 명의신탁자가 명의수탁자를 상대로 명의신탁 해지를 원인으로 하여 소를 제기했다거나 소송에서 승소판결이 확정되었다는 사정만으로는 부동산실명법상 명의신탁관계가 종료되었다고 할 수 없으나, 부동산실명법 제4조 제2항 단서에 따라 명의수탁자가 당해 부동산의 소유권을 완전하게 취득하게 되었다면 부동산실명법상

명의신탁관계가 종료되었다고 할 수 있다.
ⓜ 甲과 乙 사이에 체결한 명의신탁약정에 따라 乙이 丙에게서 토지를 매수하면서 다시 丁과 명의신탁약정을 하고 丁에게로 소유권이전등기를 마쳤는데 그 후 乙이 의사무능력에 빠지게 되었고 丁은 戊에게 토지에 관하여 근저당권설정등기를 마쳐준 사안에서, 甲이 부동산실명법 시행 전에 丁을 상대로 제기한 손해배상청구의 소는 같은 법 제11조 4항에서 정한 '부동산물권에 관한 쟁송'에 해당한다.

① ㉠, ㉡, ㉢, ㉣, ㉤ ② ㉠, ㉡, ㉢, ㉣ ③ ㉠, ㉡, ㉣
④ ㉠, ㉡, ㉤ ⑤ ㉡, ㉢, ㉤

해설

㉠ 틀림. 지문과 같은 사안에서 제3취득자가 유효하게 소유권을 취득한 이상, 명의신탁자의 소유권에 기한 물권적 청구권, 즉 말소등기청구권이나 진정명의회복을 원인으로 한 이전등기청구권은 더 이상 그 존재 자체가 인정되지 않고, 그 후 명의수탁자가 우연히 신탁부동산의 소유권을 다시 취득하였다고 하더라도 명의신탁자가 신탁부동산의 소유권을 상실한 사실에는 변함이 없으므로, 여전히 물권적 청구권은 그 존재 자체가 인정되지 않는다(대판 2013.2.28. 2010다89814). ㉡ 틀림. 부동산실명법 제3조 1항, 제5조 1항·3항, 제6조 1항 등 관련 법령의 규정내용과 체계에 비추어 보면, 원칙적으로 부동산에 관한 물권을 명의신탁 약정에 의하여 명의수탁자 명의로 등기한 경우 명의신탁자에게는 과징금을 부과하게 되어 있으므로, 명의신탁자와 명의수탁자가 이른바 계약명의신탁약정을 맺고 명의수탁자가 당사자가 되어 명의신탁약정이 있다는 사실을 알지 못하는 소유자와 부동산에 관한 매매계약을 체결한 후 매매계약에 따라 당해 부동산의 소유권이전등기를 수탁자 명의로 마친 경우에는, 비록 부동산실명법 제4조 제2항 단서에 따라 명의수탁자가 당해 부동산의 완전한 소유권을 취득하게 된다고 하더라도, 부동산실명법 제5조 제1항이 정하는 과징금 부과대상에 해당된다(대판 2012.4.26. 2011두26626). ㉢ 틀림. 부동산실명법 제8조 제2호의 문언상 명의신탁약정에 따른 명의신탁등기의 성립 시점에 부부관계가 존재할 것을 요구하고 있을 뿐 부부관계의 존속을 그 효력 요건으로 삼고 있지 아니한 점, 동법 제8조 2호에 따라 일단 유효한 것으로 인정된 부부간 명의신탁에 대하여 그 후 배우자 일방의 사망 등으로 부부관계가 해소되었음을 이유로 이를 다시 무효화하는 별도의 규정이 존재하지 아니하는 점, 부부간 명의신탁이라 하더라도 조세포탈 등 목적이 없는 경우에 한하여 위 조항이 적용되는 것이므로 부부관계가 해소된 이후에 이를 그대로 유효로 인정하더라도 새삼 부동산실명법의 입법 취지가 훼손될 위험성은 크지 아니한 점 등에 비추어 보면, 부동산실명법 제8조 제2호에 따라 부부간 명의신탁이 일단 유효한 것으로 인정되었다면 그 후 배우자 일방의 사망으로 부부관계가 해소되었다 하더라도 그 명의신탁약정은 사망한 배우자의 다른 상속인과의 관계에서도 여전히 유효하게 존속한다고 보아야 한다(대판 2013.1.24. 2011다99498). ㉣ 틀림. (지문의 경우에는 모두 명의신탁이 종료하지 않고) 부동산실명법 제5조 제2항 단서의 '명의신탁관계 종료시점'은 단지 명의신탁자와 명의수탁자 사이에 대내적으로 명의신탁을 해지한 시점이 아니라, 대외적으로도 명의신탁관계가 종료되어 부동산실명법 위반상태가 해소된 시점인 실명등기를 할 필요가 없거나 실명등기를 한 것으로 볼 수 있는 시점, 즉 공용징수·판결·경매 기타 법률의 규정에 의하여 명의수탁자로부터 제3자에게 부동산에 관한 물권이 이전되거나, 명의신탁자가 당

해 부동산에 관한 물권에 관하여 매매 기타 처분행위를 하고 처분행위로 인한 취득자에게 직접 등기를 이전하거나, 명의신탁자가 당해 부동산의 소재지를 관할하는 시장·군수 또는 구청장에게 매각을 위탁하거나 한국자산관리공사에 매각을 의뢰한 시점 등으로 보아야 한다(대판 2012.4.26. 2011두26626). ⓜ 틀림. 부동산실명법 제11조 4항에서 말하는 '부동산물권에 관한 쟁송'란 명의신탁자가 당사자로서 해당 부동산에 관하여 자신이 실권리자임을 주장하여 이를 공적으로 확인받기 위한 쟁송이면 족하고, 또한 쟁송제기 주체가 명의신탁자가 아닌 명의신탁자의 채권자가 명의신탁자를 대위하여 명의수탁자를 상대로 소송을 제기한 경우에도 이에 해당하며, 그 결과에 의하여 곧바로 실명등기를 할 수 있어야 하는 쟁송으로 제한되는 것도 아니지만, 적어도 다툼의 대상인 권리관계가 확정되기 전까지는 실명등기를 할 수 없는 쟁송이어야 한다고 해석하여야 한다. (예컨대) 비록 부동산실명법 제11조에 규정된 유예기간 후에 '부동산물권에 관한 쟁송'이 제기되었더라도 위 소송이 부동산실명법 시행 전 또는 유예기간 중에 제기된 소송과 함께 전체로서 일체가 됨으로써 그 같은 일련의 소송 계속 중에는 기존 명의신탁관계가 실효되지 않는다고 보기 위해서는, 부동산실명법 시행 전 또는 유예기간 중에 '부동산물권에 관한 쟁송'이 제1차로 제기되어 판결이 선고되었으나 판결 결과만으로는 실명전환을 할 수 없어 유예기간 경과 후 다시 실명전환을 위한 제2차 소송이 제1차 소송 확정 후 상당한 기간 내에 이루어져 당해 부동산에 관한 쟁송이 계속되고 있다고 평가되는 경우라야 한다(대판 2011.5.26. 2010다21214). <답 ①>

53. 제3자 명의로 경료된 등기와 물권변동의 효력에 관한 설명 중 옳은 것은?
(다툼이 있는 경우에는 판례에 의함) <사시 2012년: 배점 3점>

① 甲은 2009.1.경 X부동산의 경매절차에서 乙의 이름으로 X부동산을 매수하여 그 매각대금을 모두 지급하고 乙 명의로 소유권이전등기를 마쳤다. 그 후 甲과 乙은 다시 X부동산을 丙에게 명의신탁하기로 하고 丙이 乙을 상대로 X부동산에 관하여 소유권이전등기절차의 이행을 구하는 소를 제기하여 그 확정판결에 따라 丙 명의로 소유권이전등기를 경료하였어도 X부동산의 소유자는 여전히 乙이다.

② 채권자 甲이 2009.6.11. 채무자 乙과 乙 소유의 부동산에 관하여 근저당권설정계약을 체결하였으나 그 계약에 기한 근저당권설정등기는 그 피담보채권과 무관한 친구 丙을 근저당권자로 하여 경료되었고, 그 후 위 부동산에 관하여 2010.5.27. 丁 명의의 소유권이전등기청구권 가등기가 경료되었다. 甲은 乙, 丙과 합의하여 2010.9.23. 丙의 근저당권설정등기에 대한 부기등기의 방법으로 위 근저당권을 이전받았다. 그렇다면 위 근저당권설정등기는 위 부기등기가 경료된 때부터 실체관계에 부합하는 유효한 등기로 볼 수 있다.

③ 부동산을 매수한 甲이 소유권이전등기를 마치지 아니한 상태에서 매도인인 소유자 乙의 승낙 아래 매수 부동산을 丙에게 담보로 제공하면서 당사자 사이의 합의로 편의상 매수인 대신 등기부상 소유자인 乙을 채무자로 하여 마친 근저당권설정등기는 저당권의 부종성에 위반하여 무효

인 등기이다.

④ 채권담보를 목적으로 X부동산에 관하여 가등기를 하면서 채권자 甲이 아닌 제3자인 丙의 명의로 가등기를 하는 데 대하여 채권자 甲과 채무자 乙 및 丙 사이에 합의가 있었고, 丙도 乙로부터 유효하게 채권을 변제받을 수 있는 관계에 있다고 볼 수 있는 경우에도, 丙 명의의 가등기는 「부동산 실권리자명의 등기에 관한 법률」이 금지하고 있는 실권리자 아닌 자 명의의 등기에 해당한다.

⑤ 甲은 X건물을 신축하고 乙 명의로 소유권보존등기를 경료한 후 丙에게 X건물을 매도하고 丙 명의로 소유권이전등기를 경료하여 주었고, 丙은 다시 丁에게 X건물을 매도하고 丁 명의로 소유권이전등기를 경료하여 주었다. 이 경우 丙은 수탁자인 乙 명의의 등기가 명의신탁으로서 무효의 등기라는 사실을 알고 있었으므로 丙 명의의 소유권이전등기는 효력이 없으나, 丁은 이에 기초하여 새로운 이해관계를 갖게 된 사람으로서 「부동산 실권리자명의 등기에 관한 법률」 제4조 3항의 제3자에 해당하여 X건물의 소유권을 적법하게 취득한다.

해설 ··

① 옳음. 경매절차에서 매수대금을 부담한 명의신탁자와 매수인 명의를 빌려준 명의수탁자 및 제3자 사이의 새로운 명의신탁약정에 의하여 명의수탁자가 다시 명의신탁자가 지정하는 제3자 앞으로 소유권이전등기를 마쳐 주었다면, 제3자 명의의 소유권이전등기는 위 법률 제4조 2항에 의하여 무효이므로, 제3자는 소유권이전등기에도 불구하고 그 부동산의 소유권을 취득하거나 그 매수대금 상당의 이익을 얻었다고 할 수 없다. 또한, 제3자 명의로 소유권이전등기를 마치게 된 것이 제3자가 명의수탁자를 상대로 제기한 소유권이전등기 청구소송의 확정판결에 의한 것이더라도, 소유권이전등기절차의 이행을 명한 확정판결의 기판력은 소송물인 이전등기청구권의 존부에만 미치고 소송물로 되어 있지 아니한 소유권의 귀속 자체에까지 미치지는 않으므로, 명의수탁자가 여전히 그 부동산의 소유자임은 마찬가지이다(대판 2009.9.10. 2006다73102). ② 틀림. 채권자 아닌 제3자 명의의 근저당권설정등기가 경료된 부동산에 소유권이전청구권 가등기가 경료되고 그 후 다시 채권자 명의의 위 근저당권이전의 부기등기가 경료된 경우, 채권자는 위 부기등기가 경료된 시점에 비로소 근저당권을 취득하는데, 이 경우 채권자가 위 제3자 명의의 근저당권설정등기가 경료된 시점에 근저당권을 취득한 것이 되어 위 가등기보다 그 순위가 앞서게 되므로, 결국 위 근저당권설정등기는 실체관계에 부합하는 유효한 등기라고 볼 수 없다(대판 2007.1.11. 2006다50055). ③ 틀림. 제3자 명의의 근저당권설정등기는 그 피담보채무가 엄연히 존재하고 있어 그 원인이 없거나 부종성에 반하는 무효의 등기라고 볼 수 없다(대판[전] 2001.3.15. 99다48948 등). ④ 틀림. 거래경위에 비추어 제3자의 가등기가 한낱 명목에 그치는 것이 아니라 그 제3자도 채무자로부터 유효하게 채권을 변제받을 수 있고 채무자도 채권자나 가등기명의자인 제3자 중 누구에게든 채무를 유효하게 변제할 수 있는 관계 즉, 채권자와 제3자가 불가분적 채권자의 관계에 있다고 볼 수 있는 경우에는, 그 제3자 명의의 가등기도 유효하다고 볼 것이고, 이와 같이 제3자 명의의 가등기를 유효하게 볼 수 있는 경우에는 제3자 명의의 가등기를 부동산실권리자명의등기에관한법률이 금지하고 있는 실권리자 아닌 자 명의의 등기라고 할 수는 없다(대판 2002.12.24.

2002다50484). 하지만 다른 사정이 없다면, 명의수탁자 앞으로 가등기만이 행하여진 경우에도 부동산실권리자명의 등기에 관한 법률이 적용되므로 명의신탁자가 단지 가등기명의만을 신탁할 의사였더라도 명의신탁약정이 무효(대판 2010.12.23. 2009다97024,97031)로 됨이 원칙이다. ⑤ 틀림. 丙은 명의신탁에 대한 선·악을 불문하고 소유권을 취득하며, 丁은 법률 제4조 3항과 무관하게, 정당한 소유자인 丙으로부터 소유권을 이전받는다(대판 2009.3.12. 2008다36022 참고). <답 ①>

제 4 장 용익물권

제 1 절 지 상 권

1. 지상권에 관한 다음 설명 중 옳은 것은?

① 지상권의 양도금지특약은 당사자 사이에 채권적 효력이 있지만, 현행법상 이를 등기하면 제3자에게 대항할 수 있다.
② 토지사용의 대가인 지료는 지상권의 성립요건이다.
③ 타인의 토지에 나무를 심기 위하여 지상권을 설정하는 것은 허용되지 않는다.
④ 분묘기지권에는 그 효력이 미치는 범위 안에서 새로운 분묘를 설치하거나 원래의 분묘를 다른 곳으로 이장할 권능도 포함된다.
⑤ 지상권설정자 소유의 견고한 석조건물을 사용할 목적으로 그 건물의 부지에 지상권을 설정할 경우, 그 존속기간을 15년으로 정하여도 유효하다.

해설

① 지상권의 양도성을 보장하는 민법 제282조는 강행규정이며 이에 위반한 것으로서 지상권자에게 불리한 것은 그 효력이 없다(제289조). 현행 부동산등기법상 지상권의 양도금지 특약을 등기할 수는 없다. ② 지상권의 성립에는 지료의 약정을 요건으로 하지 않으며, 단지 약정이 있는 경우에는 이를 등기하여 제3자에게 대항할 수 있을 뿐이다(부등법 제136조 참조). ③ 수목의 소유를 목적으로 하는 지상권은 인정된다(제279조 참조). 다만 구분지상권은 수목을 소유하기 위한 목적으로 설정될 수 없다(제289조의2 참조). ④ 분묘기지권에는 그 효력이 미치는 범위 안에서 새로운 분묘를 설치하거나 원래의 분묘를 다른 곳으로 이장할 권능은 포함되지 않는다(대판 1958.6.12. 4290민상771). ⑤ 민법 제280조 제1항 제1호 소정의 최단 존속기간에 관한 규정은 '지상권자가 그 소유'의 건물 등을 건축하거나 수목을 식재하여 토지를 이용할 목적으로 지상권을 설정한 경우에만 그 적용이 있다(대판 1996.3.22. 95다49318). <답 ⑤>

2. 다음은 지상권의 존속기간에 관한 설명이다. 옳은 것을 모두 고르시오.

(가) 지상권의 존속기간을 설정행위로써 정하는 경우에 민법은 지상권자를 보호하기 위하여 최단존속기간만을 정하고 있다.
(나) 지상권의 존속기간을 설정행위로 정하지 않는 경우에 지상물의 종류와 구조에 따라 제280조의 최단존속기간이 그 지상권의 존속기

간이 된다.
(다) 지상권의 존속기간이 만료한 경우에 당사자가 갱신계약을 체결하지 않은 경우에도 일정한 요건하에서 지상권자는 일방적으로 계약의 갱신을 청구할 수 있다.
(라) 지상권설정자가 지상권자의 갱신청구를 거절하는 경우에는 지상권자는 상당한 가액으로 지상물의 매수를 청구할 수 있다.
(마) 당사자가 계약을 갱신하는 경우에 지상권의 존속기간은 갱신한 날로부터 제280조의 최단존속기간보다 단축할 수 있다.
(바) 지상권의 존속기간과 갱신에 관한 규정은 모두 강행규정이다.

① (가), (나), (다), (라), (마) ② (가), (나), (다), (라), (바)
③ (가), (나), (라), (마), (바) ④ (가), (다), (라), (마), (바)
⑤ (가), (나), (다), (라), (마), (바)

해설

(가) 지상권의 존속기간을 설정행위로써 정하는 경우에 민법은 지상권자를 보호하기 위하여 최단존속기간만을 정하고 있다. 즉 지상권의 존속기간을 약정하는 경우에는 제280조가 정하는 연한을 하회해서는 안 된다(제280조 1항). (나) 제281조 1항. (다) 제283조 1항. (라) 제283조 2항. (마) 당사자가 계약을 갱신하는 경우에 지상권의 존속기간은 갱신한 날로부터 제280조의 최단존속기간보다 단축하지 못한다(제284조 본문). 그러나 당사자는 그보다 장기의 기간을 정할 수 있다(제284조 단서). (바) 지상권의 존속기간에 관한 규정은 모두 강행규정이다(제289조, 제280조, 제281조, 제283조, 제284조). 따라서 그 규정에 위반되는 계약으로 지상권자에게 불리한 것은 효력이 없다(제289조). <답 ②>

3. 다음은 지상권에서의 지료지급에 관한 설명이다. 옳은 것(○)과 틀린 것(×)을 바르게 표시한 것은?(다툼이 있는 경우에는 판례에 의함)

㉠ 지상권의 이전에서 지료에 관한 등기가 없는 경우, 전 지상권자가 1년분의 지료를 체납하였고, 또다시 신 지상권자가 1년분의 지료를 체납하였다면 지상권설정자는 제287조에 기하여 지상권소멸청구를 할 수 있다.
㉡ 토지소유권이 이전된 경우, 신 소유자는 지료에 관한 등기 유무를 불문하고 지상권자에게 지료를 청구할 수 있다.
㉢ 법정지상권자 乙이 토지소유자 甲에게 지급하여야 할 지료는 아무런 제한 없이 甲 소유의 토지를 사용함으로써 얻는 이익에 상당하는 대가가 되어야 한다.
㉣ 지상권자가 2년간 지료를 지급하지 아니하여 지상권소멸청구를 당한 경우, 비록 지상권자 소유의 잔존공작물이 있다고 하더라도 그에 대한 매수청구권을 행사하지 못한다.

① ㉠(○), ㉡(○), ㉢(○), ㉣(○)　② ㉠(○), ㉡(○), ㉢(×), ㉣(○)
③ ㉠(○), ㉡(×), ㉢(○), ㉣(○)　④ ㉠(○), ㉡(○), ㉢(○), ㉣(×)
⑤ ㉠(×), ㉡(×), ㉢(○), ㉣(○)　⑥ ㉠(×), ㉡(×), ㉢(○), ㉣(×)
⑦ ㉠(×), ㉡(×), ㉢(○), ㉣(×)　⑧ ㉠(×), ㉡(×), ㉢(×), ㉣(×)

해설

㉠ 지료액 또는 그 지급시기 등 지료에 관한 약정은 이를 등기하여야만 제3자에게 대항할 수 있으므로, 지료의 등기를 하지 않은 이상 토지소유자는 구 지상권자의 지료연체 사실을 들어 지상권을 이전받은 자에게 대항하지 못한다(대판 1996.4.26. 95다52864). 즉, 지료의 등기가 없는 경우에까지 전 지상권자의 체납에 대하여 신 지상권자가 책임을 부담하도록 하는 것은 아무리 지상권자의 지위가 이전된다 하더라도 지나친 것이라고 하지 않을 수 없다. 따라서 ㉠의 경우 지상권설정자는 지상권소멸청구를 할 수 없다. ㉡ 통설은 토지소유권이 이전된 경우, 지료에 관한 등기가 있는 경우뿐만 아니라 지료의 등기가 없는 경우에도 신 소유자가 지상권자에게 지료를 청구할 수 있다고 하나, 판례는 '지상권에 있어서 지료의 지급은 그의 요소가 아니어서 지료에 관한 유상 약정이 없는 이상 지료의 지급을 구할 수 없으며, 지상권에 있어서 유상인 지료에 관하여 지료액 또는 그 지급시기 등의 약정은 이를 등기하여야만 그 뒤에 토지소유권 또는 지상권을 양수한 사람 등 제3자에게 대항할 수 있고, 지료에 관하여 등기하지 않은 경우에는 무상의 지상권으로서 지료증액청구권도 발생할 수 없다(대판 1999.9.3. 99다24874)'고 한다. 따라서 판례에 의할 때, 위 지문은 틀린 것이 된다. ㉢ 자기의 소유의 건물을 위하여 그 기지소유자 甲의 대지위에 법정지상권을 취득한 乙은, 그 사용에 있어서 어떠한 제한이나 하자도 없는 타인 소유의 토지를 직접적으로 완전하게 사용하고 있다고 할 수 있고, 이 경우에 乙이 甲에게 지급하여야 할 지료는 아무런 제한 없이 甲소유의 토지를 사용함으로써 얻는 이익에 상당하는 대가가 되어야 하고, 건물이 건립되어 있는 것을 전제로 한 임료상당 금액이 되어서는 안 된다(대판 1975.12.23. 75다2066). ㉣ 대판 1972.12.26. 72다2085. <답 ⑤>

4. 지상권에 관한 다음 설명 중 옳은 것(○)과 틀린 것(×)을 바르게 조합한 것은? (다툼이 있는 경우에는 판례에 의함)

> ㈎ 지상권은 저당권의 목적이 될 수 있다.
> ㈏ 지상권이 소멸하면 갱신청구를 할 수 있다는 민법 제283조 1항은 존속기간의 만료된 경우뿐만 아니라 시효나 혼동 또는 토지가 멸실된 경우에도 지상권자가 갱신청구를 할 수 있다는 의미로 해석된다.
> ㈐ 지상권도 계약에 의하여 발생하므로 지료의 지급은 그 성립요소이다.
> ㈑ 사정변경의 원칙은 채권관계에 적합하므로 사정변경이 있더라도 당사자는 약정된 지료의 증감을 청구할 수 없다.

① ㉠(○), ㉡(○), ㉢(○), ㉣(○)　② ㉠(○), ㉡(○), ㉢(×), ㉣(○)
③ ㉠(○), ㉡(×), ㉢(○), ㉣(○)　④ ㉠(○), ㉡(×), ㉢(×), ㉣(×)
⑤ ㉠(×), ㉡(○), ㉢(○), ㉣(○)　⑥ ㉠(×), ㉡(○), ㉢(×), ㉣(×)

⑦ ㉠(×), ㉡(×), ㉢(○), ㉣(×) ⑧ ㉠(×), ㉡(×), ㉢(×), ㉣(×)

해설

㈎ 제371조 1항 본문. ㈏ 제283조 1항의 규정은 존속기간의 만료에 의하여 지상권이 소멸한 경우에만 한정된다(통설). ㈐ 지료는 지상권의 성립요소가 아니다(제279조). ㈑ 지가변동 등의 사정변경이 있는 경우 당사자에게 지료증감청구권이 있다(제286조). <답 ④>

5. 다음 중 틀린 것을 모두 고른 것은? <변호사 2012년 유사>

㉠ 지상권자는 존속기간 내이더라도 소유자의 승낙이 없으면 그 토지를 임대할 수 없다.
㉡ 지상권자는 지상권을 유보한 채 지상물소유권만을 양도할 수도 있고 지상물소유권을 유보한 채 지상권만을 양도할 수도 있는 것이어서 지상권자와 그 지상물의 소유권자가 반드시 일치하여야 하는 것은 아니다.
㉢ 무상의 지상권이라 하더라도 지상권자가 이를 자유로이 포기할 수는 없다.
㉣ 지상권이 소멸한 때에는 지상권자는 기타 공작물이나 수목을 수거하여 토지를 원상회복시켜야 한다.
㉤ 甲이 채무자 乙 소유의 토지 X에 대한 근저당권과 함께 그 담보가치가 저감하는 것을 막는 것을 주요한 목적으로 하여 지상권을 취득하였다면, 피담보채무 소멸에 따라 근저당권이 소멸할 때 그 지상권도 부종하여 소멸한다.

① ㉠, ㉡ ② ㉠, ㉢ ③ ㉠, ㉣
④ ㉡, ㉢, ㉣ ⑤ ㉡, ㉣, ㉤ ⑥ ㉢, ㉣, ㉤

해설

㉠ 지상권자는 타인에게 그 권리를 양도하거나 그 권리의 존속기간 내에서 그 토지를 임대할 수 있다(제282조). ㉡ 나아가 지상권설정시에 그 지상권이 미치는 토지의 범위와 그 설정 당시 매매되는 지상물의 범위를 다르게 하는 것도 가능하다(대판 2006.6.15. 2006다6126, 6133: 이 판례는 수목에 관한 판례이므로 토지의 경우 이전등기가 필요하다는 게 다수설이다). ㉢ 무상의 지상권은 기간의 약정 유무를 묻지 않고 지상권자가 자유로이 이를 포기할 수 있다. 다만 정기적으로 지료를 지급하는 경우에는 포기에 의하여 토지소유자에게 손해가 발생한 때에는 그 손해를 배상하여야 한다(제153조 2항). ㉣ 제285조 1항(지상물 수거권). ㉤ 피담보채권이 변제 등으로 만족을 얻어 소멸한 경우는 물론이고 시효소멸 한 경우에도 그 지상권은 피담보채권에 부종하여 소멸한다(대판 2011.4.14. 2011다6342). <답 ②>

6. 분묘기지권에 관한 설명 중 판례의 입장과 다른 것은? <사시 2001년 변형>

① 분묘가 멸실된 경우라고 하더라도 유골이 존재하여 분묘의 원상회복이

가능하여 일시적인 멸실에 불과하다면 분묘기지권은 소멸하지 않고 존속한다.

② 甲이 분묘기지권을 취득한 경우, 사성(莎城, 무덤 뒤를 반달형으로 둘러쌓은 둔덕)이 조성되어 있다 하여 반드시 그 사성부분을 포함한 지역에까지 분묘기지권이 미치는 것은 아니다.

③ 암장이나 평장 또는 시신이 안장되지 않은 봉분으로는 분묘기지권을 시효취득할 수 없다.

④ 분묘기지권은 포기의 의사표시만으로 소멸하며, 점유까지 포기해야 하는 것은 아니다.

⑤ 분묘기지권의 범위는 법령상의 분묘면적 제한을 초과할 수 없다.

⑥ 甲이 乙과의 분묘기지사용계약에서 정한 면적을 초과하여 분묘기지를 점유하였고, 그 초과부분의 토지에 관하여 지상권 유사의 관습상 물권인 분묘기지권을 시효취득한 경우, 甲이 乙의 급부로 인하여 초과 토지에 관한 관리비 상당의 이익을 얻은 부분은 부당이득으로서 乙에게 반환되어야 한다.

해설

① 대판 2007.6.28. 2005다44114. ② 분묘기지권은 분묘의 기지 자체(봉분의 기저 부분)뿐만 아니라 그 분묘의 수호 및 제사에 필요한 범위 내에서 분묘의 기지 주위의 공지를 포함한 지역에까지 미치는 것이고 그 확실한 범위는 각 구체적인 경우에 개별적으로 정하여야 할 것인바, 사성(莎城, 무덤 뒤를 반달형으로 둘러쌓은 둔덕)이 조성되어 있다 하여 반드시 그 사성 부분을 포함한 지역에까지 분묘기지권이 미치는 것은 아니다(대판 1997.5.23. 95다29086). ③ 타인 소유의 토지에 소유자의 승낙 없이 분묘를 설치한 경우에는 20년간 평온·공연하게 그 분묘의 기지를 점유하면 지상권 유사의 관습상의 물권인 분묘기지권을 시효로 취득하는데, 이러한 분묘기지권은 봉분 등 외부에서 분묘의 존재를 인식할 수 있는 형태를 갖추고 있는 경우에 한하여 인정되고, 평장되어 있거나 암장되어 있어 객관적으로 인식할 수 있는 외형을 갖추고 있지 아니한 경우에는 인정되지 않으므로, 이러한 특성상 분묘기지권은 등기 없이 취득한다(대판 1996.6.14. 96다14036). 또한 예장(豫葬)의 경우에도 분묘라 할 수 없다(대판 1976.10.26, 76다1359). ④ 대판 1992.6.23. 92다14762. ⑤ 분묘기지권은 분묘를 수호하고 봉제사하는 목적을 달성하는 데 필요한 범위 내에서 타인의 토지를 사용할 수 있는 권리를 의미하는 것으로서, 분묘기지권은 분묘의 기지 자체뿐만 아니라 그 분묘의 설치목적인 분묘의 수호 및 제사에 필요한 범위 내에서 분묘의 기지 주위의 공지를 포함한 지역에까지 미치는 것이고, 그 확실한 범위는 각 구체적인 경우에 개별적으로 정하여야 할 것이며, 매장및묘지등에관한법률 제4조 1항 후단 및 같은 법 시행령 제2조 2항의 규정이 분묘의 점유면적을 1기당 20㎡로 제한하고 있으나(현행 「장사 등에 관한 법률」 제18조 2항에 의하면 개인묘지는 30㎡를 초과할 수 없도록 한다), 여기서 말하는 분묘의 점유면적이라 함은 분묘의 기지면적만을 가리키며 분묘기지 외에 분묘의 수호 및 제사에 필요한 분묘기지 주위의 공지까지 포함한 묘지면적을 가리키는 것은 아니므로 분묘기지권의 범위가 위 법령이 규정한 제한면적 범위 내로 한정되는 것은 아니라 할 것이다(대판 1994.12.23. 94다15530). ⑥ 원칙적으로 분묘기지권을 시효취득하는 경우에는 지료를 지급할 필요가 없으나(대판 1995.2.28. 94다37912 참고),

위 지문과 같은 사안에서는 부당이득이 성립한다. 또한 甲이 얻은 이익이 부당이득이라는 결론은 비록 甲이 초과 토지에 관하여 분묘기지권을 시효취득하지 못했더라도 달라지지 않는다(대판 2011.11.10. 2011다63017,63024). <답 ⑤>

7. 다음은 관습법상 법정지상권에 관한 설명이다. 판례의 태도와 다른 것은?

① 환지로 인하여 새로운 분할지적선이 그어진 결과 환지 전에는 동일인에게 속하였던 토지와 그 지상건물의 소유자가 달라졌다면 토지(건물부지)에 대하여 건물을 위한 관습상의 법정지상권이 설정된다.

② 동일인에게 귀속된 소유권이 나중에 원인무효임이 밝혀져 그 등기가 말소됨으로써, 그 건물과 토지의 소유자가 달라지게 된 경우에는 관습상의 법정지상권을 허용할 수 없다.

③ 토지의 소유자가 건물을 건축할 당시 이미 토지를 타인에게 매도하였다면 토지의 매수인이 그 건축행위를 승낙하지 않는 이상, 토지 소유자가 이를 예상하면서도 건물을 건축하였다면 그 건물을 위한 관습상의 법정지상권은 발생하지 않는다.

④ 대지상의 건물만을 매수하면서 대지에 관한 임대차계약을 체결하였다면 위 건물매수로 인하여 취득하게 될 관습상의 법정지상권을 포기하였다고 볼 것이다.

⑤ 자기 소유의 대지 위에 축조한 건물이 허가를 받지 못하여 소유권보존등기를 하지 못하고 있던 중, 대지만을 타인에게 처분한 경우에도 미등기 건물을 위한 관습상의 법정지상권을 주장할 수 있다.

해설

① 환지의 성질상 건물의 부지에 관하여 소유권을 상실한 건물 소유자가 환지된 건물부지인 토지에 대하여 건물을 위한 관습상의 법정지상권을 취득한다고 할 수는 없다(대판 2001.5.8. 2001다4101 등). ② 대판 1999.3.26. 98다64189. ③ 대판 1994.12.22. 94다41072,41089. ④ 대판 1991.5.14. 91다1912. ⑤ 대판 1988.4.12. 87다카2404. 건물을 축조한 경우에는 등기를 하지 않더라도 원시취득하기 때문에 소유권은 가지고 있다는 점이다. <답 ①>

8. 지상권에 관한 설명 중 옳지 않은 것은? (다툼이 있는 경우에는 판례에 의함) <사시 2005년>

① 관습상으로 인정되는 분묘기지권은 지상권과 유사한 물권이라고 이해되고 있는데, 이 권리는 분묘의 터가 되는 땅 자체뿐만 아니라 그 분묘의 수호와 제사에 필요한 범위 내에서 분묘의 터 주위의 공지(空地)에도 미친다. 그러나 새로운 분묘를 설치할 권능은 포함되지 않으므로, 그 지역적 범위 내라고 하여도 그 후에 사망한 배우자를 합장하기 위하여 쌍분

(雙墳) 형태의 분묘를 설치할 수는 없다.

② 甲이 A토지와 그 지상의 B건물을 소유하고 있다. 甲은 이들을 담보로 제공하여 乙로부터 금전을 차용하려고 하였으나, B건물에 대하여 아직 소유권보존등기가 되어 있지 아니한 관계로 우선 A토지에 대하여만 乙 앞으로 저당권을 설정하여 금전을 차용하였다. 그 후 그 저당권이 실행되어 그 경매절차에서 丙이 경락을 받아 A토지의 소유자가 되었다. 이 경우에 甲은 아직 소유권보존등기가 되지 아니한 B건물을 소유하기 위하여 A토지에 대한 지상권을 설정받은 것으로 본다.

③ 지상권자 甲이 지상권설정자 乙이 목적 토지를 소유하는 동안 1년 간의 지료를 지급하지 아니하였고, 목적 토지의 소유권이 乙로부터 丙에게 양도된 후에 다시 1년 간의 지료를 지급하지 아니하여 도합 2년간의 지료를 지급하지 아니한 경우, 丙은 지상권의 소멸을 청구할 수 있다.

④ A건물의 소유를 위하여 지상권을 설정받은 甲이 A건물을 그 지상권과 함께 乙에게 매도하는 계약을 체결하고 건물에 대하여 乙 앞으로 소유권이전등기를 한 경우에, 아직 지상권이전의 등기를 乙 앞으로 하기 전이라도 토지소유자는 乙에 대하여 그 건물의 철거와 그 대지의 인도를 청구할 수 없다.

⑤ 법정지상권에 있어서 지상권자가 그 성립 당시에 토지 위에 있었던 건물을 철거하고 새로이 건물을 건립한 경우에도 그 지상권은 소멸하지 않으나, 그 지상권의 내용은 구(舊)건물을 기준으로 그 이용에 일반적으로 필요한 범위 내로 제한된다.

해설

① 대판 1997.5.23. 95다29086. 또한 배우자 사망 이후에 사망한 다른 일방을 단분 형태로 합장하여 분묘를 설치하는 것도 허용되지 않는다(대판 2001.8.21. 2001다28367). ② 제366조의 법정지상권 성립 여부인데, 토지에 저당권을 설정할 당시 토지와 건물의 소유주가 일치한바(저당권설정 당시 소유자의 동일성), 건물의 소유권보존등기가 이루어지지 않은 상태에서 담보권실행경매가 이루어져 소유자가 달라진 경우에도 건물의 소유권을 위하여 법정지상권이 성립하는 데는 지장이 없다. ③ 지상권자의 지료 지급 연체가 토지소유권의 양도 전후에 걸쳐 이루어진 경우 토지양수인에 대한 연체기간이 2년이 되지 않는다면 양수인은 지상권소멸을 청구할 수 없다(대판 2001.3.13. 99다17142). ④ 이러한 건물의 철거와 그 대지의 인도청구는 신의칙에 반한다(대판[전] 1985.4.9. 84다카1131 등). ⑤ 이미 지상권(약정 또는 법정지상권)이 존재하고 있는 이상 지상권자가 새로운 건물을 건립하더라도 대지소유자나 지상권설정자에게 어떠한 불이익을 주는 것은 아니므로 지상권이 소멸된다고 볼 이유가 없다. 주의할 할 것으로 이 설문은 제366조나 관습법상의 법정지상권의 성립 전에 건물이 멸실·철거된 후 이를 재건축한 경우와 전혀 다른 문제라는 점이다. <답 ③>

9. 법정지상권에 관한 설명 중 옳은 것은? (다툼이 있는 경우에는 판례에 의함)
<사시 2006년, 변호사모의 2010년 유사>

① 甲이 乙에게 甲소유의 토지와 그 지상에 신축된 미등기 건물을 매도하고 토지에 관해서만 소유권이전등기를 경료하여 주었고, 그 후 丙이 강제경매절차에서 위 토지의 소유권을 취득하였다. 이 경우 乙은 위 건물을 위한 관습법상의 법정지상권을 취득한다.

② 乙이 甲의 승낙을 얻어 甲소유의 토지 위에 건물을 신축하고 그 소유권보존등기를 마친 후, 丙에게 위 건물을 매도하고 그 소유권이전등기를 경료하여 주었다. 이 경우 丙은 위 건물을 위한 관습법상의 법정지상권을 취득한다.

③ 甲이 토지와 그 지상건물을 소유하고 있다가 乙에게 위 토지만을 증여하고 소유권이전등기를 경료하여 주면서, 甲이 위 건물을 철거하되 그 부지에 甲소유의 새 건물을 신축하기로 약정하였으나, 아직까지 기존건물이 존속하고 있다. 이 경우 甲은 기존건물을 위한 관습법상의 법정지상권을 취득한다.

④ 甲이 토지와 그 지상건물을 소유하다가 乙에게 건물을 신탁한 후, 丙에게 토지에 관한 저당권을 설정하여 주었고, 그 후 丙의 저당권 실행으로 인한 경매절차에서 丁이 토지의 소유권을 취득하였다. 이 경우 甲은 위 건물을 위한 법정지상권을 취득한다.

⑤ 甲이 乙에게 甲소유의 토지 및 그 지상건물을 매도하고 토지에 관한 소유권이전등기만을 경료하여 주었다. 이 경우 甲은 위 건물을 위한 관습법상의 법정지상권을 취득한다.

해설

① 틀림. 乙은 미등기인 건물을 처분할 수 있는 권리는 있을지언정 소유권은 가지고 있지 아니하므로 대지와 건물이 동일인의 소유에 속한 것이라고 볼 수 없어 법정지상권이 발생할 여지가 없다(대판 1989.2.14. 88다카2592). ② 틀림. 타인소유의 대지 위에 대지소유자의 승낙을 얻어 건물을 신축하더라도 관습법상 법정지상권은 성립하지 않는다(대판 1980.7.8. 79다2000 등). 처분 당시 건물과 대지의 소유자가 동일인이 아니기 때문이다. ③ 옳음. 구 건물을 철거하고 신축건물을 올리기로 한 합의가 있는 이상 관습법상의 법정지상권이 성립한다고 볼 수 있는데, 사안에서 구 건물철거가 이루어지지 않고 남아 있다면 이는 건물철거의 합의 없이 토지만을 매도하여 소유권이전등기를 경료해준 경우와 마찬가지로 관습법상의 법정지상권이 성립한다고 해석할 수 있다(대판 1999.12.10. 98다58467). ④ 틀림. 건물의 등기부상 소유명의를 타인에게 신탁한 경우에 신탁자는 제3자에게 그 건물이 자기의 소유임을 주장할 수 없다. 따라서 건물과 토지의 동일인의 소유라는 요건을 충족하지 못하기 때문에 甲은 법정지상권을 취득할 수 없다(대판 2004.2.13. 2003다29043). ⑤ 틀림. 토지소유자가 건물의 처분권까지 함께 취득한 경우에는 관습상의 법정지상권을 인정할 까닭이 없다 할 것이어서, 미등기건물을 그 대지와 함께 매도하였다면 비록 매수인에게 그 대지에 관하여만 소유권이전등기가 경료되고 건물에 관하여는

등기가 경료되지 아니하여 형식적으로 대지와 건물이 그 소유 명의자를 달리하게 되었다 하더라도 매도인에게 관습상의 법정지상권을 인정할 이유가 없다(대판[전] 2002.6.20. 2002다9660). <답 ③>

10. 법정지상권에 관한 설명 중 옳은 것은? (다툼이 있는 경우에는 판례에 의함)

<사시 2008년 변형: 배점 4>

① 강제경매로 인하여 관습상 법정지상권이 성립함에는 그 매각 당시를 기준으로 토지와 그 지상건물이 동일인에게 속하여야 한다.

② 관습상의 법정지상권이 붙은 건물을 매수하여 소유권을 취득한 제3자는, 법정지상권에 관한 등기를 마치지 아니하더라도 대지소유자에게 법정지상권의 취득을 주장할 수 있다.

③ 강제경매의 목적이 된 토지 또는 그 지상건물에 관하여 강제경매를 위한 압류나 그 압류에 선행한 가압류가 있기 이전에 저당권이 설정되어 있다가 그 후 강제경매로 인해 그 저당권이 소멸하는 경우, 그 저당권 설정 당시를 기준으로 토지와 그 지상건물이 동일인에게 속하였는지에 따라 관습상 법정지상권의 성립 여부를 판단하여야 한다.

④ 관습상의 법정지상권을 취득한 건물소유자는 이를 취득할 당시의 토지소유자에게는 등기 없이도 위 지상권을 주장할 수 있으나, 그로부터 토지소유권을 전득한 제3자에게는 등기가 있어야 이를 주장할 수 있다.

⑤ 건물이 없는 토지에 관하여 저당권이 설정된 후 저당권설정자가 그 위에 건물을 신축하였으나, 담보권의 실행을 위한 경매절차에서 경매로 인하여 토지와 지상건물의 소유자가 달라진 경우, 그 매각 당시 대지와 지상건물이 동일인의 소유에 속하였으므로 관습상의 법정지상권이 성립한다.

해설

① 틀림. 변경 전 판례의 태도이다. 변경된 판례에 의하면, 매수인이 소유권을 취득하는 매각대금의 완납시가 아니라 그 압류의 효력이 발생하는 때를 기준으로 하여 토지와 그 지상건물이 동일인에 속하였는지가 판단되어야 한다. 한편 강제경매개시결정 이전에 가압류가 있는 경우에는, 그 가압류가 강제경매개시결정으로 인하여 본압류로 이행되어 가압류집행이 본집행에 포섭됨으로써 당초부터 본집행이 있었던 것과 같은 효력이 있다. 따라서 경매의 목적이 된 부동산에 대하여 가압류가 있고 그것이 본압류로 이행되어 경매절차가 진행된 경우에는, 애초 가압류가 효력을 발생하는 때를 기준으로 토지와 그 지상건물이 동일인에 속하였는지를 판단하여야 한다(대판[전] 2012.10.18. 2010다52140). ② 틀림. 관습상 법정지상권이 붙은 건물의 소유자가 건물을 제3자에게 처분한 경우에는 법정지상권에 관한 등기를 경료하지 아니한 자로서는 건물의 소유권을 취득한 사실만 가지고는 법정지상권을 취득하였다고 할 수 없어 대지소유자에게 지상권을 주장할 수 없고 그 법정지상권은 여전히 당초의 법정지상권자에게 유보되어 있다고 보아야 한다(대판 1995. 4.11. 94다39925). ③ 옳음. 저당권 설정 이후의 특정 시점을 기준으로 토지와 그 지상건물이 동일인의 소유에 속하였는지에 따라 관습상 법정지상권의 성립 여부를 판단하게 되면, 저

당권자로서는 저당권 설정 당시를 기준으로 그 토지나 지상건물의 담보가치를 평가하였음에도 저당권 설정 이후에 토지나 그 지상건물의 소유자가 변경되었다는 외부의 우연한 사정으로 인하여 자신이 당초에 파악하고 있던 것보다 부당하게 높아지거나 떨어진 가치를 가진 담보를 취득하게 되는 예상하지 못한 이익을 얻거나 손해를 입게 되기 때문이다(대판 2013.4.11. 2009다62059). ④ 틀림. 그 토지소유권을 전득한 제3자에게도 등기 없이 지상권을 주장할 수 있다(대판 1988.9.27. 87다카279 등). ⑤ 틀림. 건물 없는 토지에 저당권이 설정된 후 저당권설정자가 그 위에 건물을 건축하였다가 담보권의 실행을 위한 경매절차에서 경매로 인하여 그 토지와 지상건물이 소유자를 달리하였을 경우에는, 민법 제366조의 법정지상권이 인정되지 아니할 뿐만 아니라 관습상의 법정지상권도 인정되지 아니한다(대결 1995.12.11. 95마1262). <답 ③>

11. 아래 각 사례를 읽고 법정지상권 취득 여부에 대한 결론을 순서대로 바르게 표시한 것은? (다툼이 있는 경우에는 판례에 의하고, 법정지상권을 취득하면 '○', 취득하지 못하면 '×'로 각 표시함) <사시 2009년 : 배점 3>

㉠ 甲은 乙로부터 乙 소유의 대지와 乙이 신축한 후 등기를 경료하지 아니한 건물을 함께 매수한 다음 대지에 관하여서만 소유권이전등기를 마치고 건물에 관하여는 등기를 마치지 아니한 채 사실상 처분권한을 가지고 있었다. 그 후 위 대지에 관하여 강제경매절차가 진행되어 丙이 위 대지를 매각받아 그 대금을 납부하였다. 이 경우, 甲은 위 건물을 위한 관습상의 법정지상권을 취득하는가?

㉡ 甲은 그 소유의 대지와 지상의 낡은 건물에 관하여 乙에게 공동근저당권을 설정해 주었는데 甲은 위 낡은 건물을 철거하고 새 건물을 신축하였다. 그 후 새 건물에 관하여 乙 명의의 근저당권이 추가로 설정되지 않은 상태에서 위 대지에 관하여 근저당권이 실행되어 丙이 대지를 매각받아 그 대금을 완납하였다. 이 경우, 甲은 새 건물을 위한 법정지상권을 취득하는가?

㉢ 대지와 그 지상건물을 소유하고 있는 甲이 乙에게 그 대지에 관하여 근저당권을 설정하여 주면서 甲의 채무불이행으로 위 근저당권이 실행되어 건물과 대지의 소유자가 달라지더라도 甲은 법정지상권을 행사하지 않기로 약정하였고, 그후 위 근저당권이 실행되어 丙이 대지를 매각받아 그 대금을 완납하였다. 이 경우, 甲은 丙에 대하여 법정지상권을 취득하는가?

㉣ 甲 소유이던 대지에 관하여 乙에게 소유권이전등기가 경료된 후 乙이 그 대지 위에 건물을 신축하여 소유권보존등기를 마쳤다. 그 후 丙이 乙로부터 위 대지와 건물을 함께 매수하여 이에 관하여 각 소유권이전등기를 마쳤는데, 나중에 위 대지에 관한 乙, 丙 명의의 각 소유권이전등기가 원인무효임이 밝혀져 각 말소되었다. 이 경우, 丙은 甲에 대하여 관습상의 법정지상권을 취득하는가?

① ㉠(×), ㉡(○), ㉢(○), ㉣(×) ② ㉠(×), ㉡(×), ㉢(○), ㉣(×)
③ ㉠(○), ㉡(×), ㉢(○), ㉣(×) ④ ㉠(×), ㉡(×), ㉢(○), ㉣(○)
⑤ ㉠(×), ㉡(×), ㉢(×), ㉣(×)

해설

㉠ 취득 못함. 위와 같은 경우에는 미등기 건물의 양수인 甲은 미등기 건물을 처분할 수 있는 권리는 있을지언정 소유권은 가지고 있지 아니하므로 대지와 건물이 동일인의 소유에 속한 것이라고 볼 수 없어 법정지상권이 발생할 수 없는 것이고(대판 1991.8.27. 91다16730 등 참고), 원소유자로부터 대지와 건물이 한 사람에게 매도되었으나 대지에 관하여만 그 소유권이전등기가 경료되고 건물의 소유 명의가 매도인 명의로 남아 있게 되어 형식적으로 대지와 건물이 그 소유 명의자를 달리하게 된 경우에 있어서는 그 대지의 점유·사용 문제는 매매계약 당사자 사이의 계약에 따라 해결할 수 있는 것이므로 양자 사이에 관습에 의한 법정지상권을 인정할 필요는 없다고 할 것이다(대판 1998.4.24. 98다4798 등 참고). ㉡ 취득 못함. 그 이유는 동일인의 소유에 속하는 토지 및 그 지상건물에 관하여 공동저당권이 설정된 경우에는, 공동저당권자는 토지 및 건물 각각의 교환가치 전부를 담보로 취득한 것으로서 저당권의 목적이 된 건물이 그대로 존속하는 이상은 건물을 위한 법정지상권이 성립해도 그로 인하여 토지의 교환가치에서 제외된 법정지상권의 가액상당 가치는 법정지상권이 성립하는 건물의 교환가치에서 되찾을 수 있어 궁극적으로 토지에 관하여 아무런 제한이 없는 나대지로서의 교환가치 전체를 실현시킬 수 있다고 기대하지만, 건물이 철거된 후 신축된 건물에 토지와 동순위의 공동저당권이 설정되지 아니하였는데도 그 신축건물을 위한 법정지상권이 성립한다고 해석하게 되면, 법정지상권의 가액 상당 가치를 되찾을 길이 막혀 위와 같이 당초 나대지로서의 토지의 교환가치 전체를 기대하여 담보를 취득한 공동저당권자에게 불측의 손해를 입게 하기 때문이다(대판[전] 2003.12.18. 98다43601 참고). ㉢ 취득. 민법 제366조는 가치권과 이용권의 조절을 위한 공익상의 이유로 지상권의 설정을 강제하는 것이므로 저당권설정 당사자간의 특약으로 저당목적물인 토지에 대하여 법정지상권을 배제하는 약정을 하더라도 그 특약은 효력이 없다(대판 1988.10.25. 87다카1564 참고). ㉣ 취득 못함. 관습상의 법정지상권의 성립요건인 해당 토지와 건물의 소유권의 동일인에의 귀속과 그 후의 각기 다른 사람에의 귀속은 법의 보호를 받을 수 있는 권리변동으로 인한 것이어야 하므로, 원래 동일인에게의 소유권 귀속이 원인무효로 이루어졌다가 그 뒤 그 원인무효임이 밝혀져 그 등기가 말소됨으로써 그 건물과 토지의 소유자가 달라지게 된 경우에는 관습상의 법정지상권을 허용할 수 없다(대판 1999.3.26. 98다64189 참고). <답 ②>

12. 지상권에 관한 설명 중 옳은 것을 모두 고른 것은? (다툼이 있는 경우에는 판례에 의함) <사시 2010년 변형: 배점 3>

> ㉠ 건물이 없는 토지에 관하여 저당권이 설정될 당시에 법정지상권의 성립을 인정한다는 저당권자의 동의를 얻어 토지소유자가 건물을 신축한 경우, 저당물의 경매로 인하여 토지와 그 건물이 다른 소유자에게 속하게 되면 그 건물을 위한 법정지상권이 성립한다.
> ㉡ 甲이 소유하는 X토지와 Y건물에 대해 甲의 채권자 乙 앞으로 공동근저당권이 설정된 후, 건물이 존재함에도 Y건물에 대한 등기

부가 폐쇄되어 이후 X토지만 경매된 경우, Y건물을 위한 법정지상권은 성립하지 않는다.

㉢ 甲이 소유하는 X토지 위에 甲과 乙이 공유하는 Y건물이 있었고 甲이 X토지에 대해 채권자 丙에게 저당권을 설정해 준 상태에서, 위 저당권에 의한 경매로 인하여 토지의 소유자가 달라진 경우, Y건물을 위한 법정지상권이 성립한다.

㉣ 미등기건물을 대지와 함께 양수한 사람이 그 대지에 관하여만 소유권이전등기를 넘겨받고 건물에 관하여는 등기를 이전받지 못하고 있다가 그 대지에 저당권을 설정하고 그 저당권의 실행으로 대지가 경매되어 소유권이 이전된 경우에는 법정지상권이 성립한다.

㉤ 건물 아닌 공작물의 소유를 목적으로 지상권을 설정하였던 지상권자와 지상권설정자가 지상권 존속기간 만료 시 그 지상권설정계약을 갱신하는 경우, 그 존속기간을 3년으로 정하여도 원칙적으로 유효하다.

① ㉢ ② ㉤ ③ ㉡, ㉤
④ ㉢, ㉤ ⑤ ㉠, ㉡, ㉢ ⑥ ㉠, ㉡, ㉣
⑦ ㉠, ㉢, ㉣ ⑧ ㉡, ㉢, ㉤

해설 ....

㉠ 민법 제366조의 법정지상권은 저당권설정 당시부터 저당권의 목적되는 토지 위에 건물이 존재할 경우에 한하여 인정되며, 토지에 관하여 저당권이 설정될 당시 그 지상에 토지소유자에 의한 건물의 건축이 개시되기 이전이었다면, 건물이 없는 토지에 관하여 저당권이 설정될 당시 근저당권자가 토지소유자에 의한 건물의 건축에 동의하였다고 하더라도 그러한 사정은 주관적 사항이고 공시할 수도 없는 것이어서 토지를 낙찰받는 제3자로서는 알 수 없는 것이므로 그와 같은 사정을 들어 법정지상권의 성립을 인정한다면 토지소유권을 취득하려는 제3자의 법적 안정성을 해하는 등 법률관계가 매우 불명확하게 되므로 법정지상권이 성립되지 않는다(대판 2003.9.5. 2003다26051). ㉡ 토지와 함께 공동근저당권이 설정된 건물이 그대로 존속함에도 불구하고 사실과 달리 등기부에 멸실의 기재가 이루어지고 이를 이유로 등기부가 폐쇄된 경우, 저당권자로서는 멸실 등으로 인하여 폐쇄된 등기기록을 부활하는 절차 등을 거쳐 건물에 대한 저당권을 행사하는 것이 불가능한 것이 아닌 이상 저당권자가 건물의 교환가치에 대하여 이를 담보로 취득할 수 없게 되는 불측의 손해가 발생한 것은 아니라고 보아야 하므로, 그 후 토지에 대하여만 경매절차가 진행된 결과 토지와 건물의 소유자가 달라지게 되었다면 그 건물을 위한 법정지상권은 성립한다 할 것이고, 단지 건물에 대한 등기부가 폐쇄되었다는 사정만으로 건물이 멸실된 경우와 동일하게 취급하여 법정지상권이 성립하지 아니한다고 할 수는 없다(대판 2013.3.14. 2012다108634). ㉢ 위 지문과 같은 사안에서 토지소유자는 자기뿐만 아니라 다른 건물공유자들을 위하여도 위 토지의 이용을 인정하고 있었다고 할 것인 점, 저당권자로서도 저당권 설정 당시 법정지상권의 부담을 예상할 수 있었으므로 불측의 손해를 입는 것이 아닌 점, 건물의 철거로 인한 사회경제적 손실을 방지할 공익상의 필요성도 인정되는 점 등에 비추어 위 건물공유자들은 민법 제366조에 의하여 토지 전부에 관하여 건물의 존속

을 위한 법정지상권을 취득한다고 보아야 한다(대판 2011.1.13. 2010다67159). ㉣ 그 저당권의 설정 당시에 이미 대지와 건물이 각각 다른 사람의 소유에 속하고 있었으므로 법정지상권이 성립될 여지가 없다(대판[전] 2002.6.20. 2002다9660). ㉤ 당사자가 계약을 갱신하는 경우에는 지상권의 존속기간은 갱신한 날로부터 제280조의 최단존속기간보다 단축하지 못한다(제284조 본문). <답 ①>

제 2 절 지 역 권

1. 지역권의 소멸시효와 취득시효에 관한 설명 중 옳은 것은?

① 요역지를 공유하고 있을 때, 공유자의 1인이 그 토지의 지역권의 소멸시효를 중단시키더라도, 다른 공유자에 대한 관계에서는 중단의 효력이 없다.
② 계속되지 않거나 표현되지 않는 지역권도 시효취득의 대상이 된다.
③ 점유로 인한 지역권취득시효의 중단은 요역지가 공유인 때에는 그 지역권을 행사하는 공유자 중의 1인에 대한 사유만으로써 그 효력이 발생한다.
④ 점유로 인한 지역권의 시효취득에는 등기를 요하지 않는다.
⑤ 지역권자가 6m의 통로를 개설할 수 있는 지역권을 가지고 있지만 4m의 통로만을 개설하고 있는 경우에는 불행사부분만이 시효로 소멸한다.

해설

① 요역지의 공유자의 1인을 위한 소멸시효의 중단·정지는 전공유자에 대하여 효력이 발생한다(제296조). ② 계속되지 않는 지역권은 시효취득의 대상이 되지 않는다(제294조). ③ 취득시효중단은 공유자 전원에 대하여 하여야 그 효력이 발생하고, 공유자의 1인에게 취득시효의 정지사유가 존재하여도 그 효력은 다른 공유자에게 미치지 아니한다(제295조). ④의 경우도 등기가 효력발생요건이다. ⑤ 지역권자가 지역권의 내용의 일부만을 행사하지 않는 때에는 소멸시효는 그 불행사의 부분에 관해서만 완성한다. <답 ⑤>

2. 다음은 지역권과 타 제도와의 관계에 대한 설명이다. 틀린 것은?

① 지역권은 타인의 토지의 이용을 내용으로 하는 점에서 지상권과 같지만, 지상권은 사람과 관계하는 권리이고, 또 토지이용의 목적이 한정되어 있는데 반해서 지역권은 토지와 관계하는 권리이고, 그 토지의 이용목적에는 아무런 제한이 없다.
② 상린관계는 법률의 규정으로 인지간의 토지사용을 규율하고 있는 데 반하여, 지역권은 격지간에도 발생한다.
③ 상린권은 독립한 물권이 아니므로 그 성립에 등기를 요하지 않음에 반하여, 지역권은 소유권과는 별개의 독립한 물권이므로 성립에 등기를 필요로 한다.
④ 임대차에 의하여 당해 토지의 점유 및 사용권이 전면적으로 임차인에게

이전되는 것과 마찬가지로 지역권의 설정으로 지역권자에게 승역지의 점유 및 사용권이 전면적으로 이전된다.

⑤ 지역권에 있어서는 그 대가지급이 필수요건은 아니나, 전세권에 있어서는 전세금의 지급이 필수요건이다.

해설

<답 ④>

〈임차권과 지역권의 구별〉

구 분	임 차 권	지 역 권
차이점	채권적 권리이므로 원칙적으로 제3자에게 대항할 수 없다(예외: 제622조)	물권으로서 제3자에 대하여 대항할 수 있다
	임대차에 의하여 당해 토지의 점유 및 사용권이 전면적으로 임차인에게 이전된다	승역지의 소유자도 직접점유하고 용익할 수 있다

3. A와 B는 토지의 공유자이다. 그런데 A와 B는 인접하고 있는 C의 토지에 대한 통행지역권을 가지고 있다. 다음 중 옳은 설명을 고르시오.

㈎ A로부터 토지지분을 양수받은 D는, 지역권에 대해서 별도로 양수받지 않으면 지역권은 취득할 수 없다.
㈏ A는 그 지분과 별도로 지역권만을 양도할 수 있다.
㈐ A만이 C의 토지를 실제 통행하고 B는 20년간 전혀 지역권을 행사하지 않은 경우, B의 지역권은 소멸시효가 완성되어 소멸한다.
㈑ A의 지분을 C가 취득한 경우에도, 그 지분에 대한 지역권이 혼동에 의해 소멸하는 것은 아니다.

① ㈎, ㈏ ② ㈐, ㈑ ③ ㈏
④ ㈐ ⑤ ㈑

해설

㈎ 부종성에 반하는 설명이다. 즉 지역권은 토지의 편익을 위하여 존재하는 종된 권리이므로, 요역지를 떠나서 독립하여 존재할 수 없다. 따라서 요역지의 소유권이 이전되면 지역권도 당연히 함께 이전된다(제292조 1항). 이는 공유관계에서도 마찬가지이다. ㈏ 부종성에 반한 설명이다. 요역지와 분리하여 지역권만을 양도하거나 다른 권리의 목적으로 하지 못한다(제292조 2항). ㈐ 지역권은 20년간 행사하지 않으면 소멸시효가 완성하지만(제162조 2항), 요역지가 공유인 때에는 소멸시효는 모든 공유자에 관해서 완성한 때에만 효력이 생긴다(제296조). 그러므로 B만이 지역권이 소멸된다는 것은 틀린다. ㈑ 토지공유자의 1인은 그의 지분에 관하여, 그 지분을 위한 지역권 또는 그 토지가 부담하는 지역권을 소멸하게 하지 못한다(제293조 1항). 그러므로 ㈑가 맞다. <답 ⑤>

4. 지역권에 관한 설명 중 옳은 것(○)과 옳지 않은 것(×)을 바르게 표시한 것은?

> ㉠ 지역권은 공유토지의 전부를 위하여 또는 전부 위에 존재하며, 그 중 어느 자의 지분만을 위하여 또는 그 지분 위에만 성립할 수 없다.
> ㉡ 요역지가 수인의 공유인 경우에 그 1인에 의한 지역권소멸시효의 중단 또는 정지는 다른 공유자를 위하여 효력이 있다.
> ㉢ 지역권은 요역지와 분리하여 양도하거나 다른 권리의 목적으로 하지 못한다.
> ㉣ 지역권이 유상의 약정으로 성립될 때에는 그 약정은 등기하여야 효력이 생긴다.

① ㉠(○), ㉡(○), ㉢(○), ㉣(○)　② ㉠(○), ㉡(○), ㉢(×), ㉣(○)
③ ㉠(○), ㉡(×), ㉢(○), ㉣(○)　④ ㉠(○), ㉡(○), ㉢(○), ㉣(×)
⑤ ㉠(×), ㉡(○), ㉢(○), ㉣(○)　⑥ ㉠(×), ㉡(○), ㉢(×), ㉣(×)
⑦ ㉠(×), ㉡(×), ㉢(○), ㉣(×)　⑧ ㉠(×), ㉡(×), ㉢(×), ㉣(×)

해설

㉠ 따라서 공유자 1인에 관하여 지역권의 소멸 또는 취득의 사유가 생긴 때에는, 그 효력이 공유자 전원에 미치게 하거나 그 효력을 아예 부인하거나 하는 방법밖에 없다. ㉡ 제296조. ㉢ 제292조 2항. ㉣ 정기적으로 대가를 지급할 약정이 있는 경우에도 부동산등기법에 아무런 규정이 없으므로 이를 등기할 수 없다. 따라서 대가지급의 약정은 등기를 통하여 제3자에게 대항할 길이 없다. 한편 전세권의 경우 전세금 또는 전전세금의 약정은 등기사항에 해당한다(부등법 제72조). <답 ④>

5. 다음 중 틀린 것을 모두 고르시오.

> ㉠ 요역지를 공유하고 있을 때, 공유자의 1인이 그 토지의 지역권의 소멸시효를 중단시키더라도, 다른 공유자에 대한 관계에서는 중단의 효력이 없다.
> ㉡ 점유로 인한 지역권취득시효의 중단은 요역지가 공유인 때에는 그 지역권을 행사하는 공유자 중의 1인에 대한 사유만으로써 그 효력이 발생한다.
> ㉢ 점유로 인한 지역권의 시효취득에는 등기를 요하지 않는다.
> ㉣ 지역권자가 6m의 통로를 개설할 수 있는 지역권을 가지고 있지만 4m의 통로만을 개설하고 있는 경우에는 불행사 부분만이 시효로 소멸한다.
> ㉤ 임차인도 지역권을 취득할 수 있으므로 시효취득의 주체가 될 수 있다.
> ㉥ 판례는 통행지역권에 관하여 요역지의 소유자가 승역지상에 통로

> 를 개설하여 승역지를 항시 사용하고 있다는 객관적인 상태가 민법 제245조에 규정된 기간 계속된 사실이 있어야 한다고 하면서 '계속 · 표현'의 개념을 좁게 해석하고 있다.

① ㉠, ㉡, ㉢ ② ㉠, ㉡, ㉣ ③ ㉠, ㉢, ㉤
④ ㉠, ㉣, ㉥ ⑤ ㉡, ㉢, ㉣ ⑥ ㉡, ㉣, ㉥
⑦ ㉢, ㉣, ㉤ ⑧ ㉣, ㉤, ㉥

해설

㉠ 요역지의 공유자의 1인을 위한 소멸시효의 중단 · 정지는 전공유자에 대하여 효력이 발생한다(제296조). ㉡ 취득시효중단은 공유자 전원에 대하여 하여야 그 효력이 발생하고, 공유자의 1인에게 취득시효의 정지사유가 존재하여도 그 효력은 다른 공유자에게 미치지 아니한다(제295조). ㉢의 경우도 등기가 효력발생요건이다. ㉣ 지역권자가 지역권의 내용의 일부만을 행사하지 않는 때에는 소멸시효는 그 불행사의 부분에 관해서만 완성한다. ㉤ 지역권은 요역지소유자와 승역지소유자와의 사이에서만 성립하는 것이 아니라 지상권이 설정된 후에 있어서의 요역지의 지상권자 · 전세권자 · 임차인도 지역권을 행사할 수 있으므로 이들도 시효취득의 주체가 될 수 있다. ㉥ 대판 1966.9.6. 66다2305. <답 ①>

6. A의 토지는 종전부터 자연발생적으로 또는 도로예정지로 편입되어 사실상 일반공중의 통행로로 사용되어 왔고 사실상 A가 그 토지에 대하여 독점적이고 배타적인 사용수익권을 포기한 것으로 볼 수 있는 사안에 대한 법적 판단 중 판례의 태도와는 다른 것은?

① 일반공중의 통행을 방해하지 않는 범위 내에서는 토지소유자로서 그 토지를 처분하거나 사용수익할 권능을 상실하지 않는다.
② 제3자가 그 토지를 불법점유하고 있더라도 특별히 손실이 없기 때문에 부당이득의 반환을 청구할 수 없다.
③ 토지를 불법점유하고 있는 제3자가 있다고 하더라도 그에 대하여 물권적 청구권을 행사하여 토지의 반환 내지 방해의 제거 · 예방을 청구할 수는 없다.
④ 일반공중은 자신의 소유토지를 위하여 이 사건 토지에 통행로를 개설한 것이 아니므로 통행지역권을 시효취득할 수는 없다.
⑤ 제3자의 점유취득시효가 부정되었다 할지라도 A가 일반의 통행을 금지하고 배타적이고 독점적인 사용수익권을 회복할 수 있는 것은 아니다.

해설

종전부터 자연발생적으로 또는 도로예정지로 편입되어 사실상 일반공중의 통행로로 사용되어 온 토지의 소유자가 그 독점적이고 배타적인 사용수익권을 포기한 것으로 볼 경우에도, 일반공중의 통행을 방해하지 않는 범위 내에서는 토지소유자로서 그 토지를 처분하거나 사용수익할 권능을 상실하지 않는다고 할 것이므로, 그 토지를 불법점유하고 있는 제3자에 대하여 물권적 청구권을 행사하여 토지의 반환 내지 방해의 제거 · 예방을 청구할 수 있다고 할 것이나, 특별한 사정이 없는 한 토지소유자는 그 이후에도 토지를 독점적·배타적으로 사용수익할 수는 없고, 따라서 제3자가 그 토지를 불법점유하였다 하더라도 이로 인하여 토지소유자에게 어떠한 손실이 생긴다고 할 수 없어 그 점유로 인한 부당이득의 반환을 청구할 수는 없다(대판 2001.4.13. 2001다8493). <답 ③>

제 3 절 전 세 권

1. 전세권에 관한 다음 설명 중 틀린 것은?(다툼이 있는 경우에는 판례에 의함)

① 법정갱신의 경우에는 전세권의 갱신에 관한 등기가 필요 없다.

② 법정갱신의 존속기간은 그 정함이 없는 것으로 본다.

③ 전전세권의 설정에는 원전세권자와 전전세권자의 전전세권 설정 합의와 그 등기, 원전세권설정자의 동의를 요한다.

④ 건물 일부만에 관하여 전세권이 설정되었다가 그 건물이 집합건물로 된 후 그 전세권이 구분건물의 전유 부분만에 관한 전세권으로 등기된 경우, 그 전유 부분의 소유자가 대지사용권을 취득함으로써 전유 부분과 대지권이 동일 소유자에게 귀속하게 되었다면 특별한 사정이 없는 한 위 전세권의 효력은 그 대지권에까지 미친다.

⑤ 전세권이 성립한 후 목적물의 소유권이 이전되는 경우 전세권자는 양수인에게 전세금반환청구를 하여야 한다.

해설

① 전세권의 법정갱신(제312조 4항)은 법률의 규정에 의한 부동산에 관한 물권의 변동이므로 전세권갱신에 관한 등기를 필요로 하지 아니하고 전세권자는 그 등기 없이도 전세권설정자나 그 목적물을 취득한 제3자에 대하여 그 권리를 주장할 수 있다(대판 1989.7.11. 88다카21029). ② 제312조 4항. ③ 전세권의 처분(양도와 담보제공 등)과 전전세 및 임대는 자유로우나, (원)전세권설정자는 설정행위로 이를 금지할 수 있다(제306조). ④ 집합건물이 되기 전의 상태에서 건물 일부만에 관하여 전세권이 설정되었다가 그 건물이 집합건물로 된 후 그 전세권이 구분건물의 전유 부분만에 관한 전세권으로 이기된 경우, 구분소유자가 가지는 전유 부분과 대지사용권의 분리처분이 가능하도록 규약으로 정하는 등의 특별한 사정이 없는 한, 그 전유 부분의 소유자가 대지사용권을 취득함으로써 전유 부분과 대지권이 동일 소유자에게 귀속하게 되었다면 위 전세권의 효력은 그 대지권에까지 미친다(대판 2002.6.14. 2001다68389). ⑤ 전세권이 성립한 후 목적물의 소유권이 이전되는 경우에 전세권자와 양수인 사이에 관하여 민법에 명시적인 규정은 없으나, 전세권은 전세권자와 목적물의 소유권을 취득한 신 소유자 사이에서 계속 동일한 내용으로 존속하게 된다고 보아야 할 것이고, 따라서 양수인은 전세금반환의무를 부담한다(대판 2000.6.9. 99다15122). <답 ③>

2. 전세권의 효력에 대한 설명 중 틀린 것은? <변호사 2012년 유사>

① 대지와 건물이 동일한 소유자에게 속한 경우에 건물에 전세권을 설정한

때에는, 그 대지소유권의 특별승계인은 전세권설정자에 대하여 지상권을 설정한 것으로 본다.

② 전세권설정자는 '현상의 유지'와 '통상의 관리에 속한 수선'에 대한 의무를 부담한다.

③ 전세권은 이웃 토지와의 이용을 조절하기 위하여 상린관계의 규정이 준용된다.

④ 전세권자는 점유를 침해당한 때에는 점유보호청구권을 행사할 수 있다.

⑤ 토지와 건물의 소유자가 건물에 전세권을 설정하였으나 그 토지가 경매절차에서 제3자에게 매각되어 건물소유자가 법정지상권을 취득한 후 건물이 다시 타인에게 양도되었다면, 건물의 양수인이 토지 소유자와의 관계에서 법정지상권을 취득할 지위를 포기하더라도 그 포기의 효력은 전세권자에게 미치지 않는다.

해설

① 제305조 1항 본문. ② 전세권설정자는 소극적인 인용의무만 부담할 뿐이고, 목적부동산을 사용·수익에 적합한 상태에 둘 적극적인 의무는 부담하지 않는다. 이에 반하여 전세권자는 '현상의 유지'와 '통상의 관리에 속한 수선'에 대한 의무를 부담한다(제309조). ③ 전세권은 부동산을 이용하는 권리이므로 이웃 토지와의 이용을 조절하기 위하여 상린관계의 규정이 준용된다(제319조, 제216조-제244조). ④ 전세권은 토지를 점유할 권리를 포함한다. 따라서 점유를 침해당한 때에는 전세권자는 점유보호청구권(제204조-제206조)을 행사할 수 있고, 또 전세권의 침해를 받은 때에는 반환청구권·방해제거청구권 및 방해예방청구권을 행사할 수 있다. ⑤ 그 건물의 양수인은 특별한 사정이 없는 한 법정지상권을 취득할 지위를 가지게 되고, 다른 한편으로는 전세권 관계도 이전받게 되는바, 민법 제304조 등에 비추어 건물양수인이 토지소유자와의 관계에서 전세권자의 동의 없이 법정지상권을 취득할 지위를 소멸시켰다고 하더라도 그 건물양수인은 물론 토지소유자도 그 사유를 들어 전세권자에게 대항할 수 없다(대판 2007.8.24. 2006다14684). <답 ②>

3. 전세권에 관한 설명 중 옳은 것(○)과 옳지 않은 것(×)을 바르게 표시한 것은?

㉠ 전세기간 만료 이후 전세권양도계약 및 전세권이전의 부기등기가 이루어진 것만으로는 전세금반환채권의 양도에 관하여 확정일자 있는 통지나 승낙이 있었다고 볼 수 없으므로, 이로써 제3자인 전세금반환채권의 압류·전부 채권자에게 대항할 수 없다.

㉡ 전세금은 등기사항으로서 등기된 금액에 한하여 제3자에게 대항할 수 있고, 이는 전세권 존속기간 중에 전세금을 증액한 경우도 같다.

㉢ 전세권자는 지출한 유익비에 관하여 그 가액의 증가가 현존한 경우에 한하여 전세권자의 선택에 좇아 그 지출액이나 증가액의 상환을 청구할 수 있다.

㉣ 전세금의 지급은 전세권 성립의 요소이지만, 반드시 전세금의 지

급이 현실적으로 수수되어야만 하는 것은 아니고, 기존의 채권으로도 전세금의 지급에 갈음할 수 있다.

① ㉠(○), ㉡(○), ㉢(○), ㉣(○) ② ㉠(○), ㉡(○), ㉢(×), ㉣(○)
③ ㉠(○), ㉡(×), ㉢(○), ㉣(○) ④ ㉠(○), ㉡(○), ㉢(○), ㉣(×)
⑤ ㉠(×), ㉡(○), ㉢(○), ㉣(○) ⑥ ㉠(×), ㉡(○), ㉢(×), ㉣(×)
⑦ ㉠(×), ㉡(×), ㉢(○), ㉣(×) ⑧ ㉠(×), ㉡(×), ㉢(×), ㉣(×)

해설

㉠ 대판 2005.3.25. 2003다35659. ㉡ 부동산등기법 제72조 1항. ㉢ … 소유자(전세권설정자)의 선택에 좇아…(제310조 2항). 즉, 선택권이 채무자에게 있다. ㉣ 대판 1995.2.10. 94다18508. <답 ②>

4. 다음은 전세권을 설명한 것이다. 틀린 것만으로 나열된 것은?

㉠ 전세권자의 목적물의 인도는 전세권의 성립요소가 아니다.
㉡ 건물의 일부에 설정한 전세권자도 목적물 전부로부터의 우선변제권을 갖는다는 것이 판례이다.
㉢ 전세권자는 목적물의 통상 관리에 속한 수선의무를 부담한다.
㉣ 목적물상 과실을 수취하지 못한 전세권자는 필요비의 상환을 청구할 수 있다.
㉤ 전세권소멸통고권의 법률적 성질은 형성권이라 봄이 통설이다.
㉥ 전세권자의 처분권은 특약으로 제한할 수 있다.

① ㉠, ㉡, ㉢ ② ㉣ ③ ㉠, ㉡, ㉣
④ ㉣, ㉥ ⑤ ㉡, ㉥

해설

㉠ 전세권자는 전세금을 지급하면 족하다(제303조 1항). ㉡ 건물의 일부에 대하여 전세권이 설정되어 있는 경우 그 전세권자는 제303조 1항, 제318조의 규정에 의하여 그 건물 전부에 대하여 후순위권리자 기타 채권자보다 전세금의 우선 변제를 받을 권리가 있다(대결 1992.3.10. 91마256,257). ㉢ 제309조. ㉣ 전세권설정자는 소극적인 인용의무만 부담할 뿐이므로, 전세권자가 목적부동산의 통상적 유지 및 관리를 위하여 필요비를 지출한 경우에도 그 비용상환을 청구하지는 못한다(제309조 참조). 다만, 가치의 증가가 현존하는 경우에는 전세권설정자의 선택에 좇아 그 지출액이나 증가액의 상환을 청구할 수 있다(제310조 1항). ㉤ 따라서 등기할 필요가 없다(김상용, 162면; 이영준, 98면; 이은영, 164면). ㉥ 제306조 단서. <답 ②>

5. 다음은 전세권의 소멸에 관한 설명이다. 틀린 것은? (다툼이 있는 경우에는 다수설에 의함)

① 전세권자는 전세권설정계약 또는 그 목적물의 성질에 의하여 정해진 용

법으로 목적물을 사용·수익하지 않는 경우에는 전세권설정자는 전세권의 소멸을 청구할 수 있다.

② 전세권자에게 책임 있는 사유로 목적부동산이 전부멸실된 경우에는 전세권자는 손해를 배상할 책임이 있다.

③ 목적부동산이 불가항력에 의해 일부멸실된 경우, 잔존부분으로 전세권의 목적을 달성할 수 없으면 전세권자는 설정자에 대하여 전세권 전부의 소멸을 통고하고 전세금의 반환을 청구할 수 있는데, 이 경우 전세권자의 '소멸통고'는 민법 제311조의 '소멸청구'와 같은 것이다.

④ 목적부동산이 전세권자의 귀책사유에 의해 일부멸실된 경우, 전세금의 감액을 인정할 수 있다.

⑤ 전세권의 포기가 있더라도 전세금의 반환은 청구할 수 있다.

해설

① 제311조 1항. ② 목적부동산이 전부멸실된 경우에는 귀책사유를 불문하고 전세권이 소멸됨은 당연하다. 다만 전세권자에게 책임 있는 사유로 멸실된 경우, 전세권자는 손해를 배상할 책임이 있다(제314조 1항, 제315조). ③ 제314조 2항. 통설은 제314조 2항의 전세권자의 '소멸통고'를 민법 제311조의 '소멸청구'와 같은 것으로 해석하고 있다. 이러한 해석은 귀책사유도 없이 목적물의 일부가 멸실하여 전세권의 목적을 달성할 수 없게 되었는데도 민법 제313조의 소멸통고의 경우와 마찬가지로 6개월을 기다려야 한다면 이는 명백히 부당한 것이라는 데 근거하고 있다. ④ 전세권자의 책임 있는 사유로 일부멸실된 경우에는 전세금의 감액을 인정할 필요가 없다. 왜냐하면 전세권자는 그 일부멸실에 대하여 책임이 있으며, 따라서 전세금은 그 손해배상에 충당할 것이기 때문이다. ⑤ 전세권의 포기는 전세금반환청구권의 포기를 포함한다는 소수설(김증한, 강의, 320면)이 있으나, 전세권의 포기는 전세금반환청구권까지도 포함한 것이라고 인정할 만한 특별한 사정이 없는 한, 전세권의 포기가 있더라도 전세금의 반환은 청구할 수 있다고 해석하는 것이 타당하다는 것이 다수설이다(곽윤직, 365면; 김상용, 559면; 이영준, 700면). 전세권설정자의 전세금반환채무는 예컨대 전세권설정이 이루어지지 않는 한 전세기간이 만료되는 때에 지체에 빠진다고 해석해야 할 것이다. <답 ④>

6. 전세권소멸의 효과에 관한 다음 설명 중 틀린 것은? (다툼이 있는 경우에는 판례에 의함)

① 전세금의 우선변제권과 관련하여 전세권이 저당권과 경합하는 경우, 배당순위자의 설정등기의 순위에 의하여 정하여진다.

② 전세권의 목적물의 경매에 있어, 전세권의 목적물이 한 개의 부동산의 일부인 경우에 전세권자는 그 목적부분에 관해서만 경매청구를 할 수 있다.

③ 전세권자가 전세목적물에 대한 경매를 신청하여 우선변제권을 신청하지 않고, 먼저 전세권설정자의 일반재산에 대하여 일반채권자로 배당에 참여할 수 있다.

④ 전세권이 소멸한 때에는 전세권자는 그 목적물을 원상에 회복하여야 하

고, 그 목적물에 부속시킨 물건을 수거할 수 있다.

⑤ 전세권자는 목적물의 현상을 유지하기 위하여 지출한 필요비의 상환을 청구할 수 없으나, 그 목적물을 개량하기 위하여 지출한 유익비에 관하여는 그 가액의 증가가 현존한 경우에 한하여 소유자의 선택에 좇아 그 지출액이나 증가액의 상환을 청구할 수 있다.

해설

① 민집법 제91조 3항. ② 이에 학설은 i) 부동산 전부에 대해서 경매청구가 가능하다는 견해(김상용(2003), 562면; 이영준(2004), 696면; 이은영(2002), 644면 등)와 ii) 원칙적으로 전세권이 설정된 부분에 대해서만 경매신청을 해야 하나(전세권자는 그의 전세권의 목적으로 되어 있는 부동산의 일부에 대한 분할등기를 한 후에 경매신청을 해야 한다), 전세권이 설정된 부분의 대가만으로는 만족을 얻을 수 없을 때에 한하여 전부에 대한 경매를 신청할 수 있다(곽윤직(2002), 269면 이하 등)는 견해로 나뉜다. 이에 판례는 전세권의 목적물이 아닌 나머지 부분에 대하여는 경매신청권이 없는 것으로 보며(대결 1992.3.10. 91마256,257: 즉, 그 목적부분에 관해서만 경매신청을 할 수 있다), 분할이 불가능하여 그 부분만의 경매신청이 불가능하다 하더라도 전체에 대한 경매신청을 할 수 없다고 한다(대결 2001.7.2. 2001마212). ③ 전세권자가 전세물에 대한 경매를 신청하여 우선변제권을 신청하지 않고, 먼저 전세권설정자의 일반재산에 대하여 일반채권자로 배당에 참여할 수 있는가에 대하여, 통설은 허용되지 않는다고 한다. 이는 일반채권자도 보호하여야 하므로 제340조를 준용하여야 하기 때문이다. ④ 제316조 1항. ⑤ 전세권자는 목적물의 현상유지와 수선의 의무가 있으므로(제309조) 필요비의 상환을 청구할 수 없지만, 유익비에 관해서는 그 가치의 증가가 현존하는 경우에 한하여 전세권설정자의 선택에 좇아서 그 지출액이나 증가액의 상환을 청구할 수 있다(제310조 1항). <답 ③>

7. 전세권에 관한 다음 설명 중 옳지 않은 것은?

① 목적물의 일부가 불가항력으로 소멸하여 잔존부분만으로 목적을 달성할 수 없는 경우에도 전세권이 당연히 소멸하지는 아니한다.

② 전세권이 소멸한 경우 전세권자가 전세권설정등기의 말소등기에 필요한 서류를 교부하거나 그 이행의 제공을 하지 아니하였다고 하더라도 전세목적물을 인도한 이상, 전세권설정자가 전세금의 반환을 거부한다면 전세권자는 이자 상당액의 부당이득반환을 청구할 수 있다.

③ 저당권이 설정되어 있던 전세권이 기간만료로 종료된 경우, 전세금반환채권에 대한 제3자의 압류 등이 없는 한 전세권설정자는 전세권자에 대하여만 전세금반환의무를 부담한다.

④ 전세권계약이 합의해지된 후, 당사자 간의 약정에 의하여 전세권의 처분이 따르지 않는 전세금반환채권만의 분리양도가 이루어진 경우, 그 전세권에 관하여 경료된 가압류부기등기는 무효이다.

⑤ 전세권이 기간만료로 종료된 경우, 전세권을 목적으로 한 저당권도 함께 소멸한다.

✍ 해설

① 불가항력으로 목적물이 일부멸실되었다고 하더라도 전세권이 당연히 소멸하는 것은 아니다. 다만 잔존부분으로 전세권의 목적을 달성할 수 없으면 전세권자는 설정자에 대하여 전세권 전부의 소멸통고를 하고 전세금의 반환을 청구할 수 있다(제314조 2항). ② 전세권이 소멸한 경우 전세권자로부터 그 목적물의 인도가 있다고 하더라도 전세권설정등기의 말소등기에 필요한 서류를 교부하거나 그 이행의 제공을 하지 아니하는 이상, 전세권설정자는 전세금의 반환을 거부할 수 있고, 이 경우 다른 특별한 사정이 없는 한 그가 전세금에 대한 이자 상당액의 이득을 법률상 원인 없이 얻는다고 볼 수 없다(대판 2002.2.5. 2001다62091 등). ③⑤ 전세권에 저당권이 설정된 경우 그 저당권의 목적물은 전세권 자체이지 전세금반환채권은 아니다. 따라서 전세권의 존속기간이 만료되면 전세권은 소멸하므로 더 이상 전세권 자체에 대하여 저당권을 실행할 수 없게 된다(저당권의 소멸). 이러한 경우에는 저당권의 목적물인 전세권에 갈음하여 존속하는 것으로 볼 수 있는 전세금반환채권에 대하여 압류 및 추심명령 또는 전부명령을 받거나 제3자가 전세금반환채권에 대하여 실시한 강제집행절차에서 배당요구를 하는 등의 방법으로 자신의 권리를 행사, 전세금의 지급을 구할 수 있다(대판 1999.9.17. 98다31301). ④ 대판 1999.2.5. 97다33997. 이 경우 양수인은 무담보 전세금반환채권을 갖는다. <답 ②>

8. 전세권과 관련된 설명 중 옳지 않은 것은?(다툼이 있는 경우에는 판례에 의함) <사시 2002년>

① 전세권을 전세금반환채권과 분리하여 양도하는 것은 허용되지 아니하나 전세권이 존속기간의 만료로 소멸한 경우 등과 같은 경우에 무담보인 전세금반환채권만의 양도는 허용된다.

② 전세금이 현실적으로 지급되지 아니하고 기존의 채권으로 갈음된 경우는, 설사 전세권설정등기가 되어 있고 전세권자로 등기된 자가 사용·수익하고 있더라도 전세권은 성립되지 아니한다.

③ 전세권자인 채권자가 전세목적물에 대한 경매를 청구하려면 우선 전세권설정자에 대하여 전세목적물의 인도의무 및 전세권설정등기말소 의무의 이행제공을 완료하여 전세권설정자를 이행지체에 빠뜨려야 한다.

④ 1개의 건물의 일부분에 전세권이 설정되어 있는 경우에 그 전세권자는 그 건물 전부에 대하여 후순위 권리자 기타 채권자보다 전세금의 우선변제를 받을 권리가 있으나, 전세권설정자가 전세금의 반환을 지체하더라도 전세권의 목적물이 아닌 나머지 건물 부분에 대하여는 우선변제권은 별론으로 하고 경매신청권은 없다.

⑤ 전세권만이 설정되어 있는 부동산에 관하여 저당권이 설정된 경우, 저당권자가 경매신청을 하여 제3자에게 경락되었더라도 전세권자의 용익권을 확보하기 위하여 전세권은 소멸하지 않는 것이 원칙이다.

✍ 해설

① 대판 1999.2.5. 97다33997 참고. ② 전세금의 지급은 전세권 성립의 요소가 되는 것

이지만 그렇다고 하여 전세금의 지급이 반드시 현실적으로 수수되어야만 하는 것은 아니고 기존의 채권으로 전세금의 지급에 갈음할 수도 있다(담보적 성격). 이와 같은 채권담보의 목적으로 전세권을 설정하였고, 그 설정과 동시에 목적물을 인도하지 아니한 경우라 하더라도, 장차 전세권자가 목적물을 사용·수익하는 것을 완전히 배제하는 것이 아니라면, 그 전세권의 효력을 부인할 수는 없다(대판 1995.2.10. 94다18508). ③ 동시이행의 항변을 차단하기 위해서는 설정자가 반환을 지체함과 동시에 전세권자는 의무이행을 완료하고 있어야 한다. 즉 전세권자는 전세목적물의 인도의무 및 전세권설정등기말소 의무의 이행제공을 완료하여 전세권설정자를 이행지체에 빠뜨려야 경매를 청구할 수 있다(대결 1977.4.13. 77마90). ④ 대결 1992.3.10. 91마256,257 참고. ⑤ 대항력이 있는 전세권은 저당권실행에 의하여 경락이 되더라도 소멸하지 않는다(전면 개정 전 민소법 제728조, 제608조; 현행 민사집행법 제91조 1항·3항). <답 ②>

9. 전세권에 관한 설명 중 옳은 것을 모두 고른 것은? (다툼이 있는 경우에는 판례에 의함) <사시 2010년 변형: 배점 3, 변호사모의 2011년 유사>

> ㉠ 전세권 설정행위에서 금지하지 않으면 전세권자는 전세권 자체를 처분하여 전세금으로 지출한 자본을 회수할 수 있도록 되어 있으므로, 전세권이 존속하는 동안은 전세권을 존속시키기로 하면서 전세금반환채권만을 전세권과 분리하여 확정적으로 양도하는 것은 허용되지 않는다.
> ㉡ 전세권자가 그 존속기간 중 전세권을 제3자에게 양도할 경우, 전세권의 양도로 인하여 피담보채권인 전세금반환청구권도 함께 양도되므로 양수인은 전세권설정자의 동의를 받거나 그에게 양도통지를 하여야 전세권설정자에게 대항할 수 있다.
> ㉢ 토지의 전세권자가 경계 근방에서 건물을 축조하기 위하여 이웃 토지의 사용을 청구하려면 전세권설정자를 대위하여야 한다.
> ㉣ 저당권이 설정된 전세권의 존속기간이 만료된 경우에 저당권자는 전세권자의 전세금반환채권에 대하여 압류 및 추심명령 또는 전부명령을 받아 전세권설정자에 대해 전세금의 지급을 청구할 수 있다.
> ㉤ 건물의 일부에 전세권이 설정된 경우, 전세권의 목적이 된 부분이 구조상 또는 이용상 독립성이 없어서 독립한 소유권의 객체로 분할할 수 없기 때문에 전세권의 목적이 된 부분만의 경매신청이 불가능하다면, 전세권자는 건물 전부에 대한 경매를 신청할 수 있다.

① ㉣ ② ㉠, ㉢ ③ ㉠, ㉣
④ ㉡, ㉤ ⑤ ㉢, ㉤ ⑥ ㉠, ㉡, ㉢
⑦ ㉠, ㉢, ㉣ ⑧ ㉠, ㉣, ㉤

해설 ....

㉠ 대판 2002.8.23. 2001다69122. ㉡ 전세권을 양도할 때 전세권설정자의 동의를 얻을

필요가 없다(통설). 하지만 존속기간의 경과로서 본래의 용익물권적 권능이 소멸하고 담보물권적 권능만 남은 전세권에 대해서도 그 피담보채권인 전세금반환채권과 함께 제3자에게 이를 양도할 수 있다 할 것이지만 이 경우에는 민법 제450조 제2항 소정의 확정일자 있는 증서에 의한 채권양도절차를 거치지 않는 한 전세금반환채권의 압류 · 전부 채권자 등 제3자에게 전세보증금반환채권의 양도사실로써 대항할 수 없다(대판 2005.3.25. 2003다35659). ㉢ 전세권자에게도 상린관계에 관한 규정이 적용된다(제319조). ㉣ 대판 1999.9.17. 98다31301 참고. ㉤ 전세권의 목적물이 아닌 나머지 건물부분에 대하여는 우선변제권은 별론으로 하고 경매신청권은 없으므로, 위와 같은 경우 전세권자는 전세권의 목적이 된 부분을 초과하여 건물 전부의 경매를 청구할 수 없다고 할 것인데, 그 전세권의 목적이 된 부분이 구조상 또는 이용상 독립성이 없어 독립한 소유권의 객체로 분할할 수 없고 따라서 그 부분만의 경매신청이 불가능하다고 하여 달리 볼 것은 아니다(대결 2001.7.2. 2001마212). <답 ③>

10. 甲은 자신 소유의 X건물에 대하여 2009.10.10. 乙과 임대차보증금 1억 원, 차임 월 500만 원, 임대차기간 2011.10.9.까지로 정하여 임대차계약을 체결하고, 2009.10.10. 乙로부터 위 임대차보증금을 지급받은 다음 乙에게 X건물을 인도하였다. 乙은 위 임대차보증금반환채권을 담보하기 위하여 전세권을 설정하여 줄 것을 요구하였고, 甲도 동의하여 별도로 전세금을 받지 않은 채 2009. 11.2. X건물에 관하여 전세권자 乙, 전세금 1억 원, 기간 2009.11.2.부터 2011.10.9.까지로 된 전세권설정등기를 마쳐 주었다. 그 후 乙은 丙에 대한 1억 원의 차용원리금채무를 담보하기 위하여 2009.11.9. 위와 같은 사정을 알지 못하는 丙에게 위 전세권에 대하여 저당권을 설정하여 주었다. 이 사례에 관한 설명 중 옳은 것(○)과 옳지 않은 것(×)을 바르게 표시한 것은? (다툼이 있으면 판례에 의함) <사시 2012년: 배점 4점, 변호사 2012년 유사>

〈설명〉

ㄱ. X건물의 대지를 甲과 丁이 1/2지분씩 공동소유한 경우에 甲이 丁의 동의를 받아 X건물을 신축한 후 그 대지에 관한 자신의 지분을 제3자에게 양도하였다면 乙은 甲이 취득한 관습상의 법정지상권을 주장하여 X건물을 적법하게 사용할 수 있다.

ㄴ. 甲과 乙이 실제로는 전세권설정계약 없이 임대차보증금반환채권을 담보할 목적으로 전세권설정등기를 경료함으로써 위 전세권설정계약이 통정허위표시에 해당한다 하더라도, 丙에 대해서는 전세권설정계약의 무효를 주장할 수 없다.

ㄷ. 甲이 전세권의 존속기간이 만료된 다음 乙에게 전세금 1억 원을 지급하였다면, 그때까지 전세금반환채권에 대한 압류가 이루어지지 않은 이상 甲은 丙에게 위 변제로써 대항할 수 있다.

ㄹ. 丙이 전세권 존속기간 만료 후 전세금반환채권에 관하여 물상대위에 의한 채권압류 및 추심명령을 받아 그 명령이 甲에게 송달되면, 甲은 이미 발생한 乙에 대한 연체차임채권으로 丙이 압류 · 추심한

전세금반환채권과 상계할 수 없다.
ㅁ. 전세권의 존속기간인 2011.10.9.이 도과되어도 丙의 전세권부저당권이 말소되지 않은 한 乙의 전세권은 소멸하지 아니한다.

① ㄱ(○), ㄴ(○), ㄷ(×), ㄹ(○), ㅁ(×)
② ㄱ(○), ㄴ(×), ㄷ(○), ㄹ(×), ㅁ(○)
③ ㄱ(○), ㄴ(○), ㄷ(×), ㄹ(○), ㅁ(○)
④ ㄱ(○), ㄴ(○), ㄷ(○), ㄹ(×), ㅁ(×)
⑤ ㄱ(×), ㄴ(×), ㄷ(○), ㄹ(×), ㅁ(×)
⑥ ㄱ(×), ㄴ(○), ㄷ(○), ㄹ(○), ㅁ(○)
⑦ ㄱ(×), ㄴ(×), ㄷ(×), ㄹ(×), ㅁ(○)
⑧ ㄱ(×), ㄴ(○), ㄷ(○), ㄹ(○), ㅁ(×)

해설

ㄱ. 틀림. 토지공유자의 한 사람이 다른 공유자의 지분 과반수의 동의를 얻어 건물을 건축한 후 토지와 건물의 소유자가 달라진 경우 토지에 관하여 관습법상의 법정지상권이 성립되는 것으로 보게 되면 이는 토지공유자의 1인으로 하여금 자신의 지분을 제외한 다른 공유자의 지분에 대하여서까지 지상권설정의 처분행위를 허용하는 셈이 되어 부당하다(대판 1993.4.13. 92다55756). ㄴ. 옳음. 위 전세권설정계약에 의하여 형성된 법률관계를 토대로 별개의 법률원인에 의하여 새로운 법률상 이해관계를 갖게 된 근저당권자에 대해서는 그와 같은 사정을 알고 있었던 경우에만 그 무효를 주장할 수 있다(대판 1998.9.4. 98다20981). ㄷ. 옳음. 전세권을 목적으로 저당권이 설정된 경우에도 전세권이 기간만료로 소멸되면 전세권설정자는 전세금반환채권에 대한 제3자의 압류 등이 없는 한 전세권자에 대하여만 전세금반환의무를 부담한다고 보아야 한다(대판 1999.9.17. 98다31301). ㄹ. 옳음. 전세금은 그 성격에 비추어 민법 제315조에 정한 전세권설정자의 전세권자에 대한 손해배상채권 외 다른 채권까지 담보한다고 볼 수 없으므로 전세권설정자가 전세권자에 대하여 위 손해배상채권 외 다른 채권을 가지고 있더라도 다른 특별한 사정이 없는 한 이를 가지고 전세금반환채권에 대하여 물상대위권을 행사한 전세권저당권자에게 상계 등으로 대항할 수 없다(대판 2008.3.13. 2006다29372,29389). ㅁ. 틀림. 전세권에 대하여 저당권이 설정된 경우 그 저당권의 목적물은 물권인 전세권 자체이지 전세금반환채권은 그 목적물이 아니다. 따라서 전세권의 존속기간이 만료되면 전세권은 소멸하므로 더 이상 전세권 자체에 대하여 저당권을 실행할 수 없게 된다(대판 1999.9.17. 98다31301). <답 ⑧>

제 5 장 담보물권

제 1 절 총 설

1. 용익물권과 담보물권의 차이에 관한 다음 설명 중 타당하지 않은 내용은 모두 몇 개인가?

> ㉠ 용익물권은 약정제한물권이지만, 담보물권은 법정제한물권이다.
> ㉡ 용익물권의 객체는 부동산에 한하지만, 담보물권의 객체는 부동산에 한하지 아니한다.
> ㉢ 용익물권은 목적물의 멸실(전부멸실)로 당연히 그 효력을 상실하지만, 담보물권에는 그 목적물의 멸실(전부멸실)에도 불구하고 그 효력을 상실하지 아니하는 경우가 있다.
> ㉣ 용익물권 중 지역권과 지상권은 시효에 의하여 소멸한다고 하는 견해에 이견이 없으나, 담보물권은 점유를 상실하지 않는 한 그리고 피담보채권이 존재하는 한 시효에 의하여 소멸하지 않는다.
> ㉤ 모든 용익물권은 취득시효에 의하여 취득할 수 있으나, 담보물권은 취득시효에 의하여 취득할 수 없다.

① 1개 ② 2개 ③ 3개
④ 4개 ⑤ 전부

해설

㉠ 용익물권 중 법정지상권제도가 있고, 담보물권이라고 하더라도 질권이나 지상권은 원칙적으로 약정담보물권이다(법정질권은 예외). ㉡ 옳음. ㉢ 모든 물권은 목적물의 멸실로 소멸한다. 다만 일부멸실의 경우에는 예외가 있다. ㉣ 타당. 소유권 이외의 물권은 20년의 시효로 소멸하는데 그 대상은 주로 용익물권의 경우이다(전세권은 그 존속기간이 10년을 넘지 못하는 점에서, 20년의 소멸시효에 걸리는 일이 없다는 점을 들어 시효로 소멸하지 않는다는 견해가 있다). 점유권이나 유치권 또는 담보물권은 그 성질상, 다시 말해 점유를 상실하지 않는 한 그리고 피담보채권이 존재하는 한 시효로 소멸하는 일은 없다. ㉤ 민법 제248조(소유권 이외의 재산권의 취득시효)의 규정에도 불구하고 소유권 이외 재산권 중 물권이 취득시효되는 것은 지상권이나 분묘기지권의 경우이다. 따라서 ㉠㉢㉤은 틀린 설명이다. <답 ③>

2. 다음 설명 중 옳지 않은 것을 모두 고른 것은?

> ㉠ 그 성립원인의 점에서 유치권은 질권이나 저당권과 성질이 다르나

채권추심을 위한 목적물의 경매권이 있는 점에서는 같다.
㉡ 유치권의 목적이 될 수 있는 것은 물건이며 부동산유치권의 경우에는 등기를 필요로 한다.
㉢ 담보물권이나 인적보증제도 외에도 동시이행의 항변권, 상계 등도 채권의 담보적 기능을 하는 것으로 볼 수 있다.
㉣ 질권과 저당권의 경우에는 부종성이 다소 완화되나, 유치권은 부종성이 엄격하게 적용된다.
㉤ 유치권은 피담보권과 목적물 사이의 견련관계가 없는 경우에는 성립할 수 없고, 이 요건은 상사유치권의 경우에도 적용된다.
㉥ 유치권도 질권과 마찬가지로 우선변제권이 있기 때문에 이를 보존하기 위한 물상대위성을 갖는다.

① ㉠, ㉡, ㉢ ② ㉠, ㉢, ㉣ ③ ㉠, ㉣, ㉥
④ ㉡, ㉢, ㉣ ⑤ ㉡, ㉣, ㉤ ⑥ ㉡, ㉤, ㉥
⑦ ㉢, ㉣, ㉤ ⑧ ㉣, ㉤, ㉥

해설

㉠ 유치권은 법정담보물권이라는 점에서 질권 및 저당권과 다르지만, 경매권이 인정된다는 점에서 공통점을 갖는다. ㉡ 유치권의 목적이 될 수 있는 것은 물건, 즉 동산·부동산과 유가증권이다. 부동산유치권의 경우에는 등기를 필요로 하지 않고(부동산에 대한 유치권을 양도하는 경우에도 피담보채권의 양도와 점유의 이전이 갖추어지면 그것으로 충분하다. 제187조 단서는 적용되지 않는다), 유가증권을 목적으로 하는 경우에는 배서를 필요로 하지 아니한다. 이는 법률의 규정에 의한 물권변동이기 때문이다. ㉢ 동시이행의 항변권은 각 당사자가 상대방으로부터 반대급부를 받지 못한 상태에서 자기의 채무를 이행하여야 할 위험으로부터 보호된다는 측면에서, 상계는 상대방의 자산상태가 악화된 경우에 다른 채권자에 우선하여 자기의 채권회수를 확보할 수 있다는 측면에서 각각 담보적 기능을 한다. ㉣ 질권과 저당권의 경우에는 부종성이 다소 완화된다. 즉, 채권이 현존하지 않더라도 장래에 성립하게 될 경우에는 그러한 장래의 불특정 채권을 담보하기 위한 담보물권의 설정이 인정된다(근저당권, 제357조). 이에 반해 유치권은 특정의 채권이 존재하는 경우에 이 채권을 보호하기 위하여 일정한 요건하에서 법률상 당연히 성립하는 담보물권이므로 부종성이 엄격하게 적용된다. ㉤ 상사유치권의 경우 피담보채권과 견련성이 없는 채무자의 물건 또는 유가증권을 유치할 수도 있다(상법 제58조). ㉥ 유치권과 질권은 유치적 효력이 있다는 점에서 같으나, 유치권은 법률의 규정에 의하여 발생하는 법정담보물권으로서, 법률상 우선변제권은 없고 단지 목적물을 유치함으로써 사실상 우선변제의 목적을 달성한다. <답 ⑥>

3. 부종성에 관한 설명 중 옳은 것만으로 묶인 것은? (다툼이 있는 경우에는 판례에 의함) <사시 2004년>

㉠ 전세권설정계약이 합의해지되고 전세권의 처분이 따르지 않는 전세금반환채권만의 분리양도가 이루어진 경우, 양수인은 유효하게

전세금반환채권을 양수하고, 그로 인하여 전세금반환채권을 담보하는 물권으로서의 전세권은 소멸한다.
㉡ 임차보증금반환채권을 담보할 목적으로 임대인, 임차인 및 제3자 사이의 합의에 따라 제3자 명의로 경료된 전세권설정등기는 효력이 없다.
㉢ 근저당권에 의하여 담보되는 채무가 확정되기 이전에 채무의 범위나 채무자가 변경된 경우, 변경 후의 범위에 속하는 채권이나 채무자에 대한 채권만이 당해 근저당권에 의하여 담보되고, 변경 전의 범위에 속하는 채권이나 채무자에 대한 채권은 피담보채무의 범위에서 제외된다.
㉣ 어느 한 사람이 같은 채권의 담보를 위하여 연대보증계약과 물상보증계약을 체결한 경우, 원칙적으로 부종성에 의하여 보증책임의 범위가 담보부동산의 가액 범위 내로 제한된다.
㉤ 근저당권설정계약상의 채무자가 아닌 제3자를 채무자로 하여 경료된 근저당권설정등기는 근저당권의 부종성에 비추어 원인 없는 무효의 등기이다.

① ㉠, ㉡ ② ㉠, ㉤ ③ ㉡, ㉢
④ ㉢, ㉣ ⑤ ㉣, ㉤

해설

㉠ 전세권을 그 담보하는 전세금반환채권과 분리하여 양도하는 것은 허용되지 않는다고 할 것이다. 그러나 이러한 담보물권의 수반성은 절대적인 것은 아니고 채권담보라고 하는 담보물권제도의 존재 목적에 비추어볼 때 특별한 사정이 없는 한 피담보채권의 처분에는 담보물권의 처분도 당연히 포함된다고 보는 것이 합리적이라는 것일 뿐이므로, 피담보채권의 처분이 있음에도 불구하고 담보물권의 처분이 따르지 않는 특별한 사정이 있는 경우에는 채권양수인은 담보물권이 없는 무담보의 채권을 양수한 것이 되고 채권의 처분에 따르지 않은 담보물권은 소멸한다(대판 1999.2.5. 97다33997). ㉡ 전세권이 담보물권적 성격을 아울러 가지고 있는 이상 부종성과 수반성이 있기는 하지만, 다른 담보권과 마찬가지로 전세권자와 전세권설정자 및 제3자 사이에 합의가 있으면 그 전세권자의 명의를 제3자로 하는 것도 가능하다(대판 1995.2.10. 94다18508 등). ㉢ 타당하다(대판 1999.5.14. 97다15777,15784). ㉣ 어느 한 사람이 같은 채권의 담보를 위하여 연대보증계약과 물상보증계약을 체결한 경우 부종성을 인정할 특별한 사정이 없는 한 위 두 계약은 별개의 계약이므로 보증책임의 범위가 담보부동산의 가액범위 내로 제한된다고 할 수 없다(대판 1990.1.25. 88다카26406). ㉤ 타당하다(대판 1981.9.8. 80다1468). <답 ②>

4. A는 자신의 부동산을 B에게 매도하기로 하였다. A는 부동산 매매대금의 지급을 담보하기 위하여 소유권이전등기를 B에게 경료하지 않은 상태에서, 당사자들의 합의에 의하여 목적 부동산 위에 매도인이 지정한 C를 근저당권자로, 채무자를 매도인 A로 하는 근저당권을 설정하였다. 다음은 위 사례에 대

한 설명이다. 판례의 태도와 배치되거나 그 결론이 타당하지 않은 것은 모두 몇 개인가? (다툼이 있는 경우에는 판례의 다수의견에 의함)

> ㉠ 매도인이 매매잔대금 채권의 이전 없이 단순히 명의만을 제3자에게 신탁한 것으로 볼 수 있어 이는 부동산실명법상 저당권의 명의신탁을 금지한 취지에 반한다.
> ㉡ 채무자인 매수인의 승낙 아래 매매잔대금 채권이 제3자에게 이전되었다고 보아, 제3자명의의 근저당권설정등기는 그 피담보채무가 엄연히 존재하고 있어 그 원인이 없거나 부종성에 반하는 무효의 등기라고 볼 수 없다.
> ㉢ 근저당권자 C의 순위는 다른 저당권자와의 관계에서 저당권설정의 선후에 의한다.
> ㉣ 원칙적으로 저당권자는 피담보채권의 채권자가 되어야 하나 제3자명의의 저당권자가 피담보채권의 채권자와 따로 존재하는 것은 인정할 수 있다.
> ㉤ A와 C 사이에 채권관계가 존재하지 않으므로 C의 근저당권은 무효이다.

① 1개　② 2개　③ 3개
④ 4개　⑤ 5개

해설

이 문제는 사례의 근저당권설정등기가 담보물권의 부종성에 반하여 무효인지의 여부에 관한 것이다. 이에 관하여 대법원 전원합의체 다수의견은 위와 같은 사례에서 매도인이 매매잔대금 채권의 이전 없이 단순히 명의만을 제3자에게 신탁한 것으로 볼 것은 아니고, 채무자인 매수인의 승낙 아래 매매잔대금 채권이 제3자에게 이전되었다고 보아, 제3자명의의 근저당권설정등기는 그 피담보채무가 엄연히 존재하고 있어 그 원인이 없거나 부종성에 반하는 무효의 등기라고 볼 수 없다고 하였다. 이에 대한 반대의견은 '근저당권설정등기에 "본래 채권자라고 되어야 할 소유자인 자가 채무자로 되는 것"을 허용하게 되면 이는 마치 우리 민법이 채택하지 않은 독일민법의 유통저당권이나 토지채무제도를 승인하는 것과 같은 결과로 되므로, 이때에는 부종성의 관점에서 그 근저당권을 무효라고 보아야 하고, 다수의견이 채권자 아닌 제3자를 근저당권 명의로 하여 근저당권을 설정하는 경우 그 점에 대하여 채권자와 채무자 및 제3자 사이에 합의가 있고, 채권이 제3자에게 이전 또는 실질적으로 귀속되었다고 볼 수 있는 특별한 사정이 있으면 제3자명의의 설정등기도 유효하다고 보는 것은 부동산실권리자명의등기에 관한 법률이 규정한 부동산물권에 관한 명의신탁금지를 잠탈하는 것으로 보아야 할 것이다'고 하였다(대판[전] 2001.3.15. 99다48948). 따라서 ㉠㉤은 틀린 설명이다. <답 ②>

5. 물상대위에 관한 설명 중 옳은 것을 두 개 고르면? (다툼이 있는 경우에는 판례에 의함) <사시 2005년, 변호사모의 2011년 유사, 변호사 2012년 유사>

① 물상대위는 담보물의 공용징수로 인한 보상금청구권, 담보물의 매도로

인한 매매대금청구권 등에 대하여 인정된다.

② 물상대위의 요건인 '담보물의 멸실'이라 함은 물리적 멸실뿐만 아니라 법률적 멸실도 포함하며, 담보물권자의 과실에 의해 담보물이 멸실된 경우에도 물상대위가 인정된다.

③ 제3자의 불법행위로 저당목적물이 멸실되어 저당권설정자가 제3자에 대하여 불법행위로 인한 손해배상청구권을 취득한 경우, 위 손해배상청구권도 물상대위권의 대상이 된다.

④ 민법은 유치권에 관하여 물상대위를 규정하고 질권과 저당권에 이를 준용하고 있는바, 저당권자가 물상대위권을 행사하려면 저당권설정자가 저당목적물의 변형물인 금전 기타 물건을 지급 또는 인도받기 전에 이를 압류하여야 한다.

⑤ 제3자가 이미 저당목적물의 변형물인 금전 기타 물건을 압류하였다 하더라도, 저당권자는 스스로 이를 압류해야만 물상대위권을 행사할 수 있다.

⑥ 저당권자가 물상대위권을 행사하지 아니하여 우선변제권을 상실한 경우, 다른 채권자가 그 보상금 또는 이에 관한 변제공탁금으로부터 이득을 얻은 이상 저당권자는 이를 부당이득으로서 반환청구 할 수 있다.

⑦ 채권자 甲, 채무자 乙, 채권최고액 2억 원의 근저당권이 설정된 乙 소유의 X토지를 丙이 매수하여 취득한 경우, X가 수용되면서 丙 앞으로 공탁된 수용보상금에 대해 甲이 압류를 하기 전에 丙이 이를 모두 출급하였다면, 甲은 丙에 대하여 수용보상금 중 2억 원을 한도로 하는 피담보채권액을 부당이득으로 반환청구할 수 있다.

해설 ....

①③ 물상대위는 담보물의 멸실·훼손 또는 공용징수로 인해 담보권설정자가 받을 금전(보상금이나 손해배상금 등) 기타의 물건에 대한 지급이나 인도를 청구하는 경우에 인정된다. 따라서 담보물이 매각되는 경우 그 매각대금은 물상대위의 객체가 되지 않는다. 이러한 경우 그 담보물에는 담보권자의 추급력이 우선하기 때문에 문제되지 않는 것이다. ② 멸실·훼손은 물리적인 것뿐만 아니라 부합·혼화·가공 등에 의한 법률적 의미의 멸실·훼손을 포함하는데(통설), 물상대위가 인정되기 위해서는 담보권자의 과실이 없어야 한다. ④ 유치권은 물상대위에 관한 규정이 없다. 민법 제342조는 동산질권의 물상대위성을 규정하고 있고, 이를 각각 권리질권(제355조)와 저당권(제370조)에 준용하고 있다. ⑤ 물상대위권의 행사를 위한 압류는 반드시 채권담보권자에 의한 압류에만 국한시킬 필요는 없다(통설. 대판 1996.7.12. 96다21058). 민법 제370조, 제342조 단서가 저당권자는 물상대위권을 행사하기 위하여 저당권설정자가 받을 금전 기타 물건의 지급 또는 인도 전에 압류하여야 한다고 규정한 것은 물상대위의 목적인 채권의 특정성을 유지하여 그 효력을 보전함과 동시에 제3자에게 불측의 손해를 입히지 않으려는 데에 그 취지가 있다. 따라서 저당목적물의 변형물인 금전 기타 물건에 대하여 이미 제3자가 압류하여 그 금전 또는 물건이 특정된 이상 저당권자가 스스로 이를 압류하지 않고서도 물상대위권을 행사하여 일반 채권자보다 우선변제를 받을 수 있으나, 그 행사방법은 민사집행법 제273조에 의하

여 담보권의 존재를 증명하는 서류를 집행법원에 제출하여 채권압류 및 전부명령을 신청하는 것이거나 민사집행법 제247조 제1항에 의하여 배당요구를 하는 것이므로 이러한 물상대위권의 행사에 나아가지 아니한 채 단지 수용대상토지에 대하여 담보물권의 등기가 된 것만으로는 그 보상금으로부터 우선변제를 받을 수 없다(대판 2010.10.28. 2010다46756 등). 또한 압류가 아니더라도 변제공탁을 통해서 특정성이 유지된다면 물상대위를 할 수 있을 것이다(대판 2000.6.23. 98다31899). ⑥ 부당이득으로서 반환청구 할 수 없다(대판 2010.10.28. 2010다46756). ⑦ 한편, 저당권자는 저당권의 목적이 된 물건의 멸실, 훼손 또는 공용징수로 인하여 저당목적물의 소유자가 받을 저당목적물에 갈음하는 금전 기타 물건에 대하여 물상대위권을 행사 할 수 있으나, 다만 그 지급 또는 인도 전에 이를 압류하여야 하며, 저당권자가 이를 압류하기 전에 저당물 소유자가 그 인도청구권에 기하여 금전 등을 수령한 경우 저당권자는 더 이상 물상대위권을 행사 할 수 없게 된다. 이 경우 저당권자는 저당권의 채권최고액 범위 내에서 저당목적물의 교환가치를 지배하고 있다가 저당권을 상실하는 손해를 입게 되는 반면에, 저당목적물 소유자는 저당권의 채권최고액 범위 내에서 저당권자에게 저당목적물의 교환가치를 양보하여야 할 지위에 있다가 마치 그러한 저당권의 부담이 없었던 것과 같은 상태에서의 대가를 취득하게 되는 것이므로, 그 수령한 금액 가운데 저당권의 채권최고액을 한도로 하는 피담보채권액의 범위 내에서는 이득을 얻게 된다. 저당목적물소유자가 얻은 위와 같은 이익은 저당권자의 손실로 인한 것으로서 인과관계가 있을 뿐 아니라, 공평의 관념에 위배되는 재산적 가치의 이동이 있는 경우 수익자로부터 그 이득을 되돌려 받아 손실자와 재산상태의 조정을 꾀하는 부당이득제도의 목적에 비추어 보면 위와 같은 이익을 소유권자에게 종국적으로 귀속시키는 것은 저당권자에 대한 관계에서 공평의 관념에 위배되어 법률상 원인이 없다고 봄이 상당하므로, 저당목적물 소유자는 저당권자에게 이를 부당이득으로 반환할 의무가 있다(대판 2009.5.14. 2008다17656). <답 ③, ⑦>

제 2 절 유 치 권

1. A가 B에게 甲건물을 매각한 경우, 유치권과 동시이행의 항변권에 관한 다음 설명 중 옳은 것을 모두 고르면? (단, 유치권과 동시이행의 항변권은 동시에 병존함)

㉠ B가 A에 대하여 甲건물의 인도를 청구한 경우, A가 유치권과 동시이행의 항변권을 가지고 있는 이상, 그 권리들에 대한 A의 행사 여부와는 상관없이 A는 B에 대하여 대금지급과의 상환을 요구할 수 있다.

㉡ A가 B와 매매계약을 체결한 후, B의 대금채무에 대해서 충분한 자력을 가지고 있는 C가 B의 부탁으로 A와 보증계약을 체결한 경우, B는 A의 유치권을 소멸시킬 수는 있지만 동시이행의 항변권을 소멸시킬 수는 없다.

㉢ A에게 유치권과 동시이행의 항변권이 인정되므로, A의 甲건물인도채무는 B가 A에 대하여 대금을 제공한 때부터 그 소멸시효가

진행한다.

㉣ 甲건물이 B로부터 D에게 전매되어 등기도 A→B→D에게 순차적으로 이전되었으나 A가 점유를 계속하고 있는 경우, D가 A에게 소유권에 기하여 甲건물의 인도를 청구하였다면 A는 D에 대하여 유치권을 주장할 수는 있지만 동시이행의 항변권은 주장하지 못한다.

㉤ A가 대금채권을 E에게 양도하고 이를 B에게 통지한 경우, A는 甲건물의 점유를 계속하고 있다 하더라도 B는 A에게 甲건물의 인도청구에 대해서 A는 B에게 유치권도 동시이행의 항변권도 주장할 수 없다.

① ㉠, ㉡ ② ㉠, ㉢ ③ ㉠, ㉣ ④ ㉠, ㉤
⑤ ㉡, ㉢ ⑥ ㉡, ㉣ ⑦ ㉡, ㉤ ⑧ ㉢, ㉣

해설

㉠ 채무자나 목적물의 소유자가 물건인도청구를 한 경우, 유치권자가 그 권리를 행사하느냐 않느냐는 유치권자가 자유로이 결정할 수 있으므로 유치권자인 피고가 유치권을 행사하지 않으면 법원은 유치권의 존재를 이유로 원고의 청구를 배척하지 못한다(호문혁, 민법주해(Ⅵ)(1996), 300면; 이영준, 720면). 동시이행의 항변권도 이를 행사하느냐 하지 않느냐는 전적으로 항변권자의 자유로, 행사(주장)하지 않는 한 현실화되지 않는다(곽윤직, 채권각론, 78면). 법원도 항변권자의 원용이 없는 한 그 존재를 고려할 것은 아니라고 한다(대판 1990.11.27. 90다카25222 등). ㉡ 채무자는 상당한 담보를 제공하여 유치권의 소멸을 청구할 수 있다(제327조). 담보의 종류에는 제한이 없으므로 물적 담보이든 인적 담보이든 이를 묻지 않는다(곽윤직(2000), 395면). 그러나 동시이행의 항변권에 대해서는 이러한 소멸원인을 인정하지 않고 있다. 동시이행의 항변권은 채권담보를 목적으로 하는 유치권과는 달리, 당사자의 일방만이 선이행을 강요당하는 것을 피하는 것을 목적으로 하기 때문이다(곽윤직(2000), 384면). ㉢ 소멸시효는 '권리를 행사할 수 있는 때'로부터 진행한다(제166조 1항). 따라서 채권에 유치권과 동시이행의 항변권이 붙어 있는 경우에도 그 이행기가 도래해 있는 한, 채권자는 자기의 채무를 제공함으로써 언제든지 채권을 행사할 수 있으므로 그 이행기가 소멸시효의 기산점으로 된다. ㉣ 유치권은 물권이므로 절대적·배타적 효력을 가진다. 따라서 목적물이 제3자에게 양도된 경우에도 그 양수인에 대하여 유치권을 행사할 수 있다. 그러나 동시이행의 항변권은 채권이기 때문에 채권관계의 당사자에 대하여 상대적 효력만을 가질 뿐이다. ㉤ 유치권은 타인의 물건 또는 유가증권을 점유한 자가 그 물건이나 유가증권에 관하여 생긴 채권을 가지는 경우, 그 채권의 변제를 받을 때까지 그 물건 또는 유가증권을 유치함으로써 채무자의 변제를 간접적으로 강제하는 담보물권이다(제320조 1항). 또한 유치권은 목적물의 점유와 그 운명을 같이한다(제328조). 따라서 유치를 하고 있는 해당목적물에 관해서 생긴 채권이 양도되면 그 채권과 함께 점유도 이전되어야 한다. 따라서 A는 B에 대하여 유치권을 행사할 수 없다. 그러나 채권이 양도되었다 하더라도 양도인(매도인)이 매매계약 당사자로서의 지위를 상실하는 것은 아니므로 B의 甲건물인도청구에 대해서 동시이행의 항변권은 주장할 수 있다.

<답 ⑥>

2. 유치권에 관한 다음 설명 중 옳지 않은 것을 고르면?

① 유치권은 법률의 규정에 의하여 성립하는 담보물권으로서 물상대위성이 인정되지 아니한다.

② 민법 제321조는 "유치권자는 채권 전부의 변제를 받을 때까지 유치물 전부에 대하여 그 권리를 행사할 수 있다."고 규정하고 있으므로, 유치물은 그 각 부분으로써 피담보채권의 전부를 담보하며, 이와 같은 유치권의 불가분성은 그 목적물이 분할 가능하거나 수개의 물건인 경우에도 적용된다.

③ 甲 주식회사가 건물신축 공사대금 일부를 지급받지 못하자 건물을 점유하면서 유치권을 행사해 왔는데, 그 후 乙이 경매절차에서 건물 중 일부 상가를 매수하여 소유권이전등기를 마친 다음 甲 회사의 점유를 침탈하여 丙에게 임대한 경우, 乙의 점유침탈에 대해 甲 회사가 점유를 회수할 수 있는 이상 유치권은 소멸하지 않는다.

④ 유치권에 의한 경매가 개시된 유체동산에 대하여, 다른 채권자가 유치권자의 승낙 없이 강제집행을 위하여 압류를 한 후 유치권에 의한 경매절차를 정지하고 채권자를 위한 강제경매절차를 진행하였다면, 그 강제경매절차에서 목적물이 매각되었더라도 유치권자의 지위에는 영향을 미칠 수 없다.

⑤ 유치권에 의한 경매에 있어서 목적부동산 위의 부담을 소멸시켜 매수인이 완전한 소유권을 취득하게 되는 이른바 소멸주의를 취할 것인지, 아니면 매수인이 목적부동산 위의 부담을 인수하는 이른바 인수주의를 취할 것인지 여부는 경매의 목적이 채권의 회수에 있는지 또는 단순한 환가에 있는가에 따라 논리 필연적으로 도출되어야 하는 것은 아니다.

해설

① 통설. ② 대판 2007.9.7. 2005다16942. ③ 틀림. 乙의 점유침탈로 甲 회사가 점유를 상실한 이상 유치권은 소멸하고, 甲 회사가 점유회수의 소를 제기하여 승소판결을 받아 점유를 회복하면 점유를 상실하지 않았던 것으로 되어 유치권이 되살아나지만, 위와 같은 방법으로 점유를 회복하기 전에는 유치권이 되살아나는 것이 아니다(대판 2012.2.9. 2011다72189). ④ 옳음. 前略..., 유치권자가 점유하고 있는 채무자의 유체동산에 대한 강제집행은 유치권자가 채권자의 강제집행을 위하여 집행관에게 그 물건을 제출한 경우에 한하여 허용된다. 또한 유체동산의 유치권자가 민사집행법 제274조 제1항, 제271조에 따라 유치권에 의한 경매를 신청하고 집행관에게 그 목적물을 제출하여 유치권에 의한 경매절차가 개시된 때에도 그 목적물에 대한 유치권자의 유치권능은 유지되고 있다고 보아야 하므로, 유치권에 의한 경매절차가 개시된 유체동산에 대하여 다른 채권자가 민사집행법 제215조에 정한 이중압류의 방법으로 강제집행을 하기 위해서는 채권자의 압류에 대한 유치권자의 승낙이 있어야 한다(대결 2012.9.13. 2011그213). ⑤ 옳음. 논리 필연적으로 도출되는 것이 아니라, 경매의 취지와 목적 및 성질, 경매가 근거하는 실체법의 취지, 경매

를 둘러싼 채권자와 채무자, 소유자 및 매수인 등의 이해관계 등을 종합하여 결정하여야 한다(대결 2011.6.15. 2010마1059). <답 ③>

3. 유치권에 관한 설명 중 옳지 않은 것을 고르면?

<사시 2001년 유사, 변호사모의 2010년 유사>

① 물건의 점유 전에 관련되는 채권이 발생하고 후에 그 물건의 점유를 취득한 경우에도 유치권이 성립한다.

② 당사자 사이에 유치권의 발생을 배제하는 특약은 유효하다.

③ 유치권의 성립요건이자 존속요건인 유치권자의 점유는 직접점유이든 간접점유이든 관계가 없으나, 직접점유자가 채무자인 경우에는 유치권의 요건으로서의 점유에 해당하지 않는다.

④ 건물의 신축공사를 한 수급인이 그 건물을 점유하고 있고 또 그 건물에 관하여 생긴 공사금채권이 있다면, 수급인은 그 채권을 변제받을 때까지 건물을 유치할 권리가 있다.

⑤ 임차인은 임대인에 대한 보증금의 반환청구권으로서 임차물에 대한 유치권을 행사할 수 있다는 것이 다수설과 판례의 입장이다.

⑥ 임대인과 임차인이 건물의 명도시에 권리금을 반환하기로한 경우, 권리금반환청구권을 피담보채권으로 하는 유치권을 행사할 수 없다.

⑦ 건축자재상 甲이 건물 신축공사 수급인인 乙 주식회사와 체결한 약정에 따라 공사현장에 시멘트와 모래 등의 건축자재를 공급한 경우, 甲의 건축자재대금채권은 매매계약에 따른 매매대금채권에 불과할 뿐 건물 자체에 관하여 생긴 채권이라고 할 수는 없으므로, 甲은 이를 기초로 건물에 대해 유치권을 행사할 수 없다.

해설 ···

① 유치권의 피담보채권은 목적물의 점유 중 또는 점유와 더불어 생긴 것임을 요구하지 않는다(통설). 판례도 유치권자가 유치물을 점유하기 전에 발생된 채권(건축비채권)이라도 그 후 그 물건(건물)의 점유를 취득했다면 유치권은 성립한다고 하고(대판 1965.3.30. 64다1977), 또 피담보채권은 반드시 그 유치권자가 그 유치물을 점유하고 있는 동안에 발생된 채권만을 가리키는 것이 아니라 유치권을 점유하지 않고 발생된 채권이라도 그 유치물에 관하여 생긴 채권이라면 족하다고 하였다(대판 1965.3.30. 65다32). ② 유치권 성립에 관한 민법규정은 임의규정이므로 특약에 의하여 자유롭게 유치권을 배제할 수 있다. ③ 유치권의 성립요건이자 존속요건인 유치권자의 점유는 직접점유이든 간접점유이든 관계가 없으나, 다만 유치권은 목적물을 유치함으로써 채무자의 변제를 간접적으로 강제하는 것을 본체적 효력으로 하는 권리인 점 등에 비추어, 그 직접점유자가 채무자인 경우에는 유치권의 요건으로서의 점유에 해당하지 않는다(대판 2008.4.11. 2007다27236). ④ 주택건물의 신축공사를 한 수급인이 그 건물을 점유하고 있고 또 그 건물에 관하여 생긴 공사금채권이 있다면, 수급인은 그 채권을 변제받을 때까지 건물을 유치할 권리가 있다고 할 것이고, 이러한 유치권은 수급인이 점유를 상실하거나 피담보채무가 변제되는 등 특단의 사

정이 없는 한 소멸되지 않는다(대판 1995.9.15. 95다16202). ⑤ 건물의 임대차에 있어서 임차인의 임대인에게 지급한 임차보증금 반환청구권이나 임대인이 건물시설을 제대로 제공하지 아니하기 때문에 임차인이 건물을 임차목적대로 사용 못한 것을 이유로 하는 손해배상청구권은 모두 민법 제320조 소정 소위 그 건물에 관하여 생긴 채권이라 할 수 없다(대판 1976.5.11. 75다1305). ⑥ 임대인과 임차인 사이에 건물명도시 권리금을 반환하기로 하는 약정이 있었다 하더라도 그와 같은 권리금반환청구권은 건물에 관하여 생긴 채권이라 할 수 없으므로 그와 같은 채권을 가지고 건물에 대한 유치권을 행사할 수 없다(대판 1994.10.14. 93다62119). ⑦ 대판 2012.1.26. 2011다96208. <답 ⑤>

4. 다음은 유치권자의 권리에 관한 설명이다. 틀린 것은? (다툼이 있는 경우에 통설에 의함)

① 유치권자는 채권의 변제를 받기 위하여 유치물을 경매하기에 앞서, 채무자에게 경매실행을 통지할 의무가 있다.

② 목적물의 가치가 적어 경매에 부치는 것이 부적당한 경우, 민법은 유치물로써 직접 채권의 변제에 충당할 수 있는 길을 열어놓고 있다.

③ ②의 경우 유치권자는 유치물의 소유권을 취득하는데, 이 소유권취득시 등기는 필요하지 아니하다.

④ 유치권자는 다른 채권자에 앞서서 사실상 우선변제받을 권리가 있다.

⑤ 수급인이 경매개시결정의 기입등기가 마쳐지기 전에 채무자에게서 건물의 점유를 이전받았다면, 경매개시결정의 기입등기가 마쳐져 압류의 효력이 발생한 후에 공사를 완공하여 공사대금채권을 취득하더라도, 수급인은 유치권을 내세워 경매절차의 매수인에게 대항할 수 있다.

해설

① 민법은 평가에 의한 환가를 하려면 미리 채무자에게 통지하여야 할 것을 규정하고 있으나(제322조 2항), 경매에 관해서는 이러한 규정을 두고 있지 않다. 그러나 채무자에게 채무를 변제하거나 또는 담보를 제공함으로써(제327조), 유치권을 소멸시킬 수 있는 기회를 주는 것이 타당하므로 유치권자는 채무자에게 경매실행을 통지할 의무가 있다고 할 것이다(통설). ②③ 간이변제충당에 관한 설명이다. ④ 유치권자는 다른 담보물권자와 달리 우선변제권이 없으나, 채무자나 제3자가 목적물을 인도받으려면 유치권자에게 변제해야 하므로 실제로는 우선변제권이 있는 것과 마찬가지가 된다. 그리고 다음과 같은 경우에는 예외적으로 우선변제권이 인정된다. (i) 채무자가 파산하여 유치권자가 별제권을 가지는 경우(채무자회생파산법 제411조). (ii) 유치권자가 유치물에 대해 간이변제충당권을 행사하는 경우(제322조 2항. 위의 간이변제충당권 참고). (iii) 유치권자가 유치물로부터 생기는 과실을 수취하여 다른 채권자보다 먼저 채권의 변제에 충당하는 경우(제323조. 과실수취권 참고). ⑤ 지문과 같은 경우, 공사대금채권을 취득하는 때에 비로소 유치권이 성립하므로, 유치권의 효력은 압류보다 후순위가 되어 수급인은 경매절차의 매수인에게 대항할 수 없다(대판 2011.10.13. 2011다55214). <답 ⑤>

5. 다음은 유치권자의 유치물사용권에 관한 설명이다. 틀린 것은? (다툼이 있는

경우에는 판례에 의함)

① 유치권자는 채무자의 승낙이 있는 때에는 유치물의 사용 · 대여 또는 담보제공을 할 수 있는데, 소유자와 채무자가 동일인이 아닌 경우에 승낙을 줄 수 있는 자는 소유자뿐만 아니라 채무자도 가능하다.
② 유치권자는 승낙을 얻지 않더라도 보존이 필요한 범위에서 유치물을 사용할 수 있다.
③ 기계와 같은 것들이 녹슬지 않도록 적당히 사용하는 것은 ②의 보존에 필요한 사용에 해당한다.
④ 부동산임차인은 그 비용상환청구권에 관한 유치권을 행사하기 위하여 종전대로 그 부동산의 사용을 계속할 수 있다.
⑤ 유치권자가 보존에 필요한 사용에 의하여 얻은 이익은 부당이득이므로 채무자에게 반환하여야 한다.

해설

① 유치권자는 채무자의 승낙이 있는 때에는 유치물의 사용 · 대여 또는 담보제공을 할 수 있다(제324조 2항 본문). 이 규정은 '채무자'의 승낙이라고 하고 있으나, 이것은 목적물의 소유자가 채무자인 보통의 경우만을 전제로 한 것이라고 할 것이며, 소유자와 채무자가 동일인이 아닌 때에는 승낙을 할 수 있는 것은 소유자뿐이라고 해야 한다. ②③ 유치권자는 승낙을 얻지 않더라도 보존에 필요한 범위에서 유치물을 사용할 수 있다(제324조 2항 단서). 왜냐하면 이러한 사용을 하지 않으면 유치물을 보존할 수 없게 되어 선량한 관리자의 주의(제324조 1항)를 위배하게 되기 때문이다. 어느 것이 보존에 필요한 사용인가는 구체적으로 판단하여야 하는데, 소나 말을 유치하는 경우에 그 가치를 유지하기 위하여 운동을 시키는 것, 기계와 같은 것들이 녹슬지 않도록 적당히 사용하는 것은 보존에 필요한 사용이다. ④ 부동산임차인이 그 비용상환청구권에 관한 유치권을 행사하기 위하여 종전대로 그 부동산의 사용을 계속할 수 있다는 데에는 이견이 없으나, 이것이 보존에 필요한 사용인가에 대해서는 견해의 대립이 있으나 판례는 이를 긍정한다(대판 1965.3.9. 64다1797). 또한 공사대금채권에 기하여 유치권을 행사하는 자가 스스로 유치물인 주택에 거주하며 사용하는 것도 특별한 사정이 없는 한 유치물인 주택의 보존에 도움이 되는 행위로서 유치물의 보존에 필요한 사용에 해당한다(대판 2009.9.24. 2009다40684). ⑤ 유치권자가 보존에 필요한 사용에 의하여 얻은 이익을 어떻게 처리할 것인가에 대해서는 다수설과 판례(대판 1960.9.15. 4292민상553 등)는 부당이득이므로 채무자에게 반환하여야 한다고 한다. <답 ①>

6. 다음은 유치권에 관한 설명이다. 옳은 설명(○)과 틀린 설명(×)을 바르게 조합한 것은? (다툼이 있는 경우에는 판례에 의함)

가. 유치권은 부동산에 대해서도 성립할 수 있다.
나. 채무자 소유의 부동산에 경매개시결정의 기입등기가 경료되어 압류의 효력이 발생한 후에 부동산의 점유를 이전받아 유치권을 취득한 채권자가 그 기입등기의 경료사실을 과실 없이 알지 못한

경우 그 유치권으로 경매절차의 매수인에게 대항할 수 있다.
다. 어떤 동산 위에 질권이 설정된 후에 설정된 유치권은 그 질권에 대항할 수 없다.
라. 유치권의 행사가 권리남용에 해당하는 경우, 저당권자 등은 경매절차 기타 채권실행절차에서 위와 같은 유치권을 배제하기 위하여 그 부존재의 확인 등을 소로써 청구할 수 있다.
마. 토지에 대한 담보권 실행 등을 위한 경매가 개시된 후 그 지상건물에 가압류등기가 경료되었는데, 甲이 채무자인 乙주식회사에게서 건물 점유를 이전받아 그 건물에 관한 공사대금채권을 피담보채권으로 한 유치권을 취득하였고, 그 후 건물에 대한 강제경매가 개시되어 丙이 토지와 건물을 낙찰받은 경우, 甲은 丙에게 유치권을 주장할 수 없다.
바. 판례에 따르면 채무자가 그의 채무를 이행하지 않고 유치물반환청구를 하면 상환급부의 판결을 한다.

① 가(○), 나(×), 다(○), 라(×), 마(×), 바(○)
② 가(○), 나(○), 다(×), 라(○), 마(○), 바(○)
③ 가(×), 나(○), 다(○), 라(×), 마(×), 바(×)
④ 가(×), 나(○), 다(×), 라(○), 마(○), 바(×)
⑤ 가(○), 나(×), 다(×), 라(○), 마(×), 바(○)
⑥ 가(○), 나(○), 다(○), 라(×), 마(×), 바(○)
⑦ 가(×), 나(×), 다(×), 라(○), 마(○), 바(○)
⑧ 가(○), 나(×), 다(○), 라(○), 마(×), 바(○)

해설

가. 대판 1969.11.25. 69다1592. 나. 압류의 효력이 발생한 후 점유의 이전은 목적물의 교환가치를 감소시킬 우려가 있는 처분행위에 해당하여 압류의 처분금지효에 저촉되므로(민집법 제92조 1항, 제83조 4항), 유치권자의 과실 여부와는 상관없이 유치권을 내세워 그 부동산에 관한 경매절차의 매수인에게 대항할 수 없다(대판 2006.8.25. 2006다22050 등). 다. 채무자 및 제3자에 대해서 다른 약정담보물권의 성립시기에 상관없이 대항할 수 있다(또한 저당권 등의 설정 후에 유치권이 성립한 경우에도 마찬가지로 유치권자는 그 저당권의 실행절차에서 목적물을 매수한 사람을 포함하여 목적물의 소유자 기타 권리자에 대하여 위와 같은 대세적인 인도거절권능을 행사할 수 있다: 대판 2011.12.22. 2011다84298). 라. 채무자가 채무초과의 상태에 이미 빠졌거나 그러한 상태가 임박함으로써 채권자가 원래라면 자기 채권의 충분한 만족을 얻을 가능성이 현저히 낮아진 상태에서 이미 채무자 소유의 목적물에 저당권 기타 담보물권이 설정되어 있어서 유치권의 성립에 의하여 저당권자 등이 그 채권 만족상의 불이익을 입을 것을 잘 알면서 자기 채권의 우선적 만족을 위하여 위와 같이 취약한 재정적 지위에 있는 채무자와의 사이에 의도적으로 유치권의 성립요건을 충족하는 내용의 거래를 일으키고 그에 기하여 목적물을 점유하게 됨으로써 유치권이 성립하였다면, 유치권자가 그 유치권을 저당권자 등에 대하여 주장하는 것

은 다른 특별한 사정이 없는 한 신의칙에 반하는 권리행사 또는 권리남용으로서 허용되지 아니한다. 그리고 저당권자 등은 경매절차 기타 채권실행절차에서 위와 같은 유치권을 배제하기 위하여 그 부존재의 확인 등을 소로써 청구할 수 있다(위의 2011다84298 참고). 마. 부동산에 가압류등기가 경료되어 있을 뿐 현실적인 매각절차가 이루어지지 않고 있는 상황 하에서는 채무자의 점유이전으로 인하여 제3자가 유치권을 취득하게 된다고 하더라도 이를 처분행위로 볼 수는 없다(대판 2011.11.24. 2009다19246). 바. 물건의 인도를 청구하는 소송에서 피고의 유치권 항변이 인용되는 경우에는 물건에 관하여 생긴 채권의 변제와 상환으로 물건의 인도를 명하여야 한다(대판 2011.12.13. 2009다5162).

<답 ⑤>

7. 甲은 乙로부터 乙이 건축주인 지상 4층 다세대주택 신축공사 중 골조 및 외벽공사부분을 공사대금 3억 원에 하기로 하는 계약을 체결하고 공사를 완료하였지만 공사대금을 전혀 지급받지 못하였고, 건물이 완공된 후 3층 부분을 점유하고 사용하던 중 乙이 마침내 부도가 났으며, 丙이 건물 전체를 매수하여 자신 명의의 소유권보존등기까지 마쳤다. 이와 관련된 법률관계에 관한 설명 중 옳은 것은? <변호사모의 2010년>

① 甲은 유치권자로서 丙에 대하여 공사대금 3억 원의 지급을 소로써 구할 수 있다.

② 丙은 甲에 대하여 3층 부분에 관하여 차임 상당의 부당이득 반환을 청구할 수 있다.

③ 甲은 다세대주택 전체에 대한 경매절차가 진행되는 경우 매각대금 중 3층 부분에 해당하는 금액에 한하여 다른 채권자 보다 우선하여 변제받을 권리가 있다.

④ 丙은 외벽 부분에서 건물 누수가 발생하는 경우 乙에 대하여 하자보수를 청구하거나 하자보수에 필요한 비용 상당액을 손해배상으로 청구할 수 있다.

⑤ 丙이 甲을 상대로 소유권에 기하여 3층 부분의 명도를 구하는 이행의 소를 제기하였는데, 甲이 유치권의 항변을 하는 경우 丙의 청구는 전부 기각된다.

해설

① 틀림. 유치권자는 경락인에 대하여 그 피담보채권의 변제가 있을 때까지 유치목적물인 부동산의 인도를 거절할 수 있을 뿐이고 그 피담보채권의 변제를 청구할 수는 없다(대판 1996.8.23. 95다8713). 따라서 甲은 도급계약의 당사자인 乙에게만 공사대금의 지급을 청구할 수 있다. ② 옳음. 유치권을 행사하였을 경우 계속 그 건물을 점유 및 사용하는 것이 불법행위가 되지는 아니하나 그 점유 및 사용으로 인한 실질적 이익은 이로 인하여 건물소유자에게 손해가 있는 한 이를 상환해야 한다. ③ 틀림. 유치권자는 채권의 변제를 받기 위하여 목적물을 경매할 수 있으나 우선변제권은 인정되지 않는다. ④ 틀림. 丙은 乙에 대하여 매매계약에 기해서 매도인의 담보책임을 물을 수 있고(민법 제580조) 계약의 목적을 달성할 수 없는 경우가 아닌 한 손해배상만을 청구할 수 있으며(민법 제575조 제1

항), 이 권리를 피보전채권으로 하여 乙이 甲에게 가지는 하자보수청구권이나 손해배상청구권을 대위청구 할 수 있다. ⑤ 틀림. 소유자가 제기한 목적물인도의 소에 대하여 점유자인 피고가 유치권을 행사한 경우 원고패소판결을 하기보다는 상환급부판결을 하는데, 이는 원고 일부 기각판결에 해당한다. <답 ②>

8. 甲은 자기 소유인 X토지에 상가건물을 신축하는 공사를 乙에게 도급하였다. 계약 당시 건축허가와 소유권보존등기는 甲의 명의로 하고, 공사대금은 공정률이 30%, 60%, 100%가 될 때마다 그에 상응하는 대금을 지급하기로 약정하였다. 乙은 자기의 재료와 비용으로 건물을 신축하여 완공하였다. 甲 명의로 건물의 소유권보존등기가 경료되었으나 乙은 甲으로부터 공사대금 중 30%밖에 지급받지 못한 상태이다. 乙은 완공건물을 인도하지 않고 점유하고 있다. 다음 설명 중 옳지 않은 것은? (다툼이 있는 경우에는 판례에 의함)

<변호사시험 2013년>

① 신축건물의 소유자는 甲이다.

② 丙이 甲으로부터 신축건물을 매수하고 등기를 이전받은 다음 乙에게 건물인도를 청구하는 경우, 乙은 건물인도를 거절할 수 있다.

③ 신축공사가 시작되기 전에 X토지에 저당권이 설정되어 있었는데 건물완공 후 그 저당권의 실행으로 토지 소유권이 丁에게 이전된 경우, 丁은 乙에게 건물에서의 퇴거를 청구할 수 있다.

④ 乙이 신축건물의 경매를 신청한 경우, 乙은 배당절차에서 일반채권자와 동일한 순위로 배당받을 수 있다.

⑤ 乙이 신축건물의 점유를 계속하는 경우, 甲에 대한 공사대금채권의 소멸시효는 진행하지 않는다.

해설 ··

① 옳음. 일반적으로 자기의 노력과 재료를 들여 건물을 건축한 사람은 그 건물의 소유권을 원시취득하는 것이고, 다만 도급계약에 있어서는 수급인이 자기의 노력과 재료를 들여 건물을 완성하더라도 도급인과 수급인 사이에 도급인 명의로 건축허가를 받아 소유권보존등기를 하기로 하는 등 완성된 건물의 소유권을 도급인에게 귀속시키기로 합의한 것으로 보여질 경우에는 그 건물의 소유권은 도급인에게 원시적으로 귀속된다(대판 1997.5.30. 97다8601). ② 옳음. 주택건물의 신축공사를 한 수급인이 그 건물을 점유하고 있고 또 그 건물에 관하여 생긴 공사금 채권이 있다면, 수급인은 그 채권을 변제받을 때까지 건물을 유치할 권리가 있다고 할 것이고, 이러한 유치권은 수급인이 점유를 상실하거나 피담보채무가 변제되는 등 특단의 사정이 없는 한 소멸되지 않는다(대판 1995.9.15. 95다16202). 즉, 지문의 경우 乙은 유치권을 주장하여 丙에게 대항할 수 있다. ③ 옳음. 나대지에 저당권이 설정된 상태에서 건물이 신축된 경우 제366조의 법정지상권이 성립하지 않는다. 따라서 건물이 그 존립을 위한 토지사용권을 갖추지 못하여 토지의 소유자가 건물의 소유자에 대하여 당해 건물의 철거 및 그 대지의 인도를 청구할 수 있는 경우에라도 건물소유자가 아닌 사람이 건물을 점유하고 있다면 토지소유자는 그 건물 점유를 제거하지 아니하는 한 위의 건물 철거 등을 실행할 수 없다. 따라서 그때 토지소유권은 위와 같은 점유에 의하여 그 원만한 실현을 방해당하고 있다고 할 것이므로, 토지소유자는 자신의 소유권에

기한 방해배제로서 건물점유자에 대하여 건물로부터의 퇴출을 청구할 수 있다(대판 2010. 8.19. 2010다43801 참고). ④ 옳음. 前略... 유치권에 의한 경매도 강제경매나 담보권 실행을 위한 경매와 마찬가지로 목적부동산 위의 부담을 소멸시키는 것을 법정매각조건으로 하여 실시되고 우선채권자뿐만 아니라 일반채권자의 배당요구도 허용되며, 유치권자는 일반채권자와 동일한 순위로 배당을 받을 수 있다고 보아야 한다. 다만 집행법원은 부동산 위의 이해관계를 살펴 위와 같은 법정매각조건과는 달리 매각조건 변경결정을 통하여 목적부동산 위의 부담을 소멸시키지 않고 매수인으로 하여금 인수하도록 정할 수 있다(대결 2011.6.15. 2010마1059). ⑤ 틀림. 유치권의 행사는 채권의 소멸시효의 진행에 영향을 미치지 아니한다(제326조). <답 ⑤>

9. 甲은 그 소유의 X토지 지상에 볼링장을 건축한 후 乙로부터 금원을 차용하고 乙에게 X토지와 볼링장에 관한 근저당권을 설정하여 주었다. 甲은 경기의 악화로 볼링장을 폐업하고 볼링장 건물을 잠가 둔 다음 그 열쇠를 사촌동생 A에게 맡겨 두고 장기 해외여행을 떠났다. A는 자신이 甲인 것처럼 행세하면서 관련 서류를 위조하여 그러한 사정에 관하여 선의, 무과실인 丙에게 X토지와 볼링장을 대금 6억 원에 매도하였다. 丙은 매매대금 중 3억 원을 지급한 후 X토지와 볼링장을 인도받아 1년 동안 볼링장을 경영하면서 유익비 3,000만 원을 지출하였고, 이로 인하여 볼링장 건물의 가치가 위 지출액만큼 증가하여 현재까지 유지되고 있다. 해외여행에서 돌아온 甲은 위 매매계약이 무효라고 주장하면서 丙에게 X토지와 볼링장의 인도 및 그 사용으로 인한 부당이득의 반환을 요구하였다. 그러는 동안 乙이 X토지와 볼링장 건물에 관하여 근저당권 실행을 위한 경매를 신청하여 현재 경매절차가 진행 중이다. 이 사례에 관한 설명 중 틀린 것을 모두 고르면? (다툼이 있는 경우에는 판례에 의함) <사시 2012년: 배점 3점, 변호사모의 2010년 유사>

ㄱ. 丙이 X토지와 볼링장 건물의 적법한 매수인이라고 믿었고 믿을 만한 근거가 있다면, 丙은 甲에게 그 사용대가를 반환할 필요가 없다.
ㄴ. 만일 丙이 악의의 점유자인 경우, 볼링장 영업이 전체적으로 적자였다면, 丙은 甲에게 X토지와 볼링장 건물의 사용으로 인한 대가를 부당이득으로 반환할 의무가 없다.
ㄷ. 丙은 위 유익비를 상환받을 때까지 甲의 인도 요구를 거부할 수 있으나, 위 유익비 지출 이전에 설정된 乙의 근저당권에 기한 경매절차에서 X토지와 볼링장 건물을 매수한 B의 인도 요구에 대해서는 거부할 수 없다.
ㄹ. 만일 丙이 경매절차가 개시된 후에도 유익비를 지출하였고 그 가액의 증가가 현존한다면, 丙은 그 유익비에 대해서도 유치권을 행사할 수 있다.
ㅁ. 만일 乙이 경매신청을 취하한 후 甲이 丁에게 X토지와 볼링장을 매도하여 丁이 그 소유권을 취득하였다면, 丙은 丁에게 볼링장에

관하여 지출한 유익비의 상환을 구할 수 있다.

① ㄱ, ㄹ, ㅁ ② ㄴ, ㄷ ③ ㄴ, ㄷ, ㄹ
④ ㄴ, ㄹ ⑤ ㄷ, ㅁ

해설

ㄱ. 옳음. 제201조 1항 및 대판 1992.12.14. 92다22114. ㄴ. 틀림. 부동산을 점유·사용함으로써 받은 이익은 특별한 사정이 없는 한 임료 상당액이라 할 것이므로 매수인이 부동산을 인도받아 그 용도대로 사용한 경우 매수인은 임료 상당의 이익을 받았다고 할 것이고, 설령 그 부동산을 사용하여 영위한 영업이 전체적으로 적자였다고 하더라도 사용으로 인한 이익 자체를 부정할 수는 없다(대판 1997.12.9. 96다47586). ㄷ. 틀림. 채무자 소유의 건물 등 부동산에 경매개시결정의 기입등기가 경료되어 압류의 효력이 발생한 후에 채무자가 위 부동산에 관한 공사대금 채권자에게 그 점유를 이전함으로써 그로 하여금 유치권을 취득하게 한 경우 점유자로서는 위 유치권을 내세워 그 부동산에 관한 경매절차의 매수인에게 대항할 수 없다. 그러나 이러한 법리는 경매로 인한 압류의 효력이 발생하기 전에 유치권을 취득한 경우에는 적용되지 아니하는데, 유치권 취득시기가 근저당권설정 후라거나 유치권 취득 전에 설정된 근저당권에 기하여 경매절차가 개시되었다고 하여 달리 볼 것은 아니다(대판 2009.1.15. 2008다70763). ㄹ. 옳음. 유치권자는 유치권을 행사하고 있다면 그 비용의 지출시점이 경매개시 후라고 하더라도 당해 유익비상환채권에 기초한 유치권을 갖는다. 한편 유치권을 갖지 못한 상태에서 유익비의 발생이 경매개시 후인 경우에는 유치권이 성립하지 않는다(대판 2006.8.25. 2006다22050 참고). ㅁ. 옳음. 민법 제203조 제2항에 의한 점유자의 회복자에 대한 유익비상환청구권은 점유자가 계약관계 등 적법하게 점유할 권리를 가지지 않아 소유자의 소유물반환청구에 응하여야 할 의무가 있는 경우에 성립되는 것으로서, 이 경우 점유자는 그 비용을 지출할 당시의 소유자가 누구이었는지 관계없이 점유회복 당시의 소유자 즉 회복자에 대하여 비용상환청구권을 행사할 수 있는 것이나, 점유자가 유익비를 지출할 당시 계약관계 등 적법한 점유의 권원을 가진 경우에 그 지출비용의 상환에 관하여는 그 계약관계를 규율하는 법조항이나 법리 등이 적용되는 것이어서, 점유자는 그 계약관계 등의 상대방에 대하여 해당 법조항이나 법리에 따른 비용상환청구권을 행사할 수 있을 뿐 계약관계 등의 상대방이 아닌 점유회복 당시의 소유자에 대하여 민법 제203조 제2항에 따른 지출비용의 상환을 구할 수는 없다(대판 2003.7.25. 2001다64752). <답 ②>

10. A 교회는 Y건물을 본당으로 사용하는 총 신도 1,000여 명에 이르는 교회였는데, 담임목사 甲과 乙의 교리상 논쟁이 격화되어 乙 목사를 따르는 신도 600여 명(이하 '乙 목사 등'이라 함)이 소속 교단을 탈퇴하기로 결의하고 독립교회인 B 교회를 설립하였다. B 교회 교인들은 자신들만의 예배를 진행하면서, 예배장소는 종전 교회건물이었던 Y건물을 그대로 사용하였고, Y건물을 유지·보수하기 위하여 필요비와 유익비를 투입하였다. 한편, 甲 목사와 그를 따르는 400여 명의 신도들(이하 '甲 목사 등'이라 함)은 Y건물을 되찾기 위한 다툼을 벌이고 있다. 이 사례에 대한 설명으로 옳은 것만을 고르면? (다툼이 있는 경우에는 판례에 의함)

㉠ 甲 목사는 乙 목사 등을 피고로 하여 보존행위로서 Y건물의 반환을

청구할 수 있다.
㉡ A교회가 원고가 되어 乙 목사 등을 피고로 하여 Y건물 등에 대한 출입금지 등을 구하는 경우, 이는 형식은 피고들 개인에 대한 청구이지만 실질은 B교회에 교회건물 등의 반환을 청구하는 것과 다르지 않으므로, 적법한 소송이다.
㉢ 乙 목사 등이 Y건물을 사용하면서 Y건물을 보존하거나 개량하기 위하여 필요비나 유익비를 지출하였다면, 필요비와 유익비의 상환을 받을 수 있는 권리자는 B교회이다.
㉣ 위 ㉡㉢의 경우, 필요비와 유익비 상환청구권에 기초한 B교회 유치권을 근거로 乙 등은 A교회의 청구에 대항할 수 있다.
㉤ 위 ㉢의 경우, 乙 목사 등이 Y건물을 사용하는 것은 총유물에 대한 보존행위에 해당하므로 사원총회의 결의를 거쳐야 한다.
㉥ 위 ㉣의 경우, 乙 등의 유치권 행사가 적법하다면 법원은 상환이행판결을 내려야 한다.

① ㉠㉢㉣㉤㉥ ② ㉡㉢㉣㉤㉥ ③ ㉠㉢㉣
④ ㉠㉢㉣㉤ ⑤ ㉡㉢㉣ ⑥ ㉡㉢㉣㉤
⑦ ㉡㉣㉤㉥ ⑧ ㉠㉡㉢㉣㉤㉥

해설 ……………………………………

㉠ 틀림. 교회의 분열을 인정하지 않는 판례의 태도에 의할 때, Y 건물은 A교회 교인들의 총유에 속하고, B 교회 교인들은 원칙적으로 종전 교회 재산에 대한 아무런 권리를 갖지 못한다(대판[전] 2006.4.20. 2004다37775 참고). 그러나 보존행위의 경우에도 대표자는 단독으로 소를 제기할 수 없으므로, 甲 목사가 원고가 되어 소를 제기할 수는 없다(대판[전]2005.9.15. 2004다44971 참고). 따라서 비법인사단은 당사자능력이 있으므로(민소법 제52조) A 교회가 원고가 되어 소를 제기하여야 한다(대판 2011.12.13. 2009다5162). ㉡ 옳음. Y 건물의 점유자는 B 교회이므로, B 교회를 상대로 반환청구를 하는 것이 바람직하지만, 乙 목사 등을 피고로 하여도 무방하다는 것이 판례의 태도이다(대판 2011.12.13. 2009다5162). ㉢ 옳음. 교회건물 등의 점유자로서 민법 제203조 제1항, 제2항에 의하여 필요비와 유익비의 상환을 받을 수 있는 권리자는 B 교회이다(위 2009다5162 판결). ㉣ 옳음. A 교회가 소를 제기하여 乙 등에게 교회건물 등에 대한 출입금지 등을 청구함으로써 B 교회가 점유자로서 가지는 필요비와 유익비 상환청구권도 이행기가 도래하였기 때문에, 乙 등은 B 교회의 유치권을 행사할 수 있다(위 2009다5162 판결). ㉤ 틀림. 유치권을 준총유하나, 이는 유치권에 대한 보존행위가 아니라 유치물에 대한 보존을 위한 사용이다. 즉, 乙 등이 B 교회 구성원으로서 내부 규약 등에 정하여진 데 따라 준총유에 속하는 유치권의 유치물을 사용하는 것은, 법인이 아닌 사단의 구성원으로서 자신의 정당한 권능을 행사하는 것일 뿐만 아니라 유치물의 보존에 필요한 사용으로 허용되고, 이러한 사용에는 총유물의 관리·처분과 달리 사원총회의 결의를 요하지 않으므로, 필요비와 유익비 상환청구권에 기초한 B 교회 유치권을 근거로 乙 등이 A 교회 청구에 대항할 수 있다(위 2009다5162 판결). ㉥ 틀림. 교회건물 등의 점유자로서 민법 제203조 제1항·제2항에 의하여 필요비와 유익비의 상환을 받을 수 있는 권리자는 B 교회이기 때문에, 구성원 일부에 지나지 않는 乙 등을 상대로 교회건물 등에 대한 출입금지 등을 구하

는 경우에 소송당사자도 아닌 B 교회가 위 비용을 지급받는 것과 상환으로 乙 등에 대한 A 교회 청구를 인용할 수는 없으므로, 원심이 乙 등의 유치권 주장을 받아들이면서도 상환이행 판결을 하지 아니한 것이 위법하다고 볼 수 없다(위 2009다5162 판결). <답 ⑤>

제 3 절 질 권

1. 질권에 관한 다음 보기 중 옳은 것은 모두 몇 개인가?

> ㈎ 질권자는 변제를 받기까지는 누구에 대해서나 예외없이 목적물의 반환을 거부할 수 있다.
> ㈏ 채권자가 질권을 행사하더라도 피담보채권의 소멸시효는 그와 관계없이 계속 진행한다.
> ㈐ 목적물이 동산인 경우, 질권자도 질물로부터 과실을 수취하여 피담보채권의 변제에 충당할 수 있다.
> ㈑ 채무자가 채무전액을 변제하지 않고 목적물의 반환을 청구한 경우에는 상환급부판결이 내려진다.
> ㈒ 목적물이 동산인 경우, 질권자가 설정자의 승낙 없이 질물을 담보로 제공한 경우, 설정자는 질권자에 대하여 권리의 소멸을 청구할 수 있다.

① 1개 ② 2개 ③ 3개
④ 4개 ⑤ 5개

해설

㈎ 질권의 유치적 효력은 유치권의 유치적 효력과 동일하게 누구에 대하여도 주장할 수 있는 물권적 효력이다. 따라서 다른 권리자가 질물을 경매한 경우에도 질권자는 경락인에 대하여 변제를 받을 때까지 그 목적물의 인도를 거절할 수 있다(민집법 제91조 참조). 다만 질권자는 질권의 유치적 효력을 가지고 질권자보다 우선변제권이 있는 채권자(예컨대 제333조에 의하는 선순위질권자, 상법 제872조에 의하는 선박채권자의 우선특권 등)에게 대항할 수 없다(제335조 단서). ㈏ 동산질권자가 질물을 유치하고 있다 하더라도 피담보채권을 행사하고 있다고는 할 수 없기 때문에 채권의 불행사로 인한 소멸시효는 진행되고 있다고 해석된다. 이 점은 유치권의 경우와 동일한데, 따라서 제343조는 유치권에 관한 제326조를 준용하고 있지 않으나 해석상 준용하여야 할 것이다. ㈐ 민법은 유치권의 규정 중 과실수취권(제323조)을 질권에 준용한다. 따라서 질권자는 질물의 과실을 수취하여 다른 채권보다 먼저 그 채권의 변제에 충당할 수 있다. ㈑ 유치권에서는 상환급부판결(원고 일부승소판결)이 내려져야 한다는 것은 통설과 판례의 태도이지만, 질권에서는 질권설정자가 피담보채무를 변제하지 아니한 채로 질물의 반환을 구하는 소송을 제기한 경우에는 청구기각의 판결을 하여야 한다는 것이 통설이다. ㈒ 질권자는 (i) 선량한 관리자의 주의의무로써 질물을 점유하여야 하고(제343조, 제324조 1항), (ii) 설정자의 승낙 없이 질물을 사용·대여하거나 또는 전질 이외의 방법으로 담보에 제공하지 못한다(제343조, 제324조 2항, 제336조). (iii) 질권자가 위와 같은 보관의무에 위반하면 설정자는 질권의 소

멸을 청구할 수 있다(제343조, 제324조 3항). 또한 (iv) 이로 인하여 손해가 생긴 때에는 그 배상을 청구할 수 있는 것이다(제390조, 제343조). <답 ③>

2. 질권에 관한 다음 설명 중 옳은 것을 모두 고르면?

가. 지명채권의 질권자는 원칙적으로 전질할 권리가 없다.
나. 다수설에 따르면 동산질권자는 질물 아닌 재산에 대한 배당이 먼저 실시되더라도 원칙적으로 그 재산으로부터는 변제를 받을 수 없다고 한다.
다. 동산질권자가 질권설정자의 승낙을 얻어 전질한 경우에는 질물이 불가항력으로 소멸하면 손해배상책임을 지지 않는다.
라. 질권자는 질물을 당연히 그 용도에 좇아 사용할 수 있다.
마. 다수설에 따르면 질권자가 질물을 유실한 경우 습득자에 대하여 점유보호청구권만 갖는다고 한다.
바. 책임전질의 전질권자는 원질권의 피담보채권이 변제기에 도래하기 전에도 전질권을 행사할 수 있다.
사. 질권자는 질권설정자의 승낙을 얻지 않고 질물의 점유를 타인에게 이전하는 전질이 가능하다.

① 가, 다 ② 나, 라 ③ 다, 마
④ 라, 바 ⑤ 마, 사 ⑥ 가, 라
⑦ 나, 마 ⑧ 다, 사

해설

가. 지명채권의 질권자도 권리질권설정의 요건(제349조)을 갖추어 전질 할 수 있다. 채무자에게 전질 사실을 통지하거나 채무자가 승낙하지 아니하면 전질을 가지고 채무자나 보증인 또는 질권설정자에게 대하여 대항하지 못한다(제337조 1항, 제450조). 나. 다수설은 일반재산의 배당이 먼저 이루어진 경우 질권자도 참여할 수 있다고 한다. 다. 승낙전질은 책임전질처럼 책임이 가중되지 않으므로 불가항력에 의한 손해배상의무를 부담하지 않는다. 라. 목적물의 보존에 필요한 한도에서만 사용할 수 있다(제343조, 제324조 2항). 마. 제343조에서 제213조나 제214조의 준용을 규정하지 아니하였으나 이를 입법상의 부주의로 판단하여 해석상으로는 '질권에 기한 물권적 청구권'을 인정하자는 견해가 다수설이다. 바. 변제기도래 전에는 전질권을 행사할 수 없다. 사. 책임전질로서 타당하다(제336조, 제337조). <답 ⑧>

3. 채권질권의 실행에 관한 다음 설명 가운데 틀린 것은?

① 근질권이 설정된 금전채권에 대하여 제3자의 압류로 강제집행절차가 개시된 경우, 근질권의 피담보채권은 근질권의 성질상 근질권이 소멸할 때 확정된다.
② 입질채권이 금전채권인 경우, 피담보채권의 변제기가 도래한 질권자는

자기 채권의 한도에서 입질채권을 직접 청구하고 이를 변제에 충당할 수 있다.
③ 입질채권이 금전 이외의 물건의 급부를 목적으로 하는 경우, 질권자는 변제받은 물건에 대하여 질권을 행사할 수 있다.
④ 채권질권자는 질권의 목적이 된 채권과 그에 대한 지연손해금채권을 피담보채권의 범위에 속하는 자기채권액에 대한 부분에 한하여 직접 추심하여 자기채권의 변제에 충당할 수 있다.
⑤ 입질채권이 금전채권이고 입질채권의 액이 피담보채권액을 초과하지 않는 경우, 변제기 전의 유질계약이 허용된다.

해설

① 그렇지 않다. 즉, 강제집행절차가 개시된 때로부터 근질권이 소멸하게 되기까지의 어느 시점에서인가는 근질권의 피담보채권도 확정된다고 하지 않을 수 없다. 그런데 근질권자가 제3자의 압류 사실을 알고서도 채무자와 거래를 계속하여 추가로 발생시킨 채권까지 근질권의 피담보채권에 포함시킨다고 하면 그로 인하여 근질권자가 얻을 수 있는 실익은 별 다른 것이 없는 반면 제3자가 입게 되는 손해는 위 추가된 채권액만큼 확대되고 이는 사실상 채무자의 이익으로 귀속될 개연성이 높아 부당하기 때문에 근질권의 피담보채권은 근질권자가 위와 같은 강제집행이 개시된 사실을 알게 된 때에 확정된다고 봄이 타당하다(대판 2009.10.15. 2009다43621). ② 제353조 2항. ③ 제353조 4항. ④ 채권질권의 효력은 질권의 목적이 된 채권의 지연손해금 등과 같은 부대채권에도 미치기 때문이다(대판 2005.2.25. 2003다40668). ⑤ 권리질권에 관하여도 유질계약금지의 규정(제339조)이 준용된다. 그러나 금전채권의 입질에 있어서는 피담보채권액의 한도 내에서 변제에 갈음하여 입질채권을 질권자에게 이전할 것을 미리 약속하는 것은 상관없다(통설). <답 ①>

4. 권리질권에 관한 다음 설명 중 틀린 것은?

① 부동산의 사용·수익을 목적으로 하는 권리는 질권의 목적으로 할 수 없다.
② 권리질권의 설정은 법률에 다른 규정이 없으면 그 권리의 양도에 관한 방법에 의하여야 한다.
③ 은행이 정기예금 위에 질권을 취득하고 예금자에게 금융을 주는 것도 가능하다.
④ 장래의 채권, 조건부채권, 선택채권에 관하여도 질권을 설정할 수 있다.
⑤ 지시채권의 입질은 증서를 질권자에게 교부함으로써 효력이 생긴다.

해설

① 제345조 단서. 부동산질권을 인정하지 않은 것과 궤를 같이하는 것이다. ② 제346조. 권리질권의 설정이 권리의 이전을 요한다는 취지가 아니라 권리질권설정의 방법을 '권리의 양도에 관한 방법'에 의하여야 한다는 취지이다. ③ 질권자 자신에 대한 채권도 질권의 목적으로 될 수 있다. ④ 이러한 채권도 양도가능하고 환가할 수 있는 것이므로 이를 목적으로 하는 질권을 인정하여도 아무런 문제가 없기 때문이다. ⑤ 지시채권의 입질은

증서에 배서하여 질권자에게 교부하여야 효력이 생긴다(제350조, 제508조). <답 ⑤>

5. 채무자 A가 제공한 컴퓨터를 입질한 B는 C에 대한 자신의 채무를 담보하기 위해 그 컴퓨터에 다시 전질권을 설정하였다. 다음 설명 중 옳지 않은 것은?

<감평사 2000년 변형>

① B의 A에 대한 채권이 그 컴퓨터로부터 발생하여 B에게 유치권이 성립되면, B는 A의 승낙을 얻어 C에 대해 자신의 채권을 위해 질권을 설정할 수 있다.

② 질권자 B는 질권설정자인 A의 동의 없이 자기책임으로 전질할 수도 있다.

③ C의 과실로 그 컴퓨터가 멸실되었다면 B는 이에 대해 A에게 책임을 부담하나, C의 책임 없는 사유로 컴퓨터가 멸실한 경우에 B가 A에게 책임을 부담하는 경우는 존재하지 않는다.

④ 질물의 경매가 있는 경우 질물의 환가금에서 전질권자인 C의 채권이 우선변제를 받고 그 후에 원질권자인 B의 채권이 만족받게 된다.

⑤ C가 컴퓨터에 대해 경매를 실행하기 위해서는 자신의 B에 대한 채권이 변제기에 도달해야 하고 또한 B의 A에 대한 채권도 변제기에 도달해야 한다.

해설

① 승낙전질(제342조 참조). ② 책임전질(제336조 참조). ③ 승낙전질의 경우에만 타당하다. 즉, 책임전질의 경우에는 불가항력으로 인한 손해라 하더라도 전질을 하지 아니하였으면 면할 수 있었던 손해에 대해서도 책임을 부담한다(제336조 후단 참조). ④⑤ 전질권자는 질물의 환가금으로부터 원질권자에 우선하여 변제받을 권리를 가지며, 전질권자가 질권을 실행하기 위해서는 자기의 채권이 변제기에 도달하였을 뿐만 아니라, 원질권의 피담보채권도 변제기에 도달하였어야 한다. <답 ③>

6. A는 B로부터 금전을 차용하였으나 B가 담보물을 요구하므로 자신의 자전거를 입질시켰다. 그 후 B는 휴가기간 동안 그의 친구 C에게 이 자전거를 보관케 하였다. 이러한 사실을 알게 된 A가 C에게 자전거를 급히 사용할 일이 있으니 2일 동안만 빌려달라고 요구하자 C는 이에 응하였다. 그 후 A는 이를 C에게 반환하지 않고, D로부터 다시 금전을 차용하면서 그 자전거에 대한 질권을 설정하고 이를 D에게 인도하였다. 다음 설명 중 틀린 것은?

① A가 2일 동안 급히 사용한다는 목적에서 자전거를 가져간 행위는 A, C 사이에 자전거의 사용대차계약에 기한 것으로서, A의 점유취득은 사용대차를 점유매개관계로 한 점유개정과 동일한 효과를 갖는 것이므로 B는 질권을 상실한다.

② D는 B의 질권과는 상관없이 질권을 선의취득한 것이 되고, B의 반환청

구에 대항할 수 있는 정당한 점유자이다.

③ B는 D에게 부당이득을 이유로 자전거의 반환을 청구할 수 없다.

④ A에 대한 D의 피담보채권이 변제로 소멸하게 되면 D의 질권도 소멸한다.

⑤ 자전거는 도품·유실물 또는 점유이탈물이 아니므로 B에게 점유권에 기한 물권적 청구권은 인정되지 않는다.

해설

① C의 반환이 B의 의사에 기한 것이라면 B가 A에게 반환한 것과 마찬가지이지만, B가 휴가를 가면서 그와 같은 질물점유개정의 의사표시를 하였다고 볼 수는 없다. 따라서 A의 점유는 A, B의 점유매개관계에 기한 점유개정에 의한 것이 아니다. 질권자 B의 의사에 반하여 A에게 자전거가 인도되었고, 또한 A의 점유는 점유개정에 의한 것이 아니므로 B의 질권은 소멸하지 않는다. ② D는 A에게 질권설정권능이 없음을 모르고 A에게 질권을 설정받았으므로 D는 질권을 선의취득하게 된다. 따라서 D는 B의 반환청구에 대항할 수 있는 정당한 점유자이다. ③ D가 질권을 취득하게 된 것은 B의 급부에 의한 것이 아니라 일종의 선의취득에 해당한다. 따라서 B는 D에게 부당이득을 이유로 자전거의 반환을 청구할 수 없다. ④ 이 경우에 D는 자전거를 점유할 권리가 없으므로 B에게 자전거를 반환해야 한다. ⑤ 옳음. <답 ①>

7. 다음 설명 중 틀린 것은?

① 甲이 乙의 카페에서 술을 마시고 술값 5만 원이 부족하여 대신 3일을 기간으로 20만 원 상당의 시계를 맡겼다. 그러면서 동시에 3일 이내에 술값을 갚지 않으면 乙이 甲의 시계의 소유권을 갖는다는 계약을 체결한 경우, 이 계약은 무효이다.

② 乙은 甲으로부터 30만 원을 꾸면서 시가 50만 원 상당의 시계를 담보로 맡겼다. 그 후 甲이 돈이 필요하게 되자 丙으로부터 20만 원을 꾸면서 乙로부터 질물로 받은 것이라며 그 시계를 담보로서 丙에게 인도하였다. 甲은 乙에게 그 전질의 사실을 통지하지 않았다. 이 경우 乙이 甲에게 30만 원을 변제한 경우 乙은 그로 인한 질권의 소멸을 丙에게 주장할 수 없다.

③ ②의 경우 甲은 乙에게 그 전질의 사실을 통지하였다. 그 후 乙이 丙에게 30만 원을 변제한 경우에 10만 원에 대해서는 丙에게 부당이득반환청구를 할 수 있다.

④ 甲은 창고업자 X가 보관하고 있는 컴퓨터에 대하여 Y를 위하여 질권을 설정하고 반환청구권을 양도하였다. 그 후 甲은 동일한 컴퓨터에 대하여 乙을 위하여 질권을 설정하고 반환청구권을 양도하였다. 乙은 동일한 질물에 2개의 질권이 성립할 수 없다고 주장할 수 없다.

⑤ 甲은 자기의 채무에 대한 담보로써 자기 소유의 그림에 乙을 위하여 질권을 설정하였다. 乙은 甲의 승낙 없이 그 그림을 丙을 위하여 전질권을

설정하고 후에 甲에게 이를 통지한 경우에 있어 불가항력으로 인하여 그림이 멸실되었다 하더라도 乙은 손해배상책임을 부담한다.

해설

① 사례는 동산을 5만 원의 피담보채권을 담보해 주기 위해서 점유권을 귀속시키면서, 동시에 변제기일에 변제하지 않으면 소유권을 완전히 귀속시킨다는 계약을 체결하였기 때문에 전형적인 유질계약에 해당되므로, 제339조에 의하여 이러한 계약은 무효이다. 따라서 乙은 동 계약을 유효하다고 주장할 수 없다. ② 대항요건을 갖추지 않은 전질의 효력문제이다. 다시 말하면 원질권자와 전질권자 사이에 전질설정계약을 체결하고 질물도 인도하였으나 채무자에게 통지 또는 승낙을 하지 않은 경우에 전질의 효력은 어떻게 되는가? 대항력 없는 전질권은 원질권자와 전질권자 사이에 상대적 효력을 가질 뿐이다. 질권설정자는 원질권자에게 채무를 변제하고 질권을 소멸시킬 수 있다. 원질권이 소멸되면 따라서 전질권도 소멸한다. 그 결과 질권설정자가 전질권자에게 소유물반환청구권을 행사할 때에 전질권자는 '점유할 권리'(전질권)를 갖지 않으므로 반환청구에 응해야 한다(제213조). 따라서 乙은 질권의 소멸을 丙에게 주장할 수 있고, 질물의 반환을 청구할 수 있다. ③ 乙이 丙에게 30만 원을 변제한 경우에 20만 원은 정당한 변제가 되지만, 10만 원은 甲에게 변제해야 할 것으로서 비채변제가 되어 丙에게 부당이득반환청구를 할 수 있다. 乙은 甲에게 10만 원을 변제해야 한다. ④ 제333조에 관한 문제로서 질권에서도 간접점유를 인정하기 때문에 본 문제와 같이 반환청구권을 양도함으로써 동일한 질물 위에 2개의 질권설정은 가능하다. 그 순위는 설정의 선후에 의한다. ⑤ 원질권자는 전질을 하지 않았더라면 생기지 않았을 불가항력으로 인한 손해에 대하여도 배상책임을 져야 한다. <답 ②>

제 4 절 저 당 권

1. 저당권에 관한 다음 설명 중 옳은 것은?

① 저당권의 설정일로부터 1년 이내에 납부기한이 도래하는 국세는 그 저당권에 우선한다.

② 저당부동산의 제3취득자는 경매인이 될 수 없다.

③ 배당요구의 종기가 지난 후에 물상대위에 기한 채권압류 및 전부명령이 제3채무자에게 송달된 경우, 저당권자인 물상대위권자는 배당절차에서 우선변제를 받을 수 없다.

④ 근저당권 이전이 무효인 경우, 근저당권 이전의 부기등기가 경료되었다면 근저당권설정자는 근저당권양수인을 상대로 근저당권설정등기의 말소를 구할 수 있다.

⑤ 지상권이나 전세권에 기하여 건물을 소유하는 자가 그 건물 위에 저당권을 설정한 경우에는 저당권은 지상권이나 전세권에는 그 효력을 미치지 않는다.

해설

① 헌재의 위헌 결정(헌재 1990.9.30. 89헌가95)으로 '1년 이내' 부분은 '법정기일 전'으로

개정되었다(국세기본법 제35조 1항 3호). ② 저당물의 소유권을 취득한 제3자도 경매인이 될 수 있다(제363조 2항). ③ 최소한 배당요구의 종기 전까지 송달되어야 한다. 물상대위권의 행사를 제한하는 취지인 '특정성의 유지'나 '제3자의 보호'는 물상대위권자의 압류 및 전부명령이 효력을 발생한 때(3채무자에 대한 압류명령이나 전부명령이 송달된 때) 비로소 달성될 수 있기 때문이다(대판 2003.3.28. 2002다13539). ④ 근저당권 이전의 부기등기는 근저당권설정등기에 의한 권리의 승계를 등기부상 명시하는 것일 뿐 그 등기에 의하여 새로운 권리가 생기는 것이 아니므로, 피담보채무가 소멸되었거나 근저당권설정등기가 당초부터 원인무효가 아닌 이상 근저당권 이전이 무효라는 사유를 내세워 근저당권의 현재의 명의인인 양수인을 상대로 주등기인 근저당권설정등기의 말소를 구할 수는 없다(대판 2003.4.11. 2003다5016). ⑤ 종된 권리에도 종물에 준하여 취급할 것인가의 문제인데, 판례는 지상권·전세권에 기하여 건물을 소유하는 자가 그 건물 위에 저당권을 설정한 경우에는 저당권은 지상권·전세권에는 효력을 미친다고 한다(대판 1992.7.14. 92다527).

<답 ③>

2. 저당권의 효력이 미치는 목적물의 범위에 관한 다음 설명 중 옳은 것(○)과 옳지 않은 것(×)을 바르게 표시한 것은? <변호사모의 2011년 유사>

> ㉠ 부합의 시기와 관련하여 저당권설정 당시에 이미 부합하여 있는 것이든, 그 후에 부합한 것이든 원칙적으로 부합된 물건에 대하여 저당권의 효력이 미친다고 한다.
> ㉡ 경매대상 건물이 인접한 다른 건물과 합동(合棟)됨으로 인하여 건물로서의 독립성을 상실하게 된 경우 경매대상 건물에 대한 채권자의 저당권은 위 합동으로 인하여 생겨난 새로운 건물 전체 위에 존속하게 된다.
> ㉢ 구분건물의 전유부분만에 설정된 저당권은 그 전유부분의 소유자가 사후에라도 대지사용권을 취득함으로써 전유부분과 대지권이 동일 소유자의 소유에 속하게 되면 그 대지사용권에까지 그 효력이 미친다.
> ㉣ 전세권자가 축조한 건물은 저당권의 효력이 미치지 않는다.

① ㉠(○), ㉡(○), ㉢(○), ㉣(○) ② ㉠(○), ㉡(○), ㉢(×), ㉣(○)
③ ㉠(○), ㉡(×), ㉢(○), ㉣(○) ④ ㉠(○), ㉡(○), ㉢(○), ㉣(×)
⑤ ㉠(×), ㉡(○), ㉢(○), ㉣(○) ⑥ ㉠(×), ㉡(○), ㉢(×), ㉣(×)
⑦ ㉠(×), ㉡(×), ㉢(○), ㉣(×) ⑧ ㉠(×), ㉡(×), ㉢(×), ㉣(×)

✍ **해설**

㉠ 대판 1973.12.12. 73다298. ㉡ 경매대상 건물에 대한 채권자의 저당권은 위 합동으로 인하여 생겨난 새로운 건물 중에서 위 경매대상 건물이 차지하는 비율에 상응하는 공유지분 위에 존속하게 된다(대판 2010.1.14. 2009다66150). ㉢ 대결 2005.11.4. 2004그31. ㉣ 타인의 권원에 의하여 부속시킨 것은 부합물이 아니다(제256조 단서). <답 ③>

3. 저당권의 효력이 미치는 범위에 관한 다음 설명 중 옳은 것(○)과 옳지 않은 것(×)을 바르게 표시한 것은? (다툼이 있는 경우에는 판례에 의함)

> ㉠ 미분리의 천연과실은 토지의 부합물이기 때문에 그 토지를 목적으로 하는 저당권의 효력은 원칙적으로 미분리과실에 미친다.
> ㉡ 제3자의 소유인 입목이 토지저당권설정시에 존재하는 경우 또는 수목에 명인방법이 되어 있을 경우에는 저당권자에 대항할 수 있다.
> ㉢ 지상권자가 축조한 건물, 기타의 공작물 등에는 토지저당권의 효력이 미치지 아니한다.
> ㉣ 목적물의 법정과실에 대해서는 지급 전에 압류한 경우에 한하여 저당권의 효력이 미친다.

① ㉠(○), ㉡(○), ㉢(○), ㉣(○) ② ㉠(○), ㉡(○), ㉢(×), ㉣(○)
③ ㉠(○), ㉡(×), ㉢(○), ㉣(○) ④ ㉠(○), ㉡(○), ㉢(○), ㉣(×)
⑤ ㉠(×), ㉡(○), ㉢(○), ㉣(○) ⑥ ㉠(×), ㉡(○), ㉢(×), ㉣(×)
⑦ ㉠(×), ㉡(×), ㉢(○), ㉣(×) ⑧ ㉠(×), ㉡(×), ㉢(×), ㉣(×)

해설 ……………………………………

㉠ 원래 저당권은 목적물의 사용·수익을 설정자에게 남겨두는 것이 원칙이므로 천연과실에는 저당권의 효력은 미치지 않는다. 그러나 이 원칙을 무제한으로 관철한다면, 목적물의 소유자가 고의로 경매절차를 지연시켜서 과실을 취득하는 불합리한 일이 발생할 수 있으므로, 민법은 저당부동산에 대한 압류가 있은 후에 저당권설정자가 그 부동산으로부터 수취한 과실 또는 수취할 수 있는 과실에 대하여서는 저당권의 효력이 미치는 것으로 규정하고 있다(제359조 본문). ㉡ 역시 명인방법을 갖춘 수목이나 입목은 거래상 토지와 독립한 물건으로 토지에 관한 저당권은 이에 그 효력을 미치지 아니한다. ㉢ 타인이 권원에 의하여 부속시킨 것은 부합물이 아니다(제256조 단서). 예컨대 지상권자·전세권자 또는 부동산임차인이 식재한 수목 또는 축조한 건물, 기타의 공작물이나 부속시킨 물건 등은 이들 부동산이용권자의 소유에 속하고, 부동산소유권에는 흡수되지 않으므로 저당권의 효력은 이에 미치지 않는다. ㉣ 법정과실에 대해서도 원칙적으로 저당권의 효력이 미치지 아니한다. 다만 저당부동산이 압류된 후에는 그 과실에 대해서도 저당권의 효력이 미친다고 하는 제359조가 법정과실에도 적용되는지의 문제에 대해서는 견해가 대립하나, 다수설은 저당권의 효력의 범위로서 과실수취권에 대해 예외를 인정한 취지는 소유자 및 제3취득자로 하여금 경매절차를 지연시켜서 과실을 부당하게 취하려는 행위를 방지하려는 데 있으며, 이러한 필요성은 법정과실에서 더 크다고 볼 수 있으므로 법정과실은 이에 포함된다고 한다. 다수설이 타당하다. <답 ⑤>

4. 저당권의 효력에 관한 설명 중 옳지 않은 것은? (다툼이 있는 경우에는 판례에 의함) <사시 2003년 변형, 변호사 2012년 유사>

① 증축된 건물부분이 기존 건물에 부합되어 별개의 독립물로서의 효용을 갖지 않더라도 경매절차에서 경매목적물로 평가되지 아니하였다면, 경락인은 그 증축부분의 소유권을 취득할 수 없다.

② 건물의 소유를 목적으로 한 토지임차인이 그 토지 위에 소유하는 건물에 저당권을 설정한 경우, 그 저당권이 실행되어 경락인이 건물의 소유권을 취득한 때에는 특별한 사정이 없는 한 위 임차권도 경락인에게 이전된다.

③ 저당권에 우선하는 국세기본법 제35조 제1항 '그 재산에 대하여 부과된 국세'(이른바 당해세)라 함은 담보물권을 취득하는 사람이 장래 그 재산에 대하여 부과될 것으로 상당한 정도로 예측할 수 있는 것으로서 오로지 당해 재산을 소유하고 있는 것 자체에 담세력을 인정하여 부과되는 국세만을 의미한다.

④ 집행력 있는 판결 정본을 가진 채권자가 채권을 담보하기 위한 근저당권을 가지고 있어 경매법원이 근저당권의 채권최고액 범위 내에서 우선순위에 따라 배당을 실시하였다면, 그 배당에 관하여 이의한 채무자는 배당이의의 소로 다툴 수 있다.

⑤ 저당권의 효력은 저당부동산에 대한 압류가 있은 후에 저당권설정자가 그 부동산으로부터 수취한 과실 또는 수취할 수 있는 과실에 미치지만, 그 부동산에 대한 소유권, 지상권, 또는 전세권을 취득한 제3자에 대하여는 저당권자가 압류한 사실을 통지한 후가 아니면 이로써 대항할 수 없다.

⑥ 甲은 乙과의 계속적 거래관계에서 발생하는 대여금채권을 담보하기 위하여 乙소유의 X 토지에 채권자 甲, 채무자 乙, 채권최고액 2억 원의 1번 근저당권을 설정 받았다. 丙이 乙로부터 나대지 상태에서 X에 대하여 용익권을 설정받고 Y 건물을 축조한 후 乙이 Y의 소유권을 취득한 경우, 甲은 X와 함께 Y에 대해서도 경매를 청구할 수 있다.

해설 ……………………………………

① 경락인은 부합된 증축부분의 소유권을 취득한다(대판 2002.5.10. 99다24256 등 참고). ② 지문은 '대판 1993.4.13. 92다24950'을 염두에 둔 듯하다. 그러나 동 판례에서는 오히려 임차인의 변경이 신의칙에 반하지 않는다는 특별한 사정이 증명된 경우에만 임차권이 경락매수인에게 이전한다는 것이 결론이고 현재까지 이를 변경하는 대법원의 판례는 없다. 따라서 위 지문이 판례의 태도와 일치한다고는 말할 수 없다. 물론 동 판례가 옳다는 것은 아니기 때문에, 위 지문이 논리적으로 틀린 것은 아니지만 문제로서는 부적절하다. ③ 국세기본법 제35조 1항 3호상의 당해세는 공시를 수반하는 담보물권과 관련하여 거래의 안전을 보장하려는 사법적 요청과 조세채권의 실현을 확보하려는 공익적 요청을 적절하게 조화시키려는 데 그 입법의 취지가 있으므로, 당해세가 담보물권에 의하여 담보되는 채권에 우선한다고 하더라도 이로써 담보물권의 본질적 내용까지 침해하여서는 아니 된다(대판[전] 1999.3.18. 96다23184 등). ④ 집행력 있는 판결 정본을 가진 채권자에 대한 배당에 관하여 이의한 채무자는 배당이의의 소가 아닌 청구이의의 소를 제기하여야 하지만, 집행력 있는 판결 정본을 가진 채권자가 우선변제권을 주장하며 담보권에 기하여 배당요구를 한 경우에는 배당의 기초가 되는 것은 담보권이지 집행력 있는 판결 정본이 아니므로, 채무자가 담보권에 대한 배당에 관하여 우선변제권이 미치는 피담보채권의 존부 및

범위 등을 다투고자 하는 때에는 배당이의의 소로 다투면 되고, 집행력 있는 판결 정본의 집행력을 배제하기 위하여 필요한 청구이의의 소를 제기할 필요는 없다(대판 2012.9.13. 2012다45702). ⑤ 제359조, 민사집행법 제83조 참조. ⑥ 일괄경매청구권이 인정되기 위해서는 원칙적으로 토지에 대하여 저당권설정 당시에 그 지상에 건물이 없어야 하며 저당권설정 후에 그 설정자가 당해 토지에 건물을 건축하여야 하고 경매신청시 토지와 지상건물의 소유자가 동일하여야 한다(제365조). 그러나 대판 2003.4.11. 2003다3850에 의하면, '저당권설정자로부터 저당토지의 용익권을 취득한 자가 건물을 신축하고 저당권설정자가 신축자로부터 그 건물의 소유권을 취득한 경우에도 일괄경매청구권을 인정'하고 있다. <답 ①>

5. 저당권의 우선변제적 효력에 관한 설명 중 옳지 않은 것은? (다툼이 있는 경우에는 판례에 의함) <사시 2005년 변형>

① 저당권 설정등기의 경료와 임차인의 임차주택 입주, 주민등록전입신고, 임대차계약서상 확정일자 구비가 모두 같은 날에 이루어졌다면 저당권자가 임차보증금(7,000만 원)에 우선하여 변제받을 수 있다.

② 주택임대차보호법 제8조상의 소액임차인은 임차보증금 중 일정액에 관하여 다른 담보권자의 경매신청등기 전에 주택임대차보호법 소정의 대항요건을 갖춘 경우에는 1순위 저당권자에 우선하여 변제받을 권리가 있다.

③ 근로자가 임금채권 우선변제권을 사용자의 일부 재산에 대하여만 선택적으로 행사하는 것이 사회생활상 용인될 수 없을 만큼 부당하여 권리남용으로 평가될 수 있는 경우에는 후순위저당권자의 대위에 관한 정당한 기대를 침해한 한도에서 임금채권 우선변제권이 배제되거나 제한될 수 있다.

④ 저당목적물에 대하여 부과되는 국세(이른바 당해세)와 그 가산금은 국세기본법 제35조 소정의 법정기일과 저당권설정등기일의 선후에 의하여 저당권과의 우열이 정해진다.

⑤ 근로자의 최종 3개월분의 임금 채권은 사용자의 총재산에 대하여 사용자가 사용자 지위를 취득하기 전에 설정한 질권 또는 저당권에 따라 담보된 채권에도 우선하여 변제되어야 한다.

⑥ 甲, 乙 등 명의로 지분이 나뉘어 있는 분할 전 대지 중 甲 지분에 관하여 丙 명의로 근저당권이 설정되어 있었고, 이후 乙 지분을 양수한 丁이 위 대지를 분할하여 분할된 일부 대지 위에 집합건물을 신축하여 소유권보존등기를 하면서 위 일부 대지에 관하여 대지권등기를 마쳤는데, 그 후 집합건물 중 일부 전유부분과 그 대지권에 관하여 경매절차가 진행된 경우, 丙은 근저당권의 피담보채권 전액을 기준으로 위 전유부분에 대한 전체 매각대금 중 대지권에 대한 부분에 관하여 우선변제받을 권리가 있다.

✍ **해설** ……………………………………

① 주택의 인도와 전입신고가 모두 완료된 상태에서 대항력은 전입신고 익일부터 발생한다. 따라서 저당권자가 우선한다. 확정일자는 대항력과 관련이 없다. ② 주임보법 제8조. ③ 근로자가 사용자의 다른 재산에 대한 권리자 등과 공모하여 오로지 후순위저당권자의 대위에 관한 정당한 기대를 해하려는 의도 아래 후순위저당권의 목적물이 아닌 사용자의 다른 재산에 대하여 손쉽게 행사할 수 있었던 임금채권 우선변제권 행사를 포기해 버리는 것이 권리남용으로 평가된다면 임금채권의 우선변제권이 배제되거나 제한 될 수 있다(대판 2006.12.7. 2005다77558). ④ 재산(저당물)에 부과된 국세(상속세, 증여세)와 가산금은 법정기일 전에 설정된 저당권에 대하여도 언제나 우선한다. ⑤ 근로기준법 제38조 2항은 최종 3개월분의 임금 채권이 같은 조 제1항에도 불구하고 사용자의 총재산에 대하여 질권 또는 저당권에 따라 담보된 채권에 우선하여 변제되어야 한다고 규정하고 있을 뿐, 사용자가 사용자 지위를 취득하기 전에 설정한 질권 또는 저당권에 따라 담보된 채권에는 우선하여 변제받을 수 없는 것으로 규정하고 있지 않으므로, 최종 3개월분의 임금 채권은 사용자의 총재산에 대하여 사용자가 사용자 지위를 취득하기 전에 설정한 질권 또는 저당권에 따라 담보된 채권에도 우선하여 변제되어야 한다(대판 2011.12.8. 2011다68777). ⑥ 위 일부 대지에 관한 대지권 성립 전에 설정된 위 근저당권은 그 후 이 사건 대지가 집합건물의 대지권 목적이 되었더라도 종전 저당목적물에 대한 담보적 효력을 그대로 유지하기 때문이다(대판 2012.3.29. 2011다74932). <답 ④>

6. 甲 소유의 주택에 乙이 1번 저당권을, 丙이 2번 저당권을 가지고 있고, 1번 저당권이 설정되고 2번 저당권이 설정되기 전에 丁이 위 주택에 관하여 임대차계약을 체결하고 그 계약서에 확정일자를 받고 전입신고를 마쳤다. 그런데 1번 저당권이 불법말소된 상태에서 2번 저당권이 실행되어 위 주택을 戊가 경락받았다. 이 경우의 법률관계에 관한 다음 설명 중 옳은 것은? (각 지문은 독립적이다) <변호사모의 2010년>

① 불법말소로 1번 저당권이 소멸하였으므로, 乙은 위 매각대금에 관하여 우선변제권을 행사할 수 없다.

② 1번 저당권에 관하여 말소등기회복등기가 경료되어야 乙은 위 매각대금에 관하여 우선변제권을 행사할 수 있다.

③ 위 경락에 의하여 丁의 임차권은 소멸한다.

④ 위 매각대금의 배당절차에서 丁이 배당요구를 하지 않았더라도 매각대금 전액에 관하여 우선변제를 받은 丙에 대하여 부당이득의 반환을 구할 수 있다.

⑤ 丁이 위 매각대금의 배당절차에서 임대차보증금 전액을 배당받지 못하였더라도 戊에 대하여 임대차관계의 존속을 주장하지 못한다.

✍ **해설** ……………………………………

①② 틀림. 등기는 물권의 효력 발생 요건이고 존속 요건은 아니어서 등기가 원인 없이 말소된 경우에는 그 물권의 효력에 아무런 영향이 없고, 그 회복등기가 마쳐지기 전이라도 말소된 등기의 등기명의인은 적법한 권리자로 추정되므로, 근저당권설정등기가 위법하게 말소되어 아직 회복등기를 경료하지 못한 연유로 그 부동산에 대한 경매절차의 배당기

일에서 피담보채권액에 해당하는 금액을 배당받지 못한 근저당권자는 위 경매절차에서 실제로 배당받은 자에 대하여 부당이득반환 청구로서 그 배당금의 한도 내에서 그 근저당권 설정등기가 말소되지 아니하였더라면 배당받았을 금액의 지급을 구할 수 있다(대판 2002.10.22. 2000다59678). ③ 옳음. 담보권의 실행을 위한 부동산의 입찰절차에 있어서, 주임보법 제3조에 정한 대항요건을 갖춘 임차권보다 선순위의 근저당권이 있는 경우 낙찰로 인하여 선순위 근저당권이 소멸하면 그보다 후순위 임차권도 선순위 근저당권이 확보한 담보가치의 보장을 위하여 그 대항력을 상실한다. 하지만 낙찰로 인하여 근저당권이 소멸하고 낙찰인이 소유권을 취득하게 되는 시점인 낙찰대금지급기일 이전에 선순위 근저당권이 다른 사유로 소멸한 경우에는 대항력 있는 임차권의 존재로 인하여 담보가치의 손상을 받을 선순위 근저당권이 없게 되므로 임차권의 대항력이 소멸하지 아니한다(대결 1998.8.24, 98마1031). ④ 틀림. 임차권등기명령에 의하여 임차권등기를 한 임차인은 우선변제권을 가지며 위 임차권등기는 임차인으로 하여금 기왕의 대항력이나 우선변제권을 유지하도록 해 주는 담보적 기능을 주목적으로 하고 있으므로, 위 임차권등기가 첫 경매개시결정등기 전에 등기된 경우 배당받을 채권자의 범위에 관하여 규정하고 있는 민사집행법 제148조 제4호의 "저당권 · 전세권, 그 밖의 우선변제청구권으로서 첫 경매개시결정 등기 전에 등기되었고 매각으로 소멸하는 것을 가진 채권자"에 준하여 그 임차인은 별도로 배당요구를 하지 않아도 당연히 배당받을 채권자에 속하는 것으로 보아야 한다(대판 2005.9.15. 2005다33039). ⑤ 틀림. 원래 대항력 있는 임차인이 우선변제를 주장하였으나 보증금 전액을 배당받지 못한 경우라면 임차인은 잔액에 관하여 경락인에서 대항하여 이를 반환받을 때까지 임대차관계의 존속을 주장할 수 있으나, 선순위 저당권의 존재로 낙찰로 인하여 그보다 후순위 임차권은 대항력을 상실하여 경락인에게 대항할 수 없으므로 丁이 배당절차에서 임대차보증금 전액을 배당받지 못하였더라도 戊에 대하여 임대차관계 존속을 주장하지 못한다(대판 2000.2.11. 99다59306 참고). <답 ③>

7. 저당권의 실행과 관련한 설명 중 옳은 것(○)과 옳지 않은 것(×)을 바르게 표시한 것은?

> ㉠ 저당권의 실행결과 본등기 순위보전을 위한 가등기 이전에 선순위의 담보권 또는 가압류가 있어 그것이 말소되면 순위보전을 위한 가등기도 말소된다.
> ㉡ 1번 저당권, 대항력 있는 임차권, 2번 저당권의 순으로 등기가 설정된 경우에 2번 저당권의 신청으로 경매가 실시되면 임차권은 소멸하고 임차권자는 매수인에게 대항할 수 없다.
> ㉢ 가압류된 A 소유의 부동산을 매입한 B가 근저당권을 설정한 후 그 근저당권의 실행으로 C가 소유자가 된 경우, 그 가압류는 말소되지 않는다.
> ㉣ 경매목적물인 부동산에 경매신청 근저당권자 이외의 근저당권자의 공장저당의 목적물인 기계 · 기구 등이 있다면, 그 부동산에 설치된 기계 · 기구 등은 경매의 대상이 될 수 없다.

① ㉠(○), ㉡(○), ㉢(○), ㉣(○) ② ㉠(○), ㉡(○), ㉢(×), ㉣(○)
③ ㉠(○), ㉡(×), ㉢(○), ㉣(○) ④ ㉠(○), ㉡(○), ㉢(○), ㉣(×)

⑤ ㉠(×), ㉡(○), ㉢(○), ㉣(○) ⑥ ㉠(×), ㉡(○), ㉢(×), ㉣(×)
⑦ ㉠(×), ㉡(×), ㉢(○), ㉣(×) ⑧ ㉠(×), ㉡(×), ㉢(×), ㉣(×)

해설

㉠ 가등기의 경우 담보가등기는 순서와 관계없이 모두 말소되지만 순위보전을 위한 가등기의 경우 최선순위인 경우에는 말소되지 않는다. 즉, 그 가등기 이전에 선순위의 담보권 또는 가압류가 있어 그것이 말소되면 순위보전을 위한 가등기도 말소된다. ㉡ 용익권이 저당권의 실행에 의하여 소멸하는가의 여부는 경매를 신청한 저당권자의 저당권과 용익권 설정의 시기의 선후에 의하여 결정되지 아니하고, 그 부동산 위의 최선순위의 저당권과 용익권설정의 우열에 의하여 결정된다. 예를 들어 1번 저당권, 대항력 있는 임차권, 2번 저당권의 순서로 등기가 설정된 경우에 2번 저당권의 신청으로 경매가 실시되면 임차권은 소멸한다(대판 1987.2.24. 86다카1936 등 참고). 왜냐하면 2번 저당권의 신청에 의한 경매에 의하여도 1번 저당권은 소멸하게 되어 결국 실질적으로 1번 저당권의 실행과 같은 관계가 되기 때문이다. ㉢ 가압류의 경우 매수인에게 대항할 수 있는지의 여부와 상관없이 모두 말소되는 것이 원칙이다. 왜냐하면 압류의 효력발생 전의 가압류는 배당을 받으므로 존속시킬 필요가 없고, 압류 이후의 가압류는 매수인에게 대항할 수 없어 말소된다. 다만 설문과 같은 경우에는 예외적으로 말소되지 않는다. ㉣ 공장저당법 제4조, 제5조, 제7조 제1항에 의하면, 공장저당의 목적이 된 토지 또는 건물과 거기에 설치된 기계·기구 등은 이를 분할하여 경매할 수 없으므로, 그 부동산에 신청근저당권자 이외의 근저당권자의 공장저당이 있을 때에는 경매법원으로서는 그 근저당권자의 공장저당의 목적이 된 기계·기구 등도 함께 일괄경매하여야 한다(대결 2003.2.19. 2001마785). <답 ④>

8. 저당물의 경매로 인하여 토지와 그 지상건물이 다른 소유자에게 속하게 된 경우를 다룬 민법 제366조의 법정지상권의 성립요건과 관련된 다음 설명 중 판례의 태도와 상이한 것을 고르면? <변호사모의 2010년 유사>

① 토지에 관하여 저당권이 설정될 당시 그 지상에 토지소유자에 의한 건물의 건축이 개시되기 이전이었다면, 당시 근저당권자가 토지소유자에 의한 건물의 건축에 동의하였다고 하더라도 경매로 인하여 건물과 그 대지의 소유권이 달라진다 하더라도 법정지상권이 성립하지 않는다.

② 대지에 관하여 저당권이 설정될 당시 그 지상에 동일소유자에 속하는 건물이 있었던 경우, 그 후 대지에 관한 저당권이 실행되기 전에 건물을 개축·증축하는 경우는 물론이고 건물이 멸실되거나 철거되고 신축·재축된 경우에도 새 건물을 위한 법정지상권은 성립한다.

③ ②의 경우 구 건물과 새 건물 사이에 동일성이 있음을 요하거나 저당권 설정 후에도 계속하여 대지와 건물의 소유자가 동일할 것을 요하는 것은 아니나, 그 법정지상권의 내용은 저당권 설정 당시의 구 건물을 기준으로 그 유지·사용에 일반적으로 필요한 범위 내의 대지부분으로 제한되고 구 건물 이외에 증축·신축된 건물에까지 확장되는 것은 아니다.

④ 토지에 관하여 저당권이 설정될 당시 토지소유자에 의하여 그 지상에 건

물을 건축 중이었던 경우, 그것이 사회관념상 독립된 건물로 볼 수 있는 정도에 이르지 않았다 하더라도 건물의 규모·종류가 외형상 예상할 수 있는 정도까지 건축이 진전되어 있었다면, 그 후 경매절차에서 매수인이 매각대금을 다 낸 때까지 최소한의 기둥과 지붕 그리고 주벽이 이루어지는 등 독립된 부동산으로서 건물의 요건을 갖추어야 법정지상권의 성립이 인정된다.

⑤ 동일인 소유의 토지와 그 지상 건물에 관하여 공동저당권이 설정된 후 그 건물이 철거되고 다른 건물이 신축된 경우라도 저당물의 경매로 인하여 토지와 신축건물이 서로 다른 소유자에게 속하게 되었다면, 특별한 사정이 없는 한 민법 제366조의 법정지상권이 성립한다고 볼 수 있다.

해설

① 토지소유자가 건물의 건축에 동의하였다고 하더라도 그러한 사정은 주관적 사항이고 공시할 수도 없기 때문이다(대판 2003.9.5. 2003다26051). ②③ 대판 2001.3.13. 2000다48517,48524,48531. ④ 대판 2004.2.13. 2003다29043(이 판례는 법정지상권이 성립되기 위하여 건물이 언제까지 성립하여야 하는가의 한계를 명확히 한 점에서 의의가 있다). ⑤ 대법원은 이러한 경우 법정지상권은 성립하지 않는다고 해석한다. 왜냐하면 동일인의 소유에 속하는 토지 및 그 지상 건물에 관하여 공동저당권이 설정된 경우에는, 처음부터 지상건물로 인하여 토지의 이용이 제한받는 것을 용인하고 토지에 대하여만 저당권을 설정하여 법정지상권의 가치만큼 감소된 토지의 교환가치를 담보로 취득한 경우와는 달리, 건물이 철거된 후 신축된 건물에 토지와 동순위의 공동저당권이 설정되지 아니 하였는데도 그 신축건물을 위한 법정지상권이 성립한다고 해석하게 되면, 공동저당권자가 법정지상권이 성립하는 신축건물의 교환가치를 취득할 수 없게 되는 결과 법정지상권의 가액 상당 가치를 되찾을 길이 막혀 위와 같이 당초 나대지로서의 토지의 교환가치 전체를 기대하여 담보를 취득한 공동저당권자에게 불측의 손해를 입게 하기 때문이다(대판[전] 2003.12.18. 98다43601(다수의견). 이 판결로 동일한 사안에서 법정지상권을 인정한 대판 1990.7.10. 90다카6399 등의 견해를 변경함). <답 ⑤>

9. 저당권실행에 따른 경매로 토지와 건물의 소유자가 달라진 경우 민법 제366조의 법정지상권의 성립과 관련된 다음 설명 중 가장 타당한 설명끼리 짝지은 것은? (다툼이 있는 경우에는 최근의 판례를, 판례에 다툼이 있는 경우에는 다수의견에 따름) <변호사모의 2011년 유사>

㉠ 대지의 저당권설정 당시 건물이 존재한 이상 그 이후 건물의 개축 내지 증축은 물론이고 건물이 멸실되거나 철거된 후 재축 내지 신축하는 경우에도 법정지상권이 성립하지만, 이 경우 법정지상권의 내용인 존속기간, 범위 등은 새 건물을 기준으로 하여 그 이용에 일반적으로 필요한 범위 내로 제한된다.

㉡ 미등기된 무허가 건물의 경우에는 법정지상권이 성립할 여지가 없다.

ⓒ 저당권설정 당시 건물이 건축 중이었고 사회관념상 독립된 건물이 아니라고 하더라도 건물의 규모나 종류가 외형상 예상할 수 있는 정도까지 진전되어 있는 경우라면, 법정지상권이 인정된다.
ⓔ 구분소유적 공유관계에 있는 토지의 공유자들이 그 토지 위에 각각 독자적으로 별개의 건물을 소유하면서 그 토지 전체에 대하여 저당권을 설정하였다가, 그 저당권의 실행으로 토지와 건물의 소유자가 달라지게 된 경우, 법정지상권이 성립하지 않는다.
ⓜ 저당권설정 당시에 토지와 건물이 동일인에게 속하고 있으면 그 이후 토지나 건물 중 한 쪽이 제3자에게 양도되더라도 법정지상권은 성립한다.

① ⓐ, ⓑ ② ⓐ, ⓒ ③ ⓐ, ⓔ
④ ⓐ, ⓜ ⑤ ⓑ, ⓒ ⑥ ⓑ, ⓜ
⑦ ⓒ, ⓔ ⑧ ⓒ, ⓜ

해설

ⓐ 새 건물을 위한 법정지상권이 성립하였다면 그 법정지상권의 내용인 존속기간과 범위 등은 종전 건물을 기준으로 하여 그 이용에 일반적으로 필요한 범위 내로 제한된다(대판 2010.1.14. 2009다66150). ⓑ 무허가 건물이나 미등기 건물의 경우에도 법정지상권이 인정된다(대판 1964.9.22. 63아62: 이는 매매나 강제경매, 공매 등의 경우에도 이러한 건물에 대하여 관습상의 법정지상권이 성립하는 경우와 같은 맥락이다). ⓒ 대판 1992.6.12. 92다7221; 대판 2004.2.13. 2003다29043. 이 경우 판례는 매수인이 매각대금을 완납할 때까지 건물로서의 요건을 갖출 것을 요구한다. ⓔ 공유로 등기된 토지의 소유관계가 구분소유적 공유관계에 있는 경우에는, 공유자 중 1인이 소유하고 있는 건물과 그 대지는 다른 공유자와의 내부관계에 있어서는 그 공유자의 단독소유로 되었다 할 것이므로, 건물을 소유하고 있는 공유자가 그 건물 또는 토지지분에 대하여 저당권을 설정하였다가 그 후 저당권의 실행으로 소유자가 달라지게 되면 건물 소유자는 그 건물의 소유를 위한 법정지상권을 취득하게 되며, 이는 구분소유적 공유관계에 있는 토지의 공유자들이 그 토지 위에 각자 독자적으로 별개의 건물을 소유하면서 그 토지 전체에 대하여 저당권을 설정하였다가, 그 저당권의 실행으로 토지와 건물의 소유자가 달라지게 된 경우에도 마찬가지라 할 것이다(대판 2004.6.11. 2004다13533). ⓜ 경매시까지 소유자 동일성을 유지할 필요가 없다(통설. 대판 1999.11.23. 99다52602: 토지와 미등기건물을 양수하고 대지만 소유권이전등기를 마친 후 건물이 미등기인 상태로 대지저당권이 설정 · 실행되어 경매로 소유권자가 달리된 경우와는 사례가 다르므로 주의를 요함). <답 ⑧>

10. 다음 사례에 관한 질문의 답으로서 옳은 것은? (다툼이 있는 경우에는 판례에 의함) <사시 2007년: 배점 3>

甲이 대지와 건물을 소유하면서 건물에 저당권을 설정하였는데 그 저당권에 기초한 경매절차에 의해 乙이 건물의 소유권을 취득하였다. 그 후 丙은 乙로부터 건물을 매수하고, 丁은 甲으로부터 대지를 매수하여 각각 소유권이전등기를 마쳤다. 한편, 丁은 甲에 대하여 대여금 채권을 가지고 있으며, 甲은 무자력이다.

㉠ 丙은 대지 소유자인 丁에게 법정지상권의 취득을 주장할 수 있는가?
㉡ 丁은 丙에 대하여 건물의 철거를 구할 수 있는가?
㉢ 丁이 甲을 대위하여 乙에 대하여, 乙이 건물소유권을 취득한 때부터 그 소유권을 상실할 때까지의 지료 또는 지료 상당의 부당이득금의 지급을 구하는 소송을 제기하였을 경우, 丁의 甲에 대한 대여금채권의 소멸시효가 완성되었다면 乙은 丁에 대하여 그 소멸시효 완성을 항변할 수 있는가?
㉣ 지료의 정함이 없는 상태에서 乙 또는 丙이 丁에게 지료를 지급하지 아니한 채 2년을 경과하였다면 丁은 지상권소멸청구를 할 수 있는가?

① ㉠ — 있다, ㉡ — 있다, ㉢ — 있다, ㉣ — 있다
② ㉠ — 있다, ㉡ — 없다, ㉢ — 있다, ㉣ — 있다
③ ㉠ — 없다, ㉡ — 있다, ㉢ — 없다, ㉣ — 없다
④ ㉠ — 없다, ㉡ — 없다, ㉢ — 있다, ㉣ — 없다
⑤ ㉠ — 없다, ㉡ — 없다, ㉢ — 없다, ㉣ — 없다
⑥ ㉠ — 있다, ㉡ — 없다, ㉢ — 있다, ㉣ — 없다
⑦ ㉠ — 있다, ㉡ — 있다, ㉢ — 있다, ㉣ — 없다
⑧ ㉠ — 있다, ㉡ — 없다, ㉢ — 없다, ㉣ — 있다

해설

㉠ 없다. 법정지상권등기 없이 건물을 처분하면 건물양수인은 토지소유자나 그 전득자에게 대항할 수 없다(대판 1965.7.6. 65다907). ㉡ 없다. 법정지상권부 건물을 매수한 전득자는 원소유자를 대위하여 토지소유자에 대하여 지상권설정등기절차의 이행을 구할 수 있고 이는 채권적 성질을 갖지만, 판례는 신의칙을 근거로 법정지상권의 등기 없는 전득자에 대하여 토지의 소유자나 토지의 전득자가 건물의 철거를 주장할 수 없다고 한다(대판[전] 1985.4.9. 84다카1131,1132). ㉢ 없다. 제3채무자는 채무자가 채권자에 대하여 가지는 항변으로 대항할 수 없고, 채권의 소멸시효가 완성된 경우 이를 원용할 수 있는 자는 원칙적으로는 시효이익을 직접 받는 자뿐이고, 채권자대위소송의 제3채무자는 이를 행사할 수 없다(대판 2004.2.12. 2001다10151). ㉣ 없다. 법정지상권의 경우 당사자 사이에 지료에 관한 협의가 있었다거나 법원에 의하여 지료가 결정되었다는 아무런 입증이 없다면, 법정지상권자가 지료를 지급하지 않았다고 하더라도 지료지급을 지체한 것으로는 볼 수 없으므로, 법정지상권자가 2년 이상의 지료를 지급하지 아니하였음을 이유로 하는 토지소유자의 지상권 소멸청구는 이유가 없고, 지료액 또는 그 지급시기 등 지료에 관한 약정은 이를 등기하여야만 제3자에게 대항할 수 있는 것이고, 법원에 의한 지료의 결정은 당사자의 지료결정청구에 의하여 형식적 형성소송인 지료결정판결로 이루어져야 제3자에게도 그 효력이 미친다(대판 2001.3.13. 99다17142). <답 ⑤>

11. 저당권의 침해에 관한 설명 중 옳지 않은 것은? (다툼이 있는 경우에는 판례에 의함) <사시 2005년>

① 이미 소멸한 선순위저당권의 설정등기가 말소되지 않고 있는 경우, 후순위저당권자는 방해배제청구권에 기해 선순위저당권등기의 말소를 청구할 수 있다.

② 부동산에 관하여 저당권설정등기가 경료되었다가 그 등기가 위조 등기서류에 의하여 아무런 원인 없이 말소되었다 하여 저당권이 소멸하는 것은 아니다.

③ 저당권설정자에게 책임 없는 사유로 저당물의 가액이 현저히 감소된 경우에도 저당권자는 담보물의 보충을 요구할 수 있는 권리를 가진다.

④ 채무자가 담보를 손상, 감소 또는 멸실하게 한 때 저당채권자는 즉시 변제를 청구할 수 있으며, 변제가 없으면 곧 저당권을 실행할 수 있다.

⑤ 저당권자가 담보물보충청구권을 행사하는 경우에는 손해배상청구권이나 즉시변제청구권을 행사할 수 없다.

해설

① 제370조. ② 등기가 불법하게 말소된 경우 그 물권은 소멸한다는 견해(곽윤직, 126면)가 있지만, 다수설과 판례(대판 1988.12.27. 87다카2431)는 등기는 효력존속요건이 아니라 발생요건이므로 물권이 소멸하지 않는다고 본다. ③⑤저당권설정자의 책임 있는 사유로 저당물의 가액이 현저히 감소된 때 저당권자는 설정자에 대하여 원상회복 또는 상당한 담보제공을 청구할 수 있다. 이러한 담보물보충청구권은 손해배상청구권과 선택적으로 행사하여야 한다(제362조 참조). ④ 제388조. <답 ③>

12. 저당권 침해의 구제에 관한 설명 중 옳은 것(○)과 옳지 않은 것(×)을 바르게 표시한 것은? <변호사모의 2011년 유사, 변호사 2012년 유사>

㉠ 나대지 상태의 대지에 저당권이 설정된 후 대지에 건물이 신축되기 시작한 후 저당권이 실행에 이르렀거나 실행이 예상되는 상황인데도 소유자 또는 제3자가 신축공사를 계속할 경우, 저당권자는 저당권에 기한 방해배제청구권을 행사할 수 있다.
㉡ 저당권자는 방해배제나 예방을 청구할 수 있지만 목적물의 반환청구권을 가지지 못한다.
㉢ 법률상으로는 무효이더라도 사실상 저당권의 행사에 장애가 될 수 있는 등기가 있는 때에는 저당권자가 그 말소를 청구할 수 있다.
㉣ 저당권의 침해가 있더라도 그 손해의 발생 여부는 불확실하므로 저당권의 실행 이후가 아니면 손해배상청구는 하지 못한다.

① ㉠(○), ㉡(○), ㉢(○), ㉣(○) ② ㉠(○), ㉡(○), ㉢(×), ㉣(○)
③ ㉠(○), ㉡(×), ㉢(○), ㉣(○) ④ ㉠(○), ㉡(○), ㉢(○), ㉣(×)

⑤ ㉠(×), ㉡(○), ㉢(○), ㉣(○) ⑥ ㉠(×), ㉡(○), ㉢(×), ㉣(×)
⑦ ㉠(×), ㉡(×), ㉢(○), ㉣(×) ⑧ ㉠(×), ㉡(×), ㉢(×), ㉣(×)

해설

㉠ 이러한 경우 신축건물을 위한 법정지상권이 성립하지 않는다고 할지라도 경매절차에 의한 매수인으로서는 신축건물의 소유자로 하여금 이를 철거하게 하고 대지를 인도받기까지 별도의 비용과 시간을 들여야 하므로, 저당목적 대지상에 건물신축공사가 진행되고 있다면, 이는 경매절차에서 매수희망자를 감소시키거나 매각가격을 저감시켜 결국 저당권자가 지배하는 교환가치의 실현을 방해하거나 방해할 염려가 있는 사정에 해당하는 것이므로 저당권자는 방해배제를 청구할 수 있다(대판 2006.1.27. 2003다58454). ㉡ 제370조, 제214조. ㉢ 실체적 권리에 부합하지 아니하는 무효의 등기가 존재하는 경우에, 예컨대 1번 저당권이 이미 변제되어 소멸되었음에도 불구하고 아직 말소되지 않고 있는 경우에는 2번 저당권자는 사실상 그의 저당권의 실행 또는 양도에 장애를 받게 되므로 그 등기의 말소를 청구할 수 있다. ㉣ 저당권이 침해되는 경우에는 불법행위가 성립하므로 저당권자는 손해의 배상을 청구할 수 있다(제750조). <답 ④>

13. 다음은 저당부동산의 제3취득자의 변제에 관한 설명이다. 옳지 않은 것은?

① 취득부동산으로 담보된 채권을 변제하고 저당권의 소멸을 청구할 수 있다.
② 이해관계 있는 제3자로서 채무자(저당권설정자)가 반대하는 경우에도 저당채무를 변제함으로써 저당권을 소멸시킬 수 있다.
③ 제3취득자는 변제기 전에 변제할 수 없다는 것이 판례의 입장이다.
④ 제3취득자가 피담보채권을 변제하더라도 저당권설정등기의 말소등기 없이는 저당권이 소멸하지 않는다.
⑤ 변제를 한 제3취득자는 채무자에 대하여 구상권을 갖는다.

해설

저당부동산의 제3취득자라고 함은 저당권설정자로부터 저당부동산의 소유권을 양도받거나 지상권 또는 전세권을 설정받은 양수인·지상권자·전세권자 등을 말한다. ① 제364조. ② 제469조 2항. ③ 다수설은 제3취득자는 채무자로서 변제하는 것이 아니라 변제할 권리를 갖기 때문에 일반규정인 제468조의 제한을 받지 않는다는 것을 논거로 하여 이를 긍정하고 있으나, 판례(대판 1979.8.21. 79다783)와 소수설은 변제기 전의 변제를 긍정하면 저당권의 투자수단으로서의 작용을 해한다고 하여 이를 부정하고 있다. ④ 법률의 규정에 의한 물권변동이기 때문에(제187조 참조), 제3취득자가 피담보채권을 변제하면 저당권설정등기의 말소등기 없이 저당권은 당연히 소멸한다(통설). ⑤ 물상보증인의 구상권에 관한 민법 제370조·제341조의 규정을 유추적용(대판 1997.7.25. 97다8403)하여 제3취득자의 구상권은 인정된다. <답 ④>

14. 물상보증에 관한 설명 중 옳지 않은 것은? (다툼이 있는 경우에는 판례에 의함)
<사시 2010년: 배점 2>

① 채무의 이행기가 도래하여도 보증인이 아닌 물상보증인은 원칙적으로 채무자에 대해 사전구상권을 행사할 수 없다.

② 연대채무자 모두를 위하여 물상보증인이 된 자가 연대채무자 1인에 대하여 구상권을 행사하는 경우, 그 연대채무자는 자신의 부담부분에 한하여 구상의무가 있다.
③ 물상보증인이 그 피담보채무의 부존재 또는 소멸을 주장하며 제기한 저당권설정등기 말소청구소송에서 채권자 겸 저당권자가 피담보채권의 존재를 주장하며 청구기각의 판결을 구하였다 하더라도 이로써 피담보채무의 소멸시효는 중단되지 않는다.
④ 채무자의 부탁 없이 물상보증인이 된 자가 담보권의 실행으로 인해 담보물의 소유권을 잃은 경우에는 이로 인해 피담보채권이 소멸할 당시 채무자가 얻은 이익을 한도로 구상권을 행사할 수 있다.
⑤ 물상보증의 목적물인 저당부동산의 제3취득자가 피담보채무를 변제하거나 저당권의 실행으로 저당물의 소유권을 잃은 경우, 특별한 사정이 없는 한 채무자에 대하여 구상권이 있다.

해설

① 민법 제370조에 의하여 민법 제341조가 저당권에 준용되는데, 민법 제341조는 타인의 채무를 담보하기 위한 저당권설정자가 그 채무를 변제하거나 저당권의 실행으로 인하여 저당물의 소유권을 잃은 때에 채무자에 대하여 구상권을 취득한다고 규정하여 물상보증인의 구상권 발생요건을 보증인의 경우와 달리 규정하고 있는 점, 물상보증은 채무자 아닌 사람이 채무자를 위하여 담보물권을 설정하는 행위이고 채무자를 대신해서 채무를 이행하는 사무의 처리를 위탁받는 것이 아니므로 물상보증인은 담보물로서 물적 유한책임만을 부담할 뿐 채권자에 대하여 채무를 부담하는 것이 아닌 점, 물상보증인이 채무자에게 구상할 구상권의 범위는 특별한 사정이 없는 한 채무를 변제하거나 담보권의 실행으로 담보물의 소유권을 상실하게 된 시점에 확정된다는 점 등을 종합하면, 원칙적으로 수탁보증인의 사전구상권에 관한 민법 제442조는 물상보증인에게 적용되지 않는다(대판 2009.7.23. 2009다19802,19819). ② 제341조 및 제370조 참조. 그리고 연대채무자가 수인이 있는 경우에 이들 모두를 위한 연대보증인은 보증채무의 이행으로 한 출연액 전부에 대하여 어느 연대채무자에게나 구상권을 갖는다(대판 1992.5.12. 91다3062). ③ 직접 채무자에 대하여 재판상 청구를 한 것으로 볼 수는 없는 것이므로 피담보채권의 소멸시효에 관하여 규정한 민법 제168조 제1호 소정의 '청구'에 해당하지 않는다(대판 2004.1.16. 2003다30890). ④ 제341조 및 제444조 참조. ⑤ 저당권이 설정된 부동산을 매매할 때 그 매수인이 동시에 그 저당권에 의하여 담보되는 채무를 인수한 경우에는 그 채무변제는 자기의 채무변제이므로 구상권이 발생할 여지 없고 따라서 대위문제가 있을 수 없으나 그 담보된 채무를 인수하였느냐의 여부는 당사자의 의사를 해석하여 결정될 문제로서 특별한 사정이 없는 한 그 담보된 채무를 인수한 것이 아니라고 봄이 상당하여 그것을 변제한 때에는 구상권이 발생하고 대위가 성립된다(대판 1974.12.10. 74다1419). (따라서) 타인의 채무를 담보하기 위하여 저당권을 설정한 부동산의 소유자(물상보증인)로부터 소유권을 양수한 제3자는 채권자에 의하여 저당권이 실행되게 되면 저당부동산에 대한 소유권을 상실한다는 점에서 물상보증인과 유사한 지위에 있다고 할 것이므로, 물상보증의 목적물인 저당부동산의 제3취득자가 채무를 변제하거나 저당권의 실행으로 저당물의 소유권을 잃은 때에는 물상보증인의 구상권에 관한 민법 제370조와 제341조의 규정을 유추적용하여 보증채

무에 관한 규정에 의하여 채무자에 대한 구상권이 있다(대판 1997.7.25. 97다8403).

<답 ②>

15. 물상보증인에 관한 설명 중 옳지 않은 것을 모두 고르면? (다툼이 있는 경우에는 판례에 의함)

<사시 2007년: 배점 3>

> ㉠ 물상보증인의 채무자에 대한 구상권은 그들 사이의 물상보증위탁계약의 법적 성질과 관계없이 민법에 의하여 인정된 별개의 독립한 권리이고, 그 소멸시효에 있어서는 민법상 일반채권에 관한 규정이 적용된다.
>
> ㉡ 근저당권의 물상보증인은 채권최고액만을 변제하면 근저당권설정등기의 말소청구를 할 수 있고, 채권최고액을 초과하는 부분의 채권액까지 부담하는 것은 아니다.
>
> ㉢ 물상보증인이 근저당권의 피담보채무만을 면책적으로 인수하고 이를 원인으로 하여 근저당권 변경의 부기등기를 경료한 경우, 특별한 사정이 없는 한 변경등기 후 그 물상보증인이 다른 원인으로 근저당권자에 대하여 부담하게 된 새로운 채무까지 담보하는 것으로 볼 수 없다.
>
> ㉣ 채권자가 물상보증인에 대하여 그 피담보채권의 실행으로 경매를 신청하여 경매법원이 경매개시결정을 하고 채무자에게 그 결정이 송달되거나 또는 경매기일이 통지되었다 하더라도 시효의 이익을 받는 채무자에게는 당해 피담보채권의 소멸시효 중단의 효과가 미치지 않는다.
>
> ㉤ 물상보증은 채무자가 아닌 사람이 채무자를 위하여 담보물권을 설정하는 행위이고 채무자를 대신해서 채무를 이행하는 사무의 처리를 위탁받은 것이므로, 물상보증인이 변제 등에 의하여 채무자를 면책시키는 것은 의무 없이 채무자를 위하여 사무를 처리한 것이 아니라, 법적 의미에서는 위임사무의 처리라고 보아야 한다.

① ㉠, ㉣ ② ㉡, ㉤ ③ ㉡, ㉢
④ ㉢, ㉣ ⑤ ㉣, ㉤ ⑥ ㉢, ㉤
⑦ ㉠, ㉢ ⑧ ㉡, ㉣

해설

㉠ 옳음. 물상보증인이 변제 등에 의하여 채무자를 면책시키는 것은 위임사무의 처리가 아니고 법적 의미에서는 의무 없이 채무자를 위하여 사무를 관리한 것에 유사하므로 물상보증인의 채무자에 대한 구상권은 물상보증위탁계약의 법적 성질과 관계없이 민법에 의하여 인정된 별개의 독립한 권리이고, 그 소멸시효에 있어서는 민법상 일반채권에 관한 규정이 적용된다(대판 2001.4.24. 2001다6237). ㉡ 옳음. 대판 1974.12.10. 74다998 등 참고. ㉢ 옳음. 대판 2002.11.26. 2001다73022 등 참고. ㉣ 틀림. 이러한 경우 시효의 이

익을 받는 채무자는 민법 제176조에 의하여 당해 피담보채권의 소멸시효 중단의 효과를 받는다(대판 1997.8.29. 97다12990 등 참고). ⓜ 틀림. 물상보증인이 변제 등에 의하여 채무자를 면책시키는 것은 위임사무의 처리가 아니고 법적 의미에서는 의무 없이 채무자를 위하여 사무를 관리한 것에 유사하다(대판 2001.4.24. 2001다6237). <답 ⑤>

16. A는 B의 부탁을 받고 C에 대한 B의 채무를 담보할 목적으로 자기 소유인 甲토지 위에 C를 저당권자로 하는 저당권을 설정하였다. 이에 관한 설명 중 옳은 것을 모두 고르면?

> ㉠ A가 C의 채무를 부담하는 것은 아니므로 C는 저당권만을 실행할 수 있을 뿐이고, A에 대하여 B의 채무를 변제할 것을 청구할 수는 없다. A가 B의 채무를 변제하였다 하더라도 C의 승낙이 없으면 C를 대위하지 못한다.
> ㉡ A가 C의 저당권 실행으로 甲토지의 소유권을 상실한 경우뿐만 아니라 A 스스로 B의 채무를 변제한 경우에도 A의 출재로 채무가 소멸된 경우에 해당하므로, A는 B에 대하여 구상권을 가지고 그 범위는 부탁을 받은 보증인의 경우와 같다.
> ㉢ A는 B의 채무에 대해서 그 소멸시효를 원용할 수 있고, 그 시효기간이 경과한 후에는 시효기간의 경과 전에 B가 채무를 승인하였다 하더라도 소멸시효중단의 효력을 부정할 수 있다.
> ㉣ 저당권의 실행을 통지받은 A가 이를 B에게 사전에 알리지 않고 있던 중, 저당권이 실행되어 A는 B에게 구상권을 행사하였다. 이에 B는 C에 대하여 가지고 있는 반대채권과의 상계를 이유로 A의 구상을 거절할 수 있다.
> ㉤ D는 A로부터 甲토지의 소유권을 취득하였다. 그 후 C의 저당권 실행으로 인해 甲토지의 소유권을 상실하였다 하더라도, 이는 D 자신이 B의 채무를 변제한 것은 아니므로 C를 대위하지 못한다.

① ㉠, ㉡ ② ㉠, ㉢ ③ ㉠, ㉣ ④ ㉠, ㉤
⑤ ㉡, ㉢ ⑥ ㉡, ㉣ ⑦ ㉡, ㉤ ⑧ ㉢, ㉣
⑨ ㉢, ㉤ ⑩ ㉣, ㉤

해설

㉠ 물상보증인이란 타인의 채무를 위하여 자기의 재산 위에 물적 담보(질권 · 저당권 · 양도담보)를 설정하는 자로, 채권자에 대하여 채무를 부담하지는 않으며 그 채무에 대한 책임만을 부담할 뿐이다. 따라서 전문은 옳다. 그러나 물상보증인은 '변제할 정당한 이익을 가지는 자'로 A가 채무자 B의 채무를 변제한 경우에는 채권자 C의 승낙 없이 B에 대하여 당연히 C를 대위한다(제481조). ㉡ 물상보증인 A가 저당권의 실행으로 저당목적물의 소유권을 상실한 경우나 A 스스로 B의 채무를 변제한 경우는, 자기의 출재로 타인의 채무를 소멸시켰다는 점에서 보증인이 주채무자의 채무를 변제한 경우와 유사하므로 보증채무

에 관한 규정에 의하여 채무자 B에 대하여 구상권을 가진다(제341조). 또한 A는 B의 부탁으로 물상보증인이 되었기 때문에 수탁보증인과 같은 범위로 B에게 구상할 수 있다(제441조). ㉢ 소멸시효의 완성을 주장할 수 있는 자는 시효로 인하여 채무가 소멸됨으로써 직접적인 이익을 받는 사람에 한정된다. 이에 대하여 물상보증인은 채권자에 대하여 물적 유한책임을 지고 있어 그 피담보채권의 소멸에 의하여 직접 이익을 받는 관계에 있으므로 소멸시효의 완성을 주장할 수 있다(대판 2007.1.11. 2006다33364 등). 따라서 전문은 옳다. 한편, 저당권은 그 발생 및 소멸에 관하여 피담보채권에 부종한다(제369조). 따라서 물상보증인 A가 채무자 B의 승인으로 피담보채권에 대해서 발생한 소멸시효중단의 효력을 부정할 수 있다고 한다면, 이는 담보권의 부종성에 저촉된다 할 것이므로 A는 소멸시효중단의 효력을 부정할 수 없다고 해야 한다(일본 最判 平 7.3.10). 따라서 후문은 옳지 않다. ㉣ 물상보증인 A는 저당권의 실행으로 甲토지의 소유권을 상실한 경우, 채무자 B에 대하여 구상권을 갖는다(제341조. ㉡의 해설 참고). 그러나 저당권 실행의 통지를 받은 물상보증인이 이를 채무자에게 통지하지 않은 경우, 채무자가 채권자에게 대항할 수 있는 사유가 있었을 때에는 이 사유를 가지고 물상보증인에게 대항할 수 있고 그 대항사유가 상계인 때에는 상계로 소멸할 채권은 보증인에게 이전된다(제341조, 제445조 1항). 따라서 B는 A의 구상을 거절할 수 있다. ㉤ 담보물의 제3취득자도 변제하지 않으면 목적물에 대한 권리를 상실하게 된다는 점에서 변제할 정당한 이익이 있는 자이므로, C의 저당권 실행으로 甲토지의 소유권을 상실한 제3취득자 D는 당연히 B에 대하여 C를 대위한다(제481조).

<답 ⑥>

17. 근저당권에 관한 설명으로 옳지 않은 것을 고르면? (다툼이 있는 경우에는 판례에 의함) <사시 2007년: 배점 2, 사시 2012년 유사>

① 부동산소유자로부터 근저당권설정을 위임받은 대리인이 소유자의 승낙 없이 자기 앞으로 소유권이전등기를 한 후 근저당권을 설정하였다면 그 근저당권설정등기는 유효이다.

② 근저당권은 그 설정계약에서 약정한 확정시기에 있어서의 채권을 담보하는 것이며, 그 피담보채권의 확정시기는 당사자 사이의 약정에 의하여 연장될 수 있다.

③ 매수인의 기망을 이유로 매매계약이 취소된 경우, 그 매매대금채무를 담보하기 위하여 설정된 근저당권은 매수인의 기망행위로 매도인에게 발생한 손해를 배상할 채무도 담보한다.

④ 후순위 근저당권자가 담보권을 실행하기 위하여 경매를 신청한 경우, 선순위 근저당권의 피담보채권은 그 근저당권이 소멸하는 시기, 즉 매수인이 매각대금을 완납한 때에 확정된다.

⑤ 근저당권자가 피담보채무의 불이행을 이유로 경매신청을 한 경우에는 경매신청시에 근저당권의 피담보채무액이 확정되나, 경매개시결정이 있은 후에 경매신청이 취하된 경우, 그 소급효로 인하여 채무확정의 효과가 번복된다.

해설 ……………………………………

① 옳음. 소유자는 소유권등기명의자에게 그 등기명의의 환원을 청구할 수 있다. 그러나 저당권에 있어서는 대리(위임)의 취지에 위배된다고 할 수 없다. 따라서 형식상 저당권설정자가 다르다는 등의 이유로 근저당권설정등기의 말소를 주장 할 수는 없을 것이다(대판 1989.6.27. 88다카23490). ② 옳음. 대판 2002. 5.24. 2002다7176 등 참고. ③ 옳음. 대판 1987.4.28, 86다카2458 등 참고. ④ 옳음. 담보되는 채권이 확정되는 시기는 i) 근저당권자 경매를 신청하는 때(대판 2002.11.26, 2001다73022), ii) 제3자 또는 후순위 근저당권자가 경매신청한 경우에는 매각대금을 완납한 때(대판 1999.9.21. 99다26085)이다. ⑤ 틀림. 경매신청시에 근저당 채무액이 확정되면 그 이후부터 근저당권은 부종성을 가지게 되어 보통의 저당권과 같은 취급을 받게 되는바, 위와 같이 경매신청을 하여 경매개시결정이 있은 후에 경매신청이 취하되었다고 하더라도 채무확정의 효과가 번복되는 것은 아니다(대판 2002.11.26. 2001다73022). <답 ⑤>

18. 근저당권에 관한 설명 중 옳지 않은 것은? (다툼이 있는 경우에는 판례에 의함) <사시 2009년: 배점 2, 사시 2012년 유사>

① 부동산에 설정된 근저당권의 피담보채권이 소멸한 후 그 부동산에 관하여 제3자에게 소유권이 이전된 경우, 현재의 소유자만이 자신의 소유권에 기하여 피담보채무의 소멸을 원인으로 그 근저당권설정등기의 말소를 청구할 수 있을 뿐, 근저당권설정자인 종전의 소유자는 근저당권자를 상대로 피담보채무의 소멸을 이유로 한 근저당권설정등기의 말소를 청구할 수 없다.

② 근저당권에서 채권의 총액이 채권최고액을 초과하는 경우, 근저당권자와 채무자 겸 근저당권설정자와의 관계에 있어서는 채권 전액의 변제가 있을 때까지 근저당권의 효력은 채권최고액과는 관계없이 잔존채무에 여전히 미친다.

③ 근저당권 이전의 부기등기는 기존의 주등기인 근저당권설정등기에 종속되어 주등기와 일체를 이루는 것이어서, 피담보채무가 소멸되었거나 근저당권설정등기가 당초 원인무효인 경우 주등기인 근저당권설정등기의 말소만 구하면 되고 그 부기등기는 별도로 말소를 구하지 않더라도 주등기의 말소에 따라 직권으로 말소되는 것이므로 그 말소를 구할 소의 이익이 없다.

④ 물상보증인이 근저당권의 채무자의 피담보채무만을 면책적으로 인수하고 이를 원인으로 하여 근저당권 변경의 부기등기를 경료한 경우, 특별한 사정이 없는 한 그 변경등기는 당초 채무자가 근저당권자에 대하여 부담하고 있던 것으로서 물상보증인이 인수한 채무만을 그 대상으로 하는 것이지, 그 후 채무를 인수한 물상보증인이 다른 원인으로 근저당권자에 대하여 부담하게 된 새로운 채무까지 담보하는 것으로 볼 수는 없다.

⑤ 변제할 정당한 이익이 있는 자가 채무자를 위하여 확정된 근저당권의 피담보채무의 일부를 대위변제한 경우, 대위변제자는 일부대위변제를 원인으로 한 근저당권 일부이전의 부기등기의 경료 여부와 관계없이 변제한 가액의 범위 내에서 종래 근저당권 채권자가 가지고 있던 채권 및 담보에 관한 권리를 법률상 당연히 취득하게 되는 것이나, 이때에도 근저당권 채권자는 대위변제자에 대하여 우선변제권을 가진다.

해설 ···

① 틀림. 근저당권설정자인 종전의 소유자도 근저당권설정계약의 당사자로서 근저당권소멸에 따른 원상회복으로 근저당권자에게 근저당권설정등기의 말소를 구할 수 있는 계약상 권리가 있으므로 이러한 계약상 권리에 터잡아 근저당권자에게 피담보채무의 소멸을 이유로 하여 그 근저당권설정등기의 말소를 청구할 수 있다고 봄이 상당하고, 목적물의 소유권을 상실하였다는 이유만으로 그러한 권리를 행사할 수 없다고 볼 것은 아니다(대판[전] 1994.1.25. 93다16338 참고). ② 옳음. 대판 2001.10.12. 2000다59081 참고. ③ 옳음. 대판 2003.4.11. 2003다5016 등 참고. ④ 옳음. 대판 2002.11.26. 2001다73022 참고. ⑤ 옳음. 대판 2004.6.25. 2001다2426 참고. <답 ①>

19. 근저당권에 관한 설명 중 옳지 않은 것을 모두 고른 것은? (다툼이 있는 경우에는 판례에 의함) <사시 2008년 변형: 배점 3>

㉠ 근저당권자의 채권액이 근저당권의 채권최고액을 초과하는 경우에, 배당받을 채권자나 제3취득자가 없고 매각대금 중 그 최고액을 초과하는 금액이 있다면, 이는 근저당권설정자에게 반환하여야 한다.

㉡ 근저당권이 설정된 후 근저당물을 취득한 제3자가 그 부동산의 보존·개량을 위하여 필요비 또는 유익비를 지출한 경우, 그는 근저당물의 경매대가 중 근저당권자가 배당받고 남은 금액에서 우선상환을 받을 수 있다.

㉢ 근저당권의 존속기간이나 그 결산기를 정하지 아니한 경우, 그 피담보채무의 확정방법에 관한 별다른 약정이 없다면, 근저당권설정자는 근저당권자를 상대로 언제든지 해지의 의사표시를 함으로써 피담보채무를 확정시킬 수 있지만, 근저당부동산의 소유권을 취득한 제3취득자는 이러한 계약의 해지에 관한 권한을 원용할 수 없다.

㉣ 물상보증인이 근저당권의 피담보채권에 대하여 다투고 있더라도, 근저당권자는 근저당권을 실행하여 채권최고액까지 피담보채권의 우선변제를 받을 수 있으므로, 특별한 사정이 없는 한 물상보증인을 상대로 근저당권의 피담보채권의 확정을 위하여 확인의 소를 제기할 이익은 없다.

① ㉠, ㉡, ㉢, ㉣ ② ㉠, ㉡, ㉢ ③ ㉠, ㉡, ㉣
④ ㉠, ㉢, ㉣ ⑤ ㉡, ㉢, ㉣

해설

㉠ 민사집행법상 경매절차에 있어 근저당권설정자와 채무자가 동일한 경우에 근저당권의 채권최고액은 민사집행법 제148조에 따라 배당받을 채권자나 저당목적 부동산의 제3취득자에 대한 우선변제권의 한도로서의 의미를 갖는 것에 불과하고, 그 부동산으로써는 그 최고액 범위 내의 채권에 한하여서만 변제를 받을 수 있다는 이른바 책임의 한도라고까지는 볼 수 없다(대판 2009.2.26. 2008다4001). 즉, 지문과 같은 경우 초과하는 금액도 근저당권자의 채무변제에 충당된다. ㉡ 제3취득자(여기서 제3취득자란 저당물에 관한 지상권·전세권을 취득한 자뿐만 아니라 소유권을 취득한 자도 이에 해당한다: 대판 2004.10.15. 2004다36604)가 그 부동산의 보존·개량을 위하여 필요비 또는 유익비를 지출한 때에는 점유자의 비용상환청구권의 규정(제203조 1항·2항)에 의하여 저당물의 경매대가에서 우선상환을 받을 수 있다. 그러나 건물의 증축비용을 투자한 대가로 건물에 대한 지분이전등기를 경료받았으나 저당권의 실행으로 그 권리를 상실한 자는 건물에 관한 제3취득자로서 필요비 또는 유익비를 지출한 것이 아니므로 저당물의 경매대가에서 우선상환을 받을 수 없다(동 판례). ㉢ 근저당권의 존속기간이나 결산기의 정함이 없는 때에는 근저당권의 피담보채무의 확정방법에 관한 다른 약정이 있으면 그에 따르되 이러한 약정이 없는 경우라면 근저당권설정자가 근저당권자를 상대로 언제든지 해지의 의사표시를 함으로써 피담보채무를 확정시킬 수 있고, 피담보채무를 확정시키는 근저당권설정자의 근저당권설정계약의 해제 또는 해지에 관한 권한은 근저당부동산의 소유권을 취득한 제3취득자도 원용할 수 있다(대판 2006.4.28. 2005다74108 참고). ㉣ 근저당권자가 근저당권의 피담보채무의 확정을 위하여 스스로 물상보증인을 상대로 확인의 소를 제기하는 것이 부적법하다고 볼 것은 아니며, 물상보증인이 근저당권자의 채권에 대하여 다투고 있을 경우 그 분쟁을 종국적으로 종식시키는 유일한 방법은 근저당권의 피담보채권의 존부에 관한 확인의 소라고 할 것이므로, 근저당권자가 물상보증인을 상대로 제기한 확인의 소는 확인의 이익이 있어 적법하다(대판 2004.3.25. 2002다20742). <답 ①>

20. 근저당에 관한 다음 설명 중 옳은 것(○)과 옳지 않은 것(×)을 바르게 표시한 것은?

㉠ 근저당권의 피담보채권이 채무자 또는 제3자의 변제 등으로 일부 소멸하였으나 그 잔존액이 채권최고액을 초과하는 경우라면 근저당권의 목적이 된 부동산의 제3취득자가 그 부동산에 의하여 부담하는 자신의 책임이 위 변제 등으로 감축되었음을 주장할 수 없다.
㉡ 근저당으로 담보할 채권의 최고액을 설정계약당사자들이 약정하여야 하나, 반드시 등기하여야 하는 것은 아니다.
㉢ 저당부동산의 제3취득자는 최고액만을 변제하고 근저당권의 소멸을 청구할 수 없다.
㉣ 피담보채권이 잔존하는 한 기본계약의 해지에 의하여 근저당권의

효력에는 아무런 변동이 생기지 않는다.

① ㉠(○), ㉡(○), ㉢(○), ㉣(○) ② ㉠(○), ㉡(○), ㉢(×), ㉣(○)
③ ㉠(○), ㉡(×), ㉢(○), ㉣(○) ④ ㉠(○), ㉡(×), ㉢(×), ㉣(×)
⑤ ㉠(×), ㉡(○), ㉢(○), ㉣(○) ⑥ ㉠(×), ㉡(○), ㉢(×), ㉣(×)
⑦ ㉠(×), ㉡(×), ㉢(○), ㉣(×) ⑧ ㉠(×), ㉡(×), ㉢(×), ㉣(×)

해설

㉠ 제3취득자로서는 채무자 또는 제3자의 변제 등으로 피담보채권이 일부 소멸하였다고 하더라도 잔존 피담보채권이 채권최고액을 초과하는 한 담보 부동산에 의한 자신의 책임이 그 변제 등으로 인하여 감축되었다고 주장할 수 없다(대판 2007.4.26. 2005다38300). ㉡ 채권의 최고액이 반드시 명시되어야 한다(부등법 제75조 2항). ㉢ 제3취득자는 채권최고액만을 변제하고 근저당권의 소멸을 청구할 수 있다(대판 1971.4.6. 76다26). ㉣ 피담보채권이 잔존하고 있는 경우에는 기본계약의 해지에 의하여 근저당권은 보통저당권으로 되고 근저당은 소멸한다. <답 ④>

21. 다음은 근저당권에 관한 설명이다. 판례에 의할 때 옳은 것(○)과 옳지 않은 것(×)을 바르게 표시한 것은? <사시 2012년 유사>

㉠ 채무자 소유의 수개 부동산에 관하여 공동근저당권이 설정된 후 선순위 공동근저당권자가 피담보채권을 변제받기 전에 공동근저당 목적 부동산 중 일부에 관한 근저당권을 포기한 경우에는, 후순위 근저당권자가 있는 부동산에 관한 경매절차에서 근저당권을 포기하지 아니하였더라면 후순위 근저당권자가 대위할 수 있었던 한도에서는 후순위 근저당권자에 우선하여 배당을 받을 수 없다.
㉡ 근저당권은 그 성질상 근저당권설정행위와는 별도로 근저당권의 피담보채권을 성립시키는 법률행위가 있어야 하므로 근저당권의 성립 당시 근저당권의 피담보채권을 성립시키는 법률행위가 있었는지 여부에 대한 입증책임은 그 존재를 주장하는 측에 있다.
㉢ 근저당권이 있는 채권이 압류될 경우 근저당권설정등기에 부기등기의 방법으로 그 피담보채권의 압류사실을 기입등기하는데, 만약 근저당권의 피담보채권이 존재하지 않아 그 압류명령이 무효로 되면 압류권자는 등기상 이해관계 있는 제3자로서 근저당권의 말소에 대한 승낙의 의사표시를 하여야 할 의무를 부담한다.
㉣ 물상보증인이 설정한 근저당권의 채무자가 합병으로 소멸하는 경우 합병 후의 신설회사는 합병의 효과로서 채무자의 기본계약상 지위를 승계하기 때문에 비록 물상보증인이 신설회사를 위하여 근저당권설정계약을 존속시키는 데 동의하지 않더라도 합병 후에

도 기본계약에 기한 근저당거래를 계속할 수 있다.

① ㉠(○), ㉡(○), ㉢(○), ㉣(○) ② ㉠(○), ㉡(○), ㉢(○), ㉣(×)
③ ㉠(○), ㉡(×), ㉢(○), ㉣(○) ④ ㉠(○), ㉡(×), ㉢(×), ㉣(×)
⑤ ㉠(×), ㉡(○), ㉢(○), ㉣(○) ⑥ ㉠(×), ㉡(○), ㉢(×), ㉣(×)
⑦ ㉠(×), ㉡(×), ㉢(○), ㉣(×) ⑧ ㉠(×), ㉡(×), ㉢(×), ㉣(×)

해설

㉠ 옳음. 후순위저당권자로서는 선순위 공동저당권자가 피담보채권을 변제받지 않은 상태에서도 추후 공동저당 목적 부동산 중 일부에 관한 경매절차에서 선순위 공동저당권자가 그 부동산의 책임분담액을 초과하는 경매대가를 배당받는 경우 다른 공동저당 목적 부동산에 관하여 선순위 공동저당권자를 대위하여 저당권을 행사할 수 있다는 대위의 기대를 가지며, 후순위저당권자의 이와 같은 대위에 관한 정당한 기대는 보호되어야 한다. 또한 이러한 법리는 공동근저당권의 경우에도 마찬가지로 적용 된다(대판 2009.12.10. 2009다41151). 이러한 법리는 동일한 채권의 담보를 위하여 공유인 부동산에 공동저당의 관계가 성립된 경우에도 마찬가지로 적용된다(대판 2011.10.13. 2010다99132). ㉡㉢ 옳음(대판 2009.12.24. 2009다72070 참고). ㉣ 틀림. 물상보증인이 신설회사를 위하여 근저당권설정계약을 존속시키는 데 동의한 경우에 한하여 합병 후에도 기본계약에 기한 근저당거래를 계속할 수 있고, 합병 후 상당한 기간이 지나도록 그러한 동의가 없는 때에는 합병 당시를 기준으로 근저당권의 피담보채무가 확정된다. 따라서 위와 같이 근저당권의 피담보채무가 확정되면 근저당권은 그 확정된 피담보채무로서 신설회사에 승계된 채무만을 담보하게 되므로, 합병 후 기본계약에 의하여 발생한 신설회사의 채무는 근저당권에 의하여 더 이상 담보되지 않는다. 그리고 이러한 법리는 채무자의 합병 전에 물상보증인으로부터 저당목적물의 소유권을 취득한 제3자가 있는 경우에도 마찬가지로 적용된다(대판 2010.1.28. 2008다12057).

<답 ②>

22. 甲 소유의 A토지에 1순위로 채권최고액을 6,000만 원으로 하는 乙 명의의 근저당권설정등기가 경료되고, 6개월 뒤에 2순위로 채권최고액을 1,000만 원으로 하는 丙 명의의 근저당권설정등기가 경료되었다. 그 후 甲은 A토지를 乙에게 매도하고 乙 명의의 소유권이전등기를 해주었다. 다음 설명 중 옳은 것을 모두 고르면?(다툼이 있는 경우에는 판례에 의함)

<사시 2011년 변형: 배점 4, 변호사 2012년 유사>

ㄱ. 乙의 근저당권은 혼동으로 소멸한다.
ㄴ. 丙의 피담보채권이 1,000만 원을 초과하더라도, 丙의 경매신청이 있기 전이면 乙은 丙에게 1,000만 원만을 변제하고 근저당권의 소멸을 청구할 수 있다.
ㄷ. 乙이 甲의 丙에 대한 피담보채무의 변제기 도래 후 이를 丙에게 변제한 경우에는 乙은 丙을 대위하는 외에 甲에게 그 상환을 청구할 수 있다.
ㄹ. 乙이 甲의 丙에 대한 피담보채무를 인수하는 것으로 매매대금의

지급에 갈음하기로 甲, 乙 간에 약정한 때에는, 乙이 그 인수한 채무를 이행하지 않음으로써 丙의 근저당권이 실행되어 소유권을 잃게 되더라도, 甲은 매도인의 담보책임을 지지 않는다.

ㅁ. 甲이 A 토지를 타인에게 매도하면 丙은 자신의 근저당권을 말소하여 주기로 甲과 丙이 약정한 경우, 그 후 丙이 甲과의 상의 없이 자신의 근저당권을 확정된 피담보채권과 함께 丁에게 이전하였더라도 丁은 甲이 A 토지를 乙에게 매도한 이상 甲에게 자신의 근저당권을 말소할 의무를 진다.

ㅂ. 만약 甲이 A 토지를 乙에게 매도하여 乙 명의의 소유권이전등기를 해주기 전이라면, 乙에게 확정된 甲의 피담보채무액이 7,000만 원인 경우, A의 2번 근저당권자인 丙은 乙에게 채권최고액 6,000만 원을 변제하고 1번 근저당권의 소멸을 청구할 수 있다.

① ㄴ, ㄷ, ㄹ ② ㄱ, ㄴ, ㄷ, ㅁ ③ ㄷ, ㄹ, ㅁ
④ ㄴ, ㄷ, ㅁ, ㅂ ⑤ ㄱ, ㄷ, ㄹ, ㅂ ⑥ ㄴ, ㄹ, ㅂ

해설

㉠ 틀림. 제191조 제1항 단서 참조. ㉡ 옳음. 乙은 근저당부동산의 소유권을 취득한 제3취득자로서 근저당권의 최고액까지 변제하고 근저당권의 말소를 청구할 수 있다(민법 제364조). ㉢ 옳음. 민법 제370조 및 제341조 참조. ㉣ 옳음. 대판 2002.9.4. 2002다11151 참고. ㉤ 틀림. 물권인 근저당권자의 근저당권 자체가 등기에 의하여 공시된 바와 달리 甲과 丙 사이의 약정에 의하여 제한되지 않으므로 그 근저당권의 인수인 丁이 당연히 위 약정에 따른 근저당권자의 채무를 인수하는 것도 아니다(대판 2001.3.23. 2000다49015 참고). ㉥ 틀림. 민법 제364조에 의한 권리를 취득한 제3자는 피담보채무가 확정된 이후에 채권최고액의 범위 내에서 그 확정된 피담보채무를 변제하고 근저당권의 소멸을 청구할 수 있으나, 근저당부동산에 대하여 후순위근저당권을 취득한 자는 민법 제364조에서 정한 권리를 행사할 수 있는 제3취득자에 해당하지 아니하므로 이러한 후순위근저당권자가 선순위근저당권의 피담보채무가 확정된 이후에 그 확정된 피담보채무를 변제한 것은 민법 제469조의 규정에 의한 이해관계 있는 제3자의 변제로서 유효한 것인지 따져볼 수는 있을지언정 민법 제364조의 규정에 따라 선순위근저당권의 소멸을 청구할 수 있는 사유로는 삼을 수 없다(대판 2006.1.26. 2005다17341). <답 ①>

23. 甲이 2012.1.3. 乙, 丙 회사와 각 공급기간을 2년으로 하여 우유를 공급받는 계약을 체결하고, 외상대금을 담보하기 위하여 甲 소유인 X부동산에 관하여 乙회사에게 1순위로 채권최고액 3,000만 원의, 丙회사에게 2순위로 채권최고액 4,000만 원의 각 근저당권을 설정하여 주었다. 2012.8.5. 乙 회사에 대한 외상대금 원금이 2,400만 원, 丙회사에 대한 외상대금 원금이 3,600만 원에 이르게 되자 丙회사가 경매를 신청하여 X부동산이 1억 원에 매각되어 대금이 완납되고 매수인 명의로 소유권이전등기가 경료되었다. 외상대금 원금과 지연손해금의 날짜별 금액은 다음과 같고, 甲의 일반채권자 丁이 1억 원의 채권으로 적법하게 배당요구를 한 상태이다. 乙회사와 丙회사가 위 근저당

권에 기하여 우선적으로 배당받을 금액은? (다툼이 있는 경우에는 판례에 의함)
<변호사시험 2013년>

	乙 회사			丙 회사		
	외상대금 원 금	지연손해금	합 계	외상대금 원 금	지연손해금	합 계
2012.8.5. (경매신청)	2,400만 원	300만 원	2,700만 원	3,600만 원	300만 원	3,900만 원
2012.12.5. (매각대금완납)	2,600만 원	360만 원	2,960만 원	3,600만 원	500만 원	4,100만 원
2013.1.5. (배당일)	2,600만 원	390만 원	2,990만 원	3,600만 원	600만 원	4,200만 원

① 乙 회사 2,700만 원, 丙 회사 3,900만 원
② 乙 회사 2,960만 원, 丙 회사 3,900만 원
③ 乙 회사 2,960만 원, 丙 회사 4,000만 원
④ 乙 회사 2,990만 원, 丙 회사 3,900만 원
⑤ 乙 회사 2,990만 원, 丙 회사 4,000만 원

해설

근저당권자의 피담보채권액의 확정은 근저당권자가 경매를 신청한 경우에는 경매신청시에(대판 1989.11.28. 89다카15601 참고), 후순위자가 경매를 신청한 경우에는 경락대금완납시이다(대판 1999.9.21. 99다26085 참고). 따라서 丙의 피담보채권액은 3,600만 원이고, 乙의 피담보채권액은 2,600만 원이다. 한편, 피담보채권액이 확정된 이후에도 확정 전에 발생한 원본채권에 관하여 확정 후에 발생하는 이자나 지연손해금 채권은 채권최고액의 범위 내에서 근저당권에 의하여 여전히 담보되므로(대판 2007.4.26. 2005다38300), 丙은 배당일까지의 지연손해금 600만 원을 합하여 4,200만 원이 되나 최고액이 4,000만 원이므로 4,000만 원을 배당받게 된다. 乙은 배당일까지의 지연손해금 390만 원을 합하여 2,990만 원을 배당받는다. <답 ⑤>

24. 다음은 공동저당에 관한 설명이다. 틀린 것은? (다툼이 있는 경우에는 판례에 의함)

① 공동저당의 어느 일부 부동산만을 경매하여 그 대가를 먼저 배당하는 때에는, 공동저당권자는 그 대가로부터 채권전부의 변제를 받을 수 있다.
② ①의 경우에 그 경매된 부동산의 차순위저당권자는 공동저당부동산을 동시에 경매하여 배당하였더라면 공동저당권자가 다른 부동산에서 변제받을 수 있었던 금액의 한도 내에서 공동저당권자를 대위하여 그 저당권을 실행할 수 있다.

③ ②에 있어서 '차순위의 저당권자'는 공동저당권자의 후순위저당권자 모두를 말한다. 그리고 후순위저당권자의 대위권이 인정되는 경우는 공동저당권자가 채권의 전부를 변제받은 경우만이다.

④ 공동저당의 목적인 부동산의 일부에 선순위저당권이 존재하는 경우에는 공동저당권자는 모든 부동산을 일괄경매할 수 없다.

⑤ 공동저당의 목적물의 전부 또는 일부가 채무자 이외의 자의 소유에 속하는 경우에도 공동저당권은 아무런 영향을 받지 않는다.

해설

① 제368조 2항 1문. ② 제368조 2항 2문. ③ 공동저당권자가 채권의 전부를 변제받은 경우뿐만 아니라 일부변제를 받은 경우에도 후순위저당권자의 대위권이 인정된다. 만약에 이러한 결과를 인정하지 않는다면 선순위의 공동저당권자가 어느 부동산의 대가의 금액으로 그의 채권의 일부의 변제를 받는 때에 그 부동산 위의 후순위저당권자는 전혀 담보권의 이익을 받지 못하게 되는 데 반하여, 다른 저당부동산의 후순위저당권자는 유리한 배당을 받는 것이 되어 후순위저당권자 사이에 불공평한 결과를 가져오기 때문이다(통설). ④ 공동저당의 목적인 부동산의 일부에 선순위저당권이 존재하는 경우에는 공동저당권자는 모든 부동산을 일괄경매할 수 없다. 선순위저당권이 존재하는 부동산만은 별도로 경매하여야 한다. 일괄경매를 함으로써 선순위저당권자에게 불이익이 미칠 염려가 있기 때문이다. ⑤ 공동저당의 목적물의 전부 또는 일부가 채무자 이외의 자(물상보증인 또는 제3취득자)의 소유에 속하는 경우에도 공동저당권은 아무런 영향을 받지 않는다. 다만 이러한 부동산이 경매되는 경우에는 그 소유자였던 물상보증인 또는 제3취득자는 변제자대위의 규정(제481조, 제482조)에 의하여 다른 목적물 위의 공동저당권자를 대위한다(대판 2010.4.15, 2008다41475 참고). <답 ③>

25. 공동저당에 관한 설명 중 옳지 않은 것을 고르면? (다툼이 있는 경우에는 판례에 의함) <사시 2004년 변형, 변호사 2012년 유사>

① 토지와 그 지상건물의 소유자가 이에 대하여 공동저당권을 설정한 후 건물을 철거하고 그 토지상에 새로이 건물을 축조하여 소유하고 있는 경우에는, 건물이 없는 나대지상에 저당권을 설정한 후 그 설정자가 건물을 축조한 경우와 마찬가지로 저당권자는 민법 제365조에 의하여 그 토지와 신축건물의 일괄경매를 청구할 수 있다.

② 공동저당의 목적인 채무자 소유의 부동산과 물상보증인 소유의 부동산 중 채무자 소유의 부동산에 대하여 먼저 경매가 이루어져 그 경매대금(매각대금)의 교부에 의하여 1번 공동저당권자가 변제를 받은 경우, 채무자 소유의 부동산에 대한 후순위저당권자는 1번 공동저당권자를 대위하여 물상보증인 소유의 부동산에 대하여 저당권을 행사할 수 없다.

③ 주택임대차보호법에 규정된 소액보증금반환청구권자는 대지와 건물 모두로부터 배당을 받는 경우에는 그 대지와 건물 전부에 대한 공동저당권자와 유사한 지위에 서게 되므로, 대지와 건물이 동시에 매각되어 해당

소액주택임차인에게 그 경매대가를 동시에 배당하는 때에는, 민법 제368조 1항을 유추적용하여 대지와 건물의 경매대가에 비례하여 그 채권의 분담을 정하여야 한다.

④ 공동저당권자가 수개의 부동산 중 먼저 실행된 부동산에 관한 경매절차에서 피담보채권액 중 일부만을 청구하여 이를 배당받았다고 하더라도, 이로써 나머지 피담보채권액 전부 또는 민법 제368조 1항에 따른 그 부동산의 책임분담액과 배당액의 차액에 해당하는 채권액에 대하여 아직 경매가 실행되지 아니한 다른 부동산에 관한 저당권을 포기한 것으로 볼 수 없다.

⑤ 동시배당에 있어서의 부담의 안분에 관한 규정은 후순위저당권자를 배려하기 위한 규정이므로 후순위저당권자가 없는 경우에는 적용되지 아니한다.

해설

① 대결 1998.4.28. 97마2935. ② 대판 1996.3.8. 95다36596. ③ 대판 2003.9.5. 2001다66291. ④ 대판 1997.12.23. 97다39780. ⑤ 일반채권자의 이익도 고려해야 하므로 안분배당해야 한다는 것이 통설이다. <답 ⑤>

26. 공동저당에 관한 다음 설명 중 옳은 것을 모두 고르면? (다툼이 있는 경우에는 판례에 의함)

㉠ 등기부에 공동근저당의 취지가 기재되지 않은 수 개의 근저당권 사이에서도 공동근저당권은 성립할 수 있다.

㉡ 동일인 소유 토지와 지상 건물에 공동저당권이 설정된 후 건물이 철거되고 새로 건물이 신축되었으나 신축건물에는 토지의 저당권과 동일한 순위의 공동저당권이 설정되지 않은 상태에서 토지와 신축건물이 민법 제365조에 의해 일괄 매각된 경우, 토지에 안분할 매각대금은 법정지상권 등 이용 제한이 없는 상태의 토지를 기준으로 산정하여야 한다.

㉢ 공동저당권이 설정되어 있는 수개의 부동산 중 일부는 채무자 소유이고 일부는 물상보증인의 소유인 경우 위 각 부동산의 경매대가를 동시에 배당하는 때에는 민법 제386조 제1항을 적용하지 않고 채무자 소유 부동산의 경매대가에서 공동저당권자에게 우선적으로 배당을 하고, 부족분이 있는 경우에 한하여 물상보증인 소유 부동산의 경매대가에서 추가로 배당을 하여야 한다.

㉣ 사용자의 일부 부동산에 대해 먼저 이루어진 경매절차에서 임금채권 우선변제권이 실행되어 그 경매대가가 배당되고 나서 사용자에 대해 파산절차가 개시되어 사용자의 나머지 재산이 파산재단에 속하게 되

> 었다면, 민법 제368조 제2항 후문을 유추적용하여 후순위 저당권자의 채권은 임금채권과 마찬가지로 채무자회생 및 파산에 관한 법률상 재단채권으로 취급되므로 파산절차에 의하지 아니하고 파산채권보다 우선하여 파산재단을 구성하는 사용자의 모든 재산으로부터 수시로 변제받아야 한다.

① ㉡, ㉢　　② ㉡, ㉣　　③ ㉡, ㉢, ㉣
④ ㉠, ㉡, ㉢　　⑤ ㉠, ㉡, ㉢, ㉣

해설

㉠ 옳음. 공동담보의 뜻을 기재하라는 부동산등기법 제149조는 공동저당권의 목적물이 수개의 부동산에 관한 권리인 경우에 한하여 적용되는 등기절차에 관한 규정일 뿐만 아니라 수 개의 저당권이 피담보채권의 동일성에 의하여 서로 결속되어 있다는 취지를 공시함으로써 권리관계를 명확히 하기 위한 것에 불과하므로, 공동저당관계의 등기를 공동저당권의 성립요건이나 대항요건이라고 할 수 없다. 따라서 근저당권설정자와 근저당권자 사이에서 동일한 기본계약에 기하여 발생한 채권을 중첩적으로 담보하기 위하여 수 개의 근저당권을 설정하기로 합의하고 이에 따라 수 개의 근저당권설정등기를 마친 때에는 위 제149조에 따라 공동근저당관계의 등기를 마쳤는지 여부와 관계없이 그 수 개의 근저당권 사이에는 각 채권최고액이 동일한 범위 내에서 공동근저당관계가 성립한다(대판 2010.12.23. 2008다57746). ㉡ 옳음. 대판 2012.3.15. 2011다54587. ㉢ 옳음. 물상보증인은 민법 제481조 및 제482조의 규정에 의한 변제자대위에 의하여 채무자 소유 부동산에 대하여 담보권을 행사할 수 있는 지위에 있는 점 등을 고려하여야 한다(대판 2010.4.15. 2008다41475). ㉣ 틀림. 이러한 후순위 저당권자의 대위권은 임금채권 자체를 대위하는 것은 아니라, 임금채권에 붙어 있는 법정담보물권적 성격을 가진 우선변제권을 공동저당과 유사한 관계에 있는 다른 부동산에 대위하여 행사하도록 허용하여 후순위 저당권자나 다른 채권자 등의 이해관계를 조절하려는 것에 불과한 것이다(대판 2009.11.12. 2009다53017,53024). 따라서 위 후순위 저당권자의 채권은 임금채권처럼 당연히 재단채권으로 취급되지는 않는다고 보았다. <답 ④>

27. 甲은 乙에게 6,000만 원을 대여하고 그 담보로 乙 소유의 A토지와 B토지에 공동저당으로 각 1번 저당권을 설정받았고, 丙은 乙에게 3,000만 원을 대여하고 그 담보로 A토지에 2번 저당권을 설정받았으며, 丁은 乙에게 2,000만 원을 대여하고 그 담보로 B토지에 2번 저당권을 설정받았는데, 그 후 乙은 A토지 위에 C건물을 신축하였다(A토지, B토지, C건물이 각 경매될 경우 실제로 배당할 수 있는 금액은, A토지의 경우 8,000만 원, B토지의 경우 4,000만 원, C건물의 경우 4,000만 원이라 가정한다. 이자 및 지연손해금은 고려하지 않음). 이 사례에 관한 설명 중 옳은 것을 모두 고르면? (다툼이 있는 경우에는 판례에 의함) <사시 2006년>

> ㉠ A토지와 B토지, C건물이 동시에 경매되어 배당되는 경우, 甲은 A토지의 매각대금으로부터 3,000만 원, B토지의 매각대금으로부터 1,500만 원, C건물의 매각대금으로부터 1,500만 원을 각 배

당받는다.
ⓑ A토지와 B토지가 동시에 경매되어 배당되는 경우, 甲은 A토지의 매각대금으로부터 4,000만 원, B토지의 매각대금으로부터 2,000만 원을 각 배당받는다.
ⓒ A토지가 먼저 경매된 경우, 甲은 그 매각대금으로부터 6,000만 원 전액을 배당받고, 丙은 잔액 2,000만 원을 배당받으며, 후에 B토지가 경매되면 丙이 甲의 저당권을 대위행사하여 1,000만 원을 배당받고, 丁은 그 잔액에서 2,000만 원을 배당받는다.
ⓓ B토지가 먼저 경매된 경우, 甲은 그 매각대금 4,000만 원 전액을 배당받고, 후에 A토지가 경매되면 甲은 그 나머지 2,000만 원을 배당받고, 丁은 甲의 저당권을 대위행사하여 2,000만 원을 배당받고, 丙은 그 잔액에서 3,000만 원을 배당받는다.

① ⓑ, ⓒ ② ⓑ, ⓓ ③ ⓐ, ⓒ, ⓓ
④ ⓑ, ⓒ, ⓓ ⑤ ⓐ, ⓑ, ⓒ, ⓓ

해설

ⓐ A토지와 B토지의 1순위저당권자인 갑은 C 건물에 대하여도 경매를 청구할 수 있지만 그 건물의 경매대가로부터는 우선변제를 받을 권리가 없다. 따라서 甲은 C건물의 매각대금으로부터는 배당받을 수 없다. ⓑ 동일한 채권의 담보로 수개의 부동산에 저당권을 설정한 경우에 그 부동산의 경매대가를 동시에 배당하는 때에는 각 부동산의 경매대가에 비례하여 그 채권의 분담을 정한다(제368조 1항). ⓒⓓ 저당부동산 중 일부의 경매대가를 먼저 배당하는 경우에는 그 대가에서 그 채권 전부의 변제를 받을 수 있다. 이 경우 경매부동산의 차순위저당권자는 선순위저당권자가 제368조 1항의 규정에 의하여 다른 부동산의 경매대가에서 변제를 받을 수 있는 금액의 한도에서 선순위자를 대위하여 저당권을 행사할 수 있다(제368조 2항). <답 ④>

28. 甲소유의 X부동산과 乙소유의 Y부동산에 甲의 채권자 丙을 위한 공동저당권이 설정되어 있다. X에는 丁을 위한 후순위 저당권이, Y에는 乙의 채권자인 戊를 위한 후순위 저당권이 각 설정되어 있다. X의 경매대가는 1억 원, Y의 경매대가는 2억 원, 丙의 공동저당권의 피담보채권액은 1억 5,000만 원이다. 다음 설명 중 옳지 않은 것은? (집행비용은 고려하지 않고, 다툼이 있는 경우에는 판례에 의함) <변호사 2012년 변형, 변호사모의 2011년 유사>

① Y의 경매대가가 먼저 배당되는 경우, 丙은 1억 5,000만 원 전액을 배당받을 수 있다.
② ①의 경우, 乙은 변제자대위에 의하여 X의 경매대가 1억 원을 배당받을 수 있다.
③ ①의 경우, 戊는 乙이 배당받을 금액에 대하여 물상대위할 수 있다.
④ X의 경매대가가 먼저 배당되는 경우, 丁은 Y의 경매대가에 대하여 丙을

대위할 수 없다.

⑤ X와 Y의 경매대가가 동시에 배당되는 경우, 丙은 X의 경매대가로부터 5,000만 원을, Y의 경매대가로부터 1억 원을 각각 배당받는다.

⑥ Y 부동산이 먼저 경매되어 丙이 변제를 받았는데, 丁이 乙 명의로 대위의 부기등기를 하지 않고 있는 동안 丙이 임의로 X 부동산에 설정되어 있던 공동저당권을 말소하였고 그 후 X 부동산에 A 명의의 근저당권이 설정되었다가 경매로 그 부동산이 제3자에게 매각되어 대금이 완납된 경우, 매각대금이 완납된 날 丙의 공동저당권 불법말소로 인하여 丁의 손해가 확정적으로 발생하였다면 丙이 배당을 받은 날과 공동저당권이 말소된 날 사이에 丁이 대위의 부기등기를 마치지 않은 사정 때문에 丙의 불법행위책임이 부정되지는 않는다.

해설

① 물상보증인 乙 소유부동산 Y가 먼저 경매된 이시배당에서 공동저당권자 丙은 자신의 채권 전액인 1억 5,000만 원을 우선 배당받는다(제368조 2항). ②④ 이 경우, 공동저당의 목적물 중 일부가 물상보증인 소유인 경우에 그 부동산이 먼저 경매되면 물상보증인(乙)은 채무자(甲)에 대하여 구상권을 취득하고 구상권을 확보하기 위하여 채권자(丙)를 대위하여 다른 공동저당부동산 X 위의 공동저당권을 취득하게 된다(제481조 및 제482조). 이때 물상보증인의 이런 대위권과 후순위저당권자 丁의 대위권(제368조 2항 후단)이 충돌하는데, 채무자 소유의 부동산에 대한 후순위저당권자는 제368조 2항 후단에 의하여 1번 공동저당권자를 대위하여 물상보증인 소유의 부동산에 대하여 저당권을 행사할 수 없다(대결 1995.6.13. 95마500)고 판시하여 물상보증인을 우선시키고 있다. 따라서 물상보증인 乙은 제482조의 변제자대위에 의하여 채무자 소유부동산 X의 경매대가 1억 원을 배당받을 수 있으나(②), 반대로 채무자 소유부동산 Y의 후순위저당권자 丁은 물상보증인 소유의 부동산 Y의 경매대가에 대하여 선순위자 丙을 대위할 수 없다(④). ③ 한편 물상보증인 소유 부동산 Y의 후순위저당권자 戊와 물상보증인 乙과의 관계를 보면, 공동저당의 목적인 채무자 소유의 부동산과 물상보증인 소유부동산에 각각 채권자를 달리하는 후순위저당권이 설정되어 있는 경우, 자기 소유의 부동산이 먼저 경매되어 1번 저당권자에게 대위변제를 한 물상보증인은 1번 저당권을 대위취득하고 그 물상보증인 소유부동산의 후순위저당권자는 1번 저당권에 대하여 물상대위를 할 수 있다(대판 2011.8.18. 2011다30666, 30673). 따라서 戊는 乙이 배당받을 금액에 대하여 물상대위할 수 있다. ⑤ 틀림. 민법 제368조 1항은 채무자 소유의 수개의 부동산 또는 동일한 물상보증인 소유의 수 개의 부동산에 관하여 공동저당권이 설정 된 경우에만 적용되고, (위 사례처럼) 채무자 소유의 부동산과 물상보증인 소유의 부동산에 관하여 공동저당권이 설정된 경우에는 적용되지 않는다. 즉, 이 경우에는 채무자 소유 부동산의 경매대가에서 공동저당권자에게 우선적으로 배당을 하고, 부족분이 있는 경우에 한하여 물상보증인 소유 부동산의 경매대가에서 추가로 배당을 하여야 한다(대판 2010.4.15. 2008다41475). 따라서 이를 판례에 의하여 판단하면, 부동산 X의 경매대가 1억 원에서 일단 공동저당권자의 1억 5천만 원의 채권 중 1억 원을 배당하고 나머지 5천만 원의 잔존채권으로 물상보증인의 Y부동산에서 배당을 받아야 한다. ⑥ 옳음. 丁은 매각대금 완납으로 더 이상 乙의 권리를 대위하여 공동저당권설정등기의 회복등기절차 이행을 구하거나 경매절차에서 실제로 배당받은 자에 대하여 부당이득반환청구로서 배당금 한도 내에서 공동저당권설정등기가 말소되지 않았더라면 배상받

았을 금액의 지급을 구할 여지가 없기 때문이며, 또한 민법 제482조 제2항 제1호에 의하여 甲과 丁은 A에게 대항할 수도 없다(대판 2011.8.18. 2011다30666,30673). <답 ⑤>

29. 甲은 乙에게 5,000만 원을 대여하고 채무자 乙이 소유하는 X부동산(시가 4,000만 원)과 물상보증인 丙이 소유하는 Y부동산(시가 4,000만 원)에 채권최고액 5,000만 원(피담보채무 5,000만 원)인 공동근저당권을 설정받았다. 그 뒤 乙은 丁으로부터 4,000만 원을 차용하고 X부동산에 丁 명의의 채권최고액 4,000만 원(피담보채무 4,000만 원)인 2번 근저당권을 설정하여 주었다. 각 부동산이 경매절차에서 시가와 같은 가격으로 매각되어 모두 배당된다고 가정한다. 다음 중 옳은 것을 모두 고르면? (지연손해금과 집행비용은 고려하지 아니하고, 다툼이 있는 경우에는 판례에 의함) <변호사시험 2013>

ㄱ. X부동산과 Y부동산이 동시에 경매되어 배당되는 경우, 丁은 1,500만 원을 배당받는다. ㄴ. X부동산이 먼저 경매되어 배당된 후 Y부동산이 경매되는 경우, Y부동산의 매각대금에서 丁은 배당받지 못한다. ㄷ. Y부동산이 먼저 경매되어 배당된 후 X부동산이 경매되어 배당되는 경우, 丙은 3,000만 원을 배당받을 수 있다.

① ㄴ, ㄷ ② ㄱ, ㄷ ③ ㄱ, ㄴ
④ ㄱ ⑤ ㄴ

해설

ㄱ. 틀림. 동시배당의 경우, (제368조 1항이 적용되지 않으므로) 甲은 X에서 4천 전액을 우선 배당받고, Y에서 1천을 배당받는다(대판 2010.4.15. 2008다41475 참고). ㄴ. 옳음. 이시배당의 경우 물상보증인이 우선한다고 봄이 판례의 태도이므로, 채무자 소유 부동산의 2번 근저당권자 丁은 물상보증인에게 대위하지 못한다(대판 1996.3.8. 95다36596 참고). ㄷ. 옳음. 이시배당의 경우 물상보증인이 우선한다고 봄이 판례의 태도이므로, 물상보증인은 채무자 소유 부동산에 대위하여 2번 근저당권자 丁에 우선하여 배당받는다(대판 1994.5.10. 93다25417 참고. 또한 이 판례에 의하면, 물상보증인 소유 목적물에 후순위(근)저당권자가 있는 경우 그는 물상보증인에게 이전된 X에 대한 甲의 1번근저당권에 물상대위를 하여 우선하여 변제받을 수 있다고 한다). <답 ①>

제 5 절 비전형담보물권

1. 가등기담보에 관한 설명 중 틀린 것은?(다툼이 있는 경우에는 판례에 의함)

① 대물변제의 예약뿐만 아니라 매매예약의 경우에도 가등기담보가 행해질 수 있다.

② 가등기의 기재에는 채권자만 표시될 뿐이고, 피담보채권이나 이자 등은 표시되지 않는다.

③ 담보가등기가 경료된 경우에는 청산기간이 경과하여야 그 가등기에 기초한 본등기를 청구할 수 있다.

④ 채권담보 목적의 가등기 경료 후 청산금을 지급하고 소유권을 취득할 경우 부동산실권리자명의등기에 관한 법률에서 말하는 소유권이전등기의무 해태기간의 기산일은 청산기간이 경과한 후 청산금을 지급하는 등 청산절차가 종료된 때로 보아야 한다.

⑤ 채권자가 청산금의 평가액을 채무자 등에게 통지한 후에도 그 통지한 평가금의 액수에 관하여 다툴 수 있다.

해설 ……………………………………

① 가등기담보의 유형에는 대물변제예약과 가등기를 하는 경우와 매매예약과 가등기를 하는 경우, 매매를 하고 가등기를 하는 경우로 나누어진다. ② 저당권설정등기와는 달리 피담보채권액 · 이자 · 변제기 등이 공시되지 않으므로 공시방법으로서는 불완전하다. 따라서 가등기담보권이 설정하게 되는 경우에 피담보채권이 제3자에게 공시되지 않기 때문에 설정자는 목적물의 담보가치를 충분히 활용할 수 없고, 제3자는 예측하지 않은 손해를 입을 가능성이 있다. ③ 가담법 제4조 2항. ④ 대판 2009.9.10. 2009두7530 참고. ⑤ 채권자는 일단 통지하고 나면 그가 통지한 청산금의 수액에 관하여 다툴 수 없다(가담법 제9조).

<답 ⑤>

2. 가등기담보 등에 관한 법률과 관련한 다음 설명 중 옳은 것(○)과 옳지 않은 것(×)을 바르게 표시한 것은? (다툼이 있는 경우에는 판례에 의함)

<사시 2006년 유사>

㉠ 가등기담보 실행절차에서 실제 지급할 청산금이 없다고 하더라도, 그 뜻을 채무자 등에게 통지하지 않았다면 채권자는 가등기에 기한 본등기를 청구할 수 없다.

㉡ 가등기담보권자가 가등기담보권의 실행에 착수하여 채무자 등에게 청산금을 통지한 경우, 자기채권의 변제기가 도래하지 않은 후순위권리자는 그 청산금 평가액에 이의가 있더라도 독자적으로 경매신청을 할 수 없다.

㉢ 가등기담보를 설정함에 있어서 가등기담보채권자와 가등기담보채무자가, 가등기담보채권자가 청산금을 지급하기 이전에 담보목적물에 관한 본등기를 경료받거나 담보목적물을 인도받을 수 있다는 특약, 청산기간을 인정하지 아니하는 특약을 맺었다면 위 특약은 무효이다.

㉣ 가등기가 금전소비대차나 준소비대차에 기한 차용금반환채무와 그 외의 원인으로 발생한 채무를 동시에 담보할 목적으로 경료되었으나, 그후 금전소비대차나 준소비대차에 기한 차용금반환채무만이 남게 된 경우, 그 가등기담보에 대해서도 가등기담보 등에 관

한 법률이 적용된다.

① ㉠(○), ㉡(○), ㉢(○), ㉣(○) ② ㉠(○), ㉡(○), ㉢(×), ㉣(○)
③ ㉠(○), ㉡(×), ㉢(○), ㉣(○) ④ ㉠(○), ㉡(×), ㉢(×), ㉣(×)
⑤ ㉠(×), ㉡(○), ㉢(○), ㉣(○) ⑥ ㉠(×), ㉡(○), ㉢(×), ㉣(×)
⑦ ㉠(×), ㉡(×), ㉢(○), ㉣(×) ⑧ ㉠(×), ㉡(×), ㉢(×), ㉣(×)

해설

㉠ 대판 2002.4.23. 2001다81856. ㉡ 귀속청산의 경우, 후순위권리자는 청산기간 내에 한하여 그 피담보채권의 변제기 도래 전이라도 목적부동산의 경매를 청구할 수 있다(가담법 제12조 2항). 즉, 후순위권리자는 청산금액에 관해 다툴 수는 없으나 그것이 객관적 가치에 미달한다고 판단되면 경매신청을 함으로써 순위에 따른 배당을 받을 수 있다. ㉢ 청산금의 지급과 소유권의 취득에 관한 가담법 제4조 1항 내지 3항에 반하는 특약으로서 채무자 등에게 불리한 것은 효력이 없다(가담법 제4조 4항 본문). 대판 2002.4.23. 2001다81856 참고. ㉣ 대판 2004.4.27. 2003다29968. <답 ③>

3. 가등기담보에 관한 설명 중 옳은 것(○)과 옳지 않은 것(×)을 바르게 표시한 것은? (다툼이 있는 경우에는 판례에 의함) <사시 2007년: 배점 3>

㉠ 가등기담보채권자가 가등기담보채권을 실행하기 이전에 그의 계약상의 권리를 보전하기 위하여 가등기담보채무자의 제3자에 대한 선순위 가등기의 피담보채무를 대위변제하여 구상권이 발생하였다면, 특별한 사정이 없는 한 이 구상권도 가등기담보계약에 의하여 담보된다.
㉡ 채권담보를 목적으로 가등기를 하는 경우에는 원칙적으로 채권자와 가등기 명의자가 동일인이 되어야 하지만, 제3자명의의 가등기가 유효하다고 볼 수 있는 특별한 경우에는 그 가등기는 부동산실권리자명의등기에 관한 법률이 금지하고 있는 실권리자 아닌 자의 등기라고 할 수 없다.
㉢ 가등기담보권 실행통지의 상대방은 채무자와 목적부동산의 물상보증인 및 가등기담보 후에 소유권을 취득한 제3자이다. 그리고 통지의 상대방이 수인이면 그들 모두에게 실행의 통지를 하여야 하고, 일부에 대하여 통지가 누락되면 통지로서의 효력이 발생하지 않는다.
㉣ 가등기담보권의 실행에 있어 채권자는 법률이 정하는 방법에 따라 목적부동산의 가액을 평가하여 통지해야 하며, 그 평가액이 객관적 가액에 미치지 못하면 실행통지로서의 효력이 없다.

① ㉠(○), ㉡(○), ㉢(×), ㉣(○) ② ㉠(○), ㉡(○), ㉢(○), ㉣(○)
③ ㉠(×), ㉡(○), ㉢(○), ㉣(×) ④ ㉠(○), ㉡(○), ㉢(×), ㉣(×)

⑤ ㉠(○), ㉡(×), ㉢(○), ㉣(×) ⑥ ㉠(○), ㉡(○), ㉢(○), ㉣(×)
⑦ ㉠(×), ㉡(○), ㉢(×), ㉣(○) ⑧ ㉠(○), ㉡(×), ㉢(×), ㉣(○)

해설

㉠ 옳음. 대판 1976.10.26. 76다2169 등 참고. ㉡ 옳음. 대판 2002.12.24, 2002다50484 등 참고. 이 문제는 저당권에서도 마찬가지이다. 판례는 두 가지 요건을 전제로 제3자명의 담보권(저당권이나 가등기담보)의 효력을 유효하다고 본다. 즉, 제3자 명의로 저당권등기를 하는 데 대하여 채권자와 채무자 및 제3자 사이에 합의와 채권양도, 제3자를 위한 계약, 불가분적 채권관계의 형성 등 방법으로 채권이 제3자에게 실질적으로 귀속되었다고 볼 수 있는 특별한 사정의 존재(대판 1981.9.8. 80다1468 등 참고. 대판 2011. 1.13. 2010다18638에서 '원고가 제3자로부터 10억 원을 빌려 원고의 자금 2억 원과 합하여 피고에 대여하면서 그 사정을 잘 아는 피고와 사이에 그 대여자금을 대부분 부담한 제3자 앞으로 담보가등기를 경료하기로 합의한 경우는 물론이고, 원고가 제3자와 함께 피고에 공동투자를 하면서 그에 관하여 피고와 사이에 작성된 '투자 및 수익보장 약정'에 원고를 투자자로 기재하되 이 사건 부동산에 관하여 그 투자금의 반환을 담보하기 위하여 설정받는 가등기는 제3자 명의로 경료하기로 하고 피고 역시 이에 동의를 한 경우에도, 설사 제3자가 가등기의 피담보채무의 본래적인 채권자가 아니라고 하더라도 그가 이 가등기에 의하여 담보되는 채권의 만족에 대하여 직접적이고 현실적인 이해관계를 가진다고 할 것이어서 그 채권이 그에게 실질적으로 귀속되었다고 볼 수 있는 특별한 사정이 있거나, 그 가등기는 한낱 명목에 그치는 것이 아니라 원고와 제3자 사이에 '불가분적 채권자'관계에 있다고 볼 여지가 충분하다'고 보았다.)가 충족되어야 한다. ㉢ 옳음. 실행통지는 이들 모두에게 하여야 하는 것으로서 채무자 등의 전부 또는 일부에 대하여 위 통지를 하지 않으면 청산기간이 진행할 수 없게 된다(대판 1995.4.28. 94다36162 등 참고). ㉣ 틀림. 채권자가 평가한 청산금의 액이 객관적인 청산금의 평가액에 미치지 못한다고 하더라도 담보권 실행통지의 효력이나 청산기간의 진행에는 아무런 영향이 없다(대판 1992.9.1. 92다10043,10050). 이러한 경우 채무자 등은 정당하게 평가된 청산금을 지급받을 때까지 목적부동산의 소유권이전등기 및 인도채무의 이행을 거절하면서 피담보채무 전액을 채권자에게 지급하고 그 채권담보의 목적으로 경료된 가등기나 소유권이전등기의 말소를 청구할 수 있을 뿐이다.

<답 ⑥>

4. 다음 설명 중 틀린 것을 모두 고르면? <사시 2013년 유사>

㉠ 공사대금채권을 담보할 목적으로 가등기가 경료된 경우에도 가등기담보 등에 관한 법률이 적용된다.
㉡ 양도담보에 기한 소유권이전등기는 달리 특별한 사정이 없는 한 채권담보의 목적으로 경료된 것으로서 당사자 사이에 정산절차를 예정하고 있는 이른바 '약한 의미의 양도담보'가 된 것으로 보아야 한다.
㉢ 가등기담보부동산에 대한 예약 당시의 시가가 그 피담보채무액에 미치지 못하는 경우에도 가등기담보 등에 관한 법률 제3조가 정하는 청산금평가액을 통지하여야 한다.
㉣ 가등기담보의 목적물에 대해서 제3자에 의한 경매가 진행되는 경

우, 가등기담보권자는 그 배당에 참가하여 우선변제를 받을 수 있으며, 이때의 가등기담보권은 저당권으로 본다.
ⓜ 채권담보의 목적으로 부동산에 소유권이전의 가등기를 경료하였다가 채무자가 채무를 변제하지 못하여 채권자가 가등기에 기한 본등기를 마칠 경우 그와 동시에 채권자가 채무자의 근저당권자에 대한 채무를 인수하기로 약정한 경우라면 가등기담보법이 적용되지 않는다.
ⓗ 가등기담보권의 사적 실행에 있어서 채권자가 청산금의 지급 이전에 본등기와 담보목적물의 인도를 받을 수 있다거나 청산기간이나 동시이행관계를 인정하지 아니하는 '처분정산'형의 담보권실행은 가등기담보 등에 관한 법률상 허용되지 않는다.

① ㉠, ㉡ ② ㉠, ㉢ ③ ㉡, ㉢
④ ㉡, ㉥ ⑤ ㉢, ㉣ ⑥ ㉢, ㉤
⑦ ㉣, ㉤ ⑧ ㉣, ㉥

해설

㉠㉡ 가등기담보 등에 관한 법률은 차용물의 반환에 관하여 다른 재산권을 이전할 것을 예약한 경우에 적용되는 것이므로, 공사잔대금의 지급을 담보하기 위하여 체결된 양도담보계약에 기하여 소유권이전등기를 구하는 경우에는 같은 법이 적용되지 않는다(매매대금채권을 담보하기 위하여 가등기를 한 경우에 위 법률이 적용되지 않는다는 판결로서 대판 2002.12.24. 2002다50484 참고). 양도담보에 기한 소유권이전등기는 당사자들이 달리 특별한 약정을 하지 아니하는 한 채권담보의 목적으로 경료된 것으로서 당사자 사이에 정산절차를 예정하고 있는 이른바 "약한 의미의 양도담보"가 된 것으로 보아야 한다(대판 1996.11.15. 96다31116). ㉢ 이 법은 차용물의 반환에 관하여 차주가 차용물에 갈음하여 다른 재산권을 이전할 것을 예약함에 있어서 그 재산의 예약 당시의 가액이 차용액 및 이에 붙인 이자의 합산액을 초과하는 경우에 적용된다(가담법 제1조). ㉣ 가담법 제13조, 제15조. ㉤ 채권자가 채권담보의 목적으로 부동산에 소유권이전의 가등기를 경료하였다가 그 후 변제기까지 채권을 변제받지 못하여 그 가등기에 기한 본등기를 경료한 경우, 당사자들이 특별한 약정을 하지 아니하는 한 그 본등기도 채권담보의 목적으로 경료된 것으로서 당사자 사이에 정산절차를 예정한 이른바 '약한 의미의 양도담보'가 설정된 것으로 보아야 하지만, 채권자와 채무자 사이에 약정금을 지급하지 못하는 경우 채무자의 근저당권자에 대한 대출금채무를 인수하는 조건으로 목적부동산의 소유권을 확정적으로 취득하기로 하는 당사자 사이의 특별한 약정이 있었다면 이는 약한 의미의 양도담보에 해당하지 않고 따라서 이 경우 가등기담보 등에 관한 법률은 적용되지 않는다(대판 1998.6.23. 97다1495). ㉥ 대판 2002.12.10. 2002다42001. 종래엔 사적 실행에 있어서 귀속청산이나 처분청산 중 채권자가 선택하는 방법에 의할 수 있다고 하였으나(대판 1988.12.20. 87다카2685), 현재는 사적 실행에 의한 처분청산은 허용될 수 없다고 하고 있다. <답 ②>

5. A는 B에게 4,000만 원을 차용하면서, 변제기에 A가 변제하지 않을 때에는 즉시 B가 소유권이전등기를 청구할 수 있다는 취지의 계약을 하고, 시가 1억

원 상당의 자기소유 부동산에 매매예약의 가등기를 해주고, 소유권이전에 필요한 모든 서류를 넘겨주었다. 이후 A는 변제기에 채무를 변제할 수 없었다. 이 사안의 법률관계에 관한 다음 설명 중 틀린 것은?

① B가 변제일로부터 1주일 후 가등기에 기해 소유권이전등기를 경료하더라도 청산절차를 거치지 아니하였다면 B는 소유권을 취득할 수 없다.

② B가 변제일로부터 1주일 후 가등기에 기해 소유권이전등기를 경료한 후 이를 C에게 전매한 경우 C가 B의 소유권이전등기가 가등기담보에 기한 것으로서 청산절차를 거치지 아니한 것이라는 사실을 안 경우에는 A는 채무액을 지급하고 C에 대하여도 소유권이전등기의 말소를 청구할 수 있다.

③ ②의 경우 C가 B의 소유권이전등기가 가등기담보에 기한 것으로서 청산절차를 거치지 아니한 것이라는 사실을 모르고 전득한 경우에는 A는 C에 대하여 소유권이전등기의 말소를 청구할 수 없다.

④ ③의 경우 A는 B에 대하여 청산금의 지급을 청구할 수 있다.

⑤ B가 제소전 화해절차에 의해 자기 앞으로 소유권이전등기를 경료하였다 하더라도 A는 B에 대하여 목적부동산의 반환을 청구할 수 있다.

⑥ 만약 B가 위 부동산의 지분에 관하여 A의 다른 채권자들과 공동명의로 매매예약을 체결하고 각자의 채권액 비율에 따라 지분을 특정하여 가등기를 마친 경우, B는 단독으로 자신의 지분에 관한 매매예약완결권을 행사하여 그 지분에 관한 본등기절차 이행을 구할 수 있다.

해설 ··

사안의 경우 담보목적 부동산의 가액이 채무액을 초과하더라도 가등기담보 그 자체가 무효가 되는 것은 아니며, 그 가등기담보는 가담법에 의하여 하나의 특수한 담보물권이 된다. 그러나 가등기담보권의 실행은 가담법에 의한 법률상의 청산절차를 거쳐야만 하고 이를 배제하는 A와 B 사이의 특약은 가담법 제4조 2항에 의하여 무효가 된다. 사실상 B가 소유권이전등기를 경료한 경우에도 B는 전술한 청산절차를 거치지 않았다면 소유권을 취득할 수 없으며, A는 가담법 제11조에 의하여 채무액을 변제하여 소유권이전등기의 말소를 청구할 수 있다. 그리고 B가 C에게 목적부동산을 전매한 경우에 C가 악의인가, 선의인가에 따라서 그 결과는 달라지는데, C가 악의인 경우 A는 C에 대하여도 소유물의 반환, 즉 소유권이전등기말소청구를 할 수 있으나, C가 선의인 경우 A는 C에게 소유권의 반환을 요구할 수 없으며, 단지 B를 상대로 청산금 지급을 청구할 수 있다. ⑤ B와 A가 제소전 화해절차를 통하여 B가 소유권이전등기를 경료한 경우 현재 통설 및 판례(대판[전] 1962.2.15. 4294민상914)에 의하면 A는 목적부동산의 반환, 즉 소유권이전등기말소청구를 할 수 없을 뿐만 아니라, 청산금의 지급조차 청구할 수 없게 된다. ⑥ 공동명의로 담보가등기를 마친 수인의 채권자가 각자의 지분별로 별개의 독립적인 매매예약완결권을 가지는 경우, 채권자 중 1인은 단독으로 자신의 지분에 관하여 가등기담보 등에 관한 법률이 정한 청산절차를 이행한 후 소유권이전의 본등기절차 이행청구를 할 수 있다(대판[전] 2012.2.16. 2010다82530).

<답 ⑤>

6. 甲은 2008.7.10. 乙에게 1억 5,000만 원을 대여하면서 그 채권을 담보하기 위해 이행기인 2009.7.10.까지 채무를 이행하지 않으면 乙소유의 시가 4억 원인 X부동산을 甲에게 이전하기로 하는 내용의 계약을 체결하고 2008.7.15. 소유권이전등기청구권의 가등기를 마쳤다. 다음 설명 중 옳은 것은? (다툼이 있는 경우에는 판례에 의함) <변호사 2012년>

① 乙로부터 변제를 받지 못한 甲은 X의 소유권을 취득하는 귀속청산에 의하거나 제3자에 대한 양도를 통한 처분청산에 의하여 가등기담보권을 실행할 수 있다.

② 담보권의 실행통지에 있어서 甲이 주관적으로 평가한 청산금 액수(X의 가액과 피담보채권액의 차액)를 명시하였으나 이것이 객관적인 청산금 액수에 미치지 못하는 때에는 통지로서의 효력이 없다.

③ 甲이 청산절차를 거치지 않고 행한 본등기는 무효이지만, 당사자의 특약에 의한 때에는 약한 의미의 양도담보로서 담보목적범위 내에서는 효력이 있다.

④ 만약 甲, 乙, 丙 3자의 합의에 의해 丙의 명의로 가등기를 한 경우, 비록 丙에게 채권이 실질적으로 귀속되었더라도 이는 담보물권의 부종성에 반하며 실권리자 아닌 자 명의의 등기로서 효력이 없다.

⑤ 만약 위 계약 당시 이미 X 위에 乙의 丁에 대한 3억 원의 채무를 담보하는 저당권이 설정되어 있었다면, 甲이 청산절차를 거치지 않았다는 이유만으로 가등기에 기한 본등기가 무효인 것은 아니다.

해설

① 틀림. 가담법이 제3조와 제4조에서 가등기담보권의 사적 실행방법으로 귀속정산의 원칙을 규정함과 동시에 제12조와 제13조에서 그 공적 실행방법으로 경매의 청구 및 우선변제청구권 등 처분정산을 별도로 규정하고 있는 점, 위 제4조가 제1항 내지 제3항에서 채권자의 청산금 지급의무, 청산기간 경과와 본등기청구, 청산금의 지급의무와 부동산의 소유권 이전등기 및 인도 채무의 동시이행관계 등을 순차로 규정한 다음, 제4항에서 제1항 내지 제3항에 반하는 특약으로서 채무자등에게 불리한 것은 그 효력이 없다(다만, 청산기간 경과 후에 행하여진 특약으로서 제3자의 권리를 해하지 아니하는 경우는 제외된다)고 규정하고 있는 점, 나아가 제11조는 채무자등이 청산금채권을 변제 받을 때까지 그 채무액을 채권자에게 지급하고 그 채권담보의 목적으로 경료 된 소유권이전등기의 말소를 청구 할 수 있다고 규정하고 있는 점 등을 종합하여보면, 가등기담보권의 사적 실행에 있어서 채권자가 청산금의 지급 이전에 본등기와 담보목적물의 인도를 받을 수 있다거나 청산기간이나 동시이행관계를 인정하지 아니하는 처분정산형의 담보권실행은 가등기담보등에 관한 법률상 허용되지 아니한다(대판 2002.12.10. 2002다42001). ② 틀림. 다만 채무자 등은 정당하게 평가된 청산금을 지급받을 때까지 목적부동산의 소유권이전등기 및 인도채무의 이행을 거절하면서 피담보채무 전액을 채권자에게 지급하고 채권담보의 목적으로 마쳐진 가등기의 말소를 구할 수 있을 뿐이다(대판 1996.7.3. 96다6974,6981). ③ 틀림. 설령 그와 같은 본등기가 가등기권리자와 채무자 사이에 이루어진 특약에 의하여 이루어졌다고 할지라도 만일 그 특약이 채무자에게 불리한 것으로서 무효라고 한다면 그 본

등기는 여전히 무효일 뿐, 이른바 약한 의미의 양도담보로서 담보의 목적 내에서는 유효하다고 할 것이 아니다. 다만 가등기권리자가 가담법 제3조 및 제4조에 정한 절차에 따라 청산금의 평가액을 채무자등에게 통지 한 후 채무자에게 정당한 청산금을 지급하거나 지급할 청산금이 없는 경우에는 채무자가 그 통지를 받은 날로부터 2월의 청산기간이 경과하면 위 무효인 본등기는 실체적 법률관계에 부합하는 유효한 등기가 될 수 있다(대판 2002.12.10. 2002다42001). ④ 틀림. 제3자 명의의 가등기도 유효하다고 볼 수 있다(대판 2000.12.12. 2000다49879 참고). ⑤ 옳음. 재산권 이전의 예약 당시 재산에 대하여 선순위 근저당권이 설정되어 있는 경우에는 재산의 가액에서 그 피담보채무액을 공제한 나머지 가액이 차용액 및 이에 붙인 이자의 합산액을 초과하는 경우에만 적용된다. 설령 가담법이 적용되지 않는 경우에도 채권자가 채권담보의 목적으로 부동산에 가등기를 경료하였다가 그 후 변제기까지 변제를 받지 못하여 위 가등기에 기한 소유권이전의 본등기를 경료한 경우에는 당사자들 사이에 채무자가 변제기에 피담보채무를 변제하지 아니하면 채권채무관계는 소멸하고 부동산의 소유권이 확정적으로 채권자에게 귀속된다는 명시의 특약이 없는 한, 그 본등기도 채권담보의 목적으로 경료된 것으로서 정산절차를 예정하고 있는 이른바 약한 의미의 양도담보가 된다. 따라서 이 경우, 채무의 변제기가 도과한 후에도 채권자가 담보권을 실행하여 정산절차를 마치기 전에는 채무자는 언제든지 채무를 변제하고 채권자에게 위 가등기 및 그 가등기에 기한 본등기의 말소를 청구할 수 있다(대판 2006.8.24. 2005다61140). <답 ⑤>

7. 甲소유의 X부동산에 관하여 乙의 가등기가 마쳐져 있었는데, 丙은 이를 매수하여 인도받고 그 소유권이전등기를 마친 다음 X를 개량하기 위하여 유익비를 지출하였다. 다음 설명 중 옳은 것은? (다툼이 있는 경우에는 판례에 의함) <변호사 2012년>

① 乙은 가등기에 기하여 본등기를 하기 전이라도 丙을 상대로 하여 소유권이전등기의 말소를 청구할 수 있다.

② 乙의 본등기로 소유권을 상실한 丙은 그 소유자로 등기되었을 당시에 지출한 유익비에 기하여 유치권을 행사할 수 있다.

③ 丙 명의의 소유권이전등기가 마쳐진 이상 乙이 가등기에 기하여 본등기를 청구하려면 丙을 상대로 하여야 한다.

④ 乙의 가등기가 담보가등기인 경우, X에 대한 예약 당시의 시가가 그 피담보채권액에 미치지 못한다고 하더라도, 乙은 본등기를 하면서 甲에게 「가등기담보 등에 관한 법률」에 따른 청산금평가액의 통지 및 청산금 지급 등의 절차를 이행하여야 적법한 소유권을 취득한다.

⑤ 乙의 가등기가 담보가등기인 경우, 「가등기담보 등에 관한 법률」의 규정에 따른 청산절차 진행 전에 신청된 강제경매절차에서 丁이 그 소유권을 취득하였다고 하더라도, 乙이 그 후에 위 법률에 따른 청산절차를 마치면 乙은 적법한 소유권을 취득할 수 있다.

해설

① 틀림. 가등기만으로는 실체법적인 효력이 없으므로 본등기 전에는 丙을 상대로 말소등

기를 청구할 수 없다(대판 1970.3.10. 69다1669 등). ② 옳음. 사례의 경우 타인의 물건에 대하여 丙이 그 점유기간 내에 비용을 투입한 것이 되므로 유익비상환청구권을 피담보채권으로 하는 유치권이 설정되었다고 볼 수 있다(대판 1976.10.26. 76다2079 참고). ③ 틀림. 가등기에 의한 본등기 청구는 등기명의자인 丙이 아니라 가등기의무자인 전 소유자 甲에게 행사해야 한다(대결[전] 1962.12.24. 4294민재항675). ④ 틀림. 가담법은 그 적용대상 부동산의 예약 당시 가액이 차용액과 그 이자를 합산한 액수를 넘는 경우 적용된다(가담법 제1조). ⑤ 틀림. 담보가등기가 마쳐진 사례에서 강제경매 개시결정이 있는 경우 그 경매신청이 청산금을 지급하기 전에 행하여졌다면 가등기에 따른 본등기를 청구할 수는 없다(가담법 제14조). <답 ②>

8. 양도담보에 관한 설명 중 옳지 않은 것은? (다툼이 있는 경우에는 판례에 의함) <사시 2002년 변형>

① 동산의 양도담보권설정자가 점유 중인 양도담보 목적물을 선의의 제3자에게 처분한 경우에 그 제3자는 양도담보권의 부담 없는 소유권을 취득한다.

② 성장을 계속하는 어류일지라도 특정 양어장 내의 어류 전부에 대한 양도담보계약은 유효하게 성립한다.

③ 부동산양도담보의 경우 특별한 사정이 없는 한 목적부동산에 대한 사용수익권은 채무자인 양도담보권 설정자에게 있다.

④ 양도담보권자는 담보권의 실행을 위하여 담보채무자가 아닌 제3자에 대하여도 담보물의 인도를 구할 수 있고, 인도를 거부하는 경우에는 임료상당의 손해배상을 구할 수 있다.

⑤ 양도담보권자가 담보부동산 위에 건물을 신축한다거나 담보부동산에 관하여 제3자에게 근저당권을 설정해주는 것은 담보권 실행으로서의 환가처분으로 볼 수 없다.

⑥ 동산양도담보권자는 목적물인 시설장비가 소실되어 양도담보설정자가 보험회사에 대하여 화재보험계약에 따른 보험금청구권을 취득한 경우 이 화재보험금청구권에 대하여 양도담보권에 기한 물상대위권을 행사할 수 있다.

해설

① 동산에 대하여 양도담보권설정계약이 이루어진 경우에 양도담보권자는 양도담보권설정자를 제외한 제3자에 대한 관계에 있어서는 자신이 그 동산의 소유자임을 주장하여 권리를 행사할 수 있다(대판 1999.9.7. 98다47283). 따라서 선의의 제3자는 선의취득자로서 담보권 없는 소유권을 취득한다. ② 성장을 계속하는 어류일지라도 특정 양만장 내의 뱀장어 등 어류 전부에 대한 양도담보계약은 그 담보목적물이 특정되었으므로 유효하게 성립하였다고 할 것이다(대판 1990.12.26. 88다카20224). ③ 대판 2001.12.11. 2001다40213. ④ 양도담보권자는 담보권의 실행으로 제3자에 대하여도 담보물의 명도를 구할 수 있고 또한 명도를 거부하는 경우에는 담보권 실행이 방해된 것을 이유로 하는 손해배

상청구를 할 수 있으나 그러한 경우에도 양도담보권자에게는 목적부동산에 대한 사용 수익권이 없으므로 차임 상당의 손해배상을 구할 수는 없다(대판 1979.10.30. 79다1545). ⑤ 대판 1993.9.28. 92다32814. ⑥ 담보물의 교환가치를 취득하는 것을 목적으로 하는 양도담보권의 성격에 비추어 보면, 양도담보로 제공된 목적물이 멸실·훼손됨에 따라 양도담보설정자와 제3자 사이에 교환가치에 대한 배상 또는 보상 등의 법률관계가 발생되는 경우에도 그로 인하여 양도담보설정자가 받을 금전 기타 물건에 대하여 담보적 효력이 미친다(대판 2009.11.26. 2006다37106). <답 ④>

9. 甲은 乙에게 토지를 매도하면서 매매대금은 乙이 그 토지 위에 신축하는 건물을 타인에게 처분 또는 임대하여 받은 대금에서 충당하기로 약정하고, 그 매매대금의 지급을 담보하기 위하여 乙이 자기의 비용과 노력으로 건물을 신축하되 건축허가명의는 甲명의로 하기로 약정하였다. 이 사안과 관련된 법률관계에 대한 다음 설명 중 옳지 않은 것은? (다툼이 있는 경우에는 판례에 의함) <변리사 2003년>

① 매매대금의 지급을 담보하기 위하여 乙이 자신의 비용과 노력으로 신축하는 건물의 건축허가 명의를 甲명의로 하기로 약정하였다는 것은, 완성될 건물을 양도담보로 제공하기로 하는 담보권설정의 합의로 해석된다.

② 乙이 자기의 비용과 노력으로 완성한 건물의 소유권은 乙이 원시취득하는 것이므로, 아직 甲명의로 소유권보존등기가 되기 전이라면 완성된 건물의 소유권은 乙에게 있다.

③ 甲·乙간의 약정에 따라 완성된 건물의 보존등기가 甲명의로 완료된 경우, 甲은 담보목적의 범위 내에서 건물에 대한 소유권을 취득한다.

④ 乙이 매매대금을 지급하지 않을 경우 자기명의로 보존등기를 마친 甲은 가등기담보 등에 관한 법률에서 규정한 환가절차에 의할 수 있을 뿐이고, 환가절차의 방편으로 乙을 상대로 그 건물의 명도청구를 할 수는 없다.

⑤ 甲명의로 건축허가를 받아 건물을 신축한 후 甲명의로 보존등기를 하고 甲·乙간의 약정에 따라 乙이 그 신축건물을 제3자에게 임대한 경우, 그 건물에 대한 甲의 담보권은 이미 실행되어 소멸된 것으로 보거나 甲이 그 부분에 한하여 담보권 주장을 포기한 것으로 해석될 가능성도 있다.

해설

①③ 대판 2002.7.12. 2002다19254. ② 대판 2002.4.26. 2000다16350. ④ 가담법 제4조 2항에 따르면 甲은 청산금을 지급한 때 비로소 소유권을 취득한다고 볼수 있지만, 그렇다고 乙을 상대로 그 건물의 명도청구를 할 수 없는 것은 아니다. ⑤ 임차보증금에 상당한 부분에 관하여 이미 甲의 채권은 회수되었다고 볼 수 있으므로 그 부분에 한하여 담보권 주장을 포기한 것으로 해석될 수 있다. <답 ④>

10. 甲은 돼지를 키우는 사람인데, 2009.1.1. 乙에게 자신의 농장에 있던 돼지 전부(5천 두)를 양도담보로 제공하고 점유개정의 방법으로 계속 돼지를 사육하

고 있다. 돼지의 생육기간은 6개월이고, 6개월 후에는 당초의 돼지들은 매각되고 그 새끼 돼지들(6천 두)이 남아 있을 뿐이다. 甲은 2009.12.30. 丙에게 동일한 방법으로 양도담보권을 설정해 주었다. 다음 설명 중 옳은 것은? (양도담보의 법적 성질에 관하여 신탁적 양도설을 따른다) <변호사모의 2010년>

① 乙의 담보권은 2009.12.30. 현재 남아 있는 돼지 중 5천 두에만 영향을 미친다.

② 새끼 돼지는 천연과실에 해당하므로, 양도담보권자들이 권리행사를 할 수 없다.

③ 乙이 2009.12.30.에 존재하는 돼지에 대하여 양도담보권자로서의 권리를 행사할 수 있다.

④ 丙은 선의취득이 인정되지 않더라도 나중에 설정한 양도담보권자로서 권리를 행사할 수 있다.

⑤ 丙이 甲으로부터 농장의 돼지 전부를 현실인도 받았다면, 인도당시 乙의 양도담보권에 관하여 알고 있었더라도 돼지의 소유권을 취득한다.

해설 ……………………………………

① 틀림. 양도담보권자가 그때마다 별도의 양도담보권설정계약을 맺거나 점유개정의 표시를 하지 않더라도 하나의 집합물로서 동일성을 잃지 아니한 채 양도담보권의 효력은 항상 현재의 집합물 위에 미치게 된다(대판 2004.11.12. 2004다22858. 이 판례와 배치되는 듯한 대판 1996.9.10. 96다25463은 개별적으로 담보가 특정되어 설정된 경우에 설득력이 있지만 유동집합물로 보는 경우에는 타당성이 결여된 판례이다). ②③ 돈사에서 대량으로 사육되는 돼지를 집합물에 대한 양도담보의 목적물로 삼은 경우, 위 양도담보권의 효력은 양도담보설정자로부터 이를 양수한 양수인이 당초 양수한 돈사 내에 있던 돼지들 및 통상적인 양돈방식에 따라 그 돼지들을 사육·관리하면서 돼지를 출하하여 얻은 수익으로 새로 구입하거나 그 돼지와 교환한 돼지 또는 그 돼지로부터 출산시켜 얻은 새끼돼지에 한하여 미치는 것이지 양수인이 별도의 자금을 투입하여 반입한 돼지에까지는 미치지 않는다(앞 판결). ④ 틀림. 대판 2004.10.28. 2003다30463 참고. ⑤ 양도담보의 성질에 관하여 담보권설에 의한다면 丙이 乙의 양도담보권의 존재를 알았더라도 후순위의 양도담보권을 취득한다고 볼 수 있지만, 신탁적양도설에 의할 경우 무권리자의 처분이 되어 丙이 선의·무과실이고 현실의 인도를 받은 경우에만 양도담보권을 취득할 수 있다. <답 ③>

11. 甲은 乙에게 돈을 빌려주었다. 그 원리금 반환채무를 담보하기 위해 乙은 약정 당시의 가액이 원금과 약정 변제기까지의 이자의 합산액을 초과하는 자신의 건물을 甲에게 양도하기로 하는 담보계약을 체결하고, 甲 명의로 소유권이전등기를 해주었는데, 甲과 乙의 약정에 따라 乙이 위 건물을 사용·수익하고 있다. 다음 설명 중 옳은 것은? (다툼이 있는 경우에는 판례에 의함) <사시 2011년 변형: 배점 4>

① 「가등기담보 등에 관한 법률」은 부동산의 양도담보와 관련하여, 피담보채권의 범위에 관하여는 저당권의 피담보채권에 관한 민법 제360조에 의하도록 하고 있으나, 지연손해금의 경우 甲은 乙에 대하여는 저당권자

와 달리 원본의 이행기일을 경과한 후의 1년분에 대해서도 양도담보권을 행사할 수 있다.

② 乙이 건물을 丙에게 임대한 경우, 甲이 그 대외적 소유자이므로, 甲은 양도담보권을 실행하기 전에도 丙에게 건물의 사용·수익을 하지 못한 것을 이유로 임료 상당의 손해배상이나 부당이득의 반환을 청구할 수 있다.

③ 만약 乙이 甲 앞으로 위 양도담보계약에 기한 소유권이전등기절차를 이행하지 않았다고 가정하면, 甲은 「가등기담보 등에 관한 법률」에 따른 청산절차를 취하지 않고도 양도담보계약에 기하여 甲 명의의 소유권이전등기를 청구할 수 있다.

④ 건물의 소유권은 甲에게 신탁적으로 이전되므로, 甲이 「가등기담보 등에 관한 법률」에 따라 지급하여야 할 청산금을 지급하기 전에 건물을 丙에게 처분한 경우, 양수인 丙의 선의·악의를 묻지 않고 乙은 丙에게 그 소유권이전등기의 말소를 청구할 수 없다.

⑤ 乙의 채무가 변제기를 도과한 경우, 甲은 건물을 타인에게 처분하여 정산하기 위한 환가절차의 일환으로 직접 건물의 소유권에 기하여 乙에게 그 인도를 구할 수 있다.

해설

① 틀림. 가등기담보권의 효력이 미치는 피담보채권의 범위에 대하여는 저당권에 관한 민법 제 360조가 적용되어야 하므로 지연배상은 원본의 이행기일을 경과한 후의 1년분에 한정된다. ② 틀림. 반면에 담보권을 실행하는 경우 담보목적물에 대한 과실수취권 등을 포함한 사용·수익권은 청산절차의 종료와 함께 채권자에게 귀속된다고 보아야 한다(대판 2001.2.27. 2000다20465). ③ 옳음. 양도담보는 그 담보계약에 따라 소유권이전등기를 경료함으로써 비로소 담보권이 발생하는 것이므로 채권자는 가담법상의 청산절차를 밟기 전에 우선 담보계약에 따른 소유권이전등기절차의 이행을 구하여 소유권이전등기를 받은 다음 같은 법에 따른 청산절차를 밟으면 된다. 따라서 채무자는 같은 법 소정의 청산절차가 없었음을 이유로 그 소유권이전등기절차이행을 거절할 수는 없다(대판 1996.11.15. 96다31116). ④ 틀림. 가담법 제11조 참조. ⑤ 틀림. 가등기담보권의 사적 실행에 있어서 채권자가 청산금의 지급 이전에 본등기와 담보목적물의 인도를 받을 수 있다거나 청산기간이나 동시이행관계를 인정하지 아니하는 '처분정산'형의 담보권실행은 가등기담보등에관한 법률상 허용되지 아니한다(대판 2002.4.23. 2001다81856). <답 ③>

12. 다음 설명 중 옳지 않은 것을 모두 고른 것은? (다툼이 있는 경우에는 판례에 의함) <사시 2008년 변형: 배점 3, 변호사모의 2010년 유사>

㉠ 동산양도담보는 점유개정의 방식으로도 설정될 수 있는바, 채무자가 채권자 甲에게 자신 소유의 동산을 점유개정 방식으로 양도담보로 제공한 후, 다시 그 동산을 다른 채권자인 乙에게 점유개정

방식으로 양도담보로 제공한 경우, 乙은 후순위의 양도담보권을 취득한다.
㉡ 준소비대차에 기한 차용금반환채무와 매매대금채무를 동시에 담보할 목적으로 마쳐진 소유권이전등기라도, 그 후 후자의 채무가 변제로 소멸하고 전자의 채무만이 남게 된 경우, 그 양도담보에 가등기담보 등에 관한 법률이 적용된다.
㉢ 가등기담보권 설정 후에 이해관계 있는 제3자가 생긴 상태에서 새로운 약정으로 기존 가등기담보권에 피담보채권을 추가하거나 피담보채권의 내용을 변경 내지 확장하는 경우, 피담보채권으로 추가 내지 확장된 부분은 이해관계 있는 제3자에 대한 관계에서도 우선변제권 있는 피담보채권에 포함된다.
㉣ 부동산을 채권담보의 목적으로 양도한 경우, 목적부동산에 대한 사용수익권은 양도담보설정자에게 있으므로, 설정자와 양도담보권자 사이에 양도담보권자가 목적물을 사용·수익하기로 하는 약정이 있더라도 목적부동산을 임대할 권한은 여전히 양도담보설정자에게 있다.
㉤ 차용금채무의 담보를 위한 양도담보계약이 체결되었으나 그에 따른 소유권이전등기가 경료되지 않은 경우, 채권자는 「가등기담보 등에 관한 법률」상의 청산절차를 밟기 전에 우선 담보계약에 따른 소유권이전등기절차의 이행을 구하여 소유권이전등기를 받은 다음 같은 법에 따른 청산절차를 밟으면 되고, 채무자는 같은 법 소정의 청산절차가 없었음을 이유로 그 소유권이전등기절차의 이행을 거절할 수 없다.

① ㉠, ㉡, ㉢, ㉣ ② ㉠, ㉡, ㉣ ③ ㉠, ㉢, ㉣
④ ㉡, ㉢, ㉣ ⑤ ㉠, ㉣ ⑥ ㉡, ㉢, ㉤
⑦ ㉠, ㉢ ⑧ ㉢, ㉣

해설

㉠ 틀림. 금전채무를 담보하기 위하여 채무자가 그 소유의 동산을 채권자에게 양도하되 점유개정의 방법으로 인도하고 채무자가 이를 계속 점유하기로 약정한 경우 특별한 사정이 없는 한 그 동산의 소유권은 신탁적으로 이전되는 것에 불과하여, 채권자와 채무자 사이의 대내적 관계에서는 채무자가 소유권을 보유하나 대외적인 관계에서의 채무자는 동산의 소유권을 이미 채권자에게 양도한 무권리자가 되는 것이어서 다시 다른 채권자와 사이에 양도담보설정계약을 체결하고 점유개정의 방법으로 인도하더라도 선의취득이 인정되지 않는 한 나중에 설정계약을 체결한 채권자로서는 양도담보권을 취득할 수 없는데, 현실의 인도가 아닌 점유개정의 방법으로는 선의취득이 인정되지 아니하므로 결국 뒤의 채권자는 적법하게 양도담보권을 취득할 수 없다(대판 2005.2.18. 2004다37430 등). ㉡ 옳음. 대판 2004.4.27. 2003다29968 참고. ㉢ 틀림. (물론) 이해관계 있는 제3자가 없는 경우에는, 채권자와 채무자가 가등기담보권설정계약을 체결하면서 가등기 이후에 발생할 채권도

후순위권리자에 대하여 우선변제권을 가지는 가등기담보권의 피담보채권에 포함시키기로 약정할 수 있고, 가등기담보권을 설정한 후에 채권자와 채무자의 약정으로 새로 발생한 채권을 기존 가등기담보권의 피담보채권에 추가할 수도 있다(대판 2011.7.14. 2011다28090). ㉣ 틀림. 양도담보에 있어 그 목적물을 누가 이용하느냐는 당사자의 합의에 의해 정해진다. 따라서 지문과 같은 특별한 사정이 없는 한, 일반적으로 목적부동산에 대한 사용·수익권은 채무자인 양도담보설정자에게 있는 것이다(대판 2008.2.28. 2007다37394, 37400 등 참고). 즉, 설정자와 양도담보권자 사이에 양도담보권자가 목적물을 사용·수익하기로 하는 약정이 있다면, 목적부동산을 임대할 권한은 양도담보설정자에게 있다(대판 1988.11.22. 87다카2555 등). ㉤ 옳음. 대판 1996.11.15. 96다31116 참고. <답 ③>

13. 소유권의 유보에 관한 다음 설명 중 틀린 것은?

① 소유권유보부매매는 부동산도 가능하다.

② 매매의 목적물이 매수인의 점유하에서 당사자 쌍방의 책임 없는 사유로 멸실된 경우에는 매수인의 대금채무는 소멸한다.

③ 소유권유보의 실행은 매매계약의 해제의 형식을 통하여 행하여진다.

④ 매수인으로부터 목적물을 양수한 제3취득자가 선의취득의 요건을 갖춘 경우에는 그 소유권을 취득하게 된다.

⑤ 원재료의 매도인과 매수인이 가공하여 생긴 물건 자체의 소유권을 매도인에게 유보하는 특약은 유효하다.

⑥ 매수인이 소유권유보부매매의 목적물을 타인의 직접점유를 통하여 간접점유 하던 중 그 타인의 채권자가 그 채권의 실행으로 그 목적물을 압류한 경우, 매수인은 민사집행법 제48조 제1항에 정한 '목적물의 인도를 막을 수 있는 권리'를 가진다.

해설 ....

① 소유권유보부매매의 목적물에 관해서는 이를 동산에 한정시키는 입법례도 있으나(독일민법 제455조), 부동산의 소유권이전행위에 대하여도 조건을 붙일 수 있는 우리나라의 경우에는 목적물이 동산에 제한된다고 보아야 할 아무런 근거가 없다. 따라서 부동산 특히 대금분할매매의 경우에도 대금채권의 담보를 위하여 그 소유권을 매도인에게 유보하는 것이 가능하다. ② 소유권유보부매매에 있어서 매도인에게 소유권을 유보하는 것은 어디까지나 대금채권을 확보하기 위한 담보적 수단에 지나지 않으므로, 이 경우에는 대금채무는 소멸하지 않는다고 보아야 할 것이다. ③ 소유권유보의 실행은 매매계약의 해제의 형식을 통하여 행하여진다. 그러나 그 실질은 담보권의 실행이다. ④ 제249조 참조. 정지조건부 소유권이전설에 따르더라도 제3자가 선의취득의 요건을 갖춘 경우에는 당연히 그 소유권을 취득하게 되어 소유권유보의 효력을 상실한다. ⑤ 첨부에 의한 소유권귀속은 강행성을 갖지 않으므로 위와 같은 특약은 유효하다. ⑥ 매수인이 소유권유보부 매매의 목적물을 타인의 직접점유를 통하여 간접점유 하던 중 그 타인의 채권자가 그 채권의 실행으로 그 목적물을 압류한 사안에서, 매수인은 그 강제집행을 용인하여야 할 별도의 사유가 있지 아니한 한 소유권유보매수인 또는 정당한 권원 있는 간접점유자의 지위에서 민사집행법 제48조 제1항에 정한 '목적물의 인도를 막을 수 있는 권리'를 가진다(대판 2009.4.9. 2009다1894). <답 ②>

제 4 편

채권총론

제 1 장 서 론

1. 다음 설명 중 틀린 것을 모두 고르면? (다툼이 있는 경우에는 판례에 의함)

㉠ 채권의 본래적 성질은 '주는 채무'에서 잘 나타난다.
㉡ 모든 채권은 발생 원인이나 그 시기의 전후, 그리고 대가의 다소에 관계없이 평등한 효력을 갖는다.
㉢ 채권의 양도성은 로마법 이래 인정되어 왔다.
㉣ 주된 채무와 부수적 채무의 구별은 급부의 독립된 가치에 따라서 결정된다.
㉤ 보호의무가 채권관계의 내용이 될 수 있는지와 관련하여 견해의 대립이 있으나, 판례는 일관되게 채무불이행책임으로 처리한다.
㉥ 부수적 채무가 불이행된 경우에도 채권자는 채무불이행을 이유로 계약을 해제할 수 있다.
㉦ 상가의 일부 층을 먼저 분양하면서 그 수분양자에게 장차 나머지 상가의 분양에 있어 상가 내 기존 업종과 중복되지 않는 업종을 지정하여 기존 수분양자의 영업권을 보호하겠다고 약정한 경우, 그 약정의 불이행을 이유로 계약을 해제할 수 있다.

① ㉠, ㉡, ㉢　② ㉠, ㉣, ㉤　③ ㉡, ㉤, ㉥
④ ㉢, ㉥, ㉦　⑤ ㉠, ㉤, ㉥, ㉦　⑥ ㉢, ㉣, ㉤, ㉥
⑦ ㉠, ㉡, ㉦　⑧ ㉡, ㉣, ㉥, ㉦

해설

㉠㉣㉤ 채권관계는 주된 급부의무, 부수적 주의의무, 보호의무(견해대립 있음)로 구성되며, 채권의 본래적 성질은 주는 채무(주된 급부의무)에서 잘 나타난다. 계약상의 의무가운데 주된 채무와 부수적 채무를 구별함에 있어서는 급부의 독립된 가치와는 관계없이 계약을 체결할 때 표명되었거나 그 당시 상황으로 보아 분명하게 객관적으로 나타난 당사자의 합리적 의사에 의하여 결정하되, 계약의 내용·목적·불이행의 결과 등의 여러 사정을 고려하여야 한다(대판 2005.11.25. 2005다53705,53712). 보호의무에 대해서는 보호의무가 불법행위법에 속하는 것이라는 견해(이은영, 채권총론, 192면)와 그 독자성을 인정할 수 없다는 견해(곽윤직, 채권총론, 24면; 김상용, 채권총론, 27면)로 나뉜다. 판례는 일관되어 있지 않다(불법행위책임으로 처리해야 한다는 판례(대판 2003.1.24. 2001다2129)가 있는 반면, 채무불이행책임을 부담한다는 판례(대판 2000.11.24. 2000다38718,38725)도 있다). ㉡ 옳음. ㉢ 채권 자체의 재산적 가치가 인정되므로 채권은 그 동일성을 유지한 채 양도될 수 있는 것이 원칙이다(제449조 1항 본문). 그러나 과거 로마법에 있어서는 채권

은 채권자와 채무자를 이어주는 법쇄로 관념되어 채권자나 채무자의 변경으로 인해 채권의 동일성은 상실되는 것으로 이해되었고, 채권의 양도성은 제도적으로 인정되지 않았다. ⓗⓢ 민법 제544조에 의하여 채무불이행을 이유로 계약을 해제하려면, 당해 채무가 계약의 목적 달성에 있어 필요불가결하고 이를 이행하지 아니하면 계약의 목적이 달성되지 아니하여 채권자가 그 계약을 체결하지 아니하였을 것이라고 여겨질 정도의 주된 채무이어야 하고, 그렇지 아니한 부수적 채무를 불이행한 데에 지나지 아니한 경우에는 계약을 해제할 수 없다(대판 2005.11.25. 2005다53705,53712). ⓢ 지문의 경우 경업금지의무는 분양계약의 목적 달성에 있어 필요불가결하고 이를 이행하지 아니하면 분양계약의 목적이 달성되지 않으며, 따라서 조합이 분양계약을 체결하지 아니하였을 것이라고 여겨질 정도의 주된 채무이므로 계약해제가 가능하다(대결 1997.4.7. 97마575). <답 ⑥>

2. A는 B와 9월 1일 자신의 중고자동차에 대한 매매계약을 체결하고 9월 21일 인도하면서 대금을 받기로 하였다. 그러던 중 9월 10일 C가 그 자동차를 절취하여 운행하던 중 사고를 일으켜 자동차가 파손되었다. C는 파손된 자동차를 D에게 보관케 하였다. 다음 중 인정될 수 없는 것은?

① A가 C에 대하여 불법행위에 기한 손해배상청구권을 행사한다.
② A가 D에 대하여 소유권에 기한 소유물반환청구권을 행사한다.
③ B가 A에 대하여 C에 대한 손해배상청구권의 양도를 청구한다.
④ B가 D에 대하여 소유물반환청구권을 행사한다.
⑤ B가 C에 대하여 불법행위에 기한 손해배상청구권을 행사한다.

해설 ··

B는 C의 절취행위가 있는 당일 소유권자가 아니므로 소유물반환청구권(제213조)을 행사할 수 없다. 다만 B는 A가 C에 대해 지니는 손해배상청구권의 양도(대상청구권)를 청구할 수 있으며(대판 2002.2.8. 99다23901), 또한 C가 B의 채권이 있음을 인식하고서 절취행위를 한 경우에는 A에 대한 손해배상청구권의 양도청구가 인정된다 하더라도 직접 C에 대해 불법행위에 기한 손해배상청구권을 행사할 수도 있을 것이다. <답 ④>

3. 상가분양계약에 관한 설명 중 옳지 않은 것을 모두 고르면? (다툼이 있는 경우에는 판례에 의함) <변호사 2013년>

ㄱ. 상가 내 특정 점포의 분양계약에서 분양자가 수분양자들에 대하여 부담하는 분양 점포에 관한 소유권이전등기의무와 상가 총면적 중 분양 점포면적에 해당하는 비율의 대지 지분에 관한 소유권이전등기의무 중 분양 점포에 관한 소유권이전등기의무의 이행이 불능에 이르렀더라도 그 대지 지분에 관한 소유권이전등기의무의 이행이 가능하다면, 수분양자들은 분양자에 대하여 위 대지 지분에 관한 소유권이전등기 절차의 이행을 구할 수 있다.
ㄴ. 업종을 지정하여 상가를 분양한 경우, 수분양자가 경업금지의 약정을 위배하면 분양자는 그 분양계약을 해제하는 등의 조치를 취함으

로써 그 기존 점포의 상인들의 영업권이 실질적으로 보호되도록 최선을 다하여야 할 의무를 부담한다.
ㄷ. 업종을 지정하여 상가를 분양한 경우, 분양자의 수분양자에 대한 분양계약상의 의무는 전체 수분양자의 영업권을 실질적으로 보호하기 위한 것이므로, 분양자가 상가의 활성화를 위하여 업종의 일부를 변경하고 매장의 위치를 재조정하여 상가의 구성을 변경한 경우에는 그로 인하여 기존의 영업상 이익을 침해받을 처지에 있지 아니한 수분양자에 대하여도 의무를 위반한 것이다.
ㄹ. 업종을 지정하여 상가를 분양한 경우, 지정업종에 대한 경업금지의무는 수분양자들에게 적용되는 것이고, 이해를 조정할 위치에 있는 분양자에게는 적용되지 않는다.

① ㄱ, ㄷ, ㄹ ② ㄴ, ㄷ ③ ㄷ, ㄹ
④ ㄱ ⑤ ㄹ

해설

ㄱ. 틀림. 장래에 건축될 집합건물인 상가 내의 특정 점포를 분양받기로 하는 계약에 있어서는 분양자인 피고 이상호가 피분양자들에 대하여 부담하는 분양 점포에 관한 소유권이전등기 의무와 상가 총면적 중 분양 점포면적에 해당하는 비율의 대지 지분에 관한 소유권이전등기 의무는 불가분의 관계에 있어 분양 점포에 관한 소유권이전등기의무의 이행이 불능에 이르렀다면 그 대지 지분에 관한 소유권이전등기 의무의 이행이 가능하다고 하더라도 그 이행만으로는 피분양자들이 최초분양계약 당시 의욕하였던 계약의 목적을 달성할 수는 없는 것이라고 할 것이고, 따라서 피고 이상호의 원고들에 대한 이 사건 분양계약상의 채무는 전부 이행불능 상태에 이르렀다고 볼 것이므로 원고들로서는 피고 이상호에 대하여 위 대지 지분에 관한 소유권이전등기 절차의 이행만을 구할 수는 없다(대판 1995.7.25. 95다5929). ㄴ. 옳음. 분양회사가 상가 분양 당시 층별 지정업종 및 품목을 중복되지 않게 정해놓고 수분양자들에게 분양을 원하는 층의 층별 지정업종의 범위 내에서 세부적인 취급품목을 지정하여 분양계약을 체결하고, 그 분양계약서에 '협의한 업종과 취급품목으로만 영업하여야 하며, 다른 업종이나 품목으로 변경하고자 할 경우에는 분양회사의 사전 서면승인을 받아야 하고, 수분양자가 위 계약을 위반할 경우에 분양회사는 계약을 해제할 수 있다.'고 규정한 취지는, 경업금지를 분양계약의 내용으로 하여 만약 분양계약 체결 이후라도 수분양자가 경업금지의 약정을 위배하는 경우에는 그 분양계약을 해제하는 등의 조치를 취함으로써 기존 점포를 분양받은 상인들의 영업권이 실질적으로 보호되도록 최선을 다하여야 할 의무를 부담하겠다는 것이므로, 분양회사의 이러한 경업금지의무는 상가 분양계약의 목적달성에 있어 필요불가결하고 이를 이행하지 아니하면 분양계약의 목적이 달성되지 아니하여 수분양자들이 분양계약을 체결하지 아니하였을 것이라고 여겨질 정도의 주된 채무라고 봄이 상당하다(대판 2005.7.14. 2004다67011). ㄷ. 틀림. ㄹ. 틀림. 대규모 상가를 분양할 경우에 분양자가 수분양자들에게 특정 영업을 정하여 분양하는 이유는 수분양자들이 해당 업종을 독점적으로 운영하도록 보장하는 한편 상가 내의 업종 분포와 업종별 점포 위치를 고려하여 상가를 구성함으로써 적절한 상권이 형성되도록 하고 이를 통하여 분양을 활성화하기 위한 것이고, 수분양자들로서도 해당 업종에 관한 영업이 보장된다는 전제 아래 분양회사와 계약을 체결한 것이므로, 지정업종에

관한 경업금지의무는 수분양자들에게만 적용되는 것이 아니라 분양자에게도 적용된다. 이 경우 분양자의 수분양자에 대한 의무는 수분양자의 영업권을 실질적으로 보호하기 위한 것이므로, 비록 분양자가 상가의 활성화를 위하여 업종의 일부를 변경하고 매장의 위치를 재조정하여 상가의 구성을 변경한다고 하더라도, 그로 인하여 기존의 영업상 이익을 침해받을 처지에 있지 아니한 수분양자에 대하여는 의무를 위반한 것이 아니다(대판 2008.5.29. 2005다25151).

<답 ①>

제 2 장 채권의 목적

제 1 절 총 설

1. 다음 설명 중 틀린 것은?

① 채권의 목적은 채무자가 행하여야 할 일정한 행위를 의미하며, 이는 계약이나 법률의 규정에 의하여 정하여진다.

② 강행법규에 반하는 내용의 채권은 인정될 수 없다.

③ 이미 소실된 주택을 매도하는 계약을 체결하는 때에는 어떠한 책임도 성립하지 않는다.

④ '매매대금은 감정평가액에 따라 결정한다.'는 약정에서와 같이 채무의 내용이 채권성립시에 확정되지 않더라도 계약은 유효하게 성립한다.

⑤ 사찰에 토지를 기부하고 부모님의 건강을 비는 염불을 약정하는 계약도 유효하게 성립한다.

해설

① 채권의 목적은 채무자가 행하여야 할 채무의 내용을 의미한다. 따라서 매매에 있어서는 채무자인 매도인의 재산권이전행위(목적물의 인도와 등기협력행위)를 뜻한다. 이러한 채권의 목적은 매매 · 임대차 · 고용 · 도급 등의 계약에 의해서 구체적으로 정하여지거나, 법률의 규정(불법행위시에는 제750조: 채권의 목적=손해배상의무의 이행, 사무관리시에는 제739조: 채권의 목적=비용상환의무의 이행, 부당이득시에는 제748조: 채권의 목적=이득반환의무의 이행)에 의하여 정하여진다. ② 강행법규에 위배되는 내용의 채권은 제105조에 의하여 그 효력이 인정되지 않는다. ③ 이미 소멸된 주택을 인도하는 내용의 급부는 원시적으로 불가능하다. 급부가 원시적으로 불능인 때에는 그러한 급부를 내용으로 하는 채권은 성립하지 않는다. 그러나 제535조에 의하여 계약체결상의 과실이 있는 자(주택이 소실된 것을 알았거나 알 수 있었음에도 불구하고 매도의 의사표시를 한 매도인)는 그 계약의 유효를 믿은 자(주택의 소실을 모르고 매수의 의사표시를 한 매수인)에게 신뢰이익을 배상할 책임을 부담해야 한다. 따라서 ③의 설명은 옳지 않다. ④ 채무의 내용(매매대금 지급의무에 있어서 대금액)은 채권성립시에 확정되지 않더라도 이행기까지 확정되면 족하다(대판 1996.4.26. 94다34432). 따라서 채무의 내용은 채권성립시(계약시)에 반드시 확정될 필요는 없다. ⑤ 민법은 금전으로 가액을 정할 수 없는 것이라도 채무내용으로 할 수 있다고 규정하고 있다(제373조). 이와 같은 채무(채권자의 부모님 건강을 비는 염불을 해야 할 사찰의 채무)가 불이행되면 채권자는 사찰에 대하여 금전에 의한 손해배상을 청구할 수 있다. <답 ③>

2. 채권의 목적에 관한 다음 설명 중 틀린 것은?

① 채권의 목적이란 채권자가 채무자에게 청구할 수 있는 일정한 행위를 의미한다.

② 채권의 목적의 요건에 대한 문제는 법률행위의 유효요건에 관한 문제이다.

③ 타인소유의 주택에 대한 매매는 항상 유효한 채권을 성립시킬 수 없다.

④ 금전적 가치를 산정할 수 없는 급부를 불이행한 경우에도 손해는 금전으로 배상하여야 한다.

⑤ 민법 제375조의 '채권의 목적을 종류로만 지정한 경우'에서 '채권의 목적'은 실제 채권의 목적물을 의미한다.

해설

채권의 목적이란 급부, 즉 채무자의 일정한 행위를 의미하며 급부의 목적물과는 구별된다. 채권의 목적은 확정성 · 가능성 · 적법성 · 타당성을 요건으로 하나, 금전적 가치산정가능성을 요건으로 하지는 않는다. ③ 타인소유의 주택이라 하더라도 이를 목적으로 하는 매매계약은 유효하게 체결될 수 있다. 다만 채무자인 매도인이 주택의 소유자로부터 소유권을 취득하여 매수인에게 이전할 수 없게 된 경우 매도인은 매수인에 대해 담보책임을 부담하게 된다(제569조). <답 ③>

제 2 절 특정물채권

1. 특정물의 인도를 목적으로 하는 채권에 관한 설명 중 잘못된 것은?

① 특정물의 인도가 채권의 목적인 때에는 채무자는 그 물건을 인도하기까지 선량한 관리자의 주의로 보존하여야 한다.

② 선량한 관리자의 주의의무라 함은 거래상 일반적으로 요구되는 주의의무를 의미한다.

③ 특정물인도채무를 부담하는 매도인, 임차인, 무상수치인 등이 선량한 관리자의 주의의무를 위반하여 목적물을 멸실 또는 훼손케 한 때에는 손해배상책임을 진다.

④ 채무자는 선량한 관리자의 주의로써 특정물을 보존한 후 그 목적물을 인도할 때의 현상 그대로 인도하면 그것으로 충분하다.

⑤ 특정물이란 당사자가 지정한 그 물건만이 목적물이 되며 다른 물건으로 대체할 수 없는 것을 말한다.

⑥ 선관주의의무위반을 이유로 채무불이행에 따른 손해배상책임을 지는 경우, 선관주의의무를 다하였는지의 입증책임은 채무자에게 있다는 것이 판례의 태도이다.

⑦ 이행기 이후에도 선관주의의무가 있게 되는 것은 이행지체도 수령지체도 되지 않는 경우이다.

해설

① 제374조 참조. ② 선량한 관리자의 주의의무는 특정물채권의 채무자가 특정물의 보관에 대해서 부담하는 보존의무에 한정되는 것은 아니며, 일반적 채무자가 부담하는 주의의무의 기본원칙을 말하는 것이다. 즉, 선량한 관리자의 주의의무라 함은 구체적 채무자를 기준으로 그의 능력에 따른 주의의무가 아닌, 평균적 · 추상적 채무자가 마땅히 기울여야 할 일반적 · 객관적 주의의무를 뜻한다. ③ 과실의 종류에는 추상적 과실과 구체적 과실이 있는데, 우리 민법은 추상적 과실을 원칙으로 하면서 일정한 경우 구체적 과실에 대해서만 책임을 귀속시키는 규정을 두고 있다. 특정물채권의 채무자는 선관주의의무, 즉 추상적 과실에 따른 책임을 부담하며(제374조), 법인의 이사(제61조) · 유치권자(제324조) · 동산질권자(제343조, 제324조) 등도 마찬가지이다. 반면 무상수치인 · 친권자 · 상속인에 대해서는 명문규정을 두어 구체적 과실('자기재산과 동일한 주의', '자기재산에 관한 행위와 동일한 주의', '그 고유재산에 대하는 것과 동일한 주의')을 기초로 채무자의 책임을 경감하고 있다(제695조, 제922조, 제1022조). ④ 특정물인도의무를 부담하는 채무자는 선관주의의무를 다하여 목적물을 보존(제374조)한 후에 그 물건을 인도할 때의 현상 그대로 인도하면 되고(제462조), 그것으로 충분하다. 따라서 목적물 인도시까지의 선관주의의무와 관련하여 채권성립 당시의 현상과 인도할 때의 현상 사이에 채무자의 과실 없이 변화가 발생한 경우, 채무자는 이행기의 현상대로 인도하면 변제의 효력을 갖는다. ⑤ 특정물이란 구체적인 거래에 있어서 당사자가 물건의 개성을 중요시하여 그 물건을 지정하여 다른 물건으로 대체하지 못하게 한 물건이다. 따라서 종류채권이나 선택채권의 경우에 있어서도 목적물이 '특정'된 때부터는 그 특정된 물건을 급부해야 하는 특정물채권으로 취급된다. ⑥ 대판 2006.1.13. 2005다51013,51020 참고. ⑦ 이행지체가 발생하면 채무자는 이행지체중 자신의 과실 없이 발생한 손해에 대해서도 배상의무를 부담함으로써 책임이 가중되고(제392조), 반면 수령지체가 되는 경우에 채무자는 자신의 고의 · 중과실에 기한 불이행에 대해서만 책임을 부담한다(제401조). 따라서 이행기 이후 실제로 인도할 때까지의 사이에 채무자가 선관주의의무를 부담하는 것은 이행지체나 수령지체가 아닌 경우로서 이행기에 이행하지 않은 것이 불가항력에 의하거나 채무자가 자신의 이행에 대한 거절권능, 즉 동시이행의 항변권이나 유치권을 가지고 있는 경우에 한한다. <답 ③>

2. 목장을 경영하는 A는 2월 10일 B와 한우 10마리 전부에 대한 매매계약을 체결하고 3월 10일 대금지급과 함께 인도받기로 하였다. 이때 A는 B목장의 한우가 튼튼해 보이니 반드시 B목장의 한우로만 이행해 줄 것을 요구하였으며 B도 이에 동의하였다. 다음 설명 중 틀린 것은? (이 외의 특별한 약정은 없음)

① B는 한우의 인도시까지 한우 10마리에 대해 선관주의의무를 부담한다.

② 3월 10일 A는 B목장에 가서 한우의 인도를 받아야 한다.

③ 3월 10일 A가 자신의 과실로 한우를 인도받지 못한 경우에도 B는 신의성실의 원칙상 여전히 선관주의의무를 부담한다.

④ A가 매매대금을 지불하지 않은 경우 한우가 인도되지 않은 3월 10일 이후 한우에서 짠 우유에 대한 수취권은 B에게 있다.

⑤ 한우의 인도시기인 3월 10일 이전까지 한우에 들어간 비용은 B가 부담

한다.

해설

A와 B간의 한우 10마리에 대한 매매계약관계는 당사자 간의 약정내용에 비추어 특정물채권관계이다. 따라서 B는 한우 10마리에 대해 선관주의의무를 부담한다(제374조). 그러나 A가 과실에 의해 수령을 지체한 경우 B는 자신의 고의·중과실에 대해서만 책임을 부담한다(제401조). 특정물채권에 있어 과실의 수취권은 원칙적으로 이행기 이전까지는 채무자에게 귀속되며 이행기 이후에는 채권자에게 귀속된다. 그러나 매매계약의 경우 매수인이 대금을 지불하지 않았다면 이행기 이후에도 채무자가 여전히 과실의 수취권을 지닌다(제587조). 따라서 A가 대금을 지급하지 않고 있던 이행기 이후에 한우에서 나온 과실에 대해서도 B가 그 수취권을 지닌다. <답 ③>

제 3 절 종류채권

1. 종류채권에서의 특정에 관한 다음 설명 중 틀린 것은?

① 민법의 원칙상 종류채권에 있어서는 목적물이 채권자의 주소에 도달하여 채권자가 수령할 수 있는 때에 특정이 생긴다.

② 채무자의 주소를 이행장소로 하는 채무에 있어서의 특정은 채무자가 이행준비를 완료하고 이를 채권자에게 통지함으로써 족하다.

③ 채무자의 호의에 의해 제3지가 이행장소로 된 경우, 운송도중 목적물이 멸실되었다면 채무자는 새로운 목적물을 급부할 의무를 부담하지 않는다.

④ 제3지가 본래의 이행지인 경우, 운송도중 목적물이 멸실되었다면 채무자는 새로운 목적물을 급부할 의무를 부담한다.

⑤ 당사자의 약정에 의해 지정권한을 갖는 자가 지정권을 행사하지 않는 경우, 목적물은 채무자의 행위에 의해 특정된다.

해설

종류채권의 특정은 당사자의 계약이 있는 경우에는 이에 의하고, 그렇지 않은 경우 또는 ⑤ 계약에 의한 지정권자가 지정권을 행사하지 않은 경우(선택채권과 구별됨)에는 채무자의 행위, 즉 채무자가 이행에 필요한 행위를 완료함으로써 특정된다. 후자의 경우에 이행에 필요한 행위란 채무이행의 장소와 밀접한 관련이 있는데, 먼저 ① 지참채무의 경우 채권자의 주소가 이행지므로 채무자가 채권자의 주소로 목적물을 가지고 가서 수령할 수 있는 상태로 두면 채무의 내용에 따른 이행이 된다. 반면에 ② 추심채무의 경우에는 채무자의 주소가 목적물의 인도장소므로 급부목적물을 분리하고 채권자가 수령할 수 있는 상태로 둔 다음 채권자에게 이를 통지하여 수령의 최고를 한 때에 특정된다. 참고로 민법 제460조 단서의 '변제준비의 완료를 통지하고 그 수령을 최고'하면 된다고 할 때의 '구두의 제공'으로는 추심채무에 있어서 특정에 필요한 행위가 될 수 없다. 구두의 제공은 변제준비의 완료로 족할 뿐이며 목적물의 분리를 필요로 하지는 않는다. 그러나 특정에 있어서는 목적물의 분리가 행해져야 한다. ③④ 송부채무에 관한 기술로 타당하다. <답 ②>

2. 밑줄 친 부분 중 틀린 설명은?

> 종류채권에서 목적물은 이행에 필요한 행위를 완료한 때에 특정된다. 특정된 후 목적물이 멸실되었다면 ① 채무자는 다른 목적물을 급부할 의무를 부담하지 않는다. 다만 ② 목적물의 멸실이 채무자의 책임 있는 사유로 발생한 경우 채무자는 손해배상의무를 부담할 뿐이다.
> 그러나 종류채권의 성질에 비추어 ③ 채무자의 귀책사유에 의해 목적물이 멸실한 경우에도 채무자에게는 다른 종류물에 의한 급부가 인정될 수 있다. ④ 또한 특정된 이후라도 채권자에게 불이익이 없는 한 채무자는 동종동량의 목적물을 급부할 수 있다.
> 한편 특정의 효과로는 ⑤ 급부위험을 채권자에게 이전시킴과 동시에 반대급부위험도 이전시킨다는 것을 들 수 있다.

해설

⑤ 종류물의 특정은 급부위험을 채권자에게 이전시키는 역할을 한다. 그러나 채권자의 수령지체가 전제되지 않는 한, 급부목적물의 특정만으로 반대급부위험이 이전되지는 않는다. 특히 목적물에 대한 특정이 채권자의 수령지체보다 먼저 행해지는 경우(채무자가 채권자의 동의를 얻어 이행할 물건을 지정한 경우)에는 특정으로 급부위험이 채권자에게 이전하지만, 변제제공이 행해지지 않은 이상 반대급부위험의 이전은 문제되지 않는다. 따라서 이 경우에도 채무자는 동종동량의 물건을 급부해야만 채권자에 대해 반대급부를 청구할 수 있다. ③④ 목적물의 특정으로 채무자는 특정된 물건만을 인도할 의무를 부담하는 것이 원칙이다. 그러나 종류물의 개성이 중요시 되지 않는 종류채권의 특성상 채무자는 목적물 변경으로 채권자에게 불이익이 발생하지 않거나 채권자의 반대의사가 표시되지 않는 한 특정 이후에도 이행할 목적물을 변경할 수 있다(통설). <답 ⑤>

3. 다음은 종류채권에 관한 설명이다. 틀린 것으로만 짝지어진 것은?

> ㉠ 채권의 목적을 종류로만 지정한 경우에 당사자의 의사 또는 법률행위의 성질에 의하여 품질을 정할 수 없는 때에는 채무자는 중등품질의 물건으로 이행하여야 한다.
> ㉡ 채무자가 이행에 필요한 행위를 완료하더라도 채권자의 동의가 없는 한 물건은 특정되지 아니한다.
> ㉢ 종류채권이 특정된 후 불가항력에 의해 목적물이 멸실된 경우에는 채무자는 동종의 물건이 있다면 그 동종의 물건으로 채무를 이행해야 한다.
> ㉣ 특정 후 불가항력에 의해 그 물건이 멸실하면 채무자는 채권자에 대하여 반대급부의 이행을 청구할 수 없다.
> ㉤ 특정 후에 급부위험이 채권자에 이전되도록 하는 것은 채무자에게 불합리한 것이다.

ⓑ 특정 이후에라도 종류채무자는 이행할 목적물을 변경할 수 있다.

① ㉠, ㉡, ㉢ ② ㉠, ㉡, ㉣ ③ ㉠, ㉡, ㉤
④ ㉡, ㉢, ㉣ ⑤ ㉡, ㉢, ㉤ ⑥ ㉢, ㉣, ㉤
⑦ ㉢, ㉣, ㉥ ⑧ ㉣, ㉤, ㉥

해설

㉠ 제375조 1항. ㉡ 종류물의 특정은 당사자 사이에 약정이 있으면 이에 따르고, 약정이 없으면 채무자가 이행에 필요한 행위를 완료하거나 채권자의 동의를 얻어 이행할 물건을 지정한 때에 그 물건을 특정물로 본다(제375조 2항). ㉢㉣ 종류물이 특정되면 급부위험은 채권자가 부담한다. 즉 불가항력으로 물건이 멸실하더라도 채무자는 더 이상 동종의 물건으로 이행할 필요가 없다. 그러나 인도 전까지 반대급부위험(대가위험)은 채무자가 부담하므로, 채무자는 채권자에 대하여 이행을 청구할 수 없다. ㉤ 종류물의 특정에 의해 급부위험을 채권자에게 이전하도록 하는 것은 채무자로 하여금 특정된 물건이 자신의 귀책사유에 의하지 않고 멸실된 경우 다른 종류물에 의한 급부의무의 부담을 면하게 하기 위한 것이다. ㉥ 채무자에게 변경권한이 인정된다. 그러나 목적물의 변경으로 채권자가 불이익을 입거나 변경에 대해 채권자가 반대의사를 표시하는 경우에는 신의칙상 채무자의 변경권은 인정되지 않는다(통설). <답 ⑤>

4. 대구에 거주하는 농장주 A는 서울에서 청과물도매상을 경영하는 B에게 사과 100박스를 팔기로 하고 목적물을 열차로 위탁발송하였다. 그러나 운행자의 과실로 열차사고가 발생하여 발송한 사과가 부분적으로 손상되어 B가 수령할 당시에는 모두 10박스가 부패된 상태였다. 다음 중 틀린 설명은? (A와 B는 매매대금 이외에는 아무런 약정도 하지 않았음)

① 부패한 사과에 대해서는 이행목적물로서의 특정효과가 발생하지 않는다.
② 그러므로 A는 다시 부패된 10박스만큼의 새로운 사과를 이행해야 한다.
③ B가 부패된 부분을 수령하였다 할지라도 이에 대한 특정의 효과는 없다.
④ B는 부패한 사과 10박스를 그대로 수령한 후, A에 대해 하자담보책임을 물을 수도 있다.
⑤ A는 열차운행자에 대해 채무불이행에 기한 손해배상청구권을 행사할 수 있다.

해설

A와 B 사이에는 사과 100박스라는 종류물에 대한 매매계약을 체결하였고 이행의 장소에 관해 아무런 약정도 하지 않았으므로, 채권자 B의 주소가 변제장소라고 할 수 있다(제467조 2항). 따라서 A가 사과 100박스를 B의 주소에서 현실제공을 하여야만 목적물이 특정된다. 그러므로 운송도중 사고가 발생하여 사과 10박스가 부패되었다면 그 사과 10박스는 채무의 이행에 적합하지 않음으로 인해 목적물로 특정되었다고 할 수 없다. 그러나 B가 부패한 사과 10박스를 그대로 수령하였다면 부패된 부분에 대해서도 목적물로서의 특정효과가 발생한다. 다만 B는 목적물의 하자를 이유로 A에게 손해배상청구권 · 완전물급부청구권을 행사할 수 있을 것이다(제581조). <답 ③>

5. A와 B는 각각 도자기상 C로부터 재현도자기를 매입하기로 하였다. 이에 C는 자신의 자동차를 이용하여 같은 지역에 거주하는 A에 대해서는 A의 주소지로 도자기를 배달해 주기로 약정하였고, 다른 지역에 거주하는 B에 대해서는 통상 다른 지역까지 배달하지는 않지만 특별히 호의로 B의 주소지까지 배달해 주기로 하였다. 이에 도자기 두 점을 골라 각각 포장을 완료하고 먼저 A의 주소지로 가던 중에 자신의 과실 없이 건너편에서 오던 승용차와 충돌하여 도자기 두 점이 모두 크게 손상되었다. 만약 그 도자기들이 더 이상 생산되지 않는 도자기로서 C의 창고에는 아무런 도자기도 남아 있지 않다면, A와 B에 대한 채무이행과 관련하여 C가 배달하려고 했던 도자기로서 채무의 목적물이 특정되었는지의 여부와, C에 대한 A와 B의 대금지급의무를 올바르게 연결한 것은?

항목 / 지문	배달된 도자기의 특정의 효과		대금지급의무의 인정 여부	
	A의 경우	B의 경우	A의 경우	B의 경우
①	×	○	×	○
②	○	×	○	×
③	×	○	×	×
④	○	○	○	○
⑤	×	○	○	×

해설

목적물의 인도장소와 관련해 C가 A와 B에게 부담하는 채무의 내용은 각각 구별된다. A에 대해서는 지참채무를, B에 대해서는 호의로 B의 주소지로 배달하기로 한 송부채무를 부담하게 된다. 따라서 A에 대한 채무는 A의 주소지에서 이행이 되어야만 목적물이 특정될 수 있는데, 위 경우 운송도중 목적물이 멸실되었으므로 특정의 효과는 발생하지 않는다. 따라서 A의 채권은 유효하게 존속하지만 창고에 그 도자기가 전혀 남아 있지 않기 때문에 C의 목적물조달의무는 불능에 빠진다. 즉, 그 도자기가 더 이상 구입할 수 없는 것인 한 양 당사자의 책임 없는 사유로 이행불능 상태가 발생한 것이므로 A는 반대급부(대금지급)의무를 부담하지 않는다(제537조). 반면에 C는 도자기를 분리·포장하여 B의 주소지로 발송하였기 때문에 자신이 부담하는 채무를 모두 이행하였으며 이로써 특정의 효과가 발생하면서 대가위험은 B에게 이전하게 된다. 특정에 의해서는 급부위험만이 상대방에게 이전하는 것이 원칙이지만, 채무자에 의한 목적물의 송부로 채무이행이 완료되어 채권자의 수령이라는 문제를 남기지 않은 경우에는 반대급부위험도 채권자에게 이전된다고 할 수 있기 때문이다(김형배, 64면. 이견: 이은영, 112면 참고). <답 ①>

제 4 절 금전채권

1. 금전채권에 관한 다음 설명 중 옳은 것은?

① 불가항력으로 인한 이행지체의 경우 채무자는 이에 대한 책임이 없다.

② 채무불이행으로 인한 손해배상에 있어서는 법정이율이 적용되지 않는다.

③ 손해배상액의 예정을 한 경우에는 법정이율과 관계없이 예정된 대로 손해를 배상해야 한다.
④ 손해액이 법정이율을 초과하는 경우에는 채권자가 이를 증명하여 초과손해를 배상받을 수 있다는 것이 다수설의 견해이다.
⑤ 지방자치단체로부터 매수한 토지가 공공공지에 편입되어 매수인이 의도한 음식점 등의 건축이 불가능하게 되었다면, 이는 매매계약을 해제할 만한 사정변경에 해당한다.

해설

③ 법정이율은 당사자의 약정에 의한 손해배상액의 예정 · 위약금의 예정 또는 법률의 규정(제685조, 제705조)이 있는 경우에는 적용되지 않는다. ④ 금전채무의 불이행시 손해배상액은 당사자 간의 특약이 없는 한 법정이율에 따른다(제397조). 이때 채권자는 실제 손해액이 법정이율을 초과하는 경우에도 그 초과손해를 청구하지 못한다는 것이 다수설의 견해이다(곽윤직, 49면). 그러나 초과손해가 발생한 경우 채권자가 이를 입증하여 청구할 수 있다는 것이 민법 제393조 2항과 관련해 타당한 해석이라 생각된다(김형배, 69면의 각주 3). 판례도 초과손해를 특별손해로 보아 예견가능성이 인정되는 경우에는 이를 배상받을 수 있다고 한다(대판 1991.1.11. 90다카16006 참고). ⑤ 과거 판례는 사정변경의 원칙은 민법의 해석상 용납되지 않는다고 하였으나(대판 1955.4.14. 4286민상231 등 참고). 최근 판례는 사정변경의 원칙에 기한 계약해제 가능성을 인정하고 있다(대판 2007.3.29. 2004다31302). 다만, 위 지문의 경우에는, 매매계약을 해제할 만한 사정변경에 해당하지 않고, 매수인이 의도한 주관적인 목적을 달성할 수 없게 되어 손해를 입었다 하더라도 매매계약을 그대로 유지하는 것이 신의칙에 반한다고 볼 수는 없다고 하였다. <답 ③>

2. 민법 제378조의 외화채권에 관한 판례의 태도로 틀린 설명은?

① 당사자 사이에 특약이 없으면 채무자는 우리나라의 통화로 지급할 수 있는 대용권이 있다.
② 지급할 우리나라의 통화액은 이행지의 환금시가에 의하여 환산한다.
③ 환산시기는 지급할 때, 즉 현실로 이행하는 때의 외국환시세에 의해 우리나라 통화로 환산한다.
④ 소송에서 채무자가 대용권을 행사한 경우에 사실심변론종결 당시의 외국환시세로 환산한다.
⑤ 채권자가 대용권을 행사한 경우 이행하여야 할 때, 즉 이행기를 환산시기로 한다.
⑥ 집행법원이 경매절차에서 외화채권자에 대하여 배당을 할 경우, 특별한 사정이 없는 한 배당기일 당시의 외국환시세를 우리나라 통화로 환산하는 기준으로 삼아야 한다.

해설

판례에 따르면(대판[전] 1991.3.12. 90다2147), 채권액이 외국통화로 지정된 금전채권인 외화채권을 채무자가 우리나라 통화로 변제함에 있어서는 민법 제378조가 그 환산시기에 관하여, 외화채권에 관한 제376조, 제377조 2항의 '변제기'라는 표현과는 다르게 '지급할 때'라고 규정한 취지에서 새겨볼 때, 그 환산시기는 이행기가 아니라 현실로 이행하는 때, 즉 현실이행시의 외국환시세에 의하여 환산한 우리나라 통화로 변제하여야 한다(동일한 취지의 대판 2007.4.12. 2006다72765 참고). ⑤ 다만 동 규정은 채무자의 대용권만을 인정하고 있기 때문에 채권자도 대용권을 행사하여 우리나라 통화로 청구할 수 있는가가 문제된다. 그러나 학설(김형배, 73면; 이은영, 119면)과 위 판례에서는 채권자에게도 대용권을 인정하고 있다. 이때 위 판례에 따르면 그 환산의 시점은 채무자의 대용권 행사의 경우와 마찬가지로, 재판외의 청구에서는 채무자가 현실로 이행할 때, 재판상의 청구에서는 사실심변론종결 당시를 기준으로 삼아야 한다고 한다. ⑥ 대판 2011.4.14. 2010다103642 참고.

<답 ⑤>

3. 금전채권에 관한 설명 중 옳은 것을 모두 고르면? (다툼이 있는 경우에는 판례에 의함)

<사시 2008년: 배점 2>

> ㉠ 금융실명제 아래에서는 원칙적으로 예금명의자를 예금계약상의 채권자로 보아야 하지만, 특별한 사정으로 예금의 출연자와 금융기관 사이에 예금명의인이 아닌 출연자에게 예금반환채권을 귀속시키기로 하는 약정이 있는 경우에는 그 출연자를 예금주로 하는 금융거래계약이 성립한다.
> ㉡ 채권액이 외국통화로 지정된 경우, 채무자에게만 대용권을 인정하고 있는 민법하에서는 특별한 사정이 없는 한 채권자는 본래의 급부목적인 외국통화의 지급만을 청구할 수밖에 없다.
> ㉢ 민법은 금전채무의 불이행으로 인한 손해배상에 대하여 채무불이행 사실만으로 지연이자만큼의 손해발생을 의제하고 있으나, 소송에서 채권자가 손해발생의 주장조차 하지 않은 경우에는 지연이자만큼의 손해는 인용될 수 없다.
> ㉣ 甲이 乙에게 갖고 있는 금전채권이 甲의 채권자인 丙에 의하여 가압류되었을 때에는, 乙의 甲에 대한 지급이 금지되기 때문에, 乙은 이행기에 채무를 이행하지 않더라도 지체책임을 부담하지 않는다.

① ㉠, ㉡ ② ㉠, ㉡, ㉢ ③ ㉠, ㉢
④ ㉠, ㉢, ㉣ ⑤ ㉢ ⑥ ㉡, ㉢, ㉣
⑦ ㉢, ㉣ ⑧ ㉠, ㉡, ㉢, ㉣

해설

㉠ 과거 판례(대판 2000.3.10. 99다67031 등)에 의하면 옳은 지문이나, 현행 판례의 태도에 의하면 틀린 지문이다. 즉, 금융실명법에 따라 실명확인 절차를 거쳐 예금계약을 체결하고 그 실명확인 사실이 예금계약서 등에 명확히 기재되어 있는 경우에는, 일반적으로 그 예금계약서에 예금주로 기재된 예금명의자나 그를 대리한 행위자 및 금융기관의 의사는 예금명의자를 예금계약의 당사자로 보려는 것이라고 해석하는 것이 경험법칙에 합당하

고, 예금계약의 당사자에 관한 법률관계를 명확히 할 수 있어 합리적이다. (중략) 예금명의자가 아닌 출연자 등을 예금계약의 당사자로 볼 수 있으려면, 금융기관과 출연자 등과 사이에서 실명확인 절차를 거쳐 서면으로 이루어진 예금명의자와의 예금계약을 부정하여 예금명의자의 반환청구권을 배제하고 출연자 등과 예금계약을 체결하여 출연자 등에게 예금반환청구권을 귀속시키겠다는 명확한 의사의 합치가 있는 극히 예외적인 경우로 제한되어야 한다. 그리고 이러한 의사의 합치는 금융실명법에 따라 실명확인 절차를 거쳐 작성된 예금계약서 등의 증명력을 번복하기에 충분할 정도의 명확한 증명력을 가진 구체적이고 객관적인 증거에 의하여 엄격하게 인정하여야 한다(대판[전] 2009.3.19. 2008다45828). 따라서 현재 판례의 태도에 비추어, 명확한 의사의 합치와 구체적이고 객관적인 증거가 없는 한, 단순한 약정만으로는 출연자를 예금계약의 당사자로 볼 수 없으므로, 위 지문은 틀린 지문이 된다. ㉡ 대판[전] 1991.3.12. 90다2147 등 참고. ㉢ 대판 2000.2.11. 99다49644 참고. ㉣ 채권의 가압류는 제3채무자에 대하여 채무자에게 지급하는 것을 금지하는 데 그칠 뿐 채무 그 자체를 면하게 하는 것이 아니고, 가압류가 있다 하여도 그 채권의 이행기가 도래한 때에는 제3채무자는 그 지체책임을 면할 수 없다고 보아야 할 것이다(대판 1994.12.13. 93다951). <답 ⑤>

제 5 절 이자채권

1. 이자채권에 관한 판례의 태도로 틀린 것은?

① 당사자 사이에 이자지급을 약정하였으나 그 이율을 정한 바 없더라도 법원이 이를 재량으로 정할 수 없다.

② 채무의 존재와 변제기에 관한 다툼이 있어 제소전 화해를 통해 변제기와 채무원금만을 정한 경우 변제기 이후의 지연손해금에 대해서는 법정이율이 적용된다.

③ 상인간에 금전소비대차가 있었다는 주장을 하면서 약정이자의 지급을 구하는 경우에는 그러한 청구 안에 상사법정이자의 지급을 구하는 취지도 포함되었다고 보아야 한다.

④ 매매계약이 법정해제된 경우에 매도인은 매수인의 소유권반환의무와 동시이행의 관계에 있더라도 그 받은 대금과 그 받은 날로부터 연 5푼의 법정이자를 가산하여 지급하야 한다.

⑤ 원본채권을 양도한 경우에도 이미 변제기에 도달한 이자채권에 대해서는 별도의 의사표시가 없는 한 양수인에게 당연히 양도되지 않는다.

⑥ 변제기 이후에 지급하는 지연이자는 3년간 행사하지 않음으로써 단기소멸시효가 완성된다고는 할 수 없다.

⑦ 당사자 사이에 이자의 지급에 대한 약정이율을 정하였다면, 그 지연배상에 대해서 법정이율에 의하는 경우는 없다.

해설

① 약정이율이 없는 경우에는 법정이율에 의한다. 또한 판례의 견해에 의하면, 법정이자로 의제되는 지연배상의 산정은 이에 관한 약정이율이 있는 경우에는 그에 따라 산정된다고 한다(대판 1981.9.8. 80다2649 등). ② 제소전 화해조항에 채무의 변제기와 채무원금만 정하고 변제기 이후의 지연손해금에 관하여는 아무런 규정을 두지 않은 경우에는 민법상의 일반원칙에 따라 변제기 이후에는 민법 소정의 연 5푼의 비율에 의한 지연손해금을 지급하여야 한다(대판 1992.5.26. 91다28528). ③ 대판 2007.3.15. 2006다73072. 따라서 이자 지급약정이 인정되지 않는 경우라도 곧바로 그 청구를 배척할 것이 아니라 법정이자 청구에 대해서도 판단하여야 한다. ④ 법정해제의 경우 당사자 일방이 그 수령한 금전을 반환함에 있어 그 받은 때로부터 법정이자를 부가함을 요하는 것은 민법 제548조 2항이 규정하는 바로서, 이는 반환의무의 이행지체로 인한 것이 아니라 원상회복의 범위에 속하는 것이며 일종의 부당이득반환의 성질을 가지는 것이다. 따라서 부동산 매매계약이 해제된 경우 매도인의 매매대금 반환의무와 매수인의 소유권이전등기 말소등기절차 이행의무가 동시이행의 관계에 있는지의 여부와는 관계없이, 매도인은 반환하여야 할 매매대금에 대하여는 그 받은 날로부터 민법이 정한 법정이율인 연 5푼의 비율에 의한 법정이자를 부가하여 지급하여야 한다(대판 2000.6.9. 2000다9123 등). ⑤ 이자채권은 원본채권에 대하여 종속성을 갖고 있으나, 이미 변제기에 도달한 이자채권은 원본채권과 분리하여 양도할 수 있고 원본채권과 별도로 변제할 수 있으며 시효로 인하여 소멸되기도 하는 등 어느 정도 독립성을 갖는다. 따라서 원본채권이 양도된 경우에도 이미 변제기에 도달한 이자채권은 원본채권의 양도 당시 그 이자채권도 양도한다는 의사표시가 없는 한 당연히 양도되지는 않는다(대판 1989.3.28. 88다카12803). ⑥ 지연이자는 금전채무의 이행을 지체함으로써 발생한 손해배상금으로서의 성격을 갖고 있으며, 1년 이내의 정기에 지급하기로 한 것이 아닌 이상 민법 제163조 1호가 정하는 1년 이내의 기간으로 정한 채권이 아니므로 3년의 단기소멸시효의 대상이 되지 않는다(대판 1995.10.13. 94다57800 등). ⑦ 제397조 1항 단서의 의미는 약정이율이 법정이율 이상인 경우에만 적용되고, 약정이율이 법정이율보다 낮은 경우에는 그 본문으로 돌아가 법정이율에 의하여 지연손해금을 정할 것이다(대판 2009.12.24. 2009다85342). <답 ⑦>

2. A는 B와 연 2할의 이율로 매월 이자를 지급하기로 약정하고 100만 원을 차용하였다. 이때 A는 자기의 지급보증을 위해 C를 보증인으로 내세웠다. 그 후 2개월이 지나 B는 A에 대한 원본채권을 D에게 양도하였다. 다음 중 틀린 것은?

① B의 원본채권의 양도는 A에게 통지를 하거나 A가 승낙을 하여야 대항요건을 갖춘 채권양도가 된다.

② B의 채권양도에 있어서는 보증인 C에 대한 통지나 승낙을 대항요건으로 하지 않는다.

③ C의 보증범위는 원본인 100만 원 이외에도 이자채권에까지 이른다.

④ 채무자 A가 B의 채권양도에 대해 아무런 이의 없이 승낙한 경우 B에게 대항할 수 있는 사유를 D에 대해 주장할 수 없다.

⑤ D에게 채권이 양도되기 전에 발생한 이자채권은 B와 D 사이의 별도의 합의 없이도 D에게 이전된다.

해설

② 보증채무는 주채무의 양도에 따라 당연히 이전된다. 따라서 그 양도를 가지고 보증인에게 대항하기 위해서는 주채무자에 대한 대항요건을 갖추고 있는 것으로 족하고, 별도로 보증인에게 채권양도의 통지를 하거나 보증인의 승낙을 요하지 않는다. ⑤ 원본채권의 양도는 원칙적으로 기본적 이자채권과 장래에 발생할 이자채권의 양도를 수반한다. 그러나 양도하기 이전에 발생한 이자채권은 양도인과 양수인 사이의 별도의 합의에 의해 양도된다. <답 ⑤>

제 6 절 선택채권

1. 선택채권에 관한 설명으로 잘못된 것은?

① 채권의 목적이 수개의 행위 중에서 선택에 좇아 확정될 경우에 법률의 규정이나 당사자의 약정이 없으면 선택권은 채무자에게 있다.

② 선택권행사의 기간이 있는 경우에 선택권자가 그 기간 내에 선택권을 행사하지 아니한 때에는 상대방은 상당한 기간을 정하여 그 선택을 최고할 수 있고, 선택권자가 그 기간 내에 선택하지 아니하면 선택권은 상대방에게 이전한다.

③ 선택권행사의 기간이 없는 경우에 채권의 기한이 도래한 후 상대방이 상당한 기간을 정하여 그 선택을 최고하여도 선택권자가 그 기간 내에 선택하지 아니하면 선택권은 상대방에게 이전한다.

④ 채권자나 채무자가 선택하는 경우에는 그 선택은 상대방에 대한 의사표시로 하고, 상대방의 동의가 없으면 철회할 수 없다.

⑤ 제3자가 선택하는 경우에는 그 선택은 채무자에 대한 의사표시로 하여야 하고, 제3자가 선택하지 아니하는 경우에는 채무자는 상당한 기간을 정하여 그 선택을 최고할 수 있으며, 제3자가 그 기간 내에 선택을 하지 아니하면 그 선택권은 채무자에게 있다.

해설

선택이라는 일방행위를 통해 하나의 급부로 집중시키기 위해서는 '선택권의 발생' → '선택권의 행사' → '선택의 효과'라고 하는 형성권의 이해에 필요한 일반적 법논리가 적용되어야 한다. ① 제380조 참조. ② 제381조 1항. ③ 제381조 2항. ④ 제382조 1항 및 2항. ⑤ 제3자에 의한 선택권행사에서 그 상대방은 채무자와 채권자이다(제384조 1항 참조). <답 ⑤>

2. A는 자신이 소유하는 자동차 甲과 乙 가운데 어느 하나를 B에게 급부하기로 하였다. 다음 중 잘못된 설명은?

① A와 B가 계약에 의해 선택권자를 정하지 않은 경우에는 A가 선택권을 가진다.

② A가 선택권을 가지는 경우에 선택기간 내에 선택권을 행사하지 않는 경우에도 선택권이 당연히 B에게 이전하지는 않는다.

③ A가 선택권을 가지는 경우에 A의 과실로 甲 자동차가 멸실하였다면 목적물은 乙 자동차로 특정되지만, B의 과실로 甲 자동차가 멸실된다면 목적물은 乙 자동차로 특정되지 않는다.

④ 제3자가 선택권을 가지는데 선택권을 행사할 수 없게 되었다면 선택권은 최고 없이도 A에게 이전된다.

⑤ 제3자가 선택권을 가지는 경우에 제3자의 선택권행사로 甲 자동차가 특정되었는데, 이후에 B의 과실로 甲 자동차가 멸실되었다면 A는 乙 자동차를 인도해야만 한다.

해설

① 제380조 참조. ② B가 상당기간을 정하여 선택을 최고하고 그 기간 내에도 선택권을 행사하지 않는 경우에 이전한다(제381조 1항). ③ 제385조 1항 · 2항 참조. ④ 제384조 1항 참조. ⑤ 제3자의 선택권행사에 의해 목적물은 甲 자동차로 특정되었기 때문에 A는 더 이상 목적물인도의무를 부담하지 않게 된다. 한편 제3자가 선택권을 행사하기 이전에 제3자 자신의 과실로 甲 자동차가 멸실되었을 경우에 목적물은 잔존하는 것에 한정되기 때문에(제385조 1항 참조), A는 乙 자동차의 인도의무를 부담하게 된다. 반면 제3자 이외에 A 또는 B의 과실로 목적물이 멸실된 경우에는 제3자의 선택권은 잔존하는 급부에 한정되지 않는다(제385조 2항 참조). <답 ⑤>

3. <사례 1>과 <사례 2>에 관한 설명 중 옳은 것(○)과 옳지 않은 것(×)을 바르게 표시한 것은? (다툼이 있는 경우에는 판례에 의함) <사시 2010년: 배점 4>

〈사례 1〉 화랑을 운영하는 甲은 2009.7.1. 유명도예가의 작품인 A도자기와 B도자기 중 어느 하나를 乙에게 300만 원에 매도하기로 하였다. 계약 당일에 계약금 30만 원이 지급되었고, 선택권은 乙이 2009.7.20.까지 행사하고, 甲은 乙이 선택한 도자기를 2009.7.25. 인도함과 동시에 잔금을 지급받기로 약정하였다.

㉠ 2009.7.10. 선택권을 행사하기 전에 화랑을 다시 방문한 乙이 과실로 A도자기를 파손한 경우, 급부의 목적물은 B도자기로 특정되며 甲은 乙에게 A도자기 파손에 대한 불법행위책임을 물을 수 있다.

㉡ 2009.7.7. 甲이 丙에게 B도자기를 매도하고 2009.7.24.까지 인도하기로 하였다면, 乙이 2009.7.20. B도자기를 선택하였더라도, 선택의 소급효는 제3자의 권리를 해하지 못하므로 甲과 丙의 매매계약만이 유효하다.

㉢ 2009.7.10. 甲이 乙에게 매매계약의 해제를 요구하며 계약금의 배액인 60만 원을 상환하겠다는 의사표시를 하면 그 계약은 해제

됩다.
ⓡ 2009.7.5. 乙이 A도자기에 대해 선택권을 행사하였음에도, 甲은 2009.7.8. A도자기를 丙에게 매도하고 인도해주었다. 이 경우 乙은 甲의 동의가 없어도 선택의 의사표시를 철회하고 다시 B도자기를 선택할 수 있다.

〈사례 2〉 위 〈사례 1〉의 경우에 2009.7.19. 乙이 A도자기에 대한 선택권을 행사하였다. 그런데 2009.7.25. 甲의 직원 丁이 화랑의 차량을 이용하여 A도자기를 乙에게 인도하기 위하여 乙의 주소지로 가던 중에 교통사고로 인하여 A도자기가 완전히 파손되었다.

ⓜ 乙의 위 선택권 행사에 의하여 2009.7.1. A도자기에 대한 매매계약이 성립한 것으로 된다.
ⓑ 丁의 과실에 의한 교통사고였다면 乙은 丁에 대하여 불법행위책임을, 그리고 甲에 대해서는 사용자책임을 물을 수 있는데, 丁의 乙에 대한 채무와 甲의 乙에 대한 채무는 부진정연대채무 관계에 있다.
ⓢ 丁의 과실에 의한 교통사고였다면 乙에게 계약해제권이 인정되나 乙이 해제를 하기 위해서는 잔금 채무의 이행을 제공하여야 한다.
ⓞ 교통사고가 제3자 戊의 과실에 의해서만 발생하였다면, 甲은 A도자기 인도의무를 면하고 乙은 계약금 30만 원을 반환받을 수 있다.

① ㉠(×), ㉡(○), ㉢(○), ㉣(×), ㉤(○), ㉥(×), ㉦(○), ㉧(×)
② ㉠(×), ㉡(×), ㉢(○), ㉣(○), ㉤(×), ㉥(○), ㉦(×), ㉧(○)
③ ㉠(×), ㉡(○), ㉢(○), ㉣(×), ㉤(○), ㉥(○), ㉦(○), ㉧(×)
④ ㉠(○), ㉡(×), ㉢(×), ㉣(○), ㉤(×), ㉥(○), ㉦(×), ㉧(○)
⑤ ㉠(○), ㉡(×), ㉢(×), ㉣(○), ㉤(○), ㉥(×), ㉦(×), ㉧(○)
⑥ ㉠(○), ㉡(○), ㉢(○), ㉣(×), ㉤(○), ㉥(○), ㉦(×), ㉧(×)

해설

㉠ 甲과 乙 사이의 매매목적물은 B도자기로 확정된다(제385조 1항). 또한 A도자기가 멸실된 부분은 채권자의 귀책사유로 멸실되었기 때문에 甲은 乙에게 제750조의 불법행위에 기한 손해배상을 청구할 수 있다. ㉡ 乙이 B도자기를 선택하면 그 효과는 甲과 乙의 매매계약 체결 당시로 소급한다. 따라서 乙은 B도자기에 대한 급부채권만을 취득하게 되어 이행의 문제를 남겨놓기 때문에 제3자를 해할 경우는 없다. ㉢ 계약을 해제하려면 계약해제의 의사표시 외에 계약금 배액의 현실제공이 있어야 한다. ㉣ 제382조 2항과 제383조 2항에 의하면 선택의 의사표시는 상대방(채권자나 채무자가 선택권자인 경우) 또는 채권자 및 채무자(제3자가 선택권자인 경우)의 동의가 없으면 철회하지 못한다고 규정되어 있는바, 그 취지는 일단 선택권이 행사되면 채권의 목적이 확정되고 상대방은 이를 신뢰하여 채무의 이행 또는 채권의 수령에 대한 기대를 가지게 되는데, 그 후에 선택권자가 이

를 임의로 변경하게 되면 상대방에게 예측할 수 없었던 손해를 줄 염려가 있기 때문에 이를 방지하기 위한 것이므로 선택권자가 선택의 의사표시를 한 뒤라도 상대방의 방해행위 등으로 선택의 목적을 달성할 수 없고, 급부의 내용을 변경하더라도 상대방에게 불이익을 입힐 염려가 없는 등의 특별한 사정이 있는 경우에는 선택권자가 상대방의 동의 없이도 선택의 의사표시를 철회하고 새로운 선택을 할 수 있다(대판 1972.7.11. 70다877). ⓜ 제386조 1항. ⓑ 丁에게 乙의 채권을 침해한다는 고의 또는 과실이 입증되어야 한다. 판례도 같은 취지 아래에서 제3자에 의한 채권침해를 불법행위로 구성할지를 판단한다. 예를 들어, 제3자의 행위가 채권자에 대하여 불법행위를 구성한다고 하기 위해서는 단순히 채무자 재산의 감소행위에 관여하였다는 것만으로는 부족하고 제3자가 채무자에 대한 채권자의 존재 및 그 채권의 침해사실을 알면서 채무자와 적극 공모하였다거나 채권행사를 방해할 의도로 사회상규에 반하는 부정한 수단을 사용하였다는 등 채권침해의 고의·과실 및 위법성이 인정되는 경우라야만 할 것이며, 여기서 채권침해의 위법성은 침해되는 채권의 내용, 침해행위의 태양, 침해자의 고의 내지 해의의 유무 등을 참작하여 구체적·개별적으로 판단하되, 거래의 자유 보장의 필요성, 경제·사회정책적 요인을 포함한 공공의 이익, 당사자 사이의 이익균형 등을 종합적으로 고려하여 신중히 판단하여야 한다(대판 2007.9.6. 2005다25021). ⓢ 제391조 및 제390조 참조. 특히 매도인의 소유권이전등기의무가 이행불능이 되어 이를 이유로 매매계약을 해제함에는 상대방의 잔대금지급의무가 매도인의 소유권이전등기의무와 동시이행관계에 있다고 하더라도 그 이행의 제공을 필요로 하는 것이 아니다(대판 2003.1.24. 2000다22850). ⓞ 선택채권의 특정 후 양 당사자의 귀책사유 없이 급부목적물이 멸실되어 甲은 A도자기의 인도채무를 면하고 乙은 대금지급채무를 면하므로(제537조 참조), 지급한 계약금은 부당이득이 되므로 그 반환을 구할 수 있다. <답 ⑤>

제 7 절 임의채권

1. 임의채권에 관한 설명 중 틀린 것은?

① 임의채권이란 채권의 목적은 하나의 급부에 특정되어 있으나 채권자 또는 채무자가 다른 급부로 본래의 급부에 갈음할 수 있는 권리를 가지는 채권이다.
② 외화채권은 임의채권의 일종이다.
③ 대용권이 없는 채권자는 본래의 급부만을 청구할 수 있다.
④ 채무자의 귀책사유 없이 본래의 급부가 불능하게 된 경우 대용급부가 가능하면 채무자는 대용급부의무를 면할 수 없다.
⑤ 채무자가 대용권을 가지는 경우 채권자에 대한 대용급부의 의사표시만으로 대용급부가 급부목적물로 특정되지는 않는다.

해설

임의채권은 하나의 특정된 급부가 '본래의 급부'이며 그것에 갈음하는 급부는 '보충적 지위'를 지닐 뿐이다. 따라서 본래의 급부가 채무자의 귀책사유 없이 불능이 된 경우에는 대용급부가 가능하더라도 채무는 소멸한다. 그리고 대용권 없는 채권자는 본래의 급부만을 청구할 수 있을 뿐이며, 대용권 없는 채무자는 대용급부의 수령을 강요하거나 대용급부를 이유로 상계를 주장할 수 없다. 한편 채무자가 대용권을 가지는 경우 채권자에 대한 대용급부의 의사만에 의해 대용급부가 급부목적물로 특정되지는 않고 현실적으로 대용급부가 완성될 때까지는 본래의 급부의무를 부담한다. 그러므로 대용급부가 불능이 된 경우에도 채무자는 본래의 급부의무를 면할 수 없다. <답 ④>

2. 채권의 목적에 관한 다음 설명 중 틀린 것은?

① 특정물채권에는 특정물의 점유이전뿐만 아니라 소유권이전의 경우도 포함된다.

② 채권의 성립 당초부터 특정물의 인도를 목적으로 하는 경우에만 특정물채권이 발생하는 것은 아니다.

③ 금전채무의 불이행에 있어서 채권자는 그 손해를 입증할 필요가 없다.

④ 선택채권과 임의채권은 채권의 목적이 하나의 특정된 급부로 정해지지 않았다는 점에서 공통점을 갖는다.

⑤ 임의채권은 법률행위에 의해 성립하는 것이 보통이지만, 법률의 규정에 의해 성립하는 경우도 있다.

해설

① 특정물채권은 특정물의 점유이전을 목적으로 하는 채권이지만, 소유권을 이전하는 경우도 포함하는 것은 당연하다. ② 종류채권은 목적물의 특정에 따라 특정물채권으로 다루어진다(통설). ③ 제397조 2항 참조. ④ 임의채권은 선택채권과 달리 하나의 급부로 특정되어 있다. ⑤ 제378조, 제443조, 제764조 참조. <답 ④>

3. A는 B에게 자신 소유의 중고자동차를 증여하기로 약정하고 형편에 따라 이에 갈음하여 100만 원을 지급할 수 있음을 약정하였다. 그러던 중 A의 자동차가 전파(全破)되어 버렸다. 다음 설명 중 옳은 것은?

① 자동차의 전파가 A의 귀책사유에 의한 경우 B는 A에게 그에 갈음한 100만 원의 지급을 청구할 수 있다.

② 자동차의 전파가 A의 귀책사유에 의한 경우에는 B는 A에게 동종의 자동차로 변제할 것을 청구할 수 있다.

③ 자동차의 전파가 A의 귀책사유에 의하지 않은 경우 B는 100만 원의 지급을 청구할 수 있다.

④ 자동차의 전파가 A의 귀책사유에 의하지 않은 경우 B는 A에게 100만 원의 지급과 손해배상청구권을 선택적으로 행사할 수 있다.

⑤ 자동차의 전파가 A의 귀책사유에 의하지 않은 경우 B는 A에게 아무런 청구권도 행사할 수 없다.

해설

이 사례에서 발생한 A와 B 사이의 채권관계는 채무자 A가 대용권을 행사하는 임의채권으로서, 대용권이 없는 B는 단지 본래의 급부를 청구할 수 있다. 만약 A의 귀책사유로 인해 채권의 목적물인 자동차가 전파되어 A의 채무가 이행될 수 없게 되었다면 B의 본래의 급부에 대한 청구권은 채무불이행에 기한 손해배상청구권으로 변하게 될 뿐이다. 반면 본래의 급부, 즉 자기 소유의 중고자동차에 대한 인도채무가 A의 귀책사유에 의하지 않은 사유로 불능이 된 경우에는 대용급부 가능성 여부와 관계없이 A의 채무는 소멸한다.

<답 ⑤>

제 3 장 채권의 효력

제 1 절 총 설

1. 채권의 효력에 관한 다음 설명 중 틀린 것은?

① 채무자의 채무이행에 있어서 채권자의 이행청구가 요건이 되는 것은 아니다.

② 채권이 청구력과 급부보유력을 지닌 경우에는 강제집행력을 결하고 있더라도 법률상의 채권이라고 할 수 있다.

③ 채권의 대외적 효력에는 방해배제청구권이 있다.

④ 강제이행을 위해서는 채무자의 귀책사유가 요구된다.

⑤ 책임재산보전의 효력은 채권과는 별개의 권리이다.

해설

강제이행과 손해배상은 채권의 대내적 효력으로 채권자의 이행청구에 대하여 채무자가 임의로 이행하지 않는 경우에 채권의 내용을 실현하기 위해 인정되는 법적 수단이다. 손해배상이 급부 자체를 현실적으로 실현하려는 것이 아니라 채무자의 행위와 행위의 결과를 평가하여 본래의 급부에 갈음한 대상적 급부를 부여하려는 것이라면, ④ 강제이행은 채권에 기하여 마땅히 채권자에게 귀속되어야 할 것을 얻는 것에 지나지 않으므로 채무자의 행위에 대한 주관적 요건(귀책사유)을 필요로 하지 않는다. ②③ 청구력과 급부보유력은 채권의 본래적 효력으로 채권자가 이러한 최소한의 효력을 갖추고 있으면 강제적 실현권능을 가지고 있지 않는 경우, 예컨대 자연채무와 같은 경우에도 법률상의 채권을 보유하고 있다고 할 수 있다. 채권은 채무의 내용을 실현하기 위해 채무자에 대한 관계에서 주어지는 '채권의 대내적 효력', 채무자에게 속하는 책임재산의 유지 · 회복을 위한 권한으로의 '책임재산보전의 효력', 그리고 제3자의 위법한 침해에 대한 법적 보호로 '채권의 대외적 효력'을 지닌다. 대내적 효력으로는 청구력 · 급부보유력 · 강제이행과 손해배상청구권이, 책임재산보전의 효력으로는 채권자대위권 · 채권자취소권이, 그리고 채권의 대외적 효력으로는 불법행위에 기한 손해배상청구권과 방해배제청구권이 있다. ⑤ 책임재산보전의 효력으로 인정되는 채권자대위권과 채권자취소권 제도는 채권자로 하여금 채무자의 책임재산을 보전할 권리를 부여하고 있기는 하지만, 이는 채권으로부터 파생되는 채권의 효력이라기보다는 채권자의 보호를 위해 법률이 인정한 특별한 권리라고 할 수 있기 때문이다.

<답 ④>

제 2 절 강제력 없는 채권

1. 다음 설명 중 틀린 것을 모두 고르면?

> ㉠ 소권을 채권의 실체적 속성이라고 파악한다면 자연채무는 예외적 현상일 따름이다.
> ㉡ 우리 민법은 자연채무에 대한 명문규정을 두고 있다.
> ㉢ 협의로 자연채무를 파악하는 경우 자연채무를 피담보채권으로 하여 담보를 설정할 수는 없다는 점이 완전한 채무와 구별된다.
> ㉣ 협의설에 따르면 자연채무의 변제는 비채변제에 해당된다.
> ㉤ 도의상 임의로 지급할 것을 약정한 경우에는 자연채무가 발생한다는 데 학설은 일치한다.

① ㉠, ㉡, ㉢ ② ㉠, ㉡, ㉣ ③ ㉠, ㉡, ㉤
④ ㉡, ㉢, ㉣ ⑤ ㉡, ㉢, ㉤ ⑥ ㉢, ㉣, ㉤

해설

㉠ 자연채무의 관념은 로마법의 엄격한 형식주의적 소권법체계에서 유래하였다. 그러나 모든 실체법상의 권리에 대해 소권을 인정하는 근대사법체계에서 자연채무는 예외적 현상일 따름이다. ㉡ 우리 민법은 자연채무에 대해서 아무런 규정도 두고 있지 않다. ㉢㉣ 협의설에 따라 자연채무를 파악할 경우에는 자연채무는 법적 채무이므로 자연채무에 대한 변제는 유효한 변제가 된다. 또한, 자연채무를 피담보채권으로 하여 물적·인적 담보를 설정할 수도 있으며 제3자에게 양도할 수 있다. 하지만 이러한 양도에 의해 자연채무가 완전한 채무로 되는 것은 아니다. ㉤ 채권자가 소구하지 않겠다고 약속하고 채무자는 도의상 임의로 지급하겠다고 약속한 경우에는 계약자유의 원칙상 자연채무가 성립할 수 있다.

<답 ④>

2. C가 사망하고, 그 상속인 B는 상속을 한정승인하였다. C의 채권자 A에 대한 금전채무에 대해서는 보증인 D가 있다. A, B, C, D 사이의 법률관계에 관한 다음 설명 중 틀린 것은?

① A는 B에 대해 채무의 전액을 청구할 수 있다.
② B는 A에 대한 채무에 대해 한정승인한 부분에 대해서만 책임을 부담한다.
③ B가 자신의 고유재산에서 전액을 변제한 경우에는 승인된 채무 이상으로 지급된 부분에 대해서 B는 A에게 이를 부당이득으로서 반환청구할 수 없다.
④ D는 B의 한정승인과 관계없이 전액에 대해 변제할 책임을 부담한다.
⑤ D가 전액 변제한 경우 당연히 B에게 전액에 대한 구상권을 행사할 수 있다.

✍ **해설** ······································

B는 한정승인으로 상속재산의 한도에서 C의 채무를 변제할 책임을 지게 된다(제1028조 참조). 따라서 A가 B에 대해 전액의 이행을 청구할 수는 있다 하더라도 B는 상속재산의 범위 내에서만 A의 채무에 대해 책임을 부담하게 된다(대판 2003.11.14. 2003다23138 참고). 다만 B가 자신의 고유재산에서 채무 전부를 변제한 경우에는 A에 대해 부당이득반환청구를 할 수 없다. 한정승인으로 상속인은 자기 고유재산에 의한 채무변제를 면할 뿐 채무 전액의 승계가 부인되지는 않기 때문이다. 이와 마찬가지로 D는 B의 한정승인과 관계없이 채무 전액에 대한 책임을 부담한다. 만약 보증인 D가 A에게 전액을 변제한 경우 B에게 구상할 수 있으나, 그 범위는 B의 승인 한도 내로 제한된다. <답 ⑤>

3. 다음 설명 중 옳은 것을 모두 고르면? (다툼이 있는 경우에는 판례에 의함)

<사시 2011년: 배점 2>

> ㄱ. 현행 「이자제한법」 시행 후 원금과 제한최고이율을 초과하는 이자를 채무자가 모두 임의로 지급한 경우, 채권자의 초과수령 이자에 관한 반환채무는 자연채무이다.
> ㄴ. 부제소합의에 따라 소구하지 않기로 한 채무는 자연채무가 아니다.
> ㄷ. 당사자의 합의에 의하여 강제집행하지 않기로 한 채무는 책임 없는 채무에 해당한다.
> ㄹ. 상속을 한정승인한 경우, 상속된 채무는 책임이 제한된 채무에 해당한다.
> ㅁ. 파산절차에서 면책을 받은 채무는 자연채무가 아니다.

① ㄱ, ㄴ ② ㄴ, ㅁ ③ ㄷ, ㄹ
④ ㄱ, ㄹ ⑤ ㄷ, ㅁ

✍ **해설** ······································

㉠ 틀림. 그 반환채무의 기초는 부당이득이며 법적 근거는 이자제한법 제2조 4항이다. ㉡ 틀림. 특정한 권리나 법률관계에 관하여 분쟁이 있어도 제소하지 아니하기로 합의한 경우 이에 위반하여 제기한 소는 권리보호의 이익이 없다(대판 1993.5.14. 92다21760). ㉢ 옳음. ㉣ 옳음. 채무자가 한정승인을 하고도 채권자가 제기한 소송의 사실심 변론종결시까지 그 사실을 주장하지 아니하는 바람에 책임의 범위에 관하여 아무런 유보가 없는 판결이 선고되어 확정되었다고 하더라도, 채무자는 그 후 위 한정승인 사실을 내세워 청구에 관한 이의의 소를 제기하는 것이 허용된다고 봄이 옳다(대판 2006.10.13. 2006다23138). ㉤ 틀림. 회사정리법 제241조(현행 채무자회생파산법 제566조 참조)는 정리계획의 인가가 있는 때에는 계획의 규정 또는 같은 법의 규정에 의하여 인정된 권리를 제외하고 회사는 모든 정리채권과 정리담보권에 관하여 그 책임을 면한다고 규정하고 있는바, 여기서 말하는 면책이라 함은 채무 자체는 존속하지만 회사에 대하여 이행을 강제할 수 없다는 의미라고 봄이 상당하다(대판 2001.7.24. 2001다3122). <답 ③>

제 3 절 강제이행

1. 다음 설명 중 옳은 것을 고르면?

ⓐ 강제이행을 청구하기 위해서 채무자에게 불이행에 대한 책임 있는 사유가 있어야 하는 것은 아니다.
ⓑ 채권자는 채무자가 이행가능한 채무를 이행하지 않고 있는 경우 본래의 이행을 청구한 후에만 손해배상을 청구할 수 있다.
ⓒ 작위채무는 항상 대체집행의 방법으로만 만족을 얻을 수 있다.
ⓓ 일회적 부작위채무에 대해서 현재의 부작위의 소는 의미가 없다.
ⓔ 부작위의무에 대한 강제이행의 방법으로 간접강제도 허용된다.

① ⓐ, ⓑ, ⓔ ② ⓐ, ⓒ, ⓓ ③ ⓐ, ⓓ, ⓔ
④ ⓑ, ⓒ, ⓔ ⑤ ⓒ, ⓓ, ⓔ

해설

강제이행의 청구는 국가기관의 강제력에 의해 채무의 본래 내용을 실현하기 위한 것으로 민법 제389조에서 규정하고 있다. 동 규정이 채무불이행에 대한 채무자의 책임을 규정하고 있는 민법 제390조 이하에 앞서서 위치하고 있다는 점에서, 민법은 채무를 본래 내용대로 실현하는 것을 제1차적 목표로 하고 있음을 알 수 있다. 그러나 이것은 채권자가 손해배상청구의 전제로 본래의 이행을 청구해야 함을 의미하지는 않는다. ⓒ 대체집행은 채무자의 일신에 전속하지 아니한 행위를 목적으로 하는 대체적 작위채무의 경우에 적용된다. 따라서 대체집행이 허용되지 않는 부대체적 작위채무에 대해서는 간접강제의 방법이 사용될 수 있다. ⓔ 당사자 사이에 일정한 행위를 하지 않기로 하는 부작위 약정을 체결하였는데 채무자가 이러한 의무를 위반한 경우, 채권자는 채무자를 상대로 부작위의무의 이행을 소구할 수 있고, 부작위를 명하는 확정판결을 받아 이를 집행권원으로 하여 대체집행 또는 간접강제 결정을 받는 등으로 부작위의무 위반 상태를 중지시키거나 위반 결과를 제거할 수 있다(대판 2012.3.29. 2009다92883). ⓓ 부작위채무에 대한 강제이행과 관련하여 부작위의 소는 현재 위반행위가 행해지고 있는 경우 또는 부작위의무에 위반하는 상태가 나타나고 있는 경우에 제기될 수 있는 것으로서, 반복적 또는 계속적 부작위채무에 있어서 현재 혹은 장래의 부작위가 소구될 수 있다. 그러나 1회적 부작위의무의 경우에는 의무위반 자체로 인해 현재의 부작위의 소는 아무런 의미가 없게 된다. <답 ③>

2. B는 경쟁관계에 있는 A의 명예를 실추시키고자 여러 차례의 비방광고를 게재하였다. 이에 관한 설명 중 틀린 것은?

① A는 침해된 명예의 회복을 위해 B에게 명예훼손기사의 취소광고를 청구할 수 있고 이를 대체집행의 방법에 의해 강제이행케 할 수 있다.
② A에 대해서는 사전적·예방적 조치로서 침해행위의 정지·방지 등의 금지청구권이 인정되는데, 그 위반으로 인한 손해배상청구는 가능하겠으나 이를 강제이행케 할 수는 없다.
③ B의 비방광고로 인한 피해를 줄이기 위해 A가 대응광고를 게재할 필요

가 있었다면 대응광고를 위한 비용에 대해서도 A는 그 배상을 청구할 수 있다.

④ B의 비방광고에 따른 재산적 손해가 없더라도 명예, 신용 등의 훼손으로 인한 정신적 손해만을 이유로 A는 B에게 손해배상을 청구할 수 있다.

⑤ A가 자연인이 아닌 법인인 경우에도 비방광고에 따른 인격권침해를 이유로 한 손해배상을 인정하는 것이 판례의 태도이다.

해설

인격권의 침해행위에 대해서는 금지청구권이 인정되는데(대결 2005.1.17. 2003마1477 등), 금지청구에 따른 부작위의무는 부대체적 채무로서 직접강제나 대체집행의 대상이 될 수 없으나 그 불이행의 경우에 적절한 배상을 명함으로써 이행을 강제하는 간접강제에 의한 이행강제는 가능하다. ② 사죄광고는 양심의 자유에 반하므로 허용되지 않는다. ① 그러나 단순한 진상의 공개에 그치는 조치, 즉 가해자의 비용에 의하여 가해자가 패소한 민사손해배상판결이나 형사명예훼손죄의 유죄판결의 신문 등에의 게재, 비방기사에 대한 취소광고는 명예회복에 적당한 처분으로 인정되며, 강제이행할 수 있다(헌재 1991.4.1. 89헌마160). <답 ②>

3. 다음 설명 중 옳은 것은? <변호사모의 2010년 변형>

① 가수가 공연을 할 의무를 강제로 실현하려면 직접강제의 방법에 의하여야 한다.

② 유아를 인도할 의무를 강제하는 것은 채무자의 인격존중에 반하므로 간접강제도 허용되지 않는다.

③ 건물을 철거할 의무는 대체집행 또는 간접강제의 방법에 의해 집행할 수 있다.

④ 등기를 말소할 의무는 확정판결을 받아 등기소에 제출하는 방법에 의해서 집행할 수 있다.

⑤ 금전을 지급할 의무는 대체집행에 의해서도 집행할 수 있다.

⑥ 계속적 부작위의무를 명한 가처분에 기하여 간접강제결정이 발령된 상태에서 의무위반행위가 계속되던 중 채무자가 그 행위를 중지하고 장래 의무위반행위를 방지하기 위한 적당한 조치를 취하거나 가처분에서 정한 금지기간이 경과한 경우, 채무자가 간접강제결정 발령 후 행한 의무위반행위에 대하여 배상금 지급의무를 면한다.

해설

① 부대체적 작위채무에 관해서는 간접강제의 방법이 사용될 수 있으나, 지문처럼 채무자의 자유의사를 압박하여 강제할 경우 채무의 내용에 좇은 급부를 실현할 수 없는 채무에는 간접강제조차 허용되지 않으며 손해배상청구만이 허용된다. ② 유아의 인격이 침해될 수 있으므로 직접강제보다는 간접강제의 방법이 이용되어야 한다. ③ 건물을 철거할 의무는 직접강제의 방법을 쓸 수 없는 경우 대체집행이 가능하므로 간접강제가 허용되지 않는

다. ④ 의사표시를 명한 판결이 확정된 때에는 그 판결로 의사를 진술한 것으로 보는 바(민사집행법 제263조 1항) 소유권이전등기를 말소할 의무가 이에 해당하며 이 판결(=대용판결)을 등기소에 제출하는 것으로 집행하게 된다. ⑤ 금전채무 등 주는 채무에 대해서는 직접강제가 인정되며, 이 경우에 대체집행이나 간접강제는 허용되지 않는다. ⑥ 그러한 사정만으로는 처음부터 가처분위반행위를 하지 않은 것과 같이 볼 수 없고 간접강제결정 발령 후에 행해진 가처분위반행위의 효과가 소급적으로 소멸하는 것도 아니므로, 채무자는 간접강제결정 발령 후에 행한 의무위반행위에 대하여 배상금의 지급의무를 면하지 못하고 채권자는 위반행위에 상응하는 배상금의 추심을 위한 강제집행을 할 수 있다(대판 2012.4.13. 2011다92916). 한편, 민사집행법 제261조 제1항의 간접강제결정에 기한 배상금은 채무자에게 이행기간 이내에 이행을 하도록 하는 심리적 강제수단이라는 성격뿐만 아니라 채무자의 채무불이행에 대한 법정 제재금이라는 성격도 가진다고 보아야 한다. 따라서 채무자가 간접강제결정에서 명한 이행기간이 지난 후에 채무를 이행하였다면, 채권자는 특별한 사정이 없는 한 채무의 이행이 지연된 기간에 상응하는 배상금의 추심을 위한 강제집행을 할 수 있다(대판 2013.2.14. 2012다26398) <답 ④>

제 4 절 채무불이행

1. 총 설

1. 채무불이행책임과 불법행위책임에 관한 다음 설명 중 틀린 것은?

① 채무불이행책임이 당사자 간의 계약관계를 전제로 한 계약책임이라고 한다면, 불법행위책임은 일반사회생활상의 주의의무위반에 대한 책임이다.

② 채무불이행책임과 불법행위책임은 고의·과실을 책임발생요건으로 한다는 점에서 과실책임주의를 원칙으로 한다.

③ 채무자 또는 가해자가 다수인 경우 각 채무자 또는 가해자는 손해배상책임에 있어서 연대채무를 부담한다.

④ 손해배상청구권의 소멸시효라는 측면에서 비교한다면 채무불이행책임이 불법행위책임보다 채권자에게 유리하다.

⑤ 통설과 판례에 따를 경우, 채무불이행책임에 있어서도 위자료청구권이 인정된다.

해설

채무불이행책임과 불법행위책임을 그 의의·책임요건, 그리고 책임내용에 따라 비교한다면 다음과 같다. <답 ③>

	채무불이행	불법행위
의의	(i) 계약책임의 일종이다 (ii) 채무자의 계약위반으로 상실된 채	(i) 반사회생활의 책임이다 (ii) 사회인으로서 일반적으로 요구되

	권자의 이행이익을 전보해주려는 데에 그 목적이 있다	는 의무를 위반하여 침해한 보호이익을 전보해주는 데에 그 목적이 있다
책임요건	(i) 채무자의 고의·과실을 전제하는 과실 책임이 원칙이다 -이행보조자의 과실(제391조) -귀책사유의 입증: 채무자 스스로 과실 없음을 입증해야 한다 (ii) 다수채무자의 채무불이행: 채무자들의 관계에 따라 분할·불가분·연대·보증채무로 된다	(i) 과실책임이 원칙이라는 점에서는 채무불이행책임과 동일하다 -피용자의 과실(제756조) -귀책사유의 입증: 피해자가 가해자의 과실을 입증해야 한다 (ii) 공동불법행위(제760조 1항): 가해자 사이의 관계는 부진정연대채무관계로 된다(통설)
책임내용	(i) 소멸시효: 10년(단기소멸시효가 적용되는 경우도 있음). (ii) 위자료청구권에 대한 명문규정은 없으나, 학설·판례상 인정된다 (iii) 원칙적으로 금전배상의 원칙이 적용된다	(i) 손해 및 가해자를 안 날로부터 3년, 불법행위시로부터 10년(제766조) (ii) 위자료청구권에 대한 명문규정을 두고 있다(제751조) (iii) 금전배상의 원칙이 적용되는 것은 채무불이행책임과 마찬가지이다. 그러나 고의의 불법행위의 경우에는 피해자에 대한 다른 채권과 상계할 수 없다(제496조)

2. 다음은 계약을 위반한 숙박업자의 책임에 관한 여러 판결이유를 발췌한 것이다. 〈 〉 속에 들어갈 적절한 용어는? <변호사모의 2011년 유사>

> 통상의 임대차관계에서 임차인에 대한 임대인의 의무는 특별한 사정이 없는 한 단순히 임차인에게 임대목적물을 제공하여 그로 하여금 이를 사용·수익하게 함에 그치는 것이고, 더 나아가 임차인의 안전을 배려하여 주거나 도난을 방지하는 등의 〈 ⓐ 〉까지 부담한다고 볼 수는 없다. 그러나 공중접객업인 숙박업을 경영하는 자가 투숙객과 체결하는 숙박계약은 숙박업자가 고객에게 숙박을 할 수 있는 객실을 제공하여 고객으로 하여금 이를 사용할 수 있도록 하고 고객으로부터 그 대가를 받는 일종의 일시사용을 위한 임대차계약으로서 객실 및 관련 시설은 오로지 숙박업자의 지배 아래 놓여 있는 것이므로 숙박업자는 통상의 임대차와 같이 단순히 여관 등의 객실 및 관련 시설을 제공하여 고객으로 하여금 이를 사용·수익하게 할 의무를 부담하는 것에서 한 걸음 더 나아가 고객에게 위험이 없는 안전하고 편안한 객실 및 관련 시설을 제공함으로써 고객의 안전을 배려하여야 할 〈 ⓐ 〉을(를) 부담하며 이러한 의무는 숙박계약의 특수성을 고려하여 〈 ⓑ 〉상 인정되는 〈 ⓒ 〉(으)로서 숙박업자가 이를 위반하여 고객의 생명·신체를 침해하여 투숙객에게 손해를 입힌

경우, 〈 ⓓ 〉(으)로 인한 채무불이행책임을 부담하고, 이 경우 피해자로서는 구체적 〈 ⓐ 〉의 존재와 그 위반 사실을 주장·입증하여야 하며 숙박업자로서는 통상의 채무불이행에 있어서와 마찬가지로 그 채무불이행에 관하여 자기에게 과실이 없음을 주장·입증하지 못하는 한 그 책임을 면할 수는 없다. 물론 이와 같은 법리는 장기투숙의 경우에도 마찬가지이다.

	ⓐ	ⓑ	ⓒ	ⓓ
①	설명의무	실효의 원칙	급부의무	물건의 하자
②	보호의무	관습법	부수적 의무	불완전이행
③	보호의무	신의칙	부수적 의무	불완전이행
④	안전배려의무	사정변경의 원칙	보호의무	불완전이행
⑤	안전배려의무	신의칙	부수적 의무	불법행위

해설

통상의 임대차에 관해서는 대판 1999.7.9. 99다10004를, 일시사용을 위한 임대차의 성질을 갖는 숙박계약에 관해서는 대판 2000.11.24. 2000다38718,38725를, 그리고 장기투숙을 목적으로 숙박계약에서의 보호의무를 인정한 데에 관해서는 대판 1997.10.10. 96다47302의 판결이유를 발췌하였다. 판례는 보호의무라는 용어를 사용하였지만, 숙박업자는 부수적 의무로서 안전배려의무를 부담한다고 보아야 보다 정확할 것이다. 다만 상대방의 생명 혹은 신체를 침해하지 않도록 배려할 의무를 의미하는 보호의무를 채무자의 독자적인 의무형태로 인정하지 않는 견해(곽윤직, 24면; 이은영, 192면)에서는 위 판례처럼 보호의무를 부수적 의무라는 개념으로 이해할 것이다. <답 ③>

3. 지붕수리공 B는 A와 A 소유인 주택의 지붕을 보수할 계약을 체결하고 그의 보조인 C로 하여금 수리케 하였다. 그런데 C가 지붕을 보수하던 중에 사다리를 옮기다가 그의 과실로 주택의 유리창을 파손하였으며, 지붕에서 기왓장을 떨어뜨려 행인 D를 부상시키고, 일을 마친 후에 A의 세탁물을 훔쳐갔다. 이 사례에 관한 다음 설명 중 가장 옳지 않은 것은?

① A는 지붕보수 중 파손된 유리창에 대해 그 행위의 직접적 주체가 아니더라도 민법 제391조를 청구권기초로 하여 B에게 채무불이행에 기한 손해배상청구권을 행사할 수 있다.

② 유리창 파손부분에 대해 A는 C에 대하여 불법행위에 기한 손해배상청구권을 행사할 수 있을지라도 채무불이행책임을 물을 수는 없다.

③ C의 부주의한 수리행위 도중 부상당한 행인 D는 C의 사용자인 B에 대하여 사용자책임을 물을 수 있다.

④ 수리보조자 C는 행인 D에 대하여 불법행위책임을 부담하는데, C의 책임은 B가 D에 대해 부담하는 책임과 부진정연대채무관계에 놓이게 된다.

⑤ 지붕수리 후 C의 세탁물 절도행위로 인한 손해에 대해서는 B는 A에게 채무불이행책임을 부담하지 않는다.

해설

① 이행보조자책임을 규정하고 있는 민법 제391조는 독립된 청구권의 기초가 아니라 채무자의 귀책사유를 확장하는 역할을 할 뿐이므로, 이행보조자에 대한 책임이 발생하기 위해서는 민법 제390조의 요건을 갖추어야만 한다. 이 점에서 피용자의 불법행위에 대한 사용자책임을 규정한 민법 제756조와 구별된다. ⑤ 채무자는 이행보조자에 의한 주된 채무뿐만 아니라 종된 급부의무나 보호의무의 이행행위에 대해서도 책임진다. 다만 채무자가 책임을 지는 것은 채무의 이행과 실질적으로 관련된 고의·과실에 의한 손해야기행위에 국한될 뿐, 보조행위의 기회를 이용하여 발생한 모든 일탈행위(불법행위)에 대해서까지 책임을 지는 것은 아니다. <답 ①>

4. 임대인 乙은 임차인 甲에게 자기 소유 건물을 임대하면서 보안기능을 갖춘 통신설비를 설치해 주기로 약정하였다. 이에 따라 乙은 통신시설 설치를 丙에게 도급 주었고, 丙은 乙의 지시에 따라 그 시설을 설치하였다. 그런데 설치과정에서 丙의 과실로 통신시설에 하자가 발생하였다. 어느 날 乙 소유의 건물 통신망에 해커가 침입하여 甲 소유의 중요 설계도가 유출되었다. 이에 관한 설명 중 옳은 것은? (다툼이 있는 경우에는 판례에 의함)

<사시 2013년 유사: 배점 3>

① 丙은 乙로부터 업무상 지시 또는 감독을 받는 종속적인 경우에 한하여 乙의 이행보조자가 된다.

② 丙의 경과실 또는 중과실 여부에 따라 丙의 불법행위책임의 성부가 달라지는 것은 아니다.

③ 丙에 대한 지시에 관하여 乙에게 중과실이 있더라도 甲은 乙을 상대로 불법행위에 따른 손해배상청구를 할 수 없다.

④ 甲은 丙에 대하여 계약상 채무불이행책임을 물을 수 있다.

⑤ 丙이 甲에 대하여 불법행위책임을 부담하는 경우, 丙의 불법행위책임과 乙의 甲에 대한 채무불이행책임은 연대채무관계에 있다.

해설

① 틀림. 민법 제391조에서의 이행보조자로서의 피용자라 함은 일반적으로 채무자의 의사관여 아래 그 채무의 이행행위에 속하는 활동을 하는 사람이면 족하고, 반드시 채무자의 지시 또는 감독을 받는 관계에 있어야 하는 것은 아니므로 채무자에 대하여 종속적인가 독립적인 지위에 있는가는 문제되지 않는다(대판 1999.4.13. 98다51077,51084). ② 옳음. 제3자의 불법행위책임은 제750조의 요건인 고의 또는 과실이 있으면 충분하고, 경과실인가 중과실인가는 문제되지 않는다. 중과실 여부는 손해배상액의 감경청구(제765조)나 실화책임법과 관련된다. ③ 틀림. 도급 또는 지시에 관하여 도급인에게 중대한 과실이 있으면 도급인은 불법행위책임을 져야 한다(제757조 단서). ④ 틀림. 甲과 丙 사이에는 아무런 계약관계가 없기 때문이다. ⑤ 틀림. 연대채무의 속성인 주관적 공동관계가 존재하지 않으므로 부진정연대채무관계이다(대판 1994.11.11. 94다22446). <답 ②>

2. 이행지체

5. 이행지체에 관한 다음 설명 중 틀린 것은?

① 금전채무의 이행지체시 채무자는 과실 없음을 항변하지 못한다.
② 채무자의 고의·과실이 있어야 이행지체가 성립한다.
③ 지시채권의 채무자는 이행에 관해 기한이 정해져 있더라도 기한의 도래 후 소지인이 증서를 제시하면서 이행을 청구한 때 지체책임을 부담한다.
④ 쌍무계약에 기한 확정기한부채무가 동시이행관계에 있는 때에는 이행기의 도래만으로는 이행지체책임이 성립하지 않고 상대방으로부터 이행의 제공이 있으나 자기 채무를 이행하지 아니할 때에 이행지체책임이 성립한다.
⑤ 채무자가 기한의 이익을 상실한 경우에는 기한의 도래가 의제되어, 그 익일부터 이행지체 책임이 성립한다.

해설

이행기의 경과로 언제나 지체의 효과가 발생하는 것은 아니다. (i) 확정기한부 채무에서는 기한의 도래로 지체책임이 발생한다(제387조 1항). 그러나 이에 대한 예외로서, i) 지시채권과 무기명채권의 경우 기한이 정해져 있더라도 기한의 도래 후 소지인의 증서제시와 함께 이행의 청구가 있어야만 하고(제517조, 제524조), ii) 추심채무 또는 채무의 이행에 채권자의 협력이 필요한 경우에는 채권자가 먼저 필요한 협력 또는 기타의 제공을 하여 이행을 최고한 때 채무자는 이행지체의 책임을 부담하고, iii) 쌍무계약상 확정기한 있는 채무에 있어서 양 채무가 동시에 이행되어야 할 관계에 있는 경우에는 기한의 도래와 더불어 상대방으로부터 이행의 제공을 받으면서 자기의 채무를 이행하지 않은 경우에 채무자는 이행지체의 책임을 진다. (ii) 불확정기한부채무에 있어서는 채무자가 그 기한이 도래하였음을 안 때 또는 채권자가 이행을 청구한 때로부터 지체책임이 발생한다(제387조 1항 후단). (iii) 채무의 이행에 관하여 기한의 정함이 없는 경우에는 채무자는 이행의 최고를 받은 때로부터 지체의 책임을 진다(제387조 2항). (iv) 기한의 이익을 상실한 채무에 있어서는 채권자의 이행청구가 있은 후에 채무자는 지체책임을 부담한다(제388조). 따라서 채권자의 이행청구가 없다면, 기한의 이익 상실사유가 발생하였다는 사실만으로 이행기의 도래가 의제되는 것은 아니다. <답 ⑤>

6. 기한의 이익에 관한 다음 설명 중 틀린 것은?

① 채권자가 기한이 자신을 위해 정해졌다고 주장하기 위해서는 채권자 스스로 이러한 사실을 입증해야 한다.
② 기한의 이익의 포기는 장래를 향해서만 효력이 있다.
③ 기한의 이익이 상대방을 위해서도 존재하는 때에는 기한의 이익을 포기할 수 없다.
④ 담보를 과실로 손상·멸실케 한 경우에도 채무자는 기한의 이익을 상실한다.

⑤ 어음이 "지급을 위하여" 교부된 것으로 추정되는 경우 채권자가 기존채무의 변제기보다 후의 일자가 만기로 된 어음을 교부받은 때에는 특단의 사정이 없는 한 기존채무의 지급을 유예하는 의사가 있었다고 보아야 한다.

해설 ……………………………………

①②③ 기한의 이익은 채무자를 위해 존재하는 것으로 추정되므로(제153조 1항), 채권자가 기한이 자신을 위해 정해졌다고 주장하는 경우에는 채권자 스스로 이를 입증해야 한다. 이러한 기한의 이익은 포기할 수 있으나, 이에 의해 상대방의 이익을 해하지 못한다(제153조 2항). 따라서 기한의 이익이 당사자 일방을 위해서만 존재하는 경우에는 상대방에 대한 일방적 의사표시로 그 이익을 포기할 수 있으나, 상대방을 위해서도 기한의 이익이 존재하는 경우에는 상대방의 손해를 배상하고 그 이익을 포기할 수 있다. ④ 제388조 참조. ⑤ 채권자가 기존 채무의 지급을 위하여 그 채무의 이행기가 도래하기 전에 미리 그 채무의 변제기보다 후의 일자가 만기로 된 어음의 교부를 받은 때에는 묵시적으로 기존 채무의 지급을 유예하는 의사가 있었다고 볼 경우가 있을 수 있고, 이 때 기존 채무의 변제기는 어음에 기재된 만기일로 변경된다고 볼 것이다(대판 2000.7.28. 2000다16367).

<답 ③>

7. 다음은 이행지체에 관한 설명이다. 옳은 것은? (다툼이 있는 경우에는 판례에 의함)

① 자신의 중고자동차를 500만 원에 매도하기로 한 매도인이 동시이행의 항변권을 행사하지 않는 한, 변제기를 정하지 않은 소유권이전채무에 대해서는 매수인의 이행청구로써 이행지체에 빠진다.

② 중고TV를 인도하기로 한 매도인으로서는 변제의 제공을 하더라도 매수인이 이를 수령하지 않는다면 변제기의 도과 후 이행지체책임을 면할 수 없다.

③ 채무이행의 기한을 정하지 않은 경우 채무자는 채권자의 이행청구가 있은 때로부터 이행지체의 책임을 부담한다.

④ 매매계약서상 매매대금의 지급기일이 '소유권이전등기를 필한 후'로 기재되어 있는 경우, 매수인이 매매대금 지급의무의 이행을 지체하였다고 하기 위해서는 소유권이전등기가 경료된 사실을 매수인인 피고가 알아야 하며, 이는 이를 주장하는 원고 매도인에게 증명책임이 있다.

⑤ 반환채무의 이행기를 정하지 않은 소비대차에서 차주는 대주의 지급청구가 있은 때로부터 지체책임을 부담한다.

⑥ 제3채무자가 압류채권자에게 압류된 채권액 상당에 관하여 지체책임을 지는 것은 집행법원으로부터 추심명령을 송달받은 익일부터이다.

해설 ……………………………………

① 통설 및 판례에 따르면 동시이행의 항변권은 연기적 항변권으로서 상대방의 이행청구

에 대하여 반드시 이를 행사하여야 그 효과가 발생한다고 하나, 동시이행의 항변권 그 자체가 존재함으로써도 이행지체가 면제되는 효과가 발생한다고 한다. ② 채무자는 변제의 제공을 함으로써 이후에 이행지체의 책임을 부담하지 않는다(제461조 참조). ③ 제387조 2항 참조. ④ 소유권이전등기가 경료되었다고 하기 위해서는 등기에 필요한 서류가 등기소에 접수되고 등기관에 의해 해당 등기가 마쳐져야 하는 것이므로 등기신청 접수일을 기준으로 등기절차가 완료된다고 볼 수는 없다. 나아가 채무이행 시기가 확정기한으로 되어 있는 경우에는 기한이 도래한 때부터 지체책임이 있으나, 불확정기한으로 되어 있는 경우에는 채무자가 기한이 도래함을 안 때부터 지체책임이 발생한다고 할 것인데, 매매대금 지급기일을 '소유권이전등기를 필한 후'로 정한 것은 매매대금 지급의무의 이행기를 장래 도래할 시기가 확정되지 아니한 때, 즉 불확정기한으로 정한 경우에 해당한다(대판 2011.2.24. 2010다83755. 반면에 그러한 채권에 대해서는 객관적으로 그 기한이 도래한 때부터 소멸시효의 기간이 기산된다). ⑤ 대주는 상당한 기간을 정하여 최고하여야 한다. 물론 차주는 언제든지 반환채무를 이행할 수 있다(제603조 2항 참조). 그러나 소비임치의 경우에는 반환시기의 약정이 없더라도 임치인은 언제든지 그 반환을 청구할 수 있다(제702조 단서 참조). ⑥ 추심명령은 압류채권자에게 채무자의 제3채무자에 대한 채권을 추심할 권능을 수여함에 그치고, 제3채무자로 하여금 압류채권자에게 압류된 채권액 상당을 지급할 것을 명하거나 그 지급 기한을 정하는 것이 아니므로, 제3채무자가 압류채권자에게 압류된 채권액 상당에 관하여 지체책임을 지는 것은 집행법원으로부터 추심명령을 송달받은 때부터가 아니라 추심명령이 발령된 후 압류채권자로부터 추심금 청구를 받은 다음날부터라고 하여야 한다(대판 2012.10.25. 2010다47117). <답 ③>

8. A와 B는 A 소유의 주택에 대한 매매계약을 체결하고, A는 그 주택을 2013년 5월 10일까지 명도하기로 하였다. 그런데 A는 그 주택을 C에게 임대해주고 있었던 관계로 B에게 명도하지 못하고 있던 중, 동년 6월 8일 A 소유의 주택이 있는 지역에서 발생한 집중호우로 인해 주택이 멸실되어버렸다. 이 사례와 관련된 법적 자문을 담당한 변호사 甲이 아래와 같은 의견서를 작성하였다. 다음 중 어느 부분이 불필요하거나 잘못된 것인가?

> A는 B에 대해 주택을 명도할 의무를 부담하고 있었다. 그러나 이행기인 2013년 5월 10일에 A는 그 주택을 C에게 임대해주고 있었던 관계로 B에게 명도할 수 없었던바, ① A는 B에 대한 채무의 이행을 지체하고 있었고 이는 A의 귀책사유에 기인한 것이다. 그러나 ② A가 이행지체의 상태에 있었다 할지라도 주택이 멸실된 것에 대해 A 또는 C에게 귀책사유가 없다는 사실, ③ A가 이행기에 주택을 B에게 양도하였더라도 B 또한 그 멸실을 면할 수 없다는 사실에 비추어 B는 A에 대해 이행불능을 이유로 한 손해배상을 청구할 수 없을 것이다. 이때 ④ 채무자 A는 이러한 자신의 면책사유를 입증해야만 한다. 한편 채무자 A의 불능에 대한 책임과는 관계없이 이행의 지체로 인해 B에게 지연손해가 발생하였다면, B는 A에 대해 그 배상을 청구할 수 있다. 다만 ⑤ 채권자 B는 이행기에 이행이 없었다는 사실에 대해서 입증해야만 한다.

✍ **해설** ………………………………………

A가 주택을 명도하기로 한 2013년 5월 10일 자신의 귀책사유로 인해 명도하지 않고 있던 중 집중호우에 의해 주택이 멸실되어버렸다. 채무자의 귀책사유에 기한 이행지체 중에 발생한 급부불능에 대해 채무자는 불능에 대한 자신의 귀책사유와 무관하게 손해배상책임을 부담한다(제392조 본문). 그러나 채무자가 이행기에 이행하였더라도 손해가 발생하였을 경우 채무자에게는 손해배상책임이 없다(제392조 단서). 이때 입증책임은 채무자가 부담한다. 따라서 위 의견서에서 A의 귀책사유에 대한 언급은 불필요하다. <답 ②>

9. 채무불이행에 관한 다음 설명 중 틀린 것은? <변호사모의 2010년, 2011년 유사>

① 확정기한부채무의 경우에도 채무자가 추심채무를 부담한다면 기한의 경과만으로 이행지체책임이 발생하지는 않는다.

② 채무자가 이행지체에 빠진 이상 상대방에 대해 계약의 이행을 청구할 수 없다.

③ 판례에 따르면 매매의 목적인 권리가 타인에게 속함으로써 그 이행을 할 수 없게 된 경우에 매도인은 선의의 매수인에게 이행이익에 상당하는 금전을 배상해야만 한다.

④ 목적물을 자신의 물권에 기해 반환청구한 자가 이를 수령하지 않은 경우에도 채권자지체에 관한 규정이 준용될 수 있다.

⑤ 금전채권이 소비대차에 기한 것이고 약정이율이 연 3%임에 관하여 甲·乙 사이에 다툼이 없는 경우에, 채무불이행으로 인한 지연손해금은 법정이율에 의하여 산정된다.

✍ **해설** ………………………………………

① 추심채무의 이행을 위해서는 채권자의 추심이라는 협력작용이 요구되므로, 채권자가 필요한 협력행위를 하지 않거나 이행을 최고하지 않는 한 이행지체책임이 문제되지 않는다. ② 계약해제가 없는 한 채무자는 자신의 채무를 제공한 후 상대방에게 계약의 이행을 청구할 수 있다. ③ 타인의 권리를 매매한 자가 권리이전을 할 수 없게 된 경우에 매도인은 선의의 매수인에게 불능 당시의 시가를 기준으로 그 계약이 완전히 이행된 것과 동일한 경제적 이익을 배상해야만 한다(대판[전] 1967.5.18. 66다2618; 대판 2004.12.9. 2002다33557 등 참고). ④ 물권적 청구권을 통설인 절충설의 입장에서 파악한다면 채권법상의 규정도 물권적 청구권의 성질에 반하지 않는 한 유추적용될 수 있다. ⑤ 제397조 1항 단서의 의미는 약정이율이 법정이율 이상인 경우에만 적용되고, 약정이율이 법정이율보다 낮은 경우에는 그 본문으로 돌아가 법정이율에 의하여 지연손해금을 정할 것이다(대판 2009.12.24. 2009다85342). <답 ②>

10. 이행지체에 관한 설명 중 옳은 것은? (다툼이 있는 경우에는 판례에 의함) <사시 2011년: 배점 2>

① 이행지체에 빠져 원본과 지연이자를 지급할 의무가 있는 금전채무자가 원본과 지연이자를 합한 전액에 부족한 이행제공을 하면서 이를 원본에 대한 변제로 지정하였다면, 그 지정은 변제충당의 법리에 따라서 채권자

에 대해 효력이 있으므로 채권자는 그 수령을 거절할 수 없다.

② 매수인과 매도인 간의 물품대금 지급방법에 관한 약정에 따라 대금지급을 위해서 매도인에게 지급기일이 물품공급일자 이후로 된 약속어음이 발행되어 교부된 경우, 발행인의 지급정지사유로 그 지급기일 이전에 지급이 거절되었다면, 매수인의 물품대금채무는 그 지급이 거절된 때 이행기 도래의 효과가 발생한다.

③ 금전채무의 이행지체로 인하여 발생하는 지연이자는 단기소멸시효에 관한 민법 제163조 제1호가 규정한 '1년 이내의 기간으로 정한 채권'에 해당하여 3년의 단기소멸시효의 대상이 된다.

④ 부동산 매수인이 선이행의무 있는 중도금을 지급하지 않고 있던 중에 잔대금 지급과 동시이행관계에 있는 매도인의 소유권이전등기서류의 교부가 되지 않은 상태에서 잔대금지급기일이 도과되었다면, 매수인은 특별한 사정이 없는 한 그 도과된 때부터의 중도금지급에 대한 이행지체책임은 지지 않는다.

⑤ 정지조건부 기한이익 상실특약이 있는 경우, 그 특약에서 정한 기한의 이익 상실사유가 발생하고 기한의 이익을 상실하게 하는 채권자의 의사표시가 있어야 이행기도래의 효과가 발생한다.

해설 ……………………………………

① 틀림. 원본과 지연이자를 합한 전액에 대하여 이행의 제공을 하여야 할 것이고, 그에 미치지 못하는 이행제공을 하면서 이를 원본에 대한 변제로 지정하였더라도, 그 지정은 민법 제479조 제1항에 반하여 채권자에 대하여 효력이 없으므로, 채권자는 그 수령을 거절할 수 있다(대판 2005.8.19. 2003다22042). ② 틀림. 물품매도인에게 지급기일이 물품공급일자 이후로 된 약속어음을 발행 · 교부한 경우 물품대금 지급채무의 이행기는 그 약속어음의 지급기일이고, 위 약속어음이 발행인의 지급정지의 사유로 그 지급기일 이전에 지급이 거절되었더라도 물품대금 지급채무가 그 지급 거절된 때에 이행기에 도달하는 것은 아니다(대판 2000.9.5. 2000다26333). ③ 틀림. 변제기 이후에 지급하는 지연이자는 금전채무의 이행을 지체함으로 인한 손해배상금이다. ④ 옳음. 특별한 사정이 없는 한 매수인의 중도금 및 잔대금의 지급과 매도인의 소유권이전등기 소요서류의 제공은 동시이행관계에 있다 할 것이어서 그 때부터는 매수인은 중도금을 지급하지 아니한 데 대한 이행지체의 책임을 지지 아니한다(대판 1998.3.13. 97다54604,54611). ⑤ 틀림. 그 특약에 정한 기한의 이익 상실사유가 발생함과 동시에 기한의 이익을 상실케 하는 채권자의 의사표시가 없더라도 이행기 도래의 효과가 발생하고, 채무자는 특별한 사정이 없는 한 그 때부터 이행지체의 상태에 놓이게 된다(대판 1999.7.9, 99다15184). <답 ④>

3. 이행불능

11. 이행불능에 관한 다음 설명 중 틀린 것을 고르면?

① 소유권이전등기의무자가 그 부동산에 가등기를 경료케 하였다면 소유권

이전등기의무는 이행불능으로 된다는 것이 판례의 견해이다.
② 수령불능과 급부불능에 관하여, 다수설은 그 장애가 채권자와 채무자 가운데 어느 쪽의 영향범위 내에서 생겼는가에 따라 구별하고 있다.
③ 부동산 매수인이 매매목적물에 설정된 근저당권의 피담보채무를 이행인수한 뒤 그 변제를 게을리하여 근저당권이 실행됨으로써 매도인이 매매목적물에 대한 소유권을 상실하여 소유권이전등기의무가 이행불능으로 된 것은 매수인에게 귀책사유가 있다.
④ 불완전이행이 추완불능일 때에는 이를 이행불능에 준하는 것으로 취급하여 최고 없이 계약을 해제할 수 있다.
⑤ 이행불능에 관하여 귀책사유 있는 채무자라 할지라도 계약이 해제되지 않는 한 상대방에게 이행을 청구할 수 있다.
⑥ 계약당사자 일방이 자신의 계약채무를 이행하는 데 장애가 될 수 있는 사유를 계약을 체결할 당시에 알았음에도 이를 상대방에게 고지하지 아니한 경우, 비록 그 사유로 말미암아 후에 채무불이행이 되는 것 자체에는 그에게 어떠한 잘못이 없다고 하더라도 특별한 사정이 없는 한, 그 채무가 불이행된 것에 대하여 귀책사유가 없다고 할 수 없다.

해설

① 틀림. 가등기는 본등기의 순위보전의 효력만을 가지고 있을 뿐 이로써 소유권이전등기의무자가 처분권한을 상실하는 것은 아니다. 따라서 가등기의 경료만으로 소유권이전등기의무가 이행불능이 된다고는 할 수 없다(대판 1991.7.26. 91다8104). ② 이른바 영역설(=영역범위설)을 취하는 다수설에 따르면 장애사유가 채권자측에 있을 경우에는 수령불능으로, 채무자측에 있을 경우에는 급부불능으로 판단하고 있다(특히 곽윤직, 179면. 이에 대한 상세한 소개 및 비판은 김형배, 339면 이하 참고). ③ 이 경우에 이행불능은 채권자의 귀책사유로 인한 것으로 보아야 한다(제538조 참조: 대판 2008.8.21. 2007다8464,8471). ④ 완전이행이 불가능하게 되거나 새로운 이행이 채권자에게 아무런 이익이 되지 못하는 경우에 이행불능이 발생하며, 채권자는 전보배상청구권, 확대손해에 대한 배상청구권을 행사할 수 있으며, 최고 없이 계약을 해제할 수 있다(제546조 참조). ⑤ 계약이 해제되지 않는 한 계약관계는 유효하게 지속된다. 다만 이행불능으로 인해 상대방의 이행청구권이 손해배상청구권으로 변형될 뿐이다. ⑥ 그것이 계약의 원만한 실현과 관련하여 각각의 당사자가 부담하여야 할 위험을 적절하게 분배한다는 계약법의 기본적 요구에 부합한다(대판 2011.8.25. 2011다43778).

<답 ①>

12. 이행불능에 관한 설명 중 옳은 것(○)과 옳지 않은 것(×)을 바르게 표시한 것은? (다툼이 있는 경우에는 판례에 의함) <사시 2005년 유사>

㉠ 부동산소유권이전등기 의무자가 그 부동산에 관하여 제3자에게 채무담보를 위하여 소유권이전등기를 경료해 준 경우, 그 의무자가 채무를 변제할 자력이 없더라도 소유권이전등기의무가 이행불

능이 되는 것은 아니다.
ⓛ 임대인이 임대목적물의 소유권을 상실하였다는 이유만으로 임대인의 임차인에 대한 임대차계약상의 의무가 이행불능으로 되는 것은 아니다.
ⓒ 임차건물이 화재로 손실되어 임차인의 임차물 반환채무가 이행불능이 된 경우, 화재원인이 불명인 때에도, 임차인이 그 이행불능으로 인한 손해배상책임을 면하려면 임차건물의 보존에 관하여 선량한 관리자의 주의의무를 다하였음을 입증하여야 한다.
ⓔ 매도인의 소유권이전등기의무가 이행불능이 되어 매수인이 매매계약을 해제하기 위해서는, 잔대금 지급의무가 소유권이전등기의무와 동시이행관계에 있더라도, 매수인이 이행 또는 이행의 제공을 할 필요는 없다.

① ㉠(○), ⓛ(○), ⓒ(○), ⓔ(○) ② ㉠(○), ⓛ(○), ⓒ(×), ⓔ(×)
③ ㉠(○), ⓛ(×), ⓒ(○), ⓔ(○) ④ ㉠(○), ⓛ(○), ⓒ(×), ⓔ(○)
⑤ ㉠(×), ⓛ(○), ⓒ(○), ⓔ(○) ⑥ ㉠(×), ⓛ(○), ⓒ(×), ⓔ(×)
⑦ ㉠(×), ⓛ(×), ⓒ(○), ⓔ(×) ⑧ ㉠(×), ⓛ(×), ⓒ(×), ⓔ(×)

해설

㉠ 부동산소유권이전등기 의무자가 그 부동산에 관하여 제3자 앞으로 비록 채무담보를 위하여 소유권이전등기를 경료하였다고 할지라도 그 의무자가 채무를 변제할 자력이 없는 경우에는 특단의 사정이 없는 한 그 소유권이전등기의무는 이행불능이 된다(대판 1991.7.26. 91다8104). ⓛ 계약의 이행불능 여부는 사회통념에 의하여 이를 판정하여야 할 것인바, 임대차계약상의 임대인의 의무는 목적물을 사용·수익케 할 의무로서, 목적물에 대한 소유권 있음을 성립요건으로 하고 있지 아니하여 임대인이 소유권을 상실하였다는 이유만으로 그 의무가 불능하게 된 것이라고 단정할 수 없다(대판 1994.5.10. 93다37977). ⓒ 선관의무의 불이행과 면책입증의 책임(대판 2009.5.28. 2009다13170 등 참고). 그러나 그 이행불능이 임대차목적물을 임차인이 사용·수익하기에 필요한 상태로 유지하여야 할 임대인의 의무 위반에 원인이 있음이 밝혀진 경우에까지 임차인이 별도로 목적물보존의무를 다하였음을 주장·입증하여야만 그 책임을 면할 수 있는 것은 아니다. ⓔ 대판 2003.1.24. 2000다22850.

<답 ⑤>

13. **다음 중 이행불능에 관한 판례의 태도로 옳은 것(○)과 옳지 않은 것(×)을 바르게 표시한 것은?**

㉠ 매도인이 제3자에게 지상권을 설정하고 등기를 마치고 또 저당권을 설정하고 등기를 마친 경우, 매도인의 채무는 이행불능에 빠지지 않는다.
ⓛ 교환계약을 체결한 후 그 목적물을 제3자에게 매각하기로 한 경우, 교환계약상의 채무는 이행불능에 빠지게 된다.

> ㉢ 취득시효가 완성된 부동산을 등기명의자가 제3자에게 매각한 경우, 원칙적으로 시효완성자에게 등기이전의무의 이행불능에 따른 손해배상책임을 부담한다.
> ㉣ 이행불능에 따른 매수인의 손해배상채권의 소멸시효의 기산점은 계약체결시가 아니라 소유권이전채무가 이행불능으로 된 때이다.

① ㉠(○), ㉡(○), ㉢(○), ㉣(○) ② ㉠(○), ㉡(○), ㉢(×), ㉣(×)
③ ㉠(○), ㉡(×), ㉢(○), ㉣(○) ④ ㉠(○), ㉡(○), ㉢(×), ㉣(○)
⑤ ㉠(×), ㉡(○), ㉢(○), ㉣(○) ⑥ ㉠(×), ㉡(○), ㉢(×), ㉣(×)
⑦ ㉠(×), ㉡(×), ㉢(○), ㉣(×) ⑧ ㉠(×), ㉡(×), ㉢(×), ㉣(○)

해설

㉠ 이행불능은 물리적 불능에만 한하지 않고 사회통념에 따라 결정되므로, 이 경우 이행불능을 인정하고 있다(대판 1974.5.28. 73다1133 등). ㉡ 이중매매라는 사실만으로 이행불능이 되지는 않는다(대판 1996.7.26. 96다14616). 따라서 이 경우 교환계약상의 채무자가 그 목적물에 대한 소유권까지 이전해준 때에 비로소 불능이 된다(대판 1968.6.18. 68다683). ㉢ 취득시효 완성 후 명의자가 부동산을 처분한 경우에도 시효완성자가 그 사실을 명의자에게 주장하지 않는 한 등기명의자는 시효완성자에게 불법행위책임을 부담하지 않으며, 등기이전청구권을 갖는다고 하더라도 양자 사이에 어떠한 계약상의 채권·채무관계가 설정된 것도 아니므로 채무불이행책임 역시 부담하지 않는다(대판 1995.7.11. 94다4509). ㉣ 매도인의 의무가 이행불능으로 된 시점에 매수인의 손해배상청구권이 발생하기 때문이다(대판 1990.11.9. 90다카22513). <답 ⑧>

14. 이행불능에 관한 다음 설명 중 옳지 않은 것을 모두 고르면? (다툼이 있는 경우에는 판례에 의함) <사시 2009년: 배점 2>

> ㉠ 이행기 도래 전에 이미 채무의 내용이 불능하게 되고 이행기에도 불능일 것이 확실한 때에는 이행기를 기다리지 않고 바로 이행불능이 된다.
> ㉡ 이행지체 후에 이행불능이 생긴 경우, 채무자는 자기에게 이행불능에 대한 과실이 없었음을 항변하지 못한다.
> ㉢ 대상청구권이 성립하기 위해서는 급부가 후발적으로 불능이 되어야 하며 그 후발적 불능은 채무자의 귀책사유로 인한 것이어야 한다.
> ㉣ 매수인의 귀책사유에 의하여 매도인의 매매목적물에 관한 소유권이전의무가 이행불능이 된 경우, 매수인은 그 이행불능을 이유로 계약을 해제할 수 있다.
> ㉤ 급부의 일부만이 불능으로 된 경우에는 채권자는 가능한 부분의 급부청구와 함께 불능부분의 전보배상을 청구할 수 있다.

① ㉠, ㉢ ② ㉡, ㉣ ③ ㉡, ㉣, ㉤
④ ㉢, ㉣ ⑤ ㉢ ⑥ ㉢, ㉤
⑦ ㉣, ㉤ ⑧ ㉢, ㉣, ㉤

해설

㉠ 옳음. 불능의 판단은 원칙적으로 이행기를 기준으로 하나, 이행기 이전에도 급부의 불능이 확정적이면 이행불능의 문제가 발생할 수 있다. ㉡ 옳음. 채무자는 자기에게 과실이 없는 경우에도 그 이행지체 중에 생긴 손해를 배상하여야 한다. 그러나 채무자가 이행기에 이행하여도 손해를 면할 수 없는 경우에는 그러하지 아니하다(제392조). ㉢ 틀림. 채권자가 대상청구권을 행사할 수 있기 위해서는 다음의 요건이 구비되어야 한다. (i) 채무자의 본래 급부가 후발적으로 불능이 되어야 한다. (ii) 이러한 불능에 대한 채무자의 귀책사유는 요하지 않는다. (iii) 채무자가 본래의 급부에 갈음하는 이득, 즉 대상을 취득하여야 한다. ㉣ 틀림. 이행불능을 이유로 계약을 해제하기 위해서는 그 이행불능이 채무자의 귀책사유에 의한 경우여야만 한다 할 것이므로(제546조), 매도인의 매매목적물에 관한 소유권이전의무가 이행불능이 되었다고 할지라도, 그 이행불능이 매수인의 귀책사유에 의한 경우에는 매수인은 그 이행불능을 이유로 계약을 해제할 수 없다(대판 2002.4.26. 2000다50497 참고). ㉤ 옳음. 급부의 일부가 불능이 된 때에는 채권자는 급부가 가능한 부분에 대한 급부청구와 불능이 된 부분에 대한 전보배상을 청구할 수 있다. 그러나 그 이행이 불가능한 부분을 제외한 나머지 부분만의 이행으로 계약의 목적을 달성할 수 없는 경우에는 채권자는 채무 전부의 이행에 갈음하는 전보배상을 청구할 수 있다. <답 ④>

15. 甲과 乙은 2007. 6. 1. 등기부상 乙의 소유로 되어 있는 X토지에 대해 매매계약을 체결하였고, 같은 해 7.1. 甲이 매매대금 1억 원을 지급하자 乙은 소유권이전등기를 경료해 주었다. 그 후 2010. 7. 1. 丙이 X 토지는 2007. 6. 1. 이전부터 자신의 소유였다고 주장하면서 乙을 상대로 소유권보존등기 말소등기청구의 소를 제기하였고, 이 소송은 2011.7.1. 丙의 승소로 확정되었다. 이에 관한 설명 중 옳지 않은 것은? (다툼이 있는 경우에는 판례에 의함)

<사시 2013년: 배점 3>

① 乙이 매매계약 체결 당시 자신에게 X토지의 소유권이 있다고 믿은 데에 과실이 없었더라도, 乙에게 소유권이 있다고 믿은 甲은 乙에 대하여 손해배상을 청구할 수 있다.

② 乙의 담보책임을 이유로 甲이 乙에 대하여 청구할 수 있는 손해배상액은 매매대금인 1억 원이 아니라, 이행불능 당시 X토지의 시가를 기준으로 산정한다.

③ 甲 명의의 소유권이전등기가 등기부취득시효의 완성으로 인하여 유효하다는 판결이 확정된 경우, 乙은 丙에 대하여 소유권보존등기 말소절차 이행의무의 이행불능으로 인한 손해배상책임을 진다.

④ 乙이 매매계약 체결 당시 자신에게 X토지의 소유권이 없음을 몰랐던 경우, 乙은 그 사실을 몰랐던 甲에게 손해를 배상하고, 스스로 위 매매계약을 해제할 수 있다.

⑤ 乙에게 X토지의 소유권이 있다고 믿은 甲은 X토지를 점유한 때부터 乙에게 소유권이 없었음을 알았거나 알 수 있었을 때까지 X토지를 사용한 이익을 丙에게 반환할 필요가 없다.

✍ **해설** ··

① 옳음. 매도인의 담보책임은 무과실책임이고, 매도인의 선의 여부는 매도인에게 해제권이 있느냐의 문제이다(제570조 및 제571조 참조). 한편, 매수인은 선의인 경우에 한하여 손해배상을 청구할 수 있다(제570조 참조). ② 옳음. 매도인은 선의의 매수인에 대하여 불능 당시의 시가를 표준으로 그 계약이 완전히 이행된 것과 동일한 경제적 이익을 배상할 의무가 있다(대판[전] 1967.5.18. 66다2618). ③ 틀림. 소유자가 자신의 소유권에 기하여 실체관계에 부합하지 아니하는 등기의 명의인을 상대로 그 등기말소나 진정명의회복 등을 청구하는 경우에, 그 권리는 물권적 청구권으로서의 방해배제청구권의 성질을 가진다. 그러므로 소유자가 그 후에 소유권을 상실함으로써 이제 등기말소 등을 청구할 수 없게 되었다면, 이를 위와 같은 청구권의 실현이 객관적으로 불능이 되었다고 파악하여 등기말소 등 의무자에 대하여 그 권리의 이행불능을 이유로 민법 제390조상의 손해배상청구권을 가진다고 말할 수 없다. 위 법규정에서 정하는 채무불이행을 이유로 하는 손해배상청구권은 계약 또는 법률에 기하여 이미 성립하여 있는 채권관계에서 본래의 채권이 동일성을 유지하면서 그 내용이 확장되거나 변경된 것으로서 발생한다. 그러나 위와 같은 등기말소청구권 등의 물권적 청구권은 그 권리자인 소유자가 소유권을 상실하면 이제 그 발생의 기반이 아예 없게 되어 더 이상 그 존재 자체가 인정되지 아니하는 것이다. 이러한 법리는 이 사건 선행소송에서 이 사건 소유권보존등기의 말소등기청구가 확정되었다고 하더라도 그 청구권의 법적 성질이 채권적 청구권으로 바뀌지 아니하므로 마찬가지이다. 그렇게 보면, 비록 선행소송에서 법원이 피고가 원고에 대하여 그 소유권보존등기를 말소할 의무를 부담한다고 판단하고 원고의 등기말소청구를 인용한 것이 변론주의 원칙에 비추어 부득이한 일이라고 하더라도, 원고가 이미 제3자의 등기부취득시효 완성으로 이 사건 토지에 관한 소유권을 상실한 사실에는 변함이 없다면, 원고가 불법행위를 이유로 소유권 상실로 인한 손해배상을 청구할 수 있음은 별론으로 하고 애초 피고의 등기말소의무의 이행불능으로 인한 채무불이행책임을 논할 여지는 없다. 이와 달리 물권적 청구권인 말소등기청구권의 이행불능으로 인하여 전보배상청구권이 인정됨을 전제로 한 대판 2008.8.21. 2007다17161 및 대판 2009.6.11. 2008다53638 등은 이 판결의 견해와 저촉되는 한도에서 변경하기로 한다(대판[전] 2012.5.17. 2010다28604. 반대의견 있음). ④ 옳음. 선의의 매도인이 계약을 해제하는 경우, 매수인이 선의인 때에는 손해를 배상하여야 하나(제571조 1항) 악의인 때에는 손해를 배상할 필요가 없다(제571조 2항). ⑤ 옳음. 민법 제201조 제1항에 의하면 선의의 점유자는 점유물의 과실을 취득한다고 규정하고 있는바, 건물을 사용함으로써 얻는 이득은 그 건물의 과실에 준하는 것이므로, 선의의 점유자는 비록 법률상 원인 없이 타인의 건물을 점유 사용하고 이로 말미암아 그에게 손해를 입혔다고 하더라도 그 점유·사용으로 인한 이득을 반환할 의무는 없다(대판 1996.1.26. 95다44290).

<답 ③>

16. 채권자의 대상(代償)청구권에 관한 설명 중 틀린 것은? (다툼이 있는 경우에는 다수설과 판례에 의함)

① 매매의 목적물이 채무자의 귀책사유 없이 훼손되거나 수용됨으로써 소유권이전의무가 불능이 된 경우, 채권자는 채무자에게 그 이익의 상환이나

수용보상금의 지급을 청구할 수 있다.

② 경매목적물인 토지가 경락허가결정(매각허가결정) 이후 하천구역에 편입됨으로써 소유자의 경락자(매수인)에 대한 소유권이전등기의무가 이행불능이 된 경우, 소유자가 지급받게 되는 손실보상금에 대하여 경락자(매수인)의 대상청구권이 인정된다.

③ 교환계약의 목적물인 양 토지가 모두 '공익사업을 위한 토지 등의 취득 및 보상에 관한 법률'에 따라 협의취득되어 쌍방의 소유권이전등기의무가 이행불능이 된 경우, 각 당사자는 상대방에 대하여 대상청구권을 행사할 수 있다.

④ 채무자가 수령하게 되는 보상금이나 그 청구권에 대하여 채권자가 대상청구권을 가지는 경우, 채권자는 단지 채무자에 대하여 보상금의 반환을 청구하거나 보상청구권을 양도받아 보상금을 지급받을 수 있을 뿐이지만, 어떤 사유로 채권자가 직접 자신의 명의로 대상청구의 대상이 되는 보상금을 지급받았다면 이로써 채무자에 대한 관계에서 바로 부당이득으로 되지는 않는다.

⑤ 점유취득시효가 완성되었으나 소유권이전등기의무가 이행불능이 된 경우, 시효취득자는 그 불능 전에 등기명의자에 대하여 부동산소유권 취득시효가 완성되었음을 이유로 등기청구권을 주장하지 않았던 한 대상청구권을 행사할 수 없다.

해설 ………………………………………

이행불능에 따른 대상청구권이란 급부가 불능이 된 경우에 채무자가 그 배상으로서 수령한 것의 인도 또는 채무자가 취득한 배상청구권의 양도를 청구할 수 있는 채권자의 권리이다. 학설은 채무자의 귀책사유가 있는 경우에도 대상청구권의 행사를 부정하지는 않고 있는데, 특히 채무자의 귀책사유 없이 이행이 불능하게 된 경우에 그 실익이 크다. 따라서 채무자에게 귀책사유가 있는 경우에는 손해배상청구권과 대상청구권 양자 모두 인정되고, 다만 대상청구권의 행사로 얻은 이익이 손해배상청구권에서 공제될 뿐이라고 한다(곽윤직, 109면). ① 채무자가 취득한 이익이 보험금청구권인 경우에는 대상청구권의 행사를 부정하는 견해가 없지 않으나, 다수설은 이를 긍정한다(곽윤직, 109면). ②④ 대판 2002.2.8. 99다23901 참고. 대상청구권의 행사로 채권자는 채무자에게 대상의 양도를 청구할 수 있는 채권적 권리를 가질 뿐이므로 대상물에 관한 권리 자체가 채권자에게 귀속하는 것은 아니다. 따라서 예컨대 취득시효가 완성된 토지가 수용됨으로써 취득시효완성을 원인으로 하는 소유권이전등기의무가 이행불능이 된 경우, 보상금수령권자는 여전히 등기명의자일 뿐 시효취득자는 단지 그 보상금청구권의 양도나 보상금의 상환을 청구할 수 있을 뿐이다(대판 1996.10.29. 95다56910 참고). 그렇지만 채권자가 어떤 사유로 직접 자신의 명의로 대상청구의 대상이 되는 보상금을 지급받은 경우에는 이로써 채무자에 대한 관계에서 바로 부당이득으로 되지는 않는다(위 99다23901 판결). ③ 쌍무계약의 … 당사자 일방이 대상청구권을 행사하려면 상대방에 대하여 반대급부를 이행할 의무가 있는바, 당사자 일방의 반대급부도 그 전부가 이행불능이 되거나 그 일부가 이행불능이 되고 나머지 전부의 이행만으로는 상대방의 계약목적을 달성할 수 없는 등 상대방에게 아무런 이익이 되지 않는다고 인정되는 때에는, 상대방이 당사자 일방의 대상청구를 거부하는 것이 신의칙에 반한다고 볼 만한 특별한 사정이 없는 한, 당사자 일방은 상대방에 대하여 대상청구권을 행사할 수 없다(대판 1996.6.25. 95다6601). ⑤ 소유권이전등기의무의 불능으로 갖는 대상청구권을 행사하기 위해서는 그 이행불능 전에 등기명의자에 대하여 점유로 인한 부동산소유권 취득기간이 만료되었음을 이유로 그 권리를 주장하였거나 그 취득기간 만료를 원인으로 한 등기청구권을 행사하였어야 하고, 그 이행불능 전에 그와 같은 권리의 주장이나 행사에 이르지 않았다면 대상청구권을 행사할 수 없다(대판 1996.12.10. 94다43825).

<답 ③>

17. 甲은 자신의 A토지를 2009.3.3. 乙에게 1억 원에 매도하기로 하고, 乙로부터 계약금과 중도금으로 8천만 원을 지급받았으며, 잔금은 2009.5.3. 소유권이전등기에 필요한 서류를 교부함과 동시에 지급받기로 약정하였다. 그런데 2009.4.3. 甲의 귀책사유 없이 지방자치단체에 의해 A토지가 수용되었다. 이에 관한 설명 중 옳지 않은 것은? (다툼이 있는 경우에는 판례에 의함)

<사시 2010년: 배점 2>

① 乙이 보상금에 대하여 대상청구권을 행사하는 경우 甲에 대하여 잔금을 지급할 의무가 있다.

② 乙이 어떤 사유로 직접 자신의 명의로 대상청구의 목적이 되는 보상금을 지급받았다면, 甲은 乙이 수령한 보상금에 대하여 부당이득반환청구를 할 수 없다.

③ 乙은 보상금에 대한 대상청구권을 행사하지 않고 甲에 대하여 계약금과 중도금의 반환을 청구할 수 있다.

④ 乙은 대상청구권의 행사로 甲이 지급받는 보상금의 반환을 청구할 수 있으므로, 보상금이 공탁된 경우 乙은 甲을 상대로 공탁된 보상금의 수령권자가 자신이라는 확인을 구할 수 있다.

⑤ A토지 수용 사유의 특수성과 법규의 미비 등으로 상당한 기간이 지난 뒤에 甲이 보상금을 청구할 수 있는 절차가 마련된 경우라면, 乙의 대상청구권의 소멸시효는 위 절차가 마련된 시점부터 진행한다.

해설

① 쌍무계약의 당사자 일방이 상대방의 급부가 이행불능이 된 사정의 결과로 상대방이 취득한 대상에 대하여 급부청구권을 행사할 수 있다고 하더라도, 그 당사자 일방이 대상청구권을 행사하려면 상대방에 대하여 반대급부를 이행할 의무가 있다(대판 1996.9.25. 95다6601). ② 어떤 사유로 채권자가 직접 자신의 명의로 대상청구의 대상이 되는 보상금을 지급받았다고 하더라도 이로써 채무자에 대한 관계에서 바로 부당이득이 되는 것은 아니다(대판 2002.2.8. 99다23901). ③ 매수인은 매도인에게 대상을 청구할 수도 있고 위험부담(제537조)을 주장할 수도 있다. 즉 선택적으로 주장할 수 있다. 매수인이 위험부담을 주장하는 경우에는 민법 제537조가 적용되므로 甲에게 지급하였던 계약금과 중도금의 반환을 청구할 수 있다. 민법 제537조는 채무자위험부담주의를 채택하고 있는바, 쌍무계약에서 당사자 쌍방의 귀책사유 없이 채무가 이행불능된 경우 채무자는 급부의무를 면함과

더불어 반대급부도 청구하지 못하므로, 쌍방 급부가 없었던 경우에는 계약관계는 소멸하고 이미 이행한 급부는 법률상 원인 없는 급부가 되어 부당이득의 법리에 따라 반환청구할 수 있다(대판 2009.5.28. 2008다98655,98662). ④ 수용 당시의 소유명의자를 상대로 수용보상금청구권이 자기에게 속한다는 채권의 귀속에 관한 확인을 구하는 경우, 그 주장사실이 인정되더라도 수용보상금청구권 자체가 등기청구권자라고 주장하는 자에게 귀속되는 것은 아니므로 그 확인청구는 주장 자체로 이유 없음이 명백하다(대판 1996.10.29. 95다56910). ⑤ 대상청구권자로서는 그 보상금청구의 방법이 마련되기 전에는 대상청구권을 행사하는 것이 불가능하였던 경우에는 보상금을 청구할 수 있는 방법이 마련된 시점부터 대상청구권에 대한 소멸시효가 진행하는 것으로 봄이 상당하다(대판 2002.2.8. 99다23901). <답 ④>

18. 다음의 〈사례 Ⅰ〉과 〈사례 Ⅱ〉에 관한 설명으로서 옳지 않은 것은? (다툼이 있는 경우에는 판례에 의함) <사시 2009년: 배점 3>

> 〈사례 Ⅰ〉: 출판사를 경영하는 甲은 자금난에 직면하여 사무실에 있는 난방기를 양도담보로 제공하고 乙로부터 금전을 빌린 후에도 계속 그 난방기를 사용하기로 합의하였고, 아울러 자력이 있는 친구인 丙을 보증인으로 세우기로 약정하였다.
>
> 〈사례 Ⅱ〉: 甲은 사업자금에 충당하기 위해 애지중지하던 김홍도의 그림을 乙에게 2억 원에 팔기로 하고 계약금 2,000만 원을 받고, 1개월 후 잔금과 상환으로 그 그림을 인도하기로 하였다. 그런데 계약체결 후 1주일이 경과한 날 평소 그 그림을 탐내어 1억 원에 매수제의를 하였다가 거절당한 바 있던 丙이 甲·乙의 매매사실을 알고 甲에 대한 분풀이와 그림이 乙에게 인도되는 것을 방해할 목적으로 방화하였고, 그에 따라 甲의 집이 전소되면서 그 그림도 불에 타버리고 말았다.

① 〈사례 Ⅰ〉에서 甲이 난방기를 丁에게 양도하여 丁이 선의취득하더라도, 甲은 乙의 차용금반환청구가 있는 때로부터 이행지체의 책임을 지게 된다.

② 〈사례 Ⅰ〉에서 丙의 반대로 甲이 丙을 보증인으로 할 수 없게 되었다고 하여, 乙에 대한 甲의 차용금반환채무의 이행기가 도래한 것으로 의제되는 것은 아니다.

③ 〈사례 Ⅱ〉에서 甲은 乙에 대한 그림인도채무를 면하나, 이미 받은 계약금을 乙에게 반환하여야 한다.

④ 〈사례 Ⅱ〉에서 甲은 丙에게 불법행위로 인한 손해배상책임을 물을 수 있으나, 乙은 丙에게 불법행위로 인한 손해배상책임을 물을 수 없다.

⑤ 〈사례 Ⅱ〉에서 乙은 甲에게 甲이 丙에게 청구할 수 있는 그림에 대한 손해배상청구권을 자신에게 양도하라고 청구할 수 있으나, 이 경우 乙은 甲에게 잔금 1억 8,000만 원을 지급하여야 한다.

✍ 해설 ··

① 옳음. 甲이 난방기를 丁에게 양도하여 丁이 선의취득을 하게 되면, 이는 담보의 멸실에 해당하므로 甲은 기한의 이익을 상실하게 되고(제388조 1호 참조), 甲은 乙의 차용금 반환청구가 있는 때로부터 이행지체의 책임을 지게 된다. ② 옳음. 채무자가 담보제공의무(인적담보도 포함된다고 봄이 통설이다)를 이행하지 않으면 기한의 이익이 상실되나(제388조 2호 참조), 채권자가 즉시 청구를 하지 않는 한 이행기가 도래되는 것으로 의제되지는 않는다. ③ 옳음. 쌍무계약에 있어 양 당사자 모두에게 귀책사유 없이 급부가 불능이 된 경우에 급부위험(채무자의 급부를 받을 수 없게 된 불이익)은 채권자가 부담하며, 대가위험(채무자의 급부에 대한 반대급부를 받을 수 없게 된 불이익)은 채무자가 부담한다(제537조). 따라서 丙의 방화로 그림이 불탄 것이라면, 후발적 불능으로 甲에게 귀책사유가 없으므로 甲은 乙에 대한 그림인도채무를 면하나, 이미 받은 계약금은 乙에게 반환하여야 한다. ④ 틀림. 丙이 고의이므로 제3자의 채권침해도 성립하게 된다. 따라서 甲은 丙에게 소유권 침해에 대한 손해배상책임을 물을 수 있고, 乙도 丙에게 채권 침해에 대한 손해배상책임을 물을 수 있다(제750조; 대판 2001.5.8. 99다38699 참고). ⑤ 옳음. 채권자가 대상청구권을 행사하기 위해서는 자신의 반대급부를 이행해야 하므로, 乙은 잔금 1억 8,000만 원을 甲에게 지급해야 한다. <답 ④>

4. 불완전이행

19. A는 농업용난로를 제작 · 판매하는 회사로서 이에 소요되는 부품을 B로부터 납품받았다. 납품계약 당시 A는 B에 대하여 그 부품의 사용용도나 환경 등을 설명하고 사용환경에 적합한 부품의 공급을 요구하였다. B로부터 납품받은 부품을 이용하여 농업용난로를 제작한 A는 이를 농민 C 등에게 판매하였으나, 얼마 후 C 등이 사용 도중 난로가 제대로 작동하지 않아 손해를 입었음을 정당하게 주장하여 A는 그 손해를 배상하였다. 이후 확인해 본 결과 B로부터 공급받은 부품이 통상적인 용도는 갖추고 있으나 사용환경에 적합하지 않아 난로가 제대로 기능할 수 없었음이 밝혀졌다. 다음 중 판례에 따를 때 옳은 설명은?

① B가 공급한 부품이 통상의 용도를 갖추고 있기 때문에 A는 B에게 어떠한 책임도 물을 수 없다.

② B가 A에게 납품해야 할 부품이 특정물이므로 B의 불완전이행은 문제되지 않고 단지 하자담보책임만이 문제될 뿐이다.

③ A는 B에 대하여 납품받은 부품의 하자에 대한 담보책임만을 물을 수 있으므로 신뢰이익의 배상만을 청구할 수 있다.

④ A는 B의 납품이 불완전한 이행임을 입증하고 B가 납품된 부품의 하자에 대한 귀책사유 없음을 입증하지 못하는 한 채무불이행에 기한 손해배상을 청구할 수 있다.

⑤ A와 B 사이의 납품계약시 부품의 사용환경 적합성에 대해서는 명시적으로 약정한 바가 없으므로 A는 하자담보책임 이외에 C에 대한 손해배상으로 발생한 손해를 B에게 배상청구할 수 없다.

해설

위 사례에서는 B가 농업용난로에 소요되는 부품을 납품하기는 했으나 그 부품이 사용환경에 적합하지 않음으로써 A에게 발생한 손해에 대한 배상의 인정 여부가 문제된다. 채무불이행책임으로서 불완전이행과 하자담보책임 사이의 관계에 대해서는 학설상 견해가 대립하고 있다. 그런데 최근 판례에 따르면 이와 같은 사안에서 A가 B에 대하여 부품의 사용용도나 환경을 설명하면서 그 환경에 충분히 견딜 수 있는 제품의 공급을 요구하고 이에 대한 B의 명시적 · 묵시적 승낙이 있었음에도 이러한 의무를 다하지 못하고 그 의무위반에 대하여 B의 귀책사유가 인정되는 경우에는 B의 손해배상책임을 인정하고 있다(대판 2003.7.22. 2002다35676). 따라서 ①③⑤ 통상의 용도를 갖추고 있더라도 당사자의 약정에 의한 계약적합성을 갖추지 못하는 한 하자담보책임이 인정될 수 있다(주관적 하자설). 또한 위 사례와 같이 B의 묵시적 동의가 있다고 보여지는 한 당해 계약에 적합한 성질을 갖추지 못한 경우, 담보책임과 더불어 채무불이행책임이 문제된다. ② 특정물인 경우에도 다수설에 따르면 하자로 인하여 확대된 손해에 대해서는 채무불이행책임이 인정된다(물론 그 구성방식에 있어서는 견해를 달리한다). ④ A는 B의 불완전이행책임을 이유로 일반채무불이행법상의 입증분배에 따라 B에게 손해배상을 청구할 수 있다. <답 ④>

20. 상가신축공사의 일부를 하도급받은 B는 구체적인 지휘 · 감독권을 유보한 채 그 시공만을 시공기술자 A에게 재하도급하였다. 그런데 A는 신축공사 중 누전으로 인하여 중상을 입게 되었다. 이에 A는 B에 대하여 안전배려의무 위반을 이유로 손해배상을 청구하고자 한다. A가 불법행위책임을 묻는 경우와 비교하여 틀린 설명은?

① A는 B의 불법행위에 기한 손해배상청구권이 시효로 소멸한 경우에도 안전배려의무 위반을 이유로 손해배상을 청구할 수 있다.

② A가 안전배려의무 위반에 기한 손해배상청구권을 행사함으로써 B는 스스로 의무위반에 대한 귀책사유가 없음을 입증해야만 한다.

③ A가 안전배려의무 위반에 기한 책임을 묻는 경우에도 손해배상청구권의 소멸시효는 채무불이행시부터 진행한다.

④ A의 처 C는 B의 안전배려의무 위반에 기하여 자신 고유의 위자료를 청구할 수 있다.

⑤ 사고에 대하여 A에게도 과실이 있는 경우에는 A가 안전배려의무 위반을 이유로 청구하든지 불법행위를 이유로 청구하든지 법원은 이를 손해배상액의 산정에 참작하여야만 한다.

해설

안전 · 배려의무란 채권자가 채무자의 생명 · 신체의 안전을 적극적으로 배려해야 할 의무로서, 근로자의 생명 · 신체 또는 학생의 안전을 보호할 사용자나 학교의 의무를 들 수 있다. 학계에서는 계약관계상의 안전배려의무를 승인하고 있으며(김형배, 232면), 판례도 위와 유사한 사안에서 '실질적으로 사용자와 피용자의 관계에 있는 도급인은 수급인이 노무를 제공하는 과정에서 생명 · 신체 · 건강을 해치는 일이 없도록 고용계약의 특수성을 고려하여 신의칙상 부수적 의무로서 보호의무를 부담하며… 노무도급인이 고의 또는 과실로 이러한 보호의무를 위반함으로써 노무수급인의 생명 · 신체를 침해하여 손해를 입힌 경우 노무도급인은 노무도급계약상의 채무불이행책임과 경합하여 불법행위로 인한 손해배상책임을 부담한다'고 판시하고 있다(대판 1997.4.25. 96다53086). 안전배려의무 위반에 기한 손해배상청구권의 주장 역시 채무불이행의 일반법리와 구별할 필요가 없으므로, ① 소멸시효의 기간 역시 본래의 청구권과 동일한 기간의 적용을 받고(위 사례의 경우 안전배려의무 위반의 손해배상청구권은 10년의 시효기간의 적용을 받고(제162조 1항), 불법행위에 기한 손해배상청구권이 단기소멸시효의 적용을 받아 소멸한 경우에도 행사할 수 있다). ② 채무자가 귀책사유의 부존재를 입증해야 한다. ③ 채무불이행시부터 기산한다(대판 1990.11.9. 90다카22513). 안전배려의무 위반에 따른 손해배상청구권 역시 이러한 일반법리에 따라 안전배려의무 위반에 따른 사고발생시부터 진행한다. ④ 근친자의 위자료청구권은 불법행위에서는 제751조(사망의 경우에는 제752조)에 의해 인정되나, 계약의 당사자가 아니라는 점에서 채무불이행에서는 인정되지 않는다(대판 2000.11.24. 2000다38718,38725 참고). ⑤ 계약책임에서는 제396조가 이를 명문으로 규정하고 있으며, 불법행위법에서도 이를 준용하고 있다(제763조). <답 ④>

제 5 절 손해배상

1. 채무불이행에 의한 손해배상

1. 손해배상에 관한 다음 설명 중 가장 옳은 것은?

① 우리 민법은 손해배상의 방법으로 원상회복주의를 채택하고 있다.
② 손해배상의 청구를 위해서는 항상 채무자에게 귀책사유가 있어야 한다.
③ 예외 없이 현실적 손해가 발생한 경우에만 손해배상을 청구할 수 있다.
④ 언제나 채권자만이 채무자에 대한 손해배상청구권을 가진다.
⑤ 본래의 채권이 시효로 소멸한 때에는 손해배상청구권도 소멸한다.

해설 ··

① 우리 민법은 금전배상주의를 취하고 있다(제394조). ② 하자담보책임이나 금전채무의 불이행에 있어서는 채무자의 귀책사유를 전제하지 않는다. ③ 채무불이행에 의한 손해배상의 경우 채권자에게 현실적인 손해가 발생할 것을 그 요건으로 하나, 금전채무의 불이행이 있을 경우에는 실손해의 발생과 관계없이 손해배상을 인정한다(제397조 2항 전단). ④ 채무불이행에 따른 손해의 경우 원칙적으로 채권자만이 손해배상을 청구할 수 있으나, 제3자를 위한 계약의 경우에 있어서는 제3자도 손해배상을 청구할 수 있다. ⑤ 채무불이행에 의한 손해배상청구권은 본래의 채권과 동일성을 유지하므로, 본래의 채권이 시효로 소멸한 때에는 손해배상청구권도 소멸하는 것은 당연하다. <답 ⑤>

2. 손해배상의 범위

2. 손해배상에 관한 설명 중 옳은 것은? (다툼이 있는 경우에는 판례에 의함)
<사시 2012년 변형: 배점 2점>

① 손해배상액을 예정한 경우, 다른 특약이 없는 한 그 취지는 채무불이행

으로 인한 통상손해를 대상으로 한 것으로 해석되므로, 채무불이행으로 인한 특별손해는 예정액에 포함되지 않아 채권자가 따로 청구할 수 있다.

② 민법 제393조 제2항의 특별사정으로 인한 손해배상에 있어서 채무자가 그 사정을 알았거나 알 수 있었는지의 여부는 채무의 이행기까지를 기준으로 판단해야 한다.

③ 부동산 매도인이 매수인으로부터 매매대금을 약정된 기일에 지급받지 못한 결과 제3자로부터 부동산을 매수하고 그 잔대금을 지급하지 못하여 그 계약금을 몰수당하는 손해를 입었다면, 특별한 사정이 없는 한, 이로 인한 손해는 통상손해로서 배상의 대상이 된다.

④ 손해배상 예정액이 부당하게 과다하더라도 법원은 당사자의 주장이 없는 한 이를 감액할 수 없다.

⑤ 토지에 대한 부당한 가압류의 집행으로 그 지상에 건물을 신축하는 내용의 공사도급계약이 해제되었다면, 특별한 사정이 없는 한, 이로 인한 손해는 통상손해로서 배상의 대상이 된다.

⑥ 건물을 신축할 목적으로 토지를 매수한 자가 설계비 또는 공사계약금을 지출하였다가 토지매매계약이 해제됨으로 말미암아 이를 회수하지 못하는 손해는 통상손해이다.

해설

① 틀림. 특별손해도 예정액에 포함된 것으로 본다(대판 1993.4.23. 92다41719 등 참고). ② 옳음. 대판 1985.9.10. 84다카1532. ③ 틀림. 특별손해(대판 1991.10.11. 91다25369). ④ 틀림. 제398조 2항. 한편 증액에 대하여는 사적자치의 원칙상 증액은 불가능하다고 봄이 다수설이나, 실손해의 전보라는 손해배상의 취지와 채무자가 반드시 경제적 약자라고 할 수는 없다는 점을 고려할 때 법원에 의한 증액도 가능하다고 하는 견해도 있다(대판 2009.2.26. 2007다19051 등 참고). ⑤ 틀림. 특별손해(대판 2008.6.26. 2006다84874). ⑥ 틀림. 특별손해(대판 1996.2.13. 95다47619 참고). <답 ②>

3. 손해배상에 관한 설명 중 옳지 않은 것은? (다툼이 있는 경우에는 판례에 의함) <사시 2010년: 배점 2>

① 채무불이행을 이유로 계약해제와 아울러 손해배상을 청구하는 경우, 이행이익의 배상에 갈음하여 신뢰이익의 배상을 청구할 수도 있으며, 그 신뢰이익 중 계약의 체결과 이행을 위하여 통상적으로 지출되는 비용은 상대방이 알았거나 알 수 있었는지의 여부와 관계없이 그 배상을 청구할 수 있다.

② 채무자가 이행거절의 의사를 명백히 표시하여 최고 없이 계약을 해제하고 손해배상을 청구하는 경우, 그 손해액 산정은 이행거절 당시의 급부

목적물의 시가를 표준으로 해야 한다.

③ 법원이 부당히 과다한 손해배상의 예정액을 감액한 경우, 손해배상의 예정에 관한 약정 중 감액부분에 해당하는 부분은 처음부터 무효이다.

④ 계약 당시 당사자 사이에 손해배상액을 예정하는 내용의 약정이 있는 경우, 이를 그 계약과 관련된 불법행위로 인한 손해배상액까지 예정한 것이라고는 볼 수 없다.

⑤ 불법행위로 인해 건물이 훼손되어 수리가 불가능한 경우 원칙적으로 건물의 시가 외에 건물의 철거비용도 손해배상의 범위에 포함된다.

해설

① 그 신뢰이익 중 계약의 체결과 이행을 위하여 통상적으로 지출되는 비용은 통상의 손해로서 상대방이 알았거나 알 수 있었는지의 여부와는 관계없이 그 배상을 구할 수 있고, 이를 초과하여 지출되는 비용은 특별한 사정으로 인한 손해로서 상대방이 이를 알았거나 알 수 있었던 경우에 한하여 그 배상을 구할 수 있다고 할 것이고, 다만 그 신뢰이익은 과잉배상금지의 원칙에 비추어 이행이익의 범위를 초과할 수 없다(대판 2002.6.11. 2002다2539). ② 대판 2007.9.20. 2005다63337 등 참고. ③ 대판 1991.7.9. 91다11490 참고. ④ 대판 1999.1.5. 98다48033 참고. ⑤ 손해배상의 범위에 포함되지 않는다. 즉, 자동차가 타인의 불법행위로 인하여 폐차할 정도로 손괴된 경우 그 손해배상액은 감소된 교환가격(대판 1971.2.9. 70다2745 등) 자체이기 때문이다. (따라서) 불법행위로 물건이 멸실되어 그 교환가격을 배상할 경우 그 가격에는 당해 물건을 통상적인 방법으로 사용·수익함으로써 얻을 수 있는 이익이 포함되어 있고, 이는 자동차가 수리불능일 정도로 손괴되어 그 교환가격의 감소액을 배상할 경우에도 동일하다. 따라서 자동차를 통상적으로 사용·수익함으로써 얻을 수 있는 이익이란 그 임료상당액이어서 그 교환가격의 감소액 이외에 대용차임료를 따로 청구할 수는 없다(대판 1991.7.12. 91다5150). <답 ⑤>

4. 다음 설명 중 옳은 것을 고르면? (다툼이 있는 경우에는 판례에 의함)

<변호사모의 2011년, 2012년 유사>

① 공사도급계약의 도급인이 될 자 甲이 수급인 선정을 위한 입찰절차에서 낙찰자로 乙을 결정하였으나 정당한 이유 없이 본계약 체결을 거절하는 경우, 甲이 乙에게 배상할 통상손해는 이행이익 상실의 손해이므로 낙찰금액 전부가 배상되어야 한다.

② 채무자의 책임 있는 사유로 금전소비대차상의 채무의 이행이 지체된 경우 채권자는 그 손해를 증명하여 손해배상을 청구할 수 있다.

③ 소유권이전등기의무가 이행불능으로 된 경우 이행불능 당시 보다 목적물의 가액이 상승하였다면, 매수인은 특별한 사정이 없는 한 상승한 가격에 따라 손해배상을 청구할 수 있다.

④ 토지매도인의 소유권이전등기의무가 이행불능으로 된 경우 만약 매도인이 매매 당시 매수인이 이 토지를 매수하여 건물을 신축할 것이라는 사정을 알고 있었고, 매도인의 채무불이행으로 매수인이 신축한 건물이 철

거될 운명에 이르렀다면 그 손해는 특별한 사정에 의한 것으로 매도인은 이 손해를 배상하여야 한다.

⑤ 매수인의 잔금지급 지체 도중 매매대상 토지의 개별공시지가가 급등하여 매도인의 양도소득세 부담이 늘었다면, 그 손해는 미지급 잔금에 대한 법정이율에 따른 이자 상당의 금액처럼 매매계약에서의 잔금지급의 이행지체의 경우 통상 발생하는 통상손해라 볼 것이고, 특별한 사정에 의하여 발생한 손해로 볼 것은 아니다.

⑥ 금융기관 임직원 甲이 동일인 신용대출한도를 초과하여 대출할 경우 담보를 취득하도록 정하고 있는 여신업무에 관한 규정을 위반하여 아무런 담보를 취득하지 않은 채 신용대출한도를 초과하여 대출한 사안에서, 甲의 채무불이행으로 인하여 금융기관이 입은 통상손해는 임직원이 규정을 준수하여 적정한 담보를 취득하고 대출하였더라면 회수할 수 있었을 미회수 대출원리금에 그치고 약정이율에 의한 대출금 이자와 약정연체이율에 의한 지연이자는 특별손해에 해당한다.

✍ 해설 ....

① 틀림. 만일 입찰을 실시한 자가 정당한 이유 없이 낙찰자에 대하여 본계약의 체결을 거절하는 경우라면 낙찰자가 본계약의 체결 및 이행을 통하여 얻을 수 있었던 이익, 즉 이행이익 상실의 손해는 통상의 손해에 해당한다고 볼 것이므로 입찰을 실시한 자는 낙찰자에 대하여 이를 배상할 책임이 있다. 그리고 낙찰자가 본계약의 체결 및 이행을 통하여 얻을 수 있었던 이익은 일단 본계약에 따라 타방 당사자에게서 지급받을 수 있었던 급부인 낙찰금액이라고 할 것이나, 본계약의 체결과 이행에 이르지 않음으로써 낙찰자가 지출을 면하게 된 직·간접적 비용은 그가 배상받을 손해액에서 당연히 공제되어야 하고, 나아가 손해의 공평·타당한 분담을 지도원리로 하는 손해배상제도의 취지상, 법원은 본계약 체결의 거절로 인하여 낙찰자가 이행과정에서 기울여야 할 노력이나 이에 수반하여 불가피하게 인수하여야 할 사업상 위험을 면하게 된 점 등 여러 사정을 두루 고려하여 객관적으로 수긍할 수 있는 손해액을 산정하여야 한다(대판 2011.11.10. 2011다41659). ② 틀림. 금전채무의 채무자는 이행지체에 대하여 과실 없음을 입증하더라도 책임을 면할 수 없으며, 채권자는 손해발생에 대한 증명 없이도 손해배상을 청구할 수 있다(제397조 2항). ③ 틀림. 채무자의 부동산에 관한 소유권이전등기의무가 이행불능으로 된 경우 그 손해배상액은 원칙적으로 이행불능 당시의 목적물의 시가에 의하여야 하고, 그 후 목적물의 시가가 등귀하였다고 하더라도 그로 인한 손해는 특별한 사정에 인한 것이어서 채무자가 이행불능 당시 그와 같은 특별한 사정을 알았거나 알 수 있었을 경우에 한하여 그 등귀한 가격에 의한 손해배상을 청구할 수 있다고 할 것이다(대판 2005.9.15. 2005다29474). 즉 배상액의 산정시기는 '이행불능 당시'이다. ④ 옳음. 대판 1992.8.14. 92다2028. ⑤ 틀림. 매수인의 잔금지급 지체로 인하여 계약을 해제하지 아니한 매도인이 지체된 기간 동안 입은 손해 중 그 미지급 잔금에 대한 법정이율에 따른 이자 상당의 금액은 통상손해라고 할 것이지만, 그 사이에 매매대상 토지의 개별공시지가가 급등하여 매도인의 양도소득세 부담이 늘었다고 하더라도 그 손해는 사회일반의 관념상 매매계약에서의 잔금지급의 이행지체의 경우 통상 발생하는 것으로 생각되는 범위의 통상손해라고 할 수는 없고, 이는 특별한 사정에 의하여 발생한 손해에 해당한다(대판 2006.4.13. 2005다

75897). ⑥ 틀림. 모두 통상손해에 해당한다(대판 2012.4.12. 2010다75945). <답 ④>

5. 토지매수인 강씨의 귀책사유를 이유로 매도인 최씨가 매매계약을 해제한 후, 목적물이었던 토지를 제3자에게 낮은 가격에 다시 매도하면서 강씨에게 손해배상을 청구하였다. 다음은 이에 관한 어느 판결의 이유부분을 발췌한 것이다. 손해배상의 범위에 대한 판례의 태도에 비추어 명백하게 잘못 소개한 부분을 고르시오.

> 토지매매계약이 ① 강씨의 귀책사유로 해제되는 경우에 최씨가 입는 통상의 손해액은 그 계약이 해제되지 아니하고 이행된 경우에 매도인이 얻게 되는 경제적 이익과 계약이 해제된 경우에 ② 매도인에게 남아 있는 경제적 이익의 차액이다. 위 사례에서와 같이 매매계약이 해제된 후에 최씨가 제3자에게 그 매매목적물을 다시 매도한 경우라면 ③ 제3자에의 매도가격이 시가에 비추어 현저히 저렴하게 책정된 것이라는 등의 특별한 사정이 없는 한 매도인이 당초의 매매계약에 의하여 ④ 지출한 매매비용과 제3자와 사이의 매매계약에 의하여 지출한 매매비용과의 차액에, 당초의 매매대금의 취득예정 시기로부터 후의 매매대금의 취득시기까지의 기간 동안의 ⑤ 당초의 매매대금에 대한 법정이율에 의한 이자 상당액을 합한 금액이다.

해설

채무불이행을 원인으로 손해배상을 청구할 때 그 범위를 획정하기 위해서는 '배상가능한 손해'를 정한 후 이 가운데에서 민법 제393조에 의해 포섭되는 손해를 그 배상범위로 정하면 된다. 한편 배상가능한 손해의 개념을 인식하는 데 통설 및 판례는 전통적으로 '차액설'을 원용하고 있으며, 그 범위에 관해서는 '상당인과관계설'에 의존하여 민법 제393조를 해석하고 있다. 그런데 위 판결이유(대판 2001.11.30. 2001다16432)에서는 '차액설'을 원용하면서도 동시에 이를 근거로 제393조 1항의 통상손해를 획정하고 있다. '손해개념에 대한 인식의 문제'와 '배상범위의 논거에 대한 문제'를 동시에 해결하고 있는 셈이다. 결국 위 판결은 차액설을 민법 제393조 1항을 해석하는 데 원용하고 있다고 평가할 수 있다. 그럼에도 불구하고 손해배상범위를 획정하는 데 원용되는 위 차액설 역시 그 배상의 범위를 '이행이익'에 맞추고 있음을 확인할 수 있다. 매도인에 의해 해제되어 결국 해소하게 된 최초의 매매관계가 마치 계약목적을 달성한 것과 같은 이익의 상태를 기준으로 손해를 파악하고 있기 때문이다. 따라서 신뢰이익을 기준으로 배상범위를 획정하려는 ④의 서술은 명백하게 틀린 부분이다. 따라서 '매도인이 당초의 매매계약에 의하여 취득할 것으로 예상되었던 매매대금과 제3자와 사이의 매매계약에 의하여 취득하게 되는 매매대금과의 차액'으로 고쳐야 위 판결의 법리에 합당하게 된다. <답 ④>

6. A로부터 그의 토지를 구입하는 매매계약을 체결한 B는 그곳에 건물을 짓기 위하여 아직 토지의 소유권이전등기를 경료하지 않은 상태에서 C와 설계계약을 체결하고 설계대금으로 600만 원을 지급하여 설계도면을 받았다. 며칠 후 B는 A의 채무불이행을 이유로 위 토지매매를 해제하였다. 아울러 B는 해

제 후 손해배상을 청구하려고 한다. 다음 설명 중 틀린 것은? (다툼이 있는 경우에는 판례에 의함)

① 매매계약의 해제는 손해배상의 청구에 영향을 주지 않으므로 B는 해제 후에도 채무불이행을 이유로 손해배상을 청구할 수 있다.

② 위 ①의 경우 B는 이행이익의 배상을 구하는 것이 원칙이지만, 그에 갈음하여 그 계약이 이행되리라고 믿고 지출한 비용의 배상을 구할 수도 있다.

③ B가 해제 후 신뢰이익의 배상을 청구하는 경우, 계약의 체결과 이행을 위하여 통상적으로 지출하는 비용은 A가 알았거나 알 수 있었는지의 여부와 관계없이 배상을 청구할 수 있다.

④ 해제 후 B가 청구한 특별사정으로 인한 손해의 배상에 있어서 채무자가 그 사정을 알았거나 알 수 있었는지의 여부를 가리는 시기는 채무의 이행기까지를 기준으로 판단할 것이 아니라 계약체결 당시를 기준으로 하여야 한다.

⑤ 해제 후 B가 청구한 특별사정으로 인한 손해의 배상에 있어서 채무자가 그 사정을 알았거나 알 수 있었는지의 여부에 대해서는 B가 입증하여야 한다.

해설

① 제551조. ②③ 최근 대법원의 계속되는 판결 태도로서, 대판 2003.10.23. 2001다75295에서는 '채무불이행을 이유로 계약해제와 아울러 손해배상을 청구하는 경우에 그 계약이행으로 인하여 채권자가 얻을 이익, 즉 이행이익의 배상을 구하는 것이 원칙이지만, 그에 갈음하여 이행되리라고 믿고 채권자가 지출한 비용, 즉 신뢰이익의 배상을 구할 수도 있다고 할 것이고, 그 신뢰이익 중 계약의 체결과 이행을 위하여 통상적으로 지출되는 비용은 통상손해로서 상대방이 알았거나 알 수 있었는지의 여부와 관계없이 그 배상을 구할 수 있고, 이를 초과하여 지출되는 비용은 특별한 사정으로 인한 손해로서 상대방이 이를 알았거나 알 수 있었던 경우에 한하여 그 배상을 구할 수 있다' 고 한다. ④ 유력설의 견해이다. 통설 및 판례에 의하면 계약체결 당시를 기준으로 할 것이 아니라 채무의 이행기까지를 기준으로 판단하여야 한다고 한다(대판 1985.9.10. 84다카1532 참고). ⑤ 통설.

<답 ④>

3. 손해배상액의 산정

7. 다음 중 손해배상액의 산정에 관한 판례의 견해로 틀린 것은?

① 타인의 권리매매에 있어서 매도인이 그 목적물을 취득하여 매수인에게 이전할 수 없게 된 경우, 손해배상액은 채무불이행시의 목적물 시가에 따라 산정한다.

② 부동산을 시세보다 고가로 매수하였으나 매도인이 이를 타인에게 매도하

고 이전등기를 경료해줌으로써 이행불능이 된 경우, 손해배상액은 약정 대금에 따라 산정한다.

③ 이행지체 중에 있는 본래의 급부에 대신하는 전보배상액은 사실심변론종결 당시의 시가에 따라 산정하여야 한다.

④ 인도할 목적물이 멸실된 경우 발생하는 손해는 멸실 당시의 목적물의 교환가치에 따르며, 별도의 사용수익의 이익을 청구할 수는 없다.

⑤ 계약의 일부 이행불능으로 그 계약목적을 달성할 수 없게 되어 계약 전부를 해제한 경우, 그 전보배상액은 이행불능이 확정된 때의 전체시가를 기준으로 산정한다.

⑥ 보험자는 피보험자의 체질 또는 소인 등이 보험사고로 인한 후유장해에 기여하였다는 사유를 들어 보험금의 지급을 감액할 수 없다.

⑦ 甲회사는 乙 등 8개 회사가 담합한 가격으로 밀가루를 구입한 후, 담합 사실이 알려지자 乙회사 등을 상대로 손해배상을 청구하였다. 한편, 甲회사는 밀가루의 인상된 가격을 甲회사에서 생산하여 판매하는 제품의 가격에 반영하여 판매하였다. 이 경우, 최종 소비자에게 전가된 부분은 손해배상액의 산정시 공제되어야 한다.

해설

①② 이행불능 당시의 시가 상당액을 기준으로 할 뿐이며, 주관적인 매매가격을 손해배상액의 산정기준으로 할 수는 없다(대판 1990.12.7. 90다5672 등). ③ 대판 1969.5.13. 68다1726 참고. ④ 교환가치에 의한 배상에는 사용수익의 이익이 포함되어 있다고 파악하고 있다(대판 1990.10.16. 90다카20210 등). ⑤ 이행불능에 의한 전보배상액은 불능 당시를 기준으로 하기 때문이다(대판 1987.7.7. 86다카2943). ⑥ 대판 2007.4.13. 2006다49703(그러나 사고가 발생하기 전에 피보험자가 고지의무에 위배하여 중대한 병력을 숨기고 보험계약을 체결하여 이를 이유로 보험자가 상법의 규정에 의하여 보험계약을 해지하거나, 보험약관에서 계약체결 전에 이미 존재한 신체장해 또는 질병의 영향에 따라 상해가 중하게 된 때에는 보험자가 그 영향이 없었을 때에 상당하는 금액을 결정하여 지급하기로 하는 내용의 약관이 따로 있는 경우에는 가능하다). ⑦ '손해전가의 항변(passing-on defence)'에 의한 공제를 인정하지 않은 사안이다. 다만, 제품 등의 가격 인상을 통하여 부분적으로 손해가 감소되었을 가능성이 있는 경우에는 직접적인 상당인과관계가 인정되지 아니한다고 하더라도 이러한 사정을 손해배상액을 정할 때에 참작하는 것이 공평의 원칙상 타당하다(대판 2012.11.29. 2010다93790). <답 ②>

8. 다음은 손해배상액의 산정에 관한 설명이다. 틀린 것을 모두 고르면?

㉠ 손해배상액의 산정은 손해를 금전으로 환산하는 문제로서, 일반적으로 손해의 발생, 손해배상범위의 확정, 손해배상액의 산정의 과정을 거친다.

㉡ 우리 민법은 금전배상주의를 원칙으로 하고 있을 뿐이므로, 당사

자의 약정에 관계없이 반드시 우리나라 통화로 지급하여야 하는 것은 아니다.

㉢ 손해배상액의 산정시기에 관한 사실심변론종결시설에 따르면, 손해배상책임이 발생한 시점부터 변론종결시 사이의 가격변동은 예견 가능한 경우에 한하여 배상을 청구할 수 있다.

㉣ 과실상계에 관한 제396조는 불법행위에 의한 손해배상책임에도 준용된다.

㉤ 과실상계 사유의 유무와 정도는 개별 사례에서 문제된 계약의 체결 및 이행 경위와 당사자 쌍방의 잘못을 비교하여 종합적으로 판단하여야 한다.

㉥ 손해배상액의 산정시기에 관한 책임원인발생시설에 따르면, 책임원인발생시와 변론종결시 사이의 가격변동은 통상손해로서 배상되어야 한다.

㉦ 손해배상액 산정에 있어 중간이익은 공제되어야 하며, 그 방식의 선택에는 어느 경우에나 제한이 없다.

㉧ 우리 민법은 손익상계에 관한 명문규정은 없으나 손해배상법의 취지상 당연히 인정된다.

① ㉠, ㉣, ㉤ ② ㉢, ㉤, ㉦ ③ ㉡, ㉥, ㉦, ㉧
④ ㉣, ㉥, ㉦ ⑤ ㉠, ㉥, ㉢ ⑥ ㉡, ㉢, ㉥, ㉦
⑦ ㉥, ㉦, ㉧ ⑧ ㉠, ㉡, ㉢, ㉦

해설

㉠ 손해배상액 산정의 출발점은 손해의 발생이며, 발생한 손해 가운데 어느 범위까지를 배상할 것인가가 손해배상범위의 확정 문제이다. ㉡ 채무불이행으로 인한 손해배상을 규정하고 있는 민법 제394조는 다른 의사표시가 없는 한 손해는 금전으로 배상하여야 한다고 규정하고 있는바, 위 법조 소정의 금전이라 함은 우리나라의 통화를 가리키는 것이어서 채무불이행으로 인한 손해배상을 구하는 채권은 당사자가 외국통화로 지급하기로 약정하였다는 등의 특별한 사정이 없는 한 채권액이 외국통화로 지정된 외화채권이라고 할 수 없다(대판 2005.7.28. 2003다12083). ㉢㉥ 손해배상액의 산정시기에 대하여는 사실심의 변론종결시점을 기준으로 해야 한다는 '사실심변론종결시설'과 책임원인발생시를 기준으로 하는 '책임원인발생시설'이 있다. 두 견해의 대립은 책임원인발생시점부터 변론종결시 사이의 가격변동이 있는 경우 이를 어떻게 이해할 것인가에 있다. 사실심변론종결시설은 이를 통상손해로서 예견가능성의 유무에 관계없이 배상되어야 한다고 하나, 책임원인발생시설은 이를 특별손해로 보아 예견가능성이 입증된 경우에만 채권자가 손해배상을 청구할 수 있다고 한다. ㉣ 제763조 참조. ㉤ 대판 2008.9.25. 2007다1364 등 참고. ㉦ 중간이익의 공제방식에는 크게 Hoffmann식과 Leipniz식이 있다. 종래에는 Hoffmann식에 의해 배상액을 산정하였으나(대판 1966.11.29, 66다1871 등 참고), 현재는 어느 방식에 반드시 따라야 하는 것이 아니라 법원의 자유로운 판단 아래 양 방식 중 하나를 정할 수 있다고 한다(대판 1983.6.28. 83다191 등 참고). 그러나 국가나 지방자치단체가 손해배상책임을 질 때에는 Hoffmann식에 의하도록 하고 있다(국가배상법 제3조의2 3항 및 시행령 제

6조 3항). ⓞ 손익상계는 손해배상으로 채권자(피해자)를 가해사건이 없었던 것보다 더욱 유리한 위치에 두어서는 안 된다는 손해배상법의 이념에 따른 제도이다. <답 ⑥>

9. 과실상계에 관한 설명 중 옳은 것은? (다툼이 있는 경우에는 판례에 의함)

<사시 2008년 변형: 배점 3>

① 의료과실로 인한 손해배상액을 산정함에 있어서 피해자측의 귀책사유와 무관한 피해자의 체질적 소인 또는 질병의 위험도 등은 감액사유로 참작할 수 없다.

② 사용자가 피용자의 고의에 의한 불법행위로 인하여 사용자책임을 부담하는 경우, 피해자에게 그 손해의 발생과 확대에 기여한 과실이 있다 하더라도 사용자책임의 범위를 정함에 있어서 이러한 피해자의 과실을 고려하여 그 책임을 제한할 수는 없다.

③ 수급인의 하자담보책임에는 과실상계에 관한 준용규정이 없기 때문에 하자발생 및 그 확대에 기여한 도급인의 잘못을 참작할 수 없다.

④ 도급인으로 하여금 자유로운 해제권을 행사할 수 있도록 하는 대신 수급인이 입은 손해를 배상하도록 한 민법 제673조(완성 전의 도급인의 해제권)에 의하여 도급계약을 해제한 이상, 특별한 사정이 없는 한 도급인은 수급인에 대한 손해배상에서 과실상계를 주장할 수 없다.

⑤ 과실상계는 채무불이행 내지 불법행위로 인한 손해배상책임에 대하여 인정될 뿐만 아니라 채무내용에 따른 본래 급부의 이행을 구하는 경우에도 적용된다.

⑥ 고의에 의한 채무불이행으로서 채무자가 그 채무 발생의 원인이 된 계약을 체결할 당시 채권자가 계약내용의 중요부분에 관하여 착오에 빠진 사실을 알면서도 이에 적극 편승하여 계약을 체결하고 그 결과 채무자가 부당한 이익을 취득하게 되더라도 채권자에게 채무불이행에 관한 과실이 있는 이상, 법원으로서는 채무자의 손해배상책임의 범위를 정함에 있어 이를 참작하여야 한다.

해설 ……………………………………

① 가해행위와 피해자측의 요인이 경합하여 손해가 발생하거나 확대된 경우에는 그 피해자측의 요인이 체질적인 소인 또는 질병의 위험도와 같이 피해자측의 귀책사유와 무관한 것이라고 할지라도 당해 질환의 태양·정도 등에 비추어 가해자에게 손해의 전부를 배상시키는 것이 공평의 이념에 반한다면, 법원은 그 손해배상액을 정함에 있어서 과실상계의 법리를 유추적용하여 그 손해의 발생 또는 확대에 기여한 피해자측의 요인을 참작할 수 있다(대판 1998.7.24. 98다12270. 참고판례: 대판 2001.2.9. 2000다67464). ② 사용자가 피용자의 과실에 의한 불법행위로 인한 사용자책임을 부담하는 경우와 마찬가지로 피용자의 고의에 의한 불법행위로 인하여 사용자책임을 부담하는 경우에도 피해자에게 그 손해의 발생과 확대에 기여한 과실이 있다면 사용자책임의 범위를 정함에 있어서 이러한 피해

자의 과실을 고려하여 그 책임을 제한할 수 있다(대판 2002.12.26. 2000다56952). ③ 수급인의 하자담보책임에 관한 민법 제667조는 법이 특별히 인정한 무과실 책임으로서 여기에 민법 제396조의 과실상계 규정이 준용될 수는 없다 하더라도 담보책임이 민법의 지도이념인 공평의 원칙에 입각한 것인 이상 하자발생 및 그 확대에 가공한 도급인의 잘못을 참작하여 손해배상의 범위를 정함이 상당하다(대판 1990.3.9. 88다카31866). ④ 민법 제673조에서 도급인으로 하여금 자유로운 해제권을 행사할 수 있도록 하는 대신 수급인이 입은 손해를 배상하도록 규정하고 있는 것은 도급인의 일방적인 의사에 기한 도급계약 해제를 인정하는 대신, 도급인의 일방적인 계약해제로 인하여 수급인이 입게 될 손해, 즉 수급인이 이미 지출한 비용과 일을 완성하였더라면 얻었을 이익을 합한 금액을 전부 배상하게 하는 것이라 할 것이므로, 위 규정에 의하여 도급계약을 해제한 이상은 특별한 사정이 없는 한 도급인은 수급인에 대한 손해배상에 있어서 과실상계나 손해배상예정액 감액을 주장할 수는 없다(대판 2002.5.10. 2000다37296,37302). ⑤ 과실상계는 채무불이행 내지 불법행위로 인한 손해배상책임에 대하여 인정되는 것이고, 채무 내용에 따른 본래의 급부의 이행을 구하는 경우에 적용될 것은 아니다(대판 2011.5.26. 2007다83991 등). ⑥ 법원은, 채무자로 하여금 채무불이행으로 인한 이익을 최종적으로 보유하게 하는 것이 공평의 이념이나 신의칙에 반하는 결과를 초래하는 경우에는 채권자의 과실에 터 잡은 채무자의 과실상계 주장을 허용하여서는 안 된다고 판시하였다(위 2007다83991 판결). <답 ④>

10. 과실상계에 관한 설명 중 판례의 입장에 부합하는 것을 모두 고르면?

<사시 2004년 변형>

> ㉠ 매도인의 하자담보책임은 민법이 특별히 인정한 무과실책임으로서 과실상계에 관한 규정이 준용될 수 없으므로 하자의 발생 및 그 확대에 가공한 매수인의 과실은 손해배상의 범위를 정함에 있어 참작될 수 없다.
> ㉡ 채권자의 청구가 연대보증인에 대하여 그 보증채무의 이행을 구하고 있음이 명백한 경우에는, 과실상계의 법리는 적용될 여지가 없다.
> ㉢ 표현대리가 성립함에 있어서 상대방에게 과실이 있다면 과실상계를 유추적용하여 본인의 책임을 경감할 수 있다.
> ㉣ 피해자의 부주의를 이용하여 고의로 불법행위를 저지른 자가 피해자의 부주의를 이유로 자신의 책임경감을 주장할 수는 없다.
> ㉤ 공동불법행위의 경우에 법원이 피해자의 과실을 들어 과실상계를 함에 있어서는 피해자의 공동불법행위자 각인에 대한 과실비율이 서로 다르더라도 피해자의 과실을 공동불법행위자 각인에 대한 과실로 개별적으로 평가할 것이 아니고 그들 전원에 대한 과실로 전체적으로 평가하여야 한다.

① ㉠, ㉡, ㉣ ② ㉠, ㉣, ㉤ ③ ㉡, ㉢
④ ㉡, ㉣, ㉤ ⑤ ㉢, ㉣, ㉤

해설

㉠ 매도인의 하자담보책임은 무과실책임이므로 민법 제396조의 과실상계 규정이 준용될

수는 없다고 하더라도, 담보책임이 민법의 지도이념인 공평의 원칙에 입각한 것인 이상 하자 발생 및 확대에 가공한 매수인의 잘못을 참작하여 손해배상의 범위를 정함이 상당하다(대판 1995.6.30. 94다23920). ㉡ 채권자의 청구가 연대보증인들에 대한 보증채무의 이행을 구하고 있다면 손해배상책임의 유무 또는 배상범위를 정함에 있어 채권자의 과실이 참작되는 과실상계의 법리는 적용될 여지가 없다(대판 1996.2.23. 95다49141 등). ㉢ 표현대리행위가 성립하는 경우에 그 본인은 표현대리행위에 의하여 전적인 책임을 져야 하고, 상대방에게 과실이 있다고 하더라도 과실상계의 법리를 유추적용하여 본인의 책임을 경감할 수는 없다(대판 1994.12.22. 94다24985 등). ㉣ 판례는 고의에 의한 불법행위의 경우에는 피해자의 부주의를 이유로 한 과실상계의 주장을 원칙적으로 허용하지 않고 있다(대판 1997.9.5. 97다17542 등 참고). ㉤ 공동불법행위 책임은 가해자 각 개인의 행위에 대하여 개별적으로 그로 인한 손해의 배상을 구하는 것이 아니라 그 가해자들이 공동으로 가한 불법행위에 대한 책임을 추궁하는 것이므로, 피해자의 공동불법행위자 각인에 대한 과실비율이 다른 경우에도 피해자의 과실은 공동불법행위자 각인에 대한 과실로 개별적으로 평가할 것이 아니라 그들 전원에 대한 과실로 전체적으로 평가하여야 한다(대판 1998.6.12. 96다55631 등 참고). <답 ④>

11. 다음 중 과실상계 및 손익상계에 관한 설명으로 옳은 것을 모두 고르면? (다툼이 있는 경우에는 판례에 의함) <사시 2009년: 배점 3>

> ㉠ 불법행위로 인하여 손해가 발생하고 그 손해발생으로 이득이 생기고 동시에 그 손해발생에 피해자에게도 과실이 있어 과실상계를 하여야 할 경우에는 먼저 산정된 손해액에서 과실상계를 한 다음에 위 이득을 공제하여야 한다.
> ㉡ 채무자만의 귀책사유로 채무불이행이 생긴 후에 손해의 확대에 관하여 채권자에게 과실이 있는 경우에는 과실상계를 할 수 없다.
> ㉢ 손해배상액의 산정에 있어서 손익상계가 허용되기 위하여는 손해배상책임의 원인이 되는 행위로 인하여 피해자가 새로운 이득을 얻었고, 그 이득과 손해배상책임의 원인행위 사이에는 상당인과관계가 있어야 한다.
> ㉣ 법원이 어느 정도로 채권자의 과실을 참작하느냐는 법원의 재량사항이므로 채권자의 과실을 인정하더라도 이를 참작하지 않을 수 있다.
> ㉤ 과실상계에서의 과실은 채권자의 수령보조자의 과실도 포함한다.

① ㉠ ② ㉣ ③ ㉠, ㉢
④ ㉢, ㉤ ⑤ ㉠, ㉡, ㉢ ⑥ ㉡, ㉣, ㉤
⑦ ㉠, ㉢, ㉤ ⑧ ㉠, ㉢, ㉣, ㉤

해설

㉠ 옳음. 손해발생에 피해자의 과실이 경합된 때에는 먼저 산정된 손해액에 과실상계를 한 다음 거기에서 보험급여를 공제하여야 한다(대판 2002.12.26. 2002다50149 등 참고). ㉡ 틀림. 과실상계의 요건은 채무불이행 자체에 관하여 채권자에게도 과실이 있거나, 혹

은 채무자의 귀책사유에 의한 채무불이행이 있은 후에 손해의 확대에 관하여 채권자의 과실이 있어야 한다. ㉢ 옳음. 손익상계에 관한 민법상의 명문규정은 없으나 손해배상법의 취지상 당연히 인정된다. 판례에 의하면, 공제되는 이익의 범위는 채무불이행과 상당인과관계가 있는 이익이라고 한다(대판 2005.10.28, 2003다69638 등 참고). 다만, 상당인과관계가 부정되면 손익상계가 허용되지 않는다(예컨대, 행정기관의 위법한 행정지도로 일정기간 어업권을 행사하지 못하는 손해를 입은 자가 그 어업권을 타인에게 매도하여 매매대금 상당의 이득을 얻은 경우, 피고가 배상하여야 할 손해는 위법한 행정지도로 원고가 일정기가 어업권을 행사하지 못한 데 대한 것임에 반하여 원고가 얻은 위 이득은 어업권 자체의 매각대금이므로 그 이득이 손해배상책임의 원인이 되는 행위, 즉 피고의 위법한 행정지도와 상당인과관계에 있다고 볼 수 없다(대판 2008.9.25. 2006다18228)). ㉣ 틀림. 채무불이행에 관하여 채권자에게 과실이 있는 때에는 법원은 손해배상의 책임 및 그 금액을 정함에 이를 참작해야 한다(제396조). ㉤ 옳음. 채권자 자신의 과실뿐만 아니라 수령보조자의 고의, 과실도 과실상계에서 고려된다(제391조). <답 ⑦>

12. 손익상계에 관한 다음 설명 중 틀린 것은?

① 손익상계는 민법상 명문으로 규정되어 있지 않으나 손해배상제도의 취지상 인정되는 본래적 의미의 상계이다.

② 손해배상액의 산정에 있어 채권자(피해자)의 이익에 대한 급부청구권이 채무자(가해자)에게 발생하지는 않는다.

③ 손익상계는 손해배상의 범위를 제한하려는 것으로 이익의 액을 처음부터 공제한다.

④ 판례의 입장에 따르면 상계의 대상은 채무불이행과 상당인과관계에 있는 이익이라고 한다.

⑤ 채무불이행에 대해 채권자에게 과실이 있고 동시에 채무불이행으로 이익도 받은 경우에는 산정된 손해액에서 먼저 과실상계를 한 다음에 손익상계를 적용한다.

해설

손익상계는 손해배상으로 채권자(피해자)를 가해사건이 없었던 것보다 더욱 유리한 위치에 두어서는 안 된다는 손해배상법의 이념에 따른 제도이다. 손익상계의 경우 채무자가 채권자의 이익에 대한 급부청구권을 갖게 되는 것은 아니며, 채무불이행이라는 동일한 원인에 의하여 채권자가 손해와 함께 이익을 얻은 경우에 그 이익을 공제하여 배상액을 산정하는 것에 지나지 않는다(대판 2007.11.16. 2005다3229 등 참고). 따라서 손익상계에서의 '상계'는 본래의 상계와 같이 서로 대립되는 두 개의 채권을 대등액에서 소멸케 하는 것은 아니다. <답 ①>

4. 손해배상액의 예정

13. 손해배상액의 예정에 관한 설명으로 틀린 것은?

① 배상액예정계약은 채무불이행이 발생하기 전에 체결하여야 한다.

② 국토의 계획 및 이용에 관한 법률상의 토지거래허가 구역 내의 토지에 관한 매매계약 체결시 협력의무 위반 등의 경우에 대비한 손해배상액의 예정계약은 유효하다.
③ 유상계약에서 계약금이 수수된 경우에도 별도의 약정이 없는 한 손해배상액의 예정으로 볼 수는 없다.
④ 매매당사자가 계약금으로 수수한 금액에 관하여 매수인이 위약하면 이에 관한 권리를 잃는 것으로 하고 매도인이 위약하면 그 배액을 상환하기로 약정을 한 경우, 그 약정은 손해배상액의 예정으로 추정된다.
⑤ 쌍무계약에서 지연배상액이 예정된 경우에 이행기가 도과하여 일방 당사자가 예정배상액을 청구함에 있어서는 반드시 자기 채무를 제공할 것을 필요로 하지 않는다.

해설

② 대판 1996.3.28. 95다18673 등 참고. 또한 매도인이 매매목적물을 이중으로 양도하여 제3자에게 소유권이전등기를 하여줌으로써 매수인에 대한 소유권이전등기의무가 이행불능된 경우 그 손해배상액은 제3자에게 소유권이전등기를 넘겨준 날 현재의 시가상당액이라고 할 것이나, 매매계약시 미리 손해배상액의 예정에 관한 특약을 하였다면 매수인은 매도인에 대하여 예정된 손해배상액만을 청구할 수 있다(대판 1994.1.11. 93다17638). ③ 계약금은 당사자 사이의 특별한 약정이 없는 한 해제권의 유보를 위하여 수수된 해약금으로 추정될 뿐이다(제565조 1항 참조). 다만 ④와 같은 약정이 있는 경우에는 손해배상액의 예정으로서의 성질도 함께 갖는다고 해석된다(대판 1992.5.12. 91다2157). ⑤ 자신의 채무를 제공하지 않는 한 이행기의 경과만으로 상대방에게 이행지체가 발생할 수는 없기 때문에 채무자는 자신의 채무를 제공해야만 한다. <답 ⑤>

14. 손해배상액의 예정에 관한 다음 설명 중 옳지 않은 것을 고르면? (다툼이 있는 경우에는 판례에 의함) <변호사 2012년 유사>

① 분양계약상의 지체상금에 관한 약정은 특별한 사정이 없는 한 손해배상액의 예정으로 볼 수 있다.
② 지체상금이 손해배상액의 예정으로 인정되어 이를 감액함에 있어서는 채무자가 계약을 위반한 경위 등 제반 사정이 참작되므로, 손해배상액의 감경에 앞서 채권자의 과실 등을 들어 따로 과실상계를 적용하여 감경할 필요는 없다.
③ 건물 신축공사에 있어 준공 후에도 건물에 다수의 하자와 미시공 부분이 있어 수급인이 약정기한 내에 그 하자와 미시공 부분에 대한 공사를 완료하지 못할 경우 미지급 공사비 등을 포기하고 이를 도급인의 손해배상금으로 충당한다는 내용의 합의각서를 작성한 경우, 위 약정은 손해배상액을 예정한 것으로 볼 수 있다.
④ 법원이 손해배상의 예정액이 부당히 과다하다고 하여 감액을 한 경우에

는 손해배상액의 예정에 관한 약정 중 감액 부분에 해당하는 부분은 사실심변론종결시부터 무효라고 할 것이다.

⑤ 다른 약정이 없는 한 채무자는 자신에게 귀책사유가 없다는 것을 주장·입증하여 예정배상액의 지급책임을 면할 수 있다.

해설

① 옳음. 대판 2008.7.10. 2008다15940,15957 참고. ② 옳음. 손해배상액을 예정한 경우에는 과실상계를 적용할 것이 아니다(대판 1972.3.31. 72다108). ③ 옳음. 대판 2008.7.24. 2007다69186 참고. ④ 틀림. 법원이 손해배상의 예정액이 부당히 과다하다고 하여 감액을 한 경우에는 손해배상액의 예정에 관한 약정 중 감액 부분에 해당하는 부분은 처음부터 무효라고 할 것이다(대판 2004.12.10. 2002다73852). ⑤ 옳음. 채무자는 채권자와 채무불이행에 있어 채무자의 귀책사유를 묻지 아니한다는 약정을 하지 아니한 이상 자신의 귀책사유가 없음을 주장·입증함으로써 예정배상액의 지급책임을 면할 수 있다(대판 2007.12.27. 2006다9408). <답 ④>

15. 甲과 乙은 甲 소유의 토지에 관하여 매매계약을 체결하면서 손해배상액의 예정을 하여 두었다. 甲이 乙의 채무불이행을 이유로 손해배상예정액을 청구하는 경우에 관한 설명으로 옳지 않은 것은? (다툼이 있는 경우에는 판례에 의함) <사시 2009년: 배점 2>

① 甲이 손해배상예정액을 청구하기 위해서는 乙의 이행지체가 있었던 것을 증명하면 족하고, 손해의 발생이나 손해액을 증명할 필요가 없다.

② 甲과 乙 사이에 체결된 손해배상액의 예정약정은 채무불이행을 정지조건으로 하는 조건부계약이다.

③ 乙은 손해가 없다는 사실을 증명하더라도 책임을 면할 수 없으며, 甲은 실제의 손해액이 예정액보다 크다는 것을 증명하더라도 증액을 청구할 수 없다.

④ 손해배상의 예정액이 부당하게 과다한 경우에는 乙의 청구가 없더라도 법원이 직권으로 감액할 수 있으나, 부당히 과소하다고 하더라도 증액하지는 못한다.

⑤ 만약 위 매매계약과 관련하여 甲이 불법행위에 기하여 손해를 입었다면 손해배상의 예정액으로써 전보받을 수 있다.

해설

① 옳음. 종래의 통설과 판례에 의하면 채무자가 채무를 제대로 이행하지 않았다는 사실의 증명만으로 족하고 채무자의 채무불이행에 대한 귀책사유나 현실적인 손해발생을 증명할 필요가 없다고 한다(대판 2000.12.8. 2000다50350; 곽윤직, 162면; 김상용, 200면). 그러나 손해배상액의 예정이 채무불이행(제390조)을 전제로 한다는 점과 손해배상액예정계약의 취지가 예정된 배상액이 실손해액을 초과하는 경우에도 일단 손해가 발생하면 예정된 금액을 배상케 함으로써 채무자의 이행을 확보하기 위한 것이라는 점에서, 채무자의 귀책사유와 손해의 발생은 손해배상청구의 요건이라고 보는 견해가 있다(이은영, 368면).

② 옳음. 손해배상액의 예정은 채무불이행을 정지조건으로 하는 조건부 계약이며, 원채권관계에 종된 계약이다. ③ 옳음. 별도의 특약이 없는 한 예정된 배상액 속에는 통상의 손해뿐만 아니라 특별사정에 의한 손해까지도 포함된 것으로 해석된다(대판 1993.4.23. 92다41719 참고). ④ 옳음. 예정한 배상액이 부당하게 과다한 경우에는 채무자의 청구 없이 법원은 직권으로 적당히 감액할 수 있다(제398조 2항). 반면, 예정배상액이 과소한 경우에 대해서는 아무런 규정을 두고 있지 않는데, 판례와 다수설은 법원에 의한 직권증액을 부정한다(곽윤직, 162면; 대판 1988.9.27. 86다카2375 참고). 그러나 손해배상예정액이 채무자의 귀책사유를 요건으로 하여 인정되는 것이라면 직권에 의한 증액도 함께 인정하는 것이 타당할 것이다. ⑤ 틀림. 계약 당시 당사자 사이에 손해배상액을 예정하는 내용의 약정이 있는 경우에는 그것은 계약상의 채무불이행으로 인한 손해액에 관한 것이고 이를 그 계약과 관련된 불법행위상의 손해까지 예정한 것이라고는 볼 수 없다(대판 1999.1.15. 98다48033 참고). <답 ⑤>

16. 손해배상액의 예정에 관한 설명 중 옳지 않은 것을 모두 고르면? (다툼이 있는 경우에는 판례에 의함) <법원 2005년 변형, 변호사 2012년 유사>

> ㉠ 채무불이행으로 인한 손해배상액의 예정이 있는 경우에는 채권자는 채무불이행 사실만 증명하면 손해의 발생 및 그 액을 증명하지 아니하고 예정배상액을 청구할 수 있다.
> ㉡ 당사자 사이의 도급계약서에 계약보증금 외에 지체상금도 함께 규정되어 있다면 계약보증금은 당연히 위약벌로 간주된다.
> ㉢ 위약벌의 약정은 채무의 이행을 확보하기 위하여 정해지는 것으로서 손해배상액의 예정과는 그 내용이 다르므로, 손해배상액의 예정에 관한 민법 제398조 제2항을 유추적용하여 그 액을 감액할 수는 없다.
> ㉣ 손해배상의 예정액이 부당히 과다한 경우에는 법원이 이를 적당히 감액할 수 있는데, 그 손해배상의 예정액이 부당하게 과다한지의 여부 내지 그에 대한 적당한 감액의 범위를 판단하는 데 있어서는, 사실심의 변론종결 당시를 기준으로 그때까지 발생한 사정들을 종합적으로 고려하여야 한다.
> ㉤ 매매계약이 해제될 때 매도인을 위한 손해배상액의 예정을 정한 약관조항은 존재하지만 매수인을 위한 손해배상액의 예정조항이 없다면 그 약관조항은 '약관의 규제에 관한 법률'에 위배되어 무효이다.

① ㉠, ㉡ ② ㉠, ㉢ ③ ㉡, ㉤
④ ㉢, ㉣ ⑤ ㉣, ㉤

해설

㉠ 대판 2000.12.8. 2000다50350 등 참고. ㉡ 도급계약서 및 그 계약내용에 편입된 약관에 수급인의 귀책사유로 인하여 계약이 해제된 경우에는 계약보증금이 도급인에게 귀속

한다는 조항이 있을 때 이 계약보증금이 손해배상액의 예정인지 위약벌인지는 도급계약서 및 위 약관 등을 종합하여 구체적 사건에서 개별적으로 결정할 의사해석의 문제이고, 위약금은 민법 제398조 4항에 의하여 손해배상액의 예정으로 추정되므로 위약금이 위약벌로 해석되기 위해서는 특별한 사정이 주장·입증되어야 하므로, 당사자 사이의 도급계약서에 계약보증금 외에 지체상금이 규정되어 있다는 점을 이유로 하여 계약보증금을 위약벌로 보기는 어렵다(대판 2000.12.8. 2000다35771). ㉢ 대판 1968.6.4. 68다491 참고. ㉣ 대판 2004.12.10. 2002다73852 참고. ㉤ 약관상 매매계약 해제시 매도인을 위한 손해배상액의 예정조항은 있는 반면 매수인을 위한 손해배상액의 예정조항은 없는 경우, 매도인 일방만을 위한 손해배상액의 예정조항을 두었다고 하여 곧 그 조항이 약관의 규제에 관한 법률에 위배되어 무효라 할 수는 없다(대판 2000.9.22. 99다53759,53766). 마찬가지로 분양계약서에서 수분양자인 甲의 분양대금 납입 지체에 따른 지연손해금의 납부책임과 금액만을 규정하고 분양자이자 매도인인 乙 주식회사 등의 이행지체에 따른 지체상금에 관하여는 아무런 규정을 두지 않은 사안에서, 수분양자의 분양대금 납입 지체에 적용되는 지연손해금 조항이 당연히 매도인에게도 적용되어 동일한 내용의 지체상금 조항이 있는 것으로 간주될 수는 없으므로, 甲은 乙 회사에 대하여 손해배상액의 예정으로서 지체상금의 지급을 구할 수는 없고 乙 회사의 채무불이행으로 인하여 실제로 입은 손해만을 민법 제393조 등에서 정한 바에 따라 배상받을 수 있을 뿐이다(대판 2012.3.29. 2010다590).

<답 ③>

5. 손해배상자의 대위

17. 손해배상자의 대위에 관한 설명이다. 틀린 설명을 모두 고르면?

> ㉠ 채권자가 채권의 목적인 물건 또는 권리의 가액을 손해배상으로 받은 때에는 그 채무자가 그 물건 또는 권리에 대하여 채권자를 대위한다.
> ㉡ 채무자는 당연히 채권자를 대위하며, 물권변동에 필요한 요건을 갖출 필요는 없다.
> ㉢ 불법행위에 있어서도 배상자대위가 인정된다.
> ㉣ 손해배상 이후에 채권자가 취득한 권리도 대위에 의하여 이전된다.
> ㉤ 일부의 배상이 있는 경우에 채무자가 일부대위를 할 수 있다고 해석된다.
> ㉥ 채무자의 과실과 함께 제3자의 고의·과실이 합쳐져 이행불능이 생긴 경우에도 배상자의 대위를 인정하는 것이 통설의 입장이다.

① ㉠, ㉡ ② ㉠, ㉢ ③ ㉠, ㉣ ④ ㉠, ㉤
⑤ ㉡, ㉢ ⑥ ㉡, ㉣ ⑦ ㉣, ㉤ ⑧ ㉣, ㉥

해설

㉠ 제399조. 이는 채권자에게 부당한 이득의 귀속을 방지하려는 데 그 취지가 있다. ㉡㉤ 채권자가 채권의 목적이 되는 물건 또는 권리의 가격 '전부'를 손해배상으로 받아 그 만족을 얻었을 때에는 그 물건 또는 권리는 법률상 당연히 채무자에게 이전되는 것이고, 그에

관하여 채권자나 채무자의 양도 기타 어떤 특별한 행위를 필요로 하는 것은 아니다(대판 1977.7.12. 76다408 참고). 일부를 배상하더라도 일부대위는 생기기 않는다(이 점이 일부 변제에 있어서 일부대위가 허용되는 것과 다르다). ㉣ 대위에 의해 이전되는 권리는 손해배상시까지 성립한 권리이다. ㉢ 제763조에 의한 제399조의 준용. <답 ⑦>

제 6 절 채권자지체

1. 채권자지체에 관한 다음 설명 중 틀린 것은?

① 채권자지체 후에 채무자는 고의 또는 중과실에 대해서만 책임을 진다.
② 채무자는 채권이 이자 있는 것이라 하더라도 채권자지체 중에는 이자를 지급할 의무를 지지 않는다.
③ 채권자지체 이후 급부가 불능으로 되었다면 불가항력에 의한 경우에도 채권자는 그 위험을 부담하여야 한다.
④ 채권자지체에 빠진 쌍무계약상의 채권자는 지체된 이후 선이행의무를 부담한다.
⑤ 채권자지체에 의해 채무자는 상당기간을 정하여 그 수령을 최고했음에도 불구하고 채권자가 수령하지 않는 경우에는 계약을 해제할 수 있다.

해설

채권자지체에 빠진 채권자라 하더라도 동시이행의 항변권을 상실하지 않는다(대판 1995. 3.14. 94다26646). 그러한 채권자에게 동시이행의 항변권을 인정하는 것이 이행지체에 빠진 채무자에게 동시이행의 항변권이 인정되는 것과 균형에 맞는 해석이다. ⑤의 경우 채무불이행설에 의할 경우에는 타당한 기술이다. 채무불이행설에 따르면 채무자에게는 손해배상청구권도 인정된다. ① 제401조 참조. ② 제402조 참조. ③ 제538조 1항 후단 참조. <답 ④>

2. 다음은 채권자지체에 관한 어느 두 학설의 주장을 순서 없이 나열한 것이다. 논리적으로 모순된 내용을 포함하고 있는 주장을 모두 고르면?

㉠ 채권자가 채무자의 급부를 수령하지 않는다고 하여 채무불이행책임을 부담하지는 않지만, 이행을 제공한 채무자에게 채무불이행책임을 감면해 주는 것이 공평의 관념에 합당하므로 급부의 지체로 발생하게 될 불이익을 채권자에게 부담시키는 제도가 채권자지체 제도이다.
㉡ 채권·채무관계는 당사자 간의 신뢰를 바탕으로 일종의 협동체를 구성하는 것으로, 양 당사자는 서로 대립되는 관계에 놓이는 것이 아니며 채무내용의 실현도 양 당사자의 협력에 의하지 않고서는 완성될 수 없다.

ⓒ 채권자에게 수령의무는 없지만 채권자의 수령거절 또는 수령불능이라는 객관적 사실만으로도 채무자는 계약을 해제할 수 있다.
ⓔ 채권자의 수령거절 또는 수령불능이라는 객관적 사실만으로 채권자지체는 인정되며 채권자의 귀책사유를 그 요건으로 하지는 않는다.
ⓜ 채권자는 수령의무를 이행하지 않음으로써 채무불이행책임을 부담하지만 채무자에게는 민법 제401조 내지 제403조의 효과만이 인정될 뿐이다.

① ㉠, ㉡ ② ㉠, ㉢ ③ ㉠, ㉣ ④ ㉠, ㉤
⑤ ㉡, ㉢ ⑥ ㉡, ㉣ ⑦ ㉡, ㉤ ⑧ ㉢, ㉣
⑨ ㉢, ㉤ ⑩ ㉣, ㉤

해설

㉠㉣ 법정책임설. ㉡ 채무불이행설. ㉢ 법정책임설에 의하면 채권자는 수령의무를 부담하지는 않으므로 채무자에게는 제401조 내지 제403조의 효과만이 인정될 뿐이다(이은영, 채권총론, 404면 이하 참고). ㉤ 채무불이행설에 의하면 채권자는 수령의무를 부담하므로 이를 이행하지 않으면 채무불이행책임을 부담하게 되고, 그 결과 채권자는 민법 제400조 이하에 규정된 지체책임을 부담하는 외에 손해배상책임과 계약해제의 불이익을 받을 수 있다(곽윤직, 채권총론, 122면 이하 참고). <답 ⑨>

3. A는 B에게 고추 100근에 대해 무상으로 보관해 줄 것을 부탁하였고, B는 이를 흔쾌히 승낙하였다. A와 B는 기한을 정하지 않았는데, 여름 장마철이 다가오자 B는 A에게 조금 더 지나면 벌레가 먹어 아주 못 쓰게 되니 빨리 고추를 인도받아 갈 것을 요청하였다. 그러나 A는 보관할 장소가 적당치 않다는 것을 이유로 거절하여 오던 중에, 고추가 변질되어버렸다. 이 사례에 관한 다음 설명 중 옳은 것은?

① B는 기한의 약정이 없는 한 A와의 합의에 기해서만 계약을 해지할 수 있다.
② B는 A와의 임치계약에 기해 목적물보관에 있어 선량한 관리자의 주의의무를 부담한다.
③ B가 임치계약상 A에 대해 지니는 목적물반환의무는 종류채권에 해당된다.
④ B는 목적물멸실에 있어 고의·중과실이 없는 한 A에 대해 채무불이행에 기한 손해배상책임을 부담하지 않는다.
⑤ 법정책임설에 따르면 A가 목적물을 수령하지 않음으로써 발생한 손해에 대해 A는 배상의무를 부담한다.

해설

① 각 당사자는 기한의 약정이 없는 한 언제든지 해지할 수 있다(제699조). ② 무상수치

인의 경우에 목적물보관에 대해 자기 재산에 관한 주의의무만을 부담한다(제695조). ③ 임치계약상 수치인이 반환할 목적물은 당사자 사이에 특약이 없는 한 수치한 물건 그 자체이다(대판 1967.4.25. 67다2 등). ④ 이 경우에 A는 채권자지체에 빠진 것이며, 따라서 B는 고의 · 중과실에 한해서만 책임을 부담한다(제401조). ⑤ 채무불이행설에 따를 경우에 인정된다.

<답 ④>

제 7 절 제 3 자에 의한 채권침해

1. 다음은 제3자에 의한 채권침해에 관한 설명이다. 옳은 것만 모으면?

㉠ 제3자에 의하여 채권이 침해된 경우, 이를 채권의 대외적 효력의 문제로 파악하는데 학설은 일치한다.
㉡ 대항력을 갖춘 부동산임차권에 대해서는 일반적으로 방해배제청구권이 인정된다.
㉢ 판례에 따르면 제3자에 의한 채권침해로 불법행위가 성립하나, 그 성립 여부는 구체적으로 검토하여야 한다.
㉣ 특정기업으로부터 특정물품의 제작을 주문받아 그 특정물품을 그 특정기업에게만 공급하기로 약정한 자가 그 특정기업이 공급받은 물품에 대하여 제3자에게 독점판매권을 부여함으로써 제3자가 그 물품에 대한 독점판매자의 지위에 있음을 알면서도 위 약정에 위반하여 그 물품을 다른 곳에 유출하여 제3자의 독점판매권을 침해한 결과가 발생하였다면, 그 특정기업에 대하여 채무불이행 또는 불법행위가 됨과는 별도로 그 제3자에 대한 관계에서 불법행위가 되지는 않는다.
㉤ 제3자에 의한 채무자의 일반재산 감소행위가 정당한 법률행위라면, 채권의 실질적 가치가 손상되더라도 불법행위가 되지는 않는다.
㉥ 일반적으로 타인의 법익에 대한 침해는 불법행위를 구성함에 지장이 없으므로, 제3자에 의하여 채권이 침해되었다면 그 사실만으로 곧바로 불법행위가 성립한다.

① ㉠, ㉢, ㉥ ② ㉠, ㉤ ③ ㉢, ㉣, ㉥
④ ㉠, ㉡, ㉢ ⑤ ㉡, ㉣, ㉤ ⑥ ㉢, ㉣, ㉤
⑦ ㉡, ㉢, ㉤ ⑧ ㉡, ㉣, ㉥

해설

㉠ 학설은 대체로 제3자의 채권침해를 채권의 대외적 문제로 파악한다(곽윤직, 채권총론, 76면; 김기선, 채권총론, 168면; 김주수, 채권총론, 92면; 김상용, 채권총론, 90면 등). 그러나 제3자에 의한 침해의 대상이 되는 채권은 법질서 속에 존재하는 객관적 법익으로

파악되어 불법행위의 침해대상이 된다(특정의 효과)(김형배, 채권총론, 318면). ㉡ 채권에 있어서 제3자의 채권침해를 배제 또는 예방할 수 있는 사전적 의미로서 방해예방청구권이 인정될 것인가에 대해서는 학설상 견해 대립이 있으나, 대항력을 갖춘 임차권에 대해서는 방해배제를 청구할 수 있는 배타적 효력을 일반적으로 인정하고 있다(곽윤직, 채권각론, 232면; 김형배, 채권각론, 464면; 이은영, 채권각론, 490면). ㉢ 대판 2003.3.14. 2000다32437(특히 대판 2001.5.8. 99다38699에 주목할 것. 이 판례에 따르면, 제3자에 의한 채권침해가 불법행위를 구성할 수는 있으나 제3자의 채권침해가 반드시 언제나 불법행위가 되는 것은 아니고 채권침해의 태양에 따라 그 성립 여부를 구체적으로 검토하여 정하여야 하는바, 독립한 경제주체 간의 경쟁적 계약관계에 있어서는 단순히 제3자가 채무자와 채권자간의 계약내용을 알면서 채무자와 채권자 간에 체결된 계약에 위반되는 내용의 계약을 체결할 것만으로는 제3자의 고의·과실 및 위법성을 인정하기에 부족하고, 제3자가 채무자와 적극 공모하였다거나 또는 제3자가 기망·협박 등 사회상규에 반하는 수단을 사용하거나 채권자를 해할 의사로 채무자와 계약을 체결하였다는 등의 특별한 사정이 있는 경우에 한하여 제3자의 고의·과실 및 위법성을 인정하여야 한다). ㉣ 제3자에 대하여 별도로 불법행위가 성립한다(대판 2003.3.14. 2000다32437). ㉤ 다만, 제3자의 법률행위가 채권자에 대하여 사해행위가 되는 경우 채권자에게 이를 취소할 수 있는 권리가 생긴다(제406조). ㉥ 일반적으로 채권에 대하여는 배타적 효력이 부인되고 채권자 상호간 및 채권자와 제3자 사이에 자유경쟁이 허용되는 것이어서 제3자에 의하여 채권이 침해되었다는 사실만으로 바로 불법행위로 되지는 않는 것이지만, 거래에 있어서의 자유경쟁의 원칙은 법질서가 허용하는 범위 내에서의 공정하고 건전한 경쟁을 전제로 하는 것이므로, 제3자가 채권자를 해한다는 사정을 알면서도 법규를 위반하거나 선량한 풍속 또는 사회질서를 위반하는 등 위법한 행위를 함으로써 채권자의 이익을 침해하였다면 이로써 불법행위가 성립한다(대판 2007.5.11. 2004다11162). <답 ⑦>

2. A는 건물소유를 위하여 B 소유의 토지를 임차하였다. 그런데 그 토지에는 C가 권한 없이 판잣집을 짓고 살고 있다. 이에 관한 다음 설명 중 틀린 것은?

① 만약 C의 점유가 정당하다면 A는 B에 대해 채무불이행책임을 물어 계약을 해제하거나 손해배상을 청구할 수밖에 없다.

② 통설과 판례에 따르면 A는 B의 물권적 청구권을 대위행사하여 C에 대하여 판잣집을 철거하고 토지를 인도하도록 요구할 수 있다.

③ 채권의 불가침성을 인정하는 견해에 따르면 A의 임차권의 대항력 구비 여부와 관계없이 C의 불법점유가 고의·과실이 없는 경우에도 A는 C에게 방해배제청구권을 행사할 수 있다.

④ 채권을 상대적 권리에 지나지 않는다고 이해하는 견해에 따르면 A가 공시방법을 갖추지 않은 경우에는 C에게 직접 방해배제청구권을 행사할 수 없다.

⑤ C가 A, B 사이의 임대차계약이 체결되었음을 인식하고서도 계속 점거하고 있는 경우에는 A는 C에 대하여 불법행위에 의한 손해배상청구권을 행사할 수 있다.

✍ **해설**

C가 정당한 권한 없이 B 소유의 토지를 점거하고 있다면 당연히 B는 자신의 소유권에 기한 물권적 청구권을 행사하여 방해상태의 배제를 요구할 수 있다. 이때 B가 이러한 방해배제청구권을 행사하지 않고 있다면 A는 B의 물권적 청구권을 대위행사할 수 있다. 한편 채권의 불가침성을 인정하는 견해에 따르면 C의 점유가 고의·과실에 의한 위법한 것일 경우 A의 임차권이 대항력을 갖추고 있는가와 관계없이 A는 방해배제청구권을 행사할 수 있다(김주수, 97면; 현승종, 104면). 반면 채권의 상대적 효력만을 인정하는 일부의 견해에 따르면 A가 공시방법을 갖춘 경우에 한해서 방해배제청구권을 행사할 수 있다고 한다(곽윤직, 84면). 그러나 이상의 대립되는 견해는 채권의 성질논의에서 방해배제청구권을 이끌어내려고 하나, 이와 달리 채권이 대항력이나 공시방법을 갖추고 있는가와 관련하여 방해배제청구권이 인정될 수 있는가를 구체적으로 나누어 살피는 것이 타당하다(김형배, 334면 이하). 따라서 위의 경우에 있어서 A가 대항력을 갖추고 있다면 A는 C에 대하여 방해배제청구권을 행사할 수 있다는 점에서는 다른 견해와 마찬가지이다. 그러나 A가 점유하지 않고 있는 경우에는 A가 적법한 권리자임에도 C에 대하여 직접 방해배제청구권을 행사할 수는 없다. 왜냐하면 임차권자는 자신이 정당한 권리자임을 점유에 의하여 외부에 공시하여야만 임차권을 침해하는 제3자에 대해 방해배제청구권을 행사할 수 있는데, A는 점유를 취득하지 못하고 있기 때문이다. <답 ③>

3. A는 자신 소유의 중고자동차를 B에게 매각하기로 하고 계약금을 수령하였다. 그런데 A가 인도하기 전날 그 자동차를 운행하던 중에 제3자 C가 중앙선을 침범하여 운행해 오자 충돌을 피하려고 급회전하다 자동차가 전복되어 버림으로써, A는 B에게 자동차를 인도할 수 없게 되었다. 다음 설명 중 틀린 것은?

① A는 B에 대해 자동차의 인도의무를 면하지만, B에게는 매매대금의 이행을 청구할 수 없다.

② A는 이미 수령한 계약금을 B에게 부당이득으로서 반환해야만 한다.

③ A는 C에 대해 소유권침해를 이유로 불법행위에 기한 손해배상청구권을 행사할 수 있다.

④ B는 자신이 A에게 지니는 채권이 침해되었음을 이유로 C에게 불법행위에 기한 손해배상청구권을 행사할 수 있다.

⑤ 만약 A가 자동차의 인도를 지체하고 있던 중에 소실되어버렸다면, A는 비록 자신의 과실이 없음에도 불구하고 B에게 손해배상의무를 부담하게 된다.

✍ **해설**

제3자에 의한 채권침해는 채권의 공시방법이 없다는 점과 관련해 제3자가 채권자의 채권이 있음을 인식하면서도 이를 고의로 침해한 경우에 인정된다. 그렇지만 위 사례에서 C에게는 이러한 인식이나 고의가 확인되지 않는다. <답 ④>

제 8 절 책임재산의 보전

1. 채권자대위권

1. 채권자대위권에 관한 다음 설명 중 틀린 것은? <사시 2013년 유사>

① 채권자가 대위권을 행사하기 위해서는 채무자의 권리행사에 대한 채권자의 최고나 채무자의 동의를 요하지 않는다.

② 채권자대위권은 채권의 보전을 위하여 필요한 범위에서만 행사할 수 있다.

③ 채권자대위권을 행사하는 채권자와 그 채무자의 사이는 일종의 법정위임의 관계에 있으므로 채권자는 채무자에게 그 비용의 상환을 청구할 수 있다.

④ 제3채무자는 대위권행사의 통지나 고지가 있은 후에도 채무자에 대한 변제로 대항할 수 있다.

⑤ 채권자대위권을 행사하는 채권자는 제3채무자에 대하여 자기와 제3채무자 사이의 독자적인 사정에 기한 사유를 주장할 수 없다.

⑥ 甲이 채무자 乙에 대한 금전채권을 보전하기 위하여 제3채무자 丙을 상대로 채권자대위의 소를 제기하였는데, 소송계속 중에 丙이 "甲의 소외 乙에 대한 금전채권이 소멸시효기간의 경과로 이미 소멸하였다."고 항변한 경우, 법원은 소멸시효항변이 인정되면 甲의 소를 각하하여야 한다.

해설 ……………………………………

① 채권자대위권은 실체권이므로 채권자의 이름으로 행사되고, 채권자대위권의 행사는 채무자가 그 행사를 반대하는 경우에도 가능하다(대판 1963.11.21. 63다634). ② 보전필요성이 인정되는 범위에서만 가능하다(대판 2000.6.9. 98다18155). ③ 민법 제688조를 준용한다(대결 1996.8.21. 96그8 참고). ④ 제3채무자는 대위행사의 통지가 있은 후에도 채무자에 대한 변제나 상계 등을 이유로 채권자에게 항변할 수 있다. 채무자가 자신의 권리를 직접 행사하는 경우에 비해 제3채무자가 채권자의 대위권행사로 불리한 지위에 놓여서는 안 되기 때문이다(대판 1991.4.12. 90다9407 참고). ⑤ 채권자대위권은 채무자의 제3채무자에 대한 권리를 행사하는 것이므로, 제3채무자는 채무자에 대해 가지는 모든 항변사유로써 채권자에게 대항할 수 있으나, 채권자는 채무자 자신이 주장할 수 있는 사유의 범위 내에서 주장할 수 있을 뿐, 자기와 제3채무자 사이의 독자적인 사정에 기한 사유를 주장할 수는 없다(대판 2009.5.28. 2009다4787). ⑥ 채권자가 채권자대위권을 행사하여 제3자에 대하여 하는 청구에 있어서, 제3채무자는 채무자가 채권자에 대하여 가지는 항변으로 대항할 수 없고, 채권의 소멸시효가 완성된 경우 이를 원용할 수 있는 자는 원칙적으로는 시효이익을 직접 받는 자뿐이고 제3채무자는 이를 행사할 수 없다(대판 2004.2.12. 2001다10151).

<답 ⑥>

2. 채권자대위권에 관한 다음 설명 중 틀린 것은?

① 채권자는 자신의 채권의 변제기가 도래하지 않은 경우에도 법원의 허가 없이 채무자 소유의 미등기건물에 대한 보존등기를 대위하여 행할 수 있다.

② 채무자와 제3채무자 사이의 허위표시에 기한 채무자의 계약상 권리를 대위하여 행사하는 채권자가 선의라면, 제3채무자는 그 계약의 무효를 채권자에게 주장할 수 없다.

③ 甲 명의의 부동산에 대해 乙의 점유취득시효가 2001년 7월 1일 완성된 후 乙로부터 이 부동산을 양수하여 점유를 승계한 丙은 2003년 2월 1일 현재 甲을 상대로 乙을 대위하여 소유권이전등기청구권을 행사할 수 있을 뿐, 乙의 취득시효완성의 효과를 주장하여 직접 자기 앞으로의 소유권이전등기를 청구할 권원은 없다.

④ 채무자가 다른 채권자에 대해 부담하는 채무의 소멸시효가 완성되었는데도 채무자가 시효의 완성을 원용하지 않고 있는 경우에 채권자가 이를 대위하여 원용할 수 있다.

⑤ 다른 권리구제수단이 있었다 하더라도 그것이 채권자대위권의 행사요건인 채권보전의 필요성을 부정할 사유는 될 수 없다.

해설

① 채권자대위권을 행사하기 위해서는 채권자의 채권이 변제기에 이르러야 하며, 그렇지 않을 경우에는 법원의 허가를 얻어야 한다. 그러나 보존행위에 대해서는 법원의 허가 없이도 채권의 변제기 이전에 채권자대위권을 행사할 수 있다(제404조 2항 단서). ② 채권자대위권을 행사하기 위해서는 당연히 채무자의 권리가 전제되어야 하는데, 이 경우에 채무자의 제3채무자에 대한 권리는 존재하지 않는다(김형배, 352면 참고). ③ 전 점유자의 점유를 승계한 자는 그 점유 자체와 하자만을 승계하는 것이지 그 점유로 인한 법률효과까지 승계하는 것은 아니므로, 부동산을 취득시효기간만료 당시의 점유자로부터 양수하여 점유를 승계한 현 점유자는 자신의 전 점유자에 대한 소유권이전등기청구권을 보전하기 위하여 전 점유자의 소유자에 대한 소유권이전등기청구권을 대위행사할 수 있을 뿐, 전 점유자의 취득시효완성효과를 주장하여 직접 자기에게 소유권이전등기를 청구할 권원은 없다(대판[전] 1995.3.28. 93다47745의 다수의견). ④ 채권자대위권의 대상이 될 수 있는가의 여부는 채권자가 대위행사하는 권리가 채권보전의 목적에 적합한 것인가에 따라 결정된다. 채무자의 시효원용권 역시 대위권의 목적이 된다(대판 1979.6.26. 79다407 등 참고). ⑤ 토지소유권에 근거하여 그 토지상 건물의 임차인들을 상대로 건물에서의 퇴거를 청구할 수 있었더라도 퇴거청구와 임대인을 대위하여 임차인들에게 임대차계약의 해지를 통고하고 건물의 인도를 구하는 청구는 그 요건과 효과를 달리하는 것이므로, 위와 같은 퇴거청구를 할 수 있었다는 사정이 채권자대위권의 행사요건인 채권보전의 필요성을 부정할 사유가 될 수 없다(대판 2007.5.10. 2006다82700). <답 ②>

3. A는 B에 대한 1,000만 원의 금전채권을 보전하기 위해 C에 대한 B의 500만

원의 금전채권을 대위행사하려고 한다. 두 채권의 변제기는 이미 도래하였다. 다음 설명 중 틀린 것을 고르면? <변호사 2012년 유사>

① B에게 대위권행사의 통지가 이루어진 후에도 C는 B에 대한 변제를 이유로 A에게 대항할 수 있다.

② A의 이행청구에 대하여 C는 B에 대한 A의 채권이 시효로 소멸하였다고 주장할 수 없다.

③ B가 C를 피고로 하여 금전채무의 이행을 청구하였으나 패소의 본안판결을 받았다면, A로서는 B를 대위하여 C에 대한 B의 금전채권을 행사할 수 있다.

④ 만약 A에 대한 B의 금전채무의 변제기가 도래하지 않았더라도 A로서는 500만 원의 금전채권이 시효로 소멸하는 것을 저지하기 위해 법원의 허가 없이 C에 대한 B의 금전채권을 행사할 수 있다.

⑤ 통설에 의하면 B의 권리를 대위행사한 A는 C의 변제제공을 적법하게 수령할 수 있으며, 대위수령한 목적물은 자신의 그것과 동종이므로 A는 B에 대한 자신의 금전채권을 대위수령한 목적물의 반환채무와 상계함으로써 우선변제받을 수 있다.

해설

① 대위통지나 대위소송의 고지 후에도 제3채무자는 채무자에 대한 모든 항변을 가지고 대위채권자에게 대항할 수 있다. 그러나 대위통지나 소송고지가 됨으로써 채무자의 처분권이 제한된 후에는 채무자의 처분행위를 가지고 제3채무자가 대위채권자에게 대항할 수는 없다. ② 대위채권자에 대한 채무자의 항변을 제3채무자가 원용할 수는 없다(①의 경우와 비교할 것). 또한 시효의 이익은 원래 상대적인 것이어서 제3채무자로서는 연대채무자가 아닌 이상 이를 원용할 수 없다(대판 1992.11.10. 92다35899 참고). ③ 채권자대위권은 채무자가 제3채무자에 대한 권리를 행사하지 아니하는 경우에 한정하여 채권자가 자기의 채권을 보전하기 위하여 인정되므로 A는 B의 금전채권을 대위행사할 수 없다(대판 1992.11.10. 92다30016 참고). ④ 제404조 2항 참조. ⑤ 통설(=법정재산관리권설)의 논리이다. <답 ③>

4. 채권자대위권에 관한 설명 중 옳지 않은 것은? (다툼이 있는 경우에는 판례에 의함) <사시 2008년: 배점 2, 사시 2012년 유사>

① 주택의 임대인 乙에 대한 임차인 丙의 보증금반환채권을 양수한 甲이 그 이행을 청구하기 위하여 丙의 주택 인도가 선이행되어야 할 필요가 있어서 乙을 대위하여 그 인도를 청구하는 경우, 乙이 무자력일 것을 요구하지 않는다.

② 채권자는 채무자가 스스로 그 권리를 행사하지 않을 때에만 채무자의 권리를 대위행사할 수 있으며, 채무자가 스스로 그 권리를 행사하고 있는 경우에는, 그 행사방법이나 결과가 부적당하더라도 채무자의 권리를 대

위행사할 수 없다.

③ 대위권행사의 통지 후에는 채무자가 권리를 소멸시키는 행위를 하더라도 제3채무자가 이를 채권자에게 대항할 수 없으나, 통지나 법원의 고지가 있은 후에도 채무자에 대한 변제, 상계 등 채무자의 처분행위에 의하지 않고 취득한 항변권이 있으면 채권자에게 대항할 수 있다.

④ 채권자 甲이 채무자 乙을 대위하여 제3채무자 丙에게 그 명의의 소유권이전등기의 말소절차를 직접 자기에게 이행할 것을 청구한 경우, 법원은 丙에 대하여 甲에게 직접 말소등기절차를 이행하도록 명할 수는 없다.

⑤ 상대방 배우자가 무자력인 경우, 배우자의 일방은 협의 또는 심판에 의하여 이혼으로 인한 재산분할청구권의 구체적 내용이 형성되기 전이라 할지라도 상대방 배우자에 대한 재산분할청구권을 피보전채권으로 하여 채권자대위권을 행사할 수 있다.

해설

① 대판 1989.4.25. 88다카4253,4260. ② 채무자가 자신의 권리를 스스로 행사하고 있다면, 그 행사가 채권자에게 유리한가 불리한가에 상관없이 채권자는 이를 대위행사하지 못한다. 즉, 채권자대위권은 채무자가 제3채무자에 대한 권리를 행사하지 아니하는 경우에 한하여 채권자가 자기의 채권을 보전하기 위하여 행사할 수 있는 것이기 때문이다(대판 1993.3.26. 92다32876 참고). 따라서 채권자가 대위권을 행사할 당시 이미 채무자가 그 권리를 재판상 행사하였을 때에는 설사 패소의 확정판결을 받았더라도 채권자는 채무자를 대위하여 채무자의 권리를 행사할 당사자적격이 없다(동 판례 참고). ③ 제3채무자는 대위권행사의 통지 또는 고지가 있기 전에는 채무자에 대하여 갖고 있는 항변(권리소멸 · 무효 등의 항변)을 가지고 채권자에게 대항할 수 있으나, 통지 이후에는 채무자가 그 권리를 소멸시키는 행위를 하더라도 이를 가지고 채권자에게 대항할 수 없다(제405조 2항). 왜냐하면 통지 이후에는 채무자가 자신의 권리에 대한 처분권을 상실하게 되기 때문이다. 그러나 이 경우에도 채무자에 대한 변제, 상계 또는 동시이행의 항변 등을 이유로 제3채무자는 대위채권자에게 대항할 수 있다. ④ 채권자대위권을 행사함에 있어서 채권자가 제3채무자에 대하여 자기에게 직접 급부를 요구하여도 상관없는 것이고 자기에게 급부를 요구하여도 어차피 그 효과는 채무자에게 귀속되는 것이므로, 채권자대위권을 행사하여 채권자가 제3채무자에게 그 명의의 소유권보존등기나 소유권이전등기의 말소절차를 직접 자기에게 이행할 것을 청구하여 승소하였다고 하여도 그 효과는 원래의 소유자인 채무자에게 귀속되는 것이니, 법원이 채권자대위권을 행사하는 채권자에게 직접 말소등기 절차를 이행할 것을 명하였다고 하여 무슨 위법이 있다고 할 수 없다(대판 1996.2.9. 95다27998). ⑤ 이혼으로 인한 재산분할청구권은 협의 또는 심판에 의하여 그 구체적 내용이 형성되기까지는 그 범위 및 내용이 불명확 · 불확정하기 때문에 구체적으로 권리가 발생하였다고 할 수 없다. 따라서 이를 보전하기 위하여 채권자대위권을 행사할 수는 없다(대판 1999.4.9. 98다58016).

<답 ⑤>

5. 다음 중 채권자가 채권자대위권을 행사할 수 없는 경우는?

① A는 공무원의 불법행위로 인하여 신체상의 상해를 입고 B병원에서 치료

를 받았다. 이후 A가 치료비를 지급하지 않자 A가 행사하지 않고 있던 국가에 대한 배상청구권을 B가 대위하는 경우

② B점포에서 근무하는 A는 C 소유의 자기앞 횡선수표 2매를 B점포에서 습득하고, 이를 인근 경찰서에 제출·신고하여 그 수표는 이튿날 C에게 반환되었다. 유실물법에 의해 C에 대한 보상금청구권자인 B가 보상금지급청구를 태만히 하고 있어 유실물법에 의해 B에 대해 보상금의 절반에 대한 청구권을 지닌 A가 B의 청구권을 대위행사하는 경우

③ A에 의하여 명예가 훼손된 B는 A에게 합의한 위자료 100만 원의 지급을 요구하던 중에 B의 채권자 C가 B를 대위하여 A에 대하여 위자료 100만 원의 지급을 청구하는 경우

④ A는 B에 대해 1,000만 원의 금전채권을 가지고 있는데 B가 지급기일이 되어서도 지급하지 않자, B가 상속받았으나 등기하지 않고 있던 토지에 대하여 B를 대위하여 등기를 신청하는 행위

⑤ 부동산이 C로부터 B에게, 다시 B로부터 A에게 매매되었으나 등기의 명의는 여전히 C로 되어 있는 경우, A가 C에 대해 B가 지니는 등기청구권을 대위행사하여 B에게 등기를 이전해 줄 것을 청구하는 행위

해설

①② 채권자가 가지는 권리와 채무자의 권리가 담보관계나 상호 밀접한 관계에 있다는 점에서 판례상으로 채권자대위권이 인정되고 있다(대판 1981.6.23. 80다1351; 대판 1968.6.18. 68다663. 이에 대한 자세한 내용은 김형배, 354면 참고). ③ B의 권리가 위자료지급청구권이지만 일단 금전채권으로 구체화되어 있다는 점에서는 채권자대위권의 객체가 될 수 있으나(대판 1999.4.9. 98다58016), B가 자신의 권리를 행사하고 있기 때문에 채권자대위권의 객체로서 인정될 수 없다. ④ 부동산등기법 제52조에서 명문으로 채권자의 등기청구권의 대위를 규정하고 있는 유형에 속하며, ⑤ 채권자와 채무자가 모두 특정채권을 가지고 있는 경우로 채권자대위권이 인정된다. <답 ③>

6. 다음 중 채권자대위권을 행사할 수 없는 경우를 바르게 연결한 것은?

ⓐ A가 B에게 2,000만 원을 대여해주고 그의 채권을 담보하기 위해 B 소유의 토지에 대하여 2번 저당권을 설정하였다. 그 후 B 소유의 토지에 대한 1번 저당권자의 권리가 시효로 소멸한 경우 1번 저당권의 소멸시효완성의 사실을 A가 원용하는 경우

ⓑ B는 자신의 소유지를 A에게 매각하고 등기를 해주었는데, B의 추정상속인인 子 C는 매매의 무효를 주장하고 B를 대위하여 A에 대하여 등기의 말소를 청구하는 경우

ⓒ 건물의 임차인 C가 임대인 B를 대위하여 건물의 불법점유자 A에 대해 명도를 청구하는 경우

> ⓓ A, B의 이혼 후 A는 B에게 재산분할로서 1,000만 원을 지불한다는 취지의 협의를 하였으나, B가 분할청구권을 행사하지 않고 방치하고 있었기 때문에 B의 채권자 C가 B를 대위하여 A에게 1,000만 원을 청구하는 경우
> ⓔ 홀어머니 A가 사망하면서 그녀의 자식 甲남과 乙녀 가운데 甲에게만 전 재산을 증여한다고 유언하였는데, 이와 관련하여 乙의 금전채권자 B가 乙을 대위하여 甲을 상대로 유류분반환청구권을 행사하는 경우

① ⓐ, ⓑ ② ⓐ, ⓒ ③ ⓑ, ⓓ
④ ⓑ, ⓔ ⑤ ⓓ, ⓔ

해설

ⓐ의 경우에는 소멸시효원용권도 채권자대위권의 객체로 인정하는 것이 통설의 입장이다. ⓒ는 채권자가 특정채권을 가지고 있고 채무자 역시 특정채권을 가지고 있는 경우로서 다수설에 의하더라도 채무자의 무자력 여부와 관계없이 당연히 인정된다. ⓓ의 경우에는 채권자대위권의 목적에 따라 채권의 보전에 적합한 권리는 채권자대위권의 객체로 인정할 수 있다는 점에서 협의에 의해 그 내용이 확정된 재산분할청구권은 채권자가 대위행사할 수 있다(대판 1999.4.9. 98다58016). 반면에 ⓑ의 경우에는 C의 권리가 확정되지 않았다는 점에서 대위권의 행사는 인정될 수 없다. 마찬가지로 ⓔ의 경우도, 유류분반환청구권은 그 행사 여부가 유류분권리자의 인격적 이익을 위하여 그의 자유로운 의사결정에 전적으로 맡겨진 권리로서 행사상의 일신전속성을 가진다고 보아야 하므로 유류분권리자에게 그 권리행사의 확정적 의사가 있다고 인정되는 경우가 아니라면 채권자대위권의 목적이 될 수 없다(대판 2010.5.27, 2009다93992). <답 ④>

7. 채권자대위권에 관한 다음 설명 중 틀린 것을 모두 고르면? (다툼이 있는 경우에는 판례에 의함) <사시 2004년, 법원 2003년 변형, 사시 2012년 유사>

> ㉠ 대위채권자의 채무자에 대한 채권이 채무자의 제3채무자에 대한 채권보다 나중에 성립하였다 하여 채권자대위권이 부정되는 것은 아니다.
> ㉡ 피보전채권은 보전의 필요성이 인정되고 이행기가 도래한 것이면 족하고, 그 채권의 발생원인이 어떠하든 대위권을 행사함에는 아무런 방해가 되지 아니하며, 또한 채무자에 대한 채권이 제3채무자에게까지 대항할 수 있는 것임을 요하는 것도 아니다.
> ㉢ 상소의 제기와 마찬가지로 종전 재심대상판결에 대하여 불복하여 종전 소송절차의 재개, 속행 및 재심판을 구하는 재심의 소 제기는 채권자대위권의 목적이 될 수 없다.
> ㉣ 채권자가 채무자를 상대로 채권자대위권의 피보전채권에 기한 이행청구의 소를 제기하여 승소판결이 확정된 경우, 제3채무자는

그 청구권의 존재를 다툴 수 있다.
ⓜ 어느 부진정연대채무자가 현실적으로 자신의 부담부분을 초과하는 출재를 하여 채무를 소멸시킴으로써 다른 부진정연대채무자에 대하여 구상권을 취득한 상태에 이르지 아니한 채 단지 장래에 출재를 할 경우 취득할 수 있는 다른 부진정연대채무자에 대한 구상권을 보전하기 위하여 다른 부진정연대채무자가 채권자에게 갖는 상계권을 대위 행사하는 것은 허용되지 아니한다.

① ㉠　② ㉡　③ ㉣
④ ㉠, ㉢　⑤ ㉠, ㉣　⑥ ㉡, ㉢
⑦ ㉠, ㉡, ㉢　⑧ ㉡, ㉢, ㉣, ⓜ

해설

㉢ 채권을 보전하기 위하여 대위행사가 필요한 경우는 실체법상 권리뿐만 아니라 소송법상 권리에 대하여서도 대위가 허용되나, 채무자와 제3채무자 사이의 소송이 계속된 이후의 소송수행과 관련한 개개의 소송상 행위는 그 권리의 행사를 소송당사자인 채무자의 의사에 맡기는 것이 타당하므로 채권자대위가 허용될 수 없다(대판 2012.12.27. 2012다75239). ㉣ 다툴 수 없다(대판 2003.4.11. 2003다1250 참고). ⓜ 채무자가 제3자에 대하여 갖는 상계권도 채권자대위권의 목적이 될 수 있지만, 채권자대위권을 행사하기 위해서는 원칙적으로 채권의 존재 및 보전의 필요성, 기한의 도래 등의 요건을 충족하여야 한다(대판 2010.8.26. 2009다95769). <답 ③>

8. 채권자대위권에 관한 판례의 태도 중 틀린 설명을 모두 고르면?
<사시 2012년 유사, 변호사 2012년 유사, 사시 2013년 유사>

㉠ 채권자가 채무자를 상대로 하여 소유권이전등기절차 이행의 소를 제기하여 패소의 확정판결을 받게 되면 채권자는 채무자의 제3자에 대한 권리를 행사하는 채권자대위소송에서 그 확정판결의 기판력으로 말미암아 더 이상 채무자에 대하여 동일한 청구원인으로 소유권이전등기를 할 수 없으므로 그러한 권리를 보전하기 위한 채권자대위소송은 그 요건을 갖추지 못하여 부적법한 것으로 각하되어야 한다.
㉡ 채권자가 채무자의 채권자취소권을 대위행사하는 경우, 제소기간은 채권자취소권을 대위행사하는 채권자를 기준으로 하여 그 준수 여부를 가려야 하므로, 채권자취소권을 대위행사하는 채권자가 취소원인을 안 지 1년이 지났다면 그는 채권자취소의 소를 제기할 수 없다.
㉢ 甲이 乙로부터 매수한 부동산을 다시 甲으로부터 매수한 丙이 채무자인 甲, 乙에 대하여 순차 소유권이전등기절차의 이행을 구하

는 소를 제기하여 그 중 乙에 대한 채권자대위소송이 상고심에 계속 중 甲이 乙의 매매대금잔대금지급 최고에 응하지 아니하여 乙로 하여금 매매계약을 해제할 수 있도록 한 경우, 이는 채무자가 채권자에 대한 소유권이전등기를 처분하는 것에 해당하여 甲과 乙은 丙에게 그 계약해제로써 대항할 수 없다.

ㄹ 채권자대위권 행사의 효과는 채무자에게 귀속되지만, 채권자대위소송의 제기로 인한 소멸시효 중단의 효과는 채무자에게 생기지 않는다.

ㅁ 채권자대위소송에서 피대위자인 채무자의 특정이 필요한 사항이기는 하나, 반드시 모든 경우에 일률적으로 채무자 개개인의 인적사항을 통상의 소송당사자와 같은 정도로 상세히 특정하여야 하는 것은 아니다.

ㅂ 甲은 乙에 대하여 1억 원의 대여금 채권을 가지고 있고, 乙은 丙에 대하여 1억 원의 자동차 매매대금 채권을 가지고 있다. 甲은 乙에 대한 채권을 보전하기 위하여 乙을 대위하여 丙에 대하여 매매대금을 직접 자신에게 지급하라는 소송을 제기하고 이러한 사실을 乙에게 통지한 경우, 채권자대위권을 행사하는 甲에게 변제수령의 권한을 인정하는 것은 채권자평등의 원칙에 어긋날 뿐만 아니라 丙을 이중변제의 위험에 빠지게 하는 것이므로 丙은 甲의 이행청구를 거절할 수 있다.

ㅅ 위 ㅂ의 경우, 위 소송이 제기되기 이전에 乙이 丙을 상대로 1억 원의 매매대금 채권의 지급을 구하는 소를 제기하였으나 이미 패소 확정판결을 받았다면 甲은 乙을 대위하여 권리를 행사할 수 없다.

① ㄱ, ㅁ ② ㄴ, ㄷ ③ ㄴ, ㅂ
④ ㄷ, ㅁ ⑤ ㄹ, ㅁ, ㅅ ⑥ ㄱ, ㄴ, ㄹ, ㅅ
⑦ ㄴ, ㄷ, ㄹ, ㅂ ⑧ ㄷ, ㄹ, ㅁ, ㅅ

해설

ㄱ 옳음. 대판 2003.5.13. 2002다64148. ㄴ 틀림. 채권자취소권도 채권자가 채무자를 대위하여 행사하는 것이 가능하다고 할 것인바, 민법 제404조 소정의 채권자대위권은 채권자가 자신의 채권을 보전하기 위하여 채무자의 권리를 행사할 수 있는 권리라 할 것이므로, 채권자가 채무자의 채권자취소권을 대위행사하는 경우, 제소기간은 대위의 목적으로 되는 권리의 채권자인 채무자를 기준으로 하여 그 준수 여부를 가려야 할 것이다(대판 2001.12.27. 2000다73049). ㄷ 틀림. 종래 대판 2003.1.10. 2000다27343에 의하면 옳은 지문이나 최근 전원합의체 판결에 의하여 판례가 변경되었으므로 틀린 지문이 된다. 즉, 채권자대위권 행사 사실이 통지된 후에 채무자가 채무를 불이행하여 계약이 해제되도록 한 것은 민법 제405조 제2항에 따라 채권자대위권 행사 통지 후 제한되는 처분에 해당하지 않는다. 따라서 채무자가 채권자대위권행사의 통지를 받은 후에 채무를 불이행함으로써 통지 전에 체결된 약정에 따라 매매계약이 자동적으로 해제되거나 채무자의 불이행을

이유로 제3채무자가 매매를 해제한 경우 제3채무자는 그 계약해제로써 대위권을 행사하는 채권자에게 대항할 수 있다. 다만 형식적으로는 채무자의 불이행을 이유로 한 계약해제이지만 실질적으로는 채무자와 제3채무자 사이의 합의해제라는 특별한 사정 혹은 계약해제의 외관만 갖춘 것이라는 특별한 사정이 있는 경우에는 채권자에게 대항할 수 없다(대판[전] 2012.5.17. 2011다87235. 소수의견 없음). ㉣ 틀림. 소멸시효 중단의 효과 역시 채무자에게 생긴다(대판 2011.10.13. 2010다80930). ㉤ 옳음. 채권자대위소송에서 피대위자인 채무자의 특정이 필요한 사항이기는 하나, 이는 피보전채권과 대위행사할 채권의 존부를 판단하고, 판결의 효력이 미칠 주관적 범위와 집행력이 미치는 범위를 정하며 채무자 본인이 제기할 소송이 중복소송에 해당하는지의 여부를 판단하기 위하여 요구되는 것이므로, 반드시 모든 경우에 일률적으로 채무자 개개인의 인적 사항을 통상의 소송당사자와 같은 정도로 상세히 특정하여야 하는 것은 아니다(소유권이전등기의 말소등기를 구하는 채권자대위소송에 있어서 피대위자인 채무자들을 개인별로 상세히 특정하지 아니한 채 그 상속인들 또는 그 중 한 사람만을 채무자로 특정 제기한 소송이 부적법하다고 한 원심판결을 파기한 사례)(대판 2004.11.26. 2004다40986). ㉥ 틀림. 집행채무자의 채권자가 그 집행채권자를 상대로 부당이득금반환채권을 대위행사하는 경우, 집행채무자에게 그 반환의무를 이행하도록 청구할 수도 있지만, 직접대위채권자에게 이행하도록 청구할 수도 있다고 보아야 하는데, 이와 같이 채권자대위권을 행사하는 채권자에게 변제수령의 권한을 인정하더라도 그것이 채권자평등의 원칙에 어긋난다거나 제3채무자를 이중변제의 위험에 빠뜨리게 하는 것이라고 할 수 없다(대판 2005.4.15. 2004다70024). ㉦ 옳음. 채권자가 대위권을 행사할 당시 이미 채무자가 그 권리를 재판상 행사하였을 때에는 설사 패소의 확정판결을 받았더라도 채권자는 채무자를 대위하여 채무자의 권리를 행사할 당사자적격이 없다(대판 1980.5.27. 80다735). <답 ⑦>

9. 채권자대위권에 관한 설명으로 옳지 않은 것을 모두 고르면? (다툼이 있는 경우에는 판례에 의함) <사시 2009년 변형: 배점 2>

㉠ 甲소유의 토지를 乙이 임차하고 있는 경우, 丙이 불법점거를 하고 있는 때에는 乙은 甲의 소유권에 기한 방해배제청구권을 대위행사할 수 있다.
㉡ 甲의 乙에 대한 채권이 변제기가 도래하지 아니한 경우, 자기의 채권을 보전하기 위하여 甲은 법원의 허가를 받아 乙의 丙에 대한 채권을 대위행사할 수 있다.
㉢ 토지가 甲으로부터 乙, 乙로부터 丙에게 순차 양도된 경우, 등기가 현재 甲에게 있는 때에는 丙은 乙의 甲에 대한 소유권이전등기청구권을 대위행사할 수 있다.
㉣ 甲은 乙로부터 토지거래허가구역 내의 토지를 정지조건부로 매수하였는데, 乙은 위 토지를 다시 丙에게 매도하고 신탁가등기를 경료해주었다. 이 경우, 甲은 정지조건의 성취 전이라도 乙에 대한 허가신청절차협력청구권을 피보전권리로 하여 乙을 대위해서 丙을 상대로 신탁가등기의 말소를 청구할 수 있다.
㉤ 미등기인 X토지에 대한 甲의 취득시효가 완성된 후 제3자 丙이

그 X토지에 대해 원인무효의 소유권보존등기를 경료한 경우, 그 X토지의 진정한 소유자가 성명불상자라면 甲은 그를 대위하여 丙에게 등기말소를 청구할 수 없다.

① ㉠, ㉤ ② ㉡, ㉢ ③ ㉡, ㉤
④ ㉢, ㉤ ⑤ ㉣, ㉤ ⑥ ㉠, ㉡, ㉣
⑦ ㉡, ㉢, ㉣ ⑧ ㉢, ㉣, ㉤

해설

㉠ 옳음. 乙이 甲으로부터 임차한 부동산을 제3자 丙이 불법으로 점거하여 乙의 사용·수익을 방해하는 때에는 채권자 乙은 甲이 丙에 대하여 가지고 있는 소유물방해배제청구권(제214조)을 대위행사할 수 있다(대판 1962.1.25. 4294민상607 참고). ㉡ 옳음. 채권자는 자신의 채권이 도래하기 전에는 법원의 허가 없이 채무자의 권리를 행사하지 못한다. 그러나 보전행위는 그러하지 아니하다(제404조 2항). ㉢ 옳음. 토지가 甲→乙, 乙→丙에게로 순차 양도되었는데 등기는 여전히 甲의 명의에 머물러 있는 경우에, 乙에게 등기청구권을 가지는 丙이 乙의 甲에 대한 등기이전청구권을 대위행사하여 제3채무자 甲에 대하여 乙에게 이전등기를 해줄 것을 청구할 수 있다(대판 1976.10.12. 76다1591 참고). ㉣ 틀림. 보전의 필요성은, 채권자가 보전하려는 권리와 대위하여 행사하려는 채무자의 권리가 밀접하게 관련되어 있고, 채권자가 채무자의 권리를 대위하여 행사하지 않으면 자기 채권의 완전한 만족을 얻을 수 없게 될 위험이 있어 채무자의 권리를 대위하여 행사하는 것이 자기 채권의 현실적 이행을 유효·적절하게 확보하기 위하여 필요한 것을 말하며, 채권자대위권의 행사가 채무자의 자유로운 재산관리행위에 대한 부당한 간섭이 된다는 등의 특별한 사정이 있는 경우에는 보전의 필요성을 인정할 수 없다(대판 2013.5.23. 2010다50014). 지문의 경우, 토지거래허가구역 내의 거래라는 점에서 甲의 채권이 유효하게 성립하지 않았고, 나아가 정지조건의 성취도 되지 않은 상태라는 점에서 甲의 허가신청절차협력청구권의 실현가능성이 낮다는 점, 乙이 丙에게 제2매매를 하는 것은 乙의 자유로운 재산관리행위에 속한다는 점 등을 근거로 채권자대위권의 행사를 부정하였다. ㉤ 틀림. 채무자인 진정한 소유자가 성명불상자라 하여도 그가 위 등기의 말소를 구하는 데 어떤 법률적 장애가 있다고 할 수는 없다(대판 1992.2.25. 91다9312). <답 ⑤>

10. 강씨는 최씨에 대한 1억 원의 금전채권을 보전할 목적으로 박씨에 대한 최씨의 금전채권을 행사하기 위해 박씨를 피고로 하여 대위소송을 제기하였다. 이와 관련하여 원고 강씨가 입증해야 할 사항과 거리가 먼 것을 모두 고르면? (다툼이 있는 경우에는 판례에 의함)

ⓐ 최씨에 대한 1억 원의 금전채권이 소멸하지 않고 존재하고 있다는 사항
ⓑ 최씨에 대한 1억 원의 금전채권은 물품외상채권이라는 사항
ⓒ 최씨가 강씨에 대한 1억 원의 금전채무를 변제할 만한 자력을 보유하고 있지 않다는 사항
ⓓ 강씨에 대해 부담하는 최씨의 금전채무가 그 이행기를 도과하였다

는 사항
ⓔ 강씨는 최씨에 대한 금전채권을 가지고 박씨에게도 대항할 수 있다는 사항

① ⓐ ② ⓑ ③ ⓑ, ⓓ
④ ⓑ, ⓔ ⑤ ⓑ, ⓓ, ⓔ

해설

채권자대위권을 행사하기 위해서는 채권자가 자신의 채권을 보전할 필요성이 존재하고 그 채권이 이행기에 있어야 한다. 이와 관련하여 그 입증의 내용에 대해 판례는 다음과 같이 반복하여 판시하고 있다. 즉, 보전되는 채권은 보전의 필요성이 인정되고 이행기가 도래한 것이면 족하고, 그 채권의 발생원인이 어떠하든 대위권을 행사함에는 아무런 방해가 되지 아니하며 또한 채무자에 대한 채권이 제3채무자에게까지 대항할 수 있는 것임을 요하는 것도 아니다. 이를 재판상 행사하는 경우에서도 채권자인 원고는 그 채권의 존재사실 및 보전의 필요성, 기한의 도래 등을 입증하면 족한 것이지, 채권의 발생원인사실 또는 그 채권이 제3채무자인 피고에게 대항할 수 있는 채권이라는 사실까지 입증할 필요는 없다. 따라서 채권자가 채무자를 상대로 하여 그 보전되는 청구권에 기한 이행청구의 소를 제기하여 승소판결이 확정되면 제3채무자는 그 청구권의 존재를 다툴 수 없다(대판 2001.10.12. 2001다43885 등 참고). <답 ④>

11. 甲이 자기 소유의 토지를 乙에게 매도하고 乙이 계약금 및 중도금만 지급하고 잔금을 지급하지 아니하여 아직 소유권이전등기가 경료되지 아니한 상태에서, 다시 乙이 丙에게 위 토지를 매도하고 丙은 乙에게 대금 전액을 지급하였다. 이에 관한 설명 중 옳은 것은? (다툼이 있는 경우에는 판례에 의함)

<사시 2005년, 변호사 2012년 유사>

① 丙은 乙에 대한 소유권이전등기청구권을 보전하기 위하여 乙을 대위하여 甲에게 소유권이전등기 청구를 할 수 있는바, 이 경우 乙은 무자력이어야 한다.

② 丙이 乙을 대위하여 甲에게 소유권이전등기를 청구하는 경우, 甲은 丙에 대하여 잔금수령과 동시에 이행하겠다는 항변을 할 수 있다.

③ 丙이 乙을 대위하여 甲에게 제기한 소유권이전등기청구소송이 계속 중이더라도, 乙은 직접 甲을 상대로 소유권이전등기청구소송을 제기할 수 있다.

④ 丙이 乙을 대위하여 甲에게 제기한 소유권이전등기청구소송의 판결의 효력은 乙이 소송제기를 알았는지의 여부에 불구하고 乙에게 미친다.

⑤ 乙과 丙 사이의 매매계약이 사회질서에 위반되어 무효이더라도, 甲과 乙 사이의 매매계약이 유효하면, 丙은 乙을 대위하여 甲에게 소유권이전등기청구를 할 수 있다.

해설

① 채무자의 무자력을 요건으로 하지 않는다(대판 1992.10.27. 91다483). ② 채무자 자신

이 권리를 행사하는 경우에 비해 채권자의 대위권행사로 인하여 제3채무자의 지위가 열악하게 되어서는 아니 되기 때문이다. ③ 소송행위도 채권자대위권의 객체가 되기 때문에 중복제소에 해당한다. ④ 채권자가 채권자대위권을 행사하는 방법으로 제3채무자를 상대로 소송을 제기하고 판결을 받은 경우에는 어떠한 사유로 인하였던 적어도 채무자가 채권자 대위권에 의한 소송이 제기된 사실을 알았을 경우에는 그 판결의 효력은 채무자에게 미친다(대판[전] 1975.3.13. 74다1664). <답 ②>

12. 甲은 자신의 A토지를 乙에게 매도하였으나 乙이 계약금과 중도금만 지급하고 잔금을 지급하지 않아 아직 乙 명의로 소유권이전등기가 경료되지 않았다. 그 후 乙은 丙에게 A토지를 매도하고 丙으로부터 매매대금 전액을 지급받았다. 이에 관한 설명 중 옳은 것을 모두 고르면? (다툼이 있는 경우에는 판례에 의함) <사시 2010년 변형: 배점 3, 변호사 2012년 유사>

> ㉠ 乙이 甲에 대해 A토지에 관한 처분금지가처분을 신청할 수 있는 경우, 丙은 乙에 대한 소유권이전등기청구권을 보전하기 위해 乙을 대위하여 위 가처분을 신청할 수 있다.
> ㉡ 丙이 乙을 대위하여 甲에게 소유권이전등기청구권을 행사하고 그 사실을 乙에게 통지한 후에는 甲과 乙이 매매계약을 합의해제하여 A토지에 대한 소유권이전등기청구권을 소멸시켜도 이로써 丙에게 대항하지 못한다.
> ㉢ 丙이 乙을 대위하여 甲에게 소유권이전등기청구권을 행사하고 그 사실을 乙에게 통지한 후에는 甲과 乙 사이의 매매계약이 통정허위표시로서 무효이더라도 甲은 그 사정을 모르는 丙에게 대항하지 못한다.
> ㉣ 丙이 乙을 대위하여 甲에게 소유권이전등기를 청구하는 경우, 甲은 丙에 대하여 잔금채무의 이행과 동시에 이행하겠다는 항변을 할 수 있다.
> ㉤ 丙이 乙을 대위하여 甲에게 소유권이전등기청구권을 행사하고 그 사실을 乙에게 통지한 후에는 乙은 甲으로부터 소유권이전등기를 경료받을 수 없다.

① ㉠, ㉡ ② ㉠, ㉣ ③ ㉠, ㉡, ㉢
④ ㉠, ㉡, ㉣ ⑤ ㉡, ㉢, ㉣ ⑥ ㉡, ㉣, ㉤
⑦ ㉢, ㉣, ㉤ ⑧ ㉠, ㉡, ㉢, ㉣

해설

㉠ 부동산의 전득자가 양수인 겸 전매인(채무자)에 대한 소유권이전등기청구권을 보전하기 위하여 양수인을 대위하여 양도인(제3채무자)을 상대로 처분금지가처분결정을 받아 그 등기를 마친 경우 그 가처분은 전득자가 양수인에 대한 소유권이전등기청구권을 보전하기 위하여 양도인이 양수인 이외의 자에게 그 소유권의 이전 등 처분행위를 못하게 하는 데에 그 목적이 있는 것이다(대판 1998.2.13. 97다47897). ㉡ 채권자대위권의 행사에서 채

무자가 채권자대위권을 행사한 점을 알게 된 이후에는 채무자가 그 권리를 처분하여도 이로써 채권자에게 대항할 수 없다. 따라서 채권자가 채무자를 대위하여 제3채무자의 부동산에 대한 처분금지가처분을 신청하여 처분금지가처분 결정을 받은 경우, 이는 그 부동산에 관한 소유권이전등기청구권을 보전하기 위한 것이므로 피보전권리인 소유권이전등기청구권을 행사한 것과 같이 볼 수 있다. 결국, 채무자가 그러한 채권자대위권의 행사 사실을 알게 된 이후에 그 부동산에 대한 매매계약을 합의해제함으로써 채권자대위권의 객체인 그 부동산의 소유권이전등기청구권을 소멸시켰다 하더라도 이로써 채권자에게 대항할 수 없다(대판 1996.4.12. 95다54167). ㉢ 대위권행사를 위해서는 채권자의 채권이 제3채무자에 대한 채무자의 채권보다 먼저 성립해야 할 필요는 없기 때문에(통설), 피보전채권이 먼저 성립한 경우에는 허위표시를 기초로 하여 새로운 이해관계를 맺은 자가 아니므로 제108조 2항의 제3자에 해당하지 않는다. 하지만 사례처럼 피보전채권이 나중에 성립한 경우에는 丙은 甲과 乙의 매매계약에 기초하여 새로운 이해관계를 맺은 자이고 그의 채권을 보전하기 위하여 제3채무자에 대한 乙의 채권을 행사하는 것이므로 제108조 2항상 제3자에 해당한다. ㉣ 제3채무자는 무효사유, 취소사유 또는 항변권 등 채무자에 대한 '자신'의 모든 항변사유로써 대위채권자에게 대항할 수 있다. ㉤ 채권자가 채무자를 대위하여 채무자의 제3채무자에 대한 권리를 행사하고 채무자에게 통지를 하거나 채무자가 채권자의 대위권행사 사실을 안 후에는 채무자는 그 권리에 대한 처분권을 상실하여 그 권리의 양도나 포기 등 처분행위를 할 수 없고 채무자의 처분행위에 기하여 취득한 권리로서는 채권자에게 대항할 수 없으나, 채무자의 변제수령은 처분행위라 할 수 없고 같은 이치에서 채무자가 그 명의로 소유권이전등기를 경료하는 것 역시 처분행위라고 할 수 없으므로 소유권이전등기청구권의 대위행사 후에도 채무자는 그 명의로 소유권이전등기를 경료하는 데 아무런 지장이 없다(대판 1991.4.12. 90다9407). <답 ⑧>

2. 채권자취소권

13. 채권자취소권에 관한 다음 설명 중 틀린 것은?

① 소멸시효완성 후에 채무자가 행한 채무의 승인에 대해서도 취소할 수 있다.
② 채무자가 행한 상속의 포기에 대해서는 사해행위로서 취소할 수 없다.
③ 채무자가 연대채무를 부담하는 행위도 사해행위에 해당한다.
④ 채무자가 제3자에게 채권자를 해하는 증여를 행한 경우에 사후에 자력을 회복하더라도 그 증여계약을 취소할 수 있다.
⑤ 채무자가 현재 무자력 상태이지만 법률행위 당시에는 자력이 있었다면 그 법률행위를 사해행위로서 취소할 수 없다.
⑥ 사해행위취소로 인한 원상회복을 가액배상으로 하는 경우, 그 이행의 상대방은 채권자이어야 한다.
⑦ 사해행위 취소로 인한 원상회복으로 부동산을 반환하는 경우에 그 사용이익이나 임료상당액은 반환할 필요 없다.

해설

① 채권자취소권의 대상이 되는 것은 채무자의 법률행위이지만, 이때 채권양도통지 · 채무

승인과 같은 준법률행위 또는 법률상의 추인·법정추인과 같이 법률행위를 한 것과 같은 법률상 효과를 가져오는 경우에도 책임재산의 감소를 초래한다면 채권자취소권이 인정된다. 다만, 채권양도행위가 사해행위에 해당하지 않는 경우에 양도통지가 따로 채권자취소권 행사의 대상이 될 수는 없다(대판 2012.8.30. 2011다32785,32792). ② 상속은 피상속인이 사망 당시에 가지던 모든 재산적 권리 및 의무·부담을 포함하는 총체재산이 한꺼번에 포괄적으로 승계되는 것으로서 다수의 관련자가 이해관계를 가지는데, 위와 같이 상속인으로서의 자격 자체를 좌우하는 상속포기의 의사표시에 사해행위에 해당하는 법률행위에 대하여 채권자 자신과 수익자 또는 전득자 사이에서만 상대적으로 그 효력이 없는 것으로 하는 채권자취소권의 적용이 있다고 하면, 상속을 둘러싼 법률관계는 그 법적 처리의 출발점이 되는 상속인 확정의 단계에서부터 복잡하게 얽히게 되는 것을 면할 수 없다. 또한 상속인의 채권자의 입장에서는 상속의 포기가 그의 기대를 저버리는 측면이 있다고 하더라도 채무자인 상속인의 재산을 현재의 상태보다 악화시키는 것은 아니다. 이러한 점들을 종합적으로 고려하여 보면, 상속의 포기는 민법 제406조 제1항에서 정하는 "재산권에 관한 법률행위"에 해당하지 아니하여 사해행위 취소의 대상이 되지 못한다(대판 2011.6.9. 2011다29307). ③ 채무자의 최고·검색의 항변권이 인정되는 보증채무와 달리 연대채무에 있어서는 다른 연대채무자에게 자력이 있다 할지라도 채권자의 이행청구에 대해 항변할 수 없으므로 사해행위의 성립이 인정된다(다만 취소권의 범위에 대해서는 견해대립). ④⑤ 채무자의 자력 유무는 행위 당시를 산정기준으로 하지만, 무자력 상태는 사실심의 변론종결시까지 지속되어야 한다. 행위 당시에 채권자를 해하지 않은 이상 그 후 사후적으로 무자력으로 된다 할지라도 무자력산정의 시기를 소급하여 판단해서는 안 된다(대판 2009.3.26. 2007다63102 참고). ⑥ 대판 2008.4.24. 2007다84352. ⑦ 사해행위의 취소 및 원상회복은 책임재산의 보전을 위하여 필요한 범위 내로 한정되어야 하므로 원래의 책임재산을 초과하는 부분까지 원상회복의 범위에 포함된다고 볼 수 없다. 따라서 당초 채권자의 공동담보를 이루는 채무자의 책임재산은 당해 부동산이었을 뿐 수익자 또는 전득자가 그 부동산을 사용함으로써 얻은 사용이익이나 임차인으로부터 받은 임료상당액까지 채무자의 책임재산이었다고 볼 수 없으므로 수익자 등이 원상회복으로서 당해 부동산을 반환하는 이외에 그 사용이익이나 임료상당액을 반환해야 하는 것은 아니다(대판 2008.12.11. 2007다69162). <답 ④>

14. 채권자취소권에 관한 다음 설명 중 틀린 것은? (다툼이 있는 경우에는 판례에 의함) <변호사 2012년 유사>

① 매도행위가 사해행위에 해당하는 경우, 제3자가 목적물에 관하여 저당권 등의 권리를 취득한 때에는 수익자를 상대로 가액배상만을 구할 수 있을 뿐, 원물반환을 구할 수는 없다.

② 수익자는 선의이고 이로부터 전득한 자만이 악의인 경우에 채권자는 악의의 전득자를 상대방으로 하여서 채권자취소권을 행사할 수 있다.

③ 채권자취소권은 원칙적으로 사해행위 당시 채권자가 가지는 채권액을 기준으로 하는 범위에서만 행사할 수 있다.

④ 채권자취소권은 총채권자의 공동담보로 기능하지만, 회복될 재산의 반환채무와 취소권자의 채권이 상계적상에 있는 경우에는 사실상 우선변제받는다.

⑤ 채권자취소권의 소제기기간은 채권자가 취소원인을 안 날로부터 1년, 법률행위가 있는 날로부터 5년이다.

⑥ 파산자의 채권에 기한 사해행위취소의 소에서 채무자의 사해행위를 알았는지 여부는 파산자를 기준으로 판단하여야 할 것이나, 파산자가 사해행위의 취소원인을 알지 못한 상태에서 파산관재인이 선임되었다면 그 파산관재인을 기준으로 판단하여야 한다.

⑦ 사해행위 이후에 채권을 취득한 채권자는 사해행위취소와 원상회복의 효력을 받는 채권자에 포함되지 않는다.

해설

① 사해행위 후 그 목적물에 관하여 제3자가 저당권이나 지상권 등의 권리를 취득한 경우에, 수익자가 목적물을 저당권 등의 제한이 없는 상태로 회복하여 이전하여 줄 수 있다는 등의 특별한 사정이 없는 한 채권자는 수익자를 상대로 원물반환 대신 그 가액 상당의 배상을 구할 수도 있다고 할 것이나, 그렇다고 하여 채권자가 스스로 위험이나 불이익을 감수하면서 원물반환을 구하는 것까지 허용되지 아니하는 것으로 볼 것은 아니고, 그 경우 채권자는 원상회복 방법으로 가액배상 대신 수익자 명의의 등기의 말소를 구하거나 수익자를 상대로 채무자 앞으로 직접 소유권이전등기절차를 이행할 것을 구할 수 있다(대판 2001.2.9. 2000다57139). ② 수익자와 전득자 모두의 악의를 필요로 하지 않고 어느 일방만이 사해행위에 대한 악의가 있으면 족하다(제406조 1항 단서 참조). 한편, 전득자의 악의 판단에서는 전득자가 전득행위 당시 채무자와 수익자 사이의 법률행위 사해성을 인식하였는지만이 문제가 될 뿐이고, 수익자가 채무자와 수익자 사이 법률행위의 사해성을 인식하였는지는 원칙적으로 문제가 되지 않는다(대판 2012.8.17. 2010다87672). ③ 취소의 범위는 다수설에 따르면 사해행위 당시의 취소채권자의 채권액을 기준으로 한다고 한다. 다만 채권보전의 필요가 있거나, 사해행위의 목적물이 불가분이거나, 다른 채권자의 배당가입의 신청이 분명한 경우에는 채권자의 채권액을 초과하여 취소권을 행사할 수 있다. 그러나 상대적 무효설이 취소권행사의 범위를 원칙적으로 취소권자의 채권액으로 하는 것은 채권자취소권제도가 채권의 공동담보의 보전을 목적으로 한다는 제도적 취지와 일치하지 않는다는 비판이 있다. ④ 일탈재산이 원상회복에 의해 채무자에게 반환된 경우에는 채무자의 책임재산으로 회복되어 총채권자의 공동담보가 된다. 다만 다수설에 따르면 부동산 이외의 재산, 특히 대가금액의 경우에는 취소채권자는 수익자 또는 전득자에 대하여 자기에게 인도할 것을 청구하여 자기의 채권이 인도받은 재산의 반환채무와 상계적상에 있는 경우에는 사실상 우선변제를 받을 수 있다고 한다. 그러나 상대적 무효설에 따를 경우 채무자는 채권자에게 목적물에 대한 인도청구권을 가질 수 없기 때문에 상계할 수동채무가 존재하지 않게 된다는 모순이 발생한다. ⑤ 제406조 2항. ⑥ 대판 2008.4.24. 2006다5701. ⑦ 옳음. 채권자취소권은 채무자가 채권자를 해함을 알면서 자기의 일반재산을 감소시키는 행위를 한 경우에 그 행위를 취소하여 채무자의 재산을 원상회복시킴으로써 모든 채권자를 위하여 채무자의 책임재산을 보전하는 권리이나, 사해행위 이후에 채권을 취득한 채권자는 채권의 취득 당시에 사해행위취소에 의하여 회복되는 재산을 채권자의 공동담보로 파악하지 아니한 자로서 민법 제407조 소정의 사해행위취소와 원상회복의 효력을 받는 채권자에게 포함되지 아니한다(대판 2009.6.23. 2009다18502). <답 ①>

15. 채권자취소권에 관한 설명 중 잘못된 것은? (다툼이 있는 경우에는 판례에

의함) <변호사모의 2010년 유사, 사시 2013년 유사>

① 채권자가 채권자취소권을 행사하려면 사해행위로 인하여 이익을 받은 자나 전득한 자를 상대로 그 법률행위의 취소를 청구하는 소송을 제기하여야 되는 것으로서 채무자를 상대로 그 소송을 제기할 수는 없다.

② 채권자취소권의 요건을 갖춘 여러 명의 채권자가 동시에 또는 시기를 달리하여 사해행위취소 및 원상회복청구의 소를 제기하더라도 중복제소에 해당하지 않는다.

③ 채권자취소권은 법원에 소를 제기하는 방법으로 청구할 수 있을 뿐 소송상의 공격방어방법으로 주장할 수는 없다.

④ 상속재산의 분할협의는 사해행위취소권 행사의 대상이 될 수 없다.

⑤ 채권자취소권을 특정물에 대한 소유권이전등기청구권을 보전하기 위하여 행사하는 것은 허용되지 않으므로, 부동산의 제1양수인은 자신의 소유권이전등기청구권 보전을 위하여 양도인과 제3자 사이에서 이루어진 이중양도행위에 대하여 채권자취소권을 행사할 수 없다.

⑥ 사해행위취소소송에서는 수익자의 선의 여부만이 문제되고 수익자의 선의에 과실이 있는지 여부는 문제되지 않는다.

⑦ 채권자취소권의 행사에 있어서 제척기간의 기산점은 채권자가 구체적인 사해행위의 존재와 채무자에게 사해의 의사가 있었다는 사실까지 안 날을 말한다.

해설

① 채권자취소권을 채권자가 수익자 또는 전득자를 피고로 하여 자신의 이름으로 재판상 행사하여야 한다. 채무자는 그 상대방이 아니다(대판 2009.1.15. 2008다72394 등 참고). ② 채권자취소권의 요건을 갖춘 각 채권자는 고유의 권리로서 채무자의 재산처분 행위를 취소하고 그 원상회복을 구할 수 있는 것이므로 여러 명의 채권자가 동시에 또는 시기를 달리하여 사해행위취소 및 원상회복청구의 소를 제기한 경우 이들 소가 중복제소에 해당하지 않는다. (한편) 어느 한 채권자가 동일한 사해행위에 관하여 사해행위취소 및 원상회복청구를 하여 승소 판결을 받아 그 판결이 확정되었다는 것만으로는 그 후에 제기된 다른 채권자의 동일한 청구가 권리보호의 이익이 없게 되는 것은 아니지만, 그에 기하여 재산이나 가액의 회복을 마친 경우에는 비로소 다른 채권자의 사해행위취소 및 원상회복청구는 그와 중첩되는 범위 내에서 권리보호의 이익이 없게 된다(대판 2008.4.24. 2007다84352 등). (그러나) 채권자가 보전하고자 하는 채권을 달리하여 동일한 법률행위의 취소 및 원상회복을 구하는 채권자취소의 소를 이중으로 제기하는 경우 전소와 후소는 소송물이 동일하다고 보아야 하고, 이는 전소나 후소 중 어느 하나가 승계참가신청에 의하여 이루어진 경우에도 마찬가지이다(대판 2012.7.5. 2010다80503). ③ 채권자취소권은 재판상 행사여야 하며(제406조 1항 본문), 소송상의 공격방어방법으로는 행사할 수 없다(대판 1995.7.25. 95다8393). 이와 같이 소제기의 방법으로만 행사하도록 한 까닭은 취소의 효과가 제3자의 이해에 중대한 영향을 미치므로 법원에서 취소권행사의 요건을 판단하도록 하고, 이를 다른 채권자에게 공시하도록 하기 위한 것이다. ④ 상속재산의 분할협의는 상속이 개시되어 공동상속인 사이에 잠정적 공유가 된 상속재산에 대하여 그 전부 또는 일

부를 각 상속인의 단독소유로 하거나 새로운 공유관계로 이행시킴으로써 상속재산의 귀속을 확정시키는 것으로 그 성질상 재산권을 목적으로 하는 법률행위이므로 사해행위취소권 행사의 대상이 될 수 있다(대판 2001.2.9. 2000다51797). 특히, 이미 채무초과 상태에 있는 채무자가 상속재산의 분할협의를 하면서 자신의 상속분에 관한 권리를 포기함으로써 일반 채권자에 대한 공동담보가 감소한 경우에도 원칙적으로 채권자에 대한 사해행위에 해당한다(대판 2007.7.26. 2007다29119). ⑤ 채권자취소권에 의해 보전되는 채권은 원칙적으로 금전채권에 한정되고, 등기청구권 등의 특정채권의 보전을 위해서는 취소권의 행사가 인정되지 않는다(통설). 판례도 특정물채권을 보전하기 위하여 채권자취소권을 행사하는 것은 허용되지 않는다고 한다(대판 1995.2.10. 94다2534 참고). 따라서 부동산의 제1매수인인 채권자는 자신의 소유권이전등기청구권 보전을 위하여, 채무자와 제3자 사이에 이루어진 제2 매매의 소유권이전등기의 말소를 구하는 채권자취소권을 행사할 수 없다(대판 1999.4.27. 98다56690). ⑥ 대판 2008.7.10. 2007다74621 참고. 사해행위취소소송에서 수익자의 악의는 추정되므로 수익자로서는 자신의 책임을 면하려면 자신의 선의를 입증하여야 하는데, 이 경우 수익자의 선의 여부는 채무자와 수익자의 관계, 채무자와 수익자 사이의 처분행위의 내용과 그에 이르게 된 경위 또는 동기, 그 처분행위의 거래조건이 정상적이고 이를 의심할 만한 특별한 사정이 없으며 정상적인 거래관계임을 뒷받침할 만한 객관적인 자료가 있는지 여부, 그 처분행위 후의 정황 등 여러 사정을 종합적으로 고려하여 논리칙·경험칙에 비추어 합리적으로 판단하여야 한다(대판 2010.8.19. 2010다30102). 물론 사해행위 당시 수익자가 선의였음을 인정하기 위해서는 객관적이고도 납득할 만한 증거자료 등이 뒷받침되어야 하고, 채무자의 일방적인 진술이나 추측에 불과한 사정 등에만 터 잡아 사해행위 당시 수익자가 선의였다고 선뜻 단정하여서는 안 된다(대판 2010.11.25. 2009다36296). ⑦ 채권자취소권의 행사에 있어서 제척기간의 기산점인 채권자가 "취소원인을 안 날"이라 함은 채무자가 채권자를 해함을 알면서 사해행위를 하였다는 사실을 알게 된 날을 의미한다. 이는 단순히 채무자가 재산의 처분행위를 한 사실을 아는 것만으로는 부족하고, 구체적인 사해행위의 존재를 알고 나아가 채무자에게 사해의 의사가 있었다는 사실까지 알 것을 요한다(대판 2012.1.12. 2011다82384 등). <답 ④>

16. 채권자취소권에 관한 설명 중 옳지 않은 것은? (다툼이 있는 경우에는 판례에 의함) <사시 2012년 유사>

① 채권자가 수익자에 대하여 원상회복을 청구하지 아니한 채 사해행위의 취소만을 먼저 청구하는 것도 허용되고, 이 경우 사해행위 취소청구가 민법 소정의 제척기간 내에 제기되었다면 원상회복의 청구는 그 기간이 지난 뒤에도 할 수 있다.

② 채권자가 채무자를 상대로 그 채무의 이행을 구하는 소를 제기하여 승소판결이 확정되었다 하더라도 그 판결의 기판력이 수익자에게 미치는 것은 아니므로, 채권자가 수익자를 상대로 하여 제기한 채권자취소소송에서 수익자는 위 승소판결에서 확정된 채권자의 채권의 존부나 범위에 관하여 다툴 수 있다.

③ 채권자는 사해행위의 취소로 인한 원상회복방법으로 수익자 명의의 등기의 말소를 구하는 대신 수익자를 상대로 채무자 앞으로 직접 소유권이

전등기절차를 이행할 것을 구할 수도 있다.

④ 개인회생절차 개시결정이 내려진 후에는 개인회생채권자가 개별적 강제집행을 전제로 하여 개개의 채권에 대한 책임재산의 보전을 목적으로 하는 채권자취소소송을 제기할 수는 없다.

⑤ 공사도급계약의 수급인인 甲이 공사가 완공되지 못하고 중도에 계약이 해제될 경우 乙에게 일정액의 돈을 지급하여야 하는 정지조건부채무를 부담하고 있는데, 정지조건 성취 전 자신의 유일한 부동산에 관하여 근저당권설정계약을 체결한 후 丙에게 근저당권설정등기를 마쳐준 경우, 사해행위 당시에 정지조건이 성취되지 않았다고 하더라도 정지조건부채권을 피보전권리로 하여 채권자취소권을 행사할 수 있다.

해설

① 채권자가 민법 제406조 1항에 따라 사해행위의 취소와 원상회복을 청구하는 경우 사해행위의 취소만을 먼저 청구한 다음 원상회복을 나중에 청구할 수 있다. 또한 채권자가 민법 제406조 1항에 따라 사해행위의 취소와 원상회복을 청구하는 경우 사해행위 취소청구가 민법 제406조 2항에 정하여진 기간 안에 제기되었다면 원상회복의 청구는 그 기간이 지난 뒤에도 할 수 있다(대판 2001.9.4. 2001다14108). ② 채권자가 채무자를 상대로 그 채무의 이행을 구하는 소를 제기하여 승소판결이 확정되면 채권자취소소송의 상대방인 수익자나 전득자는 그와 같이 확정된 채권자의 채권의 존부나 범위에 관하여 다툴 수 없다(대판 2003.7.11. 2003다19572). ③ 대판 2000.2.25. 99다53704 참고. ④ 채무자는 총채권자에 대한 평등변제를 목적으로 하는 부인권을 행사하여야 하고, 개인회생채권자는 개인회생채권자목록에 기재된 개인회생채권을 변제받거나 변제를 요구하는 일체의 행위를 할 수 없기 때문이다(대판 2010.9.9. 2010다37141). ⑤ 취소채권자의 채권이 정지조건부채권이라 하더라도 장래에 정지조건이 성취되기 어려울 것으로 보이는 등 특별한 사정이 없는 한, 이를 피보전채권으로 하여 채권자취소권을 행사할 수 있다(대판 2011.12.8. 2011다55542). <답 ②>

17. 채권자취소권에 관한 다음 설명 중 잘못된 것은? (다툼이 있는 경우에는 판례에 의함) <법원 2006년 변형, 사시 2013년 유사>

① 채무초과 상태의 채무자가 자신의 유일한 재산을 특정 채권자에게 대물변제조로 양도한 행위는, 그것이 최고액 채권자와의 거래관계를 유지하면서 회사의 갱생을 도모하기 위한 유일한 방안이었다면, 그 양도행위가 다른 채권자를 해하는 사해행위라고 단정하기 어렵다.

② 채권자취소권을 행사하는 채권자가 원상회복을 구하는 채권액은 사해행위 당시의 원금뿐만 아니라 사실심변론종결 당시까지 발생한 이자나 지연손해금도 이에 포함된다.

③ 채무자가 연속하여 수개의 재산처분행위를 한 경우에는, 그 행위들을 하나의 행위로 보아야 할 특별한 사정이 없는 한, 일련의 행위를 일괄하여 그 전체의 사해성 여부를 판단할 것이 아니라 각 행위마다 그로 인하여

무자력이 초래되었는지의 여부에 따라 사해성 여부를 판단하여야 한다.

④ 채무자가 채무초과 상태에서 채권자 중의 1인과 통모하여 그에게 부동산을 매도하고 매매대금채권을 그 채권자의 채권과 상계한 경우, 가사 매매가격이 상당한 가격이거나 상당한 가격을 초과한다고 할지라도, 채무자의 매각행위는 다른 채권자를 해할 의사로 한 법률행위에 해당한다.

⑤ 취득시효 완성 후 그 부동산의 소유자가 이를 타인과의 법률행위로 처분한 경우, 시효완성자는 소유권이전등기청구권의 침해를 이유로 채권자취소권을 행사할 수 있다.

⑥ 채권자가 채무자 소유의 부동산에 대하여 자신의 채권을 보전하기 위해 가압류등기를 한 후에 근저당권설정등기가 경료된 경우, 채권자의 실제 채권액이 가압류 채권금액보다 많다면 그 초과하는 부분에 관하여는 가압류의 효력이 미치지 아니하여 그 부분 채권을 피보전채권으로 하여 채권자취소권을 행사할 수 있다.

⑦ 채무자가 기존채무의 변제를 위하여 특정채권자와 소비대차계약을 체결하고, 강제집행을 승낙하는 취지의 공정증서를 작성해주어 채무자 소유의 부동산에 대한 경매절차에서 그가 배당을 받았더라도, 채무자의 책임재산을 그 채권자에게 실질적으로 양도한 것이 아니라면 다른 채권자는 위 소비대차계약을 사해행위라는 이유로 취소할 수 없다.

해설

① 대판 2010.9.30. 2007다2718. ② 대판 2001.9.4. 2000다66416 참고. ③ 대판 2002. 9.24. 2002다23857(그러나 그 일련의 행위를 하나의 행위로 볼 특별한 사정이 있는 때에는 이를 일괄하여 전체로서 사해성이 있는지 판단하게 되고, 이때 그러한 특별한 사정이 있는지 여부를 판단함에 있어서는 처분의 상대방이 동일한지, 처분이 시간적으로 근접한지, 상대방과 채무자가 특별한 관계에 있는지, 처분의 동기 내지 기회가 동일한지 등이 구체적 기준이 되어야 한다). ④ 대판 1994.6.14. 94다2961,2978. ⑤ 채권자취소권 제도는 채무자의 행위로 인하여 일반재산이 감소되어 총 채권자들의 채권의 공동담보에 부족이 생겨 채권자를 해하는 것을 방지하기 위한 제도이므로, 위와 같은 경우에는 채권자최소권의 행사를 인정할 수 없다는 것이 판례의 견해이다(대판 1992.11.24. 92다33855,33862). ⑥ 대판 2008.2.28. 2007다77446. ⑦ 대판 2011.12.22. 2010다103376. <답 ⑤>

18. 채권자취소권에 관한 설명 중 옳지 않은 것은?(다툼이 있는 경우에는 판례에 의함) <변호사모의 2011년 변형, 사시 2013년 유사>

① 채권자 甲이 채권 담보를 위하여 채무자 乙로부터 백지근저당권설정계약서를 교부받을 당시에는 乙이 채무초과 상태가 아니었으나 이를 보충한 때에 乙이 채무초과 상태에 있었다면 그 근저당권설정계약은 사해행위에 해당한다.

② 채무자의 행위가 사해행위로 인정되어 취소되는 경우, 선의의 제3자를

보호하기 위하여 목적물의 가액을 반환하는 것이 원칙이다.

③ 채권자 甲이 채무자 乙 소유의 X부동산에 대해 가압류를 경료한 상태에서 乙이 다른 채권자 丙에게 근저당권을 설정해 준 경우, 甲은 丙을 상대로 채권자취소권을 행사할 수 없다.

④ 채권자 甲이 채무자 乙 소유의 X부동산에 대해 가압류를 경료한 상태에서 乙이 A가 부담하는 채무에 대하여 A의 채권자 丙에게 근저당권을 설정해 준 경우, 甲은 丙을 상대로 채권자취소권을 행사할 수 있다.

⑤ 사해행위의 취소 및 원상회복으로 원물반환 청구를 하여 승소판결이 확정된 후에 원물이 멸실되더라도 채권자는 다시 가액배상을 청구할 수 없다.

해설

① 옳음. 판례는 백지근저당권설정계약서를 보충한 날 근저당권설정계약이 체결되었다고 보아야 하므로 사해행위에 해당한다고 하였다(대판 2000.4.25. 99다55656). ② 틀림. 어느 부동산에 관한 법률행위가 사해행위에 해당하는 경우에는 원칙적으로 그 사해행위를 취소하고 소유권이전등기의 말소 등 부동산 자체의 회복을 명하여야 할 것이나, 사해행위를 취소하여 그 부동산 자체의 회복을 명하게 되면 당초 일반 채권자들의 공동담보로 되어 있지 아니하던 부분까지 회복을 명하는 것이 되어 공평에 반하는 결과가 되는 경우에는 그 부동산의 가액에서 공동담보로 되어 있지 아니하던 부분의 가액을 공제한 잔액의 한도에서 사해행위를 취소하고 그 한도에서 가액의 배상을 명함이 상당하다(대판 2010.7.22. 2009다60466). ③ 옳음. 가압류가 선순위이기 때문에 근저당권설정행위로 인해 아무런 불이익을 입지 않기 때문이다. 다만, 실제 채권액이 가압류 채권금액보다 많은 경우에는 그 초과부분에 관하여 사해행위가 될 수 있다(대판 2008.2.28. 2007다77446 참고). ④ 옳음. 이는 乙에 대한 일반채권자들이 만족을 얻는 물적 기초가 되는 책임재산이 새로이 감소되기 때문이다(대판 2010.1.28. 2009다90047 참고). ⑤ 옳음. 대판 2006.12.7. 2004다54978 참고.

<답 ②>

19. 채권자취소권에 관한 다음 설명 중 옳은 것을 모두 고르면?

<사시 2012년 유사, 변호사모의 2010년 유사>

㉠ 저당권이 설정되어 있는 부동산에 관하여 사해행위가 이루어진 후 변제에 의하여 위 저당권설정등기가 말소된 경우에는, 그 부동산의 가액에서 저당권의 피담보채무액을 공제한 잔액의 한도 내에서만 사해행위를 취소하여야 하는데, 이 경우 부동산의 가액산정은 사해행위시가 아니라 사실심변론종결시를 기준으로 하여야 한다.

㉡ 2개의 저당권이 설정되어 있는 부동산에 관하여 사해행위가 이루어진 후 변제에 의하여 1개의 저당권설정등기가 말소된 상태에서 위 사해행위를 취소하고 가액배상을 하여야 할 경우, 배상하여야 할 가액은 부동산의 가액에서 이미 말소된 저당권의 피담보채권

액과 아직 말소되지 아니한 저당권의 피담보채권액을 공제하여 산정한다.

ⓒ 채무자의 제3채무자에 대한 채권에 대하여, 채권자 A의 가압류가 있은 후 그 채권이 甲에게 양도되고, 그 후 다시 채권자 B의 가압류가 있자, 제3채무자가 공탁을 하고 공탁사유신고를 함으로써 열린 배당절차에서 A와 甲에게만 배당이 되고 B가 배당에서 제외되자, B가 甲을 상대로는 채권양도가 사해행위에 해당한다고 하여 그 취소 및 그 배당액을 자신에게 배당하는 것으로 배당표의 경정을 구하고, A를 상대로는 위 채권이 여전히 채무자에 귀속됨을 전제로 하는 배당표의 경정을 구한 경우, 이 채권양도는 사해행위로 인정되지만, 이 사해행위 취소의 효과는 A에게 미치지 않는다.

ⓓ 채권자 甲이 사해행위취소의 소에서 승소확정판결을 받고 가액반환을 받은 경우라도 甲에게 우선변제권이 있는 것은 아니므로, 사해행위취소의 소를 제기할 수 있었던 다른 채권자 乙로서는 직접 甲을 상대로 자신의 채권액에 안분한 금액의 지급을 구할 수 있다.

ⓔ 채무초과상태에 빠진 乙이 그 소유의 유일한 재산인 X 건물을 이를 잘 알고 있는 丙에게 매도하고 소유권이전등기를 마쳤다. 이에 乙의 채권자 甲이 丙을 상대로 그 사해행위의 취소 및 원상회복을 구하는 소를 제기하여 그 소송계속 중, 乙과 丙 사이의 매매계약이 해제되었음이 입증되면 甲의 소는 각하될 것이다.

① ㉠ ② ㉡ ③ ㉢
④ ㉠, ㉡ ⑤ ㉠, ㉢ ⑥ ㉡, ㉢, ㉣
⑦ ㉠, ㉡, ㉢, ㉤ ⑧ 답 없음

해설

㉠㉡ 대판 1999.9.7. 98다41490 등 참고. ㉢ 채권자가 사해행위의 취소와 함께 수익자 또는 전득자로부터 책임재산의 회복을 구하는 사해행위취소의 소를 제기한 경우 그 취소의 효과는 채권자와 수익자 또는 전득자 사이의 관계에서만 생기는 것이므로, 수익자 또는 전득자가 사해행위의 취소로 인한 원상회복 또는 이에 갈음하는 가액배상을 하여야 할 의무를 부담한다고 하더라도 이는 채권자에 대한 관계에서 생기는 법률효과에 불과하고 채무자와 사이에서 그 취소로 인한 법률관계가 형성되는 것은 아니고, 그 취소의 효력이 소급하여 채무자의 책임재산으로 회복되는 것도 아니라 할 것이다(대판 2006.8.24. 2004다23110 등 참고). 따라서 채권에 대한 가압류 등 여러 개의 가압류와 압류 및 추심명령의 경합 등을 원인으로 공탁된 이 사건 채권액에 관하여 열린 배당절차에서 확정일자 있는 증서인 내용증명우편에 의한 채권양도의 통지 이후에 이 사건 채권을 가압류하여 채권양수인인 피고에게 대항하지 못한다는 이유로 배당을 받지 못한 원고가 ○○은행을 상대로 채권양도계약이 사해행위라는 사해행위취소소송을 제기하고 그 인용판결이 확정된다 하더라도 그 취소의 효력은 원고와 수익자인 ○○은행 사이에서만 발생할 뿐 사해행위 이전에 이미 이 사건 채권을 가압류한 피고에게는 미치지 아니한다(대판 2008.9.25. 2007

다47216). ㉣ 사해행위의 취소와 원상회복은 모든 채권자의 이익을 위하여 그 효력이 있으므로 채권자취소권의 행사로 채무자에게 회복된 재산에 대하여 취소채권자가 우선변제권을 가지는 것이 아니라 다른 채권자도 총채권액 중 자기의 채권에 해당하는 안분액을 변제받을 수 있는 것이지만, 이는 채권의 공동담보로 회복된 채무자의 책임재산으로부터 민사집행법 등의 법률상 절차를 거쳐 다른 채권자도 안분액을 지급받을 수 있다는 것을 의미하는 것일 뿐, 다른 채권자가 이러한 법률상 절차를 거치지 아니하고 취소채권자를 상대로 하여 안분액의 지급을 직접 구할 수 있는 권리를 취득한다거나, 취소채권자에게 인도받은 재산 또는 가액배상금에 대한 분배의무가 인정된다고 볼 수는 없다. 가액배상금을 수령한 취소채권자가 이러한 분배의무를 부담하지 아니함으로 인하여 사실상 우선변제를 받는 불공평한 결과를 초래하는 경우가 생기더라도, 이러한 불공평은 채무자에 대한 파산절차 등 도산절차를 통하여 시정하거나 가액배상금의 분배절차에 관한 별도의 법률 규정을 마련하여 개선하는 것은 별론으로 하고 현행 채권자취소 관련 규정의 해석상으로는 불가피하다(대판 2008.6.12. 2007다37837). ㉤ 특별한 사정이 없는 한, 그 채권자취소소송은 이미 그 목적이 실현되어 더 이상 그 소에 의해 확보할 권리보호의 이익이 없기 때문이다(대판 2008.3.27. 2007다85157 참고). <답 ⑦>

20. 채권자취소권에 관한 다음 설명 중 옳은 것을 모두 고르면? (다툼이 있는 경우에는 판례에 의함) <사시 2012년 유사>

㉠ 연대보증인에게 부동산의 매도행위 당시 사해의사가 있었는지의 여부는 연대보증인이 자신의 자산상태가 채권자에 대한 연대보증채무를 담보하는 데 부족하게 되리라는 것을 인식하였는지를 포함하여, 연대보증인이 주채무자의 자산상태가 채무를 담보하는 데 부족하게 되리라는 것까지 인식하였어야 사해의사를 인정할 수 있다.

㉡ 채무자와 수익자 사이의 근저당권설정계약이 사해행위이고 그로 인해 근저당권설정등기가 경락으로 인하여 말소된 경우, 수익자에게 근저당권자로서 배당을 받도록 하는 것은 채권자취소권의 취지에 반하므로 채권자는 위 근저당권설정계약을 대상으로 취소권을 행사할 수 있다.

㉢ 기존채무의 이행으로서 등기를 하는 경우, 그 채무의 원인행위가 취소권을 행사하려는 채권자의 채권보다 앞서 발생하였다면 특별한 사정이 없는 한 그 등기는 채권자취소권의 대상이 아니다.

㉣ 甲과 乙이 양자간 명의신탁을 한 상황에서, 甲이 신탁부동산을 처분한 경우에는 甲의 채권자들에 대한 사해행위가 되나, 乙이 신탁부동산을 처분한 경우에는 乙의 채권자들에 대한 사해행위가 되지 않는다.

㉤ 채무자가 채무가 초과된 상태에서 근저당권이 설정된 자신의 부동산을 제3자에게 양도하고 그 양도대금은 근저당권의 피담보채무를 인수함으로써 그 지급에 갈음하기로 약정한 경우에는 채권자를 해하는 사해행위에 해당하지 아니한다.

> ⓑ 명의신탁자 A와 명의수탁자 B가 계약명의신탁 약정을 맺고 A가 당사자가 되어 명의신탁 약정이 있다는 사실을 알지 못하는 소유자 C와 부동산에 관한 매매계약을 체결한 후 그 매매계약에 따라 당해 부동산의 소유권이전등기를 B에게 마친 경우, B는 부동산 실권리자명의 등기에 관한 법률 제4조 2항 단서에 의하여 이 부동산의 소유권을 취득하게 되고, 이 부동산은 B의 일반채권자들의 공동담보에 제공되는 책임재산이 된다.

① ㉠, ㉡, ㉢, ㉣ ② ㉠, ㉢, ㉣, ㉤ ③ ㉡, ㉢, ㉣, ㉤
④ ㉡, ㉢, ㉣, ㉥ ⑤ ㉢, ㉣, ㉤, ㉥

해설

㉠ 연대보증인에게 부동산의 처분행위 당시 사해의사가 있었는지의 여부는 연대보증인이 자신의 자산상태가 채권자에 대한 연대보증채무를 담보하는 데에 부족이 생기게 되리라는 것을 인식하였는가 하는 점에 의하여 판단하여야 하고, 연대보증인이 주채무자의 자산상태가 채무를 담보하는 데 부족이 생기게 되리라는 것까지 인식하였어야만 사해의사를 인정할 수 있는 것은 아니다(대판 2008.9.25. 2008다41635 참고). ㉡ 대판 1997.10.10. 97다8687 참고. ㉢ 대판 2001.10.12. 2001다37095 참고. ㉣ 수탁자의 근저당권설정행위는 사해행위가 아니지만(대판 2012.8.23. 2012다45184 참고), 신탁자가 실질적 당사자가 되어 신탁부동산에 대해 근저당권을 설정해준 행위는 사해행위이다(대판 2012.10.25. 2011다107382). ㉤ 채무자가 채무가 초과된 상태에서 근저당권이 설정된 자신의 부동산을 제3자에게 양도하고 그 양도대금은 근저당권의 피담보채무를 인수함으로써 그 지급에 갈음하기로 약정한 경우, 채무자로서는 실제로 매매대금을 한푼도 지급받지 아니한 채 일반채권자들의 공동담보에 공하여져 있던 부동산을 부당하게 저렴한 가액으로 제3자에게 양도한 것으로 될 것이어서, 그와 같은 양도행위도 채권자를 해하는 사해행위에 해당된다(대판 1996.5.14. 95다50875). ㉥ 매도인이 선의인 계약명의신탁에서 명의수탁자가 취득한 부동산은 채무자인 명의수탁자의 일반채권자들의 공동담보에 제공되는 책임재산이 되고, 명의신탁자는 명의수탁자에 대한 관계에서 금전채권자 중 한 명에 지나지 않으므로, 명의수탁자의 재산이 채무의 전부를 변제하기에 부족한 경우 명의수탁자가 위 부동산을 명의신탁자 또는 그가 지정하는 자에게 양도하는 행위는 특별한 사정이 없는 한 다른 채권자의 이익을 해하는 것으로서 다른 채권자들에 대한 관계에서 사해행위가 된다(대판 2008.9.25. 2007다74874). <답 ④>

21. 채권자취소권에 관한 다음 설명 중 옳은 것을 모두 고르면? (다툼이 있는 경우에는 판례에 의함) <사시 2007년 변형, 사시 2012년 유사>

> ㉠ 연대보증인의 법률행위가 사해행위에 해당하는지의 여부를 판단함에 있어서 주채무에 관하여 주채무자 또는 제3자 소유의 부동산에 대하여 채권자 앞으로 근저당권이 설정되어 있는 등으로 채권자에게 우선변제권이 확보되어 있는 경우가 아닌 이상, 주채무자의 일반적인 자력은 고려할 요소가 아니다.

㉡ 사해행위취소소송을 제기한 채권자 등이 그 판결 결과에 의해 원상회복된 채무자의 재산에 대한 강제집행을 신청하여 그 절차가 개시된 경우, 위 취소소송에서 패소한 수익자도 채무자에 대한 채권자로서 집행권원을 갖추어 배당을 요구할 권리가 있다.
㉢ 사해행위취소소송에서 수익자나 전득자가 채권자를 해함을 알지 못하였다고 주장하는 경우, 그 입증책임은 수익자나 전득자에게 있다.
㉣ 채무자가 자기의 채권을 제3자에게 무상으로 양도한 행위가 사해행위인 경우, 그 제3자가 양수채권을 추심하여 그 돈을 채무자에게 주었다면 그 금액 상당을 원상회복이나 가액반환의 범위에서 공제하여야 한다.
㉤ 채무자가 선순위 근저당권이 설정되어 있는 상태에서 그 부동산을 제3자에게 양도한 후 선순위 근저당권설정계약을 해지하고 근저당권설정등기를 말소한 경우, 해지된 근저당권설정계약도 사해행위취소청구의 대상이 될 수 있다.
㉥ 사해행위 이전에 성립한 채권이 사해행위 이후에 양도된 경우, 채권 양수인은 채권자취소권을 행사할 수 없다.

① ㉠, ㉡, ㉢, ㉣ ② ㉠, ㉡, ㉢, ㉤ ③ ㉠, ㉡, ㉣, ㉤
④ ㉠, ㉢, ㉣, ㉥ ⑤ ㉡, ㉢, ㉣, ㉤, ㉥

해설

㉠ 대판 2003.7.8. 2003다13246 참고. ㉡ 사해행위 취소소송 제기에 의하여 그 취소와 원상회복이 확정된 경우에, 사해행위의 상대방인 수익자는 그의 채권이 사해행위 당시에 그대로 존재하고 있었거나 또는 사해행위가 취소되면서 그의 채권이 부활하게 되는 결과 본래의 채권자로서의 지위를 회복하게 되는 것이므로, 다른 채권자들과 함께 민법 제407조에 의하여 그 취소 및 원상회복의 효력을 받게 되는 채권자에 포함된다고 할 것이고, 따라서 취소소송을 제기한 채권자 등이 원상회복된 채무자의 재산에 대한 강제집행을 신청하여 그 절차가 개시되면 수익자인 채권자도 그 집행권원을 갖추어 강제집행절차에서 배당을 요구할 권리가 있다(대판 2003.6.27. 2003다15907). ㉢ 대판 2006.7.4. 2004다61280 등 참고. ㉣ 채무자가 강제집행을 회피할 목적으로 자기의 사실상 유일한 재산을 제3자에게 무상으로 양도한 행위는 다른 파산채권자들과의 관계에서 사해행위가 되고, 그 제3자가 양수채권을 추심하여 그 돈을 채무자에게 주었다고 하더라도 그 금액 상당을 원상회복이나 가액반환의 범위에서 공제할 것은 아니다(대판 2013.4.11. 2012다211). ㉤ 근저당권설정계약이 이미 해지되었지만 그것이 사해행위에 해당하는지 여부에 따라 후행 양도계약 당시 당해 부동산의 잔존가치가 피담보채무액을 초과하는지 여부가 달라지게 되고 그 결과 후행 양도계약에 대한 사해취소청구가 받아들여지는지 여부 및 반환범위가 달라지게 되는 때에는 이미 해지된 근저당권설정계약이라 하더라도 그에 대한 사해행위취소청구를 할 수 있는 권리보호의 이익이 있다고 보아야 한다. 이는 근저당권설정계약이 양도계약보다 나중에 해지된 경우뿐 아니라 근저당권설정계약의 해지를 원인으로 한 근저당권설정등기의 말소등기와 양도계약을 원인으로 한 소유권이전등기가 같은 날 접수되어 함께

처리되고 그 원인일자가 동일한 경우에도 마찬가지라고 할 것이다(대판 2013.5.9. 2011다75232). ⓑ 채권자의 채권이 사해행위 이전에 성립한 이상 사해행위 이후에 양도되었다고 하더라도 양수인은 채권자취소권을 행사할 수 있으며, 채권 양수일에 채권자취소권의 피보전채권이 새로이 발생되었다고 할 수 없다(대판 2012.2.9. 2011다77146). <답 ②>

22. 채권자취소권에 관한 설명 중 옳은 것을 모두 고르면? (다툼이 있는 경우에는 판례에 의함) <사시 2008년 변형: 배점 2, 사시 2013년 유사>

ㄱ 제3자 소유의 부동산에 대하여 채권자 앞으로 근저당권이 설정되어 있고, 그 부동산의 가액 및 채권최고액이 당해 채무액을 초과하여 채무 전액에 대하여 채권자에게 우선변제권이 확보되어 있는 경우, 연대보증인이 자신의 유일한 재산을 처분하는 법률행위는 사해행위에 해당한다.

ㄴ 채권자가 수익자를 상대로 사해행위의 취소를 구하는 소를 이미 제기하여 채무자와 수익자 사이의 법률행위를 취소하는 내용의 판결이 확정된 경우, 채권자는 전득자를 상대로 별개의 채권자취소의 소를 제기하지 않더라도 위 판결의 효력으로써 전득자에 대하여 원상회복을 청구할 수 있다.

ㄷ 보증인 甲에 대한 채무자 乙의 구상금채무를 연대보증한 丙은 그 후 甲의 강제집행을 면탈하기 위하여 미리 그 소유 부동산을 제3자 丁에게 증여하였는데, 丙과 丁 사이의 위 증여계약 당시 乙은 채권자 戊에게 甲이 보증한 대출금채무를 변제하지 못하고 변제기를 연장하였을 뿐만 아니라 그 외에도 원금조차 변제하지 못하고 있는 대출금이 남아 있었고, 거래처의 부도로 인하여 막대한 손해를 보고 있었다면, 甲은 아직 발생하지 아니한 구상금채권을 피보전채권으로 하여 위 증여계약에 대한 채권자취소권을 행사할 수 있다.

ㄹ 채권자 甲이 수익자 丙을 상대로 제기한 사해행위취소소송에서 원물반환으로 근저당권설정등기의 말소를 구하여 승소판결이 확정된 후, 해당 부동산이 관련 경매사건에서 담보권 실행을 위한 경매절차를 통하여 제3자에게 매각된 경우, 甲은 대상청구권 행사로서 丙이 말소될 근저당권설정등기에 기하여 지급받은 배당금의 반환을 청구할 수 있다.

ㅁ 부동산 매도인이 매매의 목적물을 제3자에게 이중으로 매도한 후 제2매수인에게 소유권이전등기를 마쳐준 경우, 제1매수인은 매도인의 소유권이전채무가 이행불능됨으로써 발생한 매도인에 대한 손해배상채권을 피보전채권으로 하여 제2매매행위에 대한 채권자취소권을 행사할 수 있다.

① ㉠, ㉢ ② ㉠, ㉣ ③ ㉡, ㉢
④ ㉡, ㉣ ⑤ ㉢, ㉣ ⑥ ㉢, ㉤
⑦ ㉣, ㉤ ⑧ ㉢, ㉣, ㉤

해설

㉠ 주채무자 또는 제3자 소유의 부동산에 대하여 채권자 앞으로 근저당권이 설정되어 있고, 그 부동산의 가액 및 채권최고액이 당해 채무액을 초과하여 채무 전액에 대하여 채권자에게 우선변제권이 확보되어 있다면, 그 범위 내에서는 채무자의 재산처분행위는 채권자를 해하지 아니한다. 따라서 연대보증인이 비록 유일한 재산을 처분하는 법률행위를 하더라도 채권자에 대하여 사해행위가 성립되지 않는다고 보아야 할 것이다(대판 2002.11.8. 2002다41589 등 참고). ㉡ 채권자가 수익자를 상대로 사해행위의 취소를 구하는 소를 이미 제기하여 채무자와 수익자 사이의 법률행위를 취소하는 내용의 판결을 선고받아 확정되었더라도 그 판결의 효력은 그 소송의 피고가 아닌 전득자에게는 미칠 수 없는 것이므로, 채권자가 그 소송과는 별도로 전득자에 대하여 채권자취소권을 행사하여 원상회복을 구하기 위해서는 민법 제406조 2항에서 정한 기간 안에 전득자에 대한 관계에 있어서 채무자와 수익자 사이의 사해행위를 취소하는 청구를 하지 않으면 아니 된다(대판 2005.6.9. 2004다17535 참고). ㉢ 취소채권자의 채권은 사해행위 이전에 발생하였을 것을 원칙으로 한다. 그러나 판례에 의하면 사해행위 당시에 이미 채권성립의 기초가 되는 법률관계가 발생되어 있고, 가까운 장래에 그 법률관계에 기하여 채권이 성립할 것이라는 고도의 개연성이 있으며, 실제로 가까운 장래에 그 개연성이 현실화되어 채권이 성립한 경우에 한해서 예외적으로 그 채권도 채권자취소권의 피보전채권이 될 수 있다고 한다(대판 2007.6.29. 2006다66753 등 참고). 위 지문과 같은 사례에 있어서 판례는 그 개연성을 인정한 바 있다(대판 1997.10.28. 97다34334 참고). ㉣ 대판 2012.6.28. 2010다71431. ㉤ 채권자취소권에 의한 피보전채권은 원칙적으로 가해행위 전에 발생된 것이어야 한다. 부동산이중양도로 인한 제1양수인의 손해배상채권은 위의 예외가 인정되지 않는 사해행위 전의 채권이다(대판 1999.4.27. 98다56690). <답 ⑤>

23. 채무자가 이미 저당권이 설정된 부동산(들)을 수익자에게 양도한 행위에 대하여 사해행위 여부를 판단하려고 한다. 판례의 태도 중 틀린 것을 모두 고르면?

㉠ 위 부동산 중에서 일반채권자들의 공동담보에 제공되는 책임재산은 피담보채권액을 공제한 나머지 부분만이므로 그 피담보채권액이 부동산의 가격을 초과하고 있는 때에는 당해 부동산의 양도는 사해행위에 해당하지 않는다.

㉡ 위 부동산 중 일부 지분이 채무자의 소유이고 일부는 제3취득자의 소유인 경우, 제3취득자가 민법 제481조 및 제482조의 규정에 의한 변제자대위에 의하여 채무자 소유의 지분에 대하여 저당권을 행사할 수 있는 지위에 있는 경우라면 채무자 소유의 지분에 관한 피담보채권액은 저당권의 피담보채권액 전액으로 봄이 상당하다.

ⓒ 만약 수개의 부동산에 공동저당권이 설정되어 있는 경우, 일반채권자들의 공동담보에 제공될 책임재산을 산정함에 있어 각 부동산이 부담하는 피담보채권액은 원칙적으로 공동저당권의 목적으로 된 각 부동산의 가액에 비례하여 공동저당권의 피담보채권액을 안분한 금액이라고 보아야 한다.

ⓔ 만약 공동저당권이 설정되어 있는 수 개의 부동산 중 일부는 채무자의 소유이고 일부는 공동저당권이 설정된 상태에서 이를 취득한 제3취득자의 소유인 경우, 그 제3취득자가 변제자대위에 의하여 채무자 소유의 부동산에 대하여 저당권을 행사할 수 있는 지위에 있다면 채무자 소유의 부동산에 관한 피담보채권액은 공동저당권의 피담보채권액 전액에서 제3취득자 소유 부동산의 가액을 공제한 것으로 보아야 한다.

① ⓐ ② ⓑ ③ ⓒ
④ ⓔ ⑤ ⓐ, ⓑ ⑥ ⓑ, ⓔ
⑦ ⓐ, ⓒ ⑧ ⓑ, ⓒ, ⓔ

해설

ⓐⓑ 공유부동산의 일부 지분이 채무자의 소유이고 일부는 제3취득자의 소유인 경우, 채무자 소유의 일부 지분이 양도된 경우에 양도된 지분에 대한 피담보채권액이 부동산가액을 초과하는지를 판단함에 있어서 그 피담보채권액의 산정방법에 관한 판결이다(대판 2010.12.23. 2008다25671). ⓒ 특히 같은 취지의 대판 2012.1.12. 2010다64792 참고. ⓔ 공동저당권이 설정되어 있는 수 개의 부동산 중 일부는 채무자의 소유이고 일부는 공동저당권이 설정된 상태에서 이를 취득한 제3취득자의 소유인 경우에도 채무자 소유의 부동산에 관한 피담보채권액은 공동저당권의 피담보채권액 전액으로 봄이 상당하다(위 판결).

<답 ④>

24. 물적 담보가 설정된 채권을 기초로 한 채권자취소권의 행사와 관련하여 판례의 태도 중 잘못된 것을 모두 고르면?

ⓐ 인적 담보와 달리 물적 담보의 경우에는 담보물의 가액한도에서는 채권자에게 우선변제권이 확보되기 때문에 그 담보물로부터 우선변제받을 액을 공제한 나머지 채권액에 대하여만 채권자취소권의 행사가 인정될 뿐이며, 이에 대한 입증책임은 채권자 스스로가 부담한다.

ⓑ 저당권이 설정되어 있는 부동산이 사해행위로 이전되었는데 그 이후 변제 등에 의하여 저당권설정등기가 말소된 경우, 사해행위의 취소를 통해 그 부동산 자체의 원상회복을 구할 수는 없고 단지 부동산의 가액에서 저당권의 피담보채무액을 공제한 잔액의 한도

에서 가액의 배상을 구할 수 있을 뿐이다.
㉢ 채무초과 상태에 있는 채무자의 부동산에 관하여 설정된 선순위 담보가등기의 피담보채무를 변제하여 그 가등기를 말소한 후 그 부동산에 관하여 매매예약을 하고 그에 기하여 소유권이전등기청구권 보전의 가등기를 경료한 경우에는 사해행위가 성립할 수 있다.
㉣ 담보로 제공된 부동산에 대한 처분행위가 있은 후에 임의경매 등의 절차에서 환가가 진행된 경우, 그 처분행위의 사해성 여부를 판단하기 위한 부동산 가액의 평가는 환가된 가액을 기준으로 하여 행해지게 된다.

① ㉠ ② ㉡ ③ ㉢
④ ㉣ ⑤ ㉠, ㉡ ⑥ ㉡, ㉢
⑦ ㉠, ㉢ ⑧ ㉠, ㉡, ㉢

해설

㉠ 채권자에게 우선변제권이 확보되었다면 유일부동산을 처분하더라도 사해행위가 되지 않는다(대판 2000.12.8. 2000다21017). 따라서 우선변제범위 밖에 해당하는지에 대해서는 채권자가 증명하여야 한다. ㉡ 부동산 매매계약이 사해행위로 인정되는 경우 원칙적으로 그 매매계약을 취소하고 소유권이전등기의 말소 등 부동산 자체의 회복을 명하게 된다. 그러나 위의 지문과 같은 경우에도 매매계약 전부를 취소하고 그 부동산 자체의 회복을 명하게 되면, 당초 일반채권자들의 공동담보로 되어 있지 아니하던 부분까지 회복시키는 결과가 되어 공평에 반하는 결과가 되므로, 단지 부동산 가액에서 피담보채무액을 공제한 잔액의 한도에서 사해행위를 취소하고 그 가액의 배상을 명할 수 있을 뿐이다(예컨대 대판 2009.3.26. 2007다63102 참고). ㉢ 사해행위가 성립하기 위해서는 채무자가 자신의 적극재산에서 소극재산을 공제한 금액이 해당 법률행위 이전보다 부족함을 야기하여야 하기 때문에, 대판 2003.7.11. 2003다19435에 따르면, 수익자가 채무초과상태에 있는 채무자의 부동산에 관하여 설정된 선순위 담보가등기의 피담보채무를 변제하여 그 가등기를 말소하는 대신 동일한 금액을 피담보채무로 하는 새로운 담보가등기를 설정하는 경우에는 채무자의 공동담보를 부족하게 하는 것이라고 볼 수 없어 사해행위가 성립한다고 할 수 없지만(같은 취지: 대판 2012.1.12. 2010다64792), 위 지문과 같은 경우에는 그 부동산의 가액(시가)에서 피담보채무액을 공제한 잔액의 범위 내에서는 사해행위가 성립한다. ㉣ 사해행위 여부의 판단은 처분행위 당시를 기준으로 판단하여야 하므로, 환가된 가액을 기준으로 할 것이 아니라 사해성 여부가 문제되는 재산처분행위 당시의 시가를 기준으로 하여야 한다(예컨대 대판 2002.11.8. 2002다41589). <답 ④>

25. 채권자취소권에 관한 다음 설명 중 옳은 것을 모두 고르면? (다툼이 있는 경우에는 판례에 의함)

㉠ 매도인이 매매목적물인 부동산을 피고에게 신탁하고 이전등기를 마친 경우, 매수인인 원고는 부동산소유권이전등기의무의 이행불능에 따른 손해배상청구권을 피보전권리로 하고 위 신탁행위를

사해행위에 해당한다고 하여 사해행위를 취소할 수 있다.
㉡ 채권양도에 대하여 사해행위취소판결을 받은 채권자는 제3채무자에 대한 별개의 채권에 기하여 개시된 강제경매절차에서 제3채무자와의 조정조서에 기하여 배당요구를 한 채권양수인(수익자)에게 사해행위취소의 효력을 주장할 수 있다.
㉢ 특정 채권자에 대한 채무자의 담보권설정행위가 사해행위로 취소확정된 경우, 그 담보권등기가 말소되지 않고 있다가 경매로 인한 매각으로 말소된 데 불과하다면 그 취소된 담보권자는 담보권자로서 배당받을 수 있다.
㉣ 부동산 매수인이 자신의 이행지체를 이유로 인용된 매매계약의 해제에 따른 원상회복의무의 이행으로서 매도인이 지정하는 제3자와 사이에 매매계약을 체결한 행위는 사해행위에 해당하지 않는다.
㉤ 건축허가를 받아 건축하는 건축물에서 그 취득세 납부의무는 사용승인을 받은 날로 본다는 관련 법률이 있는 경우, 채무자 甲이 상가의 신축공사를 완료하여 2009.8.13. 사용승인을 받고 상가에 대한 취득세 납부기한을 2009.9.12.까지로 하는 고지서를 발급받았으나 취득세를 납부하지 않은 사실이 있다면 늦어도 甲이 상가에 대하여 사용승인을 받은 2009.8.13. 당시에는 취득세채권은 채권자취소권의 피보전채권이 될 수 있다.
㉥ 채무자가 신규자금의 융통 없이 단지 기존채무의 이행을 유예받기 위하여 채권자 중 한 사람에게 담보를 제공하는 행위는 원칙적으로 사해행위에 해당하나, 그것이 사업의 갱생이나 계속 추진의 의도에서 비롯되었다면 사해행위에 해당하지 않는다.

① ㉠, ㉡ ② ㉡, ㉢ ③ ㉣, ㉤
④ ㉠, ㉢, ㉣ ⑤ ㉡, ㉣, ㉤ ⑥ ㉣, ㉤, ㉥

해설

㉠ 틀림. 신탁의 성질상 매도인이 소유권에 관한 등기명의를 회복하여 원고에게 이전등기해주는 것이 불가능하게 되었다고 단정할 수 없으므로 원고가 위 손해배상청구권을 가진다고 할 수 없어 대법원은 원고의 사해행위취소청구를 인용한 원심을 파기하였다. 왜냐하면 매수인에게 부동산의 소유권이전등기를 해줄 의무를 지는 매도인이 그 부동산에 관하여 다른 사람에게 이전등기를 마쳐 준 때에는 매도인이 그 부동산의 소유권에 관한 등기를 회복하여 매수인에게 이전등기해줄 수 있는 특별한 사정이 없어야 비로소 매수인에 대한 소유권이전등기의무가 이행불능의 상태에 이르렀다고 할 수 있기 때문이다(대판 2010.4.29. 2009다99129). ㉡ 틀림. 사해행위 취소의 범위는 다른 채권자가 배당요구를 할 것이 명백하거나 목적물이 불가분인 경우와 같이 특별한 사정이 없는 한 자신의 채권액 범위 내에서 채무자의 책임재산을 회복하기 위하여 채권자취소권을 행사할 수 있고 그 취소에 따른 효력을 주장할 수 있을 뿐, 채무자에 대한 채권보전이 아니라 제3자에 대한 채권만족을 위해서는 사해행위취소의 효력을 주장할 수 없다(대판 2010.5.27. 2007다40802).

㉢ 틀림. 취소확정된 담보권설정행위는 취소채권자 및 그 취소의 효력을 받는 다른 채권자에 대한 관계에서는 무효이므로, 그 취소된 담보권자가 별도의 배당요구를 하여 배당요구채권자로서 배당받는 것은 별론으로 하고 '담보권자'로서는 배당받을 수 없다. 이는 사해행위취소 및 원상회복의 판결이 확정되었으나 그 담보권등기가 말소되지 않고 있다가 경매로 인한 매각으로 말소된 경우에도 마찬가지이다(대판 2009.12.10. 2009다56627). ㉣ 옳음. 부동산의 매수인이 매매계약 해제로 인한 원상회복의무의 이행으로서 자신의 명의로 경료된 소유권이전등기를 말소하거나 진정 명의 회복을 위하여 매도인 앞으로 부동산의 소유권이전등기를 경료하는 행위는 기존채무의 이행으로서 사해행위를 구성하지 아니한다(대판 2009.11.12. 2009다57675). ㉤ 옳음. 채권자취소권에 의하여 보호될 수 있는 채권은 원칙적으로 사해행위라고 볼 수 있는 행위가 행하여지기 전에 발생된 것임을 요하지만, 그 사해행위 당시에 이미 채권 성립의 기초가 되는 법률관계가 발생되어 있고 가까운 장래에 그 법률관계에 터잡아 채권이 성립되리라는 점에 대한 고도의 개연성이 있으며 실제로 가까운 장래에 그 개연성이 현실화되어 채권이 성립된 경우에는 그 채권도 채권자취소권의 피보전채권이 될 수 있다(대판 2012.2.23. 2011다76426 등). ㉥ 틀림. 그것이 비록 사업의 갱생이나 계속 추진의 의도에서 비롯된 것이라 할지라도 다른 채권자들에 대한 관계에서 사해행위에 해당한다(대판 2009.3.12. 2008다29215 참고). <답 ③>

26. 甲이 채무초과 상태에서 그 소유의 유일한 재산인 X부동산을 乙에게 증여하였고, 甲의 채권자 丙이 사해행위취소소송을 제기하였다. 다음 설명 중 옳은 것은? (다툼이 있는 경우에는 판례에 의함) <변호사 2012년 변형>

① X에 관하여 채권자를 丁, 채권최고액을 2억 2,000만 원으로 하는 근저당권이 이미 설정되어 있는데, 위 증여 당시 X의 가액은 2억 원, 피담보채권액은 1억 6,000만 원인 경우에 甲의 증여행위는 사해행위에 해당하지 않는다.

② 위 증여가 채권자를 해함을 乙이 알았다는 점은 丙이 증명하여야 한다.

③ 甲이 제소 당시에 채무초과 상태에 있었다면 그 후 甲이 채무초과 상태에서 벗어났더라도 이미 계속된 사해행위취소소송에 영향을 주지 않는다.

④ 乙이 선의인 戊를 위하여 X에 관한 근저당권을 설정하여 준 경우에, 丙은 乙명의 등기의 말소에 갈음하여 甲앞으로 직접 소유권이전등기를 청구할 수 있다.

⑤ X에 관한 등기명의가 甲에게 회복되면, 丙은 X에 관하여 다른 채권자에 우선하여 채권의 만족을 얻을 수 있다.

해설

① 틀림. 저당권이 설정되어 있는 부동산이 사해행위로 양도된 경우에 그 사해행위는 부동산의 가액, 즉 시가에서 저당권의 피담보채권액을 공제한 잔액의 범위 내에서 성립하고, 피담보채권액이 부동산의 가액을 초과하는 때에는 당해 부동산의양도는 사해행위에 해당한다고 할 수 없는바, 여기서 피담보채권액이라 함은 근저당권의 경우, 채권최고액이 아니라 실제로 이미 발생하여 있는 채권금액이다(대판 2001.10.9. 2000다42618) ② 틀림. 사해행위 취소소송에 있어서 채무자가 악의라는 점에 대하여는 그 취소를 주장하는 채권자에게 입증책임이 있으나 수익자 또는 전득자가 악의라는 점에 관하여는 채권자에게 입

증책임이 있는 것이 아니라 수익자 또는 전득자 자신에게 선의라는 사실을 입증할 책임이 있다(대판 2007.7.12. 2007다18218). ③ 틀림. 처분행위 당시에는 채권자를 해하는 것이었다고 하더라도 그 후 채무자가 자력을 회복하여 사해행위취소권을 행사하는 사실심의 변론종결시에는 채권자를 해하지 않게 된 경우에는 책임재산보전의 필요성이 없어지게 되어 채권자취소권이 소멸한다(대판 2007.11.29. 2007다54849). ④ 옳음. 대판 2001.2.9. 2000다57139 참고. ⑤ 틀림. 사해행위의 취소와 원상회복은 모든 채권자의 이익을 위하여 효력이 있으므로 취소채권자가 자신이 회복해 온 재산에 대하여 우선권을 가지는 것은 아니다(대판 2005.8.25. 2005다14595). <답 ④>

27. 甲에 대하여 금전채무를 부담하고 있는 乙이 자기 소유의 유일한 재산인 부동산을 丙에게 증여하고 소유권이전등기를 경료해주었고, 그 후 丙이 이를 다시 丁에게 매도하고 소유권이전등기를 경료해주었다. 甲이 채권자취소권을 행사하는 경우에 관한 설명 중 옳지 않은 것은? (다툼이 있는 경우에는 판례에 의함) <사시 2005년>

① 甲은 丙을 상대로 乙과 丙 사이의 증여계약을 취소하고, 부동산소유권이전에 갈음하는 가액의 반환을 청구할 수 있다. 이 경우 취소판결의 효력은 乙과 丁에게는 미치지 않는다.

② 甲은 丁을 상대로 乙과 丙 사이의 증여계약을 취소하고, 원상회복의 방법으로 丁명의의 소유권이전등기의 말소를 청구할 수 있으나, 직접 乙 앞으로 소유권이전등기를 청구할 수 없다.

③ 원칙적으로 甲은 乙에게 원상회복된 책임재산에 대한 강제집행절차를 통해서 채권의 만족을 받아야 하며, 이 경우 甲에게 우선변제권이 인정되는 것은 아니다.

④ 丙이 사해행위 취소에 따른 원상회복으로서 가액배상을 하여야 할 때, 자신도 乙에 대한 채권자라는 이유로 乙에 대하여 가지는 자기의 채권과의 상계를 주장할 수 없다.

⑤ 甲의 사해행위취소소송은 甲이 취소의 원인을 안 날로부터 1년 내에 제기하여야 하는데, 취소의 원인을 안 날이란 단순히 乙의 丙에 대한 증여가 있었다는 사실을 아는 것만으로는 부족하고 그 증여가 채권자를 해하게 된다는 것까지 안 날을 말한다.

해설

① 채권자가 전득자를 상대로 하여 사해행위의 취소와 함께 책임재산의 회복을 구하는 사해행위취소의 소를 제기한 경우에 그 취소의 효과는 채권자와 전득자 사이의 상대적인 관계에서만 생기는 것이고 채무자 또는 채무자와 수익자 사이의 법률관계에는 미치지 않는 것이므로, 이 경우 취소의 대상이 되는 사해행위는 채무자와 수익자 사이에서 행하여진 법률행위에 국한되고, 수익자와 전득자 사이의 법률행위는 취소의 대상이 되지 않는다(대판 2004.8.30. 2004다21923). ② 자기 앞으로 소유권을 표상하는 등기가 되어 있었거나 법률에 의하여 소유권을 취득한 자가 진정한 등기명의를 회복하기 위한 방법으로는 그 등

기의 말소를 구하는 외에 현재의 등기명의인을 상대로 직접 소유권이전등기절차의 이행을 구하는 것도 허용되어야 하는바, 이러한 법리는 사해행위 취소소송에 있어서 취소 목적 부동산의 등기명의를 수익자로부터 채무자 앞으로 복귀시키고자 하는 경우에도 그대로 적용될 수 있다고 할 것이고, 따라서 채권자는 사해행위의 취소로 인한 원상회복 방법으로 수익자 명의의 등기의 말소를 구하는 대신 수익자를 상대로 채무자 앞으로 직접 소유권이전등기절차를 이행할 것을 구할 수도 있다(대판 2000.2.25. 99다53704). ④ 수익자로 하여금 자기의 채무자에 대한 반대채권으로써 상계를 허용하는 것은 사해행위에 의하여 이익을 받은 수익자를 보호하고 다른 채권자의 이익을 무시하는 결과가 되어 위 제도의 취지에 반하므로, 수익자가 채권자취소에 따른 원상회복으로서 가액배상을 할 때에 채무자에 대한 채권자라는 이유로 채무자에 대하여 가지는 자기의 채권과의 상계를 주장할 수는 없다(대판 2001.6.1. 99다63183). ⑤ 대판 1989.9.12. 88다카26475 등. <답 ②>

제 4 장 다수당사자의 채권관계
— 수인의 채권자 및 채무자

제 1 절 분할채권관계

1. 분할채권관계에 해당하는 경우는?

① 수인의 공동상속인이 부담하는 건물철거의무
② 공동불법행위자들 중 1인이 전 채무를 변제함에 따른 나머지 공동불법행위자들의 구상채무
③ 수인이 공동으로 건물을 임차함으로써 부담하는 차임지급의무
④ 조합이 취득하게 되는 채권
⑤ 수인이 공동으로 법률상 원인 없이 타인 재산으로부터 취득한 이득의 반환의무

해설

① 급부의 성격상 불가분채무이다(대판 1980.6.24. 80다756 참고). ② 공동불법행위자는 채권자에 대한 관계에서는 부진정연대채무를 부담하지만, 그들 내부관계에서는 과실비율에 따른 부담부분이 있으므로, 공동불법행위자 1인에 의하여 공동면책이 된 후 그 부담부분의 비율에 따라 구상권을 행사하는 경우, 특별한 사정이 없는 한 그들의 구상권자에 대한 채무는 다수당사자 사이의 분할채무의 원칙이 적용되어 각자의 부담부분에 따른 분할채무로 파악된다(대판 2002.9.27. 2002다15917 등). ③ 가분적 채권관계임에도 그 성질이나 법률의 규정에 의해 불가분채무나 연대채무로 인정하는 경우가 있다. (i) 상속재산의 경우 공동상속재산의 성질에 비추어 채무의 합유적 귀속을 인정하며(다만, 금전채무와 같은 가분적 급부의 경우에는 법정상속분에 따라 상속인에게 귀속되므로 분할채무가 된다. 대판 1997.6.24. 97다8809 참고), (ii) 수인의 채무가 각 채무자에게 불가분적으로 향유되는 이익의 대가 또는 불가분급부의 대가로서의 의의를 가질 때에는 '성질상' 불가분채무(예컨대 수인이 공유할 목적으로 자동차를 구입한 경우에 대금지급채무)로 해석된다. (iii) 수인이 공동으로 물건을 구입하거나 금전을 차용하는 데 채무자 전원의 자력이 총체적으로 고려된 것으로 보여지는 경우(예컨대 수인이 음식점에서 공동으로 음식을 주문하여 먹는 경우)에는 연대채무에 대한 묵시적 특약이 있는 것으로 해석할 수 있다(특히 제616조, 제654조, 제832조 참조). (iv) 외관상 수인의 계약당사자가 있는 것으로 보이는 경우에도 실제로 1인만이 계약의 당사자가 되고 다른 사람들은 그 계약상의 이익을 향유하는 지위를 가지는 것에 지나지 않는다면 그 1인만이 계약당사자가 되는 것으로 해석되고 다수당사자의 채권관계가 성립한다고 볼 수 없다. ④ 법률상 준합유가 성립하며(제278조, 제271조 1항), ⑤ 판례상 불가분채무로 인정된다(대판 1981.8.20. 80다2587 참고). <답 ②>

2. A, B, C는 그들이 공유하는 자동차를 D에게 매각하고 대금 300만 원에 대한 분할채권을 약정하였다. 다음 중 이에 관한 설명으로 틀린 것은?

① A, B, C는 자동차인도채무에 대해서 불가분채무를 부담한다.

② A, B, C는 D에게 각각 100만 원의 지급만을 청구할 수 있을 뿐이고, D는 100만 원씩 A, B, C 각자에게 변제할 의무를 부담한다.

③ A가 매매대금의 수령을 지체한 경우 수령지체에 따른 효과는 B, C에게 미치지 않는다.

④ A, B, C는 각자에게 100만 원이 완납될 때까지 D에 대하여 자동차를 인도하지 않을 수 있다.

⑤ A, B, C 중 1인에게만 대금이 지급되지 않은 경우 대금을 지급받지 못한 채권자만이 계약을 해제할 수 있다.

해설 ……………………………………

원칙적으로 분할채권관계에서 각 채권자 또는 각 채무자에게 생긴 사유는 다른 채권자 또는 채무자에게 영향을 미치지 않는다. 그러나 동시이행의 항변권이나 계약의 해제 · 해지권에 있어서는 영향을 미치는 경우가 있다. 위의 경우와 같이 일방(A, B, C)에 의한 급부가 불가분인 경우에는 그 급부의 불가분성이 타방(D)의 채무에 대하여 이행상의 견련성을 발생케 하여 채권자에게는 동시이행의 항변권(제536조)이 인정되며, 계약의 해제 · 해지권은 총채권자로부터 총채무자에 대하여 행사된다(제547조 1항). <답 ⑤>

제 2 절 불가분채권관계

1. 불가분채권에 관한 다음 설명 중 틀린 것은?

① 각 채권자는 단독으로 모든 채권자를 위하여 자기에게 급부 전부의 이행을 청구할 수 있다.

② 불가분의 급부를 목적으로 하는 다수의 채권이다.

③ 채무자가 1인의 채권자에 대하여 행한 변제 · 변제의 제공은 모든 채권자에 대해 효력이 발생한다.

④ 채권자 1인과 채무자 사이의 대물변제 역시 절대적 효력이 있다.

⑤ 불가분급부가 가분급부로 변경된 경우에는 당연히 분할채권관계로 변한다.

해설 ……………………………………

<답 ④>

〈불가분채권의 효력〉

모든 채권자와 채무자의 관계	채권자 중 1인에게 생긴 사유의 효력		채권자 상호간의 관계
	절대적 효력	상대적 효력	
각 채권자는 모든 채	채권자 1인의 이행	불가분채권자 1인과 채	채권자 내부관계에

권자를 위하여 이행청구할 수 있으므로(제409조), 각 채권자는 단독으로 모든 채권자를 위하여 자기에게 이행할 것을 청구할 수 있다	청구, 이행청구에 따른 시효중단·이행지체의 효과, 채무자의 변제·변제의 제공·수령지체의 효과는 모든 채권자에게 귀속된다	무자 사이의 경개, 면제, 혼동, 상계, 대물변제, 시효의 완성은 다른 채권자에게 영향을 주지 않으므로 다른 채권자는 전부의 이행을 청구할 수 있다	따라 이익을 분급해야 한다

2. 불가분채무에 관한 다음 설명 중 옳은 것(○)과 옳지 않은 것(×)을 바르게 표시한 것은? (다툼이 있는 경우에는 다수설에 의함)

> ㉠ 채권자는 채무자 중 1인에 대하여 또는 모든 채무자에 대하여 동시에 또는 순차로 전부의 이행을 청구할 수 있다.
> ㉡ 채무자 1인이 채권의 전부를 만족시키기 위해 행한 대물변제는 다른 채무자에게도 효력이 미친다.
> ㉢ 채무자 1인과 채권자 사이에 행해진 경개나 면제는 다른 채무자에게 효력이 미치지 않는다.
> ㉣ 변제를 행한 채무자는 다른 채무자에게 그들의 부담부분에 따라 구상할 수 있다.

① ㉠(○), ㉡(○), ㉢(○), ㉣(○)　② ㉠(○), ㉡(○), ㉢(×), ㉣(×)
③ ㉠(○), ㉡(×), ㉢(○), ㉣(○)　④ ㉠(○), ㉡(○), ㉢(×), ㉣(○)
⑤ ㉠(×), ㉡(○), ㉢(○), ㉣(○)　⑥ ㉠(×), ㉡(○), ㉢(×), ㉣(×)
⑦ ㉠(×), ㉡(×), ㉢(○), ㉣(×)　⑧ ㉠(×), ㉡(×), ㉢(×), ㉣(○)

해설

<답 ①>

〈불가분채무의 효력〉

모든 채무자와 채권자의 관계	채무자 중 1인에게 생긴 사유의 효력		채무자 상호간의 관계
	절대적 효력	상대적 효력	
채권자는 연대채무에 있어서와 마찬가지로, 채무자 1인에 대하여 또는 모든 채무자에 대하여 동시에 또는 순차로 전부의 이행을 청구할 수 있다(제411조, 제414조)	채무자 1인의 변제·대물변제·상계·공탁은 다른 채무자에 대하여 효력이 있다. 통설에 따를 경우 채권자의 이행청구는 상대적 효력만이 있다고 하나, 제409조와 제410조의 해석상 채권자의 이행청구 또한 절대적 효력이 인정된다(김형배, 443면)	채무자 1인과 채권자 사이의 경개, 면제, 시효완성의 효과는 다른 채무자에게 영향을 주지 않는다	변제를 한 채무자는 다른 채무자에 대하여 그들의 부담부분을 구상할 수 있다

3. 불가분채권채무관계에 관한 다음 설명 중 틀린 것은? (다툼이 있는 경우에는 다수설에 의함)

> ㅁ A, B, C 3인이 D에 대하여 불가분채권을 가지는 경우
> ⓐ A가 D에 대해 단독으로 이행을 청구하는 경우 그 이행청구의 효력은 다른 채권자 B, C에게도 미친다.
> ⓑ D가 A에 대해 채무의 내용에 좇은 변제를 제공하였으나 A가 수령하지 않은 경우, A의 수령지체의 효과는 다른 채권자 B, C에게도 미친다.
> ⓒ A와 D 사이에 경개가 행해진 경우, 다른 채권자 B, C는 A에 의해 경개된 채무만을 청구할 수 있다.
> ㅁ A, B, C 3인이 D에 대하여 불가분채무를 부담하는 경우
> ⓓ D가 A에 대해 이행을 청구하는 경우 그 이행청구의 효력은 다른 채무자 B, C에게도 미친다.
> ⓔ D와 A 사이에 채무액의 전부에 대해 상계가 행해진 경우 다른 채무자 B, C도 D에 대해 채무를 면하게 된다.

① ⓐ, ⓓ ② ⓑ, ⓔ ③ ⓒ, ⓓ
④ ⓒ, ⓔ ⑤ ⓑ, ⓒ, ⓓ

해설

ⓐⓑ 제409조. ⓒ 제410조 1항. ⓓ 제411조 참조. 동 규정이 제416조를 준용하고 있지 않으므로 다수설은 불가분채무에 있어서는 연대채무와 달리 이행청구가 상대적 효력을 갖는다고 한다(곽윤직, 215면). ⓔ 명문규정은 없으나, 불가분채무에 있어서는 채권자가 1인이라는 점에서 대물변제와 전부상계에 의해 채권자는 만족을 얻게 되므로 절대적 효력이 인정된다(김형배, 443면 참고). <답 ③>

제 3 절 연대채무

1. 다음에 열거된 채무들 중, 그 성격이 동일한 것끼리 바르게 짝지은 것은? (다툼이 있는 경우에는 판례에 의함) <사시 2003년 변형>

> ㉠ 조합원 전원을 위하여 상행위가 되는 행위로 인하여 부담하게 된 조합채무
> ㉡ 건물의 공유자가 공동으로 건물을 임대하고 보증금을 수령한 경우 임대차 계약에 의한 임차보증금반환채무
> ㉢ 공동상속인들의 건물철거의무
> ㉣ 수인이 공동소유자로서 1개의 부동산을 매도하는 계약을 맺고 계약금을 수령한 후, 계약이 무효로 되어 반환하게 되는 계약금반환채무

ⓜ 여러 사람이 공동으로 법률상 원인 없이 타인의 재산을 사용한 경우의 부당이득반환채무
ⓑ 금전채무를 상속한 공동상속인들의 책임
ⓢ 직접점유자와 간접점유자가 법률상 원인 없이 타인 소유 물건을 점유 · 사용한 경우의 부당이득반환의무

① ㉠, ㉤, ㉦　　② ㉡, ㉢, ㉦　　③ ㉡, ㉢, ㉤, ㉦
④ ㉡, ㉢, ㉤　　⑤ ㉣, ㉥, ㉦

해설

연대채무의 예로는 공동임차인들의 차임지급의무(제654조, 제616조), 일상가사로 인한 금전채무에 대한 부부의 책임(제832조. 그러나 통상의 연대채무와는 달리 제3자와의 관계에서 부담부분에 관한 연대채무의 일반규정은 적용되지 않는다고 해석된다)을 들 수 있고, 부진정연대채무의 예로는 법인 대표자의 직무상 불법행위에 대한 법인과 대표자의 책임(제35조 1항), 사용자와 피용자의 불법행위책임(제756조), 공동불법행위자의 책임(제760조) 등을 들 수 있다. ㉠ 연대채무(대판 1976.12.14. 76다2212). 다만, 일반적인 조합원들의 채무는 분할채무. ㉡ 불가분채무(대판 1998.12.8. 98다43137). ㉢ 불가분채무(대판 1980.6.24. 80다756). ㉣ 특별한 사정이 없는 한 분할채무(대판 1993.8.14. 91다41316). ㉤ 불가분채무(대판 2001.12.11. 2000다13948). ㉥ 가분채무가 상속되는 경우, 각 공동상속인은 상속분에 따른 분할채무를 부담한다(대판 1997.6.24. 97다8809 참고. 합유설을 취하는 이견 있음). ㉦ 어떤 물건에 대하여 직접점유자와 간접점유자가 있는 경우, 그에 대한 점유 · 사용으로 인한 부당이득의 반환의무는 동일한 경제적 목적을 가진 채무로서 서로 중첩되는 부분에 관하여는 일방의 채무가 변제 등으로 소멸하면 타방의 채무도 소멸하는 이른바 부진정연대채무의 관계에 있다(대판 2012.9.27. 2011다76747). <답 ④>

2. A, B 및 C는 공동으로 D로부터 그의 토지를 3억 원에 매입하는 계약을 체결하였다. 대금채무에 대해서는 A, B 및 C가 연대하여 부담하기로 하였다(부담비율은 균등함). 다음 설명 중 옳은 것은?(다툼이 있는 경우에는 통설에 의함)

① D는 A, B 및 C에게 순차로 3억 원의 지급을 각각 청구할 수는 있어도 1억 원의 지급을 각각 청구할 수는 없다.
② A가 D에게 변제한 경우뿐만 아니라 대물변제 혹은 면제에 의하여 위 대금채무를 공동면책시킨 경우에도 A는 B 및 C에게 구상권을 행사할 수 있다.
③ A가 1억 원을 변제한 후 B가 파산선고를 받았다면 D로서는 원래 채권액 3억원에 대하여 파산재단의 배당에 참가할 수 있다.
④ A가 3억 원을 D에게 변제하면서 B 및 C에게 이를 사전에 통지하지 않은 경우, B로서는 D에 대하여 이미 상계적상(相計適狀)에 있었던 자신의 자동채권(1억 원)을 이유로 A에게 대항하기 위해서는 A의 구상채권을 반대채권으로 하여 D에 대한 자신의 자동채권을 상계하여야 한다.

⑤ A가 D에게 전액 변제하였으나 이를 B 및 C에게 사후에 통지하지 않은 상태에서 이 사정을 모른 B가 D에게 전액 변제한 경우, B는 A의 구상권행사에 대항할 수 있어도 C에 대해서는 자신의 전액 변제를 이유로 1억 원을 구상할 수 없다.

해설

① 채권자는 채무자 가운데 임의의 1인 혹은 전 채무자에 대하여, 동시에 혹은 순차로, 급부의 전체 혹은 일부를 청구할 수 있다. ② 연대채무자에게 구상권이 발생하려면 연대채무의 공동면책이 반드시 자신의 출재에 의하여야 한다. ③ 연대채무자가 파산선고를 당한 경우에 채권자는 '파산선고시'에 각 연대채무자에게 가진 채권액을 가지고 파산재단의 배당에 참가할 수 있다(채무자회생파산법 제428조). ④ B로서는 D에 대하여 상계적상에 있었던 자동채권을 A에게 이전하면 된다(제426조 1항). ⑤ 제2변제자 B로서는 사후통지를 하지 않은 A에 대해서만 대항할 수 있고(C와 D에 대해서는 언제나 제1변제자 A의 변제만 유효하고, B의 변제는 C와 D에 대하여 비채변제가 될 뿐이므로), C에 대해서는 제1변제자가 유효하게 구상할 수 있다(제426조 2항에 대한 통설=상대적 효과설의 해석: 곽윤직, 채권총론, 233면 등 참고). 참고로 유력설의 설명에 따르면(김형배, 476면 이하), B의 부담부분 1억 원을 공제한 2억 원에 대해서 과실이 있는 A가 B에게 이행하여야 한다(1억 원은 A 자신의 부담부분이고, 나머지 1억 원은 과실에 따른 손해배상의 성질을 갖기 때문이다). B에게 이행한 A는 배상자대위(제399조)의 법리에 따라 D에 대한 비채변제로 인하여 인정된 B의 부당이득반환청구권(제741조: 채무액=3억 원)을 자동적으로 이전받게 된다.

<답 ⑤>

3. 다음 설명 중 옳지 않은 것은? (다툼이 있는 경우에는 판례에 의함)

<사시 2005년>

① 甲과 乙이 丙에 대하여 1,000만 원의 연대채무를 부담하고 있고(甲과 乙의 부담부분은 균등하다), 한편 甲은 丙에 대하여 800만 원의 반대채권을 가지고 있는데, 甲이 상계할 수 있음에도 불구하고 상계를 하지 않는 경우, 乙은 500만 원의 범위 내에서 甲의 丙에 대한 채권을 가지고 丙의 甲에 대한 채권과 상계할 수 있다.

② 甲과 乙이 丙에 대하여 기한이 없는 1,000만 원의 연대채무를 부담하고 있는 경우에, 丙이 甲에게 이행청구를 하여 甲의 채무가 이행기가 도래하면 乙의 채무 역시 이행기가 도래한다.

③ 甲과 乙이 丙에 대하여 1,000만 원의 연대채무를 부담하고 있는데(甲과 乙의 부담부분은 균등하다), 甲이 위 연대채무의 발생원인이었던 甲과 丙 사이의 원인계약을 丙의 기망행위를 이유로 적법하게 취소한 경우, 乙은 여전히 丙에 대해 1,000만 원의 채무를 부담한다.

④ 甲이 丙에 대하여 1,000만 원의 채무를 부담하고 있고, 乙이 이에 대해 연대보증채무를 부담하고 있는 경우, 본래 상사(商事)채권이었던 丙의 甲에 대한 채권이 甲과 丙 사이의 판결에 의해 확정됨으로써 소멸시효기

간이 10년으로 변경되었다면, 본래 상사채무였던 乙의 丙에 대한 보증채무 역시 소멸시효기간이 10년으로 변경된다.

⑤ 甲과 乙이 중첩적 채무인수인으로서 丙에 대하여 1,000만 원의 채무를 지고 있는 경우, 甲이 丙에 대한 800만 원의 반대채권을 가지고 丙의 채권과 상계하였다면, 乙의 丙에 대한 채무는 200만 원으로 감축된다.

해설

① 상계의 절대적 효력(제418조). ② 이행청구의 절대적 효력(제416조). ③ 연대채무의 상대적 효력(제423조). ④ 민법 제165조가 판결에 의하여 확정된 채권, 판결과 동일한 효력이 있는 것에 의하여 확정된 채권은 단기의 소멸시효에 해당한 것이라도 그 소멸시효는 10년으로 한다고 규정하는 것은 당해 판결 등의 당사자 사이에 한하여 발생하는 효력에 관한 것이고 채권자와 주채무자 사이의 판결 등에 의해 채권이 확정되어 그 소멸시효가 10년으로 되었다 할지라도 위 당사자 이외의 채권자와 연대보증인 사이에 있어서는 위 확정판결 등은 그 시효기간에 대하여는 아무런 영향도 없고 채권자의 연대보증인의 연대보증채권의 소멸시효기간은 여전히 종전의 소멸시효기간에 따른다(대판 1986.11.25. 86다카1569). ⑤ 중첩적 채무인수인이 채권자에 대한 손해배상채권을 자동채권으로 하여 채권자의 자신에 대한 그 채권에 대하여 대등액에서 상계의 의사표시를 하였다면, 연대채무자 1인이 한 상계의 절대적 효력을 규정하고 있는 민법 제418조 1항의 규정에 의하여, 다른 연대채무자인 원채무자의 채권자에 대한 채무도 상계에 의하여 소멸되었다고 보아야 한다(대판 1997.4.22. 96다56443). <답 ④>

4. A, B, C는 D에 대하여 연대채무를 부담하고 있다. 공동면책행위를 한 A의 B, C에 대한 구상권의 행사에 관한 설명으로 옳은 것은?

① A가 D에게 변제한 경우뿐만 아니라 대물변제나 혼동에 의해 공동면책을 시킨 경우에도 A는 B와 C에게 구상권을 행사할 수 있다.

② A가 갖는 구상권의 범위는 출재액이 공동면책액을 초과하는 경우 그 출재액을 원칙으로 하며, 면책된 날 이후의 법정이자 및 피할 수 없는 비용 기타의 손해배상을 포함한다.

③ A가 채권자 D의 청구에 따라 변제하게 된 경우에는 사전의 통지가 없었더라도 제한 없이 B와 C에 대한 구상권을 행사할 수 있다.

④ A가 D에게 변제한 후 이 사실을 통지하지 않고 있던 중 B가 선의로 변제한 경우에는 B는 A의 구상권 행사를 거절할 수 있을 뿐 아니라 A와 C 모두에게 직접 구상권을 행사할 수 있다.

⑤ 위 ④의 경우에도 A는 채권자 D에 대하여 자신의 변제를 부당이득으로서 반환청구할 수는 없고 B만이 D에 대하여 부당이득반환청구권을 갖는다.

해설

① 연대채무자가 구상권을 행사하기 위해서는 공동면책이 자신의 출재에 의할 것을 요건으로 한다. ② 출재액을 원칙으로 하나, 공동면책액을 초과하는 경우 공동면책액을 최고

액으로 한다. ③ 다른 연대채무자는 채권자에게 대항할 수 있는 사유로 그의 부담부분에 한해 면책행위를 한 채무자에게 대항할 수 있다(제426조 1항). ④⑤ 통설에 따르면 이 경우 B의 변제행위는 A와의 관계에서만 유효하다고 한다(상대적 효력설: 곽윤직, 233면). 따라서 B는 A의 구상권 행사를 거절할 수 있으며 오히려 A에게 구상청구할 수 있다. 그렇지만 C에 대한 관계에서는 A의 변제행위가 유효하므로 A가 C에게 구상권을 행사할 수 있다. 다만 B는 A에 대하여 C로부터 구상받은 것 내지 구상권을 부당이득으로서 반환청구할 수 있다. 한편 채권자 D와의 관계에서는 A의 변제행위가 유효하므로 B만이 D에 대해 자신으로부터 변제받은 것을 부당이득으로서 반환청구할 수 있다. 이때에도 B가 A로부터 구상받은 한도에서는 그 반환청구권이 A에게 이전된다. <답 ⑤>

5. 다음 청구자의 주장 중 법적 근거가 없는 것은?

① A와 B는 공동으로 C로부터 방 하나를 월세 30만 원에 임대하였는데, C는 A에게 월세 전액인 30만 원을 청구한다.

② A와 B가 연대하여 C로부터 100만 원을 차용하였으나, 반환기일이 도래하여도 변제하지 않자 C는 A에 대하여 이행을 구하는 소를 제기하였다. A의 무자력 때문에 C는 B에게 A에 대한 승소판결을 원용하여 100만 원의 반환을 청구한다.

③ B와 C가 연대하여 B의 부(父) A에게서 20만 원을 차용하였다. A의 사망으로 B는 A를 상속하였다. 이후 B는 C에게 10만 원의 반환을 청구한다.

④ B와 C는 연대하여 A로부터 20만 원을 차용하였다. B는 A에게 20만 원을 변제하였으나 그 사실을 통지하지 않고 있었고, 그후 C 역시 B에게 통지하지 않고 20만 원을 변제하였다. 이때 B는 C에게 자신이 변제한 부분 중 C의 부담부분인 10만 원의 구상을 청구한다.

⑤ A는 B에게 주택을 임대하고 있던 중 B가 C에게 전대하는 것을 동의해 주었다. 그 후 B가 차임을 지급하지 않자, B에 의해 차임을 면제받고 있던 C에게 A는 차임을 청구한다.

해설

① 제414조, 제654조, 제616조 참조. ② 연대채무자 1인에 대한 판결의 효력이 상대적 효력을 지닌다는 점에서(민소법 제218조) C의 B에 대한 청구는 부당하다. ③ 연대채무자 중의 한 사람과 채권자 사이에 혼동이 있는 때에는 그 채무자의 부담부분에 한하여 다른 채무자도 의무를 면하기 때문에(제420조), B는 C에게 C의 부담부분만큼을 청구할 수 있다. ④ 연대채무자 중의 한 사람이 변제를 하고 사후의 통지를 게을리하고 있는 동안에 다른 채무자가 사전의 통지를 하지 않고 변제한 경우에는 먼저 변제한 자의 면책행위만이 유효하다는 일반원칙에 따라 B는 C에게 그 부담부분만큼을 구상할 수 있다. ⑤ 임대인의 동의에 의한 전대의 경우에 있어서 임차인과 전차인은 차임채무에 대해 연대책임을 부담하게 되는데, 임대인의 차임청구에 대해 전차인은 대항할 수 없으므로(제630조 1항 2문) A의 C에 대한 차임청구는 정당하다. <답 ②>

6. 다음은 연대채무와 관련된 설명이다. 틀린 설명으로만 짝지어진 것은?

㉠ 연대채무에 있어서 채무는 채무자의 수만큼 병존하고 있으며, 각 채무자의 채무는 독립되어 있어 조건이나 기한을 달리할 수 있다.
㉡ 연대채무자는 각자가 채무를 독립하여 부담하므로, 어느 연대채무자의 변제·상계 등으로 채무가 소멸하더라도 다른 채무자에 대한 구상은 할 수 없다.
㉢ 보험자가 자신의 피해자에 대한 반대채권으로 피해자의 보험자에 대한 손해배상채권과 상계한 경우, 그 상계로 인한 손해배상채권 소멸의 효력은 피보험자에게도 미친다.
㉣ 여러 명의 연대채무자 또는 연대보증인에 대하여 따로따로 소송이 제기되는 등으로 그 판결에 의하여 확정된 채무원본이나 지연손해금의 금액과 이율 등이 서로 달라지게 되어 원금이나 지연손해금에 채무자들이 공동으로 부담하는 부분과 공동으로 부담하지 않는 부분이 생긴 경우,어느 채무자가 채무 일부를 변제한 때에는 그 변제자가 부담하는 채무 중 공동으로 부담하는 부분의 채무 변제에 우선 충당되고 그 다음 공동으로 부담하지 않는 부분의 채무 변제에 충당된다.
㉤ 채권자에 대한 관계에서는 공동연대보증인이지만 내부관계에서는 실질상의 주채무자인 자는 자기의 부담부분을 넘어서 그 보증채무를 변제하더라도 다른 연대보증인에 대하여 구상권을 행사할 수 없다.

① ㉠, ㉢ ② ㉠, ㉤ ③ ㉡, ㉣
④ ㉡, ㉤ ⑤ ㉢, ㉣

해설

㉠ 통설은 연대채무의 복수채무성을 인정한다. ㉡ 어느 연대채무자가 변제 기타 자기의 출재로 공동 면책이 된 때에는 다른 연대채무자의 부담부분에 대하여 구상권을 행사할 수 있다(제425조 1항). ㉢ 상법 제724조 2항의 규정에 의하여 인정되는 피해자의 보험자에 대한 손해배상채권과 피해자의 피보험자에 대한 손해배상채권은 별개 독립의 것으로서 병존한다고 하더라도, 위 각 채권은 피해자에 대한 손해배상이라는 단일한 목적을 위하여 존재하는 것으로서 객관적으로 밀접한 관련공동성이 있으므로 그 중 하나의 채권이 만족되는 경우에는 특별한 사정이 없는 한 다른 채권도 그 목적을 달성하여 소멸한다고 보아야 할 것인바, 보험자가 자신의 피해자에 대한 반대채권을 스스로 행사하여 상계를 한 경우에는 상계한 금액의 범위 내에서 피해자에 대한 변제가 이루어진 것과 같은 경제적 효과가 달성되어 피해자를 만족시키게 되므로 그 상계로 인한 손해배상채권 소멸의 효력은 피보험자에게도 미친다(대판 1999.11.26. 99다34499). ㉣ 여러 명의 연대채무자 또는 연대보증인에 대하여 따로따로 소송이 제기되는 등으로 그 판결에 의하여 확정된 채무원본이나 지연손해금의 금액과 이율 등이 서로 달라지게 되어 원금이나 지연손해금에 채무자들이 공동으로 부담하는 부분과 공동으로 부담하지 않는 부분이 생긴 경우에 어느 채무자가 채무 일

부를 변제한 때에는 그 변제자가 부담하는 채무 중 공동으로 부담하지 않는 부분의 채무 변제에 우선 충당되고 그 다음 공동 부담 부분의 채무 변제에 충당된다(대판 2013.3.14. 2012다85281). ㉤ 대판 2004.9.24. 2004다27440,28504. <답 ③>

7. A는 B, C, D 3인의 연대채무자에게 100만 원의 채권을 가지고 있었던바, 그 중 B로부터 20만 원을 변제받은 후 B와 C가 파산하였고 그 파산절차가 종료하여 배당변제를 받고 난 후 다시 D가 파산하였다. 각 파산재단의 배당률이 30%였다면, A가 D의 파산재단의 배당에 참가하여 배당변제를 받을 수 있는 금액은?

① 9만 6천 원 ② 12만 5천 원 ③ 21만 원
④ 24만 원 ⑤ 30만 8천 원

해설

연대채무자의 전원 또는 수인이 파산선고를 받은 때에는 채무자회생파산법 제428조의 규정에 의하여 채권자는 '파산선고시'에 가진 채권의 전부에 관하여 각 파산재단의 배당에 참가할 수 있다. 따라서 채권자 A는 다음과 같이 배당에 참가할 수 있다.

B의 변제로 인해:	B 80만(100만 원−20만 원)×0.3	C 80만×0.3 (48만 원을 배당받았음)
B, C의 파산절차에 참여했으므로	D 32만(100만 원−20만 원−48만 원)×0.3으로 배당받음	

<답 ①>

8. 甲, 乙, 丙이 연대하여 丁에게 차용금 3억 원을 변제할 의무가 있는 경우에 관한 설명 중 옳은 것을 모두 고르면? (부담비율은 균등하며, 구상권자에게는 과실이 없다는 것을 전제로 함) <사시 2006년 유사>

㉠ 丙이 무자력으로 된 후 甲이 丁에게 3억 원 전액을 변제하였다면, 甲은 乙에 대하여 1억 원을 구상할 수 있다.
㉡ 乙이 丁으로부터 연대의 면제를 받고 丙이 무자력으로 된 후 甲이 丁에게 3억 원 전액을 변제하였다면, 甲은 乙에 대하여 1억 5,000만 원을 구상할 수 있다.
㉢ 甲이 丁에 대하여 가지고 있는 1억 2,000만 원의 금전채권을 자동채권으로 하여 상계한 경우, 1억 원의 범위에서 乙, 丙의 丁에 대한 채무도 소멸한다.
㉣ 甲이 丁으로부터 위 3억 원의 채권을 양수받은 경우, 1억 원의 범위에서 乙과 丙의 채무도 소멸한다.

① ㉠ ② ㉡ ③ ㉢
④ ㉣ ⑤ ㉠, ㉡ ⑥ ㉡, ㉢

⑦ ㄷ, ㄹ

해설

㉠ 연대채무자 중에 상환할 자력이 없는 자가 있는 때에는 그 채무자의 부담부분은 구상권자 및 다른 자력이 있는 채무자가 그 부담부분에 비례하여 분담한다(제427조 1항 본문). 따라서 위 지문과 같은 경우에는 甲은 乙에 대하여 1억 5,000만 원(1억+5,000만 원)의 상환을 청구할 수 있다. ㉡ 연대의 면제는 채권자와 개개 연대채무자 사이에서 대외적 채무액을 그 채무자의 부담부분에 해당하는 액의 한도에서 그 이상의 청구를 하지 않겠다는 면제를 말한다. 연대의 면제는 전부급부의무를 해체하는 것으로서 그 범위 내에서 상호보증기능이 소멸한다. 그러나 채권총액에는 아무 영향을 주지 않으므로 채무의 면제와는 구별된다. 연대의 면제에는 절대적 연대면제와 상대적 연대면제가 있다. 전자는 모든 연대채무자에 대하여 전부급부의무를 해체하여 대외적 관계에서 각자의 부담부분에 한정하는 것을 말한다. 따라서 절대적 연대면제가 행해지면 연대채무는 분할채무가 된다. 상대적 연대면제는 일부의 연대채무자에 대해서만 대외적 채무액을 그 채무자의 부담부분에 한정하는 것을 말한다. 따라서 乙만이 연대의 면제를 받고 丙이 무자력이 된 후 甲이 3억 원 전액을 변제하였다면, 甲은 乙에 대하여 乙의 부담부분인 1억 원만을 구상할 수 있다. ㉢ 제418조 1항. 상계는 일체형 절대적 효력사유이다. 따라서 1억 2,000만 원의 범위에서 乙, 丙의 丁에 대한 채무도 소멸한다. ㉣ 혼동이 있는 때에는 그 채무자의 부담부분에 한하여 다른 연대채무자도 채무를 면한다(제429조). <답 ④>

9. 부진정연대채무에 관한 설명으로 옳지 않은 것은? (다툼이 있는 경우에는 판례에 의함) <사시 2009년 변형: 배점 3, 변호사모의 2010년, 2011년 유사>

① 금융기관이 회사 임직원의 대규모 분식회계로 그 회사의 재무구조를 잘못 파악하고 대출을 하여 준 경우, 금융기관에 대한 회사의 대출금채무와 회사 임직원의 손해배상채무는 부진정연대의 관계에 있다.

② 부진정연대채무자 중 1인이 채권자에 대한 반대채권으로 채무를 대등액에서 상계할 경우 그 상계로 인한 채무소멸의 효력은 다른 부진정연대채무자에게도 미친다.

③ 부진정연대채무자 사이에 일정한 책임부담부분이 인정되는 경우 제3자가 부진정연대채무자 중 1인을 위하여 변제한 때에는 다른 부진정연대채무자에 대하여 면책범위 내에서 책임부담 부분 비율에 한하여 구상권을 행사할 수 있다.

④ 부진정연대채무자 중 1인이 채권자로부터 손해배상채무의 일부를 면제받았으나 후에 다른 부진정연대채무자가 손해배상 전액을 변제한 후 그들 내부관계의 부담부분에 따라 일부 면제를 받은 부진정연대채무자에게 구상권을 행사할 수 있다.

⑤ 부진정연대채무자 중 1인이 사전 또는 사후 통지를 하지 않고 변제를 하여 공동면책이 되었다면 구상권이 제한된다.

✍ 해설 ···

① 옳음. 대판 2008.6.26. 2007다43436. ② 옳음. 부진정연대채무자 중 1인이 자신의 채권자에 대한 반대채권으로 상계를 한 경우에도 채권은 변제, 대물변제, 또는 공탁이 행하여진 경우와 동일하게 현실적으로 만족을 얻어 그 목적을 달성하는 것이므로, 그 상계로 인한 채무소멸의 효력은 소멸한 채무 전액에 관하여 다른 부진정연대채무자에 대하여도 미친다고 보아야 한다. 이는 부진정연대채무자 중 1인이 채권자와 상계계약을 체결한 경우에도 마찬가지이다. 나아가 이러한 법리는 채권자가 상계 내지 상계계약이 이루어질 당시 다른 부진정연대채무자의 존재를 알았는지 여부에 의하여 좌우되지 아니한다(대판[전] 2010.9.16. 2008다97218. 이로써, 상계의 상대효를 인정했던 종래의 판례는 변경되었다). ③ 옳음. 대판 2006.2.9. 2005다28426 참고. ④ 옳음. 대판 1980.7.22. 79다1107. ⑤ 틀림. 전략(前略)… 출연분담에 관한 주관적인 밀접한 연관관계가 없고 단지 채권만족이라는 목적만을 공통으로 하고 있는 부진정연대채무에 있어서는 그 변제에 관하여 채무자 상호간에 통지의무 관계를 인정할 수 없고, 변제로 인한 공동면책이 있는 경우에 있어서는 채무자 상호간에 어떤 대내적인 특별관계에서 또는 형평의 관점에서 손해를 분담하는 관계가 있게 되는 데 불과하다고 할 것이므로, 부진정연대채무에 해당하는 공동불법행위로 인한 손해배상채무에 있어서도 채무자 상호간에 구상요건으로서의 통지에 관한 민법의 위 규정을 유추 적용할 수는 없다(대판 1998.6.26. 98다5777). <답 ⑤>

10. 부진정연대채무에 관한 설명으로 틀린 것은? (다툼이 있는 경우에는 판례에 의함)

① 법인의 이사가 직무와 관련하여 타인에게 손해를 야기한 법인의 불법행위책임과 그 이사 개인의 책임은 부진정연대채무이다.

② 채권자는 부진정연대채무자 1인에 대하여 채무 전액 또는 일부를, 또는 모든 채무자에게 동시에 또는 순차로 청구할 수 있다.

③ 부진정연대채무자 1인에 대한 이행의 청구로 인한 시효중단은 다른 채무자에게도 원칙적으로 그 효력을 미친다.

④ 부진정연대채무에 해당하는 공동불법행위로 인한 손해배상채무에 있어서는 채무자 상호간에 구상요건으로서의 통지에 관한 민법의 규정(제426조)을 유추적용할 수 없다.

⑤ 공동불법행위의 경우 각 채무자 사이의 내부적 부담비율은 그 불법행위에 대한 각자의 과실비율에 따라 정해진다.

⑥ 공동불법행위자 중 1인의 손해배상채무가 시효로 소멸한 후에 다른 공동불법행위자 1인이 피해자에게 자기의 부담부분을 넘는 손해를 배상하였을 경우에도, 그 공동불법행위자는 다른 공동불법행위자에게 구상권을 행사할 수 있다.

✍ 해설 ···

③ 부진정연대채무자 1인에 대한 이행청구로 인한 시효중단의 효력 역시 다른 채무자에게 미치지 않는다(대판 1997.9.12. 95다42027). ④ 대판 1998.6.26. 98다5777. ⑤ 부진정연대채무의 경우에는 필연적으로 각 당사자 사이에 구상관계가 전제되지는 않는다. 부진정

연대채무자는 각자의 입장에서 책임을 부담하기 때문이다. 그렇지만 채무자 사이에 특별한 내부적 법률관계가 있는 경우에는 그에 기초해 각자의 과실비율에 따라 부담부분이 결정될 수 있다(대판 1987.9.8. 86다카1045 등 참고). ⑥ 연대채무에 있어서 소멸시효의 절대적 효력에 관한 민법 제421조의 규정은 공동불법행위자 상호간의 부진정연대채무에 대하여는 적용할 수 없기 때문이다(대판 1997.12.23. 97다42830). <답 ③>

11. A는 B에게 트랙터를 수리케 하였다. 그런데 B는 당시 수리 물품이 많아 이를 주변의 공터에 방치해두었다. 마침 전자제품을 배송차량으로 배달하려고 그 공터를 지나던 D 전자대리점 소속의 직원 C는 자신의 운행상 과실로 트랙터와 충돌하여 이를 크게 훼손하였다. B, C, D의 과실이 모두 인정될 경우에 판례에 비추어 틀린 설명은?

① B가 종전의 수리로 A에 대하여 수리비채권을 가지고 있을 경우, C 또는 D가 이를 가지고 A의 손해배상채권과 상계할 수는 없다.

② A가 평소 친하게 지내던 B에 대하여 손해배상의무를 면제해준 경우, 그 면제의 효력은 C 또는 D에게 미치지 않는다.

③ B의 과실비율이 C 또는 D의 그것에 비해 큰 경우 B가 손해액의 일부를 변제하였다면, C 또는 D는 그 변제 전액에 해당하는 한도에서 A에게 책임을 면한다.

④ B가 손해배상의무를 이행한 후 C 또는 D에게 공동면책의 사실을 통지하지 않은 경우, B는 C 또는 D에 대하여 자신의 면책행위의 유효함을 주장할 수 있다.

⑤ C의 사용자인 D가 A에게 손해배상의무를 이행한 경우, C뿐만 아니라 B에 대하여도 구상할 수 있다.

해설

① 부진정연대채무자 사이에는 고유한 의미의 부담부분이 존재하지 아니하므로, 이를 전제로 하는 민법 제418조 2항은 부진정연대채무에 있어서는 적용되지 않는다. 따라서 부진정연대채무자 중 1인이 채권자에 대하여 상계할 채권을 가지고 있음에도 상계하지 않더라도 다른 채무자가 이를 상계할 수는 없다(대판 1994.5.27. 93다21521). ② 채권자가 어느 한 채무자에 대하여 그의 부담부분에 한하여 또는 전 채무액을 포기한 경우에도 마찬가지이다(대판 1981.6.23. 80다1796). 이 경우, 면책행위를 한 채무자의 구상권행사에 대하여는 자기의 채무가 면제되었음을 이유로 거절할 수 없다(대판 1980.7.22. 79다1107). ③ 공동불법행위자들의 과실비율이 달라 배상할 손해배상액의 범위가 달라지는 경우 그 채무자 중 누가 손해배상채무를 변제하였느냐에 따라 소멸되는 채무의 범위가 달라지는데, 과실비율이 낮은 자가 일부를 변제한 경우에는 과실비율이 높은 자의 채무가 그 변제금 전액에 해당하는 부분이 소멸하며, 과실비율이 높은 자가 손해액의 일부를 변제하였다면 그 중 과실비율이 낮은 자의 채무는 그 변제금 전액에 해당하는 채무가 소멸하는 것이 아니라 적은 범위의 손해배상책임만을 부담하는 쪽의 과실비율에 상응하는 부분만큼만 소멸하는 것으로 보아야 한다(대판 1995.3.10. 94다5731). ④ 출연분담에 관한 주관적 연관관계가 없고 단지 채권만족이라는 목적만을 공통으로 하는 부진정연대채무에 있어서는 그

변제에 관해 채무자 상호간에 통지의무 관계를 인정할 수 없다. 또한 변제로 인한 공동면책이 있는 경우에도 채무자 상호간에 어떤 대내적인 특별관계에서, 또는 형평의 관점에서 손해를 분담하는 관계가 있게 되는데 불과한 것이므로, 부진정연대채무라고 할 공동불법행위로 인한 손해배상채무에 있어서는 채무자 상호간에 구상요건으로서의 통지에 관한 민법 제426의 규정을 유추적용할 수 없다(대판 1976.7.13. 74다746). ⑤ 피용자와 제3자가 공동으로 피해자에게 손해를 가하여 손해배상채무를 부담하는 경우에 이들은 공동불법행위자로서 부진정연대채무관계에 있게 되고, 한편 사용자의 손해배상책임은 피용자의 배상책임에 대한 대체적 책임이어서 사용자도 제3자와 부진정연대관계에 놓이게 된다. 따라서 사용자가 피용자와 제3자의 책임비율에 의하여 정해진 피용자의 부담부분을 초과하여 피해자에게 손해를 배상한 경우에는 제3자에 대하여도 구상권을 행사할 수 있으며, 이때 구상의 범위는 제3자의 부담부분에 국한된다(대판[전] 1992.6.23. 91다33070). <답 ③>

12. 乙과 丙은 甲으로부터 9,000만 원을 차용하면서 연대하여 이를 변제하기로 甲과 약정하였다. 그들의 부담부분은 乙이 2/3, 丙이 1/3로 정해져 있었는데, 甲도 이를 알고 있었다. 한편 丁은 丙의 甲에 대한 위 연대채무를 보증하였다. 이에 관한 설명 중 옳은 것(○)과 옳지 않은 것(×)을 바르게 표시한 것은? (다툼이 있는 경우에는 판례에 의함) <사시 2010년 변형: 배점 3>

> ㉠ 乙이 甲의 위 채권과 상계할 수 있는 9,000만 원의 반대채권을 가지고 있음에도 이를 상계하지 않는 경우, 丙이 이 채권을 자동채권으로 상계하면 甲에 대한 乙과 丙의 연대채무는 전부 소멸한다.
> ㉡ 丁이 甲에게 9,000만 원의 보증채무를 이행한 경우 乙에 대하여 6,000만 원을 구상할 수 있다.
> ㉢ 乙이 甲의 단독상속인으로 위 9,000만 원의 채권을 상속받은 경우에는 丙은 乙에게 3,000만 원의 채무를 부담하게 된다.
> ㉣ 乙과 丙의 연대채무가 기한을 정하지 않은 채무인 경우에 甲이 乙에 대하여 9,000만 원의 이행을 최고한 후 6개월 이내에 가압류하였다면 甲의 丙에 대한 채권의 소멸시효는 중단된다.
> ㉤ 丙이 甲으로부터 연대의 면제를 받은 경우, 乙은 6,000만 원, 丙은 3,000만 원의 채무를 부담한다.
> ㉥ 乙이 甲의 채권과 상계할 수 있는 8,000만 원의 반대채권을 가지고 있었는데 丙이 乙에게 사전통지를 하지 않고 甲에게 9,000만 원을 변제한 다음 乙에 대하여 구상권을 행사한 경우, 乙은 6,000만 원의 한도에서 甲에 대하여 상계할 수 있었음을 이유로 상계로 소멸할 6,000만 원의 채권은 丙에게 이전하지 않아도 된다.
> ㉦ 乙이 甲으로부터 채무의 면제를 받은 경우, 丙은 3,000만 원에 대해서만 채무를 부담한다.

① ㉠(○), ㉡(×), ㉢(○), ㉣(×), ㉤(×), ㉥(○), ㉦(×)

② ㉠(×), ㉡(○), ㉢(×), ㉣(×), ㉤(○), ㉥(×), ㉦(○)
③ ㉠(×), ㉡(×), ㉢(×), ㉣(○), ㉤(○), ㉥(×), ㉦(○)
④ ㉠(○), ㉡(○), ㉢(×), ㉣(×), ㉤(○), ㉥(×), ㉦(×)
⑤ ㉠(×), ㉡(○), ㉢(○), ㉣(○), ㉤(×), ㉥(×), ㉦(○)
⑥ ㉠(○), ㉡(×), ㉢(○), ㉣(○), ㉤(×), ㉥(○), ㉦(×)
⑦ ㉠(×), ㉡(○), ㉢(○), ㉣(○), ㉤(○), ㉥(○), ㉦(○)
⑧ ㉠(×), ㉡(○), ㉢(○), ㉣(○), ㉤(×), ㉥(×), ㉦(○)

해설 ....

㉠ 상계할 반대채권이 있는 乙이 상계하지 아니한 때에는 그 채무자의 부담부분, 즉 6,000만 원에 한하여 다른 연대채무자 丙이 상계할 수 있다(제418조 2항). ㉡ 연대채무자 丙을 위하여 보증인이 된 자는 다른 연대채무자 乙에 대하여 그 부담부분에 한하여 구상권이 있다(제447조). ㉢ 제420조. ㉣ 제416조 및 제174조 참조. 마찬가지로, 「연대채무자에 대한 이행청구는 다른 연대채무자에게도 효력이 있으므로, 채권자가 6월 내에 다른 연대채무자를 상대로 재판상 청구를 하였다면 그 다른 연대채무자에 대한 채권의 소멸시효가 중단된다」(대판 2001.8.21. 2001다22840). ㉤ 丙에 대한 상대적 면제이므로 乙은 甲에게 9,000만 원, 丙은 甲에게 3,000만 원의 채무를 부담한다. ㉥ 乙은 丙에게 대항할 수 있지만 그 대항사유가 상계이므로 상계로 소멸할 채권을 丙에게 이전하여야 한다(제426조 1항). ㉦ 제419조. <답 ⑤>

제 4 절 보증채무

1. 보증채무의 효력에 관한 다음 설명 중 옳은 것은? (다툼이 있는 경우에는 판례에 의함)

① 보증채무의 보충성에 따라 채권자는 주채무자에 대하여 이행을 청구한 이후에 보증인에게 비로소 이행을 청구할 수 있을 뿐이다.
② 회사정리절차가 종결된 후 정리회사였던 주채무자와 정리채권자였던 채권자 사이에 정리계획상의 잔존 주채무를 줄이기로 하는 내용의 합의가 성립하더라도, 그 합의에 의하여 잔존 주채무가 줄어든 만큼 보증채무의 액수가 당연히 줄어들지는 않는다.
③ 주채무자에 대한 채권의 양도시에는 보증채무의 수반성에도 불구하고 주채무자에 대한 대항요건 이외에 보증인에 대한 대항요건을 구비함으로써 보증인에 대하여 대항할 수 있다.
④ 보증계약 체결 후 채권자가 보증인의 승낙 없이 주채무자에 대하여 변제기를 연장하여 준 경우에는 원칙적으로 보증채무에 대해서도 그 효력이 미친다.
⑤ 주채무자가 시효의 이익을 포기한 경우에는 내용상의 부종성에 따라 보

증인은 소멸시효의 완성을 주장할 수 없다.

⑥ 보증인은 주채무자의 채권자에 대한 취소권 · 해제권 · 해지권을 주채무자가 행사하지 않는 한도에서는 직접 행사할 수 있다.

해설

① 채권자의 주채무자에 대한 이행청구는 보증인에게 영향을 미치며, 채권자는 주채무자와 보증인에게 동시에 이행을 청구할 수 있다(대판 1960.4.21. 4292민상619). 물론 이에 대해 보증인은 보증채무의 보충성에 기한 최고 · 검색의 항변권(제437조)을 행사하여 채권자의 이행청구를 거절할 수 있다. ② 지문의 경우 보증인이 원래의 채무전액에 대하여 보증채무를 부담한다는 의사표시를 하거나 또는 채권자와의 사이에 그러한 내용의 약정을 하는 등 특별한 사정이 없는 한 '정리계획의 효력 범위'에 관하여 보증채무의 부종성을 배제한 구 회사정리법 제240조 2항(현행 채무자회생파산법 제250조 2항)의 규정은 적용될 수 없으므로 그 합의에 의하여 잔존 주채무가 줄어든 액수만큼 보증채무의 액수도 당연히 줄어든다(대판 2007.3.30. 2006다83130). ③ 주채무자에 대한 대항요건, 즉 주채무자에 대한 통지나 주채무자의 승낙만으로 족하다. ④ 보증채무는 내용상의 부종성에 따라 그 목적과 형태에서 주채무보다 무거울 수 없다(제430조). 마찬가지로 주채무의 내용이 보증계약 성립 후에 주채무자와 채권자의 합의로 확장되었거나 가중된 경우라면 보증채무는 이로 인한 영향을 받지 않는다. 다만 판례는, 그것이 반드시 보증인의 책임을 가중하는 것이라고는 할 수 없으므로 원칙적으로 보증채무에 대하여도 그 효력이 미친다(대판 1996.2.23. 95다49141). ⑤⑥ 보증인은 주채무자의 권리에 기해 채권자의 이행청구를 거절할 수도 있다(보증채무의 부종성). 이에 보증인은 주채무자가 지니는 취소권 · 해제권 · 해지권에 기해 이행을 거절할 수 있으며(제435조), 이 외에도 주채무자의 항변포기는 보증인에게 효력이 발생하지 않는다(제433조 2항). 그러나 주채무자가 지니는 취소권 · 해제권 등은 주채무자만이 행사할 수 있다. <답 ④>

2. 최고 · 검색의 항변권에 관한 다수설의 견해로서 틀린 것은?

① 주채무자에게 변제자력이 있다는 사실 및 그 집행이 용이함을 증명하여야 그 행사가 가능하다.

② 채권자가 이미 사전에 또는 동시에 주채무자에게 최고하고 있을 경우 최고의 항변권 행사는 인정되지 않는다.

③ 보증인이 최고의 항변권을 행사하였음에도 채권자의 해태로 인하여 주채무자로부터 전부나 일부의 변제를 받지 못한 경우에는 채권자가 해태하지 않았으면 변제받았을 한도에서 그 책임을 면한다.

④ 채권자는 주채무자에 대하여 최고하지 않는 한 다시 보증인에 대하여 이행을 청구하지 못한다.

⑤ 최고의 항변권을 행사하지 않고 검색의 항변권만을 행사할 수는 없다.

해설

채권자가 보증인에게 채무의 이행을 청구하는 때에는 보증채무의 보충성에 근거하여, 보증인은 주채무자에게 변제자력이 있다는 사실과 그 집행이 용이하다는 사실을 증명하여 먼저 주채무자에게 청구할 것과 주채무자의 재산에 대하여 집행할 것을 항변할 수 있다

(제437조 본문). 다수설은 이러한 보증인의 최고·검색의 항변권을 별개의 독립된 두 개의 항변권으로 이해하고 있다(곽윤직, 258면 이하. 이견으로 김형배, 513면 참고). 이에 따를 경우 먼저 최고의 항변권이란 채권자가 주채무자에게 이행의 최고를 하지 않은 동안에 보증인이 채권자의 이행청구에 대해 그 이행을 거절할 수 있는 항변권을 의미하며, 검색의 항변권이란 이러한 채권자의 주채무자에 대한 최고가 있은 후 보증인에 대해 이행을 청구한 경우에도 보증인은 주채무자의 변제자력과 그 집행의 용이함을 증명하여 먼저 주채무자의 재산에 대해 집행할 것을 항변할 수 있는 권리로서 이해된다. ②④ 특히 최고의 항변권행사의 효력과 관련하여, 최고의 항변권은 채권자가 주채무자에 대해 최고를 하지 않은 경우에만 허용되므로, 사전에 또는 동시에 주채무자에게 최고하고 있는 때에는 허용되지 않는다. ③ 제438조 참조. <답 ⑤>

3. 보증채무에 관한 다음 설명 중 옳은 것은?

① 보증인의 부담이 주채무자의 부담보다 무거운 경우 보증계약은 무효이다.
② 주채무가 외화채무인 경우에도 채권자와 보증인 사이에 미리 약정한 환율로 환산한 원화로 보증채무를 이행하기로 약정하는 것은 허용된다.
③ 채권자는 주채무자에게 이행의 청구를 한 뒤가 아니면 보증인에게 이행의 청구를 할 수 없다.
④ 주채무가 경개된 경우에도 보증계약은 그대로 존속한다.
⑤ 주채무자에 대한 채권의 양도로 보증계약은 효력을 잃는다.
⑥ 보증인의 출연행위 당시 주채무가 성립되지 아니하였거나 타인의 면책행위로 이미 소멸되었거나 유효하게 존속하고 있다가 그 후 소급적으로 소멸한 경우에도 보증채무자는 주채무자에 대한 구상권을 행사할 수 있다.

해설

① 보증인의 부담은 주채무자의 부담보다 무거울 수 없다(제430조). 보증인의 부담이 주채무자의 부담보다 무거운 경우에는 주채무자의 부담한도로 보증채무는 감축될 뿐 보증계약이 무효로 되는 것은 아니다. ② 보증채무는 채권자와 보증인 사이의 보증계약에 의하여 성립하며, 채권자와 보증인은 보증채무의 내용, 이행의 시기나 방법 등에 관하여 특약을 할 수 있고, 그 특약에 따른 보증인의 부담이 주채무의 목적이나 형태보다 중하지 않는 한 그러한 특약이 무효라고 할 수 없다(대판 2002.8.27. 2000다9734). ③ 채권자의 주채무자에 대한 이행청구는 보증인에 대해서도 효력을 미치므로 채권자는 주채무자와 보증인에 대해서 동시에 이행청구를 할 수 있다. 보증인이 이에 대해 최고·검색의 항변권을 행사하여 이행을 거절할 수 있다는 것은 채권자의 이행청구와는 별개의 문제이다. ④ 주채무가 소멸한 경우에는 어떠한 원인일지라도 보증채무 역시 소멸케 된다(존속상의 부종성). ⑤ 주채무자에 대한 채권이 양도되는 경우 보증인에 대한 채권도 당연히 양수인에게 이전된다. ⑥ 보증인의 출연행위 당시 주채무가 성립되지 아니하였거나 타인의 면책행위로 이미 소멸되었거나 유효하게 존속하고 있다가 그 후 소급적으로 소멸한 경우에는 보증채무자의 주채무 변제는 비채변제가 되어 채권자와 사이에 부당이득반환의 문제를 남길 뿐이고 주채무자에 대한 구상권을 발생시키지 않는다(대판 2012.2.23. 2011다62144).

<답 ②>

4. A는 B와 매매계약을 체결하였는데, B의 매매대금지급채무에 대해서 보증인 C가 있었다. 다음 중 옳은 설명은?

① 만약 B가 행위무능력자라면 C는 A와 B 사이의 매매계약을 취소할 수 있다.

② C가 무자력이라면 A는 언제든지 B에 대해 보증인의 변경을 요청할 수 있다.

③ B의 채무불이행을 이유로 A가 매매계약을 해제한 경우에 B의 손해배상의무에 대해서는 C가 보증책임을 부담하지 않는다.

④ A의 하자담보책임으로 B에 대해 손해배상의무를 부담하게 된 경우에 C는 B의 손해배상채권을 가지고 A의 B에 대한 채권과 상계할 수 있다.

⑤ C의 보증채무에 대해서만 보증인을 세운다거나 담보물권을 설정할 수는 없다.

해설

① 보증인은 계약당사자가 아니므로 취소권·해제권을 행사할 수는 없다. 다만 주채무자가 취소권 등을 가지는 경우에 이를 이유로 이행을 거절할 수 있을 뿐이다. ② 채권자가 보증인을 지명한 경우에는 그렇지 않다(제431조 3항). ③ 해제권의 행사로 인해 채권관계는 반환채무관계로 바뀔 뿐 그 동일성이 여전히 유지되므로, 반환채무관계의 내용인 원상회복의무와 손해배상의무에 대해 보증인이 보증채무를 부담하는 것은 당연하다(청산관계설에 따른 설명으로서, 직접효과설을 취하는 경우에도 결론은 동일함). ④ 제434조 참조. ⑤ 제429조 2항 참조. <답 ④>

5. 다음 법률관계에 관한 설명 중 틀린 것은?

① A는 B에 대하여 30만 원의 채권을 가지고 있었는데, 이에 대해 C가 보증인으로서 45만 원을 지급할 것을 약정하기로 하였다. 이 경우 C의 보증채무는 30만 원의 한도로 감축된다.

② A, B 두 사람은 종류물매도인 C의 보증인이 되었다. C가 이행기일에 목적물을 인도하지 않자 C의 채권자 D는 A, B에게 목적물의 인도를 청구한다.

③ 미성년자 A는 법정대리인의 동의 없이 B와 매매계약을 체결하면서 대금지급채무에 대해 C를 연대보증인으로 세웠다. B가 C에 대해 보증채무의 이행을 청구하였다. 이에 C는 주채무가 미성년자의 법률행위에 의해 발생된 것임을 이유로 자신의 이행을 거절한다.

④ A는 B와 매매계약을 체결하고 B에게 매매대금을 지급하였다. 그 후 B가 매매목적물을 인도하지 않자 B와의 계약을 해제하였다. 그리고 B의 매매목적물인도채무에 대한 보증인인 C에 대해 A가 손해배상을 청구하자 C는 주채무발생의 원인된 계약의 해제를 이유로 지급을 거절한다.

⑤ A는 채무자 B의 부탁으로 C에 대한 B의 채무를 보증하였다. B가 이행하지 않아 C는 A에 대해 이행을 청구하자, A는 타인에게 돈을 꾸어 B의 채무를 변제하였다. A는 지급한 금액과 타인으로부터 빌린 금액에 대한 이자의 합산액을 B에게 지급청구한다.

해설

① 보증채무의 모습이 주채무의 그것보다 무거울 경우에는 주채무의 한도로 감축된다(제430조). ② 보증채무의 담보적 기능에 비추어 보증인이 채권자의 이행이익을 만족시킬 수 있는 경우에 한해서는 특정물인도채무에 대해서도 보증채무가 인정된다. 이외의 종류물인도채무에 대해서는 당연히 채권자는 보증인에게 종류물의 인도를 청구할 수 있다. ③ 보증인은 보증채무의 부종성에 기해 주채무자가 채권자에 대해 가지는 항변권을 행사하여 채권자에 대해 대항할 수 있다(제433조 1항). ④ 보증인은 계약의 해제에 따른 대금반환의 청구와 손해배상에 대해서도 보증해야 한다. 왜냐하면 계약의 해제는 계약의 동일성을 유지하면서 청산관계로 이르기 때문이다(청산관계설. 물론 직접효과설에 따르더라도 동일한 결론). 따라서 보증인은 채권자의 계약해제에 따른 대금반환과 손해배상의 청구에 대해 보증책임을 부담한다. ⑤ 채무자의 부탁에 의해 보증인이 된 자의 구상권은 면책된 날 이후의 법정이자 및 피할 수 없는 비용 기타의 손해배상을 포함한다(제441조 2항, 제425조 2항). <답 ④>

6. 보증채무의 내용은 보증계약과 보증채무의 부종성에 의해 결정된다. 다음은 보증채무의 내용에 관한 어느 판결의 이유부분을 발췌한 것인데, 잘못이 있는 부분은?

> 민법에 의하면 ① 보증채무는 주채무의 이자, 위약금, 손해배상 기타 주채무에 종속한 채무를 포함한다고 규정되어 있으므로, 부동산매매계약과 함께 부동산의 매수인이 매매목적물에 관한 근저당권의 피담보채무, 가압류채무, 임대차보증금반환채무를 인수함과 동시에 그 채무액을 매매대금에서 공제하기로 하는 ② 이행인수계약이 이루어진 경우 그 매매대금채무나 매수인이 인수한 채무를 보증한 자는 ③ 매도인이 매수인의 인수채무 불이행으로 인해 부담하는 손해배상의무 또는 ④ 임의로 인수채무를 대신 변제하여 매수인이 매도인에게 부담하게 되는 구상채무에 대하여도 보증채무를 부담하게 된다. 더욱이 매수인의 인수채무 불이행으로 인한 손해가 계속적으로 발생하거나 매도인이 매수인의 인수채무를 계속적으로 대신 변제하여 나가는 경우도 있을 수 있고, ⑤ 이러한 경우의 보증은 손해담보계약의 성질을 갖게 된다.

해설

대판 2002.5.10. 2000다18578의 판결이유를 발췌한 것이다. ① 민법 제429조 1항의 내용이다. ② '병존적 채무인수'와 '이행인수'를 구별하는 기준은 위의 근저당권자 내지 임대차보증금반환채권자로 하여금 매수인에 대해 직접 채권을 취득하게 할 의사가 존재하는지에 따른다(대판 1997.10.24. 97다28698 참고). 또한 '면책적 채무인수'로 해석하기 위해서는 채무자를 면책시키는 위 근저당권자 등의 승낙이 있어야 하므로(대판 1995.8.11. 94다58599 참고), 위 사례에서 매수인은 이행인수인으로 해석하는 게 타당하다. ③④ 보증채무의 내용에 포함된다. ⑤ 손해담보계약상 담보의무자의 책임은 손해배상책임이 아니라 이행의 책임이고, 따라서 담보계약상 담보권리자의 담보의무자에 대한 청구권의 성질은 손해배상청구권이 아니라 이행청구권이다(대판 2002.5.24. 2000다72572 참고). 따라서 위 보증은 손해배상채무에 대한 보증이므로 손해담보계약의 성질을 갖지 않는다. 2000다18578 판결에 의하면 위 보증은 '계속적 보증'의 성질을 갖는다고 한다. <답 ⑤>

7. 甲은 丙의 연대보증 하에 乙에게 10억 원을 빌려주면서 乙소유의 X부동산에 근저당권(채권최고액 13억 원)을 취득하였다. 다음 설명 중 옳지 않은 것은?
(다툼이 있는 경우에는 판례에 의함) <변리사 2009년>

① 丙은 甲의 이행청구에 대하여 최고·검색의 항변권을 행사할 수 없다.
② 丙이 5억 원을 甲에게 변제하고 구상권을 행사한 경우, 특별한 사정이 없는 한 일부 대위에 관한 법리가 적용되지 않는다.
③ 乙로부터 X부동산을 취득한 丁이 甲에게 5억 원을 변제한 경우, 丁은 丙에 대하여 甲의 채권을 대위할 수 없다.
④ 丙이 5억 원을 甲에게 변제하고 변제자대위권을 행사한 경우, X부동산의 매각(경락)대금에 대하여 甲은 丙에게 우선변제권을 주장할 수 있다.
⑤ 제3자 戊의 출재로 乙의 甲에 대한 주채무가 소멸하면 연대보증채무도 소멸하므로 戊는 丙에 대하여 부당이득반환을 청구할 수 있다.

해설

① 옳음. 연대보증인은 최고·검색의 항변권을 갖지 못한다(제437조 단서 참조). ② 옳음. 근저당권은 계속적인 거래관계로부터 발생·소멸하는 불특정다수의 채권 중 그 결산기에 잔존하는 채권을 일정한 한도액의 범위 내에서 담보하는 것으로서 그 거래가 종료하기까지 그 피담보채권은 계속적으로 증감·변동하는 것이므로, 근저당 거래관계가 계속되는 관계로 근저당권의 피담보채권이 확정되지 아니하는 동안에는 그 채권의 일부가 대위변제되었다 하더라도 그 근저당권이 대위변제자에게 이전될 수 없다(대판 2000.12.26. 2000다54451). ③ 옳음. 제3취득자는 보증인에 대하여 채권자를 대위하지 못한다(제482조 2항 2호 참조). ④ 옳음. 변제할 정당한 이익이 있는 자가 채무자를 위하여 채권의 일부를 대위변제할 경우에 대위변제자는 변제한 가액의 범위 내에서 종래 채권자가 가지고 있던 채권 및 담보에 관한 권리를 취득하게 되고 따라서 채권자가 부동산에 대하여 저당권을 가지고 있는 경우에는 채권자는 대위변제자에게 일부 대위변제에 따른 저당권의 일부 이전의 부기등기를 경료해 주어야 할 의무가 있다 할 것이나 이 경우에도 채권자는 일부 대위변제자에 대하여 우선변제권을 가지고 있다(대판 1998.9.27. 88다카1797). ⑤ 틀림. 주채무가 제3자의 변제에 의하여 소멸한 경우에는 주채무의 소멸로 인하여 보증채무도 소멸하므로, 민법 제480조 내지 제481조 소정의 변제자대위가 성립하지 아니하는 한, 제3자는 보증인에 대하여 부당이득반환청구 등의 어떠한 청구도 할 수 없게 되며, 또한 부당이득이라 함은 타인의 재산 또는 노무로 인하여 이익을 얻고 이로 인하여 타인에게 손해를 가한 경우에 성립하는 것인바, 제3자의 출재로 인하여 주채무가 소멸되면 제3자로서는

주채무자에 대하여 자신의 출재에 대한 구상권을 행사할 수 있어 그에게 손해가 있다고 보기도 어려우므로, 제3자의 연대보증인에 대한 부당이득반환청구는 받아들일 수 없다(대판 1996.9.20. 96다22655). <답 ⑤>

8. 甲이 乙에 대하여 5,000만 원의 채무를 부담하고 있는데, 丙은 甲의 채무에 대한 보증을 하였다. 아래 설명 중 丙이 보통의 보증인인 경우와 연대보증인인 경우에 공통적으로 해당되는 내용을 찾아 묶은 것은?

<변리사 2003년, 사시 2012년 유사>

> ㉮ 丙에게는 최고 · 검색의 항변권이 있다.
> ㉯ 丁이 별도로 甲의 채무를 위하여 丙과 같은 보증인이 된 경우, 丙 · 丁의 보증액은 각각 2,500만 원이 된다.
> ㉰ 乙이 채권을 양도한 경우, 甲에 대하여 채권양도의 통지를 하면 丙에 대하여도 그 효력이 미친다.
> ㉱ 丙이 채무의 승인을 하면 乙의 甲에 대한 채권의 소멸시효는 중단된다.
> ㉲ 丙이 미리 甲에게 통지하지 아니하고 乙에게 변제하여 주채무를 소멸하게 한 경우, 甲은 乙에 대하여 대항할 수 있는 사유를 가지고 丙에 대하여 대항할 수 있다.

① ㉮, ㉯ ② ㉮, ㉱ ③ ㉯, ㉰
④ ㉰, ㉲ ⑤ ㉱, ㉲

해설

㉮ 연대보증인에게는 인정되지 않는다(제437조 단서). ㉯ 공동보증인이 각각 주채무자와 연대하여 채무를 부담하는 경우에는 공동보증인 사이에 분별의 이익이 인정되지 않는다. 반면에 단순보증인이 공동보증한 경우에는 분별의 이익이 인정되므로 丙과 丁은 각각 2,500만 원씩 보증하게 된다(제439조, 제408조). ㉰ 별도로 보증인에게 그 채권양도를 통지하거나 보증인의 승낙을 필요로 하지 않는데, 이러한 법리는 단순보증과 연대보증을 구별하지 않는다. ㉱ 단순보증이든 연대보증이든 어디에도 적용되지 않는 설명이다. 즉, 보증채무에 대한 소멸시효가 중단되었다고 하더라도 이로써 주채무에 대한 소멸시효가 중단되는 것은 아니다(대판 2002.5.14. 2000다62476 참고). ㉲ 제445조 1항 참조. <답 ④>

9. 乙의 甲에 대한 1,000만 원의 금전채무에 대하여 丙과 丁이 연대보증인이 된 경우(丙과 丁 사이에 특약은 없는 것으로 한다)**에 관한 설명으로 옳은 것은?** (다툼이 있는 경우에는 판례에 의함) <사시 2007년: 배점 2, 변호사 2012년>

① 丙의 채무에 대한 시효중단의 사유가 있는 경우에 주채무까지 시효중단되지는 않는다.

② 丙이 甲으로부터 이행청구를 받은 경우, 丙이 乙에게 집행이 용이한 재산이 있음을 증명하면 甲은 우선 乙에게 청구하여야 한다.

③ 甲의 丁에 대한 채권포기는 乙이나 丙에게도 그 효력이 미친다.
④ 丙이 1,000만 원을 甲에게 변제한 경우, 丙은 乙에 대하여 구상할 수 있지만 丁에 대하여는 구상할 수 없다.
⑤ 乙이 甲에 대하여 채권을 가지고 있더라도 丙은 이 채권에 의한 상계를 가지고 甲에게 대항할 수 없다.

해설

①③ 주채무자에게 생긴 모든 사유는 연대보증인에게 그 효력이 미치나, 연대보증인에게 생긴 사유는 주채무자를 면책시키는 사유 이외에는 주채무자에게 영향을 미치지 않는다. 따라서 주채무자에 대한 시효중단의 사유가 없는 이상, 연대보증인에게 시효중단의 사유가 있다 하여 주채무까지 시효중단 되지는 않는다(대판 1994.1.11. 93다21477). 또한 연대보증인 1인에 대한 채권포기도 주채무자나 다른 연대보증인에게는 효력이 미치지 않는다(대판 1994.11.8. 94다37202). ② 단순보증과는 달리 연대보증인에게는 보충성 및 이에 따른 최고·검색의 항변권이 인정되지 않는다(제437조 단서). ④ 주채무가 불가분이거나 각 보증인이 상호연대로 또는 주채무자와 연대로 채무를 부담하는 경우, 어느 보증인이 자기의 부담부분을 넘는 변제로 하여 공동면책이 된 때에는 다른 보증인의 부담부분에 대하여 구상권을 행사할 수 있다(제448조→제425조). 주채무자와 연대보증인 사이의 구상관계도 마찬가지이다. ⑤ 보증인은 주채무자의 채권에 의한 상계로 채권자에게 대항할 수 있다(제434조). 따라서 보증인은 주채무자의 상계권을 채권자에게 행사할 수 있다.

<답 ①>

10. 2008년 10월 乙은 甲으로부터 1억 원을 빌렸고, 丙이 乙의 1억 원 금전채무에 대해 연대보증을 한 경우(丙은 '보증인 보호를 위한 특별법'상의 보증인에 해당함)**에 관한 설명 중 옳지 않은 것은?** (다툼이 있는 경우에는 판례에 의함)

<변리사 2009년>

① 丙의 연대보증은 그 의사가 丙의 기명날인 또는 서명이 있는 서면으로 표시되어야 그 효력이 발생하는 것은 아니다.
② 甲이 丙의 연대보증채무 일부 또는 전부를 면제하였더라도 그 면제의 효력은 乙에 대하여 미치지 아니한다.
③ 丙이 甲과 연대보증기간을 약정하지 않은 경우에는 그 기간은 3년으로 보아야 한다.
④ 甲이 丙의 부동산을 압류하였다고 하여, 乙의 甲에 대한 채무의 소멸시효가 당연히 중단되는 것은 아니다.
⑤ 乙의 甲에 대한 채무가 시효로 소멸한 때에는 丙도 그 시효소멸을 원용할 수 있으며, 이 때 乙이 시효의 이익을 포기하더라고 丙에게는 그 효력이 없다.

해설

① 틀림. 보증인보호법 제3조 1항은 기명날인 또는 서면으로 표시하도록 하고 있다. 이 경우 요식계약의 성격을 띠게 된다. ② 옳음. 주채무자에게 생긴 모든 사유는 연대보증인

에게 그 효력이 미친다. 그러나 연대보증인에게 생긴 사유는 주채무자를 면책시키는 사유 이외에는 주채무자에게 영향을 미치지 않는다. ③ 옳음. 보증인보호법 제7조 1항. ④ 옳음. 채권자가 연대보증인 겸 물상보증인 소유의 담보부동산에 대하여 임의경매의 신청을 하여 경매개시결정에 따른 압류의 효력이 생겼다면 채권자는 그 압류의 사실을 통지하지 아니하더라도 연대보증인 겸 물상보증인에 대하여 시효의 중단을 주장할 수 있다. (그러나) 시효의 중단은 시효중단행위에 관여한 당사자 및 그 승계인 사이에 효력이 있는 것이므로 위의 경우에도 연대보증인 겸 물상보증인은 보증채무의 부종성에 따라 주채무가 시효로 소멸되었음을 주장할 수는 있는 것으로서, 주채무자에 대한 시효중단의 사유가 없는 이상 연대보증인 겸 물상보증인에 대한 시효중단의 사유가 있다 하여 주채무까지 시효중단되었다고 할 수는 없다(대판 1994.1.11. 93다21477). ⑤ 옳음. 대판 1991.1.29. 89다카1114 참고. <답 ①>

11. 보증채무에 관련한 대법원 판결로서 잘못된 것은? <사시 2012년 유사>

① 채무가 특정되어 있는 확정채무에 대한 연대보증인은 비록 자신의 동의 없이 피보증채무의 이행기가 연장된 경우에도 그 연대보증채무를 부담한다.

② 수탁보증인은 자신의 사전구상권 행사로 수령한 사전구상금을 선량한 관리자의 주의로써 주채무자의 면책에 사용해야 할 의무가 있다.

③ 주채무에 대한 소멸시효가 완성되어 보증채무가 소멸된 상태에서 보증인이 보증채무를 이행하거나 승인하였다면, 다른 특별한 사정이 없는 한 보증인은 주채무의 시효소멸을 이유로 보증채무의 소멸을 주장할 수 없다.

④ 보증채무에 대한 소멸시효가 중단되었으나 주채무에 대하여 소멸시효가 완성된 경우, 보증채무는 그 채무 자체의 시효중단에도 불구하고 당연히 소멸한다.

⑤ 보증인이 보증계약의 이행에 따라 갖게 될 자신의 구상금 채무를 보증한 자에게 자신의 대위변제사실이나 구상금 주채무자의 부도사실의 통지를 게을리 함으로써 지연이자 상당의 부담이 늘어났다고 하더라도, 구상보증인은 원칙적으로 그 지연이자 상당의 채무를 면할 수 없다.

⑥ 신용보증기금이 상업어음할인대출을 대상으로 하는 신용보증을 하였는데, 금융기관이 할인한 어음이 사후에 상업어음이 아닌 것으로 판명된 경우, 금융기관이 그 할인에 의한 대출과정에서 선량한 관리자로서의 주의의무를 다하였다면 그에 대하여는 신용보증기금이 신용보증책임을 부담한다.

해설

① 대판 2002.6.14. 2002다14853 참고. ② 사전구상금은 주채무자에 대하여 수임인의 지위에 있는 수탁보증인이 위탁사무의 처리를 위하여 선급받은 비용의 성질을 가지는 것이기 때문이다. (나아가) 파산선고를 받은 수탁보증인이 사전구상권을 행사하는 경우 민법 제536조 2항(불안의 항변권)을 유추적용할 수 있다고 판시하고 있다(대판 2002.11.26.

2001다833). ③ 주채무에 대한 소멸시효가 완성되어 보증채무가 소멸된 상태에서 보증인이 보증채무를 이행하거나 승인하였다고 하더라도, 주채무자가 아닌 보증인의 행위에 의하여 주채무에 대한 소멸시효 이익의 포기 효과가 발생된다고 할 수 없으며, 주채무의 시효소멸에도 불구하고 보증채무를 이행하겠다는 의사를 표시한 경우 등과 같이 부종성을 부정하여야 할 다른 특별한 사정이 없는 한 보증인은 여전히 주채무의 시효소멸을 이유로 보증채무의 소멸을 주장할 수 있다고 보아야 한다(대판 2012.7.12. 2010다51192). ④ 보증채무에 대한 소멸시효가 중단되었다고 하더라도 이로써 주채무에 대한 소멸시효가 중단되는 것은 아니고, 주채무가 소멸시효 완성으로 소멸된 경우에는 보증채무는 그 부종성에 따라 보증채무 자체에 대한 시효중단이 있더라도 당연히 소멸하게 된다(대판 2002.5.14. 2000다62476). ⑤ 신용보증기금이 신용보증계약상의 구상금 채무를 보증한 자에게 그 구상금 주채무자의 부도사실이나 신용보증기금이 대위변제한 사실을 통지하여야 할 법률상의 의무가 있다고 할 수 없으므로, 그 통지가 없음으로 인하여 그 즉시 구상금을 변제하였더라면 부담하지 아니하였을 지연이자 상당의 부담이 늘어났다 하더라도 보증인은 그 지연이자 상당의 채무를 면할 수 없다(대판 2002.6.14. 2002다14853). ⑥ 대판[전] 2008.5.23, 2006다36981 참고. 반면 반대의견에 의하면, 상업어음할인대출의 신용보증조건에 관한 위 특약은, 금융기관이 신용보증에 기하여 어음할인을 한 대상이 상업어음이 아니라면 그 대출채무는 신용보증의 대상이 되지 아니하고 그 어음 할인대출채무에 관하여는 신용보증관계가 성립하지 않는다는 취지라고 볼 것이므로, 어음할인의 대상이 상업어음이 아닌 융통어음으로 판명된 때에는 설령 금융기관이 어음할인대출 당시에 그것이 상업어음인지 여부를 조사·확인하면서 주의의무를 다하였다고 하더라도 그러한 사정만으로는 그 어음할인대출채무가 신용보증기금이 보증책임을 부담할 신용보증의 대상으로 될 수 없다.

<답 ③>

12. 보증채무와 관련한 판례의 태도 가운데 틀린 것은?

① 채권자는 보증인에게 채무자의 신용상태를 고지할 신의칙상의 의무를 부담한다.

② 보증인과 주채무자 사이의 주채무에 관련된 구상관계는, 채권자와 보증인 사이에 보증인이 주채무를 중첩적·병존적으로 인수하기로 약정한 경우에도 달라지지 않는다.

③ 수탁보증인이 주채무자에 대하여 가지는 민법 제442조의 사전구상권에는 민법 제443조의 담보제공청구권이 항변권으로 부착되어 있는 만큼 이를 자동채권으로 하는 상계는 허용될 수 없다.

④ 주채무자가 사전에 담보제공청구권의 항변권을 포기한 경우에는 보증인은 사전구상권을 자동채권으로 하여 주채무자에 대한 채무와 상계할 수 있다.

⑤ 어느 공동불법행위자를 위하여 보증인이 된 자가 피보증인의 손해배상채무를 변제한 경우, 그 보증인은 피보증인이 아닌 다른 공동불법행위자에 대하여는 그 부담부분에 한하여 구상권 내지 부당이득반환청구권을 행사할 수 있다.

⑥ 회사의 어음거래약정에 연대보증을 한 대표이사가 대표이사직을 사임한 경우, 채권자인 금융기관이 위와 같은 변경 사실을 알고 있었다는 사정만으로는 연대보증계약이 해지되었다고 볼 수 없다.

해설

① 보증제도는 본질적으로 주채무자의 무자력으로 인한 채권자의 위험을 인수하는 것이므로 보증인이 주채무자의 자력에 대하여 조사한 후 보증계약을 체결할 것인지의 여부를 스스로 결정하여야 하는 것이고, 채권자가 보증인에게 채무자의 신용상태를 고지할 신의칙상의 의무는 존재하지 아니한다(대판 2002.7.12. 99다68652). 다만, 채권자가 금융기관인 경우에는 채무자의 신용정보를 제공할 의무가 있다(보증인보호법 제8조 참조). ② 대판 2003.11.14. 2003다37730. ③④ 항변권이 붙어 있는 채권을 자동채권으로 하여 다른 채무(수동채권)와의 상계를 허용한다면 상계자 일방의 의사표시에 의하여 상대방의 항변권 행사의 기회를 상실시키는 결과가 되므로 그러한 상계는 허용될 수 없고, 특히 수탁보증인이 주채무자에 대하여 가지는 민법 제442조의 사전구상권에는 민법 제443조의 담보제공청구권이 항변권으로 부착되어 있는 만큼 이를 자동채권으로 하는 상계는 허용될 수 없으며(대판 2001.11.13. 2001다55222,55239), 다만 민법 제443조는 임의규정으로서 주채무자가 사전에 담보제공청구권의 항변권을 포기한 경우에는 보증인은 사전구상권을 자동채권으로 하여 주채무자에 대한 채무와 상계할 수 있다(대판 2004.5.28. 2001다81245). ⑤ 대판 1996.2.9. 95다47176. ⑥ 대판 2007.5.10. 2007다4691. 통상의 금융거래에 있어서 연대보증인에서 제외시켜 달라는 채무자측의 요청은 채권자인 금융기관의 입장에서 볼 때 이미 다른 확실한 물적·인적 담보가 확보되어 있다거나 또는 그 연대보증에 대신할 만한 충분한 담보가 새로이 제공된다는 등의 특별한 사정이 없는 한 그에 대한 승낙이 당연히 예상된다고 할 수는 없기 때문이다. <답 ①>

13. 보증채무에 관한 다음 설명 중 가장 타당하지 않은 것은? (다툼이 있는 경우에는 판례에 의함) <법원 2008년>

① 주채무가 시효로 소멸한 때에는 보증인도 그 시효소멸을 원용할 수 있으며, 주채무자가 시효의 이익을 포기하더라도 보증인에게는 그 효력이 없다.

② 채권자가 주채무자에 대하여 상계적상에 있는 자동채권을 상계처리하지 아니하였다 하여 이를 이유로 보증채무자가 신용보증한 채무의 이행을 거부할 수 없으며 나아가 보증채무자의 책임이 면책되는 것도 아니다.

③ 보증채무는 주채무와는 별개 독립의 채무이므로 보증인의 출연행위 당시에 주채무가 유효하게 존속하고 있었던 경우에는 그 후 주계약이 해제되어 소급적으로 소멸하였다고 하더라도 보증인은 변제를 수령한 채권자를 상대로 이미 이행한 급부를 부당이득으로 반환청구할 수 없다.

④ 주채권과 분리하여 보증채권만을 양도하기로 하는 약정은 그 효력이 없다.

⑤ 보증계약 체결 당시 보증의 대상이 될 주채무의 발생원인과 그 내용이 어느 정도 확정되어 있다면 장래의 채무에 대해서도 유효하게 보증계약을 체결할 수 있다.

해설

① 옳음. 대판 1991.1.29. 89다카1114 참고. ② 옳음. 상계는 단독행위로서 상계를 하는 여부는 채권자의 의사에 따르는 것이고 상계적상에 있는 자동채권이 있다 하여 반드시 상계를 하여야 할 것은 아니다(대판 1987.5.12. 86다카1340). ③ 틀림. 보증채무는 주채무와 동일한 내용의 급부를 목적으로 함이 원칙이지만 주채무와는 별개 독립의 채무이고, 한편 보증채무자가 주채무를 소멸시키는 행위는 주채무의 존재를 전제로 하므로, 보증인의 출연행위 당시에는 주채무가 유효하게 존속하고 있었다 하더라도 그 후 주계약이 해제되어 소급적으로 소멸하는 경우에는 보증인은 변제를 수령한 채권자를 상대로 이미 이행한 급부를 부당이득으로 반환청구할 수 있다(대판 2004.12.24. 2004다20265). ④ 옳음. 주채권과 보증인에 대한 채권의 귀속주체를 달리하는 것은, 주채무자의 항변권으로 채권자에게 대항할 수 있는 보증인의 권리가 침해되는 등 보증채무의 부종성에 반하고, 주채권을 가지지 않는 자에게 보증채권만을 인정할 실익도 없기 때문에 주채권과 분리하여 보증채권만을 양도하기로 하는 약정은 그 효력이 없다(대판 2002.9.10. 2002다21509). ⑤ 옳음. 대판 2006.6.27. 2005다50041 참고.

<답 ③>

14. 보증채무자의 구상권에 대해서 민법은 보증채무자와 주채무자의 관계에 따라 달리 규정하고 있다. 다음의 항목 중 수탁보증인 또는 그 외 보증인인지 여부에 따라 그 내용 또는 효과가 다른 것은?

ⓐ 구상권의 발생요건
ⓑ 구상권의 범위
ⓒ 구상권의 행사시기
ⓓ 보증인의 면책통지의무해태에 따른 구상권의 제한
ⓔ 주채무자의 면책통지의무해태에 따른 구상권의 제한

① ⓐ, ⓑ, ⓒ ② ⓑ, ⓒ, ⓓ ③ ⓑ, ⓒ, ⓔ
④ ⓑ, ⓓ, ⓔ ⑤ ⓑ, ⓒ, ⓓ, ⓔ

해설

<답 ③>

〈수탁보증인과 그 외 보증인 사이의 구상권행사에 대한 민법상 규정〉

비교항목	수탁보증인	그 외 보증인
구상권의 범위	면책된 날 이후의 법정이자 및 피할 수 없는 비용 기타의 손해배상(제441조 2항, 제425조 2항)	부탁 없이 보증인이 된 경우: 그 당시에 이익을 받은 한도(제444조 1항) 채무자의 의사에 반하는 보증인: 현존이익의 한도(제444조 2항)
구상권행사의 시기	사후구상과 예외적으로 사전구상이 인정(제442조)	사전구상이 인정되지 않음(제442조)
주채무자의 면책통지의무해태에 의한 제한	보증인의 구상권이 제한되지 않음(제446조)	보증인은 구상권을 행사할 수 없음(제446조)

15. 보증인의 구상권에 관한 다음 설명 중 가장 잘못된 것은?

<사시 2001년, 법원 2006년 변형>

① 어느 연대채무자를 위하여 보증인이 된 자는 다른 연대채무자에 대하여 그 부담부분에 한하여 구상권이 있다.

② 3인의 보증인이 각자의 행위로 3,000만 원의 주채무에 대하여 보증채무를 부담하였다면 채권자는 각 보증인에게 1,000만 원을 청구할 수 있는 것이 원칙이다.

③ 주채무자의 부탁 없이 보증인이 된 자가 변제하여 주채무를 소멸하게 한 때에는 주채무자는 그 당시에 이익을 받은 한도에서 배상하여야 한다.

④ 채무의 이행기가 도래한 경우 수탁보증인은 주채무자에 대하여 미리 구상권을 행사할 수 있다.

⑤ 부탁을 받지 않은 보증인에게는 사전구상권이 인정되지 않으나, 주채무자는 그러한 보증인에게도 주채무의 변제에 관한 통지의무를 부담한다.

⑥ 과실 없이 채권자에게 보증채무를 이행할 재판을 받은 때에는 수탁보증인은 사전구상권을 행사할 수 있다.

⑦ 수탁보증인이 사전구상권을 행사한 경우, 주채무자는 배상할 금액을 공탁함으로써 그 배상의무를 면할 수 있다.

해설

① 제447조. ② 채권자나 채무자가 수인인 경우에 특별한 의사표시가 없으면 각 채권자 또는 각 채무자는 균등한 비율로 분할된 채권을 가지거나 채무를 부담한다(제439조→제408조). ③ 제444조 참조. ④ 제442조 1항 4호. ⑤ 부탁 없이 보증인이 된 자에게는 사전구상권이 주어지지 않으며(제442조 1항 참조), 부탁 없이 보증인이 된 자가 사전 또는 사후의 통지를 게을리하면 그 구상권이 제한된다(제445조). 그러나 주채무자는 부탁 없이 보증인이 된 자에게 사전 또는 사후의 통지의무를 부담하지 않는다(제446조 참조). ⑥ 제442조 1항 1호. ⑦ 제443조 후단. <답 ⑤>

16. 乙은 甲으로부터 1,000만 원을 차용하면서 丙에게 보증을 서 달라고 부탁하였다. 이에 丙은 甲과 위 채무에 대한 보증계약을 체결하였다. 이와 관련한 다음 설명 가운데 옳은 것을 고르면? (다툼이 있는 경우에는 판례에 의함)

<사시 2002년 변형>

① 보증채무의 이행기가 불확정하고 그 최장기도 확정할 수 없는 경우에 보증계약을 체결한 후 5년이 경과하더라도 채권자로부터 변제할 재판을 받지 않는 한 丙에게 사전구상권이 인정되지 않는다.

② 丙이 사전구상권을 행사하여 사전에 구상금을 수령하였더라도 아직 주채무의 이행기가 도래하지 않은 동안은 선량한 관리자의 주의의무를 부담하지 않는다.

③ 丙이 변제기에 1,000만 원을 甲의 통장에 먼저 입금하였음에도 이를 乙에게 통지하지 아니하였다고 하더라도, 이러한 사실을 모르고 다음날 乙도 통지 없이 1,000만 원을 입금하였다면 제1변제행위를 한 甲의 면책행위를 유효하다고 보아야 한다.

④ 乙이 변제기에 1,000만 원을 甲의 통장에 먼저 입금하였음에도 이를 丙에게 통지하지 아니하고 있었는데, 이러한 사실을 모르는 丙이 통지 내지 확인을 하지도 않은 채 그 다음날 1,000만 원을 입금한 경우 丙은 자기의 면책행위의 유효를 주장할 수 없다.

⑤ 甲이 丙을 보증인으로 지명하였더라도 丙에게 변제자력이 없는 경우에 한하여 甲은 주채무자 乙에게 보증인의 변경을 청구할 수 있다.

해설

① 채권자로부터 변제할 재판을 받지 않더라도 사전구상권을 행사할 수 있다(제442조 1항 참조). ② 수탁보증인이 사전구상권을 행사하여 수령한 사전구상금은 사전구상 당시 채권자에 대하여 보증인이 부담할 원본채무와 이미 발생한 이자, 피할 수 없는 비용 및 기타의 손해액을 선급받은 것이다. 따라서 이 금원은 주채무자에 대하여 수임인의 지위에 있는 수탁보증인이 위탁사무의 처리를 위하여 선급받은 비용의 성질을 가지는 것이므로 보증인은 이를 선량한 관리자의 주의로써 위탁사무인 주채무자의 면책에 사용하여야 할 의무가 있다(대판 1989.9.29. 88다카10524 참고). ③ 주채무자 乙의 면책행위가 유효하다(제445조 2항). ④ 丙이 선의의 경우에는 자신의 면책행위를 주장하여 乙에 대해 구상권을 행사할 수 있다(제446조). 그런데 판례(대판 1997.10.10. 95다46265)는 이 규정을 제한적으로 해석하여 '제455조 1항의 사전통지를 하지 않은 수탁보증인'은 자신의 면책행위를 주장할 수 없다는 논리를 펴고 있다(구체적 내용에 관해서는 문제 [23]의 해설 ② 참고). 즉, 수탁보증인에게는 항상 사전통지의무가 있기 때문에 변제행위를 할 때에는 그 채무의 존재 여부에 관해 주채무자에게 사전통지 내지 확인을 하여야 한다는 의미이다. ⑤ 그 변경을 청구할 수 없다(제431조 3항). <답 ④>

17. 구상관계에 관한 설명 중 틀린 것은? (다툼이 있는 경우에는 판례에 의함)
<사시 2002년>

① 자신의 부담부분을 넘는 공동면책행위를 한 공동불법행위자는 손해배상채무가 시효로 소멸한 다른 공동불법행위자에게도 구상권을 행사할 수 있다.

② 피용자가 그 업무집행에 관하여 범한 불법행위를 이유로 사용자가 피해자에 대하여 손해배상을 한 경우에, 구상권은 신의칙에 의하여 제한될 수 있지만 배제될 수는 없다.

③ 2인의 연대보증인이 있는 경우에 그들 각자가 별개의 법률행위로 보증인이 되었고 또 보증인 상호간에 연대의 특약이 없더라도 연대보증인 중 1인이 자신의 부담부분을 넘는 변제를 하였을 경우, 그는 아직 자신의 부담부분의 변제를 하지 아니한 연대보증인에 대하여 구상권을 행사할 수 있다.

④ 물상보증인이 채무자의 채무를 변제한 경우 채무자에 대하여 구상권을 가짐과 동시에 변제자대위로 당연히 채권자를 대위하며, 전자의 구상권과 후자의 변제자대위로 취득한 채권자의 권리는 서로 별개의 권리이지만 후자는 전자의 범위에서만 행사할 수 있다.

⑤ 부진정연대채무에서 채권자가 채무자 중 1인에 대하여 그 채무를 면제하였더라도 다른 채무자들은 면책되지 않는다.

⑥ 공동연대보증인 중 1인이 채무 전액을 대위변제한 후 주채무자로부터 구상금의 일부를 변제받은 경우, 주채무자의 구상금 일부 변제는 특별한 사정이 없는 한 대위변제를 한 연대보증인의 부담 부분에 상응하는 주채무자의 구상채무를 먼저 감소시키고 이 부분 구상채무가 전부 소멸되기 전까지는 다른 연대보증인들이 부담하는 구상채무의 범위에는 아무런 영향을 미치지 않는다.

해설

① 위 구상권은 다른 공동불법행위자에 대한 피해자의 손해배상채권과는 그 발생원인과 법적 성질을 달리하는 별개의 독립한 권리이므로, 위와 같은 사정만으로는 이미 취득한 구상권이 소멸되지 않는다고 한다(대판 1996.3.26. 96다3791 등 참고). ② 배제될 수 있다. 즉, 사용자와 피용자 쌍방의 과실의 경중, 곤돌라 기사인 피용자의 근무조건과 그러한 근무조건이 사고발생에 미친 영향의 정도, 피해자가 사고를 당하게 된 경위, 사용자의 노무자에 대한 인력관리상황, 사고 후 피용자가 실형을 복역한 후 현재 면직되어 있음에 반하여, 사용자는 국내 유수한 공동주택관리업체로서의 지위를 그대로 유지하고 있는 점 등 제반 사정을 참작할 때 사용자의 피용자에 대한 구상권 행사는 신의칙에 반하여 허용되지 않는다(대판 1994.12.13. 94다17246 참고). ③ 주채무가 일부 소멸된 경우에도 그 한도에서 구상권이 발생한다(제441조 참조). ④ 채무자의 채무를 변제한 물상보증인은 제370조에 의하여 준용되는 제341조에 의하여 채무자에 대하여 구상권을 가짐과 동시에 제481조에 의하여 당연히 채권자를 대위한다. 물론 위 구상권과 변제자대위권은 원본, 변제기, 이자, 지연손해금의 유무 등에 있어서 내용이 다른 별개의 권리로서 물상보증인은 고유의 구상권을 행사하든 대위하여 채권자의 권리를 행사하든 자유이다. 다만 채권자를 대위하는 경우에는 제482조 1항에 의하여 고유한 구상권의 범위에서 채권 및 그 담보에 관한 권리를 행사할 수 있으므로 변제자대위권은 구상권의 효력을 확보하는 역할을 한다(대판 1997.5.30. 97다1556 참고). ⑤ 대판 1980.7.22. 79다1107 등 참고. ⑥ 다른 연대보증인들로서는 주채무자의 무자력시 주채무자에 대한 재구상권 행사가 곤란해질 위험이 있다는 사정을 내세워 대위변제를 한 연대보증인에 대한 구상채무의 감면을 주장하거나 이행을 거절할 수 없다. 그러나 주채무자의 구상금 일부 변제 금액이 대위변제를 한 연대보증인의 부담 부분을 넘는 경우에는 그 넘는 변제 금액은 주채무자의 구상채무를 감소시킴과 동시에 다른 연대보증인들의 구상채무도 각자의 부담비율에 상응하여 감소시킨다(대판 2010.9.30. 2009다46873). <답 ②>

18. 공동보증에 관한 다음 설명 중 틀린 것은? <변리사 2003년>

① 수인의 보증인이 한 개의 보증계약으로 공동의 보증인이 된 경우에 각

공동보증인은 주채무를 균등한 비율로 분할한 부분에 대해서만 보증채무를 부담한다.

② 수인의 보증인이 보통의 보증인이지만 전부변제의 특약을 한 경우에는 공동보증인 각자는 최고 · 검색의 항변권을 행사할 수 없으며, 분별의 이익도 인정되지 않는다.

③ 공동보증인이 분별의 이익을 가지는 경우든 분별의 이익이 없는 경우든, 자기의 부담부분을 초과하여 변제한 때에만 다른 공동보증인에게 대하여 구상할 수 있다.

④ 분별의 이익을 가지는 공동보증인의 변제는 다른 공동보증인에 대해서는 일종의 사무관리가 되므로 구상의 범위는 주채무자의 부탁을 받지 않고 보증인이 된 자의 구상권 법리를 준용한다.

⑤ 분별의 이익이 없는 경우의 각 보증인은 채무전액의 변제책임을 부담하므로 공동보증인의 변제에 대한 구상의 범위에는 연대채무자의 구상권에 관한 법리를 준용한다.

해설

① 분별의 이익에 관한 원칙이다(제439조, 제408조). ② 분별의 이익을 포기한 보증연대이지만 공동보증인들은 모두 단순보증인이기 때문에 최고검색의 항변권을 행사할 수 있다는 데 문제가 없다. ③ 연대채무에서는 각 연대채무자의 부담부분이 차지하는 비율에 따라 구상이 이루어지기 때문에 자기의 부담부분에 모자라게 변제하더라도 구상권이 발생하지만, 공동보증에서는 공동보증인이 자기의 부담부분을 초과하여 변제한 때에 그 초과부분에 한하여 구상권이 인정된다. ④ 제448조 1항 및 제444조 참조. ⑤ 제448조 2항 및 제425조 2항 참조. <답 ②>

19. A는 B에 대하여 1,000만 원의 매매대금채권을 가지고 있었다. B가 부담하는 채무에 대해서는 B의 부탁에 따라 C가 보증인으로서, D가 연대보증인으로서 보증하고 있었다. 다음 설명 중 틀린 것은?

① 채권자 A에 대해 보증인 C는 500만 원, 연대보증인 D는 1,000만 원의 보증채무를 부담한다.

② A의 이행청구에 대해 C는 최고 · 검색의 항변권을 행사할 수 있으나, D는 최고 · 검색의 항변권을 행사할 수 없다.

③ A의 이행청구에 따라 C가 A에게 1,000만 원을 지급하였다면, C는 B에게 1,000만 원 전액을 구상할 수 있다.

④ A의 이행청구에 따라 C가 A에게 1,000만 원을 지급한 경우, C는 D에게 1,000만 원 전액을 구상할 수 있다.

⑤ C의 변제에 따라 B · D가 부담하는 채무는 부진정연대채무관계에 있다.

✍ **해설** ....

보증인과 연대보증인이 매매대금지급채무에 대한 공동보증을 하고 있는 경우이다. ① 따라서 단순보증인은 분별의 이익을 주장할 수 있으므로(제439조) 500만 원의 한도에서, 연대보증에 있어서는 분별의 이익이 인정되지 않으므로 연대보증인은 1,000만 원의 한도에서 보증채무를 부담한다. ② 또한 보증채무에 있어서는 보충성이 인정되므로 최고 · 검색의 항변권(제437조)을 행사할 수 있는 반면, 연대보증채무에 있어서는 보충성이 인정되지 않고 최고 · 검색의 항변권도 행사할 수 없다. ③ 한편 채무자의 부탁에 의한 보증인이 채권자에게 전액을 변제한 경우 주채무자에게 전액을 구상할 수 있음은 당연하다(제441조 2항, 제425조 2항). ④ 그러나 연대보증인에 대해서는 마치 부탁 없이 타인의 보증인이 된 자와 유사한 지위에 처하게 되므로 제448조 1항에 따라 제444조를 준용하여 연대보증인의 부담부분(이 경우 500만 원)에 대해서만 구상할 수 있다. ⑤ 보증인에 대해 주채무자와 연대보증인이 부담하는 채무는 주채무자와 연대보증인 사이에 주관적 공동관계가 인정되지 않으므로 부진정연대채무관계 또는 불가분채무관계에 있게 된다. <답 ④>

20. A의 채무에 관하여 B가 연대보증을 한 경우와 연대채무를 부담한 경우를 비교한 다음 설명 중 틀린 것은?

① 어느 경우에도 B는 A의 채권자에 대해 최고 · 검색의 항변권을 행사할 수 없다.

② A의 채권자가 A에 대해 기한의 유예를 하였다면 B가 연대보증을 부담하는 경우에만 B의 채무에 관한 기한도 유예된 것으로 본다.

③ 어느 경우에나 A의 채권자의 B에 대한 이행청구로 인한 시효중단의 효력은 A의 채무에 대해서도 그 효력을 지닌다.

④ 어느 경우에나 A의 채무가 시효로 소멸하였다면 B의 채무 역시 소멸한다.

⑤ A의 채권자에 의해 B가 채무를 면제받게 되었다면 B가 연대채무를 부담하는 경우에만 A의 채무에 대해 효력을 지닌다.

✍ **해설** ....

연대채무와 연대보증채무에 있어서 연대채무자 내지 주채무자에게 발생한 사유가 다른 채무자에게 미치는 효력은 서로 상이하다. 연대채무의 경우에는 변제 · 대물변제 · 공탁과 같이 채권의 만족을 가져오는 사유 이외에 이행청구(제416조) · 경개(제417조) · 상계(제418조) · 채권자지체(제422조)는 일체형 절대적 효력사유이며, 면제(제419조) · 혼동(제420조) · 소멸시효(제421조)는 부담부분형 절대적 효력사유에 해당된다. 그 외의 사유는 다른 채무자에게 영향을 주지 않는다. 반면 연대보증채무에 있어서는 그 본질은 보증채무이므로 보증채무와 마찬가지이다. 즉 주채무자에게 발생한 사유는 모두 연대보증인에게 그 효력이 미치는 반면, 연대보증인에게 생긴 사유는 주채무자를 면책시키는 것 외에는 주채무자에게 영향을 미치지 않는다. 따라서 ③ 연대채무의 경우 당연히 이행청구로 인한 시효중단은 다른 채무자에게도 절대적 효력을 지니나, 연대보증의 경우 연대보증인에 대한 이행청구의 효력은 주채무자에게 그 효력을 미치지 않는다. ① 연대채무나 연대보증 모두에 있어서 보충성이 인정되지 않으므로 연대채무자나 연대보증채무자는 채권자의 이행청구에 대해 최고 · 검색의 항변권을 행사할 수는 없다. <답 ③>

21. 각 채무자의 부담부분이 균등하다고 할 경우, 청구권자가 청구할 수 있는 금액이 큰 순서대로 연결된 것은?

ⓐ A에 대해 B가 10만 원의 채무를 부담하고 있는데, 이에 대해서는 C, D가 보증채무를 부담하고 있었다. 그런데 A가 C를 보증채무로부터 면제하였을 경우에 A가 D에 대해 청구할 수 있는 금액
ⓑ A에 대해 B, C가 10만 원의 연대채무를 부담하는데, B가 A로부터 채무 전액을 면제받았을 경우에 A가 C에게 청구할 수 있는 금액
ⓒ A에게 B가 10만원의 채무를 부담하는데, C는 그 채무에 대해 연대보증채무를 부담하고 있다. 그런데 A가 B에게 채무전액을 면제해준다면 A가 C에 대해 청구할 수 있는 금액
ⓓ A에 대해 B, C가 10만 원의 연대채무를 부담하는데, A가 B에 대해 연대의 면제를 하였다면 A가 C에게 청구할 수 있는 금액

① ⓓ>ⓐ=ⓑ>ⓒ ② ⓐ=ⓑ>ⓓ>ⓒ ③ ⓓ>ⓐ>ⓑ>ⓒ
④ ⓓ>ⓒ>ⓐ=ⓑ ⑤ ⓓ>ⓑ>ⓐ>ⓒ

해설 ....

ⓐ C, D는 단순공동보증인으로서 분별의 이익을 가진다(제439조, 제408조). 따라서 D는 A에 대해 5만 원의 보증채무를 부담한다. ⓑ B의 채무면제로 C는 5만 원의 한도에서 채무를 면하게 되므로(제419조) A에 대해 5만 원의 이행의무를 부담한다. ⓒ C는 A에 대해 채무를 부담하지 않는다. ⓓ 연대의 면제는 상대적 효력사유일 뿐이므로 C는 A에 대해 채무 전액에 대한 지급의무를 부담한다. <답 ①>

22. C는 전자대리점을 경영하는 B의 계속적 거래관계로부터 발생하는 채무에 대하여 채권자 A와 보증계약을 체결하였다. 다음 설명 중 틀린 것은?

① C가 책임범위와 발생시기에 관한 약정 없이 B의 계속적 거래 도중에 채무를 보증한 경우에는 계약일 이후에 발생하게 될 채무에 대해서만 보증한다.

② A와 C 사이에 보증한도액이 정해져 있으나 그 한도액에 의해 보증되는 채무의 범위에 관한 특약이 없는 경우에는 주채무의 원본뿐만 아니라 그 이자, 지연손해금도 포함한다.

③ C가 보증채무의 이행을 지체하여 발생하게 되는 지연손해배상금은 C가 계약 당시 약정한 보증한도액의 범위에 포함되지 않는다.

④ 보증한도액을 초과한 채무 일부를 B가 변제한 경우 보증인 C는 그 잔존채무가 한도액을 초과한 거래로 발생한 채무 중 일부변제되고 남은 것이더라도 한도액 내에서는 책임진다.

⑤ C가 주채무자 B와 별다른 친분관계도 없이 경제적 대가를 받지 아니한 상태에서 이와 같은 계속적 보증을 하였다는 사실은 C의 책임을 제한할

수 있는 사유로 되지 않는다.

해설

① 계속적 거래의 도중에 매수인을 위하여 보증범위와 기간의 정함이 없이 보증인이 된 자는 계약일 현재 이미 발생된 채무도 보증하는 것으로 본다(대판 1995.9.15. 94다41485). ② 계속적 보증계약의 한도액이 정해진 경우 그 한도액을 주채무의 원본총액만을 기준으로 할 것인지 그 한도액에 이자, 지연손해금 등의 부수채무까지도 포함될 것으로 할 것인지는 계약당사자의 의사에 따라야 하나, 특약이 없는 한 한도액 내에는 이자 등 부수채무도 포함되는 것으로 해석한다. ③ 보증채무는 주채무와는 별개의 채무이기 때문에 보증채무 자체의 이행지체로 인한 지연손해금은 근보증의 한도액과는 별도로 부담한다. ④ 계속적 보증책임의 한도액이 있는 경우에는 그 보증한 한도 내의 채무가 잔존하고 있는 이상, 그 잔존채무가 위 한도액 범위 내의 거래로 인하여 발생한 채무이든 또는 그 한도액을 초과한 거래로 인하여 발생한 채무 중 주채무자로부터 일부 변제되고 잔존한 채무이든 불문하고 그 보증한도에서 책임을 진다(대판 1995.6.30. 94다40444). ⑤ 계속적 거래관계에서 발생하는 불확정채무를 보증하는 계속적 보증의 경우에도 보증인은 이행기에 있는 주채무의 전액을 이행할 의무가 있다. 따라서 위와 같이 보증인이 주채무자와 별로 친분이 두텁지 아니하고 경제적 대가 없이 보증하였다는 사유만으로 보증인의 책임이 제한되지는 않는다(대판 1992.4.24. 91다26348). 다만 보증 당시 주채무의 액수를 보증인이 예상하였거나 예상할 수 있었을 경우에 그 예상범위를 상회하는 주채무 과다발생의 원인이 채권자가 주채무자의 자산상태를 현저히 악화된 사실을 잘 알면서도(중대한 과실로 알지 못한 경우도 같다) 이를 알지 못하는 보증인에게 아무런 통보나 의사타진도 없이 고의로 거래규모를 확대함에 연유하는 등 신의칙에 반하는 사정이 있는 경우에 한하여 보증인의 책임을 합리적인 범위 내로 제한할 수 있다(대판 1995.12.22. 94다42129 등).

<답 ①>

23. 다수당사자의 채권관계에 관한 설명 중 옳지 않은 것은? (다툼이 있는 경우에는 판례에 의함) <사시 2008년: 배점 2>

① 甲에 대한 A와 B의 부진정연대채무에 대하여 C가 A를 연대보증한 경우, B는 위 채무를 전부 변제하더라도 C에게 구상권을 행사할 수 없다.

② 주채무자 甲이 면책행위를 하고도 그 사실을 수탁보증인 乙에게 통지하지 않고 있던 중, 乙이 사전통지를 하지 아니한 채 甲의 면책행위가 있었음을 모르고 이중의 면책행위를 한 경우, 乙은 甲에 대하여 자기의 면책행위의 유효를 주장할 수 있다.

③ 乙은 甲에 대하여 1,000만 원의 대여금채무를 부담하고 있는데, 丙이 그 채무에 대해 연대보증을 한 상태에서 甲이 乙의 채무 전액을 면제해 주었다면, 甲이 丙에 대해 청구할 수 있는 금액은 0원이다.

④ 보증인은 채권자가 주채무자에 대하여 상계적상에 있는 자동채권을 상계처리하지 아니하였다 하여 이를 이유로 자신이 보증한 채무의 이행을 거부할 수 없다.

⑤ 계약당사자의 일방을 위한 보증인은 특별한 사정이 없는 한 피보증인의

채무불이행으로 인하여 그 계약이 해제됨으로써 발생한 피보증인의 상대방에 대한 원상회복의무에 대하여도 책임을 진다.

✍ **해설**

① 수인의 불법행위로 인한 손해배상책임은 부진정연대채무이나 그 구상권행사에 있어서는 성질상 연대채무에 관한 규정이 준용된다고 할 것인데 그 구상권에 관하여 규정한 민법 제425조 1항의 규정에 의한 구상권 행사의 상대방은 공동면책이 된 다른 연대채무자에 한하는 것이며 다른 연대채무자가 그 채권자에게 부담하는 채무를 연대보증 한 연대보증인은 그 연대채무자와 연대하여 채권자에게 채무를 변제할 책임을 지는 데 불과하고 채무를 변제한 연대채무자에게까지 그 연대보증한 연대채무자의 부담부분에 관한 채무를 변제할 책임을 부담하는 것은 아니라고 할 것이다(대판 1991.10.22. 90다20244). ② 민법 제446조의 규정은 같은 법 제445조 1항의 규정을 전제로 하는 것이어서 같은 법 제445조 1항의 사전통지를 하지 아니한 수탁보증인까지 보호하는 취지의 규정은 아니므로, 수탁보증에 있어서 주채무자가 면책행위를 하고도 그 사실을 보증인에게 통지하지 아니하고 있던 중에 보증인도 사전통지를 하지 아니한 채 이중의 면책행위를 한 경우에는 보증인은 주채무자에 대하여 민법 제446조에 의하여 자기의 면책행위의 유효를 주장할 수 없다고 봄이 상당하고 따라서 이 경우에는 이중변제의 기본 원칙으로 돌아가 먼저 이루어진 주채무자의 변책행위가 유효하고 나중에 이루어진 보증인의 면책행위는 무효로 보아야 하므로 보증인은 민법 제446조에 기하여 주채무자에게 구상권을 행사할 수 없다(대판 1997.10.10. 95다46265). ③ 주채무의 소멸은 그 원인 여하를 불문하고 보증채무에 대해서도 효력을 미친다. 따라서 주채무의 소멸로 보증채무도 당연히 소멸한다. ④ 상계는 단독행위로서 상계를 하는 여부는 채권자의 의사에 따르는 것이고 상계적상에 있는 자동채권이 있다 하여 반드시 상계를 하여야 할 것은 아니므로 채권자가 주채무자에 대하여 상계적상에 있는 자동채권을 상계 처리하지 아니하였다 하여 이를 이유로 보증채무자가 신용보증한 채무의 이행을 거부할 수 없으며 나아가 보증채무자의 책임이 면책되는 것도 아니다(대판 1987.5.12. 86다카1340). ⑤ 지문에서 문제가 되고 있는 것은 계약해제로 발생하게 되는 원상회복의무도 보증인이 부담하는 보증채무의 범위에 속하는가 하는 것이다. 판례에 따르면, 「타인 간의 계약에 있어 그 계약상의 여러 가지 의무를 부담하는 당사자의 일방을 위하여 그 계약을 보증한 보증인은 상대방에 대하여 특단의 사정이 없는 한 피보증인의 채무불이행으로 인하여 그 계약이 해제되었으므로 인한 피보증인의 원상회복의 의무에 대하여도 책임을 진다」고 한다(대판 1972.5.9. 71다1373). <답 ②>

24. 다음은 보증채무에 관한 설명이다. 판례에 의할 때 옳은 것(○)과 옳지 않은 것(×)을 바르게 표시한 것은? <사시 2012년 유사>

㉠ 피보증인의 불법행위로 인한 손해배상채무에 대한 신원보증인의 채무는 채권자로부터 이행청구를 받지 않으면 지체의 책임이 생기지 않는다.

㉡ 국가를 당사자로 하는 계약에 관한 법률 시행령에 의하면 중앙관서의 장 또는 계약담당공무원은 공사계약을 체결하고자 하는 경우 계약상대자로 하여금 당해 계약의무의 이행을 보증하는 1인 이상의 연대보증인을 세워야 하는데, 이 연대보증인의 보증책임은

특별한 사정이 없는 한 시공보증에 한정되고 특별한 사정이 없는 한 수급인의 지체상금지급채무에까지는 미치지 않는다.
㉢ 건물신축공사의 하자와 관련하여 수급인은 공사도급계약에 의하여 그 하자의 보수에 갈음하는 손해배상채무를 도급인에게 부담하는 반면에 하수급인은 법률에 의하여 수급인과 동일한 채무를 도급인에게 부담하는 경우, 수급인 위하여 보증인이 된 자가 채무를 변제하였다면 그로서는 하수급인에 대하여 직접 구상권을 취득하는 데 그치고 그 구상권을 확보하기 위하여 도급인을 대위할 수는 없다.

① ㉠(○), ㉡(○), ㉢(○) ② ㉠(×), ㉡(○), ㉢(○)
③ ㉠(○), ㉡(○), ㉢(×) ④ ㉠(○), ㉡(×), ㉢(×)
⑤ ㉠(○), ㉡(×), ㉢(○) ⑥ ㉠(×), ㉡(×), ㉢(×)

해설

㉠ 옳음. 신원보증인의 채무는 피보증인의 불법행위로 인한 손해배상채무 그 자체가 아니고 신원보증계약에 기하여 발생한 채무로서 이행기의 정함이 없는 채무이다(대판 2009.11.26. 2009다59671). ㉡ 옳음. 지체상금에 관한 약정은 수급인이 일의 완성을 지체한 데 대한 손해배상액의 예정으로서 지체상금지급채무의 보증은 공사목적물의 완성이나 하자보수를 내용으로 하는 시공보증의 범주에 속하지 않으므로 관청공사도급계약의 연대보증인의 보증책임은 특별한 사정이 없는 한 수급인의 지체상금지급채무에까지는 미치지 않는다(대판 2009.8.20. 2009다36081). ㉢ 틀림. 수급인과 하수급인의 채무는 서로 별개의 원인으로 발생한 독립된 채무이기는 하지만 어느 것이나 도급인에 대하여 시공상 잘못으로 말미암아 발생한 하자의 보수에 갈음하는 손해를 배상하려는 것으로서 서로 동일한 경제적 목적을 가지고 있다. 결국 수급인이 도급인에게 공사의 하자보수에 갈음하는 손해배상채무를 이행함으로써 그와 중첩되는 부분인, 하수급인의 도급인에 대한 공사하자보수에 갈음하는 손해배상채무도 함께 소멸되는 관계에 있으므로, 양 채무는 서로 중첩되는 부분에 관하여 부진정연대채무 관계에 있다. 따라서 어느 부진정연대채무자를 위하여 보증인이 된 자가 채무를 이행한 경우에는 다른 부진정연대채무자에 대하여도 직접 구상권을 취득하게 되고, 그와 같은 구상권을 확보하기 위하여 채권자를 대위하여 채권자의 다른 부진정연대채무자에 대한 채권 및 그 담보에 관한 권리를 구상권의 범위 내에서 행사할 수 있다(대판 2010.5.27. 2009다85861). <답 ③>

25. A는 B에 대하여 3억 원의 X채권을 가지고 있고, C와 D가 각각 B의 채무 전부를 연대보증하였다. 한편 E는 위 채권의 담보를 위하여 자기 소유의 Y부동산(시가 3억 원)에 저당권을 설정하였다. 이 사례에 관한 설명 중 틀린 것을 모두 고르면? <사시 2003년>

㉠ C가 A에게 위 보증채무를 전부 이행한 경우에 C는 E에 대하여 피담보채권 1억 원의 저당권을 취득하는데, 이를 가지고 위 이행 후에 E로부터 Y부동산을 양수한 F에게 대항할 수 있으려면 F가

그 권리를 취득하기 전에 저당권이전의 부기등기를 하여야 한다.
㉡ Y부동산에 대하여 위 저당권에 기한 경매가 진행되어 A가 위 채권의 만족을 얻은 경우에, E는 변제자대위로 X채권 중 각각 1억 원의 채권을 C와 D에 대하여 가지게 된다.
㉢ B가 A에 대하여 3억 원의 Z채권을 가지고 있고 이 채권이 X채권과 상계적상에 있다면, C는 Z채권으로 X채권과 상계하는 의사표시를 함으로써 Z채권을 소멸시키면서 동시에 자신의 보증채무를 면할 수 있다.
㉣ X채권이 원래 단기소멸시효에 걸리는 것이었으나 A가 B를 상대로 이행소송을 제기하여 승소의 확정판결을 받은 경우, 판례에 의하면 A의 C에 대한 채권의 소멸시효기간은 10년으로 연장된다.
㉤ A가 D를 상대로 하여 보증채무이행소송을 제기함으로써 D에 대한 채권의 소멸시효가 중단되었다면, 그 소송의 진행 중에 X채권의 소멸시효가 완성되었더라도 D는 주채무의 시효소멸로 A에게 대항할 수 없다.

① ㉣ ② ㉠, ㉢ ③ ㉡, ㉢
④ ㉣, ㉤ ⑤ ㉡, ㉣, ㉤

해설

㉠ 물상보증인과 보증인 사이에서는 그 인원수에 비례하여 채권자를 대위하므로 C는 1억 원의 한도에서 채권자 A의 저당권을 대위할 수 있다(제482조 2항 ⑤ 본문). 또한 제3취득자에게 대항하기 위해서는 제482조 2항 1호가 준용된다. ㉡ 마찬가지로 인원수에 비례하여 대위할 수 있다(제482조 2항 5호 본문). ㉢ 보증인은 주채무자의 채권을 자동채권으로 하여 상계할 수 있다(제434조). ㉣ 그렇지 않다. 즉, 채권자와 주채무자 사이의 판결 등에 의해 채권이 확정되어 그 소멸시효가 10년으로 되었다 할지라도 위 당사자 이외의 채권자와 연대보증인 사이에 있어서는 위 확정판결 등은 그 시효기간에 대하여는 아무런 영향도 없고 연대보증채권의 소멸시효기간은 여전히 종전의 소멸시효기간에 따른다(대판 1986.11.25. 86다카1569). ㉤ 대항할 수 있다. 즉, 주채무가 소멸시효 완성으로 소멸된 경우에는 보증채무도 그 채무 자체의 시효중단에 불구하고 부종성에 따라 당연히 소멸된다(대판 2002.5.14. 2000다62476 참고). <답 ④>

26. 다음 사례에 관한 설명 중 옳지 않은 것을 모두 고르면? (다툼이 있는 경우에는 판례에 의함) <사시 2008년: 배점 4>

등산용품 제조업을 영위하는 甲은 등산용품 도매상인 乙에게 2006.2.1. 배낭 1,000개를 개당 1만원씩 합계 1,000만 원에 판매하면서, 당일 계약금 100만 원을 지급받고 배낭 500개를 인도하며, 2006.4.1. 나머지 대금 900만 원을 지급받음과 동시에 나머지 배낭 500개를 인도하되, 대금지급을 지체하면 월 2%의 지연손해금을 가산하여 지급하기로 약정하였다. 丁과 戊는 乙의 부탁으로 위 대금채무에 대하여 丁은 700만 원까지, 戊는 300만 원까지 연대보증하였다.
甲은 위 계약에 따라 2006.2.1. 乙로부터 계약금 100만 원을 지급받고 乙에게 배낭 500개를 인도하였으며, 2006.4.1. 배낭 500개를 인도하였으나, 乙로부터 나머지 대금 900만 원은 지급받지 못하였다.
乙이 대금 지급을 계속 미루던 중, 甲은 자신의 동생인 丙과 함께 2006.7.1. 乙에게 대금 지급을 요구하다가 시비가 붙어 甲과 丙이 함께 乙을 폭행하여 乙이 상해를 입고 100만 원의 치료비를 지출하였다.

㉠ 甲과 乙이 모두 상인으로 甲의 乙에 대한 배낭대금채권의 소멸시효기간은 5년이다.
㉡ 만일 甲이 乙과의 합의에 따라 2006.4.1. 배낭 500개를 이행지인 A의 창고로 보냈는데 그 창고에 우연히 발생한 화재로 인하여 위 배낭 500개가 모두 소훼되었다 해도, 乙의 위 배낭대금 지급의무는 소멸되지 않는다.
㉢ 甲은 乙의 대금지급 지체를 이유로 월 2%의 지연손해금만 구할 수 있고, 이를 초과하는 실제 손해가 있다 하더라도 그 배상을 구할 수는 없다.
㉣ 丁이 甲에게 물품대금으로 500만 원을 변제한 경우, 丁은 戊에게 150만 원을 구상할 수 있다.
㉤ 乙은 甲의 폭행으로 인한 치료비 상당의 손해배상채권으로써 甲의 배상대금채권과 상계할 수 있다.
㉥ 乙이 丙으로부터 위 치료비 중 30만 원을 지급받고 나머지 손해배상채권을 포기하기로 한 경우, 그 면제의 의사표시는 丙의 내부적 부담부분에 한하여 甲에게도 효력이 미친다.

① ㉠, ㉣ ② ㉠, ㉥ ③ ㉡, ㉥
④ ㉠, ㉡, ㉢ ⑤ ㉠, ㉢, ㉣ ⑥ ㉠, ㉣, ㉥
⑦ ㉠, ㉣, ㉤, ㉥ ⑧ ㉡, ㉣, ㉤, ㉥

해설

㉠ 생산자 및 상인은 상법상 상인이므로 상법 제64조에 의해 그 생산물 및 상품의 대가청구권은 5년의 소멸시효기간에 걸리나(상법 제64조), 동조 단서에 의해 민법 제163조 6호가 우선 적용된다. '상인이 판매한 상품의 대가'란 상품의 매매로 인한 대금 그 자체의 채권만을 말하는 것으로서, 상품의 공급 자체와 등가성 있는 청구권에 한한다(대판 1996. 1.23. 95다39854 참고). 이 규정은 생산자 및 도매상인이 소비자뿐 아니라 전매를 목적으로 하는 자에 대하여 판매한 생산물 및 상품의 대가에 대해서도 적용된다(대판 1964.8. 31. 64다35 참고). ㉡ 일단, 甲은 자신의 채무를 유효하게 이행하였으므로 甲과 乙 간에 위험부담의 문제가 발생할 여지는 없으며, 乙은 여전히 甲에 대하여 대금지급의무를 부담

한다. ㉢ 당사자간에 채무불이행시 손해배상액을 예정해 놓은 경우에는, 실제의 손해액이 예정된 배상액보다 많거나 적다는 것을 입증하더라도 예정된 배상액만을 청구할 수 있다. ㉣ 각 연대보증인이 주채무자의 채무를 일정한 한도에서 보증하기로 하는 이른바 일부보증을 한 경우에는 달리 특별한 사정이 없는 한, 각 보증인은 보증한 한도 이상의 채무에 대하여는 그 책임이 없음은 물론이지만 주채무의 일부가 변제되었다고 하더라도 그 보증한 한도 내의 주채무가 남아 있다면 그 남아 있는 채무에 대하여는 보증책임을 면할 수 없다고 보아야 하므로, 이와 같은 경우에 연대보증인 중 1인이 변제로써 주채무를 감소시켰다고 하더라도 주채무의 남은 금액이 다른 연대보증인의 책임한도를 초과하고 있다면 그 다른 연대보증인으로서는 그 한도금액 전부에 대한 보증책임이 그대로 남아 있어 위의 채무변제로써 면책된 부분이 전혀 없다고 볼 수밖에 없고, 따라서 이러한 경우에는 채무를 변제한 위 연대보증인이 그 채무의 변제를 내세워 보증책임이 그대로 남아 있는 다른 연대보증인에게 구상권을 행사할 수는 없다(대판 2002.3.15. 2001다59071). 위 사안에서 丁이 500만 원을 변제하였으므로 남은 금액은 400만 원이다. 한편, 丁의 부담부분은 900×700/1000=630(만 원)이므로 丁은 130만 원 한도 내에서 보증책임을 면할 수 없다. 또한 戊의 부담부분은 900×300/1000=270(만 원)으로, 주채무의 남은 금액이 戊의 책임한도를 초과하고 있으므로 丁은 戊에 대하여 구상권을 행사할 수 없다. ㉤ 고의의 불법행위를 한 자는 피해자의 손해배상청구권을 수동채권으로 하여 상계하지 못하나(대판 1990.12.21. 90다7586 참고), 고의에 의한 불법행위로 발생된 손해배상채권이라 하더라도 피해자가 이를 자동채권으로 하여 상계하는 것은 상관없다(대판 1975.6.24. 75다103 참고). ㉥ 피해자가 부진정연대채무자(공동불법행위자) 중 1인에 대하여 손해배상에 관한 권리를 포기하거나 채무를 면제하는 의사표시를 하였다 하더라도 다른 채무자에 대하여 그 효력이 미친다고 볼 수는 없다(대판 1997.12.12. 96다50896 등 참고). <답 ⑥>

27. 신원보증에 대한 설명 중 틀린 것을 모두 고르면?(다툼이 있는 경우에는 판례에 의함)

① 신원보증계약의 기간은 2년을 초과하지 못하며, 신원보증인의 사망으로 종료된다.

② 신원보증은 손해담보계약이 아니라 부종적 보증계약이다.

③ 피용자의 보조자의 고의나 과실에 의한 행위로 발생한 손해에 대해서도 피용자의 신원보증인은 책임을 진다.

④ 수인의 신원보증인은 피보증인의 손해배상의무에 대해 연대보증책임을 부담한다.

⑤ 신원보증법에 의한 사용자의 통지의무를 사용자가 해태한 경우 반드시 신원보증인의 손해배상의무가 면제되는 것은 아니다.

⑥ 피용자의 업무수행과 관련하여 사용자와 자유롭게 신용보증계약을 체결할 수 있으므로 비록 신원보증인에게 불리한 사항이라도 계약자유의 원칙상 허용된다.

해설

① 신원보증법 제3조 및 제7조. ② 신원보증계약의 성격에 대해 판례는 1970년대 중반 이전에는 주로 손해담보계약이라고 이해하였으나, 1970년대 중반 이후에 있어서는 부종

적 보증계약으로 이해하고 있다(대판 1976.3.9. 75다1926 등). 예컨대, 신원보증서의 기재에 피보증인이 "재직 중 고의 또는 과실로 인하여 귀하에게 손해를 끼쳤을 때에는 보증인은 이에 대한 일체의 민사상의 책임을 지겠사옵기에 신원을 연대보증하나이다."라고 되어 있다면 피보증인 자체의 책임여하를 묻지 아니하거나 그의 배상책임의 발생 여부에 구애됨이 없이 이와는 별도로 독립하여 채권자가 입게 될 모든 손해를 부담·전보하겠다는 이른바 손해담보계약을 한 것이라고는 볼 수 없고, 피보증인이 직무상의 불법행위로 인한 손해배상의무를 부담할 경우에 보증인으로서 이 손해배상의무를 이행할 것을 약정하는 부종적 보증계약이라고 할 것이다(대판 1974.5.28. 73다1885). ③ 신원보증인은 피보증인이 스스로 부리고 있는 피용자의 보조를 받았다면 그 피용자의 불법행위로 인한 손해에 대해서도 배상책임을 부담한다(대판 1968.8.30. 68다1230). ⑤ 사용자가 통지의무의 이행을 해태한 경우에는 당연히 신원보증인의 책임이 면제되는 것이 아니고, 다만 신원보증인의 손해배상의 책임과 그 범위를 정함에 있어 참작사유가 될 뿐이다(대판 1965.8.31. 65다1255 등). 한편 신원보증법(법률 제9363호, 2009.1.30)에 의하면, 사용자가 고의 또는 중과실로 통지의무를 해태함으로써 신원보증인이 해지권을 행사하지 못한 경우에 신원보증인은 그로 인하여 발생한 손해의 한도에서 의무를 면한다(동법 제4조 2항). ④ 수인의 신원보증인 사이의 보증의무에 대해서 판례(대판 1966.9.6. 66다782)는 '2인 이상의 신원보증인이 있는 경우에 각 신원보증인이 주채무자와 연대하여 채무를 부담하였거나 신원보증인 간에 연대채무가 존재하지 않으면 각 신원보증인은 분별의 이익이 있다고 할 것이다'라고 하여 단순공동보증을 인정하고 있다(동법 제6조 2항). ⑥ 신원보증법의 규정에 반하는 특약으로서 어떠한 명칭이나 내용으로든지 신원보증인에게 불리한 것은 효력이 없다(동법 제8조). <답 ④, ⑥>

제 5 장 채권양도와 채무인수

제 1 절 채권양도

1. 다음 지명채권 가운데 채권자의 자유로운 양도가 인정되는 것은? (다툼이 있는 경우에는 다수설에 의함)

① 지방자치제가 특정 목적을 위하여 지급한 보조금
② 임차인의 임차권
③ 근로자의 임금채권
④ 소송행위를 하게 할 목적의 대여금 채권
⑤ 공무원의 연금청구권

해설 ······································

① 국가나 지방자치단체가 특정한 사업을 육성하거나 재정상의 원조를 하기 위하여 지급하는 보조금으로서 그 금원의 목적 내지 성질, 용도외 사용의 금지 및 감독 여부, 위반시의 제재조치 등 그 근거법령의 취지와 규정 등에 비추어 국가 혹은 지방자치단체와 특정의 보조사업자 사이에서만 수수·결제되어야 하는 것으로 봄이 상당하다고 인정되는 보조금지급채권은 그 양도가 금지된 것으로 보아야 하고, 따라서 강제집행의 대상이 될 수 없다 할 것이다(대판 2008.4.24. 2006다33586). ② 성질상 양도가 제한되지만, 임대인의 동의가 있으면 양도될 수 있다. ③ 임금채권은 그 양도를 금지하는 법률의 규정이 없으므로 양도할 수 있다. 다만 임금직접지불의 원칙에 비추어 사용자는 근로자에게 직접 지급해야만 하고 비록 양수인이라고 해도 스스로 사용자에 대해 임금지급을 청구할 수는 없다(대판[전] 1988.12.13. 87다카2803). ④ 채권양도가 신탁법상의 신탁에 해당하지 않는다고 하여도, 신탁법 제47조가 유추적용되므로 무효라고 할 것이다(대판 2002.12.6. 2000다4210). ⑤ 법률에 의해 양도가 금지되는 채권이다(공무원연금법 제32조 참조). 양도금지채권은 압류도 금지되나, 압류금지채권은 양도가 가능하다. <답 ③>

2. 우리 민법 제449조는 제1항에서 '㉠ 채권은 양도할 수 있다. 그러나 ㉡ 채권의 성질이 양도를 허용하지 아니하는 때에는 그러하지 아니하다'고 한 후, 제2항에서 '㉢ 채권은 당사자가 반대의 의사를 표시한 경우에는 양도하지 못한다. 그러나 ㉣ 그 의사표시로써 선의의 제3자에게 대항하지 못한다'고 규정한다. 다음은 위의 ㉠, ㉡, ㉢, ㉣에 관한 설명을 무작위로 나열해 놓은 것이다. 각각 ㉠, ㉡, ㉢, ㉣에 관한 설명으로 옳게 연결된 것은?

<사시 2013년 유사>

ⓐ 지명채권이 양도되기 위해서는 이에 대한 채권증서가 작성되어야

> 하며, 이를 교부함으로써 양도가 성립한다.
> ⓑ 전세권이 담보물권으로서의 성질을 지니고 있어서 그 부종성과 수반성이 인정되어야 하기 때문에 전세권과 분리하여 전세금반환청구권만의 양도를 인정할 수 없다는 데 학설과 판례의 태도는 일치한다.
> ⓒ 양도할 수 없는 채권이라는 주장은 채무자가 이를 입증해야 한다.
> ⓓ 양도금지특약이 이루어진 채권에 대해서는 압류명령이 방해를 받지 않는다.
> ⓔ 양도금지특약을 이유로 대항할 수 없는 선의의 제3자에게는 과실이 없어야 한다는 데 학설과 판례는 일치하고 있다.
> ⓕ 장래의 차임채권에 대한 양도계약은 유효하다.
> ⓖ 양도금지특약을 알고 채권을 양수한 자로부터 다시 선의로 그 채권을 양수한 자는 선의의 제3자에 포함된다.
> ⓗ 양도금지특약이 있는 경우에도 채무자의 사전동의 혹은 사후동의나 승낙이 있으면 그 채권양도는 유효하지만, 그 효력이 채권양도시로 소급한다고 해석하는 게 판례의 견해이다.

	㉠	㉡	㉢	㉣
①	ⓐ	ⓕ	ⓓ	ⓖ
②	ⓐ	ⓑ	ⓓ	ⓔ
③	ⓒ	ⓑ	ⓓ	ⓔ
④	ⓒ	ⓕ	ⓓ	ⓗ
⑤	ⓒ	ⓕ	ⓓ	ⓖ

해설

㉠에 관한 설명으로는 ⓐ와 ⓒ, ㉡에 관한 설명으로는 ⓑ와 ⓕ, ㉢에 관한 설명으로는 ⓓ, 그리고 ㉣에 관한 설명으로는 ⓔ, ⓖ 및 ⓗ가 각각 해당한다. ⓐ 지명채권은 원칙적으로 양도성이 인정되므로 굳이 채권증서의 교부에 의한 방식이 필요하지 않다. 더욱이 채권증서의 존부는 지명채권에 있어서 하나의 증거방법에 지나지 않는다. ⓑ 판례 및 일부 학설에서는 전세금반환청구권의 양도로 인해 전세권자에게 어떠한 불이익이 생기는 것이 아니며 그 채권이 장래의 채권이라고 해서 그 양도를 부정할 것은 아니라고 하거나(대판 1969.12.23. 69다1745), 담보물권의 수반성에도 특별한 사정이 있으면 채권양수인은 담보물권이 없는 무담보의 채권을 양수할 수도 있다고 한다(대판 1997.11.25. 97다29790 참고). ⓔ 일부 학설(곽윤직, 291면)의 견해이나, 중과실이 없으면 그것으로써 충분하다는 견해가 판례 및 다수설의 태도이다(대판 1996.6.28. 96다18281 등 및 김형배, 577면; 김상용, 393면 참고). ⓗ 소급효를 부정하는 것이 판례의 태도이다(대판 2000.4.7. 99다52817 및 이은영, 616면 참고). 소급효를 긍정하는 견해로 김형배, 579면. <답 ⑤>

3. 다음은 지명채권의 양도에서 문제되는 대항요건과 관련한 설명이다. 밑줄 친 부분 가운데 틀린 곳이 두 곳 이상 있는 문단을 고르면?

> [A] 채권양수인은 양수받은 채권을 채무자에게 주장하기 위해서는 ⓐ

양수인으로부터의 채권양도의 통지가 이루어져야 하는데, 이러한 통지란 채권양도가 있었다는 사실을 알리는 행위로서 ⓑ 관념의 통지에 해당한다. 특히 이러한 채권양도의 통지는 채권양도와 ⓒ 동시에 또는 사전에 하면 된다.

[B] 채권양도의 승낙이란 채권양도의 사실을 인식하고 있음을 알리는 관념의 통지이다. ⓓ 승낙의 통지에는 조건을 붙여 할 수 있으며, 이러한 승낙은 채권양도와 동시에 또는 사전에 하면 된다. 대항요건으로서 채무자에 대한 통지나 채무자의 승낙이 있었는지의 여부는 ⓔ 채무자가 입증해야 한다.

[C] 저당권부 채권이 변제로 소멸함으로써 이에 수반했던 저당권의 말소등기가 이루어지고 있지 않은 동안에 채권자가 그 채권을 양도하고 채무자도 이에 이의를 유보하지 않고 승낙한 경우에, ⓕ 채무자는 양수인에게 채권의 소멸을 주장할 수 없을 뿐만 아니라 양수인은 ⓖ 저당목적물의 지상권자에 대해 위 채무자의 이의 없는 승낙을 이유로써 저당권을 주장할 수 있다.

[D] 양수인이 채권양도의 사실을 ⓗ 채무자 이외의 제3자, 예컨대 채권의 이중양수인, 채권질권자, 압류채권자 혹은 대위채권자에 대해서 주장하기 위해서는 확정일자 있는 증서로 통지나 승낙이 있었음을 주장 · 입증해야 하는데, 이때 ⓘ 확정일자란 특정일자가 아니라 당사자가 나중에 변경하지 못하는 확정된 일자를 말하는 것으로서 ⓙ 통지나 승낙이 있었음을 확정일자부 증서의 방법으로 증명하는 것이다.

① [A], [B], [C], [D]　　② [A], [C], [D]
③ [A], [D]　　④ [A]
⑤ [D]

해설

[A]에서는 ⓐ와 ⓒ가 틀린 곳, [B]에서는 ⓔ가 틀린 곳, [C]에서는 ⓖ가 틀린 곳, [D]에서는 ⓗ와 ⓙ가 틀린 곳이다. ⓐ 양도인이 통지해야 한다. ⓒ 사전통지는 유효한 대항요건이 되지 않는다(대판 2000.4.11. 2000다2627 참고). ⓓ 통지의 경우와는 달리 승낙에는 조건을 붙일 수 있으며(대판 2011.6.30. 2011다8614 참고) 사전승낙은 유효하다. ⓔ 양수인이 입증해야 한다(대판 1990.4.11. 90다카27662도 같은 취지). ⓕⓖ 민법 제451조 1항에 의한 항변절단의 효과(공신력보호를 위한 항변상실의 효과를 정한 것이라는 견해로서는 곽윤직, 298면 참고)는 채무자와 양수인 사이에서만 발생하고 제3자의 권리에는 아무런 영향을 미치지 않는다. ⓗ 대위채권자는 위의 제3자에 해당하지 않는다. ⓘ 민법이 확정일자 있는 증서에 의한 통지나 승낙을 갖추도록 하고 있는 취지는 채권의 양도인, 양수인 및 채무자가 통모하여 통지일 또는 승낙일을 소급함으로써 제3자의 권리를 침해하는 것을 방지하기 위한 것이다(대판 2011.7.14. 2009다49469). ⓙ 통지나 승낙의 표시가 확정일자 있는 증서를 통해 이루어졌음을 입증하면 된다. <답 ③>

4. 지명채권의 양도에 관한 다음 설명 중 틀린 것은? (다툼이 있는 경우에는 판례에 의함) <사시 2012년 유사, 사시 2013년 유사, 변호사 2013년 유사>

① 전세권설정계약이 합의로 해지된 후 당사자의 약정으로 전세금반환채권만을 분리하여 양도한 경우, 양수인은 유효하게 전세금반환채권을 양수한다.

② 임차인이 임대차보증금반환채권을 양도함에 있어서 임대인이 이의 유보 없는 승낙을 한 경우, 임대인으로서는 임차목적물을 개축하는 등 하여 임차인이 부담할 원상복구비용 상당의 손해배상액을 임대차보증금에서 공제하겠다고 주장할 수 없다.

③ 금전채권의 발생원인인 계약에 관하여 채무자가 이를 해제할 수 있는 권리를 가지고 있다면, 채무자가 채권양도의 통지를 받은 후에 행한 계약해제를 가지고서 채권양수인에게 대항할 수 있다.

④ 지명채권의 양도통지를 한 후 그 양도계약이 해제된 경우, 양도인이 그 해제를 이유로 다시 원래의 채무자에 대하여 양도채권으로 대항하려면 양수인이 채무자에게 위와 같은 해제사실을 통지하여야 한다.

⑤ 채권양도의 원인이 되는 위임이 해지 등으로 효력이 소멸하여 채권이 양도인에게 복귀된 경우, 양수인은 채무자에게 이를 통지하여야 한다.

⑥ 대항력과 확정일자를 갖춘 주택임차인이 임차권과 분리하여 임차보증금반환채권을 양도한 경우, 양수인은 주택임대차보호법상 우선변제권을 행사할 수 없다.

해설

① 전세권이 존속기간의 만료로 소멸한 경우이거나 전세계약의 합의해지 또는 당사자 간의 특약에 의하여 전세금반환채권의 처분에도 불구하고, 전세권의 처분이 따르지 않는 경우 등의 특별한 사정이 있는 때에는 채권양수인은 담보물권이 없는 무담보의 채권을 양수하게 된다(대판 1997.11.25. 97다29790 참고). ② 임대인과 임차인 사이에 장래 임대목적물 반환시 위 원상복구비용의 보증금 명목으로 지급하기로 약정한 금액은 임대차관계에서 당연히 발생하는 채무가 아니라, 임대인과 임차인 사이의 약정에 기해 비로소 발생하는 채무에 불과하므로, 이의유보 없는 승낙을 한 이상 이 채권으로 양수인에게 대항할 수 없다(대판 2002.12.10. 2002다52657 참고). ③ 예컨대 매매계약상의 대금채권을 매도인이 양도한 후 매도인이 목적물인도 의무를 불이행하기 때문에 매수인(채무자)이 계약을 해제한 경우 비록 매수인이 채권양도의 통지 이후에 계약해제권을 행사한 경우에도 이를 양수인에게 대항할 수 있다. 이는 양수인이 제548조 1항 단서에서 의미하는 '제3자'라고 해석할 수 없으므로 동 조항과 모순되지 않으며, 오히려 해제의 소급적 효력(다수설)과 조화로운 태도이다. 또한 '통지를 받은 때까지 양도인에 대하여 생긴 사유로써'라는 제451조 2항의 문언과도 부합한다(김형배, 589면). ④ 해제에 따른 원상회복의 관계에 비추어 양수인이 채무자에게 통지하여야 채무자에 대한 대항요건을 구비한다(대판 1962.4.26. 62다10 등 참고). ⑤ 종전의 채권자가 채권의 추심 기타 행사를 위임하여 채권을 양도하였으나 양도의 '원인'이 되는 그 위임이 해지 등으로 효력이 소멸한 경우에 이로써 채권은 양도인에게 복귀하게 되고, 나아가 양수인은 그 양도의무계약의 해지로 인하여 양도인에 대

하여 부담하는 원상회복의무(이는 계약의 효력불발생에서의 원상회복의무 일반과 마찬가지로 부당이득반환의무의 성질을 가진다)의 한 내용으로 채무자에게 이를 통지할 의무를 부담한다(대판 2011.3.24. 2010다100711). ⑥ 양수인은 주택임대차보호법상의 대항력의 요건인 '점유'를 갖추고 있지 못하기 때문에, 우선변제권의 요건인 확정일자를 갖출 수 없기 때문이다. (이 경우) 일반 채권자로서의 권리행사는 가능하다(대판 2010.5.27. 2010다10276 참고). <답 ③>

5. 채권양도에 관한 다음 설명 중 가장 잘못된 것은? (다툼이 있는 경우에는 판례에 의함)

① 채권양도가 다른 채무를 담보하기 위하여 이루어진 경우, 그 피담보채무가 변제로 소멸되었다면 양도채권의 채무자는 이를 이유로 채권양수인의 양수금 청구를 거절할 수 있다.

② 채권을 양도받았으나 대항요건을 갖추지 아니하는 사이에 양도된 채권이 가압류된 경우, 양수인은 가압류에 의하여 권리가 제한된 상태의 채권을 양수받는다.

③ 채권양도가 있기 전에 미리 하는 사전통지는 채무자로 하여금 양도의 시기를 확정할 수 없는 불안한 상태에 있게 하는 결과가 되어 원칙적으로 허용될 수 없고, 채권양도통지로서의 효력도 인정되지 않는다.

④ 선순위의 근저당권부채권을 양수한 채권자보다 후순위의 근저당권자는 채권양도의 대항요건을 갖추지 아니한 경우, 대항할 수 없는 제3자에 포함되지 않는다.

⑤ 채권자에 대한 채무변제를 위하여 다른 채권을 채권자에게 양도한 경우, 특단의 사정이 없는 한 그 채권양도는 채무변제를 위한 담보 또는 변제의 방법으로 양도되는 것으로 볼 것이고 채무변제에 갈음하여 양도되는 것으로 볼 것은 아니므로 원래의 채권은 소멸되지 않는다.

해설

① 채권양도가 다른 채무의 담보조로 이루어졌으며 또한 그 피담보채무가 변제되었더라도, 이는 채권양도인과 양수인 간의 문제일 뿐이고, 양도채권의 채무자는 채권양도·양수인 간의 채무소멸 여하에 관계없이 양도된 채무를 양수인에게 변제하여야 하는 것이므로, 설령 그 피담보채무가 변제로 소멸되었더라도 양도채권의 채무자로서는 이를 이유로 채권양수인의 양수금청구를 거절할 수 없다(대판 1999.11.26. 99다23093). ② 채권양도란 채권의 동일성을 유지하면서 법률행위에 의하여 채권을 이전하는 것을 말하므로 가압류된 채권을 양도하는 데 있어서도 아무런 제한이 없다 할 것이다. 또한 채권을 양도받았으나 대항요건을 갖추지 아니하는 사이에 양도된 채권이 가압류된 경우에도 같다(대판 2002.4.26. 2001다59033). ③ 대판 2000.4.11. 2000다2627 참고. 다만 사전의 통지라 하더라도 후에 양도할 것이 확실한 때에는 양도가 있을 때부터 대항요건을 갖춘 것으로 해석해야 할 것이다. ④ 제450조 2항에서의 채무자 이외의 제3자란 그 채권에 대해서 법률상의 이익을 가지고 있는 자 또는 그 채권에 대해 양수인의 지위와 병립할 수 없는 법률상의 지위를 취득한 자를 의미하며(이른바 제한설), 예컨대 채권의 이중양수인, 채권질권자, 채

권을 압류한 양도인의 채권자 및 그 채권의 양도인이 파산한 경우에 파산채권자 등이 이에 해당된다. 그러나 선순위의 근저당권부채권을 양수한 채권자보다 후순위의 근저당권자는 양수인의 지위와 양립할 수 없는 법률상의 지위를 취득한 자가 아니므로 채무자 이외의 제3자로 볼 수 없다(대판 2005.6.23. 2004다29279). ⑤ 대판 1995.9.15. 95다13371.

<답 ①>

6. 채권양도에 관한 판례의 설명으로 잘못된 것은?

① 양수인은 양도인의 대리인으로 채권양도 통지권한을 위임받아 통지할 수 있는데, 이 경우 명시적인 현명(顯名)에 의한 통지뿐만 아니라 묵시적인 현명에 의한 통지도 민법 제115조 단서에 의해 유효로 될 수 있다.

② 하도급인 乙이, 도급인 甲이 자신에게 지급할 공사대금 중 일부를 하수급인 丙에게 직접 지급하는 것에 동의하는 '하도급대금 직불동의서'를 작성하여 丙에게 교부하고, 丙이 이를 甲에게 내용증명우편으로 발송하여 甲이 이를 수령한 경우, 이는 하도급거래의 공정화에 관한 법률 제14조 제1항 제2호에 규정된 하도급대금 직접 지급의 요건을 갖추기 위해 甲의 동의를 얻으려는 취지이므로 그 문서에는 채권양도의 합의가 포함되어 있고, 나아가 그와 같은 취지로 작성된 乙 명의의 문서가 丙에게 교부되었다는 점에서, 乙이 丙에게 채권양도의 통지를 할 수 있는 대리권을 묵시적으로 부여하였다고 볼 수 있다.

③ 은행거래의 경험이 있는 자가 타인의 정기예금채권을 양도받더라도 그 양도계약이 채무자인 은행의 사전 또는 사후의 승낙 없이 행해지는 한 통상적으로 무효에 해당한다.

④ 보험금청구권의 양도에 대하여 보험자가 보험료 미납에 대한 이의를 유보하지 않은 채 승낙한 경우, 보험자는 보험료 미납을 이유로 한 해지항변을 이유로 양수인에게 대항할 수는 없다.

⑤ 민법상 전세권의 존속기간이 만료되면 그 전세권에 대해서도 그 피담보채권인 전세금반환채권과 함께 제3자에게 이를 양도할 수 있으며 이 경우에는 민법 제450조 제2항 소정의 확정일자 있는 증서에 의한 채권양도절차를 거쳐야 위 전세금반환채권의 양도사실로서 압류·전부채권자 등 제3자에게 대항할 수 있다.

⑥ 집합채권의 양도가 양도금지특약에 위반해서 무효인 경우, 채무자는 일부 개별 채권을 특정하여 추인할 수 있다.

해설 ……………………………………

① 양도인 본인과 대리인임을 표시하여야 하는 것이므로, 양수인이 서면으로 채권양도통지를 함에 있어 대리관계의 현명을 하지 아니한 채 양수인 명의로 된 채권양도통지서를 채무자에게 발송하여 도달되었다 하더라도 이는 효력이 없다(대판 2004.2.13. 2003다

43490). 그러나 채권양도통지에 대한 양수인의 대리행위에도 제115조 단서가 적용되므로, 예컨대 채권양도 통지서 자체에 양수받은 채권의 내용이 기재되어 있고, 채권양도양수계약서가 위 통지서에 첨부되어 있으며 채무자로서는 양수인에게 채권양도통지 권한이 위임되었는지의 여부를 용이하게 알 수 있었다는 사정 등을 종합하면 무현명에 의한 채권양도 통지도 유효하다(위 판결). ② 위와 같은 사안에서 '묵시적 대리권의 수여'가 있다고 볼 수 없다고 하였다(대판 2011.2.24. 2010다96911 참고). (또한) 대리인이 대리의사를 가지고 행위한 경우에만 적용되는 민법 제115조 단서는 그 '발신'에 관하여는 적용될 여지가 없다(위 판결). ③ 은행거래에서 발생하는 예금채권에 관한 법률관계는 일반거래약관에 의하여 그 양도가 제한되고 있다는 사실은 적어도 은행거래의 경험이 있는 자에 대하여는 널리 알려진 사항에 속한다고 할 것이므로, 은행거래의 경험이 있는 자가 예금채권을 양수한 경우 특별한 사정이 없는 한 예금채권에 대하여 양도제한의 특약이 있음을 알았다고 하거나 적어도 알지 못한 데에 중대한 과실이 있다고 보아야 한다(대판 2003.12.12. 2003다44370). ④ 보험자가 비록 보험금청구권 양도시에 면책사유에 대한 이의를 보류하지 않았다 하더라도 보험계약상의 면책사유를 양수인에게 주장할 수 있다(대판 2002.3. 29. 2000다13887). 그러나 위 지문과 같이 보험료 미납이라는 사유는 여타의 면책사유들과 달리 승낙 시에 보험자가 이미 알 수 있는 사정에 속하며, 따라서 보험자가 이런 미납사실에 대한 이의를 유보하지 아니한 경우까지 면책사유의 일종이라는 이유만으로 양수인에게 대항할 수 있다고 하는 것은 양수인의 신뢰보호라는 원칙을 무시하는 결과가 되기 때문에 보험자가 보험료 미납을 이유로 한 해지항변은 보험자가 이의를 보류하지 아니하고 양도를 승낙한 경우에는 양수인에 대하여 대항할 수 없다(위 판결). ⑤ 존속기간의 경과로서 본래의 용익물권적 권능이 소멸하고 담보물권적 권능만 남은 전세권에 대해서도 그 피담보채권인 전세금반환채권과 함께 제3자에게 이를 양도할 수 있다 할 것이지만, 이 경우에는 민법 제450조 2항 소정의 확정일자 있는 증서에 의한 채권양도절차를 거치지 않는 한 위 전세금반환채권의 압류 · 전부채권자 등 제3자에게 위 전세보증금반환채권의 양도사실로서 대항할 수 없다고 보아야 할 것이다(대판 2005.3.25. 2003다35659). ⑥ 대판 2009.10.29. 2009다47685.

<답 ②>

7. 다음 설명 중 틀린 것을 모두 고르면?

㉠ 채권이 양도되어 확정일자 없는 통지가 있은 후, 다시 그 채권이 2중으로 다른 사람에게 양도되어 확정일자 있는 통지가 행하여진 경우, 채무자는 최초의 양수인으로부터의 청구를 거절할 수 있다.

㉡ 채무자는 채권이 양도된 후라도 그 양도의 통지를 받기 전까지 채권자에게 채무를 변제하였으면 양수인으로부터의 청구를 거절할 수 있다.

㉢ 채권이 양도되어 연대채무자의 1인에 대해서만 통지가 행하여졌을 경우라도 양수인은 연대채무자의 전원에 대해서 전액의 변제를 청구할 수 있다.

㉣ 채무자가 채무의 변제를 하였음에도 채권양도에 대하여 이의를 보류하지 아니하고 승낙한 경우, 양수인에 대하여 채무의 변제를 면할 수 없으나 양도인에 대해서는 변제금의 반환을 청구할 수 있다.

> ㉤ 물상보증인이 채무자를 대신하여 채무를 변제한 경우, 채권은 물상보증인에게 이전하지만 채무자는 그 이전에 관하여 채권자로부터 통지를 받을 때까지는 물상보증인으로부터의 청구를 거절할 수 있다.

① ㉠, ㉡ ② ㉠, ㉢ ③ ㉠, ㉤
④ ㉡, ㉢ ⑤ ㉡, ㉣ ⑥ ㉢, ㉣
⑦ ㉢, ㉤ ⑧ ㉣, ㉤

해설

㉠ 옳음. 채권의 양도에 대하여 확정일자 있는 증서에 의하여 통지를 받은 제2양수인은 제1양수인에 대하여 우선적 지위에 있다. ㉡ 옳음. 제451조 2항 참조. 양도인이 채무자에 대하여 양도통지만을 한 때에는 채무자는 그 통지를 받은 때까지 양도인에 대하여 생긴 사유로서 양수인에게 대항할 수 있다. ㉢ 틀림. 연대채무는 객관적으로 하나의 목적을 가진 것이므로 예컨대 변제와 같이 채무의 목적을 달성할 수 있는 사유는 어느 채무자에 의하여 행하여지건 당연히 모든 다른 연대채무자에게 그 효력이 발생한다(절대적 효력). 또한 연대채무는 채무자 사이에 긴밀한 주관적 관계가 있는 것이므로(통설) 그 이외의 사유에 대해서도 절대적 효력이 생길 수 있는 경우가 규정되어 있다(제416조 내지 제422조). 그러나 연대채무는 독립된 수개의 채무라고 이해되고 있으므로(통설) 상대적 효력을 가지는 것이 원칙이라고 할 수 있다(제423조). 채권양도의 통지는 목적달성사유가 아니며, 또한 민법상 규정되어 있는 예외사유에도 해당하지 않으므로 상대적 효력을 가질 뿐이라고 보아야 한다. ㉣ 옳음. 이의를 유보하지 않은 채무자가 채무를 소멸하게 하기 위하여 기왕에 양도인에게 급여한 것이 있으면 이를 '회수'할 수 있고, 양도인에 대하여 부담한 채무가 있으면 그 채무의 불성립을 주장할 수 있다(제451조 단서). ㉤ 틀림. 법정대위에 있어서의 대위는 채권자의 승낙 없이 법률상 당연히 이전한다(제481조). 따라서 대위에 의하여 이전된 채권에 대하여 물상보증인은 채무자에 대한 채권자의 통지 없이도 (법률상 당연히) 채무자에게 청구할 수 있다. <답 ⑦>

8. 다음은 채권양도와 관련한 내용들이다. 틀린 것만 고르면? (다툼이 있는 경우에는 판례에 의함)

> ㉠ 채무자가 채무초과의 상태에서 기존 금전채무의 변제에 갈음하여 다른 금전채권을 양도하는 경우에도, 특히 일부의 채권자와 통모하여 다른 채권자를 해할 의사를 가지고 한 경우가 아닌 한 원칙적으로 사해행위가 되는 것은 아니다.
> ㉡ 양도통지가 확정일자 없는 증서에 의하여 이루어짐으로써 제3자에 대한 대항력을 갖추지 못하였더라도 확정일자 없는 증서에 의한 양도통지나 승낙 후에 그 증서에 확정일자를 얻은 경우 그 일자 이후에는 제3자에 대한 대항력을 취득한다.
> ㉢ 甲이 乙에 대한 채권을 丙에게 양도하고 통지를 마쳤는데, 이후 甲과 丙의 채권양도가 합의해제되고 甲이 乙에게 통지를 하였다.

이 경우 선의의 乙이 丙에 대한 반대채권으로 상계를 하였다면, 乙은 甲에게 대항할 수 있다.

㉣ 확정일자 제도의 취지에 비추어 볼 때 원본이 아닌 사본에 확정일자를 갖추었다면 이로써 대항력을 갖추었다고 할 수 없다.

㉤ 채권양도의 대항요건의 흠결의 경우, 채권을 주장할 수 없는 채무자 이외의 제3자는 양도된 채권 자체에 관하여 양수인의 지위와 양립할 수 없는 법률상 지위를 취득한 자에 한한다.

㉥ 자본금 전액에 대한 정부출자를 규정한 구 한국토지공사법 제4조 등의 규정상 한국토지공사 전북지사장 명의의 승낙서에 "2004년 8월 일"로 기재된 승낙일자는 확정일자로 보아야 한다.

① ㉠ ② ㉡ ③ ㉢
④ ㉣ ⑤ ㉠, ㉣ ⑥ ㉡, ㉣, ㉥
⑦ ㉠, ㉣, ㉥ ⑧ ㉠, ㉡, ㉥

해설

㉠ 대판 2004.5.28. 2003다60822. ㉡㉣ 양도통지가 확정일자 없는 증서에 의하여 이루어짐으로써 제3자에 대한 대항력을 갖추지 못하였더라도 확정일자 없는 증서에 의한 양도통지나 승낙 후에 그 증서에 확정일자를 얻은 경우 그 일자 이후에는 제3자에 대한 대항력을 취득하는 것인바, 확정일자 제도의 취지에 비추어 볼 때 원본이 아닌 사본에 확정일자를 갖추었다 하더라도 대항력의 판단에 있어서는 아무런 차이가 없다(대판 2008.9.11. 2008다38400 참고). ㉢ 제452조는 채권양도가 해제 또는 합의해제되어 소급적으로 무효가 되는 경우에도 유추적용할 수 있다고 할 것이므로, 지명채권의 양도통지를 한 후 양도계약이 해제 또는 합의해제된 경우에 채권양도인이 해제 등을 이유로 다시 원래의 채무자에 대하여 양도채권으로 대항하려면 채권양도인이 채권양수인의 동의를 받거나 채권양수인이 채무자에게 위와 같은 해제 등 사실을 통지하여야 한다. 이 경우 위와 같은 대항요건이 갖추어질 때까지 양도계약의 해제 등을 알지 못한 선의인 채무자는(註: 양도인에 의한) 해제 등의 통지가 있은 다음에도 채권양수인에 대한 반대채권에 의한 상계로써 채권양도인에게 대항할 수 있다고 봄이 타당하다(대판 2012.11.29. 2011다17953). ㉤ 대판 2005.6.23. 2004다29279(선순위의 근저당권부채권을 양수한 채권자가 채권양도의 대항요건을 갖추지 아니한 경우, 후순위의 근저당권자가 채권양도로 대항할 수 없는 제3자에 포함되지 않는다고 한 사례). ㉥ 승낙서에 "2004년 8월 일"로 기재된 승낙일자 또한 당사자가 최소한 그 일자를 당해 연월 이전으로 임의로 소급시키는 것이 원칙적으로 불가능하므로 이 승낙서에 "2004년 8월 일"로 기재되어 있는 승낙일자는 확정일자로서의 효력이 있다고 봄이 상당하다(대판 2011.7.14. 2009다49469). <답 ④>

9. 채권양도에 관한 설명 중 틀린 것만 묶으면? (다툼이 있는 경우에는 판례에 의함) <사시 2001년 변형, 사시 2012년 유사, 사시 2013년 유사>

ⓐ 지명채권양도의 대항요건으로서의 채무자의 승낙은 양도인 또는 양수인 어느 쪽을 상대방으로 하여 하더라도 무방하다.

ⓑ 지명채권의 양도는 확정일자 있는 증서에 의하지 아니하면 채무자에게 대항하지 못한다.
ⓒ 채권이 이중으로 양도된 경우에 양수인 상호간의 우열은 통지 또는 승낙에 붙여진 확정일자의 선후에 의하여 결정할 것이 아니라, 확정일자 있는 양도통지가 채무자에게 도달한 일시 또는 확정일자 있는 승낙일시의 선후에 의하여 결정하여야 한다.
ⓓ 채권양도가 있은 후 채권양수인이 채무자를 상대로 제기한 양수금청구소송에서 승소의 확정판결을 받은 경우, 그 확정일자가 기재된 판결서도 확정일자 있는 증서에 해당한다.
ⓔ 민법 제451조 1항 소정의 '양도인에게 대항할 수 있는 사유'란 채권의 성립 · 존속 · 행사를 저지 · 배척하는 사유 및 채권의 귀속(채권이 이미 타인에게 양도되었다는 사실) 등을 말한다.
ⓕ 채권양도 통지와 채권가압류결정 정본이 같은 날 도달되었는데 그 선후 관계에 대하여 달리 입증이 없으면 동시에 도달된 것으로 추정한다.
ⓖ 집합건물의 입주자대표회의가 직접 분양자를 상대로 건물에 대한 하자담보책임에 따른 손해배상청구의 소를 제기하였다가, 소송계속 중 구분소유자들로부터 손해배상채권을 양도받고 그 통지권을 위임받아 분양자에게 양도사실만을 통지하여 채권양도통지가 도달한 후 그에 따라 소를 변경한 경우, 그 통지가 제척기간 경과 전에 이루어졌다면, 소변경신청서를 제척기간 경과 후에 제출했더라도 그 권리가 소멸되지 않는다.

① ⓐ, ⓑ　② ⓐ, ⓔ　③ ⓑ, ⓒ
④ ⓑ, ⓔ, ⓖ　⑤ ⓒ, ⓓ　⑥ ⓒ, ⓔ
⑦ ⓓ, ⓔ, ⓖ　⑧ ⓔ, ⓕ, ⓖ

해설

ⓐ 제450조상 채무자의 승낙은 채권양도의 사실을 채무자가 승인하는 뜻으로서, 동조가 규정하는 채권양도의 대항요건을 구비하기 위하여서는 채무자가 양도의 사실을 양도인 또는 양수인에 대하여 승인하면 그만이다(대판 1986.2.25. 85다카1529 참고). ⓑ 채권양도의 통지나 승낙이 확정일자 있는 증서에 의한 것인지의 여부는 어디까지나 제3자에 대한 대항요건에 불과하다. 따라서 확정일자 있는 증서에 의하지 아니하였더라도 채무자가 일단 채권양도의 통지를 받고 그 양수인에게 변제할 것을 승낙하였다면, 그 후에 채권이 이중양도되어 채무자가 다시 위 채권의 양도통지(확정일자 있는 증서에 의하지 아니한 통지)를 받고 그 이중양수인에게 변제를 하였다고 하더라도, 채무자는 1차양수인에게 채무를 변제할 의무를 부담한다(대판 1971.12.28. 71다2048). ⓒⓕ 대판[전] 1994.4.26. 93다24223 참고. ⓓ 양수금청구소송에서 승소의 확정판결을 받으면, 이로써 채권의 양도인, 양수인 및 채무자가 통모하여 통지일 또는 승낙일을 소급하여 제3자의 권리를 침해하는 것이 불가능하게 되므로, 이 경우 그 확정일자가 기재된 판결서, 즉 확정판결은 민법 제

450조 2항, 부칙(1958.2.22. 법률 제471호) 제3조 4항의 확정일자 있는 증서에 해당한다(대판 1999.3.26. 97다30622 참고). ⓔ 민법은 채권의 귀속에 관한 우열을 오로지 확정일자 있는 증서에 의한 통지 또는 승낙의 유무와 그 선후로써만 결정하도록 규정하고 있는데다가, 채무자의 '이의를 보류하지 아니한 승낙'은 제451조 1항 전단의 규정 자체로 보더라도 그의 양도인에 대한 항변을 상실시키는 효과밖에 없고, 채권에 관하여 권리를 주장하는 자가 여럿인 경우 그들 사이의 우열은 채무자에게도 효력이 미치므로, 위 규정상 '양도인에게 대항할 수 있는 사유'란 채권의 성립, 존속, 행사를 저지 배척하는 사유를 가리킬 뿐이고, 채권의 귀속(채권이 이미 타인에게 양도되었다는 사실)은 이에 포함되지 아니한다(대판 1994.4.29. 93다3551). ⓖ 채권양도의 통지는 양도인이 채권이 양도되었다는 사실을 채무자에게 알리는 것에 그치는 행위이므로, 그것만으로 제척기간 준수에 필요한 권리의 재판외 행사에 해당한다고 할 수 없다. (따라서 위와 같이 통지가 마쳐진 후 그에 따라 소를 변경한 경우) 채권양도통지에 채권양도의 사실을 알리는 것 외에 이행을 청구하는 뜻이 별도로 덧붙여지거나 그 밖에 구분소유자들이 재판외에서 권리를 행사하였다는 등 특별한 사정이 없는 한, 위 손해배상청구권은 입주자대표회의가 위와 같이 소를 변경한 시점에 비로소 행사된 것으로 보아야 한다(대판[전] 2012.3.22. 2010다28840).

<답 ④>

10. 채권양도에 관한 다음 설명 중 옳지 않은 것을 모두 고르면? (다툼이 있는 경우에는 판례에 의함) <사시 2002년, 법원 2001년 변형, 변호사모의 2011년 유사>

㉠ 임대인이 임대차보증금반환채권의 양도통지를 받은 후에 임대인과 임차인 사이에 임대차계약의 갱신에 관한 합의를 한 경우, 그 합의의 효과는 보증금반환채권의 양수인에 대하여 미치지 않는다.
㉡ 채권양도에 있어서 양도채권이 사회통념상 다른 채권과 구별되어 그 동일성을 인식할 수 있다면 그 채권은 특정된 것으로 보아야 하기 때문에 양도채권의 종류나 금액 등이 구체적으로 적시될 필요는 없다.
㉢ 채권양도의 통지가 채무자에게 도달되었다고 보기 위해서 채무자가 이를 현실적으로 수령하거나 그 내용을 알았어야 하는 것은 아니다.
㉣ 채권가압류결정이 제3채무자에게 송달된 후에 채권을 양도받은 자는 제3채무자를 상대로 이행의 소를 제기할 수 없다.
㉤ 채권양도의 통지는 민사소송법상의 송달에 관한 규정에서 송달장소로 정하는 채무자의 주소·거소·영업소 또는 사무소 등에 해당하지 아니하는 장소에 송달되었다면, 채무자가 사회통념상 그 통지의 내용을 알 수 있는 객관적 상태에 놓여졌다고 하더라도 도달된 것으로 볼 수 없다.

① ㉠, ㉡ ② ㉡, ㉣ ③ ㉠, ㉢
④ ㉢, ㉤ ⑤ ㉣, ㉤ ⑥ ㉠, ㉣
⑦ ㉣ ⑧ ㉤

해설

㉠ 옳음. 대판 1989.4.25. 88다카4253,4260 참고. ㉡ 옳음. 장래에 발생될 채권도 그 발생기초가 되는 법률관계가 존재하고 있으며 채무의 이행기까지 그 내용을 확정할 수 있는 기준이 설정되어 있다면 그 양도성이 인정된다. 따라서 장래 매매계약의 해제시 발생할 원상회복채권도 채권양도 당시 특정할 수 있거나 가까운 장래에 발생할 가능성을 상당 정도 기대할 수 있으므로 그 양도성을 인정할 수 있다(대판 1997.7.25. 95다21624 등 참고). ㉢ 옳음. '도달'의 의미에 관한 법원의 일관된 태도이다. 즉, 채권양도의 통지는 채무자에게 도달됨으로써 효력을 발생하는 것이고, 여기서 도달이라 함은 사회관념상 채무자가 통지의 내용을 알 수 있는 객관적 상태에 놓여졌다고 인정되는 상태를 지칭하므로 채무자가 이를 현실적으로 수령하였다거나 그 통지의 내용을 알았을 것까지는 필요로 하지 않는다. 따라서 채권양도통지서가 채무자의 주소나 사무소가 아닌 동업자의 사무소에서 그 신원이 분명치 않은 자에게 송달된 경우에는 사회관념상 채무자가 통지의 내용을 알 수 있는 객관적 상태에 놓여졌다고 인정할 수 없다(대판 1997.11.25. 97다31281 등 참고). ㉣ 틀림. 소를 제기할 수 있다고 한다. 즉, 일반적으로 채권에 대한 가압류가 있더라도 이는 가압류채무자가 제3채무자로부터 현실로 급부를 추심하는 것만을 금지하는 것이므로 가압류된 채권도 이를 양도하는 데 아무런 제한이 없다. 다만 가압류된 채권을 양수받은 양수인은 그러한 가압류에 의하여 권리가 제한된 상태의 채권을 양수받을 뿐이다(대판 2000.4.11. 99다23888 참고). ㉤ 틀림. 채권양도의 통지에 대해서는 송달장소 등에 관한 민사소송법의 규정을 유추적용할 것이 아니다(대판 2010.4.15. 2010다57 참고).

<답 ⑤>

11. 강씨는 자신의 건물을 최씨에게 임대보증금 1억 원을 받고 2년간 임대하기로 하면서 최씨의 임차권에 대해서는 이를 타인에게 양도할 수 없음을 정하였다. 다음 설명 중 옳은 것(○)과 옳지 않은 것(×)을 바르게 표시한 것은?
(다툼이 있는 경우에는 판례에 의함)

> ㉠ 임차권의 양도와 관련하여 이를 금지하는 특약이 없었다면 최씨는 그 건물임차권을 자유롭게 타인에게 양도할 수 있다.
> ㉡ 임차권양도금지의 특약은 1억 원의 임대보증금에 대한 반환채권의 양도금지를 포함한다.
> ㉢ 임대보증금반환채권이 최씨의 채권자 D에 의해 압류된 상태에서 강씨의 승낙 아래 임차권이 양도된다면, D는 최씨의 임대보증금반환채권에 대해 즉시 강제집행을 할 수 있다.
> ㉣ 최씨가 임차권과 임대보증금반환채권을 제3자 D에게 양도하면서 그 사실을 강씨에게 통지하였다면, 최씨와 강씨 사이의 임대차가 종료되었더라도 강씨의 동의가 없는 이상 D는 강씨에게 임대보증금의 반환을 청구할 수 없다.

① ㉠(○), ㉡(○), ㉢(○), ㉣(○) ② ㉠(○), ㉡(○), ㉢(×), ㉣(×)
③ ㉠(○), ㉡(×), ㉢(○), ㉣(○) ④ ㉠(○), ㉡(○), ㉢(○), ㉣(×)
⑤ ㉠(×), ㉡(○), ㉢(○), ㉣(○) ⑥ ㉠(×), ㉡(○), ㉢(×), ㉣(×)

⑦ ㉠(×), ㉡(×), ㉢(○), ㉣(×) ⑧ ㉠(×), ㉡(×), ㉢(○), ㉣(○)

해설

㉠ 틀림. 양도금지특약이 없더라도 임차권은 그 성질상 임대인의 동의가 없는 한 적법하게 양도될 수 없다(제629조 1항). ㉡ 틀림. 계약해석의 문제이나, 보증금반환채권의 양도금지를 포함한다고 볼 수 없다(대판 2001.6.12. 2001다2624 참고). ㉢ 옳음. 임대차보증금반환채권이 가압류 또는 압류된 후 임차권이 양도된 경우에 임대인이 위 임차권의 양도를 승낙하였다면 임대인과 구 임차인과의 임대차관계는 종료되어 구 임차인은 임대차관계로부터 이탈하게 되고, 구 임차인의 임대차보증금반환채권은 임대차관계의 종료로 인하여 임대인이 임차권의 양도를 승낙할 때 이행기에 도달하게 된다(대판 1998.7.14. 96다17202 참고). 따라서 D는 즉시 강제집행을 하여 강씨로부터 보증금을 변제받을 수 있다. ㉣ 틀림. 임차인과 임대인간의 약정에 의하여 임차권의 양도가 금지되었더라도 그러한 사정만으로 임대차계약에 따른 임차보증금반환채권의 양도까지 금지되는 것은 아니므로, 임차인이 양수인에게 임차권뿐만 아니라 임차보증금반환채권을 양도하고 임대인에게 임차보증금반환채권이 양수인에게 양도되었다는 통지를 한 이상, 그 후 임대인과 임차인의 임대차계약이 종료되는 경우 임차권의 양수인은 임차보증금반환채권의 양수인으로서 임대인이 임차인과 양수인 간의 임차권 양도에 동의하였는지의 여부에 상관없이 임대인에 대하여 임차보증금의 반환을 구할 수 있다(위 2001다2624 판결). <답 ⑦>

12. A는 B에 대해 100만 원의 매매대금채권을 가지고 있었으며, B의 채무에 대해서는 C가 연대보증하고 있었다. 이후 A가 B에 대해 채무를 면제해주었는데 D에 대해 채무를 부담하게 되자, 면제했던 B에 대한 채권을 선의의 D에게 양도하기로 하면서 이를 B에게 통지하였고 B는 이를 이의 없이 승낙하였다. 다음 중 틀린 설명은?

① D가 A의 대리인으로서 B에게 양도통지를 행한 경우에도 대항요건을 구비한다.

② A가 면제된 채권을 양도하였음에도 D는 B에게 채무이행을 청구할 수 있다.

③ D가 이를 다시 악의의 E에게 양도하였다면 E는 B에게 그 이행을 청구할 수 없다.

④ 연대보증인 C는 채권자 D에게 B의 채무가 면제되었음을 주장할 수 있다.

⑤ B가 A로부터 채무면제를 받을 당시에 급부하였던 것이 있다면 이를 부당이득으로서 반환청구할 수 있다.

해설

① 채권양도의 통지는 관념의 통지로서 의사표시에 관한 규정이 적용된다. ② 이의 없는 승낙에 의한 항변절단의 효과는 선의자보호라는 관점에서 인정되기 때문에 양수인은 선의이어야 한다(다수설은 과실 여부에 대해 문제삼지 않는다). ③ 양수인이 선의라면 그 양수인으로부터 채권을 다시 전득한 자가 악의인 경우에도 대항할 수 없다. 반면 양수인이 악의인 경우에는 전득자가 선의라면 채무자는 선의의 전득자에게 대항할 수 없다(특히 곽윤직, 298면; 김형배, 593면 참고). ④ 채무면제로 인해 일단 채무가 소멸되었기 때문에 채무자에 대한 관계에서 채권이 부활한다 할지라도 연대보증인에 대해서까지 이를 인정할 수는 없다. <답 ③>

[문 13-14] ※ 다음 사례를 읽고 물음에 답하시오.

> [사례]
> 피고에 대해 소유권이전등기청구권을 가지고 있던 Y건설회사는 자신의 채권자(=원고)가 이 등기청구권을 압류하기 전에 이를 제3자 K에게 양도하면서 그 사실을 피고에게 통지하였다. 한편 소유권이전등기청구권을 압류한 원고가 추심 또는 전부명령을 받아 피고에게 그 이행을 청구하자, 피고는 원고의 압류 이전에 이미 등기청구권이 제3자 K에게 적법하게 양도되었다고 항변하였다.

13. 이 사례와 관련하여 대법원은 다음과 같이 판시하였다. "부동산매매로 인한 소유권이전등기청구권은 물권의 이전을 목적으로 하는 매매의 효과로서 매수인이 부담하는 재산권이전의무의 한 내용을 이루는 것이고, 매도인이 물권행위의 성립요건을 갖추도록 의무를 부담하는 경우에 발생하는 채권적 청구권으로서 그 이행과정에 신뢰관계가 따르므로 소유권이전등기청구권을 매수인으로부터 양도받은 양수인은 매도인이 그 양도에 대하여 동의하지 않고 있다면 매도인에 대하여 채권양도를 원인으로 하여 소유권이전등기절차의 이행을 청구할 수 없고, 따라서 매매로 인한 소유권이전등기청구권은 특별한 사정이 없는 이상 그 권리의 성질상 양도가 제한되고 그 양도에 채무자의 승낙이나 동의가 필요하다." 다음 중 지명채권의 양도성과 관련하여 대법원이 판시한 논거와 가장 관계가 깊은 것은?

① 전통문화계승자로 지정된 사람이 관련 분야 원로에게서 교습을 받을 권리
② 특정인에게서 부양받을 권리
③ 민사소송을 변호사에게 의뢰한 사람이 그 변호사에게 소송진행에 대해 보고를 요구할 권리
④ 당좌계월계약에 의한 은행의 대월채권
⑤ 적당한 임료를 내고 상가를 빌린 사람의 상가건물에 대한 권리

해설

지명채권의 양도가 제한되는 경우는 그 성질 때문에 양도가 제한되거나(제449조 1항 단서) 당사자가 양도금지특약을 맺는 경우(제449조 2항 본문) 또는 법률규정에 의해 양도할 수 없을 때이다. 한편 채권의 성질상 그 양도가 제한되는 경우에는 채권자가 변경되면 그 동일성을 유지할 수 없거나 채권의 목적을 달성할 수 없는 이른바 '강한 제한'이 있고, 단지 채무자의 이익을 보호하기 위해 양도성을 제한하지만 채무자의 승낙이나 동의가 있으면 그 양도성이 허용되는 '상대적 제한'이 있다. 위 사례와 이에 대한 대법원의 판시(대판 2001.10.9. 2000다51216)는 소유권이전등기청구권에 관한 양도성제한의 논거를 채권의 성질에서 구하고, 특히 '상대적 제한'에 속한다고 보았다. ①②③ 급부가 계약의 취지, 목적 또는 법률관계의 특수성을 고려할 때 특정 개인에게 실현되지 않으면 아무런 의미가 없거나 급부가 그 수령자 또는 특정 개인과 강한 결합관계를 갖는 채권이므로 이른바 '강

한 제한'에 속하는 채권들이다. ④ 특정 채권자들 사이에서만 결제되어야 하는 사정이 존재하는 채권으로서 마찬가지로 '강한 제한'에 속하는 채권이다. ⑤ 사용차주의 채권, 임차인의 임차권 또는 사용자의 채권(제657조 1항) 등은 '상대적 제한'을 받는 채권이라고 볼 수 있다. <답 ⑤>

14. 위 사례와 관련하여 대법원과 원심은 모두 피고의 항변을 인용하지 않았다. 다음은 이와 관련한 원심의 판시내용이다. "소유권이전등기청구권은 당사자의 의사표시에 의하여 권리의 양도가 제한되어 그 양도에 채무자의 동의를 얻어야 하는 것이므로 Y건설회사가 소유권이전등기청구권을 제3자 K에게 양도하고 피고에게 양도통지를 하였더라도 피고에 대하여는 그의 동의가 없는 한 그 효력이 없다." 위 원심에서 제시한 양도제한의 논거와 관련한 다음 설명 중 틀린 것은? (다툼이 있는 경우에는 판례에 의함)

① 원심의 논거에 의하더라도 압류 및 전부명령이 방해받지 않는다.

② 위 논거를 이유로 선의의 제3자에게 대항할 수 없다.

③ 과실 있는 선의의 제3자에 대해서도 위 논거를 이유로 그에게 대항할 수 없다.

④ 제3자 K에게서 다시 선의로 위 채권을 양수한 자는 선의의 제3자에 해당한다.

⑤ 위 논거에도 불구하고 채권의 양도를 채무자가 사후에 동의하면 그 채권양도는 유효하게 되는데, 그 효력은 채권양도시로 소급한다.

해설

위 원심은 서울고판 2000.8.18. 2000나15960을 말하며, 채권양도제한의 논거를 대법원과는 달리 '양도금지특약'에서 구하고 있다. ① 통설(곽윤직, 292면; 김형배, 577면 등 참고). ② 제449조 2항 단서. ③ 양수인이 악의 또는 중과실이 아닌 한, 채권을 취득할 수 있다(대판 1996.6.28. 96다18281 등 참고). ④ 악의의 양수인에게서 그 사정을 모른 채 다시 채권을 양수한 전득자는 '선의의 제3자'에 포함된다는 데 이견이 없다. ⑤ 판례는 소급효를 부정한다(대판 2000.4.7. 99다52817 참고). <답 ⑤>

15. 甲은 2006. 5. 1. 丙과 X토지를 1억 원에 매도하는 내용의 매매계약을 체결하면서, 소유권이전의무와 대금지급의무는 6. 30. 각 이행하기로 하되, 매매대금 1억 원에 대하여는 甲이 X토지에 야적된 산업폐기물을 전부 수거하는 것을 조건(이하 '수거조건'이라 한다)으로 지급하기로 약정하였다. 그 후 甲은 6. 10. 乙에게 丙에 대한 1억 원의 매매대금채권을, 丙은 6. 15. 丁에게 甲에 대한 소유권이전청구권을 각 양도하였다. 이 사례에 관한 다음 설명 중 옳지 않은 것을 모두 고르면? (다툼이 있는 경우에는 판례에 의함)

<사시 2007년: 배점 3, 사시 2012년 유사>

㉠ 甲이 乙에게 매매대금채권을 양도하기 전에 戊가 위 매매대금채권을 가압류한 경우, 채권가압류결정의 채권자 戊가 본안소송에서

승소하는 등으로 집행권원을 취득하였다면 양수인 乙에 대한 채권양도는 무효가 된다.
ⓛ 丙이 甲에게 소유권이전등기청구권의 양도 사실을 통지하였다면, 丁은 이행기가 도래할 때에 甲에게 X토지에 대한 소유권이전등기를 청구할 수 있다.
ⓒ 丙이 甲과 乙 사이의 채권양도계약에 관하여 아무런 이의를 유보하지 아니하고 승낙의 의사표시를 하였다면, 乙이 수거조건의 존재를 알지 못한 데에 중대한 과실이 있다고 하더라도 丙은 위 조건으로 乙에게 대항하지 못한다.
ⓔ 甲과 丙 사이의 매매대금채권에 관하여 양도금지특약이 있고 乙이 특약의 존재를 알지 못한 데에 경과실이 있는 경우, 乙은 丙에게 1억원의 지급을 요구할 수 있다.
ⓜ 만약 甲의 매매대금채권이 전부명령에 의하여 乙에게 이전되었고, 乙이 甲과 丙 사이의 양도금지특약이 존재한다는 사실을 잘 알고 있는 己에게 채권을 양도하였다면, 甲은 채권양도금지 특약을 근거로 己에게 채권양도의 무효를 주장할 수 있다.

① ⓛ, ⓔ, ⓜ ② ⓖ, ⓔ, ⓜ ③ ⓖ, ⓛ, ⓒ
④ ⓛ, ⓒ, ⓔ ⑤ ⓖ, ⓛ, ⓜ ⑥ ⓛ, ⓒ, ⓜ
⑦ ⓖ, ⓒ, ⓜ ⑧ ⓖ, ⓛ, ⓒ, ⓔ, ⓜ

해설

ⓖ 옳음. 채권가압류의 처분금지의 효력은 본안소송에서 가압류채권자가 승소하여 채무명의를 얻는 등으로 피보전권리의 존재가 확정되는 것을 조건으로 하여 발생하는 것이므로 채권가압류결정의 채권자가 본안소송에서 승소하는 등으로 채무명의를 취득하는 경우에는 가압류에 의하여 권리가 제한된 상태의 채권을 양수받는 양수인에 대한 채권양도는 무효가 된다(대판 2002.4.26. 2001다59033). ⓒ 양수인이 악의 또는 중과실의 경우에 해당하는 한 채무자는 양수인에게 대항할 수 있다(대판 2002.3.29. 2000다13887). ⓔ 양도금지특약의 존재를 알지 못하고 채권을 양수한 경우에 있어서 그 알지 못함에 중대한 과실이 있는 때에는 악의의 양수인과 같이 양도에 의한 채권을 취득할 수 없다(대판 1996.6.28. 96다18281). ⓜ 양도금지특약이 있는 채권이더라도 전부명령이 방해받지는 않으므로 그 전부채권자로부터 다시 그 채권을 양수한 자가 그 특약의 존재를 알았거나 중대한 과실로 알지 못하였더라도 채무자는 위 특약을 이유로 채권양도의 무효를 주장할 수 없다(대판 2003.12.11. 2001다3771). <답 ⑥>

16. 甲은 2010.2.1. 乙에게 1억 원을 대여한 후 2010.5.3. 丙에게 위 대여금채권 전부를 양도하고, 같은 날 乙에게 확정일자 있는 내용증명우편으로 채권양도통지를 하여, 그 통지가 2010.5.6. 乙에게 도달하였다. 한편, 甲의 채권자인 丁은 2010.4.29. 위 대여금채권 전부에 대하여 압류명령을 받았고, 그 결정이 2010.5.6. 乙에게 도달하였다. 다음 설명 중 옳지 않은 것은? (다툼이 있는 경

우에는 판례에 의함) <변호사 2012년>

① 丙과 丁 사이의 우열은 위 확정일자 있는 양도통지와 위 채권압류명령 중 어느 것이 乙에게 먼저 도달하였는지에 따라 결정하여야 한다.

② 위 확정일자 있는 양도통지가 위 채권압류명령보다 乙에게 먼저 도달하였더라도 위 채권압류명령이 무효로 되는 것은 아니다.

③ 위 채권양도통지와 채권압류명령 중 어느 것이 乙에게 먼저 도달하였는지 밝혀지지 아니한 경우, 丙은 아직 이행을 하지 않고 있는 乙에게 위 양수금채권 전부의 이행을 청구할 수 있다.

④ ③의 경우, 丙이 乙로부터 위 양수금 전부를 변제받았다면, 丁과의 사이에 각자의 채권액에 안분하여 내부적으로 정산할 의무를 부담한다.

⑤ ③의 경우, 乙은 위 대여금 채무액을 공탁함으로써 법률관계의 불안으로부터 벗어날 수 있다.

해설

채권의 이중양도에서, 대항력 갖춘 통지 등이 양수인 등에게 동시 도달하였을 것으로 추정되는 경우의 법률관계에 관한 판례의 사례이다(대판[전] 1994.4.26. 93다24223). ① 채권이 이중으로 양도된 경우의 양수인 상호간의 우열은 통지 또는 승낙에 붙여진 확정일자의 선후에 의하여 결정할 것이 아니라, 채권양도에 대한 채무자의 인식, 즉 확정일자 있는 양도통지가 채무자에게 도달한 일시 또는 확정일자 있는 승낙의 일시의 선후에 의하여 결정하여야 할 것이고, 이러한 법리는 채권양수인과 동일 채권에 대하여 가압류명령을 집행한 자 사이의 우열을 결정하는 경우에 있어서도 마찬가지이므로, 확정일자 있는 채권양도 통지와 가압류결정 정본의 제3채무자(채권양도의 경우는 채무자)에 대한 도달의 선후에 의하여 그 우열을 결정하여야 한다. ② 틀림. 채권압류의 효력발생 전에 채무자가 그 채권을 처분한 경우에는 그보다 먼저 압류한 채권자가 있어 그 채권자에게는 대항할 수 없는 사정이 있더라도 그 처분 후에 집행에 참가하는 채권자에 대하여는 처분의 효력을 대항할 수 있는 것이므로, 채무자가 압류 또는 가압류의 대상인 채권을 양도하고 확정일자 있는 통지 등에 의한 채권양도의 대항요건을 갖추었다면, 그 후 채무자의 다른 채권자가 그 양도된 채권에 대하여 압류 또는 가압류를 하더라도 그 압류 또는 가압류 당시에 피압류채권은 이미 존재하지 않는 것과 같아 압류 또는 가압류로서의 효력이 없고, 따라서 그 다른 채권자는 압류 등에 따른 집행절차에 참여할 수 없다(대판 2010.10.28. 2010다57213,57220). ③④ 채권양도통지, 가압류 또는 압류명령 등이 제3채무자에 동시에 송달되어 그들 상호간에 우열이 없는 경우에도 그 채권양수인, 가압류 또는 압류채권자는 모두 제3채무자에 대하여 완전한 대항력을 갖추었다고 할 것이므로, 그 전액에 대하여 채권양수금, 압류전부금 또는 추심금의 이행청구를 하고 적법하게 이를 변제받을 수 있고, 제3채무자로서는 이들 중 누구에게라도 그 채무 전액을 변제하면 다른 채권자에 대한 관계에서도 유효하게 면책되는 것이며, 만약 양수채권액과 가압류 또는 압류된 채권액의 합계액이 제3채무자에 대한 채권액을 초과할 때에는 그들 상호간에는 법률상의 지위가 대등하므로 공평의 원칙상 각 채권액에 안분하여 이를 내부적으로 다시 정산할 의무가 있다. ⑤ 채권양도의 통지와 가압류 또는 압류명령이 제3채무자에게 동시에 송달되었다고 인정되어 채무자가 채권양수인 및 추심명령이나 전부명령을 얻은 가압류 또는 압류채권자 중 한 사람이 제기한 급부소송에서 전액 패소한 이후에도 다른 채권자가 그 송달의 선후에 관하여 다시 문제를 제기하는 경우 기판력의 이론상 제3채무자는 이중지급의 위험이 있을 수 있으므로, 동시에 송달된 경우에도 제3채무자는 송달의 선후가 불명한 경우에 준하여 채권자를 알 수 없다는 이유로 변제공탁을 함으로써 법률관계의 불안으로부터 벗어날 수 있다. <답 ②>

17. 甲은 乙에 대한 3,000만 원의 물품대금채권 중 1,000만 원을 丙에게 양도하고 乙에게 확정일자 있는 증서로 2007. 3. 2. 통지하였다. 그 후 2007. 3. 30. 甲은 다시 위 물품대금채권 전부(3,000만 원)를 丁에게 양도하였고, 같은 날 乙이 이의의 보류 없이 이를 구두로 승낙하였다. 그리고 甲의 채권자 戊가 3,000만 원의 대금채권 중 600만 원에 대하여 압류 및 전부명령을 받았고, 그 전부명령이 2007. 5. 4. 乙에게 도달하였다. 위 사례에서 乙은 丁, 戊에게 각 얼마를 지급해야 하는가? (다툼이 있는 경우에는 판례에 의함)

<사시 2011년: 배점 3>

① 丁에게 3,000만 원, 戊에게 0원
② 丁에게 2,400만 원, 戊에게 600만 원
③ 丁에게 2,000만 원, 戊에게 600만 원
④ 丁에게 2,000만 원, 戊에게 0원
⑤ 丁에게 1,400만 원, 戊에게 600만 원

해설 ······································

丙에 대한 채권양도에는 확정일자(2007.3.2.)가 있으며 丁에 대한 채권양도는 확정일자가 없고 戊의 압류 및 전부명령은 확정일자(2007.5.4.)가 있다. 민법 제450조 2항에 따르면 채권양도의 통지나 승낙은 확정일자 있는 증서에 의하지 아니하면 채무자 이외의 제3자에게 대항하지 못하는데, 丁의 채권양도에 대해 채무자 乙이 이의를 보류하지 않았다 하더라도 다른 채권자에게 대항할 수 없다. 따라서 채무자 乙은 丙에게 1,000만 원을 지급하여야 하고, 압류채권자 戊에게 600만 원을 지급해야 한다. 그리고 확정일자가 없었던 丁에게 나머지 1,400만 원을 지급하면 된다(대판 1994.4.29. 93다3551 참고). <답 ⑤>

18. 甲은 乙에 대하여 1,000만 원의 물품대금채권(변제기 2000.1.5)이 있었다. 甲이 2000년 1월 15일 A에게 위 채권을 양도하고 같은 날 이를 乙에게 구두로 통지하자 乙은 같은 달 17일 A에게 위 채무 중 300만 원을 변제하였다. 甲은 2000년 2월 20일 B에게 다시 위 채권을 양도하면서 양도계약서를 공증하고 같은 날 乙에게 내용증명우편으로 통지하여 이는 같은 달 24일 乙에게 도달하였다. 甲은 2000년 2월 21일 C에게 다시 위 채권을 양도하면서 양도계약서는 공증하지 아니하고 같은 날 乙에게 내용증명우편으로 통지하여 이는 같은 달 23일 乙에게 도달하였다. 2000년 3월 5일 A는 700만 원, B와 C는 각 1,000만 원의 지급을 乙에게 청구하자, 乙은 A, B, C 모두에게 甲에 대한 500만 원의 대여금채권(변제기 2000. 2. 15)으로 대등액에서 상계한다는 의사표시를 하였다. 위 사안에서 乙은 누구에게 얼마를 지급하여야 하는가? (이자 및 지연손해금은 고려하지 않음. 다툼이 있는 경우에는 판례에 의함) <사시 2003년>

① B에게 200만 원
② B에게 700만 원
③ B에게 1,000만 원
④ C에게 200만 원

⑤ C에게 700만 원

해설

채권자 甲이 A, B 그리고 C에게 乙에 대한 동일한 금전채권을 각각 양도하였지만, 채무자 乙로서는 아직 다른 양수인이 나타나기 전에 채권양수인 A에게 적법하게 일부의 변제를 마쳤으므로 乙의 채무액은 700만 원으로 감액되었다. 따라서 B 및 C에게 甲이 양도한 채권의 금액은 700만 원이라고 할 수 있다(대판 2003.10.24. 2003다37426 참고). 한편 채권양도의 통지가 확정일자 있는 증서로 된 통지를 함으로써 대항요건을 취득한 B와 C는 단순통지의 경우보다 앞서며, 특히 확정일자 있는 증서로 된 통지를 함으로써 대항요건을 취득한 양수인이 2인인 경우에는 그 통지가 채무자에 대한 도달시기에 따라 확정일자부 증서의 우선순위를 결정한다는 판례의 태도(대판[전] 1994.4.26. 93다24223)를 존중한다면 적법한 채권양수인은 C가 된다. 따라서 乙은 C에게 700만원을 변제하면 된다. 한편 乙에 대한 대여금채권의 변제기가 C에 대한 채권양도의 통지가 乙에게 도달하기 전에 도과하였고 이를 가지고 C에게 대항할 수 있으므로 乙의 상계는 적법하다. 결국 乙은 적법한 채권양수인 C에게 잔액 200만 원을 지급하면 된다. <답 ④>

제 2 절 채무인수

1. 채무인수에 관한 다음 설명 중 가장 틀린 것은? <사시 2013년 유사>

① 병존적 채무인수는 면책적 채무인수가 처분행위인 것과 달리 단순한 채권행위 내지 의무부담행위이다.

② 채무인수가 면책적인가 병존적인가 하는 의사가 불명확한 경우 원칙적으로 병존적 채무인수라고 해석된다.

③ 채권자와 인수인 사이의 계약에 의한 병존적 채무인수는 채무자의 의사에 반하지 않는 한도에서 유효하다.

④ 채무자와 인수인 사이의 병존적 채무인수계약은 채권자를 제3자로 하는 제3자를 위한 계약이다.

⑤ 병존적 채무인수에 있어 채무자의 채무와 인수인의 채무 사이에는 연대채무관계가 성립하게 된다.

⑥ 상사시효의 적용을 받는 채무를 면책적으로 인수한 경우, 그 채무인수행위가 상행위나 보조적 상행위에 해당하지 않더라도 인수채무의 소멸시효는 여전히 상사시효의 적용을 받는다.

⑦ 채권자가 면책적 채무인수인에 대하여 인수채무금의 지급을 직접 청구하였다면 그 지급청구로써 그 채무인수를 묵시적으로 승낙한 것으로 볼 수 있다.

해설

③ 채권자 · 인수인 사이의 병존적 채무인수는 채무자의 채무에 대한 보증적 성격을 지닌다는 점에서 채무자의 이익에 반해서도 유효한 채무인수로 될 수 있다. ④ 채무자 · 인수

인 사이에서 계약이 성립한 경우, 판례(대판 1989.4.25. 87다카2443)와 학설은 채권자를 제3자로 하는 제3자를 위한 계약이 있었다고 해석한다. ⑤ 병존적 채무인수에 의한 채무자의 채무와 인수인의 채무에 대해서는 보증채무관계, 연대채무관계, 그리고 부진정연대채무관계라는 견해가 대립하고 있다. 그러나 채무인수의 모습이 대부분 채무자와 인수인 사이의 계약이라는 점에 비추어 채무자의 채무와 인수인의 채무 사이에는 공동의 목적이 전제되는 것이 일반적이므로 연대채무관계라고 해석하는 것이 올바르다(김형배, 633면). 판례도 병존적 채무인수는 원칙적으로 연대채무관계에 있다고 한다(대판 2009.8.20. 2009다32049 참고). ⑥ 대판 1999.7.9. 99다12376. ⑦ 채무자와 인수인 사이의 계약에 의한 채무인수에 대하여 채권자는 명시적인 방법뿐만 아니라 묵시적인 방법으로도 승낙을 할 수 있다(대판 1989.11.14. 88다카29962). <답 ③>

2. 채무인수에 관한 다음 설명 중 틀린 것은? (다툼이 있는 경우에는 판례에 의함)
<사시 2013년 유사>

① 면책적 채무인수는 채권자와 인수인 사이의 계약 또는 채무자와 인수인 사이의 계약으로 할 수 있는데, 전자의 경우에는 채무자의 동의를 얻어야 채무인수로서의 효력이 생기며, 후자의 경우에는 채권자의 동의를 얻어야 효력이 생긴다.

② 부동산매도인과 매수인 사이에 중도금 및 잔금은 매도인의 채권자에게 직접 지급하기로 약정한 경우, 그 채권자는 매수인에 대한 중도금 및 잔금의 지급청구권을 취득하므로 그 약정은 단순한 이행인수의 약정이 아니라 매도인의 제3자에 대한 채무를 인수하는 병존적 채무인수에 해당한다.

③ 제3자가 채무자를 위하여 어음이나 수표를 발행하는 것은 특별한 사정이 없는 한 동일한 채무를 중첩적으로 인수한 것으로 볼 수 있다.

④ 면책적 채무인수인은 구 채무자와 채권자 사이의 법률관계로부터 나오는 항변사유로 채권자에게 대항할 수 있으나, 자기와 구 채무자 사이의 법률관계로부터 나오는 항변사유로는 채권자에게 대항하지 못한다.

⑤ 사업이나 부동산을 매수하는 사람이 근저당채무 등 그 부동산에 결부된 부담을 인수하고 그 채무액만큼 매매대금을 공제하기로 약정하는 경우에 이는 병존적 채무인수로 보아야 한다.

해설

① 채권자와 인수인 사이의 계약의 경우에는 그 효력의 발생을 위하여 채무자의 동의를 요하지 않는다. 다만 이해관계 없는 제3자는 채무자의 의사에 반하여 채무를 인수하지 못할 뿐이다(제453조 2항). 반면 채무자와 인수인 사이의 계약의 경우에는 채권자의 불이익 방지를 위하여 채권자의 승낙이 있는 경우에만 비로소 인수의 효력이 발생한다. ② 판례는 위와 같은 경우 제3자를 위한 계약과 동시에 병존적 채무인수가 성립한 것으로 보고 있다(대판 1997.10.24. 97다28698). ③ 대판 1998.3.13. 97다52493. ④ 채무인수란 채무 자체가 그 동일성을 유지한 채 인수인에게 이전하는 제도이므로 채권 자체에 붙어 있던

구 채무자의 채권자에 대한 항변권 역시 인수인에게 이전된다(제458조). 그러나 채무인수관계와 그 원인관계 자체는 별개의 법률관계로서 원칙적으로 무인의 관계에 있으므로 인수인은 자기와 구 채무자와의 법률관계에서 발생한 사유를 채권자에게 주장할 수 없다. ⑤ 대판 2008.3.13. 2007다54627. <답 ①>

3. C는 A에 대한 B의 채무를 면책적으로 인수하였다. 그런데 그 후 B의 부탁에 의한 보증인 D가 인수의 사실을 알지 못하고, A의 청구에 따라 변제하였다. 다음 중 이에 관한 설명으로 옳은 것은?

① D의 보증채무는 C의 인수에 의해 소멸하였으므로, D는 A에 대해 부당이득반환청구권을 행사할 수 있다.
② D의 보증채무는 C의 인수에 의해 소멸하였지만, D의 변제는 정당한 이익을 가진 제3자의 변제이므로 D는 C에 대해 당연히 구상권을 행사할 수 있다.
③ D의 보증채무는 C의 인수에 의해 소멸하지 않았으므로, D의 변제는 유효하고 D는 B에 대해 구상권을 행사할 수 있다.
④ D의 보증채무는 C의 인수에 의해 소멸하지 않았으므로, D의 변제는 유효하고 D는 C에 대해 구상권을 행사할 수 있다.
⑤ C의 인수는 D에게 통지가 없었기 때문에 D에게 대항할 수 없고, 따라서 D의 변제는 유효하고 D는 B에 대해 구상권을 행사할 수 있다.

해설

C의 면책적 채무인수에 의해 D의 보증채무는 소멸하게 된다(제459조 본문). 이때 D에 대한 통지가 C의 채무인수에 있어 대항요건이 되지는 않는다. 따라서 D의 변제는 타인의 채무에 대한 변제에 해당되므로 D는 제745조의 요건하에서 A에 대해 부당이득반환청구권을 행사할 수 있다. <답 ①>

4. 채무인수의 요건에 관한 다음 설명 중 옳은 것(○)과 옳지 않은 것(×)을 바르게 표시한 것은?

㉠ 조건부 또는 장래의 채무도 원칙적으로 채무인수의 대상이 된다.
㉡ 당사자의 합의에 의한 채무인수금지특약은 선의의 제3자에게 대항하지 못한다.
㉢ 채권자와 인수인 사이의 계약에 의해서도 채무인수의 효력은 발생하나, 이해관계 없는 제3자는 채무자의 의사에 반하여 채무를 인수하지 못한다.
㉣ 채무인수에 대한 채권자의 승낙 여부에 관해 채무자 또는 인수인의 최고가 행해진 이후 채권자가 행한 확답이 기간 내에 도달하지 않는다면 채권자가 승낙을 거절한 것으로 본다.

① ㉠(○), ㉡(○), ㉢(○), ㉣(○) ② ㉠(○), ㉡(○), ㉢(×), ㉣(×)

③ ㉠(○), ㉡(×), ㉢(○), ㉣(○) ④ ㉠(○), ㉡(○), ㉢(○), ㉣(×)
⑤ ㉠(×), ㉡(○), ㉢(○), ㉣(○) ⑥ ㉠(×), ㉡(○), ㉢(×), ㉣(×)
⑦ ㉠(×), ㉡(×), ㉢(○), ㉣(×) ⑧ ㉠(×), ㉡(×), ㉢(×), ㉣(○)

해설

㉠ 조건부 또는 장래의 채무에 있어서도 그 발생기초가 성립해 있고 그 내용이 확정가능한 경우에는 채무인수의 대상으로서 인정할 수 있다. ㉡ 채권자와 채무자가 채무인수금지의 계약을 한 경우 그 특약은 유효한 것으로서 당사자는 채무를 이전할 수 없다. 그러나 이러한 특약에도 불구하고 채권자가 이를 위반하여 인수인과 인수계약을 체결한 경우 선의의 제3자에게 대항하지 못한다(제449조 2항 유추적용). ㉢ 제453조 2항 참조. ㉣ 채무자 · 인수인 사이의 채무인수계약시 채무자 또는 인수인은 채권자의 승낙 여부에 대한 최고를 할 수 있는데(제455조 1항), 이때 채권자가 그 기간 내에 확답을 '발송'하지 않는다면 승낙을 거절한 것으로 본다(제445조 2항). <답 ④>

5. 채무인수에 관한 다음 설명 중 옳은 것(○)과 옳지 않은 것(×)을 바르게 표시한 것은? <변리사 2003년 변형, 변호사모의 2011년 유사, 사시 2013년 유사>

> ㉠ 면책적 채무인수를 하는 경우에 채무인수로 인하여 종래의 채무는 소멸하며, 소멸한 채무를 담보했던 저당권 역시 소멸한다.
> ㉡ 채권자의 채무인수에 대한 승낙은 채무를 인수할 때에 소급하여 그 효력이 발생되며, 의사표시로 그 소급효를 배제할 수 없다.
> ㉢ 제3자가 채무자와의 계약으로 채무를 인수한 경우에는 채권자의 승낙에 의하여 그 효력이 생기고, 이 경우 채권자의 승낙 또는 거절의 상대방은 채무자에 한한다.
> ㉣ 판례에 의하면, 면책적 채무인수는 소멸시효의 중단사유인 채무승인에 해당하며 인수채무의 소멸시효기간은 채무인수일로부터 새로이 진행된다.
> ㉤ 판례에 의하면, 부동산의 매수인이 매매목적물에 관한 임대차보증금반환채무를 인수하는 한편, 그 채무액을 매매대금에서 공제하기로 약정한 경우에 그 인수는 특별한 사정이 없는 이상 매도인을 면책시키는 면책적 채무인수가 된다.

① ㉠(×), ㉡(○), ㉢(○), ㉣(○), ㉤(×)
② ㉠(○), ㉡(×), ㉢(×), ㉣(×), ㉤(○)
③ ㉠(○), ㉡(○), ㉢(×), ㉣(×), ㉤(×)
④ ㉠(○), ㉡(×), ㉢(○), ㉣(×), ㉤(×)
⑤ ㉠(○), ㉡(×), ㉢(○), ㉣(×), ㉤(○)
⑥ ㉠(○), ㉡(○), ㉢(○), ㉣(○), ㉤(×)
⑦ ㉠(×), ㉡(○), ㉢(×), ㉣(○), ㉤(○)

⑧ ㉠(×), ㉡(×), ㉢(×), ㉣(○), ㉤(×)

해설

㉠ 면책적 채무인수에 의해 채무는 그 동일성을 유지하면서 전 채무자로부터 인수인에게 이전한다. 다만 이전되는 채무와 함께 보증 기타 담보가 수반하는가의 문제는 별개이다. ㉡ 의사표시로써 승낙의 소급효를 배제할 수 있다(제457조 단서). ㉢ 채무자뿐만 아니라 인수인에게도 할 수 있다(제454조 2항). ㉣ 대판 1999.7.9. 99다12376 참고. ㉤ 판례는, 특별한 사정이 없는 한 이행인수로 보아야 하고, 면책적 채무인수로 보기 위해서는 이에 대한 채권자의 승낙이 있어야 하고, 본 승낙은 묵시적 의사표시로도 가능하다고 한다(대판 2008.9.11. 2008다39663 참고). <답 ⑧>

6. 甲은 丙의 근저당권이 설정되어 있는 乙 소유의 A부동산을 1억 원에 매수하면서 乙의 丙에 대한 피담보채무(6,000만 원)를 인수하는 한편, 그 채무액을 매매대금에서 공제하기로 약정하였다. 이에 관한 설명 중 옳지 않은 것은?
(다툼이 있는 경우에는 판례에 의함) <사시 2010년 변형: 배점 2, 사시 2013년 유사>

① 甲 · 乙 간의 인수약정은 丙의 승낙이 없으면 丙에게 대항하지 못할 뿐 그들 사이에서는 유효하고, 특별한 사정이 없는 한 甲은 4,000만 원을 乙에게 지급함으로써 잔금지급의무를 다한 것이 된다.

② 甲이 乙의 채무를 면책적으로 인수하기로 乙과 약정하였더라도 丙의 승낙이 없는 한 그 약정은 이행인수로서의 효력이 있지만, 丙이 甲에게 6,000만 원의 지급을 청구하였다면 면책적 채무인수로서의 효력이 있다.

③ 잔금 4,000만 원과 이전등기에 앞서 인수채무를 먼저 이행했어야 하는 甲이 丙에게 6,000만 원의 변제를 게을리함으로써 A부동산에 관한 근저당권의 실행으로 경매절차가 개시되자 乙이 경매절차의 진행을 막기 위하여 6,000만 원을 변제하였다면, 乙은 甲에 대하여 손해배상채권을 취득하는 이외에 그 사유를 들어 매매계약을 해제할 수도 있다.

④ 甲이 丙에게 6,000만 원의 채무를 이행하지 않아서 乙이 이를 변제하였다면, 그로 인한 甲의 손해배상의무와 乙의 소유권이전등기의무는 동시이행의 관계에 있다.

⑤ 甲이 A부동산에 관한 소유권이전등기를 경료받은 후에 丙의 근저당권 행사로 인하여 그 소유권을 잃은 때에는, 甲은 원칙적으로 乙에게 담보책임을 물을 수 있다.

해설

① 부동산의 매수인이 매매목적물에 관한 근저당권의 피담보채무를 인수하는 한편, 그 채무액을 매매대금에서 공제하기로 약정한 경우 다른 특별한 약정이 없는 이상 이는 매도인을 면책시키는 채무인수가 아니라 이행인수로 보아야 한다. 따라서 매수인이 위 채무를 현실적으로 변제할 의무를 부담한다고 해석할 수 없으며, 특별한 사정이 없는 한 매수인은 매매대금에서 그 채무액을 공제한 나머지를 지급함으로써 잔금지급의무를 다하였다고 할 것이다(대판 2004.7.9. 2004다13083). ② 면책적 채무인수로 보기 위해서는 이에 대

한 채권자의 승낙이 있어야 한다(대판 1995.8.11. 94다58599). 한편 丙이 甲에게 인수채무의 변제를 청구하였다면, 이는 丙이 면책적 채무인수를 묵시적으로 승낙한 것으로 볼 수 있다. ③ 위 2004다13083 판결 참고. ④ 부동산매매계약과 함께 이행인수계약이 이루어진 경우, 매수인이 인수한 채무는 매매대금지급채무에 갈음한 것으로서 매도인이 매수인의 인수채무의 불이행으로 말미암아 또는 임의로 인수채무를 대신 변제하였다면, 그로 인한 손해배상채무 또는 구상채무는 인수채무의 변형으로서 매매대금지급채무에 갈음한 것의 변형이므로 매수인의 손해배상채무 또는 구상채무와 매도인의 소유권이전등기의무는 대가적 의미가 있어 이행상 견련관계에 있다고 인정되고, 따라서 양자는 동시이행의 관계에 있다고 해석함이 공평의 관념 및 신의칙에 합당하다(위 2004다13083 판결). ⑤ 매매의 목적이 된 부동산에 설정된 저당권의 행사로 인하여 매수인이 취득한 소유권을 잃은 때에는 매수인은 민법 제576조 제1항의 규정에 의하여 매매계약을 해제할 수 있지만, 매수인이 매매목적물에 관한 근저당권의 피담보채무를 인수하는 것으로 매매대금의 지급에 갈음하기로 약정한 경우에는 특별한 사정이 없는 한, 매수인으로서는 매도인에 대하여 민법 제576조 제1항의 담보책임을 면제하여 주었거나 이를 포기한 것으로 봄이 상당하다(대판 2002.9.4. 2002다11151). <답 ⑤>

7. 다음의 사례에 나타난 甲의 각 행위 중 乙의 의사에 반하여서도 할 수 있는 것을 모두 고르면? (다툼이 있는 경우에는 판례에 의함)

<사시 2011년: 배점 2, 사시 2013년 유사>

ㄱ. 甲은 乙에게 1,000만 원을 대여하였는데, 乙이 변제기에 이르러 이를 갚지 못하자, 甲은 변제기를 연기해주는 한편 채무 중 500만 원을 면제하여 주었다.

ㄴ. 丙이 乙에게 주택을 보증금 1,000만 원, 차임 월 20만 원으로 정하여 임대하였는데, 乙이 차임을 계속 연체하여 연체액이 60만 원에 이르고 丙으로부터 독촉을 받게 되자, 乙의 고교 동창생인 甲이 대신 丙에게 乙의 연체 차임 60만 원을 변제하였다.

ㄷ. 丙이 식당을 운영하는 乙에게 음식재료를 공급하였는데 乙이 식당 운영의 부진으로 영업을 중단하고 丙에 대한 물품대금 500만 원을 갚지 못하는 상태가 되자, 乙의 식당 단골손님이던 甲이 丙을 찾아가 乙의 물품대금채무 500만 원은 乙 대신 甲이 갚기로 하고 丙은 乙에 대해 이를 청구하지 않기로 약정하였다.

ㄹ. 丙이 乙에게 1,000만 원을 대여하였는데, 乙의 동생인 甲은 乙의 부탁을 받음이 없이 乙의 丙에 대한 위 차용금채무를 보증하였다.

ㅁ. 丙이 乙에게 5,000만 원을 대여하였는데, 乙의 사촌형인 甲이 乙과 의논하지 아니한 채 丙과의 사이에 乙의 위 채무를 甲이 병존적으로 인수하기로 하는 채무인수계약을 체결하였다.

① ㄱ, ㄴ ② ㄴ, ㄹ, ㅁ ③ ㄱ, ㄷ, ㅁ
④ ㄱ, ㄷ, ㄹ ⑤ ㄱ, ㄹ, ㅁ ⑥ ㄴ, ㄷ
⑦ ㄴ, ㅁ ⑧ ㄷ, ㄹ

✍ **해설** ……………………………………………

㉠ 옳음. 당사자에 의한 계약내용의 변경이 채무자에게 이익이 되는 경우에는 허용된다. ㉡ 틀림. 고교동창생 甲은 이해관계가 없는 자로서 채무자의 의사에 반하여 변제하지 못한다(민법 제469조 제1항). ㉢ 틀림. 이해관계 없는 자는 채무자의 의사에 반하여 채권자와의 사이에서 면책적 채무인수를 할 수 없다(민법 제453조 제1항). ㉣ 옳음. 민법 제444조 참조. ㉤ 옳음. 제3자가 병존적으로 채무를 인수한 경우에는 원채무자의 의사에 반한다 하여도 이를 무효라 할 수 없다(대판 1962.4.4. 4294민상1087). <답 ⑤>

제 6 장 채권의 소멸

제 1 절 변 제

1. 다음 중 채무의 내용에 좇은 변제의 제공이라고 할 수 없는 경우는?

① 매매대금의 지급을 위해 우편환을 송부한 경우
② 견본품에 의한 특정물매매에 있어 그 특정물이 견본품과 다른 경우
③ 처분가능한 형식의 화물상환증을 상품의 매수인에게 송부하는 경우
④ 채권자가 이유 없이 계약해제를 주장하자 채무자는 변제의 준비 없이 채권자에게 목적물을 수령할 것을 통지한 경우
⑤ 특정장소에서 목적물을 인도키로 한 경우 목적물을 그 장소에서 보관하여 채권자에게 인도할 수 있도록 해두는 경우

해설 ……………………………………

① 거래상 통화와 동일시할 수 있는 지급수단, 예를 들면 우편환, 신용 있는 은행이 발행·배서한 수표, 지급보증수표, 은행이 발행한 자기앞수표의 교부는 현실제공이 된다. ② 견본품에 의한 특정물매매에 있어 그 특정물이 견본품과 다른 경우에도 특정물의 제공을 유효한 변제로 인정하고 있다(곽윤직, 348면; 이은영, 673면). 그러나 이와 달리 특정물이 견본품과 다른 경우에는 그 차이가 법적 동일성을 유지할 수 있는 정도로 근소한 것이어야 하고 매도인에게 귀책사유가 없는 때에만 변제로서의 효과를 인정하는 견해도 있다(김형배, 656면). ③ 격지자 간의 거래에 있어서 화환어음을 이용한 물건의 송부 역시 실질적으로는 현실제공이라고 볼 수 있다. ④ 채권자가 수령을 거절한 경우나 채무이행에 있어 채권자의 협력행위가 필요한 경우에 채무자는 구두의 제공을 하여야 하는데(제460조 단서), 이 경우 채무자는 수령의 최고 외에도 변제준비를 완료하고 있어야 한다. ⑤ 일정한 기일 또는 일정한 기간 내에 채권자가 일정한 장소에 와서 목적물을 수령하는 채무의 경우에는 그 기일 또는 기간 내에 그 장소에 목적물을 보관하여 채권자에게 인도할 수 있도록 해두는 것으로 채무자는 현실제공하는 것이 된다. <답 ④>

2. 변제의 제공에 관한 다음 설명 중 틀린 것은?

① 금전채무에 있어서 보통의 수표나 약속어음의 제공은 원칙적으로 변제의 제공이 되지 않고 단지 지급의 확보를 위한 수단으로 교부될 뿐이다.
② 채권자의 주소가 이행지인 금전채무의 채무자가 금전을 지참한 채 채권자에게 가서 영수증의 교부를 요구하면서 지급을 거절하는 경우에도 현실제공이 된다.

③ 부동산매도인이 등기이전을 하여 줄 수 있는 준비 또는 태세를 갖추고 있었다는 사정만으로는 매수인에 대한 등기절차의무의 이행을 제공했다고는 할 수 없다.
④ 근저당권이 설정된 부동산의 매매계약에 있어서 매도인은 근저당채무를 변제한 후 소유권의 이전등기에 필요한 서류만을 준비하고 수령을 최고함으로써 이행을 제공하게 된다.
⑤ 매수인이 잔대금지급의무를 이행하여 소유권이전등기를 넘겨받을 의사가 없음을 미리 표시하였고 이를 번복할 가능성도 없는 경우, 매도인은 구두제공 없이도 계약을 해제할 수 있다.

해설

① 보통의 수표나 약속어음의 제공은 부도의 위험 등이 있기 때문에 원칙적으로 변제의 제공으로 되지 않는다. 또한 특별한 약정이 없는 한 은행통장의 교부 역시 그렇다. ② 채무자가 금전을 지참하여 채권자의 주소에서 지급할 뜻을 알림으로써 현실제공은 완료된다. ③ 등기서류를 상대방에게 현실로 제공할 것까지는 요하지 않는다 할지라도 언제든지 현실의 제공을 할 수 있는 정도로 등기절차에 필요한 일체의 서류준비를 완료하고 그 뜻을 통지하여 그 수령을 최고하여야만 된다(대판 1975.6.24. 74다1455 등). ④ 매수인의 대금지급의무와 매도인의 소유권이전등기의무·근저당권설정등기의 말소의무는 동시이행관계에 있는데, 근저당권설정등기의 말소의무에 관한 이행제공은 그 근저당채무가 변제되었다는 것만으로는 부족하고 근저당권설정등기의 말소에 필요한 서류까지도 준비함을 요한다(대판 1979.11.13. 79다1562). ⑤ 구두제공 없이도 변제제공의 효과가 인정되는 경우로 대판 1995.4.28. 94다16083 참고. <답 ④>

3. 제주도에 사는 甲이 어느 유명화가의 동양화 1점을 가지고 있음을 알게 된 서울의 乙은 甲에게 전화를 걸어 협상 끝에 그 동양화를 1,000만 원에 구입하였다. 이 사례에 관한 설명 중 옳지 않은 것은? <사시 2004년 변형>

① 대금 지급과 동양화 인도의 장소에 관하여 특별한 약정을 하지 않은 경우, 두 채무의 이행지는 모두 甲의 주소지이며, 甲의 채무는 추심채무이고 乙의 채무는 지참채무이다.
② 대금 지급과 동양화 인도의 장소에 관하여 특별한 약정을 하지 않은 경우, 甲이 인도를 준비하고 이를 통지하면서 수령을 최고하더라도 乙이 수령하기 전에는 甲의 인도채무는 소멸하지 않는다.
③ 乙의 주소지를 대금 지급과 동양화 인도의 장소로 정하고 동시에 이행하기로 하였는데, 동양화만 약정된 날짜에 배달되고 甲은 약정일을 잊고서 오지 않아 그날 대금이 지급되지 못한 경우, 甲의 채무는 소멸하지만 甲은 수령지체에 빠지게 된다.
④ 甲의 주소지를 대금지급과 동양화의 인도장소로 정하였으나, 교통사고를 당하여 제주도에 갈 수 없게 된 乙이 대금을 송금하면서 그 그림을 乙

의 계산으로 자신에게 보내줄 것을 요청하고 甲이 이를 승낙한 이상 그 그림을 운송하던 택배회사가 운송 도중 그림을 훼손하였다면 乙이 아직 인도받기 전이므로 甲은 그 위험을 부담한다.

⑤ 乙의 주소지를 대금 지급과 동양화 인도의 장소로 정하였는데, 甲이 임의로 택배회사를 통해서 운송하던 중 불가항력으로 그 동양화가 멸실된 경우, 이로 인한 대가위험은 甲이 부담한다.

해설

설문 내용에 비추어 특정물에 관한 매매계약에서 변제의 장소 및 이에 따른 변제제공의 정도와 그 효과를 묻는 문제이다. ①② 양 당사자 사이에 변제의 장소에 관한 별다른 약정이 없는 경우 매도인 甲의 목적물인도 장소는 채권성립 당시 그 그림이 있던 甲의 주소지가 되며(제467조 1항), 매수인 乙의 대금지급장소 역시 그 그림이 인도되는 장소, 즉 甲의 주소지로 된다(제586조). 이와 같이 甲의 채무가 추심채무로서의 성격을 갖는 한 甲은 제460조 단서에 의하여 단지 구두제공의 방법만으로 자신의 채무에 대한 변제의 제공을 행하게 되나, 乙의 수령이 행해지기 전에는 아직 급부의 결과 자체가 달성되지 않았으므로 변제가 이루어졌다고는 할 수 없다. ④의 경우에는 본래 추심채무로 약정하였으나 매도인 甲이 이후 매수인 乙의 요청에 따라 채권자의 주소지로 발송하는 송부채무로 변경하였다면, 甲이 그 그림을 운송기관에 인도함으로써 자신의 채무이행에 필요한 행위는 완료하였으나 ②에서와 마찬가지로 매수인 乙이 수령하기 이전에는 변제 자체의 효과가 발생하지는 않는다. 이와 같은 결론은 추심채무가 지참채무로 변경된 경우에 한해서 타당하다. 그러나 乙의 추심채무에는 아무 변동이 없는 상태에서 甲이 그 동양화를 송부해 줄 것을 부탁한 데 지나지 않는 경우에는 택배회사에 그 그림을 인도함으로써 변제의 효과는 발생하는 것으로 보아야 한다(김형배, 689면 이하 참고). 따라서 택배회사의 불완전이행(예컨대 운송 도중 그 그림의 훼손)으로 인한 위험은 乙이 부담해야 할 것이다. 乙이 운송비를 부담하더라도 사정은 마찬가지이다. 추심채무의 경우에는 乙이 당연히 운송비용을 부담해야 하기 때문이다. ③ 대금채무에 관한 채권자 甲이 약정한 수령장소에 나타나지 않아 대금을 수령하지 못하였기 때문에 甲에게는 수령지체가 인정된다. 채권자지체에 관하여 채권자의 귀책사유를 필요로 하는가에 대한 견해대립이 있으나 위 경우에는 채권자의 과실이 인정될 수 있다고 보이므로 어느 견해에 따르더라도 甲의 채권자지체가 된다. ⑤ 계약성립시 특정된 물건의 멸실에 따른 대가위험의 부담문제로서 양 당사자의 귀책사유가 없는 경우에는 채무자가 반대급부위험을 부담한다(제537조). <답 ④>

4. 다음 중 '유효한 제3자의 변제'에 해당하지 않는 것은?

① 채무자가 제3자와 계약을 체결하는 것이 급부의 내용이었는데, 채무자가 대리인으로 하여금 계약을 체결토록 한 경우에 대리인의 계약체결행위

② 임의대리인이 복대리인을 선임하여 대리행위를 시켰을 경우에 복대리인의 행위

③ 그림을 완성해주기로 한 당대의 명화가가 질병으로 인하여 부득이 자신의 제자에게 대신 그림을 완성케 한 경우

④ 운송회사의 피용자 A가 운송물을 수하인에게 인도하였을 경우에 A의 인도

⑤ 부(夫)의 채무를 위하여 반지를 질물로서 채권자에게 인도한 처(妻)가 부의

의사에 반하여 채무를 변제하고 반지를 반환받았을 경우에 처의 변제

해설

①② 대리인 또는 복대리인의 변제는 본인의 변제이다. ③ 채무의 성질상 제3자의 변제는 허용되지 않는다(제469조 1항 단서). ④ 피용자의 이행행위는 당연히 본인의 행위로 된다. ⑤ 처의 채무변제는 비록 부(夫)의 의사에 반한다 할지라도 유효한 제3자의 변제로 된다. 왜냐하면 처는 부의 채무에 대해 이해관계를 가진 자(물상보증인)이므로 부의 의사에 반해서도 변제를 할 수 있기 때문이다(제469조 2항 참조). <답 ③>

5. 제3자의 변제에 관한 다음 설명 중 틀린 것을 두 개 고르면?

<변호사 2012년 유사>

① 제3자 변제가 되기 위해서는 제3자는 자신의 이름으로 채무자의 채무를 변제하여야 한다.

② 제3자 변제금지특약이 행해진 경우에도 이해관계 있는 제3자의 변제는 허용된다.

③ 제3자는 채권자에 대한 채권을 가지고 채무자의 채무와 상계할 수 있다.

④ 이해관계 없는 제3자의 변제는 채무자의 의사에 반하지 않는 것으로 추정된다.

⑤ 정당한 이유 없이 채권자가 제3자의 변제의 제공을 수령하지 않으면 채권자지체가 된다.

⑥ 甲이 乙에 대하여 금전채무를 부담하고 乙이 丙에 대하여 동일한 금액의 채무를 부담하는 경우, 甲이 乙의 지시로 丙에게 직접 변제하였다면 후에 甲과 乙사이의 계약이 해제되더라도 甲은 丙에 대하여 급부한 것을 부당이득으로 반환청구 할 수 없다.

⑦ 채권자 甲에 대한 乙의 채무를 제3자인 丙이 자신의 채무인 줄 알고 甲에게 변제한 경우에도 乙의 채무는 소멸하고, 丙은 원칙적으로 乙에 대하여 부당이득반환을 청구할 수 있다.

해설

① 제3자가 채무자의 채무를 자기의 채무로 오인하여 변제한 경우에는 부당이득의 반환이, 제3자가 채무자를 위함을 표시하고 변제한 경우에는 대리제도가 문제될 뿐이다. ② 제3자의 변제는 채무의 성질상 또는 당사자의 의사표시에 의해 제한될 수 있다(제469조 1항 단서). 당사자 간의 의사표시에 의해 변제가 제한되는 경우 이해관계 있는 제3자라 할지라도 변제할 수 없다. ③ 제3자가 채권자에 대한 채권을 가지고 채무자의 채무와 상계할 수 있는가에 대해서는 견해가 대립되고 있는데, 실질적으로 제3자의 상계가 대물변제로서의 의미를 지닌다는 점에서 부인할 필요는 없다(김형배, 665면; 이은영, 712면. 부인설: 곽윤직, 381면). ④ 변제에 이해관계 있는 자는 채무자의 의사에 반해 변제할 수 있다. 그러나 그렇지 않은 자는 채무자의 의사에 반해 변제할 수 없으며, 이때 채무자의 의사는 사전에 표시될 필요가 없고 제반 사정에 비추어 인정될 수 있으면 족하다. 다만 제3자의 변제는 원칙적으로 그 자체가 채무자를 위한 것이므로 반증이 없는 한 채무자에게

유익하며 그 의사에 반하지 않는 것으로 추정된다. ⑥ 계약의 일방 당사자가 계약 상대방의 지시 등으로 급부과정을 단축하여 계약상대방과 또 다른 계약관계를 맺고 있는 제3자에게 직접 급부한 경우, 그 급부로써 급부를 한 계약당사자의 상대방에 대한 급부가 이루어질 뿐 아니라 그 상대방의 제3자에 대한 급부로도 이루어지는 것이기 때문이다(대판 2003.12.26. 2001다46730). ⑦ 제3자가 착오로 타인의 채무를 이행한 경우 채권자에게 부당이득의 반환을 청구할 수 있다(제745조 제1항의 반대해석). 다만, 이 경우에도 채권자가 선의로 증서를 훼멸하거나 담보를 포기하거나 시효로 인하여 그 채권을 잃은 때에는 변제자는 그 반환을 청구하지 못하는데, 변제자는 채무자에 대하여 구상권을 행사할 수 있다. <답 ②, ⑦>

6. A가 B에 대하여 채무를 부담하고 있을 경우에 다음 설명 중 틀린 것만 고르면? <변리사 2003년 변형>

> ㉠ A가 B에게 부담하는 급부의 내용이 임치계약상의 채무인 경우에도 B의 동의가 있는 한 제3자 C에 의한 변제가 허용된다.
> ㉡ B에 대하여 채권을 가지고 있는 제3자 C는 그 채권을 가지고 B의 A에 대한 채권과 상계함으로써 A의 채무를 소멸케 할 수도 있다.
> ㉢ B에 대한 A의 채무를 연대보증한 C가 연대보증채무가 아닌 A의 다른 채무를 변제한 경우에는 A에 대하여 변제액의 상환을 청구할 수 없다.
> ㉣ A가 B에게 갖는 X채권에 A의 채권자 C가 압류 및 전부명령을 받은 후 A는 파산선고를 받았다. 이후 A가 B에게 새로운 채권 Y를 갖게 되었는데, B는 압류 및 전부명령이 유효한 줄 알고 C에게 Y를 변제하였고, A는 C를 상대로 Y에 대한 부당이득반환청구소송을 제기하였다가, 부당이득반환청구권을 포기하는 내용의 조정에 합의하였다. 이 경우 B의 변제는 유효한 변제라고 할 수 없다.

① ㉠ ② ㉡ ③ ㉢
④ ㉠, ㉡ ⑤ ㉡, ㉢ ⑥ ㉢, ㉣

해설

㉠ 노무자, 수임인, 임치인의 급부는 상대적 일신전속적 급부로서 채권자의 동의가 있는 경우 제3자에 의한 변제가 허용된다. ㉡ 견해대립이 있으나, 제3자의 상계는 대물변제로서의 의미를 지니므로 이를 부인할 필요가 없다(김형배, 665면). ㉢ 이 경우 연대보증인의 변제로서의 효력은 발생하지 않으나, 채무자의 의사에 반하지 않는 한 제3자의 변제로 유효하며 사무관리에 기한 상환청구권이 인정된다(대판 1961.11.9. 4293민상729). ㉣ 제472조에서 말하는 '채권자가 이익을 받은' 경우에는 변제의 수령자가 진정한 채권자에게 채무자의 변제로 받은 급부를 전달한 경우는 물론이고, 그렇지 않더라도 무권한자의 변제수령을 채권자가 사후에 추인한 때와 같이 무권한자의 변제수령을 채권자의 이익으로 돌릴 만한 실질적 관련성이 인정되는 경우도 포함된다(대판 2012.10.25. 2010다32214). <답 ⑥>

7. A의 다음 주장 중 가장 정당한 것은?

① A는 B에 대하여 금전소비대차계약상의 반환채무를 부담하던 중 이행기를 경과하여 그 지연이자를 변제한다는 생각에 50만 원을 지급하였는데 이후 계산해본 결과 10만 원이 더 지급되었음을 확인하고 B에게 착오를 이유로 그 10만 원의 반환을 청구한다.

② A는 B에게 자신의 토지를 매도하면서 등기이전과 동시에 대금을 지급받기로 약정하였는데, A가 약정 당일이 되어 아무 이유 없이 자신의 인감과 등기필증을 C가 보관하고 있음을 알리면서 직접 C로부터 넘겨받아 이전등기절차에 이용하라고 통지하면서 대금지급을 청구한다.

③ A는 B와 매매계약을 체결하였는데 이후 B가 아무 이유 없이 몇 차례에 걸쳐 대금수령기일의 연기를 요구하자 지급할 대금을 준비하기 위해 은행에 당좌구좌를 갖고 있는 C에게 금전차용을 약속받고 변제기일에 B에게 수령을 최고하였다. 이후 수령기일이 지나도 수령하지 않자 A는 B에게 수령지체의 책임을 묻는다.

④ B의 통장과 인감을 절취한 C로부터 그 인감이 압날된 예금청구서와 함께 지급제시를 받은 은행 A는 C가 진정한 예금주가 아님을 과실로 알지 못한 채 지급했더라도 청구서와 예금증서의 인감이 동일한 때에는 면책된다는 특약을 이유로 자신의 면책을 주장할 수 있다.

⑤ 친구 G가 B에 대하여 채권을 갖고 있음을 알고 있던 C가 G의 사망을 기화로 B에게 대리수령인이라고 칭하면서 변제를 요구하여 자신이 작성한 영수증을 교부하여 변제받았는데, 얼마 후 G의 채권증서를 발견한 G의 상속인 A가 채권증서를 제시하면서 B에 대하여 그 변제를 청구하고 있다.

✍ 해설 ··

① A는 B에 대하여 이자만을 지급한다는 명백한 의사를 표시하지 않고 있으므로 B가 이자충당 후 남은 금액을 원본에 충당하는 것을 저지하지 못한다. ② 등기의 공동신청주의 때문에 등기소에 출두하지 않은 채 아무 이유 없이 타인에게 보관시킨 인장 및 등기필증을 직접 동인으로부터 넘겨받아 이전등기절차에 이용하라고 통지하였다는 사실만으로는 이전등기의무의 현실제공이라고 할 수 없지만, 매수인이 계약이행에 비협조적인 태도를 취하면서 대금지급을 미루는 등 등기서류의 수령을 준비하지 않을 경우에는 매도인으로서는 그에 상응한 이행의 준비를 하면 충분하다(대판 1992.11.10. 92다36373 참고). ③ B가 수령거절의 의사를 표시하고 있으므로 A는 구두제공, 즉 자신의 변제준비를 완료하고 이를 통지하여 수령할 것을 최고함으로써 족하다. 그런데 '은행당좌예금잔고가 있는 사람으로부터 보수금 상당액을 빌리기로 하고 그 사실을 알렸다 하여 수급인에 대한 보수금채무의 구두에 의한 이행제공이 있었다고 할 수 없다'고 한 판례의 견해(대판 1965.9.21. 65다1444)에 비추어 A의 유효한 변제제공이 있었다고는 볼 수 없다. ④ 채권의 준점유자에 대한 변제로써 채권자에 대한 책임을 면하기 위해서는 채무자의 선의·무과실이 전제되어야 하나, A의 과실이 있으므로 A가 B에 대한 책임을 면할 수는 없다. 또한 인감의 동일함만을 이유로 면책된다는 특약이 있는 경우에도 이는 A가 통상의 주의를 다한 것으로

인정된 경우에만 효력을 지닐 뿐이다(대판 1992.6.23. 91다14987). 따라서 B는 C에 대한 변제로 A에게 책임을 면할 수 없다. 한편, 은행 직원이 단순히 인감 대조 및 비밀번호 확인 등의 통상적인 조사 외에 당해 청구자의 신원을 확인하거나 전산 입력된 예금주의 연락처에 연결하여 예금주 본인의 의사를 확인하는 등의 방법으로 그 청구자가 정당한 예금인출권한을 가지는지 여부를 조사하여야 할 업무상 주의의무를 부담하는 것으로 보기 위하여는 그 예금의 지급을 구하는 청구자에게 정당한 변제수령권한이 없을 수 있다는 의심을 가질 만한 특별한 사정이 인정되어야 한다(대판 2013.1.24. 2012다91224). ⑤ C가 허위의 영수증을 작성하였다는 점에서 영수증소지자에 대한 변제로서의 요건은 갖추어지지 않았고, 단지 채권의 준점유자에 대한 변제가 검토될 여지가 있을 뿐이다. 그런데 위 사례에서는 B가 G에 대하여 채권증서를 발행해주었다고 보이는데 이의 소지 여부를 확인하지도 않은 채 대리인임을 사칭한 C에게 변제한 것은 B의 과실이라고 판단된다. 더욱이 대리인임을 주장하는 경우에는 본인을 사칭하는 경우에 비해 고도의 주의를 요한다는 점에서 B에게는 과실이 인정될 수 있다. 따라서 B의 변제는 채권의 준점유자에 대한 변제(제470조)로서 보호받지 못하고, A는 B에게 변제를 청구할 수 있다. <답 ⑤>

8. 민법은 변제자보호제도의 일종으로 변제자의 영수증청구권과 채권증서반환청구권을 규정하고 있다. 다음 설명 중 틀린 것은?

① 일부변제자는 채권증서의 반환을 청구할 수 없으나 영수증청구권을 행사할 수는 있다.

② 대물변제자는 자신이 먼저 변제한 후에만 영수증의 교부를 청구할 수 있다.

③ 변제가 아닌 면제로 채권이 소멸한 때에도 채권증서를 반환청구할 수 있다.

④ 채권증서의 반환과 변제 사이에는 동시이행의 관계가 인정되지 않는다.

⑤ 영수증의 작성 및 교부비용은 채권증서의 경우와 마찬가지로 채권자가 부담한다.

⑥ 채권자가 채무자로부터 채권증서를 교부받은 후 이를 다시 채무자에게 반환하였다면 특별한 사정이 없는 한 그 채권은 변제 등의 사유로 소멸하였다고 추정할 수 있다.

해설

변제자의 변제사실 입증을 위해 영수증청구권(제474조)과 채권증서반환청구권(제475조)이 인정된다. ①③ 영수증청구권은 변제만 있으면 인정되나(제474조 참조), 채권증서 반환청구권은 채무 전부 변제 내지 변제 이외의 사유에 의한 채권 소멸의 경우에 인정된다(민법 제475조 및 대판 2011.11.24. 2011다74550 참고). ②④ 변제(대물변제 포함)와 영수증 교부는 동시이행관계에 있으나, 변제와 채권증서반환은 그렇지 않다(통설. 대판 2005.8.19. 2003다22042 참고). ⑤ 제473조 참조. ⑥ 대판 2011.11.24. 2011다74550. <답 ②>

9. 변제의 충당에 관한 다음 설명 중 가장 잘못된 것을 두 개 고르면? (다툼이 있는 경우에는 판례에 의함) <법원 2006년 변형, 사시 2012년 유사>

① 변제자가 충당순서를 지정하지 아니한 경우에 변제수령자는 수령시 그 지정을 할 수 있지만, 변제자가 이에 대해 즉시 이의를 제기하면 그 충

당은 효력을 상실하고, 이 경우에는 법정충당방법에 의하여야 한다.

② 법정변제충당의 순위를 정함에 있어서 변제의 유예가 있는 채무에 대하여는 유예기까지 변제기가 도래하지 않은 것과 같게 보아야 한다.

③ 변제이익의 많고 적음은 변제자를 기준으로 판단하며, 변제자가 수인인 경우에는 각 변제자별로 판단한다.

④ 비용, 이자, 원본에 대한 변제충당에 있어서는 당사자 사이에 특별한 합의가 없는 한 비용, 이자, 원본의 순서로 충당하여야 할 것이고 채무자는 물론 채권자라고 할지라도 위 법정순서와 다르게 일방적으로 충당의 순서를 지정할 수는 없다.

⑤ 변제충당에 관한 민법 제476조 내지 제479조의 규정은 강행규정이므로 변제자(채무자)와 변제수령자(채권자)는 계약(약정)에 의하여 위 각 규정을 배제하고 제공된 급부를 어느 채무에 어떤 방법으로 충당할 것인가를 결정할 수는 없다.

⑥ 비용, 이자, 원본에 대한 변제충당에 있어서는 당사자의 일방적인 지정에 대하여 상대방이 지체 없이 이의를 제기하지 아니함으로써 묵시적인 합의가 되었다고 보이는 경우에도 그 법정충당의 순서와는 달리 충당의 순서를 인정할 수 없다.

⑦ 다수의 채무 중 보증인에 의하여 담보되고 있는 채무와 그렇지 않은 채무가 있는 경우, 채권자와 채무자가 충당의 합의를 하더라도 그러한 충당이 보증인에게 현저히 부당하고 신의칙에 반하는 때에는 합의충당의 효력이 부정된다.

해설

① 제476조 2항 본문, 제476조 3항, 제478조. 제476조 2항 단서. ②③ 대판 1999.8.24. 99다22281,22298. ④ 제479조와 다르게 지정충당할 수 있는지의 여부에 대하여 판례와 통설은, 변제자와 변제수령자 사이에 이와 다른 합의가 없는 한 이에 따라야 하고, 변제자 일방의 지정충당이 있더라도 이는 인정되지 않는다(대판 2002.5.10. 2002다12871, 12888)고 한다. ⑤ 변제충당에 관한 민법 제476조 내지 제479조의 규정은 임의규정이므로 변제자(채무자)와 변제수령자(채권자)는 약정에 의하여 위 각 규정을 배제하고 제공된 급부를 어느 채무에 어떤 방법으로 충당할 것인가를 결정할 수 있다(대판 2004.3.25. 2001다53349). 따라서 변제자와 변제수령자 사이의 계약에 의해 충당방법을 정하는 때에는 그 방법이 어떤 것이든 유효하다. 계약에 의한 충당은 제479조, 제476조 및 제477조에 우선하여 적용된다. ⑥ 당사자 사이에 특별한 합의가 없는 한 비용, 이자, 원본의 순서로 충당하여야 할 것이고 채무자는 물론 채권자라고 할지라도 위 법정 순서와 다르게 일방적으로 충당의 순서를 지정할 수는 없다고 할 것이지만, 당사자의 일방적인 지정에 대하여 상대방이 지체없이 이의를 제기하지 아니함으로써 묵시적인 합의가 되었다고 보여지는 경우에는 그 법정충당의 순서와는 달리 충당의 순서를 인정할 수 있는 것이다(대판 2002.5.10. 2002다12871,12888). ⑦ 대판 2010.10.28. 2010다55187 참고. <답 ⑤, ⑥>

10. 변제충당에 관한 다음 설명 중 틀린 것을 두 개 고르면? (다툼이 있는 경우에는 판례에 의함) <사시 2006년 변형, 사시 2012년 유사, 변호사 2013년 유사>

① 변제자가 주채무자인 경우, 제3자가 발행한 약속어음이 담보로 교부된 채무와 그러한 담보가 제공되지 않은 채무 사이에는 전자가 후자보다 변제이익이 더 많다.

② 채권자와 채무자가 변제충당에 관하여 약정한 경우, 채무자가 채권자에게 변제하면서 위 약정과 달리 특정 채무의 변제에 우선적으로 충당한다고 지정하더라도 그에 대하여 채권자의 명시적 또는 묵시적 동의가 없는 한 그 지정은 효력이 없다.

③ 변제자가 주채무자인 경우, 보증인이 있는 채무와 보증인이 없는 채무 사이에는 변제이익의 점에서 차이가 없고, 보증기간중의 채무와 보증기간 종료 후의 채무 사이에서도 변제이익의 점에서 차이가 없다.

④ 채권자와 채무자가 채권자가 적당하다고 인정하는 순서와 방법에 의하여 변제충당하기로 약정하였다면, 채권자가 위 약정에 기하여 스스로 적당하다고 인정하는 순서와 방법에 좇아 변제충당을 한 이상 그 충당의 효력이 있다.

⑤ 담보권 실행 등을 위한 경매에서 배당금이 담보권자(채권자)가 가지는 수개의 피담보채권 전부를 소멸시키기에 부족한 경우, 담보권자와 채무자 사이에 변제충당에 관한 합의가 있었더라도 그 합의에 따른 변제충당이 허용되지 않는다.

⑥ 피고의 사용자책임으로 인한 손해배상채무와 소외인의 차용금채무는 서로 별개의 원인으로 발생한 독립된 채무이나 동일한 경제적 목적을 가진 채무로서 서로 중첩되는 부분에 관하여는 일방의 채무가 변제 등으로 소멸하면 타방의 채무도 소멸하는 이른바 부진정연대의 관계에 있다고 할 때, 금액이 많은 채무의 일부가 변제 등으로 소멸하는 경우 그 중 먼저 소멸하는 부분은 다른 채무자와 공동으로 채무를 부담하는 부분이 아니라 단독으로 채무를 부담하는 부분으로 보아야 한다.

⑦ 동일 당사자가 동일목적물에 관하여 동일 거래관계로 인하여 발생되는 채무를 담보하기 위하여 순위가 다른 여러 개의 근저당권을 설정한 경우, 그 담보물의 경매대금이 채무전액을 만족시키지 못할 때에는 경매대금을 선순위 근저당권설정시에 발생된 채무에 우선적으로 변제 충당하여야 한다.

해설

① 주채무자가 변제자인 경우 담보로 제3자가 발행 또는 배서한 약속어음이 교부된 채무와 다른 채무 사이에는 변제이익의 점에서 차이가 없다고 보아야 할 것이다(대판 1999.8.

24. 99다22281,22298). ② 대판 2004.3.25. 2001다53349. ③ 따라서 주채무자가 변제한 금원은 이행기가 먼저 도래한 채무부터 법정변제충당하여야 한다(대판 1999.8.24. 99다26481). ④ 대판 2012.4.13. 2010다1180. ⑤ 이 경우에는 획일적으로 가장 공평·타당한 충당방법인 민법 제477조의 규정에 의한 법정변제충당의 방법에 따라 충당을 하여야 한다(대판 1996.5.10. 95다55504 등). 마찬가지로 채권자가 파산절차에서 파산관재인으로부터 수령한 배당금을 변제충당하는 경우, 민법의 변제충당에 관한 규정이 적용된다(대판 2012.4.13. 2010다1180). ⑥ 채무 전액의 지급을 확실히 확보하려는 부진정연대채무제도의 취지를 고려해야 한다(대판 2010.2.25. 2009다87621 참고). 반면에, 부진정연대채무자 중 소액 채무자가 자신의 채무 중 일부를 변제한 경우, 변제된 금액은 소액 채무자가 다액 채무자와 공동으로 부담하는 부분에 관하여 민법의 변제충당 일반원칙에 따라 지연손해금, 원본의 순서로 변제에 충당되고 이로써 공동부담부분의 채무 중 지연손해금과 일부 원금채무가 변제로 소멸하게 된다. 그리고 부진정연대채무자 상호 간에 채권의 목적을 달성시키는 변제와 같은 사유는 채무자 전원에게 절대적 효력이 있으므로, 이로써 다액 채무자의 채무도 지연손해금과 원금이 같은 범위에서 소멸하게 된다(대판 2012.2.9. 2009다72094). ⑦ 각 근저당권은 모두 그 설정계약에서 정한 거래관계로 인하여 발생된 여러 개의 채무전액을 각 그 한도범위 안에서 담보하는 것이므로, 그 담보물의 경매대금이 채무전액을 만족시키지 못할 때에는 변제충당의 방법으로 그 대금수령으로 인하여 소멸할 채무를 정하여야 한다(대판 1991.7.23. 90다18678 등 참고). <답 ①, ⑦>

11. 甲은 乙로부터 융자를 받아 乙에 대하여 A채무와 B채무를 부담하고 있다. 甲이 乙에게 변제를 하였는데, 그 변제는 두 채무를 전부 소멸시키기에는 충분하지가 않았다. 이 사례에 관한 ㉮에서부터 ㉳까지의 설명 중 틀린 내용을 찾아 묶은 것은? <변리사 2003년>

㉮ A채무는 변제기에 있고, B채무는 아직 변제기에 있지 않았다. 이 경우, 甲이 변제할 때에 B채무에 충당한다고 지정을 하더라도 乙이 지체없이 이의를 하면 甲의 변제는 먼저 A채무에 충당된다.
㉯ B채무는 변제기에 있고, A채무는 아직 변제기에 있지 않았다. 이 경우, 甲과 乙이 모두 변제의 충당에 관한 합의나 지정을 하지 않은 때에는 비록 A채무를 위하여 저당권이 설정되어 있더라도 甲의 변제는 B채무에 충당된다.
㉰ 양 채무가 모두 변제기에 있었다. 甲이 변제를 할 때에 A채무에 충당을 지정하고, 그 비용이나 이자보다 먼저 원본에 대하여 충당한다고 일방적으로 지정한 경우라고 하더라도 甲의 변제는 원칙적으로 A채무의 비용·이자·원본의 순서로 충당된다.
㉱ B채무는 변제기에 있고, A채무는 아직 변제기에 있지 않았다. 甲이 충당 지정을 하지 아니하여 乙이 A채무에 충당을 지정한 경우, 甲이 乙의 충당에 대하여 즉시 이의를 한 때에는 甲의 변제는 B채무에 충당된다.
㉲ 양 채무가 모두 아직 변제기에 있지 않았다. 甲과 乙이 모두 변제

의 충당에 관한 합의나 지정을 하지 않은 경우, B채무가 A채무보다 고이율인 때에도 甲의 변제는 A채무와 B채무의 액에 비례하여 충당된다.

㉳ B가 담보권을 실행한 결과 그 배당금이 B의 수개의 피담보채권의 소멸에 부족한 경우에는 A와 B 사이의 충당에 관한 합의가 있더라도 법정충당방법에 의한다.

① ㉮, ㉰ ② ㉮, ㉲ ③ ㉯, ㉰
④ ㉯, ㉳ ⑤ ㉱, ㉳

해설

㉮ 변제자의 지정에 대해서 수령자는 이의할 수 없다(제476조 1항·2항). ㉯ 법정충당의 순서상 이행기가 도래한 것에 먼저 충당된다(제477조 1호). ㉰ 지정에 의해서도 '비용→이자→원본의 순서' 원칙을 변경할 수 없다(제479조 1항 및 대판 1981.5.26. 80다3009). ㉱ 채권자 乙의 지정에 대해서 변제자 甲이 즉시 이의를 제기하면, 그 변제는 법정충당에 의한다. 따라서 이행기가 도래한 B채무에 먼저 충당된다(제476조 2항 및 제477조 1호). ㉲ 합의나 지정충당이 존재하지 않으므로 법정충당의 기준에 따라야 하는데, 양 채무 모두 변제기가 도래하지 않았다면 채무자에게 변제이익이 많은 채무의 변제에 충당된다(제477조 2호). ㉳ 담보권의 실행 등을 위한 경매에 있어서 배당금이 동일 담보권자가 가지는 수개의 피담보채권의 전부를 소멸시키기에 부족한 경우, 채권자와 채무자 사이에 변제충당에 관한 합의가 있었다고 하더라도 그 합의에 의한 변제충당은 허용될 수 없고, 이 경우에는 획일적으로 가장 공평·타당한 충당방법인 민법 제477조의 규정에 의한 법정변제충당의 방법에 따라 충당을 하여야 한다(대판 1996.5.10. 95다55504). <답 ②>

<변제충당의 순서>

합의충당	1. 당사자 일방에게 지정권 부여도 합의충당(대판 1987.3.24. 84다카1324) 2. 당사자의 일방적 지정에 대해 지체 없이 이의를 제기하지 않으면 묵시적 합의로 인정(대판 2002.5.10. 2002다12871,12888) 3. 경매에 의한 배당에서는 불가 → 법정충당만 가능(대판 1996. 5. 10. 95다55504 등)
제479조 (법정충당)	1. 비용 → 이자 → 원본 2. 합의에 의해서만 순서변경 가능, 지정에 의해서는 순서변경 불가(대판 1981.5.26. 80다3009 등)
제476조 (지정충당)	1. 변제자가 지정시 수령자는 이의 불가 2. 수령자가 지정시 변제자는 이의 가능 → 법정충당으로
제477조 (법정충당)	1. 이행기 도래한 것 〉 이행기가 도래하지 않은 것 2. 변제이익이 많은 것 〉 변제이익이 작은 것 3. 먼저 이행기가 도래하거나 도래할 것 4. 채무액 비례

12. 甲은 2006.5.6. 乙로부터 1억 원을 이자 월 2%, 변제기 2007.10.5.로 정하여 차용하였으며('A차용금'이라 함), 乙에게 그 차용금채무의 담보로 액면 1억 5,000만 원, 지급기일 2007.10.5.인 약속어음을 발행하여 주었다. 甲은 2005. 11.6.에도 乙로부터 8,000만 원을 이자 월 2%, 변제기 2006.11.5.로 정하여 차용한 바 있었는데('B차용금'이라 함), 2006. 7. 5. 乙에게 B차용금에 대한 그 때까지의 이자 및 원금 중 3,000만 원을 변제하였다. 甲은 2008.1.5. 乙에게 1억 4,000만 원을 지급하였다('지급금'이라 함). 다음 설명 중 옳지 않은 것은? (다툼이 있는 경우에는 판례에 의함) <사시 2009년: 배점 3>

① 乙이 지급금을 B차용금의 채무의 변제에 충당하고자 하는 데 대하여 甲이 즉시 이의를 제기하면 乙의 지정충당은 그 효력이 없다.

② 甲은 위 지급금을 A차용금의 원금 변제에 먼저 충당할 것을 지정할 수 없다.

③ 甲은 위 지급금이 A차용금의 변제를 위하여 지급되었다고 주장하고 乙은 B차용금의 변제에 충당되었다고 주장하는 경우 '그 급부는 당해 채무(B차용금채무)에 대하여 행하여진 것'이라는 점에 대한 증명책임은 채권자인 乙에게 있다.

④ 甲이 발행한 어음을 乙에게 교부하였더라도 법정충당에 있어서 A차용금채무와 B차용금채무의 변제이익에는 차이가 없다.

⑤ 법정충당에 의할 경우 위 지급금 중 4,000만 원(1억 원×2%×2006.5.6.부터 2008.1.5.까지 20개월)은 A차용금채무의 이자 또는 지연손해금의 변제에, 1,800만 원(5,000만 원×2%×2006.7.6.부터 2008.1.5.까지 18개월)은 B차용금 중 이자 또는 지연손해금의 변제에, 나머지 8,200만 원은 A차용금의 원금 변제에 각 순차로 충당된다.

해설

① 옳음. 제476조 2항 단서. ② 옳음. 제479조의 순서는 지정충당에 의해서는 변경할 수 없다(대판 2005.8.19. 2003다22042). ③ 옳음. 민법 제477조 4호에 의하면 법정변제충당의 순위가 동일한 경우에는 각 채무액에 안분비례하여 각 채무의 변제에 충당되는 것이므로, 위 안분비례에 의한 법정변제충당과는 달리, 그 법정변제충당에 의하여 부여되는 법률효과 이상으로 자신에게 유리한 변제충당의 지정, 당사자 사이의 변제충당의 합의가 있다거나 또는 당해 채무가 법정변제충당에 있어 우선순위에 있어서 당해 채무에 전액 변제충당되었다고 주장하는 자는 그 사실을 주장입증할 책임을 부담한다(대판 1994.2.22. 93다49338). ④ 틀림. 주채무자가 변제자인 경우에는, 담보로 제3자가 발행 또는 배서한 약속어음이 교부된 채무와 다른 채무 사이에 변제이익의 점에서 차이가 없다고 보아야 할 것이나, 담보로 주채무자 자신이 발행 또는 배서한 어음이 교부된 채무는 다른 채무보다 변제이익이 많은 것으로 보아야 한다(대판 1999.8.24. 99다22281,22298). ⑤ 옳음. 채무자가 1개 또는 수개의 채무에 비용 및 이자를 지급할 경우에 변제자가 그 전부를 소멸하게 하지 못한 급여를 한 때에는 비용, 이자, 원본의 순서로 변제에 충당하여야 한다(제479조 1항). 위에서 이자채무를 각각 변제한 후에는 원본채무를 변제해야 하는데 A차용금채무와 B차용금채무의 변제기가 모두 도래하였기 때문에 甲에게 변제이익이 많은 채무의

변제에 먼저 충당하면 된다(제477조 2호). 주채무자 甲 자신이 약속어음을 발행한 A차용금채무의 변제이익이 더 많다. <답 ④>

13. A가 B에 대해 부담하는 1억 원의 금전채무를 연대보증한 C로서는 임의변제하지 않는 A의 금전채무를 대위변제할 정당한 이익을 갖는다. 다음은 C와 법률상 지위가 같은 사람들을 나열한 것인데, 가장 이질적인 사람을 둘만 고른다면?

ⓐ 연대채무자	ⓑ 후순위저당권자
ⓒ 손해담보자	ⓓ 물상보증인
ⓔ 저당권이 설정된 부동산을 양수한 자	ⓕ 불가분채무자
ⓖ 채무자에 대한 일반채권자	

① ⓑ와 ⓖ ② ⓐ와 ⓔ ③ ⓑ와 ⓔ
④ ⓓ와 ⓔ ⑤ ⓔ와 ⓖ

해설

법정대위(제481조)가 성립하기 위해서는 타인의 채무에 대해 변제할 정당한 이익을 가지는 자가 변제하여야 한다. 학설은 '변제하지 않으면 집행을 받게 될 지위에 놓인 자'와 '변제하지 않으면 채무자에 대한 자신의 권리나 가치를 상실하게 될 자'로 구분하여 설명하고 있는데, 연대보증인은 전자에 해당한다. 다른 분류에 속하는 자를 둘만 고르면 되기 때문에 후자에 해당하는 자를 고르면 된다. ⓐ와 ⓕ는 채무자와 함께 채무를 부담하는 자로서, ⓒ는 타인을 위해 채무를 부담하는 자로서, ⓓ는 타인의 채무에 대해 책임만을 지는 자로서, ⓔ는 담보물의 제3취득자로서 모두 전자에 해당한다. 한편 ⓑ와 ⓖ는 후자에 해당한다. <답 ①>

14. 이해관계 있는 제3자의 변제에 관한 설명 중 옳은 것(○)과 옳지 않은 것(×)을 바르게 표시한 것은?

> ㉠ 수개의 저당부동산의 제3취득자들 중 1인이 변제한 경우, 그로 인한 대위의 부기등기를 하지 아니하면 다른 제3취득자에 대하여 채권자를 대위하지 못한다.
> ㉡ 변제를 한 보증인은 물상보증인에 대하여 채권자를 대위하지 못한다.
> ㉢ 물상보증인과 보증인 간에는 가액에 비례하여 채권자를 대위한다.
> ㉣ 판례에 의하면, 채무자를 위하여 저당권자의 피담보채권 500만 원 중 300만 원을 변제한 자는, 채무자 소유 저당부동산의 경매로 400만 원의 경락대금(매각대금)이 배당되는 경우에 200만 원을 지급받게 된다(다른 선순위채권자는 없으며, 경매비용은 고려하지 아니함).

① ㉠(○), ㉡(○), ㉢(○), ㉣(○) ② ㉠(○), ㉡(○), ㉢(×), ㉣(×)

③ ㉠(○), ㉡(×), ㉢(○), ㉣(○) ④ ㉠(○), ㉡(○), ㉢(○), ㉣(×)
⑤ ㉠(×), ㉡(○), ㉢(○), ㉣(○) ⑥ ㉠(×), ㉡(○), ㉢(×), ㉣(×)
⑦ ㉠(×), ㉡(×), ㉢(○), ㉣(×) ⑧ ㉠(×), ㉡(×), ㉢(×), ㉣(○)

해설 ·······························

㉠ 제482조 2항은 제3취득자의 경우에 부기등기의 요건을 규정해 두고 있지 않으며, 단지 보증인이 전세물 또는 저당물의 제3취득자에 대한 관계에서 이를 요건으로 하고 있을 뿐이다. ㉡㉢ 제482조 2항 5호에 따르면 인원수에 따라 채권자를 대위할 수 있다. ㉣ 일부 대위변제의 경우로서 대위자는 '그 변제한 가액에 비례하여 채권자와 함께 그 권리를 행사'할 수 있다(제483조 1항). 이 규정의 의미에 대하여 판례와 통설은 일부변제자는 채권자가 권리를 행사하는 경우에 채권자와 함께 권리를 행사할 수 있으며, 이때 변제에 관하여는 채권자가 우선한다고 해석한다(문제 [20] 해설 참고). 따라서 위의 경우 채권자가 매각대금 중 200만 원(저당목적물로부터 만족받지 못한 채권액: 제370조, 제340조)을 우선적으로 배당받고, 나머지 잔액인 200만 원을 변제자가 대위하게 된다. <답 ⑧>

15. 대위변제의 효과에 관한 설명 중 틀린 것을 두 개 고르면?

<변호사모의 2010년 유사>

① 채권자를 대위한 자는 자기의 권리에 의하여 채권 및 담보에 관해 채권자가 가지고 있었던 모든 권리를 행사할 수 있다.
② 변제자가 대위에 의해 행사할 수 있는 채권자의 권리는 채무자에 대한 구상권의 범위 내에서만 행사할 수 있다.
③ 채권의 전부에 대한 대위변제가 있는 때에 대위자는 구상권의 확보를 위해 계약을 해제·해지할 수 있다.
④ 채권 전부의 대위변제를 받은 채권자는 그 채권에 관한 증서 및 점유물을 대위자에게 교부해야 한다.
⑤ 채권의 일부에 대해 대위변제가 있는 때에는 대위자는 그 변제한 가액에 비례하여 채권자와 함께 그 권리를 행사한다.
⑥ 채권자의 고의나 과실로 담보가 상실 또는 감소된 때에는 법정대위자는 그 상실 또는 감소로 인하여 상환받을 수 없는 한도에서 면책되는데, 이 경우 법정대위자의 면책액을 산정하는 시기는 고의 또는 과실로 상실 또는 감소된 담보가 객관적으로 실행될 수 있었던 때를 기준으로 한다.

해설 ·······························

①② 변제자대위제도는 변제대위자가 채무자에 대해 취득한 구상권을 확보하기 위해 법률의 규정에 의해 변제로 소멸하게 될 채권자의 채권과 그 담보권을 변제대위자에게 행사하도록 함으로써 변제대위자가 그의 구상권의 범위 내에서 원채권과 그 담보권을 행사하는 것을 인정케 하는 제도이다. ③ 변제대위자는 원채무의 이행청구권·손해배상청구권 이외에 채권자대위권·채권자취소권과, 물적 담보권 이외에 인적 담보권도 대위행사할 수 있다. 그러나 계약의 해제권이나 해지권과 같이 계약당사자의 지위에 부수하는 권리는 대위의 대상이 될 수 없다(제483조 2항 전단). 왜냐하면 변제자대위에 의해 행사할 수 있는

권리는 구상권의 확보를 목적으로 하는 권리에 한정되기 때문이다. ④ 제484조 1항 참조. ⑤ 다만 '채권자와 함께 그 권리를 행사한다.'는 의미와 관련해 다수설에 따르면 일부변제자는 그 권리를(가분적인 경우에도) 단독으로 행사할 수 없고, 채권자가 권리를 행사하는 경우에 채권자와 함께 권리를 행사할 수 있을 뿐이며 이때에도 변제에 관해서는 채권자가 우선한다고 해석한다(곽윤직, 355면. 이견: 김형배, 710면). 일부변제에 의한 대위의 경우 채권자는 일부대위를 채권증서에 기재하고 자기가 점유하는 담보물에 관해서는 대위자의 감독을 받아야 한다(제484조 2항). 하지만 채무자의 파산선고와 관련해서는 「채권자는 파산선고시에 가진 채권의 전액에 관하여 각 파산재단에 대하여 파산채권자로서 권리를 행사할 수」 있으므로(채무자회생파산법 제428조), 「화의개시결정 후에 화의채권자가 보증인 등 다른 채무자로부터 '일부' 변제를 받았다 하더라도 그에 의하여 채권 '전액'에 대하여 만족을 얻은 것이 아닌 한 채권자는 여전히 화의개시결정 당시의 채권 전액으로써 계속하여 화의절차에 참가할 수 있고, 채권의 일부에 대한 대위변제를 한 구상권자가 자신이 변제한 가액에 비례하여 채권자와 함께 화의채권자로서 권리를 행사할 수 있는 것은 아니다. 그러나 화의개시결정 후에 화의채권자의 화의채권 '전액'이 변제, 면제, 그 밖의 사유로 인하여 소멸한 때에는 화의채권자에게 대위변제를 한 보증인 등 구상권자가 대위변제한 범위 안에서 화의채권자가 가진 권리를 행사하더라도 그 화의채권자의 권리행사에 장애를 가져오거나 화의절차의 혼란을 초래하는 것이 아니므로, 이러한 경우에는 그 보증인 등 구상권자는 그 화의조건에서 정한 바에 따라 채무자를 상대로 구상권을 행사할 수 있다」(대판 2009.10.29. 2009다50933). ⑥ 채권자의 고의나 과실로 담보가 상실 또는 감소한 경우 민법 제485조에 의하여 법정대위자가 면책되는지 여부 및 면책되는 범위는 담보가 상실 또는 감소한 시점을 표준시점으로 하여 판단하여야 한다(대판 2008.12.11. 2007다66590). <답 ③, ⑥>

16. A는 B에 대해 5,000만 원의 금전채무를 부담하고 있다. 그 채무의 담보를 위해 A는 채무 전액을 보증한도로 하여 C를 보증인으로 내세웠고, 경락대금 6,000만 원 상당의 D 소유의 주택에 저당권을 설정해주었다. 다음 설명 중 틀린 것은?

① B는 변제기가 도래했음에도 A의 채무이행이 없는 경우 D의 주택에 대한 저당권을 실행하여 우선변제를 받을 수 있다.

② B가 저당권을 실행하여 채권 전액인 5,000만 원의 만족을 얻은 경우에는 D는 C에게 2,500만 원의 구상을 청구할 수 있다.

③ B가 과실로 주택을 손상케 한 경우에는 C는 B에 대하여 그 손상으로 상환받을 수 없게 된 한도에서 보증책임을 면하게 된다.

④ D가 그 주택을 E에게 처분하였는데 이후 A가 채무를 이행하지 못하게 되어 대위변제한 E는 C에 대해 2,500만 원을 구상할 수 있다.

⑤ C는 채무 전액을 대위변제한 후 D로부터 주택에 대한 권리를 취득한 E에 대해 B를 대위하기 위해서는 E가 권리를 취득하기 이전에 대위의 부기등기를 하여야 한다.

해설

① 물상보증인은 최고 · 검색의 항변권을 갖지 않는다. ② 제482조 2항 5호 본문 참조.

③ 제485조 참조. ④ E는 D의 주택을 취득할 당시에 그 위에 설정된 저당권이 실행될 것을 각오하면서 권리를 취득한 것이기 때문에 C에 대하여 B를 대위하지 못한다(제482조 2항 2호). ⑤ 보증인의 변제로 저당권 등의 담보권이 소멸한 것으로 신뢰하고 담보물을 취득할 제3취득자의 불측의 손해를 방지하기 위해 보증인이 미리 대위의 사실을 부기등기를 할 것을 요한다(제482조 2항 5호 및 1호). <답 ④>

17. A가 부담하고 있는 1,000만 원의 채무에 대하여 甲이 보증인이 된 후, 乙도 보증인이 되었고, 丙이 자기 소유의 시가 800만 원의 부동산에 저당권을 설정하였으며, 丁도 시가 200만 원의 자기 소유 부동산을 저당물로 제공한 경우, 甲이 위 채무 1,000만 원을 모두 변제하였다면, 甲이 乙, 丙, 丁에 대하여 채권자를 대위할 수 있는 범위는? (다툼이 있는 경우에는 판례에 의함)

<사시 2013년: 배점 2>

① 乙에 대하여 250만 원, 丙에 대하여 250만 원, 丁에 대하여 250만 원
② 乙에 대하여 250만 원, 丙에 대하여 300만 원, 丁에 대하여 200만 원
③ 乙에 대하여 300만 원, 丙에 대하여 250만 원, 丁에 대하여 250만 원
④ 乙에 대하여 300만 원, 丙에 대하여 400만 원, 丁에 대하여 100만 원
⑤ 乙에 대하여 250만 원, 丙에 대하여 400만 원, 丁에 대하여 100만 원

해설

보증인이 2명이고 물상보증인이 2명이므로 제482조 2항 5호에 따라 인원수에 비례하여, 보증인 甲과 乙 2명이 500만 원을, 물상보증인 丙과 丁 2명이 500만 원을 부담한다. 甲이 전액을 변제하였으므로, 甲은 乙에게 250만 원, 丙과 丁에 대해서는 제482조 2항 5호 단서에 따라 각 400만 원과 100만 원씩 대위하게 된다. <답 ⑤>

18. 채권자 甲은 乙에 대하여 1,000만 원의 대여금채권을 가지고 있고, 이를 담보하기 위하여 채무자 乙 소유의 부동산에 저당권을 설정하였으며 그 외에 보증인 丙이 있다면, 배당금액 또는 대위금액이 큰 순서대로 배열된 것은? (이자는 고려하지 않고, 다른 채권자는 없는 것으로 전제하며, 다툼이 있는 경우에는 판례에 의함)

<사시 2008년 : 배점 4>

> (가) 丙이 400만 원을, 또 다른 보증인 丁은 600만 원을 甲에게 변제하고 저당권 일부이전의 부기등기를 각 경료한 후 乙의 부동산이 경매되어 매각대금이 800만 원인 경우, 丁의 배당금액
> (나) (가)의 경우, 丙이 400만 원을 변제하면서 甲과 丙 사이에 나머지 600만 원에 대해서는 채권자 甲이 丙보다 우선 회수한다는 특약을 하고 후에 丁이 600만 원을 甲에게 변제한 경우, 丙의 배당금액
> (다) 乙이 저당부동산을 제3자 丁에게 양도하고 丁이 甲에게 1,000만 원을 변제한 경우, 丁의 丙에 대한 대위금액
> (라) 丙이 400만 원을 변제하고 후에 乙의 부동산이 경매되어 매각대금이 800만 원인 경우, 甲의 배당금액

① (다)>(가)>(라)>(나) ② (다)>(가)>(나)>(라)
③ (라)>(나)>(가)>(다) ④ (다)>(라)>(가)>(나)
⑤ (나)=(라)>(다)>(가) ⑥ (라)>(가)>(나)>(다)
⑦ (다)>(나)=(라)>(가) ⑧ (나)=(라)>(가)>(다)

해설 ……………………………………

(가)(나) 대여금채권의 잔액을 대위변제한 자가 채권자로부터 근저당권의 일부를 양도받아 채권자를 대위하게 된 경우, 채권자의 채무자에 대한 담보권 외에 일부 대위변제자에 대한 우선변제특약에 따른 권리까지 당연히 대위하거나 이전받는다고 볼 수는 없다(대판 2001.1.19. 2000다37319). 그리고 채권의 일부에 대하여 대위변제가 있는 때에는 대위자는 민법 제483조 1항에 의하여 그 변제한 가액에 비례하여 채권자의 권리를 행사할 수 있으므로, 수인이 시기를 달리하여 채권의 일부씩을 대위변제하고 근저당권 일부이전의 부기등기를 각 경료한 경우 그들은 각 일부대위자로서 그 변제한 가액에 비례하여 근저당권을 준공유하고 있다고 보아야 하고, 그 근저당권을 실행하여 배당함에 있어서는 다른 특별한 사정이 없는 한 각 변제채권액에 비례하여 안분배당하여야 한다(동 판례). 따라서 丙의 배당액은 800×400/1000= 320(만 원)이고, 丁의 배당액은 800×600/1000=480(만 원)이다. (다) 민법 제482조 2항 2호에 의하여 제3취득자인 丁은 丙에 대하여 채권자를 대위하지 못한다. 따라서 丙은 대한 丁에 배당액은 0원이다. (라) 변제할 정당한 이익이 있는 자가 채무자를 위하여 채권의 일부를 대위변제할 경우에 대위변제자는 변제한 가액의 범위 내에서 종래 채권자가 가지고 있던 채권 및 담보에 관한 권리를 취득하게 되고 따라서 채권자가 부동산에 대하여 저당권을 가지고 있는 경우에는 채권자는 대위변제자에게 일부대위변제에 따른 저당권의 일부이전의 부기등기를 경료해 주어야 할 의무가 있다 할 것이나 이 경우에도 채권자는 일부 대위변제자에 대하여 우선변제권을 가지고 있다(대판 1988.9.27. 88다카1797 등). 따라서 甲의 배당액은 1000-400=600(만 원)으로 배당금액 800만 원에서 丙에 우선하여 변제받는다. <답 ⑥>

19. 甲은 사채업자 乙로부터 1억 2,000만 원을 대출받았는데, 丙과 丁은 甲의 乙에 대한 채무를 연대보증하였고, 위 대출금채무에 대한 담보로 丁은 자신 소유의 X 토지(시가 6,000만 원 상당)에, 戊 역시 자신 소유의 Y 토지(시가 4,000만 원 상당)에 각 저당권을 설정하였다. 다음 설명 중 옳지 않은 것은?
(각 지문은 독립적이고, 다툼이 있는 경우에는 판례에 의함) <변호사 2012년>

① 丙은 甲의 의사에 반해서도 변제할 수 있다.
② 丁이 甲을 위하여 7,000만 원을 乙에게 변제한 후 乙이 나머지 5,000만 원을 회수하기 위하여 저당권을 실행하여 X가 5,000만 원에 매각되었다면, 乙은 매각대금 5,000만 원 전부를 배당받을 수 있다.
③ ②의 경우에 丁은 乙의 권리를 대위하여 丙에게 4,000만 원을 청구할 수 있다.
④ 乙이 丙의 보증채무를 면제해 주더라도 乙에 대한 戊의 책임에는 영향이 없다.
⑤ 甲의 乙에 대한 채무의 소멸시효가 완성된 후 甲이 변제기한의 유예를

요청하였더라도, 戊는 乙을 상대로 저당권말소등기를 청구할 수 있다.

✍ 해설

① 옳음. 제469조 2항. ② 옳음. 乙은 7,000만 원을 변제받고 5,000만 원의 채권이 남아 있으므로 X의 경매대가 5,000만 원에서 전액 우선변제를 받게 된다(대판 2010.4.8. 2009다80460: 변제할 정당한 이익이 있는 자가 채무자를 위하여 채권의 일부를 대위변제할 경우에 대위변제자는 변제한 가액의 범위 내에서 종래 채권자가 가지고 있던 채권 및 담보에 관한 권리를 취득하게 되고 따라서 채권자가 부동산에 대하여 저당권을 가지고 있는 경우에는 채권자는 대위변제자에게 일부 대위변제에 따른 저당권의 일부이전의 부기등기를 경료해 주어야 할 의무가 있으나 이 경우에도 채권자는 일부 대위변제자에 대하여 우선변제권을 갖는다. 다만 일부대위변제자와 채권자 사이에 변제의 순위에 관하여 따로 약정을 한 경우에는 그 약정에 따라 변제의 순위가 정해진다). ③ 옳음. 민법 제482조 제2항 제4호, 제5호가 물상보증인 상호간에는 재산의 가액에 비례하여 부담부분을 정하도록 하면서, 보증인과 물상보증인 상호간에는 보증인의 총재산의 가액이나 자력여부, 물상보증인이 담보로 제공한 재산의 가액 등을 일체 고려하지 아니한 채 형식적으로 인원수에 비례하여 평등하게 대위비율을 결정하도록 규정한 것은, 인적 무한책임을 부담하는 보증인과 물적 유한책임을 부담하는 물상보증인 사이에는 보증인 상호간이나 물상보증인 상호간과 같이 상호 이해 조정을 위한 합리적인 기준을 정하는 것이 곤란하고, 당사자 간의 특약이 있다는 등의 특별한 사정이 없는 한 오히려 인원수에 따라 대위비율을 정하는 것이 공평하고 법률관계를 간명하게 처리할 수 있어 합리적이며 그것이 대위자의 통상의 의사 내지 기대에 부합하기 때문이다. 이러한 규정취지는 동일한 채무에 대하여 보증인 또는 물상보증인이 여럿 있고, 이 중에서 보증인과 물상보증인의 지위를 겸하는 자가 포함되어 있는 경우에도 동일하게 참작되어야 하므로, 위와 같은 경우 민법 제482조 제2항 제4호 · 제5호 전문에 의한 대위비율은 보증인과 물상보증인의 지위를 겸하는 자도 1인으로 보아 산정함이 상당하다(대판 2010.6.10. 2007다61113,61120). 따라서 1억 2,000만 원 채무에 대한 丙, 丁, 戊의 내부부담은 1:1:1로서 각 4,000만 원이 된다. 따라서 丁은 乙을 대위하여 4,000만 원을 丙에게 청구할 수 있다. ④ 틀림. 제485조 참조. 여기서의 담보라 함은 주된 채무를 담보하기 위한 인적 담보 또는 물적 담보를 말하며, 담보의 상실 또는 감소의 전형적 예는 채권자가 인적 담보인 보증인의 채무를 면제해 주거나 물적 담보인 담보물권을 포기하거나 순위를 불리하게 변경하거나 담보물을 훼손하거나 반환하는 행위 등을 들 수 있다(대판 2000.12.12. 99다13669). ⑤ 옳음. 소멸시효의 완성을 원용할 수 있는 자는 권리의 소멸에 의하여 직접 이익을 받는 자에 한정되는데(대판 1995.7.11. 95다12446 참고), 물상보증인은 채권자에 대하여 물적 유한책임을 지고 있어 그 피담보채권의 소멸에 의하여 직접 이익을 받는 관계에 있으므로 소멸시효의 완성을 독자적으로 주장할 수 있다(대판 2004.1.16. 2003다30890 참고). 특히 이처럼 직접 이익을 받는 자의 소멸시효완성의 주장은 채무자의 시효원용권에 기초한 것이 아닌 독자적인 것이 이어서 채무자의 시효이익의 포기는 다른 직접수익자의 시효완성 주장에 영향을 미쳐서는 안 된다. 따라서 甲의 시효이익의 포기는 戊에게 영향을 주지 않으므로 피담보채권이 소멸시효가 완성되는 경우 저당권도 부종성에 의해 소멸하므로 戊는 乙을 상대로 저당권말소등기를 청구할 수 있다.

<답 ④>

20. 변제대위자 상호간의 관계 및 변제대위자와 채권자의 관계에 대한 다음 설명 중 옳은 것은? (다툼이 있는 경우에는 판례에 의함)

① 甲의 乙에 대한 1억 원의 채권을 담보하기 위해 乙소유의 X부동산에 1번

저당권이 설정된 후, 丙은 甲과 연대보증계약을 체결하였다. 이후 X부동산에 2번 저당권을 취득한 丁이 甲에게 1억 원을 변제한 경우, 丁은 丙에게 변제자대위를 할 수 없다.

② 甲의 乙에 대한 1억 원의 채권을 담보하기 위해 乙소유의 X부동산에 1번 저당권이 설정된 후, 丙은 甲과 연대보증계약을 체결하였다. 丙이 1억 원을 변제한 후 부기등기를 하지 않고 있는 동안, 丁이 X부동산에 2번 저당권을 취득한 경우, 丙은 丁에게 변제자대위를 할 수 없다.

③ 甲의 乙에 대한 채권을 담보하기 위해, 乙소유의 X부동산과 丙소유의 Y부동산에 1번 공동저당권이 설정된 후, 丙소유의 Y부동산에 丁이 2번 저당권을 설정받았다. 이후 Y가 먼저 경매되어 甲이 변제를 받은 상황에서, 丁이 대위의 부기등기를 하지 않고 있는 동안 甲이 임의로 X부동산에 대한 공동저당권을 말소하였고, 그 후 X부동산에 戊 명의의 근저당권이 설정되었다가 경매로 그 부동산이 매각된 경우, 乙과 丁은 戊에게 대항할 수 없다.

④ 甲의 乙에 대한 채권을 담보하기 위해, 乙소유의 X부동산에 저당권이 설정되었고, 丙과 丁은 甲과 연대보증계약을 체결하였다. 이후 丙이 甲에 대한 채무를 변제한 후, X부동산에 대한 저당권을 포기하였더라도, 丁은 민법 제485조에 따라 담보 소멸로 인하여 주채무자로부터 상환을 받을 수 없는 한도에서 책임을 면한다고 할 수 없다.

⑤ 甲의 乙에 대한 채권을 담보하기 위해 丙소유의 X부동산과 戊소유의 Y부동산에 저당권이 설정되었고, 丙과 丁은 甲과 연대보증계약을 체결하였다. 이후 甲이 丁에게 연대보증채무를 면제해 준 경우, 甲에 대한 戊의 책임에는 영향이 없다.

해설

① 틀림. ② 틀림. 후순위저당권자는 제482조 2항 1호 및 2호에서 규정한 제3취득자가 아니다(대판 2013.2.15. 2012다48855 참고). ③ 옳음. 대판 2011.8.18. 2011다30666, 30673. 이 경우, 乙과 丁은 甲을 상대로 부당이득반환청구나 손해배상청구를 할 수 있다. ④ 틀림. 민법 제485조는 보증인 기타 법정대위권자를 보호하여 주채무자에 대한 구상권을 확보할 수 있도록 채권자에게 담보보존의무를 부담시키는 것으로서, 채권자가 당초의 채권자이거나 장래 대위로 인하여 채권자로 되는 자이거나를 구별할 이유가 없다(대판 2012.6.14. 2010다11651). ⑤ 틀림. 지문의 경우, 주채무 자체는 변화가 없다는 점에서 戊의 책임에는 영향이 없어야 하나, 연대보증인의 보증채무가 면제됨으로써 보증인과 물상보증인 상호간의 부담부분에 변화가 생기게 되므로, 戊는 제485조에 의해 甲에 대한 책임을 면한다(대판 2010.6.10. 2007다61113,61120 참고). <답 ③>

21 변제에 관한 설명 중 옳은 것(○)과 옳지 않은 것(×)을 바르게 표시한 것은?

(다툼이 있는 경우에는 판례에 의함) <사시 2008년 변형: 배점 3>

㉠ 금전채무에서 우편환, 은행발행의 자기앞수표 등의 제공은 현실제공이 되나, 보통의 수표나 약속어음의 제공 또는 은행통장과 인출인장의 제공은 원칙적으로 금전채무에 대한 유효한 변제제공이 될 수 없다.
㉡ 민법 제470조의 채권의 준점유자는 변제자의 입장에서 볼 때 일반 거래관념상 채권을 행사할 정당한 권한을 가진 것으로 믿을 만한 외관을 가지는 사람을 말하며, 스스로 채권자라고 하여 채권을 행사하는 자는 이에 해당하나, 채권자의 대리인이라고 하면서 채권을 행사하는 자는 이에 해당하지 않는다.
㉢ 보증인이나 물상보증인이 대위변제 등을 할 당시에 이미 주채무자의 변제나 채무면제 등으로 주채무가 감소하거나 이자 · 지연손해금이 증가한 사정이 있더라도 보증인이나 물상보증인의 대위변제액 등이 그의 부담부분을 초과하는 것인지 여부를 판단하기 위해서는 주채무가 성립할 때를 기준으로 삼아야 한다.
㉣ 비용, 이자, 원본에 대한 변제충당에서는 당사자 사이에 특별한 합의가 없는 한 비용, 이자, 원본의 순서로 변제에 충당하여야 할 것이며, 채무자는 물론 채권자라고 할지라도 위 법정 순서와 다르게 일방적으로 충당의 순서를 지정할 수는 없다.
㉤ 임의대위에서 변제자가 제3자에게 대항하기 위하여는 확정일자 있는 증서에 의한 대위의 통지나 승낙이 필요한데, 이 경우 제3자라 함은 대위변제의 목적인 그 채권 자체에 관하여 대위변제자와 양립할 수 없는 법률상 지위에 있는 자만을 의미한다.
㉥ 변제자대위는 일부대위의 경우에도 인정되므로, 근저당권의 피담보채권이 확정되기 전이라도 그 채권의 일부가 대위변제되었다면 그 근저당권은 대위변제자에게 이전될 수 있다.

① ㉠(○), ㉡(○), ㉢(○), ㉣(×), ㉤(○), ㉥(○)
② ㉠(×), ㉡(○), ㉢(×), ㉣(×), ㉤(×), ㉥(×)
③ ㉠(○), ㉡(×), ㉢(○), ㉣(○), ㉤(○), ㉥(×)
④ ㉠(○), ㉡(×), ㉢(×), ㉣(○), ㉤(○), ㉥(×)
⑤ ㉠(×), ㉡(○), ㉢(○), ㉣(○), ㉤(×), ㉥(○)
⑥ ㉠(○), ㉡(×), ㉢(○), ㉣(×), ㉤(○), ㉥(×)
⑦ ㉠(×), ㉡(○), ㉢(○), ㉣(×), ㉤(×), ㉥(○)
⑧ ㉠(○), ㉡(×), ㉢(×), ㉣(○), ㉤(×), ㉥(×)

해설

㉠ 옳음. 금전채무의 변제는 통화로 하는 것이 원칙이나(제376조), 거래상 통화와 동일하

게 취급되는 지급수단으로도 현실제공을 할 수 있다(예컨대 우편환의 송부, 신용 있는 은행이 발행·배서한 수표, 지급보증수표, 은행이 발행한 자기앞수표의 교부). 그러나 보통의 수표나 약속어음의 제공 또는 은행통장과 인출인장의 제공은 원칙적으로 변제의 제공이 되지 않는다. ㉡ 틀림. 채권의 준점유자에는 채권자의 대리인이라고 하면서 채권을 행사하는 자도 포함된다(통설. 대판 2004.4.23. 2004다5389). ㉢ 틀림. 대위변제 당시 현존하고 있는 보증인이나 물상보증인의 부담부분도 원칙적으로 그에 상응하여 감소하거나 증가하게 되므로 대위변제 등 당시를 기준으로 하여 당해 보증인이나 물상보증인의 대위변제액 등이 그의 부담부분을 초과하는 것인지 여부를 판단하여야 한다(대판 2010.6.10. 2007다61113,61120). ㉣ 옳음. 대판 2005.8.19. 2003다22042 등 참고. ㉤ 옳음. 대판 1996.2.23. 94다21160 참고. ㉥ 틀림. 근저당 거래관계가 계속되는 관계로 근저당권의 피담보채권이 확정되지 아니하는 동안에는 그 채권의 일부가 대위변제되었다 하더라도 그 근저당권이 대위변제자에게 이전될 수 없다. 그러나 그 근저당권에 의하여 담보되는 피담보채권이 확정되게 되면, 그 피담보채권액이 그 근저당권의 채권최고액을 초과하지 않는 한 그 근저당권 내지 그 실행으로 인한 경락대금에 대한 권리 중 그 피담보채권액을 담보하고 남는 부분은 저당권의 일부이전의 부기등기의 경료 여부와 관계없이 대위변제자에게 법률상 당연히 이전된다(대판 2000.12.26. 2000다54451 등 참고). <답 ④>

제 2 절 대물변제

1. 다음은 대물변제에 관한 설명이다. 틀린 것을 모두 모은 것은? (다툼이 있는 경우에는 판례에 의함)

> ㉠ 대물변제는 채권자와 변제자 사이의 계약으로서 요물·유상계약이다.
> ㉡ 채무자가 채권자에게 기존채무의 이행에 관하여 수표를 교부하는 경우 다른 특별한 사정이 없는 한 이는 '지급을 위하여' 교부된 것으로 추정된다.
> ㉢ 대물변제는 본래의 급부와 상이한 다른 급부를 함으로써 채권을 소멸시킨다는 점에서 즉시로 이행된 경개이다.
> ㉣ 대물변제가 이루어진 경우, 목적물의 시가가 채무의 원리금을 초과한다면 제607조 및 제608조가 적용되어 청산절차를 거쳐야 한다.
> ㉤ 채무담보를 위하여 근저당권설정등기, 가등기 등이 경료되어 있는 경우에는 그 채무의 변제의무가 그 등기의 말소의무보다 선행되어야 한다.
> ㉥ 채무를 담보하기 위하여 체결된 집합채권의 양도예약은 당연히 대물변제의 예약으로서의 성질을 갖는 것이라고 할 수는 없다.

① ㉡, ㉣ ② ㉢, ㉤ ③ ㉠, ㉤
④ ㉣, ㉥ ⑤ ㉢, ㉥ ⑥ ㉡, ㉤

⑦ ㉠, ㉢ ⑧ ㉡, ㉥

해설

㉠㉢ 다수설에 따르면 대물변제는 본래의 급부에 갈음하여 다른 급부를 현실적으로 이행함으로써 채권을 소멸시키는 채권자와 변제자 사이의 계약으로서 요물·유상계약에 속한다. 대물변제가 본래의 급부와 상이한 다른 급부를 함으로써 채권을 소멸시킨다는 점에서는 경개와 비슷하지만, 그 다른 급부를 현실적으로 행해야 한다는 점에서 경개와 구별된다. 따라서 등기나 등록을 요하는 경우에는 그 등기나 등록까지 경료하여야 대물변제로서의 효력이 발생한다(대판 1995.9.15. 95다13371). ㉡ 대판 2003.5.30. 2003다13512. 따라서 기존의 원인채무는 소멸하지 아니하고 수표상의 채무와 병존한다. ㉣ 채무자가 채권자 앞으로 차용물 아닌 다른 재산권을 이전한 경우에 있어 그 권리의 이전이 채무의 이행을 담보하기 위한 것이 아니고 그 채무에 갈음하여 상대방에게 완전히 그 권리를 이전하는 경우(즉 대물변제)에는 그 시가가 그 채무의 원리금을 초과한다고 하더라도 민법 제607조, 제608조가 적용되지 아니한다(대판 1992.2.28. 91다25574). ㉤ 대판 1991.4.12. 90다9872. 따라서 채무의 변제와 그 등기말소절차의 이행을 교환적으로 구할 수 없고, 그 등기의 각 말소등기절차이행에 소요되는 일체의 서류를 교부할 것을 반대급부로 하여 한 변제공탁은 채무의 본지에 따른 것이라 할 수 없다. ㉥ 대판 2003.9.5. 2002다40456.

<답 ②>

2. B는 A로부터 1억 원을 차용하였으나 변제기에 제때 변제를 하지 못하여 A에게서 최고를 받았다. 이에 B는 2개월 후를 만기일로 하는 약속어음을 발행하고 어음이 부도나면 자기가 소유하고 있던 주택(시가 3억 원 상당)**의 소유권을 이전해주기로 약속하였다. B의 약속어음이 부도난 경우 A와 B 사이의 법률관계에 관한 다음 설명 중 틀린 것은?**

① B가 약속어음을 발행하여 A에게 교부한 것은 자신의 금전채무의 변제를 위하여 교부한 것으로 추정된다.

② B가 약속어음의 교부와 동시에 주택의 소유권을 이전해 주기로 약속한 것은 대물변제의 예약에 해당된다.

③ 대물변제의 예약을 일방예약이라고 하는 견해에 따르면, 예약권자인 A의 예약완결의사표시로 대물변제가 성립한다.

④ A와 B 사이의 대물변제의 예약은 주택의 가액과 원채권액 및 그 이자의 합산액 사이의 현저한 불균형으로 B에게는 효력이 없다.

⑤ 판례에 의할 경우 A는 주택을 환가처분하여 자신의 채권액 및 그 이자의 합산액을 취득할 수 있을 뿐이며 나머지 초과부분은 B에게 반환해야만 한다.

해설

① 어음은 우편환 또는 은행이 발행한 자기앞수표와 달리 부도의 위험성이 있다는 점에서 특별한 의사표시가 없는 한 어음의 교부는 변제를 위하여 교부된 것으로 추정된다. ② B가 A에게 어음의 부도를 조건으로 하여 소유권이전의 약속을 한 것은 대물변제의 예약이고, 현행 민법상 정지조건부 대물변제가 인정되지 않는다는 점에서 A와 B 사이에는 진정

한 의미의 대물변제의 예약이 성립한 것으로 해석할 수 있다. ③ 대물변제예약의 법적 성질에 대해서는 일방예약설과 편무예약설이 대립하고 있다. 그러나 두 학설 모두 예약권자의 일방적인 의사표시만으로 대물변제가 성립하지 않는다는 점에 있어서는 동일하다. 왜냐하면 대물변제가 성립하기 위해서는 본래의 급부와 다른 급부가 현실적으로 이행되어야 하기 때문이다(다수설인 일방예약설의 이론적 모순에 대해서는 김형배, 736면 참고). ④⑤ 대물변제의 목적물의 가액이 차용액과 그 이자액을 초과하는 경우 대물변제예약은 효력이 없게 된다(제608조). 판례(대판 1967.3.28. 67다61 등)에 의할 경우 제608조의 '효력이 없다'는 의미는 대물변제예약이 무효이고 이에 따른 소유권의 이전도 무효라는 것이다. 다만 대물변제예약 속에 있는 채권담보계약은 여전히 유효하며 약한 의미의 양도담보가 설정된 것으로 해석한다. 그러므로 채권자는 목적물을 환가처분해서 정산해야 한다.

<답 ③>

3. 다음 중 틀린 설명으로만 짝지어진 것은? (다툼이 있는 경우에는 판례에 의함) <법원 2008년>

> ㉮ 대물변제가 효력을 발생하려면 채무자가 본래의 이행에 갈음하여 행하는 다른 급여가 현실적이어야 하고 등기나 등록을 요하는 경우 그 등기나 등록까지 경료하여야 한다.
> ㉯ 채무자가 채권자에게 채무변제와 관련하여 다른 채권을 양도하는 것은 특단의 사정이 없는 한 채무변제에 갈음한 것으로 추정하여야 하므로 위 채권양도에 의하여 원래의 채권은 소멸한다고 보아야 한다.
> ㉰ 대물변제 예약완결권은 일종의 형성권으로서 당사자 사이에 그 행사기간을 약정하지 않은 때에는 그 권리가 발생한 때로부터 10년 내에 이를 행사하여야 하고, 이 기간을 도과한 때에는 예약완결권은 제척기간의 경과로 인하여 소멸한다.
> ㉱ 채무초과 상태의 채무자가 유일한 재산을 우선변제권 있는 채권자에게 대물변제로 제공한 행위는 특별한 사정이 없는 한 다른 채권자들의 이익을 해하는 사해행위에 해당한다.
> ㉲ 채무자가 채권자 앞으로 차용물 아닌 다른 재산권을 이전한 경우에 있어 그 권리의 이전이 채무의 이행을 담보하기 위한 것이 아니고 그 채무에 갈음하여 상대방에게 완전히 그 권리를 이전하는 경우, 즉 대물변제의 경우에는 설령 그 시가가 그 채무의 원리금을 초과한다고 하더라도 민법 제607조와 제608조가 적용되지 아니한다.
> ㉳ 채권담보의 목적으로 대물변제의 예약을 하고서 채권자가 그 예약완결권을 행사한 경우, 특별한 사정이 없는 한, 대물변제로 인하여 채권이 남김없이 모두 소멸하였다는 사실에 대한 주장·입증책임을 채무자가 부담한다.

① ㉯, ㉲, ㉳ ② ㉮, ㉯, ㉱ ③ ㉰, ㉱, ㉲
④ ㉯, ㉱, ㉳ ⑤ ㉯, ㉰, ㉲

해설

㉮ 옳음. 대판 1995.9.15. 95다13371 참고. ㉯ 틀림. 채무자가 채권자에게 채무변제와 관련하여 다른 채권을 양도하는 것은 특단의 사정이 없는 한 채무변제를 위한 담보 또는 변제의 방법으로 양도되는 것으로 추정할 것이지 채무변제에 갈음한 것으로 볼 것은 아니어서, 채권양도만 있으면 바로 원래의 채권이 소멸한다고 볼 수는 없는 것이고 채권자가 양도받은 채권을 변제받음으로써 그 범위 내에서 채무자가 면책되는 것이므로, 양도채권의 변제에 관하여는 기존채무의 채무자에게 주장·입증책임이 있다(대판 1995.12.22. 95다16660). ㉰ 옳음. 즉, 채권담보 목적 매매예약에 있어서의 매매예약완결권도 순수 매매예약에 있어서의 그것과 마찬가지로 피담보채권과 독립하여 10년의 제척기간에 걸리는 것으로 본다(대판 1997.6.27. 97다12488 참고). ㉱ 틀림. 채무자의 재산이 채무의 전부를 변제하기에 부족한 경우에 채무자가 그의 유일한 재산을 어느 특정 채권자에게 대물변제로 제공하는 행위는 다른 특별한 사정이 없는 한 다른 채권자들에 대한 관계에서 사해행위가 되지만, 우선변제권 있는 채권자에 대한 대물변제의 제공행위는 특별한 사정이 없는 한 다른 채권자들의 이익을 해한다고 볼 수 없어 사해행위가 되지 않는다(대판 2008.2.14. 2006다33357 참고). ㉲ 옳음. 대판 1992.2.28. 91다25574 참고. ㉳ 틀림. 채권자와 채무자 사이에 채권담보의 목적으로 대물변제의 예약을 하고 그 예약완결권을 채권자에게 유보한 경우에 채권자가 그 예약완결권을 행사하였다면 특별한 사정이 없는 한 위 채권은 대물변제로 인하여 소멸하였다 할 것이고, 위 담보목적물을 채권의 일부에 대한 대물변제로 하여 그 나머지 채권을 남겨두기로 하였다면 이를 주장하고 입증할 책임은 채권자에게 있다(대판 1987.3.10. 86다카2055 참고). <답 ④>

제 3 절 공 탁

1. 공탁에 관한 다음 설명 중 틀린 것은? (다툼이 있는 경우에는 판례에 의함)

① 채권자의 공탁물수령의 의사표시로 채무자는 공탁물을 회수할 수 없게 된다.

② 일부공탁의 사실을 알고 채권자가 아무 이의 없이 수령한 경우 채권 전액에 대한 공탁으로서의 효력을 갖는다.

③ 공탁물 수령시에 채권자의 이의유보의 표시는 공탁공무원뿐만 아니라 공탁자에게도 할 수 있다.

④ 채무에 부착된 인적 담보가 공탁으로 소멸한 경우에는 공탁자는 공탁물을 회수할 수 없다.

⑤ 변제공탁으로 가등기담보권이 소멸하더라도 공탁자는 공탁물을 회수할 수 있다.

⑥ 매수인이 매도인을 대리하여 매매대금을 수령할 권한을 가진 자에게 잔대금의 수령을 최고하고 그 자를 공탁물수령자로 지정하여 변제공탁을

한 경우, 매도인에 대한 잔대금 지급의 효력이 발생한다.

✍ **해설** ....

① 제489조 1항 참조. ② 일부공탁은 원칙적으로 그 부분에 상당하는 변제의 효력도 발생하지 않는다. 다만 채권자가 위와 같이 이의유보 없이 수령한 경우에 채권 전액에 대한 공탁으로서의 효력을 지닌다. ③ 대판[전] 1982.11.9. 82누197 참고. ④ 변제공탁으로 질권·저당권이 소멸한 경우에는 채무자는 회수권을 행사할 수 없게 된다. 이는 공탁물의 회수로 물상보증인이 입을 수 있는 불측의 손해를 방지하기 위한 것이다. 그러나 연대채무자나 보증인과 같이 채무자와 함께 채무를 지는 자는 공탁물의 회수로 면책되지 않더라도 부당한 불이익을 부담하지는 않는다. 따라서 제489조 2항이 적용되지는 않는다. ⑤ 판례에 따르면 제489조의 규정은 '가등기담보권이나 양도담보권이 소멸하는 경우에도 변제자가 공탁물을 회수할 수 없다는 취지를 포함하는 것은 아니다'라고 판단하고 있다(대판 1982.7.27. 81다495). ⑥ 한국수자원공사가 甲 소유의 부동산을 수용하였는데, 이후 甲이 한국수자원공사에게서 환매업무를 위임받은 합병 전 한국토지공사에 환매를 요청하면서 한국토지공사를 피공탁자로 하여 환매대금을 공탁한 사안에서, 한국토지공사는 한국수자원공사를 대리하여 환매대금을 수령할 권한을 가지고 있었고 甲이 한국토지공사에 환매대금 수령을 최고하고 한국토지공사를 공탁물수령자로 지정하여 환매대금을 공탁한 것은 환매당사자인 한국수자원공사에 환매대금을 지급한 것과 같은 효력이 발생한다고 보아야 한다(대판 2012.3.15. 2011다77849). <답 ④>

2. 변제공탁에 관한 다음 설명 가운데 옳지 않은 것은? (다툼이 있는 경우에는 판례에 의함) <법원 2006년 변형>

① 甲회사가 변제공탁 후 가압류결정을 받았더라도 변제공탁에 의한 변제의 효력에 영향을 미치지 아니하지만, 위 변제공탁이 매매잔대금 일부에 대한 공탁임이 명백한 경우, 그 부분에 관하여 효력이 생기지 아니하므로 甲회사의 변제공탁은 채무변제로서 효력이 없다.

② 예금계약의 출연자와 예금명의자가 서로 다르고 양자 모두 예금채권에 관한 권리를 적극 주장하고 있는 경우로서 금융기관이 그 예금의 지급시는 물론 예금계약 성립시의 사정까지 모두 고려하여 선량한 관리자로서의 주의의무를 다하여도 어느 쪽이 진정한 예금주인지에 관하여 사실상 혹은 법률상 의문이 제기될 여지가 충분히 있는 때에는 채무자인 금융기관으로서는 채권자 불확지를 원인으로 하여 변제공탁을 할 수 있다.

③ 채권자가 공탁을 승인하거나 공탁소에 대하여 공탁물을 받기를 통고하거나 공탁유효의 판결이 확정되기까지는 변제자는 공탁물을 회수할 수 있다.

④ 채무자가 채권자의 상대의무이행과 동시에 변제할 경우에는 채권자는 그 의무이행을 하지 아니하면 공탁물을 수령하지 못한다.

⑤ 변제자가 과실 없이 채권자를 알 수 없는 경우에는 변제자의 주소지 공탁소에 변제의 목적물을 공탁하여 그 채무를 면할 수 있다.

✍ **해설**

① 채무자가 공탁원인이 있어서 공탁에 의하여 채무를 면하려면 채무액 전부를 공탁하여야 하고, 일부 공탁은 채무를 변제하면서 일부 제공이 유효한 제공이라고 시인될 수 있는 특별한 사정이 있는 경우를 제외하고는, 채권자가 이를 수락하지 아니하는 한 그에 상응하는 효력을 발생할 수 없다(대판 2011.12.13. 2011다11580). ② 대판 2008.10.23. 2007다35596. 객관적으로 채권자 또는 변제수령자가 존재하지만 변제자가 선량한 관리자의 주의를 다하여도 누가 진정한 채권자인지를 알 수 없는 경우에 변제자는 공탁을 함으로써 채무를 면할 수 있으며, 채권자를 알 수 없는 것이 사실적이든 법적이든 이를 묻지 않는다. ③ 제489조 1항. ④ 제491조. ⑤ 공탁은 채무이행지의 공탁소에 해야 한다(제488조 1항).

<답 ⑤>

3. 공탁에 관한 설명 중 옳지 않은 것을 모두 고르면? <법원 2005년 변형>

> ㉠ 공탁으로 채무는 즉시 소멸하지 않고, 회수권이 소멸한 후에 공탁시로 소급하여 그 효력이 발생한다는 것이 판례의 태도이다.
> ㉡ 본래의 채권에 붙어 있지 않은 조건을 붙여서 한 공탁은 무효라는 것이 판례의 태도이다.
> ㉢ 공탁의 목적물은 변제의 목적물로 동산이든 부동산이든 불문한다.
> ㉣ 채권자에 대한 공탁통지가 이루어졌을 때 공탁의 효력이 발생하여 채무가 소멸한다.
> ㉤ 공탁을 하는 자는 변제자이므로 채무자뿐만 아니라 제3자도 할 수 있다.

① ㉠, ㉡ ② ㉠, ㉢ ③ ㉠, ㉣
④ ㉠, ㉤ ⑤ ㉡, ㉣ ⑥ ㉢, ㉣
⑦ ㉣, ㉤

✍ **해설**

㉠ 다수설과 판례에 따르면 채무는 공탁이 있을 때에 소멸하지만 변제자가 공탁물을 회수한 때에는 채무는 소급하여 소멸하지 않은 것으로 된다고 한다(해제조건설: 곽윤직, 375면; 이은영, 749면). ㉡ 조건부 공탁과 관련하여 본래의 채권에 부착되어 있지 않은 조건을 붙여서 행한 공탁은 채권자가 승낙하지 않는 한 공탁 자체가 무효이다(대판 2002.12.6. 2001다2846 참고). ㉢ 변제의 목적물이 공탁의 목적물로 되는 것이 원칙이다. 따라서 동산이든 부동산이든 공탁의 목적물이 될 수 있다. 부동산이 목적물인 경우에 공탁을 인정하지 않으려는 견해도 있으나, 이를 배제할 법적 근거가 없으므로 이를 인정해야 할 것이다(통설). ㉣ 변제의 효과가 발생하는 시기는 공탁공무원의 수탁처분과 공탁물보관자의 공탁물 수령이 있는 때이다. 즉, 채권자에 대한 공탁통지나 채권자의 수익의 의사표시 또는 채권자의 공탁물출급청구권의 행사가 있는 때에 공탁의 효력이 생기는 것이 아니다(대결 1972.5.15. 72마401 등 참고). ㉤ 채무의 변제는 제3자도 할 수 있다(제469조 1항 전단).

<답 ③>

제 4 절 상 계

1. 상계에 관한 다음 설명 중 틀린 것은? (다툼이 있는 경우에는 판례에 의함)

① 자동채권과 수동채권이 동일한 사안에서 고의의 불법행위로 생긴 경우에는 상계가 허용된다.

② 상계적상에 있었더라도 상계의 의사표시 이전에 일방의 채권이 변제 등으로 소멸한 경우에는 상계할 수 없다.

③ 입질채권의 채무자는 질권설정의 통지를 받은 이후에 채권자에 대해 취득한 채권을 자동채권으로 하는 상계로써 질권자에게 대항할 수 없다.

④ 주채무자에 대한 채권이 시효소멸하더라도 채권자는 상계적상에 있던 연대보증인에 대한 채권과 자신에 대한 연대보증인의 채권을 상계할 수 있다.

⑤ 증권적 채권을 자동채권으로 하여 상계하기 위해서는 상계의 의사표시만으로 부족하고 증권적 채권의 제시와 교부를 요한다.

해설

① 예컨대 서로 싸우던 상호간에 손해를 가한 경우에 상계가 허용되지 않는다(대판 1994.2.25. 93다38444 참고). ② 상계적상이 현존하지 않기 때문이다. ③ 질권설정이 앞서기 때문이다. ④ 다수설은 이 경우 채권관계가 결재되었을 것이라는 당사자의 신뢰를 보호하고자 채권자의 상계를 인정하고 있다(곽윤직, 383면). 그러나 연대보증인에 대한 채권은 주채무의 시효소멸로 소멸하게 되므로(부종성), 보증인의 기대에 비추어 채권자의 상계를 부정하는 것이 타당하다(김형배, 765면). ⑤ 예컨대 어음채권을 자동채권으로 하는 상계의 의사표시를 하는 경우에 어음채무자의 승낙이 없는 한 어음의 교부가 필요불가결하고 어음의 교부가 없으면 상계의 효력이 생기지 아니한다. 다만 재판상의 상계의 경우에는 어음을 서증으로 법원에 제출하여 상대방에게 제시함으로써 족하다(대판 1991.4.9. 91다2892).

<답 ①>

2. 상계에 관한 설명 중 틀린 것은? (다툼이 있는 경우에는 판례에 의함)

<사시 2003년 변형>

① 상계할 채권이 있는 연대채무자가 상계하지 아니한 때에는 그 채무자의 부담부분에 한하여 다른 연대채무자가 상계할 수 있다.

② 상계를 할 수 있는 것은 같은 종류의 목적을 가지는 채권이면 되고, 두 채권의 채권액이 동일하거나 이행지가 동일하여야 하는 것은 아니다.

③ 지급을 금지하는 명령을 받은 제3채무자는 그 후에 취득한 채권에 의한 상계로 그 명령을 신청한 채권자에게 대항하지 못한다.

④ 자동채권의 변제기가 2013년 3월 1일, 수동채권의 변제기가 2013년 5월 1일인 경우 자동채권의 채권자가 2013년 6월 1일 상계의 의사표시를 하였다면 상계적상이 발생하는 시기는 2013년 5월 1일이다.

⑤ 양도 또는 대위되는 채권이 원래 압류가 금지되는 것이었던 경우, 비록 그 채권이 양도되거나 대위의 요건이 구비되더라도 여전히 이를 수동채권으로 한 상계로써 채권양수인 또는 대위채권자에게 대항할 수 없다.

해설 ……………………………………

① 제418조 2항 참조. ② 제492조 1항 본문 참조. ③ 제498조 참조. ④ 양 채무의 변제기가 모두 도래한 후에 상계가 이루어진 경우에는 상계적상이 생긴 시점에 소급하여 채무가 소멸하게 된다. 반면에 자동채권의 변제기만 도래한 경우에 수동채무에 관해 기한의 이익을 포기하면서 상계를 한 때에는 자동채권의 변제기가 도래한 시점에 상계적상이 생기고 그때 채무가 소멸한다. ⑤ 양도 또는 대위되는 채권이 원래 압류가 금지되는 것이었던 경우에는 처음부터 이를 수동채권으로 한 상계로 채권자에게 대항하지 못하던 것이어서 그 채권의 존재가 채무자의 자동채권에 대한 담보로서 기능할 여지가 없고 따라서 그 담보적 기능에 대한 채무자의 합리적 기대가 있다고도 할 수 없으므로 대항할 수 없다(대판 2009.12.10. 2007다30171). <답 ④>

3. 상계에 관한 설명 중 옳지 않은 것은? (다툼이 있는 경우에는 판례에 의함)
<변리사 2009년, 변호사 2012년 유사>

① 소송비용상환청구권은 소송에서 패소하였다는 사실을 요건으로 소송상 발생하는 실체적 권리이기는 하나, 그 성질은 사법상의 청구권이므로 상계의 수동채권이 될 수 있다.

② 압류금지채권을 수동채권으로 하여 상계하지 못하지만, 자동채권으로 하여 상계하는 것은 가능하다.

③ 탈퇴조합원이 사무집행 중 조합의 금전을 횡령하였다면 탈퇴자는 조합에 대한 손해배상채무를 조합에 대한 출자금반환채권과 상계할 수 있다.

④ 수탁보증인이 주채무자에 대하여 가지는 사전구상권에는 면책청구권이 항변권으로 부착되어 있으므로 사전구상권을 자동채권으로 하는 상계는 허용되지 않는다.

⑤ 동시이행관계에 있는 자동채권과 수동채권이 서로 현실적으로 이행하여야 할 필요가 없는 경우, 특별한 사정이 없는 한 상계가 허용된다.

해설 ……………………………………

① 옳음. 대판 1994.5.13. 94다9856 참고. ② 옳음. 압류금지채권을 수동채권으로 하는 경우에만 금지될 뿐(제497조 참조), 자동채권인 경우에는 상계가 허용된다. ③ 틀림. 채무가 고의의 불법행위로 인한 것인 때에는 그 채무자는 상계로 채권자에게 대항하지 못한다(제496조). ④ 옳음. 항변권이 붙어 있는 채권을 자동채권으로 하여 다른 채무(수동채권)와의 상계를 허용한다면 상계자 일방의 의사표시에 의하여 상대방의 항변권 행사의 기회를 상실시키는 결과가 되므로 그러한 상계는 허용될 수 없고, 특히 수탁보증인이 주채무자에 대하여 가지는 민법 제442조의 사전구상권에는 민법 제443조의 담보제공청구권이 항변권으로 부착되어 있는 만큼 이를 자동채권으로 하는 상계는 허용될 수 없다(대판 2004.5.28. 2001다81245). ⑤ 옳음. 상계의 대상이 될 수 있는 자동채권과 수동채권이

동시이행관계에 있다고 하더라도 서로 현실적으로 이행하여야 할 필요가 없는 경우라면 상계로 인한 불이익이 발생할 우려가 없고 오히려 상계를 허용하는 것이 동시이행관계에 있는 채권·채무관계를 간명하게 해소할 수 있으므로 특별한 사정이 없는 한 상계가 허용된다(대판 2006.7.28. 2004다54633). <답 ③>

4. 상계에 관한 설명으로 옳지 않은 것은? (다툼이 있는 경우에는 판례에 의함)
<변호사모의 2011년 유사>

① 상계적상 시점 이전에 수동채권의 변제기가 이미 도래하여 지체가 발생한 경우, 그 시점까지의 수동채권의 약정이자 및 지연손해금을 자동채권으로써 먼저 소각하고 그 잔액을 가지고 수동채권의 원본을 소각하여야 한다.
② 채권자가 주채무자에게 대하여 상계적상에 있는 자동채권을 상계처리하지 아니한 경우, 특별한 사정이 없는 한 이를 이유로 보증채무자가 신용보증한 채무의 이행을 거부할 수 없다.
③ 가압류명령을 받은 제3채무자가 가압류채무자에 대하여 가지는 자동채권이 압류 당시에 변제기에 이르지 않은 경우에는 피압류채권인 수동채권의 변제기와 동시에 또는 그보다 먼저 변제기에 도달하여야 제3채무자가 가압류채권자에게 상계로써 대항할 수 있다.
④ 가압류명령이 제3채무자에게 송달되어 가압류의 효력이 생긴 후에 제3채무자의 가압류채무자에 대한 자동채권이 발생한 경우에는 제3채무자가 가압류채권자에게 상계로써 대항할 수 없고, 이는 자동채권과 수동채권이 동시이행의 관계에 있고 수동채권이 가압류되기 전에 자동채권 발생의 기초가 되는 원인이 이미 성립한 경우에도 마찬가지이다.
⑤ 고의의 불법행위에 의한 손해배상채권에 대한 상계금지는 중과실의 불법행위로 인한 손해배상채권에까지 유추 또는 확장적용되지 않는다.

해설

① 제499조에 의하여 상계에도 변제충당의 원리가 적용되므로 제479조에 의하여 먼저 자동채권액을 수동채권액의 비용·이자에 충당한 후에 그 잔액에 한해서 수동채권의 원본에 충당할 수 있다. ② 상계는 단독행위로서 상계를 하는 여부는 채권자의 의사에 따르는 것이고 상계적상에 있는 자동채권이 있다 하여 반드시 상계를 하여야 할 것은 아니므로 채권자가 주채무자에 대하여 상계적상에 있는 자동채권을 상계처리하지 아니하였다 하여 이를 이유로 보증채무자가 신용보증한 채무의 이행을 거부할 수 없으며 나아가 보증채무자의 책임이 면책되는 것도 아니다(대판 1987.5.12. 86다카1340). ③ '자동채권이 압류명령 이전에 변제기가 도래했을 것'을 요건으로 하지 않고, 수동채권이 압류당시 변제기에 이르지 않은 경우에는 '피압류채권인 수동채권의 변제기와 동시에 또는 그보다 먼저' 변제기에 도달하는 경우이어야 한다(대판[전] 2012.2.16. 2011다45521 등). ④ 금전채권에 대한 압류 및 전부명령이 있는 때에는 압류된 채권은 동일성을 유지한 채로 압류채무자로부터 압류채권자에게 이전되고, 제3채무자는 채권이 압류되기 전에 압류채무자에게 대항할 수

있는 사유로써 압류채권자에게 대항할 수 있는 것이므로 제3채무자의 압류채무자에 대한 자동채권이 수동채권인 피압류채권과 동시이행의 관계에 있는 경우에는, 압류명령이 제3채무자에게 송달되어 압류의 효력이 생긴 후에 자동채권이 발생하였다고 하더라도 제3채무자는 동시이행의 항변권을 주장할 수 있고 따라서 그 채권에 의한 상계로 압류채권자에게 대항할 수 있는 것으로서, 이 경우에 자동채권이 발생한 기초가 되는 원인은 수동채권이 압류되기 전에 이미 성립하여 존재하고 있었던 것이므로, 그 자동채권은 민법 제498조 소정의 "지급을 금지하는 명령을 받은 제3채무자가 그 후에 취득한 채권"에 해당하지 않는다고 봄이 상당하다(대판 1993.9.28. 92다55794). ⑤ 민법 제496조의 입법취지나 적용결과에 비추어 볼 때 고의의 불법행위로 인한 손해배상채권에 대한 상계금지를 중과실의 불법행위로 인한 손해배상채권에까지 유추 또는 확장적용하여야 할 필요성이 있다고 할 수 없다(대판 1994.8.12. 93다52808). <답 ④>

5. 다음은 상계에 관한 설명이다. 틀린 것만 고르면? (다툼이 있는 경우에는 판례에 의함) <변호사 2012년 유사>

㉠ 고의 또는 중과실에 의한 불법행위로 인한 손해배상채권을 수동채권으로 하는 상계는 불가능하다. ㉡ 자동채권이 압류할 수 없는 채권이더라도 상계에는 지장이 없다. ㉢ 피용자의 고의의 불법행위로 인하여 사용자책임을 부담하는 사용자는 자신의 손해배상채무를 수동채권으로 하여 상계를 주장할 수 없다. ㉣ 甲은 乙에 대한 자신의 금전채권에 丙을 위한 질권을 설정하였으나, 乙이 그러한 내용의 통지를 받기 전에 이미 甲에 대한 금전채권을 취득하였다면, 乙은 이 채권을 가지고 자신에 대한 甲의 채권과 상계할 수 있다. ㉤ 가분적인 금전채권의 일부에 대하여 압류 및 전부명령이 있는 경우, 압류채무자에 대하여 반대채권을 가지고 있는 제3채무자로서는 전부채권자 또는 압류채무자를 임의로 상대방으로 지정하여 상계할 수 있다. ㉥ 압류채무자에 대한 제3채무자의 자동채권이 수동채권인 피압류채권과 동시이행관계에 있는 경우, 그 자동채권이 압류의 효력이 생긴 후에 발생한 것이더라도 피압류채권과 상계할 수 있다. ㉦ 유치권이 인정되는 아파트를 경락·취득한 자가 유치권자에 대한 임료 상당의 부당이득금 반환채권을 자동채권으로 하고 유치권자의 종전 소유자에 대한 유익비상환채권을 수동채권으로 하여 상계의 의사표시를 한 경우, 그 상계는 허용되지 않는다.

① ㉠　② ㉡　③ ㉢
④ ㉠, ㉡　⑤ ㉡, ㉢　⑥ ㉢, ㉣
⑦ ㉠, ㉤, ㉦　⑧ ㉠, ㉤, ㉥, ㉦

✍ **해설** ……………………………………

㉠ 고의의 불법행위에 인한 손해배상채권을 수동채권으로 한 상계는 금지되나, 중과실의 불법행위에 인한 손해배상채권을 수동채권으로 한 상계는 가능하다(대판 1994.8.12. 93다52808 참고). ㉡ 제497조 참조. 즉 수동채권이 압류금지채권인 경우에만 상계가 불가능하다. ㉢ 대판 2006.10.26. 2004다63019. ㉣ 채권질권을 설정하는 경우에 그 채권상의 채무자는 채권양도상의 채무자와 그 법적 지위가 같기 때문에, 질권설정의 통지를 받기 전에 취득한 채권을 자동채권으로 질권의 목적이 된 채권을 수동채권으로 하여 상계할 수 있다(제349조 2항, 제451조 2항). ㉤ 가분적인 금전채권의 일부에 대한 전부명령이 확정되면 특별한 사정이 없는 한 전부명령이 제3채무자에 송달된 때에 소급하여 전부된 채권 부분과 전부되지 않은 채권 부분에 대하여 각기 독립한 분할채권이 성립하게 된다. 따라서 그 채권에 대하여 압류채무자에 대한 반대채권으로 상계하고자 하는 제3채무자로서는 전부채권자 혹은 압류채무자 중 어느 누구도 상계의 상대방으로 지정하여 상계하거나 상계로 대항할 수 있고, 그러한 제3채무자의 상계 의사표시를 수령한 전부채권자는 압류채무자에 잔존한 채권 부분이 먼저 상계되어야 한다거나 각 분할채권액의 채권 총액에 대한 비율에 따라 상계되어야 한다는 이의를 할 수 없다(대판 2010.3.25. 2007다35152). ㉥ 대판 2010.3.25. 2007다35152 참고. ㉦ 수동채권으로 될 수 있는 채권은 상대방이 상계자에 대하여 가지는 채권이어야 한다. 만약 상대방이 제3자에 대하여 가지는 채권을 수동채권으로 하여 상계할 수 있다고 한다면, 이는 상계의 당사자가 아닌 상대방과 제3자 사이의 채권채무관계에서 상대방이 제3자로부터 채무의 본지에 따른 현실급부를 받을 이익을 침해하게 될 뿐 아니라, 그 상대방의 채권자들 사이에서 상계자만 독점적인 만족을 얻게 되는 불합리한 결과를 초래하게 되므로, 상계의 담보적 기능과 관련하여 법적으로 보호받을 수 있는 당사자의 합리적 기대가 이러한 경우에까지 미친다고 볼 수는 없다(대판 2011.4.28. 2010다101394).

<답 ①>

6. 다음은 상계에 관한 설명이다. 옳은 것(○)과 옳지 않은 것(×)을 바르게 표시한 것은? <변호사 2012년 유사>

㉠ 국가는 확정된 벌금채권을 자동채권으로 하여 사인의 국가에 대한 채권과 대등액에서 상계할 수 있다.

㉡ 상계계약의 일방 채권이 불성립 또는 무효이어서 상계의 효력이 없게 된 경우, 타방 채권자에게 부당이득이 성립하지 않는다.

㉢ 채권의 일부양도가 이루어진 경우, 그 분할된 채권에 대하여 양도인에 대한 반대채권으로 상계하고자 하는 채무자는 양도인을 비롯한 각 분할채권자 중 어느 누구라도 상계의 상대방으로 지정하여 상계할 수 있다.

㉣ 乙의 甲에 대한 1억 원의 채무에 대해서 丙이 보증을 섰다. 乙이 파산선고를 받은 후 丙이 甲에게 5,000만 원을 변제하였음에도 甲이 乙의 파산재단에 1억 원을 파산채권으로 신고하였다. 이 경우, 丙의 乙에 대한 구상채권(5,000만 원)은 파산선고 당시 이미 장래의 구상권으로 파산채권으로 존재하고 있었고, 파산절차에서 장래의 청구권을 자동채권으로 하는 상계가 허용된다는 점 등을

고려할 때, 丙은 구상채권을 자동채권으로 하여 乙에 대한 자신의 채무와상계할 수 있다.

① ㉠(○), ㉡(○), ㉢(○), ㉣(○) ② ㉠(○), ㉡(○), ㉢(×), ㉣(×)
③ ㉠(○), ㉡(×), ㉢(○), ㉣(○) ④ ㉠(○), ㉡(○), ㉢(○), ㉣(×)
⑤ ㉠(×), ㉡(○), ㉢(○), ㉣(○) ⑥ ㉠(×), ㉡(○), ㉢(×), ㉣(×)
⑦ ㉠(×), ㉡(×), ㉢(○), ㉣(×) ⑧ ㉠(×), ㉡(×), ㉢(×), ㉣(○)

해설 ……………………………………

㉠ 대판 2004.4.27. 2003다37891. ㉡ 상계계약은 상호의 채무를 면제시키는 것을 내용으로 하는 계약으로서 일방의 채권이 불성립 또는 무효이어서 그 면제가 무효가 되면 타방의 채무면제도 당연히 무효가 되어 그 채권은 여전히 존재하는 것이므로, 단순히 그 채무를 이행하지 않고 있다는 점만으로 법률상 원인 없이 이득을 얻었다 할 수 없는 것이고, 그 채권이 시효로 소멸하게 되었다 하더라도 달리 볼 것은 아니다(대판 2005.4.28. 2005다3113). ㉢ 채권의 일부 양도가 이루어지면 특별한 사정이 없는 한 각 분할된 부분에 대하여 독립한 분할채권이 성립하므로 그 채권에 대하여 양도인에 대한 반대채권으로 상계하고자 하는 채무자로서는 양도인을 비롯한 각 분할채권자 중 어느 누구도 상계의 상대방으로 지정하여 상계할 수 있고, 그러한 채무자의 상계 의사표시를 수령한 분할채권자는 제3자에 대한 대항요건을 갖춘 양수인이라 하더라도 양도인 또는 다른 양수인에 귀속된 부분에 대하여 먼저 상계되어야 한다거나 각 분할채권액의 채권 총액에 대한 비율에 따라 상계되어야 한다는 이의를 할 수 없다(대판 2002.2.8. 2000다50596). ㉣ '전부 이행'한 경우에는 채권자 甲이 파산재단에 가입하지 않으므로 丙이 위 지문에서와 같이 상계를 할 수 있으나, '일부 이행'한 경우에는 甲이 채권 전액으로 신고한 이상 丙이 甲과 함께 파산채권자로서 권리를 행사할 수 없으므로, 丙은 구상채권을 자동채권으로 하여 乙에 대한 채무와 상계할 수 없다(대판 2008.8.21. 2007다37752 참고). <답 ④>

7. 강씨는 최씨에 대해 외상채권을 갖고 있다. 다음 사례 가운데 강씨 또는 최씨의 상계 항변이 인용될 수 있는지를 각각 검토하면? (다툼이 있는 경우에는 판례에 의함)

ⓐ 최씨가 제3자 박씨에 대한 강씨의 금전채무를 강씨의 부탁으로 보증하기로 하였는데 그 채무의 이행기가 도래하여 강씨에 대해 사전구상권을 가진 최씨를 상대로 강씨가 외상채권을 자동채권으로 하여 상계하였다.
ⓑ 최씨가 제3자 김씨에 대한 강씨의 금전채무를 강씨의 부탁으로 보증하기로 하였는데 강씨가 파산선고를 받았음에도 김씨가 그 파산재단에 가입하지 않아서 사전구상권을 가지게 된 최씨가 이를 자동채권으로 하여 강씨의 외상채권에 대해 상계하였다.
ⓒ 같은 마을에 거주하는 강씨가 법률지식이 없는 최씨를 기망하여 그의 농지를 무단으로 점유하여 관할청의 허가 없이 러브호텔을 건축하여 영업을 한 결과 최씨에게 부담하게 된 부당이득반환채

무를 수동채권으로 하고 자신의 외상채권을 자동채권으로 하여 상계하였다.
ⓓ 건조주의보가 발령되었음에도 불구하고 강씨가 산책 중에 담뱃불을 최씨의 목초창고에 던져서 화재가 발생하게 되어 손해배상책임을 부담하게 된 강씨가 외상채권을 자동채권으로 하고 손해배상채무를 수동채권으로 하여 상계하였다.

① 인용 — 기각 — 인용 — 기각
② 인용 — 기각 — 기각 — 인용
③ 기각 — 인용 — 인용 — 기각
④ 기각 — 인용 — 기각 — 인용
⑤ 기각 — 기각 — 인용 — 기각

해설 ……………………………………

ⓐ 강씨가 스스로 항변의 이익을 포기하는 경우이므로 허용된다. ⓑ 항변권이 붙어 있는 채권을 자동채권으로 하여 수동채권과의 상계를 허용 한다면 상계권을 행사하는 일방의 의사표시에 의하여 상대방이 특정한 항변권을 행사할 기회를 상실시키는 결과가 되므로 그러한 상계는 허용될 수 없다(대판 2001.11.13, 2001다55222,55239 참고). ⓒ 최씨에 대한 기망행위에 의한 농지의 무단점유 및 형질변경 등은 강씨의 고의에 의한 불법행위를 구성할 뿐만 아니라 점유이득에 관한 부당이득반환청구권의 원인이 된다(제741조). 이와 관련하여 민법 제496조의 취지를 고려하여 이를 유추함으로써 고의의 불법행위에 기초하여 발생한 부당이득반환의무를 수동채권으로 하여 상계할 수 없도록 할 것인지의 문제제기가 가능하다. 이에 대해 판례는 긍정한다(대판 2002.1.25. 2001다52506 참고). ⓓ 수동채권이 중과실의 불법행위로 인한 손해배상채권에 해당하는 경우에는 강씨가 얼마든지 위 외상채권을 자동채권으로 하여 상계할 수 있다. 판례도 같은 태도를 취한다. 대판 1994.8.2. 93다52808 참고.
<답 ②>

8. 甲은 2009.6.1. 乙에게 500만 원을 이자 월 2%(매월 말일 지급), 변제기 2009.9.30.로 정하여 대여하였다. 한편, 乙은 2009.11.1. 甲에게 자신의 노트북 컴퓨터 1대를 대금 100만 원에 매도하고 같은 날 이를 인도하여 주었는데, 당시 위 대금은 2009.11.30.까지 지급하되 이를 지체할 경우에는 월 2.5%의 비율에 의한 지연손해금을 가산하여 지급하기로 상호 약정하였다. 그 후 甲은 2010.3.31. 乙에게 위 대여금 및 이에 대한 대여일 이후의 이자와 지연손해금의 지급을 청구하였고, 이에 대하여 乙은 그 자리에서 위 노트북 컴퓨터의 매매대금 및 이에 대한 지연손해금을 자동채권으로 하여 甲의 위 청구채권과 대등액에서 상계한다는 의사표시를 하였다. 이 사례에 관한 설명 중 옳은 것을 모두 고르면? (다툼이 있는 경우에는 판례에 의함)
<사시 2012년: 배점 3점>

ㄱ. 상계적상시의 甲의 수동채권액은 600만 원이다.

> ㄴ. 상계적상시의 乙의 자동채권액은 100만 원이다.
> ㄷ. 상계 후 甲의 乙에 대한 위 대여원리금채권 중 남은 원본액은 460만 원이다.

① ㄱ　② ㄴ　③ ㄷ
④ ㄱ, ㄴ　⑤ ㄱ, ㄷ　⑥ ㄴ, ㄷ
⑦ ㄱ, ㄴ, ㄷ　⑧ 없음

해설

상계의 의사표시가 있는 경우 채무는 상계적상시에 소급하여 대등액에 관하여 소멸한 것으로 보게 되므로 상계에 의한 양 채권의 차액 계산 또는 상계 충당은 상계적상의 시점을 기준으로 하게 된다. 따라서 그 시점 이전에 수동채권의 변제기가 이미 도래하여 지체가 발생한 경우에는 상계적상 시점까지의 수동채권의 약정이자 및 지연손해금을 계산한 다음 자동채권으로써 먼저 수동채권의 약정이자 및 지연손해금을 소각하고 잔액을 가지고 원본을 소각하여야 한다(대판 2005.7.8. 2005다8125). 사례에서, 상계적상 시점인 2009년 11월 30일 이후부터는 甲과 乙의 채권 모두 이행지체는 성립하지 않으므로 乙의 대여금채무 및 甲의 매매대금채무와 관련한 지연배상이라는 손해배상채무가 발생하지 않는다. 즉, 2009년 11월 30일 이후에는 甲의 채권 500만 원에 대한 지연배상이 성립하지 않고, 乙의 지연손해금약정(일종의 손해배상액의 예정임. 대판 2000.7.28. 99다38637 참조)은 정지조건의 불성취로 효력이 발생하지 않는다. 따라서 乙이 상계권을 행사할 경우 상계적상시 甲의 수동채권은 560만 원이고(원본 500만 원 + 2009년 6월 30일부터 2009년 9월 30일까지 4개월분의 누적 이자 40만 원 + 2009년 10월 1일부터 2009년 11월 30일까지 월 2푼의 지연배상금 20만 원), 乙의 자동채권은 원본 100만 원이므로 상계하고 남은 甲의 채권은 원본 460만 원이 된다. <답 ⑥>

제 5 절 기타 채권의 일반적 소멸원인

1. 경　개

1. 경개(更改)에 관한 다음 설명 중 틀린 것은?

① 목적변경이 있더라도 채무의 동일성을 변경하지 않는 경우에는 경개가 성립하지 않는다.
② 채무의 중요한 부분이 변경된 경우에도 경개의사가 명백하지 않으면 경개라고 해석할 수 없다.
③ 기존 대출금채무를 신규대출로 경개하면서 구 채무에 관한 근저당권의 신규 대출금 채무로의 이전을 위하여는 당사자 사이에 특약이 이루어져야 하지만 이 경우 묵시적인 합의로도 충분하다.
④ 채권자 변경의 경개에 있어서 구 채무가 무효로 되었는데 채무자가 이에

대한 이의의 유보 없이 승낙하였다면 채무자는 이를 이유로 신 채권자에게 대항할 수 없다.

⑤ 신 채무의 불이행을 이유로 경개계약이 해제되었다면 구 채무 역시 부활한다는 것이 통설과 판례의 태도이다.

해설

① 채무변경계약으로 인정될 뿐이다. ② 따라서 판례의 경우 기존채무에 관해 어음 또는 수표가 교부된 경우 경개의사가 없는 한 이행을 위해 발행한 것으로 추정될 뿐이며, 기존의 채권이 제3자에게 이전된 경우에도 특별한 사정이 없는 한 경개가 아니라 채권의 양도로 볼 수 있을 뿐이라고 한다. ③ 민법 제505조에서는 '경개의 당사자는 구 채무의 담보를 그 목적의 한도에서 신 채무의 담보로 할 수 있다. 그러나 제3자가 제공한 담보는 그 승낙을 얻어야 한다.'고 규정하고 있다. 대판 2002.10.11. 2001다7445에서는 이 규정의 취지 등과 관련하여 '경개에 의하여 구 채무가 소멸하기 때문에 그에 대한 담보 역시 부종성에 따라 당연히 함께 소멸하고, 당사자가 신 채무에 관하여 저당권 등을 설정하기로 약정한 경우에도 구 채무에 존재하던 저당권은 어차피 소멸하여 그 순위의 보전이 불가능하나, 이러한 결과가 많은 경우 당사자의 의도에 반하는 점을 고려하여 당사자의 편의를 위하여 부종성에 대한 예외를 인정한 것으로, 경개계약의 경우 구 채무에 관한 저당권 등이 신 채무에 이전되기 위하여는 당사자 사이에 그런 특약이 존재하여야 하지만, 반드시 명시적인 것을 필요로 하지는 않는다.'고 한다. ④ 채권자변경에 의한 경개는 채권양도와 유사한 작용을 한다는 점에서 이를 이유로 제3자에게 대항하기 위해서는 확정일자 있는 증서로 체결할 것을 요하며(제502조) 또한 제451조 1항의 규정을 준용하고 있다(제503조). ⑤ 통설과 판례에 따르면 경개계약은 신 채무의 성립과 구 채무의 소멸로 인하여 효과가 완결됨으로써 그 자체의 이행의 문제를 남기지 않는다. 따라서 신 채무의 불이행을 이유로 경개계약을 해제할 수는 없다. 다만 경개계약시 해제권이 유보되었을 경우나 합의해제의 경우에는 구 채무를 부활시킬 수 있다. <답 ⑤>

2. 다음은 경개(更改)에 관한 설명이다. 옳은 설명으로만 짝지어진 것은?

㉠ 채무자가 경개에 의하여 성립된 신 채무를 불이행하면, 채권자는 이를 이유로 경개계약을 해제할 수 있다.

㉡ 기존 채권 · 채무의 당사자가 그 목적물을 소비대차의 목적으로 할 것을 약정한 경우, 그 약정을 경개로 볼 것인가 또는 준소비대차로 볼 것인가에 관하여 당사자의 의사가 명백하지 않을 때에는 특별한 사정이 없는 한 일반적으로 경개로 보아야 한다.

㉢ 기존 채무에 관하여 채무자가 타인이 발행한 수표를 채권자에게 교부한 때에는 일반적으로 이를 경개로 보아야 한다.

㉣ 기존 채권이 제3자에게 이전된 경우, 그 법적 성질이 무엇인지에 대하여 당사자의 의사가 명백하지 아니할 때에는 일반적으로 경개로 볼 것이다.

㉤ 두 번에 걸친 소비대차를 합쳐서 하나의 채권채무로 하여 약속어음을 발행하고 이를 담보하기 위하여 저당권설정계약을 한 경우

이는 경개로 본다.

ⓑ 채무자가 채권자의 변경으로 인한 경개계약을 체결함에 있어 이의를 유보하지 않았다 하더라도 구 채권자에 대항할 수 있는 사유로 신채권자에게 대항할 수 있다.

ⓢ 경개에 의하여 구(舊) 채무는 소멸하고 이에 따라 구 채무에 붙어 있던 인적·물적 담보 또한 특별한 사정이 없는 한 원칙적으로 부종성의 원리에 따라 함께 소멸한다.

① ㉡, ㉣ ② ㉠, ㉤ ③ ㉢, ㉦
④ ㉢, ㉥ ⑤ ㉤, ㉥ ⑥ ㉣, ㉤
⑦ ㉤, ㉦ ⑧ ㉡, ㉣

해설

㉠ 경개계약으로 신 채권이 성립되면 그 효과는 완결되고 경개계약 자체의 이행의 문제는 발생할 여지가 없으므로 경개에 의하여 성립된 신 채무의 불이행을 이유로 경개계약을 해제할 수는 없다(대판 2003.2.11. 2002다62333). ㉡ 약정을 경개로 볼 것인가 또는 준소비대차로 볼 것인가는 일차적으로 당사자의 의사에 의하여 결정되고 만약 당사자의 의사가 명백하지 않을 때에는 동일성을 상실함으로써 채권자가 담보를 잃고 채무자가 항변권을 잃게 되는 것과 같이 스스로 불이익을 초래하는 의사를 표시하였다고는 볼 수 없으므로 일반적으로 준소비대차로 보아야 한다(대판 2006.12.22. 2004다37669). ㉢ 이러한 수표의 지급은 기존채무에 대한 지급확보의 목적 또는 지급방법이라고 해석함이 당사자의 의사에 합치할 것이다(대판 1974.7.9. 74다668 참고). ㉣ 이 경우 채권양도로 본다(대판 1996.7.9. 96다16612 참고). ㉤ 대판 1976.12.28. 76다2563. ㉥ 이의를 유보하지 않은 경우에는 신 채권자에게 대항할 수 없다(대판 1964.12.8. 64다570). ㉦ 경개의 당사자는 구 채무의 담보를 그 목적의 한도에서 신 채무의 담보로 할 수 있다. 그러나 제3자가 제공한 담보는 그 승낙을 얻어야 한다(제505조). 이 규정의 취지는 구 채무의 소멸로 담보가 소멸하는 것은 많은 경우 당사자의 의도에 반하는 것인 점을 고려하여 당사자의 편의를 위하여 부종성에 대한 예외를 인정한 것이다(대판 2002.10.11. 2001다7445 참고).

<답 ⑦>

2. 면 제

3. 면제에 관한 다음 설명 중 틀린 것은?

① 추심을 목적으로 채권을 신탁양도받은 자가 행하는 면제의 의사표시는 유효하다.

② 부부나 친족 사이의 부양청구권은 장래에 대해 포기할 수 없다.

③ 공탁과 마찬가지로 일부면제에 대해서는 그 유효성이 부인된다.

④ 채권자가 화해계약을 통해 채무를 면제해주었으나 이후에 화해계약이 착오를 이유로 취소된 경우에 면제 역시 그 효력을 상실한다.

⑤ 채권이 제3자의 질권의 목적이 된 경우에는 면제로써 질권자에게 대항하

지 못한다.

⑥ 채무의 면제는 반드시 명시적인 의사표시만에 의하여야 하는 것은 아니고 채권자의 어떠한 행위 내지 의사표시의 해석에 의하여 그것이 채무의 면제라고 볼 수 있는 경우에도 이를 인정하여야 한다.

해설

① 면제는 채권의 처분행위로서 면제자에게 채권의 처분권한이 있어야만 한다. 다만 채권의 추심을 목적으로 채권을 신탁양도받은 자가 행하는 면제는 유효하다. ② 부양청구권은 일반청구권과 그 성질을 달리하기 때문이다(제979조 참조). 또한 주식납입채무에 대해서도 주식회사의 자본충실의 원칙상 면제가 허용되지 않고, 임금과 퇴직금청구도 근로자보호의 원칙상 포기될 수 없다. ③ 공탁과 달리 일부면제의 경우에는 그 범위 내에서 채무가 소멸한다. ④ 화해계약 또는 증여계약 자체와 채무의 면제는 구별되는 것이지만, 보통의 경우 채무면제는 화해계약 또는 증여계약의 이행을 통해 행해지기 때문에 증여계약 또는 화해계약 속에는 면제의 의사표시가 포함될 것이다. 따라서 그 원인된 화해계약 또는 증여계약의 취소로 인해 면제 역시 그 효력을 상실하게 된다. ⑤ 채권자가 처분권한을 상실하기 때문이다. <답 ③>

3. 혼 동

4. 다음 설명 중 옳은 것(○)과 옳지 않은 것(×)을 바르게 표시한 것은?

> ㉠ A가 B로부터 임차하여 거주하고 있는 B 소유건물을 증여받은 경우 A의 임차권은 소멸하지만, 그 임차권이 대항요건을 갖춘 후에 저당권이 설정된 때에는 소멸하지 않았던 것이 된다.
> ㉡ A의 교통사고로 B가 사망하였고, 이에 상속이 개시되어 손해배상의무를 부담하는 A가 B의 자신에 대한 손해배상청구권을 상속한 경우, B의 A에 대한 손해배상청구권은 상속에 의한 혼동으로 인하여 소멸하지 않는다.
> ㉢ 연대채무자 A, B, C 가운데 A가 채권자 D를 상속한 경우, A의 부담부분에 한하여 B와 C도 의무를 면하게 된다.
> ㉣ A가 B에 대하여 가지고 있는 금전소비대차계약상의 반환채권을 A의 채권자인 X가 압류한 후, B가 사망하여 A가 B를 단독으로 상속한 경우에는 그 반환채권은 소멸한다.

① ㉠(○), ㉡(○), ㉢(○), ㉣(○) ② ㉠(○), ㉡(○), ㉢(×), ㉣(×)
③ ㉠(○), ㉡(×), ㉢(○), ㉣(○) ④ ㉠(○), ㉡(×), ㉢(○), ㉣(×)
⑤ ㉠(×), ㉡(○), ㉢(○), ㉣(○) ⑥ ㉠(×), ㉡(○), ㉢(×), ㉣(×)
⑦ ㉠(×), ㉡(×), ㉢(○), ㉣(×) ⑧ ㉠(×), ㉡(×), ㉢(×), ㉣(○)

해설

㉠ 부동산에 대한 소유권과 임차권이 동일인에게 귀속하게 되는 경우 임차권은 혼동에 의

하여 소멸하는 것이 원칙이지만, 그 임차권이 대항요건을 갖추고 있고 또한 그 대항요건을 갖춘 후에 저당권이 설정된 때에는 혼동으로 인한 물권소멸원칙의 예외규정인 민법 제191조 1항 단서를 준용하여 임차권은 소멸하지 않는다(대판 2001.5.15. 2000다12693). ㉡ 자동차손해배상보장법 제9조 1항에 의한 피해자의 보험자에 대한 직접청구권이 수반되는 경우에는 그 직접청구권의 전제가 되는 피해자의 운행자에 대한 손해배상청구권(자배법 제3조)은 비록 위 손해배상청구권과 손해배상의무가 상속에 의하여 동일인에게 귀속되더라도 혼동에 의하여 소멸되지 않고 이러한 법리는 손해배상의무자(자배법 제3조)가 피해자를 상속한 경우에도 동일하지만, 예외적으로 가해자가 피해자의 상속인이 되는 등 특별한 경우에 있어서는 손해배상청구권과 손해배상의무가 혼동으로 소멸하고 그 결과 피해자의 보험자에 대한 직접청구권도 소멸한다(대판 2005.1.14. 2003다38573,38580). ㉢ 제438조. 연대채무자 1인이 채권자를 상속하여 혼동이 발생한 때에는 그 채무자의 부담부분에 한하여 다른 연대채무자도 그 의무를 면한다(제420조 또는 제438조 참조). ㉣ 채권과 채무가 동일인에게 귀속되는 경우라도 그 채권의 존재가 채권자 겸 채무자로 된 사람의 제3자에 대한 권리행사의 전제가 되는 관계로 채권의 존속을 인정하여야 할 정당한 이익이 있을 때에는 그 채권은 혼동에 의하여 소멸하지 않는다(대판 1995.5.12. 93다48373).

<답 ④>

5. 혼동에 관한 설명 중 옳지 않은 것은? (다툼이 있는 경우에는 판례에 의함)

<사시 2012년 변형: 배점 2점>

① 甲이 대리권 없이 乙 소유의 부동산을 丙에게 매도하고 소유권이전등기를 마쳐 준 후 甲이 乙을 단독으로 상속한 경우, 甲은 자신의 매매행위가 무권대리행위로서 무효였다는 이유로 丙 명의의 소유권이전등기의 말소를 청구할 수 없다.

② 甲은 乙 소유의 부동산에 대하여 강제경매신청을 하여 자신의 자녀들인 丙, 丁 명의로 이를 매각받은 다음, 乙과 채권액의 일부를 지급받고 丙, 丁 명의의 소유권이전등기를 말소하여 주기로 합의하였다. 그 후 甲이 사망하여 丙, 丁이 1/2지분씩 상속하게 되었다 하더라도, 丙, 丁은 원칙적으로 乙에 대하여 위 합의에 따른 의무의 이행을 거절할 수 있다.

③ 甲은 자신이 수급하여 보수공사한 건물에 관한 강제경매절차에서 공사대금채권에 기하여 건물을 점유하고 유치권을 주장하다가, 乙이 건물을 매수하자 乙로부터 건물을 다시 매수하여 甲 명의로 소유권이전등기를 경료하였다. 그 후 甲이 丙에게 근저당권설정등기를 경료하여 준 경우, 甲의 유치권은 혼동으로 소멸하지 아니한다.

④ 甲이 乙과 乙 소유의 X주택에 관하여 임대차계약을 체결하고 주택임대차보호법에서 정한 요건을 갖추어 대항력을 취득한 후 乙로부터 X주택을 매수하여 그 소유권을 취득하게 되면, 甲의 임차권은 혼동으로 소멸하는 것이 원칙이다.

⑤ 甲소유의 토지에 관하여 乙이 대항력 있는 임차권을 취득한 후 丙이 위

토지에 관한 근저당권을 취득하였는데, 그 후 丙의 근저당권에 기한 경매절차에서 乙이 위 토지의 소유권을 취득한 경우에 있어서의 '乙의 임차권'은 혼동으로 인하여 소멸한다.

해설

① 옳음. 대판 1994.9.27. 94다20617 참고. ② 옳음. (이 사례에서는) 자녀들이 원래 부동산의 소유자로서 타인의 권리에 대한 계약을 체결한 채무자에 대하여 그 이행에 관한 아무런 의무가 없고 이행을 거절할 수 있는 자유가 있었던 것이므로 채권자의 사망으로 인하여 자녀들이 상속지분에 따라 채권자의 의무를 상속하게 되었다고 하더라도 그들은 신의칙에 반하는 것으로 인정할 만한 특별한 사정이 없는 한 원칙적으로 위 합의에 따른 의무의 이행을 거절할 수 있다(대판 2001.9.25. 99다19698). ③ 틀림. 甲의 유치권은 乙로부터 건물을 매수하여 소유권이전등기를 경료한 시점에 혼동으로 소멸한다(대판 2008.5.8. 2007다36933,36940 참고). ④ 옳음. 대판 2001.5.15. 2000다12693 참고. ⑤ 옳음. 임차주택의 양수인에게 대항할 수 있는 주택임차인이 당해 임차주택을 경락받아 그 대금을 납부함으로써 임차주택의 소유권을 취득한 때에는(註: 경락으로 저당권이 소멸하므로 임차권의 유지가 필요 없게 된다), 그 주택임차인은 임대인의 지위를 승계하는 결과, 그 임대차계약에 기한 채권이 혼동으로 인하여 소멸하게 되므로 그 임대차는 종료된 상태가 된다(대판 1998.9.25. 97다28650). <답 ③>

6. 채권의 소멸에 관한 설명 중 옳은 것을 모두 고르면? (다툼이 있는 경우에는 판례에 의함) <사시 2010년 변형: 배점 2>

ⓐ 경개에 의하여 성립된 신 채무의 불이행을 이유로 경개계약을 해제할 수 없지만, 경개계약을 합의해제하여 구 채권을 부활시키는 것은 당사자 사이에서는 가능하다.
ⓑ 채무자가 채권자의 승낙을 얻어 본래의 채무이행에 갈음하여 부동산으로 대물변제를 하였으나 본래의 채무가 존재하지 않았던 것으로 밝혀진 경우, 당사자의 특별한 의사표시가 없는 한 부동산 소유권이전의 효력은 발생하지 않는다.
ⓒ 변제공탁은 제3자를 위한 계약의 성질을 가지므로, 채권자의 수익의 의사표시가 있는 때에 공탁의 효력이 생긴다.
ⓓ 채무자가 설정한 저당권은 당사자가 경개계약을 체결하면 원칙적으로 신채무의 담보로 된다.
ⓔ 소송비용상환청구권은 소송에서 패소하였다는 사실을 요건으로 소송상 발생하는 권리이므로 상계의 수동채권이 될 수 없다.
ⓕ 민법상 조합으로부터 부동산을 매수하여 잔대금채무를 지고 있는 자가 조합원 중 1인에 대하여 채권을 가지고 있는 경우, 그 채권과 잔대금채무를 서로 대등액에서 상계할 수 있다.
ⓖ 상속인이 한정승인을 한 때에는 피상속인에 대한 상속인의 채권은 혼동에 의해 소멸한다.

① ㉤ ② ㉠, ㉡ ③ ㉠, ㉣
④ ㉢, ㉤, ㉥ ⑤ ㉠, ㉡, ㉢, ㉦ ⑥ ㉡, ㉢, ㉥, ㉦

해설

㉠ 계약자유의 원칙상 경개계약의 성립 후에 그 계약을 합의해제하여 구 채권을 부활시키는 것은 적어도 당사자 사이에서는 가능하다(대판 2003.2.11. 2002다62333). ㉡ 대판 1991.11.12. 91다9503 참고. ㉢ 변제공탁은 공탁공무원의 수탁처분과 공탁물보관자의 공탁물수령으로 그 효력이 발생하여 채무소멸의 효과를 가져 오는 것이고 채권자에 대한 공탁통지나 채권자의 수익의 의사표시가 있는 때에 공탁의 효력이 생기는 것이 아니다(대결 1972.5.15. 72마401). ㉣ 경개에 의하여 구 채무가 소멸하기 때문에 이에 따르는 인적·물적 담보 또한, 부종성의 원리에 따라 당연히 함께 소멸함이 원칙이다(대판 2002.10.11. 2001다7445 참고). ㉤ 그 성질이 사법상 청구권이어서 상계의 수동채권으로 될 수 있다(대판 1994.5.13. 94다9856). ㉥ 상계할 수 없다(제715조). ㉦ 상속인이 한정승인을 한 때에는 피상속인에 대한 상속인의 재산상 권리의무는 소멸하지 아니한다(제1031조).

<답 ②>

제 5 편

채권각론

제 1 장 서 론

1. 다음 중 '민법'의 사무관리규정과 가장 관계가 깊은 경우는?

① 특정물채권에 있어서 채무자의 선관의무
② 대리제도에 있어서 본인이 파산함으로써 임의대리권이 소멸하는 경우
③ 부탁받지 아니한 보증인의 구상권
④ 본인이 사망한 후에도 대리관계의 존속을 인정하는 특수한 경우
⑤ 타인의 사무를 처리함으로써 발생할 수 있는 보수지급의무

해설

① 제374조 및 제681조 참조. 제695조와의 비교. ② '본인의 파산'에 대하여 민법은 대리권의 소멸원인으로 규정하고 있지 않다. 따라서 이러한 경우에 다수설은 제690조를 유추적용하여 임의대리권이 소멸하는 것으로 해석한다(다만 소수설은 제128조 전단의 소멸원인으로 이해한다. 곽윤직, 민법총칙, 380면 참고). ③ 수탁보증인의 구상권은 위임계약상의 비용상환청구권(즉 제688조)과 동일한 범위 내에서 주채무자에게 행사할 수 있다(제441조 참조). 그러나 부탁받지 아니한 보증인의 구상권은 사무관리상의 비용상환청구권과 동일한 범위 내에서 행사할 수 있으며, 특히 주채무자의 의사에 반하는가의 여부가 중요하다(제739조 및 제444조 참조). ④ '본인의 사망'은 임의 및 법정대리권의 공통된 소멸원인이지만, 긴급한 사정이 존재하는 경우에는 위임이 존속하는 것으로 간주되는 범위 내에서 대리권이 존속한다고 해석된다(통설. 제691조 참조). ⑤ 위임은 무상이 원칙이지만, 명시적·묵시적 보수의 특약이 존재한다고 보는 것이 오히려 통상적이어서(통설 · 판례), 위임이 유상인 경우에는 수임인은 위임인에 대하여 보수청구권을 갖는다(제686조 1항 · 2항 참조). 반면에 타인의 사무를 처리한다는 내용에 있어서는 동일하지만, 사무관리는 적법한 행위로서 채권의 발생원인으로 인정됨에도 불구하고 의사표시를 요소로 하는 법률행위는 아니므로 보수청구권이 인정되지는 않고 타인의 사무를 처리하는 데 있어서 부담한 비용의 상환에 그 효과가 놓여 있다. <답 ③>

제 2 장 계약총론

제 1 절 계약의 근거와 자유

1. 근대민법은 계약자유의 원칙을 기초로 형성되었지만, 자본주의의 발전과 아울러 경제적 불평등이 심화되어감에 따라 계약의 자유는 형해화된다는 점에서 실질적 공정성과 기회의 평등을 확보하기 위해 계약자유의 원칙은 제한된다. 특히 계약자유의 원칙은 계약체결의 자유, 상대방선택의 자유, 내용결정의 자유, 그리고 계약방식의 자유로 세분되어 이해된다. 다음은 이러한 세분화된 계약자유의 내용을 제한하는 법률의 내용을 열거한 것이다. 이 가운데 그 성질이 같은 것만 바르게 묶는다면?

ⓐ 일반수도사업자는 정당한 이유 없이 수돗물의 공급을 원하는 자에 대하여 그 공급을 거절하여서는 안 된다.
ⓑ 철도운수종사자는 정당한 사유없이 여객 또는 화물의 운송을 거부할 수 없다.
ⓒ 사업주는 근로자를 모집하거나 채용할 때 남녀를 차별하여서는 안 된다.
ⓓ 전기통신사업자는 정당한 사유 없이 전기통신역무의 제공을 거부하여서는 안 된다.
ⓔ 사용자는 근로자가 노동조합에 가입 또는 가입하려고 하였거나 노동조합을 조직하려고 하였거나 기타 노동조합의 업무를 위한 정당한 행위를 한 것을 이유로 그 근로자를 해고하거나 그 근로자에게 불이익을 주는 행위를 할 수 없다.
ⓕ 매도인과 매수인 간의 할부계약의 내용 중에서 무효인 할부거래를 이유로 해제된 경우 할부금을 거절할 수 있는 항변권에 대해 매수인에게 불리한 약정은 그 효력이 없다.
ⓖ 농지의 임대차계약은 서면에 의한 방법을 원칙으로 한다.
ⓗ 지방자치단체가 사경제의 주체로서 사인과 사법상의 계약을 체결함에 있어서는 '지방자치단체를 당사자로 하는 계약에 관한 법률'에 따른 계약서를 따로 작성하는 등 그 요건과 절차를 이행하여야 한다.

① ⓒ, ⓔ, ⓖ ② ⓒ, ⓓ, ⓕ ③ ⓐ, ⓑ, ⓓ

④ ⓐ, ⓑ, ⓓ, ⓔ ⑤ ⓒ, ⓓ, ⓔ, ⓗ

해설

계약자유의 원칙을 제한하는 특별법의 내용에 대한 학습이 필요하다. 이 역시 실질적 민법의 내용이기 때문이다. ⓐ(수도법 제39조 1항), ⓑ(철도사업법 제22조 1호), ⓓ(전기통신사업법 제3조 1항)는 계약체결의 자유에 대한 제한을, ⓒ(남녀고용평등법 제7조 1항), ⓔ(노조및조정법 제81조 1호 참조)는 상대방선택의 자유에 대한 제한을, ⓕ(할부거래법 제43조 및 제16조)는 내용결정의 자유에 대한 제한을, 그리고 ⓖ(농지법 제24조 1항)와 ⓗ(지방자치단체를 당사자로 하는 계약에 관한 법률 제14조)는 계약방식의 자유에 대한 제한을 규정하는 법률의 내용이다. <답 ③>

2. 다음 중 설명이 옳은 것(○)과 옳지 않은 것(×)을 바르게 표시한 것은?(다툼이 있는 경우에는 판례에 의함)

> ㉠ 부합계약(contrat d'adhésion)과 표준형식계약(standard form contract)은 결국 보통거래약관에 의한 계약을 뜻한다.
> ㉡ 보통보험약관이 계약당사자에 대하여 구속력을 가지는 근거는 그 자체가 법규범 또는 법규범적 성질을 가지기 때문이다.
> ㉢ 전체 점포 중 일부 점포에 관해서만 업종제한약정이 있는 경우에도 업종이 지정된 점포의 수분양자나 수분양자 지위의 양수인 상호간에는 그 업종제한약정을 준수할 의무가 있다.
> ㉣ 약관이 구속력을 갖는 근거를 이른바 '계약설'에서 찾을 경우에, '계약으로의 편입' 문제가 발생한다.

① ㉠(○), ㉡(○), ㉢(○), ㉣(○) ② ㉠(○), ㉡(○), ㉢(×), ㉣(×)
③ ㉠(○), ㉡(×), ㉢(○), ㉣(○) ④ ㉠(○), ㉡(×), ㉢(○), ㉣(×)
⑤ ㉠(×), ㉡(○), ㉢(○), ㉣(○) ⑥ ㉠(×), ㉡(○), ㉢(×), ㉣(×)
⑦ ㉠(×), ㉡(×), ㉢(○), ㉣(×) ⑧ ㉠(×), ㉡(×), ㉢(×), ㉣(○)

해설

㉠ 계약의 일방이 특정 종류의 계약을 다수의 상대방과 반복하여 계속 체결할 것을 미리 대비하여 정하여 둔 계약내용을 말한다. ㉡ 약관의 규범적 성질 때문이 아니라 보험계약 당사자 사이에서 약관을 계약내용에 포함시키기로 합의하였기 때문이다(=계약설: 대판 2000.4.25. 99다68027 등). ㉣ 이른바 '계약설'에 관한 설명이다(판례, 다수설). 이에 따르면, 약관이 계약의 '내용'이 되어 당사자를 구속하기 위해서는 당사자간의 '합의'가 구체적으로 어떻게 형성되었는가라는 '계약으로의 편입' 문제가 발생한다. 약관이 계약에 편입되기 위해서는 약관을 이용하는 사업자가 약관을 '명시' 또는 '설명' 하고, 상대방이 그 약관에 따라 계약을 체결하는 데 '동의'하여야 한다. ㉢ 대판 2010.5.27. 2007다8044 참고. <답 ③>

3. 다음은 약관이나 여기에 적시된 조항에 관한 설명이다. 틀린 것은? (다툼이 있는 경우에는 판례에 의함) <사시 2010년 변형: 배점 2>

① 계약해제로 인하여 사업자가 이미 받은 금전을 반환할 때 이자의 반환의무를 배제하는 약관조항은, 이를 정당화할 합리적인 사유가 없는 한 무효이다.

② 고객에 대하여 부당하게 과중한 손해배상액을 예정한 약관조항은 그 손해배상예정액을 적당한 한도로 감액하여 그 효력을 유지시킬 수 있다.

③ 약관내용이 명백하지 못하거나 의심스러운 때에는 고객에게 유리하게 해석해야 하지만, 그 이외에는 개개 계약체결자의 의사나 구체적인 사정을 고려함이 없이 평균적 고객의 이해가능성을 기준으로 하여 객관적·획일적으로 해석함이 원칙이다.

④ 신용보증사고의 통지를 지연함으로써 채권보전에 장애를 초래한 경우에는 보증채무가 면책된다는 보증약관은, 피보험자가 신용보증사고의 통지기한 내에 통지를 하지 아니함으로 인하여 채권보전조치에 실질적인 장애를 초래한 경우에 한하여 면책된다는 취지로 해석하여야 한다.

⑤ 약관조항 중 일부 조항이 고객과 교섭되었음을 이유로 그 조항에 대하여는 「약관의 규제에 관한 법률」의 적용이 배제되더라도, 교섭되지 않은 나머지 조항들에 대하여는 여전히 같은 법률이 적용된다.

해설

① 약관규제법 제9조 4호. ② 약관규제법에 의하여 약관조항이 무효인 이상, 그것이 유효함을 전제로 민법 제398조 2항을 적용하여 적당한 한도로 손해배상예정액을 감액하거나 과중한 손해배상의무를 부담시키는 부분을 감액한 나머지 부분만으로 그 효력을 유지시킬 수는 없다(대판 2009.8.20. 2009다20475,20482). ③ 보통거래약관의 내용은 개개 계약체결자의 의사나 구체적인 사정을 고려함이 없이 평균적 고객의 이해가능성을 기준으로 하되 보험단체 전체의 이해관계를 고려하여 객관적·획일적으로 해석하여야 하고, 고객 보호의 측면에서 약관내용이 명백하지 못하거나 의심스러운 때에는 약관작성자에게 불리하게 제한해석하여야 한다. (따라서) 안전설계보험 약관 소정의 '자동차 소유자'에는 자동차를 매수하여 인도받아 자기를 위하여 자동차를 운행하는 자는 물론이고, 부득이한 사유로 자동차의 소유명의를 제3자에게 신탁한 채 운행하는 명의신탁자도 포함된다고 해석함이 상당하다. 만약 자동차의 소유자가 자동차등록원부상의 소유자만을 뜻한다고 해석된다면, 자동차등록원부상의 등록명의자가 아닌 자동차의 실질적인 소유자인 보험가입자가 그 보험계약을 체결하였을 리가 없을 것이므로, 그 약관 소정의 자동차 소유자에 자동차의 등록명의자만이 포함된다는 사실은 약관규제법 제3조 2항 소정의 약관의 중요한 내용에 해당하게 되어, 보험자가 이를 보험가입자에게 설명하지 않았다면 보험자는 그 내용을 보험계약의 내용으로 주장할 수 없다(대판 2011.8.25. 2009다79644. 작성자불이익 원칙이 적용될 수 없는 사례라고 본 판례로서 대판 2010.9.9. 2007다5120). ④ 대판 2006.9.8. 2006다24131. ⑤ 대판 2000.12.22. 99다4634 참고. <답 ②>

4. 약관에 의한 계약에 관한 설명으로 옳은 것(○)과 옳지 않은 것(×)을 바르게

표시한 것은? (다툼이 있는 경우에는 판례에 의함) <사시 2007년 변형>

㉠ 사업자의 이행보조자나 피용자의 경과실로 인한 사업자의 법률상 의 책임을 배제하는 약관조항은 유효하다. ㉡ 어느 약관조항이 당사자 사이의 약정의 취지를 명백히 하기 위한 확인적 규정에 불과하다면 사업자는 고객이 이를 이해할 수 있도록 별도로 설명할 필요는 없다. ㉢ 약관상 매매계약 해제시 사업자인 매도인을 위한 손해배상액의 예정조항은 있는 반면, 고객인 매수인을 위한 손해배상액의 예정조항은 없는 경우, 이는 계약의 일방 당사자에 불리한 것으로 그 약관조항은 무효이다 ㉣ 사업자가 약관의 명시 · 설명의무에 위반하여 계약을 체결한 때에도 고객은 그 약관을 계약의 내용으로 주장할 수 있다. ㉤ 동일 약관집 내의 대다수의 조항들이 교섭되고 변경된 사정이 있다면, 변경되지 않은 나머지 소수의 조항들에 대해서도 교섭이 있었던 것으로 추정된다.

① ㉠(○), ㉡(○), ㉢(○), ㉣(○), ㉤(×)
② ㉠(○), ㉡(○), ㉢(×), ㉣(×), ㉤(○)
③ ㉠(○), ㉡(×), ㉢(○), ㉣(○), ㉤(×)
④ ㉠(○), ㉡(×), ㉢(○), ㉣(×), ㉤(○)
⑤ ㉠(×), ㉡(○), ㉢(○), ㉣(○), ㉤(×)
⑥ ㉠(×), ㉡(○), ㉢(×), ㉣(×), ㉤(○)
⑦ ㉠(×), ㉡(×), ㉢(○), ㉣(×), ㉤(×)
⑧ ㉠(×), ㉡(×), ㉢(×), ㉣(○), ㉤(○)

해설

㉠ 약관규제법 제7조 1호 참조. ㉡ 어느 약관 조항이 당사자 사이의 약정의 취지를 명백히 하기 위한 확인적 규정에 불과한 경우에는 상대방이 이해할 수 있도록 별도로 설명하지 아니하였다고 하여 그것이 약관규제법 제3조 2항에 위반된 것이라고는 할 수 없다(대판 1998.2.27. 96다8277). ㉢ 손해배상의 예정이 일방에만 있다고 하여 무효라고 할 수 없다. 즉 손해배상의 예정은 입증의 면에 있어서는 유리하나, 이는 증액이 불가능하다는 점에서 불리하기도 하기 때문이다(대판 2000.9.22. 99다53759,53766 참고). ㉣ 약관규제법 제3조 3항 참조. 사업자가 약관의 중요내용을 교부 · 설명하지 않은 경우에는 이를 계약의 내용으로 주장할 수 없으나, 상대방이 주장하는 것은 무방하다. ㉤ 사업자와 고객 사이에 교섭이 이루어진 약관조항은 약관작성상의 일방성이 없으므로 약관규제법 소정의 약관에 해당하지 않는다. 따라서 동법의 적용을 받지 않는다. 그리고 동일한 약관집 내의 대다수의 조항들이 교섭되고 변경된 사정이 있다면, 변경되지 아니한 나머지 소수의 조항들에 대해서도 교섭이 이루어진 것으로 추정할 수 있다(대판 2000.12.22. 99다4634).

<답 ②>

5. 다음은 약관조항의 해석과 그 효력에 관한 설명이다. 판례에 의할 때 옳은 것(○)과 옳지 않은 것(×)을 바르게 표시한 것은?

> ㉠ 전속적 합의관할을 정한 '상대방의 관할 영업점 소재지 법원'이라는 약관조항은 당사자 중 일방이 지정하는 법원에 관할권을 인정한다는 관할합의조항과 다를 바 없거나 사업자가 그 거래상 지위를 남용하여 사업자의 영업소를 관할하는 지방법원을 전속적 관할로 하는 약관조항을 작성하여 고객과 계약을 체결함으로써 건전한 거래질서를 훼손하는 등 고객에게 부당하게 불이익을 주는 것으로 인정된다면 위 약관조항은 무효이다.
> ㉡ 금융기관인 양도담보권자가 양도담보목적물을 보관하는 창고업자로부터 양도담보권자가 어떠한 방법으로 담보물의 환가와 변제충당을 하더라도 창고업자는 유치권 등과 관련된 우선변제권을 행사할 수 없다고 인쇄된 확약서를 양도담보권자가 사용하는 확약서 양식에 따라 받았다면, 이는 고객에게 부당하게 불리하고 신의성실의 원칙에 반하여 공정을 잃은 조항으로 볼 수 없다.
> ㉢ 신용카드 회원약관 중 '비밀번호가 회원으로부터 타인에게 유출되어 발생하는 모든 책임은 회원에게 귀속됩니다.'는 취지의 약관규정을 회원에게 고의나 과실이 없는 경우에도 신용카드 부정사용으로 인한 손해를 회원이 부담하여야 한다고 해석하더라도 이는 약관규제법 제7조 제2호에서 규정하는 상당한 이유 없이 사업자가 부담하여야 할 위험을 고객에게 이전시키는 조항에 해당하지 않는다.
> ㉣ 보험자가 보험계약자에게 보험계약의 중요한 내용에 대하여 구체적이고 상세한 명시·설명의무를 이행하지 않은 상태에서 보험계약을 체결한 경우라 하더라도, 일단 보험계약이 체결된 이상 보험자는 보험계약자가 그 약관조항에 규정된 고지의무를 위반하였다는 이유로 보험계약을 해지할 수 있다.
> ㉤ 신의칙에 기한 수정해석은 조항 전체가 무효사유에 해당하는 경우뿐만 아니라 조항의 일부가 무효사유에 해당하고 그 무효부분을 추출배제하여 잔존부분만으로 유효하게 존속시킬 수 있는 경우에도 가능하다.

① ㉠(○), ㉡(○), ㉢(○), ㉣(×), ㉤(×)
② ㉠(○), ㉡(○), ㉢(×), ㉣(○), ㉤(×)
③ ㉠(○), ㉡(×), ㉢(○), ㉣(×), ㉤(○)
④ ㉠(○), ㉡(×), ㉢(×), ㉣(×), ㉤(○)
⑤ ㉠(×), ㉡(○), ㉢(○), ㉣(○), ㉤(○)

⑥ ㉠(×), ㉡(○), ㉢(×), ㉣(○), ㉤(○)

해설

㉠ 옳음. 특히 고객에게 '부당하게' 불이익을 주었다고 인정되는 경우라면 그 약관조항은 약관의 규제에 관한 법률 제14조에 위반되어 무효이고, 이에 이르지 아니하고 그 약관조항이 고객에게 '다소' 불이익한 것에 불과하다면 그 약관조항을 무효라고 할 수는 없을 것이나 이 경우에도 그 약관은 신의성실의 원칙에 따라 공정하게 해석되어야 하며 약관의 뜻이 명백하지 아니한 경우에는 고객에게 유리하게 해석되어야 한다(대결 2009.11.13. 2009마1482). ㉡ 틀림. 이는 창고업자가 보관료 징수 등을 위하여 공평의 관점에서 보유하는 권리인 유치권의 행사를 상당한 이유 없이 배제하고 일방적으로 금융기관인 양도담보권자의 담보권 실행에 유리한 내용의 약관조항으로서 고객에게 부당하게 불리하고 신의성실의 원칙에 반하여 공정을 잃은 것이므로 무효라고 하였다(대판 2009.12.10. 2009다61803,61810). ㉢ 틀림. 위의 해석은 상당한 이유 없이 사업자가 부담하여야 할 위험을 고객에게 이전시키는 조항에 해당하여 무효이다. 아울러 신용카드업자와 회원 사이의 거래약관인 회원약관에서 회원은 신용카드의 이용·관리 및 비밀번호의 관리에 선량한 관리자의 주의의무를 다할 의무가 있다는 규정이 있을 경우, 신용카드를 분실·도난당하여 제3자가 신용카드를 부정사용한 경우에 신용카드 회원이 그 책임을 면하기 위해서는 회원에게 신용카드의 분실·도난 및 비밀번호의 누설에 있어 아무런 과실이 없는 경우라야 하고, 이 점에 대한 입증책임은 회원에게 있다(대판 2009.10.15. 2009다31970). ㉣ 틀림. 대판 1992.3.10. 91다31883 참고. 계약의 중요한 내용을 기재한 약관조항을 구체적이고 상세하게 설명하지 않았다면(명시·설명의무 위반), 그 약관조항은 계약으로 편입된 것이 아니므로 약관작성자는 그 약관조항을 계약의 내용으로 주장할 수 없다(대판 1997.9.9. 95다45873 참고). ㉤ 옳음. 약관의 무면허운전면책조항을 신의칙을 기초로 제한해석한 사안이다. 즉, 무면허운전면책조항이 보험계약자나 피보험자의 지배 또는 관리가능성이 없는 무면허운전의 경우에까지 적용된다고 보는 것은 신의성실의 원칙에 반하는 공정을 잃은 조항으로서 약관규제법(제6조 1항·2항, 제7조 2호·3호)의 규정에 비추어 무효라고 하면서, 무면허운전면책조항은 위와 같은 무효의 경우를 제외하고 무면허운전이 보험계약자나 피보험자의 지배 또는 관리가능한 상황에서 이루어진 경우에 한하여 적용되는 조항으로 수정해석을 하였다. 구체적으로는 무면허운전이 보험계약자나 피보험자 등의 명시적 또는 묵시적 승인 하에 이루어진 경우를 말한다(대판[전] 1991.12.24. 90다카23899의 다수의견 참고). <답 ④>

제 2 절 계약의 종류

1. 예약과 본계약에 관한 다음 설명 중 틀린 것은?

① 장래 일정한 본계약의 체결을 미리 약정하는 계약이 '예약'이다.
② 유상계약에 있어서 당사자가 어떠한 예약을 하였는지가 명백하지 않으면 '일방예약'을 한 것으로 추정된다.
③ 예약에 있어서 본계약은 채권계약에 한하지 않지만, 예약 그 자체는 언제나 채권계약이다.
④ 본계약이 불능인 것을 내용으로 하여서 무효일 때는 그 예약도 무효이다.

⑤ 본계약이 일정한 방식을 따라야 할 경우 예약도 반드시 그러한 방식에 의해 체결되어야만 한다.

해설

② 예약에 관해서는 민법상 일반규정을 두고 있지 않기 때문에, 민법 제564조의 매매의 일방예약에 관한 규정이 다른 유상계약에 준용된다. 따라서 당사자가 어떠한 예약을 하였는지가 명확하지 않으면 '일방예약'을 한 것으로 추정된다. ③ 장래 체결될 본계약은 질권·저당권의 설정과 같은 물권계약일 수도 있고, 혼인 등의 친족법상 계약일 수도 있지만, 예약은 본계약의 성립에 필요한 의사표시를 하여야 할 채무를 발생시키는 계약이므로 예약 그 자체는 언제나 채권계약이다. ⑤ 본계약이 요식계약일 경우 예약도 그 방식의 준수가 요구되느냐는 그 방식이 요구되는 취지에 따라 달라진다. 방식을 요구하는 것이 당해 방식에 의하지 않는 경우에는 당사자를 구속하지 않는다는 취지의 것이라면 예약도 방식의 준수가 요구된다. 그러나 방식을 요구하는 것이 나중에 증거의 방법으로 삼으려는 데 있다면 예약 그 자체는 방식을 준수하지 않아도 유효하다. <답 ⑤>

제 3 절 계약의 성립

1. 다음 설명 중 옳은 것으로만 짝지어진 것은?

ⓐ 청약은 일방적·확정적 의사표시이어야 한다.
ⓑ 청약은 '의사의 통지'를 포함하는 넓은 개념이다.
ⓒ 지하철승차권을 판매하는 자동판매기의 설치는 청약이다.
ⓓ 청약은 반드시 승낙기간이 설정되어야 한다.
ⓔ 승낙을 하는 방법에는 약정이 없는 한 제한이 없다.
ⓕ 통설에 따르면, 승낙은 청약이 설정한 기간 혹은 상당한 기간 내에 청약자에게 도달하여야 효력이 있다.

① ⓐ, ⓒ, ⓔ　② ⓑ, ⓓ, ⓕ　③ ⓐ, ⓑ, ⓒ
④ ⓐ, ⓓ, ⓔ　⑤ ⓑ, ⓒ, ⓓ

해설

ⓐⓑ 청약과 승낙은 하나의 의사표시로서 계약이라는 법률행위, 즉 법률요건을 구성하는 요소(즉, 법률사실)이다. 따라서 준법률행위(혹은 법률적 행위)인 의사의 통지나 관념의 통지를 포함하는 개념은 아니다. ⓒ 이른바 자동화된 의사표시라고 이해된다. ⓓ 청약이라는 의사표시가 유효하기 위해서 반드시 승낙기간이 설정되어야 하는 것은 아니다. 따라서 승낙기간이 없는 청약도 가능한데, 이 경우에는 청약자가 '상당한' 기간 안에 승낙의 통지를 수령하지 못한 경우에 승낙적격을 상실한다(제529조 참조). ⓔ 의사표시의 방법에는 약정이 없는 한 제한이 없다. ⓕ 제528조 1항과 제531조의 관계에 대하여 통설은 '해제조건설'로서 이해한다. 따라서 승낙의 부도달을 해제조건으로 하여 발신시에 이미 승낙으로서 효력을 갖는다. 반면에 정지조건설에 따르면, 승낙적격이 있는 기간 내에 승낙이 도달할 것을 정지조건으로 하여 승낙의 통지를 발송한 때에 소급하여 유효한 계약이 성립한다고 해석한다. <답 ①>

2. 甲이 6월 1일 乙에게 자기 소유의 중고자동차 1대를 500만 원에 매도하겠다고 하면서 이에 대한 매수 여부를 6월 11일까지 대답해달라고 하였다. 다음 중 옳은 설명은?

① 甲의 청약은 반드시 서면으로 하여야 한다.
② 甲과 乙은 중고자동차에 관하여 매매계약을 체결하였다.
③ 甲의 청약은 승낙기간을 정한 경우에 해당한다.
④ 甲은 청약을 하였지만 아직 승낙을 받지 않은 상태이기 때문에 법적 구속력이 없어, 6월 11일까지는 자기의 청약을 철회할 수 있다.
⑤ 甲의 의사표시는 청약의 유인에 해당한다.

해설

① 구두의 의사표시도 물론 가능하다. ② 교차청약이거나 '의사실현에 의한 계약성립'이 아닌 한, 甲은 乙로부터 승낙을 받은 후에야 중고자동차에 대한 매매계약이 성립한다고 볼 것이다. ③④ 승낙기간(6월 11일)을 정한 청약이기 때문에 6월 11일까지 승낙이 도달하여야 하며(물론 통설인 '해제조건설'에 따르면 승낙의 발신으로 이미 계약은 성립한다), 동 시기까지는 철회할 수 없다. ⑤ 법률요건을 구성하는 요소인 법률사실로서의 청약이다.
<답 ③>

3. 다음 설명 중 잘못된 것은? <사시 2012년 유사>

① 공사도급계약의 도급인이 될 자가 수급인을 선정하기 위해 입찰절차를 거쳐 낙찰자를 결정한 경우, 입찰을 실시한 자와 낙찰자 사이에는 도급계약의 본계약체결의무를 내용으로 하는 예약의 계약관계가 성립한다.
② 甲이 상가를 분양하면서 일정액 이상의 수익이 보장될 수 있다는 취지의 광고를 하고, 乙과의 분양계약 체결시 이러한 광고 내용을 乙에게 설명하였더라도 분양계약서에 이러한 내용이 기재되지 않았다면, 특별한 사정이 없는 한, 이는 청약의 유인에 해당한다.
③ 다수설에 의하면, '사실적 계약관계'에 의해서도 계약이 성립될 수 있다.
④ '사실적 계약관계론'을 비판하는 견해에 따르면, 이 이론은 소비자의 효과의사와는 무관하게 소비자의 일정한 행위에 계약성립의 효과를 부여한다고 지적한다.
⑤ '사실적 계약관계론'에 따르면, 당사자가 행위무능력일 경우 혹은 계약성립의 승낙을 명시적으로 거절하는 경우에는 사회정형적 용태가 존재하더라도 계약이 성립하는 것은 아니라고 한다.

해설

① 대판 2011.11.10. 2011다41659. ② 분양계약 체결시 이러한 광고내용을 계약상대방에게 설명하였더라도, 체결된 분양계약서에는 이러한 내용이 기재되지 않은 점과, 그 후의 위 상가 임대운영경위 등에 비추어 볼 때, 위와 같은 광고 및 분양계약 체결시의 설명은 청약의 유인에 불과할 뿐 상가 분양계약의 내용으로 되었다고 볼 수 없고, 따라서 분양

회사는 위 상가를 첨단 오락타운으로 조성·운영하거나 일정한 수익을 보장할 의무를 부담하지 않는다(대판 2001.5.29. 99다55601,55618). ③ 교통기관을 이용한다든가 혹은 사실적 고용관계를 시작한다든가 하여 오로지 당사자의 행태만으로 당사자의 구체적인 의사표시와는 관계없이 계약의 성립을 긍정하는 이론을 독일에서 '사실적 계약관계론'이라고 이해하였다. 이에 대하여 우리나라에서도 다수의 학자들이 동조하여 현대사회에 있어서 계약이 성립할 수 있는 또 하나의 방법으로 받아들였다(곽윤직, 56면 이하 및 368면 이하 참고). ④ 당사자의 자율적인 계약의무부담의 의사가 없음에도 불구하고 일정한 행위로부터 계약구속력을 인정하는 것은 무리라고 비판하는 견해(이은영, 108면 이하; 이영준, 민법총칙, 146면 이하)에 따르면, 사실적 계약관계론은 폐기되어야 한다고 지적한다(저자도 같은 견해이다. '사실적 계약관계론'은 의사자치를 기본으로 하는 오늘날의 실정법체계와 부합하지 않을 뿐만 아니라 현대생활의 집단적 거래요청이라는 이유만으로 정당화될 수는 없다. 김형배, 18면 참고). ⑤ 긍정설에 따르면 계약의 성립을 명시적으로 거절하더라도 '사회정형적' 행태가 존재하기만 하면 계약의 성립을 인정할 수 있다고 본다(BGHZ 21, 319; 독일의 함부르크시주차장사건 참고). <답 ⑤>

4. 계약의 성립에 관한 다음 설명 중 옳은 것(○)과 옳지 않은 것(×)을 바르게 표시한 것은?

㉠ 청약에 대해 그 일부만을 승낙할 경우 청약을 거절하고 새로운 청약을 한 것으로 본다.
㉡ 청약을 발신한 후 도달하기 전에 청약수령자가 한정후견개시의 심판을 받았다면 그 청약은 당연무효이다.
㉢ 계약체결강제에 대해 법률상 명문규정이 없더라도 일정한 경우 제한적으로 체약을 강제할 수 있다.
㉣ '사실적 계약관계론'은 생존배려적 급부행위와 관련하여 발전된 이론으로서, 의사표시와 행위능력에 관한 규정은 사실적 계약관계에 적용되지 않는다.

① ㉠(○), ㉡(○), ㉢(○), ㉣(○)　② ㉠(○), ㉡(○), ㉢(×), ㉣(○)
③ ㉠(○), ㉡(×), ㉢(○), ㉣(○)　④ ㉠(○), ㉡(×), ㉢(○), ㉣(×)
⑤ ㉠(×), ㉡(○), ㉢(○), ㉣(○)　⑥ ㉠(×), ㉡(○), ㉢(×), ㉣(×)
⑦ ㉠(×), ㉡(×), ㉢(○), ㉣(×)　⑧ ㉠(×), ㉡(×), ㉢(×), ㉣(○)

해설

㉠ 제534조 참조. ㉡ 제112조는 '표의자는 그 의사표시로써 대항하지 못한다.'고 규정하고 있다. 따라서 제한능력자인 수령자는 청약의 도달을 주장할 수 있다는 점에서 당연무효는 아니다. 한편 도달 후에 수령자가 제한능력자로 된 경우에는 청약의 효력에는 원칙적으로 아무런 영향이 없다. ㉢ 다수설은 국민의 일상생활에 있어서 중요한 물자나 용역을 제공하는 기업에 있어서는 계약체결의 자유가 관철될 수는 없고, 모든 국민의 '사람다운 생존'을 위해 계약체결을 강제하는 것이 사회정의에 부합한다고 한다(곽윤직, 15면 등). ㉣ '사실적 계약관계론'이란 청약과 승낙이라는 진정한 의사표시가 없더라도 당사자의 사실적 행위 혹은 활동으로 계약의 성립을 인정하는 이론이다. <답 ③>

5. 서울에 사는 甲은 부산에 사는 乙의 소장예술품 중 A 그림을 구입하고자 乙에게 구입 의사를 표시하는 편지를 보냈다(6.1. 발송, 6.5. 도달). 이 경우 甲과 乙 사이의 A 그림에 대한 매매계약의 성립 여부와 그 시기에 관한 설명 중 옳은 것을 모두 고르면? (연도는 모두 같음) <사시 2011년: 배점 2>

ㄱ. 甲의 편지가 "A 그림을 사고 싶다."는 것이었고, 乙이 이에 "100만 원을 준다면 A 그림을 팔겠다."고 답신하였다(6.7. 발송, 6. 10. 도달). 그러자 甲이 "100만 원이라면 기꺼이 사겠다."라는 편지를 보냈다면(6.11. 발송, 6.13. 도달) A 그림의 매매계약은 6. 11. 성립하였다.

ㄴ. 甲의 편지가 "A 그림을 80만 원에 사고 싶다."는 것이었고, 乙도 甲에게 "A 그림을 80만 원에 팔고 싶다."는 편지를 보냈다(6. 2. 발송, 6.6. 도달). 그러나 乙이 甲의 편지를 받고 나서 마음을 바꾸어 "A 그림을 100만 원이 아니면 팔지 않겠다."고 답신하였다면(6.7. 발송, 6.10. 도달) A 그림의 매매계약은 아직 성립하지 않았다.

ㄷ. 甲의 편지가 "A 그림을 100만 원에 사고 싶다."는 것이었고, 乙이 甲에게 "A 그림을 60만 원에 팔고 싶다."는 편지를 보냈다면 (6.2. 발송, 6.6. 도달), A 그림의 매매계약은 대금 60만 원으로 6.2. 성립하였다.

① ㄱ ② ㄴ ③ ㄷ
④ ㄱ, ㄴ ⑤ ㄱ, ㄷ ⑥ ㄴ, ㄷ
⑦ ㄱ, ㄴ, ㄷ ⑧ 모두 옳지 않음

해설

㉠ 옳음. 제531조 참조. ㉡ 틀림. 80만 원에 그림을 사겠다는 甲의 청약과 그렇게 팔겠다는 乙의 청약의 내용이 객관적으로 합치하여 교차하였으므로 乙의 청약이 도달한 6월 6일에 계약이 체결된 것으로 본다. 그 후 대금을 변경한 乙의 의사표시는 이미 교차청약으로 체결된 계약에 영향을 주지 않는다. ㉢ 틀림. 양 당사자의 청약이 객관적으로 일치하는 것으로 볼 수 없으므로 60만 원에 그림을 사거나 팔겠다는 내용으로 계약이 체결되었다고 볼 수 없다. A 그림이라는 특정물에 대한 대금을 60만 원으로 정하는 의사표시가 객관적으로 합치되었다고 볼 수는 없기 때문이다. 따라서 계약은 아직 체결되지 않았고, 각 청약에 대하여 양 당사자가 어떻게 승낙하느냐에 따라 계약체결 여부가 결정될 것이다.

<답 ①>

6. 민법 제535조는 '원시적 불능을 목적으로 체결된 계약은 무효로 되며, 그 불능을 알았거나 알 수 있었을 자는 상대방에 대해 손해를 배상하여야 한다.'고 규정하고 있다. 이에 관한 설명 중 틀린 것은?

① 특정물의 인도를 목적으로 하는 매매 · 임대차에서 그 목적물이 계약체결

전에 이미 멸실되어 존재하지 않는다거나, 또는 일신전속적 업무를 제공해야 할 위임이나 고용에서 채무자가 사망했거나 질병에 걸려 채무실현이 불가능한 경우가 목적의 불능에 해당한다.

② 목적의 일부불능이 전부불능이 되어 계약이 무효로 된 경우에도 이 규정이 적용된다.

③ 제535조에서 규정하고 있는 '알 수 있었을' 경우란 채무불이행책임에 있어서의 '과실'과는 그 기준을 달리한다.

④ 손해를 입은 상대방은 선의 · 무과실이어야 그 손해에 대한 배상을 청구할 수 있다.

⑤ 이 규정에 의해 피해자는 목적의 불능을 알았더라면 지출하지 않았을 비용 또는 기타의 손해의 배상을 청구할 수 있을 뿐이다.

해설

제535조는 원시적 불능의 유형에 대한 계약체결상의 과실책임을 명문으로 규정하고 있다. 이 경우에 있어서 그 요건과 효과는 다음과 같다. 먼저 배상의무자측의 요건으로서는 (i) '외견상' 계약체결상의 행위가 있어야 한다. (ii) 목적이 불능이어야 하며, 일방당사자에게 고의 또는 과실이 있어야 하는데, 이때의 과실은 계약관계에 적용되는 과실에 관한 일반이론에 따라 채무의 종류와 성질, 당사자의 직업과 능력, 불능원인 등을 고려하여 판단해야 한다(이은영, 123면; 김형배, 134면). 한편 손해를 입은 상대방측의 요건으로서 (i) 상대방이 목적의 불능으로 인하여 손해를 입었을 것이 필요하며, (ii) 상대방은 선의 · 무과실이어야 한다. 그리고 제535조에 따른 효과로서는 '계약이 유효함으로 인하여 생길 이익액'을 그 한도로 해서 '계약의 유효를 믿음으로 인하여 받은 손해'를 배상범위로 한다는 것이 통설의 견해이다. <답 ③>

7. 계약교섭이 파기된 경우, 이와 관련한 다음 설명 중 틀린 것은?

① 판례는 '어느 일방이 교섭단계에서 계약이 확실하게 체결되리라는 정당한 기대 내지 신뢰를 부여하여 상대방이 그 신뢰에 따라 행동하였음에도 상당한 이유 없이 계약의 체결을 거부하여 손해를 입혔다면 이는 신의성실의 원칙에 비추어 볼 때 계약자유원칙의 한계를 넘는 위법한 행위로서 불법행위를 구성한다.'고 판시하고 있다.

② 고유책임설에 따르더라도 계약교섭의 파기를 불법행위로 볼 수 있다.

③ 판례는 계약교섭의 부당한 중도파기로 인한 손해는 일방이 신의에 반하여 상당한 이유 없이 계약교섭을 파기함으로써 계약체결을 신뢰한 상대방이 입게 된 상당인과관계 있는 손해로서 계약이 유효하게 체결된다고 믿었던 것에 의하여 입었던 손해 즉 신뢰손해에 한정된다고 한다.

④ 판례는 계약교섭의 부당한 중도파기로 인한 손해에는 아직 계약체결에 관한 확고한 신뢰가 부여되기 이전 상태에서 계약교섭의 당사자가 계약체결이 좌절되더라도 어쩔 수 없다고 생각하고 지출한 비용, 예컨대 경

쟁입찰에 참가하기 위하여 지출한 제안서, 견적서 작성비용 등은 여기에 포함되지 아니한다고 한다.

⑤ 판례는 계약교섭의 부당한 중도파기로 인한 손해와 관련하여 당사자 중 일방이 계약의 이행의 착수가 상대방의 적극적인 요구에 따른 것이고, 바로 위와 같은 이행에 들인 비용의 지급에 관하여 이미 계약교섭이 진행되고 있었다는 등의 특별한 사정이 있는 경우에는 당사자 중 일방이 계약의 성립을 기대하고 이행을 위하여 지출한 비용 상당의 손해가 상당인과관계 있는 손해에 해당한다고 한다.

해설 ……………………………………………

① 대판 2004.5.28. 2002다32301 등. ② 고유책임설은 판례의 태도에 비판적이다. 그 이유는 다음과 같다. 판례가 계약체결상의 과실에 의한 계약책임을 인정하지 않고 불법행위책임을 묻는 것은 아마도 계약이 체결되리라는 정당한 기대 내지 신뢰를 상대방이 상당한(정당한) 이유 없이 거부하는 것은 그 일방의 법익을 위법하게 침해하는 행위라고 파악하기 때문인 것으로 생각된다. 그러나 판례의 이와 같은 태도는 다음과 같은 이유에서 비판의 여지를 가지고 있다. 첫째 어떤 특정인들 사이에 계약의 체결과 관련하여 구체적인 신뢰관계가 이미 형성되어 있다면 그 일방이 이와 같은 신뢰관계를 깨는 것은 그들 사이에 형성된 특별한 거래상의 접촉관계에 반하는 행위로서 신의칙상의 의무를 다하지 않은 것으로 파악해야 할 것이다. 둘째 판례가 판시하고 있듯이 '신의성실의 원칙에 비추어 볼 때 계약자유원칙의 한계를 넘는' 특정인에 대한 위법행위는 어느 불특정인에 대한 '일반적' 침해행위(불법행위)라고 볼 수는 없을 것이다. ③④ 대판 2003.4.11. 2001다53059. ⑤ 대판 2004.5.28. 2002다32301. <답 ②>

8. 다음 중 계약체결상의 과실책임이 인정되지 않는 경우는? (계약책임설에 의함)

① 계약성립 전부터 있었던 물건의 하자를 임차인에게 설명을 하지 않아 임차인이 목적물을 사용하던 도중 손해를 입은 경우

② '착오에 의한 의사표시'를 이유로 법률행위를 적법하게 취소하였으나 취소자에게 과실이 있었던 경우

③ 어느 직위에 채용할 것이라는 확고한 신뢰를 상대방에게 주었기 때문에 상대방이 현 직장에 사표를 제출한 경우

④ 일시적 의사무능력상태에서 행한 법률행위에 의해 상대방이 손해를 입은 경우

⑤ 가전제품대리점에서 최신모델의 TV를 구경하던 중 진열제품이 넘어져 다친 경우

해설 ……………………………………………

계약체결상의 과실책임은 계약책임설에 의하면 크게 (i) 계약준비단계(③⑤), (ii) 계약은 유효하게 성립하였으나 당사자 일방이 고지의무를 해태한 경우, (iii) 계약이 무효(④) · 취소(②)된 경우에 문제가 된다(이른바 3분설). 따라서 계약성립 전부터 가지고 있었던 물건의 하자로 인해 계약성립 후 매수인이 손해를 입은 경우에는 하자담보책임의 규정이 적용

되고 이 하자담보책임규정이 매매 이외의 모든 유상계약에 준용되므로(제567조) ①의 경우에는 하자담보책임이 적용된다. <답 ①>

제 4 절 계약의 효력

1. 총 설

1. 다음 중 그 효력이 '확정적으로' 발생하는 계약은?

① 용산전자상가에 소재하는 PC조립업체 甲이 16세인 乙과 체결한 PC매매계약

② 유부남 甲이 윤락행위의 대가로 여성 乙에게 금전을 지불하기로 한 계약

③ 토지거래허가구역 내의 토지 1,000평에 대하여 군수의 거래허가를 득하지 않고서 甲과 乙이 체결한 토지거래계약

④ 한강에서 수심이 가장 깊은 곳에 빠진 다이아몬드반지 1개를 10분 이내에 찾기로 한 甲과 乙 사이의 계약

⑤ 매매계약의 목적물이었던 중고자동차가 이행기에 이르러 천재지변으로 인하여 전파된 경우

해설

① 계약이 확정적으로 유효하기 위해서는 당사자는 행위능력을 갖추어야 한다. ② 계약의 목적이 사회적 타당성을 잃어서는 안 된다(대판 2009.5.28. 2009다12115 참고: 보험계약자가 다수의 보험계약을 통하여 보험금을 부정취득할 목적으로 보험계약을 체결한 경우 위와 같은 보험계약은 민법 제103조 소정의 선량한 풍속 기타 사회질서에 반하여 무효라고 본 사례). ③ 계약이 확정적으로 유효하기 위해서는 법률 혹은 당사자의 의사표시에 의하여 요구되는 형식(즉, 특별효력요건)을 갖추어야 한다(국토계획법 제118조 1항 참조). ④ 계약의 목적은 계약의 성립시에 그 실현이 가능하여야 한다. ⑤ 실현의 가능성은 계약성립 당시에 고려되는 문제이므로, 이행기에 이르러 불능으로 된 것에 관해서는 채무불이행책임 혹은 위험부담의 문제가 된다. <답 ⑤>

2. 쌍무계약의 효력

2. 유치권과 동시이행의 항변권에 관한 다음 설명 중 틀린 것은?

① 유치권과 동시이행의 항변권은 모두 공평의 원칙에 근거하여 인정된다.

② 유치권과 동시이행의 항변권은 채무자 또는 제3자의 목적물에 대해 성립할 수 있다.

③ 유치권은 누구에 대해서도 주장할 수 있지만, 동시이행의 항변권은 특정

채권자에 대해서만 주장할 수 있다.

④ 유치권에 의해 거절되는 것은 물건의 인도에 한정되지만, 동시이행의 항변권에 의해 거절될 수 있는 급부에는 제한이 없다.

⑤ 유치권은 채무자가 채무의 전액을 변제할 때까지 행사할 수 있지만, 동시이행의 항변권은 상대방의 이행 또는 그 제공이 있을 때까지 행사할 수 있다.

해설

유치권과 동시이행의 항변권은 상대방의 이행청구를 일정한 경우 거절할 수 있다는 점에서 공통점을 지닌다. 하지만 유치권은 목적물을 유치함으로써 인정되는 법정담보물권이라면, 동시이행의 항변권은 쌍무계약의 상환성에 기초해 인정되는 채무자의 권리라는 점에서 가장 큰 차이점이 있다. ② 따라서 유치권의 목적물은 반드시 채무자의 목적물에 한정되지는 않지만, 동시이행의 항변권의 경우에는 자기 소유의 목적물에 한정된다. <답 ②>

3. 동시이행의 항변권에 관한 다음 설명 중 틀린 것은? (다툼이 있는 경우에는 다수설에 의함)

① 쌍무계약의 무효 · 취소로 인한 각 당사자의 원상회복의무에 있어서도 동시이행의 항변권이 인정된다.

② 상대방의 이행이 없는 경우, 동시이행의 항변권을 가진 채무자가 비록 이행기에 이행하지 않더라도 이행지체책임을 부담하지 않는다.

③ 동시이행의 항변권은 상대방의 이행청구의 작용을 막고 자기 채무의 이행을 연기하는 연기적 항변권이다.

④ 동시이행의 항변권이 주장된 경우, 채권자(원고)가 이행을 제공하였다는 사실의 입증책임은 채무자(피고) 자신이 부담한다.

⑤ 동시이행의 항변권이 붙은 채권을 자동채권으로 하는 상계는 인정되지 않는다.

해설

① 대판 2001.7.10. 2001다3764. ② 상대방의 이행 또는 그 제공이 없거나 불완전한 경우 동시이행의 항변권을 가지는 채무자가 비록 이행기에 이행을 하지 않더라도 이행지체로 되지 않는다(대판 1964.5.26. 63다934 참고). ③ 다수설에 의할 경우 동시이행의 항변권은 상대방의 채무의 이행이 있을 때까지 자기의 채무이행을 거절할 수 있는 연기적 항변권이며, 성질상 이를 주장하지 않는 한 상대방의 청구는 아무런 영향을 받지 않으며 법원은 그에 관한 판단을 할 필요가 없다고 한다. ④ 쌍방의 채무가 이행상 견련관계에 있다는 점은 채무자(즉, 항변권자)가 입증하여야 한다. ⑤ 동시이행의 항변권이 붙은 채무에 대해서는 이를 자동채권으로 하는 상계가 금지된다(통설, 판례). 왜냐하면 이를 허용할 경우 상대방은 아무런 이유 없이 항변권을 잃게 될 우려가 있기 때문이다. <답 ④>

4. 동시이행관계에 있는 쌍무계약상의 양 채무가 모두 이행기를 지났다. 다음

설명 가운데 옳은 것을 모두 고르면? (다툼이 있는 경우에는 판례에 의함)

<변리사 2002년>

㉠ 판례에 의하면 양 채무는 모두 기한의 정함이 없는 채무로 된다.
㉡ 쌍방이 모두 이행지체에 빠진 경우로 된다.
㉢ 자기의 채무에 대한 이행의 제공 없이 상대방에게 최고를 한 후 계약을 해제할 수 있다.
㉣ 양 당사자는 각각 서로에게 이행지체로 인한 손해를 배상하여야 하나, 손해배상채무는 서로 상계될 수 있다.
㉤ 당사자 일방이 상대방에 대하여 이행을 청구하려면 먼저 자기의 채무를 이행하든가, 혹은 적어도 이행의 제공을 하여야 한다.

① ㉠ ② ㉠, ㉡, ㉢, ㉣ ③ ㉠, ㉤
④ ㉡, ㉤ ⑤ ㉢, ㉣, ㉤

해설

㉠ 쌍방이 모두 이행기를 도과한 이상, 양 당사자의 채무는 기한의 정함이 없는 채무가 된다. 따라서 양 당사자는 상대방의 단순한 이행의 최고에 대해서 동시이행의 항변권을 원용할 수 있다. 판례의 태도도 같다. 즉, 동시이행관계에 있는 쌍무계약에서 당사자 일방의 요청에 의하여 계약이행기일을 연기한 경우에도 연기된 이행기일에 당사자쌍방의 의무이행이 없으면 동 쌍무계약은 이행기일의 정함이 없는 것으로서 존속한다(대판 1972.11.14. 72다1159 참고). ㉡ 다수설과 판례가 취하는 항변권설에 의하면, 동시이행항변권이 존재하는 한 그 행사가 없어도 이행지체책임은 발생하지 않는다(이를 '항변권 존재의 효과'라고 하며, '항변권 행사의 효과'인 이행거절 권능과 구별한다). 반면 실체권설에 의하면, 동시이행관계(즉, 이행상 견련관계)가 존재하는 한 지체책임은 발생하지 않는다(항변권은 발생과 더불어 효력을 갖게 되고 항변권자의 원용(주장)은 필요하지 않다는 견해로서 이은영, 149면 및 김형배, 148면 참고). 어느 견해에 의하든 동시이행항변권의 행사가 없어도 이행지체책임은 면제된다. 다만, 이를 원칙으로 볼 것인가 예외로 볼 것인가의 점에서 차이가 생길 뿐이다. ㉢ 위 계약에 대해 법정해제권을 행사하기 위해서는 '법정해제권'이 적법하게 발생하여야 하고, 그 기초로서 우선 이행지체가 인용되어야 하므로 '동시이행항변권'의 원용으로 인하여 이행지체책임이 면제되는 한 위 계약을 해제할 수는 없다. ㉣ 이행지체책임이 인정될 수 없으므로 그로 인한 지연배상청구권도 발생하지 않는다. ㉤ 권리의 행사와 의무의 이행은 구별된다. 즉, 자신의 의무를 이행하지 않은 상황에서도 권리행사는 허용되는 것이며, 단지 쌍무계약이 가진 이행상의 견련성으로 인해(즉, 상대방의 권리 확보를 위해) 동시이행항변권이 문제될 뿐이다. 다시 말해서 이행기가 도래한 이상 권리행사에 법률상 장애는 존재하지 않으며(그래서 소멸시효가 기산되는 것이다), 그 권리행사에 대해 상대방에게 이행지체 책임을 묻기 위해서 자신의 의무에 대한 이행 또는 이행의 제공을 요구하는 것이다. 그 권리행사가 재판을 통해 이루어졌다면 법원은 상대방의 항변권 행사가 있는 경우에 한해 상환이행판결을 내려야 한다(대판 1990.11.27. 90다카25222 참고). <답 ①>

5. 동시이행의 항변권에 관한 설명 중 틀린 것은? (다툼이 있는 경우에는 판례에 의함)

① 금전채권에 대한 압류 및 추심명령이 있는 경우, 추심채무자는 제3채무

자에 대하여 피압류채권에 기하여 그 동시이행을 구하는 항변권을 행사할 수 있다.

② 쌍무계약인 매매계약에서 매수인이 선이행의무인 분양잔대금 지급의무를 이행하지 않고 있는 사이에 매도인의 소유권이전등기의무의 이행기가 도래한 경우, 특별한 사정이 없는 한 매도인과 매수인 쌍방의 의무는 동시이행관계에 놓이게 된다.

③ 원래 쌍무계약에서 인정되는 동시이행의 항변권을 비쌍무계약에 확장함에 있어서는 양 채무가 동일한 법률요건으로부터 생겨서 공평의 관점에서 보아 견련적으로 이행시킴이 마땅한 경우라야 한다.

④ 변제와 영수증 및 채권증서의 교부는 동시이행의 관계에 있으나, 명문으로 규정되어 있지는 않다.

⑤ 임대차가 종료한 후의 임차인의 목적물반환의무와 임대인의 보증금반환의무는 동시이행의 관계에 있다.

해설 ....

① 금전채권에 대한 압류 및 추심명령은 강제집행절차에 있어서 추심채권자에게 채무자의 제3채무자에 대한 채권을 추심할 권능만을 부여하는 것이므로, 이로 인하여 채무자가 제3채무자에 대하여 가지는 채권이 추심채권자에게 이전되거나 귀속되는 것은 아니므로, 추심채무자로서는 제3채무자에 대하여 피압류채권에 기하여 그 동시이행을 구하는 항변권을 상실하지 않는다(대판 2001.3.9. 2000다73490). ② 대판 2001.7.27. 2001다27784,27791. ③ 동시이행의 항변권 제도의 취지로 미루어 볼 때 당사자가 부담하는 각 채무가 쌍무계약에 있어 고유의 대가관계가 있는 채무가 아니라고 하더라도 구체적인 계약관계에서 각 당사자가 부담하는 채무에 관한 약정 내용에 따라 그것이 대가적 의미가 있어 이행상의 견련관계를 인정하여야 할 사정이 있는 경우에는 동시이행의 항변권을 인정할 수 있는 것이다(대판 2007.6.14. 2007다3285 등 참고). ④ 명문으로 규정되어 있지는 않으나, 변제와 영수증의 교부는 동시이행의 관계에 있다. 그러나 채권증서 반환청구권은 채권 전부를 변제한 경우에 인정되는 것이고, 영수증 교부의무와는 달리 변제와 동시이행관계에 있지 않다(대판 2005.8.19, 2003다22042). ⑤ 임차인의 목적물반환의무와 임대인의 보증금반환의무를 들 수 있다(판례 및 소수설. 그러나 보증금의 반환시기를 임대차종료 후 목적물반환시라고 본다면 임차물반환의무는 언제나 선이행되어야 한다). <답 ④>

6. 동시이행의 항변권에 관한 설명 중 옳지 않은 것은? (다툼이 있는 경우에는 판례에 의함) <변호사 2012년 유사>

① 토지의 매수인이 선이행의무인 중도금지급의무를 이행하지 않은 상태에서 잔금지급기일이 도래하였다면, 매수인의 잔대금지급의무뿐만 아니라 중도금 및 이에 대한 지연이자지급의무도 매도인의 소유권이전의무와 동시이행관계에 있다.

② 토지에 관한 매매계약이 체결된 후 위 토지에 제3자의 가압류등기가 경료되었다면, 매도인의 소유권이전의무와 매수인의 대금지급의무는 동시

이행관계에 있으나, 아직 본압류 전이라면 가압류등기의 말소의무까지 동시이행관계에 있는 것은 아니다.

③ 甲이 乙에게 토지를 매도하면서, 甲이 2006.1.20. 토지의 소유권을 이전하고 乙이 2006.2.20. 그 대금을 지급하기로 약정하였는데, 乙에게 부도가 발생하여 대금의 이행기가 도래하여도 乙이 그 대금을 지급할 것인지 여부가 불투명하게 되었다면, 甲은 乙의 대금지급이 확실하여질 때까지 자신의 소유권이전의무이행을 거절할 수 있으며, 이는 甲이 乙에게 이행거절의 의사를 밝히지 않은 경우에도 마찬가지다.

④ 쌍무계약의 당사자 일방이 먼저 한 번 현실의 제공을 하여 상대방을 수령지체에 빠지게 하였다 하더라도 그 이행의 제공이 계속되지 않는 경우는 과거에 이행의 제공이 있었다는 사실만으로 상대방이 가지는 동시이행의 항변권이 소멸하는 것은 아니다.

⑤ 이자부 소비대차계약에서 채무자가 담보목적으로 채무자 소유의 부동산에 근저당권설정등기를 하였는데 변제기에 원리금을 갚지 아니하여 채권자로부터 대여금청구소송을 제기당한 경우, 채무자는 근저당권설정등기 말소등기와 동시에 원리금을 변제하겠다는 항변을 할 수 없다.

해설 ……………………………………

① 대판 1991.3.27. 90다19930. ② 부동산의 매매계약에 기한 매도인의 소유권이전등기의무(및 인도의무)와 매수인의 잔대금지급의무는 동시이행의 관계에 있는 것이 원칙이다. 이때 매도인이 지는 소유권이전등기의무는 제한이나 부담이 없는 완전한 소유권을 이전해 줄 것을 내용으로 하는 것이므로, 매매목적 부동산에 가압류등기 등이 되어 있는 경우에는 매도인은 이와 같은 등기도 말소하여 완전한 소유권이전등기를 해주어야 한다. 따라서 가압류등기의 말소의무도 매수인의 대금지급의무와 동시이행의 관계에 있다(대판 2000.11.28. 2000다8533 참고). ③ 제536조 2항(이른바 '불안의 항변권'). 불안의 항변권 역시 동시이행의 항변권으로서 그 존재 자체로 인하여 이행지체책임이 발생하지 않는다(대판 2006.10.26. 2004다24106 참고). ④ 대판 1993.8.24. 92다56490. ⑤ 채무담보의 목적으로 경료 된 채권자 명의의소유권이전등기나 그 청구권보전의 가등기의 말소를 구하려면 먼저 채무를 변제하여야 하고 피담보채무의 변제와 교환적으로 말소를 구할 수는 없다(대판 1984.9.11. 84다카781). <답 ②>

7. 판례의 태도에 비추어 동시이행의 항변권에 관한 설명 중 옳지 않은 것을 고르면? <사시 2009년: 배점 2, 변호사모의 2011년 유사>

① 동시이행의 관계에 있는 쌍무계약에 있어서 상대방의 채무불이행을 이유로 계약을 해제하려고 하는 자는 동시이행관계에 있는 자기 채무의 이행을 제공하여야 하고, 그 채무를 이행함에 있어 상대방의 행위를 필요로 할 때에는 언제든지 현실로 이행을 할 수 있는 준비를 완료하고, 그 뜻을 상대방에게 통지하여 그 수령을 최고하여야 상대방을 이행지체에

빠지게 할 수 있는 것이며, 단순히 이행의 준비태세를 갖추고 있는 것만으로는 상대방을 이행지체에 빠지게 할 수 없다.

② 매수인이 선이행의무 있는 중도금을 지급하지 않았다 하더라도 계약이 해제되지 않은 상태에서 잔대금 지급기일이 도래하여 그때까지 중도금과 잔대금이 지급되지 아니하고 잔대금과 동시이행관계에 있는 매도인의 소유권이전등기 소요서류가 제공된 바 없이 그 기일이 도과하였다면, 특별한 사정이 없는 한 매수인의 중도금 및 잔대금의 지급과 매도인의 소유권이전등기 소요서류의 제공은 동시이행관계에 있으므로 잔대금 지급기일 이후부터는 매수인은 중도금을 지급하지 아니한 데 대한 이행지체의 책임을 지지 아니한다.

③ 제3채무자의 압류채무자에 대한 자동채권이 수동채권인 피압류채권과 동시이행의 관계에 있는 경우에는, 비록 압류명령이 제3채무자에게 송달되어 압류의 효력이 생긴 후에 비로소 자동채권이 발생하였다고 하더라도, 동시이행의 항변권을 주장할 수 있는 제3채무자로서는 그 채권에 의한 상계로써 압류채권자에게 대항할 수 있는데, 이때 자동채권이 발생한 기초가 되는 원인은 수동채권이 압류되기 전에 이미 성립하여 존재하고 있어야 한다.

④ 쌍무계약에서 쌍방의 채무가 동시이행관계에 있는 경우 일방의 채무의 이행기가 도래하더라도 상대방 채무의 이행제공이 있을 때까지는 그 채무를 이행하지 않아도 이행지체의 책임을 지지 않는 것인데, 이와 같은 효과는 이행지체의 책임이 없다고 주장하는 자가 동시이행의 항변권을 행사하여야 발생하는 것이다.

⑤ 매수인이 매도인을 상대로 매매목적 부동산 중 일부에 대해서만 소유권이전등기의무의 이행을 구하고 있는 경우, 매도인은 매매잔대금 전부에 대하여 동시이행의 항변권을 행사할 수 있다.

해설 ··

① 옳음. 대판 2008.4.24. 2008다3053 등 참고. ② 옳음. 대판 2002.3.29. 2000다577 참고. ③ 옳음. 이 경우 그 자동채권은 민법 제498조에 규정된 '지급을 금지하는 명령을 받은 제3채무자가 그 후에 취득한 채권'에 해당하지 않는다(대판 2005.11.10. 2004다37676 등). ④ 틀림. 이와 같은 효과는 이행지체의 책임이 없다고 주장하는 자가 반드시 동시이행의 항변권을 행사하여야만 발생하는 것은 아니다(대판 2001.7.10. 2001다3764 등 참고). 항변권의 거절권능의 존재 자체만으로 이행거절은 정당화될 수 있기 때문이다. ⑤ 옳음. 대판 2006.2.23. 2005다53187. <답 ④>

8. 다음은 동시이행의 항변권에 관한 판례의 태도이다. 타당한 것은?

① 지급을 위하여 교부된 어음의 반환과 원인채무의 이행은 동시이행관계에

있기 때문에, 채무자가 어음의 반환이 없음을 이유로 원인채무의 이행기에 원인채무를 불이행하더라도 지체책임을 면한다.

② 교환계약의 당사자 일방이 교환목적물의 차액지급에 갈음하여 상대방으로부터 인수한 대출원리금지급의무와 상대방의 소유권이전등기의무가 나중에 모두 이행기를 도과하였더라도 쌍방의 채무가 동일한 계약에서 발생한 것이 아니므로 동시이행의 관계가 성립하지 않는다.

③ 임차인의 원상회복의무불이행이 사소하고 그 손해배상액도 소액이라면 임대인은 동시이행의 항변권을 원용하여 위 손해배상액을 넘어 자신의 임대차보증금 전체의 반환의무에 대한 이행을 거절할 수는 없다.

④ 임대차 종료 후 임차인이 동시이행의 항변권에 기하여 임차목적물을 점유하고 사용·수익한 경우 그 점유는 불법점유라 할 수 없기 때문에 불법행위책임과 부당이득반환책임을 부담하지 않는다.

⑤ 하나의 계약에 추가된 약정으로 둘 이상의 민법상 전형계약 내지 민법상의 채권적 권리의무관계가 포괄되어 있고 당사자 사이의 여러 권리의무가 동일한 경제적 목적을 위하여 서로 밀접하게 연관되어 있더라도 이를 민법상의 전형계약 등에 상응하는 부분으로 서로 분리하여 그 각각의 전형계약 등의 범위 안에서 대가관계에 있는 의무만을 동시이행관계에 있다고 보아야 한다.

해설

① 틀림. 채무자가 어음반환이 없음을 이유로 원인채무의 변제를 거절할 수 있는 권능을 가진다고 하여 채권자가 어음반환을 제공하지 아니하면 채무자에게 적법한 이행의 최고를 할 수 없다고 할 수는 없고, 채무자는 원인채무의 이행기를 도과하면 원칙적으로 이행지체의 책임을 진다(대판 1999.7.9. 98다47542). ② 틀림. 교환계약이라는 쌍무계약을 통하여 양 당사자가 대가적 의미가 있는 채무를 서로 부담하였다고 볼 수 있다(대판 1998.7.24. 98다13877 등 참고). ③ 옳음. 대판 1999.11.12. 99다34697 등의 태도이다. ④ 틀림. 다만, 본래의 임대차계약상의 목적에 따라 사용 및 수익하지 아니하여 실질적인 이득을 얻지 못한 경우에는 그로 인하여 임대인에게 손해가 발생하였다 하더라도 임차인의 부당이득반환의무는 성립되지 않는다(대판 1991.4.9. 91다3260). ⑤ 틀림. 당사자 일방의 여러 의무가 포괄하여 상대방의 여러 의무와 사이에 대가관계에 있다고 인정되는 한, 이러한 당사자 일방의 여러 의무와 상대방의 여러 의무는 동시이행의 관계에 있다고 볼 수 있다(대판 2011.2.10. 2010다77378 등). <답 ③>

9. 동시이행의 항변권에 관한 다음 설명 중 옳은 것은? (다툼이 있는 경우에는 판례에 의함) <사시 2010년: 배점 2, 변호사모의 2011년 변형>

① 수임인은 특별한 사정이 없는 한 위임인이 약정한 보수를 제공할 때까지 위임계약상의 의무이행을 거절할 수 있다.

② 동시이행의 항변권을 행사하는 것이 주로 자기 채무의 이행만을 회피하

기 위한 수단이라 하더라도 권리남용에 해당하지 아니한다.

③ 부동산에 관한 매매계약을 체결한 후 매수인 앞으로 소유권이전등기를 마치기 전에 매수인으로부터 그 부동산을 다시 매수한 제3자의 처분금지가처분신청으로 매매 목적 부동산에 관하여 가처분등기가 이루어진 상태에서 매도인과 매수인 사이의 매매계약이 해제된 경우, 가처분등기의 말소와 매도인의 대금반환의무는 동시이행의 관계에 있다.

④ 수급인이 도급계약에 따른 의무를 제대로 이행하지 못함으로 말미암아 도급인의 신체 또는 재산에 손해가 발생한 경우, 하자확대손해로 인한 수급인의 손해배상채무와 도급인의 공사대금채무는 동시이행의 관계에 있다.

⑤ 수급인이 완성한 목적물에 하자가 있어 도급인이 하자보수에 갈음하여 손해배상을 청구하는 경우, 도급인은 그 이행제공이 있을 때까지 보수 전부의 이행을 거절할 수 있으며, 그 보수액이 손해배상액을 초과하더라도 마찬가지이다.

해설 ……………………………………………

① 동시이행의 관계에 있지 않다(제686조 2항 본문). ② 권리남용이 된다(대판 2001.9.18. 2001다9304). ③ 매도인만이 가처분이의 등을 신청할 수 있을 뿐 매수인은 가처분의 당사자가 아니어서 가처분이의 등에 의하여 가처분등기를 말소할 수 있는 법률상의 지위에 있지 않고, 제3자가 한 가처분을 매도인의 매수인에 대한 소유권이전등기의무의 일부이행으로 평가할 수 없어 그 가처분등기를 말소하는 것이 매매계약 해제에 따른 매수인의 원상회복의무에 포함된다고 보기도 어렵다. 따라서 위와 같은 가처분등기의 말소와 매도인의 대금반환의무는 동시이행의 관계에 있다고 할 수 없다(대판 2009.7.9. 2009다18526). ④ 비록 당사자가 부담하는 각 채무가 쌍무계약관계에서 고유의 대가관계가 있는 채무는 아니라고 하더라도 구체적인 계약관계에서 각 당사자가 부담하는 채무에 관한 약정내용 등에 따라 그것이 대가적 의미가 있어 이행상의 견련관계를 인정하여야 할 사정이 있는 경우에는 동시이행의 항변권이 인정되어야 하는 점, 민법 제667조 3항에 의하여 제536조가 준용되는 결과 도급인이 수급인에 대하여 하자보수와 함께 청구할 수 있는 손해배상채권과 수급인의 공사대금채권은 서로 동시이행관계에 있는 점 등에 비추어 보면, 하자확대손해로 인한 수급인의 손해배상채무와 도급인의 공사대금채무도 동시이행관계에 있는 것으로 보아야 한다(대판 2005.11.10. 2004다37676). ⑤ 수급인이 그 손해배상청구에 관하여 채무이행을 제공할 때까지 그 손해배상의 액에 상응하는 보수의 액에 관하여만 자기의 채무이행을 거절할 수 있을 뿐, 그 나머지 액의 보수에 관하여는 지급을 거절할 수 없다(대판 1991.12.10. 91다33056). <답 ④>

10. 쌍무계약에 관한 판례의 태도와 부합하는 것(○)과 아닌 것(×)을 바르게 표시한 것은? <사시 2007년 유사>

㉠ 쌍무계약에 있어서 이행거절의 의사표시가 적법하게 철회된 경우, 상

대방은 자기 채무의 이행을 제공하고 상당한 기간을 정하여 이행을 최고한 후가 아니면 채무불이행을 이유로 계약을 해제할 수 없다.
㉡ 동시이행관계에 있는 쌍무계약에서는 채무를 이행함에 있어 상대방의 행위를 필요로 할 때에는 언제든지 현실로 이행을 할 수 있는 준비를 완료하고, 그 뜻을 상대방에게 통지하여 그 수령을 최고하여야 상대방의 이행지체를 이유로 계약을 해제할 수 있다.
㉢ 부동산 매도인이 중도금의 수령을 거절하였을 뿐만 아니라 계약을 이행하지 아니할 의사를 명백히 표시한 경우라도 매수인은 소유권이전등기의무의 이행기일까지 기다려야 매매계약을 해제할 수 있다.
㉣ 매매계약에서 목적물에 대하여 권리를 주장하는 제3자가 있는 경우, 매수한 권리를 잃을 염려가 없어질 때까지 매수인은 자기의 의무이행을 거절할 수 있고, 그로 인한 지체책임을 지지 않는다.

① ㉠(○), ㉡(○), ㉢(○), ㉣(○) ② ㉠(○), ㉡(○), ㉢(×), ㉣(○)
③ ㉠(○), ㉡(×), ㉢(×), ㉣(×) ④ ㉠(×), ㉡(×), ㉢(×), ㉣(×)
⑤ ㉠(×), ㉡(○), ㉢(○), ㉣(○)

해설

㉠ 쌍무계약에 있어서 계약당사자의 일방은 상대방이 채무를 이행하지 아니할 의사를 명백히 표시한 경우에는 최고나 자기 채무의 이행제공 없이 그 계약을 적법하게 해제할 수 있으나, 그 이행거절의 의사표시가 적법하게 철회된 경우 상대방으로서는 자기 채무의 이행을 제공하고 상당한 기간을 정하여 이행을 최고한 후가 아니면 채무불이행을 이유로 계약을 해제할 수 없다(대판 2003.2.26. 2000다40995). ㉡ 대판 1992.7.14. 92다5713 참고. ㉢ 계약상 채무자가 계약을 이행하지 아니할 의사를 명백히 표시한 경우에 채권자는 신의성실의 원칙상 이행기 전이라도 이행의 최고 없이 채무자의 이행거절을 이유로 계약을 해제하거나 채무자를 상대로 손해배상을 청구할 수 있고(대판 1993.6.25. 93다11821 참고), 채무자가 계약을 이행할 의사를 명백히 표시하였는지 여부는 계약 이행에 관한 당사자의 행동과 계약 전후의 구체적인 사정 등을 종합적으로 살펴서 판단하여야 한다(대판 2005.8.19. 2004다53173). 따라서 명시적으로 이행거절의사를 표명하는 경우 외에 계약 당시나 계약 후의 여러 사정을 종합하여 묵시적 이행거절의사를 인정하기 위해서는 그 거절의사가 정황상 분명하게 인정되어야 한다(대판 2011.2.10. 2010다77378). ㉣ 부동산매매계약에 있어 특별한 약정이 없는 한 매수인은 그 부동산에 설정된 근저당권설정등기가 있어 완전한 소유권이전을 받지 못할 우려가 있으면 그 근저당권의 말소등기가 될 때까지 그 등기상의 담보한도금액에 상당한 대금지급을 거절할 수 있다(대판 1988.9.27. 87다카1029).

<답 ②>

11. 동시이행의 항변권에 관한 설명 중 옳은 것을 모두 고르면? (다툼이 있는 경우에는 판례에 의함) <사시 2008년 변형: 배점 3, 사시 2012년 유사>

㉠ 근저당권 실행을 위한 경매가 무효로 되어 근저당권자가 채무자를

대위하여 매수인에 대한 소유권이전등기말소청구권을 행사하는 경우, 매수인이 부담하는 소유권이전등기말소의무는 근저당권자의 배당금 반환의무와 동시이행의 관계에 있다.

ⓛ 부동산 매수인 甲의 매매잔대금 지급의무와 매도인 乙의 가압류기입등기말소의무가 동시이행관계에 있었는데, 위 가압류에서 비롯한 강제경매절차가 진행되자 甲이 강제경매의 집행채권액과 집행비용을 변제공탁한 경우, 乙은 甲에 대하여 대위변제로 인한 구상채무를 부담하게 되고, 甲은 乙의 매매잔대금채권에 대해 가압류로부터 본압류로 전이하는 압류 및 추심명령을 받은 乙의 채권자 丙에게 가압류 이후에 발생한 위 구상금채권에 의한 상계로 대항할 수 있다.

ⓒ A 건물을 甲으로부터 임차한 乙의 임대차보증금반환채권이 丙에게 전부된 경우, 임대차계약 해지 이후에 甲이 丙에게 임대차보증금반환채무를 이행제공하거나 현실적으로 이행하지 아니하였다면, 乙의 A 건물에 대한 점유는 불법점유가 아니다.

ⓔ 민법 제536조 제2항의 이른바 불안의 항변권을 발생시키는 사유에 관하여 신용불안이나 재산상태 악화와 같이 채권자측에 발생한 객관적·일반적 사정만이 이에 해당한다고 제한적으로 해석하여야 한다.

ⓜ 甲은 乙에게, 乙은 丙에게 A 건물을 순차 매도하고, 甲, 乙, 丙은 중간생략등기의 합의를 하였는데 그 후 甲과 乙 사이에 매매대금을 인상하는 약정이 체결된 경우, 甲은 乙로부터 인상된 매매대금이 지급되지 않았음을 이유로 丙 명의로의 소유권이전등기의무의 이행을 거절할 수 없다.

① ㉠, ㉤ ② ㉡, ㉢ ③ ㉢, ㉤
④ ㉣, ㉤ ⑤ ㉡, ㉢, ㉣ ⑥ ㉡, ㉢, ㉤
⑦ ㉠, ㉡, ㉢, ㉣ ⑧ ㉠, ㉡, ㉣, ㉤

해설

㉠ 동시이행의 항변권이 성립하기 위해서는 당사자 쌍방의 채무가 동일한 쌍무계약으로부터 발생한 것이어야 한다. 따라서 근저당권실행을 위한 경매가 무효로 되어 채권자(=근저당권자)가 채무자를 대위하여 낙찰자에 대한 소유권이전등기말소청구권을 행사하는 경우 낙찰자가 부담하는 소유권이전등기말소의무는 채무자에 대한 것인 반면, 낙찰자의 배당금반환청구권은 실제 배당금을 수령한 채권자(=근저당권자)에 대한 채권이다. 따라서 채권자(=근저당권자)가 낙찰자에 대하여 부담하는 배당금반환채무와 낙찰자가 채무자에 대하여 부담하는 소유권이전등기말소의무는 서로 이행의 상대방을 달리하는 것으로서 채권자(=근저당권자)의 배당금반환채무가 동시이행의 항변권이 부착된 채 채무자로부터 승계된 채무도 아니므로, 위 두 채무는 동시에 이행되어야 할 관계에 있지 않다(대판 2006.9.22. 2006다24049). ㉡ 대판 2001.3.27. 2000다43819(이른바, 동시이행 항변관계의 확장적용

이라 할 수 있다) 참고. ⓒ 대판 1989.10.27. 89다카4298 등 참고. ⓓ 지문과 같이 제한적으로 해석할 이유는 없다. 예를 들어 특히 상당한 기간에 걸쳐 공사를 수행하는 도급계약에서 일정 기간마다 이미 행하여진 공사부분에 대하여 기성공사금 등의 이름으로 그 대가를 지급하기로 약정되어 있는 경우에는, 도급인이 계약 체결 후에 위와 같은 약정을 위반하여 정당한 이유 없이 기성공사금을 지급하지 아니하고 이로 인하여 수급인이 공사를 계속해서 진행하더라도 그 공사내용에 따르는 공사금의 상당 부분을 약정대로 지급받을 것을 합리적으로 기대할 수 없게 되어서 수급인으로 하여금 당초의 계약내용에 따른 선이행의무의 이행을 요구하는 것이 공평에 반하게 되었다면, 비록 도급인에게 신용불안 등과 같은 사정이 없다고 하여도 수급인은 민법 제536조 제2항에 의하여 계속공사의무의 이행을 거절할 수 있다고 할 것이다(대판 2012.3.29. 2011다93025). ⓔ 중간생략등기의 합의가 있다고 하여 최초의 매도인이 자신이 당사자가 된 매매계약상의 매수인인 중간자에 대하여 갖고 있는 매매대금청구권의 행사가 제한되는 것은 아니다. 이러한 법리에 비추어 보면 최초의 매도인으로서는 매수인인 중간자의 명의로 소유권이전등기를 경료해줄 의무의 이행과 동시에 그 중간자에 대하여 인상된 매매대금의 지급을 구하는 내용의 동시이행의 항변권을 보유하고 있다고 보아야 할 것이다. 따라서 최초의 매도인이 최종 매수인의 소유권이전등기청구에 대하여 인상된 매매대금의 범위에서 동시이행의 항변권을 행사할 수 있다(대판 2005.4.29. 2003다66431 참고). <답 ②>

12. 동시이행항변권에 관한 다음 설명 중 틀린 것을 모두 고르면?

ⓐ 토지의 매도인이 매수인을 상대로 대금지급청구소송을 제기하자 매수인이 매도인으로부터 위 토지의 소유권을 이전받을 때까지 대금을 지급할 수 없다는 취지의 적법한 항변을 하였다면, 위 판결에 기한 강제집행에 있어서 매도인의 소유권이전의무의 이행 또는 이행의 제공은 집행문부여의 요건에 해당한다.

ⓑ 집행증서상 청구권은 의무의 단순이행을 내용으로 하는 것인데 그 청구권이 반대의무의 이행과 상환으로 이루어져야 하는 동시이행관계에 있으므로 집행증서에 기한 집행이 불허되어야 한다는 주장을 한 경우, 이러한 사유는 본래 집행권원에 표시된 청구권의 변동을 가져오는 청구이의의 소의 이유가 될 수 없다

ⓒ 임대인과 임차인이 임대차계약을 체결하면서 임대차보증금을 전세금으로 하는 전세권설정등기를 경료한 경우, 임대차보증금 반환의무와 전세권설정등기 말소의무는 동시이행관계에 있다.

ⓓ 부동산에 관한 매매계약을 체결한 후 매수인 앞으로 소유권이전등기를 마치기 전에 매수인으로부터 그 부동산을 다시 매수한 제3자의 처분금지가처분신청으로 매매 목적 부동산에 관하여 가처분등기가 이루어진 상태에서 매도인과 매수인 사이의 매매계약이 해제된 경우, 가처분등기의 말소와 매도인의 대금반환의무는 동시이행의 관계에 있다.

ⓔ 이자부 소비대차계약에서 채무자가 담보목적으로 채무자 소유의

부동산에 근저당권설정등기를 하였는데 변제기에 원리금을 갚지 아니하여 채권자로부터 대여금청구소송을 제기당한 경우, 채무자는 근저당권설정등기 말소등기와 동시에 원리금을 변제하겠다는 항변을 할 수 없다.

① ⓐ, ⓑ, ⓓ ② ⓐ, ⓒ, ⓔ ③ ⓐ, ⓒ, ⓓ
④ ⓑ, ⓓ, ⓔ ⑤ ⓒ, ⓓ, ⓔ

해설

ⓐ 틀림. 쌍무계약의 성질상 일방이 소송으로 이행을 청구하는 경우에 피고(채무자)가 동시이행의 항변권을 원용하면, 법원은 피고(채무자)가 원고(채권자)의 채무이행과 상환으로 이행할 것을 명하는 상환이행판결(일부승소판결)을 내려야 한다(이견 없음). 그리고 강제집행에서 자기 채무의 이행은 집행문부여의 요건이 아니라 집행개시요건(민집법 제40조 2항)이라 함이 통설과 판례(대결 1977.11.30. 77마371)이다. ⓑ 틀림. 동시이행항변권의 주장은, 집행증서상으로는 단순 이행의무로 되어 있는 청구권이 반대의무와 동시이행관계의 범위 내에서만 집행력이 있고 그것을 초과하는 범위에서의 집행력은 배제되어야 한다는 것을 의미한다. 따라서 이러한 사유는 본래 집행권원에 표시된 청구권의 변동을 가져오는 청구이의의 소의 이유가 된다(대판 2013.1.10. 2012다75123,75130). ⓒ 옳음. 대판 2011.3.24. 2010다95062. ⓓ 틀림. 부동산에 관한 매매계약을 체결한 후 매수인 앞으로 소유권이전등기를 마치기 전에 매수인으로부터 그 부동산을 다시 매수한 제3자의 처분금지가처분신청으로 매매목적부동산에 관하여 가처분등기가 이루어진 상태에서 매도인과 매수인 사이의 매매계약이 해제된 경우, 매도인만이 가처분이의 등을 신청할 수 있을 뿐 매수인은 가처분의 당사자가 아니어서 가처분이의 등에 의하여 가처분등기를 말소할 수 있는 법률상의 지위에 있지 않고, 제3자가 한 가처분을 매도인의 매수인에 대한 소유권이전등기의무의 일부이행으로 평가할 수 없어 그 가처분등기를 말소하는 것이 매매계약 해제에 따른 매수인의 원상회복의무에 포함된다고 보기도 어려우므로, 위와 같은 가처분등기의 말소와 매도인의 대금반환의무는 동시이행의 관계에 있다고 할 수 없다(대판 2009.7.9, 2009다18526). ⓔ 옳음. 소비대차 계약에 있어서 채무의 담보목적으로 저당권 설정등기를 경료한 경우에 채무자의 채무변제는 저당권설정등기 말소등기에 앞서는 선행의무이며 채무의 변제와 동시이행 관계에 있는 것이 아니다(대판 1969.9.30, 69다1173). <답 ①>

13. A는 자신의 주택을 B에게 1억 원에 매도하는 계약을 체결하고 1주일 후에 이전등기를 하면서 대금을 지불하기로 하였다. 다음은 이에 관한 설명이다. 옳은 설명은 [참], 틀린 설명은 [거짓]이라고 했을 때 옳게 배열한 것을 고르면?

ⓐ A의 채무가 그의 과실로 인하여 이행할 수 없게 된 경우에, 그로 인하여 A가 부담하게 될 손해배상의무에 대해 A로서는 여전히 동시이행의 항변권을 원용할 수 있다.
ⓑ 경개에 의해 채권자가 C로 변경되면 A는 동시이행의 항변권을 원용할 수 없다.
ⓒ B의 대금지급을 수령하지 못한 A로서는 그때부터 수령지체책임을

부담하므로 주택의 소유권을 이전하라는 B의 청구에 대해 동시이행의 항변권을 원용할 수 없다.
ⓓ A가 동시이행의 항변권을 행사하는 경우에 주택소유권의 이전을 소송으로 구하는 B로서는 집행개시시까지는 대금채무에 대해 변제의 제공을 하여야 강제집행에 의해 채권의 만족을 얻을 수 있다.
ⓔ 자신에게 이미 2억 원의 금전채권을 가지고 있던 B에 대해 A로서는 주택소유권의 이전채무에 대해 이행의 제공을 하지 않고서도 자신의 대금채권을 자동채권으로 하여 상계할 수 있다.

	ⓐ	ⓑ	ⓒ	ⓓ	ⓔ
①	[참]	[거짓]	[참]	[거짓]	[참]
②	[참]	[참]	[참]	[거짓]	[거짓]
③	[거짓]	[거짓]	[거짓]	[참]	[거짓]
④	[참]	[참]	[거짓]	[참]	[거짓]
⑤	[거짓]	[참]	[거짓]	[참]	[거짓]

해설

ⓐ 급부의무가 손해배상의무로 변경되더라도 그 채무의 동일성이 유지되므로 여전히 A로서는 동시이행의 항변권을 원용할 수 있다. ⓑ 채무의 동일성이 상실되므로 동시이행의 항변권을 원용할 수 없다. ⓒ 수령지체에 빠진 당사자이더라도 그 후 상대방의 이행제공이 없으면 자기 채무에 대한 이행청구를 거절할 수 있다(통설 및 판례: 대판 1966.9.20. 66다1174 등 참고. ⓓ ⓔ 동시이행의 항변권이 인정되는 경우에는 채무자가 이를 원용하지 않더라도 항변권이 붙어 있는 채권을 자동채권으로 하여 상계할 수 없다. <답 ④>

14. 甲은 공장시설을 확충하기 위하여 2011.5.10. 乙 소유의 토지를 20억 원에 매수하기로 하는 계약을 체결하였다. 당시 甲과 乙은 위 대금지급과 관련하여 계약금 2억 원은 계약 당일, 중도금 5억 원은 2011.7.9. 지급하고, 잔금 8억 원은 2011.10.9. 소유권이전등기 관련 서류의 교부와 동시에 지급하기로 하는 한편, 乙이 근저당권자 丙에 대하여 부담하고 있는 5억 원의 채무를 甲이 인수하는 대신 이를 매매대금에서 공제하기로 하였다. 그런데 甲은 乙에게 계약 당일 계약금을 지급한 이외에는 현재까지 나머지 매매대금을 지급하지 않고 있다. 이 사례에 관한 설명 중 옳은 것을 모두 고르면? (다툼이 있는 경우에는 판례에 의함) <사시 2012년: 배점 3점>

ㄱ. 위 매매계약이 해제되지 않은 상태에서 2011.10.9.이 되었는데, 그때까지 甲이 중도금 및 잔금을 지급하지 않았고, 乙도 소유권이전등기 관련 서류를 제공한 바 없이 위 기일이 도과하였다면, 특별한 사정이 없는 한, 甲은 2011.7.10. 이후 발생한 중도금 지급채무의 이행지체에 따른 책임을 지지 않는다.

ㄴ. 甲이 인수한 위 5억 원의 채무를 乙이 대신 변제하였다면, 특별 한 사정이 없는 한, 이로 인한 甲의 乙에 대한 구상채무는 乙의 소유권이전등기의무와 동시이행관계에 있다. ㄷ. 甲이 위 매매로 인한 부가가치세를 부담하기로 약정하였다면, 특별 한 사정이 없는 한 乙은 甲으로부터 부가가치세와 매매대금을 지급 받을 때까지 자신의 소유권이전등기의무의 이행을 거절할 수 있다. ㄹ. 甲이 2011.10.9.까지 잔금을 지급하지 않았더라도, 乙이 소유권 이전등기 관련 서류를 제공하지 않는 한, 乙의 甲에 대한 잔금지 급청구권의 소멸시효는 진행되지 않는다.

① ㄱ, ㄴ ② ㄴ, ㄷ ③ ㄱ, ㄴ, ㄷ
④ ㄴ, ㄹ ⑤ ㄴ, ㄷ, ㄹ

해설

ㄱ. 틀림. 잔금지급일 이후부터 중도금에 관하여 동시이행항변권을 행사할 수 있다고 하더라도, 중도금 및 이에 대한 지급일 다음날부터 잔대금지급일까지의 지연손해금의 지급이 면책되는 것은 아니다(대판 1998.3.13. 97다54604,54661). ㄴ. 옳음. 부동산매매계약과 함께 이행인수계약이 이루어진 경우, 매수인이 인수한 채무는 매매대금지급채무에 갈음한 것으로서 매도인이 매수인의 인수채무 불이행으로 말미암아 또는 임의로 인수채무를 대신 변제하였다면, 그로 인한 손해배상채무 또는 구상채무는 인수채무의 변형으로서 매매대금지급채무에 갈음한 것의 변형이므로 매수인의 손해배상채무 또는 구상채무와 매도인의 소유권이전등기의무는 대가적 의미가 있어 이행상 견련관계에 있다고 인정되고, 따라서 양자는 동시이행의 관계에 있다고 해석함이 공평의 관념 및 신의칙에 합당하다(대판 2004.7.9. 2004다13083). ㄷ. 옳음. 당사자가 부담하는 각 채무가 쌍무계약에 있어 고유의 대가관계가 있는 채무가 아니라고 하더라도 구체적인 계약관계에서 각 당사자가 부담하는 채무에 관한 약정내용에 따라 그것이 대가적 의미가 있어 이행상 견련관계를 인정하여야 할 사정이 있는 경우에는 동시이행의 항변권을 인정할 수 있다(대판 2006.6.9. 2004다24557 등). 따라서 부동산 매매계약에 있어 매수인이 부가가치세를 부담하기로 약정한 경우, 부가가치세를 매매대금과 별도로 지급하기로 했다는 등의 특별한 사정이 없는 한 부가가치세를 포함한 매매대금 전부와 부동산의 소유권이전등기의무가 동시이행의 관계에 있다고 봄이 상당하다(대판 2006.2.24. 2005다58656,58663). ㄹ. 틀림. 부동산에 대한 매매대금 채권이 소유권이전등기청구권과 동시이행의 관계에 있다고 할지라도 매도인은 매매대금의 지급기일 이후 언제라도 그 대금의 지급을 청구할 수 있는 것이며, 다만 매수인은 매도인으로부터 그 이전등기에 관한 이행의 제공을 받기까지 그 지급을 거절할 수 있는데 지나지 아니하므로 매매대금청구권은 그 지급기일 이후 시효의 진행에 걸린다(대판 1991.3.22. 90다9797). <답 ②>

15. 우리 민법 제537조는 위험부담에 대하여 채무자위험부담주의를 취하고 있다. 다음 설명 중 틀린 것은?

① 제537조는 채권자가 반대급부위험을 부담하는 제538조와 달리 순수한 의미의 위험부담규정이다.

② 제537조는 부담부 증여에 있어서도 적용된다.
③ 양 당사자 모두의 귀책사유로 급부가 불능이 된 경우에도 쌍무계약의 특질상 제537조가 적용된다.
④ 채무자의 급부가 쌍방의 귀책사유 없이 일부불능이 된 경우 계약목적을 달성할 수 없는 경우가 아닌 한 반대급부의무가 대가적으로 감축될 뿐이다.
⑤ 운송물이 그 성질이나 하자로 인해 멸실한 경우 제537조는 적용되지 않는다.

해설

① 제538조의 위험부담은 사실상 채권자 측의 귀책사유에 근거하므로 순수한 위험부담 규정이라고 볼 수는 없다. ② 증여자의 채무와 수증자의 부담이 실질적으로 이행상 견련관계에 서는 한도에서 적용된다(제561조 참조). ③ 양 당사자 모두의 귀책사유로 인해 급부가 불능이 된 경우에는 누구의 귀책사유가 급부불능에 결정적인 원인이 되었는가에 따라 해결될 뿐이다. 따라서 채무자의 귀책사유가 급부불능에 대해 결정적인 영향을 주었다면 제390조, 반대로 채권자의 귀책사유가 결정적인 원인이 되었다면 제538조가 적용되며 다만 상대방의 귀책사유가 과실상계로써 고려될 뿐이다(제396조). ④ 그러나 일부불능으로 계약의 목적을 달성할 수 없는 경우에는 전부불능의 경우처럼 취급하면 된다. 이러한 취급에 대한 특칙으로서 '임차인의 차임감액청구권'(제627조) 및 상법 제134조 2항(⑤의 경우)이 있다. <답 ③>

16. 위험부담에 관한 다음 설명 중 옳지 않은 것은?

① 편무계약에서는 위험부담의 문제가 발생하지 않는다.
② 제538조 1항 2문 소정의 '채권자의 수령지체 중에 당사자 쌍방의 책임 없는 사유로 이행할 수 없게 된 때'에 해당하기 위해서는 현실제공이나 구두제공이 필요하다.
③ 쌍무계약의 위험부담에 관한 채무자주의 원칙의 예외를 정한 제538조 1항에 따르면, 경매로 낙찰받은 부동산에 관하여 낙찰대금의 납부 전에 체결한 매매계약에서 매수인이 그 낙찰대금의 납입을 대신하기로 약정하였으나 이를 이행하지 않아 그 부동산이 재경매됨으로써 매도인의 채무가 이행불능이 된 경우, 그 이행불능에 대한 책임은 매수인에게 있다.
④ 해당 근로자에 대한 무효인 해고가 직접적 원인이 되어 쟁의행위가 발생하고 해고된 근로자가 그 쟁의행위에 참가한 경우, 만일 해당 근로자가 해고가 없었어도 쟁의행위에 참가하여 근로를 제공하지 않았을 것임이 명백한 경우라면 해당 근로자는 쟁의행위 기간 중의 임금을 청구할 수 없다.
⑤ 채권자의 수령지체 중에 당사자 쌍방의 책임이 없는 사유로써 채무자의 급부실현이 불능이 된 경우에는 채무자는 반대급부청구권을 상실하지

않는다.

⑥ 근로자들로서는 위장폐업에 의한 부당해고가 무효인 경우, 사용자를 상대로 계속 근로하였을 경우 그 반대급부로 받을 수 있는 임금의 지급을 청구할 수 있다.

해설

① 편무계약에서는 급부위험만이 문제되고 채권자가 급부위험을 부담하기 때문에, 반대급부위험을 누가 부담할 것인가라는 '위험부담' 문제는 양 채무가 대가적 견련관계에 서있는 쌍무계약에서만 문제된다. ② 제400조 소정의 채권자지체가 성립하기 위해서는 민법 제460조 소정의 채무자의 변제제공이 있어야 하고, 변제 제공은 원칙적으로 현실제공으로 하여야 하며 다만 채권자가 미리 변제받기를 거절하거나 채무의 이행에 채권자의 행위를 요하는 경우에는 구두의 제공으로 하더라도 무방하고, 채권자가 변제를 받지 아니할 의사가 확고한 경우(이른바, 채권자의 영구적 불수령)에는 구두의 제공을 한다는 것조차 무의미하므로 그러한 경우에는 구두의 제공조차 필요 없다고 할 것이지만, 그러한 구두의 제공조차 필요 없는 경우라고 하더라도, 이는 그로써 채무자가 채무불이행책임을 면한다는 것에 불과하고, 민법 538조 1항 2문 소정의 '채권자 수령지체중에 당사자 쌍방의 책임 없는 사유로 이행할 수 없게 된 때'에 해당하기 위해서는 현실제공이나 구두제공이 필요하다(다만, 그 제공의 정도는 그 시기와 구체적인 상황에 따라 신의성실의 원칙에 어긋나지 않게 합리적으로 정하여야 한다)(대판 2004.3.12. 2001다79012). ③ 민법 제538조 1항은 쌍무계약의 위험부담에 관한 채무자주의 원칙의 예외로서 "쌍무계약의 당사자 일방의 채무가 채권자의 책임 있는 사유로 이행할 수 없게 된 때에는 채무자는 상대방의 이행을 청구할 수 있다."고 규정하고 있는바, 여기에서 '채권자의 책임 있는 사유'라고 함은 채권자의 어떤 작위나 부작위가 채무자의 이행의 실현을 방해하고 그 작위나 부작위는 채권자가 이를 피할 수 있었다는 점에서 신의칙상 비난받을 수 있는 경우를 의미한다 할 것인데(대판 2011.1.27. 2010다25698, 원심판결 이유에 의하더라도 원고와 피고는 이 사건 매매계약을 체결하면서 이 사건 토지의 소유권을 취득하여 피고에게 이전하여야 한다는 원고의 채무이행을 위해 필수적으로 요구되는 낙찰대금 납입은 그 이전등기청구권자인 피고가 대신하기로 약정하였음에도, 피고는 위 약정을 위반하여 그 납입의무를 이행하지 아니하였고, 그로 인하여 위 토지가 재경매되어 원고가 자신의 채무를 이행할 수 없게 되었다는 것인바, 위와 같은 사정을 앞서 본 법리에 비추어 보면, 원고의 채무가 이행불능된 책임은 원고가 아니라 피고에게 있다고 하지 않을 수 없다. 대판 2008.8.11. 2008다25824). ④ 해고된 근로자가 그 후 쟁의행위에 참가하였거나 쟁의행위 중 해고가 된 경우에 그 해고가 무효라고 하더라도 만일 해당 근로자가 해고가 없었어도 쟁의행위에 참가하여 근로를 제공하지 않았을 것임이 명백한 경우라면 이 역시 취업이 사실상 불가능한 상태가 발생한 경우에 준하여 해당 근로자는 쟁의행위 기간 중의 임금을 청구할 수 없다고 봄이 타당하다. 다만 해당 근로자에 대한 무효인 해고가 직접적 원인이 되어 쟁의행위가 발생한 경우 등 쟁의행위 기간 중 근로를 제공하지 못한 것 역시 사용자에게 귀책사유가 있다고 볼 수 있는 특별한 사정이 있는 경우에는 여전히 임금청구를 할 수 있다고 보아야 한다(대판 2012.9.27. 2010다99279). ⑤ 제538조 1항 2문 참조. ⑥ 제538조 제1항 참조(대판 2011.3.10. 2010다13282). <답 ④>

17. **甲은 달걀 1톤을 싣고 이행기인 6월 1일 강원도 춘천을 출발하여 서울 가락동 농수산물시장에 있는 乙의 창고에 도착하였으나, 마침 乙은 부재중이었**

고 마땅히 달걀은 보관시킬 수 없어 춘천으로 다시 돌아가던 중 7중 접촉사고로 인하여 달걀이 모두 파손되었다. 다음 보기 중 틀린 것을 모두 나열하면? (이 외의 사항에 대해서는 甲과 乙이 특별한 약정을 하지 않았음)

ⓐ 甲과 乙의 계약은 쌍무계약임과 동시에 유상계약이다.
ⓑ 甲은 달걀 1톤을 다시 인도하여야 한다.
ⓒ 甲의 목적물인도채무는 소멸하였다.
ⓓ 7중접촉사고가 甲의 과실 없이 발생하였다면 甲은 乙에게 약정된 대금의 지급을 청구할 수 있다.
ⓔ 도착과 동시에 반드시 가락동시장에서 甲이 지출하였어야 했던 달걀 검사비용은 乙에게 상환하여야 한다.

① ⓑ ② ⓐ, ⓑ ③ ⓑ, ⓒ
④ ⓑ, ⓒ, ⓓ ⑤ ⓑ, ⓒ, ⓓ, ⓔ

해설

ⓐ 매매계약이다. ⓑⓒ 채권자인 乙의 수령지체 중에 급부가 불능이 된 경우에는 甲은(즉, 甲의 목적물인도채무는 이제 소멸하였기 때문에) 목적물을 다시 인도할 필요가 없을뿐더러 乙에 대한 반대급부청구권도 상실하지 않는다. ⓓ 채권자 및 채무자 쌍방의 책임없는 사유로 수령지체 중에 목적물인도채무가 불능이 되었기 때문에 甲은 乙에 대한 약정된 대금의 지급을 청구할 수 있다(제538조 1항 2문 참조). ⓔ 채무자 甲은 자신의 급부의무를 면함으로써 얻은 이익, 즉 적극적 이익뿐만 아니라 소극적으로 지출하지 않게 된 비용도 상환하여야 한다(제538조 2항). <답 ①>

18. 도매상 甲은 소매상 乙과 면포(綿布) 1만 필을 대금과 상환으로 乙의 점포에서 인도한다는 내용의 매매계약을 체결하고 면포를 자신의 창고에 보관하던 중 화재로 인해 면포가 소실되어버렸다. 이 경우 甲과 乙의 법률관계에 관한 다음 설명 중 옳은 것은?

① 甲은 乙에 대하여 대금과 상환으로 동종·동량의 면포를 인도할 의무가 있다.
② 乙은 甲에 대하여 면포의 인도를 청구할 수는 없지만 甲에 대해 대금을 지불하지 않으면 안 된다.
③ 甲은 乙에 대해 면포인도의무를 면함과 함께 乙은 甲에 대해 대금지급채무를 면한다.
④ 乙은 甲의 면포인도채무의 이행불능을 이유로 매매계약을 해제할 수 있다.
⑤ 면포의 일부소실의 경우에는 乙은 담보책임의 규정에 의해 대금감액의 청구 또는 매매계약을 해제할 수 있다.

해설

① 甲과 乙은 면포 1만 필에 대한 종류물매매계약을 체결하였으므로, 甲과 乙 사이의 약정내용에 비추어 乙의 점포에서 면포 1만 필을 제공한 경우에만 '이행에 필요한 행위를 완료

한' 것이 되며(제375조 2항), 이때에 목적물이 특정된다. 하지만 위의 경우에는 목적물의 특정이 발생하지 않았다는 점에서 위험부담의 문제는 발생하지 않으므로 채무자 甲은 여전히 목적물조달의무를 부담하게 된다. <답 ①>

19. A는 자신이 소유하는 주택을 1억 원에 B에게 매도하는 계약을 체결하였다. 대금채무를 선이행하기로 약정했던 B는 대금채무를 전액변제하고 주택인도를 기다리던 중, 제3자의 방화로 말미암아 주택인도일자 이전에 주택이 소실하였다. 이 사례에 관한 설명으로서 옳은 것은?

① 제3자에 의해 주택이 소실됨으로써 계약목적은 원시적으로 불능이 되므로 위 매매계약은 무효이다.

② A의 채무가 양 당사자의 책임 없는 사유로 불능이 되었지만 그 원인이 제3자에게 있으므로 A는 재산권이전의무를 면할 수 없다.

③ A의 채무가 비록 특정물인도채무에 해당함에도 불구하고 그 급부가 불능이 되었어도 목적물조달의무가 여전히 A에게 있으므로 그는 다른 주택의 소유권을 이전할 채무를 부담한다.

④ B는 위험부담의 법리에 따라 변제한 대금의 반환을 청구할 수도 있고, 이를 포기하고 A에 대해 손해배상청구권의 대상(代償)을 청구할 수도 있다.

⑤ 제3자는 위 매매계약의 당사자가 아니므로 B는 제3자에게 불법행위책임을 전혀 추궁할 수 없다.

해설

A의 소유주택에 대한 매매는 특정물매매이므로 A는 유효한 매매계약의 체결로 인하여 B에게 재산권이전의무를 부담한다(제568조 1항 참조). 그런데 제3자의 방화로 인한 주택의 소실은 이른바 후발적 급부불능에 해당하며(①), 급부불능에 대해 매도인 A의 잘못이 인정되지 않으므로 B는 A에 대해 채무불이행책임을 물을 수는 없다(제390조 참조). 결국 쌍무계약인 위 매매계약에 있어서 A의 채무가 양 당사자의 책임 없는 사유로 불능이 되었으므로 A는 재산권이전의무를 면하고(따라서 B가 급부위험을 부담하고) 동시에 B에 대한 반대급부청구권을 상실한다(즉, A가 반대급부의 위험을 부담한다. 제537조 참조). 이는 제3자에 의해 급부가 불능이 되었을 경우에도 마찬가지이다(②). 아울러 A의 급부는 특정물의 인도이므로 후발적 불능 이후 그에게 목적물조달의무를 인정할 수는 없으므로 혹시 A에게 별도의 주택이 존재한다고 하더라도 그 이전의무를 인정할 수 없다(③). 한편 A는 이미 대금으로 1억 원을 수령하였으므로 이는 부당이득이 되어 B에게 반환되어야 한다(제741조, 제748조). 따라서 B는 A에 대하여 이미 이행한 매매대금 1억 원의 반환을 청구할 수 있으며, A는 이를 현존이익의 한도 내에서 반환하면 된다. 뿐만 아니라 A는 제3자에 대하여 불법행위에 의한 손해배상청구권을 갖고 있으므로, B는 A에 대하여 매매대금의 반환을 청구하는 대신 제3자에 대한 A의 손해배상청구를 원래의 급부(즉, 주택소유권이전)에 갈음하여 대상청구할 수 있다(통설, 판례). 결국 B는 A에게 대금의 반환을 청구하든가, 아니면 자신의 대금채무의 변제를 인정하면서 제3자에 대한 A의 손해배상청구권의 양도를 청구할 수 있다(④). 물론 B가 대상청구권을 주장할 수 있더라도, 요건이 충족된다면 B는 제3자에 대해 채권침해(즉, 주택소유권 이전 채권)를 이유로 불법행위를 주장하여 직접 손해배상청구를 할 수도 있다(제750조). 다만 제3자에 의해 채권침해가 불법행위

를 구성하기 위해서는 채권의 침해에 대한 제3자의 인식이 분명히 있어야 한다(⑤). 물론 제3자에 의한 채권침해를 이유로 불법행위책임을 물을 수 있는 근거가 무엇인가에 대해서는 학설이 일치하지 않는다. 판례도 제3자에 의한 채권침해로 불법행위가 성립함을 인정하고 있지만(대판 1953.2.21. 4285민상129), 제3자에 의한 채권침해가 반드시 언제나 불법행위가 되는 것은 아니고 채권침해의 모습에 따라 그 성립 여부를 구체적으로 검토하여 정하여야 한다고 한다(대판 1975.5.13. 73다1244 참고). <답 ④>

20. 甲은 2010.5.1. 자신의 A 별장을 팔기로 乙과 계약을 체결하면서, 2010.7.1. 대금 수수와 동시에 소유권이전등기에 필요한 서류를 교부하기로 합의하였다. 이에 관한 설명 중 옳지 않은 것은? <사시 2013년: 배점 2>

① 2010.4.20. 甲의 과실 없이 인근 야산의 산불로 A 별장이 소실된 경우, 그 사실에 대해 선의·무과실인 乙은 그 사실을 알 수 있었던 甲에 대하여 손해배상을 청구할 수 있다.

② 2010.6.1. 甲의 실화로 A 별장이 소실된 경우, 乙은 甲에 대한 최고 없이 계약을 해제할 수 있다.

③ 2010.7.1. 甲은 등기이전에 필요한 서류를 지참하였으나 乙이 정당한 사유 없이 약속장소에 나타나지 않았고, 그 다음날 甲의 과실 없이 인근 야산의 산불로 A 별장이 소실된 경우, 甲은 乙에게 대금지급을 청구할 수 있다.

④ 2010.6.10. 甲의 과실 없이 인근 야산의 산불로 A 별장이 소실된 경우, 甲은 乙에게 대금지급을 청구할 수 없다.

⑤ 2010.6.20. 甲에게 평소 앙심을 품고 있던 丙이 매매사실을 알고 A 별장을 고의로 소실시켰더라도 乙은 丙에게 손해배상을 청구할 수 없다.

해설

① 옳음. 원시적 불능이므로 손해배상청구가 가능하다(제535조). ② 옳음. 채무자의 귀책사유에 기한 후발적 (이행)불능이므로 제546조에 의한 해제가 가능하다(대판 2003. 1. 24. 2000다22850 참고). ③ 옳음. 채권자지체 중 쌍방의 귀책사유 없는 후발적 (이행)불능이므로 반대급부위험(즉, 대금채무의 이행)을 채권자가 부담한다(제538조 1항 후단). ④ 옳음. 쌍방의 귀책사유 없는 후발적 불능이므로 제537조에 의해 반대급부위험을 채무자가 부담한다(대판 2009.5.28. 2008다98655,98662 참고). ⑤ 틀림. 제3자의 채권침해에 해당한다. 따라서 丙이 고의인 경우에는 손해배상청구가 가능하다(대판 2003.3.14. 2000다32437 참고). <답 ⑤>

21. 위험부담에 관한 설명으로 옳은 것을 모두 고르면? (다툼이 있는 경우에는 판례에 의함) <변호사모의 2011년>

가. 甲은 자신의 소유인 X건물을 乙에게 파는 계약을 체결한 후, 甲의 실화로 인하여 그 건물이 전소되어 乙에게 인도할 수 없게 된

경우, 甲의 乙에 대한 대금채권은 존속한다.
나. 甲은 자신의 소유인 X건물을 乙에게 파는 계약을 체결하기 전에 벼락으로 인하여 전소된 경우에는 원시적 불능의 문제가 생긴다.
다. 甲은 자신의 소유인 X건물을 乙에게 파는 계약을 체결한 후에 벼락에 의하여 전소된 경우에는 위험부담의 문제가 발생하여 채무자위험부담주의가 적용된다.
라. 甲은 자신의 소유인 X건물을 乙에게 파는 계약을 체결하였는데, 당사자의 책임사유 없이 X건물이 전소된 경우, 甲이 화재보험에 가입하여 보험금수취권을 취득하게 되었다면, 乙의 甲에 대한 매매대금의 지급과 동시에 보험금지급청구권 자체가 乙에게 귀속한다.
마. 종류채권의 경우 특정이 있기 전에는 채무자가 보유하는 물건이 멸실하더라도 다른 종류물을 급부하여야 하는 점에서 위험부담의 문제는 발생하지 않으며, 특정이 있은 후에 위험부담의 문제가 생긴다.

① 나, 다 ② 가, 다, 라 ③ 다, 마
④ 다, 라, 마 ⑤ 가, 나, 다, 마

해설

위험부담은 특히 쌍무계약에서 발생하는 문제로서 우리 민법은 '채무자위험부담주의'를 원칙으로 하고 있다(제537조). 다만 채권자의 책임 있는 사유 또는 수령지체 중에 불가항력으로 인하여 급부가 불능이 된 경우 반대급부위험은 채권자가 부담한다(제538조 1항). 특히 위험부담은 후발적으로 급부가 불능이 된 경우에만 문제된다. 급부가 원시적 불능이 된 경우 전부불능이라면 계약은 무효가 되며, 다만 계약체결상의 과실책임이 발생하고(제535조) 일부의 불능이라면 특히 담보책임이 문제된다(제570조 이하 참조). ㉱ 위험부담의 경우 대상청구권이 인정되더라도 위의 보험금수취권의 양도를 구할 수 있을 뿐 그 채권자체가 귀속되는 것은 아니다. 즉, 소유권이전등기의무의 목적 부동산이 수용되어 그 소유권이전등기의무가 이행불능이 된 경우, 등기청구권자는 등기의무자에게 대상청구권의 행사로써 등기의무자가 지급받은 수용보상금의 반환을 구하거나 또는 등기의무자가 취득한 수용보상금청구권의 양도를 구할 수 있을 뿐 그 수용보상금청구권 자체가 등기청구권자에게 귀속되는 것은 아니다(대판 1996.10.29. 95다56910). <답 ⑤>

22. 甲은 자기 소유의 자동차를 2006.8.26. 乙 카센터에 수리를 맡기면서, 그 수리가 완료되면 乙이 전화로 알려주고 甲이 당일 찾아가기로 하였다. 그런데 8.30. 예상치 못한 집중폭우로 근처의 저수지가 범람 · 붕괴되어 乙 카센터가 침수되었다. 이로 인해 甲의 자동차가 멸실되었으며, 그때까지 乙은 수리비용으로 20만 원을 지출하였다. 이와 관련하여 '가', '나', '다'의 경우에 관한 설명 중 옳지 않은 것을 모두 고르면? <사시 2007년 유사>

'가': 乙 카센터 침수시 乙이 甲의 자동차를 안전한 곳으로 이동할 수

없었던 경우. ㉠ 乙은 자동차를 수리하여 반환하여야 할 의무를 면한다. ㉡ 甲은 乙에 대하여 채무불이행으로 인한 손해배상을 청구할 수 없으며, 乙 또한 甲에 대하여 수리비용 20만 원의 지급을 청구할 수 없다.
'나': 乙이 甲의 자동차 수리를 8.28. 완료하고, 그 사실을 甲에게 전화로 알려주었을 경우. ㉢ 법정책임설에 의하면 甲의 수령지체가 성립한다. ㉣ 甲은 乙에 대하여 자동차 반환을 청구할 수 없지만, 乙은 甲에 대하여 수리비용 20만 원의 지급을 청구할 수 있다.
'다': 만약 乙이 甲에게 자동차 수리를 8.29.까지 완료하기로 약정하였는데, 개인적 사정으로 완료하지 못한 경우. ㉤ 甲은 乙에 대하여 채무불이행으로 인한 손해배상을 청구할 수 있다. ㉥ 乙은 甲에 대하여 자동차 멸실 전까지 지출한 수리비용의 지급을 청구할 수 있다.

① ㉠, ㉢, ㉣ ② ㉡, ㉤ ③ ㉢, ㉥
④ ㉠, ㉢, ㉤ ⑤ ㉥ ⑥ ㉡, ㉣, ㉥
⑦ ㉡, ㉣, ㉤, ㉥ ⑧ ㉠, ㉤, ㉥

해설

㉮ 계약이 유효하게 체결된 이후에 양 당사자의 귀책사유 없이 급부가 불능이된 경우에 채무자는 채권자에 대한 반대급부청구권을 상실하게 되는 반면(제537조: 채무자위험부담주의), 채권자에 대한 의무도 면한다. ㉯ 채권자지체의 법적 성질과 관련하여 법정책임설에 의하면 채권자의 수령의무를 인정하지 않으므로 수령 내지 협력을 하지 않은 데 대한 채권자의 귀책사유를 요구하지 않는다. 반면 채무불이행설에 따르면 채권자는 수령의무를 부담하고, 이러한 수령의무를 이행하지 않을 때에는 채무불이행책임을 진다(김형배, 채권총론, 300면 이하). 따라서 법정책임설에 따를 경우에는 甲의 귀책사유의 유무에 불구하고 乙은 20만 원의 지급을 청구할 수 있으며, 채무불이행설에 의하더라도 8.28.에 전화로 수리완료를 알려주었다는 사실로부터 甲의 귀책사유를 인정할 수 있다면 이때에도 乙은 20만원의 지급을 청구할 수 있을 것이다. ㉰ 채무자는 자기에게 과실이 없는 경우에도 그 이행지체 중에 생긴 손해를 배상하여야 한다(제392조 본문). 그리고 乙이 이행기에 이행을 했더라면 침수에 의한 피해가 없었을 것이므로 불가항력의 항변을 인정될 수 없다(동조 단서 참조). 또한 자동차의 멸실은 불가항력에 의한 후발적 불능으로서 반대급부위험은 채무자가 지게 되고, 甲의 자동차수리비용의 지급과 乙의 자동차반환의무는 동시이행의 관계에 있으므로 乙은 수리비용의 지급을 청구할 수 없다. <답 ⑤>

23. 쌍무계약의 특수한 효력에 관한 다음 설명 중 옳은 것(○)과 옳지 않은 것

(×)을 바르게 표시한 것은? (다툼이 있는 경우에는 다수설에 의함)

> ㉠ 채무자가 동시이행의 항변권을 가지는 경우 채권자는 집행개시시까지는 자신의 채무의 이행을 제공해야만 강제집행의 방법으로써 채권의 만족을 얻을 수 있다.
> ㉡ 채권양도 · 채무인수 · 경개계약 등으로 채권자 또는 채무자가 변경된 경우에도 동시이행의 항변권을 소멸하지 않는 것을 원칙으로 한다.
> ㉢ 할부매매에 있어서는 목적물을 인도하였다 하더라도 소유자는 여전히 매도인이므로 목적물 멸실의 위험은 매도인이 부담한다.
> ㉣ 임차물의 일부가 임차인의 귀책사유 없이 일부멸실한 경우 멸실부분만큼의 차임은 당연히 감소한다.

① ㉠(○), ㉡(○), ㉢(○), ㉣(○) ② ㉠(○), ㉡(○), ㉢(×), ㉣(○)
③ ㉠(○), ㉡(×), ㉢(○), ㉣(○) ④ ㉠(○), ㉡(×), ㉢(×), ㉣(×)
⑤ ㉠(×), ㉡(○), ㉢(○), ㉣(○) ⑥ ㉠(×), ㉡(○), ㉢(×), ㉣(×)
⑦ ㉠(×), ㉡(×), ㉢(○), ㉣(×) ⑧ ㉠(×), ㉡(×), ㉢(×), ㉣(○)

해설

㉠ 판례(대결 1977.11.30. 77마371)와 다수설(특히 곽윤직, 79면)에 의할 경우 원고가 행한 급부는 집행개시의 요건(민집법 제40조 2항)이라고 하므로 옳은 설명이다. ㉡ 채권양도 · 채무인수 · 상속 등으로 당사자가 변경된 경우에도 '채권관계의 동일성'이 유지되는 한 동시이행의 항변권은 인정된다. 따라서 채권관계의 동일성이 파괴되는 경개계약에 의하여 발생하는 신채무에 관해서는 구채무의 항변권이 수반하지 않는다. 그러나 준소비대차에 관해서는 견해의 차이가 있다. 통설에 따르면 소멸하는 기존채무와 준소비대차로 성립하는 신채무 사이에 동일성이 유지되므로 담보권, 보증, 동시이행의 항변권 등은 그대로 존속한다고 본다(다만 동시이행항변권은 포기한 것으로 보는 견해로는 이은영, 379면 참고). ㉢ 다수설에 따를 경우 매도인에게 소유권이 유보된 것은 단지 매수인에 대한 대금채권의 확보라는 점에서 실질적으로 소유자인 매수인이 위험을 부담해야 한다고 한다. 따라서 매수인은 잔대금채무를 이행하여야 한다. ㉣ 단지 임차인의 감액청구권이 인정될 뿐이다(제627조 1항). <답 ④>

24. 쌍무계약에 관한 설명 중 틀린 것을 모두 고르면? (다툼이 있는 경우에는 판례에 의함)

> ㉠ 쌍무계약은 쌍방당사자가 상호 대등한 대가관계에 있는 채무를 부담하는 계약이므로, 양 채무가 객관적 · 경제적으로 동등한 의미를 가져야 한다.
> ㉡ 부담부증여에 있어서 부담의무 있는 상대방이 자신의 의무를 이행하지 아니하는 경우라고 하더라도, 증여의 의사가 서면으로 표시되고 증여계약이 이미 이행된 경우에는, 증여자는 계약을 해제할 수 없다.

> ㉢ 사용자의 귀책사유로 인하여 해고된 근로자가 해고기간 중에 동종의 다른 직장에 종사하여 얻은 이른바 중간수입은 사용자가 해고기간중의 임금을 지급함에 있어서 공제의 대상이 되지 아니한다.
> ㉣ 쌍무계약의 당사자 일방의 급부가 이행불능이 된 결과로 상대방이 대상청구권을 행사할 수 있는 경우라고 하더라도, 상대방의 반대급부도 그 전부가 이행불능이 되는 때에는 특별한 사정이 없는 한, 상대방은 대상청구권을 행사할 수 없다.
> ㉤ 공사도급계약의 도급인이 자신 소유의 토지에 근저당권을 설정하여 수급인으로 하여금 공사에 필요한 자금을 대출받도록 한 경우, 수급인의 근저당권말소의무는 도급인의 공사대금채무에 대하여 공사도급계약상 고유한 대가관계가 있는 의무는 아니지만 담보제공의 경위와 목적 및 그에 따른 공사대금의 실질적 선급과 같은 자금지원 효과 등 구체적인 계약관계에 비추어 볼 때 이행상의 견련관계가 인정되는 한 양자는 서로 동시이행의 관계에 있다.

① ㉠ ② ㉡ ③ ㉢
④ ㉣ ⑤ ㉠, ㉡ ⑥ ㉢, ㉤
⑦ ㉠, ㉡, ㉢ ⑧ ㉠, ㉡, ㉢, ㉤

해설

㉠ 급부가 경제적으로 동일한 가치를 가질 필요는 없다. ㉡ 증여자는 계약을 해제할 수 있다(대판 1996.1.26. 95다43358). ㉢ 공제대상이 된다(제538조 2항. 대판 1993.11.9. 93다37915 등 참고). ㉣ 쌍무계약의 당사자 일방이 상대방의 급부가 이행불능이 된 사정의 결과로 상대방이 취득한 대상에 대하여 급부청구권을 행사할 수 있다고 하더라도, 그 당사자 일방이 대상청구권을 행사하려면 상대방에 대하여 반대급부를 이행할 의무가 있는 바, 이 경우 당사자 일방의 반대급부도 그 전부가 이행불능이 되거나 그 일부가 이행불능이 되고 나머지 잔부의 이행만으로는 상대방의 계약목적을 달성할 수 없는 등 상대방에게 아무런 이익이 되지 않는다고 인정되는 때에는, 상대방이 당사자 일방의 대상청구를 거부하는 것이 신의칙에 반한다고 볼 만한 특별한 사정이 없는 한, 당사자 일방은 상대방에 대하여 대상청구권을 행사할 수 없다(대판 1996.6.25. 95다6601). ㉤ 더욱이 수급인이 근저당권말소의무를 이행하지 아니한 결과 도급인이 위 대출금 및 연체이자를 대위변제함으로써 수급인이 지게 된 구상금채무도 근저당권말소의무의 변형물로서 그 대등액의 범위 내에서 도급인의 공사대금채무와 동시이행의 관계에 있다(대판 2010.3.25. 2007다35152).

<답 ⑦>

3. 제3자를 위한 계약

25. '제3자를 위한 계약'에 관한 설명 가운데 틀린 것은? (통설에 의함)

① 계약이 성립하기 위해서는 제3자 약관이 있어야 한다.
② 부동산을 매매하면서 중도금 및 잔금은 매수인이 매도인의 채권자에게

직접 지급하기로 약정하였다면 이는 제3자를 위한 계약에 해당할 수도 있고, 동시에 매수인이 매도인의 그 제3자에 대한 채무를 인수하는 병존적 채무인수에 해당할 수도 있다.

③ 제3자의 수익의 의사표시가 있기 이전에도 제3자의 권리는 상속의 목적이 될 수 있다.

④ '제3자를 위한 계약'을 체결한 낙약자는 착오로 인하여 의사표시를 하였음을 계약의 당사자가 아닌 제3자에게는 주장할 수 없다.

⑤ 신탁계약에 있어서 수탁자의 동의 없이 위탁자가 일방적으로 수익자를 변경할 수는 없다.

해설

① 제3자를 위한 계약이 성립하기 위해서는 반드시 '제3자에게 권리를 직접 취득시키려는' 데에 대한 요약자와 낙약자 사이의 약정이 존재하여야 한다. ② 대판 1997.10.24. 97다28698 참고. ③ '제3자를 위한 계약'의 제3자는 수익의 의사표시를 함으로써 권리취득의 효과를 낳는 형성권을 갖는다. 따라서 이 형성권을 갖고 있다는 자체만으로도 권리로서 의미를 지니기 때문에 상속은 물론 채권자대위권의 객체가 된다(통설). ④ 낙약자는 계약의 당사자이므로 계약상(즉, 보상관계)의 항변사유를 가지고 수익자인 제3자에게 대항할 수 있다(제542조 참조). ⑤ 신탁계약상 수익자는 신탁이익을 향수할 권리를 포함한 신탁법상의 여러 가지 권리와 의무를 갖게 되는 것이므로, 수익자를 정하는 것은 위탁자와 수탁자 간의 신탁계약 내용의 중요한 요소에 해당한다. 따라서 수익자의 변경에는 계약당사자인 위탁자와 수탁자의 합의를 요한다(대판 2007.5.31. 2007다13312). <답 ④>

26. 제3자를 위한 계약에 관한 설명 중 옳지 않은 것은? (다툼이 있는 경우에는 판례에 의함) <사시 2005년>

① 제3자를 위한 계약에서 제3자는 계약성립시에 특정될 필요가 없고 현존할 필요도 없다.

② 낙약자는 요약자와 제3자 사이의 법률관계(대가관계)에 기한 항변으로 수익자에게 대항하지 못하고, 요약자도 대가관계의 부존재나 효력의 상실을 이유로 요약자와 낙약자 사이의 법률관계(보상관계)에 기하여 낙약자에게 부담하는 채무의 이행을 거절할 수 없다.

③ 중첩적 채무인수는 채권자로 하여금 인수인에 대하여 새로운 권리를 취득하게 하는 것으로 제3자를 위한 계약의 하나로 볼 수 있다.

④ 수익의 의사를 표시한 수익자는 낙약자에 대하여 직접 계약의 이행을 청구할 수 있고, 요약자의 계약해제 후에는 낙약자에 대하여 원상회복을 청구할 수 있다.

⑤ 제3자를 위한 계약이 성립하기 위하여는 일반적으로 그 계약의 당사자가 아닌 제3자로 하여금 직접 권리를 취득하게 하는 약정이 있어야 할 것이지만, 계약의 당사자가 제3자에 대하여 가진 채권에 관하여 그 채무를

면제하는 계약도 제3자를 위한 계약에 준하는 것으로서 유효하다.

해설

① 대판 1997.10.10. 97다7264 등. 다만 수익의 의사를 표시할 때는 제3자가 현존·특정되어 있어야 한다. ② 대판 2003.12.11. 2003다49771. ④ 계약해제권이 없으므로 원상회복청구권도 없다. ⑤ 대판 2004.9.3. 2002다37405. <답 ④>

27. 제3자를 위한 계약에 있어서 낙약자·요약자·제3자 사이의 법률관계에 관한 설명 중 틀린 것은? (다툼이 있는 경우에는 다수설에 의함)

① 제3자는 요약자의 무능력·착오 또는 낙약자의 사기·강박을 이유로 계약을 취소하거나, 낙약자의 채무불이행을 이유로 계약을 해제할 수 없다.

② 제3자의 책임 있는 사유로 급부가 불능이 된 경우 낙약자의 급부의무는 소멸되지만, 요약자의 반대급부의무는 소멸하지 않는다.

③ 출연의 원인인 출연관계(대가관계)가 결여된 경우에도 제3자를 위한 계약과 이에 기초한 제3자의 권리발생에는 아무런 영향이 없다.

④ 제3자의 수익의 의사표시 이후 낙약자의 채무불이행이 있으면 제3자만이 손해배상을 청구할 수 있다.

⑤ 제3자에게 급부된 목적물에 하자가 있는 경우 목적물의 하자로 계약의 목적을 달성할 수 없다면 요약자만이 계약해제권을 행사할 수 있다.

해설

① 계약의 당사자는 요약자와 낙약자이므로 낙약자의 채무불이행에 대해서는 요약자만이 해제권을 가지지만, 제3자도 수익의 의사표시 후에는(즉, 제3자의 권리가 확정된 후에는) 이행청구권 및 손해배상청구권을 갖는다. 그러나 제3자는 수익자로서 계약의 당사자가 아니므로 취소권 또는 해제권을 가질 수는 없다. ② 제3자의 책임 있는 사유 또는 수령지체 중에 급부가 불능이 된 경우에도 제538조 1항이 적용된다. ④ 제3자의 수익의 의사표시 이후 낙약자의 책임 있는 사유로 채무가 이행되지 않은 경우 제3자가 손해배상을 청구할 수 있음은 당연하며, 요약자 역시 제3자에게 이행되는 것에 특별한 이익을 가지고 있으며 낙약자가 이를 알 수 있는 경우에는 자신이 손해배상을 청구할 수 있다(김형배, 193면; 김증한, 76면; 이은영, 205면. 반대: 곽윤직, 94면). <답 ④>

28. 甲과 乙은 甲 소유의 토지를 丙에게 취득해 주기로 하고, 대금은 乙이 지급하기로 약정하였다. 다음 설명 중 옳은 것(○)과 옳지 않은 것(×)을 바르게 표시한 것은?

㉠ 甲과 乙 사이의 약정은 제3자를 위한 처분행위로써 유효하지만, 丙은 수익의 의사표시와 함께 등기를 함으로써 소유권을 취득할 수 있다.

㉡ 丙의 권리가 확정된 이후에도 乙은 甲에게 丙에 대한 소유권이전의무의 이행을 청구할 수 있다.

㉢ 丙이 乙을 강박하여 제3자를 위한 계약을 체결하였다면 乙은 이를 이유로 계약을 취소할 수는 없으며, 단지 丙에 대한 부당이득의 반환을 청구할 수 있다.
㉣ 丙의 권리가 확정된 이후 甲이 자신의 책임 있는 사유로 채무를 이행할 수 없게 되었다면 乙은 丙의 동의 없이도 계약을 해제할 수 있다.

① ㉠(○), ㉡(○), ㉢(○), ㉣(○) ② ㉠(○), ㉡(○), ㉢(×), ㉣(○)
③ ㉠(○), ㉡(×), ㉢(○), ㉣(○) ④ ㉠(○), ㉡(×), ㉢(×), ㉣(×)
⑤ ㉠(×), ㉡(○), ㉢(○), ㉣(○) ⑥ ㉠(×), ㉡(○), ㉢(×), ㉣(×)
⑦ ㉠(×), ㉡(×), ㉢(○), ㉣(×) ⑧ ㉠(×), ㉡(×), ㉢(×), ㉣(○)

해설

㉢ 제3자 丙이 요약자 乙을 강박하여 계약을 체결한 경우에도 제3자에 의한 사기·강박으로써 낙약자 甲이 이 사실을 알고 있었거나 알 수 있었을 경우에는 계약을 취소할 수 있다. ㉣ 제3자를 위한 유상·쌍무계약의 경우, 요약자는 낙약자가 채무를 이행하지 않으면 제3자의 동의 없이도 계약을 해제할 수 있다(대판 1970.2.24. 69다1410,1411).

<답 ②>

29. 甲이 자신 소유의 토지를 乙에게 매도하되 乙은 그 대금을 丙에게 지급하기로 약정하였고, 그 후 丙이 수익의 의사표시를 하였다. 이에 관한 설명 중 옳지 않은 것을 모두 고르면?

㉠ 甲이 乙의 기망행위를 이유로 위 매매계약을 취소하였다면, 丙이 그 취소원인 사실을 알지 못하였다 하더라도 丙은 乙에 대하여 매매대금의 지급을 청구할 수 없다.
㉡ 甲이 위 약정에 따라 乙에게 토지의 소유권을 이전하고 토지를 인도한 후, 매수인인 乙이 대금지급의무를 이행하지 않는다는 이유로 甲이 위 매매계약을 적법하게 해제하였다면, 乙은 위 토지를 丙에게 반환하여야 한다.
㉢ 甲과 乙 사이의 매매계약이 무효인 경우, 乙이 매매대금을 지급하지 않더라도 丙은 乙에 대하여 채무불이행에 따른 손해배상을 청구할 수 없다.
㉣ 위 매매계약 당시 甲과 乙이 丙의 권리를 변경, 소멸시킬 수 있음을 미리 유보하였다고 하더라도, 丙이 이미 수익의 의사표시를 하였기 때문에 甲과 乙이 丙의 권리를 변경, 소멸시킬 수는 없다.
㉤ 丙이 乙에 대하여 매매대금의 지급을 청구한 경우, 乙은 甲이 아직 위 토지의 소유권을 이전하여 주지 않았음을 이유로 매매대금의 지급을 거절할 수 있다.

① ㉠, ㉡ ② ㉠, ㉢ ③ ㉠, ㉣
④ ㉠, ㉤ ⑤ ㉡, ㉢ ⑥ ㉡, ㉣
⑦ ㉢, ㉣ ⑧ ㉣, ㉤

해설

㉠ 제3자를 위한 계약에서 제3자의 권리는 계약에서 직접 발생하는 것이므로 선의의 제3자로서 보호받지 못한다(통설). ㉡ 해제권에 기한 원상회복청구권의 행사는 계약의 당사자만이 가능하므로, 낙약자인 乙은 원상회복으로서 甲에 대하여 토지를 반환해야 한다(대판 1994.8.12. 92다41559). ㉢㉤ 요약자와 낙약자 사이의 보상관계가 무효로 되면 제3자의 권리는 소멸하며, 제3자는 보상관계에 기한 낙약자의 항변(권리의 불발생 · 소멸 · 동시이행 등)에 대항할 수 없다(제542조 참조). ㉣ 제3자를 위한 계약에 있어서, 제3자가 민법 제539조 2항에 따라 수익의 의사표시를 함으로써 제3자에게 권리가 확정적으로 귀속된 경우에는, 요약자와 낙약자의 합의에 의하여 제3자의 권리를 변경 · 소멸시킬 수 있음을 미리 유보하였거나, 제3자의 동의가 있는 경우가 아니면 계약의 당사자인 요약자와 낙약자는 제3자의 권리를 변경 · 소멸시키지 못하고, 만일 계약의 당사자가 제3자의 권리를 임의로 변경 · 소멸시키는 행위를 한 경우 이는 제3자에 대하여 효력이 없다(대판 2002.1.25. 2001다30285). <답 ⑥>

30. 제3자를 위한 계약에 관한 설명 중 옳지 않은 것을 모두 고르면? (다툼이 있는 경우에는 판례에 의함) <사시 2011년 변형: 배점 3, 사시 2012년 유사>

ㄱ. 채무자와 인수인의 합의로 채권자가 인수인에 대해서도 직접 채권을 취득하게 하는 내용의 병존적 채무인수는 일종의 제3자를 위한 계약이다.
ㄴ. 설립 중인 법인을 제3자로 하여 체결될 수도 있다.
ㄷ. 요약자나 낙약자는 제3자를 위한 계약이 통정허위표시로서 무효라는 이유로 선의의 수익자에게 대항하지 못한다.
ㄹ. 수익의 의사표시를 한 수익자는 낙약자에게 직접 그 이행을 청구할 수 있으나, 요약자가 위 수익의 의사표시 후 낙약자의 귀책사유로 계약을 해제한 경우, 수익자는 낙약자에게 자기가 입은 손해의 배상을 청구할 수 없다.
ㅁ. 제3자를 위한 계약이 해제된 경우, 이미 제3자에게 이행을 한 낙약자는 특별한 사정이 없는 한 제3자에 대해 원상회복을 청구할 수 없다.

① ㄱ, ㄷ ② ㄴ, ㄷ, ㅁ ③ ㄷ, ㄹ
④ ㄹ ⑤ ㄴ, ㅁ

해설

㉠ 옳음. 대판 1997.10.24. 97다28698 참고. ㉡ 옳음. 재단법인의 설립준비 중 제3자가 기 설립자에 대하여 장차 설립될 동 법인의 설립을 조건으로 하고 동 법인에 무상으로 재

산을 출연할 것을 약정하였다가 동 법인을 수익자로 하는 제3자를 위한 재산출연에 관한 계약을 하였을 경우에는 기 각 재산이 동 법인의 기부행위에 기재되지 아니하였다 할지라도, 동 법인은 전자에 있어서는 그 설립과 동시에 당연히 후자에 있어서는 설립 후의 수익의 의사표시에 의하여 동 재산상의 권리를 취득하게 된다(대판 1960.7.21. 4292민상773). ㉢ 틀림. 제3자를 위한 계약에서 수익자는 보호되는 민법 제108조 제2항상 제3자에 해당되지 않는다. ㉣ 틀림. 요약자가 계약을 해제한 경우 수익자는 낙약자에게 자기가 입은 손해의 배상을 청구할 수 있다(대판 1994.8.12. 92다41559). ㉤ 옳음. 해제된 경우 그 계약관계의 청산은 계약의 당사자인 낙약자와 요약자 사이에 이루어져야 하므로 특별한 사정이 없는 한 낙약자가 이미 제3자에게 급부한 것이 있더라도 낙약자는 계약해제 등에 기한 원상회복 또는 부당이득을 원인으로 제3자를 상대로 그 반환을 구할 수 없다(대판 2010.8.19. 2010다31860,31877). <답 ③>

제 5 절 계약의 해제와 해지

1. 해제권에 관한 다음 설명 중 틀린 것은?

① 해제권은 당사자 일방의 의사표시에 의하여 효력이 발생하는 형성권이므로 채권자가 해제권행사 후 계약상의 의무이행을 구하는 경우에는 채무자는 채권자의 해제권행사를 이유로 그 이행을 거절할 수 있다.

② 계약당사자가 어느 일방에 대하여 약정해제권을 유보한다든가 또는 위약벌에 관한 특약을 두었는지의 여부는 법정해제권의 배제나 포기의 특약이 없는 한 채무불이행으로 인한 법정해제권의 성립에 아무런 영향을 미치지 않는다.

③ 기한을 정하지 아니한 채무의 경우에 채권자가 상당기간을 정하여 이행의 청구를 하는 경우에는 해제권발생을 위하여 별도의 최고를 요건으로 하지 않는다.

④ 민법 제544조에 의한 해제권은 채무의 불이행이 주된 의무의 위반인가 부수적 주의의무의 위반인가를 묻지 않고 채무의 불이행이 있으면 발생한다.

⑤ 계약성립 당시 당사자가 예견할 수 없었던 현저한 사정의 변경이 발생하였고 그러한 사정의 변경이 해제권을 취득하는 당사자에게 책임 없는 사유로 생긴 것으로서, 계약내용대로의 구속력을 인정한다면 신의칙에 현저히 반하는 결과가 생기는 경우에는 사정변경에 의한 계약해제권이 인정된다.

해설

① 계약의 해제권은 일종의 형성권으로서 당사자의 일방에 의한 계약해제의 의사표시가 있으면 그 효과로서 새로운 법률관계가 발생하고 각 당사자는 그에 구속되는 것이므로, 일방 당사자의 계약위반을 이유로 한 상대방의 계약해제 의사표시에 의하여 계약이 해제

되었음에도 상대방이 계약이 존속함을 전제로 계약상 의무의 이행을 구하는 경우 계약을 위반한 당사자도 당해 계약이 상대방의 해제로 소멸되었음을 이유로 그 이행을 거절할 수 있다(대판 2008.10.23. 2007다54979 등). ② 채권계약은 쌍방이 신의칙에 따라 성실히 계약이 이행될 것을 기대하고 체결되는 것이니만큼 그 계약당사자가 계약을 위반하여 그 채무를 이행하지 아니하면 채권자인 상대방은 그로 인한 손해배상청구권과 계약해제권이 발생한다 함은 당연한 법리라 할 것인즉 계약에 명문으로 위약시의 법정해제권의 포기 또는 배제를 규정하지 아니하는 이상 채무불이행의 당연한 효과인 손해배상의 조항이나 위약벌에 관한 조항이 계약서상 있다 하여 계약해제권을 배제한 것이라고는 할 수 없다 할 것이다(대판 1990.3.27. 89다카14110). ③ 통설은 이 경우 이행청구나 최고의 성질을 같은 것으로 보고 해제권발생의 요건으로 최고는 중복적인 것이어서 필요하지 않다고 새기고 있다. ④ 민법 제544조에 의하여 계약을 해제하려면 당해 채무의 위반 내지 불이행을 알았다면 채권자가 그 계약을 체결하지 않았을 정도로 계약의 목적을 달성하는 데 필요불가결한 주된 채무이어야 하고, 따라서 그렇지 아니한 부수적 채무를 불이행한 데에 불과한 경우는 계약을 해제할 수 없다(대판 2001.11.13. 2001다20394). 다만 당사자 사이에 그와 같은 내용의 특약이 있거나 부수적 주의의무위반으로 계약목적이 달성될 수 없는 경우에 한하여 해제권이 발생할 수 있을 뿐이다(대판 1968.11.5. 68다1808). ⑤ 다만, 지방자치단체로부터 매수한 토지가 공공공지(公共空地)에 편입되어 매수인이 의도한 건축이 불가능하게 되었더라도, 이는 매매계약을 그대로 유지하는 것이 신의칙에 반한다고 볼 수도 없다고 한 사례(대판 2007.3.29. 2004다31302). <답 ④>

2. 계약의 해제에 관한 다음 설명 중 옳은 것(○)과 옳지 않은 것(×)을 바르게 표시한 것은?

> ㉠ 해제의 의사표시가 상대방에게 도달하더라도 상대방의 승낙이 있으면 이를 철회할 수 있다.
> ㉡ 해제의 의사표시에는 원칙적으로 조건과 기한을 붙이지 못하지만, 최고기간 내에 채무의 이행이 없으면 당연히 해제한 것으로 본다는 의사표시는 유효하다.
> ㉢ 채권자는 연대채무자 전원에 대하여 해제의 의사표시를 하여야 한다.
> ㉣ 해제권은 형성권이므로 소멸시효에 걸리지 않기 때문에, 계약상의 채무가 소멸시효로 완성하더라도 해제권은 소멸되지 아니한다.

① ㉠(○), ㉡(○), ㉢(○), ㉣(○) ② ㉠(○), ㉡(○), ㉢(×), ㉣(○)
③ ㉠(○), ㉡(×), ㉢(○), ㉣(○) ④ ㉠(○), ㉡(○), ㉢(○), ㉣(×)
⑤ ㉠(×), ㉡(○), ㉢(○), ㉣(○) ⑥ ㉠(×), ㉡(○), ㉢(×), ㉣(×)
⑦ ㉠(×), ㉡(×), ㉢(○), ㉣(×) ⑧ ㉠(×), ㉡(×), ㉢(×), ㉣(○)

해설 ··

㉠ 해제의 의사표시는 도달로서 그 효력이 발생하기 때문에 원칙적으로 철회할 수 없지만(제542조 2항), 철회의 제한은 계약의 해제를 신뢰하는 상대방의 보호에 그 취지가 있는 것이므로 상대방이 승낙하면 이를 철회할 수 있다고 해석된다. ㉡ 해제의 의사표시에 붙

는 조건과 기한은 법률관계를 불명확하게 하여 상대방에게 불이익을 주기 때문에 금지되지만, 상대방에게 불이익이 되지 않는 조건이라면 무방하다고 새기고 있다. ㉢ 해제권행사에 있어서 '불가분성'(제547조 1항 참조). ㉣ 통설에 의하면 해제권은 10년의 제척기간에 걸리지만, 법정해제권은 채무불이행을 전제로 한다는 점에서 계약상의 채무가 소멸시효의 완성으로 소멸되면 해제권도 함께 소멸된다고 한다. <답 ④>

3. 계약의 해제에 관한 다음 설명 중 잘못된 것은? (다툼이 있는 경우에는 판례에 의함)

① 해제권 행사의 기간을 정하지 아니한 때에는 상대방은 상당한 기간을 정하여 해제권 행사 여부의 확답을 해제권자에게 최고할 수 있고, 그 기간 내에 해제의 통지를 받지 못한 때에는 해제권은 소멸하는 것이지만, 이로 인하여 그 후 새로운 사유에 의하여 발생한 해제권까지 행사할 수 없게 되는 것은 아니다.

② 계약해제의 소급효로써 제3자의 권리를 해할 수 없다고 규정한 민법 제548조 제1항의 규정은 해제권이 행사되었을 경우에 관한 규정이므로, 당사자 사이에서 계약을 합의해제하는 경우에는 위 규정은 적용되지 않는다.

③ 계약이 적법하게 해제되면 그 계약의 효과는 소급적으로 소멸되므로, 매매계약의 대금을 기존의 채권과 상계하기로 한 경우 매매계약이 해제되면, 상계는 효력은 발생할 수 없어 상계로 소멸한 기존의 채권은 다시 살아나게 된다.

④ 채무불이행을 이유로 계약을 해제하려면, 당해 채무가 계약의 목적달성에 있어 필요불가결하고 이를 이행하지 아니하면 계약의 목적이 달성되지 아니하여 채권자가 그 계약을 체결하지 아니하였을 것이라고 여겨질 정도의 주된 채무이어야 하고 그렇지 아니한 부수적 채무를 불이행한 데에 지나지 아니한 경우에는 계약을 해제할 수 없다.

⑤ 우리 민법상 해제권의 행사는 손해배상의 청구와는 별개이므로, 채권자는 계약을 해제하여야만 손해배상청구를 할 수 있는 것은 아니고, 계약을 해제하지 아니한 채 손해배상청구권만을 행사할 수도 있다.

해설

① 해제권의 행사의 기간을 정하지 아니한 때에는 상대방은 상당한 기간을 정하여 해제권 행사 여부의 확답을 해제권자에게 최고할 수 있고(제552조 1항), 그 기간 내에 해제의 통지를 받지 못한 때에는 해제권은 소멸한다(동조 2항). 그러나 이로 인하여 그 후 새로운 사유에 의하여 발생한 해제권까지 행사할 수 없게 되는 것은 아니다(대판 2005.12.8. 2003다41463 참고). ③ 대판 1980.8.26. 79다1257,1258 참고. ④ 대판 2005.11.25. 2005다53705,53712. 이 때 부수적 의무의 존부는 계약을 체결할 때 표명되었거나 그 당시 상황으로 보아 분명하게 객관적으로 나타난 당사자의 합리적 의사와 계약의 내용·목

적 · 불이행의 결과 등을 고려하여 해석해야 한다. ⑤ 법정해제권은 채무불이행을 원인으로 하여 발생한다(통설. 그러나 통설과 같이 채무자의 귀책사유에 의한 급부장애가 있는 경우에 한해서 해제가 인정된다고 볼 것은 아니다. 김형배, 212면 이하 참고). 따라서 채무불이행으로 인한 손해가 발생한 경우에는 해제권의 행사와 무관하게 그 손해배상을 청구할 수 있다(제390조). ② 계약의 합의해제에서도 형성권인 해제권의 행사의 경우와 마찬가지로 제548조 1항 단서가 적용된다(김형배, 244면). <답 ②>

4. 다음은 취소와 해제의 구별에 관한 통설의 설명이다. 〈 〉 속에 적절한 용어를 순서대로 바르게 나열하면?

ⓐ 취소와 해제의 효과에는 〈 〉가 인정된다.
ⓑ 취소권은 형성권이고 해제권은(도) 〈 〉이다.
ⓒ 취소는 모든 법률행위의 종류에 대해 인정되나, 해제는 〈 〉에만 인정된다.
ⓓ 취소권은 〈 〉이 존재하는 경우에만(도) 발생한다.
ⓔ 취소에 의해 당사자는 반환의무를 부담하는데, 특히 해제에서는 〈 〉가 발생한다.
ⓕ 〈 〉는 손해배상의 청구에 영향이 없다.

① 장래효 — 형성권 — 단독행위 — 법률규정 — 부당이득반환의무 — 취소
② 소급효 — 형성권 — 계약 — 법률규정 — 원상회복의무 — 해제
③ 장래효 — 청구권 — 계약 — 법률규정 — 부당이득반환의무 — 취소
④ 소급효 — 청구권 — 단독행위 — 법률규정 — 원상회복의무 — 해제
⑤ 소급효 — 형성권 — 계약 — 특약 — 부당이득반환의무 — 취소 및 해제

해설

ⓐⓑⓒ 취소와 해제는 모두 일방적 의사표시에 의해 법률행위 혹은 계약의 효력을 소급적으로(제141조, 제548조 1항 본문 참조) 소멸시키는 형성권이라는 점에서 동일하다(해제의 효과에 관하여 직접효과설을 취하는 판례 및 다수설에 따를 때). ⓓ 반면에 해제의 경우에는 약정해제권이 가능하다. ⓔ 제741조 이하 참조. 또한 해제에 의한 원상회복의무에 관해서는 제548조 1항 참조. 그러나 직접효과설에 따르면, 계약당사자의 원상회복의무는 기본적으로 부당이득반환법리에 관한 특별규정의 성격을 갖는다(판례 및 다수설의 태도). ⓕ 제551조 참조. <답 ②>

5. 해제의 효과인 원상회복의무로부터 보호되는 제3자라 함은 그 해제된 계약으로부터 생긴 법률적 효과를 기초로 하여 새로운 이해관계를 가졌을 뿐만 아니라 등기 혹은 인도 등으로 완전한 권리를 취득한 자를 지칭한다고 판례는 이해한다. 다음은 제3자의 요건과 관련한 판결이유를 소개한 것이다. 잘못된 부분을 모두 고르면?

ⓐ 계약상의 채권을 양수받은 양수인은 특별한 사정이 없는 이상 위

의 제3자에 해당하지 않는다. 따라서 ⓑ 주택매매계약상의 매도인이 갖는 대금채권의 양수인은 만약 매매계약이 해제되더라도 보호되는 제3자에 해당하지 않는다. 마찬가지로 ⓒ 이제 해제로 인해 소멸되는 매도인의 금전채권에 대한 압류채권자 역시 제3자에 해당하지 않는다. 물론 ⓓ 위 매매계약의 목적물인 주택의 가압류채권자 역시 제3자에 해당하지 않는다. 한편 ⓔ 위 주택계약이 해제된 후에 등기명의가 매수인에게 남아 있는 경우에 그로부터 다시 위 주택소유권을 이전받은 제3자는 계약해제 이후에 등장한 자이기 때문에 보호될 수 없다.

① ⓓ ② ⓒ, ⓓ ③ ⓓ, ⓔ
④ ⓒ, ⓔ ⑤ ⓒ, ⓓ, ⓔ

해설

설문은 제3자와 관련한 대판 1997.12.26. 96다44860의 판결이유를 발췌한 것이다. ⓐ, ⓑ는 대판 1996.4.12. 95다4982의 판결이유이며 ⓒ는 대판 2000.9.5. 2000다16169의 판결이유인데 모두 판례의 태도를 그대로 소개하고 있다. 반면에 ⓓ는 대판 2000.1.14. 99다40937의 판결이유로서 대법원은 그 주택의 가압류채권자는 그 가압류에 의해 당해 목적물에 대해 잠정적으로 그 권리행사만을 제한하는 데 그치지만 종국적으로는 이를 환가하여 그 대금으로 피보전채권의 만족을 얻을 수 있는 권리를 취득하는 것이므로 그 권리를 보전하기 위해서는 제3자에 해당한다고 보았다. ⓔ는 대판 1985.4.9. 84다카130의 판결이유로서, 선의의 제3자를 보호하여 거래안전을 확보하기 위해서는 해제로 인한 원상회복등기가 이루어지기 이전에 계약의 해제를 주장하는 자와 양립되지 아니하는 법률관계를 가지게 되고 계약해제사실을 몰랐던 제3자에게 대해서는 계약해제를 주장할 수 없다고 한다. <답 ③>

6. 해제의 효과에 관한 판례의 태도이다. 타당한 것을 고르면?

① 매매계약이 해제된 경우, 매수인이 매매목적물을 이용하였다면 그 사용이익뿐만 아니라 별도로 감가비(減價費) 상당액도 원상회복으로 반환하여야 한다.

② 패소판결이 확정된 전소(前訴)에서 주장하였던 기망에 의한 의사표시의 취소의 효과로서 구하였던 매매대금반환의 청구를 후소에서 계약해제의 효과인 원상회복으로서 구하는 것은 무방하다.

③ 실권특약부 매매계약이 그 특약에 의하여 소급적으로 실효되었더라도 제3자가 매수인의 책임재산이 된 토지를 체납처분의 일환으로 압류하고 그 등기까지 마침으로써 이 토지를 환가하여 그 대금으로 조세채권의 만족을 얻을 수 있는 별개의 새로운 권리를 취득하였다면 매매계약의 소급적 실효로써 제3자의 권리를 해할 수 없다.

④ 甲과의 교환계약을 통하여 乙이 이전등기를 경료하고 이를 丙에게 매도하는 계약을 체결하였다면, 이후 甲이 위 교환계약을 적법하게 해제하더라도 甲은 丙에 대하여 교환계약의 해제를 주장할 수 없다.

⑤ 채무불이행에 의한 손해배상과 해제제도를 양립하는 입법례는 이론적 모순이므로, 매수인의 대금지급채무의 불이행을 이유로 계약을 해제하고 손해배상을 청구할 경우 그 배상범위는 신뢰이익에 한정된다.

해설

① 사용이익은 반환되어야 하나, 사용에 따라 감가 내지 소모가 되는 요인이 발생하였더라도 그것을 훼손으로 볼 수 없는 한 별도로 그 감가비 상당액을 원상회복으로 반환하여야 할 의무는 없다(대판 2000.2.25. 97다30066 참고). ② 해제의 효과로서 인정되는 원상회복의무도 전소에서의 반환채무와 같은 성질이므로, 전소의 소송물인 부당이득반환청구권의 존부에 관한 공격방법을 후소에 다시 제출하여 전소와 다른 판단을 구하는 것은 전소의 확정판결의 기판력에 저촉되어 허용될 수 없다고 하였다(대판 2000.5.12. 2000다5978 참고). ③ 민법 제548조 1항 단서의 법리는 실권특약부 매매계약상의 제3자에게도 적용된다고 하였다(대판 2000.4.21. 2000다584 참고). ④ 丙이 소유권이전등기를 경료하지 않았다면 甲은 해제를 가지고 丙에게 대항할 수 있다. 만약 丙이 자신 앞으로 바로 소유권이전등기를 마쳤다면, 丙은 甲이 해제되었다고 주장하는 위 '교환계약으로부터 생긴 법률적 효과를 기초로 하여 새로운 이해관계를 가졌을 뿐 아니라 등기를 마침으로써 완전한 권리를 취득한 자'이므로 민법 제548조 1항 단서 소정의 제3자에 해당한다(대판 1997.12.26. 96다44860 등 참고). ⑤ 계약이 이행됨으로써 채권자가 얻을 이익, 즉 이행이익을 청구할 수 있다고 보았다(대판 1983.5.24. 82다카1667 등). <답 ③>

7. 다음 중 계약의 해제에 관한 설명으로 옳지 않은 것은? (다툼이 있는 경우에는 판례에 의함)

① 채무불이행을 이유로 계약해제와 아울러 손해배상을 청구하는 경우에 그 계약이행으로 인하여 채권자가 얻을 이익, 즉 이행이익의 배상을 구하는 것이 원칙이지만, 그에 갈음하여 그 계약이 이행되리라고 믿고 채권자가 지출한 비용, 즉 신뢰이익의 배상을 구할 수도 있다.

② 매수인에게 법정해제권이 발생한 경우, 매도인에게 해제의 의사표시를 하기 전까지는 자신의 반대급부를 계속 제공할 필요는 없다.

③ 매도인 甲은 잔금을 이행지체하고 있는 매수인 乙에게 '연장된 기일까지 잔금과 지연이자를 지급하지 않으면 매매계약이 해제된다'는 취지의 통지를 하고, 연장된 기일에 소유권이전등기에 필요한 제반 서류 중 부동산 매도용 인감증명서만을 발급받지 않고 있었다. 이 경우, 연장된 기일에 乙이 잔금과 지연이자를 지급하지 않으면 계약은 적법하게 해제된다.

④ 쌍무계약에 있어서 계약당사자의 일방은 상대방이 채무를 이행하지 아니할 의사를 명백히 표시한 경우에는 최고나 자기 채무의 이행제공 없이

그 계약을 적법하게 해제할 수 있으며, 이는 그 이행거절의 의사표시가 적법하게 철회된 경우라도 마찬가지이다.

⑤ 회사의 주식이나 지분권을 그 소유자로부터 양수받아 양수인이 회사의 새로운 지배자로서 회사를 경영하게 된 경우에, 이러한 계약이 무효로 되더라도 양수인은 회사의 자산 등에 관하여 원상회복의무가 없다.

해설

① 대판 2003.10.23. 2001다75295. 다만 그 신뢰이익은 이행이익의 범위를 초과할 수 없다. ② 매매와 같은 쌍무계약에서 매도인이 채무이행을 지체하고 있는 동안 매수인 역시 최고한 유예기간 내에 자신의 반대급부를 제공하여야 해제권이 발생한다(제544조 참조). 매도인에게 동시이행의 항변권이 인정될 수 있는 경우에는 채무불이행책임을 물을 수 없기 때문이다. 그러나 매수인에게 일단 해제권이 발생한 이상, 반대급부에 대한 이행의 제공을 계속할 필요는 없다. 판례도 같은 취지이다. 즉, 쌍무계약의 일방이 이행기에 한번 이행제공을 하여서 상대방을 이행지체에 빠지게 한 경우 신의성실의 원칙상 최고하는 일방당사자는 그 채무이행의 제공을 계속할 필요는 없더라도 상대방이 최고기간 내에 이행 또는 이행제공을 하면 계약해제권은 소멸하는 것이므로 상대방의 이행을 수령하고 자신의 채무를 이행할 수 있는 정도의 준비는 되어야 한다(대판 1982.6.22. 81다카1283, 1284 참고). ③ 지문의 경우, 연장된 기일까지도 잔금 지급을 준비하지 못한 乙의 약정의무 불이행 정도에 비추어 甲이 비록 연장된 기일까지 부동산 매도용 인감증명서를 발급받지 않고 있었다고 하더라도 이는 언제라도 발급받아 교부할 수 있는 것이므로 乙에게 소유권이전등기의무에 관한 이행 제공을 마쳤다고 보아야 하고, 따라서 부동산 매매계약은 甲이 통지한 조건부 해제의사표시에 따라 乙이 연장된 기일까지 잔금지급의무를 이행하지 않음으로써 적법하게 해제되었다고 보아야 한다(대판 2012.11.29. 2012다65867). ④ 쌍무계약에 있어서 계약당사자의 일방은 상대방이 채무를 이행하지 아니할 의사를 명백히 표시한 경우에는 최고나 자기 채무의 이행제공 없이 그 계약을 적법하게 해제할 수 있으나(대판 2008.10.23. 2007다54979), 그 이행거절의 의사표시가 적법하게 철회된 경우 상대방으로서는 자기 채무의 이행을 제공하고 상당한 기간을 정하여 이행을 최고한 후가 아니면 채무불이행을 이유로 계약을 해제할 수 없다(대판 2003.2.26. 2000다40995). ⑤ 대판 2007.6.1. 2006다80445. 양도 · 양수되는 것은 회사의 주식이나 지분권일 뿐이며, 계약으로부터 계약당사자가 아닌 회사의 자산이나 부채 자체가 이전되는 것은 아니기 때문이다.

<답 ④>

8. 계약의 해제에 관한 설명 중 옳지 않은 것을 고르면? (다툼이 있는 경우에는 판례에 의함) <사시 2009년: 배점 3, 사시 2012년 유사, 변호사 2012년 유사>

① 부동산 가압류채무자(현 소유자)의 전 소유자가 가압류 집행에 앞서 동일한 부동산에 대하여 소유권이전등기의 말소청구권을 보전하기 위한 처분금지가처분등기를 마친 다음 가압류채무자를 상대로 매매계약의 해제를 주장하면서 소유권이전등기 말소소송을 제기한 결과, 승소판결을 받아 확정되기에 이르렀다면, 위 가압류는 말소될 수밖에 없으므로 위 가압류채권자는 민법 제548조 1항 단서에서 말하는 제3자로 볼 수 없다.

② 계약의 법정해제와 마찬가지로 합의해제로써도 제3자의 권리를 해할 수

없고, 계약의 합의해제가 있은 후 이로 인한 원상회복등기 등이 이루어지기 이전에 해약당사자와 양립되지 아니하는 법률관계를 가지게 되었으며 계약의 합의해제 사실을 몰랐던 제3자에 대하여는 계약의 해제를 주장할 수 없고, 이 경우 제3자가 악의라는 사실의 주장 · 입증책임은 계약의 합의해제를 주장하는 자에게 있다.

③ 매도인의 소유권이전등기청구권이 처분금지가처분되어 있는 경우, 그 가처분의 해제를 조건으로 소유권이전등기절차의 이행을 명받을 수 있는 것이어서, 매도인은 그 가처분을 해제하지 아니하고서는 매도인 명의의 소유권이전등기를 마칠 수 없고, 따라서 매수인 명의의 소유권이전등기도 마쳐 줄 수 없다고 할 것이므로, 매도인이 그 가처분 집행을 해제할 수 없는 무자력의 상태에 있는 점을 고려할 필요 없이 매수인으로서는 매도인의 소유권이전등기의무가 이행불능임을 이유로 매매계약을 해제할 수 있다.

④ 계약의 묵시적 합의해제를 인정하려면 매매계약이 체결되어 그 대금의 일부가 지급된 상태에서 당사자 쌍방이 장기간에 걸쳐 잔대금을 지급하지 않거나 소유권이전등기절차를 이행하지 아니함으로써 이를 방치한 것만으로는 부족하고, 당사자 쌍방에게 계약을 실현할 의사가 없거나 계약을 포기할 의사가 있다고 볼 수 있을 정도에 이르렀어야 한다.

⑤ 해제권을 갖는 자가 상당한 기간이 경과하도록 이를 행사하지 아니하여 상대방으로서도 이제는 그 권리가 행사되지 아니할 것이라고 신뢰할 만한 정당한 사유를 갖기에 이르러 그 후 새삼스럽게 이를 행사하는 것이 신의성실의 원칙에 위반하는 것으로 인정되는 결과가 될 때에는 이른바 실효의 원칙에 따라 그 해제권의 행사가 허용되지 않는다.

해설

① 옳음. 대판 2005.1.14. 2003다33004. ② 옳음. 대판 2005.6.9. 2005다6341. ③ 틀림. 매도인이 그 가압류 또는 가처분 집행을 모두 해제할 수 없는 무자력의 상태에 있다고 인정되는 경우에 비로소 매수인이 매도인의 소유권이전등기의무가 이행불능임을 이유로 매매계약을 해제할 수 있다(대판 2006.6.16. 2005다39211). ④ 옳음. 이 경우, 당사자 쌍방이 계약을 실현할 의사가 없거나 포기할 의사가 있었는지 여부는 계약이 체결된 후의 여러 가지 사정을 종합적으로 고려하여 판단하여야 한다(대판 2011.2.10. 2010다77378). ⑤ 옳음. 대판 1994.11.25. 94다12234. <답 ③>

9. 계약의 해제에 관한 다음 설명 중 옳지 않은 것은? (다툼이 있는 경우에는 판례에 의함)

① 계약이 합의해제된 경우, 그 해제시에 당사자 일방이 상대방에게 손해배상을 하기로 특약하거나 손해배상청구를 유보하는 의사표시를 하는 등

다른 사정이 없는 한, 채무불이행으로 인한 손해배상을 청구할 수 없다.

② 매수인이 중도금지급채무를 불이행하여 매도인이 그 이행을 최고한 경우, 매도인의 최고가 약정된 중도금액보다 현저하게 과다하고, 매도인이 청구한 금액을 제공하지 않으면 그것을 수령하지 않을 것이라는 매도인의 의사가 분명하다면, 위와 같은 최고에 터 잡은 매도인의 계약 해제는 효력이 없다.

③ 부동산매매계약에서 매수인이 중도금을 약정일에 지급하지 않으면 그 계약은 무효로 한다는 특약이 있는 경우, 매수인이 약정기일에 중도금을 지급하지 않음으로 인해 계약은 자동적으로 해제된다.

④ 잔금지급의무와 소유권이전등기의무가 동시이행되어야 하는 부동산매매계약에서 매수인이 어느 기한까지 잔금지급채무를 이행하지 아니하면 계약이 자동적으로 해제된다는 약정이 있는 경우, 약정기한을 도과하면 계약은 자동적으로 해제된다.

⑤ 약정해제권의 행사로 인하여 당사자 일방이 원상회복을 위하여 수령한 금전을 반환하는 경우, 그 받은 날로부터 법정이자가 부가된다.

해설

① 옳음. 계약이므로 단독행위인 민법의 해제에 관한 규정이 적용되지 않는다. 그 결과 채무불이행으로 인한 손해배상을 청구할 수 없고(대판 1989.4.25. 86다카1147. 단, 특약이 있다면 청구할 수 있다), 합의해제로 인하여 반환할 금전에 그 받은 날로부터 이자를 반드시 가산하여야 하는 것도 아니다(대판 1996.7.30. 95다16011). ② 옳음. 채권자의 이행최고가 본래 이행하여야 할 채무액을 초과하는 경우에도 본래 급부하여야 할 수량과의 차이가 비교적 적거나 채권자가 급부의 수량을 잘못 알고 과다한 최고를 한 것으로서 과다하게 최고한 진의가 본래의 급부를 청구하는 취지라면, 그 최고는 본래 급부하여야 할 수량의 범위 내에서 유효하다고 할 것이나, 그 과다한 정도가 현저하고 채권자가 청구한 금액을 제공하지 않으면 그것을 수령하지 않을 것이라는 의사가 분명한 경우에는 그 최고는 부적법하고 이러한 최고에 터잡은 계약의 해제는 그 효력이 없다(대판 1995.9.15. 94다54894). ③ 옳음. 매매계약에 있어서 매수인이 중도금을 약정한 일자에 지급하지 아니하면 그 계약을 무효로 한다고 하는 특약이 있는 경우 매수인이 약정한대로 중도금을 지급하지 아니하면(해제의 의사표시를 요하지 않고) 그 불이행 자체로써 계약은 그 일자에 자동적으로 해제된 것이라고 보아야 한다(대판 1991.8.13. 91다13717). ④ 틀림. 매도인이 잔대금 지급기일에 소유권이전등기에 필요한 서류를 준비하여 매수인에게 알리는 등 이행의 제공을 하여 매수인으로 하여금 이행지체에 빠지게 하였을 때에 비로소 자동적으로 매매계약이 해제된다(대판 1998.6.12. 98다505). ⑤ 옳음. 법정해제권 행사의 경우 당사자 일방이 그 수령한 금전을 반환함에 있어 그 받은 때로부터 법정이자를 부가함을 요하는 것은 민법 제548조 제2항이 규정하는 바로서, 이는 원상회복의 범위에 속하는 것이며 일종의 부당이득반환의 성질을 가지는 것이고 반환의무의 이행지체로 인한 것이 아니므로, 부동산 매매계약이 해제된 경우 매도인의 매매대금 반환의무와 매수인의 소유권이전등기 말소등기 절차이행의무가 동시이행의 관계에 있는지 여부와는 관계없이 매도인이 반환하여야 할 매매대금에 대하여는 그 받은 날로부터 민법 소정의 법정이율인 연 5푼의 비율에 의한 법정이자를 부가하여 지급하여야 하고, 이와 같은 법리는 약정된 해제권을 행사

하는 경우라 하여 달라지는 것은 아니다(대판 2000.6.9. 2000다9123). <답 ④>

10. 계약의 해제에 관한 다음 설명 중 옳지 않은 것은? (다툼이 있는 경우에는 판례에 의함) <사시 2010년 변형>

① 불법행위로 인한 손해배상의 합의가 있은 후 그 합의에 불만을 품은 피해자가 이미 받았던 합의금을 반환하자 이를 가해자가 이의 없이 수령한 경우, 종전의 계약이 묵시적으로 합의해제된 것으로 볼 수 있다.

② 매도인이 원소유자에 대하여 가지는 소유권이전등기청구권에 대하여 가압류집행이 되어 있는 경우, 매수인은 원칙적으로 매도인의 소유권이전등기의무의 이행불능을 이유로 계약을 해제할 수 있다.

③ 甲과 乙이 공동으로 丙으로부터 부동산을 매수한 경우, 甲이 단독으로 丙과의 매매계약을 해제할 수 있다는 당사자 간의 약정은 유효하다.

④ 약정해제권의 행사로 인하여 원상회복을 하는 경우, 해제권자는 자신에게 발생한 손해의 배상을 청구할 수 없다.

⑤ 부동산 매수인이 미리 자신의 채무를 이행할 의사가 없음을 표시한 경우, 매도인은 자기 채무의 이행제공이나 최고 없이 계약을 해제할 수 있다.

해설

① 계약의 합의해제는 명시적인 경우뿐만 아니라 묵시적으로도 이루어질 수 있는 것이므로 계약 후 당사자 쌍방의 계약 실현 의사의 결여 또는 포기가 쌍방당사자의 표시행위에 나타난 의사의 내용에 의하여 객관적으로 일치하는 경우에는 그 계약은 계약을 실현하지 아니할 당사자 쌍방의 의사가 일치됨으로써 묵시적으로 해제되었다고 해석함이 상당하다(대판 2002.1.25. 2001다63575 참고). 또한 매도인이 잔대금 지급기일 경과 후 계약해제를 주장하여 이미 지급받은 계약금과 중도금을 반환하는 공탁을 하였을 때 매수인이 아무런 이의 없이 그 공탁금을 수령하였다면 위 매매계약은 특단의 사정이 없는 한 합의해제된 것으로 봄이 상당하다(대판 1979.7.24. 79다643 등). ② 매매목적물에 대하여 가압류 또는 처분금지가처분 집행이 되어 있다고 하여 매매에 따른 소유권이전등기가 불가능한 것은 아니며, 이러한 법리는 가압류 또는 가처분집행의 대상이 매매목적물 자체가 아니라 매도인이 매매목적물의 원소유자에 대하여 가지는 소유권이전등기청구권 또는 분양권인 경우에도 마찬가지이다(대판 2006.6.16. 2005다39211). ③ 매도인이 매수인들과 사이에서 민법 제547조 제1항의 적용을 배제하기로 하였다는 특별한 사정이 없는 한 매매계약을 해제함에 있어 매수인들 모두에 대하여 그 해제의 의사표시를 하여야 그 효력이 발생한다(대판 1994.11.18. 93다46209). ④ 약정해제권은 사유를 묻지 않고 행사할 수 있다는 점에서, 채무불이행을 전제로 하는 법정해제와 다르다. 따라서 법정해제권이 별도로 발생하지 않는 한, 손해배상청구는 허용되지 않는다(대판 1983.1.18. 81다89 참고). 제551조에 의해 손해배상을 인정하는 기초는 상대방의 귀책사유에 의한 채무불이행에 있다. ⑤ 채무자가 채무를 이행하지 아니할 의사를 명백히 표시한 경우에 채권자는 신의성실의 원칙상 이행기 전이라도 이행의 최고 없이 채무자의 이행거절을 이유로 계약을 해제하거나 채무자를 상대로 손해배상을 청구할 수 있고, 채무자가 채무를 이행하지 아니할 의사를 명백히 표시하였는지 여부는 채무 이행에 관한 당사자의 행동과 계약 전후의 구체적인 사정 등을 종합적으로 살펴서 판단하여야 한다(대판 2007.9.20. 2005다63337). <답 ②>

11. 甲이 자신 소유의 X토지에 관하여 乙과 매매계약(이하 '위 매매계약'이라 한다)**을 체결하고, 乙 명의로 소유권이전등기를 마쳐주었는데, 乙은 정당한 이유 없이 그 매매대금을 완제하지 않고 있다. 이 사례에 관한 설명 중 옳은 것을 모두 고르면?** (다툼이 있는 경우에는 판례에 의함)<사시 2007년: 배점 3>

㉠ B가 乙에 대한 대여금채권을 청구채권으로 하여 X토지를 가압류한 후 위 매매계약이 해제되면 甲은 B에 대해서는 해제의 소급효를 주장할 수 없다.
㉡ 만약 乙이 甲으로부터 소유권이전등기를 받지 아니한 상태에서 X토지를 인도받아 그 지상에 단층주택(30㎡)을 신축하였고, 그 주택을 C가 매수하여 점유하고 있다 하더라도, 그 후 위 매매계약이 해제되면 甲은 C를 상대로 위 건물의 철거를 청구할 수 있다.
㉢ 甲과 乙은 위 매매계약이 해제될 경우 원상회복의 방법으로 甲에게 소유권이전등기를 하여 주기로 약정하고, 乙 명의의 소유권이전등기 후 위 약정에 따른 청구권보전을 위한 가등기를 경료한 상태에서 乙이 A에게 위 토지를 매도하고 소유권이전등기를 마쳐주었다. 그 후 甲과 乙 사이의 매매계약이 해제되어 그 가등기에 기한 본등기가 이루어지면 A 명의의 소유권이전등기는 말소되어야 한다.
㉣ 甲이 乙의 채무불이행을 이유로 위 매매계약을 해제하였고, 乙이 X토지를 점유 · 사용하고 있었던 경우에, 해제에 따른 원상회복으로서 乙에 대하여 X토지의 사용이익의 반환까지는 구할 수 없다.
㉤ 위 매매계약이 해제된 후 乙이 위 해제 사실을 모르는 D에게 X토지를 양도하고 소유권이전등기를 마쳐주었다면, 해제에 의한 소유권이전등기의 말소 전 · 후에 상관없이 D는 제3자로서 보호받을 수 있다.

① ㉠, ㉡, ㉣　② ㉠, ㉡, ㉤　③ ㉢, ㉣
④ ㉢, ㉤　⑤ ㉢, ㉣, ㉤　⑥ ㉠, ㉡, ㉢
⑦ ㉣, ㉤　⑧ ㉡, ㉢, ㉣

해설

㉠ 민법 제548조 1항 단서에서 말하는 제3자란 일반적으로 그 해제된 계약으로부터 생긴 법률효과를 기초로 하여 해제 전에 새로운 이해관계를 가졌을 뿐 아니라 등기, 인도 등으로 완전한 권리를 취득한 자를 말하는 것인데, 해제된 매매계약에 의하여 채무자의 책임재산이 된 부동산을 가압류 집행한 가압류채권자도 원칙상 위 조항 단서에서 말하는 제3자에 포함된다(대판 2005.1.14. 2003다33004). ㉡ 토지의 소유권이전등기가 경료되지 아니한 상태에서 매수인이 토지위에 건물을 짓고 그 건물을 매도한 경우, 건물의 매수인은 해제된 계약으로부터 발생된 법률효과를 기초로 하여 새로운 이해관계를 가진 자가 아니므로 민법 제548조 1항 단서에 의하여 보호받을 수 없다(대판 1991.5.28. 90다카16761 참고). ㉢ 가등기에 기해 본등기를 하면, 본등기의 순위는 가등기의 순위에 따른다(부등법

제6조 제2항: 이른바 '순위보전적 효력'). 따라서 가등기 후에 이루어진 A로의 소유권이전등기는 가등기에 기한 본등기를 하면 직권으로 말소되게 된다(대판 1982.6.22. 81다1298,1299). ㉣ 계약해제로 인한 원상회복은 원물반환을 원칙으로 하며, 노무 기타 물건의 이용 등 무형의 가치를 급부받은 경우에는 그 객관적 가치를 반환하여야 한다(김형배, 245면). 따라서 계약 당사자가 원상회복의무를 부담함에 있어서 당사자 일방이 목적물을 이용한 경우에는 그 사용에 의한 이익을 상대방에게 반환하여야 하는 것이므로, 양도인은 양수인이 양도 목적물을 인도받은 후 사용하였다 하더라도 양도계약의 해제로 인하여 양수인에게 그 사용에 의한 이익의 반환을 구할 수 있다(대판 2000.2.25. 97다30066). ㉤ 학설과 판례에 따르면, 계약해제시 계약은 소급하여 소멸하게 되어 해약당사자는 각 원상회복의 의무를 부담하게 되나 이 경우 계약해제로 인한 원상회복등기 등이 이루어지기 이전에 해약당사자와 양립되지 아니하는 법률관계를 가지게 되었고 계약해제 사실을 몰랐던 제3자에 대하여는 계약해제를 주장할 수 없고, 이 경우 제3자가 악의라는 사실의 주장·입증책임은 계약해제를 주장하는 자에게 있다(김형배, 242면; 대판 2005.6.9. 2005다6341 등 참고). <답 ⑥>

12. 제3자 보호에 관한 설명 중 옳은 것(○)과 옳지 않은 것(×)을 바르게 표시한 것은? (다툼이 있는 경우에는 판례에 의함) <사시 2003년 변형>

> ㉠ 甲은 乙의 기망에 빠져 乙로부터 A부동산의 소유권을 이전받는 대가로 1억 원을 직접 제3자인 丙에게 지급할 채무를 부담하였는데, 丙이 수익의 의사표시를 한 후에 甲이 乙의 사기를 이유로 계약을 취소한 경우, 甲은 그 취소로 선의의 丙에게 대항할 수 없다.
> ㉡ 丙이 甲과 乙 사이의 매매계약에 기한 甲의 소유권이전등기청구권을 가압류하였는데, 그 후 乙이 甲의 대금지급의무불이행을 이유로 매매계약을 해제하였더라도 丙은 乙의 해제로부터 보호된다.
> ㉢ 甲재단법인의 대표이사 乙이 대표권제한에 관한 정관의 규정에 위반하여 丙과 계약을 체결한 경우, 甲재단법인은 그 대표권제한이 등기되어 있지 않더라도 악의의 丙에게는 대항할 수 있다.
> ㉣ 인지의 소급효는 제3자가 취득한 권리를 해할 수 없으므로, 상속이 개시된 후 인지청구의 소에서 승소확정판결을 받았다 하더라도 피인지자는 다른 상속인에 대하여 자신의 상속분을 주장할 수 없다.

① ㉠(○), ㉡(○), ㉢(○), ㉣(○) ② ㉠(○), ㉡(○), ㉢(×), ㉣(○)
③ ㉠(○), ㉡(×), ㉢(○), ㉣(○) ④ ㉠(○), ㉡(○), ㉢(○), ㉣(×)
⑤ ㉠(×), ㉡(○), ㉢(○), ㉣(○) ⑥ ㉠(×), ㉡(○), ㉢(×), ㉣(×)
⑦ ㉠(×), ㉡(×), ㉢(○), ㉣(×) ⑧ ㉠(×), ㉡(×), ㉢(×), ㉣(×)

해설

㉠ 취소를 가지고 대항할 수 없는 제3자(제110조 3항)라 함은 기망행위에 의해 체결된 위 매매계약의 당사자 및 그 포괄승계인이 아닌 사람으로서 그 행위를 토대로 새롭게 이해관계를 맺은 사람이므로 '제3자를 위한 계약'에서 제3자는 여기에 해당하지 않는다(통설).

따라서 甲은 취소로써 선의의 丙에게 대항할 수 있다. ㉡ 해제에 의해 소멸되는 채권의 가압류채권자 또는 전부채권자는 제548조 1항 단서상의 제3자에 해당하지 않는다(대판 2000.9.5. 2000다16169 등 참고). ㉢ 법인대표권에 대한 제한규정을 등기하지 않는 한 선의의 제3자는 물론이고 악의의 제3자에게도 대항할 수 없다(대판 1992.2.14. 91다24564 참고. 이는 악의의 제3자에게는 대항할 수 있다는 종래의 판결을 변경한 것이다). ㉣ 인지의 소급효(제860조 단서) 때문에 재분할을 할 수 없어 분할의 효력을 그대로 유지할 수밖에는 없지만, 다른 공동상속인이 이미 분할 기타 처분을 하였다면 피인지자는 그 상속분에 상당한 가액의 지급을 청구할 수 있다(제1014조). <답 ⑧>

13. 계약해제에 관한 설명 중 옳은 것으로 묶인 것은? <사시 2005년 변형>

㉠ 계약당사자의 일방이 계약을 해제한 경우, 그 계약의 해제 전에 그 해제와 양립되지 아니하는 법률관계를 가진 제3자에 대하여는 원칙적으로 계약의 해제에 따른 법률효과를 주장할 수 없지만, 제3자가 그 계약의 해제 전에 계약이 해제될 가능성이 있다는 것을 알았거나 알 수 있었다면 그러하지 아니하다.
㉡ 당사자 일방이 그 채무의 이행을 지체하는 때에는 상대방은 상당한 기간을 정하여 그 이행을 최고하고 그 기간 내에 이행하지 아니한 때에는 계약을 해제할 수 있는바, 채권자의 최고기간이 상당하다고 보는 기간보다 짧은 경우에는 최고의 효력이 발생하지 않는다.
㉢ 매매계약에 기하여 주택의 소유권을 취득한 매수인과 임대차계약을 체결한 임차인이 주택임대차보호법상의 대항요건을 갖춘 이후, 위 매매계약이 해제된 경우, 임차인은 주택의 소유권을 회복한 매도인에게 자신의 임차권을 주장할 수 있다.
㉣ 계약이 해제된 경우 해제 이전에 해제로 인하여 소멸하는 계약상의 채권을 양수한 자는, 해제의 효과에 반하여 자신의 권리를 주장할 수 없고, 나아가 특별한 사정이 없는 한 채무자로부터 이행받은 급부를 원상회복할 의무가 있다.
㉤ 매도인이 매수인의 중도금지급채무불이행을 이유로 매매계약을 적법하게 해제한 후라도 매수인으로서는 상대방이 한 계약해제의 효과로서 발생하는 손해배상책임을 지거나 매매계약에 따른 계약금의 반환을 받을 수 없는 불이익을 면하기 위하여 착오를 이유로 한 취소권을 행사하여 매매계약 전체를 무효로 돌릴 수 있다.

① ㉠, ㉡, ㉢ ② ㉠, ㉢, ㉣ ③ ㉠, ㉡, ㉤
④ ㉠, ㉣, ㉤ ⑤ ㉡, ㉢, ㉣ ⑥ ㉢, ㉣, ㉤

해설

㉠ 해제 전에 새로운 법률관계를 맺은 제3자는, 그의 인식가능성을 묻지 않고 보호된다(대판 2010.12.23. 2008다57746 참고). ㉡ 원칙적으로 최고의 효력은 발생한다. 다만, 상

당한 기간이 경과된 후에야 해제권이 발생한다. ㉢ 대판 2002.1.8. 2001다47535. ㉣ 대판 2003.1.24. 2000다22850. ㉤ 대판 1996.12.6. 95다24982,24999 참고. <답 ⑥>

14. 계약해제에 관한 설명 중 옳은 것(○)과 옳지 않은 것(×)을 바르게 표시한 것은? (다툼이 있는 경우에는 판례에 의함) <사시 2008년, 사시 2012년 유사>

> ㉠ 상속재산 분할협의는 공동상속인들 사이에 이루어지는 일종의 계약으로서, 공동상속인들은 이미 이루어진 상속재산 분할협의의 전부 또는 일부를 전원의 합의에 의하여 해제한 다음 다시 새로운 분할협의를 할 수 있다.
> ㉡ 일방 당사자의 계약위반을 이유로 한 상대방의 계약해제 의사표시에 의하여 계약이 해제되었음에도 상대방이 계약이 존속함을 전제로 계약상 의무의 이행을 구하는 경우, 계약을 위반한 당사자도 당해 계약이 상대방의 해제로 소멸되었음을 들어 그 이행을 거절할 수 있다.
> ㉢ 부동산 매매계약에 있어서 매수인이 어느 기한까지 잔금지급채무를 이행하지 아니하면 계약이 자동적으로 해제된다는 약정이 있다 하여도, 매도인이 동시이행관계에 있는 자기 채무의 이행제공을 하여 매수인으로 하여금 이행지체에 빠지게 하지 않는 한 약정기한을 도과한 것만으로는 계약이 자동 해제되지 아니한다.
> ㉣ 토지거래허가구역 안의 A토지를 허가대상이 아닌 B토지와 교환하는 내용의 계약을 체결한 당사자는, 상대방의 귀책사유로 B토지에 관한 소유권이전등기의무가 이행불능이 된 경우, 위 계약에 관하여 관할관청의 거래허가를 받기 전이라도 B토지에 관한 소유권이전등기의무의 이행불능을 이유로 위 계약을 해제하고 그로 인한 손해배상을 청구할 수 있다.
> ㉤ 당사자 일방이 계약 목적물을 이용함으로 인하여 그 목적물이 감가 내지 소모된 경우, 그 당사자는 목적물 훼손 여하에 불구하고 목적물 사용으로 인한 감가비 상당액을 계약해제로 인한 원상회복의무로서 반환하여야 한다.

① ㉠(○), ㉡(×), ㉢(○), ㉣(×), ㉤(○)
② ㉠(○), ㉡(○), ㉢(○), ㉣(○), ㉤(○)
③ ㉠(×), ㉡(×), ㉢(×), ㉣(○), ㉤(×)
④ ㉠(×), ㉡(×), ㉢(○), ㉣(○), ㉤(○)
⑤ ㉠(○), ㉡(○), ㉢(○), ㉣(×), ㉤(○)
⑥ ㉠(○), ㉡(○), ㉢(○), ㉣(×), ㉤(×)
⑦ ㉠(×), ㉡(○), ㉢(○), ㉣(×), ㉤(○)

⑧ ㉠(○), ㉡(×), ㉢(×), ㉣(○), ㉤(×)

해설 ………………………………………

㉠ 대판 2004.7.8. 2002다73203 등. ㉡ 대판 2001.6.29. 2001다21441,21458 참고. ㉢ 대판 1989.7.25. 88다카28891 참고. ㉣ 국토이용관리법상 토지거래허가구역 내에 있는 토지에 관하여 소유권 등 권리를 이전 또는 설정하는 내용의 거래계약은 관할 시장 · 군수 또는 구청장의 허가를 받아야만 효력이 발생하는데, 허가를 받기까지는 유동적 무효의 상태에 있다고 볼 것이고 불허가가 된 때에 무효로 확정되므로, 허가를 받을 것을 전제로 한 거래계약은 허가받기 전의 상태에서는 거래계약의 채권적 효력도 전혀 발생하지 않으므로 권리의 이전 또는 설정에 관한 어떠한 내용의 이행청구도 할 수 없고, 그러한 거래계약의 당사자로서는 허가받기 전의 상태에서 상대방의 거래계약상 채무불이행을 이유로 거래계약을 해제하거나 그로 인한 손해배상을 청구할 수 없다(대판 1997.7.25. 97다4357, 4363). ㉤ 양도 목적물 등이 양수인에 의하여 사용됨으로 인하여 감가 내지 소모가 되는 요인이 발생하였다 하여도 그것을 훼손으로 볼 수 없는 한 그 감가비 상당은 원상회복의 무로서 반환할 성질의 것은 아니다(대판 2000.2.25. 97다30066). <답 ⑥>

15. 해제와 해지에 관한 판례의 태도 중 틀린 것은?

① 매매목적물인 부동산에 근저당권설정등기나 가압류등기가 있는 경우에 매도인으로서는 위 근저당권설정등기나 가압류등기를 말소하여 완전한 소유권이전등기를 해 주어야 할 의무를 부담한다고 할 것이지만, 매매목적물인 부동산에 대한 근저당권설정등기나 가압류등기가 말소되지 아니하였다고 하여 바로 매도인의 소유권이전등기의무가 이행불능으로 되었다고 할 수 없고, 매도인이 미리 이행하지 아니할 의사를 표시한 경우가 아닌 한, 매수인이 매도인에게 상당한 기간을 정하여 그 이행을 최고하고 그 기간 내에 이행하지 아니한 때에 한하여 계약을 해제할 수 있다.

② 매도인의 매매계약상의 소유권이전등기의무가 이행불능이 되어 이를 이유로 매매계약을 해제함에 있어서는 상대방의 잔대금지급의무가 매도인의 소유권이전등기의무와 동시이행관계에 있다고 하더라도 그 이행의 제공을 필요로 하는 것이 아니다.

③ 계약의 합의해지는 묵시적으로도 이루어질 수 있는 것이므로 계약 후 당사자 쌍방의 계약실현의사의 결여 또는 포기가 쌍방당사자의 표시행위에 나타난 의사의 내용에 의하여 객관적으로 일치하는 경우에는 묵시적으로 해지되었다고 해석함이 상당하다.

④ 계속적 채권관계의 기초가 되는 신뢰관계를 파괴하여 계약관계의 유지를 기대하기 어려운 경우 즉시 법정해지권이 인정된다.

⑤ 합의해지의 경우에도 제548조 2항의 규정은 적용되므로 당사자 사이에 약정이 없는 이상 합의해지로 인하여 반환할 금전에 그 받은 날로부터 이자를 가하여야 할 의무가 있다.

✍ **해설** ……………………………………………

① 대판 2003.5.13. 2000다50688. ② 대판 2003.1.24. 2000다22850. ③ 대판 2008.9.25. 2006다62492,62508 참고. ④ 대판 2002.11.26. 2002두5948. ⑤ 합의해지의 경우에는 제548조 2항의 규정은 적용되지 아니하므로 당사자 사이에 약정이 없는 이상 합의해지로 인하여 반환할 금전에 그 받은 날로부터 이자를 가하여야 할 의무가 없다(대판 2003.1.24. 2000다5336,5343). <답 ⑤>

제 3 장 계약각론

제 1 절 총 론

1. 다음 설명 중 옳은 것은?

① 계약과 관련하여 분쟁이 발생한 경우 그 해결은 우선적으로 채권법의 규정에 따른다.

② 우리 민법에 규정되지 않은 형태의 계약내용은 체결할 수 없다.

③ 민법상 규정된 전형계약 중 임대차 · 소비대차 · 사용대차계약만이 재산권이용계약의 유형에 해당된다.

④ 노무의 제공을 대상으로 하는 전형계약은 채권자의 지배에 복종하여 노무를 제공하는 고용 · 도급과, 지배에 복종하지 않는 위임 · 임치 등으로 나눌 수 있다.

⑤ 비전형계약의 경우에는 전형계약의 규정이 우선적으로 유추적용되어야 한다.

해설

①②⑤ 우리 민법은 사회에서 가장 빈번한 계약유형을 14가지로 정하여 제3편 2장 이하에 규정하고 있다. 하지만 '계약자유의 원칙'이 지배하는 채권법에서는 물권법과 달리 당사자의 약정에 의해 민법상 전형계약 이외에도 자유로이 계약을 체결할 수 있다. 만약 이러한 비전형계약에 있어서 계약과 관련하여 분쟁이 발생한다면 당사자가 약정한 계약내용에 따라 분쟁이 해결된다. 민법에 규정이 없는 비전형계약에 있어서는 무리하게 전형계약의 규정을 유추하여 적용할 것이 아니라 계약내용상의 당사자의 의사를 파악하여 이에 따라 문제를 해결하여야 한다. ③ 전형계약 중 재산권이용계약(=대차형계약)에 해당되는 계약유형으로서는 임대차 · 소비대차 · 사용대차가 있으며, ④ 노무를 대상으로 하는 계약은 고용 · 도급 · 현상광고 · 위임 · 임치가 있는데, 이 가운데 고용과 그 외의 계약은 노무공급에 있어서 채무자의 종속성 유무에 따라 서로 구별된다. <답 ③>

2. 계약의 종료에 관한 다음 설명 가운데 옳은 것은? (특별한 약정은 없음)

① 사용대차계약에 있어서 당사자가 반환의 시기를 정하지 않은 때에는 대주는 언제라도 목적물의 반환을 청구할 수 있다.

② 임대차계약에 있어서 당사자가 기간을 정한 때에도 정당한 이유가 있으면 임차인은 즉시 그 계약을 해지할 수 있다.

③ 도급계약에 있어서 수급인은 일의 완성 전이라도 도급인이 받는 손해를 배상하면 그 계약을 해제할 수 있다.

④ 위임계약에 있어서 위임자는 미리 그 손해를 배상한 경우에 한해서 그 계약을 해지할 수 있다.

⑤ 임치계약에 있어서 당사자가 시기를 정하고 있는 경우에도 부득이한 사유가 있는 때에는 수치인은 언제라도 계약을 해지하고 임치물을 반환할 수 있다.

해설

① 사용대차에 있어서 시기의 약정이 없는 경우, 대주가 언제든지 계약을 해지하고 반환을 청구할 수 있는 것이 아니라, 사용·수익에 족한 기간이 경과한 후에만 언제든지 계약을 해지하고 목적물의 반환을 청구할 수 있다(제613조 2항 단서). ② 즉 임차인이 해지할 수 있는 경우는 위임인이나 임치인의 경우보다 제한된다. ③ 수급인이 일을 완성하기 전에 손해를 배상하고 계약을 해제할 수 있는 것은 도급인뿐이다(제673조). 특별한 약정이 없는 한, 수급인에게 그러한 권리를 인정할 수 없다. ④ 위임계약은 각 당사자가 언제든지 해지할 수 있으나 당사자 일방이 부득이한 사유 없이 상대방의 불리한 시기에 계약을 해지한 때에는 그 손해를 배상하여야 한다(제689조). 따라서 부득이한 사유가 있거나 상대방이 불리한 시기가 아닐 때에는 손해를 배상할 필요가 없이 계약을 해지할 수 있다. ⑤ 임치기간의 약정이 있는 때에는 수치인은 부득이한 사유 없이 그 기간만료 전에 계약을 해지하지 못한다. 그러나 임치인은 언제든지 계약을 해지할 수 있다(제698조).

<답 ⑤>

제 2 절 증　　여

1. 증여에 관한 다음 설명 중 옳은 것은?

① 증여계약 후에 증여자의 재산상태가 현저히 변경되고 그 이행으로 인하여 생계에 중대한 영향을 미칠 경우에는 증여자는 증여를 해제할 수 있으며, 이때 원상회복으로서 이미 이행한 부분에 대하여 반환청구권이 제한적으로 인정된다.

② 정기의 급여를 목적으로 한 증여는 증여자 또는 수증자의 사망으로 인하여 그 효력을 잃는다.

③ 증여는 당사자 일방이 무상으로 재산을 상대방에 수여하는 의사를 표시함으로써 그 효력이 생긴다.

④ 증여가 서면에 의하지 않은 경우 증여자만이 이를 해제할 수 있다.

⑤ 서면에 의하지 않은 증여계약을 해제할 경우, 그 해제의 의사표시 이전에 증여의 목적물의 소유권이 수증자로부터 제3자에게 이전되었더라도 그 제3자에 대한 해제의 의사표시는 유효하다.

✍ **해설** ……………………………………………

① 증여자의 재산상태의 변화로 인한 해제의 경우에도 이미 이행한 부분에 대해서는 아무 영향을 미치지 못한다(제558조 참조). 그러나 부당이득으로 인한 반환청구를 인정함이 입법취지에 합당할 것이다(김형배, 408면). ② 제560조. ③ 제554조. ④⑤ 증여가 서면에 의하지 않은 경우 각 당사자가 해제할 수 있다(제555조). 그러나 이러한 해제는 이미 이행한 부분에 대하여는 영향을 미치지 않는다(제558조 참조). <답 ②>

2. 증여의 효력에 관한 다음 설명 중 틀린 것은?

① 증여자의 하자담보책임면책에 관한 규정은 특정물과 불특정물에 관계없이 적용된다는 것이 다수설이다.

② 부담 있는 증여에 있어 증여자는 부담의 한도 내에서 매도인과 동일한 담보책임을 진다.

③ 증여자는 채무이행에 있어 자기재산과 동일한 정도의 주의의무만을 부담한다.

④ 증여자가 증여목적물의 하자를 수증자에게 고지하지 않은 경우에는 손해배상책임을 부담한다.

⑤ 증여자만이 수증자의 망은행위에 의해 증여를 해제할 수는 있는데, 이 경우 해제의 효과는 이미 이행된 부분에 대해서는 효력이 없다.

✍ **해설** ……………………………………………

① 통설에 의하면 종류물의 경우 하자 없는 목적물에 대한 급부의무가 인정된다는 것을 전제로 제559조의 적용을 배제한다(곽윤직, 142면 등). 다만 민법상 증여자의 담보책임을 면제하는 명문규정에 반대되는 해석을 하는 것은 옳지 않다고 전제하면서, 일정한 경우에 수증자가 적어도 담보책임법상의 권리를 행사할 수 있도록 하는 것이 타당하다는 견해가 있다(이은영, 280면 참고). 물론 특정물에 대해서는 제559조의 적용을 인정하고 있다(통설). 이러한 취지는 공법관계에도 반영되는데, 택지개발사업 시행자가 설치한 공공시설에 시공상 하자나 재료상 하자가 있더라도 공공시설을 무상으로 원시취득한 국가 등은 뚜렷한 법령상 및 계약상 근거가 없는 한 택지개발사업 시행자에게 사법상 하자담보책임을 물을 수 없다(대판 2011.12.27. 2009다56993). ② 제559조 2항 참조. ③ 무상계약이란 점에서 제695조를 유추적용한다. ④ 제559조 1항 단서 참조. ⑤ 제556조, 제558조 참조.

<답 ①>

3. 甲은 乙과 사이에 향후 15년간 乙에게 매월 50만 원을 무상으로 주기로 계약하였다. 이 경우에 관한 설명 중 옳지 않은 것은? (다툼이 있는 경우에는 판례에 의함) <사시 2008년 변형: 배점 2>

① 위 계약이 상대부담 있는 계약이라면, 乙이 자신의 의무를 이행하지 아니할 경우 甲은 위 계약을 해제하고 위 계약의 이행으로 해제 전에 乙에게 준 돈의 반환을 청구할 수 있다.

② 위 계약기간 중 乙이 사망하면, 위 계약은 이제 효력을 상실하므로 乙의

상속인은 甲에 대하여 계약의 이행을 청구할 수 없다.

③ 乙이 계약 당시 미성년자인 경우 위 계약이 상대부담 있는 계약이 아니라면, 위 계약에 대하여 법정대리인의 동의를 받지 않았어도 그 계약은 확정적으로 유효하다.

④ 甲이 중대한 과실 없이 乙을 丙으로 오인하여 위 계약을 체결한 것이라면, 甲은 위 계약이 서면으로 이루어졌다 하더라도 착오에 기한 의사표시라는 이유로 이를 취소할 수 있다.

⑤ 해제의 성질은 형성권으로서 제척기간의 적용을 받으므로, 甲은 위 증여계약이 성립한 때로부터 10년이 경과한 후에는 민법 제555조(서면에 의하지 아니한 증여와 해제) 소정의 해제권을 행사할 수 없다.

⑥ 위 계약이 상대부담 있는 계약이고, 그 부담이 甲을 부양하는 것이었을지라도 그 부양의무는 민법 제556조 1항 2호에 규정된 친족 사이의 부양의무와 동일하지 않다.

⑦ 甲이 자신의 사업이 부도가 나서 더 이상 약속을 이행할 수 없게 되었다면 계약을 해제할 수 있으나, 판례는 이러한 경우 그 행사 여부를 매우 엄격하게 판단한다.

해설

① 상대부담 있는 증여에 대하여는 민법 제561조에 의하여 쌍무계약에 관한 규정이 준용되어 부담의무 있는 상대방이 자신의 의무를 이행하지 아니할 때에는 비록 증여계약이 이미 이행되어 있다 하더라도 증여자는 계약을 해제할 수 있고, 그 경우 민법 제555조와 제558조는 적용되지 아니한다(대판 1997.7.8. 97다2177). 따라서 증여자는 적법하게 해제한 후 기 이행분에 대해서는 원상회복을 청구할 수 있다. 다만, 제561조에서 쌍무계약에 관한 규정을 준용하도록 하고 있는데, 이 규정들은 부담부 증여 가운데 증여자의 급부와 수증자의 부담이 서로 대가적 관계에 있는 경우에 제한적으로 적용되는 것으로 해석하는 것이 타당할 것이다(김형배, 410면 이하 참고). ② 제560조. ③ 미성년자가 권리만을 얻거나 의무만을 면하는 때에는 법정대리인의 동의를 요하지 않는다(제5조 1항 단서). ④ 민법 제47조 1항에 의하여 생전처분으로 재단법인을 설립하는 때에 준용되는 민법 제555조는 "증여의 의사가 서면으로 표시되지 아니한 경우에는 각 당사자는 이를 해제할 수 있다."고 함으로써 서면에 의한 증여(출연)의 해제를 제한하고 있으나, 그 해제는 민법총칙상의 취소와는 요건과 효과가 다르므로 서면에 의한 출연이더라도 민법 총칙규정에 따라 출연자가 착오에 기한 의사표시라는 이유로 출연의 의사표시를 취소할 수 있고, 상대방 없는 단독행위인 재단법인에 대한 출연행위라고 하여 달리 볼 것은 아니다(대판 1999.7.9. 98다9045). ⑤ 민법 제555조에서 말하는 해제는 일종의 특수한 철회일 뿐 민법 제543조 이하에서 규정한 본래 의미의 해제와는 다르다고 할 것이어서 형성권의 제척기간의 적용을 받지 않는다(대판 2003.4.11. 2003다1755). ⑥ 민법 제556조 제1항 제2호에 규정되어 있는 부양의무라 함은 민법 제974조에 규정되어 있는 직계혈족 및 그 배우자 또는 생계를 같이하는 친족 사이의 부양의무를 가리키는 것이다. 따라서 (지문과 같이) 친족 사이가 아닌 당사자 사이의 약정에 의한 부양의무는 이에 해당하지 아니하므로 그런 부담부 증여에는 민법 제556조 제2항이나 민법 제558조가 적용되지 않는다(대판 1996.1.26.

95다43358). ⑦ 대판 1996.10.11. 95다37759 등 참고. <답 ⑤>

4. 특수한 증여에 관한 다음 설명 중 틀린 것끼리 연결된 것은?

[A. 부담부 증여]
ⓐ 부담부 증여에 있어 담보의 이익을 받을 자는 반드시 증여자에 한정되지 않는다.
ⓑ 부담부 증여에 대해서는 동시이행의 항변권 및 위험부담에 관한 규정이 적용된다.
ⓒ 부담부 증여는 증여자의 증여에 대해 수증자 역시 급부를 부담한다는 점에서 쌍무 · 유상계약이다.
ⓓ 증여가 무효이면 부담도 무효가 되나, 부담이 무효라고 해서 반드시 증여도 무효가 되는 것은 아니다.

[B. 정기증여]
ⓐ 정기증여가 수증자의 사망시까지로 정해진 경우 종신정기금에 관한 규정이 적용된다.
ⓑ 수증자 또는 증여자의 사망으로 인한 실효규정은 기간의 정함이 없는 정기증여에 대해서만 적용된다.

[C. 사인증여]
ⓐ 사인증여는 증여자의 사망을 정지조건으로 하는 계약이다.
ⓑ 유증의 철회에 관한 규정은 사인증여에 있어 준용된다.

	A	B	C
①	ⓒ	ⓑ	ⓑ
②	ⓓ	ⓑ	ⓑ
③	ⓒⓓ	ⓑ	ⓑ
④	ⓐⓒ	ⓑ	ⓐⓑ
⑤	ⓐⓒⓓ	ⓐⓑ	ⓐⓑ

해설

A. 부담부 증여는 수증자가 증여를 받는 동시에 부수적 채무를 부담한다는 부관이 붙은 증여이다. 증여자의 증여와 수증자의 부담이 대가적 관계에 있는 것이 아니라, 주종관계에 있기 때문에 쌍무 · 유상계약에 해당되지 않는다. B. 정기적으로 증여하기로 약정하는 정기증여의 경우에는 당사자 사이의 신뢰관계가 중요한 계약요소가 되므로 제560조의 규정을 두었으며, 이 규정은 증여기간의 유무와 관계없이 적용된다(통설). 다만, 이 규정은 임의법규이므로 다른 특약을 할 수 있다. C. 증여자의 사망으로 효력을 발생하는 사인증여에 대해서는 유증에 관한 규정이 준용되는데(제562조), 이 경우에도 유언의 단독행위적 성격에 따른 규정인 유언능력 · 유언방식 · 승인과 포기 · 유언의 철회 등은 준용되지 않는다. <답 ①>

5. A, B, C, D, E 및 F(=원고들)의 피상속인이자 지금은 사망한 K는 자신의 병세가 악화되자 근 20년간 자신과 동거하여 온 피고에게 부동산을 증여하기로 마음을 먹고 인감증명 등을 발급받아 피고에게 이전등기를 할 준비를 해 두었다가 사망이 임박하였음을 느끼고 피고에게 인감증명과 인감도장의 소재지를 가리키며 위 부동산에 대한 소유권이전등기를 하라고 하였다. K가 사망하자 피고는 증여의 이행으로서 망인의 명의를 가지고 소유권이전등기를 마쳤다. 이에 대해 A 등 원고들이 서면에 의한 증여가 아니라는 이유로 증여계약을 해제한 후, 피고를 상대로 소유권말소등기를 청구하였다. 이에 관련한 다음 설명 중 옳은 것을 모두 고르면? (등기의 적법 여부에 관해서는 판례의 태도에 의함)

ⓐ A 등 원고들이 주장하는 해제권은 약정해제권이다.
ⓑ A 등 원고들의 해제권은 K의 해제권을 상속한 것이므로 F가 단독으로 피고에 대해 해제권을 행사할 수 있다.
ⓒ 증여의 이행으로서 경료한 피고 앞으로의 소유권이전등기는 유효하다.
ⓓ A 등의 해제가 적법하더라도 피고는 원상회복의무를 이행할 필요가 없다.
ⓔ A 등의 해제가 적법한 이상 피고는 원상회복의무를 이행하여야 하므로, K에게서 이전받은 위 부동산의 소유명의를 말소해야 한다.

① ⓐ, ⓓ ② ⓑ, ⓔ ③ ⓒ, ⓓ
④ ⓐ, ⓒ, ⓓ ⑤ ⓑ, ⓒ, ⓔ

해설

대판 2001.9.18. 2001다29643의 사실관계를 재구성한 사례문제이다. ⓐ 증여계약이 무상행위라는 점을 고려하여 민법이 특별하게 마련한 법정해제권이라고 볼 수 있다. ⓑ 원고 모두가 공동으로 피고에 대해 해제의 의사표시를 하여야 한다(제547조 1항 참조). ⓒ 피고가 망인의 명의로써 신청하여 경료한 이전등기는 원인무효의 등기이지만, 피고가 K로부터 위 부동산을 증여받을 때 소유권이전등기에 필요한 인감증명과 인감도장 등을 제공받은 점을 고려하면 피고가 증여계약의 이행으로서 마친 소유권이전등기는 당사자의 실질적인 관계에 상응하기 때문에 유효한 등기라고 판단할 수 있다(대판 1981.7.28. 80다2338 참고). ⓓⓔ 해제가 적법하다면 그 효과로서 원고의 소유권말소등기청구가 적법한지를 검토해야 한다. 두 가지 쟁점이 고려되어야 한다. 먼저 증여의사가 서면으로 표시되지 아니한 증여에 대해 해제하더라도 이미 이행한 부분에 대해서는 영향을 미치지 않다는 점(제558조), 그리고 K명의로 신청하여 경료한 피고 앞으로 경료된 이전등기의 효력이 고려되어야 한다. 결국 피고 앞으로 경료된 이전등기의 효력이 인정되는 한 위 해제권이 행사되더라도 장래효만 발생하고 이미 이행된 급부의 원상회복관계는 발생하지 않는다. 결국 원고의 소유권말소등기청구는 인용될 수 없다(위 2001다29643 판결). <답 ③>

6. 甲은 자신의 토지를 乙에게 증여하면서 증여로 인한 제세공과금을 乙이 부담하기로 하며, 甲의 부모님의 묘를 乙이 관리해 줄 것으로 약정하였고 만일 이 두 가지의 약속을 지키지 않을 경우에는 증여받은 토지를 반환하기로

하는 증여계약을 체결하였다. 다음 설명 중 옳지 않은 것은? <변리사 2009년>

① 甲과 乙의 부담부 증여계약은 유상계약이 아니다.

② 甲과 乙의 증여계약이 무효라면 乙의 부담은 당연히 무효로 되지만, 乙의 부담이 무효인 경우에 증여계약이 반드시 무효로 되는 것은 아니다.

③ 甲과 乙의 증여계약이 서면으로 표시되지 않았다면 각 당사자는 이를 해제할 수 있다.

④ 乙이 부담의무를 이행하지 않을 때에는 비록 증여계약이 이미 이행되었더라도 甲은 계약을 해제할 수 있다.

⑤ 부담부 증여에는 동시이행의 항변권에 관한 규정이 적용되지만 위험부담에 관한 규정은 적용되지 않는다.

해설

① 옳음. 부담은 증여에 대하여 대가관계에 있지 않으므로 무상·편무계약일 뿐, 유상·쌍무계약은 아니다. ② 옳음. ③ 옳음. 제555조 참조. ④ 옳음. 상대부담 있는 증여의 경우 민법 제555조와 제558조는 적용되지 아니한다(대판 1997.7.8. 97다2177 등 참고). ⑤ 틀림. 부담부 증여에 대해서는 증여에 관한 규정 이외에 쌍무계약에 관한 규정과 관련하여 동시이행의 항변권과 위험부담의 규정, 해제에 관한 제544조 내지 제546조가 준용된다(제561조). <답 ⑤>

7. 증여에 관한 설명 중 옳은 것을 모두 고르면? (다툼이 있는 경우에는 판례에 의함) <사시 2012년: 배점 2점>

ㄱ. 서면에 의하지 아니한 부동산 증여의 경우, 이를 인도하였더라도 아직 소유권이전등기를 마치지 아니하였으면 증여자는 계약을 해제할 수 있다.

ㄴ. 증여계약이 성립한 당시에 서면이 작성되지 않았더라도, 그 후 위 계약이 존속하는 동안 서면을 작성한 경우에는 그때부터 서면에 의한 증여로서의 효력이 있으므로, 당사자가 임의로 그 계약을 해제할 수 없다.

ㄷ. 사인증여에 관하여는 유증에 관한 규정이 준용되므로, 포괄적 사인증여를 받은 자는 포괄적 유증을 받은 자와 마찬가지로 상속인과 동일한 권리의무가 있다.

ㄹ. 당사자 사이의 약정에 따라 부양의무를 부담하는 증여계약에서 수증자의 부양의무불이행을 원인으로 하는 증여자의 해제권은 해제원인이 있음을 안 날로부터 6월을 경과한 때 소멸한다.

ㅁ. 정기의 급여를 목적으로 한 증여계약에서 증여자가 사망한 경우, 특별한 사정이 없는 한, 증여자의 상속인이 증여계약상의 권리·의무를 승계한다.

① ㄱ, ㄴ　　② ㄴ, ㄹ　　③ ㄱ, ㄴ, ㅁ
④ ㄷ, ㅁ　　⑤ ㄱ, ㄷ, ㄹ

해설

ㄱ. 옳음. 제558조 참조(대판 1981.10.13. 81다649). ㄴ. 옳음. 민법 제555조 소정의 증여의 의사가 표시된 서면의 작성시기에 관하여는 법률상 아무런 제한이 없으므로 증여계약이 성립한 당시에는 서면이 작성되지 않았다 하더라도 그 후 위 계약이 존속하는 동안 서면을 작성한 때에는 그때부터 서면에 의한 증여로서 당사자가 임의로 이를 해제할 수 없다(대판 1992.9.14. 92다4192). ㄷ. 틀림. 포괄적 사인증여는 낙성 · 불요식의 증여계약의 일종이고 포괄적 유증은 엄격한 방식을 요하는 단독행위이며, 방식을 위배한 포괄적 유증은 대부분 포괄적 사인증여로 보여질 것인데 포괄적 사인증여에 민법 제1078조가 준용된다면 양자의 효과는 같게 되므로 결과적으로 포괄적 유증에 엄격한 방식을 요하는 요식행위로 규정한 조항들은 무의미하게 된다. 따라서 민법 제1078조가 포괄적 사인증여에 준용된다고 하는 것은 사인증여의 성질에 반한다(대판 1996.4.12. 94다37714,37721). ㄹ. 틀림. (지문과 같이) 친족 사이가 아닌 당사자 사이의 약정에 의한 부양의무는 제556조 제1항 2호의 부양의무에 해당하지 아니하여 부담부 증여에는 민법 제556조 제2항이나 민법 제558조가 적용되지 않는다(대판 1996.1.26. 95다43358). ㅁ. 틀림. 제560조 참조.

<답 ①>

제 3 절 매　　매

1. 매매의 성립

1. 다음은 매매계약에 관한 설명이다. 틀린 것만 고르면?

㉠ 매매는 교환계약과 달리 반대급부가 대금의 지급이므로, 매매계약이 성립하기 위해서는 반드시 반대급부의 이행시기가 합의되어야 한다.
㉡ 우리 민법상 매도인의 재산권이전의무와 매수인의 대금지급의무는 특약이나 관습이 없으면 동시이행의 관계에 선다고 볼 것이다.
㉢ 매매에 관한 규정은 고용계약에 대해서도 성질이 허용되는 한 준용된다.
㉣ 재산권이전이 매매계약체결 당시 객관적으로 불능인 때에는 그 매매계약은 무효이다.
㉤ 특허권은 물건이 아니므로 매매계약의 목적이 될 수 없다.

① ㉠, ㉢　　② ㉠, ㉣　　③ ㉠, ㉤
④ ㉡, ㉢　　⑤ ㉡, ㉣　　⑥ ㉡, ㉤
⑦ ㉢, ㉤　　⑧ ㉣, ㉤

✍ 해설 ……………………………………

㉠ 급부 및 반대급부에 관한 당사자의 목적이 확정적이고 실현가능하면 매매는 계약으로서 효력을 가지므로, 반대급부의 이행시기 및 장소 등이 구체적으로 처음부터 확정될 필요는 없다. ㉡ 제568조 2항 참조. ㉢ 고용계약도 유상계약이므로 그 성질이 허용되는 한 매매규정이 준용된다(제567조 참조). ㉣ 계약이 유효하기 위해서는 일반적으로 법률행위의 유효요건을 충족하여야 하므로, 매매는 계약체결시에 그 실현이 객관적으로 가능하여야 한다(한편 최근 개정된 독일민법에 의하면 급부의 원시적 불능은 계약의 효력에 영향을 주지 않는다). ㉤ 모든 재산권은 원칙적으로 매매의 목적이 될 수 있다. 따라서 물건에 관한 소유권은 물론이고 채권 혹은 무체재산권 등의 재산권도 매매의 목적이 된다.

<답 ③>

2. 계약금에 관한 설명 중 판례의 태도와 다른 것은? <사시 2003년 변형>

① 매도인이 매매계약의 이행에 착수한 바가 없더라도 중도금을 지급한 매수인은 계약금을 포기하고 매매계약을 해제할 수 없다.

② 매수인이 지급한 계약금이 해약금과 손해배상의 예정액으로서의 성질을 겸하고 있는데 손해배상의 예정액으로서는 부당히 과다한 경우, 매수인은 계약금 중 과다한 손해배상의 예정으로 감액되어야 할 부분을 제외한 나머지 금액을 포기하고 계약을 해제하면서 그 과다한 부분의 반환을 청구할 수 있다.

③ 계약금은 이를 위약금으로 하기로 하는 특약이 없는 이상 손해배상의 예정액으로서의 성질을 갖는 것이 아니다.

④ '임차인이 보증금의 잔액을 지정된 기일까지 납부하지 않을 때에는 임대인은 계약을 해제하고 계약금조로 불입한 보증금을 반환하지 아니한다.'는 약정은 있으나, 임대인이 계약을 위반할 경우에 관하여는 아무런 합의가 없다면 임대인의 채무불이행이 있는 경우 임차인은 그로 인한 손해를 구체적으로 입증하여 배상받을 수 있을 뿐이다.

⑤ 계약금을 받은 매도인이 그 배액을 상환하고 계약을 해제하려면 계약해제의 의사표시 외에 계약금 배액을 이행제공하여야 하고, 상대방이 수령하지 않으면 공탁하여야 한다.

✍ 해설 ……………………………………

① 매수인의 중도금지급행위는 채무이행행위 가운데 일부를 하는 것이므로 이행의 착수에 해당한다. 따라서 해약금에 의해 유보된 해제권을 행사할 수 없다. ② 대판 1996.10.25. 95다33726 등 참고. ③ 당사자 일방이 위약할 때 계약금을 위약금으로 하는 특약이 있을 때에 한하여 손해배상액의 예정의 성질을 함께 갖는다(대판 1989. 12.12. 89다카10811 참고). ④ (그러한 경우에) 임대인의 채무불이행이 있는 경우에는 임차인이 그로 인한 손해를 구체적으로 입증하여 배상받을 수 있음은 별론으로 하고, 특별히 손해배상액의 예정으로서의 위약금 약정은 두지 않은 것이라고 인정하여야 한다. 따라서 임차인에 대한 위약금약정이 있다는 이유만으로 달리 특별한 사정에 대한 설시도 없이 임대인에게도 위약금

의 약정이 있는 것이라고 단정할 수는 없다(대판 1996.6.14. 95다11429 참고). ⑤ 공탁할 필요는 없으며 해제의 의사표시와 함께 배액을 상환하거나 적어도 그 이행의 제공을 하면 된다(대판 1992.7.28. 91다33612 등 참고). <답 ⑤>

3. 해약금에 의하여 유보된 해제권의 행사와 관련하여 틀린 설명끼리 연결된 것은?
<변호사모의 2010년 유사>

ⓐ 당사자 일방이 이행에 착수할 때까지 교부자는 이를 포기하고 수령자는 그 배액을 상환하여 매매계약을 해제할 수 있다.
ⓑ 이행에 착수한다는 의미는 채무의 이행행위의 일부를 행하거나 필요한 전제행위를 하는 것을 의미한다.
ⓒ 매수인의 중도금제공은 이행에 착수한 것이라 볼 수 있다.
ⓓ 수령자가 교부자에게 해제의 의사표시만을 행하면 계약은 해제된다.
ⓔ 수령자가 이행에 착수하지 않고 있는 경우에는 교부자가 이행에 착수하였다 할지라도 교부자는 계약을 해제할 수 있다.
ⓕ 매도인이 매수인에게 매매계약의 이행을 최고하고 매매잔대금의 지급을 구하는 소송을 제기했다면 이행에 착수했다고 볼 수 있다.

① ⓐ, ⓒ, ⓔ ② ⓒ, ⓓ, ⓕ ③ ⓐ, ⓑ, ⓔ
④ ⓓ, ⓔ, ⓕ ⑤ ⓒ, ⓓ, ⓔ

해설

ⓓ 수령자가 교부자에게 그 금액의 배액을 '상환하고' 해제의 의사표시를 하여야만 계약을 해제할 수 있다. 특히 이때의 제공은 현실의 제공이어야 한다(대판 1966.6.21. 66다699, 700). ⓔ 민법 제565조 제1항에서 말하는 당사자의 일방이라는 것은 매매 쌍방 중 어느 일방을 지칭하는 것이고, 상대방이라 국한하여 해석할 것이 아니므로, 비록 상대방인 매도인이 매매계약의 이행에는 전혀 착수한 바가 없다 하더라도 매수인이 중도금을 지급하여 이미 이행에 착수한 이상 매수인은 민법 제565조에 의하여 계약금을 포기하고 매매계약을 해제할 수 없다(대판 2000.2.11. 99다62074). ⓕ 제565조 1항에서 말하는 '이행에 착수한다는 것'은 객관적으로 외부에서 인식할 수 있는 정도로 채무의 이행행위의 일부를 하거나 또는 이행을 하기 위하여 필요한 전제행위를 하는 경우를 말하는 것으로서 단순히 이행의 준비를 하는 것만으로는 부족하고, 그렇다고 반드시 계약내용에 들어맞는 이행제공의 정도에까지 이르러야 하는 것은 아니지만, 매도인이 매수인에 대하여 매매계약의 이행을 최고하고 매매잔대금의 지급을 구하는 소송을 제기한 것만으로는 이행에 착수하였다고 볼 수 없다(대판 2008.10.23. 2007다72274,72281). <답 ④>

4. 甲은 乙로부터 토지를 1억 원에 매수하기로 하였다. 매매계약에 따르면, 甲은 乙에게 계약금 1,000만 원, 1차 중도금 2,000만 원, 2차 중도금 2,000만 원, 잔금 5,000만 원을 지급하기로 하였고, 이에 따라 甲은 계약 당일 乙에게 계약금 1,000만 원을 교부하였다. 또한 위 매매계약서에는 "당사자 일방이 채무를 불이행할 경우 계약금을 교부한 자는 그것을 몰취당하고 계약금을 교부받은 자는 그 배액을 상환한다."라는 조항(계약서 제5항)도 포함되어

있었다. 다음 설명 중 옳은 것을 모두 고르면? (다툼이 있는 경우에는 판례에 의함) <사시 2009년 변형>

> ㉠ 계약서 제5항은 위약금 약정으로서 손해배상액의 예정으로 추정되므로, 다른 특약이 없는 한 甲의 채무불이행으로 乙이 위약금 이상의 손해를 입었더라도 초과손해는 배상을 구할 수 없다.
> ㉡ 甲과 乙 사이에 다른 약정이 없는 한 乙은 甲이 1차 중도금을 지급할 때까지 甲에게 2,000만 원을 상환하고 매매계약을 해제할 수 있다. 이때 乙이 甲에게 2,000만 원을 제공하지 않은 채 해제의 의사표시만을 하였다면 계약해제의 효과는 발생하지 않는다.
> ㉢ 계약서 제5항과 같은 내용의 약정이 존재하지 않는다면, 계약이 당사자 일방의 귀책사유로 인하여 해제되었다고 하더라도 상대방은 그 계약불이행으로 인한 실제 손해만을 배상받을 수 있을 뿐 계약금 상당액이 위약금으로 상대방에게 당연히 귀속되는 것은 아니다.
> ㉣ 위 토지가 「국토의 계획 및 이용에 관한 법률」에 따른 토지거래허가대상이라면 그 토지거래허가를 받지 않은 상태에서도 乙은 2,000만 원을 상환하고 계약을 해제할 수 있다. 그러나 토지거래허가를 받은 경우에는 乙은 2000만 원을 상환하고 계약을 해제할 수 없다.
> ㉤ 매매계약 체결 이후 乙이 甲에게 매매대금의 증액을 요청하였고, 甲이 이에 대하여 확답하지 않은 상태에서 1차 중도금을 그 이행기 전에 제공하였다면, 이행기 전에는 착수하지 않기로 하는 특약 등 이행기 전 이행착수가 허용될 수 없는 특별한 사정이 없는 이상, 그 이후 乙이 계약금의 배액을 공탁하여 해제권을 행사하는 것은 불가능하다.

① ㉠, ㉡, ㉢, ㉣ ② ㉠, ㉢, ㉣, ㉤ ③ ㉡, ㉢, ㉣, ㉤
④ ㉠, ㉡, ㉢, ㉤ ⑤ ㉠, ㉡, ㉢, ㉣, ㉤

해설

㉠ 옳음. 계약서 제5항은 당사자 일방이 위약한 경우에 있어서 그 계약금을 위약금으로 한다는 특약으로 손해배상액 예정의 성질을 갖는 것으로 해석한다(대판 1989.12.12. 89다카10811 참고). 계약 당시 손해배상액을 예정한 경우에는 다른 특약이 없는 한 채무불이행으로 인하여 입은 통상손해는 물론 특별손해까지도 예정액에 포함되고 채권자의 손해가 예정액을 초과한다 하더라도 초과부분을 따로 청구할 수 없다(대판 1993.4.23. 92다41719 참고). ㉡ 옳음. 위 사안에서 甲이 중도금을 지급하기 전에는 乙이 계약금의 배액을 상환하고 계약을 해제할 수 있으나, 이 해제는 통고로써 즉시 효력을 발생하고 나중에 계약금 배액의 상환의무만 지는 것이 아니라 乙이 수령한 계약금의 배액을 甲에게 상환하거나 적어도 그 이행제공을 하지 않으면 계약을 해제할 수 없다(대판 1992.7.28. 91다33612 참고). ㉢ 옳음. 대판 1992.11.27. 92다23209 참고. ㉣ 틀림. 대판 1997.6.27. 97다9369

참고. 그러나 당사자 쌍방이 위 협력의무에 기초해 토지거래허가신청을 하고 이에 따라 관할관청으로부터 그 허가를 받았다 하더라도, 아직 그 단계에서는 당사자 쌍방 모두 매매계약의 효력으로서 발생하는 의무를 이행하였거나 이행에 착수하였다고 볼 수 없어 매도인으로서는 민법 제565조에 의하여 계약금의 배액을 상환하여 매매계약을 해제할 수 있다(대판 2009.4.23. 2008다62427 참고). ㉤ 옳음. 대판 2006.2.10. 2004다11599 참고.

<답 ④>

5. 甲과 乙이 2012.4.1. 乙 소유의 X건물에 대해 매매대금을 1억 원으로 하여 매매계약을 체결하면서, 甲은 계약 당일 계약금으로 1,000만 원을 乙에게 지급하였다. 중도금 4,000만 원은 2012.5.1. 잔금 5,000만 원은 2012.6.1. 각각 지급하기로 하고, 잔금 지급과 상환으로 乙은 X건물을 인도하고 소유권이전등기에 필요한 서류를 넘겨주기로 하였다. 이에 관한 설명 중 옳지 않은 것은?
(다툼이 있는 경우에는 판례에 의함) <사시 2013년: 배점 2>

① 甲이 4.15. 중도금을 미리 지급하려고 하였으나 乙이 수령을 거부하였다. 오히려 乙은 4.16. 계약금의 배액을 甲에게 제공하면서 위 매매계약을 해제하였다. 乙의 해제는 적법하다.

② 甲이 5.1. 중도금을 지급하지 않으므로 乙이 甲에게 이행을 최고하였다. 이에 甲은 계약금을 포기한다고 하면서 위 매매계약을 해제하였다. 甲의 해제는 적법하다.

③ 甲이 5.1. 중도금을 지급하였으나, 그 다음 날 甲은 위 매매계약을 해제한다고 하면서, 계약금은 포기하지만 중도금은 반환할 것을 요구하였다. 甲의 해제는 부적법하다.

④ 甲이 5.1. 지급하여야 할 중도금을 지급하지 않았다면, 乙이 아직 X건물을 甲에게 인도하지 않고 있더라도, 乙은 중도금 지급 지체에 따른 지연이자를 손해배상으로 청구할 수 있다.

⑤ 甲은 6.1.이 지났지만 잔금을 지급하지 않고 있고, 乙 역시 소유권이전등기에 필요한 서류를 교부하지 않고 건물도 인도하지 않고 있는 경우, 甲과 乙은 위 채무에 대한 이행지체책임을 지지 않는다.

해설

① 틀림. 매매계약의 체결 이후 시가 상승만으로 매매계약의 기초적 사실관계가 변경되었다고 볼 수 없는 경우 '매도인을 당초의 계약에 구속시키는 것이 특히 불공평하다'거나 '매수인에게 계약내용 변경요청의 상당성이 인정된다'고 할 수 없고, 이행기 전의 이행의 착수가 허용되어서는 안 될 만한 불가피한 사정이 있는 것도 아니라면 매도인은 위의 해제권을 행사할 수 없다(대판 2006.2.10. 2004다11599). ② 옳음. 乙의 이행최고는 권리의 행사에 불과하므로 매수인 甲이 제565조에 의한 해제권을 행사하는 데 아무런 장애가 되지 않는다(대판 2008.10.23. 2007다72274,72281 참고). ③ 옳음. 민법 제565조 제1항에서 말하는 당사자의 일방이라는 것은 매매 쌍방 중 어느 일방을 지칭하는 것이고, 상대방이라 국한하여 해석할 것이 아니므로, 비록 상대방인 매도인이 매매계약의 이행에는 전혀 착수한 바가 없다 하더라도 매수인이 중도금을 지급하여 이미 이행에 착수한 이상 매수인

은 민법 제565조에 의하여 계약금을 포기하고 매매계약을 해제할 수 없다(대판 2000.2.11. 99다62074). ④ 옳음. 잔금지급일 이후부터 중도금에 관하여 동시이행항변권을 행사할 수 있다고 하더라도, 중도금 및 이에 대한 지급일 다음날부터 잔대금지급일까지의 지연손해금의 지급이 면책되는 것은 아니다(대판 1998.3.13. 97다54604,54661). ⑤ 옳음. 매수인의 중도금 및 잔대금의 지급과 매도인의 소유권이전등기 소요서류의 제공은 동시이행관계에 있다. 따라서 잔금지급기일부터는 매수인은 중도금을 지급하지 아니한 데 대한 이행지체의 책임을 지지 않는다(대판 2002.3.29. 2000다577 등). <답 ①>

2. 매매의 효과

6. 매도인의 채무불이행책임과 담보책임에 관한 다음 설명 중 틀린 것은?

① 양 책임은 본질에 있어 채무의 내용에 좇지 않은 이행에 대한 계약책임으로서의 성질을 지닌다.

② 채무불이행책임이 매도인의 채무불이행에 대한 고의·과실을 전제로 하는 책임이라면, 담보책임은 매도인의 귀책사유와 관계없이 인정되는 일종의 무과실책임이다.

③ 매매의 목적인 급부가 원시적·객관적으로 전부불능이 된 경우에는 양 책임은 고려되지 않고 '계약체결상의 과실'만이 문제된다.

④ 양 책임의 효과와 관련해 해제권은 그 발생요건은 서로 상이하지만, 일방적 의사표시에 기한 형성권이라는 점에서는 동일하다.

⑤ 양 책임의 효과로 인정되는 매수인의 손해배상청구권은 그 범위에 있어 모두 민법 제393조의 원칙에 따른다는 것이 일반적 견해이다.

해설

하자담보책임은 매매계약의 유상성에 기해 인정되는 책임이라고 하거나(법정책임설), 그 본질에 있어 채무의 이행을 다하지 않은 데에 대한 채무불이행책임의 일종이라고도 한다(채무불이행책임설). 다만, 하자에 의해 상실된 대가관계의 회복이라는 측면에서 일반적인 채무불이행책임에 비해 그 요건과 효과에 있어 특별한 책임제도라고 할 수 있다. (i) 먼저 책임요건상 담보책임은 매도인의 과책과 무관한 무과실책임이라는 점에서 일반 채무불이행책임과 구별된다. (ii) 다음으로 그 책임효과에 있어서는 해제권과 손해배상청구권이 인정된다는 점에서는 일단 채무불이행책임과 현상적으로 동일하다. 다만, 해제권의 경우에는 '계약목적을 달성할 수 없는 경우'에 한해 인정되며, 손해배상청구시 매도인의 과책을 요건으로 하지 않는다는 점에서 그 배상범위는 소극적 손해에 대한 전보에 국한된다(법정책임설에 의한 신뢰이익설). 반면에 채무불이행책임설에서는 이행이익설과 신뢰이익설이 각각 주장된다. <답 ⑤>

7. 甲은 乙로부터 주택을 매수하였다. 이에 관한 설명 중 옳은 것(○)과 옳지 않은 것(×)을 바르게 표시한 것은?

㉠ 대금지급 및 이전등기가 끝나지 않은 중에 乙의 귀책사유로 주택

이 소실되었다면 乙은 채무불이행책임을 부담한다.
ⓛ 대금지급 및 이전등기가 끝나지 않은 중에 甲의 귀책사유로 주택이 소실하였다면 乙은 대금지급을 청구할 수 있다.
ⓒ 처음부터 그 주택이 존재하지 않았다면 계약은 무효가 되고 乙은 계약체결상의 과실책임을 부담한다.
ⓔ 주택은 존재하였으나 주택과 함께 매수하기로 한 창고가 계약체결 이전에 이미 멸실된 경우, 甲이 이를 몰랐다면 손해배상을 청구할 수 있으나 대금감액을 청구할 수는 없다.

① ㉠(○), ㉡(○), ㉢(○), ㉣(○) ② ㉠(○), ㉡(○), ㉢(×), ㉣(○)
③ ㉠(○), ㉡(×), ㉢(○), ㉣(○) ④ ㉠(○), ㉡(○), ㉢(○), ㉣(×)
⑤ ㉠(×), ㉡(○), ㉢(○), ㉣(○) ⑥ ㉠(×), ㉡(○), ㉢(×), ㉣(×)
⑦ ㉠(×), ㉡(×), ㉢(○), ㉣(×) ⑧ ㉠(×), ㉡(×), ㉢(×), ㉣(×)

해설

甲과 乙은 주택에 대한 매매계약을 체결하였으므로 ㉠ 채무자 乙은 자신의 귀책사유에 기한 채무불이행책임(제390조)을 부담한다. ㉡ 채권자의 귀책사유에 기한 급부불능이라는 점에서 채권자 甲이 대가위험부담(제538조 1항 전단)을 부담한다. 그리고 ㉢ 매도인은 계약목적의 원시적 불능에 기한 계약체결상의 과실책임(제535조)을 부담한다. 그러나 ㉣ '주택'이라는 특정물에 대한 매매에 있어 그 일부가 계약체결 이전에 멸실되었다고 하였으므로 제574조의 규정이 적용된다. 제574조에 대해서는 제572조를 준용한다. <답 ④>

8. 甲은 乙로부터 乙 소유의 주택을 매수한 후 등기까지 마쳤다. 그 후 甲이 매수한 주택에 이사하려고 보니, 이미 그 주택에는 丙이 乙로부터 그 주택을 임차하여 거주하고 있는 상태였다. 다음 설명 중 틀린 것은?

① 丙이 임차권을 등기하지 않았다 할지라도 甲의 소유권에 기한 반환청구권에 대해 丙은 자신의 임차권을 주장할 수 있는 경우가 있다.
② 丙의 임차권이 대항력을 갖추었다면 甲은 丙의 동의 없이도 당연히 乙의 지위를 승계한다.
③ 丙의 임차권이 대항력을 갖추지 못했을 경우 乙과 丙 사이에는 채무불이행책임이 문제될 수 있다.
④ 丙의 임차권이 대항력을 갖추었을 경우 甲은 계약체결시 이를 몰랐고 이에 대해 과실이 없는 경우에 한하여 乙에 대해서 손해배상을 청구할 수 있다.
⑤ ④의 손해배상청구권이 인정된다면 1년의 제척기간에 걸린다.

해설

위 사례의 경우는 먼저 주택에 대한 丙의 임차권이 대항력을 갖춘 경우와 그렇지 않은 경우로 나누어 살펴보아야 한다. '부동산임차권'은 등기를 갖추거나(제621조) 또는 주택임대차보호법의 대항요건(제3조 및 제3조의3)을 갖춘 경우(①)에는 제3자에 대한 대항력을 갖게 된다(물론 甲과 丙 사이에는 ②처럼 종전의 임대차관계가 승계된다. 주임보법 제3조 3항). 따라서 (i) 丙의 임차권이 이러한 대항력을 구비하였다면, 甲은 소유권에 기한 주택의 반환을 청구할 수 없으며(제213조 단서), 반면 乙은 甲에게 완전한 소유권을 이전하지 못하였으므로 甲에 대해 담보책임을 부담한다(제575조 2항 및 주임보법 제3조 4항). 즉 甲은 대항력 있는 丙의 임차권의 존재에 대하여 선의인 한(무과실을 요하지는 않는다) 乙에 대해 손해배상을 청구할 수 있으며(④⑤), 丙의 임차권으로 인해 계약목적을 달성할 수 없는 경우에는 계약을 해제함과 아울러 발생한 손해에 대해서도 배상을 청구할 수 있게 된다. 그러나 (ii) 丙의 임차권이 아직 대항력을 갖추지 못한 경우에는(③) 당연히 甲은 자신의 소유권에 기한 반환청구권을 丙에 대해서 행사할 수 있으며(제213조 본문), 이때 乙은 丙에 대해 채무불이행책임을 부담하게 된다(제390조). <답 ④>

9. 甲은 A자동차회사에서 생산하는 2003년식 '○○자동차' 1대를 주문하였는데, 후일 인도된 차량의 엔진 부위에 결함이 있음이 판명되었다. 이 경우의 법률관계에 관한 다음 설명 중 틀린 것을 모두 고르시오. <변리사 2003년>

> ㉮ 엔진부위의 하자로 차의 운행조차 불가능한 경우라면 甲은 A회사 측에 과실이 없다 하더라도 계약을 해제할 수 있다.
> ㉯ 甲은 A회사에 대하여 하자 없는 완전물급부청구권을 행사할 수 있는데, 이 권리는 해제권과 병존적으로 행사할 수 있는 것이다.
> ㉰ 우리 민법은 A회사에 대하여 적극적인 하자추완권(하자치유권)을 인정하고 있지 않으며, 甲에게 대금감액권도 명문으로 인정하고 있지 않다.
> ㉱ 甲이 A회사에 대하여 행사할 수 있는 구제수단 중에는 하자의 사실을 안 날부터 6개월 안에 행사하여야 하는 것도 있는데, 이 기간은 제척기간이므로 甲은 이 기간 내에 소송을 제기하여야 한다는 것이 판례의 입장이다.
> ㉲ 甲은 현 상황에서 A회사에 대하여 제조물책임법에 따른 책임을 추궁할 수 있다.

① ㉮, ㉰ ② ㉯, ㉱, ㉲ ③ ㉮, ㉯, ㉱
④ ㉰, ㉱, ㉲ ⑤ ㉯, ㉰, ㉱, ㉲

해설

㉮ 자동차를 매매하게 된 계약의 목적이 달성될 수 없을 정도로 위 하자가 중대하기 때문에 甲은 위 계약을 해제할 수 있다(제581조 1항). ㉯ 완전물급부청구권을 행사하기 위해서는 매수인이 해제권이나 손해배상청구권을 행사하지 않아야 한다(제581조 2항). ㉰ 일부 학설이 하자보수청구권을 주장하나(이은영, 341면 참고), 도급인에게 명문으로 이를 인정하는 경우(제667조 1항)가 아니라면 법률의 근거가 없는 한 매도인에게 이를 인정할 수는 없다. ㉱ 하자담보책임에 관한 기간은 제척기간으로서 재판상 또는 재판외의 권리행사기간이며 재판상 청구를 위한 출소기간이 아니다(대판 2000.6.9. 2000다15371 등). ㉲ 제조물의 결함 그 자체로 인한 손해에 관해서는 제조물책임법이 적용되지 않는다(제조물

책임법 제3조 1항). <답 ②>

10. B는 PC를 판매하는 A로부터 PC 1대를 구입하였다(1월 1일). PC의 소리기능이 자주 작동불능상태에 빠지자 B는 A에게 보수해 줄 것을 여러 번 요구하였으나(3월 1일) A가 그 하자를 고칠 기술자가 퇴직했음을 이유로 거절하였다. 이와 관련하여 B는 자신이 비용을 부담하여 K로 하여금 위 하자를 보수하였고(5월 1일), A에게 그 비용의 상환을 청구하였다(11월 1일). 다음 설명 중 옳은 것을 고르면? (다툼이 있는 경우에는 판례에 의함)

① A가 부담하는 채무는 특정물채무이며, A는 이를 적법하게 변제하였으므로 목적물의 하자에 대해서 책임을 지지 않는다.

② A는 매도인이기 때문에 목적물의 하자에 대한 담보책임으로서 하자보수를 할 의무를 부담하지 않으므로, 결국 위 비용을 상환할 책임이 없다.

③ B의 하자보수청구에 대한 정당성은 매도인의 완전물급부청구권에서 찾을 수는 없으므로 위 비용의 상환을 청구할 수 없다.

④ B의 비용상환청구권은 완전물급부청구권의 변형물에 지나지 않으므로 국민형PC의 하자를 안 날로부터 6개월 내에 행사되어야 인용될 수 있다.

⑤ B의 비용상환청구권은 완전물급부의무의 불이행에 따른 손해배상의무의 성격을 가지므로 하자를 안 날로부터 6개월 내에 하자보수를 청구한 이상 위 비용의 상환청구는 인용되어야 한다.

해설

위 사례는 대판 2000.2.11. 97다7202의 사실관계를 재구성한 것이다. 이 판결의 취지에 따르면, B의 비용상환청구권은 완전물급부의무의 이행불능으로 인한 손해배상청구권과 같은 내용을 가지고 있는 것으로서 완전물급부청구권의 변형물로 볼 수도 있으므로, 일단 매수인인 B가 그 권리행사기간(=6개월) 안에 완전물급부청구권을 행사한 이상(3월 1일), B의 비용상환청구권은 민법 제582조가 정하는 제척기간에 걸리지 아니한다고 보았다. ① A의 채무는 종류채무이다. 한편 적법하게 변제를 하였지만 원시적 하자의 존재에 대해서는 담보책임을 면할 수 없다(통설에 의함). ②③ 위 판결에서 하자보수청구권을 해석상 인정하고 있는데, 그 근거를 완전물급부청구권(제581조 2항)에서 구한다. ④⑤ 하자보수의 청구는 완전물급부의 청구와 내용상 동일하므로 제척기간에 걸리지 않는다. 더욱이 비용상환의 청구는 완전물급부청구의 불이행에 따른 효과, 즉 손해배상에 대한 청구로 이해될 수 있다. 따라서 이에 대해서는 10년의 소멸시효기간이 적용될 수밖에 없을 것이다.

<답 ⑤>

※ [문 11, 12] 다음 사례를 읽고 답하시오.

[Ⅰ] A는 B로부터 일정규격의 제품을 일정수량 구입하기로 하고, 약정된 기일에 B의 창고에 가서 이를 수령하기로 하는 내용의 계

약을 체결하였다. B는 해당 규격의 제품을 다량 마련하여 인도할 준비를 갖춘 후에 약정된 기일에 인수하도록 A에게 통지하였으나, 목적물들은 현재 다른 제품과 섞여 있는 상태이다. 한편 A는 약정기일에 이를 수령하지 않았다.

[Ⅱ] 한편 A는 자금마련이 원활하지 않아 3개월 늦게 B의 창고에 가서 스스로 점검한 후에 B로부터 약정된 수량의 제품을 인도받았다. 그 후 A는 인도받은 제품의 일부가 부패한 것을 발견하였으나, 이는 약정되었던 제품이 B의 창고에 있었던 기간 중 약정된 기일 후에 습기로 인하여 생긴 것임이 판명되었다.

11. 위 사례 [Ⅰ]에 관한 설명 가운데 틀린 것을 모두 나열하면?

ⓐ A와 B가 체결한 계약은 유효하다.
ⓑ A에게 발생한 채권은 종류채권이라고 볼 수 있다.
ⓒ B가 부담하는 채무의 종류는 통상적인 지참채무라고 볼 수 있다.
ⓓ A의 채권은 특정이 되었다.
ⓔ A는 B에 대하여 법정해제권을 행사할 수 있다.
ⓕ 법정책임설에 따르면 B는 A에 대하여 해제권을 행사할 수 있다.
ⓖ 채무불이행설에 따르면 B는 A에 대하여 손해배상청구권을 행사할 수 있다.

① ⓑ, ⓓ ② ⓑ, ⓒ, ⓓ ③ ⓓ, ⓔ, ⓕ, ⓖ
④ ⓒ, ⓓ, ⓔ, ⓕ ⑤ ⓒ, ⓓ, ⓔ, ⓖ ⑥ ⓒ, ⓓ, ⓔ, ⓕ, ⓖ

해설

A와 B의 계약은 유효하게 체결되었다고 볼 것이다(다만 무효를 주장하는 자가 효력요건의 흠결을 입증하여야 한다). 이때 A의 채권은 종류채권이다. 즉 B는 A에 대하여 일정한 종류에 속하는 물건의 일정량의 '인도'를 목적으로 하는 채무를 부담하며, 이를 이행하기 위하여 '특정'이 필요하다. 반면에 B의 채무는 채권자가 채무자의 주소지(혹은 영업소)에 와서 목적물을 추심하여 '이행을 받아야' 하는 채무, 즉 '추심'채무이므로 B가 급부하여야 할 목적물을 '분리'하고 A가 추심하여 오면 언제든지 수령할 수 있는 상태에 놓아둔 다음에 이를 A에게 통지하여 수령을 최고하여야 비로소 '특정'이 된다(제375조 2항 참조). 따라서 ⓐⓑ는 옳다. 그러나 ⓒⓓ는 잘못인데, 특히 '특정'이라는 행위는 '이행의 제공'(제460조)과는 달리 급부위험의 이전에 필요한 기준시점이기 때문에 '변제준비의 완료를 통지하고 그 수령을 최고'하면 채무자의 이행지체책임을 면하게 되는 '구두의 제공'(제460조 단서)과는 구별되어야 한다. 따라서 사례 [Ⅰ] 의 경우 전체제품에서 목적물을 분리하지 않았으므로 추심채무에서의 '특정'은 없었다고 볼 것이다. 그리고 B의 채무는 추심채무이고 동시에 특정이 이루어지지 않았지만, '구두의 제공'을 함으로써 이행지체책임을 면하게 되고(제461조) A는 채권자지체책임을 면치 못한다(제400조). 따라서 A는 B에 대하여 채무불이행책임에 따른 효과를 주장할 수 없으므로 법정해제권이 발생하지 않는다. 반면에 B는 채권자지체에 따른 효과를 주장할 수 있는데, 이는 채권자지체를 채무불이행책임의 일

종으로 볼 것인가 여부에 따라 그 내용이 다르다. 특히 채무불이행설(다수설)에 따르면 (ⓖ) B는 A에 대하여 제401조 이하의 효과뿐만 아니라 해제권 및 손해배상청구권을 행사할 수 있다. <답 ④>

12. 위의 사례 [Ⅰ] 및 [Ⅱ] 에 관한 설명 가운데 틀린 것은?

① B는 A에 대하여 채권자지체에 따른 효과를 주장할 수 있으므로 고의 혹은 중과실이 없는 한 채무불이행책임을 부담하지 않는다.

② 담보책임을 법정책임으로 이해하는 견해에 따르면, B는 A에 대하여 종류물에 관한 하자담보책임을 부담한다.

③ 담보책임을 법정책임으로 이해하는 견해에 따르면, B는 A에 대하여 채무불이행책임을 부담할 수 있다.

④ 담보책임을 법정책임으로 이해하는 견해에 따르면, 약정된 목적물의 일부가 습기로 인하여 부패된 점에 대하여 B에게 귀책사유가 없는 한 매매대금의 지급채무는 A가 부담하여야 한다.

⑤ 담보책임을 원래 채무불이행책임으로 이해하는 견해에 따르면, B는 A에 대하여 하자담보책임을 전혀 부담하지 않게 된다.

해설

① 제401조 참조. ③④ 위 사례에서 B의 추심채무에 관한 특정이 있었다고 볼 것은 아니기 때문에, 법정책임설에 따를 경우 '특정시점 이전'의 하자에 대하여 책임을 묻는 담보책임이 위 사례에서 구성될 수는 없다. 따라서 종류물인도를 목적으로 하는 B의 급부가 아직 특정되지 않은 경우에는 언제나 귀책사유의 여부에 따라 불완전이행책임(제390조) 혹은 위험부담(제581조 1항 후단)이 문제된다. ⑤ 또한 채무불이행책임설에 따르더라도 '채권자지체 시점'을 중심으로 그 이전의 하자에 대해서 담보책임을 논하므로 위의 사례에는 하자담보책임을 물을 수 없고, 마찬가지로 귀책사유 여부에 따라 불완전이행 혹은 위험부담을 따질 수밖에 없다. <답 ②>

13. 다음은 선의 · 악의 여부에 따라 그 법률효과가 달라지는 경우를 든 것이다. 이에 관한 설명 중 옳지 않은 것은? (다툼이 있는 경우에는 판례에 의함)

<사시 2005년>

① 수량을 지정하여 매수한 물건이 부족한 경우 매수인이 그 부족을 알았다면 매도인은 담보책임을 전혀 부담하지 않는다.

② 특정물매매계약에서 계약체결 당시부터 존재하였던 목적물의 하자를 이유로 매도인에게 담보책임을 묻기 위해서는 매수인이 선의 · 무과실이어야 한다.

③ 부동산매매계약에 기하여 매수인 앞으로 소유권이전등기가 경료되었으나, 그 계약이 해제된 이후 제3자가 소유권이전등기를 경료받은 경우, 매도인은 제3자가 알았는지의 여부에 관계없이 계약해제의 효과를 주장

할 수 있다.

④ 매매목적물이 용익적 권리에 의하여 제한되어 있는 경우에는 선의의 매수인은 손해배상청구권 내지 계약해제권을 그 사실을 안 날로부터 1년 내에 행사하여야 한다.

⑤ 보증보험계약에서 주채무자에 해당하는 보험계약자가 보험자를 기망하였다는 이유로 보험자가 보증보험계약을 취소하였으나, 그 취소 전에 보험자로부터 보증보험증권을 수령한 피보험자가 이에 터잡아 새로운 계약을 체결한 경우, 보험자는 그 취소로써 피보험자에게 대항할 수 없으나, 피보험자가 그러한 기망행위를 알았거나 알 수 있었던 경우에는 대항할 수 있다.

해설

③ 해제권자는 해제 후 원상회복등기 등이 이루어지기 전에 계약해제사실을 모른 채(즉 선의로) 새로운 권리를 취득한 제3자에 대해서도 제548조 1항 단서에 따라 계약해제를 주장할 수 없다는 것이 학설과 판례의 견해이다(대판 1985.4.9. 84다카130). ⑤ 보험자가 보험계약자의 기망을 이유로 보증보험계약을 취소한 경우, 선의의 피보험자보호에 관한 대법원판례 참고(대판 2001.2.13. 99다13737). 매도인의 담보책임에서 매수인의 선의·악의에 따른 법률효과에 대해서는 아래의 표를 참고. <답 ③>

하자의 유형	매수인이 선의인 경우	매수인이 악의인 경우
권리의 전부가 타인에게 속하는 경우(제570조)	계약해제권과 손해배상청구권이 인정된다	계약해제권만이 인정된다
관리의 일부가 타인에게 속하는 경우(제572조)	대금감액청구권·계약해제권·손해배상청구권이 인정된다	대금감액청구권만이 인정된다
수량부족·일부멸실의 경우(제574조)	대금감액청구권·계약해제권·손해배상청구권이 인정된다	아무런 청구권도 인정되지 않는다
제한물권이 있는 경우(제575조)	계약해제권·손해배상청구권이 인정된다	아무런 청구권도 인정되지 않는다
저당권·전세권이 실행된 경우(제576조 내지 제577조)	매수인의 선의·악의와 관계없이 계약해제권·변제액상환청구권·손해배상청구권이 인정된다	

14. 매도인의 담보책임에 관한 설명이다. 틀린 것은?

① 매매의 목적이 된 부동산에 등기된 임대차계약이 있고 이로 인하여 계약의 목적을 달성할 수 없는 경우라고 하더라도, 악의의 매수인은 계약을 해제할 수 없음은 물론 손해배상도 청구할 수 없다.

② 이른바 '수량을 지정한 매매'에서 목적물의 수량이 부족한 경우 잔존한 부분만이면 매수인이 이를 매수하지 아니하였을 때에는, 매수인은 선의

인 경우에 한하여 계약 전부를 해제함과 아울러 손해배상을 청구할 수 있다.

③ 매매목적물이 종류물인 경우에는 매수인은 매도인에 대하여 완전물의 급부를 청구할 수 있다.

④ 담보책임에 관한 다수설에 따르면 매수인에게 하자제거청구권은 인정되지 않는다.

⑤ 선의의 매도인은 매매의 목적인 권리의 전부를 이전할 수 없는 경우에 손해를 배상하고 계약을 해제할 수 있고, 이는 수 개의 권리를 일괄하여 매매의 목적으로 하였으나 그 중 일부의 권리를 이전할 수 없는 경우에도 마찬가지이다.

해설

① 제575조. 매수인이 선의인 경우에 한하여 매도인에게 담보책임을 물을 수 있음은 당연하다. ② 제574조→제572조 2항·3항 준용. 선의의 매수인에 한해서만 담보책임법의 권리가 인정된다. ③ 종류물의 매매에 있어서는 특정물에 관한 담보책임의 내용이 준용되면서 선택적으로 완선물급부청구권이 인정된다(제581조 2항). ④ 다수설인 법정책임설에 따르면 하자제거(혹은 하자보수)청구권은 인정될 수 없지만, 채무불이행책임설(소수설)에 따르면 특정물의 매도인은 완전한 목적물을 매도할 채무를 부담하므로(즉, 특정물도그마 부인) 특히 특정물매매에 있어서는 매수인은 매도인에 대하여 하자를 제거할 것을 요구할 수 있다고 한다(이은영, 341면). 저자는 특정물도그마를 부정하지만, 하자제거청구권의 인정여부에 관해서는 부정적이다(김형배, 355면). ⑤ 민법 제571조 1항은 선의의 매도인이 매매의 목적인 권리의 전부를 이전할 수 없는 경우에 적용될 뿐, 매매의 목적이 권리의 일부를 이전할 수 없는 경우에는 적용될 수 없고, 마찬가지로 수 개의 권리를 일괄하여 매매의 목적으로 정하였으나 그 중 일부의 권리를 이전할 수 없는 경우에도 위 조항은 적용될 수 없다(대판 2004.12.9. 2002다33557). <답 ⑤>

15. 민법상 담보책임에 관한 설명 중 옳지 않은 것은? (다툼이 있는 경우에는 판례에 의함) <변리사 2009년>

① 강제경매의 기초가 된 채무자 명의의 소유권이전등기가 원인무효의 등기여서 매수인이 부동산에 대한 소유권을 취득하지 못한 경우, 매수인은 경매 채권자에게 매각대금 중 그가 배당받은 금액에 대하여 일반 부당이득의 법리에 따라 반환을 청구할 수 있을 뿐, 담보책임을 물을 수는 없다.

② 가등기의 목적이 된 부동산을 매수한 사람이 그 뒤 가등기에 기한 본등기가 경료됨으로써 그 부동산의 소유권을 상실하였다면, 매도인은 목적 부동산에 설정된 저당권 또는 전세권의 행사로 인하여 매수인이 취득한 소유권을 상실한 경우와 마찬가지의 담보책임을 진다.

③ 수급인이 신축한 건물의 하자가 중요하지 아니하면서 동시에 그 보수에

과다한 비용을 요하는 경우에는 도급인은 하자보수나 하자보수에 갈음하는 손해배상을 청구할 수 없고 그 하자로 인하여 입은 손해의 배상만을 청구할 수 있다.

④ 도급인의 하자보수청구권 및 계약해제권은 수급인의 귀책사유를 필요로 하지 않는다.

⑤ 도급계약에서 수급인의 하자담보책임에 대한 기간은 제척기간이므로, 도급인은 이 기간 내에 소송을 제기하여야 그 기간을 준수한 것이 된다.

해설

① 옳음. 경락인이 강제경매절차를 통하여 부동산을 경락받아 대금을 완납하고 그 앞으로 소유권이전등기까지 마쳤으나, 그 후 강제경매절차의 기초가 된 채무자 명의의 소유권이전등기가 원인무효의 등기이어서 경매 부동산에 대한 소유권을 취득하지 못하게 된 경우, 이와 같은 강제경매는 무효라고 할 것이므로 경락인은 경매 채권자에게 경매대금 중 그가 배당받은 금액에 대하여 일반 부당이득의 법리에 따라 반환을 청구할 수 있고, 민법 제578조 1항·2항에 따른 경매의 채무자나 채권자의 담보책임은 인정될 여지가 없다(대판 2004.6.24. 2003다59259). ② 옳음. 소유권에 관한 가등기의 목적이 된 부동산을 낙찰받아 낙찰대금까지 납부하여 소유권을 취득한 낙찰인이 그 뒤 가등기에 기한 본등기가 경료됨으로써 일단 취득한 소유권을 상실하게 된 때에는 매각으로 인하여 소유권의 이전이 불가능하였던 것이 아니므로, 민사소송법 제613조에 따라 집행법원으로부터 그 경매절차의 취소결정을 받아 납부한 낙찰대금을 반환받을 수는 없다고 할 것이나, 이는 매매의 목적 부동산에 설정된 저당권 또는 전세권의 행사로 인하여 매수인이 취득한 소유권을 상실한 경우와 유사하므로, 민법 제578조, 제576조를 유추적용하여 담보책임을 추급할 수는 있다(대결 1997.11.11. 69그64). ③ 옳음. 건물신축도급계약에 있어서 수급인이 신축한 건물의 하자가 중요하지 아니하면서 동시에 그 보수에 과다한 비용을 요하는 경우에는 도급인은 하자보수나 하자보수에 갈음하는 손해배상을 청구할 수 없고 그 하자로 인하여 입은 손해의 배상만을 청구할 수 있다(대판 1997.2.25. 96다45436). ④ 옳음. 수급인의 하자담보책임에 관한 민법 제667조는 법이 특별히 인정한 무과실책임이다(대판 1990.3.9. 88다카31866 등). ⑤ 틀림. 민법상 수급인의 하자담보책임에 관한 기간은 제척기간으로서 재판상 또는 재판외의 권리행사기간이며 재판상 청구를 위한 출소기간이 아니다(대판 2004.1.27. 2001다24891). <답 ⑤>

16. 타인의 권리를 매매하는 데 매매목적인 권리를 취득하여 매수인에게 이전할 수 없는 경우에 관한 다음 설명 중 틀린 것만 고르면? (다툼이 있는 경우에는 판례에 의함)

㉠ 매수인이 계약 당시에 그 권리가 매도인에게 속하지 아니함을 안 경우에는, 매도인의 귀책사유로 이행불능이 되더라도 매수인은 매도인의 책임을 물을 수 없다.

㉡ 매도인이 계약 당시에 그 권리가 자기에게 속하지 아니함을 알지 못한 경우에는, 매도인도 매수인에게 손해를 배상하고 계약을 해제할 수 있다.

ㄷ 계약 당시에 매도인은 그 권리가 자기에게 속하지 아니함을 알지 못하였으나, 매수인은 그 권리가 매도인에게 속하지 아니함을 안 경우에는, 매도인은 매수인에게 그 권리를 이전할 수 없음을 통지하고 계약을 해제할 수 있다.
ㄹ 매매의 목적인 권리의 일부가 타인에게 속함으로 인하여 매도인이 그 권리를 취득하여 매수인에게 이전할 수 없는 때에는, 매수인은 선의·악의에 관계없이 그 부분의 비율로 대금의 감액을 청구할 수 있다.
ㅁ 타인의 권리를 처분한 자의 지위를 그 타인이 상속한 경우, 그 상속인은 처분계약에 따른 무조건적인 이행의무를 부담하여야 한다.

① ㄱ ② ㄴ ③ ㄷ
④ ㄹ ⑤ ㄱ, ㄴ ⑥ ㄱ, ㅁ
⑦ ㄴ, ㄷ, ㄹ ⑧ ㄱ, ㄴ, ㄷ, ㄹ

해설

타인의 권리도 매매의 목적으로 할 수 있으나(대판 2001.9.25. 99다19698), 매도인이 타인의 권리를 취득해서 이전할 수 없는 경우에 매도인은 담보책임을 부담한다(제570조). ㄱ 매도인의 귀책사유로 이행불능이 되었다면 악의의 매수인은 담보책임의 내용으로 손해배상을 청구할 수 없더라도 채무불이행의 일반규정에 따라 계약을 해제하고 손해배상을 청구할 수 있다(제546조, 제390조. 대판 1993.11.23. 93다37328 참고). ㅁ 甲이 乙 등 명의의 주식에 관하여 처분권한 없이 은행과 담보설정계약을 체결하였다 하더라도 이는 일종의 타인의 권리의 처분행위로서 유효하다 할 것이므로(제569조), 甲은 乙 등으로부터 그 주식을 취득하여 이를 은행에게 인도하여야 할 의무를 부담한다 할 것인데, 甲의 사망으로 인하여 乙 등이 甲을 상속한 경우 乙 등은 원래 그 주식의 주주로서 타인의 권리에 대한 담보설정계약을 체결한 은행에 대하여 그 이행에 관한 아무런 의무가 없고 이행을 거절할 수 있는 자유가 있었던 것이므로, 乙 등은 신의칙에 반하는 것으로 인정할 특별한 사정이 없는 한 원칙적으로는 위 계약에 따른 의무의 이행을 거절할 수 있다(대판 1994.8.26. 93다20191). <답 ⑥>

17. 매도인의 담보책임에 대한 다음 설명 중 옳은 것(○)과 옳지 않은 것(×)을 바르게 표시한 것은?

ㄱ 타인의 권리도 매매의 목적으로 할 수 있으나, 매도인이 타인의 권리를 취득해서 이전할 수 없는 경우에는 매수인은 계약을 해제할 수 있고, 이 경우 매수인은 선의·악의를 묻지 않고 손해배상을 청구할 수 있다.
ㄴ 매도인이 계약 당시에 매매의 목적물이 된 권리가 자기에게 속하지 아니함을 알지 못한 경우에 그 권리를 취득하여 매수인에게 이전할 수 없는 때에는 매도인은 손해를 배상하고 계약을 해제할 수

있다.

㉢ A가 자신이 올해 수확한 최상품의 귤의 수량을 100상자로 예상하고 이를 500만 원에 B에게 전량 매도하였으나, B가 귤을 인도받은 후 검사해보니 95상자인 경우에 B는 선의·악의를 묻지 않고 담보책임법상의 권리를 갖는다.

㉣ 저당권의 목적이 된 A 소유 토지에 대해 전세권을 설정한 B로서는 이후에 저당권의 실행으로 말미암아 전세권을 상실하는 경우 A에 대하여 매도인의 담보책임을 물을 수 있다.

① ㉠(○), ㉡(○), ㉢(○), ㉣(○) ② ㉠(○), ㉡(○), ㉢(×), ㉣(○)
③ ㉠(○), ㉡(×), ㉢(○), ㉣(○) ④ ㉠(○), ㉡(○), ㉢(○), ㉣(×)
⑤ ㉠(×), ㉡(○), ㉢(○), ㉣(○) ⑥ ㉠(×), ㉡(○), ㉢(×), ㉣(×)
⑦ ㉠(×), ㉡(×), ㉢(○), ㉣(×) ⑧ ㉠(×), ㉡(×), ㉢(×), ㉣(×)

해설 ……………………………………

㉠ 제570조 참조. 매매목적물이 타인의 권리에 속하기 때문에 권리를 이전할 수 없게 된 경우에는 매수인의 선의·악의에 관계없이 해제권이 발생하지만, 손해배상청구권은 '선의'의 매수인에게만 주어진다. ㉡ 제571조 1항, 선의의 매도인에 대한 보호조항. ㉢ 옳음. ㉣ 저당권이 설정된 목적물 위의 지상권자 혹은 전세권자를 제3취득자라고 하는데(제364조 참조), B로서는 지상권 혹은 전세권을 지키기 위해 A가 부담하는 피담보채무에 대해 제3자 변제를 함으로써 저당권의 소멸을 청구할 수는 있다. 그러나 선순위물권인 저당권이 실행된 이상 B의 전세권은 소멸하고, 다만 경락대금에서 선순위저당권자가 우선변제하고 남은 잔액에 대해 다른 일반채권자에 우선해서 전세보증금을 변제받을 뿐이다. 특히 저당권의 목적이 된 지상권 혹은 전세권이 매매의 목적이 되어 담보책임을 묻는 경우와 구별하여야 한다(제577조 참조). <답 ⑥>

18. 매도인의 담보책임에 대한 다음 설명 중 옳은 것(○)과 옳지 않은 것(×)을 바르게 표시한 것은?

㉠ 변제기의 약정이 없는 채권의 매도인이 채무자의 장래의 자력(資力)을 담보한 경우에는 현실로 변제될 때까지 담보책임은 존속한다고 보아야 한다.

㉡ 변제기에 도달하지 않은 채권의 매도인이 채무자의 자력을 담보한 경우 변제기의 자력을 담보한 것으로 추정된다.

㉢ 다수설에 의하면 법률적 하자가 있는 부동산의 매매에 있어서는 특정물매매에 관한 하자담보책임 규정인 민법 제580조가 적용되지 않는다.

㉣ 경매의 목적물에 권리의 하자가 있는 경우 계약의 목적을 달성할 수 있는 한도에서 경락인에게는 대금감액청구권과 손해배상청구

권만이 인정된다.

① ㉠(○), ㉡(○), ㉢(○), ㉣(○)
② ㉠(○), ㉡(○), ㉢(×), ㉣(○)
③ ㉠(○), ㉡(×), ㉢(○), ㉣(○)
④ ㉠(○), ㉡(○), ㉢(○), ㉣(×)
⑤ ㉠(×), ㉡(○), ㉢(○), ㉣(○)
⑥ ㉠(×), ㉡(○), ㉢(×), ㉣(×)
⑦ ㉠(×), ㉡(×), ㉢(○), ㉣(×)
⑧ ㉠(×), ㉡(×), ㉢(×), ㉣(×)

해설

㉡ 제579조 2항 참조. ㉢ 다수설(곽윤직, 179면 참고)은 '법률적 하자'를 권리의 하자로 이해하기 때문에 물건에 법률적 하자가 있는 경우에도 제580조가 적용되지 않는다고 한다. 즉, 물건에 법률상 장애가 발생하여 경제적 가치가 감소하는 경우에 이를 권리의 하자로 보는 다수설에 따르면, '경매'에 있어서 경락인은 채권자 및 그러한 물건의 소유자였던 채무자에 대하여 담보책임을 추궁할 수 있다(제578조, 제575조 참조). 그 근거로서 (i) 행정상 제한이나 부담 등의 법률상 장애는 목적물 자체에 대한 부담이라기보다는 소유권 행사에 대한 제한이므로 제575조와 유사하고, (ii) 이 경우에 제575조를 적용할 수 있으므로 경매에 있어서는 담보책임을 묻는 것이 용익권에 의한 소유권제한과의 균형상 타당하다고 한다. 이에 반해서 '경제적 하자'가 있다는 점을 '소유권의 제한'으로 볼 것은 아니라고 하면서 제575조와 제580조 2항의 취지를 고려하여 제578조를 '경제적 하자'에까지 확대해서는 안 된다는 견해가 있다(이은영, 338면 이하 참고). ㉣ 채무자가 물건 또는 권리의 흠결을 알고 고지하지 아니하거나 채권자가 이를 알고 경매를 청구한 경우에 경락인은 그 흠결을 안 채무자나 채권자에 대하여 손해배상을 청구할 수 있다(제578조 3항).

<답 ④>

19. 매도인의 담보책임에 관한 설명 중 옳은 것(○)과 옳지 않은 것(×)을 바르게 표시한 것은? (다툼이 있는 경우에는 판례에 의함) <사시 2009년: 배점 3>

㉠ 임대차계약에 기한 임차권을 목적물로 하는 매매계약에서 매도인이 임대인의 임대차계약상의 의무이행을 담보한다는 약정을 하지 아니하였더라도, 매매계약 당시 임대차 목적물에 이미 설정되어 있던 근저당권이 매매계약 이후에 실행되어 임대차 목적물이 매각됨으로써 임대인의 목적물을 사용·수익하게 할 의무가 이행불능으로 되었다면, 임차권의 매도인에게 민법 제576조(저당권, 전세권의 행사와 매도인의 담보책임)에 따른 담보책임이 있다.

㉡ 타인의 권리를 매매의 목적으로 한 경우 그 권리를 취득하여 매수인에게 이전하여야 할 매도인의 의무가 매도인의 귀책사유로 인하여 이행불능이 되었다면, 매수인이 계약 당시 그 권리가 매도인에게 속하지 아니함을 안 사정 등으로 인하여 담보책임에 관한 민법 제570조 단서의 규정에 의하여 매도인에게 손해배상을 청구할 수는 없다고 하더라도, 채무불이행의 일반 규정에 의하여 매도인에게 계약을 해제하고 손해배상을 청구할 수는 있다.

ⓒ 가등기의 목적이 된 부동산을 매수한 사람이 그 뒤 가등기에 기한 본등기가 경료됨으로써 그 부동산의 소유권을 상실하게 된 때에는 결과적으로 타인의 권리를 매매한 것과 같은 효과를 가지므로 매도인은 민법 제570조에 의한 담보책임을 진다.
ⓓ 매매목적물의 하자로 인하여 확대손해가 발생한 경우 매도인에게 그 확대손해에 대한 배상책임을 지우기 위하여는 채무의 내용으로 된 하자 없는 목적물을 인도하지 못한 의무위반사실 외에 그러한 의무위반에 대하여 매도인에게 귀책사유가 있어야 한다.
ⓔ 매매의 목적이 된 권리의 일부가 타인에게 속함으로 인하여 매도인이 그 권리를 취득하여 매수인에게 이전할 수 없게 된 경우, 매도인이 선의의 매수인에게 배상하여야 할 손해액은 원칙적으로 이행이익 상당액이 아니라 그 부분의 매수를 위하여 매수인이 출연한 금액이다.

① ㉠(×), ㉡(○), ㉢(○), ㉣(×), ㉤(×)
② ㉠(○), ㉡(×), ㉢(×), ㉣(×), ㉤(○)
③ ㉠(×), ㉡(○), ㉢(○), ㉣(○), ㉤(×)
④ ㉠(○), ㉡(×), ㉢(×), ㉣(○), ㉤(○)
⑤ ㉠(×), ㉡(×), ㉢(○), ㉣(×), ㉤(○)
⑥ ㉠(×), ㉡(○), ㉢(×), ㉣(×), ㉤(○)
⑦ ㉠(○), ㉡(×), ㉢(○), ㉣(○), ㉤(×)
⑧ ㉠(×), ㉡(○), ㉢(×), ㉣(○), ㉤(×)

해설

㉠ 틀림. 매도인이 임대인의 임대차계약상의 의무이행을 담보한다는 특별한 약정을 하지 아니한 이상, 임대인의 목적물을 사용·수익하게 할 의무가 이행불능으로 되었다거나, 임대인의 무자력으로 인하여 임대차보증금반환의무가 사실상 이행되지 않고 있다고 하더라도, 임차권 매도인에게 민법 제576조에 따른 담보책임이 있다고 할 수 없고, 이러한 법리는 임차권을 교환계약의 목적물로 한 경우에도 마찬가지이다(대판 2007.4.26. 2005다34018,34025 참고). ㉡ 옳음. 대판 1993.11.23. 93다37328 참고. ㉢ 틀림. 이는 매매의 목적부동산에 설정된 저당권 또는 전세권의 행사로 인하여 매수인이 취득한 소유권을 상실한 경우와 유사하므로, 민법 제576조의 규정이 준용된다고 보아 같은 조 소정의 담보책임을 진다고 보는 것이 상당하고 민법 제570조에 의한 담보책임을 진다고 할 수 없다(대판 2011.5.13. 2011다1941 등 참고). ㉣ 옳음. 매매목적물의 하자로 인한 확대손해에 대하여 매도인에게 배상책임을 지우기 위해서는 하자 없는 목적물을 인도하지 못한 의무위반 사실 외에 그러한 의무위반에 대하여 매도인에게 귀책사유가 있어야 한다(대판 2003.7.22. 2002다35676 등 참고). ㉤ 틀림. 이 경우에 매도인이 매수인에 대하여 배상하여야 할 손해액은 원칙적으로 매도인이 매매의 목적이 된 권리의 일부를 취득하여 매수인에게 이전할 수 없게 된 때의 이행불능이 된 권리의 시가, 즉 이행이익 상당액이라고 할 것이어서, 불법등기에 대한 불법행위책임을 물어 손해배상청구를 할 경우의 손해의 범

위와 같이 볼 수 없다(대판 1993.1.19. 92다37727). <답 ⑧>

20. 甲은 A제품이 몸에 해롭다는 사실을 알면서 이를 생산한 다음, 자신의 영업소에 비치하여 판매하던 중, 영업소를 찾아온 乙에게 A제품이 관절에 탁월한 효능이 있는 건강보조식품이고 시가는 200만 원인데 회사의 어려움 때문에 공장도가격 150만 원에 판매하고 있다고 속여 乙을 현혹하였다. 乙은 이 말을 믿고 A제품을 10개월 할부로 구입하기로 하고 계약금 15만 원을 지급한 다음 A제품을 인도받았다. 乙은 며칠간 A제품을 복용한 결과 그로 인하여 관절 통증이 격심해졌다. 이에 관한 설명 중 옳은 것을 모두 고르면?

<사시 2010년: 배점 3>

㉠ 乙은 A제품을 인도받은 날로부터 14일 이내에 할부계약에 관한 청약을 철회할 수 있다.
㉡ 담보책임을 채무불이행책임으로 보는 견해에 의하면 A제품에 하자가 존재하지 않는다.
㉢ 乙은 특별한 사정이 없는 한 甲과의 매매계약을 해제할 수 있고 아울러 손해배상을 청구할 수 있다.
㉣ 甲과 乙 사이에 담보책임면제의 특약이 있다면, 乙은 자신에게 과실이 없더라도 甲에 대하여 하자담보책임을 물을 수 없다.
㉤ 乙은 사기로 인한 의사표시를 이유로 매매계약을 취소할 수 있으며, 취소하지 않고 하자담보책임을 물을 수도 있다.
㉥ 乙은 A제품의 하자에 관한 甲의 귀책사유 유무를 묻지 않고 자신이 입은 확대손해에 관하여 甲에게 제조물책임을 물을 수 있다.

① ㉡, ㉣　② ㉢, ㉤　③ ㉤, ㉥
④ ㉠, ㉢, ㉣　⑤ ㉢, ㉣, ㉤　⑥ ㉢, ㉤, ㉥
⑦ ㉠, ㉡, ㉣, ㉥　⑧ ㉡, ㉢, ㉤, ㉥

해설

㉠ 할부거래에서 청약을 철회하려면, 매수인은 계약서를 교부받은 날 또는 목적물을 인도 등을 받은 날로부터 7일 내에 서면으로 청약 철회의 의사표시가 적힌 서면을 발송하여야 한다(할부거래법 제5조). ㉡ 하자를 주관적으로 볼 것인지 아니면 객관적으로 볼 것인지, 그리고 하자 발생 여부를 계약성립시에 판단할 것인지를 둘러싸고 법정책임설과 채무불이행설이 갈릴 뿐이다. ㉢ 제581조 참조. ㉣ 제584조 참조. ㉤ 통설. 민법 제569조가 타인의 권리의 매매를 유효로 규정한 것은 선의의 매수인의 신뢰 이익을 보호하기 위한 것이므로, 매도인의 기망에 의하여 타인의 물건을 매도인의 것으로 알고 매수한다는 의사표시를 한 매수인에게 만일 타인의 물건인줄 알았더라면 매수하지 아니하였을 사정이 있는 경우에는 매수인은 민법 110조에 의하여 매수의 의사표시를 취소할 수 있다고 해석해야 할 것이다(대판 1973.10.23. 73다268). ㉥ 제조물책임법 제3조 1항 참조. <답 ⑥>

3. 환　　매

21. 환매에 관한 다음 설명 중 옳은 것은?

① 환매대금은 매매대금과 매수인이 부담한 매매비용을 넘을 수 없다.
② 환매를 하면 매수인은 특약이 없는 한 그 동안 목적물로부터 수취한 과실을 매도인에게 반환해야만 한다.
③ 매매계약 후에 환매의 특약을 하는 경우 그러한 특약은 절대적으로 무효이다.
④ 부동산에 관한 등기되지 않은 환매권의 양도는 환매의무자의 동의가 없는 한 유효하지 않다.
⑤ 환매기간의 기산점을 환매특약이 성립한 때와 달리 약정한 경우 이는 무효이다.

해설

① 환매대금은 매매대금과 매수인이 부담한 매매비용이지만, 당사자 사이의 약정이 있으면 특약이 우선하므로(제590조 2항) 반드시 환매대금이 매매대금과 매매비용을 초과할 수 없는 것은 아니다. ② 제590조 3항 참조. ③ 절대적으로 무효라고 할 수는 없고, 재매매의 예약으로 인정된다. ④ 제450조가 적용되므로 의무자에 대한 통지나 승낙이 없는 경우 당사자 간에는 여전히 유효하지만, 다만 의무자 또는 제3자에게 대항할 수 없을 뿐이다. 반면에 등기된 환매권의 양도는 물권의 처분과 마찬가지로 이전등기의 방법에 따르면 된다. 그 형식은 이전의 부기등기가 된다. 즉 '채권' 양도의 대항요건이 필요하지 않다. ⑤ 환매기간은 특약시부터 기산하게 된다. 따라서 기간의 시기를 달리 약정하는 것은 그 자체가 무효이며, 환매기간의 약정이 없는 경우로 다루어야 한다(제591조 3항 참조).

<답 ⑤>

22. 환매에 관한 설명이다. 가장 잘못된 것은?

① 환매기간은 당사자 사이에 약정이 없는 경우에는 부동산은 5년, 동산은 3년을 넘지 못하며, 약정기간이 이를 넘을 때에는 부동산은 5년, 동산은 3년으로 단축한다.
② 목적물이 멸실하면 환매권도 소멸한다.
③ 환매권은 환매권자가 일방적 의사표시에 의하여 환매의무자로 하여금 매매목적물의 소유권을 환매대금과 상환하여 환매권자에게 이전하여 줄 의무를 발생시키는 형성권이다
④ 부동산환매약정은 이로써 제3자에게 대항할 수 없다.
⑤ 환매권에 대하여 채권자대위를 할 수 있다.
⑥ 매도인은 환매기간 내에 대금과 매매비용을 매수인에게 제공하지 아니하면 환매할 권리를 잃는다.

⑦ 환매권은 타인에게 양도할 수 있다.

해설

① 제591조 1항 · 3항. 특히 환매기간을 정한 때에는 다시 이를 연장하지 못한다(제591조 2항). ② 또한 환매의 특약은 매매계약에 종된 계약이므로 목적물의 멸실 등으로 매매계약이 효력을 상실하면 환매의 특약도 효력을 잃는다. ③ '예약완결권설'로 환매제도의 법리구성에 관한 다수견해이나, 환매제도의 기능과 취지를 고려할 때 타당한 것으로 보이지 않는다. ④ 매매의 목적이 부동산인 경우 매매등기와 동시에 환매권유보등기를 한 때에는 제3자에 대하여 효력이 있다(제592조). ⑤ 환매권은 일신전속권이 아니므로 대위의 객체가 될 수 있다(제404조 1항 단서 참조). ⑥ 매도인은 환매기간 내에 환매대금을 매수인에게 제공하고 환매의 의사표시를 하여야 하며(제594조 1항), 이때 환매대금의 제공은 현실의 제공이어야 한다(제460조). ⑦ 환매권은 양도가 가능하다. <답 ④>

23. 다음은 환매에 관한 설명이다. 옳은 것은?

① 환매대금은 다른 약정이 없는 한 매매대금에 매수인이 부담한 매매비용을 더한 금액이다.

② 판례에 따르면, 당사자의 약정으로 환매대금을 정한다면 환매대금은 매매대금 및 그 이자, 그리고 매매비용의 합산액을 넘게 정할 수 있다.

③ 환매기간은 부동산인 경우에 5년을 넘지 못하나 다시 이를 1회에 한하여 연장할 수 있다.

④ 동산에 관하여 환매기간이 약정되어 있지 아니한 경우에는 환매권자는 언제든지 환매권을 행사할 수 있다.

⑤ 환매권자가 환매권을 행사하는 것은 환매기간 내에 환매의 의사표시를 하는 것으로 족하다.

⑥ 어느 공유자가 국가와 1필지 토지에 관하여 구분소유적 공유관계에 있는 상태에서 국가로부터 그 공유자가 가지는 1필지의 특정 부분에 대한 소유권을 수용당하였다가 그 후 환매권을 행사한 경우, 그 공유자가 환매로 취득하는 대상은 당초 수용이 된 대상과 동일한 1필지의 특정 부분에 대한 소유권이 아니라 1필지 전체에 대한 공유지분이다.

해설

① 제590조 1항. ② 제590조 2항. 그러나 당사자가 약정으로 환매대금을 정할지라도 처음의 매매대금보다 고액으로 약정한 경우에 판례는, 제607조와 제608조를 적용함으로써 그 환매특약은 무효가 된다고 한다(대판 1967.7.11. 67다909). ③ 연장할 수 없다(제591조). 매수인은 환매기간 동안 불안한 지위에 머물러 있기 때문에, 최장기간을 제한할 필요가 있다. ④ 환매기간은 부동산에 관해서는 5년, 동산에 관해서는 3년으로 설정할 수 있다(제591조 1항). 한편 환매기간이 설정되지 않은 경우에는 5년 · 3년 내에 한하여 환매할 수 있다(제591조 3항). ⑤ 환매의 의사표시뿐만 아니라 환매대금을 매수인에게 '제공'하여야 한다(제594조 1항). 환매제공이 없다면 환매권은 환매기간의 종료로 인하여 그대로 소멸한다. ⑥ 환매로 취득하는 대상은 당초 수용이 된 대상과 동일한 1필지의 특정 부

분에 대한 소유권이고, 이와 달리 1필지 전체에 대한 공유지분이라고 볼 수는 없다(대판 2012.4.26. 2010다6611). <답 ①>

24. A는 자신의 주택을 B에게 1억 원에 매도하면서 6년 내로 다시 환매할 수 있음을 약정하고 이 내용을 B 앞으로 소유권이전등기를 경료하면서 부기(附記)하였다. 다음 설명 가운데 옳은 것은?

① A의 환매권은 B에 대한 배타적 권리에 불과하므로 만약 이를 제3자에게 양도하고자 하면 B의 동의가 있어야 한다.

② A가 환매권을 행사할 수 있는 기간은 원래 약정한 대로 6년이다.

③ B가 환매목적물인 주택의 소유권을 제3자에게 양도하였다면, A로서는 B에게 환매의무의 불이행에 대한 손해배상을 청구할 뿐이고 제3자에게 환매권을 행사할 수는 없다.

④ B가 환매목적물인 주택의 소유권을 제3자에게 양도하였다면, A로서는 제3자에게 환매권을 행사하면서 제3자가 지출한 통상의 필요비에 대해서 언제나 상환하여야 한다.

⑤ 1년 후 A가 환매대금을 B에게 지급하면서 위 주택을 환매한다는 의사표시를 하였더라도, A의 환매의사표시만으로는 B에 대한 채무를 이유로 위 주택에 대한 가압류명령을 집행한 제3자에게 주택의 소유권을 주장할 수 없다.

해설

①③ 원래 환매권은 양도성이 있으므로 등기된 환매권에 대해서는 자유롭게 제3자에게 처분할 수 있을 뿐만 아니라(따라서 매수인에 대한 환매권양도의 통지나 그의 승낙은 필요하지 않다. 또한 등기된 환매권의 처분은 그 이전등기로서 '이전의 부기등기'를 경료해야 한다), 환매권자는 환매목적물의 전득자에 대해서도 이를 행사할 수 있다. ② 부동산에 대한 환매기간이 약정되었을지라도 5년을 넘을 수 없다(제591조 1항 · 3항). ④ 환매권자는 환매시 환매목적물에 대하여 매수인 또는 전득자가 지출한 '통상의 필요비'를 상환하여야 하는데(제594조 2항 본문, 제203조 1항), 그들이 과실을 취득한 경우에는 그렇지 않다. ⑤ 환매에 의한 권리취득의 등기는 이전등기의 방법으로 하여야 하므로 이전등기를 경료해야 환매를 통한 소유권회복이 가능하다. 따라서 A가 환매기간 내에 B에게 환매의 의사표시를 하였더라도 환매에 의한 권리취득의 등기를 함이 없이 가압류집행의 등기를 한 제3자에 대해서는 이를 주장할 수 없다. 즉, A의 환매권행사에 의하여 당연히 주택이 A의 소유로 복귀되었다고 볼 수 없기 때문이다. <답 ⑤>

4. 특수매매

25. 할부매매에 관한 다음 설명 중 옳은 것은? (다툼이 있는 경우에는 다수설에 의함)

① 할부매매는 매수인이 목적물의 대금완납 전에 사용 · 수익하게 하는 것을

내용으로 하므로, 매수인이 목적물을 사용·수익하고 있다면 그 소유권은 매수인에 있는 것으로 추정된다.

② 매수인의 철회권은 매도인과 매수인 사이의 특약에 의해서만 포기할 수 있다.

③ 매수인이 대금완불 전에 회생절차가 개시되면 매도인은 아직 수령되지 않은 그 목적물을 환취할 수 있다.

④ 매도인은 매수인이 할부금납부를 2회 이상 이행하지 아니한 때에는 곧바로 계약을 해제할 수 있다.

⑤ 매수인은 대금완납시까지 자기재산과 동일한 주의의무를 부담한다.

⑥ 매수인의 채권자는 대금완납 전이라도 그 목적물에 대하여 강제집행을 할 수 있다.

⑦ 매수인이 목적물을 인도받아 사용하던 중에 양 당사자의 책임 없는 사유로 목적물이 훼손되거나 멸실된 경우, 매도인이 그 위험을 부담한다.

해설

① 할부매매는 대금채권의 이행을 확보하기 위하여 약관에 대금완불시까지 목적물의 소유권이 매도인에게 유보되고 완불과 동시에 매수인에게 이전된다는 '소유권유보조항'을 두는 것이 보통인데, 통설과 판례 모두 그 유효성을 인정한다. 특히 명시적인 특약이 없다 하더라도 소유권이 유보되는 것으로 추정된다(다수설). ② 매수인은 계약서를 교부받은 날 또는 목적물을 공급받은 날로부터 7일 이내에 서면으로 청약을 철회할 수 있으며(할부거래법 제8조 1항 및 3항). 매수인의 철회권은 양 당사자의 특약에 의해서도 포기될 수 없다(동법 제43조 참조). ③ 채무자회생법 제71조 1항 참조. ④ 매도인은 14일 이상의 기간을 정하여 매수인에게 그 이행을 서면으로 최고한 후 할부계약을 해제할 수 있다(동법 제11조 1항). ⑤⑥ 대금완납시까지 소유권은 매도인에게 있으므로 매수인은 선관주의의무를 부담하며, 따라서 매수인의 채권자가 강제집행을 할 경우 이에 대하여 할부매도인은 제3자이의의 소를 제기할 수 있다(민집법 제48조 1항 참조). ⑦ 매도인에게 소유권이 유보되어 있는 것은 단지 미지급대금채권의 담보를 목적으로 한다는 점에서 매수인이 반대급부에 대한 위험을 부담한다(다수설. 매도인이 부담한다는 견해로서 김주수, 231면).

<답 ③>

26. 다음은 여러 특수한 매매에 대한 설명이다. 틀린 것은?

① 할부매매에서 분할금납부의 지체를 이유로 하는 실권약관이나 기한이익 상실약관은 무효이다.

② 계속적 공급계약에서 매도인은 전회(前回)의 급부에 대해 대금이 지급되지 않았음을 이유로 금회(今回)의 급부에 대해 동시이행의 항변권을 행사할 수 있다.

③ 견본매매는 특정물에 대해서도 성립할 수 있다.

④ 견본매매에 있어 급부된 물건이 견본에 부합한다는 것은 매도인이 입증

해야 한다.

⑤ 시험매매는 매수인의 마음에 든다는 것을 정지조건으로 하는 매매이다.

해설

① 할부거래법 제11조와 제13조에서 알 수 있듯이, 매수인이 1회의 대금지체만으로 권리 또는 기한의 이익을 상실하게 되는 경우 등을 규제하고자 하는 것일 뿐 매수인의 '실권조항'이나 '기한이익상실약관' 자체를 인정하지 않겠다는 취지라고는 할 수 없다. ② 계속적 공급계약은 일종의 매매로서 '계속적 채권관계'의 성질을 갖는다. 특히 각 시기에 대립하는 급부 사이에 이행상의 견련관계를 인정할 수 있을 뿐 아니라, 지난 시기에 급부가 실현되지 않았음을 이유로 다음 시기의 급부를 거절할 수도 있다고 해석된다(곽윤직, 195면 이하 참고). ③④ 통상적으로는 불특정물매매에 관하여 이루어진다. 특히 매도인은 견본으로써 목적물의 품질을 보장하였기 때문에 급부된 물건이 견본에 부합하지 않는다는 매수인의 주장에 대하여 적극적으로 입증하여야 한다. ⑤ 통설. <답 ①>

27. 소비자 '영희'는 장례서비스제공업자 '하늘나라'로부터 계약당사자의 직계존속이 사망할 경우 3번째 대금납부 후부터 장례식을 대행하는 서비스를 받기로 하고 매월 10만 원의 대금을 5년 동안 납부하기로 하는 계약을 체결하였다. 옳은 것(○)과 옳지 않은 것(×)을 바르게 표시한 것은?

> ㉠ '하늘나라'는 선불식 할부계약을 체결하기 전에 영희가 계약의 내용을 이해할 수 있도록 선불식 할부거래에 관한 약관을 설명하여야 한다.
> ㉡ 선불식 할부계약을 체결한 영희가 그 계약에 의한 재화 등의 공급을 받지 아니한 경우에는 그 계약을 해제할 수 있지만, 이 경우 '하늘나라'는 영희에게 해제로 인한 손실을 초과하는 위약금을 청구할 수 있다.
> ㉢ 영희는 계약서를 받은 날부터 14일 이내에 선불식 할부계약에 관한 청약을 철회할 수 있다.
> ㉣ '하늘나라'는 계약체결을 하는 데 영희가 계약을 체결할 의사가 없음을 밝힐 경우 기만적 방법을 사용할 수는 없지만 전화, 팩스, 컴퓨터통신 등을 통하여 계약체결을 요청할 수 있다.

① ㉠(○), ㉡(○), ㉢(○), ㉣(○)　② ㉠(○), ㉡(○), ㉢(×), ㉣(○)
③ ㉠(○), ㉡(×), ㉢(○), ㉣(○)　④ ㉠(○), ㉡(×), ㉢(○), ㉣(×)
⑤ ㉠(×), ㉡(○), ㉢(○), ㉣(○)　⑥ ㉠(×), ㉡(○), ㉢(×), ㉣(×)
⑦ ㉠(×), ㉡(×), ㉢(○), ㉣(×)　⑧ ㉠(×), ㉡(×), ㉢(×), ㉣(×)

해설

㉠ 할부거래법 제23조 1항. ㉡ 해제로 인한 손실을 초과하는 위약금을 청구할 수 없다(동법 제25조 2항). ㉢ 동법 제24조 1항 1호. ㉣ 소비자가 계약을 체결할 의사가 없음을 밝혔을 경우에는 전화, 팩스, 컴퓨터통신 등을 통하여 계약체결을 강요하는 행위를 해서는

안 된다(동법 제34조 6호). <답 ④>

제 4 절 교 환

1. 다음은 교환계약에 관한 설명이다. 틀린 것은?

① 교환은 당사자 간의 의사표시가 합치됨으로써 성립되며, 따라서 서면의 작성은 필요하지 않다.
② 반대급부이전의 내용은 금전 이외의 재산권이어야 한다.
③ 당사자 간에 교환계약이 해제된 경우에는 각자 원상회복의무를 부담하며, 이는 서로 동시이행의 관계에 있다.
④ 보충금부 교환계약은 물건의 양도와 금전의 교부가 결합한 비전형·혼합계약이라는 것이 통설이다.
⑤ 교환계약이 이행된 이후에도 이전받은 재산권에 하자가 있는 경우 당사자는 계약을 해제할 수 있다.
⑥ 환금은 일종의 유상의 무명계약으로서 교환이 아니다.
⑦ 매매에 관한 규정 가운데 대금에 관한 규정도 교환에 준용될 수 있다.

해설

① 교환의 원시형태는 요물계약이었으나, 현행 민법상으로는 매매와 마찬가지로 쌍무·유상·낙성·불요식의 계약으로 이해된다. ②④ 계약당사자 가운데 어느 일방이 금전을 지급하는 경우에는 매매이다. 그러나 물건 또는 권리의 양도와 더불어 일정액의 금전을 보충적으로 지급할 것을 약정하더라도 교환계약이 성립한다(통설은 교환계약으로 이해한다. 제597조 참조). ③ 대판 1965.11.30. 65다1805 참고. ⑤ 대판 1966.3.29. 66다79. ⑥ 환금 또는 환전이란 당사자 쌍방이 서로 특정·특종의 화폐를 급부하는 것으로 일종의 유상의 무명계약이며 매매규정이 준용된다. ⑦ 대금지급의 장소 및 시기에 관한 규정, 대금지급거절권(제588조) 및 과실수취권(제587조)에 관한 규정 등은 교환에도 준용할 수 있다(제567조 참조). <답 ④>

2. 甲과 乙은 甲 명의로 등기되어 있는 토지 A와 乙 명의로 등기되어 있는 토지 B를 교환하기로 하는 계약을 체결하였다. 그러나 토지 A의 소유자가 丙이었던 경우에 다음 중 옳은 설명은?

① 甲·乙 간의 교환계약은 토지 A가 타인의 소유물이기 때문에 무효이다.
② 甲·乙 간의 교환계약은 토지 A의 인도가 불능하기 때문에 무효이다.
③ 甲·乙 간의 교환계약은 유효하지만, 甲이 丙으로부터 토지 A의 소유권을 취득해서 乙에게 이전할 수 없게 된 때에는 甲 및 乙은 선의·악의를 묻지 않고 계약을 해제할 수 있다.
④ 甲·乙 간의 교환계약은 유효하지만, 甲이 丙으로부터 토지 A의 소유권

을 취득해서 乙에게 이전할 수 없게 된 때에는 乙은 선의·악의를 묻지 않고 계약을 해제할 수 있다.

⑤ 甲·乙 간의 교환계약은 유효하지만, 甲이 丙으로부터 토지 A의 소유권을 취득해서 乙에게 이전할 수 없게 된 때에는 甲뿐만 아니라 乙도 선의인 한도에서 계약을 해제할 수 있다.

해설

'교환계약'은 유상계약이므로 그 성질이 허용하는 한 '매매'에 관한 규정이 준용된다(제567조). 따라서 ①②의 설명은 제569조에 비추어 타당하지 않다. ④는 제570조와 제571조의 규정내용에 적합한 설명이다. 즉, 甲은 그 권리를 취득하여 乙에게 이전하여야(제569조) 하지만, 그 권리를 취득하여 이전할 수 없게 된 때에는 자신의 선의·악의를 불문하고 乙은 계약을 해제할 수 있다(제570조 1항). ⑤ 반면 甲 역시 계약 당시에 목적이 된 권리가 자기에게 속하지 않음을 알지 못한 경우에 한해 선의의 乙에게 손해를 배상하고 계약을 해제할 수 있다(제571조 1항). 물론 악의의 매수인에게는 단지 권리를 이전할 수 없음을 통지하고 계약을 해제할 수 있다(제571조 2항). <답 ④>

제 5 절 소비대차

1. 소비대차에 관한 다음 설명 중 가장 잘못된 것은?

① 대주가 목적물을 차주에게 인도하지 않더라도 장차 목적물을 인도할 것을 약정함으로써 소비대차는 완전히 성립한다.

② 이자 없는 소비대차의 당사자는 목적물의 인도 전에는 언제든지 계약을 해제할 수 있다.

③ 소비대차의 목적물은 대체물이며, 대체성 여부는 경험칙에 의해 객관적으로 결정된다.

④ 대주가 목적물을 차주에게 인도하기 전에 파산선고를 받았다 하더라도 소비대차는 그 효력을 잃지 않는다.

⑤ 금전대차의 경우에 차주가 금전에 갈음하여 유가증권 기타 물건의 인도를 받은 때에는 그 인도시의 가액으로써 차용액으로 한다.

⑥ 비대체물에 관하여는 소비대차의 성립이 불가능하다.

해설

① 소비대차는 낙성계약이다. ② 다만, 상대방에게 손해가 있는 때에는 그 손해를 배상하여야 한다(제601조). ③⑥ 소비대차의 목적물은 금전 또는 기타 대체물이며, 대체성 여부는 경험칙에 의해 객관적으로 그 성질이 결정된다. 반면에 목적물의 인도를 위한 특정 여부는 당사자의 약정 혹은 급부의 성질에 의해 결정된다. ④ 대주가 목적물을 차주에게 인도하기 전에 당사자 일방이 파산선고를 받은 때에는 소비대차는 그 효력을 잃는다(제599조). ⑤ 제606조. 이 규정은 경제적 약자인 차주를 위한 강행규정이며, 이를 위반하는 당사자의 특약이 차주에게 불리한 경우에는 환매 기타 어떠한 명목이라도 그 효력이 없다

(제608조. 특히「차주에게 불리한 것은 무효라 함은 그 불리한 부분만 무효라는 취지이다」: 대판 1962.7.2. 62다247).
<답 ④>

2. 소비대차에 관한 다음 설명 중 옳은 것은?

① 원본변제기의 연기는 대주의 일방적 의사표시에 의해 할 수가 있다.
② 금전을 목적으로 하는 소비대차에서는 약정이 없어도 보통 변제기에 이를 때까지 법정이율에 의한 이자채무를 발생시킨다.
③ 목적물을 차주에게 교부한 후에는 대주가 차주에 대하여 부담하는 의무는 없다.
④ 금전 이외의 대체물의 소비대차에 있어서 교부한 목적물이 대주의 소유에 속하지 않은 때는 소비대차는 무효이다.
⑤ 이자에 대해 소비대차의 차주는 기한 전에도 변제할 수 있지만 원본 및 변제기까지의 이자지급의무를 면하지 못한다.

✍ **해설** ....

① 소비대차에서 변제기의 약정은 양 당사자에 의하여 이루어진 것이므로 일방의 의사표시로서 파기할 수 없다. ② 민법상 소비대차는 무상계약임을 원칙으로 한다. ③ 소비대차는 당사자 사이의 의사의 합치로 성립하는 낙성계약이지만, 대주는 차주가 목적물을 이용할 수 있도록 하기 위하여 목적물의 소유권을 차주에게 이전시켜야 한다(통설). 다만 소비대차가 대차형계약의 일종임을 강조하여 '대주는 일정 기간 동안 목적물을 차주로 하여금 이용하게끔 해두어야 할' 의무를 부담한다고 이해하는 것이 논리적이라고 하는 견해도 있다(곽윤직, 신정판, 304면 참고). ④ 소비대차의 목적물은 '금전 기타의 대체물'이며 그 소유권이 반드시 대주에게 속하여야 하는 것은 아니다. ⑤ 소비대차에 있어서 차주는 기한의 이익을 포기할 수도 있으나 이로써 대주의 이익을 해하여서는 안 된다(제153조 2항).
<답 ⑤>

3. 다음은 소비대차에 관한 설명이다. 옳은 것만 나열하면?

㉠ 기존 채권 · 채무의 당사자가 목적물을 소비대차의 목적으로 할 것을 약정한 경우 그 약정의 성질을 무엇으로 볼 것인가는 일차적으로 당사자의 의사에 의하여 결정되고, 당사자의 의사가 명백하지 않을 때에는 일반적으로 준소비대차로 보아야 한다.
㉡ 채무자가 채권자 앞으로 차용물 아닌 다른 재산권을 이전한 경우, 그 권리의 이전이 채무에 갈음하여 상대방에게 완전히 그 권리를 이전하는 때에는, 그 시가가 그 채무의 원리금을 초과한다면 민법 제607조, 제608조가 적용되어 청산절차를 거쳐야 한다.
㉢ 준소비대차계약의 당사자는 기초가 되는 기존 채무의 당사자이어야 한다.
㉣ 무이자부 소비대차의 경우, 대주가 그 하자를 알고 차주에게 고지

하지 아니한 때에 담보책임을 부담한다.
ⓜ 대물반환예약의 경우, 그 재산의 가액이 차용액과 이에 붙인 이자의 합산액을 넘는지 여부는 소유권이전 당시를 기준으로 하여 판단한다.

① ㉠, ㉢, ㉤ ② ㉡, ㉤ ③ ㉠, ㉡
④ ㉠, ㉣, ㉤ ⑤ ㉢, ㉣, ㉤ ⑥ ㉡, ㉢
⑦ ㉠, ㉢, ㉣ ⑧ ㉣, ㉤

해설

㉠ 대판 2003.9.26. 2002다31803,31810. ㉡ 지문은 대물변제에 관한 것이다. 대물변제에 있어서는 목적물의 시가가 채무의 원리금을 초과한다고 하더라도 민법 제607조, 제608조가 적용되지 아니한다(대판 1992.2.28. 91다25574). ㉢ 준소비대차계약은 기존 채무의 당사자가 그 채무의 목적물을 소비대차의 목적물로 한다는 합의를 할 것을 요건으로 하므로, 계약의 당사자는 기초가 되는 기존 채무의 당사자이어야 한다(대판 2002.12.6. 2001다2846). ㉣ 제602조 제2항. ㉤ 대물반환의 예약은 목적물의 가액이 차용 원리금의 합산액을 넘는 경우에는 그 효력이 없고, 목적물의 가액이 차용액과 이에 붙인 이자의 합산액을 넘는지의 여부는 예약 당시를 기준으로 할 것이지 소유권이전 당시를 기준으로 할 것은 아니다(대판 1996.4.26. 95다34781). <답 ⑦>

4. 준소비대차에 관한 다음 설명 중 틀린 것은?

① 기존 채무를 소멸케 하고 신 채무를 성립시킨다는 점에서 경개와 유사하다.
② 기존 채무가 존재하지 않거나 무효인 때에는 준소비대차도 효력을 발생하지 않거나 무효로 된다.
③ 매수인의 대금채무에 관하여 양 당사자가 이를 소비대차로 한다는 합의를 한 경우, 대금지급시기의 약정이 없다면 매수인은 이를 언제든지 지급할 수 있다.
④ 소멸시효에 관해서는 기존 채무가 아닌 신 채무를 기준으로 한다.
⑤ 기존 채무에 관하여 존재하던 담보권 혹은 보증은 소멸한다.

해설

①② 준소비대차는 기존 채무를 소멸시키고 신 채무를 성립시키는 점에서 경개와 와 공통된 효력을 가지지만, 소멸하는 구 채무와 새로 발생하는 신 채무 사이에 '동일성'이 인정된다는 점에서 경개와 차이가 있다. 또 준소비대차의 성립 및 내용이 기존채무에 의해 영향을 받는다는 점에서 소비대차와도 다르다. ③ 준소비대차에는 소비대차의 효력이 발생하므로(제605조) 반환채무의 이행시기에 대해 약정이 없다면 대주는 상당한 기간을 정하여 반환을 청구하여야 하지만, 차주는 언제든지 반환할 수 있다(제603조 2항). ⑤ 소멸하는 기존 채무와 준소비대차로 성립하는 신 채무는 동일성이 유지되므로 반대의 의사가 없는 한 기존 채무에 붙어 있던 동시이행의 항변권이나 담보·보증 같은 것은 원칙적으로 존속한다고 볼 것이다. 다만 동시이행의 항변권은 준소비대차에 의해 포기한 것으로 해석하는 소수의 견해도 있다(이은영, 379면). ④ 그러나 시효는 채무 자체의 성질로부터 결

정되므로 언제나 신 채무를 기준으로 한다. <답 ⑤>

5. 甲은 2005.3.1. 乙에게 500만 원을 이자 월 1%, 이자지급일 매월 말일, 변제기 2005.10.31.로 정하여 대여하였다. 이 사례에 관한 설명 중 옳지 않은 것은?
(다툼이 있는 경우에는 판례에 의함) <사시 2006년 변형>

① 乙이 위 차용금채무의 이행에 관하여 甲에게 어음을 교부하는 경우, 다른 특별한 사정이 없는 한 乙의 차용금채무는 소멸하지 않는다.

② 乙이 위 차용금채무의 지급을 위하여 甲에게 어음을 교부하고, 甲이 그 어음과 분리하여 대여금채권만을 제3자 丙에게 양도하고 이를 乙에게 통지하였다면, 丙이 乙에 대하여 그 대여금의 반환을 청구한 경우, 乙은 丙에 대하여 그 어음을 반환 받을 때까지 차용금채무의 이행을 거절할 수 있는 항변권을 행사할 수 있다.

③ 甲이 위 500만 원 대여금채권의 지급을 확보하기 위하여 2005.3.1. 乙 발행의 액면금 600만 원인 약속어음을 교부받고 2006.2.20. 위 약속어음채권을 피보전권리로 하여 乙소유의 부동산을 가압류하였다면 위 대여금채권의 소멸시효도 중단된다.

④ 乙이 변제기인 2005.10.31.이 지난 후에도 차용원리금을 전혀 변제하지 않으므로 甲이 2006.1.1. 乙에 대하여 그 원리금 및 지연손해금의 지급을 청구한 일이 있다면, 그 후 甲은 乙에 대하여 위 500만 원에 대한 2005.11.1.부터 2005.12.31.까지 2개월 간의 지연손해금 10만 원에 대한 지연손해금의 지급도 구할 수 있다.

⑤ 乙이 변제기인 2005.10.31. 차용금 500만 원을 반환하지 않음으로 인하여 발생한 지연손해금은 민법 제163조 제1호 소정의 '1년 이내의 기간으로 정한 금전의 지급을 목적으로 한 채권'으로서 3년의 단기소멸시효의 대상이 된다.

해설

① '본래의 채무이행에 갈음하여(an Erfüllungs Statt)'라는 의미는 본래의 채무의 소멸을 위해 다른 급부가 행해진다는 것을 뜻한다. 따라서 본래의 채무를 존속시킨 채 다른 급부를 행할 새로운 채무를 추가하는 이른바 '변제를 위하여' 행하는 경우와는 구별된다. 변제의 수단으로 어음 또는 수표가 교부되는 경우에는 당사자 사이의 특별한 의사표시가 없는 한 '변제를 위하여' 교부된 것으로 추정된다(대판 2001.7.13. 2000다57771: 채무자가 채권자에게 기존 채무의 이행에 관하여 어음이나 수표를 교부하는 경우 당사자의 의사는 별도의 약정이 있는 때에는 그에 따르되, 약정이 없는 경우에는 구체적 사안에 따라 '지급을 위하여' 또는 '지급확보를 위하여' 교부된 것으로 추정함이 상당하며, 어음이 '지급을 위하여' 교부된 것으로 추정되는 경우에는 채권자는 어음채권과 원인채권 중 어음채권을 먼저 행사하여 그로부터 만족을 얻을 것을 당사자가 예정하였다고 할 것이어서 채권자로서는 어음채권을 우선 행사하고 그에 의하여 만족을 얻을 수 없는 때 비로소 채무자에 대하여

기존의 원인채권을 행사할 수 있는 것이다). ② 채무자가 기존채무의 지급을 위하여 채권자에게 수표를 교부하였는데 채권자가 그 수표와 분리하여 기존 원인채권만을 제3자에게 양도한 경우, 채무자는 기존 원인채권의 양도인에 대하여 채권자가 위 수표의 반환 없는 기존 원인채무의 이행을 거절할 수 있는 항변권을 그 채권양도통지를 받기 이전부터 이미 가지고 있었으므로 채권양수인에 대하여도 이와 같은 항변권을 행사할 수 있다(대판 2003.5.30. 2003다13512). ③ 원인채권의 지급을 확보하기 위한 방법으로 어음이 수수된 경우, 원인채권의 행사는 어음채권의 소멸시효를 중단시키는 효력이 없으나, 어음채권의 행사는 원인채권의 소멸시효를 중단시키는 효력이 있다(대판 1999.6.11. 99다16378 참고). ④⑤ 금전채무의 지연손해금채무는 금전채무의 이행지체로 인한 손해배상채무이다. 이러한 지연손해금은 이행기의 정함이 없는 채무에 해당하므로, 채무자는 확정된 지연손해금채무에 대하여 채권자로부터 이행청구를 받은 때로부터 지체책임을 부담하게 되며(대판 2004.7.9. 2004다11582), 또한 민법 제163조 1호 소정의 1년 이내의 기간으로 정한 채권도 아니므로 단기소멸시효의 대상이 되는 것도 아니다(대판 1989.2.28. 88다카214).

<답 ⑤>

6. 대물변제의 예약에 관한 다음 설명 중 틀린 것은? <사시 2012년 유사>

① 대물변제예약의 목적물인 재산권의 가액은 대물변제가 성립하는 시기를 표준으로 한다.

② 대물변제예약의 목적물인 재산권의 가액은 차용액과 그 이자의 합산액을 넘지 못한다.

③ 목적부동산의 예약 당시 가액이 차용액 및 그 이자의 합산액을 넘더라도 이러한 내용을 담은 대물변제의 예약은 확정적 무효로 되지 않는다.

④ 차주의 궁박 · 경솔 또는 무경험과 같은 주관적 요건은 필요하지 않다.

⑤ 판례에 따르면, 대물변제예약의 목적물인 재산권의 가액의 한도를 정한 민법 제607조에 위반할 경우 그 초과분은 채무자에게 반환하여야 한다.

⑥ 甲이 乙에 대한 채무를 담보하기 위하여 적법한 대물변제의 예약을 한 후에 다시 乙로부터 채무를 추가 부담한 경우, 특별한 사정이 없는 한, 추가되는 채무는 대물변제예약의 대상이 되는 채무범위에 포함된다.

해설 ………………………………………

①② 당사자가 대물변제의 예약을 한 경우에는 차주가 차용물에 갈음하여 반환하는 재산의 그 '예약 당시'의 가액은 차용액 및 그것에 붙인 이자의 합산액을 넘지 못한다(제607조). 이때 재산권의 가액을 산정하는 표준이 되는 시기는 예약상의 권리를 행사하는 때 또는 대물변제가 성립하는 시기가 아니라 '예약 당시'이다. ④ 대물변제의 예약에 관한 제607조의 적용은 객관적 요건만으로 충분하며, 차주의 궁박 · 경솔 또는 무경험과 같은 주관적인 요건은 필요하지 않다. 즉 폭리행위(제104조)의 요건과 상이하다. ③⑤ 민법 제608조의 '효력이 없다' 함은 약정의 '확정적 무효'를 뜻하지 않고, 가등기담보법에 따른 청산 내지 정산을 하여 초과분을 채무자에게 반환하여야 한다는 것을 의미한다. 특히 제607조 및 제608조에 위반하여 대물변제의 예약이 무효가 되더라도 채권자에게 소유권이 전등기가 되면 이는 '약한 의미의 양도담보'를 설정한 것으로 보고 당사자는 계약적 청구권으로서 정산청구권을 취득한다(판례 및 이영준, 물권법, 827면; 이은영, 물권법, 784

면). 반면에 대물변제예약의 일부무효를 근거로 부당이득반환청구권으로서 정산청구권을 주장하는 견해도 있다(곽윤직, 물권법, 464-465면; 김상용, 물권법 721면 등). ⑥ 채무자가 소비대차 등으로 인한 채무를 담보하기 위하여 대물변제예약을 한 후 다시 같은 채권자에 대하여 추가로 채무를 부담한 경우 그 추가채무에 관하여 별도의 담보제공이 있거나 반대의 특약이 있다는 등 특별한 사정이 없다면 조리상 당사자 사이에는 추가채무 역시 기왕의 대물변제예약의 대상이 되는 채무범위에 포함시키려는 의사가 있었다고 해석함이 상당하다(대판 1989.4.11. 87다카992). <답 ①>

제 6 절 사용대차

1. 사용대차에서 차주(借主)의 의무에 관한 다음 설명 중 틀린 것은?

① 차용물을 반환할 장소는 계약성립 당시에 차용물이 있던 곳이다.
② 수인이 공동하여 물건을 차용한 때에는 연대하여 의무를 부담한다.
③ 차주의 적법한 사용 · 수익으로 인하여 차용물이 손상된 경우에도 차주는 손해를 배상하여야 한다.
④ 차용물이 자연증대한 경우에는 그 현상으로 반환하여야 한다.
⑤ 차주의 출자로 인하여 차용물의 가액을 증대했을 경우에는 차주는 비용상환청구를 할 수 있다.

해설

①④ 차주는 사용대차의 종료시에 차용물 '자체'를 반환하여야 한다. 따라서 차용물이 증대한 때에는 증대한 현상대로 반환하여야 하며, 차주가 차용물에 부속시킨 물건은 철거하여 원상대로 회복시켜 반환하여야 한다(제615조). 반환의 장소에 대하여 당사자간에 정한 바가 없으면 계약 당시에 그 물건이 있었던 장소가 반환장소이다(제467조 1항). ② 수인이 공동하여 물건을 차용한 때에는 그들 차주는 서로 연대하여 의무를 부담한다(제616조. 즉, 제408조의 예외). ③ 사용대차에서 차주는 계약 또는 목적물의 성질에 따라 목적물을 사용 · 수익할 의무가 있으며, 이러한 범위를 벗어난 경우에는 사용대차는 종료할 뿐만 아니라 발생한 손해가 있으면 그 손해를 배상하여야 한다(제617조). ⑤ 제611조 2항. 반면에 통상의 필요비는 차주가 부담한다(제611조 1항). <답 ③>

2. 사용대차에 관한 다음 설명 중 옳지 않은 것은?

① 사용대차에서 반환시기를 정한 경우에도 계약에 정한 사용의 목적에 상당한 기간을 경과하였다면, 대주는 그 물건의 반환을 청구할 수 있다.
② 대주는 사용대차의 목적물의 하자나 흠결에 대하여 책임을 지지 않는 것이 원칙이다.
③ 차주가 지출한 유익비는 차주가 부담하지 않는다.
④ 대주가 목적물을 인도하기 전에는 당사자는 언제든지 계약을 해제할 수 있다.

⑤ 토지의 소유권자가 그 토지에 관한 사용수익권을 점유자에 대한 관계에서 채권적으로 포기하였다고 하여도, 이것이 점유자의 사용·수익을 일시적으로 인정하는 취지라면, 이는 사용대차의 계약관계이다.

해설

① 반환시기를 약정하지 않은 경우에 계약 또는 목적물의 성질에 의한 사용·수익에 충분한 기간이 경과한 때(제613조 2항 단서), 차주가 사망하거나 또는 파산선고를 받은 때(제614조) 대주는 계약을 해지할 수 있다. ② 사용대차는 무상계약이므로 매매가 아닌 증여의 담보책임규정이 준용된다(제612조, 제559조 1항·2항). ③ 차주는 차용물에 관한 '통상의 필요비'만을 부담하며(제611조 1항), 유익비 기타 비용은 대주가 부담한다(제611조 2항). 즉, 계약의 종료시에 유익비의 상환을 청구할 수 있다(제203조 2항 참조). ④ 제612조, 제601조. ⑤ 점유자의 사용·수익을 일시적으로 인정하는 취지라면, 사용대주인 소유권자는 계약관계의 해지 기타 그 종료를 내세워 토지의 반환 및 그 원상회복으로서의 건물의 철거(제615조 참조)를 청구할 수 있다. 그러므로 사용수익권의 채권적 포기를 이유로 위 청구들이 배척되려면, 그 포기가 일시적인 것이 아닌 영구적인 것이어야 한다(대판 2009.3.26. 2009다228,235). <답 ①>

3. 甲은 乙에게 자기 소유의 건물을 기간을 정함이 없이 일정한 목적을 위하여 무상으로 사용하도록 하였다. 다음 설명 가운데 옳은 것은?

① 예기치 않았던 태풍으로 건물지붕의 일부가 날아가 버린 경우, 乙은 자기의 비용으로 수선하지 않으면 안 된다.

② 乙이 甲의 허락 없이 건물을 丙에게 임차한 경우, 甲은 최고 없이 즉시 乙과의 계약을 해지할 수는 없다.

③ 乙이 사용목적을 달성하지 못했다 해도 사용·수익을 하기에 족한 기간이 경과한 때에는 甲은 乙에게 건물의 반환을 청구할 수 있다.

④ 乙이 甲의 승낙을 얻어 건물에 조명기구를 설치한 경우 乙은 건물을 반환하는 때에 甲에 대해 그 조명기구의 매수를 청구할 수 있다.

⑤ 丙이 위와 같은 사정을 알면서도 甲으로부터 건물을 매수하고 등기를 마친 경우, 丙은 乙이 사용목적을 달성할 때까지는 乙에 대해 건물의 명도를 청구할 수 없다.

해설

① 사용대차에 있어서 차주는 선량한 관리자의 주의로써 차용물을 보관할 의무가 있으며 차용물에 들어가는 통상의 필요비를 부담한다(제374조, 제611조 1항). 그러나 통상의 필요비 이외에 지출한 비용은 대주가 부담하며, 차주가 이 비용을 지출하였다면 '계약이 종료한 때에' 그 상환을 청구할 수 있다(제611조 2항). ②③ 차주가 계약에서 정한 사용·수익의 범위를 벗어나거나 대주의 승낙 없이 제3자에게 사용·수익하게 한 때(제610조 3항), 반환시기를 약정하지 않은 경우에 계약 또는 목적물의 성질에 의한 사용·수익에 충분한 기간이 경과한 때에는 대주는 언제든지 계약을 해지할 수 있다(제613조 2항). ④ 사용대차의 종료시 차주는 차용물에 부속시킨 물건을 철거하여 원상으로 회복한 후 반환하여야 한다(제615조). 즉, 사용차주의 부속물매수청구권이 인정되지 않는다. 그러나 건물

기타 공작물의 소유를 목적으로 하는 토지임대차에 있어서는 지상시설이 현존하는 경우에 한하여 토지임차권자에게 계약갱신청구권과 지상시설매수청구권을 인정한다(제643조, 제283조 참조). ⑤ 丙이 건물을 매수한 후 등기하였다면 丙의 권리는 배타적 지배권을 그 본질로 하는 물권이므로 채권에 불과한 乙의 용익권에 우선한다. <답 ③>

4. B는 A로부터 개인용 컴퓨터 1대를 한 달간 무상으로 빌리기로 하고(5월 1일) 사용하던 중, 컴퓨터의 하드디스크에 이미 감염되어(4월 1일) 있었던 바이러스 때문에 작업하던 모든 문서가 파괴되었다(5월 6일). 다음 설명 중 옳은 것은?

① A는 B에게 컴퓨터에 대한 수선의무를 부담한다.
② A는 B가 요구한 모든 비용상환청구에 대하여 응하여야 한다.
③ 1개월 동안이라는 약정된 기간이 있기 때문에 이 기간 안에는 A는 위 계약을 해지할 수 없다.
④ 위 계약은 무상계약이므로 B는 A에 대하여 어떠한 담보책임도 물을 수 없다.
⑤ 바이러스가 감염된 사실을 알면서도 이를 대여하였다면 B는 A에 대하여 손해배상을 청구할 수 있다.

해설

① 사용대차이므로 A는 목적물에 대한 수선의무(제623조)를 부담하지 않고, 오히려 B가 이를(즉, 통상의) 부담하여야 한다(제611조 1항). ② 따라서 B는 A에 대하여 지출된 모든 비용을 상환청구할 수 있는 것이 아니라, 특별 혹은 임시의 필요비 및 유익비를 상환청구할 수 있을 뿐이다(제611조 2항). ③ 계약의 존속기간이 약정되었다고 하더라도 B가 사용 및 수익의 범위를 넘었거나 A의 승낙 없이 컴퓨터를 제3자로 하여금 사용케 하였다면 A는 언제든지 해지할 수 있다(제610조 3항). ④ 사용대차는 무상계약이므로 원칙적으로 A는 담보책임을 부담하지 않지만, 일정한 경우에 한하여 증여와 같은 담보책임을 부담한다(제612조, 제559조 1항 · 2항). ⑤ A가 악의인 경우에는 담보책임을 부담하여야 한다(제612조, 제559조 1항 단서). <답 ⑤>

제 7 절 임 대 차

1. 임대차에 관한 설명 중 가장 옳은 것은?

① 건물의 소유를 목적으로 한 토지임대차는 이를 등기하지 아니하면 제3자에 대하여 임대차의 효력을 주장할 수 없다.
② 임차권은 채권이므로 임차인은 유익비, 필요비 등 비용상환청구권에 대하여 유치권을 행사할 수는 없다.
③ 임차물의 일부가 임차인의 과실 없이 멸실 기타 사유로 인하여 사용, 수익할 수 없는 때에는 임차인은 그 부분의 비율에 의한 차임의 감액을 청구할 수 있다.

④ 임차권의 양도 또는 임차물의 전대에 관한 임대인의 동의는 철회할 수 없다는 소수의 견해가 있다.
⑤ 임대인이 임대물의 사용에 필요한 행위를 하는 때에는 임차인은 이를 거절하지 못한다.
⑥ 계약에 의하여 약정기간을 갱신할 수 있으나, 그 기간은 갱신한 날로부터 20년을 넘지 못한다.
⑦ 일정한 목적이 있는 토지임대차라 하더라도 최장기의 제한이 없는 존속기간은 없다.

해설

① 토지의 임차권을 등기하지 아니한 임차인도 그 지상건물을 등기한 때에는 제3자에 대하여 토지임대차의 효력이 생긴다(제622조). 토지임차인이 등기 없이 대항력을 취득하기 위해서는 그 지상건물의 소유권을 보존등기한 경우로 제한하여야 한다는 견해도 있으나(이은영, 416면), 토지임차권과 건물을 양도하여 이전등기를 한 경우까지도 포함하는 것으로 보아야 한다(김형배, 462면). ② 임차인은 변제기에 있는 비용상환청구권에 대하여 유치권을 행사할 수 있다(김형배, 450면). 그러나 유익비에 관하여 법원이 기한을 허여한 때에는 비용상환청구권이 변제기에 있지 않으므로 임차인은 임차물을 유치할 수 없다(제320조 1항 참조). ③ 제627조 제1항. ④ 다수설의 견해이다. ⑤ 보존에 필요한 행위이다(제624조 참조). 이때 임대인의 보존행위로 말미암아 임차의 목적을 달성할 수 없었던 기간 동안에는 임차인은 차임을 지급할 의무를 부담하지 않는다. ⑥⑦ 임대차의 존속기간은 원칙적으로 20년을 넘지 못하나, 석조, 석회조, 연와조 또는 이와 비슷한 견고한 건물 기타 공작물의 소유를 목적으로 하는 토지임대차나 식목·채염을 목적으로 하는 토지임대차에 있어서는 최장기의 제한을 받지 않는다(제695조 1항). 그러나 약정에 의한 갱신의 경우에는 10년을 넘지 못한다(동조 2항). <답 ③>

2. 다음은 임대차에 관한 설명이다. 옳은 것(○)과 옳지 않은 것(×)을 바르게 표시한 것은?

㉠ 임차인이 임대인에게 지급하는 대가로서의 차임은 금전에 한하지 않는다.
㉡ 임대차는 목적물의 소유권의 귀속과는 관계없고, 따라서 타인의 물건을 임대할 수도 있다.
㉢ 임차인이 임대차 목적물을 점유·용익하고 있는 동안에는 임대인의 관리 영역에 존재하는 하자로 인한 화재로 목적물이 멸실되었음이 추단되는 경우라도 임차인에게 목적물반환의무의 이행불능 등에 관한 손해배상책임을 물을 수 있다.
㉣ 처분능력이 없는 자도 일정한 기간을 넘지 않는 임대차는 유효하게 할 수 있다.
㉤ 임대차가 종료한 때에 임차인이 임차건물 부분에서의 영업허가에 대한 폐업신고절차를 이행할 의무는 없다.

① ㉠(×), ㉡(○), ㉢(○), ㉣(×), ㉤(×)
② ㉠(○), ㉡(×), ㉢(×), ㉣(×), ㉤(○)
③ ㉠(×), ㉡(○), ㉢(○), ㉣(○), ㉤(×)
④ ㉠(○), ㉡(○), ㉢(×), ㉣(○), ㉤(×)
⑤ ㉠(×), ㉡(×), ㉢(○), ㉣(×), ㉤(○)

해설

㉠ 옳음. 임대차의 차주는 임차물의 사용·수익에 대하여 항상 차임이라는 대가를 지급하여야 하나, 차임은 금전에 한하지 않는다. ㉡ 옳음. 임대차는 소비대차와는 달리 목적물의 소유권을 상대방에게 이전하지 않으므로 임대인이 임대물에 대한 소유권을 가지고 있어야 하는 것은 아니며, 경우에 따라서는 임차인도 임차물을 임대할 수 있다(이른바 전대. 제629조 참조). ㉢ 틀림. 주택 기타 건물 또는 그 일부의 임차인이 임대인으로부터 목적물을 인도받아 점유·용익하고 있는 동안에 목적물이 화재로 멸실된 경우, 그 화재가 건물소유자 측이 설치하여 건물구조의 일부를 이루는 전기배선과 같이 임대인이 지배·관리하는 영역에 존재하는 하자로 인하여 발생한 것으로 추단된다면, 그 하자를 보수·제거하는 것은 임대차 목적물을 사용·수익하기에 필요한 상태로 유지할 의무를 부담하는 임대인의 의무에 속하는 것이므로, 그 화재로 인한 목적물반환의무의 이행불능 등에 관한 손해배상책임을 임차인에게 물을 수 없다(대판 2009.5.28. 2009다13170). ㉣ 옳음. 처분의 능력 또는 권한이 없는 자가 임대차를 하는 경우를 '단기임대차'라고 하는데, 구체적으로는 부재자재산관리인(제25조), 권한이 정하여져 있지 않은 대리인(제118조), 후견인(제950조), 상속재산관리인(제1023조 2항, 제1047조 2항, 제1053조 2항) 등이 이에 해당한다. 처분의 능력 또는 권한이 없는 자도 유효하게 임대차를 할 수 있으나 그 기간에는 제한이 있다(제619조). ㉤ 틀림. 임대차종료로 인한 임차인의 원상회복의무에는 임차인이 사용하고 있던 부동산의 점유를 임대인에게 이전하는 것은 물론 임대인이 임대 당시의 부동산 용도에 맞게 다시 사용할 수 있도록 협력할 의무도 포함한다. 따라서 임대인 또는 그 승낙을 받은 제3자가 임차건물 부분에서 다시 영업허가를 받는 데 방해가 되지 않도록 임차인은 임차건물 부분에서의 영업허가에 대하여 폐업신고절차를 이행할 의무가 있다(대판 2008.10.9. 2008다34903). <답 ④>

3. 건물임차인의 유익비상환청구권과 부속물매수청구권을 비교 설명한 다음 내용 중 틀린 것은? <변리사 2003년 변형, 사시 2005년 유사>

① 부속된 물건이 건물 기타 공작물의 구성부분이 되면 유익비상환청구권의 대상이 되고, 독립성이 인정되는 경우에는 부속물매수청구권의 대상이 된다.

② 부속물매수청구권은 임대인의 동의를 얻어 건물이나 공작물을 부속한 경우나 임대인에게서 매수한 경우로 한정되지만, 유익비상환청구권은 그러한 제한이 없다.

③ 임차인의 부속물매수청구권은 당사자의 약정으로 배제할 수 없으나, 유익비상환청구권은 당사자의 약정에 의해 포기될 수 있다.

④ 임차인은 부속물매수청구권에 관하여 유치권을 행사할 수 있으나, 유익

비상환청구권에 대해서는 유치권이 인정되지 않는다.

⑤ 유익비상환청구권은 임대인이 목적물을 반환받은 날로부터 6개월 이내에 행사하여야 하지만, 부속물매수청구권은 그와 같은 제한이 없다.

해설 ……………………………………………

①② 第626조 2항 및 第646조 참조. 부속된 물건은 임차인 소유에 속하고 그 건물의 구성부분을 이루지 않는 독립한 물건이어야 하며 사용의 편익에 제공되어야 한다. ③ 부속물매수청구권규정은 강행규정이다(제652조). ④ 유치권은 타인의 물건 등을 점유한 사람이 그 물건에 관하여 생긴 채권을 변제받을 때까지 그 물건 등을 유치함으로써 채무자의 변제를 강제하는 법정담보물권이다(제320조 1항). 따라서 유익비상환청구권에 관해서는 반환한 임차물을 점유하고 있는 임차인에게 원칙적으로 유치권이 인정될 수 있으나(제626조 2항 참조), 임차인 소유의 부속물을 대상으로 한 매수청구권에 관해서는 유치권이 성립될 수 없다. ⑤ 제654조 및 제617조 참조. <답 ④>

4. 임차권의 양도 및 전대에 관한 설명으로 틀린 것은?

<변호사모의 2010년 유사>

① 적법한 전대차가 있는 경우, 임대차가 소멸하면 전대차는 원칙적으로 소멸한다.

② 적법한 전대차가 있는 경우, 전차인은 임대인에 대하여 직접의무를 부담하므로 전대차계약상의 차임지급시기에 전차인이 전대인에게 차임을 지급하였더라도 이 점을 들어 임대인의 차임청구에 대항하지 못한다.

③ 임차인이 임대인의 동의를 받지 않고 제3자에게 임차권을 양도하거나 전대하는 등의 방법으로 임차물을 사용·수익하게 하더라도, 임대인이 이를 이유로 임대차계약을 해지하거나 그 밖의 다른 사유로 임대차계약이 적법하게 종료되지 않는 한, 임대인은 제3자에게 불법점유를 이유로 한 차임상당 손해배상청구나 부당이득반환청구를 할 수 없다.

④ 임대인의 동의는 임차권 양도의 대항요건이므로 이를 철회할 수는 없다.

⑤ 임차권을 무단으로 양도한 경우, 판례에 의하면 그 임차권의 양수인이 임차인과 부부로서 임차건물에 동거하면서 함께 가구점을 경영하고 있더라면 임대인은 임대차를 해지할 수 없다고 한다.

해설 ……………………………………………

① 전차권은 임대차관계를 기초로 성립하므로 임대차가 기간만료나 채무불이행 등으로 소멸하면 전차권도 소멸한다(통설). 다만 전차인을 보호하는 강행규정이 있다(제631조). ② 제630조 1항(이른바 편면적 의무규정). 그러나 임대인과 전차인 사이에 직접적인 법률관계가 형성되는 것은 아니다. 한편, 민법 제630조 제1항은 임차인이 임대인의 동의를 얻어 임차물을 전대한 때에는 전차인은 직접 임대인에 대하여 의무를 부담하고, 이 경우에 전차인은 전대인에 대한 차임의 지급으로써 임대인에게 대항할 수 없다고 규정하고 있는바, 위 규정에 의하여 전차인이 임대인에게 대항할 수 없는 차임의 범위는 전대차계약상의 차임지급시기를 기준으로 하여 그 전에 전대인에게 지급한 차임에 한정되고 그 이후에 지급

한 차임으로는 임대인에게 대항할 수 있다(대판 2008.3.27. 2006다45459). ③ 대판 2008.2.28. 2006다10323. ④ 임차권의 양도는 지명채권의 양도와 같으므로, 임대인의 동의는 임대인 기타 제3자에 대한 대항요건으로 이해한다(통설). 한편 임대인의 동의는 이를 신뢰한 자에게 영향을 미치기 때문에 그 철회를 인정할 수 없는 것이다(통설. 이견: 이은영). ⑤ 무단양도금지원칙(제629조 2항)에 대한 제한적 해석이다. 최근의 판례에 따르면 임대인의 동의가 없는 양도의 경우에 임대인에게 있어서 배신적 행위라고 인정할 수 없는 특별한 사정이 있는 때에는 임대차를 해지할 수 없다고 한다(대판 1993.4.27. 92다45308). <답 ②>

5. 甲이 그 소유의 주택을 乙에게 임대하고 있었는데, 乙은 그 주택을 甲의 동의를 얻지 않고 丙에게 전대(轉貸)하였다. 丙은 차임을 乙명의로 甲에게 지불함과 동시에 자기의 비용으로 그 주택에 필요한 수선을 하였다. 다음 설명 중 옳은 것은?

① 甲은 丙에 대하여 그 주택으로부터 퇴거하도록 최고한 후가 아니면 甲·乙 간의 임대차계약을 해지할 수 없다.

② 甲이 甲·乙 간의 임대차계약을 해지한 때에는, 계약당사자가 아닌 丙이 지불한 차임을 丙에게 반환하지 않으면 안 된다.

③ 乙·丙 간의 전대차계약이 해지되지 않는 한 甲은 丙에 대하여 주택의 명도를 청구할 수 없다.

④ 甲이 甲·乙 간의 임대차계약을 해지한 때에는, 乙은 甲이 주택수선비를 지불하지 않은 것을 이유로 하여 주택의 명도를 거절할 수 없다.

⑤ 甲은 乙이 丙으로부터 주택의 반환을 받은 다음이라도 甲·乙 간의 임대차계약을 해지할 수 있다.

해설

① 甲의 임대차계약의 해지를 위해서는 丙에 대한 퇴거의 최고가 요구되지 않는다(제629조 2항. 그러나 임차건물의 소부분을 타인에게 사용케 하는 경우에는 임대인의 동의 없이도(제632조 참조) 가능하다). ② 우리 민법은 채무의 변제는 채무의 성질 또는 당사자의 명시적인 의사표시에 반하지 않는 한 제3자도 할 수 있도록 하고 있다(제469조 1항). 사례에서 丙의 변제는 甲에 대한 乙의 채무를 제3자로서 변제한 것이므로 유효하고, 따라서 甲은 丙이 지불한 차임을 丙에게 반환할 필요가 없다. ③ 전차인은 그가 취득한 임차권을 가지고 임대인에게 대항하지 못한다. 그 결과 임대인은 소유권에 기한 물권적 청구권을 행사하여 방해배제를 청구할 수 있다. 그러나 임대인이 전대인(임차인)과의 임대차계약을 해지하지 않는 한 임대인은 자기에게 목적물의 반환을 청구할 수는 없고, 전대인에게 반환할 것을 청구할 수 있을 뿐이다(통설). ④ 필요비(주택수선비)의 지출은 乙이 아니라 丙이 하였으므로 乙은 甲에 대한 필요비상환청구권을 가지지 않으며, 따라서 유치권을 행사할 수 없다(제320조 참조). ⑤ 무단전대가 종료한 후 해지가 가능한가에 대해서는 논란이 있으나 해지권을 인정하지 않으면 임대인의 이익이 침해된다고 인정되는 경우가 아닌 한, 해지권은 소멸한다고 보는 것이 타당하다(통설). <답 ④>

6. 乙은 甲 소유의 업무용 건물을 임차하여 사용하고 있던 중, 이를 다시 소유자

甲의 동의를 얻어 丙에게 전대하였다. 그러나 급히 많은 자금이 필요하게 된 甲은 乙과의 임대차기간이 종료하기 전이었음에도 불구하고 그 업무용 건물을 丁에게 매도하고 소유권이전등기를 하여주었다. 다음 설명 중 옳은 것은?

① 甲 · 乙 간의 임대차기간이 종료하더라도 乙 · 丙 간의 전대차기간이 종료하지 않는 한 그 한도에서 전대차는 존속한다.

② 丙이 목적물을 인도받고 주민등록을 마쳤다면 丙은 丁에 대하여 전차권을 가지고 대항할 수 있다.

③ 丙에게 차임의 연체가 있었던 경우 丁은 丙에게 그 연체된 차임의 지급을 청구할 수 있다.

④ 丁이 대항력 있는 임차권의 존재를 계약체결시 알지 못했고(과실 없음) 또 이로 인해 계약목적을 달성할 수 없으면 丁은 계약을 해제하고 손해배상을 청구할 수 있다.

⑤ 전차권을 등기하지 않은 丙이 양수인 丁의 목적물명도소송에 의해 업무용 건물을 더 이상 사용할 수 없으면 甲에 대해 채무불이행책임을 물을 수 있다.

⑥ 甲이 건물을 丁에게 매도하기 전에 乙의 2기의 차임연체를 이유로 임대차계약을 해지하는 경우, 그 사실을 甲이 丙에게 통지하지 않았다면 甲은 丙에게 대항할 수 없다.

해설 ·······································

① 전차인의 전차권은 전대인의 임차권을 기초로 하여 성립하는 것이므로 전대인의 임차권이 '기간의 만료' · '채무불이행에 의한 해지' 등으로 소멸하면 전차인의 전차권도 소멸한다(예외: 제631조, 제652조). ② 乙은 甲 소유의 '업무용 건물'을 임대하고 있으므로 주택임대차보호법은 적용되지 않는다. 왜냐하면 주택임대차보호법은 '주거용 건물'의 전부 또는 일부의 임대차, 그리고 그 임차주택의 일부가 주거 외의 목적으로 사용되는 경우에 국한하여 적용되기 때문이다. ③ 연체차임지급청구권이 '당연히' 甲으로부터 丁에게 이전되지는 않는다. 즉, 임대인 지위가 양수인에게 승계된 경우 이미 발생한 연체차임채권은 따로 채권양도의 요건을 갖추지 않는 한 승계되지 않고, 따라서 양수인이 연체차임채권을 양수받지 않은 이상 승계 이후의 연체차임액이 3기 이상의 차임액에 달하여야만 비로소 임대차계약을 해지할 수 있는 것이다(대판 2008.10.9. 2008다3022). ④ 제575조 2항 참조. ⑤ 사례에서 甲 · 乙 사이의 임대차관계 및 乙 · 丙 사이의 전대차관계는 유효하게 성립하고 있다. 그런데 사례와 같이 甲이 乙과의 임대차계약의 만료 전에 그 업무용 건물을 丁에게 매도하고 소유권이전등기까지 하여 준 경우, 丁은 그 업무용 건물에 대한 소유권을 취득하고 이에 따라 업무용 건물을 점유하고 있는 丙에게 소유권에 기하여 목적물의 인도를 청구할 것이다(제213조). 이때 전차인 丙이 어떠한 지위에 있게 되는가는 丙의 전차권이 대항요건(여기서는 등기)을 갖추고 있느냐의 여부에 따라 달라지게 된다. 丙의 전차권이 대항요건을 갖추고 있으면 丙은 丁에게 목적물의 인도를 거부할 수 있다. 한편 전차권이 대항요건을 갖추지 못한 경우 丙은 양수인 丁의 건물명도소송에 대해 대항할 수 없고, 그 결과 업무용 건물을 더 이상 사용할 수 없다 하더라도 甲에 대해서는 채무불이행책임을 물을 수 없다. 왜냐하면 甲과 丙 사이에는 직접적인 임대차관계가 존재하지 않

기 때문이다. ⑥ 민법 제640조에 터잡아 임차인의 차임연체액이 2기의 차임액에 달함에 따라 임대인이 임대차계약을 해지하는 경우에는 전차인에 대하여 그 사유를 통지하지 않더라도 해지로써 전차인에게 대항할 수 있고, 해지의 의사표시가 임차인에게 도달하는 즉시 임대차관계는 해지로 종료된다(대판 2012.10.11. 2012다55860). <답 ④>

7. 임대인 A와의 사이에서 임차권의 양도를 금지한다는 특약을 체결한 임차인 B(=피고)가 대가를 받고 임차권을 제3자 D에게 양도하였으나, D(=원고)가 결국 임차인의 지위를 취득할 수 없게 되자 위 양도계약을 해제하고 B에게 손해배상을 청구하였다. 이와 관련하여 원심은 위 양도계약시 피고가 A의 동의를 받아 주기로 약정한 바 없음을 이유로 원고 D의 주장을 배척하였지만, 대법원은 이를 파기하였다. 이와 관련하여 위 밑줄 친 부분과 동일한 법적 근거가 적용될 수 있는 사례를 고르면?

① 임차인이 이미 전입신고를 마치고 지난달부터 거주하고 있는 단독주택에 대해 시세를 주고 매입하여 이전등기를 마쳤는데, 그 사정을 전혀 모르는 매수인

② 근해에서 잡은 길이 30cm 내외의 옥돔을 마리당 3만 원에 모두 100마리를 구매하였는데, 그 길이가 20cm에 불과한 옥돔이 10마리에 이르게 된 경우에 그 사정을 전혀 모르는 매수인

③ 경매절차 진행 중에 경매목적물인 자수기의 중요부품이 대부분 분리·반출됨으로써 자수기가 작동할 수 없게 된 경우에 그 사실을 모르는 매수인

④ 미등기전매를 통해 최종적으로 부동산을 매수한 사람이 현재의 등기명의인에게 소유권이전등기의 이행을 청구하였으나 거절당한 경우

⑤ 가등기가 설정된 부동산을 매수한 사람이 나중에 가등기에 기한 본등기가 경료됨으로써 그 부동산의 소유권을 상실하게 된 경우

해설

대판 2001.7.24. 2001다16418의 사실관계를 재구성한 문제인데, D의 해제권에 관한 근거를 검토해야 한다. 판결이유에 의하면, 임차권양도에 대한 동의가 불가능하다는 사정을 받아들이면서 임대인으로부터 (새로운) 임차인으로 인정받지 못한 채 단지 사실상으로만 임차인의 지위에 서 있어도 무방하다는 의사로 임차권 양수계약을 체결하였다는 등의 특별한 사정이 인정되지 아니하는 한, 임차권의 양도인은 임대인으로부터 양도의 동의를 받아줄 의무를 면할 수 없다. 따라서 이를 이행하지 못한 경우에는 민법의 담보책임규정에 따라 양수인이 계약을 해제하거나 손해배상을 청구할 수 있다. 이러한 해석은 양도계약에서 임대인의 동의를 받아주겠다는 약정을 명시적으로 하지 아니하였다고 해서 다르지 않다. B가 임대인의 동의를 얻지 않고 원고 D와 양도계약을 체결하더라도 계약당사자 사이에 채권적 효력이 발생할 수는 있으나 임대인 A와의 관계에서 임차권이 B로부터 D에게 이전되는 처분적 효력이 발생하지는 않는다. 따라서 임차권을 무단양도한 양도인은 권한 없이 타인의 물건에 대한 권리를 양도한 것이 되므로 B는 D를 위하여 A의 동의를 받아줄 의무를 부담한다. 결국 B는 매도인이 부담하는 담보책임과 동일한 담보책임을 부담한다(제567조, 제570조). ① 제575조 1항 및 주임보법 제3조 3항 참조. ② 제574조 참조.

③ 판례는 경매목적물의 일부가 이미 멸실된 경우에 해당한다고 판단하여 제578조, 제574조 및 제572조 2항에 의한 원고의 계약해제주장을 인용하였다(대판 2001.6.12. 99다34673 참고). ④ 중간매도인(=피고)이 매수부동산을 이전등기 아니한 채 최종매수인(=원고)에게 전매한 경우는 타인의 권리의 매매라고 할 것이고, 원고가 피고의 위 전매사실을 알고 매매계약을 체결하였다면 원고는 부동산의 소유권이 피고에게 속하지 아니함을 알고 있었다고 할 것이다(대판 1982.1.26. 81다528 참고). ⑤ 제576조가 준용되어 이에 의한 담보책임을 지며 제570조에 의한 담보책임을 진다고 할 수 없다(대판 2011.5.13. 2011다1941). <답 ④>

8. 甲이 대지와 건물의 소유자였던 乙로부터 이를 모두 임차하였는데, 그 후 甲이 그 건물을 경매를 통해 경락받았다. 다음 설명 가운데 옳은 것은? (다툼이 있는 경우에는 판례와 다수설에 의함)

① 甲은 건물임차권의 경우와는 달리 대지의 임차권에 대한 등기의 경료에 대해서는 언제나 乙에게 청구할 수 없다.

② 대지의 임차권은 지상권과 유사하므로 이에 대한 甲의 등기청구권은 소멸시효에 걸리지 않는다.

③ 甲이 대지의 임차권을 등기하지 아니한 채 그 건물에 관하여 甲 명의의 소유권이전등기를 경료하였다면 당연히 대지의 임차권에 대항력이 발생한다.

④ 甲이 위 건물을 경락받지 않았더라도 건물의 임차권을 등기하였다면 당연히 대지의 임차권에는 대항력이 발생한다.

⑤ 만약 甲이 본래부터 자신의 소유인 건물을 위해 乙로부터 토지를 임대차하였다면, 甲이 위 건물과 함께 건물소유를 목적으로 한 대지의 임차권도 丙에게 양도하는 경우, 丙은 대지임차권의 대항력을 乙에 대하여 주장할 수 없다.

해설

① 반대의 약정이 없는 한 甲은 대지의 임차권에 대해서도 등기청구권을 갖는다(제621조). 한편 제621조의 규정은 임차인에게 등기청구권을 인정하는 것이 아니라, 반대의 특약이 없는 한 등기절차에 협력할 것을 청구할 수 있을 뿐이어서 임대인이 자진해서 이에 협력하지 않을 경우에는 임차권의 등기는 결코 이루어지지 않는다는 견해가 있다(김형배, 428면 참고). ② 임차권에 대한 등기청구권의 발생원인을 법률규정에서 구하든(곽윤직, 물권법, 161면) 아니면 임대차계약에서 구하든(이영준, 물권법, 161면) 그 성질은 채권적 청구권이므로 소멸시효에 걸린다. ③ 甲과 乙 사이에 체결된 대지에 관한 임대차계약은 건물 소유를 목적으로 한 토지임대차 계약이 결코 아니므로, 그 대지에 관한 甲의 임차권은 민법 제622조에 따른 대항력을 갖추었다고 볼 수 없다(대판 1994.12.22. 94다5458 참고). ④ 제622조의 요건이 충족되지 않는 한, 건물의 임차권과 대지의 임차권은 각각의 요건에 따라 등기를 마쳐야 대항력을 갖는다. ⑤ 丙은 임대인 乙의 동의가 없는 대지임차권을 甲으로부터 양도받았으므로 乙에 대해서는 대지의 임차권을 주장할 수 없다. 물론 丙은 대지에 대해 권리를 취득한 제3자에 대해서는 임차권의 대항력을 주장할 수 있다.

이와 관련한 판례에 따르면, 제622조 1항은 건물의 소유를 목적으로 한 토지임대차는 이를 등기하지 아니한 경우에도 임차인이 그 지상건물을 등기한 때에는 토지에 관하여 권리를 취득한 제3자에 대하여 임대차의 효력을 주장할 수 있음을 규정한 것에 불과할 뿐, 임차인으로부터 건물의 소유권과 함께 건물의 소유를 목적으로 한 토지의 임차권을 취득한 자가 토지의 임대인에 대한 관계에서 임차권의 양도에 관한 그의 동의가 없어도 임차권의 취득을 대항할 수 있다는 것까지 규정한 것은 아니다(대판 1996.2.27. 95다29345).

<답 ⑤>

9. 甲은 乙로부터 乙소유인 X토지와 Y건물을 함께 임대차하였다. 이후 乙의 동의 하에 Y건물을 철거하고 Z건물을 신축하였으나 보존등기를 경료하지는 않았다. 이 사례의 법률관계에 대한 다음 설명 중 옳지 않은 것은?

① 甲과 乙의 임대차계약은 신축건물의 소유를 목적으로 하는 토지 임대차계약으로 변경되었다.

② 乙이 위 X토지를 丙에게 양도한 경우, 丙의 토지인도 및 건물철거청구에 대해서 甲은 Z건물을 위한 토지임차권으로 대항할 수 있다.

③ 만약 乙이 위 X토지를 丙에게 양도할 당시에는 甲과 乙 사이의 임대차계약이 존재하지 않았지만, 甲과 乙의 임대차계약 종료 시점에 甲이 乙에게 Z건물에 대한 매수청구권을 행사할 수 있었다면, 甲은 丙에게도 Z건물의 매수를 청구할 수 있다.

④ 만약 甲이 위 Z건물에 대한 보존등기를 경료한 후 丁에게 양도하였다면, 丁은 Z건물의 양수 사실만을 가지고서 당연히 X토지에 대한 甲의 임차권을 乙에게 대항할 수 있는 것은 아니다.

⑤ ④와 달리 甲의 채권자에 의해 이루어진 위 Z건물의 강제경매절차에서 丁이 경락받았다면, 乙의 동의가 없는 한 丁은 X토지에 대한 임차권을 취득하였다고 주장할 수 없다.

해설 ....

① 옳음. 대판 2002.11.13. 2002다46003 참고. ② 틀림. Z건물에 대한 보존등기를 경료하기 전이므로 대항력을 주장할 수 없다(대판 2003.2.28. 2000다65802 참고). ③ 옳음. 대판 1996.6.14. 96다14517 참고. ④ 옳음. 대판 1968.7.31. 67다2126 참고. ⑤ 옳음. 경락인이 임대인에 대한 배신행위라고 볼 수 없는 특별한 사정을 입증하지 못하는 한, 임차권을 주장할 수 없다(대판 1993.4.13. 92다24950 참고). <답 ②>

10. 건물의 소유를 목적으로 한 토지임대차가 종료한 경우에 임차인의 건물매수(買受)청구권에 관한 설명 중 판례의 입장과 다른 것은?

<사시 2003년 변형, 변호사모의 2010년 유사, 변호사모의 2011년 유사>

① 건물의 소유를 목적으로 한 토지임대차계약의 기간이 만료함에 따라 지상건물 소유자가 임대인에 대하여 행사하는 민법 제643조 소정의 매수청구권은 매수청구의 대상이 되는 건물에 근저당권이 설정되어 있는 경

우에도 인정된다.

② 임차인의 건물매수청구권은 반드시 재판상 행사할 필요는 없다.

③ 임차인의 건물매수청구권은 지상물이 현존하는 경우에 행사할 수 있으나, 그 지상건물이 임대인에게 경제적 가치가 거의 없는 경우에는 매수청구권을 행사할 수 없다.

④ 임대차계약이 종료되기 전에 당사자 사이에 임차인이 건물 기타 지상시설 일체를 포기하기로 약정한 경우, 제반 사정을 종합적으로 고려하여 실질적으로 임차인에게 불리하다고 볼 수 없는 특별한 사정이 없는 한 그 약정은 효력이 없다.

⑤ 건물을 신축한 토지임차인이 그 건물을 타인에게 양도하였다면 그 임차인은 매수청구권을 행사할 수 없다.

해설

① 대판 2008.5.29. 2007다4356. ② 매수청구권은 그 행사에 특정의 방식을 요하지 않는 것으로서 재판상으로 뿐만 아니라 재판 외에서도 행사할 수 있는 것이고 그 행사의 시기에 대하여도 제한이 없는 것이므로 임차인이 자신의 건물매수청구권을 제1심에서 행사하였다가 철회한 후 항소심에서 다시 행사하였다고 하여 그 매수청구권의 행사가 허용되지 아니할 이유는 없다(대판 2002.5.31. 2001다42080). ③ 제643조와 제283조에 규정된 임차인의 매수청구권은 건물의 소유를 목적으로 한 토지임대차의 기간이 만료되어 그 지상에 건물이 현존하고 임대인이 계약의 갱신을 원하지 아니하는 경우에 임차인에게 부여된 권리로서 그 지상건물이 객관적으로 경제적 가치가 있는지의 여부나 임대인에게 소용이 있는지의 여부가 그 행사요건이라고 볼 수 없다(위 2001다42080 판결 참고). ④ 건물의 소유를 목적으로 한 토지의 임차인이 임대차가 종료하기 전에 임대인과 간에 건물 기타 지상시설 일체를 포기하기로 약정을 하였다고 하더라도 임대차계약의 조건이나 계약이 체결된 경위 등 제반사정을 종합적으로 고려하여 실질적으로 임차인에게 불리하다고 볼 수 없는 특별한 사정이 인정되지 아니하는 한 위와 같은 약정은 임차인에게 불리한 것으로서 제652조에 의하여 효력이 없다(대판 2002.5.31. 2001다42080). ⑤ 민법 제643조 소정의 지상물매수청구권은 지상물의 소유자에 한하여 행사할 수 있다고 보아야 한다(대판 1993.7.27. 93다6386). <답 ③>

11. 김씨는 강씨가 소유하는 토지를 건물의 소유를 목적으로 임차하였으나, 토지임대차의 기간이 만료할 때에 토지 위에는 김씨 소유의 건물이 현존하였다. 이와 관련하여 김씨가 임대차계약의 갱신을 청구하였으나 강씨는 이를 거절하였다. 다음 설명 중 옳은 것을 고르면? (다툼이 있는 경우에는 판례에 의함)

① 임대차가 종료하면 현존하는 건물을 철거하기로 김씨와 강씨 사이에 이미 약정하였다면 임대차 종료 후 김씨의 건물매수청구는 인용될 수 없다.

② 만약 현존 건물에 대한 김씨의 매수청구가 인용된다면 김씨와 강씨는 매매계약을 체결할 의무를 부담한다.

③ 현존 건물에 대한 김씨의 매수청구가 적법하다면, 강씨의 매매대금채무

는 김씨의 매수청구와 동시에 이행기에 도래하므로 강씨는 그 이후의 지연손해금을 지급하여야 한다.

④ 현존하는 지상건물이 행정관청으로부터 건축허가를 얻지 않은 이른바 무허가건물일 경우에도 김씨는 매수청구를 행사할 수 있다.

⑤ 현존 건물이 임대차의 목적물인 강씨의 소유토지뿐만 아니라 인접하는 최씨의 소유토지에 걸쳐서 건립되었더라도 임대차종료 후 김씨의 현존 건물을 철거하는 것은 국민경제에 도움이 되지 않으므로 김씨는 적법하게 건물의 매수를 청구할 수 있다.

해설 ……………………………………

① 임대차의 조건이나 계약이 체결된 경위 등 제반사정을 종합적으로 고려하여 실질적으로 임차인에게 불리하다고 볼 수 없는 특별한 사정이 인정되지 않는 한, 위의 약정은 제643조상 임차인의 지상물매수청구권을 배제하기로 하는 약정으로서 임차인에게 불리한 것이므로 제652조에 의하여 효력이 없다고 보았다(대판 2000.4.7. 99다47686 등 참고). ② 지상의 현존건물에 대한 매매가 성립한다(대판 1998.5.8. 98다2389). ③ 그렇지 않다(앞 판결 참고). 즉, 토지임차인 김씨의 매수청구권행사로 지상건물에 대하여 시가에 의한 매매 유사의 법률관계가 성립된 경우에는 김씨의 건물명도 및 그 소유권이전등기의무와 강씨의 건물대금지급의무는 서로 대가관계에 있는 채무가 되므로(대판 1991.4.9. 91다3260 참고), 김씨가 강씨에게 매수청구권이 행사된 지상건물에 대한 명도와 소유권이전등기를 마쳐주지 아니하였다면, 매매대금에 대한 지연손해금을 구할 수는 없다고 보았다. ④ 건물매수청구권은 건물의 소유를 목적으로 하는 토지임대차계약이 종료되었음에도 그 지상건물이 현존하는 경우에 임대차계약을 성실하게 지켜온 임차인이 임대인에게 상당한 가액으로 그 지상건물의 매수를 청구할 수 있는 권리로서 국민경제적 관점에서 지상건물의 잔존가치를 보존하고, 토지소유자의 배타적 소유권행사로 인하여 희생당하기 쉬운 임차인을 보호하기 위한 제도이므로, 임대차계약 종료시에 경제적 가치가 잔존하고 있는 건물은 그것이 토지의 임대목적에 반하여 축조되고 임대인이 예상할 수 없을 정도의 고가의 것이라는 등의 특별한 사정이 없는 한, 비록 행정관청의 허가를 받은 적법한 건물이 아니더라도 임차인의 건물매수청구권의 대상이 될 수 있다(대판 1997.12.23. 97다37753). ⑤ 건물의 매수를 청구할 수 없다고 보았다(대판[전] 1996.3.21. 93다42634). 다수의견에 따르면, 매수청구권행사의 대상이 된 토지임차인의 소유건물이 임차토지 외에 임차인 또는 제3자의 소유토지에 걸쳐 건립되어 있다면 임차인으로서는 임차지 위에 있는 건물부분이 구분소유권의 객체이거나 아니면 객체임에 적합한 상태로 만든 후 비로소 매수청구를 할 수 있을 뿐이다. 그러나 대법관 3인의 반대의견에 따르면, 1물1권주의 원칙, 구조상·이용상의 독립성이 있어야만 거래의 객체가 될 수 있게 되는 건물의 특수성, 그리고 임대차갱신거절권이 제한되지 않는 우리의 법제적 특질 등을 고려한다면 매수청구를 인정하여 임대차의 존속을 간접적으로나마 강제하여야 한다고 지적하였다. <답 ④>

12. 乙은 건물소유의 목적으로 甲소유의 토지를 10년간 임차하기로 하는 계약을 甲과 체결한 뒤 건물을 신축하여 보존등기를 하였다. 이 경우의 법률관계에 관한 설명 중 옳은 것은? (다툼이 있는 경우에는 판례에 의함)

<변리사 2009년>

① 10년간의 임차기간이 만료하고 乙이 계속 토지를 사용하는데도 甲이 상

당한 기간 내에 이의를 제기하지 않으면 임대차 계약은 다시 10년간 연장된다.

② 乙의 채무불이행으로 인해 임대차가 종료된 후 보증금을 반환하였는데도 건물이 철거되지 않았다면, 乙은 비록 건물을 점유하고 있지 않더라도 甲에게 부당이득반환의무를 진다.

③ 임대차 종료시 乙이 건물을 철거하기로 약정하였다면, 10년간의 임차기간이 만료하고 건물이 현존한다고 할지라도 乙은 약정대로 건물을 철거하여야 하며, 甲에게 계약의 갱신이나 건물의 매수를 청구할 수 없다.

④ 계약기간 중 乙이 건물을 丙에게 양도하면서 甲의 동의를 얻어 토지를 전대하였다면, 丙은 임대차 및 전대차의 기간이 동시에 만료되고 건물이 현존하더라도 甲에게 갱신청구권이나 건물매수청구권을 행사할 수 없다.

⑤ 임대차기간 만료로 임차권이 소멸한 후 토지소유권이 丁에게 양도되었다면, 乙은 계약당사자인 甲에 대하여만 건물매수청구권을 행사할 수 있고 양수인 丁에게는 건물매수청구권을 행사할 수 없다.

해설 ……………………………………

① 틀림. 법정갱신이 이루어지면 전임대차와 동일한 조건으로 다시 임대차한 것으로 간주된다(제639조 1항 본문. 지상권에는 법정갱신이 인정되지 않는다). 다만, 그 존속기간은 기간의 약정이 없는 것으로 되어, 당사자는 제635조(기간의 약정 없는 임대차의 해지통고)의 규정에 의하여 해지의 통고를 할 수 있다(제639조 1항 단서). ② 옳음. 타인 소유의 토지 위에 권한 없이 건물을 소유하고 있는 자는 그 자체로써 특별한 사정이 없는 한 법률상 원인 없이 타인의 재산으로 인하여 토지의 차임에 상당하는 이익을 얻고 이로 인하여 타인에게 동액 상당의 손해를 주고 있다고 보아야 한다(대판 1998.5.8. 98다2389). ③ 틀림. 토지 임대인과 임차인 사이에 임대차기간 만료 후 임차인이 지상건물을 철거하여 토지를 인도하고, 만약 지상건물을 철거하지 아니할 경우에는 그 소유권을 임대인에게 이전하기로 한 약정은, 민법 제643조 소정의 임차인의 지상물매수청구권을 배제키로 하는 약정으로서 임차인에게 불리한 것이므로 민법 제652조의 규정에 의하여 무효이다(대판 1991.4.23. 90다19695). ④ 틀림. 민법 제644조 소정의 전차인의 임대청구권과 매수청구권은 토지임차인이 토지임대인의 승낙 하에 적법하게 그 토지를 전대한 경우에만 인정되는 권리이다(대판 1993.7.27. 93다6386). ⑤ 틀림. 병이 토지를 취득할 당시에는 을과 병 사이에 그 토지에 대한 임대차계약이 존재하지 않고 있었다고 하더라도, 그 이전에 을이 갑과의 사이에 건물의 소유를 목적으로 하는 임대차계약을 체결하였다가 그 계약이 종료되어 을이 갑에 대하여 그 건물에 관한 매수청구권을 행사할 수 있었을 때에는, 을은 그 토지의 취득자인 병에 대하여도 매수청구권을 행사할 수 있다(대판 1996.6.14. 96다14517).

<답 ②>

13. 甲과 乙은 丙 소유의 토지에 관하여 건물 신축을 목적으로 한 임대차계약을 체결하고, 그 토지 전부를 건물부지로 하여 X건물을 신축한 후, 甲과 乙이 1/2지분씩 공유하는 것으로 하여 소유권보존등기를 마쳤다. 그 후 甲, 乙은

丁과 X건물을 임대차보증금 1억 원, 월차임 1,000만 원, 임대차기간 2년으로 정하여 음식점 용도로 임대하는 내용의 임대차계약을 체결하였고, 丁은 甲과 乙에게 위 임대차보증금을 지급한 후 X건물을 인도받아 음식점을 운영하였는데, 기간 만료 4개월 전부터 차임을 지급하지 못하였다. 위 임대차기간이 만료되어 丁은 甲과 乙에게 임대차보증금의 반환을 요구하였으나 이를 반환받지 못하자, 기간 만료 당일 행정관청에 음식점에 대한 폐업신고를 하였다. 그날부터 丁은 음식점 영업용품은 그대로 두고 문을 잠근 채, 더 이상 X건물에서 음식점 영업을 하지 않았다. 이 사례에 관한 설명 중 옳은 것(○)과 옳지 않은 것(×)을 바르게 표시한 것은? (「상가건물임대차보호법」의 적용은 배제하고, 다툼이 있는 경우에는 판례에 의함)

<사시 2012년: 배점 4점; 변호사모의 2010년 유사>

ㄱ. 丁은 영업을 하지 않았더라도 음식점 영업용품을 비치하여 계속 X건물을 점유하고 있었으므로, 甲과 乙에게 기간 만료 다음날부터 X건물을 인도할 때까지 차임 상당액을 부당이득으로 반환하여야 한다.

ㄴ. 丁은 임대차기간이 반료된 후에는 X건물을 점유할 권원을 상실하여 甲과 乙에게 불법점유로 인한 차임 상당액의 손해배상의무를 부담한다.

ㄷ. 丁의 연체차임은 X건물이 반환될 때에, 특별한 사정이 없는 한, 별도의 의사표시 없이 임대차보증금에서 당연히 공제된다.

ㄹ. 甲과 乙이 丁에게 부담하는 임대차보증금반환채무는 특별한 사정이 없는 한 성질상 불가분채무이므로, 丁은 甲을 상대로 위 임대차보증금 1억 원 전부의 반환을 청구할 수 있다.

ㅁ. 甲과 乙이 토지임대차계약에 따른 차임을 연체하여 丙이 적법하게 토지임대차계약을 해지한 경우에도, 甲과 乙은 X건물에 대하여 소유권보존등기를 경료한 이상, 丙에게 X건물의 매수를 청구할 수 있다.

ㅂ. 丙의 적법한 해지통고에 의하여 토지에 대한 임대차계약이 종료된 경우, 丁이 계속 X건물의 점유를 통하여 토지의 사용을 방해하고 있다면, 丁은 丙에게 토지의 차임 상당액에 해당하는 부당이득을 반환할 의무가 있다.

① ㄱ(○), ㄴ(×), ㄷ(×), ㄹ(○), ㅁ(○), ㅂ(×)
② ㄱ(×), ㄴ(×), ㄷ(○), ㄹ(○), ㅁ(×), ㅂ(×)
③ ㄱ(○), ㄴ(○), ㄷ(×), ㄹ(○), ㅁ(×), ㅂ(○)
④ ㄱ(×), ㄴ(×), ㄷ(○), ㄹ(×), ㅁ(×), ㅂ(○)
⑤ ㄱ(×), ㄴ(×), ㄷ(○), ㄹ(×), ㅁ(○), ㅂ(○)
⑥ ㄱ(○), ㄴ(○), ㄷ(○), ㄹ(×), ㅁ(×), ㅂ(×)

⑦ ㄱ(×), ㄴ(○), ㄷ(×), ㄹ(○), ㅁ(○), ㅂ(×)
⑧ ㄱ(○), ㄴ(×), ㄷ(○), ㄹ(○), ㅁ(×), ㅂ(○)

해설 ……………………………………

ㄱ. 틀림. 부당이득의 반환에 있어 이득이라 함은 실질적인 이익을 의미하므로, 임차인이 임대차계약관계가 소멸된 이후에 임차건물 부분을 계속 점유하기는 하였으나 이를 본래의 임대차계약상의 목적에 따라 사용·수익하지 아니하여 실질적인 이득을 얻은 바 없는 경우에는 그로 인하여 임대인에게 손해가 발생하였다고 하더라도 임차인의 부당이득반환의무는 성립하지 아니한다(대판 1998.7.10. 98다8554). ㄴ. 틀림. 임대차종료시 발생하는 임차인의 임차목적물반환채무와 임대인의 잔존임차보증금반환채무는 서로 동시이행의 관계에 있는 것이므로, 임차인이 동시이행의 항변권에 기하여 임차보증금반환청구채권을 확보하려고 임차목적물을 계속 점유하는 경우에는 본래의 용도대로 사용 수익하고 있지 아니한 이상 그로 인하여 실질적으로 이익을 얻고 있다고도 할 수 없으므로 임차인이 임차목적물을 계속 점유하였다고 하여 바로 불법점유로 인한 손해배상책임이나 부당이득반환채무가 발생하는 것은 아니다(대판 1989.10.27. 89다카4298). ㄷ. 옳음. 대판 1999.12.7. 99다50729 참고. 나아가 임대인이 임차인을 상대로 차임연체로 인한 임대차계약의 해지를 원인으로 임대차목적물인 부동산의 인도 및 연체차임의 지급을 구하는 소송의 비용도 임차인이 부담할 원상복구비용 및 차임지급의무 불이행으로 인한 것이므로 당연히 공제할 수 있고, 한편 임차인이 다른 사람에게 임대차보증금 반환채권을 양도하고, 임대인에게 양도통지를 하였어도 임차인이 임대차목적물을 인도하기 전까지는 임대인이 위 소송비용을 임대차보증금에서 당연히 공제할 수 있다(대판 2012.9.27. 2012다49490). ㄹ. 옳음. 대판 1998.12.8. 98다43137 참고. ㅁ. 틀림. 토지임차인의 차임연체 등 채무불이행을 이유로 임대차계약이 해지되는 경우 토지임차인에게 민법 제643조 및 제283조의 갱신청구권 내지 매수청구권이 인정되지 않는다(대판 1997.4.8. 96다54249,54246 참고). ㅂ. 틀림. 건물소유자가 토지에 대한 차임 상당의 부당이득을 하고 있는 것인데, 이는 건물임차인에 불과한 丁에게 적용되지 않는다. <답 ②>

14. 임대차에 관한 설명으로 옳은 것을 모두 고르면? (다툼이 있는 경우에는 판례에 의함) <사시 2007년 유사, 변호사모의 2011년 유사>

㉠ 채무자 乙이 채무초과 상태에서 그 소유의 유일한 주택에 대하여 甲에게 주택임대차보호법상 소액보증금 최우선변제권이 있는 임차권을 설정해 준 행위는 사해행위 취소의 대상이 된다.
㉡ 임대차계약상 차임채권에 관하여 압류 및 추심명령이 있게 되면, 임대차 종료 후 목적물의 반환시까지 추심되지 않은 잔존 차임채권액은 임대보증금에서 공제되지 아니한다.
㉢ 주택임대차보호법이 정한 대항요건을 갖춘 임차인 甲의 임대차보증금 반환채권에 대한 압류 및 전부명령이 확정된 후 주택의 소유자인 임대인 乙이 당해 주택을 제3자에게 매도하고 소유권이전등기를 마쳐준 경우에도 乙은 전부채권자 丙에게 전부금지급의무를 부담한다.

> ㉣ 임대차계약이 종료되기 전이라도 연체차임은 임대인의 공제 등 별도의 의사표시 없이 임대차보증금에서 당연히 공제된다.
> ㉤ 임차권자는 비록 임대차기간이 종료한 이후라 하더라도 임차보증금을 반환받기까지는 임대인이나 그 승계인에 대하여 임차권등기의 말소를 거부할 수 있으므로 만일 임차권등기가 원인 없이 말소된 경우, 그 방해를 배제하기 위한 청구를 할 수 있다.

① ㉠, ㉢ ② ㉡, ㉢ ③ ㉡, ㉣, ㉤
④ ㉠, ㉤ ⑤ ㉠, ㉡ ⑥ ㉡, ㉢, ㉣
⑦ ㉢, ㉣ ⑧ ㉡, ㉤

해설

㉠ 대판 2005.5.13. 2003다50771 참고. ㉡ 부동산 임대차에 있어서 수수된 보증금은 차임채무, 목적물의 멸실·훼손 등으로 인한 손해배상채무 등 임대차에 따른 임차인의 모든 채무를 담보하는 것으로서 그 피담보채무 상당액은 임대차관계의 종료 후 목적물이 반환될 때에 특별한 사정이 없는 한 별도의 의사표시 없이 보증금에서 당연히 공제되는 것이므로, 임대보증금이 수수된 임대차계약에서 차임채권에 관하여 압류 및 추심명령이 있었다 하더라도, 당해 임대차계약이 종료되어 목적물이 반환될 때에는 그 때까지 추심되지 아니한 채 잔존하는 차임채권 상당액도 임대보증금에서 당연히 공제된다(대판 2004.12.23. 2004다56554). ㉢ 주임보법 제3조 1항의 대항요건을 갖춘 임차인의 임대차보증금반환채권에 대한 압류 및 전부명령이 확정되어 임차인의 임대차보증금반환채권이 집행채권자에게 이전된 경우 제3채무자인 임대인으로서는 임차인에 대하여 부담하고 있던 채무를 집행채권자에 대하여 부담하게 될 뿐 그가 임대차목적물인 주택의 소유자로서 이를 제3자에게 매도할 권능은 그대로 보유하는 것이며, 위와 같이 소유자인 임대인이 당해 주택을 매도한 경우 주택임대차보호법 제3조 2항에 따라 전부채권자에 대한 보증금지급의무를 면하게 되므로, 결국 임대인은 전부금지급의무를 부담하지 않는다(대판 2005.9.9. 2005다23773). ㉣ 임대차보증금이 임대인에게 교부되어 있더라도 임대인은 임대차관계가 계속되고 있는 동안에는 임대차보증금에서 연체차임을 충당할 것인지를 자유로이 선택할 수 있으므로, 임대차계약 종료 전에는 연체차임이 공제 등 별도의 의사표시 없이 임대차보증금에서 당연히 공제되는 것은 아니다. 그리고 임대인이 차임채권을 양도하는 등의 사정으로 인하여 차임채권을 가지고 있지 아니한 경우에는 특별한 사정이 없는 한 임대차계약 종료 전에 임대차보증금에서 공제한다는 의사표시를 할 수 있는 권한이 있다고 할 수도 없다(대판 2013.2.28. 2011다49608,49615). ㉤ 등기된 임차권에는 용익권적 권능 외에 임차보증금반환채권에 대한 담보권적 권능이 있고, 임대차기간이 종료되면 용익권적 권능은 임차권등기의 말소등기 없이도 곧바로 소멸하나 담보권적 권능은 곧바로 소멸하지 않기 때문이다(대판 2002.2.26. 99다67079). <답 ④>

15. 계약의 당사자가 파산선고를 받은 경우에 관한 다음 설명 중 옳은 것은?

① 소비대차계약에 있어서 대주가 목적물을 차주에게 인도하기 전에 차주가 파산선고를 받은 때는 소비대차는 효력을 잃는다.

② 임대차계약에 있어서 임차인이 파산선고를 받은 때에는 기간의 정함이

있어도 그 정함이 없는 임대차로 된다.

③ 고용계약에 있어서 사용자가 파산선고를 받은 때에는 기간의 정함이 있어도 고용계약은 당연히 종료한다.

④ 도급계약에 있어서 수급인이 파산선고를 받은 때에는 도급인 또는 파산관재인은 도급계약을 해제할 수 있다.

⑤ 위임계약에 있어서 당사자의 일방이 파산선고를 받은 때에는 타방당사자는 손해를 배상함이 없이 위임계약을 해제할 수 있다.

해설

① 제599조 참조. 대주가 파산선고를 받아도 마찬가지이다. ② 임차인이 파산선고를 받은 경우에는 기간의 약정이 있는 경우 기간의 정함이 없는 임대차로 되는 것이 아니라, 임대인 또는 파산관재인은 언제든지 계약 '해지의 통고'를 할 수 있다(제637조 1항). ③ 사용자가 파산선고를 받은 경우에는 고용기간의 약정이 있는 때에도 계약은 당연히 종료하는 것이 아니라, 노무자 또는 파산관재인은 계약을 '해지'할 수 있다(제663조 1항). ④ 도급인이 파산선고를 받은 때에는 수급인 또는 파산관재인은 계약을 '해지'할 수 있다(제674조 1항). 수급인이 파산선고를 받은 경우는 그렇지 않다. ⑤ 당사자 일방의 사망 또는 파산으로 인하여 타방당사자는 위임계약을 해제할 수 있는 것이 아니라, 이 경우 위임은 '종료'한다. 수임인이 성년후견개시의 심판을 받은 때에도 같다(제690조). <답 ①>

16. 甲은 乙에게 건물을 임대하였는데 乙이 건물을 사용·수익하던 중 임대차기간 만료 전에 화재로 건물이 전소되었다. 이에 관한 설명 중 옳지 않은 것은?
(다툼이 있는 경우에는 판례에 의함) <사시 2010년: 배점 2>

① 乙의 귀책사유로 인하여 건물이 전소된 경우, 乙은 甲에게 건물반환채무의 불이행에 따른 손해배상책임을 부담한다.

② 쌍방의 귀책사유 없이 건물이 전소된 경우, 乙은 甲에게 건물반환채무의 불이행에 따른 손해배상책임을 부담하지 않는다.

③ 화재에 대한 귀책사유의 유무나 소재가 밝혀지지 않은 경우, 乙은 甲에게 건물반환채무의 불이행에 따른 손해배상책임을 부담한다.

④ 乙이 甲에게 임대차보증금을 지급하였는데 乙의 귀책사유로 건물이 전소된 경우, 乙은 원칙적으로 甲에 대한 보증금반환청구권을 상실한다.

⑤ 만일 임대차 종료 후 乙이 甲에게 건물반환의무의 이행제공을 하면서 보증금반환을 구하였는데 甲이 반환할 보증금이 준비되지 않았다는 이유로 건물인도의 수령을 거절하던 중 乙의 경과실로 건물이 전소된 경우라면, 乙은 甲에게 건물반환채무의 불이행에 따른 손해배상책임을 부담하지 않는다.

해설

①③ 임차인이 목적물에 대한 원상회복의무를 부담하기 때문에 그에게 귀책사유가 있는 경우에 이행불능(제654조 및 제615조)을 이유로 채무불이행책임을 지는 것은 물론, 임차

인이 원상회복의무를 이행하지 못한 데 자신의 귀책사유가 없음을 입증하지 못하는 한 그 이행불능의 책임을 진다(제390조). 또한 임차인의 임대차 목적물 반환의무가 이행불능이 된 경우 임차인이 그 이행불능으로 인한 손해배상책임을 면하려면 그 이행불능이 임차인의 귀책사유로 말미암은 것이 아님을 입증할 책임이 있고, 임차건물이 화재로 소훼된 경우에 있어서 그 화재의 발생원인이 불명인 때에도 임차인이 그 책임을 면하려면 그 임차건물의 보존에 관하여 선량한 관리자의 주의의무를 다하였음을 입증하여야 하는 것이며, 이러한 법리는 임대차의 종료 당시 임차목적물 반환채무가 이행불능 상태는 아니지만 반환된 임차건물이 화재로 인하여 훼손되었음을 이유로 손해배상을 구하는 경우에도 동일하게 적용되고, 나아가 그 임대차계약이 임대인의 수선의무 지체로 해지된 경우라도 마찬가지다(대판 2010.4.29. 2009다96984). ② 제537조 참조. ④ 보증금반환채무는 임대차계약에 부종했던 보증금계약의 법률효과이므로 목적물이 전소되어 임대차관계가 종료하면 손해배상채무가 발생하는 것은 별론으로 하더라도 보증금반환채무가 소멸하는 것은 아니다. ⑤ 제401조 참조. <답 ④>

17. 특별법상의 임대차에 관한 다음 설명 중 옳은 것은? (다툼이 있는 경우에는 판례에 의함)

① 주택임대차에 있어서 주택의 인도와 주민등록이라는 우선변제의 요건은 그 우선변제권 취득시에만 구비하면 족한 것이 아니고, 민사집행법상 배당요구의 종기까지 계속 존속하고 있어야 한다.

② 임차주택에 대하여 적법한 양도담보권이 설정된 후에 대항요건을 갖춘 임차인은 담보목적물인 주택에 대하여 「가등기담보 등에 관한 법률」에 의한 청산절차를 마친 양도담보권자의 인도청구를 거절할 수 있다.

③ 甲이 乙에게 채무를 변제받지 못하게 되자 乙의 주택에 대하여 임대차계약을 체결한 경우, 甲이 체결한 임대차계약이 기존채권 추심을 위한 수단으로 체결된 것이라도, 전입신고를 마친 후 소액임차인의 형식적 요건을 갖추기 위하여 그곳에 거주하였다면 보호대상이 된다.

④ 어느 건물이 국민의 주거생활의 용도로 사용되는 주택에 해당하더라도, 그 건물에 관하여 아직 등기를 마치지 아니하였거나 등기가 이루어질 수 없는 사정이 있다면, 다른 특별한 규정이 없는 한 주택임대차보호법의 적용대상이 되지 않는다.

⑤ 상가건물임대차보호법이 적용되는 상가건물에 해당하는지는 공부상 표시가 아닌 건물의 현황 · 용도 등에 비추어 영업용으로 사용하느냐에 따라 실질적으로 판단하여야 하므로, 단순히 상품의 보관 · 제조 · 가공 등 사실행위만이 이루어지는 공장 · 창고 등도 상업용 건물에 해당한다.

해설

① 옳음. 대판 2007.6.14. 2007다17475. ② 틀림. 채무의 담보를 위하여 채무자가 자기의 비용과 노력으로 신축하는 건물의 건축허가 명의를 채권자 명의로 하였다면 이는 완성될 건물을 양도담보로 제공하기로 하는 담보권설정의 합의로서, 완성된 건물에 관하여

자신 명의로 소유권보존등기를 마친 채권자는 채무자가 변제기를 도과하여 피담보채무의 이행지체에 빠졌을 때에는 담보계약에 의하여 취득한 목적부동산의 처분권을 행사하기 위한 환가절차의 일환으로서 즉, 담보권의 실행으로서 채무자에 대하여 그 건물의 명도를 구할 수 있고, 제3자가 채무자로부터 적법하게 건물의 점유를 이전받아 있는 경우에는 그 제3자를 상대로 명도청구를 할 수도 있으며, 여기의 제3자에는 담보권설정 후에 대항요건을 갖춘 주택임차인도 당연히 포함된다(대판 2001.1.5. 2000다47682). ③ 틀림. 지문의 경우, 실제 임대차계약의 주된 목적이 주택을 사용수익하려는 것에 있는 것이 아니고, 실제적으로는 소액임차인으로 보호받아 선순위 담보권자에 우선하여 채권을 회수하려는 것에 주된 목적이 있었던 경우에는 그러한 임차인을 주택임대차보호법상 소액임차인으로 보호할 수 없다(대판 2001.5.8. 2001다14733). ④ 틀림. 주택임대차보호법은 주택의 임대차에 관하여 민법에 대한 특례를 규정함으로써 국민의 주거생활의 안정을 보장함을 목적으로 하고 있고, 주택의 전부 또는 일부의 임대차에 관하여 적용된다고 규정하고 있을 뿐 임차주택이 관할관청의 허가를 받은 건물인지, 등기를 마친 건물인지 아닌지를 구별하지 않는다(대판[전] 2007.6.21, 2004다26133). ⑤ 틀림. 지문의 경우는 상가건물이라고 할 수 없고, 그곳에서 그러한 사실행위와 더불어 영리를 목적으로 하는 활동이 함께 이루어진다면 상가건물임대차보호법 적용대상인 상가건물에 해당한다(대판 2011.7.28. 2009다40967). <답 ①>

18. B는 A의 소유주택에 임차하여 거주하고 있다. 다음은 그 임차권이 대항력을 갖추기 위한 공시수단인 주민등록에 관한 설명이다. 판례에 의할 때 틀린 것은?

① B가 임차한 다세대주택의 등기부상 표시와 다르게 현관문에 부착된 호수의 표시대로 행해진 B의 주민등록은 그 임대차의 공시방법으로서 유효하다고 볼 수 없다.

② B가 전입신고할 당시를 기준으로 하여 보면 비록 건축물관리대장 및 등기부가 작성되기 이전이지만 그 전입신고 내용이 실제 다세대주택의 소재지 지번 및 동호수와 정확히 일치한다면 추후에 임차주택의 지번이 변경되었더라도 B의 주민등록은 임대차의 유효한 공시방법이 된다.

③ A가 소유하는 다세대주택에 임차할 당시에 한 주민등록에 그 동호수를 특정하지 않고 지번만 기재되었다면, 주택에 대한 준공검사를 마치고 등기부가 작성된 경우 B의 주민등록 그것으로는 임대차를 공시하는 유효한 방법이 되지 않는다.

④ 원래 단독주택으로 허가를 받아 건축된 A의 주택이 나중에 집합건물의 소유 및 관리에 관한 법률에 의해 구분건물로의 구분등기가 경료되었다면, 소관청이 종전에 단독주택으로 등록한 일반건축물관리대장을 그대로 둔 채 집합건축물관리대장을 작성하지 않았더라도 A의 주택 일부를 임차하여 전입신고를 하는 경우 지번만 기재하는 것으로써는 임대차의 유효한 공시방법이 될 수 없다.

⑤ B가 제3자로부터 위 단독주택을 매수하여 이전등기와 주민등록을 마치

고 거주하던 중 A에게 이를 양도하고 잔금지불일부터 오히려 B가 임차인으로 거주하기로 하고 계속 거주하였더라도 A 앞으로의 이전등기가 나중에 경료되었다면 임차인으로서 B의 대항력을 공시하는 주민등록은 A 앞으로 이전등기가 경료된 다음 날부터 유효하다.

해설

① 판례의 확고한 태도이다(대판 1996.4.12. 95다55474 등). ② 그러한 경우에는 일반사회 통념상 그 주민등록으로 당해 임대차건물에 임차인이 주소 또는 거소를 가진 자로 등록되어 있다는 것을 충분히 인식할 수 있기 때문에 그 당시 B는 주택임대차보호법에 의하여 대항력을 취득하였다고 할 것이고, 그 후 토지분할 등의 사정으로 지번이 변경되었다고 하여 이미 취득한 대항력을 상실한다고 할 수 없다(대판 1999.12.7. 99다44762,44779). ③ 위의 주민등록으로써는 다세대주택인 A의 소유주택 위의 임차권 존재를 제3자가 명백히 인식할 수 있다고 볼 수 없으므로 부동산에 대한 임대차를 공시하는 효력이 없다고 하였다(대판 1999.9.3. 99다15597). ④ B가 위 주택의 일부나 전부를 임차하여 전입신고를 하는 경우 지번만 기재하는 것으로 충분하고, 나아가 그 전유부분의 표시까지 기재할 의무나 필요가 있다고 할 수 없으며, B가 실제로 위 주택의 어느 부분을 임차하여 거주하고 있는지 여부의 조사는 단독주택의 경우와 마찬가지로 위 주택에 담보권 등을 설정하려는 이해관계인의 책임 아래 이루어져야 할 것이므로, B가 위 주택의 지번으로써 전입신고를 한 이상 일반사회의 통념상 그 주민등록으로써 위 주택에 B가 주소 또는 거소를 가진 자로 등록되어 있는지를 인식할 수 있는 경우에 해당되고, 따라서 임대차의 공시방법으로 유효하다고 하였다(대판 1999.5.25. 99다8322). 다만 현행 주민등록법시행령 제23조 1항, 특히 제15호 서식(전입신고서)에 의하면 전입주소가 구분등기되지 않은 다가구주택인 경우에도 '주소'란에 주택명칭, 층 및 호수를 기재하도록 하였으므로(2009.10.2. 개정) 위 판결의 취지가 유지되기는 어렵게 되었다. ⑤ 주민등록이 대항력의 요건을 충족시킬 수 있는 공시방법이 되려면 단순히 형식적으로 주민등록이 되어 있다는 것만으로는 부족하고, 주민등록에 의하여 표상되는 점유관계가 임차권을 매개로 하는 점유임을 제3자가 인식할 수 있는 정도는 되어야 한다(대판 1999.4.23. 98다32939). <답 ④>

19. B는 A 소유의 주택에 임차하여 주택임대차보호법상 대항력을 갖춘 채 계속 거주하고 있다. 다음은 B의 법적 지위에 관한 판례의 태도이다. 타당한 것은?

① 확정일자를 받은 임대차계약서가 당사자 사이에 진정하게 작성되었더라도 임대차계약서에 임차목적물을 표시하면서 아파트의 명칭과 그 전유부분의 동·호수의 기재를 누락하였다면 주택임대차보호법 제3조의2 제2항에 규정된 확정일자의 요건을 갖추었다고 볼 수 없다.

② B가 확정일자를 주택의 인도 및 주민등록과 같은 날 또는 그 이전에 갖추었더라면 우선변제적 효력은 대항력과는 달리 확정일자의 다음 날을 기준으로 발생한다.

③ 소액임차인 B가 대지의 환가대금 중에서 소액보증금을 대지의 선순위 저당권자보다 우선변제받기 위해서는 대지에 대한 저당권설정 당시에

그 지상 주택이 존재하고 있어야 한다.

④ 후순위저당권의 실행으로 A의 주택이 K에게 경락된 경우에는 민사소송법에 따라 선순위저당권까지도 당연히 소멸할지라도 B가 선순위저당권자에게 대항할 수 없지만, 만약 후순위저당권자에게는 대항할 수 있는 임차인이라면 K는 주택임대차보호법 제3조상의 임차주택의 양수인에 포함되므로 B는 K에 대하여 임차권의 효력을 주장할 수 있다.

⑤ 주택임대차보호법에 의해 우선변제권이 인정되는 B의 임대차보증금반환채권은 현행법상 배당요구가 필요한 배당요구채권에 해당하지만, B가 적법한 배당요구를 하지 아니하여 그가 배당에서 제외된 경우, 그가 배당받을 수 있었던 금액 상당의 금원이 후순위채권자에게 배당되었다면 이는 법률상 원인이 없는 부당이득이다.

해설

① 확정일자의 요건을 갖춘 것으로 이해된다. 왜냐하면 확정일자요건을 요구하는 것은 임대인과 임차인 사이의 담합으로 임차보증금의 액수를 사후에 변경하는 것을 방지하고자 하는 취지일 뿐, 대항요건으로 규정된 주민등록과 같이 임대차의 존재 사실을 제3자에게 공시하고자 하는 것은 아니기 때문이다(대판 1999.6.11. 99다7992). ② 우선변제적 효력도 대항력과 마찬가지로 주택임차권의 제3자에 대한 물권적 효력으로서 임차인과 제3자 사이의 우선순위를 대항력과 달리 규율하여야 할 합리적인 근거도 없으므로, 확정일자가 앞선다면 우선변제적 효력도 대항력과 마찬가지로 인도와 주민등록을 마친 다음 날을 기준으로 발생한다(대판 2000.3.23. 99다67960). ③ 저당권설정 후에야 주택이 신축된 경우에까지 공시방법이 불완전한 소액임차인에게 우선변제권을 인정한다면 저당권자가 예측할 수 없는 손해를 입게 되는 범위가 지나치게 확대되어 부당하기 때문이다(대판 1999.7.23. 99다25532). ④ 비록 B의 임차권이 후순위저당권자에게는 대항할 수 있더라도 소멸된 선순위저당권보다 뒤에 대항력을 갖춘 임차권은 함께 소멸하는 것이므로 K는 주택임대차보호법에서 말하는 임차주택의 양수인 중에 포함된다고 할 수 없다(대판 1999.4.23. 98다32939). ⑤ 배당요구채권자가 경락기일까지 적법한 배당요구를 하지 아니한 경우에는 비록 실체법상 우선변제청구권이 있더라도 경락대금으로부터 배당을 받을 수는 없다. 따라서 위 금원은 부당이득이 되지 않는다(대판 1998.10.13. 98다12379). <답 ③>

20. 현행 주택임대차보호법 제3조에 규정된 임차인의 대항력에 관한 설명 중 옳지 않은 것은? (다툼이 있는 경우에는 판례에 의함)

① 경매절차에서 임차주택이 매각된 경우에 소멸되는 1번 저당권보다 후에 대항력을 갖춘 임차인은 위 주택을 경락받은 매수인에게 임차권을 주장할 수 없다.

② 건물이 공부상으로는 근린생활시설로 표시되어 있으나 실제로 甲이 주거 및 슈퍼마켓 경영 목적으로 임차하여 가족들과 함께 입주하여 그곳에서 일상생활을 영위할 뿐만 아니라 슈퍼마켓을 경영하는 경우, 비주거용으로 사용되는 부분이 더 넓기는 하지만 주거용으로 사용되는 부분도 상

당한 면적이고 乙에게 유일한 주거공간이라면 이는 주택임대차보호법에서 말하는 주거용 건물에 해당한다.

③ 영리법인의 직원 A가 직원복지용 아파트를 인도받고 그 주소지에서 주민등록을 마쳤을 뿐만 아니라 임대차계약서상의 확정일자를 구비하였더라도 법인은 임차목적아파트의 경락대금으로부터 우선변제권을 주장할 수 없다.

④ A가 다세대주택을 임차할 당시 건물에 표기된 동호수로 주민등록을 마치고(5월 1일) 임대차계약서에 확정일자를 받았는데 준공검사 후 건축물관리대장이 작성되면서 다른 동호수가 등재되었더라도, 뒤늦게나마 그 주택의 표시가 위와 같이 다르게 되었다는 것을 알게 되어 주민등록표상의 주소를 등기부상 동호수로 정정하게 하였다면(8월 1일), A의 임차권은 5월 2일부터 대항력을 갖는다.

⑤ 주택임차인이 주택의 실제 지번을 주소지로 전입신고를 하려고 의도하였다는 사정은 주민등록이 유효한 공시방법인지의 여부를 판단하는 데 전혀 고려되지 않는다.

해설

① 대결 1998.8.24. 98마1031 참고. 그러나 낙찰로 인하여 근저당권이 소멸하고 낙찰인이 소유권을 취득하게 되는 시점인 낙찰대금지급기일 이전에 선순위 근저당권이 다른 사유로 소멸한 경우에는, 대항력 있는 임차권의 존재로 인하여 담보가치의 손상을 받을 선순위 근저당권이 없게 되므로 임차권의 대항력이 소멸하지 아니한다(대판 2003.4.25. 2002다70075). ② '주거용 건물'에 해당한다고 판시하였다. 즉, 주거용인지 여부는 임대차목적물의 공부상의 표시만을 기준으로 할 것이 아니라 그 실지 용도에 따라서 정하여야 하고 또 건물의 일부가 임대차의 목적이 되어 주거용과 비주거용으로 겸용되는 경우에는 구체적인 경우에 따라 그 임대차의 목적, 전체 건물과 임대차목적물의 구조와 형태 및 임차인의 임대차목적물의 이용관계 그리고 임차인이 그 곳에서 일상생활을 영위하는지 여부 등을 아울러 고려하여 합목적적으로 결정하여야 한다(대판 1995.3.10. 94다52522). ③ 주택임대차보호법은 서민들의 주거생활의 안정을 보호하려는 취지에서 제정된 것이지 법인을 그 보호대상으로 삼고 있다고는 할 수 없으므로 법인의 직원이 위 아파트를 인도받고 임대차계약서상의 확정일자를 구비하였다 하더라도 우선변제권을 주장할 수는 없다(대판 1997.7.11. 96다7236). 다만, 국민주택기금을 재원으로 하여 저소득층 무주택자에게 주거생활 안정을 목적으로 전세임대주택을 지원하는 법인(시행령 제1조의2에 의하여 그 대항력이 인정되는 법인으로서는 한국토지주택공사 등)이 주택을 임차한 후 지방자치단체의 장 또는 그 법인이 선정한 입주자가 그 주택을 인도받고 주민등록을 마쳤을 때에는 대항력을 갖는다(주임보법 제3조 2항). ④ 위와 같은 경우에는 주민등록을 등기부상 동호수로 바르게 정정한 때부터 대항력을 갖는다고 한다(대판 1994.11.22. 94다14176). ⑤ 대판 2003.6.10. 2002다59351 참고.

<답 ⑤>

21. **일반적으로 임차인은 채권인 임차권을 가지고 부동산의 양수인에게 대항할 수 없다. 그러나 현행 주택임대차보호법 제3조 3항은 임차인의 보호를 목적**

으로 임차주택의 양수인과 기타 임대할 권리를 승계한 자에 대하여 임대인 지위의 승계를 규정하고 있다. 다음에 예시된 사례 중에서 판례가 임대인지위의 승계를 부인한 것으로 맞게 짝지어진 것은?

> ㉠ 임대차의 목적이 된 주택을 담보목적으로 신탁법에 따라 신탁한 경우의 수탁자
> ㉡ 주택의 명의신탁자가 임대차계약을 체결한 후 명의신탁자로부터 주택을 임대할 권리를 포함하여 주택에 대한 처분권한을 종국적으로 이전받은 경우의 명의수탁자
> ㉢ 임차주택의 양도담보권자
> ㉣ 미등기건물의 사실상 양수인
> ㉤ 법인이 임차인인 경우에 임차주택의 양수인
> ㉥ 매매계약의 해제에 의하여 소유권을 회복한 종전 소유자(매도인)
> ㉦ 임차주택의 대지만을 경락받은 자

① ㉠, ㉡, ㉤ ② ㉡, ㉢, ㉣, ㉦ ③ ㉢, ㉤, ㉦
④ ㉢, ㉣, ㉤, ㉦ ⑤ ㉡, ㉣, ㉥

해설

㉠ 신탁법상의 신탁의 효력으로서 수탁자는 대내외적으로 신탁재산의 관리권을 가지며, 다만 신탁의 목적범위 내에서 신탁계약에 정해진 바에 따라 신탁재산을 관리해야 할 제한을 받는 데 불과하므로, 수탁자는 임대인의 지위를 승계한다(대판 2002.4.12. 2000다70460). ㉡ 임차인이 주택의 인도와 주민등록을 마친 이상 명의수탁자는 임차인과의 관계에서 그 주택의 양수인으로 임대인의 지위를 승계한다(대판 1999.4.23. 98다49753). ㉢ 주택의 양도담보의 경우는 채권담보를 위하여 신탁적으로 양도담권자에게 주택의 소유권이 이전될 뿐이므로 특별한 사정이 없는 한 양도담보권자가 주택의 사용수익권을 갖게 되는 것은 아니고 또한 주택의 소유권이 양도담보권자에게 확정적·종국적으로 이전되는 것도 아니므로 이 법조항에서 말하는 양수인에 해당되지 않는다(대판 1993.11.23. 93다4083). ㉣ 미등기건물에 대하여 사실상 소유자로서의 권리를 행사하고 있는 이상 전 소유자로부터 위 건물의 일부를 임차한 자에 대한 관계에서는 위의 사실상 소유자가 법 소정의 주택의 양수인으로서 임대인의 지위를 승계한다(대판 1987.3.24. 86다카164). ㉤ 법인에게 주택을 임대한 경우에는 법인은 주임보법 소정의 대항요건의 하나인 주민등록을 구비할 수 없으므로 그 주택의 양수인이 임대인의 지위를 당연승계하는 것은 아니며, 당사자의 특약이 없는 한 종전 임대인의 법인에 대한 임차보증금반환채무는 소멸하지 않는다(대판 2003.7.25. 2003다2918). ㉥ 임대인의 임대권원이 되는 매매계약이 해제되기 전에 임대인으로부터 주택을 임차받아 소정의 대항요건을 갖춘 임차인은 민법 제548조 1항 단서 소정의 '제3자'에 해당하므로 임대인의 임대권원의 바탕이 되는 계약의 해제에도 불구하고 자신의 임차권을 새로운 소유자에게 대항할 수 있다. 즉 소유권을 회복한 제3자는 주임보법 제3조 3항에 따라 임대인의 지위를 승계한다(대판 2003.8.22. 2003다12717). ㉦ 이 법에 의하여 임대인의 지위를 승계한 임차주택의 양수인이라 함은 임대차의 목적이 된 주거용건물의 양수인을 의미한다고 볼 것이므로 법 소정의 대항력을 갖춘 임차인에게 경매 또는 공매에 의한 임차주택의 대지의 환가대금에서 후순위권리자들보다 보증금을 우선변제 받을 권리를 인정하였다 하더라도 그 대지를 경락받은 자를 임차주택의 양수인이

라고 할 수는 없다(대판 1998.4.10. 98다3276). <답 ③>

22. 甲은 그 소유인 X주택에 전입신고를 마치고 거주하다가 2010.2.1. 乙에게 X를 대금 3억 원에 매도하면서 같은 날 乙로부터 X를 임대차보증금 1억 원, 기간 2010.2.1.부터 2012.1.31.까지로 정하여 임차하였고, 같은 날 임대차계약서에 확정일자를 받았다. 甲은 2010.2.2. 乙의 요청에 따라 乙의 채권자인 丙에게 X에 관한 저당권설정등기를 마쳤다. 乙은 2010.2.10. X에 관하여 위 매매를 원인으로 한 소유권이전등기를 마치고, 같은 날 채권자 丁에게 근저당권설정등기를 마쳤다. 그 후 丙은 위 저당권실행을 위한 경매를 신청하였고, 戊는 그 경매절차에서 X를 매수하고 그 대금을 모두 지급하였으며, 甲은 그 경매절차에서 주택임대차보호법상 우선변제권 있는 임차인임을 이유로 적법하게 배당요구 하였다. 다음 설명 중 옳은 것은? (다툼이 있는 경우에는 판례에 의함) <변호사 2012년>

① 甲, 丙, 丁 순서로 배당받는다.
② 丙, 甲, 丁 순서로 배당받는다.
③ 丙, 丁, 甲 순서로 배당받는다.
④ 丙, 丁 순서로 배당받고, 甲은 주택임대차보호법상 우선변제권 있는 임차인으로서 배당받을 수 없다.
⑤ 만약 甲이 위 경매절차에서 배당요구하지 않았다면, 甲은 戊에 대하여 위 임대차보증금의 반환을 청구할 수 있다.

해설

①②③④ 丙은 근저당권설정등기를 마친 2010.2.2.부터 우선변제권을 주장할 수 있지만, 甲은 임대차계약에 따른 확정일자를 2010.2.1.에 받았으나 乙명의의 소유권이전등기가 2010.2.10. 마쳐졌으므로 그 다음 날인 2010.2.11. 00:00에 대항력을 취득하게 된다(주임보법 제3조 1항). 한편 丁은 근저당권설정등기를 마친 2010.2.10.부터 우선변제권을 주장할 수 있다. 따라서 丙→丁→甲의 순서로 배당을 받게 된다(대판 2000.2.11. 99다59306: 甲이 주택에 관하여 소유권이전등기를 경료하고 주민등록 전입신고까지 마친 다음 처와 함께 거주하다가 乙에게 매도함과 동시에 그로부터 이를 다시 임차하여 계속 거주하기로 약정하고 임차인을 甲의 처로 하는 임대차계약을 체결한 후에야 乙 명의의 소유권이전등기가 경료 된 경우, 제3자로서는 주택에 관하여 甲으로부터 乙 앞으로 소유권이전등기가 경료되기 전에는 甲의 처의 주민등록이 소유권 아닌 임차권을 매개로 하는 점유라는 것을 인식하기 어려웠다 할 것이므로, 甲의 처의 주민등록은 주택에 관하여 乙 명의의 소유권이전등기가 경료되기 전에는 주택임대차의 대항력 인정의 요건이 되는 적법한 공시방법으로서의 효력이 없고 乙 명의의 소유권이전등기가 경료 된 날에야 비로소 甲의 처와 乙 사이의 임대차를 공시하는 유효한 공시방법이 된다고 할 것이며, 주택임대차보호법 제3조 제1항에 의하여 유효한 공시방법을 갖춘 다음 날인 乙 명의의 소유권이전등기일 익일부터 임차인으로서 대항력을 갖는다). ⑤ 주임보법에 의하여 우선변제청구권이 인정되는 임대차보증금반환채권은 현행법상 배당요구가 필요한 배당요구채권에 해당한다. 따라서 경매에서 적법한 배당요구를 하지 아니한 경우에는 비록 실체법상 우선변제청구권이 있다 하더라도 경락대금으로부터 배당을 받을 수는 없다(대판 1998.10.13. 98다12379). <답 ③>

23. 판례에 의할 때, 「주택임대차보호법」에 관한 설명 중 옳은 것을 고르면?

<사시 2009년 변형, 사시 2013년 유사>

① 주택의 전대차가 그 당사자 사이뿐만 아니라 임대인에 대하여도 주장할 수 있는 적법, 유효한 것이라고 평가되는 경우에는 전차인이 임차인으로부터 주택을 인도받아 자신의 주민등록을 마치고 있다면, 임차인의 대항요건은 전차인의 직접점유 및 주민등록으로써 적법, 유효하게 유지·존속한다.

② 「주택임대차보호법」상의 대항력과 우선변제권의 두 가지 권리를 겸유하고 있는 임차인이 우선변제권을 선택하여 제1경매절차에서 보증금 전액에 대하여 배당요구를 하였으나 보증금 전액을 배당받을 수 없었던 때에는, 매각받은 자에게 대항하여 이를 반환받을 때까지 임대차관계의 존속을 주장할 수 있을 뿐만 아니라 제2경매절차에서 그 잔액에 대하여 우선변제권에 의한 배당도 받을 수 있다.

③ 임대주택의 양도에 따른 임대차관계의 이전이 발생하기 전에 임차인의 채권자가 신청하여 임대차보증금반환채권이 압류 또는 가압류된 경우에는 주택임대차보호법 제3조 제3항에 기초한 실체법상 권리변동에도 불구하고 압류 또는 가압류에 본질적으로 내재한 처분금지 및 현상보전효력 때문에 당사자인 집행채권자, 집행채무자, 제3채무자의 집행법상 지위는 달라지지 않는다.

④ 「주택임대차보호법」상 우선변제권을 가진 임차인으로부터 임차권과 분리하여 임차보증금반환채권만을 양수한 채권양수인은 임차주택에 대한 경매절차에서 주택임대차보호법상 임차보증금 우선변제권자의 지위에서 배당요구를 할 수는 없지만, 위 채권양수인이 주택임차인으로부터 다른 채권에 대한 담보 목적으로 임차보증금반환채권을 양수한 경우에는 배당요구를 할 수 있다.

⑤ 처음 임대차계약을 체결할 당시에 주택임대차보호법상 소액임차인에 해당하지 않았다면, 그 후 새로운 임대차계약에 의하여 정당하게 보증금이 감액되어 소액임차인에 해당하게 되었더라도, 그 임차인은 주택임대차보호법상 소액임차인으로서 보호받지 못한다.

해설

① 옳음. 주임보법 제3조 1항에 의한 대항력을 갖춘 주택임차인이 임대인의 동의를 얻어 적법하게 임차권을 양도하거나 전대한 경우에 있어서 양수인이나 전차인에게 점유가 승계되고 주민등록이 단절된 것으로 볼 수 없을 정도의 기간 내에 전입신고가 이루어졌다면 비록 위 임차권의 양도나 전대에 의하여 임차권의 공시방법인 점유와 주민등록이 변경되었다 하더라도 원래의 임차인이 갖는 임차권의 대항력은 소멸되지 아니하고 동일성을 유지한 채로 존속한다고 보아야 한다. 이러한 경우 임차권 양도에 의하여 임차권은 동일을

유지하면서 양수인에게 이전되고 원래의 임차인은 임대차관계에서 탈퇴하므로 임차권 양수인은 원래의 임차인이 주택임대차보호법 제3조의2 제2항 및 동법 제8조 제1항에 의하여 가지는 우선변제권을 행사할 수 있고, 전차인은 원래의 임차인이 주택임대차보호법 제3조의2 제2항 및 동법 제8조 제1항에 의하여 가지는 우선변제권을 대위 행사할 수 있다고 할 것이다(대판 2010.6.10. 2009다101275). ② 틀림. 위 임차인이 우선변제권을 선택하여 제1경매절차에서 보증금 전액에 대하여 배당요구를 하였으나 보증금 전액을 배당받을 수 없었던 때에는 경락인에게 대항하여 이를 반환받을 때까지 임대차관계의 존속을 주장할 수 있을 뿐이고, 임차인의 우선변제권은 경락으로 인하여 소멸하는 것이므로 제2경매절차에서 우선변제권에 의한 배당을 받을 수 없다(대판 2006.2.10. 2005다21166 참고). ③ 틀림. 위 지문은 대판[전] 2013.1.17. 2011다49523의 5인 반대의견의 견해이다. 다수의견은 "임대차보증금반환채무의 지급금지를 명령받은 제3채무자의 지위는 임대인의 지위와 분리될 수 있는 것이 아니므로, 임차인의 임대차보증금반환채권이 가압류된 상태에서 임대주택이 양도되면 양수인이 채권가압류의 제3채무자의 지위도 승계하고, 가압류권자 또한 임대주택의 양도인이 아니라 양수인에 대하여만 위 가압류의 효력을 주장할 수 있다"고 한다. ④ 틀림. 주택임대차보호법의 입법목적과 주택임차인의 임차보증금반환채권에 우선변제권을 인정한 제도의 취지, 주택임대차보호법상 관련 규정의 문언 내용 등에 비추어 볼 때, 위 채권양수인은 주택임차인으로부터 다른 채권에 대한 담보목적으로 임차보증금반환채권을 양수한 경우에도 배당요구를 할 수 없다. 다만, 이와 같은 경우에도 채권양수인이 일반 금전채권자로서의 요건을 갖추어 배당요구를 할 수 있음은 물론이다(대판 2010.5.27. 2010다10276). 임차인에 대한 금전채권자인 원고가 임차인에 대한 확정판결을 집행권원으로 채무자를 임차인, 제3채무자를 임대인으로 보증금반환채권의 가압류를 본압류로 이전하는 채권압류 및 추심명령을 받고 위 명령이 피고에게 송달되었으며 원고가 임차인에 대한 추심채권자로서 피고를 상대로 추심금청구소송을 제기한 경우도 마찬가지이다. 즉, '임대차보증금반환채무의 지급금지를 명령받은 제3채무자의 지위는 임대인의 지위와 분리될 수 있는 것이 아니므로 임차인의 임대차보증금반환채권이 가압ㄹ류된 상태에서 임대주택이 양도되면 양수인이 채권가압류의 제3채무자 지위도 승계하고, 가압류권자 또한 임대주택의 양도인이 아니라 양수인에 대하여만 위 가압류의 효력을 주장할 수 있다(대판[전] 2013.1.17. 2011다49523). ⑤ 틀림. 보호받는다(대판 2008.5.15. 2007다23203 참고). <답 ①>

24. 甲은 乙에게 자기 소유의 주택을 보증금 5,000만 원, 기간을 입주일로부터 1년으로 정하여 임대하는 계약을 체결한 후, 약정대로 乙로부터 보증금을 받고 그에게 주택을 인도하였다. 그 후 甲은 위 주택을 丙에게 매도하고 소유권 이전등기를 하였다. 이 경우의 법률관계에 관한 다음 설명 가운데 틀린 것은?

① 비록 甲과 乙이 임대차기간을 1년으로 약정하였어도 乙은 법률에 의거하여 당연히 그 기간에 대하여 2년으로 주장할 수 있다.

② 주택소유권이 丙에게 양도되기 전에 乙이 위 주택의 주소에 주민등록을 마쳤으면, 丙은 그 주택소유권의 취득과 동시에 임대인으로서의 지위를 승계한 것으로 본다.

③ 甲과 乙의 임대차계약이 체결되기 전에 그 주택에 丁을 위한 저당권이 적법하게 설정되어 있었다고 하면, 乙은 그 저당권의 실행으로 인한 경

매대금으로부터 다른 일반채권자들과 동등한 지위에서 그 보증금의 반환을 받아야 하며 그들에 우선하는 지위를 얻을 사전의 방도는 없다.

④ 乙의 임차권이 대항력을 가지게 된 후 丙이 주택을 양수하였으면, 임대차의 종료 후 乙은 보증금의 반환을 丙에게만 청구할 수 있고, 甲에게는 청구할 수 없다는 것이 판례의 태도이다.

⑤ 乙이 상속권자 없이 사망한 경우에도 그와 그 주택에서 가정공동생활을 하던 사실상 혼인관계에 있는 사람이 있으면 그가 임차인으로서 권리와 의무를 승계한다.

해설

① 주임보법 제4조 1항 본문. ③ 乙도 채권자이므로 다른 일반채권자와 마찬가지로 동일한 지위에서 보증금반환을 요구할 수 있지만, '확정일자 있는 증서'로 임대차계약을 체결하고(제3조의2) 주택임대차보호법상의 대항력(제3조, 제3조의3)을 갖춘 경우에는 후순위 권리자 및 일반채권자보다 우선하여 보증금을 반환받을 수 있다. ②④ 보증금반환채무는 양수인에게 면책적으로 인수된다(대판 1989.10.24. 88다카13172 참고). 즉, 주택임차인이 제3자에 대하여 대항력을 구비한 후 임대주택의 소유권이 양도된 경우에는 그 양수인이 임대인의 지위를 승계하게 되며, 임대차보증금반환채무도 주택의 소유권과 결합하여 일체로서 이전하는 것이다(대판 1996.11.22. 96다38216 참고). 따라서 양도인의 임차보증금반환채무는 소멸하게 된다(제3조 3항). ⑤ 주임보법 제9조 1항 참조. <답 ③>

25. A주택 및 그 대지의 소유자 甲은 乙에게 A주택 중 2층 125㎡를 보증금을 5,000만 원, 차임을 매월 100만 원, 기간을 2년으로 정하여 임대하고, 乙에게 이를 인도하였다. 이 경우에 관한 설명 중 옳지 않은 것은? (다툼이 있는 경우에는 판례에 의함) <사시 2008년: 배점 3>

① 乙이 주택임대차보호법상의 대항요건과 임대차계약서상의 확정일자를 갖추었다면, 위 대지가 丙에게 양도되고 그 후 진행된 경매절차에서 위 주택과 별도로 제3자에게 매각되었다 하더라도, 乙은 그 대지의 환가대금으로부터 순위에 따라 보증금의 우선변제를 받을 수 있다.

② 위 주택이 화재로 소훼된 경우, 乙은 위 임차부분의 보존에 관하여 선량한 관리자의 주의의무를 다하였음을 입증하지 않는 한 임차물반환채무의 이행불능으로 인한 손해배상책임을 져야 하고, 그 화재가 乙의 임차부분 내에서 발생하였는지 여부 그 자체를 알 수 없는 경우에도 마찬가지이다.

③ 乙이 주민등록을 위 주택의 소재지로 옮긴 후에 丙이 甲으로부터 위 주택을 매수하여 소유권이전등기를 하였다면, 임대차관계가 종료한 후 특별한 사정이 없는 한 乙은 丙에 대하여 그 보증금의 반환을 청구할 수 있으나 甲에 대하여는 이를 청구할 수 없다.

④ 乙이 주택임대차보호법상의 대항력과 함께 우선변제권을 가지고 있는 경

우, 乙은 위 주택에 관한 제1경매절차에서 보증금에 대하여 배당요구를 하였다가 배당순위 때문에 그 중 일부를 배당받을 수 없었다 하더라도 그 후 진행된 제2경매절차에서는 나머지 보증금을 우선변제받을 수 없다.

⑤ 乙이 위 임차 이후 별도로 전세권설정계약서를 작성하고 전세권설정등기를 한 경우, 전세권설정계약서를 임대차계약서로 볼 수 있다고 하더라도 전세권설정계약서가 첨부된 등기필증에 찍힌 접수인은 주택임대차보호법 소정의 확정일자로 볼 수 없다.

해설

① 대판[전] 2007.6.21. 2004다26133. 이러한 우선변제권은 법정담보물권의 성격을 갖는 것으로서 임대차 성립시의 임차 목적물인 임차주택 및 대지의 가액을 기초로 임차인을 보호하고자 인정된다. ② 대판 1999.9.21. 99다36273 등 참고. ③ 주임보법 제3조 3항에 의하여 임차주택의 양수인 기타 임대할 권리를 승계한 자는 임대인의 '지위'를 승계하므로 乙은 丙에 대하여 보증금의 반환을 청구할 수 있다. 또한, 「주택임대차보호법상의 대항력을 갖춘 후 임대부동산의 소유권이 이전되어 그 양수인이 임대인의 지위를 승계하는 경우에는 임대차보증금반환채무도 부동산의 소유권과 결합하여 일체로서 이전하는 것이며 이에 따라 양도인의 보증금반환채무는 소멸」하므로(대판 1987.3.10. 86다카1114 등), 乙은 甲에 대하여는 보증금의 반환을 청구할 수 없다(그러나 양도인의 반환채무는 소멸하지 않고 양수인에게 중첩적으로 이전한다고 보는 견해들이 유력하다(김형배, 479면; 이은영, 468면; 민일영, 임대주택의 양도에 대한 임차보증금의 반환청구, 「사법행정」, 1986.4, 85면). ④ 대판 2006.2.10. 2005다21166 등 참고. ⑤ 주택에 관하여 임대차계약을 체결한 임차인이 자신의 지위를 강화하기 위한 방편으로 따로 전세권설정계약서를 작성하고 전세권설정등기를 한 경우에, 따로 작성된 전세권설정계약서가 원래의 임대차계약서와 계약일자가 다르다고 하여도 계약당사자, 계약목적물 및 보증금액(전세금액) 등에 비추어 동일성을 인정할 수 있다면 그 전세권설정계약서 또한 원래의 임대차계약에 관한 증서로 볼 수 있고, 등기필증에 찍힌 등기관의 접수인은 첨부된 등기원인계약서에 대하여 민법 부칙 제3조 제4항 후단에 의한 확정일자에 해당한다고 할 것이므로, 위와 같은 전세권설정계약서가 첨부된 등기필증에 등기관의 접수인이 찍혀 있다면 그 원래의 임대차에 관한 계약증서에 확정일자가 있는 것으로 보아야 할 것이다(대판 2002.11.8. 2001다51725).

<답 ⑤>

26. A는 보증금 3,000만 원을 받고 자신 소유의 단독주택을 B에게 임대하였다. 이와 관련한 다음 설명 중 옳은 것을 모두 고르면? (민법, 주택임대차보호법 그리고 동 시행령에 의해 판단함)

ⓐ 단독주택이 대구광역시에 소재하는 경우에 B가 대항력을 갖추었다면 선순위의 저당권자 K가 신청한 경매절차에서 K에 우선하여 환가대금으로부터 위 보증금 전액을 변제받는다.

ⓑ A는 위 단독주택에 대한 공과금부담의 증가를 이유로 보증금의 증액을 청구할 수 있는데, 1년에 2회에 한하여 각각 150만 원 한도로 그 증액을 청구할 수 있다.

ⓒ 보증금 가운데 2,000만 원을 월세로 전환하면서 A에게 매월 말에 20만 원을 지급하기로 한 약정은 허용된다.
ⓓ B가 보증금의 우선변제를 받기 위하여 경매를 신청하는 경우에 임차주택을 인도하지 않아도 되므로, B로서는 우선변제될 보증금을 수령한 후 상당한 기간 내에 임차주택을 경락인에게 인도하면 된다.
ⓔ B가 A에게 청구하여 경료된 주택임차권의 등기 이후에 새로이 D가 A의 위 단독주택에 소액보증금을 지급하고 대항력을 갖추더라도 소액보증금에 대한 우선변제권은 상실된다.

① ⓔ ② ⓑ, ⓔ ③ ⓑ, ⓓ
④ ⓒ, ⓔ ⑤ ⓐ, ⓒ, ⓔ

해설

ⓐ 광역시에 소재하는 주택의 임대차에 관해서는 5,500만 원 이하의 소액보증금반환채권을 가진 임차인에게 한하여 우선변제권이 인정되지만, 그 우선변제를 받는 보증금의 일정액범위는 1,900만 원까지이다(현행 주임보법 시행령 제3조 내지 제4조). ⓑ 차임의 증액청구는 임대차계약 또는 차임증액이 있은 후 1년 이내에는 이를 하지 못하므로 1년에 두 번에 걸쳐 그 증액을 청구할 수는 없다(시행령 제2조 2항). ⓒ 2,000만 원의 연 14%를 넘지 않으면 허용된다(주임보법 제7조의2 및 시행령 제2조의2). ⓓ 경매를 신청하는 경우에는 집행개시의 요건으로서 주택인도를 하지 않아도 되지만(주임보법 제3조의2 제1항), 우선변제될 보증금의 수령을 위해서는 주택을 인도하여야 한다(주임보법 제3조의2 제2항). ⓔ 주임보법 제3조의4 제1항 및 제3조의3 제6항 참조. <답 ④>

27. 주택임대차보호법에 관한 설명 중 옳은 것을 모두 고르면? (다툼이 있는 경우에는 판례에 의함) <사시 2010년: 배점 2, 변호사모의 2010년 유사>

㉠ 국민주택기금을 재원으로 하여 저소득층 무주택자에게 주거생활 안정을 목적으로 전세임대주택을 지원하는 법인인 한국토지주택공사가 주택을 임차한 후 그 법인이 선정한 입주자가 그 주택을 인도받고 주민등록을 마쳤을 때에는 그 임대차는 등기가 없는 경우에도 그 다음 날부터 제3자에 대하여 효력이 생긴다.
㉡ 점포 및 사무실로 사용되던 건물에 근저당권이 설정되고 그 건물이 주거용 건물로 용도 변경된 후 이를 임차한 소액임차인(주택임대차보호법 제8조)은 근저당권자에 대하여 우선변제권이 없다.
㉢ 주택임차인이 임차권등기명령에 의해 자신의 임차권을 등기한 경우, 임대인의 임대차보증금반환의무와 임차인의 임차권등기말소의무는 동시이행의 관계에 있다.
㉣ 주택임차인이 임차주택에 대하여 보증금반환청구소송의 확정판결 기타 이에 준하는 집행권원에 기한 경매를 신청하는 경우, 임차목

적물을 반환할 필요는 없으나 임차주택을 양수인에게 인도하지 아니하면 환가대금에서 보증금을 수령할 수 없다.
㉤ 주택임차인이 소액의 보증금(주택임대차보호법 제8조)에 관하여 다른 담보물권자보다 자기 채권의 우선변제를 받기 위해서는 경매신청등기 전에 같은 법상의 대항요건을 갖추고 임대차계약서에 확정일자를 받아야 한다.

① ㉠ ② ㉠, ㉡ ③ ㉠, ㉣
④ ㉡, ㉣, ㉤ ⑤ ㉢, ㉤ ⑥ ㉠, ㉡, ㉤

해설

㉠ 주임보법 제3조 2항 참조. ㉡ 전략(前略)··· 주택임대차보호법 제2조가 주거용 건물의 전부 또는 일부의 임대차에 관하여 적용된다고 규정하고 있을 뿐 임차주택이 관할관청의 허가를 받은 건물인지, 등기를 마친 건물인지 아닌지를 구별하고 있지 아니하며, 건물 등기부상 '건물내역'을 제한하고 있지도 않으므로, 점포 및 사무실로 사용되던 건물에 근저당권이 설정된 후 그 건물이 주거용 건물로 용도 변경되어 이를 임차한 소액임차인도 특별한 사정이 없는 한 주택임대차보호법 제8조에 의하여 보증금 중 일정액을 근저당권자보다 우선하여 변제받을 권리가 있다(대판 2009.8.20. 2009다26879). ㉢ 임차권등기는 임차인으로 하여금 기왕의 대항력이나 우선변제권을 유지하도록 해주는 담보적 기능만을 주목적으로 하는 점 등에 비추어 볼 때, 임대인의 임대차보증금의 반환의무가 임차인의 임차권등기 말소의무보다 먼저 이행되어야 할 의무이다(대판 2005.6.9. 2005다4529). ㉣ 주임보법 제3조의2 1항·2항 및 3항 참조. ㉤ 소액보증금의 우선변제를 위해서는 대항력 요건만 갖추면 된다(주임보법 제8조 1항). <답 ③>

28. 상가건물의 임대차관계에 관한 다음 판례의 설명 가운데 틀린 것은?

① 상가건물임대차보호법이 적용되는 상가건물의 공유자인 임대인이 같은 법 제10조 제4항에 의하여 임차인에게 갱신 거절의 통지를 하는 행위는 공유자의 지분의 과반수로써 결정하여야 한다.
② 임차인의 계약갱신요구권에 관하여 전체 임대차기간을 5년으로 제한하는 상가건물임대차보호법 제10조 제2항의 규정은 같은 조 제4항에서 정하는 법정갱신에 대해서는 적용되지 않는다.
③ 상가건물과 지하철역 사이의 연결통로 개설의무가 이행불능되어 수분양자에게 교환가치 하락 등의 재산상 손해가 발생하였고 주위 부동산의 거래상황 등에 비추어 이러한 손해를 입었을 개연성이 인정되는 경우, 연결통로 개설의무 이행불능으로 인한 손해는 특별한 사정으로 인한 손해에 해당한다.
④ 사업자등록신청서에 첨부한 임대차계약서상의 임대차목적물 소재지가 당해 상가건물에 대한 등기부상의 표시와 불일치하는 경우, 특별한 사정이 없는 한 그 사업자등록은 제3자에 대한 관계에서 유효한 임대차의 공시

방법이 될 수 없다.

⑤ 상가건물의 일부에서 숙박업을 하는 공유자들이 건물의 관리를 담당한 단체와 숙박사업장의 관리에 관한 계약을 체결한 경우, 위 공유자들은 연대하여 관리비 전액의 지급의무를 부담한다.

해설

① 옳음. 공유자가 공유물을 타인에게 임대하는 행위 및 그 임대차계약을 해지하는 행위는 공유물의 관리행위에 해당하므로 민법 제265조 본문에 의하여 공유자의 지분의 과반수로써 결정하여야 한다. 상가건물임대차보호법이 적용되는 상가건물의 공유자인 임대인이 같은 법 제10조 제4항에 의하여 임차인에게 갱신 거절의 통지를 하는 행위는 실질적으로 임대차계약의 해지와 같이 공유물의 임대차를 종료시키는 것이므로 공유물의 관리행위에 해당하여 공유자의 지분의 과반수로써 결정하여야 한다(대판 2010.9.9. 2010다37905). ② 옳음. 상가건물임대차보호법 제10조 제1항에서 정하는 임차인의 계약갱신요구권은 임차인이 임대차기간이 만료되기 6개월 전부터 1개월 전까지 사이에 계약의 갱신을 요구하면 그 단서에서 정하는 사유가 없는 한 임대인이 그 갱신을 거절할 수 없는 것을 내용으로 하여서 임차인의 주도로 임대차계약의 갱신을 달성하려는 것이다. 이에 비하여 제4항은 임대인이 위와 같은 기간 내에 갱신거절의 통지 또는 조건변경의 통지를 하지 아니하면 임대차기간이 만료된 때에 임대차의 갱신을 의제하는 것으로서, 기간의 만료로 인한 임대차관계의 종료에 임대인의 적극적인 조치를 요구한다. 이와 같이 이들 두 법조항상의 각 임대차갱신제도는 그 취지와 내용을 서로 달리하는 것이므로, 임차인의 갱신요구권에 관하여 전체 임대차기간을 5년으로 제한하는 같은 조 제2항의 규정은 같은 조 제4항에서 정하는 법정갱신에 대하여는 적용되지 아니한다(대판 2010.6.10. 2009다64307). ③ 틀림. 민법 제393조 제1항의 통상손해는 특별한 사정이 없는 한 그 종류의 채무불이행이 있으면 사회일반의 거래관념 또는 경험칙에 비추어 통상 발생하는 것으로 생각되는 범위의 손해를 말하고, 제2항의 특별한 사정으로 인한 손해는 당사자들의 개별적, 구체적 사정에 따른 손해를 말한다. 위 경우, 연결통로 개설의무 이행불능으로 인한 통상손해가 발생한 것이고 이 손해가 특별한 사정으로 인한 손해라고 하더라도 예견가능성이 있다(대판 2009.7.9. 2009다24842). ④ 옳음. 상가건물임대차보호법 제4조 및 시행령 등에 의하면, 사업자가 상가건물의 일부분을 임차하는 경우에는 사업자등록신청서에 해당 부분의 도면을 첨부하여야 하고, 이해관계인은 임대차의 목적이 건물의 일부분인 경우 그 부분 도면의 열람 또는 제공을 요청할 수 있도록 하고 있으므로 건물의 일부분을 임차한 경우 그 사업자등록이 제3자에 대한 관계에서 유효한 임대차의 공시방법이 되기 위해서는 사업자등록 신청시 그 임차 부분을 표시한 도면을 첨부하여야 한다(대판 2008.9.25. 2008다44238). ⑤ 옳음. 숙박사업장의 관리에 관한 계약은 상법 제57조 제1항에서 규정하는 상행위에 해당하기 때문이다(대판 2009.11.12. 2009다54034,54041). <답 ③>

29. 김씨는 서울특별시에 소재하는 자신의 점포에 대하여 임대보증금 2억 원을 받고 모두 박씨에게 임대해 주었다. 계약체결일은 2011년 10월 1일이다. 이와 관련한 다음 설명 가운데 옳은 것을 고르면?

① 박씨는 자신의 임차권을 등기하지 않아도 점포의 점유를 이전받은 후 부가가치세법, 소득세법, 법인세법 소정의 사업자등록을 신청하면 그 신청일부터 제3자에 대해 위 점포의 임차권을 주장할 수 있다.

② 김씨는 2기의 차임을 연체한 박씨가 임대차기간이 만료하기 2개월 전에 행한 계약갱신요구를 거절할 수 없으며, 박씨의 요구에 의해 갱신된 계약의 존속기간은 최초의 임대차기간을 포함하여 5년을 넘을 수 없다.
③ 박씨가 위 점포에 대하여 보증금반환청구소송의 확정판결에 기한 경매를 신청하기 위해서는 그 목적물이 주택의 경우와는 달리 점포를 명도하여야 한다.
④ 위 점포에 대해 민사집행법상 경매가 이루어지더라도 보증금반환채무가 전액 변제되지 않는 한 사업자등록을 신청하지 않았더라도 박씨의 점포임차권은 소멸하지 않는다.
⑤ 기간을 정하지 않은 박씨의 점포임차권에 대해 김씨는 그 존속기간으로 1년을 주장할 수 있다.

해설

상가건물의 임대차에 관해서는 상가건물임대차보호법의 적용대상인지를 먼저 확정해보아야 한다. 사례의 경우 서울특별시에 소재하는 상가건물이므로 그 보증금액이 3억 원을 초과하면 상가임대차법이 적용되지 않는다. ① 신청일의 익일부터 대항력을 갖는다(상가임대차법 제3조 1항). ② 제10조 1항에 열거된 정당한 사유가 있는 경우에는 김씨가 박씨의 계약갱신요구를 거절할 수 있다(제10조 1항). ③ 민사집행법 제41조의 규정에 불구하고 임차인이 경매를 신청하는 데 반대의무의 이행 또는 그 제공을 집행개시의 요건으로 하지 않는다(제5조 1항). 즉, 주택임대차보호법의 규정내용과 동일하다(주임보법 제3조의2 제1항 참조). ④ 경락에 의해 임차권이 소멸하지만, 보증금이 전액 변제되지 않은 경우에는 대항력을 갖추고 있는 한에서 상가건물임차권은 소멸되지 않는다(상가임대차법 제8조). ⑤ 주택임차권과는 달리 상가건물임대차보호법에 의해 보장되는 최단존속기간은 1년이다(제9조 1항). <답 ⑤>

30. 강씨는 서울특별시에 소재하는 자신의 소유 상가건물을 최씨에게 9개월간 임대해 주면서(2012.5.1.) 임대보증금으로 2억 원을 수령하였다. 이와 관련한 다음 설명 가운데 틀린 것을 고르면?

㉠ 임차인 최씨는 위 상가건물에 대한 임대차의 존속기간을 9개월이라고 주장할 수 있다.
㉡ 임대인 강씨는 약정한 임대차의 존속기간이 끝나기 2개월 전에 한 최씨의 계약갱신청구에 대해 정당한 사유가 없는 한 이를 거절할 수 없다.
㉢ 강씨의 동의를 얻고 전대차계약을 체결한 전차인은 임차인이 계약갱신을 청구할 수 있는 기간을 비록 도과하더라도 목적물을 점유하고 있는 한 최씨를 대위하여 강씨에게 계약갱신을 요구할 수 있다.
㉣ 주택의 임대차에 관한 경우와는 달리 위 임대차에서는 임차인 최

씨에게 계약갱신청구권이 인정되기 때문에 별도로 묵시적 갱신이 인정되지는 않는다.
ⓜ 강씨와 최씨는 위 보증금 가운데 1억 원에 대하여 월 단위의 차임으로 전환하기로 하면서 그 금액을 매월 100만 원으로 정한 합의는 유효하다.

① ⓒ ② ⓒ, ⓜ ③ ⓒ, ⓡ
④ ⓛ, ⓡ ⑤ ⓛ, ⓒ, ⓡ

해설

㉠ 상가임대차법 제9조 1항. ㉡ 제10조 1항. ㉢ 임차인이 계약갱신을 청구할 수 있는 기간 안에서 임차인을 대위할 수 있을 뿐이다(제13조 2항). ㉣ 상가임대차법에서도 기존 임대차와 동일한 조건으로 구성되는 묵시적 갱신이 인정된다(제10조 4항). ㉤ 현재 연 15% 이내의 월차임전환이 가능하다(제12조 및 동 시행령 제5조). <답 ③>

제 8 절 고 용

1. 고용계약에 관한 다음 설명 중 틀린 것은?

① 법정대리인이 미성년자를 대리하여 미성년자의 행위를 목적으로 하는 고용계약을 체결하자면 미성년자의 동의가 필요하다.
② 근로기준법은 친권자 또는 후견인은 미성년자의 근로계약을 대리할 수 없도록 하고 있다.
③ 고용은 쌍무 · 유상 · 낙성 · 불요식의 계약이다.
④ 노무의 제공은 일시적이어도 상관없다.
⑤ 사용자의 보수지급은 그 요소가 아니다.

해설

①② 법정대리인은 미성년자를 대리하여 재산상의 법률행위를 할 수 있으나, 그 법정대리행위가 미성년자 자신의 행위를 급부의 목적으로 하는 채무를 성립시키는 경우에는 미성년자의 신체적 구속을 초래하는 것이기 때문에, 미성년자 자신의 동의를 얻지 않으면 대리하지 못하도록 하고 있다(제920조 단서). 그러나 근로기준법은 다시 미성년자보호규정을 두어 친권자 또는 (미성년)후견인은 미성년자의 근로계약을 대리할 수 없도록 하고 있다(근기법 제67조 2항). 특히 이 규정에 관하여 학설은 다른 견해들을 내놓는데, 일부 견해는 미성년자가 단독으로 '근로계약'을 체결할 수 있다고 보나(이영준, 장경학, 김용한), 다른 견해에 따르면 법정대리인의 동의를 얻은 후에 미성년자가 직접 근로계약을 체결할 수 있다고 본다(곽윤직, 고상룡). 물론 임금청구는 미성년자가 단독으로 할 수 있다(근기법 제68조 참조). ③⑤ 고용은 쌍무 · 유상 · 낙성 · 불요식의 계약이며(제655조), 노무자의 노무제공에 대한 사용자의 보수지급을 그 요소로 한다. 물론 특약이나 관습이 없는 한 '후급'이 원칙이다(제656조 2항 참조). <답 ⑤>

2. 고용계약의 해지에 관한 다음 설명 중 틀린 것은?

① 노무자가 제3자로 하여금 자기를 대신하여 노무를 제공케 한 경우 사용자는 계약을 해지할 수 있다.

② 고용기간의 약정이 없는 경우 당사자는 언제든지 계약해지를 통고할 수 있다.

③ 고용기간의 약정이 있더라도 그 기간이 제3자의 종신까지로 되어 있을 경우에는 3년이 경과하면 당사자는 언제든지 계약해지를 통고할 수 있다.

④ 1개월을 정기로 하여 급료를 지급하는 경우에 노무자가 8월 2일에 해지통고를 받으면 10월 1일부터 계약해지의 효력이 생긴다.

⑤ 3개월을 정기로 하여 급료를 지급하는 경우에는 계약해지의 통고를 한 기말(期末)부터 1개월이 경과하면 해지의 효력이 생긴다.

해설

① 고용에서는 일반적으로 당사자의 개성이 중요시되므로 노무자는 사용자의 동의가 없는 한 제3자로 하여금 자기에 갈음하여 노무를 제공하게 하지 못하며(제657조 2항), 노무자가 이에 위반하는 경우 사용자는 계약을 해지할 수 있다(제657조 3항). ②④⑤ 고용기간의 약정이 없는 경우 각 당사자는 언제든지 계약해지의 통고를 할 수 있으나(제660조 1항). 이 경우 해지의 효력은 상대방이 해지의 통고를 받은 날로부터 1월이 경과해야 발생하고(제660조 2항), 기간으로 보수를 정하고 있는 때에는 상대방이 해지의 통고를 받은 당기 후의 1기가 지나야 해지의 효력이 생긴다(제660조 3항). ③ 고용의 약정기간이 3년을 넘거나 또는 당사자의 일방이나 제3자의 종신까지 계속하는 것으로 되어 있을 때에는, 각 당사자는 3년이 지난 후에는 언제든지 계약해지의 통고를 할 수 있다(제659조 1항). 이 경우에 상대방이 해지의 통고를 받은 후 3월이 지나면 해지의 효력이 생긴다(제659조 2항).

<답 ⑤>

제 9 절 도 급

1. 도급인의 보수지급의무에 관한 다음 설명 중 옳은 것은? (다툼이 있는 경우에는 판례에 의함)

① 보수액을 약정하지 아니한 경우에는 완성된 목적물의 가치를 기준으로 하여 보수액을 정한다.

② 완성물이 그 인도 이전에 재해 등의 불가항력으로 멸실된 경우에도 도급인에 대한 수급인의 보수청구권은 여전히 존속한다.

③ 변제기가 도래하기 전이라도 부동산공사의 수급인은 보수청구권을 담보하기 위하여 그 부동산을 목적으로 한 저당권의 설정을 청구할 수 있다.

④ 실제 보수액이 약정한 개산액(概算額)보다 현저하게 초과된 경우라도 계약해제를 할 수 있는 것은 아니다.

⑤ 건축도급계약이 중도해제된 경우 도급인이 지급해야 할 미완성건물에 대한 보수는 수급인이 그 시점까지 실제로 지출한 비용을 기준으로 한다.

해설

① 보수액을 약정하지 아니한 경우에는 보수를 지급할 단계에 이르러 거래관행에 따라 실제비용에 상당한 이윤을 포함시킨 액을 보수액으로 한다(대판 1965.11.16. 65누1176). ② 쌍무계약의 위험부담법리에 따라 수급인은 보수청구권을 상실한다(제537조. 채무자위험부담주의). ③ 제666조. 특히 유치권의 경우와 달리 피담보채권인 보수채권의 변제기가 반드시 도래하고 있어야 하는 것은 아니므로 일단 보수청구권이 성립하고 나면 수급인은 언제든지 저당권의 설정을 요구할 수 있다. ④ 실제비용과 개산액이 다른 경우에는 적당히 증감하게 되겠지만 그 차이가 현저히 고액인 경우에는 사정변경의 원칙이 적용될 것이다. ⑤ 대법원은 이 경우 당사자 사이에 약정된 총공사비를 기준으로 하여 그 금액에서 수급인이 공사를 중단할 당시의 공사기성고 비율에 의한 금액이 된다고 한다(대판 1992.3.31. 91다42630). <답 ③>

2. 도급에 관한 설명 중 옳지 않은 것은? (다툼이 있는 경우에는 판례에 의함)

<사시 2008년: 배점 2>

① 수급인이 도급계약에 따른 의무를 제대로 이행하지 못함으로 말미암아 도급인의 신체 또는 재산에 손해가 발생한 경우, 수급인의 손해배상채무와 도급인의 공사대금채무는 동시이행관계에 있다.

② 건축공사의 일부분을 도급받은 자가 구체적인 지휘 · 감독권을 유보한 채 재료와 설비는 자신이 공급하면서 시공부분만을 시공기술자에게 하도급하는 경우와 같은 노무도급의 경우에는 비록 도급인이라고 하더라도 사용자로서의 배상책임이 있다.

③ 기성고에 따라 공사대금을 분할하여 지급하기로 약정한 경우, 특별한 사정이 없는 한 하자보수의무와 동시이행관계에 있는 공사대금지급채무는 당해 하자가 발생한 부분의 기성공사대금에 한정된다.

④ 건축업자가 타인의 대지를 매수하여 대금을 전혀 지급하지 아니한 채 그 지상에 자기의 노력과 비용으로 건물을 건축하였다면, 채무담보를 위하여 그 건축허가 명의를 대지소유자로 하는 경우에도 건축업자는 완성건물의 소유권을 원시적으로 취득하고, 대지소유자 명의로 소유권보존등기를 마침으로써 담보목적의 범위 안에서 대지소유자에게 그 소유권이 이전된다.

⑤ 제작물공급계약에 있어서 계약에 의하여 제작 · 공급하여야 할 물건이 대체물인 경우에는 매매에 관한 규정이 적용된다.

해설

① 대판 2005.11.10. 2004다37676 참고. ② 건축공사의 일부분을 하도급받은 자가 구체적인 지휘 · 감독권을 유보한 채, 재료와 설비는 자신이 공급하면서 시공 부분만을 시공기

술자에게 재하도급하는 경우와 같은 노무도급의 경우, 그 노무도급의 도급인과 수급인은 실질적으로 사용자와 피용자의 관계에 있다(대판 1997.4.25. 96다53086). ③ 기성고에 따라 공사대금을 분할하여 지급하기로 약정한 경우라도 특별한 사정이 없는 한 하자보수의무와 동시이행관계에 있는 공사대금지급채무는 당해 하자가 발생한 부분의 기성공사대금에 한정되는 것은 아니라고 할 것이다. 왜냐하면, 이와 달리 본다면 도급인이 하자발생사실을 모른 채 하자가 발생한 부분에 해당하는 기성공사의 대금을 지급하고 난 후 뒤늦게 하자를 발견한 경우에는 동시이행의 항변권을 행사하지 못하게 되어 공평에 반하기 때문이다(대판 2001.9.18. 2001다9304). ④ 대판 2002.4.26. 2000다16350 참고. ⑤ 제작물공급계약은 내용상 물건의 제작(도급의 요소)과 제작된 물건의 공급(매매의 요소)이라는 두 요소가 포함되어 있으므로 그 계약의 법적 성질을 어떻게 이해할 것인가와 관련하여 견해의 대립이 있다. 판례는, 제작물공급계약은 그 제작의 측면에서는 도급의 성질이 있고 공급의 측면에서는 매매의 성질이 있어 이러한 계약은 대체로 매매와 도급의 성질을 함께 갖는다. 그 적용 법률로서 계약에 의하여 제작 공급하여야 할 물건이 대체물인 경우에는 매매로 보아서 매매에 관한 규정이 적용된다고 할 것이나, 물건이 특정의 주문자의 수요를 만족시키기 위한 부대체물인 경우에는 당해 물건의 공급과 함께 그 제작이 계약의 주목적이 되어 도급의 성질을 띠는 것이라고 한다(대판 2006.10.13. 2004다21862).

<답 ③>

3. 다음은 도급관계에 관한 설명이다. 옳은 것은? (특별한 약정은 없음)

① 완성된 목적물의 하자로 인하여 계약의 목적을 달성하기 어려운 경우에 도급인이 해제권을 행사하기 위해서는 수급인에게 하자제거에 관한 최고를 하여야 한다.

② 완성된 5층 상가건물의 하자로 인하여 그 건물이 멸실된 경우에는 도급인은 목적물을 인도받은 날로부터 5년 간 담보책임을 물을 수 있다.

③ 건물공사를 맡은 수급인은 자신의 보수채권을 확보하기 위해서 도급인에게 저당권설정을 청구할 수 있는데, 이 청구권을 행사하면 법정저당권이 양 당사자 사이에 설정된다.

④ 도급인이 파산당한 경우에는 수급인 대신에 파산관재인만이 계약을 해제할 수 있을 뿐이다.

⑤ 일을 완성할 의무를 부담하는 수급인이 일을 착수하지 아니한 경우에 도급인은 수급인에 대한 최고를 거쳐서 해제할 수 있다.

해설

① 도급인에게 인정되는 담보책임상 권리인 해제권(제668조)을 행사하기 위해서 수급인에게 별도로 최고를 할 필요는 없다(통설. 반면, 목적달성이 가능한 경우, 즉 수급인에 의한 하자보수가 가능한 경우에는 상당한 기간을 정하여 최고한 후에만 해제할 수 있다는 것이 통설이다. 최고가 전혀 필요하지 않다는 견해로서 이은영, 525면 참고). 그러나 ⑤의 경우는 담보책임상의 해제권이 아니라, 계약의 일반적인 법정해제권이 발생할 수 있는가의 문제이다. 따라서 비정기행위의 이행지체에서 해제권이 발생하기 위해서 필요한 최고를 거쳐야 도급인에게 법정해제권이 주어진다(제544조 참조). ② 수급인은 담보책임을 1년간 부담하지만, 건물 기타 견고한 공작물에 관해서는 5년 혹은 10년 동안 담보책임을 부담한

다(제671조 1항). 하지만 목적물에 '존재하는 하자'로 인하여 그 목적물(건물 혹은 견고한 공작물 등)이 멸실 혹은 훼손되는 경우에는 도급인은 1년 내에 하자제거청구권 혹은 손해배상청구권을 행사하여야 한다(제671조 1항). ③ 형성권이 아니다(통설). 등기청구권이 수급인에게 주어질 뿐이다(점유취득시효로 인한 시효취득자의 등기청구권 참고. 제245조 1항). ④ 수급인 혹은 파산관재인이 해제권을 갖는다(제674조). <답 ⑤>

4. 수급인 또는 분양자의 담보책임에 관한 설명 중 옳지 않은 것은? (다툼이 있는 경우에는 판례에 의함) <사시 2010년 변형: 배점 2>

① 건축도급계약의 수급인이 도급인으로부터 제공받은 설계도면의 기재대로 시공한 경우, 수급인이 그 설계도면이 부적당함을 알고 도급인에게 고지하지 아니한 때를 제외하고, 그로 인하여 목적물에 하자가 생겼더라도 수급인에게 하자담보책임을 지울 수는 없다.

② 공사도급계약서 또는 그 계약내용에 편입된 약관에 "수급인이 하자담보책임 기간 중 도급인으로부터 하자보수요구를 받고 이에 불응한 경우 하자보수보증금은 도급인에게 귀속한다."라는 조항이 있을 때, 이 하자보수보증금은 특별한 사정이 없는 한 위약벌의 성질을 가진다.

③ 집합건물의 분양자가 「집합건물의 소유 및 관리에 관한 법률」 제9조에 따라 지는 담보책임은 법정책임이므로, 이에 따른 손해배상청구권에 대하여는 10년의 소멸시효기간이 적용된다.

④ 토지, 건물 기타 공작물의 수급인은 목적물 또는 지반공사의 하자에 대하여 인도 후 5년간 담보책임을 지지만, 그 목적물이 석조, 석회조 기타 이와 유사한 재료로 조성된 것이라면 그 기간은 10년이다.

⑤ 집합건물에 대한 담보책임을 물을 수 있는 수분양자가 집합건물을 양도한 경우, 담보책임을 물을 수 있는 권리는 양도 당시 양도인이 이를 행사하기 위하여 유보하였다는 등의 특별한 사정이 없는 한 집합건물의 현재의 구분소유자에게 귀속한다.

해설

① 건축도급계약의 수급인이 설계도면의 기재대로 시공한 경우, 이는 도급인의 지시에 따른 것과 같다. 따라서 수급인이 그 설계도면이 부적당함을 알고 도급인에게 고지하지 아니한 것이 아닌 이상, 그로 인하여 목적물에 하자가 생겼다 하더라도 수급인에게 하자담보책임을 지울 수는 없다(대판 1996.5.14. 95다24975). ② 위 하자보수보증금은 특별한 사정이 없는 한 손해배상액의 예정으로 볼 것이다(대판 2002.7.12. 2000다17810). ③ 집합건물의 소유 및 관리에 관한 법률 제9조는 건축업자 내지 분양자로 하여금 견고한 건물을 짓도록 유도하고 부실하게 건축된 집합건물의 소유자를 두텁게 보호하기 위하여 집합건물 분양자의 담보책임에 관하여 민법상 도급인의 담보책임에 관한 규정을 준용하도록 함으로써 분양자의 담보책임의 내용을 명확히 하는 한편 이를 강행규정화한 것으로서, 같은 조에 의한 책임은 분양계약에 기한 책임이 아니라 집합건물의 분양자가 집합건물의 현재의 구분소유자에 대하여 부담하는 법정책임이므로 이에 따른 손해배상청구권에 대하여

는 민법 제162조 1항에 따라 10년의 소멸시효기간이 적용된다(대판 2008.12.11. 2008다12439). 하지만, 아파트 시공회사인 甲건설회사와 분양회사인 乙주식회사 사이의 건설공사 도급계약에 기한 하자보수에 갈음한 손해배상채권의 소멸시효가 문제된 사안에서, 乙회사가 甲회사에 갖는 위 채권은 상사채권으로서 5년의 상사시효에 걸린다(대판 2011.12.8. 2009다25111). ④ 제671조 1항 참조. ⑤ 대판 2004.1.27. 2001다24891 참고.

<답 ②>

5. 도급계약에 관한 설명 중 옳은 것을 모두 고르면? (다툼이 있는 경우에는 판례에 의함) <변리사 2009년>

㉠ IMF 사태 및 그로 인한 자재 수급의 차질 등의 사유로 공사도급계약의 이행을 수급인이 지체한 경우에는 수급인은 도급인에 대하여 채무불이행으로 인한 손해배상책임을 지지 않는다.
㉡ 건물신축공사의 도급인이 수급인의 목적부동산에 대한 저당권설정청구권의 행사에 따라 공사대금채무의 담보로 그 건물에 저당권을 설정하는 행위는 도급인의 다른 채권자를 해하게 되므로 원칙적으로 사해행위에 해당한다.
㉢ 도급인은 수급인의 채무불이행이 없더라도 일의 완성 전까지는 수급인에게 손해를 배상하고 계약을 해제할 수 있음이 원칙이다.
㉣ 집합건물의 시공자는 「집합건물의 소유 및 관리에 관한 법률」 제9조에 의한 하자담보책임을 부담한다.
㉤ 다세대주택 12세대의 공사를 수급 받은 자가 공사를 완성하였으나 그 대금을 받지 못하여 그 중 1세대의 주택을 점유하여 유치권을 행사하는 경우, 그 유치권은 점유하고 있는 1세대의 공사대금뿐 아니라 12세대의 공사대금 전부를 피담보채권으로 하여 성립한다.

① ㉡, ㉣ ② ㉢, ㉤ ③ ㉠, ㉡, ㉣
④ ㉠, ㉢, ㉤ ⑤ ㉢, ㉣, ㉤

해설

㉠ 틀림. 천재지변이나 이에 준하는 경제사정의 급격한 변동 등 불가항력으로 인하여 목적물의 준공이 지연된 경우에는 수급인은 지체상금을 지급할 의무가 없다고 할 것이지만, 이른바 IMF 사태 및 그로 인한 자재 수급의 차질 등은 그와 같은 불가항력적인 사정이라고 볼 수 없다(대판 2002.9.4. 2001다1386). ㉡ 틀림. 수급인의 저당권설정청구권을 규정하는 민법 제666조는 부동산공사에서 그 목적물이 보통 수급인의 자재와 노력으로 완성되는 점을 감안하여 그 목적물의 소유권이 원시적으로 도급인에게 귀속되는 경우 수급인에게 목적물에 대한 저당권설정청구권을 부여함으로써 수급인이 사실상 목적물로부터 공사대금을 우선적으로 변제받을 수 있도록 하는 데 그 취지가 있고, 이러한 수급인의 지위가 목적물에 대하여 유치권을 행사하는 지위보다 더 강화되는 것은 아니어서 도급인의 일반 채권자들에게 부당하게 불리해지는 것도 아닌 점 등에 비추어, 신축건물의 도급인이 민법 제666조가 정한 수급인의 저당권설정청구권의 행사에 따라 공사대금채무의 담보로

그 건물에 저당권을 설정하는 행위는 특별한 사정이 없는 한 사해행위에 해당하지 아니한다(대판 2008.3.27. 2007다78616,78623). ⓒ 옳음. 민법 제673조에서 도급인으로 하여금 자유로운 해제권을 행사할 수 있도록 하는 대신 수급인이 입은 손해를 배상하도록 규정하고 있는 것은 도급인의 일방적인 의사에 기한 도급계약 해제를 인정하는 대신, 도급인의 일방적인 계약해제로 인하여 수급인이 입게 될 손해, 즉 수급인이 이미 지출한 비용과 일을 완성하였더라면 얻었을 이익을 합한 금액을 전부 배상하게 하는 것이라 할 것이므로, 위 규정에 의하여 도급계약을 해제한 이상은 특별한 사정이 없는 한 도급인은 수급인에 대한 손해배상에 있어서 과실상계나 손해배상예정액 감액을 주장할 수는 없다(대판 2002.5.10. 2000다37296,37302). ⓓ 틀림. 집합건물법 제9조는 집합건물 '분양자'의 하자담보책임에 관하여 규정하고 있을 뿐이다(대판 2011.12.8. 2009다25111 참고). ⓔ 옳음. 다세대주택의 창호 등의 공사를 완성한 하수급인이 공사대금채권 잔액을 변제받기 위하여 위 다세대주택 중 한 세대를 점유하여 유치권을 행사하는 경우, 그 유치권은 위 한 세대에 대하여 시행한 공사대금만이 아니라 다세대주택 전체에 대하여 시행한 공사대금채권의 잔액 전부를 피담보채권으로 하여 성립한다(대판 2007.9.7. 2005다16942). <답 ②>

6. 건축회사 乙은 甲으로부터 건물신축공사를 도급받았다. 甲과 乙은 계약금 및 중도금을 수수한 후, 나머지 공사대금은 乙이 완공된 건물을 甲에게 인도한 후 지급하기로 약정하였다. 甲은 乙로부터 완공건물을 검수하는 데 천장의 누수 등 여러 가지 하자가 있음을 발견하였다. 이에 관한 설명 중 틀린 것을 모두 고르면?(다툼이 있는 경우에는 판례에 의함)<사시 2002년 변형>

> ⓐ 乙이 나머지 공사대금의 지급을 청구한 경우, 甲은 하자보수에 갈음하는 손해배상액에 상응하는 나머지 공사대금액에 대하여만 동시이행의 항변권에 기하여 채무이행을 거절할 수 있다.
> ⓑ 만일 공사진행 도중 甲이 파산 직전에 놓여 있는 것을 알게 되었다면, 乙은 甲의 잔금지급이 있을 때까지 공사진행을 중단할 수 있다.
> ⓒ 만일 甲과 乙의 공사계약이 공사진행 도중 乙의 귀책사유에 의한 채무불이행으로 해제되었다면, 공사진척도에 상관없이 甲과 乙은 계약해제를 원인으로 한 원상회복의무를 부담하게 된다.
> ⓓ 乙이 재료의 전부를 제공하였더라도 특별한 사정이 없는 한 완성된 물건의 소유권은 원시적으로 甲에게 귀속되며, 가공의 법리는 적용되지 않는다.
> ⓔ 乙이 甲에 대하여 기존의 대여금채권이 있는 경우, 甲은 乙에 대한 하자보수에 갈음하는 손해배상채권으로 乙의 대여금채권과 상계하지 못한다.

① ⓒ　　② ⓓ　　③ ⓒ, ⓓ
④ ⓑ, ⓒ, ⓓ　　⑤ ⓒ, ⓓ, ⓔ

해설

ⓐ 제667조 3항 참조. 완성된 목적물에 하자가 있어 도급인이 하자의 보수에 갈음하여

손해배상을 청구한 경우에, 도급인은 수급인이 그 손해배상청구에 관하여 채무이행을 제공할 때까지 그 손해배상액에 상응하는 보수액에 관하여만 자기의 채무이행을 거절할 수 있을 뿐이고 그 나머지 보수액의 지급을 거절할 수 없다(대판 1996.6.11. 95다12798 등 참고). ⓑ 계속적 거래관계에 있어서 재화나 용역을 먼저 공급한 후 일정기간마다 거래대금을 정산하여 일정기일 후에 지급받기로 약정한 경우에 공급자가 선이행의 자기 채무를 이행하고 이미 정산이 완료되어 이행기가 지난 전기의 대금을 지급받지 못하였거나, 후이행의 상대방의 채무가 아직 이행기가 되지 아니하였지만 이행기의 이행이 현저히 불안한 사유가 있는 경우에는 제536조 2항 및 신의성실의 원칙에 비추어 볼 때 공급자는 이미 이행기가 지난 전기(前期)의 대금을 지급받을 때 또는 전기에 대한 상대방의 이행기가 아직 도래하지 않은 채무의 이행불안사유가 해소될 때까지 선이행해야 하는 다음 기간의 자기 채무의 이행을 거절할 수 있다(대판 2001.9.18. 2001다9304 등 참고). ⓒ 도급목적인 일이 일부 성취된 경우에는 해제의 소급효가 인정될 수 없으므로 원상회복의무는 발생하지 않는다(제673조 참조). 건축공사도급계약에서는 공사 도중에 계약이 해제되어 미완성 부분이 있는 경우라도 그 공사가 상당한 정도로 진척되어 원상회복이 중대한 사회적 · 경제적 손실을 초래하게 되고 완성된 부분이 도급인에게 이익이 되는 때에는 도급계약은 미완성부분에 대해서만 실효되어 수급인은 해제된 상태 그대로 그 건물을 도급인에게 인도하고, 도급인은 그 건물의 기성고 등을 참작하여 인도받은 건물에 대하여 상당한 보수를 지급하여야 할 의무가 있다(대판 1997.2.25. 96다43454 등 참고). ⓓ 수급인이 자기의 노력과 출재로 건축 중이거나 완성한 건물의 소유권은 도급인과 수급인 사이의 특약에 의하여 달리 정하거나 기타 특별한 사정이 없는 한 도급인이 약정에 따른 건축공사비 등을 청산하여 소유권을 취득하기 이전에는 수급인의 소유에 속한다고 봄이 상당하다(대판 1999.2.9. 98두16675 등 참고). 또한, 대지 공유지분권자들에게서 아파트 신축공사를 도급받은 甲 주식회사로부터 乙 주식회사가 미완성의 건물을 양도받은 후 나머지 공사를 진행하여 구조 · 형태면에서 사회통념상 독립한 건물이라고 볼 수 있는 정도로 건물을 축조한 경우, 乙 회사가 건물의 소유권을 원시취득한다(대판 2011.8.25. 2009다67443,67450). ⓔ 甲의 손해배상청구권에 관해서는 수급인 乙이 공사보수청구권을 가지고 항변할 수 있으므로, 손해배상청구권을 자동채권으로 하는 상계가 허용될 수 없다. 항변권이 붙어 있는 채권을 자동채권으로 하여 타의 채무와의 상계를 허용한다면 상계자 일방의 의사표시에 의하여 상대방의 항변권행사의 기회를 상실케 하는 결과가 되기 때문이다(대판 1969.10.28. 69다1084 참고).

<답 ③>

7. 甲은 乙로부터 건물의 신축공사를 3억 원에 도급받아 선금으로 1억 원을 수령하고 자신이 구입한 자재로 공사를 진행하였다. 이에 관한 설명 중 옳은 것을 모두 고르면? (다툼이 있는 경우에는 판례에 의함) <사시 2003년 변형>

> ㉠ 甲은 공사가 완성되기까지는 도급계약에 기한 공사잔대금채권이 현실적으로 발생하지 않으므로 2억 원의 공사잔대금채권을 제3자에게 유효하게 양도할 수 없다.
> ㉡ 甲이 공사를 완성하여 계약에 따라 乙 앞으로 소유권보존등기가 행하여진 후에 丙이 이를 乙로부터 양도받았는데, 甲이 공사대금을 다 받지 못한 채 건물을 계속 점유하고 있다면, 丙의 건물인도청구에 대하여 甲은 유치권으로 대항할 수 있다.

㉢ 甲이 공사를 완성하여 乙에게 건물을 인도한 다음 2억 원의 공사잔대금채권을 丁에게 양도하고 乙에게 양도통지를 한 경우, 乙이 건물을 인도받은 후 1년이 경과한 때에 甲의 시공상 하자를 발견하였다면, 乙은 丁의 공사대금청구에 대하여 그 하자로 인하여 발생한 손해의 배상과 상환으로 지급할 것을 주장할 수 없다.
㉣ 乙이 甲의 공사지체를 이유로 적법하게 계약을 해제한 경우, 공사가 상당한 정도로 진척되어 그 원상회복이 중대한 사회적 · 경제적 손실을 초래하게 되고 완성된 부분이 乙에게 이익이 된다면 위 해제는 미완성부분에 대하여만 계약의 효력을 상실시키므로, 甲은 乙에 대하여 그 완성도 등을 참작하여 정하여지는 상당한 공사대금의 지급을 청구할 수 있다.
㉤ 甲이 공사를 완성한 후 계약에 따라 乙 앞으로 소유권보존등기가 완전히 마쳐진 후에 한하여, 공사대금 중 일부를 수령하지 못한 甲은 乙에 대하여 공사대금의 지급을 담보하기 위하여 위 건물에 저당권을 설정하여 줄 것을 청구할 수 있다.

① ㉠, ㉡ ② ㉢, ㉣ ③ ㉡, ㉢
④ ㉡, ㉣ ⑤ ㉡, ㉣, ㉤

해설

㉠ 도급계약에서는 그 계약의 성질상 당연히 수급인의 보수채권이 계약체결시에 성립한다. 보수의 지급시기와 관련해서 후급의 원칙이 적용되더라도 마찬가지다. 따라서 별도의 양도금지특약이 없는 한 수급인은 공사잔금채권을 제3자에게 양도할 수 있다. ㉡ 부동산에 대한 유치권이 성립한다(제320조 1항). 따라서 甲은 모든 사람에 대하여 위 건물에 대한 유치적 효력을 주장할 수 있다. ㉢ 공사잔대금채권의 양도인에 의한 채권양도의 통지를 받기 전에 발생한 사유로써 채무자는 그 양수인에게 대항할 수 있을 뿐만 아니라(제451조 2항 참조) 도급인의 손해배상청구권과 수급인의 보수채권은 동시이행관계에 서므로(제667조 3항 참조) 乙은 丁에 대해 상환이행을 청구할 수 있다. ㉣ 대판 1996.7.30. 95다7932 등 참고. 그렇지만 건물의 완성부분이 도급인에게 이익이 되지 아니하고 원상회복이 중대한 사회적 · 경제적 손실을 초래하지 않을 경우에는 계약해제의 소급효를 인정할 수 있다고 한다(대판 1992.12.22. 92다30160 참고). ㉤ 제666조 참조. 특히 저당권설정청구권은 유치권과는 달리 피담보채무인 보수채무의 변제기가 반드시 도래해야 하는 것이 아니므로 수급인은 보수청구권이 성립하고 나면 언제든지 저당권의 설정을 청구할 수 있다(통설). <답 ④>

8. A는 결혼 당일에 자신이 입을 웨딩드레스를 드레스 제조업자 B에게 제작주문하고 결혼식 3일 전에 완성하여 인도해 줄 것을 내용으로 하는 도급계약을 체결하였다. 이 사례에 관한 다음 설명 중 옳은 것을 모두 고르면?

㉠ 드레스를 제작하던 중 B의 작업장이 옆집의 화재로 연소(延燒)하

여 드레스가 멸실되어 결혼식 당일까지 새로 제작하는 것이 불가능하게 된 경우 B는 A에 대하여 보수를 청구할 수 없다.

㉡ 위의 ㉠의 경우 A가 드레스 대여업자로부터 다른 웨딩드레스를 빌려 입고 결혼식을 치루었다면 그 차감상당액을 B에게 청구할 수 있다.

㉢ A가 결혼식을 올리지 않게 되어 웨딩드레스가 필요없게 된 경우, A는 B가 드레스를 완성하기 전이라면 계약을 해제할 수 있으나, B는 A에 대하여 드레스 제작에 지출한 실비만을 청구할 수 있다.

㉣ A가 B로부터 인도받은 드레스에 보수 가능한 하자가 있을 때 A는 B에게 먼저 보수(수선)를 청구해야 하고, 곧바로 보수에 갈음한 손해배상을 청구할 수는 없다.

㉤ A가 B로부터 인도받은 드레스에 결혼식날 전까지 보수가 불가능한 하자가 있어 A가 그 드레스를 입고 결혼식을 치룰 수 없는 경우에 A는 B와의 계약을 해제하고 이와 함께 손해배상을 청구할 수 있다.

㉥ A · B 사이의 특약이 없는 한 제작 · 완성된 드레스를 인도받으면서 보수를 지급하는 것이 원칙인데, 이때 드레스의 인도는 완성된 목적물에 대한 단순한 점유의 이전을 의미하는 것이며, A가 드레스를 검사한 후 그것이 계약내용대로 완성되었음을 명시적 또는 묵시적으로 시인하는 것까지를 의미하는 것은 아니다.

① ㉠, ㉣ ② ㉠, ㉤ ③ ㉡, ㉢
④ ㉡, ㉣ ⑤ ㉢, ㉤ ⑥ ㉣, ㉤
⑦ ㉤, ㉥

해설

㉠ 도급계약은 일의 완성을 목적으로 하는 계약이다. 일의 완성이 있기 전까지는 채무자인 수급인이 반대급부에 대한 위험을 부담해야 할 것이므로(제537조 참조), B는 A에 대하여 보수를 청구할 수 없다. ㉡ 수급인 B에게는 귀책사유가 없기 때문에 A는 B에게 채무불이행을 이유로 손해배상청구를 할 수 없다(제390조). 다시 말하면 B는 반대급부위험을 부담하지만 손해배상책임을 부담하지는 않는다. A가 드레스를 임차하는데 지급한 임대료는 손해배상에 해당하므로, A는 B의 귀책사유가 있는 때에만 이를 청구할 수 있을 것이다. ㉢ A는 수급인 B가 일을 완성하기 전에는 손해를 배상하고 계약을 해제할 수 있다(제673조). 이때 손해배상의 범위는 수급인이 이미 지급한 비용뿐만 아니라 일을 완성하였더라면 얻었을 이익(이행이익)을 포함한다(통설). 다만 일을 중지함으로써 면하게 된 수급인의 비용은 공제된다. ㉣ 제667조 2항에 의하여 도급인 A는 「하자의 보수에 갈음하여 … 손해배상을 청구할 수 있다」. ㉤ A는 제668조 본문의 규정에 의하여 B와의 계약을 해제할 수 있다. 이 경우 해제는 손해배상의 청구에 영향을 미치지 않으므로(제551조) A는 해제와 함께 손해배상을 청구할 수 있다. ㉥ 보수는 그 완성된 목적물의 인도와 동시에 지급되는 것이 원칙이다(제665조). 따라서 도급인과 수급인 사이에 특약이 없는 한 도

급인은 이와 같은 인도를 받음과 동시에 수급인에게 보수를 지급하면 된다. 그런데 특히 제작물 공급계약에 있어서 완성된 목적물의 인도는 단순한 점유의 이전만을 의미하는 것이 아니라, 도급인이 목적물을 검사한 후 계약내용대로 완성되었음을 명시적 또는 묵시적으로 시인하는 것(검수: 檢收)까지를 포함하는 의미이다(통설. 판례: 대판 2006.10.13. 2004다21862). B는 드레스의 점유를 이전한 것만으로 인도를 하였다고 볼 수 없고, 따라서 보수지급을 요구할 수 없다. <답 ②>

9. 물건의 하자에 대한 매도인과 수급인의 담보책임과 관련한 설명 중 틀린 것을 모두 고르면? <사시 2012년 유사>

> ⓐ 매도인은 물건에 숨은 하자가 있을 때에 하자담보책임을 부담하므로 매수인은 하자보수청구권을 먼저 행사할 수 있는지 검토하여야 한다.
> ⓑ 도급인은 완성된 일에 하자가 있다고 하여 곧바로 계약관계를 해제하거나 손해배상을 청구할 수 없다.
> ⓒ 완성된 목적물에 존재하는 하자의 발생과 수급인의 행위 사이에는 인과관계가 인정된다.
> ⓓ 매도인의 경우와 마찬가지로 수급인도 담보책임으로서 손해배상의무를 부담할 때 그 배상범위는 언제나 신뢰이익에 한정된다.
> ⓔ 완성된 목적물의 하자로 말미암아 '계약의 목적'을 달성할 수 없을지라도 매매의 경우와는 달리 도급인은 계약을 해제할 수 없다.
> ⓕ 도급에 있어서는 매매에서와는 달리 도급인이 재료 등을 제공하거나 수급인에게 지시를 하는 경우가 있으므로, 목적물의 하자가 바로 이러한 재료의 성질 혹은 일의 지시에 기인하는 경우에는 수급인은 담보책임을 부담하지 않는다.

① ⓐ, ⓓ ② ⓐ, ⓔ ③ ⓐ, ⓓ, ⓔ
④ ⓐ, ⓑ, ⓓ, ⓔ ⑤ ⓐ, ⓑ, ⓓ, ⓕ

해설

ⓐ 매도인의 행위와 물건의 하자 발생 사이에는 대부분 인과관계가 없으므로 매도인은 물건에 숨은 하자에 대해 담보책임을 부담하는 것이 보통이다. 그런 이유에서 매도인의 담보책임은 계약의 해제 및 손해배상이 주된 내용이 된다(제580조 1항 참조). ⓑ 수급인은 목적물을 '제작할 의무'를 부담하므로 완성된 목적물에 하자가 존재하였을 경우에 그 목적물의 불완전성(=하자)은 도급계약에 반하는 수급인의 행위에 기인하는 것으로 파악된다. 따라서 수급인이 부담하는 담보책임은 하자보수의무를 주된 내용으로 한다(제667조 1항 참조). ⓒⓓ 매도인은 물건의 제작의무를 부담하지 않을뿐더러 물건의 제작과정에 대해서도 책임을 부담하지 않기 때문에 물건의 숨은 하자에 대해서 매도인이 부담하는 손해배상의 범위는 신뢰이익에 그친다(법정책임설의 견해이며, 채무불이행책임설을 취하는 경우에도 주장된다. 김형배, 360면 참고). 한편 도급도 매매와 마찬가지로 채무자가 부담하는 하자담보책임은 귀책사유를 요건으로 하지 않는 무과실책임이지만, 수급인은 목적물을 '제작할 의무'를 부담하며 목적물에 존재하는 하자의 발생과 수급인의 행위 사이에는 인과

관계가 인정된다. 따라서 수급인이 부담하는 손해배상의 범위는 매도인의 그것보다는 넓다고 볼 것이다. 그렇다고 하여 채무자의 귀책사유를 요건으로 하는 채무불이행책임상의 손해배상범위(제393조)보다 넓을 수는 없다(독일의 통설과 판례는 이를 이른바 하자손해라고 하는데 하자와 '밀접하고 직접적인 관련 하에' 있는 손해를 말한다). ⓔ 도급인에게도 담보책임의 내용으로서 계약의 해제권이 인정된다는 점에서 매매와 다를 바 없다(제668조 본문 참조). 다만, '건물 기타 토지의 공작물'에 관하여는 아무리 중대한 하자가 있어도 해제할 수 없다(제668조 단서). ⓕ 제669조 본문 참조. <답 ③>

10. 수급인의 담보책임 등에 관한 다음 판례의 설명 중 옳은 것을 모두 고르면?

<사시 2009년: 배점 3>

> ㉠ 수급인의 하자담보책임은 법이 특별히 인정한 무과실책임으로서 여기에 민법 제396조의 과실상계 규정이 준용될 수는 없다 하더라도 담보책임이 민법의 지도이념인 공평의 원칙에 입각한 것인 이상 하자 발생 및 그 확대에 가공한 도급인의 잘못을 참작할 수 있다.
> ㉡ 수급인이 도급계약에 따른 의무를 제대로 이행하지 못함으로 말미암아 도급인의 신체 또는 재산에 손해가 발생한 경우, 수급인에게 귀책사유가 없었다는 점을 스스로 입증하지 못하는 한 도급인에게 그 손해를 배상할 의무가 있다.
> ㉢ 도급계약이 수급인의 채무불이행을 이유로 중도 해제되었으나 해제 당시 공사가 상당 정도 진척되어 이를 원상회복하는 것이 중대한 사회·경제적 손실을 초래하게 되고 완성된 부분이 도급인에게 이익이 되는 것으로 보이는 경우 도급계약은 미완성 부분에 대하여만 실효되는 것이므로, 도급인으로서는 수급인에게 약정 공사대금에서 기시공 부분에 대한 객관적 공사비용을 공제하는 방법으로 미시공 부분의 공사비를 산정하여 정하여진 기성고 비율에 따라 공사대금을 지급하면 된다.
> ㉣ 도급인이 수급인에 대하여 특정한 행위를 지휘하거나 특정한 사업을 도급시키는 경우와 같은 이른바 노무도급의 경우에는 비록 도급인이라고 하더라도 사용자로서의 배상책임이 있다.

① ㉠, ㉡, ㉢ ② ㉠, ㉢, ㉣ ③ ㉠, ㉡
④ ㉡, ㉢, ㉣ ⑤ ㉠, ㉡, ㉢, ㉣ ⑥ ㉠, ㉡, ㉢
⑦ ㉠, ㉡, ㉣ ⑧ ㉢, ㉣

해설

㉠ 옳음. 대판 1999.7.13. 99다12888 참고. ㉡ 옳음. 대판 2005.11.10. 2004다37676 참고. ㉢ 틀림. 이 경우 도급계약은 미완성 부분에 대해서만 실효되어 수급인은 해제된 상태 그대로 그 건물을 도급인에게 인도하고, 도급인은 그 건물의 기성고 등을 참작하여 인도받은 건물에 대하여 상당한 보수를 지급하여야 할 의무가 있다(대판 1997.2.25. 96다

43454). ㉣ 옳음. 대판 2005.11.10. 2004다37676 참고. <답 ⑦>

11. 甲과 乙은, 甲의 토지 위에 乙이 건물신축공사를 하고, 甲은 기성고에 따라 소정의 공사비를 지급하기로 약정하면서, 乙이 재료를 공급하여 공사를 하되, 건축허가는 甲의 명의로 받고 건물을 甲 소유로 하여 甲의 명의로 소유권보존등기를 하기로 하였다. 乙은 전체 공정의 50%(기둥, 지붕 및 주벽 등은 이루어짐)를 진척시킨 상태에서 작업을 중단하였으며, 甲은 乙에게 공사를 속행할 것을 최고하였으나, 상당한 기간이 지나도록 乙이 공사를 진행하지 않았다. 한편 이 건물의 기성 부분의 벽에는 균열이 있는 등 하자가 발견되었다. 이 계약에 관한 설명 중 옳은 것을 모두 고르면? (다툼이 있는 경우에는 판례에 의하고, 건축 관련 법규의 적용을 배제함) <사시 2011년: 배점 3>

ㄱ. 甲이 乙의 공사 중단을 이유로 계약을 해제한 경우, 원상회복이 중대한 사회적·경제적 손실을 초래하게 되고 기성부분이 甲에게 이익이 되어 해제된 때의 상태 그대로 건물을 인도받은 때에는 특별한 사정이 없는 한 乙에게 미완성건물에 대한 보수를 지급하여야 한다.
ㄴ. 위 건물이 연와조로 조성된 경우, 乙은 인도 후 10년간 하자담보책임을 지게 된다.
ㄷ. 乙이 하자담보책임을 지지 않기로 약정하였더라도 그 약정은 원칙적으로 효력이 인정되지 않는다.
ㄹ. 위 건물의 하자로 인하여 甲이 정신적 고통을 받은 경우, 하자의 보수나 손해배상을 청구할 수는 있으나 위자료의 배상을 청구할 수 있는 경우는 없다.
ㅁ. 위 균열을 이유로 甲이 乙에게 하자담보책임을 묻는 경우, 그 균열이 중요하지 않은데 그 보수에 과다한 비용을 요할 때에는 甲은 하자의 보수에 갈음하는 손해 및 하자로 인한 손해의 배상을 청구할 수 있다.

① ㄱ, ㄴ ② ㄷ, ㄹ ③ ㄴ, ㅁ
④ ㄱ, ㄷ ⑤ ㄹ, ㅁ

해설

㉠ 옳음. 대판 1997.2.25. 96다43454 참고. ㉡ 옳음. 제671조 참조. ㉢ 틀림. 제672조 참조. ㉣ 틀림. 도급인이 하자의 보수나 손해배상만으로는 회복될 수 없는 정신적 고통을 입었다면 이는 특별한 사정으로 인한 손해로서 수급인이 이와 같은 사정을 알았거나 알 수 있었을 경우에 한하여 정신적 고통에 대한 위자료를 인정할 수 있다(대판 1996.6.11. 95다12798). ㉤ 틀림. 하자가 중요하지 아니하면서 동시에 그 보수에 과다한 비용을 요하는 경우에는 도급인은 하자보수를 청구할 수도 없고 하자보수에 갈음하는 손해배상을 청구할 수도 없다. 다만 그 하자로 인하여 입은 손해 자체의 배상만을 청구할 수 있다. 물론 하자가 중요한 경우에는 그 보수에 갈음하는 즉 실제로 보수에 필요한 비용이 손해배

상에 포함된다(대판 1998.3.13. 95다30345 참고). <답 ①>

12. 도급에 관한 내용 중 옳은 것(○)과 옳지 않은 것(×)을 바르게 표시한 것은?
(다툼이 있는 경우에는 판례에 의함) <사시 2007년 변형>

㉠ 공사도급계약상 위약벌 약정은 채무의 이행을 확보하기 위해서 정해지는 것으로서, 도급인의 이익에 비하여 약정된 벌이 과도하게 무거운 경우라 하더라도 그 액을 감액할 수는 없으며, 단지 그 일부 또는 전부가 무효로 된다.
㉡ 손해배상액의 예정이 있는 경우 실손해가 이를 초과하더라도 예정된 배상액만을 청구할 수 있으므로, 공사도급계약에서 하자보수보증금이 손해배상액의 예정에 해당하는 경우에는 실손해액의 입증이 있다 하더라도 수급인으로부터 그 초과액 상당의 손해배상을 받을 수는 없다.
㉢ 손해배상액의 예정으로서 공사수급인이 약정한 지체상금을 연대보증인이 지급하게 되는 경우, 지체상금의 과다 여부는 공사수급인을 기준으로 판단하여야 한다.
㉣ 5개의 건설회사로 구성된 공동수급체가 공동이행방식에 의하여 건설공사를 진행하는 경우, 대한민국이 공동수급체의 구성원 중 1인인 甲에 대하여 가지는 조세채권의 체납을 이유로 위 공동수급체의 대표자 乙이 도급인 丙으로부터 수령한 공사대금을 압류하였다면 그 압류는 무효이다.
㉤ 공사도급계약에 있어서 선급금을 지급한 후 도급계약이 해제 또는 해지되는 등의 사유로 수급인이 선급금을 반환하여야 할 경우, 수급인은 그때까지의 기성고에 해당하는 공사대금채권을 자동채권으로 하여 선급금 반환채권을 상계하여야 그 범위 내에서 선급금 반환채무를 면할 수 있다.

① ㉠(○), ㉡(×), ㉢(×), ㉣(×), ㉤(○)
② ㉠(×), ㉡(○), ㉢(○), ㉣(×), ㉤(○)
③ ㉠(○), ㉡(○), ㉢(×), ㉣(○), ㉤(×)
④ ㉠(×), ㉡(○), ㉢(×), ㉣(×), ㉤(○)
⑤ ㉠(×), ㉡(×), ㉢(○), ㉣(○), ㉤(○)
⑥ ㉠(×), ㉡(○), ㉢(○), ㉣(○), ㉤(×)
⑦ ㉠(○), ㉡(○), ㉢(○), ㉣(○), ㉤(×)
⑧ ㉠(○), ㉡(×), ㉢(○), ㉣(○), ㉤(×)

해설 ……………………………………

㉠ 위약벌의 약정이 있는 경우 채무자는 채권자의 손해발생 여부와 관계없이 위약금을 지

급해야 하며, 법원은 이를 감액할 수 없다(대판 1968.6.4. 68다491 등). 다만, 그 의무의 강제에 의하여 얻어지는 채권자의 이익에 비하여 약정된 벌이 과도하게 무거울 때에는 그 일부 또는 전부가 공서양속에 반하여 무효로 되는 것에 불과하다(대판 2002.4.23. 2000다56976). ㉡ 손해배상액의 예정이 있는 경우 예정된 배상액이 부당하게 과다한 때에는 채무자의 청구 없이도 법원은 직권으로 적당히 감액할 수 있다(제398조 2항). 그러나 예정배상액이 과소한 경우에 대해서는 아무런 규정을 두고 있지 않다. 다수설은 법원에 의한 직권증액을 부정하나(곽윤직, 채권총론, 162면), 손해배상예정액이 채무자의 귀책사유를 요건으로 하여 인정되는 것이라면 직권에 의한 증액도 함께 인정하는 것이 타당할 것이다(김형배, 채권총론, 314면). 판례도 하자보수보증금이 문제된 사안에서 하자보수보증금은 특별한 사정이 없는 한 손해배상액의 예정으로 볼 것이고, 다만 하자보수보증금의 특성상 실손해가 하자보수보증금을 초과하는 경우에는 그 초과액의 손해배상을 구할 수 있다는 명시 규정이 없다고 하더라도 도급인은 수급인의 하자보수의무 불이행을 이유로 하자보수보증금의 몰취 외에 그 실손해액을 입증하여 수급인으로부터 그 초과액 상당의 손해배상을 받을 수도 있는 특수한 손해배상액의 예정으로 봄이 상당하다(대판 2002.7.12. 2000다17810)고 한다. ㉢ 대판 2005.8.19. 2002다59764. ㉣ 납세자가 아닌 제3자의 재산을 대상으로 한 압류처분은 그 처분의 내용이 법률상 실현될 수 없는 것이어서 당연무효이다(국세징수법 제24조 1항 참조). 따라서 수급인인 6개 회사가 공동협정서에 터잡아 상호 출자하여 신축공사 관련사업을 공동으로 시행하기로 하는 내용을 약정한 경우 그들 사이에는 민법상 조합이 성립하므로, 세무서장이 조합의 구성원인 1개 회사의 부가가치세 체납을 이유로 6개 회사의 조합재산인 공사대금 채권에 대하여 압류처분을 한 것은 체납자 아닌 제3자 소유의 재산을 대상으로 한 것으로서 당연무효이다(대판 2001.2.23. 2000다68924). (그러나) 공동이행방식의 공동수급체와 도급인이 공사도급계약에서 발생한 채권과 관련하여 공동수급체가 아닌 개별 구성원으로 하여금 지분비율에 따라 직접 도급인에 대하여 권리를 취득하게 하는 약정을 하는 경우와 같이 공사도급계약의 내용에 따라서는 공사도급계약과 관련하여 도급인에 대하여 가지는 채권이 공동수급체 구성원 각자에게 지분비율에 따라 구분하여 귀속될 수도 있고, 위와 같은 약정은 명시적으로는 물론 묵시적으로도 이루어질 수 있다(대판[전] 2012.5.17. 2009다105406. 기성대가 또는 준공대가를 공동수급체 구성원별로 직접 지급받기로 하는 공동수급협정이 존재한 경우, 이를 묵시적 약정으로 인정한 사안. 다만, 명시적 약정이 있어야 한다는 3인의 별개의견 있음). ㉤ 공사도급계약에 있어서 수수되는 선급금이 선급 공사대금의 성질을 갖는 점에 비추어 선급금을 지급한 후 도급계약이 해제 또는 해지되는 등의 사유로 수급인이 도중에 선급금을 반환하여야 할 사유가 발생하였다면 특별한 사정이 없는 한 선급금은 별도의 상계의 의사표시 없이도 그때까지의 기성고에 해당하는 공사대금에 당연히 충당된다(대판 2004.11.26. 2002다68362). <답 ⑧>

13. 문화재 복원전문가인 乙은 甲 가문 종택의 현판을 본래의 모습대로 복원하기로 하고, 2개월에 걸쳐 현판 짜기, 글자 새김 등의 작업을 하여 완성된 현판을 甲에게 인도하고 그 보수로 2,000만 원의 금전을 받았는데, 8개월 뒤에 甲으로부터 현판에 균열이 있다는 항의를 받게 되었다. 이에 관한 설명 중 옳은 것(○)과 옳지 않은 것(×)을 바르게 표시한 것은? (다툼이 있는 경우에는 판례에 의함) <사시 2013년: 배점 4>

ㄱ. 자연적으로 발생한 현판의 균열이 중요한 하자로 보기 어려운 것

임에도 불구하고, 乙은 현판을 파기하고 새롭게 현판을 제작하라는 甲의 요구에 따라야 한다.
ㄴ. 甲이 현판제작을 위하여 乙에게 공급한 목재가 충분히 건조되지 않은 것이었고, 그로 인하여 현판의 균열이 발생한 경우, 乙이 목재의 건조불량에 대하여 알지 못했다면 하자담보책임을 부담하지 않는다.
ㄷ. 乙이 목재가 충분히 건조되지 않았다는 사실을 알면서 甲에게 고지하지 않고 제작하여 현판에 하자가 발생하였을 경우, 甲은 乙에 대해서 하자담보책임을 물을 수 있지만, 당사자 사이에 면책의 특약이 있을 경우에는 하자담보책임을 물을 수 없다.
ㄹ. 乙이 목재가 충분히 건조되지 않았다는 사실을 알면서 甲에게 고지하지 않고 현판을 제작하였다면, 완성 후 8개월이 지난 뒤에 그 하자가 발견되었다 하더라도, 乙은 하자담보책임을 부담하는 것이 원칙이지만, 만약 특약에 의해 하자담보책임기간을 현판 완성 후 6개월까지로 단축하였다면, 乙은 그 이후에 발견된 하자에 대하여 담보책임을 부담하지 않는다.
ㅁ. 甲이 충분히 건조되지 않은 목재를 목재상으로부터 직접 구입하여 乙에게 제공하였고, 乙은 이를 알면서도 甲에게 고지하지 않은 경우, 乙의 하자담보책임으로 인한 손해배상액을 산정함에 있어서 甲의 과실을 참작할 수 있다.

① ㄱ(×), ㄴ(○), ㄷ(○), ㄹ(×), ㅁ(×)
② ㄱ(○), ㄴ(×), ㄷ(○), ㄹ(○), ㅁ(×)
③ ㄱ(×), ㄴ(○), ㄷ(×), ㄹ(○), ㅁ(×)
④ ㄱ(×), ㄴ(○), ㄷ(×), ㄹ(×), ㅁ(○)
⑤ ㄱ(○), ㄴ(×), ㄷ(×), ㄹ(○), ㅁ(○)
⑥ ㄱ(○), ㄴ(×), ㄷ(○), ㄹ(×), ㅁ(○)

해설

ㄱ. 틀림. 현판의 균열을 중요한 하자로 보기 어렵고, 특히 위 사안의 경우 하자보수가 불가능하다는 점에서 하자보수에 갈음하는 손해배상청구가 가능할 뿐이다. ㄴ. 옳음. 제669조 참조. ㄷ. ㄹ. 모두 틀림. 민법 제672조가 수급인이 담보책임이 없음을 약정한 경우에도 알고 고지하지 아니한 사실에 대하여는 그 책임을 면하지 못한다고 규정한 취지는 그와 같은 경우에도 담보책임을 면하게 하는 것은 신의성실의 원칙에 위배된다는 데 있으므로, 담보책임을 면제하는 약정을 한 경우뿐만 아니라 담보책임기간을 단축하는 등 법에 규정된 담보책임을 제한하는 약정을 한 경우에도, 수급인이 알고 고지하지 아니한 사실에 대하여 그 책임을 제한하는 것이 신의성실의 원칙에 위배된다면 그 규정의 취지를 유추하여 그 사실에 대하여는 담보책임이 제한되지 않는다고 보아야 한다(대판 1999.9.21. 99다19032). ㅁ. 옳음. 수급인의 하자담보책임은 법이 특별히 인정한 무과실책임으로서 여기

에 민법 제396조의 과실상계 규정이 준용될 수는 없다 하더라도 담보책임이 민법의 지도이념인 공평의 원칙에 입각한 것인 이상 하자발생 및 그 확대에 가공한 도급인의 잘못을 참작할 수 있다(대판 2004.8.20. 2001다70337). <답 ④>

제10절 현상광고

1. 다음은 현상광고의 법적 성질에 관한 설명이다. 틀린 부분은?

> ⓐ 현상광고의 법적 성질에 대해서는 계약설과 단독행위설이 대립하고 있다. 계약설은 광고자의 광고를 계약의 청약, 지정행위의 완료를 승낙으로 보며, 따라서 현상광고는 이러한 특수한 청약과 승낙에 의해서 성립하는 도급과 유사한 계약이라고 한다. ⓑ 한편 단독행위설은 현상광고는 지정행위의 완료를 정지조건으로 하는 채권부담의 단독행위로 이해한다. 계약설은 그 주된 근거로서 우리 민법이 현상광고를 전형계약의 일종으로 규정하고 있다는 점과, 현상광고를 정의한 제675조의 규정의 내용을 근거로 들고 있다. 그러나 단독행위설은 현상광고의 법전상의 위치는 그것이 계약으로 규제되어 있다는 보충적인 근거는 되어도 결정적 근거는 되지 못한다고 하며, ⓒ 특히 계약설은 광고가 있었음을 알지 못하고 지정행위를 한 자에게 보수청구권을 주는 제677조의 규정을 설명하지 못한다고 한다. ⓓ 계약설에 따르면 이러한 문제점을 인식하여 광고 있음을 모르고 지정행위를 완료한 때는 현상광고와 유사한 비전형계약이 성립한다고 하면서 이를 '준현상광고'라고 하기도 한다. ⓔ 그 밖에 단독행위설에 따르면 현상광고의 철회를 규정하고 있는 제679조의 규정도 계약에 있어 청약의 구속력을 인정하는 규정과 정면으로 배치된다고 한다.

① ⓐ ② ⓑ ③ ⓒ
④ ⓓ ⑤ ⓔ

해설

계약설에 따르면, 광고 있음을 모르고 지정행위를 완료한 때에는 이를 예외적으로 계약이 아닌 단독행위로 보면서 '준현상광고'라고 하는 견해(이은영, 556면 이하)와 광고자의 단독행위에 의한 것이 아니라 일종의 법정채권관계라고 하는 견해(김형배, 724면)가 있다. <답 ④>

2. A해양연구소(사단법인)는 당연구소 사업의 일환으로 '바다에 잠긴 거북선의 잔해를 동년 6월 30일까지 가져오는 자에게는 5,000만 원의 상금을 주겠다.'는 신문광고를 내었고 이에 甲·乙·丙이 각각 그 잔해를 건져내어 A연구소에 가져왔다. 다음 설명 중 옳은 것은?

① 甲이 만약 이 광고를 알지 못하고 거북선의 잔해를 건져내어 가져온 경

우에도 A연구소는 상금을 지급하여야 한다.

② 甲 · 乙 · 丙이 동시에 이를 가져오는 경우 그 보수는 추첨에 의해 결정한다.

③ A연구소가 만일 기간을 한정했다 하더라도 그 행위를 완료한 자가 있기 전에는 이러한 광고를 철회할 수 있다.

④ A연구소는 철회의사를 보다 많은 사람에게 알리기 위해 TV방송광고를 이용해도 무방하다.

⑤ 甲 · 乙 · 丙이 순차적으로 지정행위를 이행한 경우 각자 균등한 비율로 보수를 받을 권리가 있다.

해설

① 제677조, 제676조 1항. ② 응모자들이 지정행위를 동시에 완료한 경우 원칙적으로 균등한 비율로 보수를 받을 권리가 있다. 다만 보수가 그 성질상 분할할 수 없거나 광고에 1인만이 보수를 받을 것을 정한 때에는 추첨에 의해 결정한다(제676조 2항). 위의 경우는 1인만이 보수를 받을 것을 정한 경우라고 볼 수 없다. ③④ 광고에 완료기간을 정한 경우에는 그 기간만료 전에는 광고를 철회하지 못한다(제679조 1항). 그러나 지정행위의 완료기간을 정하지 않은 경우에는 지정행위의 완료자가 있기 전에 광고의 철회가 가능하나 이전의 광고와 동일한 방법으로 철회하여야 하며(TV광고는 동일한 방법 아님), 동일한 방법으로 철회할 수 없는 경우에는 유사한 방법으로 철회하여야 한다. 이때 이러한 철회는 철회한 것을 안 자에게만 효력이 있다(제679조 1항 · 2항). ⑤ 광고에 정한 행위를 완료한 자가 수인인 경우에는 먼저 그 행위를 완료한 자가 보수를 받을 권리가 있다(제676조 1항).

<답 ①>

제11절 위 임

1. 다음은 위임관계에 관한 설명이다. 옳은 것은? (당사자 사이의 다른 약정이나 의사표시는 존재하지 않음)

① 수임인이 위임사무의 처리에 관하여 필요비를 지출한 때에는 위임인에 대하여 지출한 날 이후의 이자를 청구할 수 있다.

② 수임인은 위임사무를 처리하는 과정에서 취득하게 된 사실은 위임인에게 인도할 필요가 없다.

③ 수임인이 위임사무를 처리하는 과정에서 위임인을 위하여 자기의 명의로 취득하게 된 권리는 위임인에게 이전할 필요가 없다.

④ 수임인이 위임사무의 처리에 필요한 채무를 부담한 때에는 위임인이 주채무자가 되고 수임인은 이를 보증한다.

⑤ 위임인은 위임사무의 처리로 인하여 받은 금전 등을 위임인에게 인도하여야 하며, 그 반환범위는 실제로 위임인에게 금전을 반환하는 때를 기준으로 한다.

✍ **해설** ……………………………………………

① 위임인은 사무처리의 비용을 요하는 경우에 수임인의 청구에 따라 비용을 선급할 의무를 부담한다(제687조). ② 제668조 1항. ③④ 수임인은 위임사무를 처리하는 급부의무를 부담할 뿐 아니라, '위임사무의 처리상황을 보고할 의무', '취득물을 인도할 의무', '취득권리를 이전할 의무' 등(제684조 1항 · 2항) 부수적 주의의무를 부담한다. 그리고 수임인이 금전 기타의 물건 및 그 수취한 과실을 인도하는 시기는 당사자 간에 특약이 있거나 위임의 본뜻에 반하는 경우 등과 같은 특별한 사정이 있지 않는 한 위임계약이 종료한 때이므로, 수임인이 반환할 금전의 범위도 위임종료시를 기준으로 정해진다(대판 2007.2.8. 2004다64432). ⑤ 그러한 채무를 수임인이 부담한 경우에는 이에 대하여 위임인으로 하여금 변제케 하거나 그 채무가 변제기에 이르지 아니한 경우에는 상당한 담보를 제공케 할 수 있다(제688조 2항). 따라서 대리권이 존재하는 것과 같은 효과가 당사자 사이에 생긴다. 즉 채무자는 수임인이지만 그 급부의 실현을 위임인에게 요구할 수 있다. 이는 특히 수임인에게 대리권이 존재하지 아니한 경우에 실익이 있다. <답 ①>

2. 위임에 관한 다음 판례의 취지 중 틀린 것은?

① 부동산중개업자와 중개의뢰인 사이의 법률관계는 민법상의 위임관계와 같으므로 중개업자는 부동산을 처분하려는 자가 진정한 권리자와 동일인인지 여부를 선관주의로써 조사 · 확인할 의무가 있다.

② 수임인이 위임사무를 처리함에 있어 받은 것으로서 위임인에게 인도할 목적물이 대체물이라면 이는 당사자 간에 있어서 특정된 물건으로 볼 수 없다.

③ 매매중개료청구권은 매매가 성립함을 조건으로 발생하는 것이므로 매매가 성립하지 않은 이상 중개인이 중개의 노력을 하였을지라도 그 노력의 비율에 상당하는 보수를 청구할 수는 없다.

④ 소를 제기하기 전에 위임인과 상대방 사이에 '재판외 화해'가 성립되어 소를 제기할 필요가 없게 된 경우에도 위임인은 변호사에게 사건처리에 들인 노력에 상당한 보수를 지급할 의무가 있다.

⑤ 위임은 위임인과 수임인 간의 내부적인 채권 · 채무관계를 말하고, 대리권은 대리인의 행위의 효과가 본인에게 미치는 대외적 자격을 말하는 것이다.

⑥ 후임 이사 선임시까지 이사가 존재하지 않을 때 구 이사로 하여금 법인의 업무를 수행케 함이 부적당하다고 인정할 만한 특별한 사정이 없고 종전의 직무를 구 이사로 하여금 처리하게 할 필요가 있는 경우, 후임 이사가 선임될 때까지 임기만료된 구 이사에게 이사의 직무를 수행할 수 있는 업무수행권이 인정된다.

⑦ 복수의 참여은행이 신디케이트를 구성하여 채무자에게 자금을 융자하는 신디케이티드 론(syndicated loan) 거래에서 참여은행으로부터 신디케이

티드 론과 관련된 행정 및 관리사무의 처리를 위탁받아 참여은행을 대리하게 되는 대리은행(agent bank)은 원칙적으로 대리조항에 의하여 명시적으로 위임된 사무의 범위 내에서 위임 본지에 따라 선량한 관리자의 주의로써 위임사무를 처리하여야 하고, 명시적으로 위임받은 사무 이외의 사항에 대하여는 이를 처리하여야 할 의무를 부담한다고 할 수 없다.

해설

① 대판 1992.2.11. 91다36239. 제681조 참고. ② 판례에 따르면 수임인이 위임사무를 처리함에 있어 받은 물건으로서 위임인에게 인도할 목적물이 대체물이더라도 당사자 간에 있어서는 특정된 물건과 같은 것으로 보고 있다(대판 1969.12.16. 67다1525). ③ 대판 1956.4.12. 4289민상81. 즉, 도급에 기한 보수청구권이 인정될 수 없다. ④ 대판 1982.9.14. 82다125. 제686조 3항 참조. ⑤ 대판 1962.5.24. 4294민상251 참고. ⑥ 대판 2010.6.24. 2010다2107 참고. ⑦ 참여은행과 대리은행 모두 상호 대등한 지위에서 계약조건의 교섭을 할 수 있는 전문적 지식을 가진 거래주체라는 점에서 그렇다(대판 2012.2.23. 2010다83700).

<답 ②>

3. 위임에 관한 다음 판례의 태도 중 옳은 것(○)과 옳지 않은 것(×)을 바르게 표시한 것은? <법원 2008년 변형>

㉠ 아파트 입주자대표회의와 아파트 관리회사 사이의 법률관계는 민법상의 위임관계와 같으므로 아파트 관리회사로서는 아파트를 안전하고 효율적으로 관리하고 입주자의 권익을 보호하기 위하여 선량한 관리자의 주의로써 관리 업무를 수행하여야 한다.

㉡ 민사사건의 소송대리 업무를 위임받은 변호사가 그 소송 제기 전에 상대방에게 채무 이행을 최고하고 형사고소를 제기하는 등의 사무를 처리함으로써 사건위임인과 상대방 사이에 재판 외 화해가 성립되어 결과적으로 소송제기를 할 필요가 없게 된 경우에, 특단의 사정이 없는 한 사건위임인은 변호사에게 위 사무처리에 들인 노력에 상당한 보수를 지급할 의무가 있다.

㉢ 경찰관이 응급의 구호를 요하는 자를 보건의료기관에게 긴급구호요청을 하고, 보건의료기관이 이에 따라 치료행위를 하였다면, 국가와 보건의료기관 사이에 국가가 그 치료행위를 보건의료기관에 위탁하고 보건의료기관이 이를 승낙하는 내용의 치료위임계약이 체결된 것으로 볼 수 있다.

㉣ 부동산 중개업자와 중개의뢰인과의 법률관계는 민법상의 위임관계와 같으므로 중개업자는 중개의뢰의 본지에 따라 선량한 관리자의 주의로써 의뢰받은 중개업무를 처리하여야 할 의무가 있다.

㉤ 법무사는 그 직무를 수행하는 과정에서 의뢰인의 지시에 따르는 것이 위임의 취지에 적합하지 않거나 오히려 의뢰인에게 불이익한

결과가 되는 것이 드러난 경우에는 그러한 내용을 의뢰인에게 알리고 의뢰인의 진정한 의사를 확인함과 아울러 적절한 방법으로 의뢰인이 진정으로 의도하는 등기가 적정하게 되도록 설명 내지 조언을 할 의무가 있다.

① ㉠(○), ㉡(×), ㉢(×), ㉣(×), ㉤(○)
② ㉠(×), ㉡(○), ㉢(○), ㉣(×), ㉤(○)
③ ㉠(○), ㉡(○), ㉢(×), ㉣(○), ㉤(×)
④ ㉠(×), ㉡(○), ㉢(×), ㉣(×), ㉤(○)
⑤ ㉠(×), ㉡(×), ㉢(○), ㉣(○), ㉤(○)
⑥ ㉠(×), ㉡(○), ㉢(○), ㉣(○), ㉤(×)
⑦ ㉠(○), ㉡(○), ㉢(×), ㉣(○), ㉤(○)
⑧ ㉠(○), ㉡(×), ㉢(○), ㉣(○), ㉤(×)

해설

㉠ 옳음. 대판 1997.11.28. 96다22365 참고. ㉡ 옳음. 대판 1982.9.14. 82다125, 82다카284 참고. ㉢ 틀림. 경찰관직무집행법에 의하면 경찰관이 병자, 부상자 등으로서 적당한 보호자가 없으며 응급의 구호를 요한다고 인정되는 자를 발견한 때에는 보건의료기관 또는 공공구호기관에 긴급구호를 요청할 수 있고, 이러한 긴급구호요청을 받은 보건의료기관이나 공공구호기관은 정당한 이유 없이 긴급구호를 거절할 수 없다고 규정하고 있을 뿐이고(경찰관직무집행법 제4조 1항 · 2항), 응급의 구호를 요하는 자의 치료가 국가의 사무라거나 국가가 응급의 구호를 요하는 자에 대하여 응급의 구호에 필요한 치료의 의무를 부담한다는 규정을 두고 있지 않으므로 경찰관이 응급의 구호를 요하는 자를 보건의료기관에게 긴급구호요청을 하고, 보건의료기관이 이에 따라 치료행위를 하였다고 하더라도 국가와 보건의료기관 사이에 국가가 그 치료행위를 보건의료기관에 위탁하고 보건의료기관이 이를 승낙하는 내용의 치료위임계약이 체결된 것으로는 볼 수 없다(대판 1994.2.22. 93다4472). ㉣ 옳음. 대판 1993.5.11. 92다55350 등 참고. ㉤ 옳음. 대판 2006.9.28. 2004다55162 참고. <답 ⑦>

4. 다음 교수의 질문에 대한 학생의 대답 중 옳지 않은 것만을 고르면?

Q. 교수 : 위임계약에 대해서 다른 유형의 계약과 비교하면서 생각해 봅시다. 먼저 수임인의 주의의무의 정도는 어떻게 됩니까?
A. 학생 ㉠ : 위임계약은 임치계약과 같이 유상인가 무상인가에 따라 수임인의 주의의무가 달라집니다.
Q. 교수 : 수임인은 위임인의 지시에 반드시 따라야 할 의무가 있습니까?
A. 학생 ㉡ : 위임계약은, 고용계약과는 달리 수임인이 위임인의 노무지시권에 복종해야 하는 것을 계약 본래의 내용으로 하고 있지 않습니다. 그러나 위임인의 지시가 있을 때에는 이에 따

라야 합니다. 다만 수임인은 위임의 취지에 반하는 부적절한 지시에 복종할 의무가 없으며, 오히려 지시의 변경을 구할 수 있습니다.

Q.교수 : 위임계약과 도급계약에서 보수에 대한 차이점이 무엇입니까?

A.학생 ⓒ : 위임계약은 원칙적으로 무상이라는 점에서 도급계약과 다릅니다. 그러나 유상의 경우에는 수임자는 위임인에 대하여 보수의 지급이 있을 때까지 위임사무의 이행을 거절할 수 있습니다.

Q.교수 : 위임자의 손해배상책임과 임치인의 손해배상책임에는 차이가 있습니까?

A.학생 ⓓ : 수임인이 위임사무의 처리를 위하여 과실없이 손해를 입은 경우에는 위임인은 무과실책임을 부담합니다. 또한 수탁자가 수치물의 하자로 인하여 손해를 입은 경우에 임치인은 일종의 무과실책임을 부담합니다. 그러므로 위임인과 임치인이 부담하는 책임은 무과실책임이라는 점에서 같습니다.

Q.교수 : 위임계약은 계속적 채권관계이므로 각 당사자는 언제든지 해지할 수 있는데, 해지자는 손해를 배상해야 합니까?

A.학생 ⓔ : 각 당사자는 언제든지 해지할 수 있으나, 부득이한 사유 없이 상대방의 불리한 시기에 계약을 해지한 때에는 손해를 배상해야 합니다.

Q.교수 : 사무관리에는 위임에 관한 규정이 준용되는데 관리자가 사무관리에 필요한 채무를 제3자에게 부담한 경우에 본인에 대하여 자기에 갈음하여 변제해 줄 것을 청구할 수 있습니까?

A.학생 ⓕ : 사무관리의 관리자와 본인 사이에는 사무처리에 관한 계약은 없으나 사무관리는 위임관계와 유사하다고 볼 수 있으므로 관리자는 본인에 대하여 이른바 대물변제청구를 할 수 있습니다.

① ㉠, ㉡ ② ㉠, ㉢ ③ ㉡, ㉣
④ ㉢, ㉣ ⑤ ㉣, ㉥ ⑥ ㉤, ㉥

해설

㉠ 틀림. 임치계약에 있어서 수치인은 유상의 경우에는 선관주의의무를 부담하고(제374조 참조), 무상의 경우에는 「자기재산과 동일한 주의」 의무를 부담한다(제695조). 그러나 위임계약에 있어서 수임인은 유상·무상에 관계없이 선관주의의무를 부담한다. ㉡ 옳음. 수임인은 위임사무의 처리에 관하여 위임인의 지시가 있으면 이에 따라야 한다. 그러나 위임인의 지시에 따르는 것이 위임의 취지에 적합하지 않거나 또는 위임인에게 불이익한 경우에는 수임인은 즉시 그 사실을 위임인에게 통지하고 그 지시의 변경을 구하거나, 위임인의 진정한 의사를 확인하거나 적절한 설명 내지 조언을 해야 한다(대판 2006.9.28.

2004다55162). 사정이 급박하여 그럴 여유가 없는 경우에는 임시조치를 취할 권리와 의무가 있다. ㉢ 틀림. 민법은, 수임인은 특별한 약정이 없으면 위임인에게 보수를 청구하지 못한다(제686조 1항)고 규정하고 있다. 그러나 대부분의 경우 특약이 있거나 묵시적·추단적 또는 관행상 유상위임이 이루어지고 있다. 위임이 유상인 경우에도 보수의 지급은 특약이 없는 한 위임사무를 완료한 후가 아니면 이를 청구하지 못한다(제686조 2항). 따라서 수임인은 보수에 관해서 동시이행의 항변권을 주장할 수 없다. ㉣ 옳음. 위임인은, 수임인이 위임사무의 처리를 위하여 과실 없이 손해를 입은 때에는 그 손해에 대하여 무과실책임을 부담한다(제688조 3항). 다른 한편 임치인은 임치물의 성질 또는 하자로 인하여 수치인에게 손해가 생긴 때에는 이를 배상해야 한다(제697조 본문). 따라서 손해배상책임이 인정되기 위해서는 임치물의 성질 또는 하자와 수치인이 입은 손해사이에 인과관계가 있는 것으로 충분하다. 제697조는 임치인의 무과실책임을 정한 것이라고 할 수 있다(제690조). 다만, 수치인이 임치물의 성질 또는 하자를 안 때(즉, 임치인이 수치인의 악의를 증명한 때)에는 임치인은 배상책임을 면한다(제697조 단서). ㉤ 옳음. 각 당사자는 언제든지 해지할 수 있으나, 부득이한 사유 없이 상대방의 불리한 시기에 계약을 해지한 때에는 그 손해를 배상해야 한다(제689조 2항). 따라서 부득이한 사유가 있을 때에는 상대방에게 불리한 시기에 해지하더라도 배상책임을 지지 않는다. 배상해야 할 손해는 적당한 시기에 해지되었더라면 입지 아니하였을 손해를 말한다(대판 1991.4.9. 90다18968 등). ㉥ 옳음. 제739조 2항, 제688조 2항 참조. <답 ②>

5. 민법상 위임에 관한 설명 중 옳은 것(○)과 옳지 않은 것(×)을 바르게 표시한 것은? (다툼이 있는 경우에는 판례에 의함) <사시 2007년 변형>

> ㉠ 위임은 원칙적으로 무상계약이지만 보수지급에 관한 특약은 가능하며, 이러한 유상의 위임에 있어서는 수임인의 귀책사유 없이 위임이 이행 중 종료한 경우에도 위임인은 이미 행해진 이행의 비율에 따라서 보수를 지급하여야 한다.
> ㉡ 무상위임에 있어서도 위임인은 위임사무처리를 위하여 수임인이 지출한 비용을 상환할 의무를 지며, 비용 지출 전이라 하더라도 수임인이 청구해 온 경우에는 위임인은 비용을 지급하여야 한다.
> ㉢ 수임인이 위임사무를 처리하기 위하여 자기에게 과실 없이 손해를 입은 때에는 이에 관하여 위임인에게 과실이 있는 경우에 한하여 그 손해의 배상을 청구할 수 있다.
> ㉣ 소송위임계약과 관련하여 위임사무 처리 도중에 수임인의 귀책사유로 계약이 종료되었더라도 위임인은 수임인이 계약종료 당시까지 이행한 사무처리 비용을 착수금 중에서 공제하고 그 나머지만 반환받을 수 있다.

① ㉠(×), ㉡(×), ㉢(×), ㉣(×) ② ㉠(○), ㉡(○), ㉢(×), ㉣(○)
③ ㉠(○), ㉡(○), ㉢(×), ㉣(×) ④ ㉠(○), ㉡(×), ㉢(○), ㉣(○)
⑤ ㉠(×), ㉡(○), ㉢(○), ㉣(○)

✍ 해설 ·····································

㉠ 제686조 1항. 이는 위임이 결과의 발생을 채무의 내용으로 하지 않고 사무처리 자체를 목적으로 하기 때문이다. ㉡ 제687조(이른바 '수임인의 비용선급청구권'). ㉢ 민법은 수임인이 위임사무를 처리하는 데 과실 없이 손해를 받은 때에는 위임인은 그 손해를 배상할 책임이 있다고 규정하는데(제688조 3항), 이는 무과실책임으로 이해되고 있다(이견 없음). ㉣ 소송위임계약과 관련하여 위임사무 처리 도중에 수임인의 귀책사유로 계약이 종료되었다 하더라도, 위임인은, 수임인이 계약종료 당시까지 이행한 사무처리 부분에 관해서 수임인이 처리한 사무의 정도와 난이도, 사무처리를 위하여 수임인이 기울인 노력의 정도, 처리된 사무에 대하여 가지는 위임인의 이익 등 제반사정을 참작하여 상당하다고 인정되는 보수 금액 및 상당하다고 인정되는 사무처리 비용을 착수금 중에서 공제하고 그 나머지 착수금만을 수임인으로부터 반환받을 수 있다(대판 2008.12.11. 2006다32460).

<답 ②>

6. 변호사 A는 박사학위청구논문을 준비하는 법학도 B에게 자신이 맡은 환경소송에 관한 외국의 입법례를 조사분석하는 업무를 위임하였다. A로서는 B의 업무수행으로 말미암아 높은 승소율을 자랑하기에 이르렀고, B 역시 유사한 주제의 학위논문을 준비하던 중이고 매월 지급받는 그 보수도 높은 편이어서 꽤 만족스러웠다. 다음 설명 중 틀린 것을 고르면? (판례를 포함함)

① A와 B 사이의 위임은 쌍무계약이므로 5월 보수를 수령하지 못한 B로서는 6월에 예정했던 업무를 이행하지 않아도 지체책임을 지지 않는다.

② A와 B 사이의 위임은 유상계약이므로 외국의 입법례를 잘못 번역하여 소개한 B에 대하여 A는 담보책임을 물을 수 있다.

③ A와 B 사이의 위임이 유상계약이더라도 B는 이를 해지할 수 있다.

④ A와 B 사이의 위임은 유상계약일 뿐만 아니라 양 당사자의 이익을 모두 고려하고 있기 때문에 정당한 이유가 없는 한 양 당사자는 위의 위임을 해지할 수 없다.

⑤ A와 B 사이의 위임은 유상계약일 뿐만 아니라 양 당사자의 이익을 모두 고려하고 있기 때문에, 정당한 이유가 없더라도 A가 위의 위임을 해지할 수 있지만, 정당한 이유 없이 해지한 데에 대하여 B에게 손해배상책임을 진다.

✍ 해설 ·····································

① 제536조 2항 참조(대판 1995.2.28. 93다53887 참고). ② 제567조 참조. ③④⑤ 유상위임의 경우에는 해지의 자유에 관한 제689조의 규정을 제한적으로 해석하려는 견해가 유력하게 주장되지만, 판례는 여전히 상호해지의 자유를 인정하고 있다. 다만, 특별한 사정이 있는 경우에 해지한 당사자의 손해배상책임을 가중시키는 경향성을 띠고 있다. 예컨대, 유상위임인데다가, 수임인의 지위를 보장하기 위하여 계약기간 중 처음 2년 간은 위임인이 해지권을 행사하지 않기로 특약까지 되어 있어 위임인의 이익과 함께 수임인의 이익도 목적으로 하고 있는 위임의 경우에는 위임인의 해지자유가 제한되어 위임인으로서는 해지 자체는 정당한 이유 유무에 관계없이 할 수 있더라도 정당한 이유 없이 해지한 경우

에는 상대방인 수임인에게 그로 인한 손해를 배상할 책임이 있다(대판 2000.4.25. 98다47108). 즉, 유상위임의 경우에는 해지 자체를 제한하지는 않지만 부당한 해지로부터 생기는 손해를 배상하도록 하고 있는 셈이다. 한편 종래에는 상대방이 불리한 시기에 부득이한 사유도 없이 해지한 경우에 한하여 배상책임을 부담시켰다는 점, 즉 적당한 시기에 해지하였더라면 입지 않았을 손해를 배상하도록 한 점에 유의할 필요가 있다(대판 1991.4.9. 90다18968 참고). <답 ④>

제12절 임 치

1. A는 B에게 A 소유의 자동차의 보관을 위탁하기로 하고, 자동차를 인도하였다. 다음 설명 중 옳지 않은 것만을 고르면?

㉠ B는 A의 동의 없이 자동차를 사용하지 못한다. 이때 손해가 발생하면 B는 사용하지 아니하였어도 손해가 발생하였으리라는 것을 입증하지 않는 한 책임을 면할 수 없다.
㉡ A·B 사이에 보관할 장소를 정한 경우에 B가 정당한 사유로 자동차를 다른 장소에 보관하게 된 때에도 B는 A에게 처음에 정한 장소에서 반환해야 한다.
㉢ A가 B에게 주차료를 지급하기로 한 때에는 X는 선량한 관리자의 주의를 가지고 자동차를 보관하여야 한다.
㉣ A·B 사이에 보수의 지급 또는 반환의 시기에 관한 약정을 한 경우라도 A는 언제라도 B에 대하여 반환을 청구할 수 있다.
㉤ A의 채권자가 자동차를 가압류한 때에는 B는 지체 없이 A에게 통지해야 한다.
㉥ B는 필요하다고 생각되는 경우에는 제3자에게 자동차의 보관을 위탁할 수 있다.
㉦ B가 노외주차장관리자의 경우, 주차장에 주차하는 자동차의 보관에 관하여 B가 부담하는 선량한 관리자의 주의의무는 특별한 사정이 없는 한 그 주차장이용계약에서 정한 주차장 이용시간에 한한다.

① ㉠, ㉡ ② ㉡, ㉤ ③ ㉢, ㉣
④ ㉣, ㉤ ⑤ ㉠, ㉦ ⑥ ㉡, ㉥

해설

㉠ 제694조 참조. A·B 사이에 사용에 관한 특약이 없는 한, 자동차를 사용할 수 없다. 무단으로 사용하면 사용이익을 부당이득으로 반환해야 할 의무를 진다. 자동차가 훼손된 때에는 B는 채무불이행으로 인한 손해배상책임을 져야 한다. 따라서 B가 면책되기 위해서는 자동차를 사용하지 아니하였어도 자동차가 훼손되었으리라는 것을 입증하여야 한다(통설). ㉡ 임치물은 그 임치물을 보관한 장소에서 반환하여야 하지만, 수치인이 정당한

사유로 인하여 그 물건을 다른 곳으로 옮긴 때에는 현존하는 장소에서 반환할 수 있다(제700조). 당사자 사이에 보관의 장소에 관한 특약이 있고 반환의 장소에 관한 특약이 없는 경우에 동규정의 의의가 있다. 차고의 수리, 보관장소의 침수우려 등은 정당한 전치사유가 된다. ㉢㉣ 임치기간의 약정이 있는 경우에도 「임치인」은 언제든지 계약을 해지할 수 있으므로(제698조 단서), A는 언제라도 자동차의 반환을 청구할 수 있다. 이에 반하여 「수치인」은 부득이한 사유가 없으면 기간만료 전에 계약을 해지할 수 없다(제698조 본문). 보수를 정한 경우 수치인은 그때까지 비율에 따른 보수를 청구할 수 있다(제701조, 제686조 3항). 기한은 임치인의 이익을 위한 것이므로 임치인은 기한의 이익을 포기(해지)할 수 있다(제698조). 수치인에게 손해가 발생하면 임치인은 이를 배상해야 한다. 그러나 해지의 효력에는 영향을 주지 않는다. 자동차를 수치인에게 더 이상 보관시킬 필요가 없는데도 수치인이 그 반환을 거부하는 것은 부당하기 때문이다. ㉤ 임치물에 대한 권리를 주장하는 제3자가 수치인에 대하여 소를 제기하거나 압류를 한 때에는 B는 지체없이 A에게 이를 통지해야 한다(제696조). 가압류·가처분도 이에 포함된다고 보아야 한다(전효숙, 주해민법(XV), 644면). ㉥ 임치에 대해서는 위임에 관한 여러 규정이 준용되는데(제701조), 복임권의 제한에 관한 제682조도 준용된다. 동조에 의하면 수치인 B는 「임치인 A의 승낙이나 부득이한 사유」 없이는 제3자에게 자동차의 보관을 위탁할 수 없다. ㉦ 주차장법 제17조 및 대판 2011.3.10. 2010다72625 참고. <답 ⑥>

2. 甲의 자동차를 빌려 사용하던 乙은, 장기간의 외국여행이 끝날 때까지 이 자동차를 丙의 차고에 대가 없이 보관을 위탁하였다. 그런데 이 자동차를 보관하던 중 자동차의 유류탱크에서 기름이 흘러나와 차고에 같이 보관 중이던 丙의 책 대부분이 못 쓰게 되었다. 다음 중 틀린 설명은?

① 丙은 乙의 동의가 있으면 이 자동차를 사용할 수도 있다.

② 丙은 차고에 같이 보관 중이던 자신의 책과 동일한 정도의 주의로써 乙이 맡긴 자동차를 보관하면 된다.

③ 만약 甲이 소유자임을 주장하여 인도를 청구하는 소를 제기하면, 丙은 이를 즉시 乙에게 통지하여야 한다.

④ 丙이 이 자동차의 하자를 이미 알고 있었다면 책의 훼손과 관련하여 丙은 손해배상을 청구할 수 없다.

⑤ 乙이 부득이한 사유 없이 丙이 불리한 시기에 계약을 해지하면 그 손해를 배상하여야 한다.

해설

① 수치인은 임치인의 동의가 없으면 임치물을 사용하지 못한다(제694조). 따라서 반대해석상 임치인의 동의가 있으면 임치물을 사용할 수 있을 것이다. ② 무상의 임치인 경우 유상의 임치와는 달리 수치인은 '자기재산과 동일한 주의'로써 임치물을 보관하여야 한다(제695조). ③ 제696조. ④ 임치인은 임치물의 성질이나 하자로 생긴 손해를 수치인에게 배상하여야 한다(제697조 본문). 그러나 수치인이 그 성질이나 하자를 알고 있었던 때에는 임치인은 배상책임을 면한다(제697조 단서). ⑤ 위임에 관해서는 이러한 내용의 규정이 있으나 임치에는 이러한 규정이 없으며 또한 이 규정이 준용되지도 않는다. <답 ⑤>

3. 甲은 乙에게 자기 소유 자동차의 보관을 위탁하고 자동차를 乙에게 인도하였다. 이 경우 다음 설명 중 틀린 것은?

① 乙이 甲의 승낙을 얻지 않고서 丙에게 자동차의 보관을 위탁한 경우에 있어서도 그 자동차가 불가항력에 의해 멸실한 때에는 乙은 甲에 대해 손해배상의 의무를 부담하지 않는다.

② 甲과 乙이 자동차를 보관할 장소를 정한 경우에 乙이 정당한 사유에 의해 자동차를 다른 장소에 보관한 때에는 乙은 甲에 대하여 그 장소에서 자동차를 반환할 수 있다.

③ 甲 · 乙 간에 보수를 지불하기로 한 경우에는 乙은 선량한 관리자의 주의로써 자동차를 보관하지 않으면 안 된다.

④ 甲 · 乙 간에 반환의 시기에 대해서 정한 경우에도 甲은 언제라도 乙에 대하여 반환을 청구할 수 있다.

⑤ 甲의 채권자가 자동차를 압류한 경우에는 乙은 지체없이 이 사실을 甲에게 통지하지 않으면 안 된다.

해설

① 임치에 있어서 제3자인 복수치인을 사용할 수 있느냐에 대해서는 위임에 관한 규정이 준용된다(제701조). 즉, 수치인은 원칙적으로 자신이 목적물을 보관하여야 하나 임치인의 승낙이 있거나 부득이한 사정이 있는 경우에는 복수치인인 제3자가 목적물을 보관하도록 할 수 있다(제701조, 제682조). 그러므로 수치인이 임치인의 승낙 없이 제3자에게 목적물의 보관을 위탁한 경우 그로부터 발생하는 모든 손해에 대하여 책임을 져야 한다. ② 임치의 장소에 대한 특약이 있으면 이에 따르나, 특약이 없으면 보관한 장소에서 반환하여야 한다. 그러나 정당한 이유로 목적물을 전치한 때에는 현존하는 곳에서 반환할 수 있다(제700조). ③ 제374조. ④ 제698조 단서. ⑤ 제3자가 소유권 기타의 점유할 권리를 근거로 임치물의 인도를 청구하는 소를 제기하거나, 또는 임치물을 압류한 때에는 수치인은 지체 없이 그 사실을 임치인에게 통지하여야 한다(제696조). <답 ①>

4. 예금계약에 관한 설명 중 판례의 입장과 다른 것은? <변호사 2013년>

① 예금계약은 예금자가 예금의 의사를 표시하면서 금융기관에 돈을 제공하고 금융기관이 그 의사에 따라 그 돈을 받아 확인을 하면 그로써 성립하며, 금융기관의 직원이 그 받은 돈을 금융기관에 실제로 입금하였는지 여부는 예금계약의 성립에 아무런 영향을 미치지 아니한다.

② 계좌이체가 된 경우에는 예금원장에 입금기록이 된 때에 예금이 된다고 예금거래기본약관에 정하여져 있더라도, 송금의뢰인이 계좌이체의 원인인 법률관계가 존재하지 아니함에도 착오로 수취인의 예금구좌에 계좌이체를 한 경우, 수취인이 수취은행에 대하여 위 금액 상당의 예금채권을 취득하는 것은 아니다.

③ 은행이 일반거래약관인 예금거래기본약관에서 각종의 예금채권에 대하여

그 양도를 제한하는 내용의 규정을 둠으로써 예금채권의 양도를 제한하고 있는 사실은 적어도 은행거래의 경험이 있는 자에 대하여는 널리 알려진 사항에 속한다 할 것이므로, 은행거래의 경험이 있는 자가 예금채권을 양수한 경우, 특별한 사정이 없는 한 예금채권에 대하여 양도제한의 특약이 있음을 알았다고 할 것이고, 그렇지 않다 하더라도 알지 못한 데에 중대한 과실이 있다고 봄이 상당하다.

④ 본인인 예금명의자의 의사에 따라 실명확인 절차가 이루어지고 예금명의자를 예금주로 한 예금계약서를 작성한 경우, 금융기관과 출연자 등과 사이에서 실명확인 절차를 거쳐 서면으로 이루어진 예금명의자와의 예금계약을 부정하여 예금명의자의 예금반환청구권을 배제하고 출연자 등과 예금계약을 체결하여 출연자 등에게 예금반환청구권을 귀속시키겠다는 명확한 의사의 합치가 위 예금계약서의 증명력을 번복하기에 충분할 정도의 명확한 증명력을 가진 구체적이고 객관적인 증거에 의하여 인정되는 경우에는 예금명의자가 아닌 출연자 등을 예금계약의 당사자로 볼 수 있다.

⑤ 甲, 乙이 각자 분담하여 출연한 돈을 동업 이외의 특정 목적을 위하여 공동명의로 예치해 둠으로써 그 목적이 달성되기 전에는 甲이나 乙이 단독으로 예금을 인출할 수 없도록 방지 · 감시하고자 하는 목적으로 甲, 乙 공동명의로 예금을 개설한 경우, 甲에 대한 채권자 丙은 甲의 지분에 상응하는 예금채권에 대한 압류 및 추심명령 등을 얻어 이를 집행할 수 있고, 이러한 압류 등을 송달받은 은행은 丙의 압류명령 등에 기초한 단독 예금반환청구에 대하여, 甲, 乙과 약정한 공동반환특약을 들어 그 지급을 거절할 수는 없다.

해설

① 옳음. 예금계약은 예금자가 예금의 의사를 표시하면서 금융기관에 돈을 제공하고 금융기관이 그 의사에 따라 그 돈을 받아 확인을 하면 그로써 성립하며, 금융기관의 직원이 그 받은 돈을 금융기관에 입금하지 아니하고 이를 횡령하였다고 하더라도 예금계약의 성립에는 아무런 소장이 없다(대판 1996.1.26. 95다26919). ② 틀림. 지문과 같은 경우, 특별한 사정이 없는 한 송금의뢰인이 수취인의 예금구좌에 계좌이체를 한 때에 송금의뢰인과 수취인 사이에 계좌이체의 원인인 법률관계가 존재하는지 여부에 관계없이 수취인과 수취은행 사이에는 계좌이체금액 상당의 예금계약이 성립하고, 수취인이 수취은행에 대하여 위 금액 상당의 예금채권을 취득한다(대판 2007.11.29. 2007다51239). ③ 옳음. 대판 2003.12.12. 2003다44370. ④ 옳음. 대판[전] 2009.3.19. 2008다45828. ⑤ 옳음. 공동명의 예금은 동업 자금을 공동명의로 예금한 경우라면 채권의 준합유관계에 있으나, 공동명의 예금채권자들 각자가 분담하여 출연한 돈을 동업 이외의 특정 목적을 위하여 공동명의로 예치해 둠으로써 그 목적이 달성되기 전에는 공동명의 예금채권자가 단독으로 예금을 인출할 수 없도록 방지 · 감시하고자 하는 목적으로 공동명의로 예금을 개설한 경우라면,

하나의 예금채권이 분량적으로 분할되어 각 공동명의 예금채권자들에게 공동으로 귀속된다. 따라서 후자의 경우, 각 공동명의 예금채권자들이 예금채권에 대하여 갖는 각자의 지분에 대한 관리처분권은 각자에게 귀속되고, 다만 은행에 대한 지급 청구만을 공동반환의 특약에 의하여 공동명의 예금채권자들 모두가 공동으로 하게 된다(대판 2005.9.9. 2003다7319). <답 ②>

제13절 조 합

1. 사단과 조합의 차이에 관한 다음 설명 중 틀린 것은?

① 구성원 상호간의 관계를 정하는 것은 사단에서는 정관이나, 조합에서는 계약이다.

② 사단 자체는 구성원으로부터 독립한 단체적 조직이지만, 조합은 그렇지 않다.

③ 사단의 업무집행자는 보통 구성원의 총회에서 결정되나, 조합에 있어서는 원칙적으로 전조합원이 자신의 고유권으로서 업무집행권을 갖는다.

④ 사단에 있어서 구성원의 가입·탈퇴는 비교적 자유로이 인정되지만, 조합에 있어서는 일반적으로 인정되지 않는다.

⑤ 대외적 거래의 주체는 사단에 있어서는 단체구성원이고, 조합에 있어서는 조합 자체이다.

해설

⑤ 사단에 있어서 대외적 거래의 주체는 사단 자체이지만, 조합에 있어서는 원칙적으로 조합원의 전체이다. <답 ⑤>

2. 조합계약에 관한 설명이다. 틀린 것은? (다툼이 있는 경우에는 판례에 의함)
<변호사모의 2011년 유사>

① '조합원이 파산하여도 조합에서 탈퇴하지 않는다.'는 내용의 조합원들 사이의 약정은 원칙적으로 허용되지 않지만, 파산한 조합원이 그 조합에 잔류하는 것이 파산한 조합원의 채권자들에게 불리하지 아니하여 파산한 조합원의 채권자들의 동의를 얻어 파산관재인이 조합에 잔류할 것을 선택한 경우까지 위와 같은 탈퇴금지약정이 무효라고 할 것은 아니다.

② 甲이 동업계약(조합계약)에 의하여 토지의 소유권을 투자하기로 하였으나 아직 조합원의 합유로 하는 등기가 경료되지 않은 경우, 甲은 조합원이 아닌 제3자가 점유할 권원 없이 위 토지를 점유하고 있다면, 甲은 소유권에 기하여 제3자에게 위 토지의 반환을 청구할 수 있다.

③ 甲, 乙, 丙, 丁 4인으로 이루어진 A조합은 X부동산을 합유하고 있었고,

이들 4인의 X부동산에 대한 합유지분은 각 3 : 2 : 1 : 1 이었다. 이후 甲이 위 X부동산에 대한 합유지분을 적법하게 포기하였다면, 위 X부동산에 대한 乙, 丙, 丁의 합유지분은 각 3.5 : 1.75 : 1.75가 된다.

④ 조합원 甲이 조합원 乙에 대하여 출자의 이행을 청구한 때, 乙은 조합원 丙이 출자의 이행을 하지 않은 것을 이유로 그 이행을 거절할 수 없다.

⑤ 조합은 목적한 사업이 성공한 때에는 해산하지만, 부득이한 사유가 있는 때에는 각 조합원의 청구에 의하여 해산한다.

해설 ··

① 조합원 1인이 파산하게 되면 그 조합원이 공동사업에 참여하는 것은 다른 조합원과의 관계에서 타당하지 않기 때문에 당연히 탈퇴된다(제717조 2항). 그러나 파산한 조합원이 제3자와의 공동사업을 계속하기 위하여 그 조합에 잔류하는 것이 파산한 조합원의 채권자들에게 불리하지 않고, 파산한 조합원의 채권자들의 동의를 얻어 파산관재인이 조합에 잔류할 것을 선택하였다면, '조합원이 파산하여도 조합으로부터 탈퇴하지 않는다.'고 하는 조합원들 사이의 탈퇴금지의 약정은 무효가 아니다(대판 2004.9.13. 2003다26020 참고). ② 대판 2002.6.14. 2000다30622. 부동산의 소유자가 동업계약(조합계약)에 의하여 부동산의 소유권을 투자하기로 하였으나 아직 그의 소유로 등기가 되어 있는 경우에는 그 동업계약을 이유로 위 조합계약당사자 아닌 사람에 대한 관계에서 위 부동산이 조합원의 합유에 속한다고 할 근거는 없으므로, 위 조합원이 아닌 제3자에 대하여는 여전히 소유자로서 그 소유권을 행사할 수 있다(소유물반환청구권을 행사할 경우 소유권존부의 판단시점은 사실심변론종결 당시이다). ③ 합유지분의 포기가 적법하다면, 그 포기된 합유지분은 나머지 잔존 합유지분권자들에게 '균분'으로 귀속된다(대판 1997.9.9. 96다16896). 따라서 각 3 : 2 : 2가 된다. 반면에 공유에서는 지분의 비율로 귀속된다(제267조 참조). ④ 출자의무의 이행청구는 각 조합원이 할 수 있고, 출자를 요구받은 조합원은 다른 조합원들 가운데 출자의무의 미이행자가 있음을 이유로 '동시이행의 항변권'을 행사하지는 못한다(동시이행의 항변권의 적용을 긍정하는 설과 부정하는 설이 동일한 결론에 이르게 됨을 주의). ⑤ 제720조 참조. <답 ③>

3. 조합에 관한 다음 설명 중 옳은 것은?

① 조합원은 각자 그 지분에 상응하여 조합재산에 속하는 채권을 행사할 수 있다.

② 조합원은 조합재산으로서 조합채무를 변제할 수 없는 때에 한하여 조합의 채권자에 대해 변제할 책임을 부담한다.

③ 조합원은 조합이 채권자에 대해서 부담하는 의무와 채권자에 대해서 가지는 자기의 채권을 상계할 수 있다.

④ 조합을 탈퇴한 조합원은 그 탈퇴 후에 그 사실을 알지 못하고 조합에 대해서 채권을 취득한 자에 대해서는 변제할 책임을 부담한다.

⑤ 새로이 조합에 가입한 조합원은 그 가입 전에 발생한 조합의 채무에 대해서도 개인의 재산으로서 변제할 책임을 부담한다.

✍ **해설** ···

② 조합채무는 각 조합원이 그의 개인재산을 가지고 책임을 지는 외에, 조합원 전원이 조합재산을 가지고 공동으로 책임을 진다. 이때 조합의 채권자는 먼저 조합재산으로부터 변제를 받고, 변제받지 못한 한도에서 각 조합원에게 청구하여야 하는 것은 아니다. ③ 조합의 채권자로부터 채무의 변제를 청구받은 조합원은 그 채권자에 대한 자기의 채권으로서 상계할 수 있다. 왜냐하면 그러한 상계에 의해 조합의 재산이 감소하는 것은 아니기 때문이다. ④ 탈퇴조합원은 탈퇴 후에 조합이 부담하는 채무에 대해서는 책임을 지지 않지만 탈퇴 전의 조합채무에 대해서는 책임을 면하지 못한다. ⑤ 새로운 조합원은 그가 가입한 후에 생기는 조합의 채무에 대해서는 보통의 조합원으로서 책임을 지게 되나 가입 전의 조합채무에 대해서 개인재산으로서 책임을 지지 않는다. 다만 조합재산에 관한 자신의 합유지분으로는 책임을 진다. <답 ③>

4. 조합에 관한 다음 설명 중 옳지 않은 것은?

① 부동산의 공동매수인들이 전매차익을 얻으려는 '공동의 목적달성'을 위해 상호 협력한 것에 불과하다면, 이들 사이의 법률관계를 민법상 조합이라고 할 수 없다.

② 조합계약에 '동업지분은 제3자에게 양도할 수 있다'는 약정을 두고 있는 것과 같이 조합계약에서 개괄적으로 조합원 지분의 양도를 인정하고 있는 경우, 조합원은 다른 조합원 전원의 동의가 없더라도 자신의 지분 전부를 일체로써 제3자에게 양도할 수 있으나, 그 지분의 일부를 제3자에게 양도할 수는 없다.

③ 공동이행방식의 공동수급체가 공사를 시행함으로 인하여 도급인에 대하여 가지는 채권은 원칙적으로 공동수급체의 구성원에게 합유적으로 귀속한다.

④ 공동이행방식의 공동수급체와 도급인 사이에 개별지분약정이 체결된 경우, 지분비율과 개별 구성원의 실제 공사비율이 다르더라도 각 수급인은 도급인에게 개별지분약정에 기한 공사대금채권만을 행사할 수 있다.

⑤ 甲, 乙, 丙 3인이 전원주택 택지분양사업을 동업하기로 하고 A로부터 조합체로서 토지를 매수하였는데, 그 소유권이전등기를 경료하기 전에 甲이 사망하였고, 丁이 甲의 유일한 상속인이다. 이 경우 乙과 丙은 원칙적으로 丁과 공동으로 A를 상대로 소유권이전등기절차의 이행을 구하여야 한다.

✍ **해설** ···

① 옳음. 민법상 조합계약은 2인 이상이 상호 출자하여 공동으로 사업을 경영할 것을 약정하는 계약이다. 따라서 특정한 사업을 공동경영하는 약정에 한하여 이를 조합계약이라 할 수 있고, 공동의 목적달성이라는 정도만으로는 조합의 성립요건을 갖추었다고 할 수 없다(대판 2007.6.14. 2005다5140 등). ② 옳음. 왜냐하면 민법 제706조에 따라 조합원 수의 다수결로 업무집행자를 선임하고 업무집행방법을 결정하게 되어 있는 조합에 있어서

는 조합원 지분의 일부가 제3자에게 양도되면 조합원 수가 증가하게 되어 당초의 조합원 수를 전제로 한 조합의 의사결정구조에 변경이 생기고, 나아가 소수의 조합원이 그 지분을 다수의 제3자들에게 분할·양도함으로써 의도적으로 그 의사결정구조에 왜곡을 가져올 가능성도 있으므로, 조합원 지분의 일부 양도를 명시적으로 허용한 것이 아니라 단지 조합원 지분의 양도가능성을 개괄적으로 인정하고 있을 뿐인 위 약정만으로 조합계약 당시 조합원들이 위와 같은 의사결정구조의 변경 또는 왜곡의 가능성을 충분히 인식하고 이를 용인할 의사로써 그 지분 일부의 양도까지 허용하였다고 볼 수는 없기 때문이다(대판 2009.4.23. 2008다4247: 따라서 그러한 조합의 조합원은 다른 조합원 전원의 동의가 있는 등 특별한 사정이 있어야만 그 지분의 일부를 제3자에게 유효하게 양도할 수 있고, 이와 같이 조합원 지분의 일부가 적법하게 양도된 경우에 한하여 양수인은 그 양도비율에 따른 자익권[이익분배청구권, 잔여재산분배청구권 등] 외에 양도인이 보유하는 공익권과 별개의 완전한 공익권[업무집행자선임권, 업무집행방법결정권, 통상사무전행권, 업무·재산상태검사권 등]도 취득하게 된다[동 판례]). ③ 옳음. 공동이행방식의 공동수급체는 원칙적으로 민법상의 조합의 성질을 갖는다(대판[전] 2012.5.17. 2009다105406). ④ 옳음. 지문과 같은 경우, 공사도급계약 자체에서 개별 구성원의 실제 공사 수행 여부나 정도를 지분비율에 의한 공사대금채권 취득의 조건으로 약정하거나 일부 구성원의 공사 미이행을 이유로 공동수급체로부터 탈퇴·제명하도록 하여 그 구성원으로서의 자격이 아예 상실되는 것으로 약정하는 등의 특별한 사정이 없는 한, 개별 구성원들은 실제 공사를 누가 어느 정도 수행하였는지에 상관없이 도급인에 대한 관계에서 공사대금채권 중 각자의 지분비율에 해당하는 부분을 취득하고, 공사도급계약의 이행에 있어서의 실질적 기여비율에 따른 공사대금의 최종적 귀속 여부는 도급인과는 무관한 공동수급체 구성원들 내부의 정산문제일 뿐이다(대판 2013.2.28. 2012다107532). ⑤ 틀림. 조합에 있어서 조합원의 1인이 사망한 때에는 민법 제717조에 의하여 그 조합관계로부터 당연히 탈퇴하고 특히 조합계약에서 사망한 조합원의 지위를 그 상속인이 승계하기로 약정한 바 없다면 사망한 조합원의 지위는 상속인에게 승계되지 아니한다(대판 1987.6.23. 86다카2951). 따라서 지문의 丁은 조합원이 아니므로, 乙과 丙이 함께 소유권이전등기를 청구하면 족하다. <답 ⑤>

5. 민법상 조합의 재산관계에 관한 판례의 입장에 부합하지 않는 것은?

<사시 2004년 변형>

① 특별한 사정이 없는 한 조합원 중 1인은 임의로 조합의 채무자에 대하여 출자지분의 비율에 따른 급부를 청구할 수 있다.

② 조합이 조합재산으로 취득한 부동산에 관하여 조합원들 명의로 마친 공유등기는 부동산실권리자명의등기에관한법률에 의하여 무효가 된다.

③ 조합이 해산되고 청산이 종료할 때까지 일부 조합원이 다른 조합원들의 동의를 얻지 않고 조합재산인 채권을 타인에게 양도한 행위는 무효이다.

④ 조합재산의 처분 및 변경에 관한 행위는 다른 특별한 사정이 없는 한 조합의 특별사무에 해당하는 업무집행이므로, 업무집행조합원이 수인인 경우에 원칙적으로 그들의 과반수로써 결정한다.

⑤ 조합의 잔무로서 처리할 일이 없고 잔여재산의 분배만이 남아 있을 때에는, 따로 청산절차를 밟을 필요 없이 각 조합원은 자신의 잔여재산 분배

비율의 범위 내에서 그 분배비율을 초과하여 잔여재산을 보유하고 있는 조합원에 대하여 바로 잔여재산의 분배를 청구할 수 있다.

✍ **해설** ……………………………………

① 예컨대 제3자가 불법으로 조합재산을 침해한 경우 이로 인하여 발생한 조합의 손해배상청구권은 조합재산으로서 조합원의 합유에 속하는 것이며, 그 채권이 지분의 비율에 의하여 조합원에게 분할·귀속되는 것은 아니다. 따라서 조합원의 1인이 그 채권을 직접 청구할 수 없다(대판 1963.9.5. 63다330). 다만 조합이 해산되어 청산의 방법으로 조합채권을 분할, 귀속하기로 하였다면 가능하다. ② 동업 목적의 조합체가 부동산을 조합재산으로 취득하였으나 합유등기가 아닌 조합원들 명의로 공유등기를 하였다면 그 공유등기는 조합체가 조합원들에게 각 지분에 관하여 명의신탁한 것에 불과하므로 부동산실권리자명의등기에 관한 법률 제4조 2항 본문이 적용되어 명의수탁자인 조합원들 명의의 소유권이전등기는 무효가 된다(대판 2002.6.14. 2000다30622). ③ 조합이 해산된 경우에도 청산절차를 거쳐 조합재산을 조합원에게 분배하지 아니하는 한 조합재산은 계속하여 조합원의 합유이고 청산이 종료할 때까지 조합은 존속하는바, 일부 조합원이 다른 조합원들의 동의를 얻지 아니한 채 조합재산인 채권을 타인에게 양도한 행위는 무효이다(대판 1992.10.9. 92다28075). ④ 민법 제272조에 따르면 합유물을 처분 또는 변경함에는 합유자 전원의 동의가 있어야 한다. 그러나 합유물 가운데서도 조합재산의 경우 그 처분·변경에 관한 행위는 조합의 특별사무에 해당하는 업무집행으로서, 이에 대하여는 특별한 사정이 없는 한 민법 제706조 제2항이 민법 제272조에 우선하여 적용되므로, 조합재산의 처분·변경은 업무집행자가 없는 경우에는 조합원의 과반수로 결정하고, 업무집행자가 수인 있는 경우에는 그 업무집행자의 과반수로써 결정하며, 업무집행자가 1인만 있는 경우에는 그 업무집행자가 단독으로 결정한다(대판 2010.4.29. 2007다18911). ⑤ 조합의 목적 달성으로 인하여 조합이 해산되었으나 조합의 잔무로서 처리할 일이 없고 다만 잔여재산의 분배만이 남아 있을 때에는 따로 청산절차를 밟을 필요가 없이 각 조합원은 자신의 잔여재산의 분배비율의 범위 내에서 그 분배비율을 초과하여 잔여재산을 보유하고 있는 조합원에 대하여 바로 잔여재산의 분배를 청구할 수 있고(대판 1995.2.24. 94다13749 등 참고), 이 경우의 잔여재산 분배청구권은 조합원 상호간의 내부관계에서 발생하는 것으로서 각 조합원이 분배비율을 초과하여 잔여재산을 보유하고 있는 조합원을 상대로 개별적으로 행사하면 족한 것이지 반드시 조합원들이 공동으로 행사하거나 조합원 전원을 상대로 행사하여야 하는 것은 아니다(대판 2011.1.27. 2008다2807. 조합이 해산되어 청산절차를 거칠 필요가 없는 경우, 각 조합원은 분배비율을 초과하여 잔여재산을 보유하고 있는 조합원에 대하여 잔여재산을 분배하여 줄 것을 청구할 수 있는 권리를 가지지만, 그 조합재산의 소유권이 곧바로 각 조합원에게 귀속하는 것은 아니다. 따라서 그 조합재산은 조합원에게 분배되기 전까지는 계속하여 조합원의 합유로 남아 있는 것이라고 보아야 한다). <답 ①>

6. 다음은 조합계약 및 그 법률관계에 관한 민법규정의 내용이다. 〈A군〉과 〈B군〉에서 각각 틀린 내용을 바르게 연결한 것은? <법원 2001년 변형>

〈A군〉

ⓐ 조합은 2인 이상이 상호출자하여 공동사업을 경영할 것을 약정함으로써 그 효력이 생기는데 이 경우 출자는 금전 기타 재산 또는 노무로 할 수 있다.

ⓑ 조합의 통상적 사무는 각 조합원 또는 각 업무집행자가 전행(專行)할 수 있으나 그 사무의 완료 전에 다른 조합원이나 다른 업무집행자의 이의가 있는 때에는 즉시 중지하여야 한다.
ⓒ 업무집행자인 조합원은 정당한 사유 없이 사임하지 못하며 다른 조합원의 일치가 아니면 해임당하지 않는다.
ⓓ 조합원의 지분에 대한 압류는 그 조합원의 장래의 이익배당 및 지분의 반환을 받을 권리에 대하여 효력이 있다.
ⓔ 금전을 출자의 목적으로 한 조합원이 출자시기를 지체한 때에는 연체이자를 지급할 의무는 있으나 손해를 배상할 의무는 없다.

〈B군〉
㉠ 조합채권자는 그 채권발생 당시에 조합원의 손실부담의 비율을 알지 못한 때에는 각 조합원에게 균분하여 그 권리를 행사할 수 있다.
㉡ 조합원 중에 변제할 자력이 없는 자가 있는 때에는 그 변제할 수 없는 부분은 다른 조합원이 균분하여 변제할 책임이 있다.
㉢ 조합계약으로 조합의 존속기간을 정하지 아니하거나 조합원의 종신까지 존속할 것을 정한 때에는 각 조합원은 언제든지 탈퇴할 수 있으나, 부득이한 사유가 없으면 조합의 불리한 시기에 탈퇴하지는 못한다.
㉣ 탈퇴한 조합원과 다른 조합원간의 계산에서 당사자가 손익분배의 비율을 정하지 아니한 때에는 각 조합원의 출자가액에 비례하여 이를 정하여야 한다.
㉤ 조합원의 제명은 정당한 사유가 있는 때에 한하여 다른 조합원의 과반수로 결정한다.

① ⓐ—㉣ ② ⓑ—㉣ ③ ⓔ—㉤
④ ⓒ,ⓔ—㉡, ㉤ ⑤ ⓓ,ⓔ—㉣, ㉤

해설

ⓐ 제703조 1항 및 2항. ⓑ 제706조 3항. ⓒ 제708조. ⓓ 제714조. ⓔ 지연이자 외에 손해를 배상하여야 한다(제705조). ㉠ 제712조. ㉡ 제713조. ㉢ 제716조 1항. ㉣ 조합에서 조합원이 탈퇴하는 경우, 탈퇴자와 잔존자 사이의 탈퇴로 인한 계산은 특별한 사정이 없는 한 민법 제719조 1항·2항에 따라 '탈퇴 당시의 조합재산상태'를 기준으로 평가한 조합재산 중 탈퇴자의 지분에 해당하는 금액을 금전으로 반환하여야 하고, 조합원의 지분비율은 '조합 내부의 손익분배 비율'을 기준으로 계산하여야 하나, 당사자가 손익분배의 비율을 정하지 아니한 때에는 민법 제711조에 따라 각 조합원의 출자가액에 비례하여 이를 정하여야 한다(대판 2008.9.25. 2008다41529). ㉤ 다른 조합원 전원의 동의가 있어야 한다(제718조 1항).

<답 ③>

7. 조합에 관한 설명 중 옳은 것(○)과 옳지 않은 것(×)을 바르게 표시한 것은?

(다툼이 있는 경우에는 판례에 의함) <법원 2008년 변형, 변호사모의 2011년 유사>

> ㉠ 탈퇴한 조합원과 다른 조합원간의 계산은 사실심변론종결시의 조합재산상태에 의하여 한다.
> ㉡ 사망은 비임의탈퇴 사유에 해당하지 않는다.
> ㉢ 업무집행 조합원의 배임행위로 조합이 손해를 입은 경우 그로 인하여 조합의 목적을 달성할 수 없게 되었다면 조합원으로서는 조합관계를 벗어난 개인의 지위에서 그 손해의 배상을 구할 수 있는 것이 원칙이다.
> ㉣ 2인 조합에서 조합원 1인이 탈퇴하면 조합관계는 종료되지만 특별한 사정이 없는 한 조합이 해산되지 아니하고, 조합원의 합유에 속하였던 재산은 남은 조합원의 단독소유에 속하게 되어 기존의 공동사업은 청산절차를 거치지 않고 잔존자가 계속 유지할 수 있다.
> ㉤ 위 ㉣의 경우, 조합재산이 부동산인 경우에는 그 물권변동의 원인은 조합관계에서의 탈퇴라고 하는 법률행위에 의한 것으로서 잔존조합원의 단독소유로 하는 내용의 등기를 하여야 비로소 소유권변동의 효력이 발생한다.

① ㉠(○), ㉡(×), ㉢(×), ㉣(×), ㉤(○)
② ㉠(×), ㉡(○), ㉢(○), ㉣(×), ㉤(○)
③ ㉠(○), ㉡(○), ㉢(×), ㉣(○), ㉤(×)
④ ㉠(×), ㉡(×), ㉢(×), ㉣(○), ㉤(○)
⑤ ㉠(×), ㉡(×), ㉢(○), ㉣(○), ㉤(○)
⑥ ㉠(×), ㉡(○), ㉢(○), ㉣(○), ㉤(×)
⑦ ㉠(○), ㉡(○), ㉢(×), ㉣(○), ㉤(○)
⑧ ㉠(○), ㉡(×), ㉢(○), ㉣(○), ㉤(×)

해설

㉠ 틀림. 탈퇴한 조합원과 다른 조합원 간의 계산은 탈퇴 당시의 조합재산 상태에 의하여 한다(제719조 1항). ㉡ 틀림. 비임의탈퇴 사유는 사망, 파산, 성년후견개시 및 제명이다(제717조). ㉢ 틀림. 업무집행 조합원의 배임행위로 조합이 입은 손해는 조합과 무관하게 조합원 개인으로서 입은 손해가 아니고, 조합체를 구성하는 조합원의 지위에서 입은 손해에 지나지 아니하는 것이므로, 결국 피해자인 조합원으로서는 조합관계를 벗어난 개인의 지위에서 그 손해의 배상을 구할 수는 없다(대판 1999.6.8. 98다60484 등 참고). ㉣ 옳음. 대판 2006.3.9. 2004다49693,49709 참고. ㉤ 옳음. 대판 2011.1.27. 2008다2807.

<답 ④>

8. 甲, 乙, 丙은 자금을 출자하여 스포츠센터를 경영하기로 하는 동업계약을 체결하면서, 甲을 업무집행자로 정하고 그 계약의 존속기간이나 손익분배 등의 세부적 사항은 정하지 않았다. 이 사례에 관한 설명 중 옳은 것을 모두

고르면? (다툼이 있는 경우에는 판례에 의함) <사시 2007년 변형>

㉠ 甲이 아직 자신의 출자의무를 이행하지 않은 상태에서 乙에게 출자의무의 이행을 청구하더라도, 乙이 甲을 상대로 동시이행의 항변권을 행사할 수는 없다. ㉡ 乙이 자신의 출자의무를 전혀 이행하지 않고 있다면, 甲과 丙은 합의하여 乙을 제명하거나 각자가 스스로 탈퇴할 수 있으며, 그 동업계약 자체를 해제하여 원상회복을 청구할 수도 있다. ㉢ 만약 甲만이 이익분배를 받기로 약정했다면 그 동업계약은 조합계약이라고 볼 수 없다. ㉣ 출자와 이익분배에 관한 특약이 없는 경우, 甲은 아직 출자의무를 이행하지 않은 乙의 이익분배청구를 거절할 수는 없으나, 乙에 대한 조합의 출자금채권과 乙의 이익분배청구권을 상계할 수는 있다. ㉤ 甲이 권한을 넘는 행위를 하여 조합자금을 모두 상실한 경우, 甲에 대해 乙과 丙은 조합관계를 벗어나 개인의 지위에서 손해배상을 청구할 수도 있다.

① ㉠, ㉡ ② ㉠, ㉤ ③ ㉡, ㉢
④ ㉢, ㉣ ⑤ ㉢, ㉣, ㉤ ⑥ ㉣, ㉤
⑦ ㉠, ㉣ ⑧ ㉠, ㉢, ㉣

해설

㉠㉡ 어느 조합원이 출자의무를 이행하지 않은 것과 다른 조합원의 출자의무가 서로 대가적 견련관계에 있는 것은 아니다. 따라서 다른 조합원의 출자의무를 다하지 않은 것을 이유로 자신의 출자의무의 이행을 거절할 수는 없다고 해야 하며, 특히 업무집행조합원이 출자의무의 이행을 요구할 경우에 비록 그 집행조합원이 출자의무를 이행하고 있지 않더라도 그것을 이유로 동시이행의 항변을 할 수는 없다. 또한 다른 조합원이 조합관계를 해제 또는 해지한다는 것은 있을 수 없다(김형배, 737면 이하; 대판 1994.5.13. 94다7157 등 참고). ㉢ 손익분배의 비율은 조합계약으로 정하는 것이 원칙이며 그 비율은 당사자의 자유이나, 영리를 목적으로 하는 조합에서 일부 조합원만이 이익분배를 받는다고 약정하는 것은 조합의 본질에 반한다. ㉣ 대판 2006.8.25. 2005다16959 참고. 특약이 없는 한 출자의무를 이행하지 않은 조합원이라 하더라도 이익분배청구권은 인정되며, 다만 조합은 이익분배채무를 수동채권으로 하여 상계할 수 있을 뿐이다. ㉤ 업무집행 조합원의 배임행위로 조합이 손해를 입은 경우 그로 인하여 손해를 입은 주체는 조합이라 할 것이므로 그로 인하여 조합의 목적을 달성할 수 없게 되었다고 하더라도 조합원으로서는 조합관계를 벗어난 개인의 지위에서 그 손해의 배상을 구할 수는 없는 것이 원칙이고, 다만 배임행위로 인하여 조합관계가 종료되고 달리 조합의 잔여업무가 남아 있지 아니한 상황에서 조합의 유일한 재산이 배임행위를 한 조합원에 대한 손해배상채권의 형식으로 잔존하고 있는 경우라면, 다른 조합원은 배임행위를 한 조합원에게 그 손해배상채권액 중 자신의 출자가액 비율에 의한 몫에 해당하는 돈을 잔여재산분배금으로 청구할 수 있을 뿐이라고 할 것이다(대판 2005.12.8. 2004다30682). <답 ⑧>

9. 甲과 乙은 2009.1.1. 각 5천만 원씩 투자하여 자동차를 구입하여 운송업을 하였다. 그 후 甲과 乙 사이에 다툼이 발생하여 2009.3.3. 그만두기로 하였다. 이때까지의 자산으로 자동차 1대, 수익금 3천만 원, 丙에 대한 2천만 원 채권이 있고, 운송업과 관련한 채무로 丁에 대한 5천만 원의 채무가 있다. 甲은 丙에 대하여 개인적으로 2천만 원의 채무가 있다. 손익분배의 비율을 정하지 아니하였고, 甲의 운전시간이 乙의 두 배에 달한다. 다음 설명 중 옳은 것은? <변호사모의 2010년 변형>

① 자산을 분배할 때에는 각자의 기여도에 따라 분배하여야 하고, 甲의 운전시간이 乙의 두 배이므로, 甲의 분배액이 乙의 분배액의 2배여야 한다.

② 자동차에 대한 분배는 현물로 할 수 없으므로, 합의가 안 되면 해결할 방법이 없다.

③ 丁은 甲과 乙에게 금액을 달리하여 청구할 수 있다.

④ 甲과 乙은 연대하여 丁에 대하여 채무를 변제하여야 한다.

⑤ 丙은 甲에 대한 2천만 원의 채권으로 甲·乙의 丙에 대한 2천만 원의 채권과 상계할 수 있다.

해설 ....

① 틀림. 잔여재산은 각 조합원의 출자가액에 비례하여 이를 분배한다(제724조 제2항). ② 틀림. 조합이 해산된 경우 당사자 사이에 별도의 약정이 없는 이상 청산절차를 밟는 것이 통례이나, 조합의 잔무로서 처리할 일이 없고 다만 잔여재산의 분배만이 남아 있을 때에는 따로 청산절차를 밟을 필요가 없으며 잔여재산은 조합원 사이에 별도의 특약이 없는 이상 각 조합원의 출자가액에 비례하여 분배하게 되어 있으므로, 비록 조합채무의 변제 사무가 완료되지 아니한 사정이 있더라도 그 채권자가 조합원인 경우에는 동업체 자산을 보유하는 자가 동업체 자산에서 채권자 조합원에 대한 조합채무를 공제하여 분배대상 잔여재산액을 산출한 다음, 다른 조합원들에게 잔여재산 중 각 조합원의 출자가액에 비례한 몫을 반환함과 아울러 채권자 조합원에게 조합채무를 이행함으로써 별도의 청산절차를 거침이 없이 간이한 방법으로 공평한 잔여재산의 분배가 가능하다(대판 2007.11.15. 2007다48370,48387). ③ 틀림. 제712조 참조. 또한 조합의 채무는 각 조합원의 채무로서 그 채무가 불가분의 채무이거나 연대의 특약이 없는 한 조합채권자는 각 조합원에 대하여 지분의 비율에 따라 또는 균일적으로 변제의 청구를 할 수 있을 뿐이지 달리 그 금원 전부나 연대의 지급을 구할 수는 없다(대판 1985.11.12. 85다카1499). ④ 옳음. 조합의 채무는 조합원의 채무로서 특별한 사정이 없는 한 조합채권자는 각 조합원에 대하여 지분의 비율에 따라 또는 균일적으로 변제의 청구를 할 수 있을 뿐이나, 조합채무가 특히 조합원 전원을 위하여 상행위가 되는 행위로 인하여 부담하게 된 것이라면 상법 제57조 제1항을 적용하여 조합원들의 연대책임을 인정함이 상당하다(대판 1998.3.13. 97다6919). ⑤ 틀림. 조합에 대한 채무자는 그 채무와 조합원에 대한 채권으로 상계할 수는 없는 것이므로(제715조), 조합으로부터 부동산을 매수하여 잔대금 채무를 지고 있는 자가 조합원 중의 1인에 대하여 개인 채권을 가지고 있다고 하더라도 그 채권과 조합과의 매매계약으로 인한 잔대금 채무를 서로 대등액에서 상계할 수는 없다(위 97다6919 판결). <답 ④>

제14절 종신정기금

1. 종신정기금계약에 관한 다음 설명 중 틀린 것은?

① 정기금수익자의 사망이 정기금채무자의 책임 있는 사유로 인한 경우에는 법원은 상당한 기간 채권의 존속을 선고할 수 있다.

② 이때 상당한 기간이라 함은 정기금의 원금잔액과 이자를 고려하여 결정하여야 한다.

③ 정기금채무자가 의무의 이행을 게을리 하는 경우, 정기금채무자가 정기금 원본을 받고 있으면 정기금채권자는 원본의 반환을 청구할 수 있다.

④ 위의 경우 이미 지급을 받은 정기금에서 그 원본의 이자를 공제한 잔액을 정기금채무자에게 반환하여야 한다.

⑤ 종신정기금채권이 그 급부의 표준으로 되어 있는 기간의 중도에서 소멸한 때에는 종신정기금은 일수(日數)로 계산한다.

해설

① 종신정기금계약은 종신정기금을 받는 특정인이 사망하면 종료하는 것이 원칙이다. 그러나 그 특정인의 사망이 정기금채무자의 책임 있는 이유로 인한 것이면 법원은 정기금채권자 또는 그 상속인의 청구에 의하여 타당한 기간 동안 채권의 존속을 선고할 수 있다(제729조 1항). ② '상당한 기간'이란 특정인이 생존하였을 기간을 말한다. ③④ 채무자가 종신정기금지급의무를 제대로 이행하지 않으면, 채권자는 정기금채무자가 정기금의 원본을 받고 있는 경우에는 정기금채권자는 원본의 반환을 청구할 수 있다. 그러나 이 경우에 있어서 정기금채권자는 이미 지급을 받은 정기금에서 그 원본의 이자를 공제한 잔액을 정기금채무자에게 반환하여야 한다. ⑤ 제726조. <답 ②>

2. 다음은 종신정기금계약 및 그 채권관계에 관한 설명이다. 거리가 먼 것은? (다른 약정은 없음)

ⓐ 급부의 목적물은 부대체물이다.
ⓑ 종신정기금계약은 낙성계약이다.
ⓒ 종신정기금채권은 종신정기금계약에 의하여 성립하기 때문에 단독행위에 의해서는 인정되지 않는다.
ⓓ 종신정기금채무의 불이행이 있으면 채무자가 정기금의 원본을 받고 있지 않은 경우에 채권자는 해제하고 손해의 배상을 청구할 수 있다.
ⓔ 종신정기금계약이 소멸하더라도 일정한 경우 그 채권은 존속할 수 있다.

① ⓐ, ⓔ ② ⓐ, ⓑ ③ ⓐ, ⓒ
④ ⓐ, ⓑ, ⓒ ⑤ ⓐ, ⓑ, ⓒ, ⓔ

✍ 해설 ……………………………………

ⓐ 종신정기금채무의 급부목적물은 금전 기타 대체물이다. ⓑ 낙성 · 불요식계약이고, 무상계약일 수도 있고 유상계약일 수도 있다. ⓒ 유증에 의해서도 종신정기금채권을 발생할 수 있다(제730조). 채권의 발생원인은 법률행위이고 그 종류에 제한을 두는 것은 아니다. ⓓ 제543조 이하 참조. ⓔ 특정인의 사망으로 종신정기금채권은 소멸하지만, 그 사망이 채무자의 귀책사유로 인한 경우에는 법원은 정기금채권자 혹은 그 상속인의 청구에 의거하여 상당한 기간을 지닌 채권의 존속을 선고할 수 있다(제729조). <답 ③>

제15절 화 해

1. 화해계약의 성질 및 법률관계와 거리가 먼 설명은? (다른 약정은 없음)

① 소비대차에 기한 반환채무액에 관하여 분쟁이 있는 경우에 화해계약을 통하여 이를 해결할 수 있다.

② 본인 A의 건물을 매매하는 데에 대하여 대리권한을 받은 대리인 B는 상대방 C와 이미 체결된 매매계약상의 매매대금에 관하여 분쟁이 있는 경우에는 수권 없이도 C와 화해계약을 체결할 수 있다.

③ 화해계약이 성립되기 위해서는 양 당사자 모두 양보하여야 한다.

④ 화해계약으로 당사자는 새로운 채무를 부담하게 된다.

⑤ 화해계약이 사기로 인하여 이루어졌다면 화해의 목적인 분쟁에 관한 사항에 착오가 있는 때에도 이를 취소할 수 있다.

✍ 해설 ……………………………………

① 화해계약에서 분쟁이란 법률관계의 존부 · 범위 · 태양 등에 관하여 당사자의 주장이 서로 불일치하는 것을 말한다(다수설). ② 화해계약의 당사자는 분쟁내용에 관하여 처분권이나 처분능력이 있어야 하므로, 타인의 채무에 관하여 화해계약을 체결하려는 자는 본인으로부터 이에 관한 수권(즉, 대리권의 수여)이 존재하여야 한다. ③ 일방만의 양보는 화해가 아니므로 분쟁당사자가 서로 양보하여야 한다. ④ 분쟁의 내용이었던 화해 전의 법률관계는 소멸하고 당사자는 새로운 채무를 부담한다. ⑤ 민법 제733조의 규정에 의하면, 화해계약은 화해당사자의 자격 또는 화해의 목적인 분쟁 이외의 사항에 착오가 있는 경우를 제외하고는 착오를 이유로 취소하지 못하지만, 화해계약이 사기로 인하여 이루어진 경우에는 화해의 목적인 분쟁에 관한 사항에 착오가 있는 때에도 민법 제110조에 따라 이를 취소할 수 있다고 할 것이다(대판 2008.9.11. 2008다15278 참고). <답 ②>

2. 화해와 유사한 제도를 비교한 것이다. 틀린 설명은?

① 조정은 법원 기타 국가기관의 알선으로 당사자가 합의에 의해 분쟁을 해결하는 제도로 당사자 쌍방의 양보가 요구된다.

② 민사상의 화해에는 화해조서 등 문서의 작성이 요구되지 않는다.

③ 중재는 제3자인 중재인의 판정에 의해 사법상의 분쟁을 해결하는 것으로

서 당사자는 중재판정에 복종하여야 한다.

④ 소송상의 화해는 소송계속 중 소송물인 권리관계에 대하여 당사자 쌍방이 양보하여 합의한 결과를 법원에 진술하는 것이며 확정판결과 동일한 효력을 갖는다.

⑤ '제소전 화해'는 소송제기 전에 분쟁당사자의 일방이 상대방의 보통재판적소재지의 지방법원에 화해신청을 하여 화해를 성립시키는 것으로 확정판결과 동일한 효력을 가진다.

해설

① 조정은 분쟁의 해결이 주목적이고 당사자가 반드시 서로 양보하여야 하는 것은 아니므로 민사상의 화해와는 같지 않다. ② 민사상의 화해는 낙성계약이다. ③ 중재는 당사자가 서로 양보해서 분쟁을 해결하는 경우가 아니다. ④ 민소법 제145조. ⑤ 민소법 제385조 1항.

<답 ①>

3. 화해의 효력에 관한 다음 설명 중 틀린 것은?

① 확정판결로 확정된 법률관계도 당사자 사이에 다툼이 있으면 화해의 대상이 될 수 있다.

② 화해계약이 유효하게 성립하면 화해 전의 법률관계에 기초한 소송으로 권리구제를 받을 수 없게 되며, 본안판결에 의해 청구기각의 실체판결을 받게 된다.

③ 만일 사후에 화해 전의 법률관계에 대한 명백한 증거가 나타나면 화해계약을 소멸시키고 그 종전의 법률관계에 따를 것을 약정한 경우 이러한 약정은 무효이다.

④ 甲의 丙에 대한 채권을 양수한 乙과 채무자 丙 사이에 잔존채권액에 대한 분쟁이 생겨 결국 중간금액으로 화해하였다면 나중에 다른 확증이 나타나더라도 화해의 효력을 다툴 수 없다.

⑤ ④의 경우에 만약 채무자 丙이 나중에 이르러 甲(채권양도인) · 乙(양수인) 사이의 채권양도가 무효임을 알았더라면 丙은 화해계약의 취소를 주장할 수 있다.

해설

① 다툼이 있는 법률관계의 종류에는 제한이 없다. 따라서 확정판결로 확정된 법률관계는 당사자가 재판상으로는 다툴 수 없으나 사실상 다툼이 있으면 화해를 할 수 있다. 그러나 당사자가 자유롭게 처분할 수 없는 법률관계(특히 신분행위)는 화해의 목적이 될 수 없다. ② 화해계약이 유효하게 성립하면 자동적으로 화해 전의 법률관계는 소멸하게 되어 그에 기초한 소송으로 권리구제를 받을 수 없게 되며, 그러한 사실은 본안판결에 의해 청구기각의 실체판결을 받게 된다. ③④ 화해는 창설적 효력을 가지므로 종래의 법률관계가 어떠하였느냐를 묻지 않고서 화해에 의해 새로운 법률관계가 생기고 새로운 권리의 득실이 있게 된다(제732조). 따라서 후에 다른 확증이 나타나더라도 화해의 효력에는 아무런 영

향이 없다. 그러나 이 규정은 임의규정이므로 만일 후에 화해 전의 법률관계에 대한 명백한 증거가 나타나면 화해계약을 소멸시키고 그 종전의 법률관계에 따를 것을 약정한 경우에 이러한 약정은 유효하다. ⑤ 화해는 당사자 사이의 법률관계를 확정하는 효력을 가지므로 당사자는 화해계약으로 확정된 의무를 이행하고 권리를 승인하여야 한다. 다만 화해 전의 법률관계 가운데 화해의 전제가 된 분쟁에 해당하지 않는 것은 화해계약 후에도 그대로 존속한다. 乙·丙 사이의 화해에 있어서는 채권양도의 유효·무효에 대한 다툼은 없고, 따라서 그 점에 대하여 확정하려는 합의는 없었기 때문에 이는 화해의 효력범위 밖이다. 특히 丙이 화해계약을 취소할 수 있는 근거는 '착오에 의한 의사표시'이다(제109조 1항, 제733조 단서). <답 ③>

4. 화해에 관한 다음 설명 가운데 틀린 것만 고르면? <노무사 2002년 변형>

> ㉠ 화해계약도 역시 채권계약이므로 특별한 사정이 없는 한 당사자 사이에서만 효력이 생긴다.
> ㉡ 화해는 당사자 사이에 분쟁을 중지하는 것을 목적으로 하는 계약이므로 당사자 사이에 어떠한 분쟁이 존재하는 것을 전제로 한다. 그러므로 구체적인 분쟁이 없으면 화해도 있을 수 없다.
> ㉢ 친자관계의 존부와 같이 당사자가 자유로이 처분할 수 없는 법률관계는 화해의 목적이 되지 않는다.
> ㉣ 화해의 의사표시에 착오가 있는 경우에 그 착오가 분쟁사항 자체에 관한 것이면 착오에 관한 민법총칙의 규정이 적용된다.
> ㉤ 판례는 불법행위가 있은 후 손해의 범위를 정확히 확인하기 어려운 상황에서 배상액합의를 하였으나 후발손해액이 사회통념상 중대한 것일 때에는 배상액합의의 효력은 이 후발손해에까지 미치는 것은 아니라고 한다.

① ㉠　② ㉢　③ ㉤
④ ㉠, ㉤　⑤ ㉡, ㉤　⑥ ㉡, ㉢, ㉣
⑦ ㉢, ㉣, ㉤　⑧ ㉠, ㉡, ㉢, ㉣, ㉤

해설

㉠ 화해계약의 법률효과는 당사자 사이에서만 구속력이 생기며 제3자에게는 효력이 없다. ㉡ 분쟁이란 법률관계의 존부·범위·모습 등에 관하여 당사자들의 주장이 서로 일치하지 않는 것을 말한다(통설). ㉢ 분쟁대상에 대한 처분능력이나 처분권한을 가지고 있어야 하므로 당사자가 자유롭게 처분할 수 없는 친족법 및 상속법상 법률관계는 화해의 목적이 될 수 없다. ㉣ 분쟁대상 자체에 관하여 착오에 빠져 화해를 한 경우에는 이를 이유로 취소할 수 없다(제733조 본문). ㉤ 통설 및 판례(대판 2000. 3.23. 99다63176 등 참고). 그 근거를 신의칙에서 구하는 비판적 견해가 있다(김형배, 807면 참고). <답 ③>

종합문제

1. 甲과 乙이 골재채취업을 동업하다가 2005.3.20. 甲이 위 동업관계에서 탈퇴하게 되자 乙은 甲에게 정산금으로 3,000만 원을 지급하기로 하되 같은 날 이를 甲으로부터 차용한 것으로 하고 변제기를 2005.6.20.로 약정하였다('이 사건 약정'). 그 후 甲은 2011.9.27. 乙을 상대로 (1) 위 3,000만 원의 지급을 구하는 대여금청구의 소를 제기하면서, (2) 이 사건 약정 당시 위 3,000만 원에 대하여 연 10%의 이자도 정하였다고 주장하며 위 3,000만 원에 대한 약정이자 및 지연손해금으로 이 사건 약정일인 2005.3.20.부터 다 갚는 날까지 연 10%의 비율에 의한 금원의 지급도 아울러 청구하였다. 이에 대하여 乙은, 甲의 청구원인사실 중 (1) 이 사건 약정의 존재에 관하여는 다투지 아니하나 (2) 이자지급 약정의 존재에 관하여는 부인하는 주장을 함과 아울러, 이 사건 약정에 의하여 발생한 甲의 채권은 상사채권으로서 위 소제기시 이미 변제기로부터 5년의 상사시효가 경과하여 소멸하였다고 항변하였다. 한편 甲은 그 주장하는 바와 같은 이자지급 약정의 존재를 증명하지 못하였다. 이 경우 법원이 내려야 할 판단에 관한 설명 중 옳은 것을 모두 고르면? (다툼이 있는 경우에는 판례에 의함) <변호사 2012년>

ㄱ. 이 사건 약정을 경개 또는 준소비대차 중 어느 것으로 볼 것인가는 일차적으로 당사자의 의사에 따라 결정되고, 만약 당사자의 의사가 명백하지 않을 때에는 특별한 사정이 없는 한 준소비대차로 보아야 한다.
ㄴ. 이 사건 약정과 같은 동업자 사이의 계산은 상행위라 하더라도 계산상 부담할 채무를 현실로 수수함이 없이 소비대차로 전환한 것인 이상 민사행위가 되어 위 차용금채무에 대하여는 일반 민사채권의 시효기간인 10년이 적용되므로, 乙의 소멸시효 항변은 배척되어야 한다.
ㄷ. 甲이 주장하는 이자지급 약정이 인정되지 않는 이상, 법원은 甲의 이자 및 지연손해금 청구를 모두 배척할 수밖에 없다.
ㄹ. 甲이 주장하는 이자지급 약정이 인정되지 않는다 하더라도 법원은 乙에게 3,000만 원의 지급을 명하는 판결을 선고하면서 위 3,000만 원에 대하여 판결 선고 다음날부터는 소송촉진 등에 관한 특례법이 정한 연 20%의 비율에 의한 지연손해금의 지급도 아울러 명하여야 한다.

① ㄱ ② ㄱ, ㄴ ③ ㄱ, ㄷ
④ ㄱ, ㄷ, ㄹ ⑤ ㄴ, ㄷ, ㄹ

해설

ㄱ. 옳음. 당사자의 의사가 명확하지 않은 경우 경개로 보게 되면 채권자는 기존 채권의

담보를 잃고 채무자는 항변권을 잃게 되어 모두에게 불리하게 되므로, 준소비대차로 보아야한다(대판 1989.6.27. 89다카2957). ㄴ. 틀림. 甲은 골재채취를 영업으로 하는 자이어서 상인이고 이 준소비대차는 상인인 甲이 그 영업을 위하여 한 상행위로 추정함이 상당하므로(이 점은 위 약정을 경개라고 하더라도 마찬가지이다), 이에 의하여 새로이 발생한 채권은 상사채권으로서 5년의 상사시효의 적용을 받는다(대판 1989.6.27. 89다카2957). ㄷ. 틀림. 대여금에 대한 약정이자의 지급청구에는 상법 소정의 법정이자의 지급을 구하는 취지도 포함되어 있다고 보아야 하므로 법원으로서는 이자지급약정이 인정되지 않는다 하더라도 곧바로 위 청구를 배척할 것이 아니라 법정이자청구에 대하여도 판단하여야 한다(대판 2007.3.15. 2006다73072). 또한 금전채무의 불이행에 따른 손해배상액은 약정이율에 의하여 산정하고, 그 약정이 없는 때에는 법정이율에 의하여 산정한다(제397조 1항). 따라서 위 사례에서 비록 이자지급약정이 인정되지 않아도 상사채무인 점에서 상사법정이율인 연 6%에 따른 지연손해금청구는 인정될 수 있다. ㄹ. 틀림. 乙의 소멸시효 항변에 의하여 3,000만 원의 상사채권은 시효로 소멸하였으므로 법원은 이 원본채권 및 이자채권 등에 대하여 부존재하는 것으로 다뤄져야 한다. <답 ①>

제 4 장 사무관리

1. 위임과 사무관리에 관한 다음 설명 중 틀린 것은?

① 사무관리는 위임과 달리 본인과 사무관리인 사이의 계약을 전제하지 않는다.

② 사무관리인은 보고의무만을 부담하는 수임인과 달리 관리개시의 통지의무도 부담한다.

③ 사무관리인은 수임인과 마찬가지로 사무관리를 위해 과실 없이 입게 된 손해 전액의 배상을 청구할 수 있다.

④ 수임인이 위임사무의 처리에 관한 비용의 선급을 청구할 수 있는 것과 달리 사무관리인에게는 지출한 비용의 상환을 청구할 수 있을 뿐이다.

⑤ 유상위임의 경우 수임인에게 주어지는 보수청구권이 사무관리인에게는 원칙적으로 인정되지 않으나, 보수에 상응하는 비용상환청구권은 인정된다.

해설

① 사무관리와 위임은 양자 모두 타인사무의 처리를 목적으로 한다는 점에서는 같으나, 사무관리의 경우 법정채권관계인 반면에 위임의 경우에는 약정채권관계라는 점에서 구별된다. 이러한 차이로 인해 ② 사무관리인은 본인에게 사무관리의 개시를 통지할 의무를 부담하며(제736조), ④ 비용의 선급을 청구할 여지가 없게 된다(위임의 경우 제687조). 또한 ③ 위임과 달리 사무관리인은 사무관리 도중에 과실 없이 입게 된 손해를 현존이익의 한도에서만 배상을 청구할 수 있으며(제740조), ⑤ 특별법상 규정이 없는 한 보수청구권이 주어지지 않는다. 한편, 직업 또는 영업에 의하여 유상으로 타인을 위하여 일하는 사람이 향후 계약이 체결될 것을 예정하여 그 직업 또는 영업의 범위 내에서 타인을 위한 행위를 하였으나 그 후 계약이 체결되지 아니함에 따라 타인을 위한 사무를 관리한 것으로 인정되는 경우에 상법 제61조는 상인이 그 영업범위 내에서 타인을 위하여 행위를 한 때에는 이에 대하여 상당한 보수를 청구할 수 있다고 규정하고 있어 직업 또는 영업의 일환으로 제공한 용역은 그 자체로 유상행위로서 보수 상당의 가치를 가진다고 할 수 있다. 따라서 그 관리자는 통상의 보수를 받을 것을 기대하고 사무관리를 하는 것으로 보는 것이 일반적인 거래 관념에 부합하고, 그 관리자가 사무관리를 위하여 다른 사람을 고용하였을 경우 지급하는 보수는 사무관리 비용으로 취급되어 본인에게 반환을 구할 수 있는 것과 마찬가지로 다른 사람을 고용하지 않고 자신이 직접 사무를 처리한 것도 통상의 보수 상당의 재산적 가치를 가지는 관리자의 용역이 제공된 것으로서 사무관리 의사에 기한 자율적 재산희생으로서의 비용이 지출된 것이라 할 수 있으므로 그 통상의 보수에 상응하는 금액을 필요비 내지 유익비로 청구할 수 있다고 봄이 타당하다. 이 경우 통상의 보수의 수준이 어느 정도인지는 거래관행과 사회통념에 의하여 결정하되, 관리자의 노력의 정도, 사무관리에 의하여 처리한 업무의 내용, 사무관리 본인이 얻은 이익 등을 종합적으로

고려하여 판단하여야 한다(대판 2010.1.14. 2007다55477). <답 ③>

2. 사무관리에 관한 다음 설명 중 틀린 것은?

① 사무관리의 법적 성질은 사실행위로서 준법률행위에 해당한다.
② 사무관리는 법률상 원인 없이 타인의 사무를 처리하는 것을 목적으로 한다.
③ 사무관리는 본인의 추인을 통해 위임계약으로 전환되지는 않는다.
④ 사무관리가 성립하기 위해서는 사무관리자에게 대리적 효과의사가 존재해야 한다.
⑤ 사무관리의 내용은 반드시 법률행위에 한하지 않고 사실행위도 포함한다.
⑥ 관리자에게 관리의무가 있음에도 불구하고 의무가 없다고 오신한 경우에는 사무관리가 성립하지 않는다.

해설

① 법정채권발생원인으로 사무관리는 혼합사실행위로서 준법률행위에 해당한다. ② 타인의 사무를 처리하는 것을 목적으로 하지만, 위임은 당사자 사이의 약정으로 그러한 채무가 발생하는 것이고 사무관리는 법률상 원인 없이 타인의 사무를 관리하는 것이다. ③ 사무관리라는 법정채권발생원인이 본인의 추인으로 당연히 약정채권발생원인인 위임계약으로 전환되지는 않는다. 다만 본인의 의사에 반하지 않는 사무관리가 될 뿐이다. ④ 사무관리가 성립하기 위해서는 이른바 '관리의사'가 존재하여야 하나, 이는 사무관리에서 다루어지는 법률효과를 발생시키려는 의사표시가 아니라 사무처리상의 사실상 이익을 본인에게 귀속시키려는 의사를 말한다. 따라서 사무관리에 의해서는 본인과 관리자 사이에 법정채권관계가 성립될 뿐이고, 관리자가 제3자와 체결한 법률행위의 법률효과가 본인에게 직접 발생하는 것은 아니다. ⑤ 타인의 사무를 처리하는 사무관리에 있어서 그 사무의 내용에는 반드시 사실행위에 한정되는 것이 아니라 법률행위도 포함된다. ⑥ 관리의무가 존재하면 사무관리는 성립하지 않는다(제734조 참조). <답 ④>

3. 사무관리의 성립에 관한 다음 설명 중 틀린 것은?(다툼이 있는 경우에는 다수설에 의함)

① 의사능력을 상실한 B의 사무를 법률상의 원인 없이 A가 관리한 경우, 사무관리가 성립한다.
② 채무자 B의 부탁 없이 A가 채권자 C와 보증계약을 체결한 후 변제하는 경우, A와 B 사이에는 사무관리가 성립한다.
③ A가 B의 사무를 C의 사무로 알고 관리한 경우, A와 B 사이에 사무관리가 성립하지 않는다.
④ A가 B의 물건을 자기 물건이라고 하면서 실제보다 고가로 매각한 경우, 사무관리는 성립하지 않는다.
⑤ A가 B의 위탁을 받아 C의 주택을 수리한 경우, A와 C 사이에는 사무관리가 성립하지 않는다.

⑥ A가 B에 대한 자신의 채권을 C에게 양도한 후 양도통지 이전에 B로부터 급부를 수령한 경우, A와 C 사이에는 사무관리가 성립한다.

⑦ A가 B조합과 위임계약을 체결한 후 B조합의 업무를 대행해왔는데, B조합이 해산된 후 새로 설립된 C조합을 위해서도 동일한 업무를 대행했고 C조합도 그 법적 효과와 경제적 이익을 누려왔다면, A와 C 사이에는 사무관리가 성립한다.

해설

① 본인의 의사능력의 유무가 사무관리의 성립에 영향을 주지는 않는다. 다만 사무관리인의 행위능력이 요구되는가에 대해서는 견해가 대립한다. ② 다만 관리자의 비용상환청구권에 관해서는 제444조의 특칙이 있다. ③ 사무관리에 있어서 본인은 관리 당시에 확정되어 있을 필요가 없으며, 본인에 관하여 착오가 있더라도 상관없다. ④ 사무관리의사를 사무관리의 성립요건으로 파악하는 다수설에 따르면 불법관리는 사무관리로 인정되지 않는다. 다만 준사무관리의 개념을 인정할 것인가에 대해서는 견해가 대립하고, 귀속성설에 의하면 이 경우에도 사무관리가 인정된다. ⑤ A는 B와의 계약을 이행하기 위해 주택을 수리한 것이기 때문이다. ⑥ 채권양도의 당연한 귀결로 양도인은 그 급부를 자신에게 귀속시키기 위해 수령한 것으로 볼 수 없고 오로지 양수인에게 전달해주기 위해서만 수령할 수 있을 뿐이어서 양도인이 수령한 급부는 양수인의 소유에 속하고, 여기에다가 양도인은 양수인을 위해 채권보전에 관한 사무를 처리하는 지위에 있다는 것을 고려하면, 양도인은 이를 양수인을 위해 보관하는 관리자의 지위에 있다(대판[전] 1999.4.15. 97도666 참고). 이에 대해 위 판결의 반대의견은 당해 급부가 양수인의 소유로 귀속된다고 볼 법적 근거가 없고, 양도인이 사무관리로서 채권을 추심하였다고 볼 수 없으므로 사무관리가 성립한다고 볼 수 없다고 한다. 즉, 반대의견은 양도인과 양수인 사이의 채무불이행책임 내지 담보책임의 문제로 해결하려고 하는 것이다. ⑦ A가 B조합과 C조합이 실체가 동일하여 B조합과의 사이에 체결된 위 위임계약을 C조합이 승계한 것으로 생각하였거나, 적어도 C조합과 새로운 조합업무 위임계약이 체결될 것을 기대하고 보수를 지급받을 목적으로 C조합을 위해 사무를 처리한 것임을 인정할 수 있기 때문이다(대판 2010.6.10. 2009다98669 참고). <답 ③>

4. 사무관리의 효과에 관한 설명으로 틀린 것은?

① 본인의 이익에 반하는 관리행위를 함으로써 본인에게 손해를 야기한 경우 관리인은 자신의 과실에 대한 손해배상책임을 부담한다.

② 본인의 재산에 대한 급박한 위해를 면하기 위해 사무를 관리한 경우 관리인은 고의나 중과실이 없는 한 손해배상의 책임을 지지 않는다.

③ 본인은 관리의 내용이 자신의 의사나 이익에 합치하는 한 관리자가 지출한 필요비 이외에도 유익비의 전액을 상환할 의무를 부담한다.

④ 관리자가 자기 명의로 관리행위를 하여 제3자에게 채무를 부담한 때에는 본인으로 하여금 자기에 갈음하여 변제케 하거나 상당한 담보를 제공하게 할 수 있다.

⑤ 관리자는 관리를 개시한 때에 본인이나 그 상속인 또는 법정대리인이 그

사무를 관리하는 때까지 관리를 계속하여야 할 의무를 진다.

해설

①② 관리자는 사무관리에 있어서 선량한 관리자의 주의의무를 진다. 그러나 본인의 의사나 이익에 반하여 관리행위를 한 경우 그 관리행위 자체에 과실이 없더라도 이로 인한 손해를 배상할 의무를 진다(제734조 3항). 다만 그 관리행위가 공공의 이익에 부합하는 때에는 중과실에 대해서만 배상책임이 인정된다(제734조 3항 단서). 또한 관리자가 타인의 생명, 신체, 명예 또는 재산에 대한 급박한 위해를 면하기 위해 사무관리행위를 한 경우에도 고의나 중과실이 없으면 손해배상책임이 없다(제735조). ③ 제739조 1항 참고. 반면 본인의 의사에 반하는 경우에는 현존이익의 한도에서 상환의무가 인정된다(제739조 3항). ④ 제739조 2항, 제688조 2항. 동 규정은 관리자가 자기 명의로 관리행위를 행한 경우에 그 실익이 있다. 반면 관리자가 본인 명의로 관리행위를 행한 경우에는 그 효과가 본인에게 귀속되지 않는다는 견해(곽윤직, 415면)와 본인의 의사나 이익에 적합하게 법률행위를 한 경우에는 직접 본인에게 그 효과가 귀속한다는 견해(이은영, 654면 이하)가 대립하고 있다. ⑤ 제737조 참고. <답 ①>

5. 사무관리에 관한 판례의 견해로 틀린 것은?

① 인지를 하지 않고 있는 어느 실부(實父)의 혼인외 출생자를 양육·교육한 자는 그 실부에 대하여 사무관리에 기한 비용상환을 청구할 수 있다.

② 사무를 처리하는 자에게 타인을 위하여 처리한다는 관리의사가 없는 경우에는 사무관리가 성립할 수 없다.

③ 연대보증인이 그 보증기간 이전에 주채무자가 부담하던 채무를 변제한 경우 특별한 사정이 없는 한 그 변제는 일종의 사무관리로 인정된다.

④ 사무관리로 타인의 채무를 변제한 자가 이를 본인에게 통지하지 않은 경우에도 이로 인해 손해가 발생하지 않았던 한 비용 전액의 상환을 청구할 수 있다.

⑤ 사무관리의 목적이던 사무를 직접 관리하기 위해서 본인은 관리자에게 직접 이를 종료할 것을 표시할 필요는 없고 단지 그 의사를 외부적으로 표현함으로써 족하다.

해설

① 실부는 혼인외 출생자를 인지하거나 혼인 중의 출생자로 간주되지 않는 한 그 자(子)를 부양할 법적 의무를 지지 않는다. 따라서 제3자는 혼인외 출생자의 양육·교육으로 인해 그 실부와 사무관리의 관계에 놓이게 되지도 않으며, 그 실부가 부당이득을 취한 것도 아니다(대판 1981.10.24. 81다563 참고). ② 판례는 사무관리의 성립요건으로 사무관리의사를 요구하고 있다. 대판 1995.9.15. 94다59943 참고. ③ 이 경우 연대보증인으로서의 변제의 효력이 발생하지는 않으나, 반증이 없는 한 채무자에게 유익하고 채무자의 의사에도 반하지 않는 것으로 인정할 수 있기 때문에 사무관리로 보아야 한다(대판 1961.11.9. 4293민상729 참고). ④ 대판 1975.2.25. 73다1326 참고. ⑤ 대판 1975.4.8. 75다254 참고.

<답 ①>

6. 구조의무 없는 甲이 교통사고가 난 乙의 자동차를 우연히 발견하고 자동차에 있던 乙을 구조하였다. 이에 관한 설명 중 옳은 것을 모두 고르면?

<사시 2010년: 배점 4>

㉠ 甲이 구조를 위하여 유익비를 지출한 경우 원칙적으로 그로 인한 이익이 현존하는 경우에 한하여 상환을 청구할 수 있다.
㉡ 사고 자동차가 폭발위험이 있음에도 甲이 이를 무릅쓰고 구조행위를 하였다면 이로 인하여 발생한 乙의 손해에 대하여 甲의 책임이 인정되는 경우는 없다.
㉢ 甲이 구조행위를 하다가 경과실로 손해를 입은 경우 乙에게 손해배상을 청구할 수 있다.
㉣ 사고처리가 완료된 후 丙이 사고 장소를 우연히 지나가다 乙의 물건을 습득하여 乙에게 반환한 경우, 丙은 유실물법에 따른 보상금을 청구할 수 있다.
㉤ 甲이 구조행위 중 제3자 丁에게 구조행위에 필요한 채무를 부담한 경우, 丁의 동의가 없으면 乙에게 자기에 갈음하여 위 채무를 변제하게 할 수 없다.

① ㉣ ② ㉤ ③ ㉠, ㉣
④ ㉠, ㉤ ⑤ ㉢, ㉣ ⑥ ㉠, ㉢, ㉣
⑦ ㉡, ㉢, ㉤ ⑧ ㉡, ㉣, ㉤

해설

㉠ 본인의 의사에 반하지 않는 한 지출된 필요비 또는 유익비 전부의 상환을 청구할 수 있고, 본인의 의사에 반한다면 현존이익에 한해 상환을 청구할 수 있다(제739조 3항). ㉡ 甲에게 고의 내지 중과실이 있다면 손해배상책임이 인정될 수 있다(제735조의 반대해석). ㉢ 甲이 무과실인 경우에 한하여 乙의 과실 여부를 묻지 않고 손해배상을 청구할 수 있다(제740조의 반대해석). ㉣ 「물건의 반환을 받는 자는 물건가액의 100분의 5 내지 100분의 20의 범위 내에서 보상금을 습득자에게 지급하여야 한다」(유실물법 제4조 본문). ㉤ 대변제청구권은 상대방 丁의 의사와 무관하게 관리자 甲과 본인 乙의 관계에서 문제되는 제도이다(제739조 2항 및 제688조 2항 참조). <답 ①>

제 5 장 부당이득

1. 부당이득법의 본질에 관하여는 견해의 다툼이 있다. 다음 중 동일한 학설에 따라 묶인 것은?

ⓐ 부당이득반환제도는 당사자 사이의 형평을 조정하기 위한 하나의 통일된 제도이다.
ⓑ 부당이득법은 재산법의 구성과 관련해 재화이전·재화귀속의 수정기능을 담당한다.
ⓒ '이익'이란 부당이득의 과정에서 수익자가 구체적으로 취득한 것 그 자체이다.
ⓓ 이득과 손실 사이의 인과관계는 별도의 성립요건으로서 검토될 필요가 없다.
ⓔ '법률상 원인의 결여'라는 요건은 수익자에게 이득을 귀속시키는 것이 사회정의에 반한다는 것을 의미한다.

① ⓐ, ⓑ, ⓔ ② ⓐ, ⓒ, ⓓ ③ ⓑ, ⓒ, ⓓ
④ ⓑ, ⓒ, ⓔ ⑤ ⓐ, ⓑ, ⓒ, ⓔ

해설

부당이득법의 본질에 관해서는 종래 그 유형의 구분 없이 손실자와 수익자 사이의 형평을 조정하기 위한 통일된 제도라고(ⓐ) 파악한 통일설이 주장되었다. 그러나 최근 일정한 법률관계를 기초로 행해진 급부가 이후 법률관계에 하자가 생겨 그 법률상의 원인이 탈락한 '급부부당이득'(재화이전의 수정기능), 타인에게 귀속될 재화로부터 수익하는 것과 같이 재산적 이익의 이전이 재화의 귀속질서에 반하여 이루어진 경우에 그 반환을 위한 '침해부당이득'(재화귀속의 수정기능) 등과 같이 각 유형에 따라 부당이득을 설명하는 비통일설이 주장되고 있다(ⓑ). 부당이득제도의 본질에 관한 학설의 대립은 그 요건과 효과의 구성에서 차이를 보이고 있는데, 먼저 '이익' 개념에 있어서 통일설은 이를 수익의 과정에서 발생한 수익자의 전체 재산상의 증가(차액설)로 파악하지만, 비통일설은 이를 부당이득과정에서 구체적으로 취득한 것 자체(ⓒ)로 이해한다. 특히 양 학설의 큰 차이로 대두하는 것이 인과관계의 요건인데, 통일설은 이 요건을 부당이득관계의 당사자를 확정하기 위한 중요한 요건으로 취급하고 있으나, 비통일설에서는 급부부당이득의 경우 손실과 이득이 이미 표리관계에 있기 때문에, 또한 침해부당이득의 경우에는 손실이 없는 경우에도 이득이 발생할 수 있음을 인정하기 때문에 인과관계의 요건이 별도의 검토대상으로 되지 않는다(ⓓ). 끝으로 통일설에 따르면 공평·정의관념에 따라 해석되는 '법률상의 원인결여'라는 요건(ⓔ)이 비통일설에서는 각 유형에 따라 달리 해석된다. <답 ③>

2. 다음 법률관계에 관한 설명 중 옳은 것은?

① A는 B와 매매계약 체결 후 먼저 목적물을 인도하였으나 B가 대금을 지급하지 않자 채무불이행책임을 묻지 않고 지급된 대금을 부당이득으로서 반환청구한다.

② B가 임대차종료 후에 유익비의 상환을 청구하면서 주택을 유치·사용해 왔다면 임대인 A는 이를 부당이득으로서 반환청구할 수 없다.

③ C의 출재로 B의 주채무가 소멸한 경우에도 변제자대위권이 없는 C는 B의 보증인 A에 대하여 부당이득의 반환을 청구할 수 없다.

④ C가 B의 채무임을 알면서도 채권자 A에게 변제한 경우에는 악의의 비채변제로서 그 반환을 청구할 수 없으며 B의 채무도 소멸하지 않는다.

⑤ B가 채무 없이 A에게 변제한 후 이를 반환청구하기 위해서는 B 스스로 당시 채무 없음을 알지 못했다는 사실을 입증하여야 한다.

해설

① 계약관계가 전제된 경우 원칙적으로 계약책임이 우선한다. ② 임차인 B의 사용이 불법행위를 구성하지는 않으나 이로 인해 얻은 이득의 한도에서는 부당이득의 반환의무를 부담한다. 다만 그 이익을 자신의 채권의 변제에 충당하는 것은 가능할 것이다. 이와 관련하여 건물 등의 소유를 목적으로 한 토지임차인이 그 지상건물 등에 대한 매수청구권을 행사한 후에 지상건물 등의 점유·사용을 통하여 그 부지를 계속하여 점유·사용하는 한 부지의 임료 상당액을 부당이득으로서 반환할 의무가 있다(대판 1997.3.14. 95다15728). ③ 주채무가 제3자의 변제에 의하여 소멸한 경우에는 주채무의 소멸로 인하여 보증채무도 소멸하므로 제480조 내지 제481조 소정의 변제자대위가 성립하지 아니하는 한 제3자는 보증인에 대하여 부당이득반환청구 등의 어떠한 청구도 할 수 없게 된다(대판 1996.9.20. 96다22655). ④ 제3자 C의 변제로 B의 채무가 소멸하게 된다. ⑤ 비채변제를 이유로 한 부당이득반환청구의 경우 변제자는 채무없었음을 증명하여야 하고, 변제자의 악의에 대해서는 변제수령자가 증명하여야 한다. <답 ③>

3. 다음 중 반환의무 또는 책임의 범위가 현존이익으로 제한되는 경우가 아닌 것을 두 개 고르면? <사시 2008년 변형: 배점 2>

① 부당이득반환의무자가 선의인 경우

② 소유의사 없는 점유자의 책임 있는 사유로 소유자에게 반환되어야 할 물건이 훼손됨으로써 점유자가 소유자에 대하여 손해배상책임을 부담하는데 그 점유자가 선의인 경우

③ 주채무자가 자신의 의사에 반하여 보증인이 된 자에 대하여 구상의무를 부담하는 경우

④ 미성년자가 체결한 계약이 그의 제한능력을 이유로 취소됨으로써 그가 계약의 이행으로 수취한 급부를 반환하여야 하는 경우

⑤ 실종선고의 취소에 있어서 실종선고를 직접의 원인으로 하여 재산을 취

득한 자가 선의인 경우

⑥ 조세채무가 처음부터 존재하지 않은 경우에 국가가 반환해야 하는 조세환급금과 그 조세환급가산금

✍ **해설**

① 제748조 1항. 현존하는 이익에 한해서만 반환의무를 인정하는 것은 법적 원인 없는 취득의 유효성을 신뢰함으로써 지출한 비용이나 손실을 반환의무에서 면제 내지 조정하기 위한 것이다. ② 선의점유자라 하더라도 타주점유자(예컨대 임차인, 수치인, 질권자 등)는 선의이더라도 점유물의 멸실·훼손에 대한 전손해를 배상하여야 한다(제202조 후단). 이는 점유자가 처음부터 타인의 소유물임을 알고 점유한 것이므로 특별히 보호할 필요가 없기 때문이다. ③ 제444조 2항. ④ 제141조 단서. 제한능력자의 책임을 제한하는 민법 제141조 단서는 부당이득에 있어 수익자의 반환범위를 정한 민법 제748조의 특칙으로서 제한능력자의 보호를 위해 그 선의·악의를 묻지 아니하고 반환범위를 현존 이익에 한정시키려는 데 그 취지가 있다(대판 2009.1.15. 2008다58367 참고). ⑤ 제29조 전단. ⑥ 조세환급금은 조세채무가 처음부터 존재하지 않거나 그 후 소멸하였음에도 불구하고 국가가 법률상 원인 없이 수령하거나 보유하고 있는 부당이득에 해당하고, 환급가산금은 그 부당이득에 대한 법정이자로서의 성질을 가진다. 이 때 환급가산금의 내용에 대한 세법상의 규정은 부당이득의 반환범위에 관한 민법 제748조에 대하여 그 특칙으로서의 성질을 가진다고 할 것이므로, 환급가산금은 수익자인 국가의 선의·악의를 불문하고 그 가산금에 관한 각 규정에서 정한 기산일과 비율에 의하여 확정된다. 부당이득반환의무는 일반적으로 기한의 정함이 없는 채무로서, 수익자는 이행청구를 받은 다음날부터 이행지체로 인한 지연손해금을 배상할 책임이 있다. 그러므로 납세자가 조세환급금에 대하여 이행청구를 한 이후에는 법정이자의 성질을 가지는 환급가산금청구권 및 이행지체로 인한 지연손해금 청구권이 경합적으로 발생하고, 납세자는 자신의 선택에 좇아 그 중 하나의 청구권을 행사할 수 있다(대판 2009.9.10. 2009다11808). <답 ②, ⑥>

4. 부당이득반환청구권에 관한 다음 설명 중 옳은 것은? (다툼이 있는 경우에는 판례에 의함) <변호사 2012년 유사>

① 부당이득은 현재의 부당이득만을 의미하므로, 장래의 부당이득에 대해서는 그 필요성의 유무와 상관없이 미리 청구할 수는 없다.

② 임대차계약 종료 후 임차인이 동시이행의 항변권을 행사하여 임차건물을 점유함으로써 이득이 있는 경우, 이는 부당이득이 아니므로 반환할 의무가 없다.

③ 법률상 원인 없이 타인의 재산 또는 노무로 인하여 이익을 얻고 그로 인하여 타인에게 손해를 가한 경우, 그 취득한 것이 금전상의 이득인 때에는 그 금전은 이를 취득한 자가 소비하였는가의 여부를 불문하고 현존하는 것으로 추정된다.

④ 甲은 공무원 乙에게 청탁을 하고 뇌물을 주었으나 乙이 그 청탁을 해결할 수 없게 되자 甲에게 뇌물액 상당의 약속어음을 발행하여준 경우에, 甲은 乙에 대하여 약속어음금의 지급을 청구할 수 있다.

⑤ 매수인이 소유권이전등기를 아직 경료받기 전이라면 완전한 소유권을 취득한 것이 아니므로, 부동산을 인도받거나 이미 사용하고 있는 경우에는 매수인의 그 부동산 점유 · 사용은 부당이득이 되므로 반환해야 한다.

해설

① 부당이득은 현재 취득한 이익뿐만 아니라 장래 취득할 이득도 미리 부당이득의 반환을 청구할 소의 이익이 있다면 소송상 청구할 수 있다(대판 1975.4.22. 74다1184 참고). ② 임차인이 동시이행항변권에 기인하여 임차목적물을 사용 수익한 경우에 있어서도 임차인이 임차목적물의 사용으로 인하여 얻은 실질적 이득은 이로 인하여 임대인에게 손해를 끼치는 한에 있어서는 부당이득으로서 이를 임대인에게 반환할 의무가 있다(대판 1981.2.10. 80다1495). ③ 대판 1996.12.10. 96다32881. 부당이득으로 취득한 금전은 그 소비여부를 불문하고 현존하는 것으로 추정된다. ④ 위 뇌물에 의한 청탁의 약정은 사회질서에 반하는 행위로서 무효이므로 민법 제746조에 의하여 그 대가의 반환을 청구할 수 없을 뿐만 아니라, 그 금원을 반환하여 주기로 한 별도의 약정도 결국 불법원인급여물의 반환을 구하는 범주에 속하는 것으로서 무효이다. 따라서 그 반환약정에 기하여 약속어음을 발행하였다 하더라도 그 어음채무의 이행을 청구할 수 없다(대판 1995.7.14. 94다51994 참고. 한편 반환약정 자체가 사회질서에 반하여 무효로 되지 않는 한 유효라고 하면서, 반환약정이 사회질서에 반하여 무효라는 점을 수익자가 입증하여야 한다는 판결로서 대판 2010.5.27. 2009다12580). ⑤ 부동산의 매수인이 아직 소유권이전등기를 경료받지 않았다고 하더라도 매매계약의 이행으로 그 부동산을 인도받은 때에는 매매계약의 효력으로서 이를 점유 · 사용할 권리가 생기는 것이고, 매수인이 그 부동산을 이미 사용하고 있는 상태에서 부동산의 매매계약을 체결한 경우에도 특별한 약정이 없는 한 매수인은 그 매매계약을 이행하는 과정에서 이를 점유 · 사용할 권리를 가진다(대판 1996.6.25. 95다12682, 12699).

<답 ③>

5. 부당이득에 관한 설명 중 틀린 것은? (다툼이 있는 경우에는 판례에 의함)

<사시 2013년 유사>

① 계약에 따른 어떤 급부가 그 계약의 상대방 아닌 제3자의 이익으로 된 경우에도 급부를 한 계약당사자는 계약상대방에 대하여 계약상의 반대급부를 청구할 수 있을 뿐이고 그 제3자에 대하여 직접 부당이득을 주장하여 반환을 청구할 수 없다.

② 지방재정법에 의한 변상금부과처분이 당연무효인 경우, 이 변상금부과처분에 의하여 납부자가 납부하거나 징수당한 오납금은 지방자치단체가 법률상 원인 없이 취득한 부당이득에 해당한다.

③ 배당을 받아야 할 채권자가 배당을 받지 못하고 배당을 받지 못할 자가 배당을 받은 경우에, 이는 배당받을 자의 실체법적 권리를 침해한 것이므로 배당을 받지 못한 채권자로서는 배당에 관하여 이의를 제기한 후에야 비로소 배당을 받지 못할 자이면서도 배당을 받았던 자를 상대로 부당이득반환청구권을 갖는다.

④ 제1심의 가집행선고가 그 본안판결을 변경한 항소심판단의 선고로 인하

여 효력을 잃은 경우, 위 제1심판결에 의한 집행으로 얻은 이득은 부당이득이 된다.

⑤ 본권이 없는 점유자가 본권이 있는 것으로 알고 그 점유목적물의 과실을 수취하더라도 부당이득이 되지 않는다.

해설

① 전용물소권은 부정된다(대판 2005.4.15. 2004다49976 참고). ② 대판 2005.1.27. 2004다50143 참고. ③ 확정된 배당표에 의하여 배당을 실시하는 것은 실체법상의 권리를 확정하는 것이 아니므로 배당을 받아야 할 자가 배당을 받지 못하고 배당을 받지 못할 자가 배당을 받은 경우에는 배당에 관하여 이의를 한 여부 또는 형식상 배당절차가 확정되었는지 여부에 관계없이 배당을 받지 못한 채권자는 배당받은 자에 대하여 부당이득반환을 청구할 수 있다(대판 2004.4.9. 2003다32681). ④ 대판 1971.6.22. 71다982. ⑤ 본권이 없더라도 선의의 점유자는 점유물의 과실을 정당하게 취득할 수 있다(제201조 1항).

<답 ③>

6. 부당이득에 관한 다음 설명 중 틀린 것은? (다툼이 있는 경우에는 판례에 의함)
<변호사 2012년 유사>

① 매수인이 매도인의 지시에 따라 매도인과 또 다른 계약관계를 맺고 있는 제3자에게 직접 매매대금을 지급하였는데, 그 후 매도인의 채무불이행을 이유로 매수인이 매도인과 매수인 사이의 매매계약을 해제한 경우, 매수인은 제3자를 상대로 법률상 원인 없이 급부를 수령하였다는 것을 이유로 부당이득반환을 청구할 수 없다.

② 부동산에 대하여 점유취득시효가 완성되었으나 점유자 명의로 소유권이전등기가 경료되지 아니하여 점유자가 아직 소유권을 취득하지 못하였다고 하더라도 소유명의자는 점유자에 대하여 점유로 인한 부당이득의 반환을 청구할 수 없다.

③ 甲과 乙이 건물을 각 1/2지분씩 공유하고 있던 중, 甲이 乙의 동의 없이 丙과 사이에 그 건물에 관한 공사도급계약을 체결하여 丙이 공사를 완료한 경우, 丙은 乙에게 위 도급계약상의 보수나 위 공사로 인하여 증가된 건물의 가치 중 乙의 지분에 상응하는 금액 상당의 부당이득의 반환을 청구할 수 없다.

④ 매매계약이 무효인 때의 매도인의 매매대금 반환의무는 성질상 부당이득반환의무라고 할 수 없어 그 반환범위에 관하여 민법 제748조가 적용되지 않는다.

⑤ 부동산매매계약이 쌍방의 귀책사유 없이 이행불능이 된 경우, 부동산을 인도받아 사용한 매수인이 매도인에게 그 사용이익 상당을 부당이득으로 반환하여야 한다.

✍ **해설** ……………………………………

① 대판 2003.12.26. 2001다46730. 계약의 일방당사자인 A가 계약 상대방인 B의 지시로 급부과정을 단축하여(즉, 채권자 C에 대한 B의 채무를 변제하기 위하여) A로 하여금 직접 C에게 급부하게 한 경우(이른바 '제3자방 이행'), A의 급부는 B뿐만 아니라 C에 대한 B의 급부도 실현한 것이 된다(다시 말해서 A는 단순히 C에게 출연을 한 것에 지나지 않는다). 이 경우 A, C 사이에는 직접적인 계약관계가 없으므로 A의 출연행위는 C에 대한 자신의 채무이행이라고 볼 수는 없다. 따라서 계약관계를 중심으로 볼 때 A는 C에 대하여 부당이득반환청구를 할 수 없고, A는 B에 대하여 반환청구를 하여야 한다(대판 2010.3.11. 2009다98706 등). ② 대판 1993.5.25. 92다51280. 취득시효는 수익이 법률의 규정에 의하여 생긴 경우로서, 종국적 권리변동이 인정된다. ③ 전용물소권은 '계약상의 급부가 계약의 상대방에 대해서뿐만 아니라 제3자의 이익이 된 경우에 급부를 행한 계약 당사자가 그 제3자에 대해서 부당이득의 반환을 청구하는 권리'로 이해되고 있다. 그러나 전용물소권은 부당이득제도와는 별개의 기원을 가지며, 현행법상 인정되고 있는 제도가 아니다. 판례와 통설은 전용물소권을 인정하지 않는다(대판 2005.4.15. 2004다49976 참고). ④ 제742조 소정의 비채변제에 관한 규정은 변제자가 채무 없음을 알면서도 변제를 한 경우에 적용되는 것이고, 채무 없음을 알지 못한 경우에는 그 과실 유무를 불문하고 적용되지 아니한다. ④ 금전교부의 법률상의 원인이 존재하지 않게 되었으므로 교부된 금전은 부당이득의 반환대상이 된다(통설). ⑤ 민법 제537조는 채무자위험부담주의를 채택하고 있는바, 쌍무계약에서 당사자 쌍방의 귀책사유 없이 채무가 이행불능이 된 경우 채무자는 급부의무를 면함과 더불어 반대급부도 청구하지 못한다고 할 것이므로, 쌍방 급부가 없었던 경우에는 계약관계는 소멸하고, 이미 이행한 급부는 법률상 원인 없는 급부가 되어 부당이득의 법리에 따라 반환을 청구할 수 있다(대판 2009.5.28. 2008다98655,98622).

<답 ④>

7. 부당이득반환에 관한 다음 설명 중 틀린 것은?

① 제749조 2항은 선의의 수익자가 패소한 때에는 그 소를 제기한 때부터 악의의 수익자로 본다고 규정하고 있는바, 여기에서 '그 소'라 함은 부당이득을 이유로 그 반환을 구하는 소를 가리키고, '패소한 때'라 함은 종국판결에 의하여 패소로 확정한 경우를 말하는 것이다. 따라서 부당이득을 이유로 반환소송을 제기하면서 수익자의 패소가 확정되기 전에는 그 소제기시부터 수익자가 악의임을 전제로 한 부당이득의 반환을 구할 수는 없다.

② 이득이 상대방의 손실보다 많은 경우에는 그 손실을 반환하면 족하다.

③ 부당이득한 재산에 수익자의 행위가 개입되어 얻어진 이른바 운용이익의 경우, 그것이 사회통념상 수익자의 행위가 개입되지 아니하였더라도 부당이득된 재산으로부터 손실자가 통상 취득하였으리라고 생각되는 범위 내에서는 반환해야 할 이득의 범위에 포함된다.

④ 乙이 법률상 원인 없이 甲 소유의 X부동산을 취득하고 丙에게 처분하여 乙이 甲에게 부당이득으로 가액반환의무를 부담하는 경우, 乙이 X부동산을 취득하기 위하여 지출한 비용은 반환하여야 할 이득의 범위에서

공제되어야 한다.

⑤ 乙이 법률상 원인 없이 甲 소유의 X부동산을 취득하고 丙에게 처분하여 乙이 甲에게 부당이득으로 가액반환의무를 부담하는 경우, 乙이 X부동산을 丙에게 처분함으로써 발생된 양도소득세 기타 비용은 반환하여야 할 이득의 범위에서 공제되지 않는다.

해설

① 수익자의 패소가 확정되기 전이라도 미리 부당이득의 반환을 청구할 수 있다(대판 1987.1.20. 86다카1372 참고). ② 부당이득제도는 법적 원인 없이 취득한 이익을 반환하는 제도이다. 그 반환범위에 있어 다수설과 판례(대판 1968.7.24. 68다905)는 손실자의 손실을 넘어 취득한 이익은 반환할 필요가 없다고 함으로써, 손실액과 이득 중 적은 쪽을 반환의 기준으로 삼고 있다. ③ 대판 2008.1.18. 2005다34711. ④ 대판 1995.5.12. 94다25551 참고. ⑤ 이는 수익자가 이익의 취득과 관련하여 지출한 비용에 해당하지 않기 때문이다(대판 2011.6.10. 2010다40239 참고). <답 ①>

8. 부당이득에 대한 다음 설명 중 옳지 않은 것은?

① 甲에게 소유권이 유보된 채 乙에게 인도된 건축자재들이 매매대금이 모두 지급되지 않은 상태에서 乙과 丙 사이에 체결된 도급계약의 이행에 따라 丙 소유의 신축건물에 부합된 경우, 甲은 소유권유보 사실에 대한 丙의 과실 여부를 불문하고 丙에게 부당이득의 반환을 청구할 수 없다.

② 상행위에 해당하는 보증보험계약에 기초한 급부가 이루어짐에 따라 발생한 부당이득반환청구권에 대하여 5년의 상사소멸시효가 적용된다.

③ 어떤 물건에 대하여 직접점유자와 간접점유자가 있는 경우, 그 물건에 대한 점유·사용으로 인한 위 점유자들의 부당이득반환의무 중 서로 중첩되는 부분에 관하여는 부진정연대채무의 관계가 성립한다.

④ 유치권자가 유치물의 보존에 필요한 사용을 한 경우, 특별한 사정이 없는 한 차임에 상당한 이득은 소유자에게 반환하여야 한다.

⑤ 甲이 자신 소유의 X토지에 관한 어떠한 이익을 乙이 권원 없이 취득하고 있다고 주장하며 그 이익을 부당이득으로 반환청구하는 경우, 乙이 당해 X토지를 점유하고 있지 않더라도 부당이득이 성립할 수 있다.

해설

① 틀림. 매도인에게 소유권이 유보된 자재가 제3자와 매수인 사이에 이루어진 도급계약의 이행으로 제3자 소유 건물의 건축에 사용되어 부합된 경우 보상청구를 거부할 법률상 원인이 있다고 할 수 없지만, 제3자가 도급계약에 의하여 제공된 자재의 소유권이 유보된 사실에 관하여 알지 못하더라도 과실이 없는 한, 선의취득의 경우와 마찬가지로 제3자가 그 자재의 귀속으로 인한 이익을 보유할 수 있는 법률상 원인이 있다고 봄이 상당하므로 매도인으로서는 그에 관한 보상청구를 할 수 없다(대판 2009.9.24. 2009다15602). ② 옳음. 대판 2007.5.31. 2006다63150. ③ 옳음. 대판 2012.9.27. 2011다76747 참고. ④ 옳

음. 대판 2009.9.24. 2009다40684 참고. ⑤ 옳음. 이익의 유무는 상대방이 당해 물건을 점유하는지에 의하여 좌우되지 아니하고 점유 여부는 단지 반환되어야 할 이익의 구체적인 액을 산정함에 있어서 고려될 뿐이기 때문이다(대판 2009.11.26. 2009다35903 참고).
<답 ①>

9. 부당이득에 대한 다음 설명 중 옳은 것은?

① 매도인 丙이 선의인 계약명의신탁에서 수탁자인 매수인 乙이 신탁자 甲의 자금으로 부동산을 매수한 경우, 乙은 당해 자금이 甲으로부터 지급된 사실을 알았다면 악의의 수익자에 해당한다.

② 계약상의 급부가 계약의 상대방뿐만 아니라 제3자의 이익으로 된 경우, 급부를 한 계약 당사자가 계약 상대방에 대하여 계약상의 반대급부를 청구할 수 있는 이외에 그 제3자에 대하여 직접 부당이득반환청구를 할 수 있다.

③ 첫 경매개시결정등기 전에 등기된 가압류채권자로부터 피보전권리를 양수한 채권양수인이 경매법원에 채권신고를 하였으나 배당표 확정 전까지 채권양수사실을 제대로 소명하지 못함에 따라 가압류채권자에게 배당된 경우, 다른 배당참가 채권자가 배당이의의 소를 제기하여 가압류채권자에게 배당된 금액을 배당받았다면, 채권양수인은 그 채권자를 상대로 부당이득반환을 구할 수 있다.

④ 불법행위로 인한 인신손해에 대한 손해배상소송에서 판결이 확정된 후 피해자가 판결에서 손해배상액 산정의 기초로 인정된 기대여명보다 일찍 사망한 경우, 특별한 사정이 없는 한 손해배상금 중 일부는 부당이득에 해당한다.

⑤ 강제경매절차에서 매수인 甲에 대한 매각허가결정이 확정된 후, 경매개시결정 전에 마쳐진 가등기에 기하여 본등기가 경료되어 甲이 매각부동산의 소유권을 취득하지 못한 경우, 매각대금에서 배당금을 교부받은 경매채권자 乙은 甲에 대하여 부당이득반환의무를 부담한다.

해설

① 틀림. 부동산실명법 제4조 1항에 의해 명의신탁약정이 무효임을 알았다는 등의 사정이 부가되지 않는 한 乙이 그 금전의 보유에 관하여 악의라고 할 수 없다(대판 2010.1.28. 2009다24187 참고). ② 틀림. 전용물소권을 인정하지 않음이 통설과 판례의 태도이다(대판 2011.11.10. 2011다48568 등). ③ 옳음. 대판 2012.4.26. 2010다94090 참고. ④ 틀림. 확정판결이 실체적 권리관계와 다르다 하더라도 그 판결이 재심의 소 등으로 취소되지 않는 한 그 판결의 기판력에 저촉되는 주장을 할 수 없어 그 판결의 집행으로 교부받은 금원을 법률상 원인 없는 이득이라 할 수 없는 것이므로, (위 경우라도) 그 판결이 재심의 소 등으로 취소되지 않는 한 그 판결에 기하여 지급받은 손해배상금 중 일부를 법률상 원인 없는 이득이라 하여 반환을 구하는 것은 그 판결의 기판력에 저촉되어 허용될 수 없다

(대판 2009.11.12. 2009다56665). ⑤ 틀림. 경락인이 경락부동산의 소유권을 취득하지 못하게 되었다 하더라도 그 사유만으로 경락허가결정이 무효로 돌아가는 것은 아니므로 채권자가 경락대금 중에서 채권의 변제조로 교부받은 배당금을 법률상 원인 없이 취득한 부당이득이라고 할 수는 없다(대판 1986.9.23. 86다카560). 한편 채무자 명의의 소유권이전등기가 원인무효의 등기이어서 경매부동산에 대한 소유권을 취득하지 못하게 된 경우의 강제경매를 무효로 보아 경락인이 경매채권자가 배당받은 금액에 대하여 부당이득의 법리에 따라 반환을 청구할 수 있다고 한 판결로서 대판 2004.6.24. 2003다59259 참고.

<답 ③>

10. 부당이득에 관한 판례의 설명으로 틀린 것은?

① 불법점유를 당한 부동산의 소유자는 불법점유자에 대하여 임료 상당의 부당이득 반환을 청구할 수 있으나, 불법점유라는 사실이 발생한 바 없었더라도 부동산 소유자에게 임료 상당 이익이나 기타 소득이 발생할 여지가 없는 경우에는 그렇지 않다.

② 한국전력공사가 권원 없이 타인 소유 토지의 상공에 송전선을 설치함으로써 토지를 사용·수익한 경우, 구분지상권에 상응하는 임료 상당의 부당이득금에 대하여 점유일 이후의 법정이자 및 그 이자에 대한 지연손해금도 함께 지급하여야 한다.

③ 채무자가 피해자로부터 횡령한 금전을 채권자에 대한 채무 변제에 사용한 경우, 채권자가 그 변제를 수령함에 있어서 과실이 있는 한 채권자의 금전취득은 피해자에 대한 관계에서 부당이득으로 된다.

④ 채무자가 피해자로부터 편취한 금전을 자신의 채권자에 대한 채무변제에 사용하는 경우 채권자가 그 변제를 수령함에 있어 그 금전이 편취된 것이라는 사실에 대하여 악의 또는 중대한 과실이 없는 한 채권자의 금전취득은 피해자에 대한 관계에서 법률상 원인이 있는 것으로 봄이 상당하다.

⑤ 근저당권자에게 배당하기로 한 배당금에 대하여 지급금지가처분결정이 있어 경매법원이 그 배당금을 공탁한 후 그 근저당권설정계약이 사해행위로 취소된 경우, 취소채권자가 배당금지급청구권에 대한 채권압류 및 추심명령에 기하여 배당금을 우선 수령하는 것은 부당이득이다.

해설

① 위와 같은 특별한 사정이 있는 경우에는 임료 상당 손해의 배상이나 부당이득반환을 청구할 수 없다고 한다(대판 2002.12.6. 2000다57375). ② 타인 소유물을 권원 없이 점유함으로써 사용이익을 반환하는 경우 민법은 선의점유자를 보호하기 위하여 제201조 1항을 두어 선의 점유자에게 과실수취권을 인정함에 대하여, 이러한 보호의 필요성이 없는 악의 점유자에 관하여는 민법 제201조 2항을 두어 과실수취권이 인정되지 않는다는 취지를 규정하는 것으로 해석되는바, 따라서 악의수익자가 반환하여야 할 범위는 민법 제748조 2항에 따라 정하여지는 결과 그는 받은 이익에 이자를 붙여 반환하여야 하며, 위 이자

의 이행지체로 인한 지연손해금도 지급하여야 한다(대판 2009.1.15. 2007다58544 참고). ③ 채무자가 피해자로부터 횡령한 금전을 그대로 채권자에 대한 채무변제에 사용하는 경우 피해자의 손실과 채권자의 이득 사이에 인과관계가 있음이 명백하고, 한편 채무자가 횡령한 금전으로 자신의 채권자에 대한 채무를 변제하는 경우 채권자가 그 변제를 수령함에 있어 악의 또는 중대한 과실이 있는 경우에는 채권자의 금전취득은 피해자에 대한 관계에 있어서 법률상 원인을 결여한 것으로 봄이 상당하나, 채권자가 그 변제를 수령함에 있어서 단순히 과실이 있는 경우에는 그 변제는 유효하고 채권자의 금전취득이 피해자에 대한 관계에 있어서 법률상 원인을 결여한 것이라고 할 수 없다고 판시하고 있다(대판 2003.6.13. 2003다8862). ④ 부당이득제도는 이득자의 재산상 이득이 법률상 원인을 결여하는 경우에 공평 · 정의의 이념에 근거하여 이득자에게 그 반환의무를 부담시키는 것인데, 채무자가 피해자로부터 편취한 금전을 자신의 채권자에 대한 채무변제에 사용하는 경우 채권자가 그 변제를 수령함에 있어 그 금전이 편취된 것이라는 사실에 대하여 악의 또는 중대한 과실이 없는 한 채권자의 금전취득은 피해자에 대한 관계에서 법률상 원인이 있는 것으로 봄이 상당하며, 이와 같은 법리는 채무자가 편취한 금원을 자신의 채권자에 대한 채무변제에 직접 사용하지 아니하고 자신의 채권자의 다른 채권자에 대한 채무를 대신 변제하는 데 사용한 경우에도 마찬가지이다(대판 2008.3.13. 2006다53733,53740). ⑤ 위 사안에서 공탁금의 지급 여부가 불확정 상태에 있으므로 배당절차는 아직 종료되지 않은 것이라고 볼 수도 있으므로 반드시 배당절차가 확정적으로 종료되었다고 단정할 수는 없다는 점, 채권자취소의 효과는 채무자에게 미치지 아니하고 채무자와 수익자와의 법률관계에도 아무런 영향을 미치지 아니하므로 채무자가 직접 그 재산에 대하여 어떤 권리를 취득하는 것은 아니라는 점 등에 비추어 보면, 그 공탁금은 그 경매절차에서 적법하게 배당요구하였던 다른 채권자들에게 추가배당함이 상당하고, 그 공탁금지급청구권에 관한 채권압류 및 추심명령은 추가배당절차에서 배당되고 남은 잉여금에 한하여 효력이 있을 뿐이다(대판 2009.5.14. 2007다64310 참고). <답 ③>

11. 부당이득에 관한 설명 중 옳은 것은? (다툼이 있는 경우에는 판례에 의함)

<사시 2010년 변형, 사시 2013년 유사>

① 가압류된 토지가 양도된 후 법률에 의하여 수용된 경우 그 가압류의 효력이 소멸하지만 양수인이 그 보상금을 수령한 것은 가압류채권자에 대한 관계에서 부당이득이 된다.

② 착오로 공탁한 甲이 공탁물을 회수하기 전에, 피공탁자 乙의 채권자 丙이 乙의 공탁물출급청구권에 대한 전부명령을 받아 공탁물을 수령한 경우 甲에 대하여 부당이득이 되지 않는다.

③ 우선변제청구권이 있는 채권자 甲이 적법한 배당요구를 하였더라면 배당받을 수 있었을 금액이 후순위채권자 乙에게 배당된 경우, 甲은 乙에 대해 부당이득반환을 청구할 수 있다.

④ 채권담보를 목적으로 부동산을 양도받은 자는 특별한 사정이 없는 한 양도담보설정자로부터 그 담보목적물의 사용·수익 권능을 승계한 자에 대하여 자신이 담보목적물을 사용 · 수익하지 못하였음을 이유로 부당이득반환을 청구할 수 있다.

⑤ 甲이 점유할 권원 없음을 알면서 乙 소유의 물건을 점유함으로써 얻은 사용이익을 乙에게 반환하는 경우, 그가 받은 이익에 이자를 붙여 반환하여야 하지만 그 이자의 이행지체로 인한 지연손해금은 지급할 필요가 없다.

⑥ 법률상 원인 없이 취득한 것이 성질상 계속적으로 반복하여 거래되는 물품으로서 곧바로 판매되어 현금화될 수 있는 금전과 유사한 대체물인 경우, 이를 취득한 자가 소비하였는가의 여부를 묻지 않고 현존하는 것으로 추정된다.

해설

① 공익사업을 위한 토지 등의 취득 및 보상에 관한 법률 제45조 1항에 의하면, 토지수용의 경우 사업시행자는 수용개시일에 토지소유권을 취득하고 그 토지에 관한 다른 권리는 소멸하는 것인바, 수용되는 토지에 대하여 가압류가 집행되어 있더라도 토지수용으로 사업시행자가 그 소유권을 원시취득하게 됨에 따라 그 토지 가압류의 효력은 절대적으로 소멸하는 것이다. 이 경우 법률에 특별한 규정이 없는 이상 토지에 대한 가압류가 그 수용보상금채권에 당연히 전이되어 효력이 미치게 된다거나 수용보상금채권에 대하여도 토지 가압류의 처분금지적 효력이 미친다고 볼 수는 없으며, 또 가압류는 담보물권과는 달리 목적물의 교환가치를 지배하는 권리가 아니고, 담보물권의 경우에 인정되는 물상대위의 법리가 여기에 적용된다고 볼 수도 없다. 그러므로 토지에 대하여 가압류가 집행된 후에 제3자가 그 토지의 소유권을 취득함으로써 가압류의 처분금지 효력을 받고 있던 중 그 토지가 공익사업법에 따라 수용됨으로 인하여 기존 가압류의 효력이 소멸되는 한편 제3취득자인 토지소유자는 위 가압류의 부담에서 벗어나 토지수용보상금을 온전히 지급받게 되었다고 하더라도, 이는 위 법에 따른 토지 수용의 효과일 뿐이지 이를 두고 법률상 원인 없는 부당이득이라고 할 것은 아니다(대판 2009.9.10. 2006다61536,61543). ② 공탁자가 착오로 공탁한 때 또는 공탁의 원인이 소멸한 때에는 공탁자가 공탁물을 회수할 수 있을 뿐 피공탁자의 공탁물출급청구권은 존재하지 않으므로 이러한 경우 공탁자가 공탁물을 회수하기 전에 위 공탁물출급청구권에 대한 전부명령을 받아 공탁물을 수령한 자는 법률상 원인 없이 공탁물을 수령한 것이 되어 공탁자에 대하여 부당이득반환의무를 부담한다(대판 2008.9.25. 2008다34668). ③ 구 민사소송법상 배당요구를 하여야만 배당절차에 참여할 수 있는 채권자가 경락기일까지 배당요구를 하지 아니한 채권액에 대하여 경락기일 이후에 추가 또는 확장하여 배당요구를 하였으나 그 부분을 배당에서 배제하는 것으로 배당표가 작성·확정되고 그 확정된 배당표에 따라 배당이 실시되었다면, 그가 적법한 배당요구를 한 경우에 배당받을 수 있었던 금액 상당의 금원이 후순위 채권자에게 배당되었다고 하여 이를 법률상 원인이 없는 것이라고 할 수 없다(대판 2005.8.25. 2005다14595). ④ 일반적으로 부동산을 채권담보의 목적으로 양도한 경우 특별한 사정이 없는 한 목적부동산에 대한 사용수익권은 채무자인 양도담보설정자에게 있으므로, 양도담보권자는 사용·수익할 수 있는 정당한 권한이 있는 채무자나 채무자로부터 그 사용·수익할 수 있는 권한을 승계한 자에 대하여는 사용·수익을 하지 못한 것을 이유로 임료 상당의 손해배상이나 부당이득반환청구를 할 수 없다(대판 2008.2.28. 2007다37394,37400). ⑤ 악의 수익자가 반환하여야 할 범위는 민법 제748조 2항에 따라 정하여지는 결과 그는 받은 이익에 이자를 붙여 반환하여야 하며, 위 이자의 이행지체로 인한 지연손해금도 지급하여야 한다(대판 2003.11.14. 2001다61869). ⑥ 법률상 원인 없이 취득한 것이 금전상의

이득인 때에는 그 금전은 이를 취득한 자가 소비하였는가의 여부를 불문하고 현존하는 것으로 추정되고, 그 취득한 것이 성질상 계속적으로 반복하여 거래되는 물품으로서 곧바로 판매되어 환가될 수 있는 금전과 유사한 대체물인 경우에도 마찬가지다(대판 2009.5.28. 2007다20440,20457). <답 ⑥>

12. 악의의 비채변제(민법 제742조)에 관한 판례의 입장에 부합하는 것은?

<사시 2004년 변형>

① 지급자가 채무 없음을 알고 있었다 하더라도 변제를 강제당한 경우나 변제거절로 인한 사실상의 손해를 피하기 위하여 부득이 변제하게 된 경우 등 그 변제가 자기의 자유로운 의사에 반하여 이루어진 것으로 볼 수 있는 사정이 있는 때에는, 지급자가 그 반환청구권을 상실하지 않는다.

② 민법 제742조는 변제자가 채무 없음을 알면서도 변제를 한 경우와 채무 없음을 알지 못하고 변제하였으나 이에 대하여 과실이 있는 경우에 적용된다.

③ 납세의무자와 과세관청 사이의 조세법률관계에서 발생한 부당이득에 대하여서도 민법상의 비채변제 규정이 적용된다.

④ 비채변제를 원인으로 부당이득금 반환을 청구하는 자는 채무가 존재하지 아니한 사실과 그 채무가 존재하지 아니함을 알지 못하고 지급하였음을 주장 · 입증하여야 한다.

⑤ 위탁교육 후의 의무재직기간 근무 불이행시 급여를 반환토록 한 약정에 따라 근로자가 연수기간 중 지급받은 급여 일부를 반환한 경우, 그 급여 반환은 반환의무 없음을 알면서 자유로운 의사에 기하여 이루어진 것으로서 민법 제742조의 비채변제에 해당한다.

해설 ……………………………………

① 대판 1996.12.20. 95다52222,52239. 예를 들어 임차인이 불법거주배상금을 지급하지 아니하여 아파트분양계약을 체결하지 못함으로써 발생하게 될 사실상의 손해를 피하기 위하여 부득이하게 불법거주배상금을 지급하였다면, 임차인이 채무 없음을 알고 있었다 하더라도 그 변제가 자유로운 의사에 반하여 이루어진 것으로 볼 수 있는 사정이 있기 때문에 부당이득반환청구권이 상실되지 않는다(대판 2009.8.20. 2009다4022). ② 민법 제742조 소정의 비채변제에 관한 규정은 변제자가 채무 없음을 알면서도 변제를 한 경우에 적용되는 것이고, 채무 없음을 알지 못한 경우에는 과실 유무를 불문하고 적용되지 아니한다(대판 1998.11.13. 97다58453). ④ 채무가 존재하지 아니한 사실만을 주장 · 입증하면 족하다(대판 1962.6.28. 61다1453). ③ 조세법률관계에서 발생한 부당이득에 관하여는 민법상의 비채변제 규정이 적용되지 아니한다(대판 1995.2.28. 94다31419). ⑤ 그 급여 반환이 반환의무 없음을 알면서 자유로운 의사에 기하여 이루어진 것이 아니라는 이유로 민법 제742조의 비채변제에 해당하지 아니하고, 나아가 근로기준법 제27조와 같은 강행법규에 위반한 무효의 약정에 기한 채무의 변제를 민법 제744조의 도의관념에 적합한 비채

변제라고 할 수도 없다(대판 1996.12.20. 95다52222,52239). <답 ①>

13. A가 B에게 변제하였다. 이에 관한 설명 중 옳은 것(○)과 옳지 않은 것(×)을 바르게 표시한 것은?

> ㉠ A는 채무가 없음을 알면서 변제했더라도 B 역시 이를 알고 있었던 경우에는 그 반환을 청구할 수 있다.
> ㉡ A는 채무가 없음을 알았으나 혹시 있을지 모를 강제집행을 피하기 위하여 변제하였던 경우에는 그 반환을 청구할 수 있다.
> ㉢ A는 B에 대하여 법률상의 부양의무를 부담하지 않는데 그 의무가 있다고 오신하여 변제하였더라도 그 반환을 청구할 수는 없다.
> ㉣ A는 변제기가 도래하지 않았으나 도래하였다고 오신하여 변제하였더라도 이로 인해 B가 사실상 얻은 이익의 반환을 청구할 수 있다.
> ㉤ A가 C의 채무를 자신의 채무로 오신하여 변제하였으나 이로 인해 B가 선의로 그 채권증서를 훼손시켜 버린 경우에는 B에게 그 반환을 청구할 수 없다.

① ㉠(○), ㉡(×), ㉢(×), ㉣(×), ㉤(○)
② ㉠(×), ㉡(○), ㉢(○), ㉣(×), ㉤(○)
③ ㉠(○), ㉡(○), ㉢(×), ㉣(○), ㉤(×)
④ ㉠(×), ㉡(×), ㉢(×), ㉣(×), ㉤(○)
⑤ ㉠(×), ㉡(×), ㉢(○), ㉣(○), ㉤(○)
⑥ ㉠(×), ㉡(○), ㉢(○), ㉣(○), ㉤(○)
⑦ ㉠(○), ㉡(○), ㉢(×), ㉣(○), ㉤(○)
⑧ ㉠(○), ㉡(×), ㉢(○), ㉣(○), ㉤(×)

해설

㉠㉡㉢ 채무가 없음에도 이를 있는 것으로 알고 변제한 경우에는 원칙적으로 수령자에게 그 반환을 청구할 수 있다. 그러나 변제자가 변제 당시에 채무 없음을 알고 있었던 경우에는 그 변제가 합리적인 것으로 인정할 만한 특별한 사정(예컨대 강박에 의한 변제나 강제집행을 회피할 의도)이 없는 한 그 반환을 청구할 수 없다(제742조). 또한 비채변제이더라도 그 변제가 도의관념에 적합한 것일 경우에는 반환청구권이 배제된다(제744조). ㉣ 변제기 이전에도 채무는 존재하는 것이기 때문에 반환청구할 수 없다(제743조 본문). 다만 이로 인해 채권자가 사실상 얻은 이익이 있을 경우에는 채무자가 착오로 변제한 경우에 한해 그 이익의 반환을 청구할 수 있을 뿐이다(제743조 단서). ㉤ 타인채무를 알면서도 변제한 경우에는 제3자의 변제로서 효력이 발생한다. 그러나 자신의 채무로 오신하여 변제한 경우에는 원칙적으로 그 반환을 청구할 수 있다. 다만 이로 인한 채권자의 불이익을 방지하기 위해서 선의의 채권자가 채권증서를 훼손하거나 담보를 포기하거나 또는 시효로 채권을 잃게 된 경우에는 그 반환을 청구하지 못한다(제745조 1항). <답 ⑥>

14. 甲의 청구가 허용되는 경우를 모두 고르면? (다툼이 있는 경우에는 판례에 의함) <사시 2008년: 배점 3>

> ㉠ 금전소비대차계약에서 사회통념에 반하여 현저하게 고율인 이자의 약정이 이루어진 경우, 이미 이자를 지급한 차주 甲이 대주 乙에 대하여 사회질서에 위반되는 부분의 이자의 반환을 청구한다.
> ㉡ 甲이 A에게 토지를 임대하였으나, A가 甲의 동의를 받지 않고 乙에게 토지를 전대하였지만 아직 甲이 임대차계약을 해지하지 않은 상태에서 甲이 乙에게 토지임료상당액의 부당이득반환을 청구한다.
> ㉢ 甲은 세금을 회피하기 위하여 乙과 명의신탁약정을 맺고 이에 기하여 자기 소유의 X부동산을 乙명의로 등기해 두었는데, 그 후 甲이 乙에게 X부동산의 소유권이전등기를 청구한다.
> ㉣ 甲은 乙로부터 도박자금으로 금원을 차용하고, 그 차용금 채무의 담보를 위하여 甲소유의 X부동산에 관하여 乙 앞으로 근저당권설정등기를 마쳤는데, 그 후 甲이 乙에게 근저당권설정등기의 말소를 청구한다.
> ㉤ 부동산중개업자 乙은 甲이 위탁한 거래를 중개하고 甲으로부터 700만 원의 중개수수료를 받았는데, 그 후 甲이 그 수수료가 「공인중개사의 업무 및 부동산 거래신고에 관한 법률」에서 정한 상한인 200만 원을 초과한다는 사실을 알고 그 초과분의 반환을 청구한다.
> 〈같은 법 제33조(금지행위) 중개업자 등은 다음 각 호의 행위를 하여서는 아니 된다.
> 3. 사례 · 증여 그 밖의 어떠한 명목으로도 제32조 제3항의 규정에 의한 수수료 또는 실비를 초과하여 금품을 받는 행위〉

① ㉡, ㉢, ㉣, ㉤ ② ㉠, ㉢, ㉣ ③ ㉠, ㉡, ㉢, ㉤
④ ㉠, ㉢, ㉣, ㉤ ⑤ ㉡, ㉢, ㉣ ⑥ ㉠, ㉤
⑦ ㉠, ㉣, ㉤ ⑧ ㉢, ㉣, ㉤

해설

㉠ 대판[전] 2007.2.15. 2004다50426. ㉡ 임차인이 임대인의 동의를 받지 않고 제3자에게 임차권을 양도하거나 전대하는 등의 방법으로 임차물을 사용 · 수익하게 하더라도, 임대인이 이를 이유로 임대차계약을 해지하거나 그 밖의 다른 사유로 임대차계약이 적법하게 종료되지 않는 한 임대인은 임차인에 대하여 여전히 차임청구권을 가지므로, 임대차계약이 존속하는 한도 내에서는 제3자에게 불법점유를 이유로 한 차임상당 손해배상청구나 부당이득반환청구를 할 수 없다(대판 2008.2.28. 2006다10323). ㉢ 부동산실권리자명의 등기에 관한 법률이 규정하는 명의신탁약정은 부동산에 관한 물권의 실권리자가 타인과의 사이에서 대내적으로는 실권리자가 부동산에 관한 물권을 보유하거나 보유하기로 하고 그

에 관한 등기는 그 타인의 명의로 하기로 하는 약정을 말하는 것일 뿐이므로, 그 자체로 선량한 풍속 기타 사회질서에 위반하는 경우에 해당한다고 단정할 수 없을 뿐만 아니라, 위 법률은 원칙적으로 명의신탁약정과 그 등기에 기한 물권변동만을 무효로 하고 명의신탁자가 다른 법률관계에 기하여 등기회복 등의 권리행사를 하는 것까지 금지하지는 않는 대신, 명의신탁자에 대하여 행정적 제재나 형벌을 부과함으로써 사적자치 및 재산권보장의 본질을 침해하지 않도록 규정하고 있으므로, 위 법률이 비록 부동산등기제도를 악용한 투기·탈세·탈법행위 등 반사회적 행위를 방지하는 것 등을 목적으로 제정되었다고 하더라도, 무효인 명의신탁약정에 기하여 타인 명의의 등기가 마쳐졌다는 이유만으로 그것이 당연히 불법원인급여에 해당한다고 볼 수 없다(대판 2003.11.27. 2003다41722). ㉣ 도박자금으로 금원을 대여함으로 인하여 발생한 채권을 담보하기 위한 근저당권설정등기가 경료되었을 뿐인 경우와 같이 수령자가 그 이익을 향수하려면 경매신청을 하는 등 별도의 조치를 취하여야 하는 경우에는, 그 불법원인급여로 인한 이익이 종국적인 것이 아니므로 등기설정자는 무효인 근저당권설정등기의 말소를 구할 수 있다(대판 1995.8.11. 94다54108). ㉤ 부동산중개업법상 위와 같은 규정들은 중개수수료 약정 중 소정의 한도를 초과하는 부분에 대한 사법상의 효력을 제한하는 이른바 강행법규에 해당하고, 따라서 구 부동산중개업법 등 관련 법령에서 정한 한도를 초과하는 부동산중개수수료 약정은 그 한도를 초과하는 범위 내에서 무효이다(대판[전] 2007.12.20. 2005다32159 등). <답 ④>

15. 다음 설명 중 옳지 않은 것을 모두 고르면?

> ㉠ A가 자신이 B에 대하여 채무가 없음을 알면서 B가 강제집행을 강행하려고 하자, 이를 피하기 위해서 어쩔 수 없이 B에 대하여 변제로써 급부를 한 경우, A는 B에 대하여 부당이득의 반환을 청구할 수 없다.
>
> ㉡ A가 B에 대하여 불륜관계의 지속을 목적으로 자신의 건물을 사용하게 한 경우, 그 인도만으로는 「급여」가 행하여졌다고는 할 수 없으므로 A는 B에 대하여 부당이득으로써 그 건물의 반환을 청구할 수 있다.
>
> ㉢ A가 B에 대하여 공서양속에 반하는 계약을 원인으로 하여 금전을 지급한 경우 A 자신에게도 불법원인이 있기만 하면 이것과 비교해서 B의 불법성이 압도적으로 크더라도 A는 B에 대하여 부당이득의 반환을 청구할 수 없다.
>
> ㉣ 불법원인급여의 수익자가 급부의 원인행위와 별도의 약정으로 급부 그 자체 또는 그에 갈음한 대가물의 반환을 특약하는 것은, 그 반환약정 자체가 사회질서에 반하여 무효가 되지 않는 한 유효하다.
>
> ㉤ A로부터 대리권을 수여받은 甲이 B 소유의 부동산에 대한 처분의 대리권을 받지 못한 乙과 매매계약을 체결하였고, 이에 A가 B의 계좌로 매매대금을 송금하였는데, 乙이 B로부터 미리 교부받아 소지하고 있던 B의 통장과 인감을 이용하여 송금 당일 인출한 경우, 매매대금이 B의 계좌에 송금된 이상 B가 사실상 지배할 수 있

> 는 상태에 이르러 실질적인 이득자가 되었다고 볼 수 있으므로, A는 B에게 매매대금 상당액에 대해 부당이득반환청구를 할 수 있다.

① ㉠, ㉡, ㉢ ② ㉠, ㉡, ㉣ ③ ㉠, ㉡, ㉤
④ ㉠, ㉢, ㉣ ⑤ ㉠, ㉢, ㉤ ⑥ ㉡, ㉢, ㉣
⑦ ㉡, ㉢, ㉤ ⑧ ㉢, ㉣, ㉤

해설

㉠ A가 B에 대하여 채무가 없음을 알면서 변제한 경우에 그 반환을 청구할 수 없는 것이 원칙이다(제742조). 그러나 이와 같은 비채변제가 적용되기 위해서는 변제로서의 급부가 임의의 변제여야 한다. 상대방의 강압에 의하여 또는 강제집행을 당할 것이 염려되어 채무 없음을 알면서 급부한 것은 임의(자유의사)로 한 것이라고 볼 수 없다. 따라서 급부자는 부당이득의 반환을 청구할 수 있다(대판 2006.7.28. 2004다54633 등). ㉡ 불법원인급여에 대한 반환청구가 부인되기 위해서는 그 급여가 종국적이어야 한다. 따라서 증여한 부동산이 단순히 사용을 목적으로 한 것이고 등기에 의하여 소유권이 이전된 것이 아니라면 급여가 종국적이라고 할 수 없으므로 제746조 본문은 적용되지 않는다(대판 1989.9.29. 89다카5994 참고). ㉢ 판례에 의하면 급부자와 수익자 모두에게 불법성이 인정되더라도 수익자의 불법성이 급부자의 그것보다 현저하게 큰 경우에는 급여자의 반환청구가 허용된다(대판 1997.10.24. 95다49530). ㉣ 수익자의 임의반환이 허용됨에 대해서는 이견이 없다(대판 1964.10.27. 64다798 참고). 반면, 임의반환 약정에 기한 반환청구에 대해서는 견해가 나뉜다. 즉, 반환청구할 수 없는 이득에 대한 임의반환의 약정은 이 역시 불법원인급여물의 반환을 구하는 범주에 속하는 것이므로 무효라는 판례(대판 1995.7.14. 94다51994)와, 불법목적의 실패를 정지조건으로 하는 반환약정을 제외하고 단순한 임의반환의 약정은 허용된다는 견해가 대립한다. 제746조는 불법원인급여자의 수령자에 대한 부당이득반환청구에 있어서 국가의 법률상의 협력을 거부하도록 하는 데 그칠 뿐이기 때문에, 임의반환의 약정 자체는 반사회성 또는 반도덕성을 가지는 것은 아닌 한 제746조에 위반하지 않는다고 보아야 한다. 최근 판례도, 불법원인급여 후 급부를 이행받은 자가 급부의 원인행위와 별도의 약정으로 급부 그 자체 또는 그에 갈음한 대가물의 반환을 특약하는 것은 불법원인급여를 한 자가 그 부당이득의 반환을 청구하는 경우와는 달리 그 반환약정 자체가 사회질서에 반하여 무효가 되지 않는 한 유효하다고 할 것이고, 여기서 반환약정 자체의 무효 여부는 반환약정 그 자체의 목적뿐만 아니라 당초의 불법원인급여가 이루어진 경위, 쌍방당사자의 불법성의 정도, 반환약정의 체결과정 등 민법 제103조 위반 여부를 판단하기 위한 제반 요소를 종합적으로 고려하여 결정하여야 하고, 한편 반환약정이 사회질서에 반하여 무효라는 점은 수익자가 이를 입증하여야 한다고 하면서, 피고가 원고로부터 수수한 20억 원은 정치자금으로서 이를 원고에게 반환하기로 한 약정이 무효라는 점에 대하여 수익자인 피고로부터 아무런 주장·입증이 없으므로 피고는 이를 원고에게 지급할 의무가 있다는 취지에서, 위 20억 원이 비정상적인 구권화폐의 교환자금임을 전제로 그 반환약정이 불법원인급여물의 반환약정으로 무효라고 판단한 원심판결을 파기하였다(대판 2010.5.27. 2009다12580). ㉤ 위와 같은 사안에서 B는 실질적 이득자가 되었다고 볼 수 없다고 하였다(대판 2011.9.8. 2010다37325,37332 참고). <답 ⑤>

16. **수리가 필요한 상가건물의 소유자 A는 그 상가건물을 B에게 임대하면서 임대료를 시세보다 싸게 해주는 대신 그 상가건물의 수리를 B가 부담하도록**

하였다. B는 그 상가건물의 보수를 위하여 C와 도급계약을 체결하였다. 수급인 C는 공사를 완료한 후 그 상가건물을 B에게 인도하였다. 그 후 A는 B가 그 상가건물을 무단으로 전대하였음을 이유로 B와의 임대차계약을 해지하였다. B는 행방불명이 되었고, 수급인 C에게는 공사대금의 2분의 1만을 지급한 상태이다. 이 사례에 관한 설명 중 옳은 것을 모두 고르면?

㉠ A는 건물이 수리된 부분만큼 가치의 증가로써의 이득을 얻었으며 C와의 관계에서 아무 법률관계가 없으므로 부당이득을 얻은 것이 되어 이를 반환해야 한다. 다만, C는 B로부터 공사비의 2분의 1을 지급받았으므로 그가 청구할 수 있는 금액은 그가 입은 손해, 즉 공사비 중 미지급금 상당액이다.
㉡ 도급인 B와 C 사이에서는 유효한 도급계약이 체결되었고 C는 일의 완성을 함으로써 B에 대하여 보수청구권을 취득하였으므로 상가소유자 A에 대해서는 부당이득반환청구권을 가질 수 없다.
㉢ B가 행방불명이 되어 C는 B에 대한 보수청구권을 현실적으로 행사할 수 없게 된 계약의 위험은 C 스스로가 부담해야 한다.
㉣ 상가소유자 A는 결과적으로 상가보수로 인한 이득을 얻었고 이와 같은 이득은 수급인인 C의 행위에 의한 것이므로 A의 이득과 C의 손실 사이에는 직접적인 인과관계가 인정되어야 한다.
㉤ 만일 A에게 부당이득반환의무를 부담하도록 한다면 그의 채권자 C는 채무자 B의 일반채권자에 비하여 우대를 받는 결과가 되어 일반채권자를 해치는 결과를 가져올 것이다.

① ㉠, ㉡, ㉢ ② ㉠, ㉡, ㉣ ③ ㉠, ㉡, ㉤
④ ㉠, ㉢, ㉣ ⑤ ㉠, ㉢, ㉤ ⑥ ㉡, ㉢, ㉣
⑦ ㉡, ㉢, ㉤ ⑧ ㉢, ㉣, ㉤

해설

㉠ 틀림. A는 C로부터 부당이득을 얻었다고 할 수 없다. C는 B에 대하여 건물수리에 대한 보수청구권을 가지고 있다. A에 대해서는 건물보수에 의하여 증가된 가치에 상당하는 이득의 반환을 청구할 수 없다. 계약상의 급부(C의 수리행위)가 계약상대방(B)에 대해서뿐만 아니라 제3자(A)의 이익이 된 경우에 급부를 행한 계약당사자(C)가 그 제3자(A)에 대해서 이득의 반환을 청구할 수 있다면 이는 이른바 전용물소권을 인정하는 것이 되는데 판례는 이를 인정하지 않고 있다(대판 2002.8.23. 99다66564,66571). A · C 사이에는 부당이득관계가 성립하지 않으며 전용물소권도 인정되지 않는다. 따라서 이득반환의 범위를 확정하기 위하여 A의 이득과 C의 손해가 어느 만큼의 것인가를 확인하는 것은 아무 의미가 없다. ㉡ 옳음. A · B 사이에는 임대차관계, B와 C 사이에는 도급관계가 성립하였다. C는 일의 완성에 의한 보수청구권을 B에 대하여 가질 뿐이다. 전용물소권이 인정되지 않는 한 C는 A에 대하여 부당이득반환청구권을 가질 수 없다. ㉢ 옳음. C가 계약상대방에 대하여 계약상의 반대급부(보수)를 청구할 수 있는 이외에 제3자(A)에 대하여 직접부당이득반환청구를 할 수 있다고 하면 자기 책임 하에 체결된 계약에 따른 위험부담을 제3자

에게 전가시키는 것이 되어 계약법의 기본원리에 반한다(대판 2002.8.23. 99다66564, 66571). ㉣ 틀림. 이득과 손실의 직접적 인과관계의 유무는 누구를 점유자로 볼 것인가 그리고 C와의 직접적인 계약관계에 있는지가 누구인가를 기준으로 판단해야 할 것이다. B가 목적물을 간접점유하면서 C로 하여금 수리를 하도록 하였으므로 A와 C 사이에는 부당이득이나 계약상의 급부와 관련된 직접적 인과관계가 있다고 볼 수 없다. 이득의 직접적 수령자는 B이고 B를 중간자로 하여 간접적으로 A에게 이득이 귀속된 것에 지나지 않는다(대판 2002.8.23. 99다66564,66571). ㉤ 옳다. 대판 2002.8.23. 99다66564,66571. <답 ⑦>

17. 다음 설명 중 틀린 것을 모두 고르면? (다툼이 있는 경우에는 판례에 의함)

<변호사모의 2011년, 변호사 2012년 유사>

> ㉠ 보증인의 출연행위 당시에는 주채무가 유효하게 존속하고 있었다 하더라도 그 후 주계약이 해제되어 소급적으로 소멸하는 경우, 보증인은 변제를 수령한 채권자를 상대로 이미 이행한 급부를 부당이득으로 반환청구할 수 있다.
> ㉡ 부당이득의 경우에 그 취득한 것이 금전상의 이득인 때에는 그 금전은 이를 취득한 자가 소비하였는가의 여부를 불문하고 현존하는 것으로 추정된다.
> ㉢ 불륜의 대가로서 부동산을 양도한 경우, 그 소유권은 급여받은 상대방에게 귀속한다.
> ㉣ 수익자의 불법성이 급여자의 그것보다 현저히 크고 급여자의 불법성은 미미한 경우, 급여자의 부당이득반환청구는 허용된다.
> ㉤ 미성년자가 신용카드발행인과 사이에 신용카드 이용계약을 체결하여 신용카드거래를 하다가 신용카드 이용계약을 취소하는 경우, 미성년자는 신용카드발행인이 카드가맹점에 대신 지급하였던 물품·용역대금 상당을 그 발행인에게 반환할 의무가 없다.

① ㉠, ㉡ ② ㉠, ㉤ ③ ㉠
④ ㉡, ㉤ ⑤ ㉡ ⑥ ㉢, ㉤
⑦ ㉣, ㉤ ⑧ ㉤

해설

㉠ 옳음. 보증채무는 주채무와 동일한 내용의 급부를 목적으로 함이 원칙이지만 주 채무와는 별개 독립의 채무이고, 한편 보증채무자가 주채무를 소멸시키는 행위는 주채무의 존재를 전제로 하므로, 보증인의 출연행위 당시에는 주채무가 유효하게 존속하고 있었다 하더라도 그 후 주계약이 해제되어 소급적으로 소멸하는 경우에는 보증인은 변제를 수령한 채권자를 상대로 이미 이행한 급부를 부당이득으로 반환청구할 수 있다(대판 2004.12.24. 2004다20265). ㉡ 옳음. 대판 1996.12.10. 96다32881. ㉢ 옳음. 이러한 증여행위는 불법원인급여이다(제746조). 불법원인급여의 요건이 구비된 경우 급여자는 급여한 이득의 반환을 청구하지 못한다. 그런데 이 경우에 급여자는 급여한 이득의 반환을 청구하지 못하더라도 물권적 청구권을 행사하여 목적물을 찾을 수 있느냐에 대해서 판례는 종래에 제

746조의 본문이 물권적 청구권의 행사를 방해하지는 않는다고 하였으나(대판 1960.9.15. 4293민상57 등), 후에 전원합의체 판결(대판[전] 1979.11.13. 76다483)로 그 태도를 변경하여, 제746조는 물권적 청구권에도 적용되므로 손실자가 그의 소유권을 기초로 불법원인의 급여물을 반환청구할 수 없다고 한다. 즉, 급여를 한 사람은 그 원인행위가 법률상 무효라 하여 상대방에게 부당이득을 원인으로 한 반환청구를 할 수 없음은 물론 급여한 물건의 소유권은 여전히 자기에게 있다고 하여 소유권에 기한 반환청구도 할 수 없는 것이고 그리하여 그 반사적 효과로서 급여한 물건의 소유권은 급여를 받는 상대방에게 귀속하게 된다. ㉣ 옳음. 이른바 불법성비교론(대판 1993.12.10. 93다12947 참고). ㉤ 틀림. 미성년자가 신용카드발행인과의 사이에 신용카드 이용계약을 체결하여 신용카드거래를 하다가 신용카드 이용계약을 취소하는 경우 미성년자는 그 행위로 인하여 받은 이익이 현존하는 한도에서 상환할 책임이 있는바(제141조), 신용카드 이용계약이 취소됨에도 불구하고 신용카드회원과 해당 가맹점 사이에 체결된 개별적인 매매계약은 특별한 사정이 없는 한 신용카드 이용계약취소와 무관하게 유효하게 존속한다고 할 것이고, 신용카드발행인이 가맹점들에 대하여 그 신용카드대금을 지급한 것은 신용카드 이용계약과는 별개로 신용카드발행인과 가맹점 사이에 체결된 가맹점 계약에 따른 것으로서 유효하므로, 신용카드발행인의 가맹점에 대한 신용카드이용대금의 지급으로써 신용카드회원은 자신의 가맹점에 대한 매매대금 지급채무를 법률상 원인 없이 면제받는 이익을 얻었으며, 이러한 이익은 금전상의 이득으로서 특별한 사정이 없는 한 현존하는 것으로 추정된다고 할 것이다(대판 2005.4.15. 2003다60297). <답 ⑧>

18. 부당이득에 관한 다음 설명 중 옳지 않은 것을 모두 고르면? (다툼이 있는 경우에는 판례에 의함) <사시 2009년 변형, 변호사 2012년 유사>

㉠ 채무자 이외의 자의 소유에 속하는 동산에 대한 경매절차에서 그 동산의 매득금은 채무자의 것이 아니어서 채권자가 이를 배당받았다고 하더라도 채권은 소멸하지 않고 계속 존속하므로, 경매에 의하여 소유권을 상실하는 손해를 입은 그 동산의 소유자는 배당받은 채권자에 대하여 부당이득으로 배당받은 금원의 반환을 청구할 수 있다.

㉡ 원천징수 세제에 있어서 원천징수의무자가 원천납세의무자로부터 원천징수대상이 아닌 소득에 대하여 세액을 징수·납부하였거나 징수하여야 할 세액을 초과하여 징수·납부하였다면, 이는 국가가 원천납세의무자에 대한 관계에서 법률상 원인 없이 이익을 얻은 것이므로, 원천납세의무자는 국가에 대하여 환급청구권 상당액을 부당이득으로 구상할 수 있다.

㉢ 계약의 일방당사자가 계약 상대방의 지시 등으로 급부과정을 단축하여 계약 상대방과 또 다른 계약관계를 맺고 있는 제3자에게 직접 급부한 경우, 제3자가 급부를 수령함에 있어 계약의 일방당사자가 상대방에 대하여 급부를 한 원인인관계인 법률관계에 무효 등의 흠이 있었다는 사실을 알고 있었다면, 계약의 일방당사자는

제3자를 상대로 법률상 원인 없이 급부를 수령하였다는 이유로 부당이득반환청구를 할 수 있다.

㉣ 현금으로 계좌송금 또는 계좌이체가 된 경우에는 예금원장에 입금의 기록이 되었을 때에 예금이 된다고 예금거래기본약관에 정하여져 있으나, 수취인과 은행 사이의 예금계약의 성립 여부를 송금의뢰인과 수취인 사이에 계좌이체의 원인인 법률관계가 존재하는지 여부에 의하여 좌우되도록 한다는 내용의 별도의 약정은 없는 경우, 송금의뢰인과 수취인 사이에 계좌이체의 원인이 되는 법률관계가 존재하지 아니함에도 송금의뢰인이 수취인의 예금계좌에 계좌이체를 하였다면, 송금의뢰인은 수취은행을 상대로 부당이득을 근거로 하여 이체금액 상당액의 반환을 청구할 수 있다.

㉤ 甲과 乙이 상계계약을 체결하였으나 甲의 채권은 성립되지 아니한 반면 乙의 채권은 유효하게 성립된 것으로 밝혀진 경우, 상계계약의 특성상 乙로서는 채무를 여전히 이행하지 않고 있는 甲을 상대로 그 채권액 상당에 대하여 부당이득으로도 반환을 청구할 수 있다.

① ㉠, ㉡, ㉢ ② ㉡, ㉢, ㉣ ③ ㉢, ㉣
④ ㉡, ㉢, ㉣, ㉤ ⑤ ㉠, ㉢, ㉣, ㉤

해설

㉠ 옳음. 대판 2003.7.25. 2002다39616 참고. ㉡ 틀림. 이 경우 환급청구권은 원천납세의무자가 아닌 원천징수의무자에게 귀속되는 것인바, 이는 원천징수의무자가 원천납세의무자에 대한 관계에서는 법률상 원인 없이 이익을 얻은 것이라 할 것이므로 원천납세의무자는 원천징수의무자에 대하여 환급청구권 상당액을 부당이득으로 구상할 수 있다(대판 2003.3.14. 2002다68294 참고). ㉢ 틀림. 제3자가 원인관계인 법률관계에 흠이 있다는 사실을 알고 있었다 할지라도 그를 상대로 부당이득반환청구를 할 수 없다(대판 2008.9.11. 2006다46278 참고). ㉣ 틀림. 이 경우 송금의뢰인과 수취인 사이에 계좌이체의 원인이 되는 법률관계가 존재하지 않음에도 불구하고, 계좌이체에 의하여 수취인이 계좌이체금액 상당의 예금채권을 취득한 경우에는, 송금의뢰인은 수취인에 대하여 위 금액 상당의 부당이득반환청구권을 가지게 되지만, 수취은행은 이익을 얻은 것이 없으므로 수취은행에 대하여는 부당이득반환청구권을 취득하지 아니한다(대판 2007.11.29. 2007다51239 참고). ㉤ 틀림. 상계계약은 상호의 채무를 면제시키는 것을 내용으로 하는 계약으로서 甲의 채권이 불성립되었다면 乙의 채무면제도 당연히 무효가 되어 그 채무가 여전히 존재하는 것이므로, 단순히 그 채무를 이행하지 않고 있다는 점만으로 법률상 원인 없이 이득을 얻었다 할 수 없는 것이고, 가사 그 채권이 시효로 소멸하게 되었다 하더라도 달리 볼 것은 아니다(대판 2005.4.28. 2005다3113 참고). <답 ④>

19. 부당이득에 관한 설명 중 옳지 않은 것을 모두 고르면? (다툼이 있는 경우에는 판례에 의함) <사시 2007년 유사, 사시 2013년 유사>

㉠ 근저당권자 甲이 그의 근저당권설정등기가 위법하게 말소되어 아

직 회복등기를 경료하지 못한 상태라면, 경매절차가 진행되어 배당기일에서 피담보채권액에 해당하는 금액을 배당받지 못하였더라도 경매절차에서 실제로 배당받은 乙에 대하여 근저당권설정등기가 말소되지 아니하였더라면 배당받았을 금액을 부당이득으로 반환청구할 수는 없다.

㉡ 甲의 저당권이 설정된 乙 소유의 X 토지가 수용되어 보상금이 지급되게 되었는데 甲이 물상대위 규정에 의해 보상금을 압류하기 전에 乙이 그 보상금을 수령한 경우, 甲은 피담보채권액의 한도에서 乙에게 그 보상금에 대한 부당이득반환청구를 할 수 있다.

㉢ A 토지를 시효취득한 甲에게로 소유권이전등기가 있기 전에 원소유자 乙이 A 토지에 설정한 근저당권의 피담보채무를 甲이 변제한 경우, 乙에게 변제액 상당의 부당이득반환청구를 할 수 없다.

㉣ 조세 징수상 과세처분이 당연무효가 아니라 취소사유가 있는 경우, 행정소송에 의하여 그 과세처분이 취소되지 아니하더라도 조세의 납부는 부당이득이 된다.

㉤ 부동산실권리자명의 등기에 관한 법률 시행 후에 '계약명의신탁'이 이루어진 경우, 명의수탁자 甲이 명의신탁자 乙에게 반환하여야 할 부당이득의 대상은 당해 부동산 자체이다.

① ㉠, ㉢ ② ㉡, ㉣ ③ ㉠, ㉣, ㉤
④ ㉡, ㉤ ⑤ ㉣, ㉤ ⑥ ㉠, ㉢
⑦ ㉡, ㉣, ㉤ ⑧ ㉠, ㉡, ㉢, ㉤

해설

㉠ 틀림. 등기는 물권의 효력발생요건이고 존속요건은 아니어서 등기가 원인 없이 말소된 경우에는 그 물권의 효력에 아무런 영향이 없고, 그 회복등기가 마쳐지기 전이라도 말소된 등기의 등기명의인은 적법한 권리자로 추정되므로, 근저당권설정등기가 위법하게 말소되어 아직 회복등기를 경료하지 못한 연유로 그 부동산에 대한 경매절차의 배당기일에서 피담보채권액에 해당하는 금액을 배당받지 못한 근저당권자는 배당기일에 출석하여 이의를 하고 배당이의의 소를 제기하여 구제를 받을 수 있고, 배당기일에 출석하지 않음으로써 배당표가 확정되었다고 하더라도, 확정된 배당표에 의하여 배당을 실시하는 것은 실체법상의 권리를 확정하는 것이 아니기 때문에 위 경매절차에서 실제로 배당받은 자에 대하여 부당이득반환청구로서 그 배당금의 한도 내에서 그 근저당권설정등기가 말소되지 아니하였더라면 배당받았을 금액의 지급을 구할 수 있다(대판 2002.10.22. 2000다59678). ㉡ 옳음. 저당목적물 소유자가 얻은 위와 같은 이익은 저당권자의 손실로 인한 것으로서 인과관계가 있을 뿐만 아니라, 공평의 관념에 위배되는 재산적 가치의 이동이 있는 경우 수익자로부터 그 이득을 되돌려받아 손실자와 재산상태의 조정을 꾀하는 부당이득제도의 목적에 비추어보면, 위와 같은 이익을 소유권자에게 종국적으로 귀속시키는 것은 저당권자에 대한 관계에서 공평의 관념에 위배되어 법률상 원인이 없다고 봄이 상당하다(대판 2009.5.14. 2008다17656 참고). ㉢ 옳음. 점유자의 권리취득을 방해하려고 하는 등의 특별한 사정이 없는 한, 점유자 명의로 소유권이전등기가 마쳐지기까지 원소유자는 소유자

로서 그 토지에 관한 적법한 권리를 행사할 수 있다(대판 2006.5.12. 2005다75910). ㉣ 틀림. 행정행위의 공정력이라 함은 행정행위에 하자가 존재하더라도 그 하자가 당연무효가 아닌 한 권한 있는 기관에 의해 취소되기 전에는 일응 유효한 것으로 추정되는 효력을 말한다. 따라서 과세처분이 부존재하거나 당연무효인 경우에는 이 과세처분에 의하여 납세의무자가 납부하거나 징수당한 오납금은 당연히 국가가 법률상 원인 없이 취득한 부당이득에 해당할 것이나, 하자가 취소사유에 불과하다면 확정판결로 취소되지 않는 한 그 조세가 부당이득이 되지는 않는다(대판[전] 1992.3.31. 91다32053 참고). ㉤ 틀림. 부동산 실권리자명의 등기에 관한 법률 시행 전에 이른바 계약명의신탁에 따라 명의신탁 약정이 있다는 사실을 알지 못하는 소유자로부터 명의수탁자 앞으로 소유권이전등기가 경료되고 같은 법 소정의 유예기간이 경과하여 명의수탁자가 당해 부동산의 완전한 소유권을 취득한 경우에는 명의수탁자가 명의신탁자에게 반환하여야 할 부당이득은 당해 부동산 자체이나(대판 2002.12.26. 2000다21123), 그 시행 후인 경우에는 명의신탁자는 애초부터 당해 부동산의 소유권을 취득할 수 없었으므로 위 명의신탁약정의 무효로 인하여 명의신탁자가 입은 손해는 당해 부동산 자체가 아니라 명의수탁자에게 제공한 매수자금이라 할 것이고, 따라서 명의수탁자는 당해 부동산 자체가 아니라 명의신탁자로부터 제공받은 매수자금을 부당이득한 것이 된다(대판 2005.1.28. 2002다66922 등). <답 ③>

20. 부당이득에 관한 다음 설명 중 옳은 것을 모두 고르면? (다툼이 있는 경우에는 판례에 의함)

㉠ 부동산경매절차에서 타인 명의로 매각허가결정을 받은 사람이 명의신탁자와 명의수탁자 및 제3자 사이의 새로운 명의신탁약정에 의하여 명의수탁자가 다시 명의신탁자가 지정하는 제3자 앞으로 소유권이전등기를 마쳐 주었다면, 제3자 명의의 소유권이전등기는 무효이므로 제3자는 소유권이전등기에도 불구하고 그 부동산의 소유권을 취득하거나 그 매수대금 상당의 이익을 얻었다고 할 수 없다.

㉡ 금융실명거래 및 비밀보장에 관한 법률 시행 이후 예금주 명의의 신탁이 이루어진 다음 출연자가 사망함에 따라 금융기관이 출연자의 공동상속인 전부에게 예금채권을 유효하게 변제한 경우, 예금명의자는 공동상속인 전부를 상대로 예금 상당액의 부당이득반환을 구할 수 있다.

㉢ 1동 건물의 대지에 건물의 구분소유자 외의 다른 공유자가 있는 경우, 다른 공유자는 그 대지 공유지분권에 기초하여 건물의 구분소유자들을 상대로 부당이득의 반환을 청구할 수 있다

㉣ 은행이 예금주의 지급지시나 출금 동의가 있는 것으로 착오를 일으켜 출금계좌에서 예금을 인출하여 이를 수취인의 예금계좌에 입금한 경우, 수취인은 입금액 상당의 예금채권을 취득하므로, 출금계좌의 예금주는 수취인을 상대로 부당이득반환청구권을 행사할 수 있다.

> ⓜ 타인 소유의 토지 위에 권한 없이 존재하는 미등기건물에 관하여 사실상 처분권을 보유하게 된 양수인이 존재하는 경우, 그 미등기 건물의 양수인뿐만 아니라 원시취득자도 토지의 차임에 상당하는 부당이득을 얻고 있다고 할 수 있다.

① ㉠, ㉢ ② ㉡, ㉣ ③ ㉠, ㉣, ㉤
④ ㉡, ㉤ ⑤ ㉣, ㉤ ⑥ ㉠, ㉢, ㉣, ㉤
⑦ ㉡, ㉣, ㉤ ⑧ ㉠, ㉢, ㉤

해설

㉠ 옳음. 대판 2009.9.10. 2006다73102 참고. ㉡ 틀림. 변제된 예금은 출연자와 예금명의자의 명의신탁약정상 예금명의자에 대한 관계에서는 출연자의 공동상속인들에게 귀속되었다고 보아야 한다(대판 2012.2.23. 2011다86720). ㉢ 옳음. 지문과 같은 경우 대지의 공유자는 공유물에 관한 일반 법리에 따라 대지를 사용·수익·관리할 수 있다고 보아야 하므로, 다른 공유자가 자신의 공유지분권에 의한 사용·수익권을 포기하였다거나 그 포기에 관한 특약 등을 승계하였다고 볼 수 있는 사정 등이 있는 경우가 아닌 한, 부당이득의 반환을 청구할 수 있다(대판 2013.3.14. 2011다58701). ㉣ 틀림. 지문과 같은 경우 부당이득반환청구권은 은행이 취득한다. 따라서 은행은, 특별한 사정이 없는 한 착오로 인한 자금이체에 의하여 발생한 채권채무관계를 정리하기 위하여 수취인의 예금계좌에 대한 입금기록을 정정하여 자금이체를 취소시키는 방법으로 은행의 수취인에 대한 부당이득반환청구권과 수취인의 은행에 대한 예금채권을 모두 소멸시킬 수 있다(대판 2012.10.25. 2010다47117). ㉤ 옳음. 타인 소유의 토지 위에 권한 없이 건물을 소유하는 자는 그 자체로써 건물 부지가 된 토지를 점유하고 있는 것이므로, 특별한 사정이 없는 한 법률상 원인 없이 타인의 재산으로 인하여 토지의 차임에 상당하는 이익을 얻고 이로 인하여 타인에게 동액 상당의 손해를 주고 있다고 할 것이다(대판 2011.7.14. 2009다76522,76539). 마찬가지로 건물소유자가 부지 부분에 관한 소유권을 상실한 경우, 건물임대차계약 종료 이후 계속 건물을 점유·사용하는 건물임차인은 건물소유자에 대한 관계에서 건물 부지의 사용·수익으로 인한 이득이 포함된 건물임료 상당의 부당이득을 하였다고 보아야 한다(대판 2012.5.10. 2012다4633). <답 ⑧>

제 6 장 불법행위

제 1 절 일반불법행위

1. 불법행위와 부당이득과의 차이에 관한 다음 설명 중 옳지 않은 것은?

① 불법행위로 인한 손해배상은 금전배상이 원칙이나, 부당이득에 있어서는 원물반환을 원칙으로 한다.

② 불법행위의 효과로서는 손해배상청구권이 생기고, 부당이득의 효과로서는 이득의 반환청구권이 생긴다.

③ 불법행위의 성립에는 행위의 위법성이 요구되는데, 이 점은 부당이득에 있어서도 또한 같다.

④ 불법행위의 성립에는 손해의 발생을 요하나, 부당이득의 성립에는 반환하여야 할 이득이 존재하여야 한다.

⑤ 불법행위의 성립에는 주관적 요소로서 고의 또는 과실과 책임능력이 존재함을 요하나, 부당이득의 성립에는 이와 같은 요건이 필요치 않다.

해설 ……………………………………

① 제763조, 제394조 및 제741조. ② 타당하다. ③ 불법행위성립에는 위법성이 요구되고(제750조), 부당이득에 있어서는 이득의 법률상 원인이 없어야 한다(제741조). ④ 제750조 및 제741조. ⑤ 제750조 및 제753조. 부당이득에 관하여는 이러한 규정이 없다.

<답 ③>

2. 다음은 불법행위책임의 요건에 관한 판례의 태도이다. 틀린 것을 고르면?

① 어떠한 건물신축공사가 건축 당시의 건축법상 규제에 형식적으로 적합하더라도 현실적인 일조방해의 정도가 현저하게 커 사회통념상 수인한도를 넘었다면 위법행위로 평가될 수 있다.

② 설명을 하지 아니한 채 환자의 승낙 없이 의료행위를 하였다면 설령 그 의사에게 치료상의 과실이 없는 경우에도 그 의료행위는 환자의 승낙권을 침해하는 위법한 행위가 된다.

③ 의료상 과실과 그 결과 사이의 인과관계를 추정하여 손해배상책임을 지울 수 있도록 입증책임을 완화하였다면, 이는 손해의 공평 · 타당한 부담을 그 지도원리로 하는 손해배상제도의 이상에 반하지 않는다.

④ 방송매체가 사실을 적시하여 개인의 명예를 훼손하는 경우에 그 목적이 오로지 공공의 이익을 위한 것이고 또한 적시된 사실이 진실이라는 증명이 있는 경우에 한하여 그 행위에 위법성이 없다고 판단된다.

⑤ 사회통념상 일상생활에서 허용되는 단순한 농담 또는 호의적이고 권유적인 언동으로 볼 수 없고, 오히려 피해자로 하여금 성적 굴욕감이나 혐오감을 느끼게 하는 성희롱은 피해자의 인격권을 침해하는 행위로서 선량한 풍속 또는 사회질서에 위반하는 위법한 행위이다.

해설

① 옳음. 건축법 등 관계법령에 일조방해에 관한 직접적인 단속법규가 있다면 그 법규에 적합한지 여부가 사법상 위법성을 판단함에 있어서 중요한 판단자료가 되지만, 이러한 공법적 규제에 의하여 확보하고자 하는 일조는 원래 사법상 보호되는 일조권을 공법적인 면에서도 가능한 한 보증하려는 것에 지나지 않기 때문에 특별한 사정이 없는 한 일조권보호를 위한 최소한도의 기준으로 보는 것이 상당하다(대판 2000.5.16. 98다56997). 또한 일조방해의 정도, 피해이익의 법적 성질, 가해 건물의 용도, 지역성, 토지이용의 선후관계, 가해 방지 및 피해 회피의 가능성, 공법적 규제의 위반 여부, 교섭 경과 등 모든 사정을 종합적으로 고려하여 사회통념상 일반적으로 해당 토지 소유자의 수인한도를 넘게 되면 그 건축행위는 정당한 권리행사의 범위를 벗어나 사법상 위법한 가해행위로 평가된다. 일조방해 행위가 수인한도를 넘었는지 여부를 판단하기 위한 지역성은 그 지역의 토지이용 현황과 실태를 바탕으로 지역의 변화 가능성과 변화의 속도 그리고 지역주민들의 의식 등을 감안하여 결정하여야 할 것이고, 바람직한 지역 정비로 토지의 경제적·효율적 이용과 공공의 복리증진을 도모하기 위한 국토의 계획 및 이용에 관한 법률 등 공법에 의한 지역의 지정은 그 변화 가능성 등을 예측하는 지역성 판단의 요소가 된다고 할 것이다(대판 2011.2.24. 2010다13107) ② 옳음. 대판 1999.12.21. 98다29261. 그러나 의사에게 당해 의료행위로 인하여 예상되는 위험이 아니거나 당시의 의료수준에 비추어 예견할 수 없는 위험에 대한 설명의무까지 부담하게 할 수는 없으며, 설명의무의 주체는 원칙적으로 당해 처치의사라 할 것이나 특별한 사정이 없는 한 처치의사가 아닌 주치의 또는 다른 의사를 통한 설명으로도 충분하다는 점에 유의할 것(대판 1999.9.3. 99다10479 참고). ③ 옳음. 판례의 태도이다(대판 1999.9.3. 99다10479 등). 즉, 의료행위상 주의의무 위반으로 인한 손해배상청구에서 피해자 측이 일련의 의료행위 과정에서 저질러진 일반인의 상식에 바탕을 둔 의료상 과실 있는 행위를 증명하고 행위와 결과 사이에 일련의 의료행위 외에 다른 원인이 개재될 수 없다는 점을 증명한 경우에는 의료상 과실과 결과 사이의 인과관계를 추정하여 손해배상책임을 지울 수 있도록 증명책임을 완화하여야 한다(대판 2012.1.27. 2009다82275,82282). ④ 틀림. 사실적시의 목적이 오로지 공공의 이익을 위한 것일 때에는 적시된 사실이 진실이라는 증명이 있으면 그 행위에 위법성이 없다고 할 것이고, 그 증명이 없더라도 행위자가 그것을 진실이라고 믿었고 또한 그렇게 믿을 상당한 이유가 있으면 그 행위에 대한 고의·과실이 없다고 보아야 한다(대판 2009.2.26. 2008다27769 등 참고). ⑤ 옳음. 성희롱의 문제는 위법성 여부가 중요한데, 성적 표현행위의 위법성 여부는, 쌍방당사자의 연령이나 관계, 행위가 행해진 장소 및 상황, 성적 동기나 의도의 유무, 행위에 대한 상대방의 명시적 또는 추정적인 반응의 내용, 행위의 내용 및 정도, 행위가 일회적 또는 단기간의 것인지 아니면 계속적인 것인지 여부 등의 구체적 사정을 종합하여, 그것이 사회공동체의 건전한 상식과 관행에 비추어 볼 때 용인될 수 있는 정도의 것인지 여부, 즉 선량한 풍속 또는 사회질서에 위반되는 것인지 여부에

따라 결정된다고 하였다(대판 1998.2.10. 95다39533). <답 ④>

3. 불법행위의 성립에 관한 설명 중 옳은 것은? (다툼이 있는 경우에는 판례에 의함) <변리사 2009년 변형>

① 매매나 교환계약의 당사자가 목적물의 시가를 묵비하거나 허위로 높은 가액을 시가라고 고지하는 행위는 원칙적으로 불법행위에 해당한다.

② HD-TV의 제조상 결함으로 TV화면이 나오지 않는 경우, TV제조업자는 소비자에게 제조물책임법에 따른 손해배상의무를 부담한다.

③ 甲과 乙이 교통사고를 일으켜 丙에게 피해를 입힌 경우, 甲과 乙의 행위가 공동불법행위가 되려면 甲과 乙 간에 공모 또는 적어도 공동의 인식이 있어야 한다.

④ 언론, 출판을 통해 사실을 적시함으로써 타인의 명예를 훼손하였다는 이유로 손해배상을 청구하는 경우, 적시된 사실의 허위성에 대한 증명책임은 원고에게 있다.

⑤ 공동불법행위는 불법행위 자체를 공동으로 하거나 교사·방조하는 경우를 말하고, 횡령행위로 인한 장물을 취득하는 등 피해의 발생에 공동으로 관련되어 있는 경우에는 인정될 수 없다.

해설 ……………………………………

① 틀림. 일반적으로 매매거래에 있어서 매수인은 목적물을 염가로 구입할 것을 희망하고 매도인은 목적물을 고가로 처분하기를 희망하는 이해상반의 지위에 있으며, 각자가 자신의 지식과 경험을 이용하여 최대한으로 자신의 이익을 도모할 것으로 예상되기 때문에, 당사자 일방이 알고 있는 정보를 상대방에게 사실대로 고지하여야 할 신의칙상의 주의의무가 인정된다고 볼 만한 특별한 사정이 없는 한, 매도인이 목적물의 시가를 묵비하여 매수인에게 고지하지 아니하거나 또는 시가보다 높은 가액을 시가라고 고지하였다 하더라도 상대방의 의사결정에 불법적인 간섭을 하였다고 볼 수 없으므로 불법행위가 성립한다고 볼 수 없는바(대판 2012.2.9. 2011다14671), 주식과 같은 투기성 있는 객체의 거래에 있어서는 더욱 그러하다(대판 2006.11.23. 2004다62955). ② 틀림. 이른바 제조물책임이란 제조물에 통상적으로 기대되는 안전성을 결여한 결함으로 인하여 생명, 신체나 제조물 그 자체 외의 다른 재산에 손해가 발생한 경우에 제조업자 등에게 지우는 손해배상책임이고, 제조물에 상품적합성이 결여되어 제조물 그 자체에 발생한 손해는 제조물책임이론의 적용대상이 아니다(대판 1999.2.5. 97다26593). ③ 틀림. 통설과 판례는 피해자를 두텁게 보호하려는 취지에서, 가해자들 사이에 공모 내지 의사의 공통은 필요 없으며, 객관적으로 보아 피해자에 대한 권리침해가 공동으로 행하여졌다고 보이고, 그 행위가 손해발생에 대하여 공통의 원인이 되었다고 인정되는 경우이면 충분하다는 객관적 공동설의 입장이다(대판 1998.11.24. 98다32045 참고). ④ 옳음. 언론·출판을 통해 사실을 적시함으로써 타인의 명예를 훼손한 경우, 원고가 청구원인으로 그 적시된 사실이 허위사실이거나 허위평가라고 주장하며 손해배상을 구하는 때에는 그 허위성에 대한 입증책임은 원고에게 있고, 다만 피고가 그 적시된 사실이 진실한 사실로서 오로지 공공의 이익에 관한 것이므로 위법성이 없다고 항변할 경우 그 위법성을 조각시키는 사유에 대한 증명책임은 피고에게 있다(대판 2008.1.24. 2005다58823). ⑤ 틀림. 공동불법행위는 횡령행위로 인한 장물을

취득하는 등 피해의 발생에 공동으로 관련되어 있어도 인정될 수 있다(대판 2013.4.11. 2012다44969). <답 ④>

4. 다음은 불법행위의 성립요건을 설명한 부분이다. 틀린 것을 모두 나열하면?
(다툼이 있는 경우에는 다수설과 판례에 의함)

ⓐ 불법행위에 대해서 손해배상책임을 귀속시키는 데 고의와 과실에 있어서 그 차이점은 우리 민법상 전혀 존재하지 않는다.
ⓑ 불법행위법에서 가해자는 자신에게 과실 없음을 적극적으로 입증하여야 한다.
ⓒ 불법행위법에서 피해자는 가해자에게 불법행위의 책임능력이 있음을 적극적으로 입증하여야 한다.
ⓓ 우리 민법에서 책임무능력자는 12세이다.
ⓔ 심신상실자가 불법행위책임을 면하기 위해서는 심신상실의 상태에 있을 것을 요한다.
ⓕ 위법성개념을 결과불법으로 이해하는 견해에 선다면 정당방위는 위법성조각사유가 된다.
ⓖ 불법행위에 의한 손해배상의 범위에는 계약법에서 인정되는 특별손해가 포함되지 않는다.

① ⓐ, ⓑ, ⓕ ② ⓐ, ⓑ, ⓓ, ⓖ
③ ⓐ, ⓑ, ⓒ, ⓓ, ⓕ ④ ⓐ, ⓑ, ⓒ, ⓓ, ⓔ, ⓖ
⑤ ⓐ, ⓑ, ⓒ, ⓓ, ⓔ, ⓕ, ⓖ

해설

ⓐ 이를 구별할 실익은 적지만, (i) 손해배상의 범위(제393조 2항) 및 (ii) 가해자의 손해배상액에 관한 법원의 경감(제765조 1항), (iii) 과실상계(제396조) 등에서는 실익이 있다.
ⓑ 피해자인 원고가 가해자인 피고의 고의 혹은 과실이 있음을 입증하여야 한다(다만, 의료사고책임 등에서는 피해자측의 입증책임이 완화되는 경우가 있다). 결국 원고가 가해자의 과실을 입증하는 데 실패하면 불법행위책임은 성립하지 않는다. 즉, 일반적으로 술에 취한 사람은 자신을 통제할 능력이 감퇴된다고 보아야 할 것이므로, 그와 같은 상태의 사람에게 재차 영리의 목적으로 술을 판매하는 영업자로서는 추가적인 음주로 말미암아 그가 안전상 사고를 당하지 않도록 구체적인 상황 하에서 요구되는 필요한 조치를 취하여야 할 안전배려의무는 인정될 수 있고, 이러한 안전배려의무는 고온의 찜질실 등 이용객의 구체적 상태 여하에 따라 안전에 위해를 초래할 수도 있는 시설을 제공하는 찜질방 영업자에게도 마찬가지로 요구된다. (하지만) 술에 취한 상태에서 찜질방에 입장하여 구내식당에서 술을 마신 이용객이 찜질실에서 잠을 자다가 사망한 사안에서 당시 찜질방 안에는 음주자 등의 고온의 찜질실 출입을 제한하는 주의문이 게시되어 있었던 반면, 망인이 찜질방 입장 당시 이미 만취로 인해 정상적인 이용이 곤란한 지경에 이르렀음을 인정할 증거가 없고, 달리 찜질방의 시설 자체에 안전상 하자가 있다거나 망인이 찜질방 내에서 비정상적인 행태를 보임에도 장시간 이를 방치하였다거나, 술에 취한 자에게 재차 영리를 목적으로 술을 판매하는 자에게 요구되는 안전배려의무가 요구되는 정도에 이르렀다는 사

정도 없으므로, 찜질방 영업자에게 법령상 또는 업무상 주의의무 위반의 과실이 있다고 단정할 수 없다(대판 2010.2.11. 2009다79316). ⓒ 가해자가 자신의 불법행위책임을 면하기 위하여 책임능력이 없음을 입증하여야 한다. ⓓ 책임능력이란 구체적인 불법행위에 대한 가해자의 책임인식능력을 말하기 때문에 행위능력개념처럼 민법에서 획일적이고 객관적인 판단기준을 규정하고 있지는 않다. 다만, 판례는 만 12세 이하의 자에 대해서는 대체적으로 책임능력이 없는 것으로 보고 있다(대판 1978.7.11. 78다729 참고. 2013.7.1. 개정민법은 제755조에서 종래 '책임무능력자'를 '책임이 없는 사람'으로 개정하였다). ⓔ 불법행위시에 심신상실이면 족하고, 심신상실의 상태일 것이 요구되는 것은 아니다. ⓕ 행위불법으로 위법성개념을 이해한다면 '책임조각사유'로 볼 수 있다. ⓖ 통상손해뿐만 아니라 특별손해도 포함된다(제763조, 제393조 2항). <답 ④>

5. 불법행위책임에 관한 설명이다. 판례의 입장과 다른 것을 고르면?

① 불법행위에 있어서 고의는 객관적으로 위법이라고 평가되는 일정한 결과의 발생이라는 사실의 인식만으로는 부족하고, 그 외에 그것이 위법한 것으로 평가된다는 것까지 인식하여야 한다.

② 불법행위로 인하여 건물이 훼손된 경우에 수리가 가능하다면 그 수리비가 통상의 손해라 할 것이고, 만약 수리로 인하여 훼손 전보다 건물의 교환가치가 증가한 경우에는 수리비에서 교환가치 증가분을 공제한 금액이 그 손해이다.

③ 타인의 불법행위로 근저당권이 소멸된 경우, 근저당권자가 입게 되는 손해는 특별한 사정이 없는 한 위 부동산의 가액 범위 내에서 채권최고액을 한도로 하는 피담보채권이라 할 것이나, 근저당 목적물인 부동산의 시가에서 위 소멸된 근저당권에 우선하는 선순위담보권 등의 피담보채권액을 공제한 잔액, 즉 잔존 담보가치 상당액이 채권최고액 또는 피담보채권액보다 적은 경우에는 그 잔존 담보가치 상당액을 손해로 보아야 할 것이다.

④ 甲과 乙이 계약의 체결을 교섭하는 단계에서, 甲이 乙에게 계약이 확실하게 체결되리라는 정당한 기대 내지 신뢰를 부여하여 乙이 그 신뢰에 따라 행동하였음에도, 甲이 상당한 이유 없이 계약의 체결을 거부하여 乙에게 손해를 입혔다면, 甲은 乙에 대하여 불법행위책임을 부담한다.

⑤ 명예를 위법하게 침해당한 자는 손해배상 또는 명예회복을 위한 적당한 처분을 구할 수 있는 이외에, 인격권으로서 명예권에 기초하여 현재 이루어지고 있는 침해행위를 배제하거나 장래에 생길 침해를 예방하기 위하여 침해행위의 금지를 청구할 수 있다.

해설

① 고의의 요소로서 일정한 결과의 발새이라는 사실의 인식 외에 그것이 위법한 것으로 평가된다는 것까지도 인식하는 것이 필요 하느냐에 관해서는 형법상 논의되나, 민법의 해

석론으로서는 이를 필요로 하지 않는다는 것이 일반적이다. 판례도 같은 태도이다(대판 2002.7.12. 2001다46440 참고). ② 지문은 목적물반환의무의 이행불능에 따른 손해배상의 범위와 관련한 사례로서, 불법행위 등으로 인하여 건물이 훼손된 경우에는 i) 수리가 가능하다면 그 수리비가 통상의 손해이며, 훼손 당시 그 건물이 이미 내용연수가 다 된 낡은 건물이어서 원상으로 회복시키는 데 소요되는 수리비가 건물의 교환가치를 초과하는 경우에는 형평의 원칙상 그 손해액은 그 건물의 교환가치 범위 내로 제한되어야 할 것이고, ii) 수리로 인하여 훼손 전보다 건물의 교환가치가 증가하는 경우에는 그 수리비에서 교환가치 증가분을 공제한 금액이 그 손해이다(대판 2004.2.27. 2002다39456 참고). ③ 대판 2013.1.24. 2012도10629 및 대판 2010.7.29. 2008다18284,18291. 참고 ④ 대판 2004.5.28. 2002다32301 등 참고. 그러나 판례가 계약체결상의 과실에 의한 '계약책임'을 인정하지 않고 '불법행위책임'을 묻는 것은 비판의 여지가 있다. ⑤ 불법행위의 효과로서 부작위청구권 및 방지조치청구권을 인정할 것인지에 대하여 학설은 나뉜다. 부작위청구와 방지조치청구는 물권적 청구권(제206조, 제214조 참조) 또는 생활방해금지의무(제217조)에 의하여 발생되나, 불법행위에 있어서도 생명 · 신체 · 건강 또는 명예의 훼손을 예방 · 방지하기 위하여 이와 같은 청구권이 인정되어야 한다. 판례는 부작위청구권을 인정한다(대결 2005.1.17. 2003마1477 참고). <답 ①>

6. 불법행위책임의 성립요건에 관한 다음 설명 중 옳은 것을 고르면?

① 비상장회사인 증권회사가 자신의 고객을 상대로 자신이 발행하는 유가증권을 공모하면서 그 유가증권 및 증권회사에 대한 정보를 제공하는 경우, 거래행위에 필연적으로 수반되는 위험성은 고객이 부담하여야 하므로, 비록 장래 유가증권 가격의 상승 또는 하락에 대하여 단정적 판단을 제공하거나 고객의 의사결정에 중대한 영향을 미칠 수 있는 사실을 합리적인 근거 없이 주장하거나 과장하여 고객의 올바른 인식형성을 방해하더라도 불법행위책임이 성립하지는 않는다.

② 일반시청자 甲이 "미국산 쇠고기, 광우병에서 안전한가?"라는 제목의 방송 때문에 불안감, 공포감, 불신감, 분노감을 느꼈거나 다른 사람들과 견해대립으로 불화와 갈등을 겪는 등 정신적 고통을 입었다는 이유로 방송사와 제작진을 상대로 손해배상을 구한 경우, 甲은 일반시청자로서 위 방송에서 지칭 내지 특정되거나 방송과 직접적 이해관계가 있거나 개별적 연관성이 있는 사람이 아니지만 방송으로 정신적 고통을 입게 되었다고 볼 수 있다.

③ 부작위로 인한 불법행위가 성립하려면 고지의무 등 작위의무가 전제되어야 하므로, 작위의무가 객관적으로 인정되더라도 의무자가 의무의 존재를 인식하지 못하였다면 불법행위는 성립하지 않는다.

④ 甲이 양식장에서 장어를 양식하였는데 乙주식회사의 공사로 인하여 장어가 폐사한 경우, 甲이 수산업법에 규정된 허가를 받지 아니한 채 양식장에서 장어를 양식하였다면 乙회사의 공사로 인하여 폐사한 장어에

대한 손해배상을 구할 수 없다.

⑤ 자신의 범죄혐의에 관련된 사항에 관하여 진술한 내용이 동시에 타인의 범죄혐의사실을 뒷받침하는 증거로 작용하여 그 타인이 구속 기소되고 유죄판결까지 받았다가, 이후 그 타인이 무죄의 확정판결을 받기에 이른 경우, 원칙적으로 그러한 진술행위는 그 타인에 대하여 불법행위를 구성하지 않는다.

해설

① 틀림. 고객이 합리적인 투자판단과 의사결정을 할 수 있도록 유가증권 및 발행회사의 중요정보를 올바르게 제공하지 않음으로써 유가증권매수의 청약권유 행위가 거래행위에 필연적으로 수반되는 위험성에 관한 고객의 올바른 인식형성을 방해한 경우에는 불법행위책임이 성립한다고 보았다(대판 2010.1.28. 2007다16007). 또한 고객에 대한 설명의무를 위반한 경우, 그 판매회사가 고객에게 배상하여야 할 손해의 범위는 그 설명의무 위반과 상당인과관계 있는 손해에 한한다(대판 2010.11.11. 2008다52369). 다만, 거래 등의 기초가 되는 정보의 진실성은 스스로 검증하여 거래하는 것이 원칙이므로 정보제공자가 법령상·계약상 의무 없이 단지 질의에 응답한 것에 불과한 경우에는 고의로 거짓 정보를 제공하거나 선행행위 등으로 위험을 야기하였다는 등의 특별한 사정이 없는 한 불법행위를 구성한다고 볼 수 없다(대판 2012.2.9. 2011다14671). ② 틀림. 법원은 이 사례에 관한 판시에서 '방송은 그 속성상 불특정 다수의 시청자를 대상으로 이루어지고, 방송보도로 인하여 일반 시청자에게 정신적 고통이 발생하는지 여부와 그 고통의 정도는 당해 시청자의 가치관 내지 세계관 등에 따라 지극히 주관적·임의적일 수밖에 없는데, 이러한 성격을 지닌 일반시청자의 정신적 고통을 이유로 방송보도를 한 이에게 불법행위책임을 인정한다면 방송의 자유를 훼손하고 자유로운 의견형성이나 여론형성에 필수적인 방송의 기능을 저해할 우려가 있다'고 하였다(대판 2012.5.10. 2010다15660). ③ 틀림. 작위의무가 객관적으로 인정되는 이상 의무자가 의무의 존재를 인식하지 못하였더라도 불법행위 성립에는 영향이 없다. 이는 고지의무 위반에 의하여 불법행위가 성립하는 경우에도 마찬가지이므로 당사자의 부주의 또는 착오 등으로 고지의무가 있다는 것을 인식하지 못하였다고 하여 위법성이 부정될 수 있는 것은 아니다(대판 2012.4.26. 2010다8709). ④ 틀림. 법령이 특정한 사업을 영위하거나 특정한 행위를 하는 데에 면허, 허가 등을 받거나 신고 등을 하도록 요구하면서 그러한 절차를 위반하여 사업 또는 행위를 한 경우에는 위반행위와 관련된 물건의 소지와 판매 등을 금지하고 있다고 하더라도, 그러한 사정만을 들어 물건의 멸실 또는 훼손으로 인하여 입게 된 손해의 배상을 구할 수 없는 것이라고 볼 수는 없고, 그와 같은 경우에 손해배상을 구할 수 있는지는 법령의 입법 취지와 행위에 대한 비난가능성의 정도 특히 위반행위가 가지는 위법성의 강도 등을 종합하여 구체적, 개별적으로 판단하여야 한다(대판 2012.1.12. 2010다79947). ⑤ 옳음. 대판 2007.5.11. 2007다2145.

<답 ⑤>

7. 불법행위에서 손해배상액의 산정에 관한 다음 설명 중 틀린 것은?

① 배상액산정의 기준시에 관한 '사실심 변론종결시설'은 손해를 입은 피해자의 충분한 경제적 배상을 고려해야 한다는 입장이 강하다.

② '책임원인발생시설'은 손해배상채권이 발생한 때를 기준으로 하여 그 배상액을 산정하고, 그 후의 손해는 상당인과관계의 범위 내의 손해를 가

산한다는 해석을 한다.

③ 피해자의 손해발생의 우연성, 손해배상을 청구하는 때의 피해자의 태도, 불법행위 당시의 가해자의 태도 등을 종합적으로 고려해서 기준시를 판단해야 한다는 견해가 제기되고 있다.

④ 손해액을 산정하는 기준은 특별한 사정이 없는 한 원칙적으로 불법행위 당시를 기준으로 하여 그때의 교환가격에 의하여야 한다는 것이 판례의 태도이다.

⑤ 불법행위로 인한 적극적 손해의 배상을 명한 전(前) 소송의 변론종결 후라면 새로운 적극적 손해가 발생하였다 하더라도 그 배상을 청구할 수 없다.

해설

① 김증한, 채권총론, 82면; 현승종, 채권총론, 165면. ② 곽윤직, 채권총론, 153면. ③ 예를 들어 손해가 금액의 형태로 나타나는 경우의 기준시는 원칙적으로 당해 손해가 발생한 때(책임원인 발생 시)이지만 이에 의한 배상이 신의칙에 반하는 경우에는 변론종결시이다. 그리고 신체의 부상이 손해인 경우에는 변론종결시가 기준시가 된다(김형배, 채권총론, 268면 참고). ④ 판례는 특정물에 대한 소유권을 침해하고 그 목적물이 현존하지 아니함을 원인으로 하는 손해배상의 청구에 있어서는 원칙적으로 불법행위시를 기준으로 하여 그때의 교환가격에 의하여 손해액을 산정하여야 할 것이고, 불법행위 후의 특별사정에 의한 손해는 그 예견가능성이 있었던 경우에 한하여 배상책임이 있다고 한다(대판 1963.6.20. 63다242). ⑤ 불법행위로 인한 적극적 손해의 배상을 명한 전 소송의 변론종결 후에라도 새로운 적극적 손해가 발생한 경우에는 그 배상을 청구할 수 있다(대판 2007.4.13. 2006다78640). 다만, 전 소송의 변론종결 당시 그 손해의 발생을 예견할 수 없었고 또 그 부분에 대한 청구를 포기하였다고 볼 수 없는 등 특별한 사정이 존재해야 한다. <답 ⑤>

8. 다음은 생명 또는 신체가 침해된 경우의 위자료청구권에 관한 설명이다. 틀린 것은?

① 다수설은 정신적 손해에 관하여 채무불이행과 불법행위 간에 차이를 두어야 할 아무런 이유가 없다는 이유로 채무불이행에 있어서도 위자료청구권을 인정한다.

② 생명침해의 경우, 다수설은 제752조에 규정된 친족 이외의 친족도 그의 정신적 고통을 입증하면 일반원칙인 제750조 · 제751조에 의하여 위자료를 청구할 수 있다고 해석한다.

③ 생명침해의 경우, 판례는 사실혼관계에 있는 배우자, 친생자, 친생자 아닌 자, 시어머니 등에게도 위자료청구권을 인정하고 있다.

④ 생명침해로 인한 정신적 손해의 배상청구권의 상속에 대해서 상속긍정설은 피해자의 재산상의 손해인 일실이익에 대한 손해배상청구권이든, 정신적 고통으로 인한 위자료이든 간에 손해배상청구권은 일단 사망자에

게 귀속되었다가 상속인에게 승계된다고 한다.

⑤ 피해자가 생전에 위자료청구를 한 때라도 사망자의 위자료청구권 또는 명예훼손이나 신체상해로 인한 위자료청구권은 피해자 본인에게 지급되어야 할 일신전속권이므로 상속인에게 상속되지 않는다고 하는 것이 상속부정설의 취지이다.

해설

⑤ 상속부정설은 사망자의 위자료청구권 또는 명예훼손이나 신체상해로 인한 위자료청구권은 피해자 본인에게 지급되어야 할 일신전속권이므로 상속인에게 상속되지 않는다고 한다. 단 피해자가 생전에 위자료의 배상청구를 한 때에는 그것이 금전채권으로 구체화되므로 상속재산에 포함된다고 한다(김주수, 친족 · 상속법, 2000, 516면; 이은영, 771면).

<답 ⑤>

9. 다음은 불법행위에서의 과실상계(過失相計)에 관한 설명이다. 학설의 다툼이 있으면 판례의 태도에 의해 판단하는데, 잘못된 설명을 모두 고르면?

<법원 2001년 변형 · 2003년 유사>

ⓐ 과실상계의 법리는 채무불이행 내지 불법행위로 인한 손해배상책임의 경우뿐만 아니라 채무내용에 따른 본래의 급부의 이행을 구하는 경우에도 적용된다.

ⓑ 과실상계를 하기 위해서는 피해자가 책임능력까지 갖추고 있을 필요는 없고, 최소한 사리를 분별할 수 있는 능력을 갖추고 있으면 충분하다.

ⓒ 가해행위와 피해자의 체질적인 요인이 경합하여 손해가 발생하거나 확대된 경우에도 과실상계의 법리를 유추적용할 수 있다.

ⓓ 불법행위에서는 가해자의 과실이 의무위반의 강력한 과실임에 반하여 과실상계에 있어서 과실이란 사회통념상, 신의성실의 원칙상, 공동생활상 요구되는 약한 부주의까지를 가리킨다.

ⓔ 교통사고의 피해자가 가해자가 가입한 자동차보험회사로부터 치료비를 지급받은 경우, 그 치료비 중 피해자의 과실비율에 상당하는 부분은 가해자의 손해배상액에서 공제되어야 한다.

ⓕ 불법행위로 인한 손해배상액을 산정함에 있어서는 손익상계를 한 다음 과실상계를 하여야 한다.

① ⓐ, ⓑ ② ⓐ, ⓕ ③ ⓒ, ⓓ

④ ⓒ, ⓔ ⑤ ⓓ, ⓕ ⑥ ⓓ, ⓔ

해설

ⓐ 과실상계는 인과관계에 의해 배상되어야 할 손해가 확정된 후에 이를 조정하는 법리이므로 변제와 관련해서는 적용되지 않는다(제763조, 제396조 참조). 즉, 과실상계는 원칙

적으로 채무불이행 내지 불법행위로 인한 손해배상책임에 대하여 인정되는 것이지 채무내용에 따른 본래 급부의 이행을 구하는 경우에 적용되지 않는다. 따라서 예금주가 인장관리를 다소 소홀히 하였거나 입·출금 내역을 조회하여 보지 않음으로써 금융기관 직원의 불법행위가 용이하게 된 사정이 있다고 할지라도 정기예탁금계약에 기한 정기예탁금반환청구사건에서는 그러한 사정을 들어 금융기관의 채무액을 감경하거나 과실상계할 수 없다(대판 2001.2.9. 99다48801 등 참고). ⓑ 과실상계는 불법행위책임이 인용된 후, 그 범위를 최종적으로 조정할 때 필요한 법리이다. 판례도 이를 확인하고 있다. 즉, 만 6세 7개월의 여아와 그 부모가 함께 버스에서 하차할 때 여아가 먼저 내려 버스 앞에서 버스에 기대어 서 있음에도 그 부모가 이를 보지 아니하고 즉시 버스 뒷쪽으로 걸어가고 한편 버스의 운전사와 차장이 위 여아를 보지 못한 채 발차 전진하여 위 여아가 상해를 입은 경우 위 여아가 과실에 대한 책임능력이 없다 하더라도 그 부모의 감독상 주의의무해태의 과실이 있음이 명백하므로 그 피해에 대하여 과실상계함이 타당하다(대판 1969.11.25. 69다1603 참고). ⓒ 가해행위와 피해자측의 요인이 경합하여 손해가 발생하거나 확대된 경우에는 그 피해자측의 요인이 체질적인 소인 또는 질병의 위험도와 같이 피해자측의 귀책사유와 무관한 것이라고 할지라도 그 질환의 태양·정도 등에 비추어 가해자에게 손해의 전부를 배상하게 하는 것이 공평의 이념에 반하는 경우에는, 법원은 손해배상액을 정하면서 과실상계의 법리를 유추적용하여 그 손해의 발생 또는 확대에 기여한 피해자측의 요인을 참작할 수 있다(대판 2000.1.21. 98다50586 등 참고). ⓓ 판례의 일관된 입장이다(대판 2001.3.23. 99다33397 등). ⓔ 판례에 의하면 과실상계의 비율은 재산상 손해나 정신적 손해에 일률적으로 적용되어야 한다(대판 1999.5.25. 98다56416)고 하고, 장례비나 치료비 등에 대해서 이를 적용하고 있다(대판 1999.3.23. 98다64301 참고). ⓕ 손해발생으로 인하여 피해자에게 이득이 생기고 한편 그 손해발생에 피해자의 과실이 경합되어 과실상계를 하여야 할 경우에는, 먼저 산정된 손해액에 과실상계를 한 후에 위 이득을 공제하여야 한다(대판 2010.2.25. 2009다87621 등). <답 ②>

10. 다음은 불법행위에 관한 판례의 설명이다. 틀린 것을 고르면?

① 도시재개발법에 의하여 설립된 재개발조합의 조합원이 조합의 이사 기타 조합장 등 대표기관의 직무상의 불법행위로 인하여 직접 손해를 입은 경우에는 재개발조합에 대하여 손해배상을 청구할 수 있다.

② 만약 ①에서 조합이 과다한 손해배상책임을 부담함으로써 재개발조합이 손해를 입고 결과적으로 조합원의 경제적 이익이 침해되었더라도 조합원은 민법 제35조에 기하여 조합에 대해 손해배상을 청구할 수 없다.

③ 담보물을 권한 없이 훼손하여 담보가치를 감소시킴으로써 채권자가 입게 되는 손해는 피담보채무의 변제기가 도래하여 그 담보권을 실행할 때 비로소 발생한다.

④ 사고를 당한 자동차의 교환가격보다 높은 수리비를 지출하고도 자동차를 수리하는 것이 사회통념에 비추어 시인될 수 있을 만한 특별한 사정이 있는 경우라면 그 수리비 전액을 불법행위의 손해배상액으로 인정할 수 있다.

⑤ 가해자가 감사기관의 감사에 의해 고발된 후 비로소 형사소추되었더라도

가해자에 대한 불법행위에 기한 손해배상청구권의 단기소멸시효기간은 형사소추시에 기산한다고 볼 수 없다.

✍ **해설**

① 도시재개발법 제21조(현행 도시 및 주거환경정비법 제27조) 및 민법 제35조에 근거를 둔다(대판 1999.7.27. 99다19384 참고). ② 조합원의 경제적 이익이 침해되었다면 이러한 손해는 간접적 손해로서 민법 제35조에서 말하는 손해의 개념에 포함되지 아니하므로 손해배상을 청구할 수 없다(앞 판결). ③ 채무자의 위와 같은 행위는 위법한 행위로서 불법행위를 구성하며, 이때 채권자에게 생긴 손해는 담보목적물의 가액의 범위 내에서 채권최고액을 한도로 하는 피담보채권액으로 확정될 뿐 그 피담보채무의 변제기가 도래하여 그 담보권을 실행할 때 비로소 발생하는 것은 아니라고 한다(대판 1998.11.10. 98다34126). ④ 사고차량의 수리에 소요되는 비용이 차량의 교환가격을 현저하게 넘는 경우에는 일반적으로 경제적인 면에서 수리불능이라고 보아 사고 당시의 교환가격으로부터 고철대금을 뺀 나머지만을 손해배상으로 청구할 수 있다고 함이 공평의 관념에 합치되지만, 영업용 택시의 수리비가 교환가격을 초과하더라도 신차를 구입하지 않는 이상 그 수리비를 지불하고 택시를 수리하여 운행할 수밖에 없는 특별한 사정이 인정되는 한, 그 수리비 전액을 배상해야 한다(대판 1998.5.29. 98다7735). ⑤ 민법 제766조 1항에서 규정하는 손해배상청구권의 단기시효는 형사상의 소추와는 전혀 별도 관점에서 설정한 민사관계에 고유한 시효제도이므로 그 시효기간은 관련 형사사건의 소추 여부 및 그 결과에 영향을 받지 않고 오직 피해자나 그 법정대리인이 '그 손해 및 가해자를 안 날'로부터 진행한다(위 ③의 판결).

<답 ③>

11. 불법행위에 관한 다음 설명 중 틀린 것을 고르면?

① 중개보조원의 고의에 의한 불법행위로 피해자에게 손해배상책임을 부담하는 중개업자는 피해자의 과실을 이유로 과실상계를 주장할 수 있다.

② 소음 등을 포함한 공해 등의 위험지역으로 이주하여 들어가 거주하는 사안처럼 위험의 존재를 인식하거나 과실로 인식하지 못하고 이주한 경우, 손해배상액의 산정에 있어 형평의 원칙상 과실상계에 준하여 감경 또는 면제사유로 고려하는 것이 상당하다.

③ 당사자 사이의 자유로운 의사에 기하여 체결된 계약이 강행법규에 위반하더라도 그 사정만으로 그 계약에 기한 급부의 수령행위가 계약 상대방에 대하여 불법행위가 되지는 않는다.

④ 대형할인매장의 입점에 관하여 그 실현 여부를 정확하게 확인하려는 별다른 노력을 하지 아니한 채 광고를 통하여 잘못된 정보를 제공한 경우, 수분양자들에 대하여 그 의사결정에 영향을 줄 수 있는 중요한 사정에 관한 신의칙상 고지의무 등을 위반한 것이라면 민법상의 불법행위책임을 진다.

⑤ 손해배상청구소송에서 사고 이전에 기왕증이 있었던 경우, 일실수입 손해를 계산하기 위한 노동능력상실률을 산정함에 있어 기왕증의 기여도

를 참작하였더라도 특별한 사정이 없는 한 개호비를 산정함에 있어서 그 기왕증의 기여도를 참작하여야만 하는 것은 아니다.

✍ **해설** ……………………………………………

① 옳음. 피해자의 부주의를 이용하여 고의로 불법행위를 저지른 자가 바로 그 피해자의 부주의를 이유로 자신의 책임을 감하여 달라고 주장하는 것이 허용되지 아니하는 것은 그와 같은 고의적 불법행위가 영득행위에 해당하는 경우 과실상계와 같은 책임의 제한을 인정하게 되면 가해자로 하여금 불법행위로 인한 이익을 최종적으로 보유하게 하여 공평의 이념이나 신의칙에 반하는 결과를 가져오기 때문이므로, 고의에 의한 불법행위의 경우에도 위와 같은 결과가 초래되지 않는 경우에는 과실상계나 공평의 원칙에 기한 책임의 제한은 얼마든지 가능하다고 보아야 할 것이다(대판 2010.10.14. 2010다48561). 따라서 피해자의 부주의를 이용하여 고의로 불법행위를 저지른 자가 바로 그 피해자의 부주의를 이유로 자신의 책임을 감하여 달라고 주장하는 것은 허용될 수 없는데 이는 그러한 사유가 있는 자에게 과실상계의 주장을 허용하는 것이 신의칙에 반하기 때문이므로, (지문과 같은 경우) 법원은 과실상계의 법리에 좇아 손해배상책임 및 그 금액을 정하면서 이를 참작하여야 한다(대판 2011.7.14. 2011다21143). ② 옳음. 대판 2010.11.11. 2008다57975. ③ 옳음. 부동산 중개수수료 약정과 같이 당사자 사이에 자유로이 처분할 수 있는 법익인 재산권에 관한 계약이 체결되어 일방 당사자가 상대방에게 계약상의 의무의 이행으로서 일정한 급부를 행하고 상대방이 이를 수령한 경우, 상대방의 위와 같은 급부의 수령행위는 타방 당사자의 자유로운 의사에 기한 급부에 의한 것으로서 그 당사자의 동의를 받은 행위이어서 특별한 사정이 없는 한 이를 위법한 행위라고 볼 수는 없으므로 계약상 급부를 이행한 당사자가 위와 같은 급부에 의하여 재산상 손해가 발생하였다고 하여 상대방에 대하여 불법행위를 이유로 손해배상을 구할 수는 없다. 다만 그 계약이 상대방의 기망이나 협박 등의 위법한 행위에 의해 체결된 경우에 한하여 이를 원인으로 하여 그 급부 상당의 손해배상을 구할 수 있을 뿐이다. 이러한 법리는 그 계약이 일정한 내용의 법률행위를 금지하면서 이에 위반한 법률행위에 대해서는 사법상의 효력을 제한하는 이른바 강행법규에 위반하여 무효가 되는 경우에도 마찬가지다(대판 2009.10.15. 2008다77108). ④ 옳음. 대판 2010.8.26. 2009다67979,67986 참고. ⑤ 틀림. 손해배상청구소송에서 기왕증과 관련하여, '기왕의 장해율' 즉 사고 이전에 이미 기왕증이 있었던 경우에 그 기왕증으로 인한 노동능력상실의 정도와, '기왕증의 기여도' 즉 사고와 피해자의 기왕증이 경합하여 피해자에게 후유증이 나타난 경우에 기왕증이 후유증이라는 결과 발생에 기여한 정도는 구분되어야 하고, 일실수입 손해를 계산하기 위한 노동능력상실률을 산정함에 있어 기왕증의 기여도를 참작하였다면 특별한 사정이 없는 한 개호비를 산정함에 있어서도 그 기왕증의 기여도를 참작하여야 한다(대판 2008.7.24. 2007다52294). <답 ⑤>

12. 다음은 불법행위에 관한 판례의 설명이다. 틀린 것을 고르면?

① 불법행위로 인하여 영업용 물건이 일부 손괴되어, 이를 수리할 다른 물건을 마련하기 위하여 필요한 합리적인 기간 동안 그 물건을 이용하여 영업을 계속하지 못함으로 인한 휴업손해는 통상의 손해이다.

② 정보주체의 동의 없이 개인정보를 공개함으로써 침해되는 인격적 법익과 정보주체의 동의 없이 자유롭게 개인정보를 공개하는 표현행위로서 보호받을 수 있는 법적 이익이 하나의 법률관계를 둘러싸고 충돌하는 경

우, 비공개 이익과 공개 이익을 구체적으로 비교 형량하여 어느 쪽 이익이 더욱 우월한 것으로 평가할 수 있는지에 따라 그 행위의 최종적인 위법성 여부를 판단하여야 한다.

③ 폭력이나 손괴 사태가 예상되는 집회에서 집회주최자가 집회질서를 유지하는 데 존재하는 한계를 고려하더라도 질서유지의무를 다하지 아니한 과실이 있다 하여 집회주최자에게 손해배상의무가 있음을 인정한 이상 그 손해배상책임의 범위는 당해 과실과 인과관계가 있는 전부에 미치는 것이고, 위와 같은 한계가 있다는 이유로 다시 그 책임범위를 제한할 수는 없다.

④ 매수인이 토지의 면적 및 경계가 잘못 등재된 지적공부의 기재를 진실한 것으로 믿고 토지를 매수하였다가 그 일부의 소유권을 취득할 수 없게 됨으로써 그 매도인에게 지급한 매매대금 중 그 토지부분에 해당하는 금액 상당의 손해를 입은 경우, 매수인의 매도인에 대한 손해배상채권은 그 매매대금을 실제로 지급한 때에 성립하고 그때 이행기가 도래하므로 매도인은 그날부터 갚는 날까지의 지연손해금을 지급하여야 한다.

⑤ 사진촬영에 관한 동의 당시에 피촬영자가 사회 일반의 상식과 거래의 통념상 허용하였다고 보이는 범위를 벗어나 이를 공표하고자 하는 경우에는 그에 관하여도 피촬영자의 동의를 받아야 한다. 그리고 이 경우 피촬영자로부터 사진촬영에 관한 동의를 받았다는 점이나 촬영된 사진의 공표가 사진촬영에 관한 동의 당시에 피촬영자가 허용한 범위를 벗어난 것이라는 점에 관한 증명책임은 그 피촬영자에게 있다.

해설

① 옳음. 휴업손해는 그에 대한 증명이 가능한 한 통상의 손해로서 그 교환가치와는 별도로 배상하여야 한다. 또한 이는 영업용 물건이 일부 손괴된 경우, 수리를 위하여 필요한 합리적인 기간 동안의 휴업손해와 마찬가지이다(대판[전] 2004.3.18. 2001다82507). ② 옳음. 대판[전] 2011.9.2. 2008다42430. ③ 옳음. 또한 집회주최인 등이 폭력행위로 인한 피해자의 손해가 발생한 이후 뒤늦게 질서유지를 위한 조치를 취하였다고 하지만 이는 손해의 발생에 아무 영향을 미치지 못하는 것이므로 손해배상책임을 제한할 사유가 되지 않는다(대판 2009.12.10. 2009다60022). ④ 옳음. 불법행위로 인한 손해배상채무의 지연손해금은 불법행위 성립일에 발생하지만(대판 2010.7.22. 2010다18829), 불법행위에서 위법행위 시점과 손해발생 시점 사이에 시간적 간격이 있는 경우에는 손해발생 시점을 기산일로 하여 발생한다(대판 2011.7.28. 2010다76368). 다만 정신상 손해에 대한 배상인 위자료는 불법행위시부터 사실심 변론종결시까지 장기간이 경과하고 통화가치 등에 상당한 변동이 생긴 경우 예외적으로 사실심 변론종결일부터 지연손해금이 발생한다(대판 2011.1.27. 2010다6680. 이 판결이 지연손해금 기산일에 관한 대법원의 종전 의견을 변경한 것은 아니다: 대판[전] 2011.7.21. 2011재다199). ⑤ 틀림. 지문의 경우, 피촬영자로부터 사진촬영에 관한 동의를 받았다는 점이나 촬영된 사진의 공표가 사진촬영에 관한 동의 당시에 피촬영자가 허용한 범위 내의 것이라는 점에 관한 증명책임은 그 촬영자나 공표자에게

있다(대판 2013.2.14. 2010다103185). <답 ⑤>

13. 다음은 불법행위에 기한 손해배상청구권에 관한 설명이다. 옳은 것은?

① 우리 민법은 원상회복에 의한 손해배상방법을 원칙으로 삼고 있다.
② 위자료지급에 관해서는 반드시 정기금채권이어야 한다.
③ 판례에 의하면 손해의 발생을 피해자가 알아도 그 가해행위가 불법행위임을 알지 못하면 3년의 단기소멸시효는 진행되지 않는다고 한다.
④ 가해자가 부담하는 손해배상액에 대해서는 경감요건이 충족되면 피해자의 구제에 영향을 미치지 않는 범위에서 법원은 반드시 경감하여야 한다.
⑤ 계약법에서의 손해배상자는 채권자의 권리에 관하여 대위하지만, 불법행위에 따른 손해배상자는 불법행위로 인하여 훼손된 물건에 대하여 대위하지 못한다.

해설

① 금전배상이 원칙이다(제763조, 제394조). 다만 명예훼손인 경우에는 피해자의 청구에 따라 법원은 금전배상과 더불어 혹은 이에 갈음하여 '명예회복에 적당한 처분'을 명할 수 있다(제764조). ② 재산 이외의 손해에 대하여 배상을 하는 경우에 정기금채권은 금전지급채무에 관한 하나의 방법이 될 뿐이다(제751조 2항). ③ 제766조 1항의 손해를 안다고 하는 것은 단순히 손해발생의 사실만을 안 때라는 뜻이 아니고 가해행위가 불법행위로서 이를 원인으로 하여 손해배상을 소구할 수 있다는 사실을 안다는 뜻으로 해석함이 타당하다고 보았다(대판 1990.1.12. 88다카25168 참고). ④ 경감할 것인가의 여부는 법원의 재량이다(제765조 2항). ⑤ 계약법의 '손해배상자의 대위'가 불법행위법에 준용된다(제763조, 제399조). <답 ③>

14. 불법행위에 기한 손해배상청구에서 다음 중 명백하게 잘못된 것만 고르면?

<변호사 2012년 유사>

㉠ 일반적으로 타인의 불법행위 등에 의하여 재산권이 침해된 경우에는 그 재산적 손해의 배상에 의하여 정신적 고통도 회복된다고 보아야 할 것이므로 재산적 손해의 배상에 의하여 회복할 수 없는 정신적 손해가 발생하였다면, 이는 통상손해로서 그 손해에 대한 위자료를 청구할 수 있다.
㉡ 부친이 교통사고로 사망한 경우, 아들이 태어난지 얼마 안 된 유아로서 정신적 고통을 느낄 능력이 없다 할지라도 위자료청구를 할 수 없는 것은 아니다.
㉢ 법인도 정신적 손해에 관하여 배상청구권자가 될 수 있다.
㉣ 생명침해의 경우가 아니라도, 그것에 비견될 수 있는 정신적 고통을 받은 이상 근친자는 위자료를 청구할 수 있다.
㉤ 국가에 의한 불법행위시와 변론종결시 사이에 26년 내지 34년이

라는 긴 세월이 경과됨으로써 위자료를 산정하는 데 반드시 참작해야 할 변론종결시의 통화가치 등에 불법행위시와 비교하여 상당한 변동이 생긴 경우, 예외적으로 불법행위로 인한 위자료배상채무의 지연손해금은 그 위자료 산정의 기준시인 사실심 변론종결 당일로부터 발생한다.

① ㉠ ② ㉠, ㉢, ㉤ ③ ㉣
④ ㉠, ㉡ ⑤ ㉠, ㉢ ⑥ ㉠, ㉣, ㉤
⑦ ㉠, ㉤ ⑧ ㉡, ㉢, ㉣, ㉤

해설

㉠ 일반적으로 타인의 불법행위 등에 의하여 재산권이 침해된 경우에는 그 재산적 손해의 배상에 의하여 정신적 고통도 회복된다고 보아야 할 것이므로 재산적 손해의 배상에 의하여 회복할 수 없는 정신적 손해가 발생하였다면, 이는 특별한 사정으로 인한 손해로서 가해자가 그러한 사정을 알았거나 알 수 있었을 경우에 한하여 그 손해에 대한 위자료를 청구할 수 있다(대판[전] 2004.3.18. 2001다82507. 참고판례: 대판 2004.4.28. 2004다4386). ㉢ 이견이 있으나 정신적 손해라 할지라도 법인의 명예·신용 등을 훼손한 경우에는 배상청구를 할 수 있다는 것이 통설이다. 판례는 법인의 명예·신용이 침해되어 그 법인의 목적인 사업수행에 영향을 미치게 될 경우처럼 법인의 사회적 평가가 침해되는 때에는 가해자에게 손해배상을 청구할 수 있다고 한다(대판 1965.11.30. 65다1707 등). ㉤ 덮어놓고 불법행위시로부터 지연손해금이 발생한다고 보는 경우에는 현저한 과잉배상의 문제가 제기되기 때문이라고 한다(대판 2011.1.13. 2009다103950; 대판 2011.1.13. 2010다53419). 이러한 사정 때문에 '불법행위로 인한 위자료배상채무의 지연손해금이 그 위자료 산정의 기준시인 사실심 변론종결 당일로부터 발생한다고 보아야만 하는 예외적인 경우에는 논리상 변론종결시 이전에는 지연손해금을 붙일 수 없는 결과, 위자료채무가 성립한 불법행위시로부터 지연손해금을 붙이는 원칙적인 경우와는 달리, 불법행위시로부터 변론종결시까지 상당한 장기간(2009다103950 사건에서는 34년, 2010다53419 사건에서는 26년) 동안 배상이 지연됨에도 그 기간에 대한 지연손해금이 전혀 가산되지 않게 된다는 사정까지 참작하여 변론종결시의 위자료 원금을 산정함에 있어 이를 적절히 증액할 여지가 있을 수 있다'고 하면서, 앞 사건에서는 '사실심 변론종결시를 기준으로 위자료 원금을 다시 산정하게 하기 위하여 위자료 원금에 관한 부분도 함께 원심을 파기'하였지만, 뒤 사건에서는 이 부분에 관하여 원고가 상고를 하지 않은 탓에 피고 승소 부분을 파기하지 않았다. <답 ①>

15. 다음은 불법행위로 인한 손해배상과 관련된 설명이다. 판례에 의할 때 옳은 것(○)과 옳지 않은 것(×)을 바르게 표시한 것은?

㉠ 인재소개업체(헤드헌터) 乙의 소개에 의하여 회사에 취업하면서 입사일자 및 최소근무시간 등의 합의내용을 이행하지 않을 경우 乙의 '비즈니스 피해'를 배상할 것을 동의한 甲이 취업의사를 철회함에 따라 乙이 재산상 손해를 입었다고 인정되더라도 乙의

'비즈니스 피해'액에 관한 주장이나 입증이 불충분하다면, 乙의 손해배상청구를 인용할 수 없다.

㉡ 분양자가 정확한 사실을 확인함이 없이 인천국제공항 국제업무센터에 모노레일이 완공될 예정이라는 취지로 오피스텔 분양광고를 하여 수분양자들이 이를 분양받았는데 그 후 오피스텔의 시가가 하락하자 손해배상을 구한 경우, 모노레일 미설치가 오피스텔의 교환가치의 하락에 미친 영향을 개별적으로 고려하여 합리적이고 객관적인 손해액을 산정하여야 한다.

㉢ 야간에 고속도로에서 제1차 사고를 야기한 운전자가 사고 직후 차량을 안전한 장소로 이동시키는 등의 안전조치의무를 게을리 한 채 고속도로 1, 2차로에 걸쳐 정차해 둠으로써 후행차량과 재차 충돌하는 사고가 발생한 경우, 제1차 사고를 야기한 운전자에게 실제로 위와 같은 안전조치를 취할 여유가 없었다면 위 불법정차와 제2차 사고 사이에 상당인과관계가 없다.

㉣ 피해건물이 이미 타인 소유의 다른 기존 건물에 의하여 일조방해를 받고 있는 상황에서 가해건물이 신축됨으로써 일조방해의 정도가 심화되어 피해건물에 수인한도를 넘는 일조방해의 피해가 발생하고 그로 인하여 피해건물의 재산적 가치가 하락된 경우, 신축건물 소유자는 피해건물 소유자에 대하여 불법행위로 인한 재산상 손해배상책임을 부담하지만 다른 기존 건물의 일조방해가 위와 같이 수인한도를 넘는 데 기여한 부분에 대한 책임을 신축건물의 소유자에게 전부 부담시킬 수는 없다.

㉤ 사실심 법원은 항공기 사고의 위자료를 산정함에 있어 일반적인 위자료 참작 요소 외에 피해자의 극심한 공포와 고통, 결과의 처참성, 사고수습 및 손해배상의 지연, 가해자 측의 과실 정도와 사고 후의 태도, 항공보험을 통한 위험의 분담, 사고발생에 대한 제재와 예방의 필요 등 항공기 사고의 특수한 사정도 함께 참작하여 그 직권에 속하는 재량으로 위자료 액수를 정하여야 한다.

① ㉠(○), ㉡(×), ㉢(×), ㉣(×), ㉤(×)
② ㉠(×), ㉡(○), ㉢(×), ㉣(○), ㉤(○)
③ ㉠(○), ㉡(○), ㉢(×), ㉣(○), ㉤(×)
④ ㉠(×), ㉡(×), ㉢(×), ㉣(×), ㉤(○)
⑤ ㉠(×), ㉡(×), ㉢(×), ㉣(○), ㉤(×)
⑥ ㉠(×), ㉡(○), ㉢(○), ㉣(○), ㉤(○)
⑦ ㉠(○), ㉡(○), ㉢(×), ㉣(○), ㉤(○)

⑧ ㉠(○), ㉡(×), ㉢(○), ㉣(○), ㉤(×)

해설

㉠ 틀림. 대법원은 인재소개업체의 '비즈니스 피해'액에 관한 주장이나 입증이 불충분하더라도 원심으로서는 적극적으로 석명권을 행사하고 증명을 촉구하여 이를 밝혔어야 하고, 구체적인 '비즈니스 피해'액을 입증하는 것이 곤란하다고 인정되는 경우에는 관련된 모든 간접사실들을 종합하여 상당인과관계 있는 손해의 범위인 수액을 판단하였어야 한다는 이유로 원심판결을 파기하였다(대판 2009.10.15. 2009다37886). ㉡ 옳음. ㉠의 판결과 같은 취지이다. 즉, 불법행위로 인한 손해배상청구소송에서 재산적 손해의 발생사실은 인정되나 그 구체적인 손해액수를 입증하는 것이 사안의 성질상 곤란한 경우, 법원은 증거조사의 결과와 변론 전체의 취지에 의하여 밝혀진 당사자들 사이의 관계, 불법행위와 그로 인한 재산적 손해가 발생하게 된 경위, 손해의 성격, 손해가 발생한 이후의 제반정황 등의 관련된 모든 간접사실들을 종합하여 상당인과관계 있는 손해의 범위인 수액을 판단할 수 있다(대판 2009.8.20. 2008다19355). ㉢ 틀림. 제1차 사고를 야기한 운전자는 고속도로를 운행하는 후행차량들이 고속도로 1, 2차로에 정차한 위 차량을 충돌하고 나아가 그 주변의 다른 차량이나 사람들을 충돌할 수도 있다는 것을 충분히 예상할 수 있었으므로 위 불법 정차와 제2차 사고 사이에는 상당인과관계가 있고, 설사 제1차 사고를 야기한 운전자가 실제로 위와 같은 안전조치를 취할 여유가 없었다고 하더라도 위 차량이 야간에 고속도로 1, 2차로를 막고 정차하고 있었던 이상 이를 달리 볼 것은 아니다(대판 2009.12.10. 2009다64925). ㉣ 옳음. 반대로 기존 건물의 일조방해가 수인한도를 넘는 데 기여한 부분에 대한 책임을 피해건물의 소유자에게 전부 부담시킨다면, 실제로 기존 건물과 신축건물에 의하여 생긴 일영(日影)이 결합하여 피해건물에 수인한도를 넘는 일조방해의 피해가 발생하였는데도 피해자가 아무런 구제를 받을 수 없게 될 수 있으므로 이 역시 불합리하다. 따라서 이러한 경우에는 상린관계에 있는 이웃 간의 토지이용의 합리적인 조정이라는 요청과 손해부담의 공평이라는 손해배상제도의 이념에 비추어, 특별한 사정이 없는 한 기존 건물의 일조방해가 수인한도를 넘는 데 기여함으로써 피해건물의 소유자가 입게 된 재산적 손해가 신축건물의 소유자와 피해 건물의 소유자 사이에서 합리적이고 공평하게 분담될 수 있도록 정하여야 하고, 이를 위해서는 특히 가해건물이 신축되기 전부터 있었던 기존 건물로 인한 일조방해의 정도, 신축건물에 의하여 발생하는 일조방해의 정도, 가해건물 신축 후 위 두 개의 원인이 결합하여 피해건물에 끼치는 전체 일조방해의 정도, 기존 건물로 인한 일조방해와 신축건물에 의한 일조방해가 겹치는 정도, 신축건물에 의하여 발생하는 일조방해시간이 전체 일조방해시간 중 차지하는 비율 등을 고려하여야 한다(대판 2010.6.24. 2008다23729). ㉤ 옳음. 변론에 나타난 항공기사고의 특수한 사정을 제대로 참작하여야 손해의 공평한 분담이라는 이념과 형평의 원칙에서 벗어나지 않는다고 하였다(대판 2009.12.24. 2008다3527). <답 ②>

16. 채권자가 '가등기담보 등에 관한 법률'에 정해진 청산절차를 밟지 아니하여 담보목적부동산의 소유권을 취득하지 못하였음에도 그 담보목적부동산을 처분하여 선의의 제3자가 소유권을 취득한 경우, 이에 관한 다음 설명 중 틀린 것을 모두 고르면? (다툼이 있는 경우에는 판례에 의함)

㉠ 가등기담보법은 사적 실행방법으로서 '처분정산'형의 담보권실행을 허용하지 않는다.

ⓛ 채무자가 더 이상 채무액을 채권자에게 지급하고 그 채권담보의 목적으로 마친 소유권이전등기의 말소를 청구할 수 없게 되었다면, 채권자는 위법한 담보목적부동산 처분으로 인하여 불법행위책임을 진다.
ⓒ 채무자가 입은 손해는 다른 특별한 사정이 없는 한 채무자가 더 이상 그 소유권이전등기의 말소를 청구할 수 없게 된 때의 담보목적부동산의 가액에서 그때까지의 채무액을 공제한 금액이라고 할 수 있다.
ⓔ 채무자가 약정이자 지급을 연체하였던 사정은 위법한 담보목적부동산 처분으로 인한 손해배상책임을 제한할 수 있는 사유가 될 수 있다.
ⓜ 만약 채무자가 채권자의 위 처분행위 전에 그 채무액을 채권자에게 지급하고 그 채권담보의 목적으로 마친 소유권이전등기의 말소를 청구할 수 있었다면 위법한 담보목적부동산 처분으로 인한 손해배상책임을 제한할 수 있는 사유가 될 수 있다.
ⓑ 만약 채권자가 담보목적부동산을 처분하여 얻은 이익이 적었다고 하더라도 이는 위법한 담보목적부동산 처분으로 인한 손해배상책임을 제한할 수 있는 사유가 될 수 없다.

① ㉠ ② ㉢ ③ ㉣
④ ㉠, ㉡ ⑤ ㉠, ㉢ ⑥ ㉣, ㉤
⑦ ㉢, ㉣, ㉤ ⑧ ㉣, ㉤, ㉥

해설

대판 2010.8.26. 2010다27458 참고. ㉣㉤ 처분정산형의 담보권실행을 허용하지 않고 이에 위반한 담보권실행의 효력을 부정하는 것은 기본적으로 경제적 약자인 채무자의 보호를 위한 것이라는 점, 그런데도 채권자가 담보목적부동산을 처분함으로 인하여 손해배상책임을 지게 된 점, 채권자로서는 담보목적부동산 처분에 이르기까지 약정 이자 및 지연손해금을 담보목적부동산의 가액에서 공제받음으로써 여전히 약정 이익을 누리는 점 등을 종합하면, 채무자가 약정 이자 지급을 연체하였다든지 채무자가 그 채무액을 채권자에게 지급하고 그 채권담보의 목적으로 마친 소유권이전등기의 말소를 청구할 수 있었다는 사정이나 채권자가 담보목적부동산을 처분하여 얻은 이익의 크고 작음 등과 같은 사정은 위법한 담보목적부동산 처분으로 인한 손해배상책임을 제한할 수 있는 사유가 될 수 없다.
<답 ⑥>

17. 보행신호에 따라 횡단보도를 건너던 甲은 신호를 무시하고 진행한 乙의 승용차와 충돌하여 허리를 다쳤다. 이에 관한 설명 중 옳은 것은? (다툼이 있는 경우에는 판례에 의함) <사시 2013년 변형: 배점 2>

① 甲의 장래 치료비나 개호비의 배상을 정기금 또는 일시금 중 어떤 방식

으로 할 것인지는 원칙적으로 甲의 청구에 구속되지 않고 법원이 제반 사정을 고려하여 결정한다.

② 甲이 사망하지 않았으므로 甲의 부모나 자녀는 원칙적으로 정신적 손해의 배상을 청구할 수 없다.

③ 甲이 위 사고 후 후유장애를 갖게 된 경우, 종전과 같은 직장에서 계속 근무하더라도 원심변론종결시까지 동일한 보수를 지급받고 있다는 이유만으로 치료비 · 위자료 외에 재산적 손해가 없다고 단정할 수 없다.

④ 甲에게 재산상 손해의 발생이 인정되더라도 입증곤란 등의 이유로 그 손해액의 확정이 불가능한 경우, 법원은 그 부분의 청구를 기각하여야 하며, 이러한 사정을 위자료의 증액 사유로 참작하여서는 안 된다.

⑤ 甲이 위 사고 당시 실직상태였다면 그의 일실이익은 일반노동임금을 기준으로 산정하여야 하고, 甲이 특정한 기능이나 자격을 가지고 있어서 그에 상응하는 소득을 얻을 상당한 개연성이 있다는 이유로 그에 따라 산정할 수는 없다.

해설

① 틀림. 원칙적으로 손해배상청구권자인 그 자신이 임의로 선택할 수 있는 것이나, 다만 식물인간 등의 경우와 같이 그 후유장애의 계속기간이나 잔존 여명이 단축된 정도 등을 확정하기 곤란하여 일시금 지급방식에 의한 손해의 배상이 사회정의와 형평의 이념에 비추어 현저하게 불합리한 결과를 초래할 우려가 있는 때에는 손해배상청구권자가 일시금에 의한 지급을 청구하였더라도 법원이 재량에 따라 정기금에 의한 지급을 명하는 판결을 할 수 있다(대판 2000.7.28. 2000다11317). ② 틀림. 민법 제752조는 생명침해의 경우에 있어서의 위자료 청구권자를 열거 규정하고 있으나, 이는 예시적 열거규정이라고 할 것이므로 생명침해 아닌 불법행위의 경우에도 불법행위 피해자의 부모는 그 정신적 고통에 관한 입증을 함으로써 일반원칙인 같은 법 제750조, 제751조에 의하여 위자료를 청구할 수 있다고 해석하여야 한다(대판 1999.4.23. 98다41377). ③ 옳음. 원고가 사고로 인한 부상 및 후유증으로 인하여 노동능력의 32%를 상실하였다면 원고는 그가 종사하고 있는 국가공무원으로서의 직무를 수행함에 있어 그에 상응하는 정도의 지장이 초래되었다고 인정하는 것이 우리의 경험칙에도 합치된다(대판 1990.11.23. 90다카21022). ④ 틀림. 법원은 위자료액을 산정함에 있어서 피해자측과 가해자측의 제반 사정을 참작하여 그 금액을 정하여야 하므로, 피해자가 가해자로부터 당해 사고로 입은 재산상 손해에 대하여 배상을 받을 수 있는지의 여부 및 그 배상액의 다과 등과 같은 사유도 위자료액 산정의 참작 사유가 되는 것은 물론이며, 특히 재산상 손해의 발생이 인정되는데도 입증 곤란 등의 이유로 그 손해액의 확정이 불가능하여 그 배상을 받을 수 없는 경우에 이러한 사정을 위자료의 증액사유로 참작할 수 있다(대판 2007.6.1. 2005다5812,5829,5836). ⑤ 틀림. 원칙적으로는 그 불법행위로 인하여 손해가 발생할 당시에 그 피해자가 종사하고 있었던 직업의 소득을 기준으로 하여 산정하여야 하지만, 특정한 기능이나 자격 또는 경력을 가지고 있어서 장차 그에 대응한 소득을 얻을 수 있는 상당한 개연성이 인정되는 경우에 한하여 그 통계소득을 기준으로 산정할 수 있다(대판 2001.8.21. 2001다32472). <답 ③>

18. 다음은 불법행위로 인한 손해배상청구권의 소멸시효에 관한 판례의 태도이다. 잘못된 설명은? <사시 2002년 변형>

① 불법행위가 계속하여 이루어지고 그로 인한 손해도 계속 발생하는 이른바 계속적 불법행위의 경우, 특별한 사정이 없는 한 그 손해는 날마다 새로운 불법행위에 기하여 발생하는 손해로서 제766조 1항을 적용함에 있어서 그 각 손해를 안 때로부터 개별적으로 진행한다.

② 완공된 건물로 인하여 일조방해를 받게 된 피해자가 건물철거소송을 제기하여 승소한 경우, 피해자의 위자료청구권의 소멸시효는 가해 건물이 피해 부동산의 일조를 방해하는 상태로 존속하는 한 날마다 개별적으로 진행한다.

③ 가해행위와 이로 인한 현실적인 손해의 발생 사이에 시간적 간격이 있는 경우에 불법행위를 안 날이라 함은 단지 손해에 대한 인식이 있었다는 정도만으로는 부족하고 그러한 손해가 그 후 현실화된 것을 안 날을 의미한다.

④ 채무불이행으로 인한 손해배상청구권에 대한 소멸시효 항변이 불법행위로 인한 손해배상청구권에 대한 소멸시효 항변을 포함한 것으로 볼 수는 없다.

⑤ 불법행위로 인한 손해배상청구권에도 소멸시효의 기산점에 관한 규정인 민법 제166조 1항이 적용되므로 그 시효기간은 권리를 행사할 수 있는 때로부터 진행한다.

해설

① 불법행위가 계속적으로 이루어짐으로써 생긴 손해 역시 계속적으로 발생하는 경우에는 특별한 사정이 없는 한 그 손해는 날마다 새로운 불법행위에 기하여 발생하는 손해로서 제766조 1항을 적용함에 있어서 그 각 손해를 안 때로부터 각별로 소멸시효가 진행된다(대판 1999.3.23. 98다30285 등 참고). ② 대판[전] 2008.4.17. 2006다35865의 반대의견이다. 다수의견은 철거의무를 계속적으로 이행하지 않는 부작위는 새로운 불법행위가 되고 그 손해는 날마다 새로운 불법행위에 기하여 발생하는 것이므로, 피해자가 그 각 손해를 안 때로부터 각별로 소멸시효가 진행한다고 보았다. ③ 단지 관념적이고 부동적인 상태에서 잠재하고 있던 손해에 대한 인식이 있었다는 정도만으로는 부족하고 그러한 손해가 그 후 현실화된 것을 알아야 한다. 따라서 사고 당시 피해자는 만 2세 남짓한 유아로서 좌족부의 성장판을 다쳐 의학적으로 뼈가 성장을 멈추는 만 18세가 될 때까지는 위 좌족부가 어떻게 변형될지 모르는 상태이었다면, 피해자가 고등학교 1학년 재학 중에 담당의사에게 진찰을 받은 결과 비로소 피해자의 좌족부 변형에 따른 후유장해의 잔존 및 그 정도 등을 가늠할 수 있게 되었다면 피해자의 법정대리인도 그때서야 현실화된 손해를 구체적으로 알았다고 보아 그 무렵을 기준으로 소멸시효의 기산점을 산정해야 한다(대판 2001.1.19. 2000다11836 등 참고). ④ 소멸시효에 걸리는 손해배상청구권의 청구원인이 다르기 때문이다(대판 1998.5.29. 96다51110 참고). ⑤ (따라서) 군인이 공상을 입은 경우에 구 국가유공자 예우 등에 관한 법률 등 다른 법령에 의하여 보상을 받을 수 없음이 판명되어 국가배상법 제2조 1항 단서 규정의 적용이 배제됨이 확정될 때까지는 같은 항 본

문에 기한 손해배상청구권은 법률상 이를 행사할 수가 없으므로, 이처럼 다른 법령에 의하여 보상을 받을 수 없음이 판명되지 않고 있다는 사정은 위 손해배상청구권의 행사에 대한 법률상의 장애라고 할 수 있다(대판 1998.7.10. 98다7001 등 참고). <답 ②>

19. '불법행위로 인한 손해배상청구권은 피해자나 그 법정대리인이 그 손해 및 가해자를 안 날로부터 3년간 행사하지 않으면 시효로 인하여 소멸한다.'는 민법 제766조 1항과 관련된 다음 설명 중 옳은 것(○)과 옳지 않은 것(×)을 바르게 표시한 것은? (다툼이 있는 경우에는 판례에 의함) <변리사 2003년 변형>

> ㉠ 불법행위로 인한 상해의 경우, 불법행위 당시에는 예견할 수 없었던 새로운 손해나 예상외로 확대된 손해에 대하여도 일률적으로 최초 손해를 인식한 때로부터 시효기간이 진행된다.
> ㉡ 손해 및 가해자를 안다는 것은 손해의 발생 사실과 그 손해가 가해자의 불법행위로 인하여 발생한 것이라는 사실을 아는 것 이외에 그 손해의 정도와 액수까지 구체적으로 아는 것을 의미한다.
> ㉢ 피해자가 손해 및 가해자를 인식할 만한 정신능력 내지 지능이 없는 경우라 할지라도 시효기간이 진행된다는 점에는 아무런 변화가 없다.
> ㉣ 피해자나 법정대리인이 손해를 안 사실이나 안 시기에 관한 증명책임은 시효의 이익을 주장하는 자에게 있다.

① ㉠(○), ㉡(○), ㉢(○), ㉣(○) ② ㉠(○), ㉡(○), ㉢(×), ㉣(○)
③ ㉠(○), ㉡(×), ㉢(○), ㉣(○) ④ ㉠(○), ㉡(○), ㉢(○), ㉣(×)
⑤ ㉠(×), ㉡(○), ㉢(○), ㉣(○) ⑥ ㉠(×), ㉡(○), ㉢(×), ㉣(×)
⑦ ㉠(×), ㉡(×), ㉢(○), ㉣(×) ⑧ ㉠(×), ㉡(×), ㉢(×), ㉣(○)

해설

㉠ 새로운 손해나 확대된 손해를 안 날로부터 소멸시효가 진행한다(대판 2008.7.10. 2008다21518 등 참고). ㉡ "손해를 안 날"이라 함은 손해의 발생, 위법한 가해행위의 존재, 가해행위와 손해의 발생과의 사이에 상당인과관계가 있다는 사실 등 불법행위의 요건사실에 대하여 현실적이고도 구체적으로 인식하였을 때를 의미한다고 할 것이고, 손해의 액수나 정도를 구체적으로 알아야 할 필요까지는 없다고 하더라도 피해자 등이 언제 불법행위의 요건사실을 현실적이고도 구체적으로 인식한 것으로 볼 것인지는 개별적 사건에 있어서의 여러 객관적 사정을 참작하고 손해배상청구가 사실상 가능하게 된 상황을 고려하여 합리적으로 인정하여야 한다(대판 2008.4.24. 2006다30440 등). 예를 들어, 민법 제758조 제1항에서 정하는 공작물의 설치·보존상 하자로 인한 손해배상청구에서 '손해 및 가해자를 안 날'이라고 함은 손해의 발생, 공작물의 설치·보존상 하자의 존재, 그 하자와 손해의 발생 사이에 상당인과관계가 있다는 사실 등 공작물책임의 요건사실에 대하여 현실적이고도 구체적으로 인식하였을 때를 의미한다(대판 2011.5.26. 2007다83991). ㉢ 피해자나 그 법정대리인이 손해 및 가해자를 안다고 하는 것은 피해자나 그 법정대리인이 손해의 발생사실과 그 손해가 가해자의 불법행위로 인하여 발생하였다는 사실을 현실적이고도 구체적으로 인식함을 뜻한다. 따라서 피해자 등에게 손해의 발생사실과 그 손해가 가해자의 불

법행위로 인하여 발생하였다는 사실을 현실적이고도 구체적으로 인식할 만한 정신적 능력 내지 지능이 있었다고 인정되지 아니한다면 설사 사고 발생 후 피해자 등이 사고 경위 등에 관하여 들은 적이 있다 하더라도 손해 및 가해자를 알았다고 할 수는 없을 것이므로 단기소멸시효는 진행되지 않는다(대판 1995.2.10. 94다30263 등). ㉣ 대판 2008.7.10. 2008다21518 등 참고. <답 ⑧>

제 2 절 특수한 불법행위

1. 甲은 길을 가던 乙과 언쟁을 벌이다 그를 때려 중상을 입혔다. 다음 설명 중 옳지 않은 것은? (다툼이 있는 경우에는 판례에 의함) <사시 2005년 변형>

① 일반적으로 불법행위책임을 인정하기 위해 요구되는 가해자의 책임변식능력은 과실상계를 하기 위해 요구되는 피해자의 사리변식능력보다 고도의 주의능력이다.

② 甲에게 불법행위책임이 인정될 때, 甲이 그 배상으로 인하여 생계에 중대한 영향을 미치게 될 사정이 있는 경우, 법원은 甲의 주장이 있어야만 이를 참작하여 손해배상액을 감액할 수 있다.

③ 乙이 먼저 싸움을 유발하는 등 손해 발생이나 확대에 기여한 잘못이 인정된다면 법원은 당사자의 주장이 없더라도 이를 참작하여야 한다.

④ 甲에게 책임이 인정되는 경우에도 그 부모에게 甲에 대한 감독의무위반의 과실이 있고 그 감독의무위반과 손해발생 사이에 상당인과관계가 있다면, 甲의 부모는 민법 제750조의 일반불법행위책임을 부담하게 된다.

⑤ 甲에게 책임이 인정되지 않는 경우, 법정감독의무자에 대신하여 甲에 대한 보호·감독의무를 부담하는 교사 등이 있다면, 이와 같은 대리감독자가 있다는 사실만으로 곧 친권자인 감독의무자 책임이 면책될 수 있다.

해설

① 판례는 책임능력은 없어도 사리를 변식할 능력, 과실능력은 있다고 하여 책임능력과 과실능력을 구별하고 있다(대판 1968.8.30. 68다1224). ② 제765조의 배상액의 감경은 배상의무자의 청구가 있는 경우에 법원이 참작할 수 있는 것이다. ③ 제765조 3항. ④ 대판[전] 1994.2.8. 93다13605. ⑤ 면책될 수 없다(대판 2007.4.26. 2005다24318 참고). <답 ⑤>

2. 사용자책임의 구성요건에 관한 다음 설명 중 옳은 것(○)과 옳지 않은 것(×)을 바르게 표시한 것은? (다툼이 있는 경우에는 판례에 의함)

㉠ 도급인이 수급인에 대하여 특정한 행위를 지휘하거나 특정한 사업을 도급시키는 경우와 같은 이른바 노무도급의 경우에 있어서 도

급인이라 하더라도 수급인의 불법행위에 대하여 사용자로서 배상책임이 있다.
㉡ 공중위생법상 숙박업허가명의를 대여한 자는 명의사용자의 불법행위에 대하여 사용자책임을 지지 않는다.
㉢ 피용자가 회사 내에서 피해자에게 접대한 행위도 그 행위가 외형상 피용자의 직무의 범위 내에 속한다고 볼 수 있는 경우이면 그 책임이 생긴다.
㉣ 사용자가 책임을 면하기 위해서는 피용자의 과책 여부가 아니라 사용자가 선임감독에 필요한 주의의무를 다하였는가 하는가에 달려 있고, 그 면책입증은 사용자가 부담한다.
㉤ 택시회사의 운전수가 택시에 여승객을 태우고 운행 중 차 속에서 부녀를 강간한 경우에도 택시운전사의 불법행위는 사무집행에 관련된 것이므로 사용자책임이 인정된다.

① ㉠(○), ㉡(○), ㉢(○), ㉣(○), ㉤(○)
② ㉠(○), ㉡(○), ㉢(×), ㉣(○), ㉤(×)
③ ㉠(○), ㉡(×), ㉢(○), ㉣(○), ㉤(○)
④ ㉠(○), ㉡(○), ㉢(○), ㉣(×), ㉤(×)
⑤ ㉠(×), ㉡(○), ㉢(○), ㉣(○), ㉤(○)
⑥ ㉠(×), ㉡(○), ㉢(×), ㉣(×), ㉤(×)
⑦ ㉠(×), ㉡(×), ㉢(○), ㉣(×), ㉤(○)
⑧ ㉠(×), ㉡(×), ㉢(×), ㉣(×), ㉤(×)

해설

㉠ 옳음. 사용자책임의 요건으로서 사용자와 피용자 사이에 사무감독관계(사용관계)가 있어야 한다. 사용관계는 고용관계보다 넓은 개념으로서 반드시 유효한 고용관계에 한하지 않는다(대판 1998.8.21. 97다13702). 판례는 도급계약 중에서 이른바 노무도급에 있어서는 도급인에게도 민법 제756조의 사용자책임의 요건으로서 사용관계가 인정된다고 판시하였고(대판 1998.6.26. 97다58170), 위임인의 사용자책임도 인정한 예가 있다(대판 1998.4.28. 96다25500. 반대: 곽윤직, 514면). ㉡ 옳음. 공중위생법상 숙박업허가는 시설물을 기준으로 하고 있고, 허가명의를 양도한 경우 등에도 양수인이 별다른 제한 없이 지위를 승계하는 것으로 규정하고 있으므로, 사용관계를 인정할 수 없기 때문이다(대판 1993.3.2. 92다10081 참고). ㉢ 옳음. 통설과 판례는 가해행위가 사무집행과 관련되는가를 판단하는 데 있어서 이른바 '외형이론'을 적용한다. 즉, 피용자의 불법행위가 외형상 객관적으로 사용자의 사업활동 내지 사무집행행위 또는 그와 관련된 것이라고 보여질 때에는 행위자의 주관적 사정을 고려함이 없이 이를 사무집행에 관한 행위로 본다는 것이다. 따라서 피용자의 접대행위는 본래의 사무집행행위는 아니지만 외형상 객관적으로 그 사무집행행위와 밀접하게 관련된 행위라고 할 수 있다(대판 1997.10.10. 97다16572). ㉣ 옳음. 제756조 1항 단서에 따라 사용자는 피용자의 선임감독상의 상당한 주의의무를 다한 경우에 면책될 수 있다. 그러나 판례와 학설은 그 입증책임을 전환하고 면책사유의 인

정을 엄격히 제한함으로써 사용자책임을 무과실책임에 가깝게 하고 있다. ⓜ 옳음. 판례는 택시운전사의 가해행위가 외형적 · 객관적으로 사무집행행위와 관련된 것이라고 한다(대판 1991.1.11. 90다8954). 그러나 사무집행의 기회를 이용하여 주관적 욕망을 채우기 위하여 형사상의 범죄에 해당하는 불법행위를 한 경우에 대해서까지 사무집행관련성을 인정하는 판례의 태도(외형이론의 적용)에 대해서는 비판적 견해가 있다(김형배, 사용자책임과 판례—비교법적 시각에서, 고려법학 제48호, 2007, 17면 참고). <답 ①>

3. 사용자책임에 관한 다음 설명 중 판례의 태도에 비추어 틀린 것은?

① 사용관계의 존부를 판단함에 있어서는 사용자가 실제적으로 지휘 · 감독을 하였느냐는 것이 중요하고, 객관적 · 규범적으로 보아 사용자가 불법행위자를 지휘 · 감독해야 할 지위에 있었느냐는 판단의 기준이 되지 않는다.

② 국립대학 교수가 대학원생을 성희롱한 경우, 대한민국은 사용자 본인으로서 대학의 총장은 사용자의 대리감독자로서 각 사용자책임을 지지 아니한다.

③ 파견사업주는 파견근로자와 근로관계에 있으면서 임금을 지급할 사용자의 지위에 있으며, 파견업무에 관련된 불법행위에 대하여 사용자책임을 부담하지만 파견근로자가 사용사업주의 구체적 지시 · 감독을 받고 사용사업주의 업무집행 중에 제3자에게 불법행위를 한 때에는 파견사업주가 파견근로자의 선발 및 일반적 지휘 · 감독상의 주의를 다했다고 인정되는 한 면책된다.

④ 피용자의 불법행위의 사무집행에 대한 관련성은 행위자의 주관적 사정을 고려함이 없이 피용자의 본래의 직무와 불법행위와의 관련 정도 및 사용자에게 손해발생에 대한 위험 창출과 방지조치 결여의 책임이 어느 정도인지를 고려하여 판단해야 한다.

⑤ 외형이론에 따르더라도 피해자인 거래상대방이 피용자의 행위가 사무집행에 해당하지 않음을 알았거나 또는 중대한 과실로 알지 못한 경우에는 사용자책임이 성립하지 않는다.

해설

① 틀림. 사용관계의 존부에 대해서는 사용자가 지휘 · 감독을 사실상 하였느냐에 관계없이 객관적 · 규범적으로 보아 사용자가 불법행위를 지휘 · 감독해야 할 지위에 있었느냐의 여부를 기준으로 결정해야 한다는 것이 판례의 태도이다(대판 2003.12.26. 2003다49542 등 다수). ② 옳음. 성희롱행위는 그 직무범위 내에 속하지 아니함은 물론, 외관상으로 보더라도 그의 직무권한 내의 행위와 밀접하여 직무권한 내의 행위라고 볼 수 없기 때문이다(대판 1998.2.10. 95다39533 참고). ③ 옳음. 파견근로자와 고용관계에 있는 사용자는 파견사업주이지만, 파견근로자는 현실적으로 사용사업주에게 노무를 제공한다. 그러나 파견근로자가 사용사업주의 구체적 지시 · 감독 하에서 노무를 제공하고 있는 중이더라도 파견사업주의 사용자책임은 배제되지 않는다. 판례는 파견근로자의 선발 및 일반적 지취 · 감독상의 주의를 다했다고 인정되는 경우에 한하여 파견사업주의 사용자책임은 면제

된다는 태도를 취하고 있다(대판 2003.10.9. 2001다24655). 파견사업주의 사용자책임이 면제되는 경우는 드물다. ④ 옳음. 사무집행관련성에 관한 판례상의 외형이론의 핵심내용이다(대판 2008.1.18. 2006다41471 등 다수). 판례는 사무집행관련성을 판단함에 있어서 단순히 사용자의 감독의무만을 고려하지 않고 위험창출의 예방과 그 방지조치결여의 책임의 정도까지를 고려한다. 외형이론에 의하면 사무집행관련성의 범위가 확대되어 사용자책임이 성립할 수 있는 가능성이 커진다. ⑤ 옳음. 악의 또는 중과실의 제3자를 보호한다는 것은 공평의 원칙 또는 신뢰보호의 원칙에 반하기 때문이다. 여기서 중대한 과실이라 함은 거래의 상대방(피해자)이 조금만 주의를 기울였다면 피용자의 행위가 그 직무범위 내에서 적법하게 행하여진 것이 아니라는 사정을 알 수 있었음에도 만연히 이를 직무권한 내의 행위라고 믿음으로써 일반인에게 요구되는 주의의무를 현저히 위반한 것으로 거의 고의에 가까울 정도의 주의를 결한 상태를 말한다. 따라서 이 경우에는 외형이론이 적용될 수 없음은 물론이다(대판 2005.2.25. 2003다36133 등 다수). <답 ①>

4. 사용자책임 등에 관한 다음 설명 중 옳지 않은 것은? (다툼이 있는 경우에는 판례에 의함) <사시 2009년: 배점 2>

① 공무원이 직무상 자동차를 운전하다가 사고를 일으켜 다른 사람을 부상하게 한 경우, 그 사고가 자동차를 운전한 공무원의 경과실에 의한 것일 때에는 피해자는 그 공무원을 상대로 직접 손해배상책임을 청구할 방법이 없다.

② 피용자가 어음 위조로 인한 불법행위에 관여함으로써 사용자의 손해배상책임이 논의되는 경우에 어음소지인이 적법한 지급제시기간 내에 지급제시를 하지 아니하여 소구권 보전의 절차를 밟지 않았다고 하더라도 사용자의 불법행위책임이 성립하는 데 장애가 되지는 아니한다.

③ 타인에게 어떤 사업에 관하여 자기 명의의 사용을 허락한 경우에 명의사용을 허락한 사람은 명의사용을 허락받은 사람이 업무수행을 함에 있어 행한 불법행위에 대하여 그 손해를 배상할 책임이 있다.

④ 사용자책임의 요건으로서의 '피용자'에 해당하기 위해서는 사용자와의 사이에 유효한 고용관계가 존재하는 것이 요구되지 않으며, 사실상 다른 사람의 지휘·감독 아래 그 의사에 따라 그의 사업을 집행하는 관계로써 족하다.

⑤ 피용자가 그 업무수행상의 과실로 사용자에게 손해를 가한 경우에 그로 인한 사용자에 대한 불법행위책임은 사업의 성격·규모, 피용자의 업무내용과 근로조건 및 근무태도, 가해행위의 예방이나 손실의 분산에 대한 사용자의 배려정도와 기타 제반 사정에 비추어 신의칙상 상당한 정도로 제한된다.

해설 ....

① 틀림. 헌법 제29조 1항 본문은 공무원이 직무수행 중 불법행위로 타인에게 손해를 입

힌 경우에 국가 등이 국가배상책임을 부담함을 규정하면서 단서로 "이 경우 공무원 자신의 책임은 면제되지 아니한다."라고 규정하여, 공무원 개인도 민사상 책임을 부담함을 분명히 선언하되 그 책임의 내용과 범위에 관하여는 이를 직접 명시적으로 규정한 법률도 없으나, 공무원에게 고의 또는 중과실이 있는 때에는 공무원 개인도 불법행위로 인한 손해배상책임을 진다고 할 것이지만, 공무원에게 경과실뿐인 때에는 공무원 개인은 손해배상책임을 부담하지 아니한다고 할 것이다. 그러나 공무원의 자동차의 운행은 사적인 용무를 위한 것이건 국가 등의 공무를 위한 것이건 구별하지 아니하고 자동차손해배상보장법이 민법이나 국가배상법에 우선하여 적용된다고 보아야 한다. 즉, 자동차의 운행으로 말미암아 다른 사람을 사망하게 하거나 부상하게 함으로써 발생한 손해에 대한 공무원의 손해배상책임의 내용과 범위는 이와는 달리 자동차손해배상보장법이 정하는 바에 의할 것이므로, 공무원이 직무상 자동차를 운전하다가 사고를 일으켜 다른 사람에게 손해를 입힌 경우에는 그 사고가 자동차를 운전한 공무원의 경과실에 의한 것인지 중과실 또는 고의에 의한 것인지를 가리지 않고, 그 공무원이 자동차손해배상보장법 제3조 소정의 '자기를 위하여 자동차를 운행하는 자'에 해당하는 한 자동차손해배상보장법상의 손해배상책임을 부담한다(대판 1996.3.8. 94다23876). ② 옳음. 대판[전] 1994.11.8. 93다21514 참고. ③ 옳음. 대판 2005.2.25. 2003다36133 참고. ④ 옳음. 대판 1998.8.21. 97다13702 등 참고. ⑤ 옳음. 피용자는 근로조건 · 작업시설 · 안전장치 등 사고방지를 위한 조건을 스스로 만들 수 없고, 사용자는 위험성 있는 노동을 피용자에게 부과하고 있기 때문에, 손해배상금을 피용자에게 전부 부담시키는 것은 사업위험을 근로자에게 전가하는 결과가 되어 부당하다. 또한 사용자는 사업위험을 줄이도록 적절한 조치를 취하거나 보험가입 또는 상품가격의 조정 등을 통하여 위험을 분산시킬 수 있다는 근거에서 피용자의 책임은 제한되어야 한다(김형배, 고시계, 1987.5, 48면; 이은영, 866면). 판례도 1987년(대판 1987.9.8. 86다카1045) 이후 신의칙을 근거로 제한설의 태도를 취하고 있다(대판 1996.4.9. 95다52611 참고). <답 ①>

5. 공동불법행위에 관한 설명 중 틀린 것은? (다툼이 있는 경우에는 판례에 의함) <사시 2012년 유사>

① 공동불법행위자 상호간에 주관적 관련이 없더라도 과실상계를 함에 있어서 피해자의 과실은 공동불법행위자 전원에 대한 과실로 전체적으로 평가하여야 한다.

② 과실로 인한 방조에 의하여도 방조자에게 공동불법행위자로서의 책임이 발생할 수 있다.

③ 피해자가 공동불법행위자 중 1인에게 손해배상청구를 한 경우, 그에 따른 시효중단 효과는 다른 공동불법행위자에게도 미친다.

④ 공동불법행위자 중 1인이 손해배상채무의 일부를 변제한 경우, 다른 공동불법행위자의 손해배상책임도 그만큼 감축된다.

⑤ 공동 아닌 수인(數人)의 행위 중 어느 자의 행위가 그 손해를 가한 것인지 알 수 없는 때에는 그 수인 중의 어느 누구가 자신의 행위와 손해발생과의 인과관계가 없다는 사실을 입증하면 면책될 수 있다.

✍ **해설**

① 옳음. 공동불법행위책임은 가해자 각 개인의 행위에 대하여 개별적으로 그로 인한 손해를 구하는 것이 아니라 가해자들이 공동으로 가한 불법행위에 대하여 책임을 추궁하는 것이므로, 법원이 피해자의 과실을 들어 과실상계를 하는 경우에는 피해자의 공동불법행위자 각인에 대한 과실비율이 서로 다르더라도 피해자의 과실을 공동불법행위자 각인에 대한 과실로 개별적으로 평가할 것이 아니고 그들 전원에 대한 과실로서 전체적으로 평가하여야 한다(대판 2011.7.28. 2010다76368 등). ② 옳음. 공동불법행위에 있어 방조라 함은 불법행위를 용이하게 하는 직접·간접의 모든 행위를 가리키는 것으로서 형법과 달리 손해의 전보를 목적으로 하여 과실을 원칙적으로 고의와 동일시하는 민법의 해석으로서는 과실에 의한 방조도 가능하다. 특히 여기에서 과실의 내용은 불법행위에 도움을 주지 않아야 할 주의의무가 있음을 전제로 하여 이 의무에 위반하는 것을 말한다(대판 2010.4.29. 2009다59855 등). ③ 틀림. 공동불법행위자 가운데 1인에게 발생한 사유는 손해배상채권을 만족시키는 사유를 제외하고는 다른 공동불법행위자에게 영향을 주지 않는다(통설). ④ 옳음.변제는 다른 공동불법행위자에게도 동일한 효력을 준다. ⑤ 옳음. 가해자불명의 공동불법행위로서 이때 관련된 수인의 행위는 공동불법행위로 추정되며(제760조 2항), 인과관계의 요건이 완화된 공동불법행위의 유형이다. <답 ③>

6. 공동불법행위에 관한 설명 중 옳지 않은 것은? (다툼이 있는 경우에는 판례에 의함) <사시 2007년 변형, 사시 2012년 유사>

① 공동불법행위자 甲, 乙, 丙 사이에 甲의 乙과 丙에 대한 구상권의 소멸시효는 甲이 공동면책행위를 한 때로부터 기산하고, 그 기간은 10년이다.

② 피용자 甲과 제3자 乙이 공동불법행위로 丙에게 손해를 가하여 그 배상채무를 부담하는 경우, 甲의 사용자 丁이 甲과 乙의 책임비율에 의하여 정해진 甲의 부담부분을 초과하여 丙에게 손해를 배상한 때에는 丁은 乙에 대하여 구상권을 행사할 수 있다.

③ 공동불법행위자 甲, 乙, 丙 중 乙의 손해배상채무가 시효로 소멸한 후라도 丙이 피해자 丁에게 자기의 부담부분을 넘는 손해를 배상하였을 경우, 丙은 乙에게 구상권을 행사할 수 있다.

④ 공동불법행위자인 甲, 乙, 丙 중 丙이 동시에 피해자라면, 甲, 乙이 당해 불법행위로 인해 손해를 입은 丁에 대해 손해배상금을 지급하더라도 甲, 乙은 丙에 대하여는 구상권을 행사할 수 없다.

⑤ 甲, 乙, 丙, 丁은 공동불법행위자인데, 甲, 乙, 丙이 丁에 대하여 구상의무를 부담하는 경우, 丁에게 불법행위에 관한 과실이 없으면 丁에 대한 甲, 乙, 丙의 구상의무는 부진정연대채무이다.

✍ **해설**

① 제166조 1항. 따라서 구상권은 그 행사가 가능한 공동면책행위를 한 날로부터 진행한다(대판 2008.7.24. 2007다37530 등 참고). '공동불법행위자에 대한 구상권'과 '공동불법행위자에 대한 피해자의 손해배상채권'은 별개의 권리이므로, 각 권리의 소멸시효기산일도 다르다(대판 1996.3.26. 96다3791 참고). ② 대판 2006.2.9. 2005다28426(대위책임설

에 따른 판결임). ③ 피해자에게 손해배상을 한 공동불법행위자의 다른 공동불법행위자에 대한 구상권은 피해자의 다른 공동불법행위자에 대한 손해배상채권과는 그 발생 원인과 법적 성질을 달리하는 별개의 독립한 권리이다(대판 1996.3.26. 96다3791). ④ 공동불법행위자의 1인이 동시에 피해자이기도 한 경우에도 다른 공동불법행위자가 당해 불법행위로 인해 손해를 입은 제3자에 대해 손해배상금을 지출한 때에는 그 중 피해자인 공동불법행위자의 부담부분에 상응하는 금원에 대해 구상금채권을 가질 수 있다(대판 2005.7.8. 2005다8125). ⑤ 공동불법행위자들 중의 1인이 전체 채무를 변제한 경우에 나머지 공동불법행위자들이 부담하는 구상채무는 분할채무로 보아야 하나(대판 2002.9.27. 2002다15917), 구상권자인 공동불법행위자측에 과실이 없는 경우에는 나머지 공동불법행위들이 부담하는 구상채무는 부진정연대채무로 본다(대판 2012.3.15. 2011다52727 등). <답 ④>

7. 甲과 乙의 과실로 丙에게 손해를 입힌 공동불법행위에 관한 설명 중 옳은 것은? (甲과 乙의 과실비율이 동일하다고 가정하고, 다툼이 있는 경우에는 판례에 의함) <사시 2005년>

① 甲이 丙에게 손해 전부에 대하여 배상할 때에 이미 乙의 손해배상채무가 시효로 소멸하였다면, 공동면책될 채무가 존재하지 아니하므로, 甲의 乙에 대한 구상권은 인정되지 아니한다.

② 甲이 丙에게 전액배상을 한 후에 다시 乙이 丙에게 전액배상을 한 경우, 甲이 乙에게 전액배상의 사실을 통지하지 아니한 경우에는 甲의 乙에 대한 구상권은 인정되지 아니한다.

③ 甲이 丙에게 자기의 과실비율에 따른 부담부분인 손해의 1/2만을 배상한 경우, 甲은 乙에 대하여 구상권을 행사할 수 없다.

④ 丙이 자신에게 발생한 손해 1억원 중 일단 6,000만 원만을 甲에게 청구하는 일부청구소송에서, 피해자 丙에게도 30%의 과실이 있었음이 밝혀진 경우, 법원은 甲이 지급하여야 할 손해배상액으로 4,200만 원만을 인정하여야 한다.

⑤ 만일 甲과 丙이 군인이고 그들이 직무를 수행하던 중 丙이 사고를 당하였다면, 민간인인 乙은 丙의 손해 전부에 대하여 책임을 진다.

해설

① 피해자에게 손해배상을 한 공동불법행위자의 다른 공동불법행위자에 대한 구상권은 피해자의 다른 공동불법행위자에 대한 손해배상채권과는 그 발생 원인과 법적 성질을 달리하는 별개의 독립한 권리이므로, 공동불법행위자가 다른 공동불법행위자에 대한 구상권을 취득한 이후에 피해자의 그 다른 공동불법행위자에 대한 손해배상채권이 시효로 소멸되었다고 하여 그러한 사정만으로 이미 취득한 구상권이 소멸된다고 할 수 없다(대판 1996.3.26. 96다3791). ② 부진정 연대채무에 해당하는 공동불법행위로 인한 손해배상채무에 있어서도 채무자 상호간에 구상요건으로서의 통지에 관한 민법의 위 규정을 유추적용할 수는 없다(대판 1998.6.26. 98다5777). ③ 공동불법행위자 중 1인이 자기의 부담부분 이상을 변제하여 공동의 면책을 얻게 하였을 때에만 다른 공동불법행위자에게 그 부담부분의 비율에 따라 구상권을 행사할 수 있기 때문이다(대판 1997.12.12. 96다50896). ④ 일부청구소

송의 경우 과실상계를 함에 있어서는 청구금액을 기준으로 과실상계를 하는 것이 아니라 심리결과 인정되는 손해의 전액에서 과실비율에 의한 감액을 하고 그로 인해 산출된 배상액이 청구액을 초과하지 않을 경우에는 그 배상액을 인용할 것이다(이른바 외측설; 대판 1976.6.22. 75다819). ⑤ 민간인과 직무집행중인 군인 등의 공동불법행위로 인하여 직무집행중인 다른 군인 등이 피해를 입은 경우에는 공동불법행위자 등이 부진정연대채무자로서 각자 피해자의 손해 전부를 배상할 의무를 부담하는 공동불법행위의 일반적인 경우와 달리 예외적으로 민간인은 피해 군인 등에 대하여 그 손해 중 국가 등이 민간인에 대한 구상의무를 부담한다면 그 내부적인 관계에서 부담하여야 할 부분을 제외한 나머지 자신의 부담부분에 한하여 손해배상의무를 부담하고, 한편 국가 등에 대하여는 그 귀책부분의 구상을 청구할 수 없다(대판[全] 2001.2.15. 96다42420). <답 ③>

8. 甲, 乙, 丙은 각각 자신이 소유하는 차량을 운전하여 도로를 따라 진행하고 있었다. 그런데 甲이 도로변에 서 있던 丁을 실수로 보지 못하여 충돌하였고, 그 뒤를 따르던 乙과 丙도 전방을 제대로 보지 못한 채 진행하다가 쓰러져 있던 丁을 충돌하였다. 위 사고로 丁이 사망한 것으로 밝혀졌으나, 어느 충돌사고로 사망하였는지는 명확하지 않다. 사고 당시 丁은 68세로 수입이 없는 상태였다. 丁의 상속인으로는 처와 아들 1명이 있다. 이에 관한 설명 중 옳은 것은? (다툼이 있는 경우에는 판례에 의함) <사시 2010년: 배점 2>

① 丁의 상속인이 甲을 상대로 손해배상청구를 할 경우, 甲의 충돌과 丁의 사망 사이의 인과관계를 증명하지 못한다면 甲으로부터 배상받지 못한다.

② 丁의 상속인은 丁이 평균기대여명기간 동안 얻을 수 있었던 도시일용노임 상당의 일실이익을 손해배상으로 구할 수 있다.

③ 甲, 乙, 丙의 공동불법행위가 인정될 경우, 甲이 변제를 이유로 乙, 丙에 대하여 구상권을 행사하기 위해서는 자신의 부담부분 이상을 丁의 상속인에게 변제하여야 한다.

④ 甲, 乙, 丙의 공동불법행위가 인정될 경우, 丁의 상속인은 자기 고유의 위자료청구권을 행사할 수 있지만, 이와 별도로 丁의 위자료청구권을 상속받아 행사할 수는 없다.

⑤ 甲, 乙, 丙의 공동불법행위가 인정되더라도 丁은 언젠가는 사망할 운명이었으므로, 丁의 상속인은 丁의 장례비를 손해배상으로 구할 수는 없다.

해설

① 위 사례가 '협의의 공동불법행위'(제760조 1항)에 해당한다면 丁의 상속인의 甲·乙·丙 각자의 행위의 공동관련설 및 공동행위와 손해 사이의 인과관계를 밝혀야 하지만, '가해자 불명의 공동불법행위'(제2항)에서는 그 인과관계가 추정되므로 오히려 가해자가 면책에 필요한 입증을 하여야 한다. 관련 판례에 의하면, 민법 제760조 2항은 여러 사람의 행위가 경합하여 손해가 생긴 경우 중 같은 조 제1항에서 말하는 공동의 불법행위로 보기에 부족할 때, 입증책임을 덜어줌으로써 피해자를 보호하려는 입법정책상의 고려에 따라 각각의 행위와 손해 발생 사이의 인과관계를 법률상 추정한 것이므로, 이러한 경우 개별 행위자가 자기의 행위와 손해 발생 사이에 인과관계가 존재하지 아니함을 증명하면 면책

되고, 손해의 일부가 자신의 행위에서 비롯된 것이 아님을 증명하면 배상책임이 그 범위로 감축된다. (따라서) 차량 등의 3중 충돌사고로 사망한 피해자가 그 중 어느 충돌사고로 사망하였는지 정확히 알 수 없는 경우, 피해자가 입은 손해는 제760조 2항에서 말하는 가해자 불명의 공동불법행위로 인한 손해에 해당하여 위 충돌사고 관련자들의 각각의 행위와 위 손해 발생 사이의 상당인과관계가 법률상 추정되므로, 그 중 1인이 위 법조항에 따른 공동불법행위자로서의 책임을 면하려면 자기의 행위와 위 손해 발생 사이에 상당인과관계가 존재하지 아니함을 적극적으로 주장 · 입증하여야 한다(대판 2008.4.10. 2007다76306). ② 불법행위로 인하여 노동능력을 상실한 급여소득자의 일실이익은 원칙적으로 노동능력상실 당시의 임금수익을 기준으로 산정할 것이다(대판[전] 1989.12.26. 88다카6761). ③ 공동불법행위자는 채권자에 대한 관계에서는 연대책임(부진정연대채무)을 지되, 공동불법행위자들 내부관계에서는 일정한 부담부분이 있고, 이 부담부분은 공동불법행위자의 과실의 정도에 따라 정하여지는 것으로서 공동불법행위자 중 1인이 자기의 부담부분 이상을 변제하여 공동의 면책을 얻게 하였을 때에는 다른 공동불법행위자에게 그 부담부분의 비율에 따라 구상권을 행사할 수 있다(대판 2002.9.24. 2000다69712). ④ 생명 · 신체 등 피해자로부터 제3자에게 양도할 수 없는 법익의 침해에 의하여 생긴 위자료청구권에 대하여 재산적 손해의 배상청구권과 구별하여 그 상속성 · 양도성을 부인할 이유가 없는 바이므로 정신적 고통에 대한 위자료청구권의 일신전속성을 인정할 것은 아니다(대판 1976.4.13. 75다396). ⑤ 누구든지 사망은 조만간 면할 수 없는 운명이요 그 비용은 사망자의 친족이 당연히 부담할 것이라는 이유로 장례비의 배상의무를 면할 수는 없다(대판 1966.10.11. 66다1456). 또한 장례를 치루는 데 소요된 관구입비, 영구차운반비, 비석제막비, 인부잡비, 피복비, 부고발행비, 음식비 등은 사회통념상 상당하다고 인정되는 이상 장례비 손해로서 불법행위자가 이를 배상하여야 한다(서울고법 1973.10.30. 73나328).

<답 ③>

9. 개인택시 운전자 乙은 손님 甲을 태우고 가다가 丙회사의 운전자 丁이 업무상 운행하던 자동차가 중앙선을 침범하여 마주 달려오는 것을 피하려다 교통사고를 야기하였다. 이로 인하여 甲은 5,000만 원의 손해를 입었다. 아래의 '가'와 '나'의 경우에 관한 설명 중 옳지 않은 것은? <사시 2007년 유사>

> '가': 乙과 丁의 과실비율은 각각 30%와 70%인 것으로 판명되었다.
> '나': 丙은 甲에게 3,000만 원의 손해배상금을 지급하면서, "甲은 丙에게 그 외에는 민 · 형사상의 책임을 묻지 않는다"라고 약정하였다.

① 객관적 공동설에 의하면 '가'의 경우, 甲은 乙에게 1,500만 원, 丁에게 3,500만 원의 배상을 청구할 수 있다.

② 판례에 의하면, 乙과 丁은 甲에 대하여 공동불법행위가 성립하여 부진정연대채무를 부담한다.

③ 甲은 乙에 대하여 자동차손해배상보장법에 의한 책임을 묻고, 물적 손해에 대해서는 청구권경합설에 의하면 불법행위책임이나 채무불이행책임을 선택적으로 물을 수 있다.

④ 판례에 의하면 '나'의 경우, 乙과 丁은 甲에 대하여 손해배상액에 관한

합의의 효력을 주장할 수 없으므로, 2,000만 원에 대한 부진정연대채무를 부담한다.

⑤ 丙이 배상 사실을 乙에게 사후통지를 하지 않아 乙이 甲에게 선의로 이중으로 변제한 경우, 판례에 의하면 乙은 丙에 대하여 자기의 면책행위가 유효함을 주장할 수 없다.

해설

공동불법행위가 성립하기 위하여 객관적 공동설은 가해자들 사이에 공모나 공동의 인식은 필요하지 않고, 단지 가해행위가 객관적으로 관련되거나 행위의 공동성이 존재하면 충분하다고 한다(통설). 그러나 종래의 유력설(주관적 공동설)에 의하면 가해자들 사이에 '공모 내지 공동의 인식'이 있어야 한다. 판례는 객관적 공동설을 취한다(대판 2001.5.8. 2001다21181 등 참고). 따라서 ①② 통설과 판례에 따르면 乙과 丁은 甲에 대하여 공동불법행위책임을 부담하며, 이들의 채무는 부진정연대채무이므로 각자가 전손해(5,000만 원)에 대하여 책임을 진다. 그러나 주관적 공동설에 의하면, 乙과 丁은 각자의 과실비율에 따라 甲에 대하여 각각 1,500만 원과 3,500만 원을 배상할 책임을 부담한다. ③ 자동차사고에 의한 경우 인적손해에 대해서는 자동차손해배상보장법이 민법에 우선하여 적용된다(동법 제3조, 제4조). 따라서 甲은 乙에 대하여 인적손해부분에 대해서는 동법에 의하여 손해배상을 청구할 수 있으며(동법에 의한 손해배상의 주장을 하지 않는다고 하더라도 법원은 민법에 우선하여 동법을 적용하여야 한다. 대판 2001.4.10. 2000다71364 참고), 물적 손해에 대해서는 乙에게 채무불이행책임과 불법행위책임이 모두 성립하므로, 청구권경합설에 따라 어느 한 책임을 선택적으로 물을 수 있다(유의할 것은 최근 법개정(2003.8.21)에 따라 甲이 불법행위책임을 물을 경우 책임보험으로 우선변제를 받고 그 한도에서 민법에 우선한다는 점이다). ④ 대판 2006.1.27. 2005다19378. ⑤ 부진정연대채무관계에 있어서는 연대채무에서 구상요건으로서의 통지에 관한 제426조는 적용되지 않는다(대판 1998.6.26. 98다5777 참고).

<답 ①>

10. 공작물 등의 점유자 또는 소유자의 책임에 관한 다음 설명 중 옳은 것을 모두 고르면?

㉠ 공작물의 설치 또는 보존의 하자로 인한 소유자의 책임은 무과실책임이므로 소유자는 손해를 배상하더라도 '그 손해의 원인에 대한 책임 있는 자'에 대하여 구상권을 행사할 수 없다.

㉡ 공작물의 설치 또는 보존의 하자로 인해 손해가 발생한 경우, 피해자는 공작물의 점유자와 소유자 중 누구에게나 그 손해배상을 청구할 수 있다.

㉢ 점유자가 손해의 방지에 필요한 주의를 게을리하지 않은 경우 점유자는 면책되므로, 점유자가 필요한 주의를 해태했다는 사정은 손해배상을 주장하는 피해자가 입증하여야 한다.

㉣ 공작물의 보존에 관하여 피해자에게 과실이 있는 경우라도 소유자가 그 책임을 부담하는 때에는 피해자의 과실은 과실상계의 사유가 될 수 없다.

ⓜ 민법 제758조에 정한 '공작물의 설치 또는 보존의 하자'라 함은 그 공작물이 이용됨에 있어 그 이용 상태 및 정도가 일정한 한도를 초과하여 제3자에게 사회통념상 수인할 것이 기대되는 한도를 넘는 피해를 입히는 경우까지를 포함된다.
ⓑ 국가 또는 지방자치단체도 공공의 영조물의 설치 또는 관리에 하자가 있기 때문에 타인에게 손해를 발생하게 하였을 때에는 국가배상법에 따른 손해배상책임을 진다.

① ㉠, ㉡ ② ㉠, ㉤ ③ ㉠, ㉥
④ ㉡, ㉤ ⑤ ㉡, ㉥ ⑥ ㉢, ㉣
⑦ ㉣, ㉤ ⑧ ㉤, ㉥

해설

㉠ 피해자에게 손해를 배상한 점유자 또는 소유자는 그 손해의 원인에 책임 있는 자, 즉 공작물을 제작한 자 혹은 관리를 위임받은 자 등에 대하여 구상권을 행사할 수 있다(제758조 3항). ㉡㉢㉣ 공작물의 설치 · 보존상의 하자로 인한 손해에 대하여는 이를 구체적으로 지배하면서 사실상 점유 · 관리하는 점유자에게 1차적 책임이 있고(즉 피해자는 소유자에 우선하여 점유자에 대하여 손해배상을 청구할 수 없다), 점유자는 그 손해의 방지에 필요한 주의를 해태하지 아니하였음을 입증하지 않는 한 그 배상책임을 면하지 못한다(대판 1994.7.29. 93다32453 참고). 점유자가 면책된 경우에는 소유자가 책임을 지게 되고, 면책은 인정되지 않는다. 다만, 공작물의 보존에 점유자인 임차인에게 과실이 있더라도 이는 과실상계의 사유가 될 뿐이다(대판 1993.11.9. 93다40560 등 참고). ㉤ 대판 2007.6.15. 2004다37904. 원칙적으로는 '공작물 설치 · 보존상의 하자' 라 함은 공작물이 그 용도에 따라 통상 갖추어야 할 안전성을 갖추지 못한 상태에 있음을 말하는 것으로서 이와 같은 안전성의 구비 여부를 판단함에 있어서는 당해 공작물의 설치 · 보존자가 그 공작물의 위험성에 비례하여 사회통념상 일반적으로 요구되는 정도의 방호조치의무를 다하였는지 여부를 기준으로 판단하여야 하고, 그 시설이 관계법령이 정한 시설기준 등에 부적합한 것이라면 특별한 사정이 없는 한 이러한 사유는 공작물의 설치 · 보존상의 하자에 해당한다(대판 2010.2.11. 2008다61615). ㉥ 제758조에 있어 공작물이란 인공적 작업에 의해 제작된 물건으로서, 그 적용범위가 구 민법(토지의 공작물)에 비해 확대되었다. 따라서 토지의 공작물, 건물 내의 시설 등 정적인 물건뿐만 아니라 교통수단 등의 동적인 것도 포함된다. 주의할 것은 공작물이 국가나 지방자치단체가 설치하여 관리하는 경우에는 국가배상법(제5조)이 적용된다는 점이다. <답 ⑧>

11. 다음 설명은 공작물의 책임과 도급인의 책임에 관한 판례의 태도이다. 옳지 않은 것을 모두 고르면?

㉠ 임차인이 간판을 설치하였으나 건물외벽이 간판 무게를 이기지 못하고 추락하여 행인에게 상해를 입혔다면 그 임차인이 점유자로서 손해배상책임을 부담한다.
㉡ 공작물의 설치 후 제3자의 행위에 의하여 본래에 갖추어야 할 안전

성에 결함이 발생된 경우라 하더라도 공작물 자체에 결함이 존재한다는 것은 부인할 수 없는 것이므로 제758조가 적용되어야 한다.
㉢ 공사의 하도급계약에서 하수급인이 모든 손해배상책임을 단독으로 부담할 것을 약정한 경우라도 하수급인과 도급인 사이에 지시·감독관계가 존재하는 한 도급인의 사용자책임은 면제되지 않는다.
㉣ 도급인의 면책을 규정한 민법 제757조 본문은 도급인이 수급인의 일의 진행 및 방법에 관하여 구체적 지휘·감독권을 유보한 경우가 아닌 한 도급인이 수급인의 행위에 대하여 사용자책임을 부담하지 않는다는 것을 주의적으로 규정한 것이다.
㉤ 민법 제757조에 의한 도급인의 책임과 제758조 1항에 의한 공작물 점유자의 책임은 그 법률요건과 효과를 달리하는 것이어서 공작물의 점유자가 그 공작물의 설치 또는 보존의 하자로 인하여 타인에게 손해를 가한 경우 민법 제758조 1항에 의한 손해배상을 인정하는 데 있어 민법 제757조 본문은 장애가 되지 않는다.
㉥ 민법 제758조에 의하여 공작물의 설치보존의 하자로 점유자 또는 소유자가 책임을 부담하는 경우, 시공자는 민법 제750조에 의하여 직접 책임을 부담하지 않는다.

① ㉠, ㉡ ② ㉠, ㉥ ③ ㉡, ㉢
④ ㉡, ㉣ ⑤ ㉡, ㉥ ⑥ ㉢, ㉣
⑦ ㉣, ㉤ ⑧ ㉣, ㉥

해설

㉠ 옳음. 임차인은 건물에 설치한 간판의 점유자로서 그 설치 및 관리에 필요한 주의를 다하지 못하였다고 볼 수 있으므로 제758조 1항에 의하여 손해배상책임을 부담한다(대판 2003.2.26. 2002다65516). ㉡ 틀림. 제758조 1항은 점유자가 손해의 방지에 필요한 주의를 다했더라도 공작물 하자의 존재 그 자체에 대하여 손해배상책임을 지도록 하고 있지는 않다. 그러므로 공작물의 설치 후 제3자의 행위에 의하여 결함이 생겼다면 그 하자 자체만으로 책임이 인정되는 것이 아니라 그와 같은 결함을 제거하여 원상으로 복구할 수 있었는데도 이를 방치한 것인지의 여부가 구체적으로 검토되어야 한다. 이때 당해 공작물의 구조, 장소적 환경과 이용상황 등 제반사정이 종합적으로 고려된다(대판 2005.1.14. 2003다24499 등). ㉢ 옳음. 하도급인과 하수급인 사이에 하수급인이 단독으로 손해배상책임을 부담하기로 하는 약정을 하였더라도 도급인이 현실적으로 하수급인의 일에 대하여 지시·감독을 하였다면 도급인과 하수급인 사이에는 사용관계가 인정되므로 하도급인과 하수급인 사이에는 사용관계가 인정되므로 하도급인과 하수급인 사이의 위 약정과는 관계없이 도급인은 사용자책임을 부담해야 한다(대판 1983.5.24. 83다카208 참고). ㉣ 옳음. 제757조 본문은, 수급인은 도급인으로부터 독립하여 사무를 처리하기 때문에 제756조 소정의 피용자에 해당하지 않는다는 일반원칙을 규정한 것에 지나지 않는다. 따라서 도급인이 일반적인 도급의 경우와는 달리(예외적으로) 도급인이 수급인의 일의 진행 및 방법에 관하여 구체적 지휘·감독권을 유보한 때에는 사용자책임을 부담하게 된다(대판 2006.4.27. 2006다4564). ㉤ 옳음. 공작물 점유자로서의 책임요건이 갖추어지면 그 점유자가 다른

한편 도급인의 지위를 함께 가지고 있더라도 제757조 1항의 도급인에 관한 면책규정을 원용하여 공작물 점유자의 책임을 면할 수 없다(위 2006다4564 판결). ⓗ 틀림. 제758조는 공작물의 설치·보존의 하자로 인한 손해에 대하여 점유자·소유자의 책임을 가중시킨 규정일 뿐이고 공작물 시공자의 시공 상의 고의·과실로 인한 손해에 대한 배상책임을 배제하는 취지의 규정은 아니다. 판례는 공작물의 점유자 또는 소유자는 공작물의 하자에 대하여 이른바 위험책임의 법리에 따라 가중된 책임을 지는 것이고, 시공자는 제750조에 의하여 직접 불법행위책임을 지는 것이므로 제758조의 적용에 의하여 시공자의 책임이 배제되는 것은 아니라고 한다(대판 1996.11.12. 96다39219). <답 ⑤>

12. 불법행위에 관한 판례의 태도로 틀린 것을 고르면? <변리사 2000년 변형>

① 피용자의 불법행위가 외관상 사무집행이더라도 피해자가 사무집행행위에 속하지 않음을 중과실로 알지 못한 경우 사용자책임을 물을 수 없다.

② 제조자는 안전성과 내구성을 갖추지 못한 제조물의 결함 내지 하자로 발생한 손해를 입은 피해자에 대해서 계약관계에 있지 않더라도 제조자 자신의 무과실을 입증하지 못하는 한 불법행위책임을 부담한다.

③ 공무원이 직무수행 중 경과실로 불법행위를 야기한 경우 피해자는 그 공무원에 대해서만 손해배상을 청구할 수 있다.

④ 공작물의 직접점유자인 임차인이 공작물의 하자로 손해를 입은 경우에는 임차인에게 그 보존에 관한 과실이 있더라도 임대인인 소유자는 무과실의 배상책임을 부담하고, 다만 과실상계의 법리를 적용한다.

⑤ 공작물의 설치·보존상 하자에 의하여 직접 발생한 화재로 인한 손해배상책임에 대해서는 민법 제758조 1항이 적용되고, 그 화재로부터 연소된 부분에 대한 손해배상책임에 대하여도 공작물의 설치·보존상 하자와 손해 사이에 상당인과관계가 있으면 민법 제758조 1항이 적용된다.

해설

① 옳음. 피용자의 불법행위가 외관상 사무집행의 범위 내에 속하는 것으로 보이는 경우에도 피용자의 행위가 사용자나 사용자에 갈음하여 그 사무를 감독하는 자의 사무집행행위에 해당하지 않음을 피해자 자신이 알았거나 또는 중대한 과실로 알지 못한 때에는 사용자 또는 사용자에 갈음하여 사무를 감독하는 자에게 사용자책임을 물을 수 없는데, 이 경우 중대한 과실은 거래의 상대방이 조금만 주의를 기울였더라면 피용자의 행위가 그 직무권한 내에서 적법하게 행하여진 것이 아니라는 사정을 알 수 있었음에도, 만연히 이를 직무권한 내의 행위라고 믿음으로써 일반인에게 요구되는 주의의무에 현저히 위반하는 것으로 거의 고의에 가까운 정도의 주의를 결여하고, 공평의 관점에서 상대방을 구태여 보호할 필요가 없다고 인정되는 상태를 말한다. 그리고 특히 금융기관과의 거래에서는 금융기관의 피용자와 거래 상대방 사이에 이루어진 금융거래의 내용, 거래 방식, 사용된 서류의 양식 등이 건전한 금융거래의 상식에 비추어 정식 금융거래와는 동떨어진 때에는 거래 상대방에게 사무집행행위에 해당하지 않는다는 점에 대한 고의 또는 중대한 과실이 인정될 여지가 많다(대판 2011.11.24. 2011다41529). ② 옳음. 대판 1992.11.24. 92다18139 등 참고. 이에 따르면, 물품을 제조하여 판매하는 제조자는 제품의 구조·품질·성능 등

에 있어서 현대의 기술수준과 경제성에 비추어 기대 가능한 범위 내의 안전성과 내구성을 갖춘 제품을 제조하여야 할 책임이 있고, 이러한 안전성과 내구성을 갖추지 못한 결함 내지 하자로 인하여 소비자에게 손해가 발생한 경우에는 계약상의 배상의무와는 별개로 불법행위로 인한 배상의무를 부담한다고 하였다. ③ 틀림. 헌법 제29조 제1항 본문과 단서 및 국가배상법 제2조를 그 입법취지에 조화되도록 해석하면 공무원이 직무수행 중 불법행위로 타인에게 손해를 입힌 경우에 국가나 지방자치단체가 국가배상책임을 부담하는 외에 공무원 개인도 고의 또는 중과실이 있는 경우에는 불법행위로 인한 손해배상책임을 지고, 공무원에게 경과실뿐인 경우에만 공무원 개인은 손해배상책임을 부담하지 아니한다(대판 1997.2.11. 95다5110). ④ 옳음. 대판 1993.11.9. 93다40560 참고. ⑤ 옳음. 2009.5.8. 법률 제9648호로 전부 개정된 실화책임에 관한 법률(이하 '개정 실화책임법'이라 함)은 구 실화책임법과 달리 손해배상액의 경감에 관한 특례 규정만을 두었을 뿐 손해배상의무의 성립을 제한하는 규정을 두고 있지 아니하므로, 공작물의 점유자 또는 소유자가 공작물의 설치 · 보존상 하자로 인하여 생긴 화재에 대하여 손해배상책임을 지는지는 다른 법률에 달리 정함이 없는 한 일반 민법의 규정에 의하여 판단하여야 한다. 따라서 공작물의 설치 · 보존상 하자에 의하여 직접 발생한 화재로 인한 손해배상책임뿐만 아니라, 그 화재로부터 연소된 부분에 대한 손해배상책임에 관하여도 공작물의 설치 · 보존상 하자와 손해 사이에 상당인과관계가 있는 경우에는 민법 제758조 1항이 적용된다(대판 2012.6.28. 2010다58056).

<답 ③>

13. 다음은 불법행위에 관련된 판례의 태도를 설명한 것이다. 틀린 것을 모두 고르면?

ⓐ 사용자의 피용자에 대한 구상권은 신의칙상 상당하다고 인정되는 한도 내에서만 행사되어야 한다. 이는 피용자가 업무수행과 관련된 불법행위로 사용자가 입은 손해 전부를 변제하기로 하는 각서를 작성하여 사용자에게 제출했다고 하여 달라지지 않는다.

ⓑ 공동불법행위자 중 1인이 자기의 부담부분 이상을 변제하여 공동의 면책을 얻게 하였을 때에는 다른 공동불법행위자에게 그 부담부분의 비율에 따라 구상권을 행사할 수 있으며, 공동불법행위자 중 1인에 대하여 구상의무를 부담하는 다른 공동불법행위자가 수인인 경우에는 다수당사자 사이의 분할채무의 원칙이 적용되어 각자의 부담부분에 따른 분할채무로 봐야 한다.

ⓒ 민법 제760조 3항에서 규정하는 방조라 함은 불법행위를 용이하게 하는 직접, 간접의 모든 행위를 가리키는 것으로서 작위에 의한 경우뿐만 아니라 부작위로 인하여 불법행위자의 실행행위를 용이하게 하는 경우도 포함한다.

ⓓ 야근을 마치고 2011년 12월 1일 새벽에 귀가하던 甲이 담뱃불을 잘못 다룬 탓에 골목 입구에 쌓여 있던 폐지에 불이 나면서 인접한 乙의 주택이 전소된 경우, 甲에게 화재의 중과실이 인정되지 않고 그 배상으로 인하여 자신의 생계에 중대한 영향을 미치는 경우에 한하여, 甲은 乙의 주택이 전소된 손해 부분에 대하여 실

> 화책임법에 따른 손해배상액의 경감을 청구할 수 있다.
> ⓔ 환자에게는 자기결정권에 의한 선택이 존중되어야 하기 때문에 환자에 대한 의사의 설명의무는 수술행위뿐만 아니라 검사, 진단, 치료 등 진료의 모든 단계에서 환자의 승낙에 앞서 항상 이루어져야 한다.

① ⓐ, ⓑ ② ⓑ, ⓒ ③ ⓒ, ⓓ
④ ⓓ, ⓔ ⑤ ⓒ, ⓔ

해설

ⓐ 옳음. 사용자의 구상권은 불법행위의 발생과 관련된 제반사정을 고려하여 손해의 공평한 분담이라는 견지에서 신의칙상 상당하다고 인정되는 한도 내에서만 인정된다(구상권의 제한)(대판 1996.4.9. 95다52611 등). 이는 피용자가 사용자가 입은 손해 전부에 대해서 배상하기로 하는 각서를 제출한 일이 있는 경우에도 마찬가지이다. 마찬가지로 임원이 업무수행과 관련한 불법행위로 금융기관이 입은 손해를 변제하기로 하는 각서를 작성하여 금융기관에게 제출한 사실이 있다고 하더라도, 그와 같은 각서 때문에 금융기관이 공평의 견지에서 신의칙상 상당하다고 인정되는 한도를 넘는 부분에 대한 손해의 배상까지 구할 수 있게 되는 것은 아니다(대판 2010.11.11. 2010다53358). ⓑ 옳음. 대판 2008.7.10. 2007다53365. ⓒ 옳음. 대판 2009.5.14. 2009다2545 참고. 부작위의 경우 작위의무를 전제로 하는데, 여기서의 작위의무는 법적인 의무이어야 하므로 단순한 도덕상 또는 종교상 의무는 포함되지 않으나 작위의무가 법적인 의무인 한 그 근거가 성문법이건 불문법이건 상관이 없고 또 공법이건 사법이건 불문하므로, 법령, 법률행위, 선행행위로 인한 경우는 물론이고 기타 신의성실의 원칙이나 사회상규 혹은 조리상 작위의무가 기대되는 경우에도 법적인 작위의무는 있다. 다만 신의성실의 원칙이나 사회상규 혹은 조리상 작위의무는 (중략) 상대방의 법익을 보호하거나 그의 법익에 대한 침해를 방지하여야 할 특별한 지위에 있음이 인정되는 자에 대하여만 인정할 수 있고, 그러한 지위에 있지 아니한 제3자에 대하여 함부로 작위의무를 확대할 수 없다(대판 2012.4.26. 2010다8709). ⓓ 틀림. 개정 실화책임법은 구 실화책임법(2009.5.8. 법률 제9648호로 전부 개정되기 전의 것)과 달리 실화로 인한 손해배상책임의 성립요건에 관하여 아무런 제한규정을 두지 아니한 채 실화가 중대한 과실에 의한 것이 아닌 경우에는 연소로 인하여 생긴 손해 부분에 대하여 배상의무자가 법원에 손해배상액의 경감을 청구할 수 있도록 하면서, '그 배상으로 인하여 배상자의 생계에 중대한 영향을 미치게 될 경우'라는 요건을 두지 아니하는 등으로 민법 제765조에 대한 특례를 규정하고 있고(제1조), 부칙 제2항에서 위 헌법불합치결정이 이루어진 다음날인 2007.8.31.부터 그 시행 전에 발생한 실화에 대하여도 개정 실화책임법을 소급적용하도록 규정하였다(대판 2010.6.24. 2006다61499). ⓔ 틀림. 의사의 설명은 모든 의료과정 전반을 대상으로 하는 것이 아니라 수술 등 침습을 과하는 과정 및 그 후에 나쁜 결과발생의 개연성이 있는 의료행위를 하는 경우 또는 사망 등의 중대한 결과발생이 예측되는 의료행위를 하는 경우 등과 같이 환자에게 자기결정에 의한 선택이 요구되는 경우만을 대상으로 하여야 한다. 따라서 환자에게 발생한 중대한 결과가 의사의 침습행위로 인한 것이 아니거나 또는 환자의 자기결정권이 문제되지 아니하는 사항에 관한 것은 위자료지급대상으로서의 설명의무위반이 문제될 여지는 없다(대판 2002.6.28. 2001다81313 등 참고). <답 ④>

14. 다음은 불법행위에 관한 판례의 태도이다. 잘못이 있는 설명을 모두 고르면?

ⓐ 분양할 목적으로 토지를 매입하여 연립주택을 신축하였으나 부당한 처분금지가처분으로 인하여 처분이 지연되었다면 특별한 사정이 없는 한 그 기간 동안 부동산을 사용 · 수익함으로써 처분지연의 손해를 상쇄할 만한 경제적 이익을 얻을 수 있었다고 보기는 어려우므로, 그 가처분집행으로 처분이 지연된 기간 동안 입은 손해 중 적어도 부동산의 처분대금에 대한 법정이율에 따른 이자 상당의 금액은 통상손해에 속한다.

ⓑ 원고가 1년 중 양봉업에 전념하여야 하는 5월과 6월을 제외한 나머지 기간 동안 양봉업 외에도 주거지에서 3평 정도의 점포를 두고 처와 함께 빙과류와 냉동식품을 도 · 소매하고, 주소지 소재 밭에서 당귀 등 특수작물을 재배하였다면, 3가지의 업무가 모두 양립이 가능한 독립적인 수입원이기 때문에 1년 중 5월과 6월 동안은 양봉업으로 인한 수입만을, 나머지 10개월 동안은 빙과류수입의 1/2과 농작물재배수입을 합산하여 원고의 일실수입을 산정할 수 있다.

ⓒ 피고가 K에게 민간보육시설설치신고자명의를 대여하여 K가 피고를 시설장 명의로 하여 어린이집을 운영하였는데 어린이집 보육교사의 과실로 말미암아 3세밖에 안 된 위탁아가 어린이집을 이탈한 후 부근 철로 위에서 놀다가 열차에 치어 사망하였더라도 피고는 K의 어린이집운영에 대해 지휘 · 감독한 적이 없었기 때문에 사망한 어린이의 상속인에 대해 사용자책임을 지지 않는다.

ⓓ 수술이 관례적이며 상당한 결과의 호전을 기대할 수 있는 수술로서 그 수술의 내용, 피해자의 나이, 경력, 직업 등 여러 사정을 종합적으로 고려하여 볼 때 합리적인 이유 없이 피해자가 수술을 받지 않고 있다면 수술을 받은 후의 상태에서의 노동능력상실비율에 의하여 그 일실수입을 산정할 수 있다.

ⓔ 2대의 자동차의 운행으로 말미암아 피해자 1인이 사망한 경우에 수령하는 책임보험금은 가해한 자동차 2대가 모두 책임보험에 가입되어 있더라도 자동차손해배상보장법의 시행령이 정해준 피해자 1인에게 지급하여야 할 책임보험금을 초과할 수 없다.

① ⓐ, ⓑ ② ⓒ, ⓔ ③ ⓒ, ⓔ
④ ⓐ, ⓒ ⑤ ⓑ, ⓔ ⑥ ⓔ
⑦ ⓐ, ⓑ

해설

ⓐ 대판 2001.11.13. 2001다26774 참고. ⓑ 사고 당시 두 가지 이상의 수입원에 해당하는 업무에 동시에 종사하고 있는 경우에는 각 업무의 성격이나 근무 형태 등에 비추어 그

들 업무가 서로 독립적이어서 양립 가능하고 또한 실제로 피해자가 어느 한쪽의 업무에만 전념하고 있는 것이 아닌 경우에 한하여, 피해자의 일실수익을 산정함에 있어 각 업종의 수입상실액을 모두 개별적으로 평가하여 합산하여야 한다(대판 2002.1.8. 2001다64646 등 참고). ⓒ 그렇지 않다. 즉, 명의사용을 허용 받은 사람이 업무수행을 함에 있어 고의 또는 과실로 다른 사람에게 손해를 끼쳤다면 명의사용을 허용한 사람은 사용자책임을 질 수 있는데, 그 요건으로서의 사용관계가 있느냐의 여부는 실제적으로 지휘 · 감독을 하였느냐의 여부에 관계없이 객관적 · 규범적으로 보아 사용자가 그 불법행위자를 지휘 · 감독해야 할 지위에 있었느냐의 여부를 기준으로 결정하여야 한다(대판 2001.8.21. 2001다3658 등 참고). ⓓ 대판 2001.7.13. 2001다17299 참고. 일실이익을 산정하는 데 각종 불확정요소의 개입을 배제할 수 없는 반면에, 확정적 요소의 개입 역시 배제할 수 없다. 더욱이 피해자는 자신에게 발생한 손해가 더 이상 확대되지 않게 저지할 의무를 신의칙상 부담한다고 볼 수 있다(사견). 따라서 불법행위 피해자는 그로 인한 손해의 확대를 방지하거나 감경하기 위하여 노력하여야 할 일반적 의무가 있으므로 피해자는 관례적이고 상당한 결과의 호전을 기대할 수 있는 수술을 용인할 의무가 있다. 따라서 그와 같은 수술을 거부함으로써 손해가 확대된 경우 그 손해 부분은 피해자가 부담하여야 하고, 그러한 수술로 피해자의 후유증이 개선될 수 있는 경우에 신체 손상으로 인한 일실이익 산정의 전제가 되는 가동능력 상실률은 다른 특별한 사정이 없는 한 그 수술을 시행한 후에도 여전히 남을 후유증을 기준으로 하여 정하여져야 할 것이다. 한편 그 수술비용이 다른 요건을 갖추는 한 손해배상의 범위에 들어감은 물론이다(대판 2010.11.25. 2010다51406). ⓔ 대판 1999.2.5. 98다22031의 태도이나, 최근에 다음의 전원합의체판결에 의해 변경되었다. 즉, 두 자동차운행자의 각 보험자는 피해자의 손해액을 한도로 하여 각자의 책임보험 한도액 전액을 피해자에게 각각 지급하여야 한다(대판[전] 2002.4.18. 99다38132).

<답 ③>

제 3 절 새로운 유형의 불법행위

1. 다음 설명 가운데 틀린 것은?

① 일반적으로 채권에 대하여는 배타적 효력이 부인되고 채권자 상호간 및 채권자와 제3자 사이에 자유경쟁이 허용되는 것이어서 제3자에 의하여 채권이 침해되었다는 사실만으로 바로 불법행위로 되지는 않는다.

② 특정기업으로부터 특정물품의 제작을 주문받아 그 특정물품을 그 특정기업에게만 공급하기로 약정한 자가 그 특정기업이 공급받은 물품에 대하여 제3자에게 독점판매권을 부여함으로써 제3자가 그 물품에 대한 독점판매자의 지위에 있음을 알면서도 위 약정에 위반하여 그 물품을 다른 곳에 유출하여 제3자의 독점판매권을 침해하였다면, 이러한 행위는 그 특정기업에 대하여 채무불이행 또는 불법행위가 되지만 별도로 그 제3자에 대한 관계에서 불법행위로 되지는 않는다.

③ '자동차손해배상보장법'은 인적 손해에 관해서만 적용된다.

④ 발생한 손해가 사업장 등에서 발생되는 환경오염 등으로 인한 손해라는

것만 증명되면 당해 사업자는 그의 과실과 상관없이 그 손해를 배상하여야 한다.

⑤ 오염원에 의하여 발생한 손해에 관해서 배상책임을 부담시킬 경우에 인과관계 입증을 완화하기 위한 '개연성설'은 결국 불법행위의 책임귀속에 있어서 과실책임주의에 서 있다고 볼 것이다.

해설

① 일반적으로 채권에 대하여는 배타적 효력이 부인되고 채권자 상호간 및 채권자와 제3자 사이에 자유경쟁이 허용되는 것이어서 제3자에 의하여 채권이 침해되었다는 사실만으로 바로 불법행위로 되지는 않는 것이지만, 거래에 있어서의 자유경쟁의 원칙은 법질서가 허용하는 범위 내에서의 공정하고 건전한 경쟁을 전제로 하는 것이므로, 제3자가 채권자를 해한다는 사정을 알면서도 법규에 위반하거나 선량한 풍속 또는 사회질서에 위반하는 등 위법한 행위를 함으로써 채권자의 이익을 침해하였다면 이로써 불법행위가 성립한다고 하지 않을 수 없고, 여기에서 채권침해의 위법성은 침해되는 채권의 내용, 침해행위의 태양, 침해자의 고의 내지 해의의 유무 등을 참작하여 구체적·개별적으로 판단하되, 거래자유 보장의 필요성, 경제 사회정책적 요인을 포함한 공공의 이익, 당사자 사이의 이익균형 등을 종합적으로 고려하여야 한다(대판 2003.3.14. 2000다32437). ② 지문과 같은 행위는 특정기업에 대한 계약상의 의무를 위반하는 것임과 동시에 제3자가 특정기업으로부터 부여받은 독점판매인으로서의 지위 내지 이익을 직접 침해하는 결과가 되어, 그 행위가 위법한 것으로 인정되는 한, 그 행위는 그 특정기업에 대하여 채무불이행 또는 불법행위가 됨과는 별도로 그 제3자에 대한 관계에서 불법행위로 된다(대판 2003.3.14. 2000다32437). ③ 물적 손해에 관해서는 일반불법행위(제750조) 및 계약법의 법리에 따라 해결하여야 할 것이다. 또한 동 법률이 적용되는 사안은 자동차 '운행자'가 부담하는 손해배상책임에 한정하므로 자동차 '운전자' 자신의 책임 여부 혹은 사용자책임 여부 등과는 구별하여야 한다. ④ 특별법상 무과실책임을 규정하고 있는 입법례이다(환경정책기본법 제31조). ⑤ 환경정책기본법이 적용되는 것과 무관하게 민법상 일반불법행위책임규정으로 배상책임을 귀속시킬 수 있다. 하지만 이 경우에는 분명히 과실책임주의에 근거한다는 점이다.

<답 ②>

2. 다음은 명예훼손으로 인한 불법행위책임의 성립에 관한 설명이다. 이 가운데 판례의 입장과 배치되는 것을 모두 고르면?

[A] 특정인의 사회적 평가를 저하시키는 행위는 불특정다수의 사람에게 알리는 공연성이 있어야 하므로 특정 개인에게 행한 표명은 명예훼손에 해당되지 않는다.

[B] 특정인의 사회적 평가를 저하시키는 의견 또는 논평이 명예훼손이 되기 위해서는 구체적 사실의 적시를 전제로 하여야 한다.

[C] 위 [B]의 '사실의 적시'는 사실을 직접적으로 표현한 것이어야 한다.

[D] 어떤 표현이 공공의 이해에 관한 사항으로서 그 목적이 오로지 공공의 이익을 위한 것일 때에는 진실한 사실이거나 행위자가 그것

을 진실이라고 믿을 상당한 이유가 있는 경우에도 위법성이 없다.
[E] 위 [D]의 경우, '그 목적이 오로지 공공의 이익을 위한 것일 때'라 함은 적시된 사실이 객관적으로 볼 때 공공의 이익에 관한 것으로서 행위자도 공공의 이익을 위하여 그 사실을 적시한 것을 의미하는데, 행위자의 주요한 목적이나 동기가 공공의 이익을 위한 것이라 하더라도 부수적으로 다른 사익적 목적이나 동기가 내포되어 있으면 공공의 이익을 인정할 수 없다.
[F] 위 [D]의 경우, '진실한 사실'이라고 함은 그 내용 전체의 취지를 살펴볼 때 중요한 부분이 객관적 사실과 합치되는 사실이라는 의미로서 세부에 있어 진실과 약간 차이가 나거나 다소 과장된 표현이 있더라도 무방하다.

① [A], [C], [F] ② [B], [D], [E] ③ [C], [E]
④ [C], [F] ⑤ [E]

해설

이에 관련된 판례로 대판 1997.10.28. 96다38032; 대판 1999.4.27. 98다16203; 대판 2002.1.22. 2000다37524,37531; 대판 2003.1.24. 2000다37647; 대판 2003.9.2. 2002다63558; 대판 2008.4.24. 2006다53214; 대판 2011.1.13. 2008다60971 등. [C] 사실의 적시란 반드시 사실을 직접적으로 표현한 경우에 한정할 것은 아니고, 간접적이고 우회적인 표현에 의하더라도 그 표현의 전체 취지에 비추어 그와 같은 사실의 존재를 암시하고, 또 이로써 특정인의 사회적 가치 내지 평가가 침해될 가능성이 있을 정도의 구체성이 있으면 족하다(일관된 견해). 또한, 민법 제764조에서 말하는 명예훼손이란 사람의 사회적 평가를 저하시키는 행위를 말하고 단순히 주관적으로 명예감정이 침해되었다고 주장하는 것만으로는 명예훼손이 되지 않는다(대판 2010.6.10. 2010다8341,8358 참고). [E] 어떤 표현이 타인의 명예를 훼손하더라도 그 표현이 공공의 이해에 관한 사항으로서 그 목적이 오로지 공공의 이익을 위한 것일 때에는 진실한 사실이거나 행위자가 그것을 진실이라고 믿을 상당한 이유가 있는 경우에는 위법성이 없다고 할 것인데, 여기서 '그 목적이 오로지 공공의 이익을 위한 것일 때'라 함은 행위자의 주요한 목적이나 동기가 공공의 이익을 위한 것이라면 부수적으로 다른 사익적 목적이나 동기가 내포되어 있더라도 무방하다(대판 2002.1.22. 2000다37524,37531). <답 ③>

3. 다음은 명예훼손에 관한 판례의 태도를 설명한 것이다. 틀린 것을 모두 고르면?

㉠ 명예를 훼손하는 내용의 사실이 진실이고 공공의 이익에 관한 때에는 그 행위에 위법성이 없다.
㉡ 어떤 표현이 사적인 영역에 속하는 사안에 관한 것인 경우에는 언론의 자유보다 명예의 보호라는 인격권이 우선할 수 있으나, 공공적·사회적인 의미를 가진 사안에 관한 것인 경우에는 그 평가를 달리하여야 하고 언론의 자유에 대한 제한이 완화되어야 한다.

> ㉢ 의혹의 제기나 주관적인 평가가 진실에 부합하는지 혹은 진실하다고 믿을 만한 상당한 이유가 있는지를 따짐에 있어서는 일반의 경우에 있어서와 같이 엄격하게 입증해 낼 것을 요구해서는 안 되고, 그러한 의혹의 제기나 주관적인 평가를 내릴 수도 있는 구체적 정황의 제시로 입증의 부담을 완화해 주어야 한다.
> ㉣ 불법행위로서의 명예훼손은 명예주체에 대한 사회적 평가를 저하시키는 일체의 행위를 의미하며 자연인과 법인에 대해서 적용되지만 비법인사단에 대해서는 적용되지 않는다.
> ㉤ 인격권 침해를 이유로 한 방해배제청구권으로서 기사삭제 청구의 당부를 판단할 때, 피고가 그 기사가 진실이라고 믿은 데 상당한 이유가 있었다면 기사삭제를 구하는 방해배제청구권을 저지하는 사유로 인정될 수 있다.

① ㉠, ㉡, ㉢ ② ㉡, ㉤ ③ ㉣, ㉤
④ ㉡, ㉣ ⑤ ㉢, ㉤

해설

㉠, ㉡, ㉢ 옳음. 대판 2011.1.13. 2008다60971 등 참고. ㉣ 틀림. 단체도 객관적 명예가 존재하기 때문에 명예가 훼손된 경우에는 손해배상이나 이에 갈음한 적당한 처분을 요구할 수 있으며, 종중과 같이 소송상 당사자능력이 있는 비법인사단 역시 마찬가지이다(대판 1997.10.24. 96다17851). ㉤ 틀림. 인격권 침해를 이유로 한 방해배제청구권으로서 기사삭제 청구의 당부를 판단할 때는 그 표현내용이 진실이 아니거나 공공의 이해에 관한 사항이 아닌 기사로 인해 현재 원고의 명예가 중대하고 현저하게 침해받고 있는 상태에 있는지를 언론의 자유와 인격권이라는 두 가치를 비교·형량하면서 판단하면 되는 것이고, 지문의 사정은 형사상 명예훼손죄나 민사상 손해배상책임을 부정하는 사유는 될지언정 기사삭제를 구하는 방해배제청구권을 저지하는 사유로는 될 수 없다(대판 2013.3.28. 2010다60950). <답 ③>

4. 자동차사고로 인한 손해배상의 문제에 관한 설명 중 틀린 것은?

<사시 2001년 변형>

① 책임(능력) 없는 사람이 자동차를 운전하던 중 일으킨 사고에 대하여도 자동차운행자는 배상책임을 질 수 있다.

② 판례는 호의동승자라는 사정만으로 이를 배상액 경감사유로 삼을 수 있는 것은 아니라고 한다.

③ 판례는 사고의 직접 피해자가 합의금을 수령하고 나머지 손해배상청구권을 포기하기로 하는 약정을 하더라도 그의 부모는 손해배상으로 위자료의 지급을 청구할 수 있다고 한다.

④ 화물트럭을 정차시키고 하적작업을 하던 중 인부가 화물칸으로부터 짐을 부주의하게 내던지는 바람에 지나가던 사람이 이에 맞아 상해를 입은

경우에도 자동차손해배상보장법 제3조에서 정하는 '차량의 운행으로 말미암아'라는 요건을 충족한다는 것이 판례이다.

⑤ 자동차손해배상보장법에 기하여 손해배상책임이 발생하는 경우에도 과실상계에 관한 민법의 규정이 적용된다.

⑥ 자전거도로를 운행하는 자전거의 운전자가 진로를 변경하고자 하는 경우, 그 운전자 주위에 다른 자전거의 운전자가 근접하여 운행하고 있는 때에는 손이나 적절한 신호방법으로 진로를 변경한다는 것을 표시할 주의의무가 있다.

⑦ 음식점에 고기를 납품하기 위하여 방문한 납품업자가 주차공간이 부족하자 자신 소유 사고차량을 위 음식점 앞의 인도에 주차한 다음 그 시동열쇠를 위 음식점의 주차관리인에게 넘겨주고 외출한 사이 위 주차관리인이 사고차량을 주차선 내로 이동하려고 운전하다가 사고를 낸 경우, 위 납품업자는 사고차량의 운행지배와 운행이익을 상실한 것으로 볼 수 없다.

해설

① 운행에 대한 지배가능성과 운행상 이익이 있으면 자배법상 운행자책임을 질 수 있다. ② 대판 1994.11.25. 94다32917 등 참고. ③ 특별한 사정이 없는 한, 고유한 손해배상청구권을 갖는 피해자의 부모들에게 위 손해배상 합의의 효력이 미친다고 볼 수는 없다고 하였다(대판 2000.9.22. 2000다36354 참고). ④ 가해자가 화물차량의 적재함에 철근을 싣고 목적지인 공사장으로 운전하여 가서 골목길도로상에 차량을 정차시키고 적재함에 올라가 철근다발을 화물차량 우측편 도로상으로 밀어 떨어뜨리는 방법으로 하역작업을 하던 중 그 철근다발을 화물차량의 뒤편에서 다가오던 피해자의 등 위로 떨어지게 함으로써 그를 사망에 이르게 한 경우, 그 사고는 가해자가 주위를 잘 살피지 아니하고 철근다발을 밀어 떨어뜨린 행위로 인하여 일어난 것이고 차량의 적재함이나 기타 차량의 고유장치의 사용으로 인하여 일어난 것이 아니므로, 차량의 운행으로 말미암아 일어난 것으로 볼 수 없다(대판 1996.9.20. 96다24675 참고). ⑤ 과실상계규정을 적용한 판례는 적으나, 법원은 과실상계규정이 적용될 수 있음을 당연히 전제하고 있다. 예컨대, 사고자동차가 전에 피해자 자신이 운전하던 차량으로서 운전자는 그 자동차를 운전한 경험이 적으며 피해자가 비록 하차방법과 현장 지리에 관한 것이라 하더라도 운전자를 지도하는 위치에 있었다면, 그 자동차의 조수석에 타고 있던 피해자로서는 운전자가 과속으로 선행차에 근접하여 운행하는 것을 제지하거나 안전운행을 촉구하여야 할 주의의무가 있음에도 이를 게을리하고 오히려 그와 잡담을 나누었다면 운전자의 주의력을 분산시킨 잘못이 인정되어 피해자의 과실비율(20%)이 참작되었다(대판 1994.10.14. 94다37035 참고). ⑥ 자전거는 도로교통법상 '차'에 해당하는 점에 비추어 보면, 자전거도로를 운행하는 자전거의 운전자가 진로를 변경하고자 하는 경우에 (위의 경우 외에) 다른 자전거의 정상적인 통행에 장애를 줄 우려가 있는 때에는 진로를 변경하여서는 안 된다(대판 2010.2.11. 2009다94278). ⑦ 여관이나 음식점 등의 공중접객업소에서 주차대행 및 관리를 위한 주차요원을 일상적으로 배치하여 이용객으로 하여금 주차요원에게 자동차와 시동열쇠를 맡기도록 한 경우에 이 자동차는 공중접객업자가 보관하는 것으로 보아야 하고 이 자동차에 대한 자동차 보유자의 운행지배는 떠난 것으로 볼 수 있다. 그러나 자동차 보유자가 공중접객업소의 일반적

이용객이 아니라 공중접객업자와의 사업 · 친교 등 다른 목적으로 공중접객업소를 방문하였음에도 호의적으로 주차의 대행 및 관리가 이루어진 경우 또는 일상적으로는 주차대행이 행하여지지 않는 공중접객업소에서 자동차 보유자의 요구에 의하여 우발적으로 주차의 대행 및 관리가 이루어진 경우 등 자동차 보유자가 자동차의 운행에 대한 운행지배와 운행이익을 완전히 상실하지 아니하였다고 볼 만한 특별한 사정이 있는 경우에는 달리 보아야 한다(대판 2009.10.15. 2009다42703,42710). <답 ④>

5. 인간은 누구나 쾌적한 환경에서 생존할 권리가 있다. 이를 이른바 환경권이라고 하는데, 이것을 불법행위법의 영역에서 검토하면 다음과 같은 것들이 문제된다. 이 가운데 틀린 설명은?

① 환경파괴는 인간의 생활 자체에 대한 침해라고 보고, 이에 대하여 그 예방 내지 배제를 청구할 수 있다고 한다.

② 환경파괴로 인하여 타인의 생명 또는 신체에 피해를 입힌 때에는 그 피해를 배상하여야 하는데, 이는 가해자의 고의 또는 과실을 요하지 않는다.

③ 대기오염이나 수질오염에 의한 공해와 손해발생과의 사이에 인과관계가 존재하여야 하는데, 일반불법행위에 있어서와 같은 정도의 확실성 있는 인과관계의 입증이 아니라 개연성만을 입증하면 족하다는 것이 판례의 태도다.

④ 주택의 일조 · 통풍은 쾌적하고 건강한 생활을 함에 필요한 생활이익인데, 권리를 남용하여 이를 방해하였다면 환경권의 침해가 되고, 따라서 피해자는 불법행위로 인한 손해배상을 청구할 수 있을 것이다.

⑤ 환경파괴로 인한 피해의 정도 여하를 묻지 아니하고 불법행위가 성립된다고 보는 것이 통설이다.

해설

환경권에 관한 논의는 1972년의 스웨덴의 스톡홀름에서 개최된 'UN인간환경회의'를 계기로 본격화되었으며, 대한민국헌법은 제35조에 이를 규정하기에 이르렀다. 그런데 우리나라에서는 1963년에 '공해방지법'을, 1978년에는 '환경보전법'을 제정한 바 있으나, 날로 다양하고 복잡해지는 환경문제에 효과적으로 대응하고 환경관계법률 상호간의 합리적 체계를 정립하기 위하여 1990년에 환경정책기본법 · 환경오염피해조정법 · 소음진동규제법 · 수질환경보전법 · 유해화학물질관리법 · 대기환경보전법을 제정하기에 이르렀다. ① 환경파괴로 인한 피해는 반복성과 계속성의 특성이 있기 때문에 손해배상의 청구에 못지않게 중요한 것이 그 예방 및 배제의 청구라고 할 수 있을 것이다. ② 환경정책기본법 제31조 1항. ③ 일반적으로 불법행위로 인한 손해배상청구사건에서 가해행위와 손해발생 간의 인과관계의 증명책임은 청구자인 피해자가 부담하나, 대기오염이나 수질오염에 의한 공해로 인한 손해배상을 청구하는 소송에서는 기업이 배출한 원인물질이 대기나 물을 매체로 하여 간접적으로 손해를 끼치는 수가 많고 공해문제에 관하여는 현재 과학수준으로도 해명할 수 없는 분야가 있기 때문에 가해행위와 손해발생 사이의 인과관계를 구성하는 하나하나의 고리를 자연과학적으로 증명한다는 것이 매우 곤란하거나 불가능한 경우가 많다. 그러므로 이러한 공해소송에서 피해자에게 사실적인 인과관계의 존재에 관하여 과학적으로 엄밀한 증명을 요구한다는 것은 공해로 인한 사법적 구제를 사실상 거부하는 결과가 될 수 있는 반면에, 가해기업은 기술적 · 경제적으로 피해자보다 훨씬 원인조사가 용이한 경우가 많을 뿐만 아니라 원인을 은폐할 염려가 있기 때문에, 가해기업이 어떠한 유해한 원인물질을 배출하고 그것이 피해물건에 도달하여 손해가 발생하였다면 가해자 측에서 그것이 무해하다는 것을 증명하지 못하는 한 책임을 면할 수 없다고 보는 것이 사회형평의 관념에 적합하다(대판 2012.1.12. 2009다84608,84615,84622,84639). ④ 대판 1982.9.14. 80다2859(이와 관련된 참고판례: 대판 2007.6.28. 2004다54282; 대판[전] 2008.4.17. 2006다35865; 대판 2008.12.24. 2008다41499 등 참고). ⑤ 환경파괴로 인한 피해의 정도가 수인한도를 넘는 때에만 그 예방이나 배제청구 또는 손해배상을 청구할 수 있다(제217조 2항). 판례도 같은 취지이다. 즉, 불법행위 성립요건으로서 위법성의 판단기준은 유해 정도가 사회생활상 통상의 수인한도를 넘는 것인지인데, 수인한도기준을 결정할 때는 일반적으로 침해되는 권리나 이익의 성질과 침해 정도뿐만 아니라 침해행위가 갖는 공공성의 내용과 정도, 지역환경의 특수성, 공법적인 규제에 의하여 확보하려는 환경기준, 침해를 방지 또는 경감시키거나 손해를 회피할 방안의 유무 및 난이 정도 등 여러 사정을 종합적으로 고려하여 구체적 사건에 따라 개별적으로 결정하여야 한다(위 ③의 판결). <답 ⑤>

6. 의료과오책임에 관한 설명 중 틀린 것은?

① 좋지 않은 결과에 대한 의사의 과실을 판정함에 있어서는 의학의 수준, 진료환경, 진료의 긴급성(허용된 위험의 법리), 환자의 특이체질, 환자의 과실, 계약서의 효력, 의사의 설명의무 등이 고려되어야 한다.

② 진료의사가 여러 사람이고 과실 있는 진료자가 누구인지 불명확할 때는 진료의사 모두가 공동불법행위책임을 진다.

③ 의사를 고용하여 병원을 경영하는 업주도 의사 등의 과실로 인한 사용자책임을 부담한다.

④ 의사가 진찰 · 치료 등의 의료행위를 함에 있어서는 사람의 생명 · 신체 · 건강을 관리하는 업무의 성질에 비추어 환자의 구체적인 증상이나 상황에 따라 위험을 방지하기 위하여 요구되는 최선의 조치를 취하여야 할 주의의무가 있고, 이와 같은 주의의무는 환자에 대한 수술 등 침습행위가 종료함으로써 끝난다.

⑤ 의사의 주의의무는 의료행위를 할 당시 의료기관 등 임상의학 분야에서 실천되고 있는 의료행위의 수준을 기준으로 삼되 그 의료수준은 통상의 의사에게 의료행위 당시 일반적으로 알려져 있고 또 시인되고 있는 이른바 의학상식을 뜻하므로, 진료환경 및 조건, 의료행위의 특수성 등을 고려하여 규범적인 수준으로 파악하여야 한다.

해설

①②③는 의료과오책임에 관한 타당한 설명이다. ④ 이와 같은 주의의무는 환자에 대한 수술 등 침습행위가 종료함으로써 끝나는 것이 아니라, 그 진료 목적의 달성을 위하여 환자가 의사의 업무범위 이외의 영역에서 생활을 영위함에 있어 예견되는 위험을 회피할 수

있도록 환자에 대한 요양의 방법 기타 건강관리에 필요한 사항을 지도설명하는 데까지도 미친다(대판 2010.7.22. 2007다70445). ⑤ 대판 2011.11.10. 2009다45146 참고.

<답 ④>

7. 의료과오책임에 관한 설명 중 틀린 것은?

① 의료행위에 의하여 후유장해가 발생한 경우, 그 후유장해가 당시 의료수준에서 최선의 조치를 다한 때에도 당해 의료행위 과정의 합병증으로 나타날 수 있는 것이라면, 그 증상이 일반적으로 인정되는 합병증의 범위를 벗어났다고 볼 수 있는 한, 그 후유장해가 발생하였다는 사실만으로 의료행위 과정에 과실이 있었다고 추정할 수는 없다.

② 관계 법령에 따라 감독관청의 승인이 요구됨에도 이를 위반하여 승인 없이 임상시험에 해당하는 의료행위를 한 경우, 그 자체가 의료상의 주의의무 위반행위는 아니므로 당해 의료행위에 있어 구체적인 의료상의 주의의무 위반이 인정되지 아니한다면 그것만으로 불법행위책임을 지지는 아니한다.

③ 설명의무를 이행하지 아니한 채 환자의 승낙 없이 의료행위를 한 경우에는 의사에게 치료상의 과실이 없는 경우에도 그 의료행위는 위법한 행위가 된다.

④ A대학병원에서 환자에 대한 유방 조직검사를 시행하여 암의 확정 진단을 하였는데 그 환자가 B대학병원에 전원(轉院)하면서 A대학병원에서의 조직검사 결과를 기재한 조직검사 결과지를 제출한 경우, B대학병원의 의사가 유방절제술을 시행하기에 앞서 A대학병원의 조직검사 슬라이드 제작과정에서 조직검체가 뒤바뀔 가능성 등 매우 이례적 상황에 대비하여 새로이 조직을 채취하여 재검사를 실시하거나, A대학병원에서 파라핀 블록을 대출받아 조직검사 슬라이드를 다시 만들어 재검사를 시행할 주의의무가 없다.

⑤ 한의사가 환자에게 양약과의 상호작용으로 발생할 수 있는 한약의 위험성에 대하여 설명하는 행위는 한의사에게 면허된 것 이외의 의료행위이지만, 한의사는 한약을 투여하기 전에 환자에게 해당 한약으로 인하여 발생할 수 있는 그런 위험성까지 설명하여야 한다.

해설

① 틀림. 후유장해가 일반적으로 인정되는 합병증의 범위를 벗어났다고 볼 수 있는 사정이 없는 한, 그 후유장해가 발생하였다는 사실만으로 의료행위 과정에 과실이 있었다고 추정할 수 없다(대판 2008.3.27. 2007다76290). 즉, 후유장해가 일반적으로 인정되는 합병증의 범위를 벗어났다고 인정된다면 후유장해가 발생하였다는 사실만으로 과실이 추정될 수 있다. ② 옳음. 물론 의사는 의료행위에 앞서 환자나 그 법정대리인에게 질병의 증

상, 치료방법의 내용 및 필요성, 발생이 예상되는 위험 등 당시의 의료수준에 비추어 상당하다고 인정되는 사항을 설명하여 환자가 그 필요성이나 위험성을 충분히 비교해 보고 그 의료행위를 받을 것인가의 여부를 선택할 수 있도록 할 의무가 있고, 특히 그러한 의료행위가 임상시험의 단계에서 이루어지는 것이라면 해당 의료행위의 안전성 및 유효성(치료효과)에 관하여 그 시행 당시 임상에서 실천되는 일반적·표준적 의료행위와 비교하여 설명할 의무가 있다. 또한 의약품 공급자는 임상시험 단계에 있는 의약품을 공급함에 있어 해당 의약품의 안전성 및 유효성(치료효과) 등 그 구입 여부의 의사결정에 영향을 줄 수 있는 중요한 사정을 수요자에게 고지할 신의칙상 의무가 있다(대판 2010.10.14. 2007다3162). ③ 옳음. 대판 1998.2.13. 96다7854. ④ 옳음. 의사가 진찰치료 등의 의료행위를 함에 있어서는 사람의 생명, 신체, 건강을 관리하는 업무의 성질에 비추어 환자의 구체적인 증상이나 상황에 따라 위험을 방지하기 위하여 요구되는 최선의 조치를 취하여야 할 주의의무가 있고, 의사의 이와 같은 주의의무는 의료행위를 할 당시 의료기관 등 임상의학 분야에서 실천되고 있는 의료행위의 수준을 기준으로 삼되 그 의료수준은 통상의 의사에게 의료행위 당시 일반적으로 알려져 있고 또 시인되고 있는 이른바 의학상식을 뜻하므로 진료환경 및 조건, 의료행위의 특수성 등을 고려하여 규범적인 수준으로 파악되어야 한다(대판 2011.7.14. 2009다65416). ⑤ 옳음. 한약의 위험성은 한약의 단독작용으로 발생할 수도 있지만 환자가 복용하던 양약과의 상호작용에 의하여 발생할 수도 있고, 한약과 양약의 상호작용 및 그에 의한 위험성에 관한 의학지식은 필연적으로 한약과 양약에 관한 연구를 모두 필요로 할 뿐만 아니라 그 연구결과도 한약과 양약에 관한 지식에 모두 반영될 것이고, 이와 관련된 연구 내지 지식을 의사 또는 한의사 중 어느 한 쪽에 독점적으로 지속시켜야만 사람의 생명·신체상의 위험이나 일반공중위생상의 위험이 발생하지 아니하게 된다고 볼 수도 없기 때문에 한의사도 그런 위험성까지 설명하여야 한다(대판 2011.10.13. 2009다102209). <답 ①>

8. 다음은 의료과오책임에 관한 설명이다. 틀린 것만 고르면? (다툼이 있는 경우에는 판례에 의함)

> ㉠ 수술 도중 환자에게 사망의 원인이 된 증상이 발생한 경우에, 증상 발생에 관하여 의료상의 과실 이외의 다른 원인이 있다고 보기 어려운 간접사실들을 증명하면 그 증상이 의료상의 과실에 기한 것으로 추정할 수 있다.
> ㉡ ㉠의 경우에 의사는 자신의 의료행위에 과실 없음을 입증해야 한다.
> ㉢ 의사의 설명의무는 그 의료행위에 따르는 후유증이나 부작용 등의 위험 발생 가능성이 희소하다는 사정만으로 면제될 수 없다.
> ㉣ 의사의 설명의무 위반으로 인하여 손해배상을 청구함에 있어서는 '위자료만을 청구하는 경우'와 '모든 손해를 청구하는 경우'를 구분하여 설명의무 위반과 결과 사이의 인과관계에 대한 증명에는 차이를 두지 않는다.
> ㉤ 환자가 올바른 설명을 들었더라도 투약에 동의하였을 것이라는 이른바 가정적 승낙에 의한 면책은 항변사항으로서 환자의 승낙이 명백히 예상되는 경우에만 허용된다.

① ㉡, ㉤ ② ㉢ ③ ㉠, ㉣
④ ㉡, ㉣ ⑤ ㉤ ⑥ ㉢, ㉣
⑦ ㉠, ㉤ ⑧ ㉡, ㉤

해설

㉠ 옳음. 대판 2012.5.9. 2010다57787 등. ㉡ 틀림. ㉠과 같은 경우에도 의사의 과실로 인한 결과 발생을 추정할 수 있을 정도의 개연성이 담보되지 않는 사정들을 가지고 막연하게 중한 결과에서 의사의 과실과 인과관계를 추정함으로써 결과적으로 의사에게 무과실의 증명책임을 지우는 것까지 허용되는 것은 아니다(대판 2007.5.31. 2005다5867). ㉢ 옳음. 대판 2002.10.25. 2002다48443. 다만, 질식분만을 하게 되면 산모 또는 태아의 생명·신체 등에 중대한 위험을 초래할 개연성이 있어 제왕절개수술을 실시할 필요가 있다고 판단되는 경우, 의사는 특별한 사정이 없는 한 산모로 하여금 제왕절개수술을 받을지 여부를 결정하도록 하기 위해 질식분만을 실시할 경우 예상되는 위험, 대체적인 분만방법으로 제왕절개수술이 있다는 점 및 제왕절개수술을 실시할 경우 예상되는 위험 등을 설명할 의무가 있다. 하지만 위와 같은 상황이 아니라면 질식분만은 가장 자연스럽고 원칙적인 분만방법이므로 의사가 산모에게 질식분만을 실시할 경우 발생할 수 있는 위험 등을 설명하지 않았다고 하여 설명의무를 위반하여 산모의 자기결정권을 침해하였다고 할 수는 없다(대판 2010.6.24. 2007다62505). 또한 의료진의 설명은 의학지식의 미비 등을 보완하여 실질적인 자기결정권을 보장하기 위한 것이므로, 환자가 이미 알고 있거나 상식적인 내용까지 설명할 필요는 없고, 환자가 위험성을 알면서도 스스로의 결정에 따라 진료를 거부한 경우에는 특별한 사정이 없는 한 위와 같은 설명을 하지 아니한 데 대하여 의료진의 책임을 물을 수는 없다(대판 2011.11.24. 2009다70906). ㉣ 틀림. 설명의무를 위반한 채 수술 등을 하여 환자에게 사망 등의 중대한 결과가 발생한 경우에 있어서, 환자 측에서 선택의 기회를 잃고 자기결정권을 행사할 수 없게 된 데 대한 위자료만을 청구하는 경우에는 의사의 설명결여 내지 부족으로 선택의 기회를 상실하였다는 사실만을 입증함으로써 족하고, 설명을 받았더라면 사망 등의 결과는 생기지 않았을 것이라는 관계까지 입증할 필요는 없다. 그러나 그 결과로 인한 모든 손해를 청구하는 경우에는 그 중대한 결과와 의사의 설명의무 위반 내지 승낙취득과정에서의 잘못과의 사이에 상당인과관계가 존재하여야 하며, 그 경우 의사의 설명의무의 위반은 환자의 자기결정권 내지 치료행위에 대한 선택의 기회를 보호하기 위한 점에 비추어 환자의 생명 신체에 대한 의료적 침습과정에서 요구되는 의사의 주의의무 위반과 동일시할 정도의 것이어야 한다(대판 1994.4.15. 93다60953). ㉤ 옳음. 대판 2002.1.11. 2001다27449. <답 ④>

9. C회사가 제조한 새 모델의 TV를 소매상 B로부터 구입한 A가 자택에서 그 TV를 보고 있던 중에 TV 뒷면에서 연기와 함께 타는 냄새가 나자 A는 급히 스위치를 껐으나 그 TV에서 불이 나면서 A의 집 일부가 소실되었고, 발화시에 TV 일부가 폭파되면서 그 파편에 맞아 A의 처 D가 화상을 입었다. 다음 중 틀린 설명은?

① 우선 제조물책임과 관련하여 A는 제조자 C에 대하여 D가 입은 화상으로 인한 손해와 그의 집 일부가 소실되어 발생한 손해의 배상을 청구할 수 있다.

② 이 사례에서 TV의 결함은 제조상 또는 설계상의 결함이라고 판단된다.

다만, TV의 부품에 결함이 있는 경우에는 결함 있는 부품을 제조한 자와 C가 함께 연대채무를 부담한다.

③ 부품의 결함이 C의 설계 또는 제작에 관한 지시로 인하여 발생한 것인 때에는 부품제조업자는 면책된다.

④ 새 모델의 TV가 새로 개발된 것으로서 그 TV를 공급할 때의 과학 · 기술수준으로는 결함의 존재를 발견할 수 없는 것인 때에는 제조업자는 면책될 수 있다. 이에 대한 입증책임은 피해자가 부담해야 할 것이다.

⑤ 위의 제조물의 결함으로 인하여 발생된 확대손해에 대해서 제조물책임법이 적용되는 한, TV 자체의 손해도 동법에 의하여 처리되어야 할 것이다.

해설

① 옳음. 확대손해에 대해서는 제조물책임법에 의한 손해배상이 문제된다(제조물책임법 제3조 1항). 한편, TV의 결함과 손해 사이의 인과관계는 추정된다(대판 2004.3.12. 2003다16771 참고). 이러한 인과관계 입증의 완화는 의약품의 제조물책임 판례에서도 확인된다. 즉, 의약품의 제조물책임에서 손해배상책임이 성립하기 위해서는 의약품의 결함 또는 제약회사의 과실과 손해 사이에 인과관계가 있어야 한다. 그러나 의약품 제조과정은 대개 제약회사 내부자만이 알 수 있을 뿐이고, 의약품 제조행위는 고도의 전문적 지식을 필요로 하는 분야로서 일반인들이 의약품의 결함이나 제약회사의 과실을 완벽하게 입증하는 것은 극히 어렵다. 따라서 환자인 피해자가 제약회사를 상대로 바이러스에 오염된 혈액제제를 통하여 감염되었다는 것을 손해배상책임의 원인으로 주장하는 경우, 제약회사가 제조한 혈액제제를 투여받기 전에는 감염을 의심할 만한 증상이 없었고, 혈액제제를 투여받은 후 바이러스 감염이 확인되었으며, 혈액제제가 바이러스에 오염되었을 상당한 가능성이 있다는 점을 증명하면, 제약회사가 제조한 혈액제제 결함 또는 제약회사 과실과 피해자 감염 사이의 인과관계를 추정하여 손해배상책임을 지울 수 있도록 증명책임을 완화하는 것이 손해의 공평 · 타당한 부담을 지도 원리로 하는 손해배상제도의 이상에 부합한다(대판 2011.9.29. 2008다16776). ② 옳음. 동법 제2조 2호 가. 나. 및 동법 제5조 참고. ③ 그러나 부품의 결함이 C의 설계 또는 제작에 관한 지시로 인하여 발생한 것인 때에는 부품제조업자는 면책된다(동법 제4조 4호). ④ 입증책임은 제조업자가 부담해야 할 것이다(동법 제4조 2호). 이 사례에서는 이와 같은 개발위험의 항변은 문제되지 않는 것으로 판단된다. 결국 C는 D에게 신체상의 손해와 A에게 주택일부 소실로 인한 재산상의 손해를 배상해야 한다. 부품제조업자가 결함 있는 부품을 공급했다면 C와 함께 연대책임을 부담해야 할 것이다. ⑤ TV 자체의 손해만이 문제된 경우가 아니기 때문이다(동법 제3조 1항, 제8조 참조). <답 ④>

제 6 편

친족 · 상속

제 1 장 총 설

1. 다음 설명 중 틀린 것은?

① 신분행위의 취소권은 재산행위의 취소권보다 단기로 소멸한다.
② 신분행위는 원칙적으로 의사능력만 있으면 할 수 있다.
③ 가족법상의 취소는 민법총칙상의 취소와는 달리 재판상으로만 가능하다.
④ 법률행위의 취소권자를 규정한 민법 제140조는 신분행위에는 적용되지 않는다.
⑤ 민법상 일반적으로 취소는 소급효가 있으나, 가족법상의 취소는 소급효가 없는 것이 원칙이다.

해설

① 재산행위의 취소권은 추인할 수 있는 날로부터 3년 안에, 법률행위를 한 날로부터 10년 안에 행사하여야 하는 데 반하여(제146조), 신분행위에 있어서는 3월 내지 6월의 단기간의 경과로 소멸한다(제823조, 제839조, 제866조, 제897조, 제904조). ② 신분행위에 있어서는 본인의 의사가 특히 존중되어야 하므로, 비록 무능력자라 할지라도 구체적인 경우에 의사능력만 있으면 원칙적으로 이를 단독으로 할 수 있다. ③ 가족법상의 취소라고 해서 반드시 재판상으로만 행사해야만 하는 것은 아니다. ④ 신분행위의 취소는 사기 · 강박에 의한 의사표시로 인한 경우에는 특별규정에 의한다(혼인의 경우 민법 제816조). ⑤ 신분행위에는 소급효가 없는 것이 원칙이다. <답 ③>

2. 가족법과 재산법에 공통적으로 적용될 수 있는 것을 올바르게 나열하면?

ⓐ 신의성실의 원칙	ⓑ 권리능력
ⓒ 행위능력	ⓓ 권리남용금지의 원칙
ⓔ 법률행위	ⓕ 허위표시
ⓖ 반사회질서에 관한 규정	ⓗ 대 리
ⓘ 소멸시효	ⓙ 무효행위의 전환
ⓚ 기간의 규정	ⓛ 조건 · 기한

① ⓐ, ⓒ, ⓖ, ⓗ, ⓚ ② ⓒ, ⓓ, ⓕ, ⓘ, ⓙ ③ ⓑ, ⓓ, ⓔ, ⓙ, ⓚ
④ ⓐ, ⓓ, ⓖ, ⓙ, ⓚ ⑤ ⓑ, ⓓ, ⓗ, ⓘ, ⓙ

해설

신의성실의 원칙, 권리남용금지의 원칙, 반사회질서에 관한 규정, 무효행위의 전환, 기간의 규정은 민법총칙이나 가족법에 공통적으로 적용된다. 반면에 권리능력(상속과 유증의 경우 항상 태아의 권리능력을 인정한다. 제1003조 3항), 행위능력, 법률행위, 허위표시, 대리, 소멸시효, 조건 · 기한은 원칙적으로 가족법에 적용되지 않는다. <답 ④>

3. 가사소송절차의 특징에 관한 다음 설명 중 틀린 것은?

① 가사소송절차에 관하여는 가사소송법에 특별한 규정이 있는 경우를 제외하고는 민사소송법의 규정이 준용된다.

② 가사소송사건 중 '가류' 또는 '나류' 사건의 청구를 인용한 확정판결이 제3자의 권리를 부당하게 침해할 우려가 있는 한에 있어서는 그 기판력이 제3자에게 미치지 아니한다는 것이 판례의 태도이다.

③ '가류' 사건과 '나류' 사건의 소송절차에 있어서 가정법원은 당사자의 주장을 기다리지 않고서 또는 이에 구속됨이 없이, 직권으로 적극적인 증거조사를 통해서 사실을 탐지하고 재판한다.

④ 변론기일에 소환을 받은 경우에는 반드시 본인 또는 법정대리인이 출석하여야 하며 특별한 사정으로 대리인을 출석시키려면 재판장의 허가가 있어야 한다.

⑤ 가사사건에 대한 심리와 재판은 가정법원의 전속관할로 한다.

⑥ '나류' 가사소송사건과 '마류' 가사비송사건은 통상의 민사사건과는 다른 종류의 소송절차에 따르는 것이므로, 원칙적으로 이와 같은 가사사건에 관한 소송에서는 통상의 민사사건에 속하는 청구를 병합할 수 없다.

해설

① 가소법 제12조. ② 가소법 제21조. '가류' 또는 '나류' 가사소송사건의 청구를 인용한 확정판결은 제3자에게도 효력이 있다. ③ 가소법 제17조. ④ 가소법 제7조. ⑤ 가소법 제2조 1항. ⑥ 가정법원에 이혼청구 및 재산분할청구를 병합한 소송을 제기한 후, 예비적 청구로 부부 사이의 명의신탁 해지를 원인으로 소유권이전등기절차의 이행을 구하는 경우, 법원은 이를 병합하여 심리하여야 한다(대판 2006.1.13. 2004므1378). <답 ②>

제 2 장 친 족 법

제 1 절 총 칙

1. 다음 중 친족관계의 소멸에 관한 설명으로 옳은 것은?

① 처(妻)가 사망하여도 부(夫)는 망처(亡妻)의 혈족과의 인척관계는 소멸하지 않는다.

② 부(夫)가 사망한 후 처(妻)가 재혼하여도 인척관계는 소멸하지 않는다.

③ 사실혼관계에 있는 부부의 혈족에 대하여도 인척관계가 발생한다.

④ 부(夫)의 사망으로 처의 부(夫)의 인척관계는 바로 소멸한다.

⑤ 양자가 되면 생가와의 혈족관계는 소멸한다.

⑥ 부가 사망한 후 그 처가 친가복적한 경우, 부와의 인척관계는 소멸한다.

해설

①②④⑥ 부와 처와의 관계는 구 민법 제775조 2항에 의하여 처가 친가복적, 또는 재혼한 때에 혼인에 의하여 발생한 인척관계가 소멸되나, 개정민법에 의하면 부부 일방이 사망한 경우 생존배우자가 재혼한 경우에만 인척관계가 소멸하고, 생존배우자가 친가복적한 경우에는 소멸하지 않는다. ③ 사실혼 부부의 혈족에 대하여는 인척관계가 발생하지 않는다. ⑤ 입양은 종래의 친족관계에 영향을 미치지 않는다. 단, 친양자의 경우에는 입양 전의 친생부모 및 그 혈족과의 친족관계는 종료한다(제908조의3 제2항 참조). <답 ①>

2. 친족관계의 발생과 소멸에 관한 설명 중 옳지 않은 것은?

① 혼인 외의 자와 생부 사이에는 생부가 인지한 때로부터 부자관계 및 생부의 혈족과의 혈족관계가 발생한다.

② 양자와 양부모 사이에는 입양한 때로부터 친자관계가 발생하고, 양자와 양부모의 혈족 사이에 자연혈족과 마찬가지의 혈족관계가 발생한다.

③ 인지된 혼외자의 부(父)와 적모(嫡母)가 이혼한 경우, 그 혼외자와 적모와의 친족관계는 소멸한다.

④ 부부공동입양 후 양부모의 일방이 사망하고 생존한 양부나 양모가 재혼한 경우 그 배우자와 양자 사이에는 혈족관계가 인정되지 아니한다.

⑤ 부부의 일방이 사망한 경우 생존배우자가 재혼하면 사망한 배우자의 혈족과 인척관계는 종료한다.

✍ **해설**

① 인지는 그 자의 출생시에 소급하여 효력이 생긴다, 다만 제3자가 취득한 권리를 해하지는 못한다(제860조). ② 제772조. ③ 적모서자관계는 과거 법정친자관계였으나 1990년 민법개정으로 인척관계가 되었다. 따라서 적모가 부와 이혼한 경우에 그 인척관계(친족관계)는 소멸한다. ④ 양부나 양모 중 일방이 재혼하더라도 양자와의 관계는 여전히 법정혈족관계이고, 혈족의 배우자는 인척관계가 된다(제769조). ⑤ 제775조. <답 ①>

3. 甲男과 결혼한 乙女는 그 사이에서 A를 출산하였으나 甲男과 사별한 후 A를 혼자 양육하고 있다. 한편 丙男은 丁女와 결혼하여 그 사이에 B가 출생한 후 이혼하였는데 丙男이 B의 친권자로 지정되어 B를 양육하고 있다. 그 후 乙女는 A를 데리고 丙男과 재혼하여 혼인신고를 한 후 함께 살고 있는 상태이다. 이 사례에 관한 대화에서 옳지 않은 대답을 한 학생을 모두 고른 것은?
(다툼이 있는 경우에는 판례에 의함) <사시 2004년>

> Q. 교　수: 먼저 친족관계에 관한 질문입니다. 丙과 A 상호간, 乙과 B 상호간에는 민법상 친족관계가 있나요?
> A. 학생㉠: 丙과 A 상호간, 乙과 B 상호간 모두 혈족은 아니지만 인척관계에 있으며, 현행법상 친족관계에 있습니다.
> Q. 교　수: A와 B는 민법상 친족관계에 있나요? 있다면 두 사람은 몇 촌(寸)간인가요?
> A. 학생㉡: 두 사람은 형제자매와 마찬가지이므로 인척 2촌간입니다.
> Q. 교　수: 丙이 乙과 재혼 후 사망하였다면, A에게 丙의 유산에 대한 상속권이 인정되나요?
> A. 학생㉢: 배우자를 제외하고 상속권자는 혈족관계에 있어야 하는 것이 원칙이므로, 丙이 사망하여도 그 유산에 대하여 A에게 상속권이 인정되지는 않습니다. 다만 丙이 A에게 유증을 함으로써 실질적인 상속의 혜택을 주는 것은 무방합니다.
> Q. 교　수: 乙이 사망하면 丙과 A 간의 친족관계가 소멸하나요?
> A. 학생㉣: 인척관계는 배우자 일방의 사망으로 소멸하므로, 乙이 사망하면 丙과 A 간의 친족관계가 소멸한다고 해석됩니다.
> Q. 교　수: 대법원의 입장에 의할 때 丙이 사망한 경우 미성년자 B의 법정대리인은 누가 되나요?
> A. 학생㉤: 이혼 후 지정된 친권행사자가 사망한 경우이므로 후견이 개시되고, 乙이 후견인이 됩니다.

① ㉠, ㉢, ㉤　② ㉠, ㉣　③ ㉡, ㉢
④ ㉡, ㉣, ㉤　⑤ ㉡, ㉣

✍ **해설**

㉠ 옳음. 丙과 乙 입장에서 A와 B는 배우자의 혈족관계이고, A와 B 입장에서 丙과 乙은

혈족의 배우자로 민법 제769조에서 말하는 인척관계이다. ㉡ 틀림. 민법 제769조에서 배우자의 혈족의 배우자는 인척관계이지만, 사례에서 A와 B는 혈족의 배우자의 혈족(사돈관계)이므로 인척관계가 아니다. ㉢ 옳음. 배우자를 피대습자로(여기서는 乙) 한 대습상속은 인정되지 않는다(대판 1999.7.9. 98다64318). ㉣ 틀림. 인척관계는 혼인의 취소 또는 이혼으로 소멸하는데, 배우자가 사망하는 경우 인척관계는 생존배우자가 재혼해야 소멸한다(제775조). ㉤ 틀림. 생존친이 친권을 행사한다(대판 1994.4.29. 94다1302). <답 ④>

4. 친족관계의 법률효과에 관한 설명 중 틀린 것은?

① 피해자와 4촌 관계에 있는 자는 피해자의 생명침해에 대한 위자료청구권을 가질 수 있다고 보는 것이 판례의 태도이다.
② 피해자의 유일한 친족인 4촌은 피해자의 가해자에 대한 손해배상청구권을 상속받을 수 있다.
③ 동성동본인 혈족이라도 9촌 사이에는 혼인할 수 있다.
④ 친족관계에 있는 자는 친권상실선고를 청구할 수 있다.
⑤ 직계비속은 중혼에 대하여 그 취소를 청구할 수 없다.

해설

① 민법 제752조에 규정된 친족 이외의 친족도 그 정신적 고통에 관한 입증을 함으로써 위자료를 청구할 수 있다(대판 1978.1.17. 77다1942). ② 제1000조, 제1003조. ③ 8촌 이내의 혈족 사이에서 혼인하지 못한다(제809조 1항). ④ 제924조. ⑤ 중혼에 대하여 당사자, 배우자, 직계존속, 4촌 이내의 방계혈족(2005년 8촌에서 4촌으로 개정) 또는 검사가 그 취소를 청구할 수 있다(제818조). 최근(2010.7.29) 헌법재판소는 민법 제818조는 중혼 취소권자의 범주에 직계비속을 제외한 것은 헌법에 합치되지 아니한다는 결정을 선고하였고(2009헌가8), 2012년 2월에 기존의 직계존속을 직계혈족으로 개정하였다. <답 ⑤>

제 2 절 가족의 범위, 자(子)의 성(姓)과 본(本)

1. 2008년 1월 1일부터 시행되고 있는 개정민법 규정 중 자(子)의 성과 본에 관한 설명이다. 옳은 것은?

① 부나 모의 성과 본으로 변경하는 것만이 가능하다.
② 친부모의 동의가 없다면 변경이 불가능하다.
③ 계부의 성과 본을 따를 수 있고 그들 사이에 특별한 입양의사표시가 없더라도 친자관계가 생긴다고 보는 데 이견이 없다.
④ 미성년자의 성을 변경할 경우, 부모 또는 미성년자 본인이 아니면 청구할 수 없다.
⑤ 혼인 외의 출생자가 인지되었다고 하더라도 부모의 협의가 없다면, 자는 법원의 허가를 받아 종전의 성과 본을 계속 사용할 수 있다.

✍ **해설**

민법 제781조 제6항에 정한 '자의 복리를 위하여 자의 성과 본을 변경할 필요가 있을 때'에 해당하는지 여부는 자의 나이와 성숙도를 감안하여 자 또는 친권자 · 양육자의 의사를 고려하되, 먼저 자의 성 · 본 변경이 이루어지지 아니할 경우에 내부적으로 가족 사이의 정서적 통합에 방해가 되고 대외적으로 가족구성원에 관련된 편견이나 오해 등으로 학교생활이나 사회생활에서 겪게 되는 불이익의 정도를 심리하고, 다음으로 성 · 본 변경이 이루어질 경우에 초래되는 정체성의 혼란이나 자와 성 · 본을 함께 하고 있는 친부나 형제자매 등과의 유대관계의 단절 및 부양의 중단 등으로 인하여 겪게 되는 불이익의 정도를 심리한 다음, 자의 입장에서 위 두 가지 불이익의 정도를 비교형량하여 자의 행복과 이익에 도움이 되는 쪽으로 판단하여야 한다. 이와 같이 자의 주관적 · 개인적인 선호의 정도를 넘어 자의 복리를 위하여 성 · 본의 변경이 필요하다고 판단되고, 범죄를 기도 또는 은폐하거나 법령에 따른 각종 제한을 회피하려는 불순한 의도나 목적이 개입되어 있는 등 성 · 본 변경권의 남용으로 볼 수 있는 경우가 아니라면, 원칙적으로 성 · 본 변경을 허가함이 상당하다(대결 2009.12.11. 2009스23). ①②④ 2005년 개정민법에서는 자의 복리를 위하여 자의 성과 본을 변경할 필요가 있을 때에는 부, 모 또는 자의 청구에 의하여 법원의 허가를 받아 이를 변경할 수 있고(제781조 6항 본문), 자가 미성년자이고 법정대리인이 청구할 수 없는 경우에는 제777조의 규정에 따른 친족 또는 검사가 청구할 수 있다(제781조 6항 단서)고 하였다. ③ 친양자 등을 통한 친자관계형성이 없는 한 계부의 성을 따르더라도 인척관계에 지나지 않는다. 일부 견해에 따르면 친양자를 전제로 하는 경우에만 계부의 성과 본으로 변경할 수 있다는 제한해석을 하는 경우도 있다. 그러나 자의 성과 본의 변경은 15세 이상인 경우에도 가능할 수 있으므로 이러한 해석은 해석의 한계를 벗어난 것이라 판단된다. ⑤ 개정 민법 제781조 5항(2008.1.1부터 시행). <답 ⑤>

2. 자(子)의 성(姓)에 관한 설명 중 옳은 것은? <사시 2008: 배점 2>

① 혼인 외의 출생자가 인지된 경우, 부의 성을 따르는 것을 원칙으로 하되, 자의 복리를 위하여 필요하다면 부, 모 또는 자의 청구에 의하여 가정법원의 허가를 받아 종전의 성과 본을 계속 사용할 수 있다.

② 부모를 알 수 없는 자는 법원의 허가를 받아 성과 본을 창설하되, 그 후 부 또는 모를 알게 된 때에는 부 또는 모의 성과 본으로 변경하여야 한다.

③ 자의 복리를 위하여 성과 본을 변경할 필요가 있을 경우, 미성년인 자의 법정대리인이 그 변경을 청구할 수 없으면, 민법 제777조의 친족이 청구하여야 하며 이러한 친족이 없을 때에만 검사가 청구할 수 있다.

④ 부가 외국인인 경우, 혼인신고시 부모가 협의하지 않더라도 자는 모의 성과 본을 따를 수 있다.

⑤ 일반양자의 경우 양자의 성을 변경할 수 없으며, 혼인 외의 출생자가 인지된 것도 아니라면 양부의 성을 따르는 것은 불가능하므로, 양부의 성을 따르기 위해서는 친양자를 하는 수밖에 없다.

✍ **해설**

② 부모를 알 수 없는 자는 법원의 허가를 받아 성과 본을 창설한다. 다만, 성과 본을 창

설한 후 부 또는 모를 알게 된 때에는 부 또는 모의 성과 본을 따를 수 있다(제781조 4항). ③ 자의 복리를 위하여 자의 성과 본을 변경할 필요가 있을 때에는 부, 모 또는 자의 청구에 의하여 법원의 허가를 받아 이를 변경할 수 있다. 다만, 자가 미성년자이고 법정대리인이 청구할 수 없는 경우에는 제777조의 규정에 따른 친족 또는 검사가 청구할 수 있다(제781조 6항). ④ 제781조 2항 참조. ①⑤ 민법에 의한 일반양자의 경우 양자의 성(姓)은 변경되지 않는다고 해석함이 통설이나(김주수 · 김상용, 330면), 子의 복리를 위해서 법원의 허가를 받아 변경할 수 있다고 새겨야 한다. 한편, 입양특례법(2011.8.4. 법률 제11007호로 전문개정. 종래의 입양촉진 및 절차에 관한 특례법에서 법명도 변경됨)에 의한 입양의 경우에는 민법상 친양자와 동일한 지위를 가지므로(동법 제14조 참조), 민법 제908조의3에 의해 부부의 혼인 중 출생자로 간주되어, 원칙적으로 양자가 양부의 성과 본을 따르게 된다(민법 제781조 1항 참조). 그리고 혼인 외의 출생자가 인지된 경우에는 민법 제781조 1항 본문에 따라 부의 성과 본을 따른다. 다만, 자는 부모의 협의에 따라 종전의 성과 본을 계속 사용할 수 있으며 부모가 협의할 수 없거나 협의가 이루어지지 아니한 경우에는 자는 법원의 허가를 받아 종전의 성과 본을 계속 사용할 수 있다(제781조 5항 참조). <답 ④>

3. 가족관계에 관한 설명 중 옳은 것(○)과 옳지 않은 것(×)을 바르게 표시한 것은? (다툼이 있는 경우에는 판례에 의함) <사시 2012년: 배점 3점>

ㄱ. 본인과 가족의 신분사항을 증명하기 위하여 종래 호적법상 가(家) 단위로 가족관계를 공시하였으나, 「가족관계의 등록 등에 관한 법률」에서는 부부를 기준으로 가족관계를 공시하고 있다.

ㄴ. 혼인할 의사가 없음에도 상대방에게 국적을 취득하게 하기 위하여 혼인신고를 하여 공전자기록에 불실의 사실을 기재하였다는 것이 형사재판에서 유죄판결로 확정된 경우, 가정법원의 허가를 받아 가족관계등록부의 혼인 기재사항을 정정할 수 있다.

ㄷ. 성전환자에 해당함이 명백한 사람이라도 혼인 중에 있는 경우에는 성별 정정이 허용되지 않는다.

ㄹ. 혼인무효 등 가사소송법상 가류 가사소송사건에 해당하는 청구는 성질상 당사자가 임의로 처분할 수 없는 사항에 관한 것이므로, 그에 대한 조정이나 재판상 화해가 성립되더라도 효력이 인정되지 않는다.

ㅁ. 가정법원에 이혼청구 및 재산분할청구를 병합한 소송을 제기한 후, 예비적 청구로 부부 사이의 명의신탁 해지를 원인으로 소유권이전등기절차의 이행을 구하는 경우, 법원은 이를 병합하여 심리하여야 한다.

ㅂ. 양친자 중 일방이 원고로 되어 양친자관계존재확인의 소를 제기하는 경우, 친생자관계존부확인의 소에 준하여 양친자 중 다른 일방을 피고로 하여야 하고, 다른 일방이 사망한 경우에는 검사를 상대로 소를 제기할 수 있다.

① ㄱ(○), ㄴ(×), ㄷ(×), ㄹ(×), ㅁ(○), ㅂ(×)
② ㄱ(○), ㄴ(○), ㄷ(○), ㄹ(×), ㅁ(×), ㅂ(○)
③ ㄱ(○), ㄴ(×), ㄷ(×), ㄹ(○), ㅁ(×), ㅂ(○)
④ ㄱ(×), ㄴ(○), ㄷ(○), ㄹ(○), ㅁ(×), ㅂ(○)
⑤ ㄱ(×), ㄴ(○), ㄷ(×), ㄹ(○), ㅁ(○), ㅂ(×)
⑥ ㄱ(×), ㄴ(×), ㄷ(○), ㄹ(×), ㅁ(○), ㅂ(○)

해설

ㄱ. 틀림. 가족관계의 등록은 호주나 가족 중심이 아닌 본인 중심으로 편제된다. ㄴ. 옳음. 가족관계등록부의 정정사항이 친족법상 또는 상속법상 중대한 영향을 미치는 사항이라면 가족관계의 등록 등에 관한 법률 제107조에 따라 확정판결에 의하여 정정할 수 있음이 원칙이나, 신고로 인하여 효력이 발생하는 행위에 관한 가족관계등록부상 기재사항의 경우에 그 행위가 확정된 형사판결(약식명령 포함)에 의하여 무효임이 명백하게 밝혀진 때에는 제105조에 따라 사건 본인의 등록기준지를 관할하는 가정법원의 허가를 받아 가족관계등록부를 정정할 수 있다(대결 2009.10.8. 2009스64). ㄷ. 옳음. 성전환자가 혼인 중에 있거나 미성년자인 자녀가 있는 경우 가족관계등록부에 기재된 성별을 정정하여, 배우자나 미성년자인 자녀의 법적 지위와 그에 대한 사회적 인식에 곤란을 초래하는 것까지 허용할 수는 없으므로 현재 혼인 중에 있거나 미성년자인 자녀를 둔 성전환자의 성별 정정은 허용되지 않는다(대결[전] 2011.9.2. 2009스117). ㄹ. 옳음. 대판 1999.10.8. 98므1698 등 참고. ㅁ. 틀림. 가사소송법 제2조 제1항 소정의 나류 가사소송사건과 마류 가사비송사건은 통상의 민사사건과는 다른 종류의 소송절차에 따르는 것이므로, 원칙적으로 위와 같은 가사사건에 관한 소송에서 통상의 민사사건에 속하는 청구를 병합할 수는 없다(대판 2006.1.13. 2004므1378). ㅂ. 옳음. 대판 1993.7.16. 92므372 참고. <답 ④>

제 3 절 혼 인

1. 약 혼

1. 약혼에 관한 다음 설명 중 틀린 것은?

① 약혼예물의 수수는 혼인불성립을 해제조건으로 하는 증여와 유사한 성질을 갖는다.
② 약혼은 강제이행을 청구하지 못한다.
③ 약혼은 의사표시로서 해제할 수 있다.
④ 약혼에는 조건이나 기한을 붙일 수 있다.
⑤ 남자 18세, 여자 18세에 달한 자의 약혼은 당사자 사이에서는 확정적으로 유효하다.

✍ 해설

① 대판 1996.5.14. 96다5506. ② 제803조. ③ 제805조. ④ 선량한 풍속 사회질서에 반하지 않는 한 무방하다. ⑤ 제801조. 미성년자가 부모나 후견인의 동의 없이 혼인한 경우의 법률효과에 관한 규정(제816조 참조), 부모 또는 후견인의 동의 없는 약혼도 취소할 수 있다고 본다. <답 ⑤>

2. 다음 중 약혼해제 사유가 아닌 것만 바르게 나열하면?

> (가) 약혼 후 자격정지 이상의 형의 선고를 받은 때
> (나) 약혼 후 1년 이상 생사가 불명한 때
> (다) 약혼 후 한정후견개시의 심판을 받은 때
> (라) 약혼 후 타인과 간음한 때
> (마) 폐병 기타 불치의 병이 있을 때
> (바) 정당한 이유없이 혼인을 거절하거나 그 시기를 지연하는 때
> (사) 약혼 후 파산선고를 받은 때
> (아) 약혼 후 타인과 약혼한 때

① (가), (아) ② (나), (사) ③ (다), (마)
④ (라), (바) ⑤ (마), (사)

✍ 해설

약혼의 해제사유(제804조): 약혼 후 자격정지 이상의 형의 선고를 받은 때, 약혼 후 성년후견개시 또는 한정후견개시의 심판을 받은 때, 성병·불치의 정신병 기타 불치의 악질이 있는 때, 약혼 후 타인과 약혼 또는 혼인한 때, 약혼 후 타인과 간음한 때, 약혼 후 1년 이상 그 생사가 불명한 때, 정당한 이유 없이 혼인을 거절하거나 그 시기를 지연하는 때, 기타 중대한 사유가 있는 때. 폐병이나 파산선고는 해제사유가 되지 못한다. <답 ⑤>

3. 청구인(약혼녀) A와 피청구인 B는 중매로 약혼하고 B는 500만 원 상당의 약혼예물을 A에게 주었다. A와 B는 약혼 후 곧바로 육체관계를 맺었다. 약혼한 지 4개월 후 B가 A의 빈곤한 가정환경과 비처녀임을 들어 약혼을 해제하면서 약혼예물의 반환을 청구하자 A는 약혼예약 불이행으로 인한 정신적 고통에 대한 위자료와 처녀성 상실에 대한 손해배상을 청구하였다. 위 사례에 관한 설명 중 틀린 것은?

① A의 빈곤한 가정환경이나 비처녀성은 약혼파기의 사유가 될 수 없다.
② B는 약혼 파기로 인한 손해를 A에게 배상할 책임이 있다.
③ A는 재산상의 손해뿐만 아니라 정신상의 손해도 배상받을 수 있다.
④ 약혼의 해제에 따른 B의 예물반환청구권은 인정된다.
⑤ 약혼의 부당파기에 관한 위자료에 정조상실의 대가는 포함시킬 수 없다.

✍ 해설

사안에서 A의 빈곤한 가정환경이나 비처녀성은 약혼파기의 사유가 될 수 없다(서울가법

1966.2.2. 법률신문 662호). 따라서 약혼해제에 대하여 B는 과실이 있으므로 약혼파기로 인한 손해를 A에게 배상할 책임이 있다(제806조 1항). 손해배상범위에 있어서 A는 재산상의 손해뿐만 아니라 정신상의 손해도 배상받을 수 있다(제806조 2항). 처녀성 상실에 대한 손해는 B가 결혼할 의사도 없으면서 고의적으로 약혼한 것이라면 인정될 수도 있을 것이나, 그렇지 않다면 약혼자간의 혼전 성행위는 각자의 자유의사에 따른 것으로 보아 A가 처녀성 상실에 대한 위험을 부담한다고 보는 것이 타당하다. 따라서 약혼의 부당파기에 관한 위자료에 정조상실의 대가는 포함시킬 수 없다. 약혼해제에 관하여 과실이 있는 유책당사자는 약혼예물을 반환청구할 권리가 없다(대판 1976.12.28. 76므41). 따라서 B의 약혼예물반환청구권은 인정될 수 없다. <답 ④>

4. 다음 설명 중 옳은 것을 모두 고르면?

㉠ 미혼남녀가 결혼식을 거행하고 시부모 밑에서 동거생활을 하였다면 특단의 사유가 없는 한 장차 법률상 혼인을 하겠다는 예약을 한 것이라고 보는 것이 판례의 태도이다.
㉡ 상대방이 내연의 처가 있고 그 사이에 4남매의 자녀를 둔 남자이어서 정식으로 혼인하기 어려운 사정임을 알고 있었다면, 그 남자의 꾀임에 빠져 동거생활 중 아들을 분만하였다 하여도 진실한 혼인예약이 성립될 수 없다고 하는 것이 판례의 태도이다.
㉢ 약혼의 해제에 관하여 과실이 있는 유책자로서는 그가 제공한 약혼예물을 적극적으로 반환청구할 권리가 없다고 하는 것이 판례의 태도이다.
㉣ 부첩관계에 있는 당사자라 할지라도 상대방에게 부첩관계의 파기를 이유로 위자료를 청구할 수 있다고 하는 것이 판례의 태도이다.

① ㉠ ② ㉡ ③ ㉢
④ ㉣ ⑤ ㉠, ㉡ ⑥ ㉢, ㉣
⑦ ㉠, ㉡, ㉢ ⑧ ㉠, ㉡, ㉢, ㉣

해설

㉠ 대판 1963.1.24. 62다823. ㉡ 대판 1965.7.6. 65므12. ㉢ 대판 1976.12.28. 76므41. ㉣ 대판 1966.9.20. 66므14. 청구할 수 없다고 보는 것이 판례의 태도이다.

<답 ⑦>

2. 혼인의 성립

5. 다음 설명 중 옳은 것은?

① 혼인신고는 대리에 의해서도 할 수 있다.
② 사실혼 관계에 있는 당사자 일방이 임의로 혼인신고를 하여도 유효하다.
③ 조건부 혼인신고도 유효하다.
④ 제3자가 혼인신고를 하면 어떤 경우이건 무효이다.

⑤ 당사자 일방이 사망한 후에 혼인신고가 수리되었을 때에는 어떤 경우에나 무효이다.

✍ **해설** ....

① 가족관계등록법 제31조 3항은 대리인에 의한 혼인신고를 금하고 있다. ② 당사자가 혼인의사를 가지고 동거하면서 신고를 게을리한 경우의 일방당사자가 한 혼인신고는 유효하다는 판례가 있으나, 일방당사자가 일방적으로 한 것까지 유효하다고 할 수 없다. 왜냐하면 사실혼 관계의 당사자 일방이 혼인신고에 협력하지 않을 경우 '사실상 혼인관계존재확인의 청구'를 위하여 가정법원에 조정을 신청할 수 있으므로 당사자 일방에 의한 일방적 혼인신고는 유효하다고 할 수는 없는 것이다. ③ 혼인은 확정적일 것을 요하므로 조건을 붙일 수 없다. ④ 대판 1956.8.4. 4289민상235. 타당하다. ⑤ 혼인신고특례법 제1조, 제2조에 의하면, 일정한 경우 일방이 사망한 때 단독으로 혼인신고를 할 수 있도록 되어 있다. <답 ④>

6. 미성년자의 혼인에 관한 다음 설명 중 타당한 것은?

① 미성년자의 혼인은 부모가 없는 때에는 법원의 허가를 받아야 한다.

② 혼인적령에 달하여 혼인을 한 미성년자이더라도 만 19세가 될 때까지는 법정대리인의 동의를 얻지 아니하면 법률행위를 할 수 없다.

③ 혼인적령에 달한 미성년자의 혼인이 사기를 이유로 취소된 경우에도 취소의 효력은 기왕에 소급하지 아니한다.

④ 미성년자가 혼인한 때에는 성년자로 보기 때문에 친권 혹은 후견에 복종하지 아니하며, 또한 법률의 구속을 받지 아니한다.

⑤ 미성년자의 혼인은 부모의 일방이 동의하고 타방이 동의하지 않는 때에는 법원의 허가를 얻어야 한다.

✍ **해설** ....

① 부모가 모두 동의권을 행사할 수 없을 때에는 미성년후견인의 동의를 얻어야 한다(제808조 1항). ② 미성년자가 혼인한 때에는 혼인에 의하여 성년이 된 것으로 본다(제826조의2). 따라서 혼인에 의하여 미성년자도 사법상의 법률관계에서 성년자와 동일한 능력을 갖고, 법률행위를 법정대리인의 동의 없이 단독으로 유효하게 할 수 있다. ③ 혼인취소의 효력은 소급하지 아니하고(제824조), 사기를 이유로 혼인이 취소된 경우에도 역시 마찬가지이다. ④ 혼인에 의한 미성년자의 성년의제는 민법에 대해서만 적용되고 청소년보호법이나 근로기준법과 같은 민법 이외의 법률에 대하여는 적용되지 않는다. 따라서 미성년자는 혼인한 때에도 여전히 청소년보호법이나 기타 노동법상의 규정에 의하여 보호를 받는다(근기법 제64조 이하). ⑤ 부모 쌍방의 동의가 없으면 취소할 수 있는 혼인이 될 뿐, 법원의 허가에 의하여 혼인이 성립될 수 있는 것은 아니다(제816조 제1호). <답 ③>

7. 혼인신고와 관련된 판례이다. 현행 민법을 고려하여 판단할 때 판례의 태도를 잘못 설명하고 있는 것은?

① 혼인신고는 가족관계등록부의 기재가 그 효력요건이므로 위법한 가족관

계등록부가 그를 이유로 말소된 경우, 그 가족관계등록부에 기재된 혼인의 효력은 무효이다.

② 당사자 일방의 사망 후에 한 다른 일방의 혼인신고에 의해서는 부부관계가 성립되지 않는다.

③ 사실혼관계존재확인청구소송이 승소로 확정되었다고 하여도 그에 기하여 혼인신고를 하지 아니한 이상 중혼이 될 수 없고, 따라서 혼인의 취소사유도 되지 않는다.

④ 우리나라 사람들이 혼인거행지인 일본국의 호적법에 따라 혼인신고를 마친 경우에도 혼인은 유효하다.

⑤ 당사자 일방 또는 동의권자의 서명날인이 결여되거나 권한 없이 작성된 혼인신고서가 수리된 경우라도 당사자의 혼인신고의사 및 동의권자의 동의가 있었음이 인정되는 경우, 혼인은 유효하게 성립한다.

해설

① 혼인의 신고는 공무원이 그 신고서를 접수함으로써 그 효력이 발생하는 것이고 호적부(현 가족관계등록부)의 기재는 그 효력요건이 아니므로, 비록 위법한 호적(현 가족관계등록부)이 그를 이유로 말소된 경우라도 그 호적(현 가족관계등록부)에 기재된 혼인의 효력에는 아무런 영향이 없다(대판 1981.10.15. 81스21). ② 대판 1962.11.29. 62다369. ③ 청구인이 피청구인을 상대로 한 사실혼관계존재확인청구소송이 승소로 확정되었다고 하여도 그에 기하여 혼인신고를 하지 아니한 이상 중혼이 될 수 없고, 따라서 혼인의 취소사유도 되지 않는다(대판 1973.1.16. 72므25: 따라서 판례는 재판에 의한 혼인신고를 창설적 신고로 본다고 할 수 있다). ④ 대판 1991.12.10. 91므535. ⑤ 대판 1957.6.29. 4290민상233.

<답 ①>

8. 혼인에 관한 설명으로 타당한 것은?

① 혼인신고가 수리되면 그것이 법령에 위반하는 것이라도 수리된 이상 일단 효력이 발생하며 혼인은 성립한다.

② 혼인신고는 반드시 당사자 쌍방과 성년자인 증인 2인이 연서한 서면으로만 하여야 한다.

③ 사실혼관계존재확인청구는 조정을 따로 신청함이 없이 직접 소를 제기하야 한다.

④ 혼인거행지인 외국에서 외국법에 의한 혼인신고를 마친 경우라도 우리나라 법에 의한 별도의 혼인신고를 해야만 적법한 혼인이 된다.

⑤ 외국에서 우리나라 사람들끼리 혼인하는 경우에도 반드시 본국의 소관 호적담당공무원에게 신고하여야 한다.

해설

① 혼인신고에 일정한 하자가 있는 경우에는 무효나 취소를 주장 · 청구할 수 있을 뿐이

다. ② 혼인신고는 당사자 쌍방과 성년자인 증인 2인이 연서한 서면으로 하여야 하며(제812조 2항), 말로 할 수도 있다(가족관계등록법 제23조 1항). ③ 사실상 혼인관계에 있는 자는 사실혼관계존재확인청구를 할 수 있는데, 그 전에 조정을 신청하여야 하고(가소법 제50조, 제2조 1항), 조정에 의하여 합의가 이루어지지 않을 때에는 소를 제기할 수 있다(가소법 제2조 1항 가류 (2) Ⅰ). ④ 별도의 혼인신고를 하지 않더라도 혼인의 성립에 영향이 없다(대판 1994.6.28. 94므413). ⑤ 외국에 주재하는 대사, 공사 또는 영사에게 신고할 수 있다(제814조). <답 ①>

9. 다음 설명 중 옳지 않은 것은? (다툼이 있는 경우에는 판례에 의함)

<사시 2005년>

① 한국 남성 甲과 중국 여성 乙은 참다운 부부관계를 설정할 의사 없이 乙의 국내취업을 위한 입국을 가능하게 할 목적으로 형식상 혼인하기로 하여, 중국에서 그곳의 방식에 따라 혼인한 경우, 국내에서 그 혼인은 무효이다.

② 한국인이 외국에서 그 나라의 법이 정하는 방식에 따라 혼인절차를 마친 후, 다시 우리나라 가족관계등록법의 규정에 따라 혼인신고를 하였다면 이 신고는 보고적 신고가 아니라 창설적 신고이다.

③ 배우자 있는 자가 타인과 혼인하기 위하여 이름을 바꿔 새로이 취적함으로써 이중으로 가족관계등록부를 만들어 그 가족관계등록부에 타인과의 혼인신고를 마친 경우, 일단 그 혼인은 유효하게 성립하지만 중혼이 되어 취소할 수 있다.

④ 혼인신고서를 작성하여 우송을 하였으나 신고서가 수리되기 전에 당사자의 일방이 사망한 경우 시, 읍, 면의 장은 이를 수리하여야 하며, 그 혼인은 사망시점에 성립한 것으로 본다.

⑤ 甲과 사실상 부부공동생활을 영위해 온 乙이 일방적으로 혼인신고를 하였는데, 그로부터 1년 후 甲은 그 사실을 알았지만, 그 효력을 다투지 않고 부부생활을 계속해 왔다면 그 혼인은 유효하다.

해설

① 당사자 사이에 비록 혼인신고 자체에 관하여 의사의 합치가 있어 일응 법률상의 부부라는 신분관계를 설정할 의사는 있었다고 인정되는 경우라도 그것이 단지 다른 목적을 달성하기 위한 방편에 불과한 것으로서 그들 간에 참다운 부부관계의 설정을 바라는 효과의사가 없을 때에는 그 혼인은 민법 제815조 제1호의 규정에 따라 그 효력이 없다고 해석하여야 한다(대판 1996.11.22. 96도2049). ② 섭외사법 제15조 1항의 규정(현행 국제사법 제36조 및 제37조)은 우리나라 사람들 사이 또는 우리나라 사람과 외국인 사이의 혼인이 외국에서 거행되는 경우, 그 혼인의 방식 즉 형식적 성립요건은 그 혼인거행지의 법에 따라 정하여야 한다는 취지라고 해석되므로, 그 나라의 법이 정하는 방식에 따른 혼인절차를 마친 경우에는 혼인이 유효하게 성립하는 것이고 별도로 우리나라의 법에 따른 혼인신고를 하지 않더라도 혼인의 성립에 영향이 없으며, 당사자가 가족관계등록법 제34조, 제

35조에 의하여 혼인신고를 한다 하더라도 이는 창설적 신고가 아니라 이미 유효하게 성립한 혼인에 관한 보고적 신고에 불과하다(대판 1994.6.28. 94므413). ③ 대판 1986.6.24. 86므9 참고. ④ 가족관계등록법 제41조 1항; 신고인의 생존 중에 우송한 신고서는 그 사망 후라도 시, 읍, 면의 장은 이를 수리하여야 한다. 2항; 1항에 따라 수리된 때에는 신고인의 사망시에 신고한 것으로 본다. ⑤ 대판 1965.12.28. 65므61 등. <답 ②>

3. 혼인의 무효와 취소

10. 혼인의 무효에 관한 다음 설명 중 틀린 것은? <사시 2013년 유사>

① 甲과 乙이 협의이혼 후 甲이 일방적으로 다시 혼인신고를 한 경우, 乙이 그 사실을 알고도 혼인생활을 계속하면서 실질적인 부부생활을 유지하였다면, 두 번째 혼인신고는 乙이 추인한 것으로 볼 수 있으므로 유효하다.

② 무효인 혼인이 가족관계등록부에 기재되어 있는 경우에 그것이 무효라고 선언하는 재판이 없더라도 이해관계를 가진 사람은 다른 소로 그 혼인이 무효라고 주장하여, 그것을 그 소에 있어서의 주장의 한 근거로 할 수 있다.

③ 누구나 당해 혼인 자체가 무효라고 주장하여 그 확인을 청구할 수 있다.

④ 혼인무효판결의 효력은 제3자에 대하여도 미친다.

⑤ 혼인이 무효가 되면 그들 출생자는 혼인 외의 자(子)가 되지만, 이미 친생자 출생신고를 한 경우에는 인지의 효력이 있다.

⑥ 일방적인 혼인신고 후 혼인의 실체 없이 몇 차례의 육체관계로 자(子)를 출산하였다 하더라도 무효인 혼인을 추인하였다고 보기 어렵다.

해설

① 대판 1995.11.21. 95므731 등. ③ 가소법 제2조 1항 '가류' 1호. 이 무효확인의 청구권자는 당사자 및 그 법정대리인 또는 4촌 이내의 친족이다. ⑤ 혼인이 무효가 되면 양자 사이의 출생자는 혼인 외의 자(子)가 되는데(제855조 1항), 친생자 출생신고를 하면 인지의 효력이 발생한다(대판 1971.11.15. 71다1983). ⑥ 대판 1993.9.14. 93므430. <답 ③>

11. 혼인에 관한 판례의 입장과 다른 것은?

<사시 2004년, 변호사 2012년 유사, 사시 2013년 유사>

① 혼인 중 부부 일방이 사망하여 상대방이 망인의 재산을 상속받은 후에 그 혼인이 취소되더라도, 그 전에 이루어진 상속관계가 소급하여 무효라거나 그 상속재산이 법률상 원인 없이 취득된 것이라고 볼 수 없다.

② 혼례식을 거행하고 사실혼관계에 있었으나 일방이 뇌졸중으로 혼수상태에 빠져 있는 사이에 타방이 임의로 혼인신고를 마친 경우, 특별한 사정

이 없는 한 위 신고에 의한 혼인은 유효하다.

③ 사실혼관계에 있는 당사자 일방이 혼인신고를 함에 있어서 상대방이 혼인의사를 명백히 철회한 사실이나 사실혼관계를 해소하는 합의가 없었다면 혼인의사의 존재가 추정되므로 그 혼인을 무효라고 할 수 없다.

④ 甲男과 乙女는 혼인하기로 합의하여 유효하게 혼인신고서를 작성하였으나 이를 제출하기 전에 乙女가 혼인의사를 철회하였음에도 甲男이 혼인신고서를 제출하여 수리된 경우, 위 혼인은 무효이다.

⑤ 후혼은 중혼을 이유로 취소되기까지는 전혼과 동일한 보호를 받으며, 후혼에 대하여도 이혼 및 위자료청구권이 인정된다.

해설

① 대판 1996.12.23. 95다48308. ② 특별한 사정이 없는 한 위 신고에 의한 혼인은 무효이다(대판 1996.6.28. 94므1089). ③ 대판 2000.4.11. 99므1329. ④ 대판 1983.12.27. 83므28. ⑤ 중혼이 되더라도 당연무효가 아니라 후혼의 취소원인이 될 뿐이므로 중혼은 일단 유효하게 성립한다. 따라서 중혼자도 배우자에 대한 상속권이 있으며, 중혼출생자도 혼인 중의 출생자이다. 또한 후혼에 대하여 재판상 이혼청구도 가능하다(대판 1991.12.10. 91므344). <답 ②>

12. 혼인취소에 관한 설명 중 옳지 않은 것은? (다툼이 있는 경우에는 판례에 의함) <사시 2003년>

① 혼인적령에 관한 규정에 위반한 혼인의 경우, 검사는 그 취소청구권자에 속하지 않는다.

② 혼인 중에 출생한 자(子)는 그 혼인이 사기를 이유로 취소되더라도 혼인 중의 출생자로서의 지위를 잃지 않는다.

③ 혼인의 취소는 재판상 청구하여야 하나 원칙적으로 조정전치주의가 적용되지는 않는다.

④ 부(父)의 반대 하에 모의 동의만으로 혼인한 피성년후견인이라도 성년후견종료의 심판이 있은 후 3월이 경과하면 그 취소를 청구하지 못한다.

⑤ 재산분할청구권은 혼인취소의 경우에도 인정된다.

해설

① 한정후견개시나 성년후견개시의 심판, 중혼의 취소, 친권상실선고의 경우 검사는 취소권자의 지위에 있다. ② 혼인이 취소되더라도 소급효가 배제된다(제824조). 따라서 혼인이 취소되더라도 혼인 중의 자의 지위는 상실되지 않는다. ③ 나류 및 다류 가사소송사건과 마류 가사비송사건은 조정전치주의가 적용된다(가소법 제50조 1항). 혼인의 취소는 나류 가사소송사건이므로 조정전치주의의 적용대상이다. ④ 성년후견종료의 심판이 있은 후 3월이 경과하면 혼인의 취소를 청구하지 못한다(제819조). ⑤ 민법에 준용규정은 없으나 이를 인정하는 것이 통설이다. <답 ③>

13. 중혼(重婚)에 관한 설명 중 옳지 않은 것은? (다툼이 있는 경우에는 판례에 의함) <사시 2003년, 사시 2013년 유사>

① 배우자 있는 자가 타인과 혼인하기 위하여 이중으로 가족관계등록부를 만들어 다시 혼인신고를 하였으나 실제로 동거한 일이 없다면 중혼에 해당하지 않는다.

② 중혼성립 후 10여 년 이상 혼인취소청구권을 행사하지 아니하였다 하여 그 권리가 소멸되었다고 할 수는 없으나, 그 후의 행사가 권리남용에 해당할 수도 있다.

③ 중혼자가 사망하여 중혼관계가 해소되더라도 전혼의 배우자는 생존한 중혼의 일방당사자를 상대로 중혼의 취소를 청구할 수 있다.

④ 협의이혼하고 재혼한 후에 그 협의이혼 무효확인판결이 확정된 경우 그 재혼은 중혼에 해당한다.

⑤ 사실혼관계에 있던 자가 다시 타인과 혼인하여 혼인신고를 한 경우는 중혼에 해당하지 않는다.

해설

① 부부가 일단 혼인신고를 하였다면 그 혼인관계는 성립된 것이고 그 호적(현 가족관계등록부)의 기재가 무효한 이중호적(현 가족관계등록부)에 의하였다 하여 그 효력이 좌우되는 것은 아니다(대판 1991.12.10. 91므344). ② 중혼 성립 후 10여 년 동안 혼인취소청구권을 행사하지 아니하였다 하여 권리가 소멸되었다고 할 수 없으나(이에 관한 민법규정은 없음, 연령미달 혼인의 경우도 같다), 그 행사가 권리남용에 해당되는 경우가 있다(대판 1993.8.24. 92므907). ③ 중혼자가 사망한 후에라도 그 사망에 의하여 중혼으로 인하여 형성된 신분관계가 소멸하는 것은 아니므로, 전혼의 배우자는 생존한 중혼의 일방당사자를 상대로 중혼의 취소를 구할 이익이 있다(대판 1991.12.10. 91므535). ④ 위와 같은 경우는 법률혼이 두 개 존재하는 중혼이 된다(대판 1985.9.10. 85므35). ⑤ 사실혼관계는 법률혼이 아니기 때문이다.

<답 ①>

14. 혼인취소의 소에 관한 설명 중 옳은 것을 모두 고르면?

> ㉠ 조정이 성립되지 않고 조정에 갈음하는 결정이 없는 때에는 신청인은 조정등본이 송달된 날로부터 2주일 내에 제소신청을 할 수 있다.
> ㉡ 취소의 소는 무효의 소와 같이 다른 소의 전제로서 주장할 수 있다.
> ㉢ 취소의 소는 반드시 가정법원에 청구하여야 한다.
> ㉣ 재판이 확정된 경우에 소를 제기한 자는 재판의 확정일로부터 1월 이내에 재판의 등본 및 확정증명서를 첨부하여 그 취지를 신고하여야 한다.

① ㉠ ② ㉡ ③ ㉢
④ ㉣ ⑤ ㉠, ㉡ ⑥ ㉢, ㉣

⑦ ㉠, ㉢, ㉣　　　　⑧ ㉠, ㉡, ㉢, ㉣

해설

㉠ 조정을 하지 않기로 하는 결정이 있거나 조정이 성립되지 않고 조정에 갈음하는 결정이 없는 때에는 신청인은 조정등본이 송달된 날로부터 2주일 내에 제소신청을 할 수 있다(가소법 제49조; 민조법 제36조). ㉡ 취소의 소는 무효와는 달리 형성의 소이기 때문에 다른 소의 전제로서 주장할 수 없다. ㉢ 취소의 소는 반드시 가정법원에 청구하여야 한다. ㉣ 재판이 확정된 경우에 소를 제기한 자는 재판의 확정일로부터 1월 이내에 재판의 등본 및 확정증명서를 첨부하여 그 취지를 신고하여야 한다(가족관계등록법 제73조에 의한 제58조의 준용). <답 ⑦>

15. 甲은 부부로서의 공동생활을 영위함이 없이 오로지 해외에 이주할 목적으로 乙과 혼인신고를 하였다. 甲의 직계존속은 이미 사망하였고 남동생 丙이 해외에 거주하고 있을 뿐이다. 甲이 교통사고를 당하여 사망하자, 乙이 甲의 재산을 상속하였다. 甲이 사망하고 5년이 경과한 후 丙이 이러한 사실관계를 알게 되었다. 이 사례에 관한 설명 중 옳은 것을 모두 고르면? (다툼이 있는 경우에는 판례에 의함) <사시 2007년 변형: 배점 2>

㉠ 甲과 乙 사이의 혼인은 혼인무효 판결 여부와 상관없이 당연히 무효이다.
㉡ 丙은 상속회복청구소송에서 그 선결문제로 甲과 乙 사이의 혼인이 무효라고 주장할 수 있다.
㉢ 甲과 乙의 혼인에 대하여 丙이 혼인무효확인소송을 제기하려면 甲과 乙을 상대로 하여야 하지만, 이미 甲이 사망하였기 때문에 검사를 상대방으로 하여야 한다.
㉣ 혼인무효확인청구 및 혼인무효로 인한 손해배상청구에는 가사소송법상 조정전치주의가 적용되어 우선 조정신청을 하여야 한다.
㉤ 사망 등으로 혼인이 해소된 경우에도 그 혼인의 무효확인청구가 그 혼인관계의 신분법상의 관계 또는 재산법상의 관계에 있어 현재의 법률상태에 직접적인 영향을 미친다면, 그 무효확인을 구할 정당한 법률상의 이익이 있다.

① ㉠, ㉢　　② ㉠, ㉡, ㉣　　③ ㉠, ㉡, ㉢
④ ㉠, ㉢, ㉣　　⑤ ㉢, ㉣, ㉤　　⑥ ㉠, ㉡, ㉤
⑦ ㉠, ㉡, ㉣, ㉢　　⑧ ㉡, ㉢, ㉣

해설

민법 제815조 제1호가 혼인무효의 사유로 규정하는 '당사자 간에 혼인의 합의가 없는 때'란 당사자 사이에 사회관념상 부부라고 인정되는 정신적 · 육체적 결합을 생기게 할 의사의 합치가 없는 경우를 의미하므로 당사자 일방에게만 그와 같은 참다운 부부관계의 설정을 바라는 효과의사가 있고 상대방에게는 그러한 의사가 결여되었다면 비록 당사자 사이에 혼인신고 자체에 관하여 의사의 합치가 있어 일응 법률상의 부부라는 신분관계를 설정할 의사는 있었다고 하더라도 그 혼인은 당사자 간에 혼인의 합의가 없는 것이어서 무효라고 보아야 한다. (따라서) 필리핀 국적의 피고가 단지 한국에 입국하여 취업하기 위한 방편으로 대한민국 국적의 원고와 혼인신고에 이른 경우 원 · 피고 사이에 혼인의사의 합치가 없으므로 혼인무효에 해당한다(대판 2010.6.10. 2010므574). ㉠㉡ 혼인무효가 당연무효인지, 아니면 재판에 의한 무효선언에 의하여 비로소 소급적으로 무효가 되는 형성무효인지에 관하여 학설의 대립이 있다. 다수설과 판례는 당연무효설을 취한다(반대로 형성무효라고 주장하는 견해: 이경희, 63면). 당연무효설은 일반원칙에 따라 무효확인의 소(또는 가정법원에 대한 무효의 소)를 제기할 수 있고, 그러한 판결이 없더라도 이해관계인은 다른 소송에서 혼인의 무효를 주장할 수 있다고 한다(대결 2009.10.8. 2009스64 참고). ㉢ 당사자 일방이 생존하면 그 생존당사자를 상대로 소를 제기하고 쌍방 모두 사망하면 검사를 상대로 소를 제기하여야 한다(가소법 제24조). ㉣ 혼인무효로 인한 손해배상청구에는 조정전치주의가 적용되지만, 혼인무효확인청구는 당사자의 임의처분이 허용되지 않으므로 조정이나 화해의 대상이 될 수 없다(가소법 제2조 1항). ㉤ 대판 1978.7.11. 78므7.

<답 ⑥ (소수설에 따를 경우 정답 없음)>

16. 甲男이 그의 처인 乙女를 상대로 이혼의 소를 제기하면서, 乙女의 주소를 알고 있음에도 소재불명이라 하여 법원으로부터 공시송달의 허가를 받아 乙女의 불출석을 기화로 법원으로부터 이혼판결을 받고 그 판결이 확정되었다. 그 후 甲男은 丙女와 혼인신고를 마치고 그들 사이에서 1명의 자녀를 출산하였다. 나중에 이러한 사실을 안 乙女는 법원에 재심을 청구하였고, 법원은 위 이혼판결을 취소하고 甲男의 乙女에 대한 이혼청구를 기각하는 판결을 선고하였으며 그 판결이 확정되었다. 이 사례에 관한 설명 중 틀린 것으로만 짝지으면?(다툼이 있는 경우에는 판례에 의함) <사시 2006년 유사>

㉠ 현재 甲男과 丙女 사이의 혼인관계가 유지되고 있으므로, 재심에 의하여 甲男과 乙女 사이의 이혼판결이 취소되었다고 하더라도 乙女는 자신과 甲男과의 혼인관계를 주장하지 못한다.
㉡ 재심에 의하여 甲男과 乙女 사이의 이혼판결이 취소되었으므로 甲男과 丙女 사이의 혼인은 무효가 된다.
㉢ 甲男과 丙女 사이의 혼인취소의 소송계속 중 甲男과 丙女 사이에 자녀의 양육에 관한 사항의 협의가 이루어지지 않으면, 법원은 직권으로 위 자녀의 양육에 필요한 사항을 정할 수 있다.
㉣ 재심에 의하여 甲男과 乙女 사이의 이혼판결이 취소된 후, 乙女가 甲男과 丙女 사이의 혼인의 취소를 구하는 소를 제기하여 그 소송이 계속 중이더라도, 丙女는 甲男을 상대로 재판상 이혼을 청구할 수 있다.
㉤ 재심에 의하여 甲男과 乙女 사이의 이혼판결이 취소된 후, 甲男과 丙女 사이의 혼인의 취소를 구하는 소송이 계속 중인 동안 甲男이 사망하면, 乙女와 丙女 모두 상속인이 된다.

① ㉠, ㉡ ② ㉠, ㉢ ③ ㉠, ㉣

④ ㉠, ㉤ ⑤ ㉡, ㉢ ⑥ ㉡, ㉣
⑦ ㉢, ㉣ ⑧ ㉣, ㉤

해설

㉠ 위 사례에서 甲남과 丙녀 사이의 혼인은 중혼에 해당한다(제810조), 乙녀가 실제로는 혼인생활을 계속할 의사가 없다든가 위 이혼심판을 믿고 혼인한 선의의 제3자인 丙녀나 그 자녀들의 이익이 크게 침해된다는 등의 사유만으로는 중혼의 취소를 구하는 심판청구가 권리남용이라고 할 수 없다(대판 1991.5.28. 89므211). ㉡ 甲과 丙의 혼인이 바로 무효가 되는 것이 아니고 중혼으로 취소사유가 된다. ㉢ 혼인취소의 경우에 가정법원은 직권으로 친권자를 정한다(제909조 5항). 양육에 관한 사항은 당사자의 협의에 의해 정하거나(제837조 1항), 당사자의 청구 또는 직권에 의해 가정법원이 정한다(제837조 4항). ㉣ 혼인이 일단 성립되면 그것이 위법한 중혼이라 하더라도 당연히 무효가 되는 것은 아니고 법원의 판결에 의하여 취소될 때에 비로소 그 효력이 소멸될 뿐이므로 아직 그 혼인취소의 확정판결이 없는 한 법률상의 부부라 할 것이어서 재판상 이혼의 청구도 가능하다(대판 1991.12.10. 91므344). 즉, 甲과 丙의 중혼은 혼인취소의 확정판결이 없는 한 법률상의 부부라 할 것이어서 그 동안에는 재판상 이혼의 청구도 가능하다.㉤ 후혼이 취소되지 않고 전혼도 해소되지 않은 경우, 중혼자가 사망하면 전혼배우자 · 후혼배우자는 모두 상속권을 가진다. <답 ①>

17. 다음 각 (가)와 (나)의 사례에 관한 설명 중 적절하지 못한 것은 모두 몇 개인가?

> [사례]
>
> ㈎ A는 B의 兄이다. A는 D와 결혼하려고 하고, B는 C와 결혼하려고 한다. 그런데 C는 D의 친언니이다.
>
> ㈏ A는 처와 사별하고 어린 남매를 키우고 살아가고 있다. 그런데 사망한 처의 처제 B는 A를 너무 좋아하여 그를 극진히 뒷바라지하고 있다. A 역시 B를 지극히 사랑하고 있으며, 아이들도 A의 처제를 잘 따르고 있다.
>
> [설명]
>
> ㉠ ㈎에서 만약 A와 D가 결혼한다면 B는 C와 혈족의 배우자의 혈족에 해당한다.
>
> ㉡ ㈎에서 B와 C는 아무런 장애 없이 혼인할 수 있다.
>
> ㉢ ㈎에서 B와 C의 혼인은 혈족의 배우자의 혈족에 해당하므로 취소혼이 된다.
>
> ㉣ ㈏에서 A의 입장에서 보면 B는 배우자의 혈족이고, B의 입장에서 보면 A는 혈족의 배우자이다.
>
> ㉤ ㈏에서 A와 B 사이의 혼인은 취소할 수 있다.
>
> ㉥ ㈏에서 A와 B는 인척관계에 있고 촌수관계는 2촌관계이다.

① 1개 ② 2개 ③ 3개

④ 4개　　　　⑤ 5개

해설

제809조 2항에서는 6촌 이내의 혈족의 배우자, 배우자의 6촌 이내의 혈족, 배우자의 6촌의 이내의 혈족의 배우자이었던 자 사이의 혼인을 금지하고, 제816조에서는 이러한 혼인을 취소할 수 있도록 하고 있다. ㈎에서 만약 A와 D가 결혼한다면 B는 C와 혈족의 배우자의 혈족에 해당한다. 1990년 개정민법은 '혈족의 배우자의 혈족'을 인척의 범위에서 삭제하였으므로 제809조의 금지되는 혼인에 해당하지 않는다. 따라서 B와 C는 아무런 장애 없이 혼인할 수 있다(이른바 겹사돈관계). ㈏에서 A의 입장에서 B는 배우자의 혈족이고, B의 입장에서 A는 혈족의 배우자이므로 형부와 처제 사이는 인척관계에 있고 촌수관계는 제771조에 따라 2촌관계이다(사망한 처와 처제는 2촌관계이므로). 따라서 이들이 설사 혼인하였더라도 제815조 2호가 규정하고 있는 8촌 이내의 방계혈족 및 그 배우자인 친족관계가 있었던 때에 해당하여 무효인 혼인에 해당한다. <답 ②>

4. 혼인의 법률효과

18. 다음은 혼인의 법률효과에 관한 설명이다. 옳은 것(○)과 옳지 않은 것(×)을 바르게 표시한 것은?

> ㉠ 동거장소에 대해 협의가 이루어지지 않으면 당사자의 청구에 의하여 가정법원이 정한다.
> ㉡ 일시적으로 동거하지 않는 경우, 합의가 없더라도 당연히 합의가 예상될 경우는 동거의무에 위반되지 않으나 무기한 별거계약은 무효이다.
> ㉢ 동거의무를 불이행한 경우, 동거를 명하는 직 · 간접강제는 허용되지 않고 이혼원인이 될 뿐이다.
> ㉣ 부양의무나 협조의무를 이행하지 않는 경우, 강제이행의 방법이 없으며 이혼원인에 해당할 뿐이다.

① ㉠(○), ㉡(○), ㉢(○), ㉣(○)　② ㉠(○), ㉡(○), ㉢(×), ㉣(○)
③ ㉠(○), ㉡(×), ㉢(○), ㉣(○)　④ ㉠(○), ㉡(○), ㉢(○), ㉣(×)
⑤ ㉠(×), ㉡(○), ㉢(○), ㉣(○)　⑥ ㉠(×), ㉡(○), ㉢(×), ㉣(×)
⑦ ㉠(×), ㉡(×), ㉢(○), ㉣(×)　⑧ ㉠(×), ㉡(×), ㉢(×), ㉣(×)

해설

㉠ 제826조 2항. ㉡ 제826조 1항의 논리해석. ㉢ '동거하라'는 심판을 받고도 이행하지 않는 부부의 일방이 있는 경우, 이혼이 문제될 뿐 강제이행은 가능하지 않다. ㉣ 부양의무는 그 내용이 재산적인 것이기 때문에 강제집행이 가능하다(가소법 제62조-제65조). 부부의 일방이 협조의무를 이행하지 않는 경우 강제이행의 방법이 없으며 이혼원인에 해당할 뿐이다(제840조 6호). <답 ④>

19. 혼인의 법률효과에 관한 설명 중 옳은 것(○)과 옳지 않은 것(×)을 바르게 표시한 것은? (다툼이 있는 경우에는 판례에 따름) <사시 2013년 유사>

> ㉠ 부부는 상대방의 4촌 이내의 혈족과 4촌 이내의 혈족의 배우자 사이에 서로 인척관계가 생긴다.
> ㉡ 당사자 일방이 정조의무에 위반한 경우에는 이혼원인이 된다.
> ㉢ 부부 간의 동거 · 부양 · 협조의무는 정상적이고 원만한 부부관계의 유지를 위한 광범위한 협력의무를 구체적으로 표현한 것으로서, 서로 독립된 별개의 의무이다.
> ㉣ 부부의 일방이 상대방에 대하여 동거에 관한 심판을 청구한 결과로 그 심판절차에서 동거의무의 이행을 위한 구체적인 조치에 관하여 조정이 성립한 경우에 그 조치의 실현을 위하여 서로 협력할 법적 의무의 본질적 부분을 상대방이 유책하게 위반하였다면, 부부의 일방은 이혼청구를 전제로 하여 그 의무의 불이행으로 인하여 통상 발생하는 비재산적 손해의 배상을 청구할 수 있다.
> ㉤ 미성년자가 혼인을 하였을 때는 성년에 달한 것으로 본다.

① ㉠(○), ㉡(○), ㉢(○), ㉣(○), ㉤(○)
② ㉠(○), ㉡(○), ㉢(×), ㉣(○), ㉤(○)
③ ㉠(○), ㉡(○), ㉢(○), ㉣(×), ㉤(×)
④ ㉠(○), ㉡(○), ㉢(○), ㉣(×), ㉤(○)
⑤ ㉠(×), ㉡(○), ㉢(○), ㉣(○), ㉤(×)
⑥ ㉠(○), ㉡(○), ㉢(×), ㉣(×), ㉤(○)

해설

㉠ 제777조 2호. ㉡ 당사자 일방이 정조의무에 위반한 경우에는 이혼원인이 되고(제840조 1호), 그 일방은 손해배상책임도 부담한다(제843조, 제806조). ㉢ 판례는 위 의무들은 서로 독립된 별개의 의무가 아니라고 하면서, 부부의 일방이 정당한 이유 없이 동거를 거부함으로써 자신의 협력의무를 스스로 저버리고 있다면, 상대방의 동거청구가 권리의 남용에 해당하는 등의 특별한 사정이 없는 한 상대방에게 부양료의 지급을 청구할 수 없다고 한다(대판 1991.12.10. 91므245 참고). ㉣ 이혼청구를 전제로 하지 않는다(대판 2009.7.23. 2009다32454 참고). 물론 동거의무의 불이행은 이혼사유가 되므로, 이혼청구와 병합하여 위자료를 청구하는 것은 가능하다. ㉤ 제826조의2. <답 ⑥>

20. 부부재산계약에 관한 설명 중 틀린 것을 모두 고르면?

> ㉠ 부부재산계약은 가족관계등록법이 정한 일정한 방식에 의하여야 한다.
> ㉡ 부부재산계약은 혼인 전뿐만 아니라, 혼인 후에도 체결할 수 있다.
> ㉢ 부부재산계약을 근거로 제3자에게 대항하기 위해서는 등기하여야 하나, 부부의 상속인에 대해서는 등기가 없어도 대항할 수 있다.

> ㉣ 부부재산계약으로 민법 제832조의 일상가사연대책임을 배제할 수 있다.
> ㉤ 한 번 체결한 계약내용은 혼인신고 후에는 원칙적으로 변경할 수 없으나 정당한 사유가 있는 때에 한하여 당사자의 합의로써 이를 변경할 수 있다.

① ㉠, ㉡, ㉢ ② ㉡, ㉢, ㉣ ③ ㉢, ㉣, ㉤
④ ㉠, ㉡, ㉣ ⑤ ㉠, ㉡, ㉣, ㉤ ⑥ ㉡, ㉢, ㉣, ㉤
⑦ ㉠, ㉢, ㉣, ㉤ ⑧ ㉠, ㉡, ㉢, ㉣, ㉤

해설

㉠ 특별한 방식을 필요로 하지 않는다. ㉡ 부부재산계약은 혼인 전에 혼인 중의 재산관계를 대상으로 체결하여야 한다. ㉢ 부부의 승계인과 제3자에게 대항하기 위해서는 등기가 필요하다(제829조 4항 참조). 여기의 승계인은 상속인과 포괄수증자를 말한다. ㉣ 배제할 수 없다. 또한 일상가사대리권을 제한하는 경우, 선의의 제3자에게 대항하지 못한다. ㉤ 일단 체결한 계약내용은 혼인신고 후에는 원칙적으로 변경할 수 없으나, 정당한 사유가 있는 때에 한하여 법원의 허가를 얻어 변경할 수 있다(제829조 2항). <답 ⑧>

21. 일상가사행위에 관한 설명 중 판례의 입장과 다른 것은? <사시 2001년 변형>

① 처가 외국에 체류하는 별거 중인 부(夫)의 부동산을 처분한 행위는 일상가사에 속하는 것이라고 할 수 없다.

② 처가 부담한 계금채무는 혼인공동체의 통상의 사무에 포함되는 일상가사로 인한 채무로 보기 어렵다.

③ 처가 건축헌금 등의 명목으로 교회에 헌금하기 위해 금원을 차용한 행위는 일상가사행위에 속한다고 볼 수 없다.

④ 처가 자가용구입자금으로 돈을 빌린 행위는 일상가사행위라고 할 수 없다.

⑤ 처가 주택구입비 명목으로 돈을 빌린 행위는 부부공동체 유지에 필수적인 주거 공간을 마련하기 위한 것이라도 일상가사행위로 보기 어렵다.

⑥ 부부의 일방이 군복무 등으로 장기부재인 경우 판례는 비상가사대리권을 인정하지 않는다.

⑦ 일상가사란 가정생활상 상시 행하여지는 행위로서, 부부공동체를 유지하기 위하여 필요한 범위 내의 법률행위를 말한다.

해설

① 대판 1993.9.28. 93다16369 참고. ② 처가 부담한 금 40,000,000원의 계금채무가 혼인공동체의 통상의 사무에 포함되는 일상의 가사로 인한 채무라기보다 처 자신의 사업상의 필요에 의한 채무라고 본 사례(대판 2000.4.25. 2000다8267). ③⑤ 부인이 교회에의 건축헌금, 가게의 인수대금, 장남의 교회 및 주택임대차보증금의 보조금, 거액의 대출금에 대한 이자지급 등의 명목으로 금원을 차용한 행위는 일상가사에 속한다고 볼 수는 없

다. 또한 주택 및 아파트 구입비용 명목으로 차용한 경우 그와 같은 비용의 지출이 부부 공동체를 유지하기 위하여 필수적인 주거 공간을 마련하기 위한 것이라면 일상의 가사에 속한다고 볼 여지가 있을 수 있으나, 그 주택 및 아파트의 매매대금이 거액에 이르는 대규모의 주택이나 아파트라면 그 구입 또한 일상의 가사에 속하는 것이라고 보기는 어렵다고 한 사례(대판 1997.11.28. 97다31229). ④ 대판 1985.3.26. 84다카1621 참고. ⑥ 부부의 일방이 장기부재인 경우(여행, 입원, 복역, 군복무 등)에 일부 학설은 비상가사대리권을 인정하고자 하나(박병호, 100면; 김주수 · 김상용, 150면 참고), 판례는 비상가사대리권을 부정하고 있다(대판 1956.6.21. 4289민상161). ⑦ 대판 1957.2.23. 4289민상523 및 대판 1966.7.19. 66다863 참고. <답 ⑤>

〈일상가사의 범위〉

일상가사범위 내의 것으로 판단되는 예	일상가사범위 외의 것으로 판단되는 예
· 의식주에 관한 사무(식료, 연료, 세금, 의복류의 구입, 주택임차, 전세, 방세의 지급과 수령, 가구나 결혼용품의 구입, 사용인 등의 고용, 각종 요금의 지급 등) · 가족의 보건, 오락, 교제 · 자녀의 양육, 교육	· 일상생활비로서 객관적으로 타당시되는 범위를 초과한 소비대차, 입원, 어음의 배서 등 · 부동산의 매각, 저당권의 설정, 가등기담보, 환매특약부 매매계약 등 처분행위 · 금전차용, 신원보증, 연대보증, 채권일부의 포기의 화해계약체결

22. 다음은 부부의 일방이 일상가사의 범위를 넘어 법률행위를 한 경우에 민법 제126조의 표현대리를 인정할 것인가에 관한 판례이다. 다음 중 판례가 표현대리를 부정하고 있는 경우는?

① 남편의 채무에 관하여 남편 소유의 부동산에 대한 근저당설정계약을 체결한 경우

② 부가 첩과 동거하며 처자와 별거하고 있는 중, 처가 부의 부동산에 대하여 근저당설정계약과 매매계약을 한 경우

③ 남편의 권리증과 인장을 보관하고 있는 것을 기화로 남편 소유의 부동산에 대하여 저당권을 설정한 경우

④ 남편 몰래 남편의 인감증명과 인감증명서 등을 소지하고 그 대리인인 양 행세하여 금원을 차용하고 그 담보로 남편 소유의 부동산에 가등기를 경료하여 준 경우

⑤ 남편이 정신병으로 장기간 병원에 입원함에 있어서 입원비 · 생활비 · 자녀양육비 등을 준비하여 두지 않은 경우에, 남편 소유의 주택과 대지를 적정한 가격으로 매도하여 그로써 위 비용에 충당하고 나머지로써 대신 들어가 살 집을 매수한 경우

해설

① 대판 1964.12.22. 64다1244. ② 이 경우 판례는 표현대리를 부정하고 있다(대판 1970.3.10. 69다2218). ③ 대판 1966.6.28. 66다845. ④ 대판 1981.6.23. 80다609. ⑤ 대판 1970.10.30. 70다1812. <답 ②>

23. 부부 일방이 일상가사로 인하여 채무를 진 경우의 법률효과에 관한 설명 중 옳은 것(○)과 옳지 않은 것(×)을 바르게 표시한 것은?

> ㉠ 부부가 일상가사로 인한 채무에 관하여 연대책임을 질 경우에 통상의 연대채무의 일반규정이 적용된다.
> ㉡ 부부의 일방은 상계할 채권이 있는 타방이 상계하지 아니한 때에는 타방의 부담부분에 한하여 상계할 수 있다.
> ㉢ 부부 일방에 대한 채무면제는 그 일방의 부담부분에 한하여 다른 일방의 이익을 위하여 효력이 있다.
> ㉣ 일방의 채무의 시효소멸은 그 부담부분에 한하여 다른 일방도 의무를 면한다.

① ㉠(○), ㉡(○), ㉢(○), ㉣(○) ② ㉠(○), ㉡(○), ㉢(×), ㉣(○)
③ ㉠(○), ㉡(×), ㉢(○), ㉣(○) ④ ㉠(○), ㉡(○), ㉢(○), ㉣(×)
⑤ ㉠(×), ㉡(○), ㉢(○), ㉣(○) ⑥ ㉠(×), ㉡(○), ㉢(×), ㉣(×)
⑦ ㉠(×), ㉡(×), ㉢(○), ㉣(×) ⑧ ㉠(×), ㉡(×), ㉢(×), ㉣(×)

해설

㉠ 부부가 일상가사로 인한 채무에 관하여 연대책임을 질 경우에 통상의 연대 채무와는 달리 제3자와의 관계에서는 부담부분에 관한 연대채무의 일반규정(제418조 2항, 제419조, 제421조, 제424조)은 적용되지 않는다. ㉡ 부부의 일방은 타방의 채권으로 무제한 상계할 수 있다. ㉢ 면제의 효과는 전면적으로 발생한다. ㉣ 일방의 채무의 시효소멸은 타방의 채무도 소멸시킨다고 해석된다(김주수 · 김상용, 153면). <답 ⑧>

〈보통의 연대채무와 부부의 일상가사로 인한 연대채무의 비교〉

구 분	보통의 연대채무	부부의 일상가사로 인한 연대채무
상 계	부담부분에 한하여 다른 연대채무자가 상계할 수 있다.	부담부분에 한하지 않고 무제한 상계할 수 있다.
면 제	부담부분에 한하여 다른 연대채무자도 면제의 이익을 갖는다.	부담부분에 한하지 않고 부부 전체에 전면적으로 면제의 효과가 발생한다.
소멸시효	어느 연대채무자에 대하여 소멸시효가 완성한 때에는 그 부담부분에 한하여 다른 연대채무자도 의무를 면한다.	부부 일방의 채무의 시효소멸은 다른 부부 일방의 채권을 부담부분에 한하지 않고 전면적으로 소멸시킨다.
부담부분	균등한 것으로 추정	상호 무제한

24. 혼인의 법률효과에 관한 설명 중 옳지 않은 것은? (다툼이 있는 경우에는 판례에 의함) <사시 2007년 : 배점 2, 사시 2013년 유사>

① 부부는 일상의 가사에 관한 대리권에 제한을 가할 수 있으나, 그 제한으로써 선의의 제3자에게 대항할 수 없다.

② 부부의 일방이 일상의 가사에 관하여 제3자와 법률행위를 한 경우, 이미 제3자에 대하여 다른 일방의 책임 없음을 명시한 때에는 다른 일방은 그에 대하여 책임이 없다.
③ 부부 일방의 금전차용행위도 금액, 차용 목적, 실제의 지출용도, 기타의 사정 등을 고려하여 그것이 부부의 공동생활에 필요한 자금조달을 목적으로 하는 것이라면 일상가사에 속한다.
④ 甲이 혼인 후 아파트 전세비용 명목으로 돈을 차용한 행위가 일상가사에 해당하는지 여부는, 그 차용행위를 한 객관적 사정과 함께 부부의 사회적 지위 · 직업 · 재산 · 수입능력 등 현실적 생활상태를 종합적으로 고려하여 사회통념에 따라 판단하여야 하고, 가사처리자의 주관적 의사는 고려하지 않아야 한다.
⑤ 사실혼관계에 있는 부부의 일방이 사실혼 중에 자신의 명의로 취득한 재산은 그 명의자의 특유재산으로 추정되나, 실질적으로 다른 일방 또는 쌍방이 그 재산의 대가를 부담하여 취득한 것이 증명된 때에는 특유재산의 추정은 번복되어 그 다른 일방의 소유이거나 쌍방의 공유라고 보아야 한다.

해설 ……………………………………

① 제827조 2항. ② 사전에 대리권 없음을 주지시키는 행위이므로 타당한 설명. ③④ 일상가사란 가정공동생활의 유지를 위해 상시 행하여지는 행위(66다863 등)를 말하고, 그 내용과 범위는 객관적 사정과 주관적 의사와 목적 등을 종합적으로 고려하여 사회통념에 따라 판단한다(대판 1999.3.9. 98다46877). ⑤ 대판 1992.3.13. 91다15850. <답 ④>

25. 부부 사이인 A와 B는 주택 한 채를 구입하면서 남편 B의 명의로 이전등기를 해 두었다. 그런데 남편 B는 위 주택을 A의 동의 없이 처분하려고 한다. 이 사례에 관한 설명 중 틀린 것은 모두 몇 개인가? (다툼이 있는 경우에는 판례에 의함)

> ㉠ 주택은 B의 특유재산으로 추정된다.
> ㉡ 막연히 재산취득에 상대방이 협력하였다거나 혼인생활에 내조하였다는 사유만으로는 B 명의로 되어 있는 재산에 대한 특유재산의 추정이 번복되지 않는다.
> ㉢ 실질적으로 A가 대가를 부담하여 취득한 것이 증명된 경우, 특유재산의 추정은 번복되어 A의 단독소유가 된다.
> ㉣ 적극적인 재산증식에 A의 노력이 있었다는 사실을 증명할 수 있을 경우, A는 그 증거를 확보하여 위 부동산에 대해 처분금지가처분절차를 취할 수 있다.

ⓜ 적극적인 재산증식에 A의 노력이 있었다는 사실을 증명할 수 있을 경우, A는 그 증거를 확보하여 위 부동산에 대해 고유지분권이전등기청구를 제기할 수 있다.
ⓑ 주택이 처분되고 A와 B가 이혼한 후 A의 단독소유가 증명되었다면, A는 B를 상대로 재산분할청구권을 행사하여 자기 앞으로 소유권을 회복할 수 있다.

① 없음 ② 1개 ③ 2개
④ 3개 ⑤ 4개

해설

부부의 일방이 혼인 전부터 가진 고유재산과 혼인 중 자기의 명의로 취득한 재산은 그의 특유재산으로 하고, 부부의 누구에게 속한 것인지 분명하지 아니한 재산은 부부의 공유로 추정한다(제830조). 사안에서 B의 명의로 되어 있는 재산은 A와 B의 공동노력에 의한 재산이다. 그런데 막연히 재산취득에 상대방이 협력하였다거나 혼인생활에 내조하였다는 사유만으로 B명의로 되어 있는 재산의 특유재산 추정은 번복되지 않는다(대판 1992.12.11. 92다21982). 그러나 부부의 일방이 혼인 중에 자기 명의로 취득한 재산은 그 명의자의 특유재산으로 추정되지만, 실질적으로 다른 일방 또는 쌍방이 그 재산의 대가를 부담하여 취득한 것이 증명된 때에는 특유재산의 추정은 번복되어 다른 일방의 소유이거나 쌍방의 공유라고 보아야 한다(대판 1990.10.23. 90다카5624 등 참고). 또한 일방의 적극적인 재산증식노력이 있었던 경우에도 이를 부부의 공유재산으로 볼 수 있다(대판 1995.10.12. 95다25695). 사례에서 A는 남편의 부동산 처분을 막아야 하는 사정이 있고, A가 대가를 부담한 사실이나 또는 적극적인 재산증식의 노력이 있었다는 사실을 증명할 수 있을 경우에는 그 증거를 확보하여 위 부동산에 대해 처분금지가처분절차를 취함과 동시에 남편 B를 상대로 그 부담 정도에 따라 고유지분권이전등기청구를 제기하여 남편의 처분을 막을 수 있다. 이혼시 재산분할의 대상이 되는 것은 혼인생활 중 공동노력으로 취득한 공유재산이다. 그런데 사례에서 주택은 A의 단독소유이므로 A는 부당이득반환청구 또는 원상회복에 의하여 소유권을 회복할 수 있다(재산분할은 가사사건이고 원상회복은 민사사건이므로 관할이 다르다). 따라서 ⓑ만 틀렸다. <답 ②>

26. 부부의 재산관계에 관한 설명 중 옳은 것을 모두 고르면? (다툼이 있는 경우에는 판례에 의함) <사시 2010년: 배점 2, 사시 2013년 유사>

㉠ 혼인 중의 부부계약은 혼인관계가 형식적으로 계속되고 있을 뿐 실질적으로 파탄된 때에는 혼인 중이라 하더라도 취소할 수 없다.
㉡ 부부재산계약이 법원의 허가를 얻어 변경된 때에는 등기하지 않아도 이로써 부부의 승계인 또는 제3자에게 대항할 수 있다.
㉢ 甲(男)이 乙(女)과 재혼하기로 하면서 혼인 후 A부동산을 乙에게 증여하기로 약정하였는데, 이 약정을 등기하지 않은 채 혼인신고를 하였다. 甲이 위 약정을 이행하지 않고 사망하였다면 乙은 甲의 전처 소생 자녀 丙에게 위 증여약정으로 대항할 수 없다.

ㄹ 甲이 乙에게 자신의 부동산을 명의신탁한 것이 「부동산실권리자명의 등기에 관한 법률」에 따라 무효라고 하더라도, 그 후 甲이 乙과 혼인하였다면 조세포탈, 강제집행면탈, 법령상 제한의 회피 등을 목적으로 하지 않는 한 위 등기는 혼인한 때로부터 유효하게 된다.
ㅁ 부부의 일방이 배우자를 대리하여 일상의 가사가 아닌 법률행위를 하려면 별도의 수권행위가 필요하지만, 그 배우자가 의식불명 상태여서 사회통념상 대리관계를 인정할 필요가 있다면 모든 법률행위에 관하여 대리권을 갖는다.

① ㄱ, ㄴ ② ㄴ, ㄷ ③ ㄴ, ㅁ
④ ㄱ, ㄷ, ㄹ ⑤ ㄱ, ㄹ, ㅁ ⑥ ㄴ, ㄷ, ㄹ

해설

ㄱ 실질적으로 파탄에 이른 상태라면 계약의 취소는 할 수 없다(대판 1993.11.26. 93다40072). ㄴ 등기하지 않으면 대항할 수 없다(제829조 5항). ㄷ 제829조 4항. ㄹ 본래 명의신탁등기가 부동산실권리자명의등기에 관한 법률의 규정에 따라 무효로 된 경우에도, 그 후 명의신탁자가 수탁자와 혼인을 함으로써 법률상 배우자가 되고 위 특례의 예외사유에 해당되지 않으면, 그 때부터는 위 특례가 적용되어 그 명의신탁등기가 유효로 된다고 보아야 한다(대결 2002.10.28. 2001마1235). ㅁ 대리가 적법하게 성립하기 위하여는 대리행위를 한 자, 즉 대리인이 본인을 대리할 권한을 가지고 그 대리권의 범위 내에서 법률행위를 하였음을 요하며, 부부의 경우에도 일상의 가사가 아닌 법률행위를 배우자를 대리하여 행함에 있어서는 별도로 대리권을 수여하는 수권행위가 필요한 것이지, 부부의 일방이 의식불명의 상태에 있어 사회통념상 대리관계를 인정할 필요가 있다는 사정만으로 그 배우자가 당연히 채무부담행위를 포함한 모든 법률행위에 관하여 대리권을 갖는다고 볼 것은 아니다(대판 2000.12.8. 99다37856). <답 ④>

5. 이 혼

27. 협의상 이혼에 관한 설명 중 틀린 것은?

① 미성년자는 부모 또는 후견인의 동의 없이도 이혼할 수 있다.
② 피성년후견인은 부모 또는 성년후견인의 동의를 얻어 이혼할 수 있고, 피성년후견인의 성년후견인은 그를 대리하여 재판상 이혼을 청구할 수 있다.
③ 협의이혼은 이혼의사의 확인을 가정법원에 구하고 그 확인의 등본을 첨부하여 이혼신고를 하여야 효력이 생긴다.
④ 법정대리인은 본인을 대리하여 협의이혼할 수 있다.
⑤ 피한정후견인은 한정후견인의 동의 없이도 이혼할 수 있다.

해설

① 제826조의2. 성년이 되었으므로 타당하다. ② 제835조, 제808조의2. 즉, 의식불명의

식물상태와 같은 의사무능력 상태에 빠져 성년후견개시의 심판을 받은 자의 배우자에게 부정행위나 악의의 유기 등과 같이 민법 제840조 각 호가 정한 이혼사유가 존재하고 나아가 피성년후견인의 이혼의사를 객관적으로 추정할 수 있는 경우에는, 민법 제947조와 제949조에 의하여 피성년후견인의 요양 · 감호와 그의 재산관리를 기본적 임무로 하는 후견인으로서는 의사무능력 상태에 있는 피성년후견인을 대리하여 그 배우자를 상대로 재판상 이혼을 청구할 수 있다. 다만, 위와 같은 피성년후견인의 이혼의사를 추정할 수 있는 것은 당해 이혼사유의 성질과 정도를 중심으로 피성년후견인 본인의 결혼관 내지 평소 일상생활을 통하여 가족 · 친구 등에게 한 이혼에 관련된 의사표현, 피성년후견인이 의사능력을 상실하기 전까지 혼인생활의 순탄 정도와 부부간의 갈등해소방식, 혼인생활의 기간, 피성년후견인의 나이 · 신체 · 건강상태와 간병의 필요성 및 그 정도, 이혼사유 발생 이후 배우자가 취한 반성적 태도나 가족관계의 유지를 위한 구체적 노력의 유무, 피성년후견인의 보유 재산에 관한 배우자의 부당한 관리 · 처분 여하, 자녀들의 이혼에 관한 의견 등의 제반 사정을 종합하여 혼인관계를 해소하는 것이 객관적으로 피성년후견인의 최선의 이익에 부합한다고 인정되고 피성년후견인에게 이혼청구권을 행사할 수 있는 기회가 주어지더라도 혼인관계의 해소를 선택하였을 것이라고 볼 수 있는 경우이어야 한다(피성년후견인에 관한 대판 2010.4.29. 2009므639 참고). ③ 제836조에서 협의상 이혼은 가정법원의 확인을 얻어 가족관계등록법에 정한 바에 의하여 신고함으로써 그 효력이 있다고 한다(가족관계등록법 제75조). ④ 신분행위이므로 대리할 수 없다. ⑤ 피한정후견인은 신분행위를 한정후견인의 동의 없이 자유롭게 할 수 있다. <답 ④>

28. **이혼에 관한 다음 설명 중 옳은 것은?**

① 사기 또는 강박으로 인하여 이혼의 의사표시를 한 자가 그 의사표시를 취소하려면, 추인할 수 있는 날로부터 3년 내에, 의사표시를 한 날로부터 10년 내에 취소권을 행사하여야 한다.

② 유효하게 작성된 협의이혼 신고서가 수리되기 전에 가족관계등록 공무원에게 협의이혼의사의 철회신고서가 제출되었더라도, 그 후에 위 협의이혼신고서가 수리된 경우 이혼은 유효하다.

③ 법원에 의한 협의이혼의사 확인절차에서 협의이혼의사의 확인이 있었다는 것만으로 재판상 이혼사유가 될 수 없지만, 그 의사확인 당시에 더 이상 혼인을 계속할 수 없는 중대한 사유가 있었다고 추정될 수 있다.

④ 재판상 이혼을 원인으로 하는 손해배상청구는 가정법원의 전속관할에 속하므로, 배우자의 상간자에 대하여 배우자와 상간자 사이의 부정행위로 인하여 혼인관계가 파탄에 이르렀음을 원인으로 한 위자료의 지급을 구하는 손해배상청구는 이혼을 원인으로 하는 제3자에 대한 손해배상청구로서 가정법원의 전속관할에 속한다.

⑤ 이혼시 자의 양육에 관한 협의가 있었는지 여부와 상관없이 법원이 직권으로 양육자를 정한다.

해설 ……………………………………………

① 그 사기를 안 날 또는 강박을 면한 날로부터 3월을 경과한 때에는 그 취소를 청구하

지 못한다(제839조 및 제823조). ② 부부가 이혼하기로 협의하고 가정법원의 협의이혼의사 확인을 받았다고 하더라도 호적법에 정한 바에 의하여 신고함으로써 협의이혼의 효력이 생기기 전에는 부부의 일방이 언제든지 협의이혼의사를 철회할 수 있는 것이어서, 설사 호적공무원이 착오로 협의이혼의사 철회신고서가 제출된 사실을 간과한 나머지 그 후에 제출된 협의이혼신고서를 수리하였다고 하더라도 협의상 이혼의 효력이 생길 수 없다(대판 1994.2.8. 93도2869). ③ 법원에 의한 협의이혼의사 확인절차는 확인 당시에 당사자들이 이혼할 의사를 가지고 있었는가를 밝히는데 그치는 것이므로, 협의이혼의사의 확인이 있었다는 것만으로 재판상 이혼사유가 될 수 없으며 그 의사확인 당시에 더 이상 혼인을 계속할 수 없는 중대한 사유가 있었다고 추정될 수도 없다(대판 1988.4.25. 87므28). ④ 대판 2008.7.10. 2008다17762. ⑤ 이혼 후 자의 양육에 관한 사항의 협의가 되지 아니하거나 협의할 수 없는 경우에 가정법원이 직권으로 정할 수 있다(제837조 4항 참조). <답 ④>

29. 협의이혼에 관한 설명 중 옳은 것(○)과 옳지 않은 것(×)을 바르게 표시한 것은? <사시 2010년: 배점 3, 사시 2012년 유사, 사시 2013년 유사>

> ㉠ 협의이혼을 하려는 자는 가정법원이 제공하는 안내와 상담을 받아야 한다.
> ㉡ 자녀를 둔 부부가 협의이혼을 하려면 자녀의 성년 여부를 묻지 않고 원칙적으로 3개월의 숙려기간을 거쳐야 한다.
> ㉢ 미성년인 자녀를 둔 부부가 협의이혼을 하려면 자의 양육자 결정, 자의 친권자 결정, 재산분할에 관한 협의서 또는 이에 관한 가정법원의 심판정본을 법원에 제출하여야 한다.
> ㉣ 미성년인 자녀를 둔 부부가 협의이혼을 하면서 양육자를 부(父)로 정하였더라도, 가정법원은 자(子)의 복리를 위하여 필요하다고 인정하는 경우에는 직권으로 양육자를 모(母)로 변경할 수 있다.
> ㉤ 미성년인 자녀를 둔 부부가 협의이혼을 하면서 양육자와 친권자를 부(父)로 정하였는데, 그 후 가정법원이 신청에 의하여 양육자를 모(母)로 변경하려면 친권자도 모(母)로 변경하여야 한다.

① ㉠(○), ㉡(○), ㉢(○), ㉣(×), ㉤(○)
② ㉠(×), ㉡(×), ㉢(×), ㉣(○), ㉤(×)
③ ㉠(○), ㉡(×), ㉢(○), ㉣(○), ㉤(×)
④ ㉠(×), ㉡(×), ㉢(○), ㉣(○), ㉤(×)
⑤ ㉠(○), ㉡(○), ㉢(×), ㉣(×), ㉤(○)
⑥ ㉠(×), ㉡(○), ㉢(×), ㉣(×), ㉤(○)

해설

㉠ 이혼에 관한 안내를 받아야 하지만 전문상담인의 상담은 권고사항이다(제836조의2 제1항). ㉡ 양육할 자가 없는 경우 숙려기간은 1개월이다(제836조의2 제2항). ㉢ 재산분할에 관한 협의서를 제출할 필요는 없다(제836조의2 제4항). ㉣ 제837조 5항. ㉤ 양육에 관한

사항의 결정이나 변경이 있더라도 양육에 관한 사항 이외에는 부모의 권리의무에 변경을 가져오지 아니한다(제837조 6항). <답 ②>

30. 협의이혼의 무효 · 취소에 관한 다음 설명 중 부당한 것은?

① 채권자의 집행을 면하기 위해 일시적으로 이혼합의를 한 것이라고 인정할 만한 증거가 없다면, 이혼할 의사가 없이 이루어진 이혼신고라고 하더라도 이혼신고서가 수리된 이상 그 이혼은 유효하다.

② 혼인생활의 파탄 없이 종전처럼 동거하면서 통모한 이혼신고의 경우 그 이혼은 무효이다.

③ 협의이혼의 취소는 가정법원의 조정을 요하지 않는 심판사항이다.

④ 협의이혼이 위법한 협박행위로 인한 경우 그 이혼은 취소할 수 있다.

⑤ 협의이혼이 사기로 인한 경우 그 이혼은 취소할 수 있다.

해설

① 대판 1975.8.19. 75도1712. ②는 이혼의사가 없는 경우인데, 민법상 규정은 없으나 가소법 제2조 1항 '가류' 2호에 해당한다. ③ 가소법 제2조 1항 '나류' 3호, 제50조에 의하여 조정전치주의가 적용되는 판결사항이다. ④⑤ 제838조에서 인정한다. <답 ③>

31. 이혼에 관한 다음 설명 중 옳은 것을 바르게 짝지으면? (다툼이 있는 경우에는 판례에 의함) <사시 2005년 변형>

> ㉠ 3년 이상 생사불명을 이유로 이혼판결이 확정된 경우에는 그 행방불명자가 생환하더라도 전혼(前婚)관계가 당연히 부활하는 것은 아니다.
>
> ㉡ 악의의 유기를 원인으로 하는 이혼청구권은 그 유기상태가 계속되는 한 제척기간의 경과로 소멸할 여지가 없다.
>
> ㉢ 배우자로부터 심히 부당한 대우를 받았음을 사유로 하는 이혼청구권(민법 제840조 제3호)은 그 사유가 있은 날로부터 2년의 제척기간의 제한을 받지 않는다.
>
> ㉣ 혼인이 이미 다른 원인에 의하여 파탄되고 있는 경우에는 배우자 일방에 부정행위 등과 같은 유책적인 행위가 있더라도 그것으로서 유책배우자라고 할 수 없다.

① ㉠, ㉡, ㉢, ㉣ ② ㉠, ㉡, ㉢ ③ ㉠, ㉡, ㉣
④ ㉠, ㉢, ㉣ ⑤ ㉡, ㉢, ㉣ ⑥ ㉡, ㉣
⑦ ㉠, ㉢ ⑧ ㉠, ㉣

해설

㉠ 옳음. 3년 이상 생사불명에 따른 이혼은 실종선고와는 무관하므로 이혼판결 후에 생존

하더라도 혼인이 부활하지 않는다. ㉡ 옳음. 악의의 유기를 원인으로 하는 재판상 이혼청구권이 법률상 그 행사기간의 제한이 없는 형성권으로서 10년의 제척기간에 걸린다고 하더라도 악의로 다른 일방을 유기하는 것이 이혼청구 당시까지 존속되고 있는 경우에는 기간 경과에 의하여 이혼청구권이 소멸할 여지는 없다(대판 1998.4.10. 96므1434). ㉢ 옳음. 민법 제842조의 제척기간에 관한 규정은 민법 제840조 제6호의 사유에 기한 이혼청구에만 적용될 뿐 민법 제840조 3호의 사유에 기한 이혼청구에 유추적용될 수 없다(대판 1993.6.11. 92므1054,1061). ㉣ 옳음. 대판 1979.2.24. 69므13. <답 ①>

32. **이혼에 관한 다음 설명 중 옳지 않은 것을 고르면?** <사시 2013년 유사>

① 재판상 이혼은 이혼판결이 확정된 때, 협의이혼은 일정기간(숙려기간)이 경과한 후 가정법원으로부터 이혼의사의 확인을 받은 때에 각각 효력이 발생한다.

② 재판상 이혼사유인 '배우자의 부정한 행위가 있었을 때'의 부정한 행위라고 함은, 객관적으로 부정한 행위에 해당한다고 볼 만한 사실만으로는 부족하고 내심의 자유로운 의사에 의하여 행해져야 한다.

③ 축첩으로 인한 이혼청구의 제척기간은 본처가 축첩사실을 처음으로 안 때 또는 축첩을 개시한 때가 아니라, 축첩행위가 종료한 때로부터 기산된다.

④ 혼인관계의 파탄에 대하여 주로 책임이 있는 배우자가 재판상 이혼을 청구한 경우에 원칙적으로 그 이혼청구는 배척되어야 한다는 것이 현재의 대법원의 판례이다.

⑤ 배우자 일방의 유책이 아닌 단순한 성격불일치, 애정상실, 신앙의 차이도 경우에 따라 재판상 이혼사유가 될 수 있다.

해설

① 재판상 이혼은 이혼판결 확정에 의해 효력이 발생하고 가족관계등록법 제78조 · 제58조에 의한 이혼신고는 보고적 신고이지만, 협의상 이혼은 가정법원의 확인을 받은 날로부터 3월 이내에 신고함으로써 비로소 효력이 발생한다(제836조 1항). ② 민법 제840조 제1호 소정 배우자에 부정한 행위가 있었을 때의 부정한 행위라고 함은 객관적으로 그것이 부정한 행위에 해당한다고 볼만한 사실이 있어야 하고 또 이것이 내심의 자유로운 의사에 의하여 행하여 졌다는 두 가지의 요소를 필요로 하는 것으로서 비록 객관적으로는 부정한 행위라고 볼 수 있는 사실이 있다고 하더라도 그것이 자유로운 의사에 의하여 이루어지지 않은 경우는 여기에서 말하는 부정한 행위라고 할 수는 없다(대판 1976.12.14. 76므10). ③ 제841조. ④ 현재의 판례는 유책배우자의 이혼청구가 인정되기 위해서는, 첫째 모든 사정으로 보아 피청구인에게도 이혼의사가 있다고 판단되는 경우(이혼불응이 단지 보복의 목적으로 행해지는 경우도 포함: 대판 1987.4.14. 86므28), 둘째 청구인의 유책적 행위가 혼인파탄의 주요한 원인이 아닌 경우(대판 1986.3.25. 85므85), 셋째 혼인파탄의 원인이 청구인과 피청구인에게 같은 정도로 있거나 피청구인쪽이 더 큰 경우 등이어야 한다(대판 1988.2.9. 87므60). ⑤ 성격불일치가 혼인을 계속하기 어려운 중대한 사유라고 볼 수 없다는 판례(대판 1967.2.7. 66므34)도 있으나, 있다고 본 판례(대판 1986.3.25. 85므72)도

있다. <답 ①>

33. 이혼에 따른 자(子)의 양육에 관한 다음 설명 중 옳은 것(○)과 옳지 않은 것(×)을 바르게 표시한 것은? (다툼이 있는 경우에는 판례에 의함)

> ㉠ 자(子)를 모(母)가 양육하여 왔던 경우, 판례는 모가 자신이 부담한 과거의 양육비 중 일부를 부(父)에게 청구할 수 있다고 한다.
> ㉡ 이혼 후 부모와 자녀의 관계에 있어서 친권과 양육권이 항상 같은 사람에게 돌아가야 하는 것은 아니다.
> ㉢ 협의이혼하고자 하는 부부는 양육과 친권자 결정에 관한 협의서 또는 가정법원의 심판정본을 이혼확인 시 의무적으로 제출하여야 한다.
> ㉣ 어린 여아의 양육에는 어머니가 아버지보다 더 적합할 것이라는 일반적 고려만으로는 아버지가 자를 양육해온 현재의 상태를 변경하는 데 정당성을 부여할 수 없다.

① ㉠(○), ㉡(○), ㉢(○), ㉣(○) ② ㉠(○), ㉡(○), ㉢(×), ㉣(×)
③ ㉠(○), ㉡(○), ㉢(×), ㉣(○) ④ ㉠(○), ㉡(○), ㉢(○), ㉣(×)
⑤ ㉠(×), ㉡(○), ㉢(○), ㉣(○) ⑥ ㉠(×), ㉡(○), ㉢(×), ㉣(×)
⑦ ㉠(×), ㉡(×), ㉢(○), ㉣(×) ⑧ ㉠(×), ㉡(×), ㉢(×), ㉣(×)

해설

㉠ 과거의 부양료도 청구할 수 있다(대결[전] 1994.5.13. 92스31). ㉡ 즉, 이혼 후 자에 대한 양육권이 부모 중 어느 일방에, 친권이 다른 일방에 또는 부모에 공동으로 귀속되는 것으로 정하는 것은, 비록 신중한 판단이 필요하다고 하더라도, 일정한 기준을 충족하는 한 허용된다고 할 것이다(대판 2012.4.13. 2011므4719). ㉢ 제836조의2 4항, 제837조, 제909조 4항. ㉣ 피고(父)는 원고(母)와의 별거 이후 수년 간 사건 본인을 양육해 왔고 그 결과 사건 본인의 피고에 대한 정서적 유대관계가 원고의 경우보다 더욱 친밀하게 형성되어 있는 점, 사건 본인이 원고와 피고가 헤어질 경우 피고와 같이 살고 싶다는 의사를 분명히 밝히고 있는 점, 피고는 사건 본인을 직접 돌보는 데 별 다른 지장이 없는 반면, 원고는 레스토랑을 운영하면서 사건 본인을 양육할 계획이어서 그 양육의 상당 부분을 제3자에게 의존할 수밖에 없는 형편인 점 등의 사정을 감안하여 양육자의 변경을 정한 원심판결을 파기하였다(대판 2010.5.13. 2009므1458,1465 참고). <답 ①>

34. 협의이혼 후 자(子)의 양육 및 면접교섭권과 친권에 관한 설명 중 옳은 것(○)과 옳지 않은 것(×)을 바르게 표시한 것은? <사시 2011년 변형: 배점 3>

> ㄱ. 가정법원에 이혼의사의 확인을 신청한 당사자에게 양육하여야 할 자(子)가 있는 경우, 그 당사자는 자(子)의 양육에 관한 사항 및 친권자 결정에 관한 협의서 또는 그에 관한 가정법원의 심판정본을 제출하여야 한다.
> ㄴ. 자(子)의 양육에 관한 사항의 협의가 이루어지지 아니하거나 협

의할 수 없는 때에는 가정법원은 직권으로 또는 당사자의 청구에 따라 이에 관하여 결정한다.

ㄷ. 가정법원은 당사자가 협의한 양육비 부담에 관한 내용을 확인하는 양육비부담조서를 작성하여야 하며, 이 조서는 양육비 지급의 집행권원이 된다.

ㄹ. 면접교섭권은 자(子)를 직접 양육하지 않는 부모의 일방에게 인정되는 부모만의 권리이며, 가정법원은 자(子)의 복리를 위하여 필요한 경우 당사자의 청구 또는 직권에 의하여 면접교섭을 제한하거나 배제할 수 있다.

ㅁ. 친권자가 부모 일방으로 정하여진 후에도 자(子)의 복리를 위하여 필요하다고 인정되는 경우에는 가정법원은 자(子)의 4촌 이내의 친족의 청구에 의하여 친권자를 다른 일방으로 변경할 수 있다.

① ㄱ(○), ㄴ(×), ㄷ(○), ㄹ(×), ㅁ(○)
② ㄱ(○), ㄴ(×), ㄷ(×), ㄹ(○), ㅁ(×)
③ ㄱ(×), ㄴ(×), ㄷ(○), ㄹ(○), ㅁ(×)
④ ㄱ(×), ㄴ(×), ㄷ(×), ㄹ(×), ㅁ(○)
⑤ ㄱ(○), ㄴ(○), ㄷ(○), ㄹ(×), ㅁ(○)
⑥ ㄱ(○), ㄴ(○), ㄷ(○), ㄹ(○), ㅁ(×)
⑦ ㄱ(×), ㄴ(○), ㄷ(○), ㄹ(○), ㅁ(×)
⑧ ㄱ(×), ㄴ(○), ㄷ(×), ㄹ(×), ㅁ(○)

해설

㉠ 옳음. 민법 제836조의2. ㉡ 옳음. 민법 제837조. ㉢ 옳음. 민법 제836조의2 제5항. ㉣ 틀림. 자(子)에게도 면접교섭권이 인정된다(민법 제837조의2 제1항). ㉤ 옳음. 민법 제909조 제6항. <답 ⑤>

35. 재산분할청구에 관한 판례의 설명 중 옳은 것은?

① 이혼으로 인한 재산분할청구권은 협의 또는 심판에 의하여 그 구체적 내용이 형성되기까지는 그 범위 및 내용이 불명확·불확정하기 때문에 구체적으로 권리가 발생하였다고 할 수 없으므로 이를 보전하기 위하여 채권자대위권을 행사할 수 없다.

② 부부 일방이 혼인 중 제3자에 대하여 부담한 부동산에 대한 임대차보증금반환채무는 특별한 사정이 없는 한 재산분할시 청산의 대상이 되지 못한다.

③ 제3자에게 명의신탁된 재산도 분할대상이 되고, 재산분할대상이 되는 재산의 가액은 반드시 시가감정에 의하여 인정되어야 한다.

④ 재산분할은 가사비송사건으로서 당사자의 변론에 의지하므로 법원은 당사자가 주장하는 범위에서 재산분할의 청구와 그 대상을 평가할 수 있다.
⑤ 재산분할에 관한 판결이유에서 부부의 공동채무를 처에게 귀속시킨다고 설시하고 그 판결이 확정된 경우, 위 채무가 모두 처에게 귀속됨을 전제로 이를 재산분할금에 가산하여 재산분할의 판결을 한 조치는 정당하다.

해설

① 이혼으로 인한 재산분할청구권은 협의 또는 심판에 의하여 그 구체적 내용이 형성되기까지는 그 범위 및 내용이 불명확·불확정하기 때문에 구체적으로 권리가 발생하였다고 할 수 없으므로 이를 보전하기 위하여 채권자대위권을 행사할 수 없고, 위자료청구권을 피보전권리로 하는 경우에도 채무자의 무자력이 인정되지 아니하는 한 보전의 필요성이 있다고 할 수 없어 권리보호의 자격이 없다(대판 1999.4.9. 95다58016). ② 부부 일방이 혼인 중 제3자에 대하여 채무를 부담한 경우에 그 채무 중에서 공동재산의 형성에 수반하여 부담하게 된 채무는 청산의 대상이 되는 것인데, 부동산에 대한 임대차보증금반환채무는 특별한 사정이 없는 한 혼인 중 재산의 형성에 수반한 채무로서 청산의 대상이 되는 것이다(대판 1999.6.11. 96므1397). ③ 제3자에게 명의신탁된 재산도 분할의 대상이 된다(대판 1993.6.11. 92므1054,1061). 재산분할 사정의 기초가 되는 재산의 가액은 반드시 시가감정에 의하여 인정하여야 하는 것은 아니지만 객관성과 합리성이 있는 자료에 의하여 평가하여야 한다(대판 1999.6.11. 96므1397). ④ 재산분할사건은 가사비송사건에 해당하고(가소법 제2조 1항 나 (2) ④), 가사비송절차에 관하여는 가사소송법에 특별한 규정이 없는 한 비송사건절차법 제1편의 규정을 준용하고 있으며(가소법 제34조), 비송사건절차에 있어서는 민사소송의 경우와 달리 당사자의 변론에만 의존하는 것이 아니고, 법원이 자기의 권능과 책임으로 재판의 기초가 되는 자료를 수집하는, 이른바 직권탐지주의에 의하고 있으므로(비송법 제11조), 법원으로서는 당사자의 주장에 구애되지 아니하고 재산분할의 대상이 무엇인지 직권으로 사실조사를 하여 포함시키거나 제외시킬 수 있다(대판 1999.11.26. 99므1596,1602). ⑤ 재산분할에 관한 판결의 이유에서 부부의 공동채무를 처에게 귀속시킨다고 설시한 경우, 그 판결이 그대로 확정된다고 하더라도 그로써 위 채무 중 남편이 부담하여야 할 부분이 처에게 면책적으로 인수되는 법률적 효력이 발생한다고 볼 근거는 없으므로, 위 채무가 모두 처에게 귀속됨을 전제로 이를 재산분할금에 가산하여 재산분할의 판결을 할 수는 없다(위 99므1596,1602 판결). <답 ①>

36. 재산분할청구권에 관한 다음 설명 중 옳은 것을 모두 고르면? (다툼이 있는 경우에는 판례에 의함) <사시 2000년 변형>

㉠ 이혼에 따른 재산분할이 사해행위로서 채권자취소의 대상이 되기 위해서는 재산분할이 상당한 정도를 벗어나는 과대한 것이라는 데에 대한 증명책임은 채권자에게 있다.
㉡ 이혼 전이라도 시부모와 장인·장모는 재산분할청구권의 당사자가 될 수 있다.
㉢ 이혼한 날로부터 2년의 소멸시효에 걸린다.
㉣ 재산분할사건은 가사소송사건이다.

> ㉤ 중혼적 사실혼이 해소되는 경우에는 원칙적으로 재산분할청구권이 인정되지 않는다.

① ㉡, ㉢, ㉣ ② ㉠, ㉡, ㉤ ③ ㉠, ㉣, ㉤
④ ㉠, ㉤ ⑤ ㉢, ㉤

해설

㉠ 대법원 2000.7.28. 2000다14101 등. ㉡ 재산분할청구의 당사자는 원칙적으로 부부에 한정된다. 다만 재산분할청구소송 도중 당사자가 사망하고 전 배우자의 부모가 상속인인 경우에는 당사자가 될 수 있다. 원래 당시 42회 사법시험에서는 시부모 '또는' 장인 · 장모라는 표현을 사용하였는데, 이러한 표현은 현재 이혼이 완료되지 않은 것으로 해석하면 당사자가 될 수 없을 것이고, 이 표현을 전 배우자의 시부모 · 장인 · 장모로 해석한다면 당사자가 될 수 있다는 이유 때문에 이 경우도 가능하다고 보았다. ㉢ 재산분할청구권의 행사기간은 제척기간으로, 그 기간이 도과하였는지 여부는 당사자의 주장에 관계없이 법원이 당연히 조사하여 고려할 사항이다(대판 1994.9.9. 94다17536). ㉣ 재산분할청구소송은 가사비송 '마류'로 분류된다(가소법 제2조 1항 나류 (2) 4). ㉤ 법률상 배우자 있는 자는 그 법률혼 관계가 사실상 이혼상태라는 등의 특별한 사정이 없는 한, 사실혼 관계에 있는 상대방에게 그와의 사실혼 해소를 이유로 재산분할을 청구하는 것은 허용되지 않는다(대판 1996.9.20. 96므530 등). <답 ④>

37. 이혼시 재산분할에 관한 설명 중 판례의 입장과 다른 것만 고르면?

> ㉠ 재판상 이혼을 전제로 한 재산분할의 경우 분할의 대상이 되는 재산과 그 액수는 이혼소송의 사실심 변론종결일을 기준으로 정하여야 한다.
> ㉡ 이미 채무초과 상태에 있는 채무자가 이혼을 하면서 배우자에게 재산분할로 재산을 양도함으로써 일반채권자에 대한 공동담보를 감소시키는 결과로 되는 경우, 그 재산분할이 상당하다고 할 수 없을 정도로 과다하고 재산분할을 구실로 이루어진 재산처분이라고 인정되는 때에는 사해행위로서 채권자취소권의 대상이 될 수 있다.
> ㉢ 이혼소송과 병합하여 재산분할청구를 하는 경우, 이혼이 성립하기 전이라도 법원이 이혼과 동시에 재산분할을 명하는 판결을 하는 때에는 그 시점에서 가집행을 허용할 수 있다.
> ㉣ 부부일방이 아직 퇴직하지 아니한 채 직장에 근무하고 있을 경우, 그의 퇴직일과 수령할 퇴직금이 확정되었다는 등의 특별한 사정이 없다면, 그가 장차 퇴직금을 받을 개연성이 있다는 사정만으로 그 장래의 퇴직금을 청산의 대상이 되는 재산에 포함시킬 수는 없다.
> ㉤ 부부의 일방이 실질적으로 혼자서 지배하고 있는 주식회사(이른바

> '1인회사')라고 하더라도 그 회사 소유의 재산을 바로 그 개인의 재산으로 평가하여 재산분할의 대상에 포함시킬 수는 없다.

① ㉠ ② ㉡ ③ ㉢
④ ㉣ ⑤ ㉠, ㉡ ⑥ ㉢, ㉣

해설

㉠ 대판 2000.9.22. 99므906. ㉡ 대판 2000.7.28. 2000다14101 등. ㉢ 재산분할청구권은 이혼이 성립한 때에 그 법적 효과로서 비로소 발생하는 것이다. 따라서 당사자가 이혼이 성립하기 전에 이혼소송과 병합하여 재산분할 청구를 하고, 법원이 이혼과 동시에 재산분할을 명하는 판결을 하는 경우에도 이혼판결은 확정되지 아니한 상태이므로, 그 시점에서 가집행을 허용할 수는 없다(대판 1998.11.12. 98므1193). ㉣ 대결 2000.5.2. 2000스13 등. ㉤ 주식회사와 같은 기업의 재산은 다양한 자산 및 부채 등으로 구성되는 것으로서 그 회사의 재산에 대하여는 일반적으로 이를 종합적으로 평가한 후에야 1인 주주에 개인적으로 귀속되고 있는 재산가치를 산정할 수 있을 것이다. 따라서 그의 이혼에 있어서 재산분할에 의한 청산을 함에 있어서는 특별한 사정이 없는 한 회사의 개별적인 적극재산의 가치가 그대로 1인 주주의 적극재산으로서 재산분할의 대상이 된다고 할 수 없다(대판 2011.3.10. 2010므4699,4705,4712). <답 ③>

38. 이혼으로 인한 재산분할청구권에 관한 설명 중 옳지 않은 것을 모두 고르면? (다툼이 있는 경우에는 판례에 의함) <사시 2009년 변형: 배점 2>

> ㉠ 법원이 합리적인 근거 없이 적극재산과 소극재산을 구별하여 분담비율을 달리 정한다거나, 분할대상 재산들을 개별적으로 구분하여 분할비율을 달리 정함으로써 분할할 적극재산의 가액을 임의로 조정할 수는 없다.
> ㉡ 부부의 일방이 혼인 전부터 가진 고유재산과 혼인 중 자기의 명의로 취득한 특유재산은 분할의 대상이 되지 아니하므로, 부부 일방이 다른 일방의 특유재산 유지에 협력하여 그 감소를 방지하였거나 그 증식에 협력하였다는 이유만으로 위 특유재산을 청산의 대상으로 삼을 수는 없다.
> ㉢ 원·피고 공동명의의 부동산이 분할대상임을 전제로 피고에게는 지분의 이전등기를, 원고에게는 금전의 지급을 명한 재산분할 재판이 확정되었으나, 위 부동산이 제3자가 명의신탁한 것임이 밝혀진 경우, 피고가 원고에 대하여 금전지급의무의 이행을 강제하는 것은 신의칙상 허용되지 않는다.
> ㉣ 이혼을 원하는 당사자들이 이혼소송과 병합하여 재산분할을 청구하면서, 그 재산에 가집행을 청구할 수도 있다.
> ㉤ 이혼에 있어서 재산분할은 부부가 혼인 중에 가지고 있었던 실질상 공동재산을 청산하여 분배함과 동시에 이혼 후에 상대방의 생

활유지에 이바지하는 데 있으므로, 성년에 달한 자녀들에 대한 부양의무를 부담하는지 등의 사정은 참작할 수 있으나, 일방의 유책행위에 의하여 이혼함으로 인하여 입게 되는 정신적 손해를 배상하기 위한 급부로서의 성질까지 포함하여 분할할 수는 없다.
ⓑ 재산분할의 대상이 되는 분양권매도대금을 형성하는 데 필수적으로 지출되는 비용인 '양도소득세 및 주민세'는 청산의 대상이 된다.

① ㉡, ㉢, ㉣, ㉤ ② ㉠, ㉡, ㉣ ③ ㉠, ㉢, ㉣
④ ㉡, ㉣, ㉤ ⑤ ㉡, ㉤, ㉥

해설

㉠ 옳음. 대판 2002.9.4. 2001므718 참고. ㉡ 틀림. 민법 제839조의2에 규정된 재산분할 제도는 혼인 중에 취득한 실질적인 공동재산을 청산 분배하는 것을 주된 목적으로 하는 것으로, 이 경우 부부 일방의 특유재산은 원칙적으로 분할의 대상이 되지 아니하나 특유재산일지라도 다른 일방이 적극적으로 그 특유재산의 유지에 협력하여 그 감소를 방지하였거나 그 증식에 협력하였다고 인정되는 경우에는 분할의 대상이 될 수 있다(대결 2002.8.28. 2002스36 등 참고). ㉢ 옳음. 대판 2003.2.28. 2000므582 참고. ㉣ 틀림. 재산분할청구권은 이혼이 성립한 때에 그 법적 효과로서 비로소 발생하는 것이므로, 당사자가 이혼이 성립하기 전에 이혼소송과 병합하여 재산분할의 청구를 하고, 법원이 이혼과 동시에 재산분할을 명하는 판결을 하는 경우에도 이혼판결은 확정되지 아니한 상태이므로, 그 시점에서 가집행을 허용할 수는 없다(대판 1998.11.13. 98므1193 참고). ㉤ 틀림. 이혼하는 부부의 자녀들이 이미 모두 성년에 달한 경우, 부(父)가 자녀들에게 부양의무를 지더라도 이는 어디까지나 부(父)와 자녀들 사이의 법률관계일 뿐, 이를 부부의 이혼으로 인하여 이혼 배우자에게 지급할 위자료나 재산분할의 액수를 정하는 데 참작할 사정으로 볼 수는 없다(대판 2003.8.19. 2003므941). 또한 이혼에 있어서 재산분할은 부부가 혼인 중에 가지고 있었던 실질상의 공동재산을 청산하여 분배함과 동시에 이혼 후에 상대방의 생활유지에 이바지하는 데 있지만, 분할자의 유책행위에 의하여 이혼함으로 인하여 입게 되는 정신적 손해(위자료)를 배상하기 위한 급부로서의 성질까지 포함하여 분할할 수도 있다(대판 2005.1.28. 2004다58963 참고). ㉥ 옳음. 부부 일방이 혼인 중 제3자에게 부담한 채무는 일상가사에 관한 것 이외에는 원칙적으로 그 개인의 채무이므로 청산의 대상이 되지 않으나, 그것이 공동재산의 형성에 수반하여 부담한 채무인 경우에는 청산의 대상이 된다. (따라서) 피고가 주택분양권을 매도하고 그에 따른 양도소득세 등을 자진납부세액으로 신고한 사안에서, 그 양도소득세 등은 분할대상 재산인 분양권의 매도대금 형성에 있어 필수적으로 지출될 것이 예정되어 있는 비용으로서 청산의 대상이 되는 소극재산으로 평가되어야 한다(대판 2010.4.15. 2009므4297). <답 ④>

39. 재판상 이혼을 청구하는 자가 행사하는 재산분할청구권과 위자료청구권을 비교한 설명 중 틀린 것만 고르면? (다툼이 있는 경우에는 판례에 의함)

<사시 2006년 유사>

㉠ 재판상 이혼을 청구하는 자가 가지는 재산분할청구권의 행사기간은 제척기간에 해당하지만, 위자료청구권의 행사기간은 소멸시효기간

에 해당한다.
㉡ 재산분할청구권은 부부 일방이 상대방에 대하여 행사할 수 있지만, 위자료청구권은 상대방 배우자 이외에 이혼에 대한 책임이 있는 제3자에 대하여도 행사할 수 있다.
㉢ 재산분할을 청구하는 사건은 가사비송사건에 해당하고, 위자료를 청구하는 사건은 가사소송사건에 해당하며, 양자 모두 가정법원의 전속관할에 속한다.
㉣ 위자료청구의 소를 제기하고자 하는 경우에는 먼저 조정을 신청하여야 하지만, 재산분할청구심판을 청구하는 경우에는 먼저 조정을 신청할 필요가 없다.

① ㉠ ② ㉡ ③ ㉢
④ ㉣ ⑤ ㉠, ㉡ ⑥ ㉢, ㉣
⑦ ㉠, ㉡, ㉢ ⑧ ㉠, ㉡, ㉢, ㉣

해설

위자료청구권은 정신상 고통에 관한 손해배상청구권에 해당한다. ㉠ 타당. 재산분할청구권행사기간인 2년은 제척기간(제839조의2 3항: 대판 1994.9.9. 94다17536)인 반면, 위자료청구권의 행사기간인 3년은 소멸시효기간이다(제766조 1항: 대판[전] 1996.12.19. 94다22927). ㉡ 재산분할청구권은 이혼한 부부의 일방이 다른 일방에 대하여 재산분할을 청구할 수 있는 권리인 반면, 위자료청구권은 부부의 일방이 이혼에 책임 있는 상대방이나 그에 가담한 공동불법행위자 또는 제3자에 대해 정신적 고통의 배상을 청구할 수 있는 권리이다(대판 2005.6.23. 2004다66001). ㉢㉣ 부부재산분할은 마류 가사비송사건이고(가소법 제2조 1항 나류 (2) 4), 이혼 등으로 인한 손해배상청구는 다류 가사소송사건이다(가소법 제2조 1항 가류 (3) 2). 나류, 다류 가사소송사건과 마류 가사비송사건에는 조정전치주의가 적용되고(가소법 제50조 1항), 둘 다 가정법원의 전속관할에 속한다. <답 ④>

40. 이혼에 관한 설명으로 타당하지 않은 것을 모두 고르시오. (다툼이 있는 경우에는 판례에 의함) <법원 2007년>

㉮ 남편이 장인에게 고용되어 일하였는데도 임금을 받지 못하고 있던 중, 처의 부모를 상대로 소를 제기할 수 없다고 오인한 후, 장인을 상대로 그 임금청구의 소를 제기할 목적으로 처와 상의하여 협의이혼한 경우 실질적인 이혼의 의사가 없으므로 그 이혼은 무효이다.
㉯ 유책배우자의 이혼청구는 허용되지 않으므로, 부부가 20여년 간 별거하면서 각자 다른 사람과 동거하는 경우라도 일방의 이혼청구는 인용되지 않는다.
㉰ 부부가 이혼하면 부양의무가 소멸하므로, 재산분할을 함에 있어서는 청산적 요소를 고려하면 충분하고 부양적 요소를 고려할 필요는 없다.

> ㉱ 협의이혼을 예정하고 미리 재산분할 협의를 한 경우 협의이혼에 따른 재산분할에 있어 분할의 대상이 되는 재산과 액수는 협의이혼이 성립한 날(이혼신고일)을 기준으로 정하여야 한다.
> ㉲ 부부일방이 청산의 대상이 되는 채무를 부담하고 있어 총재산가액에서 위 채무액을 공제하면 남는 금액이 없는 경우에는 상대방의 재산분할청구는 받아들여질 수 없다.

① ㉮, ㉯, ㉰, ㉲　　② ㉮, ㉯, ㉰　　③ ㉮, ㉰, ㉱
④ ㉯, ㉰, ㉲　　⑤ ㉮, ㉲

해설

㉮ 협의이혼에 있어서 이혼의사는 법률상 부부관계를 해소하려는 의사를 말하므로 일시적으로나마 법률상 부부관계를 해소하려는 당사자 간의 합의하에 협의이혼신고가 된 이상 협의이혼에 다른 목적이 있더라도 양자 간에 이혼의사가 없다고는 말할 수 없고 따라서 이와 같은 협의이혼은 무효로 되지 아니한다(대판 1993.6.11. 93므171). ㉯ 피청구인(처)이 조직한 계가 깨어진 뒤로부터 빚을 지게 됨으로써 1966.10.경 집을 나가 청구인(남편)의 귀가 종용에 응하지 아니하여 청구인은 피청구인이 가출한 지 1년쯤 될 무렵부터 다른 여자와 내연관계를 맺어 오늘에 이르고 있고, 한편 피청구인도 1972년경부터 다른 남자와 동거하고 있어 청구인과 피청구인이 20여 년 간을 부부로서의 실체 없이 지내 온 것이라면, 이 혼인은 돌이킬 수 없을 정도로 파탄되었다고 할 것이고, 그 책임이 반드시 어느 쪽이 더 크다고 할 수 없는 만큼 민법 제840조 제6호 소정의 혼인을 계속할 수 없는 중대한 사유가 된다고 할 것이다(대판 1991.1.11. 90므552). 또한, 현 상황에 이르러 원고와 피고의 이혼 여부를 판단하는 기준으로 파탄에 이르게 된 데 대한 책임의 경중을 엄밀히 따지는 것의 법적·사회적 의의는 현저히 감쇄(減殺)되고, 쌍방의 책임의 경중에 관하여 단정적인 판단을 내리는 것 역시 곤란한 상황에 이르렀다고 보이는 점, 원고와의 이혼을 거절하는 피고의 혼인계속의사는 일반적으로 이혼 여부를 판단함에 있어서 반드시 참작하여야 하는 요소이기는 하지만 원고와 피고가 처한 현 상황에 비추어, 이는 혼인의 실체를 상실한 외형상의 법률혼관계만을 계속 유지하려는 것에 다름 아니라고 보이고, 피고의 혼인계속의사에 따라 현재와 같은 파탄 상황을 유지하게 되면 특히 원고에게 참을 수 없는 고통을 계속 주는 결과를 가져올 것으로 보이는 점 등을 종합·참작하여 보면, 원고와 피고의 혼인은 혼인의 본질에 상응하는 부부공동생활 관계가 회복할 수 없을 정도로 파탄되고 그 혼인생활의 계속을 강제하는 것이 일방 배우자에게 참을 수 없는 고통이 된다고 할 것이며 혼인제도가 추구하는 목적과 민법의 지도이념인 신의성실의 원칙에 비추어 보더라도 혼인관계의 파탄에 대한 원고의 유책성이 반드시 원고의 이혼청구를 배척하지 않으면 아니 될 정도로 중한 것이라고 단정할 수 없으므로, 원고와 피고의 혼인에는 민법 제840조 제6호 소정의 '혼인을 계속하기 어려운 중대한 사유가 있을 때'라는 이혼원인이 존재한다(대판 2009.12.24. 2009므2130). ㉰ 이혼에 있어서 재산분할은 청산, 부양, 손해배상의 요소가 모두 포함된다(대판 2005.1.28. 2004다58963 등). ㉱ 따라서 재산분할 협의를 한 후 협의이혼 성립일까지의 기간 동안 재산분할 대상인 채무의 일부가 변제된 경우 그 변제된 금액은 원칙적으로 채무액에서 공제되어야 한다(대판 2006.9.14. 2005다74900). ㉲ 대판 2002.9.4. 2001므718. <답 ②>

41. 다음 <X 란>의 '이혼절차 및 효과'와 <Y 란>의 '가정법원이 후견적 입장에서

당사자의 청구가 없더라도 직권으로 정할 수 있는 경우'에 관한 설명 중 옳지 않은 것만으로 묶으면? (다툼이 있는 경우에는 판례에 의함)

<사시 2009년: 배점 3, 변호사모의 2011년 유사>

〈X란〉

㉮ 가정법원의 협의이혼의사 확인절차를 거쳤더라도 이혼의사표시가 사기, 강박에 의하여 이루어졌다면 이혼은 취소할 수 있으며, 이혼의사확인에 의해 그 의사표시의 하자가 치유되지는 않는다.

㉯ 부부인 甲과 乙이 이혼하면서 자(子) 丙의 친권자 및 양육권자를 乙로 지정하는 내용의 조정이 성립된 경우라고 하더라도 甲이 임의로 丙을 양육하였다면, 乙은 甲에게 양육비를 지급할 의무가 있다.

㉰ 가정법원의 심판에 의하여 구체적인 청구권의 내용과 범위가 확정된 후의 양육비채권 중 이미 이행기에 도달한 후의 양육비채권은 완전한 재산권으로서 친족법상의 신분으로부터 독립하여 처분할 수 있고, 권리자의 의사에 따라 포기, 양도 또는 상계의 자동채권으로 할 수도 있다.

㉱ 부부의 일방이 다른 일방의 재산분할청구권 행사를 해함을 알면서도 재산권을 목적으로 하는 법률행위를 한 때에는 다른 일방은 재산분할청구권 보전을 위한 사해행위취소권을 행사할 수 있다.

〈Y란〉

ⓐ 자(子)의 복리를 위하여 필요한 경우, 자의 성과 본의 변경

ⓑ 이혼 후 자의 양육에 관한 사항의 협의가 되지 아니하거나 협의할 수 없는 경우, 자의 양육에 필요한 사항

ⓒ 자의 복리를 위하여 필요한 경우, 부모의 면접교섭권의 제한이나 배제

ⓓ 혼인의 취소, 재판상 이혼 또는 인지청구의 소의 경우, 친권자의 지정

ⓔ 피후견인의 복리를 위하여 필요한 경우, 후견인의 변경

① ㉮, ㉱, ⓐ ② ㉮, ㉰, ⓔ ③ ㉯, ⓑ, ⓓ
④ ㉰, ㉱, ⓓ ⑤ ㉱, ⓑ, ⓔ ⑥ ㉮, ⓒ
⑦ ㉯, ⓐ ⑧ ㉰, ⓒ

해설

㉮ 옳음. 협의이혼의사의 확인은 당사자들의 합의를 근간으로 하는 것이고 법원의 역할은 그들의 의사를 확인하여 증명하여 주는 데 그치므로 신청인들이 어떠한 과정을 거쳐 합의 이혼 의사를 결정하였는지 하는 점에 관하여는 법원이 심리할 필요가 없다. 따라서 이러한 경우 이혼협의의 효력은 민법상의 원칙에 의하여 결정되어야 할 것이고, 이혼의사 표시가 사기 · 강박에 의하여 이루어졌다면 민법 제838조에 의하여 취소할 수 있다고 하지

않으면 안 된다(대판 1987.1.20. 86므86 참고). ㉯ 틀림. 위 사안에서 조정상의 양육방법이 조정 이후 다른 협정이나 재판에 의하여 변경되지 않는 한 청구인에게 자녀를 양육할 권리가 없고, 그럼에도 불구하고 甲이 임의로 자(子) 丙을 양육하였다면 이는 상대방에 대한 관계에서는 상대적으로 위법한 양육이라고 할 것이니, 이러한 甲의 임의적 양육에 관하여 乙이 甲에게 양육비를 지급할 의무가 있다고 할 수는 없다(대결 2006.4.17. 2005스18,19 등 참고). ㉰ 옳음. 가정법원의 심판에 의하여 구체적인 청구권의 내용과 범위가 확정된 후의 양육비채권 중 이미 이행기에 도달한 후의 양육비채권은 완전한 재산권(손해배상청구권)으로서 친족법상의 신분으로부터 독립하여 처분이 가능하고, 권리자의 의사에 따라 포기, 양도 또는 상계의 자동채권으로 하는 것도 가능하다(대판 2006.7.4. 2006므751 참고). ㉱ 옳음. 민법 제839조의3 참조. 한편, ⓐ 틀림. 자의 복리를 위하여 자의 성과 본을 변경할 필요가 있을 때에는 부, 모 또는 자의 청구에 의하여 법원의 허가를 받아 이를 변경할 수 있다. 다만 자가 미성년자이고 법정대리인이 청구할 수 없는 경우에는 제777조의 규정에 따른 친족 또는 검사가 청구할 수 있다(민법 제781조 6항 참조). ⓑ 옳음. 민법 제837조 4항 참조. ⓒ 옳음. 민법 제837조의2 2항 참조. ⓓ 옳음. 민법 제909조 5항 참조. ⓔ 옳음. 제940조 참조. <답 ⑦>

42. 판례의 태도에 비추어 옳게 설명한 것을 모두 고르면?

<사시 2012년 유사, 변호사모의 2010년 유사>

㉠ 재산분할로 취득한 재산에 대하여 증여세를 부과할 수 없고, 재산분할에 의한 자산의 이전은, 특별한 사정이 없는 한 양도소득세 과세대상이 되는 유상양도에 포함되지 않는다.

㉡ 재산분할로 인하여 이전받은 부동산을 그 후에 양도하는 경우, 그 양도차익을 산정함에 있어서 취득가액은 재산분할을 원인으로 한 소유권이전시를 기준으로 할 것이지 최초의 취득시를 기준으로 정할 것은 아니다.

㉢ 소송계속 중 당사자의 일방이 사망한 것을 간과하고 선고된 판결이더라도 당연무효로 되는 것은 아니다.

㉣ 이혼소송의 사실심 변론종결 당시에 부부 중 일방이 직장에서 일하다가 명예퇴직을 하고 통상의 퇴직금 외에 별도로 명예퇴직금 명목의 돈을 이미 수령한 경우, 명예퇴직금이 정년까지 계속 근로로 받을 수 있는 수입의 상실이나 새로운 직업을 얻기 위한 비용지출 등에 대한 보상의 성격이 강하다고 하더라도 일정기간 근속을 요건으로 하고 상대방 배우자의 협력이 근속 요건에 기여하였다면, 명예퇴직금 전부를 재산분할의 대상으로 삼을 수 있다.

㉤ 부부의 일방이 제3자와 합유하는 재산 또는 그 지분이 부부 쌍방의 협력에 의하여 형성된 것이라면, 직접 당해 재산의 분할을 명하거나, 그 지분의 가액을 산정하여 이를 분할의 대상으로 삼거나 다른 재산의 분할에 참작하는 방법으로 재산분할의 대상에 포함해야 한다.

ⓑ 부부는 재산분할청구권을 미리 포기할 수 있다.

① ㉠ ② ㉡ ③ ㉢
④ ㉣ ⑤ ㉠, ㉡ ⑥ ㉢, ㉣, ㉤
⑦ ㉠, ㉡, ㉢, ㉥ ⑧ ㉠, ㉢, ㉣

해설

㉠ 헌재 1997.10.30. 96헌바14 및 대판 1997.11.28. 96누4725 참고. 또, 민법 제839조의2에 규정된 재산분할제도는 그 법적 성격, 분할대상 및 범위 등에 비추어 볼 때 실질적으로는 공유물분할에 해당하는 것이어서 공유물분할에 관한 법리가 준용되어야 할 것인바, 공유물의 분할은 법률상으로는 공유자 상호간의 지분의 교환 또는 매매라고 볼 것이나 실질적으로는 공유물에 대하여 관념적으로 그 지분에 상당하는 비율에 따라 제한적으로 행사되던 권리 즉, 지분권을 분할로 인하여 취득하는 특정부분에 집중시켜 그 특정부분에만 집중시켜 그 특정부분에만 존속시키는 것으로 소유형태가 변경된 것뿐이어서 이를 자산의 유상양도라고 할 수 없으며, 이러한 법리는 이혼시 재산분할의 방법으로 부부 일방의 소유명의로 되어 있던 부동산을 상대방에게 이전한 경우에도 마찬가지라고 할 것이다(대판 2003.11.14. 2002두6422). ㉡ 최초의 취득시를 기준으로 할 것이지, 재산분할을 원인으로 한 소유권이전시를 기준으로 할 것은 아니다(대판 2003.11.14. 2002두6422). ㉢ 대판[전] 1995.5.23. 94다28444. 이러한 경우 비록 절차가 위법하더라도 그 판결이 당연무효로 되는 것은 아니며 상소 또는 재심에 의하여 취소를 구할 수 있을 뿐이다. ㉣ 명예퇴직금이 정년까지 계속 근로로 받을 수 있는 수입의 상실이나 새로운 직업을 얻기 위한 비용지출 등에 대한 보상의 성격이 강하다고 하더라도 일정기간 근속을 요건으로 하고 상대방 배우자의 협력이 근속 요건에 기여하였다면, 명예퇴직금 전부를 재산분할의 대상으로 삼을 수 있다. 다만, 법원은 상대방 배우자가 근속 요건에 기여한 정도, 이혼소송 사실심 변론종결일로부터 정년까지의 잔여기간 등을 민법 제839조의2 제2항이 정한 재산분할의 액수와 방법을 정하는 데 필요한 기타 사정으로 참작할 수 있다(대판 2011.7.14. 2009므2628, 2635). ㉤ 틀림. 합유재산이라는 이유만으로 이를 재산분할의 대상에서 제외할 수는 없고, 다만 부부의 일방이 제3자와 합유하고 있는 재산 또는 그 지분은 이를 임의로 처분하지 못하므로(제272조 본문, 제273조 1항), 직접 당해 재산의 분할을 명할 수는 없으나 그 지분의 가액을 산정하여 이를 분할의 대상으로 삼거나 다른 재산의 분할에 참작하는 방법으로 재산분할의 대상에 포함하여야 한다(대판 2009.11.12. 2009므2840,2857). ㉥ 혼인이 해소되기 전에 미리 재산분할청구권을 포기하는 것은 성질상 허용되지 않는다(대판 2003.3.25. 2002므1787,1794,1800). <답 ⑧>

43. 甲은 乙과 혼인하여 A를 출산하고, 그 후 乙이 사망하자 丙과 재혼하였다. 그런데 甲은 丙으로부터 상습적으로 폭행을 당하자 丙을 상대로 이혼소송을 제기하였다. 다음 설명 중 옳은 것은? (다툼이 있는 경우에는 판례에 의함)

<변호사 2012년>

① 이혼소송 계속 중 甲이 사망하였다면, 甲의 소송상 지위는 A가 승계한다.
② 甲이 이혼소송 과정에서 재산분할청구를 병합하였는데 위 소송 계속 중 甲이 사망하였다면, 甲의 소송상 지위는 A가 승계한다.
③ 甲이 이혼소송 과정에서 위자료청구를 병합하였는데 위 소송 계속 중 甲

이 사망하였다면, 甲의 소송상 지위는 A가 승계한다.

④ 만약 甲과 丙이 사실혼관계였을 경우, 甲이 丙과의 사실혼관계가 해소되었다고 주장하면서 재산분할심판청구를 제기한 후 심판 계속 중 사망하였다면, 재산분할심판은 종료된다.

⑤ 만약 丙이 甲을 축출할 목적으로 허위의 주소를 기재하여 甲을 상대로 제기한 이혼소송에서 승소의 확정판결을 받은 사실이 나중에 밝혀져 甲이 丙을 상대로 위 확정판결에 대한 재심소송을 제기하였으나 그 소송 계속 중 甲이 사망하였다면, 甲의 소송상 지위는 A가 승계한다.

해설 ....

① 틀림. 재판상 이혼청구권은 부부의 일신전속의 권리이므로 이혼소송 계속 중 배우자의 일방이 사망한 때에는 상속인이 그 절차를 수계할 수 없다(대판 1994.10.28. 94므246,94므253) ② 틀림. 재산분할청구권은 이혼이 성립한 때에 비로소 발생하기 때문에(대판 2001.9.25. 2001므725,732), 이혼이 되기 전, 즉 이혼소송 및 재산분할청구소송 도중에 배우자 일방이 사망하면 이혼의 성립을 전제로 하여 이혼소송에 부대한 재산분할청구 역시 이를 유지할 이익이 상실되어 이혼소송의 종료와 동시에 종료된다(위 ① 해설 판결 참조). ③ 옳음. 이혼에 따른 위자료청구권은 불법행위의 법률효과이므로 이혼당사자에게만 귀속되는 일신전속적 권리라고 할 수 없다. 따라서 청구권자가 위자료의 지급을 구하는 소송을 제기함으로써 청구권을 행사할 의사가 외부에 명확하게 객관화된 이상 이혼소송이 종료하더라도 소송은 승계될 수 있다(대판 1993.5.27. 92므143). ④ 틀림. 지문의 경우, 사실혼관계는 해소되고 재산분할청구의 문제만 남게 되므로(대결 2009.2.9. 2008스105 참고), 이후 일방이 사망하면 상속인이 이를 수계하게 된다. ⑤ 틀림. 혼인관계와 같은 신분관계는 성질상 상속될 수 없는 것이고 그러한 신분관계의 재심당사자의 지위 또한 상속될 성질의 것이 아니므로 이혼소송의 재심소송에서 당사자의 일방이 사망하였더라도 그 재산상속인들이 그 소송절차를 수계할 까닭이 없는 것이다(대판 1992.5.26. 90므1135).

<답 ③>

6. 사 실 혼

44. 사실혼에 관한 설명으로 옳지 않은 것은? <변호사모의 2011년 유사>

① 사실혼의 부부는 서로 후견인이 될 권리 · 의무가 있다.

② 재산분할에 관한 민법상의 규정은 사실혼관계에도 유추적용될 수 있다.

③ 중혼적 사실혼은 비록 당사자가 혼인의 의사로 실질적인 혼인생활을 하고 있다고 하더라도 원칙적으로 법률상의 보호를 받을 수 없다.

④ 사실혼에 의하여는 성년의제(민법 제826조의2)의 효과가 생기지 않는다는 견해가 다수설이다.

⑤ 혼례식을 거행하고 사실혼관계에 있었으나 일방이 뇌졸중으로 혼수상태에 빠져 있는 사이에 혼인신고가 이루어졌다면, 특별한 사정이 없는 한 위 신고에 의한 혼인은 무효이다.

✍ 해설 ……………………………………

① 후견인이 될 권리와 의무는 신고를 전제로 한다. 사실혼 부부는 서로 후견인이 될 권리와 의무가 없다는 데 학설은 일치하고 있다(김주수 · 김상용, 252면). ② 부부재산의 청산의 의미를 갖는 재산분할에 관한 규정은 부부의 생활공동체라는 실질에 비추어 인정되는 것이므로, 사실혼관계에도 준용 또는 유추적용할 수 있다(대판 1995.3.28. 94므1584). ③ 대판 1996.9.20. 96므530. ④ 다수설의 견해이다(김주수 · 김상용, 252면). ⑤ 대판 1996.6.28. 94므1089. <답 ①>

45. 다음은 사실혼에 관한 판례이다. 옳은 것(○)과 옳지 않은 것(×)을 바르게 표시한 것은?

> ㉠ 사실혼의 처와 정교를 맺은 자에 대하여 사실혼의 부(夫)는 불법행위로 인한 손해배상을 청구할 수 있다.
> ㉡ 사실혼관계가 생존 당사자와 사망자 그리고 제3자 사이의 현재적 또는 잠재적 분쟁의 전제가 되어 있고, 그 존부확인청구가 이들 수많은 분쟁을 일거에 해결하는 수단이 되는 경우에는 확인의 이익이 인정된다.
> ㉢ 처 乙이 가출한 상태에서 남편 甲이 丙과 혼인할 의사로 동거하다가 甲의 귀책사유로 그 사실혼이 파탄에 이른 경우 丙은 사실혼 해소에 따른 손해배상청구권을 갖는다.
> ㉣ 사실혼관계가 일방 당사자의 사망으로 인하여 종료된 경우에는 그 상대방에게 재산분할청구권이 인정되지 않는다.
> ㉤ 사실혼 배우자에게도 각종 연금법상의 연금수급권이 인정되나, 법률상 배우자가 따로 있는 경우에는 인정되지 않는다.

① ㉠(○), ㉡(○), ㉢(○), ㉣(○), ㉤(○)
② ㉠(○), ㉡(○), ㉢(×), ㉣(×), ㉤(×)
③ ㉠(○), ㉡(○), ㉢(×), ㉣(○), ㉤(○)
④ ㉠(○), ㉡(○), ㉢(○), ㉣(×), ㉤(×)
⑤ ㉠(×), ㉡(○), ㉢(○), ㉣(○), ㉤(○)
⑥ ㉠(×), ㉡(○), ㉢(×), ㉣(×), ㉤(×)
⑦ ㉠(×), ㉡(×), ㉢(○), ㉣(×), ㉤(○)
⑧ ㉠(×), ㉡(×), ㉢(×), ㉣(×), ㉤(×)

✍ 해설 ……………………………………

㉠ 대판 1961.10.19. 4293민상531. ㉡ 대판 1995.11.14. 95므694. ㉢ 대판 1996.9.20. 96므530. 중혼적 사실혼이므로 손해배상은 물론이고 재산분할청구권도 인정되지 않는다. ㉣ 부부재산에 관한 청산의 의미를 갖는 재산분할에 관한 법률 규정은 부부의 생활공동체라는 실질에 비추어 인정되는 것으로서 법률상 혼인관계가 일방 당사자의 사망으로 인하여 종료된 경우에는 생존 배우자에게 재산분할청구권이 인정되지 아니하고 단지 상속에

관한 법률 규정에 따라서 망인의 재산에 대한 상속권만이 인정된다는 점 등에 비추어 보면, 사실혼관계가 일방 당사자의 사망으로 인하여 종료된 경우에는 그 상대방에게 재산분할청구권이 인정된다고 할 수 없다(대판 2006.3.24. 2005두15595). 다만, 당사자의 생존 중에 일방이 사실혼관계의 해소를 주장하면서 재산분할심판청구를 한 후 상대방 배우자가 사망한 경우에는 재산분할청구권이 인정된다(대결 2009.2.9. 2008스105 참고). ㉤ 법률혼주의 및 중혼금지 원칙을 대전제로 하고 있는 우리 가족법 체계를 고려하여 보면, 군인연금법 제3조 1항 4호가 '사실상 혼인관계에 있던 자'를 유족연금을 받을 수 있는 배우자에 포함하고 있는 취지는, 사실상 혼인생활을 하여 혼인의 실체는 갖추고 있으면서도 단지 혼인신고가 없기 때문에 법률상 혼인으로 인정되지 아니하는 경우에 그 사실상 배우자를 보호하려는 것이지, 법률혼 관계와 경합하고 있는 사실상의 동거관계를 보호하려는 것은 아니다. 만약 사실상 배우자 외에 법률상 배우자가 따로 있는 경우라면, 이혼의사의 합치가 있었는데도 형식상의 절차미비 등으로 법률혼이 남아 있는 등의 예외적인 경우를 제외하고는, 그 사실상 배우자와의 관계는 군인연금법상의 '사실혼'에 해당한다고 볼 수 없다(대판 2007.2.22. 2006두18584). <답 ③>

46. 甲과 乙은 혼인신고 없이 동거하고 있다. 甲이 丙을 임신 중이던 어느 날 乙은 교통사고로 사망하였다. 이에 관한 설명 중 옳은 것은? (다툼이 있는 경우에는 판례에 의함) <사시 2011년: 배점 2>

① 乙의 사망 후 甲은 출생한 丙을 상대로 乙과 丙 사이의 친생자관계존부 확인의 소를 제기할 수 있다.

② 丙이 출생하여 乙의 자(子)로 인지된 경우, 丙은 乙의 사망으로 입은 정신적 손해에 대해서 손해배상을 청구할 수 있다.

③ 乙이 사망하기 전에 태아인 丙에게 자신의 부동산을 사인증여한 경우, 그 사인증여는 유효하다.

④ 丙이 출생하기 전에 乙이 빈사상태에서 丙을 인지한 경우, 丙의 출생 후 甲이 승낙한 때부터 丙은 乙의 자(子)로 된다.

⑤ 만약 乙이 사망하기 전에 丙이 출생하였고, 그 후 甲과 乙이 혼인을 하였다면 丙은 출생한 때부터 甲과 乙의 혼인 중의 자(子)로 된다.

해설

① 틀림. 혼인 외 출생자의 경우에 있어서 모자관계는 인지를 요하지 아니하고 법률상의 친자관계가 인정될 수 있지만, 부자관계는 부의 인지에 의하여서만 발생하는 것이므로, 부가 사망한 경우에는 그 사망을 안 날로부터 1년 이내에 검사를 상대로 인지청구의 소를 제기하여야 하고, 생모가 혼인 외 출생자를 상대로 혼인외 출생자와 사망한 부 사이의 친생자관계존재확인을 구하는 소는 허용될 수 없다(대판 1997.2.14. 96므738). ② 옳음. 민법 제762조 및 대판 1993.4.27. 93다4663 참조. ③ 틀림. 유증에서와 달리(제1064조 참조), 증여는 계약이므로 태아는 당사자가 될 수 없다. 판례는 사인증여에서 태아의 권리능력을 부정한다(대판 1982.2.9. 81다534 참고). ④ 틀림. 민법 제858조. 부는 포태 중에 있는 자에 대하여도 이를 인지할 수 있으므로 살아서 출생하면 바로 인지의 효력이 발생한다. ⑤ 틀림. 혼인한 때부터이다(제855조 제2항). <답 ②>

47. 甲과 乙은 사실혼관계에 있는 부부이다. 甲과 乙은 甲의 모 丙과 공동생활을 하고 있다. 그러던 중 甲이 직장에서 산업재해를 당하여 사망하였다. 사망 당시 乙은 甲의 자를 포태하고 있었으며 3개월 후 丁을 출산하였다. 다음 설명 중 옳은 것은? (다툼이 있는 경우에는 판례에 의함) <사시 2005년>

① 乙은 산업재해보상보험법상 유족급여를 청구하기 위하여 사망한 甲과의 과거의 사실혼관계존재확인소송을 제기할 수 있으며, 위 소송은 乙이 甲의 사망을 안 날로부터 1년 내에 제기되어야 한다.

② 乙은 혼인신고를 하기 위한 목적으로, 사망한 甲과의 과거의 사실혼관계 존재확인소송을 검사를 상대로 하여 제기할 수 있다.

③ 丁의 친권자인 乙은 검사를 상대로 사망한 甲과 丁 사이의 친생자관계존재확인의 소를 제기하여 丁과 甲 사이에 법률상 친자관계를 인정받을 수 있다.

④ 丁이 출생한 후, 乙이 검사를 상대로 제기한 인지청구소송에서 승소하더라도, 인지의 소급효는 제3자가 취득한 권리를 해하지 못하므로 丙의 상속권이 소급하여 상실되는 것은 아니다.

⑤ 甲이 사망할 당시에 가지고 있던 주택임차인의 지위는 乙이 단독으로 승계한다.

해설 ·······································

① 이러한 경우 사실혼관계존부확인의 이익이 인정된다(대판 1995.3.28. 94므1447). ② 혼인신고를 목적으로 하는 것은 존부확인청구를 통한 분쟁해결의 유효 적절한 수단이 되지 못한다(대판 1995.11.14. 95므694). ③ 사안의 경우 혼인 외 출생자가 명백하므로 인지청구의 소를 제기하여야 한다. ④ 인지가 되면 丁은 1순위 상속인이다. 따라서 피상속인의 직계존속인 丙은 상속권을 상실하고 또한 丙은 제860조 단서에 의해 보호되는 제3자의 범위에 포함되지 않는다. ⑤ 공동생활을 하고 있는 丙도 공동으로 임차인의 권리와 의무를 승계한다(주임보법 제9조 2항). <답 ①>

48. (가)와 (나)의 사례에 관한 다음 설명 중 틀린 것끼리 짝지으면? (다툼이 있는 경우에는 판례에 의함)

> (가) 여자 B는 남자 A와 부모의 허락도 없이 결혼식을 올리고 8개월 동안 동거하였다. 그러나 A는 무능력하고 낭비벽이 심하였다. 이에 B는 A와 헤어졌다. 그 후 B는 가족관계등록부를 발급받아 본 결과 A와 혼인신고가 되어 있었다.
>
> ㉠ 일가친지를 초대하여 결혼식을 올리고 부부로서 생활하고 있더라도, 혼인신고가 없으면 그것은 사실혼에 불과하다.
>
> ㉡ A와 B가 사실혼관계를 해소하기로 합의하고 별거하는 상황에서 당사자 일방이 상대방의 승낙 없이 자기 마음대로 혼인신

고를 하였다면, 그 혼인은 무효이다.
㉢ B는 가정법원에 혼인취소소송을 청구하여야 한다.
㉣ B는 사실혼 기간 중 협력으로 이룩한 재산에 대하여 재산분할 청구를 할 수 있다
㉤ 만약 A에게 유책사유가 없는 경우 B의 일방적 의사표시로 사실혼을 해소할 수 있는 것은 아니다.

(나) B는 2년 전 A와 혼인하였으나 남편 A가 혼인신고에 동의하지 않고 있다.
㉠ 자유롭고 진정한 혼인의사는 실질적인 혼인생활을 할 당시에 있으면 족하고 혼인신고 당시에 존재할 필요는 없다.
㉡ 혼인의 실체관계가 존재한다면 B는 일방적으로 혼인신고를 할 수 있다.
㉢ B는 남편 주소지 관할 가정법원에 사실혼관계존재확인청구소송을 제기할 수 있다.
㉣ 이러한 경우 B는 A와 정식으로 결혼식을 올리고 현재 살고 있다는 사실을 증명하여야 한다.
㉤ B는 사실혼관계존재확인청구소송을 제기하여 승소판결을 받은 다음 판결문에 근거하여 단독으로 혼인신고를 할 수 있다.

	(가)	(나)		(가)	(나)
①	㉠, ㉡	㉠, ㉡	②	㉡, ㉢	㉡, ㉢
③	㉢, ㉣	㉣, ㉤	④	㉣, ㉤	㉠, ㉡
⑤	㉢, ㉤	㉠, ㉡			

해설 ……………………………………

(가) 일가친지를 초대하여 결혼식을 올리고 부부로서 생활하고 있더라도 혼인신고가 없으면 그것은 사실혼에 불과하다(제812조, 제814조). A와 B가 사실혼관계를 해소하기로 합의하고 별거하는 상황에서 당사자 일방이 상대방의 승낙 없이 자기 마음대로 혼인신고를 하였다면 그 혼인은 무효이다(대판 1986.7.22. 86므41). 따라서 B는 가정법원에 혼인무효확인심판청구를 하여 그 심판이 확정된 후 심판서 등본과 확정증명서를 첨부하여 관할구청에 신고하면 가족관계등록부가 정리된다. B는 특별연고자로서의 재산분여(제1057조의2)를 청구할 수 있을 뿐만 아니라 사실혼 기간 중 협력으로 이룩한 재산에 대하여 재산분할청구를 할 수 있다(대판 1995.3.10. 94므1379,1386). 일방적 파기로 인하여 공동생활의 사실이 없게 되면 설사 상대방에게 유책사유가 없더라도 사실혼은 해소된다(대판 1977.3.22. 75므28). (나) 혼인은 당사자의 자유롭고 진정한 혼인의사의 합치로 이루어져야 한다. 그리고 이러한 혼인의 의사는 혼인신고 당시에도 존재하여야 한다. 따라서 B가 일방적으로 한 혼인신고는 무효이다. 이러한 경우 B는 A와 정식으로 결혼식을 올리고 현재 살고 있다는 사실을 증명하여 남편 주소지관할 가정법원에 사실혼관계존재확인청구소송을 제기하여 판결을 받은 다음 판결문에 근거하여 단독으로 혼인신고를 할 수 있다(가소법 제2조 1항 가류 (2) 1).

<답 ⑤>

49. (가)와 (나) 사례에 관한 다음 설명 중 틀린 것끼리 짝지으면? (다툼이 있는 경우에는 판례에 의함)

> (가) A는 나이가 많은 B를 만나 간병하면서 사실상 부부로서 동거하며 살고 있다. B의 처는 오래 전에 사망하였고 가족으로는 외국이민을 가서 살고 있는 甲과 乙이 있다. B는 건강악화로 입원치료를 받게 되었는데, B는 자기 사후 유산을 A에게 얼마간 증여하겠다는 것을 기록으로 남겼다. 상속인인 甲과 乙은 B의 전 재산이 자신들의 것이라고 주장한다.
>
> ㉠ A는 B와 사실혼관계에 있다고 볼 수 있다.
> ㉡ 혼인신고를 하지 않는 이상 A는 B의 재산을 상속받을 수 없다.
> ㉢ B가 사망하기 전에 A에 대한 유증의 의사표시만으로 A는 유증받은 재산에 대하여 다른 상속인에 우선하여 이전받을 수 있다.
> ㉣ 적법한 유증을 받은 경우 A의 유증은 상속인에 우선하기 때문에, 상속인들은 유증 후 잔여재산을 상속하게 된다.
> ㉤ 증여에 의한 경우 B가 증여의 의사표시를 한 때부터 그 재산은 A에게 귀속되나, 상속개시 전 1년간의 증여는 법정상속인들의 유류분권을 침해하는 한도에서 반환하여야 한다.
>
> (나) A와 B는 3년 전 결혼한 후, 결혼 전 각자 소유의 재산처분 문제로 혼인신고를 하지 않았지만 주민등록상으로는 동거인으로 되어 있던 상태에서 B가 교통사고로 사망하였다. B는 사립학교 교원으로서 사립학교 교직원연금에 가입되어 있고, 상당한 은행예금을 가지고 있었다. 또한 가해차량은 자동차종합보험에 가입되어 있었다.
>
> ㉠ A는 B의 사망을 안 날로부터 1년 내에 검사를 상대로 과거의 사실혼관계에 대한 존부확인청구를 할 수 있고 사실혼관계존재확인판결을 받아서 연금을 청구할 수 있다.
> ㉡ A는 사실혼관계존재확인판결을 받아 연금을 수령할 수 있을 것인데, B가 사망한 상태에서 사실혼관계존재확인판결은 소의 이익이 없으므로 결국 A는 연금을 청구할 수 없다.
> ㉢ 사실혼관계에 있는 A는 연금을 청구할 수 없다.
> ㉣ 사실혼관계존재확인판결을 받는다 하더라도 B는 보험금과 예금에 대한 권리를 갖지 못한다.
> ㉤ 사실혼관계존재확인판결을 가지고 혼인신고도 할 수 없다.
> ㉥ A는 특별연고자로서 민법 제1057조의2에 의하여 상속재산의 전부 또는 일부를 분여받을 수는 있다.

	(가)	(나)		(가)	(나)
①	㉡, ㉢	㉢, ㉣	②	㉢, ㉣	㉣, ㉤

③ ㉣, ㉤　㉡, ㉢　④ ㉢, ㉤　㉡, ㉤
⑤ ㉡, ㉣　㉠, ㉥

해설

㈎ A는 B와 사실혼관계에 있다고 볼 수 있다. 재산상속은 B 생전에 혼인신고를 하여야 하는데 혼인신고를 하지 않는 이상 상속받을 수 없다. 유증에 의한 재산의 이전은 B가 사망하기 전에 A에 대한 유증의 의사표시를 하고, B의 사망 후 그 유언에 대하여 법원의 검인절차를 밟으면 A는 유증받은 재산에 대하여 다른 상속인에 우선하여 이전받을 수 있다. 다만 법정상속인인 甲과 乙의 유류분(법정상속분의 2분의 1 한도 내)에 부족이 발생하면 그 한도에서 유증받은 재산 중 일정 부분을 반환하여야 한다(제1073조, 제1091조, 제1112조). 재산상속이나 유증이 아닌 증여에 의한 방법으로 A가 소유권이전등기를 완료하면 증여재산에 대해서 완전한 소유권을 취득한다. 다만 이 경우에도 상속개시 전의 1년간에 행해진 증여재산에 대하여는 유류분산정시 법정상속인들의 부족한 유류분은 반환하여야 한다(제1115조). ㈏ 우선 연금에 관하여 보면, 사립학교교직원연금법 제36조는 '급여를 받을 유족의 순위는 재산상속의 순위에 의한다.'고 하면서, 같은 법 제2조 1항 2호 가목에서는 '유족 중 배우자를 사실상혼인관계에 있던 자를 포함한다.'고 규정하고 있다. 따라서 A는 사실혼관계존재확인판결을 받아 연금을 수령할 수 있을 것인데, B가 사망한 상태에서 사실혼관계존재확인판결이 가능한 것인지가 문제이다. 판례는, "일반적으로 과거의 법률관계는 확인의 소의 대상이 될 수 없으나, 혼인, 입양과 같은 신분관계나 회사의 설립, 주주총회의 결의무효, 취소와 같은 사단적 관계, 행정처분과 같은 행정관계와 같이 그것을 전제로 하여 수많은 법률관계가 발생하고 그에 관하여 일일이 개별적으로 확인을 구하는 번잡한 절차를 반복하는 것보다 과거의 법률관계 그 자체의 확인을 구하는 편이 관련된 분쟁을 일거에 해결하는 유효·적절한 수단일 수 있는 경우에는 예외적으로 확인의 이익이 인정된다. 따라서 사실혼관계에 있던 당사자 일방이 사망하였더라도, 현재적 또는 잠재적 법적 분쟁을 일거에 해결하는 유효·적절한 수단이 될 수 있는 한, 그 사실혼관계존부확인청구에는 확인의 이익이 인정되고, 이러한 경우 친생자관계존부확인청구에 관한 민법 제865조와 인지청구에 관한 민법 제863조의 규정을 유추적용하여, 생존 당사자는 그 사망을 안 날로부터 1년 내에 검사를 상대로 과거의 사실혼관계에 대한 존부확인청구를 할 수 있다"고 한다(대판 1995.3.28. 94므1447). 따라서 A는 사실혼관계존재확인판결을 받아서 연금을 청구할 수 있다. 교통사고로 인한 사망으로 보험회사가 지급하는 사망보험금과 사망한 B명의의 예금은 상속의 대상이고 사실혼관계의 배우자는 상속인에 포함되지 않는다. 따라서 사실혼관계존재확인판결을 받는다 하더라도 B는 보험금과 예금에 대한 권리를 갖지 못한다(B가 이미 사망하였기 때문에, 사실혼관계존재확인판결을 가지고 혼인신고도 할 수 없다.: 대결 1991.8.13. 91스6). 다만 A는 특별연고자로서 제1057조의2에 의하여 상속재산의 전부 또는 일부를 분여 받을 수는 있을 것이다. <답 ⑤>

50. 甲(女)과 乙(男)은 혼인하여 그 사이에 미성년인 자녀 A를 두고 있다. 乙은 甲과의 일시적 불화를 이유로 가출하였는데, 그 사이에 丙(女)을 만나 丙과 동거생활을 시작하였고, 丙과 사이에 자녀 B를 두게 되었다. 이에 관한 설명 중 옳은 것을 모두 고르면? (다툼이 있는 경우에는 판례에 의함)

<사시 2010년: 배점 2>

㉠ 단독으로 자녀 A를 양육하였던 甲은 원칙적으로 乙에게 양육비의

분담을 청구할 수 있다.
㉡ 乙이 甲에게 B를 甲의 자(子)로 출생신고해 주면 이혼시 乙 명의의 X부동산을 재산분할로 넘겨주겠다고 약정하고서 이를 이행하지 않고 있는 경우, 甲은 이혼소송을 제기하지 않더라도 재산분할을 원인으로 X부동산에 관한 소유권이전등기를 청구할 수 있다.
㉢ 乙이 B가 혼인 외의 출생자로 표시되는 것을 피하기 위하여 甲의 동의 없이 B를 甲의 자(子)로 출생신고를 한 경우, 甲이 사망하면 B는 상속권자가 된다.
㉣ 乙과 丙의 관계가 파탄되면 丙은 공동생활 기간 동안 형성한 재산의 분할을 청구할 수 있으며, 관계 파탄의 책임이 乙에게 있는 경우 丙은 乙에게 손해배상을 청구할 수 있다.
㉤ B의 출생 후 丙이 단독으로 친권을 행사하다가 乙이 인지하면서 乙과 丙이 공동으로 친권을 행사하였다. 후에 乙과 丙이 모두 사망하면 甲이 B의 친권자가 된다.
㉥ 甲과 B, 丙과 A는 각각 인척이다.

① ㉠ ② ㉠, ㉡ ③ ㉠, ㉥
④ ㉡, ㉢ ⑤ ㉢, ㉣, ㉤ ⑥ ㉣, ㉤, ㉥

해설

㉠ 대결[전] 1994.5.13. 92스21. ㉡ 장차 당사자 사이에 협의상 이혼이 이루어질 것을 조건으로 하여 조건부 의사표시는 협의상 이혼이 이루어진 경우에 한하여 그 협의의 효력이 발생하는 것이다(대판 2003.8.19. 2001다14061). ㉢ 甲의 동의 없이 B를 甲의 자로 하는 (친생자)출생신고가 이루어진 경우, 출생신고로서는 무효이고, 출생신고가 입양신고로 전환되기 위해서는 입양의 요건을 구비하여야 한다. 그런데 甲의 동의가 없다는 점에서 입양의사의 합치를 인정할 수 없고, 결국 입양의 요건을 갖추지 못하여 입양으로의 전환이 인정될 수 없다(대판 2000.6.9. 99므1633 참고). 따라서 甲이 사망하더라도 B는 상속권자가 될 수 없다. ㉣ 중혼적 사실혼관계의 경우 재산분할청구(대판 1995.7.3. 94스30) 및 손해배상청구가 허용될 수 없다(대판 1996.9.20. 96므530). ㉤ 친권자가 모두 사망하였고 甲 역시 친권자가 아니기 때문에 후견인을 두어야 한다(제928조). ㉥ B가 인지되었다면, 甲에게 B는 배우자의 혈족이고 B에게 甲은 혈족의 배우자이므로 서로 인척이 된다. 그러나 乙과 丙 사이에는 혼인관계가 존재하지 않으므로 A에게 丙은 혈족의 배우자가 아니다. <답 ①>

51. 사실혼의 해소에 관한 설명 중 가장 타당하지 못한 것은?

① 사실혼 해소 후의 자(子)의 양육문제에 대해서 판례는 이혼에 있어서 자의 양육책임규정을 유추적용하는 것을 인정한다.
② 사실혼 해소 그 자체는 자유이다.
③ 사실혼관계존재확인의 소를 제기하기 위해서는 먼저 가정법원에 조정을 신청하여야 한다.

④ 임신불능은 사실혼 해소의 정당한 사유가 되지 못한다.
⑤ 성기능 불완전은 사실혼의 일방적 해소사유에 해당한다.

해설

① 사실혼 해소 후의 자의 양육문제에 대해서 제837조를 유추적용할 것인가에 대하여, 판례는 이를 부정하지만(대판 1979.5.8. 79므3), 학설은 긍정한다(김주수·김상용, 258면 이하). ② 사실혼 해소 그 자체는 자유이다. 그러나 정당한 이유가 없는 한 유책자는 상대방에 대하여 손해배상책임을 진다. 대결 2009.2.9. 2008스105 참고. ③ 가소법 제2조 1항 '나류' 1호, 제50조. ④ 대판 1966.7.26. 66므10. ⑤ 대판 1966.1.31. 65므65. 그러나 혼인 후 약 2년간 성관계를 맺지 않은 사실만으로는 '혼인을 계속하기 어려운 중대한 사유'가 있다고 하기 어렵다고 보았다(대판 2009.12.24. 2009므2413). 즉, 부부 간의 성관계는 혼인의 본질적 요소이므로 성적 불능 기타 부부 상호간의 성적 요구의 정상적인 충족을 저해하는 사실이 존재하는 경우, 이는 '혼인을 계속하기 어려운 중대한 사유'가 될 수 있으므로, 정당한 이유 없이 성교를 거부하거나 성적 기능의 불완전으로 정상적인 성생활이 불가능한 경우에는 혼인을 계속하기 어려운 중대한 사유가 있다고 할 것이나, 전문적인 치료와 조력을 받으면 정상적인 성생활로 돌아갈 가능성이 있는 경우에는 일시적인 성기능의 장애가 있거나 부부간의 성적인 접촉이 단기간 부존재하더라도 그 정도의 성적 결함만으로는 '혼인을 계속하기 어려운 중대한 사유'가 될 수 없다. <답 ①>

제 4 절 부모와 자(子)

1. 친 생 자

1. 혼인 중의 출생자에 관한 설명 중 틀린 것은? <사시 2013년 유사>

① 혼인 성립의 날로부터 200일 후 또는 혼인관계 종료의 날로부터 300일 이내에 출생한 자(子)는 혼인 중에 포태한 것으로 추정한다.
② 친생추정을 받지 않는 혼인 중의 출생자란 혼인 성립의 날로부터 200일이 되기 전에 출생한 부의 자이다.
③ 혼인성립의 날로부터 200일 전에 출생한 자에 대하여도 사실혼이 선행되어 사실혼 성립의 날로부터 200일 후의 출생자인 경우에는 친생부인의 소에 의하여만 친생자관계를 다툴 수 있다.
④ 처(妻)가 가출하여 별거한 지 26개월 후에 자(子)를 출산한 경우에는 친생자추정이 미치지 아니하므로, 그 부(夫)가 부자관계를 부정하기 위해서는 친생부인의 소로 확정판결을 받아야 친생부인이 가능하다는 것이 판례의 견해이다.
⑤ 친생추정을 받는 자는 친생부인의 소에 의하지 않는 한, 그 추정이 번복되지 않는다.

해설

① 제844조 2항. ② 친생추정을 받지 않는 혼인 중의 출생자란 혼인 성립한 날로부터 200일이 되기 전에 출생한 부(夫)의 자로서 이를 다툴 때는 친생부인의 소가 아닌 친자관계부존재확인의 소에 의하여 친생자임을 부정할 수 있다. ③ 혼인신고 전에 사실혼관계가 선행하여 그 출생이 사실혼 성립의 날로부터 200일 후인 경우에는 친생자의 추정을 받는다고 해석하여 이러한 자는 친생부인의 소에 의하지 않는 한 친생자임을 부인할 수 없다고 하는 것이 학설과 판례의 견해이다(대판 1963.6.13. 63다228 참고). ④ 민법 제844조는 부부가 동거하여 처가 부의 자를 포태할 수 있는 상태에서 자를 포태한 경우에 적용되는 것이고 부부의 한쪽이 장기간에 걸쳐 해외에 나가 있거나 사실상의 이혼으로 부부가 별거하고 있는 경우 등 동서의 결여로 처가 부의 자를 포태할 수 없는 것이 외관상 명백한 사정이 있는 경우에는 그 추정이 미치지 아니하므로 이 사건에 있어서 처가 가출하여 부와 별거한지 약 2년 2개월 후에 자를 출산하였다면 이에는 동조의 추정이 미치지 아니하여 부는 친생부인의 소에 의하지 않고 친자관계부존재확인소송을 제기할 수 있다(대판[전] 1983.7.12. 82므59). ⑤ 제865조에 의한 친생자관계부존재확인의 소가 아닌 제846조 이하의 엄격한 요건이 적용됨.

<답 ④>

2. 혼인 중의 출생자와 혼인 외의 출생자를 비교한 설명 중 틀린 것은?

① 양자(兩者)는 재산상속의 순위와 상속분에 있어서 차이가 있다.
② 자녀의 신분을 부인하는 방법에 차이가 있다.
③ 양자(兩者)는 부모가 친권을 행사하는 데에 차이가 있다.
④ 양자(兩者)는 부모의 성과 본을 따르는 데 있어서 차이가 있다.
⑤ 혼인 외의 출생자가 혼인 중의 출생자로 전환되는 경우도 있다.

해설

① 재산상속에 있어서는 차이가 없다. ② 친생추정을 받는 혼인 중의 출생자는 친생부인의 소에 의해서, 혼인 외의 출생자는 친생자관계부존재확인의 소 등에 따른다. ③④ 부(父)에 의해 인지되지 않은 혼외자는 그 부와 친생관계가 발생하지 않으므로 생모의 성과 본을 따르고 생모의 친권에 따른다. 그런데 개정법은 혼외자가 인지되면 부와 모의 협의로 친권행사를 정하도록 하여 생모의 지위를 강화하였다. ⑤ 준정의 경우가 있다(제855조 2항).

<답 ①>

〈민법상 자녀의 지위〉

자녀의 유형	혼인 외의 출생자	혼인 중의 출생자	
부모의 신분	사실혼관계	혼인관계	
자녀의 지위	(i) 부(父)의 인지로 부자관계 발생 (ii) 부모의 혼인신고로 혼인 중의 자가 된다(준정).	혼인성립(사실혼 포함)의 날로부터 200일 후 또는 혼인관계종료의 날로부터 300일 이내에 출생한 자는 친생자로 추정된다.	혼인성립 후 200일 내에 출생한 자는 부의 친생자로 추정되지 않는다.

자녀의 신분을 부인하는 방법		친자관계부존재확인의 소 등	친생부인의 소	친자관계부존재확인의 소
재산 상속		혼인 중의 자와 같다	혼인 외의 자와 같다	
	묷	혼인 중의 자와 같다	혼인 외의 자와 같다	

3. 친생자에 관한 다음 설명 중 옳은 것(○)과 옳지 않은 것(×)을 바르게 표시한 것은?

㉠ 부의 자(子)를 포태할 수 없는 것이 객관적으로 명백한 장기간의 별거상태에서 포태된 자는 부(夫)의 친생자로서의 추정이 미치지 않는다고 보아야 한다.
㉡ 부가 자의 출생 후 친생자임을 승인한 때에는 다시 친생부인의 소를 제기하지 못한다.
㉢ 친생추정을 받지 않으나 타인의 혼인 중의 자로 신고되어 있는 자는 인지할 수 없다.
㉣ 처가 혼인 중에 포태한 자는 부의 자로 추정한다.
㉤ 부(夫)가 장기간 해외근무 중인데 국내에 있는 처가 자(子)를 출산한 경우, 부(夫)는 친생부인의 소 이외에는 그 자와 부자관계를 다툴 수 있는 방법이 없다.

① ㉠(○), ㉡(○), ㉢(○), ㉣(○), ㉤(×)
② ㉠(○), ㉡(○), ㉢(×), ㉣(×), ㉤(○)
③ ㉠(○), ㉡(○), ㉢(×), ㉣(○), ㉤(×)
④ ㉠(○), ㉡(○), ㉢(○), ㉣(×), ㉤(○)
⑤ ㉠(×), ㉡(○), ㉢(○), ㉣(○), ㉤(×)
⑥ ㉠(×), ㉡(○), ㉢(×), ㉣(×), ㉤(○)
⑦ ㉠(×), ㉡(×), ㉢(○), ㉣(×), ㉤(×)
⑧ ㉠(×), ㉡(×), ㉢(×), ㉣(×), ㉤(○)

해설

㉠ 대판 1990.12.11. 90므637. ㉡ 제852조. ㉢ 이러한 자의 경우 친생자관계부존재 확인의 소에 의하여 가족관계등록부상의 부(父)가 친생부가 아니라는 것이 확정된 후 인지가 가능하다. ㉣ 제844조. ㉤ 친생추정은 정상적인 혼인생활을 전제로 하기 때문에 어떤 의미에서든지 비정상적인 혼인생활로 인하여 처가 부의 자를 포태할 수 있는 가능성이 없는 경우까지 친생자임이 추정된다고 할 수는 없다. 그러므로 부의 장기적인 부재로 인하여 처의 포태기간 중 부부 사이에 동거의 사실이 없는 경우에는 민법 제844조에 의한 친생추정이 미치지 아니하여 친생자관계부존재확인의 소에 의하여 부자관계를 부정할 수 있다.

<답 ①>

4. 친생부인의 소에 관한 다음 설명 중 옳은 것은?

① 친생부인의 소는 먼저 가정법원에 조정을 신청하여야 하며, 조정의 성립만으로도 친생부인의 효력이 생긴다.

② 친생부인의 소를 제기하려면 부(夫)는 출생신고를 해야 한다. 따라서 혼인 외의 출생자에 대하여는 친생부인의 소를 제기할 수 없다.

③ 친생부인의 소가 종결된 후에도 부는 친생자임을 승인할 수 있다.

④ 친생부인의 소는 자의 출생을 안 날로부터 2년 내에 제기하여야 한다.

⑤ 부인판결이 확정되기 이전에 제3자는 소의 선결문제로서 부의 자가 아님을 주장할 수 있다.

⑥ 타인의 자(子)를 자기와 처 사이의 친생자로 출생신고를 한 부(父)가 그 자와 부자관계를 다투는 경우에는 친생부인의 소에 의하지 않으면 안 된다.

해설

① 가소법 제2조 1항 가. 가사소송사건 나류 6호, 제50조. 그러나 조정의 성립만으로는 친생부인의 효력이 생기는 것은 아니고(가소법 제59조 2항 단서. 대판 1968.2.27. 67므34), 최종적으로 가정법원의 판결이 있어야 한다. ② 옳다. 출생신고가 친생자에 대한 승인으로 되는 것은 아니다. ③ 부가 친생부인소송의 종결 후에도 그 친생자임을 승인할 수 있다는 규정(제853조)은 2005년 개정으로 삭제되었으므로 타당하지 못한 지문이다. ④ 그 사유 있음을 안 날로부터(부의 자가 아닌 사실을 안 날로부터) 2년 내에 제기하여야 한다(제847조 1항). ⑤ 주장할 수 없다(대판 1975.7.22. 75다65). ⑥ 타인의 자는 친생자로 신고하여도 민법 제844조에 의한 친생추정이 미치지 않기 때문에 친생부인의 소에 의할 필요는 없고, 친생자관계부존재확인의 소로 친생자관계를 다툴 수 있다. <답 ②>

5. 친생부인의 소에 관한 다음 설명 중 옳은 것을 모두 고르면?

㉠ 친생부인의 소는 부(夫)뿐만이 아니라 모(母)도 제기할 수 있다.
㉡ 소의 상대방이 될 자가 모두 사망한 때에는 그 사망을 안 날로부터 2년 내에 검사를 상대로 부인의 소를 제기할 수 있다.
㉢ 자가 출생한 날로부터 2년 내에 소를 제기하지 않으면 친생부인권은 소멸한다.
㉣ 친생부인의 소는 친생자로 추정받는 자에 대하여 부 또는 처가 그 친생자임을 부인하는 재판절차이다.
㉤ 부가 피성년후견인인 경우, 그가 의사능력이 있는 때에는 사유 있음을 안 날로부터 2년 내에 친생부인의 소를 제기할 수 있다.

① ㉠, ㉤ ② ㉡, ㉤ ③ ㉢, ㉤
④ ㉣, ㉤ ⑤ ㉠, ㉡ ⑥ ㉢, ㉣
⑦ ㉠, ㉡, ㉢ ⑧ ㉠, ㉡, ㉢, ㉣

✍ **해설** ………………………………………

㉠ 제846조. ㉡ 제847조 2항. ㉢ 사유 있음을 안 날로부터 2년 내에 제기하여야 한다(제847조 1항). ㉣ '친생자로 추정받는 자'가 아니라 '친생자로 추정받는 혼생자'다. 즉, 친생부인의 소는 친생추정을 받는 혼생자가 실질적으로 그 부부 사이의 자가 아닌 경우에 부 또는 처가 그 친생자임을 부인하는 재판절차이다. ㉤ 피성년후견인은 성년후견인이 친생부인의 소를 제기하지 아니한 때에는 성년후견종료의 심판이 있은 날부터 2년 이내에 친생부인의 소를 제기할 수 있다(제848조 2항). <답 ⑤>

6. '친생자관계존부확인의 소'와 '친생부인의 소'에 관한 설명 중 옳은 것을 모두 고르면? (다툼이 있는 경우에는 판례에 의함)

<사시 2004년 유사, 사시 2012년: 배점 3점>

ㄱ. 친생자 추정을 받는 혼인 중의 출생자에 대해 친생자관계부존재확인의 소로 친생자관계가 존재하지 않는다는 심판이 확정된 경우, 친생자로서의 추정의 효력은 상실된다.

ㄴ. 자(子)의 생부모가 가족관계등록상의 부모와 다른 사실이 객관적으로 명백한 경우, 자(子)는 가족관계등록상의 부모를 상대로 친생자관계부존재확인의 소를 제기함이 없이 곧바로 생부모를 상대로 인지청구를 할 수 있다.

ㄷ. 친생자 출생신고가 인지의 효력을 갖는 경우, 그로 인한 친자관계를 다투기 위하여는 친생자관계부존재확인의 소가 아니라 인지에 관련된 소송을 제기하여야 한다.

ㄹ. 친생자 출생신고가 입양의 효력을 갖는 경우, 파양에 의하여 그 양친자관계를 해소할 필요가 있는 등 특별한 사정이 없는 한, 친생자관계부존재확인청구는 허용되지 않는다.

ㅁ. 민법 제777조에서 규정한 친족은 이해관계인으로서 친생자관계존부의 확인이 필요한 당사자 쌍방을 상대로 친생자관계존부확인의 소를 제기할 수 있다.

① ㄱ, ㄴ, ㄷ　② ㄴ, ㄷ, ㄹ　③ ㄱ, ㄷ, ㅁ
④ ㄷ, ㅁ　⑤ ㄱ, ㄴ, ㄹ, ㅁ

✍ **해설** ………………………………………

ㄱ. 옳음. 민법 제844조 제1항의 친생자 추정을 받고 있는 상태에서는 위 추정과 달리 다른 남자의 친생자라고 주장하여 인지를 청구할 수 없으며, 그리고 이와 같은 추정을 번복하기 위해서는 부측에서 민법 제846조, 제847조가 규정하는 친생부인의 소를 제기하여 그 확정판결을 받아야 하며, 친생부인의 소의 방법이 아닌 민법 제865조 소정의 친생자관계부존재확인의 소의 방법에 의하여 그 친생자관계의 부존재확인을 소구하는 것은 부적법하다. (그러나) 이러한 부적법한 청구일지라도 법원이 그 잘못을 간과하고 청구를 받아들여 친생자관계가 존재하지 않는다는 확인의 심판을 선고하고 그 심판이 확정된 이상 이 심판이 당연무효라고 할 수는 없는 것이며, 구 인사소송법(1990.12.31. 법률 제4300호 가

사소송법에 의하여 폐지) 제35조, 제32조에 이하여 위 확정심판의 기판력은 제3자에게도 미친다고 할 것이어서 위 심판의 확정으로 누구도 소송상으로나 소송 외에서 친생자임을 주장할 수 없게 되었다고 할 것이니 이제는 위 확정심판의 기판력과 충돌되는 친생자로서의 추정의 효력은 사려져 버렸다(대판 1992.7.24. 91므566). ㄴ. 옳음. 민법 제844조의 친생추정을 받는 자는 친생부인의 소에 의하여 그 친생추정을 깨뜨리지 않고서는 다른 사람을 상대로 인지청구를 할 수 없으나, 호적상의 부모의 혼인 중의 자로 등재되어 있는 자라 하더라도 그의 생부모가 호적상의 부모와 다른 사실이 객관적으로 명백한 경우에는 그 친생추정이 미치지 아니하므로 그와 같은 경우에는 곧바로 생부모를 상대로 인지청구를 할 수 있다(대판 2000.1.28. 99므1817). ㄷ. 틀림. 신고가 인지신고가 아니라 출생신고인 이상 그와 같은 신고로 인한 친자관계의 외관을 배제하고자 하는 때에도 인지에 관련된 소송이 아니라 친생자관계부존재확인의 소를 제기하여야 한다(대판 1993.7.27. 91므306). ㄹ. 옳음. 당사자가 양친자관계를 창설할 의사로 친생자출생신고를 하고 거기에 입양의 실질적 요건이 모두 구비되어 있다면 그 형식에 다소 잘못이 있더라도 입양의 효력이 발생하고, 양친자관계는 파양에 의하여 해소될 수 있는 점을 제외하고는 법률적으로 친생자관계와 똑같은 내용을 갖게 되므로 이 경우의 허위의 친생자출생신고는 법률상의 친자관계인 양친자관계를 공시하는 입양신고의 기능을 발휘하게 되는 것이며, 이와 같은 경우 파양에 의하여 그 양친자관계를 해소할 필요가 있는 등 특별한 사정이 없는 한 그 호적기재 자체를 말소하여 법률상 친자관계의 존재를 부인하게 하는 친생자관계부존재확인청구는 허용될 수 없는 것이다(대판[전] 2001.5.24. 2000므1493). ㅁ. 옳음. 대판[전] 1981.10.13. 80므60.

<답 ⑤>

7. 인지에 관한 설명 중 판례의 입장과 다른 것은? <사시 2012년 유사>

① 혼인 외의 자가 친생자관계의 부존재를 확인하는 대가로 금원 등을 지급받으면서 추가적인 금전적 청구를 포기하기로 한 합의에 반하여 인지청구를 하고 그 확정판결에 따라 상속분상당가액지급청구를 하더라도 신의칙에 반하는 것은 아니다.

② 상속인이 피상속인의 채무자에 대하여 그 채무의 이행을 명하는 승소판결을 받아 채무자가 그 상속인에게 변제한 경우, 그 후 사후(死後)인지판결이 확정되어 상속인의 지위를 새로이 취득한 자가 있더라도 특별한 사정이 없는 한 위 변제는 채권의 준점유자에 대한 변제로서 유효하다.

③ 친생자관계부존재확인판결의 기판력은 인지청구의 소에 미치지 않는다.

④ A와 B 사이에 태어난 자가 가족관계등록부상 X와 Y 사이의 친생자로 허위 등재되어 있는 경우, 그 자는 친부모를 상대로 인지청구의 소를 제기할 수 있으나 그 인지청구를 하기 전에 먼저 가족관계등록부상의 부모를 상대로 친생자관계부존재확인의 소를 제기하여야 한다.

⑤ 친생추정을 받는 자에 대하여는 친생부인의 소에 의하여 친자관계가 부인되지 않는 한 아무도 인지할 수 없다.

해설

① 이러한 합의는 당사자가 임의로 처분할 수 없는 사항에 관한 처분을 전제로 한 것이기

때문이다(대판 2007.7.26. 2006므2757,2764). ② 인지판결이 확정되기 전의 정당한 상속인이 채무자에 대하여 소를 제기하고 승소판결까지 받았다면, 그러한 표현상속인에 대한 채무자의 변제는 채권의 준점유자에 대한 변제로서 적법하다(대판 1995.1.24. 93다32200). ③ 친생자관계존부확인의 소의 소송물은 친자관계 그 자체이고, 그것은 친생부인의 소, 부를 정하는 소, 인지이의의 소, 인지청구의 소의 목적과 다른 사유이어야 하므로(제865조), 소의 기판력이 인지청구의 소에 미치지 않는다. ④ 설문과 같은 경우에는 외관상 부자관계가 없음이 명백하므로 곧바로 인지청구가 가능하다(대판 2000.1.28. 99므1817). ⑤ 친생추정을 받는 子는 친생부인의 소에 의하지 않는 한 그 추정이 번복되지 않는다. 따라서 그에 대한 친생자관계부존재확인청구나 인지는 허용되지 않는다.
<답 ④>

8. 인지의 무효와 이의(異議)에 관한 설명 중 틀린 것은?

① 인지무효의 소의 제기권자는 인지자 자신을 포함하는 당사자, 법정대리인 또는 4촌 이내의 친족인 데 반하여, 이의의 소는 자 기타 이해관계인에 한한다.
② 인지무효와 인지에 대한 이의는 조정사항이며 1년의 제척기간이 있다.
③ 인지가 사기 · 강박 또는 중대한 착오로 인하여 행하여 진 때에는 사기나 착오를 안 날 또는 강박을 면한 날로부터 6월 내에 가정법원에 그 취소를 청구할 수 있다.
④ 부 또는 모가 사망한 때 자 기타 이해관계인은 인지의 신고가 있음을 안 날로부터 1년 내에 인지에 대한 이의의 소를 제기할 수 있다.
⑤ 무효원인이 있는 인지는 당연무효이며 인지무효의 소를 제기할 수 있다.

해설

①② 가사소송법상 인지무효의 소는 '가류' 사항이고, 이의의 소는 '나류' 사항인 점, 무효의 소의 제기권자는 인지자 자신을 포함하는 당사자, 법정대리인 또는 4촌 이내의 친족이고, 이의의 소는 자 기타 이해관계인(진실에 반하는 인지가 존재하기 때문에 불이익을 입을 수 있는 모든 사람)에 한한다는 점, 인지무효는 재판사항이고 제척기간이 없는 반면 인지에 대한 이의는 조정사항이며 1년의 제척기간이 있다는 점에 차이가 있다. 입법론상 이 두 개의 소는 본질적으로 같은 것이므로 하나로 일원화시키자는 견해가 있다(김주수 · 김상용, 286면). ③ 제861조. ④ 자 기타 이해관계인은 인지의 신고가 있음을 안 날로부터 1년 내에 인지에 대한 이의의 소를 제기할 수 있다(제862조). ⑤ 무효원인이 있는 인지는 당연무효이며 인지무효의 소(가소법 제22조 1항 가류 (1) 2)를 제기할 수 있음은 물론 별소에서 선결문제로 주장하는 것도 가능하다.
<답 ②>

9. 준정에 관한 설명 중 옳은 것(○)과 옳지 않은 것(×)을 바르게 표시한 것은?

㉠ 준정으로 혼외자는 자녀 출생시로 소급하여 친생자가 된다.
㉡ 혼인 전에 출생하여 부(父)로부터 인지를 받고 있던 자는 부모의 혼인에 의하여 준정이 된다.

> ㉢ 인지받지 못한 혼외자가 그 부모의 혼인 후 인지됨으로써 준정이 된다.
> ㉣ 자가 사망한 경우에도 그 子는 준정자가 될 수 있다.

① ㉠(○), ㉡(○), ㉢(○), ㉣(○)　② ㉠(○), ㉡(○), ㉢(×), ㉣(×)
③ ㉠(○), ㉡(○), ㉢(×), ㉣(○)　④ ㉠(○), ㉡(○), ㉢(○), ㉣(×)
⑤ ㉠(×), ㉡(○), ㉢(○), ㉣(○)　⑥ ㉠(×), ㉡(○), ㉢(×), ㉣(×)
⑦ ㉠(×), ㉡(×), ㉢(○), ㉣(×)　⑧ ㉠(×), ㉡(×), ㉢(×), ㉣(×)

해설 ……………………………………………

㉠ 부모가 혼인한 때로부터 혼외자가 혼생자로 되는 것이다(제855조 2항). 인지와는 달리 자녀 출생시까지 소급하지 아니한다. ㉡ 제855조. ㉢ 가족관계등록법 제57조. ㉣ 다만 사망한 子의 준정은 사망한 혼인 외의 子에게 직계비속이 있는 경우에 한하여 문제가 된다(제857조). <답 ⑤>

10. A와 B는 부부이다. A와 B 사이에는 혼인 중의 출생자 D가 있다. 그런데 A는 과거 동거녀 X와의 사이에 낳은 딸 C가 있는데 C는 A의 인지를 받았다. 이들의 법률관계에 관한 설명 중 틀린 것은 모두 몇 개인가? (다툼이 있는 경우에는 판례에 의함)

> ㉠ A와 X의 관계는 혼인관계가 아니므로 C는 혼인 외의 출생자이다.
> ㉡ C가 A의 인지를 받으면 C는 B와 적모서자관계가 된다.
> ㉢ 인지를 받은 C는 B와 적모서자관계인 동시에 법정모자관계에 있다.
> ㉣ 적모인 B가 사망한 경우 C는 B의 상속재산에 대하여 상속권이 있다.
> ㉤ 만약 A가 C와의 친자관계를 부인하려면 친생부인의 소에 의하여야 한다.
> ㉥ 만약 B에게 D와 배다른 자식 E가 있다 하더라도 E는 이성동복(異姓同腹)인 형제자매이므로 상속권이 없다.

① 모두 맞다　② 1개　③ 2개
④ 3개　⑤ 4개

해설 ……………………………………………

A와 X의 관계는 혼인관계가 아니므로 C는 혼인 외의 출생자이다. C가 A의 인지를 받으면 C는 B와 적모서자관계가 된다. 종래 구 민법(구 제774조)에 따르면 부(父)의 인지를 받은 혼인 외의 출생자와 부의 처 사이인 적모서자관계는 그들의 의사에 의하지 않고 당연히 발생하는 법정모자관계이었으나 1990년의 민법개정으로 인척관계에 지나지 않게 되었다. 과거 법정모자관계에 있던 적모서자관계에서는 상속이 이루어졌으나 현행법에서는 단순한 인척관계에 지나지 않는다. 따라서 적모인 B가 사망하면 그 상속인은 배우자 A와 친자인 B이고 C는 상속권이 없다. 만약 A가 사망한다면 그 상속인은 B, C, D이고 그 상속비율은 각각 1.5 : 1 : 1이 된다. 민법 제1000조 1항 3호 소정의 '피상속인의 형제자매'

는 부계 및 모계의 형제자매를 모두 포함하는 것으로 해석하는 것이 상당하므로 이성동복(異姓同腹)의 형제자매도 상속인의 범위에 포함된다(대판 1997.11.28. 96다5421).

<답 ⑤>

11. 혼인관계가 없는 甲남과 乙녀 사이에 자(子) 丙이 있는 경우에 관한 설명 중 옳지 않은 것을 모두 고르면? (다툼이 있는 경우에는 판례에 의함)

<사시 2007년: 배점 3>

㉠ 乙과 丙의 모자관계는 乙의 인지를 기다리지 않고 분만의 사실에 의해 당연히 발생하는 데 비하여, 甲과 丙 부자관계는 甲의 인지에 의하여 비로소 발생하므로 丙은 인지청구의 소를 제기하여야 하고 친생자관계존재확인의 소를 제기할 수는 없다.
㉡ 만일 丙이 태아인 경우, 甲은 乙의 동의를 얻어 丙을 인지할 수 있으며, 丙은 乙의 대리에 의해 甲에 대한 인지청구의 소를 제기할 수 있다.
㉢ 甲이 의사능력이 없는 상태에서 丙을 인지한 경우, 설사 甲과 丙 사이에 진실한 부자관계가 있다 하더라도 甲의 인지는 무효이다. 이에 비하여 甲이 의사능력이 있는 상태에서 丙을 인지한 경우에는 甲과 丙 사이에 진실한 부자관계가 없으면 甲의 인지는 무효이다.
㉣ 丙이 미성년자이지만 의사능력이 있는 경우에는 丙이 甲에 대하여 독립해서 인지청구의 소를 제기할 수 있기 때문에, 乙은 법정대리인으로서 甲에 대하여 인지청구의 소를 제기할 수 없다.
㉤ 甲이 사망한 경우 丙은 그 사망을 안 날로부터 2년 내에 인지청구의 소를 제기하여야 한다. 이와 달리 甲이 생존 중인 경우에는 丙은 언제든지 소를 제기할 수 있다.

① ㉠, ㉡, ㉢　② ㉠, ㉢, ㉤　③ ㉡, ㉢
④ ㉡, ㉣　⑤ ㉡, ㉣, ㉤　⑥ ㉡, ㉤
⑦ ㉠, ㉣　⑧ ㉢, ㉣

해설

㉠ 타당. 대판 1997.2.14. 96므748. ㉡ 甲이 丙을 인지하는데 乙의 동의를 필요로 하지 아니한다. ㉢ 인지를 하려면 의사능력이 필요하고(피성년후견인인 경우에는 후견인의 동의가 필요하다: 제856조), 진실한 부자관계가 없으면 인지가 있더라도 법률상 그 인지는 당연무효이다. ㉣ 丙이 미성년자인 경우 인지청구의 소는 법정대리인이 대리하여야 한다(제863조). ㉤ 제864조.

<답 ④>

12. 甲(男)이 혼인 외의 출생자인 乙 외에 다른 자녀 없이 사망하여 甲의 직계존속 丙이 甲을 단독상속하였는데, 이후 乙이 인지청구의 소를 제기하였다. 이

에 관한 설명 중 옳지 않은 것은? (다툼이 있는 경우에는 판례에 의함)

<사시 2010년: 배점 2>

① 乙이 인지청구의 소에 의하여 친생자로 인지된 경우, 丙은 자신이 취득한 상속권을 소급하여 잃게 된다.

② 乙에 대한 인지판결이 확정되기 전에, 丙이 甲의 채무자 丁에 대하여 상속채무의 이행을 구하는 소를 제기하고 승소판결까지 받았다면, 특별한 사정이 없는 한 丙에 대한 丁의 변제는 적법하다.

③ 乙의 인지청구 전에 乙의 생모가 임의로 乙을 甲의 친생자로 출생신고하였다는 이유로 인지무효확인심판이 확정되었다면, 그 기판력은 乙이 제기한 인지청구의 소에도 미친다.

④ 乙이 가족관계등록부에 생모와 그 배우자 사이의 혼인 중 친생자로 등재되어 있더라도, 乙의 생부가 가족관계등록부상의 부(父)와 다른 사실이 객관적으로 명백한 경우, 乙은 친생추정을 받지 않으므로 곧바로 인지청구를 할 수 있다.

⑤ 乙의 인지청구권의 행사가 상속재산에 대한 이해관계에서 시작되었더라도 정당한 신분관계를 확정하기 위해서라면 신의칙에 반하는 것이라 하여 막을 수 없다.

해설

① 민법 제860조는 인지의 소급효는 제3자가 이미 취득한 권리에 의하여 제한받는다는 취지를 규정하면서 민법 제1014조는 상속개시 후의 인지 또는 재판의 확정에 의하여 공동상속인이 된 자는 그 상속분에 상응한 가액의 지급을 청구할 권리가 있다고 규정하여 제860조 소정의 제3자의 범위를 제한하고 있는 취지에 비추어 볼 때, 혼인 외의 출생자가 부의 사망 후에 인지의 소에 의하여 친생자로 인지받은 경우 피인지자보다 후순위 상속인인 피상속인의 직계존속 또는 형제자매 등은 피인지자의 출현과 함께 자신이 취득한 상속권을 소급하여 잃게 되는 것으로 보아야 하고, 그것이 민법 제860조 단서의 규정에 따라 인지의 소급효 제한에 의하여 보호받게 되는 제3자의 기득권에 포함된다고는 볼 수 없다(대판 1993.3.12. 92다48512). ② 표현상속인에 대한 채무자의 변제는 채권의 준점유자에 대한 변제로서 적법하다(대판 1995.1.24. 93다32200). ③ 생부의 인지 없이 생모에 의해 임의로 생부의 친생자로 출생신고가 되었다는 것을 이유로 한 인지무효확인의 확정심판은 생부 스스로 자를 그의 친생자로 인정하여 출생신고를 한 바 없는데도 생모에 의해 그러한 행위를 한 것처럼 호적상 기재가 되어 있으니 그 출생신고에 의한 임의인지가 무효임을 확인한다는 것이 심판대상임이 명백하고, 따라서 그 기판력 역시 생부의 출생신고에 의한 임의인지가 무효라는 점에 한하여 발생할 뿐이며, 나아가 생부와 자 사이에 친생자관계가 존재하는지 여부에 대해서까지 그 확정심판의 효력이 미치는 것은 아니므로 그 확정심판의 효력은 자와 생부 사이에 친생자관계가 존재함을 전제로 하여 재판상 인지를 구하는 청구에는 미치지 않는다(대판 1999.10.8. 98므1698). ④ 대판 2000.1.28. 99므1817 참고. ⑤ 혼인 외의 자가 친생자관계의 부존재를 확인하는 대가로 금원 등을 지급받으면서 추가적인 금전적 청구를 포기하기로 합의하였다 하더라도 이러한 합의는 당사자가 임의로 처분할 수 없는 사항에 관한 처분을 전제로 한 것이므로 이에 반하여 인지청구를

하고 그 확정판결에 따라 상속분상당가액지급청구를 하더라도 신의칙 위반으로 보기 어렵다(대판 2007.7.26. 2006므2757,2764). <답 ③>

13. 甲과 乙이 혼인한 후 8개월 만에 乙이 丙을 출산하였다. 그런데 丙의 생부(生父)는 甲이 아니라 丁이다. 다음 중 소 제기가 적법한 것을 모두 고르면? (다툼이 있는 경우에는 판례에 의함) <사시 2008년: 배점 2>

> ㉠ 丙의 출생 직후 丙의 생부가 甲이 아니라 丁임을 알게 된 乙은 1년 6개월 동안 고민한 후에 甲을 상대로 丙과의 친생자관계를 부인하는 친생부인의 소를 제기하였다.
> ㉡ 丙이 초등학교에 입학할 때 甲은 丙이 자신의 친생자가 아님을 알게 되었다. 1년 6개월 동안 고민한 후에 甲은 乙을 상대로 丙과의 친생자관계를 부인하는 친생부인의 소를 제기하였다.
> ㉢ 丙은 성년이 된 날 乙로부터 자신의 생부가 丁임을 듣게 되었다. 6개월 동안 고민한 후에 丙은 甲을 상대로 친생자관계를 부인하는 친생부인의 소를 제기하였다.
> ㉣ 丙은 성년이 된 날 乙로부터 자신의 생부가 丁임을 듣게 되었다. 6개월 동안 고민한 후에 丙은 丁을 상대로 인지청구의 소를 제기하였다.
> ㉤ (위 사례와 달리) 甲이 사기죄로 5년형을 선고받고 수감된 지 3년 후에 丙이 태어났고, 丙이 성년이 된 날 乙은 丙의 생부가 丁임을 알려주었다. 丙은 6개월 동안 고민한 후에 丁을 상대로 인지청구의 소를 제기하였다.

① ㉠, ㉡, ㉢ ② ㉠, ㉡, ㉣ ③ ㉠, ㉡, ㉤
④ ㉠, ㉢, ㉣ ⑤ ㉡, ㉢, ㉣ ③ ㉡, ㉢, ㉤
④ ㉡, ㉣, ㉤ ⑤ ㉡, ㉣, ㉤

해설

㉠㉡㉢ 친생부인의 소는 부나 처만이 할 수 있다(제846조 참조). 그리고 친생부인의 소는 그 사유 있음을 안 날부터 2년 내에 제기하여야 한다(제847조 1항). ㉣㉤ 민법 제844조의 친생추정을 받는 자는 친생부인의 소에 의하여 그 친생추정을 깨뜨리지 않고서는 다른 사람을 상대로 인지청구를 할 수 없으나, 호적상의 부모의 혼인 중의 자로 등재되어 있는 자라 하더라도 그의 생부모가 호적상의 부모와 다른 사실이 객관적으로 명백한 경우에는 그 친생추정이 미치지 아니하므로, 그와 같은 경우에는 곧바로 생부모를 상대로 인지청구를 할 수 있다(대판 2000.1.8. 99므1817). 따라서 자의 포태기간 중에 부가 행방불명 또는 생사불명인 때, 부가 입대 중, 수감 중, 입원 중 또는 외국체제 등 부재중인 때, 혼인이 파탄하여 사실상 이혼상태로 별거 중인 때에는 자에 대하여 친생추정이 미치지 않으므로, 바로 생부모를 상대로 인지청구를 할 수 있다. <답 ③>

14. 다음은 제소기간에 관한 설명이다. 틀린 것은?

① 성년후견인이 친생부인의 소를 제기하지 아니한 경우 피성년후견인은 성년후견종료의 심판이 있은 날부터 2년 내에 소를 제기할 수 있다.

② 자에 의한 인지이의의 소는 부 또는 모가 사망한 경우, 그 사망을 안 날로부터 2년 내에 검사를 상대로 이루어져야 한다.

③ 부(夫)가 자의 출생 전에 사망한 때에는 부의 직계존속이나 직계비속은 그 사망을 안 날로부터 2년 내에 친생부인의 소를 제기할 수 있다.

④ 자 기타 이해관계인은 인지신고가 있음을 안 날로부터 2년 내에 인지에 대한 이의의 소를 제기할 수 있다.

⑤ 자가 인지에 대한 이의의 소를 제기하는 경우에 부 또는 모가 사망한 때에는 그 사망을 안 때로부터 2년 내에 검사를 상대로 인지에 대한 이의의 소를 제기할 수 있다.

해설

친자관계소송의 제척기간과 관련하여 2005년 개정민법의 내용을 정리해 둘 필요가 있다. ① 제848조 2항(2005년, 종전 1년에서 2년으로 개정). ② 제864조(2005년, 종전 1년에서 2년으로 개정). ③ 제851조(2005년, 종전 1년에서 2년으로 개정). ④ 1년 내이다(제862조는 개정된 바 없다). ⑤ 제864조(2005년, 종전 1년에서 2년으로 개정). <답 ④>

15. A는 甲남과 乙녀의 동거 중에 태어났는데 A가 태어난 지 얼마 되지 않아서 甲이 갑자기 교통사고로 사망하게 되었고 그와 관련한 손해배상청구소송에서 甲의 모(母)가 甲과 A 사이의 친자관계를 부인하고 있다. 이 사례와 관련된 설명 중 틀린 것은?

① 甲과 乙이 사실혼관계에 있었다면 甲의 모(母)는 A에 대해서 친생자관계존부확인의 소를 제기할 수 있다.

② 일반적으로 통용되어 온 방법으로 이루어진 유전자감정촉탁결과 A가 甲의 친자가 아니라는 감정이 나왔으나, 새로이 채택한 기술에 기해서는 A가 甲의 친자라는 감정결과가 나왔다면, 전자의 감정결과의 경우에 일정한 전제조건이 충족될 경우에만 의미가 있는 경우 A가 그것을 다투고 있다면 그에 대한 증명책임은 그 감정방법을 원용하고 있는 甲의 모(母)에게 있다.

③ 가족관계등록부의 기재사항은 이를 번복할 만한 명백한 반증이 없는 한 진실에 부합되는 것으로 추정되기 때문에, 상염색체유전자좌 감정방법에 의하여 과학적으로 어떤 사실을 증명함에 있어서 감정의 전제되는 사실에 관해서도 가족관계등록부의 추정력을 적용할 수 있다.

④ 인지소송에서 당사자의 입증이 충분하지 못할 때에는 가능한 한 직권으로도 사실조사 및 필요한 증거조사를 하여야 한다.

⑤ 가정이 이미 파탄되어 친생규정의 목적기반이 상실된 경우라면 부부의 동서의 결여, 혈액형의 불일치의 경우뿐만 아니라 나아가 유전자형 불일치의 경우에도 친생추정의 효력은 미치지 않는다고 하는 견해는 외관설을 취하면서도 이미 가정이 파탄상태에 빠진 경우에는 혈연주의를 우선하여 친생추정을 배제한다는 가정파탄설을 취한 것으로 보아야 한다.

해설 ……………………………………

① 제865조. ②③ 호적부(현 가족관계등록부)의 기재사항은 이를 번복할 만한 명백한 반증이 없는 한 진실에 부합되는 것으로 추정이 된다고 할 것이지만, 이는 일반적인 법률관계에 있어서의 친족관계나 사망사실 등의 추정에 관한 것이고, 상염색체유전자좌 감정방법에 의하여 과학적으로 어떤 사실을 증명함에 있어서 감정이 전제되는 사실에 관하여 호적부의 추정력을 적용할 수는 없으며, 따라서 이와 같은 경우 그 전제되는 사실이 진실하다는 점에 대하여는 그 감정방법을 원용하는 당사자가 이를 증명하여야 한다(대판 2002. 6.14. 2001므1537). ④ 인지소송은 친족·상속법상 중대한 영향을 미치는 인륜의 근본에 관한 것이고 공익에도 관련되는 중요한 것이기 때문에 직권주의를 채용하고 있다(대판 1985.11.26. 85므8). ⑤ 대판 1995.5.30. 94드61780. <답 ③>

16. 다음은 인공수정에 의한 자(子)에 관한 설명이다. 틀린 것은?

① 부(夫)의 정액으로써 인공수태한 경우에는 보통의 혼인 중의 자로서 다루어야 한다.

② 부의 동의를 얻어 제3자의 정액으로써 인공수태한 경우에는 부의 자로서 다루어야 한다.

③ 부의 동의 없이 제3자의 정액으로써 인공수태한 경우에도 ②와 다를 바가 없다.

④ 미혼인 여자가 인공수정에 의하여 자(子)를 출산한 때에는 그 자는 혼인 외의 자로 된다.

⑤ ④의 경우에 정액을 제공한 제3자는 인지할 수 없다는 것이 다수설이다.

해설 ……………………………………

인공수정에는 배우자의 정액을 사용하는 경우와 제3자의 정액을 사용하는 두 가지 방법이 있다. 전자를 AIH, 후자를 AID라고 한다. 그런데 ③에서와 같이, 부의 동의 없이 제3자의 정액으로써 인공수태한 경우에는 그 자는 사정에 따라 친생자추정을 받는 혼인 중의 출생자, 추정을 받지 않는 혼인 중의 출생자, 추정이 미치지 않는 자가 될 것이다.

<답 ③>

2. 양 자

17. 부부인 甲남과 乙녀는 타인의 자 丙을 입양하면서도 자기들 사이의 친생자로 출생신고를 하였다. 이들 사이의 법률관계에 관한 설명 중 옳지 않은 것은?

(다툼이 있는 경우에는 판례에 의함) <사시 2002년>

① 甲 · 乙과 丙 사이에 양친자관계를 창설하려는 명백한 의사가 있고 기타 입양의 실질적 성립요건을 모두 갖춘 경우에는 甲 · 乙과 丙 사이에 입양의 효력이 인정된다.

② 丙의 출생신고 당시 대락권자의 대락 등 입양의 실질적 성립요건이 갖추어지지 않았던 경우 丙이 입양을 승낙할 수 있는 연령(13세)이 된 후에도 甲 · 乙을 양친으로 여기고 생활하는 등 입양의 실질적 요건을 갖춘 이상, 丙은 甲 · 乙이 한 입양에 갈음하는 출생신고를 묵시적으로 추인하였다고 볼 수 있으므로 甲 · 乙과 丙 사이에 입양의 효력이 인정된다.

③ 甲 · 乙과 丙 사이에 양친자관계의 성립이 인정되더라도, 甲과 乙이 이혼한 경우에는 乙과 丙 사이의 친자관계는 소멸한다.

④ 甲 · 乙과 丙 사이에 양친자관계의 성립이 인정되는 경우, 甲 · 乙은 丙과의 양친자관계를 해소하여야 할 특단의 사정이 없는 한 친생자관계부존재확인을 구할 이익을 가지지 아니한다.

⑤ 甲 · 乙과 丙 사이에 양친자관계의 성립이 인정되는 경우, 丙은 甲 · 乙을 상대로 양친자관계존재확인의 소를 제기하여 가족관계등록부을 정정하고 파양에 의하여 양친자관계를 해소할 수 있다.

해설

① 허위의 친생자출생신고에 의한 입양에 관하여 초기에 대법원은 입양의 요식행위성을 이유로 입양의 효력을 부정하였다가(대판 1967.7.18. 67다1004), 그 후 태도를 바꾸어 당사자 간에 양친자관계를 성립시키려는 의사가 있고 기타 입양의 실질적 요건을 구비한 경우에는 입양의 효력을 인정하였다(대판[전] 1977.7.26. 77다492). ② 대판 1997.7.11. 96므1151. ③ 민법 제776조는 '양부모의 이혼'을 입양으로 인한 친족관계의 종료사유로 들고 있지 않고 있다. 또한 처를 부와 함께 입양당사자로 하는 현행 민법 아래에서는(1990.1.13. 개정) 부부공동입양제가 되어 처도 부와 마찬가지로 입양당사자가 되기 때문에 양부모가 이혼하였다고 하여 양모를 양부와 다르게 취급하여 양모자관계만 소멸한다고 볼 수는 없는 것이다(대판[전] 2001.5.24. 2000므1493). ④ 양친자관계가 인정되는 경우 양부모나 양자 또는 제3자가 친생자관계부존재확인의 소를 제기한 때에는 확인의 이익이 없으므로 청구를 각하하여야 한다(대판[전] 1994.5.24. 93므119). ⑤ 입양의 효력이 발생하였다면 파양에 의하여 양친자관계를 해소할 필요가 있는 등의 특별한 사정이 있는 경우, 호적(현 가족관계등록부)의 기재를 말소하여 법률상 친자관계의 존재를 부정하게 되는 친생자관계부존재확인의 소를 제기하여야 한다(대판[전] 1977.7.26. 77다492의 반대해석).

<답 ③>

18. 다음 중 입양에 관한 설명으로 틀린 것을 모두 고르면? (다툼이 있는 경우에는 판례에 의함) <변호사모의 2010년 유사>

(가) 친부모를 알 수 없는 자를 데려다가 입양신고 대신 출생신고를 하

면서 가족관계등록부상 모로 기재되어 있는 자가 자신의 가족관계등록부에 가족관계등록부상의 자를 친생자로 출생신고를 한 것이 아니라 자신과 내연관계에 있는 남자의 가족관계등록부에 출생신고를 한 경우, 가족관계등록부상의 모와 가족관계등록부상의 자 사이에 다른 입양의 실질적 요건이 구비되었다면, 가족관계등록부상의 모와 가족관계등록부상의 자 사이에 양친자관계가 성립된 것으로 보아야 한다.

㈏ 입양승낙 없이 친생자 출생신고의 방법으로 입양된 13세 미만의 자가 13세가 된 후에도 양모와 친자적 공동생활을 계속하면서 입양에 대한 이의를 제기하지 않았다면, 입양에 갈음하는 출생신고를 묵시적으로 추인한 것으로 볼 수 있다.

㈐ 양부가 사망한 때에 양모는 단독으로 양자와 파양할 수 있지만, 양모가 사망한 양부에 갈음하거나 또는 양부를 위하여 파양을 할 수는 없다.

㈑ 당사자 간에 무효인 신고행위에 상응하는 신분관계가 실질적으로 형성되어 있지 아니한 경우라도 입양의 합의가 존재하고, 13세 미만자이기 때문에 법정대리인의 대락이 있고, 양자가 양부모의 존속 또는 연장자가 아니며 민법 제883조 1호(당사자 사이에 입양의 합의가 없는 경우) 소정의 입양의 무효사유가 없다면 입양으로서의 효력을 인정할 수 있다.

① ㈎, ㈏ ② ㈎, ㈐ ③ ㈎, ㈑
④ ㈎, ㈒ ⑤ ㈏, ㈑ ⑥ ㈏, ㈒
⑦ ㈐, ㈑ ⑧ ㈑, ㈒

해설

㈎ 양친자관계가 성립된 것으로 볼 수 없다(대판 1995.1.24. 93므1242). ㈏ 타당. 대판 1997.7.11. 96므1151. 대락입양의 연령이 2012년 개정으로 기존 15세에서 13세로 낮아졌다. ㈐ 대판 2009.4.23. 2008므3600. ㈑ 친생자 출생신고 당시 입양의 실질적 요건을 갖추지 못하여 입양신고로서의 효력이 생기지 아니하였더라도 그 후에 입양의 실질적 요건을 갖추게 된 경우에는 무효인 친생자 출생신고는 소급적으로 입양신고로서의 효력을 갖게 된다고 할 것이나, 민법 제139조 본문에도 불구하고 입양 등의 신분행위에 관하여 소급적 효력을 인정하는 것은 무효인 신분행위 후 그 내용에 맞는 신분관계가 실질적으로 형성되어 쌍방 당사자가 이의 없이 그 신분관계를 계속하여 왔다면, 그 신고가 부적법하다는 이유로 이미 형성되어 있는 신분관계의 효력을 부인하는 것은 당사자의 의사에 반하고 그 이익을 해칠 뿐만 아니라, 그 실질적 신분관계의 외형과 호적(현 가족관계등록부)의 기재를 믿은 제3자의 이익도 침해할 우려가 있기 때문이므로, 당사자 간에 무효인 신고행위에 상응하는 신분관계가 실질적으로 형성되어 있지 아니한 경우에는 무효인 신분행위에 대한 추인의 의사표시만으로 그 무효행위의 효력을 인정할 수 없다(대판 2000.6.9. 99므1633,1640). <답 ③>

19. 파양에 관한 설명 중 타당하지 않은 것은?

① 파양소송의 당사자는 양친과 양자에 국한되고 제3자의 소송제기는 허용되지 않는 것이 원칙이다.

② 13세 미만인 양자가 재판상 파양을 하는 경우에는 그 대락권자가 소를 제기하여야 한다.

③ 양자가 13세 이상의 미성년자인 경우에는 동의권자의 동의가 있어야 소를 제기할 수 있다.

④ 파양청구의 인용판결이 있을 때에는 파양소송제기자는 재판확정일로부터 1개월 이내에 파양신고를 하여야 한다.

⑤ 파양의 소는 언제든지 제기할 수 있다.

해설

①② 제869조, 제906조, 제899조 본문. ③ 양자가 13세 이상의 미성년자인 경우에는 제870조 1항 및 제871조의 규정에 의한 동의권자의 동의가 있어야 소를 제기할 수 있다(제906조). ④ 가족관계등록법 제107조. 이 재판상 파양의 신고는 보고적 신고이다. ⑤ 제905조의 파양원인 중 3호의 사유(양부모나 양자의 생사가 3년 이상 분명하지 아니한 경우)는 언제든 청구할 수 있으나, 1, 2, 4호에 의한 파양의 소는 다른 일방이 그 사유를 안 날로부터 6개월, 그리고 그 사유가 있었던 날로부터 3년이 경과하면 파양을 청구하지 못한다(제907조).

<답 ⑤>

20. 파양의 효과에 관한 설명 중 틀린 것은?

① 친족관계가 소멸하므로 이후 혼인장애의 요인으로 되지도 않는다.

② 입양에 의하여 생겼던 친족관계는 소멸한다.

③ 양자가 미성년자이면 친생부모의 친권이 부활한다.

④ 양친과 양자 사이에 생겼던 부양관계, 친권관계는 소멸한다.

⑤ 재판상의 파양의 경우에는 손해배상의 문제도 제기될 수 있다.

해설

① 6촌 이내의 혈족이었던 자와 4촌 이내의 양부모계의 인척이었던 자 사이에서는 혼인하지 못한다(제809조 3항). ② 제776조. ③ 친생부모의 부양의무도 부활한다. ④ 파양에 의하여 법적 친자관계가 소멸하므로 부양 및 친권관계는 소멸한다. ⑤ 제908조, 제806조.

<답 ①>

21. 파양에 관한 설명 중 옳지 않은 것은? (다툼이 있는 경우에는 판례에 의함)

<사시 2011년: 배점 2>

① 양부모나 양자가 피성년후견인인 때에는 그가 의사능력을 회복하고 있더라도 성년후견인의 동의를 받아 재판상 파양을 청구할 수 있다.

② 13세 미만인 양자가 재판상 파양을 하는 경우, 입양을 대락한 자가 이에 갈음하여 재판상 파양을 청구하여야 하고, 파양을 청구할 있는 사람이

없는 경우에는 제777조에 따른 양자의 친족이나 이해관계인이 가정법원의 허가를 받아 파양을 청구할 수 있다.

③ 친양자가 3년 이상 생사불명인 경우라도 양친은 가정법원에 파양을 청구할 수 없다.

④ 재판상 파양의 당사자는 양부모와 양자인 것이 원칙이지만, 양부모가 모두 사망한 경우에는 양조부가 재판상 파양을 청구할 수 있다.

⑤ 양부가 사망한 경우, 양모는 단독으로 양자를 상대로 자신과 양자 사이의 재판상 파양을 청구할 수 있으며, 이는 양부와 양자 사이의 양친자관계에 영향을 미치지 아니한다.

해설

① 옳음. 민법 제906조 3항. ② 옳음. 민법 제906조 1항. ③ 옳음. 생사불명은 친양자의 파양사유가 되지 않는다(민법 제908조의5). ④ 틀림. 재판상 파양청구권자는 민법 제905조 및 제906조에 의하여 준용되는 같은 법 제899조에 의하여 양친과 양자에 한정되고, 다만 양자가 13세 미만인 경우에 한하여 입양을 승낙한 자가 이에 갈음하여 파양을 청구할 수 있도록 되어 있을 뿐이다. 인사소송법 제37조에 의하여 준용되는 같은 법 제26조, 제27조는 혼인의 무효 및 취소의 소의 당사자에 관한 규정으로서 입양의 무효·취소에 관한 소에는 준용할 수 있으나, 이와 성질을 달리하는 파양의 소에는 준용할 수 없으므로 양조부는 재판상 파양청구권이 없다(대판 1983.9.13. 83므16). ⑤ 옳음. 대판 2001.8.21. 99므2230 참고. <답 ④>

22. 입양의 무효와 취소에 관한 설명 중 틀린 것은?

① 입양무효의 성질은 혼인의 무효와 마찬가지로 당연무효이다.

② 입양이 무효 또는 취소된 경우, 과실 있는 상대방에 대한 손해배상청구권은 양도 또는 승계할 수 있다.

③ 사기·강박으로 인하여 입양의 의사표시를 한 경우, 그 의사표시자는 사기를 안 날로부터 또는 강박을 면한 날로부터 3개월 내에 그 취소를 청구할 수 있다.

④ 가정법원은 성년후견인이 정당한 이유 없이 제1항에 따른 동의를 거부하거나 피성년후견인의 부모가 정당한 이유 없이 제871조 제1항에 따른 동의를 거부하는 경우에는 그 동의가 없어도 입양을 허가할 수 있다.

⑤ 입양무효확인청구의 당사자적격은 그 심판청구 당시에 존재하면 족하고 입양신고 당시에도 존재함을 요하지 않는다.

해설

① 당사자와 제3자는 판결이 없더라도 다른 소송에서 그 입양이 무효라고 주장하여 그것을 그 소에 있어서의 주장의 한 근거로 할 수 있는 동시에, 일정한 자는 입양무효확인의 소를 제기할 수 있으며(가소법 제2조 1항 가류 (1) 5), 이에 기초한 판결의 효력은 제3자에게도 미친다(가소법 제21조). ② 입양이 무효 또는 취소된 경우에 당사자는 과실 있는

상대방에 대하여 손해배상청구를 할 수 있으며, 그 청구권은 원칙적으로 양도 또는 승계할 수 없다(제897조, 제806조). ③ 사기 · 강박으로 인하여 입양의 의사표시를 한 때(제884조 3호)에는, 그 의사표시자는 사기를 안 날로부터 또는 강박을 면한 날로부터 3개월이 지나면 취소를 청구하지 못한다(제897조, 제823조). ④ 제873조 3항. ⑤ 대판 1985. 12.10. 85므28. <답 ②>

23. 다음은 친양자와 보통양자를 비교 설명한 것이다. 틀린 것은?

① 친양자는 양친부모의 혼인 중의 출생자가 된다는 점에서 보통양자와 본질적으로 다르다.
② 보통양자와 친양자는 모두 입양 당사자의 입양합의에 의하면 충분하다.
③ 보통양자에 대한 입양의 무효, 입양의 취소, 협의상의 파양, 재판상 파양 규정은 친양자에 그 적용이 배제된다.
④ 친양자로 될 자는 미성년자이어야 하지만, 보통양자는 그러한 제한이 없다.
⑤ 보통양자의 경우 종전의 친족관계가 그대로 유지되지만, 친양자의 경우는 근친혼제한규정을 제외하고는 종전의 친족관계는 완전히 소멸한다.

해설

① 양자는 입양된 때부터 양부모의 친생자와 같은 지위를 가진다(제882조의2). 친양자는 부부의 혼인 중 출생자로 본다(제908조의3 1항). ② 보통양자 중 성년자에 대한 입양은 입양합의에 의하지만, 미성년자에 대한 입양은 가정법원의 허가를 요하고(제867조 1항 참조), 친양자 입양의 경우에도 가정법원의 허가를 필요로 한다(제908조의2 2항). ③ 보통양자에 대한 규정 중 입양의 무효(제883조), 입양의 취소(제884조), 협의상의 파양(제898조), 재판상 파양(제905조)은 친양자의 경우에 적용되지 않는다(그 대신 친양자에는 2005년 신설규정인 제908조의4, 제908조의5 적용). ④ 종래에는 15세 미만이었으나 미성년자로 개정되었다(제908조의2 1항 2호). ⑤ 제908조의3 2항. <답 ②>

24. 다음은 친양자에 대한 설명이다. 옳은 것은?

① 재혼하는 부부 일방이 그 재혼 배우자의 친생자를 친양자로 하는 경우에는 혼인신고의 접수와 동시에 일방적 입양의사표시에 의해서 친생자입양의 효력이 발생한다.
② 친양자를 하려는 자들의 공동입양이라는 것은 양친이 되려는 부부가 친양자 입양의 의사를 공동으로 갖고 있으면 충분하다는 의미이다.
③ 친양자로 될 자의 친생부모가 친양자 입양에 동의하여야 하지만, 부모가 친권상실의 선고를 받거나 소재를 알 수 없거나 그 밖의 사유로 동의할 수 없는 경우에는 그러하지 아니하다.
④ 만약 친생부모의 책임 없는 사유로 자(子)가 미아가 되거나 유괴된 경우, 그 친생부모는 친양자 입양의 사실을 안 날로부터 1월 내에 가정법원에 친양자 입양의 취소를 청구할 수 있다.

⑤ 친양자 입양취소의 효력은 소급하므로 입양 전 친족관계는 다시금 부활한다.

해설

① 3년 이상 혼인 중인 부부로서 공동으로 입양해야 하는 것이 원칙이다. 다만, 1년 이상 혼인 중인 부부의 일방이 그 배우자의 친생자를 친양자로 하는 경우에는 그러하지 아니하다(제908조의2 1항 단서). 1년 정도의 기간이면 공동생활을 하면서 어느 정도 친양자를 양육할 수 있는지 검증할 수 있기 때문이다. ② 공동입양이라는 것은 양친이 되려는 부부가 친양자 입양신청을 가정법원에 공동으로 신청하여야 한다는 의미이다. ③ 제908조의2 1항 3호. ④ 제908조의4 1항. 6월 내이다. ⑤ 친양자 입양취소는 소급효가 없고 입양 전 친족관계는 부활한다(제908조의7). <답 ③>

25. 민법상 양자에 관한 설명 중 옳지 않은 것을 각각 하나씩 고르면?

<사시 2008년: 배점 2>

가. 일반양자
- ㉠ 만 19세의 법대 1학년 학생인 甲은 양자를 할 수 있다.
- ㉡ 양자될 자가 13세 미만인 경우 법정대리인이 그에 갈음하여 입양의 승낙을 하지만, 만 13세 이상의 미성년자가 입양될 경우 법정대리인의 동의를 얻어야 한다.
- ㉢ 생존한 모와 생계를 같이하지 않는 만 18세의 甲은 만 19세가 되면 모의 반대에도 불구하고 양자가 될 수 있다.

나. 친양자
- ⓐ 甲과 乙은 만 18세에 혼인한 후 만 19세가 되면, 丙의 자로서 3세인 丁을 친양자로 입양할 수 있다.
- ⓑ 친양자 입양이 취소되거나 파양된 경우, 친양자관계는 소멸하고 입양 전의 친족관계는 부활하지만, 그 친양자 입양의 취소의 효력은 소급하지 않는다.
- ⓒ 입양 당시 양친자 일방에게 악질 기타 중대한 사유가 있음을 알지 못하고 친양자로 입양한 경우 그 취소를 청구할 수 없다.

① ㉠, ⓐ ② ㉠, ⓑ ③ ㉡, ⓑ
④ ㉡, ⓒ ⑤ ㉢, ⓐ ⑥ ㉢, ⓒ

해설

㉠ 만 19세로 성년이 되고(제4조), 성년에 달한 자는 양자를 할 수 있으므로(제866조) 甲은 양자를 할 수 있다. ⓐ 친양자를 하려는 자는 3년 이상 혼인 중인 부부로서 공동으로 입양하여야 한다(제908조의2 1항 1호). ⓑ 제908조의7 참조. ⓒ 제908조의4 2항 참조.

<답 ⑤>

〈민법 제869조 · 제870조 · 제871조의 관계〉

구 분	적용범위	내 용	
제869조	13세 미만	법정대리인의 대락	대락 없어도 가정법원은 허가 가능
제870조	13세 이상 19세 미만	부모의 동의	동의 없어도 가정법원은 허가 가능
제871조	19세 이상	부모의 동의	부모의 동의에 갈음하는 심판

26. 친양자에 관한 설명 중 옳은 것을 모두 고르면? <사시 2009년: 배점 2>

㉠ 친양자 입양은 당사자 간의 합의만으로는 가능하지 않고, 반드시 가정법원의 친양자 입양허가를 받아야 한다.
㉡ 친양자는 그 입양이 확정된 때로부터 종전의 친족관계가 종료할 뿐 출생시에 소급하여 종료되지는 않으므로 입양 전의 상속이나 부양관계에는 영향을 미치지 않는다.
㉢ 부부의 일방이 그 배우자의 친생자를 단독으로 입양한 경우에 있어서의 배우자 및 그 친족과 친생자 간의 친족관계는 종료되지 않는다.
㉣ 친양자 입양의 경우 협의파양은 할 수 없고, 일정한 경우 재판상의 파양만 인정하고 있다.
㉤ 친양자가 미성년자인 상태에서 친양자 관계가 취소되거나 파양되면 그 친생부모가 친권자가 되고 친양자의 성과 본은 양친의 성과 본에서 원래의 성과 본으로 변경된다.

① ㉠, ㉡, ㉢, ㉣, ㉤ ② ㉠, ㉢, ㉣, ㉤ ③ ㉡, ㉢, ㉣
④ ㉠, ㉢, ㉣ ⑤ ㉠, ㉡, ㉤

해설 ....

㉠ 옳음. 민법 제908조의2 2항 참조. ㉡ 옳음. 친양자 입양에 대한 가정법원의 허가심판이 확정되면 입양 전 친족관계는 종료된다(제908조의3 2항). 이러한 친족관계의 소멸은 장래에 향하여만 그 효력이 발생한다고 해석된다. ㉢ 옳음. 민법 제908조의3 2항 단서 참조. ㉣ 옳음. 양친, 친양자, 친생의 부 또는 모나 검사는 민법 제908조의5 1항의 각호의 사유가 있는 경우 가정법원에 친양자의 파양을 청구할 수 있으나 협의파양은 할 수 없다(민법 제908조의5 1항 · 2항). ㉤ 옳음. 민법 제908조의7 참조. <답 ①>

3. 친 권

27. 친권에 관한 다음 설명 중 옳은 것은?

① 친권자는 친권을 사퇴할 수 없다.

② 친권자는 자(子)를 대리하여 임금을 받을 수 있다.
③ 미성년자도 자기의 자(子)에 대하여는 친권을 행사할 수 있다.
④ 친권을 행사하기 위하여는 친권자와 친권에 따르는 자(子)가 동일가적 내에 있어야 한다.
⑤ 재산관리권을 상실한 친권자는 유언으로 후견인을 지정할 수 있다.

해설

① 친권의 내용의 일부인 대리권과 재산관리권은 일정한 경우에 사퇴할 수 있지만(제927조), 친권 자체는 사퇴할 수 없다. ② 미성년자는 독자적으로 임금을 청구할 수 있다(근기법 제68조). 그러므로 임금의 청구는 친권자가 자를 대리하여 수령할 수 없다고 해석된다. ③ 미성년자의 친권자가 미성년자에 갈음하여 그 자에 대한 친권을 행사한다(제910조). ④ 친권자는 자(子)와 가(家)를 같이할 필요가 없고, 자가 동일가적 내에 있든 없든 친권을 행사할 수 있다. ⑤ 법률행위의 대리권과 재산관리권이 없는 친권자는 유언으로 미성년자의 후견인을 지정할 수 없다(제931조 단서). <답 ①>

28. 친권의 행사에 관한 설명 중 옳은 것(○)과 옳지 않은 것(×)을 바르게 표시한 것은?

㉠ 친권자가 없으면 후견인을 두어야 한다.
㉡ 혼인 외의 출생자에 대하여는 그 생모가 친권자가 된다.
㉢ 혼인에 의하여 성년으로 의제되었던 미성년자는 혼인의 취소, 이혼, 일방의 사망 등으로 혼인이 해소되더라도 다시 친권에 따르게 되지 않는다.
㉣ 부모는 혼인한 미성년자에 대해서는 친권을 행사할 수 없으나 혼인한 미성년자가 출생한 子에 대해서는 친권을 대행한다.

① ㉠(○), ㉡(○), ㉢(○), ㉣(○)
② ㉠(○), ㉡(○), ㉢(×), ㉣(×)
③ ㉠(○), ㉡(×), ㉢(○), ㉣(×)
④ ㉠(○), ㉡(○), ㉢(○), ㉣(×)
⑤ ㉠(×), ㉡(○), ㉢(○), ㉣(○)
⑥ ㉠(×), ㉡(○), ㉢(×), ㉣(×)
⑦ ㉠(×), ㉡(×), ㉢(○), ㉣(×)
⑧ ㉠(×), ㉡(×), ㉢(×), ㉣(×)

해설

㉠ 옳음. 제928조. ㉡ 틀림. 혼인 외의 출생자라도 인지된 경우에는 부모의 협의 또는 가정법원의 재판에 의하여 친권자를 정하게 된다(제909조 4항). 따라서 생부도 혼외자의 친권자가 될 수 있다. ㉢ 옳음. 혼인의 해소 등에 의해서도 성년의제의 효과는 소멸하지 않는다. ㉣ 틀림. 제910조는 子가 혼인에 의하지 않고 子를 낳은 경우에만 적용됨을 주의하여야 한다. <답 ③>

29. 친권자와 미성년자인 자(子) 사이의 이해상반행위에 관한 설명 중 옳은 것은?
(다툼이 있는 경우에는 판례에 의함) <사시 2005년 변형>

① 친권자인 모(母) 甲이 자(子)인 乙과 丙의 X토지의 지분 각 2/7를 이모

인 丁에게 명의신탁하였다가, 이를 다시 매매를 원인으로 乙과 甲 자신에게 이전등기하였다. 이 경우, 丙의 지분 2/7에 대해서 甲이 자신에게 이전등기한 행위는 이해상반행위이다.

② 친권자와 미성년자인 자 사이의 이해상반행위와 관련하여 법원이 특별대리인을 선임함에 있어서, 특별대리인에게 미성년자인 자가 하여야 할 법률행위를 무엇이든지 처리할 수 있도록 포괄적으로 권한을 수여하는 심판을 할 수는 없다.

③ 친권자와 미성년자인 자 사이의 이해상반행위에는 추인이 허용되지 않는다.

④ 공동상속인이면서 동시에 친권자인 모가 스스로 상속을 포기하고, 또한 미성년자인 자의 상속을 포기하여, 결국 성년자인 다른 자가 피상속인인 부(父)의 재산을 모두 상속받게 한 것은 이해상반행위이다.

⑤ 친권자인 모(母)가 자기 오빠의 제3자에 대한 채무의 담보로 미성년자인 자(子) 소유의 부동산에 근저당권을 설정하는 행위는 이해상반행위이다.

해설

① 丁에게 이전된 丙의 2/7 지분은 부동산실명법 제4조 제2항에 의하여 무효이므로 여전히 丙의 소유라는 점에서, 甲이 丙의 2/7 지분을 丙에게 회복시키지 않고 자신의 명의로 이전한 행위는 이해상반행위라고 보았다(대판 2013.1.24. 2010두27189). ② 특별대리인은 이해가 상반되는 특정의 법률행위에 관하여 개별적으로 선임되어야 한다. 따라서 특별대리인선임신청서에는 선임되는 특별대리인이 처리할 법률행위를 특정하여 적시하여야 하고 법원도 그 선임 심판시에 특별대리인이 처리할 법률행위를 특정하여 이를 심판의 주문에 표시하는 것이 원칙이다(대판 1996.4.9. 96다1139). ③ 미성년자 본인이 그 행위의 효력을 추인하면 유효하다(대판 1964.8.31. 63다547). ④ 이해상반행위의 당사자는 모두가 친권자의 친권에 따르는 미성년자인 자(子)들이어야 하고, 가령 친권에 따르지 아니하는 자와 친권에 따르는 미성년자인 자 사이에 이해상반되는 경우에는 친권자는 미성년자인 자를 위한 법정대리인으로서 그 고유의 권리를 행사할 수 있을 것이므로 그러한 친권자의 법률행위는 제921조 2항의 이해상반행위에 해당한다고 할 수 없다(대판 1976.3.9. 75다2340). ⑤ 모 자신의 채무를 위한 것이 아니므로 이해상반행위에 해당되지 않는다(대판 1991.11.26. 91다23466).

<답 ②>

30. 甲과 乙은 부부이며, 그들 사이에 미성년의 자(子) 丙이 있다. 丙은 丁으로부터 증여받은 상당한 재산을 소유하고 있다. 이에 관한 설명 중 옳은 것을 모두 고르면? (다툼이 있는 경우에는 판례에 의함) <사시 2008년: 배점 2>

㉠ 甲은 乙의 동의 아래 丙의 재산 중 일부를 처분하여 주식투자를 하였다가 丙에게 손해를 발생시켰다. 甲이 자신의 재산을 관리하는 것과 동일한 주의를 하였다면, 丙에 대해 손해배상책임을 지지 않는다.

㉡ 乙이 공동대표이사로 있는 X 주식회사의 채무를 담보하기 위해, 乙

이 丙을 대리하여 丙 소유의 토지에 저당권을 설정하였고 甲도 이에 동의하였다. 위 저당권 설정행위는 이해상반행위로 볼 수 없다.
㉢ 丙이 성년이 되면 甲과 乙은, 丁이 반대의사를 표시하더라도 丙의 재산을 관리하면서 수취한 과실을 丙의 양육비와 상계할 수 있다.
㉣ 甲은 乙의 동의 없이 乙과 공동명의로 丙을 대리하여 丙 소유 토지의 매매계약을 체결하였다. 매수인이 乙의 동의가 없었다는 사실을 알았다면 위 매매계약은 무효이다.
㉤ 丁이 丙에게 증여하면서 甲이 증여재산을 관리하지 못하도록 하여 乙이 단독으로 관리하였는데, 丙이 성년이 되기 전에 乙이 사망하였다. 이후에는 甲이 丙의 재산을 관리할 수 있다.

① ㉠, ㉡ ② ㉠, ㉤ ③ ㉠, ㉡, ㉣
④ ㉠, ㉢, ㉣ ⑤ ㉡, ㉢, ㉣ ⑥ ㉡, ㉢, ㉤
⑦ ㉡, ㉢, ㉣, ㉤ ⑧ ㉠, ㉡, ㉢, ㉣

해설

㉠ 부모는 미성년자인 자의 친권자가 된다(제909조 1항). 부모가 혼인 중인 때에는 부모가 공동으로 친권을 행사한다(제909조 2항). 친권을 '공동으로 행사한다' 함은 부모의 의견이 일치하여 친권을 행사하는 것을 말한다. 행위 자체가 부모 쌍방의 명의로 되어야 하는 것은 아니기 때문에 가령, 모의 동의가 있으면 부의 명의만으로 자의 부동산을 매매하더라도 그 매매는 유효하다. 한편, 친권자는 자가 자기의 명의로 취득한 특유재산을 관리하며(제916조), 관리권을 행사함에는 자기의 재산에 관한 행위와 동일한 주의를 하여야 한다(제922조). ㉡ 친권자인 모가 자신이 대표이사로 있는 주식회사의 채무 담보를 위하여 자신과 미성년인 자(子)의 공유재산에 대하여 자의 법정대리인 겸 본인의 자격으로 근저당권을 설정한 행위는, 친권자가 채무자 회사의 대표이사로서 그 주식의 66%를 소유하는 대주주이고 미성년인 자에게는 불이익만을 주는 것이라는 점을 감안하더라도, 그 행위의 객관적 성질상 채무자 회사의 채무를 담보하기 위한 것에 불과하므로 친권자와 그 자 사이에 이해의 대립이 생길 우려가 있는 이해상반행위라고 볼 수 없다(대판 1996.11.22. 96다10270). ㉢ 법정대리인인 친권자의 권한이 소멸한 때에는 그 자의 재산에 대한 관리의 계산을 하여야 하는데(제923조 1항), 그 자의 재산으로부터 수취한 과실은 그 자의 양육, 재산관리의 비용과 상계한 것으로 본다(제923조 2항 본문). 그러나 제3자가 반대의 의사를 표시한 때에는 그 재산에 관하여는 그러하지 아니하다(제923조 2항 단서). ㉣ 부모의 일방이 공동명의로 자를 대리하거나 자의 법률행위에 동의한 때에는 타방의 의사에 반하는 때에도 그 효력이 발생하지만, 상대방이 악의인 때에는 법률행위의 효력이 생기지 않는다(제920조의2). ㉤ 무상으로 자에게 재산을 수여한 제3자가 친권자의 관리에 반대하는 의사를 표시한 때에는 친권자는 그 재산을 관리하지 못하므로, 위 지문과 같은 경우에는 제928조에 의해 후견이 개시된다. <답 ④>

31. 친권상실선고에 관한 다음 설명 중 옳은 것을 모두 고르면?

㉠ 자의 유일한 재산을 모가 타인에게 무상증여하는 행위는 친권남용

에 해당하지만 그것만으로 친권상실이 된다고 할 수 없다.
ⓛ 과부인 친권자가 그 유아를 양육할 길이 없어 타인의 첩이 되는 것은 현저한 비행으로 볼 수 없는 것이므로, 친권상실선고의 원인이 아니다.
ⓒ 친권자가 자기의 빈궁을 구할 목적으로 그 자에게 천한 일에 종사하도록 강요하는 것은 친권남용이 아니다.
ⓔ 친권상실선고는 상속권에 아무런 영향을 미치지 아니한다.

① ㉠ ② ㉡ ③ ㉢
④ ㉣ ⑤ ㉠, ㉡ ⑥ ㉢, ㉣
⑦ ㉠, ㉡, ㉣ ⑧ ㉠, ㉡, ㉢, ㉣

해설 ……………………………………

㉠ 대판 1997.1.24. 96다43928. ㉡ 통설은 현저한 비행이 아니라고 한다. 이것은 첩관계를 긍정하는 것이 아니고, 다만 그러한 母라도 친권자로서의 자격이 있다는 데 불과하다. ㉢ 외국판례를 근거로 하여 통설은 친권남용이 된다고 한다. ㉣ 반대규정이 없으므로 타당하다.

<답 ⑦>

32. **B의 생모 A는 사통(私通)으로 인하여 B의 생부 C에 의하여 파혼당하였다. 미성년자 B는 부모(생부 C와 계모 E)의 반대에도 불구하고 A의 동의를 얻어 D와 결혼하고자 하였다. B의 결혼을 적극 찬성하던 A는 교통사고로 사망하였다. B의 친권 및 혼인관계와 A에 대한 상속관계에 관한 설명 중 옳은 것은?**

① A의 사통은 친권상실선고의 원인에는 해당되지 않는다.
② 계모 E는 생모는 아니지만 법적으로 친권자이다.
③ B는 C(친부)의 동의를 얻지 못하는 한 적법한 혼인을 할 수 없다.
④ A가 친권을 상실한 경우 B의 A에 대한 상속권도 소멸한다.
⑤ 동의를 얻지 않는 혼인은 무효이다.

해설 ……………………………………

미성년자 B가 혼인을 하려면 부모의 동의를 얻어야 한다(제808조). 동의를 얻지 않은 혼인은 취소할 수 있을 뿐만 아니라 혼인신고서류가 수리되지 못함으로써 그 혼인은 사실혼에 불과한 것이다. 부모 중 일방이 친권을 상실한 경우에는 친권상실제도가 미성년자를 보호하기 위한 제도임을 생각할 때 친권상실자는 원칙적으로 혼인동의권도 상실한다고 보아야 할 것이다. 사안에서 A의 사통은 친권상실선고의 원인인 현저한 비행에 해당된다고 볼 수 있다. 만약 이러한 비행의 결과 B가 방치되고 B의 불행이 초래되는 경우 A의 친권은 상실된다고 볼 것이다. 따라서 B는 친권자인 C(친부)의 동의를 얻지 못하는 한 적법한 혼인을 할 수 없다(현행민법 부칙 제9조에 의하여 1991.1.1. 이후부터 계모의 자에 대한 친권은 소멸하고 계모 E는 B와 단순한 인척관계에 불과하기 때문에 친권자가 아니다. 따라서 E의 동의 여부는 문제되지 않는다). 다음으로 상속관계에 있어서는 설사 친권을 상실한 경우라도 직계혈족관계로서 발생되는 상속관계에는 아무런 영향을 미치지 않는다고 보아 B는 A의 재산에 대하여 상속권을 갖는다(그런데 사실상 자에 대한 친권을 상실하고 나아가 아무런 생활관계가 존재하지 않는 자들 사이에서 단지 혈연관계가 있다는 이유만으로 피상속인의 재산을 그 자가 상속할 수 있다는 것은 현실과 맞지 않는다. 이러한 상속관계를 인정한다는 것은 불합리한 것이다. 따라서 우리 상속제도도 앞으로는 기본적으로 지정상속제도로 나아가야 할 것이다. 그것이 합리주의 요소를 점차 확대해가고 있는 친족상속법의 기본이념과도 일치하는 것이라 할 수 있다). <답 ③>

제 5 절 후 견

1. 미성년후견인에 관한 다음 설명 중 틀린 것은?

① 후견인은 취임 후 지체없이 피후견인의 재산을 조사하여 2월 내에 그 목록을 작성하여야 한다.

② 후견인은 미성년자인 피후견인의 보호 · 교양, 거소지정, 징계에 관하여는 친권자와 동일한 권리의무를 갖는다.

③ 후견인은 13세 미만자의 입양에 관해서는 승낙에 대한 대리권을, 13세 이상자의 입양에 관해서는 동의권을 갖는다.

④ 자격정지 이상의 형의 선고를 받은 자, 피후견인을 상대로 소송을 하였거나 하고 있는 자 또는 그 배우자와 직계혈족은 미성년후견인이 될 수 없다.

⑤ 미성년자에 대한 친권을 행사하는 자는 자기의 사망 후에 미성년자의 후견인이 될 자를 유언으로 지정할 수 있다.

해설

① 옳음. 제941조 1항. ② 옳음. 제945조. ③ 옳음. 후견인은 13세 미만자의 입양에 관한 승낙에 대해서는 대리권을, 13세 이상자의 입양에 관해서는 동의권을 갖는다(제869조 1항 및 2항 참조). ④ 틀림. 전단이 틀렸다. 자격정지 이상의 형의 선고를 받고 그 형기 중에 있는 자여야 한다(제937조 4호 및 8호). ⑤ 옳음. 제931조 1항. <답 ④>

〈미성년자의 신분행위에 관한 그 후견인의 동의권과 대리권〉

대리권을 가지는 경우	혼인취소(제817조), 인지청구의 소(제863조), 13세 미만자의 입양에 관한 승낙 및 취소(가정법원의 허가를 전제로 한다. 제869조 2항, 제885조, 제886조), 13세 미만자의 재판상 파양(제906조), 친양자 입양에 대한 승낙(제908조의2 1항 4호), 상속의 승인과 포기(제1019조, 제1020조), 법정대리인으로 신분관계의 소를 제기하는 경우(가소법 제23조, 제28조, 제31조)
동의권을 가지는 경우	약혼할 때(제801조), 혼인할 때(제808조 1항), 13세 이상자의 입양(제869조 1항) 또는 파양(제906조)

2. 후견인에 관한 설명 중 옳은 것만을 모두 고르면?

> ㉠ 복수의 후견인을 둘 수 없다.
> ㉡ 법인은 후견인이 될 수 없다.
> ㉢ 미성년자의 후견인은 지정후견인이 최선순위의 후견인으로 된다.
> ㉣ 피성년후견인에 대해 성년후견개시의 심판이 내려진 경우에는 직권으로 또는 피성년후견인, 친족, 이해관계인, 검사, 지방자치단체의 장의 청구에 의하여 성년후견인을 선임한다.
> ㉤ 가정법원은 친권상실의 선고에 따라 미성년후견인을 선임할 필요가 있는 경우에는 직권으로 또는 미성년자, 친족, 이해관계인, 검사, 지방자치단체의 장의 청구에 의하여 미성년후견인을 선임한다.

① ㉠, ㉡, ㉢, ㉣, ㉤ ② ㉠, ㉡, ㉢ ③ ㉢
④ ㉠, ㉡, ㉣, ㉤ ⑤ ㉢, ㉣, ㉤ ⑥ ㉢, ㉤

해설 ……………………………………………

㉠ 틀림. 미성년후견인은 1인으로 하지만, 성년후견인은 복수일 수 있다(제930조 1항 및 2항, 제936조 3항). ㉡ 틀림. 성년후견인은 법인도 될 수 있다(제930조 3항). 그러나 미성년후견인은 자연인에 한한다. ㉢ 옳음. 미성년후견인은 지정후견인 · 선임후견인의 순위에 따른다(제931조 및 제932조). ㉣ 틀림. 이 경우에는 청구를 기다리지 않고 가정법원이 직권으로 선임한다(제936조 1항). ㉤ 틀림. 이 경우에는 청구를 기다리지 않고 직권으로 선임한다(제932조 2항 및 3항). <답 ③>

3. 후견인의 권한에 관한 다음 설명 중 옳은 것을 골라 바르게 짝지은 것은?
(다툼이 있는 경우에는 판례에 의함)

> ㉠ 미성년자의 친권자가 법률행위의 대리권과 재산관리권에 한정하여 친권을 행사할 수 없는 경우에 미성년후견인의 임무는 미성년자의 재산에 관한 행위에 한정된다.
> ㉡ 피성년후견인의 신체를 침해하는 의료행위에 대하여 그의 상태가 허락하는 한 단독으로 결정함이 원칙이고, 피성년후견인이 동의할 수 없는 경우에는 성년후견인이 그를 대신하여 동의할 수 있다. 후자의 경우 피성년후견인이 의료행위의 직접적인 결과로 사망하거나 상당한 장애를 입을 위험이 있을 때에는 가정법원의 사전 또는 사후 허가를 받아야 한다.
> ㉢ 후견감독인이 있는 경우, 성년후견인이 피성년후견인을 대리하여 피성년후견인이 거주하고 있는 건물 또는 그 대지에 대하여 매도, 임대, 전세권 설정, 저당권 설정, 임대차의 해지, 전세권의 소멸, 그 밖에 이에 준하는 행위를 하는 경우에는 후견감독인의 동의를 받아야 하고, 동의가 없는 경우에는 피후견인 또는 후견감독인이

이를 취소할 수 있다.
㉣ 후견감독인이 있는 경우, 후견인이 상속의 승인, 한정승인 또는 포기 및 상속재산의 분할에 관한 협의를 대리하는 경우에는 후견감독인의 동의를 받아야 하고, 동의가 없는 경우에는 피후견인 또는 후견감독인이 이를 취소할 수 있다.
㉤ 후견감독인이 있는 경우, 후견인이 피후견인에 대한 제3자의 권리를 양수(讓受)하는 경우에는 후견감독인의 동의가 필요하고, 후견감독인의 동의가 있으면 피후견인은 이를 취소할 수 없다.

① ㉠, ㉡, ㉢, ㉣, ㉤ ② ㉠, ㉡, ㉢, ㉣ ③ ㉠, ㉢, ㉣, ㉤
④ ㉠, ㉣ ⑤ ㉢, ㉣ ⑥ ㉢, ㉣, ㉤
⑦ ㉠, ㉢, ㉣ ⑧ ㉡, ㉢, ㉣, ㉤

해설

㉠ 옳음. 제946조. 따라서 미성년후견인에게 언제나 친권자와 동일한 권한이 주어지지는 않는다. ㉡ 틀림. 사후허가는 허가절차로 의료행위가 지체되어 피성년후견인의 생명에 위험을 초래하거나 심신상의 중대한 장애를 초래할 때에만 가능하다(제947조의2 4항). ㉢ 틀림. 후견감독인의 동의가 아니라 가정법원의 허가가 필요하다(제947조의2 5항). 또한 가정법원의 허가가 없는 경우에는 그 행위는 무효라고 해석된다. 이는 제950조 1항 4호의 '부동산 또는 중요한 재산에 관한 권리의 득실변경을 목적으로 하는 행위'는 후견감독인의 동의가 있으면 충분하고, 동의가 결여된 경우에는 취소할 수 있는 것과 비교되지만, 이 규정은 의료행위의 경우와 마찬가지로 피성년후견인의 생존배려를 위한 특칙으로 이해된다(한편 지원림, 1962면은 제950조 1항 4호와 제947조의2 5항이 상호 충돌될 수 있다고 지적한다). ㉣ 옳음. 제950조 1항 및 3항. ㉤ 틀림. 제951조를 개정 전의 규정과 비교하고, 1항과 2항을 종합해서 해석하면, 피후견인은 후견감독인의 동의 여부와 상관없이 후견인이 자신에 대한 제3자의 권리를 양수하는 것을 단독으로 취소할 수 있다고 보아야 한다. 물론 후견감독인의 동의가 없었던 경우에는 후견감독인도 취소할 수 있다(異見: 지원림, 1957면 참고). <답 ④>

4. 후견감독인에 대한 다음 설명 중 옳은 것은?

① 가정법원은 부모가 유언으로 미성년후견감독인을 지정하지 않은 경우에 필요하다고 인정하면 직권으로 또는 미성년자, 친족, 미성년후견인, 검사, 지방자치단체의 장의 청구에 의하여 미성년후견감독인을 선임하여야 한다.
② 후견감독인이 있는 경우, 피후견인과 후견인 사이에 이해가 상반되는 행위를 후견인이 하는 경우에는 특별대리인을 선임하여야 한다.
③ 가정법원은 본인이 사무를 처리할 능력이 부족한 상황에 있다고 인정할 때에는 본인, 배우자, 4촌 이내의 친족, 임의후견인, 검사 또는 지방자치단체의 장의 청구에 의하여 임의후견감독인을 선임한다.

④ 임의후견감독인의 선임 이후에는 본인 또는 임의후견인은 정당한 사유가 있는 때에만 가정법원의 허가를 받아 후견계약을 종료할 수 있다.

⑤ 본인이 피한정후견인 또는 피특정후견인인 경우에 가정법원은 임의후견감독인을 선임함에 있어서 종전의 한정후견 또는 특정후견의 종료 심판을 하여야 한다. 그러나 본인이 피성년후견인인 경우에는 성년후견의 종료 심판을 하지 않는다.

해설 ………………………………………

① 틀림. 선임할 수 있다(제940조의3 1항). 마찬가지로 성년후견감독인, 한정후견감독인, 특정후견감독인의 선임도 가정법원의 재량사항이다(제940조의4 1항, 제959조의5 1항, 제959조의10 1항 참조). 그러나 임의후견감독인의 선임은 일정한 요건하에 가정법원이 선임해야 하는 의무사항이다(제959조의15 1항). ② 틀림. 후견감독인이 있는 경우에는 그가 피후견인을 대리할 수 있으므로 특별대리인을 선임할 필요가 없다(제940조의6 3항 및 제949조의3). ③ 틀림. 후견계약이 등기되어 있어야 한다(제959조의15 1항). ④ 옳음. 제959조의18 제2항. ⑤ 틀림. 피성년후견인의 경우에도 후견종료의 심판을 하여야 한다(제959조의20 2항). <답 ④>

5. 후견인의 유형<가군>과 그 권한<나군>에 대한 설명이다. <가군>과 <나군>에서 옳은 것만 골라 바르게 짝지은 것은?

〈가군〉

㉠ 미성년후견인의 수(數)는 한 명으로 하고, 법인은 미성년후견인이 될 수 없다.

㉡ 가정법원은 성년후견인이 사망, 결격, 그 밖의 사유로 없게 된 경우, 직권으로 또는 피성년후견인, 친족, 이해관계인, 검사, 지방자치단체의 장의 청구에 의하여 성년후견인을 선임한다.

㉢ 가정법원이 피특정후견인의 후원을 위하여 필요한 처분을 명하는 경우, 피특정후견인을 후원하거나 대리하기 위한 특정후견인을 선임하여야 한다.

㉣ 후견계약은 질병, 장애, 노령, 그 밖의 사유로 인한 정신적 제약으로 사무를 처리할 능력이 지속적으로 결여된 상황에 있거나 결여되게 될 상황에 대비하여 자신의 재산관리 및 신상보호에 관한 사무의 전부 또는 일부를 다른 자에게 위탁하고 그 위탁사무에 관하여 대리권을 수여하는 것을 내용으로 한다.

㉤ 후견계약이 등기되어 있는 경우, 가정법원은 일반적으로 임의후견인 또는 임의후견감독인의 청구에 의하여 성년후견, 한정후견 또는 특정후견의 심판을 할 수 있다. 이 경우 후견계약은 본인이 성년후견 또는 한정후견 개시의 심판을 받은 때 종료된다.

〈나군〉
㉮ 미성년후견인은 미성년자에 갈음하여 미성년자의 자녀에 대한 친권을 행사한다.
㉯ 가정법원은 성년후견인에게 대리권을 수여하는 심판을 할 수 있다.
㉰ 성년후견인이 피성년후견인을 치료 등의 목적으로 정신병원이나 그 밖의 다른 장소에 격리하려는 경우에는 가정법원의 허가를 받아야 한다.
㉱ 후견인의 임무가 종료된 때에는 후견인 또는 그 상속인은 1개월 내에 피후견인의 재산에 관한 계산을 하여야 하고, 후견인이 피후견인에게 지급할 금액이나 피후견인이 후견인에게 지급할 금액에는 임무종료의 날로부터 이자를 부가하여야 한다.
㉲ 임의후견감독인의 선임 전에는 본인 또는 임의후견인은 언제든지 자유롭게 후견계약의 의사표시를 철회할 수 있다.

① ㉠㉡㉢㉣㉤ - ㉮㉯㉰㉱㉲　② ㉠㉡ - ㉮㉰
③ ㉢㉣㉤ - ㉯㉱㉲　④ ㉠㉡㉢㉤ - ㉮㉰㉱㉲
⑤ ㉠㉡㉢㉤ - ㉮㉰㉲　⑥ ㉢㉣㉤ - ㉮㉯㉲
⑦ ㉠㉢㉤ - ㉮㉰㉱　⑧ ㉠㉡㉣ - ㉯㉰㉱

해설

〈가군〉 ㉠ 옳음. 제930조 1항 및 3항의 반대해석. ㉡ 옳음. 제936조 2항. ㉢ 틀림. 선임할 수 있다(제959조의8 및 제959조의9 1항 참조). ㉣ 틀림. '결여'가 아니라, 사무를 처리할 능력이 '부족'한 상황에 있거나 '부족'하게 될 상황에 대비하여 이루어진다(제959조의14 1항). ㉤ 틀림. 본인의 이익을 위하여 특별히 필요할 때에만 가능하다(제959조의20 1항).
〈나군〉 ㉮ 옳음. 제948조 1항. ㉯ 틀림. 가정법원은 성년후견인이 제1항에 따라 가지는 법정대리권의 범위를 정할 수 있을 뿐(제938조 2항), 성년후견인으로 선임된 이상 피성년후견인에게 있어서 후견인은 법정대리인이 되므로 별도로 대리권의 수여 여부를 심판할 이유가 없다(반면, 한정후견인이나 특정후견인에게는 대리권 수여 여부를 심판할 수 있다. 결국 한정후견인 등의 경우 그는 가정법원의 선임에 의하여 피한정후견인 등의 수임인이 되므로 선량한 관리자의 주의로써 피한정후견인 등의 사무를 처리하면 된다. 제959조의4 1항, 제959조의6 및 제959조의11 1항 참조). ㉰ 옳음. 제947조의2 2항. ㉱ 틀림. 전단은 옳으나, 후단이 틀렸다. 즉, 임무종료의 날이 아니라 '계산종료의 날'이다(제957조 1항 및 제958조 1항 참조). ㉲ 틀림. 후견계약은 요식계약이라는 점에서 공증인의 인증을 받은 서면으로 철회할 수 있다(제959조의14 2항 및 제959조의18 1항 참조). <답 ②>

6. 다음은 (가)와 (나) 사례에 대한 설명이다. 옳은 것은 모두 몇 개인가? (다툼이 있는 경우에는 판례에 의함)

(가) A는 결혼을 한 후 친정부모가 모두 사망하고 10세의 어린 동생이 한 명 남았다. A는 남편 B와 함께 어린 동생을 맡아서 양육하고

있는데 그들 사이에는 아이가 없어 그 어린 동생을 양자로 하려고 한다.

㉠ 자신의 친동생이라고 하더라도 입양은 가능하다.
㉡ 친권자가 없으므로 미성년후견인의 승낙이 있어야 한다.
㉢ 그 절차를 보면 먼저 입양신고서에 친권자나 후견인의 성명을 기재하고 그의 승낙을 증명하는 서면을 첨부하여 신고하여야 한다.
㉣ 후견인은 지정후견인, 선임후견인의 순으로 한다.
㉤ A도 후견인이 될 수 있는데, 이러한 경우 가정법원의 허가를 얻어야 한다.

㈏ 미성년자 A의 부모는 교통사고로 모두 사망하였다. 가까운 친족으로는 조부와 숙부가 있다.

㉠ 지정후견인이 없는 경우 선임후견인이 있다.
㉡ 선임후견인은 직계혈족, 3촌 이내의 방계혈족의 순위로 되며 피성년후견인 또는 피한정후견인이 기혼인 경우에는 배우자가 선임후견인이 된다.
㉢ 가정법원은 미성년자, 친족, 이해관계인, 검사, 지방자치단체의 장의 청구가 있을 때 한하여 미성년후견인을 선임할 수 있다.
㉣ 직계혈족인 조부가 방계혈족인 삼촌보다 우선하여 후견인이 된다.
㉤ 후견에 관한 신고는 후견인의 등록기준지, 주소지나 현재지에서 하여야 한다.

① 5개 ② 6개 ③ 7개
④ 8개 ⑤ 9개

해설

㈎ 자신의 친동생이라고 하더라도 입양은 가능하다. 그런데 양자가 될 자가 13세 미만이므로 법정대리인이 그에 갈음하여 승낙을 하여야 한다(제869조 2항). 그 절차를 보면 먼저 입양신고서에 친권자나 후견인의 성명을 기재하고 그의 승낙을 증명하는 서면을 첨부하여 신고하여야 한다. 친권자가 없다면 지정후견인, 선임후견인의 순으로 한다(제932조, 제931조). 한편, 미성년자를 입양하는 경우 가정법원의 허가가 필수이므로 A는 가정법원의 허가를 받은 후 동생을 남편의 양자로 입양신고 할 수 있다(제867조 1항. 다만, 종래에는 제872조에 의해 후견인이 피후견인을 입양하기 위해서 가정법원의 허가가 필요했으나, 제872조는 삭제되었다. 즉, 미성년자 입양의 경우에는 제867조 1항에 의해 무조건 가정법원의 허가가 필요하게 되었고, 후견인의 피후견인의 입양에만 허가가 필요한 것이 아니다.). 따라서 ㉠㉡㉢㉣㉤ 모두 옳다. ㈏ 후견인은 부모의 유언으로 지정되는 지정후견인과 지정후견인이 없는 경우에 법원의 선임하는 선임후견인이 있다(제931조, 제932조). 선임후견인은 직권으로 또는 미성년자, 친족, 이해관계인, 검사, 지방자치단체의 장의 청

구에 의하여 가정법원이 선임한다(제932조). 이 경우, 누구를 후견인으로 선임할 것인가는 가정법원의 재량사항이다. 기존의 법정후견인제도는 폐지되었으므로, 친족 간에 후견인의 순위는 존재하지 않는다. 한편, 후견인은 후견개시신고의무가 있으므로 후견인은 취임일로부터 1월 이내에 후견개시신고를 하여야 한다. 후견에 관한 신고는 가족관계등록법 제20조에 의하여 피후견인의 등록기준지 또는 신고인의 주소지나 현재지에서 하여야 한다. ㉠만 옳고, ㉡㉢㉣㉤은 옳지 않다. <답 ②>

제 6 절 부 양

1. 친족법상 부양청구권에 관한 다음 설명 중 틀린 것만 고르면?

> ㉠ 부양청구권은 상속할 수 있다.
> ㉡ 직계조부와 손자 사이에는 부양청구권이 인정된다.
> ㉢ 동거친족 사이에는 촌수에 관계없이 부양의무가 있다.
> ㉣ 과거의 부양료에 대한 청구는 일방에게 뜻하지 않는 부담을 줄 수 있으므로 신의칙상 부인된다.
> ㉤ 부양청구권은 압류할 수 없다.

① ㉠, ㉡ ② ㉠, ㉢ ③ ㉠, ㉣
④ ㉡, ㉢ ⑤ ㉡, ㉣ ⑥ ㉢, ㉣
⑦ ㉢, ㉤ ⑧ ㉣, ㉤

해설

㉠ 부양청구권은 상속할 수 없다. ㉣ 대결[전] 1994.5.13. 92스21에 의하여, 과거의 부양료의 상환청구를 부정하던 대판 1986.3.25. 86므17 등의 판례는 변경되었다. <답 ③>

2. 친족적 부양(민법 제974조에 의한 부양을 말한다)에 관한 설명 중 옳지 않은 것은? (다툼이 있는 경우에는 판례에 의함) <사시 2006년>

① 직계혈족 및 그 배우자 간, 생계를 같이하는 기타 친족 간에는 서로 부양의 의무가 있으며, 부양의무자는 부양을 받을 자가 자기의 자력 또는 근로에 의하여 생활을 유지할 수 없는 경우에 한하여 부양의무를 이행할 책임이 있다.

② 성년(成年)인 자녀가 부양의무의 존부나 그 순위에 구애됨이 없이 스스로 장기간 부모와 동거하면서 생계유지의 수준을 넘는 부양자 자신과 같은 생활수준을 유지하는 부양을 하였다 하더라도 부모의 상속재산에 대하여 기여분을 인정받지 못한다.

③ 가사소송법은 요부양자를 신속히 구호하기 위하여 부양이행의 심판 전이라도 부양의무자의 재산에 대하여 담보를 제공하여야 가압류와 가처분

을 할 수 있도록 규정하고 있다.

④ 부양의 의무 있는 자가 수인인 경우에 부양을 할 자의 순위에 관하여 당사자 간에 협정이 없는 때에는 법원은 당사자의 청구에 의하여 이를 정하는데, 이 경우에 법원은 수인의 부양의무자를 선정할 수 있다.

⑤ 부양을 받을 권리는 일신전속권으로서 채권자대위의 목적이 되지 않으며, 타인에게 양도할 수 없고, 강제집행의 대상도 되지 않는다.

해설

① 제974조, 제975조. 다시 말해서, "자기가 사는 권리가 다른 사람을 부양할 의무에 우선한다."는 원칙은 1차적 부양의무(부모나 미성숙 자녀에 대한 부양 및 부부 사이의 부양)에는 적용되지 않는다. ② 이러한 경우 판례는 부양의 시기 · 방법 및 정도의 면에서 각기 특별한 부양이 된다고 보아 각 공동상속인 간의 공평을 도모한다는 측면에서 그 부모의 상속재산에 대하여 기여분을 인정한다(대판 1998.12.8. 97므513,520, 97스12). ③ 부양은 부양이 필요한 자의 부양상태를 구호하기 위한 제도이므로 신속한 이행의 확보가 필요하다. 따라서 가사소송법은 이를 위해 부양이행의 심판 전이라도 부양의무자의 재산에 대하여 담보의 제공 없이도 가압류, 가처분을 할 수 있도록 하였다(가소법 제63조). ④ 민법 제976조. ⑤ 부양청구권은 일신전속권으로서 채권자대위의 객체나 상속의 대상이 되지 않는다(통설). 그리고 부양청구권의 압류(민집법 제246조 1항)나 처분은 명문으로 금지된다(제979조).

<답 ②>

3. 부양료에 관한 판례의 설명이다. 옳은 것을 모두 고르면?

㉠ 의료비, 오락비, 교제비와 보통의 교육비는 부양료에 해당한다. ㉡ 자녀는 부모에 대하여 혼인비용을 양육비로서 청구할 수 없다. ㉢ 친권자라도 양육권을 부당히 간섭하거나 변경할 수 없다. ㉣ 당사자들의 재산 상황이나 경제적 능력과 부담의 형평성 등 여러 사정을 고려하여 적절하다고 인정되는 부양료 분담의 범위를 정할 수 있다.

① ㉠ ② ㉡ ③ ㉢
④ ㉣ ⑤ ㉠, ㉡ ⑥ ㉢, ㉣
⑦ ㉠, ㉡, ㉣ ⑧ ㉠, ㉡, ㉢, ㉣

해설

㉠ 판례는 부양의 정도를 의식주에 필요한 비용, 의료비, 최소한도의 문화비, 오락비, 교제비와 보통의 교육비 등이 이에 해당한다고 하고 있다(대판 1986.6.10. 86므46). ㉡ 반면에 자녀의 혼인비용에 대하여 부모는 부담의무를 갖지 않는 것이므로 자녀는 부모에 대하여 혼인비용을 양육비로서 청구할 수 없다(대판 1979.6.12. 79다249). ㉢ 이혼할 때 부모의 일방이 양육하고 타방은 양육비를 지급하기로 협정한 경우에는 그 협정범위 내에서 과거의 양육비를 청구할 수 있음은 물론이고, 친권자라도 양육권을 부당히 간섭하거나 변경할 수 없다(대판 1985.2.26. 84므86). ㉣ 과거의 양육비의 분담범위를 정하는 기준으로 옳다(대결[전] 1994.5.13. 92스21 참고).

<답 ⑧>

4. 부양에 관한 설명 중 옳은 것(○)과 옳지 않은 것(×)을 바르게 표시한 것은?

〈사시 2000년 유사〉

㉠ 부부의 일방이 정당한 이유 없이 동거를 거부하고 있다면 특별한 사정이 없는 한 상대방에게 부양료의 지급을 청구할 수 없다는 것이 판례이다.
㉡ 부양을 할 의무가 있는 자가 수인인 경우에 부양의무자의 순위에 대하여는 우선 당사자 간의 협정으로 정하고, 협정이 없는 때에는 당사자 청구에 의하여 법원이 그 순위를 정한다.
㉢ 부양을 받을 권리는 이를 타인에게 양도하거나 장래에 향하여 포기할 수 없다.
㉣ 서울에 거주하고 있는 질(姪: 조카)은 강릉에 거주하고 있는 숙부에 대해서 부양의무가 없다.
㉤ 제1차 부양의무자와 제2차 부양의무자가 동시에 존재하는 경우, 제2차 부양의무자가 부양받을 자를 부양한 경우에는 소요된 비용을 제1차 부양의무자에 대하여 상환청구할 수 있다.
㉥ 부부간의 부양의무를 이행하지 않은 부부의 일방에 대하여 상대방의 친족이 구하는 부양료의 상환청구는 가사비송사건으로 가정법원의 전속관할에 속한다.

① ㉠(○), ㉡(○), ㉢(○), ㉣(○), ㉤(○), ㉥(×)
② ㉠(○), ㉡(○), ㉢(×), ㉣(×), ㉤(×), ㉥(○)
③ ㉠(○), ㉡(○), ㉢(×), ㉣(○), ㉤(○), ㉥(×)
④ ㉠(○), ㉡(○), ㉢(○), ㉣(×), ㉤(×), ㉥(○)
⑤ ㉠(×), ㉡(○), ㉢(○), ㉣(○), ㉤(○), ㉥(×)
⑥ ㉠(×), ㉡(○), ㉢(×), ㉣(×), ㉤(×), ㉥(○)
⑦ ㉠(×), ㉡(×), ㉢(○), ㉣(×), ㉤(○), ㉥(×)
⑧ ㉠(×), ㉡(×), ㉢(×), ㉣(×), ㉤(×), ㉥(○)

해설

㉠ 대판 1991.12.10. 91므245. ㉡ 제976조 1항. ㉢ 부양받을 권리는 그 행사나 향유에 있어서 일신전속권이다. 따라서 채권자대위권의 대상이 되지 않고(제404조 단서), 상속되지 않으며(제1005조 단서), 타인에게 양도하거나 장래를 향하여 포기할 수 없고(제979조), 압류나 상계할 수 없다(민집법 제246조). ㉣ 제974조 3호. 따라서 친족범위에 속하는 숙질간이라 하더라도 생계를 같이하지 않는 경우에는 서로 부양의무를 부담하지 않는다. ㉤ 대판 2012.12.27. 2011다96932. ㉥ 지문과 같은 경우는 가소법 제2조 1항 2호 나. 마류사건에 규정되어 있지 않으므로 민사소송사건에 해당한다. 반면, 부부 간의 부양의무를 이행하지 않은 부부의 일방에 대한 상대방의 부양료 청구(가소법 제2조 1항 2호 나. 마류사건 1호)와, 친족 간의 부양의무를 이행하지 않은 친족의 일방에 대한 상대방의 부양료 청구(가소법 제2조 1항 2호 나. 마류사건 8호)는 가사비송사건에 해당한다(대판 2012.12.27.

2011다96932). <답 ①>

5. 민법상 부양에 관한 설명 중 옳은 것(○)과 옳지 않은 것(×)을 바르게 표시한 것은? (다툼이 있는 경우에는 판례에 의함) <사시 2008년: 배점 2>

㉠ 부양의무 없는 제3자가 부양을 요하는 상태에 있는 타인의 미성년자를 양육한 경우, 제3자는 인지하지 않은 부를 상대로 사무관리를 근거로 체당(替當)부양료를 구상할 수 있다.
㉡ 부양에서는 사적 부양이 우선하므로, 공적 부조에 관한 특별법의 규정은 민법규정을 보충하는 역할을 한다.
㉢ 부양권리자인 미성년자가 요부양상태에 있고 부양의무자에게 부양의 여력이 있다 하여도, 특별한 사정이 없는 한 부양권리자가 청구한 때부터 부양의무가 발생한다.
㉣ 부양을 할 자 또는 부양을 받을 자의 순위, 부양의 정도 또는 방법에 관한 당사자의 협정이나 법원의 판결이 있은 후 이에 관한 사정변경이 있는 때에는 법원은 당사자의 청구에 의하여 그 협정이나 판결을 취소 또는 변경할 수 있다.
㉤ 생계를 같이하는 친족 간의 부양에서 부양의 의무 있는 자가 수인인 경우, 부양을 할 자의 순위는 최근친을 선순위로 하여 결정한다.

① ㉠(○), ㉡(○), ㉢(○), ㉣(×), ㉤(○)
② ㉠(○), ㉡(○), ㉢(×), ㉣(×), ㉤(×)
③ ㉠(○), ㉡(×), ㉢(×), ㉣(○), ㉤(×)
④ ㉠(×), ㉡(○), ㉢(×), ㉣(×), ㉤(○)
⑤ ㉠(×), ㉡(×), ㉢(○), ㉣(○), ㉤(○)
⑥ ㉠(×), ㉡(○), ㉢(×), ㉣(○), ㉤(×)
⑦ ㉠(×), ㉡(○), ㉢(×), ㉣(○), ㉤(○)

해설

㉠ 제3자인 원고가 피고의 혼인외 출생자를 양육 및 교육하면서 그 비용을 지출하였다고 하여도 피고가 동 혼인 외 출생자를 인지하거나 부모의 결혼으로 그 혼인중의 출생자로 간주되지 않는 한 실부인 피고는 동 혼인 외 출생자를 부양할 법률상 의무는 없으므로 피고가 원고의 위 행위로 인하여 부당이득을 하였다거나 원고가 피고의 사무를 관리하였다고 볼 수 없다(대판 1981.5.26. 80다251). ㉡ 국민기초생활보장법에 의하면 부양의무자의 부양과 기타 다른 법령에 의한 보호가 국민기초생활보장법에 의한 부양보호보다 우선하도록 되어 있으므로(동법 제3조 2항), 민법상의 부양의무는 1차적인 것이고, 국가적 부양은 2차적 · 보충적인 것이다. ㉢ 부모의 자녀양육의무는 특별한 사정이 없는 한 자녀의 출생과 동시에 발생하는 것이다(대결[전] 1994.5.13. 92스21). ㉣ 제978조. ㉤ 부양의 의무 있는 자가 수인인 경우에 부양을 할 자의 순위에 관하여 당사자 간에 협정이 없는 때에는 법원은 당사자의 청구에 의하여 정한다(제976조 1항 전단). <답 ⑥>

6. B男은 결혼하기 전 X女와의 사이에 C를 낳았다. 10년이 지난 후 X는 Y와 결혼한 B에게 그 동안의 부양료를 요구하였다(C는 이미 인지된 상태이다). 한편 B의 형인 A는 아버지가 사망할 당시 어머니를 모시는 조건으로 유산의 90%를 물려받았다. 그런데 A는 방탕한 생활로 상속받은 재산을 탕진하였다. 그래서 B는 어머니를 모시고 부양하고 있다. 그런데 A는 B에게 자신의 생활비를 원조해 줄 것을 부탁하였다. 이 사례에 관한 설명으로 잘못된 것은?

㉠ 부양을 할 자의 순위나 부양의 정도 또는 방법에 관하여 부양의무자 사이에 협정이나 법원의 판결이 있은 후라면 이에 관한 사정변경이 있다고 하더라도 법원은 당사자의 청구에 의하여 그 협정이나 판결을 취소 또는 변경할 수 없다.
㉡ 생계를 같이한다고 하여도 A의 과실로 인하여 B의 부양을 필요로 하는 상태에 놓였으므로 A는 B에게 부양청구를 할 수 없다.
㉢ C가 혼인한 경우 혼인비용에 대해서도 B는 부양의무를 부담한다.
㉣ X에 의한 C의 양육이 X의 일방적이고 이기적인 목적이나 동기에서 비롯한 것이라거나 자녀의 이익에 도움이 되지 아니하거나 그 양육비를 상대방에게 부담시키는 것이 오히려 형평에 어긋나게 되는 등의 특별한 사정이 있는 경우라면, B는 과거 부양료에 대하여 책임지지 않는다.
㉤ B는 A와 생계를 같이하지 않는다면 B는 A에 대하여 부양의무가 없다.

① ㉠, ㉡ ② ㉠, ㉢ ③ ㉠, ㉣
④ ㉡, ㉣ ⑤ ㉡, ㉤ ⑥ ㉢, ㉣
⑦ ㉢, ㉤ ⑧ ㉣, ㉤

해설 ……………………………………

㉠ 변경할 수 있다(대결 1994.6.2. 93스11). ㉡㉤ 생계를 같이하지 않는다면 부양의무가 없다(제974조). 설혹 생계를 같이한다고 하여도 B가 최저생활도 할 수 없는 경우에는 그 범위 내에서 부양능력이 있는 때에 한하여 A가 부양청구를 할 수도 있겠지만, A는 어머니를 부양할 조건으로 부(父)로부터 물려받은 유산을 전부 탕진함으로써 자신의 책임을 다하지 못하는 등의 과실이 너무 크므로 B를 상대로 부양청구를 할 수 없을 것이다. ㉢ 혼인비용은 부양의무에 포함되지 않는다(대판 1979.6.12. 79다249). ㉣ 대결[전] 1994.5.13. 92스21 참고. <답 ②>

제 3 장 상 속 법

제 1 절 상 속

1. 총 설

1. 다음 중 판례의 입장과 모순되는 설명은?

① 상속을 원인으로 한 상속재산의 소유권이전등기는 공동상속인들의 상속지분이 각각 다르다면, 이를 밝혀야 한다.

② 피해자인 피상속인이 생전위자료청구의 의사표시가 없는 한 그 위자료청구권은 상속되지 아니함이 원칙이다.

③ 합자회사의 무한책임사원의 지위와 합명회사의 사원으로서의 지위는 상속되지 못한다.

④ 진정상속인은 표현상속인으로부터 상속재산을 취득한 제3자에 대해 개별적 회복인 물권적 청구권에 기초한 권리행사 이외에 상속인의 지위에 기초한 상속회복청구권을 행사할 수 있다.

⑤ 특정유증을 받은 자는 유증받은 부동산의 소유권자가 아니어서 직접 진정한 등기명의의 회복을 원인으로 한 소유권이전등기를 구할 수 없다.

해설

① 대판 1968.6.18. 67다995. ② 피상속인의 위자료청구의 의사표시가 없어도 상속을 인정한다(대판 1967.5.23. 66다1025). ③ 인적 관계가 기초되어 있고, 상법 제218조 3호 등에서 사망으로 퇴사된다고 되어 있어 상속할 수 없다고 봄이 타당하다(통설). ④ 대판 1977.11.22. 77다1744. 다만, 이 경우 물권적 청구권의 행사도 소유권 취득의 원인이 상속에 기하는 한 그 청구는 모두 상속회복청구권의 제척기간의 적용을 받는다(대판[전] 1991.12.24. 90다5740 등 참고). ⑤ 포괄적 유증을 받은 자는 민법 제187조에 의하여 법률상 당연히 유증받은 부동산의 소유권을 취득하게 되나, 특정유증을 받은 자는 유증의무자에게 유증을 이행할 것을 청구할 수 있는 채권을 취득할 뿐이므로, 특정유증을 받은 자는 유증받은 부동산의 소유권자가 아니어서 직접 진정한 등기명의의 회복을 원인으로 한 소유권이전등기를 구할 수 없다(대판 2003.5.27. 2000다73445). <답 ②>

2. 다음 중 상속회복청구권에 관한 설명으로 옳은 것은?

① 피상속인의 채무자가 선의 · 무과실로 그 채무를 참칭상속인에게 변제하였을 경우에는 그 변제는 유효하지 못하게 된다.

② 상속재산을 점유하지 않고 단지 재산상속만을 다투는 자도 회복청구의 상대방이 된다.

③ 상속회복청구권자는 상속권자에 한한다.

④ 자기의 상속권을 주장하지 않고 청구자의 상속권만을 다투는 상속재산의 점유자는 상속회복청구의 상대방이 된다고 하는 것이 판례의 입장이다.

⑤ 상속회복청구는 반드시 소송에 의할 필요는 없으며 재판 외의 청구도 상관없다.

해설

① 제470조. 채권의 준점유자의 변제로서 유효하며, 진정상속인은 참칭상속인에 대하여 부당이득의 반환청구를 할 수 있을 뿐이다. ② 상대방이 되지 않는다. 대판 1991.2.22. 90다카19470 참고. ③ 상속회복청구권은 상속권자의 법정대리인, 진정상속인으로부터 상속분을 양도받은 자도 행사할 수 있다. 그 외에 상속개시 후 인지 또는 재판의 확정에 의해 공동상속인이 된 자가 있다. ④ 판례는 부정하는 입장이나(대판 1982.1.26. 81다851), 학설상 긍정설이 있다(김주수 · 김상용, 494면). 상속회복청구권의 근거를 진정상속인의 상속재산의 회복이라는 점에서 구한다면, 상속재산이 정당한 권원자에게 귀속하고 있는가의 여부만이 문제되기 때문에 긍정하는 것이 타당하다고 본다. ⑤ 통설. <답 ⑤>

3. 상속회복청구권에 관한 설명 중 옳지 않은 것은? (다툼이 있는 경우에는 판례에 의함) <사시 2012년 변형: 배점 2점>

① 진정상속인 甲이 참칭상속인 乙을 상대로 상속재산에 관한 등기의 말소 등을 구하는 경우에 그 소유권 또는 지분권 등의 귀속원인을 상속으로 주장하고 있는 이상 청구원인 여하에 불구하고 이는 상속회복청구의 소라고 할 것이다.

② 진정상속인 甲이 참칭상속인 乙의 최초 침해행위가 있은 날로부터 10년의 제척기간이 경과하기 전에 乙에 대한 상속회복청구 소송에서 승소의 확정판결을 받았다고 하더라도, 위 제척기간이 경과한 후에는 乙로부터 상속재산을 양수한 제3자를 상대로 상속회복청구의 소를 제기하여 상속재산에 관한 등기의 말소를 구할 수 없다.

③ 진정상속인 甲이 참칭상속인 乙로부터 상속재산에 관한 권리를 취득한 丙을 상대로 제척기간 내에 상속회복청구의 소를 제기하였다면, 乙에 대하여 그 기간 내에 상속회복청구권을 행사한 일이 없더라도 甲의 丙에 대한 상속회복청구의 소는 적법하다.

④ 상속개시 후의 인지 또는 재판의 확정에 의하여 공동상속인이 된 甲이

상속재산 분할을 청구한 경우에 다른 공동상속인 乙이 이미 상속재산 분할 기타 처분을 한 때에는 그 상속분에 상당한 가액의 지급을 청구할 권리가 있는바, 이 가액청구권은 상속회복청구권의 일종이다.

⑤ 상속회복청구권이 제척기간의 경과로 소멸하게 되면, 진정상속인 甲은 상속에 따라 승계한 개개의 권리의무를 상실하게 되고, 그 반사적 효과로 인해 참칭상속인 乙의 지위가 확정되어 상속재산은 상속개시일로 소급하여 乙의 소유로 된다.

⑥ 공동상속인 甲, 乙, 丙, 丁 중 丁은 상속을 유효하게 포기하였는데, 甲이 공유물의 보존행위로 상속재산인 X부동산에 대한 상속등기를 하는 과정에서 丁을 포함하여 상속등기를 경료하였다. 이 경우, 丁은 공동상속인의 지위에 있지 아니하므로 그 상속지분의 범위에서 참칭상속인에 해당한다.

해설

① 옳음. 대판[전] 1981.1.27. 79다854 참고. ② 옳음. 진정상속인이 참칭상속인을 상대로 제척기간 내에 상속회복청구의 소를 제기하여 승소의 확정판결을 받았다고 하더라도, 그 제척기간이 경과한 후에는 제3자를 상대로 상속회복청구권을 행사할 수 없다(대판 2006.9.8. 2006다26694). ③ 옳음. 참칭상속인에 대하여 그 기간 내에 상속회복청구권을 행사한 일이 없다고 하더라도, 그것이 진정한 상속인의 제3자에 대한 권리행사에 장애가 될 수는 없다(대판 2009.10.15. 2009다42321). ④ 옳음. 대판 1993.8.24. 93다12 참고. ⑤ 옳음. 대판 1998.3.27. 96다37398 참고. ⑥ 틀림. 상속을 유효하게 포기한 공동상속인 중 한 사람이 그 사실을 숨기고 여전히 공동상속인의 지위에 남아 있는 것처럼 참칭하여 상속지분에 따른 소유권이전등기를 한 경우에도 참칭상속인에 해당할 수 있으나, 이러한 상속을 원인으로 하는 등기가 명의인의 의사에 기하지 않고 제3자에 의하여 상속 참칭의 의도와 무관하게 이루어진 것일 때에는 위 등기명의인을 상속회복청구의 소에서 말하는 참칭상속인이라고 할 수 없다. 그리고 수인의 상속인이 부동산을 공동으로 상속하는 경우 그와 같이 공동상속을 받은 사람 중 한 사람이 공유물의 보존행위로서 공동상속인 모두를 위하여 상속등기를 신청하는 것도 가능하므로, 부동산에 관한 상속등기의 명의인에 상속을 포기한 공동상속인이 포함되어 있다고 하더라도 상속을 포기한 공동상속인 명의의 지분등기가 그의 신청에 기한 것으로서 상속 참칭의 의도를 가지고 한 것이라고 쉽게 단정하여서는 아니 된다. <답 ⑥>

4. 상속회복청구권에 관한 설명 중 옳은 것은?

<변호사모의 2011년 유사, 사시 2013년 유사>

① 원고승소의 판결이 확정되면 참칭상속인은 그가 점유하는 상속재산을 진정상속인에게 반환하여야 하는데, 그 반환범위는 악의든 선의든 간에 취득한 재산의 전부와 그 과실 및 사용이익도 반환해야 할 것이다.

② 피인지자가 상속회복청구를 하는 경우 제999조 2항에서 3년의 제척기간의 기산일로 규정한 '그 침해를 안 날'이라 함은 피인지자가 자신이 진정

상속인인 사실과 자신이 상속에서 제외된 사실을 안 때를 가리키는 것으로, 혼인 외의 자가 법원에 인지소송을 제기한 날에 상속권이 침해되었음을 알았다고 할 것이다.

③ 상속회복청구권은 반드시 재판상 행사하여야 할 필요는 없으며, 소송의 관할은 가정법원이다.

④ 일단 적법하게 공동상속등기가 마쳐진 부동산에 관하여 상속인 중 1인이 자기 단독명의로 소유권이전등기를 한 경우, 다른 상속인들이 그 이전등기가 원인 없이 마쳐진 것이라 하여 말소를 구하는 소는 상속회복청구의 소가 아니다.

⑤ 상속인들이 참칭상속인을 포함시킨 상속등기에 의해 이전받은 현재의 소유지분에 만족하고 참칭상속인에 대한 상속회복청구권을 포기한다는 취지의 주장을 한 경우, 이는 유증의 포기로 보아야 한다.

해설

① 학설은 부당이득반환의 법리를 유추적용하여, 악의인 경우에는 재산 전부와 과실 및 사용이익도 반환해야 하고, 선의인 경우에는 현존이익만 반환하면 된다고 해석하는 견해(김주수 · 김상용, 501면. 다만 선의인 경우에도 과실은 상속재산에 속하므로 반환하여야 한다는 견해로, 곽윤직, 166면; 이경희, 432면 참고)와 선 · 악을 불문하고 재산 전부를 반환해야 하며, 과실 및 사용이익도 상속재산에 속하므로 반환해야 한다는 견해(박병호, 324면)가 대립한다. 한편, 판례는 피상속인의 사후에 인지된 자의 가액반환청구사건에서 부당이득반환법리의 유추적용을 배제하고 피인지자에 대한 인식 여부에 상관없이 가액반환을 명하였고(대판 1993.8.24. 93다12), 상속재산의 분할 또는 그 처분 이후에 상속재산으로부터 발생하는 과실은 상속개시 당시 존재하지 않았던 것이므로 상속재산에 해당하지 않는다고 하면서, 그것은 부당이득이 되지 않는다고 하였다(대판 2007.7.26. 20006다83796 참고). ② 혼인 외의 자가 법원의 인지판결 확정으로 공동상속인이 된 때에는 그 인지판결이 확정된 날에 상속권이 침해되었음을 알았다고 할 것이다(대판 2007.7.26. 2006므2757,2764 등 참고). ③ 민소법 제22조. 일반법원이다. ④ 상속권이 침해되었음을 이유로 그 회복을 구하는 것이 아니라 상속으로 일단 취득한 소유권이 그 후 위법하게 침해되었다는 이유로 소유권의 회복을 구하는 것이기 때문이며, 공동상속등기와 그에 이은 이전등기 사이의 시간적 간격이 짧다거나 공동상속등기와 이전등기가 상속인 중 1인에 의하여 동일한 기회에 이루어졌다고 하여 달리 볼 것이 아니다(대판 2011.9.29. 2009다78801). ⑤ 이 경우, 유증의 포기가 아니라 유증을 승인한 후 그 승인으로 인하여 취득하는 상속인들의 권리 중 참칭상속인 명의로 등기된 부분에 대한 소유권을 포기한다는 취지로 보아야 한다(대판 1999.11.26. 97다57733). <답 ④>

5. 상속회복청구에 관한 판례의 설명 중 옳은 것(○)과 옳지 않은 것(×)을 바르게 표시한 것은?

㉠ 피상속인으로부터 토지를 매수한 사실이 없는데도 그러한 사유가 있는 것처럼 등기서류를 위조하여 그 앞으로 소유권이전등기를

경료한 자로부터 목적물을 전전매수한 자를 상대로 한 청구는 상속회복청구의 소가 아니다.

㉡ 참칭상속인 또는 그로부터 무허가건물을 양수한 자가 무허가건물대장에 건물주로 기재되어 있다고 하여 이를 상속회복청구의 소에 있어 상속권이 참칭상속인에 의하여 침해된 때에 해당한다고 볼 수 없다.

㉢ 진정상속인과 참칭상속인이 주장하는 피상속인이 서로 다른 사람인 경우라 하더라도 상속회복청구의 소라고 할 수 있다.

㉣ 등기의 기초가 된 보증서 및 확인서에 취득원인이 상속으로 기재되어 있다 하더라도, 등기부상 등기원인이 매매로 기재된 이상 재산상속인임을 신뢰케 하는 외관을 갖추었다고 볼 수 없다.

㉤ 동일한 부동산에 관하여 등기명의인을 달리하여 중복된 소유권보존등기가 마쳐진 경우, 원고가 선행 보존등기로부터 소유권이전등기를 한 소유자의 상속인으로서 후행 보존등기나 그에 기하여 순차로 이루어진 소유권이전등기 등의 후속등기가 모두 무효라는 이유로 등기의 말소를 구하는 소에는 상속회복청구권의 제척기간이 적용되지 않는다.

① ㉠(○), ㉡(○), ㉢(○), ㉣(○), ㉤(○)
② ㉠(○), ㉡(○), ㉢(×), ㉣(×), ㉤(×)
③ ㉠(○), ㉡(○), ㉢(×), ㉣(○), ㉤(○)
④ ㉠(○), ㉡(○), ㉢(○), ㉣(×), ㉤(×)
⑤ ㉠(×), ㉡(○), ㉢(○), ㉣(○), ㉤(○)
⑥ ㉠(×), ㉡(○), ㉢(×), ㉣(×), ㉤(×)
⑦ ㉠(×), ㉡(×), ㉢(○), ㉣(×), ㉤(○)
⑧ ㉠(×), ㉡(×), ㉢(×), ㉣(×), ㉤(×)

해설

㉠ 옳음. 대판 1998.10.27. 97다38176. ㉡ 옳음. 무허가건물대장은 행정관청이 무허가건물 정비에 관한 행정상 사무처리의 편의를 위하여 직권으로 무허가건물의 현황을 조사하고 필요사항을 기재하여 비치한 대장으로서 건물의 물권변동을 공시하는 법률상의 등록원부가 아니며 무허가건물대장에 건물주로 등재된다고 하여 소유권을 취득하는 것이 아닐 뿐만 아니라 권리자로 추정되는 효력도 없는 것이므로, 참칭상속인 또는 그로부터 무허가건물을 양수한 자가 무허가건물대장에 건물주로 기재되어 있다고 하여 이를 상속회복청구의 소에 있어 상속권이 참칭상속인에 의하여 침해된 때에 해당한다고 볼 수 없다(대판 1998.6.26. 97다48937). ㉢ 틀림. 참칭상속인이 진정상속인의 피상속인이 아니라 그로부터 부동산을 전매한 자로부터 부동산을 상속받아 현재 사실상 소유하고 있다는 것을 확인하는 내용의 확인서와 보증서에 기하여 부동산소유권이전등기등에관한특별조치법에 의한 상속등기를 경료한 경우, 비록 등기부상으로는 부동산에 관하여 참칭상속인 명의로 위 특

별조치법상의 상속등기가 경료되어 있지만 이는 참칭상속인이 진정상속인의 피상속인으로부터 부동산을 상속하였다는 등기로 볼 수 없어 그 상속등기 명의자를 당해 부동산에 관한 참칭상속인이라고는 볼 수 없기 때문에 상속회복청구의 소에 해당되지 않는다(대판 1998.4.10. 97다54345). ㉣ 옳음. 상속회복청구의 상대방이 되는 참칭상속인에는 정당한 상속권이 없음에도 재산상속인임을 신뢰케 하는 외관을 갖추고 있는 자가 포함되는데, 등기의 기초가 된 보증서 및 확인서에 취득원인이 상속으로 기재되어 있다 하더라도 등기부상 등기원인이 매매로 기재된 이상 재산상속인임을 신뢰케 하는 외관을 갖추었다고 볼 수 없다(대판 1997.1.21. 96다4688). ㉤ 옳음. 위의 소는 후행 보존등기로부터 이루어진 소유권이전등기가 참칭상속인에 의한 것이어서 무효이고 따라서 그 후속등기도 무효임을 이유로 하는 것이 아니라, 후행 보존등기 자체가 무효임을 이유로 하는 것이므로 상속회복청구의 소에 해당하지 않는다(대판 2011.7.14. 2010다107064). <답 ③>

6. 부부 A와 B에게는 가족관계등록부상 자(子) C와 D가 있다. 그런데 C는 E녀의 자로서 태어나자마자 바로 E와 A, B간의 합의에 따라 A, B의 친생자로 출생신고되어 있다. B에 이어 A가 사망한 다음, D는 A 소유의 부동산을 자신의 단독명의로 상속등기를 경료한 후, 이것을 F에게 매각하여 이전등기까지 경료했다. 이 밖에 이렇다 할만한 유산이 없다고 할 경우에 C, D, F 사이의 법률관계에 관한 다음 설명 중 틀린 것은?

① 분할이 있기 전까지는 상속재산은 상속등기를 끝낸 D의 소유가 된다.
② C는 D에 대하여 상속회복청구권을 행사할 수 있다.
③ C는 F를 상대로 상속회복청구권을 행사할 수 있다.
④ C는 D와 함께 A의 사망으로 공동상속인이 된다.
⑤ A, B와 C 사이에는 양친자관계가 발생한 것이다.

해설 ……………………………………

① C, D는 공동상속인으로서 각자의 상속분에 응하여 피상속인의 권리의무를 승계하나(제1007조), 분할을 할 때까지는 상속재산을 공유로 한다(제1006조). ②③ C는 D에 대하여 상속회복청구권을 행사할 수 있고(제999조 1항), 나아가 F를 상대로 상속회복청구권을 행사할 수 있다. 학설과 판례는 이를 긍정(대판[전] 1981.1.27. 79다854)하고 있다. ④⑤ 학설과 판례는 허위의 친생자출생신고에 있어서 양 당사자간에 양친자관계를 성립시키려는 의사가 있고, 기타 입양의 실질적 요건을 구비한 경우에는 입양의 효력을 인정하고 있다(대판 1977.7.26. 77다492). 사례에서 A, B가 허위의 친생자출생신고는 무효임을 알았었더라면 입양신고를 했을 것이기 때문에 A, B와 C 사이에는 양친자관계가 발생하였다고 할 수 있고(제138조), C는 D와 함께 A의 사망으로 공동상속인이 된다. <답 ①>

2. 상 속 인

7. 상속인에 관한 설명으로 옳은 것은?

① 전처와의 사이의 자(子)에게는 당연히 상속권이 있으나, 후처의 가봉자에게는 별단의 사유가 없는 한 상속권이 없다.

② 양자는 생가 쪽의 상속권을 잃는다.
③ 형은 아우의 자를 상속할 수 없다.
④ 전처의 자는 후처를 상속할 수 있다.
⑤ 피상속인에게 직계비속 · 직계존속 및 배우자가 없으면 형제자매가 상속인이 되는데, 이러한 경우에 망형의 유처는 상속권이 없다.

해설

① 가봉자는 부(夫)의 입장에서 볼 때 처의 전부(前夫)의 출생자를 말한다. 부(夫)와의 사이에서는 인척관계에 불과하므로, 상속권이 없음은 당연하다. ② 직계 비속인 한 자연혈족이거나 법정혈족이거나 관계없다. ③ 제1000조 1항 4호. 상속할 수 있다. ④ 종래의 계모자관계가 인척관계가 되었으므로, 전처의 子는 후처를 상속할 수 없게 되었다. ⑤ 제1003조 2항. 망형의 유처에게도 대습상속권은 있다. <답 ①>

8. 상속에 관한 설명 중 틀린 것은?

① 가정법원에 의한 청산공고에 있어서 정하여진 기간 내에 상속권을 주장하는 자가 없는 때에는 상속재산은 국가에 귀속할 수 있다.
② 모가 이혼 후 친가에 복적하고 다시 재혼한 경우, 자(子)는 그 모에 대한 상속권을 잃는다.
③ 처가 피상속인인 경우에 부(夫)는 그 직계비속과 동순위로 공동상속인이 되고 그 직계비속이 없는 때에는 직계존속과 공동상속인이 된다.
④ 공동상속인 중 일부가 상속재산인 임야 중 자신들의 상속지분을 양도한 경우에는 상속받은 임야에 관한 공유지분을 양도한 것에 불과하여 민법 제1011조 제1항에 규정된 상속분양수권이 있다고 볼 수 없다.
⑤ 구 관습에 의하면 호주상속을 위하여 다른 가(家)의 양자로 된 자가 호주인 양부의 사망으로 호주권과 그 재산을 상속한 후 기혼인 상태에서 호주상속할 남자 없이 사망하였고 그 가에 여호주로 될 자가 없거나 여호주로 된 자가 사망하거나 혼인하였음에도 상당한 기간이 지나도록 사후양자가 선정되지 않아 절가된 경우, 동일 가적 내의 가족도 없으면 양자가 양부로부터 상속받은 재산은 양부를 매개로 하여 새로이 정해진 촌수에 따른 최근친자에게 귀속된다.

해설

① 상속권을 주장하는 자가 없는 상속재산은 특별연고자의 재산분여청구가 없거나 재산분여청구에 대한 각하 또는 일부분여를 인정하는 심판이 있는 경우에 국가에 귀속한다(제1057조의2, 제1058조). ② 부모의 이혼이나 이혼 후 재혼은 자의 신분에 영향을 미치지 아니하고 모자관계는 그대로 존속한다. 따라서 상속권을 잃지 않는다. ③ 제1003조 1항. ④ 위와 같은 경우는 민법 제1011조 1항에 규정된 '상속분의 양도'에 해당하지 않는다(대판 2006.3.24. 2006다2179). ⑤ 대판 2009.1.30. 2006다77456,77470 참고. <답 ②>

9. 甲은 그 자녀로서 딸인 乙을 두었고, 乙은 丙과 혼인하여 자녀가 없었는데, 甲과 乙은 함께 탑승 중이던 항공기의 추락사고로 모두 사망하였다. 당시 甲에게는 다른 직계비속이나 배우자는 없고 직계존속인 부친 丁이 있었다. 다음 (ㄱ), (ㄴ), (ㄷ)의 경우 甲의 재산을 누가 종국적으로 상속하는지에 관하여 옳게 배열한 것은? (다툼이 있는 경우에는 판례에 의함)

<사시 2002년, 2012년 유사>

> (ㄱ) 甲이 乙보다 먼저 사망한 것으로 밝혀진 경우
> (ㄴ) 乙이 甲보다 먼저 사망한 것으로 밝혀진 경우
> (ㄷ) 甲과 乙의 사망 선후가 밝혀지지 아니하여 민법 제30조에 의하여 동시에 사망한 것으로 추정되는 경우

	(ㄱ)	(ㄴ)	(ㄷ)
①	丙	丙	丙
②	丙	丙과 丁	丁
③	丙과 丁	丙	丙
④	丙과 丁	丁	丁
⑤	丁	丙과 丁	丁

해설

이 문제는 대판 2001.3.9. 99다13157의 대상이 된 사안을 변형하여 만들어진 문제이다. 위 판례 사안은 피상속인의 형제자매와 그 직계비속의 배우자 사이의 상속권을 둘러싼 다툼이었으나, 이 문제에서는 피상속인의 직계존속과 그 직계비속의 배우자 사이의 상속권 다툼으로 변형되었다. (ㄱ) 甲이 乙보다 먼저 사망한 경우 乙이 상속을 하고, 乙이 사망하였으므로 배우자인 丙과 乙의 직계존속인 丁이 공동으로 상속하게 된다(제1003조 1항). (ㄴ) 乙이 먼저 사망한 경우, 乙의 배우자인 丙이 제1003조 2항에 의해 단독으로 대습상속한다. (ㄷ) 제1001조의 '상속인이 될 직계비속이 상속개시 전에 사망한 경우'에는 '상속인이 될 직계비속이 상속개시와 동시에 사망한 것으로 추정되는 경우'도 포함하는 것으로 합목적적으로 해석함이 상당하다(위 99다13157 판결). <답 ③>

10. 甲에게는 처 乙과 자(子) 丙 및 丁이 있다. 이러한 경우에 상속결격에 관한 다음 설명 중 틀린 것은?

① 甲이 丙을 살해하여 형벌을 받은 경우에도 甲은 丁에 대한 상속권을 상실하지 않는다.

② 甲이 丁을 강박하여 유언을 시킨 경우에도 丁이 사망한 때에는 甲은 丁을 상속할 수 없다.

③ 丙이 甲을 살해하여 형벌을 받은 경우에 후에 丁이 사망하더라도 丙은 甲을 대습하여 丁을 상속할 수 없다.

④ 丙이 甲을 살해하여 형벌을 받은 경우에는 丙은 乙에 대한 상속권도 상실한다.

⑤ 丙이 甲을 기망하여 자기에게 유리한 유언을 시킨 때에는 丙은 乙에 대한 상속권도 상실한다.

해설

제1004조. ①③④ 결격의 효과는 인척관계에 있어서는 상대적이며 특정의 피상속인에 대하여 그 상속인으로 될 수 없을 뿐이다. ② 결격자에 해당하므로 상속할 수 없다. ⑤ 사기 또는 강박에 의한 결격은 피상속인만의 유언에 한정되므로 乙에 대한 상속권에는 영향이 없다. <답 ⑤>

11. 피상속인 丁은 乙의 부(父)이다. 피상속인 丁의 사망으로 丁의 상속재산에 대하여 상속이 진행되었는바 상속개시 전에 이미 乙은 사망한 상태였다. 한편 甲은 乙의 부(夫)로서 乙과 혼인하기 전에 그에게는 전처와의 사이에서 태어난 丙이 있었다. 乙이 사망하기 전에 이미 甲은 사망하였다. 이 경우에 관한 설명 중 옳은 것은? <사시 2013년 유사>

① 丙은 비록 乙이 낳은 자(子)는 아니지만, 甲의 친자이기 때문에 丁의 재산을 상속받을 수 있다.

② 만약 甲이 乙 사망 이후 사망하였다면, 丙은 甲을 대습상속한다.

③ 甲이 乙보다 먼저 사망했다 하더라도 甲은 乙의 배우자로서 피대습자의 지위를 승계한다.

④ 만약 甲이 상속개시시에 생존하여 있다가 사망하였다면, 丙은 상속재산에 대한 권리를 갖지 못한다.

⑤ 상속개시시에 甲이 사망하고 있는 이상, 丙은 상속재산에 대하여 어떠한 권리도 갖지 못한다.

해설

민법 제1000조 1항, 제1001조, 제1003조의 각 규정에 의하면, 대습상속은 상속인이 될 피상속인의 직계비속 또는 형제자매가 상속개시 전에 사망하거나 결격자가 된 경우에 사망자 또는 결격자의 직계비속이나 배우자가 있는 때에는 그들이 사망자 또는 결격자의 순위에 갈음하여 상속인이 되는 것을 말하는 것으로, 대습상속이 인정되는 경우는 상속인이 될 자(사망자 또는 결격자)가 피상속인의 직계비속 또는 형제자매인 경우에 한한다 할 것이므로, 상속인이 될 자(사망자 또는 결격자)의 배우자는 민법 제1003조에 의하여 대습상속인이 될 수는 있으나, 피대습자(사망자 또는 결격자)의 배우자가 대습상속의 상속개시 전에 사망하거나 결격자가 된 경우, 그 배우자에게 다시 피대습자로서의 지위가 인정될 수는 없다(대판 1999.7.9. 98다64318,64325). 따라서 甲이 상속개시시에 사망하고 있는 이상, 丙은 상속재산에 대하여 어떠한 권리도 갖지 못한다. 만약 甲이 상속개시시에 생존하고 있다가 사망하였다면 丙은 대습상속이 아닌 甲의 상속인으로서 甲이 이미 대습상속을 받은 부분을 상속받을 수는 있을 것이다. <답 ⑤>

12. 甲에게는 큰 아들 A, 작은 아들 B, 외동딸 C가 있으며, A는 결혼하여 배우자 D, 장남 E, 차남 F를 두고 있고, B는 이혼자로서 아들 G를 두고 있다. 甲은 7,000만 원의 재산을 가지고 있다. 이 사례에 관한 설명 중 옳지 않은 것을

모두 고르면? (다툼이 있는 경우에는 판례에 의함) <사시 2007년: 배점 3>

㉠ 甲이 사망한 후 A가 상속을 포기하면, B와 C가 3,500만 원씩을 상속하고, D, E, F, G는 상속을 하지 못한다. ㉡ B, C, G가 동일한 위난으로 사망한 후 甲이 사망하였다. 만일 A가 상속을 포기하였다면, D는 3,000만 원, E, F는 2,000만 원씩을 상속한다. ㉢ 甲이 사망한 후 A, B, C 모두 상속을 포기하였다면, D는 甲의 재산을 상속받을 수 없고, E, F, G가 각 1/3 지분비율로 상속을 한다. ㉣ 甲이 사망하기 전 A, B, C가 동일한 위난으로 사망하였고, D는 상속결격자가 되었다. 甲의 재산에 대하여 E, F는 1,750만 원씩을, G는 3,500만 원을 각 상속한다. ㉤ G가 B를 살해한 뒤 甲이 사망하였다면, G는 B의 재산에 대하여 상속할 수 없지만 甲의 재산에 대하여는 대습상속을 할 수 있다.

① ㉠, ㉡, ㉤ ② ㉡, ㉢, ㉣ ③ ㉢, ㉣
④ ㉢, ㉤ ⑤ ㉡, ㉤ ⑥ ㉠, ㉢
⑦ ㉡, ㉢, ㉤ ⑧ ㉢, ㉣, ㉤

해설

㉠ 상속포기의 경우에는 대습상속이 인정되지 않는다고 보는 것이 다수설과 판례의 입장이다(대판 1995.9.26. 95다27769). 따라서 A의 상속포기로 B와 C가 3,500만 원씩을 상속하고, D, E, F, G는 상속을 하지 못한다. ㉡ A의 상속포기로 배우자 D는 대습상속을 할 수 없으므로, 甲의 직계비속인 E, F가 본위상속으로서 각각 3,500만 원씩 상속한다. ㉢ 대습상속이 인정되지 않으므로 본위상속으로서 甲의 직계비속인 손자들이 각자 동일한 비율로 상속하게 된다. ㉣ A를 D와 E, F가 대습상속하고, B를 G가 대습상속하는데, A의 상속분 3,500만 원에 대해서는 D가 상속결격되었으므로 E와 F가 1 : 1로 상속하고, B의 상속분 3,500만 원을 G가 상속하게 된다(대습상속설: 대판 2001.3.9. 99다13157). ㉤ 대습상속인이 되려면 상속인의 자격을 잃어서는 안 된다. 따라서 G는 甲을 대위상속할 수 없다. <답 ⑤>

13. 배우자 없는 甲男은 乙男과 丙男 두 아들을 두고 있다. 乙은 A女와 혼인하였고, 丙은 B女와 혼인하였다. 이에 관한 설명 중 옳지 않은 것은? (다툼이 있는 경우에는 판례에 의함) <사시 2008년: 배점 2, 사시 2013년 유사>

① 甲과 丙이 동일한 위난으로 사망하였는데 사망의 선후를 알 수 없다. 甲은 자신의 전 재산을 乙에게 유증하였다. B는 乙을 상대로 유류분반환청구를 할 수 있다.

② 丙이 사망하여 丙 소유였던 X부동산에 대해 공동상속인인 甲과 B에게 각각의 상속분에 따라 상속등기가 이루어졌고, B는 자기의 지분을 丁에게 양도하였다. 그 후 B가 포태한 丙의 자를 고의로 낙태시켰다. 이 경

우 甲은 B의 낙태사실을 안 날부터 3년이 지나지 않았어도 제3자인 丁을 상대로 등기말소를 청구할 수 없다.

③ 丙이 甲을 살해하였고, 丙은 그 후 자살하였다. 丙과 B 사이의 혼인에는 근친혼을 원인으로 하는 취소사유가 존재하였는데, 丙의 자살 이후 乙이 B를 상대로 혼인취소소송을 제기하여 그 혼인이 취소되었다. B는 甲의 유산을 상속할 수 있다.

④ 丙이 甲을 살해하였고, 丙은 그 후 자살하였다. 甲은 자신의 전 재산을 乙에게 유증하였다. B는 乙을 상대로 유류분반환청구를 할 수 있다.

⑤ 甲과 乙, 丙, A, B가 모두 동일한 위난으로 사망하였는데 사망의 선후를 알 수 없다. 乙의 자녀로는 C가 있고, 丙의 자녀로는 D와 E가 있다. 甲의 유산에 대한 C의 법정상속분은 1/2이다.

해설

① 대습상속이 이루어지기 위해서는, 상속인이 상속개시 전에 사망하거나 결격자가 되어야 한다(제1001조, 제1003조 2항). 그러나 판례는 '상속개시시에 사망한 경우', 즉 피상속인과 추정상속인이 동시사망한 때에도 대습상속을 인정하고 있다(대판 2001.3.9. 99다13157). 따라서 丙의 상속인인 B는 대습상속을 하게 되므로, 乙을 상대로 유류분반환청구를 할 수 있다. ② 낙태도 상속결격사유의 살해에 해당한다(대판 1992.5.22. 92다2127). 그리고 상속개시 후 상속결격사유가 생긴 때에는 상속개시시에 소급하여 무효가 된다. 즉, 결격자가 상속재산을 선의 · 무과실의 제3자에게 양도한 경우에도 그 양도행위는 처음부터 당연무효이며, 선의취득의 보호를 받지 않는 한 제3자는 아무런 권리도 취득하지 못한다. 한편, 판례에 의하면 '진정상속인이 참칭상속인 또는 그로부터 상속재산을 양수한 제3자를 상대로 상속재산인 부동산에 관한 등기의 말소 등을 구하는 경우에 그 소유권 또는 지분권의 귀속원인을 상속으로 주장하고 있는 이상, 청구원인 여하에 불구하고 이는 민법 제999조 조성의 상속회복청구의 소라고 해석하여야 할 것이므로 단기제척기간을 적용'해야 한다고 한다. 따라서 甲은 B의 낙태사실을 안 날부터 3년이 지나지 않았다면 제3자인 丁을 상대로 등기말소를 청구할 수 있다. ③ 민법 제824조는 "혼인의 취소의 효력은 기왕에 소급하지 아니한다."고 규정하고 있을 뿐 재산상속 등에 별도의 규정이 없는바, 혼인 중에 부부 일방이 사망하여 상대방이 배우자로서 망인의 재산을 상속받은 후에 그 혼인이 취소되었다는 사정만으로 그 전에 이루어진 상속관계가 소급하여 무효라거나 또는 그 상속재산이 법률상 원인 없이 취득한 것이라고는 볼 수 없다(대판 1996.12.23. 95다48308). 따라서 B는 甲의 유산을 상속할 수 있다. ⑤ 피상속인의 자녀가 상속개시 전에 전부 사망한 경우 피상속인의 손자녀는 본위상속이 아니라 대습상속을 한다(대판 2001.3.9. 99다13157). 그리고 제1001조의 규정에 의하여 사망 또는 결격된 자에 갈음하여 상속인이 된 자의 상속분은 사망 또는 결격된 자의 상속분에 의하고, 이 경우에 사망 또는 결격된 자의 직계비속이 수인인 때에는 그 상속분은 사망 또는 결격된 자의 상속분의 한도에서 제1009조의 규정에 의하여 이를 정한다(제1010조 1항 · 2항 전문). 제1003조 2항의 경우에도 또한 같다(제1010조 2항 후문). 한편 동순위의 상속인이 수인인 때에는 그 상속분은 균분으로 하므로(제1009조 1항), 결국 甲의 유산에 대하여 乙과 丙은 각각 1/2씩 상속받게 되므로, 乙의 자녀인 C는 甲의 유산 중 1/2을 대습상속받게 되고, 丙의 자녀인 D와 E는 각각 1/4씩 대습상속 받게 된다. <답 ②>

14. 甲남과 乙녀는 부부인데 그들 사이에 자녀가 없다. 甲남은 丁녀와 정교관계를 맺어 丁녀가 丙을 출산하였다. 甲남은 丙이 출생한지 1년 후 출생신고서에 乙녀를 丙의 모(母)로 기재하여 출생신고를 하였고, 그 신고서가 수리되었다. 이에 관한 설명 중 옳은 것을 모두 고르면? (다툼이 있는 경우에는 판례에 의함) <사시 2009년 : 배점 4>

> ㉠ 丁녀가 사망한 경우, 丙은 丁녀의 재산을 상속할 수 있다.
> ㉡ 甲남의 丙에 대한 출생신고가 乙녀의 의사에 반하여 일방적으로 이루어졌고, 乙녀는 丙을 자신의 자로 여기지 않았다. 乙녀가 사망한 경우, 丙은 乙녀의 재산을 상속할 수 있다.
> ㉢ 甲남은 乙녀와 함께 丙을 입양할 의사로 丁녀의 승낙을 얻어 출생신고를 하였다. 그 후 甲남과 乙녀는 이혼하였고, 乙녀는 이혼 1년 만에 사망하였다. 丙은 乙녀의 재산을 상속할 수 있다.
> ㉣ 甲남의 丙에 대한 출생신고가 乙녀의 의사에 반하여 일방적으로 이루어졌고, 乙녀는 丙을 자신의 자로 여기지 않았다. 그 후 乙녀가 사망하였다. 乙녀의 모(母)인 戊는 乙녀의 사망사실을 안 날로부터 2년 6개월이 경과하였더라도 丙을 상대로 乙녀와 丙 사이의 친생자관계부존재확인의 소를 제기할 수 있다.
> ㉤ 甲남은 乙녀와 함께 丙을 입양할 의사로 丁녀의 승낙을 얻어 출생신고를 하였다. 그 후 교통사고로 乙녀가 사망하고, 연이어 丙도 사망하였다. 乙녀가 사망한 후 1년 6개월이 경과하였을 때, 乙녀의 모(母)인 戊녀는 사망한 乙녀와 丙 사이에 친생자관계가 존재하지 않는다는 청구를 검사를 상대로 제기할 수 있다.

① ㉠, ㉢ ② ㉡, ㉤ ③ ㉠, ㉡, ㉤
④ ㉠, ㉢, ㉣ ⑤ ㉡, ㉢, ㉣ ⑥ ㉢, ㉣, ㉤
⑦ ㉡, ㉢, ㉣, ㉤ ⑧ ㉠, ㉡, ㉢, ㉣, ㉤

해설

㉠ 옳음. 모자관계는 호적에 입적되어 있는(가족관계의 등록) 여부와는 관계없이 자의 출생으로 법률상 당연히 생기는 것이므로(대판 1986.11.11. 86도1982 참고) 출생신고와 관계없이 丁녀가 사망한 경우, 丙은 丁녀의 재산을 상속할 수 있다(제1000조 1항 1호 참조). ㉡ 틀림. 입양의 성립을 위해서는 입양의 합의가 있어야 할 것이나(제883조 1호), 丙의 출생신고가 乙녀의 의사에 반하여 이루어진 것으로 보아 입양의 합의가 없었다고 할 것이다. 따라서 입양이 성립되지 않아 양친자관계가 인정될 수 없으므로 丙은 乙녀의 재산을 상속할 수 없다. ㉢ 옳음. 민법 제776조는 '양부모의 이혼'을 입양으로 인한 친족관계의 종료사유로 들고 있지 않고, 처를 부와 함께 입양당사자로 하는 현행 민법 아래에서는 부부공동입양제가 되어 처도 부와 마찬가지로 입양당사자가 되기 때문에 양부모가 이혼하였다고 하여 양모를 양부와 다르게 취급하여 양모자관계만 소멸한다고 볼 수는 없는 것이다(대판[전] 2001.5.24. 2000므1493 참고). 따라서 丙은 乙녀의 양자로서 상속권을 가진다. ㉣ 옳음. 친생자관계부존재확인의 소를 제기할 수 있는 사람은 제845조, 제846조, 제848

조, 제850조, 제851조, 제862조와 제863조의 규정에 의하여 소를 제기할 수 있는 자이다. 즉, 부(夫), 부의 후견인, 부의 유언집행자, 부의 직계존속 및 직계비속, 모, 자, 자의 직계비속 또는 그 법정대리인, 이해관계인이다. 친족이 소를 제기하는 경우 당연히 이해관계인에 포함되는지 견해가 나뉘나, 현재의 판례에 따르면 제777조에 의한 친족은 친생자관계존부확인의 소를 제기할 수 있으며(대판 1983.3.8. 81므77 참고) 친족은 다른 사정이 없는 한, 당연히 원고로서 소를 제기할 소송상의 이익이 있다고 한다(대판[전] 1981.10.13. 80므60 참고). 따라서 乙녀의 모는 친생자관계존부확인의 소를 제기할 수 있으며, 제소기간에 관하여는 제한이 없으므로 언제든지 소를 제기할 수 있다. ⓜ 틀림. 당사자가 양친자관계를 창설할 의사로 친생자출생신고를 하고 거기에 입양의 실질적 요건이 모두 구비되어 있다면 그 형식에 다소 잘못이 있더라도 입양의 효력이 발생하고, 양친자관계는 파양에 의하여 해소될 수 있는 점을 제외하고는 법률적으로 친생자관계와 똑같은 내용을 갖게 되므로 이 경우의 허위의 친생자출생신고는 법률상의 친자관계인 양친자관계를 공시하는 입양신고의 기능을 발휘하게 되는 것이며, 이와 같은 경우 파양에 의하여 그 양친자관계를 해소할 필요가 있는 등 특별한 사정이 없는 한 그 호적기재 자체를 말소하여 법률상 친자관계의 존재를 부인하게 하는 친생자관계부존재확인청구는 허용될 수 없는 것이다(대판[전] 2001.8.20. 99므2230 참고). <답 ④>

15. A는 처와 사별하고 그 사이에 출생한 자녀 甲, 乙과 함께 살다가 사망하였다. 甲과 乙은 상속재산인 X부동산에 대하여 상속을 원인으로 각 지분 비율로 소유권이전등기를 마쳤다. A에게는 혼인 외의 자(子)인 丙이 있었는데, 丙은 인지청구의 소를 제기해 승소판결이 확정되었다. 이 사례에 관한 설명 중 옳은 것을 모두 고르면? (다툼이 있는 경우에는 판례에 의함)

<사시 2010년 변형: 배점 3>

ⓐ 丙은 A가 사망하기 전에는 A를 상대로 하여, A가 사망한 후에는 검사를 상대로 하여 기간의 제한 없이 인지청구의 소를 제기할 수 있다.

ⓑ 丙의 A에 대한 인지청구의 소는 확인의 소의 성질을 가지므로, 丙은 그 판결확정 전이라도 다른 소송에서 A의 친생자로 인정될 수 있다.

ⓒ 甲과 乙이 X부동산을 제3자에게 8,000만 원에 매도하고 이전등기를 해 준 다음 丙이 甲과 乙을 상대로 가액의 반환을 청구한 경우, X부동산의 가격이 사실심 변론종결 당시 1억 원이 되었다면, 丙이 반환받을 가액은 1억 원을 기준으로 산정하여야 한다.

ⓓ A가 丁에게 포괄적 유증을 하였다면, 丁은 甲과 乙이 상속재산을 분할한 후 기간의 제한 없이 甲과 乙에 대해서 상속회복의 소를 제기할 수 있다.

ⓜ A의 처가 다른 남자와 사이에 자녀 戊를 두고 있다면, 戊는 A의 상속재산에 관하여 A의 처를 대습상속한다.

ⓗ 상속재산이 분할된 이후에 丙이 가액의 반환을 청구하는 경우, 이

> 는 상속재산분할청구권을 행사한 것이므로 가정법원이 그 관할법원이 된다.

① ㉢ ② ㉠, ㉡ ③ ㉢, ㉥
④ ㉠, ㉡, ㉣ ⑤ ㉡, ㉢, ㉥ ⑥ ㉢, ㉣, ㉤
⑦ ㉢, ㉤, ㉥ ⑧ ㉠, ㉡, ㉣, ㉥

해설

㉠ 부 또는 모가 사망한 때에는 그 사망을 안 날로부터 2년 내에 검사를 상대로 하여 인지에 대한 이의 또는 인지청구의 소를 제기할 수 있다(제864조). ㉡ 기아와 같은 특수한 경우를 제외하고는 혼인의 생모자 관계는 분만하였다는 사실로써 명백한 것이므로, 생부의 혼인 외의 출생자에 대한 인지가 형성적인 것에 대하여 생모의 혼인 외의 출생자에 대한 인지는 확인적인 것이다(대판 1967.10.4. 67다1791). ㉢ 대판 1993.8.24. 93다12. ㉣ 민법 제999조는 포괄적 유증의 경우에도 유추적용된다(대판 2001.10.12. 2000다22942). ㉤ 상속인이 될 자(사망자 또는 결격자)의 배우자는 민법 제1003조에 의하여 대습상속인이 될 수는 있으나, 피대습자(사망자 또는 결격자)의 배우자가 대습상속의 상속개시 전에 사망하거나 결격자가 된 경우, 그 배우자에게 다시 피대습자로서의 지위가 인정될 수는 없다(대판 1999.7.9. 98다64318,64325). ㉥ 이 가액청구권은 상속회복청구권의 일종(제999조)이므로(대판 1993.8.24. 93다12) 상속이 시작된 당시 피상속인의 보통재판적이 있는 곳의 일반민사법원이 관할이다(민소법 제22조 참조). <답 ①>

16. 주어진 사실들에 기초한 지문의 설명 중 틀린 것은?

> ㉠ A는 처(B)와 자(C)를 두고 장기간 해외근무를 나갔다.
> ㉡ B는 생활이 곤란하여 A의 대리인으로서 A소유의 토지를 D에게 매각, 대금을 수령하였다.
> ㉢ C는 같은 토지를 '최근에 부(父)로부터 증여받은 것'이라고 말하면서 E와 매매계약을 체결하였다.
> ㉣ B는 A로부터 받아둔 권리증, 인감 등을 사용하여 같은 토지를 D의 명의로 소유권이전등기를 하여주었다.
> ㉤ B, C는 실화로 함께 사망하였다.
> ㉥ C는 A의 근무지로 가서 A와 드라이브 도중 사고로 A, C는 함께 사망하였다.

① ㉠-㉡-㉢-㉣-㉤으로 사실이 진행된 경우, 표현대리가 되지 않는 한 B의 행위는 무권대리가 되고 B의 사망에 의해 본인이 무권대리인의 지위를 상속하게 된다.

② ㉠-㉡-㉢-㉣-㉤으로 사실이 진행된 경우, A는 본인의 지위를 승계하므로 D는 A에 대하여 어떠한 책임도 물을 수 없게 된다.

③ ㉠-㉡-㉢-㉣-㉤으로 사실이 진행된 경우, E로서는 제570조의 담보책

임, 즉 악의인 경우 A에게 해제만을 할 수 있을 뿐이다.

④ ㉠-㉡-㉢-㉣-㉥으로 사실이 진행된 경우, 결국 등기를 한 D가 토지에 대한 소유권을 갖는다.

⑤ ㉠-㉡-㉢-㉣-㉥으로 사실이 진행된 경우, B는 추인거절권을 가질 수 없고 D, B 사이의 계약관계는 유효하다.

해설

① 표현대리가 되지 않는 한 B의 행위는 무권대리가 되고 B의 사망에 의해 본인이 무권대리인의 지위를 상속하게 된다. 여기서 문제는 B, C의 사망 선후가 명확하지 않아 동시사망추정에 의해 A만이 B의 상속인이 된다. ② A가 추인을 거절하여도 형평이나 신의칙에 반하지 아니하므로 본인의 자격에서 추인을 거절할 수 있으나 무권대리인이 생전에 상대방에 대하여 제135조의 손해배상책임을 지고 있었을 경우에는 이 책임은 당연히 상속된다. 결국 D는 A에 대하여 손해배상책임을 물을 수 있을 것이다. ③ C, E 사이의 매매계약은 타인 물건의 매매(제569조)이다. C가 사망하였으나 B, C가 동시사망추정을 받으므로 A만이 상속인이다. 타인 물건을 매도한 매도인 지위의 본인 상속에 관해서도 무권대리인의 지위의 본인 상속과 같다. 따라서 E로서는 제570조의 담보책임, 즉 악의인 경우 A에게 해제만을 할 수 있을 뿐이다. ④ A의 권리를 승계한 B가 E에게 처분을 허락하면 결국 등기를 한 D가 권리를 갖는다. ⑤ 표현대리가 인정되지 않는 한 무권대리인 B는 본인으로서의 지위도 함께 갖는다. 그런데 본인으로서 추인거절권을 인정하는 것은 신의칙상 불합리하다. 따라서 B는 추인거절권을 갖을 수 없고 D, B 사이의 계약관계는 유효하다고 할 수 있다.

<답 ②>

3. 상속의 효력

17. 공동상속에 관한 다음 설명 중 틀린 것은?

① 공동상속재산의 분할 전 소유형태는 공유로 한다.

② 민법은 공동상속시 상속재산을 공유로 한다고 규정하고 있으나, 학설은 대립하고 있다.

③ 공동상속인 중의 1인은 상속재산의 분할 전이라도 자신의 상속분에 해당하는 공유물을 임의로 처분할 수 있다.

④ 공동상속 중 피상속인으로부터 재산의 증여 또는 유증을 받은 자가 있는 경우, 그 수증재산이 자기의 상속분에 달하지 못하면 그 부족분의 한도에서 상속을 받는다.

⑤ 민법 제1015조가 '상속재산의 분할은 상속개시된 때에 소급하여 그 효력이 있다. 그러나 제3자의 권리를 해하지 못한다.'고 규정한 것은 공유설의 근거가 된다.

해설

① 제1006조. ② 합유설에 의하면 공동상속인은 개개의 재산에 대한 지분을 처분할 수 없다(박병호, 349면). 그리고 채권 · 채무는 분할될 때까지는 공동상속인에게 연대적으로

귀속하게 된다. 공유설에 의하면 각자 개개의 상속재산에 대하여 상속분에 따라 물권적 지분을 가지고 그 지분을 양도할 수 있음과 동시에 지분에 저당권·용익물권 등을 설정하는 것도 무방하다(김주수·김상용, 546면 이하; 곽윤직, 128면). ③ 제264조. 분할 전 소유형태는 공유이므로 공유물처분이 아닌 지분(상속분)처분은 가능하다. ④ 제1008조. ⑤ 공유설의 근거에 대한 설명으로 타당하다. <답 ③>

18. 공동상속에 관한 설명 중 옳지 않은 것은? (다툼이 있는 경우에는 판례에 의함) <사시 2007년 유사, 변호사모의 2010년 유사>

① 공동상속인들을 피고로 하여 피상속인이 이행하여야 할 부동산소유권이전등기절차의 이행을 청구하는 소는 필수적 공동소송이 아니다.

② 공동상속인들이 상속재산에 대한 관계에서 법률상 원인 없이 이득을 취하고 그로 인하여 제3자에게 손해를 입힌 경우에 그 이득을 반환하는 의무는 불가분채무라고 보아야 한다.

③ 동산의 공동상속인은 그 상속지분의 비율로 그 상속재산의 일부를 다른 공동상속인들과 협의 없이 배타적으로 사용·수익할 수 있다.

④ 급부의 내용이 가분인 채무가 공동상속된 경우, 이는 상속개시와 동시에 당연히 법정상속분에 따라 공동상속인들에게 분할되어 귀속되는 것이므로 상속재산 분할의 대상이 될 여지가 없다.

⑤ 상속재산인 부동산에 대하여 다른 공동상속인의 양해 없이 공동상속인 중 1인 명의로 상속을 원인으로 한 소유권이전등기가 마쳐진 경우, 그 등기가 그의 의사와 무관하게 마쳐진 것이라는 특별한 사정이 없는 한 그는 참칭상속인에 해당된다.

해설

① 공동상속인들은 공동상속재산(부동산 등)에 대한 저마다 지분권을 가지고 있으므로 필수적 공동소송의 당사자로 삼아야 할 이유가 없다(대판 1964.12.29. 64다1054). ② 대판 1980.7.22. 80다649. ③ 공동상속인은 상속재산 전부를 그 상속지분의 비율로 사용·수익할 수 있을 뿐(제263조), 다른 공동상속인을 배제한 배타적 사용·수익은 부정된다. ④ 대판 1997.6.24. 97다8809. ⑤ 대판[전] 1991.12.24. 90다5740. <답 ③>

19. 특별수익에 관한 다음 설명 중 부당한 것은?

① 구체적 상속분을 산정함에 있어서는 상속개시시를 기준으로 상속재산과 특별수익 재산을 평가함이 원칙이다.

② ①의 원칙에도 불구하고 대상분할의 방법을 취하는 경우, 분할의 대상이 되는 재산을 그 분할시를 기준으로 평가하여 그 평가액에 의하여 정산을 하여야 한다는 것이 판례의 태도이다.

③ 상속인 중의 1인을 수령인으로 하는 보험금은 상속재산에 포함되므로 특별수익에 해당하지 않는다고 보는 것이 학설의 태도이다.

④ 특별수익의 평가시기와 방법에 관하여 민법에 특별한 규정은 없다.
⑤ 특별수익의 반환의무를 지는 수증자 또는 유증받은 자는 상속을 승인한 공동상속인이다.

해설

①② 대결 1997.3.21. 96스62. ③ 학설에 따르면 상속인 중의 한 사람을 수령인으로 한 보험금은 상속재산에 포함되지 않으나, 특별수익에는 해당한다고 본다(김주수 · 김상용, 559면 이하). ④ 특별수익으로 반환되는 것은 현물이 아니라 가액이다. 민법은 가액평가의 시기와 방법에 관한 규정을 두고 있지 않다. 학설은 분할시로 보는 견해(박병호, 364면), 상속개시시로 보는 견해(김주수 · 김상용, 559면; 이경희, 354면), 이행시로 보는 견해(곽윤직, 108면)가 대립한다. ⑤ 타당. <답 ④>

20. 기여분에 관한 설명으로 옳지 않은 것은? (다툼이 있는 경우에는 판례에 의함)
<사시 2009년, 사시 2012년 유사>

① 유류분반환청구소송에서 피고가 된 기여상속인은 민법소정의 방식에 따라 기여분이 결정되기 전이라 하더라도 상속재산 중 자신의 기여분을 공제할 것을 항변으로 주장할 수 있다.
② 공동상속인 중에 상당한 기간 동거 · 간호 그 밖의 방법으로 피상속인을 특별히 부양하거나 피상속인의 재산의 유지 또는 증가에 특별히 기여한 자가 있을 때에는 상속개시 당시의 피상속인의 재산가액에서 공동상속인의 협의로 정한 그 자의 기여분을 공제한 것을 상속재산으로 보고, 민법 제1009조 및 제1010조에 의하여 산정한 상속분에 기여분을 가산한 액으로써 그 자의 상속분으로 한다.
③ 성년인 자(子)가 부양의무의 존부나 그 순위에 구애됨이 없이 스스로 장기간 그 부모와 동거하면서 생계유지의 수준을 넘어 부양자 자신과 같은 생활수준을 유지하는 부양을 한 경우에는 그 부모의 상속재산에 대하여 기여분을 인정함이 상당하다.
④ 기여분은 상속재산분할의 전제문제로서의 성격을 갖는 것이므로 상속재산분할의 청구나 조정신청이 있는 경우에 한하여 기여분결정청구를 할 수 있고, 다만 예외적으로 상속재산분할 후에라도 피인지자나 재판의 확정에 의하여 공동상속인이 된 자의 상속분에 상당한 가액의 지급청구가 있는 경우에는 기여분의 결정청구를 할 수 있다.
⑤ 유증은 유류분반환청구권의 대상이 되므로 유증과의 관계에 있어서 유류분이 우선하지만, 유증은 기여분에 우선한다.

해설

① 틀림. 유류분과 기여분은 서로 관계가 없다. 따라서 기여분의 가액이 상속재산의 가액 중에서 아무리 큰 비중을 차지하더라도 공동상속인의 유류분을 침해한 경우가 되지 않는

다. 결국, 기여상속인은 민법 소정의 방식에 따라 기역분이 결정되기 전에는 유류분반환 청구소송에서 상속재산 중 자신의 기여분에 대한 공제항변을 할 수 없다(대판 1994.10.14. 94다8334 참고). ② 옳음. 민법 제1008조의2 제1항 참조. ③ 옳음. 대판 1998.12.8. 97므513,520, 97스12 참고. ④ 옳음. 대결 1999.8.24. 99스28. ⑤ 옳음. 기여분은 상속이 개시된 때의 피상속인의 재산가액에서 유증의 가액을 공제한 액을 넘지 못한다(제1008조의2 3항). 즉 기여분이 유증에 우선한다. 또한 유류분권리자가 피상속인의 유증으로 인하여 그 유류분에 부족이 생긴 때에는 부족한 한도에서 그 재산의 반환을 청구할 수 있으므로(제1115조 1항), 유류분이 유증에 우선한다고 할 수 있다. 그러나 기여분과 유류분은 아무런 관계가 없다. <답 ①>

21. 기여분에 관한 다음 설명 중 옳은 것을 모두 고르면?

> ㉠ 피상속인 甲의 자(子) 乙이 甲의 재산증가에 기여하고 甲보다 먼저 사망하여 乙의 자 丙이 甲의 대습상속인이 된 경우, 丙은 망부(亡父)인 乙의 기여분을 주장할 수 있으나, 자신의 기여분을 주장할 수는 없다.
> ㉡ 기여분권리자에 피상속인을 특별히 부양한 자는 포함되지 아니한다.
> ㉢ 상속포기를 한 자는 피상속인의 재산의 유지 또는 증가에 관하여 특별한 기여를 하였더라도 기여분의 권리를 주장할 수 없다.
> ㉣ 기여분은 반드시 가정법원의 심판에 의하여 결정한다.
> ㉤ 피상속인의 사실혼의 처는 피상속인과 동거하며 간호하여 특별한 기여를 하였더라도 기여분을 취득할 수 없다.

① ㉠,㉡,㉣ ② ㉠,㉢,㉤ ③ ㉡,㉢,㉤ ④ ㉡,㉢
⑤ ㉢,㉣,㉤ ⑥ ㉢,㉣ ⑦ ㉠,㉤ ⑧ ㉢,㉤

해설 ……………………………………

㉠ 틀림. 대습상속인도 기여분권리자가 될 수 있고, 피대습자의 기여분도 주장할 수 있다. ㉡ 틀림. 기여분권리자에는 피상속인의 재산의 유지 또는 증가에 관하여 특별히 기여한 자는 물론 피상속인을 특별히 부양한 자도 포함한다(제1008조의2). ㉢ 옳음. 상속을 포기한 자는 기여분을 주장할 수 없다. ㉣ 틀림. 기여분은 공동상속인의 협의 또는 가정법원의 심판에 의하여 결정한다. 제1008조의2 3항. ㉤ 옳음. 기여분권리자는 공동상속인에 한한다. 따라서 공동상속인이 아닌 자는 피상속인의 재산의 유지 또는 증가에 기여했더라도 기여분을 청구할 수 없다(사실혼의 배우자, 포괄적 수증자, 상속결격자, 상속포기자 등). <답 ⑧>

22. 특별수익자의 상속분과 기여분에 관한 설명 중 옳은 것은?

<사시 2010년 및 사시 2012년 유사>

① 특별수익자는 상속을 포기하면 다른 상속인의 유류분을 해할 경우에도 증여 또는 유증받은 재산을 보유할 수 있다.
② 특별수익자가 증여받은 재산의 산정시기에 관하여 민법은 상속개시시를

기준으로 상속재산을 평가한다고 규정하고 있다.

③ 기여분은 상속이 개시된 때의 피상속인의 재산가액에서 유증의 가액을 공제한 액을 넘지 못한다.

④ 유류분 산정에 있어 상속인의 특별수익분은 상속개시 전 1년 간에 행한 증여나 유증만을 산입한다.

⑤ 상속인의 배우자가 피상속인으로부터 받은 증여와 유증에 대해서는 상속분 산정에 있어서 특별수익으로 고려할 여지가 없다.

해설

① 특별수익자란 공동상속인 중에 피상속인으로부터 재산의 증여 또는 유증을 받은 자를 말한다. 특별수익자가 자신의 상속분을 포기하더라도 증여 또는 유증 받은 부분으로 다른 공동상속인의 유류분을 침해한 경우에는 취득한 특별수익도 유류분반환청구의 대상이 된다(제1113조, 제1114조, 제1115조 참조). ② 특별수익자가 증여받은 재산의 산정시기에 관하여 민법에는 규정이 없다. 학설은 상속개시시(김주수 · 김상용, 559면) · 상속재산분할시(박병호, 364면) · 이행시(곽윤직, 108면)로 각각 대립하고 있다. ③ 제1008조의2 3항. ④ 제1118조, 제1008조, 제1113조, 제1114조. 따라서 공동상속인의 특별수익분은 비상속인에 대한 증여와는 달리 상속개시 1년 전의 것이라도 산입된다. ⑤ (상속분의 산정에서 증여 또는 유증을 참작하게 되는 것은) 원칙적으로 상속인이 유증 또는 증여를 받은 경우에만 발생하고 그 상속인의 직계비속, 배우자, 직계존속이 유증 또는 증여를 받은 경우에는 그 상속인이 반환의무를 지지 않는다고 할 것이나, 증여 또는 유증의 경위, 증여나 유증된 물건의 가치, 성질, 수증자와 관계된 상속인이 실제 받은 이익 등을 고려하여 실질적으로 피상속인으로부터 상속인에게 직접 증여된 것과 다르지 않다고 인정되는 경우에는 상속인의 직계비속, 배우자, 직계존속 등에게 이루어진 증여나 유증도 특별수익으로서 이를 고려할 수 있다고 함이 상당하다(대결 2007.8.28. 2006스3,4). 한편 생전 증여를 받은 상속인이 배우자로서 일생 동안 피상속인의 반려가 되어 그와 함께 가정공동체를 형성하고 이를 토대로 서로 헌신하며 가족의 경제적 기반인 재산을 획득 · 유지하고 자녀들에게 양육과 지원을 계속해 온 경우, 생전증여에는 위와 같은 배우자의 기여나 노력에 대한 보상 내지 평가, 실질적 공동재산의 청산, 배우자 여생에 대한 부양의무 이행 등의 의미도 함께 담겨 있다고 봄이 타당하므로 그러한 한도 내에서는 생전증여를 특별수익에서 제외하더라도 자녀인 공동상속인들과의 관계에서 공평을 해친다고 말할 수 없다(대판 2011.12.8. 2010다66644).

<답 ③>

23. 공동상속인 사이의 법률관계에 관한 다음 설명 중 틀린 것을 모두 고르면?

㉠ 공동상속인 사이에 어떤 재산이 피상속인의 상속재산에 속하는지 여부에 관하여 다툼이 있어 일부 공동상속인이 다른 공동상속인을 상대로 그 재산이 상속재산임의 확인을 구하는 소를 제기한 경우, 그 소는 확인의 이익이 있다 할 것이다.

㉡ 甲이 오랜 지병인 간암으로 사망하였고 사망 당시의 상속인으로 처인 乙, 기혼의 자녀인 丙, 미혼의 자녀인 丁이 있었던 경우, 甲 명의의 부동산에 관하여 戊 앞으로 상속을 원인으로 소유권이전

등기가 경료된 경우에는 丙이 단독으로 戊를 상대로 소유권이전 등기 전체의 말소를 청구할 수 있다.
㉢ 기여분이 공동상속인의 협의 또는 가정법원의 심판에 의하여 결정된 후에는 이를 양도할 수 있고 상속도 가능하다.
㉣ 피상속인이 유언으로 상속인 일방에게 기여분을 지정한 경우, 그 상속인의 구체적인 상속분은 고유의 상속분에 기여분을 더한 금액으로 된다.
㉤ 공동선조에 대한 제사를 지내는 종중 내에서 단순한 제사주재자의 자격에 관한 시비 또는 제사 절차를 진행할 때에 종중의 종원 중 누가 제사를 주재할 것인지 등과 관련하여 제사주재자 지위의 확인을 구하는 것은 그 확인을 구할 법률상 이익이 있다.
㉥ 제사주재자와 제3자 사이에 제사용 재산의 소유권 등에 관한 다툼이 있는 경우, 제사주재자로서는 제3자를 상대로 민법 제1008조의3에서 규정하는 제사주재자 지위 확인을 구해야 한다.

① ㉠, ㉡ ② ㉣, ㉤, ㉥ ③ ㉡, ㉣
④ ㉢, ㉤ ⑤ ㉢, ㉤, ㉥ ⑥ ㉡, ㉣, ㉤

해설

㉠ 옳음. 이는 그 재산이 현재 공동상속인들의 상속재산분할 전 공유관계에 있음의 확인을 구하는 소송으로서, 그 승소확정판결에 의하여 그 재산이 상속재산분할의 대상이라는 점이 확정되어 상속재산분할심판 절차 또는 분할심판이 확정된 후에 다시 그 재산이 상속재산분할의 대상이라는 점에 대하여 다툴 수 없게 되고, 그 결과 공동상속인 간의 상속재산분할의 대상인지 여부에 관한 분쟁을 종국적으로 해결할 수 있으므로 확인의 이익이 있다(대판 2007.8.24. 2006다40980). ㉡ 옳음. 공동상속재산은 상속인들의 공유이고, 또 부동산의 공유자인 한 사람은 그 공유물에 대한 보존행위로서 그 공유물에 관한 원인 무효의 등기 전부의 말소를 구할 수 있다(대판 1996.2.9. 94다61649). ㉢ 옳음. 공동상속인의 협의 또는 심판에 의하여 기여분이 결정된 후에 그 기여분은 상속분과 함께 상속·양도가 가능하다. ㉣ 틀림. 기여분을 지정하는 피상속인의 유언은 법률상 효력이 없다. ㉤ 틀림. 지문과 달리, 당사자 사이에 제사용 재산의 귀속에 관하여 다툼이 있는 등으로 구체적인 권리 또는 법률관계와 관련성이 있는 경우에 다툼을 해결하기 위한 전제로서 제사주재자 지위의 확인을 구하는 것은 법률상의 이익이 있다(대판 2012.9.13. 2010다88699). ㉥ 틀림. 제사주재자와 제3자 사이에 제사용 재산의 소유권 등에 관한 다툼이 있는 경우, 이는 공동상속인들 사이의 민법 제1008조의3에 의한 제사용 재산의 승계 내지 그 기초가 되는 제사주재자 지위에 관한 다툼이 아니라 일반적인 재산 관련 다툼에 지나지 않으므로, 제사주재자로서는 제3자를 상대로 민법 제1008조의3에서 규정하는 제사주재자 지위 확인을 구할 것이 아니라 제3자를 상대로 직접 이행청구나 권리관계 확인청구를 하여야 한다(위 2010다88699 판결). <답 ②>

24. **4,300만 원의 재산을 남기고 부(父)가 사망하였다. 유족으로 처, 장남, 장녀, 차남이 있다. 부는 생전에 장남에게 혼인을 위한 증여로서 200만 원을, 분가한 차남에게 유증으로 100만 원을 각각 주게 될 경우 혼인하지 않은 장녀의 상속이익은 얼마인가?**

① 1,500만 원 ② 800만 원 ③ 1,000만 원
④ 4,300/3만 원 ⑤ 900만 원

해설

제1008조 참조. 특별수익을 상속개시시설(통설)에 따라 평가한다면, 공동상속인 중에 생전증여나 유증과 같은 특별수익자가 있었을 경우 구체적 상속분의 산정은 다음과 같다. 즉, (현존하는 상속재산의 가액+생전증여)×공동상속인의 상속비율-특별수익자의 생전증여와 유증의 가액=상속분잔액. 이 상속분잔액을 합친 총잔액을 가지고 그 잔액에 대한 특별수익자와 그 밖의 공동상속인의 상속분을 산정한 것이 이른바 구체적인 상속분이며, 이로부터 상속재산의 분배액과 상속이익이 계산된다. 설문의 경우 법정상속비율은 처 : 장남 : 장녀 : 차남=1.5 : 1 : 1 : 1=3/9 : 2/9 : 2/9 : 2/9이므로, 상속이익은 다음과 같다. <답 ③>

25. **상속분의 양도와 그 양수권에 관한 설명 중 틀린 것은?**

① 공동상속인 중 일부가 상속재산인 임야 중 자신들의 상속지분을 양도한 경우 이는 상속받은 임야에 관한 공유지분을 양도한 것에 불과하여, 다른 공동상속인에게 민법 제1011조 제1항에 규정된 상속분양수권이 있다고 볼 수 없다.

② 양수권의 행사는 그 사유를 안 날로부터 3개월, 그 사유 있는 날로부터 1년 내에 행사하여야 한다.

③ 상속분의 양도는 유 · 무상을 묻지 않는다.

④ 상속분의 일부양도를 인정할 수 있다는 데 학설은 일치하고 있다.

⑤ 양수권의 행사에 의하여 제3자에게 양도된 상속분은 양도인 외의 공동상속인 전부에 그 상속분에 따라 귀속된다.

해설

① '상속분의 양도'란 상속재산분할 전에 적극재산과 소극재산을 모두 포함한 상속재산 전부에 관하여 공동상속인이 가지는 포괄적 상속분, 즉 상속인 지위의 양도를 의미하므로, (지문과 같이) 상속재산을 구성하는 개개의 물건 또는 권리에 대한 개개의 물권적 양도는 이에 해당하지 아니한다(대판 2006.3.24. 2006다2179). ② 제1011조 2항. ③ 상속분의 양도는 유 · 무상을 묻지 않는다. 양도에는 특정한 방식이 필요 없으며, 구술 또는 서면 중 어느 방법으로 해도 상관없다. ④ 상속분의 일부양도를 인정할 수 있는가에 대해서 긍정설(김용한, 332면)과 부정설(김주수 · 김상용, 572면 이하; 박병호, 375면)이 대립한다. ⑤ 제1011조 참조. <답 ④>

26. **상속분양수권에 관한 설명 중 틀린 것은?**

① 공동상속인 중에 그 상속분을 제3자에게 양도한 자가 있을 때에는 다른

공동상속인은 그 가액과 양도비용을 상환하고 그 상속분을 양수할 수 있다.

② 상속분양수권은 그 양도사유를 안 날로부터 3개월, 그 사유 있은 날로부터 1년 내에 행사하여야 한다.

③ 상속분양수권을 행사함에 있어서 공동상속인은 상속분의 양수인 또는 전득자에 대하여 그 가액과 비용을 현실적으로 제공하며 일방적으로 양수의 의사를 표시하면 된다.

④ 상속분양수권은 성질상 채권자의 대위행사가 인정된다.

⑤ 상속분양수권의 행사에 의하여 제3자에게 양도된 상속분은 양도인 이외의 공동상속인 전부에게 그 상속분에 따라 귀속한다.

해설

① 제1011조 1항. ② 제1011조 2항. ③ 양수권의 성질은 형성권이므로, 제3자의 승낙이나 동의는 필요 없다. 다만 그 가액과 비용을 현실적으로 제공하여야 한다. ④ 양수권은 일신전속적 권리라는 점에서 성질상 채권자의 대위행사는 인정되지 않는다. ⑤ 양수의 효과로써 타당하다. 즉 공동상속인 중 한 사람이 단독으로 행사하더라도 그 사람에게만 귀속하는 것은 아니다. <답 ④>

27. 상속재산의 분할에 관한 다음 설명 중 옳지 않은 것은?

<변호사모의 2011년 유사>

① 판례는 채무초과 상태에 있는 채무자가 상속재산의 분할협의를 하면서 상속재산에 관한 권리를 포기한 경우에는 채권자취소권의 대상이 될 수 없다고 한다.

② 상속재산을 분할하는 경우 그 효력은 상속이 개시된 때로부터 각 상속인이 피상속인으로부터 분할된 재산을 상속받은 것으로 해석된다.

③ 분할협의가 취소된 경우, 분할에 의하여 동산을 취득한 제3자는 선의취득에 의하여 보호될 수 있다.

④ 미성년자와 함께 상속받은 母가 상속재산을 협의분할하는 경우에는 자신의 친권에 복종하는 미성년자를 위하여 특별대리인을 선임하여야 하며, 특별대리인을 선임하지 않고 행한 협의분할은 무효이다.

⑤ 유언으로 일정기간 상속재산분할을 금지한 경우, 공동상속인 전원이 합의하더라도 상속재산을 분할할 수 없다.

해설

① 판례는 취소의 대상이 될 수 있다고 한다. 다만 그 취소의 범위에 대해서 구체적 상속분에 상당하는 정도에 미달하는 과소한 경우, 포기한 전체가 아닌 그 미달하는 부분에 한정하여 취소할 수 있다고 한다(대판 2001.2.9. 2000다51797). ② 공유물의 분할은 과거로 소급하지 않으나 상속분할은 상속개시시로 소급한다(제1015조. 다만 제3자의 권리를 해하지 못한다). ③ 분할협의가 무효로 되거나 취소된 경우 분할에 의하여 동산을 취득한 제3자는 선의취득으로 보호될 수 있다(제249조). ④ 상속의 공동상속인인 친권자가 그 수인

의 미성년자의 법정대리인으로서 상속재산 분할협의를 한다면 이는 민법 제921조에 위배되는 것이며, 이러한 대리행위에 의하여 성립된 상속재산 분할협의는 피대리자 전원에 의한 추인이 없는 한 그 전체가 무효라고 할 것이다(대판 2011.3.10. 2007다17482). ⑤ 피상속인이 유언에 의하여 일정기간 상속재산의 분할금지를 한 경우에는 상속재산분할을 할 수 없다(제1013조 1항, 제1012조).

<답 ①>

28. 상속재산의 분할에 관한 설명 중 옳은 것만 고르면?

㉠ 인지 전에 공동상속인들에 의해 이미 분할되거나 처분된 상속재산으로부터 발생한 과실은 제1014조에 의한 상속분상당가액지급청구에 있어 그 가액산정 대상에 포함된다고 할 수 없다.
㉡ 담보책임이 있는 공동상속인 중에 상환의 자력이 없는 자가 있는 때에는 그 부담부분은 상속분에 상관없이 공동상속인이 균분하여 부담한다.
㉢ 분할에 의하여 채권을 취득한 공동상속인이 채무자의 무자력으로 인하여 그 채권을 회수할 수 없을 경우에는, 다른 공동상속인이 그 상속분에 응하여 분할 당시의 채무자의 자력을 담보한다.
㉣ 피상속인이 사망한 뒤 친생자로 인지된 상속인이 이미 상속재산을 협의분할한 다른 공동상속인들을 상대로 상속분에 해당하는 가액의 지급을 구할 경우, 상속재산의 가액은 사실심 변론종결 당시의 시가를 기준으로 산정하여야 한다.

① ㉠ ② ㉡ ③ ㉢
④ ㉣ ⑤ ㉠, ㉡ ⑥ ㉢, ㉣
⑦ ㉠, ㉢, ㉣ ⑧ ㉠, ㉡, ㉢, ㉣

해설

㉠ 상속재산을 분할받은 공동상속인 또는 공동상속인들로부터 양수한 자가 민법 제102조에 따라 그 과실을 수취할 권능도 보유한다(대판 2007.7.26. 2006므2757,2764). ㉡ 담보책임이 있는 공동상속인 중에 상환의 자력이 없는 자가 있는 때에는 그 부담부분은 구상권자와 자력이 있는 다른 공동상속인이 그 상속분에 응하여 분담한다(제1018조 본문). ㉢ 제1017조 1항. ㉣ 대판 2002.11.26. 2002므1398.

<답 ⑦>

29. 상속재산의 분할에 관한 설명 중 옳은 것(○)과 옳지 않은 것(×)을 바르게 표시한 것은? (다툼이 있는 경우에는 판례에 의함) <사시 2009년 : 배점 3>

㉠ 甲이 사망하여 乙, 丙, 丁이 공동상속인이 된 후, 상속재산의 분할에서 乙이 甲의 戊에 대한 채권을 받기로 하였는데, 戊의 무자력으로 乙이 채권을 변제받지 못한 경우, 丙, 丁은 그 채권이 분할시에 변제기에 달해 있었던 때에는 분할 당시의 戊의 자력을

담보한다.
㉡ 甲의 사망 후 공동상속인 乙, 丙, 丁 중 丁이 이미 상속을 포기하였음에도, 그 후 이루어진 상속재산분할협의에 丁도 참여하였고 그 분할협의의 내용이 이미 상속을 포기한 丁의 상속지분을 乙, 丙에게 귀속시키는 것이어서 乙, 丙 사이에 이루어진 상속재산분할협의에 실질적인 영향을 미치지 않는 경우라도 그 분할협의는 무효이다.
㉢ 甲의 사망 후 공동상속인 乙, 丙 사이에 상속재산의 분할협의가 되어 상속재산인 A자동차가 乙의 소유가 된 경우, A자동차에 감추어진 하자가 있더라도 乙은 丙에 대하여 손해배상을 청구할 수 없다.
㉣ 甲이 사망하여 공동상속인 乙, 丙 사이에 상속재산의 분할협의가 성립한 후, 사후인지의 소에 의해 丁이 甲의 혼인외의 자가 된 경우, 당해 상속재산의 분할협의는 丁이 참가하지 않았으므로 무효이다.
㉤ 甲의 사망 후 공동상속인 乙, 丙 사이에 상속재산의 협의분할이 성립하여 상속재산인 A토지에 대하여 乙 명의의 소유권이전등기가 경료된 경우, 협의분할 이전에 丙으로부터 A토지를 매수한 丁은 그 소유권이전등기를 경료하기 전이라도 丙의 상속지분에 대한 협의분할의 무효를 주장할 수 있다.

① ㉠(×), ㉡(×), ㉢(×), ㉣(×), ㉤(○)
② ㉠(○), ㉡(×), ㉢(×), ㉣(×), ㉤(×)
③ ㉠(○), ㉡(○), ㉢(×), ㉣(×), ㉤(○)
④ ㉠(○), ㉡(×), ㉢(○), ㉣(○), ㉤(×)
⑤ ㉠(×), ㉡(○), ㉢(○), ㉣(○), ㉤(○)

해설

㉠ 옳음. 공동상속인은 다른 상속인이 분할로 인하여 취득한 채권에 대하여 분할 당시의 채무자의 자력을 담보한다(제1017조 1항). ㉡ 틀림. 원칙적으로 무자격자가 상속재산분할협의에 참가한 경우, 그 분할협의는 무효이다. 다만, 상속재산분할협의에 이미 상속을 포기한 자가 자격 없이 참여하였다 하더라도, 그 분할협의의 내용이 이미 포기한 상속지분을 다른 상속인에게 귀속시킨다는 것에 불과하여 나머지 상속인들 사이의 상속재산분할에 관한 실질적인 협의에 영향을 미치지 않은 경우라면, 그 상속재산분할협의는 효력이 있다고 볼 수 있다(대판 2007.9.6. 2007다30447 참고). ㉢ 틀림. 공동상속인은 다른 공동상속인이 분할로 인하여 취득한 재산에 대하여 그 상속분에 응하여 매도인과 같은 담보책임이 있다(제1016조). 즉 乙은 丙에 대해 손해배상청구를 할 수 있다. ㉣ 틀림. 피상속인의 사후에 인지의 소가 제기된 경우, 이혼무효 또는 파양무효의 소가 계속 중인 경우, 부를 정하는 소가 제기되고 있는 경우와 같이 상속인의 지위의 발생이 다투어지고 있는 때에는 그를 제외하고 상속재산을 분할할 수 있다. 이러한 자들이 나중에 상속인으로 확정되더라

도 분할은 여전히 유효하고, 가액으로 상환될 뿐이다. ⓜ 틀림. 상속재산협의분할에 의하여 乙 명의의 소유권이전등기가 경료된 경우, 협의분할 이전에 丙로부터 토지를 매수하였을 뿐 소유권이전등기를 경료하지 아니한 丁은 민법 제1015조 단서에서 말하는 "제3자"에 해당하지 아니하여 丙의 상속지분에 대한 협의분할을 무효로 주장할 수 없다(대판 1992.1.24. 92다31514 참고). <답 ②>

30. 상속재산의 분할에 관한 설명 중 옳은 것을 모두 고르면? (다툼이 있는 경우에는 판례에 의함) <사시 2004년 변형>

> ㈎ 협의분할을 통하여 공동상속인 중 1인이 고유의 상속분을 초과하는 상속재산을 취득한 경우에 그 협의분할은 공동상속인 상호간의 증여에 해당한다.
> ㈏ 유언에 의한 상속재산의 분할방법에 대한 지정이 없거나 유언이 무효인 경우, 공동상속인은 협의에 의하여 상속재산을 분할할 수 있다.
> ㈐ 공동상속인은, 피상속인이 유언으로 상속개시의 날로부터 5년을 넘지 않은 기간 내에서 상속재산의 분할을 금지한 경우를 제외하고, 상속재산의 공유관계를 해소하기 위하여 언제든지 자유로이 상속재산의 분할을 청구할 수 있다.
> ㈑ 채무초과 상태에 있는 채무자가 상속재산의 분할협의를 통하여 취득한 재산이 구체적 상속분에 미달하는 경우에, 그의 채권자는 상속재산 분할협의가 사해행위에 해당한다고 하여 그 전부를 취소할 수 있다.
> ㈒ 상속재산의 협의분할이 사해행위임을 주장하는 경우에, 채무자의 구체적 상속분이 법정상속분과 다르다는 사정은 채권자가 입증하여야 한다.

① ㈎, ㈏, ㈑ ② ㈎, ㈐, ㈑ ③ ㈏, ㈐
④ ㈐, ㈒ ⑤ ㈑, ㈒

해설

㈎ 틀림. 상속분을 초과하는 재산은 상속개시 당시에 소급하여 피상속인으로부터 승계받은 것으로 보아야 하고 다른 공동상속인으로부터 증여받은 것으로 볼 수 없다(대판 1985.10.8. 85누70 등). ㈏ 옳음. 제1012조, 제1013조. ㈐ 옳음. 제1013조. ㈑ 틀림. 구체적 상속분에 상당하는 정도에 미달하는 과소한 경우에도 사해행위로서 취소되는 범위는 그 미달하는 부분에 한정하여야 한다(대판 2001.2.9. 2000다51797). ㈒ 틀림. 채무자인 상속인이 입증하여야 한다(위 2000다51797 판결). <답 ③>

31. 상속재산의 분할에 관한 설명으로 옳은 것을 모두 고르면? (다툼이 있는 경우에는 판례에 의함) <사시 2011년: 배점 3>

> ㄱ. 상속재산의 협의분할은 공동상속인 사이에 이루어지는 계약으로

서 공동상속인 전원이 함께 참여하여야 유효하므로, 협의분할이 순차적으로 이루어지거나 상속인 중 한 사람이 임의로 분할 원안을 만들어 돌아가며 승인하는 것은 무효이다.

ㄴ. 공동상속인 중에 피상속인으로부터 재산의 증여 또는 유증 등의 특별수익을 받은 자가 있는 경우, 구체적인 상속분의 산정시에 상속재산과 특별수익의 평가는 상속개시시를 기준으로 하지만, 대상분할의 방법에 의하는 경우에는 분할대상 재산의 평가는 분할시를 기준으로 한다.

ㄷ. 피상속인은 유언으로 상속재산의 분할방법을 정할 수는 있지만 생전행위에 의한 분할방법의 지정은 그 효력이 없고, 협의에 의한 상속재산의 분할에 있어서 공동상속인 중 일부의 동의가 없거나 의사표시에 대리권의 흠결이 있다면, 그 분할협의는 적법한 추인이 없는 한 무효이다.

ㄹ. 혼인 외의 자의 인지 전에 공동상속인들에 의해 이미 분할되거나 처분된 상속재산은 이를 분할받은 공동상속인이나 공동상속인들의 처분행위에 의해 이를 양수한 자에게 그 소유권이 확정적으로 귀속되는 것이 아니므로, 그 후 그 상속재산으로부터 발생하는 과실은 상속개시 당시 존재하지 않았던 것이지만 상속재산의 가액산정 대상에 포함된다.

ㅁ. 공동상속인은 다른 상속인이 분할로 인하여 취득한 재산에 대하여 그 상속분에 응하여 매도인과 같은 담보책임을 지는데, 그 재산이 정지조건 있는 채권인 경우에는 변제를 청구할 수 있는 때의 채무자의 자력을 담보한다.

① ㄱ, ㄴ, ㄹ ② ㄱ, ㄹ ③ ㄴ, ㄹ
④ ㄴ, ㅁ ⑤ ㄴ, ㄷ, ㅁ ⑥ ㄷ, ㄹ
⑦ ㄷ, ㄹ, ㅁ ⑧ ㄷ, ㅁ

해설

㉠ 틀림. 반드시 한 자리에서 이루어질 필요는 없고 순차적으로 이루어질 수도 있으며(대판 2001.11.27. 2000두9731), 상속인 중 한사람이 만든 분할 원안을 다른 상속인이 후에 돌아가며 승인하여도 무방하다(대판 2004.10.28. 2003다65438,65445). ㉡ 옳음. 대결 1997.3.21. 96스62. ㉢ 옳음. 대판 2001.6.29. 2001다28299. ㉣ 틀림. 인지 이전에 공동상속인들에 의해 이미 분할되거나 처분된 상속재산은 민법 제860조 단서가 규정한 인지의 소급효 제한에 따라 이를 분할받은 공동상속인이나 공동상속인들의 처분행위에 의해 이를 양수한 자에게 그 소유권이 확정적으로 귀속되는 것이며, 상속재산의 소유권을 취득한 자는 민법 제102조에 따라 그 과실을 수취할 권능도 보유한다고 할 것이므로, 피인지자에 대한 인지 이전에 상속재산을 분할한 공동상속인이 그 분할받은 상속재산으로부터 발생한 과실을 취득하는 것은 피인지자에 대한 관계에서 부당이득이 된다고 할 수 없다(대판 2007.7.26. 2006다83796). ㉤ 옳음. 민법 제1017조 제2항. <답 ⑤>

32. 상속에 관한 설명 중 옳은 것을 모두 고르면? (다툼이 있는 경우에는 판례에 의함)

<사시 2008년: 배점 2, 사시 2013년 유사>

㉠ 피상속인과 수증자가 유류분 권리자에게 손해를 가할 것을 알고 증여한 경우, 증여재산의 가액을 유류분 산정에 가산하되, 명확성을 요하는 상속법의 특성상 상속개시 전 1년 간 행하여진 증여에 대해서만 가산한다.

㉡ 생명보험의 보험계약자가 스스로를 피보험자로 하고 수익자는 만기까지 자신이 생존할 경우에는 자기 자신을, 자신이 사망할 경우에는 '상속인'이라고만 지정하였는데 그 피보험자가 사망하여 보험사고가 발생한 경우, 보험금청구권은 상속인들의 고유재산으로 본다.

㉢ 상속개시 후의 인지 또는 재판의 확정에 의하여 공동상속인이 된 사람이 민법 제1014조에 따라 그 상속분에 상당한 가액의 지급을 소송으로 청구하는 경우, 상속재산의 가액은 인지된 시점 또는 재판에 의하여 공동상속인으로 확정된 시기를 기준으로 산정한다.

㉣ 공동상속인 중에 특별수익자가 있는 경우, 구체적인 상속분을 산정하는 방법은 피상속인이 갖고 있던 상속개시 당시의 적극재산의 가액에서 소극재산을 공제하고 생전 증여의 가액을 가산한 후, 이 가액에 각 공동상속인별로 법정상속분을 곱하여 산출된 상속분의 가액으로부터 특별수익자의 수증재산인 증여 또는 유증의 가액을 공제하는 계산방법에 따라야 한다.

㉤ 상속분의 양도란 상속재산분할 전에 적극재산과 소극재산을 모두 포함한 상속재산 전부에 관하여 공동상속인이 가지는 포괄적 상속분, 즉 상속인 지위의 양도를 의미하며, 상속재산을 구성하는 개개의 물건 또는 권리에 대한 개개의 물권적 양도는 이에 해당하지 않는다.

① ㉠, ㉡, ㉢　② ㉠, ㉡, ㉣　③ ㉠, ㉢, ㉣
④ ㉠, ㉢, ㉤　⑤ ㉡, ㉢, ㉤　⑥ ㉡, ㉢, ㉣
⑦ ㉡, ㉣, ㉤　⑧ ㉢, ㉣, ㉤

해설

㉠ 증여는 생속개시 전 1년 간에 행한 것을 기초로 유류분을 산정한다(제1114조 전문). 그러나 상속개시 1년 전의 증여라도 당사자 쌍방이 유류분권리자에게 손해를 가할 것을 알고 한 경우에는 산입의 대상이 된다(제1114조 후문). ㉡ 대판 2001.12.28. 2000다31502 참고. ㉢ 상속개시 후의 인지 또는 재판의 확정에 의하여 공동상속인이 된 사람이 민법 제1014조에 따라 그 상속분에 상당한 가액의 지급을 소송으로 청구하는 경우, 상속재산의 가액은 사실심 변론종결 당시의 시가를 기준으로 산정하여야 한다(대판 2002.11.26. 2002므1398 등). ㉣ 틀림. 공동상속인 중에 특별수익자가 있는 경우의 구체적인 상속분의 산정을 위해서는, 피상속인이 상속개시 당시에 가지고 있던 재산의 가액에 생전 증여의 가

액을 가산한 후, 이 가액에 각 공동상속인 별로 법정상속분율을 곱하여 산출된 상속분의 가액으로부터 특별수익자의 수증재산인 증여 또는 유증의 가액을 공제하는 계산방법에 의하여 할 것이고, 여기서 이러한 계산의 기초가 되는 '피상속인이 상속개시 당시에 가지고 있던 재산의 가액'은 상속재산 가운데 적극재산의 전액을 가리키는 것으로 보아야 옳다(대판 1995.3.10. 94다16571). ⓜ 대판 2006.3.24. 2006다2179 참고. <답 ⑦>

33. A는 그의 상속인으로 자녀 甲 · 乙을 두고 2009.4.9. 사망하였는데, 상속재산으로는 X부동산과 丙에 대한 5,000만 원의 채무를 남겼다. 이에 관한 설명 중 옳은 것은? (다툼이 있는 경우에는 판례에 의함) <사시 2010년: 배점 3>

① 甲과 乙이 丙에 대한 위 상속채무에 관하여 甲이 3,000만 원, 乙이 2,000만원을 부담하기로 상속재산분할협의를 한 경우, 분할의 소급효에 의하여 丙의 승낙 여부와 상관없이 乙은 丙에게 2,000만 원만 변제하면 된다.

② 상속이 개시된 후 甲과 乙이 X부동산을 丁에게 매도하기로 하고, A 명의로 등기신청을 하여 丁 명의로 소유권이전등기가 마쳐진 경우, 등기의 추정력이 인정된다.

③ 甲이 X부동산에 대한 자신의 지분을 戊에게 매도하기로 약정한 후 甲과 乙 사이의 상속재산 분할협의에 따라 乙 명의로 X부동산의 소유권이전등기가 된 경우, 乙은 戊에게 상속재산분할의 소급효로 대항할 수 있다.

④ 만일 A가 생전에 丁에게 X부동산을 매도하였는데, 甲과 乙 사이의 상속재산분할협의에 따라 乙 명의로 X부동산의 소유권이전등기가 되었다면, 甲은 여전히 丁에 대하여 소유권이전등기의무를 부담한다.

⑤ 甲과 乙이 상속채무의 초과 상태를 알지 못한 채 2009.5.4. 상속등기를 마치고 X부동산을 타인에게 매도하였다가 후에 A의 상속채무 초과 사실을 알게 되어 법정기간 내에 한정승인을 하였다면, 위 한정승인의 효력을 다투려는 丙은 甲과 乙에게 중대한 과실이 있었음을 증명하여야 한다.

해설

① 상속재산 분할의 대상이 될 수 없는 상속채무에 관하여 공동상속인들 사이에 분할의 협의가 있는 경우라면 이러한 협의는 민법 제1013조에서 말하는 상속재산의 협의분할에 해당하는 것은 아니지만, 위 분할의 협의에 따라 공동상속인 중의 1인이 법정상속분을 초과하여 채무를 부담하기로 하는 약정은 면책적 채무인수의 실질을 가진다. 따라서 채권자에 대한 관계에서 위 약정에 의하여 다른 공동상속인이 법정상속분에 따른 채무의 일부 또는 전부를 면하기 위해서는 민법 제454조의 규정에 따른 채권자의 승낙을 필요로 하고, 여기에 상속재산 분할의 소급효를 규정하고 있는 제1015조가 적용될 여지는 없다(대판 1997.6.24. 97다8809). ② 전 소유자가 사망한 이후에 그 명의의 신청에 의하여 이루어진 이전등기는 일단 원인무효의 등기라고 볼 것이어서 등기의 추정력을 인정할 여지가 없으므로, 그 등기의 유효를 주장하는 자가 현재의 실체관계와 부합함을 입증할 책임이 있다(대판 1983.8.23. 83다카597). ③ 戊는 제1015조 단서에서 말하는 제3자에 해당하지

않는다(대판 1992.11.24. 92다31514). ④ 부동산소유권이전등기의무자는 특별한 사정이 없는 한 등기부상의 명의인이라고 할 것인 바, 피상속인으로부터 매수한 부동산에 관하여 그 공동상속인들의 협의분할에 의하여 그 중 1인만이 단독으로 그 상속등기까지 마쳤다면 협의분할의 소급효에 의하여 나머지 공동상속인들은 이 부동산을 상속한 것이 아니라 할 것이고, 현재 등기부상의 등기명의인이 아니어서 등기의무자가 될 수도 없다. 따라서 그에 대한 지분소유권이전등기절차를 이행할 의무가 없다(대판 1991.8.27. 90다8237). ⑤ 상속인이 상속채무가 상속재산을 초과하는 사실을 중대한 과실 없이 민법 제1019조 1항의 기간 내에 알지 못하였다는 점은 제1019조 3항에 따라 한정승인을 할 수 있는 요건으로서 그 입증책임은 채무자인 피상속인의 상속인에게 있다(대판 2003.9.26. 2003다30517).

<답 ③>

34. 가액산정시기에 관한 설명 중 옳은 것(○)과 옳지 않은 것(×)을 바르게 표시한 것은? (다툼이 있는 경우에는 판례에 의함) <사시 2006년 유사>

㉠ 법원이 상속재산분할을 함에 있어서 공동상속인 중에 특별수익자가 있는 경우, 구체적 상속분을 산정하기 위하여 분할의 대상이 되는 상속재산과 특별수익재산을 평가함에 있어서는 상속개시시를 기준으로 하여야 한다.
㉡ 유류분액을 산정함에 있어 반환의무자가 증여받은 재산의 시가는 상속개시 당시를 기준으로 산정하여야 하지만, 법원이 반환의무자에 대하여 반환하여야 할 재산의 범위를 확정한 다음, 그 원물반환이 불가능하여 가액반환을 명하는 경우에는 사실심 변론종결시를 기준으로 그 재산의 가액을 산정하여야 한다.
㉢ 법원이 상속재산분할을 함에 있어서 분할의 대상이 된 상속재산 중 특정재산을 상속인 중 1인의 소유로 하되 그의 상속분과 그 특정재산의 차액을 현금으로 정산하는 방법으로 재산을 분할하는 경우에는, 분할의 대상이 되는 재산을 분할시를 기준으로 평가하여 그 평가액에 따라 정산하여야 한다.
㉣ 재판상 이혼시의 재산분할에 있어서 분할의 대상이 되는 재산과 그 액수를 산정함에 있어서는 이혼소송의 사실심 변론종결시를 기준으로 하여야 한다.

① ㉠(○), ㉡(○), ㉢(○), ㉣(○) ② ㉠(○), ㉡(○), ㉢(×), ㉣(×)
③ ㉠(○), ㉡(○), ㉢(×), ㉣(○) ④ ㉠(○), ㉡(○), ㉢(○), ㉣(×)
⑤ ㉠(×), ㉡(○), ㉢(○), ㉣(○) ⑥ ㉠(×), ㉡(○), ㉢(×), ㉣(×)
⑦ ㉠(×), ㉡(×), ㉢(○), ㉣(×) ⑧ ㉠(×), ㉡(×), ㉢(×), ㉣(×)

해설

㉠㉢ 대결 1997.3.21. 96스62. ㉡ 대판 2005.6.23. 2004다51887. ㉣ 대판 2000.9.22. 99므906.

<답 ①>

4. 상속의 승인과 포기

35. 상속의 승인과 포기에 관한 설명 중 타당한 것은? <사시 2013년 유사>

① 승인 · 포기는 상속개시 전에 하여야 한다.
② 상속의 승인과 포기는 가정법원에 대한 신고로써 하여야 한다.
③ 승인 · 포기는 채권자대위권의 목적도 채권자취소권의 목적도 될 수 있다.
④ 상속인은 승인 또는 포기를 하기 전에 상속재산을 조사할 수 있다.
⑤ 특정재산에 대한 포기 · 특정채권에 대한 승인이 가능하다.

해설

① 상속개시 후에 하여야 한다. ② 한정승인과 포기를 하고자 하는 경우에는 가정법원에 이를 신고하여야 하지만(제1030조, 제1041조) 단순승인을 하고자 하는 경우에는 신고를 할 필요가 없다. ③ 상속의 승인 · 포기권은 아직 확정되지 않은 권리로서 행사상의 일신전속권이므로 채권자대위권, 채권자취소권의 목적이 되지 못한다. ④ 제1019조 2항. ⑤ 상속의 승인 또는 포기는 그 성질상 상속재산에 대하여 포괄적으로 행하여야 하며, 그 일부나 개개의 권리에 대하여 선택적으로 행할 수 없다. <답 ④>

36. 상속인이 단순승인을 한 것으로 볼 수 없는 경우는? <변호사모의 2011년 유사>

① 상속인 중 1인이 다른 공동상속인과 협의하여 상속재산을 분할한 경우
② 채권자에게 대물변제하기로 한 약정이 있었는데 상속인이 그 변제충당을 목적으로 부동산 등을 양도한 때
③ 상속인이 피상속인의 채권을 추심한 때
④ 상속재산으로부터의 상당한 장례비용을 지출한 때
⑤ 상속인이 승인 또는 포기를 하여야 할 기간 내에 한정승인 또는 포기를 하지 않은 때

해설

① 대판 1983.6.28. 82도2421. ②③ 상속인이 상속재산에 대한 처분행위를 한 때(제1026조 1호)에 해당. ④ 처분행위에 해당하지 않는 경우이다. ⑤ 상속인이 승인 또는 포기를 하여야 할 기간 내에 한정승인 또는 포기를 하지 않은 때(제1026조 2호). <답 ④>

〈상속재산에 대한 처분행위인지 여부〉

구분	내용
처분행위에 해당하는 경우	• 채권자에게 대물변제하기로 한 약정이 있었는데 상속인이 그 변제충당을 목적으로 부동산 등을 양도하는 것 • 채권의 추심, 영수행위 등
처분행위에 해당하지 않는 경우	• 상속재산으로부터의 상당한 장례비용의 지출 • 채권자를 해치지 않는 것으로서 타인에게 상속재산을 무상으로 사용하게 하는 것 등

37. 단순승인 사유에 대한 다음 설명 중 옳지 않은 것은?

① 상속인이 상속재산의 일부나 전부를 매각한 때에는 단순승인으로 간주된다.

② 제1026조 제3호에 법정단순승인사유로 규정된 '고의로 재산목록에 기입하지 아니한 때'라는 것은 한정승인을 함에 있어 상속재산을 은닉하여 상속채권자를 사해할 의사로써 상속재산을 재산목록에 기입하지 않는 것을 의미한다.

③ 귀책사유 없이 상속채무가 적극재산을 초과한다는 사실을 알지 못한 채 상속개시 있음을 안 날로부터 3월 내에 한정승인이나 포기를 하지 못한 때에는 단순승인으로 간주된다.

④ 상속인이 포기를 한 후 악의로 일부의 상속재산을 재산목록에 기재하지 아니한 때에는 단순승인으로 간주된다.

⑤ 한정승인한 상속인이 상속재산의 전부를 은닉한 때에는 단순승인으로 간주된다.

해설

① 제1026조 1호 참조. ② 대판 2003.11.14. 2003다30968 참고. ③ 상속인이 귀책사유 없이 상속채무가 적극재산을 초과하는 사실을 알지 못하여 상속개시 있음을 안 날로부터 3월 내에 한정승인 또는 포기를 하지 못한 경우에도 단순승인을 한 것으로 보는 민법 제1026조 2호는 기본권제한의 입법한계를 일탈한 것으로 재산권을 보장한 헌법 제23조 1항, 사적자치권을 보장한 헌법 제10조 1항에 위반된다(헌재 1998.8.27. 96헌가22, 97헌가2,3,9, 96헌바81, 98헌바24, 25. 헌재결정 후 2002년 1월 14일 민법 개정을 통해 제1019조 3항 신설). ④⑤는 제1026조 3호에서 각각 규정한 내용이므로 타당하다. <답 ③>

38. 한정승인에 관한 다음 설명 중 틀린 것은?

① 상속인은 상속채권자와 수증자에 대하여 동등한 입장에서 변제하여야 한다.

② 한정승인을 한 상속인이 초과부분을 임의로 변제한 때에는 채무자의 변제로서 유효하다.

③ 한정승인은 상속인을 보호할 목적으로 마련된 제도이다.

④ 상속의 한정승인은 채무의 존재를 한정하는 것이 아니라 단순히 그 책임의 범위를 한정하는 것에 불과하다.

⑤ 파산선고 전에 파산자를 위하여 상속이 개시된 경우에는 파산자가 파산선고 후에 한 단순승인이나 포기도 파산재단에 대해서는 한정승인의 효력이 생긴다.

해설

① 제1036조. 한정승인자는 각 상속채권자에게 변제한 후가 아니면 수증자에게 변제할 수 없다. 이는 상속채권자의 권리는 상속개시 전에 이미 확정되어 있는 데 반하여 수증자의 권리는 상속개시와 동시에 비로소 확정되고, 또한 양자를 동순위로 한다면 상속채권자를 사해할 목적으로 유증이 행해질 염려가 있기 때문이다. ② 타당하다. ③ 피상속인의

채무가 상당히 많은 경우에 민법의 단순승인의 원칙에 따라, 채무의 전부를 상속인이 부담하여야 한다는 것은 상속인에게 너무나 가혹하므로 마련된 제도이다. ④ 제1028조 및 대판 2003.11.14. 2003다30968 참고. ⑤ 채무자회생법 제385조, 제386조. 그러나 이 경우에도 모든 법률관계에 대해서 한정승인을 한 것으로 보는 것은 아니다. <답 ①>

39. 한정승인에 관한 다음 설명 중 틀린 것은? <사시 2013년 유사>

① 상속인이 피상속인에 대하여 채권을 가질 때에는 다른 상속채권자와 함께 변제배당에 참가할 수 있다.

② 한정승인 전에 피상속인의 채무에 대하여 보증을 한 자는 한정승인을 한 후에는 상속인이 상속에 의하여 얻은 한도에서만 책임을 진다.

③ 채권신고기간 중에는 상속채권자는 상속재산에 대하여 강제집행을 할 수 없다.

④ 한정승인자가 수인인 경우에는 가정법원은 각 상속인 기타 이해관계인의 청구에 의하여 공동상속인 중에서 상속재산관리인을 선임할 수 있다.

⑤ 한정승인자는 한정승인을 한 날로부터 5일 내에 일반상속채권자와 유증받은 자에 대하여 한정승인의 사실과 2월 이상을 넘는 일정한 기간 내에 그 채권 또는 유증을 신고할 것을 공고하여야 한다.

해설

① 한정승인이 상속인의 재산과 피상속인의 재산을 분리하려고 하는 것이기 때문이며, 또한 이로 인하여 피상속인에 대하여 상속인이 부담하는 채무는 상속채권자로부터 추심을 당하게 된다. ② 보증인은 상속인이 한정승인을 한 후에도 채무의 전액에 대하여 책임을 진다. 한정승인 전에 피상속인의 채무에 대하여 병존적 인수를 한 자도 마찬가지이다. ③ 제1033조. 한정승인을 한 자는 최고신고기간이 만료되기 전에는 상속채권자와 유증받은 자에 대하여 상속채권의 변제를 거절할 수 있으므로 타당하다. ④ 제1040조. ⑤ 제1032조 1항. 단, 상속인이 수인인 경우에, 상속재산관리인이 가정법원에 의하여 선임된 때에는 공고할 5일의 기간은 그 관리인이 그 선임을 안 날로부터 기산된다(제1040조 3항 단서). <답 ②>

40. 다음 설명 중 타당한 것은? (다툼이 있는 경우에는 판례에 의함)

① 제정민법이 시행되기 전에 존재하던 '상속회복청구권은 상속이 개시된 날부터 20년이 경과하면 소멸한다.'는 관습은 대법원에 의해서 이미 확인된 바 있으므로, 관습법으로서의 효력을 인정해야 한다고 하는 것이 최근 대법원 판결의 다수의견이다.

② 상속인 A는 1999년 12월 30일 피상속인의 사망 무렵 상속개시 있음을 안 후 6개월쯤 뒤에 상속채무가 상속재산을 초과하는 사실을 알고 2002년 3월 7일경에 한정승인 신고를 하였는데, 이러한 신고는 개정민법 제1019조 3항에 따르더라도 적법한 신고가 아니므로 한정승인의 효과가 없다.

③ 1998년 5월 26일 이전에 상속개시 있음을 안 상속인의 경우에는 민법 부칙 제3항과 제1019조 3항이 적용되지 아니한다.

④ 1998년 5월 26일 이전에 상속개시 있음을 알았으나 위 일자 이후 상속채무 초과 사실을 안 상속인에 대하여는 한정승인이 허용되지 않는다.

⑤ 상속인인 A 자신은 상속포기를 하면서 A의 자인 미성년자 B가 상속인이 된다는 것을 법률의 부지로 알지 못한 상태에서 B를 위한 상속포기신고는 하지 않고 있다가 그 신고기간이 도과한 경우라면, 그 고려기간이 기산되지 않고 따라서 B를 위한 한정승인신고는 수리되어야 한다.

해설

① 제정 민법이 시행되기 전에 존재하던 관습 중 '상속회복청구권은 상속이 개시된 날부터 20년이 경과하면 소멸한다.'는 내용의 관습은 이를 적용하게 되면 20년의 경과 후에 상속권침해가 있을 때에는 침해행위와 동시에 진정상속인은 권리를 잃고 구제를 받을 수 없는 결과가 되므로, 소유권은 원래 소멸시효의 적용을 받지 않는다는 권리의 속성에 반할 뿐 아니라 진정상속인으로 하여금 참칭상속인에 의한 재산권침해를 사실상 방어할 수 없게 만드는 결과로 되어 불합리하고, 헌법을 최상위 규범으로 하는 법질서 전체의 이념에도 부합하지 아니하여 정당성이 없으므로, 위 관습에 법적 규범인 관습법으로서의 효력을 인정할 수 없다(대판[전] 2003.7.24. 2001다48781). ② 민법 제1019조 3항에 해당하지는 않지만, 개정민법 부칙에서 개정민법 시행일부터 3월내에 민법 제1019조 3항의 개정규정에 의한 한정승인을 할 수 있다는 경과조치를 두었으므로, 적법한 한정승인신고이다(대판 2002.11.8. 2002스70). ③④ 1998년 5월 26일 이전에 상속개시 있음을 안 상속인의 경우에는 민법 부칙 제3항과 제1019조 3항이 적용되지 아니한다고 한 판례(대판 2002.11.8. 2002다21882)는 2004년 1월 29일자 헌재의 결정에 의하여 그 의미가 상실되었다. 헌재의 결정은 그 판례에서 나타난 상속개시 있음을 1998년 5월 26일 이전에 알았는가 이후에 알았는가의 논점에서 나아가 다음과 같은 논점에 대해서도 함께 다루고 있다. 즉, 1998년 5월 26일 이전에 상속개시 있음을 알았으나 위 일자 이후 상속채무초과 사실을 안 상속인에 대하여는 한정승인이 허용되지 않는다는 견해에 대해서, 헌법재판소는 이 견해의 근거가 된 부칙 제3항이 평등원칙에 위반해 위헌이라고 하였다(헌재 2004.1.29. 2002헌가22). ⑤ 이러한 사례에서 1심은 B의 신고기간의 도과를 이유로 법정대리인이 그 자를 위해 한 한정승인을 받아들이지 아니하였다. 그 근거로 미성년자에 대한 신고기간(고려기간)은 그 법정대리인의 인식을 기준으로 하므로 A가 심판문을 송달받은 때가 B에 대한 기산점이 됨이 원칙이라는 것이었다. 그러나 항소심은 A가 자신의 상속포기로 B가 상속인이 된다는 것을 법률의 부지로 몰랐다고 한다면, 이러한 경우는 자기가 상속인이 되었음을 알지 못한 경우와 같으므로 고려기간이 기산되지 않는다고 판단하여 제1심을 취소하고 한정승인신고를 수리하였다(대구지법 2003.8.5. 2003브11). <답 ⑤>

41. 한정승인이 이루어진 경우 상속재산의 강제집행절차(배당절차)에서 일반상속채권자는 한정승인자로부터 상속재산에 관하여 근저당권을 설정받은 고유채권자보다 우선하는가? 다음은 이 질문에 대한 답변들인데, 가장 이질적인 것을 하나 고르면?

① 한정승인자가 상속재산을 은닉하거나 부정소비한 경우를 제외하면, 한정

승인자의 상속재산 처분행위가 당연히 제한되지는 않는다.

② 한정승인자로부터 상속재산에 관하여 저당권 등의 담보권을 취득한 사람과 상속채권자 사이의 우열관계는 민법상의 일반원칙에 따라야 한다.

③ ②의 태도는 한정승인자가 그 저당권 등의 피담보채무를 상속개시 전부터 부담하고 있었더라도 마찬가지다.

④ 상속채권자가 한정승인자의 고유재산에 대하여 강제집행할 수 없는 것에 대응하여 한정승인자의 고유채권자는 상속채권자에 우선하여 상속재산에 대하여 강제집행할 수 없다는 의미에서, 상속채권자는 상속재산에 대하여 우선적 권리를 가진다.

⑤ 우리 민법은 한정승인만으로는 상속재산에 관하여 한정승인자로부터 물권을 취득한 제3자에 대한 우선적 지위를 상속채권자에게 부여하는 규정은 두고 있지 않다.

해설

법원이 한정승인신고를 수리하게 되면 피상속인의 채무에 대한 상속인의 책임은 상속재산으로 한정되고, 그 결과 상속채권자는 특별한 사정이 없는 한 상속인의 고유재산에 대하여 강제집행을 할 수 없다. 하지만 ①②③⑤ 한정승인으로 한정승인자의 상속재산 처분행위가 당연히 제한된다고 할 수는 없으므로 상속채권자는 한정승인의 사유만으로 우선적 지위를 주장할 수는 없다(대판[전] 2010.3.18. 2007다77781의 다수의견). ④ 위 전원합의체 판결의 반대의견(대법관 김영란, 박시환, 김능환)으로서, 한정승인자의 상속재산은 상속채권자의 채권에 대한 책임재산으로서 상속채권자에게 우선적으로 변제되고 그 채권이 청산되어야 하며, 그 반대해석상 한정승인자의 고유채권자는 상속채권자에 우선하여 상속재산을 그 채권에 대한 책임재산으로 삼아 이에 대하여 강제집행할 수 없다고 보는 것이 형평에 맞으며 한정승인제도의 취지에 부합한다. <답 ④>

42. 한정승인에 관한 다음 설명 중 옳은 것(○)것과 옳지 않은 것(×)을 바르게 표시한 것은? <변호사모의 2011년 유사>

㉠ 한정승인한 후에 상속재산을 은닉하면 단순승인을 한 경우와 같은 효과가 발생한다.

㉡ 피상속인의 금전채무를 상속한 상속인(채무자)이 한정승인을 하고도 채권자가 제기한 소송의 사실심 변론종결시까지 그 사실을 주장하지 아니하여 책임의 범위에 관한 유보가 없는 판결이 선고되어 확정되었다고 하더라도, 채무자는 그 후 위 한정승인 사실을 내세워 청구에 관한 이의의 소를 제기할 수 있다.

㉢ 한정승인을 한 자는 채권신고기간이 만료되기 전에는 상속채권자와 유증받은 자에 대하여 상속채권의 변제를 거절할 수 있다.

㉣ 상속인이 1998년 5월 27일 이후 상속개시 있음을 알게 되었음에도 개정 민법 시행 이후에야 중대한 과실 없이 상속채무 초과 사

실을 알게 된 경우에는 개정 민법 제1019조 3항의 규정에 따라 3개월 내에 한정승인을 할 수 있다.
ⓜ 사망한 피상속인의 소송을 수계한 상고심에서 1 · 2심과는 달리 소멸시효 항변이 신의성실의 원칙에 반하여 권리남용에 해당함을 이유로 원고 승소 취지의 파기환송 판결이 선고된 경우, 소송수계일 무렵부터 위 파기환송 판결선고일까지 사이에 한정승인을 한 상속인들로서는 원고의 채권이 존재하거나 상속채무가 상속재산을 초과하는 사실을 중대한 과실 없이 알지 못한 경우에 해당한다고 볼 수 없다.

① ㉠(○), ㉡(○), ㉢(○), ㉣(○), ㉤(○)
② ㉠(○), ㉡(○), ㉢(×), ㉣(×), ㉤(○)
③ ㉠(○), ㉡(○), ㉢(×), ㉣(○), ㉤(×)
④ ㉠(×), ㉡(○), ㉢(○), ㉣(×), ㉤(○)
⑤ ㉠(×), ㉡(○), ㉢(○), ㉣(○), ㉤(×)
⑥ ㉠(×), ㉡(○), ㉢(×), ㉣(×), ㉤(○)

해설

㉠ 제1026조 3호. ㉡ 채권자가 피상속인의 금전채무를 상속한 상속인을 상대로 그 상속채무의 이행을 구하여 제기한 소송에서 채무자가 한정승인 사실을 주장하지 않으면, 책임의 범위는 현실적인 심판대상으로 등장하지 아니하여 주문에서는 물론 이유에서도 판단되지 않으므로 그에 관하여 기판력이 미치지 않는다(대판 2009.5.28. 2008다79876). ㉢ 제1033조. ㉣ 개정 민법 시행 이후에 상속채무 초과 사실을 안 상속인을 구제하지 않는 것은 평등의 원칙에 위배되는 것인 점, 개정 민법 부칙 제1항이 '이 법은 공포한 날로부터 시행한다.'고 규정하고 있기는 하지만, 상속인이 중대한 과실 없이 상속채무 초과 사실을 알게 된 것이 개정 민법 시행 후일 경우에는 그 상속개시가 개정 민법 시행 전에 있었다고 하더라도 개정 민법 시행 후에 제1019조 3항의 특별한정승인의 요건을 갖춘 것으로 볼 수 있는 점, 개정 민법 부칙 제2항의 경과규정이 개정 민법의 소급효를 제한하고는 있지만, 상속인이 상속개시 있음을 안 날이 1998년 5월 27일 이후인 경우에는 개정 민법 부칙 제2항의 경과규정이 적용될 여지는 없는 점 등에 비추어 볼 때, 설문과 같이 해석함이 상당하다(대판 2004.4.14. 2004다56912). ㉤ 소멸시효 항변이 신의칙에 반하여 권리남용이 되는 것은 예외적인 법 현상인 점, 상속인들로서는 제1 · 2심 판결의 내용을 신뢰하여 원고의 피상속인에 대한 채권에 관하여 소멸시효가 완성된 것으로 믿을 수도 있어 법률전문가가 아닌 상속인들에게 제1 · 2심의 판단과는 달리 상고심에서 소멸시효 항변이 배척될 것을 전제로 미리 상속포기나 한정승인을 해야 할 것이라고 기대하기는 어려운 점 등의 사정들에 비추어, 상속인의 중과실을 부정하였다(대판 2010.6.10. 2010다7904 참고).
<답 ①>

43. 甲의 단독상속인인 乙은 甲이 2010.2.1. 사망하자 적법하게 한정승인 신고를 하여 2010.4.30. 수리되었으며, 乙은 2010.5.31. 유일한 상속재산인 X부동산에 대해 상속을 원인으로 하는 소유권이전등기를 마쳤다. 乙은 丙에 대해 상속

개시 전부터 3억 원의 금전채무를 부담하고 있었는데, 위와 같이 상속등기를 마친 후 丙에 대한 위 채무를 담보하기 위하여 X부동산에 대해 근저당권 설정등기(채권최고액 3억 원)를 마쳐 주었다. 한편 丁은 甲의 생전에 甲에게 3억 원을 대여하였으나 전혀 받지 못하였고 乙은 이러한 사실을 알고 있었다. 丁이 2011. 9.경 X부동산에 대한 강제경매를 신청하여 3억 원에 매각되었는데, 丙은 위 근저당권에 기하여 청구채권 3억 원의 배당을 요구하였다. 이 사례에 관한 설명 중 괄호에 들어갈 말을 모두 옳게 연결한 것은? (비용·이자 등은 고려하지 말고, 다툼이 있는 경우에는 판례에 의함)

<사시 2012년: 배점 3점>

> ㄱ. 丁은 특별한 사정이 없는 한, 乙의 (A)에 대하여 강제집행을 할 수 없다.
> ㄴ. 위 경매절차에서 丙, 丁 이외에 다른 이해관계인이 없다면, 丙은 (B)원, 丁은 (C)원을 배당받을 수 있다.

	A	B	C
①	상속재산	3억	0
②	상속재산	1억 5천만	1억 5천만
③	상속재산	0	3억
④	고유재산	3억	0
⑤	고유재산	1억 5천만	1억 5천만
⑥	고유재산	0	3억

해설

④ 한정승인자의 고유채권자에 대하여 상속채권자의 우위가 보장되지 않는다는 전원합의체 판결의 다수의견에 따른 판단이다(대판[전] 2010.3.18. 2007다77781). 다수의견에 의하면, 법원이 한정승인신고를 수리하게 되면 피상속인의 채무에 대한 상속인의 책임은 상속재산으로 한정되고 그 결과 상속채권자는 특별한 사정이 없는 한 상속인의 고유재산에 대하여 강제집행을 할 수 없다. 그런데 민법은 한정승인을 한 상속인(=한정승인자)에 관하여 그가 상속재산을 은닉하거나 부정소비한 경우 단순승인을 한 것으로 간주하는 것(제1026조 제3호) 외에는 상속재산의 처분행위 자체를 직접적으로 제한하는 규정을 두고 있지 않기 때문에, 한정승인으로 발생하는 위와 같은 책임제한효과로 인하여 한정승인자의 상속재산 처분행위가 당연히 제한된다고 할 수는 없다. 또한 민법은 한정승인자가 상속재산으로 상속채권자 등에게 변제하는 절차는 규정하고 있으나(제1032조 이하), 한정승인만으로 상속채권자에게 상속재산에 관하여 한정승인자로부터 물권을 취득한 제3자에 대하여 우선적 지위를 부여하는 규정은 두고 있지 않으며, 민법 제1045조 이하의 재산분리제도와 달리 한정승인이 이루어진 상속재산임을 등기하여 제3자에 대항할 수 있게 하는 규정도 마련하고 있지 않다. 따라서 한정승인자로부터 상속재산에 관하여 저당권 등의 담보권을 취득한 사람과 상속채권자 사이의 우열관계는 민법상의 일반원칙에 따라야 하고 상속채권자가 한정승인의 사유만으로 우선적 지위를 주장할 수는 없다. 그리고 이러한 이

치는 한정승인자가 그 저당권 등의 피담보채무를 상속개시 전부터 부담하고 있었다고 하여 달리 볼 것이 아니다. 한편, 이에 대하여 상속채권자가 우선되어야 한다는 대법관 박시환 등의 반대의견에 의하면, 한정승인자의 상속재산은 상속채권자의 채권에 대한 책임재산으로서 상속채권자에게 우선적으로 변제되고 그 채권이 청산되어야 한다. 그리고 그 반대 해석상, 한정승인자의 고유채권자는 상속채권자에 우선하여 상속재산을 그 채권에 대한 책임재산으로 삼아 이에 대하여 강제집행할 수 없다고 보는 것이 형평에 맞으며, 한정승인제도의 취지에 부합한다. 이와 같이, 상속채권자가 한정승인자의 고유재산에 대하여 강제집행할 수 없는 것에 대응하여 한정승인자의 고유채권자는 상속채권자에 우선하여 상속재산에 대하여 강제집행할 수 없다는 의미에서, 상속채권자는 상속재산에 대하여 우선적 권리를 가진다. 또한 한정승인자가 그 고유채무에 관하여 상속재산에 담보물권 등을 설정한 경우와 같이, 한정승인자가 여전히 상속재산에 대한 소유권을 보유하고 있어 상속채권자가 그 재산에 대하여 강제집행할 수 있는 한에 있어서는, 그 상속재산에 대한 상속채권자의 우선적 권리는 그대로 유지되는 것으로 보아야 한다. 따라서 한정승인자의 고유채무를 위한 담보물권 등의 설정등기에 의하여 상속채권자의 우선적 권리가 상실된다고 보는 다수의견은 상속채권자의 희생 아래 한정승인자로부터 상속재산에 관한 담보물권 등을 취득한 고유채권자를 일방적으로 보호하려는 것이어서, 상속의 한정승인 제도를 형해화시키고 제도적 존재 의미를 훼손하므로 수긍하기 어렵다. <답 ④>

44. 상속의 승인에 관한 설명 중 옳지 않은 것은? (다툼이 있는 경우에는 판례에 의함) <사시 2006년 변형>

① 상속인이 2005.3.24. 상속개시 있음을 알았지만 상속채무가 상속재산을 초과하는 사실을 중대한 과실 없이 알지 못하고 단순승인을 한 경우에는 그 사실을 안 날로부터 3월 내에 한정승인을 할 수 있다.

② 생명보험의 보험계약자가 보험수익자를 지정하기 전에 보험사고가 발생하여 피보험자의 상속인이 보험수익자가 된 경우, 그가 사망보험금을 수령하였다고 하더라도 단순승인을 한 것으로 의제되지 않는다.

③ 상속개시가 있은 후 상속채무가 상속재산을 초과하는 사실을 중대한 과실 없이 알지 못하고 단순승인을 한 상속인이 제1019조 3항에 따라 그 사실을 안 날부터 3월 내에 한정승인을 한 경우, 위 상속인은 한정승인을 하기 이전에 상속재산 중에서 상속채권자나 유증받은 자에 대하여 변제한 가액을 제외하고 남아 있는 재산과 이미 처분한 재산의 가액을 합하여 상속채권자에게 변제하여야 한다.

④ 상속개시가 있은 후 상속채권자나 유증받은 자에게 상속재산으로 변제한 상속인이 상속채무가 상속재산을 초과하는 사실을 과실 없이 알지 못한 경우, 그로 인해 그 후에 있었던 위 상속인의 한정승인으로 말미암아 변제받지 못한 상속채권자는 그 상속인에게 손해배상을 청구할 수 있다.

⑤ 상속부동산에 관하여 담보권 실행을 위한 경매절차가 진행된 경우, 한정승인 절차에서 상속채권자로 신고한 자는 그 경매절차에서 배당요구를

하여 일반채권자로 배당받을 수 있다.

해설

① 제1019조 3항 참고. ② 보험계약자가 피보험자의 상속인을 보험수익자로 하여 맺은 생명보험계약에 있어서 피보험자의 상속인은 피보험자의 사망이라는 보험사고가 발생한 때에는 보험수익자의 지위에서 보험자에 대하여 보험금 지급을 청구할 수 있고, 이 권리는 보험계약의 효력으로 당연히 생기는 것으로서 상속재산이 아니라 상속인의 고유재산이라고 할 것인데, 이는 상해의 결과로 사망한 때에 사망보험금이 지급되는 상해보험에 있어서 피보험자의 상속인을 보험수익자로 미리 지정해 놓은 경우는 물론, 생명보험의 보험계약자가 보험수익자의 지정권을 행사하기 전에 보험사고가 발생하여 상법 제733조에 의하여 피보험자의 상속인이 보험수익자가 되는 경우에도 마찬가지라고 보아야 한다(대판 2004.7.9. 2003다29463). ③ 제1034조 2항. ④ 한정승인 이전에 상속채무가 상속재산을 초과함을 알지 못한 데 과실이 있는 상속인만이 부당변제로 인한 배상책임을 진다(제1038조 1항 2문). ⑤ 대판 2010.6.24. 2010다14599 참고. <답 ④>

45. 상속포기와 관련한 판례의 태도 중 잘못 설명한 것을 고르면?

<변호사 2012년 유사, 사시 2013년 유사>

① 상속개시 후 민법이 정하는 절차와 방식에 따르지 않은 상속포기의 약정은 효력이 없다.

② 상속재산에 대한 처분행위는 법정단순승인으로 간주되는바, 상속인이 상속포기신고를 하기에 앞서 점유자를 상대로 피상속인의 소유였던 주권에 관하여 주권반환청구소송을 제기한 것은 이와 같은 단순승인에 해당하여 상속포기는 효력이 없다.

③ 상속포기서에 첨부된 재산목록에서 누락된 상속재산에 대하여도 상속포기의 효력은 미친다.

④ 상속포기기간 중에 한 소송수계신청을 받아들여 소송절차를 진행한 하자가 있다고 하더라도 그 후 상속포기 없이 상속개시 있음을 안 날로부터 3월을 경과한 때에는, 그 전까지의 소송행위에 관한 하자는 치유된다.

⑤ 상속포기기간을 경과한 상속포기신고가 상속포기로서의 효력이 없다고 하더라도, 공동상속인들 사이에서는 상속재산에 관한 협의분할이 이루어진 것으로 보아야 한다.

해설

① 옳음. 상속인 중의 1인이 피상속인의 생존시에 피상속인에 대하여 상속을 포기하기로 약정하였다고 하더라도, 상속개시 후 민법이 정하는 절차와 방식에 따라 상속포기를 하지 아니한 이상, 상속개시 후에 자신의 상속권을 주장하는 것은 정당한 권리행사로서 권리남용에 해당하거나 또는 신의칙에 반하는 권리의 행사라고 할 수 없다(대판 1998.7.24. 98다9021). ② 틀림. 권원 없이 공유물을 점유하는 자에 대한 공유물의 반환청구는 공유물의 보존행위이므로, 상속인들이 상속포기신고를 하기에 앞서 점유자를 상대로 피상속인의 소유였던 주권에 관하여 주권반환청구소송을 제기한 것은 민법 제1026조 1호가 정하는

상속재산의 처분행위에 해당하지 아니한다(대판 1996.10.15. 96다23283). ③ 옳음. 상속의 포기는 상속인이 법원에 대하여 하는 단독의 의사표시로서 포괄적 · 무조건적으로 하여야 하므로, 상속포기는 재산목록을 첨부하거나 특정할 필요가 없다고 할 것이고, 상속포기서에 상속재산의 목록을 첨부했다 하더라도 그 목록에 기재된 부동산 및 누락된 부동산의 수효 등과 제반 사정에 비추어 상속재산을 참고자료로 예시한 것에 불과하다고 보여지는 이상, 포기 당시 첨부된 재산목록에 포함되어 있지 않은 재산의 경우에도 상속포기의 효력은 미친다(대판 1995.11.14. 95다27554). ④ 옳음. 대판 1995.6.16. 95다5905,5912. ⑤ 옳음. 상속재산을 공동상속인 1인에게 상속시킬 방편으로 나머지 상속인들이 한 상속포기신고가 민법 제1019조 1항 소정의 기간을 경과한 후에 신고된 것이어서 상속포기로서의 효력이 없다고 하더라도, 공동상속인들 사이에서는 1인이 고유의 상속분을 초과하여 상속재산 전부를 취득하고 나머지 상속인들은 이를 전혀 취득하지 않기로 하는 내용의 상속재산에 관한 협의분할이 이루어진 것으로 보아야 한다(대판 1996.3.26. 95다45545, 45552,45569).

<답 ②>

46. 상속포기에 관한 설명 중 옳지 않은 것을 모두 고르면?

> ㉠ 피성년후견인은 의사능력이 회복된 때에는 단독으로 상속포기를 할 수 있다.
> ㉡ 상속개시 후에는 상속포기가 가능하며, 상속의 포기는 상속개시 있음을 안 날로부터 3월 내에는 이를 취소할 수 있다.
> ㉢ 상속포기자는 새로이 상속인이 된 자가 그 재산의 관리를 할 수 있을 때까지 선량한 관리자의 주의로 그 재산을 관리할 의무가 있다.
> ㉣ 상속을 포기하면 포기한 시점부터 상속재산은 새로운 상속인에게 상속된다.
> ㉤ 상속인들이 적법하게 상속포기를 한 경우에는 피상속인이 납부하여야 할 양도소득세를 승계하여 납부할 의무가 없다.
> ㉥ 상속을 포기한 상속인은 상속재산에 대하여 아무런 권리 · 의무가 없게 된다.

① ㉠, ㉢, ㉣, ㉥ ② ㉠, ㉣, ㉥ ③ ㉡, ㉢, ㉣
④ ㉡, ㉢, ㉥ ⑤ ㉠, ㉡, ㉢, ㉣, ㉥ ⑥ ㉠, ㉡, ㉢, ㉣, ㉤

해설

㉠ 상속의 승인이나 포기는 재산상 법률행위이므로 행위능력이 필요하다. 한편, 피성년후견인은 의사능력이 회복되어 있을 때라도 단독으로는 승인이나 포기를 할 수 없으며, 후견인이 대리하거나 그 후견감독인이 있으면 그의 동의를 얻어 대리하여야 한다(제950조 1항 6호 참조). ㉡ 상속개시 있음을 안 날로부터 3개월 이내에 포기를 하여야 하는데, 일단 한 포기는 취소할 수 없다(제1024조). ㉢ 관리계속의 목적이 상속인이 된 자가 관리를 시작할 때까지 상속재산의 멸실 · 훼손을 방지하자는 데 있는 것이므로, 자기의 고유재산에 대하는 것과 동일한 주의로 관리하면 된다(제1044조 2항, 제1022조). ㉣ 포기자는 처음부터 상속인이 아니었던 것으로 된다. 즉, 상속개시시로 소급하여 다른 상속인들에게

상속된다(제1042조 참조). ⓜ 대판 2006.6.29. 2004두3335. ⓑ 관리계속의무가 있다(제1044조 참조).
<답 ⑤>

47. 상속의 승인과 포기에 관한 다음 설명 중 틀린 것을 고르면?

① 상속인이 상속받은 손해배상채권을 변제받은 행위는 상속재산의 보전행위에 해당하여 법정단순승인이 되지 않으므로, 그 이후에 한 상속포기는 유효하다.

② 단순승인사유로서의 '상속재산의 부정소비'라 함은 정당한 사유 없이 상속재산을 써서 없앰으로써 그 재산적 가치를 상실시키는 행위를 의미한다.

③ 상속의 한정승인이 인정되는 경우에도 상속채무가 존재하는 것으로 인정되는 이상, 법원으로서는 상속재산이 없거나 그 상속재산이 상속채무의 변제에 부족하다고 하더라도 상속채무 전부에 대한 이행판결을 선고하여야 하는 것이 원칙이다.

④ 상속인이 한정승인을 하고도 상속채권자가 제기한 소의 사실심변론종결시까지 그 사실을 주장하지 않아 책임의 범위에 관한 유보가 없는 판결이 선고되었더라도 그 상속인은 그 후 위 한정승인사실을 내세워 청구이의의 소를 제기할 수 있다.

⑤ 유일한 상속인 丙이 상속을 포기하면 처음부터 상속인이 아니었던 것이 되는데, 상속의 포기는 丙의 채권자의 입장에서 그의 기대를 저버리는 측면이 있더라도 상속인의 재산을 현재의 상태보다 악화시키지 않으므로 사해행위취소의 대상이 되지 않는다.

해설

① 틀림. 상속인이 피상속인의 갑에 대한 손해배상채권을 추심하여 변제받은 행위는 상속재산의 처분행위에 해당하고, 그것으로써 단순승인을 한 것으로 간주되었다고 할 것이므로, 그 이후에 한 상속포기는 효력이 없다(대판 2010.4.29. 2009다84936). ② 옳음. 대판 2004.3.12. 2003다63586. ③ 옳음. 대판 2003.11.14. 2003다30968 참고. 다만, 이 경우 이행판결의 주문에 상속재산의 한도에서만 집행할 수 있다는 취지를 명시하여야 한다. ④ 옳음. 대판 2006.10.13. 2006다23138 참고. ⑤ 옳음. 상속의 포기는 민법 제406조 1항에서 정하는 재산권에 관한 법률행위에 해당하지 아니하여 사해행위 취소의 대상이 되지 못한다(대판 2011.6.9. 2011다29307).
<답 ①>

48. 상속의 승인 · 포기에 관한 설명 중 옳지 않은 것을 모두 고르면?
<사시 2009년 : 배점 2>

㉠ 甲의 사망으로 乙, 丙이 甲을 공동상속한 경우, 乙이 한정승인을 하고자 하더라도 丙이 원하지 않을 때는 乙이 단독으로 한정승인을 할 수는 없다.

㉡ 甲이 사망한 후 乙이 유일한 상속인으로서 한정승인을 한 경우, 乙이 피상속인 甲의 채무 전액에 대하여 임의변제를 한다면 비채변제가 되지 않고 부당이득반환청구권도 행사할 수 없다.
㉢ 甲이 사망하여 상속인인 乙이 상속포기를 한 경우, 乙은 상속이 개시된 때에 소급하여 처음부터 상속인이 아니었던 것과 같은 지위를 가지게 되지만, 이 효력은 제3자에 대하여 등기 없이 주장할 수 없다.
㉣ 甲이 사망하여 상속인인 乙이 한정승인을 한 후 상속재산을 처분하여 그 처분대금을 우선변제권자에게 귀속시킨 경우, 乙은 민법 제1026조 3호에 따라 단순승인을 한 것으로 의제된다.
㉤ 甲이 사망하고 乙이 유일한 상속인인 경우, 乙은 상속개시의 사실을 알면서 상속재산의 전부 또는 일부를 처분한 후에도 상속포기 또는 한정승인을 할 수 있다. 다만, 이 경우에는 상속채권자에 대하여 손해배상책임을 부담할 수 있다.

① ㉠, ㉡, ㉢, ㉣, ㉤ ② ㉠, ㉢, ㉣, ㉤ ③ ㉠, ㉡, ㉣
④ ㉠, ㉣, ㉤ ⑤ ㉢, ㉣, ㉤

해설

㉠ 틀림. 한정승인은 상속인이 상속으로 인하여 얻은 재산의 한도에서 피상속인의 채무와 유증을 변제하는 상속형태 또는 그와 같은 조건으로 상속을 승인하는 것을 말하는데(제1028조), 상속인이 수인인 때에는 각 상속인은 그 상속분에 응하여 한정승인을 할 수 있다(1029조). ㉡ 옳음. 한정승인 후, 乙이 피상속인 甲의 채무 전액에 대해 임의변제했다면, 이는 乙이 초과부분에 대해 임의로 변제한 것이므로 비채변제가 아니고, 부당이득반환청구권도 행사할 수 없다(제742조 참조). ㉢ 틀림. 상속의 포기란 상속으로 인하여 생기는 모든 권리 · 의무의 승계를 부인하고 처음부터 상속인이 아니었던 효력을 생기게 하는 단독의 의사표시이다(제1042조 참조). 즉 乙은 상속이 개시된 때부터 상속인이 아니었던 것이므로 제3자에게 대항하기 위하여 등기를 하여야 하는 것은 아니다. ㉣ 틀림. 상속인이 상속재산에 대해 처분행위를 한 경우, 법정단순승인이 되는데(민법 제1026조 1호), 이것은 상속인이 한정승인 또는 포기를 하기 이전에 상속재산을 처분한 때에만 적용되는 것이고, 상속인이 한정승인 또는 포기를 한 후에 상속재산을 처분한 때에는 상속재산의 부정소비에 해당되는 경우에만 상속인이 단순승인을 한 것으로 보아야 한다. 여기서 '상속재산의 부정소비'라 함은 정당한 사유 없이 상속재산을 써서 없앰으로써 그 재산적 가치를 상실시키는 행위를 의미하므로, 상속인이 상속재산을 처분하여 그 처분대금 전액을 우선변제권자에게 귀속시킨 것이라면, 그러한 상속인의 행위를 상속재산의 부정소비에 해당한다고 할 수 없다(대판 2004.3.12. 2003다63586 참고). ㉤ 틀림. 상속인이 자기를 위한 상속개시사실과 상속재산에 포함되는 재산이라는 것을 알고 상속재산을 처분하게 되면 법정단순승인으로 의제가 된다(제1026조 1호). 단순승인의 효과가 확정되면 비록 그 후에 한정승인 또는 포기의 신고가 접수되더라도 무효이다. <답 ②>

49. 甲이 乙에게 화재를 교사하여 丙의 주택(시가 1,200만 원)과 가재도구(시가

150만 원)를 소실시켰다. 그 후 甲은 사망하고 甲의 처(妻) 丁과 甲의 자(子) 戊가 상속인이 되었으나, 丁 · 戊는 가정법원에 상속포기의 신고를 하였다. 그런데 戊가 상속재산의 일부를 은닉한 사실이 발견되었다. 이 경우 乙 · 丁 · 戊의 배상책임에 관한 다음 설명 중 타당한 것은?

① 丙은 乙에 대하여 1,350만 원, 丁에게 80만 원, 戊에게 80만 원의 청구를 할 수 있다.

② 丙은 乙에게 1,350만 원, 丁에게 40만 원, 戊에게 80만 원의 청구를 할 수 있다.

③ 丙은 乙에 대하여 1,350만 원, 戊에 대하여는 120만 원을 청구할 수 있다.

④ 丙은 乙 또는 戊에게 1,350만 원을 청구할 수 있다.

⑤ 丙은 乙에게만 1,350만 원을 청구할 수 있다.

해설

민법 제760조는 수인이 공동의 불법행위로 타인에게 손해를 가한 때 연대하여 그 손해를 배상할 책임이 있다고 규정하고 있다. 그러나 상속인 丁 · 戊가 상속을 포기한 후 그 일부를 戊가 은닉한 경우, 戊는 단순승인을 한 것으로 보게 되므로(제1026조 3호), 乙 · 戊가 부진정연대책임을 진다. <답 ④>

5. 재산의 분리

50. 재산의 분리에 관한 설명 중 틀린 것만 고르면?

> ㉠ 재산분리의 명령이 있는 때에는 피상속인에 대한 상속인의 재산상의 권리 · 의무는 소멸한다.
> ㉡ 재산분리를 청구한 자는 상속재산보전을 위한 가처분신청을 할 수 있으며, 가정법원은 상속재산의 관리에 관하여 필요한 처분을 명할 수 있다.
> ㉢ 법원이 재산의 분리를 명한 때에는 그 청구자는 5일 내에 일반상속채권자와 유증받은 자에 대하여 재산분리의 명령이 있은 사실과 일정한 기간 내에 그 채권 또는 수증을 신고할 것을 신고하여야 한다. 그리고 그 기간은 2월 이상이어야 한다.
> ㉣ 일반적으로 재산분리제도의 목적은 상속채권자와 유증을 받은 자 또는 상속인의 채권자의 보호에 있다.

① ㉠ ② ㉡ ③ ㉢
④ ㉣ ⑤ ㉠, ㉡ ⑥ ㉢, ㉣
⑦ ㉠, ㉡, ㉢ ⑧ ㉠, ㉡, ㉢, ㉣

해설

㉠ 제1050조. 소멸하지 않는다. ㉡ 제1047조. ㉢ 제1046조 1항. ㉣ 제1045조. 상속채권

자와 수유자 또는 상속인의 채권자 사이에 상속에 의한 혼합으로 일어나는 이해의 대립을 해소하기 위하여 재산상속인의 고유재산을 분리하여 각자가 재산에 대하여 청산함으로써 모든 채권자에게 본래의 지위를 확보시키려는 것이 재산분리제도의 목적이다. <답 ①>

51. 상속재산의 분리에 관한 설명 중 옳은 것(○)과 옳지 않은 것(×)을 바르게 표시한 것은?

㉠ 상속재산분리의 청구는 상속이 개시된 날로부터 3월 내에 하여야 한다.
㉡ 상속인이 상속의 승인이나 포기를 하지 않는 동안 3개월이 경과하면 재산분리는 허용되지 않는다.
㉢ 포괄유증을 받은 자는 상속재산분리의 청구권자에서 제외된다.
㉣ 재산의 분리는 상속재산인 부동산에 관해서는 이를 등기하지 않으면 제3자에게 대항하지 못한다.

① ㉠(○), ㉡(○), ㉢(○), ㉣(○) ② ㉠(○), ㉡(○), ㉢(×), ㉣(×)
③ ㉠(○), ㉡(×), ㉢(○), ㉣(○) ④ ㉠(○), ㉡(○), ㉢(○), ㉣(×)
⑤ ㉠(×), ㉡(○), ㉢(○), ㉣(○) ⑥ ㉠(×), ㉡(○), ㉢(×), ㉣(×)
⑦ ㉠(×), ㉡(×), ㉢(○), ㉣(×) ⑧ ㉠(×), ㉡(×), ㉢(×), ㉣(×)

해설

㉠㉡ 상속재산분리의 청구는 상속이 개시된 날로부터 3월 내에 하여야 한다. 다만 상속인이 상속의 승인이나 포기를 하지 않은 동안은 3개월이 경과하여도 재산분리가 허용된다(제1045조). ㉢ 청구권자는 상속채권자, 유증받은 자, 상속인의 채권자(제1045조) 등이다. 여기서 포괄유증을 받은 자는 상속인과 동일한 지위에 있으므로 제외된다. ㉣ 제1049조.
<답 ③>

52. 상속재산의 분리에 관한 설명 중 옳은 것만 모두 고르면?
<사시 2006년 유사>

㉠ 재산분리를 청구할 수 있는 상속인의 채권자에는 상속개시 당시의 채권자뿐만 아니라 상속개시 후에 새로 채권을 취득한 자도 포함된다.
㉡ 상속채권자에 의한 재산분리 청구가 있는 경우에도 상속인은 한정승인이나 상속포기를 할 수 있다.
㉢ 상속인이 단순승인을 한 후, 재산분리의 명령이 있는 때에는 상속인은 상속재산에 대하여 선량한 관리자의 주의로 관리해야 한다.
㉣ 재산분리를 청구하였거나 정해진 신고기간 내에 신고한 상속채권자는 상속재산으로써 전액의 변제를 받을 수 없는 경우에 한하여, 상속인의 고유재산으로부터 변제를 받을 수 있다.

① ㉠ ② ㉡ ③ ㉢
④ ㉣ ⑤ ㉠, ㉡ ⑥ ㉢, ㉣
⑦ ㉠, ㉡, ㉣ ⑧ ㉠, ㉡, ㉢, ㉣

해설

㉠ 제1045조 규정의 상속인의 채권자에는 제한이 없다. ㉡ 재산분리 후에도 고려기간 내이고 법정단순승인 사유가 없다면 한정승인 또는 포기를 할 수 있다. ㉢ 이러한 경우 자기의 고유재산과 동일한 주의로 상속재산을 관리해야 한다(제1048조 1항). ㉣ 제1052조 1항. <답 ⑦>

6. 상속인의 부존재

53. 상속인이 없는 재산의 관리인에 관한 다음 설명 중 틀린 것은?

① 상속인의 존부가 분명하지 아니한 때에는 가정법원은 민법 제777조에 의한 피상속인의 친족 기타 이해관계인 또는 검사의 청구에 의하여 상속재산관리인을 선임하고 지체 없이 이를 공고하여야 한다.
② 상속재산이 국고에 귀속된 이후 상속재산의 채권자는 국가에 그 변제를 청구할 수 있다.
③ 상속인의 존재가 분명하여진 경우, 관리인의 임무는 그 상속인이 상속의 승인을 한 때에는 종료한다.
④ 재산관리인은 상속채권자나 수증자의 청구가 있는 때에는 언제든지 상속재산의 목록을 제시하고 그 상황을 보고하여야 한다.
⑤ 상속재산의 청산절차는 1단계로서 관리인의 선임공고, 2단계로서 청산을 위한 공고, 3단계로서 상속인수색의 공고를 정하고 있다.

해설

① 제1053조 1항. ② 제1059조에 반한다. ③ 제1055조 1항. ④ 제1054조. ⑤ 상속재산의 청산절차는 1단계로서 관리인의 선임공고(제1053조 1항), 2단계로서 청산을 위한 공고(제1056조), 3단계로서 상속인수색의 공고를 정하고 있다(제1057조). <답 ②>

54. 상속재산관리에 관한 설명 중 틀린 것은?

① 상속인의 존부가 분명하지 아니한 때에는 가정법원은 피상속인의 친족 기타 이해관계인 또는 검사의 청구에 의하여 상속재산관리인을 선임하고 지체없이 이를 공고하여야 한다.
② 상속재산관리인의 선임시 이해관계인이란 상속채권자, 수증자, 상속재산 위에 담보권을 가지는 자 등을 말한다.
③ 상속재산관리인은 피상속인의 상속인임을 요한다.
④ 상속재산관리인은 상속재산에 관한 소송에서 정당한 당사자적격이 인정

된다.

⑤ 상속재산관리인은 상속채권자나 수증자의 청구가 있는 때에는 언제든지 상속재산의 목록을 제시하고 그 상황을 보고하여야 한다.

해설

① 제1053조 1항, 가소법 제2조 1항 '라류'. ② 상속재산과 이해관계를 맺고 있는 자가 여기에 포함될 수 있다. ③ 상속재산관리인은 피상속인의 상속인임을 요하지 않는다고 하는 것이 판례의 태도이다(대판 1977.1.11. 76다184,185). 상속재산관리인은 상속인의 존부가 분명하지 않을 경우에 선임되므로, 상속인은 상속재산관리인일 수가 없다(김주수 · 김상용, 643면 각주 165) 참고). 따라서 상속인도 관리인이 될 수 있다는 반대해석이 가능한 위 판례의 판시내용은 문제이다. ④ 상속재산관리인은 장래에 나타날 상속인 또는 포괄적 수증자의 법정대리인의 지위에 있게 되므로, 예를 들어 상속재산에 관한 소송에서 정당한 당사자적격이 인정된다(대판 1976.12.28. 76다797). ⑤ 제1054조. <답 ③>

55. 상속인 없는 재산의 청산에 관한 설명 중 타당하지 않은 것은?

① 상속재산관리인은 채권신고의 공고절차를 취한 후, 상속채권자와 유증받은 자에 대하여 한정승인의 경우와 동일한 방법으로 변제하여야 한다.

② 재산의 청산공고절차는 한정승인의 경우 또는 재산분리의 경우와 같이 비영리법인에 관한 규정이 준용된다.

③ 청산공고방법은 법원의 등기사항의 공고와는 다른 방법에 의하여야 한다.

④ 상속재산관리인은 알고 있는 채권자와 유증받은 자에 대해서는 각각 그 채권과 수증액을 신고할 것을 최고하여야 하며, 그가 알고 있는 채권자와 유증받은 자는 청산에서 제외하지 못한다.

⑤ 가정법원이 상속재산관리인의 선임을 공고한 날로부터 3월 내에 상속인의 존부를 알 수 없는 때에는 관리인은 지체 없이 일반상속채권자와 유증받은 자에 대하여 2개월 이상의 일정한 기간을 정하고 그 기간 내에 그 채권 또는 수증을 신고할 것을 공고하여야 한다.

해설

① 제1056조 2항에서 제1033조 내지 제1039조 준용. ② 즉, 공고에는 일반상속 채권자 또는 유증받은 자가 소정기간 내에 신고하지 않으면, 그 권리가 청산으로부터 제외된다는 것을 표시하여야 한다(제1056조 2항에서 제88조 2항 준용). ③ 제1056조 2항에서 제88조 3항 준용. 법원의 등기사항의 공고와 동일한 방법으로 하여야 한다. ④ 제1056조 2항에서 제89조의 준용. ⑤ 제1056조 1항. <답 ③>

56. 특별연고자에 대한 분여에 관한 다음 설명 중 부당한 것은?

① 특별연고자가 상속재산을 분여받은 때는 상속비율만큼 채무도 분여된다.

② 상속인 없는 재산의 청산기간 내에 상속권을 주장하는 자가 없는 때에는 피상속인과 생계를 같이한 자, 피상속인의 요양, 간호에 노력한 자, 피

상속인과 특별한 연고가 있던 자는 특별연고자가 될 수 있다.

③ 특별연고자의 청구가 있으면 가정법원은 이들에 대하여 상속재산의 전부 또는 일부를 분여해 줄 수 있다.

④ 상속분여를 원하는 자는 상속인수색 공고기간이 만료된 후 2월 이내에 가정법원에 재산분여청구를 하여야 한다.

⑤ 특별연고자가 가정법원에 재산분여청구를 한 경우에 특별연고자는 기대권을 갖는다.

해설

① 특별연고자는 상속인이 아니기 때문에 상속채무 등 의무는 승계하지 않으므로 부당하다. ② 제1057조의2. ③ 제1057조의2. ④ 제1057조의2 2항. ⑤ 타당하다. 다만 특별연고자가 재산분여를 받는 지위가 권리인가 은혜적 성격인가는 문제이다. <답 ①>

제 2 절 유 언

1. 유언에 관한 설명 중 틀린 것은?

① 유언에 의하여 수익을 받을 자의 직계혈족에 해당하는 자는 유언에 참여하는 증인이 되지 못한다.

② 공정증서나 녹음에 의한 유언을 제외하고는 모두 증인의 참여가 필요하다.

③ 피성년후견인이 구수증서에 의한 유언을 하는 경우에는 그 의사능력이 회복되어야 한다.

④ 유언은 원칙적으로 유언자가 사망한 때로부터 그 효력이 생긴다.

⑤ 비밀증서에 의한 유언에는 증인 2인의 참여가 있어야 한다

⑥ 유언자의 날인이 없는 유언장은 자필증서에 의한 유언으로서의 효력이 없다.

해설

① 제1072조 1항. ② 자필증서에 의한 유언을 제외하고는 녹음에 의한 유언, 공정증서에 의한 유언, 비밀증서에 의한 유언, 구수증서에 의한 유언의 경우 모두 증인의 참여가 필요하다. ③ 제1063조 1항. ④ 제1073조. ⑤ 제1069조. ⑥ 민법 제1066조 1항은 "자필증서에 의한 유언은 유언자가 그 전문과 연월일, 주소, 성명을 자서하고 날인하여야 한다."고 규정하고 있으므로, 유언자의 날인이 없는 유언장은 자필증서에 의한 유언으로서의 효력이 없다고 할 것이다(대판 2006.9.8. 2006다25103,25110). <답 ②>

2. 유언의 효력에 관한 설명 중 틀린 것은?

① 유언에 정지조건이 있는 경우에 그 조건이 유언자의 사망 후에 성취된 때에는 그 조건이 성취된 때로부터 유언의 효력이 생긴다.

② 해제조건이 있는 유언의 경우에 유언은 유언자가 사망한 때로부터 효력을 발생하는 것이며, 후일 조건이 성취된 때로부터 그 효력을 상실한다.
③ 유언으로 혼인 외의 子를 인지한 경우에는 유언집행자는 가족관계등록법이 정한 바에 의하여 그 취임일로부터 1월 이내에 인지신고를 하여야 한다.
④ 정지조건부이든 아니면 해제조건부이든, 유언자가 조건성취의 효과를 성취 전에 소급시킬 의사를 표시한 때에는 그 의사에 따라야 한다.
⑤ 유언자가 상속재산분할금지에 관한 유언을 한 경우, 상속재산분할은 금지된다.

해설 ....

① 제1073조 2항. ② 민법에 아무런 규정이 없다. 그러나 그 법리는 정지조건부 유언의 경우와 동일하다. ③ 가족관계등록법 제59조. ④ 제147조 3항. ⑤ 상속재산분할금지에 관한 유언은 5년 내의 종기부로 하여야 한다(제1012조 후단). <답 ⑤>

3. 유언의 철회에 관한 설명 중 타당한 것은?

① 유언의 철회는 일정한 취소원인이 있어야 한다.
② 유언의 철회는 유언자 이외의 자도 철회권이 있는 경우, 유언을 철회할 수 있다.
③ 전 유언과 후 유언이 저촉되거나 유언 후의 생전행위가 유언과 저촉되는 경우, 그 저촉된 부분의 전 유언은 철회한 것으로 본다.
④ 유언의 철회는 전부에 대하여 하여야 하고, 일부에 대하여는 임의로 할 수 없다.
⑤ 철회는 반드시 유언으로 하여야 한다.

해설 ....

③ 제1109조. ⑤ 철회는 반드시 유언으로 할 필요가 없으며 생전행위로도 가능하다. ①②④는 표 참조. <답 ③>

〈유언의 취소와 철회의 차이점〉

유언의 취소	유언의 철회
(i) 의사표시에 일정한 취소원인이 있어야 한다. (ii) 유언의 취소는 유언자 이외의 자도 취소권이 있는 경우 유언을 취소할 수 있다. (iii) 일부취소를 할 수 없다.	(i) 유언의 철회는 취소원인이 될 사유가 없더라도 할 수 있다. (ii) 유언자 자신만이 단독으로 철회를 할 수 있다. (iii) 유언의 철회는 전부 또는 일부에 대하여 임의로 할 수 있다.

4. 다음 중 유언에 관한 판례의 태도와 다른 것을 고르면?

<법원 2008년, 변호사모의 2011년 유사, 사시 2013년 유사>

① 자필증서에 의한 유언은 유언자가 그 전문(全文)과 연월일, 주소 및 성명

을 자서(自書)하는 것이 절대적 요건이므로, 전자복사기를 이용하여 작성한 복사본은 이에 해당하지 아니한다.

② 유언자가 유언을 철회한 것으로 볼 수 없는 이상, 유언증서가 그 성립 후에 멸실되거나 분실되었다는 사유만으로 유언이 실효되는 것은 아니고, 이해관계인은 유언증서의 내용을 입증하여 유언의 유효를 주장할 수 있다.

③ 피상속인은 유언으로 상속재산의 분할방법을 정할 수는 있지만, 생전행위에 의한 분할방법의 지정은 그 효력이 없어 상속인들이 피상속인의 의사에 구속되지는 않는다.

④ 유언자가 질병으로 인하여 구수증서의 방식으로 유언을 한 경우에는, 특별한 사정이 없는 한 유언이 있은 날에 급박한 사유가 종료한 것으로 보아야 하므로, 유언이 있은 날로부터 7일내에 법원에 검인을 신청해야 하고, 그 기간이 경과된 후에 제기된 검인신청은 부적법하다.

⑤ 적법한 유언은 검인이나 개봉절차를 거치지 않더라도 유언자의 사망에 의하여 곧바로 그 효력이 생기는 것이며, 유언증서의 검인이나 개봉절차의 유무에 의하여 유언의 효력이 영향을 받는 것은 아니다.

⑥ 피상속인이 생전행위 또는 유언으로 자신의 유체·유골을 처분하거나 매장장소를 지정한 경우, 선량한 풍속 기타 사회질서에 반하지 않는 이상 그 의사는 존중되어야 하고 제사주재자는 이에 구속되어야 하는 법률적 의무를 부담한다.

해설 ……………………………………

① 옳음. 민법 제1066조에서 규정하는 자필증서에 의한 유언은 유언자가 그 전문과 연월일, 주소 및 성명을 자서(自書)하는 것이 절대적 요건이므로 전자복사기를 이용하여 작성한 복사본은 이에 해당하지 아니하다(대판 1998.6.12. 97다38510). ② 옳음. 대판 1996. 9.20. 96다21119 참고. ③ 옳음. 피상속인은 유언으로 상속재산의 분할방법을 정할 수는 있지만, 생전행위에 의한 분할방법의 지정은 그 효력이 없어 상속인들이 피상속인의 의사에 구속되지는 않는다(대판 2001.6.29. 2001다28299). ④ 옳음. 대결 1994.11.3. 94스16; 대결 1989.12.13. 89스11 참고. ⑤ 옳음. 민법 제1091조 1항에 규정된 유언증서에 대한 법원의 검인은 유언의 방식에 관한 사실을 조사함으로써 위조·변조를 방지하고 그 보존을 확실히 하기 위한 절차에 불과할 뿐 유언증서의 효력 여부를 심판하는 절차가 아니고, 민법 제1092조는 봉인된 유언증서를 검인하는 경우 그 개봉 절차를 규정한 데 불과하므로, 적법한 유언증서는 유언자의 사망에 의하여 곧바로 그 효력이 발생하고 검인이나 개봉 절차의 유무에 의하여 그 효력에 영향을 받지 않는다(대판 1998.5.29. 97다38503). ⑥ 틀림. 사람의 유체·유골은 매장·관리·제사·공양의 대상이 될 수 있는 유체물로서, 분묘에 안치되어 있는 선조의 유체·유골은 민법 제1008조의3 소정의 제사용 재산인 분묘와 함께 그 제사주재자에게 승계되고, 피상속인 자신의 유체·유골 역시 위 제사용 재산에 준하여 그 제사주재자에게 승계된다. 또한 피상속인이 생전행위 또는 유언으로 자신의 유체·유골을 처분하거나 매장장소를 지정한 경우, 피상속인의 의사를 존중해야 하는 의무는 도의적

인 것에 그치고 제사주재자가 무조건 이에 구속되어야 하는 법률적 의무까지 부담한다고 볼 수는 없다(대판[전] 2008.11.20. 2007다27670). <답 ⑥>

5. 유언에 관한 판례 중 틀린 설명은? <변호사모의 2011년 유사>

① 유언의 집행에 방해가 되는 유증목적물에 경료된 상속등기의 말소청구소송을 집행하기 위한 소송에 있어서 유언집행자는 법정소송담당으로서 원고적격을 가진다.

② 유언증서 전문을 담은 봉투에 유언자의 주소를 자서하고 유언 전문 말미에 무인으로 날인하였으며, 오기 부분을 정정하면서 날인하지 아니한 자필증서에 의한 유언이라 하더라도 유효하다.

③ 유언집행자는 공정증서의 유언에 있어서 증인결격자에 해당한다.

④ 법정된 요건과 방식에 어긋난 유언은 그것이 유언자의 진정한 의사에 합치하더라도 무효이다.

⑤ 유언집행자가 수인인 경우, 유인집행자에게 유증의무의 이행을 구하는 소송은 유언집행자 전원을 피고로 하는 고유필수적 공동소송이다.

해설 ……………………………………

① 유언의 집행을 위하여 지정 또는 선임된 유언집행자는 유증의 목적인 재산의 관리 기타 유언의 집행에 필요한 행위를 할 권리의무가 있으므로, 유언의 집행에 방해가 되는 유증 목적물에 경료된 상속등기 등의 말소청구소송 또는 유언을 집행하기 위한 유증 목적물에 관한 소유권이전등기청구소송에 있어서 유언집행자는 이른바 법정소송담당으로서 원고적격을 가진다고 봄이 상당하다(대판 1999.11.26. 97다57733). ② 자필증서에 의한 유언은 유언자가 그 전문과 연월일, 주소, 성명을 자서(自書)하고 날인하여야 하는바(제1066조 1항) 유언자의 주소는 반드시 유언 전문과 동일한 지편에 기재하여야 하는 것은 아니고, 유언증서로서 일체성이 인정되는 이상 그 전문을 담은 봉투에 기재하더라도 무방하며, 그 날인은 무인에 의한 경우에도 유효하고, 유언증서에 문자의 삽입, 삭제 또는 변경을 함에는 유언자가 이를 자서하고 날인하여야 하나(제1066조 2항), 증서의 기재 자체로 보아 명백한 오기를 정정함에 지나지 아니하는 경우에는 그 정정 부분에 날인을 하지 않았다고 하더라도 그 효력에는 영향이 없다(대판 1998.5.29, 97다38503). ③ 공정증서에 의한 유언에 있어서는 2인 이상의 증인이 참여하여야 하는데, 유언에 참여할 수 없는 증인결격자의 하나로 민법 제1072조 1항 3호가 규정하고 있는 '유언에 의하여 이익을 받을 자'라 함은 유언자의 상속인으로 될 자 또는 유증을 받게 될 수증자 등을 말하는 것이므로, 유언집행자는 증인결격자에 해당한다고 볼 수 없다(대판 1999.11.26. 97다57733). ④ 민법 제1065조 내지 제1070조가 유언의 방식을 엄격하게 규정한 것은 유언자의 진의를 명확히 하고 그로 인한 법적 분쟁과 혼란을 예방하기 위한 것이므로, 법정된 요건과 방식에 어긋난 유언은 그것이 유언자의 진정한 의사에 합치하더라도 무효라고 하지 않을 수 없다(대판 2009.5.14. 2009다9768 등). ⑤ 상속인이 유언집행자가 되는 경우를 포함하여 유언집행자가 수인인 경우, 유언집행자를 지정하거나 지정위탁한 유언자나 유언집행자를 선임한 법원에 의한 임무의 분장이 있었다는 등의 특별한 사정이 없는 한, 유증 목적물에 대한 관리처분권은 유언의 본지에 따른 유언의 집행이라는 공동의 임무를 가진 수인의 유언집행자에게 합유적으로 귀속되고, 그 관리처분권 행사는 과반수의 찬성으로써 합일하여 결

정하여야 하기 때문이다(대판 2011.6.24. 2009다8345). <답 ④>

6. 유언에 관한 설명 중 옳은 것(○)과 옳지 않은 것(×)을 바르게 표시한 것은? (다툼이 있는 경우에는 판례에 의함) <사시 2005년 유사, 변호사모의 2011년 유사>

> ㉠ 연월(年月)만 기재하고 일의 기재가 없는 자필유언증서는 효력이 없다.
> ㉡ 유언증서가 그 성립 후에 멸실되거나 분실되었다면 그 유언의 효력은 확정적으로 실효되고, 다른 증거방법으로 유언증서의 내용을 입증하여 유언의 유효를 주장할 수 있는 것은 아니다.
> ㉢ 공증사무실에서 유언장에 인증을 받았으나 증인 2인의 참여가 없고 자서된 것도 아니라면, 공정증서에 의한 유언이나 자필증서에 의한 유언으로서의 효력이 없다.
> ㉣ 자필증서에 의한 유언의 방식에 있어서 유언자의 날인에는 무인(拇印)도 포함된다.

① ㉠(○), ㉡(○), ㉢(○), ㉣(○) ② ㉠(○), ㉡(○), ㉢(×), ㉣(×)
③ ㉠(○), ㉡(×), ㉢(○), ㉣(○) ④ ㉠(○), ㉡(○), ㉢(○), ㉣(×)
⑤ ㉠(×), ㉡(○), ㉢(○), ㉣(○) ⑥ ㉠(×), ㉡(○), ㉢(×), ㉣(×)
⑦ ㉠(×), ㉡(×), ㉢(○), ㉣(×) ⑧ ㉠(×), ㉡(×), ㉢(×), ㉣(×)

해설

㉠ 자필유언증서의 연월일은 이를 작성한 날로서 유언능력의 유무를 판단하거나 다른 유언증서와 사이에 유언 성립의 선후를 결정하는 기준일이 되므로 그 작성일을 특정할 수 있게 기재하여야 한다. 따라서 연월만 기재하고 일의 기재가 없는 자필유언증서는 효력이 없다(대판 2009.5.14. 2009다9768 참고). ㉡ 유언자가 유언을 철회한 것으로 볼 수 없는 이상, 유언증서가 그 성립 후에 멸실되거나 분실되었다는 사유만으로 유언이 실효되는 것은 아니고 이해관계인은 유언증서의 내용을 입증하여 유언의 유효를 주장할 수 있다(대판 1996.9.20. 96다21119). ㉢ 제1068조 참조. ㉣ 대판 1998.6.12. 97다38510 참고. <답 ③>

7. 유언의 방식에 관한 설명 중 옳은 것을 모두 고르면? (다툼이 있는 경우에는 판례에 의함) <사시 2010년: 배점 3>

> ㉠ 유언자는 민법이 정한 유언방식을 자유롭게 선택할 수 있으므로, 자필증서나 공정증서에 의한 유언이 객관적으로 가능한 경우에도 구수증서의 방식을 이용하여 유언을 할 수 있다.
> ㉡ 자필증서에 의한 유언은 유언자가 그 전문과 연월일, 주소와 성명을 자서(自書)하는 것이 절대적 요건이므로, 주소가 유언 전문 및 성명이 기재된 지편(紙片)이 아니라 봉투에 기재되었다면 그 유언은 무효이다.

ⓒ 구수증서에 의한 유언은 유언자가 2인 이상의 증인이 참여한 가운데 그 중 1인에게 유언의 취지를 구수하고 그 구수를 받은 자가 이를 필기낭독하여 유언자와 증인이 그 정확함을 승인한 후 각자 서명 또는 기명날인하는 방식으로 한다.
ⓓ 유언자가 자필유언증서에 '2009년 9월'이라고만 기재하여 그 작성일을 알 수 없다면 자필증서에 의한 유언의 효력이 없다.
ⓔ 자필증서, 공정증서, 비밀증서, 구수증서 등 유언의 증서나 녹음을 보관하고 있는 자는 유언자의 사망 후 이를 법원에 제출하여 검인을 받아야 하는데, 검인 유무에 의하여 유언의 효력이 달라지는 것은 아니다.

① ⓒ ② ⓑ, ⓒ ③ ⓑ, ⓓ
④ ⓒ, ⓓ ⑤ ⓓ, ⓔ ⑥ ⓐ, ⓑ, ⓔ
⑦ ⓒ, ⓓ, ⓔ ⑧ ⓐ, ⓑ, ⓒ, ⓓ

해설

ⓐ 민법 제1070조 1항이 구수증서에 의한 유언은 질병 기타 급박한 사유로 인하여 민법 제1066조 내지 제1069조 소정의 자필증서, 녹음, 공정증서 및 비밀증서의 방식에 의하여 할 수 없는 경우에 허용되는 것으로 규정하고 있는 이상, 유언자가 질병 기타 급박한 사유에 있는지 여부를 판단함에 있어서는 유언자의 진의를 존중하기 위하여 유언자의 주관적 입장을 고려할 필요가 있을지 모르지만, 자필증서, 녹음, 공정증서 및 비밀증서의 방식에 의한 유언이 객관적으로 가능한 경우까지 구수증서에 의한 유언을 허용하여야 하는 것은 아니다(대판 1999.9. 3. 98다17800). ⓑ 민법 제1066조에서 규정하는 자필증서에 의한 유언은 유언자가 그 전문과 연월일, 주소 및 성명을 자서하는 것이 절대적 요건이므로 전자복사기를 이용하여 작성한 복사본은 이에 해당하지 아니하나, 주소를 쓴 자리가 반드시 유언 전문 및 성명이 기재된 지편이어야 하는 것은 아니고 유언서의 일부로 볼 수 있는 이상 그 전문을 담은 봉투에 기재하더라도 무방하며, 날인은 인장 대신에 무인에 의한 경우에도 유효하다(대판 1998.6.12. 97다38510). ⓒ 제1070조. ⓓ 자필유언증서의 연월일은 이를 작성한 날로서 유언능력의 유무를 판단하거나 다른 유언증서와 사이에 유언 성립의 선후를 결정하는 기준일이 되므로 그 작성일을 특정할 수 있게 기재하여야 한다. 따라서 연 · 월만 기재하고 일의 기재가 없는 자필유언증서는 그 작성일을 특정할 수 없으므로 효력이 없다(대판 2009.5.14. 2009다9768). ⓔ 공정증서나 구수증서에 의한 유언의 경우에는 그 집행을 위해 검인을 청구할 필요가 없다(제1091조 2항 참조). <답 ④>

8. 유언에 관한 다음 설명 중 옳은 것(○)과 옳지 않은 것(×)을 바르게 표시한 것은? (다툼이 있는 경우에는 판례에 의함) <사시 2013년 유사>

ⓐ 민법이 유언의 방식을 엄격하게 규정한 것은 유언자의 진의를 명확히 하고 그로 인한 법적 분쟁과 혼란을 예방하기 위한 것이므로, 법정된 요건과 방식에 어긋난 유언이라도 그것이 유언자의 진정한 의사에 합치한다고 인정되는 경우에는 효력이 있다.

ⓛ 민법 제562조는 사인증여에 관하여는 유증에 관한 규정을 준용하도록 규정하고 있으므로, 유증의 방식에 관한 민법 규정(제1065조 내지 제1072조)은 사인증여에도 적용된다.
ⓒ 유언은 엄격한 요건과 방식에 의하여야 하므로 한 번 한 유언을 철회하는 것은 허용되지 않는다.
ⓔ 유언자가 지정 또는 지정위탁에 의하여 유언집행자의 지정을 하였더라도 그 유언집행자가 사망·결격 기타 사유로 자격을 상실하였다면, 상속인은 민법 제1095조에 의하여 유언집행자가 될 수 있다.

① ㉠(○), ㉡(○), ㉢(○), ㉣(○)　② ㉠(○), ㉡(○), ㉢(×), ㉣(×)
③ ㉠(○), ㉡(×), ㉢(○), ㉣(○)　④ ㉠(○), ㉡(×), ㉢(×), ㉣(○)
⑤ ㉠(×), ㉡(○), ㉢(○), ㉣(○)　⑥ ㉠(×), ㉡(○), ㉢(×), ㉣(×)
⑦ ㉠(×), ㉡(×), ㉢(○), ㉣(×)　⑧ ㉠(×), ㉡(×), ㉢(×), ㉣(×)

해설

㉠ 틀림. 제1060조 참조. 대판 2008.8.11. 2008다1712 참고. ㉡ 틀림. 민법 제562조는 사인증여에 관하여는 유증에 관한 규정을 준용하도록 규정하고 있지만, 유증의 방식에 관한 민법 제1065조 내지 제1072조는 그것이 단독행위임을 전제로 하는 것이어서 계약인 사인증여에는 적용되지 아니한다(대판 1996.4.12. 94다37714,37721 등). ㉢ 틀림. 유언자는 언제든지 유언 또는 생전행위로써 유언의 전부나 일부를 철회할 수 있다(제1108조 1항). ㉣ 틀림. 유증 등을 위하여 유언집행자가 지정되어 있다가 그 유언집행자가 사망, 결격 기타 사유로 자격을 상실한 때에는 상속인이 있더라도 유언집행자를 선임하여야 하는 것이므로, 유언집행자가 해임된 이후 법원에 의하여 새로운 유언집행자가 선임되지 아니하였다고 하더라도 유언집행에 필요한 한도에서 상속인의 상속재산에 대한 처분권은 여전히 제한되며 그 제한범위 내에서 상속인의 원고적격 역시 인정될 수 없다(대판 2010.10.28. 2009다20840).
<답 ⑧>

9. 유언에 관한 설명 중 옳지 않은 것을 모두 고르면? (다툼이 있는 경우에는 판례에 의함) <사시 2008년: 배점 2>

㉠ 甲은 제1유언으로 혼인 외의 자 乙을 인지하고 이를 철회하지 않겠다는 뜻을 유언 속에 표시하였으나, 그 후 제2유언으로 인지를 철회하고 사망한 경우, 甲과 乙 사이에 진실한 친자관계가 존재한다면, 제1유언에 의한 인지신고를 할 수 있다.
㉡ 민법 제1070조 소정의 구수증서에 의한 유언에서 '유언취지의 구수'라 함은 말로써 유언의 내용을 상대방에게 전달하는 것을 뜻하므로, 공증인이 제3자에 의하여 미리 작성된, 유언의 취지가 적혀 있는 서면에 따라 유언자에게 질문을 하고, 유언자가 동작이나 간략한 답변으로 긍정하는 방식은 특별한 사정이 없는 한 유언취지의 구수로 볼 수 없다.

ⓒ 혼인하지 않은 미성년자나 피한정후견인은 법정대리인의 동의가 있는 경우 유언의 증인이 될 수 있으나, 피성년후견인은 의사능력이 회복되어 있을 때에도 증인이 될 수 없다.
ⓓ 甲이 乙의 사기 또는 강박에 의해 乙을 수증자로 하는 유언을 한 후 사망하였다면, 甲이 생전에 추인하였는지 여부와 관계없이 상속인 丙은 취소권을 행사해서 그 유언을 취소할 수 있다.
ⓔ 법원은 유언집행자의 사망, 해임 등으로 유언집행자가 전혀 없게 된 경우만이 아니라 결원이 없는 경우에도 유언집행자의 추가 선임이 필요하다고 판단될 경우 이를 선임할 수 있다.

① ㉠, ㉢, ㉤ ② ㉠, ㉢, ㉣ ③ ㉠, ㉣, ㉤
④ ㉡, ㉣, ㉤ ⑤ ㉡, ㉢, ㉣

해설

㉠ 전후의 유언이 저촉되거나 유언 후의 생전행위가 유언과 저촉되는 경우에는 그 저촉된 부분의 전 유언은 이를 철회한 것으로 본다(제1109조). 따라서 제1유언은 철회된 것으로 본다. ㉡ 대판 2008.2.28. 2005다75019 등 참고. 유언자가 유언의 취지를 정확히 이해할 의사식별능력이 있고 유언의 내용이나 유언 경위로 보아 유언 자체가 유언자의 진정한 의사에 기한 것으로 인정할 수 있는 경우에는, 위와 같은 '유언취지의 구수' 요건을 갖추었다고 보아야 한다(대판 2008.8.11. 2008다1712 참고). ㉢ 미성년자와 피성년후견인, 피한정후견인은 유언에 참여하는 증인이 되지 못한다(제1072조 1항). ㉣ 사기나 강박에 의한 의사표시는 취소할 수 있고(제110조 1항), 취소할 수 있는 법률행위는 제140조에 규정한 자가 추인할 수 있다(제143조 1항). 그러나 추인 후에는 취소하지 못하므로(제143조 1항) 만약 생전에 甲이 추인하였다면 丙은 취소권을 행사할 수 없을 것이다. 반면, 甲이 추인하지 않고 사망한 경우 丙은 취소권을 행사할 수 있을 것이다(제140조 참조). ㉤ 대판 1995.12.4. 95스32 참고.
<답 ②>

10. 다음 설명 중 옳지 않은 것은? (다툼이 있는 경우에는 판례에 의함)

① 자필증서에 의한 유언에 있어서 그 증서에 문자의 삽입, 삭제 또는 변경을 함에는 민법 제1066조 2항의 규정에 따라 유언자가 이를 자서하고 날인하여야 하나, 자필증서 중 증서의 기재 자체에 의하더라도 명백한 오기를 정정한 것에 지나지 않는다면, 설령 그 수정 방식이 위 법조항에 위배된다고 할지라도 유언자의 의사를 용이하게 확인할 수 있으므로 이러한 방식의 위배는 유언의 효력에 영향을 미치지 아니한다.
② 상속결격은 상속결격자의 직계비속이나 배우자의 대습상속에 지장을 주지 않는다.
③ 상속인 아닌 제3자가 등기서류를 위조하여 그의 명의로 토지소유권이전등기를 경료하였음을 이유로 상속인이 그 제3자로부터 토지를 전득한 자를 상대로 진정명의회복을 원인으로 한 소유권이전등기절차의 이행을

구하는 소는 상속회복청구의 소에 해당한다.

④ 상속인이 한정승인을 한 경우에 상속인의 피상속인에 대한 채권은 소멸하지 않는다.

⑤ 상속재산과 상속인의 고유재산의 분리를 명한 법원의 재판이 있는 때에는 피상속인에 대한 상속인의 재산상 권리의무는 소멸하지 아니한다.

해설

① 옳음. 대판 1994.10.14. 94다38182. ② 옳음. 제1001조, 제1003조 2항 참조. ③ 틀림. 상속회복청구의 소는 정당한 상속권이 없음에도 재산상속인임을 신뢰케 하는 외관을 갖춘 자(참칭상속인)를 상대로 한다. 따라서 지문의 경우는 상속회복청구의 소에 해당되지 않는다. 피상속인의 생전에 그로부터 토지를 매수한 사실이 없는데도 그러한 사유가 있는 것처럼 등기서류를 위조하여 그 앞으로 소유권이전등기를 경료하였음을 이유로 그로부터 토지를 전전매수한 피고 명의의 소유권이전등기가 원인무효라고 주장하면서 피고를 상대로 진정명의의 회복을 원인으로 한 소유권이전등기절차의 이행을 구하는 경우, 이는 상속회복청구의 소에 해당하지 않는다(대판 1998.10.27. 97다38176). ④ 옳음. 제1031조. ⑤ 옳음. 제1050조.

<답 ③>

11. 유언의 집행에 관한 설명으로 옳은 것(○)과 옳지 않은 것(×)을 바르게 표시한 것은? (다툼이 있는 경우에는 판례에 의함) <사시 2011년 변형: 배점 3>

ㄱ. 공정증서에 의한 유언증서를 보관한 자는 유언자의 사망 후 지체없이 법원에 제출하여 그 검인을 청구하여야 한다.

ㄴ. 지정 또는 선임에 의한 유언집행자는 유언자의 대리인으로 본다.

ㄷ. 유언집행자가 2인인 경우, 그중 1인이 나머지 유언집행자의 찬성 내지 의견을 청취하지 아니하고도 단독으로 법원에 공동유언집행자의 추가선임을 신청할 수 있다.

ㄹ. 유언집행자가 있는 경우, 그의 유언집행에 필요한 한도에서 상속인의 상속재산에 관한 처분권은 제한되며, 그 제한범위 내에서 상속인은 유언집행을 위한 소송에 있어서 원고적격이 없다.

ㅁ. 상속인 기타 이해관계인은 상당한 기간을 정하여 그 기간 내에 승낙 여부를 확답할 것을 지정 또는 선임에 의한 유언집행자에게 최고할 수 있고, 그 기간 내에 최고에 대한 확답을 받지 못한 때에는 유언집행자가 그 취임을 거절한 것으로 본다.

ㅂ. 甲이 망 乙의 유언에 따라 유언집행자로 지정되었고, 위 유언에 따른 분배대상 재산에는 금융자산이 있었는데, 상속개시 후 위 금융자산 대부분이 이미 인출되었음을 알게 된 甲이 상속인들에게 기인출된 돈의 반환을 요구하면서 아직 인출되지 않고 남아 있던 돈을 甲의 예금계좌로 이체시켜 보관한 경우, 甲이 유언집행자의 지위에서 보관 중인 위 예금채권에 대한 상속인들의 분배

> 요구를 거절하였다면 유언집행자로서 적당하지 아니한 해임사유가 된다.

① ㄱ(×), ㄴ(×), ㄷ(○), ㄹ(×), ㅁ(○), ㅂ(×)
② ㄱ(○), ㄴ(×), ㄷ(○), ㄹ(×), ㅁ(×), ㅂ(×)
③ ㄱ(○), ㄴ(○), ㄷ(○), ㄹ(○), ㅁ(×), ㅂ(○)
④ ㄱ(○), ㄴ(○), ㄷ(×), ㄹ(×), ㅁ(×), ㅂ(○)
⑤ ㄱ(○), ㄴ(○), ㄷ(×), ㄹ(×), ㅁ(○), ㅂ(×)
⑥ ㄱ(×), ㄴ(○), ㄷ(×), ㄹ(○), ㅁ(○), ㅂ(×)
⑦ ㄱ(×), ㄴ(×), ㄷ(○), ㄹ(○), ㅁ(×), ㅂ(×)
⑧ ㄱ(×), ㄴ(×), ㄷ(×), ㄹ(○), ㅁ(○), ㅂ(×)

해설

㉠ 틀림. 공정증서나 구수증서에 의한 유언의 경우에는 그 집행을 위해 검인을 청구할 필요가 없다(제1091조 2항 참조). ㉡ 틀림. 상속인의 대리인으로 본다(민법 제1103조 제1항 참조). ㉢ 옳음. 유언집행자가 2인인 경우 그 중 1인이 나머지 유언집행자의 찬성 내지 의견을 청취하지 아니하고도 단독으로 법원에 공동유언집행자의 추가선임을 신청할 수 있다 할 것이므로, 이러한 단독신청행위가 공동유언집행방법에 위배되었다거나 기회균등의 헌법정신에 위배되었다고 볼 수 없다(대결 1987.9.29. 86스11). ㉣ 옳음. 유언집행자는 유증의 목적인 재산의 관리 기타 유언의 집행에 필요한 모든 행위를 할 권리의무가 있으므로, 유증 목적물에 관하여 마쳐진, 유언의 집행에 방해가 되는 다른 등기의 말소를 구하는 소송에 있어서는 유언집행자가 이른바 법정소송담당으로서 원고적격을 가진다(대판 2010.10.28. 2009다20840). ㉤ 틀림. 그 취임을 승낙한 것으로 본다(민법 제1097조). ㉥ 틀림. 유언집행자가 유언의 해석에 관하여 상속인과 의견을 달리한다거나 혹은 유언집행자가 유언의 집행에 방해되는 상태를 야기하고 있는 상속인을 상대로 유언의 충실한 집행을 위하여 자신의 직무권한 범위에서 가압류신청 또는 본안소송을 제기하고 이로 인해 일부 상속인들과 유언집행자 사이에 갈등이 초래되었다는 사정만으로는 유언집행자의 해임사유인 '적당하지 아니한 사유'가 있다고 할 수 없으며, 일부 상속인에게만 유리하게 편파적인 집행을 하는 등으로 공정한 유언의 실현을 기대하기 어려워 상속인 전원의 신뢰를 얻을 수 없음이 명백하다는 등 유언집행자로서의 임무수행에 적당하지 아니한 구체적 사정이 소명되어야 한다(대결 2011.10.27. 2011스108). <답 ⑦>

12. 특정적 유증에 관한 설명이다. 틀린 것은?

① 특정유증물은 상속재산으로서 일단 상속인에게 귀속되며, 수증자는 상속인에 대하여 유증의 이행을 청구할 수 있는 권리를 가진다.
② 수증자는 유증의 이행을 청구할 수 있는 때부터 그 목적물의 과실을 취득한다.
③ 유언자의 사망 당시에 그 목적물이 상속재산에 속하지 아니하면, 설사 유언자가 유언의 효력이 있게 할 의사가 존재하더라도 유증의무자는 그 권리를 취득하여 수증자에게 이전할 의무가 없다.

④ 유증의무자가 유언자의 사망 후에 그 목적물의 과실을 수취하기 위하여 필요비를 지출한 때에는 과실의 가액한도에서 과실을 수취한 수증자에게 상환을 청구할 수 있다.

⑤ 유증의무자가 유언자의 사망 후에 그 목적물에 대하여 비용을 지출한 때에는 유치권자의 비용상환청구권에 관한 규정을 준용한다.

해설

① 특정유증물은 상속재산으로서 일단 상속인에게 귀속되며, 수증자는 상속인에 대하여 유증의 이행을 청구할 수 있는 권리를 가진다. 특정의 재산권은 그 이행에 의하여 이전한다(채권적 효력설). ② 제1079조. ③ 유언자가 자기의 사망 당시에 그 목적물이 상속재산에 속하지 아니한 경우에도 유언의 효력이 있게 할 의사인 때에는 유증의무자는 그 권리를 취득하여 수증자에게 이전할 의무가 있다(제1087조 1항 단서). ④ 제1080조. ⑤ 제1081조.

<답 ③>

13. 포괄적 유증에 관한 설명 중 옳은 것을 모두 고르면?

㉠ 포괄적 수증자는 재산상속인과 동일한 권리 · 의무가 있다.
㉡ 포괄적 수증자는 상속인과 마찬가지로 유언자의 일신전속적 권리를 제외하고는 유언자의 권리 · 의무를 포괄적으로 승계한다.
㉢ 포괄적 수증자와 상속인이 있을 때, 이러한 자 사이에는 상속재산의 공유관계가 발생한다.
㉣ 수증자가 상속개시 전에 사망한 경우, 원칙적으로 유증의 효력이 생기지 않는다.
㉤ 유증목록에 유증자 명의의 일부 재산이 누락되어 있다면 그것은 특정유증으로 취급된다.

① ㉠ ② ㉡ ③ ㉢, ㉤
④ ㉣, ㉤ ⑤ ㉠, ㉡ ⑥ ㉢, ㉣
⑦ ㉠, ㉡, ㉢ ⑧ ㉠, ㉡, ㉢, ㉣

해설

㉠ 제1078조. ㉡ 제1005조. ㉢ 포괄적 수증자와 상속인이 있을 때, 혹은 포괄적 수증자만이 수인이 있을 때에, 이러한 자 사이에는 공동상속인 사이에서의 공동상속관계와 마찬가지의 관계가 발생하므로, 상속재산의 공유관계가 생기고(제1006조, 제1007조), 분할의 협의를 하게 된다(제1013조). ㉣ 이는 대습상속이 인정되는 상속과 다른 점이라고 할 수 있다. ㉤ 유증목록에 유증자 명의의 일부 재산이 누락되어 있다고 해서 특정유증이 되는 것은 아니고, 유증 경위, 유증자 소유 재산 중 유증목록에 포함된 재산의 가액 정도, 유증목록에서 제외된 재산의 소유권 이전과 사용용도, 유언공정증서의 표현 내용 등의 제반 사정을 고려하여 포괄유증으로 평가할 수 있다(서울고법 2004.9.16. 2004나9796).

<답 ⑧>

14. 유증에 관한 설명 중 옳지 않은 것은? (다툼이 있는 경우에는 판례에 의함)
<사시 2004년, 사시 2008년, 사시 2013년 유사>

① 포괄적 수증자와 상속인은 가정법원에 한정승인신고를 하여야 물적 유한 책임을 부담하게 되는 점에서 동일하다.

② 특정적 수증자는 유증받은 부동산의 소유권자가 아니어서 직접 진정한 등기명의의 회복을 원인으로 한 소유권이전등기를 구할 수 없다.

③ 포괄적 수증자가 유증자보다 먼저 사망하면 포괄적 유증은 효력이 없으며, 대습상속에 관한 규정이 유추적용되지 아니한다.

④ 포괄적 유증에는 조건 · 기한 · 부담을 부가할 수 있으나 상속의 경우에는 그렇지 않다.

⑤ 특정적 유증의 경우, 유언자가 유언으로 다른 의사표시를 하지 않는 한, 수증자는 유증의 이행을 받은 때로부터 그 목적물의 과실을 취득한다.

해설

① 포괄적 수증자는 상속의 승인 · 포기절차의 규정들(제1019조 이하)의 적용을 받으므로 옳다. 특정유증의 경우에는 유증의 승인 · 포기절차(제1074조)가 적용됨을 주의. ② 포괄유증을 받은 자와 달리, 특정유증을 받은 자는 유증의무자에게 유증을 이행할 것을 청구할 수 있는 채권을 취득할 뿐이므로, 특정유증을 받은 자는 유증받은 부동산의 소유권자가 아니어서 직접 진정한 등기명의의 회복을 원인으로 한 소유권이전등기를 구할 수 없다(대판 2003.5.27. 2000다73445). ③ 제1019조. ④ 제1088조 참조. ⑤ 수증자는 유증의 이행을 청구할 수 있는 때부터 그 목적물의 과실을 취득한다(제1079조). <답 ⑤>

15. 부담 있는 유증에 관한 설명이다. 틀린 것은?

① 부담 있는 유증은 유증의 효력의 발생 또는 소멸을 정지시키는 조건 있는 유증이다.

② 부담 있는 유증은 부담의 불이행이 있더라도 유증의 효력이 당연히 상실되지 않는다.

③ 부담 있는 유증을 받은 자는 유증의 목적의 가액을 초과하지 않는 한도에서 부담한 의무를 이행할 책임이 있다.

④ 부담의 청구권자는 상속인 · 유언집행자 · 부담의 이행청구권자로 지정된 자 및 수익자이다.

⑤ 부담 있는 유증이란 수증자에 대하여 이익을 향수하게 하는 한편, 이와 함께 부담의 구속을 주는 유증이다.

⑥ 부담 있는 유증을 받은 자가 그 부담의무를 이행하지 아니한 때에는 유언집행자뿐만 아니라 상속인도 상당한 기간을 정하여 이행할 것을 최고하고 그 기간 내에 이행하지 아니한 때에는 법원에 유언의 취소를 청구할 수 있다.

해설

①② 부담 있는 유증은 의무를 부담시킬 뿐이며, 유증의 효력의 발생 또는 소멸을 정지시키는 조건 있는 유증이 아니다. 따라서 부담의 불이행이 있더라도 유증의 효력이 당연히 상실되지 않는다. ③ 제1088조. ④ 부담의 이행의무자는 수증자이다. 부담의 청구권자는 상속인 · 유언집행자 · 부담의 이행청구권자로 지정된 자 및 수익자이다. ⑤ 부담 있는 유증이란 예를 들어, 유언자가 수증자에게 어떤 이익을 주는 유언증서 중에 자기, 그 상속인 또는 제3자를 위하여 일정한 의무를 이행할 부담을 과하는 유증을 말한다. ⑥ 그러나 제3자의 이익을 해하지 못한다(제1111조). <답 ①>

16. 포괄유증과 상속의 차이점에 관한 설명 중 옳지 않은 것은? (다툼이 있는 경우에는 판례에 의함) <사시 2005년>

① 상속인이 될 자가 피상속인이 사망하기 전에 사망한 경우 대습상속이 인정될 수 있지만, 포괄유증의 수유자가 유증자의 사망 이전에 사망한 경우에는 대습의 문제가 일어나지 않는다.

② 상속인은 다른 공동상속인이 상속분을 제3자에게 양도한 경우 그 가액과 양도비용을 상환하고 그 상속분을 양수할 권리가 있지만, 포괄유증의 수유자는 그러한 상속분양수권을 갖지 않는다.

③ 상속인의 상속회복청구권 및 그 제척기간에 관한 민법 규정은 포괄유증의 경우에는 적용되지 않는다.

④ 포괄유증의 수유자에게는 유류분권이 인정되지 않지만, 상속인에게는 유류분권이 인정된다.

⑤ 포괄유증의 수유자와 상속인은 유증자(내지 피상속인)의 소유였던 부동산에 대하여 이전등기 절차를 거치지 않더라도 법률상 당연히 소유권을 취득한다.

해설

① 유증자보다 포괄유증을 받는 자가 먼저 사망하면, 그 포괄유증은 무효이다(제1089조 1항). ② 공동상속인의 경우 공동상속분의 양수규정이 있지만(제1011조) 포괄유증의 경우에는 그러한 규정이 없다. ③ 상속회복청구권에 관한 제999조는 포괄유증의 경우에도 유추적용된다(대판 2001.10.12. 2000다22942). ④ 유류분권은 법정상속인에게 최소한도의 상속재산에 대한 권리를 인정하기위한 제도이므로, 피상속인의 의사에 좌우되지 않는 권리이고 포괄유증자에게는 적용되지 않는다. ⑤ 포괄적 유증을 받은 자는 상속인과 동일한 권리의무가 있으므로(제1078조), 유증이나 상속등기 없더라도 당연히 소유권을 취득한다(대판 2003.5.27. 2000다73445). <답 ③>

17. 사인증여와 유증에 관한 설명 중 옳지 않은 것을 모두 고르면? (다툼이 있는 경우에는 판례에 의함) <변호사모의 2011년 유사, 변호사 2012년 변형>

㉠ 사인증여는 원칙적으로 증여자와 수증자의 합의에 의해 성립하지

만, 유증은 유언자의 사망 전에 수유자가 유언자에 대하여 승낙의 의사표시를 할 필요가 없다.
㉡ 증여자의 사망 전에 사망한 사인증여 수증자의 지위가 상속되는가의 여부는 사인증여의 내용에 의해 정해지고, 유언자의 사망 전에 사망한 유증 수유자의 지위가 상속되는가의 여부는 유언의 취지에 의해 정해진다.
㉢ 미성년자가 사인증여를 함에는 원칙적으로 법정대리인의 동의를 얻어야하지만, 미성년자라도 만 17세에 달한 자가 유증을 함에는 법정대리인의 동의를 얻을 필요가 없다.
㉣ 포괄적 유증을 받은 자는 상속인과 동일한 권리의무가 있다고 규정한 민법 제1078조는 포괄적 사인증여에 준용되지 않는다.
㉤ 유류분침해액의 반환순서에 있어 사인증여는 생전증여는 물론이고 유증과 동일시된다.
㉥ 증여자와 수증자의 관계가 피상속인과 상속인의 관계에 있다면, 그 법률관계는 유증 내지는 사인증여의 의미로 보아야 한다.

① ㉠, ㉢, ㉤, ㉥ ② ㉡, ㉤, ㉥ ③ ㉢, ㉣, ㉤, ㉥
④ ㉡, ㉣, ㉤, ㉥ ⑤ ㉢, ㉤, ㉥ ⑥ ㉠, ㉣, ㉥

해설 ……………………………………

㉠ 옳음. 유증에 관한 규정을 사인증여계약에 준용하고 있다(민법 제562조). 유증은 단독행위이므로 유언자의 의사표시만 있으면 된다. ㉡ 틀림. 유증은 유언자의 사망 전에 수증자가 사망한 때에는 그 효력이 생기지 아니한다(제1089조 제1항). 아울러 사인증여의 경우에는 유증에 관한 규정을 준용하므로(제562조), 사인증여의 경우에도 수증자가 사인증여의 증여자보다 먼저 사망한 때에는 그 효력이 생기지 않는다. ㉢ 옳음. 다만, 미성년자가 사인증여를 받는 수증자인 경우에는 부담이 없는 한 단독으로 받을 수 있다(민법 제5조 2항 단서). ㉣ 옳음. 대판 1996.4.12. 94다37714,37721 참고. ㉤ 틀림. 사인증여는 유류분을 반환하는 순서에서 유증과 같은 효력을 갖고(대판 2001.11.30. 2001다6947), 유증은 생전 증여보다 먼저 반환청구의 대상이 되므로(제1116조), 사인증여는 생전 증여보다 앞서 반환되어야 한다. ㉥ 틀림. 대판 1991.8. 13. 90다6729. <답 ②>

18. 포괄유증과 상속에 관한 설명 중 옳은 것을 모두 고르면? (다툼이 있는 경우에는 판례에 의함)
<사시 2010년: 배점 2>

㉠ 포괄적 수증자는 유언의 효력이 발생함과 동시에 상속재산의 전부 또는 그 비율적 부분을 등기나 인도 없이 당연히 승계한다.
㉡ 피상속인을 같이 하는 포괄적 수증자와 상속인이 여러 명인 경우, 그들은 상속재산을 공유한다.
㉢ 포괄적 수증자가 유증자보다 먼저 사망하면 포괄적 수증자의 상속인이 대습하여 유증을 받게 된다.

> ㉣ 포괄적 수증자와 상속인은 모두 자연인에 한정된다.
> ㉤ 상속인에게는 유류분권이 인정되지만, 상속인이 아닌 포괄적 수증자에게는 유류분권이 없다.
> ㉥ 사기로 피상속인의 상속에 관한 유언을 방해한 자는 상속을 받을 수 없지만, 포괄유증은 받을 수 있다.
> ㉦ 포괄적 수증자는 상속인과 마찬가지로 원칙적으로 상속채무에 대하여 책임을 진다.

① ㉠, ㉤　　② ㉢, ㉥　　③ ㉠, ㉡, ㉣
④ ㉡, ㉤, ㉥　　⑤ ㉠, ㉡, ㉤, ㉦　　⑥ ㉡, ㉣, ㉥, ㉦

해설

㉠ 법률의 규정에 의한 물권변동(제187조). ㉡ 포괄적 유증을 받은 자는 상속인과 동일한 권리의무가 있으므로(제1078조) 상속인 또는(및) 포괄적 수증자가 있는 경우 그들과 함께 상속재산을 공유한다. ㉢ 포괄유증에는 대습상속규정이 준용되지 않는다. ㉣ 상속능력이 없는 법인도 포괄적 수증을 받을 수 있다. ㉤ 옳다. ㉥ 포괄수증자는 상속인과 동일한 권리·의무가 있으므로, 상속결격 사유가 있으면 포괄수증의 결격이 된다(제1078조 및 제1004조 3호 참조). ㉦ 제1078조 참조. <답 ⑤>

19. A는 2008.10.1. 유효한 유언으로 자신의 부동산 중 X부동산을 甲에게 유증하고 나머지 재산 중 2/3는 처 乙에게, 1/3은 유일한 자녀인 丙에게 분배한다고 하면서 유언집행자로 丁을 지정하였다. 유언 당시의 A의 재산은 X, Y부동산뿐이었으나, A는 2009.2.경 Z부동산을 새로 취득하여 소유권이전등기를 마쳤다. A가 2009.11.1. 사망하자 참칭상속인 B는 Y, Z부동산에 대해 상속을 원인으로 소유권이전등기를 마쳤다. 한편, A의 법정상속인인 乙, 丙은 유효하게 상속을 단순승인하였다. 이 사례에 관한 설명 중 옳은 것을 모두 고르면? (다툼이 있는 경우에는 판례에 의함) <사시 2012년: 배점 3점>

> ㄱ. Z부동산에 대해서도 유언의 효력이 미친다.
> ㄴ. 丁은 B를 상대로 Y부동산에 대해서는 상속등기의 말소청구를 할 수 있으나, Z부동산에 대해서는 상속등기의 말소청구를 할 수 없다.
> ㄷ. 乙과 丙은 B를 상대로 Y, Z부동산 모두에 대해 상속회복청구의 소를 제기할 수 있다.
> ㄹ. 乙과 丙은 B를 상대로 Y부동산에 대해서는 상속회복청구의 소를 제기할 수 없으나, Z부동산에 대해서는 상속회복청구의 소를 제기할 수 있다.
> ㅁ. 甲에 대한 유증으로 丙의 유류분이 침해된 경우, 丙이 상속의 개시와 반환하여야 할 유증을 한 사실을 안 때로부터 1년이 경과되

지 않았고, 상속이 개시한 때로부터 10년이 경과되지 않았으면, 丙은 甲을 상대로 유류분반환청구의 소를 제기할 수 있다.

① ㄱ ② ㄱ, ㅁ ③ ㄴ, ㄷ
④ ㄴ, ㅁ ⑤ ㄱ, ㄷ, ㅁ ⑥ ㄱ, ㄹ, ㅁ

해설

ㄱ. 옳음. 대판 2001.3.27. 2000다26920 참고. 따라서 Z 부동산이 비록 A가 유언을 할 당시에는 존재하지 않았지만, 유언의 내용이 '나머지 재산'이라고 하였으므로 유언 후에 취득한 Z 부동산도 유증의 대상이 된다. ㄴ.ㄷ.ㄹ. 틀림. 유언집행자는 유증의 목적인 재산의 관리 기타 유언의 집행에 필요한 모든 행위를 할 권리의무가 있으므로, 유증 목적물에 관하여 경료된, 유언의 집행에 방해가 되는 다른 등기의 말소를 구하는 소송에 있어서는 유언집행자가 이른바 법정소송담당으로서 원고적격을 가진다고 할 것이고, 유언집행자는 유언의 집행에 필요한 범위 내에서는 상속인과 이해상반되는 사항에 관하여도 중립적 입장에서 직무를 수행하여야 하므로 유언집행자가 있는 경우 그 유언집행에 필요한 한도에서 상속인의 상속재산에 대한 처분권은 제한되며 그 제한 범위 내에서 상속인은 원고적격이 없다(대판 2001.3.27. 2000다26920). 따라서 유증의 대상인 Y 및 Z 부동산에 대하여 유언집행자 丁은 상속회복청구권의 행사로써 상속등기의 말소를 청구할 수 있지만, 상속인 乙과 丙은 상속회복청구권을 행사할 수 없다. ㅁ. 옳음. 민법 제1117조. <답 ②>

제 3 절 유 류 분

1. 유류분에 관한 다음 설명 중 옳은 것은?

① 유류분산정 기초재산에는 제사용 재산 · 조건부 권리는 포함되지 않는다.
② 피상속인의 상속인에 대한 채권은 상속사유가 발생하면 혼동에 의하여 소멸하므로 유류분산정의 기초재산에 포함되지 않는다.
③ 유류분권리자는 피상속인의 직계비속 · 배우자 · 직계존속 및 형제자매이고 피상속인과의 가적의 동일 여부는 묻지 않는다.
④ 유류분산정에 있어서 공제되어야 할 채무는 사법상의 채무에 한한다.
⑤ 제1순위 상속인인 직계비속과 배우자가 있는 경우에도 제2순위 상속인인 직계존속은 유류분권을 행사할 수 있다.

해설

① 제1113조. 조건부권리 또는 존속기간이 불확정한 권리는 가정법원이 선임한 감정인에 의하여 평가한 가격을 유류분산정의 기초재산에 산입한다. ② 혼동에 의해 소멸하면 그 상속인은 부당한 이득을 얻게 되므로 혼동에 의해 소멸하지 않는다. ③ 제1112조. ④ 공법상의 채무, 즉 세금이나 벌금도 포함된다. ⑤ 제2순위 상속인인 직계존속은 상속순위상 상속권이 없으므로 유류분권을 행사할 수 없다. <답 ③>

2. 다음 판례의 태도 중 옳은 설명은?

① 피상속인의 생전에 유언의 존재를 알고 있었던 유류분권리자가 재판과정에서 단지 그 유언을 부인하려는 구실로 사실상 또는 법률상 근거 없이 유서의 무효를 주장한 경우, 유류분반환청구권의 소멸시효는 유증이 있음을 안 날로부터 진행된다.

② 유류분반환청구권의 행사는 그 의사표시로 인하여 생긴 목적물의 이전등기청구권이나 인도청구권 등을 행사하는 것과 마찬가지로 그 목적물을 구체적으로 특정하여야 한다.

③ 유류분산정의 기초가 되는 증여 부동산의 가액산정시기는 증여 당시의 가액에 따른다.

④ 상속재산분할의 심판청구가 없이 유류분반환청구가 있다는 사유만으로도 기여분결정청구는 허용된다.

⑤ 민법 제1117조의 유류분반환청구권은 상속이 개시한 때로부터 10년이 지나면 시효에 의하여 소멸하고, 상속재산의 증여에 따른 소유권이전등기가 이루어지지 않았다고 하더라도 그 소멸시효 완성의 항변이 신의성실의 원칙에 반한다고 하는 등의 특별한 사정이 존재하지 않는 한 달리 볼 것은 아니다.

해설 ···

① 유류분반환청구권은 민법 제1117조 전문에 의하여 유류분권리자가 상속의 개시와 반환하여야 할 증여 또는 유증을 한 사실을 안 때로부터 1년 이내에 행사하지 않으면 시효에 의하여 소멸하는바, 피상속인의 생전에 유언의 존재를 알고 있었던 유류분권리자가 재판과정에서 여러 가지 이유를 들어 유서가 무효라고 주장하였으나 그 주장들이 한결같이 사실상 또는 법률상의 근거 없이 피상속인의 유언을 부인하려는 구실로밖에 보이지 아니하는 한편 유류분권리자가 유언이 무효임을 확신하였다는 특별한 사정을 엿볼 수 없는 경우, 피상속인이 사망한 다음 날부터 유류분권리자의 유류분반환청구권의 단기소멸시효가 진행된다(대판 1998.6.12. 97다38510). ② 유류분반환청구권의 행사는 재판상 또는 재판외에서 상대방에 대한 의사표시의 방법으로 할 수 있고, 이 경우 그 의사표시는 침해를 받은 유증 또는 증여행위를 지정하여 이에 대한 반환청구의 의사를 표시하면 그것으로 족하고 그로 인하여 생긴 목적물의 이전등기청구권이나 인도청구권 등을 행사하는 것과는 달리 그 목적물을 구체적으로 특정하여야 하는 것은 아니며, 민법 제1117조 소정의 소멸시효의 진행도 위 의사표시로 중단된다(대판 1995.6.30. 93다11715). ③ 피상속인이 사망한 상속개시 당시의 가격에 의한다(대판 1996.2.9. 95다17885). ④ 기여분은 상속재산분할의 전제문제로서의 성격을 갖는 것이므로 상속재산분할의 청구나 조정신청이 있는 경우에 한하여 기여분결정청구를 할 수 있고, 다만 예외적으로 상속재산분할 후에라도 피인지자나 재판의 확정에 의하여 공동상속인이 된 자의 상속분에 상당한 가액의 지급청구가 있는 경우에는 기여분의 결정청구를 할 수 있다고 해석되며, 상속재산분할의 심판청구가 없음에도 단지 유류분반환청구가 있다는 사유만으로는 기여분결정청구가 허용된다고 볼 것은 아니다(대결 1999.8.24. 99스28). ⑤ 대판 2008.7.10. 2007다9719. <답 ⑤>

3. 유류분에 관한 설명 중 옳은 것을 모두 고르면?

㉠ 상속개시 전 1년 간에 행한 증여로 인하여 그 유류분보다 부족이 생긴 때에는 부족한도에서 재산의 반환을 청구할 수 있다.
㉡ 유류분의 반환청구에 있어서 유류분을 침해할 염려가 있을 때에도 피상속인의 생전에는 그 반환청구권을 보전할 수 없다.
㉢ 유류분반환청구권을 수인이 공동으로 행사할 필요는 없다.
㉣ 유류분반환청구권은 반드시 재판상 행사할 필요는 없고 의사표시로도 할 수 있다.
㉤ 상속인이 유증 또는 증여행위가 무효임을 주장하여 상속 내지는 법정상속분에 기초한 반환을 주장하는 경우, 이는 유류분반환청구권을 행사한 것으로 볼 수 있다.

① ㉠ ② ㉡ ③ ㉢
④ ㉣, ㉤ ⑤ ㉠, ㉡ ⑥ ㉢, ㉣, ㉤
⑦ ㉠, ㉡, ㉢ ⑧ ㉠, ㉡, ㉢, ㉣

해설

㉠ 제1115조 1항. ㉡ 상속개시 이전의 피상속인의 재산처분의 자유는 보장되어 있다. 따라서 생전의 피상속인의 재산처분으로 인하여 상속이 개시되면 유류분을 침해한다는 것이 분명하더라도 유류분권을 가지는 추정상속인이 상속개시 전에 그 반환청구권을 보전할 수는 없다. ㉢ 각자가 가지는 반환청구권은 각각 독립된 것이므로, 개별적으로 행사한다. ㉣ 상대방 있는 단독행위로서 유류분권리자가 유증을 받은 자와 증여를 받은 자에 대한 의사표시로 하며 재판상 행사할 필요는 없다. ㉤ 틀림. 그러나 상속인이 유증 또는 증여행위의 효력을 명확히 다투지 아니하고 수유자 또는 수증자에 대하여 재산분배나 반환을 청구하는 경우에는 유류분반환의 방법에 의할 수밖에 없으므로 비록 유류분 반환을 명시적으로 주장하지 않더라도 그 청구 속에는 유류분반환청구권을 행사하는 의사표시가 포함되어 있다고 해석함이 타당한 경우가 많다(대판 2012.5.24. 2010다50809). <답 ⑧>

4. 유류분의 침해에 관한 다음 설명 중 부당한 것은?

① 민법 제1117조의 '유증을 한 사실을 안 때'는 유류분권리자가 상속이 개시되었다는 사실과 증여 또는 유증이 있었다는 사실 및 그것이 반환하여야 할 것임을 안 때를 뜻한다.

② 유증으로 인하여 그 유류분에 부족이 생긴 때에는 부족한도에서 재산의 반환을 청구할 수 있다.

③ 유류분의 침해에 대한 반환청구권은 형성권적 성질이 있다는 학설이 지배적이다.

④ 유류분의 침해에 대한 반환청구권의 상대방은 직접 이익을 받은 자가 아니고 현재의 권리자이다.

⑤ 소에 의한 방법으로 행사할 필요가 없다.

해설

① 대판 1995.6.30. 93다11715 등. ② 제1115조. ③ 김주수 · 김상용, 715면 및 박병호, 480면 참고. 따라서 유류분반환청구권을 행사하면 유증 · 증여는 유류분을 침해하는 한도에서 실효되고, 수증자의 취득권리는 침해의 한도에서 당연히 유류분권자에게 귀속한다. ④ 유류분의 침해에 대한 반환청구권의 상대방은 현재의 권리자가 아니고, 직접 이익을 받은 자이다. 즉 피상속인이 특정물을 증여한 경우에 수증자로부터 그 물건을 양도받은 제3자는 원칙적으로 반환청구의 상대방이 되지 않는다. 다만, 판례는 제3자가 악의인 경우에는 반환청구의 상대방이 될 수 있다고 한다(대판 2002.4.26. 200다8878). ⑤ 유류분반환청구권은 반드시 소에 의한 방법으로 행사하여야 할 필요는 없고, 유증받은 자 또는 증여받은 자에 대한 의사표시로 하면 된다. <답 ④>

5. 유류분의 반환청구에 관한 설명 중 틀린 것은?

① 1년 전의 증여라도 당사자 쌍방이 유류분권리자에게 손해를 가할 것을 알고 한 경우는 역시 산입의 대상이 된다.

② '손해를 가할 것을 알고'라 함은 고의로 증여한 경우에 한하지 않는다.

③ 피상속인의 생전증여가 유류분권을 침해하는 것이 명백한 경우에 상속개시 전에 장래의 반환청구권을 보전하기 위하여 증여부동산에 가등기를 할 수 있다.

④ 유류분의 반환청구를 받게 되는 증여 · 유증이 복수인 경우에 유류분반환청구는 제1차적으로 유증(사인증여)에 대하여 하여야 한다.

⑤ 유류분반환청구권의 행사에 의하여 반환되어야 할 유증 또는 증여의 목적이 된 재산이 타인에게 양도된 경우, 그 양수인이 양도 당시 유류분권리자를 해함을 안 때에는 양수인에 대하여도 그 재산의 반환을 청구할 수 있다.

해설

① 제1114조 2문. ② '손해를 가할 것을 알고'라 함은 고의로 증여한 경우에 한하지 않고, 객관적으로 유류분권리자에게 손해를 가할 가능성이 있다는 사실을 알고 있으면 그것으로 충분하다. ③ 유류분권리자로서의 지위는 상속개시 전까지는 일종의 기대권에 지나지 않으므로 권리로서 적극적으로 주장할 수 있는 성질의 것이 아니다. 따라서 예컨대 피상속인의 생전증여가 유류분권을 침해하는 것이 명백한 경우에도 피상속인의 생전에(상속개시 전에) 장래의 반환청구권을 보전하기 위하여 증여부동산에 가등기를 할 수 없다. ④ 제1116조. ⑤ 대판 2002.4.26. 200다8878. <답 ③>

6. 상속 및 유류분에 관한 설명 중 민법 규정과 판례의 태도에 비추어 옳지 않은 것은? <사시 2004년 변형>

① 유류분은 피상속인의 상속개시시에 있어서 가진 재산의 가액에 증여재산의 가액을 가산하고 채무의 전액을 공제하여 이를 산정하고, 한편 조건

부의 권리 또는 존속기간이 불확정한 권리는 가정법원이 선임한 감정인의 평가에 의하여 그 가격을 정한다.

② 피상속인의 증여로 인하여 그 유류분에 부족이 생긴 경우, 유류분반환청구권은 유류분권리자가 상속의 개시와 반환하여야 할 증여를 한 사실을 안 때로부터 1년, 증여한 때로부터 10년 내에 행사되지 아니하면 시효에 의하여 소멸한다.

③ 유류분을 포함한 상속의 포기는 상속이 개시된 후 일정한 기간 내에만 가능하고, 가정법원에 신고하는 등 일정한 절차와 방식을 따라야만 그 효력이 있다.

④ 아직 증여계약이 이행되지 아니하여 소유권이 피상속인에게 남아있는 상태로 상속이 개시된 재산은 그 수증자가 공동상속인이든 제3자이든 가리지 아니하고 모두 유류분 산정의 기초가 되는 재산을 구성한다.

⑤ 피상속인의 직계비속과 배우자의 유류분은 그 법정상속분의 2분의 1이고 피상속인의 직계존속과 형제자매의 유류분은 그 법정상속분의 3분의 1이다.

⑥ 유류분제도가 시행된 1977년 12월 31일 이전에 증여계약이 체결되고 그 증여계약의 이행이 1977년 12월 31일 이후라면, 그 증여계약의 목적 재산도 유류분반환의 대상이 된다. 그리고 그 증여계약의 이행이 개정 민법 시행 이후에 된 것이면 그것이 상속 개시 전에 되었든 후에 되었든 마찬가지이다.

해설 ....

① 제1113조 2항. ② 증여한 때로부터 10년이 아니라 상속이 개시한 때로부터 10년을 경과하면 소멸한다(제1117조. 상속회복청구권의 소멸—침해행위가 있은 날로부터 10년과 비교). ③ 따라서 상속개시 전에 한 상속포기약정은 그와 같은 절차와 방식에 따르지 아니한 것으로 효력이 없다(대판 1998.7.24. 98다9021). ④ 대판 1996.8.20. 96다13682. 유류분 산정의 기초가 되는 재산의 범위에 관한 민법 제1113조 1항에서의 '증여재산'이란 상속개시 전에 이미 증여계약이 이행되어 소유권이 수증자에게 이전된 재산을 가리키는 것이기 때문이다. ⑤ 제1112조. ⑥ 개정 민법(1977년 12월 31일) 부칙 제2항이 개정 민법은 종전의 법률에 의하여 생긴 효력에 영향을 미치지 아니한다고 하여 개정 민법의 일반적인 적용대상을 규정하고 있지만, 부칙 제5항이 개정 민법 시행 이후 개시된 상속에 관하여는 개정 민법을 적용한다고 정하고 있는데 유류분제도 역시 상속에 의한 재산승계의 일환이기 때문이다. 또한 유류분 산정의 기초가 되는 재산의 범위에 관하여 민법 제1113조 제1항에서 대상재산에 포함되는 것으로 규정한 '증여재산'은 상속개시 전에 이미 증여계약이 이행되어 소유권이 수증자에게 이전된 재산을 가리키는 것이고, 아직 증여계약이 이행되지 아니하여 소유권이 피상속인에게 남아 있는 상태로 상속이 개시된 재산은 상속재산, 즉 '피상속인의 상속개시 시 가진 재산'에 포함된다고 보아야 하는 점 등에 비추어 보더라도, 증여계약이 개정 민법 시행 전에 체결되었지만 이행이 개정 민법 시행 이후에 되었다면 그 재산은 유류분 산정의 대상인 재산에 포함시키는 것이 옳고, 이는 증여계약의 이행

이 개정 민법 시행 이후에 된 것이면 그것이 상속 개시 전에 되었든 후에 되었든 같다(대판 2012.12.13. 2010다78722). <답 ②>

7. 甲은 적극재산 5,000만 원과 채무 3,000만 원을 남기고 2005.6.30. 사망하였고, 상속인으로 자녀 乙과 丙이 있다. 그런데 甲은 2003.5.30. 유류분 침해 사실을 모르는 乙과 丁에게 각각 7,000만 원씩을 증여하기로 하였고, 2004.7.30. 그 채무를 이행하였다. 또한 甲은 남은 재산 2,000만 원을 사회복지단체 戊에게 기증하도록 자필증서에 의한 유언을 했다. (가) 丙의 유류분액, (나) 丙이 乙과 丁에게 반환을 청구할 수 있는 금액의 총액, (다) 戊가 유류분반환을 거친 후 최종적으로 취득할 금액을 모두 합치면 얼마인가? <사시 2006년>

① 2,000만 원 ② 2,500만 원 ③ 3,000만 원
④ 4,500만 원 ⑤ 6,000만 원

해설

(가) 제1114조의 상속개시 전 1년 간에 행한 증여는 이행시가 아니라 계약체결시를 기준으로 한다. 따라서 丁에게 행해진 증여는 유류분 산정의 기초재산에 포함되지 않고, 丁은 반환의무를 부담하지도 않는다. 그러나 乙은 공동상속인 중의 1인이므로 乙에 대한 증여는 특별수익에 해당하여 상속개시 전 1년 전인 경우라도 유류분 산정의 기초재산에 포함된다. 유류분 산정의 기초재산은 5000(적극재산)+7000(乙에 대한 증여)−3000(소극재산)=9천이다. 丙의 상속분을 기초로 유류분액을 산정하면, 9,000만 원 × 1/2 × 1/2 = 2250만 원이 된다. (나)(다) 丙은 유증을 받은 戊를 상대로 먼저 2000만 원을 청구하고, 乙에게 부족분 250만 원을 청구한다(제1116조 참조). 戊는 유증에 따른 2000만 원을 받을 수 없다. 따라서 2250 + 250 + 0 = 2500이 된다. 〈답 ②〉

8. X에게는 상속인으로 자(子) A, B, C가 있는데, 자기의 재산 3억 원 중 A에게 상속개시 4년 전 1억 5,000만 원을 주고, 상속개시 2년 전 내연의 처 Y에게 9,000만 원을 주었다. X는 B와 C에게 그 후 증가된 재산을 주려고 하다가 사망하였는데, 남은 재산은 6,000만 원뿐이었다. 위 사안과 관련한 다음 설명 중 옳은 것은?

① 어떠한 경우에도 Y에 대한 증여는 유류분산정시 상속재산에 산입되지 않는다.
② A에 대한 증여분은 유류분산정시 A가 선의인 경우 상속재산에 산입되지 않는다.
③ A에 대한 증여분은 피상속인과 A의 선의 여부에 상관없이 모두 산입대상이 된다.
④ A가 유류분을 침해하는 줄 알면서 증여받은 경우, 상속개시시에 자기의 상속분을 초과하는 증여분에 대해서 반환할 의무를 진다.
⑤ Y에 대한 증여가 피상속자와 Y 쌍방의 악의에 의한 것이라 하더라도 Y는 유류분반환의무가 없다.

해설

내연의 처는 상속인이 아니기 때문에 Y에 대한 증여는 민법 제1114조의 적용을 받는다. 그런데 X의 사망 2년 전에 증여가 이루어졌기 때문에 유류분산정시 상속재산에 산입되는가의 여부는 당사자 쌍방(X와 Y)이 유류분권리자에게 손해를 가한다는 것을 알고 있는가에 달려 있다. 따라서 사안의 경우 X가 곧 사망할 것이라는 사정을 예견할 수 있었음을 B, C가 증명하지 않는 한, X가 Y에게 한 증여는 유류분산정의 기초가 되는 재산에 산입되지 않는다. A에 대한 증여를 보면, 피상속인 X는 재산 3억 원 중 A에게 상속개시 4년 전 1억 5천만 원을 주었다. 그런데 공동상속인이 상속재산 중 이미 증여를 받았다면 이는 상속인의 특별수익분으로서 1년보다 먼저 증여한 것이라도 모두 산입대상이 된다(제1118조에 의한 제1008조의 준용). 따라서 증여 당사자 쌍방의 선의 · 악의에 상관없이 그 증여는 모두 산입대상이 된다. 따라서 A는 상속개시시에 자기의 상속분을 초과하는 증여분에 대해서 반환할 의무를 진다. <답 ③>

9. A는 부인과 사별한 후, 자(子)로 장남 甲, 차남 乙, 장녀 丙을 두고 있었다. 2010년 당시 A에게는 X토지(시가 2억 원), Y건물(시가 3억 원), Z건물(시가 2억 원)의 고정자산과 C에 대한 6억 원의 예금채권인 유동자산이 있었다. 한편 A는 장남 甲과 함께 사업을 하면서 사업자금을 융통하기 위해 2011년 5월 10일 B로부터 1억 원을 빌렸고, 甲이 사업을 원활하게 경영할 수 있도록 2011년 5월 20일 X토지를 증여하였다. 그리고 A는 자신을 돌봐 준 여동생 D에게 2011년 5월 22일 예금채권 6억 원을 증여하였다. 이후 A는 유언으로 Z건물을 甲에게, Y건물을 乙에게 증여한다고 하면서, 2012년 5월 24일 사망하였다. 이 사안에 대한 다음 설명 중 틀린 것만을 고르면? (부동산의 시가 변동은 없는 것으로 전제한다)

㉠ 丙이 고모 D를 상대로 유류분반환청구를 하려면 A와 D가 손해를 가한다는 것을 알고 있었을 것을 요건으로 하는데, 이는 증여 당시 증여재산의 가액이 증여하고 남은 재산의 가액을 초과한다는 점을 알았던 사정만으로 충분하다.

㉡ 甲이 B에 대한 1억 원의 채무를 전액 변제한 경우, 丙의 부담부분 1/3억 원을 丙의 유류분 부족액 산정 시 고려하여야 한다.

㉢ 丙이 甲을 상대로 유류분반환청구를 하는 경우, 丙은 Z(2억 원) 또는 X(2억 원)에 대해서 4천만 원의 유류분반환청구를 할 수 있다.

㉣ 위 ㉢에서 甲이 2012년 5월 25일부터 현재까지 Z를 점유하여 사용 · 수익해 온 경우, 이는 부당이득으로서 丙에게 전부 반환되어야 한다.

㉤ 丙이 乙을 상대로 유류분반환청구를 하는 경우, 丙은 유증재산 Y(3억 원)에 대해서 6천만 원을 반환받을 수 있다.

㉥ 위 ㉤에서 丙의 6천만 원의 가액반환청구에 대해서 乙이 원물반환을 주장하는 경우, 법원은 가액반환을 명할 수 있다.

① ㉠, ㉤ ② ㉠, ㉤, ㉥ ③ ㉠, ㉡, ㉢, ㉣, ㉥
④ ㉡, ㉢, ㉣, ㉤, ㉥ ⑤ ㉢, ㉣, ㉤ ⑥ ㉤, ㉥

해설

먼저 상속개시 당시 상속인의 유류분을 확정하여야 한다. 상속개시 당시 甲은 공동상속인 중의 1인이므로 甲에 대한 증여는 특별수익에 해당하여 상속개시 전 1년 전인 경우라도 유류분 산정의 기초재산에 포함된다(제1118조에 의한 제1008조의 준용). 한편 D에 대한 증여는 D의 인식 여하에 따라 달라진다. 일단 D에 대한 증여를 제외하고 유류분을 산정하면, 유류분 산정의 기초재산은 5억 원(적극재산) + 2억 원(甲에 대한 증여) - 1억(소극재산) = 6억 원이다. 이에 기초하여 丙의 유류분을 산정하면 6억 × 1/3(법정상속분) × 1/2(유류분) = 1억 원이 되고, 甲과 乙의 특별수익 재산의 가액이 각각 4억 원(X + Z), 3억 원(Y)이므로, 甲과 乙의 유류분초과액은 각각 3억 원과 2억 원이 되지만 丙은 유증가액에 대하여 우선 유류분의 반환을 청구할 수 있으므로 丙은 甲으로부터 1억 원 × 2/5(Z의 가액/Z의 가액 + Y의 가액) = 4천만 원, 乙로부터 1억 원 × 3/5(Y의 가액/Z의 가액 + Y의 가액) = 6천만 원을 반환받을 수 있다.

㉠ 틀림. 여동생 D는 공동상속인이 아니기 때문에 D에 대한 증여는 민법 제1114조의 적용을 받는다. 그런데 D에 대한 증여는 A의 사망 1년 전에 이루어졌기 때문에, A와 D가 유류분권리자인 丙에게 손해를 가한다는 것을 알고 있는가에 달려 있다. 이에 대해 판례는 당사자 쌍방이 증여 당시 증여재산의 가액이 증여하고 남은 재산의 가액을 초과한다는 점을 알았던 사정뿐만 아니라, 장래 상속개시일에 이르기까지 피상속인의 재산이 증가하지 않으리라는 점까지 예견하고 증여를 행한 사정이 인정되어야 하고, 이러한 당사자 쌍방의 가해의 인식은 증여 당시를 기준으로 판단하여야 한다(대판 2012.5.24. 2010다50809). ㉡ 틀림. 금전채무와 같이 급부의 내용이 가분인 채무가 공동상속된 경우, 이는 상속개시와 동시에 당연히 공동상속인들에게 법정상속분에 따라 상속된 것으로 봄이 타당하므로, 법정상속분 상당의 금전채무는 유류분권리자의 유류분 부족액을 산정할 때 고려하여야 할 것이나, 공동상속인 중 1인이 자신의 법정상속분 상당의 상속채무 분담액을 초과하여 유류분권리자의 상속채무 분담액까지 변제한 경우에는 유류분권리자를 상대로 별도로 구상권을 행사하여 지급받거나 상계를 하는 등의 방법으로 만족을 얻는 것은 별론으로 하고, 그러한 사정을 유류분권리자의 유류분 부족액 산정 시 고려할 것은 아니다(대판 2013.3.14. 2010다42624,42631). ㉢ 틀림. 증여 또는 유증을 받은 재산 등의 가액이 자기 고유의 유류분액을 초과하는 수인의 공동상속인이 유류분권리자에게 반환하여야 할 재산과 범위를 정할 때에, 수인의 공동상속인이 유증받은 재산의 총가액이 유류분권리자의 유류분 부족액을 초과하는 경우에는 유류분 부족액의 범위 내에서 각자의 수유재산(受遺財産)을 반환하면 되는 것이지 이를 놓아두고 수증재산(受贈財産)을 반환할 것은 아니다. 이 경우 수인의 공동상속인이 유류분권리자의 유류분 부족액을 각자의 수유재산 또는 수증재산으로 반환할 때 분담하여야 할 액은 각자 증여 또는 유증을 받은 재산 등의 가액의 비율에 따라 안분하여 정한다. 그 중 어느 공동상속인의 수유재산의 가액이 그의 분담액에 미치지 못하여 분담액 부족분이 발생하더라도 이를 그의 수증재산으로 반환할 것이 아니라, 자신의 수유재산의 가액이 자신의 분담액을 초과하는 다른 공동상속인들이 위 분담액 부족분을 위 비율에 따라 다시 안분하여 그들의 수유재산으로 반환하여야 한다. 따라서 어느 공동상속인 1인이 수개의 재산을 유증받아 각 수유재산으로 유류분권리자에게 반환하여야 할 분담액을 반환하는 경우, 반환하여야 할 각 수유재산의 범위는 특별한 사정이 없는 한 민법 제1115조 제2항을 유추적용하여 각 수유재산의 가액에 비례하여 안분하는 방법으로 정함이 타당하다(위 2010다42624,42631 판결). 즉, 甲이 증여받은 X(2억 원)

와 유증받은 Z(2억 원), 乙이 유증받은 Y(3억 원)의 재산 중 유류분반환의 대상이 되는 재산은 유증받은 재산이 먼저이다. 즉, 甲이 증여받은 재산 X(2억 원)에 대해서는 甲과 乙이 유증받은 재산으로 유류분반환이 가능한지를 먼저 계산하고, 부족분이 생긴 경우에 한해 甲이 증여받은 재산에서 유류분반환 여부를 결정하여야 한다. 따라서 Z와 Y의 가액에 비례하여 甲이 Z(2억 원)에서 4천만 원을 반환하고, 乙은 Y(3억 원)에서 6천만 원을 반환하여야 한다. 만약 사안과 달리, 甲과 乙의 수유재산으로 유류분반환에 부족이 생긴다면 甲이 증여받은 X(2억 원)에 대해서도 반환을 청구할 수 있다. ㉣ 틀림. 유류분권리자가 반환의무자를 상대로 유류분반환청구권을 행사하는 경우 그의 유류분을 침해하는 증여 또는 유증은 소급적으로 효력을 상실하므로, 반환의무자는 유류분권리자의 유류분을 침해하는 범위 내에서 그와 같이 실효된 증여 또는 유증의 목적물을 사용 · 수익할 권리를 상실하게 되고, 유류분권리자의 목적물에 대한 사용 · 수익권은 상속개시의 시점에 소급하여 반환의무자에 의하여 침해당한 것이 된다. 그러나 민법 제201조 및 제197조를 고려하여, 반환의무자가 악의의 점유자라는 점이 증명된 경우에는 악의의 점유자로 인정된 시점부터, 그렇지 않다고 하더라도 본권에 관한 소에서 종국판결에 의하여 패소로 확정된 경우에는 소가 제기된 때로부터 악의의 점유자로 의제되어 각 그때부터 유류분권리자에게 목적물의 사용이익 중 유류분권리자에게 귀속되었어야 할 부분을 부당이득으로 반환할 의무가 있다(위 2010다42624,42631 판결). ㉤ 옳음. 위 ㉢의 해설 참고. ㉥ 틀림. 우리 민법은 유류분제도를 인정하여 제1112조부터 제1118조까지 이에 관하여 규정하면서도 유류분의 반환방법에 관하여는 별도의 규정을 두고 있지 않다. 다만 제1115조 제1항이 "부족한 한도에서 그 재산의 반환을 청구할 수 있다"고 규정한 점 등에 비추어 볼 때, 반환의무자는 통상적으로 증여 또는 유증 대상 재산 자체를 반환하면 될 것이나 원물반환이 불가능한 경우에는 가액 상당액을 반환할 수밖에 없다. 원물반환이 가능하더라도 유류분권리자와 반환의무자 사이에 가액으로 이를 반환하기로 협의가 이루어지거나 유류분권리자의 가액반환청구에 대하여 반환의무자가 이를 다투지 않은 경우에는 법원은 가액반환을 명할 수 있지만, 유류분권리자의 가액반환청구에 대하여 반환의무자가 원물반환을 주장하며 가액반환에 반대하는 의사를 표시한 경우에는 반환의무자의 의사에 반하여 원물반환이 가능한 재산에 대하여 가액반환을 명할 수 없다(위 2010다42624,42631 판결). <답 ③>

10. 甲(女)은 乙(男)과 혼인하여 아들 A를 두었으나, 성격불일치로 인하여 乙과 별거하고 丙(男)과 동거생활을 하였다. 이후 甲은 丙과의 사이에 아들 B와 딸 C를 두었다. 그 동안 乙은 사망하였으며, 별거 후 甲과 A 사이에는 전혀 왕래가 없었다. 이후 甲과 丙이 교통사고를 당하여 丙이 사망한 이틀 후 甲도 사망하였다. 甲의 상속재산으로는 적극재산 9억 원과 D에 대한 9,000만 원의 금전채무가 있다. 이 사례의 법률관계에 관한 설명 중 옳은 것(○)과 옳지 않은 것(×)을 바르게 표시한 것은? (다툼이 있는 경우에는 판례에 의함)

<사시 2013년 변형: 배점 3>

ㄱ. 甲이 B에게 생전에 증여한 3억 원이 특별수익으로 인정되었다면 B가 실제로 상속받은 상속재산가액은 1억 원이지만, D에 대한 상속채무액은 1,000만 원이 아닌 3,000만 원이다.

ㄴ. 만약 상속인 A, B, C가 甲의 상속재산을 협의분할한다면, 분할협의시에 분할되는 상속재산은 적극재산뿐만 아니라 D에 대한 채무도

포함된다.
ㄷ. 만약 甲이 자신의 전 재산을 丙에게 유증한다고 유언하였다면, 丙에 대한 유증은 丙의 상속인 B와 C가 상속하여 결국 B와 C가 포괄적 유증을 받게 되고, A는 상속에서 제외되지만 유류분을 청구할 수는 있다.

① ㄱ(×), ㄴ(○), ㄷ(×)
② ㄱ(○), ㄴ(○), ㄷ(×)
③ ㄱ(○), ㄴ(×), ㄷ(○)
④ ㄱ(○), ㄴ(×), ㄷ(×)
⑤ ㄱ(×), ㄴ(○), ㄷ(○)

해설

A는 甲과 乙의 혼인 중의 子이고, B와 C는 甲과 丙의 중혼적 사실혼관계에서 태어난 子로서, 甲과의 관계에서 모두 상속권이 인정된다. ㄱ. 옳음. 상속개시 당시 적극재산 9억 원에 특별수익자 B에 대한 생전 증여(B는 상속인 중의 1인이므로 기간의 제한이 없음) 3억 원을 합하면 12억 원이 되고, 이를 상속분에 따라 안분하면 각 상속인은 4억 원씩 상속받는다. 이 경우, B의 상속가액은 생전 증여 3억 원을 제외한 1억 원이 된다. 한편, D에 대한 금전채무는 상속분에 따라 당연히 분할되어 상속되므로, 각 상속인은 3천만 원씩 채무를 부담하게 된다. ㄴ. 틀림. 금전채무와 같이 급부의 내용이 가분인 채무가 공동상속된 경우, 상속 개시와 동시에 당연히 법정상속분에 따라 공동상속인에게 분할되어 귀속되고, 상속재산 분할의 대상이 되지 않는다(대판 1997.6.24. 97다8809). ㄷ. 틀림. 丙이 甲보다 이틀 전에 사망하였으므로 유증은 무효가 되고(제1089조 1항 참조), 유증재산은 제1090조에 의해 상속인에게 귀속한다. 따라서 甲의 상속인 A, B, C 모두 상속받게 된다. <답 ④>

저 자 약 력

김형배
고려대학교 법과대학 졸업
동 대학원(법학석사)
독일 Marburg대학교 법과대학(법학박사)
사법시험위원 · 행정고시위원 역임
고려대학교 법과대학 교수
현 고려대학교 명예교수

저서 · 논문
Das Streikpostenstehen als rechtmäßiges oder rechtswidriges Verhalten gegenüber dem bestreikten Arbeitgeber, Elwert Verlag Marburg, 1969
Zur Verletzung von Forderungsrechten durch Dritte, Festschrift für Ernst Wolf, 1985
Gegenwärtige Regelung und Tendenz der Produkthaftung in Korea, RIW, 1989
Fehlerbegriff und Haftungsgrund in der Produkthaftung, Festschrift für Kitakawa, 1992
Moderne Arbeitsverhätnisse und die Reform des Arbeitsrechts in Korea, KOREANA Magazin der Deutsch-Koreanischen Gesellschaft, 1998
Das deutsche BGB und das koreanische Zivilrecht, Archiv für die civilistische Praxis, Bd. 200(2000), S. 511ff.
Geschäftsherrenhaftung im Spiegel der koreanischen Rechtsprechung —Aus rechtsvergleichender Perspektive—, Festschrift für Horst Konzen, 2006, S. 413ff.
Entstehung und Entwicklung des koreanischen Arbeitsrechts — unter Berücksichtigung politischer und wirtschaftlicher Aspekte, Festschrift fur Rolf Birk, 2008, S.331ff.

｢민법요점강의 Ⅰ~Ⅴ｣, 신조사, 2000
｢제2판 노동법강의｣, 신조사, 2013
｢신판 민법연습｣, 신조사, 2007
｢제12판 민법학강의｣(이론·판례·사례), 신조사, 2013
｢제2판 채권총론｣, 박영사, 1998
｢신정판 채권각론｣(계약법), 박영사, 2001
｢사무관리 · 부당이득｣(채권각론 Ⅱ), 박영사, 2003
｢제22판(전면개정판) 노동법｣, 박영사, 2013
｢노동법연구｣, 박영사, 1991
｢제8판[증보신판] 근로기준법｣, 박영사, 2002

고영남
고려대학교 법과대학 및 동 대학원 졸업(법학박사)
현 인제대학교 법학과 부교수

저서 · 논문
'민법의 기본원리에 대한 의문'(1996),
'계약법에서 손해의 성질결정'(2006),
'이혼의 자유 - 페미니즘과 아나키즘의 눈으로'(2012) 외 논문 다수
『민법총칙』(한국방송통신대학교출판부, 2009) 외 (공)저서 다수

제 13 판
민 법 학 [선택형 문제해설]

1995년 10월 30일 초 판 제 1 쇄발행
2013년 6월 25일 제 13 판 제 1 쇄인쇄
2013년 6월 30일 제 13 판 제 1 쇄발행

공저자 김 형 배 · 고영남
발행인 이 명 재
발행처 **신 조 사**
서울특별시 마포구 염리동 161-5 201호
전화 (02) 713-0402 FAX (02) 713-0403
등록 1994. 7. 4, 제17-179호(倫)
E-mail: sinjosa@sinjosa.co.kr http: //www.sinjosa.co.kr

정가 45,000원 **ISBN 978-89-92841-71-9**